1951-2021

新中国文学出版事业从这里开始！

70
1951-2021

人民文学出版社
七十年图书总目
1951-2021

人民文学出版社 / 编

王海波 / 辑录

PEOPLE'S
LITERATURE
PUBLISHING
HOUSE

图书在版编目（CIP）数据

人民文学出版社七十年图书总目：上下．1951—2021／人民文学出版社编；王海波辑录．—北京：人民文学出版社，2021
　ISBN 978-7-02-016974-0

Ⅰ.①人… Ⅱ.①人…②王… Ⅲ.①人民文学出版社—出版发行目录—1951-2021 Ⅳ.①Z852.7

中国版本图书馆 CIP 数据核字（2020）第 271765 号

特约编辑　王海波
责任编辑　王永洪
装帧设计　刘　静　黄云香
责任印制　王重艺

出版发行　人民文学出版社
社　　址　北京市朝内大街 166 号
邮政编码　100705
网　　址　http：//www.rw-cn.com

印　　刷　北京盛通印刷股份有限公司
经　　销　全国新华书店等

字　　数　2236 千字
开　　本　787 毫米×1092 毫米　1/16
印　　张　105　插页 30
印　　数　1—2000
版　　次　2021 年 3 月北京第 1 版
印　　次　2021 年 3 月第 1 次印刷

书　　号　978-7-02-016974-0
定　　价　299.00 元（全两册）

如有印装质量问题，请与本社图书销售中心调换。电话：010-65233595

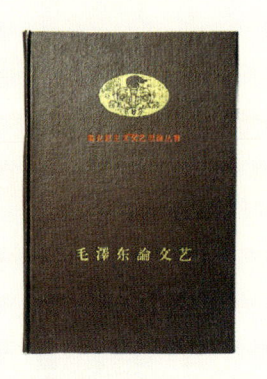

《毛泽东论文艺》《毛泽东论文学和艺术》《毛主席诗词》《毛泽东诗词选》《邓小平论文艺》

周恩来、朱德、叶剑英、陈毅、董必武等老一辈党和国家领导人诗词选集

中国人民文艺丛书

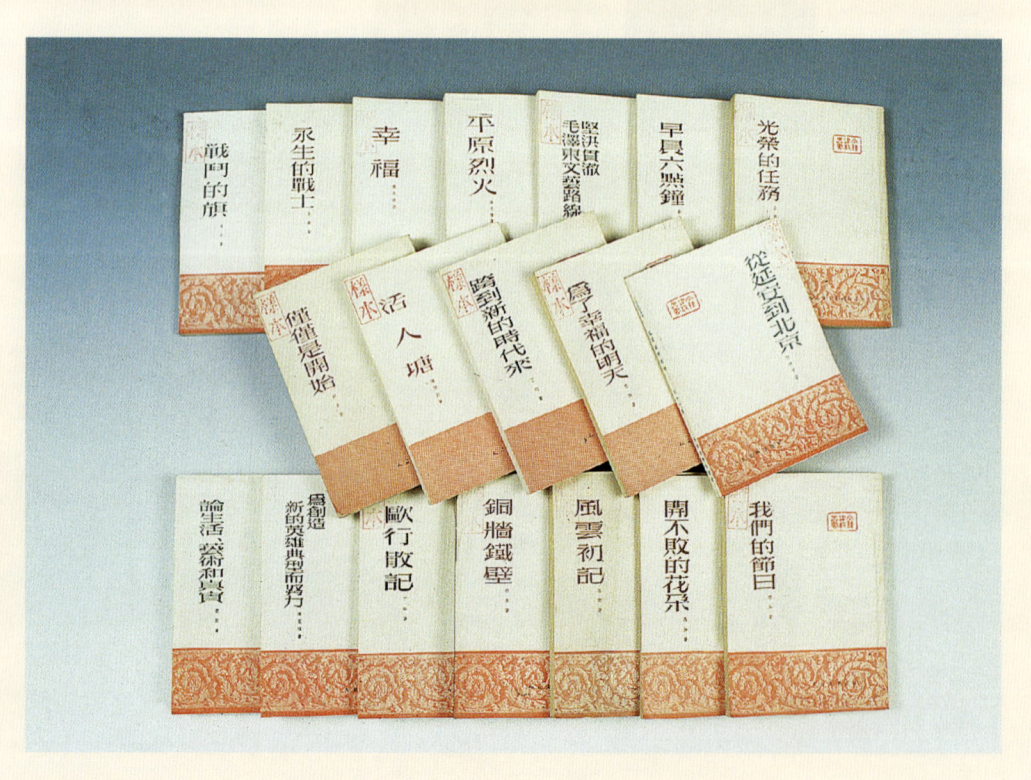

文艺建设丛书

建国十年优秀创作选拔本

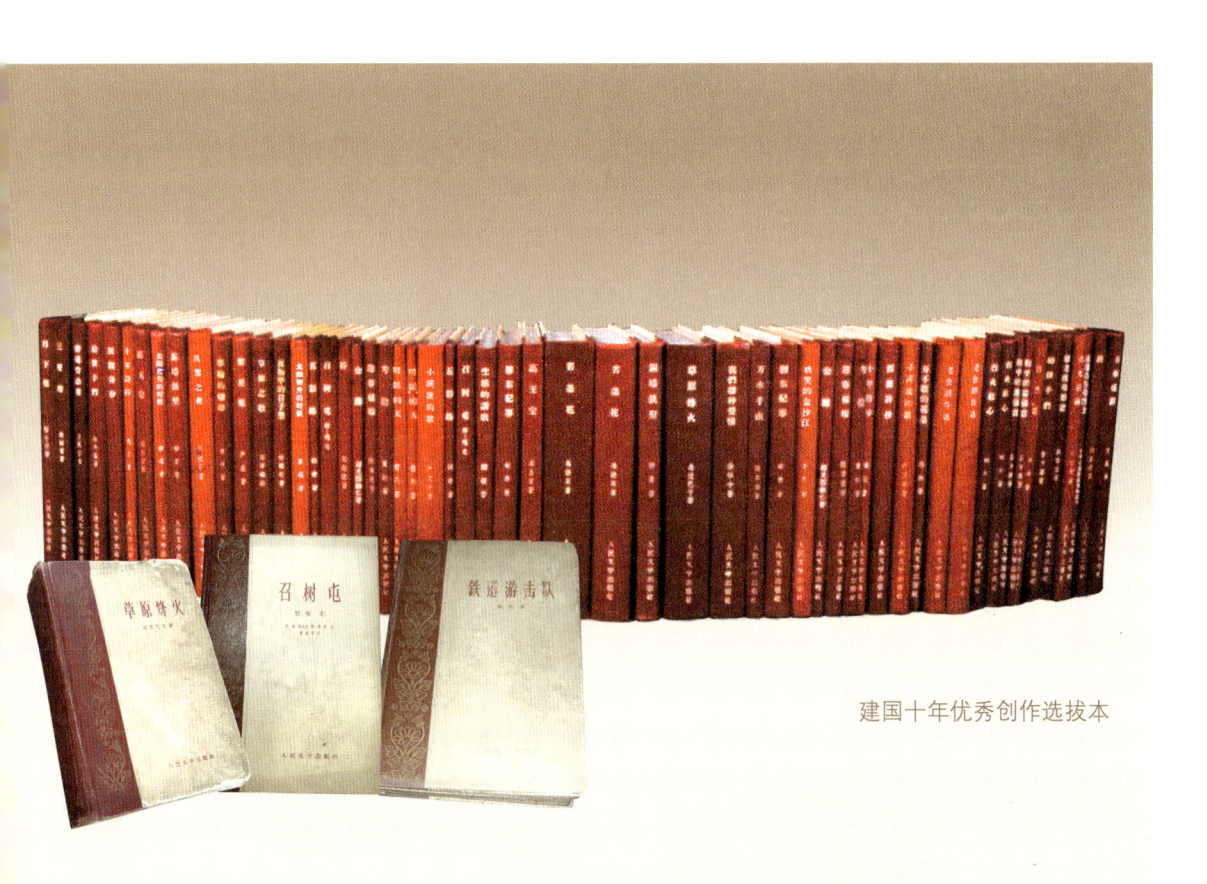

中国现代长篇小说丛书

建社以后陆续出版的《青春之歌》《林海雪原》《保卫延安》《太阳照在桑干河上》《暴风骤雨》《野火春风斗古城》等著名长篇小说，之后汇成红色经典系列

中国当代长篇小说藏本

茅盾文学奖获奖作品全集

改革开放以来陆续出版的
部分当代文学作品单行本

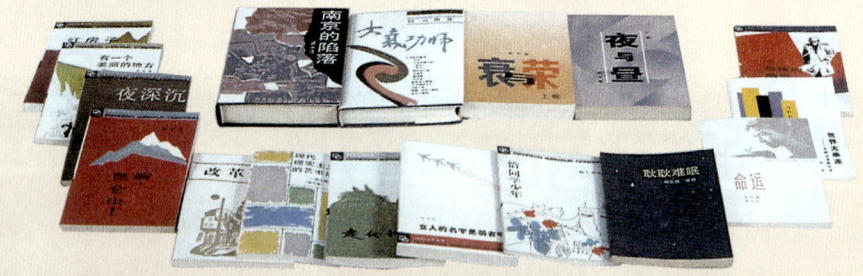

中国当代文学

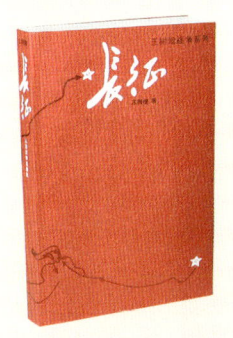

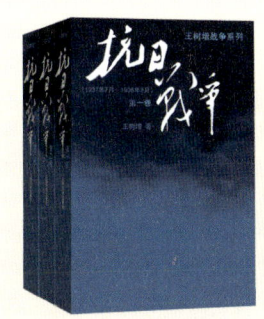

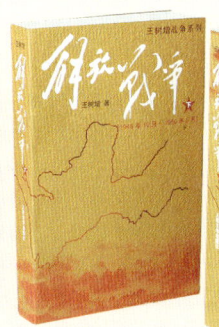

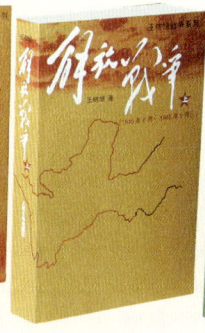

蓝星诗库

王树增战争系列

中国当代文学创作年选

《姚雪垠文集》《史铁生作品全编》《孙犁全集》《林斤澜文集》《蒋子龙文集》

《陈忠实文集》《汪曾祺全集》《柏杨全集》《杨绛全集》

《王蒙文集》

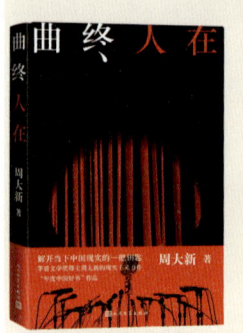

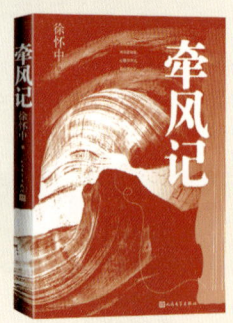

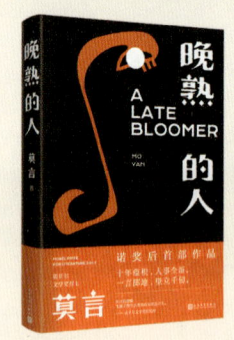

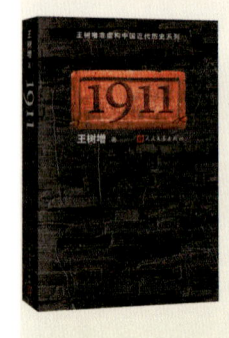

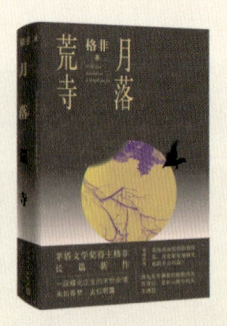

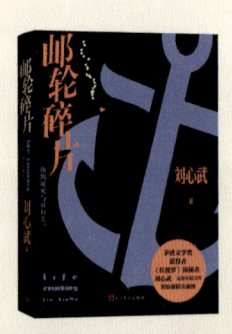

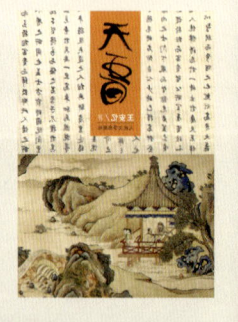

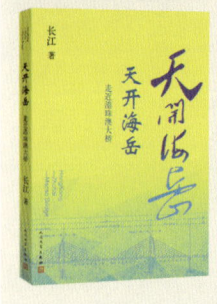

人民文学出版社七十年
图书总目 1951-2021

10

近十年来陆续出版的部分当代文学作品单行本

中国当代文学

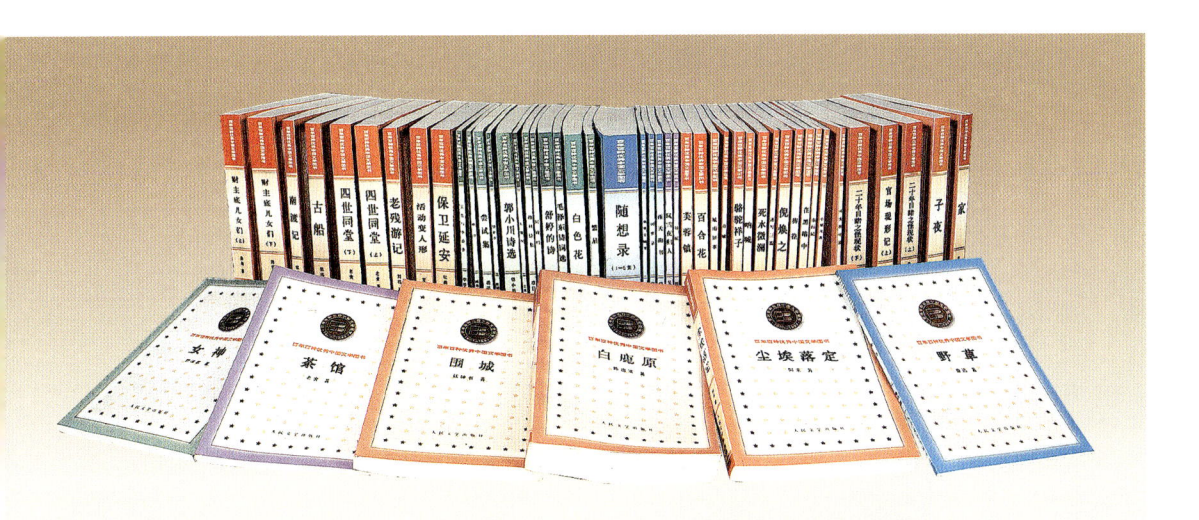

百年百种优秀中国文学图书

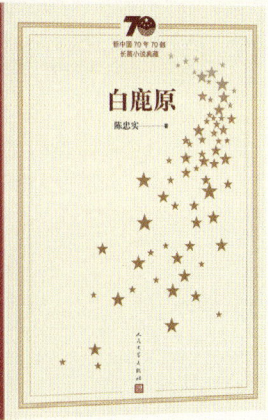

茅盾文学奖获奖作家短经典

新中国 70 年 70 部长篇小说典藏

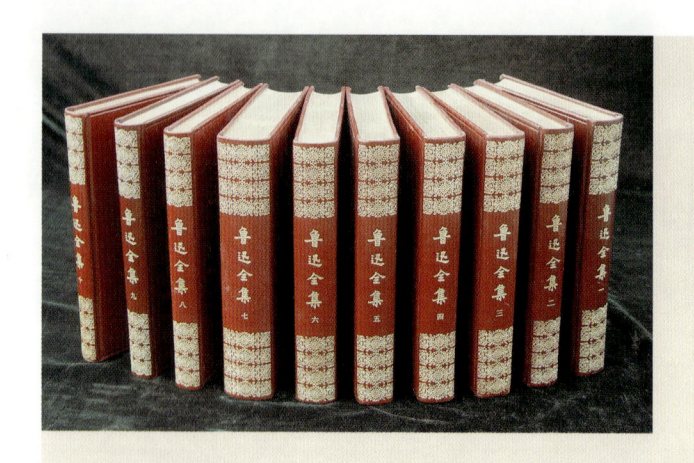

新中国第一版《鲁迅全集》。书影为1959年莱比锡国际书籍艺术展览会参展版本。全书以重磅道林纸精印，深红色羊皮封面，真金滚顶，书脊上书名及上下装饰的各四幅葵花密纹花样采用烫金工艺，外套楠木书匣，带有玻璃拉盖。封面印压鲁迅侧面像，环衬采用八十克凸版花纸。全书庄重精美，大气盎然，代表着20世纪50年代中国出版业最高水平。

1981年版《鲁迅全集》

1973年据1938年版重新排印的《鲁迅全集》

2005年版《鲁迅全集》

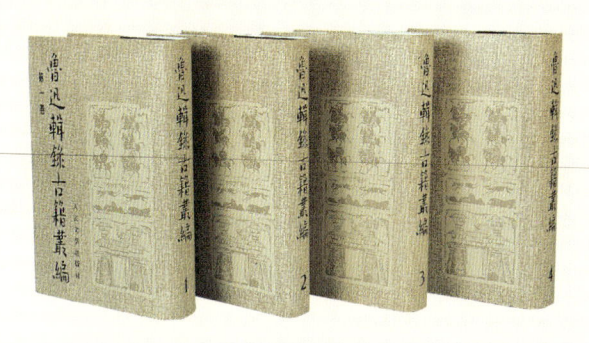

《鲁迅辑录古籍丛编》《鲁迅科学论著集》

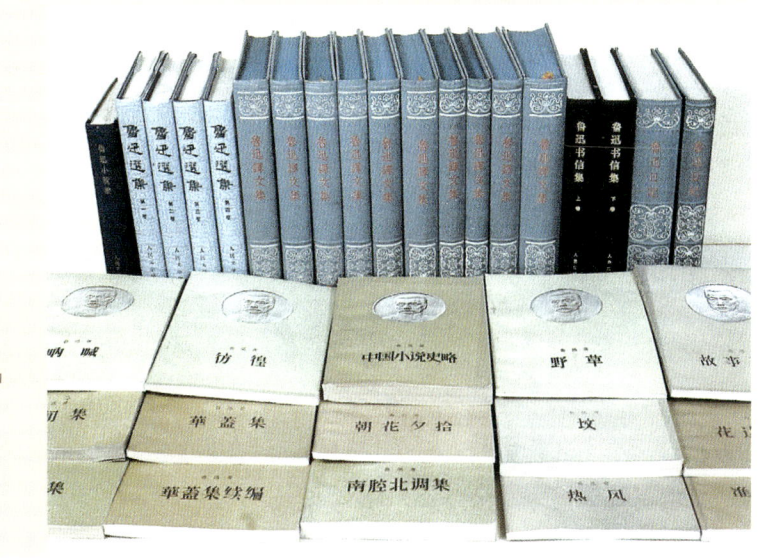

《鲁迅译文集》及鲁迅作品选本、单行本

《鲁迅全集》编年版

鲁迅作品类编

以鲁迅自己的设计为书封的单行本

鲁迅书信、鲁迅日记

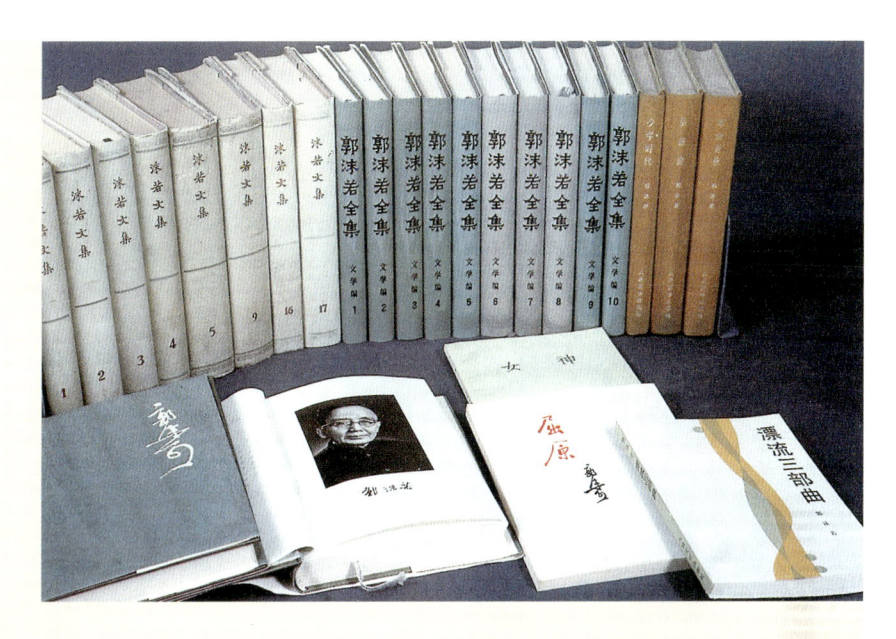

《沫若文集》《郭沫若全集》及《女神》《屈原》等作品

《茅盾文集》《茅盾全集》及《子夜》等作品

《巴金全集》及《家》《春》《秋》《随想录》

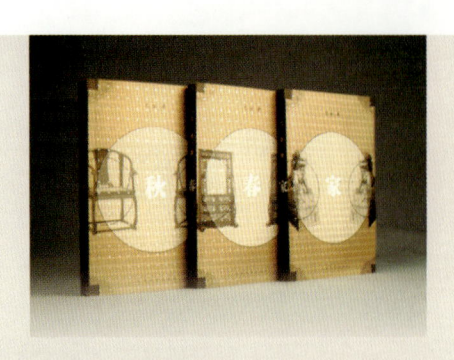

《老舍全集》及《骆驼祥子》《茶馆》

《曹禺戏剧全集》

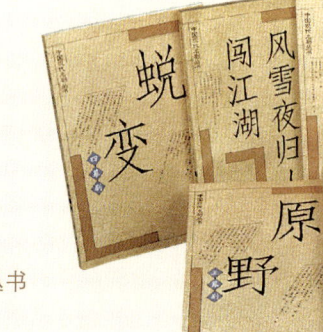

中国现代名剧丛书

《冯雪峰全集》

《胡适文集》

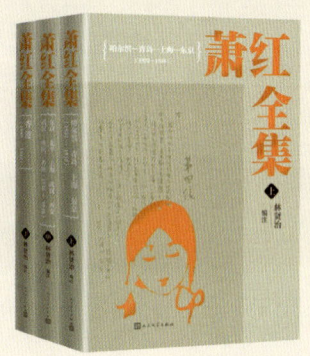

《林徽因集》《萧红全集》《穆旦诗文集》

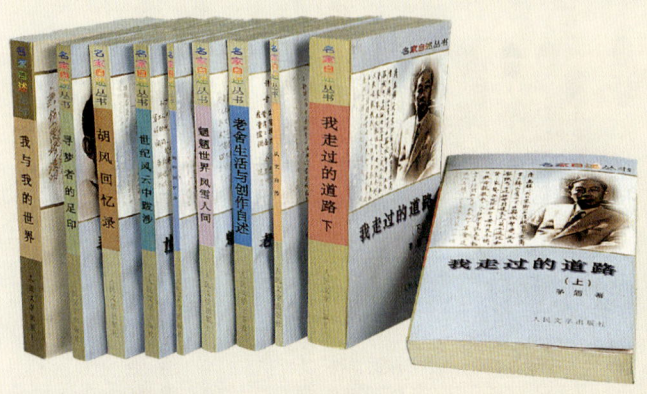

名家自述丛书、中国现代名家诗集典藏

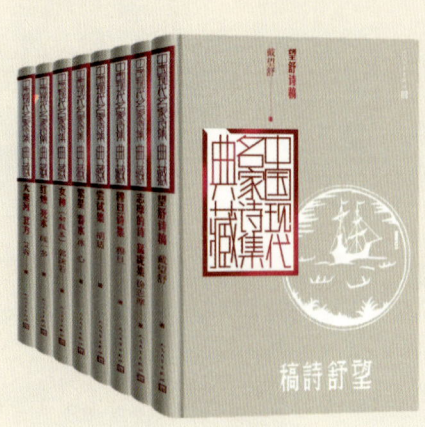

《鲁迅手稿丛编》

中国现代作家作品新编丛书

中国现代作家选集丛书

中国现代文学作品原本选印丛书、中国现代流派创作选

新文学碑林

《中国新诗编年史》

《鲁迅大辞典》

中国现代文学

新文化运动史料丛编

中国现代长篇小说藏本

中国现代文学创作选集

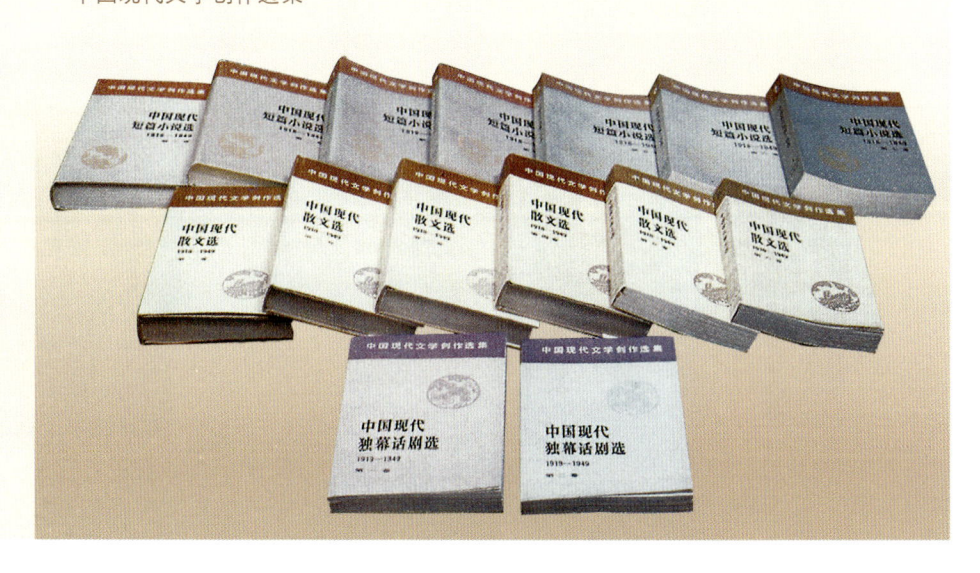

《三国演义》《水浒传》《西游记》《红楼梦》

中国古典文学

《诗经》《楚辞》

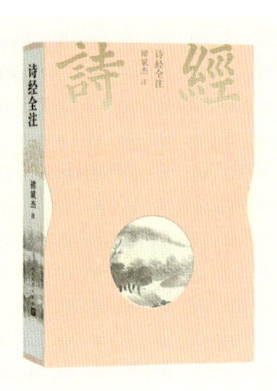

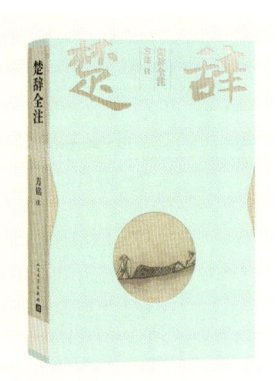

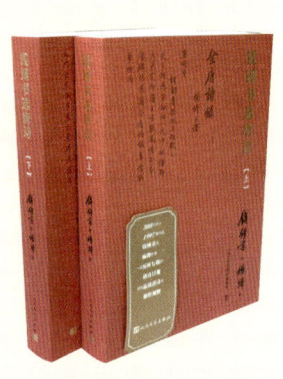

唐宋诗词的各种选本

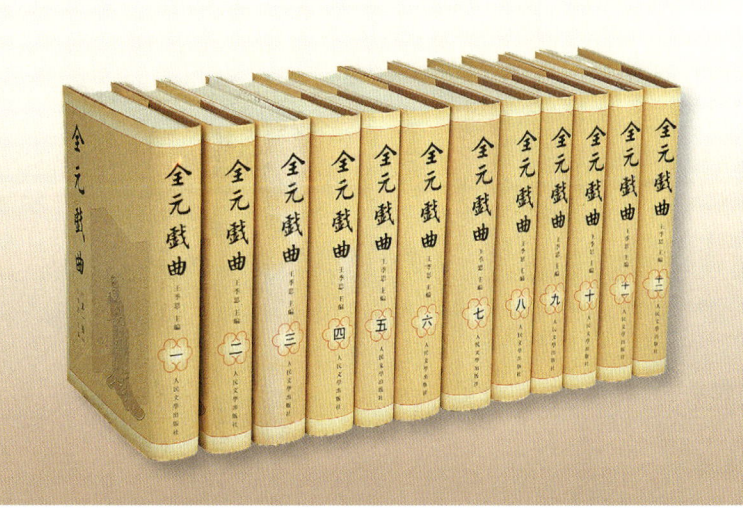

《全元戏曲》

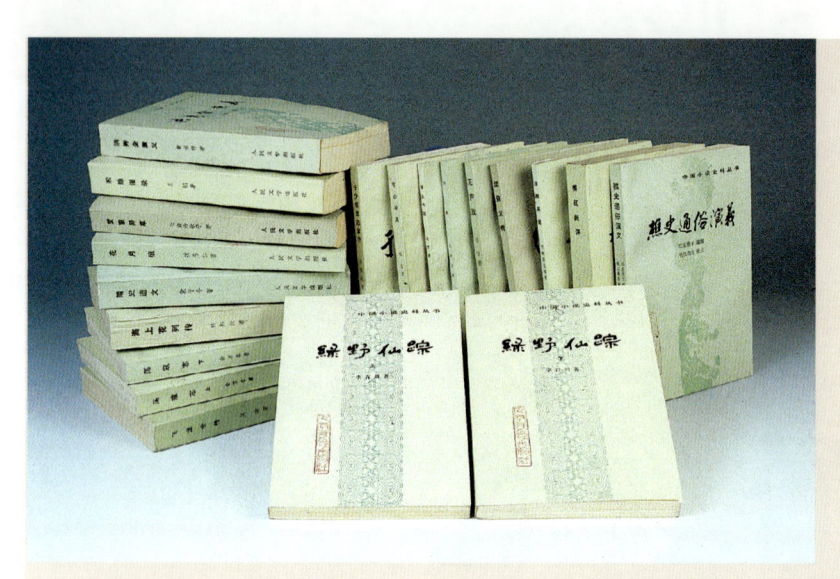

中国小说史料丛书

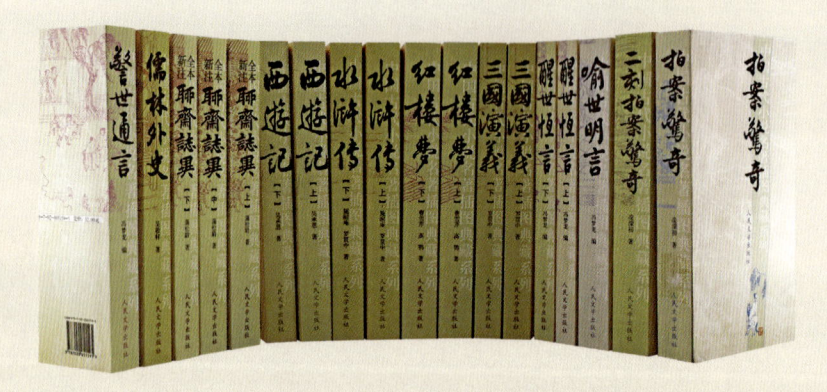

中国古代小说名著插图典藏系列

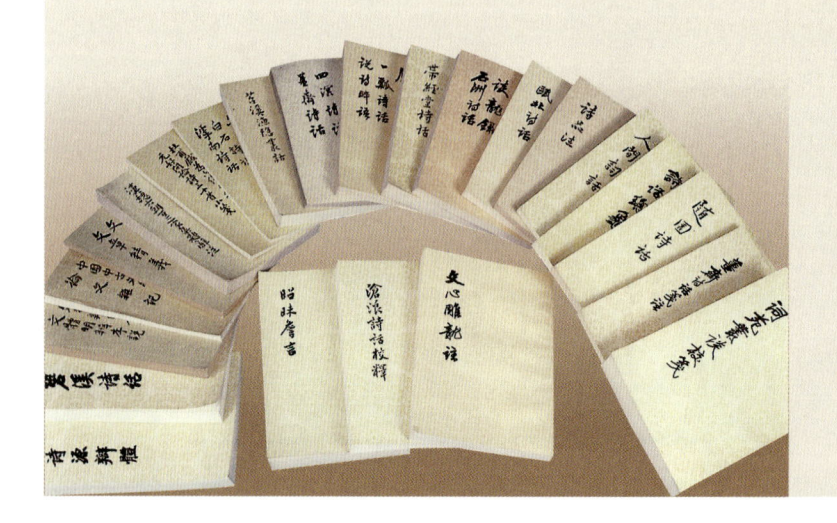

中国古典文学理论批评专著选辑

中国古典文学

先后出版的中国古典文学读本丛书

中国古典文学读本丛书典藏

《杜甫全集校注》

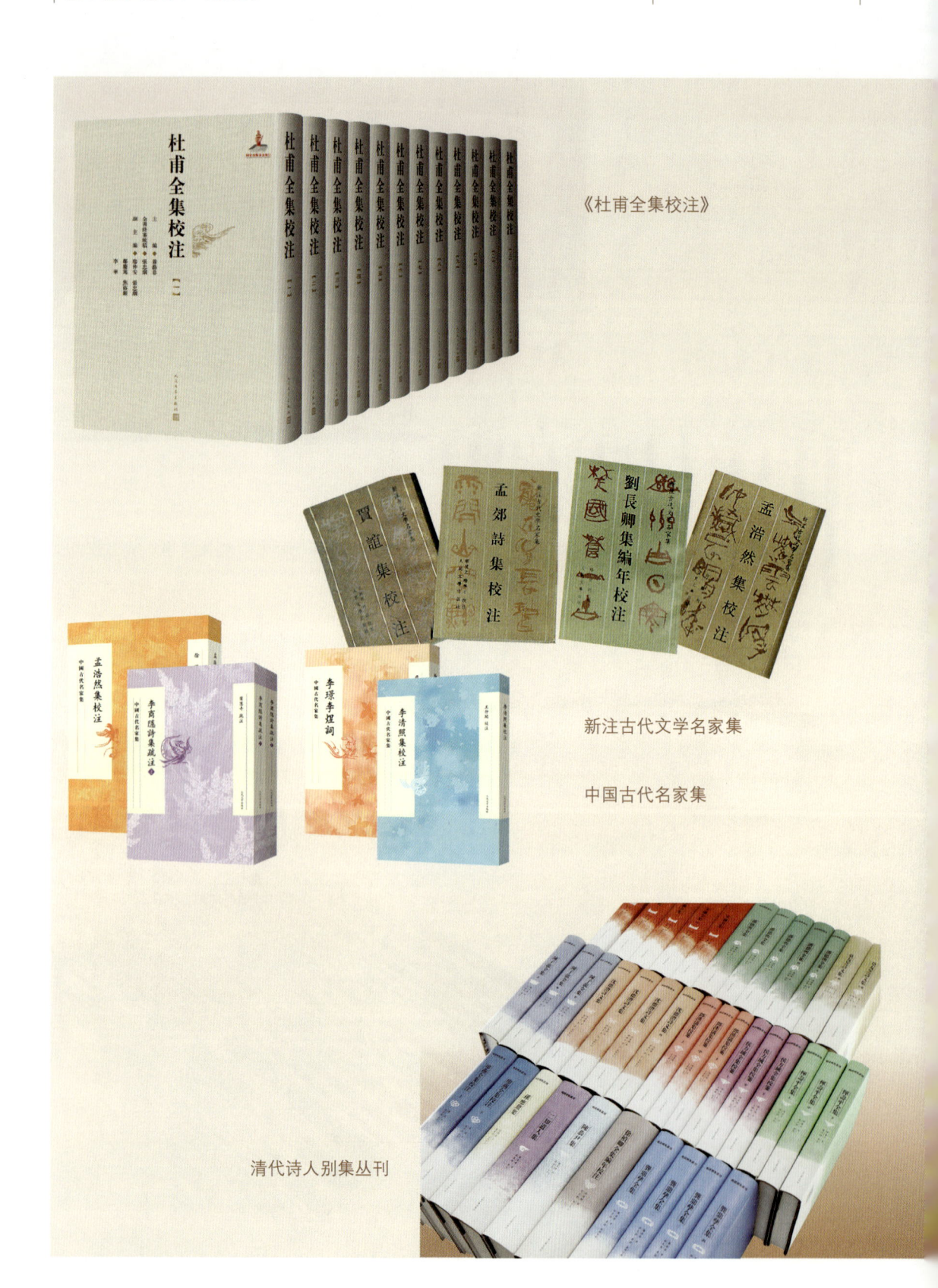

新注古代文学名家集

中国古代名家集

清代诗人别集丛刊

中国古典文学

红楼梦古抄本丛刊

《小莽苍苍斋藏清代学者书札》

《复堂师友手札菁华》

《中国诗歌通史》

《中国诗歌研究史》

中国文学通史系列

中国断代专题文学史丛刊

红学经典

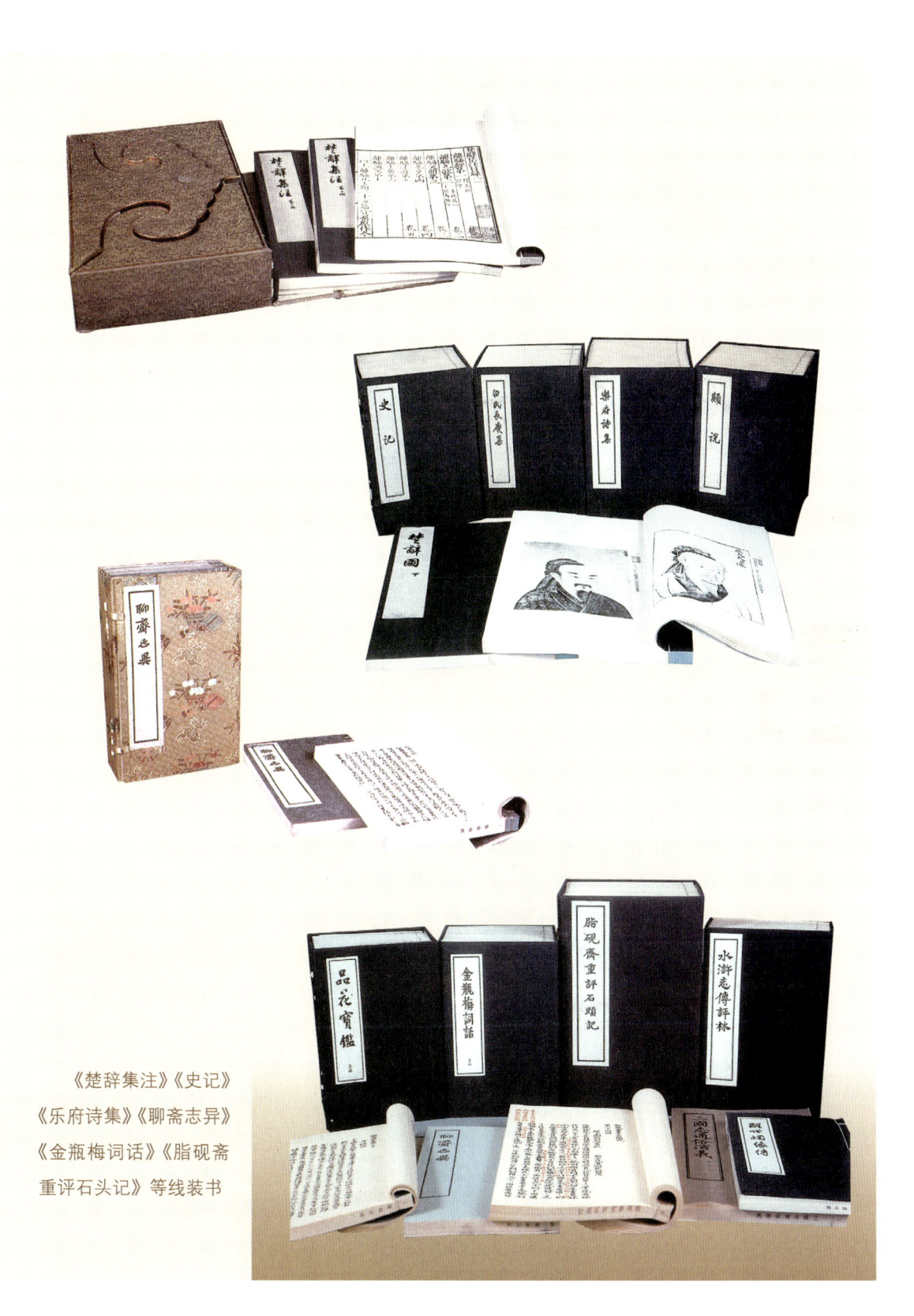

中国古典文学

《楚辞集注》《史记》《乐府诗集》《聊斋志异》《金瓶梅词话》《脂砚斋重评石头记》等线装书

马克思主义文艺理论丛书

苏联文艺丛书

外国文学名著丛书

外国文学

《钢铁是怎样炼成的》各种版本

部分苏俄文学作品单行本

二十世纪外国文学丛书

外国文艺理论丛书

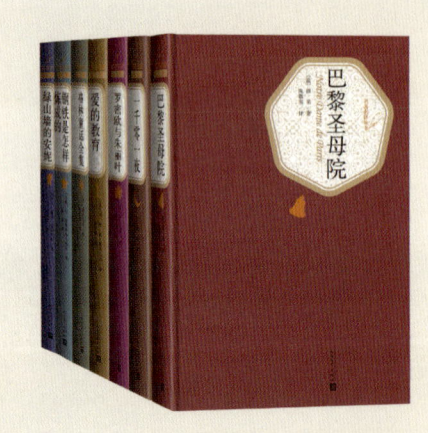

精装本名著名译丛书

名著名译插图本精华版

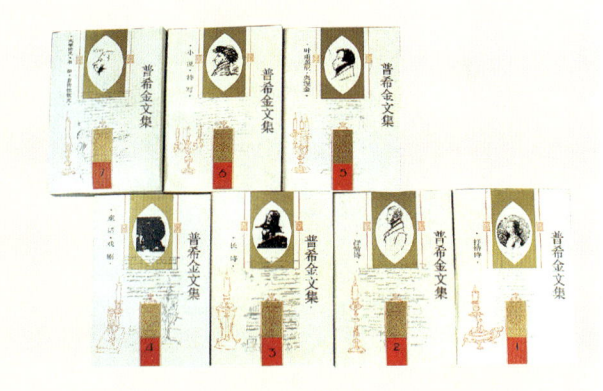

《莎士比亚戏剧集》《莎士比亚全集》《泰戈尔作品集》《普希金文集》《高尔基文集》

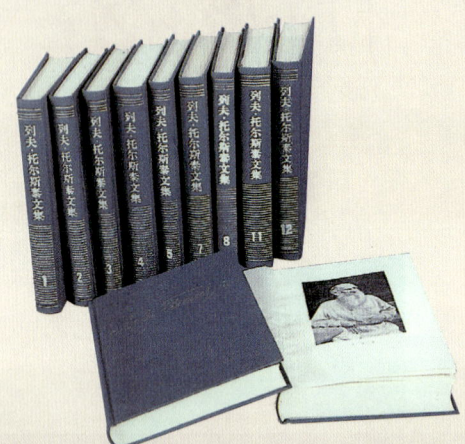

《塞万提斯全集》

《列夫·托尔斯泰文集》

《歌德文集》

《巴尔扎克全集》

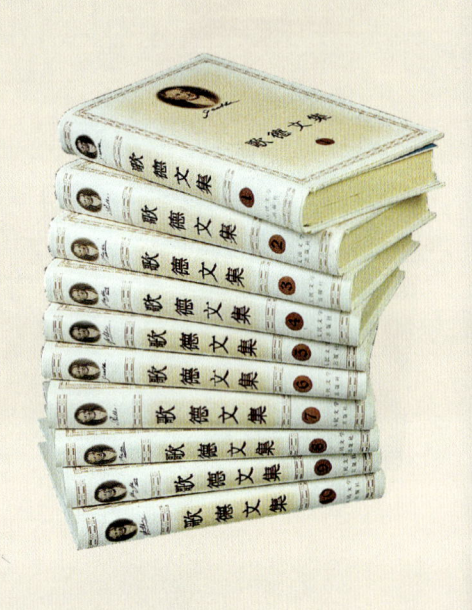

外国文学

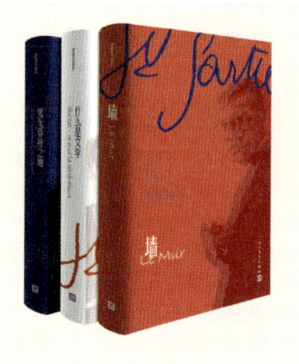

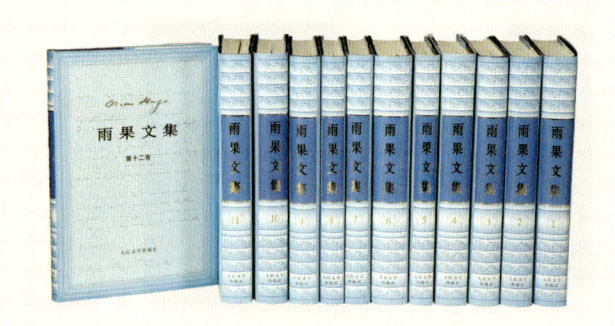

萨特代表作 《雨果文集》《屠格涅夫文集》《契诃夫文集》《果戈理文集》《肖洛霍夫文集》

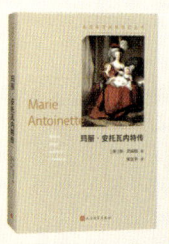

插图本茨威格传记丛书

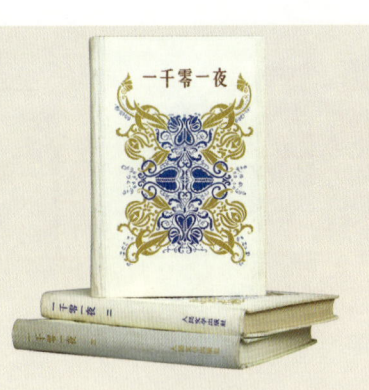

亚非文学丛书

《一千零一夜》

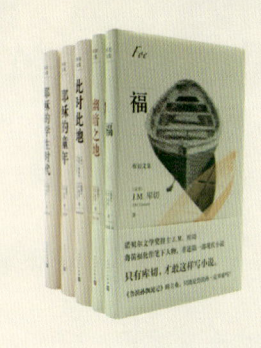

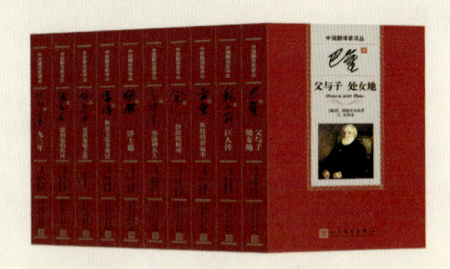

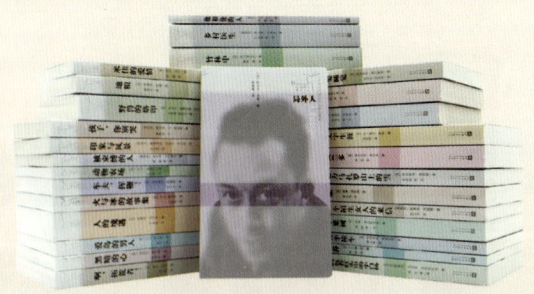

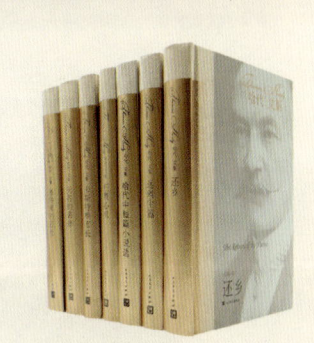

《库切文集》、中国翻译家译丛、蜂鸟文丛、《哈代文集》

世界文学名著文库

外国文学

外国文学大师读本丛书

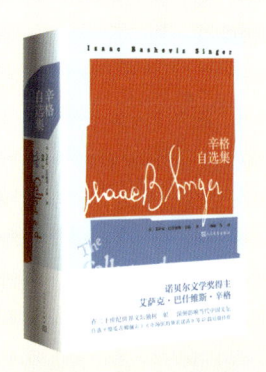

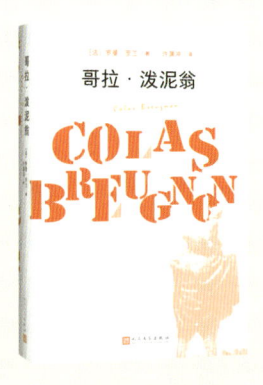

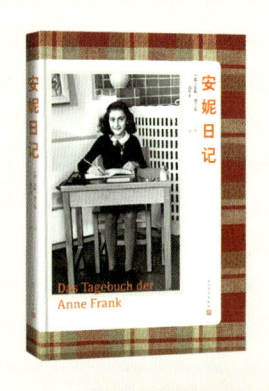

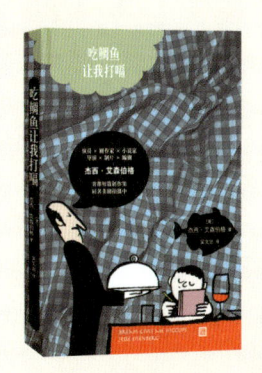

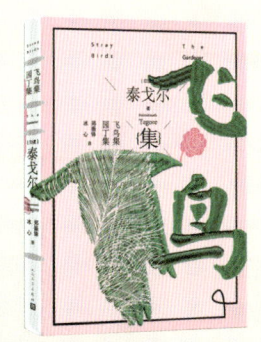

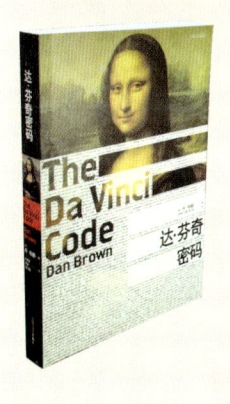

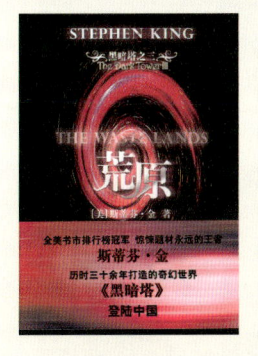

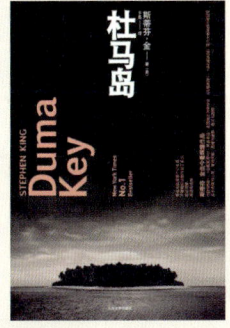

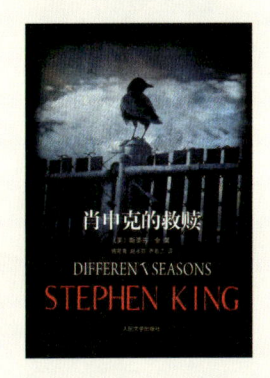

近年来出版的部分外国文学作品单行本

21世纪年度最佳外国小说

外国文学

21 世纪年度最佳外国小说

中国现代儿童文学典藏

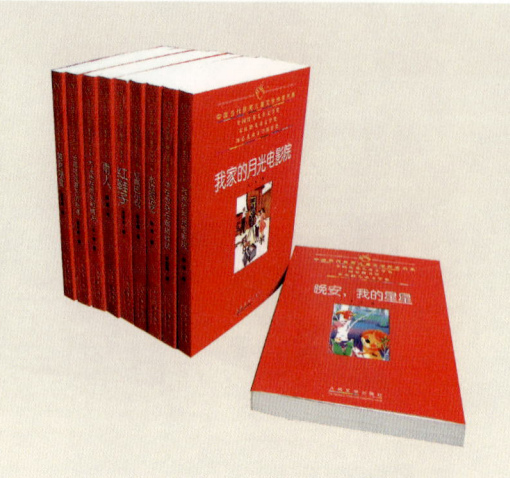

中国当代获奖儿童文学作家书系

你长大之前必读的 66 本书

世界儿童文学丛书

世界儿童文学名著插图本

少儿 教材 文化

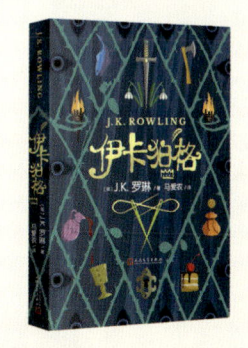

"哈利·波特"系列最初版本

"哈利·波特"精装典藏版

《伊卡狍格》

"哈利·波特"全彩绘本系列

天天出版社美猴王系列书及其他少儿类图书

少儿 教材 文化

《中国文学史》

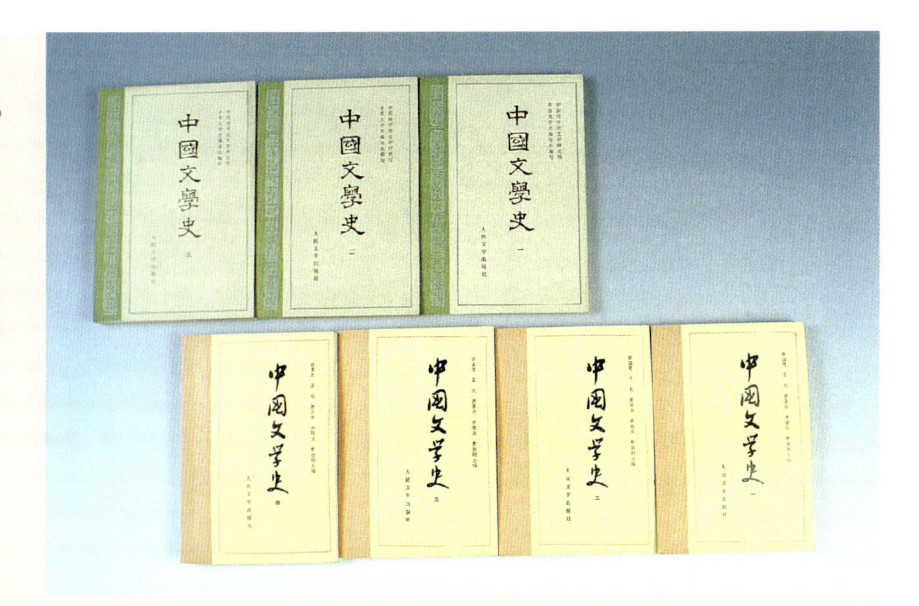

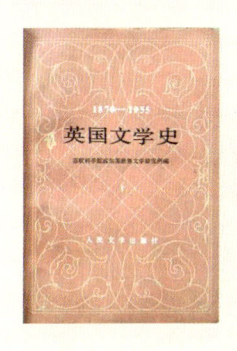

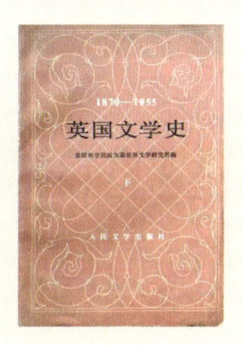

《英国文学史》

《俄国文学史》

《西方美学史》

《欧洲文学史》

中学生课外文学名著必读丛书

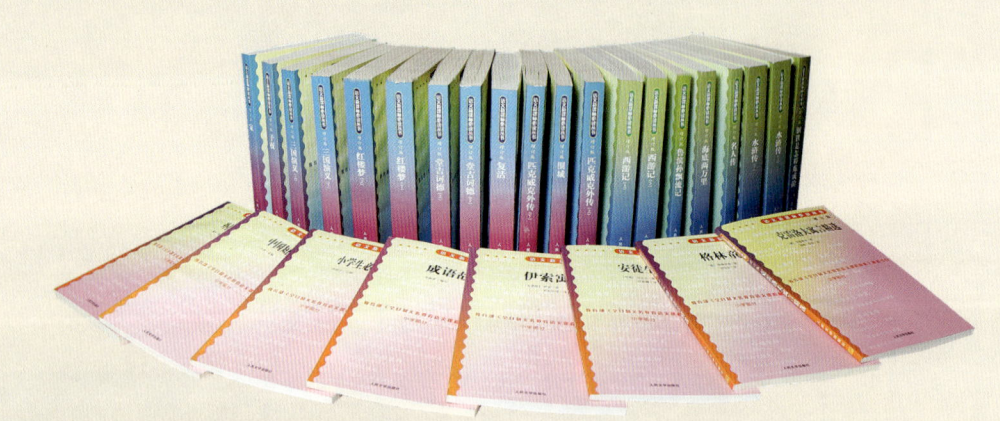

语文新课标必读丛书增订版

语文新课标必读丛书最新版

少儿 教材 文化

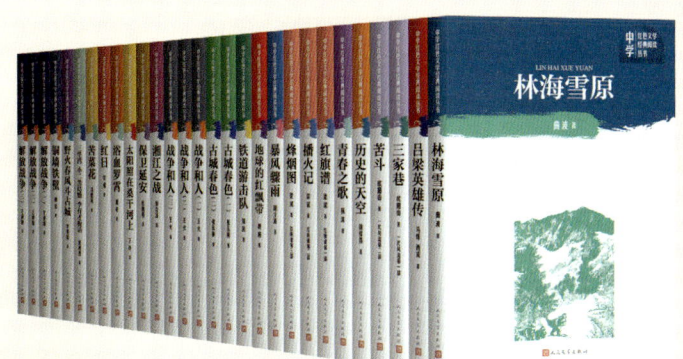

中学红色文学经典阅读丛书

《诵读》、大字拼音国学读本

语文阅读推荐丛书

小学语文教材"快乐读书吧"推荐书目

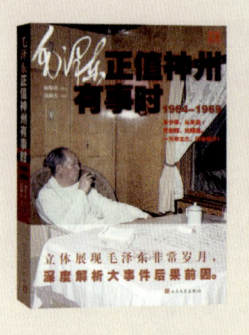

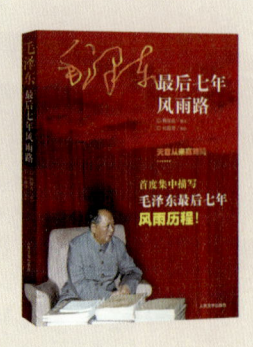

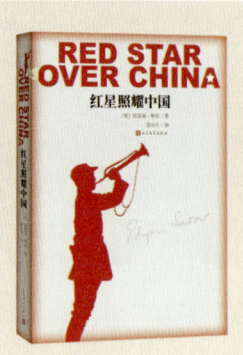

《毛泽东正值神州有事时》《毛泽东最后七年风雨路》《晚年宋庆龄》《红星照耀中国》

中华传统价值观丛书

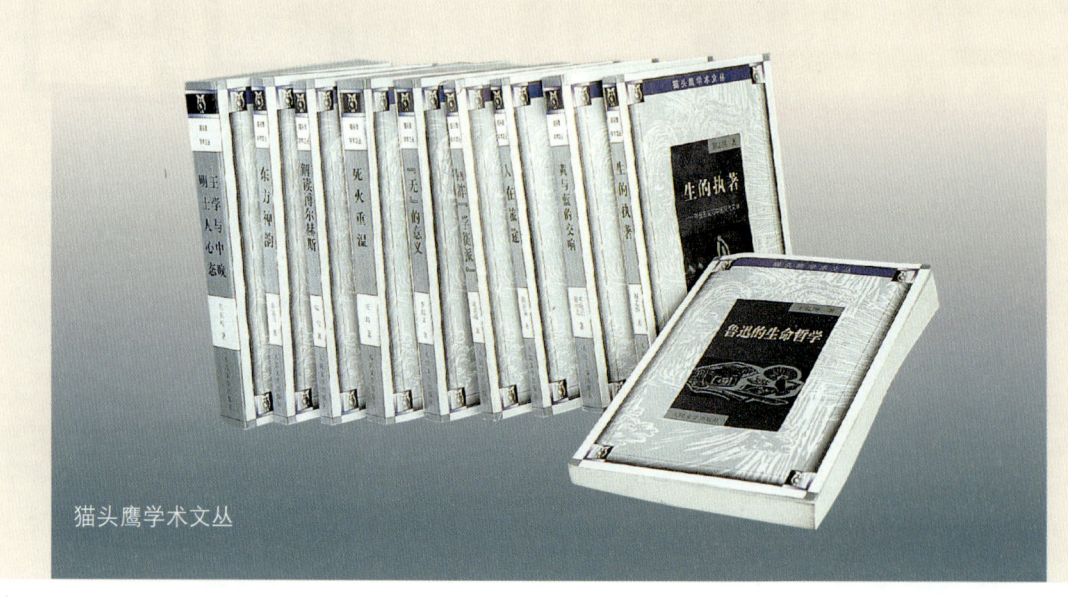

猫头鹰学术文丛

少儿 教材 文化

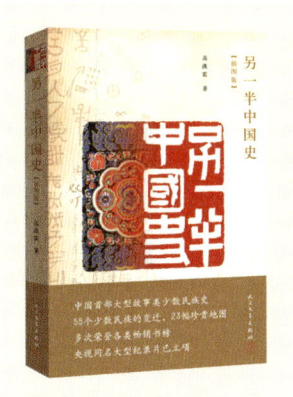

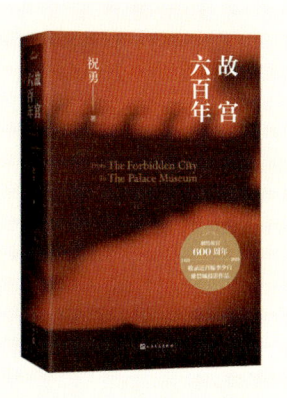

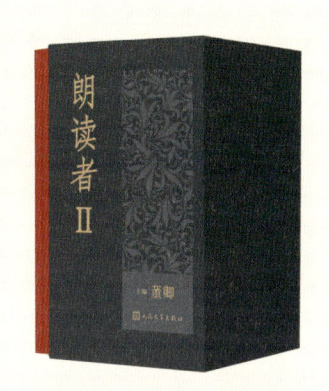

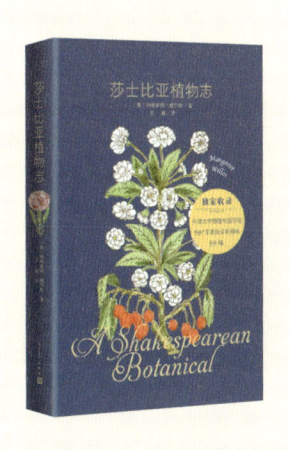

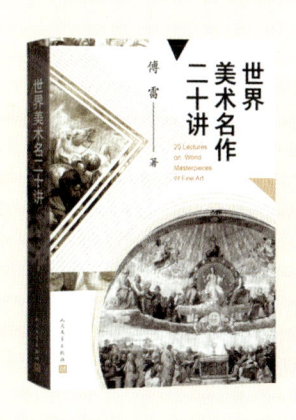

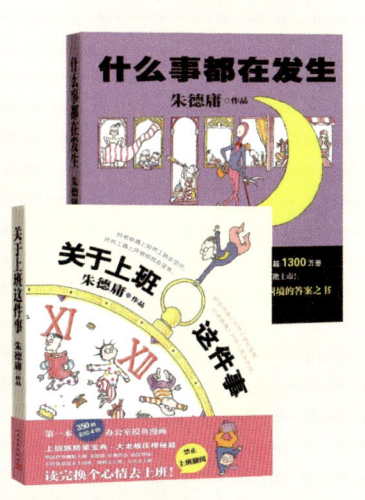

《另一半中国史》《故宫六百年》《朗读者Ⅱ》《莎士比亚植物志》《世界美术名作二十讲》
《什么事都在发生》《关于上班这件事》

出版人系列图书

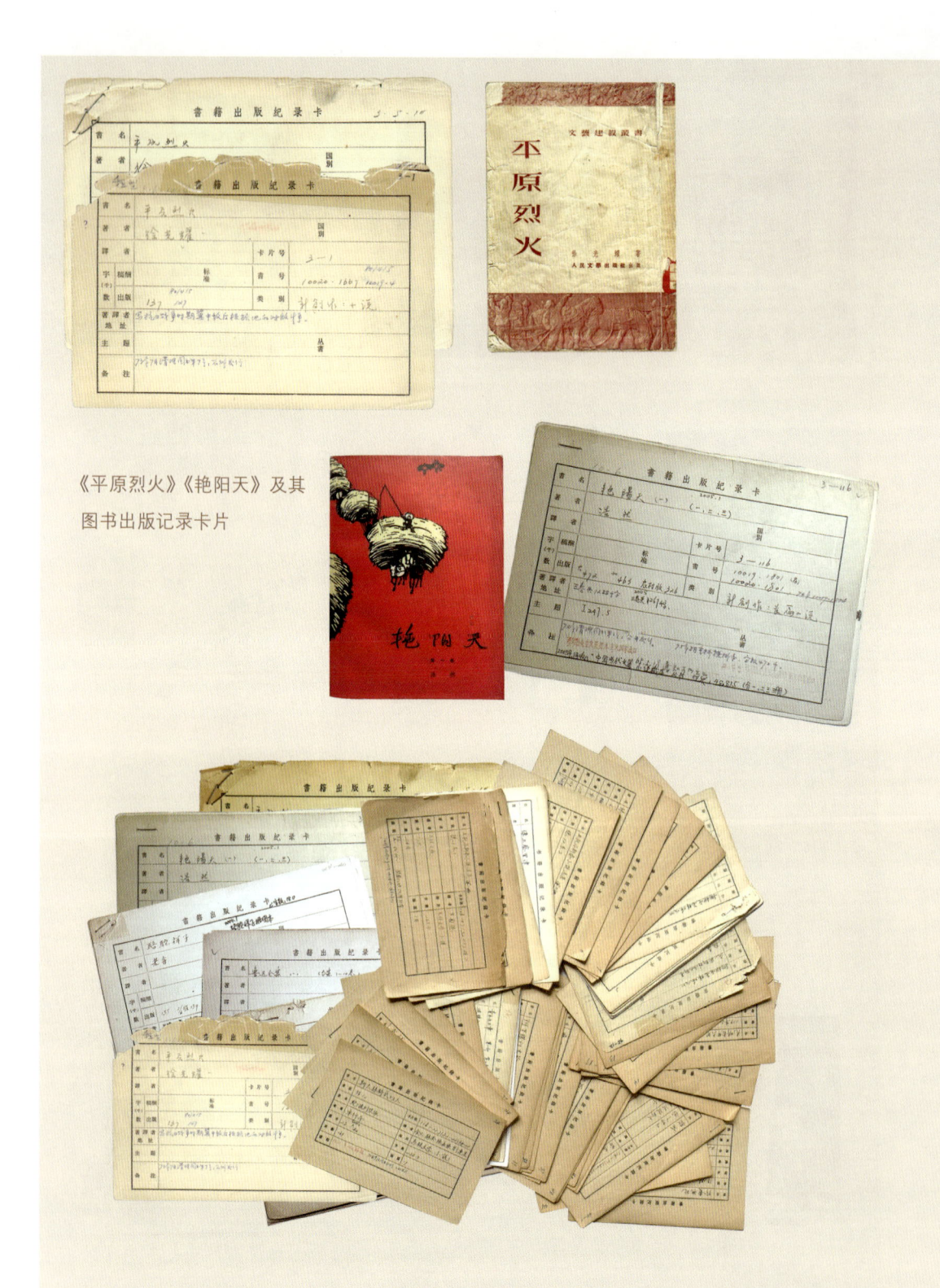

《平原烈火》《艳阳天》及其图书出版记录卡片

我社部分图书出版记录卡片

前　言

　　成立于1951年3月的人民文学出版社已经走过了七十年的风雨历程，现为中国出版集团成员单位之一，是新中国历史最长、规模最大、门类最全、最具影响力的国家级专业文学出版机构。当即将迎来建社七十周年的历史时刻，我们重新整理出版了建社以来的图书总目，以这样一份不奢华、不时尚，但却非黄金所能衡量的有意义的礼物，来为自己庆生，这上面镌刻的是七十年来一代又一代人民文学出版人的生命年轮。这不仅是留给我们自己的一份"大礼"，也是献给新中国文学创作与文学出版事业的一份厚礼。

　　七十年来，人民文学出版社始终秉承以国家文化建设为己任，以繁荣文学出版事业为目标，以满足广大读者的文化需求为宗旨的办社理念，出版了古今中外大量优秀的文学创作和理论学术研究著作，形成了系统性、多元化、高品位、高质量的"人文版"图书品牌，精心装点并辛勤耕耘着百花齐放的文学家园，是广大读者心目中神圣的文学殿堂，赢得了全社会的广泛赞誉。

　　七十年来，人民文学出版社一贯坚持以推出贴近现实、关注人生的当代原创文学佳作为出版重点，先后出版了新中国各个历史时期几代作家的优秀文学作品。从新中国建立之初脍炙人口的红色经典《太阳照在桑干河上》《暴风骤雨》《保卫延安》《林海雪原》《青春之歌》，到新时期以降茅盾文学奖、"五个一工程"奖的获奖力作《将军吟》《芙蓉镇》《沉重的翅膀》《白鹿原》《尘埃落定》《历史的天空》《南渡记》《长征》《牵风记》《应物兄》，以及《活动变人形》《古船》《晚熟的人》等精品佳作，以文学出版记录下时代的变迁及当代中国人多样的生存状态，推进了当代中国文学创作的发展繁荣，为广大读者奉献了大量优质原创的文学出版物。

　　七十年来，人民文学出版社还从汉语文学发展史的宏观视角，致力于全面系统地整理出版我国古典文学丰富灿烂的文化遗产和"五四"至新中国成立之前的中国现代文学作品。对诗经、楚辞、汉赋、唐诗、宋词、元曲、明清小说这些中国文学的瑰丽华章和鲁迅、郭沫若、茅盾、巴金、老舍、曹禺、丁玲、艾青、沈从文、钱锺书等一大批新文学作家的优秀作品都给予了有规划、多层次、多角度的编辑整理出版。全面呈现出中华汉语文学蔚为壮观的宏大气象,丰富了人类精神文化宝藏,为读者提供了阅读和研究的精品版本。

七十年来,人民文学出版社又以开放的胸襟和包容的姿态向中国数以亿计的读者翻译介绍了世界各国优秀的文学成果,并以语种全、规模大、品种多、选目优、翻译质量高而著称。建社以来,先后翻译出版了七十多个国家和地区的文学创作和理论学术研究著作,为国人的文学阅读增加了多姿多彩的内容,为中国认知世界、了解世界架起了一座文化桥梁,为我国自身的文学发展提供了丰富的借鉴和滋养。

近年来,随着新时期改革开放的不断深化和文化市场的不断繁荣,人民文学出版社进一步丰富产品、调整结构,在巩固传统优势的同时还先后出版了大量少儿类、文化类、教育类、影视互动类的出版物,图书结构更加立体化,产品线建设更加多层次,为图书市场的丰富活跃做出了新的贡献。

人民文学出版社的七十年是伴随着新中国发展的脚步和改革开放的时代潮流不断前行的七十年。这部图书总目记录了七十年来人民文学出版社出版的全部图书,总计近两万种,发行量达十亿余册。回望这两万种图书,有辉煌、有沧桑、有彷徨、有坎坷,有些图书带着明显的时代印记,但我们仍然记录下来,立此存照。因为,这就是历史,是我们七十年所走过的一个又一个脚印真实客观的记录与写真。因此,这部《人民文学出版社七十年图书总目》既是七十年来一代又一代人文人心血与智慧付出的记录,在某种意义上也是新中国七十年文学创作、文学出版、文艺运动与文艺思潮乃至整个思想、文化、生活发展变迁的一个缩影。从这个意义上掂量,我们为自己七十年生日备下的这份礼物就的确有些沉甸甸的了。

七十年前,我们扬帆启航,新中国的文学出版事业从这里开始;七十年过去了,我们在新的历史条件下继续探索前行,为我们文学家园的欣欣向荣,丝毫不敢懈怠;七十年弹指一挥间,我们依然怀揣着初心与梦想,用我们不懈的努力去创造文学出版事业更加灿烂美好的明天。

人民文学出版社
2021 年 3 月

编辑说明

一、本书目收录自1951年3月至2021年3月人民文学出版社建社七十年间出版的各类图书。

二、本书目主体部分收入以人民文学出版社名义和作家出版社、外国文学出版社、天天出版社等副牌社名义出版的图书。这些图书虽然有着不同的出版社署名，但在版本和印次上多有交叉，因此统一编排，基本上按中文原创图书和中文翻译图书分为著作和译作两大类。每一大类中均包含小说、诗歌、散文、戏剧、理论研究、作品集、其他等七个门类。每个门类中又根据图书的不同归属，如作品内容样式、文学史断代、作者地域等有所细分。需要说明的是，音乐出版社在上世纪六七十年代的一段时期内曾经并入人民文学出版社，并以人民文学出版社名义出版过一些音乐类图书，这些均收入本书目的其他门类中。

三、本书目以书名列条，重印图书不单独列条，全部条目从头至尾连续编号，以便索引查找。

四、本书目收录的图书信息项目包括：书名、著者、译者、编者、校注者、插图作者、出版者、出版时间、装帧、开本、书号、定价、收入丛书情况及出版社内部记录卡片号等。单纯的重印图书不作收录；有变更的重印图书只在同一种图书条目下，收录重印时书名、署名、版本等变更情况，以及所收丛书及书号、定价等信息。以人民文学出版社名义出版的图书，出版者予以省略。以人民文学出版社和天天出版社共同名义出版的图书，单独列于少儿读物项下，出版者也予省略。

五、本书目附录部分收入以艺术出版社、文学古籍刊行社、通俗文艺出版社、中国戏剧出版社、北京宝文堂书店等出版社名义出版的图书。这些出版社在不同历史时期，特别是二十世纪五六十年代都曾作为人民文学出版社的副牌社，出版各类专业性较强的文艺图书，但存续时间大多较短。这些图书按出版社名义分别编排，图书编号与主体部分接续。因现存记录档案不甚完整，附录部分所收大部分图书信息只包括书名、著者、译者、出版时间等项目。

六、为了方便读者查阅,本书目最后编有书名笔画索引、图书出版编年目录和丛书目录。书名笔画索引将所收图书按书名笔画顺序排列;图书编年目录将所收图书按出版年份排列;丛书目录列出了书目中包含的丛书,并系有丛书中的图书。这其中不仅有我社出版的丛书、套书,也收录了由其他机构策划、评选并收有人文版图书的一些比较重要的丛书,如"中国文库""国家哲学社会科学成果文库"等。以上索引、目录均以图书编号作为索书指向。

七、本书目收录的图书信息主要根据本社的图书出版记录,部分图书查阅了原始版本,也参考了公共图书馆及网络等渠道提供的部分信息。由于时代变迁,个别图书版本情况难以查考,编写过程中也难免会有错漏,真诚欢迎广大图书爱好者、收藏者予以补充纠正。

八、本书目截稿日期为2021年1月,此时一些仍在生产流程中尚未完成的图书,其信息没有来得及完全进入书目,有待以后补充完整。

目　　录

前言 …………………………………… 1
编辑说明 ……………………………… 1

著　作

小说
中国当代长篇小说 …………………… 3
中国当代中短篇小说 ………………… 92
中国现代小说 ………………………… 130
中国古典小说 ………………………… 151

诗歌
中国当代诗歌 ………………………… 164
中国现代诗歌 ………………………… 201
中国古典诗词 ………………………… 207

散文
中国当代散文 ………………………… 223
中国现代散文 ………………………… 304
中国古典散文 ………………………… 317

戏剧
中国当代戏剧 ………………………… 321
中国现代戏剧 ………………………… 332
中国古典戏曲 ………………………… 335

理论　研究
中国当代文艺理论与文学研究 ……… 339
中国现代文艺理论与文学研究 ……… 366
中国古典文艺理论与文学研究 ……… 377
外国文学研究 ………………………… 407

作品集
中国当代文学作品集 ………………… 417
中国现代文学作品集 ………………… 431
中国古典文学作品集 ………………… 453

其他
少儿读物 ……………………………… 457
人民文学出版社
天天出版社　图书 …………………… 484
民间文学 ……………………………… 529
革命回忆录 …………………………… 534
群众创作 ……………………………… 538
工厂公社史 …………………………… 543
教材·教辅 …………………………… 544
工具书 ………………………………… 559
曲艺 …………………………………… 560
声乐 …………………………………… 563
声乐活页 ……………………………… 565
器乐 …………………………………… 568
器乐活页 ……………………………… 570
舞蹈 …………………………………… 572
音乐理论及其他 ……………………… 572
文化综合 ……………………………… 573

译　作

小说
欧洲古典小说 ………………………… 597
欧洲现代小说 ………………………… 639
美洲小说 ……………………………… 712
亚非大洋洲小说 ……………………… 753

诗歌
欧美诗歌……………………………… 785
亚非大洋洲诗歌……………………… 803

散文
欧美散文……………………………… 812
亚非散文……………………………… 830

戏剧
欧美戏剧……………………………… 834
亚非戏剧……………………………… 849

理论 研究
欧美文艺理论与文学研究…………… 851
亚非文艺理论与文学研究…………… 864

作品集
全集·文集…………………………… 866
合集…………………………………… 878

其他
少儿读物……………………………… 892
　人民文学出版社
　　　　　　　　　图书………… 968
　天 天 出 版 社
文化综合……………………………… 992

附　录
艺术出版社图书……………………… 1005
文学古籍刊行社图书………………… 1010

通俗文艺出版社、作家出版社图书……… 1013
中国戏剧出版社图书………………… 1015
　作品集……………………………… 1015
　话剧………………………………… 1016
　独幕剧……………………………… 1019
　歌舞剧……………………………… 1021
　京剧………………………………… 1022
　评剧………………………………… 1024
　其他戏剧…………………………… 1025
　曲艺………………………………… 1027
　戏剧理论研究及其他……………… 1028
　外国戏剧及理论研究……………… 1030
　戏剧教材…………………………… 1034
北京宝文堂书店图书………………… 1037
　独幕剧……………………………… 1037
　歌舞剧……………………………… 1038
　京剧………………………………… 1041
　评剧………………………………… 1046
　其他戏剧…………………………… 1047
　曲艺………………………………… 1050
　戏剧理论研究及其他……………… 1051

索　引
书名笔画索引………………………… 1055
图书编年目录………………………… 1284
丛书目录……………………………… 1517

编辑后记……………………………… 1669

著 作

附章

小 说

中国当代长篇小说

1　平原烈火
徐光耀著,文艺建设丛书,1951年5月。平装,32开,书号 总4单42,定价10,000元。1963年6月作家出版社,平装,32开,书号10020·1667,定价0.59元。1980年4月人民文学出版社,平装,大32开,书号10019·4,定价0.42元。2005年1月收入中国当代长篇小说藏本,平装覆膜,国流32开,ISBN 7-02-004904-4,定价11.00元。2013年1月收入朝内166人文文库·中国当代长篇小说,平装,国流32开,ISBN 978-7-02-009400-4,定价15.00元。2014年5月收入北洋文库·红色经典丛书,平装覆膜,国流32开,ISBN 978-7-02-010396-6,定价15.00元。(3-1)

2　仅仅是开始
郭光著,文艺建设丛书,1951年8月。平装,32开,书号 总15建6,定价12,000元。(3-2)

3　铜墙铁壁
柳青著,文艺建设丛书,1951年9月。平装,32开,书号 总28建9,定价13,200元。1956年11月,平装,32开,书号10019·27,定价0.90元。1958年9月收入新创作选拔本,精装,大32开,定价1.60元。1959年9月收入建国十年优秀创作选拔本,大32开,精装,定价1.35元;平装,定价0.75元。2005年1月收入中国当代长篇小说藏本,平装覆膜,国流32开,ISBN 7-02-004918-4,定价11.00元。2019年8月收入中学红色文学经典阅读丛书,平装覆膜,32异,ISBN 978-7-02-015079-3,定价25.00元。(3-3)

4　风云初记
孙犁著,文艺建设丛书,1951年10月。平装,32开,书号 总47建11,定价9,000元。1956年5月,平装,32开,书号10019·46,定价0.95元。(3-4)

5　我们的节日
雷加著,文艺建设丛书,1952年4月。平装,32开,书号 总62建14,定价9,200元。(3-5)

6　不疲倦的斗争
艾明之著,1953年3月。平装,32开,书号127单70,定价6,800元。1958年5月,平装,32开,书号10019·125,定价0.60元。(3-6)

7　三千里江山
杨朔著,1953年3月。平装,32开,书号183单99,定价6,600元。1956年5月,平装,32开,书号10019·184,定价0.60元。1958年9月收入新创作选拔本,精装,大32开,定价1.30元。1959年9月收入建国十年优秀创作选拔本,精装,大32开,定价1.10元;平装,定价0.53元。1998年12月,软精,大32开,ISBN 7-02-002546-3,定价10.30元。(3-7)

8　风云初记(二)
孙犁著,1953年4月。平装,32开,书号166单87,定价5,000元。(3-8)

9　战斗在滹沱河上
李英儒著,作家出版社1954年1月。平装,32开,书号 作7,定价8,600元。1959年8月人民文学出版社,收入建国十年优秀创作选拔本,精装,大32开,书号10019·1340,定价1.30元。(3-9)

3

10　黑石坡煤窑演义

康濯著，作家出版社1954年4月。平装，32开，书号 作17，定价8,900元。(3-10)

11　突破临津江

海默著，作家出版社1954年5月。平装，32开，书号 作49，定价8,600元。(3-11)

12　保卫延安

杜鹏程著，1954年6月。平装，32开，书号281，定价16,500元。1956年2月收入解放军文艺丛书，平装，大32开，定价2.09元。1956年5月，平装，32开，书号10019·280，定价1.50元。1959年9月为莱比锡国际书展特制，特精装，大32开，定价4.10元。1984年10月收入中国现代长篇小说丛书，精装，大32开，定价5.40元。1990年7月，平装，32开，ISBN 7-02-001000-8，定价4.25元。1997年12月收入红色经典，平装覆膜，大32开，ISBN 7-02-002616-8，定价19.80元。2000年7月收入百年百种优秀中国文学图书，平装覆膜，大32开，ISBN 7-02-003243-5，定价19.80元。2005年1月收入中国当代长篇小说藏本，平装覆膜，国流32开，ISBN 7-02-004896-X，定价24.00元。2005年1月收入中国文库，国流32开，平装覆膜，ISBN 7-02-005083-2，定价24.00元；精装，ISBN 7-02-005111-1，定价37.00元。2009年7月收入人民文学出版社·新中国60年长篇小说典藏，纸精，国流32开，ISBN 978-7-02-007455-6，定价37.00元。2011年10月收入当代陕西文艺精品，平装，16异，ISBN 978-7-02-008286-5，定价50.00元。2013年1月收入朝内166人文文库·中国当代长篇小说，平装，国流32开，ISBN 978-7-02-009319-9，定价28.00元。2014年5月收入北洋文库·红色经典丛书，平装覆膜，国流32开，ISBN 978-7-02-010369-0，定价32.00元。2018年9月收入红色长篇小说经典，平装，国流32开，ISBN 978-7-02-012793-1，定价42.00元。2019年8月收入中学红色文学经典阅读丛书，平装覆膜，32异，ISBN 978-7-02-015169-1，定价43.00元。2019年9月收入新中国70年70部长篇小说典藏，16异，精装，ISBN 978-7-02-015444-9，定价78.00元；平装，ISBN 978-7-02-015438-8，定价45.00元。(3-12)

13　领导

李尔重著，作家出版社1954年7月。平装，32开，书号 作62，定价7,100元。(3-13)

14　老桑树下的故事

方纪著，作家出版社1954年8月。平装，32开，书号 作64，定价5,400元。(3-14)

15　春天来到了鸭绿江

雷加著，"潜力"三部曲第一部，作家出版社1954年9月。平装，32开，书号 作89，定价10,500元。1984年6月人民文学出版社，书名《春到鸭绿江》，平装，大32开，书号10019·3656，定价0.90元。(3-15)

16　淮河边上的女儿

陈登科著，作家出版社1954年9月。平装，32开，书号 作93，定价8,800元。(3-16)

17　火车头

草明著，作家出版社1954年10月。平装，32开，书号 作76，定价7,100元。(3-17)

18　五月的矿山

萧军著，作家出版社1954年11月。平装，32开，书号 作81，定价15,000元。(3-18)

19　铁水奔流

周立波著，作家出版社1955年5月。32开，书号 作158，平装，定价0.75元；精装，定价1.33元。(3-19)

20　坚强的人

周洁夫著，作家出版社1955年6月。平装，32开，书号 作171，定价0.62元。(3-20)

21　无名高地有了名

老舍著，1955年6月。平装，大32开，书号397，定价0.63元。1957年9月，平装，大32开，书号10019·393，定价0.60元。(3-21)

22　在祖国的东方

马加著，作家出版社1955年8月。平装，32开，书号 作232，定价1.06元。(3-22)

23　桦树沟

李伯钊著，作家出版社1955年11月。平装，32开，书号 作294，定价0.97元。1956年5月，平装，32开，书号10020·292，定价0.89元。(3-23)

24　东线
寒风著,解放军文艺丛书,1955年12月。平装,大32开,书号445,定价1.63元。1956年5月,平装,大32开,书号10019·440,定价1.50元。(3-24)

25　第一年
李方立著,作家出版社1956年1月。平装,32开,书号 作353,定价1.12元。(3-25)

26　欢笑的金沙江
(彝族)李乔著,作家出版社1956年2月。平装,32开,书号10020·359,定价0.90元。1961年9月,书名《醒了的土地》(《欢笑的金沙江》第一部),平装,32开,书号10020·1529,定价0.89元。1958年9月人民文学出版社,收入新创作选拔本,精装,大32开,书号10019·969,定价1.55元。1959年9月收入建国十年优秀创作选拔本,大32开,精装,定价1.30元;平装,定价0.63元。1980年5月,平装,32开,书号10019·1507,定价0.74元。1993年12月,平装覆膜,32开,ISBN 7-02-001736-3,定价4.75元。2008年3月收入中国当代长篇小说藏本,平装覆膜,国流32开,ISBN 978-7-02-006466-3,定价15.00元。(3-26)

27　在田野上,前进!
秦兆阳著,作家出版社1956年3月。大32开,书号 作459,平装,定价1.22元;精装,定价1.60元。1982年11月人民文学出版社,大32开,书号10019·3342,平装,定价1.25元;精装,定价2.20元。(3-27)

28　高山大岇
韩北屏著,作家出版社1956年4月。平装,32开,书号 作422,定价0.80元。1958年3月,平装,32开,书号10020·417,定价0.80元。(3-28)

29　人民在战斗
俞林著,作家出版社1956年4月。平装,大32开,书号 作421,定价0.95元。1958年4月,平装,大32开,书号10020·416,定价0.95元。1982年11月人民文学出版社,平装,32开,书号10019·3380,定价0.79元。(3-29)

30　在轨道上前进
白朗著,解放军文艺丛书,1956年7月。平装,大32开,书号10019·465,定价0.95元。(3-30)

31　站在最前列
雷加著,"潜力"三部曲第二部,作家出版社1956年7月。平装,大32开,书号10020·508,定价0.99元。(3-31)

32　水向东流
李满天著,作家出版社1956年8月。平装,32开,书号10020·534,定价0.45元。(3-32)

33　铁伞记
田午著,作家出版社1956年10月。平装,32开,书号10020·194,定价0.65元。(3-33)

34　祖国的儿子黄继光
黎明著,解放军文艺丛书,1956年10月。平装,大32开,书号10019·520,定价1.00元。(3-34)

35　新儿女英雄传
袁静、孔厥著,1956年11月。平装,大32开,书号10019·490,定价0.95元。1963年7月作家出版社,平装,32开,书号10020·1677,定价0.64元。1997年12月收入红色经典,平装覆膜,大32开,ISBN 7-02-002617-6,定价10.80元。2005年1月收入中国当代长篇小说藏本,平装覆膜,国流32开,ISBN 7-02-004909-5,定价14.00元。2013年3月收入朝内166人文文库·中国当代长篇小说,平装,国流32开,ISBN 978-7-02-009384-7,定价18.00元。2014年5月收入北洋文库·红色经典丛书,平装覆膜,国流32开,ISBN 978-7-02-010392-8,定价18.00元。2015年7月收入书与影——最经典的抗战小说,平装,国流32开,ISBN 978-7-02-010793-3,定价25.00元。2018年4月收入红色长篇小说经典,平装,国流32开,ISBN 978-7-02-012786-3,定价28.00元。(3-35)

36　行军纪事
胡考著,作家出版社1956年11月。平装,32开,书号10020·233,定价0.65元。(3-36)

37　醒了的山庄
王松著,作家出版社1956年12月。平装,32开,书号10020·535,定价0.60元。(3-37)

38　沃土
田涛著，作家出版社1956年12月。平装，32开，书号10020·551,定价0.90元。(3-38)

39　三八线上的凯歌
和谷岩著，解放军文艺丛书，1956年12月。平装，大32开，书号10019·581,定价1.30元。(3-39)

40　小城春秋
高云览著，作家出版社1956年12月。平装，大32开，书号10020·658,定价1.10元。1979年8月人民文学出版社，平装，32开，书号10019·2815,定价0.73元。1997年8月，平装覆膜，大32开，ISBN 7-02-002436-X,定价19.00元。2005年1月收入中国当代长篇小说藏本，平装覆膜，国流32开，ISBN 7-02-004916-8,定价16.00元。2007年9月收入中国文库，国流32开，平装，ISBN 978-7-02-006345-1,定价18.00元；精装，ISBN 978-7-02-006346-8,定价32.00元。2009年7月收入人民文学出版社·新中国60年长篇小说典藏，纸精，国流32开，ISBN 978-7-02-007414-3,定价25.00元。2013年1月收入朝内166人文文库·中国当代长篇小说，平装，国流32开，ISBN 978-7-02-009428-8,定价20.00元。(3-40)

41　新四军的一个连队
胡考著，解放军文艺丛书，作家出版社1957年1月。平装，32开，书号10020·715,定价0.60元。(3-41)

42　总有一天
黄远著，作家出版社1957年2月。平装，32开，书号10020·654,定价0.55元。(3-42)

43　六十年的变迁(一)
李六如著，作家出版社1957年4月。平装，大32开，书号10020·668,定价1.20元。1958年12月人民文学出版社，收入新创作选拔本，精装，大32开，书号10019·979,定价2.10元。2005年1月第一部、第二部、第三部合为一种收入中国当代长篇小说藏本，平装覆膜，国流32开，ISBN 7-02-004913-3,定价40.00元。2007年9月收入中国文库，国流32开，ISBN 978-7-02-006337-6,定价44.20元；精装，ISBN 978-7-02-006338-3,定价86.00元。2009年7月收入人民文学出版社·新中国60年长篇小说典藏，纸精，国流32开，ISBN 978-7-02-007467-9,定价61.00元。2013年10月收入朝内166人文文库·中国当代长篇小说，平装，国流32开，ISBN 978-7-02-010076-7,定价48.00元。(3-43)

44　在茫茫的草原上(上)
(蒙古族)玛拉沁夫著，作家出版社1957年4月。平装，大32开，书号10020·610,定价1.00元。1958年9月人民文学出版社，收入新创作选拔本，精装，大32开，书号10019·958,定价1.85元。1964年10月作家出版社，书名改为《茫茫的草原》，平装，大32开，定价1.40元。2005年1月上部、下部合为一种，人民文学出版社，收入中国当代长篇小说藏本，平装覆膜，国流32开，ISBN 7-02-004917-6,定价37.00元。(3-44)

45　过去的年代(上下)
萧军著，作家出版社1957年6月。平装，大32开，书号10020·152,定价3.50元。(3-45)

46　春茶
陈学昭著，作家出版社1957年8月。平装，32开，书号10020·734,定价0.75元。(3-46)

47　林海雪原
曲波著，作家出版社1957年9月。平装，大32开，书号10020·751,定价1.80元。1959年9月人民文学出版社，收入建国十年优秀创作选拔本，精装，大32开，书号10019·1474,定价2.20元。1984年9月收入中国现代长篇小说丛书，精装，大32开，定价5.80元。1988年7月，平装，小32开，ISBN 7-02-000522-5,定价3.75元。1997年12月收入红色经典，平装覆膜，大32开，ISBN 7-02-002615-X,定价22.00元。2004年3月收入中国文库，平装覆膜，国流32开，ISBN 7-02-004536-7,定价25.00元；精装，ISBN 7-02-004734-3,定价47.00元。2004年10月，特精，大32开，ISBN 7-02-004812-9,定价70.00元、100.00元。2005年1月收入中国当代长篇小说藏本，平装覆膜，国流32开，ISBN 7-02-004911-7,定价27.00元。2009年7月收入人民文学出版社·

新中国60年长篇小说典藏,纸精,国流32开,ISBN 978-7-02-007458-7,定价38.00元。2013年10月收入朝内166人文文库·中国当代长篇小说,平装,国流32开,ISBN 978-7-02-009404-2,定价32.00元。2014年5月收入北洋文库·红色经典丛书,平装覆膜,国流32开,ISBN 978-7-02-010391-1,定价36.00元。2018年4月收入教育部统编《语文》推荐阅读丛书,平装覆膜,16异,ISBN 978-7-02-013729-9,定价52.00元。2018年7月收入红色长篇小说经典,平装,国流32开,ISBN 978-7-02-012788-7,定价46.00元。2018年10月单行本,平装,国流32开,ISBN 978-7-02-013218-8,定价52.00元。2019年8月收入中学红色文学经典阅读丛书,平装覆膜,32异,ISBN 978-7-02-015150-9,定价45.00元。2019年9月收入新中国70年70部长篇小说典藏,16异,精装,ISBN 978-7-02-015485-2,定价98.00元;平装,ISBN 978-7-02-015462-3,定价55.00元。(3-47)

48　在昂美纳部落里
郭国甫著,作家出版社1958年1月。平装,大32开,书号10020·787,定价1.20元。1983年6月人民文学出版社,平装,32开,书号10019·3469,定价1.00元。(3-48)

49　风雪儿女
张忠运、马令勋著,作家出版社1958年1月。平装,大32开,书号10020·701,定价1.10元。(3-49)

50　青春之歌
杨沫著,作家出版社1958年1月。平装,大32开,书号10020·796,定价1.60元。1960年3月人民文学出版社,收入建国十年优秀创作选拔本,大32开,书号10019·1546,精装,定价2.40元;平装,定价1.40元。1989年1月,平装,32开,ISBN 7-02-000499-7,定价4.95元。2005年1月收入中国当代长篇小说藏本,平装覆膜,国流32开,ISBN 7-02-004899-4,定价28.00元。2009年7月收入人民文学出版社·新中国60年长篇小说典藏,纸精,国流32开,ISBN 978-7-02-007431-0,定价45.00元。2013年1月收入朝内166人文文库·中国当代长篇小说,平装,国流32开,ISBN 978-7-02-009397-7,定价34.00元。2018年12月收入红色长篇小说经典,平装,国流32开,ISBN 978-7-02-012800-6,定价52.00元。2019年8月收入中学红色文学经典阅读丛书,平装覆膜,32异,ISBN 978-7-02-015177-6,定价47.00元。2019年9月收入新中国70年70部长篇小说典藏,16异,精装,ISBN 978-7-02-015466-1,定价98.00元;平装,ISBN 978-7-02-015467-8,定价48.00元。(3-50)

51　蓝色的青枫林
雷加著,"潜力"三部曲第三部,作家出版社1958年3月。平装,大32开,书号10020·817,定价1.20元。(3-51)

52　大波(第一部)
李劼人著,作家出版社1958年3月。平装,大32开,书号10020·813,定价1.20元。1997年6月人民文学出版社,收入中国现代长篇小说丛书,上中下,平装覆膜,大32开,ISBN 7-02-002239-1,定价56.00元。2005年1月收入中国当代长篇小说藏本,平装覆膜,国流32开,ISBN 7-02-004908-7,定价60.00元。2007年9月收入中国文库,平装,国流32开,ISBN 978-7-02-006353-6,定价64.80元;精装,ISBN 978-7-02-006354-3,定价107.00元。2009年7月收入人民文学出版社·新中国60年长篇小说典藏,纸精,国流32开,ISBN 978-7-02-007457-0,定价99.00元。2013年1月收入朝内166人文文库·中国当代长篇小说,平装,国流32开,ISBN 978-7-02-009329-8,定价69.00元。(3-52)

53　三里湾
赵树理著,1958年4月。平装,大32开,书号10019·477,定价0.60元。1958年9月收入新创作选拔本,精装,大32开,定价1.55元。1959年9月收入建国十年优秀创作选拔本,精装,大32开,定价1.45元;平装,定价0.71元。2005年1月收入中国当代长篇小说藏本,平装覆膜,国流32开,ISBN 7-02-004902-8,定价11.00元。2013年1月收入朝内166人文文库·中国当代长篇小说,平装,国流32开,ISBN 978-7-02-009395-3,定价15.00元。

2019年9月收入新中国70年70部长篇小说典藏,16异,精装,ISBN 978-7-02-015434-0,定价39.00元;平装,ISBN 978-7-02-015428-9,定价29.00元。(3-53)

54　百炼成钢
艾芜著,作家出版社1958年5月。平装,大32开,书号10020·829,定价1.10元。1959年9月人民文学出版社,收入建国十年优秀创作选拔本,精装,大32开,定价1.65元;平装,定价1.10元。1983年7月,平装,大32开,书号10019·3475,定价1.10元。2008年5月收入中国当代长篇小说藏本,平装覆膜,国流32开,ISBN 978-7-02-006528-8,定价21.00元。(3-54)

55　祖国屏障
周洁夫著,作家出版社1958年6月。平装,32开,书号10020·838,定价0.55元。(3-55)

56　上海的早晨（一）
周而复著,作家出版社1958年6月。平装,大32开,书号10020·856,定价1.50元。1979年8月人民文学出版社,书号10019·2726,定价1.60元。1991年8月,平装覆膜,大32开,ISBN 7-02-001294-9,定价8.70元。2005年1月与后三部合为一种收入中国当代长篇小说藏本,平装覆膜,国流32开,ISBN 7-02-004901-X,定价99.00元。2005年1月收入中国文库,平装,国流32开,ISBN 7-02-005085-9,定价130.00元;精装,ISBN 7-02-005113-8,定价182.00元。2009年7月收入人民文学出版社·新中国60年长篇小说典藏,纸精,国流32开,ISBN 978-7-02-007440-2,定价168.00元。2013年1月收入朝内166人文文库·中国当代长篇小说,平装,国流32开,ISBN 978-7-02-009394-6,定价118.00元。2019年9月收入新中国70年70部长篇小说典藏,16异,精装,ISBN 978-7-02-015492-0,定价398.00元;平装,ISBN 978-7-02-015473-9,定价228.00元。(3-56)

57　屹立的群峰
立高著,作家出版社1958年6月。平装,大32开,书号10020·826,定价2.40元。(3-57)

58　山乡巨变（上）
周立波著,作家出版社1958年6月。平装,大32开,书号10020·865,定价0.80元。1959年9月人民文学出版社,收入建国十年优秀创作选拔本,大32开,书号10019·1458,精装,定价1.55元;平装,定价1.00元。2002年5月收入红色经典,平装覆膜,大32开,ISBN 7-02-003824-7,定价25.00元。2005年1月收入中国当代长篇小说藏本,平装覆膜,国流32开,ISBN 7-02-004895-1,定价27.00元。2018年5月单行本,平装,国流32开,ISBN 978-7-02-014100-5,定价52.00元。2018年9月收入周立波文选,纸精,国流32开,ISBN 978-7-02-014461-7,定价68.00元。2019年9月收入新中国70年70部长篇小说典藏,16异,精装,ISBN 978-7-02-015472-2,定价98.00元;平装,ISBN 978-7-02-015491-3,定价52.00元。(3-58)

59　高玉宝
高玉宝著,新创作选拔本,1958年9月。精装,大32开,书号10019·1002,定价1.35元。1959年8月收入建国十年优秀创作选拔本,精装,大32开,定价1.15元。1988年8月,平装,大32开,ISBN 7-02-000400-8,定价1.85元。1989年9月,平装,32开,ISBN 7-02-000558-6,儿童文库非卖品。2005年1月收入中国当代长篇小说藏本,平装覆膜,国流32开,ISBN 7-02-004920-6,定价11.00元。(3-59)

60　第一犁
李方立著,作家出版社1958年8月。平装,32开,书号10020·965,定价0.59元。(3-60)

61　王大成翻身记
于胜白著,作家出版社1958年8月。平装,32开,书号10020·1028,定价0.58元。(3-61)

62　战斗到明天（第一部）
白刃著,作家出版社1958年9月。大32开,书号10020·983,定价1.10元。1982年7月人民文学出版社,书名《战斗到明天》,平装,32开,书号10019·3303,定价1.05元。(3-62)

63　为了革命的后代
陶钝著,作家出版社1958年9月。平装,大32

开,书号10020·1006,定价0.69元。(3-63)

64　铁道游击队

知侠著,新创作选拔本,1958年9月。精装,大32开,书号10019·956,定价2.90元。1959年12月收入建国十年优秀创作选拔本,精装,大32开,定价2.20元。2005年1月收入中国当代长篇小说藏本,平装覆膜,国流32开,ISBN 7-02-004907-9,定价27.00元。2009年7月收入人民文学出版社·新中国60年长篇小说典藏,纸精,国流32开,ISBN 978-7-02-007453-2,定价42.00元。2013年1月收入朝内166人文文库·中国当代长篇小说,平装,国流32开,ISBN 978-7-02-009389-2,定价32.00元。2014年5月收入北洋文库·红色经典丛书,平装覆膜,国流32开,ISBN 978-7-02-010395-9,定价38.00元。2015年7月收入书与影——最经典的抗战小说,平装,国流32开,ISBN 978-7-02-010788-9,定价38.00元。2018年9月收入红色长篇小说经典,平装,国流32开,ISBN 978-7-02-012783-2,定价48.00元。2019年8月收入中学红色文学经典阅读丛书,平装覆膜,32异,ISBN 978-7-02-015167-7,定价46.00元。2019年9月收入新中国70年70部长篇小说典藏,16异,精装,ISBN 978-7-02-015536-1,定价98.00元;平装,ISBN 978-7-02-015537-8,定价55.00元。(3-64)

65　山城

西虹著,作家出版社1958年10月。平装,大32开,书号10020·1041,定价0.61元。(3-65)

66　小清河上的风云

胡远著,作家出版社1958年11月。平装,大32开,书号10020·1058,定价0.63元。(3-66)

67　野火春风斗古城

李英儒著,作家出版社1958年12月。平装,大32开,书号10020·1226,定价1.20元。1962年6月人民文学出版社,收入新创作选拔本,大32开,书号10019·1659,精装,定价1.90元;平装,定价1.35元。1990年11月,平装,32开,ISBN 7-02-001120-9,定价4.45元。

1997年12月收入红色经典,平装覆膜,大32开,ISBN 7-02-002626-5,定价20.20元。2005年1月收入中国当代长篇小说藏本,平装覆膜,国流32开,ISBN 7-02-004892-7,定价23.00元。2005年1月收入中国文库,国流32开,平装,ISBN 7-02-005084-0,定价23.00元;精装,ISBN 7-02-005112-X,定价36.00元。2009年7月收入人民文学出版社·新中国60年长篇小说典藏,纸精,国流32开,ISBN 978-7-02-007429-7,定价35.00元。2013年1月收入朝内166人文文库·中国当代长篇小说,平装,国流32开,ISBN 978-7-02-009435-6,定价28.00元。2014年5月收入北洋文库·红色经典丛书,平装覆膜,国流32开,ISBN 978-7-02-010393-5,定价32.00元。2015年7月收入书与影——最经典的抗战小说,平装,国流32开,ISBN 978-7-02-010789-6,定价33.00元。2018年9月收入红色长篇小说经典,平装,国流32开,ISBN 978-7-02-012803-7,定价39.00元。2019年8月收入中学红色文学经典阅读丛书,平装覆膜,32异,ISBN 978-7-02-015078-6,定价42.00元。2019年9月收入新中国70年70部长篇小说典藏,16异,精装,ISBN 978-7-02-015516-3,定价86.00元;平装,ISBN 978-7-02-015518-7,定价46.00元。(3-67)

68　红日

吴强著,新创作选拔本,1958年12月。精装,大32开,书号10019·1125,定价2.65元。1959年9月收入建国十年优秀创作选拔本,精装,大32开,定价2.20元。2008年3月收入中国当代长篇小说藏本,平装覆膜,国流32开,ISBN 978-7-02-006516-5,定价28.00元。2018年12月收入红色长篇小说经典,平装,国流32开,ISBN 978-7-02-012839-6,定价48.00元。2019年8月收入中学红色文学经典阅读丛书,平装覆膜,32异,ISBN 978-7-02-015123-3,定价43.00元。(3-68)

69　石爱妮的命运

谷峪著,作家出版社1959年1月。平装,大32开,书号10020·1141,定价0.64元。(3-69)

70　变天记

张雷著,新创作选拔本,1959年2月。精装,大32开,书号10019·1145,定价2.20元。1982年1月版,平装,大32开,定价1.10元。(3-70)

71　灵泉洞(上)

赵树理著,作家出版社1959年2月。大32开,书号10020·1237,平装,定价0.37元;精装,定价1.30元。1981年3月人民文学出版社,平装,32开,书号10019·3103,定价0.32元。(3-71)

72　红色交通线

袁静著,作家出版社1959年6月。平装,大32开,书号10020·1316,定价0.69元。(3-72)

73　双喜临门

李逸民著,作家出版社1959年7月。平装,32开,书号10020·1325,定价0.49元。(3-73)

74　苦菜花

冯德英著,建国十年优秀创作选拔本,1959年8月。精装,大32开,书号10019·1336,定价2.15元。2005年1月收入中国当代长篇小说藏本,平装覆膜,国流32开,ISBN 7-02-004891-9,定价24.00元。2007年9月收入中国文库,国流32开,平装,ISBN 978-7-02-006335-2,定价26.00元;精装,ISBN 978-7-02-6336-9,定价40.00元。2009年7月收入人民文学出版社·新中国60年长篇小说典藏,纸精,国流32开,ISBN 978-7-02-007430-3,定价38.00元。2013年1月收入朝内166人文文库·中国当代长篇小说,平装,国流32开,ISBN 978-7-02-009353-3,定价29.00元。2014年5月收入北洋文库·红色经典丛书,平装覆膜,国流32开,ISBN 978-7-02-010390-4,定价33.00元。2015年7月收入书与影——最经典的抗战小说,平装,国流32开,ISBN 978-7-02-010792-6,定价35.00元。2018年9月收入红色长篇小说经典,国流32开,ISBN 978-7-02-012797-9,定价42.00元。2019年8月收入中学红色文学经典阅读丛书,平装覆膜,32异,ISBN 978-7-02-015080-9,定价43.00元。2019年9月收入新中国70年70部长篇小说典藏,16异,精装,ISBN 978-7-02-015499-9,定价88.00元;平装,ISBN 978-7-02-015525-5,定价46.00元。(3-74)

75　乘风破浪

草明著,作家出版社1959年9月。大32开,书号10020·1398,平装,定价1.24元;精装,定价1.71元。1978年5月人民文学出版社,平装,32开,书号10019·2610,定价0.92元。(3-75)

76　红旗谱

梁斌著,建国十年优秀创作选拔本,1959年9月。精装,大32开,书号10019·1497,定价2.10元。2005年1月与第二部《播火记》、第三部《烽烟图》合为一种收入中国当代长篇小说藏本,平装覆膜,国流32开,ISBN 7-02-004919-2,定价68.00元。2009年7月《红旗谱》单卷收入人民文学出版社·新中国60年长篇小说典藏,纸精,国流32开,ISBN 978-7-02-007454-9,定价34.00元。2013年3月三部同收入朝内166人文文库·中国当代长篇小说,平装,国流32开,ISBN 978-7-02-009359-5,定价78.00元。2018年9月三部同收入红色长篇小说经典,平装,国流32开,ISBN 978-7-02-012804-4,定价105.00元。2019年8月三部同收入中学红色文学经典阅读丛书,平装覆膜,32异,ISBN 978-7-02-015151-6,定价96.00元。(3-76)

77　平原枪声

李晓明、韩安庆著,作家出版社1959年10月。平装,大32开,书号10020·1373,定价1.52元。1978年11月人民文学出版社,平装,32开,书号10019·2675,定价1.10元。1995年5月,平装,32开,ISBN 7-02-002161-1,定价12.95元。1997年12月收入红色经典,平装覆膜,大32开,ISBN 7-02-002625-7,定价22.00元。2005年1月收入中国当代长篇小说藏本,平装覆膜,国流32开,ISBN 7-02-004894-3,定价25.00元。2013年1月收入朝内166人文文库·中国当代长篇小说,平装,国流32开,ISBN 978-7-02-009399-1,定价30.00元。2014年5月收入北洋文库·红色经典丛书,平装覆膜,国流32开,ISBN 978-7-02-010355-3,定价35.00元。2015年7月收入书与影——最经典的抗战小说,平装,国流 32 开,ISBN 978-7-02-010791-9,定价 36.00 元。2018 年 9 月收入红色长篇小说经典,平装,国流 32 开,ISBN 978-7-02-012801-3,定价 43.00 元。(3-77)

78 草原烽火

(蒙古族)乌兰巴干著,建国十年优秀创作选拔本,1959 年 10 月。精装,大 32 开,书号 10019·1383,定价 2.05 元。2008 年 4 月收入中国当代长篇小说藏本,平装覆膜,国流 32 开,ISBN 978-7-02-006507-3,定价 27.00 元。2013 年 1 月收入朝内 166 人文文库·中国当代长篇小说,平装,国流 32 开,ISBN 978-7-02-009312-0,定价 29.00 元。(3-78)

79 金沙洲

于逢著,作家出版社 1959 年 11 月。平装,大 32 开,书号 10020·1383,定价 1.30 元。(3-79)

80 红路

(蒙古族)扎拉嘎胡著,作家出版社 1959 年 12 月。平装,大 32 开,书号 10020·1385,定价 0.94 元。1981 年 3 月人民文学出版社,平装,32 开,书号 10019·2897,定价 0.82 元。(3-80)

81 人望幸福树望春

李茂荣著,作家出版社 1959 年 12 月。平装,大 32 开,书号 10020·1409,定价 0.92 元。(3-81)

82 我们播种爱情

徐怀中著,建国十年优秀创作选拔本,1959 年 12 月。精装,大 32 开,书号 10019·1527,定价 1.60 元。2005 年 1 月收入中国当代长篇小说藏本,平装覆膜,国流 32 开,ISBN 7-02-004890-0,定价 16.00 元。2019 年 9 月收入新中国 70 年 70 部长篇小说典藏,16 异,精装,ISBN 978-7-02-015496-8,定价 60.00 元;平装,ISBN 978-7-02-015495-1,定价 39.00 元。(3-82)

83 三家巷

欧阳山著,作家出版社 1960 年 1 月。平装,大 32 开,书号 10020·1429,定价 1.07 元。1979 年 6 月人民文学出版社,平装,32 开,书号 10019·2687,定价 0.82 元。1999 年 7 月与《一代风流》之《苦斗》《柳暗花明》《圣地》共同修订出版,平装覆膜,大 32 开,ISBN 7-02-002800-4,定价 80.40 元。2005 年 1 月收入中国文库,国流 32 开,平装,ISBN 7-02-005086-7,定价 93.00 元;精装,ISBN 7-02-005114-6,定价 145.00 元。2009 年 7 月《三家巷》单卷收入人民文学出版社·新中国 60 年长篇小说典藏,纸精,国流 32 开,ISBN 978-7-02-007428-0,定价 26.00 元。2014 年 5 月《三家巷》单独收入北洋文库·红色经典丛书,平装覆膜,国流 32 开,ISBN 978-7-02-010388-1,定价 23.00 元。2019 年 9 月《三家巷》单独收入新中国 70 年 70 部长篇小说典藏,16 异,精装,ISBN 978-7-02-015468-5,定价 68.00 元;平装,ISBN 978-7-02-015490-6,定价 38.00 元。(3-83)

84 十月的阳光

周洁夫著,作家出版社 1960 年 3 月。平装,大 32 开,书号 10020·1445,定价 0.80 元。(3-84)

85 美丽的南方

陆地著,作家出版社 1960 年 4 月。平装,大 32 开,书号 10020·1458,定价 0.99 元。(3-85)

86 蔺铁头红旗不倒

文秋、柯蓝著,作家出版社 1960 年 4 月。平装,大 32 开,书号 10020·1433,定价 0.76 元。1963 年 11 月,书名《蔺铁头》。(3-86)

87 山乡巨变(下)

周立波著,作家出版社 1960 年 6 月。平装,大 32 开,书号 10020·1442,定价 0.93 元。1979 年 6 月人民文学出版社,平装,32 开,书号 10019·2702,定价 0.71 元。(3-87)

88 红色的果实

马加著,作家出版社 1960 年 6 月。平装,大 32 开,书号 10020·1482,定价 1.41 元。(3-88)

89 大波(第二部)

李劼人著,作家出版社 1960 年 6 月。平装,大 32 开,书号 10020·1353,定价 1.12 元。1982 年 12 月人民文学出版社,平装,大 32 开,书号 10019·3367,定价 1.10 元。(3-89)

90 六十年的变迁(二)

李六如著,作家出版社1961年11月。平装,大32开,书号10020·1541,定价1.20元。1981年3月人民文学出版社,平装,32开,书号10019·3083,定价0.95元。(3-90)

91　逐鹿中原
柯岗著,作家出版社1962年2月。大32开,书号10020·1560,平装,定价1.55元;精装,定价2.05元。1980年12月人民文学出版社,平装,大32开,书号10019·3066,定价1.60元。2005年1月收入中国当代长篇小说藏本,平装覆膜,国流32开,ISBN 7-02-004903-6,定价25.00元。2013年1月收入朝内166人文文库·中国当代长篇小说,平装,国流32开,ISBN 978-7-02-009376-2,定价30.00元。(3-91)

92　汾水长流
胡正著,作家出版社1962年6月。平装,大32开,书号10020·1580,定价1.25元。(3-92)

93　早来的春天
(彝族)李乔著,《欢笑的金沙江》第二部,作家出版社1962年6月。平装,大32开,书号10020·1562,定价1.25元。(3-93)

94　大波(第三部)
李劼人著,作家出版社1962年7月。平装,大32开,书号10020·1581,定价1.15元。1982年12月人民文学出版社,平装,大32开,书号10019·3368,定价1.10元。(3-94)

95　这一代人
舒群著,作家出版社1962年8月。平装,大32开,书号10020·967,定价0.80元。(3-95)

96　苦斗
欧阳山著,《一代风流》第二卷,作家出版社1962年12月。平装,大32开,书号10020·1623,定价1.20元。1979年6月人民文学出版社,平装,32开,书号10019·2752,定价0.86元。1995年11月,平装覆膜,大32开,ISBN 7-02-002269-3,定价19.70元。2014年5月收入北洋文库·红色经典丛书,平装覆膜,国流32开,ISBN 978-7-02-010389-8,定价25.00元。(3-96)

97　上海的早晨(二)
周而复著,作家出版社1962年12月。大32开,书号10020·1608,平装,定价1.95元;精装,定价2.85元。1979年8月人民文学出版社,大32开,书号10019·2728,平装,定价1.55元;精装,定价2.20元。1991年8月,平装覆膜,大32开,ISBN 7-02-001295-7,定价8.40元。(3-97)

98　太行风云
刘江著,作家出版社1962年12月。大32开,书号10020·1614,平装,定价1.55元;精装,定价2.10元。1982年11月人民文学出版社,平装,32开,书号10019·3356,定价1.55元。(3-98)

99　雁飞塞北
林予著,作家出版社1962年12月。大32开,书号10020·1609,平装,定价1.75元;半精装,定价1.85元。1983年2月人民文学出版社,平装,32开,书号10019·3404,定价1.55元。2008年3月收入中国当代长篇小说藏本,平装覆膜,国流32开,ISBN 978-7-02-006469-4,定价32.00元。(3-99)

100　风云初记
孙犁著,作家出版社1963年4月。大32开,书号10020·1632,平装,定价1.20元;精装,定价1.45元。1980年2月人民文学出版社,平装,32开,书号10019·2923,定价0.90元。2002年9月收入红色经典,平装覆膜,大32开,ISBN 7-02-003837-9,定价16.80元。2005年1月收入中国当代长篇小说藏本,平装覆膜,国流32开,ISBN 7-02-004910-9,定价17.00元。2009年7月收入人民文学出版社·新中国60年长篇小说典藏,纸精,国流32开,ISBN 978-7-02-007424-2,定价27.00元。2013年1月收入朝内166人文文库·中国当代长篇小说,平装,国流32开,ISBN 978-7-02-009323-6,定价21.00元。2014年5月收入北洋文库·红色经典丛书,平装覆膜,国流32开,ISBN 978-7-02-010394-2,定价25.00元。2015年7月收入书与影——最经典的抗战小说,平装,国流32开,ISBN 978-7-02-010790-2,定价29.00元。(3-100)

101　香飘四季
陈残云著,作家出版社1963年4月。大32开,

书号 10020·1639,平装,定价 1.35 元;精装,定价 2.00 元。(3-101)

102 风云初记(三)

孙犁著,作家出版社 1963 年 6 月。平装,32 开,书号 10020·1668,定价 0.38 元。(3-102)

103 春回地暖(上下)

王西彦著,作家出版社 1963 年 6 月。大 32 开,书号 10020·1665,平装,定价 2.40 元;精装,定价 3.55 元。(3-103)

104 山乡风云录

吴有恒著,作家出版社 1963 年 7 月。平装,32 开,书号 10020·1678,定价 0.83 元。(3-104)

105 大波(第四部)

李劼人著,作家出版社 1963 年 9 月。平装,大 32 开,书号 10020·1681,定价 0.50 元。1982 年 12 月人民文学出版社,平装,大 32 开,书号 10019·3369,定价 0.48 元。(3-105)

106 东方红(上下)

康濯著,作家出版社 1963 年 10 月。大 32 开,书号 10020·1706,平装,定价 2.35 元;精装,定价 2.75 元。(3-106)

107 玉泉喷绿(上)

贺政民著,作家出版社 1963 年 10 月。平装,32 开,书号 10020·1685,定价 0.67 元。(3-107)

108 火种

艾明之著,"火焰"三部曲第一部,作家出版社 1963 年 11 月。平装,大 32 开,书号 10020·1692,定价 1.95 元;精装,定价 2.65 元。1981 年 6 月人民文学出版社,平装,32 开,书号 10019·3126,定价 1.45 元。(3-108)

109 播火记(上下)

梁斌著,作家出版社 1963 年 12 月。大 32 开,书号 10020·1728,平装,定价 2.00 元;精装,定价 2.50 元。(3-109)

110 垦荒曲(第一部)

白危著,作家出版社 1963 年 12 月。平装,32 开,书号 10020·1715,平装,定价 1.05 元;精装,定价 1.55 元。(3-110)

111 垦荒曲(第二部)

白危著,作家出版社 1963 年 12 月。平装,大 32 开,书号 10020·1716,定价 1.20 元;精装,定价 1.70 元。(3-111)

112 大风歌

邹荻帆著,作家出版社 1964 年 3 月。大 32 开,书号 10020·1751,平装,定价 1.30 元;精装,定价 1.90 元。1964 年 5 月,上下册,平装,32 开,定价 1.05 元。(3-112)

113 跃马扬鞭

王有为、贺朗著,作家出版社 1964 年 8 月。平装,32 开,书号 10020·1787,定价 0.60 元。(3-113)

114 前驱(上下)

陈立德著,作家出版社 1964 年 9 月。大 32 开,书号 10020·1790,平装,定价 2.15 元;精装,定价 2.65 元。1978 年 6 月人民文学出版社,平装,32 开,书号 10019·2629,定价 1.45 元。2008 年 3 月收入中国当代长篇小说藏本,平装覆膜,国流 32 开,ISBN 978-7-02-006468-7,定价 40.00 元。2013 年 1 月收入朝内 166 人文文库·中国当代长篇小说,平装,国流 32 开,ISBN 978-7-02-009398-4,定价 39.00 元。2018 年 12 月收入红色长篇小说经典,平装,国流 32 开,ISBN 978-7-02-012802-0,定价 56.00 元。(3-114)

115 风雨桐江

司马文森著,作家出版社 1964 年 9 月。大 32 开,书号 10020·1791,平装,定价 1.55 元;精装,定价 2.10 元。1983 年 2 月人民文学出版社,平装,大 32 开,书号 10019·3402,定价 1.40 元。2008 年 4 月收入中国当代长篇小说藏本,平装覆膜,国流 32 开,ISBN 978-7-02-006506-6,定价 28.00 元。(3-115)

116 艳阳天(一)

浩然著,作家出版社 1964 年 10 月。大 32 开,书号 10020·1801,平装,定价 2.00 元;精装,定价 2.50 元。1965 年 10 月人民文学出版社,平装,32 开,书号 10019·1801,定价 0.60 元。1975 年 5 月开始与第二部、第三部合为一种,精装,大 32 开,书号 10019·1884,定价 5.55 元。1995 年 12 月,平装覆膜,大 32 开,ISBN 7-02-002005-4,定价 48.95 元。2005 年 1 月

收入中国当代长篇小说藏本,平装覆膜,国流32开,ISBN 7-02-004900-1,定价78.00元。2009年7月收入人民文学出版社·新中国60年长篇小说典藏,纸精,国流32开,ISBN 978-7-02-007439-6,定价122.00元。2013年1月收入朝内166人文文库·中国当代长篇小说,平装,国流32开,ISBN 978-7-02-009381-6,定价88.00元。2019年9月收入新中国70年70部长篇小说典藏,16异,精装,ISBN 978-7-02-015515-6,定价278.00元;平装,ISBN 978-7-02-015519-4,定价148.00元。(3-116)

117 激流飞渡
张漠青著,作家出版社1965年1月。平装,32开,书号10020·1812,定价0.60元。(3-117)

118 边疆晓歌
黄天明著,作家出版社1965年3月。平装,大32开,书号10020·1830,定价1.25元。(3-118)

119 呼啸的山风
(彝族)李乔著,《欢笑的金沙江》第三部,作家出版社1965年4月。大32开,书号10020·1832,平装,定价1.00元;精装,定价1.30元。(3-119)

120 山村新人
胡天培、胡天亮著,作家出版社1965年4月。平装,大32开,书号10020·1839,定价1.20元。(3-120)

121 破晓记
李晓明、韩安庆著,作家出版社1965年7月。平装,大32开,书号10020·1849,定价1.20元。(3-121)

122 玉泉喷绿(下)
贺政民著,作家出版社1965年9月。平装,大32开,书号10020·1869,定价0.60元。(3-122)

123 古城春色
林晞著,1965年10月。平装,大32开,书号10019·1800,定价1.35元;精装,定价2.05元。1982年1月,作者署名张东林,平装,32开,定价1.10元。2008年5月开始与第二部合为一种收入中国当代长篇小说藏本,平装覆膜,国流32开,ISBN 978-7-02-006505-9,定价49.00元。2009年7月收入人民文学出版社·新中国60年长篇小说典藏,纸精,国流32开,ISBN 978-7-02-007434-1,定价66.00元。2018年10月收入红色长篇小说经典,平装,国流32开,ISBN 978-7-02-012787-0,定价69.00元。2019年8月收入中学红色文学经典阅读丛书,平装覆膜,32异,ISBN 978-7-02-015164-6,定价68.00元。(3-123)

124 渔岛怒潮
姜树茂著,1965年12月。大32开,书号10019·1804,平装,定价1.35元;精装,定价2.05元。2008年3月收入中国当代长篇小说藏本,平装覆膜,国流32开,ISBN 978-7-02-006504-2,定价28.00元。(3-124)

125 大江风雷(上下)
艾煊著,1965年12月。大32开,书号10019·1806,平装,定价2.50元;精装,定价3.15元。2008年3月收入中国当代长篇小说藏本,平装覆膜,国流32开,ISBN 978-7-02-006482-3,定价42.00元。2013年1月收入朝内166人文文库·中国当代长篇小说,平装,国流32开,ISBN 978-7-02-009328-1,定价49.00元。(3-125)

126 沸腾的群山
李云德著,1965年12月。大32开,书号10019·1807,平装,定价1.35元;精装,定价2.05元。2008年1月收入中国当代长篇小说藏本,平装覆膜,国流32开,ISBN 978-7-02-006967-0,定价26.00元。2013年1月收入朝内166人文文库·中国当代长篇小说,平装,国流32开,ISBN 978-7-02-009324-3,定价26.00元。(3-126)

127 艳阳天(二)
浩然著,1966年2月。大32开,书号10019·1812,平装,定价1.45元;精装,定价2.15元。(3-127)

128 清江壮歌
马识途著,1966年3月。大32开,书号10019·1813,平装,定价1.35元;精装,定价2.05元。2007年8月,平装,国流32开,ISBN

978-7-02-006208-9,定价28.00元。2008年5月收入中国当代长篇小说藏本,平装覆膜,国流32开,ISBN 978-7-02-006508-0,定价27.00元。(3-128)

129　欧阳海之歌

金敬迈著,1966年4月。平装,32开,书号10019·1823,定价0.90元。2005年1月收入中国当代长篇小说藏本,平装覆膜,国流32开,ISBN 7-02-004906-0,定价24.00元。2009年7月收入人民文学出版社·新中国60年长篇小说典藏,纸精,国流32开,ISBN 978-7-02-007444-0,定价37.00元。2013年1月收入朝内166人文文库·中国当代长篇小说,平装,国流32开,ISBN 978-7-02-009427-1,定价29.00元。(3-129)

130　艳阳天(三)

浩然著,1971年12月。平装,大32开,书号10019·1824,定价1.70元。(3-130)

131　激战无名川

郑直著,1972年2月。平装,大32开,书号10019·1870,定价0.85元。(3-131)

132　金光大道(一)

浩然著,1972年5月。平装,大32开,书号10019·1886,定价1.40元。(3-132)

133　沸腾的群山(二)

李云德著,1973年5月。平装,32开,书号10019·2016,定价0.64元。(3-133)

134　东风浩荡

刘彦林著,1973年11月。平装,32开,书号10019·2061,定价0.88元。(3-134)

135　黄海红哨

《黄海红哨》创作组集体创作,李伯屏执笔,1973年12月。平装,32开,书号10019·2085,定价0.73元。(3-135)

136　金光大道(二)

浩然著,1974年5月。大32开,书号10019·2064,平装,定价1.50元;精装,定价2.05元。(3-136)

137　千重浪

毕方、钟涛著,1974年9月。平装,32开,书号10019·2206,定价1.25元。(3-137)

138　渤海渔歌

单学鹏著,1975年5月。平装,32开,书号10019·2253,定价0.64元。(3-138)

139　铁旋风(一)

王士美著,1975年6月。平装,32开,书号10019·2268,定价0.90元。(3-139)

140　钻天峰

《钻天峰》三结合创作组集体创作,奚植执笔,1975年6月。平装,32开,书号10019·2264,定价0.75元。(3-140)

141　大刀记(第一卷)

郭澄清著,1975年7月。平装,32开,书号10019·2280,定价1.10元。2005年8月开始与第二卷、第三卷合为一种,平装覆膜,国流32开,ISBN 7-02-005266-5,定价75.00元。2015年8月,平装覆膜,国流32开,ISBN 978-7-02-005266-0,定价88.00元。2019年9月收入新中国70年70部长篇小说典藏,16异,精装,ISBN 978-7-02-015453-1,定价278.00元;平装,ISBN 978-7-02-015452-4,定价128.00元。(3-141)

142　边城风雪

张长弓、郑士谦著,1975年7月。平装,32开,书号10019·2277,定价1.20元。(3-142)

143　大刀记(第二卷)

郭澄清著,1975年7月。平装,32开,书号10019·2283,定价1.05元。(3-143)

144　大刀记(第三卷)

郭澄清著,1975年8月。平装,32开,书号10019·2282,定价1.05元。(3-144)

145　克孜勒山下

(维吾尔族)柯尤慕·图尔迪著,马俊民、刘发俊译,1975年9月。平装,32开,书号10019·2288,定价0.66元。(3-145)

146　万年青

谌容著,1975年11月。平装,32开,书号10019·2302,定价1.05元。(3-146)

147　红石口

龚成著,1975年12月。平装,32开,书号10019·2299,定价1.00元。(3-147)

148　前夕

胡尹强著,《峥嵘岁月》第一部,1976年1月。平装,32开,书号10019·2330,定价1.10元。

(3-148)

149 伐木人传（上下）

屈兴岐著，1976年1月。平装，32开，书号10019·2328，定价1.50元。(3-149)

150 雨后青山

广西壮族自治区百色地区三结合创作组集体创作，1976年2月。平装，32开，书号10019·2266，定价1.05元。(3-150)

151 万山红遍（上）

黎汝清著，1976年3月。平装，32开，书号10019·2335，定价1.10元。(3-151)

152 延河在召唤

《延河在召唤》写作组集体创作，1976年4月。平装，32开，书号10019·2357，定价0.78元。(3-152)

153 澜沧江畔

李惠薪著，1976年5月。平装，32开，书号10019·2373，定价0.98元。(3-153)

154 晨光曲

北京市通县三结合创作组集体创作，1976年5月。平装，32开，书号10019·2375，定价1.05元。(3-154)

155 沸腾的群山（三）

李云德著，1976年9月。平装，32开，书号10019·2417，定价1.10元。(3-155)

156 孔雀高飞

高中午著，1976年10月。平装，32开，书号10019·2374，定价1.25元。(3-156)

157 云燕

管建勋著，1976年11月。平装，32开，书号10019·2432，定价0.95元。(3-157)

158 昨天的战争（第一部上下）

孟伟哉著，1977年1月。平装，32开，书号10019·2402，定价1.60元。2001年5月开始第一部、第二部合为上中下三卷，平装覆膜，大32开，ISBN 978-7-02-003449-7，定价78.00元。2010年1月新修订版，平装覆膜，国流32开，ISBN 978-7-02-003449-9，定价93.00元。(3-158)

159 燕岭风云

单学鹏著，1977年2月。平装，32开，书号10019·2452，定价1.20元。(3-159)

160 阿力玛斯之歌

冯芩植著，1977年4月。平装，32开，书号10019·2435，定价1.20元。(3-160)

161 草原的早晨

（蒙古族）扎拉嘎胡著，1977年7月。平装，32开，书号10019·2489，定价1.30元。1982年10月，书名《草原雾》。(3-161)

162 翼上（上下）

陈立德著，1977年7月。平装，32开，书号10019·2425，定价1.95元。(3-162)

163 雁塞游击队

（满族）马云鹏著，1977年7月。平装，32开，书号10019·2487，定价1.20元。(3-163)

164 广大的战线

《广大的战线》创作组集体创作，维恩、峻峰执笔，1977年9月。平装，32开，书号10019·2517，定价1.15元。(3-164)

165 万山红遍（下）

黎汝清著，1977年10月。平装，32开，书号10019·2496，定价1.35元。(3-165)

166 疾风落叶

孙蕴英著，1977年11月。平装，32开，书号10019·2503，定价1.00元。(3-166)

167 古玛河春晓

沈凯著，1977年11月。平装，32开，书号10019·2513，定价1.15元。(3-167)

168 义和拳（上下）

冯骥才、李定兴著，1977年12月。平装，32开，书号10019·2538，定价1.65元。(3-168)

169 翻身记事

梁斌著，1978年2月。平装，32开，书号10019·2573，定价0.97元。(3-169)

170 江海儿女

陈惠彤著，1978年6月。平装，32开，书号10019·2549，定价1.10元。(3-170)

171 橱窗迎彩霞

曹建章著，1978年6月。平装，32开，书号10019·2632，定价1.05元。(3-171)

172 云崖初暖

高缨著，1978年7月。平装，32开，书号10019·2590，定价1.25元。(3-172)

173 龙虎风云记

梁信著,1978年8月。平装,32开,书号10019·2625,定价1.10元。(3-173)

174 光明与黑暗

谌容著,1978年8月。平装,32开,书号10019·2634,定价0.89元。(3-174)

175 东方(上中下)

魏巍著,1978年10月。平装,32开,书号10019·2673,定价2.30元。1985年5月收入中国现代长篇小说丛书,平装,32开,定价7.60元;精装,大32开,定价18.00元。1998年3月收入茅盾文学奖获奖书系,平装覆膜,大32开,ISBN 7-02-002580-3,定价55.00元。2005年1月收入茅盾文学奖获奖作品全集,平装,国流32开,ISBN 7-02-004936-2,定价56.00元。2013年8月收入茅盾文学奖获奖作品全集,平装,32异,ISBN 978-7-02-009685-5,定价68.00元。2015年5月收入茅盾文学奖获奖作品全集(特装本),纸精,国流32开,ISBN 978-7-02-010655-4,定价98.00元。2019年5月收入茅盾文学奖获奖作品全集,平装,32异,ISBN 978-7-02-013963-7,定价92.00元。2019年9月收入新中国70年70部长篇小说典藏,16异,精装,ISBN 978-7-02-015464-7,定价198.00元;平装,ISBN 978-7-02-015460-9,定价128.00元。(3-175)

176 遥远的金竹寨

陈见尧著,1978年10月。平装,32开,书号10019·2658,定价0.59元。(3-176)

177 总工程师和他的女儿

焦祖尧著,1978年12月。平装,32开,书号10019·2709,定价1.10元。(3-177)

178 奔腾的雅鲁藏布江

王德明、赵志立著,1978年11月。平装,32开,书号10019·2650,定价0.97元。(3-178)

179 霹雳

杨佩瑾著,1979年4月。平装,32开,书号10019·2506,定价1.10元。(3-179)

180 桥隆飙

曲波著,1979年4月。平装,32开,书号10019·2701,定价0.96元。1995年5月,平装,32开,ISBN 7-02-002160-3,定价11.30

元。(3-180)

181 在非洲密林中

张铁珊著,1979年6月。平装,32开,书号10019·2780,定价1.05元。(3-181)

182 青春万岁

王蒙著,1979年6月。平装,32开,书号10019·2720,定价0.68元。1984年9月收入中国现代长篇小说丛书,精装,大32开,定价4.10元。1988年7月收入少年文库,32开,ISBN 7-02-000521-7,定价2.15元。1994年6月单行本,平装覆膜,32开,ISBN 7-02-001957-9,定价6.50元。1998年6月单行本,平装覆膜,大32开,ISBN 7-02-002576-5,定价15.50元。2005年1月收入中国文库,国流32开,平装,ISBN 7-02-005087-5,定价16.00元;精装,ISBN 7-02-005115-4,定价30.00元。2013年10月单行本,纸精,国流32开,ISBN 978-7-02-010046-0,定价39.00元。2014年1月单行本,平装,国流32开,ISBN 978-7-02-010148-1,定价28.00元。2014年4月收入王蒙文集,平装,国流32开,ISBN 978-7-02-009979-5,定价29.00元。2015年4月收入北京当代文库出版工程·文学库,纸精,国流32开,ISBN 978-7-02-010619-6,定价42.00元。2019年9月收入新中国70年70部长篇小说典藏,16异,精装,ISBN 978-7-02-015426-5,定价58.00元;平装,ISBN 978-7-02-015439-5,定价39.00元。(3-182)

183 昨天的战争(第二部上下)

孟伟哉著,1979年7月。平装,32开,书号10019·2791,定价1.40元。(3-183)

184 骑兵之歌

(蒙古族)敖德斯尔、斯琴高娃著,1979年7月。平装,32开,书号10019·2736,定价1.15元。1985年12月收入全国少数民族文学创作获奖作品丛书,大32开,平装,定价3.65元;精装,定价5.85元。(3-184)

185 俄洛天刚亮

杨友德著,1979年8月。平装,32开,书号10019·2733,定价0.70元。(3-185)

186 火花

叶君健著,"土地"三部曲之一,1979年8月。

小说

平装,大32开,书号10019·2750,定价1.20元。(3-186)

187 生活的路

竹林著,1979年8月。平装,32开,书号10019·2830,定价0.74元。2007年1月收入中国当代名家长篇小说代表作丛书,平装覆膜,国流32开,ISBN 978-7-02-005769-6,定价17.00元。2013年1月收入朝内166人文文库·中国当代长篇小说,平装,国流32开,ISBN 978-7-02-009393-9,定价23.00元。(3-187)

188 秦川儿女(一)

刘波泳著,1979年9月。平装,32开,书号10019·2816,定价0.94元。(3-188)

189 秦川儿女(二)

刘波泳著,1979年9月。平装,32开,书号10019·2835,定价1.00元。(3-189)

190 渔港之春(上下)

姜树茂著,1979年9月。平装,32开,书号10019·2725,定价1.65元。(3-190)

191 湖边

周健明著,1979年10月。平装,32开,书号10019·2760,定价0.55元。2018年1月,平装覆膜,32异,ISBN 978-7-02-012367-4,定价42.00元。(3-191)

192 秦川儿女(三)

刘波泳著,1979年11月。平装,32开,书号10019·2836,定价0.90元。(3-192)

193 蓝凌江波涛

胡忠斯著,1979年11月。平装,32开,书号10019·2781,定价0.78元。(3-193)

194 浏河十八湾

柯蓝著,1980年1月。平装,32开,书号10019·2889,定价0.80元。(3-194)

195 男婚女嫁

刘亚舟著,1980年2月。平装,32开,书号10019·2919,定价1.20元。1981年3月收入当代文学丛书,平装,32开,定价1.20元。(3-195)

196 精明人的苦恼

董玉振著,1980年2月。平装,32开,书号10019·2921,定价1.10元。(3-196)

197 不许收获的秋天

木青著,1980年2月。平装,32开,书号10019·2567,定价0.79元。(3-197)

198 上海的早晨(三)

周而复著,1980年2月。大32开,书号10019·2918,平装,定价1.75元;精装,定价2.30元。1991年8月,平装覆膜,大32开,ISBN 7-02-001296-5,定价8.25元。(3-198)

199 一个女囚的自述

檀林著,1980年4月。平装,32开,书号10019·2947,定价0.72元。1981年4月收入当代文学丛书,平装,32开,定价0.72元。(3-199)

200 神秘的松布尔

冯芩植著,1980年4月。平装,32开,书号10019·2944,定价1.15元。(3-200)

201 破壁记

陈登科、肖马著,1980年5月。平装,32开,书号10019·2962,定价1.25元。(3-201)

202 两重奏

胡考著,1980年3月。平装,32开,书号10019·2895,定价0.79元。(3-202)

203 风云急

李连庆著,1980年4月。平装,32开,书号10019·2945,定价0.71元。(3-203)

204 将军吟(上下)

莫应丰著,1980年6月。平装,32开,书号10019·2970,定价1.60元。1983年6月收入当代文学丛书,平装,大32开,定价2.10元。1984年9月收入中国现代长篇小说丛书,精装,大32开,定价8.30元。1998年3月收入茅盾文学奖获奖书系,平装覆膜,大32开,ISBN 7-02-002558-7,定价33.00元。2005年1月收入茅盾文学奖获奖作品全集,平装,国流32开,ISBN 7-02-004885-4,定价30.00元。2005年1月收入中国文库,国流32开,平装,ISBN 7-02-005088-3,定价33.00元;精装,ISBN 7-02-005116-2,定价46.00元。2013年8月收入茅盾文学奖获奖作品全集,平装,32异,ISBN 978-7-02-009963-4,定价39.00元。2015年1月收入茅盾文学奖获奖作品全集(特装本),纸精,国流 32 开,ISBN 978-7-02-010696-7,定价 48.00 元。2019 年 1 月收入茅盾文学奖获奖作品全集,平装,32 异,ISBN 978-7-02-014338-2,定价 48.00 元。(3-204)

205　跳动的火焰

李心田著,1980 年 6 月。平装,32 开,书号 10019·2976,定价 0.58 元。(3-205)

206　新儿女英雄续传

孔厥著,1980 年 8 月。平装,32 开,书号 10019·3003,定价 0.67 元。(3-206)

207　伞(上下)

杨纤如著,1980 年 9 月。平装,32 开,书号 10019·3007,定价 1.60 元。(3-207)

208　火漫银滩

石英著,1980 年 9 月。平装,32 开,书号 10019·3016,定价 1.30 元。(3-208)

209　多余的人

韩振波,当代文学丛书,1980 年 8 月。平装,32 开,书号 10019·3010,定价 0.45 元。(3-209)

210　大学时代

程树榛著,1980 年 9 月。平装,32 开,书号 10019·3028,定价 1.25 元。(3-210)

211　不尽长江滚滚来

彭慧著,1980 年 9 月。平装,32 开,书号 10019·3022,定价 1.10 元。(3-211)

212　格桑梅朵

(藏族)降边嘉措著,当代文学丛书,1980 年 10 月。平装,32 开,书号 10019·3045,定价 1.30 元。1984 年 3 月收入全国少数民族文学创作获奖作品丛书,平装,大 32 开,定价 1.80 元;精装,定价 3.05 元。(3-212)

213　失去的金铃子

〔美〕聂华苓著,1980 年 10 月。32 开,书号 10019·3049,平装,定价 0.47 元;平装覆膜,定价 0.72 元。1991 年 1 月收入《海内外文学》丛书,平装覆膜,32 开,ISBN 7-02-001136-5,定价 2.40 元。(3-214)

214　有人敲门

陆文夫著,1980 年 10 月。平装,32 开,书号 10019·3044,定价 0.46 元。(3-215)

215　猛士

王盛农著,1980 年 11 月。平装,32 开,书号 10019·3061,定价 1.35 元。(3-216)

216　曙光

叶君健著,"土地"三部曲之三,1980 年 9 月。大 32 开,书号 10019·2952,平装,定价 1.35 元;精装,定价 2.25 元。(3-217)

217　自由

叶君健著,"土地"三部曲之二,1980 年 9 月。大 32 开,书号 10019·2751,平装,定价 1.25 元;精装,定价 2.20 元。(3-219)

218　代价

陈国凯著,当代文学丛书,1980 年 11 月。平装,32 开,书号 10019·3056,定价 0.64 元。(3-220)

219　异乡奇遇

洪丝丝著,1980 年 12 月。平装,32 开,书号 10019·3067,定价 0.92 元。(3-221)

220　上海的早晨(四)

周而复著,1980 年 12 月。书号 10019·3041,平装,32 开,定价 1.85 元;平装,大 32 开,定价 2.25 元;精装,大 32 开,定价 2.80 元。1991 年 8 月,平装覆膜,大 32 开,ISBN 7-02-001297-3,定价 10.05 元。(3-222)

221　雾城斗

汪文风著,1981 年 1 月。平装,32 开,书号 10019·3085,定价 1.10 元。(3-223)

222　水滴石穿

康濯著,1981 年 1 月。平装,32 开,书号 10019·3093,定价 0.63 元。(3-224)

223　幸存的人

(藏族)益希单增著,当代文学丛书,1981 年 5 月。平装,32 开,书号 10019·3128,定价 1.05 元。1985 年 12 月收入全国少数民族文学创作获奖作品丛书,平装,大 32 开,定价 3.10 元;精装,定价 5.30 元。(3-225)

224　安图的后代

俊然著,当代文学丛书,1981 年 3 月。平装,开,书号 10019·3091,定价 1.05 元。(3-226)

225　还我河山(上下)

李英儒著,1981 年 4 月。平装,32 开,书号 10019·3116,定价 1.75 元。(3-227)

小说

226 米河流向远方
露菲著,1981年5月。平装,32开,书号10019·3132,定价0.66元。(3-228)

227 冬蕾
黎汝清著,1981年6月。平装,32开,书号10019·3142,定价0.90元。(3-229)

228 冬天里的春天(上下)
李国文著,1981年5月。平装,32开,书号10019·3140,定价1.95元。1983年5月收入当代文学丛书,平装,大32开,定价2.70元。1984年9月收入中国现代长篇小说丛书,精装,大32开,定价9.50元。1998年3月收入茅盾文学奖获奖书系,平装覆膜,大32开,ISBN 7-02-002608-7,定价40.00元。2004年3月收入中国文库,国流32开,平装覆膜,ISBN 7-02-004539-1,定价40.00元;精装,ISBN 7-02-004737-8,定价71.00元。2005年1月收入茅盾文学奖获奖作品全集,平装,国流32开,ISBN 7-02-004938-9,定价39.00元。2012年3月收入李国文文集第一卷,平装,国流32开,ISBN 978-7-02-008634-4,定价45.00元。2013年9月收入茅盾文学奖获奖作品全集,平装,32异,ISBN 978-7-02-009967-2,定价45.00元。2015年3月收入茅盾文学奖获奖作品全集(特装本),纸精,国流32开,ISBN 978-7-02-010656-1,定价56.00元。2019年5月收入茅盾文学奖获奖作品全集,平装,32异,ISBN 978-7-02-013965-1,定价68.00元。2019年9月收入新中国70年70部长篇小说典藏,16异,精装,ISBN 978-7-02-015456-2,定价148.00元;平装,ISBN 978-7-02-015455-5,定价78.00元。(3-230)

229 刺绣者的花
李纳著,1981年5月。平装,32开,书号10019·3137,定价0.67元。(3-231)

230 热海欢歌
李惠薪著,1981年7月。平装,32开,书号10019·3157,定价1.10元。(3-232)

231 追求
苏辛群著,1981年9月。平装,32开,书号10019·3182,定价0.70元。(3-233)

232 黄毛丫头
乡村著,1981年9月。平装,32开,书号10019·3173,定价1.05元。(3-234)

233 芙蓉镇
古华著,1981年11月。平装,32开,书号10019·3208,定价0.71元。1983年7月收入当代文学丛书,平装,32开,定价0.98元。1984年10月收入中国现代长篇小说丛书,精装,大32开,定价3.70元。1998年3月收入茅盾文学奖获奖书系,平装覆膜,大32开,ISBN 7-02-002570-6,定价12.00元。2000年7月收入百年百种优秀中国文学图书,平装覆膜,大32开,ISBN 7-02-003244-3,定价12.00元。2003年5月收入语文新课标必读丛书,平装覆膜,大32开,ISBN 7-02-004126-4,定价12.00元。2004年5月收入中国当代名家长篇小说代表作丛书,平装覆膜,国流32开,ISBN 7-02-004465-4,定价12.00元。2005年1月收入茅盾文学奖获奖作品全集,平装,国流32开,ISBN 7-02-004933-8,定价13.00元。2006年6月收入语文新课标必读丛书修订版,平装覆膜,大32开,ISBN 7-02-005673-3,定价12.00元。2007年9月收入中国文库,国流32开,平装,ISBN 978-7-02-006339-0,定价14.00元;精装,ISBN 7-02-006340-6,定价28.00元。2008年6月收入语文新课标必读丛书增订版,平装覆膜,大32开,ISBN 978-7-02-007033-6,定价15.00元。2009年7月收入人民文学出版社·新中国60年长篇小说典藏,纸精,国流32开,ISBN 978-7-02-007516-4,定价20.00元。2013年8月收入茅盾文学奖获奖作品全集,平装,32异,ISBN 978-7-02-009964-1,定价20.00元。2015年1月收入茅盾文学奖获奖作品全集(特装本),纸精,国流32开,ISBN 978-7-02-010697-4,定价28.00元。2019年1月收入茅盾文学奖获奖作品全集,平装,32异,ISBN 978-7-02-013989-7,定价29.00元。(3-235)

234 爱与仇
珠珊著,1981年12月。平装,32开,书号10019·3230,定价1.15元。(3-236)

235　柳暗花明

欧阳山著,《一代风流》第三卷,1981年9月。平装,大32开,书号10019·3195,定价1.15元。1995年11月,平装覆膜,大32开,ISBN 7-02-002270-7,定价20.30元。(3-237)

236　旋风

杨佩瑾著,1981年11月。平装,32开,书号10019·3204,定价1.20元。(3-238)

237　大学春秋(上下)

康式昭、奎曾著,1981年11月。平装,32开,书号10019·3213,定价1.50元。(3-239)

238　爱的复活

朱文华著,1981年11月。平装,32开,书号10019·3214,定价0.55元。(3-240)

239　沉重的翅膀

张洁著,1981年12月。平装,大32开,书号10019·3226,定价1.10元。2000年4月收入茅盾文学奖获奖书系,平装覆膜,大32开,ISBN 7-02-003118-8,定价20.00元。2004年3月收入中国文库,国流32开,平装覆膜,ISBN 7-02-004538-3,定价20.00元;2004年7月,精装,ISBN 7-02-004736-X,定价34.00元。2005年1月收入茅盾文学奖获奖作品全集,平装,国流32开,ISBN 7-02-004886-2,定价19.00元。2009年7月收入人民文学出版社·新中国60年长篇小说典藏,纸精,国流32开,ISBN 978-7-02-007461-7,定价28.00元。2012年4月收入张洁文集,平装,国流32开,ISBN 978-7-02-008647-4,定价29.00元。2013年8月收入茅盾文学奖获奖作品全集,平装,32异,ISBN 978-7-02-009689-3,定价26.00元。2015年1月收入茅盾文学奖获奖作品全集(特装本),纸精,国流32开,ISBN 978-7-02-010664-6,定价36.00元。2019年1月收入茅盾文学奖获奖作品全集,平装,32异,ISBN 978-7-02-013962-0,定价36.00元。2019年9月收入新中国70年70部长篇小说典藏,16异,精装,ISBN 978-7-02-015449-4,定价65.00元;平装,ISBN 978-7-02-015448-7,定价39.00元。(3-241)

240　六十年的变迁(三)

李六如著,1982年1月。平装,32开,书号10019·3243,定价0.33元。(3-242)

241　带血的金达莱

董辅文著,1982年1月。平装,32开,书号10019·3245,定价0.87元。(3-243)

242　神灯前传

冯骥才著,1981年12月。平装,32开,书号10019·3229,定价0.43元。(3-244)

243　秦时月

刘亚洲著,1982年2月。平装,32开,书号10019·3256,定价0.74元。(3-245)

244　考验

〔美〕於梨华著,1982年3月。32开,书号10019·3271,平装,定价0.81元;平装覆膜,定价1.05元。1991年1月收入《海内外文学》丛书,平装覆膜,32开,ISBN 7-02-001137-3,定价3.90元。(3-246)

245　挂红灯

申跃中著,1982年1月。平装,32开,书号10019·3252,定价0.69元。(3-247)

246　破晓的山野

(彝族)李乔著,1982年1月。平装,32开,书号10019·3251,定价1.20元。(3-248)

247　残夜

辰汾、梦龄著,1982年4月。平装,32开,书号10019·3282,定价0.95元。(3-249)

248　煤乡英烈传

么顺华、刘冬生著,1982年4月。平装,大32开,书号10019·3265,定价1.15元。(3-250)

249　战争与人民

柏山著,1982年5月。32开,书号10019·3278,平装,定价1.15元;精装,定价1.95元。(3-251)

250　密林

刘祖培著,1982年5月。平装,32开,书号10019·3302,定价0.90元。(3-252)

251　土壤

汪浙成、温小钰著,当代文学丛书,1981年12月。平装,32开,书号10019·3232,定价0.54元。(3-253)

252　在人海里——道德见闻录

朱春雨著,1982年8月。平装,32开,书号10019·3331,定价0.55元。(3-254)

小说

253　赤夜（上下）
路一著，1982年8月。平装，32开，书号10019·3341，定价1.90元。(3-255)

254　蓝宝石花
王群生著，1982年11月。平装，32开，书号10019·3374，定价0.96元。(3-256)

255　浮云
高梦龄著，1982年12月。平装，32开，书号10019·3358，定价0.72元。(3-257)

256　千古之谜
杨镰著，1983年2月。平装，32开，书号10019·3401，定价1.55元。(3-258)

257　帕里黛与帕里夏
许特生著，1982年12月。平装，32开，书号10019·3383，定价0.89元。(3-259)

258　霜叶红
思多著，1983年3月。平装，32开，书号10019·3427，定价0.50元。(3-260)

259　雨雪霏霏
黎汝清著，1983年4月。平装，32开，书号10019·3447，定价0.94元。(3-261)

260　无定河
延泽民著，1983年4月。平装，32开，书号10019·3448，定价1.35元。(3-262)

261　逝去的年华
方昉著，1983年6月。平装，32开，书号10019·3462，定价1.45元。(3-263)

262　情满天山
邓普著，1983年5月。平装，32开，书号10019·3458，定价0.76元。(3-264)

263　绿荫晨曦
叶辛著，1983年8月。平装，32开，书号10019·3502，定价1.20元。(3-265)

264　柳林前传
周健明著，1983年7月。平装，32开，书号10019·3490，定价1.05元。2018年1月，平装覆膜，32异，ISBN 978-7-02-012366-7，定价56.00元。(3-266)

265　阿赛河那边
（蒙古族）里赛夫著，1983年7月。平装，32开，书号10019·3480，定价0.70元。(3-267)

266　改革者
张锲著，当代文学丛书，1983年9月。平装，32开，书号10019·3526，定价0.60元。(3-268)

267　梦·泪·梦
李汉平著，1983年11月。平装，32开，书号10019·3550，定价1.00元。1988年3月，平装，32开，ISBN 7-02-000196-3，定价2.25元。(3-269)

268　夜谭十记
马识途著，1983年11月。大32开，书号10019·3549，平装，定价1.30元；平装覆膜，定价1.70元。2013年1月收入朝内166人文文库·中国当代长篇小说，平装，国流32开，ISBN 978-7-02-009380-9，定价27.00元。(3-270)

269　起步
李泊著，1983年12月。平装，32开，书号10019·3561，定价1.30元。(3-271)

270　雁南飞
思静著，1984年1月。平装，32开，书号10019·3588，定价0.67元。(3-272)

271　圣地
欧阳山著，《一代风流》第四卷，1983年11月。平装，大32开，书号10019·3558，定价1.25元。1995年11月，平装覆膜，大32开，ISBN 7-02-002271-5，定价19.10元。(3-273)

272　基石
叶辛著，1984年1月。平装，32开，书号10019·3576，定价0.83元。(3-274)

273　画魂——张玉良传
石楠著，1983年7月。平装，32开，书号10019·3477，定价0.72元。(3-275)

274　莽秀才造反记
巴人著，1984年2月。平装，大32开，书号10019·3593，定价1.95元。(3-276)

275　跋涉者
焦祖尧著，1984年4月。平装，32开，书号10019·3643，定价0.81元。(3-277)

276　幸运儿
刘亚舟著，1984年5月。平装，32开，书号10019·3653，定价1.30元。(3-278)

277　哦，十五岁的哈丽黛哟……

(哈萨克族)艾克拜尔·米吉提著,1984年5月。平装,32开,书号10019·3660,定价0.96元;平装覆膜,定价1.25元。(3-279)

278 山魂(上下)
朱春雨著,1984年4月。平装,32开,书号10019·3637,定价3.15元。(3-280)

279 山月恨
王东满著,1984年6月。平装,32开,书号10019·3672,定价0.98元。(3-281)

280 大地
秦兆阳著,1984年6月。大32开,书号10019·3664,平装,定价1.90元;精装,定价2.90元。(3-282)

281 故土
苏叔阳著,1984年9月。32开,书号10019·3696,平装,定价1.20元;平装覆膜,定价1.50元。2007年1月收入中国当代名家长篇小说代表作丛书,平装覆膜,国流32开,ISBN 978-7-02-005639-2,定价17.00元。(3-283)

282 当代青年三部曲
郑万隆著,当代文学丛书,1984年9月。32开,书号10019·3697,平装,定价1.10元;平装覆膜,定价1.40元。(3-284)

283 预谋
尚钺著,1984年10月。平装,32开,书号10019·3706,定价1.45元。(3-285)

284 猫峰堡传奇
马庭英著,1984年10月。平装,32开,书号10019·3710,定价0.77元。(3-286)

285 清泉曲
王玉龙著,1984年11月。平装,32开,书号10019·3726,定价1.40元。(3-287)

286 地质春秋
李云德著,1985年1月。平装,32开,书号10019·3738,定价1.70元。(3-288)

287 沧桑人生
徐仁骥著,1984年12月。平装,32开,书号10019·3737,定价1.85元。(3-289)

288 迷茫的大地
(藏族)益希单增著,1985年3月。32开,书号10019·3766,平装,定价2.10元;平装覆膜,定价2.40元。(3-290)

289 又一个早晨
(藏族)多杰才旦,1985年3月。平装,32开,书号10019·3786,定价2.35元。(3-291)

290 动摇
胡尹强著,1985年3月。32开,书号10019·3793,平装,定价1.00元;平装覆膜,定价1.35元。(3-292)

291 奔腾的大海
单学鹏著,1985年3月。32开,书号10019·3780,平装,定价1.60元;平装覆膜,定价2.05元。(3-293)

292 雷声千里
延泽民著,1985年3月。平装,32开,书号10019·3777,定价1.85元。(3-294)

293 龙潭记
郭澄清著,1985年7月。平装,32开,书号10019·3800,定价2.00元。(3-295)

294 古星图之谜
程嘉梓著,1985年5月。平装,32开,书号10019·3812,定价1.90元。(3-296)

295 新星
柯云路著,1985年5月。平装,32开,书号10019·3778,定价3.35元。1988年2月,平装,32开,ISBN 7-02-000153-X,定价3.60元。2004年5月收入中国当代名家长篇小说代表作丛书,平装覆膜,国流32开,ISBN 7-02-004496-4,定价25.00元。2009年7月收入人民文学出版社·新中国60年长篇小说典藏,纸精,国流32开,ISBN 978-7-02-007519-5,定价38.00元。2013年1月收入朝内166人文文库·中国当代长篇小说,平装,国流32开,ISBN 978-7-02-009383-0,定价30.00元。2019年9月收入新中国70年70部长篇小说典藏,16异,精装,ISBN 978-7-02-015526-2,定价78.00元;平装,ISBN 978-7-02-015527-9,定价55.00元。(3-297)

296 春天的雾
艾芜著,1985年5月。平装,32开,书号10019·3813,定价2.70元;平装覆膜,定价3.00元。(3-298)

297 拔河
叶辛著,1985年5月。平装,32开,书号

10019·3798,定价1.85元。(3-299)

298 在青山那边
俞林著,1985年5月。平装,32开,书号10019·3801,定价1.95元。(3-300)

299 女活佛
秦文玉著,1985年8月。32开,书号10019·3828,平装,定价2.45元;平装覆膜,定价2.75元。(3-301)

300 琵琶情
郑荣臣著,1985年7月。平装,32开,书号10019·3836,定价2.00元。(3-302)

301 青春梦幻曲
晓剑著,1985年8月。平装,32开,书号10019·3844,定价1.70元。(3-303)

302 万年春
欧阳山著,《一代风流》第五卷,1985年9月。平装,大32开,书号10019·3829,定价2.20元。1995年11月,平装覆膜,大32开,ISBN 7-02-002272-3,定价19.70元。(3-304)

303 便衣警察
海岩著,1985年9月。平装,32开,书号10019·3843,定价2.95元。2013年1月收入朝内166人文文库·中国当代长篇小说,平装,国流32开,ISBN 978-7-02-009315-1,定价35.00元。(3-305)

304 新澜
叶辛著,1985年10月。平装,32开,书号10019·3848,定价1.95元。(3-306)

305 路迢迢
孟千、苏茹著,1985年10月。平装,32开,书号10019·3856,定价3.35元。(3-307)

306 三个女人的遭遇
梁世宁著,1985年11月。平装,32开,书号10019·3867,定价1.85元。(3-308)

307 十幅自画像
李心田著,1985年10月。平装,32开,书号10019·3870,定价1.30元。(3-309)

308 钟鼓楼
刘心武著,1985年11月。大32开,书号10019·3862,平装,定价2.35元;平装覆膜,定价2.85元。1998年3月收入茅盾文学奖获奖书系,平装覆膜,大32开,ISBN 7-02-002574-9,定价22.00元。2005年1月收入茅盾文学奖获奖作品全集,平装,国流32开,ISBN 7-02-004931-1,定价20.00元。2005年1月收入中国文库,国流32开,平装,ISBN 7-02-005091-3,定价22.00元;精装,ISBN 978-7-02-005119-7,定价35.00元。2009年7月收入人民文学出版社·新中国60年长篇小说典藏,纸精,国流32开,ISBN 978-7-02-007433-4,定价30.00元。2013年8月收入茅盾文学奖获奖作品全集,平装,32异,ISBN 978-7-02-009956-6,定价28.00元。2014年7月收入刘心武长篇小说系列,平装,16异,ISBN 978-7-02-010207-5,定价45.00元。2015年1月收入茅盾文学奖获奖作品全集(特装本),纸精,国流32开,ISBN 978-7-02-010672-1,定价38.00元。2019年1月收入茅盾文学奖获奖作品全集,平装,32异,ISBN 978-7-02-014028-2,定价35.00元。2019年9月收入新中国70年70部长篇小说典藏,16异,精装,ISBN 978-7-02-015510-1,定价68.00元;平装,ISBN 978-7-02-015511-8,定价39.80元。(3-310)

309 草岚风雨
冈夫著,1985年11月。32开,书号10019·3869,平装,定价1.85元;平装覆膜,定价2.20元。(3-311)

310 红尘
杨佩瑾著,1985年11月。32开,书号10019·3868,平装,定价2.90元;平装覆膜,定价3.20元。(3-312)

311 同窗
韩瀚著,1985年12月。平装,32开,书号10019·3874,定价2.80元。(3-313)

312 我与小城告别
毛志成著,1986年2月。平装,32开,书号10019·3892,定价2.15元。(3-314)

313 苦海
王伯阳著,1986年1月。32开,书号10019·3893,平装,定价2.05元;平装覆膜,定价2.35元。(3-315)

314 夜深沉
马泉来著,当代文学丛书,1986年1月。平装,

32开，书号10019·3890，定价1.30元。（3-316）

315　当代长篇小说（人民文学出版社建社卅五周年纪念专刊）

王蒙、莫应丰著，《活动变人形》《桃源梦》1986年3月。平装，16开，书号10019·3935，定价3.10元。（3-317）

316　"羊群"的领头狮

储福金著，1986年3月。平装，32开，书号10019·3926，定价1.40元。（3-318）

317　啊，昆仑山！

李斌奎著，当代文学丛书，1986年6月。平装，32开，书号10019·3955，定价1.65元。（3-319）

318　夜与昼（上下）

柯云路，《京都》第一部，1986年8月。书号10019·3972，平装，32开，定价3.95元；平装，大32开，定价4.80元。1988年2月，平装，32开，ISBN 7-02-000154-8，定价4.55元。（3-320）

319　慧眼

谢竞成著，1986年5月。平装，32开，书号10019·3950，定价2.15元。（3-321）

320　新来香港的人

白洛著，1986年6月。大32开，书号10019·3964，平装，定价2.00元；平装覆膜，定价2.45元。（3-322）

321　活动变人形

王蒙著，1987年3月。平装，大32开，书号10019·4020，定价2.35元；平装覆膜，定价2.80元。1997年3月，平装覆膜，大32开，ISBN 7-02-002379-7，定价18.60元。2000年7月收入百年百种优秀中国文学图书，平装覆膜，大32开，ISBN 7-02-003249-4，定价18.00元。2002年1月收入人民文学奖获奖书系，平装覆膜，大32开，ISBN 7-02-003669-4，定价20.00元。2004年3月收入中国文库，国流32开，平装覆膜，ISBN 7-02-004534-0，定价18.00元；精装，ISBN 978-7-02-004732-7，定价32.00元。2004年5月收入中国当代名家长篇小说代表作丛书，平装覆膜，国流32开，ISBN 7-02-004467-0，定价18.00元。

2009年7月收入人民文学出版社·新中国60年长篇小说典藏，纸精，国流32开，ISBN 978-7-02-007452-5，定价28.00元。2013年1月收入朝内166人文文库·中国当代长篇小说，平装，国流32开，ISBN 978-7-02-009357-1，定价24.00元。2014年4月收入王蒙文集，平装，国流32开，ISBN 978-7-02-009980-1，定价29.00元。2019年9月，纸精，32异，ISBN 978-7-02-014770-0，定价53.00元。2020年1月收入王蒙文集，平装，国流32开，ISBN 978-7-02-014974-2，定价36.00元。（3-323）

322　多欲之年

权延赤著，1986年10月。32开，书号10019·4000，平装，定价2.15元；平装覆膜，定价2.50元。（3-324）

323　亚细亚瀑布

朱春雨著，1986年12月。大32开，书号10019·4010，平装，定价2.20元；平装覆膜，定价2.65元。（3-325）

324　嘎达梅林传奇

（蒙古族）扎拉嘎胡著，文学故事丛书，1986年12月。平装，32开，书号10019·4022，定价1.90元。2002年7月，平装覆膜，32开，ISBN 7-02-003945-6，定价13.80元。（3-326）

325　铁马冰河入梦来

陈冲著，1986年11月。平装，32开，书号10019·4004，定价1.55元。（3-327）

326　古城春色（第二部）

张东林著，1986年11月。平装，32开，书号10019·4025，定价2.80元。（3-328）

327　汾城轶闻——一个系统工程学家的遭遇

柯云路著，1987年5月。大32开，书号10019·4047，平装，定价1.75元；平装覆膜，定价2.15元。（3-329）

328　荒凉河谷

罗石贤著，1986年12月。平装，32开，书号10019·4043，定价1.85元。（3-330）

329　山林风情

张耀铎著，1987年4月。平装，32开，书号10019·4054，定价3.05元。（3-331）

330　寒宫残月
钟源、钟芳著,文学故事丛书,1987年1月。平装,32开,书号10019·4046,定价1.30元。(3-332)

331　神秘的115
王东满、阎安广、王智才著,文学故事丛书,1987年1月。平装,32开,书号10019·4026,定价1.10元。(3-333)

332　沙河坝风情
白危著,1987年2月。平装,大32开,书号10019·4048,定价4.00元。(3-334)

333　桃源梦
莫应丰著,1987年1月。平装覆膜,大32开,书号10019·4044,定价2.25元。(3-335)

334　月落乌啼霜满天
王火著,1987年5月。平装,大32开,书号10019·4080,定价4.65元。1992年4月,平装,大32开,ISBN 7-02-001365-1,定价11.90元。(3-336)

335　魔窟生涯——一个军统少将的自述
沈醉口述,沈美娟整理,1987年4月。平装,32开,书号10019·4090,定价1.90元。1988年8月,平装,32开,ISBN 7-02-000379-6,定价2.55元。(3-337)

336　魂曲
王道生著,1987年4月。平装,32开,书号10019·4081,定价3.20元。(3-338)

337　紫塞烟云
何云、赵利群、汪兆骞著,文学故事丛书,1987年5月。平装,32开,书号10019·4051,定价1.55元。(3-339)

338　梦中的桥
李心田著,1987年5月。平装,32开,书号10019·4064,定价2.10元。(3-340)

339　当代长篇小说(中国人民解放军建军六十周年专刊)
魏巍、赵大年著,《地球的红飘带》《大撤退》,1987年8月。平装,16开,书号10019·4166,定价3.75元。(3-341)

340　南京的陷落
周而复著,《长城万里图》第一部,1987年7月。大32开,书号10019·4130,平装,定价4.80元;精装,定价7.25元。1988年7月,平装,大32开,ISBN 7-02-000473-3,定价5.55元。1995年4月,平装覆膜,大32开,ISBN 7-02-002074-7,定价22.35元。(3-342)

341　白海参
邓刚著,1987年6月。大32开,书号10019·4120,平装,定价1.95元;平装覆膜,定价2.45元。(3-343)

342　美仙湾
谭谈著,1987年8月。平装覆膜,32开,书号10019·4136,定价2.55元。(3-344)

343　海市奇观
郑秉谦著,1987年4月。32开,书号10019·4096,平装,定价1.85元;平装覆膜,定价2.20元。(3-345)

344　三月潮
刘彦林著,1987年5月。平装,32开,书号10019·4118,定价2.00元。(3-346)

345　姑娘跑向罗马
李玲修著,1987年7月。大32开,书号10019·4114,平装,定价1.90元;平装覆膜,定价2.35元。(3-347)

346　眩惑
达理著,1987年7月。平装,大32开,书号10019·4138,定价2.20元。(3-348)

347　省委第一书记
张俊彪著,1987年8月。大32开,书号10019·4141,平装,定价4.10元;平装覆膜,定价4.50元。(3-349)

348　大熊猫传奇
刘先平著,1987年6月。平装覆膜,大32开,书号10019·4133,定价3.15元。(3-350)

349　桑那高地的太阳
陆天明著,1987年10月。大32开,书号10019·4165,平装,定价2.45元;平装覆膜,定价2.85元。(3-351)

350　古船
张炜著,1987年8月。大32开,书号10019·4140,平装,定价2.65元;精装,定价3.50元。1994年10月,平装覆膜,大32开,ISBN 7-02-001966-8,定价9.30元。2000年7月收入百年百种优秀中国文学图书,平装覆膜,大32

开,ISBN 7-02-003248-6,定价19.00元。2002年1月收入人民文学奖获奖书系,平装覆膜,大32开,ISBN 7-02-003670-8,定价20.00元。2004年5月收入中国当代名家长篇小说代表作丛书,平装覆膜,国流32开,ISBN 7-02-004469-7,定价20.00元。2007年9月收入中国文库,国流32开,平装,ISBN 978-7-02-006355-0,定价22.00元;精装,ISBN 978-7-02-006356-7,定价36.00元。2009年7月收入人民文学出版社·新中国60年长篇小说典藏,纸精,国流32开,ISBN 978-7-02-007451-8,定价29.00元。2010年1月收入中国当代作家·张炜系列,平装,国流32开,ISBN 978-7-02-007310-8,定价23.00元。2013年1月收入朝内166人文文库·中国当代长篇小说,平装,国流32开,ISBN 978-7-02-009426-4,定价26.00元。2018年2月,纸精,32异,ISBN 978-7-02-013203-4,定价48.00元。(3-352)

351 痴汉和他的女人
高尔品著,1987年3月。平装,大32开,书号10019·4085,定价1.45元。(3-353)

352 非梦非烟
方昉著,1987年8月。平装覆膜,32开,书号10019·4146,定价3.25元。(3-354)

353 匪患世界(上下)
木青著,1987年11月。32开,书号10019·4180,平装,定价5.10元;平装覆膜,定价5.90元。(3-355)

354 源
张毅著,1987年12月。平装,大32开,书号10019·4192,ISBN 7-02-000053-3,定价2.85元。(3-356)

355 遗留在荒原的碑
陆星儿著,1987年11月。平装,32开,书号10019·4183,定价2.55元。(3-357)

356 第二个太阳
刘白羽著,1987年11月。平装,大32开,书号10019·4191,ISBN 7-02-000051-7,定价3.10元;精装,ISBN 7-02-000052-5,定价5.45元。1998年3月收入茅盾文学奖获奖书系,平装覆膜,大32开,ISBN 7-02-002599-4,定价20.80元。2005年1月收入茅盾文学奖获奖作品全集,平装,国流32开,ISBN 7-02-004887-0,定价23.00元。2013年8月收入茅盾文学奖获奖作品全集,平装,32异,ISBN 978-7-02-009820-0,定价29.00元。2015年1月收入茅盾文学奖获奖作品全集(特装本),纸精,国流32开,ISBN 978-7-02-010671-4,定价39.00元。2019年1月收入茅盾文学奖获奖作品全集,平装,32异,ISBN 978-7-02-014439-6,定价38.00元。2019年9月收入新中国70年70部长篇小说典藏,16异,精装,ISBN 978-7-02-015535-4,定价78.00元;平装,ISBN 978-7-02-015505-7,定价45.00元。(3-358)

357 穆斯林的儿女们
查舜著,1988年1月。32开,书号10019·4204,平装,ISBN 7-02-000093-2,定价2.40元;平装覆膜,ISBN 7-02-000094-0,定价2.70元。(3-359)

358 落日
梦龄、辰汾著,1987年12月。平装,32开,书号10019·4197,定价1.90元。(3-360)

359 古塔上的风铃
鲁彦周著,1988年2月。大32开,书号10019·4190,平装,ISBN 7-02-000048-7,定价3.15元;平装覆膜,ISBN 7-02-000049-5,定价3.50元。(3-361)

360 雪崩
礼魂著,1988年2月。32开,书号10019·4219,平装,ISBN 7-02-000147-5,定价3.05元;平装覆膜,ISBN 7-02-000148-3,定价3.35元。(3-362)

361 南国情天
方云琴、征鹏著,1988年3月。32开,书号10019·4224,平装,ISBN 7-02-000156-4,定价2.45元;平装覆膜,ISBN 7-02-000157-2,定价2.75元。(3-363)

362 孽子
(台湾)白先勇著,《海内外文学》丛书,1988年2月。大32开,书号10019·4128,平装,ISBN 7-02-000177-7,定价2.25元;平装覆膜,ISBN 7-02-000182-3,定价2.65元。(3-364)

小说

363　城下(上下)
陈立德著,1987年12月。平装,32开,书号10019·4220,ISBN 7-02-000186-6,定价5.25元。(3-365)

364　有情人难成眷属
林予、谢树著,1987年12月。大32开,书号10019·4233,平装,ISBN 7-02-000173-4,定价3.00元;平装覆膜,ISBN 7-02-000174-2,定价3.45元。(3-366)

365　南园风情录
王立道著,1988年3月。32开,平装,ISBN 7-02-000206-4,定价2.70元;平装覆膜,ISBN 7-02-000207-2,定价3.00元。(3-367)

366　远方有个女儿国
白桦著,1988年5月。大32开,书号10019·4265,平装,ISBN 7-02-000336-2,定价3.00元;平装覆膜,ISBN 7-02-000337-0,定价3.40元。(3-368)

367　地球的红飘带
魏巍著,1988年5月。大32开,平装,ISBN 7-02-000289-7,定价5.30元;平装覆膜,ISBN 7-02-000290-0,定价5.70元。1991年9月,精装,大32开,ISBN 7-02-001350-3,定价14.65元。1989年12月列入团中央推荐的十本书,平装,32开,ISBN 7-02-001010-5,无单本定价,整套定价54.00元。2014年7月,平装,国流32开,ISBN 978-7-02-008912-3,定价45.00元。2019年8月收入中学红色文学经典阅读丛书,平装覆膜,32异,ISBN 978-7-02-015166-0,定价49.00元。(3-369)

368　都市的女儿
高尔品著,1988年7月。平装,大32开,书号10019·4271,ISBN 7-02-000355-9,定价1.95元;平装覆膜,ISBN 7-02-000356-7,定价2.55元。(3-370)

369　涟漪
流音、黎晖著,1988年5月。32开,书号10019·4256,平装,ISBN 7-02-000227-7,定价3.05元;平装覆膜,ISBN 7-02-000228-5,定价3.55元。(3-371)

370　天涯明月刀
古龙著,文学故事丛书,1988年6月。平装覆膜,32开,ISBN 7-02-000465-2,定价3.50元。(3-372)

371　茫茫的草原(下部)
(蒙古族)玛拉沁夫著,1988年8月。大32开,平装,ISBN 7-02-000391-5,定价3.35元;平装覆膜,ISBN 7-02-000392-3,定价3.95元。(3-373)

372　寒柳——柳如是传
石楠著,1988年7月。大32开,平装,ISBN 7-02-000662-0,定价4.00元;平装覆膜,ISBN 7-02-000663-0,定价4.60元。(3-374)

373　长江还在奔腾
周而复著,《长城万里图》第二部,1988年9月。大32开,平装,ISBN 7-02-000658-2,定价5.75元;精装,ISBN 7-02-000659-0,定价9.05元。1995年4月,平装覆膜,大32开,ISBN 7-02-002075-5,定价19.60元。(3-375)

374　南渡记
宗璞著,《野葫芦引》第一卷,1988年9月。大32开,平装,ISBN 7-02-000645-0,定价2.45元;平装覆膜,ISBN 7-02-000646-9,定价3.05元。2000年7月收入百年百种优秀中国文学图书,平装覆膜,大32开,ISBN 7-02-003247-8,定价16.00元。2002年1月收入人民文学奖获奖书系,平装覆膜,大32开,ISBN 7-02-003671-6,定价18.00元。(3-376)

375　来自地狱的报告——纪实小说
亢进著,1988年9月。大32开,平装,ISBN 7-02-000687-6,定价3.20元;平装覆膜,ISBN 7-02-000688-4,定价3.80元。(3-377)

376　落尘
(台湾)廖辉英著,《海内外文学》丛书,1988年10月。平装覆膜,大32开,ISBN 7-02-000243-9,定价3.25元。(3-378)

377　大撤退
赵大年著,1988年4月。32开,ISBN 7-02-000208-0,平装,定价2.40元;平装覆膜,ISBN 7-02-000209-9,定价2.90元。(3-379)

378　铺满苔藓的路
张凤雏著,1988年4月。32开,书号10019·4239,平装,ISBN 7-02-000184-X,定价2.30

元;平装覆膜,ISBN 7-02-000185-8,定价2.80元。(3-380)

379 袁与荣
柯云路著,1988年9月。平装,大32开,ISBN 7-02-000706-6,定价6.60元。(3-381)

380 裸者
陈桂棣著,1988年12月。平装,大32开,ISBN 7-02-000416-4,定价3.95元。(3-382)

381 虎胆英雄传
金振林著,1988年12月。平装覆膜,大32开,ISBN 7-02-000500-4,定价4.35元。(3-383)

382 用微笑迎接风暴
曹致佐著,1989年2月。平装覆膜,大32开,ISBN 7-02-000530-6,定价3.15元。(3-384)

383 乐土 浩然的自传体小说
浩然著,1989年5月。大32开,平装,ISBN 7-02-000381-8,定价3.25元;平装覆膜,ISBN 7-02-000382-6,定价3.75元。(3-385)

384 未完的梦
(彝族)李乔著,1989年4月。平装,大32开,ISBN 7-02-000601-9,定价3.55元。(3-386)

385 少夫人达琳
高尔品著,1989年7月。平装覆膜,大32开,ISBN 7-02-000751-1,定价4.80元。(3-387)

386 亲王之子
马镇著,文学故事丛书,1989年8月。平装,32开,ISBN 7-02-000758-9,定价3.30元。(3-388)

387 晨雾
(台湾)玄小佛著,1989年8月。平装覆膜,32开,ISBN 7-02-000861-5,定价2.65元。(3-389)

388 喜马拉雅之谜——二十世纪人类的一次悲怆挺进
孙学明、邵兰生、杨志军著,1989年9月。大32开,平装,ISBN 7-02-000791-0,定价4.25元;平装覆膜,ISBN 7-02-000792-7,定价4.75元。(3-390)

389 圆之外
(台湾)玄小佛著,1989年8月。平装覆膜,32开,ISBN 7-02-000862-3,定价3.10元。(3-391)

390 风雨不了情
(台湾)玄小佛著,1989年8月。平装覆膜,32开,ISBN 7-02-000863-1,定价2.35元。(3-392)

391 逆流与暗流
周而复著,《长城万里图》第三部,1989年11月。大32开,平装,ISBN 7-02-000780-5,定价10.50元;精装,ISBN 7-02-000787-2,定价13.70元。1995年4月,平装覆膜,大32开,ISBN 7-02-002076-3,定价23.55元。(3-393)

392 大气功师
柯云路著,1989年10月。平装覆膜,大32开,ISBN 7-02-000932-8,定价5.60元。1990年1月,精装,大32开,ISBN 7-02-000933-6,定价8.75元。(3-394)

393 山在虚无缥缈间
王火著,1989年10月。平装,大32开,ISBN 7-02-000814-3,定价8.55元。(3-395)

394 日晕
潘军著,1989年12月。平装覆膜,大32开,ISBN 7-02-000831-3,定价4.40元。(3-396)

395 无情剑(1—3)
(台湾)古龙著,文学故事丛书,1988年12月。平装覆膜,32开,ISBN 7-02-000449-0,定价10.80元。(3-397)

396 飞花逐月(上下)
卧龙生著,文学故事丛书,1989年7月。平装覆膜,32开,ISBN 7-02-000475-X,定价7.50元。(3-398)

397 武林三凤(上中下)
诸葛青云著,文学故事丛书,1989年7月。平装覆膜,32开,ISBN 7-02-000652-3,定价9.70元。(3-399)

398 紫凤钗(上下)
(台湾)独孤红著,文学故事丛书,1988年4月。平装覆膜,32开,ISBN 7-02-000476-8,定价

7.40元。(3-400)

399 残酷的爱
西马著,1988年9月。平装覆膜,32开,ISBN 7-02-000541-1,定价2.50元。(3-401)

400 阎寡妇和她的两个女儿
舒源骏著,1988年9月。平装,32开,ISBN 7-02-000371-0,定价2.60元。(3-402)

401 鸦片王国浮沉记
克非著,1989年10月。平装覆膜,大32开,ISBN 7-02-000821-6,定价4.65元。(3-403)

402 今夜没有雨
(香港)梁荔玲著,1989年12月。平装覆膜,32开,ISBN 7-02-000922-0,定价2.10元。(3-404)

403 山匪
贾万超著,1990年2月。平装,32开,ISBN 7-02-000927-1,定价3.75元。(3-405)

404 在严寒的日子里
丁玲著,1990年2月。平装,大32开,ISBN 7-02-000648-5,定价3.20元。(3-406)

405 梦洲——一个青年革命家的浪漫史
陈世旭著,1990年1月。平装,32开,ISBN 7-02-000916-2,定价4.00元。(3-407)

406 骚动之秋
刘玉民著,1990年7月。平装,大32开,ISBN 7-02-000942-5,定价3.95元。1991年11月,平装覆膜,大32开,ISBN 978-7-02-001347-3,定价6.10元。1998年3月收入茅盾文学奖获奖书系,平装覆膜,大32开,ISBN 7-02-002689-3,定价18.00元。2005年1月收入茅盾文学奖获奖作品全集,平装,国流32开,ISBN 7-02-004937-0,定价20.00元。2013年9月收入茅盾文学奖获奖作品全集,平装,32异,ISBN 978-7-02-009681-7,定价26.00元。2015年1月收入茅盾文学奖获奖作品全集(特装本),纸精,国流32开,ISBN 978-7-02-010675-2,定价36.00元。2019年1月收入茅盾文学奖获奖作品全集,平装,32异,ISBN 978-7-02-014254-5,定价36.00元。(3-408)

407 家在何方
雨霏霏著,1990年9月。平装覆膜,大32开,ISBN 7-02-001003-2,定价4.40元。(3-409)

408 骚乱
熊尚志著,1990年7月。平装覆膜,大32开,ISBN 7-02-000945-X,定价5.70元。(3-410)

409 情人们和朋友们
胡尹强著,1989年9月。平装覆膜,大32开,ISBN 7-02-000759-7,定价6.25元。(3-411)

410 雪国梦
邱勋著,1989年9月。平装覆膜,32开,ISBN 7-02-000786-4,定价4.40元。(3-412)

411 本案拒绝旁听
罗先明著,1990年4月。平装,32开,ISBN 7-02-000987-5,定价3.00元。1996年7月,平装覆膜,32开,ISBN 7-02-000776-7,定价16.00元。(3-413)

412 尘梦
(台湾)林晓筠著,1990年12月。平装覆膜,32开,ISBN 7-02-001132-2,定价2.05元。(3-414)

413 燃烧的秋
(台湾)林晓筠著,1990年12月。平装覆膜,32开,ISBN 7-02-001133-0,定价2.05元。(3-415)

414 常乐岛
姜树茂著,1991年2月。平装覆膜,大32开,ISBN 7-02-001105-5,定价3.75元。(3-416)

415 十七岁,十七岁,十七岁
(台湾)尹雪曼著,1991年1月。平装覆膜,32开,ISBN 7-02-001134-9,定价2.85元。(3-417)

416 悬崖的悲剧
(台湾)郭嗣汾著,《海内外文学》丛书,1991年1月。平装覆膜,32开,ISBN 7-02-001135-7,定价2.55元。(3-418)

417 白发狂夫
王川著,1991年2月。平装覆膜,大32开,ISBN 7-02-001101-2,定价6.25元。

(3-419)

418　风流父子

王东满著,1991年3月。平装覆膜,大32开,ISBN 7-02-001140-3,定价4.50元。(3-420)

419　正常人

沈善增著,1991年4月。平装覆膜,大32开,ISBN 7-02-001124-1,定价6.15元。(3-421)

420　天砚

范小青著,1991年6月。平装覆膜,大32开,ISBN 7-02-001209-4,定价3.95元。(3-422)

421　斜烟

(台湾)郭良蕙著,1991年7月。平装覆膜,32开,ISBN 7-02-001249-3,定价3.10元。(3-423)

422　春尽

(台湾)郭良蕙著,1991年7月。平装覆膜,32开,ISBN 7-02-001248-5,定价3.80元。(3-424)

423　大上海沉没

俞天白著,1991年8月。大32开,ISBN 7-02-001234-5,平装覆膜,定价8.55元;精装,ISBN 7-02-001235-3,定价12.25元。(3-425)

424　魂梦

李伯屏著,1991年10月。平装覆膜,大32开,ISBN 7-02-001266-3,定价7.30元。(3-426)

425　子民们

雷铎著,1991年11月。平装覆膜,大32开,ISBN 7-02-001139-X,定价5.20元。(3-427)

426　大国之魂

邓贤著,1991年10月。平装覆膜,大32开,ISBN 7-02-001314-7,定价6.60元。2015年5月收入邓贤抗战纪实系列,平装,16异,ISBN 978-7-02-010774-2,定价39.00元。2015年9月,25周年纪念版,纸精,32异,ISBN 978-7-02-010821-3,定价52.00元。(3-428)

427　太平洋的拂晓

周而复著,《长城万里图》第四部,1991年6月。大32开,平装,ISBN 7-02-001178-0,定价10.05元;精装,ISBN 7-02-001179-9,定价13.75元。1995年4月,平装覆膜,大32开,ISBN 7-02-002077-1,定价21.00元。(3-429)

428　战争与爱情(上下)

〔美〕唐德刚著,《海内外文学》丛书,1991年11月。平装覆膜,32开,ISBN 7-02-001279-5,定价12.95元。(3-430)

429　强盗与部长

李连庆著,1991年12月。平装覆膜,32开,ISBN 7-02-001300-7,定价4.20元。(3-431)

430　记忆门

李汉平著,1991年12月。平装覆膜,32异,ISBN 7-02-001313-9,定价4.55元。(3-432)

431　枫叶荻花秋瑟瑟

王火著,1992年1月。平装,大32开,ISBN 7-02-001312-0,定价11.10元。(3-433)

432　她是美丽的

徐式平、王义山、梅振元著,1992年1月。平装,32开,ISBN 7-02-000926-3,定价5.90元。(3-434)

433　欲是不灭的

阮海彪著,1992年5月。平装覆膜,大32开,ISBN 7-02-001364-3,定价6.15元。(3-435)

434　追踪金的黎明

张长弓著,1992年6月。平装覆膜,大32开,ISBN 7-02-001368-6,定价5.75元。(3-436)

435　我是你爸爸

王朔著,1992年6月。平装覆膜,大32开,ISBN 7-02-001378-3,定价4.95元。(3-437)

436　阴阳际会

肖俊志著,1992年6月。平装覆膜,大32开,ISBN 7-02-001369-4,定价6.65元。(3-438)

437　疯狂的月亮

李本深著,1992年5月。平装覆膜,32开,

ISBN 7-02-001389-9,定价 5.20 元。(3-439)

438 险境千里
朱苇著,1992 年 6 月。平装覆膜,大 32 开,ISBN 7-02-001370-8,定价 7.10 元。(3-440)

439 昨天——中英鸦片战争纪实
麦天枢、王先明著,1992 年 7 月。平装覆膜,大 32 开,ISBN 7-02-001422-4,定价 8.30 元。(3-441)

440 醉红尘
(香港)梁凤仪著,1992 年 7 月。平装覆膜,32 开,ISBN 7-02-001442-9,定价 3.40 元。(3-442)

441 豪门惊梦
(香港)梁凤仪著,1992 年 7 月。平装覆膜,32 开,ISBN 7-02-001440-2,定价 3.35 元。(3-443)

442 花魁劫
(香港)梁凤仪著,1992 年 7 月。平装覆膜,32 开,ISBN 7-02-001441-0,定价 3.75 元。(3-444)

443 师长在向士兵敬礼
彭荆风著,1992 年 7 月。平装覆膜,32 开,ISBN 7-02-001411-9,定价 3.25 元。(3-445)

444 一个吧女和七个水手
童孟侯著,1992 年 8 月。平装覆膜,大 32 开,ISBN 7-02-001430-5,定价 5.50 元。(3-446)

445 北京法源寺
(台湾)李敖著,1992 年 11 月。平装覆膜,大 32 开,ISBN 7-02-001455-0,定价 4.90 元。(3-447)

446 日本啊,日本
曾樾著,1992 年 12 月。平装覆膜,32 开,ISBN 7-02-001465-8,定价 3.90 元。(3-448)

447 风云变
(香港)梁凤仪著,1992 年 12 月。平装覆膜,32 开,ISBN 7-02-001584-0,定价 3.45 元。(3-449)

448 千堆雪
(香港)梁凤仪著,1992 年 12 月。平装覆膜,32 开,ISBN 7-02-001586-7,定价 4.50 元。(3-450)

449 信是有缘
(香港)梁凤仪著,1992 年 12 月。平装覆膜,32 开,ISBN 7-02-001585-9,定价 4.15 元。(3-451)

450 今晨无泪
(香港)梁凤仪著,1992 年 12 月。平装覆膜,32 开,ISBN 7-02-001591-3,定价 5.30 元。(3-452)

451 雷神传奇
马识途著,1992 年 11 月。平装覆膜,大 32 开,ISBN 7-02-001453-4,定价 10.00 元。(3-453)

452 那一剑的风情
(台湾)古龙著,1992 年 12 月。平装覆膜,32 开,ISBN 7-02-001459-3,定价 7.90 元。(3-454)

453 花帜
(香港)梁凤仪著,1992 年 12 月。平装覆膜,32 开,ISBN 7-02-001592-1,定价 4.35 元。(3-455)

454 九重恩怨
(香港)梁凤仪著,1992 年 12 月。平装覆膜,32 开,ISBN 7-02-001593-X,定价 4.10 元。(3-456)

455 昨夜长风
(香港)梁凤仪著,1993 年 2 月。平装覆膜,32 开,ISBN 7-02-001622-7,定价 5.30 元。(3-457)

456 激情三百日
(香港)梁凤仪著,1993 年 2 月。平装覆膜,32 开,ISBN 7-02-001623-5,定价 4.55 元。(3-458)

457 十个女人的命运
木斧著,1993 年 3 月。平装覆膜,32 开,ISBN 7-02-001540-9,定价 3.10 元。(3-459)

458 黎明前的夜色
周而复著,《长城万里图》第五部,1993 年 3 月。大 32 开,平装,ISBN 7-02-001497-6,定价 12.65 元;精装,ISBN 7-02-001498-4,定价

19.85元。1995年4月,平装覆膜,大32开,ISBN 7-02-002078-X,定价20.65元。(3-460)

459 中国知青梦

邓贤著,1993年4月。平装覆膜,大32开,ISBN 7-02-001557-3,定价7.60元。(3-461)

460 女巫

竹林著,1993年4月。平装覆膜,大32开,ISBN 7-02-001556-5,定价8.50元。(3-462)

461 丸之岬

吴民民著,1993年4月。平装覆膜,大32开,ISBN 7-02-001545-X,定价6.50元。(3-463)

462 最后一曲蓝调

夏真、王毅著,1993年4月。平装覆膜,32开,ISBN 7-02-001554-9,定价4.35元。(3-464)

463 恋爱的季节

王蒙著,1993年4月。平装覆膜,大32开,ISBN 7-02-001532-2,定价7.40元。2014年4月收入王蒙文集,平装,国流32开,ISBN 978-7-02-009982-5,定价35.00元。2020年1月收入王蒙文集,平装,国流32开,ISBN 978-7-02-014972-8,定价39.00元。(3-465)

464 玉观音

骆毓龙著,1993年8月。平装覆膜,大32开,ISBN 7-02-001635-9,定价5.30元。(3-466)

465 白鹿原

陈忠实著,1993年6月。平装覆膜,大32开,ISBN 7-02-001652-9,定价12.95元。1994年5月,精装,大32开,ISBN 7-02-001804-1,定价19.50元。1998年3月收入茅盾文学奖获奖书系,平装覆膜,大32开,ISBN 7-02-002690-7,定价28.00元。2000年7月收入百年百种优秀中国文学图书,平装覆膜,大32开,ISBN 7-02-003245-1,定价28.00元。2002年1月收入大学生必读丛书,平装,大32开,ISBN 7-02-003649-X,定价29.80元。

2004年5月收入中国当代名家长篇小说代表作丛书,平装覆膜,国流32开,ISBN 7-02-004570-7,定价30.00元。2004年3月收入中国文库,国流32开,平装覆膜,ISBN 7-02-004537-5,定价28.00元;精装,ISBN 7-02-004735-1,定价53.00元。2005年1月收入茅盾文学奖获奖作品全集,平装,国流32开,ISBN 7-02-004928-1,定价31.00元。2009年7月收入人民文学出版社·新中国60年长篇小说典藏,纸精,国流32开,ISBN 978-7-02-007443-3,定价46.00元。2010年10月收入当代陕西文艺精品,平装,16异,ISBN 978-7-02-008287-2,定价65.00元。2012年8月,纸精,国流32开,ISBN 978-7-02-009029-7,定价39.00元。2012年10月,平装覆膜,32异,ISBN 978-7-02-009522-3,定价32.00元。2013年8月收入茅盾文学奖获奖作品全集,平装,32异,ISBN 978-7-02-009687-9,定价36.00元。2015年1月收入茅盾文学奖获奖作品全集(特装本),纸精,国流32开,ISBN 978-7-02-010673-8,定价45.00元。2017年8月,纸精,国流32开,ISBN 978-7-02-012757-3,定价45.00元。2019年1月收入茅盾文学奖获奖作品全集,平装,32异,ISBN 978-7-02-013970-5,定价39.80元。2019年6月,平装,国流32开,ISBN 978-7-02-013619-3,定价38.00元。2019年9月收入新中国70年70部长篇小说典藏,16异,精装,ISBN 978-7-02-015445-6,定价99.00元;平装,ISBN 978-7-02-015443-2,定价42.00元。(3-467)

466 活泉

浩然著,1993年6月。平装覆膜,大32开,ISBN 7-02-001620-0,定价8.50元。(3-468)

467 纪实和虚构——创造世界方法之一种

王安忆著,1993年6月。平装覆膜,大32开,ISBN 7-02-001621-9,定价9.50元。2002年1月收入人民文学奖获奖书系,平装覆膜,大32开,ISBN 7-02-003672-4,定价22.00元。2009年7月收入人民文学出版社·新中国60年长篇小说典藏,纸精,国流32开,ISBN 7-

02-007464-8,定价34.00元。2013年1月收入朝内166人文文库·中国当代长篇小说,平装,国流32开,ISBN 978-7-02-009356-4,定价29.00元。2014年6月收入王安忆长篇小说系列,平装覆膜,大32开,ISBN 978-7-02-009874-3,定价38.00元。2019年8月收入王安忆长篇小说,平装,大32开,ISBN 978-7-02-014425-9,定价53.00元。(3-469)

468　战争和人(一、二、三)

王火著,由《月落乌啼霜满天》《山在虚无缥缈间》《枫叶荻花秋瑟瑟》三部长篇小说组成,1993年7月。平装覆膜,大32开,ISBN 7-02-001640-5,定价40.40元。1998年3月收入茅盾文学奖获奖书系,平装覆膜,大32开,ISBN 7-02-002693-1,定价86.00元。2005年1月收入茅盾文学奖获奖作品全集,平装,国流32开,ISBN 7-02-004889-7,定价98.00元。2013年8月收入茅盾文学奖获奖作品全集,平装,32异,ISBN 978-7-02-009691-6,定价126.00元。2015年1月收入茅盾文学奖获奖作品全集(特装本),纸精,国流32开,ISBN 978-7-02-010650-9,定价148.00元。2019年5月收入茅盾文学奖获奖作品全集,平装,32异,ISBN 978-7-02-013958-3,定价179.00元。2019年8月收入中学红色文学经典阅读丛书,平装覆膜,32异,ISBN 978-7-02-015168-4,定价139.00元。(3-470)

469　红尘无泪

(香港)梁凤仪著,1993年9月。平装覆膜,32开,ISBN 7-02-001713-4,定价9.80元。(3-471)

470　我心换你心

(香港)梁凤仪著,1993年9月。平装覆膜,32开,ISBN 7-02-001714-2,定价5.20元。(3-472)

471　霸王别姬

(香港)李碧华著,1993年8月。平装覆膜,32异,ISBN 7-02-001729-0,定价5.50元。1999年1月收入李碧华小说精品系列,平装,32异,ISBN 7-02-002850-0,定价10.20元。(3-473)

472　玫瑰玫瑰我爱你

(台湾)王祯和著,1993年8月。平装覆膜,32异,ISBN 7-02-001642-1,定价4.35元。(3-474)

473　生死桥

(香港)李碧华著,1993年12月。平装覆膜,32异,ISBN 7-02-001728-2,定价7.35元。1999年1月收入李碧华小说精品系列,平装,32异,ISBN 7-02-002849-7,定价13.70元。(3-475)

474　江南游龙

牛不也著,1993年9月。平装覆膜,32开,ISBN 7-02-001647-2,定价6.30元。(3-476)

475　有梦不觉夜长

周大新著,1993年11月。平装覆膜,大32开,ISBN 7-02-001719-3,定价8.50元。(3-477)

476　花季

(台湾)郭良蕙著,1994年2月。平装覆膜,32开,ISBN 7-02-001791-6,定价4.20元。(3-478)

477　缘

(台湾)郭良蕙著,1994年2月。平装覆膜,32开,ISBN 7-02-001790-8,定价3.80元。(3-479)

478　大家族

(香港)梁凤仪著,1994年1月。平装覆膜,32开,ISBN 7-02-001832-7,定价7.55元。(3-480)

479　大混沌

杨黎光著,1994年6月。平装覆膜,大32开,ISBN 7-02-001818-1,定价7.70元。(3-481)

480　洒金笺

(香港)梁凤仪著,1994年1月。平装覆膜,32开,ISBN 7-02-001830-0,定价5.60元。(3-482)

481　裸情恨

(香港)梁凤仪著,1994年1月。平装覆膜,32开,ISBN 7-02-001829-7,定价5.90元。(3-483)

482　露沙的路

韦君宜著,1994年6月。平装覆膜,32开,ISBN 7-02-001807-6,定价4.25元。(3-484)

483　维多利亚俱乐部
〔美〕施叔青著,1994年3月。平装覆膜,诗开,ISBN 7-02-001787-8,定价4.10元。(3-485)

484　生命呼啸
贾万超著,1994年7月。平装覆膜,大32开,ISBN 7-02-001977-3,定价15.50元。(3-486)

485　商界
钱石昌、欧伟雄著,1994年3月。平装覆膜,大32开,ISBN 7-02-001788-6,定价8.90元。(3-487)

486　大收藏家
〔泰〕林玫、谢沐著,1994年4月。平装覆膜,32开,ISBN 7-02-001618-9,定价8.30元。(3-488)

487　龙凤剑情樱花泪
司马飞云著,1994年8月。平装覆膜,32开,ISBN 7-02-001849-1,定价8.65元。(3-489)

488　名剑明珠
(台湾)独孤红著,1993年10月。平装覆膜,大32开,ISBN 7-02-001636-7,定价9.20元。(3-490)

489　黑眼睛天使
杨佩瑾著,1993年8月。平装覆膜,大32开,ISBN 7-02-001634-0,定价7.50元。(3-491)

490　胭脂扣
(香港)李碧华著,1993年12月。平装覆膜,32异,ISBN 7-02-001727-4,定价3.80元。1991年1月收入李碧华小说精品系列,平装,32异,ISBN 7-02-002848-9,定价6.80元。(3-492)

491　世纪末的童话
(香港)梁凤仪著,1994年1月。平装覆膜,32开,ISBN 7-02-001833-5,定价8.50元。(3-493)

492　世纪末的挽钟
吴民民著,1994年9月。平装覆膜,大32开,ISBN 7-02-001932-3,定价25.70元。(3-494)

493　无梦谷
叶文玲著,1994年8月。平装覆膜,大32开,ISBN 7-02-002009-7,定价13.65元。(3-495)

494　情霸天下
(香港)梁凤仪著,1995年1月。平装覆膜,32开,ISBN 7-02-002102-6,定价11.55元。(3-496)

495　飞越沧桑
(香港)梁凤仪著,1995年1月。平装覆膜,32开,ISBN 7-02-002103-4,定价6.75元。(3-497)

496　当时已惘然
(香港)梁凤仪著,1995年1月。平装覆膜,32开,ISBN 7-02-002104-2,定价8.75元。(3-498)

497　又见深秋
(香港)梁凤仪著,1995年1月。平装覆膜,32开,ISBN 7-02-002105-0,定价9.15元。(3-499)

498　失态的季节
王蒙著,1994年10月。平装覆膜,大32开,ISBN 7-02-001976-5,定价12.15元。2014年4月收入王蒙文集,平装,国流32开,ISBN 978-7-02-010007-1,定价35.00元。2020年1月收入王蒙文集,平装,国流32开,ISBN 978-7-02-014953-7,定价39.00元。(3-500)

499　青蛇
(香港)李碧华著,1995年1月。平装覆膜,32异,ISBN 7-02-001983-8,定价4.40元。1999年1月收入李碧华小说精品系列,平装,32异,ISBN 7-02-002851-9,定价6.80元。(3-501)

500　诱僧
(香港)李碧华著,1995年1月。平装覆膜,32异,ISBN 7-02-001984-6,定价4.15元。1999年1月收入李碧华小说精品系列,平装,32异,ISBN 7-02-002847-0,定价6.60元。

(3-502)

501　满洲国妖艳——川岛芳子

（香港）李碧华著，1995年1月。平装覆膜，32异，ISBN 7-02-001982-X，定价5.05元。1999年1月收入李碧华小说精品系列，平装，32异，ISBN 7-02-002846-2，定价7.70元。(3-503)

502　趟过男人河的女人

张雅文、远方著，1995年2月。平装覆膜，大32开，ISBN 7-02-002050-X，定价10.45元。(3-504)

503　不是忏悔

赵长天著，1995年5月。平装覆膜，大32开，ISBN 7-02-002027-5，定价8.40元。(3-505)

504　炼魂

林德发著，1995年5月。平装覆膜，大32开，ISBN 7-02-002051-8，定价9.80元。(3-506)

505　心涛

（香港）梁凤仪著，1994年1月。平装覆膜，32开，ISBN 7-02-001828-9，定价7.55元。(3-507)

506　落日之战

庞天舒著，1994年12月。平装覆膜，大32开，ISBN 7-02-001978-1，定价11.20元。(3-508)

507　赤彤丹朱

张抗抗著，探索者丛书，1995年5月。平装覆膜，大32开，ISBN 7-02-002137-9，定价18.60元。2002年4月，平装覆膜，大32开，ISBN 7-02-003762-3，定价18.60元。2007年1月收入中国当代名家长篇小说代表作丛书，平装覆膜，国流32开，ISBN 978-7-02-005884-6，定价20.00元。2009年7月收入人民文学出版社·新中国60年长篇小说典藏，纸精，国流32开，ISBN 978-7-02-007423-5，定价30.00元。2013年1月收入朝内166人文文库·中国当代长篇小说，平装，国流32开，ISBN 978-7-02-009368-7，定价27.00元。(3-509)

508　深宫绝学

张叹凤著，1995年8月。平装覆膜，大32开，ISBN 7-02-002080-1，定价22.80元。(3-510)

509　疼痛与抚摸

张宇著，探索者丛书，1995年5月。软精，大32开，ISBN 7-02-002133-6，定价12.55元。2001年6月，平装覆膜，大32开，ISBN 7-02-003402-0，定价12.55元。(3-511)

510　月牙泉

邵振国著，1995年12月。平装覆膜，大32开，ISBN 7-02-002061-5，定价14.00元。(3-512)

511　涛声入梦

张曼菱著，1996年9月。平装覆膜，大32开，ISBN 7-02-002311-8，定价17.15元。(3-513)

512　我要活下去

（香港）梁凤仪著，1995年8月。平装覆膜，32开，ISBN 7-02-002195-6，定价14.60元。(3-514)

513　城市白皮书

李佩甫著，探索者丛书，1995年12月。软精，大32开，ISBN 7-02-002210-3，定价18.00元。2001年4月，平装覆膜，大32开，ISBN 7-02-003401-2，定价18.00元。2002年1月收入人民文学奖获奖书系，平装覆膜，大32开，ISBN 7-02-003677-5，定价19.60元。(3-515)

514　惑之年

母碧芳著，1996年5月。平装，大32开，ISBN 7-02-002275-8，定价19.20元。(3-516)

515　格子网

周大新著，1996年4月。平装覆膜，大32开，ISBN 7-02-002222-7，定价18.95元。(3-517)

516　如花似玉的原野

张炜著，探索者丛书，1995年12月。软精，大32开，ISBN 7-02-002198-0，定价18.00元。(3-518)

517　月亮背面

王刚著，1996年2月。平装覆膜，大32开，ISBN 7-02-002181-6，定价18.00元。2005年7月收入《当代》书丛，平装覆膜，国流32

开,ISBN 7-02-002181-6,定价22.00元。2011年4月收入王刚文集,平装覆膜,国流32开,ISBN 978-7-02-007344-3,定价26.00元。(3-519)

518　呜咽的澜沧江

竹林著,1995年11月。平装覆膜,大32开,ISBN 7-02-002169-7,定价12.95元。(3-520)

519　刘邦演义

刘鸿泽著,1996年4月。平装覆膜,大32开,ISBN 7-02-002180-8,定价33.20元。(3-521)

520　文天祥

杨友今著,1996年5月。平装覆膜,大32开,ISBN 7-02-002338-X,定价24.60元。(3-522)

521　雾重庆

周而复著,《长城万里图》第六部,1994年12月。大32开,平装,ISBN 7-02-001758-4,定价25.75元;精装,ISBN 7-02-001759-2,定价34.30元。1995年4月,平装覆膜,大32开,ISBN 7-02-002079-8,定价28.40元。(3-523)

522　上海人

(香港)吴正著,1995年7月。平装覆膜,大32开,ISBN 7-02-002067-4,定价18.00元。(3-524)

523　花落春不在

(台湾)朱秀娟著,1996年8月。平装覆膜,32开,ISBN 7-02-002336-3,定价10.00元。(3-525)

524　晚霜

(台湾)朱秀娟著,1996年8月。平装覆膜,32开,ISBN 7-02-002337-1,定价11.00元。(3-526)

525　万里心航

(台湾)朱秀娟著,1996年8月。平装覆膜,32开,ISBN 7-02-002334-7,定价13.00元。(3-527)

526　女强人

(台湾)朱秀娟著,1996年8月。平装覆膜,32开,ISBN 7-02-002335-5,定价13.00元。(3-528)

527　曾在天涯

阎真著,1996年7月。平装覆膜,大32开,ISBN 7-02-002298-7,定价25.00元。1998年4月收入行人系列,平装覆膜,大32开,ISBN 7-02-002629-X,定价22.00元。2010年12月,平装,16异,ISBN 978-7-02-008293-3,定价34.00元。(3-529)

528　生命是劳动与仁慈

刘醒龙著,探索者丛书,1996年8月。软精,大32开,ISBN 7-02-002299-5,定价25.00元。(3-530)

529　女企业家

(台湾)杨青矗著,1996年10月。平装覆膜,大32开,ISBN 7-02-002320-7,定价21.00元。(3-531)

530　我是太阳

邓一光著,1997年2月。平装覆膜,大32开,ISBN 7-02-002371-1,定价24.00元。2002年1月收入人民文学奖获奖书系,平装覆膜,大32开,ISBN 7-02-003673-2,定价26.00元。2004年5月收入中国当代名家长篇小说代表作丛书,平装覆膜,国流32开,ISBN 7-02-004597-9,定价26.00元。2009年7月收入人民文学出版社·新中国60年长篇小说典藏,纸精,国流32开,ISBN 978-7-02-007422-8,定价44.00元。2013年1月收入朝内166人文文库·中国当代长篇小说,平装,国流32开,ISBN 978-7-02-009405-9,定价34.00元。2016年1月收入邓一光长篇小说,平装,16异,ISBN 978-7-02-010129-0,定价52.00元。(3-532)

531　羊角号

刘玉民著,探索者丛书,1996年8月。软精,大32开,ISBN 7-02-002355-X,定价16.50元。(3-533)

532　栖凤楼

刘心武著,1996年12月。平装覆膜,大32开,ISBN 7-02-002370-3,定价20.50元。2014年7月收入刘心武长篇小说系列,平装,16异,ISBN 978-7-02-010209-9,定价49.00元。(3-534)

小说

533　水焚
韩起著,1997 年 3 月。平装覆膜,大 32 开,ISBN 7-02-002376-2,定价 19.00 元。(3-535)

534　费家有女
范小青、俞黑子、马中俊著,1995 年 9 月。平装覆膜,大 32 开,ISBN 7-02-002248-0,定价 21.50 元。(3-536)

535　赵尚志(上下)
王忠瑜著,1997 年 1 月。平装覆膜,大 32 开,ISBN 7-02-002345-2,定价 32.00 元。(3-537)

536　缱绻与决绝
赵德发著,1996 年 12 月。平装覆膜,大 32 开,ISBN 7-02-002399-1,定价 24.40 元。2002 年 12 月列入农民三部曲,平装覆膜,大 32 开,ISBN 7-02-004115-9,定价 25.00 元。(3-538)

537　新西游记(上下)
海城著,探索者丛书,1997 年 2 月。平装覆膜,大 32 开,ISBN 7-02-002367-3,定价 38.00 元。(3-539)

538　村妇
刘绍棠著,1997 年 6 月。平装覆膜,大 32 开,ISBN 7-02-002421-1,定价 19.00 元。(3-540)

539　人间正道
周梅森著,1996 年 11 月。软精,大 32 开,ISBN 7-02-002431-0,定价 25.80 元。1998 年 4 月收入行人系列,平装覆膜,大 32 开,ISBN 7-02-002670-2,定价 18.60 元。2000 年 6 月列入《中国制造》三部曲之一,平装覆膜,大 32 开,ISBN 7-02-003116-8,定价 22.00 元。(3-541)

540　敦煌之恋
王家达著,1996 年 12 月。平装覆膜,大 32 开,ISBN 7-02-002381-9,定价 13.50 元。(3-542)

541　一样的天空
(香港)陶然著,1997 年 4 月。平装覆膜,32 异,ISBN 7-02-002392-4,定价 16.00 元。(3-543)

542　火凤凰
魏巍著,1997 年 10 月。平装覆膜,大 32 开,ISBN 7-02-002441-3,定价 31.80 元。(3-544)

543　夏猎
夏烈著,1996 年 9 月。平装覆膜,32 异,ISBN 7-02-002284-7,定价 12.00 元。(3-545)

544　东方的故事
柯云路著,1997 年 8 月。平装覆膜,32 异,ISBN 7-02-002545-5,定价 19.80 元。(3-546)

545　北方城郭
柳建伟著,1997 年 6 月。平装覆膜,大 32 开,ISBN 7-02-002333-9,定价 29.00 元。2002 年 4 月列入《时代三部曲》第一部,平装,大 32 开,ISBN 7-02-003708-9,定价 29.00 元。(3-547)

546　温城之梦
石林红著,1997 年 9 月。平装覆膜,大 32 开,ISBN 7-02-002571-4,定价 19.80 元。(3-548)

547　冲上九重天
(香港)梁凤仪著,归航系列,1997 年 9 月。平装覆膜,32 开,ISBN 7-02-002517-X,定价 12.20 元。(3-549)

548　日落紫禁城
(香港)梁凤仪著,归航系列,1997 年 9 月。平装覆膜,32 开,ISBN 7-02-002453-X,定价 12.50 元。(3-550)

549　深情似往时
(香港)梁凤仪著,归航系列,1997 年 9 月。平装覆膜,32 开,ISBN 7-02-002456-4,定价 10.30 元。(3-551)

550　沧波万里风
(香港)梁凤仪著,归航系列,1997 年 9 月。平装覆膜,32 开,ISBN 7-02-002455-6,定价 11.20 元。(3-552)

551　西风逐晚霞
(香港)梁凤仪著,归航系列,1997 年 9 月。平装覆膜,32 开,ISBN 7-02-002452-1,定价 11.80 元。(3-553)

552　篱下的岁月

（香港）梁凤仪著,归航系列,1997年9月。平装覆膜,32开,ISBN 7-02-002454-8,定价9.80元。(3-554)

553　大都会
俞天白著,1997年5月。平装覆膜,大32开,ISBN 7-02-002407-6,定价27.80元。(3-555)

554　丹青引
王小鹰著,1997年7月。软精,大32开,ISBN 7-02-002479-3,定价25.00元。2002年1月收入人民文学奖获奖书系,平装覆膜,大32开,ISBN 7-02-003676-7,定价26.80元。2013年1月收入朝内166人文文库·中国当代长篇小说,平装,国流32开,ISBN 978-7-02-009327-4,定价32.00元。(3-556)

555　李兆麟——烽火辽东
王忠瑜著,1997年8月。平装覆膜,大32开,ISBN 7-02-002433-5,定价14.60元。(3-557)

556　二十五世纪的人（上下）
闵和顺著,探索者丛书,1997年12月。平装覆膜,大32开,ISBN 7-02-002522-6,定价42.80元。(3-558)

557　文景之治演义
刘鸿泽著,1997年11月。平装覆膜,大32开,ISBN 7-02-002595-1,定价22.50元。(3-559)

558　踌躇的季节
王蒙著,1997年10月。平装覆膜,大32开,ISBN 7-02-002472-6,定价16.50元。2014年4月收入王蒙文集,平装,国流32开,ISBN 978-7-02-009983-2,定价33.00元。2020年1月收入王蒙文集,平装,国流32开,ISBN 978-7-02-014954-4,定价38.00元。(3-560)

559　原狱
周梅森著,1997年12月。平装覆膜,大32开,ISBN 7-02-002561-7,定价18.20元。(3-561)

560　空谷
赵雁著,1998年4月。平装覆膜,大32开,ISBN 7-02-002531-5,定价19.00元。(3-562)

561　岁月如歌
鲁书潮、王丽萍著,1998年5月。平装覆膜,大32开,ISBN 7-02-002682-6,定价20.00元。(3-563)

562　尘埃落定
阿来著,探索者丛书,1998年3月。平装覆膜,大32开,ISBN 7-02-002556-0,定价18.20元。2000年7月收入百年百种优秀中国文学图书,平装覆膜,大32开,ISBN 7-02-003297-4,定价18.20元。2000年10月收入茅盾文学奖获奖书系,平装覆膜,大32开,ISBN 7-02-003364-4,定价22.00元。2001年8月收入《阿来文集》,平装,大32开,ISBN 7-02-003390-3,定价19.80元。2003年5月收入语文新课标必读丛书,平装覆膜,大32开,ISBN 7-02-004127-2,定价20.00元。2004年5月收入中国当代名家长篇小说代表作丛书,平装覆膜,国流32开,ISBN 7-02-004571-5,定价20.00元。2005年1月收入茅盾文学奖获奖作品全集,平装,国流32开,ISBN 7-02-004939-7,定价21.00元。2005年1月收入中国文库,国流32开,平装,ISBN 7-02-005089-1,定价22.00元;精装,ISBN 7-02-005117-0,定价35.00元。2009年7月收入人民文学出版社·新中国60年长篇小说典藏,纸精,国流32开,ISBN 978-7-02-007463-1,定价30.00元。2013年3月纪念版,纸精,国流32开,ISBN 978-7-02-009559-9,定价38.00元。2013年8月收入茅盾文学奖获奖作品全集,平装,32异,ISBN 978-7-02-009682-4,定价29.00元。2015年1月收入茅盾文学奖获奖作品全集（特装本）,纸精,国流32开,ISBN 978-7-02-010660-8,定价39.00元。2019年1月收入茅盾文学奖获奖作品全集,平装,32异,ISBN 978-7-02-013975-0,定价39.00元。2019年9月收入新中国70年70部长篇小说典藏,16异,精装,ISBN 978-7-02-015430-2,定价72.00元;平装,ISBN 978-7-02-015440-1,定价42.00元。(3-564)

563　消失的场景
周大新著,1998年4月。平装,大32开,ISBN

7-02-002560-9,定价17.00元。(3-565)

564　大水

罗珠著,1998年6月。平装覆膜,大32开,ISBN 7-02-002643-5,定价25.00元。(3-566)

565　暂时之痛

魏高翔著,探索者丛书,1998年5月。平装覆膜,大32开,ISBN 7-02-002618-4,定价16.00元。(3-567)

566　圆梦

浩然著,1998年6月。平装覆膜,大32开,ISBN 7-02-002592-7,定价20.50元。(3-568)

567　风尘侠士情(上下)

牛不也著,中华通俗文学丛书,1998年7月。平装覆膜,大32开,ISBN 7-02-002534-X,定价43.00元。(3-569)

568　陈国凯选集(1—3)

陈国凯著,1998年6月。精装,大32开,ISBN 7-02-002596-X,定价98.00元。(3-570)

569　天下财富

周梅森著,1997年12月。软精,大32开,ISBN 7-02-002607-9,定价24.00元。1998年4月收入行人系列,平装覆膜,大32开,ISBN 7-02-002669-9,定价19.80元。2000年6月列入《中国制造》三部曲之二,平装覆膜,大32开,ISBN 7-02-003217-6,定价23.00元。(3-571)

570　突出重围

柳建伟著,行人系列,1998年11月。平装覆膜,大32开,ISBN 7-02-002784-9,定价25.00元。2002年4月列入《时代三部曲》第二部,平装,大32开,ISBN 7-02-003717-8,定价25.00元。2009年7月收入人民文学出版社·新中国60年长篇小说典藏,纸精,国流32开,ISBN 978-7-02-007436-5,定价43.00元。2013年1月收入朝内166人文文库·中国当代长篇小说,平装,国流32开,ISBN 978-7-02-009366-3,定价39.00元。2019年9月收入新中国70年70部长篇小说典藏,16异,精装,ISBN 978-7-02-015506-4,定价98.00元;平装,ISBN 978-7-02-015507-1,定价55.00元。

(3-572)

571　东京有个绿太阳

蒋濮著,行人系列,1998年12月。平装覆膜,大32开,ISBN 7-02-002808-X,定价15.40元。(3-573)

572　奈何岁月

胡达亨著,1998年12月。平装覆膜,大32开,ISBN 7-02-002790-3,定价14.20元。(3-574)

573　地力

赵先德著,1998年5月。软精,大32开,ISBN 7-02-002755-5,定价19.80元。(3-575)

574　刘罗锅断案故事

邓加荣、金乃祥著,1998年5月。平装覆膜,大32开,ISBN 7-02-002756-3,定价17.80元。(3-576)

575　铁魂曲

张法贵著,1999年2月。平装覆膜,大32开,ISBN 7-02-002906-X,定价19.40元。(3-577)

576　喜马拉雅

爱琴海著,探索者丛书,1998年9月。平装覆膜,大32开,ISBN 7-02-002609-5,定价17.00元。(3-578)

577　堕民

巴人著,1998年9月。平装覆膜,32开,ISBN 7-02-002644-3,定价8.00元。(3-579)

578　潘金莲之前世今生

(香港)李碧华著,李碧华小说精品系列,1999年1月。平装,32异,ISBN 7-02-002854-3,定价7.00元。(3-580)

579　秦俑

(香港)李碧华著,李碧华小说精品系列,1999年1月。平装,32异,ISBN 7-02-002853-5,定价6.60元。(3-581)

580　风雪多瑙河

刘战英著,1999年2月。大32开,平装覆膜,ISBN 7-02-002823-3,定价27.70元;精装,ISBN 7-02-002923-X,定价37.90元。(3-582)

581　君子梦

赵德发著,行人系列,1999年1月。平装覆膜,大32开,ISBN 7-02-002844-6,定价21.80元。2002年12月列入农民三部曲,书名《天理暨人欲》,平装覆膜,大32开,ISBN 7-02-004116-7,定价25.00元。(3-583)

582　"西北王"的败落
方知今著,1999年1月。平装覆膜,大32开,ISBN 7-02-002888-8,定价28.40元。(3-584)

583　霹雳三年
王火著,1999年3月。平装覆膜,大32开,ISBN 7-02-002882-9,定价25.70元。(3-585)

584　牵手
王海鸰著,1999年4月。平装覆膜,大32开,ISBN 7-02-002907-8,定价16.80元。(3-586)

585　晓庄钟声——陶行知办学演义
丁羽著,1999年4月。平装覆膜,大32开,ISBN 7-02-002743-1,定价15.20元。(3-587)

586　国画
王跃文著,1999年5月。平装覆膜,大32开,ISBN 7-02-002952-3,定价27.00元。(3-588)

587　一个天使的沉沦
〔美〕於梨华著,1999年6月。平装,大32开,ISBN 7-02-002771-7,定价13.50元。(3-589)

588　第二十幕(上中下)
周大新著,1998年7月。平装覆膜,大32开,ISBN 7-02-002742-3,定价65.00元。2002年1月收入人民文学奖获奖书系,平装覆膜,大32开,ISBN 7-02-003674-0,定价65.00元。2004年5月收入中国当代名家长篇小说代表作丛书,平装覆膜,国流32开,ISBN 7-02-004495-6,定价60.00元。2007年9月收入中国文库,国流32开,平装,ISBN 978-7-02-006341-3,定价65.00元;精装,ISBN 978-7-02-006342-0,定价107.00元。2009年7月收入人民文学出版社·新中国60年长篇小说典藏,纸精,国流32开,ISBN 978-7-02-007517-1,定价99.00元。2013年1月收入朝内166人文文库·中国当代长篇小说,平装,国流32开,ISBN 978-7-02-009326-7,定价69.00元。2016年10月收入周大新文集,平装,16异,ISBN 978-7-02-011489-4,定价128.00元。(3-590)

589　金融大风暴
(香港)梁凤仪著,归航系列,1998年11月。平装覆膜,32开,ISBN 7-02-002809-8,定价14.00元。(3-591)

590　石瀑布
郑彦英著,1999年7月。平装覆膜,大32开,ISBN 7-02-002941-8,定价15.70元。(3-592)

591　天子娇客
完颜海瑞著,1999年7月。平装覆膜,大32开,ISBN 7-02-002933-7,定价20.70元。(3-593)

592　饥饿荒原
及容著,1999年7月。平装覆膜,大32开,ISBN 7-02-002805-5,定价16.80元。(3-594)

593　如歌的诱惑
刘敏著,1999年7月。平装覆膜,大32开,ISBN 7-02-002825-X,定价13.50元。(3-595)

594　多彩的乡村
何申著,"三驾马车"长篇小说丛书,1999年9月。平装覆膜,大32开,ISBN 7-02-003002-5,定价21.90元。(3-596)

595　家园笔记
谈歌著,"三驾马车"长篇小说丛书,1999年9月。平装覆膜,大32开,ISBN 7-02-003022-X,定价22.50元。(3-597)

596　风暴潮
关仁山著,"三驾马车"长篇小说丛书,1999年9月。平装覆膜,大32开,ISBN 7-02-003029-7,定价17.60元。(3-598)

597　虎步流亡——金九在中国
夏辇生著,1999年11月。平装覆膜,大32开,ISBN 7-02-003077-7,定价16.80元。(3-599)

598　幻化(三部曲)

张俊彪著,1999年11月。平装覆膜,大32开,ISBN 7-02-003052-1,定价90.00元。(3-600)

599　南方的爱
南翔著,探索者丛书,2000年1月。平装覆膜,大32开,ISBN 7-02-002992-2,定价15.50元。(3-601)

600　软弱
张宇著,2000年3月。平装覆膜,大32开,ISBN 7-02-003136-6,定价18.00元。(3-602)

601　藤萝花落
京梅著,2000年1月。平装覆膜,大32开,ISBN 7-02-003058-0,定价20.00元。(3-603)

602　婚姻生活的侧面
王大进著,探索者丛书,2000年1月。平装覆膜,大32开,ISBN 7-02-003073-4,定价9.80元。(3-604)

603　独白与手势·蓝
潘军著,探索者丛书,2000年3月。平装覆膜,大32开,ISBN 7-02-003108-0,定价13.60元。(3-605)

604　独白与手势·白
潘军著,探索者丛书,2000年1月。平装覆膜,大32开,ISBN 7-02-003107-2,定价16.00元。(3-606)

605　狂欢的季节
王蒙著,2000年5月。平装覆膜,大32开,ISBN 7-02-003211-7,定价20.00元。2014年4月收入王蒙文集,平装,国流32开,ISBN 978-7-02-009991-7,定价36.00元。2020年1月收入王蒙文集,平装,国流32开,ISBN 978-7-02-014957-5,定价40.00元。(3-607)

606　歇马山庄
孙惠芬著,2000年1月。平装覆膜,大32开,ISBN 7-02-003006-8,定价24.00元。2007年1月收入中国当代名家长篇小说代表作丛书,平装覆膜,国流32开,ISBN 978-7-02-005882-2,定价26.00元。2009年7月收入人民文学出版社·新中国60年长篇小说典藏,纸精,国流32开,ISBN 978-7-02-007465-5,定价40.00元。2013年1月收入朝内166人文文库·中国当代长篇小说,平装,国流32开,ISBN 978-7-02-009447-9,定价32.00元。(3-608)

607　伤心万柳杀
周郎著,中华通俗文学丛书,2000年3月。平装覆膜,大32开,ISBN 7-02-003090-4,定价26.00元。(3-609)

608　红鸟国秘史
张驰著,中华通俗文学丛书,2000年1月。平装覆膜,大32开,ISBN 7-02-002917-5,定价16.00元。(3-610)

609　小天堂的毁灭
王士菁著,2000年6月。平装覆膜,大32开,ISBN 7-02-002925-6,定价17.80元。(3-611)

610　历史的天空
徐贵祥著,2000年4月。平装覆膜,大32开,ISBN 7-02-003196-X,定价26.00元。2002年1月收入人民文学奖获奖书系,平装覆膜,大32开,ISBN 7-02-003678-3,定价28.00元。2006年6月收入语文新课标必读丛书修订版,平装覆膜,大32开,ISBN 7-02-005576-1,定价30.00元。2006年6月收入茅盾文学奖获奖作品全集,平装,国流32开,ISBN 7-02-005573-7,定价31.00元。2006年6月,平装覆膜,国流32开,ISBN 7-02-005742-X,定价31.00元。2008年6月收入语文新课标必读丛书增订版,平装覆膜,大32开,ISBN 978-7-02-007067-1,定价31.00元。2009年7月收入人民文学出版社·新中国60年长篇小说典藏,纸精,国流32开,ISBN 978-7-02-007466-2,定价41.00元。2013年8月收入茅盾文学奖获奖作品全集,平装,32异,ISBN 978-7-02-009684-8,定价37.00元。2015年1月收入茅盾文学奖获奖作品全集(特装本),纸精,国流32开,ISBN 978-7-02-010653-0,定价47.00元。2015年7月收入徐贵祥抗战系列,平装,32异,ISBN 978-7-02-010973-9,定价38.00元。2019年1月收入茅盾文学奖获奖作品全集,平装,32异,ISBN 978-7-02-

013968-2,定价46.00元。2019年8月收入中学红色文学经典阅读丛书,平装覆膜,32异,ISBN 978-7-02-015091-5,定价48.00元。2019年9月收入新中国70年70部长篇小说典藏,16异,精装,ISBN 978-7-02-015437-1,定价98.00元;平装,ISBN 978-7-02-015433-3,定价49.00元。(3-612)

611　中国制造

周梅森著,《中国制造》三部曲之三,2000年6月。平装覆膜,大32开,ISBN 7-02-003154-4,定价23.00元。2007年1月收入中国当代名家长篇小说代表作丛书,平装覆膜,国流32开,ISBN 978-7-02-005885-3,定价21.00元。2013年1月收入朝内166人文文库·中国当代长篇小说,平装,国流32开,ISBN 978-7-02-009377-9,定价28.00元。2019年9月收入新中国70年70部长篇小说典藏,16异,精装,ISBN 978-7-02-015502-6,定价78.00元;平装,ISBN 978-7-02-015503-3,定价42.00元。(3-613)

612　风尘交易人——一个美国汽车商的经历

〔美〕华胄著,2000年9月。平装覆膜,大32开,ISBN 7-02-003230-3,定价15.00元。(3-614)

613　东瀛我辈

和利著,海内外华文女作家小说系列,2000年8月。平装覆膜,大32开,ISBN 7-02-003081-5,定价29.80元。(3-615)

614　行囊空空

林哲著,海内外华文女作家小说系列,2000年8月。平装覆膜,大32开,ISBN 7-02-003037-8,定价14.00元。(3-616)

615　干燥花

李维著,海内外华文女作家小说系列,2000年8月。平装覆膜,大32开,ISBN 7-02-003025-4,定价13.60元。(3-617)

616　未完成的追踪

刘战英著,中华通俗文学丛书,2000年1月。平装覆膜,大32开,ISBN 7-02-002810-1,定价14.00元。(3-618)

617　城南旧事

林海音著,百年百种优秀中国文学图书,2000年7月。平装覆膜,大32开,ISBN 7-02-003280-X,定价9.00元。2008年5月,平装,32异,ISBN 978-7-02-006691-9,定价13.00元。2008年6月收入语文新课标必读丛书增订版,平装覆膜,大32开,ISBN 978-7-02-007048-0,定价12.00元。2015年3月,纸精,32开,ISBN 978-7-02-010558-8,定价25.00元。2016年3月插图本,高荣生、高畅插图,平装,大32开,ISBN 978-7-02-011259-3,定价23.00元。2017年2月收入漫说旧时光,平装,国流32开,ISBN 978-7-02-011549-5,定价23.00元。2018年1月,平装,32异,ISBN 978-7-02-013494-6,定价28.00元。2018年4月收入教育部统编《语文》推荐阅读丛书,平装覆膜,16异,ISBN 978-7-02-013878-4,定价26.00元。(3-619)

618　欲望家族

刘方炜著,2000年9月。平装覆膜,大32开,ISBN 7-02-003286-9,定价25.00元。(3-620)

619　兵家纪事

郝在今著,2000年9月。平装覆膜,大32开,ISBN 7-02-003091-2,定价18.80元。(3-621)

620　嘶天

谢友鄞著,2000年9月。平装覆膜,大32开,ISBN 7-02-003210-9,定价19.80元。(3-622)

621　乡谣

黄国荣著,2000年8月。平装覆膜,大32开,ISBN 7-02-003222-2,定价23.00元。(3-623)

622　乌泥湖年谱 1957—1966

方方著,2000年9月。平装,大32开,ISBN 7-02-003342-3,定价26.00元。2002年1月收入人民文学奖获奖书系,平装覆膜,大32开,ISBN 7-02-003675-9,定价28.00元。2004年5月收入中国当代名家长篇小说代表作丛书,平装覆膜,国流32开,ISBN 7-02-004470-0,定价25.00元。2009年7月收入人民文学出版社·新中国60年长篇小说典藏,纸精,国流32开,ISBN 978-7-02-007456-3,定价43.00元。2013年1月收入朝内166人文文库·中国当代长篇小说,平装,国流32开,ISBN 978-7-02-009386-1,定价34.00元。2014年3月收入方方长篇小说系列,平装,大32开,ISBN 978-7-02-009849-1,定价38.00元。2019年2月修订版,平装,国流32开,ISBN 978-7-02-014470-9,定价49.00元。(3-624)

623　丹青风骨
罗萌著,罗萌国粹系列长篇小说,2000年10月。平装覆膜,大32开,ISBN 7-02-002880-2,定价30.00元。(3-625)

624　梨园风流
罗萌著,罗萌国粹系列长篇小说,2000年10月。平装覆膜,大32开,ISBN 7-02-003316-4,定价32.00元。(3-626)

625　杏林风骚
罗萌著,罗萌国粹系列长篇小说,2000年10月。平装覆膜,大32开,ISBN 7-02-003324-5,定价23.00元。(3-627)

626　光荣之旅
马继红、高军著,2000年9月。平装覆膜,大32开,ISBN 7-02-003339-3,定价19.00元。(3-628)

627　生死西行
杨镰著,2001年1月。平装覆膜,大32开,ISBN 7-02-003363-6,定价20.00元。(3-629)

628　美女如云
贺晓彤著,2001年1月。平装覆膜,大32开,ISBN 7-02-003315-6,定价23.00元。(3-630)

629　英雄时代
柳建伟著,2001年3月。平装覆膜,大32开,ISBN 7-02-003426-8,定价30.00元。2002年4月列入《时代三部曲》第三部,平装,大32开,ISBN 7-02-003718-6,定价30.00元。2006年6月,平装覆膜,国流32开,ISBN 7-02-005744-6,定价33.00元。2006年6月收入茅盾文学奖获奖作品全集,平装,国流32开,ISBN 7-02-005572-9,定价33.00元。2013年9月收入茅盾文学奖获奖作品全集,平装,32异,ISBN 978-7-02-009686-2,定价39.00元。2015年1月收入茅盾文学奖获奖作品全集(特装本),纸精,国流32开,ISBN 978-7-02-010674-5,定价49.00元。2019年1月收入茅盾文学奖获奖作品全集,平装,32异,ISBN 978-7-02-013961-3,定价48.00元。(3-631)

630　东藏记
宗璞著,《野葫芦引》第二卷,2001年4月。平装覆膜,大32开,ISBN 7-02-003396-2,定价18.00元。2009年7月收入人民文学出版社·新中国60年长篇小说典藏,纸精,国流32开,ISBN 978-7-02-007459-4,定价28.00元。2019年9月收入新中国70年70部长篇小说典藏,16异,精装,ISBN 978-7-02-015457-9,定价68.00元;平装,ISBN 978-7-02-015454-8,定价42.00元。(3-632)

631　联合国演义(上下)
齐传贤著,2001年5月。平装覆膜,大32开,ISBN 7-02-003389-X,定价60.00元。(3-633)

632　船月
夏辇生著,1999年9月。平装覆膜,大32开,ISBN 7-02-003020-3,定价27.80元。(3-634)

633　漂泊女人
九丹著,2000年1月。平装覆膜,大32开,ISBN 7-02-002927-2,定价16.30元。(3-635)

634　血玲珑
毕淑敏著,《当代》书丛,2001年2月。平装覆膜,大32开,ISBN 7-02-003354-7,定价21.00元。(3-636)

635　萧瑟悉尼
颜铁生著,2001年3月。平装覆膜,大32开,ISBN 7-02-003346-6,定价14.00元。(3-637)

636　欲望之路
王大进著,《当代》书丛,2001年3月。平装覆膜,大32开,ISBN 7-02-003355-5,定价26.00元。(3-638)

637　日出东方

黄亚洲著,2001年3月。平装覆膜,大32开,ISBN 7-02-003433-0,定价32.00元。2006年6月,平装覆膜,国流32开,ISBN 7-02-005745-4,定价36.00元。(3-639)

638　风中玫瑰

风中玫瑰著,2001年4月。平装覆膜,大32开,ISBN 7-02-003434-9,定价17.00元。(3-640)

639　红晕

梁晓声著,《当代》书丛,2001年5月。平装覆膜,大32开,ISBN 7-02-003438-1,定价19.80元。(3-641)

640　浪　一个"叛国者"的人生传奇

〔德〕关愚谦著,2001年5月。大32开,平装覆膜,ISBN 7-02-003464-0,定价22.00元;精装,定价32.00元。(3-642)

641　水灾

刘春来著,《当代》书丛,2001年6月。平装覆膜,大32开,ISBN 7-02-003439-X,定价16.80元。(3-643)

642　药王孙思邈传奇

程远著,2001年6月。平装覆膜,大32开,ISBN 7-02-003381-4,定价17.00元。(3-644)

643　荧屏背后的生活

黎鸣著,2001年7月。平装覆膜,大32开,ISBN 7-02-003493-4,定价15.00元。(3-645)

644　拥抱生命

张聂尔著,2001年7月。平装覆膜,大32开,ISBN 7-02-003450-0,定价18.00元。(3-646)

645　越野赛跑

艾伟著,2001年10月。平装覆膜,大32开,ISBN 7-02-003482-9,定价16.80元。(3-647)

646　大清药王

杨晓雄、张永和著,2001年8月。平装覆膜,大32开,ISBN 7-02-003528-0,定价26.00元。(3-648)

647　影视场

石钟山著,2001年9月。平装覆膜,大32开,ISBN 7-02-003541-8,定价15.00元。(3-649)

648　独白与手势·红

潘军著,探索者丛书,2001年9月。平装覆膜,大32开,ISBN 7-02-003536-1,定价15.60元。(3-650)

649　归宿

悔悟著,2001年10月。平装覆膜,大32开,ISBN 7-02-003510-8,定价14.80元。(3-651)

650　沧浪之水

阎真著,2001年10月。平装覆膜,大32开,ISBN 7-02-003525-6,定价26.00元。2004年5月收入中国当代名家长篇小说代表作丛书,平装覆膜,大32开,ISBN 7-02-004466-2,定价26.00元。2009年7月收入人民文学出版社·新中国60年长篇小说典藏,纸精,国流32开,ISBN 978-7-02-007447-1,定价38.00元。2010年12月,平装,16异,ISBN 978-7-02-008292-6,定价33.00元。2013年1月收入朝内166人文文库·中国当代长篇小说,平装,国流32开,ISBN 978-7-02-009314-4,定价32.00元。2014年7月,平装,国流32开,ISBN 978-7-02-010404-8,定价42.00元。(3-652)

651　当关

李建军著,2001年10月。平装覆膜,大32开,ISBN 7-02-003550-7,定价19.80元。(3-653)

652　梅次故事

王跃文著,2001年10月。平装覆膜,大32开,ISBN 7-02-003542-6,定价25.00元。(3-654)

653　张之洞(上中下)

唐浩明著,2001年7月。大32开,平装覆膜,ISBN 7-02-003445-4,定价69.80元;精装,ISBN 7-02-003444-6,定价79.80元。(3-655)

654　女子监狱

章轲、张邦友著,2001年8月。平装覆膜,大32开,ISBN 7-02-003511-6,定价22.00元。

(3-656)

655 渡口

陆平著,2000年1月。平装覆膜,大32开,ISBN 7-02-002986-8,定价18.80元。(3-657)

656 城市片断

范小青著,2001年10月。平装覆膜,大32开,ISBN 7-02-003481-0,定价18.00元。(3-658)

657 美女作家

程青著,2001年10月。平装覆膜,大32开,ISBN 7-02-003526-4,定价16.00元。(3-659)

658 真情到永远

李妮著,2002年1月。平装覆膜,大32开,ISBN 7-02-003571-X,定价15.80元。(3-660)

659 大校的女儿

王海鸰著,2002年1月。平装覆膜,大32开,ISBN 7-02-003716-X,定价19.80元。(3-661)

660 玫瑰山庄

海诚著,2002年1月。平装覆膜,大32开,ISBN 7-02-003574-4,定价13.80元。(3-662)

661 银鼠

阮增宝、王景芬著,2002年1月。平装覆膜,大32开,ISBN 7-02-003694-5,定价28.00元。(3-663)

662 垂直的舞蹈

魏高翔著,探索者丛书,2002年1月。平装覆膜,大32开,ISBN 7-02-003711-9,定价15.80元。(3-664)

663 花腔

李洱著,2002年1月。平装覆膜,大32开,ISBN 7-02-003700-3,定价16.00元。2004年5月收入中国当代名家长篇小说代表作丛书,平装覆膜,国流32开,ISBN 7-02-004610-X,定价16.00元。2009年7月收入人民文学出版社·新中国60年长篇小说典藏,纸精,国流32开,ISBN 978-7-02-007437-2,定价25.00元。2013年1月收入朝内166人文文库·中国当代长篇小说,平装,国流32开,ISBN 978-7-02-009358-8,定价22.00元。(3-665)

664 骡子的后代

洪荒著,2002年3月。平装覆膜,大32开,ISBN 7-02-003545-0,定价18.00元。(3-666)

665 猎豹出击

阳子著,2002年4月。平装覆膜,大32开,ISBN 7-02-003777-1,定价28.00元。(3-667)

666 盖世太保枪口下的中国女人

张雅文著,2002年3月。平装覆膜,国流32开,ISBN 7-02-003778-X,定价22.80元。2015年7月,平装,国流32开,ISBN 978-7-02-011054-4,定价33.00元。(3-668)

667 桃李

张者著,2002年6月。平装覆膜,大32开,ISBN 7-02-003830-1,定价16.80元。2018年7月列入大学三部曲,平装,16异,ISBN 978-7-02-014137-1,定价45.00元。(3-669)

668 经典关系

莫怀戚著,《当代》书丛,2002年5月。平装覆膜,大32开,ISBN 7-02-003783-6,定价19.80元。(3-670)

669 银豹花园

陆幸生著,2002年4月。平装覆膜,大32开,ISBN 7-02-003767-4,定价23.80元。(3-671)

670 绝顶

张海迪著,2002年4月。平装覆膜,国流32开,ISBN 7-02-003779-8,定价20.00元。2013年1月收入朝内166人文文库·中国当代长篇小说,平装,国流32开,ISBN 978-7-02-009444-8,定价26.00元。(3-672)

671 把绵羊和山羊分开

懿翎著,2002年7月。平装覆膜,32异,ISBN 7-02-003904-9,定价26.00元。(3-673)

672 战争目光

郭富文著,2002年8月。平装覆膜,大32开,ISBN 7-02-003937-5,定价22.00元。

(3-674)

673　命运曲奇

（香港）冯智翔著,2002年10月。平装覆膜,大32开,ISBN 7-02-003881-6,定价10.00元。(3-675)

674　远嫁

蕙著,《当代》书丛,2002年10月。平装,大32开,ISBN 7-02-003999-5,定价16.50元。(3-676)

675　大赢家

胡月伟、兰之光著,2002年6月。平装覆膜,大32开,ISBN 7-02-003845-X,定价22.00元。(3-677)

676　入住望京的女人们

冬至著,2002年6月。平装覆膜,大32开,ISBN 7-02-003835-2,定价15.00元。(3-678)

677　等待地震

王离湘、刘晓滨著,2002年9月。平装覆膜,大32开,ISBN 7-02-003905-7,定价22.80元。(3-679)

678　缉私先锋

孙志远、王培公著,2002年9月。平装覆膜,32异,ISBN 7-02-003870-0,定价20.00元。(3-680)

679　剑胆诗魂——辛弃疾

姜岱东著,2002年10月。平装覆膜,大32开,ISBN 7-02-003977-4,定价19.80元。(3-681)

680　中国的"敦刻尔克大撤退"

杨继仁著,2002年4月。平装覆膜,大32开,ISBN 7-02-003743-7,定价12.00元。(3-682)

681　暗示

韩少功著,2002年9月。平装覆膜,32异,ISBN 7-02-003967-7,定价19.80元。2008年5月收入中国当代作家·韩少功系列,平装覆膜,32异,ISBN 978-7-02-006464-9,定价25.00元。2009年7月收入人民文学出版社·新中国60年长篇小说典藏,纸精,国流32开,ISBN 978-7-02-007448-8,定价31.00元。2013年1月收入朝内166人文文库·中国当代长篇小说,平装,国流32开,ISBN 978-7-02-009321-2,定价27.00元。2019年6月收入韩少功长篇小说系列,平装,国流32开,ISBN 978-7-02-014277-4,定价45.00元。(3-683)

682　昨夜风雨

贺绪林著,2002年12月。平装覆膜,大32开,ISBN 7-02-003821-2,定价15.90元。(3-684)

683　唐浩明文集·曾国藩（上中下）

2002年7月。32异,平装,ISBN 7-02-003770-4,定价66.00元；精装,ISBN 7-02-003771-2,定价96.00元。2008年11月收入新版《唐浩明文集》,国流32开,平装覆膜,ISBN 978-7-02-006572-1,定价78.00元；精装,ISBN 978-7-02-006573-8,定价110.00元。2004年5月以单行本形式收入中国当代名家长篇小说代表作丛书,书名《曾国藩》（血祭、野焚、黑雨）,平装覆膜,国流32开,ISBN 7-02-004569-3,定价66.00元。2007年9月以单行本形式收入中国文库,国流32开,平装,ISBN 978-7-02-006349-9,定价75.00元；精装,ISBN 978-7-02-006350-5,定价120.00元。2009年7月以上中下三册收入人民文学出版社·新中国60年长篇小说典藏,纸精,国流32开,ISBN 978-7-02-007450-1,定价102.00元。2013年1月以上中下三册收入朝内166人文文库·中国当代长篇小说,平装,国流32开,ISBN 978-7-02-009379-3,定价83.00元。2013年4月以上中下三册列入晚清三部曲,平装,32异,ISBN 978-7-02-009639-8,定价88.00元。(3-685)

684　爱人同志

艾伟著,2002年8月。平装覆膜,大32开,ISBN 7-02-003892-1,定价12.80元。(3-686)

685　龙年档案

柯云路著,《当代》书丛,2002年10月。平装覆膜,大32开,ISBN 7-02-003998-7,定价22.90元。(3-687)

686　漕运码头

王梓夫著,2003年1月。平装覆膜,大32开,

ISBN 7-02-004078-0，定价28.00元。（3-688）

687 省委书记和他的秘书们
韶华著，2003年1月。平装覆膜，大32开，ISBN 7-02-004080-2，定价20.40元。（3-689）

688 唐浩明文集·张之洞（上中下）
2002年7月。32异，平装，ISBN 7-02-003772-0，定价72.00元；精装，ISBN 7-02-003773-9，定价98.00元。2008年11月收入新版《唐明浩文集》，国流32开，平装覆膜，ISBN 978-7-02-006570-7，定价78.00元；精装，ISBN 978-7-02-006571-4，定价110.00元。2013年4月以上中下三册列入晚清三部曲，平装，32异，ISBN 978-7-02-009641-1，定价99.00元。（3-690）

689 唐浩明文集·杨度（上中下）
2002年7月。32异，平装，ISBN 7-02-003768-2，定价60.00元；精装，ISBN 7-02-003769-0，定价86.00元。2008年11月收入新版《唐明浩文集》，国流32开，平装覆膜，ISBN 978-7-02-006568-4，定价78.00元；精装，ISBN 978-7-02-006569-1，定价110.00元。2013年4月以上中下三册列入晚清三部曲，平装，32异，ISBN 978-7-02-009640-4，定价86.00元。（3-691）

690 幻鲸
冬至著，2003年1月。平装覆膜，32异，ISBN 7-02-004060-8，定价19.00元。（3-692）

691 泪珠儿
张欣著，2003年1月。平装覆膜，大32开，ISBN 7-02-004082-9，定价16.80元。（3-693）

692 惊涛骇浪
柳建伟著，2003年3月。平装覆膜，大32开，ISBN 7-02-004053-5，定价11.50元。（3-694）

693 陈子昂
孙自筠著，2003年3月。平装覆膜，大32开，ISBN 7-02-003966-9，定价18.60元。（3-695）

694 捆绑上天堂
李修文著，2003年1月。平装，大32开，ISBN 7-02-003883-2，定价19.00元。（3-696）

695 富街
李汉平著，2003年4月。平装覆膜，大32开，ISBN 7-02-004189-2，定价20.00元。（3-697）

696 青烟或白雾
赵德发著，农民三部曲，2002年12月。平装覆膜，大32开，ISBN 7-02-004117-5，定价24.00元。（3-698）

697 所谓作家
王家达著，2003年1月。平装覆膜，大32开，ISBN 7-02-003987-1，定价24.20元。（3-699）

698 从十九到二十六
罗盟著，2003年3月。平装覆膜，大32开，ISBN 7-02-003950-2，定价14.30元。（3-700）

699 白豆
董立勃著，《当代》书丛，2003年4月。平装，大32开，ISBN 7-02-004179-5，定价19.80元。（3-701）

700 江山
邓一光著，2003年6月。平装覆膜，大32开，ISBN 7-02-004256-2，定价30.00元。（3-702）

701 放下武器
许春樵著，2003年4月。平装覆膜，大32开，ISBN 7-02-003958-8，定价22.00元。（3-703）

702 拯救乳房
毕淑敏著，2003年6月。平装覆膜，大32开，ISBN 7-02-004233-3，定价20.00元。2014年1月收入毕淑敏心灵四书，平装，国流32开，ISBN 978-7-02-009988-7，定价33.00元。（3-704）

703 天下第一丑
杨晓雄、张永和著，2003年7月。平装覆膜，32异，ISBN 7-02-004229-5，定价28.00元。（3-705）

704 左手爱情右手你
戴翎著，2003年4月。平装覆膜，32异，ISBN 7-02-004196-5，定价16.00元。（3-706）

705 万物花开

林白著,2003 年 7 月。平装覆膜,大 32 开,ISBN 7-02-004215-5,定价 15.00 元。(3-707)

706　从两个蛋开始

杨争光著,2003 年 8 月。平装,国流 32 开,ISBN 7-02-004246-5,定价 26.00 元。(3-708)

707　黑亮的茄子

宋毓建著,2003 年 8 月。平装覆膜,大 32 开,ISBN 7-02-004239-2,定价 18.00 元。(3-709)

708　非鸟

张尔客著,桃李 book,2003 年 9 月。平装覆膜,大 32 开,ISBN 7-02-004323-2,定价 18.80 元。(3-710)

709　都市情缘

谭仲池著,2003 年 9 月。平装覆膜,大 32 开,ISBN 7-02-004279-1,定价 16.00 元。(3-711)

710　新欢

洛兵著,2003 年 7 月。平装覆膜,大 32 开,ISBN 7-02-004217-1,定价 25.00 元。(3-712)

711　扎根

韩东著,桃李 book,2003 年 7 月。软精,国流 32 开,ISBN 7-02-004113-2,定价 19.80 元。(3-713)

712　大宅门(第二部)

郭宝昌著,2003 年 8 月。平装覆膜,国流 32 开,ISBN 7-02-004283-X,定价 36.00 元。(3-714)

713　没有名字的身体

黄蓓佳著,2003 年 11 月。平装覆膜,大 32 开,ISBN 7-02-004324-0,定价 14.60 元。(3-716)

714　洗澡

杨绛著,2004 年 1 月。平装,大 32 开,ISBN 7-02-004380-1,定价 16.00 元。2013 年 1 月,精装,16 异,ISBN 978-7-02-009050-1,定价 36.00 元。2019 年 10 月,平装,国流 32 开,ISBN 978-7-02-012955-3,定价 33.00 元。(3-717)

715　我的生活质量

邵丽著,2004 年 1 月。平装覆膜,国流 32 开,ISBN 7-02-004390-9,定价 19.80 元。2013 年 1 月收入朝内 166 人文文库·中国当代长篇小说,平装,国流 32 开,ISBN 978-7-02-009387-8,定价 26.00 元。(3-718)

716　五色廊

王川著,2004 年 1 月。平装覆膜,大 32 开,ISBN 7-02-004347-X,定价 21.00 元。(3-719)

717　青狐

王蒙著,2004 年 1 月。平装覆膜,国流 32 开,ISBN 7-02-004391-7,定价 28.50 元。2014 年 4 月收入王蒙文集,平装,国流 32 开,ISBN 978-7-02-010004-0,定价 37.00 元。2020 年 1 月收入王蒙文集,平装,国流 32 开,ISBN 978-7-02-014963-6,定价 42.00 元。(3-720)

718　你知道我在等你吗

陈祖芬著,2004 年 3 月。平装覆膜,国流 32 开,ISBN 7-02-004479-4,定价 19.00 元。(3-721)

719　从夏天开始的故事

杨觉著,2004 年 2 月。平装覆膜,大 32 开,ISBN 7-02-004338-0,定价 17.00 元。(3-722)

720　平凡的世界(1—3)

路遥著,中国当代名家长篇小说代表作丛书,2004 年 5 月。平装覆膜,国流 32 开,ISBN 7-02-004452-2,定价 60.00 元。2004 年 8 月,平装,国流 32 开,ISBN 7-02-004804-8,定价 65.00 元。2005 年 1 月收入茅盾文学奖获奖作品全集,平装,国流 32 开,ISBN 7-02-004929-X,定价 64.00 元。2006 年 6 月收入语文新课标必读丛书修订版,平装覆膜,大 32 开,ISBN 7-02-005659-8,定价 60.00 元。2007 年 9 月收入中国文库,国流 32 开,平装,ISBN 978-7-02-006351-2,定价 68.00 元;精装,ISBN 978-7-02-006352-9,定价 110.00 元。2008 年 6 月收入语文新课标必读丛书增订版,平装覆膜,大 32 开,ISBN 978-7-02-007066-4,定价 64.00 元。(3-723)

721　伪满洲国(上下)
迟子建著,中国当代名家长篇小说代表作丛书,2004年5月。平装覆膜,国流32开,ISBN 7-02-004561-8,定价40.00元。2005年11月,平装覆膜,16开,ISBN 7-02-005294-0,定价65.00元。2009年7月收入人民文学出版社·新中国60年长篇小说典藏,纸精,国流32开,ISBN 978-7-02-007446-4,定价65.00元。2014年1月收入迟子建长篇小说系列,平装,32开,ISBN 978-7-02-009754-8,定价78.00元。(3-724)

722　白门柳 夕阳芳草 秋露危城 鸡鸣风雨
刘斯奋著,中国当代名家长篇小说代表作丛书,2004年5月。平装覆膜,国流32开,ISBN 7-02-004563-4,定价75.00元。2005年1月收入茅盾文学奖获奖作品全集,平装,国流32开,ISBN 7-02-004888-9,定价78.00元。2013年8月收入茅盾文学奖获奖作品全集,平装,32异,ISBN 978-7-02-009959-7,定价96.00元。2015年3月收入茅盾文学奖获奖作品全集(特装本),纸精,国流32开,ISBN 978-7-02-010661-5,定价126.00元。2019年5月收入茅盾文学奖获奖作品全集,平装,32异,ISBN 978-7-02-013969-9,定价128.00元。(3-725)

723　马桥词典
韩少功著,中国当代名家长篇小说代表作丛书,2004年5月。平装覆膜,国流32开,ISBN 7-02-004562-6,定价20.00元。2008年5月收入中国当代作家·韩少功系列,平装覆膜,国流32开,ISBN 978-7-02-006463-2,定价25.00元。2019年6月收入韩少功长篇小说系列,平装,国流32开,ISBN 978-7-02-014278-1,定价43.00元。2019年9月收入新中国70年70部长篇小说典藏,16异,精装,ISBN 978-7-02-015488-3,定价72.00元;平装,ISBN 978-7-02-015487-6,定价45.00元。(3-726)

724　长恨歌
王安忆著,中国当代名家长篇小说代表作丛书,2004年5月。平装覆膜,国流32开,ISBN 7-02-004572-3,定价22.00元。2005年1月收入茅盾文学奖获奖作品全集,平装,国流32开,ISBN 7-02-004932-X,定价23.00元。2014年4月收入茅盾文学奖获奖作品全集,平装,32异,ISBN 978-7-02-009692-3,定价29.00元。2015年1月收入茅盾文学奖获奖作品全集(特装本),纸精,国流32开,ISBN 978-7-02-010668-4,定价39.00元。2019年1月收入茅盾文学奖获奖作品全集,平装,32异,ISBN 978-7-02-013960-6,定价38.00元。2019年7月,纸精,大32开,ISBN 978-7-02-014742-7,定价55.00元。2019年8月收入王安忆长篇小说,平装,大32异,ISBN 978-7-02-014424-2,定价45.00元。2019年9月收入新中国70年70部长篇小说典藏,16异,精装,ISBN 978-7-02-015513-2,定价68.00元;平装,ISBN 978-7-02-015514-9,定价42.00元。(3-727)

725　许三观卖血记
余华著,中国当代名家长篇小说代表作丛书,2004年5月。平装覆膜,国流32开,ISBN 7-02-004615-0,定价12.00元。2009年7月收入人民文学出版社·新中国60年长篇小说典藏,纸精,国流32开,ISBN 978-7-02-007468-6,定价21.00元。(3-728)

726　南渡记 东藏记
宗璞著,《野葫芦引》第一卷、第二卷,中国当代名家长篇小说代表作丛书,2004年5月。平装覆膜,国流32开,ISBN 7-02-004468-9,定价32.00元。2005年1月收入中国文库,国流32开,平装,ISBN 7-02-005090-5,定价32.00元;精装,ISBN 7-02-005118-9,定价58.00元。2006年6月收入茅盾文学奖获奖作品全集,平装,国流32开,ISBN 7-02-005577-X,定价33.00元。(3-729)

727　玉观音
海岩著,中国当代名家长篇小说代表作丛书,2004年5月。平装覆膜,国流32开,ISBN 7-02-004483-2,定价20.00元。(3-730)

728　高鹗
瀛泳、邵广佑著,2003年12月。平装覆膜,32异,ISBN 7-02-004419-0,定价23.00元。

(3-731)

729　德龄公主

徐小斌著,2004年5月。平装覆膜,国流32开,ISBN 7-02-004582-0,定价23.00元。(3-732)

730　羽蛇

徐小斌著,2004年5月。平装覆膜,国流32开,ISBN 7-02-004581-2,定价18.00元。2007年1月收入中国当代名家长篇小说代表作丛书,平装覆膜,国流32开,ISBN 978-7-02-005886-0,定价17.00元。2013年1月收入朝内166人文文库·中国当代长篇小说,平装,国流32开,ISBN 978-7-02-009446-2,定价24.00元。(3-733)

731　水乳大地

范稳著,2004年1月。平装,国流32开,ISBN 7-02-004393-3,定价28.00元。2013年1月收入朝内166人文文库·中国当代长篇小说,平装,国流32开,ISBN 978-7-02-009364-9,定价32.00元。2019年9月收入新中国70年70部长篇小说典藏,16异,精装,ISBN 978-7-02-015498-2,定价86.00元;平装,ISBN 978-7-02-015512-5,定价49.80元。(3-734)

732　心动

海诚著,2004年4月。平装覆膜,大32开,ISBN 7-02-004486-7,定价18.00元。(3-735)

733　飞行的杀手

肖铁著,2004年4月。平装覆膜,国流32开,ISBN 7-02-004412-3,定价18.00元。(3-736)

734　抉择

张平著,中国当代名家长篇小说代表作丛书,2004年5月。平装覆膜,国流32开,ISBN 7-02-004583-9,定价26.00元。2005年1月收入茅盾文学奖获奖作品全集,平装,国流32开,ISBN 7-02-004935-4,定价27.00元。2009年4月收入中国当代作家·张平系列,平装,国流32开,ISBN 978-7-02-007211-8,定价30.00元。2009年7月收入人民文学出版社·新中国60年长篇小说典藏,纸精,国流32开,ISBN 978-7-02-007432-7,定价40.00元。2013年10月收入茅盾文学奖获奖作品全集,平装,32异,ISBN 978-7-02-010010-1,定价34.00元。2015年1月收入茅盾文学奖获奖作品全集(特装本),纸精,国流32开,ISBN 978-7-02-010678-3,定价44.00元。2019年1月收入茅盾文学奖获奖作品全集,平装,32异,ISBN 978-7-02-014127-2,定价45.00元。2019年9月收入新中国70年70部长篇小说典藏,16异,精装,ISBN 978-7-02-015465-4,定价98.00元;平装,ISBN 978-7-02-015461-6,定价48.00元。(3-737)

735　许茂和他的女儿们

周克芹著,中国当代名家长篇小说代表作丛书,2004年5月。平装覆膜,国流32开,ISBN 7-02-004614-2,定价14.00元。2005年1月收入茅盾文学奖获奖作品全集,平装,国流32开,ISBN 7-02-004934-6,定价16.00元。2013年8月收入茅盾文学奖获奖作品全集,平装,32异,ISBN 978-7-02-009723-4,定价24.00元。2015年1月收入茅盾文学奖获奖作品全集(特装本),纸精,国流32开,ISBN 978-7-02-010663-9,定价34.00元。2019年1月收入茅盾文学奖获奖作品全集,平装,32异,ISBN 978-7-02-013974-3,定价35.00元。2019年9月收入新中国70年70部长篇小说典藏,16异,精装,ISBN 978-7-02-015522-4,定价55.00元;平装,ISBN 978-7-02-015523-1,定价38.00元。(3-738)

736　水与火的缠绵

池莉著,中国当代名家长篇小说代表作丛书,2004年5月。平装覆膜,国流32开,ISBN 7-02-004613-4,定价16.00元。(3-739)

737　蹉跎岁月

叶辛著,中国当代名家长篇小说代表作丛书,2004年5月。平装覆膜,国流32开,ISBN 7-02-004598-7,定价22.00元。2009年7月收入人民文学出版社·新中国60年长篇小说典藏,纸精,国流32开,ISBN 978-7-02-007427-3,定价33.00元。2013年1月收入朝内166人文文库·中国当代长篇小说,平装,国流32开,ISBN 978-7-02-009330-4,定价28.00元。2018年9月收入叶辛二卷集,纸精,国流32

开,ISBN 978-7-02-013905-7,定价56.00元。2019年9月收入新中国70年70部长篇小说典藏,16异,精装,ISBN 978-7-02-015451-7,定价78.00元;平装,ISBN 978-7-02-015450-0,定价49.00元。(3-740)

738　浮华城市

张欣著,2004年7月。平装覆膜,国流32开,ISBN 7-02-004617-7,定价17.00元。(3-741)

739　死刑报告

潘军著,2004年1月。平装覆膜,大32开,ISBN 7-02-004375-5,定价16.00元。(3-742)

740　上塘书

孙惠芬著,《当代》书丛,2004年7月。平装,国流32开,ISBN 7-02-004641-X,定价24.00元。(3-743)

741　明天战争

徐贵祥著,《当代》书丛,2004年7月。平装覆膜,国流32开,ISBN 7-02-004655-X,定价24.00元。(3-744)

742　南方有嘉木　不夜之侯　筑草为城(茶人三部曲)

王旭烽著,中国当代名家长篇小说代表作丛书,2004年5月。平装覆膜,国流32开,ISBN 7-02-004618-5,定价75.00元。2005年1月收入茅盾文学奖获奖作品全集,平装,国流32开,ISBN 7-02-004930-3,定价77.00元。2013年9月收入茅盾文学奖获奖作品全集,平装,32异,ISBN 978-7-02-009688-6,定价92.00元。2015年1月收入茅盾文学奖获奖作品全集(特装本),纸精,国流32开,ISBN 978-7-02-010651-6,定价122.00元。2019年4月收入茅盾文学奖获奖作品全集,平装,32异,ISBN 978-7-02-014275-0,定价125.00元。2019年9月收入新中国70年70部长篇小说典藏,16异,精装,ISBN 978-7-02-015504-0,定价268.00元;平装,ISBN 978-7-02-015442-5,定价128.00元。(3-745)

743　河流如血

海岩著,2004年7月。平装覆膜,国流32开,ISBN 7-02-004755-6,定价25.00元。

(3-746)

744　蚂蚁

张宇著,2004年7月。平装覆膜,国流32开,ISBN 7-02-004513-8,定价21.00元。(3-747)

745　家有九凤

高满堂著,2004年8月。平装覆膜,国流32开,ISBN 7-02-004689-4,定价23.00元。(3-748)

746　湘西谣

邓玉香著,2004年8月。平装覆膜,国流32开,ISBN 7-02-004784-X,定价30.00元。(3-749)

747　轮椅上的梦

张海迪著,未成年人思想道德建设文学读本,2004年10月。平装覆膜,国流32开,ISBN 7-02-004826-9,定价20.00元。2005年9月,平装覆膜,国流32开,ISBN 7-02-004965-6,定价21.00元。2014年6月,平装,国流32开,ISBN 978-7-02-010159-7,定价33.00元。(3-750)

748　岭南药侠——王老吉传奇

马继红、高军、施少斌著,2004年9月。平装覆膜,国流32开,ISBN 7-02-004811-0,定价29.00元。(3-751)

749　英格力士

王刚著,《当代》书丛,2004年9月。平装覆膜,32异,ISBN 7-02-004768-8,定价23.00元。2009年7月收入人民文学出版社·新中国60年长篇小说典藏,纸精,国流32开,ISBN 978-7-02-007419-8,定价30.00元。2011年4月收入王刚文集,平装覆膜,国流32开,ISBN 978-7-02-007343-6,定价25.00元。2013年3月收入朝内166人文文库·中国当代长篇小说,平装,国流32开,ISBN 978-7-02-009608-4,定价27.00元。(3-752)

750　米香

董立勃著,《当代》书丛,2004年9月。平装覆膜,大32开,ISBN 7-02-004805-6,定价19.80元。(3-753)

751　李自成(1—10)

姚雪垠著,茅盾文学奖获奖作品全集,2005年1

月。平装,国流32开,ISBN 7-02-004926-5,定价200.00元。2013年9月收入茅盾文学奖获奖作品全集,平装,32异,ISBN 978-7-02-009680-0,定价268.00元。2015年1月收入茅盾文学奖获奖作品全集(特装本),纸精,国流32开,ISBN 978-7-02-010669-1,定价368.00元。2019年4月收入茅盾文学奖获奖作品全集,平装,32异,ISBN 978-7-02-014125-8,定价340.00元。(3-754)

752　黄河东流去

李準著,茅盾文学奖获奖作品全集,2005年1月。平装,国流32开,ISBN 7-02-004927-3,定价35.00元。2007年9月收入中国文库,平装,国流32开,ISBN 978-7-02-006333-8,定价38.00元;精装,ISBN 978-7-02-006334-5,定价52.00元。2013年9月收入茅盾文学奖获奖作品全集,平装,32异,ISBN 978-7-02-009960-3,定价42.00元。2015年1月收入茅盾文学奖获奖作品全集(特装本),纸精,国流32开,ISBN 978-7-02-010676-9,定价53.00元。2019年1月收入茅盾文学奖获奖作品全集,平装,32异,ISBN 978-7-02-013973-6,定价53.00元。2019年9月收入新中国70年70部长篇小说典藏,16异,精装,ISBN 978-7-02-015474-6,定价118.00元;平装,ISBN 978-7-02-015471-5,定价76.00元。(3-755)

753　少年天子

凌力著,茅盾文学奖获奖作品全集,2005年1月。平装,国流32开,ISBN 7-02-004924-9,定价30.00元。2013年8月收入茅盾文学奖获奖作品全集,平装,32异,ISBN 978-7-02-009708-1,定价39.00元。2015年1月收入茅盾文学奖获奖作品全集(特装本),纸精,国流32开,ISBN 978-7-02-010683-7,定价49.00元。2019年1月收入茅盾文学奖获奖作品全集,平装,32异,ISBN 978-7-02-014440-2,定价48.00元。(3-756)

754　穆斯林的葬礼

霍达著,茅盾文学奖获奖作品全集,2005年1月。平装,国流32开,ISBN 7-02-004923-0,定价33.00元。2009年7月收入中国当代作家·霍达系列,平装,国流32开,ISBN 978-7-02-007258-3,定价32.00元。2009年7月收入人民文学出版社·新中国60年长篇小说典藏,纸精,国流32开,ISBN 978-7-02-007460-0,定价45.00元。(3-757)

755　都市风流

孙力、余小惠著,茅盾文学奖获奖作品全集,2005年1月。平装,国流32开,ISBN 7-02-004925-7,定价25.00元。2013年8月收入茅盾文学奖获奖作品全集,平装,32异,ISBN 978-7-02-009968-9,定价32.00元。2015年1月收入茅盾文学奖获奖作品全集(特装本),纸精,国流32开,ISBN 978-7-02-010677-6,定价42.00元。2019年4月收入茅盾文学奖获奖作品全集,平装,32异,ISBN 978-7-02-013966-8,定价45.00元。(3-758)

756　我的东方

盛琼著,2005年1月。平装覆膜,国流32开,ISBN 7-02-004480-8,定价18.00元。(3-759)

757　县城

海男著,2004年12月。平装覆膜,国流32开,ISBN 7-02-004823-4,定价22.00元。(3-760)

758　两个人的城市　龙城幽梦

曾坤先著,2005年1月。平装覆膜,国流32开,ISBN 7-02-003826-3,定价25.00元。(3-761)

759　战斗的青春

雪克著,中国当代长篇小说藏本,2005年1月。平装覆膜,国流32开,ISBN 7-02-004905-2,定价27.00元。2013年1月收入朝内166人文文库·中国当代长篇小说,平装,国流32开,ISBN 978-7-02-009378-6,定价34.00元。(3-762)

760　创业史(第一部、第二部)

柳青著,中国当代长篇小说藏本,2005年1月。平装覆膜,国流32开,ISBN 7-02-004921-4,定价38.00元。(3-763)

761　敌后武工队

冯志著,中国当代长篇小说藏本,2005年1月。平装覆膜,国流32开,ISBN 7-02-004915-X,

小说

定价 22.00 元。2013 年 1 月收入朝内 166 人文文库·中国当代长篇小说,平装,国流 32 开,ISBN 978-7-02-009431-8,定价 28.00 元。2015 年 7 月收入书与影——最经典的抗战小说,平装,国流 32 开,ISBN 978-7-02-010787-2,定价 33.00 元。2018 年 12 月收入红色长篇小说经典,平装,国流 32 开,ISBN 978-7-02-012976-8,定价 45.00 元。(3-764)

762　三家巷　苦斗(《一代风流》第一卷、第二卷)

欧阳山著,中国当代长篇小说藏本,2005 年 1 月。平装覆膜,国流 32 开,ISBN 7-02-004914-1,定价 35.00 元。2013 年 3 月收入朝内 166 人文文库·中国当代长篇小说,平装,国流 32 开,ISBN 978-7-02-009396-0,定价 40.00 元。2018 年 10 月收入红色长篇小说经典,平装,国流 32 开,ISBN 978-7-02-012792-4,定价 59.00 元。2019 年 8 月收入中学红色文学经典阅读丛书,平装覆膜,32 异,ISBN 978-7-02-015122-6,定价 63.00 元。(3-765)

763　风雷(上下)

陈登科著,中国当代长篇小说藏本,2005 年 1 月。平装覆膜,国流 32 开,ISBN 7-02-004912-5,定价 36.00 元。(3-766)

764　飞出地球去

郑文光著,中国科幻之父郑文光经典,2005 年 1 月。平装覆膜,国流 32 开,ISBN 7-02-004415-8,定价 14.00 元。(3-767)

765　飞向人马座

郑文光著,中国科幻之父郑文光经典,2005 年 1 月。平装覆膜,国流 32 开,ISBN 7-02-004414-X,定价 15.00 元。(3-768)

766　旧京,旧京

范若丁著,2005 年 3 月。平装覆膜,大 32 开,ISBN 7-02-004970-2,定价 22.00 元。(3-769)

767　空山　机村传说 1

(藏族)阿来著,2005 年 5 月。平装,国流 32 开,ISBN 7-02-005179-0,定价 25.00 元。(3-770)

768　圣天门口(上中下)

刘醒龙著,2005 年 5 月。国流 32 开,平装覆膜,ISBN 7-02-005169-3,定价 65.00 元;2006 年 12 月修订版,上下册,定价 56.00 元。2007 年 1 月收入中国当代名家长篇小说代表作丛书,上中下,平装覆膜,国流 32 开,ISBN 978-7-02-005947-8,定价 65.00 元。2009 年 7 月收入人民文学出版社·新中国 60 年长篇小说典藏,修订版,上下册,纸精,国流 32 开,ISBN 978-7-02-007445-7,定价 80.00 元。2013 年 1 月收入朝内 166 人文文库·中国当代长篇小说,修订版上下册,平装,国流 32 开,ISBN 978-7-02-009392-2,定价 62.00 元。(3-771)

769　一半是黑色,一半是白色

陈世旭著,2005 年 5 月。平装覆膜,国流 32 开,ISBN 7-02-005039-5,定价 18.00 元。(3-772)

770　九月寓言

张炜著,2005 年 5 月。平装覆膜,国流 32 开,ISBN 7-02-004993-1,定价 20.00 元。2010 年 1 月收入中国当代作家·张炜系列,平装,国流 32 开,ISBN 978-7-02-007308-5,定价 20.00 元。2019 年 9 月收入新中国 70 年 70 部长篇小说典藏,16 异,精装,ISBN 978-7-02-015479-1,定价 56.00 元;平装,ISBN 978-7-02-015463-0,定价 33.00 元。(3-773)

771　桃花劫

海男著,2005 年 5 月。平装覆膜,国流 32 开,ISBN 7-02-005038-7,定价 16.00 元。(3-774)

772　玻璃鞋(上下)

(台湾)郑媛著,郑媛纯情小说系列,2005 年 5 月。平装覆膜,国流 32 开,ISBN 7-02-005142-1,定价 30.00 元。(3-775)

773　讲好了不说爱

(台湾)郑媛著,郑媛纯情小说系列,2005 年 5 月。平装覆膜,国流 32 开,ISBN 7-02-005021-2,定价 11.00 元。(3-776)

774　天使的诡计

(台湾)郑媛著,郑媛纯情小说系列,2005 年 5 月。平装覆膜,国流 32 开,ISBN 7-02-005020-4,定价 13.00 元。(3-777)

775　橄榄梦

单保华著,2005 年 5 月。平装覆膜,国流 32 开,ISBN 7-02-005196-0,定价 28.00 元。(3-778)

776　我们的爱情
荆歌著,《当代》书丛,2005 年 5 月。平装覆膜,国流 32 开,ISBN 7-02-005029-8,定价 20.00 元。(3-779)

777　一只黑猫的自闭症
于是著,静兮绘,2005 年 5 月。平装覆膜,32 异,ISBN 7-02-005195-2,定价 20.00 元。(3-780)

778　她爬上河岸
王笠耘著,2005 年 6 月。平装覆膜,国流 32 开,ISBN 7-02-004564-2,定价 32.00 元。(3-781)

779　父亲嫌疑人
柯云路著,2005 年 7 月。平装覆膜,国流 32 开,ISBN 7-02-005029-6,定价 15.00 元。(3-782)

780　我,卫子夫
陈峻菁著,2005 年 7 月。平装覆膜,国流 32 开,ISBN 7-02-005200-2,定价 17.00 元。(3-783)

781　爱情句号
皮皮著,2005 年 7 月。平装覆膜,国流 32 开,ISBN 7-02-005260-6,定价 26.00 元。(3-784)

782　太湖魂
钦志新著,2005 年 7 月。平装覆膜,国流 32 开,ISBN 7-02-005261-4,定价 18.00 元。(3-785)

783　后悔录
东西著,桃李 book,2005 年 7 月。平装覆膜,国流 32 开,ISBN 7-02-005233-9,定价 20.00 元。(3-786)

784　蒙古往事
冉平著,2005 年 8 月。平装覆膜,国流 32 开,ISBN 7-02-005228-2,定价 24.00 元。2009 年 7 月收入人民文学出版社·新中国 60 年长篇小说典藏,纸精,国流 32 开,ISBN 978-7-02-007435-8,定价 29.00 元。2013 年 1 月收入朝内 166 人文文库·中国当代长篇小说,修订版上下册,平装,国流 32 开,ISBN 978-7-02-009365-6,定价 26.00 元。(3-787)

785　藏獒
杨志军著,《当代》书丛,2005 年 9 月。平装,国流 32 开,ISBN 7-02-005278-9,定价 25.00 元。2009 年 7 月收入人民文学出版社·新中国 60 年长篇小说典藏,纸精,国流 32 开,ISBN 978-7-02-007515-7,定价 28.00 元。2013 年 1 月收入朝内 166 人文文库·中国当代长篇小说,修订版上下册,平装,国流 32 开,ISBN 978-7-02-009313-7,定价 26.00 元。2018 年 9 月,平装,16 异,ISBN 978-7-02-010810-7,定价 79.00 元。2019 年 9 月收入新中国 70 年 70 部长篇小说典藏,16 异,精装,ISBN 978-7-02-015557-6,定价 138.00 元;平装,ISBN 978-7-02-015538-5,定价 79.00 元。(3-788)(3-1372)

786　所谓先生
皮皮著,2005 年 10 月。平装覆膜,国流 32 开,ISBN 7-02-004637-1,定价 17.00 元。(3-789)

787　比如女人
皮皮著,2005 年 10 月。平装覆膜,国流 32 开,ISBN 7-02-004658-4,定价 20.00 元。(3-790)

788　渴望激情
皮皮著,2005 年 10 月。平装覆膜,国流 32 开,ISBN 7-02-004656-8,定价 20.00 元。(3-791)

789　路过蜻蜓
唐密著,2005 年 10 月。平装覆膜,16 异,ISBN 7-02-005318-1,定价 19.00 元。(3-792)

790　笨花
铁凝著,2006 年 1 月。平装,国流 32 开,ISBN 7-02-005342-4,定价 29.00 元。2009 年 7 月收入人民文学出版社·新中国 60 年长篇小说典藏,纸精,国流 32 开,ISBN 978-7-02-007417-4,定价 40.00 元。2013 年 1 月收入朝内 166 人文文库·中国当代长篇小说,修订版上下册,平装,国流 32 开,ISBN 978-7-02-009317-5,定价 34.00 元。2013 年 4 月收入铁凝长篇小说系列,平装,16 异,ISBN 978-7-

02-009496-7，定价49.00元。2019年9月收入新中国70年70部长篇小说典藏，16异，精装，ISBN 978-7-02-015447-0，定价98.00元；平装，ISBN 978-7-02-015446-3，定价55.00元。(3-793)

791　我的丁一之旅

史铁生著，2006年1月。平装覆膜，国流32开，ISBN 7-02-005332-7，定价27.00元。2008年9月收入中国当代作家·史铁生系列，平装覆膜，国流32开，ISBN 978-7-02-006545-5，定价25.00元。2009年7月收入人民文学出版社·新中国60年长篇小说典藏，纸精，国流32开，ISBN 978-7-02-007449-5，定价32.00元。2013年1月收入朝内166人文文库·中国当代长篇小说，修订版上下册，平装，国流32开，ISBN 978-7-02-009388-5，定价28.00元。2019年8月，纸精，国流32开，ISBN 978-7-02-014951-3，定价53.00元。2019年9月收入新中国70年70部长篇小说典藏，16异，精装，ISBN 978-7-02-015494-4，定价78.00元；平装，ISBN 978-7-02-015484-5，定价48.00元。(3-794)

792　梨花似雪（上下）

鲁彦周著，2005年12月。平装覆膜，国流32开，ISBN 7-02-005283-5，定价48.00元。(3-795)

793　无极

郭敬明著，2006年1月。平装，16异，ISBN 7-02-005439-0，定价24.00元。(3-796)

794　归去来兮

完颜海瑞著，2005年11月。平装覆膜，国流32开，ISBN 7-02-005290-8，定价25.00元。(3-797)

795　过龙兵

刘玉民著，2006年1月。平装覆膜，国流32开，ISBN 7-02-005379-3，定价29.00元。(3-798)

796　门背后的天堂

解嬿嬿著，2006年1月。平装覆膜，国流32开，ISBN 7-02-005372-6，定价20.00元。(3-799)

797　洗冤

王宏甲著，2006年1月。平装覆膜，国流32开，ISBN 7-02-005338-6，定价27.00元。(3-800)

798　敲响人头鼓

杨志军著，2006年4月。平装覆膜，国流32开，ISBN 7-02-005344-0，定价18.00元。(3-801)

799　香水

程琳著，《当代》书丛，2006年4月。平装覆膜，国流32开，ISBN 7-02-005555-9，定价21.00元。(3-802)

800　犯罪嫌疑人

程琳著，《当代》书丛，2006年4月。平装覆膜，国流32开，ISBN 7-02-005544-3，定价19.00元。(3-803)

801　一针见血

程琳著，《当代》书丛，2006年4月。平装覆膜，国流32开，ISBN 7-02-005543-5，定价17.00元。(3-804)

802　拘留

程琳著，《当代》书丛，2006年4月。平装覆膜，国流32开，ISBN 7-02-005557-5，定价19.00元。(3-805)

803　相逢行

周瑾著，2006年3月。平装覆膜，国流32开，ISBN 7-02-005370-X，定价21.00元。(3-806)

804　司马迁

柯文辉著，2006年4月。平装覆膜，国流32开，ISBN 7-02-005341-6，定价40.00元。(3-807)

805　塔荆普尔彗星下的海啸

荞麦著，2006年1月。平装覆膜，32异，ISBN 7-02-005375-0，定价19.00元。(3-808)

806　千江有水千江月

（台湾）萧丽红著，2006年5月。平装，32异，ISBN 7-02-005624-5，定价22.00元。(3-809)

807　一代军师（第一部）

随波逐流著，2006年4月。平装覆膜，16异，ISBN 7-02-005565-6，定价29.90元。(3-810)

| 808 | 一代军师(第二部)

随波逐流著,2006年4月。平装覆膜,16异,ISBN 7-02-005566-4,定价29.90元。(3-811)

| 809 | 海豚爱上猫

星势力娱乐制作,古迪丝改写,2006年5月。平装覆膜,32异,ISBN 7-02-005623-7,定价18.00元。(3-812)

| 810 | 烧荒

董立勃著,《当代》书丛,2006年6月。平装,大32开,ISBN 7-02-005464-1,定价17.00元。(3-813)

| 811 | 第二次握手(重写本)

张扬著,2006年6月。平装覆膜,国流32开,ISBN 7-02-005724-1,定价39.00元。(3-814)

| 812 | 看上去很美

王朔著,2006年6月。平装,16异,ISBN 7-02-005636-9,定价29.00元。2007年1月收入中国当代名家长篇小说代表作丛书,平装覆膜,国流32开,ISBN 978-7-02-005662-0,定价15.00元。(3-815)

| 813 | 困豹

赵剑平著,2006年5月。平装覆膜,国流32开,ISBN 7-02-005562-1,定价22.00元。(3-816)

| 814 | 解密

麦家著,2006年7月。平装,国流32开,ISBN 7-02-005776-4,定价18.00元。(3-817)

| 815 | 暗算

麦家著,2006年7月。平装,国流32开,ISBN 7-02-005775-6,定价18.00元。2009年7月收入茅盾文学奖获奖作品全集,平装,国流32开,ISBN 978-7-02-006793-0,定价20.00元。2009年7月收入人民文学出版社·新中国60年长篇小说典藏,纸精,国流32开,ISBN 978-7-02-007462-4,定价26.00元。2012年7月,平装,国流32开,ISBN 978-7-02-009276-5,定价25.00元。2013年8月收入茅盾文学奖获奖作品全集,平装,32异,ISBN 978-7-02-009683-1,定价25.00元。2015年6月收入茅盾文学奖获奖作品全集(特装本),纸精,国流32开,ISBN 978-7-02-010652-3,定价32.00元。2019年1月收入茅盾文学奖获奖作品全集,平装,32异,ISBN 978-7-02-013964-4,定价38.00元。2019年9月收入新中国70年70部长篇小说典藏,16异,精装,ISBN 978-7-02-015436-4,定价48.00元;平装,ISBN 978-7-02-015435-7,定价39.00元。(3-818)

| 816 | 悲悯大地

范稳著,2006年6月。平装覆膜,国流32开,ISBN 7-02-005727-6,定价29.00元。(3-819)

| 817 | 张居正(1—4卷)

熊召政著,茅盾文学奖获奖作品全集,2006年7月。平装,国流32开,ISBN 7-02-005494-3,定价112.00元。2013年9月收入茅盾文学奖获奖作品全集,平装,32异,ISBN 978-7-02-009961-0,定价116.00元。2015年3月收入茅盾文学奖获奖作品全集(特装本),纸精,国流32开,ISBN 978-7-02-010670-7,定价138.00元。2019年4月收入茅盾文学奖获奖作品全集,平装,32异,ISBN 978-7-02-014126-5,定价138.00元。(3-820)

| 818 | 五星饭店

海岩著,2006年8月。平装覆膜,国流32开,ISBN 7-02-005795-0,定价26.00元。(3-821)

| 819 | 十年九夏

楚玳著,格子左左绘,2005年8月。平装覆膜,32异,ISBN 7-02-004667-3,定价17.00元。(3-822)

| 820 | 晴天

沈星妤著,2005年8月。平装覆膜,32异,ISBN 7-02-004692-4,定价18.00元。(3-823)

| 821 | 菩提司

张潇著,2006年9月。平装覆膜,国流32开,ISBN 7-02-005814-0,定价12.00元。(3-824)

| 822 | 迷人草

龙一著,2006年10月。平装覆膜,国流32开,ISBN 7-02-005738-1,定价18.00元。

(3-825)

823　背道而驰
李凤群著,2006年10月。平装覆膜,国流32开,ISBN 7-02-005837-X,定价23.00元。(3-826)

824　恶魔奏鸣曲
歌舒意著,2006年8月。平装覆膜,国流32开,ISBN 7-02-005794-2,定价23.00元。(3-827)

825　前世今生的樱花
浅草千叶子著,2006年10月。平装覆膜,32异,ISBN 7-02-005854-X,定价16.00元。(3-828)

826　一代军师(第三部)
随波逐流著,2006年10月。平装覆膜,16异,ISBN 7-02-005855-8,定价36.00元。(3-829)

827　一代军师(第四部)
随波逐流著,2006年10月。平装覆膜,16异,ISBN 7-02-005856-6,定价36.00元。(3-830)

828　最寒冷的冬天是旧金山的夏季
吴越著,2006年3月。平装覆膜,32异,ISBN 7-02-004712-2,定价23.00元。(3-831)

829　藏獒2
杨志军著,《当代》书丛,2007年1月。平装,国流32开,ISBN 978-7-02-005863-1,定价26.00元。(3-832)

830　环湖崩溃
杨志军著,2007年1月。平装,国流32开,ISBN 978-7-02-005862-4,定价13.00元。(3-833)

831　翻译官
纪嫒嫒著,2006年10月。平装,32异,ISBN 7-02-005850-7,定价22.00元。(3-834)

832　骑飞鱼的人
邱华栋著,2007年1月。平装,国流32开,ISBN 978-7-02-005867-9,定价17.00元。(3-835)

833　贾奈达之城
邱华栋著,2007年1月。平装,国流32开,ISBN 978-7-02-005866-2,定价18.00元。(3-836)

834　单筒望远镜
邱华栋著,2007年1月。平装,国流32开,ISBN 978-7-02-005865-5,定价17.00元。(3-837)

835　玫瑰门
铁凝著,中国当代作家·铁凝系列,2006年12月。平装覆膜,国流32开,ISBN 7-02-005753-5,定价26.00元。2007年1月收入中国当代名家长篇小说代表作丛书,平装覆膜,国流32开,ISBN 978-7-02-005790-0,定价23.00元。2013年4月收入铁凝长篇小说系列,平装,16异,ISBN 978-7-02-009495-0,定价39.00元。(3-838)

836　无雨之城
铁凝著,中国当代作家·铁凝系列,2006年12月。平装覆膜,国流32开,ISBN 7-02-005754-3,定价19.00元。2013年4月收入铁凝长篇小说系列,平装,16异,ISBN 978-7-02-009494-3,定价35.00元。(3-839)

837　大浴女
铁凝著,中国当代作家·铁凝系列,2006年12月。平装覆膜,国流32开,ISBN 7-02-005746-2,定价20.00元。2013年4月收入铁凝长篇小说系列,平装,16异,ISBN 978-7-02-009493-6,定价35.00元。(3-840)

838　刺猬歌
张炜著,2007年1月。平装,国流32开,ISBN 978-7-02-005869-3,定价25.00元。2010年1月收入中国当代作家·张炜系列,平装,国流32开,ISBN 978-7-02-007309-2,定价28.00元。2017年1月,平装,国流32开,ISBN 978-7-02-012079-6,定价37.00元。(3-841)

839　最后的军礼
石钟山著,2006年10月。平装覆膜,国流32开,ISBN 978-7-02-005974-4,定价14.00元。2011年1月,书名《军礼》,平装覆膜,国流32开,ISBN 978-7-02-007762-5,定价20.00元。(3-842)

840　大明王朝1566
刘和平著,2007年1月。平装覆膜,16开,ISBN 978-7-02-006009-2,定价59.00元。

2008年4月,平装覆膜,国流32开,ISBN 978-7-02-006549-3,定价58.00元。(3-843)(3-928)

841　务虚笔记
史铁生著,中国当代名家长篇小说代表作丛书,2007年1月。平装覆膜,国流32开,ISBN 978-7-02-005789-4,定价27.00元。2008年9月收入中国当代作家·史铁生系列,平装覆膜,国流32开,ISBN 978-7-02-006546-2,定价30.00元。2011年4月,平装,国流32开,ISBN 978-7-02-007388-7,定价30.00元。(3-844)

842　旧址
李锐著,中国当代名家长篇小说代表作丛书,2007年1月。平装覆膜,国流32开,ISBN 978-7-02-005883-9,定价13.00元。2008年1月收入中国当代作家·李锐系列,平装,国流32开,ISBN 978-7-02-006261-4,定价17.00元。(3-845)

843　浮躁
贾平凹著,中国当代名家长篇小说代表作丛书,2007年1月。平装覆膜,国流32开,ISBN 978-7-02-005784-9,定价22.00元。2007年9月收入中国文库,国流32开,平装,ISBN 978-7-02-006347-5,定价23.50元;精装,ISBN 978-7-02-006348-2,定价40.00元。2008年1月收入中国当代作家·贾平凹系列,平装,国流32开,ISBN 978-7-02-006424-3,定价26.00元。2009年7月收入人民文学出版社·新中国60年长篇小说典藏,纸精,国流32开,ISBN 978-7-02-007415-0,定价34.00元。(3-846)

844　雪城(上下)
梁晓声著,中国当代名家长篇小说代表作丛书,2007年1月。平装覆膜,国流32开,ISBN 978-7-02-005910-2,定价62.00元。2009年7月收入人民文学出版社·新中国60年长篇小说典藏,纸精,国流32开,ISBN 978-7-02-007421-1,定价98.00元。2013年1月收入朝内166人文文库·中国当代长篇小说,平装,国流32开,ISBN 978-7-02-009382-3,定价77.00元。2019年9月收入新中国70年70部长篇小说典藏,16异,精装,ISBN 978-7-02-015520-0,定价238.00元;平装,ISBN 978-7-02-015521-7,定价160.00元。(3-847)

845　蛇神
蒋子龙著,中国当代名家长篇小说代表作丛书,2007年1月。平装覆膜,国流32开,ISBN 978-7-02-005879-2,定价18.00元。2013年10月收入蒋子龙文集第1卷,平装,16异,ISBN 978-7-02-009853-8,定价48.00元。(3-848)

846　人啊,人
戴厚英著,中国当代名家长篇小说代表作丛书,2007年1月。平装覆膜,国流32开,ISBN 978-7-02-005556-2,定价17.00元。2013年1月收入朝内166人文文库·中国当代长篇小说,平装,国流32开,ISBN 978-7-02-009432-5,定价23.00元。(3-849)

847　群星
七月著,光分科幻文库,2019年11月。平装,国流32开,ISBN 978-7-02-015470-8,定价45.00元。(3-850)

848　金牧场
张承志著,中国当代名家长篇小说代表作丛书,2007年1月。平装覆膜,国流32开,ISBN 978-7-02-005880-8,定价17.00元。2007年9月收入中国文库,国流32开,平装,ISBN 978-7-02-006329-1,定价18.00元;精装,ISBN 978-7-02-006330-7,定价35.00元。2009年7月收入人民文学出版社·新中国60年长篇小说典藏,纸精,国流32开,ISBN 978-7-02-007426-6,定价30.00元。2013年1月收入朝内166人文文库·中国当代长篇小说,平装,国流32开,ISBN 978-7-02-009476-9,定价27.00元。(3-851)

849　红高粱家族
莫言著,中国当代名家长篇小说代表作丛书,2007年1月。平装覆膜,国流32开,ISBN 978-7-02-005925-6,定价18.00元。2007年9月收入中国文库,国流32开,平装,ISBN 978-7-02-006343-7,定价20.00元;精装,ISBN 978-7-02-006344-4,定价34.00元。2009年7月收入人民文学出版社·新中国60

年长篇小说典藏,纸精,国流32开,ISBN 978-7-02-007413-6,定价28.00元。2012年11月收入朝内166人文文库·中国当代长篇小说,平装,国流32开,ISBN 978-7-02-009425-7,定价26.00元。(3-852)

850 省委书记 K省纪事
陆天明著,中国当代名家长篇小说代表作丛书,2007年1月。平装覆膜,国流32开,ISBN 978-7-02-005876-1,定价25.00元。2013年1月收入朝内166人文文库·中国当代长篇小说,平装,国流32开,ISBN 978-7-02-009445-5,定价30.00元。2019年9月收入新中国70年70部长篇小说典藏,16异,精装,ISBN 978-7-02-015476-0,定价88.00元;平装,ISBN 978-7-02-015477-7,定价58.00元。(3-853)

851 远去的驿站
张一弓著,中国当代名家长篇小说代表作丛书,2007年1月。平装覆膜,国流32开,ISBN 978-7-02-005875-4,定价17.00元。(3-854)

852 男人的风格
张贤亮著,中国当代名家长篇小说代表作丛书,2007年1月。平装覆膜,国流32开,ISBN 978-7-02-005881-5,定价17.00元。2013年3月收入朝内166人文文库·中国当代长篇小说,平装,国流32开,ISBN 978-7-02-009614-5,定价23.00元。2014年3月收入张贤亮长篇小说系列,16异,精装,ISBN 978-7-02-010060-6,定价38.00元。(3-855)

853 空山2
阿来著,2007年1月。平装,国流32开,ISBN 978-7-02-005993-5,定价21.00元。(3-856)

854 冒犯书
陈希我著,2007年2月。平装,16异,ISBN 7-02-005963-8,定价26.00元。2017年8月收入陈希我疼痛小说系列,平装,ISBN 978-7-02-012354-4,定价38.00元。(3-857)

855 所以
池莉著,2007年2月。平装覆膜,16开,ISBN 978-7-02-006013-9,定价26.00元。2013年1月收入朝内166人文文库·中国当代长篇小说,平装,国流32开,ISBN 978-7-02-009391-5,定价23.00元。(3-858)

856 请客
于仁秋著,2007年2月。平装覆膜,国流32开,ISBN 978-7-02-005545-6,定价16.00元。2019年5月,平装,32异,ISBN 978-7-02-014463-1,定价35.00元。(3-859)

857 继父
林和平著,2007年3月。平装,国流32开,ISBN 978-7-02-005969-0,定价25.00元。(3-860)

858 中国虎
李克威著,2007年3月。平装覆膜,16异,ISBN 978-7-02-006007-8,定价28.00元。(3-861)

859 食人鱼事件
石小克、赵凌芳著,2007年3月。平装覆膜,国流32开,ISBN 978-7-02-006021-4,定价18.00元。(3-862)

860 爱情有毒
骆平著,2007年3月。平装覆膜,国流32开,ISBN 978-7-02-006011-5,定价17.00元。(3-863)

861 启蒙时代
王安忆著,2007年4月。平装覆膜,国流32开,ISBN 978-7-02-006035-1,定价20.00元。2014年6月收入王安忆长篇小说系列,平装覆膜,大32开,ISBN 978-7-02-009875-0,定价29.00元。2019年8月收入王安忆长篇小说,平装,大32开,ISBN 978-7-02-014430-3,定价39.00元。(3-864)

862 穿旗袍的姨妈
里程著,2007年4月。平装覆膜,国流32开,ISBN 978-7-02-006023-8,定价15.00元。(3-865)

863 自游人
弦子著,2007年4月。平装覆膜,国流32开,ISBN 978-7-02-006054-2,定价19.00元。(3-866)

864 花堡

杨廷玉著,2007年5月。平装覆膜,国流32开,ISBN 978-7-02-006061-0,定价25.00元。(3-867)

865　转角遇到爱

(台湾)安捷、蒋家骅著,2007年6月。平装覆膜,32异,ISBN 978-7-02-006155-6,定价18.00元。(3-868)

866　当时已惘然

吴越著,2007年5月。平装覆膜,32异,ISBN 978-7-02-006118-1,定价24.00元。(3-869)

867　磨尖掐尖

罗伟章著,2007年7月。平装覆膜,16异,ISBN 978-7-02-006183-9,定价28.00元。(3-870)

868　黑白

储福金著,2007年6月。平装覆膜,32异,ISBN 978-7-02-006168-6,定价28.00元。2013年1月收入朝内166人文文库·中国当代长篇小说,平装,国流32开,ISBN 978-7-02-009360-1,定价28.00元。(3-871)

869　赤脚医生万泉和

范小青著,2007年7月。平装覆膜,32异,ISBN 978-7-02-006181-5,定价26.00元。2016年10月收入范小青长篇小说系列,平装,16异,ISBN 978-7-02-010985-2,定价45.00元。(3-872)

870　天长地久

张海迪著,2007年7月。平装覆膜,国流32开,ISBN 978-7-02-006157-0,定价25.00元。(3-873)

871　月亮是夜晚的一点明白

查舜著,2007年7月。平装覆膜,国流32开,ISBN 978-7-02-006123-5,定价28.00元。(3-874)

872　世道

李祝尧著,2007年7月。平装覆膜,国流32开,ISBN 978-7-02-005992-8,定价30.00元。(3-875)

873　秋老虎

梁真著,2007年7月。平装覆膜,国流32开,ISBN 978-7-02-006206-5,定价30.00元。(3-876)

874　狼烟北平

都梁著,都梁文集,2007年7月。平装覆膜,16异,ISBN 978-7-02-006122-8,定价30.00元。(99-55)

875　亮剑

都梁著,都梁文集,2007年7月。平装覆膜,16异,ISBN 978-7-02-006120-4,定价30.00元。2019年9月收入新中国70年70部长篇小说典藏,16异,精装,ISBN 978-7-02-015643-6,定价98.00元。平装,ISBN 978-7-02-015642-9,定价59.00元。(99-56)

876　血色浪漫

都梁著,都梁文集,2007年7月。平装覆膜,16异,ISBN 978-7-02-006121-1,定价40.00元。(99-57)

877　新地

高成著,2007年8月。平装覆膜,国流32开,ISBN 978-7-02-006100-6,定价38.00元。(3-877)

878　园青坊老宅

杨黎光著,2006年12月。平装覆膜,16异,ISBN 7-02-005471-4,定价35.00元。(3-878)

879　福寿春

李师江著,2007年8月。平装覆膜,国流32开,ISBN 978-7-02-006210-2,定价20.00元。(3-879)

880　拂尘

郑彦英著,2007年8月。平装覆膜,国流32开,ISBN 978-7-02-006119-8,定价17.00元。(3-880)

881　一根水做的绳子

鬼子著,2007年8月。平装覆膜,16异,ISBN 978-7-02-006205-8,定价26.00元。(3-881)

882　暗穴

鬼古女著,2007年9月。平装,16异,ISBN 978-7-02-006195-2,定价26.00元。(3-882)

883　辛亥遗事

苏胜勇著,2007年10月。平装覆膜,国流32

开,ISBN 978-7-02-006194-5,定价33.00元。(3-883)

884 金石记

马玉琛著,2007年11月。平装覆膜,国流32开,ISBN 978-7-02-006139-6,定价26.00元。(3-884)

885 龙飞三下江南 一只绣花鞋续篇

张宝瑞著,2007年11月。平装,国流32开,ISBN 978-7-02-006371-0,定价19.00元。(3-885)

886 枣花传奇

郑筱丛著,2007年11月。平装覆膜,国流32开,ISBN 978-7-02-006060-3,定价20.00元。(3-886)

887 白麦

董立勃著,《当代》书丛,2007年11月。平装,大32开,ISBN 978-7-02-006291-1,定价19.00元。(3-887)

888 堕落天使

纪嫒嫒著,2007年11月。平装覆膜,32异,ISBN 978-7-02-006437-1,定价18.00元。(3-888)

889 旷野

柏杨著,典藏柏杨·小说,2007年11月。平装,16异,ISBN 978-7-02-006426-7,定价30.00元。2013年12月收入柏杨小说系列,平装,国流32开,ISBN 978-7-02-009699-2,定价36.00元。(3-889)

890 和风

华严著,华严知性情感小说,2008年1月。平装,32异,ISBN 978-7-02-006405-2,定价16.00元。(3-890)

891 生命的乐章

华严著,华严知性情感小说,2008年1月。平装,32异,ISBN 978-7-02-006409-0,定价20.00元。(3-891)

892 明月几时圆

华严著,华严知性情感小说,2008年1月。平装,32异,ISBN 978-7-02-006402-1,定价18.00元。(3-892)

893 镜湖月

华严著,华严知性情感小说,2008年1月。平装,32异,ISBN 978-7-02-006404-5,定价17.00元。(3-893)

894 七色桥

华严著,华严知性情感小说,2008年1月。平装,32异,ISBN 978-7-02-006408-3,定价21.00元。(3-894)

895 花落花开

华严著,华严知性情感小说,2008年1月。平装,32异,ISBN 978-7-02-006403-8,定价20.00元。(3-895)

896 智慧的灯

华严著,华严知性情感小说,2008年1月。平装,32异,ISBN 978-7-02-006407-6,定价21.00元。(3-896)

897 燕双飞

华严著,华严知性情感小说,2008年1月。平装,32异,ISBN 978-7-02-006406-9,定价20.00元。(3-897)

898 麒麟传

小汗著,2007年11月。平装覆膜,32异,ISBN 978-7-02-006297-3,定价19.00元。(3-898)

899 洗澡(汉英对照)

杨绛著,梅珠迪、史耀华译,2007年12月。平装,16开,ISBN 978-7-02-006377-2,定价56.00元。(3-899)

900 怀念狼

贾平凹著,中国当代作家·贾平凹系列,2008年1月。平装,国流32开,ISBN 978-7-02-006414-4,定价16.00元。(3-900)

901 商州

贾平凹著,中国当代作家·贾平凹系列,2008年1月。平装,国流32开,ISBN 978-7-02-006488-5,定价16.00元。(3-901)

902 高兴

贾平凹著,中国当代作家·贾平凹系列,2008年1月。平装,国流32开,ISBN 978-7-02-006491-5,定价23.00元。(3-902)

903 高老庄

贾平凹著,中国当代作家·贾平凹系列,2008年1月。平装,国流32开,ISBN 978-7-02-006415-1,定价22.00元。(3-903)

904　病相报告
贾平凹著,中国当代作家·贾平凹系列,2008年1月。平装,国流32开,ISBN 978-7-02-006413-7,定价16.00元。(3-904)

905　土门
贾平凹著,中国当代作家·贾平凹系列,2008年1月。平装,国流32开,ISBN 978-7-02-006417-5,定价17.00元。(3-905)

906　白夜
贾平凹著,中国当代作家·贾平凹系列,2008年1月。平装,国流32开,ISBN 978-7-02-006416-8,定价25.00元。(3-906)

907　秦腔
贾平凹著,中国当代作家·贾平凹系列,2008年1月。平装,国流32开,ISBN 978-7-02-006418-2,定价32.00元。2009年3月收入茅盾文学奖获奖作品全集,平装,国流32开,ISBN 978-7-02-006891-3,定价32.00元。2013年8月收入茅盾文学奖获奖作品全集,平装,32异,ISBN 978-7-02-009694-7,定价35.00元。2015年1月收入茅盾文学奖获奖作品全集(特装本),纸精,国流32开,ISBN 978-7-02-010690-5,定价45.00元。2019年1月收入茅盾文学奖获奖作品全集,平装,32异,ISBN 978-7-02-013967-5,定价39.00元。2019年9月收入新中国70年70部长篇小说典藏,16异,精装,ISBN 978-7-02-015425-8,定价90.00元;平装,ISBN 978-7-02-015427-2,定价42.00元。(3-907)

908　美利坚,一个中国女人的战争
达理著,2008年1月。平装覆膜,国流32开,ISBN 978-7-02-006300-0,定价21.00元。(3-908)

909　藏獒3
杨志军著,2008年1月。平装,国流32开,ISBN 978-7-02-006299-7,定价26.00元。(3-909)

910　无风之树　行走的群山
李锐著,中国当代作家·李锐系列,2008年1月。平装,国流32开,ISBN 978-7-02-006250-8,定价14.00元。2017年8月收入《收获》60周年纪念文存珍藏版,纸精,16异,ISBN 978-7-02-013032-0,定价69.00元。(3-910)

911　万里无云　行走的群山
李锐著,中国当代作家·李锐系列,2008年1月。平装,国流32开,ISBN 978-7-02-006251-5,定价15.00元。(3-911)

912　银城故事
李锐著,中国当代作家·李锐系列,2008年1月。平装,国流32开,ISBN 978-7-02-006252-2,定价16.00元。(3-912)

913　和我们的女儿谈话
王朔著,2008年1月。平装,16异,ISBN 978-7-02-006303-1,定价26.00元。2009年7月收入人民文学出版社·新中国60年长篇小说典藏,纸精,国流32开,ISBN 978-7-02-007438-9,定价22.00元。(3-913)

914　汾水长流
胡正著,中国当代长篇小说藏本,2008年1月。平装,国流32开,ISBN 978-7-02-006501-1,定价22.00元。(3-914)

915　远山
许晓伟、武方晓著,2007年12月。平装覆膜,16开,ISBN 978-7-02-006305-5,定价48.00元。(3-915)

916　因为女人
阎真著,2007年12月。平装,国流32开,ISBN 978-7-02-006373-4,定价30.00元。2010年12月修订版,平装,16异,ISBN 978-7-02-008291-9,定价33.00元。(3-916)

917　无土时代
赵本夫著,2008年1月。平装,16异,ISBN 978-7-02-006301-7,定价33.00元。2009年1月列入地母三部曲,平装,16异,ISBN 978-7-02-006878-4,定价35.00元。2009年7月收入人民文学出版社·新中国60年长篇小说典藏,纸精,国流32开,ISBN 978-7-02-007420-4,定价29.00元。2013年1月收入朝内166人文文库·中国当代长篇小说,平装,国流32开,ISBN 978-7-02-009385-4,定价26.00元。(3-917)

918　蓝莓之夜
舒沫著,2007年12月。平装覆膜,32异,ISBN

978-7-02-006306-2,定价17.00元。(3-918)

919　天下一碗
罗崇敏、孟家宗著,2008年1月。平装,16异,ISBN 978-7-02-006374-1,定价68.00元。(3-919)

920　荼蘼
泽婴著,2008年3月。平装覆膜,国流32开,ISBN 978-7-02-006730-5,定价18.00元。(3-920)

921　千寺钟
陈峻菁著,2008年3月。平装覆膜,国流32开,ISBN 978-7-02-006490-8,定价17.00元。(3-921)

922　踮脚张望的时光
寂地著,2008年2月。平装,32异,ISBN 978-7-02-006647-6,定价25.00元。(3-922)

923　军队的女儿
邓普著,中国当代长篇小说藏本,2008年3月。平装,国流32开,ISBN 978-7-02-006489-2,定价15.00元。2013年1月收入朝内166人文文库·中国当代长篇小说,平装,国流32开,ISBN 978-7-02-009355-7,定价18.00元。(3-923)

924　亮相
弘魁著,2008年3月。平装覆膜,国流32开,ISBN 978-7-02-006279-9,定价19.00元。(3-924)

925　柏拉图之恋
刘宇著,2008年2月。平装覆膜,32异,ISBN 978-7-02-006655-1,定价15.00元。(3-925)

926　补天裂（修订版）
霍达著,2008年3月。平装覆膜,国流32开,ISBN 978-7-02-006293-5,定价36.00元。2009年7月收入中国当代作家·霍达系列,平装,国流32开,ISBN 978-7-02-007259-0,定价37.00元。(3-926)

927　我是保姆
李兰著,2008年4月。平装覆膜,国流32开,ISBN 978-7-02-006681-0,定价18.00元。(3-927)

928　晋阳秋
慕湘著,中国当代长篇小说藏本,2008年4月。平装,国流32开,ISBN 978-7-02-006496-0,定价30.00元。2009年7月收入人民文学出版社·新中国60年长篇小说典藏,纸精,国流32开,ISBN 978-7-02-007518-8,定价42.00元。2012年9月收入朝内166人文文库·中国当代长篇小说,平装,国流32开,ISBN 978-7-02-009367-0,定价34.00元。(3-929)

929　白沙码头
莫怀戚著,《当代》书丛,2008年4月。平装覆膜,国流32开,ISBN 978-7-02-006666-7,定价25.00元。(3-930)

930　渴望"萧条"
贾鲁生著,2008年4月。平装覆膜,16异,ISBN 978-7-02-006314-7,定价29.00元。(3-931)

931　伤花落地
常新港著,2008年4月。平装覆膜,国流32开,ISBN 978-7-02-006661-2,定价15.00元。(3-932)

932　山村新人
胡天培、胡天亮著,中国当代长篇小说藏本,2008年5月。平装,国流32开,ISBN 978-7-02-006517-2,定价23.00元。(3-933)

933　日头
关仁山著,2014年8月。平装,16异,ISBN 978-7-02-010516-8,定价48.00元。(3-934)

934　边疆晓歌
黄天明著,2008年5月。平装,国流32开,ISBN 978-7-02-006511-0,定价22.00元。2012年10月收入朝内166人文文库·中国当代长篇小说,平装,国流32开,ISBN 978-7-02-009316-8,定价24.00元。(3-935)

935　男人的一半是女人
张贤亮著,中国文库,2007年9月。国流32开,平装,ISBN 978-7-02-006357-4,定价28.00元;精装,ISBN 978-7-02-006358-1,定价42.00元。2014年3月收入张贤亮长篇小说系列,平装,16异,ISBN 978-7-02-010055-2,定价29.00元。(3-936)

936　藏地白皮书
傅真、毛铭基著，2008年4月。平装，32异，ISBN 978-7-02-006581-3，定价22.00元。(3-937)

937　世纪大提速
力歌著，2008年7月。平装，16异，ISBN 978-7-02-006703-9，定价30.00元。(3-938)

938　泥太阳
潘灵著，2008年9月。平装，16异，ISBN 978-7-02-006679-7，定价27.00元。(3-939)

939　推拿
毕飞宇著，2008年9月。平装，国流32开，ISBN 978-7-02-006825-8，定价20.00元。2011年4月插图本，平装，16异，ISBN 978-7-02-008331-2，定价36.00元。2013年8月收入茅盾文学奖获奖作品全集，平装，32异，ISBN 978-7-02-009721-0，定价24.00元。2015年1月收入毕飞宇文集，平装，16异，ISBN 978-7-02-010135-1，定价36.00元。2015年1月收入茅盾文学奖获奖作品全集（特装本），纸精，国流32开，ISBN 978-7-02-010662-2，定价36.00元。2019年5月收入茅盾文学奖获奖作品全集，平装，32异，ISBN 978-7-02-013988-0，定价42.00元。2019年9月收入新中国70年70部长篇小说典藏，16异，精装，ISBN 978-7-02-015423-4，定价55.00元；平装，ISBN 978-7-02-015432-6，定价42.00元。(3-940)

940　浦之上　一个王朝的碎片
林那北著，2008年7月。平装覆膜，国流32开，ISBN 978-7-02-006774-9，定价18.00元。(3-941)

941　老滩
周建新著，2008年9月。平装覆膜，16异，ISBN 978-7-02-006773-2，定价25.00元。(3-942)

942　农民帝国
蒋子龙著，2008年9月。平装，16异，ISBN 978-7-02-006826-5，定价58.00元。2009年7月收入人民文学出版社·新中国60年长篇小说典藏，纸精，国流32开，ISBN 978-7-02-007416-7，定价51.00元。2013年1月收入朝内166人文文库·中国当代长篇小说，平装，国流32开，ISBN 978-7-02-009401-1，定价43.00元。2013年10月收入蒋子龙文集第5卷，平装，16异，ISBN 978-7-02-009857-6，定价78.00元。(3-943)

943　舞者
海岩著，2008年10月。平装覆膜，国流32开，ISBN 978-7-02-006689-6，定价35.00元。(3-944)

944　两天
罗尘著，2009年1月。平装，国流32开，ISBN 978-7-02-006887-6，定价19.00元。(3-945)

945　首席记者
刘国民著，《当代》书丛，2009年1月。平装，16异，ISBN 978-7-02-006868-5，定价32.00元。(3-946)

946　十年
张人捷著，2009年1月。平装覆膜，国流32开，ISBN 978-7-02-006869-2，定价25.00元。(3-947)

947　空山3
阿来著，2009年1月。平装，国流32开，ISBN 978-7-02-006697-1，定价22.00元。(3-948)

948　问苍茫
曹征路著，2009年2月。平装覆膜，国流32开，ISBN 978-7-02-006881-4，定价21.00元。2013年1月收入朝内166人文文库·中国当代长篇小说，平装，国流32开，ISBN 978-7-02-009407-3，定价26.00元。(3-949)

949　黑蚂蚁蓝眼睛
赵本夫著，地母三部曲，2009年1月。平装，16异，ISBN 978-7-02-006877-7，定价36.00元。(3-950)

950　天地月亮地
赵本夫著，地母三部曲，2009年1月。平装，16异，ISBN 978-7-02-006876-0，定价33.00元。(3-951)

951　一腔废话
刘震云著，中国当代作家·刘震云系列，2009年3月。平装，国流32开，ISBN 978-7-02-

006593-6,定价20.00元。(3-952)

952 故乡天下黄花
刘震云著,中国当代作家·刘震云系列,2009年3月。平装,国流32开,ISBN 978-7-02-006596-7,定价22.00元。(3-953)

953 手机
刘震云著,中国当代作家·刘震云系列,2009年3月。平装,国流32开,ISBN 978-7-02-006594-3,定价16.00元。(3-954)

954 我叫刘跃进
刘震云著,中国当代作家·刘震云系列,2009年3月。平装,国流32开,ISBN 978-7-02-006597-4,定价19.00元。(3-955)

955 故乡面和花朵(1—4)
刘震云著,中国当代作家·刘震云系列,2009年3月。平装,国流32开,ISBN 978-7-02-006602-5,定价130.00元。(3-956)

956 破茧
黄宗之、朱雪梅著,2009年3月。平装覆膜,国流32开,ISBN 978-7-02-006857-9,定价21.00元。(3-957)

957 所有的乡愁
何大草著,2009年1月。平装覆膜,16异,ISBN 978-7-02-006931-6,定价27.00元。(3-958)

958 商道茫茫
李文华著,2009年3月。平装覆膜,16异,ISBN 978-7-02-006822-7,定价35.00元。(3-959)

959 故乡相处流传
刘震云著,中国当代作家·刘震云系列,2009年3月。平装,国流32开,ISBN 978-7-02-006595-0,定价20.00元。(3-960)

960 国家干部(上下)
张平著,中国当代作家·张平系列,2009年4月。平装,国流32开,ISBN 978-7-02-007223-1,定价50.00元。2013年1月收入朝内166人文文库·中国当代长篇小说,平装,国流32开,ISBN 978-7-02-009362-5,定价49.00元。(3-961)

961 十面埋伏
张平著,中国当代作家·张平系列,2009年4月。平装,国流32开,ISBN 978-7-02-007222-4,定价38.00元。2016年1月收入张平现实四书,平装,国流32开,ISBN 978-7-02-011271-5,定价48.00元。(3-962)

962 天网
张平著,中国当代作家·张平系列,2009年4月。平装,国流32开,ISBN 978-7-02-007220-0,定价33.00元。2016年1月收入张平现实四书,平装,国流32开,ISBN 978-7-02-011272-2,定价42.00元。(3-963)

963 红雪
张平著,中国当代作家·张平系列,2009年4月。平装,国流32开,ISBN 978-7-02-007219-4,定价30.00元。(3-964)

964 酒楼
许春樵著,人文原创丛书,2009年4月。平装覆膜,国流32开,ISBN 978-7-02-006947-7,定价21.00元。(3-965)

965 河岸
苏童著,2009年4月。平装,16异,ISBN 978-7-02-006987-3,定价29.00元。2010年3月,平装,16异,ISBN 978-7-02-007849-3,定价36.00元。2013年1月收入朝内166人文文库·中国当代长篇小说,平装,国流32开,ISBN 978-7-02-009361-8,定价26.00元。2017年1月,纸精,16异,ISBN 978-7-02-012075-8,定价45.00元。(3-966)

966 西征记
宗璞著,《野葫芦引》第三卷,2009年5月。平装覆膜,国流32开,ISBN 978-7-02-006939-2,定价19.00元。2015年8月,平装,国流32开,ISBN 978-7-02-010903-6,定价36.00元。(3-967)

967 大庄园
黄舸著,2009年4月。平装覆膜,国流32开,ISBN 978-7-02-007341-2,定价28.00元。(3-968)

968 空山(三部曲)
阿来著,2009年5月。平装,16异,ISBN 978-7-02-006638-4,定价55.00元。2013年1月收入朝内166人文文库·中国当代长篇小说,书名《空山:机村传说》(上、下),平装,国流32

开,ISBN 978-7-02-009354-0,定价 60.00 元。(3-969)

969　福布斯咒语(上)
王刚著,2009 年 5 月。平装覆膜,16 异,ISBN 978-7-02-007010-7,定价 29.00 元。(3-970)

970　天行者
刘醒龙著,2009 年 5 月。平装,国流 32 开,ISBN 978-7-02-007558-4,定价 18.00 元。2013 年 4 月,平装,16 异,ISBN 978-7-02-009545-2,定价 35.00 元。2013 年 10 月收入茅盾文学奖获奖作品全集,平装,32 异,ISBN 978-7-02-009822-4,定价 24.00 元。2015 年 1 月收入茅盾文学奖获奖作品全集(特装本),纸精,国流 32 开,ISBN 978-7-02-010667-7,定价 34.00 元。2019 年 1 月收入茅盾文学奖获奖作品全集,平装,32 异,ISBN 978-7-02-014272-9,定价 36.00 元。2019 年 9 月收入新中国 70 年 70 部长篇小说典藏,16 异,精装,ISBN 978-7-02-015441-8,定价 58.00 元;平装,ISBN 978-7-02-015431-9,定价 38.00 元。(3-971)

971　马贼
王若虚著,2009 年 5 月。平装覆膜,32 异,ISBN 978-7-02-007523-1,定价 18.00 元。(3-972)

972　古精蓝城堡
吴易梦著,2009 年 6 月。平装覆膜,16 异,ISBN 978-7-02-006971-2,定价 22.00 元。(3-973)

973　红尘
霍达著,中国当代作家·霍达系列,2009 年 7 月。平装,国流 32 开,ISBN 978-7-02-007252-1,定价 33.00 元。(3-974)

974　偶尔,会绝望
祝大同著,2009 年 7 月。平装,国流 32 开,ISBN 978-7-02-007004-6,定价 16.00 元。(3-975)

975　未穿的红嫁衣　沉浮
霍达著,中国当代作家·霍达系列,2009 年 7 月。平装,国流 32 开,ISBN 978-7-02-007251-4,定价 27.00 元。(3-976)

976　藏地白日梦
何小竹著,2009 年 7 月。平装,16 异,ISBN 978-7-02-007006-0,定价 25.00 元。(3-977)

977　校花
未名湖著,2009 年 7 月。平装覆膜,国流 32 开,ISBN 978-7-02-005964-5,定价 16.00 元。(3-978)

978　重返爱情
瑛子著,2009 年 8 月。平装覆膜,国流 32 开,ISBN 978-7-02-007479-2,定价 20.00 元。(3-979)

979　妖怪记事簿
敦煌著,2009 年 8 月。平装覆膜,16 异,ISBN 978-7-02-007587-4,定价 29.00 元。(3-980)

980　1980 的情人
于晓丹著,人文原创,2009 年 9 月。平装,国流 32 开,ISBN 978-7-02-007522-5,定价 19.00 元。(3-981)

981　零年代
钟求是著,人文原创,2009 年 9 月。平装,国流 32 开,ISBN 978-7-02-006943-9,定价 18.00 元。(3-982)

982　发烧
程青著,人文原创,2009 年 9 月。平装,国流 32 开,ISBN 978-7-02-007482-2,定价 21.00 元。(3-983)

983　决战南京
邵钧林、孙丽华、张燕燕、龚晓虹著,2009 年 9 月。平装,16 开,ISBN 978-7-02-007354-2,定价 34.00 元。(3-984)

984　锦瑟无端
洁尘著,2009 年 10 月。平装,国流 32 开,ISBN 978-7-02-007585-0,定价 16.00 元。(3-985)

985　密战
王雁、梁振华著,2009 年 10 月。平装覆膜,16 异,ISBN 978-7-02-007363-4,定价 33.00 元。(3-986)

986　争锋　世界顶级外企沉浮录
凌语嫣著,"商小说"系列,2009 年 11 月。平装

覆膜,16异,ISBN 978-7-02-007711-3,定价26.00元。(3-987)

987 别样的江湖

孔二狗著,"商小说"系列,2009年11月。平装覆膜,16异,ISBN 978-7-02-007712-0,定价26.00元。(3-988)

988 流血的职场

路过天涯著,"商小说"系列,2009年11月。平装覆膜,16异,ISBN 978-7-02-007713-7,定价28.00元。(3-989)

989 猎狼

孙力著,"商小说"系列,2009年11月。平装覆膜,16异,ISBN 978-7-02-007714-4,定价32.00元。(3-990)

990 乙方

燕五著,"商小说"系列,2009年11月。平装覆膜,16异,ISBN 978-7-02-007709-0,定价22.00元。(3-991)

991 夺位

元亨著,"商小说"系列,2009年11月。平装覆膜,16异,ISBN 978-7-02-007710-6,定价24.00元。(3-992)

992 鲜花和

陈村著,2009年9月。平装,32异,ISBN 978-7-02-007679-6,定价25.00元。(3-993)

993 追逃

石钟山著,2009年11月。平装覆膜,国流32开,ISBN 978-7-02-007584-3,定价20.00元。(3-994)

994 姨妈的后现代生活

燕燕著,2009年12月。平装覆膜,16异,ISBN 978-7-02-007601-7,定价23.00元。(3-995)

995 呼兰儿女

曹明霞著,2009年11月。平装,国流32开,ISBN 978-7-02-007603-1,定价16.00元。(3-996)

996 生死线

兰晓龙著,2009年11月。平装覆膜,16异,ISBN 978-7-02-007368-9,定价45.00元。2018年1月,平装,16异,ISBN 978-7-02-012336-0,定价78.00元。(3-997)

997 猫爱上幸福,鱼怎会知道

橘子著,2009年12月。平装,32异,ISBN 978-7-02-007757-1,定价22.00元。(3-998)

998 爱情,欠了我们一分钟

橘子著,2009年12月。平装,32异,ISBN 978-7-02-007756-4,定价22.00元。(3-999)

999 幸福,不见不散

橘子著,2009年12月。平装,32异,ISBN 978-7-02-007755-7,定价20.00元。(3-1000)

1000 县委书记

杨贵云著,2009年12月。平装覆膜,32异,ISBN 978-7-02-007552-2,定价25.00元。(3-1001)

1001 足球门

张宇著,2010年1月。平装,16异,ISBN 978-7-02-007729-8,定价35.00元。2013年1月收入朝内166人文文库·中国当代长篇小说,平装,国流32开,ISBN 978-7-02-009369-4,定价35.00元。(3-1002)

1002 马上天下

徐贵祥著,2010年1月。平装,16异,ISBN 978-7-02-007724-3,定价39.00元。2013年1月收入朝内166人文文库·中国当代长篇小说,平装,国流32开,ISBN 978-7-02-009402-8,定价39.00元。2015年7月收入徐贵祥抗战系列,平装,32异,ISBN 978-7-02-010974-6,定价39.00元。(3-1003)

1003 丑行或浪漫

张炜著,中国当代作家·张炜系列,2010年1月。平装,国流32开,ISBN 978-7-02-007301-6,定价20.00元。(3-1004)

1004 能不忆蜀葵

张炜著,中国当代作家·张炜系列,2010年1月。平装,国流32开,ISBN 978-7-02-007303-0,定价19.00元。(3-1005)

1005 柏慧

张炜著,中国当代作家·张炜系列,2010年1月。平装,国流32开,ISBN 978-7-02-007302-3,定价26.00元。(3-1006)

1006 外省书 远河远山

张炜著,中国当代作家·张炜系列,2010年1月。平装,国流32开,ISBN 978-7-02-

007305-4,定价28.00元。(3-1007)

1007　野猪王
胡冬林著,2010年1月。平装,国流32开,ISBN 978-7-02-007598-0,定价20.00元。(3-1008)

1008　大学潜规则
史生荣著,中国式大学系列,2010年1月。平装,国流32开,ISBN 978-7-02-007681-9,定价25.00元。(3-1009)

1009　十七岁向谁宣战
海诚著,2010年1月。平装,32异,ISBN 978-7-02-007332-0,定价21.00元。(3-1010)

1010　季节(上下)
王蒙著,2010年1月。平装,16异,ISBN 978-7-02-007583-6,定价95.00元。(3-1011)

1011　西夏
郭文斌、韩银梅著,2010年1月。平装,国流32开,ISBN 978-7-02-007767-0,定价25.00元。(3-1012)

1012　蒙面之城
宁肯著,2010年3月。平装,16异,ISBN 978-7-02-007728-1,定价33.00元。2013年3月收入朝内166人文文库·中国当代长篇小说,平装,国流32开,ISBN 978-7-02-009661-9,定价30.00元。(3-1013)

1013　红瓦
曹文轩著,曹文轩文集,2010年1月。平装覆膜,国流32开,ISBN 978-7-02-007839-4,定价38.00元。(3-1014)

1014　天瓢
曹文轩著,曹文轩文集,2010年1月。平装覆膜,国流32开,ISBN 978-7-02-007833-2,定价31.00元。(3-1015)

1015　我这把生锈大刀
陈肖人著,2010年3月。平装,国流32开,ISBN 978-7-02-007905-6,定价20.00元。(3-1016)

1016　香在无寻处
叶凉初著,2010年4月。平装,32异,ISBN 978-7-02-007851-6,定价15.00元。(3-1017)

1017　穿心莲
潘向黎著,2010年4月。平装,16异,ISBN 978-7-02-007885-1,定价29.00元。2013年3月收入朝内166人文文库·中国当代长篇小说,平装,国流32开,ISBN 978-7-02-009331-1,定价20.00元。(3-1018)

1018　妖怪记事簿(二)
敦煌著,2010年4月。平装覆膜,16异,ISBN 978-7-02-008007-6,定价29.00元。(3-1019)

1019　粉川
朱晓平著,2010年4月。平装,16异,ISBN 978-7-02-007907-0,定价35.00元。(3-1020)

1020　水泥座女人　职场公关进阶实录
子非、瑜玥著,白骨精职场小说系列,2010年5月。平装覆膜,32异,ISBN 978-7-02-007906-3,定价20.00元。(3-1021)

1021　铐子
王刚、刘歌著,2010年4月。平装,16异,ISBN 978-7-02-007872-1,定价38.00元。(3-1022)

1022　宣传部长
吴国恩著,2010年4月。平装,国流32开,ISBN 978-7-02-007873-8,定价20.00元。(3-1023)

1023　沉睡的女儿
哥舒意著,新小说家系列,2010年5月。平装覆膜,16异,ISBN 978-7-02-007960-5,定价26.00元。(3-1024)

1024　七月轮舞
胡钺著,新小说家系列,2010年5月。平装覆膜,16异,ISBN 978-7-02-007945-2,定价26.00元。(3-1025)

1025　十七年蝉
厌石著,新小说家系列,2010年5月。平装覆膜,16异,ISBN 978-7-02-007967-4,定价29.00元。(3-1026)

1026　绝色演员的温暖面具
牟智平著,新小说家系列,2010年5月。平装覆膜,16异,ISBN 978-7-02-007968-1,定价28.00元。(3-1027)

1027　上海绅士

谭朝炎著,2010年5月。纸精,16异,ISBN 978-7-02-007814-1,定价59.00元。(3-1028)

1028　香河
刘仁前著,2010年5月。平装覆膜,16异,ISBN 978-7-02-007715-1,定价36.00元。(3-1029)

1029　布克村信札
刘汀著,新小说家系列,2010年5月。平装覆膜,16异,ISBN 978-7-02-007972-8,定价29.00元。(3-1030)

1030　南渡记 东藏记 西征记
宗璞著,茅盾文学奖获奖作品全集,2010年6月。平装,国流32开,ISBN 978-7-02-008025-0,定价60.00元。2013年9月收入茅盾文学奖获奖作品全集,平装,32异,ISBN 978-7-02-009693-0,定价73.00元。2015年5月收入茅盾文学奖获奖作品全集(特装本),纸精,国流32开,ISBN 978-7-02-010665-3,定价94.00元。(3-1031)

1031　湘绣女
薛媛媛著,2010年6月。平装,16异,ISBN 978-7-02-007918-6,定价37.00元。(3-1032)

1032　大风传(上下)
沧浪著,2010年6月。平装,16异,ISBN 978-7-02-007916-2,定价128.00元。(3-1033)

1033　激情
费克申著,2010年7月。平装覆膜,32异,ISBN 978-7-02-007881-3,定价42.00元。(3-1034)

1034　黑暗纪
夏榆著,2010年6月。平装,国流32开,ISBN 978-7-02-007973-5,定价19.00元。(3-1035)

1035　伏藏
杨志军著,《当代》书丛,2010年7月。平装,16异,ISBN 978-7-02-007913-1,定价53.00元。(3-1036)

1036　两代官
杨少衡著,2010年7月。平装,16异,ISBN 978-7-02-008106-6,定价29.00元。(3-1037)

1037　地产魅影
刘宏伟著,2010年7月。平装,16异,ISBN 978-7-02-008168-4,定价38.00元。(3-1038)

1038　铜魂楚韵
陈金才、黄谷子、姜彬著,2010年8月。平装,16异,ISBN 978-7-02-008179-0,定价42.00元。(3-1039)

1039　白雪乌鸦
迟子建著,2010年8月。平装,16异,ISBN 978-7-02-008167-7,定价28.00元。2013年1月收入朝内166人文文库·中国当代长篇小说,平装,国流32开,ISBN 978-7-02-009320-5,定价20.00元。2014年1月收入迟子建长篇小说系列,平装,32开,ISBN 978-7-02-009758-6,定价28.00元。(3-1040)

1040　中文系
李师江著,2010年10月。平装覆膜,16异,ISBN 978-7-02-008318-3,定价33.00元。(3-1041)

1041　额尔古纳河右岸
迟子建著,茅盾文学奖获奖作品全集,2010年10月。平装,国流32开,ISBN 978-7-02-007378-8,定价22.00元。2013年8月收入茅盾文学奖获奖作品全集,平装,32异,ISBN 978-7-02-009711-1,定价24.00元。2014年1月收入迟子建长篇小说系列,平装,32开,ISBN 978-7-02-009756-2,定价28.00元。2014年4月收入中学生文学阅读必备书系,平装,国流32开,ISBN 978-7-02-010307-2,定价20.00元。2015年1月收入茅盾文学奖获奖作品全集(特装本),纸精,国流32开,ISBN 978-7-02-010666-0,定价34.00元。2019年4月收入茅盾文学奖获奖作品全集,平装,32异,ISBN 978-7-02-013959-0,定价32.00元。2019年9月收入新中国70年70部长篇小说典藏,16异,精装,ISBN 978-7-02-015421-0,定价46.00元;平装,ISBN 978-7-02-015422-7,定价36.00元。(3-1042)

1042　独乳兰夏
张涧赤著,申佳君图,2010年10月。平装覆

膜,国流32开,ISBN 978-7-02-008248-3,定价28.00元。(14-243)

1043　山外是大海
陈光登、韩晋容著,2010年9月。平装覆膜,16异,ISBN 978-7-02-008294-0,定价58.00元。(3-1043)

1044　北京人在纽约
曹桂林著,2014年8月。平装,16异,ISBN 978-7-02-010218-1,定价28.00元。(3-1044)

1045　太阳升起
廖东明著,2010年11月。平装,16异,ISBN 978-7-02-008289-6,定价36.00元。(3-1045)

1046　尾巴
王若虚著,2010年10月。平装,32异,ISBN 978-7-02-008252-0,定价25.00元。(3-1046)

1047　六六年
王斌著,2011年1月。平装,国流32开,ISBN 978-7-02-008210-0,定价32.00元。(3-1047)

1048　老子春秋(上中下)
景元华著,2011年1月。平装覆膜,16异,ISBN 978-7-02-008370-1,定价198.00元。(3-1048)

1049　古炉
贾平凹著,2011年1月。平装,16异,ISBN 978-7-02-008349-7,定价53.00元。2012年1月,精装,16异,ISBN 978-7-02-008879-9,定价88.00元。2013年1月收入朝内166人文文库·中国当代长篇小说,平装,国流32开,ISBN 978-7-02-009322-9,定价53.00元。(3-1049)

1050　中国女博士
卫金桂著,中国式大学系列,2011年1月。平装,国流32开,ISBN 978-7-02-008362-6,定价25.00元。(3-1050)

1051　义和拳那些事儿
鲁人著,2011年1月。平装覆膜,16异,ISBN 978-7-02-008262-9,定价30.00元。(3-1051)

1052　福布斯咒语(下)
王刚著,2011年。平装,国流32开,ISBN 978-7-02-008316-9。(3-1052)

1053　嘎达梅林
朱苏进著,2011年2月。平装,16异,ISBN 978-7-02-008443-2,定价32.00元。(3-1053)

1054　贫富天平
邓宏顺著,2011年3月。平装,国流32开,ISBN 978-7-02-008396-1,定价29.00元。(3-1054)

1055　最大的一场大火
荞麦著,2011年3月。平装,32异,ISBN 978-7-02-008398-5,定价22.00元。(3-1055)

1056　满树榆钱儿
马平来著,2011年4月。平装,16异,ISBN 978-7-02-008355-8,定价50.00元。(3-1056)

1057　你是我兄弟
彭三源著,2011年3月。平装,16异,ISBN 978-7-02-008478-4,定价34.00元。(3-1057)

1058　还能再爱吗
橘子著,2011年3月。平装覆膜,32异,ISBN 978-7-02-008441-8,定价22.00元。(3-1058)

1059　越爱越寂寞
橘子著,2011年3月。平装覆膜,32异,ISBN 978-7-02-008442-5,定价22.00元。(3-1059)

1060　纽约人在北京
曹桂林著,2014年8月。平装,16异,ISBN 978-7-02-010137-5,定价34.00元。(3-1060)

1061　大地芬芳
陶少鸿著,2010年12月。平装覆膜,16异,ISBN 978-7-02-008411-1,定价40.00元。(3-1061)

1062　囚界无边
蒋子丹著,2012年1月。平装,16异,ISBN 978-7-02-008711-2,定价36.00元。(3-1062)

1063 藏獒 插图本(1—3)
杨志军著,2011年4月。平装,16异,ISBN 978-7-02-008288-9,定价88.00元。(3-1063)

1064 梨花飞
郭光明著,2011年5月。平装,16异,ISBN 978-7-02-008470-8,定价39.00元。(3-1064)

1065 租界
小白著,2011年3月。平装,32异,ISBN 978-7-02-008403-6,定价30.00元。(3-1065)

1066 天香
王安忆著,2011年5月。平装,国流32开,ISBN 978-7-02-008459-3,定价30.00元。2014年6月收入王安忆长篇小说系列,平装,大32开,ISBN 978-7-02-009876-7,定价36.00元。2019年8月收入王安忆长篇小说,ISBN 978-7-02-014431-0,定价,49.00元。(3-1066)

1067 辛亥光焰
王之著,2011年5月。平装,国流32开,ISBN 978-7-02-008336-7,定价25.00元。(3-1067)

1068 武昌城
方方著,2011年6月。平装,16异,ISBN 978-7-02-008472-2,定价27.00元。2014年3月收入方方长篇小说系列,平装,大32开,ISBN 978-7-02-009847-7,定价26.00元。(3-1068)

1069 蓝戒之谜
鬼马星著,2011年4月。平装覆膜,16异,ISBN 978-7-02-008402-9,定价25.00元。(3-1069)

1070 征婚启事
〔德〕陈玉慧著,2011年4月。平装,32异,ISBN 978-7-02-008444-9,定价32.00元。(3-1070)

1071 鸽子花开
龚晓虹著,2011年6月。平装,16异,ISBN 978-7-02-008524-8,定价30.00元。(3-1071)

1072 家人们
黄蓓佳著,2011年6月。平装,16异,ISBN 978-7-02-008520-0,定价35.00元。(3-1072)

1073 岳家的鸡毛蒜皮
任跰著,2011年6月。平装,国流32开,ISBN 978-7-02-008452-4,定价24.00元。(3-1073)

1074 东屋掌灯西屋亮
张墨瑶著,2011年7月。平装,16异,ISBN 978-7-02-008458-6,定价40.00元。(3-1074)

1075 开洋——国门十三行
谭元亨著,2011年7月。平装,国流32开,ISBN 978-7-02-008511-8,定价28.00元。(3-1075)

1076 海上的桃树
叶春著,2011年7月。平装,32异,ISBN 978-7-02-008605-4,定价25.00元。(3-1076)

1077 铁血首义路
望见蓉著,2011年7月。平装,16异,ISBN 978-7-02-008482-1,定价35.00元。(3-1077)

1078 湖南骡子
何顿著,2011年7月。平装,16异,ISBN 978-7-02-008587-3,定价45.00元。(3-1078)

1079 毕业
叶楚炎著,2011年8月。平装,32异,ISBN 978-7-02-008616-0,定价18.00元。(3-1079)

1080 过站不停
苏伟贞著,2011年7月。平装,32异,ISBN 978-7-02-008614-6,定价20.00元。(3-1080)

1081 哈德逊之谜
宋耀良著,2011年9月。平装,国流32开,ISBN 978-7-02-008384-8,定价26.00元。(3-1081)

1082 走向共和
张建伟著,2012年1月。平装,16异,ISBN 978-7-02-008691-7,定价39.00元。(3-1082)

1083 气味

里程著,2011年8月。平装,国流32开,ISBN 978-7-02-008678-8,定价22.00元。(3-1083)

1084 青春一九六九
庚淮著,2011年9月。平装,16异,ISBN 978-7-02-008602-3,定价40.00元。(3-1084)

1085 无字(1—3)
张洁著,茅盾文学奖获奖作品全集,2011年9月。平装,国流32开,ISBN 978-7-02-008522-4,定价68.00元。2012年4月收入张洁文集,平装,国流32开,ISBN 978-7-02-008648-1,定价72.00元。2013年8月收入茅盾文学奖获奖作品全集,平装,32异,ISBN 978-7-02-009821-7,定价75.00元。2015年3月收入茅盾文学奖获奖作品全集(特装本),精装,国流32开,ISBN 978-7-02-010649-3,定价96.00元。2019年5月收入茅盾文学奖获奖作品全集,ISBN 978-7-02-013956-9,定价99.00元。(3-1085)

1086 烈火金刚
刘流著,中国当代长篇小说藏本,2011年9月。平装覆膜,国流32开,ISBN 978-7-02-006537-0,定价30.00元。(3-1086)

1087 将·军
郭靖宇著,2011年9月。平装,16异,ISBN 978-7-02-008706-8,定价36.00元。(3-1087)

1088 打工词典
戴斌著,2011年9月。平装,32异,ISBN 978-7-02-008688-7,定价20.00元。(3-1089)

1089 太阳大厦
王力达著,2011年9月。平装,国流32开,ISBN 978-7-02-008477-7,定价20.00元。(3-1090)

1090 书迷
陈玉慧著,2011年10月。平装,32异,ISBN 978-7-02-008584-2,定价28.00元。(3-1091)

1091 鱼肠剑
阿袁,2011年12月。平装,国流32开,ISBN 978-7-02-008790-7,定价18.00元。(3-1092)

1092 碧血黄沙
黎汝清著,"黎汝清战争经典系列"全新修订版,2012年1月。平装,16异,ISBN 978-7-02-008576-7,定价45.00元。(3-1093)

1093 皖南事变
黎汝清著,"黎汝清战争经典系列"全新修订版,2012年1月。平装,16异,ISBN 978-7-02-008592-7,定价52.00元。(3-1094)

1094 湘江之战
黎汝清著,"黎汝清战争经典系列"全新修订版,2012年1月。平装,16异,ISBN 978-7-02-008591-0,定价35.00元。2019年8月收入中学红色文学经典阅读丛书,平装覆膜,32异,ISBN 978-7-02-015153-0,定价38.00元。(3-1095)

1095 西藏的战争
杨志军著,2012年1月。平装,16异,ISBN 978-7-02-008796-9,定价48.00元。(3-1097)

1096 银行行长
俞天白著,2012年1月。平装,16异,ISBN 978-7-02-007403-7,定价32.00元。(3-1098)

1097 漂二代
王昕朋著,2012年1月。平装,16异,ISBN 978-7-02-008859-1,定价30.00元。(3-1099)

1098 查尔斯街
姜靖荔著,2012年1月。平装,国流32开,ISBN 978-7-02-008743-3,定价25.00元。(3-1100)

1099 你在谁身边,都是我心底的缺
橘子著,2011年12月。平装,32异,ISBN 978-7-02-008846-1,定价22.00元。(3-1101)

1100 浴血罗霄
萧克著,茅盾文学奖获奖作品全集,2012年2月。平装,国流32开,ISBN 978-7-02-008748-8,定价25.00元。2013年9月收入茅盾文学奖获奖作品全集,平装,32异,ISBN 978-7-02-009957-3,定价26.00元。2015年1月收入茅盾文学奖获奖作品全集(特装本),精装,国流32开,ISBN 978-7-02-010654-7,

定价35.00元。2019年1月收入茅盾文学奖获奖作品全集,平装,32异,ISBN 978-7-02-013980-4,定价35.00元。2019年8月收入中学红色文学经典阅读丛书,平装覆膜,32异,ISBN 978-7-02-015082-3,定价31.00元。2019年9月收入新中国70年70部长篇小说典藏,16异,精装,ISBN 978-7-02-015424-1,定价69.00元;平装,ISBN 978-7-02-015429-6,定价36.00元。(3-1102)

1101　雷锋
谭仲池、彭海燕著,2012年3月。平装,16异,ISBN 978-7-02-008980-2,定价36.00元。(3-1103)

1102　红昼
赵雁著,2012年3月。平装,16异,ISBN 978-7-02-008797-6,定价38.00元。(3-1104)

1103　平原
毕飞宇著,2012年4月。平装,16异,ISBN 978-7-02-008772-3,定价35.00元。2015年1月收入毕飞宇文集,平装,16异,ISBN 978-7-02-010136-8,定价38.00元。2019年7月,精装,大32开,ISBN 978-7-02-013305-5,定价59.00元。(3-1105)

1104　我想要的只是一个拥抱而已
橘子著,2012年4月。平装,32异,ISBN 978-7-02-008903-1,定价24.00元。(3-1106)

1105　只有一个太阳
张洁著,张洁文集,2012年4月。平装,国流32开,ISBN 978-7-02-008645-0,定价22.00元。(3-1107)

1106　灵魂是用来流浪的
张洁著,张洁文集,2012年4月。平装,国流32开,ISBN 978-7-02-008649-8,定价22.00元。(3-1108)

1107　知在
张洁著,张洁文集,2012年4月。平装,国流32开,ISBN 978-7-02-008650-4,定价18.00元。(3-1109)

1108　隐身衣
格非著,2012年5月。精装,32异,ISBN 978-7-02-009030-3,定价28.00元。(3-1110)

1109　好人难做
红柯著,2012年5月。平装,国流32开,ISBN 978-7-02-009022-8,定价22.00元。(3-1111)

1110　城市守望者
王旭光著,2012年5月。平装,16异,ISBN 978-7-02-008932-1,定价28.00元。(3-1112)

1111　马尔代夫之月——旅人七日谈
秦里著,2012年6月。平装,32开,ISBN 978-7-02-008833-1,定价18.00元。(3-1113)

1112　路上父子
孙睿著,2012年6月。平装,32异,ISBN 978-7-02-009021-1,定价20.00元。(3-1114)

1113　混血儿
刘洪耀著,2012年6月。平装,国流32开,ISBN 978-7-02-008895-9,定价27.00元。(3-1115)

1114　杂牌军
陈建波著,2012年6月。平装,16异,ISBN 978-7-02-009191-1,定价29.00元。(3-1116)

1115　依偎
丁捷著,2012年8月。平装,国流32开,ISBN 978-7-02-009137-9,定价23.00元。(3-1117)

1116　鄱湖水鬼之1998
米来著,2012年8月。平装,国流32开,ISBN 978-7-02-009149-2,定价33.00元。(3-1118)

1117　青春痣
陈熹著,2012年8月。平装,16异,ISBN 978-7-02-009151-5,定价31.00元。(3-1119)

1118　爱情是个冷笑话
荞麦著,2012年8月。平装,32异,ISBN 978-7-02-009235-2,定价23.00元。(3-1120)

1119　第二份工作
京宝儿著,2012年8月。平装,32异,ISBN 978-7-02-009090-7,定价28.00元。(3-1121)

1120　白鹿原(手稿本 壹——肆)
陈忠实著,2012年9月。仿线装,8开,ISBN 978-7-02-009091-4,定价960.00元。

（3-1122）

1121 守望的天空

裴文、陆江著，2012年9月。平装，16异，ISBN 978-7-02-009343-4，定价38.00元。（3-1123）

1122 哦嘘 哦嘘

艾芩、佟咄著，2012年10月。平装，国流32开，ISBN 978-7-02-009489-9，定价22.00元。（3-1124）

1123 红船

龚桂华著，2012年10月。平装，16异，ISBN 978-7-02-009439-4，定价38.00元。（3-1125）

1124 替身

张之路著，2012年11月。平装，16异，ISBN 978-7-02-009474-5，定价29.00元。（3-1126）

1125 秋水伊人

五天英著，2013年1月。平装，16异，ISBN 978-7-02-009346-5，定价36.00元。（3-1127）

1126 武士会

徐皓峰著，2013年1月。平装，16异，ISBN 978-7-02-009576-6，定价33.00元。（3-1128）

1127 第九个寡妇

〔美〕严歌苓著，朝内166人文文库·中国当代长篇小说，2013年1月。平装，国流32开，ISBN 978-7-02-009325-0，定价23.00元。（3-1129）

1128 带灯

贾平凹著，2013年1月。平装，16异，ISBN 978-7-02-009592-6，定价38.00元。（3-1130）

1129 我因思爱成病——狗医生周乐乐和病人李兰妮

李兰妮著，2013年1月。平装，16异，ISBN 978-7-02-009452-3，定价39.00元。（3-1131）

1130 浮城

刘仁前著，2012年12月。平装，16异，ISBN 978-7-02-009584-1，定价29.00元。（3-1132）

1131 顾维钧在"九一八"

宗民著，2013年1月。平装，16异，ISBN 978-7-02-008767-9，定价35.00元。（3-1133）

1132 迷冬

胡发云著，2013年1月。平装，16异，ISBN 978-7-02-009613-8，定价45.00元。（3-1134）

1133 庙魂

吴兰君著，2013年3月。平装，国流32开，ISBN 978-7-02-009609-1，定价25.00元。（3-1135）

1134 生死十日谈

孙惠芬著，2013年4月。平装，国流32开，ISBN 978-7-02-009753-1，定价25.00元。（3-1136）

1135 玉米

毕飞宇著，2013年4月。平装，16异，ISBN 978-7-02-009642-8，定价32.00元。2015年1月收入毕飞宇文集，平装，16异，ISBN 978-7-02-010130-6，定价32.00元。2017年8月，精装，大32开，ISBN 978-7-02-012987-4，定价48.00元。（3-1137）

1136 我的生存质量

邵丽著，2013年5月。平装，国流32开，ISBN 978-7-02-009802-6，定价28.00元。（3-1138）

1137 幸福基本靠抢

高雅楠著，2013年5月。平装，16异，ISBN 978-7-02-009670-1，定价29.00元。（3-1139）

1138 晚安玫瑰

迟子建著，2013年4月。平装，32异，ISBN 978-7-02-009815-6，定价22.00元。2017年10月，纸精，大32开，ISBN 978-7-02-013199-0，定价39.80元。（3-1140）

1139 平台

肖仁福著，2014年8月。平装，16异，ISBN 978-7-02-010495-6，定价36.00元。（3-1141）

1140 灿若桃花

谷运龙著，2013年6月。平装，国流32开，

ISBN 978-7-02-009730-2,定价 35.00 元。(3-1142)

1141 葵花
何玉茹著,2013 年 6 月。平装,32 异,ISBN 978-7-02-009742-5,定价 25.00 元。(3-1143)

1142 太阳城
廖东明著,2013 年 6 月。平装,16 异,ISBN 978-7-02-009812-5,定价 35.00 元。(3-1144)

1143 出北口走草地
赫舍里·河川碧蓝著,2013 年 7 月。平装,16 异,ISBN 978-7-02-009873-6,定价 42.00 元。(3-1145)

1144 碎梦慢养
郭林春著,2013 年 7 月。平装,国流 32 开,ISBN 978-7-02-009801-9,定价 35.00 元。(3-1146)

1145 西洲曲
郑小驴著,2013 年 6 月。平装,国流 32 开,ISBN 978-7-02-009760-9,定价 25.00 元。(3-1148)

1146 2012,鬼子又来了!
一衣带血著,2013 年 7 月。平装,国流 32 开,ISBN 978-7-02-009698-5,定价 32.00 元。(3-1149)

1147 海底
〔加〕李彦著,2013 年 7 月。平装,16 异,ISBN 978-7-02-009800-2,定价 36.00 元。(3-1150)

1148 我们游向北京
唐缺著,2013 年 9 月。平装,国流 32 开,ISBN 978-7-02-010037-8,定价 28.00 元。(3-1151)

1149 无愁河的浪荡汉子 朱雀城(上中下)
黄永玉著,2013 年 8 月。上中下册,平装,16 异,ISBN 978-7-02-009852-1,定价 138.00 元;精装,ISBN 978-7-02-009928-3,定价 286.00 元。2014 年 10 月,1—6 册,平装,32 异,ISBN 978-7-02-010543-4,定价 156.00 元。(3-1152)

1150 时间悄悄的嘴脸
(维吾尔族)阿拉提·阿斯木著,2013 年 9 月。平装,国流 32 开,ISBN 978-7-02-007407-5,定价 28.00 元。2013 年 9 月"东风工程"版,定价 15.40 元。2016 年 12 月,平装,国流 32 开,ISBN 978-7-02-012008-6,定价 32.00 元。(3-1153)

1151 平凹四书
贾平凹著,2013 年 8 月。精装,16 异,ISBN 978-7-02-009429-5,定价 398.00 元。(3-1154)

1152 广厦万象
姚立发著,2013 年 11 月。平装,16 异,ISBN 978-7-02-010151-1,定价 60.00 元。(3-1155)

1153 脱轨时代
高雅楠著,2014 年 1 月。平装覆膜,国流 32 开,ISBN 978-7-02-009894-1,定价 33.00 元。(3-1156)

1154 产科医生
张作民著,2013 年 12 月。平装,国流 16 异,ISBN 978-7-02-009977-1,定价 36.00 元。(3-1157)

1155 魂之歌
竹林著,2013 年 12 月。平装,32 异,ISBN 978-7-02-009879-8,定价 58.00 元。(3-1158)

1156 树下
迟子建著,迟子建长篇小说系列,2014 年 1 月。平装,32 开,ISBN 978-7-02-009755-5,定价 32.00 元。(3-1159)

1157 越过云层的晴朗
迟子建著,迟子建长篇小说系列,2014 年 1 月。平装,32 开,ISBN 978-7-02-009759-3,定价 29.00 元。(3-1160)

1158 晨钟响彻黄昏
迟子建著,迟子建长篇小说系列,2014 年 1 月。平装,32 开,ISBN 978-7-02-009757-9,定价 29.00 元。(3-1161)

1159 红处方
毕淑敏著,毕淑敏心灵四书,2014 年 1 月。平装,国流 32 开,ISBN 978-7-02-009990-0,定价 39.00 元。(3-1162)

1160 女心理师

毕淑敏著,毕淑敏心灵四书,2014 年 1 月。平装,国流 32 开,ISBN 978-7-02-009989-4,定价 46.00 元。(3-1163)

1161　遇到爱 用力爱

聂昱冰著,2014 年 8 月。平装,32 异,ISBN 978-7-02-010486-4,定价 33.00 元。(3-1164)

1162　湖光山色

周大新著,茅盾文学奖获奖作品全集,2014 年 1 月。平装,国流 32 开,ISBN 978-7-02-008943-7,定价 26.00 元。2015 年 6 月收入茅盾文学奖获奖作品全集(特装本),精装,国流 32 开,ISBN 978-7-02-010679-0,定价 36.00 元。2016 年 10 月收入周大新文集,平装,16 异,ISBN 978-7-02-011492-4,定价 33.00 元。2019 年 1 月收入茅盾文学奖获奖作品全集,平装,32 异,ISBN 978-7-02-013971-2,定价 32.00 元。2019 年 9 月收入新中国 70 年 70 部长篇小说典藏,16 异,精装,ISBN 978-7-02-015560-6,定价 66.00 元;平装,ISBN 978-7-02-015532-3,定价 36.00 元。(3-1165)

1163　楼市

杨小凡著,2014 年 1 月。平装,16 异,ISBN 978-7-02-010117-7,定价 33.00 元。(3-1166)

1164　妈阁是座城

〔美〕严歌苓著,2014 年 1 月。平装,国流 32 开,ISBN 978-7-02-010182-5,定价 36.00 元。2018 年 3 月,平装,国流 32 开,ISBN 978-7-02-013379-6,定价 39.00 元。(3-1167)

1165　曹操与献帝

柯云路著,2014 年 2 月。平装,32 异,ISBN 978-7-02-010163-4,定价 36.00 元。(3-1168)

1166　你在高原(1—10 卷)

张炜著,茅盾文学奖获奖作品全集,2014 年 3 月。平装,32 异,ISBN 978-7-02-009720-3,定价 338.00 元。2015 年 6 月收入茅盾文学奖获奖作品全集(特装本),精装,国流 32 开,ISBN 978-7-02-010695-0,定价 458.00 元。2019 年 5 月收入茅盾文学奖获奖作品全集,平装,32 异,ISBN 978-7-02-014029-9,定价 450.00 元。(3-1169)

1167　一亿六

张贤亮著,张贤亮长篇小说系列,2014 年 3 月。平装,16 异,ISBN 978-7-02-010059-0,定价 35.00 元。(3-1170)

1168　我的菩提树

张贤亮著,张贤亮长篇小说系列,2014 年 3 月。平装,16 异,ISBN 978-7-02-010056-9,定价 30.00 元。(3-1171)

1169　习惯死亡

张贤亮著,张贤亮长篇小说系列,2014 年 3 月。平装,16 异,ISBN 978-7-02-010057-6,定价 29.00 元。(3-1172)

1170　绿化树

张贤亮著,张贤亮长篇小说系列,2014 年 3 月。平装,16 异,ISBN 978-7-02-010058-3,定价 35.00 元。(3-1173)

1171　爱别离

镜子著,2014 年 3 月。平装覆膜,国流 32 开,ISBN 978-7-02-010143-6,定价 29.00 元。(3-1174)

1172　枯湖

汪泉著,2013 年 2 月。平装,国流 32 开,ISBN 978-7-02-009596-4,定价 28.00 元。(3-1175)

1173　水在时间之下

方方著,方方长篇小说系列,2014 年 3 月。平装,大 32 开,ISBN 978-7-02-009848-4,定价 32.00 元。(3-1176)

1174　吴越后裔

张国擎著,2014 年 4 月。平装,国流 32 开,ISBN 978-7-02-010294-5,定价 36.00 元。(3-1177)

1175　大凉山往事

北来著,2014 年 5 月。平装,国流 32 开,ISBN 978-7-02-010201-3,定价 33.00 元。(3-1178)

1176　我在云上爱你

张小娴著,2014 年 5 月。平装,国流 32 开,ISBN 978-7-02-010199-3,定价 32.00 元。(3-1179)

1177　从未说过一句话

小说

王德有著,2014 年 4 月。平装,16 异,ISBN 978-7-02-010141-2,定价 38.00 元。(3-1180)

1178 澜本嫁衣
七堇年著,七堇年作品系列,2014 年 5 月。平装,国流 32 开,ISBN 978-7-02-010302-7,定价 26.00 元。(3-1181)

1179 大地之灯
七堇年著,七堇年作品系列,2014 年 5 月。平装,国流 32 开,ISBN 978-7-02-010301-0,定价 30.00 元。(3-1182)

1180 远东来信
张新科著,2014 年 5 月。平装,32 开,ISBN 978-7-02-010260-0,定价 36.00 元。(3-1183)

1181 流水三十章
王安忆著,王安忆长篇小说系列,2014 年 6 月。平装覆膜,大 32 开,ISBN 978-7-02-009896-5,定价 36.00 元。2019 年 8 月收入王安忆长篇小说,平装,大 32 开,ISBN 978-7-02-014429-7,定价 49.00 元。(3-1184)

1182 满树榆钱儿(续)
马平来著,2014 年 7 月。平装,16 异,ISBN 978-7-02-010240-2,定价 50.00 元。(3-1185)

1183 道士下山(癸巳年修订本)
徐皓峰著,2014 年 6 月。平装,32 异,ISBN 978-7-02-010296-9,定价 38.00 元。(3-1186)

1184 刘心武续红楼梦(修订版)
刘心武著,刘心武长篇小说系列,2014 年 7 月。平装,16 异,ISBN 978-7-02-010251-8,定价 45.00 元。(3-1187)

1185 四牌楼
刘心武著,刘心武长篇小说系列,2014 年 7 月。平装,16 异,ISBN 978-7-02-010210-5,定价 49.00 元。(3-1188)

1186 风过耳
刘心武著,刘心武长篇小说系列,2014 年 7 月。平装,16 异,ISBN 978-7-02-010208-2,定价 35.00 元。(3-1189)

1187 野狐岭

雪漠著,2014 年 7 月。平装,16 异,ISBN 978-7-02-010473-4,定价 46.00 元。(3-1190)

1188 爱上你几乎就幸福了
徐晓著,2014 年 8 月。平装,国流 32 开,ISBN 978-7-02-010494-9,定价 26.00 元。(3-1191)

1189 我们的故事之乱世佳人 1949—1959 年香港故事
(香港)梁凤仪著,2014 年 7 月。平装,16 异,ISBN 978-7-02-010249-5,定价 36.00 元。(3-1192)

1190 夏(上下)
许大雷著,2014 年 7 月。平装,16 异,ISBN 978-7-02-010489-5,定价 89.00 元。(3-1193)

1191 工农兵大学生
王金昌著,2014 年 8 月。平装,32 异,ISBN 978-7-02-010511-3,定价 29.00 元。(3-1194)

1192 放逐(上下)
刘方炜著,2014 年 7 月。平装覆膜,32 异,ISBN 978-7-02-010244-0,定价 68.00 元。(3-1195)

1193 洗澡之后
杨绛著,2014 年 8 月。精装,32 异,ISBN 978-7-02-010552-6,定价 29.00 元。(3-1196)

1194 花河
王华著,2014 年 9 月。平装,国流 32 开,ISBN 978-7-02-010040-8,定价 29.00 元。(3-1197)

1195 天使
程青著,2014 年 9 月。平装,国流 32 开,ISBN 978-7-02-009339-7,定价 29.00 元。(3-1198)

1196 红绸
赵雁著,2014 年 9 月。平装,16 异,ISBN 978-7-02-010547-2,定价 45.00 元。(3-1199)

1197 家风
田培良著,2014 年 9 月。平装覆膜,16 异,ISBN 978-7-02-009611-4,定价 88.00 元。(3-1200)

1198 老生

贾平凹著,2014年9月。平装,16异,ISBN 978-7-02-010596-0,定价36.00元。(3-1201)

1199 花儿是心上的油
陈元魁著,166原创力,2014年10月。平装,国流32开,ISBN 978-7-02-009958-0,定价39.00元。(3-1202)

1200 开埠
王雨著,2014年10月。平装,16异,ISBN 978-7-02-010480-2,定价45.00元。(3-1203)

1201 傅作义(上中下)
崔正来著,2015年6月。平装,16异,ISBN 978-7-02-010996-8,定价108.00元。(3-1204)

1202 天性——如梦八十秋
张化声著,2014年11月。平装,16异,ISBN 978-7-02-010116-0,定价48.00元。(3-1205)

1203 露沙的路
韦君宜著,2014年11月。平装,32异,ISBN 978-7-02-010546-5,定价32.00元。(3-1206)

1204 南方
艾伟著,2014年11月。平装,32异,ISBN 978-7-02-010609-7,定价33.00元。(3-1207)

1205 万物枯荣——看这个翻过百倍的股民
雷立刚著,2015年1月。平装,国流32开,ISBN 978-7-02-010615-8,定价28.00元。(3-1208)

1206 残月
刘仁前著,2015年1月。平装,16异,ISBN 978-7-02-010599-1,定价32.00元。2018年9月,定价54.00元。(3-1209)

1207 草根闯央企
孟拾年著,2015年1月。平装,16异,ISBN 978-7-02-010115-3,定价35.00元。(3-1210)

1208 群山之巅
迟子建著,2015年1月。平装,32异,ISBN 978-7-02-010693-6,定价35.00元;2019年6月,定价45.00元;2019年9月,定价39.00元。2017年6月,精装,32异,ISBN 978-7-02-012612-5,定价55.00元。(3-1211)

1209 人民警察(第一部)
程琳著,2015年1月。平装,国流32开,ISBN 978-7-02-008897-3,定价31.00元。(3-1212)

1210 人民警察(第二部)
程琳著,2015年1月。平装,国流32开,ISBN 978-7-008965-9,定价30.00元。(3-1213)

1211 人民警察(第三部)
程琳著,2015年1月。平装,国流32开,ISBN 978-7-02-009228-4,定价32.00元。(3-1214)

1212 接头
龙一著,2015年2月。平装,国流32开,ISBN 978-7-02-010739-1,定价28.00元。(3-1215)

1213 荒漠的旅程
彭小莲、刘辉著,2015年1月。平装,16异,ISBN 978-7-02-010699-8,定价38.00元。(3-1216)

1214 那个夏季那个秋天
毕飞宇著,毕飞宇文集,2015年1月。平装,16异,ISBN 978-7-02-010133-7,定价30.00元。(99-152)

1215 上海往事
毕飞宇著,毕飞宇文集,2015年1月。平装,16异,ISBN 978-7-02-010132-0,定价28.00元。(99-156)

1216 曲终人在
周大新著,2015年4月。平装,16异,ISBN 978-7-02-010794-0,定价32.00元。2016年5月,精装,16异,ISBN 978-7-02-011596-9,定价39.00元。2016年10月收入周大新文集,平装,16异,ISBN 978-7-02-011495-5,定价32.00元。(3-1217)

1217 一座营盘
陶纯著,2015年4月。平装,16异,ISBN 978-7-02-010795-7,定价46.00元。(3-1218)

1218 秋天的女人不离婚
王慧艳著,2015年5月。平装,国流32开,ISBN 978-7-02-009779-1,定价33.00元。

小说

(3-1219)

1219 蛙

莫言著,茅盾文学奖获奖作品全集,2015年5月。平装,32异,ISBN 978-7-02-010803-9,定价33.00元。2015年6月收入茅盾文学奖获奖作品全集(特装本),精装,国流32开,ISBN 978-7-02-010804-6,定价43.00元。(3-1220)

1220 洗澡之后(汉英对照)

杨绛著,梅珠迪、史耀华译,2015年6月。平装,32开,ISBN 978-7-02-010812-1,定价27.00元。(3-1221)

1221 八月桂花遍地开

徐贵祥著,徐贵祥抗战系列,2015年7月。平装,32异,ISBN 978-7-02-010975-3,定价36.00元。(3-1222)

1222 裸琴

山飒著,2015年7月。平装,32异,ISBN 978-7-02-010765-0,定价29.00元。(3-1223)

1223 桃夭

张者著,2015年7月。平装,32异,ISBN 978-7-02-010897-8,定价33.00元。2018年7月列入大学三部曲,平装,16异,ISBN 978-7-02-014138-7,定价43.00元。(3-1224)

1224 亭长小武(上下)

史杰鹏著,2015年7月。平装,国流32开,ISBN 978-7-02-011007-0,定价68.00元。(3-1225)

1225 大庄园(续)

黄舸著,2015年7月。平装,16异,ISBN 978-7-02-010834-3,定价36.00元。(3-1226)

1226 卖海豚的女孩

张小娴著,2015年8月。平装,国流32开,ISBN 978-7-02-011065-0,定价35.00元。(3-1227)

1227 混在北京(修订版)

黑马著,2015年3月。平装,16异,ISBN 978-7-02-010764-3,定价38.00元。(3-1228)

1228 扶桑

[美]严歌苓著,2015年10月。精装,32异,ISBN 978-7-02-010969-2,定价39.00元。(3-1229)

1229 九州缥缈录 套装(1—6卷)

江南著,2015年11月。平装覆膜,16异,ISBN 978-7-02-011145-9,定价198.00元。2015年11月珍藏版,精装,16异,ISBN 978-7-02-011144-2,定价386.00元。2019年6月百万册纪念版,平装,32异,ISBN 978-7-02-015253-7,定价258.00元。(3-1230)

1230 九州缥缈录 1 蛮荒(修订版)

江南著,2015年11月。平装覆膜,16异,ISBN 978-7-02-010140-5,定价33.00元。2019年6月百万册纪念版,平装,32异,ISBN 978-7-02-015224-7,定价43.00元。(3-1231)

1231 九州缥缈录 2 苍云古齿

江南著,2015年11月。平装覆膜,16异,ISBN 978-7-02-010953-1,定价33.00元。2019年6月百万册纪念版,平装,32异,ISBN 978-7-02-015222-3,定价43.00元。(3-1232)

1232 九州缥缈录 3 天下名将

江南著,2015年11月。平装覆膜,16异,ISBN 978-7-02-010954-8,定价33.00元。2019年6月百万册纪念版,平装,32异,ISBN 978-7-02-015225-4,定价43.00元。(3-1233)

1233 九州缥缈录 4 辰月之征

江南著,2015年11月。平装覆膜,16异,ISBN 978-7-02-010955-5,定价33.00元。2019年6月百万册纪念版,平装,32异,ISBN 978-7-02-015228-5,定价43.00元。(3-1234)

1234 九州缥缈录 5 一生之盟

江南著,2015年11月。平装覆膜,16异,ISBN 978-7-02-010956-2,定价33.00元。2019年6月百万册纪念版,平装,32异,ISBN 978-7-02-015227-8,定价43.00元。(3-1235)

1235 九州缥缈录 6 豹魂

江南著,2015年11月。平装覆膜,16异,ISBN 978-7-02-010957-9,定价33.00元。2019年6月百万册纪念版,平装,32异,ISBN 978-7-02-015226-1,定价43.00元。(3-1236)

1236 匿名

王安忆著,2016年1月。平装,国流32开,ISBN 978-7-02-011261-6,定价39.00元。2019年8月收入王安忆长篇小说,平装,大32开,ISBN 978-7-02-014432-7,定价53.00元。

(3-1237)

1237 慈悲

路内著,2016年1月。精装,大32开,ISBN 978-7-02-011269-2,定价36.00元。(3-1238)

1238 咸阳宫

林鹏著,2016年1月。平装,16异,ISBN 978-7-02-010747-6,定价118.00元。(3-1239)

1239 安魂

周大新著,周大新文集,2016年1月。平装,16异,ISBN 978-7-02-011042-1,定价33.00元。2016年5月单行本,精装,16异,ISBN 978-7-02-011595-2,定价39.00元。(3-1240)

1240 大学三部曲(桃李 桃花 桃夭)

张者著,2016年1月。精装,16异,ISBN 978-7-02-011295-1,定价128.00元。(3-1241)

1241 无愁河的浪荡汉子 八年(上卷)

黄永玉著,2016年1月。平装,16异,ISBN 978-7-02-011287-6,定价58.00元。(3-1242)

1242 亲爱的敌人

邓一光著,邓一光长篇小说,2016年1月。平装,16异,ISBN 978-7-02-010127-6,定价35.00元。(3-1243)

1243 想起草原

邓一光著,邓一光长篇小说,2016年1月。平装,16异,ISBN 978-7-02-010126-9,定价36.00元。(3-1244)

1244 我是我的神(上下)

邓一光著,邓一光长篇小说,2016年1月。平装,16异,ISBN 978-7-02-010128-3,定价69.00元。2019年9月收入新中国70年70部长篇小说典藏,16异,精装,ISBN 978-7-02-015517-0,定价168.00元;平装,ISBN 978-7-02-015489-0,定价88.00元。(3-1245)

1245 坦白

龚桂华著,2016年1月。平装,16异,ISBN 978-7-02-011155-8,定价38.00元。(3-1246)

1246 到爱情为止

申尔著,2016年3月。平装,16异,ISBN 978-7-02-011340-8,定价38.00元。(3-1247)

1247 飘窗

刘心武著,刘心武长篇小说系列,2016年3月。平装,16异,ISBN 978-7-02-011423-8,定价32.00元。(3-1248)

1248 卧龙湖往事

吴尚真著,2016年3月。平装,16异,ISBN 978-7-02-011265-4,定价48.00元。(3-1249)

1249 米米朵拉

虹影著,2016年4月。精装,国流32开,ISBN 978-7-02-010554-0,定价48.00元。(3-1250)

1250 极花

贾平凹著,2016年3月。精装,16异,ISBN 978-7-02-011401-6,定价38.00元。(3-1251)

1251 大风歌

李庆西著,2016年5月。平装,32异,ISBN 978-7-02-011440-5,定价35.00元。(3-1252)

1252 第五号房

谢晓昀著,2016年6月。平装,32异,ISBN 978-7-02-011322-4,定价32.00元。(3-1254)

1253 独药师

张炜著,2016年5月。平装,国流32开,ISBN 978-7-02-011522-8,定价36.00元。(3-1255)

1254 中年期

蓝石著,2016年4月。平装覆膜,国流32开,ISBN 978-7-02-011409-2,定价25.00元。(3-1256)

1255 茧

张悦然著,2016年7月。平装,国流32开,ISBN 978-7-02-011802-1,定价43.00元。(3-1258)

1256 进退

刘长富著,2016年7月。平装,32异,ISBN 978-7-02-011804-5,定价33.00元。(3-1259)

1257 西汉列车

郑健著,2016年8月。平装,16异,ISBN 978-

7-02-011532-7,定价78.00元。(3-1260)

1258　朝霞
吴亮著,2016年8月。精装,国流32开,ISBN 978-7-02-011806-9,定价48.00元。(3-1261)

1259　朱雀
葛亮著,2016年10月。平装,32异,ISBN 978-7-02-011808-3,定价42.00元。(3-1262)

1260　北鸢
葛亮著,2016年10月。平装,32异,ISBN 978-7-02-011807-6,定价45.00元。2018年1月,精装,32异,ISBN 978-7-02-013527-1,定价86.00元。(3-1263)

1261　无愁河的浪荡汉子　八年(中卷)
黄永玉著,2016年9月。平装,16异,ISBN 978-7-02-012040-6,定价68.00元。(3-1264)

1262　香火
范小青著,范小青长篇小说系列,2016年10月。平装,16异,ISBN 978-7-02-010982-1,定价31.00元。(3-1265)

1263　城市民谣
范小青著,范小青长篇小说系列,2016年10月。平装,16异,ISBN 978-7-02-010993-7,定价32.00元。(3-1266)

1264　百日阳光
范小青著,范小青长篇小说系列,2016年10月。平装,16异,ISBN 978-7-02-010990-6,定价77.00元。(3-1267)

1265　女同志
范小青著,范小青长篇小说系列,2016年10月。平装,16异,ISBN 978-7-02-010983-8,定价52.00元。(3-1268)

1266　城市之光
范小青著,范小青长篇小说系列,2016年10月。平装,16异,ISBN 978-7-02-010995-1,定价28.00元。(3-1269)

1267　老岸
范小青著,范小青长篇小说系列,2016年10月。平装,16异,ISBN 978-7-02-010991-3,定价36.00元。(3-1270)

1268　城市表情
范小青著,范小青长篇小说系列,2016年10月。平装,16异,ISBN 978-7-02-010984-5,定价55.00元。(3-1271)

1269　天砚
范小青著,范小青长篇小说系列,2016年10月。平装,16异,ISBN 978-7-02-010992-0,定价33.00元。(3-1272)

1270　城市片断
范小青著,范小青长篇小说系列,2016年10月。平装,16异,ISBN 978-7-02-010994-4,定价30.00元。(3-1273)

1271　锦帆桥人家
范小青著,范小青长篇小说系列,2016年10月。平装,16异,ISBN 978-7-02-010980-7,定价32.00元。(3-1274)

1272　我的名字叫王村
范小青著,范小青长篇小说系列,2016年10月。平装,16异,ISBN 978-7-02-010989-0,定价36.00元。(3-1275)

1273　采莲浜苦情录
范小青著,范小青长篇小说系列,2016年10月。平装,16异,ISBN 978-7-02-010981-4,定价31.00元。(3-1276)

1274　个体部落纪事
范小青著,范小青长篇小说系列,2016年10月。平装,16异,ISBN 978-7-02-010979-1,定价31.00元。(3-1277)

1275　裤裆巷风流记
范小青著,范小青长篇小说系列,2016年10月。平装,16异,ISBN 978-7-02-010978-4,定价33.00元。(3-1278)

1276　误入歧途
范小青著,范小青长篇小说系列,2016年10月。平装,16异,ISBN 978-7-02-010986-9,定价32.00元。(3-1279)

1277　无人作证
范小青著,范小青长篇小说系列,2016年10月。平装,16异,ISBN 978-7-02-010987-6,定价36.00元。(3-1280)

1278　于老师的恋爱时代
范小青著,范小青长篇小说系列,2016年10月。平装,16异,ISBN 978-7-02-010988-3,

定价28.00元。(3-1281)

1279　预警

周大新著,周大新文集,2016年10月。平装,16异,ISBN 978-7-02-011493-1,定价32.00元。(99-181)

1280　21大厦

周大新著,周大新文集,2016年10月。平装,16异,ISBN 978-7-02-011490-0,定价32.00元。(99-186)

1281　走出盆地

周大新著,周大新文集,2016年10月。平装,16异,ISBN 978-7-02-011488-7,定价28.00元。(99-187)

1282　战争传说

周大新著,周大新文集,2016年10月。平装,16异,ISBN 978-7-02-011491-7,定价33.00元。(99-188)

1283　花村

王华著,2017年1月。平装,国流32开,ISBN 978-7-02-011425-2,定价32.00元。(3-1282)

1284　非比寻常 中文系2

李师江著,2017年1月。平装,32异,ISBN 978-7-02-011615-7,定价33.00元。(3-1283)

1285　女人百年

赵萍著,2016年9月。平装,16异,ISBN 978-7-02-011833-5,定价68.00元。(3-1284)

1286　人马座纪事

刘全德著,2016年10月。平装,16异,ISBN 978-7-02-012017-8,定价36.00元。(3-1285)

1287　细民盛宴

张怡微著,2017年1月。平装,国流32开,ISBN 978-7-02-012009-3,定价34.00元。(3-1286)

1288　王城如海

徐则臣著,2017年1月。精装,小32开,ISBN 978-7-02-012224-0,定价36.00元。(3-1287)

1289　天漏邑

赵本夫著,2017年1月。平装,32异,ISBN 978-7-02-012242-4,定价38.00元。(3-1288)

1290　红帆船

赵利平著,2017年2月。平装覆膜,16异,ISBN 978-7-02-012179-3,定价42.00元。(3-1289)

1291　笠山农场

钟理和著,漫说旧时光,2017年2月。平装,国流32开,ISBN 978-7-02-011573-0,定价26.00元。(3-1290)

1292　黄雀记

苏童著,茅盾文学奖获奖作品全集,2017年2月。平装,32异,ISBN 978-7-02-011918-9,定价32.00元。2017年2月收入茅盾文学奖获奖作品全集(特装本),精装,国流32开,ISBN 978-7-02-011919-6,定价43.00元。2019年5月收入茅盾文学奖获奖作品全集,平装,32异,ISBN 978-7-02-014415-0,定价42.00元。2019年9月收入新中国70年70部长篇小说典藏,16异,精装,ISBN 978-7-02-015500-2,定价66.00元;平装,ISBN 978-7-02-015524-8,定价42.00元。(3-1291)

1293　桂香街

范小青著,范小青长篇小说系列,2017年3月。平装,16异,ISBN 978-7-02-012023-9,定价52.00元。(3-1292)

1294　玉带桥(上中下)

梅斌著,2017年3月。平装,32异,ISBN 978-7-02-012215-8,定价82.00元。(3-1293)

1295　安娜之死

谢晓昀著,谢晓昀作品,2017年2月。平装,32异,ISBN 978-7-02-011781-9,定价35.00元。(3-1294)

1296　睡豚,醒来

凌晨著,2017年4月。平装,国流32开,ISBN 978-7-02-012330-8,定价38.00元。(3-1295)

1297　择天记(第一卷) 恰同学少年

猫腻著,2017年4月。平装,32异,ISBN 978-7-02-012723-8,定价39.00元。(3-1296)

1298　择天记(第二卷) 数寒星

猫腻著,2017年4月。平装,32异,ISBN 978-

7-02-012724-5,定价39.00元。(3-1297)

1299 择天记(第三卷) 莫道君行早
猫腻著,2017年4月。平装,32异,ISBN 978-7-02-012725-2,定价39.00元。(3-1298)

1300 择天记(第四卷) 起风雷
猫腻著,2017年4月。平装,32异,ISBN 978-7-02-012726-9,定价39.00元。(3-1299)

1301 芳华
〔美〕严歌苓著,2017年4月。精装,国流32开,ISBN 978-7-02-012372-8,定价39.00元。(3-1300)

1302 新兵米西
李西闽著,2017年5月。平装覆膜,国流32开,ISBN 978-7-02-012233-2,定价25.00元。(3-1301)

1303 雅德根 我的母系我的族
昳岚著,2017年5月。平装,16异,ISBN 978-7-02-012203-5,定价58.00元。(3-1302)

1304 择天记(第六卷) 战地黄花
猫腻著,2017年5月。平装,32异,ISBN 978-7-02-012728-3,定价39.00元。(3-1303)

1305 择天记(第七卷) 西风烈
猫腻著,2017年5月。平装,32异,ISBN 978-7-02-012729-0,定价39.00元。(3-1304)

1306 择天记(第五卷) 东方欲晓
猫腻著,2017年5月。平装,32异,ISBN 978-7-02-012727-6,定价39.00元。(3-1305)

1307 择天记(第八卷) 敢叫日月换新天
猫腻著,2017年5月。平装,32异,ISBN 978-7-02-012730-6,定价39.00元。(3-1306)

1308 春宴
庆山著,2017年6月。精装,国流32开,ISBN 978-7-02-011694-2,定价49.00元。(3-1307)

1309 劳燕
张翎著,2017年7月。平装,国流32开,ISBN 978-7-02-012566-1,定价38.00元。(3-1308)

1310 生命册
李佩甫著,茅盾文学奖获奖作品全集,2017年8月。平装,32异,ISBN 978-7-02-012547-0,定价36.00元。2017年8月收入茅盾文学奖获奖作品全集(特装本),精装,国流32开,ISBN 978-7-02-012546-3,定价48.00元。2019年1月收入茅盾文学奖获奖作品全集,平装,32异,ISBN 978-7-02-014128-9,定价40.00元。2019年9月收入新中国70年70部长篇小说典藏,16异,精装,ISBN 978-7-02-015493-7,定价88.00元;平装,ISBN 978-7-02-015483-8,定价42.00元。(3-1309)

1311 命运
庞文梓著,2017年8月。精装,32异,ISBN 978-7-02-012512-8,定价48.00元。(3-1310)

1312 哑舍 古董小传
玄色著,晓泊绘,2017年10月。32异,平装,ISBN 978-7-02-013141-9,定价39.80元;精装,ISBN 978-7-02-011372-9,定价39.80元。(3-1311)

1313 少年曹操
涂晓晴著,2017年10月。平装,国流32开,ISBN 978-7-02-013048-1,定价33.00元。(3-1312)

1314 黄棠一家
马原著,2017年10月。平装,国流32开,ISBN 978-7-02-012975-1,定价38.00元。(3-1313)

1315 春困
张五毛著,2017年10月。平装,16异,ISBN 978-7-02-012795-5,定价36.00元。(3-1314)

1316 奔月
鲁敏著,2017年10月。平装,32异,ISBN 978-7-02-013297-3,定价45.00元。(3-1315)

1317 告别天堂
笛安著,《收获》60周年纪念文存珍藏版,2017年8月。精装,16异,ISBN 978-7-02-013034-4,定价79.00元。(3-1316)

1318 怀念狼
贾平凹著,《收获》60周年纪念文存珍藏版,2017年8月。精装,16异,ISBN 978-7-02-013047-4,定价79.00元。(3-1317)

1319 一九三七年的爱情
叶兆言著,《收获》60周年纪念文存珍藏版,

2017年8月。精装,16异,ISBN 978-7-02-013122-8,定价89.00元。2018年9月单行本,平装,32异,ISBN 978-7-02-013355-0,定价49.00元。(3-1318)

1320　水浒猎人
时晨著,2017年10月。平装,32异,ISBN 978-7-02-013404-5,定价45.00元。(3-1319)

1321　欲望的旗帜
格非著,《收获》60周年纪念文存珍藏版,2017年8月。精装,16异,ISBN 978-7-02-013020-7,定价79.00元。(3-1320)

1322　苍河白日梦
刘恒著,《收获》60周年纪念文存珍藏版,2017年8月。精装,16异,ISBN 978-7-02-013036-8,定价86.00元。(3-1321)

1323　三寸金莲
冯骥才著,《收获》60周年纪念文存珍藏版,2017年8月。精装,16异,ISBN 978-7-02-013019-1,定价69.00元。(3-1322)

1324　男人的一半是女人
张贤亮著,《收获》60周年纪念文存珍藏版,2017年8月。精装,16异,ISBN 978-7-02-013040-5,定价99.00元。(3-1323)

1325　大波
李劼人著,《收获》60周年纪念文存珍藏版,2017年8月。精装,16异,ISBN 978-7-02-013041-2,定价99.00元。(3-1324)

1326　富萍
王安忆著,《收获》60周年纪念文存珍藏版,2017年8月。精装,16异,ISBN 978-7-02-013018-4,定价69.00元。2018年6月单行本,平装,32异,ISBN 978-7-02-013838-8,定价39.00元。(3-1326)

1327　地球省
龙一著,2018年1月。平装,国流32开,ISBN 978-7-02-013292-8,定价35.00元。(3-1327)

1328　大军师司马懿之军师联盟
常江著,2018年1月。平装,32异,ISBN 978-7-02-013530-1,定价48.00元。(3-1328)

1329　花影
叶兆言著,叶兆言长篇小说系列,2018年1月。平装,32异,ISBN 978-7-02-013465-6,定价35.00元。(3-1329)

1330　别人的爱情
叶兆言著,叶兆言长篇小说系列,2018年1月。平装,32异,ISBN 978-7-02-013469-4,定价39.80元。(3-1330)

1331　风筝
肖锚著,2018年1月。平装,16异,ISBN 978-7-02-013309-3,定价69.00元。(3-1331)

1332　苏珊的微笑
叶兆言著,叶兆言长篇小说系列,2018年1月。平装,32异,ISBN 978-7-02-013516-5,定价39.80元。(3-1332)

1333　天黑得很慢
周大新著,2018年1月。平装,16异,ISBN 978-7-02-013629-2,定价39.00元。2019年3月,精装,16异,ISBN 978-7-02-015036-6,定价52.00元。2020年5月收入周大新文集,平装,16异,ISBN 978-7-02-016129-4,定价39.00元。(3-1333)

1334　追声少年
黄福霖著,2018年1月。平装,大32开,ISBN 978-7-02-013324-6,定价48.00元。(3-1334)

1335　我的团长我的团(上下)
兰晓龙著,2018年1月。平装,16异,ISBN 978-7-02-012346-9,定价99.00元。(3-1335)

1336　士兵突击
兰晓龙著,2018年1月。平装,16异,ISBN 978-7-02-012335-3,定价59.00元。(3-1336)

1337　虎啸龙吟
常江著,2018年2月。平装,32异,ISBN 978-7-02-013568-4,定价48.00元。(3-1338)

1338　苍茫天地一醉翁
费勤著,2018年2月。平装,国流32开,ISBN 978-7-02-013314-7,定价32.00元。(3-1339)

1339　后羿
叶兆言著,叶兆言长篇小说系列,2018年1月。平装,32异,ISBN 978-7-02-013463-2,定价

39.80元。(3-1340)

1340　走进夜晚
叶兆言著,叶兆言长篇小说系列,2018年1月。平装,32异,ISBN 978-7-02-013457-1,定价45.00元。(3-1341)

1341　哑舍(零)
玄色著,2017年10月。精装,32异,ISBN 978-7-02-012484-8,定价43.00元。(3-1342)

1342　哑舍(一)
玄色著,2017年10月。精装,32异,ISBN 978-7-02-012485-5,定价43.00元。(3-1343)

1343　哑舍(二)
玄色著,2017年10月。精装,32异,ISBN 978-7-02-012486-2,定价43.00元。(3-1344)

1344　哑舍(三)
玄色著,2017年10月。精装,32异,ISBN 978-7-02-012487-9,定价43.00元。(3-1345)

1345　哑舍(四)
玄色著,2017年10月。精装,32异,ISBN 978-7-02-012482-4,定价43.00元。(3-1346)

1346　幸存者
陆天明著,中国三部曲·骄阳,2017年9月。平装,32异,ISBN 978-7-02-013415-1,定价42.00元。(3-1347)

1347　哑舍(五)
玄色著,2017年10月。精装,32异,ISBN 978-7-02-012488-6,定价43.00元。(3-1348)

1348　日照清东陵
黄曜华著,2017年8月。平装覆膜,16开,ISBN 978-7-02-013214-0,定价42.00元。(3-1349)

1349　梁光正的光
梁鸿著,2017年11月。平装,国流32开,ISBN 978-7-02-013399-4,定价38.00元。(3-1350)

1350　没有玻璃的花房
叶兆言著,叶兆言长篇小说系列,2018年1月。平装,32异,ISBN 978-7-02-013462-5,定价39.80元。(3-1351)

1351　盐味
李春平著,2018年1月。精装,16异,ISBN 978-7-02-013149-5,定价42.00元。(3-1352)

1352　借命而生
石一枫著,2018年4月。平装,国流32开,ISBN 978-7-02-013828-9,定价36.00元。(3-1353)

1353　无梦之境
七堇年著,七堇年作品系列,2018年4月。平装,国流32开,ISBN 978-7-02-014038-1,定价39.00元。(3-1354)

1354　十七岁的轻骑兵
路内著,2018年3月。精装,国流32开,ISBN 978-7-02-013565-3,定价49.00元。(3-1355)

1355　云中人
路内著,2018年3月。平装,国流32开,ISBN 978-7-02-013215-7,定价48.00元。(3-1356)

1356　刻骨铭心
叶兆言著,2018年4月。平装,32异,ISBN 978-7-02-013445-8,定价59.00元。(3-1357)

1357　山本
贾平凹著,2018年4月。精装,国流32开,ISBN 978-7-02-013978-1,定价59.00元。(3-1358)

1358　繁花
金宇澄著,茅盾文学奖获奖作品全集(特装本),2018年5月。精装,国流32开,ISBN 978-7-02-013225-6,定价68.00元。2019年1月收入茅盾文学奖获奖作品全集,平装,32异,ISBN 978-7-02-013192-1,定价48.00元。2019年9月收入新中国70年70部长篇小说典藏,16异,精装,ISBN 978-7-02-015644-3,定价88.00元;平装,ISBN 978-7-02-015645-0,定价49.00元。(3-1359)

1359　对倒
刘以鬯著,梅子编,刘以鬯经典,2018年6月。精装,国流32开,ISBN 978-7-02-013540-0,定价53.00元。(3-1360)

1360　酒徒
(香港)刘以鬯著,梅子编,刘以鬯经典,2018年6月。精装,国流32开,ISBN 978-7-02-

013541-7,定价59.00元。(3-1361)

1361　死水
叶兆言著,叶兆言长篇小说系列,2018年3月。平装,32异,ISBN 978-7-02-013833-3,定价42.00元。(3-1363)

1362　花煞
叶兆言著,叶兆言长篇小说系列,2018年3月。平装,32异,ISBN 978-7-02-013459-5,定价48.00元。(3-1364)

1363　密码破译师
余之言著,2018年5月,平装,32异,ISBN 978-7-02-013923-1,定价42.00元。(3-1365)

1364　查无此人
于是著,2018年3月。平装,国流32开,ISBN 978-7-02-012872-3,定价49.90元。(3-1367)

1365　花街往事
路内著,2018年7月。平装,国流32开,ISBN 978-7-02-013216-4,定价45.00元。(3-1368)

1366　19年间谋杀小叙
那多著,2018年7月。平装,32异,ISBN 978-7-02-014356-6,定价59.00元。(3-1369)

1367　69届初中生
王安忆著,2018年8月。平装,32异,ISBN 978-7-02-013823-4,定价49.00元。(3-1370)

1368　桃花
张者著,大学三部曲,2018年7月。平装,16异,ISBN 978-7-02-014139-5,定价39.00元。(3-1371)

1369　外苏河之战
陈河著,2018年8月。平装,国流32开,ISBN 978-7-02-014303-0,定价43.00元。(3-1373)

1370　如果末日无期
王十月著,2018年8月。平装,大32开,ISBN 978-7-02-014403-7,定价39.00元。2019年8月,平装覆膜,大32开,ISBN 978-7-02-015386-2,定价43.00元。(3-1374)

1371　后宫 如懿传(修订版1—6)
流潋紫著,2018年9月。精装,32异,ISBN 978-7-02-014473-0,定价418.00元。(3-1375)

1372　很久以来
叶兆言著,2018年9月。平装,32异,ISBN 978-7-02-014422-8,定价49.00元。(3-1376)

1373　我们的心多么顽固
叶兆言著,叶兆言长篇小说系列,2018年8月。平装,国流32开,ISBN 978-7-02-013446-5,定价49.00元。(3-1377)

1374　水仙已乘鲤鱼去
张悦然著,2018年9月。平装,国流32开,ISBN 978-7-02-011837-3,定价48.00元。(3-1378)

1375　誓鸟
张悦然著,2018年9月。平装,国流32开,ISBN 978-7-02-011838-0,定价48.00元。(3-1379)

1376　樱桃之远
张悦然著,2018年9月。平装,国流32开,ISBN 978-7-02-011842-7,定价48.00元。(3-1380)

1377　后宫·如懿传(修订版 第一卷)
流潋紫著,2018年9月。精装,32异,ISBN 978-7-02-013631-5,定价66.00元。(3-1381)

1378　后宫·如懿传(修订版 第二卷)
流潋紫著,2018年9月。精装,32异,ISBN 978-7-02-013632-2,定价66.00元。(3-1382)

1379　后宫·如懿传(修订版 第三卷)
流潋紫著,2018年9月。精装,32异,ISBN 978-7-02-013633-9,定价66.00元。(3-1383)

1380　后宫·如懿传(修订版 第四卷)
流潋紫著,2018年9月。精装,32异,ISBN 978-7-02-013634-6,定价66.00元。(3-1384)

1381　后宫·如懿传(修订版 第五卷)
流潋紫著,2018年9月。精装,32异,ISBN 978-7-02-013635-3,定价66.00元。(3-1385)

小说

1382 后宫·如懿传(修订版 第六卷)
流潋紫著,2018年9月。精装,32异,ISBN 978-7-02-013637-7,定价66.00元。(3-1386)

1383 刀兵过
滕贞甫著,2018年8月。平装,国流32开,ISBN 978-7-02-013417-5,定价42.00元。(3-1387)

1384 我的帝王生涯
苏童著,2018年9月。精装,大32开,ISBN 978-7-02-014256-9,定价42.00元。(3-1388)

1385 九州飘零书 商博良
江南著,2018年10月。平装,32异,ISBN 978-7-02-014451-8,定价43.00元。(3-1389)

1386 《古船》手稿
张炜著,2018年7月。精装,8开,ISBN 978-7-02-012503-6,定价388.00元。(3-1390)

1387 七步镇
陈继明著,2019年1月。精装,小32开,ISBN 978-7-02-014584-3,定价48.00元。(3-1391)

1388 孽债
叶辛著,叶辛二卷集,2018年9月。精装,国流32开,ISBN 978-7-02-013906-4,定价56.00元。(3-1392)

1389 艾约堡秘史(插图版)
张炜著,2018年10月。精装,国流32开,ISBN 978-7-02-014333-7,定价52.00元。(3-1393)

1390 水浒猎人2
时晨著,2018年9月。平装,32异,ISBN 978-7-02-013152-5,定价45.00元。(3-1394)

1391 刀尖1 阳面
麦家著,2018年10月。精装,32异,ISBN 978-7-02-014327-6,定价59.00元。(3-1395)

1392 刀尖2 阴面
麦家著,2018年10月。精装,32异,ISBN 978-7-02-014326-9,定价59.00元。(3-1396)

1393 黄河故道人
王安忆著,2018年8月。平装,32异,ISBN 978-7-02-013824-1,定价49.00元。(3-1397)

1394 大唐悬疑录 最后的狄仁杰
唐隐著,2018年10月。平装,国流32开,ISBN 978-7-02-014542-3,定价45.00元。(3-1398)

1395 大唐悬疑录 最后的狄仁杰2
唐隐著,2018年11月。平装,国流32开,ISBN 978-7-02-014527-0,定价45.00元。(3-1399)

1396 大唐悬疑录 最后的狄仁杰3
唐隐著,2018年12月。平装,国流32开,ISBN 978-7-02-014544-7,定价45.00元。(3-1400)

1397 大唐悬疑录 最后的狄仁杰4
唐隐著,2018年12月。平装,国流32开,ISBN 978-7-02-014594-2,定价45.00元。(3-1401)

1398 大唐悬疑录 最后的狄仁杰5
唐隐著,2018年12月。平装,国流32开,ISBN 978-7-02-014597-3,定价49.00元。(3-1402)

1399 相见恨早
西原秋著,2019年1月。平装,国流32开,ISBN 978-7-02-014464-8,定价49.00元。(3-1403)

1400 息壤
盛可以著,2019年1月。精装,国流32开,ISBN 978-7-02-014405-1,定价49.00元。(3-1404)

1401 单筒望远镜
冯骥才著,2018年12月。平装,国流32开,ISBN 978-7-02-014745-8,定价45.00元。(3-1405)

1402 十八岁给我一个姑娘(英文)
冯唐著,〔英〕大卫·海索姆译,2018年12月。精装,大32开,ISBN 978-7-02-014645-1,定价119.00元。(3-1406)

1403 第一信号
彭海燕著,2018年12月。平装,32异,ISBN 978-7-02-014612-3,定价68.00元。(3-1407)

1404 应物兄(上下)

李洱著,2018年12月。平装,32异,ISBN 978-7-02-014746-5,定价79.00元。2020年5月收入茅盾文学奖获奖作品全集,平装,32异,ISBN 978-7-02-016091-4,定价89.00元。2020年10月收入茅盾文学奖获奖作品全集(特装本),精装,国流32开,ISBN 978-7-02-016632-9,定价109.00元。(3-1408)

1405　三城记

张柠著,2019年1月。平装,32异,ISBN 978-7-02-014738-0,定价48.00元。(3-1409)

1406　野葫芦引(第四卷)北归记

宗璞著,2019年2月。平装,国流32开,ISBN 978-7-02-014575-1,定价36.00元。(3-1410)

1407　野葫芦引(南渡记 东藏记 西征记 北归记)

宗璞著,2019年2月。平装,国流32开,ISBN 978-7-02-014766-3,定价139.00元。2019年5月收入茅盾文学奖获奖作品全集,平装,32异,ISBN 978-7-02-013972-9,定价138.00元。2019年9月,精装,国流32开,ISBN 978-7-02-015385-5,定价198.00元。(3-1411)

1408　牵风记

徐怀中著,2018年12月。平装,32异,ISBN 978-7-02-014824-0,定价43.00元。2020年5月收入茅盾文学奖获奖作品全集,平装,32异,ISBN 978-7-02-016092-1,定价33.00元。2020年7月收入茅盾文学奖获奖作品全集(特装本),精装,国流32开,ISBN 978-7-02-016190-4,定价38.00元。(3-1412)

1409　念头

储福金著,2018年12月。平装,国流32开,ISBN 978-7-02-014469-3,定价42.00元。(3-1413)

1410　火星孤儿

刘洋著,光分科幻文库,2018年12月。平装,国流32开,ISBN 978-7-02-014673-4,定价43.00元。(3-1414)

1411　北京1980

于晓丹著,2019年1月。平装,国流32开,ISBN 978-7-02-014677-2,定价42.00元。(3-1415)

1412　无愁河的浪荡汉子 八年(下卷)

黄永玉著,2019年2月。平装,16异,ISBN 978-7-02-015031-1,定价96.00元。(3-1416)

1413　这边风景(上下)

王蒙著,茅盾文学奖获奖作品全集,2019年4月。平装,32异,ISBN 978-7-02-012673-6,定价85.00元。2020年1月收入王蒙文集,平装,国流32开,ISBN 978-7-02-015306-0,定价82.00元。(3-1417)

1414　雪莲花

江觉迟著,2019年5月。平装,32异,ISBN 978-7-02-015178-3,定价49.00元。(3-1418)

1415　国脉 谁寄锦书来

汪一洋著,2019年5月。32异,平装,ISBN 978-7-02-015134-9,定价49.00元;精装,32异,ISBN 978-7-02-015248-3,定价73.00元。(3-1419)

1416　无愁河的浪荡汉子 八年(上中下)

黄永玉著,2019年6月。精装,16异,ISBN 978-7-02-015158-5,定价298.00元。2020年1月,平装,32异,ISBN 978-7-02-015413-5,定价198.00元。(3-1420)

1417　凉州词

雪漠著,2020年1月。平装,32异,ISBN 978-7-02-015648-1,定价55.00元。(3-1421)

1418　酥油

江觉迟著,2019年7月。平装,32异,ISBN 978-7-02-011514-3,定价49.00元。(3-1422)

1419　上种红菱下种藕

王安忆著,王安忆长篇小说,2019年8月。平装,大32开,ISBN 978-7-02-014426-6,定价34.00元。(3-1423)

1420　米尼

王安忆著,王安忆长篇小说,2019年8月。平装,大32开,ISBN 978-7-02-014427-3,定价30.00元。(3-1424)

1421　日夜书

韩少功著,韩少功长篇小说系列,2019年6月。平装,国流32开,ISBN 978-7-02-014271-2,

定价37.00元。(3-1425)

1422　少年如风两相望
周宏翔著,2019年7月。平装,32异,ISBN 978-7-02-013448-9,定价58.00元。(3-1426)

1423　桃之夭夭
王安忆著,王安忆长篇小说,2019年8月。平装,大32开,ISBN 978-7-02-014428-0,定价28.00元。(3-1427)

1424　遍地枭雄
王安忆著,王安忆长篇小说,2019年8月。平装,大32开,ISBN 978-7-02-014436-5,定价32.00元。(3-1428)

1425　天使坠落在哪里
路内著,追随三部曲,2019年8月。平装,国流32开,ISBN 978-7-02-015375-6,定价39.00元。(3-1429)

1426　追随她的旅程
路内著,追随三部曲,2019年8月。平装,国流32开,ISBN 978-7-02-015376-3,定价39.00元。(3-1430)

1427　少年巴比伦
路内著,追随三部曲,2019年8月。平装,国流32开,ISBN 978-7-02-015374-9,定价38.00元。(3-1431)

1428　无花果落地的声响
亦夫著,2019年8月。纸精,小32异,ISBN 978-7-02-015185-1,定价49.00元。(3-1432)

1429　我的爱如此麻辣
张小娴著,2019年9月。平装,小32异,ISBN 978-7-02-015398-5,定价33.00元。(3-1433)

1430　三里湾　小二黑结婚　李有才板话
赵树理著,中学红色文学经典阅读丛书,2019年9月。平装覆膜,32异,ISBN 978-7-02-015077-9,定价26.00元。(3-1434)

1431　焦裕禄
何香久著,新中国70年70部长篇小说典藏,2019年9月。16异,精装,ISBN 978-7-02-015478-4,定价99.00元;平装,ISBN 978-7-02-015475-3,定价58.00元。(3-1435)

1432　装台
陈彦著,新中国70年70部长篇小说典藏,2019年9月。16异,精装,ISBN 978-7-02-015508-8,定价78.00元;平装,ISBN 978-7-02-015509-5,定价36.00元。(3-1436)

1433　万山红遍(上下)
黎汝清著,新中国70年70部长篇小说典藏,2019年9月。16异,精装,ISBN 978-7-02-015481-4,定价198.00元;平装,ISBN 978-7-02-015486-9,定价108.00元。(3-1437)

1434　爱有余生
艾米著,2019年9月。平装,国流32开,ISBN 978-7-02-015219-3,定价55.00元。(3-1438)

1435　月落荒寺
格非著,2019年9月。精装,国流32开,ISBN 978-7-02-015381-7,定价39.00元。(3-1439)

1436　我们的时代　第1部
王强著,2019年12月。平装,16异,ISBN 978-7-02-015290-2,定价49.60元。(3-1440)

1437　我们的时代　第2部
王强著,2019年12月。平装,16异,ISBN 978-7-02-015393-0,定价49.60元。(3-1441)

1438　我们的时代　第3部
王强著,2019年12月。平装,16异,ISBN 978-7-02-015714-3,定价49.60元。(3-1442)

1439　攀登者
(藏族)阿来著,2019年10月。平装,大32开,ISBN 978-7-02-015646-7,定价39.80元。(3-1443)

1440　庆余年(修订版第一卷)　远来是客
猫腻著,2019年12月。平装,32异,ISBN 978-7-02-015354-1,定价39.00元。(3-1444)

1441　庆余年(修订版第二卷)　人在京都
猫腻著,2020年1月。平装,32异,ISBN 978-7-02-015458-6,定价39.00元。(3-1445)

1442　庆余年(修订版第三卷)　北海有雾
猫腻著,2020年1月。平装,32异,ISBN 978-7-02-015905-5,定价39.00元。(3-1446)

1443　血朝廷
祝勇著,2020年1月。精装,32异,ISBN 978-

7-02-015415-9,定价75.00元。(3-1447)

1444 美顺与长生

毛建军著,2020年1月。平装,国流32开,ISBN 978-7-02-015220-9,定价45.00元。(3-1448)

1445 徐霞客山河异志

茶弦著,2020年1月。平装,国流32开,ISBN 978-7-02-014900-1,定价49.00元。(3-1449)

1446 线索

王磊著,2020年4月。平装,32异,ISBN 978-7-02-016073-0,定价35.00元。(3-1450)

1447 庆余年(修订版第四卷) 龙椅在上

猫腻著,2020年5月。平装,32异,ISBN 978-7-02-016173-7,定价39.00元。(3-1451)

1448 水浒猎人3

时晨著,2020年3月。平装,国流32开,ISBN 978-7-02-014661-1,定价49.00元。(3-1452)

1449 水浒猎人4

时晨著,2020年3月。平装,国流32开,ISBN 978-7-02-014660-4,定价49.00元。(3-1453)

1450 夜谭续记

马识途著,2020年6月。平装,32异,ISBN 978-7-02-013926-2,定价56.00元。(3-1454)

1451 守藏(上下)

玄色著,2020年5月。平装,32异,ISBN 978-7-02-015660-3,定价79.00元。(3-1455)

1452 英雄山Ⅰ 穿插

徐贵祥著,2020年8月。平装,32异,ISBN 978-7-02-016277-2,定价45.00元。(3-1456)

1453 英雄山Ⅱ 伏击

徐贵祥著,2020年8月。平装,32异,ISBN 978-7-02-016278-9,定价45.00元。(3-1457)

1454 蛟龙出天山

王运华著,2020年8月。平装,16异,ISBN 978-7-02-016121-8,定价59.00元。(3-1458)

1455 庆余年(修订版第五卷) 悬空之刺

猫腻著,2020年8月。平装,32异,ISBN 978-7-02-016438-7,定价39.00元。(3-1459)

1456 邮轮碎片

刘心武著,2020年8月。平装,国流32开,ISBN 978-7-02-016449-3,定价42.00元。(3-1460)

1457 一身孤注掷温柔Ⅰ

春衫冷著,2020年8月。平装,国流32开,ISBN 978-7-02-016273-4,定价37.00元。(3-1461)

1458 一身孤注掷温柔Ⅱ

春衫冷著,2020年8月。平装,国流32开,ISBN 978-7-02-016274-1,定价37.00元。(3-1462)

1459 一身孤注掷温柔Ⅲ

春衫冷著,2020年8月。平装,国流32开,ISBN 978-7-02-016275-8,定价37.00元。(3-1463)

1460 一身孤注掷温柔Ⅳ

春衫冷著,2020年8月。平装,国流32开,ISBN 978-7-02-016276-5,定价37.00元。(3-1464)

1461 烟火漫卷

迟子建著,2020年9月。平装,国流32开,ISBN 978-7-02-013400-7,定价45.00元。(3-1465)

1462 为了你,我愿意热爱整个世界

唐家三少著,2020年9月。平装,国流32开,ISBN 978-7-02-016377-9,定价42.00元。(3-1466)

1463 蛟龙

玄色著,2020年9月。平装,32异,ISBN 978-7-02-015882-9,定价46.00元。(3-1467)

1464 盐色

李春平著,2020年9月。精装,国流32开,ISBN 978-7-02-016494-3,定价50.00元。(3-1468)

1465 盐味 盐道 盐色

李春平著,2020年9月。精装,国流32开,ISBN 978-7-02-016493-6,定价150.00元。(3-1469)

1466 艺术家们
冯骥才著,2020年10月。平装,国流32开,ISBN 978-7-02-016491-2,定价46.00元。(3-1470)

1467 龙族Ⅰ 火之晨曦(修订版)
江南著,2020年10月。平装,16异,ISBN 978-7-02-016184-3,定价43.00元。(3-1471)

1468 龙族Ⅱ 悼亡者之瞳(修订版)
江南著,2020年10月。平装,16异,ISBN 978-7-02-016450-9,定价49.00元。(3-1472)

1469 密室小丑
时晨著,黑猫文库,2020年5月。平装,32异,ISBN 978-7-02-015704-4,定价49.00元。(3-1473)

1470 预见
马寓著,创生者,2020年7月。平装,国流32开,ISBN 978-7-02-015705-1,定价59.00元。(3-1474)

1471 溯洄
青稞著,黑猫文库,2020年7月。平装,32异,ISBN 978-7-02-015707-5,定价49.00元。(3-1475)

1472 写字楼的奇想日志
孙沁文著,黑猫文库,2020年7月。平装,32异,ISBN 978-7-02-015710-5,定价49.00元。(3-1476)

1473 徐霞客山河异志2
茶弦著,2020年7月。平装,国流32开,ISBN 978-7-02-015145-5,定价49.00元。(3-1477)

1474 酒虫儿
刘一达著,2020年10月。精装,16异,ISBN 978-7-02-016590-2,定价58.00元。(3-1478)

1475 锦西卫
周建新著,2021年1月。平装,国流32开,ISBN 978-7-02-016484-4,定价39.00元。(3-1479)

1476 柳林传
周健明著,2020年11月。精装,16异,ISBN 978-7-02-016077-8,定价99.00元。(3-1480)

1477 我和你的大城小镇
踏歌著,2020年8月。平装,国流32开,ISBN 978-7-02-012429-9,定价49.00元。(3-1481)

1478 七国银河 镐京魅影
宝树、阿缺著,光分科幻文库,2020年12月。平装,32异,ISBN 978-7-02-016639-8,定价59.00元。(3-1482)

1479 西决
迪安著,2021年1月。平装,国流32开,ISBN 978-7-02-015377-0,定价42.00元。(3-1483)

1480 东霓
迪安著,2021年1月。平装,国流32开,ISBN 978-7-02-016178-2,定价45.00元。(3-1484)

1481 南音
迪安著,2021年1月。平装,国流32开,ISBN 978-7-02-016179-9,定价52.00元。(3-1485)

中国当代中短篇小说

1482 活人塘
陈登科著,文艺建设丛书,1951年7月。平装,32开,书号 总8建3,定价4,800元。1960年4月收入建国十年优秀创作选拔本,大32开,书号10019·8,精装,定价1.00元;平装,定价0.45元。(4-1)

1483 为了幸福的明天
白朗著,文艺建设丛书,1951年7月。平装,32开,书号 总16建7,定价6,600元。1981年4月,平装,32开,书号10019·16,定价0.33元。(4-2)

1484 幸福
秦兆阳著,文艺建设丛书,1951年12月。平装,32开,书号 总26建8,定价7,600元。(4-3)

1485 开不败的花朵

马加著,文艺建设丛书,1952年2月。平装,32开,书号总59建12,定价5,200元。1958年9月收入新创作选拔本,精装,大32开,书号10019·58,定价0.97元。1959年9月收入建国十年优秀创作选拔本,精装,大32开,定价0.88元。(4-4)

1486 永生的战士

立高著,文艺建设丛书,1952年4月。平装,32开,书号总68建16,定价7,900元。1956年5月,平装,32开,书号10019·66,定价0.70元。(4-5)

1487 火光在前

刘白羽著,1952年5月。平装,32开,书号总88单28,定价5,600元。1959年10月收入建国十年优秀创作选拔本,大32开,书号10019·1504,精装,定价0.94元;平装,定价0.35元。(4-6)

1488 早晨六点钟

刘白羽著,文艺建设丛书,1952年5月。平装,32开,书号总79建19,定价8,400元。(4-7)

1489 决斗

陆柱国著,1952年5月。平装,32开,书号总30单11,定价6,700元。1958年8月作家出版社,平装,32开,书号10020·1008,定价0.43元。(4-8)

1490 风雪东线

陆柱国著,解放军文艺丛书,1952年7月。平装,32开,书号总107解2,定价4,600元。(4-9)

1491 结婚

马烽等著,1953年2月。平装,32开,书号175单93,定价4,200元。(4-10)

1492 土地

陈学昭著,1953年2月。平装,32开,书号99单84,定价4,400元。(4-11)

1493 周铁汉

徐光耀著,文学初步读物,1953年3月。平装,46开,书号151初5,定价1,100元。(4-12)

1494 沙家店战斗

柳青著,文学初步读物,1953年3月。平装,46开,书号153初7,定价1,100元。(4-13)

1495 科尔沁草原的人们

(蒙古族)玛拉沁夫著,文学初步读物,1953年3月。平装,46开,书号155初9,定价700元。(4-14)

1496 一架弹花机

马烽著,文学初步读物,1953年3月。平装,46开,书号150初4,定价600元。(4-15)

1497 罗才打虎

李南力著,文学初步读物,1953年3月。平装,46开,书号161初15,定价500元。(4-16)

1498 红花朵朵开

左介贻著,1953年3月。平装,32开,书号171单91,定价3,000元。(4-17)

1499 炉

鲁琪著,文学初步读物,1953年3月。平装,46开,书号164初18,定价500元。(4-18)

1500 血缘

刘白羽著,文学初步读物,1953年3月。平装,46开,书号152初6,定价500元。(4-19)

1501 正月新春

康濯著,1953年4月。平装,32开,书号177单95,定价6,700元。(4-20)

1502 村仇

马烽著,1953年5月。平装,32开,书号98建20,定价4,000元。1958年3月,平装,32开,书号96,定价0.35元。(4-21)

1503 永远向着前面

立高著,1953年5月。平装,32开,书号206单116,定价3,700元。(4-22)

1504 临津江边

里加等著,1953年6月。平装,32开,书号188单102,定价5,500元。(4-23)

1505 战士创作选

高玉宝、崔八娃等著,解放军文艺丛书,1953年10月。平装,32开,书号254解8,定价3,800元。(4-24)

1506 上甘岭

陆柱国著,解放军文艺丛书,1953年10月。平装,32开,书号258解10,定价4,500元。1956年8月作家出版社,书号10020·525,定价0.28元。1958年5月作家出版社,平装,32

开，书号 10020·472，定价 0.27 元。1958 年 12 月人民文学出版社，新创作选拔本，精装，大 32 开，书号 10019·257，定价 1.05 元。(4-25)

1507　边疆的声音
白桦著，作家出版社 1953 年 11 月。平装，32 开，书号 作 5，定价 5,000 元。(4-26)

1508　射手
寒风著，文学初步读物，1953 年 12 月。平装，46 开，书号 261，定价 600 元。(4-27)

1509　幸福
秦兆阳著，文学初步读物，1953 年 12 月。平装，46 开，书号 242，定价 800 元。(4-28)

1510　王妈妈
骆宾基著，文学初步读物，1953 年 12 月。平装，46 开，书号 241，定价 600 元。(4-29)

1511　我要读书
高玉宝著，文学初步读物，1953 年 12 月。平装，46 开，书号 247，定价 600 元。(4-30)

1512　姚长庚一家人
杨朔著，文学初步读物，1953 年 12 月。平装，46 开，书号 243，定价 700 元。(4-31)

1513　金色兴安岭
（蒙古族）朋斯克著，解放军文艺丛书，1954 年 1 月。平装，32 开，书号 275，定价 2,600 元。1958 年 12 月收入新创作选拔本，精装，大 32 开，书号 10019·274，定价 0.83 元。(4-32)

1514　浪涛中的人们
芦甸著，作家出版社 1954 年 1 月。平装，32 开，书号 作 13，定价 2,900 元。(4-33)

1515　采蒲台
孙犁著，作家出版社 1954 年 4 月。平装，32 开，书号 作 11，定价 5,300 元。(4-34)

1516　四十八天
李立著，作家出版社 1954 年 4 月。平装，32 开，书号 作 10，定价 3,200 元。(4-35)

1517　六十八天（淮海大战记）
韩希梁著，作家出版社 1954 年 4 月。平装，32 开，书号 作 20，定价 8,100 元。1958 年 6 月，书名《淮海大战记》，定价 0.75 元。(4-36)

1518　胜利追赶着时间
立高著，作家出版社 1954 年 7 月。平装，32 开，书号 作 45，定价 7,000 元。(4-37)

1519　战斗的边疆
刘大海、李未芒等著，解放军文艺丛书，1954 年 8 月。平装，32 开，书号 288，定价 4,300 元。(4-38)

1520　农村散记
秦兆阳著，1954 年 10 月。平装，32 开，书号 274，定价 5,500 元。1956 年 8 月，平装，32 开，书号 10019·273，定价 0.50 元。(4-39)

1521　地上的长虹
徐怀中著，1954 年 12 月。平装，32 开，书号 325，定价 3,400 元。(4-40)

1522　青春的光辉
逯斐著，作家出版社 1955 年 3 月。平装，32 开，书号 作 141，定价 0.55 元。(4-41)

1523　春种秋收
康濯著，作家出版社 1955 年 3 月。平装，32 开，书号 作 145，定价 0.85 元。1958 年 12 月，人民文学出版社，新创作选拔本，精装，大 32 开，书号 10019·1141，定价 1.45 元。(4-42)

1524　朱桂花的故事
路翎著，作家出版社 1955 年 3 月。平装，32 开，书号 作 48，定价 0.76 元。(4-43)

1525　不能走那条路
李准著，文学初步读物，1955 年 3 月。平装，46 开，书号 340，定价 0.09 元。(4-44)

1526　大沙漠
杜鹏程著，文学初步读物，1955 年 3 月。平装，46 开，书号 339，定价 0.17 元。(4-45)

1527　两匹马
霍建著，文学初步读物，1955 年 3 月。平装，46 开，书号 342，定价 0.09 元。(4-46)

1528　老羊工
秦兆阳著，文学初步读物，1955 年 3 月。平装，46 开，书号 341，定价 0.08 元。(4-47)

1529　真正的老师
白朗著，文学初步读物，1955 年 3 月。平装，46 开，书号 337，定价 0.11 元。(4-48)

1530　地下的战斗
李英儒著，文学初步读物，1955 年 3 月。平装，46 开，书号 338，定价 0.09 元。(4-49)

1531　坚持

陆柱国著,文学初步读物,1955 年 3 月。平装,46 开,书号 336,定价 0.10 元。(4-50)

1532　英雄三生
欧阳山著,作家出版社 1955 年 4 月。平装,32 开,书号 作 146,定价 0.46 元。(4-51)

1533　山中黎明(玉米事件)
公刘等著,作家出版社 1955 年 6 月。平装,32 开,书号 作 169,定价 0.52 元。1956 年 6 月版,书名《玉米事件》,吉学霈等著,平装,32 开,定价 0.37 元。(4-52)

1534　验收员
谢挺宇等著,作家出版社 1955 年 6 月。平装,32 开,书号 作 170,定价 0.68 元。(4-53)

1535　当芦笙响起的时候
彭荆风等著,作家出版社 1955 年 6 月。平装,32 开,书号 作 188,定价 0.53 元。(4-54)

1536　战斗的幸福
刘白羽著,1955 年 6 月。平装,32 开,书号 379,定价 0.51 元。1956 年 6 月,平装,32 开,书号 10019·376,定价 0.47 元。(4-55)

1537　狱中
万正著,新观察丛书,作家出版社 1955 年 7 月。平装,32 开,书号 作 222,定价 0.30 元。(4-56)

1538　愿望
陈文哲著,作家出版社 1955 年 7 月。平装,32 开,书号 作 187,定价 0.43 元。(4-57)

1539　激流
白刃著,作家出版社 1955 年 8 月。平装,32 开,书号 作 209,定价 0.54 元。(4-58)

1540　在呼伦贝尔草原
李翼著,作家出版社 1955 年 8 月。平装,32 开,书号 作 206,定价 0.25 元。(4-59)

1541　前途似锦
欧阳山著,作家出版社 1955 年 9 月。平装,32 开,书号 作 261,定价 0.30 元。1958 年 12 月人民文学出版社,新创作选拔本,精装,大 32 开,书号 10019·1068,定价 0.91 元。(4-60)

1542　春大姐
刘真等著,作家出版社 1955 年 9 月。平装,32 开,书号 作 245,定价 0.83 元。(4-61)

1543　老水牛爷爷
峻青等著,作家出版社 1955 年 9 月。平装,32 开,书号 作 213,定价 0.68 元。(4-62)

1544　新生的光辉
马加著,作家出版社 1955 年 11 月。平装,32 开,书号 作 305,定价 0.38 元。(4-63)

1545　并非虚构的故事
俞林等著,作家出版社 1955 年 12 月。平装,32 开,书号 作 384,定价 0.50 元。(4-64)

1546　春的喜歌
(蒙古族)玛拉沁夫著,作家出版社 1955 年 12 月。平装,32 开,书号 作 327,定价 0.34 元。1958 年 3 月,书号 10020·324,定价 0.32 元。(4-65)

1547　麦子熟了的时候
董均伦、江源著,作家出版社 1956 年 1 月。平装,32 开,书号 作 344,定价 0.55 元。(4-66)

1548　短篇小说选(1953.9—1955.12)
中国作家协会编,1956 年 2 月。大 32 开,书号 462,特精装,定价 2.94 元;精装,定价 2.46 元;平装,定价 2.13 元。1957 年 2 月,平装,大 32 开,书号 10019·457,定价 2.00 元。(4-67)

1549　家和日子旺
俞林著,作家出版社 1956 年 2 月。平装,32 开,书号 作 259,定价 0.59 元。(4-68)

1550　石板沙沟一家人
杨书云等著,作家出版社 1956 年 4 月。平装,32 开,书号 作 443,定价 0.20 元。(4-69)

1551　杨春山入社
吴梦起等著,作家出版社 1956 年 4 月。平装,32 开,书号 作 439,定价 0.28 元。(4-70)

1552　爱社的人
杨禾等著,作家出版社 1956 年 4 月。平装,32 开,书号 作 433,定价 0.20 元。(4-71)

1553　阴谋
克非等著,作家出版社 1956 年 5 月。平装,32 开,书号 作 438,定价 0.23 元。(4-72)

1554　在前进的道路上
吉学霈等著,作家出版社 1956 年 5 月。平装,32 开,书号 10020·467,定价 0.24 元。(4-73)

1555　宋老大进城
西戎等著,作家出版社 1956 年 6 月。平装,32

开,书号10020·468,定价0.22元。(4-74)

1556 长辈吴松明

柳纪等著,作家出版社1956年8月。平装,32开,书号10020·497,定价0.22元。(4-75)

1557 桥

刘澍德著,作家出版社1956年8月。平装,32开,书号10020·540,定价0.34元。1958年9月人民文学出版社,文学小丛书,平装,32开,书号10019·909,定价0.32元。1958年9月收入新创作选拔本,精装,大32开,书号10019·978,定价1.05元。1959年8月收入建国十年优秀创作选拔本,大32开,精装,定价0.94元;平装,定价0.34元。(4-76)

1558 政治委员

刘白羽著,1956年8月。平装,大32开,书号10019·464,定价0.70元。1958年9月收入新创作选拔本,精装,大32开,定价1.50元。1962年4月收入建国前优秀作品选拔本,平装,大32开,定价0.70元。(4-77)

1559 大风暴

何永偕等著,作家出版社1956年9月。平装,32开,书号10020·466,定价0.23元。(4-78)

1560 汽车在叫唤

艾明明著,作家出版社1956年10月。平装,32开,书号10020·594,定价0.26元。(4-79)

1561 在风雪到来之前

易巩等著,作家出版社1956年10月。平装,32开,书号10020·583,定价0.28元。(4-80)

1562 喜筵

陈翔鹤等著,作家出版社1956年11月。平装,32开,书号10020·582,定价0.18元。(4-81)

1563 在桥梁工地上

刘宾雁等著,作家出版社1956年11月。平装,32开,书号10020·585,定价0.22元。(4-82)

1564 年假

骆宾基著,作家出版社1956年11月。平装,32开,书号10020·216,定价0.55元。(4-83)

1565 移山填海的人

何泽沛等著,作家出版社1956年11月。平装,32开,书号10020·584,定价0.30元。(4-84)

1566 马鞍山上的暴风雨

林间等著,作家出版社1956年12月。平装,32开,书号10020·581,定价0.18元。(4-85)

1567 麦收

西戎著,作家出版社1956年12月。平装,32开,书号10020·566,定价0.47元。1958年12月人民文学出版社,新创作选拔本,精装,大32开,书号10019·1122,定价1.15元。(4-86)

1568 扶持

蔡天心著,作家出版社1956年12月。平装,32开,书号10020·563,定价0.40元。(4-87)

1569 山村的早晨

陈残云著,作家出版社1957年1月。平装,32开,书号10020·599,定价0.44元。(4-88)

1570 初春时节

徐慎著,作家出版社1957年1月。平装,32开,书号10020·512,定价0.29元。(4-89)

1571 一同成长

曾克、柯岗著,作家出版社1957年1月。平装,32开,书号10020·529,定价0.65元。(4-90)

1572 七月的长江

曹玉模著,作家出版社1957年1月。平装,32开,书号10020·623,定价0.60元。(4-91)

1573 不连续的故事

方纪著,作家出版社1957年1月。平装,32开,书号10020·590,定价0.45元。(4-92)

1574 英雄的父亲

西虹著,作家出版社1957年2月。平装,32开,书号10020·592,定价0.60元。(4-93)

1575 铁骑兵

杨朔著,作家出版社1957年2月。平装,32开,书号10020·647,定价0.47元。(4-94)

1576 过关

白危著,作家出版社1957年2月。平装,32开,书号10020·639,定价0.36元。(4-95)

1577 边界上

公浦、季康著,作家出版社1957年3月。平装,32开,书号10020·648,定价0.60元。

(4-96)

1578　草原之夜
(蒙古族)安柯钦夫著,作家出版社 1957 年 4 月。平装,32 开,书号 10020·713,定价 0.22 元。(4-97)

1579　春到草原
(蒙古族)扎拉嘎胡著,作家出版社 1957 年 4 月。平装,32 开,书号 10020·718,定价 0.38 元。(4-98)

1580　私访记
刘绍棠著,作家出版社 1957 年 4 月。平装,32 开,书号 10020·682,定价 0.50 元。(4-99)

1581　列车长
顾工著,作家出版社 1957 年 5 月。平装,32 开,书号 10020·681,定价 0.20 元。(4-100)

1582　苇塘纪事
杨沫著,作家出版社 1957 年 5 月。平装,32 开,书号 10020·567,定价 0.32 元。(4-101)

1583　荆棘路
韶华著,作家出版社 1957 年 6 月。平装,32 开,书号 10020·697,定价 0.32 元。(4-102)

1584　短篇小说选(1956 年)
中国作家协会编,1957 年 6 月。大 32 开,书号 10019·614,平装,定价 1.40 元;精装,定价 1.90 元。(4-103)

1585　红石口
吴梦起著,作家出版社 1957 年 7 月。平装,32 开,书号 10020·683,定价 0.28 元。(4-104)

1586　在激流中
杨野著,作家出版社 1957 年 7 月。平装,32 开,书号 10020·712,定价 0.44 元。(4-105)

1587　林中路
刘真著,作家出版社 1957 年 9 月。平装,32 开,书号 10020·750,定价 0.50 元。(4-106)

1588　当暴风雨袭来的时候
何苦著,作家出版社 1957 年 11 月。平装,32 开,书号 10020·172,定价 0.63 元。(4-107)

1589　芦花放白的时候
李准著,作家出版社 1957 年 12 月。平装,32 开,书号 10020·777,定价 0.65 元。(4-108)

1590　挣断锁链的奴隶
(彝族)李乔著,作家出版社 1958 年 1 月。平装,32 开,书号 10020·789,定价 0.49 元。(4-109)

1591　洱海夜渡
苗歌著,作家出版社 1958 年 4 月。平装,32 开,书号 10020·834,定价 0.44 元。(4-110)

1592　锻炼
(维吾尔族)祖农·哈迪尔著,尤素夫·赫捷耶夫译,作家出版社 1958 年 5 月。平装,32 开,书号 10020·852,定价 0.20 元。(4-111)

1593　夜归
艾芜著,作家出版社 1958 年 5 月。平装,32 开,书号 10020·847,定价 0.36 元。(4-112)

1594　静静的港湾
钟涛著,作家出版社 1958 年 5 月。平装,32 开,书号 10020·843,定价 0.40 元。(4-113)

1595　春雷
林斤澜著,作家出版社 1958 年 7 月。平装,32 开,书号 10020·863,定价 0.60 元。(4-114)

1596　喜鹊登枝
浩然著,作家出版社 1958 年 7 月。平装,32 开,书号 10020·866,定价 0.55 元。(4-115)

1597　蚕姑
董均伦、江源著,作家出版社 1958 年 7 月。平装,32 开,书号 10020·861,定价 0.46 元。(4-116)

1598　三月雪
肖平著,作家出版社 1958 年 8 月。平装,32 开,书号 10020·876,定价 0.37 元。1979 年 8 月人民文学出版社,平装,32 异,书号 10019·2771,定价 0.63 元。(4-117)

1599　春到工地
王黎拓著,作家出版社 1958 年 8 月。平装,32 开,书号 10020·911,定价 0.23 元。(4-118)

1600　泉
方青著,作家出版社 1958 年 8 月。平装,32 开,书号 10020·909,定价 0.26 元。(4-119)

1601　迎春
刘兴华著,作家出版社 1958 年 8 月。平装,32 开,书号 10020·1014,定价 0.22 元。(4-120)

1602　买牛记
康濯著,文学小丛书,1958 年 9 月。书号 10019··901,平装,32 开,定价 0.27 元;1959 年

小说

4月,平装,50开,定价0.19元。(4-121)

1603 村仇

马烽著,文学小丛书,1958年9月。书号10019·902,平装,32开,定价0.22元;1959年2月有,平装,50开,定价0.16元。(4-122)

1604 半夜鸡叫

高玉宝等著,文学小丛书,1958年9月。书号10019·907,平装,32开,定价0.15元;1959年4月,平装,50开,定价0.11元。(4-123)

1605 百合花

茹志鹃等著,文学小丛书,1958年9月。书号10019·910,平装,32开,定价0.17元;1959年2月有,平装,50开,定价0.11元。(4-124)

1606 三年早知道

马烽著,新创作选拔本,1958年9月。精装,大32开,书号10019·971,定价1.25元。(4-125)

1607 黎明的河边

峻青著,新创作选拔本,1958年9月。精装,大32开,书号10019·957,定价1.80元。1978年9月增补本,平装,32开,定价1.00元。(4-126)

1608 我的师傅

唐克新等著,文学小丛书,1958年9月。书号10019·908,平装,32开,定价0.17元;1959年5月,平装,50开,定价0.12元。(4-127)

1609 老魏俊与芳芳

骆宾基著,作家出版社1958年9月。平装,32开,书号10020·1007,定价0.33元。(4-128)

1610 短篇小说选(1957年)

作家出版社编,作家出版社1958年9月。大32开,书号10020·988,平装,定价1.10元;精装,定价1.50元。(4-129)

1611 春天的太阳照耀着乌珠穆沁草原

(蒙古族)纳·赛音朝克图著,漠南、牧林等译,作家出版社1958年9月。平装,32开,书号10020·969,定价0.17元。(4-130)

1612 桃花峪

虞棘著,作家出版社1958年10月。平装,32开,书号10020·1112,定价0.19元。(4-131)

1613 一个平常的女人

杜鹏程著,文学初步读物,作家出版社1958年10月。平装,46开,书号10020·1046,定价0.06元。(4-132)

1614 粮食的故事

王愿坚著,文学初步读物,作家出版社1958年10月。平装,46开,书号10020·1050,定价0.06元。(4-133)

1615 小矿工

大群著,文学初步读物,作家出版社1958年10月。平装,46开,书号10020·1048,定价0.10元。(4-134)

1616 造春集

刘澍德著,作家出版社1958年10月。平装,大32开,书号10020·1056,定价0.62元。(4-135)

1617 蠢动

蔡天心著,作家出版社1958年11月。平装,32开,书号10020·1063,定价0.39元。(4-136)

1618 三个瓦工

于清等著,作家出版社1958年11月。平装,32开,书号10020·1067,定价0.20元。(4-137)

1619 中秋之夜

叶虹等著,作家出版社1958年11月。平装,32开,书号10020·1065,定价0.15元。(4-138)

1620 后代

王愿坚著,作家出版社1958年11月。平装,32开,书号10020·1084,定价0.44元。(4-139)

1621 茫茫风雪夜

陈大斌等著,作家出版社1958年11月。平装,32开,书号10020·1075,定价0.20元。(4-140)

1622 在两条道路上

马烽等著,作家出版社1958年11月。平装,32开,书号10020·1077,定价0.24元。(4-141)

1623 大劫狱

高云览著,文学初步读物,作家出版社1958年11月。平装,46开,书号10020·1047,定价0.14元。(4-142)

1624 追匪记

杨尚武著,文学初步读物,作家出版社1958年11月。平装,46开,书号10020·1098,定价

0.07元。(4-143)

1625　不能走那条路
李准著,新创作选拔本,1958年12月。精装,大32开,书号10019·1122,定价0.88元。1959年4月收入文学小丛书,平装,50开,书号10019·1227,定价0.18元。(4-144)

1626　一面小白旗的风波
吉学霈著,新创作选拔本,1958年12月。精装,大32开,书号10019·1127,定价0.99元。(4-145)

1627　海员朱宝庭
雷加著,新创作选拔本,1958年12月。精装,大32开,书号10019·1024,定价1.05元。1959年3月收入文学小丛书,平装,50开,定价0.23元。(4-146)

1628　典型报告
李德复等著,文学小丛书,1958年12月。平装,50开,书号10019·1086,定价0.23元。(4-147)

1629　在和平的日子里
杜鹏程著,文学小丛书,1958年12月。平装,50开,书号10019·1110,定价0.31元。1959年12月收入建国十年优秀创作选拔本,精装,大32开,书号10019·1449,定价1.15元。(4-148)

1630　新的家
艾芜著,文学小丛书,1958年12月。平装,50开,书号10019·1091,定价0.11元。(4-149)

1631　党费
王愿坚著,新创作选拔本,1958年12月。精装,大32开,书号10019·1023,定价0.97元。(4-150)

1632　大胖和小胖
余开选等著,作家出版社1958年12月。平装,32开,书号10020·1109,定价0.14元。(4-151)

1633　繁星满天
曲耿等著,作家出版社1958年12月。平装,32开,书号10020·1181,定价0.15元。(4-152)

1634　新村老人
郑重、李准等著,作家出版社1959年1月。平装,32开,书号10020·1110,定价0.15元。(4-153)

1635　洗兵马
杨朔著,作家出版社1959年2月。平装,32开,书号10020·1198,定价0.23元。(4-154)

1636　春林妈下乡
黄汉城等著,作家出版社1959年2月。平装,32开,书号10020·1133,定价0.17元。(4-155)

1637　第一个胜利
梁斌著,文学初步读物,作家出版社1959年3月。平装,46开,书号10020·1096,定价0.20元。(4-156)

1638　迎接朝霞
崔璇著,作家出版社1959年3月。平装,32开,书号10020·1233,定价0.34元。(4-157)

1639　过渡
沙汀著,作家出版社1959年3月。平装,32开,书号10020·1289,定价0.49元。1960年4月人民文学出版社,建国十年优秀创作选拔本,大32开,书号10019·1571,平装,定价0.50元;1960年6月,精装,定价1.05元。(4-158)

1640　雨
艾明之等著,《人民文学》编辑部编,作家出版社1959年4月。平装,32开,书号10020·1284,定价0.45元。(4-159)

1641　党和生命
寒风著,文学小丛书,1959年4月。平装,50开,书号10019·1230,定价0.10元。(4-160)

1642　亲人
王愿坚著,文学小丛书,1959年4月。平装,50开,书号10019·1232,定价0.19元。(4-161)

1643　黎明前夜
杨杰著,作家出版社1959年4月。平装,32开,书号10020·1288,定价0.33元。(4-162)

1644　科尔沁草原的人们
(蒙古族)玛拉沁夫著,文学小丛书,1959年5月。平装,50开,书号10019·1231,定价0.13元。(4-163)

1645　石匠

师陀著,作家出版社 1959 年 5 月。平装,32 开,书号 10020·1308,定价 0.26 元。(4-164)

1646　雪英学炊
段荃法著,作家出版社 1959 年 5 月。平装,32 开,书号 10020·1311,定价 0.26 元。(4-165)

1647　森林在歌唱
逯斐著,作家出版社 1959 年 6 月。平装,32 开,书号 10020·1307,定价 0.30 元。(4-166)

1648　国际友谊号
陆俊超著,文学小丛书,1959 年 6 月。平装,50 开,书号 10019·1233,定价 0.16 元。1959 年 12 月作家出版社,文学初步读物,平装,46 开,书号 10020·1251,定价 0.06 元。(4-167)

1649　荷花淀
孙犁著,文学小丛书,1959 年 7 月。平装,50 开,书号 10019·1228,定价 0.14 元。1985 年 3 月,平装,32 开,定价 0.63 元。(4-168)

1650　踏着晨光前进的人们
刘白羽著,作家出版社 1959 年 6 月。32 开,书号 10020·1304,平装,定价 0.39 元;1959 年 9 月,软精装,定价 0.64 元。(4-169)

1651　县长拾粪
王根柱著,作家出版社 1959 年 7 月。平装,32 开,书号 10020·1327,定价 0.27 元。(4-170)

1652　短篇小说选(1958 年)
作家出版社编辑部编,作家出版社 1959 年 8 月。大 32 开,书号 10020·1301,平装,定价 1.95 元;精装,定价 2.40 元。(4-171)

1653　胶东纪事
峻青著,建国十年优秀创作选拔本,1959 年 9 月。大 32 开,书号 10019·1461,精装,定价 1.45 元;平装,定价 0.85 元。(4-172)

1654　苹果要熟了
浩然著,1959 年 9 月。32 开,书号 10020·1361,软精装,定价 0.79 元;平装,定价 0.54 元。(4-173)

1655　车轮的辙印
李准著,建国十年优秀创作选拔本,1959 年 9 月。大 32 开,书号 10019·1482,精装,定价 1.15 元;平装,定价 0.57 元。(4-174)

1656　姑娘的秘密
西戎著,建国十年优秀创作选拔本,1959 年 9 月。大 32 开,书号 10019·1479,精装,定价 1.15 元;平装,定价 0.56 元。(4-175)

1657　我的第一个上级
马烽著,建国十年优秀创作选拔本,1959 年 9 月。大 32 开,书号 10019·1472,精装,定价 1.15 元;平装,定价 0.57 元。(4-176)

1658　太阳初升的时候
康濯著,建国十年优秀创作选拔本,1959 年 9 月。大 32 开,书号 10019·1510,精装,定价 1.15 元;平装,定价 0.56 元。(4-177)

1659　九级风暴
陆俊超著,作家出版社 1959 年 9 月。大 32 开,书号 10020·1388,软精装,定价 0.77 元;平装,定价 0.47 元。1980 年 4 月人民文学出版社,平装,32 开,书号 10019·2949,定价 0.32 元。(4-178)

1660　风雪之夜
王汶石著,建国十年优秀创作选拔本,1959 年 10 月。大 32 开,书号 10019·1509,精装,定价 1.40 元;平装,定价 0.78 元。1977 年 12 月,平装,32 开,书号 10019·2541,定价 0.75 元。(4-179)

1661　山谷中
管桦著,作家出版社 1959 年 10 月。平装,32 开,书号 10020·1376,定价 0.38 元。(4-180)

1662　特殊性格的人
胡万春著,建国十年优秀创作选拔本,1959 年 11 月。大 32 开,书号 10019·1395,平装,定价 0.67 元;1962 年 7 月,精装,定价 1.25 元。(4-181)

1663　普通劳动者
王愿坚著,建国十年优秀创作选拔本,1959 年 11 月。大 32 开,书号 10019·1484,精装,定价 1.15 元;平装,定价 0.56 元。(4-182)

1664　夜走骆驼岭
李准著,作家出版社 1959 年 11 月。平装,32 开,书号 10020·1391,定价 0.41 元。(4-183)

1665　吃新集

胡学文著,作家出版社 1959 年 12 月。平装,32 开,书号 10020·1400,定价 0.52 元。(4-184)

1666　爱情
草明著,作家出版社 1959 年 12 月。平装,32 开,书号 10020·1431,定价 0.39 元。(4-185)

1667　铁门里
周立波著,作家出版社 1959 年 12 月。平装,32 开,书号 10020·1438,定价 0.17 元。(4-186)

1668　大战孟良崮
吴强著,文学初步读物,作家出版社 1959 年 12 月。平装,46 开,书号 10020·1224,定价 0.14 元。(4-187)

1669　回家
艾芜著,文学初步读物,作家出版社 1959 年 12 月。平装,46 开,书号 10020·1295,定价 0.08 元。(4-188)

1670　奇袭虎狼窝
曲波著,文学初步读物,作家出版社 1959 年 12 月。平装,46 开,书号 10020·1227,定价 0.20 元。(4-189)

1671　红色的苦菜花
冯德英著,文学初步读物,作家出版社 1959 年 12 月。平装,46 开,书号 10020·1272,定价 0.13 元。(4-190)

1672　银色的星
李养正著,作家出版社 1959 年 12 月。平装,32 开,书号 10020·1394,定价 0.37 元。(4-191)

1673　飞筐
林斤澜著,作家出版社 1959 年 12 月。平装,32 开,书号 10020·1410,定价 0.54 元。(4-192)

1674　一匹瘦红马
浩然著,文学初步读物,作家出版社 1959 年 12 月。平装,46 开,书号 10020·1242,定价 0.04 元。(4-193)

1675　草原上的战斗
(蒙古族)玛拉沁夫著,文学初步读物,作家出版社 1959 年 12 月。平装,46 开,书号 10020·1298,定价 0.07 元。(4-194)

1676　不敢露面的队长
冯金堂著,作家出版社 1959 年 12 月。平装,32 开,书号 10020·1432,定价 0.64 元。(4-195)

1677　猪与鸡
巴金著,文学初步读物,作家出版社 1959 年 12 月。平装,46 开,书号 10020·1195,定价 0.05 元。(4-196)

1678　没有弦的炸弹
丁奋著,文学初步读物,作家出版社 1959 年 12 月。平装,46 开,书号 10020·1270,定价 0.04 元。(4-198)

1679　冲破黑暗
杨沫著,文学初步读物,作家出版社 1959 年 12 月。平装,46 开,书号 10020·1221,定价 0.13 元。(4-199)

1680　先晋胡子
周立波著,文学初步读物,作家出版社 1960 年 1 月。平装,46 开,书号 10020·1243,定价 0.11 元。(4-200)

1681　锻炼锻炼
赵树理著,文学初步读物,作家出版社 1960 年 1 月。平装,46 开,书号 10020·1323,定价 0.06 元。(4-201)

1682　扬着灰尘的路上
刘白羽著,文学初步读物,作家出版社 1960 年 1 月。平装,46 开,书号 10020·1250,定价 0.04 元。(4-202)

1683　钢铁的人
艾芜著,作家出版社 1960 年 1 月。平装,46 开,书号 10020·1229,定价 0.16 元。(4-203)

1684　大旗(杨朔短篇小说选)
杨朔著,作家出版社 1960 年 2 月。平装,大 32 开,书号 10020·1305,定价 0.67 元。1979 年 12 月人民文学出版社,书名《杨朔短篇小说选》,平装,32 开,书号 10019·2880,定价 0.45 元。(4-204)

1685　太阳刚刚出山
马烽著,作家出版社 1960 年 4 月。大 32 开,书号 10020·1454,平装,定价 0.31 元;1960 年 6 月,精装,定价 0.85 元。(4-205)

1686　新生活的光辉(兄弟民族作家短篇小说合集)

建国十年优秀创作选拔本,1960 年 4 月。平装,大 32 开,书号 10019·1570,定价 2.00 元;精装,定价 2.60 元。(4-206)

1687　勐铃河边春来早

林予著,作家出版社 1960 年 8 月。平装,32 开,书号 10020·1460,定价 0.60 元。(4-207)

1688　渔船上的伙伴

王安友著,建国十年优秀创作选拔本,1960 年 1 月。平装,大 32 开,书号 10019·1522,定价 0.64 元。(4-208)

1689　李双双小传

李准著,作家出版社 1961 年 6 月。36 开,书号 10020·1512,平装,定价 0.50 元;精装,定价 0.82 元。(4-209)

1690　海燕

峻青著,作家出版社 1961 年 7 月。平装,大 32 开,书号 10020·1471,定价 0.65 元。(4-210)

1691　村歌

孙犁著,建国十年优秀创作选拔本,1961 年 12 月。大 32 开,书号 10019·1581,精装,定价 1.50 元;平装,定价 0.97 元。(4-211)

1692　李大海

巴金著,作家出版社 1961 年 12 月。32 开,书号 10020·1549,平装,定价 0.60 元;精装,定价 1.05 元。(4-212)

1693　农村纪事

吉学霈著,作家出版社 1961 年 12 月。平装,大 32 开,书号 10020·1552,定价 0.68 元。(4-213)

1694　红光普照大地

胡万春著,作家出版社 1961 年 12 月。大 32 开,书号 10020·1538,平装,定价 0.96 元;精装,定价 1.20 元。(4-214)

1695　花的草原

(蒙古族)玛拉沁夫著,作家出版社 1962 年 4 月。大 32 开,书号 10020·1570,平装,定价 1.10 元;精装,定价 1.70 元。1978 年 1 月人民文学出版社,平装,大 32 开,书号 10019·2564,定价 0.79 元。(4-215)

1696　遥远的戈壁

(蒙古族)敖德斯尔著,作家出版社 1962 年 4 月。大 32 开,书号 10020·1572,平装,定价 1.10 元;精装,定价 1.70 元。1978 年 1 月人民文学出版社,平装,32 开,书号 10019·2545,定价 0.89 元。(4-216)

1697　沂蒙故事集

知侠著,作家出版社 1963 年 5 月。大 32 开,书号 10020·1635,平装,定价 1.30 元;精装,定价 1.75 元。(4-217)

1698　下乡集

赵树理著,作家出版社 1963 年 9 月。大 32 开,书号 10020·1697,平装,定价 0.46 元;精装,定价 0.93 元。1981 年 4 月人民文学出版社,平装,32 开,书号 10019·3109,定价 0.38 元。(4-218)

1699　长长的流水

刘真著,作家出版社 1963 年 8 月。平装,大 32 开,书号 10020·1691,定价 0.74 元。(4-219)

1700　山区收购站

骆宾基著,作家出版社 1963 年 10 月。大 32 开,书号 10020·1707,平装,定价 0.82 元;精装,定价 0.93 元。(4-220)

1701　短篇小说(第一集)

中国作家协会农村读物工作委员会编,作家出版社 1963 年 12 月。平装,大 32 开,书号 10020·1723,定价 0.87 元。(4-221)

1702　短篇小说(第二集)

中国作家协会农村读物工作委员会编,作家出版社 1963 年 12 月。平装,大 32 开,书号 10020·1724,定价 0.89 元。(4-222)

1703　短篇小说(第三集)

中国作家协会农村读物工作委员会编,作家出版社 1963 年 12 月。平装,大 32 开,书号 10020·1725,定价 0.88 元。(4-223)

1704　丰产记

西戎著,作家出版社 1963 年 11 月。32 开,书号 10020·1710,平装,定价 0.44 元;精装,定价 0.87 元。(4-224)

1705　杏林春暖

郑克西著,作家出版社 1964 年 5 月。平装,大 32 开,书号 10020·1757,定价 0.83 元。(4-226)

1706　晨光集

刘白羽著，作家出版社 1964 年 8 月。36 开，书号 10020·1762，平装，定价 0.32 元；精装，定价 0.80 元。(4-227)

1707　翠英

李尔重著，作家出版社 1964 年 9 月。32 开，书号 10020·1799，平装，定价 0.43 元；精装，定价 0.80 元。(4-228)

1708　南行记续篇

艾芜著，作家出版社 1964 年 9 月。大 32 开，书号 10020·1786，平装，定价 0.82 元；精装，定价 1.40 元。1980 年 3 月人民文学出版社，平装，大 32 开，书号 10019·2942，定价 0.73 元。(4-229)

1709　南山的灯

孙谦著，作家出版社 1964 年 9 月。32 开，书号 10020·1782，平装，定价 0.52 元；精装，定价 1.05 元。1980 年 3 月人民文学出版社出版，平装，32 开，书号 10019·2937，定价 0.56 元。(4-230)

1710　彩霞万里

凤章著，作家出版社 1965 年 3 月。平装，32 开，书号 10020·1822，平装，定价 0.47 元。1973 年 2 月人民文学出版社，平装，32 开，书号 10019·1936，定价 0.35 元。(4-231)

1711　劳模嫁女

作家出版社编辑部编，农村文学读物，作家出版社 1965 年 3 月。平装，32 开，书号 10020·1828，定价 0.33 元。(4-232)

1712　公社的人们

郭澄清著，作家出版社 1965 年 4 月。平装，32 开，书号 10020·1837，定价 0.42 元。(4-233)

1713　文明地狱

石英著，作家出版社 1965 年 6 月。平装，32 开，书号 10020·1852，定价 0.32 元。1983 年 4 月人民文学出版社，平装，32 开，书号 10019·3446，定价 0.40 元。(4-234)

1714　血染三条石

王锡荣、李家禄著，作家出版社 1965 年 7 月。平装，32 开，书号 10020·1847，定价 0.38 元。(4-235)

1715　新人新作选（第一集）

中国作家协会、中国戏剧家协会、中国曲艺工作者协会编，1965 年 9 月。平装，大 32 开，书号 10019·1793，定价 1.15 元。(4-236)

1716　新人新作选（第二集）

中国作家协会、中国戏剧家协会、中国曲艺工作者协会编，1965 年 9 月。平装，大 32 开，书号 10019·1794，定价 1.15 元。(4-237)

1717　天亮之前

陈勇、红耘、董成仁著，1965 年 9 月。平装，32 开，书号 10019·1799，定价 0.35 元。(4-238)

1718　海岛女民兵

黎汝清著，1966 年 4 月。大 32 开，书号 10019·1819，平装，定价 0.79 元；精装，定价 1.50 元。(4-239)

1719　闪闪的红星

李心田著，1972 年 5 月。平装，32 开，书号 10019·1890，定价 0.35 元。(4-240)

1720　冲锋在前

南京部队政治部宣传部编，1972 年 2 月。平装，32 开，书号 10019·1874，定价 0.72 元。(4-241)

1721　雨涤松青

济南部队政治部宣传部编，1972 年 5 月。平装，32 开，书号 10019·1896，定价 0.46 元。(4-242)

1722　红石山中

中国人民解放军工程兵政治部宣传部编，1972 年 5 月。平装，32 开，书号 10019·1897，定价 0.29 元。(4-243)

1723　号声嘹亮　工农兵短篇小说选

本社编，1972 年 6 月。平装，32 开，书号 10019·1882，定价 0.32 元。(4-244)

1724　红松村的故事　工农兵短篇小说选

本社编，1972 年 8 月。平装，32 开，书号 10019·1902，定价 0.34 元。(4-245)

1725　篝火正旺　工农兵短篇小说选

本社编，1972 年 12 月。平装，32 开，书号 10019·1954，定价 0.33 元。(4-246)

1726　索道隆隆　矿山短篇小说集

红透山铜矿政治部、抚顺市文化局合编，1973 年 4 月。平装，32 开，书号 10019·1969，定价

0.29元。(4-247)

1727 南疆木棉红 工农兵短篇小说集
1973年4月。平装,32开,书号10019·1968,定价0.42元。(4-248)

1728 哨所的早晨 短篇小说集
昆明部队政治部宣传部编,1973年7月。平装,32开,书号10019·2030,定价0.27元。(4-249)

1729 带班 短篇小说集
武汉部队政治部宣传部编,1973年12月。平装,32开,书号10019·2098,定价0.35元。(4-250)

1730 朝晖 知识青年上山下乡短篇小说集
本社编,1974年4月。平装,32开,书号10019·2134,定价0.63元。(4-251)

1731 迎着朝阳
北大中文系七三届创作班及北京二七机车车辆厂、南口机车车辆机械厂、北京新华印刷厂、北京针织总厂、北京市北郊木材厂、北京化工三厂工人等组成的"三结合"创作组创作,1974年9月。平装,大32开,书号10019·2208,定价1.05元。(4-252)

1732 沂蒙山高
济南部队政治部宣传部编,1975年5月。平装,32开,书号10019·2218,定价0.44元。(4-253)

1733 风雪边防线
新疆部队政治部宣传部编,1975年8月。平装,32开,书号10019·2265,定价0.76元。(4-254)

1734 碧绿的秧苗
北京大学中文系文学专业七二、七三级 凌霄创作,1976年2月。平装,32开,书号10019·2350,定价0.33元。(4-255)

1735 山寨号角
成都部队政治部文化部编,1976年6月。平装,32开,书号10019·2361,定价0.63元。(4-256)

1736 昆仑春色
青海省革命委员会文化局编,1976年6月。平装,32开,书号10019·2355,定价0.73元。(4-257)

1737 草原集
《内蒙古文艺》编辑部编,1977年7月。32开,书号10019·2485,平装,定价0.94元;精装,定价1.40元。(4-258)

1738 淬火集
中共第一重型机器厂委员会政治部编,1977年11月。平装,32开,书号10019·2529,定价0.43元。(4-259)

1739 火把 长征短篇小说集
四川省军区政治部《火把》创作组集体创作,1977年12月。平装,32开,书号10019·2544,定价0.41元。(4-260)

1740 光辉的里程
杜鹏程著,1977年12月。平装,32开,书号10019·2550,定价0.79元。(4-261)

1741 李双双小传
李准著,1977年12月。平装,32开,书号10019·2559,定价0.92元。(4-262)

1742 解放区短篇小说选
本社编,1978年9月。平装,大32开,书号10019·2672,定价1.70元。(4-263)

1743 浪里行
晓丘、东旋著,1978年9月。平装,32开,书号10019·2653,定价0.47元。(4-264)

1744 青枫坡
沙汀著,1978年11月。平装,32开,书号10019·2677,定价0.35元。(4-265)

1745 短篇小说选(1977—1978.9)
1978年12月。平装,32开,书号10019·2705,定价1.25元。(4-266)

1746 百合花
茹志鹃著,1978年9月。平装,32开,书号10019·2676,定价0.64元。2000年7月收入百年百种优秀中国文学图书,平装覆膜,大32开,ISBN 7-02-003241-9,定价15.00元。(4-267)

1747 不能走那条路
李准著,文学小丛书,1978年11月。平装,32开,书号10019·2646,定价0.30元。(4-268)

1748 黎明的河边
峻青著,文学小丛书,1979年1月。平装,32

异,书号 10019·2698,定价 0.27 元。（4-269）

1749　我的第一个上级

马烽著,文学小丛书,1979 年 1 月。平装,32 异,书号 10019·2695,定价 0.27 元。（4-270）

1750　刘白羽小说选

1979 年 5 月。书号 10019·2727,平装,32 开,定价 0.70 元;平装,大 32 开,定价 0.84 元;精装,大 32 开,定价 1.40 元。（4-271）

1751　1949—1979 短篇小说选（一）

《人民文学》编辑部编,1979 年 5 月。大 32 开,书号 10019·2754,平装,定价 1.55 元;精装,定价 2.45 元。（4-272）

1752　1949—1979 短篇小说选（二）

《人民文学》编辑部编,1979 年 5 月。大 32 开,书号 10019·2755,平装,定价 1.30 元;精装,定价 2.25 元。（4-273）

1753　冬

孙颙著,1979 年 8 月。平装,32 开,书号 10019·2790,定价 0.35 元。（4-274）

1754　过渡集

沙汀著,1979 年 10 月。平装,32 开,书号 10019·2761,定价 0.67 元。（4-275）

1755　1949—1979 短篇小说选（三）

《人民文学》编辑部编,1979 年 9 月。大 32 开,书号 10019·2847,平装,定价 1.35 元;精装,定价 2.30 元。（4-276）

1756　铺花的歧路

冯骥才著,1979 年 11 月。平装,32 开,书号 10019·2814,定价 0.31 元。（4-277）

1757　一封拾到的信

秦兆阳著,1979 年 12 月。平装,32 开,书号 10019·2800,定价 0.62 元。（4-278）

1758　台湾小说选

《台湾小说选》编辑委员会编,1979 年 12 月。32 开,书号 10019·2890,平装,定价 1.15 元;精装,定价 1.95 元。2002 年 1 月与《台湾小说选》（二、三）合为一种,收入大学生必读丛书,平装,大 32 开,ISBN 7-02-003603-1,定价 60.00 元。（4-279）

1759　一九七八年全国优秀短篇小说评选作品集

1980 年 1 月。32 开,书号 10019·2876,平装,定价 1.25 元;精装,定价 1.65 元。（4-280）

1760　春种秋收

康濯著,1980 年 3 月。平装,32 开,书号 10019·2929,定价 0.94 元。（4-281）

1761　宋老大进城

西戎著,1980 年 2 月。平装,32 开,书号 10019·2910,定价 0.82 元。（4-282）

1762　冬布拉之歌

赵燕翼著,1980 年 4 月。平装,32 开,书号 10019·2946,定价 0.70 元。（4-283）

1763　骆宾基短篇小说选

1980 年 5 月。平装,32 开,书号 10019·2961,定价 1.15 元。（4-284）

1764　雁归行

〔加〕文钊著,1980 年 5 月。32 开,书号 10019·2960,平装,定价 0.41 元;精装,定价 1.20 元。（4-285）

1765　1949—1979 短篇小说选（四）

《人民文学》编辑部编,1980 年 5 月。大 32 开,书号 10019·2959,平装,定价 1.60 元;精装,定价 2.50 元。（4-286）

1766　正红旗下

老舍著,1980 年 6 月。平装,32 开,书号 10019·2973,定价 0.51 元。1987 年 5 月版增加《小人物自述》一篇,定价 1.25 元。2017 年 2 月收入漫说旧时光,平装,国流 32 开,ISBN 978-7-02-011548-8,定价 22.00 元。（4-287）

1767　冬雨

王蒙著,1980 年 7 月。32 开,书号 10019·2999,平装,定价 0.71 元;1983 年 11 月,精装,定价 1.80 元。（4-288）

1768　永远是春天

谌容著,当代文学丛书,1980 年 8 月。平装,32 开,书号 10019·3017,定价 0.38 元。（4-289）

1769　1949—1979 短篇小说选（五）

《人民文学》编辑部编,1980 年 9 月。大 32 开,书号 10019·3026,平装,定价 1.60 元;精装,定价 2.50 元。（4-290）

1770　1979—1980 中篇小说选（第 1 辑）

本社编,1981 年 2 月。平装,32 开,书号

10019·3087,定价1.25元。(4-291)

1771 1979—1980中篇小说选(第2辑)
本社编,1981年2月。平装,32开,书号10019·3088,定价1.25元。(4-292)

1772 丁玲短篇小说选(上下)
1981年1月。大32开,书号10019·3072,平装,定价1.75元;精装,定价3.55元。(4-293)

1773 1979—1980中篇小说选(第3辑)
本社编,1981年2月。平装,32开,书号10019·3089,定价1.25元。(4-294)

1774 1979—1980中篇小说选(第4辑)
本社编,1981年3月。平装,32开,书号10019·3090,定价1.05元。(4-295)

1775 1980年短篇小说选
1981年3月。平装,大32开,书号10019·3107,定价1.75元。(4-296)

1776 桥
刘澍德著,1981年4月。平装,32开,书号10019·3117,定价0.51元。(4-297)

1777 稀有作家庄重别传
陈淼著,1981年6月。平装,32开,书号10019·3146,定价0.38元。(4-298)

1778 1949—1979短篇小说选(六)
《人民文学》编辑部编,1981年5月。大32开,书号10019·3131,平装,定价1.65元;精装,定价2.60元。(4-299)

1779 1949—1979短篇小说选(七)
《人民文学》编辑部编,1981年5月。大32开,书号10019·3145,平装,定价1.65元;精装,定价2.60元。(4-300)

1780 大洋深处
郑文光著,1981年7月。平装,32开,书号10019·3162,定价0.43元。(4-301)

1781 高晓声一九八〇年小说集
1981年8月。平装,32开,书号10019·3179,定价0.47元。(4-302)

1782 生活之帆
童庆炳、曾恬著,1981年8月。平装,32开,书号10019·3175,定价0.35元。(4-303)

1783 痴情女
刘柏生著,当代文学丛书,1981年9月。平装,32开,书号10019·3184,定价0.43元。(4-304)

1784 一次战地采访
刘知侠著,1981年8月。平装,32开,书号10019·3172,定价1.25元。(4-305)

1785 倒影集
杨绛著,1982年1月。平装,32开,书号10019·3246,定价0.40元。(4-306)

1786 孔厥短篇小说选
1982年1月。平装,32开,书号10019·3249,定价0.61元。(4-307)

1787 1981年短篇小说选
本社编选,1982年4月。大32开,书号10019·3290,平装,定价1.80元;平装覆膜,定价2.15元。(4-308)

1788 第一杯苦酒
李国文著,1982年3月。平装,32开,书号10019·3267,定价0.60元。(4-309)

1789 1949—1979短篇小说选(八)
《人民文学》编辑部编,1982年1月。大32开,书号10019·3241,平装,定价1.60元;精装,定价2.50元。(4-310)

1790 1981中篇小说选(第1辑)
本社编选,1982年5月。平装,大32开,书号10019·3299,定价1.45元。(4-311)

1791 1981中篇小说选(第2辑)
本社编选,1982年8月。平装,大32开,书号10019·3338,定价1.40元。(4-312)

1792 高晓声一九八一年小说集
1982年12月。平装,大32开,书号10019·3385,定价0.56元。(4-313)

1793 老干部别传
韦君宜著,1983年2月。大32开,书号10019·3408,平装,定价0.84元;精装,1.30元。(4-314)

1794 1982中篇小说选(第1辑)
1983年3月。大32开,书号10019·3439,平装,定价1.70元;平装覆膜,定价2.05元。(4-315)

1795 1982短篇小说选
本社编选,1983年3月。大32开,书号10019·3440,平装,定价1.85元;平装覆膜,定

价 2.20 元。(4-316)

1796　爬满青藤的木屋
古华著,1983 年 3 月。平装,大 32 开,书号 10019·3426,定价 1.10 元。(4-317)

1797　掩不住的光芒
王若望著,1983 年 2 月。平装,32 开,书号 10019·3405,定价 0.61 元。(4-318)

1798　新事新办
谷峪著,1983 年 2 月。平装,32 开,书号 10019·3414,定价 0.92 元。(4-319)

1799　金色兴安岭
(蒙古族)朋斯克著,1983 年 5 月。平装,32 开,书号 10019·3453,定价 0.74 元。(4-320)

1800　草原之夜
(蒙古族)安柯钦夫著,1983 年 5 月。平装,32 开,书号 10019·3450,定价 0.62 元。(4-321)

1801　短篇小说集
全国少数民族文学创作获奖作品丛书编辑组编,全国少数民族文学创作获奖作品丛书,1983 年 5 月。大 32 开,书号 10019·3445,平装,定价 1.45 元;精装,定价 2.70 元。(4-322)

1802　几度元宵
胡正著,1983 年 8 月。平装,32 开,书号 10019·3498,定价 0.95 元。(4-323)

1803　莫应丰中篇小说集
1983 年 9 月。平装,大 32 开,书号 10019·3523,定价 1.20 元。(4-324)

1804　高晓声小说选
1983 年 10 月。平装,大 32 开,书号 10019·3529,定价 0.88 元。(4-325)

1805　挣不断的红丝线
张弦著,1983 年 9 月。大 32 开,书号 10019·3525,平装,定价 0.99 元;精装,定价 2.00 元。(4-326)

1806　原乡人——钟理和中短篇小说选
1983 年 9 月。大 32 开,书号 10019·3527,平装,定价 1.05 元;精装,定价 2.30 元。(4-327)

1807　太子村的秘密
谌容著,1983 年 10 月。32 开,书号 10019·3545,平装,定价 0.78 元;平装覆膜,定价 1.10 元。(4-328)

1808　台湾小说选(二)
《台湾小说选》编辑委员会编,1983 年 10 月。32 开,书号 10019·3522,平装,定价 1.35 元;精装,定价 2.40 元。(4-329)

1809　别了,蒺藜
汪浙成、温小钰著,1983 年 12 月。平装,32 开,书号 10019·3577,定价 1.15 元。(4-330)

1810　1982 中篇小说选(第 2 辑)
本社编选,1983 年 11 月。大 32 开,书号 10019·3536,平装,定价 1.75 元;平装覆膜,定价 2.15 元。(4-331)

1811　1983 短篇小说选
本社编选,1984 年 3 月。大 32 开,书号 10019·3623,平装,定价 1.75 元;平装覆膜,定价 2.15 元。(4-332)

1812　台湾中篇小说选
本社编选,1983 年 6 月。大 32 开,书号 10019·3463,平装,定价 1.45 元;平装覆膜,定价 1.85 元。(4-333)

1813　耿耿难眠
柯云路、雪珂著,当代文学丛书,1984 年 2 月。平装,32 开,书号 10019·3616,定价 0.57 元。(4-334)

1814　中篇小说集
全国少数民族文学创作获奖作品丛书编辑组编,全国少数民族文学创作获奖作品丛书,1984 年 4 月。大 32 开,书号 10019·3603,平装,定价 2.20 元;精装,定价 3.45 元。(4-335)

1815　追花人
张笑天、张天民著,1984 年 6 月。平装,32 开,书号 10019·3595,定价 0.93 元。(4-336)

1816　1983 中篇小说选(第 1 辑)
本社编选,1984 年 5 月。大 32 开,书号 10019·3652,平装,定价 2.00 元;平装覆膜,定价 2.40 元。(4-337)

1817　1983 中篇小说选(第 2 辑)
本社编选,1984 年 7 月。大 32 开,书号 10019·3683,平装,定价 2.00 元;平装覆膜,定

小说

价 2.40 元。(4-338)

1818 有一个美丽的地方
张曼菱著,当代文学丛书,1984 年 10 月。平装,32 开,书号 10019·3719,定价 0.63 元。(4-339)

1819 乡土
刘绍棠编,1984 年 9 月。平装,大 32 开,书号 10019·3698,定价 2.10 元。(4-340)

1820 渔船上的伙伴
王安友著,1984 年 10 月。平装,32 开,书号 10019·3716,定价 0.88 元。(4-341)

1821 1984 中篇小说选(第 1 辑)
阎纲、肖德生、傅活、谢明清编选,1985 年 2 月。大 32 开,书号 10019·3768,平装,定价 2.75 元;平装覆膜,定价 3.30 元。(4-342)

1822 女人的名字是弱者吗?
刘亚洲著,当代文学丛书,1985 年 4 月。平装,32 开,书号 10019·3788,定价 1.35 元。(4-343)

1823 1984 短篇小说选
肖德生、阎纲、傅活、谢明清编选,1985 年 3 月。大 32 开,书号 10019·3783,平装,定价 3.25 元;平装覆膜,定价 3.70 元。(4-344)

1824 危险的脑疝
宋家玲著,当代文学丛书,1985 年 3 月。平装,32 开,书号 10019·3787,定价 0.86 元。(4-345)

1825 晚饭花集
汪曾祺著,1985 年 3 月。平装,32 开,书号 10019·3785,定价 1.40 元。(4-346)

1826 东方女性——伦理道德小说集
航鹰著,1985 年 7 月。32 开,书号 10019·3837,平装,定价 2.00 元;平装覆膜,定价 2.35 元。(4-347)

1827 蒲柳人家
刘绍棠著,1985 年 8 月。大 32 开,书号 10019·3839,平装,定价 3.35 元;平装覆膜,定价 3.80 元。(4-348)

1828 驿路折花
从维熙著,1985 年 8 月。大 32 开,书号 10019·3838,平装,定价 3.10 元;平装覆膜,定价 3.55 元。(4-349)

1829 最后一个渔佬儿
李杭育著,1985 年 7 月。大 32 开,书号 10019·3830,平装,定价 1.45 元;平装覆膜,定价 1.95 元。(4-350)

1830 1984 中篇小说选(第 2 辑)
阎纲、肖德生、傅活、谢明清编选,1985 年 8 月。大 32 开,书号 10019·3846,平装,定价 3.70 元;平装覆膜,定价 4.20 元。(4-351)

1831 走向地平线
杨镰著,当代文学丛书,1985 年 10 月。平装,32 开,书号 10019·3859,定价 1.45 元。(4-352)

1832 京城内外
邓友梅著,1985 年 10 月。大 32 开,书号 10019·3849,平装,定价 3.70 元;平装覆膜,定价 4.15 元。(4-353)

1833 嫁不出去的傻丫头
浩然著,1985 年 12 月。大 32 开,书号 10019·3881,平装,定价 3.55 元;平装覆膜,定价 4.00 元。(4-355)

1834 恰同学少年
杨飞、杨遐著,当代文学丛书,1986 年 1 月。平装,32 开,书号 10019·3891,定价 0.84 元。(4-356)

1835 远村
郑义著,当代文学丛书,1986 年 2 月。32 开,书号 10019·3916,平装,定价 2.45 元;平装覆膜,定价 2.75 元。(4-357)

1836 立体交叉桥
刘心武著,1986 年 9 月。大 32 开,书号 10019·3988,平装,定价 3.05 元;平装覆膜,定价 3.55 元。(4-358)

1837 1985 短篇小说选
肖德生、阎纲、傅活、谢明清编选,1986 年 12 月。大 32 开,书号 10019·4011,平装,定价 3.65 元;平装覆膜,定价 4.15 元。(4-359)

1838 1985 中篇小说选(第 1 辑)
阎纲、肖德生、傅活、谢明清编选,1986 年 11 月。大 32 开,书号 10019·4034,平装,定价 3.85 元;平装覆膜,定价 4.35 元。(4-360)

1839 1985 中篇小说选(第 2 辑)
阎纲、肖德生、傅活、谢明清编选,1986 年 11

月。大32开,书号10019·4021,平装,定价3.50元;平装覆膜,定价3.95元。(4-361)

1840 秋天的愤怒
张炜著,1986年12月。平装,大32开,书号10019·4016,定价2.25元。(4-362)

1841 草原,悲欢离合
冯苓植著,1986年12月。大32开,书号10019·4052,平装,定价3.20元;平装覆膜,定价3.65元。(4-363)

1842 月亮湖的姑娘
(蒙古族)敖德斯尔著,1987年4月。平装,大32开,书号10019·4067,定价2.30元。(4-364)

1843 一个女人和一个半男人的故事
刘亚洲著,1987年5月。平装覆膜,32开,书号10019·4089,定价1.20元。(4-365)

1844 台湾小说选(三)
本社编选,1987年12月。32开,书号10019·4194,平装,ISBN 7-02-000056-8,定价2.50元;精装,ISBN 7-02-000057-6,定价4.60元。(4-366)

1845 1986中篇小说选(第1辑)
阎纲、肖德生、傅活、谢明清编选,1988年2月。大32开,书号10019·4222,平装,ISBN 7-02-000151-3,定价3.75元;平装覆膜,ISBN 7-02-000152-1,定价4.20元。(4-368)

1846 1986中篇小说选(第2辑)
阎纲、肖德生、傅活、谢明清编选,1988年2月。大32开,书号10019·4221,平装,ISBN 7-02-000149-1,定价3.75元;平装覆膜,ISBN 7-02-000150-5,定价4.20元。(4-369)

1847 古宅
俞天白著,1988年2月。平装,大32开,书号10019·4232,ISBN 7-02-000172-6,定价2.15元。(4-370)

1848 1986短篇小说选
肖德生、阎纲、傅活、谢明清编选,1988年2月。大32开,书号10019·4212,平装,ISBN 7-02-000104-2,定价4.45元;平装覆膜,ISBN 7-02-000105-X,定价4.90元。(4-371)

1849 红房子
李锐著,当代文学丛书,1988年5月。平装,32开,ISBN 7-02-000205-6,定价2.00元。(4-372)

1850 爱情试验
(台湾)李昂著,《海内外文学》丛书,1988年5月。平装覆膜,大32开,ISBN 7-02-000373-7,定价2.95元。(4-373)

1851 草台竹地
林斤澜著,1988年10月。大32开,平装,ISBN 7-02-000253-6,定价4.40元;平装覆膜,ISBN 7-02-000254-4,定价5.00元。(4-374)

1852 1987中篇小说选(第1辑)
阎纲、肖德生、傅活、谢明清编选,1989年1月。大32开,平装,ISBN 7-02-000533-0,定价5.75元;平装覆膜,ISBN 7-02-000534-9,定价6.35元。(4-375)

1853 安全部特派员
王朔等著,1989年1月。平装,32开,ISBN 7-02-000384-2,定价2.30元。(4-376)

1854 1987中篇小说选(第2辑)
阎纲、肖德生、傅活、谢明清编选,1989年1月。大32开,平装,ISBN 7-02-000531-4,定价6.05元;平装覆膜,ISBN 7-02-000532-2,定价6.65元。(4-377)

1855 当今十大奇案
彭鸽子等著,1988年12月。平装覆膜,32开,ISBN 7-02-000420-2,定价2.85元。(4-378)

1856 1987短篇小说选
阎纲、肖德生、傅活、谢明清编选,1989年1月。大32开,平装,ISBN 7-02-000536-5,定价5.35元;1989年2月,平装覆膜,ISBN 7-02-000537-3,定价5.95元。(4-379)

1857 爱的谎言
(台湾)玄小佛著,1989年8月。平装,32开,ISBN 7-02-000860-7,定价2.00元。(4-380)

1858 中篇小说集
第二届全国少数民族文学创作获奖作品丛书,1989年11月。平装覆膜,大32开,ISBN 7-02-000835-6,定价8.20元。(4-381)

1859 短篇小说集

小说

第二届全国少数民族文学创作获奖作品丛书,1989年11月。平装覆膜,大32开,ISBN 7-02-000833-X,定价8.65元。(4-382)

1860 孟夫子秘闻
史殿元等著,1990年1月。平装,32开,ISBN 7-02-000981-6,定价4.00元。(4-383)

1861 1988短篇小说选
肖德生、阎纲、傅活、谢明清编选,1989年12月。大32开,平装,ISBN 7-02-000880-1,定价6.85元;平装覆膜,ISBN 7-02-000881-X,定价7.35元。(4-384)

1862 1988中篇小说选(第1辑)
阎纲、肖德生、傅活、谢明清编选,1989年12月。大32开,平装,ISBN 7-02-000893-3,定价5.85元;平装覆膜,ISBN 7-02-000894-1,定价6.35元。(4-385)

1863 1988中篇小说选(第2辑)
阎纲、肖德生、傅活、谢明清编选,1989年12月。大32开,平装,ISBN 7-02-000895-X,定价6.55元;平装覆膜,ISBN 7-02-000896-8,定价7.05元。(4-386)

1864 球星奇遇记
王蒙著,1990年6月。平装覆膜,大32开,ISBN 7-02-000988-3,定价4.70元。(4-387)

1865 1989短篇小说选
肖德生、阎纲、傅活、谢明清编选,1991年3月。大32开,平装,ISBN 7-02-001145-4,定价5.30元;平装覆膜,ISBN 7-02-001146-2,定价5.80元。(4-388)

1866 1989中篇小说选(第1辑)
阎纲、肖德生、傅活、谢明清编选,1991年3月。大32开,平装,ISBN 7-02-001150-0,定价5.05元;1991年4月,平装覆膜,ISBN 7-02-001151-9,定价5.55元。(4-389)

1867 蝶神
(香港)张君默著,《海内外文学》丛书,1990年12月。平装覆膜,大32开,ISBN 7-02-000996-4,定价5.00元。(4-390)

1868 旧梦难温
韦君宜著,1991年5月。平装覆膜,大32开,ISBN 7-02-001172-1,定价4.10元。(4-391)

1869 神圣祭坛
王安忆著,1991年12月。平装覆膜,大32开,ISBN 7-02-001304-X,定价5.40元。(4-397)

1870 1989中篇小说选(第2辑)
阎纲、肖德生、傅活、谢明清编选,1991年3月。大32开,平装,ISBN 7-02-001152-7,定价5.10元;平装覆膜,ISBN 7-02-001153-5,定价5.60元。(4-399)

1871 台北人
(台湾)白先勇著,台湾当代名家作品精选集,1992年2月。平装覆膜,大32开,ISBN 7-02-001335-X,定价6.40元。(4-400)

1872 合欢
(台湾)郑清文著,台湾当代名家作品精选集,1992年2月。平装覆膜,大32开,ISBN 7-02-001334-1,定价6.55元。(4-401)

1873 将军族
(台湾)陈映真著,台湾当代名家作品精选集,1992年2月。平装覆膜,大32开,ISBN 7-02-001336-8,定价5.60元。(4-402)

1874 家变
(台湾)王文兴著,台湾当代名家作品精选集,1992年2月。平装覆膜,大32开,ISBN 7-02-001333-3,定价4.60元。(4-403)

1875 情天无恨——白蛇新传
(台湾)李乔著,台湾当代名家作品精选集,1992年2月。平装覆膜,大32开,ISBN 7-02-001339-2,定价5.70元。(4-404)

1876 八角塔下
(台湾)钟肇政著,台湾当代名家作品精选集,1992年2月。平装覆膜,大32开,ISBN 7-02-001340-6,定价6.40元。(4-405)

1877 玉米田之死
(台湾)平路著,台湾当代名家作品精选集,1992年2月。平装覆膜,大32开,ISBN 7-02-001338-4,定价5.45元。(4-406)

1878 孤绝
(台湾)马森著,台湾当代名家作品精选集,1992年2月。平装覆膜,大32开,ISBN 7-02-001337-6,定价5.00元。(4-407)

1879 黑面庆仔

（台湾）洪醒夫著，台湾当代名家作品精选集，1992年2月。平装覆膜，大32开，ISBN 7-02-001341-4，定价5.40元。（4-408）

1880 钱的故事

（台湾）钟理和著，台湾当代名家作品精选集，1992年2月。平装覆膜，大32开，ISBN 7-02-001332-5，定价5.75元。（4-409）

1881 1990短篇小说选

谢明清、胡德培、于砚章、赵水金、高贤均编选，1992年3月。大32开，平装，ISBN 7-02-001329-5，定价6.25元；平装覆膜，ISBN 7-02-001330-9，定价6.90元。（4-410）

1882 1990中篇小说选(第1辑)

谢明清、胡德培、于砚章、赵水金、高贤均编选，1992年3月。大32开，平装，ISBN 7-02-001325-2，定价6.15元；平装覆膜，ISBN 7-02-001326-0，定价6.80元。（4-411）

1883 1990中篇小说选(第2辑)

谢明清、胡德培、于砚章、赵水金、高贤均编选，1992年3月。大32开，平装，ISBN 7-02-001327-9，定价6.80元；平装覆膜，ISBN 7-02-001328-7，定价7.40元。（4-412）

1884 大律师现实录

莫怀戚著，1992年6月。平装覆膜，大32开，ISBN 7-02-001305-8，定价5.40元。（4-417）

1885 香港小说精选

（香港）斯峻编，1992年12月。平装覆膜，大32开，ISBN 7-02-001464-X，定价5.40元。（4-418）

1886 1991中篇小说选(第1辑)

本社编选，1992年10月。平装覆膜，大32开，ISBN 7-02-001447-X，定价8.70元。（4-420）

1887 1991中篇小说选(第2辑)

本社编选，1992年10月。平装覆膜，大32开，ISBN 7-02-001449-6，定价8.50元。（4-421）

1888 1991短篇小说选

本社编选，1992年10月。平装覆膜，大32开，ISBN 7-02-001451-8，定价8.80元。（4-422）

1889 1992短篇小说选

本社编选，1993年9月。平装覆膜，大32开，ISBN 7-02-001712-6，定价9.15元。（4-425）

1890 1992中篇小说选(第1辑)

本社编选，1993年11月。平装覆膜，大32开，ISBN 7-02-001710-X，定价10.20元。（4-426）

1891 1992中篇小说选(第2辑)

本社编选，1993年11月。平装覆膜，大32开，ISBN 7-02-001711-8，定价9.70元。（4-427）

1892 1993中篇小说选(第1辑)

《中华文学选刊》编辑部编选，1994年12月。平装覆膜，大32开，ISBN 7-02-001986-2，定价12.75元。（4-436）

1893 1993中篇小说选(第2辑)

《中华文学选刊》编辑部编选，1994年12月。平装覆膜，大32开，ISBN 7-02-001987-0，定价14.55元。（4-437）

1894 1993短篇小说选

1994年12月。平装覆膜，大32开，ISBN 7-02-001988-9，定价13.00元。（4-439）

1895 1994中篇小说选(第1辑)

1996年4月。平装覆膜，大32开，ISBN 7-02-002220-0，定价23.55元。（4-444）

1896 1994中篇小说选(第2辑)

1996年4月。平装覆膜，大32开，ISBN 7-02-002221-9，定价25.35元。（4-445）

1897 1994短篇小说选

何启治、高贤均、胡玉萍编选，1995年12月。平装覆膜，大32开，ISBN 7-02-002244-8，定价22.25元。（4-447）

1898 马识途讽刺小说集

1996年10月。平装覆膜，大32开，ISBN 7-02-002112-3，定价15.00元。（4-449）

1899 战争往事——抗日战争胜利半世纪祭

尤凤伟著，1997年5月。平装覆膜，大32开，ISBN 7-02-002409-2，定价13.00元。（4-452）

小说

1900 黑松林
徐捷著,1999 年 1 月。平装覆膜,大 32 开,ISBN 7-02-002824-1,定价 12.60 元。(4-462)

1901 屏风后的女人
〔美〕於梨华著,1999 年 6 月。平装覆膜,大 32 开,ISBN 7-02-002796-2,定价 19.80 元。(4-464)

1902 爱如烟花只开一瞬 "人民文学·贝塔斯曼"杯文学新秀征文奖获奖作品集
程莫深等著,2000 年 12 月。平装覆膜,大 32 开,ISBN 7-02-003370-9,定价 18.80 元。(4-477)

1903 阿来文集 中短篇小说卷
2001 年 8 月。平装,大 32 开,ISBN 7-02-003395-4,定价 26.80 元。(4-478)

1904 橘子红了
(台湾)琦君著,2001 年 10 月。平装,大 32 开,ISBN 7-02-003484-5,定价 10.00 元。(4-479)

1905 故园
李明性著,2001 年 10 月。平装覆膜,大 32 开,ISBN 7-02-003514-0,定价 18.60 元。(4-481)

1906 公证人
郝拴记著,2001 年 10 月。平装覆膜,大 32 开,ISBN 7-02-003516-7,定价 20.00 元。(4-482)

1907 王蒙代表作
大学生必读丛书,2002 年 1 月。平装,大 32 开,ISBN 7-02-003663-5,定价 28.00 元。(4-486)

1908 勾魂拐——悬念小说集
宋毓建著,2002 年 2 月。平装,大 32 开,ISBN 7-02-003739-9,定价 18.00 元。(4-487)

1909 2001 短篇小说
本社编选,21 世纪年度小说选,2002 年 1 月。平装,国流 32 开,ISBN 7-02-003733-X,定价 20.00 元。(4-488)

1910 2001 中篇小说
本社编选,21 世纪年度小说选,2002 年 1 月。平装,国流 32 开,ISBN 7-02-003737-2,定价 29.80 元。(4-489)

1911 曾经沧海
章世添著,2002 年 6 月。平装覆膜,大 32 开,ISBN 7-02-003662-7,定价 22.80 元。(4-490)

1912 听来的故事
贾平凹著,2002 年 10 月。平装覆膜,32 异,ISBN 7-02-003986-3,定价 14.80 元。(4-496)

1913 现在开始,什么时候结束
陆离著,春天文学丛书,2002 年 10 月。平装覆膜,大 32 开,ISBN 7-02-004012-8,定价 14.50 元。(4-497)

1914 亮了一下
戴来著,春天文学丛书,2002 年 10 月。平装覆膜,大 32 开,ISBN 7-02-003912-X,定价 12.00 元。(4-498)

1915 无痕永恒
龙女著,春天文学丛书,2002 年 10 月。平装覆膜,大 32 开,ISBN 7-02-003913-8,定价 8.70 元。(4-499)

1916 中国短篇小说百年精华(上下)
中国社会科学院文学研究所现代文学研究室、当代文学研究室选编,2003 年 1 月。平装覆膜,大 32 开,ISBN 7-02-003991-X,定价 58.00 元。2004 年 5 月收入百年典藏,书名《中华短篇小说百年精华》(上下),平装覆膜,国流 32 开,ISBN 7-02-004505-7,定价 66.00 元。(4-500)

1917 2002 中篇小说
本社编选,21 世纪年度小说选,2003 年 3 月。平装,32 异,ISBN 7-02-004167-1,定价 27.00 元。(4-501)

1918 2002 短篇小说
本社编选,21 世纪年度小说选,2003 年 3 月。平装,32 异,ISBN 7-02-004190-6,定价 21.00 元。(4-502)

1919 中国当代微型小说精华
微型小说选刊社选编,2003 年 8 月。平装覆膜,大 32 开,ISBN 7-02-004230-9,定价 33.00 元。(4-503)

1920 孟伟哉小说选

2003年8月。平装覆膜,国流32开,ISBN 7-02-004223-6,定价23.00元。(4-504)

1921 不恰当的关系

李修文著,春天文学丛书,2003年11月。平装覆膜,大32开,ISBN 7-02-004330-5,定价15.00元。(4-506)

1922 2003短篇小说

本社编选,21世纪年度小说选,2004年1月。平装,32异,ISBN 7-02-004447-6,定价22.00元。(4-507)

1923 中华中篇小说百年精华(上中下)

中国社会科学院文学研究所现代文学研究室、当代文学研究室选编,百年典藏,2004年5月。平装覆膜,国流32开,ISBN 7-02-004482-4,定价90.00元。(4-508)

1924 2003中篇小说

本社编选,21世纪年度小说选,2004年1月。平装,32异,ISBN 7-02-004446-8,定价29.80元。(4-509)

1925 站冰——刘心武小说新作集

2004年6月。平装,国流32开,ISBN 7-02-004620-7,定价19.00元。(4-510)

1926 带上她的眼睛

刘慈欣著,2004年6月。平装覆膜,大32开,ISBN 7-02-004587-1,定价12.00元。(4-512)

1927 天下无贼 赵本夫小说力作

2004年10月。平装覆膜,国流32开,ISBN 7-02-004672-X,定价18.00元。(4-513)

1928 2004中篇小说

本社编选,21世纪年度小说选,2005年1月。平装覆膜,32异,ISBN 7-02-005072-7,定价34.00元。(4-514)

1929 2004短篇小说

本社编选,21世纪年度小说选,2005年1月。平装覆膜,32异,ISBN 7-02-005073-5,定价24.00元。(4-515)

1930 国殇

周梅森著,纪念中国人民抗日战争暨世界反法西斯战争胜利60周年丛书,2005年5月。平装覆膜,国流32开,ISBN 7-02-005134-0,定价11.00元。(4-516)

1931 生命通道

尤凤伟著,纪念中国人民抗日战争暨世界反法西斯战争胜利60周年丛书,2005年5月。平装覆膜,国流32开,ISBN 7-02-005141-3,定价15.00元。(4-517)

1932 秋天的男人 王刚中短篇小说选

《当代》书丛,2005年8月。平装覆膜,国流32开,ISBN 7-02-005222-3,定价23.00元。2011年4月收入王刚文集,平装,国流32开,ISBN 978-7-02-007345-0,定价27.00元。(4-518)

1933 汪曾祺小说经典

2005年8月。平装覆膜,大32开,ISBN 7-02-004634-7,定价25.00元。2009年7月收入中国文库,书名《汪曾祺小说选》,国流32开,平装,ISBN 978-7-02-007656-7,定价19.00元;精装,ISBN 978-7-02-007628-4,定价33.00元。(4-519)

1934 林斤澜小说经典

2005年8月。平装覆膜,大32开,ISBN 7-02-004611-8,定价23.00元。2009年7月收入中国文库,书名《林斤澜小说选》,国流32开,平装,ISBN 978-7-02-007657-4,定价18.00元;精装,ISBN 978-7-02-007629-1,定价32.00元。(4-520)

1935 青衣

毕飞宇著,九元丛书,2006年1月。平装覆膜,32异,ISBN 7-02-005352-1,定价9.00元。(4-521)

1936 人生

路遥著,九元丛书,2006年1月。平装覆膜,32异,ISBN 7-02-005365-3,定价9.00元。(4-522)

1937 北方的河

张承志著,九元丛书,2006年1月。平装覆膜,32异,ISBN 7-02-005364-5,定价9.00元。(4-523)

1938 美食家

陆文夫著,九元丛书,2006年1月。平装覆膜,32异,ISBN 7-02-005363-7,定价9.00元。(4-524)

1939　离婚指南
苏童著,九元丛书,2006年1月。平装覆膜,32异,ISBN 7-02-005362-9,定价9.00元。(4-525)

1940　古典爱情
余华著,九元丛书,2006年1月。平装覆膜,32异,ISBN 7-02-005361-0,定价9.00元。(4-526)

1941　棉花垛
铁凝著,九元丛书,2006年1月。平装覆膜,32异,ISBN 7-02-005359-9,定价9.00元。(4-527)

1942　一地鸡毛
刘震云著,九元丛书,2006年1月。平装覆膜,32异,ISBN 7-02-005358-0,定价9.00元。(4-528)

1943　绝望中诞生
朱苏进著,九元丛书,2006年1月。平装覆膜,32异,ISBN 7-02-005353-X,定价9.00元。(4-529)

1944　北极光
张抗抗著,九元丛书,2006年1月。平装覆膜,32异,ISBN 7-02-005354-8,定价9.00元。(4-530)

1945　绿化树
张贤亮著,九元丛书,2006年1月。平装覆膜,32异,ISBN 7-02-005356-4,定价9.00元。(4-531)

1946　动物凶猛
王朔著,九元丛书,2006年1月。平装覆膜,32异,ISBN 7-02-005355-6,定价9.00元。(4-532)

1947　世界上所有的夜晚
迟子建著,九元丛书,2006年1月。平装覆膜,32异,ISBN 7-02-005349-1,定价9.00元。(4-533)

1948　关于詹牧师的报告文学
史铁生著,九元丛书,2006年1月。平装覆膜,32异,ISBN 7-02-005348-3,定价9.00元。(4-534)

1949　爸爸爸
韩少功著,九元丛书,2006年1月。平装覆膜,32异,ISBN 7-02-005347-5,定价9.00元。(4-535)

1950　三生石
宗璞著,九元丛书,2006年1月。平装覆膜,32异,ISBN 7-02-005346-7,定价9.00元。(4-536)

1951　行为艺术
方方著,九元丛书,2006年1月。平装覆膜,32异,ISBN 7-02-005345-9,定价9.00元。(4-537)

1952　杂色
王蒙著,九元丛书,2006年1月。平装覆膜,32异,ISBN 7-02-005351-3,定价9.00元。(4-538)

1953　叔叔的故事
王安忆著,九元丛书,2006年1月。平装覆膜,32异,ISBN 7-02-005350-5,定价9.00元。(4-539)

1954　捕捉心跳
叶兆言著,九元丛书,2006年1月。平装覆膜,32异,ISBN 7-02-005360-2,定价9.00元。(4-540)

1955　2005中篇小说
本社编选,21世纪年度小说选,2006年1月。平装覆膜,32异,ISBN 7-02-005371-8,定价32.00元。(4-541)

1956　2005短篇小说
本社编选,21世纪年度小说选,2006年1月。平装覆膜,32异,ISBN 7-02-004700-9,定价26.00元。(4-542)

1957　一起沉默 2000—2005年《萌芽》小说精选
韩寒、张悦然等著,2006年2月。平装覆膜,32异,ISBN 7-02-004798-X,定价25.00元。(4-543)

1958　艺术家韩起祥(天狗)
贾平凹著,贾平凹小说精粹中篇卷,2006年5月。平装覆膜,32异,ISBN 7-02-005642-3,定价27.00元。2008年1月收入中国当代作家·贾平凹系列,书名《天狗》,平装,国流32开,ISBN 978-7-02-006419-9,定价23.00元。(4-544)

1959　猎人(制造声音)

贾平凹著,贾平凹小说精粹短篇卷,2006年5月。平装覆膜,32异,ISBN 7-02-005641-5,定价25.00元。2008年1月收入中国当代作家·贾平凹系列,书名《制造声音》,平装,国流32开,ISBN 978-7-02-006423-6,定价22.00元。(4-545)

1960　古堡(鸡窝洼的人家)

贾平凹著,贾平凹小说精粹中篇卷,2006年5月。平装覆膜,32异,ISBN 7-02-005644-X,定价29.00元。2008年1月收入中国当代作家·贾平凹系列,书名《鸡窝洼的人家》,平装,国流32开,ISBN 978-7-02-006420-5,定价26.00元。(4-546)

1961　太白山手记(火纸)

贾平凹著,贾平凹小说精粹短篇卷,2006年5月。平装覆膜,32异,ISBN 7-02-005640-7,定价25.00元。2008年1月收入中国当代作家·贾平凹系列,书名《火纸》,平装,国流32开,ISBN 978-7-02-006422-9,定价22.00元。(4-547)

1962　观我(五魁)

贾平凹著,贾平凹小说精粹中篇卷,2006年5月。平装覆膜,32异,ISBN 7-02-005643-1,定价21.00元。2008年1月收入中国当代作家·贾平凹系列,书名《五魁》,平装,国流32开,ISBN 978-7-02-006421-2,定价19.00元。(4-548)

1963　去尕楞的路上

了一容著,2006年6月。平装覆膜,国流32开,ISBN 7-02-005564-7,定价20.00元。(4-550)

1964　午后悬崖

铁凝著,中国当代作家·铁凝系列,2006年12月。平装覆膜,国流32开,ISBN 7-02-005748-9,定价21.00元。(4-551)

1965　永远有多远

铁凝著,中国当代作家·铁凝系列,2006年12月。平装覆膜,国流32开,ISBN 7-02-005749-7,定价21.00元。(4-552)

1966　巧克力手印

铁凝著,中国当代作家·铁凝系列,2006年12月。平装覆膜,国流32开,ISBN 7-02-005747-0,定价20.00元。(4-553)

1967　有客来兮

铁凝著,中国当代作家·铁凝系列,2006年12月。平装覆膜,国流32开,ISBN 7-02-005752-7,定价19.00元。(4-554)

1968　2006短篇小说

本社编选,21世纪年度小说选,2007年1月。平装覆膜,32异,ISBN 978-7-02-005972-0,定价26.00元。(4-555)

1969　情殇

钟广明著,2007年2月。精装,国流32开,ISBN 978-7-02-005978-2,定价28.00元。(4-556)

1970　2006中篇小说

本社编选,21世纪年度小说选,2007年1月。平装覆膜,32异,ISBN 978-7-02-005933-1,定价32.00元。(4-557)

1971　幸福

查可欣著,2006年5月。平装覆膜,32异,ISBN 7-02-005594-X,定价24.00元。(4-558)

1972　凶手(凶手 挣扎)

柏杨著,典藏柏杨·小说,2007年11月。平装,16异,ISBN 978-7-02-006425-0,定价25.00元。2013年12月收入柏杨小说系列,书名《凶手 挣扎》,平装,国流32开,ISBN 978-7-02-009700-5,定价29.00元。(4-559)

1973　秘密(怒航 秘密)

柏杨著,典藏柏杨·小说,2007年11月。平装,16异,ISBN 978-7-02-006428-1,定价21.00元。2013年12月收入柏杨小说系列,书名《怒航 秘密》,平装,国流32开,ISBN 978-7-02-009701-2,定价28.00元。(4-560)

1974　莎罗冷

柏杨著,典藏柏杨·小说,2007年11月。平装,16异,ISBN 978-7-02-006427-4,定价15.00元。2013年12月收入柏杨小说系列,平装,国流32开,ISBN 978-7-02-009702-9,定价20.00元。(4-561)

1975　母亲和我们

韩天航著,2008年1月。平装,国流32开,

ISBN 978-7-02-006280-5,定价15.00元。(4-562)

1976　传说之死
李锐著,中国当代作家·李锐系列,2008年1月。平装,国流32开,ISBN 978-7-02-006249-2,定价21.00元。(4-563)

1977　厚土
李锐著,中国当代作家·李锐系列,2008年1月。平装,国流32开,ISBN 978-7-02-006248-5,定价16.00元。(4-564)

1978　桑园留念 苏童短篇小说编年卷壹(一九八四至一九八九)
2008年1月。平装覆膜,32异,ISBN 978-7-02-006445-8,定价21.00元。(4-565)

1979　狂奔 苏童短篇小说编年卷贰(一九九零至一九九四)
2008年1月。平装覆膜,32异,ISBN 978-7-02-006444-1,定价18.00元。(4-566)

1980　十八相送 苏童短篇小说编年卷叁(一九九五至一九九六)
2008年1月。平装覆膜,32异,ISBN 978-7-02-006443-4,定价18.00元。(4-567)

1981　白沙 苏童短篇小说编年卷肆(一九九七至一九九九)
2008年1月。平装覆膜,32异,ISBN 978-7-02-006442-7,定价20.00元。(4-568)

1982　垂杨柳 苏童短篇小说编年卷伍(二零零零至二零零六)
2008年1月。平装覆膜,32异,ISBN 978-7-02-006441-0,定价22.00元。(4-569)

1983　2007中篇小说
本社编选,21世纪年度小说选,2008年3月。平装,32异,ISBN 978-7-02-006532-5,定价33.00元。(4-570)

1984　2007短篇小说
本社编选,21世纪年度小说选,2008年3月。平装,32异,ISBN 978-7-02-006530-1,定价20.00元。(4-571)

1985　归去来
韩少功著,中国当代作家·韩少功系列,2008年5月。平装,国流32开,ISBN 978-7-02-006458-8,定价25.00元。(4-572)

1986　同志时代
韩少功著,中国当代作家·韩少功系列,2008年5月。平装,国流32开,ISBN 978-7-02-006457-1,定价21.00元。(4-573)

1987　报告政府
韩少功著,中国当代作家·韩少功系列,2008年5月。平装,国流32开,ISBN 978-7-02-006459-5,定价22.00元。(4-574)

1988　瞬间空白
韩寒等著,《萌芽》十年精华集·小说卷,2008年6月。平装覆膜,32异,ISBN 978-7-02-006750-3,定价24.00元。(4-575)

1989　来生我们一起走
丝丝著,2008年8月。平装覆膜,32异,ISBN 978-7-02-006784-8,定价12.00元。(4-576)

1990　命若琴弦
史铁生著,中国当代作家·史铁生系列,2008年9月。平装,国流32开,ISBN 978-7-02-006544-8,定价28.00元。(4-577)

1991　原罪·宿命
史铁生著,中国当代作家·史铁生系列,2008年9月。平装,国流32开,ISBN 978-7-02-006543-1,定价23.00元。(4-578)

1992　乔厂长上任记 改革小说选(上下)
丁帆主编,2008年10月。平装覆膜,16异,ISBN 978-7-02-006787-9,定价138.00元。(4-579)

1993　水蓝色的眼泪
素素等著,《萌芽》十年精华集·小说卷,2008年7月。平装覆膜,32异,ISBN 978-7-02-006751-0,定价24.00元。(4-580)

1994　遇见地下铁女孩
蔡骏等著,《萌芽》十年精华集·小说卷,2008年7月。平装覆膜,32异,ISBN 978-7-02-006748-0,定价25.00元。(4-581)

1995　2008短篇小说
本社编选,21世纪年度小说选,2009年2月。平装,32异,ISBN 978-7-02-007245-3,定价26.00元。(4-582)

1996　2008中篇小说
本社编选,21世纪年度小说选,2009年2月。

平装,32异,ISBN 978-7-02-007264-4,定价32.00元。(4-583)

1997 墙基 王安忆短篇小说编年卷一 一九七八——一九八一

2009年1月。平装,32异,ISBN 978-7-02-006902-6,定价28.00元。(4-584)

1998 舞台小世界 王安忆短篇小说编年卷二 一九八二——一九八九

2009年1月。平装,32异,ISBN 978-7-02-006903-3,定价32.00元。(4-585)

1999 天仙配 王安忆短篇小说编年卷三 一九九七——二零零零

2009年1月。平装,32异,ISBN 978-7-02-006904-0,定价24.00元。(4-586)

2000 2020短篇小说

本社编选,21世纪年度小说选,2021年5月。平装,国流32开,ISBN 978-7-02-016982-5。

2001 黑弄堂 王安忆短篇小说编年卷四 二零零一——二零零七

2009年1月。平装,32异,ISBN 978-7-02-006905-7,定价30.00元。(4-587)

2002 温故一九四二

刘震云著,中国当代作家·刘震云系列,2009年3月。平装,国流32开,ISBN 978-7-02-006612-4,定价28.00元。(4-588)

2003 凶犯

张平著,中国当代作家·张平系列,2009年4月。平装,国流32开,ISBN 978-7-02-007218-7,定价34.00元。2016年1月收入张平现实四书,平装,国流32开,ISBN 978-7-02-011273-9,定价42.00元。(4-589)

2004 铁凝小说选

中国文库,2009年9月。国流32开,平装,ISBN 978-7-02-007671-0,定价25.50元;精装,ISBN 978-7-02-007642-0,定价39.50元。(4-590)

2005 李凖小说选

中国文库,2009年9月。国流32开,平装,ISBN 978-7-02-007643-7,定价32.00元;精装,ISBN 978-7-02-007616-1,定价48.00元。(4-591)

2006 王蒙小说选

中国文库,2009年7月。国流32开,平装,ISBN 978-7-02-007658-1,定价32.00元;精装,ISBN 978-7-02-007630-7,定价48.00元。(4-592)

2007 邓友梅小说选

中国文库,2009年9月。国流32开,平装,ISBN 978-7-02-007655-0,定价30.00元;精装,ISBN 978-7-02-007627-7,定价44.00元。(4-593)

2008 史铁生小说选

中国文库,2009年7月。国流32开,平装,ISBN 978-7-02-007653-6,定价34.00元;精装,ISBN 978-7-02-007625-3,定价51.00元。(4-594)

2009 王安忆小说选

中国文库,2009年9月。国流32开,平装,ISBN 978-7-02-007654-3,定价33.00元;精装,ISBN 978-7-02-007626-0,定价49.00元。(4-595)

2010 芳菲遍野(1990—1995)

本社编选,人民文学出版社·新中国60年中短篇小说典藏,2009年9月。纸精,国流32开,ISBN 978-7-02-007610-9,定价45.00元。(4-596)

2011 丰盈的激情(上下)(1976—1984)

本社编选,人民文学出版社·新中国60年中短篇小说典藏,2009年9月。精装,国流32开,ISBN 978-7-02-007612-3,定价95.00元。(4-597)

2012 篱下百花(1957—1966)

本社编选,人民文学出版社·新中国60年中短篇小说典藏,2009年9月。精装,国流32开,ISBN 978-7-02-007613-0,定价40.00元。(4-598)

2013 站起来的声音(1949—1956)

本社编选,人民文学出版社·新中国60年中短篇小说典藏,2009年9月。精装,国流32开,ISBN 978-7-02-007614-7,定价35.00元。(4-599)

2014 沉静的风景(1996—1999)

本社编选,人民文学出版社·新中国60年中短篇小说典藏,2009年9月。精装,国流32

开,ISBN 978-7-02-007609-3,定价40.00元。(4-600)

2015 归去来兮(上下)(1985—1989)
本社编选,人民文学出版社·新中国60年中短篇小说典藏,2009年9月。精装,国流32开,ISBN 978-7-02-007611-6,定价88.00元。(4-601)

2016 山外青山(2000—2008)
本社编选,人民文学出版社·新中国60年中短篇小说典藏,2009年9月。精装,国流32开,ISBN 978-7-02-007608-6,定价43.00元。(4-602)

2017 我们的遗憾来自于相爱时间的错过
橘子著,2009年12月。平装,32异,ISBN 978-7-02-007758-8,定价20.00元。(4-603)

2018 海边的雪
张炜著,中国当代作家·张炜系列,2010年1月。平装,国流32开,ISBN 978-7-02-007306-1,定价30.00元。(4-604)

2019 2009短篇小说
本社编选,21世纪年度小说选,2010年1月。平装,32异,ISBN 978-7-02-007727-4,定价28.00元。(4-605)

2020 2009中篇小说
本社编选,21世纪年度小说选,2010年1月。平装,32异,ISBN 978-7-02-007745-8,定价33.00元。(4-606)

2021 蘑菇七种
张炜著,中国当代作家·张炜系列,2010年1月。平装,国流32开,ISBN 978-7-02-007307-8,定价26.00元。(4-607)

2022 李国文小说选
中国文库,2009年9月。国流32开,平装,ISBN 978-7-02-007663-5,定价35.00元;精装,ISBN 978-7-02-007634-5,定价49.00元。(4-608)

2023 我们去找一盏灯 叶兆言短篇小说编年卷三 1997—2009
2009年12月。平装覆膜,32异,ISBN 978-7-02-007810-3,定价22.00元。(4-609)

2024 一生太长了
张洁著,2010年2月。平装覆膜,16异,ISBN 978-7-02-007747-2,定价20.00元。(4-610)

2025 雪地传说 叶兆言短篇小说编年卷一 1988—1993
2009年12月。平装覆膜,32异,ISBN 978-7-02-007811-0,定价25.00元。(4-611)

2026 左轮三五七 叶兆言短篇小说编年卷二 1994—1996
2009年12月。平装覆膜,32异,ISBN 978-7-02-007809-7,定价22.00元。(4-612)

2027 甜橙树
曹文轩著,曹文轩文集,2010年1月。平装覆膜,国流32开,ISBN 978-7-02-007835-6,定价24.00元。(4-613)

2028 三角地
曹文轩著,曹文轩文集,2010年1月。平装覆膜,国流32开,ISBN 978-7-02-007834-9,定价28.00元。(4-614)

2029 中短篇小说卷
张洁著,张洁文集,2012年4月,平装,国流32开,ISBN 978-7-02-008651-1,定价42.00元。(4-615)

2030 你越过那片沼泽 范小青短篇小说精选集(1980年—1990年)
2010年5月。平装,32异,ISBN 978-7-02-008012-0,定价29.00元。(4-616)

2031 人间信息 范小青短篇小说精选集(1991年—1997年)
2010年5月。平装,32异,ISBN 978-7-02-008011-3,定价30.00元。(4-617)

2032 寻找失散的姐妹 范小青短篇小说精选集(1998年—2005年)
2010年5月。平装,32异,ISBN 978-7-02-008010-3,定价30.00元。(4-618)

2033 我在哪里丢失了你 范小青短篇小说精选集(2006年—2009年)
2010年5月。平装,32异,ISBN 978-7-02-008009-0,定价28.00元。(4-619)

2034 星空下的咖啡馆
菊开那夜著,2010年5月。平装覆膜,32异,ISBN 978-7-02-008080-9,定价20.00元。(4-620)

2035 天眼红尘

钟玲著,2011年1月。平装覆膜,32异,ISBN 978-7-02-008345-9,定价22.00元。(4-621)

2036 2010短篇小说

本社编选,21世纪年度小说选,2011年1月。平装,32异,ISBN 978-7-02-008338-1,定价33.00元。(4-622)

2037 2010中篇小说

本社编选,21世纪年度小说选,2011年1月。平装,32异,ISBN 978-7-02-008339-8,定价32.00元。(4-623)

2038 阿狗的生活日新月异

朱平兆著,2009年12月。平装,国流32开,ISBN 978-7-02-006015-3,无单本定价,九册合计180.00元。(4-624)

2039 我们是怎样爱上婚姻的

卢岚岚著,2011年6月。平装,32异,ISBN 978-7-02-008556-9,定价27.00元。(4-625)

2040 像嬉皮那样晃荡行走

菊开那夜著,2011年5月。平装,32异,ISBN 978-7-02-008568-2,定价28.00元。(4-626)

2041 魔术时刻

苏伟贞著,2011年7月。平装,32异,ISBN 978-7-02-008585-9,定价28.00元。(4-627)

2042 艾克拜尔·米吉提短篇小说精选

(哈萨克族)艾克拜尔·米吉提著,2011年12月。平装,国流32开,ISBN 978-7-02-008695-5,定价30.00元。(4-628)

2043 2011中篇小说

本社编选,21世纪年度小说选,2012年2月。平装,32异,ISBN 978-7-02-008806-5,定价34.00元。(4-629)

2044 北国一片苍茫 迟子建短篇小说编年 卷一(1985—1991)

2012年1月。软精,32异,ISBN 978-7-02-008810-2,定价28.00元。(4-630)

2045 亲亲土豆 迟子建短篇小说编年 卷二(1992—1996)

2012年1月。软精,32异,ISBN 978-7-02-008809-6,定价28.00元。(4-631)

2046 花瓣饭 迟子建短篇小说编年 卷三(1997—2003)

2012年1月。软精,32异,ISBN 978-7-02-008808-9,定价28.00元。(4-632)

2047 一坛猪油 迟子建短篇小说编年 卷四(2004—2010)

2012年1月。软精,32异,ISBN 978-7-02-008807-2,定价28.00元。(4-633)

2048 2011短篇小说

本社编选,21世纪年度小说选,2012年3月。平装,国流32开,ISBN 978-7-02-008876-8,定价29.00元。(4-634)

2049 永无回归之路

何凯旋著,野草莓丛书,2012年5月。平装,国流32开,ISBN 978-7-02-009067-9,定价30.00元。(4-635)

2050 太阳从背后升起

王立纯著,野草莓丛书,2012年5月。平装,国流32开,ISBN 978-7-02-009007-5,定价29.00元。(4-636)

2051 青花瓷碗

陈力娇著,野草莓丛书,2012年5月。平装,国流32开,ISBN 978-7-02-009005-1,定价28.00元。(4-637)

2052 在乌鲁布铁

徐岩著,野草莓丛书,2012年5月。平装,国流32开,ISBN 978-7-02-009068-6,定价30.00元。(4-638)

2053 夜泊秦淮 叶兆言中篇小说 卷一

2012年7月。平装,32异,ISBN 978-7-02-009199-7,定价29.00元。(4-639)

2054 关于厕所 叶兆言中篇小说 卷四

2012年7月。平装,32异,ISBN 978-7-02-009197-3,定价29.00元。(4-640)

2055 日本鬼子来了 叶兆言中篇小说 卷二

2012年7月。平装,32异,ISBN 978-7-02-009196-6,定价29.00元。(4-641)

2056 红房子酒店 叶兆言中篇小说 卷三

2012年7月。平装,32异,ISBN 978-7-02-009198-0,定价33.00元。(4-642)

2057 重见阳光的日子 叶兆言中篇小说 卷五

2012年7月。平装,32异,ISBN 978-7-02-009200-0,定价30.00元。(4-643)

2058 沙盘
高剑著,2012年9月。平装,国流32开,ISBN 978-7-02-009214-7,定价25.00元。(4-644)

2059 单人旅行
苏伟贞著,2012年10月。平装,32异,ISBN 978-7-02-009363-2,定价24.00元。(4-645)

2060 梦书
苏伟贞著,2012年10月。平装,32异,ISBN 978-7-02-009231-4,定价18.00元。(4-646)

2061 天堂十记
曹征路著,2013年1月。平装,16异,ISBN 978-7-02-009462-2,定价28.00元。(4-647)

2062 朱颜长好
宗璞著,2013年1月。精装,国流32开,ISBN 978-7-02-009035-8,定价49.00元。(4-648)

2063 被窝是青春的坟墓
七堇年著,七堇年作品系列,2013年4月。平装,国流32开,ISBN 978-7-02-009743-2,定价28.00元。(4-649)

2064 2012青春文学
本社编选,"岩层"书系,2013年5月。平装,16异,ISBN 978-7-02-009577-3,定价33.00元。(4-650)

2065 2012短篇小说
本社编选,21世纪年度小说选,2013年5月。平装,国流32开,ISBN 978-7-02-009836-1,定价25.00元。(4-651)

2066 2012中篇小说
本社编选,21世纪年度小说选,2013年5月。平装,国流32开,ISBN 978-7-02-009835-4,定价39.00元。(4-652)

2067 刀背藏身 徐皓峰武侠短篇集
2013年7月。平装,16异,ISBN 978-7-02-009839-2,定价39.00元。(3-1147)

2068 橙血
严歌苓著,有价值悦读,2013年11月。平装,小32开,ISBN 978-7-02-010050-7,定价24.00元。(4-653)

2069 棋王 树王 孩子王
阿城著,有价值悦读,2013年11月。平装,小32开,ISBN 978-7-02-010053-8,定价24.00元。2015年10月,精装,32异,ISBN 978-7-02-010895-4,定价39.00元。(4-654)

2070 对面
铁凝著,有价值悦读,2013年11月。平装,小32开,ISBN 978-7-02-010051-4,定价26.00元。(4-655)

2071 祖母绿
张洁著,有价值悦读,2013年11月。平装,小32开,ISBN 978-7-02-010073-6,定价26.00元。(4-656)

2072 我与地坛
史铁生著,有价值悦读,2013年11月。平装,小32开,ISBN 978-7-02-010052-1,定价26.00元。(4-657)

2073 看人
贾平凹著,有价值悦读,2013年11月。平装,小32开,ISBN 978-7-02-010068-2,定价26.00元。(4-658)

2074 俗世奇人
冯骥才著,有价值悦读,2013年11月。平装,小32开,ISBN 978-7-02-010049-1,定价24.00元。(4-659)

2075 复仇
汪曾祺著,有价值悦读,2013年11月。平装,小32开,ISBN 978-7-02-010072-9,定价26.00元。(4-660)

2076 天火
(藏族)阿来著,有价值悦读,2013年11月。平装,小32开,ISBN 978-7-02-010070-5,定价26.00元。(4-661)

2077 亚丁湾的午后时光
李亚著,2013年12月。平装,国流32开,ISBN 978-7-02-010152-8,定价26.00元。(4-662)

2078 受戒
汪曾祺著,中学生文学阅读必备书系,2014年2

月。平装覆膜,国流32开,ISBN 978-7-02-009931-3,定价19.00元。(4-663)

2079 年月日 朝着东南走 横活
阎连科著,黑白阎连科·中篇四书,2014年3月。平装,国流32开,ISBN 978-7-02-010096-5,定价22.00元。(4-664)

2080 耙耧天歌 大校 乡村死亡报告
阎连科著,黑白阎连科·中篇四书,2014年3月。平装,国流32开,ISBN 978-7-02-010099-6,定价22.00元。(4-665)

2081 黄金洞 寻找土地 中士还乡
阎连科著,黑白阎连科·中篇四书,2014年3月。平装,国流32开,ISBN 978-7-02-010097-2,定价24.00元。(4-666)

2082 天宫图 平平淡淡 瑶沟的日头
阎连科著,黑白阎连科·中篇四书,2014年3月。平装,国流32开,ISBN 978-7-02-010098-9,定价24.00元。(4-667)

2083 黑骏马
张承志著,中学生文学阅读必备书系,2014年2月。平装覆膜,国流32开,ISBN 978-7-02-010039-2,定价20.00元。(4-668)

2084 棋王
阿城著,中学生文学阅读必备书系,2014年3月。平装覆膜,国流32开,ISBN 978-7-02-010224-2,定价14.00元。(4-669)

2085 我疼
陈希我著,陈希我疼痛小说系列,2014年4月。平装,国流32开,ISBN 978-7-02-010118-4,定价36.00元。2017年10月,陈希我疼痛小说系列纪念版,平装,国流32开,ISBN 978-7-02-013393-2,定价39.00元。(4-670)

2086 2013中篇小说
本社编选,21世纪年度小说选,2014年5月。平装,国流32开,ISBN 978-7-02-010242-6,定价34.00元。(4-671)

2087 2013短篇小说
本社编选,21世纪年度小说选,2014年5月。平装,国流32开,ISBN 978-7-02-010243-3,定价33.00元。(4-672)

2088 恭贺新禧
龙一著,2014年6月。平装,国流32开,ISBN 978-7-02-010315-7,定价26.00元。(4-673)

2089 猫与鼠 也缠绵
陈忠实著,有价值悦读,2014年6月。平装,小32开,ISBN 978-7-02-010102-3,定价28.00元。(4-674)

2090 美食家
陆文夫著,有价值悦读,2014年6月。平装,小32开,ISBN 978-7-02-010245-7,定价28.00元。(4-675)

2091 三生石
宗璞著,有价值悦读,2014年6月。平装,小32开,ISBN 978-7-02-010088-0,定价28.00元。(4-676)

2092 昆仑殇
毕淑敏著,有价值悦读,2014年6月。平装,小32开,ISBN 978-7-02-010087-3,定价28.00元。(4-677)

2093 四条汉子
刘恒著,有价值悦读,2014年6月。平装,小32开,ISBN 978-7-02-010089-7,定价28.00元。(4-678)

2094 那五
邓友梅著,有价值悦读,2014年6月。平装,小32开,ISBN 978-7-02-010246-4,定价28.00元。(4-679)

2095 浪漫主义者和病退
李晓著,有价值悦读,2014年6月。平装,小32开,ISBN 978-7-02-010090-3,定价28.00元。(4-680)

2096 接近于无限透明
朱苏进著,有价值悦读,2014年6月。平装,小32开,ISBN 978-7-02-010247-1,定价28.00元。(4-681)

2097 2013青春文学
本社编选,"岩层"书系,2014年6月。平装,16异,ISBN 978-7-02-010282-2,定价38.00元。(4-682)

2098 分裂的村庄
周建新著,2014年7月。平装,32异,ISBN 978-7-02-010238-9,定价33.00元。(4-683)

小说

2099　向着白夜旅行
迟子建著,迟子建中篇小说编年,2014年8月。平装,32异,ISBN 978-7-02-010194-8,定价28.00元。(4-684)

2100　酒鬼的鱼鹰
迟子建著,迟子建中篇小说编年,2014年8月。平装,32异,ISBN 978-7-02-010193-1,定价35.00元。(4-685)

2101　北极村童话
迟子建著,迟子建中篇小说编年,2014年8月。平装,32异,ISBN 978-7-02-010189-4,定价30.00元。(4-686)

2102　鸭如花
迟子建著,迟子建中篇小说编年,2014年8月。平装,32异,ISBN 978-7-02-010195-5,定价30.00元。(4-687)

2103　日落碗窑
迟子建著,迟子建中篇小说编年,2014年8月。平装,32异,ISBN 978-7-02-010196-2,定价32.00元。(4-688)

2104　秧歌
迟子建著,迟子建中篇小说编年,2014年8月。平装,32异,ISBN 978-7-02-010190-0,定价28.00元。(4-689)

2105　世界上所有的夜晚
迟子建著,迟子建中篇小说编年,2014年8月。平装,32异,ISBN 978-7-02-010192-4,定价35.00元。(4-690)

2106　布基兰小站的腊八夜
迟子建著,迟子建中篇小说编年,2014年8月。平装,32异,ISBN 978-7-02-010191-7,定价35.00元。(4-691)

2107　最后的狩猎
葛均义著,野草莓丛书,2014年8月。平装,国流32开,ISBN 978-7-02-010412-3,定价32.00元。(4-693)

2108　寒蝉凄切
朱珊珊著,野草莓丛书,2014年8月。平装,国流32开,ISBN 978-7-02-010318-8,定价28.00元。(4-694)

2109　城市和鱼
王鸿达著,野草莓丛书,2014年8月。平装,国流32开,ISBN 978-7-02-010316-4,定价32.00元。(4-695)

2110　白天不懂夜的黑
叶兆言著,2015年1月。平装,32异,ISBN 978-7-02-010634-9,定价23.00元。(4-696)

2111　五月的鲜花
姚舍尘著,2014年12月。平装,国流32开,ISBN 978-7-02-010518-2,定价29.00元。(4-697)

2112　明天遥遥无期
毕飞宇著,毕飞宇文集,2015年1月。平装,16异,ISBN 978-7-02-010139-9,定价34.00元。(99-153)

2113　相爱的日子
毕飞宇著,毕飞宇文集,2015年1月。平装,16异,ISBN 978-7-02-010131-3,定价32.00元。(99-154)

2114　哺乳期的女人
毕飞宇著,毕飞宇文集,2015年1月。平装,16异,ISBN 978-7-02-010138-2,定价28.00元。(99-155)

2115　青衣
毕飞宇著,毕飞宇文集,2015年1月。平装,16异,ISBN 978-7-02-010134-4,定价34.00元。(99-157)

2116　头发
张震著,2015年1月。平装,16异,ISBN 978-7-02-010608-0,定价33.00元。(4-698)

2117　万箭穿心
方方著,方方中篇小说系列,2015年1月。平装,国流32开,ISBN 978-7-02-010266-2,定价32.00元。(4-699)

2118　风景
方方著,方方中篇小说系列,2015年1月。平装,国流32开,ISBN 978-7-02-010261-7,定价35.00元。(4-700)

2119　在我的开始是我的结束
方方著,方方中篇小说系列,2015年1月。平装,国流32开,ISBN 978-7-02-010264-8,定价32.00元。(4-701)

2120　祖父在父亲心中

方方著,方方中篇小说系列,2015 年 1 月。平装,国流 32 开,ISBN 978-7-02-010262-4,定价 35.00 元。(4-702)

2121 埋伏

方方著,方方中篇小说系列,2015 年 1 月。平装,国流 32 开,ISBN 978-7-02-010263-1,定价 32.00 元。(4-703)

2122 有爱无爱都铭心刻骨

方方著,方方中篇小说系列,2015 年 1 月。平装,国流 32 开,ISBN 978-7-02-010267-9,定价 35.00 元。(4-704)

2123 涂自强的个人悲伤

方方著,方方中篇小说系列,2015 年 1 月。平装,国流 32 开,ISBN 978-7-02-010265-5,定价 35.00 元。(4-705)

2124 2014 短篇小说

本社编选,21 世纪年度小说选,2015 年 5 月。平装,32 异,ISBN 978-7-02-010830-5,定价 32.00 元。(4-706)

2125 三月里的幸福饼

张小娴著,2015 年 1 月。平装,国流 32 开,ISBN 978-7-02-010626-4,定价 31.00 元。(4-707)

2126 雪地里的单车

张小娴著,2015 年 1 月。平装,国流 32 开,ISBN 978-7-02-010767-4,定价 32.00 元。(4-708)

2127 2014 青春文学

本社编选,"岩层"书系,2015 年 7 月。平装覆膜,16 异,ISBN 978-7-02-010831-2,定价 39.00 元。(4-709)

2128 2016 中篇小说

本社编选,21 世纪年度小说选,2017 年 9 月。平装,国流 32 开,ISBN 978-7-02-013133-4,定价 42.00 元。(4-710)

2129 2014 中国最佳科幻作品

姚海军主编,2015 年 8 月。平装,国流 32 开,ISBN 978-7-02-010867-1,定价 33.00 元。(4-711)

2130 爸爸爸

韩少功著,有价值悦读,2015 年 8 月。平装,小 32 开,ISBN 978-7-02-010732-2,定价 28.00 元。(4-712)

2131 城南旧事

林海音著,有价值悦读,2015 年 8 月。平装,小 32 开,ISBN 978-7-02-010976-0,定价 28.00 元。(4-713)

2132 荷花淀

孙犁著,有价值悦读,2015 年 8 月。平装,小 32 开,ISBN 978-7-02-010733-9,定价 28.00 元。(4-714)

2133 2014 中篇小说

本社编选,21 世纪年度小说选,2015 年 8 月。平装,32 异,ISBN 978-7-02-010833-6,定价 36.00 元。(4-715)

2134 白蛇

〔美〕严歌苓著,2015 年 10 月。精装,小 32 开,ISBN 978-7-02-010184-9,定价 25.00 元。(4-716)

2135 谁家有女初长成

〔美〕严歌苓著,2015 年 10 月。精装,小 32 开,ISBN 978-7-02-010186-3,定价 29.00 元。(4-717)

2136 灰舞鞋

〔美〕严歌苓著,2015 年 10 月。精装,小 32 开,ISBN 978-7-02-010188-7,定价 27.00 元。(4-718)

2137 也是亚当,也是夏娃

〔美〕严歌苓著,2015 年 10 月。精装,小 32 开,ISBN 978-7-02-010185-6,定价 27.00 元。(4-719)

2138 太平洋探戈

〔美〕严歌苓著,2015 年 10 月。精装,小 32 开,ISBN 978-7-02-010187-0,定价 27.00 元。(4-720)

2139 致无尽岁月

池莉著,有价值悦读,2015 年 10 月。平装,小 32 开,ISBN 978-7-02-011078-0,定价 28.00 元。(4-721)

2140 此地是他乡

孙甘露著,有价值悦读,2015 年 10 月。平装,小 32 开,ISBN 978-7-02-010950-0,定价 28.00 元。(4-722)

2141 王金发考

叶兆言著,叶兆言中篇小说,2015 年 10 月。平装,32 异,ISBN 978-7-02-010828-2,定价 45.00 元。(4-723)

2142 余步伟遇到马兰

叶兆言著,叶兆言中篇小说,2015 年 10 月。平装,32 异,ISBN 978-7-02-011045-2,定价 38.00 元。(4-724)

2143 不坏那么多,只坏一点点

叶兆言著,叶兆言中篇小说,2015 年 10 月。平装,32 异,ISBN 978-7-02-011130-5,定价 39.00 元。(4-725)

2144 俗世奇人(足本)

冯骥才著,2016 年 1 月。平装,16 异,ISBN 978-7-02-011093-3,定价 26.00 元。2018 年 4 月收入教育部统编《语文》推荐阅读丛书,平装覆膜,16 异,ISBN 978-7-02-013810-4,定价 28.00 元。(4-726)

2145 暗夜

残雪著,有价值悦读,2016 年 1 月。平装,小 32 开,ISBN 978-7-02-010977-7,定价 28.00 元。(4-727)

2146 深夜的蚕豆声——丝绸之路上的神秘采访

雪漠著,2016 年 4 月。平装,16 异,ISBN 978-7-02-011325-5,定价 48.00 元。(4-728)

2147 褐色鸟群

格非著,有价值悦读,2016 年 3 月。平装,小 32 开,ISBN 978-7-02-011260-9,定价 28.00 元。(4-729)

2148 去雅典的鞋子

叶兆言著,2016 年 5 月。平装,32 异,ISBN 978-7-02-011439-9,定价 25.00 元。(4-730)

2149 2015 短篇小说

本社编选,21 世纪年度小说选,2016 年 5 月。平装,国流 32 开,ISBN 978-7-02-011479-5,定价 35.00 元。(4-731)

2150 2015 青春文学

本社编选,"岩层"书系,2016 年 4 月。平装,16 异,ISBN 978-7-02-011472-6,定价 37.00 元。(4-732)

2151 2015 中篇小说

本社编选,21 世纪年度小说选,2016 年 5 月。平装,国流 32 开,ISBN 978-7-02-011473-3,定价 39.00 元。(4-733)

2152 2015 中国最佳科幻作品

姚海军主编,2016 年 7 月。平装,国流 32 开,ISBN 978-7-02-0115129-3,定价 45.00 元。(4-734)

2153 天长夜短

张新科著,2016 年 6 月。平装,32 异,ISBN 978-7-02-011665-2,定价 29.00 元。(4-735)

2154 三只虫草

(藏族)阿来著,2016 年 8 月。精装,小 32 开,ISBN 978-7-02-011178-7,定价 29.00 元。(4-736)

2155 蘑菇圈

(藏族)阿来著,2016 年 8 月。精装,小 32 开,ISBN 978-7-02-011177-0,定价 32.00 元。(4-737)

2156 河上柏影

(藏族)阿来著,2016 年 10 月。精装,小 32 开,ISBN 978-7-02-011812-0,定价 35.00 元。(4-738)

2157 金色的麦田

周大新著,周大新文集,2016 年 10 月。平装,16 异,ISBN 978-7-02-011494-8,定价 44.00 元。(99-175)

2158 紫雾

周大新著,周大新文集,2016 年 10 月。平装,16 异,ISBN 978-7-02-011497-9,定价 32.00 元。(99-176)

2159 瓦解

周大新著,周大新文集,2016 年 10 月。平装,16 异,ISBN 978-7-02-011499-3,定价 42.00 元。(99-177)

2160 向上的台阶

周大新著,周大新文集,2016 年 10 月。平装,16 异,ISBN 978-7-02-011498-6,定价 39.00 元。(99-178)

2161 香魂女

周大新著,周大新文集,2016 年 10 月。平装,16 异,ISBN 978-7-02-011496-2,定价 43.00

元。(99-179)

2162　明宫女

周大新著,周大新文集,2016 年 10 月。平装,16 异,ISBN 978-7-02-011500-6,定价 52.00 元。(99-180)

2163　我没有自己的名字

余华著,2017 年 1 月。精装,32 异,ISBN 978-7-02-012192-2,定价 58.00 元。(4-739)

2164　处男葛不垒

徐皓峰著,2017 年 2 月。平装,32 异,ISBN 978-7-02-012227-1,定价 37.00 元。(4-740)

2165　刺客

龙一著,2017 年 3 月。精装,国流 32 开,ISBN 978-7-02-012106-9,定价 48.00 元。(4-741)

2166　红豆生南国

王安忆著,2017 年 6 月。平装,32 异,ISBN 978-7-02-012626-2,定价 35.00 元。(4-742)

2167　2016 青春文学

本社编选,"岩层"书系,2017 年 6 月。平装,16 异,ISBN 978-7-02-012483-1,定价 39.00 元。(4-743)

2168　大狗传

迟宇宙著,2017 年 8 月。平装,国流 32 开,ISBN 978-7-02-012570-8,定价 39.00 元。(4-744)

2169　我们见过吗 宋毓建悬念小说精选集

2017 年 6 月。精装,32 异,ISBN 978-7-02-012182-3,定价 46.00 元。(4-745)

2170　飞行酿酒师

铁凝著,2017 年 8 月。精装,国流 32 开,ISBN 978-7-02-012502-9,定价 49.00 元。(4-746)

2171　2016 中国最佳科幻作品

姚海军主编,2017 年 8 月。平装,国流 32 开,ISBN 978-7-02-012572-2,定价 42.00 元。(4-747)

2172　命

陈希我著,陈希我疼痛小说系列,2017 年 8 月。平装,国流 32 开,ISBN 978-7-02-012350-6,定价 39.00 元。(4-748)

2173　五百万汉字

阿乙著,2017 年 8 月。精装,国流 32 开,ISBN 978-7-02-012349-0,定价 48.00 元。(4-749)

2174　烟壶 美食家 中篇小说卷(1983—1986)

邓友梅等著,《收获》60 周年纪念文存珍藏版,2017 年 8 月。精装,16 异,ISBN 978-7-02-013028-3,定价 99.00 元。(4-750)

2175　人到中年 方舟 中篇小说卷(1979—1982)

谌容等著,《收获》60 周年纪念文存珍藏版,2017 年 8 月。精装,16 异,ISBN 978-7-02-013015-3,定价 89.00 元。(4-751)

2176　灰舞鞋 密码 中篇小说卷(2003—2007)

严歌苓等著,《收获》60 周年纪念文存珍藏版,2017 年 8 月。精装,16 异,ISBN 978-7-02-013021-4,定价 89.00 元。(4-752)

2177　月色撩人 鬼魅丹青 中篇小说卷(2008—2011)

王安忆等著,《收获》60 周年纪念文存珍藏版,2017 年 8 月。精装,16 异,ISBN 978-7-02-013022-1,定价 99.00 元。(4-753)

2178　蘑菇圈 大乔小乔 中篇小说卷(2011—2017)

阿来等著,《收获》60 周年纪念文存珍藏版,2017 年 8 月。精装,16 异,ISBN 978-7-02-013038-2,定价 89.00 元。(4-754)

2179　结婚 没有意思的故事 短篇小说卷(1979—1990)

阿城等著,《收获》60 周年纪念文存珍藏版,2017 年 8 月。精装,16 异,ISBN 978-7-02-013124-2,定价 99.00 元。(4-755)

2180　立新街甲一号与昆仑奴 摸鱼儿 短篇小说卷(1991—2004)

王小波等著,《收获》60 周年纪念文存珍藏版,2017 年 8 月。精装,16 异,ISBN 978-7-02-013024-5,定价 99.00 元。(4-756)

2181　我们去找一盏灯 阿弟,你慢慢跑 短篇小说卷(2005—2010)

叶兆言等著,《收获》60周年纪念文存珍藏版,2017年8月。精装,16异,ISBN 978-7-02-013030-6,定价89.00元。(4-757)

2182 名字游戏 请勿谈论庄天海 短篇小说卷(2011—2016)
范小青等著,《收获》60周年纪念文存珍藏版,2017年8月。精装,16异,ISBN 978-7-02-013026-9,定价89.00元。(4-758)

2183 怀念声名狼藉的日子 龙凤呈祥 中篇小说卷(1998—2003)
池莉等著,《收获》60周年纪念文存珍藏版,2017年8月。精装,16异,ISBN 978-7-02-013008-5,定价99.00元。(4-759)

2184 接近于无限透明 叔叔阿姨大舅和我 中篇小说卷(1990—1993)
朱苏进等著,《收获》60周年纪念文存珍藏版,2017年8月。精装,16异,ISBN 978-7-02-013017-7,定价89.00元。(4-760)

2185 麦秸垛 妻妾成群 中篇小说卷(1986—1989)
铁凝等著,《收获》60周年纪念文存珍藏版,2017年8月。精装,16异,ISBN 978-7-02-013029-0,定价99.00元。(4-761)

2186 2016短篇小说
本社编选,21世纪年度小说选,2017年9月。平装,国流32开,ISBN 978-7-02-012794-8,定价38.00元。(4-762)

2187 近似无止境的徒步
杨克编,《作品》90后文学大系·小说卷,2017年8月。平装,16异,ISBN 978-7-02-013213-3,定价48.00元。(4-763)

2188 诱变 黄跃华中短篇小说集
2017年11月。平装,国流32开,ISBN 978-7-02-013138-9,定价32.00元。(4-764)

2189 众声喧哗
王安忆著,2017年10月。平装,32异,ISBN 978-7-02-013111-2,定价35.00元。(4-765)

2190 百鸟朝凤
肖江虹著,2018年1月。平装,国流32开,ISBN 978-7-02-013318-5,定价36.00元。(4-766)

2191 老戏台 冯俊科中篇小说选
2018年3月。平装,国流32开,ISBN 978-7-02-013543-1,定价49.00元。(4-767)

2192 青衣
毕飞宇著,2018年1月。精装,大32开,ISBN 978-7-02-013219-5,定价48.00元。(4-768)

2193 候鸟的勇敢
迟子建著,2018年5月。精装,国流32开,ISBN 978-7-02-013947-7,定价39.00元。(4-769)

2194 荷花淀
孙犁著,教育部统编《语文》推荐阅读丛书,2018年4月。平装覆膜,16异,ISBN 978-7-02-013773-2,定价39.00元。(4-770)

2195 寺内
刘以鬯著,梅子编,刘以鬯经典,2018年6月。精装,国流32开,ISBN 978-7-02-013539-4,定价55.00元。(4-771)

2196 杏花雨
刘庆邦著,2018年1月。平装,32异,ISBN 978-7-02-013329-1,定价48.00元。(4-773)

2197 四月三日事件
余华著,2018年4月。精装,32异,ISBN 978-7-02-013873-9,定价99.00元。(4-774)

2198 2017中国最佳科幻作品
姚海军主编,2018年6月。平装,国流32开,ISBN 978-7-02-013900-2,定价45.00元。(4-775)

2199 22年的故事讲完了
乔维里著,2018年7月。平装,国流32开,ISBN 978-7-02-013322-2,定价39.00元。(4-776)

2200 2017中篇小说
本社编选,21世纪年度小说选,2018年6月。平装,国流32开,ISBN 978-7-02-013903-3,定价58.00元。(4-777)

2201 2017短篇小说
本社编选,21世纪年度小说选,2018年6月。平装,国流32开,ISBN 978-7-02-013875-3,定价56.00元。(4-778)

2202 2017青春文学

本社编选,"岩层"书系,2018年7月。平装,16异,ISBN 978-7-02-014392-4,定价43.00元。(4-779)

2203 麒麟

朱大可著,2018年7月。精装,小32开,ISBN 978-7-02-013686-5,定价33.00元。(4-780)

2204 字造

朱大可著,2018年7月。精装,小32开,ISBN 978-7-02-013684-1,定价33.00元。(4-781)

2205 神镜

朱大可著,2018年7月。精装,小32开,ISBN 978-7-02-013685-8,定价35.00元。(4-782)

2206 药都人物

杨小凡著,小小说精品系列,2018年7月。平装,国流32开,ISBN 978-7-02-013985-1,定价36.00元。(4-783)

2207 老店铺传奇

孙方友著,小小说精品系列,2018年7月。平装,国流32开,ISBN 978-7-02-013882-1,定价38.00元。(4-784)

2208 夷门书家

张晓林著,小小说精品系列,2018年7月。平装,国流32开,ISBN 978-7-02-013879-1,定价38.00元。(4-785)

2209 盐河旧事

相裕亭著,小小说精品系列,2018年7月。平装,国流32开,ISBN 978-7-02-013881-4,定价38.00元。(4-786)

2210 湘潭故事

聂鑫森著,小小说精品系列,2018年7月。平装,国流32开,ISBN 978-7-02-013883-8,定价32.00元。(4-787)

2211 俗世奇人(足本)

冯骥才著,小小说精品系列,2018年7月。平装,国流32开,ISBN 978-7-02-014308-5,定价30.00元。(4-788)

2212 请挽救艺术家

张炜著,张炜中篇系列,2018年9月。精装,国流32开,ISBN 978-7-02-014307-8,定价36.00元。(4-789)

2213 护秋之夜

张炜著,张炜中篇系列,2018年9月。精装,国流32开,ISBN 978-7-02-014309-2,定价36.00元。(4-790)

2214 李二的奔走

薛喜君著,野草莓丛书,2018年9月。平装,国流32开,ISBN 978-7-02-014111-1,定价39.00元。(4-791)

2215 十爱

张悦然著,2018年9月。平装,国流32开,ISBN 978-7-02-011841-0,定价45.00元。(4-792)

2216 葵花走失在1890

张悦然著,2018年9月。平装,国流32开,ISBN 978-7-02-011839-7,定价45.00元。(4-793)

2217 去可可西里吃大餐

刘浪著,野草莓丛书,2018年9月。平装,国流32开,ISBN 978-7-02-014101-2,定价39.00元。(4-794)

2218 瀛洲思絮录

张炜著,张炜中篇系列,2018年11月。精装,国流32开,ISBN 978-7-02-014419-8,定价39.00元。(4-796)

2219 葡萄园

张炜著,张炜中篇系列,2018年11月。精装,国流32开,ISBN 978-7-02-014323-8,定价36.00元。(4-797)

2220 秋天的思索

张炜著,张炜中篇系列,2018年11月。精装,国流32开,ISBN 978-7-02-014325-2,定价36.00元。(4-798)

2221 原罪·宿命

史铁生著,中国中篇经典,2018年10月。平装,32异,ISBN 978-7-02-014489-1,定价45.00元。(4-799)

2222 月光下的银匠

(藏族)阿来著,中国短经典,2018年9月。精装,32异,ISBN 978-7-02-014387-0,定价49.90元。(4-800)

2223 玛多娜生意
苏童著,中国短经典,2018年9月。精装,32异,ISBN 978-7-02-014235-4,定价59.90元。(4-801)

2224 唱西皮二黄的一朵
毕飞宇著,中国短经典,2018年9月。精装,32异,ISBN 978-7-02-014219-4,定价49.90元。(4-802)

2225 你是谁？
宗璞著,中国短经典,2018年9月。精装,32异,ISBN 978-7-02-014240-8,定价49.90元。(4-803)

2226 哪年夏天在海边
范小青著,中国短经典,2018年9月。精装,32异,ISBN 978-7-02-014234-7,定价49.90元。(4-804)

2227 流动的房间
薛忆沩著,中国短经典,2018年9月。精装,32异,ISBN 978-7-02-014241-5,定价49.90元。(4-805)

2228 我是少年酒坛子
孙甘露著,中国短经典,2018年9月。精装,32异,ISBN 978-7-02-014110-4,定价49.90元。(4-806)

2229 厚土
李锐著,中国短经典,2018年9月。精装,32异,ISBN 978-7-02-014239-2,定价49.90元。(4-807)

2230 黑蜻蜓
李佩甫著,中国短经典,2018年9月。精装,32异,ISBN 978-7-02-014474-7,定价49.90元。(4-808)

2231 离婚指南
苏童著,中国中篇经典,2018年10月。平装,32异,ISBN 978-7-02-014220-0,定价45.00元。(4-809)

2232 神木
刘庆邦著,中国中篇经典,2018年10月。平装,32异,ISBN 978-7-02-014221-7,定价45.00元。(4-810)

2233 艳歌
叶兆言著,中国中篇经典,2018年10月。平装,32异,ISBN 978-7-02-014382-5,定价45.00元。(4-811)

2234 踏着月光的行板
迟子建著,中国中篇经典,2018年10月。平装,32异,ISBN 978-7-02-014381-8,定价45.00元。(4-812)

2235 四季流光
宗璞著,中国中篇经典,2018年10月。平装,32异,ISBN 978-7-02-014236-1,定价49.00元。(4-813)

2236 离婚指南
苏童著,有价值悦读,2018年12月。平装,小32开,ISBN 978-7-02-012074-1,定价39.00元。(4-814)

2237 夜间故事(上下)
苏童著,2018年11月。精装,32异,ISBN 978-7-02-014529-4,定价138.00元。(4-815)

2238 你好！本林同志
张炜著,张炜中篇系列,2019年1月。精装,国流32开,ISBN 978-7-02-014611-6,定价36.00元。(4-816)

2239 蘑菇七种
张炜著,张炜中篇系列,2019年1月。精装,国流32开,ISBN 978-7-02-014610-9,定价39.00元。(4-817)

2240 黄沙
张炜著,张炜中篇系列,2019年1月。精装,国流32开,ISBN 978-7-02-014588-1,定价36.00元。(4-818)

2241 近影
陆屿著,2019年1月。平装,国流32开,ISBN 978-7-02-014609-3,定价42.00元。(4-819)

2242 2018短篇小说
本社编选,21世纪年度小说选,2019年3月。平装,国流32开,ISBN 978-7-02-014911-7,定价46.00元。(4-820)

2243 人极
贾平凹著,中国短经典,2019年1月。精装,32异,ISBN 978-7-02-014628-4,定价49.90元。(4-821)

2244 我爱比尔

王安忆著,中国中篇经典,2019年4月。平装,32异,ISBN 978-7-02-014395-5,定价45.00元。(4-822)

2245 2018中篇小说

本社编选,21世纪年度小说选,2019年5月。平装,国流32开,ISBN 978-7-02-015052-6,定价58.00元。(4-823)

2246 2018青春文学

本社编选,"岩层"书系,2019年5月。平装,16异,ISBN 978-7-02-015051-9,定价42.00元。(4-824)

2247 2018中国最佳科幻作品

姚海军主编,2019年7月。平装,国流32开,ISBN 978-7-02-015194-3,定价42.00元。(4-825)

2248 叙事 玛卓的爱情 中篇小说卷(1994—1997)

毕飞宇等著,《收获》60周年纪念文存珍藏版,2017年8月。精装,16异,ISBN 978-7-02-013035-1,定价99.00元。(4-826)

2249 在平原

王苏辛著,2019年8月。平装,32异,ISBN 978-7-02-014851-6,定价42.00元。(4-827)

2250 俗世奇人全本

冯骥才著,2020年1月。平装,32异,ISBN 978-7-02-016045-7,定价36.00元。(4-828)

2251 家族试验

张怡微著,2020年1月。平装,国流32开,ISBN 978-7-02-015414-2,定价42.00元。(4-829)

2252 流浪地球 刘慈欣作品精选

教育部统编《语文》推荐阅读丛书,2020年1月。平装覆膜,16异,ISBN 978-7-02-015534-7,定价39.00元。(4-830)

2253 2019短篇小说

本社编选,21世纪年度小说选,2020年4月。平装,国流32开,ISBN 978-7-02-016034-1,定价56.00元。(4-831)

2254 铁血信鸽

鲁敏著,中国短经典,2020年1月。精装,32异,ISBN 978-7-02-015708-2,定价49.80元。(4-832)

2255 2019青春文学

本社编选,"岩层"书系,2020年5月。平装,16异,ISBN 978-7-02-016078-5,定价48.00元。(4-833)

2256 在上帝的眼皮底下

孙且著,野草莓丛书,2016年11月。平装,国流32开,ISBN 978-7-02-011897-7,定价33.00元。(4-834)

2257 隐蔽在河流深处

袁炳发著,野草莓丛书,2016年11月。平装,国流32开,ISBN 978-7-02-011896-0,定价28.00元。(4-835)

2258 马戏团的秘密

梁小九著,野草莓丛书,2016年11月。平装,国流32开,ISBN 978-7-02-011893-9,定价27.00元。(4-836)

2259 叛逆者

畀愚著,2020年6月。精装,国流32开,ISBN 978-7-02-016292-5,定价46.00元。(4-837)

2260 太平,太平

孔广钊著,野草莓丛书,2020年7月。平装,国流32开,ISBN 978-7-02-016025-9,定价38.00元。(4-838)

2261 晚熟的人

莫言著,2020年8月。精装,32异,ISBN 978-7-02-016477-6,定价59.00元。(4-839)

2262 2019中国最佳科幻作品

姚海军主编,2020年8月。平装,国流32开,ISBN 978-7-02-016186-7,定价43.00元。(4-840)

2263 2019中篇小说

本社编选,21世纪年度小说选,2020年7月。平装,国流32开,ISBN 978-7-02-016216-1,定价65.00元。(4-841)

2264 心事

刘庆邦著,2020年8月。平装,32异,ISBN 978-7-02-016144-7,定价42.00元。(4-842)

2265 一匹马两个人

迟子建著,中国短经典,2020年5月。平装,32异,ISBN 978-7-02-015720-4,定价39.00元。(4-843)

2266 钻玉米地

张炜著,中国短经典,2020年5月。平装,32异,ISBN 978-7-02-015713-6,定价39.00元。(4-844)

2267 姊妹行

王安忆著,中国短经典,2020年5月。平装,32异,ISBN 978-7-02-015719-8,定价39.00元。(4-845)

2268 我的遥远的清平湾

史铁生著,中国短经典,2020年5月。平装,32异,ISBN 978-7-02-015709-9,定价39.00元。(4-846)

2269 环山的雪光

(藏族)阿来著,中国短经典,2020年4月。平装,32异,ISBN 978-7-02-014384-9,定价49.80元。(4-847)

2270 扮演者游戏

赵婧怡著,黑猫文库,2020年7月。平装,32异,ISBN 978-7-02-015718-1,定价49.00元。(4-848)

2271 阁楼

仇立国著,野草莓丛书,2020年9月。平装,国流32开,ISBN 978-7-02-016023-5,定价38.00元。(4-849)

2272 哦,香雪

铁凝著,中小学生阅读指导目录,2020年9月。平装,32异,ISBN 978-7-02-015824-9,定价36.00元。(4-850)

2273 淡灰色的眼珠

王蒙著,2020年10月。平装,32异,ISBN 978-7-02-015416-6,定价49.00元。(4-851)

2274 麦子

刘庆邦著,中国短经典,2020年5月。平装,32异,ISBN 978-7-02-015711-2,定价39.00元。(4-852)

2275 写字桌的1971年

叶兆言著,中国短经典,2020年5月。平装,32异,ISBN 978-7-02-015702-0,定价39.00元。(4-853)

2276 十侠

邱华栋著,2020年11月。平装,国流32开,ISBN 978-7-02-016557-5,定价39.00元。(4-854)

中国现代小说

2277 彷徨

鲁迅著,1951年9月。平装,32开,书号总39鲁6,定价7,800元。1956年9月注释本,平装,大32开,书号10019·538,定价0.55元。1959年4月收入文学小丛书,平装,50开,书号10019·1223,定价0.30元。1973年4月横排本,平装,小32开,定价0.37元。(24-1)

2278 呐喊

鲁迅著,1952年2月。平装,32开,书号总69鲁23,定价7,600元。1956年9月注释本,平装,大32开,书号10019·539,定价0.55元。1958年9月收入文学小丛书,平装,32开,书号10019·895,定价0.38元。1973年4月横排本,平装,小32开,书号10019·1979,定价0.36元。(24-2)

2279 故事新编

鲁迅著,1952年3月。平装,32开,书号总54鲁16,定价6,300元。1956年9月注释本,平装,大32开,书号10019·543,定价0.55元。1973年5月横排本,平装,小32开,书号10019·1999,定价0.31元。(24-3)

2280 鲁迅小说集

1952年9月。32开,书号总114单41,平装,定价18,000元;精装,定价22,400元。1954年6月,特精装,定价26,500元。1957年4月版,平装,32开,书号10019·112,定价1.50元。(24-4)

2281 子夜

茅盾著,1952年9月。32开,书号总122单66,平装,定价16,500元;精装,定价19,600

元。1956年8月,平装,大32开,书号10019·120,定价1.40元。1988年11月,平装,大32开,ISBN 7-02-000302-8,定价4.20元。1990年8月收入北京市教育局青年文库,平装,小32开,ISBN 7-02-001088-1,非卖品,无定价。1994年11月收入世界文学名著文库,精装,大32开,ISBN 7-02-001695-2,定价19.95元。1997年12月收入中国现代长篇小说丛书,平装覆膜,大32开,ISBN 7-02-002267-7,定价18.40元。2000年5月中学生课外文学名著必读丛书,平装覆膜,大32开,ISBN 7-02-003184-6,定价18.00元。2000年7月收入百年百种优秀中国文学图书,平装覆膜,大32开,ISBN 7-02-003268-0,定价18.00元。2002年1月收入大学生必读丛书,平装,大32开,ISBN 7-02-003635-X,定价19.80元。2003年5月收入语文新课标必读丛书,平装覆膜,大32开,ISBN 7-02-004151-5,定价18.00元。2004年3月收入中国文库,国流32开,平装覆膜,ISBN 7-02-004522-7,定价19.80元;2004年7月,精装,ISBN 7-02-004720-3,定价40.00元。2006年6月收入语文新课标必读丛书修订版,平装覆膜,大32开,ISBN 7-02-005679-2,定价20.00元。2008年6月收入语文新课标必读丛书增订版,平装覆膜,大32开,ISBN 978-7-02-007057-2,定价23.00元。2008年11月收入中国现代长篇小说藏本,平装覆膜,国流32开,ISBN 978-7-02-007208-8,定价24.00元。2016年10月插图本,叶浅予插图,平装,32异,ISBN 978-7-02-011689-8,定价36.00元。2018年4月收入教育部统编《语文》推荐阅读丛书,平装覆膜,16异,ISBN 978-7-02-013716-9,定价49.00元。2019年6月插图本,叶浅予插图,精装,32异,ISBN 978-7-02-014446-4,定价56.00元。(24-5)

2282　春蚕

茅盾著,文学初步读物,1953年3月。平装,46开,书号165初19,定价700元。(24-6)

2283　故乡

鲁迅著,文学初步读物,1953年3月。平装,46开,书号160初14,定价400元。(24-7)

2284　家

巴金著,1953年7月。平装,25开,书号189,定价12,000元。1957年12月,书号10019·190,定价1.00元。1988年1月,精装,大32开,ISBN 7-02-000111-4,定价5.60元。1989年7月,平装,大32开,ISBN 7-02-000110-6,定价4.05元。1990年8月收入北京市教育局青年文库,平装,小32开,ISBN 7-02-001090-3,非卖品,无定价。1993年12月,平装覆膜,大32开,ISBN 7-02-001660-X,定价8.40元。1994年11月收入世界文学名著文库,精装,大32开,ISBN 7-02-001948-X,定价17.55元。2000年5月中学生课外文学名著必读丛书,平装覆膜,大32开,ISBN 7-02-003190-0,定价16.80元。2000年7月收入百年百种优秀中国文学图书,平装覆膜,大32开,ISBN 7-02-003269-9,定价18.00元。2002年1月收入大学生必读丛书,平装,大32开,ISBN 7-02-003631-7,定价19.00元。2003年5月收入语文新课标必读丛书,平装覆膜,大32开,ISBN 7-02-004146-9,定价16.80元。2003年7月,软精,大32开,ISBN 7-02-004268-6,定价27.00元。2004年3月收入中国文库,国流32开,平装覆膜,ISBN 7-02-004527-8,定价19.00元;2004年7月,精装,ISBN 7-02-004725-4,定价35.00元。2006年6月收入语文新课标必读丛书修订版,平装覆膜,大32开,ISBN 7-02-005675-X,定价18.00元。2006年10月,平装,国流32开,ISBN 7-02-005859-0,定价23.00元。2008年6月收入语文新课标必读丛书增订版,平装覆膜,大32开,ISBN 978-7-02-007090-9,定价22.00元。2008年11月收入中国现代长篇小说藏本,平装覆膜,国流32开,ISBN 978-7-02-007234-7,定价23.00元。2013年6月,平装,16异,ISBN 978-7-02-009646-6,定价33.00元。2014年3月刘旦宅插图本,精装,国流32开,ISBN 978-7-02-010044-6,定价38.00元。2018年4月收入教育部统编《语文》推荐阅读丛书,平装覆膜,16异,ISBN 978-7-02-013728-2,定价48.00元。2018年4月,精装,32异,ISBN 978-7-02-014042-8,定价59.00

元。2018年6月,平装,32异,ISBN 978-7-02-011791-8,定价48.00元。(24-8)(24-217)

2285　还乡记
沙汀著,1953年8月。平装,25开,书号210,定价8,400元。1957年12月,平装,大32开,书号10019·211,定价0.70元。(24-9)

2286　倪焕之
叶圣陶著,1953年9月。平装,25开,书号10019·230,定价0.64元。1994年5月收入中国现代长篇小说丛书,平装覆膜,大32开,ISBN 7-02-001847-5,定价6.25元。2000年7月收入百年百种优秀中国文学图书,平装覆膜,大32开,ISBN 7-02-003271-0,定价10.80元。2004年3月收入中国文库,国流32开,平装覆膜,ISBN 7-02-004548-0,定价10.80元;2004年7月,精装,ISBN 7-02-004746-7,定价25.00元。2008年11月收入中国现代长篇小说藏本,平装覆膜,国流32开,ISBN 978-7-02-007217-0,定价16.00元。(24-10)

2287　沙汀短篇小说集
1953年9月。平装,25开,书号224,定价8,500元。1957年8月,平装,大32开,书号10019·225,定价0.75元。1979年2月,书名《沙汀短篇小说选》,书号10019·1170,平装,小32开,定价0.57元;平装,大32开,定价0.68元;精装,大32开,定价1.25元。(22-1)

2288　艾芜短篇小说集
1953年11月。平装,25开,书号211,定价10,000元。1958年1月,平装,大32开,书号10019·212,定价0.90元。(22-3)

2289　祝福
鲁迅著,文学初步读物,1953年12月。平装,46开,书号240,定价600元。(24-11)

2290　为奴隶的母亲
柔石著,文学初步读物,1953年12月。平装,46开,书号257,定价800元。(24-12)

2291　寒假的一天
叶圣陶著,文学初步读物,1953年12月。平装,46开,书号253,定价600元。(24-13)

2292　大杂院里的人们
老舍著,文学初步读物,1953年12月。平装,46开,书号248,定价700元。(24-14)

2293　清明时节
张天翼著,作家出版社1954年4月。平装,32开,书号 作42,定价2,800元。1959年12月人民文学出版社,文学小丛书,平装,50开,书号10019·1406,定价0.16元。(24-15)

2294　柔石小说选集
1954年5月。精装,25开,书号279,定价7,200元。1957年9月,平装,大32开,书号10019·278,定价0.65元。(22-6)

2295　蚀
茅盾著,1954年7月。大32开,书号234,平装,定价12,000元;精装,定价23,500元。1957年9月,平装,大32开,书号10019·233,定价1.20元。1985年7月收入中国现代长篇小说丛书,平装,小32开,定价2.00元。1988年3月,平装,小32开,ISBN 7-02-000210-2,定价2.40元。1995年12月,平装覆膜,大32开,ISBN 7-02-002179-4,定价16.70元。2008年11月收入中国现代长篇小说藏本,平装覆膜,国流32开,ISBN 978-7-02-007204-0,定价19.00元。(24-16)

2296　八月的乡村
萧军著,1954年9月。平装,大32开,书号217,定价5,600元。1957年10月,平装,大32开,书号10019·218,定价0.55元。2005年5月收入纪念中国人民抗日战争暨世界反法西斯战争胜利60周年丛书,平装覆膜,国流32开,ISBN 7-02-005022-0,定价15.00元。2009年1月收入中国现代中篇小说藏本,平装覆膜,国流32开,ISBN 978-7-02-007214-9,定价14.00元。(24-17)

2297　腐蚀
茅盾著,1954年9月。平装,大32开,书号299,定价8,600元。1957年10月,平装,大32开,书号10019·298,定价0.85元。1989年4月据《茅盾全集》重印,平装覆膜,大32开,ISBN 7-02-000665-5,定价3.40元。1997年6月收入中国现代长篇小说丛书,平装覆膜,大32开,ISBN 7-02-000665-5,定价12.00元。2008年12月收入中国现代长篇小说藏本,平装覆膜,国流32开,ISBN 978-7-02-007205-

7,定价14.00元。(24-18)

2298　丁玲短篇小说选集

1954年9月。平装,大32开,书号289,定价13,500元。1955年1月,精装,大32开,定价25,000元。1957年8月,平装,大32开,书号10019·288,定价1.20元。(22-10)

2299　魏金枝短篇小说选集

1954年11月。大32开,书号305,平装,定价6,200元;精装,定价17,500元。1957年9月,平装,大32开,书号10019·303,定价0.60元。(22-13)

2300　胡也频小说选集

1954年11月。大32开,书号309,平装,定价9,000元;精装,定价20,500元。1957年10月,平装,大32开,书号10019·307,定价0.90元。(22-14)

2301　叶圣陶短篇小说选集

1954年12月。大32开,书号322,平装,定价7,400元;精装,定价18,500元。1957年2月,平装,大32开,书号10019·320,定价0.75元。(22-17)

2302　淘金记

沙汀著,作家出版社1954年12月。平装,32开,书号 作103,定价9,600元。1962年11月人民文学出版社,平装,32开,书号10019·1693,定价0.80元。1995年12月收入中国现代长篇小说丛书,平装覆膜,大32开,ISBN 7-02-002039-9,定价13.10元。2008年11月收入中国现代长篇小说藏本,平装覆膜,国流32开,ISBN 978-7-02-007237-8,定价17.00元。(24-19)

2303　骆驼祥子

老舍著,1955年1月。平装,大32开,书号10019·324,定价0.73元;精装,定价1.65元;1985年10月收入中国现代长篇小说丛书,平装,32开,定价1.40元;1989年9月,平装,32开,ISBN 7-02-000827-5,定价2.70元。1999年2月,平装覆膜,大32开,ISBN 7-02-002811-X,定价12.00元。2000年5月中学生课外文学名著必读丛书,平装覆膜,大32开,ISBN 7-02-003189-7,定价9.80元。2000年7月收入百年百种优秀中国文学图书,平装覆膜,大32开,ISBN 7-02-003264-8,定价9.80元。2002年1月收入大学生必读丛书,平装,大32开,ISBN 7-02-003630-9,定价11.80元。2003年5月收入语文新课标必读丛书,平装覆膜,大32开,ISBN 7-02-004149-3,定价9.80元。2004年1月,孙之俊插图本,平装,国流32开,ISBN 7-02-004397-6,定价22.00元。2005年1月收入中国文库,国流32开,平装,ISBN 978-7-02-005082-4,定价12.00元;精装,ISBN 7-02-005110-3,定价25.00元。2006年6月收入语文新课标必读丛书修订版,平装覆膜,大32开,ISBN 7-02-005682-2,定价11.00元。2008年6月收入语文新课标必读丛书增订版,平装覆膜,大32开,ISBN 978-7-02-007031-2,定价14.00元。2008年11月收入中国现代长篇小说藏本,平装覆膜,国流32开,ISBN 978-7-02-007225-5,定价14.00元。2012年6月收入语文新课标必读丛书最新版,平装覆膜,大32开,ISBN 978-7-02-008990-1,定价15.00元。2012年8月收入老舍作品名家插图系列,丁聪插图,精装,国流32开,ISBN 978-7-02-009166-9,定价33.00元。2012年8月收入老舍作品名家插图系列,高荣生插图,精装,国流32开,ISBN 978-7-02-009164-5,定价33.00元。2016年1月,丁聪插图,平装,国流32开,ISBN 978-7-02-011027-8,定价26.00元。2015年12月,孙之俊插图本,ISBN 978-7-02-011152-7,定价28.00元。2016年1月,丁聪插图,平装,ISBN 978-7-02-011027-8,定价26.00元。2017年2月收入老舍作品精选,平装,国流32开,ISBN 978-7-02-012217-2,定价25.00元。2018年4月收入教育部统编《语文》推荐阅读丛书,平装覆膜,16异,ISBN 978-7-02-013775-6,定价26.00元。(24-20)(24-204)(24-209)

2304　春

巴金著,1955年2月。大32开,书号381,平装,定价14,800元;精装,定价24,200元。1957年8月,平装,大32开,书号10019·378,定价1.30元。1988年1月,大32开,平装,ISBN 7-02-000112-2,定价3.10元;精装,

ISBN 7-02-000113-0,定价5.90元。1993年12月,平装覆膜,大32开,ISBN 7-02-001661-8,定价9.15元。2006年10月,平装,国流32开,ISBN 7-02-005860-4,定价25.00元。2009年1月收入中国现代长篇小说藏本,平装覆膜,国流32开,ISBN 978-7-02-007235-4,定价24.00元。2013年6月,平装,16异,ISBN 978-7-02-009647-3,定价36.00元。2018年4月,精装,32异,ISBN 978-7-02-014040-4,定价63.00元。2018年6月,平装,32异,ISBN 978-7-02-011792-5,定价52.00元。(24-21)

2305 秋

巴金著,1955年2月。大32开,书号382,平装,定价18,700元;精装,定价28,100元。1957年8月,平装,大32开,书号10019·379,定价1.70元。1988年1月,平装,ISBN 7-02-000114-9,定价3.90元;精装,ISBN 7-02-000115-7,定价6.70元。1993年12月,平装覆膜,大32开,ISBN 7-02-001662-6,定价11.45元。2006年10月,平装,国流32开,ISBN 7-02-005861-2,定价28.00元。2009年1月收入中国现代长篇小说藏本,平装覆膜,国流32开,ISBN 978-7-02-007236-1,定价28.00元。2013年6月,平装,16异,ISBN 7-02-009648-0,定价39.00元。2018年4月,精装,32异,ISBN 7-02-014041-1,定价76.00元。2018年6月,平装,32异,ISBN 7-02-011793-2,定价63.00元。(24-22)

2306 山雨

王统照著,1955年2月。大32开,书号319单202,平装,定价10,300元;精装,定价19,600元。1957年8月,平装,大32开,书号10019·317,定价1.00元。(24-23)

2307 林家铺子

茅盾著,文学初步读物,1955年3月。平装,46开,书号333,定价0.14元。(24-24)

2308 一千八百担

吴组缃著,文学初步读物,1955年3月。平装,46开,书号334,定价0.15元。(24-25)

2309 阿Q正传

鲁迅著,文学初步读物,1955年3月。平装,46开,书号332,定价0.15元。(24-26)

2310 华威先生

张天翼著,文学初步读物,1955年3月。平装,46开,书号335,定价0.08元。(24-27)

2311 巴金短篇小说选集

1955年3月。大32开,书号352,平装,定价0.97元;精装,定价1.91元。1957年10月,平装,大32开,书号10019·350,定价0.95元。(22-22)

2312 脱缰的马

穗青著,作家出版社1955年6月。平装,32开,书号 作163,定价0.49元。(24-28)

2313 小小十年

叶永蓁著,作家出版社1955年6月。平装,大32开,书号 作255,定价0.93元。1998年5月人民文学出版社,新文学碑林,ISBN 7-02-002704-0,定价11.00元。(24-29)

2314 散荒

林淡秋著,1955年9月。平装,大32开,书号406,定价0.46元。1957年10月,平装,大32开,书号10019·402,定价0.46元。(24-30)

2315 死水微澜

李劼人著,作家出版社1955年10月。平装,大32开,书号10020·256,定价0.86元。1995年8月人民文学出版社,中国现代长篇小说丛书,平装覆膜,大32开,ISBN 7-02-001848-3,定价10.05元。2000年7月收入百年百种优秀中国文学图书,平装覆膜,大32开,ISBN 7-02-003266-4,定价12.00元。2008年11月收入中国现代长篇小说藏本,平装覆膜,国流32开,ISBN 978-7-02-007203-3,定价16.00元。(24-31)

2316 暴风雨前

李劼人著,作家出版社1956年1月。平装,大32开,书号10020·297,定价1.18元。1957年9月,平装,大32开,书号10020·295,定价1.10元。1997年6月人民文学出版社,中国现代长篇小说丛书,平装覆膜,大32开,ISBN 7-02-002274-X,定价15.00元。2008年11月收入中国现代长篇小说藏本,平装覆膜,国流32开,ISBN 978-7-02-007202-6,定价18.00元。(24-32)

2317　茅盾短篇小说选集
1955年12月。平装,大32开,书号419,定价1.05元。1956年5月,平装,大32开,书号10019·415,定价0.97元。(22-30)

2318　许钦文小说选集
作家出版社1956年4月。平装,大32开,书号作402,定价0.65元。1957年9月,平装,大32开,书号10020·397,定价0.65元。1958年8月人民文学出版社,平装,大32开,书号10019·802,定价0.65元。(22-31)

2319　山城集
蹇先艾著,作家出版社1956年4月。平装,大32开,书号 作471,定价0.57元。1957年10月,平装,大32开,书号10020·463,定价0.55元。(24-33)

2320　老舍短篇小说选
1956年10月。平装,大32开,书号10019·516,定价0.65元。(22-33)

2321　铸炼集
许杰著,作家出版社1956年11月。平装,大32开,书号10020·505,定价0.80元。(24-34)

2322　科尔沁旗草原
端木蕻良著,作家出版社1956年11月。平装,大32开,书号10020·226,定价1.40元。1981年8月人民文学出版社,书号10019·3171,定价1.00元。1997年6月收入中国现代长篇小说丛书,平装覆膜,大32开,ISBN 7-02-001955-2,定价17.00元。(24-35)

2323　眷恋土地的人
王西彦著,作家出版社1957年6月。平装,大32开,书号10020·710,定价1.10元。(24-36)

2324　草明短篇小说集
作家出版社1957年9月。平装,大32开,书号10020·745,定价1.00元。(22-38)

2325　新生代
齐同著,1957年10月。平装,大32开,书号10019·657,定价1.00元。(24-37)

2326　玉君
杨振声著,1957年12月。平装,大32开,书号10019·674,定价0.50元。2000年1月收入新文学碑林,平装覆膜,小32开,ISBN 7-02-002958-2,定价5.00元。(24-38)

2327　沈从文小说选集
1957年10月。平装,大32开,书号10019·662,定价1.30元。(22-40)

2328　废名小说选
1957年11月。平装,大32开,书号10019·665,定价0.55元。(22-41)

2329　王统照短篇小说选集
1957年12月。平装,大32开,书号10019·681,定价0.95元。(22-42)

2330　春蚕
茅盾著,文学小丛书,1958年9月。平装,32异,书号10019·897,定价0.34元。(24-39)

2331　林家铺子
茅盾著,1978年11月由《春蚕》更名。平装,小32异,书号10019·897,定价0.28元。1988年7月收入北京市教育局少年文库,ISBN 7-02-000518-7,非卖品,无定价。1999年7月,平装覆膜,小32开,ISBN 7-02-002966-3,定价6.40元。(24-39)

2332　上任
老舍著,文学初步读物,作家出版社1958年10月。平装,46开,书号10020·1049,定价0.26元。(24-40)

2333　工潮
茅盾著,文学初步读物,作家出版社1958年11月。平装,46开,书号10020·1072,定价0.17元。(24-41)

2334　短裤党
蒋光慈著,文学小丛书,1958年12月。平装,50开,书号10019·1085,定价0.20元。(24-42)

2335　光明在我们的前面
胡也频著,文学小丛书,1958年12月。平装,50开,书号10019·1084,定价0.31元。(24-43)

2336　清泓
余宏文著,作家出版社1959年3月。平装,32开,书号10020·1287,定价0.34元。(24-44)

2337　抗争
叶圣陶著,文学小丛书,1959年4月。平装,50

开,书号 10019·1226,定价 0.22 元。1985 年 3 月增订版,平装,小 32 开,定价 0.76 元。(24-45)

2338　包氏父子

张天翼著,文学初步读物,作家出版社 1959 年 12 月。平装,46 开,书号 10020·1249,定价 0.12 元。(24-46)

2339　月牙儿

老舍著,文学小丛书,1959 年 12 月。平装,50 开,书号 10019·1405,定价 0.25 元。(24-47)

2340　在其香居茶馆里

沙汀著,文学初步读物,作家出版社 1959 年 12 月。平装,46 开,书号 10020·1197,定价 0.05 元。(4-197)

2341　还魂草

巴金著,文学小丛书,1960 年 1 月。平装,50 开,书号 10019·1407,定价 0.15 元。1985 年 2 月增订版,平装,小 32 开,定价 0.42 元。(24-48)

2342　霜叶红似二月花

茅盾著,1961 年 11 月。平装,大 32 开,书号 10019·1641,定价 0.67 元。1991 年 1 月据《茅盾全集》重印,平装覆膜,大 32 开,ISBN 7-02-000815-1,定价 3.55 元。(24-49)

2343　丰收

叶紫著,文学小丛书,1962 年 8 月。平装,书号 10019·1667,50 开,定价 0.19 元;32 异,定价 0.28 元。(24-50)

2344　二月

柔石著,文学小丛书,1962 年 12 月。平装,书号 10019·1702,50 开,定价 0.30 元;32 异,定价 0.49 元。2000 年 1 月收入新文学碑林,平装覆膜,小 32 开,ISBN 7-02-002956-6,定价 6.50 元。(24-51)

2345　离婚

老舍著,1963 年 4 月。32 开,书号 10019·1731,平装,定价 0.65 元;精装,定价 0.89 元。(24-52)

2346　春桃

许地山著,文学小丛书,1963 年 8 月。平装,书号 10019·1738,50 开,定价 0.33 元;32 异,定价 0.46 元。(24-53)

2347　速写三篇

张天翼著,1963 年 9 月。平装,32 开,书号 10019·1745,定价 0.22 元。2000 年 7 月收入百年百种优秀中国文学图书,平装覆膜,大 32 开,ISBN 7-02-003261-3,定价 7.00 元。2001 年 1 月收入新文学碑林,平装覆膜,小 32 开,ISBN 7-02-003066-1,定价 4.50 元。(24-54)

2348　困兽记

沙汀著,1963 年 11 月。32 开,书号 10019·1756,平装,定价 0.89 元;精装,定价 1.10 元。(24-55)

2349　故乡

许钦文著,1963 年 12 月。平装,32 开,书号 10019·1752,定价 0.54 元。(24-56)

2350　南行记

艾芜著,作家出版社 1963 年 11 月。大 32 开,书号 10020·1717,平装,定价 1.15 元;1964 年 9 月,精装,定价 1.75 元。1980 年 4 月人民文学出版社,平装,大 32 开,书号 10019·2941,定价 1.10 元。1985 年 3 月收入文学小丛书,平装,小 32 开,定价 0.92 元。(4-225)

2351　生人妻

罗淑著,1964 年 6 月。平装,32 开,书号 10019·1773,定价 0.30 元。(24-57)

2352　阿 Q 正传(注释本)

鲁迅著,北京汽车制造厂工人理论组注释,1976 年 10 月。平装,小 32 开,书号 10019·2431,定价 0.31 元。1984 年 8 月增订版,文学爱好者丛书,未署注释者,定价 0.44 元。(24-58)

2353　呐喊(注释本)

鲁迅著,中国人民解放军 51101 部队理论组注释,1976 年 10 月。平装,小 32 开,书号 10019·2436,定价 0.42 元。(24-59)

2354　彷徨(注释本)

鲁迅著,天津碱厂工人理论组、南开大学中文系注释,1976 年 12 月。平装,小 32 开,书号 10019·2446,定价 0.41 元。(24-60)

2355　海的梦

巴金著,文学小丛书,1979 年 2 月。平装,32

异,书号10019·2693,定价0.33元。(24-61)

2356　呐喊

鲁迅著,1979年12月。平装,大32开,书号10019·2871,定价0.44元。1988年12月,平装覆膜,大32开,ISBN 7-02-000414-8,定价2.25元。1997年9月,平装,32开,ISBN 7-02-002477-7,定价5.60元。2000年5月收入中学生课外文学名著必读丛书,平装覆膜,大32开,ISBN 7-02-003183-8,定价7.20元。2000年7月收入百年百种优秀中国文学图书,平装覆膜,大32开,ISBN 7-02-003273-7,定价9.00元。2003年5月收入语文新课标必读丛书,平装覆膜,大32开,ISBN 7-02-004150-7,定价7.20元。2006年6月插图本,平装,国流32开,ISBN 7-02-005475-7,定价15.00元。2006年6月收入语文新课标必读丛书修订版,平装覆膜,大32开,ISBN 7-02-005677-6,定价8.00元。2006年12月据2005版《鲁迅全集》印,平装,国流32开,ISBN 7-02-005834-5,定价10.00元。2008年6月收入语文新课标必读丛书增订版,平装覆膜,大32开,ISBN 978-7-02-007055-8,定价10.00元。2013年11月收入中学生文学阅读必备书系,平装覆膜,国流32开,ISBN 978-7-02-009953-5,定价15.00元。2015年9月插图本,平装,国流32开,ISBN 978-7-02-011024-7,定价25.00元。2018年4月收入教育部统编《语文》推荐阅读丛书,平装覆膜,16异,ISBN 978-7-02-013808-1,定价20.00元。(24-62)

2357　故事新编

鲁迅著,1979年12月。平装,大32开,书号10019·2874,定价0.41元。1993年4月,平装覆膜,大32开,ISBN 7-02-001571-9,定价3.10元。2006年6月插图本,平装,国流32开,ISBN 7-02-005474-9,定价14.00元。2006年12月据2005版《鲁迅全集》印,平装,国流32开,ISBN 7-02-005524-9,定价10.00元。2015年9月插图本,平装,国流32开,ISBN 978-7-02-011026-1,定价23.00元。(24-63)

2358　彷徨

鲁迅著,1979年12月。平装,大32开,书号10019·2872,定价0.43元。1988年12月,平装覆膜,大32开,ISBN 7-02-000413-X,定价2.30元。2000年7月收入百年百种优秀中国文学图书,平装覆膜,大32开,ISBN 7-02-003279-6,定价8.00元。2006年6月插图本,平装,国流32开,ISBN 7-02-005476-5,定价15.00元。2006年12月据2005版《鲁迅全集》印,平装,国流32开,ISBN 7-02-005526-5,定价10.00元。2015年9月插图本,平装,国流32开,ISBN 978-7-02-011022-3,定价23.00元。2018年5月收入教育部统编《语文》推荐阅读丛书,平装覆膜,16异,ISBN 978-7-02-014263-7,定价18.00元。(24-64)

2359　张天翼小说选集

1979年8月。平装,书号10019·2805,小32开,定价1.05元;大32开,定价1.25元。1980年1月,精装,大32开,定价1.80元。(24-65)

2360　茅盾短篇小说选集(上下)

茅盾著,1980年4月。大32开,书号10019·2707,平装,定价2.30元;精装,定价4.15元。(24-66)

2361　荒煤短篇小说选

陈荒煤著,1980年2月。大32开,书号10019·2869,平装,定价0.75元;精装,定价1.35元。(24-67)

2362　中国现代短篇小说选1918—1949(第一卷)

中国社会科学院文学研究所现代文学研究室编,中国现代文学创作选集,1980年5月。大32开,书号10019·2901,平装,定价1.90元;精装,定价2.80元。(24-68)

2363　中国现代短篇小说选1918—1949(第二卷)

中国社会科学院文学研究所现代文学研究室编,中国现代文学创作选集,1980年8月。大32开,书号10019·2991,平装,定价1.85元;精装,定价2.80元。(24-69)

2364　长夜

姚雪垠著,1981年1月。平装,大32开,书号

10019·2993,定价0.77元。1996年9月收入中国现代长篇小说丛书,平装覆膜,大32开,ISBN 7-02-002300-2,定价13.00元。2017年2月收入漫说旧时光,平装,国流32开,ISBN 978-7-02-011547-1,定价29.00元。(24-70)

2365　中国现代短篇小说选1918—1949(第三卷)

中国社会科学院文学研究所现代文学研究室编,中国现代文学创作选集,1980年12月。大32开,书号10019·3059,平装,定价2.15元;精装,定价3.05元。(24-71)

2366　中国现代短篇小说选1918—1949(第四卷)

中国社会科学院文学研究所现代文学研究室编,中国现代文学创作选集,1980年12月。大32开,书号10019·3060,平装,定价1.45元;精装,定价2.40元。(24-72)

2367　中国现代短篇小说选1918—1949(第五卷)

中国社会科学院文学研究所现代文学研究室编,中国现代文学创作选集,1981年3月。大32开,书号10019·3098,平装,定价1.90元;精装,定价2.85元。(24-73)

2368　中国现代短篇小说选1918—1949(第六卷)

中国社会科学院文学研究所现代文学研究室编,中国现代文学创作选集,1981年3月。大32开,书号10019·3099,平装,定价1.90元;精装,定价2.85元。(24-74)

2369　母亲

丁玲著,1980年11月。大32开,书号10019·3037,平装,定价0.47元;精装,定价1.40元。(24-75)

2370　生死场

萧红著,1981年5月。平装,大32开,书号10019·3133,定价0.48元。2005年5月收入纪念中国人民抗日战争暨世界反法西斯战争胜利60周年丛书,平装覆膜,国流32开,ISBN 7-02-005025-5,定价11.00元。(24-76)

2371　蹇先艾短篇小说选

1981年5月。平装,大32开,书号10019·3027,定价0.91元。(24-77)

2372　中国现代短篇小说选1918—1949(第七卷)

中国社会科学院文学研究所现代文学研究室编,中国现代文学创作选集,1981年3月。大32开,书号10019·3100,平装,定价2.25元;精装,定价3.20元。(24-78)

2373　围城

钱锺书著,1980年10月。平装,32开,书号10019·3011,定价0.78元。1989年9月,平装,32开,ISBN 7-02-000828-3,定价3.45元。1991年2月,平装覆膜,大32开,ISBN 7-02-001114-4,定价3.80元。1991年2月,平装覆膜,32开,ISBN 7-02-001275-2,定价3.55元。1991年3月,精装,大32开,ISBN 7-02-001115-2,定价6.55元。1997年9月,软精,大32开,ISBN 7-02-002475-0,定价16.00元。2000年5月收入中学生课外文学名著必读丛书,平装覆膜,大32开,ISBN 7-02-003186-2,定价15.20元。2000年7月收入百年百种优秀中国文学图书,平装覆膜,大32开,ISBN 7-02-003246-X,定价16.00元。2002年1月收入大学生必读丛书,平装,大32开,ISBN 7-02-003606-6,定价16.80元。2003年7月,软精,大32开,ISBN 7-02-004210-4,定价26.00元。2004年3月收入中国文库,国流32开,平装覆膜,ISBN 7-02-004543-X,定价16.00元;精装,ISBN 7-02-004741-6,定价33.00元。2006年6月收入语文新课标必读丛书修订版,平装覆膜,大32开,ISBN 7-02-005638-5,定价18.00元。2008年6月收入语文新课标必读丛书增订版,平装覆膜,大32开,ISBN 978-7-02-007064-0,定价20.00元。2008年11月收入中国现代长篇小说藏本,平装覆膜,国流32开,ISBN 978-7-02-007216-3,定价20.00元。2012年6月,精装,16异,ISBN 978-7-02-009000-6,定价39.00元。2013年6月,平装,国流32开,ISBN 978-7-02-009809-5,定价28.00元。2015年1月,线装,16异,ISBN 978-7-02-009907-8,定价456.00元。2017年7月,平装,国流32开,ISBN 978-7-02-012789-4,定

价36.00元。2018年4月收入教育部统编《语文》推荐阅读丛书，平装覆膜，16异，ISBN 978-7-02-013737-4，定价38.00元。(3-218)

2374　萧乾短篇小说选

1982年1月。平装，大32开，书号10019·3236，定价0.73元。(24-79)

2375　许杰短篇小说选集

据作家出版社1956年11月《铸炼集》增订，1981年7月。平装，大32开，书号10019·3161，定价1.15元。(24-34)

2376　王西彦小说选

1982年3月。大32开，书号10019·3275，平装，定价1.50元；平装覆膜，定价1.85元。(24-80)

2377　山洪

吴组缃著，1982年2月。平装，大32开，书号10019·3268，定价0.66元。(24-81)

2378　沈从文小说选（第一集）

凌宇编，1982年10月。平装，大32开，书号10019·3348，定价1.50元。1993年12月，与第二集合为《沈从文小说选》（上下），平装覆膜，大32开，ISBN 7-02-001724-X，定价19.00元。2002年1月收入大学生必读丛书，平装，大32开，ISBN 7-02-003645-7，定价40.00元。2004年3月收入中国文库，国流32开，平装覆膜，ISBN 7-02-004532-4，定价50.00元；2004年7月，精装，ISBN 7-02-004730-0，定价86.00元。2015年4月，精装，32异，ISBN 978-7-02-010548-9，定价88.00元。(24-82)

2379　沈从文小说选（第二集）

凌宇编，1982年10月。平装，大32开，书号10019·3349，定价1.50元。(24-83)

2380　虹

茅盾著，1983年1月。平装，大32开，书号10019·3384，定价0.86元。1994年5月，平装覆膜，大32开，ISBN 7-02-001805-X，定价6.90元。(24-84)

2381　巴人小说选

1983年2月。平装，大32开，书号10019·3409，定价1.65元。(24-85)

2382　寒夜

巴金著，1983年4月。大32开，书号10019·3438，平装，定价0.82元；精装，定价1.85元。1992年7月，平装，大32开，ISBN 7-02-001421-6，定价4.45元。1995年12月收入中国现代长篇小说丛书，平装覆膜，大32开，ISBN 7-02-002306-1，定价13.70元。2005年5月收入纪念中国人民抗日战争暨世界反法西斯战争胜利60周年丛书，平装覆膜，国流32开，ISBN 7-02-005150-2，定价18.00元。2008年11月收入中国现代长篇小说藏本，平装覆膜，国流32开，ISBN 978-7-02-007228-6，定价18.00元。(24-86)

2383　卷葹

淦女士（冯沅君）著，中国现代文学作品原本选印丛书，1983年7月。平装，小32开，书号10019·3483，定价0.28元。1998年5月收入新文学碑林，平装覆膜，小32开，ISBN 7-02-002710-5，定价3.90元。(24-87)

2384　地之子　建塔者

台静农著，中国现代文学作品原本选印丛书，1984年8月。平装，小32开，书号10019·3693，定价0.74元。(24-88)

2385　丹凤街

张恨水著，1983年10月。平装，小32开，书号10019·3543，定价0.81元。2019年1月收入张恨水作品系列，平装覆膜，国流32开，ISBN 978-7-02-014516-4，定价45.00元。(24-89)

2386　黎锦明小说选

1983年11月。平装，大32开，书号10019·3546，定价0.97元。(24-90)

2387　怂恿　喜讯

彭家煌著，中国现代文学作品原本选印丛书，1984年9月。平装，小32开，书号10019·3711，定价0.74元。(24-91)

2388　财主底儿女们（上下）

路翎著，中国现代文学作品原本选印丛书，1985年3月。平装，小32开，书号10019·3774，定价5.15元。1997年12月收入中国现代长篇小说丛书，平装覆膜，大32开，ISBN 7-02-002523-4，定价48.00元。2000年7月收入百年百种优秀中国文学图书，平装覆膜，大

32开,ISBN 7-02-003270-2,定价50.00元。2004年3月收入中国文库,国流32开,平装覆膜,ISBN 7-02-004542-1,定价58.00元;2004年7月,精装,ISBN 7-02-004740-8,定价90.00元。2008年11月收入中国现代长篇小说藏本,平装覆膜,国流32开,ISBN 978-7-02-007207-1,定价55.00元。(24-92)

2389　新感觉派小说选
严家炎编选,中国现代文学流派创作选,1985年5月。平装,大32开,书号10019·3797,定价2.45元。2009年4月修订版,平装覆膜,国流32开,ISBN 978-7-02-006785-5,定价21.00元。2011年10月收入中国文库,国流32开,平装,ISBN 978-7-02-008502-6,定价26.50元;精装,ISBN 978-7-02-008497-5,定价41.50元。(24-93)

2390　舒群小说选
1985年8月。平装,大32开,书号10019·3842,定价2.80元。(24-94)

2391　现代青年
张恨水著,1985年11月。平装,小32开,书号10019·3861,定价2.40元。1988年7月,平装,小32开,ISBN 7-02-000463-6,定价3.40元。(24-95)

2392　田涛小说选
1985年11月。平装,小32开,书号10019·3872,定价2.80元。(24-96)

2393　海滨故人　归雁
庐隐著,中国现代文学作品原本选印丛书,1985年12月。平装,小32开,书号10019·3884,定价1.65元。(24-97)

2394　传奇
张爱玲著,中国现代文学作品原本选印丛书,1986年2月。平装,小32开,书号10019·3895,定价2.35元。(24-98)

2395　南洋淘金记
司马文森著,1986年3月。平装,小32开,书号10019·3922,定价2.05元。(24-99)

2396　花之寺　女人　小哥儿俩
凌叔华著,中国现代文学作品原本选印丛书,1986年3月。平装,小32开,书号10019·3917,定价2.00元。(24-100)

2397　亚细亚的孤儿
吴浊流著,1986年5月。平装,大32开,书号10019·3947,定价1.60元。(24-101)

2398　老张的哲学　赵子曰
老舍著,1986年7月。平装,大32开,书号10019·3978,定价3.00元。(24-103)

2399　南北极　公墓
穆时英著,中国现代文学作品原本选印丛书,1987年5月。平装,小32开,书号10019·4057,定价1.65元。(24-104)

2400　月牙儿
老舍著,中国现代文学小丛书,1987年1月。平装,32异,书号10019·4053,定价0.79元。(24-105)

2401　纸醉金迷
张恨水著,1987年4月。平装,小32开,书号10019·4062,定价3.65元。2008年11月收入中国现代长篇小说藏本,平装覆膜,国流32开,ISBN 978-7-02-006582-0,定价32.00元。2009年6月收入张恨水长篇小说经典,平装覆膜,国流32开,ISBN 978-7-02-007312-2,定价31.00元。2015年4月收入张恨水名作插图珍藏版,张明明插图,精装,国流32开,ISBN 978-7-02-010643-1,定价49.00元。2019年1月收入张恨水作品系列,平装覆膜,32异,ISBN 978-7-02-014508-9,定价59.00元。(24-106)

2402　生死场　后花园　小城三月
萧红著,1987年5月。平装,小32开,书号10019·4134,ISBN 7-02-000010-X,定价0.98元。(24-107)

2403　丽莎的哀怨
蒋光慈著,1987年11月。平装,小32开,书号10019·4168,ISBN 7-02-000032-0,定价1.50元。(24-108)

2404　时代姑娘　未完的忏悔录
叶灵凤著,中国现代文学作品原本选印丛书,1988年1月。平装,小32开,书号10019·4203,ISBN 7-02-000090-8,定价1.60元。(24-109)

2405　一个女剧员的生活　边城
沈从文著,1987年8月。平装,小32开,书号

10019·4144,定价 1.50 元。(24-110)

2406 喜筵之后 某少女 女性
沉樱著,中国现代文学作品原本选印丛书,1987 年 10 月。平装,小 32 开,书号 10019·4150,定价 1.80 元。(24-111)

2407 彭家煌小说选
严家炎编,1987 年 8 月。平装,大 32 开,书号 10019·4143,定价 2.85 元。(24-112)

2408 漂流三部曲
郭沫若著,1987 年 9 月。平装,小 32 开,书号 10019·4176,ISBN 7-02-000033-9,定价 1.50 元。1999 年 5 月,平装覆膜,32 开,ISBN 7-02-002606-0,定价 10.00 元。(24-113)

2409 逝去的岁月
罗洪著,1988 年 4 月。平装,小 32 开,书号 10019·4209,ISBN 7-02-000101-7,定价 2.15 元。(24-114)

2410 多角关系
茅盾著,1987 年 12 月。平装,小 32 开,书号 10019·4199,定价 0.83 元。(24-115)

2411 莎菲女士的日记
丁玲著,1987 年 12 月。平装,小 32 开,书号 10019·4207,定价 1.10 元。(24-116)

2412 南京血祭
阿垅著,1987 年 12 月。平装覆膜,小 32 开,书号 10019·4214,ISBN 7-02-000139-4,定价 1.65 元。(24-117)

2413 憩园
巴金著,1988 年 2 月。平装,小 32 开,书号 10019·4195,ISBN 7-02-000060-6,定价 1.20 元。(24-118)

2414 沉沦 迷羊
郁达夫著,1988 年 2 月。平装,小 32 开,书号 10019·4200,ISBN 7-02-000063-0,定价 1.30 元。(24-119)

2415 饥饿的郭素娥 蜗牛在荆棘上
路翎著,1988 年 2 月。平装,小 32 开,书号 10019·4208,ISBN 7-02-000099-1,定价 1.25 元。2001 年 1 月收入新文学碑林,平装覆膜,小 32 开,ISBN 7-02-003068-8,定价 7.60 元。(24-120)

2416 红牡丹
林语堂著,1988 年 5 月。平装覆膜,小 32 开,ISBN 7-02-000358-3,定价 3.20 元。(24-121)

2417 爱情的三部曲 雾·雨·电
巴金著,1988 年 6 月。平装覆膜,大 32 开,书号 10019·4258,ISBN 7-02-000231-5,定价 4.10 元。2018 年 2 月,精装,国流 32 开,ISBN 978-7-02-013299-7,定价 58.00 元。(24-122)

2418 挑战
杨刚著,1988 年 8 月。大 32 开,平装,ISBN 7-02-000471-7,定价 3.45 元;平装覆膜,ISBN 7-02-000472-5,定价 4.05 元。(24-123)

2419 诱惑
罗皑岚著,叶雪芬编选,1989 年 1 月。平装,小 32 开,ISBN 7-02-000538-1,定价 2.05 元。(24-124)

2420 白金的女体塑像 圣处女的感情
穆时英著,1988 年 12 月。平装覆膜,小 32 开,ISBN 7-02-000404-0,定价 2.90 元。(24-125)

2421 冲积期化石 飞絮 苔莉
张资平著,中国现代文学作品原本选印丛书,1988 年 4 月。平装,小 32 开,书号 10019·4257,ISBN 7-02-000230-7,定价 2.95 元。(24-126)

2422 春桃
许地山著,1988 年 7 月。平装覆膜,小 32 开,ISBN 7-02-000600-0,定价 2.05 元。(24-127)

2423 洛阳豪客
王度庐著,文学故事丛书,1988 年 11 月。平装覆膜,小 32 开,ISBN 7-02-000361-3,定价 2.30 元。(24-128)

2424 灭亡 新生
巴金著,1989 年 4 月。平装覆膜,大 32 开,ISBN 7-02-000650-7,定价 3.65 元。(24-129)

2425 鲁男子
曾朴著,1989 年 7 月。平装,小 32 开,ISBN 7-02-000720-1,定价 2.40 元。(24-130)

2426 春风回梦记

刘云若著,芮和师、郑亚楠校点,1989 年 6 月。平装覆膜,小 32 开,ISBN 7-02-000741-4,定价 3.25 元。(24-131)

2427　蓝色响尾蛇
孙了红著,1989 年 10 月。平装覆膜,小 32 开,ISBN 7-02-000807-0,定价 3.15 元。(24-132)

2428　女皇武则天
林语堂著,1989 年 9 月。平装覆膜,小 32 开,ISBN 7-02-000806-2,定价 2.25 元。(24-133)

2429　痴心井
徐訏著,1990 年 7 月。平装覆膜,小 32 开,ISBN 7-02-000946-8,定价 2.90 元。(24-134)

2430　她是一个弱女子
郁达夫著,1990 年 8 月。平装覆膜,大 32 开,ISBN 7-02-000977-8,定价 2.95 元。(24-135)

2431　半新女儿家
万枚子著,1990 年 9 月。平装覆膜,小 32 开,ISBN 7-02-000983-2,定价 3.80 元。(24-136)

2432　京派小说选
吴福辉编选,中国现代文学流派创作选,1990 年 11 月。平装,大 32 开,ISBN 7-02-001031-8,定价 6.05 元。2011 年 9 月收入中国文库,国流 32 开,平装,ISBN 978-7-02-008500-2,定价 31.50 元;精装,ISBN 978-7-02-008495-1,定价 46.50 元。(24-137)

2433　鲁迅小说集
1990 年 12 月。大 32 开,平装覆膜,ISBN 7-02-001029-6,定价 4.95 元;精装,ISBN 7-02-001030-X,定价 8.15 元。1994 年 11 月收入世界文学名著文库,精装,大 32 开,ISBN 7-02-001946-3,定价 17.55 元。1998 年 6 月,平装覆膜,大 32 开,ISBN 978-7-02-002594-3,定价 17.70 元。2002 年 1 月收入大学生必读丛书,平装,大 32 开,ISBN 7-02-003633-3,定价 18.00 元。(24-138)

2434　石秀之恋　十年创作集(上)
施蛰存著,1991 年 1 月。平装覆膜,大 32 开,ISBN 7-02-001070-9,定价 5.10 元。(24-139)

2435　雾·鸥·流星　十年创作集(下)
施蛰存著,1991 年 1 月。平装覆膜,大 32 开,ISBN 7-02-001071-7,定价 5.50 元。(24-140)

2436　贵宾
葛琴著,邵小琴编选,1990 年 12 月。平装覆膜,小 32 开,ISBN 7-02-001068-7,定价 3.90 元。(24-141)

2437　文学研究会小说选(上下)
李葆琰编选,中国现代文学流派创作选,1991 年 5 月。平装覆膜,大 32 开,ISBN 7-02-001127-6,定价 10.40 元。2011 年 10 月收入中国文库,国流 32 开,平装,ISBN 978-7-02-008507-1,定价 48.00 元;精装,ISBN 978-7-02-008503-3,定价 63.00 元。(24-142)

2438　火
巴金著,1991 年 1 月。平装覆膜,大 32 开,ISBN 7-02-001073-3,定价 7.65 元。(24-143)

2439　风子
巴人著,1991 年 9 月。平装覆膜,小 32 开,ISBN 7-02-001251-5,定价 4.35 元。(24-144)

2440　鸳鸯蝴蝶——《礼拜六》派作品选(上下)
范伯群编选,中国现代文学流派创作选,1991 年 8 月。平装覆膜,大 32 开,ISBN 7-02-001217-5,定价 13.90 元。2009 年 8 月修订版,平装覆膜,国流 32 开,ISBN 978-7-02-006950-7,定价 30.00 元。2011 年 9 月收入中国文库,国流 32 开,平装,ISBN 978-7-02-008545-3,定价 40.50 元;精装,ISBN 978-7-02-008543-9,定价 55.50 元。(24-145)

2441　东北作家群小说选
王培元编选,中国现代文学流派创作选,1992 年 6 月。平装覆膜,大 32 开,ISBN 7-02-001394-5,定价 7.55 元。2011 年 9 月收入中国文库,国流 32 开,平装,ISBN 978-7-02-008501-9,定价 29.00 元;精装,ISBN 978-7-02-008496-8,定价 44.00 元。(24-146)

| 2442 | 吉布赛的诱惑

徐訏著,1994年6月。平装覆膜,大32开,ISBN 7-02-001821-1,定价6.35元。(24-147)

| 2443 | 骆驼祥子 离婚

老舍著,世界文学名著文库,1994年11月。精装,大32开,ISBN 7-02-001694-4,定价17.85元。(24-148)

| 2444 | 论语派作品选

庄钟庆编选,中国现代文学流派创作选,1995年12月。平装覆膜,大32开,ISBN 7-02-002114-X,定价14.70元。2011年9月收入中国文库,国流32开,平装,ISBN 978-7-02-008498-2,定价26.00元;精装,ISBN 978-7-02-008493-7,定价41.00元。(24-149)

| 2445 | 四世同堂(上下)

老舍著,1998年1月。平装覆膜,大32开,ISBN 7-02-002331-2,定价49.00元。2000年7月收入百年百种优秀中国文学图书,平装覆膜,大32开,ISBN 7-02-003263-X,定价49.00元。2008年12月收入中国现代长篇小说藏本,平装覆膜,国流32开,ISBN 978-7-02-007215-6,定价58.00元。2012年8月收入老舍作品名家插图系列,高荣生插图,精装,国流32开,ISBN 978-7-02-009165-2,定价68.00元。2012年8月收入老舍作品名家插图系列,丁聪插图,精装,国流32开,ISBN 978-7-02-009167-6,定价68.00元。2014年7月北培版,精装,16异,ISBN 978-7-02-010400-0,定价268.00元。2016年1月丁聪插图本,平装,国流32开,ISBN 978-7-02-011029-2,定价58.00元。2016年8月丁聪插图本,精装,国流32开,ISBN 978-7-02-011666-9,定价78.00元。2017年2月收入老舍作品精选,平装,国流32开,ISBN 978-7-02-012222-6,定价78.00元。2018年4月收入教育部统编《语文》推荐阅读丛书,平装覆膜,16异,ISBN 978-7-02-011796-3,定价69.00元。(24-151)(24-208)(24-213)

| 2446 | 缀网劳蛛

落华生(许地山)著,新文学碑林,1998年4月。平装覆膜,小32开,ISBN 7-02-002696-6,定价7.00元。(24-152)

| 2447 | 少年飘泊者

蒋光赤著,新文学碑林,1998年4月。平装覆膜,小32开,ISBN 7-02-002694-X,定价5.00元。(24-153)

| 2448 | 沉沦

郁达夫著,新文学碑林,1998年4月。平装覆膜,小32开,ISBN 7-02-002702-4,定价6.00元。(24-154)

| 2449 | 海滨故人

庐隐女士著,新文学碑林,1998年4月。平装覆膜,小32开,ISBN 7-02-002695-8,定价7.70元。(24-155)

| 2450 | 喜筵之后 某少女

沉樱著,新文学碑林,1998年5月。平装覆膜,小32开,ISBN 7-02-002705-9,定价6.70元。(24-156)

| 2451 | 花之寺

凌叔华著,新文学碑林,1998年5月。平装覆膜,小32开,ISBN 7-02-002712-1,定价5.00元。(24-157)

| 2452 | 在黑暗中

丁玲著,新文学碑林,1998年5月。平装覆膜,小32开,ISBN 7-02-002707-5,定价6.50元。2000年7月收入百年百种优秀中国文学图书,平装覆膜,大32开,ISBN 7-02-003256-7,定价9.00元。(24-158)

| 2453 | 柚子

王鲁彦著,新文学碑林,1998年5月。平装覆膜,小32开,ISBN 7-02-002709-1,定价5.50元。(24-159)

| 2454 | 二马

老舍著,1998年6月。平装覆膜,大32开,ISBN 7-02-002658-3,定价14.00元。(24-160)

| 2455 | 南北极

穆时英著,新文学碑林,2000年1月。平装覆膜,小32开,ISBN 7-02-002978-7,定价7.50元。(24-161)

| 2456 | 边城

沈从文著,新文学碑林,2000年1月。平装覆膜,小32开,ISBN 7-02-002976-0,定价5.00

元。2000年7月收入百年百种优秀中国文学图书,平装覆膜,大32开,ISBN 7-02-003257-5,定价6.00元。2003年5月收入语文新课标必读丛书,平装覆膜,大32开,ISBN 7-02-004228-7,定价6.00元。2006年6月收入语文新课标必读丛书修订版,平装覆膜,大32开,ISBN 7-02-005674-1,定价6.00元。2008年6月收入语文新课标必读丛书增订版,平装覆膜,大32开,ISBN 978-7-02-007061-9,定价8.00元。2013年11月收入中学生文学阅读必备书系,平装覆膜,国流32开,ISBN 978-7-02-009937-5,定价12.00元。(24-162)

2457　南行记
艾芜著,新文学碑林,2000年1月。平装覆膜,小32开,ISBN 7-02-002970-1,定价6.00元。2000年7月收入百年百种优秀中国文学图书,平装覆膜,大32开,ISBN 7-02-003259-1,定价7.80元。2017年2月收入漫说旧时光,平装,国流32开,ISBN 978-7-02-011546-4,定价20.00元。(24-163)

2458　醉里
罗黑芷著,新文学碑林,2000年1月。平装覆膜,小32开,ISBN 7-02-002962-0,定价6.00元。(24-164)

2459　地之子
台静农著,新文学碑林,2000年1月。平装覆膜,小32开,ISBN 7-02-002965-5,定价6.50元。(24-165)

2460　小城风波
沙汀著,百年百种优秀中国文学图书,2000年7月。平装覆膜,大32开,ISBN 7-02-003283-4,定价7.00元。(24-166)

2461　我这一辈子　月牙儿
老舍著,2001年5月。平装覆膜,大32开,ISBN 7-02-003457-8,定价10.00元。(24-167)

2462　郁达夫小说集
大学生必读丛书,2002年1月。平装,大32开,ISBN 7-02-003632-5,定价28.00元。(24-168)

2463　赵延年木刻插图本　阿Q正传
鲁迅著,2002年4月。平装,大32开,ISBN 7-02-003747-X,定价7.00元。(24-169)

2464　赵延年木刻插图本　狂人日记
鲁迅著,2002年9月。平装,大32开,ISBN 7-02-003942-1,定价15.00元。(24-170)

2465　赵延年木刻插图本　故事新编
鲁迅著,2003年12月。平装,大32开,ISBN 7-02-004399-2,定价10.00元。(24-171)

2466　围城(汉英对照)
钱锺书著,〔美〕珍妮·凯利、茅国权译,2003年10月。平装覆膜,16开,ISBN 7-02-004257-0,定价65.00元。(3-715)

2467　伤心碧
东方蝃蝀著,2005年6月。平装覆膜,32异,ISBN 7-02-005206-1,定价17.00元。(24-175)

2468　名门闺秀
东方蝃蝀著,2005年6月。平装覆膜,32异,ISBN 7-02-005205-3,定价19.00元。(24-176)

2469　鲁迅小说全编
2006年6月。平装覆膜,国流32开,ISBN 7-02-005487-0,定价24.00元。2013年5月,平装,国流32开,ISBN 978-7-02-009811-8,定价29.00元。(22-133)

2470　正红旗下　中日文对照注释
老舍著,范亦豪、李玉敬、稻田直树、清水信夫注释,中山时子监修,2006年12月。精装,国流32开,ISBN 7-02-005457-9,定价42.00元。(24-177)

2471　小姐集
汤雪华等著,2007年8月。平装覆膜,20开,ISBN 978-7-02-006102-0,定价28.00元。(24-178)

2472　猫城记
老舍著,中国现代长篇小说藏本,2008年11月。平装覆膜,国流32开,ISBN 978-7-02-007229-3,定价12.00元。(24-179)

2473　风萧萧
徐訏著,中国现代长篇小说藏本,2008年6月。平装覆膜,国流32开,ISBN 978-7-02-007193-7,定价25.00元。(24-180)

2474　冲积期化石

张资平著,中国现代长篇小说藏本,2009年1月。平装覆膜,国流32开,ISBN 978-7-02-007231-6,定价12.00元。(24-181)

2475 金粉世家(上下)

张恨水著,中国现代长篇小说藏本,2009年1月。平装覆膜,国流32开,ISBN 978-7-02-007192-0,定价65.00元。2009年6月收入张恨水长篇小说经典,平装覆膜,国流32开,ISBN 978-7-02-007311-5,定价64.00元。2015年4月收入张恨水名作插图珍藏版,张明明插图,精装,国流32开,ISBN 978-7-02-010641-7,定价99.00元。2019年1月收入张恨水作品系列,平装覆膜,32异,ISBN 978-7-02-014149-4,定价99.00元。(24-182)

2476 莎菲女士的日记 韦护

丁玲著,中国现代中篇小说藏本,2009年1月。平装覆膜,国流32开,ISBN 978-7-02-007198-2,定价12.00元。(24-183)

2477 神巫之爱 边城

沈从文著,中国现代中篇小说藏本,2009年1月。平装覆膜,国流32开,ISBN 978-7-02-007194-4,定价12.00元。(24-184)

2478 阿Q正传

鲁迅著,中国现代中篇小说藏本,2009年1月。平装覆膜,国流32开,ISBN 978-7-02-007232-3,定价10.00元。(24-185)

2479 她是一个弱女子 迷羊

郁达夫著,中国现代中篇小说藏本,2009年1月。平装覆膜,国流32开,ISBN 978-7-02-007195-1,定价12.00元。(24-186)

2480 一个女人的悲剧

艾芜著,中国现代中篇小说藏本,2009年1月。平装覆膜,国流32开,ISBN 978-7-02-007199-9,定价12.00元。(24-187)

2481 二月

柔石著,中国现代中篇小说藏本,2009年1月。平装覆膜,国流32开,ISBN 978-7-02-007197-5,定价12.00元。(24-188)

2482 海的梦 憩园

巴金著,中国现代中篇小说藏本,2009年1月。平装覆膜,国流32开,ISBN 978-7-02-007241-5,定价17.00元。(24-189)

2483 生死场 呼兰河传

萧红著,中国现代中篇小说藏本,2009年1月。平装覆膜,国流32开,ISBN 978-7-02-007200-2,定价16.00元。(24-190)

2484 象牙戒指

庐隐著,中国现代中篇小说藏本,2009年1月。平装覆膜,国流32开,ISBN 978-7-02-007196-8,定价12.00元。(24-191)

2485 月牙儿 阳光 我这一辈子

老舍著,中国现代中篇小说藏本,2009年1月。平装覆膜,国流32开,ISBN 978-7-02-007240-8,定价10.00元。(24-192)

2486 秋海棠

秦瘦鸥著,中国现代长篇小说藏本,2009年1月。平装覆膜,国流32开,ISBN 978-7-02-007233-0,定价16.00元。2009年4月收入秦瘦鸥作品精编·梨园世家,软精,国流32开,ISBN 978-7-02-007313-9,定价18.00元。(24-193)

2487 啼笑因缘

张恨水著,张恨水长篇小说经典,2009年4月。平装覆膜,国流32开,ISBN 978-7-02-007288-0,定价22.00元。2015年4月收入张恨水名作插图珍藏版,张明明插图,精装,国流32开,ISBN 978-7-02-010642-4,定价39.00元。2019年1月收入张恨水作品系列,平装覆膜,32异,ISBN 978-7-02-014066-4,定价49.00元。(24-194)

2488 骆驼祥子 手稿本

老舍著,2009年4月。平装,16开,ISBN 978-7-02-006051-1,定价52.00元。(24-196)

2489 夜深沉

张恨水著,张恨水长篇小说经典,2009年6月。平装覆膜,国流32开,ISBN 978-7-02-007290-3,定价22.00元。(24-197)

2490 秦淮世家

张恨水著,张恨水长篇小说经典,2009年6月。平装覆膜,国流32开,ISBN 978-7-02-007289-7,定价15.00元。(24-198)

2491 梅宝

秦瘦鸥著,秦瘦鸥作品精编·梨园世家,2009年7月。软精,国流32开,ISBN 978-7-02-

007314-6,定价16.00元。(24-199)

2492 戏迷自传
秦瘦鸥著,秦瘦鸥作品精编,2009年7月。软精,国流32开,ISBN 978-7-02-007315-3,定价15.00元。(24-200)

2493 三人行 路
茅盾著,中国现代中篇小说藏本,2009年10月。平装覆膜,国流32开,ISBN 978-7-02-007271-2,定价13.00元。(24-201)

2494 北极风情画 塔里的女人
无名氏著,中国现代中篇小说藏本,2010年5月。平装覆膜,国流32开,ISBN 978-7-02-008008-3,定价21.00元。(24-202)

2495 明日
王任叔著,2011年10月。平装,国流32开,ISBN 978-7-02-008668-9,定价25.00元。(3-1088)

2496 太阳社小说选
蒋光慈等著,李松睿、吴晓东编选,中国文库,2011年10月。国流32开,平装,ISBN 978-7-02-008489-0,定价41.00元;精装,ISBN 978-7-02-008488-3,定价56.00元。(24-203)

2497 鼓书艺人
老舍著,马小弥译,1980年10月。平装,32开,书号10019·3042,定价0.63元。2012年8月收入老舍作品名家插图系列,罗尔纯插图,精装,国流32开,ISBN 978-7-02-009169-0,定价33.00元。(3-213)(24-205)

2498 我这一辈子 正红旗下
高荣生插图本
老舍著,高荣生插图,老舍作品名家插图系列,2012年8月。精装,国流32开,ISBN 978-7-02-009168-3,定价29.00元。(24-206)

2499 老张的哲学 猫城记
高荣生插图本
老舍著,高荣生插图,老舍作品名家插图系列,2012年8月。精装,国流32开,ISBN 978-7-02-009163-8,定价33.00元。(24-207)

2500 四世同堂(足本)(1—3)
老舍著,黑马译,2018年6月。平装,32异,ISBN 978-7-02-0011795-6,定价92.00元。(24-208)

2501 赵子曰 离婚 韩羽插图本
老舍著,韩羽插图,老舍作品名家插图系列,2012年8月。精装,国流32开,ISBN 978-7-02-009156-0,定价38.00元。(24-210)

2502 二马 牛天赐传 丁聪插图本
老舍著,丁聪插图,老舍作品名家插图系列,2012年8月。精装,国流32开,ISBN 978-7-02-009170-6,定价39.00元。(24-211)

2503 微神集 月牙集 袁运生插图本
老舍著,袁运生插图,老舍作品名家插图系列,2012年8月。精装,国流32开,ISBN 978-7-02-009162-1,定价37.00元。(24-212)

2504 呐喊 彷徨 故事新编 丁聪插图本
鲁迅著,丁聪插图,2013年4月。精装,国流32开,ISBN 978-7-02-009752-4,定价39.00元。2015年10月,书名《鲁迅小说全集 丁聪插图本》,平装,国流32开,ISBN 978-7-02-011023-0,定价32.00元。(24-214)

2505 野草 故事新编 赵延年插图本
鲁迅著,赵延年插图,2014年3月。精装,国流32开,ISBN 978-7-02-009834-7,定价32.00元。(24-215)

2506 阿Q正传 赵延年插图本
鲁迅著,赵延年插图,2014年3月。精装,国流32开,ISBN 978-7-02-009833-0,定价32.00元。(24-216)

2507 骆驼祥子 二马
老舍著,2016年1月。平装,32异,ISBN 978-7-02-011321-7,定价26.00元。(24-218)

2508 我这一辈子 老舍中短篇小说选
老舍著,老舍作品精选,2017年2月。平装,国流32开,ISBN 978-7-02-012220-2,定价36.00元。(24-219)

2509 老张的哲学 猫城记
老舍著,老舍作品精选,2017年2月。平装,国流32开,ISBN 978-7-02-012218-9,定价35.00元。(24-220)

2510 赵子曰 离婚
老舍著,老舍作品精选,2017年2月。平装,国流32开,ISBN 978-7-02-012219-6,定价38.00元。(24-221)

2511 二马 牛天赐传

老舍著,老舍作品精选,2017年2月。平装,国流32开,ISBN 978-7-02-012223-3,定价38.00元。(24-222)

🔴 **2512   巴山夜雨**

张恨水著,高荣生插图,2017年5月。精装,国流32开,ISBN 978-7-02-011913-4,定价78.00元。(24-223)

🔴 **2513   林家铺子 茅盾小经典**

茅盾著,2017年6月。平装,32异,ISBN 978-7-02-012302-5,定价28.00元。(24-224)

🔴 **2514   八十一梦 五子登科**

张恨水著,张恨水作品系列,2019年1月。平装覆膜,32异,ISBN 978-7-02-014514-0,定价49.00元。(24-225)

🔴 **2515   春明外史(上、下)**

张恨水著,张恨水作品系列,2019年1月。平装覆膜,32异,ISBN 978-7-02-014501-0,定价99.00元。(24-226)

🔴 **2516   韩营半月**

俞林著,1951年8月。平装,32开,书号 总20单7,定价7,700元。(16-1)

🔴 **2517   种谷记**

柳青著,中国人民文艺丛书,1951年10月。平装,32开,书号 总49中3,定价13,600元。1958年12月收入新创作选拔本,精装,大32开,书号10019·48,定价1.55元。1962年12月收入建国前优秀作品选拔本,大32开,平装,定价0.70元;精装,定价1.20元。(16-2)

🔴 **2518   吕梁英雄传**

马烽、西戎著,中国人民文艺丛书,1952年4月。平装,大32开,书号 总25中2,定价22,000元。1956年5月版,平装,大32开,书号10019·23,定价1.50元。1959年2月收入新创作选拔本,精装,大32开,定价2.10元。1959年12月收入建国前优秀作品选拔本,大32开,平装,定价1.10元;精装,定价1.70元。1963年8月作家出版社出版,平装,32开,书号10020·1675,定价0.98元。1991年8月版,平装,32开,ISBN 7-02-001286-8,定价4.35元。1996年9月,平装覆膜,大32开,ISBN 7-02-002386-X,定价7.60元。1997年12月收入红色经典,平装覆膜,大32开,ISBN 7-02-002614-1,定价15.40元。2005年1月收入中国当代长篇小说藏本,平装覆膜,国流32开,ISBN 7-02-004893-5,定价18.00元。2009年7月收入人民文学出版社·新中国60年长篇小说典藏,纸精,国流32开,ISBN 978-7-02-007425-9,定价29.00元。2013年1月收入朝内166人文文库·中国当代长篇小说,平装,国流32开,ISBN 978-7-02-009403-5,定价23.00元。2014年5月收入北洋文库·红色经典丛书,平装覆膜,国流32开,ISBN 978-7-02-010375-1,定价25.00元。2015年7月收入书与影——最经典的抗战小说,平装,国流32开,ISBN 978-7-02-010811-4,定价31.00元。2018年4月收入红色长篇小说经典,平装,国流32开,ISBN 978-7-02-012796-2,定价36.00元。2019年8月收入中学红色文学经典阅读丛书,平装覆膜,32异,ISBN 978-7-02-015076-2,定价35.00元。(16-3)

🔴 **2519   太阳照在桑干河上**

丁玲著,中国人民文艺丛书,1952年4月。32开,书号 总89中8,平装,定价16,800元;精装,定价26,500元。1957年9月,平装,大32开,书号10019·86,定价1.00元。1984年10月收入中国现代长篇小说丛书,精装,大32开,定价4.15元。1988年12月,平装,小32开,ISBN 7-02-000515,定价3.15元。1997年12月收入红色经典,平装覆膜,大32开,ISBN 7-02-002623-0,定价14.00元。2004年3月收入中国文库,国流32开,平装覆膜,ISBN 7-02-004535-9,定价14.00元;2004年7月,精装,ISBN 7-02-004733-5,定价30.00元。2005年1月收入中国当代长篇小说藏本,平装覆膜,国流32开,ISBN 7-02-004897-8,定价14.00元。2009年7月收入人民文学出版社·新中国60年长篇小说典藏,纸精,国流32开,ISBN 978-7-02-007441-9,定价22.00元。2013年1月收入朝内166人文文库·中国当代长篇小说,平装,国流32开,ISBN 978-7-02-009390-8,定价17.00元。2014年5月收入北洋文库·红色经典丛书,平装覆膜,国流32开,ISBN 978-7-02-010368-3,定价18.00元。2018年9月收入红色长篇小说经典,平装,国流 32 开,ISBN 978-7-02-012784-9,定价 29.00 元。2019 年 8 月收入中学红色文学经典阅读丛书,平装覆膜,32 异,ISBN 978-7-02-015165-3,定价 27.00 元。(16-4)

2520　暴风骤雨(上下)
周立波著,中国人民文艺丛书,1952 年 4 月。32 开,书号 总 91 中 10,平装,定价 27,800 元;精装,定价 38,000 元。1956 年 8 月,上下合为一册,平装,大 32 开,书号 10019·88,定价 1.80 元。1958 年 12 月收入建国前优秀作品选拔本,精装,大 32 开,定价 2.60 元。1959 年 4 月,莱比锡图书博览会参展版,精装,大 32 开,定价 3.50 元。1984 年 9 月收入中国现代长篇小说丛书,精装,大 32 开,定价 5.00 元。1988 年 8 月,平装,小 32 开,ISBN 7-02-000589-6,定价 3.05 元。1997 年 12 月收入红色经典,平装覆膜,大 32 开,ISBN 7-02-002624-9,定价 17.50 元。2004 年 3 月收入中国文库,国流 32 开,平装覆膜,ISBN 7-02-004540-5,定价 18.00 元;2004 年 7 月,精装,ISBN 7-02-004738-6,定价 40.00 元。2005 年 1 月收入中国当代长篇小说藏本,平装覆膜,国流 32 开,ISBN 7-02-004898-6,定价 22.00 元。2009 年 7 月收入人民文学出版社·新中国 60 年长篇小说典藏,纸精,国流 32 开,ISBN 978-7-02-007442-6,定价 34.00 元。2013 年 1 月收入朝内 166 人文文库·中国当代长篇小说,平装,国流 32 开,ISBN 978-7-02-009318-2,定价 26.00 元。2014 年 5 月收入北洋文库·红色经典丛书,平装覆膜,国流 32 开,ISBN 978-7-02-010367-6,定价 30.00 元。2018 年 4 月收入红色长篇小说经典,平装,国流 32 开,ISBN 978-7-02-012785-6,定价 39.00 元。2018 年 5 月,平装,国流 32 开,ISBN 978-7-02-014035-0,定价 42.00 元。2018 年 5 月收入教育部统编《语文》推荐阅读丛书,平装覆膜,16 异,ISBN 978-7-02-014259-0,定价 49.00 元。2018 年 9 月收入周立波文选,精装,国流 32 开,ISBN 978-7-02-014460-0,定价 62.00 元。2019 年 8 月收入中学红色文学经典阅读丛书,平装覆膜,32 异,ISBN 978-7-02-015170-7,定价 37.00 元。(16-5)

2521　在零下四十度
西虹著,1952 年 5 月。平装,32 开,书号 总 85 单 25,定价 7,500 元。(16-6)

2522　地覆天翻记
王希坚著,中国人民文艺丛书,1952 年 6 月。平装,32 开,书号 总 84 中 7,定价 7,500 元。(16-7)

2523　李有才板话
赵树理著,中国人民文艺丛书,1952 年 9 月。平装,32 开,书号 总 117 中 13,定价 0.50 元。1958 年 4 月,平装,32 开,书号 10019.115,定价 0.36 元。1958 年 9 月收入文学小丛书,书号 10019·889,平装,50 开,定价 0.23 元;平装,32 开,定价 0.31 元。1984 年 12 月收入文学小丛书,平装,32 开,书号 10019·115,定价 0.48 元。1988 年 8 月,平装,小 32 开,ISBN 7-02-000519-5,定价 0.97 元。(16-8)

2524　原动力
草明著,中国人民文艺丛书,1952 年 9 月。平装,32 开,书号 总 121 中 14,定价 5,800 元。1958 年 12 月收入新创作选拔本,精装,大 32 开,书号 10019·119,定价 1.05 元。1962 年 4 月收入建国前优秀作品选拔本,平装,大 32 开,定价 0.37 元。(16-9)

2525　高乾大
欧阳山著,中国人民文艺丛书,1952 年 9 月。平装,32 开,总 126 中 15,定价 12,700 元。1960 年 4 月收入建国前优秀作品选拔本,大 32 开,书号 10019·124,平装,定价 0.65 元;精装,定价 1.25 元。(16-10)

2526　李家庄的变迁
赵树理著,中国人民文艺丛书,1952 年 12 月。平装,32 开,定价 6,100 元。1958 年 12 月收入新创作选拔本,精装,大 32 开,书号 10019·134,定价 1.11 元。1962 年 5 月收入建国前优秀作品选拔本,平装,32 开,定价 0.40 元。(16-11)

2527　小二黑结婚
赵树理著,文学初步读物,1953 年 2 月。平装,46 开,书号 10019·149,定价 800 元。(16-12)

2528　地雷阵

148

邵子南著,文学初步读物,1953 年 3 月。平装,46 开,书号 10019·156,定价 900 元。(16-13)

2529　斗争钱文贵

丁玲著,文学初步读物,1953 年 3 月。平装,46 开,书号 10019·154,定价 800 元。(16-14)

2530　白求恩大夫

周而复著,1953 年 5 月。平装,32 开,书号 179 单 97,定价 5,900 元。1959 年 1 月收入新创作选拔本,精装,大 32 开,书号 10019·180,定价 1.25 元。1959 年 11 月作家出版社,平装,大 32 开,书号 10020·1341,定价 0.52 元。1997 年 6 月人民文学出版社,平装,32 开,ISBN 7-02-002186-7,定价 8.50 元。(16-15)

2531　老杨同志

赵树理著,文学初步读物,1953 年 12 月。平装,46 开,书号 10019·252,定价 600 元。(16-16)

2532　参军

周立波著,文学初步读物,1953 年 12 月。平装,46 开,书号 10019·250,定价 700 元。(16-17)

2533　红旗呼啦啦飘

柯蓝著,作家出版社 1954 年 1 月。平装,32 开,书号 10020·15,定价 4,300 元。1959 年 2 月人民文学出版社,收入新创作选拔本,精装,大 32 开,定价 1.05 元。(16-18)

2534　延安集

丁玲著,1954 年 3 月。平装,32 开,书号 10019·218,定价 7,000 元。1956 年 5 月,平装,32 开,书号 10019·219,定价 0.65 元。(16-19)

2535　工作着是美丽的

陈学昭著,作家出版社 1954 年 7 月。平装,32 开,书号 10020·59,定价 10,500 元。(16-20)

2536　混沌

骆宾基著,作家出版社 1954 年 7 月。平装,32 开,书号 10020·63,定价 9,500 元。(16-21)

2537　山野

艾芜著,作家出版社 1954 年 7 月。平装,32 开,书号 10020·61,定价 10,500 元。(16-22)

2538　月黑夜

杨朔著,作家出版社 1954 年 11 月。平装,32 开,书号 10020·110,定价 4,300 元。(16-23)

2539　飞兵在沂蒙山上

韩希梁、洪林著,作家出版社 1954 年 12 月。平装,32 开,书号 10020·122,定价 3,500 元。(16-24)

2540　山谷里的春天

周而复著,1955 年 4 月。平装,32 开,书号 10019·372,定价 1.10 元。1958 年 8 月,平装,32 开,书号 10019·369,定价 1.00 元。(16-25)

2541　洋铁桶的故事

柯蓝著,作家出版社 1955 年 9 月。平装,32 开,书号 10020·262,定价 0.35 元。1957 年 9 月,平装,32 开,书号 10020·260,定价 0.33 元。1959 年 12 月人民文学出版社,收入建国前优秀作品选拔本,大 32 开,书号 10019·1429,平装,定价 0.32 元;精装,定价 0.87 元。(16-26)

2542　燕宿崖

周而复著,作家出版社 1955 年 10 月。平装,32 开,书号 10020·258,定价 0.82 元。1957 年 10 月,平装,32 开,书号 10020·257,定价 0.76 元。(16-27)

2543　英雄沟

郑笃等著,作家出版社 1955 年 12 月。平装,32 开,书号 10020·336,定价 0.58 元。1956 年 5 月,平装,32 开,书号 10020·332,定价 0.55 元。(16-28)

2544　五月之夜

王林等著,作家出版社 1955 年 12 月。平装,32 开,书号 10020·320,定价 0.42 元。(16-29)

2545　晴天

王力等著,作家出版社 1955 年 12 月。平装,32 开,书号 10020·335,定价 0.71 元。(16-30)

2546　丛林曲

杜埃著,作家出版社 1957 年 3 月。平装,32 开,书号 10020·661,定价 0.32 元。(16-31)

2547　战线

黑炎著,作家出版社 1957 年 4 月。平装,32

开,书号10020·686,定价0.44元。(16-32)

2548 宋村纪事
田间著,作家出版社1957年8月。平装,32开,书号10020·238,定价0.32元。(16-33)

2549 炭窑
于黑丁著,作家出版社1957年9月。平装,大32开,书号10020·748,定价1.10元。(16-34)

2550 未了的旅程
吴奚如著,作家出版社1958年4月。平装,32开,书号10020·814,定价0.80元。(16-35)

2551 雾夜紫灯
谢挺宇著,作家出版社1958年6月。平装,32开,书号10020·871,定价0.65元。1983年5月人民文学出版社,平装,小32开,书号10019·3451,定价0.65元。(16-36)

2552 乡下姑娘
于逢著,作家出版社1958年6月。平装,32开,书号10020·859,定价0.40元。(16-37)

2553 地雷阵
邵子南著,文学小丛书,1958年9月。平装,小32开,书号10019·903,定价0.20元。(16-38)

2554 荷花淀派作品选
孙犁等著,冯健男编选,中国现代文学流派创作选,1983年3月。平装,大32开,书号10019·3421,定价1.10元。2011年9月收入中国文库,书名《荷花淀派小说选》,国流32开,平装,ISBN 978-7-02-008528-6,定价23.50元;精装,ISBN 978-7-02-008527-9,定价48.50元。(16-39)

2555 山药蛋派作品选
赵树理等著,高捷编选,中国现代文学流派创作选,1984年8月。平装,大32开,书号10019·3701,定价1.65元。2011年9月收入中国文库,国流32开,平装,ISBN 978-7-02-008544-6,定价28.00元;精装,ISBN 978-7-02-008542-2,定价43.00元。(16-40)

2556 桂公塘
郭源新(郑振铎)著,新文学碑林,2001年1月。平装覆膜,小32开,ISBN 7-02-003007-6,定价6.00元。(16-41)

2557 生人妻
罗淑著,新文学碑林,2001年1月。平装,小32开,ISBN 7-02-003009-2,定价4.60元。(16-42)

2558 呼兰河传
萧红著,新文学碑林,2001年1月。平装覆膜,小32开,ISBN 7-02-003010-6,定价8.50元。2013年11月收入中学生文学阅读必备书系,平装覆膜,国流32开,ISBN 978-7-02-009943-6,定价16.00元。2017年2月收入漫说旧时光,平装,国流32开,ISBN 978-7-02-011544-0,定价26.00元。(16-43)

2559 谷
芦焚著,新文学碑林,2001年1月。平装覆膜,小32开,ISBN 7-02-003015-7,定价5.80元。(16-44)

2560 憎恨
瑞木蕻良著,新文学碑林,2001年1月。平装覆膜,小32开,ISBN 7-02-003016-5,定价7.50元。(16-45)

2561 李有才板话
赵树理著,新文学碑林,2001年1月。平装覆膜,小32开,ISBN 7-02-003223-0,定价5.00元。(16-46)

2562 栗子
萧乾著,新文学碑林,2001年1月。平装覆膜,小32开,ISBN 7-02-003064-5,定价5.80元。(16-47)

2563 芦花荡 荷花淀
孙犁著,新文学碑林,2001年1月。平装覆膜,小32开,ISBN 7-02-003065-3,定价6.00元。(16-48)

2564 差半车麦秸
姚雪垠著,新文学碑林,2001年1月。平装覆膜,小32开,ISBN 7-02-003071-8,定价5.80元。(16-50)

2565 赵树理选集
大学生必读丛书,2001年1月。平装,大32开,ISBN 7-02-003636-8,定价20.00元。2004年3月收入中国文库,国流32开,平装覆膜,ISBN 7-02-004556-1,定价20.00元;精装,ISBN 7-02-004754-8,定价39.00元。

(16-51)

`2566`　李有才板话

赵树理著,中国现代中篇小说藏本,2009年1月。平装覆膜,国流32开,ISBN 978-7-02-007201-9,定价14.00元。(16-52)

`2567`　呼兰河传

萧红著,全新校订版,2018年4月。平装,16异,ISBN 978-7-02-013544-8,定价39.00元。2018年4月收入教育部统编《语文》推荐阅读丛书,平装,16异,ISBN 978-7-02-013991-0,定价26.00元。(16-53)

中国古典小说

`2568`　古小说钩沈(上下)

鲁迅校录,1951年11月。平装,32开,书号 总50鲁13,定价20,000元。1953年5月,上下合为一册,平装,32开,定价13,000元。(30-1)

`2569`　唐宋传奇集

鲁迅校录,1952年2月。平装,32开,书号 总65鲁22,定价12,300元。1956年5月,平装,32开,书号10019·64,定价0.90元。(30-2)

`2570`　小说旧闻钞

鲁迅辑录,1952年3月。平装,32开,书号 总63鲁20,定价6,900元。1956年7月,平装,32开,书号10019·62,定价0.50元。(30-3)

`2571`　水浒

施耐庵著,1952年9月。上中下册,平装,32开,书号 总113单40,定价3.90元。1953年12月作家出版社,上下册,25开,书号 作9,平装,定价2.50元;精装,定价3.90元。1982年8月人民文学出版社,中国古典文学读本丛书,上下册,平装,32开,书号10019·1197,定价2.30元。(30-4)

`2572`　解珍解宝

施耐庵著,文学初步读物,1953年3月。平装,46开,书号158初12,定价500元。(30-5)

`2573`　火烧赤壁

罗贯中著,文学初步读物,1953年3月。平装,46开,书号163初17,定价900元。(30-6)

`2574`　三国演义

罗贯中著,作家出版社1953年11月。25开,书号 作4,平装上下册,定价30,000元;精装一册,定价44,000元。1959年9月人民文学出版社,莱比锡图书博览会参展版,特精装,大32开,定价6.85元。1961年10月,中国古典文学读本丛书,大32开,书号10019·600,平装,定价2.60元;精装,定价3.90元。1988年5月,平装覆膜,小32开,ISBN 7-02-000232-3,定价7.95元。1989年8月,平装覆膜,大32开,ISBN 7-02-000872-0,定价13.15元。1990年,特精,16开,ISBN 7-02-001006-7,定价46.00元。1992年6月,精装,大32开,ISBN 7-02-001388-0,定价33.45元。1992年7月缩印本,精装,大32开,ISBN 7-02-001499-2,定价13.70元。2000年5月收入中学生课外文学名著必读丛书,平装覆膜,大32开,ISBN 7-02-003194-3,定价36.00元。2001年12月收入世界文学名著文库,精装,大32开,ISBN 7-02-003653-8,定价50.00元。2002年1月收入大学生必读丛书,平装,大32开,ISBN 7-02-003609-0,定价38.00元。2003年5月收入语文新课标必读丛书,平装覆膜,大32开,ISBN 7-02-004122-1,定价36.00元。2006年6月收入语文新课标必读丛书修订版,平装覆膜,大32开,ISBN 7-02-005685-7,定价36.00元。2007年4月收入中国古代小说名著插图典藏系列,平装,国流32开,ISBN 978-7-02-005155-7,定价40.00元。2008年6月收入语文新课标必读丛书增订版,平装覆膜,大32开,ISBN 978-7-02-007052-7,定价43.00元。2017年12月收入四大名著珍藏版,精装,16异,ISBN 978-7-02-012555-5,定价185.00元。2018年4月收入教育部统编《语文》推荐阅读丛书,平装覆膜,16异,ISBN 978-7-02-013756-5,定价48.00元。2019年6月四大名著大字本,平装,16异,

ISBN 978-7-02-015042-7,定价83.00元。(30-7)

2575　红楼梦

曹雪芹著,作家出版社1953年12月。25开,书号10020·8,平装三册,定价40,000元;精装上下册,定价63,000元。1957年10月人民文学出版社重新整理版,三册,大32开,书号10019·647,平装,定价3.80元;精装,定价4.70元。1959年9月,莱比锡图书博览会参展版,精装,大32开,定价8.60元。1959年11月收入中国古典文学读本丛书,上下册,大32开,平装,定价4.50元;精装,定价5.60元。2008年11月,出版六十五周年纪念版,平装,国流32开,ISBN 978-7-02-013705-3,定价16元。(30-8)

2576　大闹天宫

吴承恩著,文学初步读物,1953年12月。平装,46开,书号237,定价700元。(30-9)

2577　长坂坡

罗贯中著,文学初步读物,1953年12月。平装,46开,书号239,定价400元。(30-10)

2578　黄泥冈

施耐庵著,文学初步读物,1953年12月。平装,46开,书号238,定价1,400元。(30-11)

2579　水浒全传(上中下)

施耐庵、罗贯中著,1954年3月。25开,书号244,平装,定价54,000元;精装,定价100,000元。(30-12)

2580　西游记(上中下)

吴承恩著,作家出版社1954年6月。书号作35,平装,25开,定价32,000元;精装,大32开,定价37,000元。1959年8月人民文学出版社,中国古典文学读本丛书,平装,大32开,书号10019·1198,定价2.75元。1988年5月,小32开,平装,ISBN 7-02-000292-7,定价7.95元;平装覆膜,ISBN 7-02-000291-9,定价10.50元。1989年8月,平装覆膜,大32开,ISBN 7-02-00873-9,定价15.80元。1990年,特精,16开,ISBN 7-02-001005-9,定价50.00元。1992年5月,改为上下两册,大32开,平装覆膜,ISBN 7-02-000873-9,定价21.85元;精装,ISBN 7-02-001385-6,定价36.35元。1992年7月缩印本,精装,大32开,ISBN 7-02-001500-X,定价15.40元。2000年5月收入中学生课外文学名著必读丛书,平装覆膜,大32开,ISBN 7-02-003197-8,定价43.00元。2001年12月收入世界文学名著文库,精装,大32开,ISBN 7-02-003655-4,定价52.00元。2002年1月收入大学生必读丛书,平装,大32开,ISBN 7-02-003610-4,定价43.80元。2003年5月收入语文新课标必读丛书,平装覆膜,大32开,ISBN 7-02-004123-X,定价43.00元。2006年6月收入语文新课标必读丛书修订版,平装覆膜,大32开,ISBN 7-02-005684-9,定价43.00元。2007年4月收入中国古代小说名著插图典藏系列,平装,国流32开,ISBN 978-7-02-005156-4,定价48.00元。2008年6月收入语文新课标必读丛书增订版,平装覆膜,大32开,ISBN 978-7-02-007028-2,定价49.00元。2012年6月收入语文新课标必读丛书最新版,平装覆膜,大32开,ISBN 978-7-02-008986-4,定价49.00元。2013年11月收入中学生文学阅读必备书系,平装覆膜,国流32开,ISBN 978-7-02-009933-7,定价55.00元。2017年12月收入四大名著珍藏版,精装,16异,ISBN 978-7-02-012554-8,定价190.00元。2018年4月收入教育部统编《语文》推荐阅读丛书,平装覆膜,16异,ISBN 978-7-02-013732-6,定价56.00元。2019年6月四大名著大字本,平装,16异,ISBN 978-7-02-015043-4,定价96.00元。(30-13)

2581　儒林外史

吴敬梓著,作家出版社1954年9月。大32开,书号作80,平装,定价15,000元;精装,定价18,500元。1958年12月人民文学出版社,中国古典文学读本丛书,大32开,书号10019·1042,平装,定价1.60元;精装,定价2.90元。1988年7月版,平装,小32开,ISBN 7-02-000525-X,定价3.95元。1997年11月收入世界文学名著文库,精装,大32开,ISBN 7-02-002257-X,定价26.00元。1997年11月版,平装覆膜,大32开,ISBN 7-02-002575-7,定价22.00元。1999年1月缩印本,精装,大32开,

ISBN 7-02-002877-2,定价18.80元。2002年1月收入大学生必读丛书,平装,大32开,ISBN 7-02-003618-X,定价20.00元。2007年4月收入中国古代小说名著插图典藏系列,平装,国流32开,ISBN 978-7-02-005162-5,定价28.00元。2018年5月收入教育部统编《语文》推荐阅读丛书,平装覆膜,16异,ISBN 978-7-02-013804-3,定价45.00元。(30-14)

2582 尤三姐
曹雪芹著,文学初步读物,1955年3月。平装,46开,书号351,定价0.08元。(30-15)

2583 高老庄
吴承恩著,文学初步读物,1955年3月。平装,46开,书号345,定价0.09元。(30-16)

2584 三顾茅庐
罗贯中著,文学初步读物,1955年3月。平装,46开,书号343,定价0.08元。(30-17)

2585 五河县
吴敬梓著,文学初步读物,1955年3月。平装,46开,书号344,定价0.10元。(30-18)

2586 镜花缘(上下)
李汝珍著,张友鹤校注,作家出版社1955年4月。大32开,书号10020·111,平装,定价2.14元;精装,定价2.52元。1957年9月人民文学出版社,平装,小32开,书号10019·625,定价1.60元。1987年12月,平装,小32开,ISBN 7-02-000043-6,定价3.95元。1990年9月版,精装,大32开,ISBN 7-02-000671-X,定价14.60元。2014年11月,平装,国流32开,ISBN 978-7-02-008847-8,定价45.00元。2018年4月收入教育部统编《语文》推荐阅读丛书,平装覆膜,16异,ISBN 978-7-02-013805-0,定价48.00元。(30-19)

2587 东周列国志(上下)
冯梦龙、蔡元放编,作家出版社1955年11月。平装,大32开,书号 作179,定价2.78元。1974年人民文学出版社,线装影印二十七册,12开,书号10019·2616,定价470.00元。1975年5月,平装影印两函八册,16开,定价19.50元。1987年12月,32开,平装,ISBN 7-02-000036-3,定价5.50元;精装,ISBN 7-02-000037-1,定价7.65元。1990年3月,大32开,平装覆膜,ISBN 7-02-000943-3,定价12.05元;精装,ISBN 7-02-000944-1,定价14.45元。2007年1月收入华夏英雄传系列,平装,国流32开,ISBN 978-7-02-005871-6,定价52.00元。(30-20)

2588 封神演义(上下)
许仲琳编,作家出版社1955年12月。平装,大32开,书号 作208,定价2.73元。1974年4月人民文学出版社,平装,大32开,书号10019·2086,定价2.65元。1988年9月,平装,小32开,ISBN 7-02-000244-7,定价6.10元。1990年5月,平装覆膜,小32开,ISBN 7-02-000982-4,定价9.15元。1997年5月,平装覆膜,大32开,ISBN 7-02-002414-9,定价38.00元。2007年1月收入华夏英雄传系列,平装一册,国流32开,ISBN 978-7-02-005872-3,定价37.00元。(30-21)

2589 警世通言
冯梦龙编,严敦易校注,作家出版社1956年1月。平装,大32开,书号 作311,定价1.72元。1957年8月人民文学出版社,平装,大32开,书号10019·628,定价1.60元。1989年6月,平装,小32开,ISBN 7-02-000730-9,定价5.50元;精装,大32开,ISBN 7-02-000731-7,定价11.10元。1997年5月收入世界文学名著文库,精装,大32开,ISBN 7-02-001865-3,定价37.00元。1999年1月缩印本,精装,大32开,ISBN 7-02-002872-1,定价19.80元。2007年4月收入中国古代小说名著插图典藏系列,平装,国流32开,ISBN 978-7-02-005159-5,定价32.00元。(30-22)

2590 醒世恒言(上下)
冯梦龙编,顾学颉校注,作家出版社1956年7月。平装,大32开,书号10020·365,定价2.10元。1957年5月人民文学出版社,平装,大32开,书号10019·439,定价2.10元。1989年6月,平装,小32开,ISBN 7-02-000734-1,定价7.00元;精装,大32开,ISBN 7-02-000735-X,定价13.50元。1997年5月收入世界文学名著文库,精装,大32开,ISBN 7-02-001866-1,定价45.00元。1999年1月缩印本,精装,大32开,ISBN 7-02-002874-8,定价23.60元。2007年4月收入中国古代小说名著插图典藏系列,平装,国流32开,ISBN 978-7-02-005161-8,定价42.00元。(30-23)

2591　聊斋志异选

蒲松龄著,张友鹤选注,作家出版社1956年12月。平装,大32开,书号10020·343,定价1.30元。1957年8月人民文学出版社,中国古典文学读本丛书,平装,大32开,书号10019·630,定价1.30元。1992年7月,平装,小32开,ISBN 7-02-001107-1,定价5.30元。2002年5月收入大学生必读丛书,平装,大32开,ISBN 7-02-003625-2,定价22.00元。(30-24)

2592　官场现形记(上下)

李宝嘉著,张友鹤校注,1957年6月。大32开,书号10019·608,平装,定价3.20元;精装,定价3.50元。1989年5月,平装,32开,ISBN 7-02-000768-6,定价9.30元。1996年6月,平装覆膜,32开,ISBN 7-02-002360-6,定价40.00元。2000年7月收入百年百种优秀中国文学图书,平装覆膜,大32开,ISBN 7-02-003276-1,定价40.00元。2006年1月收入晚清四大谴责小说插图本,平装,国流32开,ISBN 7-02-005272-X,定价50.00元。2015年7月收入晚清四大谴责小说插图本,平装,国流32开,ISBN 978-7-02-010146-7,定价67.00元。(30-25)

2593　老残游记

刘鹗著,陈翔鹤校,戴鸿森注,1957年10月。平装,大32开,书号10019·655,定价0.85元。1987年12月,平装,小32开,ISBN 7-02-000040-1,定价1.75元。1989年5月,大32开,平装,ISBN 7-02-000921-2,定价3.70元;精装,ISBN 7-02-000672-8,定价5.65元。1997年5月,平装覆膜,大32开,ISBN 7-02-002458-0,定价13.50元。2000年7月收入百年百种优秀中国文学图书,平装覆膜,大32开,ISBN 7-02-003274-5,定价15.00元。2002年1月收入大学生必读丛书,平装,大32开,ISBN 7-02-003627-9,定价12.80元。2006年1月收入晚清四大谴责小说插图本,平装,国流32开,ISBN 7-02-004986-9,定价18.00元。2015年7月收入晚清四大谴责小说插图本,平装,国流32开,ISBN 978-7-02-010145-0,定价29.00元。(30-26)

2594　今古奇观(上下)

抱瓮老人辑,1957年12月。平装,大32开,书号10019·683,定价2.40元。1979年12月,顾学颉校注,平装,32开,ISBN 7-02-000245-5,定价4.90元。1991年2月,大32开,平装,ISBN 7-02-000906-9,定价8.05元;精装,ISBN 7-02-000907-7,定价11.65元。2000年5月,一册,平装覆膜,大32开,ISBN 7-02-000906-9,定价30.00元。2002年1月收入大学生必读丛书,平装,大32开,ISBN 7-02-003651-1,定价26.00元。2016年1月收入中国古典文学雅藏系列,平装,国流32开,ISBN 978-7-02-011256-2,定价45.00元。(30-27)

2595　红楼梦八十回校本(1—4)

曹雪芹著,俞平伯校订,王惜时参校,1958年2月。平装,大32开,书号10019·553,定价6.30元。1993年11月,平装,大32开,ISBN 7-02-001700-2,定价35.10元。(30-28)

2596　古今小说(上下)

冯梦龙编,许政扬校注,1958年5月。平装,大32开,书号10019·743,定价2.40元。1986年2月,书名《喻世明言》,平装,小32开,定价3.20元。1989年6月,平装,小32开,ISBN 7-02-000732-5,定价5.65元;精装,大32开,ISBN 7-02-000733-3,定价11.35元。1997年5月收入世界文学名著文库,精装,大32开,ISBN 7-02-001867-X,定价38.00元。1999年1月缩印本,精装,大32开,ISBN 7-02-002873-X,定价20.30元。2007年4月收入中国古代小说名著插图典藏系列,平装,国流32开,ISBN 978-7-02-005160-1,定价32.00元。(30-29)

2597　杜十娘

冯梦龙原编,本社编,文学小丛书,1958年9月。平装,32异,书号10019·894,定价0.34元。(30-30)

2598　海外奇遇

李汝珍著,文学初步读物,作家出版社1958年11月。平装,46开,书号10020·1069,定价0.28元。(30-31)

2599　车迟国

吴承恩著,文学初步读物,作家出版社1958年12月。平装,46开,书号10020·1070,定价0.10元。(30-32)

2600　唐宋传奇选

张友鹤选注,文学小丛书,1959年2月。平装,50开,书号10019·1080,定价0.27元。1990年8月收入北京市教育局青年文库,平装,小32开,ISBN 7-02-001082-2,非卖品,无定价。(30-33)

2601　话本选(上下)

吴晓铃、范宁、周妙中选注,1959年3月。平装,大32开,书号10019·1193,定价2.60元。1984年12月,平装,大32开,定价4.65元。(30-34)

2602　聊斋志异选

蒲松龄著,本社编,文学小丛书,1959年6月。平装,50开,书号10019·1222,定价0.19元。(30-35)

2603　太平广记(1—5)

李昉等编,1959年7月。精装,大32开,书号10019·1326,定价16.30元。(30-36)

2604　二十年目睹之怪现状(上下)

吴趼人著,张友鹤校注,1959年8月。平装,大32开,书号10019·1335,定价2.80元。1990年12月,平装,小32开,ISBN 7-02-001106-3,定价8.80元。1993年9月,大32开,平装,ISBN 7-02-001706-1,定价18.15元;平装覆膜,ISBN 7-02-002207-3,定价42.00元。2000年7月收入百年百种优秀中国文学图书,平装覆膜,大32开,ISBN 7-02-003275-3,定价42.00元。2006年1月收入晚清四大谴责小说插图本,平装,国流32开,ISBN 7-02-005304-1,定价49.00元。2015年7月收入晚清四大谴责小说插图本,平装,国流32开,ISBN 978-7-02-010144-3,定价65.00元。(30-37)

2605　不怕鬼的故事

中国科学院文学研究所编,1961年2月。大32开,书号10019·1620,平装,定价0.45元;精装,定价1.05元。(30-38)

2606　唐宋传奇选

张友鹤选注,1964年6月。大32开,书号10019·1772,平装,定价0.84元;精装,定价1.40元。1983年8月收入中国古典文学读本丛书,平装,小32开,定价0.67元。1997年5月收入世界文学名著文库,精装,大32开,ISBN 7-02-002062-3,定价24.00元。1998年4月,中国古典文学读本丛书,平装覆膜,大32开,ISBN 7-02-002515-3,定价13.80元。2007年11月单行本,平装,国流32开,ISBN 978-7-02-006262-1,定价18.00元。2016年1月收入中国传统文化经典选读,平装,16异,ISBN 978-7-02-011140-4,定价48.00元。2016年1月收入中国古典文学雅藏系列,平装,国流32开,ISBN 978-7-02-011258-6,定价25.00元。2018年4月收入教育部统编《语文》推荐阅读丛书,平装覆膜,16异,ISBN 978-7-02-013812-8,定价28.00元。(30-39)

2607　戚蓼生序本石头记

曹雪芹著,影印,内部发行,1975年6月。八册,平装,大32开,书号10019·2110,定价11.50元。(原30-40)(G-83)

2608　脂砚斋重评石头记

曹雪芹著,1974年6月。线装,12开,一函八册,书号10019·2133,定价88.00元。1975年10月,内部发行,平装,大32开,四册,定价7.20元。1993年10月,线装,ISBN 7-02-001781-9,定价1000.00元。2014年12月,线装8开,一函八册,ISBN 978-7-02-010700-1,定价1600.00元。(G-53)

2609　三国志通俗演义(影印本)

罗贯中著,1974年12月。线装三函二十四册,12开,书号10019·2158,定价170.00元。1975年10月,平装八册,大32开,定价14.00元。(30-41)

2610　儒林外史(上下)(影印本)

吴敬梓著,1974年12月。线装两函十六册,24开,书号10019·2159,定价60.00元。1975年11月,平装四册,大32开,定价6.60元。

小说

(30-42)

2611　水浒传(上中下)

施耐庵、罗贯中著,中国古典文学读本丛书,1975年10月。平装,小32开,书号10019·2317,定价3.00元。1988年5月收入北京市教育局少年文库,平装,小32开,ISBN 7-02-000293-5,非卖品,无定价。1988年5月,平装,小32开,ISBN 7-02-000357-5,定价8.75元。1989年8月,平装覆膜,大32开,ISBN 7-02-000874-7,定价17.20元;平装覆膜,小32开,ISBN 7-02-000978-6,定价15.65元。1990年,特精,16开,ISBN 7-02-001007-5,定价52.00元。1992年6月,精装,大32开,ISBN 7-02-001387-2,定价38.30元。1992年7月缩印本,精装,大32开,ISBN 7-02-001501-8,定价15.75元。2000年5月收入中学生课外文学名著必读丛书,上下册,平装覆膜,大32开,ISBN 7-02-003195-1,定价46.00元。2001年12月收入世界文学名著文库,精装,大32开,ISBN 7-02-003654-6,定价58.00元。2002年1月收入大学生必读丛书,平装,大32开,ISBN 7-02-003608-2,定价46.00元。2003年5月收入语文新课标必读丛书,平装覆膜,大32开,ISBN 7-02-004120-5,定价46.00元。2006年6月收入语文新课标必读丛书修订版,平装覆膜,大32开,ISBN 7-02-005687-3,定价46.00元。2007年4月收入中国古代小说名著插图典藏系列,平装,国流32开,ISBN 978-7-02-005171-7,定价51.00元。2008年6月收入语文新课标必读丛书增订版,平装覆膜,大32开,ISBN 978-7-02-007086-2,定价53.00元。2017年12月收入四大名著珍藏版,精装,16异,ISBN 978-7-02-012557-9,定价195.00元。2018年5月收入教育部统编《语文》推荐阅读丛书,平装覆膜,16异,ISBN 978-7-02-013733-6,定价63.00元。2019年6月四大名著大字本,平装,16异,ISBN 978-7-02-015050-2,定价103.00元。(30-43)

2612　儒林外史

吴敬梓著,南京师院中文系《儒林外史》整理小组整理,中国古典文学读本丛书,1977年2月。平装,小32开,书号10019·2453,定价1.40元。1981年9月,南京师范学院中文系校注,程十发插图,平装,大32开,定价1.70元。(30-44)

2613　评注聊斋志异选

蒲松龄著,中山大学中文系《聊斋志异》选评小组评注,1977年7月。平装,小32开,书号10019·2505,定价0.88元。(30-45)

2614　错斩崔宁

冯梦龙原编,文学小丛书,1980年2月。平装,32异,书号10019·2914,定价0.24元。(30-46)

2615　浮生六记

沈复著,俞平伯校点,中国小说史料丛书,1980年7月。平装,小32开,书号10019·2983,定价0.25元。1992年6月,平装,32开,ISBN 7-02-001402-X,定价1.35元。1999年1月,平装,32开,ISBN 7-02-002831-4,定价5.70元。(30-47)

2616　何典

张南庄著,中国小说史料丛书,1981年5月。平装,小32开,书号10019·3127,定价0.43元。1992年6月,平装,32开,ISBN 7-02-001403-8,定价1.90元。(30-48)

2617　飞龙全传

吴璿著,孟庆锡校点,中国小说史料丛书,1981年7月。平装,32开,书号10019·3165,定价1.65元。(30-49)

2618　荡寇志(上下)

俞万春著,戴鸿森校点,中国小说史料丛书,1981年11月。平装,小32开,书号10019·3227,定价3.10元。2006年12月收入明清稀见小说坊,平装覆膜,大32开,ISBN 7-02-002842-X,定价39.30元。(30-50)

2619　红楼梦(上中下)

曹雪芹、高鹗著,中国艺术研究院红楼梦研究所校注,1982年3月。平装,小32开,书号10019·3272,定价4.10元。1985年8月收入中国古典文学读本丛书,大32开,平装,定价10.25元;精装,定价16.80元。1988年3月,平装覆膜,小32开,ISBN 7-02-000217-X,定价12.30元。1988年5月,平装覆膜,大32

开,ISBN 7-02-000220-X,定价15.05元。1990年,特精,16开,ISBN 7-02-001004-0,定价60.00元。1992年6月,上下册,精装,大32开,ISBN 7-02-001386-4,定价42.65元。1992年7月缩印本,精装,大32开,ISBN 7-02-001502-6,定价18.70元。1992年12月收入国家教委青年文库,平装,小32开,ISBN 7-02-001607-3,非卖品,无定价。2008年7月,署曹雪芹著,无名氏续,程伟元、高鹗整理,上下册,ISBN 978-7-02-000220-7,定价59.70元。2017年12月收入四大名著珍藏版,精装,16异,ISBN 978-7-02-012556-2,定价260.00元。2019年6月四大名著大字本,平装,16异,ISBN 978-7-02-015093-9,定价116.00元。(30-51)

2620　海上花列传

韩邦庆著,中国小说史料丛书,1982年2月。平装,小32开,书号10019·3263,定价2.00元。1999年1月,平装覆膜,大32开,ISBN 7-02-002835-7,定价23.70元;2006年12月收入明清稀见小说坊,信息相同。2014年11月,平装,国流32开,ISBN 978-7-02-009004-4,定价39.00元。(30-52)

2621　花月痕

魏秀仁著,杜维沫校点,中国小说史料丛书,1982年5月。平装,小32开,书号10019·3298,定价1.40元。1999年1月,平装覆膜,大32开,ISBN 7-02-002836-5,定价17.40元;2006年12月收入明清稀见小说坊,信息相同。(30-53)

2622　平山冷燕

佚名著,冯伟民校点,中国小说史料丛书,1983年6月。平装,小32开,书号10019·3481,定价0.86元。1999年1月,平装覆膜,大32开,ISBN 7-02-002841-1,定价11.40元;2006年12月收入明清稀见小说坊,信息相同。(30-54)

2623　玉娇梨

荑秋散人编次,冯伟民校点,中国小说史料丛书,1983年6月。平装,小32开,书号10019·3472,定价0.77元。1999年1月,平装覆膜,大32开,ISBN 7-02-002838-1,定价10.40元;2006年12月收入明清稀见小说坊,信息相同。(30-55)

2624　淞隐漫录

王韬著,王思宇校点,中国小说史料丛书,1983年8月。平装,小32开,书号10019·3503,定价1.85元。1999年1月,平装覆膜,大32开,ISBN 7-02-002833-0,定价22.20元;2006年12月收入明清稀见小说坊,信息相同。(30-56)

2625　梼杌闲评

刘文忠校点,中国小说史料丛书,1983年9月。平装,小32开,书号10019·3531,定价1.75元。1999年1月,平装覆膜,大32开,ISBN 7-02-002845-4,定价21.40元;2006年12月收入明清稀见小说坊,信息相同。(30-57)

2626　儿女英雄传(上下)

文康著,松颐校注,中国小说史料丛书,1983年11月。平装,小32开,书号10019·3559,定价2.85元。2004年11月,平装,国流32开,ISBN 978-7-02-008862-1,定价56.00元。(30-58)

2627　洪秀全演义

黄世仲著,王俊年校点,中国小说史料丛书,1984年1月。平装,小32开,书号10019·3587,定价1.85元。1999年1月,平装覆膜,大32开,ISBN 7-02-002864-0,定价21.90元;2006年12月收入明清稀见小说坊,信息相同。(30-59)

2628　古本平话小说集(上下)

路工、谭天合编,中国小说史料丛书,1984年3月。平装,小32开,书号10019·3589,定价2.40元。1999年1月,平装覆膜,大32开,ISBN 7-02-002871-3,定价29.30元;2006年12月收入明清稀见小说坊,信息相同。(30-60)

2629　唐三藏西游释厄传　西游记传

朱鼎臣、杨致和著,陈新整理,中国小说史料丛书,1984年5月。平装,小32开,书号10019·3642,定价1.40元。1999年1月,平装覆膜,大32开,ISBN 7-02-002870-5,定价13.40元;2006年12月收入明清稀见小说坊,信息相同。(30-61)

2630　豆棚闲话
艾衲居士编著,张敏校点,中国小说史料丛书,1984年11月。平装,小32开,书号10019·3707,定价0.87元。1999年1月,平装覆膜,大32开,ISBN 7-02-002839-X,定价7.70元;2006年12月收入明清稀见小说坊,信息相同。(30-62)

2631　谐铎
沈起凤著,乔雨舟校点,中国小说史料丛书,1985年1月。平装,小32开,书号10019·3743,定价1.05元。1999年1月,平装覆膜,大32开,ISBN 7-02-002866-7,定价9.40元;2006年12月收入明清稀见小说坊,信息相同。(30-63)

2632　金瓶梅词话(上中下)
兰陵笑笑生著,戴鸿森校点,中国小说史料丛书,1985年5月。平装覆膜,小32开,书号10019·3799,定价12.00元。1989年7月,精装,大32开,ISBN 7-02-000738-4,定价30.00元。1992年11月,精装上下册,大32开,ISBN 7-02-001590-5,定价40.00元。(30-64)

2633　十二楼
李渔著、杜濬评、文骁校点,中国小说史料丛书,1986年2月。平装,小32开,书号10019·3908,定价1.90元。1999年1月,杜维沫校点,平装覆膜,大32开,ISBN 7-02-002834-9,定价12.20元;2006年12月收入明清稀见小说坊,信息相同。(30-65)

2634　绿野仙踪(上下)
李百川著,程毅校点,中国小说史料丛书,1987年9月。平装,小32开,书号10019·4174,定价4.30元。(30-66)

2635　于少保萃忠全传
孙高亮著,孙一珍校点,中国小说史料丛书,1988年10月。平装,小32开,ISBN 7-02-000247-1,定价1.65元。1999年1月,平装覆膜,大32开,ISBN 7-02-002875-6,定价10.20元;2006年12月收入明清稀见小说坊,信息相同。(30-67)

2636　樵史通俗演义
江左樵子编辑、钱江拗生批点,史愚校点,中国小说史料丛书,1989年11月。平装,小32开,ISBN 7-02-000824-0,定价3.35元。1999年1月,平装覆膜,大32开,ISBN 7-02-002830-6,定价13.20元;2006年12月收入明清稀见小说坊,信息相同。(30-68)

2637　西湖二集
周清原著,周楞伽整理,中国小说史料丛书,1989年11月。平装,小32开,ISBN 7-02-000825-9,定价5.80元。1999年1月,平装覆膜,大32开,ISBN 7-02-002863-2,定价21.20元;2006年12月收入明清稀见小说坊,信息相同。(30-69)

2638　全本新注 聊斋志异(上中下)
蒲松龄著,朱其铠、李茂萧、李伯齐、牟通校注,中国古典文学读本丛书,1989年9月。大32开,平装覆膜,ISBN 7-02-000718-X,定价19.20元;精装,ISBN 7-02-000719-8,定价27.90元。1997年5月收入世界文学名著文库,精装,大32开,ISBN 7-02-002293-6,定价98.00元。2007年4月收入中国古代小说名著插图典藏系列,平装,国流32开,ISBN 978-7-02-005199-5,定价89.00元。(30-70)

2639　无声戏
李渔著、杜濬批评,丁锡根校点,中国小说史料丛书,1989年12月。平装,小32开,ISBN 7-02-000717-1,定价2.50元。1999年1月,平装覆膜,大32开,ISBN 7-02-002868-3,定价10.20元;2006年12月收入明清稀见小说坊,信息相同。(30-71)

2640　隋史遗文
袁于令著,刘文忠校点,中国小说史料丛书,1989年9月。平装,小32开,ISBN 7-02-000823-2,定价5.45元。1999年1月,平装覆膜,大32开,ISBN 7-02-002840-3,定价19.40元;2006年12月收入明清稀见小说坊,信息相同。(30-72)

2641　刘公案(车王府曲本)
燕琦校点,1990年8月。平装覆膜,大32开,ISBN 7-02-001008-3,定价5.65元。(30-73)

2642　萤窗异草
长白浩歌子著,冯伟民校点,中国小说史料丛书,1990年10月。平装,小32开,ISBN 7-02-

000753-8,定价4.60元。1999年1月,平装覆膜,大32开,ISBN 7-02-002865-9,定价18.40元;2006年12月收入明清稀见小说坊,信息相同。(30-74)

2643 续侠义传
周锡山、李宗为校点,中国小说史料丛书,1991年3月。平装,小32开,ISBN 7-02-001019-9,定价2.05元。1999年1月,平装覆膜,大32开,ISBN 7-02-002867-5,定价10.20元;2006年12月收入明清稀见小说坊,信息相同。(30-75)

2644 拍案惊奇(上下)
凌濛初著,陈迩冬、郭隽杰校注,1991年8月。大32开,平装,ISBN 7-02-001040-7,定价7.75元;精装,ISBN 7-02-001041-5,定价11.55元。1997年5月收入世界文学名著文库,精装,大32开,ISBN 7-02-002037-2,定价39.00元。1998年10月,一册,平装覆膜,大32开,ISBN 7-02-002740-7,定价31.60元。1999年1月缩印本,精装,大32开,ISBN 7-02-002878-0,定价21.20元。2007年4月收入中国古代小说名著插图典藏系列,平装,国流32开,ISBN 978-7-02-005158-8,定价35.00元。(30-76)

2645 古代白话短篇小说精华
杨贺松选注,中国古典文学精华丛书,1991年8月。平装覆膜,32异,ISBN 7-02-001192-6,定价3.80元。(30-77)

2646 古代文言小说精华
雷群明选注,中国古典文学精华丛书,1991年8月。平装覆膜,32异,ISBN 7-02-001197-7,定价3.30元。(30-78)

2647 封神榜(上中下)(车王府曲本)
苏寰中、郭精锐、陈伟武校点,1992年1月。平装,大32开,ISBN 7-02-001072-5,定价25.55元。1993年6月,平装覆膜,大32开,ISBN 7-02-001664-2,定价32.75元。(30-81)

2648 金瓶梅词话(一至二十一)
兰陵笑笑生著,1991年12月。线装两函,32开,ISBN 7-02-001366-X。2011年12月,线装两函,ISBN 978-7-02-001366-1。(G-81)

2649 香艳丛书(1—5)
虫天子(张廷华)编,1992年8月。精装,大32开,ISBN 7-02-001345-7,定价198.00元。1994年2月,定价260.00元。(30-82)

2650 快心编
天花才子编辑,中国小说史料丛书,1992年7月。平装,小32开,ISBN 7-02-001263-9,定价8.65元。1999年1月,平装覆膜,大32开,ISBN 7-02-002837-3,定价24.90元;2006年12月收入明清稀见小说坊,四桥居士评,燕怡校点,其余信息相同。(30-83)

2651 蟫史
磊砢山人著,张臣才校点,中国小说史料丛书,1992年7月。平装,小32开,ISBN 7-02-001377-5,定价4.60元。1999年1月,平装覆膜,大32开,ISBN 7-02-002832-2,定价14.20元;2006年12月收入明清稀见小说坊,信息相同。(30-84)

2652 战地莺花录(上下)
李涵秋著,向东、瑞麟校点,1993年9月。平装,32开,ISBN 7-02-001658-8,定价12.70元。1999年1月收入中国小说史料丛书,平装覆膜,大32开,ISBN 7-02-002869-1,定价29.10元;2006年12月收入明清稀见小说坊,信息相同。(30-85)

2653 二刻拍案惊奇(上下)
凌濛初著,陈迩冬、郭隽杰校注,1996年6月。平装,大32开,ISBN 7-02-002325-8,定价32.70元。1997年5月收入世界文学名著文库,精装,大32开,ISBN 7-02-002025-9,定价39.50元。1999年1月缩印本,精装,大32开,ISBN 7-02-002879-9,定价21.80元。2007年4月收入中国古代小说名著插图典藏系列,平装,国流32开,ISBN 978-7-02-005157-1,定价38.00元。(30-86)

2654 新编凤双飞(1—4)
程蕙英著,林岩、黄燕生、李薇、肖蕴如校点,1996年11月。平装覆膜,大32开,ISBN 7-02-001654-5,定价105.00元。(30-87)

2655 新齐谐 续新齐谐
袁枚著,沈习康校点,中国小说史料丛书,1996年12月。平装,小32开,ISBN 7-02-002251-0,定价27.90元。(30-88)

2656　野叟曝言(上中下)

夏敬渠撰,黄克校点,1997年3月。平装覆膜,大32开,ISBN 7-02-001795-9,定价90.00元。1999年1月收入中国小说史料丛书,平装覆膜,大32开,ISBN 7-02-002876-4,定价70.20元。2006年12月收入明清稀见小说坊,信息相同。(30-89)

2657　益智录(烟雨楼续聊斋志异)

解鉴著,王恒柱、张宗茹校点,中国小说史料丛书,1999年1月。平装覆膜,大32开,ISBN 7-02-002775-X,定价14.00元;2006年12月收入明清稀见小说坊,信息相同。(30-90)

2658　醉菩提传　鞠头陀传

天花藏主人编次,萧欣桥校点;香婴居士重编,于文藻校点,中国小说史料丛书,1999年8月。平装覆膜,大32开,ISBN 7-02-002792-X,定价13.20元。2006年12月收入明清稀见小说坊;信息相同。(30-91)

2659　金瓶梅词话(上下)

兰陵笑笑生著,陶慕宁校注,宁宗一审定,世界文学名著文库,2000年10月。精装,大32开,ISBN 7-02-002983-3,定价96.00元。2008年8月,精装,国流32开,ISBN 978-7-02-006592-9,定价90.00元。(30-92)

2660　忠烈侠义传　三侠五义

石玉昆述,王述校点,2001年1月。平装覆膜,大32开,ISBN 7-02-002660-5,定价30.00元。2007年1月收入华夏英雄传系列,书名《三侠五义》,平装,国流32开,ISBN 978-7-02-005870-9,定价34.00元。(30-93)

2661　忠烈侠义传　小五义

王述校点,2001年1月。平装覆膜,大32开,ISBN 7-02-002661-3,定价25.00元。(30-94)

2662　忠烈侠义传　续小五义

王述校点,2001年1月。平装覆膜,大32开,ISBN 7-02-002662-1,定价27.00元。(30-95)

2663　红楼梦(上下)

曹雪芹、高鹗著,俞平伯校点,启功注,中学生课外文学名著必读丛书,2000年5月。平装覆膜,大32开,ISBN 7-02-003205-2,定价48.00元。2001年12月收入世界文学名著文库,精装,大32开,ISBN 7-02-002770-9,定价60.00元。2002年1月收入大学生必读丛书,平装,大32开,ISBN 7-02-003607-4,定价48.00元。2003年5月收入语文新课标必读丛书,平装覆膜,大32开,ISBN 7-02-004121-3,定价48.00元。2006年6月收入语文新课标必读丛书修订版,平装覆膜,大32开,ISBN 7-02-005686-5,定价48.00元。2007年4月收入中国古代小说名著插图典藏系列,平装,国流32开,ISBN 978-7-02-005170-0,定价60.00元。2008年6月收入语文新课标必读丛书增订版,平装覆膜,大32开,ISBN 7-02-007053-4,定价56.00元。2013年11月收入中学生文学阅读必备书系,平装覆膜,国流32开,ISBN 978-7-02-009934-4,定价68.00元。2018年5月收入教育部编《语文》推荐阅读丛书,作者改为曹雪芹著、无名氏续,程伟元、高鹗整理,启功等注,俞平伯校,平装覆膜,16异,ISBN 978-7-02-013746-6,定价67.00元。(30-96)

2664　绿野仙踪(上下)

李百川著,冯伟民校点,2002年5月。平装,大32开,ISBN 7-02-003115-3,定价40.00元。(30-97)

2665　聊斋志异选

蒲松龄著,李伯齐选注,插图版,2006年1月。平装,国流32开,ISBN 7-02-005218-5,定价20.00元。2012年9月,插图本,ISBN 978-7-02-008724-2,定价22.00元。2014年2月收入中学生文学阅读必备书系,李伯齐、徐文军选注,平装覆膜,国流32开,ISBN 978-7-02-009955-9,定价28.00元。2018年4月收入教育部统编《语文》推荐阅读丛书,平装覆膜,16异,ISBN 978-7-02-013787-9,定价30.00元。(30-98)

2666　孽海花

曾朴著,张明高校注,晚清四大谴责小说系列,2006年1月。平装,国流32开,ISBN 7-02-004980-X,定价27.00元。2015年7月收入晚清四大谴责小说插图本,平装,国流32开,ISBN 978-7-02-010150-4,定价37.00元。(30-99)

2667　戚蓼生序本石头记（1—4）
曹雪芹著，2006 年 10 月。精装，国流 32 开，ISBN 7-02-005778-0，定价 320.00 元。(30-100)

2668　脂砚斋重评石头记（庚辰本）
曹雪芹著，2006 年 10 月。精装，国流 32 开，ISBN 7-02-005777-2，定价 280.00 元。2010 年 1 月收入红楼梦古抄本丛刊，精装，国流 32 开，ISBN 978-7-02-007319-1，定价 290.00 元。(30-101)

2669　杨家将演义
秦淮墨客校阅，烟波钓叟参订，华夏英雄传系列，2007 年 1 月。平装，国流 32 开，ISBN 978-7-02-005976-8，定价 15.00 元。(30-102)

2670　隋唐演义
褚人获编撰，侯会校点，华夏英雄传系列，2007 年 3 月。平装，国流 32 开，ISBN 978-7-02-005991-1，定价 39.00 元。(30-103)

2671　说岳全传
钱彩编次，金丰增订，竺青校点，华夏英雄传系列，2007 年 3 月。平装，国流 32 开，ISBN 978-7-02-005975-1，定价 29.00 元。(30-104)

2672　金瓶梅 汉英对照（1—5）
兰陵笑笑生著，〔英〕厄杰顿译，大中华文库，2008 年 12 月。精装，16 异，ISBN 978-7-02-005887-7，定价 420.00 元。(30-105)

2673　全评新注 世说新语
蒋凡、李笑野、白振奎评注，2009 年 3 月。精装，国流 32 开，ISBN 978-7-02-005926-3，定价 75.00 元。2013 年 6 月，精装，国流 32 开，ISBN 978-7-02-009622-0，定价 78.00 元。(30-106)

2674　脂砚斋重评石头记（甲戌本）
曹雪芹著，红楼梦古抄本丛刊，2010 年 1 月。精装，国流 32 开，ISBN 978-7-02-007320-7，定价 80.00 元。(30-107)

2675　脂砚斋重评石头记（己卯本）
曹雪芹著，红楼梦古抄本丛刊，2010 年 1 月。精装，国流 32 开，ISBN 978-7-02-007321-4，定价 250.00 元。(30-108)

2676　乾隆抄本百廿回红楼梦稿（杨本）
曹雪芹，红楼梦古抄本丛刊，2010 年 1 月。精装，国流 32 开，ISBN 978-7-02-007322-1，定价 200.00 元。(30-109)

2677　黄衫客传奇
陈季同著，李华川译，2010 年 6 月。平装，国流 32 开，ISBN 978-7-02-007888-2，定价 23.00 元。(30-110)

2678　蒙古王府本石头记
曹雪芹著，红楼梦古抄本丛刊，2010 年 6 月。精装，国流 32 开，ISBN 978-7-02-008019-9，定价 530.00 元。(30-111)

2679　戚蓼生序本石头记（南图本）
曹雪芹著，红楼梦古抄本丛刊，2011 年 4 月。精装，国流 32 开，ISBN 978-7-02-008439-5，定价 350.00 元。(30-112)

2680　西游记 汉法对照（1—6）
吴承恩著，〔法〕安德烈·勒维译，大中华文库，2010 年 1 月。精装，16 异，ISBN 978-7-02-007174-6，定价 580.00 元。(30-113)

2681　水浒传 汉法对照（1—6）
施耐庵、罗贯中著，〔法〕雅克·达尔译，大中华文库，2011 年 12 月。精装，16 异，ISBN 978-7-02-007172-2，定价 650.00 元。(30-114)

2682　三国演义 汉法对照（1—6）
罗贯中著，〔越〕严全、〔法〕路易·里科、〔法〕让·勒维、〔法〕昂热丽克·勒维译，大中华文库，2012 年 12 月。精装，16 异，ISBN 978-7-02-007173-9，定价 740.00 元。(30-115)

2683　红楼梦 汉法对照（1—8）
曹雪芹、高鹗著，〔法〕李治华、〔法〕雅歌译，大中华文库，2012 年 12 月。精装，16 异，ISBN 978-7-02-007170-8，定价 898.00 元。(30-116)

2684　俄罗斯圣彼得堡藏石头记（1—6）
曹雪芹著，红楼梦古抄本丛刊，2014 年 1 月。精装，国流 32 开，ISBN 978-7-02-009927-6，定价 560.00 元。(30-117)

2685　红楼梦 汉日对照（1—8）
曹雪芹、高鹗著，〔日〕伊藤漱平译，大中华文库，2014 年 12 月。精装，16 异，ISBN 978-7-02-007181-4，定价 970.00 元。(30-118)

2686　醒世姻缘传（上下）
西周生辑著，袁世硕、邹宗良校注，2015 年 6

小说

月。平装，国流 32 开，ISBN 978-7-02-010644-8，定价 78.00 元。(30-119)

2687 西游记 汉俄对照(1—8)

吴承恩著，〔苏〕阿·罗高寿译，大中华文库，2015 年 1 月。精装，16 异，ISBN 978-7-02-007179-1，定价 960.00 元。(30-120)

2688 孟子 汉俄对照

孟子著，〔俄〕巴·波波夫译，大中华文库，2015 年 6 月。精装，16 异，ISBN 978-7-02-007178-4，定价 98.00 元。(30-121)

2689 聊斋志异详注新评(1—4)

蒲松龄著，赵伯陶注评，2016 年 4 月。平装，国流 32 开，ISBN 978-7-02-010736-0，定价 180.00 元。(30-122)

2690 金瓶梅 汉西对照(1—9)

兰陵笑笑生著，〔西〕雷林克译，大中华文库，2016 年 6 月。精装，16 异，ISBN 978-7-02-010038-5，定价 1050.00 元。(30-123)

2691 红楼梦 汉俄对照(1—7)

曹雪芹著，〔苏〕弗·帕纳秀克、〔苏〕伊·戈卢别夫译，大中华文库，2016 年 5 月。精装，16 异，ISBN 978-7-02-007175-3，定价 740.00 元。(30-124)

2692 水浒传 汉俄对照(1—5)

施耐庵、罗贯中著，〔苏〕阿·罗高寿译，大中华文库，2016 年 4 月。精装，16 异，ISBN 978-7-02-007177-7，定价 530.00 元。(30-125)

2693 三国演义 汉俄对照(1—6)

罗贯中著，〔苏〕弗·帕纳秀克译，大中华文库，2016 年 5 月。精装，16 异，ISBN 978-7-02-007180-7，定价 630.00 元。(30-126)

2694 宋元小说家话本集(上下)

程毅中辑注，2016 年 11 月。精装，国流 32 开，ISBN 978-7-02-011908-0，定价 99.00 元。(30-127)

2695 全校会注集评聊斋志异 修订本(1—4)

蒲松龄著，任笃行辑校，2016 年 10 月。精装，国流 32 开，ISBN 978-7-02-011113-8，定价 299.00 元。(30-128)

2696 金瓶梅 汉德对照(1—8)

兰陵笑笑生著，〔德〕奥托·吉巴特、〔德〕阿图尔·吉巴特译，大中华文库，2016 年 10 月。精装，16 异，ISBN 978-7-02-009916-0，定价 980.00 元。(30-129)

2697 李国文评注酉阳杂俎

段成式著，2017 年 6 月。精装，16 异，ISBN 978-7-02-012021-5，定价 169.00 元。(30-130)

2698 金瓶梅 汉俄对照(1—6)

兰陵笑笑生著，〔俄〕马努欣译，大中华文库，2017 年 8 月。精装，16 异，ISBN 978-7-02-012520-3，定价 980.00 元。(30-131)

2699 金瓶梅 汉法对照(1—5)

兰陵笑笑生著，〔法〕安德烈·勒维译，大中华文库，2017 年 9 月。精装，16 异，ISBN 978-7-02-009866-8，定价 980.00 元。(30-132)

2700 金瓶梅 汉日对照(1—8)

兰陵笑笑生著，〔日〕小野忍、〔日〕千田久一译，大中华文库，2017 年 12 月。精装，16 异，ISBN 978-7-02-013119-8，定价 1180.00 元。(30-133)

2701 三国演义 汉日对照(1—6)

罗贯中著，〔日〕井波律子译，大中华文库，2017 年 10 月。精装，16 异，ISBN 978-7-02-007182-1，定价 880.00 元。(30-134)

2702 西游记 汉日对照(1—8)

吴承恩著，〔日〕中野美代子译，大中华文库，2017 年 10 月。精装，16 异，ISBN 978-7-02-007171-5，定价 1180.00 元。(30-135)

2703 四大名著珍藏版

曹雪芹等著，2017 年 12 月。精装，16 异，ISBN 978-7-02-012571-5，定价 850.00 元。(30-136)

2704 全本详注金瓶梅词话(1—6)

兰陵笑笑生著，白维国、卜键校注，2017 年 11 月。精装，16 异，ISBN 978-7-02-009599-5，定价 2980.00 元。(30-137)

2705 世说新语选

刘义庆著，黎臻选注，教育部统编《语文》推荐阅读丛书，2018 年 4 月。平装覆膜，16 异，ISBN 978-7-02-013893-7，定价 24.00 元。(30-138)

2706 舒元炜序本红楼梦(1—3)

曹雪芹著,红楼梦古抄本丛刊,2019年8月。精装,国流32开,ISBN 978-7-02-013176-1,定价249.00元。(30-139)

2707 唐人小说

汪辟疆校录,中国文化入门读本,2019年8月。平装,32异,ISBN 978-7-02-014222-4,定价50.00元。(30-140)

诗　　歌

中国当代诗歌

2708　欢呼集
艾青著,1952 年 3 月。平装,32 开,书号 总 45 单 14,定价 4,300 元。(5-1)

2709　我的短诗选
田间著,1952 年 4 月。32 开,书号 总 80 单 23,平装,定价 6,900 元;精装,定价 9,800 元。(5-2)

2710　战斗的旗
严辰著,文艺建设丛书,1952 年 4 月。平装,32 开,书号 总 77 建 18,定价 5,000 元。(5-3)

2711　中国人民志愿军诗选
本社编辑部编,1952 年 12 月。平装,32 开,书号 总 112 单 39,定价 3,500 元。(5-4)

2712　战士快板诗
王太炎等著,文学初步读物,1953 年 3 月。平装,46 开,书号 157 初 11,定价 600 元。(5-5)

2713　毛泽东的旗帜迎风飘扬
郭沫若著,文学初步读物,1953 年 3 月。平装,46 开,书号 174 初 20,定价 900 元。(5-6)

2714　安巩传
玉杲著,1953 年 3 月。平装,32 开,书号 140 单 81,定价 4,300 元。(5-7)

2715　一车高粱米
王桂山、刘学智著,文学初步读物,1953 年 3 月。平装,46 开,书号 147 初 1,定价 700 元。(5-8)

2716　新华颂
郭沫若著,1953 年 3 月。平装,32 开,书号 180 单 98,定价 3,700 元。(5-9)

2717　大进军
胡征著,解放军文艺丛书,1953 年 4 月。平装,32 开,书号 186 解 5,定价 3,000 元。(5-10)

2718　宝石的红星
艾青著,1953 年 6 月。平装,32 开,书号 209 单 119,定价 2,900 元。(5-11)

2719　为了朝鲜,为了人类!
胡风著,1953 年 8 月。平装,32 开,书号 232,定价 1,500 元。(5-12)

2720　华沙、北京、维也纳
袁水拍著,1953 年 11 月。32 开,书号 267,平装,定价 6,500 元;精装,定价 12,000 元。(5-13)

2721　抗美援朝诗选
本社编辑部编,1953 年 12 月。平装,32 开,书号 271,定价 5,900 元。(5-14)

2722　一车高粱米(快板诗)
王桂山、刘学智、高元钧、王太炎著,解放军文艺丛书,1954 年 1 月。平装,32 开,书号 272,定价 4,700 元。(5-15)

2723　英雄与孩子
严辰著,作家出版社 1954 年 7 月。平装,32 开,书号 作 70,定价 3,000 元。(5-16)

2724　七月的战争
胡征著,作家出版社 1954 年 4 月。平装,32 开,书号 作 3,定价 4,000 元。(5-17)

2725　开垦
周洁夫著,解放军文艺丛书,1954 年 8 月。平装,32 开,书号 287,定价 3,400 元。(5-18)

2726　天安门上的红灯
李瑛著,解放军文艺丛书,1954 年 10 月。平

164

装,32开,书号303,定价2,700元。(5-19)

2727　红旗手
鲁藜著,作家出版社1954年11月。平装,32开,书号 作112,定价3,800元。(5-20)

2728　中华人民共和国颂歌
公木著,作家出版社1954年12月。平装,32开,书号 作121,定价3,100元。(5-21)

2729　中国人民志愿军战士诗
解放军文艺丛书,1955年3月。平装,32开,书号380,定价0.63元。1958年8月,平装,32开,书号10019·377,定价0.60元。(5-22)

2730　玉门诗抄
李季著,作家出版社1955年4月。平装,32开,书号 作160,定价0.23元。(5-23)

2731　渡江战
陈山著,作家出版社1955年5月。平装,32开,书号 作167,定价0.30元。(5-24)

2732　唱一唱农村
何理著,作家出版社1955年5月。平装,32开,书号 作181,定价0.26元。(5-25)

2733　解放台湾诗选
作家出版社编辑部编,作家出版社1955年6月。平装,32开,书号 作207,定价0.46元。(5-26)

2734　光荣的星云
胡昭著,作家出版社1955年6月。平装,32开,书号 作183,定价0.31元。(5-27)

2735　火中钢
黎之著,作家出版社1955年6月。平装,32开,书号 作182,定价0.19元。(5-28)

2736　把奸细消灭干净
作家出版社编辑部编,作家出版社1955年8月。平装,32开,书号 作313,定价0.36元。(5-29)

2737　和平的前哨
刘岚山著,作家出版社1955年8月。平装,32开,书号 作271,定价0.26元。(5-30)

2738　黑鳗
艾青著,作家出版社1955年10月。平装,32开,书号 作283,定价0.23元。1956年5月,平装,32开,书号10020·281,定价0.23元。(5-31)

2739　中国人民解放军战士诗选
解放军文艺丛书,1955年10月。平装,大32开,书号429,定价0.59元。1958年7月,平装,大32开,书号425,定价0.59元。(5-32)

2740　友谊集
朱子奇著,作家出版社1955年12月。平装,32开,书号 作328,定价0.29元。(5-33)

2741　诗选(1953.9—1955.12)
中国作家协会编,1956年2月。大32开,书号460,平装,定价1.63元;普精,定价1.97元;特精,定价2.45元。1956年5月,大32开,书号10019·455,平装,定价1.60元;精装,定价1.97元。(5-34)

2742　永恒的友谊
钟锵著,作家出版社1956年3月。平装,50开,书号10020·293,定价0.16元。(5-35)

2743　投入火热的斗争
郭小川著,作家出版社1956年4月。32开,书号10020·487,平装,定价0.40元;精装,定价0.80元。(5-36)

2744　给同志们
邵燕祥著,作家出版社1956年5月。平装,32开,书号10020·411,定价0.24元。(5-37)

2745　双塔记
钟锵著,作家出版社1956年5月。平装,32开,书号 作10020·280,定价0.59元。(5-38)

2746　把路修上天
戈壁舟著,作家出版社1956年5月。平装,32开,书号10020·486,定价0.23元。(5-39)

2747　白玉的基石
丁耶著,作家出版社1956年6月。平装,32开,书号10020·262,定价0.27元。(5-40)

2748　春天
艾青著,1956年6月。平装,大32开,书号10019·476,定价0.75元。(5-41)

2749　汽笛
田间著,作家出版社1956年6月。平装,大32开,书号10020·479,定价0.60元。(5-42)

2750　建设的歌
作家出版社编辑部编,作家出版社1956年6月。平装,大32开,书号10020·448,定价

0.86元。(5-43)

2751　到远方去
邵燕祥著,作家出版社1956年7月。平装,32开,书号10020·491,定价0.35元。(5-44)

2752　回声集
蔡其矫著,作家出版社1956年7月。平装,32开,书号10020·268,定价0.34元。(5-45)

2753　战争、和平、进步
徐迟著,作家出版社1956年8月。平装,32开,书号10020·548,定价0.28元。(5-46)

2754　和平之歌
(维吾尔族)铁衣甫江著,任运昌译,1956年8月。纸精,32开,书号10020·453,定价0.40元。1958年3月,纸精,32开,书号10020·445,定价0.40元。(5-47)

2755　歌唱农业合作化
作家出版社编辑部编,作家出版社1956年9月。平装,32开,书号10020·509,定价0.24元。(5-48)

2756　天山牧歌
闻捷著,作家出版社1956年9月。平装,32开,书号10020·579,定价0.40元。1958年9月人民文学出版社,新创作选拔本,精装,大32开,书号10019·960,定价1.10元。(5-49)

2757　农村,在高潮中
作家出版社编辑部编,作家出版社1956年10月。平装,32开,书号10020·547,定价0.65元。(5-50)

2758　白兰花
乔林著,解放军文艺丛书,1956年11月。平装,大32开,书号10019·504,定价0.55元。1958年9月收入文学小丛书,书号10019·905,平装,32异,定价0.35元;1959年4月,平装,50开,定价0.26元。1958年9月收入新创作选拔本,精装,大32开,书号10019·977,定价1.25元。1959年9月收入建国十年优秀创作选拔本,书号10019·504,大32开,平装,定价0.50元;精装,定价1.10元。(5-51)

2759　幸福和友谊
(蒙古族)纳·赛音朝克图著,作家出版社1956年12月。半精,32开,书号10020·625,定价0.25元。(5-52)

2760　蔷薇集
沙鸥著,作家出版社1957年4月。纸精,32开,书号10020·677,定价0.40元。(5-53)

2761　胜利的红军
雁翼著,作家出版社1957年4月。纸精,32开,书号10020·537,定价0.36元。(5-54)

2762　第一支歌
苗得雨、阎一强著,作家出版社1957年5月。平装,32开,书号10020·527,定价0.34元。(5-55)

2763　告别火星
流沙河著,作家出版社1957年5月。半精,小32开,书号10020·700,定价0.26元。(5-56)

2764　赤泥岭
魏钢焰著,作家出版社1957年5月。半精,32异,书号10020·709,定价0.20元。(5-57)

2765　美丽、神奇、丰富
徐迟著,作家出版社1957年5月。半精,32开,书号10020·702,定价0.27元。(5-58)

2766　游牧之歌
(哈萨克族)哈尔曼·阿克提著,王为一整理,作家出版社1957年6月。半精,32开,书号10020·695,定价0.39元。(5-59)

2767　诗选(1956年)
中国作家协会编,1957年6月。大32开,书号10019·617,平装,定价1.40元;精装,定价1.90元。(5-60)

2768　爱佐与爱莎
彭肃非编写,作家出版社1957年7月。半精,32开,书号10020·613,定价0.38元。(5-61)

2769　枫叶集
周良沛著,作家出版社1957年7月。半精,32开,书号10020·690,定价0.38元。(5-62)

2770　春啊,春啊,播种的时候
严阵著,作家出版社1957年8月。半精,32开,书号10020·738,定价0.50元。(5-63)

2771　这是成熟的季节啊
顾工著,作家出版社1957年8月。半精,32开,书号10020·234,定价0.33元。(5-64)

2772　远方集
王希坚著,作家出版社1957年8月。半精,32

开,书号10020·703,定价0.33元。(5-65)

2773　最好的玫瑰

严辰著,作家出版社1957年9月。半精,32开,书号10020·744,定价0.43元。(5-66)

2774　乐园集

青勃著,作家出版社1957年9月。半精,32开,书号10020·742,定价0.42元。(5-67)

2775　在北方

公刘著,作家出版社1957年9月。平装,32开,书号10020·749,定价0.30元。(5-68)

2776　祖国抒情诗

邹荻帆著,作家出版社1957年10月。平装,32开,书号10020·212,定价0.36元。(5-69)

2777　海岬上

艾青著,作家出版社1957年10月。半精,32开,书号10020·755,定价0.33元。(5-70)

2778　早晨

李瑛著,作家出版社1957年10月。半精,32开,书号10020·761,定价0.37元。(5-71)

2779　长虹

化石著,作家出版社1957年11月。半精,32开,书号10020·765,定价0.29元。(5-72)

2780　小白桦树

胡昭著,作家出版社1957年12月。半精,32开,书号10020·767,定价0.32元。(5-73)

2781　黄花集

公木著,作家出版社1957年12月。半精,32开,书号10020·771,定价0.38元。(5-74)

2782　致青年公民

郭小川著,作家出版社1957年12月。平装,32开,书号10020·715,定价0.38元。(5-75)

2783　延边之歌

(朝鲜族)李旭著,作家出版社1957年12月。半精,32开,书号10020·775,定价0.23元。(5-76)

2784　绿野短笛

兰曼著,作家出版社1957年12月。半精,32开,书号10020·774,定价0.36元。(5-77)

2785　回声续集

蔡其矫著,作家出版社1958年1月。平装,32开,书号10020·788,定价0.33元。(5-78)

2786　摘星集

井岩盾著,作家出版社1958年2月。半精,32开,书号10020·803,定价0.43元。(5-79)

2787　西郊集

冯至著,作家出版社1958年2月。半精,32开,书号10020·804,定价0.40元。(5-80)

2788　早霞短笛

柯蓝著,作家出版社1958年2月。半精,32开,书号10020·799,定价0.90元。(5-81)

2789　一颗新星

臧克家著,作家出版社1958年4月。半精,32开,书号10020·825,定价0.34元。(5-82)

2790　印度诗稿

林林著,作家出版社1958年4月。半精,32开,书号10020·830,定价0.24元。(5-83)

2791　大凉山之歌

高缨著,作家出版社1958年4月。平装,32开,书号10020·833,定价0.17元。(5-84)

2792　椰树的歌

张永枚著,作家出版社1958年6月。半精,32开,书号10020·848,定价0.27元。(5-85)

2793　西苑诗草

李季著,作家出版社1958年6月。半精,32开,书号10020·849,定价0.22元。(5-86)

2794　大雪纷飞

高平著,作家出版社1958年7月。半精,32开,书号10020·862,定价0.27元。(5-87)

2795　诗风录

作家出版社编辑部编,作家出版社1958年7月。平装,大32开,书号10020·895,定价0.48元。(5-88)

2796　歌颂与诅咒

袁水拍著,作家出版社1958年7月。半精,32开,书号10020·879,定价0.60元。(5-89)

2797　我们和阿拉伯人民

文学研究编辑部编,文学研究增刊,1958年7月。平装,大32开,书号10019·819,定价0.29元。(5-90)

2798　一把炒面一把雪

柯原著,作家出版社1958年7月。半精,32开,书号10020·883,定价0.32元。(5-91)

2799　欢呼中苏会谈公报

作家出版社1958年8月。平装,32开,书号

10020·1016,定价 0.10 元。(5-92)

2800　高举红旗反侵略
作家出版社 1958 年 8 月。平装,32 开,书号 10020·997,定价 0.16 元。(5-93)

2801　西藏短诗集
王沂暖编译,作家出版社 1958 年 8 月。半精,大 64 开,书号 10020·874,定价 0.46 元。(5-94)

2802　烟囱下的短歌
福庚、郑成义著,作家出版社 1958 年 8 月。半精,32 开,书号 10020·846,定价 0.25 元。(5-95)

2803　共和国的歌
徐迟著,作家出版社 1958 年 8 月。半精,32 开,书号 10020·892,定价 0.28 元。(5-96)

2804　黑海赞诗
戈壁舟著,作家出版社 1958 年 9 月。平装,32 异,书号 10020·999,定价 0.26 元。(5-97)

2805　故乡
沙鸥著,作家出版社 1958 年 9 月。半精,64 开,书号 10020·998,定价 0.22 元。(5-99)

2806　游击草
董鲁安著,作家出版社 1958 年 10 月。平装,32 开,书号 10020·1035,定价 0.46 元。(5-100)

2807　美丽的北京
《北京文艺》编辑部编,作家出版社 1958 年 10 月。平装,32 开,书号 10020·1019,定价 0.20 元。(5-101)

2808　友谊之歌
萧三著,作家出版社 1958 年 10 月。平装,32 开,书号 10020·1092,定价 0.49 元。(5-102)

2809　举国欢腾庆凯旋
《人民文学》《文艺报》《诗刊》编辑部编,作家出版社 1958 年 10 月。平装,32 开,书号 10020·1191,定价 0.09 元。(5-103)

2810　虹霓集
阮章竞著,作家出版社 1958 年 10 月。平装,32 异,书号 10020·1017,定价 0.49 元。(5-104)

2811　春城集
李广田著,作家出版社 1958 年 10 月。平装,32 异,书号 10020·1057,定价 0.22 元。(5-105)

2812　玉门诗抄(二集)
李季著,作家出版社 1958 年 10 月。平装,32 开,书号 10020·1022,定价 0.19 元。(5-106)

2813　井冈山诗抄
文莽彦著,作家出版社 1958 年 10 月。平装,32 开,书号 10020·1119,定价 0.34 元。(5-107)

2814　青松翠竹
戈壁舟著,作家出版社 1958 年 11 月。平装,32 异,书号 10020·1059,定价 0.18 元。(5-108)

2815　诗选(1957 年)
《诗刊》社编,作家出版社 1958 年 10 月。大 32 开,书号 10020·1032,平装,定价 1.60 元;精装,定价 2.00 元。(5-109)

2816　长诗三首
田间著,作家出版社 1958 年 11 月。平装,32 异,书号 10020·853,定价 0.89 元。(5-110)

2817　新的土地
林山著,作家出版社 1958 年 11 月。平装,64 开,书号 10020·1036,定价 0.11 元。(5-111)

2818　祖国,光辉的十月
闻捷著,作家出版社 1958 年 12 月。平装,32 异,书号 10020·1142,定价 0.30 元。(5-112)

2819　诗二十一首
汪静之著,作家出版社 1958 年 12 月。平装,32 异,书号 10020·966,定价 0.19 元。(5-113)

2820　社里的人物
张志民著,作家出版社 1959 年 1 月。平装,32 异,书号 10020·1118,定价 0.45 元。(5-114)

2821　汽笛
工人诗歌 120 首,文学小丛书,1959 年 1 月。平装,50 开,书号 10019·1081,定价 0.22 元。(5-115)

2822　春风集
臧克家著,作家出版社 1959 年 3 月。平装,32 异,书号 10020·1290,定价 0.35 元。(5-116)

2823　东风歌
田间著,作家出版社 1959 年 3 月。平装,32 异,书号 10020·1241,定价 0.44 元。(5-117)

2824　幸福歌
刘勇著,作家出版社 1959 年 3 月。平装,32 开,书号 10020·1223,定价 0.18 元。(5-118)

2825　对唱河西大丰收

李季等著,作家出版社 1959 年 3 月。平装,32 异,书号 10020·1225,定价 0.13 元。(5-119)

2826　鹏程万里

郭小川著,作家出版社 1959 年 4 月。平装,32 异,书号 10020·1258,定价 0.30 元。(5-120)

2827　百鸟衣

(壮族)韦其麟著,文学小丛书,1959 年 4 月。平装,50 开,书号 10019·1234,定价 0.13 元。1959 年 9 月收入建国十年优秀创作选拔本,精装,大 32 开,定价 0.91 元。(5-121)

2828　放声歌唱

贺敬之著,文学小丛书,1959 年 4 月。平装,50 开,书号 10019·1235,定价 0.15 元。(5-122)

2829　英雄颂

解放军文艺丛书编辑部编,作家出版社 1959 年 4 月。平装,32 异,书号 10020·1235,定价 0.33 元。(5-123)

2830　黔江怒涛

史莽著,作家出版社 1959 年 5 月。平装,32 开,书号 10020·1310,定价 0.24 元。(5-124)

2831　英雄战歌

田间著,作家出版社 1959 年 6 月。平装,32 开,书号 10020·1312,定价 0.50 元。(5-125)

2832　李大钊

臧克家著,作家出版社 1959 年 6 月。平装,32 开,书号 10020·1326,定价 0.44 元。(5-126)

2833　五月端阳

李季著,杨高传第一部,作家出版社 1959 年 3 月。32 开,书号 10020·1236,精装,定价 0.65 元;1959 年 5 月,平装,定价 0.39 元。(5-127)

2834　红岸

严辰著,作家出版社 1959 年 7 月。平装,32 异,书号 10020·1322,定价 0.29 元。(5-128)

2835　南海花园

韩笑著,作家出版社 1959 年 7 月。平装,32 异,书号 10020·1334,定价 0.18 元。(5-129)

2836　河西走廊行

闻捷著,作家出版社 1959 年 7 月。半精,32 开,书号 10020·1320,定价 0.86 元。(5-130)

2837　当红军的哥哥回来了

李季著,杨高传第二部,作家出版社 1959 年 6 月。32 开,书号 10020·1293,平装,定价 0.45 元;1959 年 9 月,精装,定价 0.68 元。(5-131)

2838　奴隶解放之歌

(彝族)吴琪拉达著,作家出版社 1959 年 8 月。平装,32 开,书号 10020·1338,定价 0.24 元。(5-132)

2839　田间诗抄

建国十年优秀创作选拔本,1959 年 8 月。大 32 开,书号 10019·1343,平装,定价 0.98 元;精装,定价 1.55 元。(5-133)

2840　月下集

郭小川著,建国十年优秀创作选拔本,1959 年 8 月。大 32 开,书号 10019·1342,平装,定价 0.93 元;精装,定价 1.50 元。(5-134)

2841　繁星集

严辰著,建国十年优秀创作选拔本,1959 年 8 月。大 32 开,书号 10019·1339,平装,定价 0.82 元;精装,定价 1.40 元。(5-135)

2842　和平的最强音

石方禹著,建国十年优秀创作选拔本,1959 年 8 月。精装,大 32 开,书号 10019·1341,定价 0.82 元。(5-136)

2843　生活的赞歌

闻捷著,建国十年优秀创作选拔本,1959 年 9 月。大 32 开,书号 10019·1471,平装,定价 0.66 元;精装,定价 1.25 元。(5-137)

2844　难忘的春天

李季著,建国十年优秀创作选拔本,1959 年 9 月。大 32 开,书号 10019·1459,平装,定价 0.84 元;精装,定价 1.45 元。(5-138)

2845　欢呼集

臧克家著,建国十年优秀创作选拔本,1959 年 9 月。大 32 开,书号 10019·1346,平装,定价

诗歌

0.44元；精装，定价1.05元。(5-139)

2846　迎春橘颂
阮章竞著，建国十年优秀创作选拔本，1959年9月。大32开，书号10019·1508，平装，定价0.48元；精装，定价1.05元。(5-140)

2847　诗选（1958年）
《诗刊》编辑部编，作家出版社1959年9月。大32开，书号10020·1340，平装，定价1.50元；精装，定价2.00元。(5-141)

2848　十年诗抄
冯至著，建国十年优秀创作选拔本，1959年9月。大32开，书号10019·1499，平装，定价0.40元；精装，定价0.98元。(5-142)

2849　春莺颂
袁水拍著，建国十年优秀创作选拔本，1959年9月。大32开，书号10019·1500，平装，定价0.34元；精装，定价0.93元。(5-143)

2850　赶车传（上）
田间著，作家出版社1959年9月。半精，大32开，书号作家10020·1389，定价1.68元。(5-144)

2851　科学诗
高士其著，作家出版社1959年9月。半精，大32开，书号10020·1343，定价0.91元。(5-145)

2852　毛主席诗词十九首
毛泽东著，1959年10月。线装，25开，书号10019·807，定价0.80元。(1-6)

2853　三弦战士
戈壁舟著，作家出版社1959年10月。半精，32开，书号10020·1371，定价0.52元。(5-147)

2854　长白山下
（朝鲜族）李旭著，作家出版社1959年10月。平装，32开，书号10020·1372，定价0.25元。(5-148)

2855　潮汐集
郭沫若著，作家出版社1959年11月。大32开，书号10020·1398，平装，定价1.57元；精装，定价2.00元。(5-149)

2856　喜歌
严阵著，作家出版社1959年11月。平装，32

异，书号10020·1314，定价0.27元。(5-150)

2857　流沙河之歌
（傣族）康朗英著，作家出版社1959年12月。半精，32开，书号10020·1382，定价0.55元。(5-151)

2858　柳亚子诗词选
柳无非、柳无垢选辑，1959年12月。大32开，书号10019·1391，平装，定价1.05元；精装，定价2.15元。(5-152)

2859　我迎着阳光
戈壁舟著，建国十年优秀创作选拔本，1959年11月。大32开，书号10019·1388，平装，定价0.93元；1962年10月，精装，定价1.50元。(5-153)

2860　骆驼集（十年来的诗歌选）
郭沫若著，建国十年优秀创作选拔本，1959年12月。大32开，书号10019·1436，平装，定价0.73元；精装，定价1.35元。(5-154)

2861　复仇的火焰（第一部 动荡的年代）
闻捷著，作家出版社1959年12月。精装，32开，书号10020·1335，定价0.96元。1983年10月人民文学出版社，书名《复仇的火焰》，收入第一部、第二部和第三部残篇，平装，大32开，书号10019·3489，定价1.60元。(5-155)

2862　最前沿的战士
张结著，作家出版社1959年12月。32开，书号10020·1392，平装，定价0.59元；精装，定价0.83元。(5-156)

2863　红色海疆
庆祝建国十周年海军文艺办公室编，作家出版社1959年12月。32开，书号10020·1415，平装，定价0.29元；精装，定价0.51元。(5-157)

2864　广州好
朱光著，作家出版社1959年12月。平装，32开，书号10020·1438，定价0.31元。(5-158)

2865　热碧亚—赛丁
（维吾尔族）阿不都热依木·那扎尔著，阿不都那迪尔、赵维新译，作家出版社1959年12月。平装，32开，书号10020·1427，定价0.54元。(5-159)

2866　江湖集
袁鹰著，作家出版社1960年1月。平装，32

异,书号 10020·1430,定价 0.31 元。(5-160)

2867　礼花集
张志民著,作家出版社 1960 年 1 月。平装,32 开,书号 10020·1437,定价 0.49 元。(5-161)

2868　新酿的奶酒
安谧著,作家出版社 1960 年 2 月。平装,32 异,书号 10020·1439,定价 0.28 元。(5-162)

2869　三个傣族歌手唱北京
(傣族)波玉温、康朗英、康朗甩著,陈贵培译,作家出版社 1960 年 3 月。半精,32 开,书号 10020·1452,定价 0.47 元。(5-163)

2870　我握着毛主席的手(兄弟民族作家诗歌合集)
建国十年优秀创作选拔本,1960 年 3 月。大 32 开,书号 10019·1544,平装,定价 1.95 元;精装,定价 2.50 元。(5-164)

2871　刘三妹
(壮族)侬易天著,作家出版社 1960 年 3 月。平装,32 开,书号 10020·1469,定价 0.31 元。(5-165)

2872　三峡灯火
高缨著,作家出版社 1960 年 3 月。平装,32 开,书号 10020·1449,定价 0.29 元。(5-166)

2873　田间短诗选
文学小丛书,1960 年 4 月。平装,50 开,书号 10019·1409,定价 0.26 元。(5-167)

2874　昆仑垦荒队
(土家族)汪承栋著,作家出版社 1960 年 4 月。平装,32 开,书号 10020·1470,定价 0.30 元。(5-168)

2875　玉门儿女出征记
李季著,杨高传第三部,作家出版社 1960 年 5 月。平装,32 开,书号 10020·1488,定价 0.47 元。(5-169)

2876　五月花
光未然著,作家出版社 1960 年 5 月。平装,大 32 开,书号 10020·1444,定价 0.59 元。(5-170)

2877　狂欢之歌
(蒙古族)纳·赛音朝克图著,丁师灏译,作家出版社 1960 年 7 月。平装,32 开,书号 10020·1493,定价 0.32 元。(5-172)

2878　筐存集
叶圣陶著,作家出版社 1960 年 8 月。平装,大 32 开,书号 10020·1486,定价 0.83 元。(5-173)

2879　青青的林子
严辰著,作家出版社 1960 年 8 月。平装,32 异,书号 10020·1492,定价 0.36 元。(5-174)

2880　矿山锣鼓
孙友田著,作家出版社 1960 年 9 月。平装,32 异,书号 10020·1479,定价 0.35 元。(5-175)

2881　草原集
(藏族)饶阶巴桑著,作家出版社 1960 年 12 月。平装,32 开,书号 10020·1418,定价 0.31 元。(5-176)

2882　赶车传(下)
田间著,作家出版社 1961 年 7 月。大 32 开,书号 10020·1521,半精,定价 1.85 元;精装,定价 1.95 元。(5-177)

2883　大江东去
方纪著,作家出版社 1961 年 12 月。32 开,书号 10020·1547,平装,定价 0.55 元;精装,定价 0.63 元。(5-178)

2884　海誓
李季著,作家出版社 1961 年 12 月。32 异,书号 10020·1548,半精,定价 0.31 元;精装,定价 0.85 元。(5-179)

2885　放歌集
贺敬之著,建国十年优秀创作选拔本,1961 年 12 月。大 32 开,书号 10019·1648,平装,定价 0.51 元;精装,定价 1.05 元。(5-180)

2886　村风
张志民著,建国十年优秀创作选拔本,1961 年 12 月。大 32 开,书号 10019·1652,平装,定价 0.79 元;精装,定价 1.35 元。(5-181)

2887　滴水集
赵朴初著,作家出版社 1961 年 12 月。32 开,书号 10020·1555,平装,定价 0.48 元;精装,定价 0.89 元;特精,定价 1.10 元。(5-182)

诗歌

2888　将军三部曲
郭小川著,作家出版社1961年12月。32异,书号10020·1553,半精,定价0.78元;精装,定价1.75元。1978年11月人民文学出版社,平装,32异,书号10019·2697,定价0.34元。(5-183)

2889　从小毡房走向全世界
(哈萨克族)库尔班阿里著,作家出版社1962年6月。平装,32开,书号10020·1575,定价0.37元。(5-184)

2890　凯旋
臧克家著,作家出版社1962年8月。半精,32异,书号10020·1586,定价0.25元;精装,定价0.55元。(5-185)

2891　王亚凡诗抄
作家出版社1962年8月。32开,书号10020·1589,平装,定价0.59元;精装,定价0.83元。(5-186)

2892　于立鹤
严慰冰著,作家出版社1962年11月。平装,32开,书号10020·1604,定价0.22元。(5-187)

2893　生命的礼花
(蒙古族)巴·布林贝赫著,丁师灏、陈乃雄等译,1962年12月。32开,书号10020·1613,平装,定价0.36元;精装,定价0.62元。(5-188)

2894　复仇的火焰(第二部)
闻捷著,作家出版社1962年12月。大32开,书号10020·1610,平装,定价1.00元;精装,定价1.25元。(5-189)

2895　登临集
戈壁舟著,作家出版社1963年5月。32开,书号10020·1642,平装,定价0.49元;精装,定价0.70元。(5-190)

2896　螺号
张永枚著,作家出版社1963年5月。32开,书号10020·1643,平装,定价0.56元;精装,定价0.80元。1972年9月人民文学出版社,平装,32开,书号10019·1913,定价0.40元;精装,定价0.92元。(5-191)

2897　白杨颂
雁翼著,作家出版社1963年6月。32开,书号10020·1669,平装,定价0.56元;精装,定价0.80元。(5-192)

2898　琴泉
严阵著,作家出版社1963年8月。32开,书号10020·1679,平装,定价0.53元;精装,定价0.77元。(5-193)

2899　山泉集
梁上泉著,作家出版社1963年8月。32开,书号10020·1674,平装,定价0.58元;精装,定价0.81元。(5-194)

2900　勘探者之歌
阮章竞著,作家出版社1963年8月。32开,书号10020·1682,平装,定价0.43元;精装,定价0.48元。(5-195)

2901　朱德诗选集
1963年9月。大32开,书号10019·1746,平装,定价0.32元;精装,定价0.48元;线装,定价0.70元。(5-196)

2902　红柳集
李瑛著,作家出版社1963年9月。32开,书号10020·1698,平装,定价0.64元;精装,定价0.88元。(5-197)

2903　甘蔗林—青纱帐
郭小川著,作家出版社1963年10月。32异,书号10020·1701,平装,定价0.57元;精装,定价1.00元。(5-198)

2904　花环
闻捷、袁鹰著,作家出版社1963年11月。32异,书号10020·1726,平装,定价0.25元;精装,定价1.15元。(5-199)

2905　东风集
郭沫若著,作家出版社1963年11月。大32开,书号10020·1702,平装,定价1.00元;精装,定价1.55元;特精,定价2.00元。(5-200)

2906　不断集
魏巍著,作家出版社1963年12月。32开,书号10020·1727,平装,定价0.34元;精装,定价0.79元。(5-201)

2907　毛主席诗词
毛泽东著,三十七首,1963年12月。书号

10019·1765,平装,28 开,定价 0.25 元;平装,20 开,定价 0.40 元;线装,9 开,定价 0.90 元;线装,9 开,定价 1.30 元。1966 年 9 月,平装,64 开,定价 0.08 元。1967 年 6 月,精装,100 开,定价 0.26 元。1974 年 3 月,平装,30 开,定价 0.18 元。1974 年 5 月,线装,12 开,定价 11.00 元。1974 年 6 月,精装,30 开,定价 0.77 元。1974 年 8 月,精装,30 开,定价 0.58 元。1974 年 9 月,平装,30 开,定价 0.18 元。1974 年 11 月,线装,20 开,定价 0.70 元。(1-12)

2908　非洲游记

田间著,作家出版社 1964 年 1 月。32 异,书号 10020·1732,平装,定价 0.31 元;精装,定价 1.15 元。(5-203)

2909　伏枥集

萧三著,作家出版社 1964 年 2 月。32 异,书号 10020·1721,平装,定价 0.34 元;精装,定价 0.39 元。(5-204)

2910　四月的哈瓦那

阮章竞著,作家出版社 1964 年 3 月。32 异,书号 10020·1673,平装,定价 0.29 元;精装,定价 0.77 元。(5-205)

2911　春满天涯

严辰著,作家出版社 1964 年 7 月。32 开,书号 10020·1778,平装,定价 0.56 元;精装,定价 1.10 元。(5-206)

2912　毕革飞快板诗选

作家出版社 1964 年 7 月。32 开,书号 10020·1769,平装,定价 0.60 元;精装,定价 0.84 元。(5-207)

2913　白云鄂博交响诗

阮章竞著,作家出版社 1964 年 8 月。32 开,书号 10020·1772,平装,定价 0.47 元;精装,定价 0.97 元。(5-208)

2914　青纱集

王书怀著,作家出版社 1964 年 12 月。32 开,书号 10020·1808,平装,定价 0.41 元;精装,定价 0.63 元。(5-209)

2915　伐木声声

傅仇著,作家出版社 1964 年 12 月。32 开,书号 10020·1809,平装,定价 0.48 元;精装,定价 0.71 元。(5-210)

2916　石炭歌

孙友田著,作家出版社 1964 年 12 月。32 开,书号 10020·1811,平装,定价 0.36 元;精装,定价 0.58 元。(5-211)

2917　昆仑行

郭小川著,作家出版社 1965 年 2 月。32 异,书号 10020·1815,平装,定价 0.42 元;精装,定价 0.90 元。(5-212)

2918　朗诵诗选

《诗刊》社编选,作家出版社 1965 年 2 月。大 32 开,书号 10020·1820,平装,定价 1.05 元。(5-213)

2919　石油诗　第一集

李季著,作家出版社 1965 年 2 月。32 异,书号 10020·1816,平装,定价 0.38 元;精装,定价 0.87 元。(5-214)

2920　石油诗　第二集

李季著,作家出版社 1965 年 2 月。32 异,书号 10020·1816,平装,定价 0.36 元;精装,定价 0.85 元。(5-215)

2921　胡桃坡

王致远著,作家出版社 1965 年 3 月。小 32 开,书号 10020·1825,平装,定价 0.71 元;精装,定价 1.20 元。1973 年 8 月人民文学出版社,小 32 开,书号 10019·2035,平装,定价 0.60 元;精装,定价 1.00 元。(5-216)

2922　公社铺云我下雨　农民歌手诗抄

作家出版社编辑部编,作家出版社 1965 年 3 月。32 开,书号 10020·1826,平装,定价 0.50 元;精装,定价 0.92 元。(5-217)

2923　新兵之歌

王群生著,作家出版社 1965 年 3 月。32 开,书号 10020·1823,平装,定价 0.59 元;精装,定价 1.05 元。1973 年 5 月人民文学出版社修订版,小 32 开,书号 10019·1823,平装,定价 0.45 元;精装,定价 0.84 元。(5-218)

2924　越南,我们和你在一起(朗诵诗)

作家出版社编辑部编,作家出版社 1965 年 4 月。平装,32 开,书号 10020·1840,定价 0.13 元。(5-219)

2925　坦克奔驰

兰曼著,作家出版社 1965 年 5 月。32 开,书号

10020·1838,平装,定价0.45元;精装,定价0.68元。(5-220)

2926 反美铜墙(朗诵诗)

作家出版社编辑部编,作家出版社1965年6月。平装,32开,书号10020·1848,定价0.14元。(5-221)

2927 阳光灿烂照征途——工农兵诗选

1972年5月。平装,32开,书号10019·1878,定价0.31元。(5-222)

2928 放歌长城岭

李学鳌著,1972年5月。大32开,书号10019·1888,平装,定价0.38元;精装,定价0.92元。(5-223)

2929 颂歌声声飞北京——少数民族诗歌选

中央民族学院编,1972年9月。平装,32开,书号10019·1934,定价0.32元;精装,定价0.81元。(5-224)

2930 风展红旗 工农兵诗选

1972年12月。平装,32开,书号10019·1955,定价0.45元。(5-225)

2931 红花满山

李瑛著,1973年1月。32开,书号10019·1970,平装,定价0.32元;1974年1月,精装,定价0.74元。(5-226)

2932 军垦新曲

旭宇、火华等著,1973年4月。平装,32开,书号10019·1962,定价0.29元。(5-227)

2933 蓝色的海疆

纪鹏著,1973年5月。平装,小32开,书号10019·1976,定价0.33元。(5-228)

2934 大地飞彩虹——铁道兵诗选

铁道兵政治部编,1973年8月。平装,小32开,书号10019·2006,定价0.39元。(5-229)

2935 人民的儿子

张永枚著,1973年12月。小32开,书号10019·2088,平装,定价0.49元;精装,定价0.95元。(5-230)

2936 批林批孔民歌选

1974年5月。平装,32开,书号10019·2138,定价0.18元。(5-231)

2937 我是延安人

延安地区编创组编,1974年5月。平装,小32开,书号10019·2140,定价0.30元。(5-232)

2938 大庆战歌 大庆工人诗选

大庆油田工人写作组编,1974年5月。大32开,书号10019·2143,平装,定价0.42元;精装,定价0.98元。(5-233)

2939 西沙之战(诗报告)

张永枚著,1974年7月。大32开,书号10019·2164,平装,定价0.32元;精装,定价0.90元。(5-234)

2940 理想之歌

1974年9月。平装,小32开,书号10019·2201,定价0.34元。(5-235)

2941 巡诊的路

苏兆强著,1974年9月。平装,小32开,书号10019·2142,定价0.34元。(5-236)

2942 凤凰林

李学鳌著,1974年9月。大32开,书号10019·2212,平装,定价0.36元;1974年11月,精装,定价1.05元。(5-237)

2943 批林批孔战歌

1974年11月。平装,小32开,书号10019·2202,定价0.21元。(5-238)

2944 战犹酣(工农兵诗选)

1974年9月。平装,32开,书号10019·2200,定价0.63元。(5-239)

2945 昔阳新歌谣

昔阳县文化馆编,1974年11月。平装,小32开,书号10019·2216,定价0.38元。(5-240)

2946 我为祖国造铁牛

洛阳东方红拖拉机厂工人文艺创作组编,1975年1月。32开,书号10019·2240,平装,定价0.30元;精装,定价0.76元。(5-241)

2947 友谊的彩虹——坦赞铁路工地诗歌选

《友谊的彩虹》编辑小组编,1975年6月。小32开,书号10019·2273,平装,定价0.38元;精装,定价0.88元。(5-242)

2948 北疆红似火

李瑛著,1975年7月。平装,小32开,书号10019·2281,定价0.34元。(5-243)

2949　红星新歌
红星中朝友好人民公社编,1975年6月。平装,小32开,书号10019·2266,定价0.32元。(5-244)

2950　斗天图
王绶青、李洪程著,1975年8月。平装,小32开,书号10019·2284,定价0.66元。(5-245)

2951　天山进行曲
李幼容著,1975年8月。平装,小32开,书号10019·2290,定价0.37元。(5-246)

2952　春满车间
1975年8月。平装,小32开,书号10019·2286,定价0.14元。(5-247)

2953　钻塔上的青春
任彦芳著,1975年8月。平装,小32开,书号10019·2278,定价0.65元。(5-248)

2954　洪流集(工农兵诗选)
《洪流集》编创组编,1975年8月。平装,小32开,书号10019·2291,定价0.30元。(5-249)

2955　挑山担海跟党走
黄声笑著,1975年8月。平装,小32开,书号10019·2285,定价0.36元。(5-250)

2956　高歌向太阳——广西各族新民歌选
广西壮族自治区革命委员会文艺创作办公室编,1975年9月。平装,小32开,书号10019·2293,定价0.52元。(5-251)

2957　少数民族诗歌选
中央民族学院编,1975年9月。小32开,书号10019·2307,平装,定价0.84元;精装,定价1.35元。(5-252)

2958　历史上劳动人民反孔批儒诗歌二十七首
北京人民机器厂动力、锻工车间工人理论组编,1975年11月。骑马钉,小32开,书号10019·2304,定价0.13元。(5-253)

2959　革命要钢我们炼
《革命要钢我们炼》编辑组编,1975年12月。平装,小32开,书号10019·2337,定价0.33元。(5-254)

2960　毛主席诗词
毛泽东著,三十九首,1976年1月。书号10019·2346,平装,30开,定价0.19元;精装,30开,定价0.59元;线装,20开,定价0.71元。(1-15)

2961　列车行
李学鳌著,1976年4月。平装,32开,书号10019·2358,定价0.32元。(5-255)

2962　十二级台风刮不倒(小靳庄诗歌选)
1976年4月。平装,小32开,书号10019·2382,定价0.44元。(5-256)

2963　火凤
王群生著,1976年5月。平装,小32开,书号10019·2363,定价0.56元。(5-257)

2964　文化大革命颂
1976年5月。平装,小32开,书号10019·2383,定价0.38元。(5-258)

2965　歌飞大凉山
梁上泉著,1976年5月。平装,32开,书号10019·2380,定价0.40元。(5-259)

2966　进军集
李瑛著,1976年7月。平装,32开,书号10019·2394,定价0.30元。(5-260)

2967　山雨欲来风满楼
凡路著,1976年7月。平装,32开,书号10019·2405,定价0.12元。(5-261)

2968　开滦歌谣
《开滦歌谣》编辑组编,1976年9月。平装,32开,书号10019·2387,定价0.42元。(5-262)

2969　台胞的心声
喻晓著,1976年10月。平装,小32开,书号10019·2395,定价0.26元。(5-263)

2970　雁回岭
王主玉著,1976年12月。平装,小32开,书号10019·2434,定价0.74元。(5-264)

2971　胜利的十月(诗歌朗诵演唱会)
《诗刊》编辑部、中央人民广播电台文艺部合编,1976年12月。平装,小32开,书号10019·2456,定价0.28元。(5-265)

2972　学大寨民歌选
本社编,1977年4月。平装,小32开,书号10019·2422,定价0.85元。(5-266)

2973　陈毅诗词选集

1977年4月。书号10019·2469,平装,小32开,定价0.76元;平装,32异,定价0.91元;精装,32异,定价1.35元。(5-267)

2974　石油大哥(长篇说唱诗)
李季著,1977年4月。平装,小32开,书号10019·2474,定价0.27元。(5-268)

2975　周总理永远和我们在一起
1977年5月。小32开,书号10019·2465,平装,定价0.70元;精装,定价1.10元。(5-269)

2976　毛主席永远活在我们心中
1977年5月。大32开,书号10019·2460,平装,定价0.96元;精装,定价1.40元。(5-270)

2977　震不倒的红旗
《震不倒的红旗》编辑组编,1977年5月。平装,小32开,书号10019·2462,定价0.50元。(5-271)

2978　沫若诗词选
郭沫若著,1977年9月。书号10019·2525,平装,小32开,定价0.90元;平装,大32开,定价1.10元;精装,大32开,定价1.60元。(5-272)

2979　红太阳颂
延安大学中文系编,1977年9月。书号10019·2522,平装,小32开,定价1.00元;平装,大32开,定价1.20元;精装,大32开,定价1.65元。(5-273)

2980　胜利之歌——歌颂华主席、批判四人帮诗集
1977年6月。小32开,书号10019·2493,平装,定价0.36元;精装,定价0.81元。(5-274)

2981　新的长征
石祥著,1977年9月。平装,小32开,书号10019·2518,定价0.41元。(5-275)

2982　金色的运动场
蔡文祥著,1977年10月。平装,小32开,书号10019·2481,定价0.30元。(5-276)

2983　阳光洒满五·七路
——五·七干校诗选
1977年6月。平装,小32开,书号10019·2491,定价0.30元。(5-277)

2984　董必武诗选
1977年10月。书号10019·2527,平装,小32开,定价0.59元;平装,32异,定价0.71元;精装,32异,定价1.20元。(5-278)

2985　郭小川诗选
1977年12月。平装,小32开,书号10019·2537,定价0.92元;精装,定价1.40元。2000年7月收入百年百种优秀中国文学图书,平装覆膜,大32开,ISBN 7-02-003240-0,定价18.50元。2004年3月收入中国文库,国流32开,平装覆膜,ISBN 7-02-004530-8,定价18.50元;精装,ISBN 7-02-004728-9,定价34.00元。(5-279)

2986　红棉花开(广西叙事民歌选)
广西文艺创作办公室编,1978年3月。小32开,书号10019·2588,平装,定价0.50元;精装,定价1.00元。(5-280)

2987　片石集
赵朴初著,1978年4月。小32开,书号10019·2614,平装,定价0.80元;精装,定价1.30元。(5-281)

2988　红军不怕远征难
肖华著,1978年5月。平装,32异,书号10019·2581,定价0.23元。(5-282)

2989　芦笙战歌
刘祖培著,1978年5月。平装,32开,书号10019·2571,定价0.67元。(5-283)

2990　热瓦甫琴歌
韩英珊著,1978年8月。平装,32开,书号10019·2509,定价0.33元。(5-284)

2991　毛泽东之歌
徐刚著,1978年8月。平装,32开,书号10019·2644,定价0.53元。(5-285)

2992　金色的花环
李心田著,1978年10月。平装,32异,书号10019·2641,定价0.24元。(5-286)

2993　英雄的画像
元辉著,1978年11月。平装,32开,书号10019·2665,定价0.37元。(5-287)

2994　长征路上
陈靖著,1978年11月。平装,32开,书号

10019·2685,定价0.30元。(5-288)

2995　天安门诗抄

童怀周编,1978年12月。32开,书号10019·2718,平装,定价0.83元;精装,定价1.65元。2009年9月收入中国文库,国流32开,平装,ISBN 978-7-02-007649-9,定价24.00元;精装,ISBN 7-02-007621-5,定价38.00元。(5-289)

2996　周恩来青年时代诗选

1979年1月。32异,书号10019·2731,平装,定价0.28元;精装,定价1.20元。(5-290)

2997　死不着

张志民著,1979年4月。32开,书号10019·2692,平装,定价0.90元;精装,定价1.35元。(5-291)

2998　闻捷诗选

1979年6月。32开,书号10019·2729,平装,定价0.61元;精装,定价1.00元;特精,定价1.40元。(5-293)

2999　早春

李瑛著,1979年7月。平装,32开,书号10019·2782,定价0.40元。(5-294)

3000　远望集

叶剑英著,1979年8月。32异,书号10019·2827,平装,定价0.33元;特精,定价1.25元。1991年7月,平装覆膜,32异,ISBN 7-02-001324-4,定价2.35元。(5-295)

3001　陶铸诗词选

1979年10月。32异,书号10019·2841,平装,定价0.30元;精装,定价1.25元。(5-298)

3002　邓拓诗词选

1979年12月。32开,书号10019·2886,平装,定价0.47元;精装,定价0.90元。(5-299)

3003　严辰诗选

1980年2月。平装,32开,书号10019·2909,定价0.83元。(5-300)

3004　绿色的塔里木

章德益著,1980年4月。平装,32开,书号10019·2948,定价0.29元。(5-301)

3005　台湾诗选

本社编辑部编,1980年4月。32开,书号10019·2955,平装,定价0.45元;精装,定价1.25元。(5-302)

3006　芦芒诗选

1980年4月。平装,32开,书号10019·2953,定价0.58元。(5-303)

3007　李季诗选

1980年4月。大32开,书号10019·2951,平装,定价0.76元;精装,定价1.70元。(5-304)

3008　诗选(一) 1949—1979

《诗刊》社编,1980年3月。平装,大32开,书号10019·2943,定价1.10元。(5-305)

3009　献给历史的情歌

邵燕祥著,1980年6月。32开,书号10019·2990,平装,定价0.64元;精装,定价1.15元。(5-306)

3010　蒺藜集

池北偶、易和元、刘征著,1980年4月。平装,32开,书号10019·2950,定价0.39元。(5-307)

3011　离离原上草

公刘著,1980年7月。32开,书号10019·2995,平装,定价1.00元;精装,定价1.55元。(5-308)

3012　春鸟集

朱子奇著,1980年11月。32开,书号10019·3029,平装,定价0.29元;精装,定价1.10元。(5-309)

3013　长跑者之歌

(香港)何达著,1980年12月。32开,书号10019·3062,平装,定价0.45元;半精,定价0.70元。(5-310)

3014　红杏集

本社编辑部编,1981年1月。平装,32开,书号10019·3077,定价0.61元。(5-311)

3015　理发师和一个共产党员的手

吕远著,1981年1月。平装,32开,书号10019·3092,定价0.27元。(5-312)

3016　诗选(二) 1949—1979

《诗刊》社编,1981年2月。平装,大32开,书号10019·3105,定价1.15元。(5-313)

3017 天蓝诗选

1981年3月。平装,32开,书号10019·3110,定价0.24元。(5-314)

3018 凤尾竹的梦

张长著,1981年4月。平装,32开,书号10019·3122,定价0.46元。(5-315)

3019 诗选(三) 1949—1979

《诗刊》社编,1981年5月。平装,大32开,书号10019·3139,定价1.20元。(5-316)

3020 白色花 二十人集

绿原、牛汉编,1981年8月。大32开,书号10019·3129,平装,定价1.05元;平装覆膜,定价1.40元。2000年7月收入百年百种优秀中国文学图书,平装覆膜,大32开,ISBN 7-02-003242-7,定价18.00元。(5-317)

3021 纳·赛音朝克图诗选

(蒙古族)纳·赛音朝克图著,1981年9月。平装,32开,书号10019·3187,定价0.39元。(5-318)

3022 白杨林风情

雁翼著,1981年11月。32开,书号10019·3201,平装,定价0.70元;平装覆膜,定价0.95元。(5-319)

3023 布谷鸟与紫丁香

邹荻帆著,1982年1月。平装,32开,书号10019·3152,定价0.62元。(5-320)

3024 恋歌 爱情诗选

本社编辑部编,1981年12月。平装,32开,书号10019·3223,定价0.62元。(5-321)

3025 雪兆集

周良沛著,1982年4月。32开,书号10019·3273,平装,定价0.84元;平装覆膜,定价1.10元。(5-322)

3026 吕剑诗集

1982年2月。平装,32开,书号10019·3266,定价0.56元。(5-323)

3027 迟开的素馨花

苏阿芒著,1982年4月。平装,32开,书号10019·3285,定价0.23元。(5-324)

3028 生活的歌

蔡其矫著,1982年7月。32开,书号10019·3328,平装,定价0.50元;平装覆膜,定价0.75元。(5-326)

3029 铁依甫江诗选

(维吾尔族)铁依甫江著,王一之译,1982年7月。平装,32开,书号10019·3324,定价0.51元。(5-327)

3030 伽倻琴集

(朝鲜族)金哲著,何鸣雁等译,1982年9月。平装,32开,书号10019·3286,定价0.35元。(5-328)

3031 爱的变奏曲

曲有源著,1982年8月。平装,32开,书号10019·3311,定价0.55元。未发行。(5-329)

3032 散宜生诗

聂绀弩著,1982年8月。平装,32开,书号10019·3329,定价0.41元。1985年7月增订注释本,国流32开,平装,1.80元;精装,定价3.90元。(5-330)

3033 台湾诗选(二)

本社编辑部编,1982年7月。32开,书号10019·3325,平装,定价0.70元;精装,定价1.55元。(5-331)

3034 田间诗选

1983年2月。大32开,书号10019·3403,平装,定价1.00元;精装,定价1.95元。(5-332)

3035 白桦的诗

1982年10月。32开,书号10019·3354,平装,定价0.50元;平装覆膜,定价0.75元。(5-333)

3036 一二·一诗选

龚纪一编,1983年2月。平装,大32开,书号10019·3360,定价0.88元。(5-334)

3037 叶剑英诗词选集

1983年4月。精装,16开,书号10019·3432,定价3.00元。(5-335)

3038 复活的海

杨牧著,1983年2月。平装,小32开,书号10019·3419,定价0.51元。(5-336)

3039 苏金伞诗选

1983年3月。小32开,书号10019·3394,平装,定价0.50元;精装,定价1.00元。

(5-337)

3040 1981年诗选
《诗刊》社编,1983年3月。大32开,书号10019·3449,平装,定价0.81元;精装,定价1.70元。(5-338)

3041 人之诗
绿原著,1983年4月。小32开,书号10019·3428,平装,定价0.62元;平装覆膜,定价0.87元。(5-339)

3042 巴·布林贝赫诗选
(蒙古族)巴·布林贝赫著,1983年7月。小32开,书号10019·3478,平装,定价0.50元;精装,定价1.00元。(5-340)

3043 李瑛抒情诗选
1983年10月。大32开,书号10019·3533,平装,定价2.05元;精装,定价2.75元。(5-341)

3044 中国国民党革命委员会爱国老人诗词选
中国国民党革命委员会中央宣传部编,1983年12月。国流32开,书号10019·3521,平装,定价0.88元;精装,定价2.15元。(5-342)

3045 辛笛诗稿
1983年10月。小32开,书号10019·3532,平装,定价0.58元;平装覆膜,定价1.25元。(5-343)

3046 1982年诗选
《诗刊》社编,1983年11月。大32开,书号10019·3557,平装,定价1.20元;精装,定价2.20元。(5-344)

3047 江格尔 蒙古族民间史诗
(蒙古族)色道尔吉译,1983年8月。大32开,书号10019·3465,平装,定价1.60元;精装,定价2.85元。(5-345)

3048 诗歌集
全国少数民族文学创作获奖作品丛书编辑组编,全国少数民族文学创作获奖作品丛书,1983年12月。大32开,书号10019·3563,平装,定价1.25元;精装,定价2.50元。(5-346)

3049 乡村与城市
刘岚山著,1983年9月。平装,小32开,书号10019·3524,定价0.71元。(5-347)

3050 适夷诗存
楼适夷著,1983年10月。小32开,书号10019·3530,平装,定价0.55元;精装,定价1.40元。(5-348)

3051 鲁藜诗选
1983年11月。小32开,书号10019·3540,平装,定价0.65元;平装覆膜,定价0.95元。(5-349)

3052 父母之河
雷抒雁著,1984年3月。小32开,书号10019·3632,平装,定价0.68元;平装覆膜,定价0.98元。(5-350)

3053 生命的欢乐
刘湛秋著,1984年3月。平装,小32开,书号10019·3633,定价0.57元。(5-351)

3054 长歌行
王致远著,1984年2月。小32开,书号10019·3619,平装,定价0.83元;精装,定价1.35元。(5-352)

3055 瀑布与虹
胡昭著,1984年4月。平装,小32开,书号10019·3610,定价0.54元。(5-353)

3056 方殷诗选
1984年4月。平装,小32开,书号10019·3635,定价0.43元。(5-354)

3057 春草集
朱子奇著,1984年10月。小32开,书号10019·3708,平装,定价0.62元;精装,定价1.70元。(5-355)

3058 我在每一个早晨诞生
李加建著,1984年8月。平装,小32开,书号10019·3685,定价0.70元。(5-356)

3059 回音壁
包玉堂著,1984年9月。小32开,书号10019·3709,平装,定价0.52元;平装覆膜,定价0.82元。(5-357)

3060 爱的花瓣
(藏族)饶阶巴桑著,1984年12月。小32开,书号10019·3749,平装,定价0.87元;平装覆膜,定价1.25元。(5-358)

3061 郭小川诗选(上下)

1985 年 2 月。大 32 开,书号 10019·3772,平装,定价 3.35 元;精装,定价 8.20 元。1987 年 11 月,平装,大 32 开,ISBN 7-02-000038-X,定价 4.60 元。(5-359)

3062 萧三诗选

1985 年 2 月。大 32 开,书号 10019·3761,平装,定价 2.20 元;精装,定价 3.80 元。(5-360)

3063 1983 年诗选

《诗刊》社编,1985 年 4 月。大 32 开,书号 10019·3790,平装,定价 2.05 元;精装,定价 2.50 元。(5-361)

3064 阮章竞诗选

1985 年 4 月。小 32 开,书号 10019·3794,平装,定价 2.15 元;精装,定价 3.70 元。(5-362)

3065 音乐岛

傅天琳著,当代诗人丛书,1985 年 6 月。小 32 开,书号 10019·3852,平装,定价 0.92 元;平装覆膜,定价 1.25 元。(5-363)

3066 袁水拍诗歌选

1985 年 7 月。大 32 开,书号 10019·3831,平装,定价 3.15 元;精装,定价 5.30 元。(5-364)

3067 泪瀑 南方风土故事诗集

唐湜著,1985 年 7 月。平装,小 32 开,书号 10019·3826,定价 0.86 元。(5-365)

3068 朗诵诗

殷之光、朱先树编,1985 年 9 月。大 32 开,书号 10019·3851,平装,定价 2.15 元;平装覆膜,定价 2.60 元。(5-366)

3069 中国新诗萃 50 年代——80 年代

谢冕、杨匡汉主编,1985 年 11 月。大 32 开,书号 10019·3876,平装,定价 3.45 元;精装,定价 5.60 元。(5-367)

3070 凝固的涛声

李松涛著,当代诗人丛书,1985 年 12 月。平装,小 32 开,书号 10019·3889,定价 1.20 元。(5-368)

3071 五彩梦

刘祖慈著,当代诗人丛书,1986 年 1 月。平装,小 32 开,书号 10019·3900,定价 0.85 元。(5-370)

3072 黑眼睛

顾城著,当代诗人丛书,1986 年 3 月。小 32 开,书号 10019·3911,平装,定价 1.25 元;平装覆膜,定价 1.55 元。(5-371)

3073 爱之诗

诸葛明星编,1986 年 3 月。小 32 开,书号 10019·3913,平装,定价 1.05 元;平装覆膜,定价 1.35 元。(5-372)

3074 烈火里的爱情

白渔著,1986 年 1 月。小 32 开,书号 10019·3899,平装,定价 1.30 元;平装覆膜,定价 1.60 元。(5-373)

3075 董必武诗选

1986 年 3 月。国流 32 开,书号 10019·3934,平装,定价 1.95 元;精装,定价 4.00 元。1991 年 7 月,平装覆膜,32 异,ISBN 7-02-001323-6,定价 4.30 元。(5-374)

3076 1984 年诗选

《诗刊》社编,1986 年 2 月。大 32 开,书号 10019·3914,平装,定价 2.90 元;精装,定价 3.40 元。(5-375)

3077 阳光·土地·人

陈所巨著,当代诗人丛书,1986 年 4 月。小 32 开,书号 10019·3941,平装,定价 1.10 元;平装覆膜,定价 1.40 元。(5-376)

3078 蚯蚓和羽毛

牛汉著,1986 年 4 月。小 32 开,书号 10019·3932,平装,定价 1.55 元;平装覆膜,定价 1.95 元。(5-377)

3079 我乡间的妻子

刘小放著,当代诗人丛书,1986 年 5 月。32 异,书号 10019·3942,平装,定价 0.94 元;平装覆膜,定价 1.25 元。(5-378)

3080 毛泽东诗词选

1986 年 9 月。国流 32 开,书号 10019·3996,平装,定价 1.70 元;精装,定价 3.70 元。1990 年 8 月收入北京市教育局青年文库,平装,小 32 开,ISBN 7-02-001084-9,非卖品,无定价。1991 年 1 月,平装覆膜,国流 32 开,ISBN 7-02-001113-6,定价 3.75 元。2000 年 7 月收入百年百种优秀中国文学图书,平装覆膜,大

32开,ISBN 7-02-003284-2,定价12.00元。2004年3月收入中国文库,国流32开,平装覆膜,ISBN 7-02-004547-2,定价12.00元;精装,ISBN 7-02-004745-9,定价21.00元。(1-20)

3081　1985年诗选
《诗刊》社编,1986年12月。大32开,书号10019·4040,平装,定价2.55元;平装覆膜,定价3.05元。(5-379)

3082　太阳和他的反光
江河著,1987年4月。平装覆膜,小32开,书号10019·4132,定价1.00元。(5-380)

3083　雁翼诗选
1988年1月。平装覆膜,小32开,书号10019·4188,ISBN 7-02-000045-2,定价2.05元。(5-381)

3084　1986年诗选
《诗刊》社编,1988年2月。大32开,书号10019·4201,平装,ISBN 7-02-000088-6,定价2.25元;平装覆膜,ISBN 7-02-000089-4,定价2.65元。(5-382)

3085　人比月光更美丽
胡乔木著,1988年4月。精装,32异,书号10019·4246,ISBN 7-02-000199-8,定价3.30元。(5-383)

3086　爱的变奏
曲有源著,1988年8月。平装,小32开,ISBN 7-02-000424-5,定价1.45元。(5-384)

3087　囚徒与白鸽
叶延滨著,当代诗人丛书,1988年9月。平装覆膜,32异,ISBN 7-02-000644-2,定价2.00元。(5-385)

3088　我的太阳
马丽华著,当代诗人丛书,1988年9月。平装覆膜,32异,ISBN 7-02-000664-7,定价1.80元。(5-386)

3089　未名诗选
朱光树编,1988年11月。平装覆膜,小32开,ISBN 7-02-000342-7,定价2.75元。(5-387)

3090　台湾现代诗四十家
(台湾)非马编,1989年5月。平装覆膜,32异,ISBN 7-02-000343-5,定价2.80元。(5-388)

3091　苦恋与墓碑
叶文福著,1986年12月。平装覆膜,小32开,书号10019·4028,定价1.50元。(5-389)

3092　1987年诗选
《诗刊》社编,1989年4月。大32开,平装,ISBN 7-02-000678-7,定价4.20元;平装覆膜,ISBN 7-02-000679-5,定价4.80元。(5-390)

3093　山盟(上下) 献给建国四十周年长篇诗体小说
严阵著,1989年9月。平装覆膜,大32开,ISBN 7-02-000696-3,定价9.60元。(5-391)

3094　情绪与感觉——新生代诗选
邹进、霍用灵编,1989年6月。平装覆膜,小32开,ISBN 7-02-000707-4,定价3.25元。(5-392)

3095　我的爱情诗
申爱萍著,当代诗人丛书,1989年7月。平装覆膜,32异,ISBN 7-02-000423-7,定价1.90元。(5-393)

3096　写给男人的情诗
——当代青年女诗人爱情诗选
阿人编,1989年9月。平装,32异,ISBN 7-02-000680-9,定价1.90元。(5-394)

3097　再生
骆耕野著,当代诗人丛书,1989年7月。平装覆膜,32异,ISBN 7-02-000725-2,定价2.00元。(5-395)

3098　黄 "朦胧诗"精品
杨炼著,当代诗人丛书,1989年8月。平装覆膜,32异,ISBN 7-02-000692-2,定价1.80元。(5-396)

3099　香港当代诗选
姚学礼、陈德锦编,1989年12月。平装覆膜,32异,ISBN 7-02-000750-3,定价5.85元。(5-397)

3100　光未然歌诗选
1990年1月。平装覆膜,小32开,ISBN 7-02-000912-3,定价3.85元。(5-398)

3101　诗歌集
第二届全国少数民族文学创作获奖作品丛书，1989 年 12 月。平装覆膜，大 32 开，ISBN 7-02-000834-8,定价 3.90 元。(5-399)

3102　1988 年诗选
《诗刊》社编，1990 年 1 月。平装覆膜，大 32 开，ISBN 7-02-000911-5,定价 5.10 元。(5-400)

3103　空山灵雨
(台湾)杨平著,1990 年 1 月。平装覆膜,小 32 开,ISBN 7-02-000915-8,定价 2.10 元。(5-401)

3104　唐祈诗选
1990 年 7 月。平装覆膜,小 32 开,ISBN 7-02-000703-1,定价 2.95 元。(5-402)

3105　哑歌人的自白——屠岸诗选
1990 年 8 月。平装覆膜,小 32 开,ISBN 7-02-000998-0,定价 3.70 元。(5-403)

3106　女性年龄
伊蕾著,当代诗人丛书,1990 年 8 月。平装覆膜,32 异,ISBN 7-02-001023-7,定价 2.45 元。(5-404)

3107　1989 年诗选
《诗刊》社编,1991 年 3 月。平装覆膜,大 32 开,ISBN 7-02-001141-1,定价 5.60 元。(5-405)

3108　心象
郑敏著,1991 年 2 月。平装覆膜,小 32 开,ISBN 7-02-001098-9,定价 3.65 元。(5-406)

3109　台湾青年诗选
(台湾)张默编,1991 年 2 月。平装覆膜,32 异,ISBN 7-02-000805-4,定价 4.25 元。(5-407)

3110　飘泊
〔美〕张错著,《海内外文学》丛书,1991 年 6 月。平装覆膜,小 32 开,ISBN 7-02-001184-5,定价 3.40 元。(5-408)

3111　白天鹅
郭光豹著,1991 年 10 月。平装覆膜,小 32 开,ISBN 7-02-001290-6,定价 3.60 元。(5-409)

3112　叶剑英诗词选集
1991 年 9 月。平装覆膜,国流 32 开,ISBN 7-02-001321-X,定价 4.85 元。(5-410)

3113　齐眉集
顾毓琇著,1991 年 11 月。软精,国流 32 开,ISBN 7-02-001391-0,定价 11.00 元。(5-411)

3114　勿忘草
〔美〕杜国清著,白舒荣编,《海内外文学》丛书,1992 年 1 月。平装覆膜,小 32 开,ISBN 7-02-001291-4,定价 3.00 元。(5-412)

3115　霞楼梦笛——唐湜抒情诗选
1993 年 1 月。平装覆膜,小 32 开,ISBN 7-02-001555-7,定价 4.00 元。(5-413)

3116　月出的风景
(台湾)陈千武著,台湾当代名家作品精选集·诗歌系列,1993 年 7 月。平装覆膜,大 32 开,ISBN 7-02-001629-4,定价 5.75 元。(5-414)

3117　吴正诗选
1993 年 8 月。大 32 开,平装覆膜,ISBN 7-02-001702-9,定价 9.60 元；精装,ISBN 7-02-001741-X,定价 16.75 元。(5-415)

3118　脚步的声音
(台湾)赵天仪著,台湾当代名家作品精选集·诗歌系列,1993 年 7 月。平装覆膜,大 32 开,ISBN 7-02-001625-1,定价 4.90 元。(5-416)

3119　阴影的河流
(台湾)陈黎著,台湾当代名家作品精选集·诗歌系列,1993 年 7 月。平装覆膜,大 32 开,ISBN 7-02-001026-X,定价 4.65 元。(5-417)

3120　在宽阔的土地上
(台湾)向阳著,台湾当代名家作品精选集·诗歌系列,1993 年 7 月。平装覆膜,大 32 开,ISBN 7-02-001628-6,定价 7.00 元。(5-418)

3121　我是一片云
〔泰〕岭南人著,1994 年 5 月。平装覆膜,32 异,ISBN 7-02-001834-3,定价 3.60 元。(5-419)

3122　吾乡印象

（台湾）吴晟著,台湾当代名家作品精选集·诗歌系列,1993年7月。平装覆膜,大32开,ISBN 7-02-001627-8,定价6.60元。(5-420)

3123　秋与死之忆

（台湾）李魁贤著,台湾当代名家作品精选集·诗歌系列,1993年7月。平装覆膜,大32开,ISBN 7-02-001624-3,定价5.05元。(5-421)

3124　1990—1992 三年诗选

本社编,1994年3月。平装,大32开,ISBN 7-02-001785-1,定价11.50元。(5-422)

3125　半个世纪的脚印——袁可嘉诗文选

1994年6月。平装覆膜,小32开,ISBN 7-02-001933-1,定价10.10元。(5-423)

3126　马万祺诗词选

1994年12月。精装,16开,ISBN 7-02-002082-8,定价37.00元。(5-424)

3127　谛听,那声音——郭枫诗选

（台湾）郭枫著,1993年10月。平装覆膜,大32开,ISBN 7-02-001597-2,定价6.05元。(5-425)

3128　舒婷的诗

1994年11月。平装覆膜,国流32开,ISBN 7-02-001967-6,定价12.00元。1998年3月收入蓝星诗库,平装覆膜,国流32开,ISBN 7-02-002646-X,定价13.00元。2000年7月收入百年百种优秀中国文学图书,平装覆膜,大32开,ISBN 7-02-003282-6,定价15.00元。2005年1月收入中国文库,平装,国流32开,ISBN 7-02-005098-0,定价15.00元;精装,ISBN 7-02-005126-X,定价28.00元。2012年8月收入蓝星诗库金版,精装,32异,ISBN 978-7-02-009121-8,定价29.00元。(5-426)

3129　海子的诗

西川编,1995年4月。平装覆膜,32异,ISBN 7-02-001998-6,定价6.55元。1998年3月收入蓝星诗库,平装覆膜,国流32开,ISBN 7-02-002645-1,定价12.00元。2005年1月收入中国文库,国流32开,平装,ISBN 7-02-005099-9,定价15.00元;精装,ISBN 7-02-005127-8,定价28.00元。2012年8月收入蓝星诗库金版,精装,32异,ISBN 978-7-02-009150-8,定价29.00元。2014年2月收入中学生文学阅读必备书系,平装覆膜,国流32开,ISBN 978-7-02-009938-2,定价22.00元。2018年4月收入教育部统编《语文》推荐阅读丛书,平装覆膜,16异,ISBN 978-7-02-013796-1,定价30.00元。(5-427)

3130　他从天边来

白渔著,1995年4月。平装覆膜,大32开,ISBN 7-02-002003-8,定价11.70元。(5-428)

3131　陌生的十字路口

杨克著,1994年12月。平装覆膜,32开,ISBN 7-02-001997-8,定价7.50元。(5-429)

3132　纪弦精品

1995年5月。软精,大32开,ISBN 7-02-002036-4,定价10.00元。(5-430)

3133　灌木年轮

冀汸著,1995年8月。平装覆膜,32开,ISBN 7-02-001873-4,定价8.95元。(5-431)

3134　菊草集

楚图南著,1995年12月。软精,国流32开,ISBN 7-02-002200-6,定价25.30元。(5-432)

3135　公刘短诗精读

刘粹编,1995年10月。平装覆膜,大32开,ISBN 7-02-002007-0,定价11.65元。(5-433)

3136　沙鸥诗选

止庵编,诗世界丛书,1996年6月。平装覆膜,大32开,ISBN 7-02-002236-7,定价20.00元。(5-434)

3137　今天没有空难

匡满著,1996年12月。平装覆膜,32开,ISBN 7-02-002319-3,定价13.00元。(5-435)

3138　吕剑诗存

吕微编,诗世界丛书,1996年9月。平装覆膜,大32开,ISBN 7-02-002304-5,定价20.80元。(5-436)

3139　张默精品

1996年10月。平装覆膜,大32开,ISBN 7-02-002307-X,定价11.00元。(5-437)

3140　犁青的诗

诗世界丛书,1996年12月。平装覆膜,大32开,ISBN 7-02-002385-1,定价19.60元。(5-438)

3141　旅中吟

(蒙古族)布赫著,1997年6月。精装,国流32开,ISBN 7-02-002521-8,定价24.00元。(5-439)

3142　简宁的诗

当代诗人丛书,1997年3月。平装覆膜,国流32开,ISBN 7-02-002397-5,定价11.50元。2002年8月单行本,平装覆膜,大32开,ISBN 7-02-003706-2,定价11.50元。(5-440)

3143　贺敬之诗选

周良沛编,1997年7月。平装覆膜,大32开,ISBN 7-02-002375-4,定价21.00元。2004年3月收入中国文库,国流32开,平装覆膜,ISBN 7-02-004541-3,定价25.00元;精装,ISBN 7-02-004739-4,定价45.00元。(5-441)

3144　山鬼故家

灰娃著,1997年7月。大32开,ISBN 7-02-002530-7,精装,定价36.00元;平装,定价16.00元。(5-442)

3145　西川诗选

1997年7月。平装覆膜,大32开,ISBN 7-02-002420-3,定价12.00元。1999年6月收入蓝星诗库,书名《西川的诗》,平装覆膜,国流32开,ISBN 7-02-002953-1,定价13.50元。(5-443)

3146　蔡其矫诗选

诗世界丛书,1997年7月。平装覆膜,大32开,ISBN 7-02-002426-2,定价16.30元。(5-444)

3147　漂移的岸——一个现代"行脚"诗人的爱情四季

慈公著,1997年12月。平装覆膜,国流32开,ISBN 7-02-002634-6,定价12.40元。(5-445)

3148　绿原自选诗

诗世界丛书,1998年3月。平装覆膜,大32开,ISBN 7-02-002677-X,定价20.70元。(5-446)

3149　邹荻帆诗选

诗世界丛书,1997年12月。平装覆膜,大32开,ISBN 7-02-002405-X,定价18.50元。(5-447)

3150　牛汉诗选

诗世界丛书,1998年2月。平装覆膜,大32开,ISBN 7-02-002552-8,定价21.00元。(5-448)

3151　顾城的诗

蓝星诗库,1998年3月。平装覆膜,国流32开,ISBN 7-02-002586-2,定价18.00元。2012年8月收入蓝星诗库金版,精装,32异,ISBN 978-7-02-009182-9,定价33.00元。(5-449)

3152　心灵的乡村

高凯著,1998年6月。平装覆膜,大32开,ISBN 7-02-002745-8,定价13.00元。(5-450)

3153　天囚——小叶秀子诗歌集

1998年11月。平装,大32开,ISBN 7-02-002843-8,定价14.20元。(5-451)

3154　飘雪的世界

〔比利时〕章平著,1999年1月。平装覆膜,国流32开,ISBN 7-02-002812-8,定价12.50元。(5-452)

3155　昌耀的诗

蓝星诗库,1998年12月。平装覆膜,国流32开,ISBN 7-02-002774-1,定价20.70元。2006年1月收入中国当代名诗人选集,书名《昌耀》,平装,32异,ISBN 7-02-005426-9,定价21.00元。2009年7月收入中国文库,书名《昌耀诗选》,国流32开,平装,ISBN 978-7-02-007651-2,定价21.00元;精装,ISBN 978-7-02-007623-9,定价35.00元。2012年8月收入蓝星诗库金版,精装,32异,ISBN 978-7-02-009195-9,定价33.00元。(5-453)

3156　芽与根的和弦

莫文征著,1999年2月。平装覆膜,大32开,ISBN 7-02-002659-1,定价17.90元。

(5-454)

3157　大地与梦想

刘虔著,1999年8月。平装覆膜,大32开,ISBN 7-02-002930-2,定价20.70元。(5-456)

3158　散淡之吟

李发模著,1999年8月。平装覆膜,大32开,ISBN 7-02-002948-5,定价16.00元。(5-457)

3159　祖国,我对你许诺——建国50周年政治抒情诗选

陈景文著,1999年10月。平装覆膜,大32开,ISBN 7-02-003047-5,定价9.60元。(5-458)

3160　回眸红岩

立延、亦村著,1999年9月。平装覆膜,国流32开,ISBN 7-02-003021-1,定价22.00元。(5-459)

3161　别处的雨声

文乾义著,1999年11月。平装覆膜,大32开,ISBN 7-02-003042-4,定价12.00元。(5-460)

3162　杜运燮六十年诗选

2000年5月。平装覆膜,大32开,ISBN 7-02-003019-X,定价18.50元。(5-461)

3163　新鲜的焦渴

陈敬容著,杜运燮、蓝棣之编,2000年8月。平装覆膜,大32开,ISBN 7-02-002736-9,定价16.00元。(5-462)

3164　赛福鼎诗选

姑丽娜尔、王一之译,1999年9月。精装,大32开,ISBN 7-02-003049-1,定价28.60元。(5-463)

3165　枯草上的盐

朱朱著,2000年9月。平装覆膜,大32开,ISBN 7-02-003310-5,定价14.00元。(5-464)

3166　插翅膀的乡事

王耀东著,2000年11月。平装覆膜,大32开,ISBN 7-02-003112-9,定价20.00元。(5-465)

3167　李瑛近作选(1979—1999)

诗世界丛书,2000年11月。平装覆膜,大32开,ISBN 7-02-003301-6,定价22.00元。(5-466)

3168　在时间的前方

南野著,2000年12月。平装覆膜,大32开,ISBN 7-02-003327-X,定价16.60元。(5-467)

3169　郑敏诗集(1979—1999)

诗世界丛书,2000年12月。平装覆膜,大32开,ISBN 7-02-003334-2,定价22.00元。(5-468)

3170　食指的诗

蓝星诗库,2000年12月。平装覆膜,国流32开,ISBN 7-02-003376-8,定价12.00元。(5-469)

3171　于坚的诗

蓝星诗库,2000年12月。平装覆膜,国流32开,ISBN 7-02-003328-8,定价20.00元。(5-470)

3172　中国新诗萃　台港澳卷

谢冕、杨匡汉主编,2001年3月。平装覆膜,大32开,ISBN 7-02-003209-5,定价20.00元。(5-471)

3173　罗门精品

2001年3月。平装覆膜,大32开,ISBN 7-02-003224-9,定价15.00元。(5-472)

3174　洛夫精品

1999年9月。平装覆膜,大32开,ISBN 7-02-002671-0,定价16.80元。(5-473)

3175　红色诗歌集

邓中夏等著,2001年6月。平装覆膜,大32开,ISBN 7-02-003477-2,定价18.80元。2006年6月收入纪念建党85周年丛书,书名《红色诗抄》,平装覆膜,国流32开,ISBN 7-02-005743-8,定价20.00元。(5-474)

3176　王家新的诗

蓝星诗库,2001年7月。平装覆膜,国流32开,ISBN 7-02-003487-X,定价13.80元。(5-475)

3177　孙文波的诗

蓝星诗库,2001年7月。平装覆膜,国流32开,ISBN 7-02-003425-X,定价16.00元。

(5-476)

3178 爱的答案
胡坚著,2001 年 10 月。平装覆膜,大 32 开,ISBN 7-02-003466-7,定价 16.00 元。(5-478)

3179 晚号集
阮章竞著,2001 年 1 月。平装覆膜,32 开,ISBN 7-02-003351-2,定价 28.00 元。(5-480)

3180 孙毓霜诗词选
2001 年 10 月。平装覆膜,大 32 开,ISBN 7-02-003543-4,定价 26.00 元。(5-481)

3181 雨点集
王蒙著,2001 年 11 月。平装,大 32 开,ISBN 7-02-003486-1,定价 13.80 元。(5-482)

3182 观园诗词选
观园诗词社编,2001 年 12 月。线装,16 开,ISBN 7-02-003713-5,定价 158.00 元。(5-483)

3183 抒情的光线
袁宇星著,2002 年 3 月。平装覆膜,大 32 开,ISBN 7-02-003693-7,定价 8.80 元。(5-484)

3184 常德盛
马汉民著,2002 年 10 月。平装覆膜,大 32 开,ISBN 7-02-004031-4,定价 26.80 元。(5-485)

3185 蟹语
苏子龙著,2002 年 1 月。平装覆膜,大 32 开,ISBN 7-02-003667-8,定价 18.00 元。(5-486)

3186 深秋有如初春 屠岸诗选
2003 年 1 月。平装覆膜,大 32 开,ISBN 7-02-003848-4,定价 21.00 元。(5-487)

3187 中华诗歌百年精华
《诗刊》编辑部选编,2002 年 5 月。平装覆膜,大 32 开,ISBN 7-02-003576-0,定价 29.80 元。2004 年 5 月收入百年典藏,平装,国流 32 开,ISBN 7-02-004507-3,定价 31.00 元。(5-488)

3188 足茧千山 克玉诗选
周克玉著,2003 年 4 月。平装覆膜,大 32 开,

ISBN 7-02-004118-3,定价 18.00 元。(5-490)

3189 艾青诗全编(上中下)
2003 年 7 月。平装覆膜,32 异,ISBN 7-02-003732-1,定价 90.00 元。(5-491)

3190 唐湜诗卷(上下)
2003 年 9 月。平装覆膜,大 32 开,ISBN 7-02-004185-X,定价 58.00 元。(5-492)

3191 光的落尘
杜逯著,2004 年 3 月。平装覆膜,32 异,ISBN 7-02-004373-9,定价 18.00 元。(5-493)

3192 肖开愚的诗
蓝星诗库,2004 年 6 月。平装覆膜,32 异,ISBN 7-02-004000-4,定价 18.00 元。(5-494)

3193 沿着爱的方向
丁捷著,2004 年 1 月。平装覆膜,大 32 开,ISBN 7-02-004413-1,定价 16.00 元。(5-495)

3194 音乐与爱情
丁叮著,2005 年 6 月。平装覆膜,大 32 开,ISBN 7-02-004969-9,定价 13.00 元。(5-498)

3195 词悬浮
麦城著,2005 年 12 月。平装覆膜,国流 32 开,ISBN 7-02-005333-5,定价 15.00 元。(5-499)

3196 海子
中国当代名诗人选集,2006 年 1 月。平装,32 异,ISBN 7-02-005399-8,定价 19.00 元。(5-500)

3197 食指
中国当代名诗人选集,2006 年 1 月。平装,32 异,ISBN 7-02-005398-X,定价 16.00 元。2009 年 7 月收入中国文库,书名《食指诗选》,国流 32 开,平装,ISBN 978-7-02-007650-5,定价 16.00 元;精装,ISBN 978-7-02-007622-2,定价 30.00 元。2012 年 8 月收入蓝星诗库金版,书名《食指的诗》,精装,32 异,ISBN 978-7-02-009215-4,定价 25.00 元。(5-501)

3198 郭沫若
中国当代名诗人选集,2006 年 1 月。平装,32

186

异,ISBN 7-02-005414-5,定价 20.00 元。(5-502)

3199　顾城
中国当代名诗人选集,2006 年 1 月。平装,32 异,ISBN 7-02-005400-5,定价 20.00 元。(5-503)

3200　田间
中国当代名诗人选集,2006 年 1 月。平装,32 异,ISBN 7-02-005413-7,定价 16.00 元。(5-504)

3201　臧克家
中国当代名诗人选集,2006 年 1 月。平装,32 异,ISBN 7-02-005315-7,定价 17.00 元。(5-505)

3202　郭小川
中国当代名诗人选集,2006 年 1 月。平装,32 异,ISBN 7-02-005392-0,定价 21.00 元。(5-506)

3203　李瑛
中国当代名诗人选集,2006 年 1 月。平装,32 异,ISBN 7-02-005316-5,定价 19.00 元。(5-507)

3204　闻捷
中国当代名诗人选集,2006 年 1 月。平装,32 异,ISBN 7-02-005384-X,定价 17.00 元。2009 年 7 月收入中国文库,书名《闻捷诗选》,国流 32 开,平装,ISBN 978-7-02-007652-9,定价 19.00 元;精装,ISBN 978-7-02-007624-6,定价 33.50 元。(5-508)

3205　余光中
中国当代名诗人选集,2006 年 1 月。平装,32 异,ISBN 7-02-005394-7,定价 20.00 元。(5-509)

3206　贺敬之
中国当代名诗人选集,2006 年 1 月。平装,32 异,ISBN 7-02-005393-9,定价 17.00 元。(5-510)

3207　李季
中国当代名诗人选集,2006 年 1 月。平装,32 异,ISBN 7-02-005314-9,定价 17.00 元。(5-511)

3208　艾青
中国当代名诗人选集,2006 年 1 月。平装,32 异,ISBN 7-02-005317-3,定价 19.00 元。(5-512)

3209　律诗百首颂嘉诚
王玉明著,2005 年 12 月。精装,国流 32 开,ISBN 7-02-005434-X,定价 42.00 元。(5-513)

3210　重叠的水
韩作荣著,2006 年 4 月。平装覆膜,国流 32 开,ISBN 7-02-005223-1,定价 28.00 元。(5-514)

3211　喊故乡
田禾著,2006 年 9 月。平装,国流 32 开,ISBN 7-02-005806-X,定价 14.00 元。(5-515)

3212　共和国不会忘记——大庆人的故事
忽培元著,2006 年 9 月。平装覆膜,16 异,ISBN 7-02-005508-7,定价 43.00 元。(5-516)

3213　公刘诗草
诗世界丛书,2006 年 10 月。平装覆膜,大 32 开,ISBN 7-02-005335-1,定价 24.00 元。(5-517)

3214　大庆词源
余兆荣著,2006 年 9 月。平装覆膜,16 异,ISBN 7-02-005799-3,定价 48.00 元。(5-519)

3215　仰望
陈光林著,2006 年 10 月。平装覆膜,16 异,ISBN 7-02-005802-7,定价 29.00 元。(5-520)

3216　杨璐诗词集(1—3)
2006 年 12 月。线装,ISBN 7-02-005369-6,定价 380.00 元。(5-521)

3217　舒婷
中国当代名诗人选集,2007 年 1 月。平装,32 异,ISBN 978-7-02-005868-6,定价 20.00 元。(5-522)

3218　一棵树站着
罗春柏著,2007 年 1 月。平装覆膜,国流 32 开,ISBN 978-7-02-005973-7,定价 12.00 元。(5-523)

3219　阳光岁月　张世军诗集

2007年2月。精装,16异,ISBN 978-7-02-006012-2,定价33.00元。(5-524)

3220　桂花雨
雪竹著,2007年4月。平装覆膜,32异,ISBN 978-7-02-006101-3,定价15.00元。(5-525)

3221　飞过沧桑的蝴蝶
胡坚著,2007年5月。平装覆膜,国流32开,ISBN 978-7-02-006078-8,定价25.00元。(5-526)

3222　一束微暗的灯光
李扬著,2007年3月。平装,大32开,ISBN 978-7-02-006024-5,定价20.00元。(5-527)

3223　一见钟情
丹慧著,2007年7月。平装覆膜,16异,ISBN 978-7-02-006235-5,定价18.00元。(5-528)

3224　田原诗选
2007年8月。平装覆膜,32异,ISBN 978-7-02-006193-8,定价16.00元。(5-530)

3225　石鹰颂　防化指挥工程学院校园文化集萃
马文科主编,2007年9月。平装覆膜,16异,ISBN 978-7-02-006179-2,定价28.00元。(5-532)

3226　日子就是江山
车延高著,2008年1月。平装覆膜,32异,ISBN 978-7-02-006307-9,定价24.00元。(5-533)

3227　叶维廉诗选
2008年3月。平装覆膜,国流32开,ISBN 978-7-02-006099-3,定价19.00元。(5-534)

3228　当代抒情短诗千首
李一痕主编,2008年4月。平装覆膜,16异,ISBN 978-7-02-006550-9,定价44.00元。(5-535)

3229　病中抒怀　张文台将军诗词书法作品集
许政主编,2007年12月。线装,16开,ISBN 978-7-02-006646-9,定价659.00元。(5-536)

3230　有爱相伴　致2008·汶川
中宣部出版局策划,本社编选,2008年5月。平装覆膜,32异,ISBN 978-7-02-006760-2,定价12.00元。(5-537)

3231　青春飞翔　中华校园诗歌节获奖作品选
陈坚琴主编,雨田选编,2007年12月。平装,国流32开,ISBN 978-7-02-006481-6,定价32.00元。(5-538)

3232　李栋恒将军诗词书法作品集
许政选编,2007年12月。线装,16异,ISBN 978-7-02-006796-1,定价986.00元。(5-539)

3233　花不流泪
洪荒著,2008年11月。平装覆膜,国流32开,ISBN 978-7-02-006819-7,定价14.00元。(5-540)

3234　明天的诗篇
阎志著,2008年11月。平装,国流32开,ISBN 978-7-02-006835-7,定价21.00元。(5-541)

3235　江杰生将军诗词选
许政主编,2007年3月。线装,16开,ISBN 978-7-02-006020-7,定价818.00元。(5-542)

3236　梦之痕　甘海斌诗词集
2006年8月。平装,16异,ISBN 7-02-005817-5,定价39.80元。(5-543)

3237　张文台将军诗三百首
许政主编,2005年7月。线装,16开,ISBN 7-02-005259-2,定价828.00元。(5-544)

3238　李文朝将军诗词选集
许政主编,2006年4月。线装,16开,ISBN 7-02-005735-7,定价658.00元。(5-545)

3239　诗水流年
江鹄著,2009年1月。平装覆膜,16异,ISBN 978-7-02-006848-7,定价33.00元。(5-546)

3240　震启诗书奥运情
吴震启著,2008年4月。平装覆膜,16异,ISBN 978-7-02-006700-8,定价55.00元。

(5-547)

3241　芒克的诗
蓝星诗库，2009年5月。平装覆膜，32异，ISBN 978-7-02-006921-7，定价18.00元。(5-548)

3242　大地飞虹
商泽军著，2009年6月。平装覆膜，16异，ISBN 978-7-02-007356-6，定价35.00元。(5-549)

3243　星河　第一辑
骆寒超、黄纪云主编，2009年8月。平装覆膜，16开，ISBN 978-7-02-007483-9，定价26.00元。(5-550)

3244　寓真词选　寓真新诗
2009年8月。平装，国流32开，ISBN 978-7-02-007330-6，定价26.00元。(5-551)

3245　犁青世界
犁青著，2009年9月。平装，国流32开，ISBN 978-7-02-007480-8，定价26.00元。(5-552)

3246　紫藤花开
屈轶著，2009年9月。平装覆膜，国流32开，ISBN 978-7-02-007526-3，定价26.00元。(5-553)

3247　俯拾诗歌集
2009年9月。平装，16开，ISBN 978-7-02-007569-0，定价50.00元。(5-554)

3248　胡丘陵长诗选
2009年10月。平装，32异，ISBN 978-7-02-007685-7，定价20.00元。(5-555)

3249　星河　第二辑
骆寒超、黄纪云主编，2009年12月。平装覆膜，16开，ISBN 978-7-02-007759-5，定价27.00元。(5-556)

3250　崔长青诗词赋选集
崔长青著，2009年8月。线装，16异，ISBN 978-7-02-006792-3，定价999.00元。(5-557)

3251　向往温暖
车延高著，2009年9月。平装覆膜，32异，ISBN 978-7-02-007738-0，定价17.00元。(5-558)

3252　如歌的岁月
南杉著，2010年2月。平装覆膜，16异，ISBN 978-7-02-007884-4，定价42.00元。(5-559)

3253　志外吟——胡抗美诗词集
2010年2月。平装，16异，ISBN 978-7-02-007859-2，定价32.00元。(5-560)

3254　中国诗歌　温暖的时间
韩作荣等著，阎志主编，2010年2月。平装，16异，ISBN 978-7-02-007375-7，定价12.00元。(5-561)

3255　中国诗歌　爱的抒情诗
李瑛等著，阎志主编，2010年3月。平装，16异，ISBN 978-7-02-007942-1，定价12.00元。(5-562)

3256　沧桑足音——张国祚诗选
张国祚著，2010年6月。平装，32异，ISBN 978-7-02-007988-9，定价29.00元。(5-563)

3257　中国诗歌　悲欣集
杨克等著，阎志主编，2010年5月。平装，16异，ISBN 978-7-02-008022-9，定价12.00元。(5-564)

3258　湖海诗词集
蔡长松著，2010年6月。平装，16异，ISBN 978-7-02-008032-8，定价38.00元。(5-565)

3259　星河　第三辑
骆寒超、黄纪云主编，2010年7月。平装覆膜，16异，ISBN 978-7-02-008121-9，定价28.00元。(5-566)

3260　张枣的诗
蓝星诗库，2010年7月。平装覆膜，32异，ISBN 978-7-02-008174-5，定价20.00元。2017年1月收入蓝星诗库金版，精装，32异，ISBN 978-7-02-011921-9，定价36.00元。(5-567)

3261　中国诗歌　2010年网络诗选
夭夭等著，阎志主编，2010年6月。平装，16异，ISBN 978-7-02-008169-1，定价12.00元。(5-568)

3262　中国诗歌　毛笔信

傅天琳等著,阎志主编,2010年7月。平装,16异,ISBN 978-7-02-008182-0,定价12.00元。(5-569)

3263 谢云新诗
刘德吾编,2010年9月。平装,32异,ISBN 978-7-02-008087-8,定价22.00元。(5-570)

3264 中国诗歌 2010年民刊诗选
冯娜等著,阎志主编,2010年9月。平装,16异,ISBN 978-7-02-008251-3,定价12.00元。(5-571)

3265 黄药眠诗全编
黄大地、张春丽编,2010年11月。精装,国流32开,ISBN 978-7-02-007841-7,定价60.00元。(5-573)

3266 冰与火的对话——娄德平诗选
2011年1月。平装,32异,ISBN 978-7-02-008366-4,定价20.00元。(5-574)

3267 东篱诗探
孟建国著,2011年1月。平装,16异,ISBN 978-7-02-008250-6,定价34.00元。(5-575)

3268 骆一禾的诗
西渡编,蓝星诗库,2011年1月。平装覆膜,32异,ISBN 978-7-02-008249-0,定价25.00元。(5-576)

3269 在大地上行走
莫文征著,2011年2月。平装覆膜,国流32开,ISBN 978-7-02-007852-3,定价23.00元。(5-577)

3270 星河 第五辑 我的灵魂
骆寒超、黄纪云主编,2011年3月。平装覆膜,16开,ISBN 978-7-02-008406-7,定价28.00元。(5-578)

3271 心灵的家园
薛俊明著,2011年3月。平装,16异,ISBN 978-7-02-008373-2,定价25.00元。(5-579)

3272 东方的太阳
谭仲池著,2011年5月。平装,16异,ISBN 978-7-02-008471-5,定价26.00元。(5-580)

3273 送你一个长安
薛保勤著,2011年5月。平装,16开,ISBN 978-7-02-008580-4,定价40.00元。(5-581)

3274 李瑛七十年诗精选(上下)
李瑛著,2011年5月。平装,国流32开,ISBN 978-7-02-008082-3,定价96.00元。(5-582)

3275 岁月深处
詹福瑞著,2011年3月。平装,16异,ISBN 978-7-02-008369-5,定价58.00元。(5-583)

3276 浩舸诗词选
浩舸著,2011年6月。软精,32异,ISBN 978-7-02-008582-8,定价23.00元。(5-584)

3277 星河 第六辑 河姆渡
骆寒超、黄纪云主编,2011年9月。平装,16开,ISBN 978-7-02-007389-4,定价30.00元。(5-585)

3278 岁月名章
黄纪云著,2011年10月。平装覆膜,16异,ISBN 978-7-02-008681-8,定价39.00元。(5-586)

3279 中国西行放歌
邹东涛著,2011年12月。平装覆膜,16异,ISBN 978-7-02-008298-8,定价45.00元。(5-587)

3280 大地与脚印
杨春光著,2011年9月。平装,16异,ISBN 978-7-02-008613-9,定价35.00元。(5-588)

3281 中国诗歌 醉里挑灯看花
于坚等著,阎志主编,2010年4月。平装,16开,ISBN 978-7-02-007990-2,定价12.00元。(5-589)

3282 中国诗歌 走进词的院子
阎志主编,2010年1月。平装,16开,ISBN 978-7-02-007882-0,定价12.00元。(5-590)

3283 海泉的诗
胡海泉著,2012年1月。平装,小32开,ISBN 978-7-02-008789-1,定价30.00元。

(5-591)

3284 中国诗歌 中国 90 后诗选
原筱菲等著,阎志主编,2011 年 1 月。平装,16 开,ISBN 978-7-02-008404-3,定价 10.00 元。(5-593)

3285 中国诗歌 大地挥起风来
王久辛等著,阎志主编,2011 年 2 月。平装,16 开,ISBN 978-7-02-008438-8,定价 10.00 元。(5-594)

3286 中国诗歌 2011 年网络诗选
吕布布等著,阎志主编,2011 年 6 月。平装,16 开,ISBN 978-7-02-008610-8,定价 10.00 元。(5-595)

3287 中国诗歌 经年无痕
郁葱等著,阎志主编,2011 年 5 月。平装,16 开,ISBN 978-7-02-008570-5,定价 10.00 元。(5-596)

3288 中国诗歌 心灵的风
林莽等著,阎志主编,2011 年 4 月。平装,16 开,ISBN 978-7-02-008529-3,定价 10.00 元。(5-597)

3289 岁月情怀
张国宝著,2012 年 2 月。平装,16 异,ISBN 978-7-02-008942-0,定价 28.00 元。(5-598)

3290 中国诗歌 黄土高天
马新朝等著,阎志主编,2012 年 1 月。平装,16 开,ISBN 978-7-02-008896-6,定价 10.00 元。(5-599)

3291 中国诗歌 高山流水
苏堤春晓等著,阎志主编,2012 年 2 月。平装,16 开,ISBN 978-7-02-008960-4,定价 10.00 元。(5-600)

3292 中国诗歌 踩着风拾级而上
施施然等著,阎志主编,2011 年 3 月。平装,16 开,ISBN 978-7-02-008480-7,定价 10.00 元。(5-601)

3293 中国诗歌 临河而居
张同吾等著,阎志主编,2011 年 7 月。平装,16 开,ISBN 978-7-02-008667-2,定价 10.00 元。(5-602)

3294 中国诗歌 爱的花絮
鲁克等著,阎志主编,2011 年 9 月。平装,16 开,ISBN 978-7-02-008717-4,定价 10.00 元。(5-603)

3295 中国诗歌 2011 新发现
颜溶等著,阎志主编,2011 年 10 月。平装,16 开,ISBN 978-7-02-008744-0,定价 10.00 元。(5-604)

3296 中国诗歌 行踪
乔延凤等著,阎志主编,2011 年 11 月。平装,16 开,ISBN 978-7-02-008788-4,定价 10.00 元。(5-605)

3297 中国诗歌 2011 年民刊诗选
徐小华等著,阎志主编,2011 年 12 月。平装,16 开,ISBN 978-7-02-008890-4,定价 10.00 元。(5-606)

3298 中国诗歌 蓝或紫
许玲琴等著,阎志主编,2012 年 3 月。平装,16 开,ISBN 978-7-02-008983-3,定价 10.00 元。(5-607)

3299 中国诗歌 天上的青海
谢克强等著,阎志主编,2010 年 11 月。平装,16 开,ISBN 978-7-02-008347-3,定价 12.00 元。(5-608)

3300 中国诗歌 高不可攀的蝴蝶
晓雪等著,阎志主编,2010 年 10 月。平装,16 开,ISBN 978-7-02-008290-2,定价 12.00 元。(5-609)

3301 中国诗歌 诗生活
雷抒雁等著,阎志主编,2010 年 8 月。平装,16 开,ISBN 978-7-02-008225-4,定价 12.00 元。(5-610)

3302 戈麦的诗
蓝星诗库,2012 年 4 月。平装覆膜,32 异,ISBN 978-7-02-008901-7,定价 25.00 元。(5-611)

3303 翟永明的诗
蓝星诗库,2012 年 4 月。平装覆膜,32 异,ISBN 978-7-02-008953-6,定价 22.00 元。(5-612)

3304 多多的诗
蓝星诗库,2012 年 4 月。平装覆膜,32 异,ISBN 978-7-02-008786-0,定价 18.00 元。

(5-613)

3305　中国诗歌 与神为邻
南鸥等著,阎志主编,2012年8月。平装,16开,ISBN 978-7-02-009093-8,定价10.00元。(5-614)

3306　青春的备忘 知青往事追怀(修订版)
薛保勤著,2012年4月。平装覆膜,16开,ISBN 978-7-02-009046-4,定价36.00元。(5-615)

3307　冬天的早班飞机
桑克著,野草莓丛书,2012年5月。平装,国流32开,ISBN 978-7-02-009006-8,定价28.00元。(5-616)

3308　溪流淙淙泛起梦
韩星著,2012年6月。平装,16异,ISBN 978-7-02-009201-7,定价30.00元。(5-617)

3309　中国诗歌 天空的放牧者
天界等著,阎志主编,2012年5月。平装,16开,ISBN 978-7-02-009173-7,定价10.00元。(5-618)

3310　艾青诗选
王晓编选,语文新课标必读丛书最新版,2012年6月。平装覆膜,大32开,ISBN 978-7-02-009099-0,定价16.00元。2013年11月收入中学生文学阅读必备书系,平装覆膜,国流32开,ISBN 978-7-02-009942-9,定价18.00元。2018年4月收入教育部统编《语文》推荐阅读丛书,平装覆膜,16异,ISBN 978-7-02-013786-2,定价26.00元。(97-46)

3311　槐聚诗存
钱锺书著,杨绛书,2012年6月。线装,ISBN 978-7-02-008962-8,定价180.00元。(5-619)

3312　乐斋词 纪宝成词集
2011年10月。平装,16异,ISBN 978-7-02-008774-7,定价50.00元。(5-620)

3313　中国诗歌 2012年网络诗选
金铃子等著,阎志主编,2012年6月。平装,16开,ISBN 978-7-02-009220-8,定价10.00元。(5-621)

3314　中国诗歌 在文字的背面
谢小青等著,阎志主编,2012年7月。平装,16开,ISBN 978-7-02-009271-0,定价10.00元。(5-622)

3315　星河 麦田
骆寒超、黄纪云主编,2011年10月。平装,16开,ISBN 978-7-02-008729-7,定价32.00元。(5-623)

3316　星河 雨水
骆寒超、黄纪云主编,2012年3月。平装,16开,ISBN 978-7-02-009003-7,定价30.00元。(5-624)

3317　星河 远方
骆寒超、黄纪云主编,2012年6月。平装,16开,ISBN 978-7-02-009188-1,定价35.00元。(5-625)

3318　我的名字叫爱情
图兰朵著,2012年9月。软精,大32开,ISBN 978-7-02-008518-7,定价22.00元。(5-626)

3319　骆英诗集 知青日记及后记 水·魅
2012年8月。软精,16异,ISBN 978-7-02-009205-5,定价33.00元。(5-627)

3320　向时间走去——绿原短诗新编
2012年9月。平装,32异,ISBN 978-7-02-009052-5,定价32.00元。(5-628)

3321　新山水诗
孙文波著,2012年10月。平装覆膜,16异,ISBN 978-7-02-009480-6,定价30.00元。(5-629)

3322　中国诗歌 铜奔马
梁积林等著,阎志主编,2012年6月。平装,16开,ISBN 978-7-02-009436-3,定价10.00元。(5-630)

3323　星河 石榴
骆寒超、黄纪云主编,2012年9月。平装,16开,ISBN 978-7-02-009460-8,定价38.00元。(5-631)

3324　心语 老鹤诗词选集
李建中著,2012年11月。平装覆膜,16异,ISBN 978-7-02-009541-4,定价68.00元。(5-632)

3325　中国诗歌 一个人的舞蹈
叶菊如等著,阎志主编,2012年10月。平装,

16开,ISBN 978-7-02-009526-1,定价10.00元。(5-633)

3326 天堂

辛铭著,2012年12月。精装,16开,ISBN 978-7-02-009591-9,定价198.00元。(5-634)

3327 星河 感怀

骆寒超、黄纪云主编,2012年12月。平装,16开,ISBN 978-7-02-009574-2,定价38.00元。(5-635)

3328 中国诗歌 树林之诗

谷禾等著,阎志主编,2012年11月。平装,16开,ISBN 978-7-02-009535-3,定价10.00元。(5-636)

3329 徐柏坚诗选

2013年1月。平装,国流32开,ISBN 978-7-02-008944-4,定价33.00元。(5-637)

3330 中国诗歌 2012年民刊诗选

潇潇等著,阎志主编,2012年12月。平装,16开,ISBN 978-7-02-009578-0,定价10.00元。(5-638)

3331 中国诗歌 我的辽阔

王孝稽等著,阎志主编,2013年1月。平装,16开,ISBN 978-7-02-009657-2,定价10.00元。(5-639)

3332 中国诗歌 白睡莲

哨兵等著,阎志主编,2013年2月。平装,16开,ISBN 978-7-02-009706-7,定价10.00元。(5-640)

3333 星河 午夜

骆寒超、黄纪云主编,2013年3月。平装,16开,ISBN 978-7-02-009771-5,定价38.00元。(5-641)

3334 中国诗歌 那一夜的美

清荷铃子等著,阎志主编,2013年3月。平装,16开,ISBN 978-7-02-009707-4,定价10.00元。(5-642)

3335 中国诗歌 大地不言

夏文成著,阎志主编,2013年4月。平装,16开,ISBN 978-7-02-009819-4,定价10.00元。(5-643)

3336 放飞心情

井然著,2013年5月。精装,16异,ISBN 978-7-02-009749-4,定价60.00元。(5-644)

3337 习经笔记

王长征著,2012年12月。平装,大32开,ISBN 978-7-02-009679-4,定价39.00元。(5-645)

3338 绿度母

骆英著,2013年6月。平装,32异,ISBN 978-7-02-009673-2,定价42.00元。(5-646)

3339 星河 寻找

骆寒超、黄纪云主编,2013年6月。平装,16开,ISBN 978-7-02-009909-2,定价38.00元。(5-647)

3340 中国诗歌 音乐之生

安琪等著,阎志主编,2013年5月。平装,16开,ISBN 978-7-02-009832-3,定价10.00元。(5-648)

3341 中国诗歌 2013年网络诗选

韩玉光等著,阎志主编,2013年6月。平装,16开,ISBN 978-7-02-009915-3,定价10.00元。(5-649)

3342 冷香 戴小栋的诗

2013年7月。平装,国流32开,ISBN 978-7-02-009516-2,定价25.00元。(5-650)

3343 中国诗歌 浮雕的歌声

徐永春等著,阎志主编,2013年8月。平装,16开,ISBN 978-7-02-009433-2,定价10.00元。(5-651)

3344 中国诗歌 净水无痕

张凡修等著,阎志主编,2013年7月。平装,16开,ISBN 978-7-02-010011-8,定价10.00元。(5-652)

3345 中国诗歌 疼痛与光芒

微紫等著,阎志主编,2013年8月。平装,16开,ISBN 978-7-02-010041-5,定价10.00元。(5-653)

3346 星河 思念

骆寒超、黄纪云主编,2013年9月。平装,16开,ISBN 978-7-02-010077-4,定价39.00元。(5-654)

3347 中国诗歌 生命的礼物

潘维等著,阎志主编,2013年10月。平装,16开,ISBN 978-7-02-010142-9,定价10.00元。

(5-655)

3348 中国诗歌 春夜辞
方文竹等著,阎志主编,2013年9月。平装,16开,ISBN 978-7-02-010078-1,定价10.00元。(5-656)

3349 灵魂的粮食
爱新觉罗·蔚然著,2013年10月。平装,国流32开,ISBN 978-7-02-010107-8,定价25.00元。(5-657)

3350 湘夫人的情诗
2013年9月。平装,16开,ISBN 978-7-02-009877-4,定价56.00元。(5-658)

3351 诗蕴
张义泉著,2013年12月。平装,国流32开,ISBN 978-7-02-007484-6,定价36.00元。(5-659)

3352 中国诗歌 菩提树之诗
夜鱼等著,阎志主编,2013年11月。平装,16开,ISBN 978-7-02-010183-2,定价10.00元。(5-660)

3353 张志民诗百首
2014年1月。平装,国流32开,ISBN 978-7-02-008356-5,定价33.00元。(5-661)

3354 吟踪寄笺
陈田贵著,2013年8月。线装,16异,ISBN 978-7-02-009970-2,定价580.00元。(5-662)

3355 中国诗歌 2013年民刊诗选
吴海歌等著,阎志主编,2013年9月。平装,16开,ISBN 978-7-02-010202-0,定价10.00元。(5-663)

3356 星河 秋天
骆寒超、黄纪云主编,2013年11月。平装,16开,ISBN 978-7-02-010165-8,定价39.00元。(5-664)

3357 中国诗歌 途径
郑婉洁等著,阎志主编,2014年1月。平装,16开,ISBN 978-7-02-010219-8,定价10.00元。(5-665)

3358 星河 长夜
骆寒超、黄纪云主编,2014年3月。平装,16开,ISBN 978-7-02-010285-3,定价39.00元。

(5-666)

3359 中国诗歌 桑柘木
刘瑜等著,阎志主编,2014年2月。平装,16开,ISBN 978-7-02-010281-5,定价10.00元。(5-667)

3360 中国诗歌 我踩在新泥上
李成恩等著,阎志主编,2014年3月。平装,16开,ISBN 978-7-02-010306-5,定价10.00元。(5-668)

3361 神秘星空
江合著,2014年4月。平装,小32开,ISBN 978-7-02-010287-7,定价33.00元。(5-669)

3362 大地的脚踝
侯马著,2014年4月。精装,国流32开,ISBN 978-7-02-007408-2,定价45.00元。(5-670)

3363 中国诗歌 往开阔处去
刘年等著,阎志主编,2014年4月。平装,16开,ISBN 978-7-02-010356-0,定价10.00元。(5-671)

3364 星河 月光
骆寒超、黄纪云主编,2014年5月。平装,16开,ISBN 978-7-02-010387-4,定价39.00元。(5-672)

3365 心灵的回归
陈晓娜著,2014年6月。平装,国流32开,ISBN 978-7-02-010248-8,定价29.00元。(5-673)

3366 如果说爱
老铁著,2013年12月。平装,16开,ISBN 978-7-02-010295-2,定价38.00元。(5-674)

3367 动物日记
骆英著,2014年6月。精装,32开,ISBN 978-7-02-010349-2,定价33.00元。(5-675)

3368 鲁藜诗萃120篇
2014年6月。平装,国流32开,ISBN 978-7-02-010322-5,定价38.00元。(5-676)

3369 中国诗歌 星空下
叶舟等著,阎志主编,2014年5月。平装,16开,ISBN 978-7-02-010462-8,定价10.00元。(5-677)

诗歌

194

3370 闹鬼的房子

张曙光著,野草莓丛书,2014 年 8 月。平装,国流 32 开,ISBN 978-7-02-010401-7,定价 25.00 元。(5-678)

3371 折叠岁月 中华新韵诗词集

陈良著,2014 年 8 月。平装,16 异,ISBN 978-7-02-010517-5,定价 25.00 元。(5-679)

3372 江山多娇

毕建国著,2014 年 7 月。平装,16 异,ISBN 978-7-02-010502-1,定价 259.00 元。(5-680)

3373 中国诗歌 2014 年网络诗选

武靖东等著,阎志主编,2014 年 6 月。平装,16 开,ISBN 978-7-02-010501-4,定价 10.00 元。(5-681)

3374 中国诗歌 黎明的窗

扶桑等著,阎志主编,2014 年 7 月。平装,16 开,ISBN 978-7-02-010531-1,定价 10.00 元。(5-682)

3375 星河 田野

骆寒超、黄纪云主编,2014 年 7 月。平装,16 开,ISBN 978-7-02-010500-7,定价 39.00 元。(5-683)

3376 中国诗歌 与谁人书

毛子等著,阎志主编,2014 年 8 月。平装,16 开,ISBN 978-7-02-010579-3,定价 10.00 元。(5-684)

3377 中国诗歌 行走的人

杨方等著,阎志主编,2014 年 9 月。平装,16 开,ISBN 978-7-02-010603-5,定价 10.00 元。(5-685)

3378 中国诗歌 山川变形记

泥马度等著,阎志主编,2014 年 9 月。平装,16 开,ISBN 978-7-02-010603-5,定价 10.00 元。(5-686)

3379 星河 黄土

骆寒超、黄纪云主编,2014 年 11 月。平装,16 开,ISBN 978-7-02-010624-0,定价 39.00 元。(5-687)

3380 星河 第四辑

骆寒超、黄纪云主编,2010 年 11 月。平装,16 开,ISBN 978-7-02-008242-1,定价 30.00 元。(5-688)

3381 第九夜

骆英著,2014 年 10 月。精装,32 异,ISBN 978-7-02-010469-7,定价 38.00 元。(5-689)

3382 盼兮集

胡抗美著,2015 年 1 月。平装,国流 32 开,ISBN 978-7-02-010721-6,定价 28.00 元。(5-690)

3383 杨克的诗

2015 年 2 月。平装,国流 32 开,ISBN 978-7-02-010720-9,定价 28.00 元。(5-691)

3384 星河 阳光

骆寒超、黄纪云主编,2015 年 1 月。平装,16 开,ISBN 978-7-02-010752-0,定价 39.00 元。(5-692)

3385 中国诗歌 2014 年民刊诗选

莫小闲等著,阎志主编,2014 年 12 月。平装,16 开,ISBN 978-7-02-010725-4,定价 10.00 元。(5-693)

3386 你是一束年轻的光

吴重生著,2015 年 4 月。平装,国流 32 开,ISBN 978-7-02-010783-4,定价 22.00 元。(5-694)

3387 中国诗歌 奏鸣曲

沈浩波等著,阎志主编,2015 年 1 月。平装,16 开,ISBN 978-7-02-010754-4,定价 10.00 元。(5-695)

3388 中国诗歌 一个人出走

包苞等著,阎志主编,2015 年 2 月。平装,16 开,ISBN 978-7-02-010785-8,定价 10.00 元。(5-696)

3389 中国诗歌 很慢的春天

刘金忠等著,阎志主编,2015 年 5 月。平装,16 开,ISBN 978-7-02-010826-8,定价 10.00 元。(5-697)

3390 星河 季节

骆寒超、黄纪云主编,2015 年 5 月。平装,16 开,ISBN 978-7-02-010908-1,定价 39.00 元。(5-698)

3391 中国诗歌 松脂

李强等著,阎志主编,2015 年 4 月。平装,16 开,ISBN 978-7-02-010890-9,定价 10.00 元。

(5-699)

3392 花开天地中
王友河著,2015年7月。平装,16异,ISBN 978-7-02-010799-5,定价30.00元。(5-700)

3393 此身未忍负流光
——默缘堂廿年吟草
周奉真著,2015年6月。精装,16异,ISBN 978-7-02-010872-5,定价86.00元。(5-701)

3394 一个和八个
郭小川著,2015年7月。平装,32异,ISBN 978-7-02-010832-9,定价26.00元。(5-702)

3395 望江南诗草
郭水华著,2015年8月。精装,国流32异,ISBN 978-7-02-011063-6,定价28.00元。(5-703)

3396 中国诗歌 2015年网络诗选
杜绿绿等著,阎志主编,2015年6月。平装,16开,ISBN 978-7-02-011002-5,定价10.00元。(5-704)

3397 星河 红豆
骆寒超、黄纪云主编,2015年8月。平装,16开,ISBN 978-7-02-011062-9,定价39.00元。(5-705)

3398 画语诗心
乔国强著,2015年9月。平装,国流32开,ISBN 978-7-02-010963-0,定价28.00元。(5-706)

3399 中国诗歌 自然的母语
芦苇岸等著,阎志主编,2015年5月。平装,16开,ISBN 978-7-02-010966-1,定价10.00元。(5-707)

3400 中国诗歌 慢抒情
杨康等著,阎志主编,2014年11月。平装,16开,ISBN 978-7-02-010685-1,定价10.00元。(5-708)

3401 中国诗歌 遥远的地方
梅依然等著,阎志主编,2015年8月。平装,16开,ISBN 978-7-02-011111-4,定价10.00元。(5-709)

3402 中国诗歌 水边的月亮
陈广德等著,阎志主编,2015年9月。平装,16开,ISBN 978-7-02-011146-6,定价10.00元。(5-710)

3403 星河 窗口
骆寒超、黄纪云主编,2015年11月。平装,16开,ISBN 978-7-02-011190-9,定价39.00元。(5-711)

3404 中国诗歌 尘世记
瘦西鸿等著,阎志主编,2015年10月。平装,16开,ISBN 978-7-02-011174-9,定价10.00元。(5-712)

3405 胡厥文诗词集
胡厥文著,中国民主党派历史陈列馆整理,杨咸斌点校,2016年1月。平装,国流32开,ISBN 978-7-02-011319-4,定价36.00元。(5-713)

3406 前路缤纷
赵若凡著,2016年1月。精装,国流32开,ISBN 978-7-02-011066-7,定价33.00元。(5-714)

3407 中国诗歌 白露为霜
东涯等著,阎志主编,2015年11月。平装,16开,ISBN 978-7-02-011242-5,定价10.00元。(5-715)

3408 中国诗歌 2015年民刊诗选
三米深等著,阎志主编,2015年12月。平装,16开,ISBN 978-7-02-011316-3,定价10.00元。(5-716)

3409 中国诗歌 雪线
简明等著,阎志主编,2016年1月。平装,16开,ISBN 978-7-02-011400-9,定价10.00元。(5-717)

3410 中国诗歌 薄雪
高鹏程等著,阎志主编,2016年2月。平装,16开,ISBN 978-7-02-011441-2,定价10.00元。(5-718)

3411 星河 雨后
骆寒超、黄纪云主编,2016年2月。平装,16开,ISBN 978-7-02-011422-1,定价39.00元。(5-719)

3412 事实如此

刘春潮著,2016 年 4 月。平装,国流 32 开,ISBN 978-7-02-011523-5,定价 28.00 元。(5-720)

3413　寒竹诗草
赵宗福著,2016 年 4 月。平装,国流 32 开,ISBN 978-7-02-011123-7,定价 33.00 元。(5-721)

3414　我的孔子
向以鲜著,2016 年 4 月。平装,国流 32 开,ISBN 978-7-02-011399-6,定价 33.00 元。(5-722)

3415　中国诗歌　惊春
汤养宗等著,阎志主编,2016 年 3 月。平装,16 开,ISBN 978-7-02-011513-6,定价 10.00 元。(5-724)

3416　中国诗歌　另一个秘密
西娃等著,阎志主编,2016 年 4 月。平装,16 开,ISBN 978-7-02-011578-5,定价 10.00 元。(5-725)

3417　星河　暗香
骆寒超、黄纪云主编,2016 年 5 月。平装,16 开,ISBN 978-7-02-011579-2,定价 39.00 元。(5-726)

3418　燃烧的激情
江海潮编,2016 年 6 月。平装,国流 32 开,ISBN 978-7-02-011630-0,定价 32.00 元。(5-727)

3419　星河　流水
骆寒超、黄纪云主编,2016 年 7 月。平装,16 开,ISBN 978-7-02-011809-0,定价 39.00 元。(5-728)

3420　中国诗歌　十支朱红
郭金牛等著,阎志主编,2016 年 5 月。平装,16 开,ISBN 978-7-02-011662-1,定价 10.00 元。(5-729)

3421　中国诗歌　2016 年网络诗选
徐晓等著,阎志主编,2016 年 6 月。平装,16 开,ISBN 978-7-02-011789-5,定价 10.00 元。(5-730)

3422　铁血红韵
王锋著,2016 年 9 月。平装,16 异,ISBN 978-7-02-012010-9,定价 59.00 元。(5-731)

3423　藤乡
丁捷著,2016 年 10 月。平装,国流 32 开,ISBN 978-7-02-011920-2,定价 28.00 元。(5-732)

3424　太阳神
骆英著,2016 年 10 月。平装,小 32 开,ISBN 978-7-02-010941-8,定价 35.00 元。(5-733)

3425　疼痛
赵丽宏著,2016 年 10 月。精装,16 异,ISBN 978-7-02-011636-2,定价 66.00 元。(5-734)

3426　吟余拾存　行骥老人诗词创作七十年
马行骥著,2016 年 8 月。平装覆膜,16 异,ISBN 978-7-02-010592-2,定价 66.00 元。(5-735)

3427　中国诗歌　多年以后
王单单等著,阎志主编,2015 年 7 月。平装,16 开,ISBN 978-7-02-011060-5,定价 10.00 元。(5-736)

3428　五台吟
王勇超著,2016 年 1 月。精装,16 异,ISBN 978-7-02-011280-7,定价 128.00 元。(5-737)

3429　丝绸之路
叶舟著,2017 年 1 月。平装,国流 32 开,ISBN 978-7-02-011193-0,定价 32.00 元。(5-738)

3430　江南北国诗痕
陈崎嵘著,2016 年 12 月。平装,国流 32 开,ISBN 978-7-02-011426-9,定价 53.00 元。(5-739)

3431　星河　黑陶
骆寒超、黄纪云主编,2016 年 12 月。平装,16 开,ISBN 978-7-02-012276-9,定价 39.00 元。(5-740)

3432　中国诗歌　2017 年新发现诗选
马骥文等著,阎志主编,2017 年 1 月。平装,16 开,ISBN 978-7-02-010542-7,定价 10.00 元。(5-741)

3433　中国诗歌　秋兴九章

陈先发等著,阎志主编,2017年2月。平装,16开,ISBN 978-7-02-012548-7,定价10.00元。(5-742)

3434 心航集 柳斌诗词
2017年5月。平装,16异,ISBN 978-7-02-012518-0,定价118.00元。(5-743)

3435 向岁月致意
曹宇翔著,2017年5月。平装、精装,16异,ISBN 978-7-02-012183-0、定价68.00元。(5-744)

3436 叩问生命的留白
苏民著,2017年7月。平装,国流32开,ISBN 978-7-02-012497-8,定价36.00元。(5-745)

3437 一只眼睛睡了 一只眼睛醒着
迟云著,2017年8月。平装,国流32开,ISBN 978-7-02-012507-4,定价30.00元。(5-746)

3438 中国诗歌 2017年网络诗选
孙思等著,阎志主编,2017年6月。平装,16开,ISBN 978-7-02-013402-9,定价10.00元。(5-747)

3439 中国诗歌 变异的故乡
辰水等著,阎志主编,2017年5月。平装,16开,ISBN 978-7-02-012950-8,定价10.00元。(5-748)

3440 中国诗歌 指点江山
梁平等著,阎志主编,2017年4月。平装,16开,ISBN 978-7-02-012747-4,定价10.00元。(5-749)

3441 星河 港湾
骆寒超、黄纪云主编,2017年5月。平装,16开,ISBN 978-7-02-012560-9,定价39.00元。(5-750)

3442 无意的时针
郝剑峰著,2017年9月。平装,国流32开,ISBN 978-7-02-013139-6,定价42.00元。(5-751)

3443 风烟望故国
童音著,2017年10月。平装覆膜,16异,ISBN 978-7-02-012499-2,定价40.00元。(5-752)

3444 温暖的事物
胡浩著,2017年10月。精装,国流32开,ISBN 978-7-02-012992-8,定价48.00元。(5-753)

3445 让爱一起飞
刘彤著,2017年11月。平装,16异,ISBN 978-7-02-013140-2,定价45.00元。(5-754)

3446 诗韵人生 李黎诗选
2017年11月。平装,国流32开,ISBN 978-7-02-012513-5,定价48.00元。(5-755)

3447 晓风杨柳岸
陈蕊英著,2017年10月。平装,32异,ISBN 978-7-02-012400-8,定价56.00元。(5-756)

3448 书生戎马
郭水华著,2017年11月。精装,16异,ISBN 978-7-02-013196-9,定价46.00元。(5-757)

3449 迷思雨
曲歌著,2017年11月。平装,32异,ISBN 978-7-02-012578-4,定价48.00元。(5-758)

3450 我保佑不了你
傅绍杰著,2017年12月。平装,国流32开,ISBN 978-7-02-013296-6,定价29.00元。(5-759)

3451 熊熊炉火照天赤
阮章竞著,2017年12月。平装,32异,ISBN 978-7-02-012980-5,定价45.00元。(5-760)

3452 中国诗歌 遥望
余笑忠等著,阎志主编,2017年7月。平装,16开,ISBN 978-7-02-013212-6,定价10.00元。(5-761)

3453 中国诗歌 芦花放
郭辉等著,阎志主编,2017年11月。平装,16开,ISBN 978-7-02-013567-7,定价10.00元。(5-762)

3454 星河 日暑
骆寒超、黄纪云主编,2017年7月。平装,16开,ISBN 978-7-02-013204-1,定价39.00元。(5-763)

3455 星河 日月

骆寒超、黄纪云主编,2016 年 9 月。平装,16 开,ISBN 978-7-02-012072-7,定价 39.00 元。(5-764)

3456 中国诗歌 浮生记
汪漫等著,阎志主编,2017 年 10 月。平装,16 开,ISBN 978-7-02-013546-2,定价 10.00 元。(5-765)

3457 中国诗歌 我的天涯
林馥娜等著,阎志主编,2017 年 9 月。平装,16 开,ISBN 978-7-02-012758-0,定价 10.00 元。(5-766)

3458 中国诗歌 如鸟飞翔
刘立云等著,阎志主编,2017 年 8 月。平装,16 开,ISBN 978-7-02-013295-9,定价 10.00 元。(5-767)

3459 中国诗歌 半个冬日
路云等著,阎志主编,2017 年 3 月。平装,16 开,ISBN 978-7-02-012581-4,定价 10.00 元。(5-768)

3460 中国诗歌 2016 年民刊诗选
田禾著,阎志主编,2016 年 12 月。平装,16 开,ISBN 978-7-02-012274-5,定价 10.00 元。(5-769)

3461 中国诗歌 我是谁
荣荣等著,阎志主编,2016 年 11 月。平装,16 开,ISBN 978-7-02-012216-5,定价 10.00 元。(5-770)

3462 中国诗歌 守望岛
道辉等著,阎志主编,2016 年 10 月。平装,16 开,ISBN 978-7-02-012131-1,定价 10.00 元。(5-771)

3463 中国诗歌 词语里的人
梁雪波等著,阎志主编,2016 年 9 月。平装,16 开,ISBN 978-7-02-012073-4,定价 10.00 元。(5-772)

3464 中国诗歌 最新的词
泉子等著,阎志主编,2016 年 8 月。平装,16 开,ISBN 978-7-02-011980-6,定价 10.00 元。(5-773)

3465 中国诗歌 夏夜
叶丽隽等著,阎志主编,2016 年 7 月。平装,16 开,ISBN 978-7-02-011881-6,定价 10.00 元。(5-774)

3466 中国现当代儿童诗选
本社编,教育部统编《语文》推荐阅读丛书,2018 年 4 月。平装覆膜,16 异,ISBN 978-7-02-011797-0,定价 25.00 元。(5-775)

3467 形式主义的花园
华清著,2018 年 1 月。精装,32 异,ISBN 978-7-02-012986-7,定价 49.00 元。(5-778)

3468 郭小川诗选
教育部统编《语文》推荐阅读丛书,2018 年 6 月。平装覆膜,16 异,ISBN 978-7-02-014287-3,定价 35.00 元。(5-780)

3469 毛泽东诗词全编鉴赏(增订本)
吴正裕主编,2017 年 9 月。精装,16 异,ISBN 978-7-02-012973-7,定价 99.00 元。(1-21)

3470 星河 大地
骆寒超、黄纪云主编,2017 年 11 月。平装,16 开,ISBN 978-7-02-013498-4,定价 39.00 元。(5-781)

3471 时光陡峭
晴朗李寒著,2018 年 4 月。精装,32 异,ISBN 978-7-02-012854-9,定价 58.00 元。(5-782)

3472 吉狄马加的诗
蓝星诗库,2018 年 6 月。平装覆膜,大 32 开,ISBN 978-7-02-013904-0,定价 36.00 元。(5-783)

3473 中国诗歌 2017 年民刊诗选
聂权等著,阎志主编,2017 年 12 月。平装,16 开,ISBN 978-7-02-013646-9,定价 10.00 元。(5-784)

3474 星河 南风
骆寒超、黄纪云主编,2018 年 6 月。平装,16 开,ISBN 978-7-02-014398-6,定价 39.00 元。(5-786)

3475 十二背后
梅尔著,2018 年 7 月。平装,32 异,ISBN 978-7-02-013389-5,定价 38.00 元。(5-788)

3476 蓝钟花
包临轩著,野草莓丛书,2018 年 9 月。平装,国流 32 开,ISBN 978-7-02-014113-5,定价 34.00 元。(5-789)

3477　碰到物体上的光
冯晏著,野草莓丛书,2018年9月。平装,国流32开,ISBN 978-7-02-014103-6,定价34.00元。(5-790)

3478　星河 灯
骆寒超、黄纪云主编,2018年9月。平装,16开,ISBN 978-7-02-014574-4,定价39.00元。(5-791)

3479　中国诗歌 2018新发现诗人作品选
冯谖等著,阎志主编,2018年4月。精装,国流32开,ISBN 978-7-02-014302-3,定价39.00元。(5-792)

3480　唐祈诗全编
张天佑、李唐、高芳编,2018年10月。平装,国流32开,ISBN 978-7-02-014407-5,定价48.00元。(5-793)

3481　星河 雪花
骆寒超、黄纪云主编,2018年1月。平装,16开,ISBN 978-7-02-013672-8,定价39.00元。(5-794)

3482　路漫的诗
2018年12月。平装,国流32开,ISBN 978-7-02-014625-3,定价60.00元。(5-795)

3483　星河 橡树
骆寒超、黄纪云主编,2018年11月。平装,16开,ISBN 978-7-02-014707-6,定价39.00元。(5-797)

3484　女性五人诗
本社编,2019年1月。精装,32异,ISBN 978-7-02-013529-5,定价59.00元。(5-798)

3485　原谅了你等于原谅了我
　　　蒋一谈爱情诗集
2019年1月。精装,24开,ISBN 978-7-02-014768-7,定价48.00元。(5-800)

3486　扶墙集
刘文祥著,2019年1月。精装,小32开,ISBN 978-7-02-014037-4,定价60.00元。(5-801)

3487　星河 白描
骆寒超、黄纪云主编,2019年1月。平装,16开,ISBN 978-7-02-015000-7,定价39.00元。(5-803)

3488　中国诗歌 2018年度诗歌精选
于坚等著,阎志主编,2018年12月。精装,国流32开,ISBN 978-7-02-014791-5,定价39.00元。(5-804)

3489　中国诗歌 2018年度民刊诗选
余真等著,阎志主编,2018年10月。精装,国流32开,ISBN 978-7-02-014790-8,定价39.00元。(5-805)

3490　陈东东的诗
蓝星诗库,2019年4月。平装覆膜,大32异,ISBN 978-7-02-014253-8,定价32.00元。(5-806)

3491　星河 绿茶
骆寒超、黄纪云主编,2019年4月。平装,16开,ISBN 978-7-02-015128-8,定价49.00元。(5-807)

3492　中国诗歌 2018年度网络诗选
吴春山等著,阎志主编,2018年6月。精装,国流32开,ISBN 978-7-02-014564-5,定价39.00元。(5-808)

3493　中国诗歌 2018年度诗人作品选
池凌云等著,阎志主编,2018年2月。精装,国流32开,ISBN 978-7-02-013876-0,定价39.00元。(5-809)

3494　遇见 岳洪治诗集
2019年9月。平装,国流32开,ISBN 978-7-02-015285-8,定价45.00元。(5-810)

3495　星河 画蝉
骆寒超、黄纪云主编,2019年7月。平装,16开,ISBN 978-7-02-013438-0,定价49.00元。(5-811)

3496　中国诗歌 2019新发现诗人作品选
张家玮等著,阎志主编,2019年2月。精装,国流32开,ISBN 978-7-02-013957-6,定价39.00元。(5-813)

3497　中国诗歌 2019年度网络诗选
刘乐牛等著,阎志主编,2019年4月。精装,国流32开,ISBN 978-7-02-012333-9,定价39.00元。(5-814)

3498　扎尕那草图 古马、阿信、娜夜、
　　　人邻、阳飏诗选
燎原、文群编,2019年10月。平装,国流32

开,ISBN 978-7-02-015288-9,定价 48.00 元。(5-815)

3499　桃潭钓月
陈良著,2018 年 3 月。平装,16 异,ISBN 978-7-02-013647-6,定价 32.00 元。(5-816)

3500　瓷月亮　严阵诗选
严歌苓编,2019 年 11 月。平装,国流 32 开,ISBN 978-7-02-015547-7,定价 56.00 元。(5-817)

3501　我的丝绸之路　西域的诗
叶叶著,2019 年 11 月。平装,32 异,ISBN 978-7-02-015192-9,定价 48.00 元。(5-818)

3502　星河　风起
骆寒超、黄纪云主编,2019 年 11 月。平装,16 开,ISBN 978-7-02-015860-7,定价 49.00 元。(5-819)

3503　经典朗诵诗选
吉狄马加主编,2020 年 1 月。平装,16 开,ISBN 978-7-02-015336-7,定价 69.00 元。(5-820)

3504　椰子里的内陆湖
贾浅浅著,2020 年 1 月。平装,32 异,ISBN 978-7-02-012957-7,定价 39.00 元。(5-821)

3505　中国诗歌 2019 年度诗人作品选
王学芯等著,阎志主编,2019 年 10 月。精装,32 异,ISBN 978-7-02-016047-1,定价 39.00 元。(5-822)

3506　星河　约定
骆寒超、黄纪云主编,2020 年 1 月。平装,16 开,ISBN 978-7-02-014642-9,定价 49.00 元。(5-823)

3507　仿佛或恰恰相反
阎逸著,野草莓丛书,2020 年 7 月。平装,国流 32 开,ISBN 978-7-02-016022-8,定价 36.00 元。(5-825)

3508　镜中的浮士德
杨勇著,野草莓丛书,2020 年 7 月。平装,国流 32 开,ISBN 978-7-02-016024-2,定价 32.00 元。(5-826)

3509　郭影秋诗词集
2020 年 8 月。平装,32 异,ISBN 978-7-02-015202-5,定价 68.00 元。(5-827)

3510　汪曾祺诗歌全编
2020 年 7 月。平装,16 异,ISBN 978-7-02-015798-3,定价 46.00 元。(5-828)

3511　星河　立春·夏至
2020 年 7 月。平装覆膜,16 开,ISBN 978-7-02-016420-2,定价 79.00 元。(5-829)

3512　中国诗歌 2020 新发现诗人作品选
许春蕾等著,阎志主编,2020 年 6 月。精装,32 异,ISBN 978-7-02-016692-3,定价 39.00 元。(5-830)

3513　中国诗歌 2020 年度网络诗选
马泽平等著,阎志主编,2021 年。精装,国流 32 开,ISBN 978-7-02-016789-0。(5-831)

中国现代诗歌

3514　夜歌和白天的歌
何其芳著,1952 年 5 月。平装,32 开,书号 总 75 单 21,定价 9,300 元。(25-1)

3515　和平之路
萧三著,1952 年 9 月。32 开,书号 总 19 单 6,平装,定价 9,300 元;精装,定价 20,000 元。(25-3)

3516　女神
郭沫若著,1953 年 4 月。平装,32 开,书号 148 单 100,定价 6,100 元。1958 年 7 月,平装,大 32 开,书号 10019·185,定价 0.55 元。1958 年 9 月收入文学小丛书,平装,小 32 开,书号 10019·896,定价 0.36 元。1990 年 8 月收入北京市教育局青年文库,平装,小 32 开,ISBN 7-02-001081-4,非卖品,无定价。1998 年 4 月收入新文学碑林,平装覆膜,小 32 开,ISBN 7-02-002703-2,定价 7.00 元。2000 年 5 月中学生课外文学名著必读丛书,平装覆膜,大 32 开,ISBN 7-02-003187-0,定价 7.50 元。2000 年 7 月收入百年百种优秀中国文学图书,平装覆膜,大 32 开,ISBN 7-02-003265-6,定价 8.00 元。2002 年 1 月收入大学生必读丛书,平装,大 32 开,ISBN 7-02-003644-9,定价 8.00 元。2003 年 5 月收入语文新课标必读丛书,平装覆膜,大 32 开,ISBN 7-02-004147-7,定价 7.50 元。2006 年 6 月收入语文新课标必读丛书修订版,平装覆膜,大 32 开,ISBN 7-02-005680-6,定价 9.00 元。2008 年 6 月收入语文新课标必读丛书增订版,平装覆膜,大 32 开,ISBN 978-7-02-007062-6,定价 12.00 元。2018 年 5 月收入教育部统编《语文》推荐阅读丛书,平装覆膜,16 异,ISBN 978-7-02-013730-5,定价 29.00 元。(25-4)

3517　走向北方
邹荻帆著,作家出版社 1954 年 1 月。32 开,书号 作 16,平装,定价 3,100 元;精装,定价 11,000 元。(25-5)

3518　臧克家诗选
作家出版社 1954 年 1 月。平装,32 开,书号 作 25,定价 3,600 元。(22-4)

3519　王亚平诗选
作家出版社 1954 年 1 月。平装,32 开,书号 作 14,定价 5,400 元。(22-5)

3520　边区自卫军平汉路工人破坏大队
柯仲平著,1954 年 4 月。32 开,书号 10019·264,平装,定价 5,800 元;精装,定价 11,500 元。(25-6)

3521　给战斗者
田间著,1954 年 6 月。平装,大 32 开,书号 285,定价 8,500 元。1963 年 8 月,平装,大 32 开,书号 10019·284,定价 0.89 元。(25-7)

3522　战斗与歌唱
冈夫著,作家出版社 1954 年 8 月。平装,32 开,书号 作 79,定价 3,000 元。(25-8)

3523　给诗人
力扬著,作家出版社 1955 年 12 月。平装,大 32 开,书号 作 281,定价 0.52 元。1958 年 5 月,平装,大 32 开,书号 10020·279,定价 0.50 元。(25-9)

3524　艾青诗选
1955 年 1 月。大 32 开,书号 318,平装,定价 10,500 元;精装,定价 16,300 元。1957 年 3 月,平装,大 32 开,书号 10019·316,定价 1.05 元。(22-18)

3525　臧克家诗选
1956 年 11 月。大 32 开,书号 10019·500,平装,定价 1.00 元。1978 年 11 月修订版,平装,32 开,定价 0.75 元;半精,定价 1.00 元。1994 年 10 月,平装覆膜,大 32 开,ISBN 7-02-002002-X,定价 14.90 元。2005 年 1 月收入中国文库,国流 32 开,平装覆膜,ISBN 7-02-005097-2,定价 28.00 元;精装,ISBN 7-02-005125-1,定价 41.00 元。2012 年 10 月,平装,国流 32 开,ISBN 978-7-02-009154-6,定价 38.00 元。2019 年 8 月,平装,国流 32 开,ISBN 978-7-02-015203-2,定价 55.00 元。(22-34)(5-292)

3526　蒲风诗选
作家出版社 1957 年 1 月。平装,32 开,书号 10020·270,定价 0.32 元。(22-35)

3527　戴望舒诗选
1957 年 5 月。半精,小 32 开,书号 10019·584,定价 0.33 元。(22-37)

3528　鹁鸪鸟
苏金伞著,作家出版社 1957 年 1 月。平装,32 开,书号 10020·271,定价 0.40 元。(25-10)

3529　蕙的风
汪静之著,1957 年 9 月。平装,大 32 开,书号 10019·621,定价 0.50 元。(25-11)

3530　乡村的夜
贺敬之著,作家出版社 1957 年 12 月。半精,32 开,书号 10020·768,定价 0.34 元。(25-12)

3531　刘大白诗选
1958 年 1 月。平装,大 32 开,书号 10019·688,定价 0.43 元。(22-43)

3532　刘半农诗选
1958 年 2 月。平装,大 32 开,书号 10019·707,定价 0.60 元。(22-44)

3533　王统照诗选
1958 年 12 月。平装,大 32 开,书号 10019·1006,定价 0.62 元。(22-48)

3534　孩儿塔
殷夫著,文学小丛书,1958 年 12 月。平装,50 开,书号 10019·1083,定价 0.19 元。(25-13)

3535　萧三诗选

1960年4月。平装,大32开,书号10019·1578,定价0.93元。(22-75)

3536　烙印

臧克家著,1963年9月。32开,书号10019·1749,平装,定价0.30元,精装,定价0.56元。2000年7月收入百年百种优秀中国文学图书,平装覆膜,大32开,ISBN 7-02-003258-3,定价6.00元。(25-14)

3537　雕虫纪历(1930—1958)

卞之琳著,1979年9月。大32开,书号10019·2840,平装,定价0.38元,精装,定价0.97元。1984年6月增订版,书名《卞之琳诗集 雕虫纪历(1930—1958)》,平装,大32开,定价0.58元。(25-15)

3538　艾青诗选

1979年9月。大32开,书号10019·2822,平装,定价0.97元;精装,定价1.55元。1988年12月,平装覆膜,32异,ISBN 7-02-000398-2,定价4.50元。1996年10月,平装覆膜,32异,ISBN 7-02-002410-6,定价17.50元。1997年11月收入世界文学名著文库,精装,大32开,ISBN 7-02-002406-8,定价19.80元。2002年1月收入大学生必读丛书,平装,大32开,ISBN 7-02-003605-8,定价18.00元。2004年3月收入中国文库,国流32开,平装覆膜,ISBN 7-02-004546-4,定价18.00元;2004年7月,精装,ISBN 7-02-004744-0,定价34.00元。(5-297)

3539　死水

闻一多著,1980年4月。平装,32开,书号10019·2905,定价0.19元。(25-17)

3540　红烛

闻一多著,1981年1月。平装,32开,书号10019·3078,定价0.42元。(25-18)

3541　田汉诗选

1982年4月。32异,书号10019·3277,平装,定价1.15元;平装覆膜,定价1.50元。(5-325)

3542　新梦 哀中国

蒋光赤著,中国现代文学作品原本选印丛书,1983年8月。平装,小32开,书号10019·3484,定价0.57元。(25-20)

3543　湖畔 春的歌集

潘漠华、冯雪峰、应修人、汪静之著,中国现代文学作品原本选印丛书,1983年8月。平装,小32开,书号10019·3487,定价0.70元。(25-21)

3544　志摩的诗

徐志摩著,中国现代文学作品原本选印丛书,1983年8月。平装,小32开,书号10019·3482,定价0.40元。1990年1月,平装,小32开,ISBN 7-02-000035-5,定价1.25元。1994年2月,平装,小32开,ISBN 7-02-001783-5,定价2.75元。1998年5月收入新文学碑林,平装覆膜,小32开,ISBN 7-02-002713-X,定价5.30元。(25-22)

3545　草莽集

朱湘著,中国现代文学作品原本选印丛书,1984年1月。平装,小32开,书号10019·3591,定价0.37元。1998年5月收入新文学碑林,平装覆膜,小32开,ISBN 7-02-002711-3,定价5.10元。(25-23)

3546　孩儿塔

殷夫著,中国现代文学作品原本选印丛书,1984年2月。平装,小32开,书号10019·3565,定价0.39元。(25-24)

3547　尝试集

胡适著,中国现代文学作品原本选印丛书,1984年2月。平装,小32开,书号10019·3353,定价0.58元。1987年1月,平装,小32开,ISBN 7-02-000034-7,定价1.25元。1998年4月收入新文学碑林,平装覆膜,小32开,ISBN 7-02-002689-2,定价7.80元。2000年7月收入百年百种优秀中国文学图书,平装覆膜,大32开,ISBN 7-02-003255-9,定价10.00元。(25-25)

3548　林徽因诗集

1985年3月。平装,32异,书号10019·3789,定价0.69元。(25-26)

3549　林庚诗选

1985年8月。平装,32异,书号10019·3835,定价0.67元。(25-27)

3550　穆旦诗选

诗歌

1986年1月。平装,小32开,书号10019·3902,定价0.97元。2000年7月收入百年百种优秀中国文学图书,平装覆膜,大32开,ISBN 7-02-003260-5,定价8.60元。2001年1月收入新文学碑林,平装覆膜,小32开,ISBN 7-02-003070-X,定价6.50元。(5-369)

3551　现代派诗选
蓝棣之编选,中国现代文学流派创作选,1986年5月。平装,大32开,书号10019·3953,定价2.70元。2002年1月收入大学生必读丛书,平装,大32开,ISBN 7-02-003643-0,定价19.80元。2009年4月修订版,平装覆膜,国流32开,ISBN 978-7-02-006786-2,定价23.00元。2011年9月收入中国文库,国流32开,平装,ISBN 978-7-02-008510-1,定价29.50元;精装,ISBN 978-7-02-008506-4,定价44.50元。(25-28)

3552　象征派诗选
孙玉石编选,中国现代文学流派创作选,1986年8月。平装,大32开,书号10019·3954,定价2.15元。2009年5月修订版,平装覆膜,国流32开,ISBN 978-7-02-006906-4,定价19.00元。2011年9月收入中国文库,国流32开,平装,ISBN 978-7-02-008509-5,定价24.00元;精装,ISBN 978-7-02-008505-7,定价39.00元。(25-29)

3553　穆木天诗选
穆立立编选,1987年4月。平装,32异,书号10019·4112,定价1.95元。(25-30)

3554　爱的灵感
徐志摩著,1988年8月。小32开,平装,ISBN 7-02-000374-5,定价1.50元;平装覆膜,ISBN 7-02-000375-3,定价1.95元。(25-31)

3555　中国新诗萃　20世纪初叶—40年代
谢冕、杨匡汉主编,1988年10月。大32开,平装覆膜,ISBN 7-02-000584-5,定价4.75元;精装,ISBN 7-02-000585-3,定价7.45元。(25-32)

3556　分类白话诗选
许德邻编,中国现代文学作品原本选印丛书,1988年7月。平装,小32开,书号10019·4264,ISBN 7-02-000375-4,定价3.10元。(25-33)

3557　胡适诗存
胡明编注,1989年4月。平装覆膜,大32开,ISBN 7-02-000661-2,定价4.75元。(25-34)

3558　我的恋人
戴望舒著,1989年12月。平装覆膜,大32开,ISBN 7-02-000695-7,定价2.10元。(25-35)

3559　新月派诗选
蓝棣之编选,中国现代文学流派创作选,1989年9月。平装覆膜,大32开,ISBN 7-02-000402-4,定价5.65元。2002年1月收入大学生必读丛书,平装,大32开,ISBN 7-02-003642-2,定价19.80元。2009年4月修订版,平装覆膜,国流32开,ISBN 978-7-02-006794-7,定价22.00元。2011年9月收入中国文库,国流32开,平装,ISBN 978-7-02-008537-8,定价29.00元;精装,ISBN 978-7-02-008534-7,定价44.00元。(25-36)

3560　九叶派诗选
蓝棣之编选,中国现代文学流派创作选,1992年2月。平装覆膜,大32开,ISBN 7-02-001302-3,定价7.30元。2009年5月修订版,平装覆膜,国流32开,ISBN 978-7-02-006824-1,定价24.00元。2011年9月收入中国文库,国流32开,平装,ISBN 978-7-02-008508-8,定价31.00元;精装,ISBN 978-7-02-008504-0,定价46.00元。(25-37)

3561　中国十四行体诗选
胡适等著,许霆、鲁德俊编选,1996年8月。平装覆膜,大32开,ISBN 7-02-002202-2,定价20.95元。(25-38)

3562　湖畔
漠华、雪峰、修人、汪静之著,新文学碑林,1998年4月。平装覆膜,小32开,ISBN 7-02-002701-6,定价4.30元。(25-39)

3563　红烛　死水
闻一多著,新文学碑林,1998年4月。平装覆膜,小32开,ISBN 7-02-002699-0,定价8.20元。(25-40)

3564　繁星　春水

冰心著,新文学碑林,1998年4月。平装覆膜,小32开,ISBN 7-02-002700-8,定价7.50元。2000年5月收入中学生课外文学名著必读丛书,平装覆膜,大32开,ISBN 7-02-003180-3,定价7.80元。2000年7月收入百年百种优秀中国文学图书,平装覆膜,大32开,ISBN 7-02-003267-2,定价8.00元。2003年5月收入语文新课标必读丛书,平装覆膜,大32开,ISBN 7-02-004145-0,定价7.80元。2006年6月收入语文新课标必读丛书修订版,平装覆膜,大32开,ISBN 7-02-005681-4,定价9.00元。2008年6月收入语文新课标必读丛书增订版,平装覆膜,大32开,ISBN 978-7-02-007032-9,定价11.00元。2012年6月收入语文新课标必读丛书最新版,平装,大32开,ISBN 978-7-02-008987-1,定价11.00元。(25-41)

3565　梦家诗集

陈梦家著,新文学碑林,2000年1月。平装覆膜,小32开,ISBN 7-02-002974-4,定价4.50元。(25-42)

3566　烙印　罪恶的黑手

臧克家著,新文学碑林,2000年1月。平装覆膜,小32开,ISBN 7-02-002971-X,定价5.00元。(25-43)

3567　望舒草

戴望舒著,新文学碑林,2000年1月。平装覆膜,小32开,ISBN 7-02-002975-2,定价4.60元。2000年7月收入百年百种优秀中国文学图书,平装覆膜,大32开,ISBN 7-02-003254-0,定价6.00元。(25-44)

3568　鱼目集

卞之琳著,新文学碑林,2000年1月。平装覆膜,小32开,ISBN 7-02-002977-9,定价4.00元。(25-45)

3569　昨日之歌

冯至著,新文学碑林,2000年1月。平装覆膜,32开,ISBN 7-02-002960-4,定价5.50元。(25-46)

3570　踪迹

朱自清著,新文学碑林,2000年1月。平装覆膜,小32开,ISBN 7-02-002961-2,定价5.50元。(25-47)

3571　微雨

李金发著,新文学碑林,2000年1月。平装覆膜,小32开,ISBN 7-02-002959-0,定价9.00元。(25-48)

3572　大堰河

艾青著,百年百种优秀中国文学图书,2000年7月。平装覆膜,大32开,ISBN 7-02-003250-8,定价7.00元。2001年1月收入新文学碑林,书名《大堰河　北方》,平装覆膜,32开,ISBN 7-02-003012-2,定价4.80元。(25-49)

3573　鲁迅诗集

2001年9月。平装覆膜,大32开,ISBN 7-02-003478-0,定价7.80元。(25-50)

3574　秋风和萧萧叶的歌

朱生豪、宋清如著,2003年1月。平装覆膜,32开,ISBN 7-02-004026-8,定价8.30元。(5-489)

3575　《女神》及佚诗

郭沫若著,2008年6月。平装覆膜,32异,ISBN 978-7-02-006693-3,定价26.00元。(25-53)

3576　湖畔社诗选

应修人等著,刘纳编选,中国文库,2011年10月。国流32开,平装,ISBN 978-7-02-008535-4,定价18.50元;精装,ISBN 978-7-02-008532-3,定价33.50元。(25-54)

3577　繁星·春水

冰心著,教育部统编《语文》推荐阅读丛书,2018年5月。平装覆膜,16异,ISBN 978-7-02-013767-1,定价36.00元。(25-55)

3578　戴望舒诗选

教育部统编《语文》推荐阅读丛书,2018年6月。平装覆膜,16异,ISBN 978-7-02-014279-8,定价22.00元。(25-56)

3579　穆旦诗集

2019年1月。平装,国流32开,ISBN 978-7-02-014404-4,定价43.00元。(25-57)

3580　中国现代诗歌选

艾青等著,教育部统编《语文》推荐阅读丛书

2018年4月。平装覆膜,16异,ISBN 978-7-02-013993-4,定价26.00元。(5-779)

3581 臧克家诗选

王晓编选,教育部统编《语文》推荐阅读丛书,2018年7月。平装覆膜,16异,ISBN 978-7-02-014300-9,定价32.00元。(5-785)

3582 雪花的快乐 徐志摩诗集

现代中国最美的诗,2020年6月。精装,32异,ISBN 978-7-02-014312-2,定价49.00元。(25-58)

3583 你是人间四月天 林徽因诗集

现代中国最美的诗,2020年6月。精装,32异,ISBN 978-7-02-014285-9,定价49.00元。(25-59)

3584 雨巷 戴望舒诗集

现代中国最美的诗,2020年6月。精装,32异,ISBN 978-7-02-014443-3,定价46.00元。(25-60)

3585 望舒诗稿

戴望舒著,中国现代名家诗集典藏,2020年6月。精装,32异,ISBN 978-7-02-016387-8,定价32.00元。(25-61)

3586 志摩的诗 猛虎集

徐志摩著,中国现代名家诗集典藏,2020年9月。精装,32异,ISBN 978-7-02-016511-7,定价35.00元。(25-62)

3587 尝试集

胡适著,中国现代名家诗集典藏,2020年9月。精装,32异,ISBN 978-7-02-016372-4,定价35.00元。(25-63)

3588 女神(初版本)

郭沫若著,中国现代名家诗集典藏,2020年9月。精装,32异,ISBN 978-7-02-016509-4,定价35.00元。(25-64)

3589 从延安到北京

柯仲平著,文艺建设丛书,1951年7月。平装,32开,书号 总10建4,定价3,600元。1952年1月单行本,平装,32开,书号 总10单45,定价4,100元。(17-1)

3590 王贵与李香香

李季著,中国人民文艺丛书,1952年3月。平装,32开,书号 总76中4,定价3,100元。

1956年9月,平装,小32开,书号 10019·74,定价0.14元。1958年11月收入文学小丛书,平装,32异,书号10019·900,定价0.17元。1961年9月,精装,30开,书号10019·1630,定价1.05元。1988年8月,平装,小32开,ISBN 7-02-000587-X,定价0.51元。2000年7月收入百年百种优秀中国文学图书,平装覆膜,大32开,ISBN 7-02-003277-X,定价7.80元。(17-2)

3591 漳河水

阮章竞著,1953年1月。平装,32开,书号 总178单96,定价2,600元。1958年12月收入新创作选拔本,精装,大32开,书号10019·179,定价1.00元。1958年12月收入文学小丛书,平装,50开,定价0.18元。1962年4月收入建国前优秀作品选拔本,平装,大32开,定价0.31元。(17-3)

3592 十里盐湾

公木著,1953年2月。平装,32开,书号 总146单86,定价1,900元。(17-4)

3593 死不着

张志民著,1953年8月。平装,大32开,书号10019·230,定价2,900元。1960年2月收入建国前优秀作品选拔本,平装,大32开,定价0.32元。(17-5)

3594 赵巧儿

李冰著,1953年9月。平装,32开,书号 265,定价2,800元。1962年4月收入建国前优秀作品选拔本,平装,大32开,定价0.25元。(17-6)

3595 赶车传

田间著,中国人民文艺丛书,1954年1月。32开,书号 268,平装,定价3,500元;精装,定价11,000元。1958年12月收入新创作选拔本,精装,大32开,书号10019·267,定价0.97元。(17-7)

3596 爱与歌

牛汉著,作家出版社1954年6月。平装,32开,书号 作54,定价4,800元。(17-8)

3597 诗歌初集

吕剑著,作家出版社1954年6月。平装,32开,书号 作57,定价3,200元。(17-9)

3598　朝阳花开

贺敬之著,作家出版社 1954 年 10 月。平装,32 开,书号 作 90,定价 3,100 元。(17-10)

3599　晨星集

严辰著,作家出版社 1955 年 1 月。平装,32 开,书号 作 120,定价 5,900 元。(17-11)

3600　赶路记

徐放著,作家出版社 1955 年 3 月。平装,32 开,书号 作 154,定价 0.36 元。(17-12)

3601　红花

沙鸥著,作家出版社 1955 年 3 月。平装,32 开,书号 作 155,定价 0.40 元。(17-13)

3602　黎明风景

魏巍著,解放军文艺丛书,1955 年 4 月。平装,32 开,书号 386,定价 0.71 元。1956 年 6 月,平装,32 开,书号 10019·383,定价 0.56 元。1963 年 9 月作家出版社,平装,32 开,书号 10020·1695,定价 0.51 元。(17-14)

3603　别延安

戈壁舟著,作家出版社 1955 年 8 月。平装,32 开,书号 作 231,定价 0.36 元。(17-15)

3604　马凡陀的山歌

袁水拍著,1955 年 9 月。平装,大 32 开,书号 418,定价 0.71 元。1956 年 7 月,平装,大 32 开,书号 10019·414,定价 0.70 元。1958 年 12 月收入建国前优秀作品选拔本,精装,大 32 开,定价 1.45 元。(17-16)

3605　将军的马

戈茅著,作家出版社 1956 年 4 月。平装,32 开,书号 作 408,定价 0.48 元。1957 年 9 月,平装,32 开,书号 10020·403,定价 0.48 元。(17-17)

3606　前进的回声

白刃著,作家出版社 1956 年 4 月。平装,32 开,书号 作 417,定价 0.35 元。(17-18)

3607　第一颗星

甘永柏著,作家出版社 1957 年 3 月。平装,32 开,书号 10020·652,定价 0.28 元。(17-19)

3608　黎·穆特里夫诗选

(维吾尔族)黎·穆特里夫著,(维吾尔族)克里木·赫捷耶夫译,作家出版社 1957 年 8 月。半精,32 开,书号 10020·736,定价 0.35 元。(17-20)

3609　战斗的乡村

方冰著,作家出版社 1957 年 9 月。平装,32 开,书号 10020·743,定价 0.48 元。(17-21)

3610　十月的歌

陈辉著,作家出版社 1958 年 7 月。平装,大 32 开,书号 10020·881,定价 0.95 元。(17-22)

3611　怀安诗选

怀安诗社作品集,1979 年 9 月。32 开,书号 10019·2829,平装,定价 0.37 元;精装,定价 0.91 元。(5-296)

3612　雪峰的诗

1979 年 12 月。32 开,书号 10019·2857,平装,定价 0.41 元;精装,定价 1.20 元。(17-23)

3613　王贵与李香香　漳河水

李季、阮章竞著,新文学碑林,2001 年 1 月。平装覆膜,小 32 开,ISBN 7-02-003067-X,定价 5.00 元。(16-49)

3614　盈盈集

陈敬容著,新文学碑林,2001 年 1 月。平装覆膜,小 32 开,ISBN 7-02-003063-7,定价 6.00 元。(17-25)

3615　南社诗选

林东海、宋红选注,中国文库,2011 年 10 月。国流 32 开,平装,ISBN 978-7-02-008600-9,定价 48.00 元;精装,ISBN 978-7-02-008601-6,定价 63.00 元。(17-26)

中国古典诗词

3616　屈原集

文怀沙注,1953 年 6 月。平装,32 开,书号 203 单 113,定价 4,700 元。(31-1)

3617　楚辞集注

屈原等著,朱熹撰注,1953 年 8 月。线装,12 开,定价 400,000 元;32 开,定价 60,000 元。

1998年10月,线装一函6册,ISBN 7-02-002769-5,定价600.00元。(31-2)

3618　乐府诗选

余冠英注,1953年12月。书号212,平装,32开,定价6,500元。1955年7月,线装,大32开,定价1.78元。1956年11月,书号10019·213,定价0.56元。1997年10月收入中国古典文学读本丛书,平装覆膜,大32开,ISBN 7-02-002492-0,定价8.80元。2002年1月收入大学生必读丛书,平装,大32开,ISBN 7-02-003621-X,定价8.90元。(31-3)

3619　李白诗选

舒芜选注,1954年8月。书号284,平装,32开,定价5,300元。1955年7月,线装,大32开,定价1.47元。1956年11月,平装,32开,书号10019·283,定价0.53元。(31-4)

3620　诗经选

余冠英选注,1956年1月。平装,32开,书号453,定价0.59元。1957年4月,平装,32开,书号10019·448,定价0.58元。1958年9月收入中国古典文学读本丛书,32开,平装,定价0.53元;精装,定价1.30元;特精,定价1.70元。1990年8月收入北京市教育局青年文库,平装,32开,ISBN 7-02-001131-4,非卖品,无定价。1990年12月,大32开,平装,ISBN 7-02-000509-8,定价3.25元;精装,ISBN 7-02-000512-8,定价6.60元。2002年1月收入大学生必读丛书,平装,大32开,ISBN 7-02-003620-1,定价12.00元。(31-5)

3621　三曹诗选

余冠英选注,作家出版社1956年9月。平装,32开,书号10020·330,定价0.47元。1957年7月人民文学出版社,平装,32开,书号10019·629,定价0.45元。1979年10月收入中国古典文学读本丛书,32开,平装,定价0.37元;精装,定价0.85元。1990年10月,平装,大32开,ISBN 7-02-001047-4,定价1.60元。1997年7月,平装覆膜,大32开,ISBN 7-02-002447-5,定价7.00元。(31-6)

3622　杜甫诗选

冯至编选,浦江清、吴天五合注,作家出版社1956年12月。平装,小32开,书号10020·377,定价0.85元。1957年7月人民文学出版社,平装,小32开,书号10019·626,定价0.80元。1958年9月收入中国古典文学读本丛书,小32开,平装,定价0.75元;精装,定价1.60元;特精,定价2.00元。(31-8)

3623　陆游诗选

游国恩、李易选注,1957年3月。平装,32开,书号10019·549,定价0.85元。1957年8月,平装,32开,书号10019·594,定价0.85元。1958年10月收入中国古典文学读本丛书,32开,平装,定价0.80元;精装,定价1.30元;特精,定价1.60元。1997年10月版,平装覆膜,大32开,ISBN 7-02-002542-0,定价11.50元。(31-9)

3624　阮步兵詠怀诗注

阮籍著,黄节注,华忱之校订,1957年4月。平装,大32开,书号10019·599,定价0.42元。(31-10)

3625　屈原赋校注

姜亮夫校注,1957年6月。平装,大32开,书号10019·607,定价2.10元。(31-11)

3626　鲍参军诗注

鲍照著,黄节注,叶菊生校订,1957年6月。平装,大32开,书号10019·579,定价0.70元。(31-12)

3627　曹子建诗注

曹植著,黄节注,叶菊生校订,1957年6月。平装,大32开,书号10019·610,定价0.55元。(31-13)

3628　南唐二主词校订

李璟、李煜著,无名氏辑,王仲闻校订,1957年6月。平装,32开,书号10019·618,定价0.43元。(31-14)

3629　杜牧诗选

缪钺选注,1957年7月。平装,32开,书号10019·619,定价0.44元。1997年10月收入中国古典文学读本丛书,平装覆膜,大32开,ISBN 7-02-002500-5,定价8.20元。(31-15)

3630　苏轼诗选

陈迩冬选注,1957年12月。平装,小32开,书号10019·587,定价0.90元。1984年6月收入中国古典文学读本丛书,小 32 开,平装,定价 0.94 元;精装,定价 1.40 元。1990 年 10 月,大 32 开,平装,ISBN 7-02-001044-X,定价 3.80 元;精装,ISBN 7-02-001045-8,定价 7.25 元。1997 年 6 月,平装覆膜,大 32 开,ISBN 7-02-002445-9,定价 12.80 元。(31-16)

3631　魏武帝魏文帝诗注

曹操、曹丕著,黄节注,1958 年 2 月。平装,大 32 开,书号 10019·709,定价 0.30 元。(31-17)

3632　韦庄集

向迪琮校订,1958 年 3 月。平装,32 开,书号 10019·715,定价 0.55 元。1998 年 3 月,平装覆膜,大 32 开,ISBN 7-02-002600-1,定价 9.40 元。(31-18)

3633　李璟李煜词

詹安泰编注,1958 年 3 月。平装,小 32 开,书号 10019·720,定价 0.43 元。1998 年 3 月,平装覆膜,大 32 开,ISBN 7-02-002601-X,定价 8.10 元。2020 年 3 月收入中国古代名家集,平装,国流 32 开,ISBN 978-7-02-015859-1,定价 29.00 元。(31-19)

3634　谢康乐诗注

谢灵运著,黄节注,1958 年 3 月。平装,大 32 开,书号 10019·727,定价 0.49 元。(31-20)

3635　汉魏乐府风笺

黄节笺释,陈伯君校订,1958 年 4 月。平装,大 32 开,书号 10019·730,定价 0.80 元。(31-21)

3636　楚辞选

马茂元选注,1958 年 4 月。平装,小 32 开,书号 10019·747,定价 0.95 元。1958 年 10 月收入中国古典文学读本丛书,小 32 开,平装,定价 0.81 元;精装,定价 1.30 元;特精,定价 1.70 元。1998 年 8 月,平装覆膜,大 32 开,ISBN 7-02-002416-5,定价 10.50 元。2002 年 1 月收入大学生必读丛书,平装,大 32 开,ISBN 7-02-003617-1,定价 12.00 元。(31-22)

3637　陆士衡诗注

陆机著,郝立权注,1958 年 5 月。平装,大 32 开,书号 10019·738,定价 0.40 元。(31-23)

3638　花间集校

赵崇祚辑,李一氓校,1958 年 7 月。平装,32 开,书号 10019·787,定价 0.80 元。1998 年 3 月,平装覆膜,大 32 开,ISBN 7-02-002604-4,定价 12.00 元。2017 年 4 月,平装,32 异,ISBN 978-7-02-011611-9,定价 39.00 元。(31-24)

3639　宋诗选注

钱锺书选注,中国科学院文学研究所编校,中国古典文学读本丛书,1958 年 9 月。小 32 开,书号 10019·831,平装,定价 0.92 元;精装,定价 1.85 元。1988 年 8 月,平装,32 开,ISBN 7-02-000553-5,定价 2.35 元。1989 年 9 月,大 32 开,平装,ISBN 7-02-000306-0,定价 3.90 元;精装,ISBN 7-02-000307-9,定价 7.60 元。1997 年 6 月,平装覆膜,大 32 开,ISBN 7-02-002443-2,定价 14.60 元。2002 年 1 月收入大学生必读丛书,平装,大 32 开,ISBN 7-02-003611-2,定价 16.00 元。2005 年 8 月收入名家名选丛书,平装覆膜,国流 32 开,ISBN 7-02-005009-3,定价 19.00 元。2013 年 4 月收入名家名选典藏,平装,国流 32 开,ISBN 978-7-02-009097-6,定价 25.00 元。2013 年 11 月收入中学生文学阅读必备书系,平装覆膜,国流 32 开,ISBN 978-7-02-009948-1,定价 26.00 元。2017 年 10 月收入中国古典文学读本丛书典藏,平装,国流 32 开,ISBN 978-7-02-011712-3,定价 42.00 元。2018 年 5 月收入教育部统编《语文》推荐阅读丛书,平装覆膜,16 异,ISBN 978-7-02-013741-1,定价 42.00 元。(31-26)

3640　汉魏六朝诗选

余冠英选注,中国科学院文学研究所编校,中国古典文学读本丛书,1958 年 9 月。32 开,书号 10019·951,平装,定价 1.00 元;精装,定价 1.45 元;特精,定价 1.90 元。1997 年 6 月,平装覆膜,大 32 开,ISBN 7-02-002446-7,定价 14.60 元。2009 年 4 月收入中国古典文学读本丛书·历代诗选,平装,国流 32 开,ISBN 978-7-02-007244-6,定价 20.00 元。(31-27)

3641　元遗山诗集笺注

施国祁注,麦朝枢校,1958年11月。平装,大32开,书号10019·821,定价2.30元。1989年12月,平装,大32开,ISBN 7-02-000849-6,定价8.75元。(31-28)

3642　白石诗词集

姜夔著,夏承焘校辑,1959年2月。平装,大32开,书号10019·1059,定价0.77元。1998年3月,平装覆膜,大32开,ISBN 7-02-002686-9,定价10.00元。(31-29)

3643　李贺诗集

叶葱奇疏注,1959年2月。平装,32开,书号10019·1159,定价1.05元。1998年3月,平装,大32开,ISBN 7-02-002605-2,定价16.50元。(31-30)

3644　范成大诗选

周汝昌选注,1959年4月。平装,小32开,书号10019·1185,定价0.87元。1984年11月收入中国古典文学读本丛书,小32开,平装,定价1.10元;精装,定价1.60元。1997年10月,平装覆膜,大32开,ISBN 7-02-002493-9,定价15.00元。(31-31)

3645　元好问诗选

郝树侯选注,1959年4月。平装,32开,书号10019·1259,定价0.42元。1997年10月收入中国古典文学读本丛书,平装覆膜,大32开,ISBN 7-02-002491-2,定价8.20元。(31-32)

3646　苏轼词选

陈迩冬选注,1959年4月。平装,32开,书号10019·1285,定价0.30元。1986年7月收入中国古典文学读本丛书,32开,平装,定价0.82元。1991年2月,大32开,平装,ISBN 7-02-001148-9,定价1.70元;精装,ISBN 7-02-001159-4,定价5.00元。1998年4月,平装覆膜,大32开,ISBN 7-02-002591-9,定价7.60元。(31-33)

3647　汉魏六朝民歌选

本社编辑部编,文学小丛书,1959年6月。平装,50开,书号10019·1219,定价0.13元。(31-34)

3648　孟东野诗集

华忱之校订,1959年7月。平装,大32开,书号10019·1173,定价1.00元。(31-35)

3649　王维诗选

陈贻焮选注,1959年7月。平装,32开,书号10019·1321,定价0.49元。(31-36)

3650　杜诗百首

杜甫著,文学小丛书,1959年10月。平装,50开,书号10019·1220,定价0.17元。(31-37)

3651　苏东坡诗词选

陈迩冬选注,文学小丛书,1960年2月。平装,50开,书号10019·1402,定价0.21元。(31-38)

3652　唐诗选

马茂元选注,1960年4月。平装,32开,书号10019·1557,定价2.45元。(31-39)

3653　李白诗选

复旦大学中文系古典文学教研组选注,1961年8月。32开,书号10019·283,平装,定价1.05元;精装,定价1.50元。1977年11月,小32开,书号10019·1629,定价0.72元。1983年1月收入中国古典文学读本丛书,平装,小32开,定价0.77元。1988年11月,平装,小32开,ISBN 7-02-000300-1,定价2.40元。1991年2月,大32开,平装,ISBN 7-02-001108-X,定价3.20元;精装,ISBN 7-02-001109-8,定价6.50元。2002年5月收入大学生必读丛书,平装,大32开,ISBN 7-02-003613-9,定价12.80元。(31-40)

3654　陆游诗选

季吉选注,文学小丛书,1962年8月。书号10019·1221,平装,50开,定价0.16元;平装,32异,定价0.24元。(31-41)

3655　杜诗百首

黄肃秋选,虞行辑注,文学小丛书,1962年10月。书号10019·1685,平装,32异,定价0.32元;平装,50开,定价0.20元。1979年2月,书名《杜甫诗选》,平装,32异,定价0.22元。(31-43)

3656　白居易诗选

顾肇仓、周汝昌选注,作家出版社1962年12月。32开,书号10020·1617,平装,定价1.10元;精装,定价1.55元。1963年8月人民文学出版社,平装,32开,书号10019·1735,定价

1.10元。1982年4月收入中国古典文学读本丛书,平装,32开,定价1.10元。1989年12月,平装,小32开,ISBN 7-02-000879-8,定价4.35元。1997年6月,平装覆膜,大32开,ISBN 7-02-002444-0,定价15.00元。(31-44)

3657　九歌
屈原著,文骁辑注,文学小丛书,1963年3月。书号10019·1720,平装,50开,定价0.10元;平装,32异,定价0.15元。(31-45)

3658　近代诗选
北京大学中文系文学专门化1955级《近代诗选》小组选注,1963年9月。32开,书号10019·1747,平装,定价1.35元;精装,定价2.00元。(31-46)

3659　中国历代诗歌选上编(一)
林庚、冯沅君主编,1964年2月。平装,大32开,书号10019·1752,定价0.90元。1988年5月,平装,大32开,ISBN 7-02-000075-4,定价1.70元。1990年5月,平装,大32开,ISBN 7-02-000958-1,定价1.85元。(89-6)

3660　中国历代诗歌选上编(二)
林庚、冯沅君主编,1964年2月。平装,大32开,书号10019·1752,定价0.91元。1988年5月,平装,大32开,ISBN 7-02-000076-2,定价1.70元。1990年5月,平装,大32开,ISBN 7-02-000959-X,定价1.90元。(89-7)

3661　唐诗选(上下)
中国社会科学院文学研究所编,中国古典文学读本丛书,1978年4月。平装,小32开,书号10019·2584,定价2.10元。1988年7月,平装,小32开,ISBN 7-02-000474-1,定价5.40元。1998年8月,平装覆膜,大32开,ISBN 7-02-002767-9,定价37.50元。2002年7月收入大学生必读丛书,平装,大32开,ISBN 7-02-003614-7,定价36.00元。(31-47)

3662　李贺诗选
上海市橡胶工业公司、上海师大中文系《李贺诗选》注释组选注,1978年7月。平装,32开,书号10019·2580,定价0.36元。(31-48)

3663　李商隐诗选
安徽师范大学中文系古代文学教研组选注,中国古典文学读本丛书,1978年9月。32开,书号10019·2664,平装,定价0.70元;精装,定价1.20元。1986年11月增订版,刘学锴、余恕诚选注,平装,32开,定价2.05元。1989年12月,平装,32开,ISBN 7-02-000875-5,定价3.90元。1993年2月,大32开,平装覆膜,ISBN 7-02-001511-5,定价6.55元;精装,ISBN 7-02-001512-3,定价13.35元。2002年5月收入大学生必读丛书,大32开,ISBN 7-02-003622-8,定价16.00元。(31-49)

3664　杜甫诗选注
萧涤非选注,1979年6月。小32开,书号10019·2793,平装,定价0.96元;精装,定价1.80元。1992年7月,平装,小32开,ISBN 7-02-001423-2,定价4.90元。1998年8月收入中国古典文学读本丛书,平装覆膜,ISBN 7-02-002459-9,定价15.00元。2002年1月收入大学生必读丛书,平装,大32开,ISBN 7-02-003619-8,定价16.00元。2017年8月增补本,萧光乾、萧海川辑补,收入中国古典文学读本丛书典藏,平装,国流32开,ISBN 978-7-02-011922-6,定价52.00元。(31-50)

3665　文天祥诗选
黄兰波选注,1979年8月。平装,32开,书号10019·2820,定价0.42元。(31-51)

3666　李清照集校注
王学初校注,1979年10月。平装,大32开,书号10019·2817,定价1.15元。1982年2月,署王仲闻校注,平装,大32开,定价1.15元。1997年11月,大32开,平装覆膜,ISBN 7-02-002417-3,定价15.00元;精装,ISBN 7-02-002418-1,定价25.00元。2012年11月收入中国古代名家集,平装,国流32开,ISBN 978-7-02-009515-5,定价28.00元。2019年8月,平装,国流32开,ISBN 978-7-02-015389-3,定价45.00元。(31-52)

3667　唐宋词选释
俞平伯选释,1979年10月。大32开,书号10019·2860,平装,定价0.96元;精装,定价1.50元。1990年1月,大32开,平装,ISBN 7-

02-000913-1,定价3.75元;精装,ISBN 7-02-000914-X,定价5.65元。1999年6月,平装覆膜,大32开,ISBN 7-02-002968-X,定价13.90元。2005年8月收入名家名选丛书,平装覆膜,国流32开,ISBN 7-02-005007-7,定价17.00元。2016年1月收入中国传统文化经典选读,线装,16异,一函三册,ISBN 978-7-02-011087-2,定价580.00元。(31-53)

3668　中国历代诗歌选下编(一)
林庚、冯沅君主编,1979年11月。平装,大32开,书号10019·2887,定价0.60元。1988年5月,平装,大32开,ISBN 7-02-000077-0,定价1.45元。1990年5月,平装,大32开,ISBN 7-02-000960-3,定价1.60元。(89-16)

3669　中国历代诗歌选下编(二)
林庚、冯沅君主编,1979年11月。平装,大32开,书号10019·2887,定价0.60元。1988年5月,平装,大32开,ISBN 7-02-000078-9,定价1.50元。1990年5月,平装,大32开,ISBN 7-02-000961-1,定价1.65元。(89-17)

3670　新选唐诗三百首
武汉大学中文系古典文学教研室选注,1980年7月。平装,大32开,书号10019·2994,定价1.55元。1989年12月,平装,小32开,ISBN 7-02-000107-6,定价4.35元。1990年10月,平装,大32开,ISBN 7-02-001158-6,定价5.25元。2000年4月,平装覆膜,大32开,ISBN 7-02-003219-2,定价21.30元。(31-54)

3671　杜甫诗选
山东大学中文系古典文学教研室选注,中国古典文学读本丛书,1980年8月。平装,小32开,书号10019·2984,定价1.00元。(31-55)

3672　陈亮龙川词笺注
姜书阁笺注,1980年9月。平装,32开,书号10019·3019,定价0.54元。1998年3月,平装覆膜,大32开,ISBN 7-02-002603-6,定价9.60元。(31-56)

3673　梅尧臣诗选
朱东润选注,1980年10月。平装,大32开,书号10019·3043,定价0.89元。1997年10月收入中国古典文学读本丛书,平装覆膜,大32开,ISBN 7-02-002485-8,定价13.00元。2020年1月收入中国古典文学读本丛书典藏,平装,国流32开,ISBN 978-7-02-012539-5,定价36.00元。(31-57)

3674　唐宋词选
中国社会科学院文学研究所编,中国古典文学读本丛书,1981年1月。平装,32开,书号10019·3074,定价1.40元。1997年10月,平装覆膜,大32开,ISBN 7-02-002490-4,定价22.00元。2002年1月收入大学生必读丛书,平装,大32开,ISBN 7-02-003615-5,定价23.80元。2007年11月,平装,国流32开,ISBN 978-7-02-006265-2,定价29.00元。2013年11月收入中学生文学阅读必备书系,平装覆膜,国流32开,ISBN 978-7-02-009935-1,定价33.00元。2016年1月收入中国古典文学雅藏系列,平装,国流32开,ISBN 978-7-02-011255-5,定价38.00元。(31-58)

3675　唐人绝句精华
刘永济选释,1981年9月。平装,小32开,书号10019·3183,定价1.00元。1989年5月,平装,小32开,ISBN 7-02-000676-0,定价3.00元。1998年3月,平装覆膜,大32开,ISBN 7-02-002503-X,定价16.50元。2018年6月收入恋上古诗词版画插图版,平装,国流32开,ISBN 978-7-02-013554-7,定价59.00元。(31-60)

3676　岑参边塞诗选
张辉选注,文学小丛书,1981年11月。平装,32异,书号10019·3205,定价0.31元。(31-61)

3677　近代诗百首
陈铁民选注,文学小丛书,1982年2月。平装,32异,书号10019·3261,定价0.44元。(31-62)

3678　金元明清词选(上下)
夏承焘、张璋编选,1983年1月。平装,小32开,书号10019·3392,定价1.90元。1987年11月收入中国古典文学读本丛书,大32开,平装,ISBN 7-02-000091-6,定价4.60元;精装,

212

ISBN 7-02-000092-4,定价7.00元。1993年2月,平装覆膜,大32开,ISBN 7-02-001510-7,定价11.50元。2005年8月收入名家名选丛书,平装覆膜,国流32开,ISBN 7-02-005010-7,定价33.00元。2013年4月收入名家名选典藏,平装,国流32开,ISBN 978-7-02-009083-9,定价38.00元。2017年12月收入中国古典文学读本丛书典藏,平装,国流32开,ISBN 978-7-02-011711-6,定价65.00元。(31-64)

3679　孟浩然诗选

陈贻焮选注,1983年5月。平装,小32开,书号10019·3352,定价0.42元。(31-65)

3680　韩愈诗选

陈迩冬选注,中国古典文学读本丛书,1984年1月。平装,小32开,书号10019·3582,定价0.57元。1989年11月,平装,小32开,ISBN 7-02-00876-3,定价2.15元。1997年10月,平装覆膜,大32开,ISBN 7-02-002488-2,定价9.80元。2017年8月收入中国古典文学读本丛书典藏,平装,国流32开,ISBN 978-7-02-011720-8,定价22.00元。(31-66)

3681　薛涛诗笺

张篷舟笺,1983年6月。大32开,书号10019·3467,平装,定价1.00元;精装,定价1.65元。2012年11月修订本,张篷舟等校注,平装,国流32开,ISBN 978-7-02-009454-7,定价26.00元。(31-67)

3682　清诗选

福建师范大学中文系古典文学教研室选注,1984年3月。平装,小32开,书号10019·3641,定价1.55元。1997年10月收入中国古典文学读本丛书,平装覆膜,大32开,ISBN 7-02-002494-7,定价22.00元。2009年4月收入中国古典文学读本丛书·历代诗选,平装覆膜,国流32开,ISBN 978-7-02-006864-7,定价36.00元。(31-68)

3683　曹植集校注

赵幼文校注,中国古代大作家集,1984年6月。大32开,书号10019·3659,平装,定价2.25元;精装,定价3.50元。1998年7月,平装覆膜,大32开,ISBN 7-02-002680-X,定价24.60元。(31-69)

3684　清词百首

于在春选注,1984年9月。平装,32异,书号10019·3705,定价0.66元。1988年1月,平装,32异,ISBN 7-02-000098-3,定价1.20元。(31-70)

3685　新选千家诗

李华、李如鸾选注,文学爱好者丛书,1984年11月。平装,小32开,书号10019·3721,定价1.15元。1991年2月,平装,小32开,ISBN 7-02-001149-7,定价3.20元。1999年6月,平装覆膜,大32开,ISBN 7-02-002938-8,定价15.60元。(31-71)

3686　高适岑参诗选

孙钦善、武青山、陈铁民、何双生选注,1985年8月。平装,小32开,书号10019·3833,定价1.25元。1997年10月收入中国古典文学读本丛书,平装覆膜,大32开,ISBN 7-02-002487-4,定价9.80元。(31-72)

3687　李商隐诗集疏注(上下)

叶葱奇疏注,1985年11月。平装,大32开,书号10019·3877,定价5.40元。1998年8月,平装覆膜,大32开,ISBN 7-02-002593-5,定价35.00元。2015年7月收入中国古代名家集,平装,国流32开,ISBN 978-7-02-009623-7,定价59.00元。(31-73)

3688　离骚　九歌

屈原著,郭沫若译,中国古典文学小丛书,1987年8月。平装,32异,书号10019·4131,定价0.68元。(31-74)

3689　元明清散曲选

王起主编,洪柏昭、谢伯阳选注,1988年5月。平装,大32开,书号10019·4223,ISBN 7-02-000086-X,定价3.10元。1990年5月,平装,大32开,ISBN 7-02-000971-9,定价3.80元。1998年4月收入中国古典文学读本丛书,平装覆膜,大32开,ISBN 7-02-002691-5,定价21.60元。2005年8月收入名家名选丛书,平装覆膜,国流32开,ISBN 7-02-005008-5,定价28.00元。2013年4月收入名家名选典藏,平装,国流32开,ISBN 978-7-02-009096-9,定价32.00元。(89-27)

诗歌

3690　辛弃疾词选

朱德才选注，1988年7月。平装，大32开，书号10019·4245，ISBN 7-02-000198-X，定价2.05元。1993年2月收入中国古典文学读本丛书，平装覆膜，大32开，ISBN 7-02-001513-1，定价5.40元。2002年1月收入大学生必读丛书，平装，大32开，ISBN 7-02-003612-0，定价12.80元。2017年10月收入中国古典文学读本丛书典藏，平装，国流32开，ISBN 978-7-02-011714-7，定价36.00元。(31-76)

3691　节令诗

张敏选注，古诗类选，1989年4月。平装覆膜，32异，ISBN 7-02-000419-9，定价1.75元。(31-77)

3692　咏史诗

陈建根选注，古诗类选，1989年4月。平装覆膜，32异，ISBN 7-02-000503-9，定价1.85元。(31-78)

3693　品艺诗

刘征、傅秋爽选注，古诗类选，1989年4月。平装覆膜，32异，ISBN 7-02-000380-X，定价2.15元。(31-79)

3694　从军诗

刘国辉选注，古诗类选，1989年4月。平装覆膜，32异，ISBN 7-02-000417-2，定价2.05元。(31-80)

3695　宴饮诗

宋红选注，古诗类选，1989年4月。平装覆膜，32异，ISBN 7-02-000405-9，定价2.05元。(31-81)

3696　怀亲诗

费振刚选注，古诗类选，1989年4月。平装覆膜，32异，ISBN 7-02-000418-0，定价1.75元。(31-82)

3697　咏物诗

管士光选注，古诗类选，1989年4月。平装覆膜，32异，ISBN 7-02-000406-7，定价1.95元。(31-83)

3698　友谊诗

刘文忠选注，古诗类选，1989年4月。平装覆膜，32异，ISBN 7-02-000362-1，定价2.00元。(31-84)

3699　恋情诗

王思宇选注，古诗类选，1989年4月。平装覆膜，32异，ISBN 7-02-000407-5，定价2.35元。(31-85)

3700　纪游诗

南山选注，古诗类选，1989年4月。平装覆膜，32异，ISBN 7-02-000363-X，定价2.10元。(31-86)

3701　李清照诗词选

孙崇恩选注，中国古典文学小丛书，1988年9月。平装，32异，ISBN 7-02-000298-6，定价0.96元。1994年12月，平装覆膜，32开，ISBN 7-02-001974-9，定价3.90元。(31-87)

3702　王维诗选

倪木兴选注，中国古典文学小丛书，1988年12月。平装，32异，ISBN 7-02-000255-2，定价0.99元。(31-88)

3703　孟浩然集校注

徐鹏校注，新注古代文学名家集，1989年8月。平装，大32开，ISBN 7-02-000726-0，定价5.05元。2014年11月收入中国古代名家集，平装，国流32开，ISBN 978-7-02-010477-2，定价35.00元。(31-89)

3704　近代爱国诗选

孙钦善、陈铁民、孙静选注，1988年12月。平装，小32开，ISBN 7-02-000728-7，定价5.45元。(31-90)

3705　唐宋词精华

倪木兴选注，中国古典文学精华丛书，1991年8月。平装覆膜，32异，ISBN 7-02-001202-7，定价2.95元。(31-92)

3706　汉魏六朝诗精华

刘崇德选注，中国古典文学精华丛书，1992年6月。平装覆膜，32异，ISBN 7-02-001204-3，定价3.10元。(31-93)

3707　先秦诗歌精华

周蒙、冯宇选注，中国古典文学精华丛书，1992年6月。平装覆膜，32异，ISBN 7-02-001206-X，定价3.00元。(31-94)

3708　清诗精华

陈祥耀选注，中国古典文学精华丛书，1992年10月。平装覆膜，32异，ISBN 7-02-001201-

214

9,定价 3.80 元。(31-95)

3709　元明散曲精华
黄天骥、罗锡诗选注,中国古典文学精华丛书,1992 年 10 月。平装覆膜,32 异,ISBN 7-02-001215-9,定价 2.85 元。(31-96)

3710　唐诗精华
林家英选注,中国古典文学精华丛书,1992 年 11 月。平装覆膜,32 异,ISBN 7-02-001213-2,定价 3.35 元。(31-97)

3711　宋诗精华
邓南、陈明贞选注,中国古典文学精华丛书,1992 年 11 月。平装覆膜,32 异,ISBN 7-02-001191-8,定价 3.20 元。(31-98)

3712　花间集评注
李冰若评注,1993 年 6 月。平装覆膜,32 开,ISBN 7-02-001359-7,定价 5.60 元。(31-99)

3713　周邦彦词选
蒋哲伦、刘坎龙选注,中国古典文学小丛书,1993 年 10 月。平装,32 异,ISBN 7-02-001653-7,定价 2.60 元。(31-100)

3714　司马相如集校注
朱一清、孙以昭校注,新注古代文学名家集,1996 年 2 月。平装,大 32 开,ISBN 7-02-001670-7,定价 6.95 元。(31-101)

3715　孟郊诗集校注
华忱之、喻学才校注,新注古代文学名家集,1995 年 12 月。平装,大 32 开,ISBN 7-02-001657-X,定价 29.75 元。2015 年 11 月收入中国古代名家集,平装,国流 32 开,ISBN 978-7-02-011033-9,定价 56.00 元。(31-102)

3716　李白选集
裴斐选注,世界文学名著文库,1996 年 10 月。精装,大 32 开,ISBN 7-02-002256-1,定价 29.00 元。(31-103)

3717　辛弃疾选集
朱德才选注,世界文学名著文库,1997 年 5 月。精装,大 32 开,ISBN 7-02-002250-2,定价 28.50 元。(31-105)

3718　陆游选集
王水照、高克勤选注,世界文学名著文库,1997 年 11 月。精装,大 32 开,ISBN 7-02-002341-X,定价 19.60 元。(31-107)

3719　唐诗三百首简注
本社编辑部编,1998 年 5 月。平装覆膜,大 32 开,ISBN 7-02-002589-7,定价 13.50 元。2004 年 8 月,书名《唐诗三百首》,蘅塘退士编选,平装覆膜,32 异,ISBN 7-02-004759-9,定价 16.00 元。2012 年 11 月收入唐宋名家诗词,平装覆膜,小 32 开,ISBN 978-7-02-009291-8,定价 27.00 元。2016 年 1 月收入中国传统文化经典选读,线装,16 异,一函三册,ISBN 978-7-02-011094-0,定价 480.00 元。(31-109)

3720　屈原选集
金开诚、高路明选注,世界文学名著文库,1998 年 10 月。精装,大 32 开,ISBN 7-02-002460-2,定价 23.00 元。(31-110)

3721　扬州历代诗词
扬州老年大学《扬州历代诗词》编委会编,李坦主编,刘立人、陈应中副主编,1998 年 7 月。精装,大 32 开,ISBN 7-02-002667-2,定价 240.00 元。(31-111)

3722　千家诗评注
谷一然评注,1999 年 3 月。平装覆膜,大 32 开,ISBN 7-02-002904-3,定价 12.00 元。2004 年 8 月,书名《千家诗》,平装覆膜,32 异,ISBN 7-02-004760-2,定价 17.00 元。2012 年 11 月收入唐宋名家诗词,平装覆膜,小 32 开,ISBN 978-7-02-009289-5,定价 28.00 元。(31-112)

3723　杜甫选集(杜甫诗选)
山东大学中文系古典文学教研室选注,袁世硕等修订,世界文学名著文库,1998 年 10 月。精装,大 32 开,ISBN 7-02-002450-5,定价 26.50 元。2020 年 1 月收入中国古典文学读本丛书典藏,平装,国流 32 开,ISBN 978-7-02-014274-3,定价 42.00 元。(31-113)

3724　诗经全注
褚斌杰注,世界文学名著文库,1999 年 7 月。精装,大 32 开,ISBN 7-02-002630-3,定价 29.50 元。2007 年 7 月,平装,国流 32 开,ISBN 978-7-02-006209-6,定价 25.00 元。2019 年 11 月,平装,国流 32 开,ISBN 978-7-02-

015201-8,定价55.00元。(31-114)

3725　刘长卿集编年校注
杨世明校注,新注古代文学名家集,1999年9月。平装,大32开,ISBN 7-02-002668-0,定价25.80元。2017年10月收入中国古代名家集,平装,国流32开,ISBN 978-7-02-011279-1,定价59.00元。(31-116)

3726　吴梅村诗选(吴伟业诗选)
叶君远选注,2000年3月。平装覆膜,大32开,ISBN 7-02-003055-6,定价16.00元。2009年1月收入明清十大家诗选,书名《吴伟业诗选》,平装覆膜,国流32开,ISBN 978-7-02-006741-1,定价18.00元。(31-118)

3727　新选宋词三百首
常国武选注,2000年1月。平装覆膜,大32开,ISBN 7-02-002946-9,定价25.00元。(31-119)

3728　中国古代诗词名篇
任晓松、闻友明选注,2000年1月。平装覆膜,大32开,ISBN 7-02-003026-2,定价22.60元。(31-120)

3729　唐五代词选
乔力选注,2000年11月。平装覆膜,大32开,ISBN 7-02-003017-3,定价13.00元。(31-121)

3730　读词偶得　清真词释
俞平伯著,2000年12月。平装覆膜,大32开,ISBN 7-02-003165-X,定价9.00元。2018年9月收入诗词灵犀,平装,国流32开,ISBN 978-7-02-012829-7,定价36.00元。(31-122)

3731　乐府诗选
曹道衡选注,世界文学名著文库,2000年12月。精装,大32开,ISBN 7-02-002391-6,定价32.00元。2007年11月,平装,国流32开,ISBN 978-7-02-006266-9,定价29.00元。2016年1月收入中国古典文学雅藏系列,加署余冠英审定,平装,国流32开,ISBN 978-7-02-011268-5,定价38.00元。2016年1月收入中国古典文学读本丛书典藏,平装,国流32开,ISBN 978-7-02-011718-5,定价56.00元。(31-123)

3732　宋词三百首简注(宋词三百首)
武玉成、顾丛龙注,2001年6月。平装覆膜,大32开,ISBN 7-02-003388-1,定价16.00元。2004年8月,书名《宋词三百首》,平装覆膜,32异,ISBN 7-02-004758-0,定价18.00元。2012年11月收入唐宋名家诗词,平装覆膜,小32开,ISBN 978-7-02-009290-1,定价28.00元。(31-125)

3733　初唐四杰诗选
倪木兴选注,2001年7月。平装覆膜,大32开,ISBN 7-02-003318-0,定价15.00元。2017年12月收入中国古典文学读本丛书典藏,平装,国流32开,ISBN 978-7-02-012919-5,定价38.00元。(31-126)

3734　秦观集编年校注(上下)
周义敢、程自信、周雷编注,新注古代文学名家集,2001年7月。平装,大32开,ISBN 7-02-002910-8,定价46.00元。(31-127)

3735　千古绝唱
易行主编,2001年10月。线装,一函三册,ISBN 7-02-003123-4,定价420.00元。(无卡片号)

3736　贾岛集校注
齐文榜校注,新注古代文学名家集,2001年11月。平装覆膜,大32开,ISBN 7-02-003385-7,定价28.00元。(31-128)

3737　唐人律诗精华
林东海选释,2002年1月。平装覆膜,大32开,ISBN 7-02-003459-4,定价20.00元。(31-129)

3738　唐诗百首
齐敬远选注,2002年1月。平装覆膜,32开,ISBN 7-02-003534-5,定价6.90元。(31-130)

3739　宋词百首
陆世简选注,2002年1月。平装覆膜,32开,ISBN 7-02-003535-3,定价6.90元。(31-131)

3740　苏轼选集
张志烈、张晓蕾选注,大学生必读丛书,2002年1月。平装,大32开,ISBN 7-02-003702-X,定价16.00元。2002年2月收入世界文学名

著文库,精装,大 32 开,ISBN 7-02-003657-0,定价 26.00 元。(31-133)

3741　白居易选集
周勋初、严杰选注,世界文学名著文库,2002 年 1 月。精装,大 32 开,ISBN 7-02-003413-6,定价 28.00 元。(31-134)

3742　王维诗选
陈铁民选注,2002 年 10 月。平装覆膜,大 32 开,ISBN 7-02-003901-4,定价 11.50 元。2017 年 10 月收入中国古典文学读本丛书典藏,平装,国流 32 开,ISBN 978-7-02-012716-1,定价 29.00 元。(31-135)

3743　分门纂类唐宋时贤千家诗选校证(上下)
刘克庄编集,李更、陈新校证,2002 年 12 月。平装覆膜,大 32 开,ISBN 7-02-003570-1,定价 44.90 元。(31-136)

3744　宋词选
刘乃昌、朱德才选注,2003 年 1 月。精装,大 32 开,ISBN 7-02-003575-2,定价 49.00 元。(31-137)

3745　明诗选
杜贵晨选注,中国古典文学读本丛书·历代诗选,2003 年 3 月。平装覆膜,大 32 开,ISBN 7-02-003882-4,定价 28.00 元。(31-138)

3746　唐诗选
中国社会科学院文学研究所编,2003 年 4 月。精装,大 32 开,ISBN 7-02-003981-2,定价 43.00 元。2009 年 4 月收入中国古典文学读本丛书·历代诗选,平装覆膜,国流 32 开,ISBN 978-7-02-007243-9,定价 42.00 元。(31-139)

3747　千古风流
易行主编,2004 年 1 月。线装,一函三册,ISBN 7-02-004099-3,定价 480.00 元。(无卡片号)

3748　宋诗选
张鸣选注,中国古典文学读本丛书·历代诗选,2004 年 5 月。平装覆膜,大 32 开,ISBN 7-02-004520-0,定价 28.00 元。(31-147)

3749　历代词选
程郁缀、李锦青选注,2004 年 11 月。精装,大 32 开,ISBN 7-02-004062-4,定价 65.00 元。(31-149)

3750　柳永词
王兆鹏、姚蓉评注,宋词名家诵读,2005 年 3 月。平装覆膜,32 异,ISBN 7-02-005053-0,定价 14.00 元。2012 年 11 月收入唐宋名家诗词,平装覆膜,小 32 开,ISBN 978-7-02-009279-6,定价 22.00 元。(31-150)

3751　苏轼词(苏轼词选)
刘石评注,宋词名家诵读,2005 年 3 月。平装覆膜,32 异,ISBN 7-02-005055-7,定价 16.00 元。2012 年 11 月收入唐宋名家诗词,平装覆膜,小 32 开,ISBN 978-7-02-009281-9,定价 24.00 元。2016 年 1 月收入中国传统文化经典选读,书名《苏轼词选》,平装,16 异,ISBN 978-7-02-011139-8,定价 36.00 元。(31-151)

3752　姜夔词
韩经太、王维若评注,宋词名家诵读,2005 年 3 月。平装覆膜,32 异,ISBN 7-02-005070-0,定价 13.00 元。2012 年 11 月收入唐宋名家诗词,平装覆膜,小 32 开,ISBN 978-7-02-009280-2,定价 22.00 元。(31-152)

3753　辛弃疾词(辛弃疾词选)
刘扬忠评注,宋词名家诵读,2005 年 3 月。平装覆膜,32 异,ISBN 7-02-005052-2,定价 16.00 元。2012 年 11 月收入唐宋名家诗词,平装覆膜,小 32 开,ISBN 978-7-02-009284-0,定价 25.00 元。2016 年 1 月收入中国传统文化经典选读,书名《辛弃疾词选》,平装,16 异,ISBN 978-7-02-011135-0,定价 36.00 元。(31-153)

3754　李清照词(李清照词选)
陈祖美评注,宋词名家诵读,2005 年 3 月。平装覆膜,32 异,ISBN 7-02-005054-9,定价 11.00 元。2012 年 11 月收入唐宋名家诗词,平装覆膜,小 32 开,ISBN 978-7-02-009285-7,定价 20.00 元。2016 年 1 月收入中国传统文化经典选读,书名《李清照词选》,平装,16 异,ISBN 978-7-02-011134-3,定价 29.00 元。(31-154)

3755　李白诗(李白诗选)
熊礼汇评注,唐诗名家诵读,2005 年 5 月。平

诗歌

装覆膜,32异,ISBN 7-02-005071-9,定价16.00元。2012年11月收入唐宋名家诗词,平装覆膜,小32开,ISBN 978-7-02-009288-8,定价22.00元。2016年1月收入中国传统文化经典选读,书名《李白诗选》,平装,16异,ISBN 978-7-02-011133-6,定价32.00元。(31-155)

3756　白居易诗(白居易诗选)
孙明君评注,唐诗名家诵读,2005年5月。平装覆膜,32异,ISBN 7-02-005074-3,定价18.00元。2012年11月收入唐宋名家诗词,平装覆膜,小32开,ISBN 978-7-02-009282-6,定价25.00元。2016年1月收入中国传统文化经典选读,书名《白居易诗选》,平装,16异,ISBN 978-7-02-011138-1,定价36.00元。(31-156)

3757　唐诗三百首
蘅塘退士编选,赵长征、马奔腾注,高中语文选修课程资源系列,2005年6月。平装覆膜,大32开,ISBN 7-02-004657-6,定价22.00元。(31-157)

3758　李贺诗
黄世中评注,唐诗名家诵读,2005年6月。平装覆膜,32异,ISBN 7-02-005051-4,定价13.00元。2012年11月收入唐宋名家诗词,平装覆膜,小32开,ISBN 978-7-02-009286-4,定价20.00元。(31-158)

3759　杜甫诗(杜甫诗选)
谢思炜评注,唐诗名家诵读,2005年6月。平装覆膜,32异,ISBN 7-02-005075-1,定价15.00元。2012年11月收入唐宋名家诗词,平装覆膜,小32开,ISBN 978-7-02-009287-1,定价24.00元。2016年1月收入中国传统文化经典选读,书名《杜甫诗选》,平装,16异,ISBN 978-7-02-011136-7,定价33.00元。(31-159)

3760　李商隐诗
董乃斌评注,唐诗名家诵读,2005年6月。平装覆膜,32异,ISBN 7-02-005175-8,定价16.00元。2012年11月收入唐宋名家诗词,平装覆膜,小32开,ISBN 978-7-02-009283-3,定价25.00元。(31-160)

3761　宋词三百首笺注
上彊村民重编,唐圭璋笺注,名家名选丛书,2005年8月。平装覆膜,国流32开,ISBN 7-02-005011-5,定价22.00元。2013年4月收入名家名选典藏,平装,国流32开,ISBN 978-7-02-009084-6,定价27.00元。2016年1月收入中国传统文化经典选读,线装,16异,一函四册,ISBN 978-7-02-011086-5,定价680.00元。2017年12月收入中国古典文学读本丛书典藏,平装,国流32开,ISBN 978-7-02-011708-6,定价43.00元。(31-161)

3762　金元诗选
邓绍基选注,中国古典文学读本丛书·历代诗选,2005年12月。平装覆膜,大32开,ISBN 7-02-005296-7,定价22.00元。(31-162)

3763　唐诗类选
王士菁选注,2006年11月。平装覆膜,国流32开,ISBN 7-02-005810-8,定价27.00元。(31-163)

3764　柳永词选注
张惠民、张进选注,2007年6月。平装覆膜,大32开,ISBN 978-7-02-005988-1,定价15.00元。2017年10月收入中国古典文学读本丛书典藏,平装,国流32开,ISBN 978-7-02-012473-2,定价29.00元。(31-164)

3765　唐诗选注
葛兆光著,2007年11月。平装,32异,ISBN 978-7-02-006448-9,定价26.00元。(31-165)

3766　黄节注汉魏六朝诗六种
2008年3月。精装,国流32开,ISBN 978-7-02-006718-3,定价66.00元。(31-166)

3767　李梦阳诗选
张兵、冉耀斌选注,明清十大家诗选,2009年1月。平装覆膜,国流32开,ISBN 978-7-02-007250-7,定价19.00元。(31-167)

3768　黄景仁诗选
李圣华选注,明清十大家诗选,2009年1月。平装覆膜,国流32开,ISBN 978-7-02-006715-2,定价20.00元。(31-168)

3769　王士禛诗选
赵伯陶选注,明清十大家诗选,2009年1月。

218

平装覆膜,国流 32 开,ISBN 978-7-02-006714-5,定价 18.00 元。(31-169)

3770　谢榛诗选
李庆立选注,明清十大家诗选,2009 年 1 月。平装覆膜,国流 32 开,ISBN 978-7-02-005934-8,定价 19.00 元。(31-170)

3771　何景明诗选
饶龙隼选注,明清十大家诗选,2009 年 1 月。平装覆膜,国流 32 开,ISBN 978-7-02-006739-8,定价 20.00 元。(31-171)

3772　龚自珍诗选
郭延礼选注,明清十大家诗选,2009 年 1 月。平装覆膜,国流 32 开,ISBN 978-7-02-005930-0,定价 15.00 元。(31-172)

3773　袁枚诗选
王英志选注,明清十大家诗选,2009 年 1 月。平装覆膜,国流 32 开,ISBN 978-7-02-005936-2,定价 15.00 元。(31-173)

3774　李攀龙诗选
李伯齐、李斌选注,明清十大家诗选,2009 年 1 月。平装覆膜,国流 32 开,ISBN 978-7-02-006716-9,定价 16.50 元。(31-174)

3775　钱谦益诗选
孙之梅选注,明清十大家诗选,2009 年 1 月。平装覆膜,国流 32 开,ISBN 978-7-02-006734-3,定价 22.00 元。(31-175)

3776　先秦诗选
赵敏俐、刘国民选注,中国古典文学读本丛书·历代诗选,2009 年 4 月。平装,国流 32 开,ISBN 978-7-02-005575-3,定价 15.00 元。(31-177)

3777　一蓑烟雨任平生　东坡词赏读
陈如江著,恋上古诗词书系,2009 年 8 月。平装,32 异,ISBN 978-7-02-007499-0,定价 15.00 元。2017 年 1 月收入恋上古诗词版画插图版,书名《一蓑烟雨任平生　东坡词》,平装,国流 32 开,ISBN 978-7-02-012202-8,定价 28.00 元。(31-178)

3778　忆昔花间初识面　花间词
陈如江编注,恋上古诗词书系,2009 年 8 月。平装,32 异,ISBN 978-7-02-007769-4,定价 19.00 元。2017 年 1 月收入恋上古诗词版画插图版,平装,国流 32 开,ISBN 978-7-02-012165-6,定价 38.00 元。(31-179)

3779　一片幽情冷处浓　纳兰词
陈如江、汪政编注,恋上古诗词书系,2009 年 11 月。平装,32 异,ISBN 978-7-02-007770-0,定价 15.00 元。2017 年 1 月收入恋上古诗词版画插图版,平装,国流 32 开,ISBN 978-7-02-012168-7,定价 25.00 元。(31-180)

3780　此情无计可消除　漱玉词·断肠词
李清照、朱淑真著,王新霞、乔雅俊编注,恋上古诗词书系,2009 年 11 月。平装,32 异,ISBN 978-7-02-007768-7,定价 15.00 元。2010 年 3 月,书名《此情无计可消除　李清照词(附朱淑真词)》。2017 年 10 月收入恋上古诗词版画插图版,书名《此情无计可消除　李清照词》,平装,国流 32 开,ISBN 978-7-02-012248-6,定价 35.00 元。(31-181)

3781　谁道人间秋已尽　人间词·人间词话
王国维著,郑小军编注,恋上古诗词书系,2009 年 12 月。平装,32 异,ISBN 978-7-02-007772-4,定价 19.00 元。2017 年 4 月收入恋上古诗词版画插图版,平装,国流 32 开,ISBN 978-7-02-012249-3,定价 42.00 元。(31-182)

3782　梦里不知身是客　南唐词
冯延巳、李璟、李煜著,陈如江、胡言午编注,恋上古诗词书系,2010 年 1 月。平装,32 异,ISBN 978-7-02-007771-7,定价 15.00 元。2017 年 2 月收入恋上古诗词版画插图版,平装,国流 32 开,ISBN 978-7-02-012247-9,定价 25.00 元。(31-183)

3783　玉台新咏(明小宛堂覆宋本)
徐陵编,2010 年 2 月。精装,国流 32 开,ISBN 978-7-02-007777-9,定价 30.00 元。(31-184)

3784　乐府诗集(1—4)(傅增湘藏宋本)
郭茂倩编,2010 年 2 月。精装,国流 32 开,ISBN 978-7-02-007776-2,定价 210.00 元。(31-185)

3785　长恨此身非我有　豪放词
罗立刚编注,恋上古诗词书系,2010 年 4 月。

平装,32异,ISBN 978-7-02-007961-2,定价19.00元。2017年2月收入恋上古诗词版画插图版,平装,国流32开,ISBN 978-7-02-012213-4,定价38.00元。(31-186)

3786　玉楼明月长相忆　婉约词

罗立刚编注,恋上古诗词书系,2010年4月。平装,32异,ISBN 978-7-02-007962-9,定价19.00元。2017年1月收入恋上古诗词版画插图版,平装,国流32开,ISBN 978-7-02-012166-3,定价39.00元。(31-187)

3787　唐宋词简释

唐圭璋选释,2010年4月。平装,国流32开,ISBN 978-7-02-007578-2,定价21.00元。2017年12月收入中国古典文学读本丛书典藏,平装,国流32开,ISBN 978-7-02-011710-9,定价25.00元。2018年4月收入教育部统编《语文》推荐阅读丛书,平装覆膜,16异,ISBN 978-7-02-013785-5,定价28.00元。(31-188)

3788　韶华不为少年留　秦观词

汝东编注,恋上古诗词书系,2010年9月。平装,32异,ISBN 978-7-02-008222-3,定价15.00元。2017年1月收入恋上古诗词版画插图版,平装,国流32开,ISBN 978-7-02-012214-1,定价25.00元。(31-189)

3789　无可奈何花落去　二晏词

晏殊、晏几道著,汪政编注,恋上古诗词书系,2011年1月。平装,32异,ISBN 978-7-02-008358-9,定价15.00元。2017年2月收入恋上古诗词版画插图版,平装,国流32开,ISBN 978-7-02-012246-2,定价25.00元。(31-190)

3790　多情自古伤离别　柳永词

罗立刚编注,恋上古诗词书系,2011年5月。平装,32异,ISBN 978-7-02-008555-2,定价17.00元。2017年1月收入恋上古诗词版画插图版,平装,国流32开,ISBN 978-7-02-012167-0,定价34.00元。(31-191)

3791　司空曙诗集校注

文航生校注,新注古代文学名家集,2011年8月。平装覆膜,国流32开,ISBN 978-7-02-008689-4,定价31.00元。(31-192)

3792　国朝闺秀诗柳絮集校补(一——四)

黄秩模编辑,付琼校补,2011年9月。精装,国流32开,ISBN 978-7-02-008431-9,定价300.00元。(31-193)

3793　学词入门第一书　白香词谱

舒梦兰编撰、王新霞、杨海健注解,恋上古诗词书系,2011年9月。平装,32异,ISBN 978-7-02-007398-6,定价35.00元。2017年1月收入恋上古诗词版画插图版,平装,国流32开,ISBN 978-7-02-012174-8,定价58.00元。(31-194)

3794　吴宓评注顾亭林诗集

顾炎武著,吴宓评注,2012年1月。平装,国流32开,ISBN 978-7-02-008385-5,定价28.00元。(31-196)

3795　众里寻他千百度　辛弃疾词

郑小军编著,恋上古诗词书系,2012年1月。平装,32异,ISBN 978-7-02-008850-8,定价22.00元。2017年1月收入恋上古诗词版画插图版,平装,国流32开,ISBN 978-7-02-012194-6,定价39.00元。(31-197)

3796　广箧中词

叶恭绰选辑,傅宇斌点校,2011年12月。平装,国流32开,ISBN 978-7-02-008730-3,定价42.00元。(31-198)

3797　倦倚碧罗裙　明清女性词选

赵雪沛选注,2013年1月。平装,国流32开,ISBN 978-7-02-009247-5,定价35.00元。(31-200)

3798　唐宋词一百首

本社编选,中学生文学阅读必备书系,2013年11月。平装覆膜,国流32开,ISBN 978-7-02-009941-2,定价15.00元。(31-201)

3799　楚辞选译

陆侃如、龚克昌选译,中学生文学阅读必备书系,2014年3月。平装覆膜,国流32开,ISBN 978-7-02-010033-0,定价15.00元。2016年1月收入中国传统文化经典选读,平装,16异,ISBN 978-7-02-011137-4,定价27.00元。(31-202)

3800　诗经选

方铭选,褚斌杰注,中学生文学阅读必备书系,

2014年3月。平装覆膜，国流32开，ISBN 978-7-02-010012-5，定价19.00元。2016年1月收入中国传统文化经典选读，平装，16异，ISBN 978-7-02-011142-8，定价36.00元。(31-203)

3801　郑文焯批校汲古阁初刻梦窗词

吴文英著，郑文焯批校，人文典籍影印丛刊，2014年4月。精装，16异，ISBN 978-7-02-010290-7，定价150.00元。(31-204)

3802　唐诗三百首详析

本社编注，中学生文学阅读必备书系，2014年8月。平装覆膜，国流32开，ISBN 978-7-02-010303-4，定价29.00元。2018年5月收入教育部统编《语文》推荐阅读丛书，平装覆膜，16异，ISBN 978-7-02-013764-0，定价39.00元。(31-208)

3803　毕沅诗集（上下）

杨焄点校，乾嘉诗文名家丛刊，2015年1月。精装，国流32开，ISBN 978-7-02-008972-7，定价140.00元。(31-209)

3804　箧中词

谭献编选，罗仲鼎、俞浣萍点校，2015年11月。平装，32异，ISBN 978-7-02-011035-3，定价45.00元。(31-212)

3805　苏轼和陶诗编年校注

杨松冀校注，中国古代名家集，2016年8月。平装，国流32开，ISBN 978-7-02-011811-3，定价33.00元。(31-214)

3806　郭麐诗集（上中下）

姚蓉、鹿苗苗、孙欣婷点校，乾嘉诗文名家丛刊，2016年9月。精装，国流32开，ISBN 978-7-02-011664-5，定价208.00元。(31-216)

3807　壮心未与年俱老　陆游诗词

王新霞、胡永杰编著，恋上古诗词版画插图版，2017年1月。平装，国流32开，ISBN 978-7-02-012136-6，定价39.00元。(31-217)

3808　李白诗选

薛天纬著，中国古典文学读本丛书典藏，2017年10月。平装，国流32开，ISBN 978-7-02-011565-5，定价38.00元。(31-219)

3809　苏轼诗词选

陈迩冬选注，中国古典文学读本丛书典藏，2017年7月。平装，国流32开，ISBN 978-7-02-011709-3，定价42.00元。(31-220)

3810　唐宋名家词选

龙榆生编著，恋上古诗词版画插图版，2017年10月。平装，国流32开，ISBN 978-7-02-012743-6，定价58.00元。(31-221)

3811　唐诗三百首详析

喻守真编著，恋上古诗词版画插图版，2017年10月。平装，国流32开，ISBN 978-7-02-012741-2，定价58.00元。(31-222)

3812　历代律诗选评

王新霞编著，恋上古诗词版画插图版，2017年10月。平装，国流32开，ISBN 978-7-02-012737-5，定价68.00元。(31-223)

3813　唐五代词选注

龙榆生编注，恋上古诗词版画插图版，2017年10月。平装，国流32开，ISBN 978-7-02-013340-6，定价38.00元。(31-224)

3814　近三百年名家词选

龙榆生编注，恋上古诗词版画插图版，2018年1月。平装，国流32开，ISBN 978-7-02-013337-6，定价49.00元。(31-226)

3815　年事梦中休，花空烟水流　梦窗词

吴文英著，汪政、张兰兰编注，恋上古诗词版画插图版，2018年4月。平装，国流32开，ISBN 978-7-02-012739-9，定价35.00元。(31-228)

3816　飞花令　给孩子玩的古诗词（1）

树人教育研究院编著，2018年9月。平装，16开，ISBN 978-7-02-014318-4，定价30.00元。(31-233)

3817　飞花令　给孩子玩的古诗词（2）

树人教育研究院编著，2018年9月。平装，16开，ISBN 978-7-02-014319-1，定价30.00元。(31-234)

3818　飞花令　给孩子玩的古诗词（3）

树人教育研究院编著，2018年9月。平装，16开，ISBN 978-7-02-014320-7，定价30.00元。(31-235)

3819　飞花令　给孩子玩的古诗词（4）

树人教育研究院编著，2018年9月。平装，16开，ISBN 978-7-02-014321-4，定价30.00元。

(31-236)

3820 唐五代两宋词简析
刘永济编著,恋上古诗词版画插图版,2018年6月。平装,国流32开,ISBN 978-7-02-013576-9,定价49.00元。(31-240)

3821 撷芳集校补(1—4册)
汪启淑选辑,付琼校补,2019年4月。精装,国流32开,ISBN 978-7-02-014757-1,定价365.00元。(31-241)

3822 乐府诗选
朱剑心编注,恋上古诗词版画插图版,2018年6月。平装,国流32开,ISBN 978-7-02-013607-0,定价59.00元。(31-242)

3823 东坡乐府笺
苏轼著,朱孝臧校注,龙榆生校笺,恋上古诗词版画插图版,2018年6月。平装,国流32开,ISBN 978-7-02-013419-9,定价68.00元。(31-243)

3824 杜甫诗选评
黄珅编注,恋上古诗词版画插图版,2018年11月。平装,32异,ISBN 978-7-02-014546-1,定价59.00元。(31-244)

3825 郭曾炘集
杜桂萍主编,谢海林点校,清代诗人别集丛刊,2018年12月。精装,国流32开,ISBN 978-7-02-014747-2,定价120.00元。(31-246)

3826 曹贞吉集
杜桂萍主编,宋开玉辑校,清代诗人别集丛刊,2018年12月。精装,国流32开,ISBN 978-7-02-014748-9,定价122.00元。(31-248)

3827 何道生集
杜桂萍主编,许隽超、王国明辑校,清代诗人别集丛刊,2018年12月。精装,国流32开,ISBN 978-7-02-012575-3,定价125.00元。(31-249)

3828 金兆燕集
杜桂萍主编,吕贤平辑校,清代诗人别集丛刊,2018年12月。精装,国流32开,ISBN 978-7-02-014759-5,定价140.00元。(31-250)

3829 姜宸英集(上下)
杜桂萍主编,杜广学辑校,清代诗人别集丛刊,2018年12月。精装,国流32开,ISBN 978-7-02-014758-8,定价170.00元。(31-251)

3830 楚辞全注
方铭注,2019年11月。平装,国流32开,ISBN 978-7-02-015197-4,定价49.00元。(31-252)

3831 黄庭坚诗选
潘伯鹰选注,中国古典文学读本丛书典藏,2020年1月。平装,国流32开,ISBN 978-7-02-015803-4,定价25.00元。(31-253)

3832 冯溥集笺注
杜桂萍主编,张秉国笺注,清代诗人别集丛刊,2019年12月。精装,国流32开,ISBN 978-7-02-015804-1,定价110.00元。(31-255)

3833 分类唐诗三百首
蘅塘退士原编,李定广编注,2020年9月。平装,32异,ISBN 978-7-02-016084-6,定价58.00元。(31-256)

3834 钱锺书选唐诗(上下)
钱锺书选,杨绛录,2020年11月。平装,32异,ISBN 978-7-02-016628-2,定价99.00元。(31-257)

3835 李商隐诗选评
黄坤编注,恋上古诗词版画插图版,2020年9月。平装,国流32开,ISBN 978-7-02-014548-5,定价48.00元。(31-258)

3836 苏辛词说
顾随著,恋上古诗词版画插图版,2020年9月。平装,国流32开,ISBN 978-7-02-014504-1,定价35.00元。(31-259)

散　文

中国当代散文

3837　欧行散记
丁玲著,文艺建设丛书,1951年7月。平装,32开,书号 总7建2,定价6,900元。(7-1)

3838　跨到新的时代来
丁玲著,文艺建设丛书,1951年7月。平装,32开,书号 总13单46,定价9,000元。(7-2)

3839　华沙城的节日
巴金著,1951年8月。平装,32开,书号 总24单9,定价3,700元。(7-3)

3840　谁是最可爱的人
魏巍著,解放军文艺丛书,1951年10月。平装,36开,书号 总51解1,定价4,200元。1958年4月,平装,32开,书号10019·50,定价0.39元。1958年9月收入文学小丛书,书号10019·904,平装,小32开,定价0.36元；平装,50开,定价0.29元。1958年9月收入新创作选拔本,书号10019·50,精装,大32开,定价1.15元。1959年8月收入建国十年优秀创作选拔本,大32开,平装,定价0.43元；精装,定价1.05元。1990年7月,平装,32异,ISBN 7-02-001001-6,定价1.60元。1995年10月,平装,32开,ISBN 7-02-002252-9,定价3.85元。2004年10月收入未成年人思想道德建设文学读本,平装覆膜,国流32开,ISBN 7-02-004824-2,定价8.00元。2014年7月,平装,国流32开,ISBN 978-7-02-008913-0,定价18.00元。(7-4)

3841　东欧杂记
冯至著,1951年11月。平装,32开,书号 总58单16,定价3,800元。(7-5)

3842　朝鲜通讯报告选
本社编辑部编,1952年7月。32开,书号 总106单35,平装,定价11,000元；精装,定价20,000元。(7-6)

3843　我们访问了苏联
冯雪峰等著,1952年11月。平装,32开,书号 总124单68,定价10,300元。(7-7)

3844　访苏记
张明著,解放军文艺丛书,1952年12月。平装,36开,书号 总138解3,定价6,100元。(7-8)

3845　生活在英雄们的中间
巴金著,解放军文艺丛书,1953年3月。平装,36开,书号 总167解4,定价3,200元。(7-9)

3846　我们会见了彭德怀司令员
巴金著,文学初步读物,1953年3月。平装,45开,书号 总162初16,定价600元。(7-10)

3847　苏联札记
周立波著,1953年4月。平装,32开,书号 168单88,定价3,200元。1960年2月作家出版社,平装,32开,书号10020·1498,定价0.27元。(7-11)

3848　板门店纪事
田间著,1953年7月。平装,32开,书号 227,定价3,600元。(7-12)

3849　朝鲜通讯报告选(二集)
本社编辑部编,1953年8月。32开,书号216,平装,定价7,500元；精装,定价15,000元。(7-13)

3850　不可战胜的力量
里加著,解放军文艺丛书,1953年10月。平

装,32 开,书号 255 解 9,定价 3,300 元。(7-14)

3851　在鞍钢工地上
陆灏著,文学初步读物,1953 年 12 月。平装,46 开,书号 262,定价 500 元。(7-15)

3852　朝鲜通讯报告选(三集)
本社编辑部编,1953 年 12 月。32 开,书号 135,平装,定价 8,200 元;精装,定价 16,500 元。(7-16)

3853　我感谢党
张积慧著,文学初步读物,1953 年 12 月。平装,46 开,书号 249,定价 400 元。(7-17)

3854　永远鼓舞我们前进
作家出版社编辑部编,作家出版社 1954 年 3 月。平装,32 开,书号 作 53,定价 4,700 元。(7-18)

3855　经济建设通讯报告选
本社编辑部编,1954 年 5 月。大 32 开,书号 263,平装,定价 13,000 元;精装,定价 17,000 元。(7-19)

3856　和平胜利的信号
朱子奇著,作家出版社 1954 年 6 月。平装,32 开,书号 作 52,定价 5,400 元。(7-20)

3857　板门店前线散记
路翎著,作家出版社 1954 年 6 月。平装,32 开,书号 作 58,定价 3,300 元。(7-21)

3858　对和平宣誓
刘白羽著,作家出版社 1954 年 9 月。平装,32 开,书号 作 91,定价 4,400 元。(7-22)

3859　人间的春天
白原著,作家出版社 1954 年 10 月。平装,32 开,书号 作 97,定价 4,800 元。(7-23)

3860　访战后朝鲜
林元著,新观察丛书,作家出版社 1954 年 12 月。平装,32 开,书号 作 144,定价 2,900 元。(7-24)

3861　经济建设通讯报告选(二集)
本社编,1955 年 4 月。大 32 开,书号 371,平装,定价 1.52 元;精装,定价 1.97 元。(7-25)

3862　亚洲的新纪元
黄钢著,作家出版社 1955 年 6 月。平装,32 开,书号 作 184,定价 0.26 元。(7-26)

3863　小品文选集
谢觉哉等著,新观察丛书,作家出版社 1955 年 7 月。平装,32 开,书号 作 192,定价 0.38 元。(7-27)

3864　访康藏高原
杨居人著,新观察丛书,作家出版社 1955 年 8 月。平装,32 开,书号 作 210,定价 0.49 元。(7-28)

3865　莫斯科访问记
刘白羽著,1955 年 8 月。平装,32 开,书号 393,定价 0.60 元。1960 年 4 月作家出版社,平装,32 开,书号 10020·1491,定价 0.57 元。(7-29)

3866　新芽集
塞先艾著,作家出版社 1955 年 9 月。平装,32 开,书号 10020·239,定价 0.33 元。(7-30)

3867　月夜到黎明
白朗著,作家出版社 1955 年 10 月。平装,32 开,书号 10020·193,定价 1.08 元。(7-31)

3868　新型农民的成长
赵宪斌等著,作家出版社 1955 年 11 月。平装,50 开,书号 10020·290,定价 0.21 元。(7-32)

3869　欧游札记
田间著,作家出版社 1956 年 1 月。平装,大 32 开,书号 10020·301,定价 0.64 元。(7-33)

3870　上海散记
柯蓝著,作家出版社 1956 年 2 月。平装,32 开,书号 10020·304,定价 0.59 元。(7-34)

3871　散文特写选(1953.9—1955.12)
中国作家协会编,1956 年 2 月。大 32 开,书号 10019·459,平装,定价 1.98 元;精装,定价 2.79 元;精装,定价 2.31 元。1956 年 5 月,大 32 开,书号 10019·454,平装,定价 1.80 元;精装,定价 2.30 元。(7-35)

3872　追查到底
作家出版社编辑部编,作家出版社 1956 年 2 月。平装,32 开,书号 10020·424,定价 0.36 元。(7-36)

3873　在勘探的道路上
李若冰著,作家出版社 1956 年 3 月。平装,32 开,书号 10020·374,定价 0.28 元。(7-37)

| 3874 | 工人创作选

作家出版社编辑部编,作家出版社1956年3月。平装,大32开,书号10020·364,定价0.53元。(7-38)

| 3875 | 五年计划颂

丁玲等著,作家出版社1956年3月。平装,32开,书号10020·365,定价0.37元。(7-39)

| 3876 | 县委书记

田流著,作家出版社1956年3月。平装,32开,书号10020·427,定价0.48元。(7-40)

| 3877 | 关于鞭子的杂感

严文井著,作家出版社1956年4月。平装,32开,书号10020·414,定价0.30元。(7-41)

| 3878 | 匈捷访问记

雷加著,作家出版社1956年4月。平装,32开,书号10020·378,定价0.65元。(7-42)

| 3879 | 第一个印象

林里等著,作家出版社1956年6月。平装,50开,书号10020·323,定价0.15元。(7-43)

| 3880 | 我们这时代的人

徐迟著,作家出版社1956年6月。平装,32开,书号10020·341,定价0.36元。(7-44)

| 3881 | 在工业战线上

《人民文学》编辑部编,作家出版社1956年6月。平装,大32开,书号10020·485,定价0.85元。(7-45)

| 3882 | 北京—莫斯科

朱子奇著,作家出版社1956年7月。平装,32开,书号10020·442,定价0.32元。(7-46)

| 3883 | 思想杂谈选集

马铁丁著,作家出版社1956年8月。平装,32开,书号10020·507,定价1.10元。(7-47)

| 3884 | 在更高的路程上

康濯著,作家出版社1956年10月。平装,32开,书号10020·609,定价0.50元。(7-48)

| 3885 | 皇甫村的三年

柳青著,作家出版社1956年11月。平装,32开,书号10020·565,定价0.27元。(7-49)

| 3886 | 伟大的变化

黄纲著,作家出版社1956年12月。平装,32开,书号10020·499,定价0.90元。(7-50)

| 3887 | 火炬与太阳

刘白羽著,作家出版社1956年12月。平装,32开,书号10020·533,定价0.85元。(7-51)

| 3888 | 新疆新面貌

储安平著,作家出版社1957年2月。平装,32开,书号10020·653,定价0.70元。(7-52)

| 3889 | 东行两月

马少波著,作家出版社1957年2月。纸精,大32开,书号10020·676,定价0.80元。(7-53)

| 3890 | 大欢乐的日子

巴金著,作家出版社1957年3月。平装,32开,书号10020·674,定价0.38元。(7-54)

| 3891 | 从延河到天山

王玉胡著,作家出版社1957年3月。平装,32开,书号10020·536,定价0.65元。(7-55)

| 3892 | 友情

哈华著,作家出版社1957年4月。平装,32开,书号10020·597,定价0.55元。(7-56)

| 3893 | 舞台生活四十年(第一集)

梅兰芳述,许姬传记,中国戏剧家协会编,1957年4月。平装,大32开,书号10019·602,定价1.30元。1961年12月中国戏剧出版社,大32开,书号10069·575,平装,定价1.00元;精装,定价2.05元。(7-57)

| 3894 | 舞台生活四十年(第二集)

梅兰芳述,许姬传记,中国戏剧家协会编,1957年5月。平装,大32开,书号10019·605,定价1.50元。1961年12月中国戏剧出版社出版,书号10069·576,大32开,平装,定价1.10元;精装,定价2.20元。(7-58)

| 3895 | 解冻以后

逯斐著,作家出版社1957年6月。平装,32开,书号10020·724,定价0.55元。(7-59)

| 3896 | 红丹山

陈勇进著,作家出版社1957年6月。平装,32开,书号10020·685,定价0.29元。(7-60)

| 3897 | 特写选(1956年)

中国作家协会编,1957年6月。大32开,书号10019·612,平装,定价1.00元;精装,定价1.50元。(7-61)

| 3898 | 散文小品选(1956年)

中国作家协会编,1957年6月。大32开,书号

散文

10019·613,平装,定价1.00元;精装,定价1.40元。(7-62)

3899 庆功宴
徐迟著,作家出版社1957年7月。平装,32开,书号10020·644,定价0.45元。(7-63)

3900 在哈萨克牧场
碧野著,作家出版社1957年9月。平装,32开,书号10020·732,定价0.95元。(7-64)

3901 贝壳集
秦牧著,作家出版社1958年1月。平装,32开,书号10020·785,定价0.48元。(7-65)

3902 长江行
方纪著,作家出版社1958年1月。平装,32开,书号10020·797,定价0.60元。(7-66)

3903 说东道西集
马铁丁著,作家出版社1958年3月。平装,32开,书号10020·819,定价0.70元。(7-67)

3904 繁弦集
唐弢著,作家出版社1958年4月。平装,32开,书号10020·821,定价0.60元。(7-68)

3905 在革命的烈火中
姚文元著,作家出版社1958年4月。平装,32开,书号10020·824,定价0.60元。(7-69)

3906 在南极的边缘
马少波著,作家出版社1958年4月。平装,32开,书号10020·827,定价0.35元。(7-70)

3907 归来以后
谢冰心著,作家出版社1958年4月。平装,32开,书号10020·830,定价0.25元。(7-71)

3908 红河南北
袁鹰著,作家出版社1958年4月。平装,32开,书号10020·831,定价0.44元。(7-72)

3909 萝北半月
谷峪著,作家出版社1958年6月。平装,32开,书号10020·855,定价0.50元。(7-73)

3910 建设十三陵水库的人们(第一集)
十三陵水库修建总指挥部政治部编,作家出版社1958年6月。平装,32开,书号10020·890,定价0.26元。(7-74)

3911 农村跃进之歌(第一辑)
作家出版社编辑部编,作家出版社1958年6月。平装,28开,书号10020·873,定价0.55元。(7-75)

3912 建设十三陵水库的人们(第二集)
十三陵水库修建总指挥部政治部编,作家出版社1958年7月。平装,32开,书号10020·912,定价0.35元。(7-76)

3913 建设十三陵水库的人们(第三集)
十三陵水库修建总指挥部政治部编,作家出版社1958年7月。平装,32开,书号10020·913,定价0.33元。(7-77)

3914 农村跃进之歌(第二辑)
作家出版社编辑部编,作家出版社1958年7月。平装,28开,书号10020·910,定价0.45元。(7-78)

3915 农村跃进之歌(第三辑)
作家出版社编辑部编,作家出版社1958年7月。平装,28开,书号10020·914,定价0.20元。(7-79)

3916 莫斯科抒情及其它
唐弢著,作家出版社1958年8月。平装,32开,书号10020·880,定价0.45元。(7-83)

3917 建设十三陵水库的人们(第四集)
十三陵水库修建总指挥部政治部编,作家出版社1958年8月。平装,32开,书号10020·1000,定价0.24元。(7-84)

3918 和鲁迅相处的日子
川岛著,1958年8月。平装,32开,书号10020·796,定价0.29元。(7-85)

3919 建设十三陵水库的人们(第五集)
十三陵水库修建总指挥部政治部编,作家出版社1958年9月。平装,32开,书号10020·1051,定价0.19元。(7-86)

3920 散文特写选(1957年)
作家出版社编,作家出版社1958年9月。大32开,书号10020·1030,平装,定价1.30元;精装,定价1.70元。(7-87)

3921 没羽集
秦似著,作家出版社1958年10月。平装,大32开,书号10020·1034,定价0.70元。(7-88)

3922 跃进中的东北
茅盾著,作家出版社1958年10月。平装,32开,书号10020·1121,定价0.13元。(7-89)

| 3923 | 创造奇迹的时代

巴金等著,作家出版社1958年10月。平装,32开,书号10020·1062,定价0.06元。(7-90)

| 3924 | 中国和亚非各国人民的友谊

中国作家协会编,作家出版社1958年12月。平装,大32开,书号10020·1197,定价0.74元。(7-91)

| 3925 | 童话的时代

华山等著,文学小丛书,1958年12月。平装,50开,书号10020·1095,定价0.27元。(7-92)

| 3926 | 万炮震金门

刘白羽著,作家出版社1959年3月。平装,32开,书号10020·1300,定价0.28元。(7-93)

| 3927 | 访苏散记

周洁夫著,作家出版社1959年3月。平装,32开,书号10020·1202,定价0.57元。(7-94)

| 3928 | 决裂集

罗荪著,作家出版社1959年3月。平装,32开,书号10020·1286,定价0.46元。(7-95)

| 3929 | 叶笛集

郭风著,作家出版社1959年4月。平装,32异,书号10020·1117,定价0.18元。(7-96)

| 3930 | 在福建前线

陶钝著,作家出版社1959年4月。平装,32开,书号10020·1292,定价0.17元。(7-97)

| 3931 | 柴达木手记

李若冰著,作家出版社1959年4月。32开,书号10020·1253,平装,定价0.52元;半精,定价0.75元。(7-98)

| 3932 | 戈壁滩上的探矿队

何永鳌著,作家出版社1959年5月。平装,32开,书号10020·1321,定价0.27元。(7-99)

| 3933 | 更红集

马少波著,作家出版社1959年6月。平装,32开,书号10020·1334,定价0.59元。(7-100)

| 3934 | 故乡和亲人

韦君宜等著,作家出版社1959年6月。平装,32开,书号10020·1315,定价0.51元。(7-101)

| 3935 | 春天漫笔

魏巍著,作家出版社1959年7月。平装,32开,书号10020·1330,定价0.47元。(7-102)

| 3936 | 在岗位上

阿凤著,作家出版社1959年9月。平装,32开,书号10020·1358,定价0.34元。(7-103)

| 3937 | 前线的颂歌

菡子著,建国十年优秀创作选拔本,1959年9月。大32开,书号10019·1492,平装,定价0.58元;精装,定价1.20元。(7-104)

| 3938 | 早晨的太阳

刘白羽著,作家出版社1959年9月。大32开,书号10020·1363,半精,定价0.83元;平装,定价0.55元。(7-105)

| 3939 | 幸福的日子

靳以著,建国十年优秀创作选拔本,1959年9月。大32开,书号10019·1506,平装,定价0.83元;精装,定价1.45元。(7-106)

| 3940 | 投枪集

吴晗著,作家出版社1959年9月。大32开,书号10020·1393,平装,定价0.98元;半精,定价1.27元。(7-107)

| 3941 | 奔流集

华嘉著,作家出版社1959年9月。平装,32开,书号10020·1344,定价0.48元。(7-108)

| 3942 | 友谊集

巴金著,作家出版社1959年9月。平装,32开,书号10020·1380,定价0.35元。(7-109)

| 3943 | 新声集

巴金著,建国十年优秀创作选拔本,1959年9月。大32开,书号10019·1517,平装,定价1.15元;精装,定价1.70元。(7-110)

| 3944 | 张弛集

马铁丁著,作家出版社1959年11月。平装,大32开,书号10020·1378,定价0.86元。(7-111)

| 3945 | 远行集

叶君健著,作家出版社1959年11月。平装,32开,书号10020·1386,定价0.27元。(7-112)

| 3946 | 黄海散记

韩希梁著,作家出版社1959年12月。平装,32开,书号10020·1402,定价0.27元。(7-113)

| 3947 | 散文特写选(1958年)

《新观察》编辑部编,作家出版社1959年12

中国当代散文

227

散文

月。大 32 开,书号 10020·1396,平装,定价 1.57 元;精装,定价 2.10 元。(7-114)

3948 史诗时代
韩北屏著,作家出版社 1959 年 12 月。平装,32 开,书号 10020·1404,定价 0.35 元。(7-115)

3949 海市
杨朔著,作家出版社 1960 年 1 月。平装,32 开,书号 10020·1299,定价 0.44 元。(7-116)

3950 记贺龙
沙汀著,文学小丛书,1960 年 2 月。平装,50 开,书号 10019·1408,定价 0.27 元。(7-117)

3951 冲霄集
姚文元著,作家出版社 1960 年 3 月。平装,大 32 开,书号 10020·1447,定价 0.54 元。(7-118)

3952 龙凤艺术
沈从文著,作家出版社 1960 年 3 月。精装,大 32 开,书号 10020·1451,定价 0.78 元。(7-119)

3953 山溪和海岛
郭风著,作家出版社 1960 年 8 月。平装,32 开,书号 10020·1476,定价 0.34 元。(7-120)

3954 速写集
杜鹏程著,作家出版社 1960 年 9 月。平装,32 开,书号 10020·1485,定价 0.37 元。(7-121)

3955 大路集
张沛著,作家出版社 1960 年 12 月。平装,32 开,书号 10020·1503,定价 0.44 元。(7-122)

3956 鲁迅回忆录
许广平著,作家出版社 1961 年 5 月。32 开,书号 10020·1518,平装,定价 0.50 元;精装,定价 1.40 元。(7-123)

3957 边疆风貌
碧野著,作家出版社 1961 年 7 月。平装,大 32 开,书号 10020·1509,定价 0.52 元。(7-124)

3958 花城
秦牧著,作家出版社 1961 年 7 月。36 开,书号 10020·1520,平装,定价 0.66 元;精装,定价 0.87 元。(7-125)

3959 火炬
周而复著,作家出版社 1961 年 9 月。大 32 开,书号 10020·1527,平装,定价 0.66 元;精装,定价 0.94 元。(7-126)

3960 春天集
吴晗著,作家出版社 1961 年 12 月。大 32 开,书号 10020·1539,平装,定价 0.85 元;精装,定价 1.15 元。(7-127)

3961 东风第一枝
杨朔著,作家出版社 1961 年 12 月。36 开,书号 10020·1542,平装,定价 0.37 元;精装,定价 1.30 元。(7-128)

3962 珠江岸边
陈残云著,作家出版社 1962 年 5 月。32 开,书号 10020·1569,平装,定价 0.61 元;精装,定价 0.82 元。(7-129)

3963 红玛瑙集
刘白羽著,作家出版社 1962 年 5 月。36 开,书号 10020·1571,平装,定价 0.57 元;精装,定价 1.30 元。1966 年 4 月人民文学出版社,36 开,书号 10019·1820,平装,定价 0.51 元;精装,定价 1.25 元。(7-130)

3964 花
曹靖华著,作家出版社 1962 年 8 月。32 开,书号 10020·1588,平装,定价 0.70 元;精装,定价 1.25 元。(7-131)

3965 不惑集
谢觉哉著,作家出版社 1962 年 9 月。大 32 开,书号 10020·1591,平装,定价 0.94 元;精装,定价 1.20 元。(7-132)

3966 残照录
马铁丁著,作家出版社 1962 年 9 月。36 开,书号 10020·1595,平装,定价 0.30 元;精装,定价 0.73 元。(7-133)

3967 大地新游
冶秋著,作家出版社 1962 年 11 月。平装,32 开,书号 10020·1600,定价 0.57 元。(7-134)

3968 在大海那边

228

岑桑著,作家出版社 1962 年 11 月。平装,32 开,书号 10020·1607,定价 0.45 元。(7-135)

3969　北极星

吴伯箫著,作家出版社 1963 年 4 月。36 开,书号 10020·1641,平装,定价 0.38 元;精装,定价 1.15 元。1978 年 4 月人民文学出版社,平装,小 32 开,书号 10019·2612,定价 0.30 元。(7-136)

3970　山水阳光

林遐著,作家出版社 1963 年 5 月。36 开,书号 10020·1655,平装,定价 0.57 元;精装,定价 0.81 元。(7-137)

3971　秋色赋

峻青著,作家出版社 1963 年 7 月。32 开,书号 10020·1670,平装,定价 0.81 元;精装,定价 0.88 元。1978 年 7 月人民文学出版社,平装,32 开,书号 10019·2611,定价 0.74 元。(7-138)

3972　风帆

袁鹰著,作家出版社 1963 年 8 月。32 开,书号 10020·1680,平装,定价 0.62 元;精装,定价 0.86 元。1979 年 8 月人民文学出版社,32 开,书号 10019·2796,平装,定价 0.59 元;精装,定价 1.10 元。(7-139)

3973　挥手之间

方纪著,作家出版社 1963 年 9 月。32 开,书号 10020·1705,平装,定价 0.60 元;精装,定价 0.80 元。(7-140)

3974　散文特写选(1959—1961)

周立波编选,1963 年 10 月。大 32 开,10020·1757,平装,定价 1.35 元;精装,定价 1.80 元。(7-141)

3975　李信子姑娘

黄钢著,作家出版社 1963 年 12 月。36 开,书号 10020·1730,平装,定价 0.58 元;精装,定价 1.45 元。(7-142)

3976　报告文学(第一集)

中国作家协会农村读物工作委员会编,农村文学读物丛书,作家出版社 1964 年 1 月。平装,大 32 开,书号 10020·1735,定价 0.86 元。(7-143)

3977　仇恨的火花

作家出版社编辑部编,作家出版社 1964 年 1 月。平装,32 开,书号 10020·1733,定价 0.78 元。(7-144)

3978　西非日记

杜宣著,作家出版社 1964 年 3 月。32 开,书号 10020·1748,平装,定价 0.43 元;精装,定价 0.87 元。(7-145)

3979　新花红似火

作家出版社编辑部编,作家出版社 1964 年 4 月。平装,32 开,书号 10020·1758,定价 0.31 元。(7-146)

3980　拾穗小札

冰心著,作家出版社 1964 年 4 月。36 开,书号 10020·1749,平装,定价 0.41 元;精装,定价 0.89 元。(7-147)

3981　潮汐和船

秦牧著,作家出版社 1964 年 5 月。36 开,书号 10020·1754,平装,定价 0.63 元;精装,定价 0.85 元。(7-148)

3982　贤良桥畔

巴金著,作家出版社 1964 年 9 月。32 异,书号 10020·1797,平装,定价 0.40 元;精装,定价 0.94 元。(7-149)

3983　生命泉

杨朔著,作家出版社 1964 年 9 月。36 开,书号 10020·1764,平装,定价 0.30 元;精装,定价 0.78 元。(7-150)

3984　小丫扛大旗　报告文学(第二集)

中国作家协会农村读物工作委员会编,农村文学读物丛书,作家出版社 1964 年 9 月。平装,32 开,书号 10020·1792,定价 0.50 元。(7-151)

3985　南柳春光　报告文学(第三集)

中国作家协会农村读物工作委员会编,农村文学读物丛书,作家出版社 1964 年 9 月。平装,32 开,书号 10020·1793,定价 0.50 元。(7-152)

3986　我们的青春

《我们的青春》编辑小组编,作家出版社 1965 年 3 月。平装,32 开,书号 10020·1829,定价 0.56 元。(7-153)

3987 一张工票 揭露资产阶级罪恶录

作家出版社编辑部编,作家出版社1965年4月。平装,32开,书号10020·1833,定价0.34元。(7-154)

3988 不爱红装爱武装

作家出版社1965年4月。平装,32开,书号10020·1831,定价0.34元。(7-155)

3989 为革命学习的人们

作家出版社编辑部编,作家出版社1965年5月。平装,32开,书号10020·1841,定价0.30元。(7-156)

3990 反美斗争的最前哨

作家出版社编辑部编,作家出版社1965年6月。32开,书号10020·1846,平装,定价0.31元;精装,定价0.80元。(7-157)

3991 九颗红心向祖国

郑志著,作家出版社1965年6月。平装,32开,书号10020·1851,定价0.22元。(7-158)

3992 万里送牛 报告文学(第四集)

作家出版社编辑部编,农村文学读物丛书,作家出版社1965年6月。平装,32开,书号10020·1844,定价0.28元。(7-159)

3993 我们和越南人民的战斗友谊

中越友好人民公社集体写作,作家出版社1965年7月。32开,书号10020·1855,平装,定价0.30元;精装,定价0.80元。(7-160)

3994 药老虎发家史

本社编辑部编,1965年8月。平装,32开,书号10019·1788,定价0.42元。(7-161)

3995 为革命而打球

本社编辑部编,1965年8月。平装,32开,书号10019·1798,定价0.22元。(7-162)

3996 新人新作选(第三集)

中国作家协会、中国戏剧家协会、中国曲艺工作者协会编,1965年9月。平装,大32开,书号10019·1795,定价1.30元。(7-163)

3997 王杰

王杰生前所在部队业余写作组创作,1966年1月。平装,32开,书号10019·1810,定价0.30元。(7-164)

3998 崭新的一代

中国作家协会江西分会、人民文学出版社编,1966年2月。平装,32开,书号10019·1805,定价0.50元。(7-165)

3999 伟大的战士——焦裕禄

本社编辑部编,1966年3月。平装,32开,书号10019·1817,定价0.33元。(7-166)

4000 和战斗英雄麦贤得在一起

中国人民解放军海军政治部文化部编,1966年3月。平装,32开,书号10019·1818,定价0.17元。(7-167)

4001 光辉的榜样——焦裕禄

本社编辑部编,1966年4月。平装,32开,书号10019·1822,定价0.42元。(7-168)

4002 乒乓运动的春天

徐寅生、李仁苏、张彩珍、吴重远著,1966年4月。32开,书号10019·1815,平装,定价0.44元;精装,定价0.83元。(7-169)

4003 荷塘——今日南泥湾

《荷塘》写作小组创作,1966年4月。平装,32开,书号10019·1821,定价0.49元。(7-170)

4004 团结胜利的凯歌(报告文学选集)

本社编,1972年9月。平装,32开,书号10019·1933,定价0.39元。(7-171)

4005 淀上飞兵

李永鸿著,1973年5月。平装,小32开,书号10019·2008,定价0.51元。(7-172)

4006 珍珠赋(散文选)

1973年5月。平装,小32开,书号10019·1984,定价0.26元。(7-173)

4007 无影灯下的战斗(报告文学集)

《无影灯下的战斗》写作组创作,1973年11月。平装,小32开,书号10019·2076,定价0.60元。(7-174)

4008 引路的红旗

本社编,1974年8月。平装,小32开,书号10019·2192,定价0.32元。(7-175)

4009 新穗集

刘亚舟著,1974年11月。平装,小32开,书号10019·2203,定价0.35元。(7-176)

4010 他们特别能战斗(报告文学集)

《他们特别能战斗》编写小组创作,1974年12月。平装,小32开,书号10019·2223,定价

0.58元。1975年6月,书名副标题《开滦煤矿报告文学集》。(7-177)

4011　金翅鸟(散文选)
冉丹等著,1975年1月。平装,小32开,书号10019·2214,定价0.25元。(7-178)

4012　广阔的路
北京大学中文系1972级文学创作班等创作,1975年2月。平装,32开,书号10019·2210,定价0.40元。(7-179)

4013　灯岛
张岐著,1975年4月。平装,小32开,书号10019·2257,定价0.31元。(7-180)

4014　除"虱"篇(批林批孔杂文集)
康立等著,1975年6月。平装,小32开,书号10019·2259,定价0.24元。(7-181)

4015　讨孔风云(故事新编)
北京市仪表工业局《讨孔风云》编写组编写,1975年8月。平装,小32开,书号10019·2275,定价0.36元。(7-182)

4016　昔阳新故事
昔阳县革命故事编写组编写,1975年9月。平装,小32开,书号10019·2296,定价0.56元。(7-183)

4017　校园春光(教育革命故事集)
吉林大学中文系七二级创作组创作,1975年11月。平装,小32开,书号10019·2332,定价0.36元。(7-184)

4018　红军路上
韶山、井冈山、遵义、延安创作组创作,1975年12月。平装,小32开,书号10019·2308,定价0.62元。(7-185)

4019　灯光明亮(故事会)
秦皇岛市文教局创作组创作,1976年4月。平装,32开,书号10019·2351,定价0.31元。(7-186)

4020　大地的翅膀
浩然著,1976年5月。平装,小32开,书号10019·2376,定价0.29元。(7-187)

4021　昔阳散记
莎荫、书文著,1976年10月。平装,小32开,书号10019·2409,定价0.44元。(7-188)

4022　江鹰
南通县革命故事编写组编写,1976年10月。平装,小32开,书号10019·2424,定价0.34元。(7-189)

4023　来自坦赞铁路的报告
《来自坦赞铁路的报告》编写组编写,1976年8月。平装,小32开,书号10019·2415,定价0.76元。(7-190)

4024　唐山来的报告
匡满等著,1977年3月。平装,小32开,书号10019·2458,定价0.58元。(7-191)

4025　怀念敬爱的周总理
《人民文学》编辑部、人民文学出版社编,1977年3月。平装,书号10019·2464,大32开,定价1.60元;小32开,定价1.30元。(7-192)

4026　踏上地球之巅
《踏上地球之巅》写作组集体创作,鲁光、涂光群、曾曙生、费树琪执笔,1977年5月。平装,小32开,书号10019·2457,定价0.76元。(7-193)

4027　颂歌献给华主席
1977年6月。平装,书号10019·2492,小32开,定价0.43元;大32开,定价0.52元。(7-194)

4028　"中山狼"的本性及其它　批判"四人帮"反党集团杂文集
1977年7月。平装,小32开,书号10019·2497,定价0.33元。(7-195)

4029　双牵牛　河北遵化农业机械化故事集
河北遵化县文化馆编,1977年11月。平装,小32开,书号10019·2511,定价0.36元。(7-196)

4030　山谷里的火光
武乡县委革命故事编创组编写,1977年12月。平装,小32开,书号10019·2521,定价0.37元。(7-197)

4031　杨朔散文选
1978年1月。书号10019·2572,平装,小32开,定价0.68元;平装,大32开,定价0.82元;精装,大32开,定价1.40元。(7-198)

4032　哥德巴赫猜想
徐迟著,1978年3月。书号10019·2621,平装,小32开,定价0.43元;平装,大32开,定

0.50元;精装,大32开,定价1.10元。1990年8月收入北京市教育局青年文库,平装,小32开,ISBN 7-02-001079-2,非卖品,无定价。(7-199)

4033 刘白羽散文选

1978年4月。书号10019·2579,平装,小32开,定价0.60元;平装,大32开,定价0.72元;精装,大32开,定价1.25元。(7-200)

4034 绿叶赞

魏纲焰著,1978年7月。平装,32开,书号10019·2636,定价0.57元。(7-201)

4035 昔阳大地(报告文学集)

1978年8月。平装,32开,书号10019·2633,定价0.40元。(7-202)

4036 长河浪花集

秦牧著,1978年7月。书号10019·2643,平装,小32开,定价0.60元;平装,大32开,定价0.72元;精装,大32开,定价1.30元。1990年8月收入北京市教育局青年文库,平装,32开,ISBN 7-02-001078-4,非卖品,无定价。(7-203)

4037 滨海红花

1978年9月。平装,32开,书号10019·2589,定价0.44元。(7-204)

4038 未完成的画

冯伊湄著,1978年11月。平装,32开,书号10019·2684,定价0.58元;半精,定价0.83元。1999年6月收入当代艺术家传记,书名《未完成的画 司徒乔传》,平装覆膜,大32开,ISBN 7-02-002884-5,定价16.50元。2011年8月收入人与岁月,书名《司徒乔:未完成的画》,平装,16异,ISBN 978-7-02-008572-9,定价30.00元。(7-205)

4039 石头赶车(陕西故事集)

陕西省工农兵艺术馆编选,1979年7月。平装,32开,书号10019·2778,定价0.40元。(7-206)

4040 余党末日

曹大澄著,1979年8月。平装,32开,书号10019·2811,定价0.20元。(7-207)

4041 方纪散文集

1979年8月。32开,书号10019·2831,平装,定价0.64元;精装,定价1.45元。(7-208)

4042 三家村札记

吴南星著,1979年9月。32开,书号10019·2845,平装,定价0.48元;精装,定价1.35元。(7-209)

4043 吴晗杂文选

1979年12月。32开,书号10019·2882,平装,定价0.70元;精装,定价1.10元。(7-210)

4044 爝火集

巴金著,1979年12月。大32开,书号10019·2885,平装,定价0.69元;精装,定价1.60元。(7-211)

4045 散文特写选1949—1979(一)

中国社会科学院文学研究所当代文学研究室编,1980年2月。大32开,书号10019·2908,平装,定价1.75元;精装,定价2.70元。(7-212)

4046 冼星海传

马可著,1980年2月。32开,书号10019·2922,平装,定价0.74元;精装,定价1.55元。(7-213)

4047 台湾散文选

本社编,1979年12月。32开,书号10019·2881,平装,定价0.43元;精装,定价1.25元。(7-214)

4048 谢觉哉杂文选

1980年4月。大32开,书号10019·2954,平装,定价0.93元;精装,定价1.85元。(7-215)

4049 随想录(一)

巴金著,1980年6月。平装,小32开,书号10019·2982,定价0.38元。1989年11月,平装覆膜,小32开,ISBN 7-02-000882-8,定价2.15元。1997年3月,1—5集,平装覆膜,32开,ISBN 7-02-000882-8,定价35.00元。2000年7月五集合订本收入百年百种优秀中国文学图书,平装覆膜,大32开,ISBN 7-02-003262-1,定价32.00元。2006年5月,平装,32异,ISBN 7-02-004946-8,定价13.00元。2014年2月,1—5集,平装,小32开,ISBN 978-7-02-010079-8,定价89.00元;精装,ISBN

978-7-02-010075-0,定价 166.00 元。2018年 10 月合订本,精装,大 32 开,ISBN 978-7-02-013645-2,定价 89.00 元。(7-216)

4050　她有多少孩子

理由著,当代文学丛书,1980 年 7 月。平装,32 开,书号 10019·3000,定价 0.63 元。(7-217)

4051　命运

杨匡满、郭宝臣著,当代文学丛书,1980 年 7 月。平装,小 32 开,书号 10019·2998,定价 0.40 元。(7-218)

4052　散文特写选 1949—1979(二)

中国社会科学院文学研究所当代文学研究室编,1980 年 8 月。大 32 开,书号 10019·3006,平装,定价 1.80 元;精装,定价 2.70 元。(7-219)

4053　花蜜和蜂刺

秦牧著,1980 年 11 月。平装,32 开,书号 10019·3053,定价 0.65 元。(7-220)

4054　丁玲散文集

1980 年 11 月。平装,32 开,书号 10019·3063,定价 0.59 元。(7-221)

4055　你是普通的花

郭风著,1981 年 1 月。32 开,书号 10019·3086,平装,定价 0.53 元;平装覆膜,定价 0.79 元。(7-222)

4056　画山绣水(游记选)

本社编辑部编,1980 年 12 月。平装,32 开,书号 10019·3064,定价 0.92 元。(7-223)

4057　柴达木手记

李若冰著,1981 年 1 月。平装,大 32 开,书号 10019·3080,定价 0.73 元。(7-224)

4058　杜宣散文选

1981 年 7 月。平装,32 开,书号 10019·3160,定价 0.67 元。(7-225)

4059　在法国的日子里

闫纯德著,1981 年 7 月。大 32 开,书号 10019·3168,平装,定价 0.69 元;平装覆膜,定价 1.05 元。1989 年 9 月收入北京市教育局儿童文库,平装,32 开,ISBN 7-02-000839-9,非卖品,无定价。(7-226)

4060　探索集(《随想录》第二集)

巴金著,1981 年 7 月。小 32 开,书号 10019·3158,平装,定价 0.37 元;平装覆膜,定价 0.62 元。1989 年 11 月,平装覆膜,小 32 开,ISBN 7-02-000883-6,定价 1.75 元。2006 年 5 月,平装,32 异,ISBN 7-02-005548-6,定价 12.00 元。(7-227)

4061　雕塑家传奇

徐开垒著,1981 年 12 月。平装,32 开,书号 10019·3221,定价 0.63 元。(7-228)

4062　1977—1980 年全国优秀报告文学评选获奖作品集(一)

《文艺报》《人民文学》编辑部编,1981 年 12 月。大 32 开,书号 10019·3224,平装,定价 1.20 元;平装覆膜,定价 1.55 元。(7-229)

4063　1977—1980 年全国优秀报告文学评选获奖作品集(二)

《文艺报》《人民文学》编辑部编,1981 年 12 月。大 32 开,书号 10019·3225,平装,定价 1.25 元;平装覆膜,定价 1.60 元。(7-230)

4064　望云海

曾敏之著,1982 年 3 月。小 32 开,书号 10019·3250,平装,定价 0.76 元;平装覆膜,定价 1.00 元。(7-231)

4065　岑桑散文选

1981 年 12 月。小 32 开,书号 10019·3231,平装,定价 0.58 元;平装覆膜,定价 0.83 元。(7-232)

4066　散文特写选 1949—1979(三)

中国社会科学院文学研究所当代文学研究室编,1982 年 5 月。大 32 开,书号 10019·3289,平装,定价 2.10 元;精装,定价 3.00 元。(7-233)

4067　鱼游春水

黎先耀著,1982 年 6 月。平装,大 32 开,书号 10019·3312,定价 0.77 元;平装覆膜,定价 1.15 元。(7-234)

4068　乡村集

菡子著,1982 年 9 月。平装,32 开,书号 10019·3355,定价 0.48 元。(7-235)

4069　炼狱中的圣火

王西彦著,1982 年 11 月。平装,大 32 开,书号 10019·3371,定价 0.80 元。(7-236)

散文

4070 碧野散文选
1982年8月。32开,书号10019·3333,平装,定价0.67元;精装,定价1.20元。(7-237)

4071 她志在凌云
哈华著,1982年11月。平装,小32开,书号10019·3359,定价0.65元。(7-238)

4072 真话集(《随想录》第三集)
巴金著,1983年2月。小32开,书号10019·3416,平装,定价0.39元;平装覆膜,定价0.64元。1989年11月,平装覆膜,小32开,ISBN 7-02-000884-4,定价2.05元。2006年5月,平装,32异,ISBN 7-02-005549-4,定价13.00元。(7-239)

4073 秋林红果
秦牧著,1983年4月。平装,小32开,书号10019·3437,定价0.73元。(7-240)

4074 冰心散文选
1983年3月。大32开,书号10019·3424,平装,定价0.86元;精装,定价1.75元。1991年5月增订本,大32开,平装覆膜,ISBN 7-02-001173-X,定价5.20元;精装,ISBN 7-02-001174-8,定价8.70元。(7-241)

4075 怀念集
周而复著,1983年1月。大32开,书号10019·3395,平装,定价1.05元;平装覆膜,定价1.40元。(7-242)

4076 荒煤散文选
陈荒煤著,1983年2月。大32开,书号10019·3417,平装,定价0.87元;精装,定价2.15元。(7-243)

4077 一个神秘世界的见闻
哲中著,当代文学丛书,1983年7月。平装,小32开,书号10019·3474,定价0.40元。(7-244)

4078 台湾游记选
(香港)曾敏之编,1983年6月。小32开,书号10019·3464,平装,定价0.66元;精装,定价1.70元。(7-245)

4079 吴伯箫散文选
1983年7月。大32开,书号10019·3473,平装,定价1.10元;平装覆膜,定价1.50元。(7-246)

4080 彩色的土地
雁翼著,1983年8月。平装,小32开,书号10019·3497,定价0.47元。(7-247)

4081 柯灵散文选
1983年11月。大32开,书号10019·3541,平装,定价1.05元;精装,定价2.10元。1988年5月,平装覆膜,大32开,ISBN 7-02-000378-8,定价3.65元。(7-248)

4082 孙犁散文选
1984年1月。大32开,书号10019·3553,平装,定价1.05元;精装,定价2.35元。(7-249)

4083 故乡集
梁容若著,1984年2月。小32开,书号10019·3597,平装,定价0.65元;平装覆膜,定价0.95元。(7-250)

4084 风雨年华
黄秋耘著,1983年10月。小32开,书号10019·3548,平装,定价0.58元;平装覆膜,定价0.88元。1988年5月增订本,平装覆膜,32开,ISBN 7-02-000333-8,定价2.80元。(7-251)

4085 牡丹园记
严阵著,1983年12月。平装,小32开,书号10019·3570,定价0.71元。(7-252)

4086 心中的画
丁宁著,1984年3月。平装,小32开,书号10019·3622,定价0.63元。(7-253)

4087 春归雁
谷峪著,1984年2月。平装,小32开,书号10019·3615,定价0.64元。(7-254)

4088 散文·报告文学·儿童文学集
全国少数民族文学创作获奖作品丛书编辑组编,全国少数民族文学创作获奖作品丛书,1984年9月。大32开,书号10019·3695,平装,定价1.85元;精装,定价3.10元。(7-255)

4089 穆青散文选
1984年7月。大32开,书号10019·3680,平装,定价1.25元;精装,定价2.25元。(7-256)

4090 过去的足迹

黄裳著,1984年8月。大32开,书号10019·3694,平装,定价1.20元;精装,定价2.20元。(7-257)

4091 1981—1982年全国优秀报告文学评选获奖作品集

中国作家协会编,1984年10月。大32开,书号10019·3712,平装,定价2.10元;精装,定价3.40元。(7-258)

4092 这里有一条爱河

紫风著,1984年12月。小32开,书号10019·3730,平装,定价1.00元;平装覆膜,定价1.30元。(7-259)

4093 病中集(《随想录》第四集)

巴金著,1984年12月。小32开,书号10019·3732,平装,定价0.51元;平装覆膜,定价0.81元。1989年11月,平装覆膜,32开,ISBN 7-02-000886-0,定价1.85元。2006年5月,平装,32异,ISBN 7-02-005550-8,定价13.00元。(7-260)

4094 三门李轶闻

乔迈著,1985年1月。平装,小32开,书号10019·3752,定价1.50元。(7-261)

4095 北海道之旅

何为著,1985年5月。小32开,书号10019·3815,平装,定价1.10元;平装覆膜,定价1.40元。(7-262)

4096 严秀杂文选

1985年4月。平装,大32开,书号10019·3621,定价1.60元。(7-263)

4097 丁玲散文选

1985年7月。大32开,书号10019·3821,平装,定价2.70元;精装,定价4.85元。(7-264)

4098 笔下千骑——绘画大师徐悲鸿

郑理著,1985年5月。平装,小32开,书号10019·3807,定价1.95元;平装覆膜,定价2.30元。2019年5月,书名《大师徐悲鸿》,平装,16异,ISBN 978-7-02-014741-0,定价69.00元。(7-265)

4099 严文井散文选

1985年7月。大32开,书号10019·3823,平装,定价2.20元;精装,定价4.40元。(7-266)

4100 沧海赋

峻青著,1985年11月。平装,大32开,书号10019·3872(应为3871),定价2.60元。(7-267)

4101 茶花赋

杨朔著,文学小丛书,1985年1月。平装,小32开,书号10019·3755,定价0.52元。(7-268)

4102 冬天的童话

遇罗锦著,1985年12月。平装,小32开,书号10019·3880,定价1.40元。(7-269)

4103 墨色花小集

忆明珠著,1986年2月。平装,小32开,书号10019·3853,定价0.97元。(7-270)

4104 青春岁月——当代青年小报告文学选

金明、单翰、齐林选编,1986年3月。平装,小32开,书号10019·3929,定价2.05元。(7-271)

4105 超越自我

陈祖德著,1986年3月。大32开,书号10019·3930,平装,定价2.35元;精装,定价4.50元。1990年8月收入北京市教育局青年文库,平装,小32开,ISBN 7-02-001089-X,非卖品,无定价。1991年1月,平装,大32开,ISBN 7-02-001168-3,定价4.45元。(7-272)

4106 青铜与白石 雕塑大师刘开渠传

纪宇著,1986年3月。大32开,书号10019·3924,平装,定价3.50元。1988年5月,大32开,平装,ISBN 7-02-000369-9,定价4.35元;精装,ISBN 7-02-000370-2,定价8.45元。(7-273)

4107 1980—1984散文选

鲍霁、季涤尘、黄志伟、武力新编选,1986年4月。大32开,书号10019·3940,平装,定价4.10元;精装,定价5.75元。(7-274)

4108 爱在人间

赵丽宏著,1986年9月。平装,小32开,书号10019·3993,定价2.25元。(7-275)

4109 秦牧散文选

1987年2月。平装覆膜,大32开,书号

10019·4024,定价 3.45 元。1988 年 12 月,平装覆膜,大 32 开,ISBN 7-02-000409-1,定价 5.75 元。(7-276)

4110 1985 年报告文学选

周明、刘茵、龚玉编选,1986 年 12 月。大 32 开,书号 10019·4029,平装,定价 2.70 元;平装覆膜,定价 3.20 元。(7-277)

4111 相思一片

姜德明著,1987 年 5 月。平装覆膜,小 32 开,书号 10019·4063,定价 2.55 元。(7-278)

4112 无题集(《随想录》第五集)

巴金著,1986 年 12 月。平装,32 异,书号 10019·4050,定价 1.10 元。1989 年 11 月,平装覆膜,小 32 开,ISBN 7-02-000885-2,定价 2.20 元。2006 年 5 月,平装,32 异,ISBN 7-02-005551-6,定价 15.00 元。(7-279)

4113 冰灯虹影

谢树著,1987 年 8 月。平装,小 32 开,书号 10019·4135,定价 1.30 元。(7-280)

4114 1986 年报告文学选

周明、刘茵、龚玉编选,1988 年 2 月。平装覆膜,大 32 开,书号 10019·4206,ISBN 7-02-000097-5,定价 3.50 元。(7-282)

4115 关于男人

冰心著,1988 年 2 月。平装覆膜,32 异,书号 10019·4266,ISBN 7-02-000338-9,定价 1.95 元。(7-283)

4116 归来的啼鹃

陈慧瑛著,1988 年 8 月。平装覆膜,32 异,ISBN 7-02-000466-0,定价 2.60 元。(7-284)

4117 人间·慈母·爱

刘再复著,1988 年 9 月。平装覆膜,32 异,ISBN 7-02-000705-8,定价 2.30 元。(7-285)

4118 我走过的道路(上)

茅盾著,新文学史料丛书,1981 年 10 月。大 32 开,书号 10019·3186,平装,定价 1.00 元;精装,定价 1.90 元。1997 年 12 月全书以上下两卷收入名家自述丛书,平装覆膜,大 32 开,ISBN 7-02-002569-2,定价 59.00 元。(7-286)

4119 旅广手记

巴人著,新文学史料丛书,1981 年 12 月。大 32 开,书号 10019·3222,平装,定价 0.41 元;平装覆膜,定价 0.76 元。(7-287)

4120 从文自传

沈从文著,新文学史料丛书,1981 年 12 月。大 32 开,书号 10019·3220,平装,定价 0.61 元;平装覆膜,定价 0.96 元。1997 年 12 月收入名家自述丛书,平装覆膜,大 32 开,ISBN 7-02-002565-X,定价 9.20 元。2017 年 2 月收入漫说旧时光,平装,国流 32 开,ISBN 978-7-02-011545-7,定价 23.00 元。2017 年 3 月收入沈从文散文新编,平装,国流 32 开,ISBN 978-7-02-011567-9,定价 20.00 元。(7-288)

4121 记事珠

冰心著,新文学史料丛书,1982 年 1 月。大 32 开,书号 10019·3258,平装,定价 1.05 元;平装覆膜,定价 1.40 元。1997 年 12 月收入名家自述丛书,平装覆膜,大 32 开,ISBN 7-02-002563-3,定价 15.50 元。(7-289)

4122 老舍生活与创作自述

新文学史料丛书,1982 年 4 月。平装,大 32 开,书号 10019·3257,定价 1.30 元。1997 年 12 月收入名家自述丛书,平装覆膜,大 32 开,ISBN 7-02-002562-5,定价 18.50 元。(7-290)

4123 创作回忆录

巴金著,新文学史料丛书,1982 年 1 月。大 32 开,书号 10019·3247,平装,定价 0.44 元;平装覆膜,定价 0.79 元。1997 年 12 月收入名家自述丛书,平装覆膜,大 32 开,ISBN 7-02-002566-8,定价 7.70 元。(7-291)

4124 徐懋庸回忆录

徐懋庸著,新文学史料丛书,1982 年 7 月。平装,大 32 开,书号 10019·3297,定价 0.79 元。(7-292)

4125 写作生涯回忆

张恨水著,新文学史料丛书,1982 年 6 月。大 32 开,书号 10019·3309,平装,定价 0.58 元;平装覆膜,定价 0.98 元。(7-293)

4126 我与我的世界

曹聚仁著,新文学史料丛书,1983 年 3 月。平装,大32开,书号10019·3398,定价1.70元。2000年6月修订版,收入名家自述丛书,平装覆膜,大32开,ISBN 7-02-003208-7,定价26.60元。(7-294)(28-39)

4127 我走过的道路(中)
茅盾著,新文学史料丛书,1984年5月。大32开,书号10019·3648,平装,定价1.25元;精装,定价2.50元。(7-295)

4128 脚印
聂绀弩著,新文学史料丛书,1986年3月。平装,大32开,书号10019·3921,定价2.20元。(7-296)

4129 钦文自传
许钦文著,新文学史料丛书,1986年5月。平装,大32开,书号10019·3939,定价0.94元。(7-297)

4130 风雨五十年
阳翰笙著,新文学史料丛书,1986年10月。平装,大32开,书号10019·3985,定价2.20元。(7-298)

4131 我走过的道路(下)
茅盾著,新文学史料丛书,1988年9月。平装覆膜,大32开,ISBN 7-02-000248-X,定价3.6元;精装,ISBN 7-02-000249-8,定价6.85元。(7-300)

4132 世界大串连——中国出国潮纪实
胡平、张胜友著,《当代》文选,1988年3月。平装,小32开,ISBN 7-02-000334-6,定价0.60元。(7-301)

4133 1985—1987散文选
姜德明、季涤尘选编,1989年4月。平装覆膜,大32开,ISBN 7-02-000655-8,定价6.35元。(7-302)

4134 天涯何处无芳草
曹玉模等著,曹致佐、贾梦雷组织编写,1989年5月。平装覆膜,大32开,ISBN 7-02-000694-9,定价3.15元。(7-303)

4135 1987年报告文学选
周明、刘茵、龚玉编选,1989年4月。平装覆膜,大32开,ISBN 7-02-000677-9,定价6.40元。(7-304)

4136 独白下的传统
(台湾)李敖著,1989年8月。平装覆膜,大32开,ISBN 7-02-000888-7,定价3.00元。(7-305)

4137 怪客 杨羽仪散文选
1989年9月。大32开,平装,ISBN 7-02-000799-6,定价4.45元;平装覆膜,ISBN 7-02-000800-3,定价6.00元。(7-306)

4138 魍魉世界 风雪人间
——丁玲的回忆
1989年7月。平装覆膜,大32开,ISBN 7-02-000504-7,定价4.75元。1997年12月收入名家自述丛书,平装覆膜,大32开,ISBN 7-02-002568-4,定价14.80元。(7-307)

4139 无为集
孙犁著,1989年9月。平装覆膜,32异,ISBN 7-02-000550-0,定价3.05元。(7-308)

4140 日本面面观
詹伯慧著,1989年10月。平装,小32开,ISBN 7-02-000754-6,定价2.45元。(7-309)

4141 艰难的历程——无锡市企业、企业家报告文学集
宗菊如、郭宝塍、黄胜平主编,1989年10月。大32开,平装覆膜,ISBN 7-02-000820-8,定价4.85元;精装,ISBN 7-02-000909-3,定价7.70元。(7-310)

4142 折不断的翅膀
中国作家协会上海分会编,1989年12月。平装覆膜,大32开,ISBN 7-02-000829-1,定价5.70元。(7-311)

4143 今天狭路相逢
蒋巍著,1990年1月。平装覆膜,小32开,ISBN 7-02-000925-5,定价3.75元。(7-312)

4144 爱国的"叛国者"——马思聪传
叶永烈著,1990年1月。平装覆膜,大32开,ISBN 7-02-000497-0,定价5.35元。(7-313)

4145 中国当代散文精华
季涤尘、丛培香选编,1989年12月。平装覆膜,大32开,ISBN 7-02-000897-6,定价6.55元;精装,ISBN 7-02-000898-4,定价9.75元。(7-314)

4146 李敖自传与回忆

（台湾）李敖著，1990年2月。平装覆膜，大32开，ISBN 7-02-000935-2，定价3.70元。(7-315)

4147 中国当代婚恋性爱备忘录（第一集）

北河编，1989年9月。平装，小32开，ISBN 7-02-000684-1，定价4.00元。(7-316)

4148 中国当代婚恋性爱备忘录（第二集）

北河编，1989年9月。平装，小32开，ISBN 7-02-000729-5，定价3.50元。(7-317)

4149 华族与龙

秦牧著，1989年10月。平装覆膜，32异，ISBN 7-02-000669-8，定价4.05元。(7-318)

4150 中国留日学生心态录

吴民民著，1989年10月。平装覆膜，小32开，ISBN 7-02-000889-5，定价2.60元。(7-319)

4151 当代社会万花筒 报告文学选

泗水编，1989年11月。平装，小32开，ISBN 7-02-000918-2，定价2.50元。(7-320)

4152 社会问题沉思录 报告文学选

泗水编，1989年11月。平装，小32开，ISBN 7-02-000919-0，定价2.70元。(7-321)

4153 我看美国佬

麦高著，1989年10月。平装覆膜，小32开，ISBN 7-02-000887-9，定价2.05元。(7-322)

4154 热门话题集

（台湾）丹扉著，马小弥编，1991年1月。平装覆膜，大32开，ISBN 7-02-001069-5，定价4.40元。(7-323)

4155 男男女女

黄子平编，漫说文化丛书，1990年10月。平装覆膜，32异，ISBN 7-02-001093-8，定价2.65元。(7-324)

4156 父父子子

钱理群编，漫说文化丛书，1990年10月。平装覆膜，32异，ISBN 7-02-001094-6，定价2.60元。(7-325)

4157 世故人情

钱理群编，漫说文化丛书，1990年10月。平装覆膜，32异，ISBN 7-02-001097-0，定价2.45元。(7-326)

4158 闲情乐事

陈平原编，漫说文化丛书，1990年10月。平装覆膜，32异，ISBN 7-02-001095-4，定价2.80元。(7-327)

4159 佛佛道道

陈平原编，漫说文化丛书，1990年10月。平装覆膜，32异，ISBN 7-02-001096-2，定价2.50元。(7-328)

4160 家庭问题纪实

卢今编，1991年1月。平装覆膜，小32开，ISBN 7-02-001138-1，定价3.50元。(7-329)

4161 关于生与死的报告

牟崇光著，1991年5月。平装覆膜，大32开，ISBN 7-02-001171-3，定价4.10元。(7-330)

4162 青春的橄榄树——写给少男少女们

郭保林著，1991年1月。平装覆膜，32异，ISBN 7-02-001099-7，定价2.90元。(7-331)

4163 东方奇人传

刘玉民著，1991年4月。平装覆膜，大32开，ISBN 7-02-001175-6，定价3.90元。(7-332)

4164 袁鹰散文六十篇

1991年3月。平装覆膜，大32开，ISBN 7-02-001126-8，定价5.30元。(7-333)

4165 1988年报告文学选

周明、刘茵、龚玉编选，1991年5月。平装覆膜，大32开，ISBN 7-02-001176-4，定价5.80元。(7-334)

4166 万家忧乐

霍达著，1991年6月。平装覆膜，大32开，ISBN 7-02-001198-5，定价5.55元。(7-335)

4167 魏巍散文选

1991年8月。平装覆膜，大32开，ISBN 7-02-001242-6，定价7.00元。(7-336)

4168 寻梦者的足印——文学生涯回忆录

秦牧著，1991年9月。平装覆膜，小32开，ISBN 7-02-001265-5，定价4.55元。1997年

12月收入名家自述丛书,平装覆膜,大32开,ISBN 7-02-002564-1,定价14.30元。(7-337)

4169 中国的亿万富翁
——李延国报告文学选

1991年10月。平装覆膜,大32开,ISBN 7-02-001276-0,定价7.55元。(7-338)

4170 恩犬

新凤霞著,1989年9月。平装,小32开,ISBN 7-02-000668-X,定价3.90元。(7-339)

4171 聂绀弩还活着

《聂绀弩还活着》编辑小组、政协京山县文史资料委员会合编,1990年12月。平装覆膜,大32开,ISBN 7-02-001298-1,定价8.10元。(7-340)

4172 金色的足迹

陈显荣编,1989年10月。平装覆膜,大32开,ISBN 7-02-000908-5,定价4.50元。(7-341)

4173 海上繁华梦

韦君宜著,1991年8月。平装覆膜,32异,ISBN 7-02-001241-8,定价3.35元。(7-342)

4174 守顽地

贾平凹著,1991年11月。平装覆膜,32异,ISBN 7-02-001264-7,定价3.35元。(7-343)

4175 美国,一个秋天的旅行

徐迟著,1991年12月。平装覆膜,32异,ISBN 7-02-000670-1,定价3.50元。(7-344)

4176 1988—1990散文选

季涤尘、丛培香选编,1992年3月。平装覆膜,大32开,ISBN 7-02-001349-X,定价9.70元。(7-345)

4177 乡风市声

钱理群编,漫说文化丛书,1992年5月。平装覆膜,32异,ISBN 7-02-001357-0,定价3.95元。(7-346)

4178 神神鬼鬼

陈平原编,漫说文化丛书,1992年5月。平装覆膜,32异,ISBN 7-02-001355-4,定价4.20元。(7-347)

4179 读书读书

陈平原编,漫说文化丛书,1992年5月。平装覆膜,32异,ISBN 7-02-001356-2,定价4.15元。(7-348)

4180 说东道西

钱理群编,漫说文化丛书,1992年5月。平装覆膜,32异,ISBN 7-02-001358-9,定价3.85元。(7-349)

4181 生生死死

陈平原编,漫说文化丛书,1992年5月。平装覆膜,32异,ISBN 7-02-001354-6,定价4.60元。(7-350)

4182 江那边的国土

中华散文文丛编辑部编,中华散文文丛,1992年6月。平装覆膜,大32开,ISBN 7-02-001401-1,定价4.75元。(7-351)

4183 翡翠的心——琦君散文精选

(台湾)琦君著,《海内外文学》丛书,1992年6月。平装覆膜,小32开,ISBN 7-02-001399-6,定价3.90元。(7-352)

4184 坐牢家爸爸给女儿的八十封信

(台湾)李敖著,1992年6月。平装覆膜,大32开,ISBN 7-02-001395-3,定价4.35元。(7-353)

4185 话中外古今

(台湾)李敖著,1992年6月。平装覆膜,大32开,ISBN 7-02-001398-8,定价5:55元。(7-354)

4186 挑灯集——郑子瑜散文选

〔新加坡〕郑子瑜著,《海内外文学》丛书,1992年6月。平装覆膜,小32开,ISBN 7-02-001397-X,定价4.60元。(7-355)

4187 世纪风铃——文化人素描

吴方著,1992年7月。平装覆膜,小32开,ISBN 7-02-001418-6,定价3.20元。(7-356)

4188 绿太阳

丰收著,1993年4月。平装覆膜,大32开,ISBN 7-02-001546-8,定价4.95元。(7-357)

4189 关于女人和男人

冰心著,1993年4月。平装覆膜,大32开,

散文

ISBN 7-02-001518-6,定价7.70元。(7-358)

4190 一份缘
中华散文文丛编辑部编,中华散文文丛,1993年4月。平装覆膜,大32开,ISBN 7-02-001559-X,定价4.35元。(7-359)

4191 都市之梦
刘玉民、郭廓著,1993年5月。平装覆膜,大32开,ISBN 7-02-001594-8,定价4.35元。(7-360)

4192 胡风回忆录
1993年11月。平装,大32开,ISBN 7-02-001705-3,定价8.95元。1997年12月收入名家自述丛书,平装覆膜,大32开,ISBN 7-02-002567-6,定价18.20元。2005年1月收入中国文库,平装,国流32开,ISBN 7-02-005103-0,定价23.00元;精装,ISBN 7-02-005131-6,定价36.00元。(28-26)

4193 深圳一百张面孔
王向同编,1993年12月。平装覆膜,大32开,ISBN 7-02-001735-5,定价9.70元。(7-361)

4194 爱情与幻想
〔瑞士〕赵淑侠著,1994年4月。平装覆膜,32异,ISBN 7-02-001792-4,定价6.10元。2000年3月收入彩蝶文丛,平装覆膜,32异,ISBN 7-02-002936-1,定价14.30元。(7-362)

4195 何时入梦
吕锦华著,1994年1月。平装覆膜,大32开,ISBN 7-02-001754-1,定价6.30元。(7-363)

4196 艰难与辉煌
孟丁山主编,1994年8月。大32开,平装覆膜,ISBN 7-02-001981-1,定价10.00元;精装,定价18.00元。(7-364)

4197 法兰西漫游
梅斌著,1994年5月。平装覆膜,大32开,ISBN 7-02-001850-5,定价13.20元。(7-365)

4198 天涯梦
孟允云著,1994年4月。平装覆膜,32异,ISBN 7-02-001954-4,定价4.60元。(7-366)

4199 中国山村教师
黄传会著,1994年8月。32开,平装,ISBN 7-02-001995-1,定价5.80元;精装,ISBN 7-02-001996-X,定价11.80元。(7-367)

4200 历史的使命
周明名誉主编,傅溪鹏主编,李炳银副主编,中国改革大潮报告文学大型丛书,1993年11月。平装覆膜,大32开,ISBN 7-02-001813-0,定价9.80元。(7-368)

4201 历史的使命(第二集)
周明名誉主编,傅溪鹏主编,李炳银副主编,中国改革大潮报告文学大型丛书,1994年4月。平装覆膜,大32开,ISBN 7-02-001875-0,定价9.80元。(7-369)

4202 历史的使命(第三集)
周明名誉主编,傅溪鹏主编,李炳银副主编,中国改革大潮报告文学大型丛书,1994年4月。平装覆膜,大32开,ISBN 7-02-001876-9,定价9.00元。(7-370)

4203 历史的使命(第四集)
周明名誉主编,傅溪鹏主编,李炳银副主编,中国改革大潮报告文学大型丛书,1994年8月。平装覆膜,大32开,ISBN 7-02-002010-0,定价9.20元。(7-371)

4204 新生代传奇
1993年10月。平装覆膜,大32开,ISBN 7-02-001812-2,定价10.80元;精装,定价10.80元。(7-372)

4205 雪国绿
门瑞瑜著,1994年10月。平装覆膜,大32开,ISBN 7-02-001934-X,定价7.00元。(7-373)

4206 历史的使命(第六集)
周明名誉主编,傅溪鹏主编,李炳银副主编,中国改革大潮报告文学大型丛书,1995年3月。平装覆膜,大32开,ISBN 7-02-002070-4,定价9.10元。(7-374)

4207 跨世纪人
贾宏图著,1994年6月。平装覆膜,大32开,ISBN 7-02-001782-7,定价8.30元。(7-375)

4208　蒋介石其人

（台湾）李敖著，1994年12月。平装覆膜，大32开，ISBN 7-02-001960-9，定价7.15元。(7-376)

4209　蒋介石其事

（台湾）李敖著，1994年12月。平装覆膜，大32开，ISBN 7-02-001961-7，定价6.25元。(7-377)

4210　历史的使命（第五集）

周明名誉主编，傅溪鹏主编，李炳银副主编，中国改革大潮报告文学大型丛书，1995年3月。平装覆膜，大32开，ISBN 7-02-002026-7，定价10.90元。(7-378)

4211　鸭绿江告诉你

孙佑杰著，1995年4月。平装覆膜，大32开，ISBN 7-02-002068-2，定价8.05元。(7-379)

4212　商海文心——梁凤仪散文精选

（香港）梁凤仪著，1995年12月。平装覆膜，32开，ISBN 7-02-002165-4，定价15.00元。(7-380)

4213　历史的使命（第八集）

周明名誉主编，傅溪鹏主编，李炳银副主编，中国改革大潮报告文学大型丛书，1995年9月。平装覆膜，大32开，ISBN 7-02-002245-6，定价10.90元。(7-381)

4214　编余随笔

龙世辉著，1995年8月。平装覆膜，大32开，ISBN 7-02-001846-7，定价11.80元。(2-339)

4215　我对年轻人说

韦君宜著，1995年8月。平装覆膜，32异，ISBN 7-02-001985-4，定价7.90元。(7-382)

4216　灵度——少林武僧日记

释延王著，1995年8月。平装覆膜，32异，ISBN 7-02-002196-4，定价9.90元。(7-383)

4217　梁山古道

许评著，1995年9月。平装覆膜，32异，ISBN 7-02-002117-4，定价6.10元。(7-384)

4218　远行人独语

和谷著，1995年9月。平装覆膜，大32开，ISBN 7-02-002106-9，定价10.70元。(7-385)

4219　施普瑞传奇

杨可著，1995年12月。平装覆膜，大32开，ISBN 7-02-002281-2，定价9.35元。(7-386)

4220　冯骥才卷（冯骥才散文）

中华散文珍藏本，1995年12月。平装覆膜，大32开，ISBN 7-02-002187-5，定价14.50元。2005年5月收入中华散文插图珍藏版系列，书名《冯骥才散文》，平装，国流32开，ISBN 7-02-005035-2，定价21.00元。2013年11月收入中华散文珍藏版，平装，国流32开，ISBN 978-7-02-009952-8，定价30.00元。(7-387)

4221　周涛卷（周涛散文）

中华散文珍藏本，1995年12月。平装覆膜，大32开，ISBN 7-02-002189-1，定价14.50元。2005年1月收入中国文库，书名《周涛散文选》，国流32开，平装，ISBN 7-02-005096-4，定价15.00元；精装，ISBN 7-02-005124-3，定价28.00元。2005年12月收入中华散文插图珍藏版系列，书名《周涛散文》，平装，国流32开，ISBN 7-02-005037-9，定价21.00元。2016年6月收入中华散文珍藏版，平装，国流32开，ISBN 978-7-02-011018-6，定价33.00元。(7-388)

4222　走出地球村

李鸣生著，1995年12月。平装覆膜，大32开，ISBN 7-02-002253-7，定价19.40元。(7-389)

4223　中国女杰刘志华

侯钰鑫著，1995年8月。精装，大32开，ISBN 7-02-002185-9，定价28.80元。(7-390)

4224　1991—1993散文选

季涤尘、丛培香编，1995年12月。平装覆膜，大32开，ISBN 7-02-002029-1，定价25.45元。(7-391)

4225　1993—1994报告文学选

刘茵、周明、李炳银、龚玉编选，1995年12月。平装覆膜，大32开，ISBN 7-02-002215-4，定

价26.05元。(7-392)

4226 举起这杯热酒——秦兆阳散文选

秦晴编,1995年12月。平装覆膜,大32开,ISBN 7-02-002204-9,定价12.30元。(7-393)

4227 域外传真

(台湾)陈若曦著,1996年4月。平装覆膜,32异,ISBN 7-02-002203-0,定价15.05元。(7-394)

4228 回首当年

秦兆阳著,1996年8月。平装覆膜,大32开,ISBN 7-02-002285-5,定价18.00元。(9-72)

4229 玉烟天下

程永照、李辉著,1996年7月。平装覆膜,20开,ISBN 7-02-002346-0,定价55.00元。(7-395)

4230 逆旅

武俊瑶著,1996年9月。精装,大32开,ISBN 7-02-002382-7,定价28.00元。(7-396)

4231 我的母亲

魏中天主编,吕器、莽东鸿副主编,1996年8月。平装覆膜,大32开,ISBN 7-02-002286-3,定价26.80元。(7-397)

4232 感悟岁月

石英著,1997年2月。平装覆膜,大32开,ISBN 7-02-002354-1,定价14.00元。(7-398)

4233 感谢苦难——彦涵传

孙志远著,1997年5月。平装覆膜,大32开,ISBN 7-02-002408-4,定价24.00元。(7-399)

4234 贾平凹卷(贾平凹散文)

中华散文珍藏本,1995年12月。平装覆膜,大32开,ISBN 7-02-002193-X,定价13.90元。2005年5月收入中华散文插图珍藏版系列,书名《贾平凹散文》,平装,国流32开,ISBN 7-02-005164-2,定价21.00元。2009年7月收入中国文库,书名《贾平凹散文选》,国流32开,平装,ISBN 978-7-02-007670-3,定价20.50元;精装,ISBN 978-7-02-007641-3,定价34.50元。2016年6月收入中华散文珍藏版,平装,国流32开,ISBN 978-7-02-009880-4,定价30.00元。(7-400)

4235 穷官——献给老少边穷地区无私奉献的干部们

杨文学著,1997年6月。平装覆膜,大32开,ISBN 7-02-002470-X,定价12.00元。(7-401)

4236 余秋雨卷(余秋雨散文)

中华散文珍藏本,1995年12月。平装覆膜,大32开,ISBN 7-02-002191-3,定价13.30元。2005年5月收入中华散文插图珍藏版系列,书名《余秋雨散文》,平装,国流32开,ISBN 7-02-005201-0,定价21.00元。2013年11月收入中华散文珍藏版,平装,国流32开,ISBN 978-7-02-009888-0,定价30.00元。(7-402)

4237 桃花盛开的地方——奉化风情录

夏真著,1997年5月。平装覆膜,大32开,ISBN 7-02-002457-2,定价13.50元。(7-403)

4238 圆了彩虹——吴冠中传

翟墨著,1997年6月。平装覆膜,大32开,ISBN 7-02-002502-1,定价25.00元。(7-404)

4239 吃的自由

符中士著,1997年9月。平装覆膜,大32开,ISBN 7-02-002449-1,定价9.80元。(7-405)

4240 第三次高潮——新中国中医药对外交流纪实

刘鸿泽著,1997年10月。平装,大32开,ISBN 7-02-002577-3,定价19.30元。(7-406)

4241 牛汉卷

中华散文珍藏本,1997年11月。平装覆膜,大32开,ISBN 7-02-002471-8,定价14.60元。(7-407)

4242 尽意潇洒——陈伯坚散文选

陈伯坚著,1997年12月。平装覆膜,大32开,ISBN 7-02-002504-8,定价11.60元。(7-408)

4243 傅溪鹏报告文学选集

1998年1月。平装覆膜,大32开,ISBN 7-02-

002584-6,定价26.80元。(7-409)

4244 世纪风云中跋涉
草明著,名家自述丛书,1997年12月。平装覆膜,大32开,ISBN 7-02-002613-3,定价14.80元。(28-27)

4245 向阳情结——文化名人与咸宁(上)
李城外编,1997年12月。平装覆膜,大32开,ISBN 7-02-002673-7,定价15.00元。(7-410)

4246 向阳湖文化人采风(上)
李城外著,1997年12月。平装覆膜,大32开,ISBN 7-02-002672-9,定价16.80元。(7-411)

4247 海峡两岸著名学者师友录
顾学颉著,1997年12月。平装覆膜,大32开,ISBN 7-02-002246-4,定价9.50元。(7-412)

4248 张承志卷(张承志散文)
中华散文珍藏本,1997年12月。平装覆膜,大32开,ISBN 7-02-002551-X,定价11.80元。2005年5月收入中华散文插图珍藏版系列,书名《张承志散文》,平装,国流32开,ISBN 7-02-005167-7,定价21.00元。2013年11月收入中华散文珍藏版,平装,国流32开,ISBN 978-7-02-009890-3,定价30.00元。(7-413)

4249 痴人说梦
张若愚著,1997年11月。平装覆膜,大32开,ISBN 7-02-002419-X,定价13.80元。(7-414)

4250 中国有个雅戈尔
任斌武著,1998年4月。软精,大32开,ISBN 7-02-002738-5,定价18.00元。(7-415)

4251 金色之门——尤今散文选
〔新加坡〕尤今著,彩蝶文丛,1998年5月。平装覆膜,32异,ISBN 7-02-002622-2,定价12.80元。(7-416)

4252 逢魔时间——李碧华散文选
(香港)李碧华著,彩蝶文丛,1998年5月。平装覆膜,32异,ISBN 7-02-002620-6,定价14.00元。(7-417)

4253 闯进灵异世界——戴小华散文选
〔马来西亚〕戴小华著,彩蝶文丛,1998年5月。平装覆膜,32异,ISBN 7-02-002619-2,定价13.00元。(7-418)

4254 相逢犹如在梦中——梦莉散文选
〔泰国〕梦莉著,彩蝶文丛,1998年5月。平装覆膜,32异,ISBN 7-02-002621-4,定价9.50元。(7-419)

4255 游子吟
陈正凯著,1998年9月。平装覆膜,32异,ISBN 7-02-002802-0,定价8.00元。(7-420)

4256 金色回响
王大方主编,1998年8月。软精,20开,ISBN 7-02-002794-6,定价28.00元。(7-421)

五色的山水天地
4257 北国吟
黑龙江的传说
宁士敏、薄喜如、门瑞瑜主编,黑龙江旅游文学丛书,1998年8月。平装覆膜,三册,大32开,ISBN 7-02-002793-8,定价36.00元。(7-422)

4258 刘俊卿与双轮奇迹
陈桂棣、春桃著,1998年9月。平装覆膜,大32开,ISBN 7-02-002801-2,定价14.30元。(7-423)

4259 当代工人——王涛
刘焱清著,1998年9月。平装覆膜,大32开,ISBN 7-02-002813-6,定价13.00元。(7-424)

4260 合庆山庄夜话
杨机臣主编,1999年2月。平装覆膜,32异,ISBN 7-02-002909-4,定价11.80元。(7-425)

4261 竹园夜雨
陈玄珠著,1998年12月。软精,大32开,ISBN 7-02-002829-2,定价13.00元。(7-426)

4262 走向圣殿
文乐然著,1998年9月。平装覆膜,大32开,ISBN 7-02-002635-4,定价21.00元。(7-427)

4263 邵燕祥卷
中华散文珍藏本,1998年12月。平装覆膜,大

32开,ISBN 7-02-002776-8,定价13.10元。(7-428)

4264　柯灵卷
中华散文珍藏本,1998年12月。平装覆膜,大32开,ISBN 7-02-002798-9,定价13.50元。(7-429)

4265　王蒙卷
中华散文珍藏本,1998年12月。平装覆膜,大32开,ISBN 7-02-002814-4,定价14.10元。(7-430)

4266　梁衡卷
中华散文珍藏本,1998年12月。平装覆膜,大32开,ISBN 7-02-002737-7,定价13.50元。(7-431)

4267　秦牧卷(秦牧散文)
中华散文珍藏本,1998年12月。平装覆膜,大32开,ISBN 7-02-002715-6,定价14.10元。2005年5月收入中华散文插图珍藏版系列,书名《秦牧散文》,平装,国流32开,ISBN 7-02-005036-0,定价21.00元。2009年7月收入中国文库,书名《秦牧散文选》,国流32开,平装,ISBN 978-7-02-007666-6,定价19.50元;精装,ISBN 978-7-02-007637-6,定价33.50元。2013年11月收入中华散文珍藏版,平装,国流32开,ISBN 978-7-02-009883-5,定价30.00元。(7-432)

4268　汪曾祺卷(汪曾祺散文)
中华散文珍藏本,1998年12月。平装覆膜,大32开,ISBN 7-02-002739-3,定价14.10元。2005年5月收入中华散文插图珍藏版系列,书名《汪曾祺散文》,平装,国流32开,ISBN 7-02-005034-4,定价21.00元。2014年4月收入中华散文珍藏版,平装,国流32开,ISBN 978-7-02-010069-9,定价30.00元。(7-433)

4269　孙犁卷(孙犁散文)
中华散文珍藏本,1998年12月。平装覆膜,大32开,ISBN 7-02-002797-0,定价13.10元。2005年1月收入中国文库,书名《孙犁散文选》,国流32开,平装,ISBN 7-02-005093-X,定价13.00元;精装,ISBN 7-02-005121-9,定价26.00元。2005年5月收入中华散文插图珍藏版系列,书名《孙犁散文》,平装,国流32开,ISBN 7-02-005165-0,定价21.00元。2016年6月收入中华散文珍藏版,平装,国流32开,ISBN 978-7-02-011019-3,定价33.00元。(7-434)

4270　杨朔卷(杨朔散文)
中华散文珍藏本,1998年12月。平装覆膜,大32开,ISBN 7-02-002761-X,定价13.10元。2005年5月收入中华散文插图珍藏版系列,书名《杨朔散文》,平装,国流32开,ISBN 7-02-005027-1,定价21.00元。2009年7月收入中国文库,书名《杨朔散文选》,国流32开,平装,ISBN 978-7-02-007669-7,定价18.00元;精装,ISBN 978-7-02-007640-6,定价32.00元。2013年11月收入中华散文珍藏版,平装,国流32开,ISBN 978-7-02-009887-3,定价30.00元。(7-435)

4271　京味儿夜话
弥松颐著,1999年1月。平装,大32开,ISBN 7-02-002816-0,定价15.00元。(7-436)

4272　西部神话
张正隆著,1999年2月。软精,大32开,ISBN 7-02-002919-1,定价26.00元。(7-437)

4273　中华散文百年精华
丛培香、刘会军、陶良华选编,1999年3月。平装覆膜,大32开,ISBN 7-02-002883-7,定价31.40元。2004年5月收入百年典藏,平装,大32开,ISBN 7-02-004511-1,定价35.00元。(7-438)

4274　生命不止一次
王业群著,1996年11月。软精,大32开,ISBN 7-02-002364-9,定价16.00元。(7-439)

4275　人生彼岸
刘邦厚著,1997年7月。平装覆膜,大32开,ISBN 7-02-002476-9,定价10.00元。(7-440)

4276　天台山笔记——与远年灵魂的对话
刘长春著,1999年2月。平装覆膜,大32开,ISBN 7-02-002826-8,定价13.80元。(7-441)

4277　风从八方来——中国引智大观
乔迈著,1998年12月。平装覆膜,大32开,

ISBN 7-02-002716-4,定价15.00元。(7-442)

4278　南征北战奇观

孙佑杰、孙夜晓著,1999年8月。平装覆膜,大32开,ISBN 7-02-002998-1,定价15.80元。(7-443)

4279　万里云月寻旧梦

缪俊杰等著,1999年8月。平装覆膜,大32开,ISBN 7-02-003004-1,定价14.10元。(7-444)

4280　北大之父蔡元培

陈军著,1999年9月。平装覆膜,大32开,ISBN 7-02-003030-0,定价29.00元。(7-445)

4281　淮河的警告

陈桂棣著,1999年10月。平装覆膜,大32开,ISBN 7-02-002985-X,定价20.80元。(7-446)

4282　夏夜情思

黄霞君著,1999年8月。平装覆膜,大32开,ISBN 7-02-003001-7,定价10.80元。(7-447)

4283　协商建国 1948—1949年中国党派政治日志

郝在今著,2000年1月。平装覆膜,大32开,ISBN 7-02-003072-6,定价22.00元。2006年6月收入纪念建党85周年丛书,平装覆膜,国流32开,ISBN 7-02-005741-1,定价22.00元。(7-448)

4284　绥芬河传

肖桂贤著,2000年3月。平装覆膜,大32开,ISBN 7-02-003152-8,定价20.00元。(7-449)

4285　流浪金三角

邓贤著,《当代》书丛,2000年6月。平装覆膜,大32开,ISBN 7-02-003293-1,定价26.00元。(7-450)

4286　魏巍卷

中华散文珍藏本,2000年1月。平装覆膜,大32开,ISBN 7-02-003080-7,定价14.00元。(7-451)

4287　刘白羽卷

中华散文珍藏本,2000年1月。平装覆膜,大32开,ISBN 7-02-002984-1,定价14.00元。(7-452)

4288　史铁生卷(史铁生散文选)

中华散文珍藏本,2000年1月。平装覆膜,大32开,ISBN 7-02-002982-5,定价13.50元。2005年1月收入中国文库,书名《史铁生散文选》,国流32开,平装,ISBN 7-02-005095-6,定价14.00元;精装,ISBN 7-02-005123-5,定价27.00元。(7-453)

4289　季羡林卷(季羡林散文选)

中华散文珍藏本,2000年1月。平装覆膜,大32开,ISBN 7-02-003023-8,定价13.80元。2005年1月收入中国文库,书名《季羡林散文选》,国流32开,平装,ISBN 7-02-005094-8,定价14.00元;精装,ISBN 7-02-005122-7,定价27.00元。(7-454)

4290　宗璞卷

中华散文珍藏本,2000年1月。平装覆膜,大32开,ISBN 7-02-002980-9,定价14.00元。(7-455)

4291　严文井卷

中华散文珍藏本,2000年1月。平装覆膜,大32开,ISBN 7-02-002926-4,定价15.00元。(7-456)

4292　冰心卷(冰心散文)

中华散文珍藏本,2000年1月。平装覆膜,大32开,ISBN 7-02-002993-0,定价14.00元。2005年5月收入中华散文插图珍藏版系列,书名《冰心散文》,平装,国流32开,ISBN 7-02-005166-9,定价21.00元。2013年11月收入中华散文珍藏版,平装,国流32开,ISBN 978-7-02-009881-1,定价30.00元。(7-457)

4293　北欧缤纷 池元莲散文选

〔丹麦〕池元莲著,彩蝶文丛,2000年3月。平装覆膜,32异,ISBN 7-02-002934-5,定价12.10元。(7-458)

4294　叶底红莲 赵淑敏散文选

(台湾)赵淑敏著,彩蝶文丛,2000年3月。平装覆膜,32异,ISBN 7-02-002939-6,定价10.60元。(7-459)

4295　金陵永生——魏特琳女士传

胡华玲著,战争·人纪实丛书,2000年6月。平装覆膜,32异,ISBN 7-02-003294-X,定价12.00元。(14-45)

4296 心中永存的珍珠
陈传意著,2000年9月。平装覆膜,大32开,ISBN 7-02-003326-1,定价16.80元。(7-460)

4297 尘世的火烛 吕大明散文选
〔法国〕吕大明著,彩蝶文丛,2000年3月。平装覆膜,32异,ISBN 7-02-002935-3,定价12.00元。(7-461)

4298 人有病天知否 一九四九年后中国文坛纪实
陈徒手著,2000年9月。平装覆膜,国流32开,ISBN 7-02-003323-7,定价22.00元。2011年1月收入人与岁月,平装覆膜,16异,ISBN 978-7-02-008084-7,定价40.00元。(7-462)

4299 悲剧的春天
苏小玲著,2000年9月。平装覆膜,大32开,ISBN 7-02-003332-6,定价15.00元。(7-463)

4300 希望工程 苦涩的辉煌
黄传会著,2000年11月。平装覆膜,国流32开,ISBN 7-02-003347-4,定价22.00元。(7-464)

4301 背叛
简繁著,《沧海》第一部,2000年11月。平装覆膜,大32开,ISBN 7-02-003335-0,定价30.00元。(7-465)

4302 彼岸
简繁著,《沧海》第二部,2000年11月。平装覆膜,大32开,ISBN 7-02-003336-9,定价29.50元。(7-466)

4303 见证
简繁著,《沧海》第三部,2000年11月。平装覆膜,大32开,ISBN 7-02-003337-7,定价28.50元。(7-467)

4304 以色列百年风云(上下)
徐焕忱著,2000年12月。平装覆膜,大32开,ISBN 7-02-003309-1,定价45.00元。(7-468)

4305 Hi 十七岁——和儿子一起逃学
舒婷、陈思著,两代人丛书,2001年1月。平装覆膜,国流32开,ISBN 7-02-003372-5,定价12.00元。(7-469)

4306 六眼看世界——儿子你自己拿主意
赵长天、过千山著,两代人丛书,2001年1月。平装覆膜,国流32开,ISBN 7-02-003375-X,定价10.00元。(7-470)

4307 琢玉记——我和妈妈的"战争"
叶广芩、顾大玉著,两代人丛书,2001年1月。平装覆膜,国流32开,ISBN 7-02-003373-3,定价10.00元。(7-471)

4308 我家的时尚女孩——害怕长大
潘军、潘萌著,两代人丛书,2001年1月。平装覆膜,国流32开,ISBN 7-02-003374-1,定价10.00元。(7-472)

4309 别了,莎菲
丁言昭编选,漫忆女作家丛书,2001年1月。平装覆膜,大32开,ISBN 7-02-003367-9,定价18.00元。(7-473)

4310 海滨故人庐隐
林伟民编选,漫忆女作家丛书,2001年1月。平装覆膜,大32开,ISBN 7-02-003331-8,定价15.00元。(7-474)

4311 窗子内外忆徽因
刘小沁编选,漫忆女作家丛书,2001年1月。平装覆膜,大32开,ISBN 7-02-003369-5,定价18.00元。(7-475)

4312 萧萧落红
季红真编选,漫忆女作家丛书,2001年1月。平装覆膜,大32开,ISBN 7-02-003368-7,定价18.00元。(7-476)

4313 关露啊,关露
丁言昭编选,漫忆女作家丛书,2001年1月。平装覆膜,大32开,ISBN 7-02-003365-2,定价15.00元。(7-477)

4314 世纪良知——巴金
李存光编选,2000年11月。平装,大32开,ISBN 7-02-003199-4,定价26.00元。(7-478)

4315 永不言败——裘服大王张葆祥传
李伟著,2001年3月。大32开,平装覆膜,

ISBN 7-02-003421-7,定价 40.00 元;精装,定价 50.00 元。(7-481)

4316 向阳湖文化人采风(下)

李城外著,2001 年 2 月。平装覆膜,大 32 开,ISBN 7-02-003393-8,定价 16.80 元。(7-482)

4317 向阳情结——文化名人与咸宁(下)

李城外编,2001 年 2 月。平装覆膜,大 32 开,ISBN 7-02-003394-6,定价 15.00 元。(7-483)

4318 文学编辑四十年

何启治著,2001 年 5 月。平装覆膜,大 32 开,ISBN 7-02-003383-0,定价 25.00 元。(2-401)

4319 海隅印记

杨机臣著,2001 年 5 月。平装覆膜,大 32 开,ISBN 7-02-003422-5,定价 15.00 元。(7-484)

4320 诗爱者的自白——屠岸的散文和散文诗

1999 年 11 月。平装覆膜,大 32 开,ISBN 7-02-002969-8,定价 14.80 元。(7-485)

4321 绿的回旋

陈肃著,多棱镜丛书,2000 年 3 月。平装覆膜,大 32 开,ISBN 7-02-002987-6,定价 10.00 元。(7-486)

4322 绿天雪林

沈晖编选,漫忆女作家丛书,2001 年 1 月。平装覆膜,大 32 开,ISBN 7-02-003371-7,定价 14.00 元。(7-487)

4323 让历史记住三线学兵

常扬著,2001 年 3 月。平装覆膜,大 32 开,ISBN 7-02-003419-5,定价 20.00 元。(7-488)

4324 我与人民文学出版社

丁景唐等著,2001 年 3 月。平装覆膜,大 32 开,ISBN 7-02-003418-7,定价 18.00 元。(7-489)

4325 二十世纪外国文学回顾
——《环球时报》国际文化备忘录

《环球时报》编辑部编,2001 年 4 月。平装覆膜,大 32 开,ISBN 7-02-003405-5,定价 19.00 元。(7-490)

4326 国宝灵光

文畅著,2000 年 12 月。平装覆膜,大 32 开,ISBN 7-02-003352-0,定价 18.00 元。(7-491)

4327 天门听风

桑新华著,2001 年 5 月。平装覆膜,大 32 开,ISBN 7-02-003465-9,定价 22.80 元。(7-492)

4328 少年凯歌

陈凯歌著,2001 年 6 月。平装覆膜,大 32 开,ISBN 7-02-003410-1,定价 10.00 元。(7-493)

4329 中华百年游记精华

林非编选,2001 年 6 月。平装覆膜,大 32 开,ISBN 7-02-003460-8,定价 26.00 元。2004 年 5 月收入百年典藏,书名《中华游记百年精华》,平装覆膜,大 32 开,ISBN 7-02-004506-5,定价 26.00 元。(7-494)

4330 阿来文集 大地的阶梯

2001 年 8 月。平装,大 32 开,ISBN 7-02-003456-X,定价 13.80 元。(7-495)

4331 为女儿感动——从一串葡萄说起

叶兆言、叶子著,两代人丛书,2001 年 8 月。平装覆膜,国流 32 开,ISBN 7-02-003496-9,定价 11.80 元。(7-496)

4332 吹着口哨走过来——雕刻时光

肖复兴、肖铁著,两代人丛书,2001 年 8 月。平装覆膜,国流 32 开,ISBN 7-02-003495-0,定价 11.80 元。(7-497)

4333 人性闲话

闫恩虎著,2001 年 8 月。平装覆膜,大 32 开,ISBN 7-02-003492-6,定价 12.80 元。(7-498)

4334 文学书事——作家给编辑的信

巴金等著,季涤尘编,2001 年 8 月。平装覆膜,大 32 开,ISBN 7-02-003411-X,定价 13.80 元。(14-49)

4335 巴人先生纪念集

上海鲁迅纪念馆编,2001 年 10 月。平装覆膜,大 32 开,ISBN 7-02-003527-2,定价 26.00 元。(14-50)

4336 塞纳书窗
卢岚著,2001年10月。平装,国流32开,ISBN 7-02-003491-8,定价12.80元。(7-499)

4337 纯情年代——飞翔在童心世界
秦文君、戴萦袅著,两代人丛书,2001年10月。平装覆膜,国流32开,ISBN 7-02-003540-X,定价10.00元。(7-500)

4338 扛着女儿过大江——最初的感动
董宏猷、董菁著,两代人丛书,2001年10月。平装覆膜,国流32开,ISBN 7-02-003539-6,定价10.00元。(7-501)

4339 寻访林徽因
韩石山著,2001年10月。平装覆膜,大32开,ISBN 7-02-003485-3,定价16.80元。(7-502)

4340 同一片蓝天——于果和他的大学
南翔、严丽霞著,2001年3月。平装覆膜,大32开,ISBN 7-02-003400-4,定价20.00元。(7-503)

4341 情结集
潘琦著,2001年10月。平装覆膜,国流32开,ISBN 7-02-003552-3,定价12.00元。(7-504)

4342 丹青十字架——韩美林传
茅山、光明著,2002年1月。平装覆膜,国流32开,ISBN 7-02-003580-9,定价19.80元。(7-505)

4343 禅思集
少林寺《禅露》杂志编辑部编,2002年1月。平装覆膜,大32开,ISBN 7-02-003637-6,定价16.80元。(7-506)

4344 京城杂吃
徐城北著,2002年1月。平装覆膜,大32开,ISBN 7-02-003508-6,定价18.00元。(7-507)

4345 金锁沉香张爱玲
关鸿编选,漫忆女作家丛书,2002年1月。平装覆膜,大32开,ISBN 7-02-003451-9,定价14.80元。(7-508)

4346 一片冰心
卓如编选,漫忆女作家丛书,2002年1月。平装覆膜,大32开,ISBN 7-02-003437-3,定价15.00元。(7-509)

4347 飞回的孔雀——袁昌英
杨静远编选,漫忆女作家丛书,2002年1月。平装覆膜,大32开,ISBN 7-02-003420-9,定价11.80元。(7-510)

4348 魂归陶然亭——石评梅
卫建民编选,漫忆女作家丛书,2002年1月。平装覆膜,大32开,ISBN 7-02-003462-4,定价12.80元。(7-511)

4349 又见梅娘
陈晓帆编选,漫忆女作家丛书,2002年2月。平装覆膜,大32开,ISBN 7-02-003668-6,定价13.60元。2014年5月单行本,平装,大32开,ISBN 978-7-02-010376-8,定价32.00元。(7-512)

4350 女兵谢冰莹
阎纯德、李瑞腾编选,漫忆女作家丛书,2002年1月。平装覆膜,大32开,ISBN 7-02-003423-3,定价12.00元。(7-513)

4351 杂花生树
叶兆言著,2002年1月。平装覆膜,大32开,ISBN 7-02-003579-5,定价13.90元。(7-514)

4352 网络鲁迅
葛涛编选,2001年10月。平装覆膜,小32开,ISBN 7-02-003538-8,定价10.00元。(7-515)

4353 发现青年
黄传会等著,2002年5月。大32开,ISBN 7-02-003815-8,平装,定价25.00元;软精,定价28.00元。(7-516)

4354 墨海笔记
刘长春著,2002年1月。平装,国流32开,ISBN 7-02-003530-2,定价20.00元。(7-517)

4355 中国文人的非正常死亡
李国文著,2002年4月。平装覆膜,大32开,ISBN 7-02-003722-4,定价15.00元。2004年11月增补版,16开,平装,ISBN 7-02-003722-4,定价31.00元;精装,ISBN 7-02-004874-9,定价45.00元。2012年3月收入《李国文文集》(第12卷),平装,国流32开,

ISBN 978-7-02-008628-3,定价 25.00 元。(7-518)

4356 心有灵犀

王蒙著,2002年4月。平装覆膜,大32开,ISBN 7-02-003724-0,定价14.80元。(7-519)

4357 春梦随云散

刘心武著,2002年4月。平装覆膜,大32开,ISBN 7-02-003723-2,定价12.60元。(7-520)

4358 时代与文学的肖像

林贤治著,2002年5月。平装覆膜,国流32开,ISBN 7-02-003726-7,定价12.00元。(7-521)

4359 远去的风景

乔忠延著,1999年5月。平装覆膜,大32开,ISBN 7-02-002950-7,定价14.00元。(7-522)

4360 奔跑的青春——全美中学生领袖范紫光

范紫光、张国红著,2002年6月。平装覆膜,大32开,ISBN 7-02-003866-2,定价16.00元。(7-523)

4361 失行孤雁——王国维别传

刘克苏著,近代名士别传丛书,2002年4月。平装,国流32开,ISBN 7-02-003749-6,定价22.00元。(7-524)

4362 风尘逸士——吴稚晖别传

罗平汉著,近代名士别传丛书,2002年4月。平装,国流32开,ISBN 7-02-003752-6,定价19.00元。(7-525)

4363 关西儒魂——于右任别传

屈新儒著,近代名士别传丛书,2002年4月。平装,国流32开,ISBN 7-02-003750-X,定价19.90元。(7-526)

4364 狂士怪杰——辜鸿铭别传

李玉刚著,近代名士别传丛书,2002年4月。平装,国流32开,ISBN 7-02-003751-8,定价22.80元。(7-527)

4365 孤独前驱——郭嵩焘别传

范继忠著,近代名士别传丛书,2002年4月。平装,国流32开,ISBN 7-02-003753-4,定价22.80元。(7-528)

4366 玉环风采

夏真等著,2002年9月。平装,大32开,ISBN 7-02-003879-4,定价32.00元。(7-529)

4367 三峡拾韵

张立先著,2002年5月。平装覆膜,大32开,ISBN 7-02-003760-7,定价8.00元。(7-530)

4368 三峡建设者风采

张立先等著,2002年5月。平装覆膜,大32开,ISBN 7-02-003759-3,定价10.00元。(7-531)

4369 伦敦浪了起来

赵毅衡著,2002年6月。平装,国流32开,ISBN 7-02-003846-8,定价12.60元。(7-532)

4370 风中之树——对一个杰出作家的探访

孙荪著,2002年8月。平装覆膜,大32开,ISBN 7-02-003836-0,定价22.00元。(7-533)

4371 情暖三春——记全国优秀党务工作者李淑敏

崔白著,2002年10月。平装覆膜,大32开,ISBN 7-02-003995-2,定价21.00元。(7-534)

4372 沧海(上下)

简繁著,2002年8月。平装,大32开,ISBN 7-02-003878-6,定价65.00元。2015年5月,平装,16异,ISBN 978-7-02-010807-7,定价98.00元。(7-535)

4373 网络金庸

葛涛编选,2002年9月。平装覆膜,小32开,ISBN 7-02-003979-0,定价13.80元。(7-536)

4374 苦丁斋思絮(上下)

黄毓璜著,2002年9月。软精,大32开,ISBN 7-02-003900-6,定价59.00元。(7-537)

4375 莎乐美——一位征服天才的女性(征服天才的莎乐美)

李亚凡著,2002年10月。平装覆膜,国流32开,ISBN 7-02-003990-1,定价17.50元。

2014年4月列入知性与叛逆:女性三部曲,书名《征服天才的莎乐美》,平装,16异,ISBN 978-7-02-007568-3,定价38.00元。(7-538)

4376 2001散文
本社编辑部编,21世纪年度散文选,2002年10月。平装,32异,ISBN 7-02-004003-9,定价22.70元。(7-539)

4377 中国的源头
刘合心著,2002年12月。平装覆膜,大32开,ISBN 7-02-004044-6,定价16.00元。(7-540)

4378 倾听俄罗斯
冯骥才著,2003年1月。平装覆膜,32异,ISBN 7-02-004059-4,定价32.00元。(7-541)

4379 在水一方——名人笔下的同里
1999年3月。平装覆膜,国流32开,ISBN 7-02-002928-0,定价14.80元。(7-542)

4380 心泊千岛湖
陈伯吹等著,浙江淳安县千岛湖风景旅游管理局、浙江省作家协会编,2001年1月。平装覆膜,国流32开,ISBN 7-02-003378-4,定价9.80元。(7-543)

4381 2002散文
本社编辑部编,21世纪年度散文选,2003年3月。平装,32异,ISBN 7-02-004161-2,定价22.00元。(7-544)

4382 山河的回旋
陈拓著,2002年12月。平装,大32开,ISBN 7-02-004088-8,定价33.20元。(7-545)

4383 天圆地方
何云波著,2003年1月。平装覆膜,大32开,ISBN 7-02-003982-0,定价18.00元。(7-546)

4384 闪光的青春 中央国家机关优秀青年事迹汇编
中央国家机关工委组织部、中央国家机关团工委、中央国家机关青联编,2003年1月。平装覆膜,大32开,ISBN 7-02-004112-4,定价15.00元。(7-547)

4385 点亮心灯
黄霞君著,2003年1月。平装,32开,ISBN 7-02-004119-1,定价28.00元。(7-548)

4386 如梦如烟恭王府
京梅著,2002年5月。平装覆膜,国流32开,ISBN 7-02-003727-5,定价25.00元。(7-549)

4387 网络张爱玲
葛涛编选,2002年5月。平装覆膜,32开,ISBN 7-02-003791-7,定价15.00元。(14-58)

4388 网络王小波
葛涛编选,2002年12月。平装覆膜,32开,ISBN 7-02-004032-2,定价12.60元。(14-69)

4389 在生命的光环上跳舞
卜宁(无名氏)著,2002年6月。平装,国流32开,ISBN 7-02-003817-4,定价16.00元。(7-550)

4390 蓝衣社碎片
丁三著,2003年6月。平装覆膜,大32开,ISBN 7-02-004232-5,定价23.00元。(7-552)

4391 我在纽约18年
乔乔著,2003年7月。平装覆膜,国流32开,ISBN 7-02-004231-7,定价16.00元。(7-553)

4392 古典的原野
周同宾著,2003年3月。平装覆膜,大32开,ISBN 7-02-003980-4,定价19.80元。(7-554)

4393 逝去的裕河
正雨著,2003年3月。平装覆膜,大32开,ISBN 7-02-004160-4,定价13.50元。(7-555)

4394 世上温州人
袁亚平著,2003年1月。平装覆膜,国流32开,ISBN 7-02-004033-0,定价34.00元。(7-556)

4395 冯雪峰纪念集
包子衍、袁绍发、郭丽卿、王锡荣编,2003年6月。软精,大32开,ISBN 7-02-004166-3,定价30.00元。(99-3)

4396　走近大家

张昌华著,2003年7月。平装覆膜,大32开,ISBN 7-02-004227-9,定价20.00元。(7-557)

4397　翁倩玉爱的奉献

翁倩玉口述,褚士莹整理,2003年7月。平装覆膜,大32开,ISBN 7-02-004205-8,定价13.50元。(7-558)

4398　挥笔写人生——郭梅尼人物通讯选

2003年7月。平装覆膜,32异,ISBN 7-02-004238-4,定价32.00元。(14-77)

4399　风雨长征号

李鸣生著,2003年10月。平装覆膜,国流32开,ISBN 7-02-004333-X,定价26.00元。(7-559)

4400　周作人和他的苦雨斋

孙郁著,2003年7月。平装覆膜,国流32开,ISBN 7-02-004216-3,定价18.00元。(7-560)

4401　臆说前辈

陈四益著,2003年7月。平装覆膜,国流32开,ISBN 7-02-004245-7,定价14.00元。(7-561)

4402　惊天铁案——世纪大盗张子强伏法纪实(上下)

杨黎光著,2002年1月。平装覆膜,大32开,ISBN 7-02-003712-7,定价39.80元。(7-562)

4403　完全李敖(李敖大传)

傅宁军著,中外名人传记,2003年6月。平装覆膜,国流32开,ISBN 7-02-004208-2,定价24.00元。2010年9月收入人与岁月,书名《李敖:我的人生不可复制》,平装,16异,ISBN 978-7-02-008131-8,定价35.00元。2014年6月单行本,书名《李敖大传》,平装,16异,ISBN 978-7-02-010289-1,定价49.00元。(7-563)

4404　中华杂文百年精华

《杂文选刊》杂志社选编,2003年8月。平装覆膜,大32开,ISBN 7-02-004247-3,定价31.00元。2004年5月收入百年典藏,平装,国流32开,ISBN 7-02-004510-3,定价32.00元。(7-564)

4405　中国知青终结

邓贤著,《当代》书丛,2003年9月。平装覆膜,大32开,ISBN 7-02-004326-7,定价19.80元。(7-565)

4406　寻找另一种声音——我读外国文学

余中先选编,外国文学出版社2003年9月。平装覆膜,国流32开,ISBN 7-5016-0195-X,定价15.50元。(7-566)

4407　我有一个梦想

国风著,2003年10月。平装覆膜,大32开,ISBN 7-02-004209-0,定价15.00元。(7-567)

4408　海疆英魂——记甲午海战中的邓世昌和致远舰

陈明福著,2003年10月。平装覆膜,大32开,ISBN 7-02-004267-8,定价24.00元。(7-568)

4409　旧途新旅

吴中杰著,2003年10月。平装覆膜,大32开,ISBN 7-02-004276-7,定价15.00元。(7-569)

4410　经略赣西南——曾山与苏维埃

水根、辛华、卜谷著,红土记忆文丛,2003年7月。平装覆膜,大32开,ISBN 7-02-004258-9,定价13.00元。(7-570)

4411　百年巴金 生平及文学活动事略

李存光著,2003年11月。平装,国流32开,ISBN 7-02-004273-2,定价19.00元。(7-571)

4412　乐神的摇篮——萨尔茨堡手记

冯骥才著,域外随笔插图本,2003年10月。平装,国流32开,ISBN 7-02-004332-1,定价26.00元。(7-572)

4413　毛泽东与著名作家

孙琴安、李师贞著,2003年11月。平装覆膜,国流32开,ISBN 7-02-004320-8,定价28.00元。(7-573)

4414　毛泽东与著名学者

孙琴安、李师贞著,2003年11月。平装覆膜,国流32开,ISBN 7-02-004275-9,定价24.00元。(7-574)

| **4415** 维也纳情感

冯骥才著，域外随笔插图本，2003年10月。平装覆膜，国流32开，ISBN 7-02-004354-2，定价26.00元。（7-575）

| **4416** 苏苏的幸福开始

叶子著，春天文学丛书，2003年11月。平装覆膜，大32开，ISBN 7-02-004328-3，定价11.00元。（7-576）

| **4417** 动力之魂——中国玉柴机器董事长王建明真传

方圆著，2003年7月。平装覆膜，国流32开，ISBN 7-02-004240-6，定价29.80元。（7-577）

| **4418** 生命美学的诉说

周殿富著，2004年1月。平装覆膜，16异，ISBN 7-02-004346-1，定价49.00元。（7-578）

| **4419** 铁凝日记——汉城的事

2004年1月。平装，16异，ISBN 7-02-004403-4，定价35.00元。（7-579）

| **4420** 浮生琐忆

莫砺锋著，2003年12月。平装覆膜，大32开，ISBN 7-02-004339-9，定价20.00元。（7-580）

| **4421** 2003散文

本社编辑部编，21世纪年度散文选，2004年1月。平装，32异，ISBN 7-02-004418-2，定价27.00元。（7-581）

| **4422** 王蒙自述 我的人生哲学

2003年1月。平装，国流32开，ISBN 7-02-004084-5，定价18.00元。2003年4月版，软精，国流32开，ISBN 7-02-004203-1，定价24.00元。2003年6月珍藏版，精装有函套，国流32开，ISBN 7-02-004243-0，定价100.00元。2012年1月，平装，16异，ISBN 978-7-02-008781-5，定价38.00元。（7-582）

| **4423** 关于我父母的一切

南帆著，2004年1月。平装，16异，ISBN 7-02-004406-9，定价21.00元。（7-584）

| **4424** 同桌时代

中青在线活动策划部编，中青论坛丛书，2004年5月。平装覆膜，国流32开，ISBN 7-02-004585-5，定价14.00元。（7-585）

| **4425** 人在职场

中青在线活动策划部编，中青论坛丛书，2004年5月。平装覆膜，国流32开，ISBN 7-02-004586-3，定价13.00元。（7-586）

| **4426** 女人现在时

中青在线活动策划部编，中青论坛丛书，2004年5月。平装覆膜，国流32开，ISBN 7-02-004577-4，定价13.00元。（7-587）

| **4427** 男人备忘录

中青在线活动策划部编，中青论坛丛书，2004年5月。平装覆膜，国流32开，ISBN 7-02-004578-2，定价14.00元。（7-588）

| **4428** 韦君宜纪念集

于光远等著，2003年12月。平装覆膜，大32开，ISBN 7-02-004282-1，定价36.00元。（7-589）

| **4429** 大地笔记

刘长春著，2004年4月。平装覆膜，16异，ISBN 7-02-004476-X，定价25.00元。（7-590）

| **4430** 山西首富 孔子第七十五代孙孔庸之传奇

陈廷一著，2004年5月。平装覆膜，国流32开，ISBN 7-02-004475-1，定价27.00元。（7-591）

| **4431** 语若轻鸿

张谦著，2004年4月。平装，大32开，ISBN 7-02-004401-8，定价13.00元。（7-592）

| **4432** 中国文人的活法

李国文著，《当代》书丛，2004年3月。平装，国流32开，ISBN 7-02-004464-6，定价22.00元。2005年7月插图增补本，平装覆膜，16异，ISBN 7-02-004464-6，定价39.00元。2012年3月收入《李国文文集》（第13卷），平装，国流32开，ISBN 978-7-02-008627-6，定价24.00元。（7-593）

| **4433** 瘟疫，人类的影子"非典"溯源

杨黎光著，2003年12月。平装覆膜，大32开，ISBN 7-02-004521-9，定价22.00元。（7-594）

| **4434** 无悔的狂澜——张澜传

赵遵生著,2004年4月。平装覆膜,国流32开,ISBN 7-02-004487-5,定价26.00元。(7-595)

4435 一个人的安顺
戴明贤著,2004年5月。平装覆膜,16异,ISBN 7-02-004579-0,定价27.00元。2011年8月收入人与岁月,书名《安顺旧事:一种城记》,平装,16异,ISBN 978-7-02-008513-2,定价25.00元。(14-96)

4436 李太白别传
安旗著,2004年5月。平装覆膜,大32开,ISBN 7-02-004352-6,定价17.00元。(7-596)

4437 中华散文百人百篇
贾平凹等著,2004年4月。平装覆膜,大32开,ISBN 7-02-004437-9,定价25.00元。(7-598)

4438 我负丹青——吴冠中自传
2004年6月。平装,16异,ISBN 7-02-004559-6,定价39.00元。2005年1月收入中国文库,平装,国流32开,ISBN 7-02-005102-2,定价28.00元;精装,ISBN 7-02-005130-8,定价41.00元。2015年1月修订本,平装,16开,ISBN 978-7-02-010405-5,定价100.00元。(7-599)

4439 上海巨商黄楚九
曾宏燕著,中外名人传记,2004年5月。平装覆膜,国流32开,ISBN 7-02-004580-4,定价28.00元。(7-600)

4440 爱钱的请举手
徐江著,打口时尚书系,2004年6月。平装覆膜,32异,ISBN 7-02-004622-3,定价17.00元。(7-601)

4441 受不了的幸福
伊伟著,打口时尚书系,2004年6月。平装覆膜,32异,ISBN 7-02-004625-8,定价15.50元。(7-602)

4442 意义把我们弄烦了
朵渔著,打口时尚书系,2004年6月。平装覆膜,32异,ISBN 7-02-004627-4,定价16.00元。(7-603)

4443 被迫过着花天酒地的生活
伊沙著,打口时尚书系,2004年6月。平装覆膜,32异,ISBN 7-02-004624-X,定价16.00元。(7-604)

4444 布尔乔亚之痒
胡纠纠著,打口时尚书系,2004年6月。平装覆膜,32异,ISBN 7-02-004626-6,定价15.50元。(7-605)

4445 梦的追求——张济民传
戴光中著,2004年6月。平装覆膜,国流32开,ISBN 7-02-004400-X,定价22.00元。(7-606)

4446 红色狂飙——左联实录
刘小清著,2004年6月。平装覆膜,国流32开,ISBN 7-02-004348-8,定价29.00元。(14-86)

4447 盛氏家族·邵洵美与我
盛佩玉著,2004年6月。平装覆膜,国流32开,ISBN 7-02-004355-0,定价20.00元。2013年1月,平装,国流32开,ISBN 978-7-02-009347-2,定价33.00元。(7-607)

4448 我亲历的文坛往事·忆心路
《新文学史料》编辑部编,2004年7月。平装,国流32开,ISBN 7-02-004374-7,定价36.00元。(7-608)

4449 我亲历的文坛往事·忆名师
《新文学史料》编辑部编,2004年7月。平装,国流32开,ISBN 7-02-004787-4,定价38.00元。(7-609)

4450 我亲历的文坛往事·忆大事
《新文学史料》编辑部编,2004年7月。平装,国流32开,ISBN 7-02-004788-2,定价33.00元。(7-610)

4451 末代皇帝的后半生
贾英华著,末代皇帝系列,2004年8月。平装覆膜,国流32开,ISBN 7-02-004589-8,定价24.00元。(7-611)

4452 末代皇弟溥杰传
贾英华著,末代皇帝系列,2004年8月。平装覆膜,国流32开,ISBN 7-02-004606-1,定价27.00元。(7-612)

4453 末代太监孙耀庭传
贾英华著,末代皇帝系列,2004年8月。平装

覆膜,国流 32 开,ISBN 7-02-004590-1,定价 23.00 元。(7-613)

4454　末代皇帝立嗣纪实

贾英华著,末代皇帝系列,2004 年 8 月。平装覆膜,国流 32 开,ISBN 7-02-004588-X,定价 16.00 元。(7-614)

4455　七个人的背叛　冲击传统散文的声音

南帆、周晓枫主编,2004 年 9 月。平装覆膜,国流 32 开,ISBN 7-02-004673-8,定价 20.00 元。(7-615)

4456　趁爱打劫

邓刚著,2004 年 9 月。平装覆膜,国流 32 开,ISBN 7-02-004777-7,定价 22.00 元。(7-616)

4457　追梦——文哲散文选

2004 年 9 月。精、平装,大 32 开,ISBN 7-02-004776-9,定价 28.00 元。(7-617)

4458　中国姑娘

鲁光著,未成年人思想道德建设文学读本,2004 年 10 月。平装覆膜,国流 32 开,ISBN 7-02-004820-X,定价 6.00 元。(7-618)

4459　日出南天山

李明坤、江书程著,2004 年 12 月。平装覆膜,大 32 开,ISBN 7-02-004875-7,定价 24.00 元。(7-619)

4460　作家笔下的路桥　记者笔下的路桥　路桥历史名人故事

台州市路桥区委宣传部、台州市路桥区文联编,路桥文化丛书,2004 年 11 月。平装覆膜,国流 32 开,ISBN 7-02-004869-2,定价 20.00 元、22.00 元、18.00 元。(7-620)

4461　人间愉快

(台湾)曾永义著,2004 年 11 月。平装覆膜,大 32 开,ISBN 7-02-004707-6,定价 16.00 元。(7-621)

4462　台州存照

周春梅著,2004 年 11 月。平装覆膜,16 开,ISBN 7-02-004863-3,定价 35.00 元。(7-622)

4463　中国动脉

孙晶岩著,2005 年 1 月。16 开,平装覆膜,ISBN 7-02-004966-4,定价 59.00 元;精装,ISBN 7-02-004967-2,定价 80.00 元。(7-623)

4464　波伏瓦——一位追求自由的女性（追求自由的波伏瓦）

李亚凡著,2005 年 1 月。平装,国流 32 开,ISBN 7-02-004808-0,定价 24.00 元。2014 年 4 月列入知性与叛逆:女性三部曲,书名《追求自由的波伏瓦》,平装,16 异,ISBN 978-7-02-010025-5,定价 42.00 元。(7-624)

4465　拽着太阳飞　中美素质教育启示录

乔乔著,2005 年 1 月。平装,国流 32 开,ISBN 7-02-004872-2,定价 20.00 元。(7-625)

4466　今年,我们毕业

郝闯等编选,2005 年 1 月。平装覆膜,国流 32 开,ISBN 7-02-004868-4,定价 14.00 元。(7-626)

4467　纯棉女友

赵婕著,纯棉时代·动感书系,2005 年 1 月。平装覆膜,24 开,ISBN 7-02-004961-3,定价 16.00 元。(7-627)

4468　纯棉爱情

赵婕著,纯棉时代·动感书系,2005 年 1 月。平装覆膜,24 开,ISBN 7-02-004962-1,定价 15.00 元。(7-628)

4469　纯棉婚姻

赵婕著,纯棉时代·动感书系,2005 年 1 月。平装覆膜,24 开,ISBN 7-02-004963-X,定价 17.00 元。(7-629)

4470　怀念那棵树

刘醒初著,2005 年 1 月。平装覆膜,大 32 开,ISBN 7-02-004984-2,定价 16.00 元。(7-630)

4471　2004 散文

本社编辑部编,21 世纪年度散文选,2005 年 1 月。平装覆膜,32 异,ISBN 7-02-005069-7,定价 25.00 元。(7-631)

4472　化雨集

北京大学诗歌中心、北京大学中文系编,2005 年 3 月。软精,国流 32 开,ISBN 7-02-004996-6,定价 30.00 元。(7-632)

4473　项美丽在上海

254

王璞著,2005年1月。平装覆膜,32异,ISBN 7-02-003828-X,定价21.00元。(7-633)

4474　2004报告文学
本社编辑部编,21世纪报告文学年选,2005年1月。平装覆膜,32异,ISBN 7-02-005068-9,定价24.00元。(7-634)

4475　林辰纪念集
鲁迅博物馆编,2005年3月。平装覆膜,国流32开,ISBN 7-02-004813-7,定价21.00元。(7-635)

4476　新散文百人百篇
马明博选编,2005年1月。平装覆膜,国流32开,ISBN 7-02-004864-1,定价27.00元。(7-637)

4477　蔓草缀珠
陈早春著,2005年3月。平装覆膜,国流32开,ISBN 7-02-004873-0,定价20.00元。2017年11月增订版,平装,16异,ISBN 978-7-02-012798-6,定价56.00元。(7-638)

4478　萤火与炬火——沈浮传
沈德才、沈德利著,2005年3月。平装覆膜,16异,ISBN 7-02-004767-X,定价32.00元。(7-639)

4479　给寂寞的人们
罗兰著,罗兰小语全本,2005年5月。平装覆膜,24开,ISBN 7-02-004941-9,定价15.00元。(7-640)

4480　推动自己
罗兰著,罗兰小语全本,2005年5月。平装覆膜,24开,ISBN 7-02-004942-7,定价14.00元。(7-641)

4481　成功的两翼
罗兰著,罗兰小语全本,2005年5月。平装覆膜,24开,ISBN 7-02-004943-5,定价16.00元。(7-642)

4482　为了欣赏为了爱
罗兰著,罗兰小语全本,2005年5月。平装覆膜,24开,ISBN 7-02-004945-1,定价14.00元。(7-643)

4483　从小桥流水说起
罗兰著,罗兰小语全本,2005年5月。平装覆膜,24开,ISBN 7-02-004946-X,定价17.00元。(7-644)

4484　留住你的春天
罗兰著,罗兰小语全本,2005年5月。平装覆膜,24开,ISBN 7-02-004947-8,定价24.00元。(7-645)

4485　黑白记忆——我的青春回忆录
肖复兴著,2005年5月。平装覆膜,16异,ISBN 7-02-005002-6,定价25.00元。(7-646)

4486　巴金的两个哥哥
汪致正主编,2005年5月。软精,国流32开,ISBN 7-02-005163-4,定价20.00元。(7-647)

4487　包公遗骨记
陈桂棣、春桃著,《当代》书丛,2005年5月。平装覆膜,国流32开,ISBN 7-02-005194-4,定价16.00元。(7-648)

4488　甘苦人生
蓝怀昌、冯艺著,2005年5月。平装覆膜,16异,ISBN 7-02-004988-5,定价28.00元。(7-649)

4489　李国文散文
中华散文插图珍藏版系列,2005年5月。平装覆膜,国流32开,ISBN 7-02-005168-5,定价21.00元。(7-650)

4490　楼适夷同志纪念集
梅志等著,2005年5月。平装覆膜,国流32开,ISBN 7-02-005221-5,定价28.00元。(7-651)

4491　扬眉鞭剑出鞘
理由著,中国当代报告文学精品书系,2005年5月。平装覆膜,国流32开,ISBN 7-02-005040-9,定价29.00元。(7-652)

4492　根本利益
何建明著,中国当代报告文学精品书系,2005年5月。平装覆膜,国流32开,ISBN 7-02-005045-X,定价28.00元。(7-653)

4493　马家军调查
赵瑜著,中国当代报告文学精品书系,2005年5月。平装覆膜,国流32开,ISBN 7-02-005043-3,定价32.00元。(7-654)

4494　中国的眸子

胡平著,中国当代报告文学精品书系,2005年5月。平装覆膜,国流32开,ISBN 7-02-005042-5,定价32.00元。(7-655)

4495 沉沦的国土
徐刚著,中国当代报告文学精品书系,2005年5月。平装覆膜,国流32开,ISBN 7-02-005041-7,定价36.00元。(7-656)

4496 以人民的名义
卢跃刚著,中国当代报告文学精品书系,2005年5月。平装覆膜,国流32开,ISBN 7-02-005047-6,定价32.00元。(7-657)

4497 大雁情
黄宗英著,中国当代报告文学精品书系,2005年5月。平装覆膜,国流32开,ISBN 7-02-005050-6,定价23.00元。(7-658)

4498 淮河的警告
陈桂棣著,中国当代报告文学精品书系,2005年5月。平装覆膜,国流32开,ISBN 7-02-005046-8,定价30.00元。(7-659)

4499 中国知青梦
邓贤著,中国当代报告文学精品书系,2005年5月。平装覆膜,国流32开,ISBN 7-02-005048-4,定价39.00元。(7-660)

4500 奇异的书简
柯岩著,中国当代报告文学精品书系,2005年5月。平装覆膜,国流32开,ISBN 7-02-005044-1,定价33.00元。(7-661)

4501 歌德巴赫猜想
徐迟著,中国当代报告文学精品书系,2005年5月。平装覆膜,国流32开,ISBN 7-02-005049-2,定价24.00元。2014年6月单行本,平装,国流32开,ISBN 978-7-02-010160-3,定价28.00元。2017年6月收入教育部编语文教科书名著导读自主阅读书目,平装,32异,ISBN 978-7-02-012951-5,定价36.00元。(7-662)

4502 王蒙 不成样子的怀念
2005年1月。平装覆膜,国流32开,ISBN 7-02-004940-0,定价21.00元。(7-663)

4503 假如我是海伦
张悉妮著,少年写作BOOK,2005年7月。平装覆膜,国流32开,ISBN 7-02-005255-X,定价22.00元。(7-664)

4504 追寻已远——晚清民国人物素描
吴方著,2005年8月。平装覆膜,国流32开,ISBN 7-02-004695-9,定价23.00元。(7-665)

4505 秋风怀故人 冯至百年诞辰纪念集
2005年9月。平装覆膜,国流32开,ISBN 7-02-005302-5,定价27.00元。(7-666)

4506 岁月风情
柯蓝著,2005年9月。平装覆膜,大32开,ISBN 7-02-005000-X,定价24.00元。(7-667)

4507 洪深文抄
洪钤编,2005年9月。平装覆膜,国流32开,ISBN 7-02-004960-5,定价24.00元。(7-668)

4508 在地下
马识途著,2005年9月。平装覆膜,国流32开,ISBN 7-02-005213-4,定价35.00元。(7-669)

4509 感激
贺茂之著,2005年9月。平装覆膜,国流32开,ISBN 7-02-005139-1,定价28.00元。(7-670)

4510 都是妖蛾子
王小柔著,2005年10月。平装覆膜,40开,ISBN 7-02-005240-1,定价18.00元。2012年9月收入妖蛾子珍藏版,平装,40开,ISBN 978-7-02-008971-0,定价23.00元。(7-671)

4511 崇敬的思念
荣天玙著,2005年11月。平装,大32开,ISBN 7-02-005246-0,定价13.00元。(7-672)

4512 岁月、命运、人——李广田传
李岫著,2006年1月。平装覆膜,16异,ISBN 7-02-005286-X,定价33.00元。(7-673)

4513 剑指江淮——抗战时期的张爱萍
中共江苏省委党史办、中共盐城市委党史办编,2005年8月。平装覆膜,国流32开,ISBN 7-02-005312-2,定价15.00元。(7-674)

4514 柯蓝朗诵散文诗选
柳成荫等选编,2005年11月。平装覆膜,国流

32开,ISBN 7-02-005273-8,定价15.00元。(7-675)

4515 火炬在山乡燃烧
寒青、遥厚著,2005年11月。平装覆膜,国流32开,ISBN 7-02-005289-4,定价23.00元。(7-676)

4516 半世纪的相逢——两岸和平之旅
连方瑀著,2005年11月。平装覆膜,32开,ISBN 7-02-005330-0,定价29.00元。(7-677)

4517 明日酒醒何处
理由著,2005年11月。平装,国流32开,ISBN 7-02-005254-1,定价38.00元。(7-678)

4518 萨日朗
(裕固族)阿拉旦·淖尔著,2006年1月。平装覆膜,国流32开,ISBN 7-02-005423-4,定价17.00元。(7-679)

4519 中国百年油矿
和谷、路小路著,2005年9月。平装覆膜,国流32开,ISBN 7-02-005299-1,定价28.00元。(7-680)

4520 永别了,外企 一个被炒鱿鱼的外企"首代"的自白
齐天大著,2006年2月。平装覆膜,32异,ISBN 7-02-005237-1,定价19.00元。(7-681)

4521 历史的星空
刘合心著,2006年1月。平装,国流32开,ISBN 7-02-004711-4,定价18.00元。(7-682)

4522 葫芦岛纪事
刘维业著,2005年12月。平装,16异,ISBN 7-02-005339-4,定价70.00元。(7-683)

4523 2005散文
本社编辑部编选,21世纪年度散文选,2006年1月。平装,32异,ISBN 7-02-005373-4,定价30.00元。(7-684)

4524 溥仪传
吕永岩著,2006年1月。平装,16异,ISBN 7-02-005427-7,定价39.00元。(7-685)

4525 一粒珍珠的故事
刘德伟著,2006年1月。平装,16异,ISBN 7-02-005334-3,定价29.00元。2010年8月收入人与岁月,增加副书名《一位世纪女性的一生》,平装,16异,ISBN 978-7-02-008123-3,定价28.00元。(7-686)

4526 2005报告文学
本社编辑部编,21世纪年度报告文学选,2006年1月。平装,32异,ISBN 7-02-004705-X,定价32.00元。(7-687)

4527 那些事,那些人 2000—2005年《萌芽》散文精选
韩寒、郭敬明等著,2006年2月。平装覆膜,32异,ISBN 7-02-004769-6,定价24.00元。(7-688)

4528 一个"参与创造历史"的华人——司徒眉生传奇
袁厚春著,2006年4月。平装覆膜,国流32开,ISBN 7-02-005337-8,定价21.00元。(7-689)

4529 游走双城
吴福辉著,2006年1月。平装,32异,ISBN 7-02-005367-X,定价19.00元。(7-690)

4530 宗奇散文
李宗奇著,2006年2月。平装,国流32开,ISBN 7-02-004717-3,定价23.00元。(7-691)

4531 我的课桌在哪里 农民工子女教育调查
英传会著,2006年6月。平装,国流32开,ISBN 7-02-005609-1,定价22.00元。(7-692)

4532 十八高僧传
丛培香编著,2006年5月。平装覆膜,国流32开,ISBN 7-02-005560-5,定价17.00元。(7-693)

4533 到庐山看老别墅
方方著,2006年5月。平装,国流32开,ISBN 7-02-005391-2,定价18.00元。(7-694)

4534 我们这个时代肝肠寸断的表情
张洁著,2006年6月。平装覆膜,16异,ISBN 7-02-005595-8,定价29.00元。(7-695)

4535 黄帅心语
2006年7月。平装覆膜,国流32开,ISBN 7-

散文

4536　如戏人生
闫立秀著，2006年6月。平装，国流32开，ISBN 7-02-005661-X，定价29.00元。2018年2月修订本，平装，16异，ISBN 978-7-02-013361-1，定价68.00元。(7-697)

4537　一望无极
陈红、黄斌著，2006年1月。平装覆膜，16异，ISBN 7-02-005401-3，定价32.00元。(7-698)

4538　芙蓉旧事
倪蓉棣著，2006年7月。平装，16异，ISBN 7-02-005766-7，定价30.00元。(7-699)

4539　还是妖蛾子
王小柔著，2006年9月。平装，40开，ISBN 7-02-005796-9，定价18.00元。2012年9月收入妖蛾子珍藏版，平装，40开，ISBN 978-7-02-008970-3，定价23.00元。(7-700)

4540　长征
王树增著，2006年9月。平装，16异，ISBN 7-02-005798-5，定价53.00元。2011年1月，大字版上下册，平装，16异，ISBN 978-7-02-008307-7，定价90.00元。2016年7月修订版，上下册，16异，平装，ISBN 978-7-02-011637-9，定价98.00元；2016年10月，精装，ISBN 978-7-02-012024-6，定价166.00元。2017年9月修订版，全一册，平装，16异，ISBN 978-7-02-013226-3，定价66.00元。2017年12月收入教育部编语文教科书纪实作品阅读指定书目，上下册，平装，16异，ISBN 978-7-02-013414-4，定价72.00元。(7-701)

4541　黄河殇 1938·花园口
邓贤著，2006年8月。平装覆膜，国流32开，ISBN 7-02-005768-3，定价26.00元。2017年12月列入邓贤抗战纪实系列，书名《黄河殇》，平装，16异，ISBN 978-7-02-010775-9，定价36.00元。(7-702)

4542　人物·书话·纪事
王元化著，2006年1月。平装覆膜，16异，ISBN 7-02-005306-8，定价42.00元。(7-703)

4543　忆丽尼
巴金等著，郭梅尼编，2006年9月。平装覆膜，国流32开，ISBN 7-02-005571-0，定价17.00元。(7-704)

4544　那两方神奇的土地
高秋福著，2006年8月。平装覆膜，国流32开，ISBN 7-02-005470-6，定价23.00元。(7-705)

4545　张居正大传
朱东润著，2006年8月。平装覆膜，32异，ISBN 7-02-005491-9，定价28.00元。(7-706)

4546　天使的救赎 情感卷
《萌芽》编辑部选编，新概念才气作文选，2006年8月。平装覆膜，32异，ISBN 7-02-005807-8，定价18.00元。(14-147)

4547　猪的柏拉图 惊奇卷
《萌芽》编辑部选编，新概念才气作文选，2006年8月。平装覆膜，32异，ISBN 7-02-005808-6，定价17.00元。(14-148)

4548　新房客 幻想卷
《萌芽》编辑部选编，新概念才气作文选，2006年8月。平装覆膜，32异，ISBN 7-02-005809-4，定价18.00元。(14-149)

4549　香草糖的眼泪 青春卷
《萌芽》编辑部选编，新概念才气作文选，2006年8月。平装覆膜，32异，ISBN 7-02-005786-1，定价18.00元。(14-150)

4550　花非花 紫砂艺人蒋蓉传
徐风著，2006年10月。平装，16异，ISBN 7-02-005831-0，定价35.00元。(7-708)

4551　世界上最疼我的那个人去了
张洁著，2006年10月。平装覆膜，16开，ISBN 7-02-005539-7，定价29.00元。2012年4月收入张洁文集，平装，国流32开，ISBN 978-7-02-008646-7，定价22.00元。2015年6月，单行本，精装，国流32开，ISBN 978-7-02-010822-0，定价36.00元。(7-709)

4552　荣莒集
周绍昌著，2006年10月。平装覆膜，国流32开，ISBN 7-02-005634-2，定价23.00元。(7-710)

4553　太行飞虹

258

陈拓著,2006年10月。平装覆膜,国流32开,ISBN 7-02-005530-3,定价22.00元。(7-711)

4554 吞吐大荒——徐悲鸿寻踪

傅宁军著,2006年10月。平装,16开,ISBN 7-02-005758-6,定价36.00元。2013年5月增订版,书名《悲鸿生命》,平装,16异,ISBN 978-7-02-009643-5,定价53.00元。(7-712)

4555 他仍在路上——严文井纪念集

本社编,2006年10月。平装覆膜,国流32开,ISBN 7-02-005813-2,定价32.00元。(7-713)

4556 座右无铭

云溪子著,2006年11月。平装覆膜,国流32开,ISBN 7-02-005736-5,定价23.00元。(7-714)

4557 像剪纸一样美艳明净

铁凝著,中国当代作家·铁凝系列,2006年12月。平装覆膜,国流32开,ISBN 7-02-005750-0,定价19.00元。(7-715)

4558 会走路的梦

铁凝著,中国当代作家·铁凝系列,2006年12月。平装覆膜,国流32开,ISBN 7-02-005751-9,定价18.00元。(7-717)

4559 在朝内166号与前辈魂灵相遇

王培元著,2007年1月。平装覆膜,16异,ISBN 978-7-02-005984-3,定价25.00元。2011年1月,书名《永远的朝内166号 与前辈魂灵相遇》,平装覆膜,16异,ISBN 978-7-02-008341-1,定价35.00元。2014年9月增订本,平装,16异,ISBN 978-7-02-010544-1,定价48.00元。(7-718)

4560 杜拉斯 一位不可模仿的女性

李亚凡著,2006年12月。平装,国流32开,ISBN 7-02-005897-3,定价29.00元。2014年4月列入知性与叛逆:女性三部曲,书名《不可模仿的杜拉斯》,平装,16异,ISBN 978-7-02-010026-2,定价39.00元。(7-719)

4561 三分之一的加菲猫

加肥猫著,2007年1月。平装覆膜,40开,ISBN 978-7-02-005774-0,定价19.00元。(7-720)

4562 潘石屹 包泡 非建筑访谈

王宝菊著,2007年1月。平装,16开,ISBN 978-7-02-005463-3,定价17.00元。(7-721)

4563 陈丹青 艾未未 非艺术访谈

王宝菊著,2007年1月。平装,16开,ISBN 978-7-02-005462-6,定价17.00元。(7-722)

4564 2006散文

本社编辑部编选,21世纪年度散文选,2007年1月。平装覆膜,32异,ISBN 978-7-02-005912-6,定价27.00元。(7-723)

4565 陆游传

朱东润著,2007年1月。平装覆膜,32异,ISBN 978-7-02-005890-7,定价19.00元。(7-724)

4566 2006报告文学

本社编辑部编选,21世纪年度报告文学选,2007年1月。平装覆膜,国流32开,ISBN 978-7-02-005932-4,定价32.00元。(7-725)

4567 师友风谊 文林廿八宿

林东海著,2007年3月。平装覆膜,16异,ISBN 978-7-02-005982-9,定价35.00元。2010年9月增订本,平装,16异,ISBN 978-7-02-008021-2,定价42.00元。(7-726)

4568 陈子龙及其时代

朱东润著,2007年1月。平装覆膜,32异,ISBN 978-7-02-005891-4,定价20.00元。(7-727)

4569 密茨凯维奇传

张振辉著,外国文学出版社2006年12月。平装覆膜,国流32开,ISBN 7-5016-0204-2,定价13.00元。(7-728)

4570 裴多菲传

冯植生著,外国文学出版社2006年12月。平装覆膜,国流32开,ISBN 7-5016-0205-0,定价12.00元。(7-729)

4571 仰望苍穹

张金豹著,2007年3月。平装覆膜,16异,ISBN 978-7-02-006022-1,定价29.00元。(7-730)

4572 恨望古今
李浩著,2007年4月。平装,国流32开,ISBN 978-7-02-006076-4,定价35.00元。(7-731)

4573 季羡林散文
中华散文插图珍藏版系列,2007年3月。平装,国流32开,ISBN 978-7-02-005949-2,定价21.00元。2013年11月收入中华散文珍藏版,平装,国流32开,ISBN 978-7-02-009911-5,定价30.00元。(7-732)

4574 陆文夫散文
中华散文插图珍藏版系列,2007年3月。平装,国流32开,ISBN 978-7-02-005961-4,定价21.00元。2016年6月收入中华散文珍藏版,平装,国流32开,ISBN 978-7-02-011017-9,定价32.00元。(7-733)

4575 林斤澜散文
中华散文插图珍藏版系列,2007年3月。平装,国流32开,ISBN 978-7-02-005951-5,定价21.00元。(7-734)

4576 严文井散文
中华散文插图珍藏版系列,2007年3月。平装,国流32开,ISBN 978-7-02-005967-6,定价21.00元。(7-735)

4577 宗璞散文
中华散文插图珍藏版系列,2007年3月。平装,国流32开,ISBN 978-7-02-005937-9,定价23.00元。2016年6月收入中华散文珍藏版,平装,国流32开,ISBN 978-7-02-011020-9,定价33.00元。(7-736)

4578 王充闾散文
中华散文插图珍藏版系列,2007年3月。平装,国流32开,ISBN 978-7-02-005938-6,定价22.00元。(7-737)

4579 史铁生散文
中华散文插图珍藏版系列,2007年3月。平装覆膜,国流32开,ISBN 978-7-02-005950-8,定价21.00元。2013年11月收入中华散文珍藏版,平装,国流32开,ISBN 978-7-02-009912-2,定价30.00元。(7-738)

4580 女检察官
岩铁著,2007年4月。平装覆膜,国流32开,ISBN 978-7-02-006138-9,定价20.00元。(7-739)

4581 今年我们毕业2 北大清华学生求职故事
徐琦、刘洋、祝迪、赵普生主编,2007年4月。平装覆膜,国流32开,ISBN 978-7-02-006006-1,定价14.00元。(7-740)

4582 我的左眼不相信右眼
马爽著,2007年4月。平装,国流32开,ISBN 978-7-02-006037-5,定价22.00元。(7-741)

4583 文学缘 近半个世纪我所接触的作家
胡德培著,2007年4月。平装,国流32开,ISBN 978-7-02-006084-9,定价26.00元。(7-742)

4584 世间女子
刘晓波著,2007年5月。平装覆膜,大32开,ISBN 978-7-02-006085-6,定价21.00元。(7-743)

4585 诚行天下
徐国良著,2007年6月。平装覆膜,16开,ISBN 978-7-02-006159-4,定价29.00元。(7-744)

4586 晚来香港一百年
长江著,2007年6月。平装覆膜,16异,ISBN 978-7-02-006086-3,定价28.00元。(7-745)

4587 中国申奥亲历记 两次申奥背后的故事
孙大光著,2007年7月。平装覆膜,16异,ISBN 978-7-02-006184-6,定价26.00元。(7-746)

4588 寂寞英雄
紫金著,2007年7月。平装覆膜,国流32开,ISBN 978-7-02-006158-7,定价22.00元。(7-747)

4589 岁月如箫
曹旭著,2007年7月。平装覆膜,国流32开,ISBN 978-7-02-006075-7,定价23.00元。(7-748)

4590 品味收藏

高洪波著,2007年7月。平装覆膜,16异,ISBN 978-7-02-006063-4,定价29.00元。(7-749)

4591 一厘米微蓝 《萌芽》美文精选(2000—2006)·情

张悦然、颜歌等著,2007年1月。平装覆膜,32异,ISBN 978-7-02-006004-7,定价25.00元。(7-750)

4592 老戏的前世今生

傅谨著,2007年8月。平装覆膜,16异,ISBN 978-7-02-006146-4,定价24.00元。(7-751)

4593 奔跑的布袋猫 《萌芽》美文精选(2000—2006)·乐

韩寒、郭敬明等著,2007年1月。平装覆膜,32异,ISBN 978-7-02-006002-3,定价25.00元。(7-752)

4594 紫微星的契约 《萌芽》美文精选(2000—2006)·爱

张悦然、苏德等著,2007年1月。平装覆膜,32异,ISBN 978-7-02-006003-0,定价25.00元。(7-753)

4595 站在世界屋脊的将军

天泉、李天雄著,2007年8月。平装覆膜,16异,ISBN 978-7-02-006177-8,定价45.00元。(7-754)

4596 魔听 幻想卷

《萌芽》编辑部选编,2007年新概念才气作文选,2007年7月。平装覆膜,32异,ISBN 978-7-02-006224-9,定价16.00元。(14-166)

4597 时光倒影 情感卷

《萌芽》编辑部选编,2007年新概念才气作文选,2007年7月。平装覆膜,32异,ISBN 978-7-02-006221-8,定价16.00元。(14-167)

4598 蝴蝶翅膀的弧线 青春卷

《萌芽》编辑部选编,2007年新概念才气作文选,2007年7月。平装覆膜,32异,ISBN 978-7-02-006223-2,定价16.00元。(14-168)

4599 云的南方 惊奇卷

《萌芽》编辑部选编,2007年新概念才气作文选,2007年7月。平装覆膜,32异,ISBN 978-7-02-006222-5,定价16.00元。(14-169)

4600 俗人散文

吴克敬著,2007年8月。平装覆膜,国流32开,ISBN 978-7-02-006274-4,定价18.00元。(7-763)

4601 致女儿书

王朔著,2007年9月。平装,小32开,ISBN 978-7-02-006276-8,定价15.00元。(7-764)

4602 至爱极边

熊清华著,2007年9月。平装覆膜,16开,ISBN 978-7-02-006217-1,定价35.00元。(7-765)

4603 优雅地低于爱情

叶倾城著,2007年10月。平装覆膜,32异,ISBN 978-7-02-006186-0,定价21.00元。(7-766)

4604 在高黎贡在

汤世杰著,2007年11月。平装覆膜,16异,ISBN 978-7-02-006062-7,定价35.00元。(7-767)

4605 路遥纪念集

马一夫、厚夫、宋学成主编,2007年11月。平装覆膜,国流32开,ISBN 978-7-02-006219-5,定价29.00元。(7-768)

4606 十年一觉电影梦 李安传

张靓蓓编著,2007年10月。平装,16异,ISBN 978-7-02-005815-0,定价38.00元。2012年1月,平装,16异,ISBN 978-7-02-008676-4,定价38.00元。(7-769)

4607 王仰晨编辑人生

王仰晨等著,2007年11月。平装覆膜,国流32开,ISBN 978-7-02-006073-3,定价38.00元。(7-770)

4608 又见炊烟

钱国丹著,2008年1月。平装,国流32开,ISBN 978-7-02-006379-6,定价25.00元。(7-771)

4609 萧乾散文

中华散文插图珍藏版系列,2007年11月。平装,国流32开,ISBN 978-7-02-006436-6,定价21.00元。2009年7月收入中国文库,书名《萧乾散文选》,国流32开,平装,ISBN 978-7-

02-007665-9,定价18.00元;精装,ISBN 978-7-02-007636-9,定价32.00元。(7-772)

4610　柯灵散文

中华散文插图珍藏版系列,2007年11月。平装,国流32开,ISBN 978-7-02-006438-0,定价21.00元。2009年7月收入中国文库,书名《柯灵散文选》,国流32开,平装,ISBN 978-7-02-007664-2,定价15.50元;精装,ISBN 978-7-02-007635-2,定价29.50元。(7-773)

4611　郭沫若散文

中华散文插图珍藏版系列,2007年11月。平装,国流32开,ISBN 978-7-02-006437-3,定价20.00元。2018年8月收入中华散文珍藏版,平装,国流32开,ISBN 978-7-02-014270-5,定价32.00元。(7-774)

4612　庐山旧事

马社香著,2007年11月。平装覆膜,16异,ISBN 978-7-02-006367-3,定价35.00元。(7-775)

4613　新城对(柏杨谈话录)

柏杨著,典藏柏杨·杂文,2007年11月。平装,16异,ISBN 978-7-02-006116-7,定价25.00元。2011年2月,书名《柏杨谈话录》,平装,16异,ISBN 978-7-02-008389-3,定价26.00元。(7-776)

4614　歌台何处 李淑君的艺术生涯

陈均、杨仕著,2007年12月。平装覆膜,国流32开,ISBN 978-7-02-006302-4,定价45.00元。(7-777)

4615　张炜散文

中华散文插图珍藏版系列,2008年1月。平装,国流32开,ISBN 978-7-02-006432-8,定价25.00元。(7-778)

4616　张中行散文

中华散文插图珍藏版系列,2008年1月。平装,国流32开,ISBN 978-7-02-006435-9,定价23.00元。2016年6月收入中华散文珍藏版,平装,国流32开,ISBN 978-7-02-011016-2,定价32.00元。(7-779)

4617　迟子建散文

中华散文插图珍藏版系列,2008年1月。平装,国流32开,ISBN 978-7-02-006433-5,定价24.00元。2016年6月收入中华散文珍藏版,平装,国流32开,ISBN 978-7-02-011014-8,定价32.00元。(7-780)

4618　周国平散文

中华散文插图珍藏版系列,2008年1月。平装,国流32开,ISBN 978-7-02-006455-7,定价23.00元。2013年11月收入中华散文珍藏版,平装,国流32开,ISBN 978-7-02-009914-6,定价30.00元。(7-781)

4619　王小波散文

中华散文插图珍藏版系列,2008年1月。平装,国流32开,ISBN 978-7-02-006429-8,定价22.00元。(7-782)

4620　王蒙散文

中华散文插图珍藏版系列,2008年1月。平装,国流32开,ISBN 978-7-02-006431-1,定价22.00元。2016年6月收入中华散文珍藏版,平装,国流32开,ISBN 978-7-02-011483-2,定价32.00元。(7-783)

4621　韩少功散文

中华散文插图珍藏版系列,2008年1月。平装,国流32开,ISBN 978-7-02-006434-2,定价23.00元。(7-784)

4622　刘白羽散文

中华散文插图珍藏版系列,2008年1月。平装,国流32开,ISBN 978-7-02-006430-4,定价24.00元。2009年7月收入中国文库,书名《刘白羽散文选》,国流32开,平装,ISBN 978-7-02-007667-3,定价19.00元;精装,ISBN 978-7-02-007638-3,定价33.00元。(7-785)

4623　熊秉明美术随笔

人文随笔系列,2008年1月。平装,16异,ISBN 978-7-02-006370-3,定价29.00元。(7-786)

4624　陈从周园林随笔

人文随笔系列,2008年1月。平装,16异,ISBN 978-7-02-006369-7,定价27.00元。(7-787)

4625　济慈评传

傅修延著,2008年1月。平装膜覆,国流32开,ISBN 978-7-02-006440-3,定价28.00元。

(7-788)

4626　五十大话
贾平凹著,中国当代作家·贾平凹系列,2008年1月。平装,国流32开,ISBN 978-7-02-006470-0,定价25.00元。(7-789)

4627　丑石
贾平凹著,中国当代作家·贾平凹系列,2008年1月。平装,国流32开,ISBN 978-7-02-006471-1,定价31.00元。(7-790)

4628　进山东
贾平凹著,中国当代作家·贾平凹系列,2008年1月。平装,国流32开,ISBN 978-7-02-006472-4,定价25.00元。(7-791)

4629　被克隆的眼睛
李锐著,中国当代作家·李锐系列,2008年1月。平装,国流32开,ISBN 978-7-02-006254-6,定价18.00元。(7-792)

4630　拒绝合唱
李锐著,中国当代作家·李锐系列,2008年1月。平装,国流32开,ISBN 978-7-02-006253-9,定价23.00元。(7-793)

4631　金克木散文
中华散文插图珍藏版系列,2008年1月。平装,国流32开,ISBN 978-7-02-006479-3,定价23.00元。(7-794)

4632　王安忆散文
中华散文插图珍藏版系列,2008年1月。平装,国流32开,ISBN 978-7-02-006456-4,定价23.00元。(7-795)

4633　黄裳自选集
2008年1月。平装覆膜,16异,ISBN 978-7-02-006480-9,定价31.00元。(7-799)

4634　2007散文
本社编辑部编选,21世纪年度散文选,2008年1月。平装,32异,ISBN 7-02-006515-8,定价29.00元。(7-800)

4635　人生路上不逍遥
寇成茂著,2008年1月。平装覆膜,国流32开,ISBN 978-7-02-006294-2,定价25.00元。(7-802)

4636　樱花点缀的记忆
陈喜儒著,蓝调文丛,2008年1月。平装,国流32开,ISBN 978-7-02-005822-8,定价22.00元。(7-803)

4637　潜行乌贼
陈建德著,蓝调文丛,2008年1月。平装,国流32开,ISBN 978-7-02-005823-5,定价22.00元。(7-804)

4638　写在水上的诺贝尔
黑马著,蓝调文丛,2008年1月。平装,国流32开,ISBN 978-7-02-005959-1,定价17.00元。(7-805)

4639　堂吉诃德的长矛
陈众议著,蓝调文丛,2008年1月。平装,国流32开,ISBN 978-7-02-005899-0,定价23.00元。(7-806)

4640　别样的风景
刘文飞著,蓝调文丛,2008年1月。平装,国流32开,ISBN 978-7-02-005821-1,定价23.00元。(7-807)

4641　行人寥落的小径
李文俊著,蓝调文丛,2008年1月。平装,国流32开,ISBN 978-7-02-005825-9,定价21.00元。(7-808)

4642　我所见到的法兰西文学大师
柳鸣九著,蓝调文丛,2008年1月。平装,国流32开,ISBN 978-7-02-005901-0,定价17.00元。(7-809)

4643　塞纳河畔的文学景观
吴岳添著,蓝调文丛,2008年1月。平装,国流32开,ISBN 978-7-02-005957-7,定价20.00元。(7-810)

4644　不圆的珍珠
叶廷芳著,蓝调文丛,2008年1月。平装,国流32开,ISBN 978-7-02-005958-4,定价24.00元。(7-811)

4645　布拉格,那蓝雨中的石子路
高兴著,蓝调文丛,2008年1月。平装,国流32开,ISBN 978-7-02-005824-2,定价19.00元。(7-812)

4646　2007报告文学
本社编辑部编选,21世纪年度报告文学选,2008年3月。平装,32异,ISBN 978-7-02-006512-7,定价34.00元。(7-816)

| 4647 | 瞧，大师的小样儿

虎头著，2008 年 3 月。平装，国流 32 开，ISBN 978-7-02-006729-9，定价 27.00 元。（7-821）

| 4648 | 我们要活得有尊严

柏杨著，典藏柏杨·杂文，2008 年 4 月。平装，16 异，ISBN 978-7-02-006117-4，定价 25.00 元。2009 年 3 月列入"丑陋的中国人"三部曲，精装，16 异，ISBN 978-7-02-006900-2，定价 32.00 元。2014 年 7 月，"丑陋的中国人"三部曲，精装，16 异，ISBN 978-7-02-010093-4，定价 41.00 元。（7-822）

| 4649 | 酱缸震荡

柏杨著，典藏柏杨·杂文，2008 年 4 月。平装，16 异，ISBN 978-7-02-006562-2，定价 20.00 元。2009 年 3 月列入"丑陋的中国人"三部曲，书名《酱缸震荡 再论丑陋的中国人》，精装，16 异，ISBN 978-7-02-006899-9，定价 28.00 元。2014 年 7 月，"丑陋的中国人"三部曲，精装，16 异，ISBN 978-7-02-010094-1，定价 33.00 元。（7-823）

| 4650 | 丑陋的中国人

柏杨著，典藏柏杨·杂文，2008 年 4 月。平装，16 异，ISBN 978-7-02-006563-9，定价 28.00 元。2009 年 3 月列入"丑陋的中国人"三部曲，精装，16 异，ISBN 978-7-02-006901-1，定价 38.00 元。2011 年 12 月，典藏纪念版，附笔记本，平装，16 开，ISBN 978-7-02-008675-7，定价 60.00 元。2014 年 7 月，"丑陋的中国人"三部曲，精装，16 异，ISBN 978-7-02-010092-7，定价 49.00 元。2015 年 1 月，单行本，平装，国流 32 开，ISBN 978-7-02-010461-1，定价 36.00 元。2015 年 6 月，单行本，平装带盒，国流 32 开，ISBN 978-7-02-010625-7，定价 58.00 元。（7-824）

| 4651 | 柏杨妙语

柏杨著，典藏柏杨·杂文，2008 年 4 月。平装覆膜，16 异，ISBN 978-7-02-006574-5，定价 35.00 元。2013 年 12 月，书名《柏杨观点》，张香华编选，平装覆膜，国流 32 开，ISBN 978-7-02-009696-1，定价 52.00 元。（7-825）

| 4652 | 天空之上 第十届新概念获奖作文簿

《萌芽》编辑部选编，2008 年 5 月。平装覆膜，32 异，ISBN 978-7-02-006667-4，定价 19.00 元。（7-826）

| 4653 | 禅师与少女

柯文辉著，2008 年 4 月。平装覆膜，国流 32 开，ISBN 978-7-02-006378-9，定价 44.00 元。（7-827）

| 4654 | 闪开，让我歌唱八十年代

张立宪著，2008 年 4 月。平装覆膜，国流 32 开，ISBN 978-7-02-006680-3，定价 24.00 元。2012 年 1 月，插图珍藏版，平装，国流 32 开，ISBN 978-7-02-008813-3，定价 32.00 元。2016 年 1 月，精装，国流 32 开，ISBN 978-7-02-010900-5，定价 48.00 元。（7-828）

| 4655 | 世纪之痛 中国农村留守儿童调查

阮梅著，2008 年 5 月。平装覆膜，国流 32 开，ISBN 978-7-02-006654-4，定价 20.00 元。（7-829）

| 4656 | 从清华园到深圳湾

彭名燕、娄荔著，2008 年 5 月。平装覆膜，16 异，ISBN 978-7-02-006292-8，定价 35.00 元。（7-830）

| 4657 | 山南水北

韩少功著，中国当代作家·韩少功系列，2008 年 5 月。平装，国流 32 开，ISBN 978-7-02-006465-6，定价 21.00 元。（7-831）

| 4658 | 大题小作

韩少功著，中国当代作家·韩少功系列，2008 年 5 月。平装，国流 32 开，ISBN 978-7-02-006462-5，定价 21.00 元。（7-832）

| 4659 | 在后台的后台

韩少功著，中国当代作家·韩少功系列，2008 年 5 月。平装，国流 32 开，ISBN 978-7-02-006461-8，定价 24.00 元。（7-833）

| 4660 | 人在江湖

韩少功著，中国当代作家·韩少功系列，2008 年 5 月。平装，国流 32 开，ISBN 978-7-02-006460-1，定价 20.00 元。（7-834）

| 4661 | 旷野无人 一个抑郁症患者的精神档案

李兰妮著，2008 年 6 月。平装，16 异，ISBN 978-7-02-006702-2，定价 35.00 元。2013 年

1月,平装,16异,ISBN 978-7-02-009624-4,定价36.00元。(7-835)

4662　昌耀评传
燎原著,2008年6月。平装覆膜,国流32开,ISBN 978-7-02-006713-8,定价36.00元。(7-836)

4663　贾平凹散文精选
语文新课标必读丛书增订版,2008年6月。平装覆膜,大32开,ISBN 978-7-02-007049-7,定价15.00元。(7-837)

4664　国运　南方记事
吕雷、赵洪著,2008年6月。平装覆膜,16异,ISBN 978-7-02-006685-8,定价58.00元。(7-838)

4665　第十届全国新概念作文大赛获奖作品选
《萌芽》杂志社编,2008年6月。平装,16异,ISBN 978-7-02-006704-6,定价46.00元。(14-193)

4666　荒原无故事
孙进著,2007年5月。平装覆膜,国流32开,ISBN 978-7-02-006036-8,定价48.00元。(7-839)

4667　五环旗下的中国
孙晶岩著,2008年7月。平装覆膜,16开,ISBN 978-7-02-006766-4,定价36.00元。(7-840)

4668　香格里拉的追寻
杨牧之著,2008年7月。平装覆膜,16开,ISBN 978-7-02-006665-0,定价65.00元。(7-841)

4669　莲花微光里的梦　林徽因的一生
陈学勇著,2008年8月。平装覆膜,16异,ISBN 978-7-02-006556-1,定价35.00元。2012年4月,平装,16异,ISBN 978-7-02-008665-8,定价45.00元。2017年8月,增订本,平装,16异,ISBN 978-7-02-012371-1,定价68.00元。(7-842)

4670　伏牛山的儿子　曹靖华传
彭龄、章谊著,2008年7月。平装覆膜,国流32开,ISBN 978-7-02-006452-6,定价37.00元。(7-843)

4671　冯沅君传
严蓉仙著,2008年8月。平装覆膜,国流32开,ISBN 978-7-02-006368-0,定价24.00元。(7-844)

4672　病隙碎笔
史铁生著,中国当代作家·史铁生系列,2008年9月。平装,国流32开,ISBN 978-7-02-006541-7,定价28.00元。(7-845)

4673　我与地坛
史铁生著,中国当代作家·史铁生系列,2008年9月。平装,国流32开,ISBN 978-7-02-006542-4,定价25.00元。2011年1月,单行本,平装覆膜,国流32开,ISBN 978-7-02-008344-2,定价23.00元。2011年4月纪念版,精装,国流32开,ISBN 978-7-02-008435-7,定价29.00元。2015年4月收入北京当代文库出版工程—文学库,精装,国流32开,ISBN 978-7-02-010620-2,定价36.00元。2018年3月,单行本,平装,大32开,ISBN 978-7-02-013563-9,定价32.00元。(7-846)

4674　珠江,东方的觉醒
张胜友著,2008年10月。平装,16异,ISBN 978-7-02-006790-9,定价16.00元。(7-847)

4675　花满人间
何泽中著,2008年9月。平装覆膜,16异,ISBN 978-7-02-006678-0,定价42.00元。(7-848)

4676　纯爱之殇　青春卷
《萌芽》编辑部选编,2008新概念才气作文选,2008年10月。平装覆膜,32异,ISBN 978-7-02-006812-8,定价18.00元。(7-849)

4677　流年光景　情感卷
《萌芽》编辑部选编,2008新概念才气作文选,2008年10月。平装覆膜,32异,ISBN 978-7-02-006801-2,定价17.00元。(7-850)

4678　一人之城　幻想卷
《萌芽》编辑部选编,2008新概念才气作文选,2008年10月。平装覆膜,32异,ISBN 978-7-02-006800-5,定价17.00元。(7-851)

4679　那时花开　惊奇卷

散文

《萌芽》编辑部选编,2008新概念才气作文选,2008年10月。平装覆膜,32异,ISBN 978-7-02-006813-5,定价19.00元。(7-852)

4680 花开的童话
邓玮著,2008年10月。平装覆膜,国流32开,ISBN 978-7-02-006833-3,定价20.00元。(7-853)

4681 海路
田永元著,2008年10月。平装覆膜,16异,ISBN 978-7-02-006807-4,定价35.00元。(7-858)

4682 走过硝烟的大学 浙江大学西迁纪事
谢树强、黄柯云、黄庆军著,2008年11月。平装覆膜,16开,ISBN 978-7-02-006840-1,定价40.00元。(7-859)

4683 转身
王春元著,2008年11月。平装覆膜,16异,ISBN 978-7-02-006858-6,定价24.00元。(7-860)

4684 红茶坊
李俊瑶著,2008年5月。平装覆膜,16异,ISBN 978-7-02-006872-2,定价38.00元。(7-861)

4685 春之声 散文家笔下的改革开放
本社编辑部编选,2008年10月。平装覆膜,16异,ISBN 978-7-02-006820-3,定价38.00元。(7-862)

4686 海外望神州 外国人眼中的中国改革开放
袁殿池编选,2008年11月。平装覆膜,16异,ISBN 978-7-02-006795-4,定价22.00元。(7-863)

4687 激荡人生
吴晓波编著,2008年11月。平装覆膜,16异,ISBN 978-7-02-006837-1,定价32.00元。(7-864)

4688 从空间追寻时间
马吉福著,马吉福人生随笔,2008年12月。平装覆膜,国流32开,ISBN 978-7-02-006817-3,定价30.00元。(7-865)

4689 幸福与痛苦的人生
马吉福著,马吉福人生随笔,2008年12月。平装覆膜,国流32开,ISBN 978-7-02-006818-0,定价42.00元。(7-866)

4690 希望之路 孙棨文报告文学选
2008年12月。平装覆膜,国流32开,ISBN 978-7-02-006853-1,定价25.00元。(7-867)

4691 那些才女们……
蔡登山著,2008年12月。平装覆膜,16异,ISBN 978-7-02-006763-3,定价28.00元。(7-868)

4692 光荣与梦想——人民文学出版社
何启治编撰,名社30年书系,2008年12月。平装,16异,ISBN 978-7-02-006894-4,定价20.00元。(7-869)

4693 卧读偶拾
谭宗远著,2008年9月。平装,36开,ISBN 978-7-02-006823-4,定价25.00元。(7-870)

4694 漂泊者萧红
林贤治著,2009年1月。平装,国流32开,ISBN 978-7-02-006740-4,定价18.00元。2014年2月修订版,平装,16异,ISBN 978-7-02-009831-6,定价39.00元。2014年9月电影特别版,平装,16异,ISBN 978-7-02-009530-8,定价69.00元。(7-871)

4695 一个医生的救赎
朱晓军著,2009年1月。平装覆膜,16异,ISBN 978-7-02-006821-0,定价35.00元。(7-872)

4696 国家特别行动 新安江大移民
童禅福著,2009年1月。平装覆膜,16异,ISBN 978-7-02-006762-6,定价32.00元。(7-873)

4697 万千气象 中国著名文学家访谈录
王安忆等著,2008年11月。平装覆膜,16异,ISBN 978-7-02-006873-9,定价28.00元。(7-874)

4698 亲爱的安德烈
(台湾)龙应台、[德国]安德烈著,2008年12月。平装覆膜,国流32开,ISBN 978-7-02-006861-6,定价26.00元。(7-875)

4699 人争一口气

266

刘文忠著,2008年12月。平装覆膜,国流32开,ISBN 978-7-02-006771-8,定价25.00元。(7-876)

4700 雪花集
金志海著,2008年11月。平装覆膜,国流32开,ISBN 978-7-02-006799-2,定价17.00元。(7-877)

4701 朱东润自传
朱东润著,2009年1月。平装覆膜,国流32开,ISBN 978-7-02-006613-1,定价30.00元。(7-878)

4702 旧时月色中的文人们
《新文学史料》编辑部编,新文学史料丛书,2009年1月。平装,16异,ISBN 978-7-02-006845-6,定价28.00元。(7-879)

4703 马未都说·枕上篇
2009年1月。平装覆膜,32异,ISBN 978-7-02-006911-8,定价26.00元。(7-880)

4704 北京的红尘旧梦
刘东黎著,2009年1月。平装覆膜,16异,ISBN 978-7-02-006910-1,定价33.00元。(7-881)

4705 张中行别传
孙郁著,2009年1月。平装覆膜,16异,ISBN 978-7-02-006862-3,定价29.00元。(7-882)

4706 瞬间·永远 发行人在汶川大地震中的故事
李春凯等著,2009年1月。平装,国流32开,ISBN 978-7-02-006930-9,定价20.00元。(7-883)

4707 历史风涛中的文人们
《新文学史料》编辑部编,新文学史料丛书,2009年1月。平装,16异,ISBN 978-7-02-006844-9,定价30.00元。(7-884)

4708 2008报告文学
本社编辑部编选,21世纪年度报告文学选,2009年2月。平装,32异,ISBN 978-7-02-007269-9,定价25.00元。(7-885)

4709 心/飞扬 新概念十年风云人物
黄颖等著,2008年12月。平装覆膜,32异,ISBN 978-7-02-006884-5,定价24.00元。(7-886)

4710 2008散文
本社编辑部编选,21世纪年度散文选,2009年2月。平装,32异,ISBN 978-7-02-007268-2,定价27.00元。(7-887)

4711 马未都说·车上篇
2009年2月。平装,32异,ISBN 978-7-02-006912-5,定价26.00元。(7-888)

4712 好色的哈姆莱特
小白著,2009年3月。平装,16异,ISBN 978-7-02-006908-8,定价29.00元。(7-889)

4713 印象凤城河
刘宁主编,2009年3月。平装覆膜,16开,ISBN 978-7-02-006945-3,定价38.00元。(7-890)

4714 朝鲜战争(修订版)
王树增著,2009年4月。平装,16异,ISBN 978-7-02-006920-0,定价50.00元。2011年6月大字版,上下册,平装,16异,ISBN 978-7-02-008538-5,定价80.00元。(7-891)

4715 孤儿泪
张平著,中国当代作家·张平系列,2009年4月。平装,国流32开,ISBN 978-7-02-007221-7,定价25.00元。2016年1月列入张平现实四书,平装,国流32开,ISBN 978-7-02-011274-6,定价33.00元。(7-892)

4716 永久的悔
韩小蕙著,2009年4月。平装覆膜,国流32开,ISBN 978-7-02-006814-2,定价25.00元。(7-893)

4717 妞妞 一个父亲的札记
周国平著,2009年4月。平装,32异,ISBN 978-7-02-006952-1,定价20.00元。2012年7月,平装,32异,ISBN 978-7-02-009129-4,定价29.00元。2015年1月,平装,32异,ISBN 978-7-02-010630-1,定价32.00元。2016年4月,精装,国流32开,ISBN 978-7-02-011454-2,定价45.00元。(7-894)

4718 岁月与性情 我的心灵自传
周国平著,2009年4月。平装,32异,ISBN 978-7-02-006953-8,定价20.00元。2012年7月,平装,32异,ISBN 978-7-02-009128-7,

定价29.00元。2015年1月,平装,32异,ISBN 978-7-02-010632-5,定价32.00元。2016年4月,精装,国流32开,ISBN 978-7-02-011456-6,定价45.00元。(7-895)

4719　决不投降 阎继哲传
曾广贤著,2009年4月。平装,国流32开,ISBN 978-7-02-006885-2,定价32.00元。(7-896)

4720　我的德国笔记
张海迪著,2009年4月。平装覆膜,16异,ISBN 978-7-02-006957-6,定价39.00元。(7-897)

4721　妖蛾子 纪念版
王小柔著,王大硕漫画,2009年5月。平装覆膜,40开,ISBN 978-7-02-006937-8,定价24.00元。2012年9月收入妖蛾子珍藏版,平装,40开,ISBN 978-7-02-008969-7,定价25.00元。(7-898)

4722　洪承畴传
王宏志著,2009年4月。平装覆膜,国流32开,ISBN 978-7-02-006755-8,定价30.00元。(7-899)

4723　马未都说·厕上篇
2009年4月。平装覆膜,32异,ISBN 978-7-02-006913-2,定价26.00元。(7-900)

4724　乾隆皇帝的十张面孔
张宏杰著,2009年4月。平装覆膜,16异,ISBN 978-7-02-006959-0,定价28.00元。(7-901)

4725　1938 青春与战争同在
严平著,2009年4月。平装,国流32开,ISBN 978-7-02-006977-4,定价20.00元。2019年10月增订本,平装,16异,ISBN 978-7-02-015175-2,定价49.00元。(7-902)

4726　共和国交响 "中国改革开放优秀报告文学奖"获奖作品集
傅溪鹏、李新烽主编,2009年5月。平装覆膜,16异,ISBN 978-7-02-007338-2,定价60.00元。(7-903)

4727　亲历五月
裘山山著,2009年5月。平装覆膜,国流32开,ISBN 978-7-02-006996-5,定价25.00元。(7-904)

4728　马未都说(厕上篇、枕上篇、车上篇)
2009年5月。平装,32异,ISBN 978-7-02-007352-8,定价75.00元。(7-905)

4729　在难中 深度访谈北川乡镇书记
阿建著,2009年5月。平装,16异,ISBN 978-7-02-007014-5,定价29.00元。(7-906)

4730　舒翠兰 折翼天使的美丽转身
北京志愿者协会编著,2009年5月。平装覆膜,16异,ISBN 978-7-02-006999-6,定价30.00元。(7-907)

4731　昆曲之路
杨守松著,2009年6月。平装,16异,ISBN 978-7-02-007353-5,定价36.00元。(7-908)

4732　行走的中国
张胜友著,2009年6月。平装,16异,ISBN 978-7-02-006879-1,定价36.00元。(7-909)

4733　天空之上
《萌芽》编辑部选编,2009年5月。平装,32异,ISBN 978-7-02-007007-7,定价19.00元。(7-910)

4734　只有一个人生
周国平著,周国平散文经典·生命感悟卷,2009年5月。平装,32异,ISBN 978-7-02-006986-6,定价28.00元。2012年7月收入周国平经典散文,平装,32异,ISBN 978-7-02-009117-1,定价29.00元。2015年1月,平装,32异,ISBN 978-7-02-010681-3,定价32.00元。2016年4月,精装,国流32开,ISBN 978-7-02-011457-3,定价45.00元。(7-911)

4735　爱与孤独
周国平著,周国平散文经典·情感体验卷,2009年5月。平装,32异,ISBN 978-7-02-006998-9,定价28.00元。2012年7月收入周国平经典散文,平装,32异,ISBN 978-7-02-009118-8,定价29.00元。2015年1月,平装,32异,ISBN 978-7-02-010682-0,定价32.00元。2016年4月,精装,国流32开,ISBN 978-7-02-011458-0,定价45.00元。(7-912)

4736　思想的星空

周国平著,周国平散文经典·文化陶冶卷,2009年5月。平装,32异,ISBN 978-7-02-006991-0,定价27.00元。2012年7月收入周国平经典散文,平装,32异,ISBN 978-7-02-009116-4,定价29.00元。2015年1月,平装,32异,ISBN 978-7-02-010631-8,定价32.00元。2016年4月,精装,国流32开,ISBN 978-7-02-011455-9,定价45.00元。(7-913)

4737　灵魂只能独行

周国平著,周国平散文经典·心灵守望卷,2009年5月。平装,32异,ISBN 978-7-02-006990-3,定价28.00元。2012年7月收入周国平经典散文,平装,32异,ISBN 978-7-02-009115-7,定价29.00元。2015年1月,平装,32异,ISBN 978-7-02-010629-5,定价32.00元。2016年4月,精装,国流32开,ISBN 978-7-02-011453-5,定价45.00元。(7-914)

4738　你好,休斯敦

季家凰著,2009年6月。平装覆膜,国流32开,ISBN 978-7-02-006978-1,定价32.00元。(7-915)

4739　中山路——追寻近代中国的现代化脚印

杨黎光著,2009年5月。平装,16异,ISBN 978-7-02-007556-0,定价32.00元。(7-916)

4740　度行天下

徐国良著,2009年6月。平装覆膜,16异,ISBN 978-7-02-007478-5,定价34.00元。(7-917)

4741　第十一届全国新概念作文大赛获奖作品选

《萌芽》杂志社编,2009年6月。平装覆膜,16异,ISBN 978-7-02-007555-3,定价42.00元。(14-212)

4742　国殇

霍达著,中国当代作家·霍达系列,2009年7月。平装,国流32开,ISBN 978-7-02-007256-9,定价29.00元。(7-919)

4743　搏浪天涯

霍达著,中国当代作家·霍达系列,2009年7月。平装,国流32开,ISBN 978-7-02-007253-8,定价32.00元。(7-920)

4744　美国走着瞧

许崧著,2009年6月。平装,32异,ISBN 978-7-02-007549-2,定价25.00元。(7-921)

4745　志愿人生 2004至2007年度北京十大志愿者

北京志愿者协会编,2009年7月。平装,16异,ISBN 978-7-02-006988-0,定价38.00元。(7-922)

4746　古之旅
**　　　红色吕梁**
**　　　灵奇的画卷**
**　　　大碛口**
**　　　酒都杏花村**

韩振远、鲁顺民、师百韧、刘维颖、燕治国、若寒著,吕梁文化丛书·第一辑,2009年4月。平装覆膜,16开,ISBN 978-7-02-007015-2,定价360.00元。(7-923)

4747　莫道往事如山 杨继仁散文精选

2009年7月。平装覆膜,大32开,ISBN 978-7-02-006923-1,定价19.00元。(7-924)

4748　五十米爱琴海

郭敬明等著,《萌芽》十年精华集·散文卷,2008年6月。平装,32异,ISBN 978-7-02-006749-7,定价25.00元。(7-925)

4749　走向南亚

刘继明著,2009年8月。平装覆膜,16开,ISBN 978-7-02-007564-5,定价30.00元。(7-926)

4750　解放战争(上)1945年8月—1948年9月

王树增著,2009年8月。平装,16异,ISBN 978-7-02-007358-0,定价60.00元。(7-927)

4751　鲤鱼川随记

李延青著,2009年8月。平装覆膜,大32开,ISBN 978-7-02-007570-6,定价25.00元。(7-928)

4752　李锐散文

中华散文插图珍藏版系列,2009年8月。平装,国流32开,ISBN 978-7-02-007475-4,定价22.00元。(7-929)

4753 毕淑敏散文
中华散文插图珍藏版系列,2009年8月。平装,国流32开,ISBN 978-7-02-007473-0,定价22.00元。2013年11月收入中华散文珍藏版,平装,国流32开,ISBN 978-7-02-009892-7,定价30.00元。(7-930)

4754 草色遥看
于冠深著,2009年8月。平装覆膜,国流32开,ISBN 978-7-02-007550-8,定价20.00元。(7-931)

4755 吴冠中画语录
2009年9月。平装,16异,ISBN 978-7-02-007579-9,定价45.00元。(7-932)

4756 邵燕祥散文
中华散文插图珍藏版系列,2009年8月。平装,国流32开,ISBN 978-7-02-007476-1,定价21.00元。2009年9月收入中国文库,书名《邵燕祥散文选》,国流32开,平装,ISBN 978-7-02-007668-0,定价18.00元;精装,ISBN 7-02-007639-0,定价32.00元。(7-933)

4757 解放战争(下)1948年10月—1950年5月
王树增著,2009年10月。平装,16异,ISBN 978-7-02-007373-3,定价60.00元。(7-934)

4758 离开只为让你想念
冯海刚等著,张怡微点评,2009新概念才气作文选·情感卷,2009年10月。平装覆膜,32异,ISBN 978-7-02-007366-5,定价16.00元。(7-935)

4759 等待是没有回音的张望
冯雷章等著,王若虚点评,2009新概念才气作文选·青春卷,2009年10月。平装覆膜,32异,ISBN 978-7-02-007364-1,定价16.00元。(7-936)

4760 蜗居在城市的伤口
黄永超等著,2009新概念才气作文选·惊奇卷,2009年10月。平装覆膜,32异,ISBN 978-7-02-007367-2,定价16.00元。(7-937)

4761 寂寞很吵,我很安静
乔毅等著,2009新概念才气作文选·幻想卷,2009年10月。平装覆膜,32异,ISBN 978-7-02-007365-8,定价16.00元。(7-938)

4762 嘉庆皇帝
喻大华著,百家讲坛,2009年11月。平装,16异,ISBN 978-7-02-007675-8,定价28.00元。(7-939)

4763 男人是加法,女人是减法
浅浅著,白骨精情感话题系列,2010年1月。平装覆膜,16异,ISBN 978-7-02-007733-5,定价25.00元。(7-940)

4764 最寂寞的美好
浅浅著,白骨精情感话题系列,2010年1月。平装覆膜,16异,ISBN 978-7-02-007734-2,定价25.00元。(7-941)

4765 说爱,说不爱
袁倩著,白骨精情感话题系列,2010年1月。平装覆膜,16异,ISBN 978-7-02-007735-9,定价25.00元。(7-942)

4766 张抗抗散文
中华散文插图珍藏版系列,2009年10月。平装,国流32开,ISBN 978-7-02-007471-6,定价22.00元。(7-943)

4767 铁凝散文
中华散文插图珍藏版系列,2009年11月。平装,国流32开,ISBN 978-7-02-007474-7,定价21.00元。2016年1月收入中华散文珍藏版,平装,国流32开,ISBN 978-7-02-011160-2,定价36.00元。(7-944)

4768 牛汉散文
中华散文插图珍藏版系列,2009年11月。平装,国流32开,ISBN 978-7-02-007470-9,定价21.00元。(7-945)

4769 魏巍散文
中华散文插图珍藏版系列,2009年11月。平装,国流32开,ISBN 978-7-02-007472-3,定价20.00元。(7-946)

4770 杨绛散文选
中国文库,2009年9月。国流32开,平装,ISBN 978-7-02-007645-1,定价33.00元;精装,ISBN 978-7-02-007617-8,定价49.00元。(7-947)

4771 人生感言
赵立雄著,2010年1月。平装覆膜,16异,

ISBN 978-7-02-007815-8,定价28.00元。(7-948)

4772 重返1976 我所经历的"总理遗言"案
袁敏著,2010年1月。平装,16异,ISBN 978-7-02-007357-3,定价32.00元。(7-949)

4773 楼水谣
邓玉香著,2009年12月。平装,国流32开,ISBN 978-7-02-007761-8,定价20.00元。(7-950)

4774 梦想照亮世界 2008北京奥运火炬境内外传递体验之旅
陈大立等编著,2009年12月。平装,16异,ISBN 978-7-02-007783-0,定价50.00元。(7-951)

4775 夜思与独语
张炜著,中国当代作家·张炜系列,2010年1月。平装,国流32开,ISBN 978-7-02-007304-7,定价30.00元。(7-952)

4776 宋庆龄的后半生
尚明轩、魏秀堂著,2009年12月。平装,16异,ISBN 978-7-02-007325-2,定价36.00元。(7-953)

4777 1949—2009报告文学选
刘白羽等著,李炳银编,中国文库,2009年9月。国流32开,平装,ISBN 978-7-02-007648-2,定价38.50元;精装,ISBN 978-7-02-007620-8,定价52.50元。(7-954)

4778 大爱镇江
中共镇江市委宣传部、镇江市文联、文学报社编,2009年10月。平装覆膜,16开,ISBN 978-7-02-007362-7,定价30.00元。(7-955)

4779 2009散文
本社编辑部编选,21世纪年度散文选,2010年1月。平装,32异,ISBN 978-7-02-007744-1,定价28.00元。(7-956)

4780 两片灵芝
〔新加坡〕李廉凤著,2010年1月。平装,国流32开,ISBN 978-7-02-007818-9,定价21.00元。(72-25)

4781 多少往事烟雨中
陈愉庆著,2010年1月。平装,16异,ISBN 978-7-02-007708-3,定价30.00元。2015年1月修订版,平装,16异,ISBN 978-7-02-010606-6,定价39.00元。(7-957)

4782 华南虎日志
全莉等著,2010年1月。平装覆膜,16异,ISBN 978-7-02-007822-6,定价39.00元。(7-958)

4783 老实赢天下 赵章光评传
王春元著,2010年1月。平装,16异,ISBN 978-7-02-007857-8,定价32.00元。(7-960)

4784 扶轮问路
史铁生著,2010年1月。平装覆膜,国流32开,ISBN 978-7-02-007731-1,定价19.00元。(7-961)

4785 寻找巴金的黛莉
赵瑜著,2009年12月。平装,16异,ISBN 978-7-02-007870-7,定价25.00元。(7-963)

4786 走进獐子岛 中国作家獐子岛行
陆天明等著,2010年2月。平装覆膜,32异,ISBN 978-7-02-007856-1,定价28.00元。(7-964)

4787 并不遥远的往事
冯俊科著,2010年2月。平装,16异,ISBN 978-7-02-007908-7,定价38.00元。(7-965)

4788 成名
小饭主编,2009年12月。平装,32异,ISBN 978-7-02-007813-4,定价19.00元。(7-966)

4789 我的哈佛岁月
李欧梵著,李欧梵作品,2010年1月。平装,16异,ISBN 978-7-02-007845-5,定价26.00元。(7-967)

4790 苍凉与世故
李欧梵著,李欧梵作品,2010年2月。平装,16异,ISBN 978-7-02-007871-4,定价28.00元。(7-968)

4791 西潮的彼岸
李欧梵著,李欧梵作品,2010年2月。平装,16异,ISBN 978-7-02-007855-4,定价32.00元。(7-969)

4792 我的父亲顾颉刚

散文

顾潮著,2010年3月。平装覆膜,16异,ISBN 978-7-02-007680-2,定价39.00元。(7-970)

4793 2009报告文学
本社编辑部编选,21世纪年度报告文学选,2010年3月。平装,32异,ISBN 978-7-02-007816-5,定价29.00元。(7-971)

4794 一根燃烧尽了的绳子
曹文轩著,曹文轩文集,2010年1月。平装覆膜,国流32开,ISBN 978-7-02-007832-5,定价32.00元。(7-972)

4795 喧闹的骡子——留学与中国现代文化
李兆忠著,2010年4月。平装覆膜,16异,ISBN 978-7-02-007754-0,定价30.00元。(7-973)

4796 一颗清亮的大星——胡适传
胡仰曦著,2010年4月。平装,16异,ISBN 978-7-02-007879-0,定价32.00元。(7-974)

4797 音乐札记
李欧梵著,李欧梵作品,2010年4月。平装,16异,ISBN 978-7-02-007995-7,定价34.00元。(7-975)

4798 印度走着瞧
许崧著,2010年5月。平装,32异,ISBN 978-7-02-007966-7,定价29.00元。(7-976)

4799 企业家的黑天鹅
彭征、孙洛著,2010年4月。平装,16异,ISBN 978-7-02-007902-5,定价23.00元。(7-977)

4800 我等不到了
余秋雨著,2010年5月。平装,16异,ISBN 978-7-02-007999-5,定价35.00元。(7-978)

4801 生死吟
高诚著,2010年4月。平装,16异,ISBN 978-7-02-007892-9,定价35.00元。(7-979)

4802 天空之上 第十二届新概念获奖者作文簿
《萌芽》编辑部选编,2010年5月。平装,32异,ISBN 978-7-02-008027-4,定价19.00元。(7-980)

4803 西行 西行 中国作家西班牙纪行
阎连科、劳马、周嘉宁、张悦然、陈众议著,2010年5月。平装,国流32开,ISBN 978-7-02-007941-4,定价30.00元。(7-981)

4804 中央党校日记
高洪波著,2010年6月。平装覆膜,16异,ISBN 978-7-02-008031-1,定价39.00元。(7-983)

4805 向疾病要快乐
陈宏著,2010年6月。平装,国流32开,ISBN 978-7-02-008164-6,定价29.00元。(7-984)

4806 我的观影自传
李欧梵著,李欧梵作品,2010年6月。平装,16异,ISBN 978-7-02-008119-6,定价28.00元。(14-238)

4807 负笈集 霜凝随笔之一
霜凝著,2010年7月。平装,16开,ISBN 978-7-02-008023-6,定价40.00元。(7-985)

4808 毛泽东最后七年风雨路
顾保孜撰文,杜修贤摄影,2010年6月。平装,16异,ISBN 978-7-02-007984-1,定价58.00元。2011年12月,精装,16异,ISBN 978-7-02-008731-0,定价68.00元。(7-986)

4809 恭亲王奕䜣
董守义著,2010年7月。平装,16异,ISBN 978-7-02-007804-2,定价39.00元。(7-987)

4810 清代文字狱
周宗奇著,2010年8月。平装,16异,ISBN 978-7-02-008014-4,定价69.00元。2014年5月修订版,平装,16异,ISBN 978-7-02-010225-9,定价69.00元。(7-988)

4811 李国文千字文
李国文著,2010年8月。平装,16异,ISBN 978-7-02-008026-7,定价38.00元。(7-989)

4812 家在云之南 忆双亲,记往事
熊景明著,人与岁月,2010年8月。平装,16异,ISBN 978-7-02-007920-9,定价27.00元。(7-990)

272

4813　我额头青枝绿叶　灰娃自述

人与岁月,2010年8月。平装,16异,ISBN 978-7-02-008002-1,定价26.00元。(7-991)

4814　歌浓如酒　人淡如菊
　　　　——绿原研究纪念集

刘若琴编,2010年9月。平装,16异,ISBN 978-7-02-008165-3,定价50.00元。(7-992)

4815　承载

章剑华著,2010年9月。平装,16异,ISBN 978-7-02-008295-7,定价38.00元。(7-993)

4816　一个美国女孩在中国

韩秀著,人与岁月,2010年9月。平装,16异,ISBN 978-7-02-007997-1,定价32.00元。(7-994)

4817　赵铁林　我的"老三届"岁月

赵铁林著,人与岁月,2010年9月。平装,16异,ISBN 978-7-02-008083-0,定价35.00元。(7-995)

4818　徐志摩传

韩石山著,2010年9月。平装,16异,ISBN 978-7-02-007943-8,定价43.00元。2014年7月收入民国名人传记插图本,平装,16异,ISBN 978-7-02-010403-1,定价49.00元。(7-996)

4819　沧桑旅顺口(上下)

陈明福著,2010年9月。平装,16异,ISBN 978-7-02-008006-9,定价86.00元。(7-997)

4820　白垩纪

席慕容著,2010年9月。平装,16异,ISBN 978-7-02-008161-5,定价35.00元。(7-998)

4821　冰心书信全集

陈恕、周明编,2010年10月。平装,国流32开,ISBN 978-7-02-008254-4,定价30.00元。(7-999)

4822　大美陕北

高宝军著,2010年11月。平装,16异,ISBN 978-7-02-008243-8,定价45.00元。(7-1000)

4823　春天的百草宴

赵玫著,2010年8月。平装覆膜,国流32开,ISBN 978-7-02-008120-2,定价28.00元。(7-1001)

4824　城南少年游

夏烈著,2010年9月。平装,国流32开,ISBN 978-7-02-006909-5,定价18.00元。(7-1002)

4825　文坛风云续录

黎之著,2010年10月。平装,国流32开,ISBN 978-7-02-006874-6,定价32.00元。(7-1003)

4826　尾巴

倪蓉棣著,2010年7月。平装,16开,ISBN 978-7-02-008107-3,定价30.00元。(7-1004)

4827　蛇腰集　牵肠集
　　　　(六十年代台湾社会现象4)

柏杨著,柏杨杂文精选·倚梦闲话系列,2010年10月。平装,16异,ISBN 978-7-02-008115-8,定价23.00元。2015年11月收入柏杨解码,书名《六十年代台湾社会现象4》,平装,国流32开,ISBN 978-7-02-010860-2,定价33.00元。(7-1005)

4828　活该他喝酪浆　按牌理出牌　早起的虫儿(八十年代台湾社会现象1)

柏杨著,柏杨杂文精选·柏杨专栏系列,2010年10月。平装,16异,ISBN 978-7-02-008110-3,定价29.00元。2015年11月收入柏杨解码,书名《八十年代台湾社会现象1》,平装,国流32开,ISBN 978-7-02-010865-7,定价36.00元。(7-1006)

4829　玉雕集　怪马集　凤凰集
　　　　(六十年代台湾社会现象1)

柏杨著,柏杨杂文精选·倚梦闲话系列,2010年10月。平装,16异,ISBN 978-7-02-008118-9,定价28.00元。2015年11月收入柏杨解码,书名《六十年代台湾社会现象1》,平装,国流32开,ISBN 978-7-02-010857-2,定价36.00元。(7-1007)

4830　堡垒集　圣人集
　　　　(六十年代台湾社会现象2)

柏杨著,柏杨杂文精选·倚梦闲话系列,2010年10月。平装,16异,ISBN 978-7-02-008117-2,定价29.00元。2015年11月收入柏杨解码,书名《六十年代台湾社会现象2》,平装,国流32开,ISBN 978-7-02-010858-9,定价36.00元。(7-1008)

4831 红袖集 立正集 剥皮集
（六十年代台湾社会现象3）

柏杨著,柏杨杂文精选·倚梦闲话系列,2010年10月。平装,16异,ISBN 978-7-02-008116-5,定价29.00元。2015年11月收入柏杨解码,书名《六十年代台湾社会现象3》,平装,国流32开,ISBN 978-7-02-010859-6,定价36.00元。(7-1009)

4832 高山滚鼓集 道貌岸然集 闻过则怒集（六十年代台湾社会现象5）

柏杨著,柏杨杂文精选·西窗随笔系列,2010年10月。平装,16异,ISBN 978-7-02-008114-1,定价30.00元。2015年11月收入柏杨解码,书名《六十年代台湾社会现象5》,平装,国流32开,ISBN 978-7-02-010861-9,定价36.00元。(7-1010)

4833 前仰后合集 大愚若智集 越帮越忙集（六十年代台湾社会现象8）

柏杨著,柏杨杂文精选·西窗随笔系列,2010年10月。平装,16异,ISBN 978-7-02-008111-1,定价28.00元。2015年11月收入柏杨解码,书名《六十年代台湾社会现象8》,平装,国流32开,ISBN 978-7-02-010864-0,定价35.00元。(7-1011)

4834 神魂颠倒集 心血来潮集
（六十年代台湾社会现象6）

柏杨著,柏杨杂文精选·西窗随笔系列,2010年10月。平装,16异,ISBN 978-7-02-008113-4,定价24.00元。2015年11月收入柏杨解码,书名《六十年代台湾社会现象6》,平装,国流32开,ISBN 978-7-02-010862-6,定价33.00元。(7-1012)

4835 鬼话连篇集 死不认错集
（六十年代台湾社会现象7）

柏杨著,柏杨杂文精选·西窗随笔系列,2010年10月。平装,16异,ISBN 978-7-02-008112-7,定价27.00元。2015年11月收入柏杨解码,书名《六十年代台湾社会现象7》,平装,国流32开,ISBN 978-7-02-010863-3,定价35.00元。(7-1013)

4836 大男人沙文主义 踩了他的尾巴（八十年代台湾社会现象2）

柏杨著,柏杨杂文精选·柏杨专栏系列,2010年10月。平装,16异,ISBN 978-7-02-008109-7,定价25.00元。2015年11月收入柏杨解码,书名《八十年代台湾社会现象2》,平装,国流32开,ISBN 978-7-02-010866-4,定价33.00元。(7-1014)

4837 乡村捕钓散记

刘春龙著,2010年11月。平装覆膜,16异,ISBN 978-7-02-008206-3,定价28.00元。(7-1015)

4838 美在这方 中国作家泰州行

陈社主编,2010年11月。平装,16异,ISBN 978-7-02-008133-2,定价24.00元。(7-1016)

4839 人文文本 建筑、阅读、音乐与记忆

李欧梵著,李欧梵作品,2010年9月。平装,16异,ISBN 978-7-02-008255-1,定价29.00元。(7-1017)

4840 人间鲁迅

林贤治著,2010年9月。平装,16异,ISBN 978-7-02-007899-8,定价69.00元。(7-1018)

4841 吴冠中散文精选

画心与文心,2010年12月。平装,16异,ISBN 978-7-02-008219-3,定价38.00元。(7-1019)

4842 你好,新疆

王蒙著,2011年1月。平装,16异,ISBN 978-7-02-008258-2,定价45.00元。(7-1020)

4843 恋恋浮城

李欧梵、李玉莹著,2011年1月。平装,32异,ISBN 978-7-02-008328-2,定价28.00元。(7-1021)

4844 高门巨族的兰花 凌叔华的一生

陈学勇著,2010年12月。平装,16异,ISBN 978-7-02-008241-4,定价38.00元。

(7-1023)

4845 努尔哈赤

李治亭著,2011年1月。平装,16异,ISBN 978-7-02-008220-9,定价26.00元。(7-1024)

4846 陆客台湾

江弱水著,2011年1月。平装覆膜,国流32开,ISBN 978-7-02-008271-1,定价19.00元。(7-1025)

4847 我们为什么不快乐

杨黎光著,2011年1月。平装,16异,ISBN 978-7-02-008326-8,定价30.00元。(7-1026)

4848 2010散文

本社编辑部编选,21世纪年度散文选,2011年1月。平装覆膜,32异,ISBN 978-7-02-008337-4,定价30.00元。(7-1027)

4849 将才铁军 抗日名将朱程

黄传会、黄海贝著,2010年10月。平装,32异,ISBN 978-7-02-008125-7,定价28.00元。(7-1028)

4850 刘海粟散文精选

沈虎选编,画心与文心,2011年1月。平装,16异,ISBN 978-7-02-008304-6,定价37.00元。(7-1029)

4851 百年沧桑"永绩"号 从北洋水师到人民海军

聂成根、葛逊著,2011年1月。平装,16异,ISBN 978-7-02-008393-0,定价32.00元。(7-1030)

4852 在蒙哥马利的日子

俞品著,2010年4月。平装,32异,ISBN 978-7-02-007993-3,定价24.00元。(7-1031)

4853 红学:1954

孙玉明著,人与岁月,2011年1月。平装覆膜,16异,ISBN 978-7-02-008285-8,定价35.00元。(7-1032)

4854 只有你听到我的沉默

万欣等著,《萌芽》杂志社编选,孙宇晨点评,2010新概念才气作文选·灵感卷,2010年12月。平装覆膜,32异,ISBN 978-7-02-008377-0,定价16.00元。(7-1033)

4855 年华是漫长的期许

史迈等著,钱好点评,《萌芽》杂志社编选,2010新概念才气作文选·青春卷,2010年12月。平装覆膜,32异,ISBN 978-7-02-008367-1,定价18.00元。(7-1034)

4856 一滴泪的天长地久

戴可欣等著,刘玥点评,《萌芽》杂志社编选,2010新概念才气作文选·情感卷,2010年12月。平装覆膜,32异,ISBN 978-7-02-008368-8,定价18.00元。(7-1035)

4857 被风吹乱的空城

张焕昀等著,丁微点评,《萌芽》杂志社编选,2010新概念才气作文选·梦想卷,2010年12月。平装覆膜,32异,ISBN 978-7-02-008378-7,定价16.00元。(7-1036)

4858 狐狸洞话语

李欧梵著,李欧梵作品,2011年1月。平装覆膜,16异,ISBN 978-7-02-008343-5,定价25.00元。(7-1037)

百代风流
餐韵食趣
4859 红事白事
节日抒怀
天理良心

高菊蕊、田东照、白占全、王宁、王振川著,吕梁文化丛书·第二辑,2010年10月。平装,16开,ISBN 978-7-02-008300-8,定价360.00元。(7-1038)

4860 谈话录

王安忆、张新颖著,2011年1月。平装,32异,ISBN 978-7-02-008342-8,定价25.00元。(7-1039)

4861 但使相思莫相负

周颖著,2011年2月。平装,国流32开,ISBN 978-7-02-008305-3,定价25.00元。(7-1040)

4862 至诚六种

叶至诚著,2010年12月。平装,32异,ISBN 978-7-02-008354-1,定价29.00元。(7-1041)

4863 郁风散文精选

杨艳选编,画心与文心,2011年3月。平装,16

异,ISBN 978-7-02-008319-0,定价30.00元。
(7-1042)

4864 黄苗子散文精选
李昕选编,画心与文心,2011年3月。平装,16异,ISBN 978-7-02-008303-9,定价33.00元。(7-1043)

4865 女兵事
冯紫英著,兵生活作品系列,2011年3月。平装,国流32开,ISBN 978-7-02-008216-2,定价19.00元。(7-1044)

4866 兵生活
冯紫英著,兵生活作品系列,2011年3月。平装,国流32开,ISBN 978-7-02-008218-6,定价23.00元。(7-1045)

4867 兵日志
冯紫英著,兵生活作品系列,2011年3月。平装,国流32开,ISBN 978-7-02-008217-9,定价16.00元。(7-1046)

4868 名家笔下的榆林
马语编选,2011年3月。平装,16异,ISBN 978-7-02-008476-0,定价65.00元。(7-1047)

4869 柏杨回忆录 插图本
柏杨口述,周碧瑟执笔,张香华补遗,2011年2月。平装,16异,ISBN 978-7-02-008379-4,定价45.00元。(7-1048)

4870 怀念集
韦君宜等著,2011年3月。平装,16异,ISBN 978-7-02-008380-0,定价70.00元。(7-1049)

4871 云中谁寄锦书来
赵丽宏著,2011年3月。平装,16异,ISBN 978-7-02-008433-3,定价30.00元。(7-1050)

4872 百战归来认此身 曾志回忆录
2011年3月。平装,16异,ISBN 978-7-02-008425-8,定价40.00元。(7-1051)

4873 高官的良心 中国足球打黑第一斗士
朱晓军著,2011年3月。平装,16异,ISBN 978-7-02-008466-1,定价32.00元。(7-1052)

4874 姚奠中(上下)
王东满著,2011年3月。平装,16异,ISBN 978-7-02-008098-4,定价78.00元。(7-1053)

4875 父后七日
刘梓洁著,2011年5月。平装,32异,ISBN 978-7-02-008516-3,定价22.00元。(7-1054)

4876 艰难的父爱 陈社散文自选集
2011年4月。平装,32异,ISBN 978-7-02-008302-2,定价28.00元。(7-1055)

4877 王笠耘纪念集
屠岸等著,2011年4月。平装覆膜,国流32开,ISBN 978-7-02-008211-7,定价36.00元。(7-1056)

4878 母亲的金手表
琦君著,2011年4月。平装覆膜,16异,ISBN 978-7-02-008463-0,定价32.00元。2012年10月,平装,32异,ISBN 978-7-02-009450-9,定价28.00元。2015年12月,精装,32异,ISBN 978-7-02-011234-0,定价39.80元。(7-1057)

4879 高路入云端
刘上洋著,2011年1月。平装,16异,ISBN 978-7-02-007381-8,定价35.00元。(7-1058)

4880 2010报告文学
本社编辑部编选,21世纪年度报告文学选,2011年3月。平装,32异,ISBN 978-7-02-008412-8,定价30.00元。(7-1059)

4881 如花谢般美丽——文学艺术探微
潇元著,2011年5月。平装,国流32开,ISBN 978-7-02-008372-5,定价29.00元。(7-1060)

4882 昆虫小语
杨守松著,2011年5月。平装覆膜,16开,ISBN 978-7-02-007390-0,定价50.00元。(7-1061)

4883 曾国藩大传
林乾、迟云飞著,2011年5月。平装,16异,ISBN 978-7-02-008428-9,定价50.00元。(7-1062)

4884 鲁迅——最后的告别

孔海珠著,2011年5月。平装,16异,ISBN 978-7-02-008395-4,定价38.00元。(7-1063)

4885 扶轮问路

史铁生著,2011年6月。平装,国流32开,ISBN 978-7-02-008640-5,定价28.00元。2018年3月,平装,大32开,ISBN 978-7-02-013562-2,定价39.00元。(7-1064)

4886 共和国的部长们

刘茵编,2011年6月。平装,16异,ISBN 978-7-02-008467-8,定价40.00元。(7-1065)

4887 其实你蒙蔽世人

海岩著,2011年6月。平装,16异,ISBN 978-7-02-008371-8,定价29.00元。(7-1066)

4888 农民家书

侯永禄著,2011年7月。平装,国流32开,ISBN 978-7-02-006949-1,定价38.00元。(7-1067)

4889 21世纪散文典藏(2000—2010)

谢大光编选,2011年7月。平装,国流32开,ISBN 978-7-02-008468-5,定价29.00元。(7-1068)

4890 中国新生代农民工

黄传会著,2011年7月。平装,国流32开,ISBN 978-7-02-008563-7,定价32.00元。(7-1069)

4891 昨夜星辰昨夜风 八十自述

朱锡侯口述、朱新地整理,人与岁月,2011年8月。平装,16异,ISBN 978-7-02-008490-6,定价35.00元。(7-1070)

4892 当时只道是寻常

安意如著,安意如作品系列,2011年8月。平装,国流32开,ISBN 978-7-02-007005-3,定价28.00元。2016年10月增订版,精装,国流32开,ISBN 978-7-02-011691-1,定价36.00元。(7-1071)

4893 人生若只如初见

安意如著,安意如作品系列,2011年8月。平装,国流32开,ISBN 978-7-02-007000-8,定价30.00元。2016年10月增订版,精装,国流32开,ISBN 978-7-02-011690-4,定价38.00元。(7-1072)

4894 定西笔记

贾平凹著,2011年7月。精装,小32开,ISBN 978-7-02-007392-4,定价22.00元。(7-1073)

4895 物之物语

戴明贤著,2011年8月。平装,32异,ISBN 978-7-02-008539-2,定价25.00元。(7-1074)

4896 夏济安日记

夏济安著,夏志清校注,2011年7月。平装,16异,ISBN 978-7-02-008666-5,定价35.00元。(7-1075)

4897 我的罗陀斯 上海七十年代

吴亮著,2011年8月。平装,16异,ISBN 978-7-02-008682-5,定价29.00元。(7-1076)

4898 幕后英雄——总装备部工程设计研究总院援奥纪事

朱建信著,2011年8月。平装,16异,ISBN 978-7-02-008699-3,定价88.00元。(7-1077)

4899 江河日月

冯俊科著,2011年8月。精装,16异,ISBN 978-7-02-008700-6,定价38.00元。(7-1078)

4900 1901 修订版

王树增著,2011年4月。平装,16异,ISBN 978-7-02-008352-7,定价55.00元。(7-1079)

4901 1911

王树增著,2011年9月。平装,16异,ISBN 978-7-02-008793-1,定价60.00元。2016年4月纪念版,平装,16异,ISBN 978-7-02-011428-3,定价66.00元。(7-1080)

4902 陈桥驿梦 赵匡胤传

李强著,2011年10月。平装,16异,ISBN 978-7-02-008615-3,定价26.00元。(7-1081)

4903 朱光潜人生九论

2011年10月。平装,16异,ISBN 978-7-02-008679-5,定价33.00元。(7-1082)

4904 勇气与卓识 马寅初的一生

邓加荣著,人与岁月,2011年11月。平装,16

散文

异,ISBN 978-7-02-008573-6,定价 34.00 元。(7-1083)

4905 命犯桃花
赵赵著,女人心语,2011 年 11 月。平装,国流 32 开,ISBN 978-7-02-008654-2,定价 22.00 元。(7-1086)

4906 思无邪
安意如著,安意如作品系列,2011 年 11 月。平装,国流 32 开,ISBN 978-7-02-007394-8,定价 25.00 元。2016 年 10 月增订版,精装,国流 32 开,ISBN 978-7-02-011700-0,定价 32.00 元。(7-1089)

4907 邂逅相遇 梅娘·芷渊·茵渊书札
2011 年 11 月。软精,小 32 开,ISBN 978-7-02-008745-7,定价 28.00 元。(7-1090)

4908 活着·张艺谋
王斌著,2011 年 12 月。平装,16 异,ISBN 978-7-02-008664-1,定价 32.00 元。(7-1091)

4909 宋庆龄往事
何大章著,2011 年 12 月。平装,16 异,ISBN 978-7-02-008577-4,定价 49.00 元。(7-1092)

4910 祖父陆宗达及其师友
陆昕著,人与岁月,2012 年 1 月。平装,16 异,ISBN 978-7-02-008715-0,定价 23.00 元。(7-1093)

4911 静思录 周有光 106 岁自选集(百年因缘 静思录)
2012 年 1 月。平装,32 异,ISBN 978-7-02-008617-7,定价 28.00 元。2017 年 2 月,书名《百年因缘 静思录》,平装,32 异,ISBN 978-7-02-012304-9,定价 33.00 元。(7-1094)

4912 泉·最美 父亲心中的胡海泉
胡世宗著,2012 年 1 月。平装,小 32 开,ISBN 978-7-02-008779-2,定价 28.00 元。(7-1095)

4913 奇官罗崇敏
王开林著,2012 年 1 月。平装,16 异,ISBN 978-7-02-008891-1,定价 45.00 元。(7-1096)

4914 中国人史纲(上下)
柏杨著,2011 年 11 月。平装,16 开,ISBN 978-7-02-008673-3,定价 99.00 元。2012 年 5 月,精装,16 开,ISBN 978-7-02-009025-9,定价 200.00 元。2013 年 1 月收入柏杨历史系列,平装覆膜,16 开,ISBN 978-7-02-009518-6,定价 95.00 元。2017 年 1 月,柏杨历史系列,平装,16 开,ISBN 978-7-02-012188-5,定价 95.00 元。(7-1097)

4915 不去吃会死
许崧著,2011 年 12 月。平装,32 异,ISBN 978-7-02-008785-3,定价 25.00 元。(7-1098)

4916 回鹿山
侯健飞著,2012 年 1 月。平装覆膜,国流 32 开,ISBN 978-7-02-008838-6,定价 26.00 元。(7-1102)

4917 2011 散文
本社编辑部编选,21 世纪年度散文选,2012 年 2 月。平装,32 异,ISBN 978-7-02-008784-6,定价 30.00 元。(7-1103)

4918 彦涵:苦难风流
孙志远著,人与岁月,2012 年 2 月。平装,16 异,ISBN 978-7-02-008752-5,定价 35.00 元。(7-1104)

4919 2011 报告文学
本社编辑部编选,21 世纪年度报告文学选,2012 年 3 月。平装,国流 32 开,ISBN 978-7-02-008823-2,定价 30.00 元。(7-1105)

4920 吴梅村传
叶君远著,人与岁月,2012 年 3 月。平装,16 异,ISBN 978-7-02-008777-8,定价 29.00 元。(7-1106)

4921 金圣叹传(增订版)
陈洪著,2012 年 3 月。平装,16 异,ISBN 978-7-02-008787-7,定价 25.00 元。(7-1107)

4922 阳光裹着记忆
谢新源著,2012 年 3 月。平装,国流 32 开,ISBN 978-7-02-008946-8,定价 26.00 元。(7-1108)

4923 张枣随笔选
张枣著,颜炼军编选,2012 年 4 月。平装,国流 32 开,ISBN 978-7-02-008916-1,定价 25.00 元。(7-1109)

4924 1950:香港谍战

何亮亮著,2012 年 4 月。平装,小 32 开,ISBN 978-7-02-008920-8,定价 28.00 元。(7-1110)

4925 千年悖论 读史与论人

张宏杰著,2012 年 4 月。平装,16 异,ISBN 978-7-02-008905-5,定价 35.00 元。2015 年 4 月,书名《千年悖论 人性的历史经验记录》平装,16 异,ISBN 978-7-02-010808-4,定价 38.00 元。(7-1111)

4926 张洁文集 散文随笔卷

2012 年 4 月。平装,国流 32 开,ISBN 978-7-02-008652-8,定价 38.00 元。(7-1112)

4927 朱增泉现代战争散文

2012 年 5 月。平装,16 开,ISBN 978-7-02-008951-2,定价 33.00 元。(7-1113)

4928 大清王朝的英籍公务员 赫德传

赵长天著,2012 年 5 月。精装,小 32 开,ISBN 978-7-02-008915-4,定价 35.00 元。(7-1114)

4929 耕堂劫后十种:晚华集 秀露集 澹定集 尺泽集 远道集 老荒集 陋巷集 无为集 如云集 曲终集

孙犁著,2012 年 5 月。平装,32 异,ISBN 978-7-02-009010-5,定价 280.00 元。(7-1115)

4930 末代皇帝的非常人生

贾英华著,末代皇族纪实系列,2012 年 5 月。平装,16 异,ISBN 978-7-02-008860-7,定价 40.00 元。(7-1116)

4931 是我必然遇到你

小佛搞特著,2012 年 5 月。平装,小 32 开,ISBN 978-7-02-009027-3,定价 20.00 元。(7-1117)

4932 何香凝传

尚明轩著,2012 年 5 月。平装,16 异,ISBN 978-7-02-008941-3,定价 32.00 元。(7-1118)

4933 我住宝岛一村

王伟忠著,2012 年 6 月。平装,16 异,ISBN 978-7-02-009194-2,定价 35.00 元。(7-1119)

4934 陈独秀江津晚歌——一个人和一家人

钟法权著,2012 年 6 月。平装,16 异,ISBN 978-7-02-008918-5,定价 35.00 元。(7-1120)

4935 一个人的湘西辞典

彭学明著,2012 年 6 月。平装,16 异,ISBN 978-7-02-008919-2,定价 33.00 元。(7-1121)

4936 东不成西不就

王小慧著,2012 年 6 月。平装,16 异,ISBN 978-7-02-009080-8,定价 29.00 元。(7-1122)

4937 我们

骆以军著,2012 年 6 月。平装,32 异,ISBN 978-7-02-009171-3,定价 35.00 元。(7-1123)

4938 游艺琐谈

严克勤著,2012 年 6 月。平装,32 异,ISBN 978-7-02-008967-3,定价 42.00 元。(7-1124)

4939 孙犁十四章

滕云著,国家哲学社会科学成果文库,2012 年 3 月。精装,16 异,ISBN 978-7-02-008958-1,定价 130.00 元。(7-1125)

4940 带我走 90 后的抗日纪念碑

钟声著,2012 年 6 月。平装,国流 32 开,ISBN 978-7-02-009192-8,定价 25.00 元。(7-1126)

4941 冯友兰论人生

2012 年 6 月。平装,16 异,ISBN 978-7-02-009033-4,定价 31.00 元。(7-1131)

4942 启功 诗书继世

陆昕著,人与岁月,2012 年 6 月。平装,16 异,ISBN 978-7-02-009089-1,定价 28.00 元。(7-1132)

4943 寻找大别山

陈桂棣、春桃著,2012 年 7 月。平装,16 异,ISBN 978-7-02-008979-6,定价 32.00 元。(7-1133)

4944 地矿手记

郑金兰著,2012 年 6 月。平装,16 异,ISBN 978-7-02-008940-6,定价 58.00 元。(7-1134)

4945 末代皇叔载涛

贾英华著,末代皇族纪实系列,2012年8月。平装,16异,ISBN 978-7-02-008819-5,定价43.00元。(7-1135)

4946 末代皇妹韫龢

贾英华著,末代皇族纪实系列,2012年8月。平装,16异,ISBN 978-7-02-008854-6,定价43.00元。(7-1136)

4947 共和国震撼瞬间

孟昭瑞摄影、撰文,2012年7月。平装,16开,ISBN 978-7-02-009124-9,定价69.00元。2016年4月,精装,16开,ISBN 978-7-02-011539-6,定价86.00元。(7-1137)

4948 军训季

冯紫英著,2012年7月。平装覆膜,国流32开,ISBN 978-7-02-009250-5,定价20.00元。(7-1138)

4949 国风 王勇超与关中民俗艺术博物馆

和谷著,2012年8月。软精,16异,ISBN 978-7-02-008945-1,定价108.00元。(7-1139)

4950 我和艾青

高瑛著,2012年8月。平装覆膜,16异,ISBN 978-7-02-009179-9,定价35.00元。(7-1140)

4951 父亲的一九四二

邓贤著,2012年9月。平装,16异,ISBN 978-7-02-009338-0,定价36.00元。(7-1141)

4952 眉轩香影陆小曼

柴草著,2012年9月。平装,16异,ISBN 978-7-02-009031-0,定价39.00元。2017年8月增订本,平装,16异,ISBN 978-7-02-0,12373-5,定价52.00元。(7-1142)

4953 心远——一个教育世家的百年沧桑

熊光炯著,2012年9月。平装,16异,ISBN 978-7-02-009241-3,定价40.00元。(7-1143)

4954 靖港,我的家

蔡长松著,2012年9月。16异,ISBN 978-7-02-009344-1,平装,定价40.00元;精装,定价55.00元。(7-1144)

4955 慕尼黑白

陈玉慧著,2012年8月。平装,32异,ISBN 978-7-02-009277-2,定价32.00元。(7-1145)

4956 体味写诗

寓真著,2012年9月。平装,国流32开,ISBN 978-7-02-009244-4,定价35.00元。(7-1146)

4957 白雪少年

林清玄著,林清玄经典作品系列,2012年8月。平装,32异,ISBN 978-7-02-009371-7,定价28.00元。2016年2月,精装,32异,ISBN 978-7-02-011351-4,定价42.00元。2017年6月收入林清玄作品,平装,32异,ISBN 978-7-02-012534-0,定价40.00元。(7-1147)

4958 玫瑰海岸

林清玄著,林清玄经典作品系列,2012年8月。平装,32异,ISBN 978-7-02-009374-8,定价22.00元。2016年2月,精装,32异,ISBN 978-7-02-011347-7,定价38.00元。2017年6月收入林清玄作品,平装,32异,ISBN 978-7-02-012533-3,定价36.00元。(7-1148)

4959 把日子过成段子

王小柔著,妖蛾子珍藏版,2012年9月。平装,40开,ISBN 978-7-02-009086-0,定价23.00元。(7-1149)

4960 十面包袱

王小柔著,妖蛾子珍藏版,2012年9月。平装,40开,ISBN 978-7-02-009085-3,定价22.00元。(7-1150)

4961 越过沧桑

林清玄著,林清玄经典作品系列,2012年8月。平装,32异,ISBN 978-7-02-009424-0,定价25.00元。2016年2月,精装,32异,ISBN 978-7-02-011350-7,定价38.00元。2017年6月收入林清玄作品,平装,32异,ISBN 978-7-02-012536-4,定价36.00元。(7-1151)

4962 迷路的云

林清玄著,林清玄经典作品系列,2012年8月。平装,32异,ISBN 978-7-02-009373-1,定价29.00元。2016年2月,精装,32异,ISBN 978-7-02-011346-0,定价42.00元。2017年6月收入林清玄作品,平装,32异,ISBN 978-

7-02-012684-2,定价40.00元。(7-1152)

4963　孝庄皇后
孟昭信著,2012年9月。平装,16异,ISBN 978-7-02-009032-7,定价32.00元。(7-1153)

4964　末代国舅润麒
贾英华著,末代皇族纪实系列,2012年9月。平装,16异,ISBN 978-7-02-008818-8,定价43.00元。(7-1154)

4965　处处莲花开
林清玄著,林清玄经典作品系列,2012年8月。平装,32异,ISBN 978-7-02-009372-4,定价22.00元。2016年2月,精装,32异,ISBN 978-7-02-011344-6,定价38.00元。2017年6月收入林清玄作品,平装,32异,ISBN 978-7-02-012585-2,定价35.00元。(7-1155)

4966　苦乐留痕
林孙珍著,2012年12月。平装,国流32开,ISBN 978-7-02-009334-2,定价26.00元。(7-1156)

4967　毛泽东重整旧河山(1949—1961)
李蒙著,侯波摄影,2012年9月。平装,16异,ISBN 978-7-02-009082-2,定价58.00元。(7-1157)

4968　吴栋材和一个村庄的传奇
肖静著,2012年9月。平装,16开,ISBN 978-7-02-009202-4,定价38.00元。(7-1158)

4969　比我年轻的婆婆
海棠著,2012年10月。平装,国流32开,ISBN 978-7-02-008954-3,定价25.00元。(7-1159)

4970　周海婴纪念集
绍兴鲁迅纪念馆、上海鲁迅文化发展中心编,2012年9月。平装,16开,ISBN 978-7-02-009438-7,定价98.00元。(7-1160)

4971　农民家史(上下)
侯永禄著,2012年10月。平装,国流32开,ISBN 978-7-02-009455-4,定价69.00元。(7-1161)

4972　农民账本
侯永禄著,2012年10月。平装,国流32开,ISBN 978-7-02-009490-5,定价33.00元。(7-1162)

4973　故乡岁月
阮章竞著,2012年10月。平装,国流32开,ISBN 978-7-02-009242-0,定价30.00元。(7-1163)

4974　鲁迅零距离
周令飞主编,葛涛编选,2012年10月。平装,16异,ISBN 978-7-02-008904-8,定价36.00元。(7-1163)

4975　老藤椅慢慢摇——周有光和他的时代
金玉良著,2012年11月。平装,16异,ISBN 978-7-02-009157-7,定价33.00元。(7-1165)

4976　思行录
梁君著,2012年11月。平装,国流32开,ISBN 978-7-02-009448-6,定价25.00元。(7-1166)

4977　母亲的菩提树
琦君著,2012年10月。平装,32异,ISBN 978-7-02-009411-0,定价28.00元。2015年7月,精装,32异,ISBN 978-7-02-011089-6,定价39.80元。(7-1167)

4978　旧时天气旧时衣
史杰鹏著,2013年1月。平装,16异,ISBN 978-7-02-009213-0,定价33.00元。(7-1168)

4979　思痛录(增订纪念版)
韦君宜著,2013年1月。精装,国流32开,ISBN 978-7-02-009207-9,定价35.00元。(7-1169)

4980　美丽中国·自然卷
云影编,2013年1月。平装,16异,ISBN 978-7-02-009619-0,定价32.00元。(7-1170)

4981　美丽中国·人文卷
云影编,2013年1月。平装,16异,ISBN 978-7-02-009621-3,定价32.00元。(7-1171)

4982　让百姓做主——琴坛村罢免村主任纪事
朱晓军、李英著,2012年12月。平装,国流32开,ISBN 978-7-02-009620-6,定价24.00元。(7-1172)

4983 女儿,爸爸要救你——一个白血病患者求医的生死实录

汪浙成著,2013年1月。平装,16异,ISBN 978-7-02-009550-6,定价35.00元。(7-1173)

4984 龙床 明六帝纪(修订版)

李洁非著,2013年1月。平装,16异,ISBN 978-7-02-009349-6,定价45.00元。(7-1174)

4985 越二越单纯

王小柔著,2013年1月。平装,40开,ISBN 978-7-02-009653-4,定价25.00元。(7-1175)

4986 黑洞 弘光纪事

李洁非著,李洁非明史书系,2013年1月。平装,16异,ISBN 978-7-02-009350-2,定价40.00元。(7-1176)

4987 小超访谈录

孙希超著,2013年1月。平装,16异,ISBN 978-7-02-009605-3,定价52.00元。(7-1177)

4988 母亲和我们七兄妹

严玲玲著,人与岁月,2013年1月。平装,16异,ISBN 978-7-02-009517-9,定价33.00元。(7-1178)

4989 岁月如流 我这八十年

祝万安著,人与岁月,2013年1月。平装,16异,ISBN 978-7-02-009487-5,定价30.00元。(7-1179)

4990 鲁迅传

朱正著,2013年1月。平装,16异,ISBN 978-7-02-009246-8,定价39.00元。2018年3月修订本,平装,16异,ISBN 978-7-02-013701-5,定价52.00元。(7-1180)

4991 杨贵妃撒娇

韩羽著,2013年3月。平装,小32开,ISBN 978-7-02-009332-8,定价25.00元。(7-1181)

4992 编辑家秦兆阳研究

李频、王瑞主编,2013年3月。平装,16异,ISBN 978-7-02-009458-5,定价58.00元。(7-1182)

4993 2012散文

本社编辑部编选,21世纪年度散文选,2013年4月。平装,国流32开,ISBN 978-7-02-009514-8,定价30.00元。(7-1183)

4994 张爱玲传

余斌著,2013年4月。平装,16异,ISBN 978-7-02-009512-4,定价45.00元。2018年9月,平装,16异,ISBN 978-7-02-013526-4,定价58.00元。(7-1184)

4995 底色

徐怀中著,2013年4月。平装,16异,ISBN 978-7-02-009610-7,定价39.00元。(7-1185)

4996 乡里旧闻

孙犁著,刘宗武编选,2013年5月。平装,国流32开,ISBN 978-7-02-009744-9,定价26.00元。(7-1186)

4997 老梁观世界

老梁等著,2013年5月。平装,16异,ISBN 978-7-02-009740-1,定价33.00元。(7-1187)

4998 2012报告文学

李炳银主编,21世纪年度报告文学选,2013年5月。平装,国流32开,ISBN 978-7-02-009662-6,定价36.00元。(7-1188)

4999 隔着竹帘儿看见她

林海音著,2013年4月。平装,32异,ISBN 978-7-02-009717-3,定价28.00元。2016年7月,精装,32异,ISBN 978-7-02-011600-3,定价39.00元。(7-1189)

5000 英子的乡恋

林海音著,2013年4月。平装,32异,ISBN 978-7-02-009718-0,定价29.00元。2016年7月,精装,32异,ISBN 978-7-02-011599-0,定价39.00元。(7-1190)

5001 梁思成 心灵之旅

梁思成、林洙著,2013年4月。平装,16异,ISBN 978-7-02-009212-3,定价52.00元。(7-1191)

5002 子午山孩——郑珍:人与诗

戴明贤著,2013年6月。平装,16异,ISBN 978-7-02-009603-9,定价33.00元。

(7-1192)

5003　记者亲历南水北调大移民

程殿龙主编,2013年6月。平装,16异,ISBN 978-7-02-009807-1,定价68.00元。(7-1193)

5004　野哭　弘光列传

李洁非著,李洁非明史书系,2013年6月。平装,16异,ISBN 978-7-02-009840-8,定价53.00元。(7-1194)

5005　编辑大家秦兆阳

秦晴、陈恭怀编著,2013年6月。平装,国流32开,ISBN 978-7-02-009615-2,定价31.00元。(7-1195)

5006　毛泽东正值神州有事时

顾保孜著,钱嗣杰摄影,2013年7月。平装,16异,ISBN 978-7-02-009695-4,定价58.00元。(7-1196)

5007　阳光点燃心灯

谢新源著,2013年8月。平装,国流32开,ISBN 978-7-02-009919-1,定价29.00元。(7-1197)

5008　我很怕,但我还有勇气!

王伟忠著,2013年8月。平装,16异,ISBN 978-7-02-009973-3,定价32.00元。(7-1198)

5009　秋灯忆语
——"张家大弟"张宗和的战时绝恋

张宗和著,2013年8月。平装,32异,ISBN 978-7-02-009763-0,定价29.00元。(7-1199)

5010　对不起,南极

张宇著,2013年8月。平装,32异,ISBN 978-7-02-009570-4,定价29.00元。(7-1200)

5011　点面之间——一个数学老师的追梦人生

杜明成著,2013年9月。平装,16异,ISBN 978-7-02-010036-1,定价30.00元。(7-1201)

5012　肖复兴音乐散文

2013年9月。平装,16异,ISBN 978-7-02-009810-1,定价39.00元。(7-1202)

5013　母亲不会死

薛尔康著,2013年9月。平装,16异,ISBN 978-7-02-009895-8,定价48.00元。(7-1203)

5014　我的父亲丰子恺

丰一吟著,人与岁月,2013年9月。平装,16异,ISBN 978-7-02-009762-3,定价30.00元。(7-1204)

5015　岁月履痕

张泽民著,2013年7月。平装,16异,ISBN 978-7-02-009917-7,定价30.00元。(7-1205)

5016　书衣文录(增订版)

孙犁著,2013年9月。平装,国流32开,ISBN 978-7-02-009841-5,定价24.00元。(7-1206)

5017　不靠谱的演员都爱说如果

张译著,2013年10月。平装,16异,ISBN 978-7-02-009830-9,定价39.00元。(7-1207)

5018　舒芜晚年随想录

2013年9月。平装,国流32开,ISBN 978-7-02-009910-8,定价35.00元。(7-1208)

5019　黄金书屋之旅

邱一新著,2013年10月。平装覆膜,32异,ISBN 978-7-02-009783-8,定价38.00元。(7-1209)

5020　慈禧太后

徐彻著,2013年10月。平装,16异,ISBN 978-7-02-009899-6,定价33.00元。(7-1210)

5021　远方与故乡

朱增泉著,2014年1月。平装,16异,ISBN 978-7-02-009893-4,定价39.00元。(7-1211)

5022　心的丝路

林清玄著,林清玄经典作品系列,2014年1月。平装,32异,ISBN 978-7-02-009580-3,定价22.00元。2016年2月,精装,32异,ISBN 978-7-02-011342-2,定价38.00元。2017年6月收入林清玄作品,平装,32异,ISBN 978-7-02-012586-9,定价32.00元。(7-1212)

5023　思想的天鹅

林清玄著,林清玄经典作品系列,2014年1月。平装,32异,ISBN 978-7-02-009825-5,定价

30.00 元。2016 年 2 月,精装,32 异,ISBN 978-7-02-011343-9,定价 39.00 元。2017 年 6 月收入林清玄作品,平装,32 异,ISBN 978-7-02-012589-0,定价 36.00 元。(7-1213)

5024　感性的蝴蝶
林清玄著,林清玄经典作品系列,2014 年 1 月。平装,32 异,ISBN 978-7-02-009824-8,定价 32.00 元。2016 年 2 月,精装,32 异,ISBN 978-7-02-011341-5,定价 42.00 元。2017 年 6 月收入林清玄作品,平装,32 异,ISBN 978-7-02-012583-8,定价 40.00 元。(7-1214)

5025　心海的消息
林清玄著,林清玄经典作品系列,2014 年 1 月。平装,32 异,ISBN 978-7-02-009704-3,定价 30.00 元。2016 年 2 月,精装,32 异,ISBN 978-7-02-011348-4,定价 39.00 元。2017 年 6 月收入林清玄作品,平装,32 异,ISBN 978-7-02-012537-1,定价 37.00 元。(7-1215)

5026　鸳鸯香炉
林清玄著,林清玄经典作品系列,2014 年 1 月。平装,32 异,ISBN 978-7-02-009583-4,定价 32.00 元。2016 年 2 月,精装,32 异,ISBN 978-7-02-011349-1,定价 42.00 元。2017 年 6 月收入林清玄作品,平装,32 异,ISBN 978-7-02-012535-7,定价 40.00 元。(7-1216)

5027　地毯的那一端
张晓风著,张晓风经典作品系列,2014 年 1 月。平装,32 异,ISBN 978-7-02-009587-2,定价 25.00 元。2016 年 7 月,精装,32 异,ISBN 978-7-02-011657-7,定价 35.00 元。(7-1217)

5028　你还没有爱过
张晓风著,张晓风经典作品系列,2014 年 1 月。平装,32 异,ISBN 978-7-02-009597-1,定价 32.00 元。2016 年 7 月,精装,32 异,ISBN 978-7-02-011656-0,定价 42.00 元。(7-1218)

5029　步下红毯之后
张晓风著,张晓风经典作品系列,2014 年 1 月。平装,32 异,ISBN 978-7-02-009600-8,定价 28.00 元。2016 年 7 月,精装,32 异,ISBN 978-7-02-011658-4,定价 38.00 元。(7-1219)

5030　心如钢铁地追求幸福
囧之女神著,2013 年 11 月。平装,国流 32 开,ISBN 978-7-02-010071-2,定价 29.00 元。(7-1220)

5031　天边有一颗星星
林清玄著,林清玄经典作品系列,2014 年 1 月。平装,32 异,ISBN 978-7-02-009579-7,定价 28.00 元。2016 年 2 月,精装,32 异,ISBN 978-7-02-011345-3,定价 39.00 元。2017 年 6 月收入林清玄作品,平装,32 异,ISBN 978-7-02-012538-8,定价 37.00 元。(7-1221)

5032　另一种文明
高洪雷著,2014 年 1 月。平装,16 异,ISBN 978-7-02-010029-3,定价 39.00 元。(7-1222)

5033　问故乡
王兆军著,2014 年 1 月。平装,国流 32 开,ISBN 978-7-02-010080-4,定价 29.00 元。(7-1223)

5034　决定中国命运的密码　毛泽东电报解析
刘金田主编,2013 年 12 月。平装,国流 32 开,ISBN 978-7-02-010200-6,定价 32.00 元。(7-1225)

5035　凌汛　朝内大街 166 号
冯骥才著,2014 年 1 月。平装,国流 32 开,ISBN 978-7-02-010147-4,定价 24.00 元。2019 年 4 月列入冯骥才记述文化五十年,书名《凌汛　1977—1979 朝内大街 166 号》,精装,国流 32 开,ISBN 978-7-02-015129-5,定价 39.00 元。(7-1226)

5036　毛泽东文艺生涯(上下)
陈晋著,2014 年 1 月。平装,16 异,ISBN 978-7-02-010124-5,定价 83.00 元。(7-1227)

5037　思想者的知情意——读忆舒芜
陈半湾编,2014 年 1 月。平装,国流 32 开,ISBN 978-7-02-010061-3,定价 33.00 元。(7-1228)

5038　毛泽民夫人朱旦华访谈录
朱旦华口述,马社香整理,国家社科基金后期资助项目,2014 年 1 月。平装,16 异,ISBN

978-7-02-010121-4,定价42.00元。2014年1月,单行本,平装,16异,ISBN 978-7-02-010164-1,定价38.00元。(7-1229)

5039 "叛徒与隐士":周作人
倪墨炎著,2014年2月。平装,16异,ISBN 978-7-02-010114-6,定价38.00元。(7-1231)

5040 记忆与沉思
冯连才著,2013年4月。平装,16异,ISBN 978-7-02-009772-2,定价25.00元。(7-1232)

5041 问泉
胡海泉著,2014年4月。平装,国流32开,ISBN 978-7-02-010284-6,定价36.00元。(7-1233)

5042 沉浮庄则栋
鲁光著,2014年4月。平装,16异,ISBN 978-7-02-010206-8,定价49.00元。(7-1234)

5043 舒芜口述自传
舒芜口述,许福芦撰写,2014年4月。平装,国流32开,ISBN 978-7-02-010066-8,定价35.00元。(7-1235)

5044 2013散文
本社编辑部编选,21世纪年度散文选,2014年5月。平装,国流32开,ISBN 978-7-02-010120-7,定价31.00元。(7-1236)

5045 再见梅娘
柳青、侯健飞编,2014年5月。平装,国流32开,ISBN 978-7-02-010337-9,定价32.00元。(7-1237)

5046 喜欢
王小柔著,2014年5月。平装,32异,ISBN 978-7-02-010313-3,定价28.00元。(7-1238)

5047 方成世纪人生
方成著,2014年5月。平装,16异,ISBN 978-7-02-009478-3,定价33.00元。(7-1239)

5048 命运变奏曲 我的个人当代史
范亦豪著,人与岁月,2014年6月。平装,16异,ISBN 978-7-02-010283-9,定价28.00元。(7-1240)

5049 达观
金宏达著,2014年5月。精装,16异,ISBN 978-7-02-010326-3,定价45.00元。(7-1241)

5050 兵样
冯紫英著,2014年6月。平装,国流32开,ISBN 978-7-02-010314-0,定价31.00元。(7-1242)

5051 列岫云川
陈政著,2014年4月。平装,16开,ISBN 978-7-02-010309-6,定价58.00元。(7-1243)

5052 巴金全传(修订版 上下)
陈丹晨著,2014年7月。平装,16异,ISBN 978-7-02-010119-1,定价178.00元。(7-1244)

5053 千古长城义乌兵
王贤根、吴潮海著,2014年5月。平装,16异,ISBN 978-7-02-010205-1,定价68.00元。(7-1245)

5054 成长,请带上这封信:他们致孩子
张泉灵等著,2014年6月。平装,小32开,ISBN 978-7-02-010498-7,定价36.00元。(7-1246)

5055 南海第一井
付饶著,2014年7月。平装,国流32开,ISBN 978-7-02-010241-9,定价32.00元。(7-1247)

5056 2013报告文学
李炳银主编,本社编辑部编选,21世纪年度报告文学选,2014年6月。平装,国流32开,ISBN 978-7-02-010300-3,定价36.00元。(7-1248)

5057 铁腕柔情——撒切尔夫人传
李柏槐著,2014年8月。平装,16异,ISBN 978-7-02-010298-3,定价38.00元。(7-1250)

5058 心灵与阳光同行
毕淑敏著,毕淑敏心灵四书,2014年1月。平装,国流32开,ISBN 978-7-02-010111-5,定价28.00元。(7-1251)

5059 忏悔无门(修订版)
王春元著,2011年4月。平装,16异,ISBN 978-7-02-008455-5,定价35.00元。

(7-1252)

5060 一个孩子的战争——家庭拯救纪实

徐世立著,2012年1月。平装覆膜,16异,ISBN 978-7-02-007404-4,定价45.00元。(7-1253)

5061 罗山条约

王耀平著,2010年8月。平装覆膜,国流32开,ISBN 978-7-02-008212-4,定价27.00元。(7-1254)

5062 穷人树

徐贵祥著,2014年8月。平装,国流32开,ISBN 978-7-02-010321-8,定价27.00元。(7-1255)

5063 沿着塞纳河到翡冷翠

黄永玉著,2014年5月。平装,32异,ISBN 978-7-02-010299-0,定价45.00元。2017年7月。平装,16异,ISBN 978-7-02-012552-4,定价48.00元。(7-1256)

5064 改革开放的践行人
——记平朔开创者陈日新

吕品编著,2014年9月。平装,16异,ISBN 978-7-02-010475-8,定价58.00元。(7-1257)

5065 西长城——新疆兵团一甲子

丰收著,2014年9月。平装,16异,ISBN 978-7-02-010351-5,定价67.00元。(7-1258)

5066 怀念乔木

季羡林著,季羡林散文新编,2014年10月。平装,国流32开,ISBN 978-7-02-010366-9,定价28.00元。(7-1259)

5067 夜来香开花的时候

季羡林著,季羡林散文新编,2014年10月。平装,国流32开,ISBN 978-7-02-010360-7,定价25.00元。(7-1260)

5068 711号园

阎连科著,黑白阎连科,2014年10月。平装,国流32开,ISBN 978-7-02-010536-6,定价32.00元。(7-1261)

5069 感念

阎连科著,黑白阎连科,2014年10月。平装,国流32开,ISBN 978-7-02-010538-0,定价24.00元。(7-1262)

5070 我与父辈

阎连科著,黑白阎连科,2014年10月。平装,国流32开,ISBN 978-7-02-010535-9,定价24.00元。2017年7月,单行本,平装,国流32开,ISBN 978-7-02-010672-0,定价35.00元。(7-1263)

5071 白马叙事

陈霁著,2014年9月。平装覆膜,16异,ISBN 978-7-02-010350-8,定价49.00元。(7-1264)

5072 思维的乐趣

王小波著,中学生文学阅读必备书系,2014年2月。平装覆膜,国流32开,ISBN 978-7-02-010112-2,定价19.00元。(7-1265)

5073 失业之旅

康夫、靳锦著,2014年10月。平装,国流32开,ISBN 978-7-02-009725-8,定价29.00元。(7-1266)

5074 白山黑水画人生

张梦实著,2014年10月。平装覆膜,16异,ISBN 978-7-02-010503-8,定价43.00元。(7-1267)

5075 牛铃叮当

李清明著,2014年11月。平装,16异,ISBN 978-7-02-010095-8,定价35.00元。(7-1268)

5076 再谈人生

季羡林著,季羡林散文新编,2014年11月。平装,国流32开,ISBN 978-7-02-010365-2,定价24.00元。(7-1269)

5077 牛棚杂忆

季羡林著,季羡林散文新编,2014年11月。平装,国流32开,ISBN 978-7-02-010363-8,定价24.00元。2019年1月典藏版,精装,大32开,ISBN 978-7-02-011801-4,定价38.00元。(7-1270)

5078 在敦煌

季羡林著,季羡林散文新编,2014年11月。平装,国流32开,ISBN 978-7-02-010357-7,定价28.00元。(7-1271)

5079 诗与春秋 苏恒纪念集

苏恒等著,李亚东编,2014年11月。平装,16

异,ISBN 978-7-02-010628-8,定价 49.00 元。(7-1272)

5080 德国,你如此优雅
黄怒波著,2014 年 9 月。平装,16 异,ISBN 978-7-02-010474-1,定价 68.00 元。(7-1273)

5081 睁一只眼,闭一只眼
季羡林著,季羡林散文新编,2014 年 12 月。平装,国流 32 开,ISBN 978-7-02-010358-4,定价 26.00 元。(7-1274)

5082 水流过,星月留下 王鼎钧纽约日记(1996 年 4 月—1997 年 11 月)
〔美〕王鼎钧著,2014 年 12 月,平装,大 32 开,ISBN 978-7-02-010587-8,定价 45.00 元。(84-107)

5083 你配得起更好
晚睡著,2015 年 1 月。平装,国流 32 开,ISBN 978-7-02-010212-9,定价 32.00 元。(7-1275)

5084 我和你,有着最深的情谊
江湖夜雨著,2014 年 11 月。平装,国流 32 开,ISBN 978-7-02-010493-2,定价 32.00 元。(7-1276)

5085 末代皇族的新生
贾英华著,2015 年 1 月。平装,16 异,ISBN 978-7-02-010123-8,定价 38.00 元。(7-1277)

5086 路遥传
厚夫著,2015 年 1 月。平装,国流 32 开,ISBN 978-7-02-010684-4,定价 29.00 元;2015 年 3 月,32 异,其余信息未变。(7-1278)

5087 爱·旅行
詹仁雄著,2014 年 11 月。平装,32 异,ISBN 978-7-02-009659-6,定价 29.00 元。(7-1279)

5088 一生里的某一刻
张春著,2015 年 1 月。平装,16 异,ISBN 978-7-02-010601-1,定价 38.00 元。2017 年 11 月增订本,平装,国流 32 开,ISBN 978-7-02-012754-2,定价 52.00 元。(7-1280)

5089 有瓦的日子
何向阳主编,2014 年 11 月。平装,16 异,ISBN 978-7-02-010605-9,定价 68.00 元。(7-1281)

5090 牙齿是检验真理的第二标准(小说生活 毕飞宇、张莉对话录)
毕飞宇、张莉著,2015 年 1 月。软精,国流 32 开,ISBN 978-7-02-010617-2,定价 33.00 元。2019 年 2 月,书名《小说生活 毕飞宇、张莉对话录》,平装,国流 32 开,ISBN 978-7-02-014602-4,定价 42.00 元。(7-1282)

5091 留德十年
季羡林著,季羡林散文新编,2015 年 1 月。平装,国流 32 开,ISBN 978-7-02-010364-5,定价 24.00 元。2019 年 1 月典藏版,精装,大 32 开,ISBN 978-7-02-013820-3,定价 36.00 元。(7-1283)

5092 重返哥廷根
季羡林著,季羡林散文新编,2015 年 1 月。平装,国流 32 开,ISBN 978-7-02-010361-4,定价 29.00 元。(7-1284)

5093 两行写在泥土地上的字
季羡林著,季羡林散文新编,2015 年 1 月。平装,国流 32 开,ISBN 978-7-02-010359-1,定价 25.00 元。(7-1285)

5094 淮军四十年
季宇著,2015 年 1 月。平装,16 异,ISBN 978-7-02-010687-5,定价 49.00 元。(7-1286)

5095 李国文谈《红楼梦》
李国文著,名作家谈《红楼梦》系列,2015 年 1 月。平装,16 开,ISBN 978-7-02-010520-5,定价 52.00 元。(7-1287)

5096 刘心武谈《红楼梦》
刘心武著,名作家谈《红楼梦》系列,2015 年 1 月。平装,16 开,ISBN 978-7-02-010519-9,定价 58.00 元。(7-1288)

5097 浮尘漂流记
季红真著,2015 年 1 月。平装,16 异,ISBN 978-7-02-010490-1,定价 34.00 元。(7-1290)

5098 寄情莫力达瓦 回忆我们在兴农插队的青春岁月
方风雷等著,2015 年 1 月。平装,16 异,ISBN 978-7-02-010748-3,定价 148.00 元。

中国当代散文

散文

(7-1291)

5099 寄情莫力达瓦 留住我们在兴农插队的青春影像

方风雷等著,2015年1月。精装,16异,ISBN 978-7-02-010749-0,定价198.00元。(7-1292)

5100 笨拙的土豆

王晓莉著,江右新散文,2015年1月。平装,国流32开,ISBN 978-7-02-010574-8,定价28.00元。(7-1293)

5101 带你去故乡

范晓波著,江右新散文,2015年1月。平装,国流32开,ISBN 978-7-02-010572-4,定价28.00元。(7-1294)

5102 赣江以西

江子著,江右新散文,2015年1月。平装,国流32开,ISBN 978-7-02-010573-1,定价28.00元。(7-1295)

5103 神像的启示

罗荣著,江右新散文,2015年1月。平装,国流32开,ISBN 978-7-02-010576-2,定价26.00元。(7-1296)

5104 内心的命令

丁伯刚著,江右新散文,2015年1月。平装,国流32开,ISBN 978-7-02-010575-5,定价28.00元。(7-1297)

5105 见字如晤

陈蔚文著,江右新散文,2015年1月。平装,国流32开,ISBN 978-7-02-010577-9,定价28.00元。(7-1298)

5106 江南未雪 1990年代一个南方乡镇的日常生活

李晓君著,江右新散文,2015年1月。平装,国流32开,ISBN 978-7-02-010578-6,定价25.00元。(7-1299)

5107 家国梦萦——母亲廖梦醒和她的时代

李湄著,2015年1月。平装,16异,ISBN 978-7-02-010485-7,定价46.00元。(7-1300)

5108 茶味行役

戴明贤著,2015年2月。平装,国流32开,ISBN 978-7-02-010492-5,定价28.00元。(7-1301)

5109 滴血的皇冠

李准著,2015年2月。平装,32异,ISBN 978-7-02-010691-2,定价40.00元。(7-1302)

5110 清华园日记

季羡林著,季羡林散文新编,2015年3月。平装,国流32开,ISBN 978-7-02-010362-1,定价28.00元。(7-1303)

5111 文学漫笔

白崇义著,2015年3月。平装,国流32开,ISBN 978-7-02-010504-5,定价38.00元。(7-1304)

5112 母亲的大碗:铁扬散文集

铁扬著,2015年1月。平装,国流32开,ISBN 978-7-02-009690-9,定价45.00元。(7-1305)

5113 看看这世界

王小妮著,2015年4月。平装,国流32开,ISBN 978-7-02-010406-2,定价38.00元。(7-1306)

5114 闲云散记

谢明清、宋昌琴著,2015年5月。平装,16异,ISBN 978-7-02-010292-1,定价88.00元。(7-1307)

5115 听见 陈燕的调律人生

陈燕著,2015年5月。平装覆膜,32异,ISBN 978-7-02-010798-8,定价39.00元。(7-1308)

5116 中国末代皇妃额尔德特·文绣传

王庆祥著,末代皇帝的五个女人,2015年5月。平装,16异,ISBN 978-7-02-010838-1,定价32.00元。(7-1309)

5117 中国末代皇后郭布罗·婉容传

王庆祥著,末代皇帝的五个女人,2015年5月。平装,16异,ISBN 978-7-02-010839-8,定价39.00元。(7-1310)

5118 伪满洲国"明贤贵妃"谭玉龄传

王庆祥著,末代皇帝的五个女人,2015年5月。平装,16异,ISBN 978-7-02-010837-4,定价22.00元。(7-1311)

5119 伪满洲国"福贵人"李玉琴传

王庆祥著,末代皇帝的五个女人,2015年5月。

平装,16异,ISBN 978-7-02-010836-7,定价45.00元。(7-1312)

5120　溥仪的妻子李淑贤传
王庆祥著,末代皇帝的五个女人,2015年5月。平装,16异,ISBN 978-7-02-010835-0,定价28.00元。(7-1313)

5121　无关巴黎的雪
陈玉慧著,2015年4月。平装,32异,ISBN 978-7-02-010768-1,定价35.00元。(7-1314)

5122　克非谈《红楼梦》
克非著,名作家谈《红楼梦》系列,2015年6月。平装,16异,ISBN 978-7-02-010772-8,定价45.00元。(7-1315)

5123　这辈子活得热气腾腾
张巍著,2015年6月。平装,国流32开,ISBN 978-7-02-010784-1,定价36.00元。(7-1316)

5124　康熙大传
白新良主编,2015年4月。平装,16异,ISBN 978-7-02-010588-5,定价55.00元。(7-1317)

5125　平凡的母亲
于全兴著,2015年5月。平装覆膜,16异,ISBN 978-7-02-010892-3,定价39.00元。(7-1318)

5126　山在山的深处
朱秀海著,2015年1月。平装,国流32开,ISBN 978-7-02-010694-3,定价38.00元。(7-1319)

5127　蒋子龙散文
蒋子龙著,中华散文珍藏版,2015年7月。平装,国流32开,ISBN 978-7-02-010816-9,定价38.00元。(7-1320)

5128　赵丽宏散文
赵丽宏著,中华散文珍藏版,2015年7月。平装,国流32开,ISBN 978-7-02-010817-6,定价38.00元。(7-1321)

5129　风雨无悔——对话王光美
黄峥执笔,2015年6月。平装,16异,ISBN 978-7-02-010614-1,定价58.00元。(7-1322)

5130　抗日战争(一)
王树增著,2015年6月。平装,16异,ISBN 978-7-02-011003-2,定价66.00元。(7-1323)

5131　写满字的空间
毕飞宇著,2015年6月。平装,国流32开,ISBN 978-7-02-010737-7,定价36.00元。(7-1324)

5132　坐看重围 电影《师父》武打设计
徐皓峰著,2015年6月。平装,国流32开,ISBN 978-7-02-010898-5,定价36.00元。(7-1325)

5133　文坛风云录
黎之著,2015年7月。平装,16异,ISBN 978-7-02-010735-3,定价58.00元。(7-1326)

5134　2014报告文学
李炳银编,21世纪年度报告文学选,2015年6月。平装,32异,ISBN 978-7-02-010871-8,定价36.00元。(7-1327)

5135　共和国沧桑回顾——我亲历的往事
孙毅夫著,2015年7月。平装,16开,ISBN 978-7-02-010488-8,定价58.00元。(7-1328)

5136　2014散文
本社编辑部编选,21世纪年度散文选,2015年7月。平装,国流32开,ISBN 978-7-02-010818-3,定价32.00元。(7-1329)

5137　左宗棠
杨东梁著,2015年7月。平装,16异,ISBN 978-7-02-010734-6,定价35.00元。(7-1330)

5138　这都不叫事儿
王小柔著,2015年8月。平装,40开,ISBN 978-7-02-010786-5,定价25.00元。(7-1331)

5139　抗日战争(二)
王树增著,2015年7月。平装,16异,ISBN 978-7-02-011005-6,定价66.00元。(7-1332)

5140　汉水的襄阳 "人文汉水·襄阳笔会"文集
从维熙等著,郭忠编,2015年8月。平装,16

异,ISBN 978-7-02-010937-1,定价28.00元。(7-1333)

5141 一个人的西部
雪漠著,2015年8月。平装,16异,ISBN 978-7-02-011009-4,定价42.00元。(7-1334)

5142 仰恩之子
霍达著,2015年4月。精装,国流32开,ISBN 978-7-02-010738-4,定价52.00元。(7-1335)

5143 东国十八日记
王瑞智著,2015年8月。精装,小32开,ISBN 978-7-02-011011-7,定价38.00元。(7-1336)

5144 陈骏涛口述历史
陈墨采编,2015年8月。平装,16异,ISBN 978-7-02-010949-4,定价58.00元。(7-1337)

5145 眉清目秀的日子 一个女人的咖啡时光
子沫著,2015年8月。平装,32异,ISBN 978-7-02-010545-8,定价38.00元。(7-1338)

5146 抗日战争(三)
王树增著,2015年8月。平装,16异,ISBN 978-7-02-011006-3,定价66.00元。(7-1339)

5147 白求恩援华抗战的674个日夜
马国庆著,2015年8月。平装,16异,ISBN 978-7-02-010962-3,定价45.00元。(7-1340)

5148 茅台论道
袁仁国著,2015年9月。平装,16异,ISBN 978-7-02-011043-8,定价60.00元。(7-1341)

5149 邓子龙传
聂冷著,2015年9月。平装,32异,ISBN 978-7-02-011092-6,定价29.00元。(7-1342)

5150 如果你想过1%的生活
杨奇函著,2015年10月。平装,国流32开,ISBN 978-7-02-010800-8,定价36.00元。(7-1343)

5151 凌云健笔话书情——人民文学出版社图书评论集(2000—2014)
本社编辑部编,2015年8月。平装,16异,ISBN 978-7-02-010750-6,定价166.00元。(7-1344)

5152 故宫三部曲 变局 承载 守望
章剑华著,2015年10月。平装,16异,ISBN 978-7-02-011091-9,定价138.00元。(7-1345)

5153 我的家
巴金著,周立民编,2015年10月。平装,32异,ISBN 978-7-02-011126-8,定价42.00元。(7-1346)

5154 文人陈独秀
石钟扬著,2015年10月。平装,16异,ISBN 978-7-02-011114-5,定价52.00元。(7-1347)

5155 泣血长城
紫金著,2016年1月。平装,16异,ISBN 978-7-02-011149-7,定价38.00元。(7-1348)

5156 范小青散文
范小青著,中华散文珍藏版,2015年12月。平装,16异,ISBN 978-7-02-010815-2,定价32.00元。(7-1349)

5157 潮起潮落 新中国文坛沉思录
严平著,2015年11月。平装,16异,ISBN 978-7-02-010948-7,定价39.00元。(7-1350)

5158 万顷纵我一苇如——陈东有博文八十一篇
2015年12月。平装,国流32开,ISBN 978-7-02-011041-4,定价38.00元。(7-1351)

5159 人二雄路线之好旅馆
詹仁雄著,2015年11月。平装,32异,ISBN 978-7-02-011129-9,定价32.00元。(7-1352)

5160 柳青传 附·柳青和女儿的谈话
刘可风著,2016年1月。平装,32异,ISBN 978-7-02-011282-1,定价36.00元。(7-1353)

5161 共和国青春年代
孙桂琴撰,齐观山摄影,2015年12月。平装,16开,ISBN 978-7-02-011038-4,定价58.00元。(7-1354)

5162 抗日战争(1—3)

王树增著,2016年1月。精装,16异,ISBN 978-7-02-011128-2,定价298.00元。(7-1355)

5163　我不过无比正确的生活
艾小羊著,2016年3月。平装,国流32开,ISBN 978-7-02-011286-9,定价36.00元。(7-1356)

5164　锡伯渡的秋天
于文胜著,2016年1月。平装,国流32开,ISBN 978-7-02-011339-2,定价32.00元。(7-1357)

5165　再进獐子岛　中国作家獐子岛行
肖正主编,毕淑敏等著,2016年1月。平装,16异,ISBN 978-7-02-011153-4,定价32.00元。(7-1358)

5166　翻译家耿济之
徐伟志编,2016年1月。平装,国流32开,ISBN 978-7-02-010560-1,定价38.00元。(7-1359)

5167　柏杨序事
柏杨著,2016年1月。平装,国流32开,ISBN 978-7-02-011124-4,定价55.00元。(7-1360)

5168　赐我理由再披甲上阵
倪一宁著,2016年4月。平装,国流32开,ISBN 978-7-02-011059-9,定价36.00元。(7-1361)

5169　爆炸现场
何建明著,2016年2月。平装,16异,ISBN 978-7-02-011412-2,定价28.00元。(7-1362)

5170　上学记(增订版)
何兆武口述,文靖执笔,2016年3月。平装,国流32开,ISBN 978-7-02-011466-5,定价32.00元。2018年5月,精装,国流32开,ISBN 978-7-02-011013-1,定价52.00元。(7-1363)

5171　朝内166号记忆(插图本)
屠岸等著,2016年4月。平装,16异,ISBN 978-7-02-011471-9,定价68.00元。(7-1364)

5172　方方散文
方方著,中华散文珍藏版,2016年4月。平装,国流32开,ISBN 978-7-02-010943-2,定价32.00元。(7-1365)

5173　台北女孩看大陆
(台湾)郭雪筠著,2016年5月。平装,国流32开,ISBN 978-7-02-011388-0,定价35.00元。(7-1366)

5174　2015散文
本社编辑部编选,21世纪年度散文选,2016年5月。平装,国流32开,ISBN 978-7-02-011424-5,定价33.00元。(7-1367)

5175　上半场
刘建宏著,2016年5月。平装,16异,ISBN 978-7-02-011519-8,定价45.00元。(7-1368)

5176　春风秋雨　中国当代文学五编辑散文选
冯立三、何启治主编,2016年4月。平装,16异,ISBN 978-7-02-011616-5,定价58.00元。(7-1369)

5177　2015报告文学
李炳银编,21世纪年度报告文学选,2016年5月。平装,国流32开,ISBN 978-7-02-011468-9,定价39.00元。(7-1370)

5178　大河之城
王建琳著,2016年4月。平装,16异,ISBN 978-7-02-011118-3,定价36.00元。(7-1371)

5179　千川独行　赵恺传
江淮著,2016年5月。平装,国流32开,ISBN 978-7-02-011557-0,定价28.00元。(7-1372)

5180　谷源涌散文集
2016年6月。平装,16异,ISBN 978-7-02-011270-8,定价68.00元。(7-1373)

5181　火线剧社女兵日记
刘燕瑾著,2016年6月。平装,16异,ISBN 978-7-02-011459-7,定价45.00元。(7-1374)

5182　蓝鲨之梦
紫金著,2016年6月。平装,16异,ISBN 978-7-02-011659-1,定价35.00元。(7-1375)

5183　台湾街角小旅行
（台湾）emico 著，2016 年 6 月。平装，32 异，ISBN 978-7-02-011263-0，定价 39.00 元。(7-1376)

5184　山中的糖果
邓安庆著，2016 年 6 月。平装，国流 32 开，ISBN 978-7-02-011531-0，定价 39.00 元。(7-1377)

5185　何洁往事
何洁著，2016 年 3 月。平装，32 异，ISBN 978-7-02-011356-9，定价 33.00 元。(7-1378)

5186　白马部落
陈霁著，2016 年 6 月。平装，32 异，ISBN 978-7-02-011553-2，定价 28.00 元。(7-1379)

5187　新凤霞回忆录
2016 年 7 月。平装，16 异，ISBN 978-7-02-011266-2，定价 33.00 元。(7-1380)

5188　读悟天下　薛保勤诗歌选
2016 年 7 月。平装，16 异，ISBN 978-7-02-011556-3，定价 48.00 元。(7-1381)

5189　你所不知道的溥仪
贾英华著，2016 年 7 月。平装，16 异，ISBN 978-7-02-011580-8，定价 38.00 元。(7-1382)

5190　见证　中国乡村红色群落传奇
铁流、纪红建著，2016 年 6 月。平装，16 异，ISBN 978-7-02-011667-6，定价 45.00 元。(7-1383)

5191　五百年来一大千
邓贤著，2016 年 7 月。平装，16 异，ISBN 978-7-02-011668-3，定价 45.00 元。(7-1384)

5192　美丽的西沙群岛
刘先平著，2016 年 8 月。平装，16 异，ISBN 978-7-02-011328-6，定价 45.00 元。(7-1385)

5193　走进帕米尔高原——穿越柴达木盆地
刘先平著，2016 年 8 月。平装，16 异，ISBN 978-7-02-011327-9，定价 43.00 元。(7-1386)

5194　无路可逃　1966—1976 自我口述史
冯骥才著，2016 年 8 月。平装，国流 32 开，ISBN 978-7-02-011746-8，定价 28.00 元。2019 年 4 月列入冯骥才记述文化五十年，书名《冰河 1966—1976 无路可逃》，精装，国流 32 开，ISBN 978-7-02-015130-1，定价 45.00 元。(7-1387)

5195　理性的黄昏　朱铁志杂文选
2016 年 8 月。平装，16 异，ISBN 978-7-02-011392-7，定价 48.00 元。(7-1388)

5196　倾听花开的声音
肖江著，2016 年 8 月。平装，国流 32 开，ISBN 978-7-02-011663-8，定价 36.00 元。(7-1389)

5197　同声四调
曹乃谦著，2016 年 8 月。平装，国流 32 开，ISBN 978-7-02-011631-7，定价 32.00 元。(7-1390)

5198　文学与快乐
张柠著，2016 年 2 月。平装，国流 32 开，ISBN 978-7-02-011088-9，定价 28.00 元。(7-1391)

5199　在人群中消失的日子
沈熹微著，2016 年 10 月。平装，国流 32 开，ISBN 978-7-02-011846-5，定价 36.00 元。(7-1392)

5200　萧红散文
中华散文珍藏版，2016 年 8 月。平装，国流 32 开，ISBN 978-7-02-011015-5，定价 33.00 元。(7-1393)

5201　刘亮程散文
中华散文珍藏版，2016 年 8 月。平装，国流 32 开，ISBN 978-7-02-010942-5，定价 33.00 元。(7-1394)

5202　传薪者——上海古籍往事
高克勤著，2016 年 8 月。平装，国流 32 开，ISBN 978-7-02-011559-4，定价 33.00 元。(7-1395)

5203　彩笔昔曾干气象——绝句之旅
李元洛著，2016 年 10 月。平装，国流 32 开，ISBN 978-7-02-011971-5，定价 42.00 元。(7-1396)

5204　朝内 166：我亲历的当代文学
何启治著，2016 年 9 月。平装，16 异，ISBN

978-7-02-011393-4,定价49.00元。(7-1397)

5205 阿来散文

中华散文珍藏版,2016年9月。平装,国流32开,ISBN 978-7-02-011264-7,定价30.00元。(7-1398)

5206 飞鸟对老树说 邓家荣散文集

2016年9月。精装,32异,ISBN 978-7-02-011635-5,定价48.00元。(7-1399)

5207 长在中原十八年

周大新著,周大新文集,2016年10月,平装,16异,ISBN 978-7-02-011501-3,定价39.00元。(99-182)

5208 你能拒绝诱惑

周大新著,周大新文集,2016年10月,平装,16异,ISBN 978-7-02-011502-0,定价42.00元。(99-183)

5209 摸进人性之洞

周大新著,周大新文集,2016年10月,平装,16异,ISBN 978-7-02-011503-7,定价39.00元。(99-184)

5210 丁玲传

蒋祖林著,2016年10月。平装,16异,ISBN 978-7-02-011396-5,定价68.00元。(7-1400)

5211 小英国,大伦敦

恺蒂著,2016年11月。平装,32异,ISBN 978-7-02-011900-4,定价45.00元。(7-1401)

5212 敬隐渔传

张英伦著,2016年9月。精装,16异,ISBN 978-7-02-011787-1,定价78.00元。(7-1402)

5213 低到尘埃里 张爱玲情事

高路著,2016年10月。平装,32异,ISBN 978-7-02-011616-4,定价32.00元。(7-1403)

5214 涛声人面

张曼菱著,2017年1月。平装,国流32开,ISBN 978-7-02-011481-8,定价25.00元。(7-1404)

5215 事实证明,人民永远是最可爱的

马伯庸著,2017年1月。平装,国流32开,ISBN 978-7-02-011723-9,定价26.00元。(7-1405)

5216 从消逝的村庄走来

黄开发著,2016年11月。平装,国流32开,ISBN 978-7-02-012005-5,定价25.00元。(7-1406)

5217 在上帝的眼皮底下

孙且著,野草莓丛书,2016年11月。平装,国流32开,ISBN 978-7-02-011897-7,定价33.00元。(7-1407)

5218 隐蔽在河流深处

袁炳发著,野草莓丛书,2016年11月。平装,国流32开,ISBN 978-7-02-011896-0,定价28.00元。(7-1408)

5219 马戏团的秘密

梁小九著,野草莓丛书,2016年11月。平装,国流32开,ISBN 978-7-02-011893-9,定价27.00元。(7-1409)

5220 自言自语

若楠著,野草莓丛书,2016年11月。平装,国流32开,ISBN 978-7-02-011898-4,定价29.00元。(7-1410)

5221 肆意妖娆

吕天琳著,野草莓丛书,2016年11月。平装,国流32开,ISBN 978-7-02-011895-3,定价35.00元。(7-1411)

5222 从尊敬一事无成的自己开始

闫红著,2017年1月。平装,国流32开,ISBN 978-7-02-012027-7,定价39.00元。(7-1412)

5223 杨绛——永远的女先生

周绚隆主编,2016年12月。平装,16异,ISBN 978-7-02-012087-1,定价65.00元。(7-1413)

5224 没有办法一直努力的人生

曾良君著,2016年11月。平装,16异,ISBN 978-7-02-011569-3,定价42.00元。(7-1414)

5225 吴三桂全传

李治亭著,2017年1月。平装,16异,ISBN 978-7-02-010902-9,定价58.00元。(7-1415)

5226 毛泽东三兄弟

散文

毛新宇著,2016年12月。平装,16异,ISBN 978-7-02-012204-2,定价66.00元。(7-1416)

5227 吴宓和民国文人
刘淑玲著,2016年12月。平装,国流32开,ISBN 978-7-02-012209-7,定价28.00元。(7-1417)

5228 永不凋谢
周建萍著,2016年12月。平装,16开,ISBN 978-7-02-012275-2,定价100.00元。(7-1418)

5229 独自呢喃的树
舒敏著,2016年8月。平装,16异,ISBN 978-7-02-011610-2,定价38.00元。(7-1419)

5230 众声
郭玉洁著,2017年2月。平装,国流32开,ISBN 978-7-02-012071-0,定价39.00元。(7-1420)

5231 炼狱·天堂 韩美林口述史
冯骥才著,2016年12月。精装,32异,ISBN 978-7-02-012124-3,定价86.00元。2017年4月,平装,32异,ISBN 978-7-02-012186-1,定价55.00元。(7-1421)

5232 大秦之道
阿莹著,2016年8月。平装,16异,ISBN 978-7-02-011871-7,定价65.00元。(7-1422)

5233 小说课
毕飞宇著,大家读大家,2017年2月。精装,国流32开,ISBN 978-7-02-012273-8,定价38.00元。(7-1424)

5234 燕子最后飞去了哪里
沈书枝著,2017年2月。平装,32异,ISBN 978-7-02-012225-7,定价43.00元。(7-1425)

5235 我们终将改变潮水的方向
新世相著,2017年2月。平装,国流32开,ISBN 978-7-02-011660-7,定价49.00元。(7-1426)

5236 杨度与梁启超 我们的祖父和外祖父
杨友麒、吴荔明著,2017年2月。平装,16异,ISBN 978-7-02-011909-7,定价56.00元。(7-1427)

5237 丁玲散文
中华散文珍藏版,2017年2月。平装,国流32开,ISBN 978-7-02-011699-7,定价30.00元。(7-1428)

5238 李健吾传
韩石山著,民国名人传记插图本,2017年4月。平装,16异,ISBN 978-7-02-011724-6,定价58.00元。(7-1429)

5239 人生散叶
冯其庸著,2017年4月。平装,32异,ISBN 978-7-02-012095-6,定价48.00元。(7-1431)

5240 忘却斜阳上土堆 周作人传
余斌著,2017年4月。平装,16异,ISBN 978-7-02-012099-4,定价47.00元。(7-1432)

5241 好好说再见
狄仁六著,2017年5月。平装,国流32开,ISBN 978-7-02-012558-6,定价42.00元。(7-1433)

5242 朱增泉散文与随笔·游记卷
2017年5月。平装,16异,ISBN 978-7-02-012088-8,定价65.00元。(7-1434)

5243 朱增泉散文与随笔·人物卷
2017年5月。平装,16异,ISBN 978-7-02-012104-5,定价68.00元。(7-1435)

5244 朱增泉散文与随笔·战争卷
2017年5月。平装,16异,ISBN 978-7-02-012105-2,定价59.00元。(7-1436)

5245 朱增泉散文与随笔·历史卷
2017年5月。平装,16异,ISBN 978-7-02-012086-2,定价63.00元。(7-1437)

5246 一片叶子下生活
刘亮程著,2017年5月。平装,国流32开,ISBN 978-7-02-012515-9,定价38.00元。(7-1438)

5247 劈你的雷正在路上
江明著,2017年6月。平装,国流32开,ISBN 978-7-02-012573-9,定价39.00元。(7-1439)

5248 朱增泉创作杂谈
2017年6月。平装,16异,ISBN 978-7-02-012089-5,定价69.00元。(7-1440)

294

| 5249 | 自行车之歌

苏童著,我们小时候,2017年4月。平装,32异,ISBN 978-7-02-012685-9,定价29.00元。(7-1441)

| 5250 | 眠空

庆山著,2017年6月。精装,国流32开,ISBN 978-7-02-012695-9,定价48.00元。(7-1442)

| 5251 | 你好,请问几点打烊

姚瑶著,2017年8月。平装,国流32开,ISBN 978-7-02-012836-5,定价39.00元。(7-1443)

| 5252 | 仙缘与尘缘

王安忆著,2017年6月。平装,32异,ISBN 978-7-02-012709-2,定价36.00元。(7-1444)

| 5253 | 匈奴的子孙

雪漠著,2017年9月。平装,大32开,ISBN 978-7-02-012985-0,定价59.00元。(7-1445)

| 5254 | 侯家路

周国平著,我们小时候,2017年5月。平装,32异,ISBN 978-7-02-012686-6,定价32.00元。(7-1453)

| 5255 | 会唱歌的火炉

迟子建著,我们小时候,2017年5月。平装,32异,ISBN 978-7-02-012696-5,定价32.00元。(7-1454)

| 5256 | 放大的时间

王安忆著,我们小时候,2017年5月。平装,32异,ISBN 978-7-02-012690-3,定价32.00元。(7-1455)

| 5257 | 文学少年

叶兆言著,我们小时候,2017年6月。平装,32异,ISBN 978-7-02-012692-7,定价32.00元。(7-1456)

| 5258 | 苏北少年"堂吉诃德"

毕飞宇著,我们小时候,2017年6月。平装,32异,ISBN 978-7-02-012694-1,定价38.00元。(7-1457)

| 5259 | 当时实在年纪小

郁雨君著,我们小时候,2017年6月。平装,32异,ISBN 978-7-02-012695-8,定价29.00元。(7-1458)

| 5260 | 2016报告文学

李炳银编,21世纪年度报告文学选,2017年8月。平装,国流32开,ISBN 978-7-02-012576-0,定价39.00元。(7-1459)

| 5261 | 涵泳经典

李世琦著,2017年7月。平装,16异,ISBN 978-7-02-012230-1,定价35.00元。(7-1460)

| 5262 | 向历史诉说——我的父亲冯友兰

宗璞著,2017年9月。平装,16异,ISBN 978-7-02-011633-1,定价33.00元。(7-1461)

| 5263 | 2016散文

本社编辑部编选,21世纪年度散文选,2017年9月。平装,国流32开,ISBN 978-7-02-012574-6,定价36.00元。(7-1462)

| 5264 | 爱因斯坦:我的宇宙

冯八飞著,2017年9月。平装,32异,ISBN 978-7-02-013201-0,定价38.00元。(7-1463)

| 5265 | 一个演员的库藏记忆

李立群著,2017年8月。精装,32异,ISBN 978-7-02-013078-8,定价49.00元。(7-1464)

| 5266 | 一个演员的生活笔记

李立群著,2017年8月。精装,32异,ISBN 978-7-02-013079-5,定价49.00元。(7-1465)

| 5267 | 激流中

冯骥才著,2017年9月。平装,国流32开,ISBN 978-7-02-013137-2,定价35.00元。2019年4月列入冯骥才记述文化五十年,书名《激流中 1979—1988 我与新时期文学》,精装,国流32开,ISBN 978-7-02-015131-8,定价48.00元。(7-1467)

| 5268 | 描花的日子

张炜著,我们小时候,2017年5月。平装,32异,ISBN 978-7-02-012706-1,定价32.00元。(7-1468)

| 5269 | 不必然的对等——文学改编电影

李欧梵著,大家读大家,2017年10月。精装,

散文

国流 32 开，ISBN 978-7-02-012568-5，定价 42.00 元。（7-1470）

5270 站在金字塔尖上的人物
叶兆言著，大家读大家，2017 年 10 月。精装，国流 32 开，ISBN 978-7-02-012562-3，定价 38.00 元。（7-1471）

5271 小说是灵魂的逆光
苏童著，大家读大家，2017 年 10 月。精装，国流 32 开，ISBN 978-7-02-012375-9，定价 38.00 元。（7-1472）

5272 教我灵魂歌唱的大师
王家新著，大家读大家，2017 年 10 月。精装，国流 32 开，ISBN 978-7-02-012510-4，定价 46.00 元。（7-1473）

5273 从热烈到温煦
张炜著，大家读大家，2017 年 10 月。精装，国流 32 开，ISBN 978-7-02-012569-2，定价 42.00 元。（7-1474）

5274 模仿上帝的小说家
马原著，大家读大家，2017 年 10 月。精装，国流 32 开，ISBN 978-7-02-012553-1，定价 42.00 元。（7-1475）

5275 你的生活就这样了？
颜卤煮著，2017 年 10 月。平装，国流 32 开，ISBN 978-7-02-013151-8，定价 39.00 元。（7-1476）

5276 非常之洲 非洲见闻录
王兆桂著，2017 年 9 月。平装，大 32 开，ISBN 978-7-02-013105-1，定价 68.00 元。（7-1478）

5277 他乡的天空 摩尔宫殿的秘密 散文卷（2001—2005）
北岛等著，《收获》编辑部主编，《收获》60 周年纪念文存珍藏版，2017 年 8 月。精装，16 异，ISBN 978-7-02-013121-1，定价 99.00 元。（7-1479）

5278 我的轮椅 舞台旋转 散文卷（2005—2016）
史铁生等著，《收获》编辑部主编，《收获》60 周年纪念文存珍藏版，2017 年 8 月。精装，16 异，ISBN 978-7-02-013014-6，定价 99.00 元。（7-1480）

5279 怀念鲁迅先生 遥寄张爱玲 散文卷（1957—1992）
巴金等著，《收获》编辑部主编，《收获》60 周年纪念文存珍藏版，2017 年 8 月。精装，16 异，ISBN 978-7-02-013123-5，定价 89.00 元。（7-1481）

5280 已经忘却的日子 不合时宜 人生访谈卷
曹禺等著，《收获》编辑部主编，《收获》60 周年纪念文存珍藏版，2017 年 8 月。精装，16 异，ISBN 978-7-02-013120-4，定价 99.00 元。（7-1482）

5281 苏东坡突围 草木春秋 散文卷（1993—2000）
余秋雨等著，《收获》编辑部主编，《收获》60 周年纪念文存珍藏版，2017 年 8 月。精装，16 异，ISBN 978-7-02-013039-9，定价 89.00 元。（7-1483）

5282 你怎么弱得心安理得
杨奇函著，2017 年 11 月。平装，国流 32 开，ISBN 978-7-02-012835-8，定价 39.00 元。（7-1484）

5283 陈忠实纪念集
本社编辑部编，2017 年 9 月。精装，国流 32 开，ISBN 978-7-02-012136-5，定价 48.00 元。（7-1485）

5284 导盲犬珍妮
陈燕著，2018 年 1 月。平装，国流 32 开，ISBN 978-7-02-013304-8，定价 35.00 元。（7-1486）

5285 飞向太空港
李鸣生著，2017 年 12 月。平装，32 异，ISBN 978-7-02-013409-0，定价 29.00 元。（7-1487）

5286 阳光大姐的故事
彭雁华著，2017 年 11 月。平装覆膜，16 异，ISBN 978-7-02-013229-4，定价 42.00 元。（7-1488）

5287 清风三叹
曹乃谦著，2018 年 1 月。平装，国流 32 开，ISBN 978-7-02-013273-7，定价 36.00 元。（7-1489）

296

5288 怎不让人心疼

刘庆邦著,2018年1月。平装,32异,ISBN 978-7-02-013158-7,定价35.00元。(7-1490)

5289 爱行天下

徐国良著,2017年12月。平装覆膜,16异,ISBN 978-7-02-013227-0,定价52.00元。(7-1491)

5290 末代皇帝:溥仪影像全析

林京、王庆祥著,2017年11月。精装,16异,ISBN 978-7-02-012080-2,定价120.00元。(7-1492)

5291 纸上乾坤

李舫著,2017年12月。精装,大32开,ISBN 978-7-02-013315-4,定价66.00元。(7-1493)

5292 李敖自传

李敖著,2018年1月。平装,16异,ISBN 978-7-02-013648-3,定价78.00元。2018年6月。精装,16异,ISBN 978-7-02-011790-1,定价98.00元。(7-1494)

5293 像世界一样宽广地活

曹顿著,2018年1月。平装,国流32开,ISBN 978-7-02-013307-9,定价45.00元。(7-1495)

5294 乾隆:政治、爱情与性格

张宏杰著,2018年2月。平装,16异,ISBN 978-7-02-013628-5,定价42.00元。(7-1496)

5295 美人鱼的眼神

曹元勇著,2018年1月。平装,国流32开,ISBN 978-7-02-012368-1,定价39.00元。(7-1497)

5296 萧克回忆录

2018年1月。平装,国流32开,ISBN 978-7-02-013636-0,定价52.00元。(7-1498)

5297 深度对话茅奖作家

舒晋瑜著,2018年1月。平装,32异,ISBN 978-7-02-012357-5,定价49.00元。(7-1499)

5298 田汉的一生

谭仲池著,2018年3月。平装,国流32开,ISBN 978-7-02-013700-8,定价38.00元。(7-1500)

5299 关于艺术家

冯骥才著,冯骥才散文新编,2018年2月。平装,国流32开,ISBN 978-7-02-012036-9,定价35.00元。(7-1501)

5300 四君子图

冯骥才著,冯骥才散文新编,2018年2月。平装,国流32开,ISBN 978-7-02-012034-5,定价32.00元。(7-1502)

5301 散漫的天性

冯骥才著,冯骥才散文新编,2018年2月。平装,国流32开,ISBN 978-7-02-012035-2,定价35.00元。(7-1503)

5302 南乡三十六村

冯骥才著,冯骥才散文新编,2018年2月。平装,国流32开,ISBN 978-7-02-012037-6,定价32.00元。(7-1504)

5303 花脸

冯骥才著,冯骥才散文新编,2018年2月。平装,国流32开,ISBN 978-7-02-012033-8,定价32.00元。(7-1505)

5304 活成自己就好了

艾小羊著,2018年4月。平装,国流32开,ISBN 978-7-02-013323-9,定价39.00元。(7-1506)

5305 欲望有味

霍老爷著,2018年4月。平装,国流32开,ISBN 978-7-02-013525-7,定价39.00元。(7-1507)

5306 一纸情深

刘文艳著,2017年12月。平装,16异,ISBN 978-7-02-013642-1,定价45.00元。(7-1508)

5307 母亲叙事

谢新源著,2018年3月。平装,32异,ISBN 978-7-02-013566-0,定价32.00元。(7-1509)

5308 外婆家

盛慧著,2020年1月。平装,国流32开,ISBN 978-7-02-015412-8,定价35.00元。(7-1510)

5309 铭心微言
何泽中著,2017 年 11 月。平装,16 异,ISBN 978-7-02-013398-7,定价 66.00 元。(7-1511)

5310 种花去——自然观察笔记
玄武著,2018 年 3 月。平装,国流 32 开,ISBN 978-7-02-012908-9,定价 49.00 元。(7-1512)

5311 我,或者"我"
史铁生著,2018 年 3 月。平装,大 32 开,ISBN 978-7-02-013606-3,定价 29.00 元。(7-1513)

5312 中国人史纲(青少年版)
柏杨著,2018 年 3 月。平装,16 异,ISBN 978-7-02-011627-0,定价 128.00 元。(7-1514)

5313 微观国学
余世存著,2018 年 5 月。精装,国流 32 开,ISBN 978-7-02-013551-6,定价 49.00 元。(7-1515)

5314 陈忠实传
邢小利著,2018 年 4 月。平装,32 异,ISBN 978-7-02-013954-5,定价 33.00 元。(7-1516)

5315 陇头鸿踪:平凉历代游记选
王蒙主编,李世恩编,人文平凉,2018 年 3 月。平装,国流 32 开,ISBN 978-7-02-012914-0,定价 40.00 元。(7-1517)

5316 故宫的古物之美
祝勇著,2018 年 4 月。精装,32 异,ISBN 978-7-02-013531-8,定价 76.00 元。(7-1518)

5317 地衣:李村寻人启事
李瑾著,2017 年 12 月。精装,国流 32 开,ISBN 978-7-02-013312-3,定价 49.00 元。(7-1519)

5318 中国人史纲(青少年普及版)
柏杨著,2018 年 5 月。平装,32 异,ISBN 978-7-02-014132-6,定价 72.00 元。(7-1520)

5319 垂帘听政 慈禧真相
向斯著,2018 年 6 月。平装,16 异,ISBN 978-7-02-012916-4,定价 128.00 元。(7-1521)

5320 我说出了风的形状
杨克著,2018 年 6 月。平装,32 异,ISBN 978-7-02-013898-2,定价 35.00 元。(7-1522)

5321 情韵流渡
崔文信著,2018 年 5 月。精装,小 32 开,ISBN 978-7-02-013538-7,定价 42.00 元。(7-1523)

5322 烟斗上小人儿的话
宗璞著,我们小时候,2018 年 2 月。平装,32 异,ISBN 978-7-02-012751-1,定价 32.00 元。(7-1524)

5323 宁静乐园 一个人的音乐课
马慧元著,2018 年 6 月。精装,32 异,ISBN 978-7-02-013518-9,定价 58.00 元。(7-1525)

5324 赵丽宏语文课
2018 年 7 月。平装,32 异,ISBN 978-7-02-014036-7,定价 45.00 元。(7-1526)

5325 贾平凹散文精选
教育部统编《语文》推荐阅读丛书,2018 年 6 月。平装覆膜,16 异,ISBN 978-7-02-014393-1,定价 32.00 元。(7-1527)

5326 纸上王国
邓安庆著,2018 年 6 月。精装,32 异,ISBN 978-7-02-013162-4,定价 49.00 元。(7-1528)

5327 2017 报告文学
李炳银编,21 世纪年度报告文学选,2018 年 6 月。平装,国流 32 开,ISBN 978-7-02-013894-4,定价 46.00 元。(7-1529)

5328 2017 散文
本社编辑部编,21 世纪年度散文选,2018 年 6 月。平装,国流 32 开,ISBN 978-7-02-013901-9,定价 38.00 元。(7-1530)

5329 南山东篱
高明光著,2018 年 7 月。平装,16 异,ISBN 978-7-02-013651-3,定价 68.00 元。(7-1531)

5330 工匠精功
陈崎嵘著,2018 年 7 月。平装,16 异,ISBN 978-7-02-014311-5,定价 65.00 元。(7-1532)

5331 天开海岳:走近港珠澳大桥
长江著,2018 年 8 月。平装,16 异,ISBN 978-

7-02-014397-9,定价46.00元。(7-1533)

5332　日子疯长
龚曙光著,2018年7月。精装,16异,ISBN 978-7-02-014305-4,定价48.00元。(7-1534)

5333　咏春六十年
梁绍鸿著,2018年8月。平装,国流32开,ISBN 978-7-02-013584-4,定价45.00元。(7-1535)

5334　不装
王小柔著,2018年8月。平装,国流32开,ISBN 978-7-02-013896-8,定价48.00元。(7-1536)

5335　当爱情上了年纪
艾苓著,野草莓丛书,2018年9月。平装,国流32开,ISBN 978-7-02-014097-8,定价39.00元。(7-1537)

5336　诗外文章——文学、历史、哲学的对话(1—3)
王充闾著,2018年10月。平装,16异,ISBN 978-7-02-014252-1,定价129.00元。(7-1538)

5337　妈妈,快拉我一把
张雅文著,2018年9月。平装,32异,ISBN 978-7-02-014442-6,定价49.00元。2018年12月。精装,32异,ISBN 978-7-02-014737-3,定价69.00元。(7-1539)

5338　聊将锦瑟记流年 黄仲则诗传
安意如著,2018年9月。精装,国流32开,ISBN 978-7-02-014268-2,定价38.00元。(7-1540)

5339　谢谢了,我的家(国礼版)
《谢谢了,我的家》编写组编写,2018年9月。精装,16开,ISBN 978-7-02-014572-0,定价188.00元。(7-1541)

5340　深圳报告:改革开放40年前沿记录
本社编辑部编,2018年9月。精装,16异,ISBN 978-7-02-014448-8,定价88.00元。(7-1542)

5341　给青年的十二封信
朱光潜著,教育部统编《语文》推荐阅读丛书,2018年8月。平装覆膜,16异,ISBN 978-7-02-014401-3,定价26.00元。(7-1543)

5342　珠穆朗玛的眸子
丰收著,2018年10月。平装,16异,ISBN 978-7-02-014565-2,定价60.00元。(7-1544)

5343　万物天缘:球迷罗西自传
罗西著,2018年10月。平装,16异,ISBN 978-7-02-013932-3,定价52.00元。(7-1545)

5344　风雨历程——晚年刘少奇
黄峥著,2018年11月。平装,16异,ISBN 978-7-02-014626-0,定价66.00元。(7-1547)

5345　樊希安散文集
2018年11月。平装,16异,ISBN 978-7-02-014122-7,定价55.00元。(7-1548)

5346　小说课堂
王安忆著,2018年8月。平装,32异,ISBN 978-7-02-014192-0,定价48.00元。(7-1549)

5347　旅行的印象
王安忆著,2018年8月。平装,32异,ISBN 978-7-02-013153-2,定价48.00元。(7-1550)

5348　刘锡庆纪念集
北京师范大学文学院编,2018年11月。平装,32异,ISBN 978-7-02-014624-6,定价58.00元。(7-1551)

5349　漩涡里 1990—2013我的文化遗产保护史
冯骥才著,2018年11月。平装,32异,ISBN 978-7-02-014566-9,定价42.00元。2019年4月收入冯骥才记述文化五十年,精装,国流32开,ISBN 978-7-02-015132-5,定价49.00元。(7-1552)

5350　往者难追 我的阅读与记忆
孙郁著,2018年11月。精装,16异,ISBN 978-7-02-014337-5,定价58.00元。(7-1553)

5351　三国史话
吕思勉著,2018年11月。平装覆膜,32异,ISBN 978-7-02-014014-5,定价35.00元。(7-1554)

5352　撒捺人生王秀春
陈为人著,2018年10月。平装,国流32开,

中国当代散文

299

散文

ISBN 978-7-02-013650-6,定价 39.00 元。(7-1555)

5353 林中小屋
张梅溪著,我们小时候,2018 年 9 月。平装,32 异,ISBN 978-7-02-014367-2,定价 39.00 元。(7-1556)

5354 秋之白华 杨之华珍藏的瞿秋白
瞿独伊、李晓云编注,2018 年 11 月。精装,小 32 开,ISBN 978-7-02-014034-3,定价 76.00 元。(7-1557)

5355 又是烟雨迷蒙时
王贤根著,2018 年 12 月。平装,16 异,ISBN 978-7-02-014450-1,定价 59.00 元。(7-1558)

5356 拔蒲歌
沈书枝著,2019 年 2 月。平装,国流 32 开,ISBN 978-7-02-014447-1,定价 49.00 元。(7-1559)

5357 王士菁纪念集
北京鲁迅博物馆编,2018 年 12 月。平装,国流 32 开,ISBN 978-7-02-014589-8,定价 59.00 元。(7-1560)

5358 你的爱怎么了
晚睡著,2019 年 1 月。平装,国流 32 开,ISBN 978-7-02-014198-2,定价 45.00 元。(7-1561)

5359 最后的皇朝 革命前夜的大清王朝
祝勇著,2019 年 1 月。精装,国流 32 开,ISBN 978-7-02-013444-1,定价 78.00 元。(7-1562)

5360 远路去中国 西方人与中国皇宫的历史纠缠
祝勇著,2019 年 1 月。精装,国流 32 开,ISBN 978-7-02-013416-8,定价 76.00 元。(7-1563)

5361 痕迹 又见瞿秋白
胡仰曦著,2019 年 1 月。平装,16 异,ISBN 978-7-02-014743-4,定价 59.00 元。(7-1564)

5362 地矿手记 II
郑金兰著,2019 年 1 月。平装,16 异,ISBN 978-7-02-014131-9,定价 79.00 元。(7-1565)

5363 天国之痒
李洁非著,2019 年 3 月。平装,16 异,ISBN 978-7-02-015032-8,定价 78.00 元。(7-1566)

5364 汪曾祺散文全编(1—6 卷)
2019 年 5 月。平装,16 异,ISBN 978-7-02-014785-4,定价 328.00 元。(7-1567)

5365 风过留痕
王洁著,2019 年 4 月。精装,国流 32 开,ISBN 978-7-02-014756-4,定价 58.00 元。(7-1568)

5366 故宫的古物之美·绘画风雅 1
祝勇著,2019 年 4 月。精装,国流 32 开,ISBN 978-7-02-014608-6,定价 78.00 元。(7-1569)

5367 陪你去留学
〔美〕王欣著,2019 年 4 月。平装覆膜,大 32 开,ISBN 978-7-02-014045-9,定价 39.00 元。(84-176)

5368 宋庆龄往事续编
何大章著,2019 年 5 月。平装,16 异,ISBN 978-7-02-014765-6,定价 66.00 元。(7-1570)

5369 无病集
史铁生散文新编,2019 年 6 月。精装,小 32 开,ISBN 978-7-02-015083-0,定价 45.00 元。(7-1571)

5370 有问集
史铁生散文新编,2019 年 6 月。精装,小 32 开,ISBN 978-7-02-015081-6,定价 46.00 元。(7-1572)

5371 去来集
史铁生散文新编,2019 年 6 月。精装,小 32 开,ISBN 978-7-02-015074-8,定价 46.00 元。(7-1573)

5372 断想集
史铁生散文新编,2019 年 6 月。精装,小 32 开,ISBN 978-7-02-015089-2,定价 46.00 元。(7-1574)

5373 沟底有人家
尤凌波著,2019 年 6 月。平装,小 32 开,ISBN

300

978 - 7 - 02 - 015034 - 2,定价 53.00 元。(7-1575)

5374 我辈中人 写给中年人的情书
张曼娟著,2019 年 6 月。平装,国流 32 开,ISBN 978 - 7 - 02 - 014583 - 6,定价 39.00 元。(7-1576)

5375 2018 散文
本社编辑部编,21 世纪年度散文选,2019 年 5 月。平装,国流 32 开,ISBN 978 - 7 - 02 - 015039 - 7,定价 46.00 元。(7-1577)

5376 敢为天下先 中国航展二十年
李鸣生著,2019 年 7 月。平装,16 异,ISBN 978 - 7 - 02 - 015289 - 6,定价 48.00 元。(7-1578)

5377 汪曾祺书信全编
2019 年 6 月。平装,16 异,ISBN 978 - 7 - 02 - 014771 - 7,定价 49.00 元。(7-1579)

5378 2018 报告文学
李炳银编,21 世纪年度报告文学选,2019 年 6 月。平装,国流 32 开,ISBN 978 - 7 - 02 - 015073 - 1,定价 45.00 元。(7-1580)

5379 一个人的西部 致青春
雪漠著,2019 年 7 月。平装,大 32 开,ISBN 978 - 7 - 02 - 015133 - 2,定价 39.00 元。(7-1581)

5380 满世界
龚曙光著,2019 年 7 月。精装,16 异,ISBN 978 - 7 - 02 - 015284 - 1,定价 66.00 元。(7-1582)

5381 土豆先生,弹琴了
雷淑容著,2019 年 7 月。平装,32 异,ISBN 978 - 7 - 02 - 015022 - 9,定价 55.00 元。(7-1583)

5382 世间生活 冯骥才生活散文精选
冯骥才著,2019 年 7 月。平装,国流 32 开,ISBN 978 - 7 - 02 - 015196 - 7,定价 39.00 元。(7-1584)

5383 一个军的传奇
郝在今著,2019 年 7 月。平装,32 异,ISBN 978 - 7 - 02 - 014739 - 7,定价 38.00 元。(7-1585)

5384 沿着季风的方向 从印度到东南亚的旅程
刘子超著,2019 年 7 月。精装,小 32 开,ISBN 978 - 7 - 02 - 014749 - 6,定价 42.00 元。(7-1587)

5385 父亲的军装
徐子建著,家园徐望,2019 年 7 月。平装,16 异,ISBN 978 - 7 - 02 - 015231 - 5,定价 68.00 元。(7-1588)

5386 抑郁生花
蔓玫著,2019 年 7 月。平装,国流 32 开,ISBN 978 - 7 - 02 - 015182 - 0,定价 40.00 元。(7-1589)

5387 我给记忆命名
席慕蓉著,2019 年 9 月。精装,国流 32 开,ISBN 978 - 7 - 02 - 014586 - 7,定价 78.00 元。(7-1590)

5388 青草绿了又枯了:寻找战火中的父辈
严平著,2019 年 8 月。平装,16 异,ISBN 978 - 7 - 02 - 015176 - 9,定价 58.00 元。(7-1591)

5389 乡土中国
费孝通著,教育部统编《语文》推荐阅读丛书,2019 年 9 月。平装覆膜,16 异,ISBN 978 - 7 - 02 - 015528 - 6,定价 19.00 元。(7-1592)

5390 雀儿山高度——其美多吉的故事
陈霁著,2019 年 9 月。平装,16 异,ISBN 978 - 7 - 02 - 015497 - 5,定价 52.00 元。(7-1593)

5391 我的前半生
爱新觉罗·溥仪著,2019 年 10 月。平装,16 异,ISBN 978 - 7 - 02 - 014459 - 4,定价 63.00 元。(7-1595)

5392 两地
林海音著,2019 年 10 月。平装,32 异,ISBN 978 - 7 - 02 - 015213 - 1,定价 45.00 元。(7-1596)

5393 路遥的时间 见证路遥最后的日子
航宇著,2019 年 7 月。平装,16 异,ISBN 978 - 7 - 02 - 015189 - 9,定价 53.00 元。(7-1597)

5394 从地中海出发
卢岚著,2019 年 11 月。平装,32 异,ISBN 978 - 7 - 02 - 014815 - 8,定价 49.00 元。(7-1598)

5395 经典散文诗选
吉狄马加主编,2020 年 11 月。平装,32 异,ISBN 978 - 7 - 02 - 015337 - 4,定价 58.00 元。

(7-1599)

5396 丝绸之路——从蓬莱到罗马
高洪雷著,2020 年 1 月。平装,16 异,ISBN 978-7-02-015898-0,定价 50.00 元。(7-1600)

5397 我的原野盛宴
张炜著,2020 年 1 月。平装,国流 32 开,ISBN 978-7-02-015394-7,定价 46.00 元。(7-1601)

5398 大熊猫的春天
张志忠、张和民、王永跃著,2020 年 1 月。平装,16 异,ISBN 978-7-02-016046-4,定价 58.00 元。(7-1602)

5399 不管狗和茶炊怎么闹腾
王这么著,2020 年 1 月。平装,32 异,ISBN 978-7-02-015894-2,定价 39.00 元。(7-1603)

5400 曾彦修访谈录
曾彦修口述,李晋西整理,2020 年 2 月。平装,32 异,ISBN 978-7-02-015649-8,定价 49.00 元。(7-1604)

5401 故宫的古物之美 3
祝勇著,2020 年 3 月。精装,32 异,ISBN 978-7-02-015661-0,定价 79.00 元。(7-1605)

5402 山神的箭堆
雪漠著,2020 年 4 月。平装,32 异,ISBN 978-7-02-012958-4,定价 52.00 元。(7-1606)

5403 食为天
王族著,2020 年 2 月。平装,国流 32 开,ISBN 978-7-02-015900-0,定价 42.00 元。(7-1607)

5404 王充闾语文课
王充闾著,2020 年 4 月。平装,32 异,ISBN 978-7-02-013851-7,定价 48.00 元。(7-1608)

5405 协和大院
韩小蕙著,2019 年 12 月。平装,国流 32 开,ISBN 978-7-02-015049-6,定价 45.00 元。(7-1609)

5406 解放战争(第一卷)
王树增著,中学红色文学经典阅读丛书,2020 年 4 月。平装覆膜,32 异,ISBN 978-7-02-015531-6,定价 48.00 元。(7-1610)

5407 解放战争(第二卷)
王树增著,中学红色文学经典阅读丛书,2020 年 4 月。平装覆膜,32 异,ISBN 978-7-02-015530-9,定价 46.00 元。(7-1611)

5408 解放战争(第三卷)
王树增著,中学红色文学经典阅读丛书,2020 年 4 月。平装覆膜,32 异,ISBN 978-7-02-015529-3,定价 46.00 元。(7-1612)

5409 故宫六百年
祝勇著,2020 年 5 月。精装,32 异,ISBN 978-7-02-016048-8,定价 128.00 元。(7-1613)

5410 安得盛世真风流
安意如著,2020 年 5 月。平装,国流 32 开,ISBN 978-7-02-015808-9,定价 55.00 元。(31-254)

5411 和古典音乐在一起的时光
田家青著,2018 年 11 月。平装,12 异,ISBN 978-7-02-014592-8,定价 298.00 元。(7-1614)

5412 2019 报告文学
李炳银编,21 世纪年度报告文学选,2020 年 4 月。平装,国流 32 开,ISBN 978-7-02-016115-7,定价 49.00 元。(7-1615)

5413 智慧未来
李开复著,2020 年 4 月。平装,国流 32 开,ISBN 978-7-02-015871-3,定价 45.00 元。(7-1616)

5414 我的童年丢了
皮皮著,2020 年 1 月。精装,32 异,ISBN 978-7-02-014554-6,定价 38.00 元。(7-1617)

5415 2019 散文
本社编选,21 世纪年度散文选,2020 年 5 月。平装,国流 32 开,ISBN 978-7-02-016079-2,定价 49.00 元。(7-1618)

5416 等待一只布谷鸟
铁扬著,2020 年 5 月。精装,32 异,ISBN 978-7-02-016111-9,定价 70.00 元。(7-1619)

5417 有一种爱情叫见字如面
白鸥、徐荣兆著,2020 年 5 月。精装,16 异,ISBN 978-7-02-015904-8,定价 99.00 元。(7-1620)

5418　在故宫寻找苏东坡

祝勇著,2020 年 6 月。精装,32 异,ISBN 978-7-02-016088-4,定价 79.00 元。(7-1621)

5419　人间草木(插图本)

汪曾祺著,汪曾祺散文小丛书,2020 年 6 月。平装,32 异,ISBN 978-7-02-015967-3,定价 56.00 元。(7-1622)

5420　人间五味(插图本)

汪曾祺著,汪曾祺散文小丛书,2020 年 6 月。平装,32 异,ISBN 978-7-02-015968-0,定价 52.00 元。(7-1623)

5421　童话青格里

丰收著,2020 年 6 月。平装,国流 32 开,ISBN 978-7-02-016160-7,定价 38.00 元。(7-1624)

5422　故宫的隐秘角落

祝勇著,2020 年 6 月。精装,32 异,ISBN 978-7-02-015976-5,定价 72.00 元。(7-1625)

5423　斑斓志

张炜著,2020 年 7 月。平装,32 异,ISBN 978-7-02-016174-4,定价 56.00 元。(7-1626)

5424　鸟飞到了时间上面

刘亮程著,刘亮程语文课,2020 年 8 月。平装,32 异,ISBN 978-7-02-016171-3,定价 45.00 元。(7-1627)

5425　凝望 一七几几年:曹雪芹康德们的故事

孙德宏著,2020 年 7 月。平装,国流 32 开,ISBN 978-7-02-016386-1,定价 40.00 元。(7-1628)

5426　一生的麦地

刘亮程著,刘亮程语文课,2020 年 8 月。平装,32 异,ISBN 978-7-02-016170-6,定价 45.00 元。(7-1629)

5427　我的二本学生

黄灯著,2020 年 8 月。平装,国流 32 开,ISBN 978-7-02-016187-4,定价 45.00 元。(7-1630)

5428　你所不知道的溥仪Ⅱ 伪满秘事

贾英华著,2020 年 6 月。平装,16 异,ISBN 978-7-02-014573-7,定价 49.00 元。(7-1631)

5429　带你去远方

雪漠著,2020 年 8 月。平装,32 异,ISBN 978-7-02-016204-8,定价 56.00 元。(7-1632)

5430　涧溪春晓

徐锦庚著,2020 年 8 月。平装,16 异,ISBN 978-7-02-016367-0,定价 46.00 元。(7-1633)

5431　汪曾祺回忆录

2020 年 7 月。精装,16 异,ISBN 978-7-02-016201-7,定价 95.00 元。(7-1634)

5432　沧海月明 李汉荣心灵散文

2020 年 9 月。平装,16 异,ISBN 978-7-02-013897-5,定价 60.00 元。(7-1635)

5433　大师们的写作课 好文笔是读出来的

舒明月著,2020 年 8 月。平装,国流 32 开,ISBN 978-7-02-016074-7,定价 35.00 元。(7-1636)

5434　袒露在金陵

王彬著,2020 年 9 月。平装,国流 32 开,ISBN 978-7-02-016161-4,定价 42.00 元。(7-1637)

5435　听罢溪声数落梅

汤炳正著,2020 年 10 月。平装,32 异,ISBN 978-7-02-016200-0,定价 45.00 元。(7-1638)

5436　俺爹俺娘

焦波著,2020 年 10 月。平装,32 异,ISBN 978-7-02-016206-2,定价 66.00 元。(7-1639)

5437　低姿匍匐

一号哨位编,2020 年 11 月。平装,国流 32 开,ISBN 978-7-02-016657-2,定价 45.00 元。(7-1640)

5438　岁月静好 蒋勋日常功课

蒋勋著,2020 年 11 月。平装,32 异,ISBN 978-7-02-016565-0,定价 68.00 元。(7-1641)

中国现代散文

5439　朝花夕拾

鲁迅著,1951年9月。平装,32开,书号 总35鲁2,定价4,600元。1956年9月,平装,大32开,书号10019·540,定价0.42元。1962年10月收入文学小丛书,书号10019·1682,平装,32异,定价0.32元;平装,50开,定价0.20元。1973年5月,平装,小32开,书号10019·1985,定价0.25元。1979年12月,平装,大32开,书号10019·2875,定价0.35元。1984年9月收入文学小丛书,平装,小32开,定价0.39元。1990年7月,平装覆膜,大32开,ISBN 7-02-00986-7,定价1.95元。2000年5月收入中学生课外文学名著必读丛书,平装覆膜,大32开,ISBN 7-02-003182-X,定价5.80元。2003年5月收入语文新课标必读丛书,平装覆膜,大32开,ISBN 7-02-004152-3,定价5.80元。2006年6月收入语文新课标必读丛书修订版,平装覆膜,大32开,ISBN 7-02-005678-4,定价6.00元。2006年6月插图本,平装,国流32开,ISBN 7-02-004439-5,定价12.00元。2006年12月,单行本,平装,国流32开,ISBN 7-02-005527-3,定价9.00元。2008年6月收入语文新课标必读丛书增订版,平装覆膜,大32开,ISBN 978-7-02-007030-5,定价8.00元。2012年6月收入语文新课标必读丛书最新版,平装覆膜,大32开,ISBN 978-7-02-008998-7,定价10.00元。2013年11月收入中学生文学阅读必备书系,平装覆膜,国流32开,ISBN 978-7-02-009954-2,定价12.00元。2015年9月插图本,平装,国流32开,ISBN 978-7-02-011025-4,定价22.00元。2018年3月收入教育部编语文教科书名著导读指定书目,平装,16异,ISBN 978-7-02-01352-4,定价25.00元。2018年4月收入教育部统编《语文》推荐阅读丛书,平装覆膜,16异,ISBN 978-7-02-013770-1,定价22.00元。(27-1)(27-34)(27-120)

5440　华盖集

鲁迅著,1951年9月。平装,32开,书号 总38鲁5,定价6,700元。1958年2月,平装,大32开,书号10019·704,定价0.65元。1973年5月,平装,小32开,书号10019·1973,定价0.33元。1980年3月,平装,大32开,书号10019·2928,定价0.55元。1993年4月,平装覆膜,大32开,ISBN 7-02-001570-0,定价3.50元。2006年12月,平装,国流32开,ISBN 7-02-005836-1,定价12.00元。(27-2)(27-36)

5441　二心集

鲁迅著,1951年9月。平装,32开,书号 总34鲁1,定价8,900元。1958年2月,平装,大32开,书号10019·699,定价0.75元。1973年5月,平装,小32开,书号10019·1998,定价0.44元。1980年3月,平装,大32开,书号10019·2925,定价0.70元。1993年4月,平装覆膜,大32开,ISBN 7-02-001577-8,定价4.30元。2006年12月,平装,国流32开,ISBN 7-02-005518-4,定价13.00元。(27-3)(27-35)

5442　南腔北调集

鲁迅著,1951年9月。平装,32开,书号 总37鲁4,定价8,600元。1958年2月,平装,大32开,书号10019·701,定价0.75元。1973年8月,平装,32开,书号10019·2010,定价0.42元。1980年7月,平装,大32开,书号10019·2986,定价0.69元。1993年4月,平装覆膜,大32开,ISBN 7-02-001566-2,定价4.30元。2006年12月,平装,国流32开,ISBN 7-02-005522-2,定价13.00元。(27-4)(27-41)

5443　准风月谈

鲁迅著,1951年9月。平装,32开,书号 总36鲁3,定价9,400元。1958年3月,平装,大32开,书号10019·722,定价0.80元。1973年7月,平装,小32开,书号10019·2014,定价0.43元。1980年9月,平装,大32开,书号10019·3023,定价0.70元。1993年4月,平装覆膜,大32开,ISBN 7-02-001569-7,定价4.30元。2006年12月,平装,国流32开,ISBN

7-02-005523-0,定价 13.00 元。(27-5)(27-45)

5444　且介亭杂文

鲁迅著,1951 年 9 月。平装,32 开,书号 总 40 鲁 7,定价 8,300 元。1958 年 6 月,平装,大 32 开,书号 10019·768,定价 0.70 元。1973 年 4 月,平装,小 32 开,书号 10019·1965,定价 0.40 元。1993 年 6 月,平装覆膜,大 32 开,ISBN 7-02-001601-4,定价 4.55 元。2006 年 12 月,平装,国流 32 开,ISBN 7-02-005846-9,定价 13.00 元。(27-6)

5445　且介亭杂文二集

鲁迅著,1951 年 9 月。平装,32 开,书号 总 41 鲁 8,定价 9,400 元。1958 年 7 月,平装,大 32 开,书号 10019·767,定价 0.80 元。1973 年 5 月,平装,小 32 开,书号 10019·1966,定价 0.46 元。1993 年 7 月,平装覆膜,大 32 开,ISBN 7-02-001602-2,定价 5.10 元。2006 年 12 月,平装,国流 32 开,ISBN 7-02-005848-5,定价 14.00 元。(27-7)

5446　且介亭杂文末编

鲁迅著,1951 年 9 月。平装,32 开,书号 总 42 鲁 9,定价 7,000 元。1958 年 6 月,平装,大 32 开,书号 10019·769,定价 0.60 元。1973 年 4 月,平装,小 32 开,书号 10019·1967,定价 0.35 元。1993 年 7 月,平装覆膜,大 32 开,ISBN 7-02-001603-0,定价 3.80 元。2006 年 12 月,平装,国流 32 开,ISBN 7-02-005847-7,定价 11.00 元。(27-8)

5447　花边文学

鲁迅著,1951 年 10 月。平装,32 开,书号 总 44 鲁 11,定价 6,800 元。1958 年 3 月,平装,大 32 开,书号 10019·721,定价 0.65 元。1973 年 5 月,平装,小 32 开,书号 10019·2009,定价 0.33 元。1980 年 9 月,平装,大 32 开,书号 10019·3024,定价 0.57 元。1993 年 4 月,平装覆膜,大 32 开,ISBN 7-02-001567-0,定价 3.65 元。2006 年 12 月,平装,国流 32 开,ISBN 7-02-005525-7,定价 11.00 元。(27-9)(27-44)

5448　坟

鲁迅著,1951 年 10 月。平装,32 开,书号 总 43 鲁 10,定价 10,000 元。1956 年 9 月,平装,大 32 开,书号 10019·544,定价 0.90 元。1973 年 10 月,平装,小 32 开,书号 10019·1969,定价 0.50 元。1980 年 7 月,平装,大 32 开,书号 10019·2988,定价 0.86 元。1993 年 4 月,平装覆膜,大 32 开,ISBN 7-02-001573-5,定价 5.15 元。2006 年 12 月,国流 32 开,ISBN 7-02-005835-3,定价 16.00 元。(27-10)(27-40)

5449　伪自由书

鲁迅著,1952 年 1 月。平装,32 开,书号 总 64 鲁 21,定价 7,800 元。1958 年 3 月,平装,大 32 开,书号 10019·723,定价 0.65 元。1973 年 5 月,平装,32 开,书号 10019·2005,定价 0.37 元。1980 年 3 月,平装,大 32 开,书号 10019·2927,定价 0.58 元。1993 年 4 月,平装覆膜,大 32 开,ISBN 7-02-001568-9,定价 3.70 元。2006 年 12 月,平装,国流 32 开,ISBN 7-02-005521-4,定价 12.00 元。(27-11)(27-38)

5450　鲁迅书简(上下)

许广平编,1952 年 2 月。平装,32 开,书号 总 70 鲁 24,定价 37,800 元。(27-12)

5451　集外集

鲁迅著,1952 年 5 月。平装,32 开,书号 总 52 鲁 14,定价 7,700 元。1959 年 2 月,平装,大 32 开,书号 10019·1072,定价 0.74 元。1973 年 12 月,平装,32 开,书号 10019·2060,定价 0.41 元。1993 年 6 月,平装覆膜,大 32 开,ISBN 7-02-001604-9,定价 4.55 元。2006 年 12 月,平装,国流 32 开,ISBN 7-02-005851-5,定价 13.00 元。(27-13)

5452　可爱的中国

方志敏著,1952 年 5 月。平装,32 开,书号 总 81 单 24,定价 2,500 元。1954 年 12 月,线装,8 开,定价 9,000 元。1957 年 2 月,平装,32 开,书号 10019·79,定价 0.15 元。1958 年 12 月收入文学小丛书,平装,50 开,书号 10019·1082,定价 0.09 元。1988 年 9 月,平装,小 32 开,ISBN 7-02-000401-6,定价 0.97 元。2000 年 7 月收入百年百种优秀中国文学图书,平装覆膜,大 32 开,ISBN 7-02-003320-2,定价

7.80元。2004年3月收入中国文库,平装覆膜,国流32开,ISBN 7-02-004524-3,定价7.80元。2004年10月收入未成年人思想道德建设文学读本,平装覆膜,国流32开,ISBN 7-02-004796-3,定价7.00元。2014年6月,平装覆膜,国流32开,ISBN 7-02-010203-7,定价17.00元。(27-14)

5453　三闲集

鲁迅著,1952年6月。平装,32开,书号总103鲁27,定价6,900元。1958年2月,平装,大32开,书号10019·700,定价0.65元。1973年5月,平装,小32开,书号10019·2002,定价0.35元。1980年9月,平装,大32开,书号10019·2989,定价0.57元。1993年4月,平装覆膜,大32开,ISBN 7-02-001576-X,定价3.65元。2006年12月,平装,国流32开,ISBN 7-02-005519-2,定价11.00元。(27-15)(27-46)

5454　热风

鲁迅著,1952年7月。平装,32开,书号总55鲁17,定价5,200元。1956年9月,平装,大32开,书号10019·542,定价0.48元。1973年8月,平装,小32开,书号10019·1971,定价0.26元。1980年3月,平装,大32开,书号10019·2926,定价0.41元。1993年4月,平装覆膜,大32开,ISBN 7-02-001572-7,定价2.75元。2006年12月,平装,国流32开,ISBN 7-02-005833-7,定价9.00元。(27-16)(27-37)

5455　而已集

鲁迅著,1952年10月。平装,32开,书号总57鲁19,定价7,000元。1958年3月,平装,大32开,书号10019·706,定价0.65元。1973年5月,平装,小32开,书号10019·2000,定价0.34元。1980年7月,平装,大32开,书号10019·2985,定价0.57元。1993年4月,平装覆膜,大32开,ISBN 7-02-001575-1,定价3.65元。2006年12月,平装,国流32开,ISBN 7-02-005841-8,定价12.00元。(27-17)(27-39)

5456　雪峰寓言

冯雪峰著,1952年10月。平装,32开,书号总110单37,定价6,100元。1980年1月,大32开,平装,书号10019·2883,定价0.30元;精装,定价1.20元。(20-1)

5457　两地书

鲁迅、景宋著,1952年12月。平装,32开,书号总53鲁15,定价10,600元。1959年8月,平装,大32开,书号10019·1074,定价0.92元。1973年10月,平装,小32开,书号10019·1975,定价0.60元。2006年12月,平装,国流32开,ISBN 7-02-005845-0,定价19.00元。(27-18)(27-102)

5458　华盖集续编

鲁迅著,1952年12月。平装,32开,书号总145鲁31,定价6,600元。1958年2月,平装,大32开,书号10019·705,定价0.75元。1973年5月,平装,小32开,书号10019·1974,定价0.40元。1980年7月,平装,大32开,书号10019·2987,定价0.67元。1993年4月,平装覆膜,大32开,ISBN 7-02-001574-3,定价4.20元。2006年12月,平装,国流32开,ISBN 7-02-005840-X,定价13.00元。(27-19)(27-42)

5459　唐弢杂文选

1955年2月。大32开,书号329,平装,定价9,900元;精装,定价1.93元。1958年8月,平装,大32开,书号10019·327,定价0.95元。1981年5月,平装,大32开,定价0.86元。(22-21)

5460　绀弩杂文选

1955年4月。大32开,书号369,平装,定价1.15元;精装,定价2.09元。(22-25)

5461　巴金散文选

1955年6月。平装,大32开,书号391,定价0.64元。(22-26)

5462　烟尘集

吴伯箫著,作家出版社1955年7月。平装,32开,书号 作173,定价0.59元。(27-20)

5463　过去的脚印

靳以著,1955年7月。平装,大32开,书号376,定价1.01元。1957年8月,平装,大32开,书号10019·373,定价0.95元。(27-21)

5464　遥夜集

柯灵著,作家出版社 1956 年 4 月。平装,大 32 开,书号 作 331,定价 0.98 元。1957 年 10 月人民文学出版社,平装,大 32 开,书号 10019·803,定价 1.00 元。(27-22)

5465　散文三十篇

李广田著,作家出版社 1956 年 4 月。平装,大 32 开,书号 作 425,定价 0.65 元。1958 年 8 月,平装,大 32 开,书号 10020·420,定价 0.65 元。(27-23)

5466　鲁迅谈文字改革

1956 年 10 月。平装,32 开,书号 10019·508,定价 0.15 元。(27-24)

5467　忆鲁迅

茅盾、巴金等著,1956 年 10 月。平装,大 32 开,书号 10019·524,定价 0.70 元。(27-25)

5468　喜剧世界

罗荪著,作家出版社 1956 年 12 月。平装,32 开,书号 10020·538,定价 0.60 元。(27-26)

5469　寓言

冯雪峰著,作家出版社 1956 年 12 月。平装,大 32 开,书号 作 337,定价 0.39 元。1956 年 7 月版,平装,大 32 开,书号 10020·333,定价 0.37 元。1957 年 8 月,半精,大 32 开,定价 0.45 元。(20-3)

5470　散文选集

何其芳著,1957 年 3 月。平装,大 32 开,书号 10019·571,定价 0.50 元。(27-27)

5471　缘缘堂随笔

丰子恺著,1957 年 12 月。平装,大 32 开,书号 10019·675,定价 1.00 元。2000 年 1 月收入新文学碑林,平装覆膜,小 32 开,ISBN 7-02-002973-6,定价 4.50 元。2000 年 7 月收入百年百种优秀中国文学图书,平装覆膜,大 32 开,ISBN 7-02-003251-6,定价 6.00 元。(27-28)

5472　集外集拾遗

鲁迅著,1959 年 1 月。平装,大 32 开,书号 10019·1073,定价 1.65 元。1973 年 11 月,平装,小 32 开,书号 10019·2066,定价 0.97 元。(27-29)

5473　集外集拾遗

鲁迅著,1993 年 7 月。平装覆膜,大 32 开,

ISBN 7-02-001605-7,定价 5.10 元。2006 年 12 月,平装,国流 32 开,ISBN 7-02-005852-3,定价 14.00 元。(27-29)

5474　书信

鲁迅著,1959 年 9 月。平装,大 32 开,书号 10019·1075,定价 1.35 元。(27-30)

5475　鲁迅日记(上下)

1959 年 9 月。精装,大 32 开,书号 10019·1463,定价 5.50 元。1961 年 12 月,精装,大 16 开,定价 7.75 元。1976 年 9 月重排本,大 32 开,平装,定价 2.75 元;精装,定价 3.90 元;布精,定价 4.65 元。(27-31)

5476　多余的话

瞿秋白著,内部发行,1973 年 11 月。平装,小 32 开,书号 10019·2084,定价 0.15 元。(28-2)

5477　鲁迅批孔反儒文辑

本社编,1973 年 12 月试编本。平装,大 32 开,书号 10019·2128,定价 0.28 元。1974 年 2 月修订本公开发行,大 32 开,平装,定价 0.37 元;精装,定价 0.75 元。(28-3)

5478　鲁迅批孔作品选读(试编本)

本社编,1974 年 6 月。平装,大 32 开,无书号,不发行,内部定价 0.35 元。(28-4)

5479　鲁迅关于《水浒》的论述

本社编,1975 年 9 月。平装,小 32 开,书号 10019·2305,定价 0.12 元。(28-5)

5480　鲁迅言论选辑

本社编,1976 年 3 月。骑马钉,小 32 开,书号 10019·2367,定价 0.17 元。(28-6)

5481　鲁迅言论选辑(二)

本社编,1976 年 6 月。骑马钉,小 32 开,书号 10019·2385,定价 0.14 元。(28-7)

5482　鲁迅言论选辑(三)

本社编,1976 年 11 月。骑马钉,小 32 开,书号 10019·2443,定价 0.14 元。(28-8)

5483　鲁迅书信集(上下)

1976 年 8 月。大 32 开,书号 10019·2401,平装,定价 3.10 元;精装,定价 4.30 元;布精,定价 5.00 元。(27-32)

5484　鲁迅言论选辑(四)

本社编,1977 年 5 月。骑马钉,小 32 开,书号

10019·2484,定价 0.16 元。(28-9)

5485 包身工
夏衍著,1978 年 11 月。平装,32 异,书号 10019·2662,定价 0.10 元。(27-33)

5486 萧乾散文特写选
1980 年 8 月。平装,大 32 开,书号 10019·2992,定价 1.25 元。(27-43)

5487 茅盾散文速写集(上下)
1980 年 12 月。大 32 开,书号 10019·3048,平装,定价 2.05 元;精装,定价 3.85 元。(27-47)

5488 雪峰寓言(续编)
冯雪峰著,1981 年 6 月。平装,大 32 开,书号 10019·3143,定价 0.67 元。(20-4)

5489 百喻经故事
雪峰述,1980 年 10 月。平装,32 开,书号 10019·3046,定价 0.29 元。(20-5)

5490 中国现代散文选 1918—1949 (第一卷)
中国社会科学院文学研究所现代文学研究室编,中国现代文学创作选集,1982 年 8 月。大 32 开,书号 10019·3335,平装,定价 1.95 元;精装,定价 2.90 元。(27-48)

5491 中国现代散文选 1918—1949 (第二卷)
中国社会科学院文学研究所现代文学研究室编,中国现代文学创作选集,1982 年 8 月。大 32 开,书号 10019·3336,平装,定价 1.70 元;精装,定价 2.60 元。(27-49)

5492 中国现代散文选 1918—1949 (第三卷)
中国社会科学院文学研究所现代文学研究室编,中国现代文学创作选集,1982 年 9 月。大 32 开,书号 10019·3337,平装,定价 1.75 元;精装,定价 2.70 元。(27-50)

5493 中国现代散文选 1918—1949 (第四卷)
中国社会科学院文学研究所现代文学研究室编,中国现代文学创作选集,1982 年 11 月。大 32 开,书号 10019·3370,平装,定价 1.80 元;精装,定价 2.70 元。(27-51)

5494 沈从文散文选
凌宇编,1983 年 1 月。平装,大 32 开,书号 10019·3381,定价 1.25 元。1993 年 12 月,平装覆膜,大 32 开,ISBN 7-02-001725-8,定价 8.00 元。2004 年 3 月收入中国文库,国流 32 开,平装覆膜,ISBN 7-02-004523-5,定价 19.80 元;精装,ISBN 7-02-004721-1,定价 37.00 元。2015 年 4 月,精装,国流 32 开,ISBN 978-7-02-010607-3,定价 45.00 元。(27-52)

5495 背影
朱自清著,中国现代文学作品原本选印丛书,1983 年 5 月。平装,小 32 开,书号 10019·3400,定价 0.37 元。1998 年 5 月收入新文学碑林,平装覆膜,小 32 开,ISBN 7-02-002706-7,定价 4.50 元。(27-53)

5496 丁玲集外文选
袁良骏编,1983 年 11 月。大 32 开,书号 10019·3552,平装,定价 0.66 元;精装,定价 1.65 元。(27-54)

5497 中国现代散文选 1918—1949 (第五卷)
中国社会科学院文学研究所现代文学研究室编,中国现代文学创作选集,1983 年 12 月。大 32 开,书号 10019·3571,平装,定价 1.80 元;精装,定价 2.85 元。(27-55)

5498 中国现代散文选 1918—1949 (第六卷)
中国社会科学院文学研究所现代文学研究室编,中国现代文学创作选集,1983 年 12 月。大 32 开,书号 10019·3572,平装,定价 1.70 元;精装,定价 2.75 元。(27-56)

5499 中国现代散文选 1918—1949 (第七卷)
中国社会科学院文学研究所现代文学研究室编,中国现代文学创作选集,1983 年 12 月。大 32 开,书号 10019·3573,平装,定价 2.15 元;精装,定价 3.20 元。(27-57)

5500 高山仰止
聂绀弩著,1984 年 7 月。平装,小 32 开,书号 10019·3679,定价 0.44 元。(27-58)

5501 巴人杂文选
谷斯范编,1985 年 3 月。大 32 开,书号

10019·3775,平装,定价3.65元;精装,定价5.75元。(27-59)

5502　野草

鲁迅著,1952年6月。平装,32开,书号总108鲁30,定价3,500元。1956年9月,平装,大32开,书号10019·541,定价0.29元。1973年4月,平装,小32开,书号10019·1981,定价0.20元。1979年12月,平装,大32开,书号10019·2873,定价0.25元。1990年7月,平装覆膜,大32开,ISBN 7-02-00985-9,定价1.55元。2000年7月收入百年百种优秀中国文学图书,平装覆膜,大32开,ISBN 7-02-003272-9,定价6.00元。2002年1月收入大学生必读丛书,平装,大32开,ISBN 7-02-003634-1,定价6.00元。2006年6月插图本,平装,国流32开,ISBN 7-02-005473-0,定价9.00元。2006年12月,平装,国流32开,ISBN 978-7-02-005528-1,定价7.00元。2015年9月插图本,平装,国流32开,ISBN 978-7-02-011021-6,定价22.00元。(27-60)(27-61)

5503　春醪集　泪与笑

梁遇春著,中国现代文学作品原本选印丛书,1986年7月。平装,小32开,书号10019·3974,定价1.40元。(27-62)

5504　中国现代散文选萃

丘山选编,文学爱好者丛书,1986年10月。平装,小32开,书号10019·4002,定价2.00元。1988年6月,平装,小32开,ISBN 7-02-000372-9,定价2.50元。(27-63)

5505　闻一多书信选

闻铭、王克私编,新文学史料丛书,1986年10月。平装,大32开,书号10019·4008,定价2.30元。(7-299)

5506　翦拂集　大荒集

林语堂著,中国现代文学作品原本选印丛书,1988年4月。平装,小32开,书号10019·4240,ISBN 7-02-000188-2,定价2.30元。(27-64)

5507　《语丝》作品选

张梁编选,中国现代文学流派创作选,1988年3月。平装,大32开,书号10019·4247,ISBN 7-02-000200-5,定价2.75元。2011年9月收入中国文库,国流32开,平装,ISBN 978-7-02-008499-9,定价27.00元;精装,ISBN 978-7-02-008494-4,定价42.00元。(27-65)

5508　自己的园地　雨天的书

周作人著,中国现代文学作品原本选印丛书,1988年4月。平装,小32开,书号10019·4241,ISBN 7-02-000190-4,定价3.05元。(27-66)

5509　绀弩散文

1981年12月。平装,大32开,书号10019·3240,定价0.97元。(27-67)

5510　爱眉小札

徐志摩著,中国现代文学作品原本选印丛书,1988年11月。平装覆膜,小32开,ISBN 7-02-000251-X,定价1.70元。(28-25)

5511　荷塘月色

朱自清著,1988年12月。小32开,平装,ISBN 7-02-000387-7,定价2.00元;平装覆膜,ISBN 7-02-000388-5,定价2.45元。(27-68)

5512　巴金书信集

巴金编,1991年8月。平装覆膜,大32开,ISBN 7-02-001226-4,定价8.15元;精装,ISBN 7-02-001227-2,定价11.65元。(27-69)

5513　中国现代散文精华

鲁迅等著,1993年11月。平装覆膜,大32开,ISBN 7-02-001718-5,定价10.95元。(27-70)

5514　老舍散文精编

舒济编选,1994年1月。平装覆膜,大32开,ISBN 7-02-001740-1,定价6.15元。(27-71)

5515　鲁迅散文集

本社编,1993年9月。平装覆膜,大32开,ISBN 7-02-001648-0,定价6.50元。(27-72)

5516　鲁迅杂文选集

本社编,1993年11月。平装覆膜,大32开,ISBN 7-02-001720-7,定价9.30元。(27-73)

5517　集外集拾遗补编

鲁迅著,1993年12月。平装覆膜,大32开,ISBN 7-02-001606-5,定价8.80元。2006年12月,平装,国流32开,ISBN 7-02-005516-8,定价25.00元。(27-74)

5518　适夷散文选
楼适夷著,1994年12月。平装覆膜,大32开,ISBN 7-02-002030-5,定价15.70元。(27-75)

5519　自己的园地
周作人著,新文学碑林,1998年4月。平装覆膜,小32开,ISBN 7-02-002697-4,定价9.40元。2020年1月收入周作人散文自选系列,平装,32异,ISBN 978-7-02-014049-7,定价45.00元。(27-76)

5520　空山灵雨
落华生(许地山)著,新文学碑林,1998年5月。平装覆膜,小32开,ISBN 7-02-002708-3,定价4.40元。(27-77)

5521　鲁迅散文选集
本社编,世界文学名著文库,1998年10月。精装,大32开,ISBN 7-02-002582-X,定价35.50元。(27-78)

5522　春醪集
梁遇春著,新文学碑林,2000年1月。平装覆膜,小32开,ISBN 7-02-002979-5,定价6.00元。(27-79)

5523　画梦录
何其芳著,新文学碑林,2000年1月。平装覆膜,小32开,ISBN 7-02-002972-8,定价4.00元。2000年7月收入百年百种优秀中国文学图书,平装覆膜,大32开,ISBN 7-02-003252-4,定价8.00元。(27-80)

5524　周作人卷(周作人散文)
中华散文珍藏本,2000年1月。平装覆膜,大32开,ISBN 7-02-003076-9,定价14.00元。2005年5月收入中华散文插图珍藏版系列,书名《周作人散文》,平装,国流32开,ISBN 7-02-005148-0,定价21.00元。2007年9月收入中国文库,书名《周作人散文选》,国流32开,平装,ISBN 978-7-02-006361-1,定价22.00元;精装,ISBN 978-7-02-006362-8,定价35.00元。2013年11月收入中华散文珍藏版,平装,国流32开,ISBN 978-7-02-009882-8,定价45.00元。(27-81)

5525　郁达夫卷
中华散文珍藏本,2000年1月。平装覆膜,大32开,ISBN 7-02-003005-X,定价13.40元。(27-82)

5526　林语堂卷(林语堂散文)
中华散文珍藏本,2000年1月。平装覆膜,大32开,ISBN 7-02-003032-7,定价13.40元。2005年5月收入中华散文插图珍藏版系列,书名《林语堂散文》,平装,国流32开,ISBN 7-02-005177-4,定价21.00元。(27-83)

5527　鲁迅卷(鲁迅散文)
中华散文珍藏本,2000年1月。平装覆膜,大32开,ISBN 7-02-003075-0,定价14.30元。2005年5月收入中华散文插图珍藏版系列,书名《鲁迅散文》,平装,国流32开,ISBN 7-02-005019-0,定价21.00元。2013年11月收入中华散文珍藏版,平装,国流32开,ISBN 978-7-02-009889-7,定价30.00元。(27-84)

5528　朱自清卷(朱自清散文)
中华散文珍藏本,2000年1月。平装覆膜,大32开,ISBN 7-02-003003-3,定价13.00元。2005年5月收入中华散文插图珍藏版系列,书名《朱自清散文》,平装,国流32开,ISBN 7-02-005016-6,定价21.00元。2013年11月收入中华散文珍藏版,平装,国流32开,ISBN 978-7-02-009884-2,定价30.00元。(27-85)

5529　剪拂集
林语堂著,新文学碑林,2000年1月。平装覆膜,小32开,ISBN 7-02-002964-7,定价6.50元。(27-86)

5530　西滢闲话
陈西滢著,新文学碑林,2000年1月。平装覆膜,小32开,ISBN 7-02-002957-4,定价9.50元。(27-87)

5531　巴黎的鳞爪
徐志摩著,新文学碑林,2000年1月。平装覆膜,小32开,ISBN 7-02-002963-9,定价5.50元。(27-88)

5532　雨天的书

周作人著,百年百种优秀中国文学图书,2000年7月。平装覆膜,大32开,ISBN 7-02-003278-8,定价9.00元。(27-89)

5533　巴金卷
中华散文珍藏本,2001年1月。平装覆膜,大32开,ISBN 7-02-003317-2,定价14.00元。(27-90)

5534　梁实秋卷(梁实秋散文)
中华散文珍藏本,2001年1月。平装覆膜,大32开,ISBN 7-02-003314-8,定价15.00元。2005年5月收入中华散文插图珍藏版系列,书名《梁实秋散文》,平装,国流32开,ISBN 7-02-005147-2,定价21.00元。2013年11月收入中华散文珍藏版,平装,国流32开,ISBN 978-7-02-009926-9,定价30.00元。(27-91)

5535　梁遇春卷(梁遇春散文选)
中华散文珍藏本,2001年1月。平装覆膜,大32开,ISBN 7-02-003218-4,定价11.00元。2005年1月收入中国文库,书名《梁遇春散文选》,国流32开,平装,ISBN 7-02-005092-1,定价11.00元;精装,ISBN 7-02-005120-0,定价24.00元。(7-479)

5536　徐志摩卷
中华散文珍藏本,2001年1月。平装覆膜,大32开,ISBN 7-02-003220-6,定价15.00元。(7-480)

5537　朱生豪"小言"集
2000年12月。平装覆膜,大32开,ISBN 7-02-003302-4,定价15.00元。(27-92)

5538　童年　爸妈盼我长大
林非、李晓虹、王兆胜编选,人生驿站丛书,2003年1月。平装覆膜,大32开,ISBN 7-02-004057-8,定价16.90元。(27-93)

5539　求学　寻找我的天地
林非、李晓虹、王兆胜编选,人生驿站丛书,2003年1月。平装覆膜,大32开,ISBN 7-02-004061-6,定价15.30元。(27-94)

5540　人间　希望伴我前行
林非、李晓虹、王兆胜编选,人生驿站丛书,2003年1月。平装覆膜,大32开,ISBN 7-02-004065-9,定价14.80元。(27-95)

5541　鲁迅杂文精选
王培元选编,语文新课标必读丛书,2003年5月。平装覆膜,大32开,ISBN 7-02-004155-8,定价15.00元。2006年6月收入语文新课标必读丛书修订版,平装,大32开,ISBN 7-02-005710-1,定价16.00元。2008年6月收入语文新课标必读丛书增订版,平装,大32开,ISBN 978-7-02-007056-5,定价17.00元。2018年5月收入教育部统编《语文》推荐阅读丛书,平装覆膜,16异,ISBN 978-7-02-013782-4,定价38.00元。(27-96)

5542　朱自清散文精选
语文新课标必读丛书,2003年5月。平装覆膜,大32开,ISBN 7-02-004157-4,定价7.50元。2006年6月收入语文新课标必读丛书修订版,平装,大32开,ISBN 7-02-005711-X,定价8.00元。2008年6月收入语文新课标必读丛书增订版,平装,大32开,ISBN 978-7-02-007063-3,定价10.00元。2013年11月收入中学生文学阅读必备书系,平装覆膜,国流32开,ISBN 978-7-02-009940-5,定价14.00元。2018年5月收入教育部统编《语文》推荐阅读丛书,平装覆膜,16异,ISBN 978-7-02-013791-6,定价18.00元。(27-97)

5543　赵延年木刻插图本　野草
鲁迅著,2003年3月。平装,大32开,ISBN 7-02-004159-0,定价7.00元。(27-98)

5544　鲁迅名言录
蔡昇曾、郑智编选,2004年7月。平装覆膜,大32开,ISBN 7-02-004574-X,定价16.00元。(28-44)

5545　鲁迅杂文全编(1—7卷)
2006年6月。平装覆膜,国流32开,ISBN 7-02-005486-2,定价200.00元。(22-134)

5546　鲁迅书信(1—4)
2006年12月。平装,国流32开,ISBN 7-02-005858-2,定价98.00元。(27-100)

5547　鲁迅日记(1—3)
2006年12月。平装,国流32开,ISBN 7-02-005838-8,定价90.00元。(27-101)

5548　译文序跋集
鲁迅著,2006年12月。平装,国流32开,ISBN

7-02-005849-3,定价18.00元。(28-46)

5549　古籍序跋集

鲁迅著,2006年12月。平装,国流32开,ISBN 7-02-005853-1,定价10.00元。(28-47)

5550　徐志摩散文

中华散文插图珍藏版系列,2007年3月。平装,国流32开,ISBN 978-7-02-005931-7,定价22.00元。2013年11月收入中华散文珍藏版,平装,国流32开,ISBN 978-7-02-009886-6,定价30.00元。(27-103)

5551　巴金散文

中华散文插图珍藏版系列,2007年3月。平装,国流32开,ISBN 978-7-02-005960-7,定价21.00元。2013年11月收入中华散文珍藏版,平装,国流32开,ISBN 978-7-02-009913-9,定价30.00元。(27-104)

5552　沈从文散文

中华散文插图珍藏版系列,2007年3月。平装,国流32开,ISBN 978-7-02-005966-9,定价22.00元。2013年11月收入中华散文珍藏版,平装,国流32开,ISBN 978-7-02-009891-0,定价30.00元。(27-105)

5553　我自己走过的路

冰心著,2007年6月。平装,国流32开,ISBN 978-7-02-006064-1,定价22.00元。(27-106)

5554　风(风 这是风刮的)

陈子善、蔡翔主编,王宇平编选,中国现代经典美文书系,2007年7月。平装,大32开,ISBN 978-7-02-006112-9,定价15.00元。2017年6月收入同题散文经典,书名《风 这是风刮的》,老舍等著,陈子善、蔡翔编,平装,国流32开,ISBN 978-7-02-012610-1,定价32.00元。(7-755)

5555　花(养花 看花)

陈子善、蔡翔主编,黄芳编选,中国现代经典美文书系,2007年7月。平装,大32开,ISBN 978-7-02-006113-6,定价15.00元。2017年6月收入同题散文经典,书名《养花 看花》,老舍等著,陈子善、蔡翔编,平装,国流32开,ISBN 978-7-02-012584-5,定价32.00元。(7-756)

5556　雪(雪 雪夜)

陈子善、蔡翔主编,王琼编选,中国现代经典美文书系,2007年7月。平装,大32开,ISBN 978-7-02-006114-3,定价15.00元。2017年6月收入同题散文经典,书名《雪 雪夜》,鲁迅等著,陈子善、蔡翔编,平装,国流32开,ISBN 978-7-02-012582-1,定价32.00元。(7-757)

5557　月(荷塘月色 海上生明月)

陈子善、蔡翔主编,廖久明编选,中国现代经典美文书系,2007年7月。平装,大32开,ISBN 978-7-02-006115-0,定价15.00元。2017年6月收入同题散文经典,书名《荷塘月色 海上生明月》,朱自清等著,陈子善、蔡翔编,平装,国流32开,ISBN 978-7-02-012592-0,定价32.00元。(7-758)

5558　春(我们把春天吵醒了 春意挂上了树梢)

陈子善、蔡翔主编,项静编选,中国现代经典美文书系,2007年7月。平装,大32开,ISBN 978-7-02-006149-5,定价15.00元。2017年6月收入同题散文经典,书名《荷塘月色 海上生明月》,冰心等著,陈子善、蔡翔编,平装,国流32开,ISBN 978-7-02-012599-9,定价32.00元。(7-759)

5559　夏(扬州的夏日 夏)

陈子善、蔡翔主编,吴婷婷编选,中国现代经典美文书系,2007年7月。平装,大32开,ISBN 978-7-02-006150-1,定价15.00元。2017年6月收入同题散文经典,书名《扬州的夏日 夏》,朱自清等著,陈子善、蔡翔编,平装,国流32开,ISBN 978-7-02-012601-9,定价32.00元。(7-760)

5560　秋(秋夜 故都的秋)

陈子善、蔡翔主编,景银辉编选,中国现代经典美文书系,2007年7月。平装,大32开,ISBN 978-7-02-006153-2,定价15.00元。2017年6月收入同题散文经典,书名《秋夜 故都的秋》,鲁迅等著,陈子善、蔡翔编,平装,国流32开,ISBN 978-7-02-012602-6,定价32.00元。(7-761)

5561　冬(冬天 江南的冬景)

陈子善、蔡翔主编，郑扬编选，中国现代经典美文书系，2007年7月。平装，大32开，ISBN 978-7-02-006154-9，定价15.00元。2017年6月收入同题散文经典，书名《冬天 江南的冬景》，朱自清等著，陈子善、蔡翔编，平装，国流32开，ISBN 978-7-02-012607-1，定价32.00元。(7-762)

5562 死（我的祖母之死 死后）

陈子善、蔡翔主编，黄芳编选，中国现代经典美文书系，2007年12月。平装，大32开，ISBN 978-7-02-006311-6，定价15.00元。2017年7月收入同题散文经典，书名《我的祖母之死 死后》，徐志摩等著，陈子善、蔡翔编，平装，国流32开，ISBN 978-7-02-012587-6，定价32.00元。(7-817)

5563 醉（湖畔夜饮 醉）

陈子善、蔡翔主编，廖久明编选，中国现代经典美文书系，2007年12月。平装，大32开，ISBN 978-7-02-006310-9，定价15.00元。2017年7月收入同题散文经典，书名《湖畔夜饮 醉》，丰子恺等著，陈子善、蔡翔编，平装，国流32开，ISBN 978-7-02-012624-8，定价32.00元。(7-818)

5564 生（生命的路 谈生命）

陈子善、蔡翔主编，王琼编选，中国现代经典美文书系，2007年12月。平装，大32开，ISBN 978-7-02-006312-3，定价15.00元。2017年7月收入同题散文经典，书名《生命的路 谈生命》，鲁迅等著，陈子善、蔡翔编，平装，国流32开，ISBN 978-7-02-012627-9，定价32.00元。(7-819)

5565 梦（说梦 寻梦）

陈子善、蔡翔主编，王宇平编选，中国现代经典美文书系，2007年12月。平装，大32开，ISBN 978-7-02-006309-3，定价15.00元。2017年7月收入同题散文经典，书名《说梦 寻梦》，朱自清等著，陈子善、蔡翔编，平装，国流32开，ISBN 978-7-02-012629-3，定价32.00元。(7-820)

5566 海（海上的日出 海上的月亮）

陈子善、蔡翔主编，项静编选，2008年9月。平装，大32开，ISBN 978-7-02-006830-2，定价15.00元。2017年6月收入同题散文经典，书名《海上的日出 海上的月亮》，巴金等著，陈子善、蔡翔编，平装，国流32开，ISBN 978-7-02-012596-8，定价28.00元。(7-854)

5567 湖（游了三个湖 大明湖之春）

陈子善、蔡翔主编，林凌编选，2008年8月。平装，大32开，ISBN 978-7-02-006816-6，定价15.00元。2017年6月收入同题散文经典，书名《游了三个湖 大明湖之春》，叶圣陶等著，陈子善、蔡翔编，平装，国流32开，ISBN 978-7-02-012595-1，定价28.00元。(7-855)

5568 河（桨声灯影里的秦淮河）

陈子善、蔡翔主编，林凌编选，2008年9月。平装，大32开，ISBN 978-7-02-006829-6，定价15.00元。2017年6月收入同题散文经典，书名《桨声灯影里的秦淮河》，朱自清等著，陈子善、蔡翔编，平装，国流32开，ISBN 978-7-02-012594-4，定价28.00元。(7-856)

5569 山（翡冷翠山居闲话 五峰游记）

陈子善、蔡翔主编，张帆编选，2008年9月。平装，大32开，ISBN 978-7-02-006828-9，定价15.00元。2017年6月收入同题散文经典，书名《翡冷翠山居闲话 五峰游记》，徐志摩等著，陈子善、蔡翔编，平装，国流32开，ISBN 978-7-02-012579-1，定价28.00元。(7-857)

5570 郁达夫散文

中华散文插图珍藏版系列，2008年1月。平装，国流32开，ISBN 978-7-02-006474-8，定价23.00元。2016年6月收入中华散文珍藏版，平装，国流32开，ISBN 978-7-02-011030-8，定价33.00元。(27-107)

5571 老舍散文

中华散文插图珍藏版系列，2008年1月。平装，国流32开，ISBN 978-7-02-006439-7，定价22.00元。2013年11月收入中华散文珍藏版，平装，国流32开，ISBN 978-7-02-009925-2，定价30.00元。(27-108)

5572 丰子恺散文

中华散文插图珍藏版系列，2008年1月。平装，国流32开，ISBN 978-7-02-006492-2，定价25.00元。2013年11月收入中华散文珍藏版，平装，国流32开，ISBN 978-7-02-009885-

9,定价 30.00 元。(27-109)

5573 梁遇春散文
中华散文插图珍藏版系列,2010 年 1 月。平装,国流 32 开,ISBN 978-7-02-007469-3,定价 20.00 元。(7-959)

5574 沈从文家书
2010 年 1 月。平装,国流 32 开,ISBN 978-7-02-006705-3,定价 29.00 元。(27-110)

5575 鲁迅家书(全本)
陈漱渝注释,2010 年 3 月。平装,国流 32 开,ISBN 978-7-02-007477-8,定价 20.00 元。(27-111)

5576 友(怀鲁迅 我所见的叶圣陶)
陈子善、蔡翔主编,朱宏伟编选,中国现代经典美文书系,2011 年 10 月。平装,大 32 开,ISBN 978-7-02-008714-3,定价 20.00 元。2017 年 7 月收入同题散文经典,书名《怀鲁迅 我所见的叶圣陶》,郁达夫等著,陈子善、蔡翔编,平装,32 异,ISBN 978-7-02-012598-2,定价 35.00 元。(7-1084)

5577 父(我们现在怎样做父亲 背影)
陈子善、蔡翔主编,韩昊峻峰编选,中国现代经典美文书系,2011 年 10 月。平装,大 32 开,ISBN 978-7-02-008707-5,定价 20.00 元。2017 年 7 月收入同题散文经典,书名《我们现在怎样做父亲 背影》,鲁迅等著,陈子善、蔡翔编,平装,32 异,ISBN 978-7-02-012600-2,定价 35.00 元。(7-1085)

5578 师(藤野先生 沈从文先生在西南联大)
陈子善、蔡翔主编,袁洪权编选,中国现代经典美文书系,2011 年 10 月。平装,大 32 开,ISBN 978-7-02-008702-0,定价 20.00 元。2017 年 7 月收入同题散文经典,书名《藤野先生 沈从文先生在西南联大》,鲁迅等著,陈子善、蔡翔编,平装,32 异,ISBN 978-7-02-012597-5,定价 35.00 元。(7-1087)

5579 兄(我的三个弟弟 做大哥的人)
陈子善、蔡翔主编,张可可编选,中国现代经典美文书系,2011 年 10 月。平装,大 32 开,ISBN 978-7-02-008698-6,定价 20.00 元。2017 年 7 月收入同题散文经典,书名《我的三个弟弟 做大哥的人》,冰心等著,陈子善、蔡翔编,平装,32 异,ISBN 978-7-02-012588-3,定价 35.00 元。(7-1088)

5580 虫(夏三虫 夏天的昆虫)
陈子善、蔡翔主编,张向东编选,中国现代经典美文书系,2012 年 6 月。平装,大 32 开,ISBN 978-7-02-009147-8,定价 20.00 元。2017 年 6 月收入同题散文经典,书名《夏三虫 夏天的昆虫》,鲁迅等著,陈子善、蔡翔编,平装,32 异,ISBN 978-7-02-012593-7,定价 35.00 元。(7-1127)

5581 狗
陈子善、蔡翔主编,于山编选,中国现代经典美文书系,2012 年 6 月。平装,大 32 开,ISBN 978-7-02-009148-5,定价 20.00 元。2017 年 6 月收入同题散文经典,书名《关于狗的回忆 小狗包弟》,傅雷等著,陈子善、蔡翔编,平装,32 异,ISBN 978-7-02-012633-0,定价 35.00 元。(7-1128)

5582 猫(养猫 阿咪)
陈子善、蔡翔主编,单闻编选,中国现代经典美文书系,2012 年 6 月。平装,大 32 开,ISBN 978-7-02-009145-4,定价 20.00 元。2017 年 6 月收入同题散文经典,书名《养猫 阿咪》,冰心等著,陈子善、蔡翔编,平装,32 异,ISBN 978-7-02-012630-9,定价 35.00 元。(7-1129)

5583 鸟(鸟的天堂 一只小鸟)
陈子善、蔡翔主编,陈啸编选,中国现代经典美文书系,2012 年 6 月。平装,大 32 开,ISBN 978-7-02-009146-1,定价 20.00 元。2017 年 6 月收入同题散文经典,书名《鸟的天堂 一只小鸟》,巴金等著,陈子善、蔡翔编,平装,32 异,ISBN 978-7-02-012639-2,定价 35.00 元。(7-1129)

5584 鲁迅论人生
2013 年 1 月。平装,16 异,ISBN 978-7-02-009333-5,定价 39.00 元。(27-112)

5585 胡适自传
2013 年 5 月。平装,16 异,ISBN 978-7-02-009644-2,定价 28.00 元。(27-113)

5586 在旧时光里徜徉
——民国文人的欧洲游

朱自清等著,2017年1月。平装,国流32开,ISBN 978-7-02-011543-3,定价32.00元。(27-114)

5587 云南看云集
沈从文著,沈从文散文新编,2017年3月。平装,国流32开,ISBN 978-7-02-011564-8,定价22.00元。(27-115)

5588 记丁玲 记丁玲续集
沈从文著,沈从文散文新编,2017年3月。平装,国流32开,ISBN 978-7-02-011561-7,定价22.00元。(27-116)

5589 一个传奇的本事
沈从文著,沈从文散文新编,2017年3月。平装,国流32开,ISBN 978-7-02-011560-0,定价26.00元。(27-117)

5590 湘行书简
沈从文著,沈从文散文新编,2017年3月。平装,国流32开,ISBN 978-7-02-011563-1,定价17.00元。(27-118)

5591 湘行散记 湘西
沈从文著,沈从文散文新编,2017年3月。平装,国流32开,ISBN 978-7-02-011562-4,定价22.00元。2019年1月典藏版,精装,大32开,ISBN 978-7-02-011800-7,定价36.00元。(27-119)

5592 樱花赞 西湖船
冰心等著,陈子善、蔡翔编,同题散文经典,2017年7月。平装,32异,ISBN 978-7-02-012742-9,定价35.00元。(7-1446)

5593 山居闲话 胡同文化
徐志摩等著,陈子善、蔡翔编,同题散文经典,2017年7月。平装,32异,ISBN 978-7-02-012734-4,定价28.00元。(7-1447)

5594 谈吃 上海的吃及其他
夏丏尊等著,陈子善、蔡翔编,同题散文经典,2017年7月。平装,32异,ISBN 978-7-02-012777-1,定价35.00元。(7-1448)

5595 女子的服饰 第二件红毛衣
许地山等著,陈子善、蔡翔编,同题散文经典,2017年7月。平装,32异,ISBN 978-7-02-012707-8,定价28.00元。(7-1449)

5596 艺术三昧 音乐会
丰子恺等著,陈子善、蔡翔编,同题散文经典,2017年7月。平装,32异,ISBN 978-7-02-012700-9,定价35.00元。(7-1450)

5597 喝茶 茶事
杨绛等著,陈子善、蔡翔编,同题散文经典,2017年7月。平装,32异,ISBN 978-7-02-012748-9,定价28.00元。(7-1451)

5598 从百草园到三味书屋 公园
鲁迅等著,陈子善、蔡翔编,同题散文经典,2017年7月。平装,32异,ISBN 978-7-02-012778-8,定价32.00元。(7-1452)

5599 谈抽烟 吸烟与文化
朱自清等著,陈子善、蔡翔编,同题散文经典,2017年7月。平装,32异,ISBN 978-7-02-012906-5,定价28.00元。(7-1477)

5600 缘缘堂随笔
丰子恺著,教育部统编《语文》推荐阅读丛书,2018年4月。平装覆膜,16异,ISBN 978-7-02-013813-5,定价28.00元。(27-121)

5601 怎样读书
胡适等著,樊霞编选,教育部统编《语文》推荐阅读丛书,2018年4月。平装覆膜,16异,ISBN 978-7-02-013793-0,定价18.00元。(27-122)

5602 叶圣陶散文
叶圣陶著,商金林编选,教育部统编《语文》推荐阅读丛书,2018年6月。平装覆膜,16异,ISBN 978-7-02-014265-1,定价23.00元。(27-123)

5603 朱生豪书信全编
名家书信系列,2018年7月。平装,16异,ISBN 978-7-02-012038-3,定价48.00元。(27-124)

5604 容忍与自由
胡适著,中国名家谈人生系列,2018年10月。平装,大32开,ISBN 978-7-02-012990-4,定价39.00元。(27-125)

5605 人生的修行
朱自清著,中国名家谈人生系列,2018年10月。平装,大32开,ISBN 978-7-02-012708-5,定价42.00元。(27-126)

5606 中国人的修养

蔡元培著,中国名家谈人生系列,2018年10月。平装,大32开,ISBN 978-7-02-014039-8,定价39.00元。(27-127)

5607 想北平
老舍著,2019年7月。平装,国流32开,ISBN 978-7-02-014704-5,定价38.00元。(27-128)

5608 秉烛谈
周作人著,周作人散文自选系列,2020年1月。平装,32异,ISBN 978-7-02-014072-5,定价35.00元。(27-129)

5609 风雨谈
周作人著,周作人散文自选系列,2020年1月。平装,32异,ISBN 978-7-02-014120-3,定价39.00元。(27-130)

5610 苦茶随笔
周作人著,周作人散文自选系列,2020年1月。平装,32异,ISBN 978-7-02-014046-6,定价39.00元。(27-131)

5611 秉烛后谈
周作人著,周作人散文自选系列,2020年1月。平装,32异,ISBN 978-7-02-014043-5,定价29.00元。(27-132)

5612 夜读抄
周作人著,周作人散文自选系列,2020年1月。平装,32异,ISBN 978-7-02-014067-1,定价39.00元。(27-133)

5613 瓜豆集
周作人著,周作人散文自选系列,2020年1月。平装,32异,ISBN 978-7-02-014048-0,定价39.00元。(27-134)

5614 苦竹杂记
周作人著,周作人散文自选系列,2020年1月。平装,32异,ISBN 978-7-02-014179-1,定价45.00元。(27-135)

5615 雨天的书 泽泻集
周作人著,周作人散文自选系列,2020年1月。平装,32异,ISBN 978-7-02-014180-7,定价45.00元。(27-136)

5616 缘缘堂随笔(足本)
丰子恺著,2020年10月。平装,国流32开,ISBN 978-7-02-016205-5,定价59.00元。(27-137)

5617 解救
周元青等著,中国人民文艺丛书,1952年5月。平装,32开,书号 总82中5,定价3,700元。(19-1)

5618 诺尔曼·白求恩断片
周而复等著,中国人民文艺丛书,1952年5月。平装,32开,书号 总83中6,定价5,600元。(19-2)

5619 英雄的十月
华山著,1954年2月。平装,32开,定价3,700元。1958年10月收入新创作选拔本,精装,大32开,定价0.94元。1962年4月收入建国前优秀作品选拔本,大32开,书号10019·276,平装,定价0.28元;精装,定价0.94元。(19-3)

5620 人物纪念
萧三著,作家出版社1954年12月。平装,32开,书号 作92,定价5,900元。(19-4)

5621 伟大的安慰者
李又然著,作家出版社1955年3月。平装,32开,书号 作140,定价0.39元。(19-5)

5622 浪花
林默涵著,作家出版社1957年3月。平装,32开,书号10020·655,定价0.50元。(19-6)

5623 诺尔曼·白求恩断片
周而复著,文学小丛书,1958年12月。平装,50开,书号 10019·1088,定价0.10元。(19-7)

5624 画廊集
李广田著,新文学碑林,2001年1月。平装覆膜,小32开,ISBN 978-7-02-003014-9,定价6.00元。(19-8)

5625 蛇与塔
聂绀弩著,新文学碑林,2001年1月。平装覆膜,小32开,ISBN 978-7-02-003011-4,定价4.60元。(19-9)

中国古典散文

5626　史记选注
司马迁著,张友鸾、顾学颉、陈迩冬、王利器、黄肃秋、严敦易选注,1956年12月。平装,大32开,书号10019·590,定价1.40元。(33-1)

5627　史记选
司马迁著,王伯祥选注,1957年4月。平装,大32开,书号10019·470,定价1.70元。1982年10月收入中国古典文学读本丛书,平装,大32开,定价1.70元。1995年12月,平装,大32开,ISBN 7-02-002243-X,定价21.80元。1997年5月收入世界文学名著文库,精装,大32开,ISBN 7-02-002292-8,定价33.00元。2002年1月收入大学生必读丛书,平装,大32开,ISBN 7-02-003666-X,定价24.80元。2017年12月收入中国古典文学读本丛书典藏,平装,国流32开,ISBN 978-7-02-012351-3,定价30.00元。(33-2)

5628　先秦散文选
罗根泽编,戚法仁注,作家出版社1957年8月。平装,大32开,书号10020·641,定价0.75元。1958年9月人民文学出版社,收入中国古典文学读本丛书,书号10019·883,大32开,平装,定价0.70元;精装,定价1.55元。1997年10月,平装覆膜,大32开,ISBN 7-02-002489-0,定价9.80元。(33-3)

5629　敦煌变文集(上下)
王重民、王庆菽、向达、周一良、启功、曾毅公编,1957年8月。平装,大32开,书号10019·426,定价3.90元。(33-4)

5630　孟子文选
李炳英选注,1957年10月。平装,大32开,书号10019·654,定价0.65元。1958年9月收入中国古典文学读本丛书,大32开,平装,定价0.65元;精装,定价1.50元。(33-5)

5631　荀子选
方孝博选注,1958年1月。平装,大32开,书号10019·689,定价0.47元。1958年9月收入中国古典文学读本丛书,大32开,平装,定价0.47元;精装,定价1.25元。(33-6)

5632　明清笑话四种
赵南星、冯梦龙、陈皋谟、石成金著,周启明校订,1958年4月。平装,大32开,书号10019·729,定价0.48元。(34-4)

5633　汪容甫文笺
古直选注,1958年5月。平装,大32开,书号10019·750,定价0.32元。(33-7)

5634　历代笑话选
牧野编,作家出版社1958年9月。平装,32开,书号10020·1037,定价0.32元。(34-9)

5635　史记选
司马迁著,本社编辑部选注,文学小丛书,1959年6月。平装,50开,书号10019·1078,定价0.23元。(33-8)

5636　国语选
傅庚生选注,1959年6月。平装,大32开,书号10019·1318,定价0.97元。(33-9)

5637　李贽文选读
北京市第一机床厂工人理论组、北京大学中文系文学专业七二级工农兵学员选注,法家著作丛书,1975年9月。平装,小32开,书号10019·2239,定价0.16元。(33-12)

5638　《三国志·武帝纪》注译
陈寿著,北京齿轮厂工人理论组、北京大学中文系汉语专业教改实践队注译,法家著作丛书,1975年12月。平装,小32开,书号10019·2334,定价0.26元。(33-14)

5639　柳宗元论文选读
北京大学中文系汉语专业七二级注译,法家著作丛书,1975年3月。平装,小32开,书号10019·2242,定价0.16元。(33-16)

5640　韩愈文选
童第德选注,1980年6月。平装,大32开,书号10019·2939,定价0.88元。1985年6月收入中国古典文学读本丛书,平装,大32开,定价1.75元。1997年10月,平装覆膜,大32开,ISBN 7-02-002495-5,定价12.80元。(33-17)

5641　宋文选(上下)

四川大学中文系古典文学教研室选注,中国古典文学读本丛书,1980 年 7 月。平装,大 32 开,书号 10019·2981,定价 1.85 元。1997 年 10 月,平装覆膜,大 32 开,ISBN 7-02-002498-X,定价 26.60 元。(33-18)

5642　中国历代文选(上下)

四川师范学院中文系古典文学教研组选注,1980 年 9 月。平装,大 32 开,书号 10019·3008,定价 2.80 元。1985 年 7 月收入中国古典文学读本丛书,平装,大 32 开,定价 5.65 元。1990 年 8 月收入北京市教育局青年文库,平装,小 32 开,ISBN 7-02-001086-5,非卖品,无定价。1998 年 4 月,平装覆膜,大 32 开,ISBN 7-02-002497-1,定价 38.40 元。(33-20)

5643　中国古代寓言选

北大中文系古典文献专业选编,1981 年 5 月。平装,32 开,书号 10019·3138,定价 0.62 元。(34-20)

5644　唐文选注

陈宇光选注,文学小丛书,1981 年 12 月。平装,32 异,书号 10019·3234,定价 0.43 元。(33-21)

5645　欧阳修文选

杜维沫、陈新选注,1982 年 1 月。平装,小 32 开,书号 10019·3255,定价 0.97 元。1985 年 8 月收入中国古典文学读本丛书,平装,大 32 开,定价 1.95 元。1997 年 10 月,平装覆膜,大 32 开,ISBN 7-02-002496-3,定价 16.50 元。(33-22)

5646　先秦寓言选

蓝开祥、胡大浚选注,1983 年 10 月。平装,32 开,书号 10019·3535,定价 1.00 元。(34-22)

5647　唐文选(上下)

高文、何法周主编,白本松、王宗堂、毕桂发、孙方注释,中国古典文学读本丛书,1987 年 9 月。大 32 开,书号 10019·4163,平装,定价 5.80 元;精装,定价 10.70 元。1997 年 10 月,平装覆膜,大 32 开,ISBN 7-02-001793-2,定价 36.00 元。(33-24)

5648　汉文精华

陈俊山选注,中国古典文学精华丛书,1991 年 8 月。平装覆膜,32 异,ISBN 7-02-001194-2,定价 3.55 元。(33-25)

5649　古代文人自传精华

周启成选注,中国古典文学精华丛书,1991 年 8 月。平装覆膜,32 异,ISBN 7-02-001195-0,定价 3.10 元。(33-26)

5650　唐宋文精华

蒋凡选注,中国古典文学精华丛书,1992 年 6 月。平装覆膜,32 异,ISBN 7-02-001196-9,定价 3.10 元。(33-27)

5651　古代寓言精华

朱靖华选注,中国古典文学精华丛书,1992 年 6 月。平装覆膜,32 异,ISBN 7-02-001207-8,定价 3.25 元。(34-30)

5652　古代游记精华

费振刚选,中国古典文学精华丛书,1992 年 6 月。平装覆膜,32 异,ISBN 7-02-001193-4,定价 3.45 元。(34-31)

5653　古代小品文精华

赵庆培选注,中国古典文学精华丛书,1992 年 10 月。平装覆膜,32 异,ISBN 7-02-001214-0,定价 3.50 元。(33-28)

5654　古代骈文精华

许逸民选注,中国古典文学精华丛书,1992 年 10 月。平装覆膜,32 异,ISBN 7-02-001200-0,定价 3.60 元。(33-29)

5655　古代文人书信精华

黄保真选注,中国古典文学精华丛书,1992 年 10 月。平装覆膜,32 异,ISBN 7-02-001218-3,定价 3.45 元。(33-30)

5656　先秦散文精华

董治安、王培元选注,中国古典文学精华丛书,1992 年 11 月。平装覆膜,32 异,ISBN 7-02-001205-1,定价 3.10 元。(33-31)

5657　古代抒情赋精华

何建华选注,中国古典文学精华丛书,1992 年 11 月。平装覆膜,32 异,ISBN 7-02-001189-6,定价 2.30 元。(33-32)

5658　贾谊集校注

王洲明、徐超校注,新注古代文学名家集,1996 年 11 月。平装,大 32 开,ISBN 7-02-002004-

6,定价22.00元。(33-33)

5659　中国古代散文名篇

顾亦然、任闻杰选注,2000年1月。平装覆膜,大32开,ISBN 7-02-003093-9,定价20.00元。(33-35)

5660　古文观止新注

殷义祥注,2001年1月。平装覆膜,大32开,ISBN 7-02-003135-8,定价32.00元。(33-36)

5661　庄子选集

陆永品选注,世界文学名著文库,2001年1月。精装,大32开,ISBN 7-02-002782-2,定价28.00元。(33-37)

5662　庄子选译

陆永品译注,语文新课标必读丛书,2003年5月。平装覆膜,大32开,ISBN 7-02-004163-0,定价11.00元。2006年6月收入语文新课标必读丛书修订版,平装,大32开,ISBN 7-02-005716-0,定价11.00元。2008年6月收入语文新课标必读丛书增订版,平装,大32开,ISBN 978-7-02-007029-9,定价12.00元。(33-39)

5663　孟子选注

李炳英选注,语文新课标必读丛书,2003年5月。平装覆膜,大32开,ISBN 7-02-004162-0,定价9.00元。2006年6月收入语文新课标必读丛书修订版,平装覆膜,大32开,ISBN 7-02-005688-1,定价10.00元。2008年6月收入语文新课标必读丛书增订版,平装覆膜,大32开,ISBN 978-7-02-007085-5,定价13.00元。2018年4月收入教育部统编《语文》推荐阅读丛书,平装覆膜,16异,ISBN 978-7-02-013745-9,定价22.00元。(33-40)

5664　新选古文观止

庆振轩选注,2005年5月。平装覆膜,大32开,ISBN 7-02-004859-5,定价38.00元。(33-41)

5665　中国神话选

袁珂辑注,2005年12月。平装,国流32开,ISBN 7-02-005279-7,定价16.00元。(34-45)

5666　明文选

赵伯陶选注,中国古典文学读本丛书·历代文选,2006年1月。平装覆膜,大32开,ISBN 7-02-004951-6,定价34.00元。2020年1月收入中国古典文学读本丛书典藏,平装,国流32开,ISBN 978-7-02-015761-7,定价62.00元。(33-42)

5667　清文选

刘世南、刘松来选注,中国古典文学读本丛书·历代文选,2006年1月。平装覆膜,大32开,ISBN 7-02-005397-1,定价35.00元。2020年1月收入中国古典文学读本丛书典藏,平装,国流32开,ISBN 978-7-02-015760-0,定价62.00元。(33-43)

5668　浮生六记(新增补)

沈复著,彭令整理,2010年4月。平装,国流32开,ISBN 978-7-02-007998-8,定价18.00元。(33-44)

5669　唐文选

李浩选,阎琦、李浩、李芳民注释,中国古典文学读本丛书·历代文选,2011年10月。平装,国流32开,ISBN 978-7-02-008655-9,定价39.00元。2020年1月收入中国古典文学读本丛书典藏,平装,国流32开,ISBN 978-7-02-015759-4,定价69.00元。(33-45)

5670　汉魏六朝文选

刘文忠选注,中国古典文学读本丛书·历代文选,2011年12月。平装,国流32开,ISBN 978-7-02-007676-5,定价37.00元。(33-46)

5671　闲情偶寄(插图珍藏版)

李渔著,陈如江、汪政译注,2013年4月。平装,16异,ISBN 978-7-02-009663-3,定价58.00元。2017年1月,精装,16异,ISBN 978-7-02-012211-0,定价78.00元。(33-47)

5672　小莽苍苍斋藏清代学者书札(上中下)

陈烈主编,2013年7月。精装,16异,ISBN 978-7-02-009547-6,定价680.00元。2014年9月修订本,精装,16异,ISBN 978-7-02-010464-2,定价880.00元。(34-55)

5673　孟子详解

白平注译,2014年3月。平装,国流32开,ISBN 978-7-02-009878-1,定价32.00元。(35-266)

5674　复堂师友手札菁华(上中下)
钱基博整理编纂,2015年1月。精装,16异,ISBN 978-7-02-009654-1,定价1080.00元。(34-56)

5675　古文观止详注
吴楚材、吴调侯编选,本社编辑部编,中学生文学阅读必备书系,2014年4月。平装覆膜,国流32开,ISBN 978-7-02-010062-0,定价39.00元。2016年1月收入中国传统文化经典选读,书名《古文观止》,线装,一函12册,16异,ISBN 978-7-02-011096-4,定价1380.00元。(33-48)

5676　宋文选
丁放、武道房等选著,中国古典文学读本丛书·历代文选,2014年10月。平装,国流32开,ISBN 978-7-02-010101-6,定价45.00元。2020年1月收入中国古典文学读本丛书典藏,平装,国流32开,ISBN 978-7-02-015763-1,定价73.00元。(33-49)

5677　青泥莲花记
梅鼎祚纂辑,陆林校注,明清美文,2017年8月。平装,国流32开,ISBN 978-7-02-009589-6,定价42.00元。(33-50)

5678　板桥杂记·续板桥杂记
余怀、珠泉居士著,徐文凯校注,明清美文,2017年8月。平装,国流32开,ISBN 978-7-02-009586-5,定价25.00元。(33-51)

5679　忆语三种
冒襄、陈裴之、蒋坦著,胡文骏、袁文校注,明清美文,2017年8月。平装,国流32开,ISBN 978-7-02-009588-9,定价29.00元。(33-52)

5680　浮生六记
沈复著,闲窗听雨校注,明清美文,2017年8月。平装,国流32开,ISBN 978-7-02-009601-5,定价28.00元。2018年4月收入教育部统编《语文》推荐阅读丛书,平装覆膜,16异,ISBN 978-7-02-013726-8,定价18.00元。(33-53)

5681　史记选
司马迁著,王伯祥选注,教育部统编《语文》推荐阅读丛书,2018年4月。平装覆膜,16异,ISBN 978-7-02-011798-7,定价25.00元。(33-54)

5682　古文观止
吴楚材、吴调侯编选,教育部统编《语文》推荐阅读丛书,2018年5月。平装覆膜,16异,ISBN 978-7-02-013784-8,定价33.00元。(33-55)

5683　老子讲读
许结著,教育部统编《语文》推荐阅读丛书,2018年5月。平装覆膜,16异,ISBN 978-7-02-014258-3,定价22.00元。(33-56)

5684　庄子选译
韩晖选译,教育部统编《语文》推荐阅读丛书,2018年8月。平装覆膜,16异,ISBN 978-7-02-011131-2,定价28.00元。(33-57)

5685　北山小集
程俱著,徐裕敏点校,衢州丛书,2018年11月。平装,国流32开,ISBN 978-7-02-014410-5,定价68.00元。(33-58)

5686　徐霞客游记
刘虎如选注,中国文化入门读本,2019年8月。平装,32异,ISBN 978-7-02-014214-9,定价30.00元。(33-59)

5687　先秦文选
郭丹等选注,中国古典文学读本丛书典藏,2020年1月。平装,国流32开,ISBN 978-7-02-015048-9,定价46.00元。(33-62)

5688　柏杨版资治通鉴(1—36册)
柏杨著,2020年1月。平装,16异,ISBN 978-7-02-013010-8,定价1980.00元。(33-63)

戏 剧

中国当代戏剧

5689 赵小兰（话剧）
金剑著，文学初步读物，1953年2月。平装，45开，书号148初2，定价1,200元。1963年11月中国戏剧出版社，平装，32异，书号10069·724，定价0.20元。(6-1)

5690 梁山伯与祝英台（越剧）
上海市文化事业管理局创作室改编，1953年3月。平装，32开，书号192单106，定价1,000元。(6-2)

5691 白蛇传（越剧）
上海市文化事业管理局创作室改编，1953年3月。平装，32开，书号194单108，定价1,200元。(6-3)

5692 蓝桥会（越剧）
上海市文化事业管理局创作室整理，1953年3月。平装，32开，书号193单107，定价500元。(6-4)

5693 柳荫记（川剧）
第一届全国戏曲观摩演出大会西南代表团整理，1953年3月。平装，32开，书号190单104，定价1,100元。(6-5)

5694 夫妻之间（话剧）
北京人民艺术剧院下厂小组集体创作，1953年3月。平装，25开，书号191单105，定价700元。1955年12月作家出版社，平装，32开，书号10020·387，定价0.11元。(6-6)(6-47)

5695 红旗歌（话剧）
刘沧浪等集体创作，鲁煤执笔，中国人民文艺丛书，1953年4月。平装，32开，书号182中19，定价6,500元。1959年2月收入新创作选拔本，精装，大32开，定价1.30元。1962年5月收入建国前优秀作品选拔本，平装，大32开，定价0.56元。(6-7)

5696 游击队长（话剧）
邢野著，1953年4月。平装，32开，书号172单92，定价3,900元。(6-8)

5697 龙须沟（话剧）
老舍著，1953年6月。平装，25开，书号196单109，定价0.36元。1958年5月，平装，大32开，书号10019·197，定价0.33元。1958年9月收入新创作选拔本，精装，大32开，定价0.93元。1979年3月收入文学小丛书，平装，32异，书号10019·2694，定价0.19元。(6-9)

5698 春华秋实（话剧）
老舍著，1953年8月。平装，25开，书号223，定价4,600元。1958年5月，平装，大32开，书号10019·224，定价0.42元。(6-10)

5699 英雄的阵地（话剧）
胡可著，1953年8月。平装，32开，书号222，定价3,300元。(6-11)

5700 打击侵略者（话剧）
宋之的、丁毅、魏巍著，解放军文艺丛书，1953年9月。平装，32开，书号225解6，定价4,900元。(6-12)

5701 冲破黎明前的黑暗（话剧）
傅铎著，解放军文艺丛书，1954年1月。平装，32开，书号277，定价3,300元。1962年5月中国戏剧出版社，平装，大32开，书号10069·590，定价0.27元。(6-13)

戏剧

5702 春风吹到诺敏河(话剧)
安波著,作家出版社1954年1月。平装,大32开,书号 作26,定价5,800元。1959年2月,精装,大32开,定价1.10元。(6-14)

5703 第一届全国戏曲观摩演出大会戏曲剧本选集
中国戏剧家协会编,1954年1月。平装,25开,书号246,定价34,000元。(6-15)

5704 绣花荷包(歌剧)
陈其通编剧,黄庆和等作曲,解放军文艺丛书,1954年4月。平装,32开,书号278,定价3,900元。(6-16)

5705 战友(歌剧)
王汶石编剧,张鲁作曲,作家出版社1954年4月。平装,32开,书号 作33,定价6,800元。(6-17)

5706 人往高处走(话剧)
兴台村剧团集体创作,作家出版社1954年4月。平装,32开,书号 作36,定价2,600元。(6-18)

5707 白蛇传(越剧)
华东戏曲研究院创作室改编,成容、韩义执笔,作家出版社1954年8月。平装,大32开,书号 作99,定价2,100元。(6-19)

5708 梁山伯与祝英台(越剧)
华东戏曲研究院创作室改编,徐进、宋之的、陈羽、成容、弘英执笔,原改编者南薇,作家出版社1954年8月。平装,大32开,书号 作98,定价1,700元。(6-20)

5709 罗汉钱(沪剧)
上海市文化局创作研究室改编,作家出版社1954年11月。平装,32开,书号 作107,定价5,000元。(6-21)

5710 猎虎记(京剧)
范钧宏著,作家出版社1954年11月。平装,32开,书号 作100,定价3,300元。(6-22)

5711 柳荫记(川剧)
西南川剧院整理,作家出版社1954年12月。平装,32开,书号 作101,定价3,200元。(6-23)

5712 玉簪记(川剧)
西南川剧院整理,作家出版社1955年1月。平装,32开,书号 作127,定价2,200元。(6-24)

5713 彩楼记(川剧)
西南川剧院整理,作家出版社1955年1月。平装,32开,书号 作126,定价2,900元。(6-25)

5714 将相和(京剧)
王颉竹、翁偶虹著,作家出版社1955年1月。平装,32开,书号 作128,定价2,800元。(6-26)

5715 剧本 话剧剧本专刊
《剧本》月刊社编辑,1955年1月。平装,25开,书号370,定价9,100元。(6-27)

5716 黑旋风李逵(京剧)
上海市文化事业管理局创作室改编,王征夫整理,作家出版社1955年2月。平装,32开,书号 作139,定价2,100元。(6-28)

5717 万水千山(话剧)
陈其通著,解放军文艺丛书,1955年2月。平装,32开,书号374,定价6,900元。1958年9月收入新创作选拔本,精装,大32开,书号10019·371,定价1.35元。1959年9月收入建国十年优秀创作选拔本,精装,大32开,定价1.20元。1976年11月,平装,32开,书号10019·2347,定价0.43元。(6-29)

5718 在时代的列车上(话剧)
阮章竞著,作家出版社1955年3月。平装,32开,书号 作131,定价0.44元。(6-30)

5719 秦香莲(河北梆子)
华粹深整理,作家出版社1955年3月。平装,32开,书号 作147,定价0.32元。(6-31)

5720 考验(话剧)
夏衍著,1955年4月。平装,32开,书号384,定价0.42元。1958年9月收入新创作选拔本,精装,大32开,书号10019·381,定价0.98元。1959年9月收入建国十年优秀创作选拔本,精装,大32开,定价0.89元。(6-32)

5721 钥匙(话剧)
江汧著,中国戏剧家协会编,作家出版社1955年7月。平装,32开,书号 作203,定价0.11元。(6-33)

5722 开会忙(话剧)

李超著,中国戏剧家协会编,作家出版社 1955 年 7 月。平装,32 开,书号 作 204,定价 0.15 元。(6-34)

5723 剧本 镇压反革命分子专刊
《剧本》月刊社编,1955 年 7 月。平装,26 开,书号 417,定价 0.45 元。(6-35)

5724 刘胡兰(歌剧)
于村、海啸、卢肃、陈紫著,作家出版社 1955 年 8 月。平装,32 开,书号 作 186,定价 0.70 元。(6-36)

5725 边寨之夜(话剧)
张之一著,作家出版社 1955 年 8 月。平装,32 开,书号 作 202,定价 0.13 元。(6-37)

5726 光明大道(吕剧)
刘奇英著,作家出版社 1955 年 8 月。平装,32 开,书号 作 230,定价 0.23 元。(6-38)

5727 风波(话剧)
羽山著,作家出版社 1955 年 9 月。平装,32 开,书号 作 249,定价 0.27 元。(6-39)

5728 春暖花开(话剧)
胡丹沸著,作家出版社 1955 年 10 月。平装,32 开,书号 作 300,定价 0.48 元。(6-40)

5729 独幕剧选(一集)
中国戏剧家协会编,1955 年 10 月。平装,大 32 开,书号 423,定价 0.80 元。(6-41)

5730 后方的前线(话剧)
白刃著,作家出版社 1955 年 11 月。平装,32 开,书号 作 328,定价 0.45 元。(6-42)

5731 剧本 戏曲剧本专刊(第一辑)
《剧本》编辑部编,1955 年 11 月。平装,26 开,书号 450,定价 0.97 元。(6-43)

5732 凤凰台(话剧)
燕丁著,作家出版社 1955 年 11 月。平装,32 开,书号 作 250,定价 0.35 元。(6-44)

5733 小苍蝇是怎样变成大象的(儿童剧)
赵寻编,作家出版社 1955 年 12 月。平装,32 开,书号 作 391,定价 0.09 元。(6-45)

5734 妇女代表(话剧)
孙芋著,作家出版社 1955 年 12 月。平装,32 开,书号 作 389,定价 0.16 元。(6-46)

5735 百年大计(话剧)
丛深著,作家出版社 1955 年 12 月。平装,32 开,书号 10020·388,定价 0.16 元。(6-48)

5736 夏天来了(话剧)
刘厚明著,作家出版社 1955 年 12 月。平装,32 开,书号 10020·393,定价 0.09 元。(6-49)

5737 剧本 戏曲剧本专刊(第二辑)
《剧本》月刊社编,1955 年 12 月。平装,26 开,书号 10019·455,定价 0.77 元。(6-50)

5738 姐妹俩(话剧)
兰光著,作家出版社 1955 年 12 月。平装,32 开,书号 10020·407,定价 0.14 元。(6-51)

5739 东西两峒口(话剧)
铁道部第一工程局文工团集体创作,作家出版社 1955 年 12 月。平装,32 开,书号 10020·394,定价 0.14 元。(6-52)

5740 刘莲英(话剧)
崔德志著,作家出版社 1955 年 12 月。平装,32 开,书号 10020·395,定价 0.13 元。1963 年 11 月中国戏剧出版社,平装,32 异,书号 10069·725,定价 0.21 元。(6-53)

5741 大灰狼(儿童剧)
张天翼著,作家出版社 1955 年 12 月。平装,32 开,书号 10020·392,定价 0.13 元。(6-54)

5742 如兄如弟(话剧)
苏一萍著,作家出版社 1955 年 12 月。平装,32 开,书号 10020·310,定价 0.39 元。(6-55)

5743 幸福(话剧)
艾明之著,作家出版社 1956 年 1 月。平装,32 开,书号 10020·360,定价 0.37 元。(6-56)

5744 独幕剧选(1954.1—1955.12)
中国作家协会编,1956 年 2 月。大 32 开,书号 463,平装,定价 1.90 元;精装,定价 2.23 元;特精,定价 2.71 元。1956 年 5 月,大 32 开,书号 10019·458,平装,定价 1.90 元;精装,定价 2.23 元。(6-57)

5745 剧本 话剧专刊(第二辑)
《剧本》月刊社编,1956 年 2 月。平装,26 开,书号 10019·450,定价 0.78 元。(6-58)

5746 西望长安(话剧)
老舍著,作家出版社 1956 年 3 月。平装,32 开,书号 作 502,定价 0.35 元。1956 年 5 月,平装,32 开,书号 10020·481,定价 0.35 元。(6-59)

5747　财主与长工（四幕剧）
（维吾尔族）赛福鼎编剧，开英译，作家出版社1956年4月。平装，32开，书号10020·413，定价0.32元。(6-60)

5748　刘胡兰（歌剧）
于村编剧，作家出版社1956年4月。平装，32开，书号10020·452，定价0.34元。(6-61)

5749　嘉陵江英雄歌（歌剧）
冯旭、萧培禧、纪朵、戴善群著，作家出版社1956年4月。平装，32开，书号10020·385，定价0.38元。(6-62)

5750　葡萄烂了（话剧）
王少燕著，作家出版社1956年5月。平装，32开，书号10020·201，定价0.13元。(6-63)

5751　草原之歌（歌剧）
任萍编剧，罗宗贤作曲，作家出版社1956年5月。平装，32开，书号10020·321，定价0.80元。1959年9月人民文学出版社，建国十年优秀创作选拔本，精装，大32开，书号10019·1337，定价1.25元。(6-64)

5752　剧本　话剧专刊（第三辑）
《剧本》月刊社编，1956年6月。平装，18开，书号10019·499，定价0.70元。(6-65)

5753　丰盛的秋天（话剧）
远南枝著，作家出版社1956年6月。平装，32开，书号10020·561，定价0.35元。(6-66)

5754　在康布尔草原上（话剧）
甘肃省话剧团集体创作，汪钺、姚运焕、武玉笑、白敬中、易炎执笔，作家出版社1956年6月。平装，32开，书号10020·405，定价0.43元。1959年8月人民文学出版社，建国十年优秀创作选拔本，精装，大32开，定价1.05元。(6-67)

5755　战线南移（五幕剧）
胡可著，解放军文艺丛书，1956年5月。平装，32开，书号10019·466，定价0.43元。(6-68)

5756　胜利路上（话剧）
史超、郑洪著，作家出版社1956年6月。平装，32开，书号10020·465，定价0.42元。(6-69)

5757　第一个风暴（话剧）
洪禹、叶茵著，作家出版社1956年7月。平装，32开，书号10020·503，定价0.55元。(6-70)

5758　朋友和敌人（话剧）
陈玛著，作家出版社1956年7月。平装，32开，书号10020·492，定价0.15元。(6-71)

5759　海防万里（话剧）
张泽易、杨履方著，作家出版社1956年7月。平装，32开，书号10020·620，定价0.34元。(6-72)

5760　战士在故乡（话剧）
冰夫著，作家出版社1956年8月。平装，32开，书号10020·498，定价0.17元。(6-73)

5761　我们都是哨兵（独幕剧）
（蒙古族）超克图纳仁著，作家出版社1956年8月。平装，32开，书号10020·483，定价0.11元。(6-74)

5762　十五贯（昆曲）
朱素臣原著，浙江省《十五贯》整理小组整理，1956年8月。平装，32开，书号10019·505，定价0.32元。(6-75)

5763　保卫和平（话剧）
宋之的著，解放军文艺丛书，1956年10月。平装，大32开，书号10019·506，定价0.40元。(6-76)

5764　明朗的天（话剧）
曹禺著，1956年11月。平装，32开，书号10019·484，定价0.38元。1958年10月收入新创作选拔本，精装，大32开，定价1.05元。1959年9月收入建国十年优秀创作选拔本，精装，大32开，定价0.98元。(6-77)

5765　独幕剧选（1956）
中国作家协会编，1957年6月。大32开，书号10019·615，平装，定价1.60元；精装，定价2.00元。(6-78)

5766　独幕剧选（1957）
《剧本》编辑部编，作家出版社1958年8月。大32开，书号10020·971，平装，定价0.87元；精装，定价1.30元。(6-79)

5767　四十年的愿望（话剧）
李庆昇、赵锵、石玺等集体创作，新创作选拔本，1958年12月。精装，大32开，书号

10019·1131,定价1.00元。(6-80)

5768　纸老虎现形记(话剧)
陈白尘著,作家出版社1959年2月。平装,32开,书号10020·1240,定价0.40元。1959年11月人民文学出版社,建国十年优秀创作选拔本,精装,大32开,书号10019·1469,定价1.05元。(6-81)

5769　在新事物的面前(话剧)
杜印、刘相如、胡零等著,新创作选拔本,1959年2月。精装,大32开,书号10019·1150,定价1.00元。(6-82)

5770　牛郎织女笑开颜(诗剧)
金芝著,文学小丛书,1959年3月。平装,50开,书号10019·1146,定价0.11元。(6-83)

5771　红大院(话剧)
老舍著,作家出版社1959年6月。平装,32开,书号10020·1319,定价0.27元。(6-84)

5772　山歌传(诗剧)
戈壁舟著,作家出版社1959年6月。平装,32开,书号10020·1299,定价0.28元。(6-85)

5773　全家福(话剧)
老舍著,作家出版社1959年8月。平装,32开,书号10020·1362,定价0.25元。1963年11月中国戏剧出版社,32开,书号10069·736,平装,定价0.29元;精装,定价0.52元。(6-86)

5774　红色风暴(话剧)
金山著,中国青年艺术剧院集体讨论,建国十年优秀创作选拔本,1959年8月。精装,大32开,书号10019·1338,定价1.05元。1963年4月,平装,大32开,定价0.44元。(6-87)

5775　战斗集(话剧)
胡可著,建国十年优秀创作选拔本,1959年8月。大32开,书号10019·1349,精装,定价1.60元;平装,定价0.97元。1979年11月增订版,平装,32开,定价0.98元。(6-88)

5776　老舍剧作选
建国十年优秀创作选拔本,1959年9月。大32开,书号10019·1476,精装,定价1.50元;平装,定价0.88元。1978年6月,大32开,平装,定价0.95元;精装,定价1.55元。(6-89)

5777　金鹰
(蒙古族)超克图纳仁著,建国十年优秀创作选拔本,1959年9月。精装,大32开,书号10019·1486,定价0.96元。(6-90)

5778　烈火红心
刘川著,建国十年优秀创作选拔本,1960年4月。精装,大32开,书号10019·1560,定价1.10元。(6-91)

5779　新人创作选(第四集)
中国作家协会、中国戏剧家协会、中国曲艺工作者协会编,1965年11月。平装,大32开,书号10019·1796,定价1.50元。(6-92)

5780　红灯记 革命现代京剧样板戏
中国京剧院集体改编,解放军文艺丛书编辑部编,1967年10月。平装,32开,书号10019·1830,定价0.34元。(6-93)

5781　智取威虎山 革命现代京剧样板戏
上海京剧院《智取威虎山》创作组编剧,解放军文艺丛书编辑部编,1967年10月。平装,32开,书号10019·1829,定价0.35元。(6-94)

5782　奇袭白虎团 革命现代京剧样板戏
山东省京剧团集体创作,解放军文艺丛书编辑部编,1967年10月。平装,32开,书号10019·1832,定价0.29元。(6-95)

5783　沙家浜 革命现代京剧样板戏
北京京剧一团集体改编,解放军文艺丛书编辑部编,1967年10月。平装,32开,书号10019·1831,定价0.34元。(6-96)

5784　海港 革命现代京剧样板戏
上海京剧院《海港》创作组编剧,解放军文艺丛书编辑部编,1968年10月。平装,32开,书号10019·1833,定价0.35元。(6-97)

5785　文艺宣传资料(一)
本社编,1972年3月。平装,32开,书号10019·1873,定价0.25元。(6-98)

5786　革命现代京剧 龙江颂
上海市《龙江颂》剧组集体改编,1972年1月演出本,1972年4月。大32开,书号10019·1876,平装,定价0.25元;半精,定价0.55元。(6-99)

5787　革命现代京剧 海港
上海京剧团《海港》剧组集体改编,1972年1月演出本,1972年5月。大32开,书号10019·

1875,平装,定价 0.25 元;半精,定价 0.55 元。(6-100)

5788 革命现代京剧 红色娘子军
中国京剧团根据同名舞剧集体移植创作,1972 年 6 月。大 32 开,书号 10019·1880,平装,定价 0.25 元;半精,定价 0.55 元。(6-101)

5789 群众演唱选(一) 1972 年
本社编,1972 年 9 月。平装,32 开,书号 10019·1922,定价 0.32 元。(6-102)

5790 群众演唱选(二) 1972 年
本社编,1972 年 12 月。平装,32 开,书号 10019·1958,定价 0.32 元。(6-103)

5791 处处有亲人 群众演唱选 1(1973)
本社编,1973 年 1 月。平装,32 开,书号 10019·1960,定价 0.32 元。(6-104)

5792 新人骏马 群众演唱选 2(1973)
本社编,1973 年 4 月。平装,32 开,书号 10019·1987,定价 0.20 元。(6-105)

5793 园丁之歌 群众演唱选 3(1973)
本社编,1973 年 6 月。平装,小 32 开,书号 10019·2017,定价 0.22 元。(6-106)

5794 革命现代京剧 奇袭白虎团
山东省京剧团《奇袭白虎团》剧组集体创作,1973 年 9 月演出本,1973 年 9 月。大 32 开,书号 10019·2034,平装,定价 0.25 元;平装覆膜,定价 0.55 元。(6-107)

5795 文艺节目(第四辑) 小戏专辑
国务院文化组文艺创作领导小组编,1973 年 12 月。平装,大 32 开,书号 10019·2087,定价 0.43 元。(6-108)

5796 "半边天"(小吕剧)
山东省临朐县业余文艺创作组原作,山东省吕剧团改编,1974 年 1 月。平装,小 32 开,书号 10019·2124,定价 0.08 元。(6-109)

5797 新人骏马(淮北花鼓戏)
安徽省宿县革命委员会创作组集体创作,杜介执笔,1974 年 1 月。平装,小 32 开,书号 10019·2123,定价 0.07 元。(6-110)

5798 牛栏春暖(小戏曲)
安徽省和县庐剧团集体创作,成龙标执笔,1974 年 1 月。平装,小 32 开,书号 10019·2120,定价 0.07 元。(6-111)

5799 朝阳新歌(小京剧)
浙江省金华县京剧团创作,1974 年 1 月。平装,小 32 开,书号 10019·2119,定价 0.08 元。(6-112)

5800 两张发票(淮北梆子戏)
安徽省萧县丁砦大队宣传队原作,安徽省萧县文教局创作组修改,张遵赏执笔,1974 年 1 月。平装,小 32 开,书号 10019·2122,定价 0.08 元。(6-113)

5801 都愿意(小吕剧)
山东省滨县毛泽东思想宣传队创作,山东省吕剧团谱曲,1974 年 1 月。平装,小 32 开,书号 10019·2121,定价 0.08 元。(6-114)

5802 雪山南泥湾 群众演唱选 5(1973)
1974 年 2 月。平装,小 32 开,书号 10019·2048,定价 0.22 元。(6-115)

5803 革命现代京剧 平原作战
中国京剧团集体创作,张永枚执笔,1973 年 7 月演出本,1974 年 5 月。大 32 开,书号 10019·2117,平装,定价 0.25 元;半精 0.55 元。(6-116)

5804 群众演唱选(一) 1974 年
1974 年 9 月。平装,小 32 开,书号 10019·2155,定价 0.24 元。(6-117)

5805 半篮花生(革命现代越剧)
浙江省《半篮花生》创作组创作,1974 年 12 月。平装,骑马钉,小 32 开,书号 10019·2222,定价 0.17 元。(6-118)

5806 送货路上(湖南花鼓戏)
株洲市文艺工作团创作组编剧,刘国祥执笔,春节演唱材料,1974 年 12 月。平装,骑马钉,小 32 开,书号 10019·2231,定价 0.08 元。(6-119)

5807 雷雨之前(独幕话剧)
高红著,春节演唱材料,1974 年 12 月。平装,骑马钉,小 32 开,书号 10019·2232,定价 0.10 元。(6-120)

5808 新委员(独幕话剧)
上海市工人文化宫业余小戏创作班创作,春节演唱材料,1974 年 12 月。平装,骑马钉,小 32 开,书号 10019·2234,定价 0.09 元。(6-121)

5809 主课(独幕话剧)

广西壮族自治区《主课》创作组创作,春节演唱材料,1975年1月。平装,骑马钉,小32开,书号10019·2233,定价0.10元。(6-122)

5810　　火红的年代(电影文学剧本)
上海电影制片厂根据上海儿童艺术剧院话剧《钢铁洪流》集体改编,叶丹、傅超武执笔,1975年2月。平装,32开,书号10019·2219,有剧照本定价0.24元;无剧照本定价0.21元。(6-123)

5811　　青松岭(电影文学剧本)
长春电影制片厂根据同名话剧改编,河北省承德地区话剧团集体创作,1975年2月。平装,32开,书号10019·2220,有剧照本定价0.25元;无剧照本定价0.22元。(6-124)

5812　　革命现代京剧　杜鹃山
王树元等编剧,1973年9月北京京剧团演出本,1975年3月。平装,大32开,书号10019·2236,定价0.25元;半精,定价0.55元。(6-125)

5813　　闪闪的红星(电影文学剧本)
中国人民解放军八一电影制片厂根据李心田同名小说集体改编,王愿坚、陆柱国执笔,1975年4月。平装,32开,书号10019·2241,有剧照本定价0.36元;无剧照本定价0.26元。(6-126)

5814　　革命现代京剧　海港(综合本)
上海京剧团《海港》剧组集体改编,1972年1月演出本,1975年5月。大32开,书号10019·1935,精装,定价3.30元;半精,定价2.85元。(6-127)

5815　　革命样板戏剧本汇编(一)
1975年5月。大32开,书号10019·2224,平装,定价2.15元;半精,定价2.40元;精装,定价2.95元。(6-128)

5816　　群众演唱选
1975年5月。平装,小32开,书号10019·2247,定价0.28元。(6-129)

5817　　艳阳天(电影文学剧本)
长春电影制片厂根据浩然同名小说集体改编,1975年7月。平装,小32开,书号10019·2254,有剧照本定价0.27元;无剧照本定价0.24元。(6-130)

5818　　南征北战(电影文学剧本)
沈西蒙等编剧,北京电影制片厂摄制,1975年7月。平装,小32开,书号10019·2250,有剧照本定价0.25元;无剧照本定价0.21元。(6-131)

5819　　毕业新歌(独幕话剧)
甘肃省平凉地区戏剧创作学习班集体创作,张世元、黎廷刚执笔,春节演唱材料,1975年11月。平装,骑马钉,小32开,书号10019·2312,定价0.09元。(6-132)

5820　　迎着朝阳(独幕话剧)
李冰、胡庆树编剧,春节演唱材料,1975年11月。平装,骑马钉,小32开,书号10019·2313,定价0.09元。(6-133)

5821　　渡江侦察记(电影文学剧本)
上海电影制片厂集体改编,季冠武、高型、孟森辉执笔,1975年11月。平装,小32开,书号10019·2292,有剧照本定价0.27元;无剧照本定价0.24元。(6-134)

5822　　半边天(吕剧)
山东省吕剧团根据山东省临朐县业余文艺创作组同名快板剧集体改编,春节演唱材料,1975年11月。平装,骑马钉,小32开,书号10019·2322,定价0.14元。(6-135)

5823　　山村新人(六场话剧)
吉林省《山村新人》创作组集体改编,赵羽翔、万捷、李政执笔,吉林省话剧团1975年5月演出本,1975年11月。平装,小32开,书号10019·2310,定价0.27元。(6-136)

5824　　爆破之前(独幕话剧)
北京话剧团集体创作,1976年1月。平装,骑马钉,小32开,书号10019·2324,定价0.09元。(6-137)

5825　　高山尖兵(六场话剧)
青海省《高山尖兵》创作组集体创作,1976年5月。平装,小32开,书号10019·2362,定价0.21元。(6-138)

5826　　宣战(六场话剧)
江西省话剧团集体创作,陈其行执笔,1976年5月。平装,小32开,书号10019·2386,定价0.24元。(6-139)

5827　　小店春早(黄梅戏)

安徽省安庆市文化局创作组集体创作，汪存顺、王寿之执笔，1976年5月。平装，骑马钉，小32开，书号10019·2359，定价0.08元。（6-140）

5828　三定桩（莱芜梆子）
山东省《三定桩》创作组创作，武如英执笔，1976年5月。平装，骑马钉，小32开，书号10019·2349，定价0.08元。（6-141）

5829　大江飞虹（话剧）
江苏省话剧团《大江飞虹》创作组集体创作，1976年5月。平装，小32开，书号10019·2370，定价0.26元。（6-142）

5830　春苗（电影文学剧本）
上海电影制片厂集体创作，赵志强、杨时文、曹雷执笔，1976年5月。平装，小32开，书号10019·2377，定价0.28元。（6-143）

5831　决裂（电影文学剧本）
春潮、周杰编剧，1976年5月。平装，小32开，书号10019·2378，定价0.29元。（6-144）

5832　枫树湾（八场话剧）
湖南省话剧团集体创作，陈健秋执笔，1976年8月。平装，32开，书号10019·2389，定价0.22元。（6-145）

5833　运哪家货（独幕话剧）
锦州铁路分局业余文艺创作组创作，1976年8月。平装，32开，书号10019·2392，定价0.11元。（6-146）

5834　第二个春天（电影文学剧本）
根据同名话剧改编，刘川、贺宝贤执笔，1976年9月。平装，32开，书号10019·2379，定价0.23元。（6-147）

5835　支农晨曲（吕剧）
山东省益都县业余创作组编剧，张冠钦执笔，1976年9月。平装，32开，书号10019·2393，定价0.07元。（6-148）

5836　创业（电影文学剧本）
大庆油田、长春电影制片厂《创业》创作组集体创作，张天民执笔，1976年9月。平装，小32开，书号10019·2333，定价0.35元。（6-149）

5837　红霞万朵（黄梅戏）
安徽省安庆地区文化局《红霞万朵》创作组创作，1975年10月演出本，1976年7月。平装，32开，书号10019·2400，定价0.28元。（6-150）

5838　工地春光（独幕话剧）
刘惠雅著，1976年11月。平装，小32开，书号10019·2440，定价0.08元。（6-151）

5839　园丁之歌（湘剧高腔）
长沙市碧湘街完小原作，长沙市湘剧团改编，柳仲甫执笔，1976年12月。平装，小32开，书号10019·2445，定价0.08元。（6-152）

5840　追报表（楚剧）
湖北省《追报表》创作组创作，1976年12月。平装，32开，书号10019·2451，定价0.08元。（6-153）

5841　两张图纸（湖南花鼓戏）
湖南省宁乡县文艺创作组创作，湖南省益阳地区文艺创作组改编，赵风凯、刘星亮执笔，1976年12月。平装，小32开，书号10019·2450，定价0.08元。（6-154）

5842　来参观的人（独幕话剧）
广东省话剧团集体创作，高纮、简肇强执笔，1976年12月。平装，小32开，书号10019·2455，定价0.09元。（6-155）

5843　苍山红梅（白剧）
云南省大理白族自治州《苍山红梅》创作组创作，1976年12月。平装，小32开，书号10019·2454，定价0.17元。（6-156）

5844　红雨（电影文学剧本）
杨啸、崔嵬编剧，1977年3月。平装，小32开，书号10019·2444，定价0.27元。（6-157）

5845　起跑线上（独幕话剧）
铁道部四方机车车辆厂工人符加雷编剧，1977年5月。平装，小32开，书号10019·2473，定价0.09元。（6-158）

5846　在新标准面前（独幕话剧）
北京话剧团陈国荣等编剧，1977年5月。平装，小32开，书号10019·2480，定价0.09元。（6-159）

5847　深切怀念敬爱的周总理（小戏集）
本社编辑部编，1977年7月。平装，小32开，书号10019·2498，定价0.44元。（6-160）

5848　革命现代京剧　沙家浜（综合本）

北京京剧团集体改编,1970年5月演出本,1977年7月。32异,书号10019·2384,精装,定价3.40元;半精,定价2.95元。(6-161)

5849　海霞(电影文学剧本)
谢铁骊编剧,根据黎汝清原著《海岛女民兵》改编,1977年9月。平装,小32开,书号10019·2466,定价0.20元。(6-162)

5850　老将上阵(小戏集)
农村文艺演唱丛书,1977年10月。平装,小32开,书号10019·2515,定价0.17元。(6-163)

5851　先锋战士(六场话剧)
丛深、盛学仁等编剧,1977年10月。平装,小32开,书号10019·2523,定价0.25元。(6-164)

5852　大浪淘沙(电影文学剧本)
于炳坤、朱道南、伊琳著,于炳坤执笔,1977年12月。平装,小32开,书号10019·2543,定价0.25元。(6-165)

5853　初升的太阳(六场话剧)
大庆职工、家属集体讨论,孙维世编剧,1977年12月。平装,小32开,书号10019·2539,定价0.27元。(6-166)

5854　银河岸边(小戏集)
农村文艺演唱丛书,1977年12月。平装,小32开,书号10019·2562,定价0.20元。(6-167)

5855　洪湖赤卫队
湖北省歌舞剧团《洪湖赤卫队》创作组编剧,张敬安、欧阳谦叔作曲,1976年演出本,1978年4月。平装,32开,书号10019·2597,定价0.47元。(X6-64)

5856　秧歌剧选
张庚编,1977年10月,平装,大32开,书号10019·2478,定价1.25元。(X6-66)

5857　大河奔流(电影新作集)
收《大河奔流》,李准著;《普通党员》,杨时文、斯民三、周泱著,1978年3月。平装,小32开,书号10019·2563,定价0.67元。(6-169)

5858　枫叶红了的时候(五场讽刺喜剧)
中国话剧团金振家、王景愚著,1978年4月。平装,小32开,书号10019·2617,定价0.22元。(6-170)

5859　大河春秋(六场话剧)
鲁彦周、江深编剧,1978年7月。平装,32开,书号10019·2638,定价0.28元。(6-171)

5860　勇锁关山(七场话剧)
肖玉著,1978年7月。平装,32开,书号10019·2591,定价0.24元。(6-172)

5861　车轮滚滚(电影文学剧本)
薛寿先著,1978年7月。平装,32开,书号10019·2640,定价0.21元。(6-173)

5862　曙光(六场话剧)
白桦著,1978年10月。平装,32开,书号10019·2661,定价0.27元。(6-174)

5863　于无声处(话剧)
宗福先著,1978年12月。平装,32开,书号10019·2721,定价0.25元。(6-175)

5864　蝶恋花(京剧)
戴英录、邹忆青、范钧宏编剧,1979年3月。平装,32开,书号10019·2682,定价0.40元。(6-176)

5865　湖南小戏选
湖南省革命委员会文化局、《湖南小戏选》编选小组编,1979年5月。平装,32开,书号10019·2713,定价0.95元。(6-177)

5866　戏剧新作《剧本》月刊增刊1
《剧本》月刊编辑部编,1979年5月。平装,32开,书号10019·2776,定价0.81元。(6-178)

5867　电影·戏剧文学集
全国少数民族文学创作获奖作品丛书,1983年9月。大32开,书号10019·3479,平装,定价1.95元;精装,定价3.25元。(6-179)

5868　龙须沟　茶馆
老舍著,文学小丛书,1985年3月。平装,小32开,书号10019·3769,定价0.84元。1988年8月收入北京市教育局少年文库,平装,小32开,ISBN 978-7-02-000516-0,非卖品,无定价;同时收入文学小丛书,定价1.20元。(6-180)

5869　茶馆　龙须沟
老舍著,中国现代名剧丛书,1994年9月。平装覆膜,大32开,ISBN 7-02-001857-2,定价4.45元。2000年7月收入百年百种优秀中国文学图书,书名《茶馆》,平装覆膜,大 32 开,ISBN 7-02-003253-2,定价 9.00 元。2002 年 1 月收入大学生必读丛书,书名《茶馆》,平装,大 32 开,ISBN 7-02-003650-3,定价 9.80 元。2010 年 1 月收入中国现代话剧经典丛书,平装覆膜,国流 32 开,ISBN 978-7-02-007802-8,定价 13.00 元。2017 年 2 月收入老舍作品精选,平装,32 异,ISBN 978-7-02-012221-9,定价 25.00 元。2018 年 4 月收入教育部统编《语文》推荐阅读丛书,平装覆膜,16 异,ISBN 978-7-02-013755-8,定价 18.00 元。(26-24)

戏剧

5870 大明宫词(电视剧本)

郑重、王要著,2000 年 6 月。平装覆膜,大 32 开,ISBN 7-02-003228-1,定价 29.80 元。2013 年 1 月收入中国电视剧三十年优秀剧作丛书,平装覆膜,16 异,ISBN 978-7-02-008154-7,定价 48.00 元。2017 年 7 月,十五周年纪念版,精装,32 异,ISBN 978-7-02-009932-0,定价 72.00 元。(6-181)

5871 大宅门(上下)(电视剧本)

郭宝昌著,2001 年 4 月。平装覆膜,大 32 开,ISBN 7-02-003461-6,定价 45.00 元。2013 年 1 月收入中国电视剧三十年优秀剧作丛书,平装覆膜,16 异,ISBN 978-7-02-008153-0,定价 65.00 元。(6-182)

5872 橘子红了(文学剧本)

郑重、王要著,2001 年 10 月。平装覆膜,大 32 开,ISBN 7-02-003551-53,定价 31.80 元。(6-183)

5873 李六乙纯粹戏剧

2001 年 8 月。软精,16 开,ISBN 7-02-003537-X,定价 36.00 元。(6-184)

5874 永不放弃(电视文学剧本)

点点著,2001 年 11 月。平装覆膜,大 32 开,ISBN 7-02-003567-1,定价 20.00 元。(6-185)

5875 大脚马皇后(文学剧本)

胡正言著,2002 年 4 月。平装覆膜,国流 32 开,ISBN 7-02-003816-6,定价 38.00 元。(6-186)

5876 静静的艾敏河

(蒙古族)萨仁托娅著,2002 年 7 月。平装覆膜,大 32 开,ISBN 7-02-003827-1,定价 22.80 元。(6-187)

5877 北京人艺剧照插图本 茶馆

老舍著,2002 年 10 月。平装覆膜,国流 32 开,ISBN 7-02-004013-6,定价 13.90 元。(26-34)

5878 茶馆

老舍著,语文新课标必读丛书,2003 年 5 月。平装覆膜,大 32 开,ISBN 7-02-004153-1,定价 6.00 元。2006 年 6 月收入语文新课标必读丛书修订版,平装覆膜,大 32 开,ISBN 7-02-005683-0,定价 6.00 元。2008 年 6 月收入语文新课标必读丛书增订版,平装覆膜,大 32 开,ISBN 978-7-02-007059-6,定价 8.00 元。(26-35)

5879 大明奇才解缙(电视文学剧本)

龚智勇著,2002 年 12 月。平装覆膜,大 32 开,ISBN 7-02-004066-7,定价 25.00 元。(6-188)

5880 血玲珑(文学剧本)

谢丽虹编剧,2003 年 3 月。平装覆膜,国流 32 开,ISBN 7-02-003888-3,定价 26.00 元。(6-189)

5881 纽约丽人

欣力著,2003 年 2 月。平装覆膜,大 32 开,ISBN 7-02-003948-0,定价 21.00 元。(6-190)

5882 恋爱中的宝贝(电影文学剧本)

郑重、王要著,2004 年 1 月。平装覆膜,国流 32 开,ISBN 7-02-004461-1,定价 20.00 元。(6-191)

5883 香格里拉(电视文学剧本)

汤世杰、王梓夫、刘进元编剧,2006 年 3 月。平装覆膜,国流 32 开,ISBN 7-02-005552-4,定价 41.00 元。(6-192)

5884 驼峰飞虎(电视文学剧本)

丹增、白桦、向真等著,2006 年 6 月。平装覆膜,国流 32 开,ISBN 7-02-005648-2,定价 30.00 元。(4-549)

5885 与青春有关的日子(电视文学剧本)

叶京著,2007 年 4 月。平装覆膜,16 开,ISBN 978-7-02-006111-2,定价 58.00 元。(6-193)

5886 集结号（电影文学剧本）
刘恒著，2007年12月。平装覆膜，国流32开，ISBN 978-7-02-006295-9，定价14.00元。（6-194）

5887 迟开的玫瑰（眉户调）
陈彦等著，2008年7月。平装覆膜，国流32开，ISBN 978-7-02-006682-7，定价45.00元。（6-195）

5888 铁人（电影文学剧本）
刘恒著，2009年4月。平装覆膜，国流32开，ISBN 978-7-02-007016-9，定价15.00元。（6-196）

5889 秦皇父子（影视剧本）
霍达著，中国当代作家·霍达系列，2009年7月。平装，国流32开，ISBN 978-7-02-007255-2，定价36.00元。（6-197）

5890 1949—2009剧作选
老舍等著，王培元编选，中国文库，2009年9月。国流32开，平装，ISBN 978-7-02-007660-4，定价25.50元；精装，ISBN 978-7-02-007631-4，定价39.50元。（6-198）

5891 茶馆 叶浅予插图本
老舍著，叶浅予绘，老舍作品名家插图系列，2012年8月。精装，国流32开，ISBN 978-7-02-008755-6，定价25.00元。2016年1月，书名《茶馆》，平装，国流32开，ISBN 978-7-02-011028-5，定价19.00元。（26-42）

5892 人间正道是沧桑
江奇涛著，中国电视剧三十年优秀剧作丛书，2013年1月。平装覆膜，16异，ISBN 978-7-02-008152-3，定价60.00元。（6-200）

5893 士兵突击
兰晓龙著，中国电视剧三十年优秀剧作丛书，2013年1月。平装覆膜，16异，ISBN 978-7-02-008150-9，定价53.00元。（6-201）

5894 闯关东
高满堂、孙建业著，中国电视剧三十年优秀剧作丛书，2013年1月。平装覆膜，16异，ISBN 978-7-02-008149-3，定价69.00元。（6-202）

5895 贫嘴张大民的幸福生活
刘恒著，中国电视剧三十年优秀剧作丛书，2013年1月。平装覆膜，16异，ISBN 978-7-02-008353-4，定价36.00元。（6-203）

5896 四世同堂 围城
林汝为、李翔、牛星丽著；孙雄飞、屠传德、黄蜀芹著，中国电视剧三十年优秀剧作丛书，2013年1月。平装覆膜，16异，ISBN 978-7-02-008155-4，定价49.00元。（6-204）

5897 激情燃烧的岁月
陈枰著，中国电视剧三十年优秀剧作丛书，2013年1月。平装覆膜，16异，ISBN 978-7-02-008387-9，定价39.00元。（6-205）

5898 渴望
李晓明著，中国电视剧三十年优秀剧作丛书，2013年1月。平装覆膜，16异，ISBN 978-7-02-008151-6，定价63.00元。（6-206）

5899 四十九日·祭（上下）（电视文学剧本）
〔美〕严歌苓著，2014年11月。平装，16异，ISBN 978-7-02-009715-9，定价78.00元。（6-207）

5900 飞鸟
周大新著，周大新文集，2016年10月，平装，16异，ISBN 978-7-02-011504-4，定价39.00元。（99-185）

5901 中国话剧百年典藏·作品卷1（早期新剧）
傅谨主编，陆炜编选，中国话剧百年典藏，2017年4月。平装，32异，ISBN 978-7-02-010054-5，定价38.00元。（6-209）

5902 中国话剧百年典藏·作品卷2（五四时代）
傅谨主编，陆炜编选，中国话剧百年典藏，2017年4月。平装，32异，ISBN 978-7-02-010755-1，定价39.00元。（6-210）

5903 中国话剧百年典藏·作品卷3（1930—1937）
傅谨主编，陆炜编选，中国话剧百年典藏，2017年4月。平装，32异，ISBN 978-7-02-010756-8，定价44.00元。（6-211）

5904 中国话剧百年典藏·作品卷4（1937—1940）
傅谨主编，陆炜编选，中国话剧百年典藏，2017年4月。平装，32异，ISBN 978-7-02-

010757-5,定价78.00元。(6-212)

5905　中国话剧百年典藏·作品卷5（1940年代）
傅谨主编,陆炜编选,中国话剧百年典藏,2017年4月。平装,32异,ISBN 978-7-02-010758-2,定价65.00元。(6-213)

5906　中国话剧百年典藏·作品卷6（1950—1960年代）
傅谨主编,陆炜编选,中国话剧百年典藏,2017年4月。平装,32异,ISBN 978-7-02-010759-9,定价72.00元。(6-214)

5907　中国话剧百年典藏·作品卷7（1970年代）
傅谨主编,陆炜编选,中国话剧百年典藏,2017年4月。平装,32异,ISBN 978-7-02-010759-9,定价72.00元。(6-215)

5908　中国话剧百年典藏·作品卷8（1980年代Ⅰ）
傅谨主编,陆炜编选,中国话剧百年典藏,2017年4月。平装,32异,ISBN 978-7-02-010761-2,定价47.00元。(6-216)

5909　中国话剧百年典藏·作品卷9（1980年代Ⅱ）
傅谨主编,陆炜编选,中国话剧百年典藏,2017年4月。平装,32异,ISBN 978-7-02-010762-9,定价53.00元。(6-217)

5910　中国话剧百年典藏·作品卷10（1990年代）
傅谨主编,陆炜编选,中国话剧百年典藏,2017年4月。平装,32异,ISBN 978-7-02-010763-6,定价44.00元。(6-218)

5911　好家伙
兰晓龙著,2018年1月。平装,16开,ISBN 978-7-02-012108-3,定价72.00元。(3-1337)

中国现代戏剧

5912　屈原
郭沫若著,1952年9月。平装,25开,书号总123单67,定价7,200元。1956年5月,平装,大32开,书号10020·121,定价0.55元。1962年8月收入文学小丛书,平装,50开,定价0.26元;平装,32异,定价0.39元。1990年8月收入北京市教育局青年文库,平装,小32开,ISBN 7-02-001085-7,非卖品,无定价。2000年7月收入百年百种优秀中国文学图书,平装覆膜,大32开,ISBN 7-02-003239-7,定价9.80元。(26-1)

5913　夏衍剧作选
1953年10月。平装,25开,书号226,定价8,600元。1957年11月,平装,大32开,书号10019·227,定价0.80元。(22-2)

5914　风雪集
吴祖光著,1955年6月。平装,大32开,书号392,定价1.42元。1957年10月,平装,大32开,书号10019·389,定价1.40元。(26-2)

5915　曹禺剧本选（曹禺选集）
1954年7月。平装,25开,书号282,定价18,000元。1956年6月,平装,大32开,书号10019·281,定价1.66元。1961年6月,书名《曹禺选集》,大32开,平装,定价1.30元;精装,定价1.85元。1978年4月,书名《曹禺选集》,平装,大32开,书号10019·1625,定价1.05元。(22-8)

5916　洪深剧作选
1954年11月。大32开,书号302,平装,定价7,100元;精装,定价18,500元。(22-12)

5917　田汉剧作选
1955年2月。大32开,书号330,平装,定价16,300元;精装,定价25,600元。1958年8月,平装,大32开,书号10019·328,定价1.63元。(22-20)

5918　丁西林剧作选
1955年6月。平装,大32开,书号400,定价0.83元。(22-27)

5919　岁寒集
陈白尘著,1956年3月。平装,大32开,书号

451,定价0.91元。1957年8月,平装,大32开,书号10019·446,定价0.90元。(26-3)

5920　血迹
(维吾尔族)孜亚著,开英译,作家出版社1956年6月。平装,32开,书号10020·423,定价0.29元。(26-4)

5921　欧阳予倩剧作选
1956年5月。平装,大32开,书号10019·443,定价1.30元。(22-32)

5922　阳翰笙剧作选
1957年2月。平装,大32开,书号10019·481,定价1.40元。(22-36)

5923　战斗
章泯著,作家出版社1957年5月。平装,32开,书号10020·578,定价0.80元。(26-5)

5924　月光曲
田汉著,文学小丛书,1958年9月。书号10019·898,平装,小32开,定价0.29元;50开,定价0.21元。(26-6)

5925　于伶剧作选
1958年9月。平装,大32开,书号10019·817,定价1.10元。1979年9月,大32开,平装,定价1.35元;精装,定价2.30元。(22-45)

5926　宋之的剧作选
1958年12月。平装,大32开,书号10019·933,定价1.50元。(22-52)

5927　法西斯细菌
夏衍著,文学小丛书,1959年6月。平装,50开,书号10019·1225,定价0.23元。(26-7)

5928　日出
曹禺著,文学小丛书,1959年12月。平装,50开,书号10019·1224,定价0.35元。1990年8月收入北京市教育局青年文库,平装,小32开,ISBN 7-02-001076-8,非卖品,无定价。(26-8)

5929　香稻米
洪深著,文学小丛书,1962年10月。平装,书号10019·1681,50开,定价0.23元;32异,定价0.37元。(26-9)

5930　压迫
丁西林著,文学小丛书,1963年3月。平装,书号10019·1721,50开,定价0.14元;32异,定价0.21元。(26-10)

5931　清明前后
茅盾著,1963年11月。32开,书号10019·1759,平装,定价0.46元;精装,定价0.70元。(26-11)

5932　高渐离
郭沫若著,1979年9月。平装,大32开,书号10019·2832,定价0.37元。(26-12)

5933　孔雀胆
郭沫若著,1979年10月。平装,大32开,书号10019·2839,定价0.45元。(26-13)

5934　南冠草
郭沫若著,1979年10月。平装,大32开,书号10019·2838,定价0.40元。(26-14)

5935　清宫怨
姚克著,1980年6月。32开,书号10019·2977,平装,定价0.39元;精装,定价0.64元。(26-15)

5936　虎符
郭沫若著,1980年9月。平装,大32开,书号10019·2935,定价0.47元。(26-16)

5937　棠棣之花
郭沫若著,1980年9月。平装,大32开,书号10019·2934,定价0.38元。(26-17)

5938　王文显剧作选
李健吾译,1983年10月。平装,大32开,书号10019·3544,定价0.65元。(26-18)

5939　中国现代独幕话剧选 1919—1949 (第一卷)
中国社会科学院文学研究所现代文学研究室编,中国现代文学创作选集,1984年12月。大32开,书号10019·3734,平装,定价1.70元;精装,定价2.75元。(26-19)

5940　中国现代独幕话剧选 1919—1949 (第二卷)
中国社会科学院文学研究所现代文学研究室编,中国现代文学创作选集,1984年12月。大32开,书号10019·3740,平装,定价2.45元;精装,定价4.00元。(26-20)

5941　中国现代独幕话剧选 1919—1949 (第三卷)

中国社会科学院文学研究所现代文学研究室编,中国现代文学创作选集,1991年10月。大32开,平装,ISBN 7-02-001273-6,定价6.10元;精装,ISBN 7-02-001274-4,定价11.50元。(26-21)

5942　北京人
曹禺著,中国现代名剧丛书,1994年9月。平装覆膜,大32开,ISBN 7-02-001854-8,定价5.05元。(26-22)

5943　雷雨
曹禺著,中国现代名剧丛书,1994年9月。平装覆膜,大32开,ISBN 7-02-001856-4,定价5.05元。2000年5月收入中学生课外文学名著必读丛书,平装覆膜,大32开,ISBN 7-02-003188-9,定价8.80元。2003年5月收入语文新课标必读丛书,平装覆膜,大32开,ISBN 7-02-004148-5,定价8.80元。2006年6月收入语文新课标必读丛书修订版,平装覆膜,大32开,ISBN 7-02-005676-8,定价10.00元。2008年6月收入语文新课标必读丛书增订版,平装覆膜,大32开,ISBN 978-7-02-007060-2,定价13.00元。2013年11月收入中学生文学阅读必备书系,平装覆膜,国流32开,ISBN 978-7-02-009944-3,定价17.00元。(26-23)

5944　原野
曹禺著,中国现代名剧丛书,1994年9月。平装覆膜,大32开,ISBN 7-02-001852-1,定价5.05元。(26-25)

5945　日出
曹禺著,中国现代名剧丛书,1994年9月。平装覆膜,大32开,ISBN 7-02-001855-6,定价5.35元。(26-26)

5946　蜕变
曹禺著,中国现代名剧丛书,1994年9月。平装覆膜,大32开,ISBN 7-02-001853-X,定价5.65元。(26-27)

5947　风雪夜归人　闯江湖
吴祖光著,中国现代名剧丛书,1996年8月。平装覆膜,大32开,ISBN 7-02-002201-4,定价14.30元。2007年9月收入中国文库,国流32开,平装,ISBN 978-7-02-006323-9,定价20.00元;精装,ISBN 978-7-02-006328-4,定价34.00元。2010年1月收入中国现代话剧经典丛书,平装覆膜,国流32开,ISBN 978-7-02-007803-5,定价19.00元。(26-28)

5948　屈原　蔡文姬
郭沫若著,中国现代名剧丛书,1997年9月。平装覆膜,大32开,ISBN 7-02-002249-9,定价9.80元。2010年1月收入中国现代话剧经典丛书,平装覆膜,国流32开,ISBN 978-7-02-007801-1,定价15.00元。2018年5月收入教育部统编《语文》推荐阅读丛书,书名《屈原》,平装覆膜,16异,ISBN 978-7-02-014262-0,定价28.00元。(26-30)

5949　曹禺戏剧选
世界文学名著文库,1997年11月。精装,大32开,ISBN 7-02-002047-X,定价32.00元。(26-31)

5950　风雪夜归人
吴祖光著,百年百种优秀中国文学图书,2000年7月。平装覆膜,大32开,ISBN 7-02-003238-9,定价12.00元。(26-32)

5951　曹禺选集
大学生必读丛书,2002年1月。平装,大32开,ISBN 7-02-003641-4,定价25.00元。2004年3月收入中国文库,国流32开,平装覆膜,ISBN 7-02-004526-X,定价28.00元;精装,ISBN 7-02-004724-6,定价48.00元。(26-33)

5952　中华戏剧百年精华(上下)
王培元编选,百年典藏,2005年6月。平装覆膜,国流32开,ISBN 7-02-004817-X,定价65.00元。(26-38)

5953　上海屋檐下　法西斯细菌
夏衍著,中国文库,2007年9月。国流32开,平装覆膜,ISBN 978-7-02-006320-8,定价14.00元;精装,ISBN 978-7-02-006325-3,定价28.00元。(26-39)

5954　雷雨　日出
曹禺著,中国现代话剧经典丛书,2010年1月。平装覆膜,国流32开,ISBN 978-7-02-007501-0,定价24.00元。(26-40)

5955　原野　北京人

曹禺著,中国现代话剧经典丛书,2010年1月。平装覆膜,国流32开,ISBN 978-7-02-007500-3,定价22.00元。(26-41)

5956　白毛女(歌剧)

延安鲁迅文艺学院集体创作,贺敬之、丁毅执笔,马可等作曲,中国人民文艺丛书,1952年4月。32开,书号 总94中12,平装,定价10,500元;精装,定价19,000元。1957年9月,平装,书号 10019·91,定价0.90元。1959年9月莱比锡书展参展版,特精,定价2.65元。1960年3月收入建国前优秀作品选拔本,平装,定价0.83元;精装,定价1.40元。(18-1)

5957　王秀鸾(歌剧)

傅铎编剧,小流等作曲,中国人民文艺丛书,1952年5月。平装,32开,书号 总93中11,定价4,400元。(18-2)

5958　货郎担(秧歌剧)

延安桥镇乡群众秧歌队集体创作,中国人民文艺丛书,1952年7月。平装,32开,书号 总90中9,定价3,000元。(18-3)

5959　刘胡兰(歌剧)

西北战斗剧社集体创作,刘莲池修订,罗宗贤等作曲,中国人民文艺丛书,1952年9月。平装,32开,书号 总23中1,定价6,700元。(18-4)

5960　战斗里成长(话剧)

胡朋等集体创作,胡可改作,中国人民文艺丛书,1953年5月。平装,32开,书号 181中18,定价3,300元。1958年12月收入新创作选拔本,精装,大32开,书号 10019·182,定价0.93元。1962年5月收入建国前优秀作品选拔本,平装,大32开,定价0.30元。(18-5)

5961　李闯王(五幕话剧)

阿英著,作家出版社1955年3月。平装,32开,书号 作113,定价0.75元。1962年7月,中国戏剧出版社,平装,32开,书号593,定价0.61元。(18-6)

5962　白蛇传(京剧)

田汉著,作家出版社1955年6月。平装,32开,书号 作159,定价0.40元。(18-7)

5963　秧歌剧选集

本社编,1957年1月。平装,大32开,书号 10019·451,定价1.00元。(18-8)

5964　赤叶河(歌剧)

阮章竞编剧,高介云、梁寒夫、葛光锐作曲,建国前优秀作品选拔本,1959年12月。大32开,书号 10019·1430,平装,定价0.63元;精装,定价1.15元。(18-9)

5965　长夜行(歌剧)

于伶著,文学小丛书,1963年8月。书号 10019·1736,平装,50开,定价0.27元;平装,32异,定价0.39元。(18-10)

5966　曹禺戏剧全集(1—5)

2014年6月。精装,国流32开,ISBN 978-7-02-010109-2,定价280.00元。(26-43)

中国古典戏曲

5967　长生殿

洪昇著,1954年12月。线装影印,8开,书号312,定价58,000元。(32-1)

5968　西厢记

王实甫著,作家出版社,1954年12月。平装,大32开,书号 作105,定价5,700元。1957年5月人民文学出版社,平装,大32开,书号 10019·604,定价0.57元。1959年9月莱比锡参展版,特精,大32开,定价2.05元。1995年10月收入中国古典文学读本丛书,署张燕瑾校注,平装覆膜,大32开,ISBN 7-02-002163-8,定价17.15元。1997年11月收入世界文学名著文库,精装,大32开,ISBN 7-02-001989-7,定价19.80元。2002年1月收入大学生必读丛书,平装,大32开,ISBN 7-02-003624-4,定价16.00元。2003年5月收入语文新课标必读丛书,平装覆膜,大32开,ISBN 7-02-004125-6,定价16.00元。2005年5月插图本,平装,国流32开,ISBN 7-02-005180-4,定价22.00元。2006年6月收入语文新课标必读丛书修订版,平装覆膜,大32开,ISBN 7-02-005689-X,定价17.00元。2008年6月收入语文新课标必读丛书增订版,平装覆膜,大32开,ISBN 978-7-02-007054-1,定价18.00元。2018年5月收入教育部统编《语文》推荐阅读丛书,平装覆膜,16异,ISBN 978-7-02-013724-4,定价32.00元。(32-2)

5969　元人杂剧选

顾学颉选注,作家出版社1956年5月。平装,大32开,书号10020·176,定价1.90元。1957年8月人民文学出版社,平装,大32开,书号10019·627,定价1.90元。1958年9月收入中国古典文学读本丛书,精装,定价3.00元;平装,定价1.70元。1998年8月,平装覆膜,大32开,ISBN 7-02-002312-6,定价20.80元。2002年1月收入大学生必读丛书,平装,大32开,ISBN 7-02-003613-3,定价23.80元。2007年11月,平装,国流32开,ISBN 978-7-02-006263-8,定价27.00元。2016年1月收入中国古典文学雅藏系列,平装,国流32开,ISBN 978-7-02-011257-9,定价36.00元。2016年1月收入中国传统文化经典选读,平装,16异,ISBN 978-7-02-011141-1,定价68.00元。2017年10月收入中国古典文学读本丛书典藏,平装,国流32开,ISBN 978-7-02-011719-2,定价52.00元。(32-3)

5970　桃花扇

孔尚任著,王季思、苏寰中选注,中国古典文学读本丛书,1958年5月。平装,大32开,书号10019·740,定价1.10元。1980年5月,署王季思、苏寰中、杨德平合注。1988年12月,平装,大32开,ISBN 7-02-000301-X,定价3.60元。1993年2月,平装覆膜,大32开,ISBN 978-7-02-001505-0,定价6.85元。1997年11月收入世界文学名著文库,精装,大32开,ISBN 7-02-002073-9,定价17.60元。2002年1月收入大学生必读丛书,平装,大32开,ISBN 7-02-003629-5,定价13.80元。2005年5月插图本,平装,国流32开,ISBN 7-02-005182-0,定价19.00元。(32-4)

5971　长生殿

洪昇著,徐朔方校注,中国古典文学读本丛书,1958年5月。平装,大32开,书号10019·763,定价1.00元。1988年11月,平装,大32开,ISBN 7-02-000303-6,定价2.40元。1993年2月,平装覆膜,大32开,ISBN 978-7-02-001508-5,定价5.35元。1997年12月收入世界文学名著文库,精装,大32开,ISBN 7-02-002211-1,定价20.00元。2002年1月收入大学生必读丛书,平装,大32开,ISBN 7-02-003623-6,定价12.80元。2005年5月插图本,平装,国流32开,ISBN 7-02-005183-9,定价15.00元。(32-5)

5972　关汉卿戏曲选

本社编辑部编,1958年6月。平装,大32开,书号10019·785,定价1.10元。(32-6)

5973　明人杂剧选

周贻白选注,1958年10月。平装,大32开,书号10019·770,定价2.25元。(32-7)

5974　窦娥冤

关汉卿等著,本社编辑部编,文学小丛书,1959年1月。书号10019·893,平装,小32开,定价0.30元;平装,50开,定价0.22元。(32-8)

5975　董解元西厢记

凌景埏校注,1962年3月。大32开,书号10019·1651,平装,定价0.64元;精装,定价1.20元。(32-9)

5976　牡丹亭

汤显祖著,徐朔方、杨笑梅校注,中国古典文学读本丛书,1963年4月。大32开,书号10019·1732,平装,定价1.20元;精装,定价1.80元。1991年6月,平装,大32开,ISBN 7-02-001299-X,定价4.30元。1993年3月,平装覆膜,大32开,ISBN 978-7-02-001509-3,定价6.05元。1997年11月收入世界文学名著文库,精装,大32开,ISBN 7-02-001808-4,定价19.00元。2002年1月收入大学生必读丛书,平装,大32开,ISBN 7-02-003628-7,定价13.80元。2005年5月插图本,平装,国流32开,ISBN 7-02-005181-2,定价20.00元。2013年11月收入中学生文学阅读必备书系,平装覆膜,国流32开,ISBN 978-7-02-

009947-4,定价22.00元。2018年5月收入教育部统编《语文》推荐阅读丛书,平装覆膜,16异,ISBN 978-7-02-014260-6,定价29.00元。(32-10)

5977 关汉卿杂剧选

张友鸾、顾肇仓选注,文学小丛书,1963年8月。书号10019·1740,平装,32异,定价0.59元;平装,50开,定价0.41元。(32-11)

5978 关汉卿戏剧集

北京大学中文系《关汉卿戏剧集》编校小组校注,1976年4月。平装,大32开,书号10019·2356,定价1.25元。(32-12)

5979 南柯梦记

汤显祖著,钱南扬校注,1981年7月。平装,国流32开,书号10019·3154,定价0.71元。(32-13)

5980 紫钗记

汤显祖著,胡士莹校注,1982年1月。平装,国流32开,书号10019·3253,定价1.25元。(32-14)

5981 白朴戏曲集校注

王文才校注,1984年6月。平装,大32开,书号10019·3668,定价1.40元。(32-15)

5982 中国戏曲选(上中下)

王起主编,王起、苏寰中、黄天骥、吴国钦选注,1985年12月。平装,大32开,书号10019·3882,定价6.60元。1988年5月,平装,大32开,ISBN 7-02-000067-3,定价7.40元。1990年5月,平装,大32开,ISBN 7-02-000922-7,定价9.05元。1998年6月收入中国古典文学读本丛书,平装覆膜,大32开,ISBN 7-02-002692-3,定价51.00元。(89-22)

5983 全元戏曲(第一卷)

王季思主编,1990年1月。精装,大32开,ISBN 7-02-000891-7,定价12.15元。(32-16)

5984 清忠谱

李玉著,王毅校注,1990年8月。平装,大32开,ISBN 7-02-001025-3,定价3.20元。(32-17)

5985 全元戏曲(第二卷)

王季思主编,1990年11月。精装,大32开,ISBN 7-02-000771-6,定价11.55元。(32-18)

5986 古剧精华

江巨荣选注,中国古典文学精华丛书,1992年11月。平装覆膜,32异,ISBN 7-02-001203-5,定价3.35元。(32-19)

5987 关汉卿选集

康保成,李树玲选注,世界文学名著文库,1998年10月。精装,大32开,ISBN 7-02-002532-3,定价24.50元。2020年1月收入中国古典文学读本丛书典藏,平装,国流32开,ISBN 978-7-02-013690-2,定价38.00元。(32-20)

5988 全元戏曲(第三卷)

王季思主编,1999年2月。精装,大32开,ISBN 7-02-001147-0,定价42.50元。(32-21)

5989 全元戏曲(第四卷)

王季思主编,1999年2月。精装,大32开,ISBN 7-02-002166-2,定价41.00元。(32-22)

5990 全元戏曲(第五卷)

王季思主编,1999年2月。精装,大32开,ISBN 7-02-002170-0,定价34.50元。(32-23)

5991 全元戏曲(第六卷)

王季思主编,1999年2月。精装,大32开,ISBN 7-02-002035-6,定价44.00元。(32-24)

5992 全元戏曲(第七卷)

王季思主编,1999年2月。精装,大32开,ISBN 7-02-002171-9,定价42.50元。(32-25)

5993 全元戏曲(第八卷)

王季思主编,1999年2月。精装,大32开,ISBN 7-02-002362-2,定价38.50元。(32-26)

5994 全元戏曲(第九卷)

王季思主编,1999年2月。精装,大32开,ISBN 7-02-002900-0,定价34.00元。(32-27)

5995 全元戏曲(第十卷)

王季思主编,1999 年 2 月。精装,大 32 开,ISBN 7-02-002901-9,定价 34.50 元。(32-28)

5996 全元戏曲(第十一卷)

王季思主编,1999 年 2 月。精装,大 32 开,ISBN 7-02-002394-0,定价 35.50 元。(32-29)

5997 全元戏曲(第十二卷)

王季思主编,1999 年 2 月。精装,大 32 开,ISBN 7-02-002395-9,定价 36.00 元。(32-30)

5998 新选元曲三百首

张燕瑾、黄克选注,2003 年 1 月。平装覆膜,大 32 开,ISBN 7-02-003660-0,定价 22.60 元。2018 年 4 月收入教育部统编《语文》推荐阅读丛书,平装覆膜,16 异,ISBN 978-7-02-013777-0,定价 32.00 元。(32-31)

5999 中国古代戏剧选

宁希元、宁恢选注,2003 年 7 月。精装,大 32 开,ISBN 7-02-003707-0,定价 53.00 元。2017 年 10 月收入中国古典文学读本丛书典藏,平装,国流 32 开,ISBN 978-7-02-012823-5,定价 80.00 元。(32-32)

6000 西游戏曲集(上下)

胡胜、赵毓龙校注,2018 年 5 月。精装,国流 32 开,ISBN 978-7-02-013643-8,定价 160.00 元。(32-33)

6001 窦娥冤 关汉卿选集

关汉卿著,康保成、李树玲选注,教育部统编《语文》推荐阅读丛书,2018 年 5 月。平装覆膜,16 异,ISBN 978-7-02-014257-6,定价 22.00 元。(32-34)

6002 中国古代戏曲选

黄天骥主编,苏寰中、黄天骥、吴国钦选注,2018 年 5 月。平装,国流 32 开,ISBN 978-7-02-012091-8,定价 50.00 元。(32-35)

理论　研究

中国当代文艺理论与文学研究

6003 光荣的任务
企霞著,文艺建设丛书,1951年10月。平装,32开,书号 总29建10,定价9,000元。(2-1)

6004 坚决贯彻毛泽东文艺路线
周扬著,文艺建设丛书,1952年3月。平装,32开,书号 总61建13,定价6,100元。(2-2)

6005 文艺工作者为什么要思想改造
本社编辑部编,1952年3月。平装,32开,书号 总71单19,定价8,600元。(2-3)

6006 论生活艺术和真实
萧殷著,文艺建设丛书,1952年3月。平装,32开,书号 总66建15,定价8,600元。(2-4)

6007 新艺术论集
王朝闻著,1952年5月。平装,25开,书号 总67单18,定价17,600元。1958年8月,平装,大32开,书号10019·786,定价1.20元。(2-5)

6008 为创造新的英雄典型而努力
陈荒煤著,文艺建设丛书,1952年5月。平装,32开,书号 总72建17,定价7,000元。(2-6)

6009 西苑集
何其芳著,1953年1月。平装,32开,书号 总101单33,定价8,000元。(2-8)·

6010 新艺术创作论
王朝闻著,1953年2月。平装,25开,书号 总96单30,定价18,000元。1979年11月,大32开,书号10019·93,平装,定价1.00元;精装,定价1.90元。(2-9)

6011 文学评论集
陈涌著,1953年3月。平装,32开,书号 总132单75,定价5,300元。(2-10)

6012 论公式化概念化
秦兆阳著,1953年7月。平装,32开,书号207,定价5,100元。(2-11)

6013 把人民解放军的文艺工作提高一步
陈沂著,解放军文艺丛书,1953年8月。平装,32开,书号228解7,定价5,900元。(2-12)

6014 到群众中去落户
丁玲著,作家出版社1954年2月。平装,32开,书号 作18,定价4,000元。(2-13)

6015 向苏军红旗歌舞团学习
解放军文艺丛书编辑部编,解放军文艺丛书,1954年5月。平装,32开,书号280,定价7,900元。(2-14)

6016 面向生活
王朝闻著,艺术出版社1954年8月。平装,大32开,书号艺18,定价13,000元。1958年1月作家出版社,平装,大32开,书号10020·616,定价1.20元。(2-15)

6017 胡风文艺思想批判论文汇集(一集)
作家出版社编辑部编,作家出版社1955年5月。平装,大32开,书号 作191,定价0.39元。(2-17)

6018 胡风文艺思想批判论文汇集(二集)
作家出版社编辑部编,作家出版社1955年5月。平装,大32开,书号 作200,定价0.38元。(2-18)

6019 胡风文艺思想批判论文汇集(三集)
作家出版社编辑部编,作家出版社1955年5月。平装,大32开,书号 作219,定价0.57元。(2-19)

6020　胡风文艺思想批判论文汇集(四集)
作家出版社编辑部编,作家出版社 1955 年 5 月。平装,大 32 开,书号 作 220,定价 0.51 元。(2-20)

6021　文学研究集刊(第一册)
北京大学文学研究所编,1955 年 7 月。平装,大 32 开,书号 426,定价 0.47 元。1957 年 12 月,平装,大 32 开,书号 10019·422,定价 0.43 元。(2-21)

6022　胡风文艺思想批判论文汇集(五集)
作家出版社编辑部编,作家出版社 1955 年 7 月。平装,大 32 开,书号 作 267,定价 0.48 元。(2-22)

6023　胡风文艺思想批判论文汇集(六集)
作家出版社编辑部编,作家出版社 1955 年 8 月。平装,大 32 开,书号 作 276,定价 0.45 元。(2-23)

6024　胡风集团反革命"作品"批判
作家出版社编辑部编,作家出版社 1955 年 11 月。平装,32 开,书号 作 341,定价 0.84 元。(2-25)

6025　一年集
何家槐著,作家出版社 1955 年 12 月。平装,32 开,书号 作 302,定价 0.67 元。(2-26)

6026　文学研究集刊(第二册)
北京大学文学研究所编,1956 年 1 月。平装,大 32 开,书号 410,定价 0.83 元。1957 年 12 月,平装,大 32 开,书号 10019·406,定价 0.75 元。(2-28)

6027　论生活与创作
杜埃著,作家出版社 1956 年 6 月。平装,32 开,书号 10020·496,定价 0.38 元。(2-30)

6028　中国作家协会第二次理事会会议(扩大)报告发言集
中国作家协会编,1956 年 7 月。平装,大 32 开,书号 10019·471,定价 1.40 元。(2-31)

6029　百花集
戴不凡著,作家出版社 1956 年 7 月。平装,32 开,书号 10020·424,定价 0.56 元。(2-32)

6030　文学研究集刊(第三册)
北京大学文学研究所编,1956 年 9 月。平装,大 32 开,书号 10019·560,定价 0.85 元。(2-33)

6031　谈诗
沙鸥著,作家出版社 1956 年 9 月。平装,32 开,书号 10020·541,定价 0.65 元。(2-34)

6032　文学评论集(二集)
陈涌著,作家出版社 1956 年 9 月。平装,32 开,书号 10020·523,定价 0.50 元。(2-35)

6033　文学研究集刊(第四册)
北京大学文学研究所编,1956 年 12 月。大 32 开,书号 10019·580,定价 0.95 元。(2-36)

6034　关于写诗和读诗
何其芳著,作家出版社 1956 年 12 月。32 开,书号 10020·617,平装,定价 0.40 元;精装,定价 0.65 元。(2-37)

6035　批判集
黄药眠著,作家出版社 1957 年 2 月。平装,32 开,书号 10020·650,定价 0.50 元。(2-39)

6036　美学问题讨论集(一)
《文艺报》编辑部编,作家出版社 1957 年 4 月。平装,32 开,书号 10020·719,定价 0.70 元。(2-41)

6037　文学研究集刊(第五册)
北京大学文学研究所编,1957 年 5 月。平装,大 32 开,书号 10019·603,定价 1.00 元。(2-42)

6038　生活的牧歌
晓雪著,作家出版社 1957 年 7 月。平装,32 开,书号 10020·729,定价 0.38 元。1981 年 4 月人民文学出版社,书名《生活的牧歌——论艾青的诗》,新文学论丛丛书,平装,32 异,书号 10019·3115,定价 0.50 元。1997 年 7 月修订版,平装覆膜,大 32 开,ISBN 7-02-002422-X,定价 13.00 元。(2-43)(2-359)

6039　美学问题讨论集(二)
《文艺报》编辑部编,作家出版社 1957 年 8 月。平装,32 开,书号 10020·737,定价 0.80 元。(2-44)

6040　论文学与现实的关系
竹可羽著,作家出版社 1957 年 9 月。平装,32 开,书号 10020·752,定价 0.50 元。(2-46)

6041　论文选集

陈炜谟著,作家出版社 1957 年 12 月。平装,32 开,书号 10020·778,定价 0.50 元。(2-47)

6042　艺术的理解
吕荧著,作家出版社 1958 年 3 月。平装,32 开,书号 10020·810,定价 0.90 元。(2-48)

6043　文艺战线上的一场大辩论
周扬等著,作家出版社 1958 年 6 月。平装,32 开,书号 10020·875,定价 0.29 元。(2-49)

6044　再批判
《文艺报》编辑部编,作家出版社 1958 年 6 月。平装,32 开,书号 10020·851,定价 0.50 元。(2-50)

6045　谈最近的短篇小说
茅盾著,作家出版社 1958 年 7 月。平装,32 开,书号 10020·905,定价 0.22 元。(2-51)

6046　大规模地收集全国民歌
中国民间文艺研究会编,民间文学丛书之一,作家出版社 1958 年 7 月。平装,32 开,书号 10020·897,定价 0.40 元。(2-52)

6047　向民歌学习
中国民间文艺研究会编,民间文学丛书之二,作家出版社 1958 年 7 月。平装,32 开,书号 10020·906,定价 0.60 元。(2-53)

6048　《林海雪原》评介
侯金镜等著,作家出版社编辑部编,作家出版社 1958 年 7 月。平装,32 开,书号 10020·959,定价 0.27 元。(2-54)

6049　《青春之歌》评介
作家出版社编辑部编,作家出版社 1958 年 8 月。平装,32 开,书号 10020·960,定价 0.17 元。(2-55)

6050　《潜力》评介
作家出版社编辑部编,作家出版社 1958 年 8 月。平装,32 开,书号 10020·962,定价 0.18 元。(2-56)

6051　《百炼成钢》评介
作家出版社编辑部编,作家出版社 1958 年 8 月。平装,32 开,书号 10020·961,定价 0.17 元。(2-57)

6052　感谢苏联文学对我的帮助
杨昭敏等著,《文艺报》编辑部编,作家出版社 1958 年 8 月。平装,32 开,书号 10020·1025,定价 0.70 元。(2-58)

6053　唯心主义美学批判集
蔡仪著,中国科学院文学研究所专刊(5),1958 年 9 月。平装,大 32 开,书号 10019·939,定价 0.61 元。(2-59)

6054　没有批评就不能前进
何其芳著,中国科学院文学研究所专刊(2),1958 年 9 月。平装,大 32 开,书号 10019·936,定价 0.70 元。(2-60)

6055　革命的里程碑
文学书籍评论丛刊编辑部编,文学书籍评论丛刊(一),1958 年 9 月。平装,25 开,书号 10019·997,定价 0.15 元。(2-61)

6056　王瑶《中国新文学史稿》批判
中国人民大学现代文学教研室著,1958 年 10 月。平装,32 开,书号 10019·1017,定价 0.16 元。(2-62)

6057　现实主义艺术论
蔡仪著,作家出版社 1958 年 10 月。平装,大 32 开,书号 10020·1026,定价 0.75 元。(2-63)

6058　文学杂评
张天翼著,作家出版社 1958 年 10 月。大 32 开,书号 10020·1093,平装,定价 0.66 元;精装,定价 0.94 元。(2-64)

6059　文艺辩论集
张光年著,作家出版社 1958 年 10 月。大 32 开,书号 10020·1090,平装,定价 0.57 元;精装,定价 0.85 元。(2-65)

6060　诗论集
袁水拍著,作家出版社 1958 年 9 月。平装,大 32 开,书号 10020·1082,定价 0.63 元。(2-66)

6061　论革命的现实主义和革命的浪漫主义相结合
《文艺报》编辑部编,作家出版社 1958 年 10 月。平装,32 开,书号 10020·1129,定价 0.46 元。(2-67)

6062　打击侵略者怒涛
文学书籍评论丛刊编辑部编,文学书籍评论丛刊(二),1958 年 11 月。平装,25 开,书号 10019·997,定价 0.15 元。(2-68)

6063　美学批判论文集
朱光潜著,作家出版社1958年11月。平装,32开,书号10020·1044,定价0.72元。(2-69)

6064　萧军思想批判
刘芝明等著,作家出版社1958年11月。平装,32开,书号10020·1033,定价0.75元。(2-70)

6065　毛泽东论文艺
中国科学院文学研究所马克思主义文艺理论丛书编委会编,马克思主义文艺理论丛书,1958年12月。大32开,书号10019·1141,平装,定价0.37元;精装,定价1.30元。1960年4月,书名《毛泽东论文学与艺术》,大32开,精装,定价0.94元;1960年6月,平装,定价0.37元。1961年12月,书名《毛泽东论文学和艺术》,大32开,平装,定价0.52元;精装,定价1.65元。1966年6月,书号10019·1827,平装,大32开,定价0.30元;精装,64开,定价0.60元。1992年8月,平装覆膜,大32开,ISBN 7-02-001461-5,定价4.60元。(1-3)

6066　民歌与诗风
民研会编,作家出版社1958年12月。平装,32开,书号10020·1126,定价0.50元。(2-71)

6067　钟敬文文艺思想批判
北京师范大学中文系著,1958年12月。平装,大32开,书号10019·1041,定价0.48元。(2-72)

6068　这几篇小说的问题在哪里?——评《除夕》、《棱角》、《红豆》
《人民文学》编辑部编,作家出版社1958年12月。平装,32开,书号10020·1186,定价0.33元。(2-74)

6069　新诗歌的发展问题
《诗刊》编辑部编,作家出版社1959年1月。平装,32开,书号10020·1291,定价0.81元。(2-75)

6070　评《山乡巨变》
《人民文学》编辑部编,作家出版社1959年1月。平装,32开,书号10020·1203,定价0.19元。(2-76)

6071　美学问题讨论集(三)
《文艺报》编辑部编,作家出版社1959年1月。平装,32开,书号10020·1115,定价1.00元。(2-77)

6072　美学问题讨论集(四)
《文艺报》编辑部编,作家出版社1959年1月。平装,32开,书号10020·1130,定价0.65元。(2-78)

6073　革命英雄的谱系
《文艺报》编辑部编,作家出版社1959年1月。平装,32开,书号10020·1120,定价0.29元。(2-79)

6074　赞《红日》,颂英雄
《文艺报》编辑部编,作家出版社1959年1月。平装,32开,书号10020·1124,定价0.30元。(2-80)

6075　鼓吹集
茅盾著,作家出版社1959年2月。大32开,书号10020·1189,平装,定价0.92元;精装,定价1.20元。(2-81)

6076　文学书籍评论丛刊(一)
1959年2月。平装,25开,书号10019·997,定价0.15元。(2-82)

6077　现实主义还是修正主义
《人民文学》编辑部编,作家出版社1959年3月。平装,32开,书号10020·1193,定价0.47元。(2-83)

6078　怎样编写工厂史
《文艺报》编辑部编,作家出版社1959年3月。平装,32开,书号10020·1266,定价0.58元。(2-84)

6079　文学书籍评论丛刊(二)
1959年3月。平装,25开,书号10019·997,定价0.18元。(2-85)

6080　文学书籍评论丛刊(三)
1959年4月。平装,25开,书号10019·997,定价0.15元。(2-86)

6081　文学书籍评论丛刊(四)
1959年5月。平装,25开,书号10019·997,定价0.15元。(2-87)

6082　文学书籍评论丛刊(五)
1959年5月。平装,25开,书号10019·997,定价0.15元。(2-88)

6083　短篇小说的丰收
作家出版社编辑部编,作家出版社1959年6

月。平装,32 开,书号 10020·1318,定价 0.98 元。(2-89)

6084　文学书籍评论丛刊(六)
1959 年 7 月。平装,25 开,书号 10019·997,定价 0.18 元。(2-90)

6085　海淀集
何家槐著,作家出版社 1959 年 7 月。平装,32 开,书号 10020·1328,定价 0.38 元。(2-91)

6086　鳞爪集
肖殷著,作家出版社 1959 年 8 月。平装,大 32 开,书号 10020·1347,定价 0.70 元。(2-92)

6087　美学书怀
吕荧著,作家出版社 1959 年 8 月。平装,32 开,书号 10020·1342,定价 0.44 元。(2-93)

6088　论诗与民歌
安旗著,作家出版社 1959 年 8 月。平装,32 开,书号 10020·1332,定价 0.37 元。(2-94)

6089　新诗歌的发展问题(二)
《诗刊》编辑部编,作家出版社 1959 年 9 月。平装,32 开,书号 10020·1356,定价 0.84 元。(2-95)

6090　管见集
李希凡著,作家出版社 1959 年 9 月。平装,大 32 开,书号 10020·1375,定价 0.73 元。(2-96)

6091　一以当十
王朝闻著,作家出版社 1959 年 9 月。大 32 开,书号 10020·1384,平装,定价 1.28 元;精装,定价 1.66 元。(2-97)

6092　塔什干精神万岁——中国作家论亚非作家会议
《世界文学》社编,作家出版社 1959 年 9 月。半精,大 32 开,书号 10020·1397,定价 1.06 元。(2-98)

6093　初鸣集
康濯著,作家出版社 1959 年 12 月。平装,大 32 开,书号 10020·1401,定价 0.87 元。(2-99)

6094　文学问题漫论
以群著,作家出版社 1959 年 12 月。大 32 开,书号 10020·1408,平装,定价 0.74 元;精装,定价 1.02 元。(2-101)

6095　新诗歌的发展问题(三)
《诗刊》编辑部编,作家出版社 1959 年 12 月。平装,32 开,书号 10020·1417,定价 0.77 元。(2-102)

6096　一得余抄
欧阳予倩著,作家出版社 1960 年 1 月。大 32 开,书号 10020·1416,平装,定价 1.51 元;精装,定价 1.86 元。(2-103)

6097　民歌作者谈民歌创作
中国民间文艺研究会研究部编,作家出版社 1960 年 5 月。平装,32 开,书号 10020·1453,定价 0.48 元。(2-107)

6098　三复集
赵树理著,作家出版社 1960 年 7 月。平装,大 32 开,书号 10020·1494,定价 0.50 元。(2-108)

6099　文学十年
《文艺报》编辑部编,1960 年 7 月。书号 10020·1443,平装,大 32 开,定价 0.95 元;精装,大 29 开,定价 1.88 元。(2-109)

6100　我国社会主义文学艺术的道路
周扬著,1960 年 9 月。平装,32 开,书号 10019·1615,定价 0.20 元。(2-110)

6101　中国文学艺术工作者第三次代表大会文件
1960 年 9 月。平装,大 32 开,书号 10019·1590,定价 0.30 元。(2-111)

6102　反映社会主义跃进的时代,推动社会主义时代的跃进
茅盾著,1960 年 10 月。平装,32 开,书号 10019·1616,定价 0.25 元。(2-112)

6103　争取社会主义文学的更大繁荣
作家出版社编,1960 年 12 月。大 32 开,书号 10020·1511,平装,定价 1.52 元;精装,定价 1.89 元。(2-113)

6104　论现实主义问题
蔡仪著,作家出版社 1961 年 12 月。平装,32 开,书号 10020·1435,定价 0.55 元。(2-114)

6105　新诗歌的发展问题(四)
《诗刊》编辑部编,作家出版社 1962 年 1 月。平装,32 开,书号 10020·1482,定价 0.79 元。(2-115)

6106　美学问题讨论集（五）
《新建设》编辑部编,作家出版社 1962 年 2 月。平装,32 开,书号 10020·1550,定价 0.93 元。(2-116)

6107　寸心集
李希凡著,作家出版社 1962 年 5 月。大 32 开,书号 10020·1551,平装,定价 0.79 元;精装,定价 1.05 元。(2-117)

6108　谈小说创作
作家出版社编辑部编,作家出版社 1962 年 5 月。平装,32 开,书号 10020·1567,定价 0.66 元。(2-118)

6109　诗歌欣赏
何其芳著,作家出版社 1962 年 5 月。平装,32 开,书号 10020·1566,定价 0.35 元。1978 年 6 月人民文学出版社,书号 10019·2618,定价 0.25 元。(2-119)

6110　燕雏集
唐弢著,作家出版社 1962 年 9 月。大 32 开,书号 10020·1590,平装,定价 1.00 元;精装,定价 1.45 元。(2-121)

6111　古今集
黄秋耘著,作家出版社 1962 年 9 月。32 开,书号 10020·1598,平装,定价 0.55 元;精装,定价 0.61 元。(2-122)

6112　鼓吹续集
茅盾著,作家出版社 1962 年 11 月。大 32 开,书号 10020·1605,平装,定价 0.73 元;精装,定价 1.20 元。(2-123)

6113　关于历史和历史剧——从《卧薪尝胆》的许多不同剧本说起
茅盾著,作家出版社 1962 年 11 月。大 32 开,书号 10020·1611,平装,定价 0.53 元;精装,定价 0.69 元。(2-124)

6114　中国戏曲
祝肇年著,知识丛书,作家出版社 1962 年 12 月。平装,32 异,书号 10020·1621,定价 0.45 元。(2-125)

6115　文学常识
蔡仪著,作家出版社 1962 年 12 月。平装,32 异,书号 10020·1618,定价 0.26 元。1978 年 10 月人民文学出版社,书号 10019·2654,定价 0.20 元。(2-126)

6116　创作漫谈
唐弢著,作家出版社 1962 年 12 月。大 32 开,书号 10020·1625,平装,定价 0.53 元;半精,定价 0.67 元。(2-127)

6117　论叙事诗
安旗著,作家出版社 1962 年 12 月。32 开,书号 10020·1616,平装,定价 0.52 元;半精,定价 0.57 元。(2-128)

6118　编余丛谈
魏金枝著,作家出版社 1962 年 12 月。大 32 开,书号 10020·1626,平装,定价 0.67 元;半精,定价 0.81 元。(2-129)

6119　诗与遗产
冯至著,作家出版社 1963 年 2 月。大 32 开,书号 10020·1629,平装,定价 0.84 元;半精,定价 0.95 元。(2-130)

6120　民间文学论集
贾芝著,作家出版社 1963 年 3 月。大 32 开,书号 10020·1633,平装,定价 1.15 元;精装,定价 1.70 元。(2-131)

6121　喜闻乐见
王朝闻著,作家出版社 1963 年 6 月。大 32 开,书号 10020·1666,平装,定价 1.35 元;精装,定价 1.90 元。(2-132)

6122　读书杂记
茅盾著,作家出版社 1963 年 9 月。书号 10020·1693,平装,36 开,定价 0.28 元;半精,32 异,定价 0.37 元。(2-133)

6123　十年来的新中国文学
中国社会科学院文学研究所《十年来的新中国文学》编写组编写,作家出版社 1963 年 11 月。平装,大 32 开,书号 10020·1708,定价 0.65 元。(2-134)

6124　文学短论
孙犁著,作家出版社 1963 年 11 月。大 32 开,书号 10020·1709,平装,定价 0.44 元;精装,定价 0.98 元。1979 年 3 月人民文学出版社,平装,大 32 开,书号 10019·2688,定价 0.46 元。(2-135)

6125　风云雷电谱雄歌
陈默著,作家出版社 1963 年 12 月。32 开,书

号 10020·1731,平装,定价 0.47 元;精装,定价 0.54 元。(2-136)

6126　出口成章——论文学语言及其他
老舍著,作家出版社 1964 年 2 月。小 32 开,书号 10020·1742,平装,定价 0.42 元;精装,定价 0.83 元。1984 年 2 月人民文学出版社,文学爱好者丛书,平装,32 开,书号 10019·3613,定价 0.44 元。(2-137)

6127　中国少数民族戏剧
曲六乙编著,知识丛书,作家出版社 1964 年 2 月。平装,32 异,书号 10020·1722,定价 0.45 元。(2-138)

6128　美学问题讨论集(六)
《新建设》编辑部编,作家出版社 1964 年 4 月。平装,32 开,书号 10020·1750,定价 1.10 元。(2-139)

6129　文学艺术的春天
何其芳著,作家出版社 1964 年 4 月。大 32 开,书号 10020·1760,平装,定价 1.30 元;精装,定价 2.35 元;普精,定价 1.45 元。(2-140)

6130　文艺学习
孙犁著,作家出版社 1964 年 8 月。平装,32 开,书号 10020·1781,定价 0.55 元。(2-141)

6131　高举毛泽东思想红旗做又会劳动又会创作的文艺战士
周扬著,1966 年 1 月。平装,32 开,书号 10019·1811,定价 0.13 元。(2-142)

6132　坚持毛主席革命路线就是胜利
本社编,1972 年 9 月。平装,32 开,书号 10019·1923,定价 0.39 元。(2-143)

6133　学习鲁迅深入批修(一)
本社编,1972 年 11 月。平装,32 开,书号 10019·1877,定价 0.40 元。(2-144)

6134　中国人民不可侮——批判安东尼奥尼的反华影片《中国》文辑
1974 年 6 月。平装,小 32 开,书号 10019·2163,定价 0.40 元。(2-145)

6135　革命现代京剧《平原作战》评论集
1974 年 9 月。大 32 开,书号 10019·2160,平装,定价 0.34 元;半精,定价 0.58 元。(2-146)

6136　文艺评论集
初澜、江天、小丘、宿燕著,1974 年 10 月。平装,大 32 开,书号 10019·2207,定价 0.42 元。(2-147)

6137　批判晋剧《三上桃峰》
本社编辑部编,1974 年 11 月。平装,小 32 开,书号 10019·2197,定价 0.50 元。(2-148)

6138　革命现代京剧《杜鹃山》评论集
1974 年 12 月。大 32 开,书号 10019·2196,平装,定价 0.51 元;半精,定价 0.76 元。(2-149)

6139　革命电影阔步前进——彩色影片《艳阳天》《火红的山丹》《青松岭》评论集
1975 年 3 月。平装,大 32 开,书号 10019·2245,定价 0.60 元。(2-150)

6140　革命现代京剧《奇袭白虎团》评论集
1975 年 5 月。大 32 开,书号 10019·2246,平装,定价 0.28 元;半精,定价 0.53 元。(2-151)

6141　电影艺术的灿烂新花——《闪闪的红星》评论集
本社编,1975 年 5 月。平装,大 32 开,书号 10019·2261,定价 0.46 元。(2-152)

6142　革命样板戏论文集(第一辑)(试编本)
1975 年 6 月。平装,大 32 开,书号 10019·2366,定价 0.65 元。1976 年 4 月修订版正式公开发行,平装,大 32 开,定价 0.68 元。(2-153)

6143　革命现代京剧《海港》评论集
1975 年 6 月。大 32 开,书号 10019·2262,平装,定价 0.39 元;平装覆膜,定价 0.64 元。(2-154)

6144　批判坏戏文辑
北京人民机器厂工人理论组编著,1975 年 7 月。平装,小 32 开,书号 10019·2272,定价 0.16 元。(2-155)

6145　小戏创作谈
本社编辑部编,1975 年 9 月。平装,小 32 开,书号 10019·2298,定价 0.38 元。(2-156)

6146　地方戏移植革命样板戏好(第一辑)
1975 年 10 月。平装,小 32 开,书号 10019·

2297,定价 0.19 元。(2-157)

6147 批判坏戏文章选辑

本社编辑部编,1975 年 10 月。平装,小 32 开,书号 10019·2294,定价 0.21 元。(2-158)

6148 革命现代京剧《龙江颂》评论集

本社编辑部编,1975 年 12 月。平装,大 32 开,书号 10019·2303,定价 0.48 元;平装覆膜,定价 0.69 元。(2-159)

6149 试看天地翻覆
——学习毛主席词二首

1976 年 1 月。平装,32 开,书号 10019·2348,定价 0.26 元。(2-160)

6150 坚持文艺革命 反击右倾翻案风

1976 年 4 月。平装,32 开,书号 10019·2368,定价 0.32 元。(2-161)

6151 地方戏移植革命样板戏好(第二辑)

1976 年 5 月。平装,小 32 开,书号 10019·2369,定价 0.22 元。(2-162)

6152 还原舞台 高于舞台——革命样板戏影片评论集(第一辑)

1976 年 5 月。平装,大 32 开,书号 10019·2365,定价 0.50 元。(2-163)

6153 集中火力批邓 坚持文艺革命

1976 年 8 月。平装,小 32 开,书号 10019·2416,定价 0.45 元。(2-164)

6154 打着"写走资派"的旗号 为复辟资本主义开路

1977 年 7 月。平装,小 32 开,书号 10019·2495,定价 0.30 元。(2-165)

6155 写电影剧本的几个问题

夏衍著,1978 年 8 月。大 32 开,书号 10019·2651,平装,定价 0.33 元;精装,定价 0.90 元。(2-166)

6156 "阴谋文艺"批判

本社编辑部编,1978 年 10 月。平装,32 开,书号 10019·2655,定价 0.51 元。(2-167)

6157 周恩来论文艺

1979 年 2 月。平装,大 32 开,书号 10019·2768,定价 0.57 元。(2-168)

6158 茅盾评论文集(上下)

1979 年 2 月。大 32 开,书号 10019·2674,平装,定价 1.95 元;精装,定价 3.00 元。(2-169)

6159 文艺界拨乱反正的一次盛会
——中国文学艺术界联合会第三届全国委员会第三次扩大会议文件·发言集

1979 年 3 月。平装,大 32 开,书号 10019·2758,定价 1.45 元。(2-170)

6160 论短篇小说创作

《人民文学》编辑部、人民文学出版社编,1979 年 2 月。平装,32 开,书号 10019·2711,定价 0.54 元。(2-171)

6161 关于电影的特殊表现手段

张骏祥著,1979 年 2 月。平装,大 32 开,书号 10019·2700,定价 0.36 元。(2-172)

6162 创作经验漫谈

周立波等著,1979 年 6 月。平装,32 开,书号 10019·2765,定价 0.71 元。(2-173)

6163 新文学论丛(1979 年第 1 期)

本社《新文学论丛》编辑组编,1979 年 6 月。平装,16 开,书号 10019·2801,定价 0.70 元。(2-174)

6164 侯金镜文艺评论选集

1979 年 6 月。平装,大 32 开,书号 10019·2783,定价 0.81 元。(2-175)

6165 文学概论

蔡仪主编,1979 年 6 月。平装,大 32 开,书号 10019·2798,定价 0.81 元。1988 年 5 月,平装,大 32 开,ISBN 7-02-000084-3,定价 1.50 元。1990 年 5 月,平装,大 32 开,ISBN 7-02-000956-5,定价 1.90 元。(89-12)

6166 话剧表演知识讲座

叶涛(执笔)、陈茂林、张振民著,1979 年 8 月。平装,32 开,书号 10019·2788,定价 0.35 元。(2-176)

6167 海山论集

唐弢著,1979 年 9 月。平装,大 32 开,书号 10019·2784,定价 0.86 元。(2-177)

6168 论剧作

王朝闻等著,本社编辑部编,1979 年 10 月。平装,大 32 开,书号 10019·2712,定价 1.05 元。(2-178)

6169 戏剧艺术论丛(1979 年第一辑)

本社编,1979 年 11 月。平装,16 开,书号

10019·2878,定价1.00元。(2-179)

6170　新文学论丛(1979年第2期)

本社《新文学论丛》编辑组编,1979年12月。平装,16开,书号10019·2877,定价0.82元。(2-180)

6171　论生活、艺术和真实

肖殷著,1980年2月。平装,大32开,书号10019·2898,定价0.80元。(2-181)

6172　新文学论丛(1980年第1期)

本社《新文学论丛》编辑组编,1980年5月。平装,16开,书号10019·2969,定价0.92元。(2-182)

6173　形象思维资料汇编

哈尔滨师范学院中文系《形象思维资料》编辑组编,1980年5月。平装,32开,书号10019·2734,定价1.35元。(2-183)

6174　知春集

严家炎著,1980年5月。平装,32开,书号10019·2958,定价0.82元。(2-184)

6175　新文学论丛(1980年第2期)

本社《新文学论丛》编辑组编,1980年8月。平装,16开,书号10019·3012,定价0.92元。(2-185)

6176　小说创作谈

阎纲著,新文学论丛丛书,1980年9月。平装,32异,书号10019·3021,定价0.62元。(2-186)

6177　锈损了灵魂的悲剧

黄秋耘著,新文学论丛丛书,1980年9月。平装,32异,书号10019·3025,定价0.49元。(2-187)

6178　中国当代文学史初稿(上册)

十所院校编写,郭志刚等主编,1980年12月。平装,大32开,书号10019·3040,定价1.35元。1990年5月上下册合为一种,平装,32开,ISBN 7-02-000975-1,定价5.10元。(89-18)

6179　文学:回忆与思考1949—1979

《文艺报》编辑部编,《文艺报》丛刊之一,1980年12月。平装,大32开,书号10019·3070,定价1.60元。(2-188)

6180　新文学论丛(1980年第3期)

本社《新文学论丛》编辑组编,1980年12月。平装,16开,书号10019·3094,定价0.92元。(2-189)

6181　生活·创作·修养

丁玲著,1981年1月。平装,大32开,书号10019·3084,定价1.20元。(2-190)

6182　北京书简

谢冕著,新文学论丛丛书,1981年2月。平装,32异,书号10019·3097,定价0.52元。(2-191)

6183　槐花集

孙钧政著,1981年3月。平装,32开,书号10019·3113,定价0.33元。(2-192)

6184　新文学论丛(1980年第4期)

本社《新文学论丛》编辑组编,1981年5月。平装,16开,书号10019·3118,定价0.92元。(2-193)

6185　邵荃麟评论选集(上下)

1981年4月。平装,大32开,书号10019·3112,定价2.20元。(2-194)

6186　新文学论丛(1981年第1期)

本社《新文学论丛》编辑组编,1981年7月。平装,16开,书号10019·3164,定价0.92元。(2-195)

6187　中国当代文学史初稿(下册)

十所院校编写,郭志刚等主编,1981年7月。平装,大32开,书号10019·3155,定价1.15元。(89-20)

6188　探讨集

蔡仪著,1981年5月。平装,大32开,书号10019·3111,定价0.91元。(2-196)

6189　现代四作家论

曾华鹏、范伯群著,新文学论丛丛书,1981年7月。平装,32异,书号10019·3159,定价0.45元。(2-197)

6190　新文学论丛(1981年第2期)

本社《新文学论丛》编辑组编,1981年12月。平装,16开,书号10019·3198,定价0.92元。(2-203)

6191　新文学论丛(1981年第3期)

本社《新文学论丛》编辑组编,1982年2月。平装,16开,书号10019·3209,定价0.85元。

(2-204)

6192　新时期文学的主流
冯牧著,1981年11月。平装,32异,书号10019·3212,定价0.59元。(2-205)

6193　论"文学是人学"
钱谷融著,新文学论丛丛书,1981年10月。平装,32异,书号10019·3202,定价0.30元。(2-206)

6194　从生活出发
朱寨著,1982年1月。平装,大32开,书号10019·3235,定价0.73元。(2-207)

6195　新文学论丛(1981年第4期)
本社《新文学论丛》编辑组编,1982年4月。平装,16开,书号10019·3248,定价0.85元。(2-208)

6196　谈生活、创作和艺术规律
杜埃著,1982年4月。平装,大32开,书号10019·3270,定价0.93元。(2-210)

6197　相声溯源
侯宝林、薛宝琨、汪景寿、李万鹏著,1982年5月。平装,大32开,书号10019·3294,定价0.72元。(2-212)

6198　精湛的史诗艺术
吴功正著,新文学论丛丛书,1982年6月。平装,32异,书号10019·3283,定价0.47元。(2-213)

6199　新文学论丛(1982年第1期)
本社《新文学论丛》编辑组编,1982年3月。平装,16开,书号10019·3281,定价0.85元。(2-214)

6200　新文学论丛(1982年第2期)
本社《新文学论丛》编辑组编,1982年7月。平装,16开,书号10019·3306,定价0.85元。(2-215)

6201　新文学论丛(1982年第3期)
本社《新文学论丛》编辑组编,1982年9月。平装,16开,书号10019·3334,定价0.85元。(2-217)

6202　诗卷长留天地间——论郭小川的诗
李元洛著,新文学论丛丛书,1982年11月。平装,32异,书号10019·3345,定价0.48元。(2-218)

6203　灵感的流云
周良沛著,1983年5月。32异,书号10019·3431,平装,定价0.91元;精装,定价1.35元。(2-219)

6204　孙犁文论集
1983年3月。大32开,书号10019·3423,平装,定价1.60元;精装,定价2.50元。(2-220)

6205　新文学论丛(1982年第4期)
本社《新文学论丛》编辑组编,1982年12月。平装,16开,书号10019·3362,定价0.85元。(2-221)

6206　新文学论丛(1983年第1期)
本社《新文学论丛》编辑组编,1983年3月。平装,16开,书号10019·3429,定价0.85元。(2-222)

6207　论艺术的特性
杜书瀛著,新文学论丛丛书,1983年6月。平装,32异,书号10019·3468,定价0.53元。(2-223)

6208　新文学论丛(1983年第2期)
本社《新文学论丛》编辑组编,1983年6月。平装,16开,书号10019·3461,定价0.85元。(2-224)

6209　新时期作家谈创作
彭华生、钱光培编,1983年10月。平装,大32开,书号10019·3528,定价1.50元。(2-226)

6210　新文学论丛(1983年第3期)
本社《新文学论丛》编辑组编,1983年9月。平装,16开,书号10019·3517,定价0.85元。(2-227)

6211　新文学论丛(1983年第4期)
本社《新文学论丛》编辑组编,1983年12月。平装,16开,书号10019·3556,定价0.85元。(2-228)

6212　文坛徜徉录(上下)
阎纲著,1984年3月。大32开,书号10019·3601,平装,定价2.15元;平装覆膜,定价2.55元。(2-229)

6213　新文学论丛(1984年第1期)
本社《新文学论丛》编辑组编,1984年3月。平装,16开,书号10019·3654,定价0.85元。

(2-230)

6214　新文学论丛（1984年第2期）
本社《新文学论丛》编辑组编,1984年9月。平装,16开,书号10019·3702,定价0.85元。(2-234)

6215　文学探路集
秦兆阳著,1984年8月。平装,大32开,书号10019·3689,定价1.35元;精装,定价2.40元。(2-237)

6216　新文学论丛（1984年第3期）
本社《新文学论丛》编辑组编,1984年9月。平装,16开,书号10019·3736,定价0.85元。(2-239)

6217　鉴赏文存
龙协涛编,1984年12月。平装,大32开,书号10019·3729,定价2.05元。(2-240)

6218　军人的美和美的军事文学
思忖著,新文学论丛丛书,1984年11月。平装,32异,书号10019·3722,定价0.90元。(2-242)

6219　新文学论丛（1984年第4期）
本社《新文学论丛》编辑组编,1985年2月。平装,16开,书号10019·3747,定价0.85元。(2-243)

6220　毛泽东文艺思想讨论会文集
中国社会科学院文学研究所文艺理论研究室编,1985年4月。平装,大32开,书号10019·3562,定价2.80元。(2-244)

6221　创作是一种燃烧
王蒙著,1985年11月。大32开,书号10019·3873,平装,定价1.75元;精装,定价3.85元。(2-247)

6222　刘宾雁论文学与生活
吴济时编,1985年12月。大32开,书号10019·3888,平装,定价2.45元;精装,定价4.65元。(2-248)

6223　文学作品是怎样写成的
马畏安著,文学爱好者丛书,1986年2月。平装,小32开,书号10019·3916,定价0.78元。(2-250)

6224　李何林文论选
1986年2月。平装,大32开,书号10019·3903,定价2.55元。(2-251)

6225　文艺信息学
陈辽著,文学爱好者丛书,1986年10月。平装,小32开,书号10019·4003,定价0.78元。(2-255)

6226　文学的反思
刘再复著,1986年11月。大32开,书号10019·4017,平装,定价2.90元;精装,定价5.05元。1988年7月收入百家文论新著丛书,大32开,平装,ISBN 7-02-000543-8,定价3.85元;平装覆膜,ISBN 7-02-000544-6,定价4.35元。(2-256)

6227　美是自由的象征
高尔泰著,1986年12月。平装覆膜,大32开,书号10019·4056,定价2.70元。1988年7月,平装覆膜,大32开,ISBN 7-02-000542-X,定价3.50元。(2-257)

6228　现实主义和现代主义
钱中文著,1987年3月。平装覆膜,大32开,书号10019·4061,定价3.40元。(2-258)

6229　文学：观念的变革
周介人著,1987年5月。平装,小32开,书号10019·4091,定价1.25元。(2-259)

6230　中国当代文学思潮史
朱寨主编,朱寨、吕林、蔡葵、范际燕、仲呈祥编著,1987年5月。大32开,书号10019·4094,平装,定价3.75元;平装覆膜,定价4.15元。(2-261)

6231　艺术现象的符号——文化学阐释
何新著,百家文论新著丛书,1987年8月。平装,大32开,书号10019·4142,定价2.20元;平装覆膜,定价2.55元。(2-262)

6232　诗情与哲理——杜鹏程小说新论
潘旭澜著,1987年9月。平装覆膜,小32开,书号10019·4126,定价1.85元。(2-263)

6233　诗美的积淀与选择
杨匡汉著,百家文论新著丛书,1987年10月。大32开,书号10019·4186,平装,定价2.60元;平装覆膜,定价2.95元。(2-264)

6234　现代现实主义的艺术追求
　　　——柯云路谈《新星》、《夜与昼》
1988年1月。平装,32异,书号10019·4193,

ISBN 7-02-000054-1,定价1.10元。(2-265)

6235 文艺心理学概论
金开诚著,百家文论新著丛书,1987年9月。大32开,书号10019·4173,平装,定价2.95元;平装覆膜,定价3.30元。(2-266)

6236 朴素·真诚·美——丁玲创作论
张炯、王淑秧著,1988年2月。平装覆膜,小32开,书号10019·4217,ISBN 7-02-000143-2,定价2.15元。(2-268)

6237 诗与美
闻山著,1988年3月。平装,小32开,书号10019·4249,ISBN 7-02-000204-8,定价1.55元。(2-269)

6238 西方人看中国戏剧
(台湾)施叔青著,《海内外文学》丛书,1988年3月。平装覆膜,大32开,书号10019·4236,ISBN 7-02-000181-5,定价2.40元。(2-270)

6239 主体性·创新·艺术规律
敏泽著,百家文论新著丛书,1988年3月。大32开,平装,ISBN 7-02-000175-0,定价3.20元;平装覆膜,ISBN 7-02-000176-9,定价3.55元。(2-271)

6240 文学的当代性
李庆西著,百家文论新著丛书,1988年7月。大32开,平装,ISBN 7-02-000513-6,定价2.80元;平装覆膜,ISBN 7-02-000514-4,定价3.25元。(2-272)

6241 二十世纪中国文学三人谈
黄子平、陈平原、钱理群著,现代文学述林丛书,1988年9月。平装覆膜,小32开,ISBN 7-02-000649-3,定价1.60元。(2-274)

6242 文化冲突与审美选择
杨义著,现代文学述林丛书,1988年9月。平装覆膜,32开,ISBN 7-02-000583-7,定价2.65元。(2-275)

6243 美的结构
孙绍振著,百家文论新著丛书,1988年6月。大32开,书号10019·4259,平装,ISBN 7-02-000234-X,定价2.60元;平装覆膜,ISBN 7-02-000235-8,定价3.25元。(2-276)

6244 艺术家的美学
翟墨著,百家文论新著丛书,1989年6月。大32开,平装,ISBN 7-02-000723-6,定价4.15元;平装覆膜,ISBN 7-02-000724-4,定价4.65元。(2-278)

6245 艺术生产原理
何国瑞主编,百家文论新著丛书,1989年8月。大32开,平装,ISBN 7-02-000748-1,定价6.55元;平装覆膜,ISBN 7-02-000749-X,定价6.95元。(2-279)

6246 台湾新诗发展史
古继堂著,1989年5月。平装覆膜,大32开,ISBN 7-02-000699-X,定价5.10元。(2-280)

6247 邓小平论文艺
中共中央宣传部文艺局编,1989年10月。大32开,平装覆膜,ISBN 7-02-000940-9,定价2.45元;精装,ISBN 7-02-000941-7,定价5.55元。2002年1月收入大学生必读,平装,大32开,ISBN 7-02-003652-X,定价8.60元。(2-283)

6248 审美形态的立体观照
张首映著,百家文论新著丛书,1989年6月。大32开,平装,ISBN 7-02-000681-7,定价5.20元;平装覆膜,ISBN 7-02-000682-5,定价5.70元。(2-284)

6249 西方影响与民族风格
唐弢著,百家文论新著丛书,1989年12月。大32开,平装,ISBN 7-02-000802-X,定价6.55元;平装覆膜,ISBN 7-02-000803-8,定价7.05元。(2-285)

6250 诗就是诗
周良沛著,百家文论新著丛书,1990年1月。大32开,平装,ISBN 7-02-000870-4,定价5.30元;平装覆膜,ISBN 7-02-000871-2,定价5.70元。(2-286)

6251 中国当代小说史稿——人物形象系统论
赵俊贤著,1989年12月。平装覆膜,大32开,ISBN 7-02-000830-5,定价4.70元。(2-287)

6252 艺术符号与解释

杨春时著,文艺新学科建设丛书,1989年12月。平装覆膜,大32开,ISBN 7-02-000708-2,定价4.75元。(2-288)

6253 艺术感觉论
——对于作家感觉世界的考察

杨健民著,文艺新学科建设丛书,1989年12月。大32开,平装,ISBN 7-02-000510-1,定价4.80元;平装覆膜,ISBN 7-02-000511-X,定价5.20元。(2-289)

6254 艺术文化论
——对人类艺术活动的多维审视

徐岱著,百家文论新著丛书,1990年9月。大32开,平装,ISBN 7-02-001021-0,定价6.95元;平装覆膜,ISBN 7-02-001022-9,定价7.30元。(2-291)

6255 文学价值论

程麻著,文艺新学科建设丛书,1991年4月。平装覆膜,大32开,ISBN 7-02-001128-4,定价5.25元。(2-292)

6256 文学理论教程

孙耀煜、郁沅、陆学明主编,1991年6月。平装覆膜,大32开,ISBN 7-02-001238-8,定价6.45元。(2-294)

6257 新时期作家创作艺术新探

彭华生、钱光培编,1991年9月。平装覆膜,大32开,ISBN 7-02-001252-3,定价7.25元。(2-296)

6258 风格散记

王蒙著,1991年11月。平装覆膜,大32开,ISBN 7-02-001277-9,定价4.75元。(2-297)

6259 当代文学的社会—历史批评

洁民著,1991年9月。平装覆膜,大32开,ISBN 7-02-001270-1,定价4.40元。(2-298)

6260 中西比较诗学体系(上下)

黄药眠、童庆炳主编,1991年9月。平装覆膜,大32开,ISBN 7-02-001253-1,定价12.45元。(2-299)

6261 张洁的小说世界

许文郁著,1991年10月。平装覆膜,ISBN 7-02-001267-1,定价4.95元。(2-300)

6262 文学批评学

潘凯雄、蒋原伦、贺绍俊著,文艺新学科建设丛书,1991年12月。平装覆膜,大32开,ISBN 7-02-001289-2,定价5.80元。(2-302)

6263 千古文人侠客梦
——武侠小说类型研究

陈平原著,1992年3月。平装覆膜,大32开,ISBN 7-02-001344-9,定价4.45元。(2-303)

6264 文艺学的沉思

董学文著,百家文论新著丛书,1992年6月。平装覆膜,大32开,ISBN 7-02-001396-1,定价8.80元。(2-304)

6265 文艺新学科导论

花建著,文艺新学科建设丛书,1992年11月。平装覆膜,大32开,ISBN 7-02-001452-6,定价6.20元。(2-305)

6266 散文十二家

吴周文著,1992年12月。平装覆膜,大32开,ISBN 7-02-001463-1,定价4.15元。(2-306)

6267 梁凤仪现象

庞冠编,1993年9月。平装覆膜,32异,ISBN 7-02-001732-0,定价4.70元。(2-307)

6268 美学新论

蒋孔阳著,百家文论新著丛书,1993年9月。平装覆膜,大32开,ISBN 7-02-001649-9,定价9.25元。2006年11月收入猫头鹰学术文丛,平装覆膜,国流32开,ISBN 7-02-005509-5,定价32.00元。(2-308)

6269 在新时期面前

陈涌著,1993年7月。平装覆膜,大32开,ISBN 7-02-001630-8,定价9.80元。(2-309)

6270 毛泽东与中国文艺

宋贵仑著,1993年11月。平装覆膜,大32开,ISBN 7-02-001806-8,定价6.00元。(2-310)

6271 艺术价值论

黄海澄著,百家文论新著丛书,1993年12月。平装覆膜,大32开,ISBN 7-02-001730-4,定

价7.45元。(2-311)

6272　播谷集
贾芝著,1994年5月。平装覆膜,大32开,ISBN 7-02-001971-4,定价16.00元。(2-312)

6273　象征论文艺学导论
林兴宅著,文艺新学科建设丛书,1993年6月。平装覆膜,大32开,ISBN 7-02-001600-6,定价9.40元。(2-316)

6274　中国当代新诗史
洪子诚、刘登翰著,1993年5月。平装覆膜,大32开,ISBN 7-02-001595-6,定价9.95元。(2-317)

6275　科学的艺术与艺术的科学
钱学森著,1994年12月。大32开,平装覆膜,ISBN 7-02-002048-8,定价9.55元;精装,ISBN 7-02-002049-6,定价18.10元。(2-320)

6276　点燃灵魂的一簇圣火
陈荒煤著,文学评论家丛书,1995年7月。平装覆膜,大32开,ISBN 7-02-002059-3,定价9.70元。(2-321)

6277　但求无愧无悔
冯牧著,文学评论家丛书,1995年7月。平装覆膜,大32开,ISBN 7-02-002060-7,定价7.90元。(2-322)

6278　审美鉴赏系统模型
杨曾宪著,文艺新学科建设丛书,1994年6月。平装覆膜,大32开,ISBN 7-02-001975-7,定价13.00元。(2-323)

6279　走向新世纪——第六届世界华文文学国际研讨会论文集
公仲、江冰主编,1994年11月。平装覆膜,大32开,ISBN 7-02-002028-3,定价11.20元。(2-324)

6280　演进与代价
秦晋著,文学评论家丛书,陈荒煤、冯牧主编,1995年7月。平装覆膜,大32开,ISBN 7-02-002063-1,定价9.80元。(2-325)

6281　从艺术到人生
冯立三著,文学评论家丛书,陈荒煤、冯牧主编,1995年7月。平装覆膜,大32开,ISBN 7-02-002057-7,定价13.40元。(2-326)

6282　审美之窗
王春元著,文学评论家丛书,陈荒煤、冯牧主编,1995年7月。平装覆膜,大32开,ISBN 7-02-002052-6,定价11.45元。(2-327)

6283　在历史的边缘
陈丹晨著,文学评论家丛书,陈荒煤、冯牧主编,1995年7月。平装覆膜,大32开,ISBN 7-02-002072-0,定价9.50元。(2-328)

6284　文学活着
雷达著,文学评论家丛书,陈荒煤、冯牧主编,1995年7月。平装覆膜,大32开,ISBN 7-02-002069-0,定价13.30元。(2-329)

6285　感悟与沉思
朱寨著,文学评论家丛书,陈荒煤、冯牧主编,1995年7月。平装覆膜,大32开,ISBN 7-02-002054-2,定价7.85元。(2-330)

6286　审美的感悟与追求
缪俊杰著,文学评论家丛书,陈荒煤、冯牧主编,1995年7月。平装覆膜,大32开,ISBN 7-02-002058-5,定价11.80元。(2-331)

6287　南窗乱弹
唐达成著,文学评论家丛书,陈荒煤、冯牧主编,1995年7月。平装覆膜,大32开,ISBN 7-02-002053-4,定价9.25元。(2-332)

6288　文林察辨
江晓天著,文学评论家丛书,陈荒煤、冯牧主编,1995年7月。平装覆膜,大32开,ISBN 7-02-002064-X,定价9.80元。(2-333)

6289　文体的自觉与抉择
何镇邦著,文学评论家丛书,陈荒煤、冯牧主编,1995年7月。平装覆膜,大32开,ISBN 7-02-002071-2,定价10.40元。(2-334)

6290　当代小说见闻录
谢永旺著,文学评论家丛书,陈荒煤、冯牧主编,1995年7月。平装覆膜,大32开,ISBN 7-02-002056-9,定价8.30元。(2-335)

6291　文学的理性和良知
何西来著,文学评论家丛书,陈荒煤、冯牧主编,1995年7月。平装覆膜,大32开,ISBN 7-02-002055-0,定价8.85元。(2-336)

6292　海边草

顾骧著,文学评论家丛书,陈荒煤、冯牧主编,1995年7月。平装覆膜,大32开,ISBN 7-02-002066-6,定价9.20元。(2-337)

6293 今天将会过去

洁泯著,文学评论家丛书,陈荒煤、冯牧主编,1995年7月。平装覆膜,大32开,ISBN 7-02-002065-8,定价11.25元。(2-338)

6294 文学理论要略

童庆炳主编,1995年7月。平装覆膜,大32开,ISBN 7-02-002126-3,定价15.35元。(89-33)

6295 众神的肖像

季红真著,1996年5月。平装覆膜,国流32开,ISBN 7-02-002263-4,定价10.60元。(2-347)

6296 无声的黄昏

王晓明等著,猫头鹰书丛,1996年7月。平装覆膜,32异,ISBN 7-02-002280-4,定价7.95元。(2-348)

6297 叫喊的城市

王唯铭著,猫头鹰书丛,1996年7月。平装覆膜,32异,ISBN 7-02-002279-0,定价9.45元。(2-349)

6298 理解九十年代

陈思和等著,猫头鹰书丛,1996年7月。平装覆膜,32异,ISBN 7-02-002278-2,定价9.45元。(2-350)

6299 第三种尊严

许纪霖著,猫头鹰书丛,1996年7月。平装覆膜,32异,ISBN 7-02-002277-4,定价9.95元。(2-352)

6300 《一代风流》的典型性格

罗源文、梵杨主编,1996年12月。平装覆膜,大32开,ISBN 7-02-002384-3,定价16.00元。(2-354)

6301 海外华文文学现状

潘亚暾著,1996年8月。平装覆膜,大32开,ISBN 7-02-002081-X,定价17.35元。(2-355)

6302 文学解读学导论

曹明海著,文艺新学科建设丛书,1997年7月。平装覆膜,大32开,ISBN 7-02-002423-8,定价22.00元。(2-356)

6303 当代报告文学流变论

李炳银著,1997年8月。平装覆膜,大32开,ISBN 7-02-002425-4,定价14.80元。(2-357)

6304 中外比较文学的里程碑

李达三、罗钢主编,1997年12月。平装覆膜,大32开,ISBN 7-02-002469-6,定价20.00元。(2-358)

6305 艺术的第二次诞生——翟墨当代艺术手记

1997年7月。平装覆膜,大32开,ISBN 7-02-002424-6,定价16.80元。(2-360)

6306 当代文学新潮

朱寨、张炯主编,1997年12月。平装覆膜,大32开,ISBN 7-02-002468-8,定价19.40元。(2-361)

6307 审美价值系统

杨曾宪著,1998年3月。平装覆膜,大32开,ISBN 7-02-002518-8,定价18.50元。(2-362)

6308 长篇小说《长城万里图》纵横谈

傅溪鹏、刘海虹编,1993年8月。平装,小32开,ISBN 7-02-001733-9,定价4.90元。(2-363)

6309 寻梦者的塑像——秦牧作品评论集

秦牧创作研究会编,1998年7月。平装覆膜,大32开,ISBN 7-02-002772-5,定价35.00元。(2-364)

6310 纵横集 王玮学术文选

1998年12月。软精,大32开,ISBN 7-02-002807-1,定价17.80元。(2-365)

6311 中华民族文学关系史(南方卷)

刘亚虎著,1997年12月。平装覆膜,大32开,ISBN 7-02-002786-5,定价18.90元。(2-366)

6312 香港文学史

刘登翰主编,1999年4月。平装覆膜,大32开,ISBN 7-02-002765-2,定价29.60元。(2-367)

6313 瞩望星河——近二十年中国长篇小说艺术

胡德培著,1999年6月。平装覆膜,大32开,ISBN 7-02-002785-7,定价12.70元。(2-369)

6314 黄与蓝的交响——中西美学比较论
邓晓芒、易中天著,猫头鹰学术文丛,1999年7月。平装,国流32开,ISBN 7-02-002827-6,定价24.00元。(2-373)

6315 文化昆仑 钱钟书其人其文
李明生等编,1999年7月。平装,大32开,ISBN 7-02-002967-1,定价19.70元。(2-374)

6316 重读大师 一种谎言的真诚说法（外国卷）
祝勇编,1999年8月。平装覆膜,大32开,ISBN 7-02-002912-4,定价19.00元。(2-375)

6317 重读大师 激情的归途（中国卷）
祝勇编,1999年8月。平装覆膜,大32开,ISBN 7-02-002911-6,定价18.40元。(2-376)

6318 中国近百年文学体式流变史（上下）
冯光廉主编,刘增人、徐鹏绪副主编,1999年10月。平装覆膜,大32开,ISBN 7-02-002997-3,定价68.00元。(2-377)

6319 语言:形式的命名 中国诗歌评论
张曙光等著,孙文波、臧棣、尚开愚编,1999年11月。平装覆膜,国流32开,ISBN 7-02-003086-6,定价25.00元。(2-378)

6320 死火重温
汪晖著,猫头鹰学术文丛,2000年1月。平装,国流32开,ISBN 7-02-003051-3,定价24.50元。2010年4月收入猫头鹰学术文丛精选,平装,国流32开,ISBN 978-7-02-007936-0,定价32.00元。(2-380)

6321 文学原理新释
顾祖钊著,2000年2月。平装覆膜,大32开,ISBN 7-02-003048-3,定价18.60元。(89-34)

6322 民族心灵的幻象 中国小说审美理想
苏涵著,2000年1月。平装覆膜,大32开,ISBN 7-02-003132-3,定价14.00元。(2-382)

6323 《白鹿原》评论集
本社编辑部编,2000年7月。平装覆膜,大32开,ISBN 7-02-003207-9,定价21.00元。(2-384)

6324 中国诗歌 九十年代备忘录
王家新等著,王家新、孙文波编选,2000年1月。平装覆膜,国流32开,ISBN 7-02-003053-X,定价19.50元。(2-385)

6325 东方神韵——意境论
薛富兴著,猫头鹰学术文丛,2000年6月。平装,国流32开,ISBN 7-02-003082-3,定价18.00元。(2-386)

6326 世界华文文学概要
公仲主编,2000年6月。平装覆膜,大32开,ISBN 7-02-003124-2,定价25.00元。(89-35)

6327 文艺的绿色之思 文艺生态学引论
曾永成著,2000年5月。平装覆膜,大32开,ISBN 7-02-003122-6,定价25.00元。(2-389)

6328 漂泊者手记
李洁非著,青年批评家文丛,2000年9月。平装覆膜,大32开,ISBN 7-02-003313-X,定价17.00元。(2-392)

6329 纸现场
李敬泽著,青年批评家文丛,2000年9月。平装覆膜,大32开,ISBN 7-02-003312-1,定价16.00元。(2-393)

6330 永远的质疑
洪治纲著,青年批评家文丛,2000年9月。平装覆膜,大32开,ISBN 7-02-003311-3,定价16.50元。(2-394)

6331 从最小的可能性开始 中国诗歌评论
凌越等著,2000年12月。平装覆膜,国流32开,ISBN 7-02-003353-9,定价25.00元。(5-479)

6332 谈美书简
朱光潜著,中学生课外文学名著必读丛书,2001年2月。平装覆膜,大32开,ISBN 7-02-003380-6,定价6.00元。2003年5月收入语文新课标必读丛书,平装覆膜,大32开,ISBN 7-02-004144-2,定价6.00元。2005年1月收入中国文库,国流 32 开,平装,ISBN 7-02-005076-X,定价 6.00 元;精装,ISBN 7-02-005104-9,定价 19.00 元。2006 年 6 月收入语文新课标必读丛书修订版,平装覆膜,大 32 开,ISBN 7-02-005695-4,定价 6.00 元。2008 年 6 月收入语文新课标必读丛书增订版,平装覆膜,大 32 开,ISBN 978-7-02-007065-7,定价 10.00 元。2018 年 4 月收入教育部统编《语文》推荐阅读丛书,平装覆膜,16 异,ISBN 978-7-02-013768-8,定价 18.00 元。(2-399)

6333　小说创作十戒
王笠耘著,2001 年 5 月。平装覆膜,大 32 开,ISBN 7-02-003359-8,定价 14.00 元。(2-400)

6334　有狼的风景——读八十年代中国文学
〔日〕近藤直子著,廖金球译,猫头鹰学术文丛,2001 年 5 月。平装,国流 32 开,ISBN 7-02-003384-9,定价 13.80 元。(68-12)

6335　长篇小说《幻化》评论集
何西来等著,2001 年 7 月。平装,大 32 开,ISBN 7-02-003494-2,定价 20.00 元。(2-404)

6336　"罗萌国粹系列长篇小说"评论集
罗萌等著,2001 年 7 月。平装覆膜,大 32 开,ISBN 7-02-003488-8,定价 18.00 元。(2-405)

6337　中国现代主义诗学
吕周聚著,2001 年 8 月。平装覆膜,大 32 开,ISBN 7-02-003415-2,定价 15.00 元。(2-406)

6338　创造之秘——文学创作发生论
蔡毅著,2002 年 2 月。平装覆膜,大 32 开,ISBN 7-02-003453-5,定价 19.80 元。(2-408)

6339　传统美育与当代人格
袁济喜著,2002 年 4 月。平装覆膜,大 32 开,ISBN 7-02-003555-8,定价 26.00 元。(2-409)

6340　多元语境中的精神图景——九十年代文学评论集
宁亦文编,2001 年 11 月。平装覆膜,大 32 开,ISBN 7-02-003498-5,定价 18.80 元。(2-410)

6341　文学原理——创作论
杜书瀛著,2001 年 11 月。平装覆膜,大 32 开,ISBN 7-02-003458-6,定价 19.80 元。(89-37)

6342　文学概论
杨春时、俞兆平、黄鸣奋著,2002 年 2 月。平装覆膜,国流 32 开,ISBN 7-02-003731-3,定价 18.00 元。(89-41)

6343　门外探美
李绪萱著,2002 年 4 月。平装,大 32 开,ISBN 7-02-003553-1,定价 22.80 元;精装,ISBN 7-02-003801-8,定价 31.80 元。(2-412)

6344　思潮与文体——20 世纪末小说观察
雷达著,2002 年 6 月。平装覆膜,大 32 开,ISBN 7-02-003825-5,定价 25.00 元。(2-413)

6345　中国新时期小说主潮(上下)
丁帆、许志英主编,2002 年 5 月。平装覆膜,国流 32 开,ISBN 7-02-003738-0,定价 59.80 元。(89-47)

6346　中华文学评论百年精华
本社编辑部编,2002 年 4 月。平装覆膜,大 32 开,ISBN 7-02-003548-5,定价 29.80 元。2004 年 5 月收入百年典藏,平装覆膜,国流 32 开,ISBN 7-02-004509-X,定价 31.00 元。(2-415)

6347　现代诗的情感与形式
蓝棣之著,猫头鹰学术文丛,2002 年 8 月。平装,国流 32 开,ISBN 7-02-003869-7,定价 16.00 元。(2-416)

6348　用生命拥抱文化——中华 20 世纪学者散文的文化精神
喻大翔著,猫头鹰学术文丛,2002 年 8 月。平装,国流 32 开,ISBN 7-02-003867-0,定价 22.00 元。(2-419)

6349　激情与责任——中国诗歌评论
臧棣、肖开愚、孙文波编,2002 年 9 月。平装,国流 32 开,ISBN 7-02-003868-9,定价 26.00 元。(2-420)

6350　红豆——女性情爱文学的文化心理透视
王立、刘卫英著,2002 年 10 月。平装覆膜,大

32开，ISBN 7-02-003602-3，定价 16.00 元。
(2-422)

6351 跨文化传播探讨与研究

赵化勇主编，2002年8月。平装覆膜，大32开，ISBN 7-02-004092-6，定价 26.60 元。
(2-424)

6352 艺术与审美的当代形式

王杰、廖国伟等著，2002年6月。平装覆膜，大32开，ISBN 7-02-004019-5，定价 13.10 元。
(2-428)

6353 阐释与提升 文艺批评实践与思考

勇赴、兴华著，2002年7月。平装覆膜，大32开，ISBN 7-02-004186-8，定价 18.00 元。
(2-429)

6354 中国当代散文史

张振金著，2003年3月。平装覆膜，大32开，ISBN 7-02-004045-4，定价 26.00 元。
(7-551)

6355 文学台湾——台湾知识者的文学叙事与理论想像

黎湘萍著，猫头鹰学术文丛，2003年3月。平装，国流32开，ISBN 7-02-004107-8，定价 22.00 元。2010年4月收入猫头鹰学术文丛精选，平装，国流32开，ISBN 978-7-02-007935-3，定价 28.00 元。(2-431)

6356 网络文学论纲

欧阳友权等著，2003年4月。平装覆膜，国流32开，ISBN 7-02-004164-7，定价 20.00 元。
(2-432)

6357 陈忠实论——从文化角度考察

畅广元著，2003年6月。平装覆膜，大32开，ISBN 7-02-004114-0，定价 16.00 元。
(2-433)

6358 2002 文学评论

南京大学中国现代文学研究中心编选，21世纪年度文学评论选，2003年7月。平装，32异，ISBN 7-02-004253-8，定价 26.00 元。
(2-436)

6359 比较文学与二十世纪中国文学

高旭东著，2002年10月。平装覆膜，大32开，ISBN 7-02-004197-3，定价 12.00 元。
(2-440)

6360 张俊彪研究文集（上下）

秦兆阳等著，2003年6月。平装覆膜，国流32开，ISBN 7-02-004222-8，定价 65.00 元。
(2-441)

6361 聚焦二十世纪 周大新《第二十幕》评论选

武新军、袁盛勇主编，2003年8月。平装覆膜，大32开，ISBN 7-02-004263-5，定价 17.00 元。(2-444)

6362 朱向前文学理论批评选

2003年9月。平装覆膜，国流32开，ISBN 7-02-004286-4，定价 36.00 元。(2-445)

6363 审美形态学

郭昭第著，2003年9月。平装覆膜，大32开，ISBN 7-02-004269-4，定价 22.00 元。
(89-48)

6364 文学鉴赏导读

林文和编，2004年1月。平装覆膜，16异，ISBN 7-02-004340-2，定价 29.00 元。
(89-49)

6365 诗论·文论·剧论 屠岸文艺评论集

2004年1月。平装覆膜，国流32开，ISBN 7-02-004345-3，定价 32.00 元。(2-449)

6366 中国当代文学发展史

孟繁华、程光炜著，2004年1月。平装覆膜，16异，ISBN 7-02-004349-6，定价 27.00 元。
(2-450)

6367 戏剧与时代

董健著，鸡鸣丛书，2004年2月。平装覆膜，国流32开，ISBN 7-02-004361-5，定价 17.00 元。(2-455)

6368 文学史的视野

温儒敏著，鸡鸣丛书，2004年2月。平装覆膜，国流32开，ISBN 7-02-004362-3，定价 20.00 元。(2-456)

6369 文体与形式

赵宪章著，鸡鸣丛书，2004年2月。平装覆膜，国流32开，ISBN 7-02-004360-7，定价 19.00 元。(2-457)

6370 风高放火与振翅洒水

王彬彬著，鸡鸣丛书，2004年2月。平装覆膜，

国流 32 开,ISBN 7-02-004359-3,定价 14.00元。(2-458)

6371　当代中国人文观察
陈平原著,鸡鸣丛书,2004 年 2 月。平装覆膜,国流 32 开,ISBN 7-02-004425-5,定价 14.00元。(2-459)

6372　不可一世论文学
陈思和著,鸡鸣丛书,2003 年 12 月。平装覆膜,国流 32 开,ISBN 7-02-004424-7,定价 18.00 元。(2-460)

6373　思想与文学之间
王晓明著,鸡鸣丛书,2004 年 2 月。平装覆膜,国流 32 开,ISBN 7-02-004427-1,定价 16.00元。(2-461)

6374　当代性与文学传统的重建
姚文放著,2004 年 3 月。平装覆膜,国流 32 开,ISBN 7-02-004402-6,定价 24.00 元。(2-463)

6375　宗璞文学创作评论集
本社编,2003 年 10 月。平装覆膜,国流 32 开,ISBN 7-02-004274-0,定价 21.00 元。(2-467)

6376　文艺美学
周来祥著,2003 年 12 月。平装覆膜,大 32 开,ISBN 7-02-004435-2,定价 24.00 元。(89-50)

6377　2003 文学评论
南京大学中国现代文学研究中心编选,21 世纪年度文学评论选,2004 年 7 月。平装,32 异,ISBN 7-02-004445-X,定价 22.00 元。(2-470)

6378　贺敬之谈诗
2004 年 11 月。平装覆膜,国流 32 开,ISBN 7-02-004848-X,定价 22.00 元。(2-476)

6379　2004 文学评论
南京大学中国现代文学研究中心编选,21 世纪年度文学评论选,2005 年 5 月。平装覆膜,32 异,ISBN 7-02-004922-2,定价 31.00 元。(2-479)

6380　寻找灵魂的归宿——史铁生创作的终极关怀精神
胡山林著,2005 年 2 月。平装覆膜,大 32 开,ISBN 7-02-005013-1,定价 18.00 元。(2-484)

6381　中国文学理论现代性问题研究
姜文振著,2005 年 8 月。平装覆膜,国流 32 开,ISBN 7-02-005224-X,定价 18.00 元。(2-485)

6382　中国当代文学史新稿
董健、丁帆、王彬彬主编,2005 年 8 月。平装覆膜,国流 32 开,ISBN 7-02-005140-5,定价 34.00 元。2006 年 12 月修订本,信息不变。(2-486)

6383　中国诗学研究(第四辑) 新诗研究专辑
安徽师范大学中国诗学研究中心编,2005 年 9 月。平装覆膜,国流 32 开,ISBN 7-02-005234-7,定价 21.00 元。(2-487)

6384　现实主义的当代中国命运
崔志远著,2005 年 9 月。平装覆膜,国流 32 开,ISBN 7-02-005236-3,定价 29.00 元。(2-490)

6385　文化诗学 理论与实践
蒋述卓主编,文化新视界丛书,2005 年 11 月。平装覆膜,国流 32 开,ISBN 7-02-005186-3,定价 28.00 元。(2-493)

6386　长篇小说与艺术问题
吴义勤著,文化新视界丛书,2005 年 11 月。平装覆膜,国流 32 开,ISBN 7-02-005136-7,定价 25.00 元。(2-494)

6387　文化经济学思维——物质与文化均衡发展分析
孟晓驷著,2005 年 12 月。平装覆膜,国流 32 开,ISBN 7-02-005328-9,定价 23.00 元。(2-496)

6388　大众媒介与中国现当代文学
程光炜主编,文化与中国现当代文学研究丛书,2005 年 11 月。平装覆膜,16 开,ISBN 7-02-005152-9,定价 31.00 元。(2-498)

6389　文人集团与中国现当代文学
程光炜主编,文化与中国现当代文学研究丛书,2005 年 11 月。平装覆膜,16 开,ISBN 7-02-005154-5,定价 33.00 元。(2-499)

6390　都市文化与中国现当代文学

357

程光炜主编,文化与中国现当代文学研究丛书,2005 年 11 月。平装覆膜,16 开,ISBN 7-02-005153-7,定价 32.00 元。(2-500)

6391　2005 文学评论
南京大学中国现代文学研究中心编选,21 世纪年度文学评论选,2006 年 1 月。平装覆膜,32 开,ISBN 7-02-004708-4,定价 29.00 元。(2-501)

6392　文学翻译与文学批评
罗选民著,2005 年 12 月。平装覆膜,国流 32 开,ISBN 7-02-005244-4,定价 20.00 元。(2-503)

6393　乡愁以外　北美华人写作中的故国想像
高小刚著,2006 年 4 月。平装覆膜,国流 32 开,ISBN 7-02-005300-9,定价 16.00 元。(2-504)

6394　绿原说诗
2006 年 3 月。平装覆膜,国流 32 开,ISBN 7-02-005245-2,定价 18.00 元。(2-505)

6395　中国散文诗创作概论
柯蓝著,2006 年 4 月。平装覆膜,大 32 开,ISBN 7-02-005322-X,定价 26.00 元。(2-507)

6396　为了诗意的栖居——现代主义经典文本解析
阎保平著,2006 年 6 月。平装覆膜,大 32 开,ISBN 7-02-005340-8,定价 16.00 元。(2-510)

6397　市场经济与文艺　2005 北京文艺论坛
索谦等编,2006 年 5 月。平装覆膜,国流 32 开,ISBN 7-02-005660-1,定价 26.00 元。(2-511)

6398　茅盾　姚雪垠谈艺书简
2006 年 6 月。平装覆膜,国流 32 开,ISBN 7-02-005377-7,定价 14.00 元。(2-512)

6399　中国文化前沿
索谦等编,2006 年 7 月。平装,16 异,ISBN 7-02-005506-0,定价 45.00 元。(2-517)

6400　立场
余虹、徐行言主编,2006 年 9 月。平装覆膜,16 开,ISBN 7-02-005785-3,定价 36.00 元。(2-518)

6401　容易被搅浑的是我们的心
李美皆著,2006 年 9 月。平装覆膜,国流 32 开,ISBN 7-02-005733-0,定价 18.00 元。(2-519)

6402　民族认同和语言表达
林精华主编,2006 年 8 月。平装覆膜,国流 32 开,ISBN 7-02-005755-1,定价 31.00 元。(2-521)

6403　人·历史·家园　文化批评三调
孟悦著,世界人·文学与文化研究丛书,2006 年 9 月。平装覆膜,国流 32 开,ISBN 7-02-005238-X,定价 29.00 元。(2-527)

6404　边地梦寻——一种边缘文学经验与文化记忆的探勘
张直心著,2006 年 11 月。平装覆膜,国流 32 开,ISBN 7-02-005737-3,定价 18.00 元。(2-531)

6405　林斤澜说
程绍国著,2006 年 12 月。平装覆膜,国流 32 开,ISBN 7-02-005499-4,定价 22.00 元。(2-532)

6406　虚构的真迹——书信体小说叙事特征研究
张鹤著,2006 年 12 月。平装覆膜,国流 32 开,ISBN 7-02-005896-5,定价 16.00 元。(2-535)

6407　旋转飞升的陀螺
——百年中国现代诗体流变史论
许霆著,2006 年 12 月。平装覆膜,国流 32 开,ISBN 7-02-005507-9,定价 24.00 元。(2-537)

6408　散文的可能性——关于散文写作的 10 个提问及回答
冯骥才著,刘会军、马明博主编,2006 年 12 月。平装覆膜,国流 32 开,ISBN 7-02-005830-2,定价 18.00 元。(7-716)

6409　新世纪文学研究
张未民、孟春蕊、朱竞编选,2007 年 1 月。平装覆膜,国流 32 开,ISBN 978-7-02-005877-8,定价 32.00 元。(2-541)

| 6410 | 新世纪文艺学的前沿反思

张未民、朱竞、孟春蕊编选,2007年1月。平装覆膜,国流32开,ISBN 978-7-02-005878-5,定价28.00元。(2-542)

| 6411 | 2006文学评论

南京大学现代文学研究中心编选,2007年1月。平装覆膜,32开,ISBN 978-7-02-005971-3,定价24.00元。(2-543)

| 6412 | 2007中国文坛纪事

白烨主编,2008年3月。平装覆膜,32开,ISBN 978-7-02-006649-0,定价36.00元。(14-187)

| 6413 | 路遥评论集

李建军、邢小利编选,2007年4月。平装覆膜,国流32开,ISBN 978-7-02-005990-4,定价26.00元。(2-548)

| 6414 | 中国先锋诗歌论

陈超著,2007年4月。平装覆膜,国流32开,ISBN 978-7-02-006058-0,定价22.00元。(2-551)

| 6415 | 中国现当代作家作品研究

马云著,2007年4月。平装覆膜,国流32开,ISBN 978-7-02-006055-9,定价21.00元。(2-553)

| 6416 | 当代文学的文化透视

崔志远著,2007年4月。平装覆膜,国流32开,ISBN 978-7-02-006057-3,定价28.00元。(2-554)

| 6417 | 传媒时代的文学

周海波著,猫头鹰学术文丛,2007年8月。平装覆膜,国流32开,ISBN 978-7-02-006148-8,定价20.00元。(2-558)

| 6418 | 文学 理解与还原

杨斌华著,2007年9月。平装覆膜,国流32开,ISBN 978-7-02-006189-1,定价21.00元。(2-560)

| 6419 | 东南亚华文新文学史

庄钟庆主编,2007年10月。平装,16开,ISBN 978-7-02-006375-8,定价70.00元。(2-564)

| 6420 | 传媒与文艺 2006北京文艺论坛

索谦主编,2007年11月。平装覆膜,国流32开,ISBN 978-7-02-006503-5,定价24.00元。(2-566)

| 6421 | 中国文学跨世纪发展研究

高楠、王纯菲著,2008年1月。平装,国流32开,ISBN 978-7-02-006376-5,定价34.00元。(2-567)

| 6422 | 王蒙·革命·文学

温奉桥编,2008年3月。平装覆膜,国流32开,ISBN 978-7-02-006499-1,定价37.00元。(2-569)

| 6423 | 世界华文文学整体观

刘俊著,鸡鸣丛书,2007年12月。平装覆膜,国流32开,ISBN 978-7-02-006724-4,定价21.00元。(2-570)

| 6424 | 想像的代价

黄发有著,鸡鸣丛书,2007年12月。平装覆膜,国流32开,ISBN 978-7-02-006721-3,定价23.00元。(2-571)

| 6425 | 混沌的现代性

张光芒著,鸡鸣丛书,2007年12月。平装覆膜,国流32开,ISBN 978-7-02-006722-0,定价22.00元。(2-572)

| 6426 | 生活世界的喧嚣 新生代小说研究

翟文铖著,2008年3月。平装覆膜,国流32开,ISBN 978-7-02-004800-7,定价23.00元。(2-573)

| 6427 | 认同与疏离 美国华裔流散文学批评的东方主义视野

陈爱敏著,2007年12月。平装覆膜,国流32开,ISBN 978-7-02-006317-8,定价26.00元。(2-575)

| 6428 | "思想事件"的修辞

王尧著,鸡鸣丛书,2008年8月。平装覆膜,国流32开,ISBN 978-7-02-006728-2,定价18.00元。(2-581)

| 6429 | 虚构的可能性及其限度

王爱松著,鸡鸣丛书,2007年12月。平装覆膜,国流32开,ISBN 978-7-02-006720-6,定价18.00元。(2-583)

| 6430 | 色彩的语像空间

孙中田著,2008年8月。平装覆膜,国流32开,ISBN 978-7-02-006104-4,定价34.00元。

(2-589)

6431　生活里的文学和艺术
王晓峰著,2008年11月。平装覆膜,国流32开,ISBN 978-7-02-006768-8,定价36.00元。(2-594)

6432　近百年中国文学史论
孔范今著,2008年11月。平装覆膜,国流32开,ISBN 978-7-02-006745-9,定价25.00元。(2-595)

6433　战后二十年中国文学研究
黄万华著,2008年10月。平装覆膜,国流32开,ISBN 978-7-02-006747-3,定价25.00元。(2-596)

6434　全国第一次文代会与新中国文学体制的建构
斯炎伟著,2008年10月。平装覆膜,国流32开,ISBN 978-7-02-006604-9,定价23.00元。(2-597)

6435　批评与文艺 2007北京文艺论坛
索谦主编,2008年12月。平装覆膜,国流32开,ISBN 7-02-006635-3,定价36.00元。(2-599)

6436　寻找"希望的言语"
宗仁发著,2008年12月。平装覆膜,32异,ISBN 978-7-02-007272-9,定价22.00元。(2-600)

6437　中国20世纪文学理论批评价值取向研究
伍世昭著,2009年3月。平装覆膜,国流32开,ISBN 978-7-02-006791-6,定价28.00元。(2-602)

6438　转型期报告文学论纲
龚举善著,2008年12月。平装覆膜,国流32开,ISBN 978-7-02-006626-1,定价26.00元。(2-603)

6439　2008中国文坛纪事
白烨主编,2009年4月。平装,32异,ISBN 978-7-02-006958-3,定价30.00元。(14-204)

6440　在多重空间运思——当代文学研究三十年论文选
中国社会科学院文学所当代文学研究室编选,2009年9月。平装覆膜,32异,ISBN 978-7-02-006889-0,定价39.00元。(2-611)

6441　1949—2009文论选
钱锺书等著,贺绍俊编选,中国文库,2009年9月。国流32开,平装,ISBN 978-7-02-007659-8,定价40.00元;精装,ISBN 978-7-02-007615-4,定价59.00元。(2-616)

6442　张光年文论选
中国文库,2009年9月。国流32开,平装,ISBN 978-7-02-007647-5,定价16.00元;精装,ISBN 978-7-02-007619-2,定价30.00元。(2-617)

6443　周扬文论选
中国文库,朱辉军编选,2009年9月。国流32开,平装,ISBN 978-7-02-007672-7,定价37.00元;精装,ISBN 978-7-02-007644-4,定价55.00元。(2-618)

6444　传统与文艺 2008北京文艺论坛
索谦主编,2009年9月。平装覆膜,国流32开,ISBN 978-7-02-007503-4,定价42.00元。(2-619)

6445　从传统到现代:多维视野中的中国戏剧研究
黄爱华著,2009年12月。平装覆膜,国流32开,ISBN 978-7-02-007686-4,定价27.00元。(6-199)

6446　二十世纪台湾诗歌史
章亚昕著,2010年3月。平装覆膜,国流32开,ISBN 978-7-02-006746-6,定价22.00元。(2-626)

6447　小说门
曹文轩著,曹文轩文集,2010年1月。平装覆膜,国流32开,ISBN 978-7-02-007831-8,定价30.00元。(2-627)

6448　中国八十年代文学现象研究
曹文轩著,曹文轩文集,2010年1月。平装覆膜,国流32开,ISBN 978-7-02-007828-8,定价31.00元。(2-628)

6449　第二世界——对文学艺术的哲学解释
曹文轩著,曹文轩文集,2010年1月。平装覆膜,国流32开,ISBN 978-7-02-007830-1,定价28.00元。(2-629)

6450 二十世纪末中国文学现象研究

曹文轩著,曹文轩文集,2010 年 1 月。平装覆膜,国流 32 开,ISBN 978-7-02-007829-5,定价 36.00 元。(2-630)

6451 被规训的历史想像:论长篇历史小说《李自成》

詹玲著,2009 年 12 月。平装覆膜,国流 32 开,ISBN 978-7-02-007687-1,定价 25.00 元。(2-639)

6452 艾青年谱长编

叶锦编著,2010 年 4 月。平装覆膜,16 异,ISBN 978-7-02-007989-6,定价 78.00 元。(14-228)

6453 2009 中国文坛纪事

白烨主编,2010 年 4 月。平装,国流 32 开,ISBN 978-7-02-007903-2,定价 29.00 元。(14-229)

6454 自由与局限 中国当代新生代小说家论

吴义勤著,2010 年 6 月。平装覆膜,国流 32 开,ISBN 978-7-02-007846-2,定价 32.00 元。(2-640)

6455 网络空间的文学风景

周志雄著,2010 年 6 月。平装覆膜,国流 32 开,ISBN 978-7-02-007898-1,定价 28.00 元。(2-641)

6456 文化转型与当代审美

薛富兴著,2010 年 6 月。平装覆膜,国流 32 开,ISBN 978-7-02-007726-7,定价 34.00 元。(2-643)

6457 文艺美学的学科定位和发展趋势研究

王杰、仪平策主编,2010 年 7 月。平装覆膜,国流 32 开,ISBN 978-7-02-007821-9,定价 32.00 元。(2-644)

6458 跨文化的传播与接受 20 世纪中国文学与外国文学的关系

龙泉明、陈国恩、赵小琪、方长安等著,2010 年 7 月。平装,16 异,ISBN 978-7-02-008024-3,定价 66.00 元。(2-646)

6459 中国当代文学的艺术探索

张学军著,2010 年 8 月。平装,国流 32 开,ISBN 978-7-02-007607-9,定价 22.00 元。(2-648)

6460 典型文案

李洁非著,2010 年 8 月。平装,16 异,ISBN 978-7-02-008224-7,定价 39.00 元。(2-649)

6461 现实与文艺 2009 北京文艺论坛

索谦主编,2010 年 11 月。平装覆膜,国流 32 开,ISBN 978-7-02-008234-6,定价 26.00 元。(2-652)

6462 丁玲办《中国》

王增如著,2011 年 3 月。平装,16 异,ISBN 978-7-02-008432-6,定价 29.00 元。(14-252)

6463 2010 中国文坛纪事

白烨主编,2011 年 6 月。平装,32 异,ISBN 978-7-02-008454-8,定价 27.00 元。(14-256)

6464 当代诗歌话语形态研究

李志元著,2011 年 7 月。平装,国流 32 开,ISBN 978-7-02-008423-4,定价 26.00 元。(2-658)

6465 性别诉求的多重表达——中国当代文学的女性话语研究

孙桂荣著,国家社科基金后期资助项目,2011 年 7 月。平装,16 异,ISBN 978-7-02-008569-9,定价 55.00 元。(2-660)

6466 性别、语境与书写的政治

董丽敏著,2012 年 1 月。平装,国流 32 开,ISBN 978-7-02-008837-9,定价 38.00 元。(2-663)

6467 文学观察与史性阐述

周燕芬著,2012 年 3 月。平装,国流 32 开,ISBN 978-7-02-008713-6,定价 28.00 元。(2-665)

6468 文学:向着无尽的可能

梁鸿鹰著,2012 年 3 月。平装,国流 32 开,ISBN 978-7-02-008728-0,定价 25.00 元。(2-666)

6469 翻译与二十世纪中国文学研讨会论文集

中国人民大学文学院编,2012 年 2 月。平装,16 异,ISBN 978-7-02-008902-4,定价 48.00

元。(2-667)

6470 新中国北京文艺60年(1949—2009) 2010北京文艺论坛
索谦主编,2011年11月。平装,国流32开,ISBN 978-7-02-008775-4,定价32.00元。(2-668)

6471 无名的能量
南帆著,2012年12月。平装,国流32开,ISBN 978-7-02-009510-0,定价28.00元。(2-685)

6472 2011中国文坛纪事
白烨主编,2012年3月。平装,32异,ISBN 978-7-02-008948-2,定价32.00元。(14-278)

6473 2012中国文坛纪事
白烨主编,2013年7月。平装,国流32开,ISBN 978-7-02-009804-0,定价36.00元。(14-301)

6474 生存境遇的追问:张洁论
周志雄著,2012年12月。平装,16异,ISBN 978-7-02-009549-0,定价42.00元。(2-687)

6475 大地苍茫
浩舸著,2013年1月。平装,国流32开,ISBN 978-7-02-009671-8,定价25.00元。(2-688)

6476 中国乡土小说的世纪转型研究
丁帆主编,国家哲学社会科学成果文库,2013年3月。精装,16异,ISBN 978-7-02-009243-7,定价78.00元。(2-694)

6477 伦理嬗变与文学表达——文学伦理之维
马兵著,2013年8月。平装覆膜,国流32开,ISBN 978-7-02-009823-1,定价30.00元。(2-700)

6478 当代北京与文艺:城市精神的艺术呈现 2012北京文艺论坛
北京市文联编,2013年11月。平装覆膜,国流32开,ISBN 978-7-02-010125-2,定价32.00元。(2-705)

6479 从仪式到狂欢——20世纪少儿文学作家作品研究(上下)
吴其南著,国家社科基金后期资助项目,2014年3月。平装,16异,ISBN 978-7-02-010113-9,定价95.00元。(2-708)

6480 声音的意味 20世纪新诗格律探索
张桃洲著,2014年3月。平装覆膜,16异,ISBN 978-7-02-010063-7,定价48.00元。(2-711)

6481 2013中国文坛纪事
白烨主编,2014年4月。平装,国流32开,ISBN 978-7-02-010402-4,定价38.00元。(14-311)

6482 香港新诗发展史
犁青主编,2014年5月。精装,16异,ISBN 978-7-02-010250-1,定价180.00元。(2-715)

6483 文学史与知识分子价值观
丁帆著,中国新文学研究丛书,2014年9月。平装,32异,ISBN 978-7-02-010324-9,定价33.00元。(2-721)

6484 越界与交融:跨区域跨文化的世界华文文学
刘俊著,中国新文学研究丛书,2014年9月。平装,32异,ISBN 978-7-02-010257-0,定价33.00元。(2-722)

6485 文学视阈与戏剧电影
胡星亮著,中国新文学研究丛书,2014年9月。平装,32异,ISBN 978-7-02-010255-6,定价30.00元。(2-723)

6486 文体与图像
赵宪章著,中国新文学研究丛书,2014年9月。平装,32异,ISBN 978-7-02-010259-4,定价30.00元。(2-724)

6487 启蒙、文学与戏剧
董健著,中国新文学研究丛书,2014年10月。平装,32异,ISBN 978-7-02-010253-2,定价34.00元。(2-725)

6488 在语言之内航行:论新诗韵律及其他
李章斌著,中国新文学研究丛书,2014年10月。平装,32异,ISBN 978-7-02-010323-2,定价29.00元。(2-726)

6489 中国当代文学传媒研究
黄发有著,中国新文学研究丛书,2014年10月。平装,32异,ISBN 978-7-02-010254-9,定价42.00元。(2-727)

6490 发现小说
阎连科著,黑白阎连科,2014年10月。平装,国流32开,ISBN 978-7-02-010537-3,定价22.00元。(2-728)

6491 应知天命集
王彬彬著,中国新文学研究丛书,2014年12月。平装,32异,ISBN 978-7-02-010258-7,定价31.00元。(2-733)

6492 文学批评的向度
吴俊著,中国新文学研究丛书,2015年1月。平装,32异,ISBN 978-7-02-010491-8,定价30.00元。(2-734)

6493 景象的困厄
傅元峰著,中国新文学研究丛书,2015年1月。平装,32异,ISBN 978-7-02-010325-6,定价30.00元。(2-735)

6494 在感性与理性之间
张光芒著,中国新文学研究丛书,2015年1月。平装,32异,ISBN 978-7-02-010304-1,定价33.00元。(2-736)

6495 在多重转型中兴起、全盛及分化
新时期以来北京作家群研究
张志忠主编,中国当代文学论丛,2015年4月。平装,国流32开,ISBN 978-7-02-010515-1,定价58.00元。(2-749)

6496 《古炉》评论集
白烨、陈晓明著,2015年8月。平装,16异,ISBN 978-7-02-010658-5,定价48.00元。(2-753)

6497 言说与现场——中国当代文学的一种读法
李仰智著,2015年12月。平装,32异,ISBN 978-7-02-011050-6,定价36.00元。(2-761)

6498 汉藏民间叙事传统比较研究
林继富著,国家哲学社会科学成果文库,2016年4月。精装,16异,ISBN 978-7-02-011420-7,定价120.00元。(2-763)

6499 《上海文学》与当代文学体制的五种形态
李阳著,2016年3月。平装覆膜,国流32开,ISBN 978-7-02-011463-4,定价38.00元。(2-764)

6500 20世纪中国新诗理论史(上下)
吴思敬主编,2015年10月。精装,16异,ISBN 978-7-02-011047-6,定价180.00元。(2-767)

6501 2014中国文坛纪事
白烨主编,2015年10月。平装,32异,ISBN 978-7-02-010958-6,定价42.00元。(14-339)

6502 冯志与《敌后武工队》
冯玲、冯刚著,光荣岁月,2015年12月。平装,国流32开,ISBN 978-7-02-011119-0,定价31.00元。(14-353)

6503 李英儒与《野火春风斗古城》
李小龙著,光荣岁月,2016年1月。平装,国流32开,ISBN 978-7-02-011163-3,定价31.00元。(14-354)

6504 柳青年谱
邢小利、邢之美著,2016年6月。平装,国流32开,ISBN 978-7-02-011612-6,定价28.00元。(14-367)

6505 2015中国文坛纪事
白烨主编,2016年6月。平装,国流32开,ISBN 978-7-02-011552-5,定价49.00元。(14-368)

6506 读读 看看 写写(上下)
陶泰忠著,2016年7月。平装,16异,ISBN 978-7-02-011890-8,定价99.00元。(7-1423)

6507 诗美学(修订版)
李元洛著,2016年8月。平装,国流32开,ISBN 978-7-02-010621-9,定价72.00元。(2-770)

6508 张弦研究资料
刘志权编,江苏当代作家研究资料丛书,2016年10月。平装,32异,ISBN 978-7-02-011416-0,定价42.00元。(2-775)

6509 黄蓓佳研究资料
何平编,江苏当代作家研究资料丛书,2016年10月。平装,32异,ISBN 978-7-02-011476-4,定价45.00元。(2-776)

6510 陆文夫研究资料

王尧编，江苏当代作家研究资料丛书，2016年10月。平装，32异，ISBN 978-7-02-011701-7，定价46.00元。(2-777)

6511　朱苏进研究资料
黄发有编，江苏当代作家研究资料丛书，2016年10月。平装，32异，ISBN 978-7-02-011707-9，定价42.00元。(2-778)

6512　范小青研究资料
晓华编，江苏当代作家研究资料丛书，2016年10月。平装，32异，ISBN 978-7-02-011419-1，定价45.00元。(2-779)

6513　毕飞宇研究资料
吴俊编，江苏当代作家研究资料丛书，2016年10月。平装，32异，ISBN 978-7-02-011414-6，定价42.00元。(2-780)

6514　周梅森研究资料
贺绍俊编，江苏当代作家研究资料丛书，2016年10月。平装，32异，ISBN 978-7-02-011474-0，定价42.00元。(2-781)

6515　韩东研究资料
何同彬编，江苏当代作家研究资料丛书，2016年10月。平装，32异，ISBN 978-7-02-011703-1，定价45.00元。(2-782)

6516　储福金研究资料
张宗刚编，江苏当代作家研究资料丛书，2016年10月。平装，32异，ISBN 978-7-02-011702-4，定价42.00元。(2-783)

6517　苏童研究资料
张学昕编，江苏当代作家研究资料丛书，2016年10月。平装，32异，ISBN 978-7-02-011413-9，定价45.00元。(2-784)

6518　胡石言研究资料
沈杏培编，江苏当代作家研究资料丛书，2016年10月。平装，32异，ISBN 978-7-02-011417-7，定价42.00元。(2-785)

6519　叶兆言研究资料
黄轶编，江苏当代作家研究资料丛书，2016年10月。平装，32异，ISBN 978-7-02-011475-7，定价42.00元。(2-786)

6520　高晓声研究资料
王彬彬编，江苏当代作家研究资料丛书，2016年10月。平装，32异，ISBN 978-7-02-011418-4，定价45.00元。(2-787)

6521　陈白尘研究资料
胡星亮、胡文谦编，江苏当代作家研究资料丛书，2016年10月。平装，32异，ISBN 978-7-02-011477-1，定价48.00元。(2-788)

6522　庞瑞垠研究资料
丁帆编，江苏当代作家研究资料丛书，2016年10月。平装，32异，ISBN 978-7-02-011415-3，定价38.00元。(2-789)

6523　赵本夫研究资料
张光芒编，江苏当代作家研究资料丛书，2016年10月。平装，32异，ISBN 978-7-02-011705-5，定价42.00元。(2-790)

6524　李晓明与《平原枪声》
李晓明著，光荣岁月，2016年11月。平装，国流32开，ISBN 978-7-02-011164-0，定价38.00元。(14-375)

6525　马烽与《吕梁英雄传》
马烽著，光荣岁月，2016年11月。平装，国流32开，ISBN 978-7-02-011162-6，定价36.00元。(14-376)

6526　中国少数民族文学史（文学批评卷）
赵志忠主编，王佑夫、艾光辉、李沛著，2016年12月。精装，16异，ISBN 978-7-02-011911-0，定价78.00元。(2-795)

6527　中国少数民族文学史（诗歌卷）
赵志忠主编，梁庭望著，2016年12月。精装，16异，ISBN 978-7-02-011910-3，定价139.00元。(2-796)

6528　中国少数民族文学史（散文卷）
赵志忠主编，杨春编著，2016年12月。精装，16异，ISBN 978-7-02-011566-2，定价87.00元。(2-797)

6529　中国少数民族文学史（戏剧卷）
赵志忠主编，赵志忠著，2016年12月。精装，16异，ISBN 978-7-02-011397-2，定价77.00元。(2-798)

6530　中国少数民族文学史（小说卷）
赵志忠主编，李云忠著，2016年12月。精装，16异，ISBN 978-7-02-011697-3，定价98.00元。(2-799)

6531　1978激情岁月

谢冕、孟繁华主编,孟繁华著,"重写文学史"经典·百年中国文学总系,2017年3月。平装,国流32开,ISBN 978-7-02-010851-0,定价28.00元。2018年4月收入孟繁华文集,平装覆膜,32异,ISBN 978-7-02-012463-3,定价30.00元。(2-806)

6532　1985 延伸与转折
谢冕、孟繁华主编,尹昌龙著,"重写文学史"经典·百年中国文学总系,2017年3月。平装,国流32开,ISBN 978-7-02-010852-7,定价25.00元。(2-807)

6533　1993 世纪末的喧哗
谢冕、孟繁华主编,张志忠著,"重写文学史"经典·百年中国文学总系,2017年3月。平装,国流32开,ISBN 978-7-02-010853-4,定价31.00元。(2-808)

6534　1956 百花时代
谢冕、孟繁华主编,洪子诚著,"重写文学史"经典·百年中国文学总系,2017年3月。平装,国流32开,ISBN 978-7-02-010849-7,定价28.00元。(2-809)

6535　1962 夹缝中的生存
谢冕、孟繁华主编,陈顺馨著,"重写文学史"经典·百年中国文学总系,2017年3月。平装,国流32开,ISBN 978-7-02-010850-3,定价34.00元。(2-810)

6536　中国话剧百年典藏·理论卷五(百年话剧记忆)
傅谨主编,傅谨编选,中国话剧百年典藏,2017年4月。平装,32异,ISBN 978-7-02-010780-3,定价39.00元。(2-815)

6537　中国话剧百年典藏·理论卷四(1978—2000)
傅谨主编,陶庆梅编选,中国话剧百年典藏,2017年4月。平装,32异,ISBN 978-7-02-010781-0,定价59.00元。(2-819)

6538　中国话剧百年典藏·理论卷三(1949—1977)
傅谨主编,胡志毅、周靖波编选,中国话剧百年典藏,2017年4月。平装,32异,ISBN 978-7-02-010595-3,定价48.00元。(2-820)

6539　一个人的诗歌史
刘春著,2017年6月。平装,16异,ISBN 978-7-02-012235-6,定价58.00元。(2-821)

6540　2016 中国文坛纪事
白烨主编,2017年11月。精装,国流32开,ISBN 978-7-02-013300-0,定价55.00元。(14-395)

6541　选本编纂与八十年代文学生产
徐勇著,国家社科基金后期资助项目,2017年12月。平装,16异,ISBN 978-7-02-012456-5,定价77.00元。(2-823)

6542　《俗世奇人》(足本)评论集
陈建功等著,2017年12月。平装,32异,ISBN 978-7-02-013394-9,定价33.00元。(2-824)

6543　麻将与跳舞
王安忆著,2018年1月。平装,小32开,ISBN 978-7-02-013327-7,定价33.00元。(2-827)

6544　雷达观潮
雷达著,2018年1月。平装,国流32开,ISBN 978-7-02-012979-9,定价52.00元。(2-828)

6545　民间信仰与20世纪中国文学的叙事演变
肖向明著,国家社科基金后期资助项目,2018年3月。平装,16异,ISBN 978-7-02-012481-7,定价72.00元。(2-829)

6546　当代文艺评论视域中的鲁迅传统
曹卫东、李林荣著,2018年4月。平装,国流32开,ISBN 978-7-02-013899-9,定价52.00元。(2-831)

6547　中国当代文艺学学术史(1949—1976)
孟繁华著,孟繁华文集,2018年4月。平装覆膜,32异,ISBN 978-7-02-012458-9,定价37.00元。(99-196)

6548　梦幻与宿命 中国当代文学的精神历程
孟繁华著,孟繁华文集,2018年4月。平装覆膜,32异,ISBN 978-7-02-012464-0,定价35.00元。(99-197)

6549　众神狂欢 世纪之交的中国文化现象

孟繁华著,孟繁华文集,2018年4月。平装覆膜,32异,ISBN 978-7-02-012457-2,定价38.00元。(99-198)

6550 中国当代文学史论
孟繁华著,孟繁华文集,2018年4月。平装覆膜,32异,ISBN 978-7-02-012462-6,定价32.00元。(99-199)

6551 传媒与文化领导权
孟繁华著,孟繁华文集,2018年4月。平装覆膜,32异,ISBN 978-7-02-012465-7,定价32.00元。(99-200)

6552 当代文学:终结与起点 八十、九十年代的文学与文化
孟繁华著,孟繁华文集,2018年4月。平装覆膜,32异,ISBN 978-7-02-012461-9,定价60.00元。(99-201)

6553 新世纪文学论稿之文学现场
孟繁华著,孟繁华文集,2018年4月。平装覆膜,32异,ISBN 978-7-02-012460-2,定价52.00元。(99-202)

6554 新世纪文学论稿之文学思潮
孟繁华著,孟繁华文集,2018年4月。平装覆膜,32异,ISBN 978-7-02-012459-6,定价60.00元。(99-203)

6555 新世纪文学论稿之作家作品
孟繁华著,孟繁华文集,2018年4月。平装覆膜,32异,ISBN 978-7-02-012466-4,定价57.00元。(99-204)

6556 永远的《白鹿原》
何启治著,2018年7月。平装,国流32开,ISBN 978-7-02-014399-3,定价39.00元。(2-836)

6557 观潮与聚焦:中国文学新生态
李林荣著,2018年7月。平装,国流32开,ISBN 978-7-02-014033-6,定价68.00元。(2-837)

6558 小说创作新论
陶长坤著,2018年6月。平装,16异,ISBN 978-7-02-013988-1,定价98.00元。(2-838)

6559 唐诗课
程千帆著,2018年10月。精装,国流32开,ISBN 978-7-02-014315-3,定价43.00元。(7-1546)

6560 2017中国文坛纪事
白烨主编,2018年12月。平装,国流32开,ISBN 978-7-02-014471-6,定价49.00元。(14-425)

6561 天津当代诗五家论
王士强著,2019年8月。平装,国流32开,ISBN 978-7-02-015411-1,定价45.00元。(2-846)

6562 新世纪文学的河南映像
李勇著,2019年11月。平装,32异,ISBN 978-7-02-015768-6,定价40.00元。(2-847)

6563 冰河·凌汛·激流·漩涡 冯骥才记述文化五十年国际学术研讨会论文集
冯骥才文学艺术研究院编,2020年6月。平装,国流32开,ISBN 978-7-02-016026-6,定价58.00元。(2-851)

6564 谭诗录 实然非实然之间
李瑾著,2020年6月。平装,32异,ISBN 978-7-02-016232-1,定价45.00元。(2-852)

6565 京味浮沉与北京文学的发展 北京文学研究资料汇编
张莉编,2020年8月。平装,32异,ISBN 978-7-02-016203-1,定价86.00元。(2-864)

6566 阎真小说艺术讲稿
阎真著,2020年9月。平装,国流32开,ISBN 978-7-02-016081-5,定价46.00元。(2-867)

中国现代文艺理论与文学研究

6567 欣慰的纪念
许广平著,1951年7月。平装,32开,书号 总9单3,定价7,000元。1956年10月,平装,32开,书号10019·9,定价0.55元。(23-1)

6568　我所认识的鲁迅

许寿裳著,1952年6月。平装,32开,书号 总87单27,定价3,800元。1959年9月,平装,32开,书号10019·95,定价0.32元。(23-2)

6569　关于鲁迅的生活

许广平著,1954年6月。平装,32开,书号233,定价2,400元。1956年10月,平装,32开,书号10019·232,定价0.20元。(23-3)

6570　略讲关于鲁迅的事情

乔峰著,1954年8月。平装,32开,书号269,定价2,000元。1956年10月,平装,32开,书号10019·268,定价0.18元。(23-4)

6571　中国新文学史初稿(上下)

刘绶松著,作家出版社1956年4月。平装,大32开,书号作373,定价2.50元。1957年3月,平装,大32开,书号10020·368,定价2.50元。1979年11月人民文学出版社,平装,大32开,书号10019·2867,定价1.80元。(89-26)

6572　回忆鲁迅房族和社会环境35年间(1902—1936)的演变

观鱼著,1959年2月。平装,32开,书号10019·1156,定价1.05元。(23-6)

6573　鲁迅论文学

1959年12月。大32开,书号10019·1396,平装,定价1.25元;精装,定价1.80元。(23-7)

6574　瞿秋白论文学

1959年12月。大32开,书号10019·1521,平装,定价0.52元;精装,定价1.10元。(23-8)

6575　在延安文艺座谈会上的讲话

毛泽东著,1967年5月。书号10019·1828,精装,64开,定价0.32元;精装,大128开,定价0.27元;平装覆膜,64开,定价0.14元;平装,64开,定价0.09元。(1-14)

6576　新文学史料　第1辑

本社《新文学史料》丛刊编辑组编,内部发行,1978年11月。平装,16开,书号10019·2714,定价1.10元。(28-10)

6577　新文学史料　第2辑

本社《新文学史料》丛刊编辑组编,1979年2月。平装,16开,书号10019·2742,定价1.20元。(28-11)

6578　新文学史料　第3辑

本社《新文学史料》丛刊编辑组编,内部发行,1979年5月。平装,16开,书号10019·2779,定价1.20元。(28-12)

6579　新文学史料　第4辑

本社《新文学史料》丛刊编辑组编,1979年8月。平装,16开,书号10019·2819,定价1.25元。(28-13)

6580　新文学史料　第5辑

本社《新文学史料》丛刊编辑组编,1979年12月。平装,16开,书号10019·2866,定价1.25元。(28-14)

6581　历史人物

郭沫若著,1979年8月。平装,大32开,书号10019·2837,定价0.62元。(23-9)

6582　中国现代文学史(一)

唐弢主编,1979年7月。平装,大32开,书号10019·2797,定价0.56元。1988年5月,平装,小32开,ISBN 7-02-000079-7,定价1.15元。1990年5月,平装,小32开,ISBN 7-02-000953-0,定价1.45元。2002年7月,平装覆膜,大32开,ISBN 7-02-003908-1,定价12.00元。(89-13)

6583　中国现代文学史(二)

唐弢主编,1979年11月。平装,大32开,书号10019·2870,定价0.69元。1988年5月,平装,小32开,ISBN 7-02-000080-0,定价1.35元。1990年5月,平装,小32开,ISBN 7-02-000954-9,定价1.75元。2002年7月,平装覆膜,大32开,ISBN 7-02-003909-X,定价13.50元。(89-14)

6584　文艺论集续集

郭沫若著,1979年11月。平装,大32开,书号10019·2834,定价0.33元。(23-10)

6585　文艺论集

郭沫若著,1979年12月。平装,大32开,书号10019·2833,定价0.73元。(23-11)

6586　鲁迅论文学与艺术(上下)

吴子敏、徐迺翔、马良春,1980年7月。大32开,书号10019·2972,平装,定价2.95元;精装,定价3.85元。(23-12)

6587　鲁迅研究资料索引(下册)

北京图书馆、中国社会科学院文学研究所编，1980年3月。平装，大32开，书号10019·2938，定价1.65元。(28-15)

6588　中国现代文学史(三)
唐弢、严家炎主编，1980年12月。平装，大32开，书号10019·3076，定价1.40元。1988年5月，平装，小32开，ISBN 7-02-000081-9，定价2.35元。1990年5月，平装，小32开，ISBN 7-02-000955-7，定价2.95元。2002年7月，平装覆膜，大32开，ISBN 7-02-003910-3，定价22.50元。(89-19)

6589　"革命文学"论争资料选编(上下)
中国社会科学院文学研究所现代文学研究室编，1981年1月。平装，32开，书号10019·3078，定价3.50元。(28-16)

6590　鲁迅研究资料索引(上册)
北京图书馆、中国社会科学院文学研究所编，1982年1月。平装，大32开，书号10019·3254，定价1.40元。(28-17)

6591　"两个口号"论争资料选编(上下)
中国社会科学院文学研究所现代文学研究室编，1982年3月。平装，大32开，书号10019·3274，定价3.20元。(28-18)

6592　鲁迅事迹考
林辰著，1981年9月。平装，32开，书号10019·3190，定价0.36元。(23-13)

6593　忆念鲁迅先生
黄源著，1981年8月。平装，32开，书号10019·3188，定价0.54元。(23-14)

6594　鲁迅的故家
周遐寿著，1957年9月。平装，32开，书号10019·624，定价0.75元。(23-15)

6595　鲁迅年谱(第一卷)
鲁迅博物馆鲁迅研究室编，1981年9月。平装，大32开，书号10019·3197，定价1.55元。(28-19)

6596　鲁迅年谱(第二卷)
鲁迅博物馆鲁迅研究室编，1983年4月。平装，大32开，书号10019·3436，定价1.65元。(28-20)

6597　纪念鲁迅诞生一百周年文献资料集 1881—1981
1983年2月。大32开，书号10019·3407，平装，定价1.00元；平装覆膜，定价1.35元。(28-21)

6598　鲁迅年谱(第三卷)
鲁迅博物馆鲁迅研究室编，1984年1月。平装，大32开，书号10019·3554，定价1.90元。(28-22)

6599　鲁迅年谱(第四卷)
鲁迅博物馆鲁迅研究室编，1984年9月。平装，大32开，书号10019·3692，定价2.40元。(28-23)

6600　中国现代文学史简编
唐弢主编，文学爱好者丛书，1984年3月。书号10019·3614，平装，小32开，定价1.40元；平装覆膜，小32开，定价1.80元；平装，大32开，定价1.70元。1988年5月，平装，小32开，ISBN 7-02-000082-7，定价2.35元。1990年5月，平装，32开，ISBN 7-02-000957-3，定价2.95元。(89-21)

6601　胡风评论集(上)
1984年3月。大32开，书号10019·3620，平装，定价1.50元；平装覆膜，定价1.90元。(23-16)

6602　胡风评论集(中)
1984年5月。大32开，书号10019·3645，平装，定价1.55元；平装覆膜，定价1.95元。(23-17)

6603　谈新诗
冯文炳著，1984年2月。小32开，书号10019·3630，平装，定价0.61元；平装覆膜，定价0.91元。(23-18)

6604　作家论
茅盾等著，中国现代文学作品原本选印丛书，1984年10月。平装，小32开，书号10019·3704，定价0.69元。(23-19)

6605　巴人文艺论集
谷斯范编，1984年12月。平装，大32开，书号10019·3733，定价1.80元。(23-20)

6606　中国现代文学思潮流派讨论集
马良春、张大明、李葆琰编，1984年12月。平装，小32开，书号10019·3758，定价2.10元。(23-21)

6607　胡风评论集（下）

1985年3月。大32开，书号10019·3773，平装，定价2.60元；平装覆膜，定价3.05元。(23-22)

6608　谈美　谈文学

朱光潜著，中国现代文学作品原本选印丛书，1988年2月。平装，小32开，书号10019·4238，ISBN 7-02-000183-1，定价1.70元。2005年3月收入高中语文选修课程资源系列，平装覆膜，大32开，ISBN 7-02-004632-0，定价15.00元。(23-23)

6609　鲁迅研究资料索引续编

中国社会科学院文学研究所资料室编，1986年3月。平装，大32开，书号10019·3918，定价4.25元。(28-24)

6610　浪漫的与古典的　文学的纪律

梁实秋著，中国现代文学作品原本选印丛书，1988年4月。平装，小32开，书号10019·4231，ISBN 7-02-000171-8，定价1.30元。(23-24)

6611　中国现代诗歌艺术

孙玉石著，1992年11月。平装覆膜，大32开，ISBN 7-02-001445-3，定价7.20元。(23-25)

6612　周作人的是非功过

舒芜著，1993年6月。平装覆膜，大32开，ISBN 7-02-001619-7，定价9.50元。2010年4月收入猫头鹰学术文丛精选，平装，国流32开，ISBN 978-7-02-007933-9，定价28.00元。(23-26)

6613　中国现代杂文史论

姜振昌著，1995年10月。平装覆膜，大32开，ISBN 7-02-002158-1，定价13.60元。(23-27)

6614　侠的踪迹——中国武侠小说史论

徐斯年著，1995年12月。平装覆膜，大32开，ISBN 7-02-002305-3，定价13.00元。(23-28)

6615　田汉在日本

伊藤虎丸监修，小谷一郎、刘平编，1997年12月。平装覆膜，大32开，ISBN 7-02-002365-7，定价23.00元。(28-28)

6616　鲁迅年谱（增订本，1—4）

鲁迅博物馆鲁迅研究室编，2000年9月。平装覆膜，大32开，ISBN 7-02-003043-2，定价80.00元。(28-41)

6617　晚清民国时期上海小报研究——一种综合的文化、文学考察

李楠著，猫头鹰学术文丛，2005年9月。平装覆膜，国流32开，ISBN 7-02-005203-7，定价22.00元。2006年9月，插图本，书名《晚清民国时期上海小报》，平装覆膜，国流32开，ISBN 7-02-005505-2，定价26.00元。(14-124)

6618　老舍研究论文集

李润新、周思源主编，2000年10月。平装覆膜，大32开，ISBN 7-02-003307-5，定价26.00元。(23-29)

6619　咀华集　咀华二集

李健吾著，中国文库，2007年9月。国流32开，平装，ISBN 978-7-02-006319-2，定价20.00元；精装，ISBN 978-7-02-006324-6，定价34.00元。(23-30)

6620　论文集（第一卷）

冯雪峰著，1952年9月。平装，32开，书号 总100单32，定价11,500元。(15-1)

6621　亡友鲁迅印象记

许寿裳著，1953年6月。平装，32开，书号204单114，定价3,900元。1959年9月，平装，32开，书号10019·205，定价0.34元。(15-2)

6622　诗论

艾青著，1956年8月。平装，大32开，书号10019·460，定价0.70元。1980年8月，国流32开，书号10019·3009，平装，定价0.71元；半精，定价1.05元。1995年12月，平装覆膜，国流32开，ISBN 7-02-002178-6，定价10.80元。2013年1月，平装，国流32开，ISBN 978-7-02-009406-6，定价23.00元。(15-3)

6623　文学与生活　密云期风习小记

胡风著，新文学碑林，2001年1月。平装覆膜，小32开，ISBN 7-02-003008-4，定价8.50元。(15-4)

6624　咀华集

刘西渭（李健吾）著，新文学碑林，2001年1月。平装覆膜，小32开，ISBN 7-02-003013-0，定

价 6.00 元。(15-5)

6625　回忆鲁迅

冯雪峰著,1952 年 8 月。平装,32 开,书号 总 109 单 36,定价 7,800 元。1957 年 8 月,平装,32 开,书号 10019·623,定价 0.30 元。1981 年 8 月,平装,32 开,书号 10019·107,定价 0.51 元。(2-7)

6626　鲁迅在厦门

陈梦韶著,作家出版社 1954 年 11 月。平装,32 开,书号 作 95,定价 3,400 元。(2-16)

6627　中国现代文学史略

丁易著,作家出版社 1955 年 8 月。平装,大 32 开,书号 作 177,定价 1.53 元。(2-24)

6628　新文学史纲(第一卷)

张毕来著,作家出版社 1955 年 12 月。平装,大 32 开,书号 作 180,定价 0.89 元。1985 年 3 月人民文学出版社,一册无卷号,平装,大 32 开,书号 10019·3792,定价 1.65 元。(2-27)

6629　鲁迅传略

朱正著,作家出版社 1957 年 1 月。平装,32 开,书号 10020·657,定价 0.55 元。1982 年 9 月人民文学出版社,平装,32 开,书号 10019·3346,定价 0.93 元。(2-38)

6630　鲁迅研究

刘泮溪、孙昌熙、韩长经著,作家出版社 1957 年 4 月。平装,32 开,书号 10020·656,定价 1.00 元。(2-40)

6631　鲁迅小说里的人物

周遐寿著,1957 年 8 月。平装,32 开,书号 10019·622,定价 0.70 元。1981 年 7 月,平装,0.53 元。(2-45)

6632　巴金创作评论

北京师范大学中文系巴金创作研究小组编著,1958 年 12 月。平装,32 开,书号 10019·1130,定价 0.37 元。(2-73)

6633　中国现代文学史(初稿)

北京大学中文系集体编著,作家出版社 1960 年 4 月。平装,大 32 开,定价 3.10 元。(2-106)

6634　鲁迅

王士菁著,知识丛书,作家出版社 1962 年 7 月。平装,32 异,书号 10020·1583,定价 0.20 元。

(2-120)

6635　编辑生涯忆鲁迅

赵家璧著,1981 年 9 月。平装,32 开,书号 10019·3189,定价 0.53 元。(2-198)

6636　《阿 Q 正传》在国外

戈宝权著,1981 年 9 月。平装,大 32 开,书号 10019·3194,定价 0.43 元。(2-199)

6637　冯雪峰论文集(上)

1981 年 6 月。大 32 开,书号 10019·3149,平装,定价 1.20 元;平装覆膜,定价 1.55 元。(2-200)

6638　冯雪峰论文集(中)

1981 年 6 月。大 32 开,书号 10019·3150,平装,定价 1.60 元;平装覆膜,定价 1.95 元。(2-201)

6639　冯雪峰论文集(下)

1981 年 6 月。大 32 开,书号 10019·3151,平装,定价 1.30 元;平装覆膜,定价 1.65 元。(2-202)

6640　现代诗人及流派琐谈

钱光培、向远著,新文学论丛丛书,1982 年 2 月。平装,32 异,书号 10019·3264,定价 0.54 元。(2-209)

6641　茅盾的创作历程

庄钟庆著,1982 年 7 月。平装,大 32 开,书号 10019·3310,定价 1.20 元。(2-216)

6642　冰心评传

范伯群、曾华鹏著,1983 年 4 月。平装,大 32 开,书号 10019·3441,定价 0.77 元。(2-225)

6643　张天翼文学评论集

1984 年 2 月。大 32 开,书号 10019·3604,平装,定价 2.10 元;精装,定价 2.70 元。(2-231)

6644　鲁迅论

陈涌著,1984 年 5 月。平装,大 32 开,书号 10019·3657,定价 1.05 元。(2-232)

6645　鲁迅后期思想研究

倪墨炎著,1984 年 8 月。平装,小 32 开,书号 10019·3682,定价 1.25 元。(2-233)

6646　鲁迅作品论集

王瑶著,1984 年 8 月。平装,大 32 开,书号 10019·3700,定价 1.50 元。(2-235)

6647　鲁迅的美学思想

唐弢著,1984年8月。平装,大32开,书号10019·3699,定价1.20元。(2-236)

6648　鲁迅先生与未名社

李霁野著,1984年7月。平装,小32开,书号10019·3684,定价1.05元;平装覆膜,定价1.35元。(2-238)

6649　郭沫若史剧论

田本相、杨景辉著,1985年5月。平装,小32开,书号10019·3809,定价1.55元。(2-245)

6650　论曹禺的戏剧创作

朱栋霖著,1986年2月。平装,小32开,书号10019·3905,定价2.30元。(2-249)

6651　巴金论稿

陈思和、李辉著,1986年4月。平装,大32开,书号10019·3938,定价2.00元。(2-252)

6652　鲁迅述林

林辰著,1986年6月。平装,大32开,书号10019·3957,定价1.45元。(2-253)

6653　鲁迅小说新论

范伯群、曾华鹏著,1986年10月。平装,小32开,书号10019·4001,定价2.50元。(2-254)

6654　鲁迅回忆录正误

朱正著,1986年12月。平装,小32开,书号10019·4037,定价1.50元。2006年10月增订本,收入猫头鹰学术文丛,平装覆膜,国流32开,ISBN 7-02-005511-7,定价20.00元。(2-260)

6655　郭沫若评传

孙党伯著,1987年8月。平装,大32开,书号10019·4171,定价3.55元。(2-267)

6656　冯雪峰与中国现代文学

1988年4月。平装,大32开,书号10019·4244,ISBN 7-02-000194-7,定价2.65元。(2-273)

6657　中国现代小说史(第一卷)

杨义著,1986年9月。平装,大32开,书号10019·3994,定价2.90元。1988年5月,平装,大32开,ISBN 7-02-000087-8,定价3.20元。1990年5月,平装,大32开,ISBN 7-02-000951-4,定价4.00元。1998年3月,一至三卷合为一种,平装覆膜,大32开,ISBN 7-02-002557-9,定价79.50元。2005年1月收入中国文库,国流32开,平装,ISBN 7-02-005132-4,定价110.00元;精装,ISBN 7-02-005133-2,定价149.00元。(89-23)(2-277)

6658　中国现代小说史(第二卷)

杨义著,1988年10月。平装,大32开,ISBN 7-02-000296-X,定价6.95元。(2-277)

6659　中国现代小说流派史

严家炎著,1989年8月。平装覆膜,大32开,ISBN 7-02-000855-0,定价4.95元。1995年11月,精装,大32开,ISBN 7-02-000856-9,定价30.95元;平装覆膜,定价16.20元。(2-281)

6660　礼拜六的蝴蝶梦——论鸳鸯蝴蝶派

范伯群著,现代文学述林丛书,1989年6月。平装覆膜,小32开,ISBN 7-02-000742-2,定价3.10元。(2-282)

6661　中国现代小说史(第三卷)

杨义著,1991年5月。平装,大32开,ISBN 7-02-001157-8,定价9.00元。(2-293)

6662　中国新文学发展史

冯光廉、刘增人主编,1991年8月。平装,大32开,ISBN 7-02-001301-5,定价6.90元。(2-295)

6663　"人"与"鬼"的纠葛——鲁迅小说论析

〔日〕丸尾常喜著,秦弓译,1995年12月。平装覆膜,大32开,ISBN 7-02-002238-3,定价16.30元。2006年6月收入猫头鹰学术文丛,平装覆膜,国流32开,ISBN 7-02-005536-2,定价24.00元。2010年4月收入猫头鹰学术文丛精选,平装,国流32开,ISBN 978-7-02-007932-2,定价25.00元。(2-340)

6664　胡适传论(上下)

胡明著,1996年6月。平装覆膜,大32开,ISBN 7-02-002273-1,定价48.50元。2010年4月收入猫头鹰学术文丛精选,平装,国流32开,ISBN 978-7-02-007934-6,定价69.00元。(2-351)

6665　中国新文学图志(上下)

杨义主笔,中井政喜、张中良合著,1996 年 8 月。平装覆膜,大 32 开,ISBN 7-02-002283-9,定价 52.00 元。(2-353)

6666 回眸"学衡派"——文化保守主义的现代命运

沈卫威著,猫头鹰学术文丛,1999 年 4 月。平装,国流 32 开,ISBN 7-02-002852-7,定价 13.80 元。(2-368)

6667 鲁迅的生命哲学

王乾坤著,猫头鹰学术文丛,1999 年 7 月。平装,国流 32 开,ISBN 7-02-002944-2,定价 18.60 元。2010 年 4 月收入猫头鹰学术文丛精选,平装,国流 32 开,ISBN 978-7-02-007937-7,定价 24.00 元。(2-370)

6668 生的执著——存在主义与中国现代文学

解志熙著,猫头鹰学术文丛,1999 年 7 月。平装,国流 32 开,ISBN 7-02-002881-0,定价 17.20 元。(2-371)

6669 人在旅途——周作人的思想和文体

黄开发著,猫头鹰学术文丛,1999 年 7 月。平装,国流 32 开,ISBN 7-02-002828-4,定价 17.00 元。(2-372)

6670 中国新诗流变论

龙泉明著,1999 年 12 月。平装覆膜,大 32 开,ISBN 7-02-003018-1,定价 28.50 元。(2-381)

6671 郑振铎前期文学思想

郑振伟著,2000 年 11 月。平装覆膜,大 32 开,ISBN 7-02-003358-X,定价 12.80 元。(2-396)

6672 难以直说的苦衷——鲁迅《野草》探秘

〔加拿大〕李天明著,猫头鹰学术文丛,2000 年 12 月。平装,国流 32 开,ISBN 7-02-003308-3,定价 12.00 元。(2-397)

6673 二十一世纪 鲁迅和我们

一平等著,2001 年 3 月。平装覆膜,大 32 开,ISBN 7-02-003357-1,定价 24.00 元。(2-398)

6674 中国文化的守夜人——鲁迅

王富仁著,猫头鹰学术文丛,2002 年 3 月。平装,国流 32 开,ISBN 7-02-003569-8,定价 20.00 元。2010 年 4 月收入猫头鹰学术文丛精选,平装,国流 32 开,ISBN 978-7-02-007931-5,定价 25.00 元。(2-402)

6675 破毁铁屋子的希望——《呐喊》《彷徨》新论

胡尹强著,2001 年 4 月。平装覆膜,大 32 开,ISBN 7-02-003366-0,定价 20.00 元。(2-403)

6676 世变缘常——四十年代小说论

范智红著,猫头鹰学术文丛,2002 年 3 月。平装,国流 32 开,ISBN 7-02-003483-7,定价 12.00 元。(2-407)

6677 春花秋叶——中国五四女作家

张衍芸著,2002 年 5 月。平装覆膜,大 32 开,ISBN 7-02-003834-4,定价 12.00 元。(2-418)

6678 中国现代文学传统

南京大学中国现代文学研究中心编,2002 年 12 月。平装覆膜,大 32 开,ISBN 7-02-003929-4,定价 19.90 元。(2-423)

6679 中国现代文学的性别意识

李玲著,2002 年 10 月。平装覆膜,大 32 开,ISBN 7-02-004187-6,定价 13.50 元。(2-439)

6680 冯雪峰评传

陈早春、万家骥著,2003 年 6 月。软精,大 32 开,ISBN 7-02-004165-5,定价 32.00 元。(99-4)

6681 多重对话——中国新文学的发生

陈方竞著,猫头鹰学术文丛,2003 年 7 月。平装覆膜,国流 32 开,ISBN 7-02-004173-6,定价 26.00 元。(2-443)

6682 中国现代社团文学史

朱寿桐著,鸡鸣丛书,2004 年 2 月。平装覆膜,国流 32 开,ISBN 7-02-004426-3,定价 15.00 元。(2-453)

6683 重回"五四"起跑线

丁帆著,鸡鸣丛书,2004 年 2 月。平装覆膜,国流 32 开,ISBN 7-02-004363-3,定价 13.00 元。(2-454)

6684 中国现代文化指掌图

王富仁著,鸡鸣丛书,2004 年 2 月。平装覆膜,

国流32开,ISBN 7-02-004423-9,定价16.00元。(2-462)

6685 中国现代长篇小说名著版本校评
金宏宇著,猫头鹰学术文丛,2004年5月。平装覆膜,国流32开,ISBN 7-02-004398-4,定价19.00元。(2-464)

6686 20世纪文学的东方之旅
李岫著,2004年5月。平装覆膜,国流32开,ISBN 7-02-004566-9,定价19.00元。(14-95)

6687 现代性视野中的曹禺
李扬著,2004年7月。平装覆膜,国流32开,ISBN 7-02-004677-0,定价12.00元。(2-469)

6688 2002年鲁迅研究年鉴
郑欣淼、孙郁、刘增人主编,2004年8月。平装覆膜,国流32开,ISBN 7-02-004557-X,定价27.00元。(2-471)

6689 中国现代诗歌理论批评史
常文昌著,2004年9月。平装覆膜,大32开,ISBN 7-02-004756-4,定价17.00元。(2-472)

6690 中国西部现代文学史
丁帆著,2004年10月。平装覆膜,16异,ISBN 7-02-004807-2,定价45.00元。2019年8月,书名《中国西部新文学史》,平装,16异,ISBN 978-7-02-014601-7,定价89.00元。(2-473)

6691 胡适新诗理论批评
钟军红著,2005年2月。平装覆膜,大32开,ISBN 7-02-004839-0,定价17.00元。(2-482)

6692 老舍与二十世纪中国文学和文化
石兴泽著,2005年5月。平装覆膜,大32开,ISBN 7-02-004948-6,定价22.00元。(2-483)

6693 2003年鲁迅研究年鉴
郑欣淼、孙郁、刘增人主编,2005年10月。平装覆膜,国流32开,ISBN 7-02-004981-8,定价28.00元。(2-492)

6694 中国现代文学论集(上下)
樊骏著,2006年2月。平装覆膜,国流32开,ISBN 7-02-005313-0,定价48.00元。(2-502)

6695 鲁迅前期文本中的"个人"观念
汪卫东著,猫头鹰学术文丛,2006年4月。平装覆膜,国流32开,ISBN 7-02-005368-8,定价20.00元。(2-506)

6696 现代性:批判的批判——中国现代文学研究的核心问题
李怡著,猫头鹰学术文丛,2006年4月。平装覆膜,国流32开,ISBN 7-02-005537-0,定价18.00元。(2-508)

6697 重建新文学史秩序 1950—1957年现代作家选集的出版研究
陈改玲著,2006年5月。平装覆膜,国流32开,ISBN 7-02-005376-9,定价18.00元。(2-513)

6698 中国现代小说史论
阎浩岗著,2006年6月。平装覆膜,国流32开,ISBN 7-02-005578-8,定价20.00元。(2-514)

6699 现代文学经典:症候式分析
蓝棣之著,猫头鹰学术文丛,2006年7月。平装覆膜,国流32开,ISBN 7-02-005538-9,定价21.00元。2010年4月收入猫头鹰学术文丛精选,平装,国流32开,ISBN 978-7-02-007986-5,定价22.00元。(2-516)

6700 三四十年代苏俄汉译文学论
李今著,猫头鹰学术文丛,2006年6月。平装覆膜,国流32开,ISBN 7-02-005285-1,定价23.00元。(44-124)

6701 中国现代三大文学思潮新论
俞兆平著,猫头鹰学术文丛,2006年10月。平装覆膜,国流32开,ISBN 7-02-005512-5,定价25.00元。(2-526)

6702 漳州籍现代著名作家论集
漳州师范学院中文系中国现当代文学学科编,2006年11月。平装覆膜,国流32开,ISBN 7-02-005739-X,定价25.00元。(2-536)

6703 小城故事 中国现代文学中的小城小说
赵冬梅著,2006年12月。平装覆膜,国流32开,ISBN 7-02-005804-3,定价13.00元。(2-538)

6704 对话场景中的中国现代小说理论话语
程丽蓉著,猫头鹰学术文丛,2006年12月。平装覆膜,国流32开,ISBN 7-02-005757-8,定价20.00元。(2-544)

6705 中国现代文学的文化阐释
宾恩海著,2007年4月。平装覆膜,国流32开,ISBN 978-7-02-005920-1,定价29.00元。(2-547)

6706 中国现代文学主潮论
张俊才著,2007年4月。平装覆膜,国流32开,ISBN 978-7-02-006056-6,定价17.00元。(2-552)

6707 世纪之初读老舍 2006国际老舍学术研讨会论集
吴小美等著,中国老舍研究会选编,2007年8月。平装覆膜,国流32开,ISBN 978-7-02-006275-1,定价39.00元。(2-556)

6708 半是儒家半释家——周作人思想研究
哈迎飞著,猫头鹰学术文丛,2007年8月。平装覆膜,国流32开,ISBN 978-7-02-006180-8,定价40.00元。(2-557)

6709 对话的难度——当代教育与鲁迅接受研究
叶继奋著,2007年6月。平装,国流32开,ISBN 978-7-02-006230-0,定价29.00元。(2-561)

6710 本土语境与西方资源——现代中西诗学关系研究
谭桂林著,猫头鹰学术文丛,2008年4月。平装覆膜,国流32开,ISBN 978-7-02-006653-7,定价26.00元。(2-577)

6711 左翼文学运动的兴起与上海新书业(1928—1930)
刘震著,2008年6月。平装覆膜,国流32开,ISBN 978-7-02-006770-1,定价22.00元。(2-580)

6712 中国现代文学史研究的视阈
朱晓进著,鸡鸣丛书,2008年8月。平装覆膜,国流32开,ISBN 978-7-02-006726-8,定价21.00元。(2-582)

6713 "五四"文学论集
倪婷婷著,鸡鸣丛书,2007年12月。平装覆膜,国流32开,ISBN 978-7-02-006719-0,定价20.00元。(2-586)

6714 现代戏剧与现代性
胡星亮著,鸡鸣丛书,2007年12月。平装覆膜,国流32开,ISBN 978-7-02-006727-5,定价20.00元。(2-587)

6715 现代叙事与文学想象
叶诚生著,2009年5月。平装覆膜,国流32开,ISBN 978-7-02-006865-4,定价22.00元。(2-604)

6716 中国现代话剧史论
刘方政著,2009年10月。平装覆膜,国流32开,ISBN 978-7-02-006934-7,定价27.00元。(2-610)

6717 陈涌文论选
中国文库,2009年9月。国流32开,平装,ISBN 978-7-02-007646-8,定价32.00元;精装,ISBN 978-7-02-007618-5,定价48.00元。(2-613)

6718 王瑶文论选
陈平原编选,中国文库,2009年9月。国流32开,平装,ISBN 978-7-02-007662-8,定价26.00元;精装,ISBN 978-7-02-007633-8,定价46.00元。(2-614)

6719 唐弢文论选
中国文库,刘纳编选,2009年9月。国流32开,平装,ISBN 978-7-02-007661-1,定价31.00元;精装,ISBN 978-7-02-007632-1,定价46.00元。(2-615)

6720 《在延安文艺座谈会上的讲话》研究
刘忠著,2009年12月。平装,16开,ISBN 978-7-02-007567-6,定价32.00元。(2-620)

6721 鲁迅与孔子
王得后著,2010年1月。平装覆膜,16异,ISBN 978-7-02-007763-2,定价39.00元。2016年12月,平装,16异,ISBN 978-7-02-011840-3,定价39.00元。(2-621)

6722 语言变革与现代文学的发生
张向东著,2010年1月。平装覆膜,国流32开,ISBN 978-7-02-007485-3,定价29.00元。

(2-622)

6723 多棱镜下
吴福辉著,2010年2月。平装覆膜,16异,ISBN 978-7-02-007784-7,定价45.00元。(2-624)

6724 思想·文本·史实 鲁迅研究三维
张直心著,2009年12月。平装,国流32开,ISBN 978-7-02-007324-5,定价23.00元。(2-631)

6725 上海摩登——一种新都市文化在中国(1930—1945)
李欧梵著,毛尖译,2010年3月。平装,16异,ISBN 978-7-02-007890-5,定价38.00元。(2-632)

6726 现代性的追求
李欧梵,李欧梵作品,2010年5月。平装,16异,ISBN 978-7-02-008033-5,定价34.00元。(2-642)

6727 铁屋中的呐喊
李欧梵著,尹慧珉译,李欧梵作品,2011年1月。平装,16异,ISBN 978-7-02-008239-1,定价28.00元。(7-1022)

6728 周氏兄弟与日本
赵京华著,2011年7月。平装,16异,ISBN 978-7-02-008519-4,定价36.00元。(2-659)

6729 生死场中的跋涉者——萧红女性文学研究
林敏洁著,2011年10月。平装,国流32开,ISBN 978-7-02-008317-6,定价29.00元。(2-662)

6730 一个编书匠的审读思辨
乐齐著,2012年12月。平装,国流32开,ISBN 978-7-02-009219-2,定价38.00元。(2-686)

6731 早期新诗的合法性研究
伍明春著,2012年12月。平装,国流32开,ISBN 978-7-02-009258-4,定价30.00元。(2-689)

6732 女权、启蒙与民族国家话语
刘慧英著,国家社科基金后期资助项目,2013年3月。平装,16异,ISBN 978-7-02-

009573-5,定价35.00元。(2-691)

6733 中国新诗编年史(上下)
刘福春著,2013年3月。精装,16开,ISBN 978-7-02-009248-2,定价380.00元。(2-696)

6734 中国现代知性诗学研究
周锋著,2013年6月。平装覆膜,国流32开,ISBN 978-7-02-009898-9,定价45.00元。(2-704)

6735 中国现代文学的历史经验
刘元树著,2013年11月。平装,国流32开,ISBN 978-7-02-010064-4,定价39.00元。(2-706)

6736 民国大学的文脉
沈卫威著,中国新文学研究丛书,2014年11月。平装,32异,ISBN 978-7-02-010256-3,定价30.00元。(2-730)

6737 沈从文思想研究
张森著,国家社科基金后期资助项目,2015年1月。平装,16异,ISBN 978-7-02-010559-5,定价52.00元。(2-741)

6738 鲁迅与俄国
孙郁著,国家哲学社会科学成果文库,2015年3月。精装,16异,ISBN 978-7-02-010802-2,定价78.00元。(2-745)

6739 《豫报》《河南》与中国现代文化
秦方奇主编,2015年9月。平装,国流32开,ISBN 978-7-02-010970-8,定价38.00元。(2-755)

6740 被照亮的世界——《故事新编》诗学研究(增订本)
郑家建著,2015年12月。平装,16异,ISBN 978-7-02-010947-0,定价38.00元。(2-759)

6741 浪漫的中国:性别视角下激进主义思潮与文学(1890—1940)
杨联芬著,国家哲学社会科学成果文库,2016年4月。精装,16异,ISBN 978-7-02-011421-4,定价75.00元。(2-762)

6742 天津报刊与中国现代文学
杨爱芹著,国家社科基金后期资助项目,2016年9月。平装,16异,ISBN 978-7-02-

010819-0,定价 69.00 元。(2-772)

6743 翻译的"政治"——现代文坛的翻译论争与文学、文化论争

胡翠娥著,国家社科基金后期资助项目,2016年10月。平装,16异,ISBN 978-7-02-011558-7,定价 56.00 元。(2-773)

6744 "娜拉现象"的中国言说

宋剑华著,国家社科基金后期资助项目,2016年10月。平装,16异,ISBN 978-7-02-011555-6,定价 62.00 元。(2-774)

6745 1898 百年忧患

谢冕、孟繁华主编,谢冕著,"重写文学史"经典·百年中国文学总系,2017年3月。平装,国流32开,ISBN 978-7-02-010844-2,定价 29.00 元。(2-800)

6746 1903 前夜的涌动

谢冕、孟繁华主编,程文超著,"重写文学史"经典·百年中国文学总系,2017年3月。平装,国流32开,ISBN 978-7-02-010843-5,定价 29.00 元。(2-801)

6747 1921 谁主沉浮

谢冕、孟繁华主编,孔庆东著,"重写文学史"经典·百年中国文学总系,2017年3月。平装,国流32开,ISBN 978-7-02-010845-9,定价 28.00 元。(2-802)

6748 1928 革命文学

谢冕、孟繁华主编,旷新年著,"重写文学史"经典·百年中国文学总系,2017年3月。平装,国流32开,ISBN 978-7-02-010846-6,定价 34.00 元。(2-803)

6749 1948 天地玄黄

谢冕、孟繁华主编,钱理群著,"重写文学史"经典·百年中国文学总系,2017年3月。平装,国流32开,ISBN 978-7-02-010848-0,定价 31.00 元。(2-804)

6750 1942 走向民间

谢冕、孟繁华主编,李书磊著,"重写文学史"经典·百年中国文学总系,2017年3月。平装,国流32开,ISBN 978-7-02-010847-3,定价 27.00 元。(2-805)

6751 "文学"概念史

余来明著,国家社科基金后期资助项目,2016年12月。平装,16异,ISBN 978-7-02-012101-4,定价 72.00 元。(2-811)

6752 中国话剧百年典藏·理论卷一(1906—1929)

傅谨主编,王凤霞编选,中国话剧百年典藏,2017年4月。平装,32异,ISBN 978-7-02-010637-0,定价 48.00 元。(2-816)

6753 中国话剧百年典藏·理论卷二(1929—1949)

傅谨主编,王桂妹编选,中国话剧百年典藏,2017年4月。平装,32异,ISBN 978-7-02-010594-6,定价 32.00 元。(2-817)

6754 一个编审的视界 鲁迅·国际友人·现代文学

张小鼎著,2018年4月。平装,16异,ISBN 978-7-02-013630-8,定价 66.00 元。(14-406)

6755 语文杂谈

朱自清著,樊霞编选,教育部统编《语文》推荐阅读丛书,2018年5月。平装覆膜,16异,ISBN 978-7-02-013781-7,定价 25.00 元。(28-56)

6756 中国现代传记文学史论

辜也平著,现代散文学书系,2018年9月。平装,16异,ISBN 978-7-02-014322-1,定价 78.00 元。(2-839)

6757 日记的鲁迅

王锡荣著,2018年9月。平装,16异,ISBN 978-7-02-010288-4,定价 58.00 元。(2-841)

6758 中国现代散文史(1917—1949)

俞元桂主编,俞元桂等著,现代散文学书系,2019年3月。平装,16异,ISBN 978-7-02-014324-5,定价 89.00 元。(2-843)

6759 鲁迅早期中国文学史著述辑论

王志著,国家社科基金后期资助项目,2019年11月。平装,16异,ISBN 978-7-02-014778-6,定价 118.00 元。(2-845)

6760 谈美

朱光潜著,中小学生阅读指导目录,2020年9月。平装,32异,ISBN 978-7-02-016290-1,定价 18.00 元。(2-865)

6761　鲁迅与西方表现主义美术
崔云伟著，2020年8月。平装，国流32开，ISBN 978-7-02-016290-1，定价18.00元。(2-866)

6762　箭正离弦 《野草》全景观
阎晶明著，2020年9月。平装，国流32开，ISBN 978-7-02-016495-0，定价59.00元。(2-868)

6763　诗人鲁迅 鲁迅诗全考
顾农著，2020年9月。平装，国流32开，ISBN 978-7-02-016445-5，定价45.00元。(2-869)

中国古典文艺理论与文学研究

6764　诗品注
钟嵘著，陈延杰注，1958年6月。平装，大32开，书号10019·764，定价0.60元。1961年10月收入中国古典文学理论批评专著选辑，平装，大32开，定价0.60元。1980年2月，平装，大32开，书号10019·1636，定价0.54元。1998年2月，平装覆膜，大32开，ISBN 7-02-002638-9，定价7.80元。(29-1)

6765　文心雕龙注（上下）
刘勰著，范文澜注，中国古典文学理论批评丛刊，1958年9月。平装，大32开，书号10019·789，定价2.55元。1960年4月收入中国古典文学理论批评专著选辑，平装，大32开，定价2.40元。1998年2月，平装覆膜，大32开，ISBN 7-02-002679-6，定价31.00元。(29-2)

6766　饮冰室诗话
梁启超著，简夷之校点，中国古典文学理论批评专著选辑，1959年4月。平装，大32开，书号10019·1204，定价0.52元。1982年10月，署郭绍虞、罗根泽主编，舒芜校点。1998年5月，平装覆膜，大32开，ISBN 7-02-002664-8，定价8.00元。(29-3)

6767　白雨斋词话
陈廷焯著，杜维沫校点，中国古典文学理论批评专著选辑，1959年10月。平装，大32开，书号10019·1372，定价0.78元。1983年9月，署郭绍虞、罗根泽主编，杜维沫校点。1998年2月，平装覆膜，大32开，ISBN 7-02-002636-2，定价9.80元。(29-4)

6768　中国中古文学史 论文杂记
刘师培著，金文渐校点，中国古典文学理论批评专著选辑，1959年11月。平装，大32开，书号10019·1390，定价0.51元。1984年5月，署郭绍虞、罗根泽主编，舒芜校点。1998年5月，平装覆膜，大32开，ISBN 7-02-002688-5，定价8.00元。(29-5)

6769　中国近代文论选（上下）
本社编辑部、中国近代文论选编选小组编选，郭绍虞主编，中国历代文论选，1959年11月。平装，大32开，书号10019·1367，定价2.70元。1962年10月，署简夷之、陈迩冬、周绍良、王晓传编选。1981年1月，署郭绍虞、罗根泽主编，舒芜、陈迩冬、周绍良、王利器编选。1999年1月，书名《近代文论选》，平装覆膜，大32开，ISBN 7-02-002856-X，定价35.00元。(29-6)

6770　论文偶记 初月楼古文绪论 春觉斋论文
刘大櫆、吴德旋、林纾著，范先渊校点，中国古典文学理论批评专著选辑，1959年11月。平装，大32开，书号10019·1424，定价0.50元。1998年5月，平装覆膜，大32开，ISBN 7-02-002666-4，定价8.00元。(29-7)

6771　介存斋论词杂著 复堂词话 蒿庵词话
周济、谭献、冯煦著，末坎校点，中国古典文学理论批评专著选辑，1959年11月。平装，大32开，书号10019·1373，定价0.30元。1984年5月，书名《介存斋论词杂著 复堂词话 蒿庵论词》，署郭绍虞、罗根泽主编，顾学颉校点。1998年5月，平装覆膜，大32开，ISBN 7-02-002652-4，定价6.00元。(29-8)

6772　汉魏六朝百三家集题辞注

张溥著,殷孟伦注,中国古典文学理论批评专著选辑,1960年3月。平装,大32开,书号10019·1450,定价1.15元。1981年11月,署郭绍虞、罗根泽主编,殷孟伦注。(29-9)

6773　文则　文章精义
陈骙、李塗著,刘明晖校点,中国古典文学理论批评专著选辑,1960年4月。平装,大32开,书号10019·1553,定价0.34元。1998年5月,平装覆膜,大32开,ISBN 7-02-002639-7,定价6.20元。2016年11月,署王利器校点,平装覆膜,国流32开,ISBN 978-7-02-011394-1,定价16.00元。定价2.40元。(29-10)

6774　蕙风词话　人间词话
况周颐、王国维著,徐调孚注,王幼安校订,中国古典文学理论批评专著选辑,1960年4月。平装,大32开,书号10019·1555,定价0.92元。1982年11月,署郭绍虞、罗根泽主编,徐调孚、周振甫注,王幼安校订。1998年2月,平装覆膜,大32开,ISBN 7-02-002665-6,定价10.80元。(29-11)

6775　渚山堂词话　词品
陈霆、杨慎著,王幼安校点,中国古典文学理论批评专著选辑,1960年4月。平装,大32开,书号10019·1554,定价0.65元。1998年5月,平装覆膜,大32开,ISBN 7-02-002650-8,定价9.40元。(29-12)

6776　随园诗话(上下)
袁枚著,忄朱坎校点,中国古典文学理论批评专著选辑,1960年6月。平装,大32开,书号10019·1580,定价2.70元。1982年10月,署郭绍虞、罗根泽主编,顾学颉校点。1998年2月,平装覆膜,大32开,ISBN 7-02-002685-0,定价35.20元。(29-13)

6777　沧浪诗话校释
严羽著,郭绍虞校释,中国古典文学理论批评专著选辑,1961年6月。平装,大32开,书号10019·1624,定价0.82元。1998年2月,平装覆膜,大32开,ISBN 7-02-002654-0,定价12.00元。(29-14)

6778　四溟诗话　薑斋诗话
谢榛、王夫之著,宛平、夷之校点,中国古典文学理论批评专著选辑,1961年7月。平装,大32开,书号10019·1077,定价0.70元。1998年2月,平装覆膜,大32开,ISBN 7-02-002642-8,定价8.80元。(29-15)

6779　昭昧詹言
方东树著,汪绍楹校,中国古典文学理论批评专著选辑,1961年10月。平装,大32开,书号10019·1635,定价1.75元。1984年6月,署郭绍虞主编,汪绍楹校。2006年1月,平装覆膜,国流32开,ISBN 7-02-005357-2,定价31.00元。(29-16)

6780　六一诗话　白石诗说　潭南诗话
欧阳修、姜夔、王若虚著,郭绍虞主编,郑文、霍松林、胡主佑校点,中国古典文学理论批评专著选辑,1962年6月。平装,大32开,书号10019·1657,定价0.36元。(29-17)

6781　苕溪渔隐丛话(前集后集)
胡仔纂集,郭绍虞主编,廖德明校点,中国古典文学理论批评专著选辑,1962年6月。平装,大32开,书号10019·1623,定价2.50元。1993年11月,平装覆膜,大32开,ISBN 7-02-001701-0,定价14.00元。(29-18)

6782　文章辨体序说　文体明辨序说
吴纳、徐师曾著,于北山、罗根泽校点,中国古典文学理论批评专著选辑,1962年9月。平装,大32开,书号10019·1672,定价0.63元。1982年9月,署郭绍虞主编,于北山、罗根泽校点。1998年5月,平装覆膜,大32开,ISBN 7-02-002714-8,定价9.50元。(29-19)

6783　瓯北诗话
赵翼著,霍松林、胡主佑校点,中国古典文学理论批评专著选辑,1963年3月。平装,大32开,书号10019·1725,定价0.67元。1981年9月,署郭绍虞主编,霍松林、胡主佑校点。1998年5月,平装覆膜,大32开,ISBN 7-02-002648-6,定价10.00元。(29-20)

6784　词源注　乐府指迷笺释
张炎、沈义父著,夏承焘校注,蔡嵩云笺释,中国古典文学理论批评专著选辑,1963年9月。平装,大32开,书号10019·1750,定价0.36元。1998年5月,平装覆膜,大32开,ISBN 7-02-002687-7,定价6.50元。2018年4月,平

装覆膜,国流32开,ISBN 978-7-02-013846-3,定价20.00元。(29-21)

6785 诗品集解 续诗品注

司空图、袁枚著,郭绍虞集解辑注,中国古典文学理论批评专著选辑,1963年11月。平装,大32开,书号10019·1758,定价0.70元。1998年2月,平装覆膜,大32开,ISBN 7-02-002656-7,定价9.00元。(29-22)

6786 带经堂诗话(上下)

王士禛著,张宗柟纂集,夏闳校点,中国古典文学理论批评专著选辑,1963年11月。平装,大32开,书号10019·1751,定价2.80元。1982年11月,署戴鸿森校点。1998年2月,平装覆膜,大32开,ISBN 7-02-002657-5,定价49.00元。(29-23)

6787 文镜秘府论

〔日〕遍照金刚著,周维德校点,1975年8月。平装,大32开,书号10019·2267,定价0.85元。(29-24)

6788 杜甫戏为六绝句集解 元好问论诗三十首小笺

郭绍虞集解笺释,中国古典文学理论批评专著选辑,1978年12月。平装,大32开,书号10019·2696,定价0.34元。1998年5月,平装覆膜,大32开,ISBN 7-02-002649-4,定价6.70元。(29-25)

6789 原诗 一瓢诗话 说诗晬语

叶燮、薛雪、沈德潜著,郭绍虞主编,霍松林、杜维沫校注,中国古典文学理论批评专著选辑,1979年10月。平装,大32开,书号10019·2802,定价0.91元。1998年5月,平装覆膜,大32开,ISBN 7-02-002647-8,定价13.20元。(29-26)

6790 谈龙录 石洲诗话

赵执信、翁方纲著,郭绍虞主编,陈迩冬校点,中国古典文学理论批评专著选辑,1981年1月。平装,大32开,书号10019·3069,定价0.83元。1998年2月,平装覆膜,大32开,ISBN 7-02-002655-9,定价10.60元。2019年9月,平装覆膜,国流32开,ISBN 978-7-02-013638-4,定价42.00元。(29-27)

6791 薑斋诗话笺注

王夫之著,郭绍虞主编,戴鸿森笺注,中国古典文学理论批评专著选辑,1981年9月。平装,大32开,书号10019·3185,定价0.81元。(29-28)

6792 北江诗话

洪亮吉著,郭绍虞主编,陈迩冬校点,中国古典文学理论批评专著选辑,1983年7月。平装,大32开,书号10019·3488,定价0.42元。1998年5月,平装覆膜,大32开,ISBN 7-02-002637-0,定价7.00元。2019年4月,平装覆膜,国流32开,ISBN 978-7-02-013556-1,定价29.00元。(29-29)

6793 宋金元文论选

郭绍虞主编,陶秋英编选,虞行校订,中国历代文论选,1984年11月。平装,大32开,书号10019·3724,定价2.20元。1999年1月,平装覆膜,大32开,ISBN 7-02-002858-6,定价24.40元。(29-30)

6794 文心雕龙注释

刘勰著,周振甫注,1981年11月。平装,大32开,书号10019·3206,定价1.85元。1998年7月,平装覆膜,大32开,ISBN 7-02-002681-8,定价23.00元。2002年1月收入大学生必读丛书,平装,大32开,ISBN 7-02-003626-0,定价26.00元。(29-31)

6795 碧溪诗话

黄徹著,汤新祥校注,中国古典文学理论批评专著选辑,1986年9月。平装,大32开,书号10019·3989,定价1.50元。1998年5月,平装覆膜,大32开,ISBN 7-02-002651-6,定价10.80元。(29-32)

6796 诗话总龟(前集后集)

阮阅编,郭绍虞主编,周本淳校点,中国古典文学理论批评专著选辑,1987年8月。平装,大32开,书号10019·4139,定价5.50元。1998年2月,平装覆膜,大32开,ISBN 7-02-002678-8,定价47.00元。(29-33)

6797 诗源辩体

许学夷著,杜维沫校点,中国古典文学理论批评专著选辑,1987年10月。平装,大32开,书号10019·4151,定价3.10元。1998年2月,平装覆膜,大32开,ISBN 7-02-002663-X,定

价17.80元。(29-34)

6798　词苑丛谈校笺
徐釚编著,王百里校笺,中国古典文学理论批评专著选辑,1988年11月。平装,大32开,ISBN 7-02-000364-8,定价7.60元。1998年2月,平装覆膜,大32开,ISBN 7-02-002641-9,定价24.00元。(29-35)

6799　五代诗话
王士禛原编,郑方坤删补,戴鸿森校点,中国古典文学理论批评专著选辑,1989年12月。平装,大32开,ISBN 7-02-000716-3,定价5.40元。1998年2月,平装覆膜,大32开,ISBN 7-02-002653-2,定价17.00元。(29-36)

6800　隋唐五代文论选
周祖譔编选,中国历代文论选,1990年5月。平装,大32开,ISBN 7-02-000845-3,定价5.15元。1999年1月,平装覆膜,大32开,ISBN 7-02-002861-6,定价17.80元。(29-37)

6801　静志居诗话(上下)
朱彝尊著,郭绍虞主编,姚祖恩编,黄君坦校点,中国古典文学理论批评专著选辑,1990年10月。平装,大32开,ISBN 7-02-001037-7,定价10.40元。1998年2月,平装覆膜,大32开,ISBN 7-02-002640-0,定价33.00元。(29-38)

6802　万首论诗绝句(一——四)
郭绍虞、钱仲联、王遽常编,1991年2月。平装,大32开,ISBN 7-02-001118-7,定价24.45元。(29-39)

6803　神韵论
吴调公著,中国古典文学研究丛书,1991年9月。平装覆膜,大32开,ISBN 7-02-001247-7,定价4.40元。(29-40)

6804　屈原论稿
聂石樵著,中国古典文学研究丛书,1992年4月。平装覆膜,大32开,ISBN 7-02-001342-2,定价4.85元。(29-41)

6805　杜牧研究丛稿
胡可先著,中国古典文学研究丛书,1993年9月。平装覆膜,大32开,ISBN 7-02-001655-3,定价4.85元。(29-42)

6806　明代文论选
蔡景康编选,中国历代文论选,1993年9月。平装,大32开,ISBN 7-02-001278-7,定价8.05元。1999年1月,平装覆膜,大32开,ISBN 7-02-002860-8,定价19.20元。(29-43)

6807　文心雕龙研究
牟世金著,中国古典文学研究丛书,1995年8月。平装覆膜,大32开,ISBN 7-02-001822-X,定价21.05元。(29-44)

6808　宋代词学审美理想
张惠民著,中国古典文学研究丛书,1995年4月。平装覆膜,大32开,ISBN 7-02-002008-9,定价9.60元。(29-45)

6809　老子本原
黄瑞云校注,1995年6月。平装,32开,ISBN 7-02-001973-0,定价5.60元。(29-46)

6810　谢朓与李白管窥
梁森著,1995年12月。平装,32开,ISBN 7-02-002159-X,定价6.15元。(29-47)

6811　谢朓与李白研究
王运熙等编著,茆家培、李子龙主编,1995年9月。大32开,平装覆膜,ISBN 7-02-002115-8,定价16.45元;精装,ISBN 7-02-002116-6,定价29.30元。(29-48)

6812　先秦两汉文论选
张少康、卢永璘编选,中国历代文论选,1996年5月。平装,大32开,ISBN 7-02-001669-3,定价30.00元。1999年1月,平装覆膜,大32开,ISBN 7-02-002857-8,定价28.00元。(29-49)

6813　屈原与他的时代
赵逵夫著,1996年8月。平装覆膜,大32开,ISBN 7-02-002282-0,定价26.00元。2002年10月,平装覆膜,大32开,ISBN 7-02-003789-5,定价29.80元。(29-50)

6814　魏晋南北朝文论选
郁沅、张明高编选,中国历代文论选,1996年10月。平装,大32开,ISBN 7-02-001637-5,定价21.50元。1999年1月,平装覆膜,大32开,ISBN 7-02-002859-4,定价19.70元。(29-52)

6815　清代文论选（上下）

王运熙、顾易生主编，王镇远、邬国平编选，中国历代文论选，1999年1月。平装覆膜，大32开，ISBN 7-02-002520-X，定价36.10元。（29-53）

6816　文赋集释

陆机著，张少康集释，中国古典文学理论批评专著选辑，2002年9月。平装覆膜，大32开，ISBN 7-02-003166-8，定价16.00元。（29-54）

6817　诗式校注

皎然著，李壮鹰校注，中国古典文学理论批评专著选辑，2003年11月。平装覆膜，大32开，ISBN 7-02-004252-X，定价26.00元。（29-55）

6818　石遗室诗话

陈衍著，中国古典文学理论批评专著选辑，2004年8月。平装覆膜，大32开，ISBN 7-02-003403-9，定价40.00元。（29-56）

6819　怀麓堂诗话校释

李东阳著，李庆立校释，中国古典文学理论批评专著选辑，2009年10月。平装覆膜，国流32开，ISBN 978-7-02-006897-5，定价29.00元。（29-57）

6820　诗品笺注

钟嵘著，曹旭笺注，中国古典文学理论批评专著选辑，2009年12月。平装覆膜，国流32开，ISBN 978-7-02-006640-7，定价25.00元。（29-58）

6821　四六丛话

孙梅著，李金松校点，中国古典文学理论批评专著选辑，2010年5月。平装覆膜，国流32开，ISBN 978-7-02-007504-1，定价45.00元。（29-59）

6822　词话丛编续编（一——五）

朱崇才编纂，2010年6月。精装，国流32开，ISBN 978-7-02-008088-5，定价320.00元。（29-60）

6823　雪桥诗话全编（一——四）

杨钟羲著，雷恩海、姜朝晖校点，2011年7月。精装，国流32开，ISBN 978-7-02-007380-1，定价270.00元。（34-50）

6824　蒲褐山房诗话新编

王昶著，周维德校点，中国古典文学理论批评专著选辑，2011年9月。平装覆膜，国流32开，ISBN 978-7-02-008680-1，定价23.00元。（29-61）

6825　石林诗话校注

叶梦得撰，逯铭昕校注，中国古典文学理论批评专著选辑，2011年12月。平装覆膜，国流32开，ISBN 978-7-02-008727-3，定价25.00元。（29-62）

6826　南宋刊单疏本《毛诗正义》

孔颖达撰，2012年1月。精装，16开，ISBN 978-7-02-008410-4，定价160.00元。（34-51）

6827　瓯北诗话校注

赵翼著，江守义、李成玉校注，中国古典文学理论批评专著选辑，2013年3月。平装覆膜，国流32开，ISBN 978-7-02-008830-0，定价42.00元。（29-63）

6828　说诗晬语笺注

沈德潜撰，王宏林笺注，中国古典文学理论批评专著选辑，2013年5月。平装覆膜，国流32开，ISBN 978-7-02-008736-5，定价33.00元。（29-64）

6829　乐府学概论

吴相洲著，博雅文丛，2015年8月。平装覆膜，国流32开，ISBN 978-7-02-011110-7，定价38.00元。（29-65）

6830　碧鸡漫志校正（修订本）

王灼著，岳珍校正，中国古典文学理论批评专著选辑，2015年9月。平装覆膜，国流32开，ISBN 978-7-02-010894-7，定价29.00元。（29-66）

6831　诗话丛林校注

〔朝〕洪万宗编，刘畅、赵季校注，2015年8月。平装覆膜，国流32开，ISBN 978-7-02-011031-5，定价59.00元。（29-67）

6832　通俗小说"有诗为证"的生成及流变

梁冬丽、曹凤群著，博雅文丛，2015年12月。平装覆膜，国流32开，ISBN 978-7-02-011152-7，定价35.00元。（29-68）

6833 在山泉诗话校笺
潘飞声著,中国古典文学理论批评专著选辑,2016年8月。平装覆膜,国流32开,ISBN 978-7-02-011395-8,定价36.00元。(29-69)

6834 文章辨体序题疏证
吴讷著,凌郁之疏证,中国古典文学理论批评专著选辑,2016年8月。平装覆膜,国流32开,ISBN 978-7-02-011704-8,定价33.00元。(29-70)

6835 金代诗论辑存校注(上下)
胡传志校注,中国古典文学理论批评专著选辑,2017年12月。平装覆膜,国流32开,ISBN 978-7-02-013395-6,定价125.00元。(29-71)

6836 人间词话
王国维著,徐调孚、周振甫注,王仲闻校订,教育部统编《语文》推荐阅读丛书,2018年6月。平装覆膜,16异,ISBN 978-7-02-013794-7,定价22.00元。2018年9月收入诗词灵犀,ISBN 978-7-02-012541-8,定价28.00元。(29-72)

6837 杜甫传
冯至著,1952年11月。平装,32开,书号 总111单38,定价6,100元。1965年6月,平装,32开,书号 10019·109,定价0.50元。2014年4月,平装,国流32开,ISBN 978-7-02-010223-5,定价26.00元。2018年6月收入教育部统编《语文》推荐阅读丛书,平装覆膜,16异,ISBN 978-7-02-014261-3,定价26.00元。2019年5月,平装,32异,ISBN 978-7-02-013075-7,定价35.00元。(35-1)

6838 儒林外史研究论集
作家出版社编辑部编,作家出版社1955年2月。平装,大32开,书号 作125,定价5,300元。(35-2)

6839 红楼梦问题讨论集(一集)
作家出版社编辑部编,作家出版社1955年6月。平装,大32开,书号 作185,定价1.12元。(35-3)

6840 红楼梦问题讨论集(三集)
作家出版社编辑部编,作家出版社1955年6月。平装,大32开,书号 作178,定价1.04元。(35-4)

6841 红楼梦问题讨论集(二集)
作家出版社编辑部编,作家出版社1955年7月。平装,大32开,书号 作211,定价0.89元。(35-5)

6842 辛弃疾传
钱东甫著,作家出版社1955年9月。平装,32开,书号 作218,定价0.39元。(35-6)

6843 文学遗产增刊(一辑)
《文学遗产》编辑部编,作家出版社1955年10月。平装,大32开,书号 作221,定价1.44元。(35-7)

6844 红楼梦问题讨论集(四集)
作家出版社编辑部编,作家出版社1955年10月。平装,大32开,书号 作295,定价0.62元。(35-8)

6845 文学遗产选集(一辑)
《文学遗产》编辑部编,作家出版社1956年1月。平装,大32开,书号 作338,定价1.05元。(35-9)

6846 文学遗产增刊(二辑)
《文学遗产》编辑部编,作家出版社1956年1月。平装,大32开,书号 作322,定价0.80元。1957年1月,平装,大32开,书号 10020·319,定价0.75元。(35-10)

6847 俗讲、说话与白话小说
孙楷第著,作家出版社1956年6月。平装,大32开,书号 10020·396,定价0.38元。(35-11)

6848 文学遗产增刊(三辑)
《文学遗产》编辑部编,作家出版社1956年8月。平装,大32开,书号 10020·638,定价0.50元。(35-12)

6849 琵琶记讨论专刊
《剧本》月刊社编辑,1956年12月。平装,大32开,书号 10019·562,定价1.40元。(35-13)

6850 古剧说汇
冯沅君著,作家出版社1956年12月。平装,大32开,书号 10020·494,定价1.40元。(35-14)

6851　红楼梦评论集
李希凡、兰翎著,作家出版社1957年1月。平装,大32开,书号10020·716,定价0.90元。1973年12月人民文学出版社,大32开,书号10019·2089,平装,定价0.94元;精装,定价1.50元。(35-15)

6852　李煜词讨论集
《文学遗产》编辑部编,作家出版社1957年2月。平装,大32开,书号10020·717,定价0.75元。(35-16)

6853　读诗三札记
萧涤非著,作家出版社1957年3月。平装,32开,书号10020·671,定价0.16元。(35-17)

6854　文学遗产增刊(四辑)
《文学遗产》编辑部编,作家出版社1957年3月。平装,大32开,书号10020·704,定价0.65元。(35-18)

6855　西游记研究论文集
作家出版社编辑部编,作家出版社1957年3月。平装,大32开,书号10020·605,定价0.70元。(35-19)

6856　水浒传的演变
严敦易著,作家出版社1957年3月。平装,大32开,书号10020·227,定价0.95元。(35-20)

6857　三国演义研究论文集
作家出版社编辑部编,作家出版社1957年3月。平装,大32开,书号10020·603,定价0.70元。(35-21)

6858　文学遗产选集(二辑)
《文学遗产》编辑部编,作家出版社1957年4月。平装,大32开,书号10020·699,定价1.00元。(35-22)

6859　乐府诗研究论文集
作家出版社编辑部编,作家出版社1957年4月。平装,大32开,书号10020·606,定价0.90元。(35-23)

6860　古诗十九首探索
马茂元著,作家出版社1957年6月。平装,32开,书号10020·673,定价0.55元。(35-24)

6861　琵琶记简说
董每戡著,作家出版社1957年6月。平装,32开,书号10020·660,定价0.36元。(35-25)

6862　楚辞研究论文集
作家出版社编辑部编,作家出版社1957年7月。平装,大32开,书号10020·611,定价1.60元。(35-26)

6863　西厢记简说
霍松林编,作家出版社1957年7月。平装,32开,书号10020·649,定价0.33元。(35-27)

6864　元明清戏曲研究论文集
作家出版社编辑部编,作家出版社1957年7月。平装,大32开,书号10020·635,定价1.70元。(35-28)

6865　水浒研究论文集
作家出版社编辑部编,作家出版社1957年7月。平装,大32开,书号10020·604,定价1.40元。(35-29)

6866　李白诗论丛
詹锳著,作家出版社1957年8月。平装,大32开,书号10020·739,定价0.65元。1984年4月人民文学出版社,平装,大32开,书号10019·3609,定价0.80元。(35-30)

6867　中国歌谣
朱自清著,作家出版社1957年9月。平装,大32开,书号10020·659,定价0.80元。(35-31)

6868　文学遗产增刊(五辑)
《文学遗产》编辑部编,作家出版社1957年12月。平装,大32开,书号10020·773,定价1.10元。(35-32)

6869　白居易评传
褚斌杰著,作家出版社1957年12月。平装,32开,书号10020·772,定价0.46元。1980年9月人民文学出版社,平装,32开,书号10019·3031,定价0.45元。(35-33)

6870　中国文学研究(上下)
郑振铎著,作家出版社1957年12月。平装,大32开,书号10020·783,定价4.60元。2000年1月人民文学出版社,平装覆膜,大32开,ISBN 7-02-002862-4,定价52.00元。(35-34)

6871　白屋说诗
刘大白著,作家出版社1958年1月。平装,32

开,书号 10020·666,定价 0.65 元。(35-35)

6872　小说戏曲论集
戴望舒著,吴晓铃编,作家出版社 1958 年 2 月。平装,大 32 开,书号 10020·802,定价 0.42 元。(35-36)

6873　元明南戏考略
赵景深著,作家出版社 1958 年 3 月。平装,大 32 开,书号 10020·811,定价 0.50 元。1990 年 10 月人民文学出版社修订增补版,平装,大 32 开,ISBN 7-02-000854-2,定价 2.75 元。(35-37)(35-120)

6874　文学遗产增刊(六辑)
《文学遗产》编辑部编,作家出版社 1958 年 5 月。平装,大 32 开,书号 10020·844,定价 0.95 元。(35-38)

6875　厚古薄今批判集(第一辑)
作家出版社编辑部编,作家出版社 1958 年 7 月。平装,32 开,书号 10020·918,定价 0.65 元。(35-39)

6876　厚古薄今批判集(第二辑)
本社编辑部编,1958 年 8 月。平装,32 开,书号 10019·828,定价 0.33 元。(35-40)

6877　论文学艺术的特性
毛星著,中国社会科学院文学研究所专刊(4),1958 年 9 月。平装,大 32 开,书号 10019·938,定价 0.55 元。(35-41)

6878　古典文学研究中的错误倾向
余冠英等著,中国社会科学院文学研究所专刊(3),1958 年 9 月。平装,大 32 开,书号 10019·937,定价 0.82 元。(35-42)

6879　论红楼梦
何其芳著,中国社会科学院文学研究所专刊(1),1958 年 9 月。平装,大 32 开,书号 10019·935,定价 0.66 元。(35-43)

6880　文学研究与批判专刊(第一辑)
北京大学中文系编辑,1958 年 9 月。平装,大 32 开,书号 10019·969,定价 0.62 元。(35-44)

6881　文学研究与批判专刊(第二辑)
北京大学中文系编辑,1958 年 9 月。平装,32 开,书号 10019·992,定价 0.59 元。(35-45)

6882　文学研究与批判专刊(第三辑)
北京大学中文系编辑,1958 年 9 月。平装,大 32 开,书号 10019·993,定价 0.58 元。(35-46)

6883　文学研究与批判专刊(第四辑)
北京大学中文系编辑,1958 年 9 月。平装,大 32 开,书号 10019·994,定价 0.55 元。(35-47)

6884　厚古薄今批判集(第三辑)
本社编辑部编,1958 年 9 月。平装,32 开,书号 10019·962,定价 0.33 元。(35-48)

6885　厚古薄今批判集(第四辑)
本社编辑部编,1958 年 9 月。平装,32 开,书号 10019·963,定价 0.48 元。(35-49)

6886　浦江清文录
1958 年 11 月。平装,大 32 开,书号 10019·942,定价 0.90 元。1989 年 12 月增补版,附诗词,平装,大 32 开,ISBN 7-02-000365-6,定价 4.35 元。(35-50)

6887　林庚文艺思想批判
中国人民大学新闻系文学教研室古典文学组编,1958 年 12 月。平装,大 32 开,书号 10019·1126,定价 0.37 元。(35-51)

6888　红楼梦论稿
蒋和森著,1959 年 2 月。平装,大 32 开,书号 10019·1119,定价 0.77 元。1990 年 9 月,平装覆膜,大 32 开,ISBN 7-02-001033-4,定价 5.05 元。2006 年 6 月收入红学经典丛书,平装,国流 32 开,ISBN 7-02-005567-2,定价 26.00 元。2016 年 5 月收入红学经典,平装,16 异,ISBN 978-7-02-011285-2,定价 49.00 元。(35-52)

6889　明清小说研究论文集
本社编辑部编,1959 年 3 月。平装,大 32 开,书号 10019·1014,定价 1.30 元。(35-53)

6890　元明清戏曲研究论文集(二集)
本社编辑部编,1959 年 3 月。平装,大 32 开,书号 10019·1032,定价 1.25 元。(35-54)

6891　唐诗研究论文集
本社编辑部编,1959 年 3 月。平装,大 32 开,书号 10019·1013,定价 1.30 元。(35-55)

6892　红楼梦研究论文集
本社编辑部编,1959 年 3 月。平装,大 32 开,

书号10019·1180,定价0.57元。(35-56)

6893　中国古典散文研究论文集
本社编辑部编,1959年2月。平装,大32开,书号10019·1034,定价0.54元。(35-57)

6894　诗经研究论文集
本社编辑部编,1959年3月。平装,大32开,书号10019·943,定价0.93元。(35-58)

6895　屈赋通笺
刘永济著,1961年12月。平装,大32开,书号10019·1639,定价0.93元。(35-59)

6896　李白研究
王运熙等著,作家出版社1962年7月。平装,大32开,书号10020·1578,定价0.71元。(35-60)

6897　读随园诗话札记
郭沫若著,作家出版社1962年9月。32开,书号10020·1599,平装,定价0.32元;精装,定价0.58元。(35-61)

6898　元代杂剧
顾肇仓著,知识丛书,作家出版社1962年12月。平装,32异,书号10020·1612,定价0.30元。(35-62)

6899　曹雪芹
周汝昌著,作家出版社1964年2月。32开,书号10020·1738,平装,定价0.64元;精装,定价0.69元。(35-63)

6900　文学研究集刊(第一册)
文学研究集刊编辑委员会编,1964年7月。大32开,书号10019·1774,平装,定价1.00元;精装,定价1.55元。(35-64)

6901　李白与杜甫
郭沫若著,1971年11月。大32开,书号10019·1865,定价0.56元;精装,定价2.30元。(35-65)

6902　四部古典小说评论
1973年8月。平装,小32开,书号10019·2037,定价0.32元。(35-66)

6903　红楼梦研究
俞平伯著,内部发行,1973年8月。平装,大32开,书号10019·2039,定价0.72元。1988年5月,平装,大32开,ISBN 7-02-000460-1,定价1.65元。(35-67)

6904　红楼梦辩
俞平伯著,内部发行,1973年9月。平装,大32开,书号10019·2038,定价0.83元。2006年6月收入红学经典丛书,平装,国流32开,ISBN 7-02-005533-8,定价15.00元。2016年6月收入红学经典,平装,16异,ISBN 978-7-02-011159-6,定价32.00元。(35-68)

6905　红楼梦研究参考资料选辑(第一辑)
本社编辑部编,内部发行,1973年11月。平装,大32开,书号10019·2075,定价0.47元。(35-69)

6906　红楼梦研究参考资料选辑(第二辑)
本社编辑部编,内部发行,1973年12月。平装,大32开,书号10019·2090,定价0.91元。(35-70)

**6907　阶级斗争的形象历史
——评《红楼梦》**
洪广思著,1974年11月。平装,大32开,书号10019·2217,定价0.62元。(35-71)

6908　研究文艺史上儒法斗争的几个问题
江天、洪途著,1976年3月。平装,大32开,书号10019·2342,定价0.29元。(35-72)

6909　红楼梦新证(上下)
周汝昌著,1976年4月。大32开,书号10019·2341,平装,定价3.35元;精装,定价4.50元。(35-73)

6910　红楼梦研究参考资料选辑(第三辑)
本社编辑部编,内部发行,1976年9月。平装,大32开,书号10019·2397,定价1.55元。(35-74)

6911　杜牧传
缪钺著,1977年12月。平装,小32开,书号10019·2552,定价0.32元。(35-75)

6912　红楼梦研究参考资料选辑(第四辑)
本社编辑部编,内部发行,1978年2月。平装,大32开,书号10019·2514,定价0.89元。(35-76)

6913　漫说红楼
张毕来著,1978年10月。平装,32开,书号10019·2679,定价1.55元。(35-77)

6914　文心雕龙简论
张文勋、杜东枝著,1980年9月。平装,32开,

书号 10019·3039,定价 0.38 元。(35-78)

6915 杜甫叙论
朱东润著,1981 年 3 月。平装,大 32 开,书号 10019·3121,定价 0.68 元。2006 年 8 月,平装覆膜,32 异,ISBN 7-02-005797-7,定价 16.00 元。(35-79)(35-220)

6916 论儒林外史
何满子著,1981 年 11 月。平装,32 开,书号 10019·3211,定价 0.33 元。(35-80)

6917 唐诗鉴赏集
本社编辑部编,中国古典文学鉴赏丛刊,1981 年 11 月。平装,大 32 开,书号 10019·3215,定价 1.15 元。(35-81)

6918 屈原论稿
聂石樵著,1982 年 2 月。平装,32 开,书号 10019·3260,定价 0.42 元。(35-82)

6919 访古学诗万里行
山东大学《杜甫全集》校注组编,1982 年 2 月。平装,小 32 开,书号 10019·3262,定价 0.56 元。(34-21)

6920 《文心雕龙》的风格学
詹锳著,1982 年 5 月。平装,32 开,书号 10019·3307,定价 0.48 元。(35-83)

6921 说剧
董每戡著,1983 年 1 月。平装,大 32 开,书号 10019·3393,定价 1.50 元。(35-84)

6922 唐传奇鉴赏集
本社编辑部编,中国古典文学鉴赏丛刊,1983 年 2 月。平装,大 32 开,书号 10019·3387,定价 0.60 元。(35-85)

6923 天问论笺
林庚著,1983 年 6 月。大 32 开,书号 10019·3456,平装,定价 0.66 元;精装,定价 1.90 元。(35-86)

6924 唐宋词鉴赏集
本社编辑部编,中国古典文学鉴赏丛刊,1983 年 5 月。平装,大 32 开,书号 10019·3455,定价 1.70 元。(35-87)

6925 聊斋志异鉴赏集
本社编辑部编,中国古典文学鉴赏丛刊,1983 年 12 月。平装,大 32 开,书号 10019·3590,定价 1.55 元。(35-88)

6926 元杂剧鉴赏集
本社编辑部编,中国古典文学鉴赏丛刊,1983 年 6 月。平装,大 32 开,书号 10019·3466,定价 0.81 元。(35-89)

6927 唐宋诗文鉴赏举隅
霍松林著,1984 年 3 月。平装,大 32 开,书号 10019·3605,ISBN 7-02-000106-8,定价 1.40 元。(35-90)

6928 中国古典文学论丛(第一辑)
本社古典文学编辑室编,1984 年 12 月。平装,大 32 开,书号 10019·3748,定价 1.60 元。(35-91)

6929 五大名剧论(上下)
董每戡著,1984 年 12 月。平装,大 32 开,书号 10019·3751,定价 4.00 元。(35-92)

6930 柳宗元传论
孙昌武著,1982 年 8 月。平装,32 开,书号 10019·3330,定价 1.25 元。(35-93)

6931 龚自珍研究
管林、钟贤培、陈新璋著,1984 年 1 月。平装,小 32 开,书号 10019·3584,定价 0.60 元。(35-94)

6932 关汉卿戏剧人物论
黄克著,1984 年 5 月。平装,小 32 开,书号 10019·3662,定价 0.70 元。(35-95)

6933 高适传论
左云霖著,1985 年 5 月。平装,小 32 开,书号 10019·3796,定价 0.79 元。(35-96)

6934 汉魏六朝诗歌鉴赏集
本社编辑部编,中国古典文学鉴赏丛刊,1985 年 7 月。平装,大 32 开,书号 10019·3818,定价 3.00 元。(35-97)

6935 中国古典文学论丛(第二辑)
本社古典文学编辑室编,1985 年 8 月。平装,大 32 开,书号 10019·3845,定价 1.95 元。(35-98)

6936 蒲松龄评传
马瑞芳著,1986 年 4 月。平装,小 32 开,书号 10019·3927,定价 1.65 元。(35-99)

6937 中国古典文学论丛(第三辑)
本社古典文学编辑室编,1985 年 12 月。平装,大 32 开,书号 10019·3910,定价 1.80 元。

(35-100)

6938　古代白话短篇小说鉴赏集

本社编辑部编,中国古典文学鉴赏丛刊,1986年1月。平装,大32开,书号10019·3883,定价1.85元。(35-101)

6939　台湾学者中国文学批评论文选

毛庆其编选,1986年9月。平装,大32开,书号10019·3984,定价2.35元。(35-102)

6940　中国古典文学论丛(第四辑) 中青年专号

本社古典文学编辑室编,1986年10月。平装,大32开,书号10019·4005,定价2.30元。(35-103)

6941　诗经鉴赏集

本社编辑部编,中国古典文学鉴赏丛刊,1986年10月。平装,大32开,书号10019·4023,定价1.80元。1988年5月,平装,大32开,ISBN 7-02-000276-9,定价2.40元。(35-104)

6942　金瓶梅论集

徐朔方、刘辉编,1986年11月。平装,大32开,书号10019·4060,定价1.55元。(35-106)

6943　古代作家写作技巧漫谈

周振甫、冯其庸等著,文学爱好者丛书,1986年11月。平装,小32开,书号10019·4012,定价1.35元。(35-107)

6944　宋词纵谈

陈迩冬著,文学爱好者丛书,1987年4月。平装,小32开,书号10019·4086,定价0.59元;平装覆膜,定价0.92元。1990年10月,平装,32开,ISBN 7-02-001049-0,定价1.25元。(35-108)

6945　唐诗综论

林庚著,1987年4月。平装覆膜,大32开,书号10019·4058,定价2.85元。(35-109)

6946　中国古典文学论丛(第五辑)

本社古典文学编辑室编,1987年9月。平装,大32开,书号10019·4149,定价2.25元。(35-110)

6947　中国古典文学论丛(第六辑) 中青年专号

本社古典文学编辑室编,1987年10月。平装,大32开,书号10019·4178,定价2.45元。(35-111)

6948　楚辞鉴赏集

本社编辑部编,中国古典文学鉴赏丛刊,1988年1月。平装,大32开,书号10019·4213,ISBN 7-02-000180-7,定价1.25元。(35-112)

6949　台湾中国古代文学研究文选

卢兴基选编,1988年1月。平装,大32开,书号10019·4202,ISBN 7-02-000189-0,定价3.10元。(35-113)

6950　元明散曲鉴赏集

本社编辑部编,中国古典文学鉴赏丛刊,1989年1月。平装,大32开,ISBN 7-02-000535-7,定价3.45元。(35-114)

6951　从秋水蒹葭到春蚕腊炬

舒芜著,1987年5月。平装,大32开,书号10019·4113,定价1.75元。(35-115)

6952　中国古典文学论丛(第七辑)

本社古典文学编辑室编,1989年10月。平装,大32开,ISBN 7-02-000801-1,定价4.45元。(35-116)

6953　西游记漫话

林庚著,中国古典文学研究丛书,1990年8月。平装覆膜,大32开,ISBN 7-02-000892-5,定价2.45元。(35-117)

6954　文心雕龙研究论文集

中国文心雕龙学会选编,1990年8月。平装,大32开,ISBN 7-02-000506-3,定价9.90元。(35-118)

6955　岑参评传

廖立著,1990年8月。平装,小32开,ISBN 7-02-000992-1,定价3.70元。(35-119)

6956　赋

袁济喜著,中国古代文体丛书,1994年7月。平装,32异,ISBN 7-02-001837-8,定价3.40元。(35-121)

6957　戏曲

么书仪著,中国古代文体丛书,1994年7月。平装,32异,ISBN 7-02-001827-0,定价3.90元。(35-122)

6958　骈文

尹恭弘著,中国古代文体丛书,1994年7月。平装,32异,ISBN 7-02-001831-9,定价3.65元。(35-123)

6959　词

王景琳、徐匋著,中国古代文体丛书,1994年7月。平装,32异,ISBN 7-02-001835-1,定价3.90元。(35-124)

6960　散文

谢楚发著,中国古代文体丛书,1994年7月。平装,32异,ISBN 7-02-001826-2,定价3.90元。(35-125)

6961　诗

叶君远著,中国古代文体丛书,1994年7月。平装,32异,ISBN 7-02-001843-2,定价3.90元。(35-126)

6962　小说

石昌渝著,中国古代文体丛书,1994年7月。平装,32异,ISBN 7-02-001836-X,定价4.15元。(35-127)

6963　红楼艺术

周汝昌著,1995年9月。平装覆膜,大32开,ISBN 7-02-002139-5,定价13.90元。(35-128)

6964　古诗撷英

曾敏之著,1998年11月。平装覆膜,大32开,ISBN 7-02-002763-6,定价17.20元。(35-129)

6965　石头记脂本研究

冯其庸著,中国古典文学研究丛书,1998年12月。平装覆膜,大32开,ISBN 7-02-002597-8,定价18.50元。2006年6月收入红学经典丛书,平装,国流32开,ISBN 7-02-005532-X,定价24.00元。2016年3月增补本,收入红学经典,平装,16异,ISBN 978-7-02-011284-5,定价52.00元。(35-130)

6966　昭明文选研究

穆克宏著,中国古典文学研究丛书,1998年12月。平装覆膜,大32开,ISBN 7-02-002674-5,定价12.00元。(35-131)

6967　红学与二十世纪学术思想

陈维昭著,旸谷文丛,2000年3月。平装覆膜,大32开,ISBN 7-02-002954-X,定价15.00元。(35-132)

6968　五代作家的人格与诗格

张兴武著,旸谷文丛,2000年3月。平装覆膜,大32开,ISBN 7-02-003099-8,定价16.00元。(35-133)

6969　庾信研究

林怡著,中国古典文学研究丛书,2000年5月。平装覆膜,大32开,ISBN 7-02-003092-0,定价10.00元。(35-134)

6970　唐传奇笺证

周绍良著,中国古典文学研究丛书,2000年5月。平装覆膜,大32开,ISBN 7-02-002815-2,定价19.80元。(35-135)

6971　百年学科沉思录——二十世纪中国古代文学研究回顾与前瞻

徐公持等著,1998年9月。平装覆膜,大32开,ISBN 7-02-002777-6,定价25.00元。(35-136)

6972　史记与诗经

陈桐生著,旸谷文丛,2000年2月。平装覆膜,大32开,ISBN 7-02-002955-8,定价14.00元。(35-137)

6973　漫说三国

张国风著,漫说丛书,2000年1月。平装覆膜,大32开,ISBN 7-02-002981-7,定价6.80元。(35-138)

6974　漫说西游

张锦池著,漫说丛书,2000年1月。平装覆膜,大32开,ISBN 7-02-003045-9,定价7.00元。(35-139)

6975　漫说水浒

陈洪、孙勇进著,漫说丛书,2000年1月。平装覆膜,大32开,ISBN 7-02-003046-7,定价7.00元。(35-140)

6976　王学与中晚明士人心态

左东岭著,猫头鹰学术文丛,2000年4月。平装,国流32开,ISBN 7-02-003102-1,定价34.00元。(2-383)

6977　明清社会性爱风气

吴存存著,旸谷文丛,2000年6月。平装覆膜,大32开,ISBN 7-02-003095-5,定价15.00

元。(35-141)

6978 婚变、道德与文学
黄仕忠著,旸谷文丛,2000年7月。平装覆膜,大32开,ISBN 7-02-003100-5,定价16.00元。(35-142)

6979 漫说红楼
张庆善、刘永良著,漫说丛书,2000年5月。平装覆膜,大32开,ISBN 7-02-003101-3,定价7.20元。(35-143)

6980 小说旁证
孙楷第著,2000年12月。平装覆膜,大32开,ISBN 7-02-002924-8,定价18.20元。(35-144)

6981 唐诗 在变革中走向辉煌
张明非著,2001年3月。平装覆膜,大32开,ISBN 7-02-003233-8,定价15.00元。(35-145)

6982 吝啬鬼·泼妇·一夫多妻者——十八世纪中国小说中的性与男女关系
〔美〕马克梦著,王维东、杨彩霞译,戴联斌校,2001年3月。平装覆膜,大32开,ISBN 7-02-003361-X,定价20.00元。(35-146)

6983 道教与唐代文学
孙昌武著,中国古典文学研究丛书,2001年3月。平装覆膜,大32开,ISBN 7-02-002951-5,定价26.00元。2017年7月收入中国古典文学研究丛书,平装覆膜,国流32开,ISBN 978-7-02-011487-0,定价60.00元。(35-147)

6984 《金瓶梅》与封建文化
牛贵琥著,2001年4月。平装覆膜,大32开,ISBN 7-02-003382-2,定价14.00元。(35-148)

6985 宋词文化与文学新视野
沈家庄著,2001年4月。平装覆膜,大32开,ISBN 7-02-003295-8,定价20.00元。(35-149)

6986 北宋新旧党争与文学
萧庆伟著,中国古典文学研究丛书,2001年6月。平装覆膜,大32开,ISBN 7-02-003134-X,定价18.00元。(35-150)

6987 诗人 文体 批评——中古文学新语
胡大雷著,2001年4月。平装覆膜,大32开,ISBN 7-02-003341-5,定价17.00元。(35-151)

6988 中国诗性文论与批评
张利群著,2001年5月。平装覆膜,大32开,ISBN 7-02-003322-9,定价16.00元。(35-152)

6989 唐宋词史论
王兆鹏著,中国古典文学研究丛书,2000年1月。平装覆膜,大32开,ISBN 7-02-003084-X,定价18.00元。(35-153)

6990 中国古代诗学原理
吴建民著,2001年12月。平装覆膜,大32开,ISBN 7-02-003781-X,定价20.00元。(89-46)

6991 唐五代小说的文化阐释
程国赋著,中国古典文学研究丛书,2002年1月。平装覆膜,大32开,ISBN 7-02-003515-9,定价16.00元。(35-154)

6992 词论史论稿
邱世友著,中国古典文学研究丛书,2002年1月。平装覆膜,大32开,ISBN 7-02-002905-1,定价19.80元。(35-155)

6993 中国狐文化
李建国著,2002年6月。平装覆膜,大32开,ISBN 7-02-003360-1,定价19.80元。(35-156)

6994 中国古代文学论集
陶新民、孙以昭主编,安徽大学中文系古代文学教研室编,2001年12月。平装覆膜,大32开,ISBN 7-02-003720-8,定价32.00元。(35-157)

6995 中国诗学(第七辑)
蒋寅、张伯伟主编,2002年6月。平装覆膜,16开,ISBN 7-02-003704-6,定价26.00元。(2-417)

6996 宋代散文研究
杨庆存著,中国古典文学研究丛书,2002年9月。平装覆膜,大32开,ISBN 7-02-003776-3,定价15.00元。2011年3月修订版,单行本,精装,国流32开,ISBN 978-7-02-007383-

2,定价45.00元。(35-158)

6997　魏晋清谈
唐翼明著,2002年11月。平装覆膜,大32开,ISBN 7-02-003969-7,定价15.00元。(2-421)

6998　中国诗学(第八辑)
蒋寅、张伯伟主编,2003年6月。平装覆膜,16开,ISBN 7-02-004180-9,定价26.00元。(2-435)

6999　敦煌密教文献论稿
李小荣著,中国典籍与文化研究丛书,2003年7月。平装覆膜,国流32开,ISBN 7-02-004076-4,定价27.00元。(35-159)

7000　欧阳修学术研究
顾永新著,中国典籍与文化研究丛书,2003年8月。平装覆膜,国流32开,ISBN 7-02-004077-2,定价23.00元。(35-160)

7001　禅与唐宋诗学
张晶著,博雅文丛,2003年6月。平装覆膜,大32开,ISBN 7-02-004081-0,定价13.00元。(35-161)

7002　南社研究
孙之梅著,中国古典文学研究丛书,2003年9月。平装覆膜,大32开,ISBN 7-02-004353-4,定价26.00元。(35-162)

7003　士气文心　苏轼文化人格与文艺思想
张惠民、张进著,博雅文丛,2004年2月。平装覆膜,大32开,ISBN 7-02-004280-5,定价29.00元。(35-163)

7004　晚明诗歌研究
李圣华著,中国古典文学研究丛书,2002年10月。平装覆膜,大32开,ISBN 7-02-004111-6,定价25.00元。(35-164)

7005　清诗流派史
刘世南著,2004年3月。平装覆膜,大32开,ISBN 7-02-004356-9,定价29.00元。2012年2月收入中国断代专题文学史丛刊,平装,国流32开,ISBN 978-7-02-008437-1,定价35.00元。2019年10月,平装,国流32开,ISBN 978-7-02-015650-4,定价50.00元。(35-165)

7006　东汉士风与文学
蓝旭著,中国古典文学研究丛书,2004年5月。平装覆膜,大32开,ISBN 7-02-004485-9,定价17.00元。(35-166)

7007　经典与传统　先秦两汉诗赋考论
方铭著,博雅文丛,2003年11月。平装覆膜,大32开,ISBN 7-02-004255-4,定价21.00元。(35-167)

7008　红楼说梦(插图本)
舒芜著,2004年5月。平装覆膜,国流32开,ISBN 7-02-004444-1,定价26.00元。2006年6月收入红学经典丛书,平装,国流32开,ISBN 7-02-005534-6,定价26.00元。2012年10月,平装,国流32开,ISBN 978-7-02-009459-2,定价28.00元。2016年6月收入红学经典,平装,16异,ISBN 978-7-02-011275-3,定价48.00元。(35-168)

7009　中国诗学(第九辑)
蒋寅、张伯伟主编,2004年6月。平装覆膜,16开,ISBN 7-02-004567-7,定价30.00元。(2-468)

7010　左传国策研究
郭丹著,博雅文丛,2004年8月。平装覆膜,大32开,ISBN 7-02-004638-X,定价19.00元。(35-169)

7011　清代吴中词派研究
沙先一著,中国古典文学研究丛书,2004年10月。平装覆膜,大32开,ISBN 7-02-004659-2,定价15.00元。(35-170)

7012　清代嘉道时期江南寒士诗群与闺阁诗侣研究
陈玉兰著,江南文化与文学丛书,2004年11月。平装覆膜,大32开,ISBN 7-02-004698-3,定价19.00元。(35-171)

7013　漫说"三言""二拍"
王昕著,漫说丛书,2005年1月。平装覆膜,大32开,ISBN 7-02-004649-5,定价13.00元。(35-172)

7014　漫说儒林外史
张国风著,漫说丛书,2005年1月。平装覆膜,大32开,ISBN 7-02-004648-7,定价13.00元。(35-173)

7015　漫说聊斋

韩田鹿著,漫说丛书,2005年1月。平装覆膜,大32开,ISBN 7-02-004650-9,定价12.00元。(35-174)

7016 清初杂剧研究
杜桂萍著,2005年3月。平装覆膜,大32开,ISBN 7-02-004953-2,定价30.00元。(35-176)

7017 韦庄研究
任海天著,博雅文丛,2005年3月。平装覆膜,大32开,ISBN 7-02-004998-2,定价18.00元。(35-177)

7018 汉魏晋南北朝诔碑文研究
黄金明著,中国古典文学研究丛书,2005年3月。平装覆膜,大32开,ISBN 7-02-004949-4,定价28.00元。(35-178)

7019 立雪集
北京大学诗歌中心、北京大学中文系编,2005年4月。平装,国流32开,ISBN 7-02-004997-4,定价48.00元。(35-179)

7020 中西文艺理论融合的尝试兼及中国古代文论的现代转换研究
顾祖钊、郭淑云著,2005年3月。平装覆膜,大32开,ISBN 7-02-004867-6,定价37.00元。(2-478)

7021 新国学研究(第1辑)
汕头大学新国学研究中心编,2005年5月。平装覆膜,16异,ISBN 7-02-005004-2,定价50.00元。(2-480)

7022 唐宋士风与词风研究
——以白居易、苏轼为中心
张再林著,博雅文丛,2005年6月。平装覆膜,大32开,ISBN 7-02-005208-8,定价18.00元。(35-180)

7023 中国古代小说研究(第一辑)
中国社会科学院文学研究所中国古代小说研究中心编,2005年6月。平装覆膜,16开,ISBN 7-02-004983-4,定价49.00元。(35-181)

7024 北宋临川王氏家族及文学考论
——以王安石为中心
汤江浩著,中国古典文学研究丛书,2005年9月。平装覆膜,大32开,ISBN 7-02-005297-5,定价26.00元。(35-182)

7025 晚清民国传奇杂剧考索
左鹏军著,2005年9月。平装覆膜,大32开,ISBN 7-02-005270-3,定价21.00元。(35-183)

7026 谢灵运研究
李雁著,中国古典文学研究丛书,2005年9月。平装覆膜,大32开,ISBN 7-02-005215-0,定价21.00元。(35-184)

7027 江南文化与唐代文学研究
景遐东著,博雅文丛,2005年9月。平装覆膜,大32开,ISBN 7-02-004818-8,定价24.00元。(35-185)

7028 中国诗学(第十辑)
蒋寅、张伯伟主编,2005年9月。平装覆膜,16开,ISBN 7-02-005232-0,定价33.00元。(2-488)

7029 新国学研究(第2辑)
汕头大学新国学研究中心编,2005年11月。平装覆膜,16异,ISBN 7-02-005185-5,定价32.00元。(2-489)

7030 舞动红楼梦
蒋勋著,2005年11月。平装覆膜,16开,ISBN 7-02-005331-9,定价32.00元。(2-495)

7031 晚清戏曲的变革
么书仪著,2006年3月。平装,大32开,ISBN 7-02-004694-0,定价36.00元。2018年6月增订版,平装,16异,ISBN 978-7-02-013497-7,定价78.00元。(35-186)

7032 唐宋诗宏观结构论
许总著,博雅文丛,2006年2月。平装覆膜,大32开,ISBN 7-02-004950-8,定价17.00元。(35-187)

7033 新国学研究(第3辑)
汕头大学新国学研究中心编,2006年4月。平装覆膜,16异,ISBN 7-02-005442-0,定价36.00元。(2-509)

7034 王世贞史学研究
孙卫国著,中国典籍与文化研究丛书,2006年5月。平装覆膜,国流32开,ISBN 7-02-005546-X,定价22.00元。(35-188)

7035 水浒传源流考论

陈松柏著,博雅文丛,2006年5月。平装覆膜,大32开,ISBN 7-02-005336-X,定价29.00元。(35-189)

7036 《左传》《国语》方术研究

刘瑛著,中国典籍与文化研究丛书,2006年6月。平装覆膜,国流32开,ISBN 7-02-005547-8,定价17.00元。(35-190)

7037 新国学研究(第4辑)

汕头大学新国学研究中心编,2006年7月。平装覆膜,16异,ISBN 7-02-005482-X,定价46.00元。(2-515)

7038 中国诗学(增订版)

〔美〕叶维廉著,2006年7月。平装覆膜,32异,ISBN 7-02-005649-0,定价26.00元。2007年9月收入中国文库,国流32开,平装覆膜,ISBN 978-7-02-006331-4,定价26.00元;精装,ISBN 978-7-02-006332-1,定价40.00元。(2-524)

7039 宋词诠释学论稿

李剑亮著,中国古典文学研究丛书,2006年9月。平装覆膜,大32开,ISBN 7-02-005579-6,定价17.00元。(35-191)

7040 中国古典文学研究

马瑞芳、邹宗良主编,2006年9月。平装覆膜,国流32开,ISBN 7-02-005655-5,定价36.00元。(35-192)

7041 唐代歌行论

薛天纬著,中国古典文学研究丛书,2006年8月。平装覆膜,大32开,ISBN 7-02-005729-2,定价32.00元。(35-193)

7042 中国诗学(第十一辑)

蒋寅、张伯伟主编,2006年10月。平装覆膜,16开,ISBN 7-02-005771-3,定价34.00元。(2-529)

7043 红楼梦语言艺术研究

梁扬、谢仁敏著,2006年10月。平装覆膜,国流32开,ISBN 7-02-005782-9,定价34.00元。(2-533)

7044 王维论稿

陈铁民著,中国古典文学研究丛书,2006年12月。平装覆膜,大32开,ISBN 7-02-005767-5,定价24.00元。(35-194)

7045 明代小说丛稿

程毅中著,中国古典文学研究丛书,2006年12月。平装覆膜,大32开,ISBN 7-02-005455-2,定价18.00元。(35-195)

7046 新国学研究(第5辑)

汕头大学新国学研究中心主编,2006年12月。平装覆膜,16异,ISBN 7-02-005520-6,定价35.00元。(2-540)

7047 晓光《三十六计》心得

刘晓光编著,2007年2月。平装覆膜,16异,ISBN 978-7-02-006008-5,定价26.00元。(35-196)

7048 道教神仙戏曲研究

王汉民著,2007年2月。平装覆膜,大32开,ISBN 978-7-02-005983-6,定价20.00元。(35-197)

7049 二十世纪元代戏剧研究

张大新著,2007年4月。平装覆膜,国流32开,ISBN 978-7-02-005905-8,定价28.00元。(35-198)

7050 清代词体学论稿

鲍恒著,中国古典文学研究丛书,2007年5月。平装覆膜,大32开,ISBN 978-7-02-006103-7,定价23.00元。(35-199)

7051 乐府文学文献研究

孙尚勇著,中国古典文学研究丛书,2007年6月。平装覆膜,大32开,ISBN 978-7-02-006074-0,定价28.00元。(35-201)

7052 贾岛研究

齐文榜著,中国古典文学研究丛书,2007年3月。平装覆膜,大32开,ISBN 978-7-02-006105-1,定价23.00元。(35-202)

7053 漫说金瓶梅

詹丹、孙逊著,漫说丛书,2007年8月。平装覆膜,大32开,ISBN 978-7-02-006147-1,定价12.00元。(35-203)

7054 唐五代北宋词学思想史论

徐安琪著,中国古典文学研究丛书,2007年11月。平装覆膜,大32开,ISBN 978-7-02-006366-6,定价29.00元。(35-204)

7055 中国诗学(第十二辑)

蒋寅、张伯伟主编,2008年1月。平装覆膜,16

开,ISBN 978-7-02-006454-0,定价39.00元。(2-568)

7056　唐宋八大家骈文研究
沙红兵著,博雅文丛,2008年4月。平装覆膜,大32开,ISBN 978-7-02-006520-2,定价24.00元。(35-205)

7057　湖湘诗派研究
萧晓阳著,中国古典文学研究丛书,2008年4月。平装覆膜,大32开,ISBN 978-7-02-006518-9,定价31.00元。(35-206)

7058　禅与诗学(增订版)
张伯伟著,中国古典文学研究丛书,2008年4月。平装覆膜,大32开,ISBN 978-7-02-006211-9,定价25.00元。(35-207)

7059　岭南三大家研究
王富鹏著,博雅文丛,2008年7月。平装覆膜,大32开,ISBN 978-7-02-006765-7,定价46.00元。(35-208)

7060　唐宋时期馆驿制度及其与文学之关系研究
李德辉著,中国古典文学研究丛书,2008年8月。平装覆膜,大32开,ISBN 978-7-02-006598-1,定价35.00元。(35-209)

7061　陆氏《异林》之钟繇与女鬼相合事考论
张庆民著,博雅文丛,2008年8月。平装覆膜,大32开,ISBN 978-7-02-006717-6,定价25.00元。(35-210)

7062　清代文学研究集刊(第一辑)
曹虹、蒋寅、张宏生主编,2008年8月。平装覆膜,国流32开,ISBN 978-7-02-006706-0,定价40.00元。(35-211)

7063　中国诗学(第十三辑)
张伯伟、蒋寅主编,2008年10月。平装覆膜,16开,ISBN 978-7-02-006610-0,定价39.00元。(35-212)

7064　新国学研究(第6辑)
汕头大学新国学研究中心编,2008年10月。平装覆膜,16异,ISBN 978-7-02-006603-2,定价48.00元。(2-598)

7065　中国古代小说研究(第二辑)
中国社会科学院文学研究所中国古代小说研究中心编,2006年10月。平装覆膜,16开,ISBN 7-02-005490-0,定价51.00元。(35-213)

7066　中国古代小说研究(第三辑)
中国社会科学院文学研究所中国古代小说研究中心编,2008年12月。平装覆膜,16开,ISBN 978-7-02-006775-6,定价48.00元。(35-214)

7067　明清文人话本研究
傅承洲著,博雅文丛,2009年2月。平装覆膜,大32开,ISBN 978-7-02-006815-9,定价25.00元。(35-215)

7068　清代扬州徽商与东南地区文学艺术研究——以"扬州二马"为中心
万盛良著,博雅文丛,2008年12月。平装覆膜,大32开,ISBN 978-7-02-006944-6,定价23.00元。(35-216)

7069　凌濛初研究
冯保善著,博雅文丛,2009年5月。平装覆膜,国流32开,ISBN 978-7-02-006895-1,定价24.00元。(35-217)

7070　晚唐五代江浙隐逸诗人研究
王小兰著,博雅文丛,2009年5月。平装覆膜,大32开,ISBN 978-7-02-006776-3,定价26.00元。(35-218)

7071　中国小说戏曲的发现
罗书华、苗怀明等著,2009年7月。平装,16开,ISBN 978-7-02-006752-7,定价55.00元。(35-219)

7072　启功说唐诗
2009年7月。平装覆膜,国流32开,ISBN 978-7-02-007418-1,定价14.00元。(35-221)

7073　庄子思想的现代价值
陈红映著,2009年7月。平装覆膜,国流32开,ISBN 978-7-02-006948-4,定价20.00元。(2-609)

7074　想象与叙述
赵园著,2009年9月。平装覆膜,16异,ISBN 978-7-02-007606-2,定价33.00元。(35-222)

7075　清代文学研究集刊(第二辑)

曹虹、蒋寅、张宏生主编,2009年10月。平装覆膜,国流32开,ISBN 978-7-02-007326-9,定价40.00元。(35-223)

7076 中国诗学(第十四辑)
张伯伟、蒋寅主编,2010年3月。平装覆膜,16开,ISBN 978-7-02-007766-3,定价36.00元。(35-224)

7077 先秦文论全编要诠(上下)
赵逵夫主编,2010年2月。平装覆膜,国流32开,ISBN 978-7-02-007577-5,定价70.00元。(35-225)

7078 古代小说与民间宗教及帮会之关系研究
万晴川著,博雅文丛,2010年5月。平装覆膜,国流32开,ISBN 978-7-02-008060-1,定价38.00元。(35-226)

7079 宋词与禅
刘晓珍著,2010年5月。平装覆膜,国流32开,ISBN 978-7-02-008005-2,定价29.00元。(35-227)

7080 西昆体研究
张明华著,博雅文丛,2010年7月。平装,国流32开,ISBN 978-7-02-008085-4,定价29.00元。(35-228)

7081 论寄
赵树功、詹福瑞著,国家社科基金后期资助项目,2010年2月。平装,16异,ISBN 978-7-02-006896-8,定价58.00元。(2-623)

7082 海陵诗话
王向东著,2010年9月。平装,16异,ISBN 978-7-02-008260-7,定价38.00元。(2-650)

7083 清代文学研究集刊(第三辑)
曹虹、蒋寅、张宏生主编,2010年10月。平装覆膜,国流32开,ISBN 978-7-02-008147-9,定价40.00元。(35-229)

7084 李贽与晚明文学思想
左东岭著,中国古典文学研究丛书,2010年10月。平装覆膜,国流32开,ISBN 978-7-02-007786-1,定价26.00元。(35-230)

7085 两宋望族与文学
张兴武著,博雅文丛,2010年11月。平装覆膜,国流32开,ISBN 978-7-02-008221-6,定价30.00元。(35-231)

7086 中国古代小说与戏曲关系史
徐大军著,博雅文丛,2010年11月。平装覆膜,国流32开,ISBN 978-7-02-008284-1,定价38.00元。(35-232)

7087 摇落的风情 第一奇书《金瓶梅》绎解
卜键著,2011年1月。平装,16异,ISBN 978-7-02-008365-7,定价40.00元。2012年3月,平装,16异,ISBN 978-7-02-008952-9,定价40.00元。2017年3月,平装,16异,ISBN 978-7-02-012514-2,定价56.00元。(35-233)

7088 中国诗学(第十五辑)
蒋寅、张伯伟主编,2011年3月。平装覆膜,16开,ISBN 978-7-02-008382-4,定价38.00元。(35-234)

7089 中国古代小说研究(第四辑)
中国社会科学院文学研究所、中国古代小说研究中心编,2011年2月。平装覆膜,16开,ISBN 978-7-02-008381-7,定价48.00元。(35-235)

7090 中国古代文艺学
蔡钟翔、袁济喜著,2011年3月。平装覆膜,国流32开,ISBN 978-7-02-008306-0,定价25.00元。(35-236)

7091 杨柳的形象:物质的交流与中日古代文学
张哲俊著,国家哲学社会科学成果文库,2011年3月。精装,16异,ISBN 978-7-02-007387-0,定价90.00元。(35-237)

7092 晚清民国传奇杂剧文献与史实研究
左鹏军著,国家哲学社会科学成果文库,2011年3月。精装,16异,ISBN 978-7-02-007386-3,定价82.00元。(35-238)

7093 清代文学研究集刊(第四辑)
曹虹、蒋寅、张宏生主编,2011年10月。平装覆膜,国流32开,ISBN 978-7-02-007395-5,定价38.00元。(35-239)

7094 晚清二十年
马勇著,2011年12月。平装,16异,ISBN 978-

7-02-008375-6,定价35.00元。(35-240)

7095　唐代小说文化意蕴探微
关四平著,博雅文丛,2012年2月。平装覆膜,国流32开,ISBN 978-7-02-008726-6,定价33.00元。(35-241)

7096　清代唐宋诗之争流变史
王英志主编,国家哲学社会科学成果文库,2012年3月。精装,16异,ISBN 978-7-02-008950-5,定价108.00元。(35-242)

7097　儒、释、道的生态智慧与艺术诉求
陈炎、赵玉、李琳著,国家哲学社会科学成果文库,2012年3月。精装,16异,ISBN 978-7-02-008963-5,定价72.00元。(35-243)

7098　清诗考证
朱则杰著,国家清史编纂委员会·研究丛刊,2012年3月。平装,国流32开,ISBN 978-7-02-008825-6,定价98.00元。(35-244)

7099　中国诗学(第十六辑)
张伯伟、蒋寅主编,2012年6月。平装覆膜,16开,ISBN 978-7-02-009081-5,定价36.00元。(35-245)

7100　中国诗歌通史　先秦卷
赵敏俐、吴思敬主编,李炳海著,2012年6月。精装,16异,ISBN 978-7-02-009064-8,定价98.00元。(2-671)

7101　中国诗歌通史　魏晋南北朝卷
赵敏俐、吴思敬主编,钱志熙著,2012年6月。精装,16异,ISBN 978-7-02-009063-1,定价92.00元。(2-672)

7102　中国诗歌通史　唐五代卷
赵敏俐、吴思敬主编,吴相洲著,2012年6月。精装,16异,ISBN 978-7-02-009059-4,定价96.00元。(2-673)

7103　中国诗歌通史　宋代卷
赵敏俐、吴思敬主编,韩经太等著,2012年6月。精装,16异,ISBN 978-7-02-009058-7,定价120.00元。(2-674)

7104　中国诗歌通史　辽金元卷
赵敏俐、吴思敬主编,张晶等著,2012年6月。精装,16异,ISBN 978-7-02-009062-4,定价98.00元。(2-675)

7105　中国诗歌通史　明代卷
赵敏俐、吴思敬主编,左东岭等著,2012年6月。精装,16异,ISBN 978-7-02-009061-7,定价128.00元。(2-676)

7106　中国诗歌通史　清代卷
赵敏俐、吴思敬主编,王小舒著,2012年6月。精装,16异,ISBN 978-7-02-009066-2,定价100.00元。(2-677)

7107　中国诗歌通史　当代卷
赵敏俐、吴思敬主编,吴思敬等著,2012年6月。精装,16异,ISBN 978-7-02-009060-0,定价98.00元。(2-678)

7108　中国诗歌通史　现代卷
赵敏俐、吴思敬主编,王光明等著,2012年6月。精装,16异,ISBN 978-7-02-009056-3,定价90.00元。(2-679)

7109　中国诗歌通史　汉代卷
赵敏俐、吴思敬主编,赵敏俐著,2012年6月。精装,16异,ISBN 978-7-02-009065-5,定价88.00元。(2-680)

7110　中国诗歌通史　少数民族卷
赵敏俐、吴思敬主编,梁庭望著,2012年6月。精装,16异,ISBN 978-7-02-009057-0,定价120.00元。(2-681)

7111　清代文学研究集刊(第五辑)
曹虹、蒋寅、张宏生主编,2012年9月。平装覆膜,国流32开,ISBN 978-7-02-009352-6,定价40.00元。(35-246)

7112　唐诗接受史
张毅著,博雅文丛,2012年11月。平装覆膜,国流32开,ISBN 978-7-02-009189-8,定价32.00元。(35-247)

7113　中国古典诗学与新诗名家
杨景龙著,2012年11月。平装覆膜,16异,ISBN 978-7-02-009206-2,定价49.00元。(35-248)

7114　中国戏剧图史
廖奔著,2012年11月。平装覆膜,16异,ISBN 978-7-02-008845-4,定价38.00元。(35-249)

7115　中国戏曲声腔源流史
廖奔著,2012年11月。平装覆膜,16异,ISBN 978-7-02-008984-0,定价38.00元。

(35-250)

7116　中国古代剧场史
廖奔著,2012年11月。平装覆膜,16异,ISBN 978-7-02-008776-1,定价45.00元。(35-251)

7117　族谱所见文学批评资料整理研究
张廷银著,国家社科基金后期资助项目,2012年12月。平装,16异,ISBN 978-7-02-009618-3,定价45.00元。(35-252)

7118　元代文人心态
么书仪著,中国古典文学研究丛书,2013年1月。平装,国流32开,ISBN 978-7-02-008973-4,定价24.00元。(35-253)

7119　左传疑义新证
赵生群著,中国典籍与文化研究丛书,2013年1月。平装覆膜,国流32开,ISBN 978-7-02-009594-0,定价38.00元。(35-254)

7120　韩国诗话全编校注(1—12)
蔡美花、赵季主编,2012年12月。精装,国流32开,ISBN 978-7-02-009351-9,定价990.00元。(35-255)

7121　宋代田园诗研究
刘蔚著,2012年12月。平装,16异,ISBN 978-7-02-009677-0,定价40.00元。(2-692)

7122　中国诗歌史通论
赵敏俐著,国家哲学社会科学成果文库,2013年3月。精装,16异,ISBN 978-7-02-009729-6,定价78.00元。(2-695)

7123　《玉台新咏》编纂研究
胡大雷著,国家社科基金后期资助项目,2013年2月。平装,国流32开,ISBN 978-7-02-009672-5,定价55.00元。(35-256)

7124　《箧雅》五百诗人本事辑考(上下)
赵季、张景崑著,国家社科基金后期资助项目,2013年5月。平装,16异,ISBN 978-7-02-009697-8,定价138.00元。(35-257)

7125　玄学与魏晋南朝诗学研究
蔡彦峰著,博雅文丛,2013年6月。平装,国流32开,ISBN 978-7-02-009805-7,定价30.00元。(35-258)

7126　中国诗学(第十七辑)
蒋寅、张伯伟主编,2013年6月。平装覆膜,16开,ISBN 978-7-02-009924-5,定价33.00元。(35-259)

7127　中国古代戏曲目录研究
王瑜瑜著,博雅文丛,2013年6月。平装,国流32开,ISBN 978-7-02-009922-1,定价48.00元。(35-260)

7128　文镜秘府论研究(上下)
卢盛江著,国家社科基金后期资助项目,2013年8月。平装,16异,ISBN 978-7-02-009728-9,定价110.00元。(35-261)

7129　中国六大古典小说识要
张锦池著,博雅文丛,2013年8月。平装覆膜,国流32开,ISBN 978-7-02-010013-2,定价45.00元。(35-262)

7130　宋元之际士人阶层分化与诗学思想研究
史伟著,国家社科基金后期资助项目,2013年8月。平装,16异,ISBN 978-7-02-010045-3,定价49.00元。(35-263)

7131　朱熹文学思想研究
李士金著,博雅文丛,2013年11月。平装,国流32开,ISBN 978-7-02-010084-2,定价39.00元。(35-264)

7132　清代文学研究集刊(第六辑)
曹虹、蒋寅、张宏生主编,2013年12月。平装覆膜,国流32开,ISBN 978-7-02-010108-5,定价40.00元。(35-265)

7133　中国近代小说编年史(1—6)
陈大康著,2014年1月。精装,16异,ISBN 978-7-02-010153-5,定价680.00元。(2-713)

7134　李渔戏曲叙事观念研究
黄春燕著,博雅文丛,2014年4月。平装覆膜,国流32开,ISBN 978-7-02-010311-9,定价29.00元。(35-267)

7135　中国古代文学观念发生史
王齐洲著,国家哲学社会科学成果文库,2014年3月。精装,16异,ISBN 978-7-02-010221-1,定价99.00元。(35-268)

7136　徽商与明清文学
朱万曙著,国家哲学社会科学成果文库,2014年3月。精装,16异,ISBN 978-7-02-

010235-8,定价92.00元。(35-269)

7137　明洪武至正德中朝诗歌交流系年
赵季、王宝明、谷小溪、屠敏著,国家社科基金后期资助项目,2014年7月。平装,16异,ISBN 978-7-02-010310-2,定价90.00元。(35-270)

7138　儒学嬗变与魏晋文风建构
孙宝著,国家社科基金后期资助项目,2014年8月。平装,16异,ISBN 978-7-02-010479-6,定价75.00元。(35-271)

7139　王蒙评点《红楼梦》(1—8册)
2014年8月。线装,16异,ISBN 978-7-02-010570-0,定价2260.00元。(14-327)

7140　王蒙讲说《庄子》系列(1—6册)
2014年8月。线装,16异,ISBN 978-7-02-010571-7,定价1760.00元。(14-328)

7141　王蒙讲说《道德经》系列(1—4册)
2014年8月。线装,16异,ISBN 978-7-02-010569-4,定价1260.00元。(14-329)

7142　欲望的浮世绘——金瓶梅人物写真
左江著,2014年12月。平装,国流32开,ISBN 978-7-02-008619-1,定价32.00元。(14-330)

7143　中国诗学多元解释思想研究
李有光著,国家社科基金后期资助项目,2014年9月。平装,16异,ISBN 978-7-02-010478-9,定价65.00元。(35-272)

7144　易代之悲　钱澄之及其诗
张晖著,博雅文丛,2014年11月。平装,国流32开,ISBN 978-7-02-010398-0,定价32.00元。(35-273)

7145　古今通俗文学演变论集
王立、张祖立主编,2014年11月。平装,32异,ISBN 978-7-02-010499-4,定价58.00元。(2-731)

7146　《晏子春秋》研究史
刘文斌著,国家社科基金后期资助项目,2015年1月。平装,16异,ISBN 978-7-02-010408-6,定价67.00元。(2-738)

7147　中国诗学(第十八辑)
张伯伟、蒋寅主编,2014年12月。平装覆膜,16开,ISBN 978-7-02-010702-5,定价28.00元。(2-740)

7148　从同适斋到不舍斋
关爱和、胡全章编,2015年2月。平装,16异,ISBN 978-7-02-010600-4,定价48.00元。(2-742)

7149　传统的幻象:跨文化语境中的王国维诗学
罗钢著,国家社科基金后期资助项目,2015年3月。平装,16异,ISBN 978-7-02-010512-0,定价68.00元。2017年11月,单行本,平装,16异,ISBN 978-7-02-012983-6,定价68.00元。(2-743)

7150　道教文化与宋代诗歌
张振谦著,国家社科基金后期资助项目,2015年1月。平装,16异,ISBN 978-7-02-010680-6,定价78.00元。(2-744)

7151　中国审美文化焦点问题研究
韩经太著,国家哲学社会科学成果文库,2015年3月。精装,16异,ISBN 978-7-02-010806-0,定价108.00元。(2-746)

7152　论经典
詹福瑞著,国家哲学社会科学成果文库,2015年3月。精装,16异,ISBN 978-7-02-010731-5,定价75.00元。2016年9月,单行本,平装,国流32开,ISBN 978-7-02-012042-0,定价38.00元。(2-748)

7153　金圣叹史实研究
陆林著,国家哲学社会科学成果文库,2015年3月。精装,16异,ISBN 978-7-02-010770-4,定价128.00元。(35-274)

7154　旅行故事:空间经验与文学表达
李萌昀著,博雅文丛,2015年5月。平装覆膜,国流32开,ISBN 978-7-02-010874-9,定价38.00元。(35-275)

7155　桐城派编年(上下)
俞樟华、胡吉省著,国家社科基金后期资助项目,2015年5月。平装,16异,ISBN 978-7-02-010698-1,定价168.00元。(35-276)

7156　中国古代小说演变史
齐裕焜主编,2015年7月。平装,16异,ISBN 978-7-02-010549-6,定价45.00元。(35-277)

7157 东亚汉字文化圈古代文学论集
李时人、翁敏华、严明著,2015 年 7 月。平装,国流 32 开,ISBN 978-7-02-010773-5,定价 59.00 元。(35-278)

7158 中国诗学(第十九辑)
张伯伟、蒋寅主编,2015 年 7 月。平装覆膜,16 开,ISBN 978-7-02-011034-6,定价 32.00 元。(2-752)

7159 李清照
徐培均著,大家说古典,2015 年 8 月。精装,32 异,ISBN 978-7-02-010487-1,定价 26.00 元。(34-57)

7160 屈原
郭维森著,大家说古典,2015 年 8 月。精装,32 异,ISBN 978-7-02-010521-2,定价 24.00 元。(34-58)

7161 李商隐
郁贤皓、朱易安著,大家说古典,2015 年 11 月。精装,32 异,ISBN 978-7-02-010825-1,定价 24.00 元。(34-59)

7162 明代福建文学结聚与文化研究(上下)
郑礼炬著,国家社科基金后期资助项目,2015 年 12 月。平装,16 异,ISBN 978-7-02-010769-8,定价 192.00 元。(35-279)

7163 中国诗学(第二十辑)
张伯伟、蒋寅主编,2016 年 2 月。平装覆膜,16 开,ISBN 978-7-02-011278-4,定价 38.00 元。(2-760)

7164 红楼艺术
周汝昌著,周伦玲编,红学经典,2016 年 3 月。平装,16 异,ISBN 978-7-02-011154-1,定价 39.00 元。(35-280)

7165 贯通与驾驭:宋代文体学述论
谷曙光著,博雅文丛,2016 年 4 月。平装覆膜,国流 32 开,ISBN 978-7-02-010997-5,定价 48.00 元。(35-281)

7166 中国诗学(第二十一辑)
蒋寅、张伯伟主编,2016 年 7 月。平装覆膜,16 开,ISBN 978-7-02-011810-6,定价 38.00 元。(2-771)

7167 中国古典诗法举要
陈如江著,2016 年 10 月。平装,16 异,ISBN 978-7-02-011803-8,定价 48.00 元。2018 年 11 月收入恋上古诗词版画插图版,平装,国流 32 开,ISBN 978-7-02-014560-7,定价 49.00 元。(34-60)

7168 耆年集 陆林文史杂稿三编
2016 年 12 月。平装,16 异,ISBN 978-7-02-012181-6,定价 48.00 元。(14-379)

7169 中国诗学(第二十二辑)
张伯伟、蒋寅主编,2016 年 12 月。平装覆膜,16 开,ISBN 978-7-02-012303-2,定价 38.00 元。(35-282)

7170 文学社群与文学关系论
张涛著,国家社科基金后期资助项目,2016 年 12 月。平装,16 异,ISBN 978-7-02-012228-8,定价 85.00 元。(35-283)

7171 元剧考论
邓绍基著,中国古典文学研究丛书,2017 年 3 月。平装覆膜,国流 32 开,ISBN 978-7-02-012031-4,定价 59.00 元。(35-284)

7172 《四库全书总目》的官学约束与学术缺失
何宗美、张晓芝著,国家哲学社会科学成果文库,2017 年 3 月。精装,16 异,ISBN 978-7-02-012551-7,定价 145.00 元。(35-285)

7173 万历书坛——邢侗个案研究
孟庆星著,国家社科基金后期资助项目,2017 年 3 月。平装,16 异,ISBN 978-7-02-012232-5,定价 78.00 元。(35-286)

7174 《世说新语》美学研究
董晔著,国家社科基金后期资助项目,2017 年 3 月。平装,16 异,ISBN 978-7-02-012369-8,定价 42.00 元。(2-812)

7175 金词风貌研究
于东新著,国家社科基金后期资助项目,2017 年 5 月。平装,16 异,ISBN 978-7-02-012002-4,定价 69.00 元。(35-287)

7176 清代杜集序跋汇录
孙微辑校,国家社科基金后期资助项目,2017 年 6 月。平装,16 异,ISBN 978-7-02-012352-0,定价 88.00 元。(35-288)

7177 乐府歌辞述论
崔炼农著,国家社科基金后期资助项目,2017

年 6 月。平装,16 异,ISBN 978-7-02-010771-1,定价 65.00 元。(35-289)

7178　清中叶浙江女词人研究
赵雪沛著,博雅文丛,2017 年 7 月。平装,国流 32 开,ISBN 978-7-02-012561-6,定价 39.00 元。(35-290)

7179　中国诗学(第二十三辑)
蒋寅、张伯伟主编,2017 年 10 月。平装覆膜,16 开,ISBN 978-7-02-013397-0,定价 45.00 元。(2-825)

7180　古诗十九首释 经典常谈
朱自清著,恋上古诗词版画插图版,2017 年 10 月。平装,国流 32 开,ISBN 978-7-02-013189-1,定价 38.00 元。(34-64)

7181　中国诗学(第二十四辑)
张伯伟、蒋寅主编,2017 年 12 月。平装覆膜,16 开,ISBN 978-7-02-013641-4,定价 42.00 元。(2-833)

7182　赋比兴研究史
鲁洪生著,国家社科基金后期资助项目,2017 年 12 月。平装,16 异,ISBN 978-7-02-012577-7,定价 77.00 元。(35-291)

7183　词学十讲
龙榆生编著,恋上古诗词版画插图版,2017 年 10 月。平装,国流 32 开,ISBN 978-7-02-012738-2,定价 28.00 元。(35-292)

7184　汉晋女德建构
俞士玲著,国家社科基金后期资助项目,2017 年 12 月。平装,16 异,ISBN 978-7-02-012894-5,定价 78.00 元。(35-293)

7185　词曲概论
龙榆生著,恋上古诗词版画插图版,2018 年 1 月。平装,国流 32 开,ISBN 978-7-02-013338-3,定价 38.00 元。(31-225)

7186　米芾研究
周兴禄著,国家社科基金后期资助项目,2018 年 3 月。平装,16 异,ISBN 978-7-02-012640-7,定价 75.00 元。(35-294)

7187　《封神演义》考论
李亦辉著,国家社科基金后期资助项目,2018 年 4 月。平装,16 异,ISBN 978-7-02-013694-0,定价 110.00 元。(35-295)

7188　中国近代小说史论
陈大康著,国家哲学社会科学成果文库,2018 年 3 月。精装,16 异,ISBN 978-7-02-013880-7,定价 190.00 元。(2-834)

7189　唐宋词格律
龙榆生著,诗词灵犀,2018 年 9 月。平装,国流 32 开,ISBN 978-7-02-012805-1,定价 30.00 元。(31-225)

7190　诗词指要
谢崧著,诗词灵犀,2018 年 9 月。平装,国流 32 开,ISBN 978-7-02-013281-2,定价 32.00 元。(31-230)

7191　诗境浅说
俞陛云著,诗词灵犀,2018 年 9 月。平装,国流 32 开,ISBN 978-7-02-012819-8,定价 36.00 元。(31-231)

7192　南宋词境浅说
俞陛云编著,恋上古诗词版画插图版,2018 年 6 月。平装,国流 32 开,ISBN 978-7-02-013676-6,定价 40.00 元。(31-237)

7193　唐五代词境浅说
俞陛云编著,恋上古诗词版画插图版,2018 年 6 月。平装,国流 32 开,ISBN 978-7-02-013583-7,定价 25.00 元。(31-238)

7194　北宋词境浅说
俞陛云编著,恋上古诗词版画插图版,2018 年 6 月。平装,国流 32 开,ISBN 978-7-02-013582-0,定价 28.00 元。(31-239)

7195　中国诗学(第二十五辑)
蒋寅、张伯伟主编,2018 年 8 月。平装覆膜,16 开,ISBN 978-7-02-014314-6,定价 48.00 元。(2-840)

7196　禅宗与中国文学
谢思炜著,中国古典文学研究丛书,2018 年 8 月。平装覆膜,国流 32 开,ISBN 978-7-02-012813-6,定价 35.00 元。(35-296)

7197　复社与文学研究
曾肖著,国家社科基金后期资助项目,2018 年 10 月。平装,16 异,ISBN 978-7-02-013695-7,定价 80.00 元。(35-297)

7198　红楼十二钗评传(增订本)
曹立波著,2018 年 11 月。平装,16 异,ISBN

978-7-02-013316-1,定价66.00元。(35-298)

7199 词学通论
吴梅著,恋上古诗词版画插图版,2018年11月。平装,国流32开,ISBN 978-7-02-014494-5,定价35.00元。2019年8月(版权页误为2018年11月)收入中国文化入门读本,平装,国流32开,ISBN 978-7-02-014215-6,定价35.00元。(35-299)

7200 中国诗学(第二十六辑)
张伯伟、蒋寅主编,2018年12月。平装覆膜,16开,ISBN 978-7-02-014755-7,定价50.00元。(5-802)

7201 吴组缃小说课
傅承洲整理,2019年1月。精装,国流32开,ISBN 978-7-02-013644-5,定价58.00元。(35-300)

7202 苏轼传
王水照、崔铭著,2019年5月。平装,32异,ISBN 978-7-02-014740-3,定价59.00元。(35-301)

7203 欧阳修传
王水照、崔铭著,2019年5月。平装,32异,ISBN 978-7-02-014718-2,定价50.00元。(35-302)

7204 李白传
安旗著,2019年5月。平装,32异,ISBN 978-7-02-013985-9,定价40.00元。(35-303)

7205 东浙读书记(上下)
李圣华著,2019年5月。精装,国流32开,ISBN 978-7-02-014761-8,定价138.00元。(35-317)

7206 荣国府的经济账
陈大康著,2019年6月。平装,32异,ISBN 978-7-02-015040-3,定价46.00元。(35-304)

7207 庄一拂《古典戏曲存目汇考》补正
赵兴勤著,国家社科基金后期资助项目,2019年7月。平装,16异,ISBN 978-7-02-014750-2,定价110.00元。(35-305)

7208 明末清初西湖小说研究
胡海义著,博雅文丛,2019年9月。平装,国流32开,ISBN 978-7-02-015287-2,定价48.00元。(35-306)

7209 中国诗学(第二十七辑)
张伯伟、蒋寅主编,2019年9月。平装覆膜,16开,ISBN 978-7-02-015390-9,定价49.00元。(5-812)

7210 细读·第一辑
李小荣主编,2019年8月。平装,16异,ISBN 978-7-02-015218-6,定价68.00元。(35-307)

7211 中国诗学(第二十八辑)
巩本栋、蒋寅主编,2019年12月。平装覆膜,16开,ISBN 978-7-02-015874-4,定价49.00元。(2-849)

7212 在《红楼梦》里读懂中国
闫红著,2020年1月。平装,32异,ISBN 978-7-02-014908-7,定价39.80元。(35-308)

7213 傅斯年讲诗经
青少年必读传统文化书系,2020年1月。平装,国流32开,ISBN 978-7-02-015223-0,定价26.00元。(35-309)

7214 中国文化史
吕思勉著,青少年必读传统文化书系,2020年1月。平装,国流32开,ISBN 978-7-02-015229-2,定价39.00元。(35-310)

7215 迦陵谈诗
叶嘉莹著,2020年1月。平装,国流32开,ISBN 978-7-02-013609-4,定价69.00元。(35-311)

7216 迦陵谈诗二集
叶嘉莹著,2020年1月。平装,国流32开,ISBN 978-7-02-013611-7,定价55.00元。(35-312)

7217 清词选讲
叶嘉莹著,2020年1月。平装,国流32开,ISBN 978-7-02-015732-7,定价55.00元。(35-313)

7218 好诗共欣赏 陶渊明、杜甫、李商隐三家诗讲录
叶嘉莹著,2020年1月。平装,国流32开,ISBN 978-7-02-015352-7,定价45.00元。(35-314)

| 7219 | 细读·第二辑

李小荣主编,2020年4月。平装,16异,ISBN 978-7-02-015888-1,定价68.00元。(35-315)

| 7220 | 中国诗歌研究史 少数民族卷

左东岭主编,梁庭望著,2020年4月。精装,国流32开,ISBN 978-7-02-015672-6,定价74.00元。(2-853)

| 7221 | 中国诗歌研究史 金元卷

左东岭主编,查洪德等著,2020年4月。精装,国流32开,ISBN 978-7-02-015772-3,定价69.00元。(2-854)

| 7222 | 中国诗歌研究史 先秦卷

左东岭主编,李炳海著,2020年4月。精装,国流32开,ISBN 978-7-02-015811-9,定价77.00元。(2-855)

| 7223 | 中国诗歌研究史 宋代卷

左东岭主编,王培友著,2020年4月。精装,国流32开,ISBN 978-7-02-015873-7,定价69.00元。(2-856)

| 7224 | 中国诗歌研究史 清代卷

左东岭主编,王小舒著,2020年4月。精装,国流32开,ISBN 978-7-02-015812-6,定价75.00元。(2-857)

| 7225 | 程千帆古诗讲录

张伯伟编,2020年4月。精装,国流32开,ISBN 978-7-02-016280-2,定价66.00元。(2-858)

| 7226 | 中国诗歌研究史 魏晋南北朝卷

左东岭主编,钱志熙等著,2020年4月。精装,国流32开,ISBN 978-7-02-015774-7,定价76.00元。(2-859)

| 7227 | 中国诗歌研究史 唐代卷

左东岭主编,吴相洲著,2020年4月。精装,国流32开,ISBN 978-7-02-015775-4,定价69.00元。(2-860)

| 7228 | 中国诗歌研究史 明代卷

左东岭主编,左东岭、孙学堂、雍繁星著,2020年4月。精装,国流32开,ISBN 978-7-02-015810-2,定价78.00元。(2-861)

| 7229 | 中国诗歌研究史 汉代卷

左东岭主编,赵敏俐著,2020年4月。精装,国流32开,ISBN 978-7-02-015773-0,定价70.00元。(2-862)

| 7230 | 偶然与永恒 中国古代文艺理论对文艺美学的建构意义

张晶著,2020年7月。平装,32异,ISBN 978-7-02-015821-8,定价58.00元。(2-863)

| 7231 | 中国诗学(第二十九辑)

蒋寅、巩本栋主编,2020年6月。平装覆膜,16开,ISBN 978-7-02-016630-5,定价49.00元。(2-870)

| 7232 | 汤显祖与晚明戏曲的嬗变(增订版)

程芸著,博雅文丛,2020年6月。平装覆膜,国流32开,ISBN 978-7-02-015666-5,定价49.00元。(35-317)

| 7233 | 细读·第三辑

李小荣主编,2020年9月。平装,16异,ISBN 978-7-02-016506-3,定价68.00元。(35-318)

| 7234 | 中国古代叙事文法理论研究

方志红著,国家社科基金后期资助项目,2020年9月。平装,16异,ISBN 978-7-02-016090-7,定价90.00元。(35-319)

| 7235 | 清代韩愈诗文文献研究

丁俊丽著,国家社科基金后期资助项目,2020年9月。平装,16异,ISBN 978-7-02-015877-5,定价120.00元。(35-320)

| 7236 | 中国八大诗人

胡怀琛著,恋上古诗词版画插图版,2020年9月。平装,国流32开,ISBN 978-7-02-014524-9,定价39.00元。(33-64)

| 7237 | 杜甫游踪考察记

宋红著,2020年12月。平装,国流32开,ISBN 978-7-02-016103-4,定价88.00元。(7-1642)

| 7238 | 中国小说史略

鲁迅著,1952年2月。平装,32开,书号 总56鲁18,定价11,600元。1956年5月,平装,32开,书号10019·55,定价0.86元。1958年4月,平装,大32开,书号10019·745,定价0.90元。1973年9月,平装,32开,书号10019·2047,定价0.64元。2006年12月,平装,国流32开,ISBN 7-02-005839-6,定价18.00元。

2007年9月收入中国文库,国流32开,平装,ISBN 978-7-02-006359-8,定价20.00元;精装,ISBN 978-7-02-006360-4,定价34.00元。(36-1)(36-10)(28-45)

7239　中国俗文学史（上下）
郑振铎著,作家出版社1954年2月。平装,32开,书号10020·19,定价21,000元。1957年12月,精装,32开,定价2.20元。(36-2)

7240　晚清小说史
阿英著,作家出版社1955年9月。平装,大32开,书号10020·134,定价0.67元。1980年8月人民文学出版社,平装,大32开,书号10019·3014,定价0.59元。1991年4月,平装,大32开,ISBN 7-02-001180-2,定价2.60元。(36-3)

7241　中国诗史（上中下）
陆侃如、冯沅君著,作家出版社1956年9月。平装,大32开,书号10020·133,定价2.70元。1983年3月人民文学出版社,书号10019·3377,定价2.70元。(36-4)

7242　中国中古文学史讲义
刘师培著,1957年7月。平装,大32开,书号10019·578,定价0.42元。(36-5)

7243　中国文学史简编（修订本）
陆侃如、冯沅君著,作家出版社1957年7月。平装,大32开,书号10020·684,定价1.20元。(36-6)

7244　插图本中国文学史
郑振铎著,作家出版社1957年12月。平装,大32开,书号10020·781,定价6.50元。1959年10月人民文学出版社,大32开,书号10019·1334,平装,定价4.25元;精装,定价6.90元。(36-7)

7245　说书史话
陈汝衡著,作家出版社1958年2月。平装,大32开,书号10020·801,定价0.95元。1987年5月人民文学出版社,书号10019·4082,定价1.80元。(36-8)

7246　中国近世戏曲史
〔日〕青木正儿著,王古鲁译,作家出版社1958年2月。平装,大32开,书号10020·794,定价2.80元。(36-9)

7247　汉文学史纲要
鲁迅著,1958年4月。平装,大32开,书号10019·744,定价0.27元。1973年9月,平装,32开,书号10019·2036,定价0.20元。2006年12月,平装,国流32开,ISBN 7-02-005864-7,定价8.00元。(36-11)(28-48)

7248　中国文学史纲（上册）
谭丕模著,1958年7月。平装,大32开,书号10019·784,定价1.20元。(36-12)

7249　唐戏弄
任半塘著,作家出版社1958年8月。平装,大32开,书号10020·872,定价3.80元。(36-13)

7250　中国文学史
北京大学中文系文学专门化55级集体编著,1958年9月。平装,大32开,书号10019·987,定价3.30元。(36-14)

7251　中国民间文学史（初稿）
北京师范大学中文系55级学生集体编写,1958年12月。平装,大32开,书号10019·1142,定价2.65元。(36-15)

7252　唐代诗歌
王士菁著,1959年4月。大32开,书号10019·1268,平装,定价0.91元;精装,定价2.10元。1964年5月作家出版社,大32开,书号10020·1759,平装,定价0.93元;精装,定价1.40元。(36-16)

7253　中国文学史（1—4）
北京大学中文系文学专门化55级集体编著,1959年9月。大32开,书号10019·987,平装,定价5.70元;精装,定价7.50元。(36-17)

7254　中国古典文学理论批评史（上）
郭绍虞著,1959年12月。平装,大32开,书号10019·1421,定价0.83元。(36-18)

7255　中国戏剧史长编
周贻白著,1960年2月。平装,大32开,书号10019·1376,定价2.30元。(36-19)

7256　中国小说史稿
北京大学中文系55级《中国小说史稿》编辑委员会编,1960年4月。大32开,书号10019·1560,平装,定价1.85元;精装,定价2.25元。

理论研究

1974年2月,平装,大32开,书号10019·1596,定价1.00元。(36-20)

7257　中国文学史大纲
游国恩、王起、萧涤非、季镇淮、费振刚主编,1962年8月。平装,大32开,书号10019·1677,定价1.05元。(89-1)

7258　中国文学史(一)
游国恩、王起、萧涤非、季镇淮、费振刚主编,1963年7月,大32开,书号10019·1744,定价1.05元。1988年5月,平装,小32开,ISBN 7-02-000069-X,定价1.60元。1990年5月,平装,小32开,ISBN 7-02-000965-4,定价2.00元。2002年7月,平装覆膜,大32开,ISBN 7-02-003823-9,定价16.00元。2004年3月一至四卷合为一种收入中国文库,国流32开,平装覆膜,ISBN 7-02-004533-2,定价66.00元;精装,ISBN 7-02-004731-9,定价130.00元。(89-2)

7259　中国文学史(二)
游国恩、王起、萧涤非、季镇淮、费振刚主编,1963年7月。平装,大32开,书号10019·1744,定价0.75元。1988年5月,平装,小32开,ISBN 7-02-000070-3,定价1.15元。1990年5月,平装,小32开,ISBN 7-02-000966-2,定价1.45元。2002年7月,平装覆膜,大32开,ISBN 7-02-003922-7,定价12.00元。(89-3)

7260　中国文学史(三)
游国恩、王起、萧涤非、季镇淮、费振刚主编,1964年2月。平装,大32开,书号10019·1744,定价0.88元。1988年5月,平装,小32开,ISBN 7-02-000071-1,定价1.35元。1990年5月,平装,小32开,ISBN 7-02-000967-0,定价1.70元。2002年7月,平装覆膜,大32开,ISBN 7-02-003923-5,定价14.00元。(89-8)

7261　中国文学史(四)
游国恩、王起、萧涤非、季镇淮、费振刚主编,1964年3月。平装,大32开,书号10019·1744,定价1.25元。1988年5月,平装,小32开,ISBN 7-02-000072-X,定价1.95元。1990年5月,平装,小32开,ISBN 7-02-000968-9,定价2.45元。2002年7月,平装覆膜,大32开,ISBN 7-02-003924-3,定价18.00元。(89-9)

7262　中国文学史(1—3)
中国科学院文学研究所中国文学史编写组编写,1962年8月。大32开,书号10019·1666,平装,定价3.50元;精装,定价5.05元。1988年5月,平装,小32开,ISBN 7-02-000066-5,定价5.45元。1990年5月,平装,小32开,ISBN 7-02-000969-7,定价6.90元。(89-25)

7263　中国小说史
北京大学中文系编著,1978年12月。平装,大32开,书号10019·2690,定价0.94元。(36-22)

7264　中国小说史简编
南开大学中文系编著,1979年6月。平装,32开,书号10019·2775,定价0.77元。(36-23)

7265　中国文学理论批评史(上下)
敏泽著,1981年5月。平装,小32开,书号10019·3134,定价3.10元。(36-24)

7266　汉魏六朝乐府文学史
萧涤非著,1984年3月。大32开,书号10019·3631,平装,定价1.10元;精装,定价2.10元。1998年6月,平装覆膜,大32开,ISBN 7-02-002683-4,定价13.00元。2011年6月增补本,署萧涤非著、萧海川辑补,收入中国断代专题文学史丛刊,平装,国流32开,ISBN 978-7-02-008484-5,定价32.00元。2020年3月,平装,国流32开,ISBN 978-7-02-015872-0,定价45.00元。(36-25)

7267　刘勰的文学史论
张文勋著,1984年12月。平装,小32开,书号10019·3735,定价0.66元。(36-26)

7268　骈文史论
姜书阁著,1986年11月。平装,大32开,书号10019·4027,定价3.40元。2010年7月,平装覆膜,国流32开,ISBN 978-7-02-007764-9,定价35.00元。(36-27)

7269　唐代文学演变史
李从军著,1993年10月。平装,大32开,ISBN 7-02-001384-8,定价12.10元。(36-28)

7270　唐代文学史（上）
中国社会科学院文学研究所总纂,乔象锺、陈铁民主编,中国文学通史系列,1995年12月。平装覆膜,大32开,ISBN 7-02-001216-7,定价25.85元。(36-29)

7271　唐代文学史（下）
中国社会科学院文学研究所总纂,吴庚舜、董乃斌主编,中国文学通史系列,1995年12月。平装覆膜,大32开,ISBN 7-02-001272-8,定价31.85元。(36-30)

7272　元代文学史
中国社会科学院文学研究所总纂,邓绍基主编,中国文学通史系列,1991年12月。平装覆膜,大32开,ISBN 7-02-001271-X,定价9.05元。(36-31)

7273　南北朝文学史
中国社会科学院文学研究所总纂,曹道衡、沈玉成主编,中国文学通史系列,1991年12月。平装覆膜,大32开,ISBN 7-02-001287-6,定价8.10元。(36-32)

7274　宋代文学史（上）
中国社会科学院文学研究所总纂,孙望、常国武主编,中国文学通史系列,1996年9月。平装覆膜,大32开,ISBN 7-02-002118-2,定价21.05元。(36-33)

7275　宋代文学史（下）
中国社会科学院文学研究所总纂,孙望、常国武主编,中国文学通史系列,1996年9月。平装覆膜,大32开,ISBN 7-02-002119-0,定价22.85元。(36-34)

7276　先秦文学史
中国社会科学院文学研究所总纂,褚斌杰、谭家健主编,中国文学通史系列,1998年11月。平装覆膜,大32开,ISBN 7-02-002434-3,定价22.50元。(36-35)

7277　魏晋文学史
中国社会科学院文学研究所总纂,徐公持编著,中国文学通史系列,1999年9月。平装覆膜,大32开,ISBN 7-02-002855-1,定价24.60元。(36-36)

7278　南北朝文学编年史
曹道衡、刘跃进著,2000年11月。平装覆膜,大32开,ISBN 7-02-003133-1,定价32.00元。(36-37)

7279　五代十国文学编年
张兴武著,2001年10月。平装覆膜,大32开,ISBN 7-02-003454-3,定价20.00元。(36-38)

7280　明词史
张仲谋著,2002年2月。平装覆膜,大32开,ISBN 7-02-003499-3,定价20.00元。2015年12月修订本,收入中国断代专题文学史丛刊,平装,国流32开,ISBN 978-7-02-010550-2,定价45.00元。2020年1月,平装,国流32开,ISBN 978-7-02-015861-4,定价50.00元。(36-39)

7281　唐代小说史
程毅中著,2003年5月。平装覆膜,大32开,ISBN 7-02-003997-9,定价20.00元。2011年12月收入中国断代专题文学史丛刊,平装,国流32开,ISBN 978-7-02-008456-2,定价32.00元。2019年10月,平装,国流32开,ISBN 978-7-02-015647-4,定价42.00元。(36-40)

7282　元诗史
杨镰著,2003年8月。平装覆膜,大32开,ISBN 7-02-004237-6,定价42.00元。(36-41)

7283　明代小说史
陈大康著,2007年4月。平装覆膜,大32开,ISBN 978-7-02-005889-1,定价45.00元。2020年3月收入中国断代专题文学史丛刊,平装,国流32开,ISBN 978-7-02-015870-6,定价69.00元。(36-42)

7284　中国古代文学史（上中下）
马积高、黄钧主编,2009年5月。平装覆膜,国流32开,ISBN 978-7-02-006753-4,定价75.00元。(36-43)

7285　近代词史
莫利民著,中国断代专题文学史丛刊,2010年12月。平装,国流32开,ISBN 978-7-02-006476-2,定价48.00元。(36-425)

7286　汉代文学思想史
许结著,中国断代专题文学史丛刊,2010年12

月。平装,国流 32 开,ISBN 978-7-02-007765-6,定价 30.00 元。2019 年 12 月,平装,国流 32 开,ISBN 978-7-02-015482-1,定价 45.00 元。(36-44)

7287　清诗史(上、下)
严迪昌著,中国断代专题文学史丛刊,2011 年 11 月。平装,国流 32 开,ISBN 978-7-02-008450-0,定价 68.00 元。2019 年 10 月,平装,国流 32 开,ISBN 978-7-02-015670-2,定价 82.00 元。(36-46)

7288　清词史
严迪昌著,中国断代专题文学史丛刊,2011 年 12 月。平装,国流 32 开,ISBN 978-7-02-008451-7,定价 39.00 元。2019 年 10 月,平装,国流 32 开,ISBN 978-7-02-015671-9,定价 54.00 元。(36-47)

7289　唐前志怪小说史
李剑国著,中国断代专题文学史丛刊,2011 年 12 月。平装,国流 32 开,ISBN 978-7-02-008449-4,定价 43.00 元。2019 年 12 月,平装,国流 32 开,ISBN 978-7-02-015480-7,定价 65.00 元。(36-48)

7290　明清传奇史
郭英德著,中国断代专题文学史丛刊,2012 年 4 月。平装,国流 32 开,ISBN 978-7-02-008448-7,定价 55.00 元。2019 年 10 月,平装,国流 32 开,ISBN 978-7-02-015651-1,定价 69.00 元。(36-49)

7291　敦煌文学千年史
颜廷亮著,中国古典文学研究丛书,2013 年 11 月。平装覆膜,国流 32 开,ISBN 978-7-02-009806-4,定价 39.00 元。(36-50)

7292　明代文学思潮史
廖可斌著,中国断代专题文学史丛刊,2016 年 4 月。平装,国流 32 开,ISBN 978-7-02-011277-7,定价 56.00 元。(36-51)

7293　中国近代文学发展史(修订本)(上中下)
郭延礼著,中国断代专题文学史丛刊,2017 年 9 月。平装,国流 32 开,ISBN 978-7-02-010513-7,定价 175.00 元。(36-52)

7294　宋江三十六人考实
余嘉锡著,作家出版社 1955 年 1 月。平装,大 32 开,书号 作 87,定价 3,500 元。(37-1)

7295　中国通俗小说书目
孙楷第著,作家出版社 1957 年 2 月。平装,大 32 开,书号 10020·86,定价 1.20 元。1982 年 12 月人民文学出版社,平装,大 32 开,书号 10019·3319,定价 1.40 元。1991 年 5 月,平装,大 32 开,ISBN 7-02-001182-9,定价 4.60 元。(37-2)

7296　十五贯戏曲资料汇编
路工、傅惜华编,作家出版社 1957 年 12 月。平装,32 开,书号 10020·779,定价 1.60 元。(37-3)

7297　元代杂剧全目
傅惜华著,中国戏曲研究院编,中国戏曲史资料丛刊,作家出版社 1957 年 12 月。平装,大 32 开,书号 10020·577,定价 1.50 元。(37-4)

7298　李太白年谱
黄锡珪编,作家出版社 1958 年 2 月。平装,32 开,书号 10020·806,定价 0.30 元。(37-5)

7299　明代杂剧全目
傅惜华著,中国戏曲研究院编,中国戏曲史资料丛刊,作家出版社 1958 年 5 月。平装,大 32 开,书号 10020·841,定价 1.10 元。(37-6)

7300　日本东京所见小说书目
孙楷第著,1958 年 5 月。平装,大 32 开,书号 10019·758,定价 0.75 元。(37-7)

7301　古典小说戏曲丛考
刘修业著,作家出版社 1958 年 6 月。平装,大 32 开,书号 10020·857,定价 0.70 元。(37-8)

7302　李白诗文系年
詹锳编著,作家出版社 1958 年 7 月。平装,大 32 开,书号 10020·877,定价 0.70 元。1984 年 4 月人民文学出版社,平装,大 32 开,书号 10019·3608,定价 0.78 元。(37-9)

7303　元明清三代禁毁小说戏曲史料
王晓传辑录,作家出版社 1958 年 8 月。平装,大 32 开,书号 10020·835,定价 1.40 元。(37-10)

7304　曲海总目提要(上中下)

董康著,1959年6月。精装,大32开,书号10019·1295,定价10.40元。2014年10月,附《曲海总目提要》补编,署董康著、北婴补编,精装,国流32开,ISBN 978-7-02-010476-5,定价320.00元。(37-11)

7305 曲海总目提要补编
北婴编著,中国戏曲研究院编,中国戏曲史资料丛刊,1959年6月。精装,大32开,书号10019·1296,定价1.85元。(37-12)

7306 中国歌谣资料(第一集、第二集上下)
中国民间文艺研究会资料室主编,作家出版社1959年6月。平装,25开,书号10020·1313,定价5.00元。(37-13)

7307 明代传奇全目
傅惜华著,中国戏曲史资料丛刊,1959年12月。平装,大32开,书号10019·1431,定价1.85元。(37-14)

7308 清代杂剧全目
傅惜华著,中国戏曲研究院编,中国戏曲史资料丛刊,1981年2月。平装,大32开,书号10019·3102,定价2.50元。(37-15)

7309 吴承恩年谱
苏兴著,1980年12月。平装,32开,书号10019·3068,定价0.44元。(37-16)

7310 杜牧年谱
缪钺著,1980年12月。平装,32开,书号10019·3020,定价0.32元。(37-17)

7311 陆游年谱
欧小牧著,1981年7月。平装,32开,书号10019·3167,定价1.10元。(37-18)

7312 元曲纪事
王文才编著,1985年1月。平装,大32开,书号10019·3750,定价1.95元。(37-19)

7313 中古文学系年(上下)
陆侃如著,1985年6月。大32开,书号10019·3819,平装,定价6.40元;精装,7.65元。(37-20)

7314 戏曲小说书录解题
孙楷第著,戴鸿森校次,1990年10月。平装覆膜,大32开,ISBN 7-02-000990-5,定价6.30元。(37-21)

7315 孟浩然年谱
刘文刚著,1995年10月。平装,32开,ISBN 7-02-002134-4,定价7.65元。(37-22)

7316 中国历代小说序跋集(上中下)
丁锡根编著,1996年7月。平装覆膜,大32开,ISBN 7-02-002328-2,定价82.00元。(37-23)

7317 红楼梦研究稀见资料汇编(上下)
中国艺术研究院红楼梦研究所、人民文学出版社编辑部编,吕启祥、林东海主编,2001年8月。平装覆膜,大32开,ISBN 7-02-002995-7,定价68.00元。(37-24)

7318 王渔洋事迹征略
蒋寅著,2001年10月。平装覆膜,大32开,ISBN 7-02-003306-7,定价26.00元。(37-25)

7319 中国古代小说总目提要
朱一玄、宁稼雨、陈桂生编著,2005年12月。精装,16开,ISBN 7-02-003961-8,定价150.00元。(37-26)

7320 方文年谱
李圣华著,2007年3月。平装,国流32开,ISBN 978-7-02-005888-4,定价38.00元。(37-27)

7321 明清江苏文人年表
张慧剑著,2008年6月。精装,国流32开,ISBN 978-7-02-006754-1,定价120.00元。(37-28)

7322 陆机陆云年谱
俞士玲著,中国典籍与文化研究丛书,2009年2月。平装覆膜,国流32开,ISBN 978-7-02-006888-3,定价35.00元。(37-29)

7323 四库全书荟要总目提要
江庆柏等整理,2009年11月。精装,16开,ISBN 978-7-02-007778-6,定价90.00元。(37-30)

7324 宋琬年谱考证
汪超宏著,新编清人年谱丛刊,2010年12月。平装覆膜,国流32开,ISBN 978-7-02-008283-4,定价28.00元。(37-31)

7325 旧京书影 北平图书馆善本书目(一九三三年)
〔日〕仓石武四郎编摄、赵万里撰集,2011年1

月。精装，16 开，ISBN 978-7-02-007576-8，定价 220.00 元。(37-32)

7326 刘大观年谱考略
许隽超著，国家社科基金后期资助项目，2013 年 11 月。平装，16 异，ISBN 978-7-02-009803-3，定价 55.00 元。(37-34)

7327 四库全书初次进呈存目
江庆柏等整理，2015 年 6 月。精装，16 开，ISBN 978-7-02-010829-9，定价 180.00 元。(37-35)

7328 清人诗集叙录（上中下）
袁行云著，2016 年 7 月。精装，国流 32 开，ISBN 978-7-02-007340-5，定价 480.00 元。(5-802)

7329 历代赋论汇编（上下）
孙福轩、韩泉欣编辑校点，国家社科基金后期资助项目，2016 年 12 月。平装，16 异，ISBN 978-7-02-010312-6，定价 150.00 元。(34-62)

外国文学研究

7330 斥叛徒法斯特
作家出版社编辑部编，作家出版社 1958 年 7 月。平装，32 开，书号 10020·956，定价 0.18 元。(87-1)

7331 怎样认识《约翰·克利斯朵夫》
作家出版社编辑部编，作家出版社 1958 年 7 月。平装，32 开，书号 10020·916，定价 0.27 元。(87-2)

7332 一百三十五个世界著名的文学家
中国科学院文学研究所资料室编，文学知识小丛书，1958 年 9 月。平装，32 开，书号 10019·965，定价 0.75 元。(87-3)

7333 论艾米莉·勃朗特的《呼啸山庄》
1958 年 9 月。平装，32 开，书号 10019·975，定价 0.22 元。(87-4)

7334 论伏尼契的《牛虻》
1958 年 9 月。平装，32 开，书号 10019·974，定价 0.18 元。(87-5)

7335 论斯丹达尔的《红与黑》
1958 年 9 月。平装，32 开，书号 10019·976，定价 0.24 元。(87-6)

7336 德国文学简史（上卷）
冯至、田德望、张玉书、孙凤城、李淑、杜文堂编著，1958 年 9 月。平装，大 32 开，书号 10019·989，定价 0.88 元。(87-7)

7337 德国文学简史（下卷）
冯至、田德望、张玉书、孙凤城、李淑、杜文堂编著，1958 年 12 月。平装，大 32 开，书号 10019·1138，定价 0.89 元。(87-8)

7338 论哈代的《苔丝》《还乡》和《无名的裘德》
1958 年 12 月。平装，32 开，书号 10019·1152，定价 0.23 元。(87-9)

7339 论夏绿蒂·勃朗特的《简爱》
1958 年 12 月。平装，32 开，书号 10019·1151，定价 0.18 元。(87-10)

7340 拉丁美洲文学
王央乐著，知识丛书，作家出版社 1963 年 8 月。平装，32 异，书号 10019·1686，定价 0.45 元。(87-11)

7341 西方美学史（上）
朱光潜著，1963 年 7 月。平装，大 32 开，书号 10019·1743，定价 1.05 元。1988 年 5 月，平装，大 32 开，ISBN 7-02-000073-8，定价 1.75 元。1990 年 5 月，平装，大 32 开，ISBN 7-02-000963-8，定价 2.20 元。2002 年 1 月上下卷合为一册收入大学生必读，平装，大 32 开，ISBN 7-02-003601-5，定价 30.00 元。2004 年 3 月收入中国文库，国流 32 开，平装覆膜，ISBN 7-02-004525-1，定价 35.00 元；精装，ISBN 7-02-004723-8，定价 56.00 元。(89-4)

7342 欧洲文学史（上）
杨周翰、吴达元、赵萝蕤主编，1964 年 1 月。平装，大 32 开，书号 10019·1764，定价 0.92 元。1988 年 5 月，平装，小 32 开，ISBN 7-02-000064-9，定价 1.55 元。1990 年 5 月，平装，

小 32 开,ISBN 7-02-000973-5,定价 1.95 元。2004 年 3 月上下卷合为一种收入中国文库,平装覆膜,国流 32 开,ISBN 7-02-004544-8,定价 35.00 元;精装,ISBN 7-02-004742-4,定价 70.00 元。2015 年 4 月,平装,国流 32 开,ISBN 978-7-02-010722-3,定价 58.00 元。(89-5)

7343　西方美学史(下)

朱光潜著,1964 年 8 月。平装,大 32 开,书号 10019·1777,定价 1.15 元。1988 年 5 月,平装,大 32 开,ISBN 7-02-000074-6,定价 2.00 元。1990 年 5 月,平装,大 32 开,ISBN 7-02-000964-6,定价 2.50 元。(89-10)

7344　梵语文学史

金克木著,1964 年 8 月。平装,大 32 开,书号 10019·1778,定价 1.25 元。(89-11)

7345　欧洲文学史(下)

杨周翰、吴达元、赵萝蕤等主编,1979 年 11 月。平装,大 32 开,书号 10019·2843,定价 1.05 元。1988 年 5 月,平装,小 32 开,ISBN 7-02-000065-7,定价 2.05 元。1990 年 5 月,小 32 开,ISBN 7-02-000974-3,定价 2.60 元。(89-15)

7346　美国文学简史(上册)

董衡巽、朱虹、施咸荣、郑士生著,1979 年 2 月。平装,大 32 开,书号 10019·2626,定价 0.55 元。1986 年 1 月,平装,小 32 开,定价 1.45 元。(87-12)

7347　法国文学史(上册)

柳鸣九、郑克鲁、张英伦著,1979 年 5 月。平装,大 32 开,书号 10019·2715,定价 1.10 元。(87-13)

7348　鲍狄埃评传

《鲍狄埃评传》编写组编写,1979 年 3 月。平装,32 开,书号 10019·2689,定价 0.54 元。(87-14)

7349　罗摩衍那初探

季羡林著,外国文学出版社 1979 年 10 月。32 开,书号 10208·2,平装,定价 0.37 元;精装,定价 0.87 元。(87-15)

7350　外国文学评论(第一辑)

外国文学出版社 1979 年 9 月。平装,32 开,书号 10208·1,定价 0.54 元。(87-16)

7351　外国文学评论(第二辑)

外国文学出版社 1980 年 8 月。平装,32 开,书号 10208·27,定价 0.70 元。(87-17)

7352　英国文学论文集

王佐良著,外国文学出版社 1980 年 12 月。平装,32 开,书号 10208·42,定价 0.95 元。(87-18)

7353　英国文学论集

范存忠著,外国文学出版社 1981 年 1 月。平装,32 开,书号 10208·43,定价 0.68 元。(87-19)

7354　法国文学史(中册)

柳鸣九主编,1981 年 9 月。平装,大 32 开,书号 10019·3193,定价 1.65 元。(87-20)

7355　鲁迅论外国文学

福建师范大学中文系编选,外国文学出版社 1982 年 6 月。平装,32 开,书号 10208·97,定价 1.55 元。(87-21)

7356　马克思　恩格斯美学思想论集

1983 年 2 月。平装,大 32 开,书号 10019·3415,定价 1.35 元。(87-22)

7357　悲剧心理学——各种悲剧快感理论的批判研究

朱光潜著,张隆溪译,1983 年 3 月。平装,大 32 开,书号 10019·3418,定价 0.80 元。(87-23)

7358　西伯利亚文学简述

金亚娜著,外国文学出版社 1983 年 10 月。平装,32 异,书号 10208·148,定价 0.40 元。(87-24)

7359　诗与真·诗与真二集

梁宗岱著,外国文学出版社 1984 年 1 月。小 32 开,书号 10208·151,平装,定价 0.60 元;平装覆膜,定价 0.90 元。(87-25)

7360　西方现代派文学问题论争集(上下)

何望贤编选,内部发行,1984 年 2 月。平装,小 32 开,书号 10019·3564,定价 2.90 元。(87-26)

7361　欧洲文论简史　古希腊罗马至十九世纪末

伍蠡甫著,1985 年 3 月。小 32 开,书号 10019·3791,平装,定价 2.05 元;平装覆膜,定价 2.35 元。1988 年 5 月,平装,小 32 开,ISBN

7-02-000083-5,定价1.65元。1990年5月,平装,小32开,ISBN 7-02-000962-X,定价2.05元。1999年1月,署伍蠡甫、翁义钦著。2004年5月收入中国文库,国流32开,平装覆膜,ISBN 7-02-004545-6,定价22.00元;精装,ISBN 7-02-004743-2,定价42.00元。(89-24)

7362　俄国文学史

曹靖华主编,1989年5月。平装,大32开,ISBN 7-02-000415-6,定价3.85元。1990年5月,平装,大32开,ISBN 7-02-000970-0,定价3.85元。(89-31)

7363　美国文学简史(下册)

董衡巽、朱虹、施咸荣、李文俊著,1986年1月。平装,小32开,书号10019·3898,定价2.90元。(87-27)

7364　采石集

柳鸣九著,外国文学出版社1986年4月。平装,小32开,书号10208·228,定价2.25元。(87-28)

7365　探索集

吴元迈著,外国文学出版社1986年5月。平装,小32开,书号10208·231,定价2.35元。(87-29)

7366　照澜集

王佐良著,外国文学出版社1986年4月。平装,小32开,书号10208·237,定价1.55元。(87-30)

7367　德国文学随笔

张黎著,外国文学出版社1986年7月。平装,小32开,书号10208·233,定价1.80元。(87-31)

7368　印度印地语言学史

刘安武著,1987年3月。平装,小32开,书号10019·4088,定价2.50元。(87-32)

7369　三个从家庭出走的妇女
　　　　——比较文学论文集

方平著,外国文学出版社1987年5月。平装,小32开,书号10208·263,定价2.00元。(87-33)

7370　圣经文学十二讲
　　　　——圣经、次经、伪经、死海古卷**

朱维之著,1989年10月。平装,小32开,ISBN 7-02-000804-6,定价4.30元。2008年3月,平装覆膜,国流32开,ISBN 978-7-02-006133-4,定价27.00元。(87-34)

7371　法国文学史(下册)

柳鸣九主编,1991年2月。平装,大32开,ISBN 7-02-001102-0,定价7.00元。(87-35)

7372　诗人之恋 苏联三大诗人的爱情悲剧

高莽著,外国文学出版社1991年5月。平装覆膜,32异,ISBN 7-5016-0093-7,定价3.90元。(87-36)

7373　非花非雾集

绿原著,外国文学出版社1991年6月。平装,小32开,ISBN 7-5016-0095-3,定价3.45元。(87-37)

7374　英国浪漫主义诗歌史

王佐良著,1991年8月。平装覆膜,大32开,ISBN 7-02-001244-2,定价5.75元。(87-38)

7375　普希金与我

鲁迅等著,孙绳武、卢永福主编,1999年5月。软精,大32开,ISBN 7-02-002949-3,定价29.50元。(87-39)

7376　比较文学与当代文化批评 王宁文化学术批评文选之1

2000年1月。平装覆膜,大32开,ISBN 7-02-003060-2,定价21.00元。(2-387)

7377　二十世纪西方文学比较研究 王宁文化学术批评文选之2

2000年1月。平装覆膜,大32开,ISBN 7-02-003061-0,定价20.00元。(2-388)

7378　解读博尔赫斯

残雪著,猫头鹰学术文丛,2000年6月。平装,国流32开,ISBN 7-02-003114-5,定价16.00元。(2-390)

7379　文学之路——中德语言文学文化研究(第一卷 2000年)

张玉书、温·沃斯勒主编,2000年8月。平装覆膜,国流32开,ISBN 7-02-003319-9,定价130.00元。(87-41)

409

7380 文学之路——中德语言文学文化研究（第二卷 2001 年）

张玉书、温·沃斯勒、霍·托美主编，2001 年 10 月。平装覆膜，国流 32 开，ISBN 7-02-003661-9，定价 130.00 元。(87-42)

7381 马克思主义与现代美学问题

王杰著，2000 年 11 月。平装覆膜，大 32 开，ISBN 7-02-003232-X，定价 16.20 元。(2-395)

7382 文学与精神分析学 王宁文化学术批评文选之 3

2002 年 1 月。平装覆膜，大 32 开，ISBN 7-02-003819-0，定价 18.00 元。(2-411)

7383 超越后现代主义 王宁文化学术批评文选之 4

2002 年 1 月。平装覆膜，大 32 开，ISBN 7-02-003523-X，定价 20.00 元。(2-414)

7384 文学之路——中德语言文学文化研究（第三卷 2002 年）

张玉书、汉-格·坎普尔、霍·托美主编，2002 年 11 月。平装覆膜，国流 32 开，ISBN 7-02-004046-2，定价 130.00 元。(87-43)

7385 欧美文学论丛第一辑 经典作家作品研究

北京大学欧美文学研究中心编，2002 年 12 月。平装覆膜，国流 32 开，ISBN 7-02-004063-2，定价 19.80 元。(2-425)

7386 欧美文学论丛第二辑 欧美文学与宗教

北京大学欧美文学研究中心编，2002 年 12 月。平装覆膜，国流 32 开，ISBN 7-02-004064-0，定价 13.60 元。(2-426)

7387 欧美文学论丛第三辑 欧美文论研究

申丹、秦海鹰主编，2003 年 6 月。平装覆膜，国流 32 开，ISBN 7-02-004200-7，定价 19.00 元。(2-427)

7388 阅读普希金

刘文飞著，阿波罗文丛，2002 年 12 月。平装覆膜，国流 32 开，ISBN 7-02-003960-X，定价 14.30 元。(2-430)

7389 美国文学简史（修订本）

董衡巽主编，2003 年 1 月。平装覆膜，大 32 开，ISBN 7-02-003766-6，定价 32.00 元。(87-44)

7390 圣经与文学阐释

梁工、卢龙光编选，2003 年 6 月。平装覆膜，国流 32 开，ISBN 7-02-004193-0，定价 25.00 元。(2-434)

7391 马克思主义文艺审美论

林宝全著，2003 年 7 月。平装覆膜，大 32 开，ISBN 7-02-004191-4，定价 14.00 元。(2-437)

7392 热点追踪——20 世纪俄罗斯文学研究

张捷著，2003 年 7 月。平装覆膜，国流 32 开，ISBN 7-02-004206-6，定价 19.00 元。(2-438)

7393 想象俄罗斯

林精华著，阿波罗文丛，2003 年 5 月。平装覆膜，国流 32 开，ISBN 7-02-004236-8，定价 17.00 元。(2-442)

7394 充盈的虚无——俄罗斯文学中的宗教意识

金亚娜、刘锟、张鹤等著，2003 年 10 月。平装覆膜，国流 32 开，ISBN 7-02-004244-9，定价 21.00 元。(2-446)

7395 俄语语言文学研究·文学卷

黑龙江大学俄语语言文学研究中心编，2002 年 11 月。平装覆膜，国流 32 开，ISBN 7-02-003983-9，定价 22.60 元。(2-447)

7396 俄语语言文学研究·文学卷（第二辑）

黑龙江大学俄语语言文学研究中心编，2003 年 9 月。平装覆膜，国流 32 开，ISBN 7-02-004321-6，定价 24.00 元。(2-448)

7397 日本文学翻译论文集

北京日本学研究中心文学研究室编，2004 年 2 月。平装覆膜，大 32 开，ISBN 7-02-004463-8，定价 23.00 元。(2-451)

7398 世界语境中的《源氏物语》

北京日本学研究中心文学研究室编，2004 年 2 月。平装覆膜，大 32 开，ISBN 7-02-004451-4，定价 22.00 元。(2-452)

| 7399 | 大江健三郎的文学世界

王新新著,2004年5月。平装覆膜,大32开,ISBN 7-02-004576-6,定价17.00元。(2-466)

| 7400 | 中国外国文学学会论文集 第七届2002武汉

2004年10月。平装覆膜,国流32开,ISBN 7-02-004761-0,定价25.00元。(2-474)

| 7401 | 巴尔扎克 一个伟大的寻梦者

艾珉著,2005年1月。平装覆膜,国流32开,ISBN 7-02-004780-7,定价19.00元。(2-477)

| 7402 | 左琴科小说艺术研究

李莉著,阿波罗文丛,2005年6月。平装覆膜,国流32开,ISBN 7-02-005220-7,定价15.00元。(2-481)

| 7403 | 欧美文学论丛第四辑 传记文学研究

杨国改、赵白生著,2005年8月。平装覆膜,国流32开,ISBN 7-02-005187-1,定价22.00元。(2-491)

| 7404 | 莫里森研究

王玉括著,2005年12月。平装覆膜,国流32开,ISBN 7-02-005329-7,定价17.00元。(2-497)

| 7405 | 白银时代俄国文学思潮和流派

张冰著,2006年7月。平装覆膜,国流32开,ISBN 7-02-005553-2,定价21.00元。(44-125)

| 7406 | 俄罗斯生态文学论

杨素梅、闫吉青著,阿波罗文丛,2006年8月。平装覆膜,国流32开,ISBN 7-02-005671-7,定价21.00元。(2-520)

| 7407 | 波兰民族的良心 ——斯·热罗姆斯基小说研究

乌兰著,2006年8月。平装覆膜,国流32开,ISBN 7-02-005559-1,定价22.00元。(2-522)

| 7408 | 当代以色列作家研究

钟志清著,2006年8月。平装,国流32开,ISBN 7-02-005772-1,定价22.00元。(2-523)

| 7409 | 上帝是谁 辛格创作及其对中国文坛的影响

傅晓微著,外国文学博士文丛,2006年10月。平装覆膜,国流32开,ISBN 7-02-005818-3,定价17.00元。(2-528)

| 7410 | 古罗马文学史

王焕生著,2006年10月。平装覆膜,16异,ISBN 7-02-005574-5,定价52.00元。(87-45)

| 7411 | 当今俄罗斯文坛扫描

张捷著,2007年4月。平装覆膜,国流32开,ISBN 978-7-02-005985-0,定价27.00元。(87-46)

| 7412 | 法国文学史(1—3卷)

柳鸣九主编,2007年4月。平装覆膜,16开,ISBN 978-7-02-005944-7,定价100.00元。(87-47)

| 7413 | 文化的重量:解读当代华裔美国文学

李贵苍著,猫头鹰学术文丛,2006年11月。平装覆膜,国流32开,ISBN 7-02-005781-0,定价20.00元。(2-530)

| 7414 | 普罗米修斯的"堕落" 俄国文学知识分子形象研究

朱建刚著,外国文学博士文丛,2006年12月。平装覆膜,国流32开,ISBN 7-02-005919-8,定价16.00元。(2-534)

| 7415 | 哈代诗歌研究

颜学军著,2006年12月。平装,16异,ISBN 7-02-005780-2,定价20.00元。(2-539)

| 7416 | 俄罗斯文化评论(第一辑)

首都师范大学文学院主编,2006年12月。平装覆膜,国流32开,ISBN 7-02-005730-6,定价24.00元。(2-545)

| 7417 | 艾略特与《荒原》

李俊清著,2007年1月。平装覆膜,32异,ISBN 978-7-02-005765-8,定价10.00元。(80-33)

| 7418 | 马列文论研究

徐放鸣、周忠厚主编,2007年2月。平装覆膜,16开,ISBN 978-7-02-005956-0,定价32.00元。(2-546)

| 7419 | 游戏、禅宗、后现代 佩列文后现代主义诗学研究

外国文学研究

411

郑永旺著,外国文学博士文丛,2006年12月。平装,国流32开,ISBN 978-7-02-005948-5,定价18.00元。(2-549)

7420 欧美文学论丛第五辑 圣经、神话传说与文学

罗芃、任光宣主编,2007年4月。平装覆膜,国流32开,ISBN 978-7-02-005987-4,定价24.00元。(2-550)

7421 当代俄罗斯文学纪事(1992—2001)

张捷编,2007年6月。平装覆膜,16异,ISBN 978-7-02-005986-7,定价27.00元。(14-157)

7422 美国华裔文学之文化研究

薛玉凤著,阿波罗文丛,2007年7月。平装覆膜,国流32开,ISBN 978-7-02-006080-1,定价20.00元。(2-555)

7423 德语文学与文学批评（第一卷·2007年）

张玉书等主编,2007年9月。平装覆膜,16异,ISBN 978-7-02-006241-6,定价48.00元。(2-559)

7424 圣经文学研究(第一辑)

梁工主编,2007年9月。平装覆膜,国流32开,ISBN 978-7-02-006278-2,定价25.00元。(2-562)

7425 历史的叙述与叙述的历史 拜厄特《占有》之历史性的多维研究

程倩著,2007年9月。平装覆膜,国流32开,ISBN 978-7-02-006059-7,定价19.00元。(2-563)

7426 帕斯捷尔纳克创作研究

冯玉芝著,阿波罗文丛,2007年10月。平装覆膜,国流32开,ISBN 978-7-02-006372-7,定价25.00元。(2-565)

7427 方式即意义 自《黑暗之心》到《现代启示录》改编的中国古典美学观照

张璟慧著,外国文学博士文丛,2008年5月。平装覆膜,国流32开,ISBN 978-7-02-006559-2,定价23.00元。(2-578)

7428 文化研究视野中的英美文学

徐颖果著,2008年1月。平装覆膜,国流32开,ISBN 978-7-02-006364-2,定价22.00元。(2-579)

7429 中罗文学关系史探

丁超著,国家社科基金后期资助项目,2008年8月。平装,16异,ISBN 7-02-006650-6,定价36.00元。(2-588)

7430 美拯救世界 俄罗斯文学中的圣徒式女性形象

谢春艳著,外国文学博士文丛,2008年6月。平装覆膜,国流32开,ISBN 978-7-02-006757-2,定价21.00元。(2-590)

7431 多元·融合·跨越——英国现当代诗歌及其研究

章燕著,阿波罗文丛,2008年9月。平装覆膜,国流32开,ISBN 978-7-02-006560-8,定价28.00元。(2-591)

7432 圣经文学研究(第二辑)

梁工主编,2008年9月。平装覆膜,国流32开,ISBN 7-02-006695-7,定价30.00元。(2-592)

7433 德语文学与文学批评（第二卷·2008年）

张玉书等主编,2008年10月。平装覆膜,16异,ISBN 978-7-02-006618-6,定价50.00元。(2-593)

7434 拉斯普京创作研究

孙玉华、王丽丹、刘宏著,2009年2月。平装覆膜,国流32开,ISBN 978-7-02-006805-0,定价20.00元。(2-601)

7435 东正教精神与俄罗斯文学

刘锟著,俄罗斯人文精神与文学,2009年5月。平装覆膜,16异,ISBN 978-7-02-006806-7,定价28.00元。(2-605)

7436 期盼索菲亚——俄罗斯文学中的"永恒女性"崇拜哲学与文化探源

金亚娜著,俄罗斯人文精神与文学,2009年5月。平装覆膜,16异,ISBN 978-7-02-006777-0,定价35.00元。(2-606)

7437 苦闷的园丁——"现代性"体验与俄罗斯文学中的知识分子形象

张晓东著,俄罗斯人文精神与文学,2009年5月。平装覆膜,16异,ISBN 978-7-02-

006808-1,定价21.00元。(2-607)

7438 圣经文学研究(第三辑)
梁工主编,2009年8月。平装覆膜,国流32开,ISBN 978-7-02-006980-4,定价30.00元。(2-608)

7439 德语文学与文学批评(第三卷·2009年)
张玉书、卫茂平、朱建华、魏育青、冯亚琳主编,2009年10月。平装,16异,ISBN 978-7-02-007337-5,定价45.00元。(2-612)

7440 文学经典化问题研究
林精华、李冰梅、周以量编,2010年3月。平装覆膜,国流32开,ISBN 978-7-02-007575-1,定价28.00元。(2-625)

7441 译学新论 从翻译的间性到海德格尔的翻译思想
蔡新乐著,2010年3月。平装覆膜,国流32开,ISBN 978-7-02-007605-5,定价22.00元。(2-633)

7442 雅·哈谢克
刘星灿著,文学讲堂,2010年4月。平装覆膜,国流32开,ISBN 978-7-02-006834-0,定价18.00元。(2-634)

7443 阿·托尔斯泰
张佩文著,文学讲堂,2010年4月。平装覆膜,国流32开,ISBN 978-7-02-006839-5,定价22.00元。(2-635)

7444 米·布尔加科夫
钱诚著,文学讲堂,2010年4月。平装覆膜,国流32开,ISBN 978-7-02-006692-6,定价20.00元。(2-636)

7445 威廉·福克纳
李文俊著,文学讲堂,2010年4月,平装覆膜,国流32开,ISBN 978-7-02-006708-4,定价18.00元。(2-637)

7446 圣经文学研究(第四辑)
梁工主编,2010年5月。平装覆膜,国流32开,ISBN 978-7-02-007848-6,定价32.00元。(2-638)

7447 解密丹·布朗
朱振武著,2010年6月。平装覆膜,国流32开,ISBN 978-7-02-007912-4,定价25.00元。(14-237)

7448 意识形态与审美话语 伊格尔顿文学批评理论研究
段吉方著,2010年7月。平装,国流32开,ISBN 978-7-02-007944-5,定价27.00元。(2-647)

7449 德语文学与文学批评(第四卷·2010年)
张玉书等主编,2010年10月。平装,16异,ISBN 978-7-02-008301-5,定价50.00元。(2-651)

7450 乔伊斯长篇小说人物塑造
冯建明著,阿波罗文丛,2010年11月。平装覆膜,国流32开,ISBN 978-7-02-007996-4,定价31.00元。(2-653)

7451 法国新小说发生学
杨令飞著,2012年4月。平装覆膜,国流32开,ISBN 978-7-02-009345-8,定价32.00元。(87-49)

7452 欧美文学论丛第六辑 法国文学与宗教
秦海鹰主编,2011年3月。平装,国流32开,ISBN 978-7-02-008204-9,定价29.00元。(2-654)

7453 圣经文学研究(第五辑)
梁工主编,2011年5月。平装覆膜,国流32开,ISBN 978-7-02-008346-6,定价33.00元。(2-655)

7454 爱伦·坡研究
朱振武著,国家社科基金后期资助项目,2011年5月。平装,16异,ISBN 978-7-02-008183-7,定价40.00元。(2-656)

7455 欧美文学论丛第七辑 西班牙语国家文学研究
王军主编,2011年5月。平装覆膜,国流32开,ISBN 978-7-02-008405-0,定价30.00元。(2-657)

7456 德语文学与文学批评(第5卷·2011年)
张玉书主编,2011年9月。平装覆膜,16异,ISBN 978-7-02-008725-9,定价50.00元。(2-661)

| 7457 | 圣经文学研究(第六辑)

梁工主编,2012年2月。平装覆膜,国流32开,ISBN 978-7-02-008795-2,定价30.00元。(2-664)

| 7458 | 茨威格中短篇小说叙事研究

张晏著,阿波罗文丛,2012年4月。平装覆膜,国流32开,ISBN 978-7-02-008763-1,定价28.00元。(2-669)

| 7459 | 与友人谈里尔克

程抱一著,2012年6月。平装覆膜,32异,ISBN 978-7-02-009135-5,定价22.00元。(85-73)

| 7460 | 美的五次沉思

程抱一著,2012年6月。平装覆膜,32异,ISBN 978-7-02-009153-9,定价27.00元。(85-74)

| 7461 | 远游与阐释

张建渝著,2011年11月。平装,16异,ISBN 978-7-02-008831-7,定价38.00元。(2-670)

| 7462 | 德语文学与文学批评(第6卷·2012年)

张玉书主编,2012年9月。平装,16异,ISBN 978-7-02-009457-8,定价50.00元。(2-682)

| 7463 | 选择与失落:中俄文学关系的文化观照

汪介之著,2012年10月。平装,国流32开,ISBN 978-7-02-009048-8,定价33.00元。(2-683)

| 7464 | 俄罗斯命运的回声

汪介之著,2012年10月。平装,国流32开,ISBN 978-7-02-009047-1,定价35.00元。(2-684)

| 7465 | 日本遁世文学的研究——中世知识人的思想与文章表现

陆晚霞著,2013年2月。平装,国流32开,ISBN 978-7-02-009176-8,定价35.00元。(2-690)

| 7466 | 圣经文学研究(第七辑)

梁工、程小娟主编,2013年3月。平装,国流32开,ISBN 978-7-02-009479-0,定价33.00元。(2-693)

| 7467 | 文化视域中的翻译理论研究

杨柳、王守仁等著,国家社科基金后期资助项目,2013年5月。平装,16异,ISBN 978-7-02-009159-1,定价46.00元。(2-697)

| 7468 | 弗吉尼亚·伍尔夫:性别差异与女性写作研究

潘建著,国家社科基金后期资助项目,2013年5月。平装,16异,ISBN 978-7-02-009161-4,定价36.00元。(2-698)

| 7469 | 欧美文学论丛第八辑 文学与艺术

罗芃主编,2013年5月。平装,国流32开,ISBN 978-7-02-009645-9,定价27.00元。(2-699)

| 7470 | 阿兰·罗伯-格里耶新小说中的时间

孙圣英著,2013年9月。平装,国流32开,ISBN 978-7-02-009649-7,定价32.00元。(2-701)

| 7471 | 布尔加科夫魔幻叙事传统探析

许志强、葛闻著,国家社科基金后期资助项目,2013年8月。平装,16异,ISBN 978-7-02-009838-5,定价38.00元。(2-702)

| 7472 | 德语文学与文学批评(第7卷·2013年)

魏育青等主编,2013年10月。平装,16异,ISBN 978-7-02-010104-7,定价50.00元。(2-703)

| 7473 | 二十世纪八、九十年代俄罗斯中短篇小说研究

孙超著,2014年3月。平装,国流32开,ISBN 978-7-02-009461-5,定价33.00元。(2-707)

| 7474 | 索罗金小说的后现代叙事模式研究

温玉霞著,国家社科基金后期资助项目,2014年3月。平装,16异,ISBN 978-7-02-010105-4,定价38.00元。(2-709)

| 7475 | 文学俄国(第一辑)

刘文飞、文导微编,2014年3月。平装,国流32开,ISBN 978-7-02-010198-6,定价35.00元。(2-710)

| 7476 | 圣经文学研究(第八辑)

梁工、程小娟主编,2014年4月。平装,国流32

开,ISBN 978-7-02-010103-0,定价 36.00 元。(2-712)

7477　美国生态女性主义文学批评研究
华媛媛著,2014 年 5 月。平装,16 异,ISBN 978-7-02-010352-2,定价 35.00 元。(2-714)

7478　雅可布逊的诗学研究
赵晓彬、王华民、韩巍著,2014 年 6 月。平装,国流 32 开,ISBN 978-7-02-010327-0,定价 38.00 元。(2-716)

7479　环境·动物·女性·殖民地
——欧美生态文学的他者形象
李巧慧著,阿波罗文丛,2014 年 7 月。平装,国流 32 开,ISBN 978-7-02-010213-6,定价 38.00 元。(2-717)

7480　女性与战争——马斯特雷塔作品中的墨西哥革命重塑
张珂著,2014 年 7 月。平装,国流 32 开,ISBN 978-7-02-010252-5,定价 36.00 元。(2-718)

7481　当代西方后经典叙事学研究
尚必武著,国家社科基金后期资助项目,2013 年 12 月。平装,16 异,ISBN 978-7-02-010211-2,定价 42.00 元。(2-719)

7482　圣经文学研究(第九辑)
梁工、程小娟主编,2014 年 8 月。平装,国流 32 开,ISBN 978-7-02-010328-7,定价 40.00 元。(2-720)

7483　德语文学与文学批评
(第 8 卷·2014 年)
魏育青等主编,2014 年 11 月。平装,16 异,ISBN 978-7-02-010604-2,定价 58.00 元。(2-732)

7484　转型中的社会:奈保尔作品研究
杜维平著,国家社科基金后期资助项目,2014 年 12 月。平装,16 异,ISBN 978-7-02-010598-4,定价 45.00 元。(2-737)

7485　当代美国戏剧 60 年(1950—2010)
周维培、韩曦著,2014 年 12 月。平装,国流 32 开,ISBN 978-7-02-010407-9,定价 36.00 元。(2-739)

7486　朝鲜中古文学批评史研究
李岩著,国家哲学社会科学成果文库,2015 年 3 月。精装,16 异,ISBN 978-7-02-010805-3,定价 118.00 元。(2-747)

7487　圣经文学研究(第十辑·2015 春)
梁工、程小娟主编,2015 年 4 月。平装,国流 32 开,ISBN 978-7-02-010742-1,定价 38.00 元。(2-750)

7488　福克纳的创作流变及其在中国的接受和影响
朱振武著,国家社科基金后期资助项目,2015 年 6 月。平装,16 异,ISBN 978-7-02-010639-4,定价 49.00 元。(2-751)

7489　传统故事与异域传说 文学母题的比较文化研究
王立著,2015 年 6 月。平装,国流 32 开,ISBN 978-7-02-010741-4,定价 58.00 元。(2-756)

7490　圣经文学研究(第十一辑)
梁工、程小娟主编,2015 年 9 月。平装,16 异,ISBN 978-7-02-010945-6,定价 39.00 元。(2-757)

7491　文学俄国(第二辑)
侯玮红、侯丹编,2015 年 12 月。平装,国流 32 开,ISBN 978-7-02-010801-5,定价 38.00 元。(2-758)

7492　欧美文学论丛第十辑 成长小说研究
韩加明主编,2016 年 5 月。平装覆膜,国流 32 开,ISBN 978-7-02-011112-1,定价 33.00 元。(2-765)

7493　欧美文学论丛第九辑 俄罗斯文学研究
查晓燕主编,2016 年 5 月。平装覆膜,国流 32 开,ISBN 978-7-02-011511-2,定价 27.00 元。(2-766)

7494　圣经文学研究(第十二辑)
梁工、程小娟主编,2016 年 3 月。平装覆膜,16 异,ISBN 978-7-02-011451-1,定价 38.00 元。(2-768)

7495　寻找乌托邦
——现代美学的危机与重建
王杰著,2016 年 10 月。平装,16 异,ISBN 978-

7-02-011290-6,定价66.00元。(2-791)

7496 圣经文学研究(第十三辑)
梁工、程小娟主编,2016年9月。平装覆膜,16异,ISBN 978-7-02-011915-8,定价38.00元。(2-792)

7497 历史·现实·想象
——英国文学论集
章燕著,2016年11月。平装覆膜,16异,ISBN 978-7-02-011090-2,定价68.00元。(2-793)

7498 法国文学的理性批判精神(增订本)
艾珉著,2016年12月。精装,16异,ISBN 978-7-02-011843-4,定价78.00元。(2-794)

7499 俄罗斯后现代主义文学研究
——理论分析与文本解读
郑永旺等著,2017年4月。平装,16异,ISBN 978-7-02-011632-84,定价52.00元。(2-813)

7500 欧美文学论丛第十一辑 欧美戏剧文学与文化
罗湉著,2017年1月。平装覆膜,国流32开,ISBN 978-7-02-012329-2,定价38.00元。(2-814)

7501 西方历史上的"诗与哲学之争"
张奎志著,国家社科基金后期资助项目,2016年12月。平装,16异,ISBN 978-7-02-010751-3,定价58.00元。(2-818)

7502 爱尔兰的凯尔特文学与文化研究
冯建明主编,2016年6月。平装,16异,ISBN 978-7-02-011116-9,定价60.00元。(2-822)

7503 俄罗斯文学中彼得堡的现代神话意蕴
杜国英著,2017年10月。平装覆膜,16异,ISBN 978-7-02-012364-3,定价88.00元。(2-826)

7504 战后日本文学史
李德纯著,2018年4月。平装,国流32开,ISBN 978-7-02-012542-5,定价59.00元。(2-832)

7505 欧美文学论丛第十二辑 18世纪文学研究
韩加明主编,2018年6月。平装覆膜,国流32开,ISBN 978-7-02-014406-8,定价48.00元。(2-842)

7506 世界名著背后的故事(1—2)
余凤高著,2019年12月。精装,16异,ISBN 978-7-02-012180-9,定价298.00元。(2-850)

作　品　集

中国当代文学作品集

7507　周扬文集(第一卷)
1984年12月。大32开,书号10019·3759,平装,定价2.90元;精装,定价4.90元。(2-241)

7508　周扬文集(第二卷)
1985年10月。大32开,书号10019·3855,平装,定价3.30元;精装,定价5.45元。(2-246)

7509　周扬文集(第三卷)
1990年9月。大32开,平装,ISBN 7-02-000979-4,定价4.95元;精装,ISBN 7-02-000980-8,定价8.35元。(2-290)

7510　周扬文集(第四卷)
1991年12月。大32开,平装,ISBN 7-02-001292-2,定价5.90元;精装,ISBN 7-02-001293-0,定价11.30元。(2-301)

7511　周扬文集(第五卷)
1994年3月。大32开,平装,ISBN 7-02-001644-8,定价9.40元;精装,ISBN 7-02-001645-6,定价16.85元。(2-313)

7512　秦牧全集(第五卷)
1994年9月。精装,大32开,ISBN 7-02-001869-6,定价22.50元。(2-314)

7513　秦牧全集(第八卷)
1994年9月。精装,大32开,ISBN 7-02-001878-5,定价28.80元。(2-315)

7514　秦牧全集(第九卷)
1994年9月。精装,大32开,ISBN 7-02-001874-2,定价20.40元。(2-318)

7515　秦牧全集(第一卷)
1994年9月。精装,大32开,ISBN 7-02-001851-3,定价28.25元。(2-319)

7516　秦牧全集(第二卷)
1994年9月。精装,大32开,ISBN 7-02-001868-8,定价27.40元。(2-341)

7517　秦牧全集(第三卷)
1994年9月。精装,大32开,ISBN 7-02-001870-X,定价26.00元。(2-342)

7518　秦牧全集(第四卷)
1994年9月。精装,大32开,ISBN 7-02-001871-8,定价22.85元。(2-343)

7519　秦牧全集(第六卷)
1994年9月。精装,大32开,ISBN 7-02-001877-7,定价23.90元。(2-344)

7520　秦牧全集(第七卷)
1994年9月。精装,大32开,ISBN 7-02-001839-4,定价20.00元。(2-345)

7521　秦牧全集(第十卷)
1994年9月。精装,大32开,ISBN 7-02-001931-5,定价24.90元。(2-346)

7522　秦牧全集·补遗卷
2004年10月。精装,大32开,ISBN 7-02-004558-8,定价45.00元。(2-475)

7523　王蒙文存(1)　青春万岁
2003年9月。平装覆膜,国流32开,ISBN 7-02-004294-5,定价18.00元。(99-5)

7524　王蒙文存(2)　活动变人形
2003年9月。平装覆膜,国流32开,ISBN 7-02-004295-3,定价18.50元。(99-6)

7525　王蒙文存(3)　暗杀3322

2003年9月。平装覆膜,国流32开,ISBN 7-02-004296-1,定价15.00元。2014年4月收入王蒙文集,平装,国流32开,ISBN 978-7-02-009981-8,定价28.00元。2020年1月新版王蒙文集,平装,国流32开,ISBN 978-7-02-014973-5,定价33.00元。(99-7)

7526 王蒙文存(4) 恋爱的季节
2003年9月。平装覆膜,国流32开,ISBN 7-02-004297-X,定价22.00元。(99-8)

7527 王蒙文存(5) 失态的季节
2003年9月。平装覆膜,国流32开,ISBN 7-02-004298-8,定价23.00元。(99-9)

7528 王蒙文存(6) 踌躇的季节
2003年9月。平装覆膜,国流32开,ISBN 7-02-004299-6,定价20.50元。(99-10)

7529 王蒙文存(7) 狂欢的季节
2003年9月。平装覆膜,国流32开,ISBN 7-02-004300-3,定价23.00元。(99-11)

7530 王蒙文存(8) 在伊犁 新大陆人
2003年9月。平装覆膜,国流32开,ISBN 7-02-004301-1,定价19.00元。2014年4月收入王蒙文集,平装,国流32开,ISBN 978-7-02-009992-4,定价33.00元。2020年1月新版王蒙文集,平装,国流32开,ISBN 978-7-02-014971-1,定价39.00元。(99-12)

7531 王蒙文存(9) 中篇小说1
2003年9月。平装覆膜,国流32开,ISBN 7-02-004302-X,定价28.00元。(99-13)

7532 王蒙文存(10) 中篇小说2
2003年9月。平装覆膜,国流32开,ISBN 7-02-004303-8,定价25.00元。(99-14)

7533 王蒙文存(11) 短篇小说1
2003年9月。平装覆膜,国流32开,ISBN 7-02-004304-6,定价22.50元。(99-15)

7534 王蒙文存(12) 短篇小说2
2003年9月。平装覆膜,国流32开,ISBN 7-02-004305-4,定价23.00元。(99-16)

7535 王蒙文存(13) 短篇小说3
2003年9月。平装覆膜,国流32开,ISBN 7-02-004306-2,定价24.00元。(99-17)

7536 王蒙文存(14) 散文随笔杂文1
2003年9月。平装覆膜,国流32开,ISBN 7-02-004307-0,定价25.00元。(99-18)

7537 王蒙文存(15) 散文随笔杂文2
2003年9月。平装覆膜,国流32开,ISBN 7-02-004308-9,定价26.50元。(99-19)

7538 王蒙文存(16) 诗歌
2003年9月。平装覆膜,国流32开,ISBN 7-02-004309-7,定价22.00元。(99-20)

7539 王蒙文存(17) 专栏文章
2003年9月。平装覆膜,国流32开,ISBN 7-02-004310-0,定价21.00元。(99-21)

7540 王蒙文存(18) 论《红楼梦》 论李商隐
2003年9月。平装覆膜,国流32开,ISBN 7-02-004311-9,定价23.00元。(99-22)

7541 王蒙文存(19) 讲演录
2003年9月。平装覆膜,国流32开,ISBN 7-02-004312-7,定价29.00元。(99-23)

7542 王蒙文存(20) 访谈录 对话录
2003年9月。平装覆膜,国流32开,ISBN 7-02-004313-5,定价20.50元。(99-24)

7543 王蒙文存(21) 创作谈 文艺杂谈
2003年9月。平装覆膜,国流32开,ISBN 7-02-004314-3,定价26.50元。(99-25)

7544 王蒙文存(22) 作家作品评论 序
2003年9月。平装覆膜,国流32开,ISBN 7-02-004315-1,定价20.00元。(99-26)

7545 王蒙文存(23) 综论 代言 附录
2003年9月。平装覆膜,国流32开,ISBN 7-02-004316-X,定价30.00元。(99-27)

7546 王蒙文存(1—23)
1—7.长篇小说;8—13.系列小说 中短篇小说;14—15.散文随笔杂文;16.诗歌;17.专栏文章;18.论《红楼梦》论李商隐;19—20.演讲录 访谈录 对话录;21.创作谈 文艺杂谈;22.作家作品评论;23.综论 代言 附录。2003年9月。精装,国流32开,ISBN 7-02-004293-7,定价750.00元。(99-28)

7547 杨绛作品精选 小说戏剧
2004年5月。平装,16异,ISBN 7-02-004515-4,定价35.00元。(99-29)

7548 杨绛作品精选 散文 I
2004年5月。平装,16异,ISBN 7-02-

004517-0,定价31.00元。(99-30)

7549 杨绛作品精选 散文Ⅱ

2004年5月。平装,16异,ISBN 7-02-004516-2,定价30.00元。(99-31)

7550 杨绛文集(1—8)

2004年5月。精装,国流32开,ISBN 7-02-004514-6,定价300.00元。2013年5月,平装,国流32开,ISBN 978-7-02-009851-4,定价380.00元。(99-32)

7551 孙犁全集(1—11)

2004年7月。精装,大32开,ISBN 7-02-004645-2,定价480.00元。2016年8月,精装,大32开,ISBN 978-7-02-011391-0,定价780.00元。(99-33)

7552 孙犁全集(1)

2004年7月。平装,大32开,ISBN 7-02-004644-4,定价22.00元。(99-34)

7553 孙犁全集(2)

2004年7月。平装,大32开,ISBN 7-02-004679-7,定价30.00元。(99-35)

7554 孙犁全集(3)

2004年7月。平装,大32开,ISBN 7-02-004680-0,定价32.00元。(99-36)

7555 孙犁全集(4)

2004年7月。平装,大32开,ISBN 7-02-004681-9,定价26.00元。(99-37)

7556 孙犁全集(5)

2004年7月。平装,大32开,ISBN 7-02-004682-7,定价23.00元。(99-38)

7557 孙犁全集(6)

2004年7月。平装,大32开,ISBN 7-02-004683-5,定价21.00元。(99-39)

7558 孙犁全集(7)

2004年7月。平装,大32开,ISBN 7-02-004684-3,定价22.00元。(99-40)

7559 孙犁全集(8)

2004年7月。平装,大32开,ISBN 7-02-004685-1,定价28.00元。(99-41)

7560 孙犁全集(9)

2004年7月。平装,大32开,ISBN 7-02-004686-X,定价37.00元。(99-42)

7561 孙犁全集(10)

2004年7月。平装,大32开,ISBN 7-02-004687-8,定价29.00元。(99-43)

7562 孙犁全集(11)

2004年7月。平装,大32开,ISBN 7-02-004688-6,定价28.00元。(99-44)

7563 文自成选集

2004年8月。平装、精装,大32开,ISBN 7-02-004789-0,定价30.00元。(99-45)

7564 严文井选集(上下)

2004年10月。平装覆膜,国流32开,ISBN 7-02-004790-4,定价67.00元。2011年10月,精装,国流32开,ISBN 978-7-02-004790-1,定价130.00元。2015年10月,精装,国流32开,ISBN 978-7-02-011069-8,定价150.00元。(99-46)

7565 蒋路文存(上下)

2004年12月。平装,国流32开,ISBN 7-02-004607-X,定价52.00元。(99-47)

7566 梁斌文集(1—7)

2005年5月。精装,国流32开,ISBN 7-02-004968-0,定价288.00元。(99-48)

7567 柳青文集(1—4)

2005年5月。精装,国流32开,ISBN 7-02-004987-7,定价148.00元。(99-49)

7568 路遥文集(1—5)

2005年5月。精装,国流32开,ISBN 7-02-005135-9,定价198.00元。(99-50)

7569 赵树理文集(1—4)

2005年5月。精装,国流32开,ISBN 7-02-005015-8,定价150.00元。(99-51)

7570 阿垅诗文集

2007年3月。平装覆膜,国流32开,ISBN 978-7-02-005935-5,定价31.00元。(99-54)

7571 吉狄马加的诗与文

(彝族)吉狄马加著,2007年8月。平装覆膜,国流32开,ISBN 978-7-02-006185-3,定价29.00元。(5-531)

7572 霍达文选(1—9)

1.穆斯林的葬礼;2.补天裂;3.未穿的红嫁衣 沉浮;4.红尘;5.搏浪天涯;6.国殇;7.苍天圣土;8.秦皇父子;9.听雨楼随笔 抚剑堂诗抄。2009年7月。精装,国流32开,ISBN 978-7-

02-007257-6,定价500.00元。(99-58)

7573 杨绛文集 文论戏剧卷

2009年9月。平装,国流32开,ISBN 978-7-02-007560-7,定价32.00元。(99-59)

7574 杨绛文集 散文卷(上)

2009年9月。平装,国流32开,ISBN 978-7-02-007562-1,定价35.00元。(99-60)

7575 杨绛文集 散文卷(下)

2009年9月。平装,国流32开,ISBN 978-7-02-007561-4,定价25.00元。(99-61)

7576 杨绛文集 小说卷

2009年9月。平装,国流32开,ISBN 978-7-02-007563-8,定价30.00元。(99-62)

7577 骆寒超诗学文集(1—12)

1.汉语诗体论·结构篇;2.汉语诗体论·语言篇;3.汉语诗体论·形式篇;4.新诗创作论;5.新诗主潮论;6.二十世纪新诗综论;7.艾青传;8.艾青论;9.诗学散论(上);10.诗学散论(中);11.诗学散论(下);12.白茸草。2010年1月。平装覆膜,国流32开,ISBN 978-7-02-006941-5,定价298.00元。(99-63)

7578 柏杨全集(1—25)

1—10.杂文卷;11—20.历史卷;21—23.小说卷;24—25.其他卷。2010年4月。精装,16异,ISBN 978-7-02-008001-4,定价1800.00元。2010年4月限定本,平装覆膜,16异,ISBN 978-7-02-008000-7,定价5000.00元。2015年11月,精装,16异,ISBN 978-7-02-010869-5,定价2380.00元。(99-64)

7579 牛汉诗文集

刘富春编,2010年10月。平装,16异,ISBN 978-7-02-008086-1,定价210.00元。(99-65)

7580 史铁生作品系列(1—7)

1.命若琴弦;2.原罪·宿命;3.我与地坛;4.病隙碎笔;5.务虚笔记;6.我的丁一之旅;7.扶轮问路 妄想电影。2011年4月。精装,国流32开,ISBN 978-7-02-008436-4,定价298.00元。(99-66)

7581 海迪自选集(1—6)

1.轮椅上的梦;2.绝顶;3.天长地久;4.生命的追问;5.美丽的英语;6.我的德国笔记。2011年4月。平装,国流32开,ISBN 978-7-02-

008351-0,定价180.00元。(99-67)

7582 姚雪垠文集(1—20)

1—10.李自成 长篇小说;11.春暖花开的时候 长篇小说;12.长夜 长篇小说;13.差半车麦秸 中短篇小说;14.惠泉吃茶记 散文杂文时评;15.无止境斋诗抄 诗歌剧本;16.学习追求五十年 回忆录;17.谈小说的中国风格和中国气派 文艺论文;18.论历史小说的新道路 文学论文史学论文;19.绿窗书简 书信;20.《李自成》创作手记 提纲卡片。2011年4月。精装,国流32开,ISBN 978-7-02-008126-4,定价950.00元。(99-68)

7583 阎真文集(1—5)

1.曾在天涯;2.沧浪之水;3.因为女人;4.现代主义与二十世纪中国文学;5.渴望澄清之水。2012年2月。平装,16异,ISBN 978-7-02-008778-5,定价200.00元。(99-69)

7584 李国文文集 2 长篇小说二 花园街五号

2012年3月。平装,国流32开,ISBN 978-7-02-008633-7,定价20.00元。(99-70)

注:第1卷,长篇小说一 冬天里的春天(上下),见3-230;第12卷,随笔三 中国文人的非正常死亡,见7-518;第13卷,随笔四 中国文人的活法,见7-593。

7585 李国文文集 3 系列小说一 危楼记事 寓言新编

2012年3月。平装,国流32开,ISBN 978-7-02-008635-1,定价28.00元。(99-71)

7586 李国文文集 4 系列小说二 涅槃 没意思的故事

2012年3月。平装,国流32开,ISBN 978-7-02-008636-8,定价35.00元。(99-72)

7587 李国文文集 5 中短篇小说一 第一杯苦酒

2012年3月。平装,国流32开,ISBN 978-7-02-008637-5,定价30.00元。(99-73)

7588 李国文文集 6 中短篇小说二 电梯谋杀案

2012年3月。平装,国流32开,ISBN 978-7-02-008638-2,定价30.00元。(99-74)

7589 李国文文集 7 中短篇小说三 世态种种

2012年3月。平装,国流32开,ISBN 978-7-02-008626-9,定价33.00元。(99-75)

7590　李国文文集 8 散文一　江上数峰青
2012年3月。平装,国流32开,ISBN 978-7-02-008632-0,定价23.00元。(99-76)

7591　李国文文集 9 散文二 淡之美
2012年3月。平装,国流32开,ISBN 978-7-02-008631-3,定价25.00元。(99-77)

7592　李国文文集 10 随笔一 红楼非梦
2012年3月。平装,国流32开,ISBN 978-7-02-008630-6,定价19.00元。(99-78)

7593　李国文文集 11 随笔二 闲话三国
2012年3月。平装,国流32开,ISBN 978-7-02-008629-0,定价25.00元。(99-79)

7594　蓝色城堡
莫言著,茅盾文学奖获奖作家短经典,2013年1月。平装,国流32开,ISBN 978-7-02-009572-8,定价36.00元。(99-80)

7595　红狐
贾平凹著,茅盾文学奖获奖作家短经典,2013年1月。平装,国流32开,ISBN 978-7-02-009575-9,定价28.00元。(99-81)

7596　李国文文集 14 随笔五 说唐
2012年3月。平装,国流32开,ISBN 978-7-02-008625-2,定价25.00元。(99-82)

7597　李国文文集 15 随笔六 说宋
2012年3月。平装,国流32开,ISBN 978-7-02-008624-5,定价22.00元。(99-83)

7598　李国文文集 16 随笔七 大雅村言
2012年3月。平装,国流32开,ISBN 978-7-02-008623-8,定价21.00元。(99-84)

7599　李国文文集 17 随笔八 天下文人
2012年3月。平装,国流32开,ISBN 978-7-02-008622-1,定价23.00元。(99-85)

7600　张洁文集(1—11)
1.沉重的翅膀;2.只有一个太阳;3—5.无字;6.知在;7.灵魂是用来流浪的;8.四只等着喂食的狗;9.世界上最疼我的那个人去了;10.中短篇小说卷;11.散文随笔卷。2012年4月。精装,国流32开,ISBN 978-7-02-008947-5,定价400.00元。(99-86)

7601　斯妤文集(1—4)
1.散文卷 某年某月;2.随笔卷 写作的女人;3.中短篇小说卷 红粉;4.长篇小说卷 竖琴的影子。2012年7月。精装,16异,ISBN 978-7-02-008924-6,定价280.00元。(99-87)

7602　陈国凯文集(1—10)
1—3.长篇小说;4.长篇小说 中篇小说;5.中短篇小说集;6.短篇小说集;7.短篇小说集 影视剧本;8.文坛漫步;9.闲话文坛;10.世态人情。2012年10月。平装,国流32开,ISBN 978-7-02-008961-1,定价420.00元。(99-88)

7603　萤火
宗璞著,茅盾文学奖获奖作家短经典,2013年1月。平装,国流32开,ISBN 978-7-02-009507-0,定价26.00元。(99-89)

7604　品呃时光的声音
张炜著,茅盾文学奖获奖作家短经典,2013年1月。平装,国流32开,ISBN 978-7-02-009466-0,定价28.00元。2020年3月。平装,小32开,ISBN 978-7-02-013004-7,定价38.00元。(99-90)

7605　地上有草
周大新著,茅盾文学奖获奖作家短经典,2013年1月。平装,国流32开,ISBN 978-7-02-009504-9,定价26.00元。2020年3月,平装,小32开,ISBN 978-7-02-012988-1,定价38.00元。(99-91)

7606　人类的动物园
毕飞宇著,茅盾文学奖获奖作家短经典,2013年1月。平装,国流32开,ISBN 978-7-02-009595-7,定价26.00元。2020年3月,书名《青春和病》,平装,小32开,ISBN 978-7-02-012963-8,定价38.00元。(99-92)

7607　寒夜生花
迟子建著,茅盾文学奖获奖作家短经典,2013年1月。平装,国流32开,ISBN 978-7-02-009470-7,定价27.00元。2020年3月,平装,小32开,ISBN 978-7-02-012971-3,定价38.00元。(99-93)

7608　向右看齐
徐贵祥著,茅盾文学奖获奖作家短经典,2013

年1月。平装,国流32开,ISBN 978-7-02-009468-4,定价27.00元。2020年3月,平装,小32开,ISBN 978-7-02-012977-5,定价38.00元。(99-94)

7609　释疑者
陈忠实著,茅盾文学奖获奖作家短经典,2013年1月。平装,国流32开,ISBN 978-7-02-009467-7,定价26.00元。2020年3月,平装,小32开,ISBN 978-7-02-012964-5,定价38.00元。(99-95)

7610　我那风姿绰约的夜晚
张洁著,茅盾文学奖获奖作家短经典,2013年1月。平装,国流32开,ISBN 978-7-02-009465-3,定价26.00元。2020年3月,平装,小32开,ISBN 978-7-02-013007-8,定价38.00元。(99-96)

7611　唐朝的天空
李国文著,茅盾文学奖获奖作家短经典,2013年1月。平装,国流32开,ISBN 978-7-02-009471-4,定价26.00元。2020年3月,平装,小32开,ISBN 978-7-02-012972-0,定价38.00元。(99-97)

7612　灵魂之舞
阿来著,茅盾文学奖获奖作家短经典,2013年1月。平装,国流32开,ISBN 978-7-02-009464-6,定价26.00元。2020年3月,平装,小32开,ISBN 978-7-02-012969-0,定价38.00元。(99-98)

7613　八大时间
麦家著,茅盾文学奖获奖作家短经典,2013年1月。平装,国流32开,ISBN 978-7-02-009508-7,定价27.00元。(99-99)

7614　麦田物语
王安忆著,茅盾文学奖获奖作家短经典,2013年1月。平装,国流32开,ISBN 978-7-02-009505-6,定价27.00元。2020年3月,平装,小32开,ISBN 978-7-02-012978-2,定价38.00元。(99-100)

7615　醉里挑灯看剑
熊召政著,茅盾文学奖获奖作家短经典,2013年1月。平装,国流32开,ISBN 978-7-02-009506-3,定价26.00元。2020年3月,平装,小32开,ISBN 978-7-02-012984-3,定价38.00元。(99-101)

7616　大树还小
刘醒龙著,茅盾文学奖获奖作家短经典,2013年1月。平装,国流32开,ISBN 978-7-02-009469-1,定价27.00元。2020年3月,平装,小32开,ISBN 978-7-02-012981-2,定价38.00元。(99-102)

7617　韦君宜文集(1—5)
2013年4月。平装,16异,ISBN 978-7-02-008977-2,定价228.00元。(99-103)

7618　雷抒雁诗文集(1—8)
2013年7月。平装,国流32开,ISBN 978-7-02-009484-4,定价200.00元。(99-104)

7619　蒋子龙文集 2 子午流注
2013年10月。平装,16异,ISBN 978-7-02-009854-5,定价38.00元。(99-105)

注:第1卷,蛇神,见3-848;第5卷,农民帝国,见3-943。

7620　蒋子龙文集 3 人气
2013年10月。平装,16异,ISBN 978-7-02-009855-2,定价59.00元。(99-106)

7621　蒋子龙文集 4 空洞
2013年10月。平装,16异,ISBN 978-7-02-009856-9,定价52.00元。(99-107)

7622　蒋子龙文集 10 难得一笑
2013年10月。平装,16异,ISBN 978-7-02-009859-0,定价76.00元。(99-108)

7623　蒋子龙文集 12 人物传奇
2013年10月。平装,16异,ISBN 978-7-02-009861-3,定价54.00元。(99-109)

7624　蒋子龙文集 14 人生笔记
2013年10月。平装,16异,ISBN 978-7-02-009863-7,定价65.00元。(99-110)

7625　蒋子龙文集 11 恨郎不狼
2013年10月。平装,16异,ISBN 978-7-02-009860-6,定价69.00元。(99-111)

7626　蒋子龙文集 6 赤橙黄绿青蓝紫
2013年10月。平装,16异,ISBN 978-7-02-009871-2,定价75.00元。(99-112)

7627　蒋子龙文集 7 燕赵悲歌
2013年10月。平装,16异,ISBN 978-7-02-

009870-5,定价67.00元。(99-113)

7628 蒋子龙文集 13 评与论
2013年10月。平装,16异,ISBN 978-7-02-009862-0,定价63.00元。(99-114)

7629 蒋子龙文集 9 灵山的灵感
2013年10月。平装,16异,ISBN 978-7-02-009858-3,定价77.00元。(99-115)

7630 蒋子龙文集 8 乔厂长上任记
2013年10月。平装,16异,ISBN 978-7-02-009869-9,定价72.00元。(99-116)

7631 蒋子龙文集(1—14)
2013年10月。精装,16异,ISBN 978-7-02-009897-2,定价1580.00元。(99-117)

7632 裴斐文集(1—6)
1.文学原理;2.李白十论 诗缘情辨;3.李杜厄言;4.文苑雌黄;5.论语讲评 杜诗分期研究;6.李白选集。2013年10月。精装,国流32开,ISBN 978-7-02-009528-5,定价166.00元。(99-118)

7633 王蒙文集(1—45)
1—8.长篇小说;9—15.系列小说 中短篇小说 微型小说 翻译小说;16—18.散文随笔;19.诗歌 译诗 诗论;20.专栏文章;21—23.论文学与创作;24—28.演讲录 谈话录;29—34.《红楼梦》研读系列;35—39.老子庄子研读系列;40—44.自传 回忆录;45.代言 建言 附录。2014年1月。精装,国流32开,ISBN 978-7-02-009978-8,定价2180.00元。(99-119)

7634 曲波全集(1—6)
1.林海雪原;2.戎萼碑;3.山呼海啸(上);4.山呼海啸(下);5.桥隆飙;6.短作品集 附录。2013年10月。精装,国流32开,ISBN 978-7-02-009001-3,定价480.00元。(99-120)

7635 王蒙文集 演讲录(上中下)
2014年4月。平装,国流32开,ISBN 978-7-02-010022-4,定价109.00元。2020年1月新版王蒙文集,平装,国流32开,ISBN 978-7-02-014962-9,定价128.00元。(99-121)

7636 王蒙文集 中国天机
2014年4月。平装,国流32开,ISBN 978-7-02-009997-9,定价35.00元。2020年1月新版王蒙文集,平装,国流32开,ISBN 978-7-02-014950-6,定价36.00元。(99-122)

7637 王蒙文集 中篇小说(上中下)
2014年4月。平装,国流32开,ISBN 978-7-02-010016-3,定价108.00元。2020年1月新版王蒙文集,平装,国流32开,ISBN 978-7-02-014970-4,定价128.00元。(99-123)

7638 王蒙文集 红楼启示录
2014年4月。平装,国流32开,ISBN 978-7-02-009993-1,定价28.00元。2020年1月新版王蒙文集,平装,国流32开,ISBN 978-7-02-014978-0,定价36.00元。(99-124)

7639 王蒙文集 讲说《红楼梦》
2014年4月。平装,国流32开,ISBN 978-7-02-009994-8,定价29.00元。2020年1月新版王蒙文集,平装,国流32开,ISBN 978-7-02-014976-6,定价36.00元。(99-125)

7640 王蒙文集 评点《红楼梦》(上中下)
2014年4月。平装,国流32开,ISBN 978-7-02-010002-6,定价115.00元。2020年1月新版王蒙文集,平装,国流32开,ISBN 978-7-02-014947-6,定价148.00元。(99-126)

7641 王蒙文集 庄子的奔腾 与庄共舞
2014年4月。平装,国流32开,ISBN 978-7-02-009995-5,定价36.00元。2020年1月新版王蒙文集,平装,国流32开,ISBN 978-7-02-014938-4,定价42.00元。(99-127)

7642 王蒙文集 微型小说 翻译小说
2014年4月。平装,国流32开,ISBN 978-7-02-010018-7,定价38.00元。2020年1月新版王蒙文集,平装,国流32开,ISBN 978-7-02-014968-1,定价42.00元。(99-128)

7643 王蒙文集 散文随笔(上中下)
2014年4月。平装,国流32开,ISBN 978-7-02-010019-4,定价101.00元。2020年1月新版王蒙文集,平装,国流32开,ISBN 978-7-02-014967-4,定价112.00元。(99-129)

7644 王蒙文集 谈话录(上下)
2014年4月。平装,国流32开,ISBN 978-7-02-010023-1,定价71.00元。2020年1月新版王蒙文集,平装,国流32开,ISBN 978-7-02-014946-9,定价82.00元。(99-130)

7645 王蒙文集 代言 建言 附录

2014年4月。平装,国流32开,ISBN 978-7-02-010024-8,定价39.00元。2020年1月新版王蒙文集,书名《王蒙文集 代言 建言》,平装,国流32开,ISBN 978-7-02-014944-5,定价45.00元。(99-131)

7646 王蒙文集 老子十八讲

2014年4月。平装,国流32开,ISBN 978-7-02-010005-7,定价31.00元。2020年1月新版王蒙文集,平装,国流32开,ISBN 978-7-02-014980-3,定价36.00元。(99-132)

7647 王蒙文集 不奴隶,毋宁死？谈"红"说事

2014年4月。平装,国流32开,ISBN 978-7-02-009996-2,定价33.00元。2020年1月新版王蒙文集,平装,国流32开,ISBN 978-7-02-014977-3,定价39.00元。(99-133)

7648 王蒙文集 半生多事 大块文章 九命七羊

2014年4月。平装,国流32开,ISBN 978-7-02-010006-4,定价109.00元。2020年1月新版王蒙文集,平装,国流32开,ISBN 978-7-02-014949-0,定价128.00元。(99-134)

7649 王蒙文集 诗歌 译诗 论李商隐

2014年4月。平装,国流32开,ISBN 978-7-02-010020-0,定价39.00元。2020年1月新版王蒙文集,平装,国流32开,ISBN 978-7-02-014966-7,定价45.00元。(99-135)

7650 王蒙文集 短篇小说(上下)

2014年4月。平装,国流32开,ISBN 978-7-02-010017-0,定价74.00元。2020年1月新版王蒙文集,平装,国流32开,ISBN 978-7-02-014969-8,定价85.00元。(99-136)

7651 王蒙文集 论文学与创作(上中下)

2014年4月。平装,国流32开,ISBN 978-7-02-010021-7,定价111.00元。2020年1月新版王蒙文集,平装,国流32开,ISBN 978-7-02-014964-3,定价135.00元。(99-137)

7652 王蒙文集 庄子的享受

2014年4月。平装,国流32开,ISBN 978-7-02-010003-3,定价29.00元。2020年1月新版王蒙文集,平装,国流32开,ISBN 978-7-02-014955-1,定价36.00元。(99-138)

7653 王蒙文集 庄子的快活

2014年4月。平装,国流32开,ISBN 978-7-02-009999-3,定价35.00元。2020年1月新版王蒙文集,平装,国流32开,ISBN 978-7-02-014952-0,定价39.00元。(99-139)

7654 王蒙文集 老子的帮助

2014年4月。平装,国流32开,ISBN 978-7-02-010000-2,定价35.00元。2020年1月新版王蒙文集,平装,国流32开,ISBN 978-7-02-014948-3,定价39.00元。(99-140)

7655 王蒙文集 欲读书结

2014年4月。平装,国流32开,ISBN 978-7-02-010001-9,定价33.00元。2020年1月新版王蒙文集,平装,国流32开,ISBN 978-7-02-014965-0,定价36.00元。(99-141)

7656 王蒙文集 我的人生哲学

2014年4月。平装,国流32开,ISBN 978-7-02-009998-6,定价27.00元。2020年1月新版王蒙文集,平装,国流32开,ISBN 978-7-02-014943-8,定价33.00元。(99-142)

7657 杨绛全集(1—9)

1.小说；2—4.散文；5.戏剧 文论；6-9.译文。

2014年8月。精装,国流32开,ISBN 978-7-02-010497-0,定价580.00元。(99-143)

7658 孟伟哉文集 1 一座雕像的诞生

2014年12月。平装,国流32开,ISBN 978-7-02-010470-3,定价38.00元。(99-144)

7659 孟伟哉文集 2 访问失踪者

2014年12月。平装,国流32开,ISBN 978-7-02-010580-9,定价42.00元。(99-145)

7660 孟伟哉文集 3 黎明潮

2014年12月。平装,国流32开,ISBN 978-7-02-010581-6,定价42.00元。(99-146)

7661 孟伟哉文集 4—6 昨天的战争

2014年12月。平装,国流32开,ISBN 978-7-02-010582-3,定价114.00元。(99-147)

7662 孟伟哉文集 7 你没有停止呼吸

2014年12月。平装,国流32开,ISBN 978-7-02-010583-0,定价42.00元。(99-148)

7663 孟伟哉文集 8 作家的头脑怎样工作

2014年12月。平装,国流32开,ISBN 978-7-02-010584-7,定价40.00元。(99-149)

7664 孟伟哉文集 9 《当代》档案拾遗
2014年12月。平装,国流32开,ISBN 978-7-02-010585-4,定价39.00元。(99-150)

7665 孟伟哉文集 10 人在沧海风涛间
2014年12月。平装,国流32开,ISBN 978-7-02-010586-1,定价46.00元。(99-151)

7666 赵剑平文集(1—6)
2015年2月。精装,16异,ISBN 978-7-02-010523-6,定价360.00元。(99-158)

7667 陈国凯精品集
2015年3月。精装,16异,ISBN 978-7-02-010659-2,定价118.00元。(99-159)

7668 钟声扬诗文集(1—6)
1.灵魂三部曲:月魂 花魂 国魂;2.爱情三部曲:初潮 晚风 细雨;3.哲理散文诗:星谱;4.少年小夜曲 浪漫春秋谣 情节散文诗:梦影;5.长歌 短调 序评 散文 散文诗论稿;6.副卷:北国诗魂 怀念集 评论集。2015年10月。精装,16异,ISBN 978-7-02-011085-8,定价680.00元。(99-160)

7669 董健文集 1 戏剧研究
南京大学文学院编,2015年10月。平装,国流32开,ISBN 978-7-02-010959-3,定价72.00元。(99-161)

7670 董健文集 2 文学评论
南京大学文学院编,2015年10月。平装,国流32开,ISBN 978-7-02-010960-9,定价58.00元。(99-162)

7671 董健文集 3 文化批评
南京大学文学院编,2015年10月。平装,国流32开,ISBN 978-7-02-010961-6,定价68.00元。(99-163)

7672 林斤澜文集(1—10)
小说三卷;散文三卷;文论两卷;戏剧一卷;未刊发作品一卷。2015年12月。精装,国流32开,ISBN 978-7-02-009534-6,定价720.00元。(99-164)

7673 孙绳武诗文集
2016年3月。平装,16异,ISBN 978-7-02-009410-3,定价70.00元。(99-165)

7674 陈忠实文集(1—10)
1.1978—1982;2.1983—1984;3.1985—1986;4.白鹿原;5.1987—1994;6.1995—2000;7.2001—2003;8.2004—2006;9.2007—2009;10.2010—2012。2015年10月。平装,国流32开,ISBN 978-7-02-010887-9,定价380.00元。(99-166)

7675 屠岸诗文集(1—8卷)
1.萱荫阁诗抄 屠岸十四行诗 哑歌人的自白;2.深秋有如初春;3.夜灯红处课儿诗 集外诗歌;4.诗爱者的自白 集外散文评论;5.倾听人类灵魂的声音;6.诗论·文论·剧论;7.霜降文存;8.生正逢时屠岸自述 漂流记。2016年3月。平装,国流32开,ISBN 978-7-02-010524-3,定价590.00元。(99-167)

7676 周大新精选集(1—4)
2016年4月。精装,国流32开,ISBN 978-7-02-011505-1,定价280.00元。(99-168)

7677 王蒙文集 得民心得天下 说《孟子》
2020年1月。平装,国流32开,ISBN 978-7-02-014979-7,定价40.00元。(99-169)

7678 王蒙文集 闷与狂
2020年1月。平装,国流32开,ISBN 978-7-02-014956-8,定价36.00元。(99-170)

7679 王蒙文集 天下归仁 说《论语》
2020年1月。平装,国流32开,ISBN 978-7-02-014958-2,定价42.00元。(99-171)

7680 王蒙文集(1—50)
1—11.长篇小说;12—18.系列小说 中短篇小说 微型小说 翻译小说;19—21.散文随笔;22.诗歌 译诗 诗论;23.专栏文章;24—26.论文学与创作;27—31.演讲录 谈话录;32—37.《红楼梦》研读系列;38—44.孔孟老庄研读系列;45—49.自传 回忆录;50.代言 建言 附录。2020年1月。精装,国流32开,ISBN 978-7-02-012085-7,定价2800.00元。(99-172)

7681 江河旋律 王鼎钧自选集
2020年1月。精装,国流32开,ISBN 978-7-02-015878-2,定价49.00元。(99-173)

7682 苍老的爱情
苏童著,茅盾文学奖获奖作家短经典,2020年3月。平装,国流32开,ISBN 978-7-02-015548-4,定价29.00元。(99-174)

7683 离我们很近

李佩甫著,茅盾文学奖获奖作家短经典,2020年3月。平装,国流32开,ISBN 978-7-02-012993-5,定价29.00元。(99-189)

7684 史铁生作品全编(1—10)
2017年1月。精装,国流32开,ISBN 978-7-02-011288-3,定价598.00元。(99-191)

7685 周大新文集(1—18)
2016年10月。精装,16异,ISBN 978-7-02-011506-8,定价1162.00元。(99-193)

7686 贺兴安文集(1—3)
2016年6月。平装,16异,ISBN 978-7-02-012184-7,定价188.00元。(99-194)

7687 鲁光文集(1—7)
1—2.纪实文学;3—4.传记;5—6.散文随笔;7.日记 序跋 访谈。2018年7月。精装,16异,ISBN 978-7-02-013291-1,定价980.00元。(99-205)

7688 汪曾祺全集(1—12卷)
1—3.小说卷;4—6.散文卷;7—8.戏剧卷;9—10.谈艺卷;11.诗歌杂著卷;12.书信卷。2018年7月。精装,16异,ISBN 978-7-02-014341-2,定价1280.00元。(99-206)

7689 忘却的魅力
王蒙著,茅盾文学奖获奖作家短经典,2020年5月。平装,32异,ISBN 978-7-02-013016-0,定价38.00元。(99-208)

7690 在西线的列车上
梁晓声著,茅盾文学奖获奖作家短经典,2020年5月。平装,32异,ISBN 978-7-02-016120-1,定价38.00元。(99-209)

7691 或许你看到过日出
徐怀中著,茅盾文学奖获奖作家短经典,2020年7月。平装,32异,ISBN 978-7-02-016066-2,定价38.00元。(99-210)

7692 它来到我们中间寻找骑手
李洱著,茅盾文学奖获奖作家短经典,2020年7月。平装,32异,ISBN 978-7-02-016067-9,定价38.00元。(99-211)

7693 在水陆之间,在现代边缘
李洱著,茅盾文学奖获奖作家短经典,2020年7月。平装,32异,ISBN 978-7-02-016089-1,定价29.00元。(99-212)

7694 春天的来客 陈布文文集
2020年9月。平装,32异,ISBN 978-7-02-016231-4,定价59.00元。(99-213)

7695 缪俊杰文集(1—10)
2020年9月。平装,32异,ISBN 978-7-02-013011-5,定价980.00元。(99-214)

7696 《当代》(1)
本社编,1979年7月。平装,16开,书号10019·2809,定价1.15元。(14-18)

7697 《当代》(2)
本社编,1979年9月。平装,16开,书号10019·2809,定价1.15元。(14-19)

7698 《当代》(3)
本社编,1979年12月。平装,16开,书号10019·2809,定价1.15元。(14-20)

7699 杨逯作品选集
1985年12月。大32开,书号10019·3878,平装,定价1.60元;平装覆膜,定价2.05元。(4-354)

7700 部长女儿的婚事 二十一部当代长篇小说选粹
张洁等著,《文学故事报》编辑部编选,1987年12月。平装,32开,书号10019·4196,定价2.20元。(4-367)

7701 中国当代文学作品选(上)
郭志刚、郏璪、谢中征主编,1989年5月。平装,大32开,ISBN 7-02-000713-9,定价3.95元。1990年5月,平装,大32开,ISBN 7-02-000950-6,定价3.95元。1998年5月修订版,上中下三卷合为一种,署郏璪、邝邦洪主编,平装,大32开,ISBN 7-02-000950-6,定价46.00元。2002年1月收入大学生必读,平装,大32开,ISBN 7-02-003604-X,定价69.80元。(89-28)

7702 中国当代文学作品选(中)
郭志刚、郏璪、谢中征主编,1989年5月。平装,大32开,ISBN 7-02-000714-7,定价3.30元。1990年5月,平装,大32开,ISBN 7-02-000949-2,定价3.30元。(89-29)

7703 中国当代文学作品选(下)
郭志刚、郏璪、谢中征主编,1989年5月。平装,大32开,ISBN 7-02-000715-5,定价2.75

元。1990 年 5 月,平装,大 32 开,ISBN 7-02-000948-4,定价 2.75 元。(89-30)

7704 李国文
中国当代作家选集丛书,1991 年 6 月。平装覆膜,大 32 开,ISBN 7-02-001186-1,定价 5.55 元。(4-392)

7705 张炜
中国当代作家选集丛书,1991 年 6 月。平装覆膜,大 32 开,ISBN 7-02-001199-3,定价 5.55 元。(4-393)

7706 王蒙
中国当代作家选集丛书,1991 年 6 月。平装覆膜,大 32 开,ISBN 7-02-001183-7,定价 5.35 元。(4-394)

7707 陆文夫
中国当代作家选集丛书,1991 年 6 月。平装覆膜,大 32 开,ISBN 7-02-001187-X,定价 5.45 元。(4-395)

7708 宗璞
中国当代作家选集丛书,1991 年 6 月。平装覆膜,大 32 开,ISBN 7-02-001188-8,定价 5.55 元。(4-396)

7709 冯骥才
中国当代作家选集丛书,1991 年 6 月。平装覆膜,大 32 开,ISBN 7-02-001190-X,定价 6.15 元。(4-398)

7710 马烽
中国当代作家选集丛书,1992 年 5 月。平装覆膜,大 32 开,ISBN 7-02-001376-7,定价 7.65 元。(4-413)

7711 蒋子龙
中国当代作家选集丛书,1992 年 6 月。平装覆膜,大 32 开,ISBN 7-02-001379-1,定价 8.25 元。(4-414)

7712 秦兆阳
中国当代作家选集丛书,1992 年 7 月。平装覆膜,大 32 开,ISBN 7-02-001419-4,定价 7.00 元。(4-415)

7713 鲁彦周
中国当代作家选集丛书,1992 年 7 月。平装覆膜,大 32 开,ISBN 7-02-001420-8,定价 7.65 元。(4-416)

7714 汪曾祺
中国当代作家选集丛书,1992 年 12 月。平装覆膜,大 32 开,ISBN 7-02-001460-7,定价 7.85 元。(4-419)

7715 谌容
中国当代作家选集丛书,1993 年 5 月。平装覆膜,大 32 开,ISBN 7-02-001588-3,定价 6.75 元。(4-423)

7716 陈世旭
中国当代作家选集丛书,1993 年 12 月。平装覆膜,大 32 开,ISBN 7-02-001726-6,定价 8.75 元。(4-424)

7717 方方
中国当代作家选集丛书,1993 年 11 月。平装覆膜,大 32 开,ISBN 7-02-001707-X,定价 8.45 元。(4-428)

7718 峻青
中国当代作家选集丛书,1994 年 1 月。平装覆膜,大 32 开,ISBN 7-02-001739-8,定价 6.70 元。(4-429)

7719 张洁
中国当代作家选集丛书,1993 年 5 月。平装覆膜,大 32 开,ISBN 7-02-001598-0,定价 6.70 元。(4-430)

7720 陈国凯
中国当代作家选集丛书,1993 年 5 月。平装覆膜,大 32 开,ISBN 7-02-001587-5,定价 5.85 元。(4-431)

7721 周克芹
中国当代作家选集丛书,1993 年 5 月。平装覆膜,大 32 开,ISBN 7-02-001589-1,定价 8.35 元。(4-432)

7722 王愿坚
中国当代作家选集丛书,1993 年 5 月。平装覆膜,大 32 开,ISBN 7-02-001599-9,定价 6.15 元。(4-433)

7723 高晓声
中国当代作家选集丛书,1994 年 6 月。平装覆膜,大 32 开,ISBN 7-02-001814-9,定价 11.05 元。(4-434)

7724 张贤亮
中国当代作家选集丛书,1994 年 6 月。平装覆

膜,大32开,ISBN 7-02-001815-7,定价10.15元。(4-435)

7725 韩少功
中国当代作家选集丛书,1994年7月。平装覆膜,大32开,ISBN 7-02-001844-0,定价9.55元。(4-438)

7726 张宇
中国当代作家选集丛书,1996年2月。平装覆膜,大32开,ISBN 7-02-002218-9,定价18.60元。(4-440)

7727 红叶丛书
1.《中国古典诗歌》;2.《中国古典词曲》;3.《中国古典散文》;4.《中国现代诗歌》;5.《中国现代散文》;6.《中国现代短篇小说》;7.《中国革命领袖诗词》;8.《外国抒情诗》;9.《外国散文》;10.《外国短篇小说》。1995年12月。平装覆膜,32异,ISBN 7-02-002197-2,定价168.00元。(95-1)

7728 韦君宜
中国当代作家选集丛书,1995年12月。平装覆膜,大32开,ISBN 7-02-002132-8,定价18.10元。(4-441)

7729 严文井
中国当代作家选集丛书,1995年12月。平装覆膜,大32开,ISBN 7-02-002168-9,定价19.80元。(4-442)

7730 邓友梅
中国当代作家选集丛书,1996年5月。平装覆膜,大32开,ISBN 7-02-002235-9,定价21.00元。(4-443)

7731 王安忆
中国当代作家选集丛书,1995年12月。平装覆膜,大32开,ISBN 7-02-002164-6,定价23.40元。(4-446)

7732 刘心武
中国当代作家选集丛书,1996年10月。平装覆膜,大32开,ISBN 7-02-002318-5,定价24.00元。(4-448)

7733 李佩甫
中国当代作家选集丛书,1996年12月。平装覆膜,大32开,ISBN 7-02-002339-8,定价19.00元。(4-450)

7734 从维熙
中国当代作家选集丛书,1997年3月。平装覆膜,大32开,ISBN 7-02-002380-0,定价22.00元。(4-451)

7735 浩然
中国当代作家选集丛书,1997年10月。平装覆膜,大32开,ISBN 7-02-002473-4,定价18.00元。(4-453)

7736 叶文玲
中国当代作家选集丛书,1997年3月。平装覆膜,大32开,ISBN 7-02-002377-0,定价19.00元。(4-454)

7737 史铁生
中国当代作家选集丛书,1997年8月。平装覆膜,大32开,ISBN 7-02-002437-8,定价17.80元。(4-455)

7738 路遥
中国当代作家选集丛书,1998年3月。平装覆膜,大32开,ISBN 7-02-002478-5,定价19.00元。(4-456)

7739 刘绍棠
中国当代作家选集丛书,1998年3月。平装覆膜,大32开,ISBN 7-02-002519-6,定价19.40元。(4-457)

7740 莫应丰
中国当代作家选集丛书,1998年7月。平装覆膜,大32开,ISBN 7-02-002590-0,定价21.50元。(4-458)

7741 张抗抗
中国当代作家选集丛书,1998年7月。平装覆膜,大32开,ISBN 7-02-002554-4,定价19.00元。(4-459)

7742 杜鹏程
中国当代作家选集丛书,1998年7月。平装覆膜,大32开,ISBN 7-02-002541-2,定价19.00元。(4-460)

7743 贾平凹
中国当代作家选集丛书,1998年7月。平装覆膜,大32开,ISBN 7-02-002351-7,定价21.60元。(4-461)

7744 刘醒龙
中国当代作家选集丛书,1999年5月。平装覆

膜,大 32 开,ISBN 7-02-002744-X,定价 20.50 元。(4-463)

7745　残雪

中国当代作家选集丛书,2000 年 3 月。平装,大 32 开,ISBN 7-02-003089-0,定价 18.00 元。(4-465)

7746　迟子建

中国当代作家选集丛书,2000 年 3 月。平装,大 32 开,ISBN 7-02-003088-2,定价 22.00 元。(4-466)

7747　池莉

中国当代作家选集丛书,2000 年 2 月。平装,大 32 开,ISBN 7-02-003074-2,定价 19.80 元。(4-467)

7748　潘军

中国当代作家选集丛书,2000 年 5 月。平装,大 32 开,ISBN 7-02-003031-9,定价 21.50 元。(4-468)

7749　铁凝

中国当代作家选集丛书,2000 年 3 月。平装,大 32 开,ISBN 7-02-003104-8,定价 23.00 元。(4-469)

7750　范小青

中国当代作家选集丛书,2000 年 3 月。平装,大 32 开,ISBN 7-02-003106-4,定价 23.20 元。(4-470)

7751　王小鹰

中国当代作家选集丛书,2000 年 3 月。平装,大 32 开,ISBN 7-02-003105-6,定价 23.00 元。(4-471)

7752　格非

中国当代作家选集丛书,2000 年 9 月。平装,大 32 开,ISBN 7-02-002990-6,定价 22.00 元。(4-472)

7753　叶兆言

中国当代作家选集丛书,2000 年 9 月。平装,大 32 开,ISBN 7-02-003231-1,定价 21.50 元。(4-473)

7754　刘震云

中国当代作家选集丛书,2000 年 9 月。平装,大 32 开,ISBN 7-02-003299-0,定价 23.00 元。(4-474)

7755　苏童

中国当代作家选集丛书,2000 年 10 月。平装,大 32 开,ISBN 7-02-003325-3,定价 25.00 元。(4-475)

7756　刘恒

中国当代作家选集丛书,2000 年 11 月。平装,大 32 开,ISBN 7-02-003300-8,定价 25.00 元。(4-476)

7757　阿来文集 诗文卷

2001 年 8 月。平装,大 32 开,ISBN 7-02-003391-1,定价 8.60 元。(5-477)

7758　余华

中国当代作家选集丛书,2001 年 10 月。平装,大 32 开,ISBN 7-02-003074-2,定价 25.00 元。(4-480)

7759　周大新

中国当代作家选集丛书,2002 年 1 月。平装,大 32 开,ISBN 7-02-003490-X,定价 23.80 元。(4-483)

7760　陈忠实

中国当代作家选集丛书,2002 年 1 月。平装,大 32 开,ISBN 7-02-003544-2,定价 26.60 元。(4-484)

7761　周梅森

中国当代作家选集丛书,2002 年 1 月。平装,大 32 开,ISBN 7-02-003646-5,定价 22.00 元。(4-485)

7762　张光年文集(1—5)

2002 年 5 月。平装、精装,大 32 开,ISBN 7-02-003578-7,定价 138.00 元。(14-63)

7763　赵德发

中国当代作家选集丛书,2002 年 9 月。平装,大 32 开,ISBN 7-02-003877-8,定价 22.80 元。(4-491)

7764　叶蔚林

中国当代作家选集丛书,2002 年 9 月。平装,大 32 开,ISBN 7-02-003921-9,定价 25.00 元。(4-492)

7765　王火作品自选集

2002 年 9 月。平装,32 异,ISBN 7-02-003865-4,定价 19.80 元。(4-493)

7766　杨争光

中国当代作家选集丛书,2002年7月。平装,大32开,ISBN 7-02-003842-5,定价26.00元。(4-494)

7767 王旭烽
中国当代作家选集丛书,2002年10月。平装,大32开,ISBN 7-02-003949-9,定价26.00元。(4-495)

7768 西藏的女儿
(藏族)格央著,春天文学丛书,2003年11月。平装覆膜,大32开,ISBN 7-02-004329-1,定价15.00元。(4-505)

7769 首届中华铁人文学奖获奖作品选(上下)
焦力人主编,2003年8月。平装覆膜,国流32开,ISBN 7-02-004266-X,定价68.00元。(14-80)

7770 阎连科
中国当代作家选集丛书,2004年2月。平装,大32开,ISBN 7-02-004410-7,定价30.00元。(4-511)

7771 两代书
王亚平、王渭著,2004年5月。平装覆膜,大32开,ISBN 7-02-004494-8,定价28.00元。(14-88)

7772 第二届中华铁人文学奖获奖作品选(上下)
雷达等著,2005年5月。软精,国流32开,ISBN 7-02-004989-3,定价65.00元。(14-114)

7773 陈占元晚年文集
2006年10月。平装覆膜,国流32开,ISBN 7-02-005531-1,定价25.00元。(14-151)

7774 赵恺两卷集 诗雕公园(诗歌卷)
2006年10月。平装覆膜,32异,ISBN 7-02-005843-4,定价33.00元。(5-518)

7775 赵恺两卷集 木笛(散文卷)
2006年10月。平装覆膜,32异,ISBN 7-02-005842-6,定价29.00元。(7-707)

7776 刘亚洲将军经典文录
许政、戴旭主编,2007年6月。线装,16开,ISBN 978-7-02-006166-2,定价698.00元。(14-200)

7777 方成讲幽默
我的人间喜剧,2008年1月。平装,16异,ISBN 978-7-02-006390-1,定价31.00元。(7-796)

7778 写画六十年
毕克官著,我的人间喜剧,2008年1月。平装,16异,ISBN 978-7-02-006124-2,定价29.00元。(7-797)

7779 漫画漫画
江有生著,我的人间喜剧,2008年1月。平装,16异,ISBN 978-7-02-006446-5,定价31.00元。(7-798)

7780 拙笔留情
李滨声著,我的人间喜剧,2008年1月。平装,16异,ISBN 978-7-02-006389-5,定价32.00元。(7-801)

7781 乐在其中
缪印堂著,我的人间喜剧,2008年1月。平装,16异,ISBN 978-7-02-006447-2,定价31.00元。(7-813)

7782 漫画记事
华君武著,我的人间喜剧,2008年1月。平装,16异,ISBN 978-7-02-006531-8,定价30.00元。(7-814)

7783 思想·手迹·足迹
孙之俊著,我的人间喜剧,2008年1月。平装,16异,ISBN 978-7-02-006475-5,定价30.00元。(7-815)

7784 听雨楼随笔·抚剑堂诗抄
霍达著,中国当代作家·霍达系列,2009年7月。平装,国流32开,ISBN 978-7-02-007254-5,定价30.00元。(7-918)

7785 妄想电影
史铁生著,2010年1月。平装覆膜,国流32开,ISBN 978-7-02-007730-4,定价16.00元。(7-962)

7786 第三届中华铁人文学奖获奖作品选(上下)
刘恒等著,2010年6月。平装,16异,ISBN 978-7-02-007917-9,定价110.00元。(7-982)

7787 一路走来终不悔
刘国民著,2011年1月。平装,16异,ISBN 978-

7-02-007385-6,定价38.00元。(14-258)

7788　许子东讲稿第1卷　重读"文革"
2011年11月。平装,16异,ISBN 978-7-02-008621-4,定价32.00元。(7-1099)

7789　许子东讲稿第2卷　张爱玲·郁达夫·香港文学
2011年11月。平装,16异,ISBN 978-7-02-008620-7,定价38.00元。(7-1100)

7790　许子东讲稿第3卷　越界言论
2011年11月。平装,16异,ISBN 978-7-02-008712-9,定价38.00元。(7-1101)

7791　艺术的真谛
孙家正著,2014年1月。平装,16异,ISBN 978-7-02-009930-6,定价38.00元。(7-1224)

7792　小兔子
骆英著,2014年1月。平装,小32开,ISBN 978-7-02-010106-1,定价19.00元。(7-1230)

7793　放歌集(1—5卷)
周传立著,2014年12月。平装覆膜,16异,ISBN 978-7-02-009713-5,定价1760.00元。(14-341)

7794　汪曾祺小说全编(上中下)
汪曾祺著,2016年4月。平装,16异,ISBN 978-7-02-010522-9,定价120.00元。2019年6月增订版,平装,16异,ISBN 978-7-02-015200-1,定价156.00元。(3-1253)

7795　共命鸟
赵恺著,2016年5月。平装,32异,ISBN 978-7-02-011537-2,定价32.00元。(5-723)

7796　汤团王
张文龙著,2016年10月。平装,国流32开,ISBN 978-7-02-011880-9,定价55.00元。(6-208)

7797　三沙,蔚蓝的绽放
肖杰、樊希安主编,2017年4月。平装,16异,ISBN 978-7-02-012550-0,定价39.00元。(7-1430)

7798　茶馆　上海的早晨
老舍、周而复著,《收获》60周年纪念文存珍藏版,2017年8月。精装,16异,ISBN 978-7-02-013013-9,定价109.00元。(3-1325)

7799　诗意的超越　谢莹莹文选
韩瑞祥主编,2017年11月。精装,16异,ISBN 978-7-02-013282-9,定价98.00元。(14-398)

7800　刘以鬯经典(酒徒　对倒　寺内)
(香港)刘以鬯著,梅子编,2018年6月。精装,国流32开,ISBN 978-7-02-013950-7,定价175.00元。(3-1362)

7801　汪曾祺小说散文精选
汪曾祺著,教育部统编《语文》推荐阅读丛书,2018年5月。平装覆膜,16异,ISBN 978-7-02-013814-2,定价35.00元。(4-772)

7802　第四届中华铁人文学奖获奖作品选(上下)
李学恒等著,2018年5月。平装,16异,ISBN 978-7-02-011799-4,定价78.00元。(14-409)

7803　我与我的对话
(香港)刘以鬯著,梅子编,有价值悦读,2018年7月。平装,32异,ISBN 978-7-02-013547-9,定价39.00元。(3-1366)

7804　山那面人家
周立波著,周立波文选,2018年10月。精装,国流32开,ISBN 978-7-02-014462-4,定价56.00元。(4-795)

7805　穗子的动物园
〔美〕严歌苓著,2019年8月。平装,小32开,ISBN 978-7-02-015136-3,定价58.00元。(7-1586)

中国现代文学作品集

7806　瞿秋白文集(1)
1953年11月。书号176,平装,25开,定价18,000元;精装,大32开,定价25,000元。1957年3月,平装,大32开,书号10019·174,

431

定价1.70元。1959年,1—4卷合集,特精,大32开,定价22.60元。(21-1)

7807 瞿秋白文集(3)
1953年11月。书号176,平装,25开,定价16,000元;精装,大32开,定价23,000元。1958年1月,平装,大32开,定价1.50元。(21-2)

7808 瞿秋白文集(2)
1953年12月。书号176,平装,25开,定价30,000元;精装,大32开,定价38,000元。1958年1月,平装,大32开,定价2.60元。(21-3)

7809 瞿秋白文集(4)
1954年2月。书号176,平装,25开,定价27,000元;精装,大32开,定价34,000元。1958年1月,平装,大32开,定价2.40元。(21-4)

7810 鲁迅全集(1)
1956年10月。书号10019·528,普精,大32开,定价2.40元;布精,大32开,定价3.00元;特精,25开,定价4.80元。1959年9月,1—10卷合集,大32开,普精,定价22.70元;特精,定价300.00元。(21-5)

7811 鲁迅全集(2)
1956年10月。书号10019·529,普精,大32开,定价2.00元;布精,大32开,定价2.60元;特精,25开,定价4.20元。(21-6)

7812 鲁迅全集(3)
1956年11月。书号10019·530,普精,大32开,定价2.20元;布精,大32开,定价2.90元;特精,25开,定价4.70元。(21-7)

7813 沫若文集(1)
1957年3月。大32开,书号10019·429,平装,定价1.40元;精装,定价2.40元。(21-8)

7814 沫若文集(2)
1957年3月。大32开,书号10019·423,平装,定价1.60元;精装,定价2.60元。(21-9)

7815 沫若文集(3)
1957年3月。大32开,书号10019·424,平装,定价1.60元;精装,定价2.60元。(21-10)

7816 沫若文集(4)
1957年3月。大32开,书号10019·554,平装,定价1.50元;精装,定价2.60元。(21-11)

7817 沫若文集(5)
1957年5月。大32开,书号10019·566,平装,定价1.90元;精装,定价2.90元。(21-12)

7818 鲁迅全集(4)
1957年8月。书号10019·531,普精,大32开,定价2.20元;布精,定价2.90元;特精,25开,定价4.70元。(21-13)

7819 鲁迅全集(5)
1957年12月。书号10019·670,普精,大32开,定价2.20元;布精,大32开,定价2.90元;特精,25开,定价4.70元。(21-14)

7820 鲁迅全集(8)
1957年12月。书号10019·535,普精,大32开,定价1.60元;布精,大32开,定价2.30元;特精,25开,定价3.40元。(21-15)

7821 茅盾文集(1)
1958年3月。大32开,书号10019·717,平装,定价1.40元;精装,定价2.10元。(21-16)

7822 巴金文集(1)
1958年3月。大32开,书号10019·712,平装,定价1.80元;精装,定价2.40元。(21-17)

7823 巴金文集(2)
1958年3月。大32开,书号10019·713,平装,定价1.30元;精装,定价2.00元。(21-18)

7824 茅盾文集(2)
1958年3月。大32开,书号10019·718,平装,定价1.60元;精装,定价2.30元。(21-19)

7825 巴金文集(3)
1958年4月。大32开,书号10019·728,平装,定价1.70元;精装,定价2.40元。(21-20)

7826 鲁迅全集(6)
1958年4月。书号10019·533,普精,大32开,定价2.40元;布精,大32开,定价3.10元;

特精,25 开,定价 5.10 元。(21-21)

7827 叶圣陶文集(1)

1958 年 4 月。大 32 开,书号 10019·731,平装,定价 1.40 元;精装,定价 2.10 元。(21-22)

7828 茅盾文集(3)

1958 年 5 月。大 32 开,书号 10019·748,平装,定价 1.80 元;精装,定价 2.40 元。(21-23)

7829 巴金文集(4)

1958 年 5 月。大 32 开,书号 10019·753,平装,定价 1.60 元;精装,定价 2.20 元。(21-24)

7830 叶圣陶文集(2)

1958 年 5 月。大 32 开,书号 10019·752,平装,定价 1.40 元;精装,定价 2.10 元。(21-25)

7831 沫若文集(6)

1958 年 5 月。大 32 开,书号 10019·759,平装,定价 1.20 元;精装,定价 2.20 元。1979 年 7 月单行本,书名《少年时代》,大 32 开,书号 10019·2746,平装,定价 0.88 元;精装,定价 1.40 元。(21-26)

7832 茅盾文集(4)

1958 年 6 月。大 32 开,书号 10019·766,平装,定价 1.20 元;精装,定价 1.90 元。(21-27)

7833 茅盾文集(5)

1958 年 8 月。大 32 开,书号 10019·797,平装,定价 1.30 元;精装,定价 2.00 元。(21-28)

7834 巴金文集(5)

1958 年 8 月。大 32 开,书号 10019·814,平装,定价 1.60 元;精装,定价 2.20 元。(21-29)

7835 沫若文集(7)

1958 年 9 月。大 32 开,书号 10019·808,平装,定价 1.30 元;精装,定价 2.30 元。1979 年 7 月单行本,书名《学生时代》,大 32 开,书号 10019·2747,平装,定价 1.05 元;精装,定价 1.60 元。(21-30)

7836 茅盾文集(6)

1958 年 9 月。大 32 开,书号 10019·836,平装,定价 1.25 元;精装,定价 1.90 元。(21-31)

7837 鲁迅全集(7)

1958 年 9 月。书号 10019·845,普精,大 32 开,定价 2.90 元;布精,大 32 开,定价 3.55 元;特精,25 开,定价 6.40 元。(21-32)

7838 巴金文集(6)

1958 年 10 月。大 32 开,书号 10019·882,平装,定价 2.00 元;精装,定价 2.65 元。(21-33)

7839 沫若文集(8)

1958 年 10 月。大 32 开,书号 10019·842,平装,定价 1.60 元;精装,定价 2.60 元。1979 年 7 月,单行本,书名《革命春秋》,大 32 开,书号 10019·2748,平装,定价 1.30 元;精装,定价 1.80 元。(21-34)

7840 鲁迅全集(10)

1958 年 11 月。书号 10019·1008,普精,大 32 开,定价 1.55 元;布精,大 32 开,定价 2.20 元;特精,25 开,定价 3.45 元。(21-35)

7841 叶圣陶文集(3)

1958 年 11 月。大 32 开,书号 10019·932,平装,定价 1.20 元;精装,定价 1.90 元。(21-36)

7842 鲁迅全集(9)

1958 年 11 月。书号 10019·1007,普精,大 32 开,定价 1.60 元;布精,大 32 开,定价 2.30 元;特精装,25 开,定价 3.60 元。(21-37)

7843 茅盾文集(7)

1959 年 3 月。大 32 开,书号 10019·1189,平装,定价 1.15 元;精装,定价 1.80 元。(21-38)

7844 沫若文集(10)

1959 年 6 月。大 32 开,书号 10019·1307,平装,定价 1.40 元;精装,定价 2.45 元。(21-39)

7845 沫若文集(11)

1959 年 6 月。大 32 开,书号 10019·1308,平装,定价 1.35 元;精装,定价 2.40 元。(21-40)

7846 沫若文集(12)

1959 年 6 月。大 32 开,书号 10019·1309,平装,定价 1.60 元;精装,定价 2.65 元。(21-41)

7847　巴金文集(7)

1959 年 6 月。大 32 开,书号 10019·1190,平装,定价 1.40 元;精装,定价 2.10 元。(21-42)

7848　巴金文集(8)

1959 年 6 月。大 32 开,书号 10019·1304,平装,定价 1.15 元;精装,定价 1.80 元。(21-43)

7849　茅盾文集(8)

1959 年 8 月。大 32 开,书号 10019·1305,平装,定价 1.15 元;精装,定价 1.85 元。(21-44)

7850　沫若文集(9)

1959 年 9 月。大 32 开,书号 10019·1036,平装,定价 1.75 元;精装,定价 2.80 元。1979 年 3 月,单行本,书名《洪波曲》,大 32 开,书号 10019·2749,平装,定价 1.40 元;精装,定价 1.95 元。(21-45)

7851　郑振铎文集(1)

1959 年 10 月。大 32 开,书号 10019·1384,平装,定价 1.70 元;精装,定价 2.30 元。1985 年 2 月,大 32 开,平装,定价 3.45 元;精装,定价 5.45 元。(21-46)

7852　巴金文集(9)

1959 年 11 月。大 32 开,书号 10019·1386,平装,定价 1.35 元;精装,定价 1.95 元。(21-47)

7853　茅盾文集(9)

1961 年 10 月。大 32 开,书号 10019·1393,平装,定价 1.30 元;精装,定价 1.95 元。(21-48)

7854　沫若文集(13)

1961 年 10 月。大 32 开,书号 10019·1447,平装,定价 1.65 元;精装,定价 2.70 元。(21-49)

7855　巴金文集(10)

1961 年 11 月。大 32 开,书号 10019·1631,平装,定价 1.65 元;精装,定价 2.30 元。(21-50)

7856　巴金文集(11)

1961 年 11 月。大 32 开,书号 10019·1632,平装,定价 1.25 元;精装,定价 1.90 元。(21-51)

7857　沫若文集(15)

1961 年 12 月。大 32 开,书号 10019·1638,平装,定价 1.50 元;精装,定价 2.60 元。(21-52)

7858　茅盾文集(10)

1961 年 12 月。大 32 开,书号 10019·1640,平装,定价 1.30 元;精装,定价 2.00 元。(21-53)

7859　巴金文集(12)

1961 年 12 月。大 32 开,书号 10019·1633,平装,定价 1.80 元;精装,定价 2.48 元。(21-54)

7860　巴金文集(13)

1961 年 12 月。大 32 开,书号 10019·1634,平装,定价 1.30 元;精装,定价 1.94 元。(21-55)

7861　巴金文集(14)

1962 年 9 月。大 32 开,书号 10019·1662,平装,定价 1.40 元;精装,定价 2.15 元。(21-56)

7862　沫若文集(16)

1962 年 12 月。大 32 开,书号 10019·1692,平装,定价 1.30 元;精装,定价 2.25 元。(21-57)

7863　沫若文集(17)

1963 年 3 月。大 32 开,书号 10019·1718,平装,定价 2.35 元;精装,定价 3.40 元。(21-58)

7864　沫若文集(14)

1963 年 6 月。大 32 开,书号 10019·1734,平装,定价 2.20 元;精装,定价 3.25 元。(21-59)

7865　郑振铎文集(2)

1963 年 9 月。大 32 开,书号 10019·1730,平装,定价 1.35 元;精装,定价 1.95 元。1985 年 2 月,大 32 开,平装,定价 2.60 元;精装,定价 4.55 元。(21-60)

7866　靳以文集(上卷)

1964年5月。大32开,书号10019·1771,平装,定价1.20元;精装,定价1.45元。1984年10月,署新以文集编辑委员会编,大32开,平装,定价1.55元;精装,定价2.80元。(21-61)

7867　鲁迅全集(1—20)

1973年12月。小32开,书号10019·2078,普精,定价50.00元;特精,定价80.00元。(21-62)

7868　老舍文集(1)

1980年11月。大32开,书号10019·3051,平装,定价1.85元;精装,定价2.75元。1993年3月,平装,大32开,ISBN 7-02-001473-9,定价11.70元。1995年10月,平装,大32开,ISBN 7-02-001469-0,定价26.75元。(21-63)

7869　老舍文集(2)

1981年5月。大32开,书号10019·3123,平装,定价1.55元;精装,定价2.45元。1993年3月,平装,大32开,ISBN 7-02-001471-2,定价10.05元。1995年10月,平装,大32开,定价22.75元。(21-64)

7870　雪峰文集(1)

1981年5月。大32开,书号10019·3141,平装,定价1.90元;精装,定价2.80元。(21-65)

7871　鲁迅全集(1)

1981年8月。大32开,书号10019·3030,普精,定价3.05元;特精,定价3.80元。1982年,平装,大32开,定价2.10元。1989年,普精,大32开,ISBN 7-02-000606-X,定价7.80元。1993年,普精,大32开,ISBN 7-02-001524-7,定价17.95元。1996年,定价36.40元。(21-66)

7872　鲁迅全集(2)

1981年8月。大32开,书号10019·3030,普精,定价2.75元;特精,定价3.50元。1982年,平装,大32开,定价1.80元。1989年,普精,大32开,ISBN 7-02-000608-6,定价6.70元。1993年,普精,大32开,ISBN 7-02-001525-5,定价16.15元。1996年,定价31.75元。(21-67)

7873　鲁迅全集(3)

1981年8月。大32开,书号10019·3030,普精,定价3.00元;特精,定价3.75元。1982年,平装,大32开,定价2.10元。1989年,普精,大32开,ISBN 7-02-000610-8,定价7.55元。1993年,普精,大32开,ISBN 7-02-001526-3,定价17.70元。1996年,定价34.80元。(21-68)

7874　鲁迅全集(4)

1981年8月。大32开,书号10019·3030,普精,定价3.15元;特精,定价3.90元。1982年,平装,大32开,定价2.20元。1989年,普精,大32开,ISBN 7-02-000612-4,定价7.95元。1993年,普精,大32开,ISBN 7-02-001527-1,定价18.45元。1996年,定价37.00元。(21-69)

7875　鲁迅全集(5)

1981年8月。大32开,书号10019·3030,普精,定价3.05元;特精,定价3.80元。1982年,平装,大32开,定价2.10元。1989年,普精,大32开,ISBN 7-02-000614-0,定价7.65元。1993年,普精,大32开,ISBN 7-02-001528-X,定价17.85元。1996年,定价35.40元。(21-70)

7876　鲁迅全集(6)

1981年8月。大32开,书号10019·3030,普精,定价3.15元;特精,定价3.90元。1982年,平装,大32开,定价2.25元。1989年,普精,大32开,ISBN 7-02-000616-7,定价8.00元。1993年,普精,大32开,ISBN 7-02-001529-8,定价18.55元。1996年,定价37.00元。(21-71)

7877　鲁迅全集(7)

1981年8月。大32开,书号10019·3030,普精,定价2.70元;特精,定价3.45元。1982年,平装,大32开,定价1.80元。1989年,普精,大32开,ISBN 7-02-000618-3,定价6.60元。1993年,普精,大32开,ISBN 7-02-001530-1,定价16.00元。1996年,定价37.00元。(21-72)

7878　鲁迅全集(8)

1981年8月。大32开,书号10019·3030,普

精,定价2.70元;特精,定价3.50元。1982年,平装,大32开,定价1.80元。1989年,普精,大32开,ISBN 7-02-000620-5,定价6.75元。1993年,普精,大32开,ISBN 7-02-001531-X,定价16.20元。1996年,定价31.70元。(21-73)

7879　鲁迅全集(9)

1981年8月。大32开,书号10019·3030,普精,定价2.60元;特精,定价3.35元。1982年,平装,大32开,定价1.65元。1989年,普精,大32开,ISBN 7-02-000622-1,定价6.25元。1993年,普精,大32开,ISBN 7-02-001532-8,定价15.30元。1996年,定价30.15元。(21-74)

7880　鲁迅全集(10)

1981年8月。大32开,书号10019·3030,普精,定价2.75元;特精,定价3.50元。1982年,平装,大32开,定价1.80元。1989年,普精,大32开,ISBN 7-02-000624-8,定价6.75元。1993年,普精,大32开,ISBN 7-02-001533-6,定价16.20元。1996年,定价31.70元。(21-75)

7881　鲁迅全集(11)

1981年8月。大32开,书号10019·3030,普精,定价3.35元;特精,定价4.10元。1982年,平装,大32开,定价2.40元。1989年,普精,大32开,ISBN 7-02-000626-4,定价8.55元。1993年,普精,大32开,ISBN 7-02-001534-4,定价19.55元。1996年,定价39.10元。(21-76)

7882　鲁迅全集(12)

1981年8月。大32开,书号10019·3030,普精,定价3.20元;特精,定价3.95元。1982年,平装,大32开,定价2.25元。1989年,普精,大32开,ISBN 7-02-000628-0,定价8.10元。1993年,普精,大32开,ISBN 7-02-001535-2,定价18.70元。1996年,定价37.50元。(21-77)

7883　鲁迅全集(13)

1981年8月。大32开,书号10019·3030,普精,定价3.40元;特精,定价4.15元。1982年,平装,大32开,定价2.45元。1989年,

精,大32开,ISBN 7-02-000630-2,定价8.65元。1993年,普精,大32开,ISBN 7-02-001536-0,定价19.75元。1996年,定价39.60元。(21-78)

7884　鲁迅全集(14)

1981年8月。大32开,书号10019·3030,普精,定价3.90元;特精,定价4.65元。1982年,平装,大32开,定价2.95元。1989年,普精,大32开,ISBN 7-02-000632-9,定价10.25元。1993年,普精,大32开,ISBN 7-02-001537-9,定价22.65元。1996年,定价45.90元。(21-79)

7885　鲁迅全集(15)

1981年8月。大32开,书号10019·3030,普精,定价4.00元;特精,定价4.75元。1982年,平装,大32开,定价2.85元。1989年,普精,大32开,ISBN 7-02-000634-5,定价10.00元。1993年,普精,大32开,ISBN 7-02-001538-7,定价22.20元。1996年,定价44.85元。(21-80)

7886　鲁迅全集(16)

1981年8月。大32开,书号10019·3030,普精,定价3.25元;特精,定价3.95元。1982年,平装,大32开,定价2.15元。1989年,普精,大32开,ISBN 7-02-000636-1,定价7.80元。1993年,普精,大32开,ISBN 7-02-001539-5,定价18.15元。1996年,定价35.95元。(21-81)

7887　老舍文集(3)

1982年5月。大32开,书号10019·3284,平装,定价1.50元;精装,定价2.40元。1993年3月,平装,大32开,ISBN 7-02-001473-9,定价9.70元。1995年10月,平装,大32开,定价21.55元。(21-82)

7888　郭沫若全集　文学编(1)

郭沫若著作编辑出版委员会编,1982年10月。大32开,书号10019·3350,普精,定价2.80元;特精,定价3.95元。(21-83)

7889　郭沫若全集　文学编(2)

郭沫若著作编辑出版委员会编,1982年10月。大32开,书号10019·3351,普精,定价2.80元;特精,定价3.95元。(21-84)

7890 雪峰文集(2)

1983年1月。大32开,书号10019·3391,平装,定价2.30元;精装,定价3.20元。(21-85)

7891 何其芳文集(1)

1982年1月。大32开,书号10019·3242,平装,定价1.10元;精装,定价1.65元。(21-86)

7892 何其芳文集(2)

1982年10月。大32开,书号10019·3332,平装,定价1.10元;精装,定价1.70元。(21-87)

7893 何其芳文集(3)

1983年3月。大32开,书号10019·3399,平装,定价0.95元;精装,定价1.50元。(21-88)

7894 老舍文集(4)

1983年3月。大32开,书号10019·3433,平装,定价1.25元;精装,定价2.15元。1993年3月,平装,大32开,ISBN 7-02-001475-5,定价8.25元。1995年10月,平装,大32开,定价18.55元。(21-89)

7895 老舍文集(5)

1983年3月。大32开,书号10019·3434,平装,定价1.35元;精装,定价2.25元。1993年3月,平装,大32开,ISBN 7-02-001477-1,定价8.95元。1995年10月,平装,大32开,定价20.35元。(21-90)

7896 何其芳文集(5)

1983年9月。大32开,书号10019·3520,平装,定价1.40元;精装,定价2.00元。(21-91)

7897 何其芳文集(4)

1983年9月。大32开,书号10019·3501,平装,定价1.40元;精装,定价2.00元。(21-92)

7898 郑振铎文集(3)

1983年9月。大32开,书号10019·3515,平装,定价1.10元;精装,定价2.15元。(21-93)

7899 雪峰文集(3)

1983年11月。大32开,书号10019·3499,平装,定价1.70元;精装,定价2.80元。(21-94)

7900 郭沫若全集 文学编(3)

郭沫若著作编辑出版委员会编,1983年10月。大32开,书号10019·3539,普精,定价2.85元;特精,定价4.00元。(21-95)

7901 茅盾全集(1) 小说一集

1984年3月。大32开,书号10019·3594,平装覆膜,定价2.10元;特精,定价3.70元。(21-96)

7902 茅盾全集(2) 小说二集

1984年3月。大32开,书号10019·3617,平装覆膜,定价2.15元;特精,定价3.75元。(21-97)

7903 茅盾全集(3) 小说三集

1984年3月。大32开,书号10019·3618,平装覆膜,定价2.35元;特精,定价3.90元。(21-98)

7904 老舍文集(6)

1984年1月。大32开,书号10019·3581,平装,定价1.55元;精装,定价2.55元。1993年3月,平装,大32开,ISBN 7-02-001479-8,定价9.60元。1995年10月,平装,大32开,定价21.55元。(21-99)

7905 老舍文集(7)

1984年5月。大32开,书号10019·3663,平装,定价1.50元;精装,定价2.50元。1993年3月,平装,大32开,ISBN 7-02-001481-X,定价8.80元。1995年10月,平装,大32开,定价19.75元。(21-100)

7906 何其芳文集(6)

1984年6月。大32开,书号10019·3675,平装,定价1.50元;精装,定价2.10元。(21-101)

7907 茅盾全集(4) 小说四集

1984年8月。大32开,书号10019·3673,平装覆膜,定价2.20元;特精,定价3.80元。(21-102)

7908 茅盾全集(5) 小说五集

1984年8月。大32开,书号10019·3686,平装覆膜,定价2.05元;特精,定价3.65元。(21-103)

7909　杨刚文集

萧乾编选,1984年7月。大32开,书号10019·3676,平装,定价1.95元;精装,定价2.95元。(21-104)

7910　郭沫若全集　文学编(4)

郭沫若著作编辑出版委员会编,1984年8月。大32开,书号10019·3639,普精,定价2.80元;特精,定价3.95元。(21-105)

7911　郭沫若全集　文学编(5)

郭沫若著作编辑出版委员会编,1984年6月。大32开,书号10019·3658,普精,定价2.85元;特精,定价4.00元。(21-106)

7912　茅盾全集(6)　小说六集

1984年11月。大32开,书号10019·3718,平装覆膜,定价2.10元;特精,定价3.70元。(21-107)

7913　茅盾全集(7)　小说七集

1984年12月。大32开,书号10019·3739,平装覆膜,定价1.80元;特精,定价3.45元。(21-108)

7914　茅盾全集(8)　小说八集

1985年1月。大32开,书号10019·3762,平装覆膜,定价2.98元;特精,定价4.75元。(21-109)

7915　茅盾全集(9)　小说九集

1985年4月。大32开,书号10019·3782,平装覆膜,定价3.65元;特精,定价5.65元。(21-110)

7916　瞿秋白文集　文学编(1)

1985年5月。大32开,书号10019·3822,平装,定价3.80元;精装,定价6.40元。1998年12月1至6卷合集,软精,大32开,ISBN 7-02-002773-3,定价160.00元。(21-111)

7917　郑振铎文集(4)

1985年6月。大32开,书号10019·3816,平装,定价3.55元;精装,定价5.65元。(21-112)

7918　老舍文集(8)

1985年5月。大32开,书号10019·3806,平装,定价2.75元;精装,定价4.90元。1993年3月,平装,大32开,ISBN 7-02-001483-6,定价8.55元。1995年10月,平装,大32开,定价19.15元。(21-113)

7919　郭沫若全集　文学编(9)

郭沫若著作编辑出版委员会编,1985年6月。大32开,书号10019·3817,普精,定价4.30元;特精,定价5.95元。(21-114)

7920　郭沫若全集　文学编(10)

郭沫若著作编辑出版委员会编,1985年9月。大32开,书号10019·3841,普精,定价4.05元;特精,定价5.75元。(21-115)

7921　雪峰文集(4)

1985年7月。大32开,书号10019·3832,平装,定价3.85元;精装,定价5.95元。(21-116)

7922　茅盾全集(10)　剧本　童话神话诗词

1986年2月。大32开,书号10019·3879,平装覆膜,定价4.15元;特精,定价5.80元。(21-117)

7923　茅盾全集(11)　散文一集

1986年2月。大32开,书号10019·3896,平装覆膜,定价3.95元;特精,定价5.60元。(21-118)

7924　靳以文集(下卷)

靳以文集编辑委员会编,1986年2月。平装,大32开,书号10019·3901,定价2.65元。(21-119)

7925　老舍文集(9)

1986年3月。大32开,书号10019·3912,平装,定价3.20元;精装,定价5.35元。1993年3月,平装,大32开,ISBN 7-02-001485-2,定价9.45元。(21-12)1995年10月,平装,大32开,定价20.95元。(21-120)

7926　茅盾全集(12)　散文二集

1986年6月。大32开,书号10019·3949,平装覆膜,定价3.60元;特精,定价5.25元。(21-121)

7927　茅盾全集(13)　散文三集

1986年7月。大32开,书号10019·3959,平装覆膜,定价3.65元;特精,定价5.30元。(21-122)

7928　瞿秋白文集　文学编(2)

1986年6月。大32开,书号10019·3931,平

装,定价 2.95 元;特精,定价 5.50 元。(21-123)

7929 老舍文集(10)
1986 年 8 月。大 32 开,书号 10019·3976,平装,定价 3.40 元;精装,定价 5.50 元。1993 年 3 月,平装,大 32 开,ISBN 7-02-001487-9,定价 9.85 元。1995 年 10 月,平装,大 32 开,定价 22.15 元。(21-124)

7930 瞿秋白文集 文学编(4)
1986 年 9 月。大 32 开,书号 10019·3990,平装,定价 3.50 元;特精,定价 6.00 元。(21-125)

7931 郭沫若全集 文学编(6)
郭沫若著作编辑出版委员会编,1986 年 10 月。大 32 开,书号 10019·3998,普精,定价 5.10 元;特精,定价 6.70 元。(21-126)

7932 郭沫若全集 文学编(7)
郭沫若著作编辑出版委员会编,1986 年 10 月。大 32 开,书号 10019·3999,普精,定价 4.65 元;特精,定价 6.25 元。(21-127)

7933 郭沫若全集 文学编(8)
郭沫若著作编辑出版委员会编,1987 年 1 月。大 32 开,书号 10019·4032,普精,定价 4.85 元;特精,定价 6.45 元。(21-128)

7934 巴金全集(1)
1986 年。大 32 开,书号 10019·4041,平装覆膜,定价 3.95 元;特精,定价 6.50 元。2000 年 4 月,精装,大 32 开,ISBN 7-02-003139-0,定价 29.00 元。(21-129)

7935 巴金全集(2)
1986 年。大 32 开,书号 10019·4042,平装覆膜,定价 4.00 元;特精,定价 6.55 元。2000 年 4 月,精装,大 32 开,ISBN 7-02-003140-4,定价 32.50 元。(21-130)

7936 巴金全集(3)
1986 年。大 32 开,书号 10019·4049,平装覆膜,定价 4.85 元;特精,定价 7.40 元。2000 年 4 月,精装,大 32 开,ISBN 7-02-003141-2,定价 37.00 元。(21-131)

7937 老舍文集(11)
1987 年 5 月。大 32 开,书号 10019·4095,平装,定价 3.25 元;精装,定价 5.40 元。1993 年 3 月,平装,大 32 开,ISBN 7-02-001489-5,定价 9.45 元。1995 年 10 月,平装,大 32 开,定价 21.55 元。(21-132)

7938 瞿秋白文集 文学编(5)
1987 年 4 月。大 32 开,书号 10019·4087,平装,定价 3.95 元;特精,定价 6.65 元。(21-133)

7939 茅盾全集(14) 散文四集
1987 年 6 月。大 32 开,书号 10019·4065,平装覆膜,定价 4.20 元;特精,定价 6.45 元。(21-134)

7940 茅盾全集(15) 散文五集
1987 年 6 月。大 32 开,书号 10019·4115,平装覆膜,定价 4.30 元;特精,定价 6.55 元。(21-135)

7941 巴金全集(4)
1987 年 12 月。大 32 开,书号 10019·4185,平装覆膜,ISBN 7-02-000041-X,定价 3.60 元;特精,ISBN 7-02-000042-8,定价 6.45 元。2000 年 4 月,精装,大 32 开,ISBN 7-02-003142-0,定价 25.00 元。(21-136)

7942 老舍文集(12)
1987 年 11 月。大 32 开,书号 10019·4184,平装,定价 3.40 元;精装,定价 5.80 元。1993 年 3 月,平装,大 32 开,ISBN 7-02-001491-7,定价 9.70 元。1995 年 10 月,平装,大 32 开,定价 21.55 元。(21-137)

7943 巴金全集(5)
1988 年 2 月。大 32 开,书号 10019·4205,平装覆膜,ISBN 7-02-000095-9,定价 4.00 元;特精,ISBN 7-02-000096-7,定价 6.85 元。2000 年 4 月,精装,大 32 开,ISBN 7-02-003143-9,定价 30.00 元。(21-138)

7944 瞿秋白文集 文学编(6)
1988 年 4 月。大 32 开,书号 10019·4242,平装,ISBN 7-02-000191-2,定价 2.70 元;特精,ISBN 7-02-000192-0,定价 5.75 元。(21-139)

7945 巴金全集(7)
1988 年 6 月。大 32 开,书号 10019·4255,平装覆膜,ISBN 7-02-000223-4,定价 5.20 元;特精,ISBN 7-02-000224-2,定价 9.20 元。

2000 年 4 月,精装,大 32 开,ISBN 7-02-003145-5,定价 36.00 元。(21-140)

7946　老舍文集(13)
1988 年 7 月。大 32 开,书号 10019·4260,平装,ISBN 7-02-000236-6,定价 4.00 元;精装,ISBN 7-02-000237-4,定价 7.25 元。1993 年 3 月,平装,大 32 开,ISBN 7-02-001493-3,定价 9.55 元。1995 年 10 月,平装,大 32 开,定价 21.55 元。(21-141)

7947　郑振铎文集(5)
1988 年 5 月。大 32 开,平装,ISBN 7-02-000347-8,定价 7.00 元;精装,ISBN 7-02-000348-6,定价 9.95 元。(21-142)

7948　郑振铎文集(6)
1988 年 5 月。大 32 开,平装,ISBN 7-02-000349-4,定价 4.95 元;精装,ISBN 7-02-000350-8,定价 7.90 元。(21-143)

7949　郑振铎文集(7)
1988 年 6 月。大 32 开,平装,ISBN 7-02-000410-5,定价 6.40 元;精装,ISBN 7-02-000411-3,定价 9.35 元。(21-144)

7950　茅盾全集(16)　散文六集
1988 年。大 32 开,书号 10019·4227,平装覆膜,ISBN 7-02-000161-0,定价 4.50 元;特精,ISBN 7-02-000162-9,定价 7.45 元。(21-145)

7951　巴金全集(6)
1988 年 10 月。大 32 开,平装覆膜,ISBN 7-02-000685-X,定价 5.15 元;特精,ISBN 7-02-000686-8,定价 9.15 元。2004 年 4 月,精装,大 32 开,ISBN 7-02-003144-7,定价 33.00 元。(21-146)

7952　巴金全集(8)
1989 年 3 月。大 32 开,平装覆膜,ISBN 7-02-000555-1,定价 7.75 元;特精,ISBN 7-02-000556-X,定价 10.90 元。2000 年 4 月,大 32 开,ISBN 7-02-003146-3,定价 39.00 元。(21-147)

7953　巴金全集(9)
1989 年 3 月。大 32 开,平装覆膜,ISBN 7-02-000690-6,定价 5.90 元;特精,ISBN 7-02-000691-4,定价 9.85 元。2000 年 4 月,精装,大 32 开,ISBN 7-02-003147-1,定价 28.00 元。(21-148)

7954　老舍文集(14)
1989 年 2 月。大 32 开,平装,ISBN 7-02-000551-9,定价 6.15 元;精装,ISBN 7-02-000552-7,定价 9.35 元。1993 年 3 月,平装,大 32 开,ISBN 7-02-001495-X,定价 10.95 元。1995 年 10 月,平装,大 32 开,定价 25.15 元。(21-149)

7955　茅盾全集(17)　散文七集
1989 年 4 月。大 32 开,平装覆膜,ISBN 7-02-000501-2,定价 7.45 元;特精,ISBN 7-02-000502-0,定价 10.60 元。(21-150)

7956　茅盾全集(18)　中国文论一集
1989 年 10 月。大 32 开,平装覆膜,ISBN 7-02-000745-7,定价 7.25 元;特精,ISBN 7-02-000746-5,定价 10.05 元。(21-151)

7957　巴金全集(10)
1989 年 7 月。大 32 开,平装覆膜,ISBN 7-02-000721-X,定价 6.15 元;特精,ISBN 7-02-000722-8,定价 10.15 元。2000 年 4 月,精装,大 32 开,ISBN 7-02-003148-X,定价 30.00 元。(21-152)

7958　巴金全集(11)
1989 年 7 月。大 32 开,平装覆膜,ISBN 7-02-000739-2,定价 7.45 元;特精,ISBN 7-02-000740-6,定价 11.45 元。2000 年 4 月,精装,大 32 开,ISBN 7-02-003149-8,定价 36.50 元。(21-153)

7959　郭沫若全集　文学编(16)
郭沫若著作编辑出版委员会编,1989 年 10 月。大 32 开,精装,ISBN 7-02-000795-3,定价 7.85 元;特精,ISBN 7-02-000796-1,定价 10.25 元。(21-154)

7960　郭沫若全集　文学编(17)
郭沫若著作编辑出版委员会编,1989 年 12 月。大 32 开,精装,ISBN 7-02-000797-X,定价 7.60 元;特精,ISBN 7-02-000798-8,定价 10.00 元。(21-155)

7961　瞿秋白文集　文学编(3)
1989 年 11 月。大 32 开,平装,ISBN 7-02-000850-X,定价 7.40 元;特精,ISBN 7-02-

000851-8,定价11.80元。(21-156)

7962 巴金全集(12)
1990年3月。大32开,平装覆膜,ISBN 7-02-000864-X,定价8.10元;特精,ISBN 7-02-000865-8,定价12.10元。2000年4月,精装,大32开,ISBN 7-02-003150-1,定价35.00元。(21-157)

7963 巴金全集(13)
1990年3月。大32开,平装覆膜,ISBN 7-02-000923-9,定价8.05元;特精,ISBN 7-02-000924-7,定价12.00元。2000年4月,精装,大32开,ISBN 7-02-000924-7,定价35.00元。(21-158)

7964 茅盾全集(20) 中国文论三集
1990年4月。大32开,平装覆膜,ISBN 7-02-000928-X,定价8.10元;特精,ISBN 7-02-000929-8,定价11.90元。(21-159)

7965 巴金全集(14)
1990年4月。大32开,平装覆膜,ISBN 7-02-000936-0,定价6.95元;特精,ISBN 7-02-000937-9,定价10.95元。2000年4月,精装,大32开,ISBN 7-02-000937-9,定价30.00元。(21-160)

7966 郭沫若全集 文学编(15)
郭沫若著作编辑出版委员会编,1990年7月。大32开,精装,ISBN 7-02-000793-7,定价7.25元;特精,ISBN 7-02-000794-5,定价9.60元。(21-161)

7967 巴金全集(15)
1990年9月。大32开,平装覆膜,ISBN 7-02-001038-5,定价7.65元;特精,ISBN 7-02-001039-3,定价11.65元。2000年4月,精装,大32开,ISBN 7-02-001039-3,定价35.00元。(21-162)

7968 老舍文集(15)
1990年11月。大32开,平装,ISBN 7-02-001042-3,定价7.75元;精装,ISBN 7-02-001043-1,定价11.10元。1993年3月,平装,大32开,ISBN 7-02-001042-3,定价11.60元。1995年10月,平装,大32开,定价26.35元。(21-163)

7969 巴金全集(16)
1991年3月。大32开,平装覆膜,ISBN 7-02-001116-0,定价10.20元;特精,ISBN 7-02-001117-9,定价14.15元。2000年4月,精装,大32开,ISBN 7-02-001117-9,定价41.50元。(21-164)

7970 茅盾全集(19) 中国文论二集
1991年4月。大32开,平装覆膜,ISBN 7-02-001103-9,定价8.00元;特精,ISBN 7-02-001104-7,定价11.80元。(21-165)

7971 老舍文集(16)
1991年5月。大32开,平装,ISBN 7-02-001161-6,定价8.35元;精装,ISBN 7-02-001162-4,定价12.15元。1993年3月,平装,大32开,ISBN 7-02-001161-6,定价12.45元。1995年10月,平装,大32开,定价28.15元。(21-166)

7972 茅盾全集(21) 中国文论四集
1991年10月。大32开,平装覆膜,ISBN 7-02-001260-4,定价9.50元;特精,ISBN 7-02-001261-2,定价15.80元。(21-167)

7973 巴金全集(17)
1991年8月。大32开,平装覆膜,ISBN 7-02-001211-6,定价7.80元;特精,ISBN 7-02-001212-4,定价12.30元。2000年4月,精装,大32开,ISBN 7-02-001212-4,定价34.00元。(21-168)

7974 郭沫若全集 文学编(18)
郭沫若著作编辑出版委员会编,1992年1月。大32开,精装,ISBN 7-02-001306-6,定价9.55元;特精,ISBN 7-02-001307-4,定价13.20元。(21-169)

7975 郭沫若全集 文学编(19)
郭沫若著作编辑出版委员会编,1992年1月。大32开,精装,ISBN 7-02-001308-2,定价11.95元;特精,ISBN 7-02-001309-0,定价15.80元。(21-170)

7976 郭沫若全集 文学编(20)
郭沫若著作编辑出版委员会编,1992年3月。大32开,精装,ISBN 7-02-001310-4,定价9.45元;特精,ISBN 7-02-001311-2,定价13.30元。(21-171)

7977 郭沫若全集 文学编(11)

郭沫若著作编辑出版委员会编,1992年9月。大32开,精装,ISBN 7-02-001432-1,定价10.75元;特精,ISBN 7-02-001433-X,定价16.35元。(21-172)

7978 郭沫若全集 文学编(12)
郭沫若著作编辑出版委员会编,1992年9月。大32开,精装,ISBN 7-02-001434-8,定价11.35元;特精,ISBN 7-02-001435-6,定价16.95元。(21-173)

7979 郭沫若全集 文学编(13)
郭沫若著作编辑出版委员会编,1992年9月。大32开,精装,ISBN 7-02-001436-4,定价12.60元;特精,ISBN 7-02-001437-4,定价18.10元。(21-174)

7980 郭沫若全集 文学编(14)
郭沫若著作编辑出版委员会编,1992年9月。大32开,精装,ISBN 7-02-001438-0,定价13.50元;特精,ISBN 7-02-001439-9,定价19.10元。(21-175)

7981 巴金全集(20)
1993年5月。大32开,平装覆膜,ISBN 7-02-001362-7,定价11.85元;特精,ISBN 7-02-001363-5,定价21.00元。2000年4月,精装,大32开,ISBN 7-02-001363-5,定价39.00元。(21-176)

7982 巴金全集(21)
1993年5月。大32开,平装覆膜,ISBN 7-02-001228-0,定价10.90元;特精,ISBN 7-02-001229-9,定价20.05元。2000年4月,精装,大32开,ISBN 7-02-001229-9,定价36.50元。(21-177)

7983 巴金全集(22)
1993年11月。大32开,平装覆膜,ISBN 7-02-001615-4,定价11.05元;特精,ISBN 7-02-001616-2,定价20.20元。2000年4月,精装,大32开,ISBN 7-02-001616-2,定价34.50元。(21-178)

7984 巴金全集(18)
1993年12月。大32开,平装覆膜,ISBN 7-02-001457-7,定价13.35元;特精,ISBN 7-02-001458-5,定价22.50元。2000年4月,精装,大32开,ISBN 7-02-001458-5,定价39.50元。(21-179)

7985 巴金全集(19)
1993年12月。大32开,平装覆膜,ISBN 7-02-001424-0,定价13.05元;特精,ISBN 7-02-001425-9,定价22.20元。2000年4月,精装,大32开,ISBN 7-02-001425-9,定价39.00元。(21-180)

7986 茅盾全集(28) 中外神话研究
1993年。大32开,平装覆膜,ISBN 7-02-001665-0,定价8.75元;特精,ISBN 7-02-001666-9,定价17.60元。(21-181)

7987 巴金全集(25)
1993年8月。大32开,平装覆膜,ISBN 7-02-001612-X,定价11.45元;特精,ISBN 7-02-001613-8,定价20.60元。2000年4月,精装,大32开,ISBN 7-02-001613-8,定价36.00元。(21-182)

7988 茅盾全集(22) 中国文论五集
1993年6月。大32开,平装覆膜,ISBN 7-02-001561-1,定价8.30元;特精,ISBN 7-02-001562-X,定价17.10元。(21-183)

7989 巴金全集(24)
1994年3月。大32开,平装覆膜,ISBN 7-02-001547-6,定价11.80元;特精,ISBN 7-02-001548-4,定价21.00元。2000年4月,精装,大32开,ISBN 7-02-001548-4,定价36.00元。(21-184)

7990 巴金全集(26)
1994年3月。大32开,平装覆膜,ISBN 7-02-001650-2,定价12.30元;特精,ISBN 7-02-001651-0,定价21.30元。2000年4月,精装,大32开,ISBN 7-02-001651-0,定价37.00元。(21-185)

7991 茅盾全集(23) 中国文论六集
1996年6月。大32开,平装覆膜,ISBN 7-02-001880-7,定价23.30元;特精,ISBN 7-02-001881-5,定价43.80元。(21-186)

7992 茅盾全集(24) 中国文论七集
1996年6月。大32开,平装覆膜,ISBN 7-02-001859-9,定价25.50元;特精,ISBN 7-02-001860-2,定价46.10元。(21-187)

7993 茅盾全集(25) 中国文论八集

1996年6月。大32开,平装覆膜,ISBN 7-02-002042-9,定价26.60元;特精,ISBN 7-02-002041-0,定价47.40元。(21-188)

7994　茅盾全集(26)　中国文论九集
1996年6月。大32开,平装覆膜,ISBN 7-02-002213-8,定价21.90元;特精,ISBN 7-02-002214-6,定价42.50元。(21-189)

7995　茅盾全集(27)　中国文论十集
1996年6月。大32开,平装覆膜,ISBN 7-02-002297-9,定价22.50元;特精,ISBN 7-02-002296-0,定价43.10元。(21-190)

7996　巴金全集(23)
1993年。大32开,平装覆膜,ISBN 7-02-001631-6,定价10.80元;特精,ISBN 7-02-001632-4,定价19.90元。2000年4月,精装,大32开,ISBN 7-02-001632-4,定价34.00元。(21-191)

7997　茅盾全集(34)　回忆录一集
1997年6月。大32开,平装覆膜,ISBN 7-02-002208-1,定价29.00元;特精,ISBN 7-02-002209-X,定价40.00元。(21-192)

7998　茅盾全集(35)　回忆录二集
1997年6月。大32开,平装覆膜,ISBN 7-02-002255-3,定价27.70元;特精,ISBN 7-02-002254-5,定价38.70元。(21-193)

7999　茅盾全集(36)　书信一集
1997年6月。大32开,平装覆膜,ISBN 7-02-002120-4,定价21.80元;特精,ISBN 7-02-002121-2,定价32.80元。(21-194)

8000　茅盾全集(37)　书信二集
1997年6月。大32开,平装覆膜,ISBN 7-02-002131-X,定价22.00元;特精,ISBN 7-02-002130-1,定价33.00元。(21-195)

8001　茅盾全集(38)　书信三集
1997年6月。大32开,平装覆膜,ISBN 7-02-002176-X,定价21.70元;特精,ISBN 7-02-002175-1,定价32.70元。(21-196)

8002　胡适文集(1—7)
1998年12月。精装,大32开,ISBN 7-02-002266-9,定价240.00元。(21-207)

8003　老舍全集(1)
1999年1月。精装,大32开,ISBN 7-02-002717-2,定价40.50元。(21-208)

8004　老舍全集(2)
1999年1月。精装,大32开,ISBN 7-02-002718-0,定价41.90元。(21-209)

8005　老舍全集(3)
1999年1月。精装,大32开,ISBN 7-02-002719-9,定价34.90元。(21-210)

8006　老舍全集(4)
1999年1月。精装,大32开,ISBN 7-02-002720-2,定价38.40元。(21-211)

8007　老舍全集(5)
1999年1月。精装,大32开,ISBN 7-02-002721-0,定价41.20元。(21-212)

8008　老舍全集(6)
1999年1月。精装,大32开,ISBN 7-02-002722-9,定价42.80元。(21-213)

8009　老舍全集(7)
1999年1月。精装,大32开,ISBN 7-02-002723-7,定价38.40元。(21-214)

8010　老舍全集(8)
1999年1月。精装,大32开,ISBN 7-02-002724-5,定价37.40元。(21-215)

8011　老舍全集(9)
1999年1月。精装,大32开,ISBN 7-02-002725-3,定价39.00元。(21-216)

8012　老舍全集(10)
1999年1月。精装,大32开,ISBN 7-02-002726-1,定价42.50元。(21-217)

8013　老舍全集(11)
1999年1月。精装,大32开,ISBN 7-02-002727-X,定价41.90元。(21-218)

8014　老舍全集(12)
1999年1月。精装,大32开,ISBN 7-02-002728-8,定价39.60元。(21-219)

8015　老舍全集(13)
1999年1月。精装,大32开,ISBN 7-02-002729-6,定价46.90元。(21-220)

8016　老舍全集(14)
1999年1月。精装,大32开,ISBN 7-02-002730-X,定价46.90元。(21-221)

8017　老舍全集(15)
1999年1月。精装,大32开,ISBN 7-02-

002731-8,定价 49.40 元。(21-222)

8018　老舍全集(16)
1999 年 1 月。精装,大 32 开,ISBN 7-02-002732-6,定价 45.30 元。(21-223)

8019　老舍全集(17)
1999 年 1 月。精装,大 32 开,ISBN 7-02-002733-4,定价 44.40 元。(21-224)

8020　老舍全集(18)
1999 年 1 月。精装,大 32 开,ISBN 7-02-002734-2,定价 44.40 元。(21-225)

8021　老舍全集(19)
1999 年 1 月。精装,大 32 开,ISBN 7-02-002735-0,定价 42.20 元。(21-226)

8022　茅盾全集(29)　外国文论一集
2001 年 3 月。大 32 开,平装覆膜,ISBN 7-02-001667-7,定价 25.00 元;特精,ISBN 7-02-001668-5,定价 38.00 元。(21-227)

8023　茅盾全集(30)　外国文论二集
2001 年 3 月。大 32 开,平装覆膜,ISBN 7-02-001563-8,定价 24.00 元;特精,ISBN 7-02-001564-6,定价 37.00 元。(21-228)

8024　茅盾全集(31)　外国文论三集
2001 年 3 月。大 32 开,平装覆膜,ISBN 7-02-003120-X,定价 28.00 元;特精,ISBN 7-02-003119-6,定价 42.00 元。(21-229)

8025　茅盾全集(32)　外国文论四集
2001 年 3 月。大 32 开,平装覆膜,ISBN 7-02-003087-4,定价 30.00 元;特精,ISBN 7-02-003085-8,定价 46.00 元。(21-230)

8026　茅盾全集(33)　外国文论五集
2001 年 3 月。大 32 开,平装覆膜,ISBN 7-02-003235-4,定价 33.00 元;特精,ISBN 7-02-003236-2,定价 48.00 元。(21-231)

8027　茅盾全集(39)　日记一集
2001 年 3 月。大 32 开,平装覆膜,ISBN 7-02-002087-9,定价 28.00 元;特精,ISBN 7-02-002088-7,定价 43.00 元。(21-232)

8028　茅盾全集(40)　日记二集
2001 年 3 月。大 32 开,平装覆膜,ISBN 7-02-002089-5,定价 30.00 元;特精,ISBN 7-02-002090-9,定价 46.00 元。(21-233)

8029　茅盾全集(41)　附集
2001 年 3 月。大 32 开,平装覆膜,ISBN 7-02-003303-2,定价 28.00 元;特精,ISBN 7-02-003304-0,定价 43.00 元。(21-234)

8030　鲁迅全集(1—18)
2005 年 11 月。精装,国流 32 开,ISBN 7-02-005033-6,定价 990.00 元。2017 年 11 月,精装,国流 32 开,ISBN 978-7-02-005033-8,定价 1360.00 元。(21-235)

8031　茅盾全集 补遗(上下)
2006 年 3 月。精装,大 32 开,ISBN 7-02-004654-1,定价 88.00 元。(21-236)

8032　王鲁彦文集(1—5 卷)
1—2.短篇小说(上下);3.散文;4.中篇小说;5.长篇小说 戏剧 附录。2009 年 3 月。平装覆膜,32 异,ISBN 978-7-02-007012-1,定价 100.00 元。(21-237)

8033　老舍全集(1—19)(修订版)
2013 年 1 月。精装,国流 32 开,ISBN 978-7-02-006658-2,定价 1380.00 元。2018 年 7 月,定价 1680.00 元。(21-238)

8034　鲁迅全集(编年版)(1—10)
2014 年 1 月。精装,国流 32 开,ISBN 978-7-02-009590-2,定价 720.00 元。(21-239)

8035　鲁迅全集(线装本 10 函)
2014 年 5 月。线装,16 异,ISBN 978-7-02-010399-7,定价 30000.00 元。(21-240)

8036　冯雪峰全集(1—12)
1.诗歌 散文 小说 少儿读物 电影文学 剧本文学 寓言故事;2.寓言;3.杂文 论文;4.论文 回忆录;5—6.集外杂文 论文 编务文稿;7.书信 日记 政务文稿 函件;8—9.外调材料等;10—12.翻译 年谱 名录。2016 年 6 月。精装,16 异,ISBN 978-7-02-011320-0,定价 1180.00 元。义乌丛书版,精装,16 异,ISBN 978-7-02-011429-0,定价 1180.00 元。(99-192)

8037　鲁迅著作单行本 26 种
1953 年 12 月。平装,32 开,定价 230,000 元。(28-1)

8038　吴组缃小说散文集
1954 年 5 月。平装,25 开,书号 256,定价 11,300 元。1957 年 10 月,平装,大 32 开,书号

10019·255,定价1.10元。(22-7)

8039　殷夫诗文选集
1954年8月。大32开,书号291,平装,定价6,600元;1955年1月,精装,定价15,000元。1957年10月,平装,大32开,书号10019·290,定价0.65元。(22-9)

8040　冰心小说散文选集
1954年9月。大32开,书号295,平装,定价10,500元;1954年10月,精装,定价21,500元。1979年8月,平装,小32开,书号10019·294,定价0.78元;平装,大32开,定价0.94元;精装,大32开,定价1.50元。(22-11)

8041　郁达夫选集
1954年11月。大32开,书号317,平装,定价8,000元;精装,定价19,500元。1957年9月,平装,大32开,书号10019·315,定价0.75元。(22-15)

8042　鲁彦选集
1954年12月。大32开,书号320,平装,定价8,400元;精装,定价19,500元。1957年10月,平装,大32开,书号10019·318,定价0.85元。(22-16)

8043　叶紫创作集
1955年2月。大32开,书号353,平装,定价14,200元;1955年3月,精装,定价23,600元。1957年8月,平装,大32开,书号10019·351,定价1.40元。(22-19)

8044　闻一多诗文选集
1955年3月。大32开,书号367,平装,定价0.89元;精装,定价1.83元。1957年3月,平装,大32开,书号10019·364,定价0.89元。(22-23)

8045　朱自清诗文选集
1955年3月。大32开,书号368,平装,定价0.98元;精装,定价1.92元。1957年10月,平装,大32开,书号10019·365,定价0.90元。(22-24)

8046　蒋光慈诗文选集
1955年8月。平装,大32开,书号411,定价1.33元。1956年5月,平装,大32开,书号10019·407,定价1.20元。(22-28)

8047　冯至诗文选集
1955年9月。平装,大32开,书号408,定价0.61元。1957年10月,平装,大32开,书号10019·404,定价0.60元。(22-29)

8048　应修人潘漠华选集
1957年9月。平装,大32开,书号10019·648,定价0.70元。(22-39)

8049　赵树理选集
1958年9月。平装,大32开,书号10019·959,定价0.76元。(22-46)

8050　柔石选集
1958年9月。平装,大32开,书号10019·983,定价0.73元。(22-47)

8051　许地山选集(上卷)
1958年12月。平装,大32开,书号10019·884,定价0.80元。(22-49)

8052　许地山选集(下卷)
1958年12月。平装,大32开,书号10019·885,定价0.98元。(22-50)

8053　殷夫选集
1958年12月。平装,大32开,书号10019·1063,定价0.55元。(22-51)

8054　萧红选集
1958年12月。平装,大32开,书号10019·1064,定价1.10元。(22-53)

8055　周立波选集
1959年2月。平装,大32开,书号10019·1163,定价0.95元。(22-54)

8056　沙汀选集
1959年2月。平装,大32开,书号10019·1170,定价0.80元。(22-55)

8057　草明选集
1959年2月。平装,大32开,书号10019·1162,定价0.86元。(22-56)

8058　叶紫选集
1959年3月。平装,大32开,书号10019·1194,定价1.15元。(22-57)

8059　艾芜选集(艾芜短篇小说选)
1959年3月。平装,大32开,书号10019·1175,定价1.10元。1979年2月,书名《艾芜短篇小说选》,平装,小32开,定价0.84元;平装,大32开,定价1.00元;精装,大32开,定价1.60元。(22-58)

445

8060　瞿秋白选集
1959年4月。平装,大32开,书号10019·1281,定价1.05元。(22-59)

8061　李大钊诗文选集
贾芝编选,1959年4月。平装,大32开,书号10019·1284,定价1.05元。(22-60)

8062　沫若选集(1)
1959年4月。大32开,书号10019·1276,平装,定价1.00元;1961年5月,精装,定价1.55元。(22-61)

8063　鲁迅选集(上)
1959年4月。平装,大32开,书号10019·1271,定价1.10元。1960年上下集合为一种,平装,大32开,定价2.20元。(22-62)

8064　鲁迅选集(下)
1959年6月。平装,大32开,书号10019·1272,定价1.10元。(22-63)

8065　巴金选集
1959年6月。平装,大32开,书号10019·1273,定价1.15元。(22-64)

8066　欧阳予倩选集
1959年6月。平装,大32开,书号10019·1292,定价1.15元。(22-65)

8067　郁达夫选集
1959年6月。平装,大32开,书号10019·1280,定价0.68元。(22-66)

8068　茅盾选集
1959年7月。平装,大32开,书号10019·1274,定价1.40元;1961年5月,精装,定价2.00元。(22-67)

8069　沫若选集(4)
1959年9月。大32开,书号10019·1279,平装,定价1.15元;1961年5月,精装,定价1.75元。(22-68)

8070　夏衍选集(上下)
1959年9月。平装,大32开,书号10019·1275,定价1.20元;1961年5月,精装,定价1.85元。(22-69)

8071　田汉选集
1959年11月。平装,大32开,书号10019·1426,定价2.00元;1961年5月,精装,定价2.60元。(22-70)

8072　叶圣陶选集
1959年11月。平装,大32开,书号10019·1443,定价1.15元。(22-71)

8073　沫若选集(2)
1959年12月。平装,大32开,书号10019·1277,定价1.20元。1978年4月,书名《郭沫若剧作选》,书号10019·2615,平装,小32开,定价0.85元;平装,大32开,定价1.00元;精装,大32开,定价1.55元。(22-72)

8074　沫若选集(3)
1960年2月。大32开,书号10019·1278,平装,定价1.45元;1961年5月,精装,定价2.05元。(22-73)

8075　蒋光赤选集
1960年4月。平装,大32开,书号10019·407,定价1.70元。(22-74)

8076　巴金选集(上下)
1980年3月。大32开,书号10019·2936,平装,定价2.10元;精装,定价3.90元。(22-76)

8077　周文选集
1981年9月。平装,大32开,书号10019·3177,定价1.35元。(22-77)

8078　洪灵菲选集
1982年1月。平装,大32开,书号10019·3239,定价0.91元。(22-78)

8079　瞿秋白诗文选
1982年6月。大32开,书号10019·3315,平装,定价1.60元;平装覆膜,定价2.00元。(22-79)

8080　徐雉的诗和小说
1982年11月。平装,大32开,书号10019·3375,定价0.52元。(25-19)

8081　茅盾
庄钟庆编,中国现代作家选集丛书,1983年8月。平装,大32开,书号10019·3500,定价1.10元。(22-80)

8082　张闻天早年文学作品选
程中原编,1983年6月。大32开,书号10019·3454,平装,定价1.15元;精装,定价1.80元。(22-81)

8083　徐志摩选集

1983年9月。大32开,书号10019·3516,平装,定价1.10元;精装,定价1.70元。1990年12月,平装覆膜,大32开,ISBN 7-02-001055-5,定价4.30元。(22-82)

8084　艾青

高瑛编,中国现代作家选集丛书,1983年11月。平装,大32开,书号10019·3542,定价1.25元。(22-83)

8085　许地山

周俟松、向云休编,中国现代作家选集丛书,1983年11月。平装,大32开,书号10019·3555,定价1.00元。(22-84)

8086　鲁迅选集(1)

1983年12月。大32开,书号10019·3566,平装,定价1.45元;精装,定价2.50元。1991年3月,平装覆膜,大32开,ISBN 7-02-001164-0,定价5.45元。1992年5月,大32开,ISBN 7-02-001380-5,定价7.55元。2004年3月1—4卷合为一种收入中国文库,国流32开,平装覆膜,ISBN 7-02-004550-2,定价95.00元;精装,ISBN 7-02-004748-3,定价160.00元。(22-85)

8087　鲁迅选集(2)

1983年12月。大32开,书号10019·3567,平装,定价1.50元;精装,定价2.50元。1991年3月,平装覆膜,大32开,ISBN 7-02-001165-9,定价5.60元。1992年5月,平装,大32开,ISBN 7-02-001381-3,定价7.80元。(22-86)

8088　鲁迅选集(3)

1983年12月。大32开,书号10019·3568,平装,定价1.35元;精装,定价2.35元。1991年3月,平装覆膜,大32开,ISBN 7-02-001166-7,定价5.15元。1992年5月,平装,大32开,ISBN 7-02-001382-1,定价7.10元。(22-87)

8089　鲁迅选集(4)

1983年12月。大32开,书号10019·3569,平装,定价1.65元;精装,定价2.55元。1991年3月,平装覆膜,大32开,ISBN 7-02-001167-5,定价6.20元。1992年5月,平装,大32开,ISBN 7-02-001383-X,定价8.65元。(22-88)

8090　李广田

李岫编,中国现代作家选集丛书,1984年3月。平装,大32开,书号10019·3612,定价1.15元。(22-89)

8091　萧红

王述编,中国现代作家选集丛书,1984年2月。平装,大32开,书号10019·3547,定价0.96元。2004年3月收入中国文库,书名《萧红选集》,国流32开,平装覆膜,ISBN 7-02-004555-3,定价25.00元;精装,ISBN 7-02-004753-X,定价25.00元。(22-90)

8092　川岛选集

1984年2月。平装,大32开,书号10019·3607,定价0.57元。(22-91)

8093　李健吾创作评论选集

1984年8月。平装,大32开,书号10019·3665,定价1.75元。(22-92)

8094　庐隐

肖凤编,中国现代作家选集丛书,1984年7月。平装,大32开,书号10019·3687,定价1.15元。(22-93)

8095　冰心

卓如编,中国现代作家选集丛书,1985年1月。平装,大32开,书号10019·3725,定价2.05元。(22-94)

8096　朱湘

孙玉石编,中国现代作家选集丛书,1985年2月。平装,大32开,书号10019·3771,定价2.15元。(22-95)

8097　冯文炳选集

1985年3月。平装,大32开,书号10019·3776,定价3.15元。(22-96)

8098　沈祖棻创作选集

程千帆选编,1985年6月。大32开,书号10019·3825,平装,定价1.90元;平装覆膜,定价2.35元。(22-97)

8099　朱自清

朱乔森编,中国现代作家选集丛书,1985年6月。平装,大32开,书号10019·3804,定价2.30元。2004年3月收入中国文库,书名《朱自清选集》,国流32开,平装覆膜,ISBN 7-02-

004553-7,定价13.00元；精装,ISBN 7-02-004751-3,定价30.00元。(22-98)

8100　叶圣陶

叶至善编,中国现代作家选集丛书,1985年9月。平装,大32开,书号10019·3827,定价2.25元。(22-99)

8101　沙汀

张大明编,中国现代作家选集丛书,1986年8月。平装,大32开,书号10019·3981,定价2.00元。2005年1月收入中国文库,书名《沙汀选集》,国流32开,平装,ISBN 7-02-005080-8,定价14.00元；精装,ISBN 7-02-005108-1,定价27.00元。(22-100)

8102　艾芜

胡德培编,中国现代作家选集丛书,1986年8月。平装,大32开,书号10019·3982,定价2.05元。2005年1月收入中国文库,书名《艾芜选集》,国流32开,平装,ISBN 7-02-005081-6,定价15.00元；精装,ISBN 7-02-005109-X,定价28.00元。(22-101)

8103　萧乾

萧乾编,中国现代作家选集丛书,1986年8月。平装,大32开,书号10019·3983,定价2.05元。(22-102)

8104　《七月》《希望》作品选(上下)

吴子敏编选,中国现代文学流派创作选,1986年7月。大32开,书号10019·3962,平装,定价7.00元；平装覆膜,定价7.80元。2011年9月收入中国文库,国流32开,平装,ISBN 978-7-02-008536-1,定价70.00元；精装,ISBN 978-7-02-008533-0,定价100.00元。(22-103)

8105　结合

晋驼著,1986年8月。平装,大32开,书号10019·3977,定价1.15元。(24-102)

8106　刘半农文选

徐瑞岳编,1986年12月。平装,大32开,书号10019·4014,定价2.30元。(22-104)

8107　丁玲

杨桂欣编,中国现代作家选集丛书,1987年4月。平装,大32开,书号10019·4084,定价2.10元。(22-105)

8108　杨振声选集

孙昌熙、张华编选,1987年6月。平装,大32开,书号10019·4109,定价2.50元。(22-106)

8109　徐玉诺诗文选

刘济献编,1987年11月。平装,小32开,书号10019·4179,定价2.05元。(22-107)

8110　巴金

冯志伟、孙可中编,中国现代作家选集丛书,1988年8月。平装,大32开,ISBN 7-02-000540-3,定价3.45元。2004年3月收入中国文库,书名《巴金选集》,国流32开,平装覆膜,ISBN 7-02-004551-0,定价35.00元；精装,ISBN 7-02-004749-1,定价35.00元。(22-108)

8111　王统照

冯光廉、刘增人编,中国现代作家选集丛书,1990年9月。平装,大32开,ISBN 7-02-001011-3,定价4.30元。(22-109)

8112　林徽因

陈钟英、陈宇编,中国现代作家选集丛书,1992年5月。平装,大32开,ISBN 7-02-001390-3,定价7.00元。2005年1月收入中国文库,书名《林徽因选集》,国流32开,平装,ISBN 7-02-005078-6,定价22.00元；精装,ISBN 7-02-005106-5,定价35.00元。(22-110)

8113　俞平伯

乐齐编,中国现代作家选集丛书,1992年6月。平装,大32开,ISBN 7-02-001400-3,定价6.30元。(22-111)

8114　田间

白崇义编,中国现代作家选集丛书,1992年8月。平装,大32开,ISBN 7-02-001427-5,定价4.90元。(22-112)

8115　鲁彦

覃英编,中国现代作家选集丛书,1992年8月。平装,大32开,ISBN 7-02-001428-3,定价5.10元。(22-113)

8116　郑振铎

郑尔康编,中国现代作家选集丛书,1992年10月。平装,大32开,ISBN 7-02-001443-7,定价5.35元。(22-114)

8117　胡适
易竹贤编,中国现代作家选集丛书,1993年4月。平装,大32开,ISBN 7-02-001553-0,定价4.75元。(22-115)

8118　戴望舒
施蛰存、应国靖编,中国现代作家选集丛书,1993年4月。平装,大32开,ISBN 7-02-001565-4,定价5.90元。2005年1月收入中国文库,国流32开,平装,ISBN 978-7-02-005079-4,定价19.00元;精装,ISBN 978-7-02-005107-3,定价32.00元。(22-116)

8119　臧克家
刘增人、冯光廉编,中国现代作家选集丛书,1994年8月。平装,大32开,ISBN 7-02-001858-0,定价8.65元。(22-117)

8120　老舍
舒济编,中国现代作家选集丛书,1993年8月。平装,大32开,ISBN 7-02-001639-1,定价7.50元。2004年3月收入中国文库,书名《老舍选集》,国流32开,平装覆膜,ISBN 7-02-004552-9,定价15.00元;精装,ISBN 7-02-004750-5,定价29.00元。(22-118)

8121　端木蕻良
钟耀群编,中国现代作家选集丛书,1995年8月。平装,大32开,ISBN 7-02-001937-4,定价12.40元。(22-119)

8122　卞之琳
卞之琳编,中国现代作家选集丛书,1995年12月。平装,大32开,ISBN 7-02-002045-3,定价16.45元。(22-120)

8123　陶晶孙选集
丁景唐编选,1995年5月。软精,大32开,ISBN 7-02-002038-0,定价12.95元。(22-121)

8124　郭沫若诗歌戏剧选
世界文学名著文库,1997年5月。精装,大32开,ISBN 7-02-002309-6,定价29.00元。(26-29)

8125　茅盾选集(1—3)
1997年6月。平装覆膜,大32开,ISBN 7-02-002287-1,定价56.00元。2004年3月收入中国文库,国流32开,平装覆膜,ISBN 7-02-004528-6,定价60.00元;精装,ISBN 7-02-004726-2,定价110.00元。(22-122)

8126　郭沫若选集(1—4)
1997年8月。平装覆膜,大32开,ISBN 7-02-002240-5,定价78.00元。2004年3月收入中国文库,国流32开,平装覆膜,ISBN 7-02-004549-9,定价80.00元;精装,ISBN 7-02-004747-5,定价148.00元。(22-123)

8127　冰心选集(上下)
2000年8月。平装覆膜,大32开,ISBN 7-02-003121-8,定价48.00元。2004年3月收入中国文库,国流32开,平装覆膜,ISBN 7-02-004531-6,定价50.00元;精装,ISBN 7-02-004729-7,定价86.00元。(22-124)

8128　乡风与市风 灵山歌
雪峰著,新文学碑林,2001年1月。平装覆膜,小32开,ISBN 7-02-003069-6,定价7.50元。(17-24)

8129　郁达夫选集(上下)
2001年5月。平装覆膜,大32开,ISBN 7-02-003350-4,定价58.00元。2004年3月收入中国文库,国流32开,平装覆膜,ISBN 7-02-004529-4,定价60.00元;精装,ISBN 7-02-004727-0,定价100.00元。(22-125)

8130　徐志摩选集(上下)
2002年4月。平装覆膜,大32开,ISBN 7-02-003572-8,定价35.00元。2004年3月收入中国文库,国流32开,平装覆膜,ISBN 7-02-004554-5,定价32.00元;精装,ISBN 7-02-004752-1,定价62.00元。(22-126)

8131　戴望舒选集
2002年12月。平装覆膜,大32开,ISBN 7-02-003918-9,定价14.80元。(22-127)

8132　冯雪峰选集 论文编
2003年6月。软精,大32开,ISBN 7-02-004262-7,定价29.00元。(99-1)

8133　冯雪峰选集 创作编
2003年6月。软精,大32开,ISBN 7-02-004264-3,定价22.00元。(99-2)

8134　边城 湘行散记
沈从文著,2003年7月。平装,大32开,ISBN 7-02-004198-1,定价16.00元。2018年4月

收入教育部统编《语文》推荐阅读丛书,平装覆膜,16异,ISBN 978-7-02-013774-9,定价28.00元。(28-42)

8135　老舍幽默诗文集
2004年1月。平装,国流32开,ISBN 7-02-004396-8,定价30.00元。(28-43)

8136　莎菲女士的日记 丁玲文选
2004年9月。平装覆膜,大32开,ISBN 7-02-004653-3,定价30.00元。(22-128)

8137　萧红选集
2004年12月。平装覆膜,大32开,ISBN 7-02-004802-1,定价23.00元。(22-129)

8138　朱自清选集(上下)
2004年12月。平装覆膜,大32开,ISBN 7-02-004670-3,定价44.00元。(22-130)

8139　巴金选集(上中下)
2005年1月。平装覆膜,大32开,ISBN 7-02-004757-2,定价90.00元。(22-131)

8140　丁玲选集
中国文库,2005年1月。国流32开,平装,ISBN 7-02-005077-8,定价20.00元;精装,ISBN 7-02-005105-7,定价33.00元。(22-132)

8141　穆旦诗文集(1—2)
2006年4月。精装,国流32开,ISBN 7-02-005184-7,定价75.00元。2006年12月,平装覆膜,国流32开,ISBN 7-02-005779-9,定价45.00元。2007年9月收入中国文库,国流32开,平装,ISBN 7-02-006322-2,定价45.00元;精装,ISBN 7-02-006327-7,定价74.00元。2014年6月增订本,李方编,精装,国流32开,ISBN 7-02-010181-8,定价98.00元。2018年4月,精装,国流32开,ISBN 7-02-013872-2,定价128.00元。(25-52)

8142　鲁迅散文诗歌全编
2006年6月。平装覆膜,国流32开,ISBN 7-02-005492-7,定价35.00元。(22-135)

8143　废名选集
中国文库,2007年9月。国流32开,平装,ISBN 978-7-02-006321-5,定价22.00元;精装,ISBN 978-7-02-006326-0,定价36.00元。(22-136)

8144　萧红十年集(1932—1942)(上下)
林贤治编注,2009年1月。平装,国流32开,ISBN 978-7-02-006769-5,定价60.00元。(22-137)

8145　闻一多作品新编
姜涛编,中国现代作家作品新编丛书,2009年12月。平装,国流32开,ISBN 978-7-02-007545-4,定价25.00元。(22-138)

8146　废名作品新编
吴晓东编,中国现代作家作品新编丛书,2009年12月。平装,国流32开,ISBN 978-7-02-007536-2,定价23.00元。(22-139)

8147　冰心作品新编
刘慧英编,中国现代作家作品新编丛书,2009年12月。平装,国流32开,ISBN 978-7-02-007547-8,定价25.00元。(22-140)

8148　胡适作品新编
胡明编,中国现代作家作品新编丛书,2009年12月。平装,国流32开,ISBN 978-7-02-007541-6,定价27.00元。(22-141)

8149　朱光潜作品新编
商金林编,中国现代作家作品新编丛书,2009年12月。平装,国流32开,ISBN 978-7-02-007538-6,定价27.00元。(22-142)

8150　施蛰存作品新编
吴福辉编,中国现代作家作品新编丛书,2009年12月。平装,国流32开,ISBN 978-7-02-007539-3,定价28.00元。(22-143)

8151　林徽因作品新编
陈学勇编,中国现代作家作品新编丛书,2009年12月。平装,国流32开,ISBN 978-7-02-007544-7,定价23.00元。(22-144)

8152　戴望舒作品新编
王文彬编,中国现代作家作品新编丛书,2009年12月。平装,国流32开,ISBN 978-7-02-007543-0,定价24.00元。(22-145)

8153　卞之琳作品新编
高恒文编,中国现代作家作品新编丛书,2009年12月。平装,国流32开,ISBN 978-7-02-007542-3,定价25.00元。(22-146)

8154　冯至作品新编
解志熙编,中国现代作家作品新编丛书,2009

年12月。平装,国流32开,ISBN 978-7-02-007537-9,定价29.00元。(22-147)

8155　徐志摩作品新编
韩石山编,中国现代作家作品新编丛书,2009年12月。平装,国流32开,ISBN 978-7-02-007540-9,定价26.00元。(22-148)

8156　朱自清作品新编
高远东编,中国现代作家作品新编丛书,2009年12月。平装,国流32开,ISBN 978-7-02-007546-1,定价28.00元。(22-149)

8157　中国新诗总系(10卷)
胡适等著,谢冕主编,2010年9月。精装,国流32开,ISBN 978-7-02-007553-9,定价600.00元。(5-572)

8158　茅盾作品新编
刘勇、张弛编,中国现代作家作品新编丛书,2010年12月。平装覆膜,国流32开,ISBN 978-7-02-008142-4,定价26.00元。(22-150)

8159　郭沫若作品新编
蔡震编,中国现代作家作品新编丛书,2010年12月。平装覆膜,国流32开,ISBN 978-7-02-008096-0,定价25.00元。(22-151)

8160　鲁迅作品新编
王培元编,中国现代作家作品新编丛书,2010年12月。平装覆膜,国流32开,ISBN 978-7-02-008094-6,定价28.00元。(22-152)

8161　艾青作品新编
李怡编,中国现代作家作品新编丛书,2010年12月。平装覆膜,国流32开,ISBN 978-7-02-008095-3,定价25.00元。(22-153)

8162　丁玲作品新编
王中忱编,中国现代作家作品新编丛书,2010年12月。平装覆膜,国流32开,ISBN 978-7-02-008146-2,定价23.00元。(22-154)

8163　何其芳作品新编
蓝棣之、龚远会编,中国现代作家作品新编丛书,2010年12月。平装覆膜,国流32开,ISBN 978-7-02-008137-0,定价24.00元。(22-155)

8164　萧红作品新编
林贤治编,中国现代作家作品新编丛书,2010年12月。平装覆膜,国流32开,ISBN 978-7-02-008264-3,定价25.00元。(22-156)

8165　丰子恺作品新编
吴福辉编,中国现代作家作品新编丛书,2010年12月。平装覆膜,国流32开,ISBN 978-7-02-008139-4,定价26.00元。(22-157)

8166　端木蕻良作品新编
孔海立编,中国现代作家作品新编丛书,2011年1月。平装覆膜,国流32开,ISBN 978-7-02-008132-5,定价23.00元。(22-158)

8167　师陀作品新编
刘增杰编,中国现代作家作品新编丛书,2011年1月。平装覆膜,国流32开,ISBN 978-7-02-008140-0,定价24.00元。(22-159)

8168　周作人作品新编
孙郁编,中国现代作家作品新编丛书,2011年1月。平装覆膜,国流32开,ISBN 978-7-02-008143-1,定价25.00元。(22-160)

8169　郁达夫作品新编
李今编,中国现代作家作品新编丛书,2011年1月。平装覆膜,国流32开,ISBN 978-7-02-008138-7,定价25.00元。(22-161)

8170　柯灵作品新编
张新颖编,中国现代作家作品新编丛书,2011年10月。平装,国流32开,ISBN 978-7-02-008581-1,定价24.00元。(22-162)

8171　沈从文作品新编
凌宇编,中国现代作家作品新编丛书,2011年10月。平装,国流32开,ISBN 978-7-02-008599-6,定价25.00元。(22-163)

8172　孙犁作品新编
杨联芬编,中国现代作家作品新编丛书,2011年10月。平装,国流32开,ISBN 978-7-02-008586-6,定价26.00元。(22-164)

8173　路翎作品新编
朱珩青编,中国现代作家作品新编丛书,2011年10月。平装,国流32开,ISBN 978-7-02-008487-6,定价26.00元。(22-165)

8174　穆旦作品新编
李怡编,中国现代作家作品新编丛书,2011年10月。平装,国流32开,ISBN 978-7-02-008612-2,定价28.00元。(22-166)

8175　叶圣陶作品新编
商金林编,中国现代作家作品新编丛书,2011年10月。平装,国流32开,ISBN 978-7-02-008486-9,定价25.00元。(22-167)

8176　巴金作品新编
周立民编,中国现代作家作品新编丛书,2011年10月。平装,国流32开,ISBN 978-7-02-008683-2,定价26.00元。(22-168)

8177　林语堂作品新编
郑家健、林秀明编,中国现代作家作品新编丛书,2011年10月。平装,国流32开,ISBN 978-7-02-008590-3,定价22.00元。(22-169)

8178　老舍作品新编
魏韶华编,中国现代作家作品新编丛书,2011年10月。平装,国流32开,ISBN 978-7-02-008595-8,定价24.00元。(22-170)

8179　赵树理作品新编
戴光中编,中国现代作家作品新编丛书,2011年11月。平装,国流32开,ISBN 978-7-02-008562-0,定价24.00元。(22-171)

8180　西南联大文学作品选
李光荣编选,中国文库,2011年10月。国流32开,平装,ISBN 978-7-02-008558-3,定价33.00元;精装,ISBN 978-7-02-008557-6,定价48.00元。(22-172)

8181　创造社作品选(上下)
刘纳编选,中国文库,2011年11月。国流32开,平装,ISBN 978-7-02-008560-6,定价63.00元;精装,ISBN 978-7-02-008559-0,定价93.00元。(22-173)

8182　浅草—沉钟社作品选
张铁荣编选,中国文库,2011年11月。国流32开,平装,ISBN 978-7-02-008554-5,定价33.00元;精装,ISBN 978-7-02-008553-8,定价48.00元。(22-174)

8183　未名社作品选
黄开发编选,中国文库,2011年11月。国流32开,平装,ISBN 978-7-02-008566-8,定价38.00元;精装,ISBN 978-7-02-008565-1,定价53.00元。(22-175)

8184　许地山作品新编
方锡德编,中国现代作家作品新编丛书,2012年7月。平装,国流32开,ISBN 978-7-02-008955-0,定价27.00元。(22-176)

8185　鲁迅嘉言录
曾彦修编,2013年4月。平装,国流32开,ISBN 978-7-02-009703-6,定价29.00元。(22-177)

8186　鲁迅科学论著集
陈漱渝编,2014年1月。精装,国流32开,ISBN 978-7-02-009348-9,定价56.00元。(23-31)

8187　鲁迅手稿丛编(1—15)
1.小说 散文 散文诗;2.杂文;3.杂文 论著;4—9.书信;10—15.日记。2014年10月。平装,16异,ISBN 978-7-02-010551-9,定价1980.00元。(28-54)

8188　林徽因集 小说·戏剧·翻译·书信
梁从诫编,2014年12月。精装,16异,ISBN 978-7-02-010482-6,定价56.00元。(22-178)

8189　林徽因集 诗歌·散文
梁从诫编,2014年12月。精装,16异,ISBN 978-7-02-010483-3,定价49.00元。(22-179)

8190　林徽因集 建筑·美术(上、下)
梁从诫编,2014年12月。精装,16异,ISBN 978-7-02-010481-9,定价96.00元。(22-180)

8191　敬隐渔文集
张英伦编,2016年9月。精装,16异,ISBN 978-7-02-011788-8,定价88.00元。(99-190)

8192　边城 湘行散记 插图典藏
沈从文著,2017年4月。平装,32异,ISBN 978-7-02-010540-3,定价28.00元。(28-55)

8193　新文化运动史料丛编(1—6)
1.马克思主义传播卷;2.新教育卷(上中下);3.妇女与性别卷(上下);4.域外文学思潮卷;5.新旧之争卷;6.文学改良卷。孙郁主编,季水河等编,2019年12月。精装,32异,ISBN 978-7-02-013012-2,定价780.00元。(28-57)

8194 萧红全集(1—3)

林贤治编注,2020年2月。精装,国流32开,ISBN 978-7-02-014582-9,定价198.00元。(22-181)

8195 鲁迅箴言

黄乔生编著,2020年6月。精装,32异,ISBN 978-7-02-013888-3,定价58.00元。(22-182)

中国古典文学作品集

8196 陶渊明集

王瑶编选,作家出版社1956年9月。平装,小32开,书号10020·462,定价0.55。1957年7月人民文学出版社,平装,小32开,书号10019·631,定价0.55元。1983年9月,王瑶编注,平装,32开,定价0.50元。1990年10月,平装,32开,ISBN 7-02-001046-6,定价1.65元。(31-7)

8197 康有为诗文选

本社编,简夷之、陈迩冬、王晓传编注,1958年9月。平装,大32开,书号10019·947,定价1.20元。1990年11月,舒芜、陈迩冬、王利器编注,平装,大32开,ISBN 7-02-000890-9,定价4.90元。(31-25)

8198 严复诗文选

周振甫选注,1959年7月。平装,大32开,书号10019·1291,定价0.95元。(33-10)

8199 嵇康集校注

戴明扬校注,1962年9月。平装,大32开,书号10019·1661,定价1.45元。(31-42)

8200 曹操诗文选读

北京内燃机总厂工人理论组、北京大学中文系 闻众注译,1975年1月。平装,骑马钉,小32开,书号10019·2237,定价0.16元。(33-11)

8201 王安石诗文选读

上海第一纺织机械厂工人理论小组、上海师范大学中文系七三级工农兵学员注译,法家著作丛书,1975年10月。平装,小32开,书号10019·2306,定价0.22元。(33-13)

8202 柳宗元诗文选

北京内燃机总厂铸工车间锻工车间工人理论组、北京大学中文系汉语专业七二级选注,1976年12月。平装,小32开,书号10019·2423,定价0.50元。(33-15)

8203 柳宗元诗文选

贝远辰选注,文学小丛书,1980年7月。平装,32异,书号10019·3001,定价0.29元。(33-19)

8204 陶渊明诗文选

李华选注,文学小丛书,1981年1月。平装,32异,书号10019·3073,定价0.32元。1987年4月收入中国古典文学小丛书,平装,32异,定价1.00元。(31-59)

8205 秋瑾诗文选

郭延礼选注,1982年4月。平装,32开,书号10019·3280,定价0.64元。(31-63)

8206 梁启超诗文选注

王蘧常选注,1987年10月。平装,小32开,书号10019·4170,定价2.85元。(33-23)

8207 张养浩作品选

薛祥生、孔繁信选注,1987年11月。平装,小32开,书号10019·4198,定价1.70元。(31-75)

8208 龚自珍诗文选

孙钦善选注,1991年7月。平装,小32开,ISBN 7-02-000747-3,定价4.65元。1993年12月,平装覆膜,大32开,ISBN 7-02-001738-X,定价8.65元。(31-91)

8209 王禹偁诗文选

王延梯选注,1996年7月。平装,大32开,ISBN 7-02-001673-1,定价12.80元。(31-104)

8210 屈大均全集(1—8)

欧初、王贵枕主编,1996年12月。精装,大32开,ISBN 7-02-002398-3,定价488.00元。(96-1)

8211 中国古代文学作品选(一)

袁世硕主编,2002年5月。平装覆膜,大32开,ISBN 7-02-003719-4,定价20.00元。(89-42)

8212　中国古代文学作品选(二)

袁世硕主编,2002年5月。平装覆膜,大32开,ISBN 7-02-003798-4,定价22.50元。(89-43)

8213　中国古代文学作品选(三)

袁世硕主编,2002年5月。平装覆膜,大32开,ISBN 7-02-003799-2,定价21.50元。(89-44)

8214　中国古代文学作品选(四)

袁世硕主编,2002年5月。平装覆膜,大32开,ISBN 7-02-003800-X,定价16.00元。(89-45)

8215　中国古代文学作品选简编(上下)

袁世硕主编,2004年8月。平装覆膜,大32开,ISBN 7-02-004691-6,定价55.00元。(89-51)

8216　徐祯卿全集编年校注

范志新编年校注,2009年1月。精装,国流32开,ISBN 978-7-02-007265-1,定价85.00元。(96-2)

8217　曹植选集　陶渊明选集

俞绍初、王晓东、李华选注,世界文学名著文库,1997年5月。精装,大32开,ISBN 7-02-002332-0,定价27.00元。(31-106)

8218　柳宗元选集

吴文治选注,世界文学名著文库,1998年2月。精装,大32开,ISBN 7-02-002390-8,定价25.00元。(31-108)

8219　鲁迅辑录古籍丛编(1—4)

1999年7月。精装,大32开,ISBN 7-02-002387-8,定价140.00元。(28-29)

8220　先秦诗文精华

周蒙等注释,本社编辑部编选,2000年1月。平装覆膜,大32开,ISBN 7-02-003044-0,定价13.00元。(33-34)

8221　唐宋诗文精华

蒋凡等注释,本社编辑部编选,2000年1月。平装覆膜,大32开,ISBN 7-02-003024-6,定价15.80元。(31-115)

8222　汉魏六朝诗文精华

刘崇德等注释,本社编辑部编选,2000年1月。平装覆膜,大32开,ISBN 7-02-003050-5,定价16.00元。(31-117)

8223　金元明清诗文精华

许逸民等注释,2001年4月。平装覆膜,大32开,ISBN 7-02-003330-X,定价13.50元。(31-124)

8224　韩愈选集

吴小林选注,世界文学名著文库,2001年12月。精装,大32开,ISBN 7-02-003059-9,定价26.00元。(33-38)

8225　吴敬梓诗文集

李汉秋辑校,2002年1月。平装覆膜,大32开,ISBN 7-02-003554-X,定价12.00元。(31-132)

8226　龚自珍选集

近代文学名家诗文选刊,2004年1月。平装,大32开,ISBN 7-02-003436-5,定价24.00元。2020年10月收入中国古典文学读本丛书典藏,平装,国流32开,ISBN 978-7-02-012827-3,定价42.00元。(31-140)

8227　秋瑾选集(秋瑾诗文选注)

郭延礼选注,近代文学名家诗文选刊,2004年1月。平装,大32开,ISBN 7-02-003038-6,定价20.00元。2011年9月收入中国文库,书名《秋瑾诗文选注》,郭延礼、郭蓁选注,国流32开,平装,ISBN 978-7-02-008481-4,定价24.00元;精装,ISBN 978-7-02-008479-1,定价39.00元。2020年1月增订本,书名《秋瑾选集》,收入中国古典文学读本丛书典藏,平装,国流32开,ISBN 978-7-02-012828-0,定价38.00元。(31-141)

8228　林则徐选集

杨国桢选注,近代文学名家诗文选刊,2004年1月。平装,大32开,ISBN 7-02-003321-0,定价19.00元。(31-142)

8229　严复选集

周振甫选注,近代文学名家诗文选刊,2004年1月。平装,大32开,ISBN 7-02-003348-2,定价18.00元。(31-143)

8230　翁同龢选集

近代文学名家诗文选刊,2004年1月。平装,大32开,ISBN 7-02-003568-X,定价16.00元。(31-144)

8231　梁启超选集
王蘧常选注,近代文学名家诗文选刊,2004年1月。平装,大32开,ISBN 7-02-003387-3,定价30.00元。(31-145)

8232　康有为选集
舒芜、陈迩冬、王利器选注,近代文学名家诗文选刊,2004年1月。平装,大32开,ISBN 7-02-003349-0,定价21.00元。(31-146)

8233　元稹诗文选
杨军、文笙、吕燕芳选注,2004年6月。平装覆膜,大32开,ISBN 7-02-004484-0,定价22.00元。2017年10月收入中国古典文学读本丛书典藏,平装,国流32开,ISBN 978-7-02-011713-0,定价43.00元。(31-148)

8234　日本足利学校藏宋刊明州本六臣注文选
萧统选编,吕延济、刘良、张铣、吕向、李周翰、李善注,2008年3月。精装,16异,ISBN 978-7-02-006212-6,定价210.00元。(34-49)

8235　莫友芝诗文集(上下)
张剑、陶文鹏、梁光华编辑校点,2009年1月。精装,国流32开,ISBN 978-7-02-006898-2,定价120.00元。(31-176)

8236　汪琬全集笺校
李圣华笺校,2010年1月。精装,国流32开,ISBN 978-7-02-007800-4,定价290.00元。(96-3)

8237　沈德潜诗文集(一——四卷)
潘务正、李言校点,明清别集丛刊,2011年10月。精装,国流32开,ISBN 978-7-02-008430-2,定价250.00元。(31-195)

8238　平乡诗文集
冯仲平、李江山校注,2012年12月。平装覆膜,国流32开,ISBN 978-7-02-009543-8,定价28.00元。(31-199)

8239　杨芳灿集
杨绪容、靳建明点校,乾嘉名家别集丛刊,2014年5月。精装,国流32开,ISBN 978-7-02-010166-5,定价90.00元。(31-205)

8240　王文治诗文集
刘奕点校,乾嘉名家别集丛刊,2014年5月。精装,国流32开,ISBN 978-7-02-008921-5,定价98.00元。(31-206)

8241　王昙诗文集
郑幸点校,乾嘉名家别集丛刊,2014年5月。精装,国流32开,ISBN 978-7-02-008975-8,定价65.00元。(31-207)

8242　法式善诗文集(上下)
刘青山点校,乾嘉诗文名家丛刊,2015年5月。精装,国流32开,ISBN 978-7-02-008974-1,定价156.00元。(31-210)

8243　王又曾集
朱洪举点校,乾嘉诗文名家丛刊,2015年7月。精装,国流32开,ISBN 978-7-02-008939-0,定价86.00元。(31-211)

8244　二知道人集
蔡家琬著,赵春辉点校,明清别集丛刊,2016年4月。精装,国流32开,ISBN 978-7-02-011148-0,定价93.00元。(31-212)

8245　孙应鳌集
赵广升点校,明清别集丛刊,2016年4月。精装,国流32开,ISBN 978-7-02-012011-6,定价84.00元。(31-218)

8246　陈恭尹集
郭培忠点校,明清别集丛刊,2018年11月。精装,国流32开,ISBN 978-7-02-014316-0,定价98.00元。(31-232)

8247　经典咏流传·我为诗狂
许文广、过彤主编,2019年1月。平装,32异,ISBN 978-7-02-014306-1,定价39.00元。(31-245)

8248　孙原湘集(上中下)
王培军点校,乾嘉诗文名家丛刊,2019年1月。精装,国流32开,ISBN 978-7-02-013697-1,定价260.00元。(31-247)

8249　泾渭流韵　平凉历代诗词选
王蒙主编,魏柏树编,人文平凉,2018年3月。平装,国流32开,ISBN 978-7-02-012917-1,定价39.00元。(5-776)

8250　仙山玉屑　崆峒历代诗词选
王蒙主编,魏柏树编,人文平凉,2018年3月。

平装,国流32开,ISBN 978-7-02-012915-7,定价33.00元。(5-777)

8251　邹容集
张梅编注,中国文库,2011年10月。国流32开,平装,ISBN 978-7-02-008597-2,定价13.00元;精装,ISBN 978-7-02-008596-5,定价28.00元。(34-52)

8252　侯方域全集校笺(上中下)
王树林校笺,明清别集丛刊,2013年1月。精装,国流32开,ISBN 978-7-02-009617-6,定价150.00元。(34-53)

8253　罗隐集系年校笺(上下)
李定广校注,国家社科基金后期资助项目,2013年6月。平装,16异,ISBN 978-7-02-009726-5,定价120.00元。(34-54)

8254　历代赋论汇编(上下)
孙福轩、韩泉欣编辑校点,国家社科基金后期资助项目,2016年12月。平装,16异,ISBN 978-7-02-009726-5,定价120.00元。(34-62)

8255　陈绎曾集辑校
慈波辑校,浙学经典文献丛刊,2017年6月。平装,国流32开,ISBN 978-7-02-012913-3,定价47.00元。(34-63)

8256　郝经集编年校笺(上下)
张进德、田同旭编年校笺,2018年9月。精装,国流32开,ISBN 978-7-02-012210-3,定价170.00元。(34-73)

8257　姚燧集
查洪德编校,2011年3月。精装,国流32开,ISBN 978-7-02-008429-6,定价75.00元。(96-4)

8258　陈子龙全集(上中下)
王英志编纂校点,明清别集丛刊,2011年6月。精装,国流32开,ISBN 978-7-02-006843-2,定价210.00元。(96-5)

8259　施淑仪集
张晖点校,2011年12月。精装,国流32开,ISBN 978-7-02-008732-7,定价60.00元。(96-6)

8260　杜甫全集校注(1—12)
萧涤非主编,2014年1月。精装,国流32开,ISBN 978-7-02-009519-3,定价850.00元。(96-7)

8261　宋濂全集(1—5)
黄灵庚编辑校点,明清别集丛刊,2014年6月。精装,国流32开,ISBN 978-7-02-010319-5,定价450.00元。(96-8)

8262　龚鼎孳全集(1—4)
孙克强、袁喆编辑校点,明清别集丛刊,2014年11月。精装,国流32开,ISBN 978-7-02-008257-5,定价340.00元。(96-9)

8263　恽寿平全集(上中下)
吴企明辑校,明清别集丛刊,2015年5月。精装,国流32开,ISBN 978-7-02-010397-3,定价180.00元。(96-10)

8264　潘德舆全集(1—5卷)
朱德慈辑校,明清别集丛刊,2016年1月。精装,国流32开,ISBN 978-7-02-011032-2,定价350.00元。(96-11)

8265　元曲三百首
张燕瑾、黄克选注,2016年6月。线装,16异,一函4册,ISBN 978-7-02-011095-7,定价720.00元。(32-31)

8266　郝经集编年校笺(上下)
张进德、田同旭编年校笺,2018年9月。精装,国流32开,ISBN 978-7-02-012210-3,定价170.00元。(34-73)

8267　廖燕全集校注(上下)
蔡升奕校注,明清别集丛刊,2018年12月。精装,国流32开,ISBN 978-7-02-014674-1,定价180.00元。(96-12)

8268　中国名诗三百首
北京语言大学语言资源高精尖创新中心编,韩经太主编,赵敏俐等选,2020年5月。平装,16开,ISBN 978-7-02-015419-7,定价95.00元。(5-824)

8269　邓汉仪集校笺(上中下)
明清别集丛刊,王卓华校笺,2019年12月。精装,国流32开,ISBN 978-7-02-015410-4,定价190.00元。(96-13)

其 他

少儿读物

8270 儿童文学选（1954.1—1955.2）
中国作家协会编,1956年2月。大32开,书号461,平装,定价1.58元;普精,定价1.92元;特精,定价2.40元。1956年5月,大32开,书号10019·456,平装,定价1.50元;普精,定价1.90元。(8-1)

8271 儿童文学选（1956）
中国作家协会编,1957年6月。大32开,书号10019·616,平装,定价2.00元;精装,定价2.30元。(8-2)

8272 小虻牛
隋意著,作家出版社1958年10月。平装,32开,书号10020·1015,定价0.35元。(8-3)

8273 儿童文学选（1957）
作家出版社1958年10月。大32开,书号10020·1031,平装,定价1.30元;精装,定价1.80元。(8-4)

8274 从山冈上跑下来的小女孩
陈伯吹著,作家出版社1958年12月。平装,32开,书号10020·1254,定价0.24元。(8-5)

8275 宝葫芦的秘密
张天翼著,文学小丛书,1959年5月。平装,50开,书号10019·1238,定价0.32元。1984年9月,平装,小32开,定价0.51元。(8-6)

8276 小神风和小平安
贺宜著,作家出版社1959年6月。平装,大32开,书号10020·1317,定价0.97元。(8-7)

8277 蟋蟀及其他
任大霖著,作家出版社1959年8月。平装,大32开,书号10020·1355,定价0.54元;精装,定价1.05元。(8-8)

8278 五彩路
胡奇著,建国十年优秀创作选拔本,1959年8月。精装,大32开,书号10019·1345,定价1.05元。(8-9)

8279 小黑马的故事
袁静著,建国十年优秀创作选拔本,1959年9月。精装,大32开,书号10019·1344,定价0.97元。(8-10)

8280 给孩子们
张天翼著,建国十年优秀创作选拔本,1959年9月。大32开,书号10019·1473,平装,定价0.68元;精装,定价1.30元。(8-11)

8281 小溪流的歌
严文井著,建国十年优秀创作选拔本,1959年9月。大32开,书号10019·1481,平装,定价0.77元;精装,定价1.40元。(8-12)

8282 寄到汤姆斯河去的诗
袁鹰著,建国十年优秀创作选拔本,1959年10月。大32开,书号10019·1366,平装,定价0.33元;精装,定价0.92元。(8-13)

8283 春姑娘和雪爷爷
金近著,作家出版社1959年12月。平装,大32开,书号10020·1390,定价1.14元。1963年7月,精装,大32开,定价1.40元。(8-14)

8284 中国铁木儿
陈伯吹著,作家出版社1959年12月。平装,大32开,书号10020·1359,定价0.50元。(8-15)

8285 中国神话

袁珂编写,文学小丛书,1960年2月。平装,50开,书号10019·1403,定价0.25元。1988年8月,平装,32开,ISBN 7-02-000520-9,定价0.95元;同时收入北京市教育局少年文库,非卖品,无定价。(34-14)

8286 小胖和小松
昊向真著,作家出版社1960年2月。平装,大32开,书号10020·1456,定价0.37元。1979年5月人民文学出版社,平装,32开,书号10019·2759,定价0.30元。(8-16)

8287 神火
胡奇著,作家出版社1960年3月。平装,大32开,书号10020·1474,定价0.91元。1978年7月人民文学出版社,平装,32开,书号10019·2637,定价0.85元。(8-17)

8288 小桔灯
冰心著,作家出版社1960年4月。平装,大32开,书号10020·1475,定价0.67元。(8-18)

8289 "小迷糊"阿姨
柯岩著,作家出版社1960年5月。平装,大32开,书号10020·1477,定价0.74元。(8-19)

8290 罗文应的故事
张天翼著,作家出版社1960年5月。精装,15开,书号10020·1506,定价2.32元。(8-20)

8291 妹妹入学
张有德著,作家出版社1960年8月。平装,大32开,书号10020·1496,定价0.44元。1979年8月人民文学出版社,平装,32异,书号10019·2789,定价0.54元。(8-21)

8292 新同学
叶君健著,作家出版社1962年5月。32开,书号10020·1574,平装,定价0.56元;精装,定价0.77元。1979年1月人民文学出版社,书号10019·2681,平装,32开,定价0.57元;平装,大32开,定价0.73元;精装,大32开,定价1.30元。(8-22)

8293 儿童文学选
冰心编选,1963年10月。大32开,书号10019·1754,平装,定价1.30元;精装,定价1.80元。(8-23)

8294 写给少先队员的诗
刘饶民著,作家出版社1964年2月。32开,书号10020·1746,平装,定价0.42元;精装,定价0.85元。(8-24)

8295 绿色的远方
胡奇著,作家出版社1964年5月。平装,大32开,书号10020·1755,定价0.68元;精装,定价1.25元。(8-25)

8296 我是一朵向阳花
本社编,1972年8月。平装,40开,书号10019·1898,定价0.10元。(8-26)

8297 海螺渡(儿童文学选辑)
1972年9月。平装,32开,书号10019·1932,定价0.24元。(8-27)

8298 红雨
杨啸著,1973年5月。平装,小32开,书号10019·2013,定价0.67元。(8-28)

8299 战地红缨
石文驹著,1973年5月。平装,小32开,书号10019·2015,定价0.52元。(8-29)

8300 向阳院的故事
徐瑛著,1973年5月。平装,小32开,书号10019·2019,定价0.37元。(8-30)

8301 海的女儿(儿童文学选辑)
1973年5月。平装,小32开,书号10019·2011,定价0.26元。(8-31)

8302 我们是革命新一代(儿童诗歌选)
1973年6月。平装,小32开,书号10019·2032,定价0.43元。(8-32)

8303 边疆少年之歌
李志著,1974年6月。小32开,书号10019·2141,平装,定价0.32元;精装,定价0.73元。(8-33)

8304 我们都是小闯将——批林批孔儿歌专辑
1974年7月。平装,小32开,书号10019·2162,定价0.19元。(8-34)

8305 林中响箭(儿童文学选辑)
1974年9月。小32开,书号10019·2193,平装,定价0.28元;精装,定价0.78元。(8-35)

8306 我写儿歌来参战
北京西四北小学红小兵诗歌选,1974年11月。平装,小32开,书号10019·2211,定价0.15元。(8-36)

8307　唱歌的星星
朱兆雪著,1974年12月。平装,小32开,书号10019·2126,定价0.21元。(8-37)

8308　小向导(儿童曲艺专辑)
1974年12月。骑马钉,小32开,书号10019·2227,定价0.12元。(8-38)

8309　草原雏鹰
郭玉道、左可国著,1974年12月。平装,小32开,书号10019·2215,定价0.53元。(8-39)

8310　红缨枪
张永枚著,北京市东城区业余美术创作组高燕绘,1975年3月。骑马钉,24开,书号10019·2221,定价0.30元。(8-40)

8311　我是公社一棵苗
1975年3月。平装,32开,书号10019·2209,定价0.26元。(8-41)

8312　新来的小石柱
童边著,1975年5月。平装,小32开,书号10019·2258,定价0.60元。(8-42)

8313　喧闹的森林(儿童文学选辑)
1975年5月。平装,小32开,书号10019·2255,定价0.33元。(8-43)

8314　公社添新花(革命儿歌选)
1975年5月。平装,小32开,书号10019·2251,定价0.22元。(8-44)

8315　火红的山丹
朱述新、杜志民著,1975年8月。平装,小32开,书号10019·2263,定价0.35元。(8-45)

8316　矿山小歌手——革命儿歌集
1975年8月。平装,小32开,书号10019·2289,定价0.21元。(8-46)

8317　会说话的路
张登魁著,1975年10月。平装,小32开,书号10019·2269,定价0.44元。(8-47)

8318　大庆儿歌
《大庆儿歌》编创组创编,1975年12月。平装,小32开,书号10019·2326,定价0.22元。(8-48)

8319　湖边小暗哨
崔坪著,1976年3月。平装,32开,书号10019·2311,定价0.29元。(8-49)

8320　献给祖国的花朵(儿童朗诵诗)
《献给祖国的花朵》编辑组编,1976年4月。平装,32开,书号10019·2343,定价0.23元。(8-50)

8321　我爱边疆(革命儿童选)
1976年5月。平装,小32开,书号10019·2353,定价0.26元。(8-51)

8322　昔阳新儿歌
《昔阳新儿歌》编创组创,1976年8月。平装,32开,书号10019·2354,定价0.25元。(8-52)

8323　我爱大寨花(革命儿歌)
聪聪著,1976年10月。平装,小32开,书号10019·2388,定价0.23元。(8-53)

8324　鸡鸣山下
胡正言、阎世宏著,1976年11月。平装,小32开,书号10019·2364,定价0.56元。(8-54)

8325　红电波
谢学潮著,1976年12月。平装,小32开,书号10019·2398,定价0.42元。(8-55)

8326　霞满龙湾
张建国著,1976年12月。平装,小32开,书号10019·2372,定价0.59元。(8-56)

8327　劲芽(儿童文学选辑)
1977年2月。平装,小32开,书号10019·2438,定价0.38元。(8-57)

8328　山燕
杨大群著,1977年8月。平装,小32开,书号10019·2441,定价0.76元。(8-58)

8329　挑战
《挑战》创作组创作,1977年8月。平装,小32开,书号10019·2488,定价0.27元。(8-59)

8330　金色太阳永不落
北京市东城区业余儿童文学编创组编,1977年8月。平装,小32开,书号10019·2461,定价0.21元。(8-60)

8331　华主席穿上绿军装(革命儿歌专辑)
1977年8月。平装,小32开,书号10019·2472,定价0.23元。(8-61)

8332　华主席在湘阴的故事
湘阴县《华主席在湘阴的故事》编写组编写,1977年8月。平装,小32开,书号10019·2516,定价0.26元。(8-62)

8333　草原新歌

王树田著,1977 年 11 月。平装,小 32 开,书号 10019·2459,定价 0.35 元。(8-63)

8334　绿风

杨啸著,1977 年 11 月。平装,小 32 开,书号 10019·2501,定价 0.50 元。(8-64)

8335　鞋匠的儿子

叶君健著,1978 年 7 月。平装,32 开,书号 10019·2631,定价 0.24 元。(8-65)

8336　惩罚

苏进、鲁延著,1978 年 7 月。平装,32 开,书号 10019·2642,定价 0.66 元。(8-66)

8337　你们知道我是谁——高士其作品选

1978 年 8 月。平装,32 开,书号 10019·2663,定价 0.37 元。(8-67)

8338　小桔灯

冰心著,1978 年 7 月。平装,32 开,书号 10019·2645,定价 0.49 元。1989 年 9 月,平装,32 开,ISBN 7-02-000840-2,定价 2.85 元;同时收入北京市教育局儿童文库,非卖品,无定价。(8-68)

8339　探索星空奥秘的人

1978 年 9 月。平装,32 开,书号 10019·2652,定价 0.39 元。(8-69)

8340　交城晨曦

中国人民解放军 52942 部队政治部集体采写,政文、晓董执笔,1978 年 9 月。平装,32 开,书号 10019·2657,定价 0.42 元。(8-70)

8341　五万年以前的客人

童恩正等著,1978 年 12 月。平装,32 开,书号 10019·2678,定价 0.36 元。(8-71)

8342　白求恩的赞歌

李学鳌著,1978 年 12 月。平装,32 开,书号 10019·2560,定价 0.28 元。(8-72)

8343　长长的流水

刘真著,1979 年 2 月。书号 10019·2683,平装,小 32 开,定价 0.46 元;平装,大 32 开,定价 0.55 元。(8-73)

8344　春风吹来的童话

金近著,1979 年 3 月。平装,32 开,书号 10019·2730,定价 0.71 元;精装,定价 1.25 元。1989 年 9 月,平装,小 32 开,ISBN 7-02-000817-8,定价 3.30 元;同时收入北京市教育局儿童文库,非卖品,无定价。(8-74)

8345　野蜂出没的山谷

李迪著,1979 年 3 月。平装,32 开,书号 10019·2722,定价 0.57 元。(8-75)

8346　中国神话选

袁珂著,1979 年 2 月。32 开,书号 10019·2699,平装,定价 0.25 元;精装,定价 0.76 元。(8-76)

8347　雪山魔笛

童恩正著,1979 年 4 月。平装,32 开,书号 10019·2739,定价 0.20 元。(8-77)

8348　世界最高峰的奇迹

叶永烈著,1979 年 5 月。平装,32 开,书号 10019·2703,定价 0.36 元。(8-78)

8349　飞向人马座

郑文光著,1979 年 7 月。平装,32 开,书号 10019·2787,定价 0.54 元。(8-79)

8350　双筒猎枪

任大星著,1979 年 8 月。平装,32 异,书号 10019·2769,定价 0.52 元。(8-80)

8351　暗哨

崔坪著,1979 年 8 月。平装,32 异,书号 10019·2792,定价 0.57 元。(8-81)

8352　童话寓言选(1949—1979)

金近、葛翠林主编,1979 年 9 月。大 32 开,书号 10019·2732,平装,定价 1.55 元;精装,定价 2.45 元。(8-82)

8353　苦牛

胡景芳著,1979 年 9 月。平装,32 异,书号 10019·2774,定价 0.47 元。(8-83)

8354　真假皇帝

叶君健著,1979 年 9 月。平装,32 开,书号 10019·2803,定价 0.66 元。1988 年 3 月,平装,32 开,ISBN 7-02-000225-0,定价 1.85 元。(8-84)

8355　小星星

王路遥著,1979 年 9 月。平装,32 异,书号 10019·2777,定价 0.44 元。(8-85)

8356　1949—1979 儿童文学短篇小说选(上下)

严文井、崔坪主编,1979 年 9 月。大 32 开,书

号10019·2799,平装,定价2.05元;精装,定价3.85元。(8-86)

8357 巨手

秦牧著,1979年9月。书号10019·2824,平装,32开,定价0.51元;平装,大32开,定价0.72元;精装,大32开,定价1.30元。(8-87)

8358 丁香

浩然著,1979年10月。平装,32异,书号10019·2846,定价0.63元。(8-88)

8359 1949—1979儿童文学剧本选(上下)

冰心、熊塞声主编,1979年9月。大32开,书号10019·2740,平装,定价2.00元;精装,定价3.80元。(8-89)

8360 蟋蟀

任大霖著,1979年11月。平装,32异,书号10019·2858,定价0.47元。1989年9月,平装,小32开,ISBN 7-02-000844-5,定价2.30元;同时收入北京市教育局儿童文库,非卖品,无定价。(8-90)

8361 飞虎队与野猪队

陈伯吹著,1979年9月。大32开,书号10019·2786,平装,定价0.55元;精装,定价1.55元。1989年9月,平装,小32开,ISBN 7-02-000838-0,定价2.45元;同时收入北京市教育局儿童文库,非卖品,无定价。(8-91)

8362 求索——青少年时代的毛泽东同志

邵凡著,1979年12月。大32开,书号10019·2856,平装,定价1.20元;精装,定价1.80元。1993年11月,作者署名王以平、张祖璜、邬朝祝、周利纯,平装覆膜,大32开,ISBN 7-02-001731-2,定价8.80元。(8-92)

8363 自以为聪明的八哥

刘秀山著,1980年1月。平装,32异,书号10019·2825,定价0.12元。(8-93)

8364 春天并不遥远

曹玉模著,1979年12月。平装,32开,书号10019·2879,定价0.49元。(8-94)

8365 1949—1979儿童文学诗选(上下)

袁鹰、邵燕祥主编,1979年11月。大32开,书号10019·2738,平装,定价2.20元;精装,定价4.00元。(8-95)

8366 朝花(1)

本社编,儿童文学丛刊,1980年1月。平装,大32开,书号10019·2899,定价1.30元。(8-96)

8367 难忘的冬天

胡奇著,1980年2月。大32开,书号10019·2907,平装,定价0.65元;精装,定价1.60元。(8-97)

8368 巴基斯坦纪行

冯苓植著,1980年3月。平装,32异,书号10019·2920,定价0.46元。(8-98)

8369 朝花(2)

本社编,儿童文学丛刊,1980年6月。平装,大32开,书号10019·2971,定价1.15元。(8-99)

8370 明天就要决赛

李玲修著,1980年6月。平装,32异,书号10019·2968,定价0.52元。(8-100)

8371 袁鹰儿童诗选

1980年5月。平装,小32开,书号10019·2964,定价0.64元。1983年5月,精装,小32开,定价1.80元。(8-101)

8372 1949—1979儿童文学科学文艺作品选(上下)

高士其、郑文光主编,1980年7月。大32开,书号10019·2979,平装,定价2.50元;精装,定价4.35元。(8-102)

8373 避雨的豹

郭风著,1980年6月。平装,32异,书号10019·2975,定价0.53元。(8-103)

8374 峡谷烽烟

叶辛著,1980年8月。平装,32异,书号10019·3004,定价0.64元。(8-104)

8375 金珠和银豆

李涌著,1980年7月。平装,32异,书号10019·2996,定价0.63元。(8-105)

8376 翅膀

马寻著,1980年9月。平装,32开,书号10019·3018,定价0.46元。(8-106)

8377 野葡萄

葛翠琳著,1980年9月。平装,32开,书号10019·2917,定价0.47元。1989年12月,平装,32 开,ISBN 7-02-000842-9,定价 2.20 元;同时收入北京市教育局儿童文库,非卖品,无定价。(8-107)

8378 在一个夏令营里
苏进著,1980 年 11 月。平装,32 异,书号 10019·3036,定价 0.89 元。(8-108)

8379 朝花(3)
本社编,儿童文学丛刊,1981 年 1 月。平装,大 32 开,书号 10019·3013,定价 1.05 元。(8-109)

8380 天鹅的女儿
郭大森著,1981 年 2 月。平装,32 异,书号 10019·3095,定价 0.43 元。(8-110)

8381 神笔马良
洪汛涛著,1981 年 5 月。平装,32 异,书号 10019·3106,定价 0.67 元。(8-111)

8382 小黑鳗游大海
鲁克著,1981 年 7 月。平装,32 开,书号 10019·3108,定价 0.52 元。(8-112)

8383 朝花(4)
本社编,儿童文学丛刊,1981 年 5 月。平装,大 32 开,书号 10019·3075,定价 1.20 元。(8-113)

8384 1949—1979 幼儿文学选
任溶溶、鲁兵、圣野主编,1981 年 4 月。平装,大 32 开,书号 10019·2924,定价 1.10 元。(8-114)

8385 柯岩儿童诗选
1981 年 9 月。平装,32 开,书号 10019·3174,定价 0.96 元。(8-115)

8386 奇特的战斗
黄浪华(执笔)、陈定兴著,1981 年 10 月。平装,小 32 开,书号 10019·3200,定价 0.31 元。(8-116)

8387 只有四个人
董保存著,1981 年 12 月。平装,32 开,书号 10019·3210,定价 0.26 元。(8-117)

8388 呦呦鹿鸣
刘先平著,1981 年 12 月。平装,32 开,书号 10019·3238,定价 1.00 元。(8-118)

8389 朝花(5)
本社编,儿童文学丛刊,1981 年 12 月。平装,大 32 开,书号 10019·3233,定价 1.15 元。(8-119)

8390 朝花(6)
本社编,儿童文学丛刊,1982 年 3 月。平装,大 32 开,书号 10019·3269,定价 1.00 元。(8-120)

8391 大毛和小快腿
金近著,1981 年 12 月。平装,32 异,书号 10019·3148,定价 0.38 元。(8-121)

8392 严文井童话寓言集
1982 年 5 月。大 32 开,书号 10019·3301,平装,定价 1.30 元;精装,定价 2.10 元。1988 年 9 月,平装,大 32 开,ISBN 7-02-000399-0,定价 3.05 元;1989 年 9 月收入北京市教育局儿童文库,书名《"下次开船"港》,平装,小 32 开,非卖品,无定价。1989 年 12 月,平装,32 开,ISBN 7-02-001009-1,定价 4.00 元。(8-122)

8393 朝花(7)
本社编,儿童文学丛刊,1982 年 6 月。平装,大 32 开,书号 10019·3314,定价 1.20 元。(8-123)

8394 小草恋山
张长弓著,1982 年 6 月。平装,32 开,书号 10019·3313,定价 0.46 元。(8-124)

8395 朝花(8)
本社编,儿童文学丛刊,1982 年 10 月。平装,大 32 开,书号 10019·3343,定价 0.91 元。(8-125)

8396 摘颗星星下来
陈伯吹著,1982 年 11 月。平装,大 32 开,书号 10019·3378,定价 0.50 元。(8-126)

8397 黑箭
刘厚明著,1983 年 2 月。平装,32 异,书号 10019·3397,定价 0.62 元。1989 年 12 月,平装,小 32 开,ISBN 7-02-000843-7,定价 2.50 元;同时收入北京市教育局儿童文库,非卖品,无定价。(8-127)

8398 小猴儿皮皮
李仁晓著,1983 年 3 月。平装,32 异,书号 10019·3425,定价 0.61 元。(8-128)

8399 吃石头的鳄鱼

高洪波著,1983 年 3 月。平装,32 异,书号 10019·3396,定价 0.38 元。(8-129)

8400 行动队
胡正言著,1983 年 7 月。平装,32 异,书号 10019·3476,定价 1.20 元。(8-130)

8401 金波儿童诗选
1983 年 8 月。平装,大 32 开,书号 10019·3493,定价 0.82 元。1989 年 9 月收入北京市教育局儿童文库,书名《彩色的生活》平装,小 32 开,ISBN 7-02-000846-1,非卖品,无定价。(8-131)

8402 我有一个好爸爸
露菲著,1983 年 8 月。平装,32 异,书号 10019·3494,定价 0.49 元。(8-132)

8403 飘泊南洋
黄浪华著,1983 年 11 月。平装,小 32 开,书号 10019·3560,定价 0.60 元。(8-133)

8404 鸟岛历险记
郭玉道著,1984 年 1 月。平装,32 异,书号 10019·3596,定价 0.31 元。(8-134)

8405 神秘的小岛
张岐著,1984 年 5 月。平装,小 32 开,书号 10019·3647,定价 0.50 元。(8-135)

8406 爱听童话的仙鹤
金近著,1984 年 3 月。大 32 开,书号 10019·3600,平装,定价 0.71 元;精装,定价 2.00 元。(8-136)

8407 蛇医游侠传
金振林著,1984 年 1 月。小 32 开,书号 10019·3598,平装,定价 0.57 元;平装覆膜,定价 0.87 元。(8-137)

8408 鹿鸣山谷
顾笑言著,1984 年 1 月。平装,32 异,书号 10019·3599,定价 0.25 元。(8-138)

8409 勇敢的草原
浩然著,1984 年 4 月。平装,32 异,书号 10019·3634,定价 0.32 元。(8-139)

8410 血牡丹
谢璞著,1984 年 5 月。平装,32 异,书号 10019·3646,定价 1.10 元。(8-140)

8411 罗小波的遭遇
陈模著,1984 年 6 月。平装,32 异,书号 10019·3655,定价 0.42 元。(8-141)

8412 金剃刀
高旅著,1984 年 6 月。平装,32 异,书号 10019·3650,定价 0.53 元。(8-142)

8413 尹世霖儿童朗诵诗选
1985 年 1 月。平装,小 32 开,书号 10019·3728,定价 0.55 元。(8-143)

8414 远去的云
乔澍声著,1984 年 12 月。平装,32 异,书号 10019·3746,定价 0.63 元。(8-144)

8415 街娃
邱勋著,1985 年 3 月。平装,32 异,书号 10019·3781,定价 1.05 元。(8-145)

8416 水牛牯
阳春著,1985 年 8 月。平装,32 异,书号 10019·3834,定价 0.57 元。(8-146)

8417 君子兰开花——杨啸儿童小说选
1985 年 10 月。大 32 开,书号 10019·3863,平装,定价 3.10 元;平装覆膜,定价 3.55 元。(8-147)

8418 立头等功的孩子
邹尚庸著,1985 年 12 月。平装,32 异,书号 10019·3875,定价 0.87 元。(8-148)

8419 在森林的海洋里——战士、孩子和军犬
胡奇著,1987 年 3 月。平装,32 异,书号 10019·4030,定价 0.92 元。(8-149)

8420 人生的太阳——作家艺术家致青少年
冰心、巴金等著,1988 年 2 月。小 32 开,书号 10019·4215,平装,ISBN 7-02-000140-8,定价 1.65 元;平装覆膜,ISBN 7-02-000141-6,定价 1.90 元。(7-281)

8421 下世纪的公民们
罗辰生著,1989 年 9 月。平装,大 32 开,ISBN 7-02-000826-7,定价 2.95 元;同时收入北京市教育局儿童文库,平装,小 32 开,非卖品,无定价。(8-150)

8422 最后一本童话
金近著,1991 年 2 月。平装覆膜,大 32 开,ISBN 7-02-001100-4,定价 3.65 元。(8-151)

8423　童话百宝盒

袁静著,1991年7月。平装覆膜,32异,ISBN 7-02-001155-1,定价2.30元。(8-152)

8424　张俊以儿童诗选

1999年4月。平装覆膜,大32开,ISBN 7-02-002177-8,定价12.50元。(5-455)

8425　严文井童话

中国儿童文学丛书,2000年5月。平装覆膜,小32开,ISBN 7-02-003171-4,定价12.00元。(28-30)

8426　金近童话

中国儿童文学丛书,2000年5月。平装覆膜,小32开,ISBN 7-02-003175-7,定价12.00元。(28-31)

8427　高士其科普童话

中国儿童文学丛书,2000年5月。平装覆膜,小32开,ISBN 7-02-003177-3,定价10.50元。2005年1月收入中国文库,书名《高士其童话选》,国流32开,平装,ISBN 7-02-005101-4,定价12.00元;精装,ISBN 7-02-005129-4,定价25.00元。(28-32)

8428　张天翼童话 一

中国儿童文学丛书,2000年5月。平装覆膜,小32开,ISBN 7-02-003178-1,定价9.00元。2005年1月与《张天翼童话 二》合为一种收入中国文库,书名《张天翼童话选》(一)(二),国流32开,平装,ISBN 7-02-005100-6,定价22.00元;精装,ISBN 7-02-005128-6,定价48.00元。(28-33)

8429　张天翼童话 二

中国儿童文学丛书,2000年5月。平装覆膜,小32开,ISBN 7-02-003179-X,定价10.00元。(28-34)

8430　陈伯吹童话

中国儿童文学丛书,2000年5月。平装覆膜,小32开,ISBN 7-02-003172-2,定价10.50元。(28-35)

8431　长生塔

巴金著,中国儿童文学丛书,2000年5月。平装覆膜,小32开,ISBN 7-02-003174-9,定价9.00元。2009年1月收入中国现代儿童文学典藏,平装覆膜,国流32开,ISBN 978-7-02-007213-2,定价12.50元。(28-36)

8432　叶圣陶童话(稻草人)

中国儿童文学丛书,2000年5月。平装覆膜,小32开,ISBN 7-02-003176-5,定价11.00元。2009年1月收入中国现代儿童文学典藏,书名《稻草人》,平装覆膜,国流32开,ISBN 978-7-02-007206-4,定价13.00元。2012年6月收入语文新课标必读丛书最新版,平装覆膜,大32开,ISBN 978-7-02-009019-8,定价13.00元。2018年4月收入教育部统编《语文》推荐阅读丛书,平装覆膜,16异,ISBN 978-7-02-013799-2,定价24.00元。2019年10月收入小学语文教材"快乐读书吧"推荐书目,平装覆膜,16异,ISBN 978-7-02-015545-3,定价28.00元。(28-37)

8433　小坡的生日

老舍著,中国儿童文学丛书,2000年5月。平装覆膜,小32开,ISBN 7-02-003169-2,定价10.00元。2009年1月收入中国现代儿童文学典藏,平装覆膜,国流32开,ISBN 978-7-02-007212-5,定价13.50元。(28-38)

8434　寄小读者

冰心著,中国儿童文学丛书,2000年5月。平装覆膜,小32开,ISBN 7-02-003170-6,定价8.00元。2009年1月收入中国现代儿童文学典藏,平装覆膜,国流32开,ISBN 978-7-02-007227-9,定价12.50元。2019年8月,珍藏本,精装,小32开,ISBN 978-7-02-015088-5,定价39.00元。(28-40)

8435　酷在雨季

龙秀梅著,2000年6月。平装覆膜,大32开,ISBN 7-02-003237-0,定价16.00元。(8-153)

8436　我和童话有个约会——BCTV2"华夏书苑"栏目有奖征文

何家欢、沈潇迪等著,2000年7月。平装覆膜,大32开,ISBN 7-02-003298-2,定价12.00元。(8-154)

8437　差等生

李燕子著,2000年12月。平装覆膜,大32开,ISBN 7-02-003377-6,定价10.00元。(8-155)

8438　少林铁头鼠

王业伦著,王业伦功夫童话系列,2001年4月。平装覆膜,大32开,ISBN 7-02-003416-0,定价12.80元。(8-156)

8439　开天辟地

无花果撰绘,唠叨故事系列,2001年5月。平装覆膜,16开,ISBN 7-02-003476-4,定价14.80元。(8-157)

8440　小小好淘气

(台湾)叶姝著,2001年7月。平装覆膜,大32开,ISBN 7-02-003430-6,定价10.00元。(8-158)

8441　引爆地球

宋甲寅著,2001年6月。平装覆膜,32开,ISBN 7-02-003479-9,定价8.00元。(8-159)

8442　大禹治水

无花果撰绘,唠叨故事系列,2001年7月。平装覆膜,16开,ISBN 7-02-003513-2,定价14.50元。(8-160)

8443　商汤与伊尹

无花果撰绘,唠叨故事系列,2001年8月。平装覆膜,16开,ISBN 7-02-003532-9,定价14.50元。(8-161)

8444　武王伐纣

无花果撰绘,唠叨故事系列,2001年8月。平装覆膜,16开,ISBN 7-02-003531-0,定价14.50元。(8-162)

8445　国人暴动

无花果撰绘,唠叨故事系列,2001年8月。平装覆膜,16开,ISBN 7-02-003533-7,定价14.50元。(8-163)

8446　我不是坏小孩1

(台湾)叶姝著,2001年7月。平装覆膜,16异,ISBN 7-02-003427-6,定价15.00元。(8-164)

8447　我不是坏小孩2

(台湾)叶姝著,2001年7月。平装覆膜,16异,ISBN 7-02-003428-4,定价14.00元。(8-165)

8448　我不是坏小孩3

(台湾)叶姝著,2001年7月。平装覆膜,16异,ISBN 7-02-003429-2,定价14.50元。(8-166)

8449　少林武鼠和皇家老鼠

王业伦著,王业伦功夫童话系列,2001年8月。平装覆膜,大32开,ISBN 7-02-003509-4,定价12.60元。(8-167)

8450　青春前期

蒋方舟著,2002年5月。平装覆膜,国流32开,ISBN 7-02-003814-X,定价13.80元。(8-168)

8451　野葡萄

葛翠琳著,中国儿童文学丛书,2002年5月。平装,小32开,ISBN 7-02-003774-7,定价12.60元。(8-169)

8452　哦,我的坏女孩

秦文君著,中国儿童文学丛书,2002年5月。平装,小32开,ISBN 7-02-003802-6,定价12.00元。(8-170)

8453　海姑娘洛丽

郑文光著,中国儿童文学丛书,2002年5月。平装,小32开,ISBN 7-02-003698-8,定价12.50元。(8-171)

8454　警察游戏

梅子函著,中国儿童文学丛书,2002年5月。平装,小32开,ISBN 7-02-003784-4,定价11.80元。(8-172)

8455　冰小鸭的春天

孙幼军著,中国儿童文学丛书,2002年5月。平装,小32开,ISBN 7-02-003714-3,定价12.00元。(8-173)

8456　土拨鼠的传奇

金涛著,中国儿童文学丛书,2002年5月。平装,小32开,ISBN 7-02-003780-1,定价11.80元。(8-174)

8457　消逝的黑纽扣

蓝玛著,中国儿童文学丛书,2002年5月。平装,小32开,ISBN 7-02-003697-X,定价10.00元。(8-175)

8458　疲软的小号

曹文轩著,中国儿童文学丛书,2002年5月。平装,32开,ISBN 7-02-003793-3,定价13.00元。(8-176)

8459 听一听,读一读,画一画
——幽默儿歌(上下)

秦北极、秦辔果、秦宙迪著,2002年6月。平装覆膜,16开,ISBN 7-02-003822-0,定价16.00元。(8-177)

8460 老子 庄子

北京四海儿童经典导读教育中心编,儿童中国文化导读,2002年9月。平装覆膜,16开,ISBN 7-02-004010-1,定价15.00元。(8-178)

8461 诗经 礼记 黄帝内经

北京四海儿童经典导读教育中心编,儿童中国文化导读,2002年9月。平装覆膜,16开,ISBN 7-02-004005-5,定价13.00元。(8-179)

8462 弟子规 三字经 千字文 孝经

北京四海儿童经典导读教育中心编,儿童中国文化导读,2002年9月。平装覆膜,16开,ISBN 7-02-004004-7,定价5.00元。(8-180)

8463 大学 中庸 笠翁对韵

北京四海儿童经典导读教育中心编,儿童中国文化导读,2002年9月。平装覆膜,16开,ISBN 7-02-004008-X,定价9.00元。(8-181)

8464 孟子(上下)

北京四海儿童经典导读教育中心编,儿童中国文化导读,2002年9月。平装覆膜,16开,ISBN 7-02-004007-1,定价26.00元。(8-182)

8465 论语

北京四海儿童经典导读教育中心编,儿童中国文化导读,2002年9月。平装覆膜,16开,ISBN 7-02-004009-8,定价14.00元。(8-183)

8466 易经(上下)

北京四海儿童经典导读教育中心编,儿童中国文化导读,2002年9月。平装覆膜,16开,ISBN 7-02-004006-3,定价22.00元。(8-184)

8467 史记 墨子 吕氏春秋

北京四海儿童经典导读教育中心编,儿童中国文化导读,2002年9月。平装覆膜,16开,ISBN 7-02-004011-X,定价12.00元。(8-185)

8468 羚羊木雕

张之路著,中国儿童文学丛书,2002年5月。平装,小32开,ISBN 7-02-003786-0,定价13.80元。(8-186)

8469 神笔马良

洪汛涛著,中国儿童文学丛书,2002年5月。平装,小32开,ISBN 7-02-003744-5,定价12.60元。(8-187)

8470 森林的舞会

黄宣勋主编,台湾小学生快乐作文,2003年6月。平装覆膜,大32开,ISBN 7-02-004220-1,定价9.50元。(8-188)

8471 不一样的妈咪

黄宣勋主编,台湾小学生快乐作文,2003年6月。平装覆膜,大32开,ISBN 7-02-004213-9,定价9.50元。(8-189)

8472 妈妈的红绿灯

黄宣勋主编,台湾小学生快乐作文,2003年6月。平装覆膜,大32开,ISBN 7-02-004202-3,定价9.50元。(8-190)

8473 山林中的春天

黄宣勋主编,台湾小学生快乐作文,2003年6月。平装覆膜,大32开,ISBN 7-02-004219-8,定价9.50元。(8-191)

8474 可怕的陷阱

黄宣勋主编,台湾小学生快乐作文,2003年6月。平装覆膜,大32开,ISBN 7-02-004211-2,定价10.00元。(8-192)

8475 下雨的童话

黄宣勋主编,台湾小学生快乐作文,2003年6月。平装覆膜,大32开,ISBN 7-02-004201-5,定价9.50元。(8-193)

8476 非常男生卜卜的开心辞典

萧萍著,2003年4月。平装覆膜,国流32开,ISBN 7-02-004192-2,定价10.00元。(8-194)

8477 游山玩水

黄宣勋主编,台湾小学生快乐作文,2003年6月。平装覆膜,大32开,ISBN 7-02-004212-

0,定价 8.60 元。(8-195)

8478　我看见风了
黄宣勋主编,台湾小学生快乐作文,2003 年 6 月。平装覆膜,大 32 开,ISBN 7-02-004214-7,定价 8.90 元。(8-196)

8479　我们养过三只小鸭鸭
黄宣勋主编,台湾小学生快乐作文,2003 年 6 月。平装覆膜,大 32 开,ISBN 7-02-004218-X,定价 9.50 元。(8-197)

8480　幼儿能力自我测试 机灵小不点
王洪编著,2003 年 3 月。平装覆膜,16 开,ISBN 7-02-004102-7,定价 14.80 元。(8-198)

8481　幼儿能力自我测试 酷仔小不点
王洪编著,2003 年 3 月。平装覆膜,16 开,ISBN 7-02-004104-3,定价 14.80 元。(8-199)

8482　幼儿能力自我测试 聪明小不点
王洪编著,2003 年 3 月。平装覆膜,16 开,ISBN 7-02-004105-1,定价 14.80 元。(8-200)

8483　幼儿能力自我测试 快乐小不点
王洪编著,2003 年 3 月。平装覆膜,16 开,ISBN 7-02-004103-5,定价 14.80 元。(8-201)

8484　魔法王子 空中巫师之神
齐东尼著,亚宝图,2003 年 10 月。平装覆膜,国流 32 开,ISBN 7-02-004260-0,定价 14.00 元。(8-202)

8485　魔法王子 巫师圆球会议
齐东尼著,亚宝图,2003 年 10 月。平装覆膜,国流 32 开,ISBN 7-02-004261-9,定价 14.00 元。(8-203)

8486　运动王子 魔法棒球手
齐东尼著,亚宝图,2003 年 10 月。平装覆膜,国流 32 开,ISBN 7-02-004259-7,定价 16.00 元。(8-204)

8487　我喜欢有些感觉不说
海文主编,张双平编选,本色男女生·情感书写,2004 年 5 月。平装覆膜,国流 32 开,ISBN 7-02-004497-2,定价 12.00 元。(14-90)

8488　被催眠的美丽
海文主编,王恒林编选,本色男女生·情感书写,2004 年 5 月。平装覆膜,国流 32 开,ISBN 7-02-004498-0,定价 14.00 元。(14-91)

8489　痛楚暖洋洋
海文主编,张超编选,本色男女生·成长书写,2004 年 5 月。平装覆膜,国流 32 开,ISBN 7-02-004501-4,定价 11.00 元。(14-92)

8490　我是一条鱼
海文主编,徐崔魏编选,本色男女生·成长书写,2004 年 5 月。平装覆膜,国流 32 开,ISBN 7-02-004499-9,定价 13.00 元。(14-93)

8491　再尝一粒酸葡萄
海文主编,丰宗国编选,本色男女生·成长书写,2004 年 5 月。平装覆膜,国流 32 开,ISBN 7-02-004500-6,定价 11.00 元。(14-94)

8492　颠倒巫婆的瞌睡片
谢长华文,广木工作室图,幽默童话故事,2004 年 6 月。平装覆膜,20 开,ISBN 7-02-004630-4,定价 17.00 元。(8-205)

8493　给火车开门
皮朝晖文,广木工作室图,幽默童话故事,2004 年 6 月。平装覆膜,20 开,ISBN 7-02-004631-2,定价 18.00 元。(8-206)

8494　飞来飞去的鼻子
何山石文,广木工作室图,幽默童话故事,2004 年 6 月。平装覆膜,20 开,ISBN 7-02-004629-0,定价 18.00 元。(8-207)

8495　穿靴子的马
汤素兰文,广木工作室图,幽默童话故事,2004 年 6 月。平装覆膜,20 开,ISBN 7-02-004628-2,定价 18.00 元。(8-208)

8496　魔法王子 野猪巨舰传奇
齐东尼著,亚宝图,2004 年 5 月。平装覆膜,国流 32 开,ISBN 7-02-004560-X,定价 14.00 元。(8-209)

8497　魔法王子 猫都市传奇
齐东尼著,亚宝图,2004 年 5 月。平装覆膜,国流 32 开,ISBN 7-02-004490-5,定价 15.00 元。(8-210)

8498　魔法王子 海洋历险传奇
齐东尼著,亚宝图,2004 年 5 月。平装覆膜,国流 32 开,ISBN 7-02-004489-1,定价 15.00

元。(8-211)

8499 魔法王子 深海迷宫传奇
齐东尼著,亚宝图,2004年5月。平装覆膜,国流32开,ISBN 7-02-004491-3,定价14.00元。(8-212)

8500 运动王子 梦幻足球
齐东尼著,亚宝图,2004年5月。平装覆膜,32异,ISBN 7-02-004488-3,定价16.00元。(8-213)

8501 大战血蚂蚁
高葵葵著,小精灵迪迪和他的朋友们,2005年1月。平装覆膜,32异,ISBN 7-02-004845-5,定价13.00元。(8-214)

8502 黑夜天使
高葵葵著,小精灵迪迪和他的朋友们,2005年1月。平装覆膜,32异,ISBN 7-02-004844-7,定价15.00元。(8-215)

8503 谁发出的火焰令
高葵葵著,小精灵迪迪和他的朋友们,2005年1月。平装覆膜,32异,ISBN 7-02-004843-9,定价15.00元。(8-216)

8504 冰海魔踪
高葵葵著,小精灵迪迪和他的朋友们,2005年1月。平装覆膜,32异,ISBN 7-02-004866-8,定价16.00元。(8-217)

8505 月亮生病了
鲁冰著,2005年1月。平装覆膜,国流32开,ISBN 7-02-004856-0,定价15.00元。(8-218)

8506 中国经典童话
金近等著,2005年1月。平装覆膜,16开,ISBN 7-02-004883-8,定价29.00元。(8-219)

8507 天堂之岛
越野著,惊天父子系列,2005年5月。平装覆膜,16异,ISBN 7-02-005151-0,定价24.00元。(8-220)

8508 天池怪兽
越野著,惊天父子系列,2005年5月。平装覆膜,16异,ISBN 7-02-005023-9,定价23.00元。(8-221)

8509 天坑迷雾
越野著,惊天父子系列,2005年5月。平装覆膜,16异,ISBN 7-02-005024-7,定价24.00元。(8-222)

8510 神圣的火花
宇黎著,小天使罗琦儿神奇漫游系列,2006年1月。平装覆膜,16异,ISBN 7-02-005432-3,定价20.00元。(8-223)

8511 通往月亮国的路
宇黎著,小天使罗琦儿神奇漫游系列,2006年1月。平装覆膜,16异,ISBN 7-02-005444-7,定价20.00元。(8-224)

8512 谁寄给你紫色的信
夏晓方著,女生地带.com,2006年6月。平装覆膜,16异,ISBN 7-02-005646-6,定价26.00元。(8-225)

8513 那个叫苹果的女孩
徐社东著,女生地带.com,2006年6月。平装覆膜,16异,ISBN 7-02-005647-4,定价19.00元。(8-226)

8514 神勇酷班头
饶雪莉著,快乐卡卡系列,2006年7月。平装覆膜,32异,ISBN 7-02-005762-4,定价15.00元。(8-227)

8515 精灵俏魔镜
饶雪莉著,快乐卡卡系列,2006年7月。平装覆膜,32异,ISBN 7-02-005761-6,定价15.00元。(8-228)

8516 天下乐无双
饶雪莉著,快乐卡卡系列,2006年7月。平装覆膜,32异,ISBN 7-02-005763-2,定价15.00元。(8-229)

8517 草珠项链
李明性著,2006年10月。平装覆膜,国流32开,ISBN 7-02-005469-2,定价18.00元。(8-230)

8518 中国经典民间传奇·星星卷
董均伦等整理,2006年9月。平装覆膜,16开,ISBN 7-02-005787-X,定价22.00元。(8-231)

8519 中国经典民间传奇·月亮卷
董均伦等整理,2006年9月。平装覆膜,16开,ISBN 7-02-005788-8,定价22.00元。

(8-232)

8520 花儿精灵的舞会

王晓晴著，2006年9月。平装覆膜，16开，ISBN 7-02-005770-5，定价 26.00 元。(8-233)

8521 最亮的眼睛

鲁冰著，2006年12月。平装覆膜，国流32开，ISBN 7-02-005826-4，定价 19.00 元。(8-234)

8522 大便事件

李燕子著，小土豆泥搞笑系列，2007年1月。平装覆膜，32异，ISBN 978-7-02-005913-3，定价 15.00 元。(8-235)

8523 捣蛋鬼学校

李燕子著，小土豆泥搞笑系列，2007年1月。平装覆膜，32异，ISBN 978-7-02-005915-7，定价 15.00 元。(8-236)

8524 狼狈的冒险

李燕子著，小土豆泥搞笑系列，2007年1月。平装覆膜，32异，ISBN 978-7-02-005914-0，定价 15.00 元。(8-237)

8525 变声期

李燕子著，小土豆泥搞笑系列，2007年1月。平装覆膜，32异，ISBN 978-7-02-005916-4，定价 15.00 元。(8-238)

8526 我被枪毙三个月

周锐著，周锐幽默精华版，2007年1月。平装覆膜，32异，ISBN 978-7-02-005953-9，定价 16.00 元。(8-239)

8527 男女生交往秘诀大全

周锐著，周锐幽默精华版，2007年1月。平装覆膜，32异，ISBN 978-7-02-005955-3，定价 18.00 元。(8-240)

8528 三眼皮美容剂

周锐著，周锐幽默精华版，2007年1月。平装覆膜，32异，ISBN 978-7-02-005952-2，定价 18.00 元。(8-241)

8529 诸葛亮的N种死法

周锐著，周锐幽默精华版，2007年1月。平装覆膜，32异，ISBN 978-7-02-005954-6，定价 18.00 元。(8-242)

8530 红鞋子

汤素兰著，中国当代获奖儿童文学作家书系，2007年2月。平装覆膜，国流32开，ISBN 978-7-02-005999-7，定价 17.00 元。(8-243)

8531 雨人

金波著，中国当代获奖儿童文学作家书系，2007年2月。平装覆膜，国流32开，ISBN 978-7-02-005997-3，定价 18.00 元。(8-244)

8532 大头鱼在雨天和晴天

王一梅著，中国当代获奖儿童文学作家书系，2007年2月。平装覆膜，国流32开，ISBN 978-7-02-006001-6，定价 18.00 元。(8-245)

8533 我家的月光电影院

薛涛著，中国当代获奖儿童文学作家书系，2007年2月。平装覆膜，国流32开，ISBN 978-7-02-006010-8，定价 17.00 元。(8-246)

8534 晚安，我的星星

冰波著，中国当代获奖儿童文学作家书系，2007年2月。平装覆膜，国流32开，ISBN 978-7-02-005998-0，定价 18.00 元。(8-247)

8535 水边的记忆

张洁著，中国当代获奖儿童文学作家书系，2007年2月。平装覆膜，国流32开，ISBN 978-7-02-005996-6，定价 17.00 元。(8-248)

8536 羊在想马在做猪收获

常新港著，中国当代获奖儿童文学作家书系，2007年2月。平装覆膜，国流32开，ISBN 978-7-02-005995-9，定价 17.00 元。(8-249)

8537 红嘴巴小鸟

张之路著，中国当代获奖儿童文学作家书系，2007年2月。平装覆膜，国流32开，ISBN 978-7-02-006005-4，定价 18.00 元。(8-250)

8538 长腿娃娃夏天的奇遇

保冬妮著，中国当代获奖儿童文学作家书系，2007年2月。平装覆膜，国流32开，ISBN

978－7－02－006000－9,定价18.00元。(8-251)

8539 苦豺制度
沈石溪著,中国当代获奖儿童文学作家书系,2007年2月。平装覆膜,国流32开,ISBN 978－7－02－005994－2,定价16.00元。(8-252)

8540 臭小子之乾隆告状
张菱儿著,乾隆小子歪歪传系列,2007年2月。平装覆膜,32异,ISBN 978－7－02－005908－9,定价12.00元。(8-253)

8541 野小子之板凳你好
张菱儿著,乾隆小子歪歪传系列,2007年2月。平装覆膜,32异,ISBN 978－7－02－005906－5,定价12.00元。(8-254)

8542 淘小子之大腕挺逗
张菱儿著,乾隆小子歪歪传系列,2007年2月。平装覆膜,32异,ISBN 978－7－02－005909－6,定价12.00元。(8-255)

8543 犟小子之作业风波
张菱儿著,乾隆小子歪歪传系列,2007年2月。平装覆膜,32异,ISBN 978－7－02－005907－2,定价12.00元。(8-256)

8544 剑鸟
范袆著,2007年3月。平装覆膜,32异,ISBN 978－7－02－006026－9,定价19.00元。(8-257)

8545 人鱼部落
高葵葵著,小蚕豆妮妮奇遇记系列,2007年5月。平装覆膜,32异,ISBN 978－7－02－005940－9,定价12.00元。(8-258)

8546 假面王国
高葵葵著,小蚕豆妮妮奇遇记系列,2007年5月。平装覆膜,32异,ISBN 978－7－02－005939－3,定价10.00元。(8-259)

8547 牛皮城堡
高葵葵著,小蚕豆妮妮奇遇记系列,2007年5月。平装覆膜,32异,ISBN 978－7－02－005941－6,定价10.00元。(8-260)

8548 天使洞穴
高葵葵著,小蚕豆妮妮奇遇记系列,2007年5月。平装覆膜,32异,ISBN 978－7－02－005942－3,定价10.00元。(8-261)

8549 哭鼻子大王
叶永烈著,叶永烈儿童文学系列,2007年6月。平装覆膜,国流32开,ISBN 978－7－02－006066－5,定价12.00元。(8-262)

8550 "小溜溜"溜了
叶永烈著,叶永烈儿童文学系列,2007年6月。平装覆膜,国流32开,ISBN 978－7－02－006065－8,定价12.00元。(8-263)

8551 蹦蹦跳先生
叶永烈著,叶永烈儿童文学系列,2007年6月。平装覆膜,国流32开,ISBN 978－7－02－006067－2,定价13.00元。(8-264)

8552 奇怪的病号
叶永烈著,叶永烈儿童文学系列,2007年6月。平装覆膜,国流32开,ISBN 978－7－02－006072－6,定价13.00元。(8-265)

8553 圆圆和方方
叶永烈著,叶永烈儿童文学系列,2007年6月。平装覆膜,国流32开,ISBN 978－7－02－006071－9,定价15.00元。(8-266)

8554 侦探与小偷
叶永烈著,叶永烈儿童文学系列,2007年6月。平装覆膜,国流32开,ISBN 978－7－02－006069－6,定价11.00元。(8-267)

8555 小灵通漫游未来
叶永烈著,叶永烈儿童文学系列,2007年6月。平装覆膜,国流32开,ISBN 978－7－02－006068－9,定价17.00元。(8-268)

8556 飞向冥王星的人
叶永烈著,叶永烈儿童文学系列,2007年6月。平装覆膜,国流32开,ISBN 978－7－02－006070－2,定价18.00元。(8-269)

8557 超女进行时
张玉贞著,女生地带.com,2007年7月。平装覆膜,16异,ISBN 978－7－02－006190－7,定价25.00元。(8-270)

8558 寻找鼠贝
第29届奥林匹克组织委员会编,福娃系列,2007年7月。平装覆膜,国流32开,ISBN 978－7－02－006237－9,定价25.00元。(8-271)

8559　如意碎片

第29届奥林匹克组织委员会编,福娃系列,2007年9月。平装覆膜,国流32开,ISBN 978-7-02-006277-5,定价25.00元。(8-272)

8560　觊觎的密码

第29届奥林匹克组织委员会编,福娃系列,2007年10月。平装覆膜,国流32开,ISBN 978-7-02-006281-2,定价25.00元。(8-273)

8561　台海上空的鸟战

盘山著,坏小子环游记系列,2007年11月。平装覆膜,32异,ISBN 978-7-02-006238-6,定价16.00元。(8-274)

8562　乌鸦的诡计

盘山著,坏小子环游记系列,2007年11月。平装覆膜,32异,ISBN 978-7-02-006239-3,定价15.00元。(8-275)

8563　珠峰上的雪崩

盘山著,坏小子环游记系列,2007年11月。平装覆膜,32异,ISBN 978-7-02-006240-9,定价16.00元。(8-276)

8564　勇闯骷髅岛

第29届奥林匹克组织委员会编,福娃系列,2008年1月。平装覆膜,国流32开,ISBN 978-7-02-006315-4,定价25.00元。(8-277)

8565　儿童经典成语故事诵读(拼音绘图版)

徐宝余编写,刘群绘图,"小书虫"儿童经典诵读,2008年1月。平装覆膜,32异,ISBN 978-7-02-006493-9,定价13.00元。(8-278)

8566　儿童经典寓言诵读(拼音绘图版)

徐宝余编写,刘群绘图,"小书虫"儿童经典诵读,2008年1月。平装覆膜,32异,ISBN 978-7-02-006519-6,定价13.00元。(8-279)

8567　儿童经典古诗诵读(拼音绘图版)

葛云波编写,葛闽丰绘图,"小书虫"儿童经典诵读,2008年1月。平装覆膜,32异,ISBN 978-7-02-006497-7,定价15.00元。(8-280)

8568　儿童经典格言诵读(拼音绘图版)

许军编写,葛闽丰绘图,"小书虫"儿童经典诵读,2008年1月。平装覆膜,32异,ISBN 978-7-02-006525-7,定价14.00元。(8-281)

8569　湖蓝色的水晶杯

刘东著,中国当代获奖儿童文学作家书系,2008年1月。平装覆膜,国流32开,ISBN 978-7-02-006399-4,定价22.00元。(8-282)

8570　渔船上的红狐

金曾豪著,中国当代获奖儿童文学作家书系,2008年1月。平装覆膜,国流32开,ISBN 978-7-02-006395-6,定价22.00元。(8-283)

8571　扣子的颜色是天空的颜色

林彦著,中国当代获奖儿童文学作家书系,2008年1月。平装覆膜,国流32开,ISBN 978-7-02-006400-7,定价22.00元。(8-284)

8572　木吉有事

谢华著,中国当代获奖儿童文学作家书系,2008年1月。平装覆膜,国流32开,ISBN 978-7-02-006514-1,定价22.00元。(8-285)

8573　水自无言

韩青辰著,中国当代获奖儿童文学作家书系,2008年1月。平装覆膜,国流32开,ISBN 978-7-02-006393-2,定价22.00元。(8-286)

8574　小猴哈里流浪记

鲁克著,中国当代获奖儿童文学作家书系,2008年1月。平装覆膜,国流32开,ISBN 978-7-02-006396-3,定价22.00元。(8-287)

8575　友情是一棵月亮树

安武林著,中国当代获奖儿童文学作家书系,2008年1月。平装覆膜,国流32开,ISBN 978-7-02-006398-7,定价22.00元。(8-288)

8576　为人鱼姑娘当翻译

萧袤著,中国当代获奖儿童文学作家书系,2008年1月。平装覆膜,国流32开,ISBN 978-7-02-006401-4,定价22.00元。

少儿读物

(8-289)

8577　水波无痕

简平著,中国当代获奖儿童文学作家书系,2008年1月。平装覆膜,国流32开,ISBN 978-7-02-006397-0,定价22.00元。(8-290)

8578　祝福青青的小树林

徐鲁著,中国当代获奖儿童文学作家书系,2008年1月。平装覆膜,国流32开,ISBN 978-7-02-006394-9,定价22.00元。(8-291)

8579　谁是真英雄

第29届奥林匹克组织委员会编,福娃系列,2008年3月。平装覆膜,国流32开,ISBN 978-7-02-006648-3,定价25.00元。(8-292)

8580　黑暗号角

第29届奥林匹克组织委员会编,福娃系列,2008年3月。平装覆膜,国流32开,ISBN 978-7-02-006683-4,定价25.00元。(8-293)

8581　福娃之光

第29届奥林匹克组织委员会编,福娃系列,2008年3月。平装覆膜,国流32开,ISBN 978-7-02-006684-1,定价25.00元。(8-294)

8582　地魂鼠侦探

姬肖兵著,2008年4月。平装覆膜,16异,ISBN 978-7-02-006656-8,定价28.00元。(8-295)

8583　我是妈妈的小棉袄

徐玲著,塌鼻头女孩米拉多系列,2008年5月。平装覆膜,国流32开,ISBN 978-7-02-006733-6,定价11.00元。(8-296)

8584　班长有啥了不起

徐玲著,塌鼻头女孩米拉多系列,2008年5月。平装覆膜,国流32开,ISBN 978-7-02-006731-2,定价11.00元。(8-297)

8585　大美女温老师

徐玲著,塌鼻头女孩米拉多系列,2008年5月。平装覆膜,国流32开,ISBN 978-7-02-006732-9,定价11.00元。(8-298)

8586　校外追梦

李岫青著,仙界迷踪系列,2008年5月。平装覆膜,国流32开,ISBN 978-7-02-006557-8,定价21.00元。(8-299)

8587　梦境再现

李岫青著,仙界迷踪系列,2008年5月。平装覆膜,国流32开,ISBN 978-7-02-006575-2,定价21.00元。(8-300)

8588　黑色契约

李岫青著,仙界迷踪系列,2008年5月。平装覆膜,国流32开,ISBN 978-7-02-006579-0,定价22.00元。(8-301)

8589　神秘谷Ⅰ　树屋的秘密

李敏、阿图说力、海燕著,2008年4月。平装覆膜,32异,ISBN 978-7-02-006698-8,定价26.00元。(8-302)

8590　神秘谷Ⅱ　断崖的骑士

李敏、阿图说力、海燕著,2008年4月。平装覆膜,32异,ISBN 978-7-02-006699-5,定价30.00元。(8-303)

8591　中国历史故事精选

吴艳选编,语文新课标必读丛书增订版,2008年6月。平装覆膜,大32开,ISBN 978-7-02-007042-8,定价10.00元。2012年6月收入语文新课标必读丛书最新版,平装覆膜,大32开,ISBN 978-7-02-009076-1,定价11.00元。(8-304)

8592　中国短篇童话精选

吴勇选编,语文新课标必读丛书增订版,2008年6月。平装覆膜,大32开,ISBN 978-7-02-007025-1,定价10.00元。(8-305)

8593　小兵张嘎

徐光耀著,语文新课标必读丛书增订版,2008年6月。平装覆膜,大32开,ISBN 978-7-02-007024-4,定价16.00元。2018年4月收入教育部统编《语文》推荐阅读丛书,平装覆膜,16异,ISBN 978-7-02-013727-5,定价30.00元。(8-306)

8594　不拿男生当回事儿

赵静著,女生是个大麻烦系列,2008年8月。平装覆膜,国流32开,ISBN 978-7-02-007209-5,定价14.00元。2010年7月收入校园幽默欢乐谷·女生的强势出击系列,平装覆膜,国流 32 开,ISBN 978-7-02-007981-0,定价 15.00 元。(8-307)

8595　男班主任的鲜事儿

赵静著,女生是个大麻烦系列,2008 年 8 月。平装覆膜,国流 32 开,ISBN 978-7-02-007167-8,定价 14.00 元。2010 年 7 月收入校园幽默欢乐谷·女生的强势出击系列,平装覆膜,国流 32 开,ISBN 978-7-02-007983-4,定价 15.00 元。(8-308)

8596　小女生的秘密行动

赵静著,女生是个大麻烦系列,2008 年 8 月。平装覆膜,国流 32 开,ISBN 978-7-02-007168-5,定价 14.00 元。2010 年 7 月收入校园幽默欢乐谷·女生的强势出击系列,平装覆膜,国流 32 开,ISBN 978-7-02-007982-7,定价 15.00 元。(8-309)

8597　聒噪大嘴的郁闷

赵静著,女生是个大麻烦系列,2008 年 8 月。平装覆膜,国流 32 开,ISBN 978-7-02-007210-1,定价 14.00 元。2010 年 7 月收入校园幽默欢乐谷·女生的强势出击系列,平装覆膜,国流 32 开,ISBN 978-7-02-007980-3,定价 15.00 元。(8-310)

8598　邋遢大王与臭美同桌

赵静著,女生是个大麻烦系列,2008 年 8 月。平装覆膜,国流 32 开,ISBN 978-7-02-007169-2,定价 14.00 元。2010 年 7 月收入校园幽默欢乐谷·女生的强势出击系列,平装覆膜,国流 32 开,ISBN 978-7-02-007978-0,定价 15.00 元。(8-311)

8599　眼珠子在狂奔

王勇英著,魔法小子朱皮皮系列,2008 年 10 月。平装覆膜,国流 32 开,ISBN 978-7-02-007184-5,定价 14.00 元。(8-312)

8600　原来老妈有魔法

王勇英著,魔法小子朱皮皮系列,2008 年 10 月。平装覆膜,国流 32 开,ISBN 978-7-02-007185-2,定价 14.00 元。(8-313)

8601　老妈是个大坏蛋?

王勇英著,魔法小子朱皮皮系列,2008 年 10 月。平装覆膜,国流 32 开,ISBN 978-7-02-007238-5,定价 15.00 元。(8-314)

8602　做怪坏事的怪坏蛋

王勇英著,魔法小子朱皮皮系列,2008 年 10 月。平装覆膜,国流 32 开,ISBN 978-7-02-007239-2,定价 15.00 元。(8-315)

8603　树下的我和树上的你

张国龙主编,张国龙等著,1979—2008 中国优秀儿童文学典藏小说卷,2008 年 12 月。平装覆膜,16 异,ISBN 978-7-02-006851-7,定价 25.00 元。(8-316)

8604　寻找遗失在树下的脚印

张国龙主编,金波等著,1979—2008 中国优秀儿童文学典藏散文卷,2008 年 12 月。平装覆膜,16 异,ISBN 978-7-02-006849-4,定价 24.00 元。(8-317)

8605　许愿树上的迷你屋

张国龙主编,周锐等著,1979—2008 中国优秀儿童文学典藏童话卷,2008 年 12 月。平装覆膜,16 异,ISBN 978-7-02-006850-0,定价 23.00 元。(8-318)

8606　南方小蜜蜂俱乐部

夏晓方著,女生地带.com,2008 年 12 月。平装覆膜,16 异,ISBN 978-7-02-006917-0,定价 28.00 元。(8-319)

8607　狐兔入井

茅盾著,中国现代儿童文学典藏,2009 年 1 月。平装覆膜,国流 32 开,ISBN 978-7-02-007226-2,定价 13.50 元。(28-50)

8608　宝葫芦的秘密

张天翼著,中国现代儿童文学典藏,2009 年 1 月。平装覆膜,国流 32 开,ISBN 978-7-02-007191-3,定价 18.50 元。2012 年 6 月收入语文新课标必读丛书最新版,平装覆膜,大 32 开,ISBN 978-7-02-009016-7,定价 12.00 元。2018 年 4 月收入教育部统编《语文》推荐阅读丛书,平装覆膜,16 异,ISBN 978-7-02-013780-0,定价 23.00 元。(28-51)

8609　阿丽思中国游记

沈从文著,中国现代儿童文学典藏,2009 年 1 月。平装覆膜,国流 32 开,ISBN 978-7-02-007230-9,定价 18.00 元。(28-52)

8610　月亮上的小王子

李志伟著,中国当代获奖儿童文学作家书系·冰心奖专辑,2009年1月。平装覆膜,国流32开,ISBN 978-7-02-007224-8,定价20.00元。(8-320)

8611　跑,拼命跑
张玉清著,中国当代获奖儿童文学作家书系·冰心奖专辑,2009年1月。平装覆膜,国流32开,ISBN 978-7-02-007242-2,定价22.00元。(8-321)

8612　猫王
翌平著,中国当代获奖儿童文学作家书系·冰心奖专辑,2009年1月。平装覆膜,国流32开,ISBN 978-7-02-007260-6,定价18.00元。(8-322)

8613　暖雨
毛芦芦著,中国当代获奖儿童文学作家书系·冰心奖专辑,2009年1月。平装覆膜,国流32开,ISBN 978-7-02-007189-0,定价19.00元。(8-323)

8614　走过落雨时分
李秋沅著,中国当代获奖儿童文学作家书系·冰心奖专辑,2009年1月。平装覆膜,国流32开,ISBN 978-7-02-007190-6,定价20.00元。(8-324)

8615　母豹出山
沈习武著,中国当代获奖儿童文学作家书系·冰心奖专辑,2009年1月。平装覆膜,国流32开,ISBN 978-7-02-007187-6,定价17.00元。(8-325)

8616　小鸟快飞
鲁冰著,中国当代获奖儿童文学作家书系·冰心奖专辑,2009年1月。平装覆膜,国流32开,ISBN 978-7-02-007188-3,定价16.00元。(8-326)

8617　下雪了,天晴了
谢华良著,中国当代获奖儿童文学作家书系·冰心奖专辑,2009年1月。平装覆膜,国流32开,ISBN 978-7-02-007186-9,定价19.00元。(8-327)

8618　太阳花
阎耀明著,中国当代获奖儿童文学作家书系·冰心奖专辑,2009年1月。平装覆膜,国流32开,ISBN 978-7-02-007261-3,定价20.00元。(8-328)

8619　就这样长大
殷建红著,中国当代获奖儿童文学作家书系·冰心奖专辑,2009年1月。平装覆膜,国流32开,ISBN 978-7-02-007262-0,定价19.00元。(8-329)

8620　《弟子规》全解
李毓秀、贾存仁原著,房春草注解,国学启蒙读物插图本,2009年1月。平装覆膜,国流32开,ISBN 978-7-02-006629-2,定价12.00元。(8-330)

8621　《千字文》全解
周兴嗣原著,李小龙注解,国学启蒙读物插图本,2009年1月。平装覆膜,国流32开,ISBN 978-7-02-006624-7,定价12.00元。(8-331)

8622　《三字经》全解
王应麟原著,毛春晖注解,国学启蒙读物插图本,2009年1月。平装覆膜,国流32开,ISBN 978-7-02-006623-0,定价14.00元。(8-332)

8623　《笠翁对韵》精解
李渔原著,赵锐注解,国学启蒙读物插图本,2009年1月。平装覆膜,国流32开,ISBN 978-7-02-006630-8,定价15.00元。(8-333)

8624　《百家姓》精解
刘清滢注解,国学启蒙读物插图本,2009年1月。平装覆膜,国流32开,ISBN 978-7-02-006625-4,定价16.00元。(8-334)

8625　《幼学琼林》精解(上下)
程登吉原著,王治卿注解,国学启蒙读物插图本,2009年1月。平装覆膜,国流32开,ISBN 978-7-02-006639-1,定价30.00元。(8-335)

8626　神秘谷Ⅲ 白巫的梦呓
李敏、阿图说力、海燕等著,2009年1月。平装覆膜,32异,ISBN 978-7-02-006798-5,定价27.00元。(8-336)

8627　神秘谷Ⅳ 黑石的暗语
李敏、阿图说力、海燕等著,2009年1月。平装

覆膜,32异,ISBN 978-7-02-006797-8,定价 25.00元。(8-337)

8628 中国经典童话完全手绘本·百合卷
安武林等著,2009年9月。平装覆膜,16开,ISBN 978-7-02-007013-8,定价30.00元。(8-343)

8629 中国经典童话完全手绘本·茉莉卷
张秋生等著,2009年9月。平装覆膜,16开,ISBN 978-7-02-006942-2,定价28.00元。(8-344)

8630 中国经典民间传奇·蓝草莓卷
王建章等整理,2009年9月。平装覆膜,20开,ISBN 978-7-02-007532-4,定价20.00元。(8-345)

8631 中国经典民间传奇·紫葡萄卷
王建章等整理,2009年9月。平装覆膜,20开,ISBN 978-7-02-007533-1,定价20.00元。(8-346)

8632 中国经典民间传奇·黄柠檬卷
王建章等整理,2009年9月。平装覆膜,20开,ISBN 978-7-02-007534-8,定价20.00元。(8-347)

8633 中国经典民间传奇·红樱桃卷
王建章等整理,2009年9月。平装覆膜,20开,ISBN 978-7-02-007535-5,定价20.00元。(8-348)

8634 四只等着喂食的狗
张洁著,2010年2月。平装覆膜,16异,ISBN 978-7-02-007748-9,定价24.00元。2012年4月收入张洁文集,平装,国流32开,ISBN 978-7-02-008644-3,定价22.00元。(8-349)

8635 《孟子》精解
犀然注解,国学基础读物插图本,2010年3月。平装覆膜,国流32开,ISBN 978-7-02-007328-3,定价17.00元。(8-350)

8636 青铜葵花
曹文轩著,曹文轩文集,2010年1月。平装覆膜,国流32开,ISBN 978-7-02-007836-3,定价19.00元。2014年8月收入中学生文学阅读必备书系,平装覆膜,国流32开,ISBN 978-7-02-010354-6,定价20.00元。(8-351)

8637 草房子
曹文轩著,曹文轩文集,2010年1月。平装覆膜,国流32开,ISBN 978-7-02-007840-0,定价22.00元。(8-352)

8638 山羊不吃天堂草
曹文轩著,曹文轩文集,2010年1月。平装覆膜,国流32开,ISBN 978-7-02-007827-1,定价20.00元。(8-353)

8639 根鸟
曹文轩著,曹文轩文集,2010年1月。平装覆膜,国流32开,ISBN 978-7-02-007838-7,定价20.00元。(8-354)

8640 细米
曹文轩著,曹文轩文集,2010年1月。平装覆膜,国流32开,ISBN 978-7-02-007837-0,定价19.00元。(8-355)

8641 《诗经》精解
黄鸿秋注解,国学基础读物插图本,2010年3月。平装覆膜,国流32开,ISBN 978-7-02-007750-2,定价19.00元。(8-356)

8642 《庄子》精解
王治卿、刘清滢注解,国学基础读物插图本,2010年3月。平装覆膜,国流32开,ISBN 978-7-02-007751-9,定价24.00元。(8-357)

8643 《孙子兵法》全解
郑永吉注解,国学基础读物插图本,2010年3月。平装覆膜,国流32开,ISBN 978-7-02-007327-6,定价15.00元。(8-358)

8644 《史记》精解
熠彤注解,国学基础读物插图本,2010年3月。平装覆膜,国流32开,ISBN 978-7-02-007749-6,定价20.00元。(8-359)

8645 《论语》全解
李小龙注解,国学基础读物插图本,2010年3月。平装覆膜,国流32开,ISBN 978-7-02-007752-6,定价22.00元。(8-360)

8646 小河流水哗啦啦 蚂蚁的本领别小瞧
刘晓光著,晓光儿歌·星星篇,晓光儿歌·月亮篇,2010年4月。平装覆膜,16开,ISBN 978-7-02-007858-5,定价19.00元。(8-361)

8647　最好离她远点
赵静著,校园幽默欢乐谷·男生的温柔对抗系列,2010年7月。平装覆膜,国流32开,ISBN 978-7-02-007975-9,定价15.00元。(8-362)

8648　我的恐怖同桌
赵静著,校园幽默欢乐谷·男生的温柔对抗系列,2010年7月。平装覆膜,国流32开,ISBN 978-7-02-007976-6,定价16.00元。(8-363)

8649　二班女生有点闹
赵静著,校园幽默欢乐谷·男生的温柔对抗系列,2010年7月。平装覆膜,国流32开,ISBN 978-7-02-007977-3,定价16.00元。(8-364)

8650　班里来了个冷美女
赵静著,校园幽默欢乐谷·男生的温柔对抗系列,2010年7月。平装覆膜,国流32开,ISBN 978-7-02-007979-7,定价15.00元。(8-365)

8651　奇耻外号"窥探狂"
赵静著,校园幽默欢乐谷·男生的温柔对抗系列,2010年7月。平装覆膜,国流32开,ISBN 978-7-02-007974-2,定价16.00元。(8-366)

8652　聊斋志异
蒲松龄著,苏尚耀改写,中国古典小说青少版,2012年1月。平装,32异,ISBN 978-7-02-008754-9,定价23.00元。(8-367)

8653　西游记
吴承恩著,王蕴纯改写,中国古典小说青少版,2012年1月。平装,32异,ISBN 978-7-02-008761-7,定价23.00元。(8-368)

8654　杨家将
熊大木著,齐仲澜改写,中国古典小说青少版,2012年1月。平装,32异,ISBN 978-7-02-008798-3,定价24.00元。(8-369)

8655　中国神话
赖惠凤改写,中国古典小说青少版,2012年1月。平装,32异,ISBN 978-7-02-008840-0,定价22.00元。(8-370)

8656　封神传
朱传誉改写,中国古典小说青少版,2012年1月。平装,32异,ISBN 978-7-02-008842-3,定价22.00元。(8-371)

8657　今古奇观
抱瓮老人编,林海音改写,中国古典小说青少版,2012年1月。平装,32异,ISBN 978-7-02-008817-7,定价22.00元。(8-372)

8658　小五义(上下)
石玉昆著,朱传誉改写,中国古典小说青少版,2012年1月。平装,32异,ISBN 978-7-02-008814-0,定价42.00元。(8-373)

8659　红楼梦(上下)
曹雪芹著,卓心玉改写,中国古典小说青少版,2012年1月。平装,32异,ISBN 978-7-02-008802-7,定价38.00元。(8-374)

8660　济公传(上下)
郭小亭著,陈秋帆改写,中国古典小说青少版,2012年1月。平装,32异,ISBN 978-7-02-008770-9,定价42.00元。(8-375)

8661　七侠五义
石玉昆著,杨政和改写,中国古典小说青少版,2012年1月。平装,32异,ISBN 978-7-02-008769-3,定价22.00元。(8-376)

8662　白蛇传
陈秋帆改写,中国古典小说青少版,2012年1月。平装,32异,ISBN 978-7-02-008841-6,定价22.00元。(8-377)

8663　郑和下西洋
罗懋登著,苏尚耀改写,中国古典小说青少版,2012年1月。平装,32异,ISBN 978-7-02-008839-3,定价22.00元。(8-378)

8664　月唐演义(上下)
郝艳霞、王润生著,陈秋帆改写,中国古典小说青少版,2012年1月。平装,32异,ISBN 978-7-02-008815-7,定价44.00元。(8-379)

8665　滑稽传奇
戎林改写,中国古典小说青少版,2012年1月。平装,32异,ISBN 978-7-02-008822-5,定价22.00元。(8-380)

8666　刺客传奇
蔡慧如改写,中国古典小说青少版,2012年1月。平装,32异,ISBN 978-7-02-008824-9,

定价 17.00 元。(8-381)

8667 水浒传

施耐庵、罗贯中著,黄得时改写,中国古典小说青少版,2012 年 1 月。平装,32 异,ISBN 978-7-02-008800-3,定价 23.00 元。(8-382)

8668 花木兰

陈秋帆改写,中国古典小说青少版,2012 年 1 月。平装,32 异,ISBN 978-7-02-008821-8,定价 23.00 元。(8-383)

8669 彭公案(上下)

贪梦道人著,陈秋帆改写,中国古典小说青少版,2012 年 1 月。平装,32 异,ISBN 978-7-02-008799-0,定价 44.00 元。(8-384)

8670 薛仁贵征东

朱传誉改写,中国古典小说青少版,2012 年 1 月。平装,32 异,ISBN 978-7-02-008855-3,定价 23.00 元。(8-385)

8671 乾隆游江南

施翠峰改写,中国古典小说青少版,2012 年 1 月。平装,32 异,ISBN 978-7-02-008910-9,定价 21.00 元。(8-386)

8672 薛丁山征西

朱传誉改写,中国古典小说青少版,2012 年 1 月。平装,32 异,ISBN 978-7-02-008766-2,定价 21.00 元。(8-387)

8673 王昭君

刘元孝改写,中国古典小说青少版,2012 年 1 月。平装,32 异,ISBN 978-7-02-008816-4,定价 20.00 元。(8-388)

8674 清官海瑞

洪小如改写,中国古典小说青少版,2012 年 1 月。平装,32 异,ISBN 978-7-02-008857-7,定价 20.00 元。(8-389)

8675 薛刚闹花灯

朱传誉改写,中国古典小说青少版,2012 年 1 月。平装,32 异,ISBN 978-7-02-008856-0,定价 22.00 元。(8-390)

8676 儒林外史

吴敬梓著,余小兰改写,中国古典小说青少版,2012 年 1 月。平装,32 异,ISBN 978-7-02-008771-6,定价 18.00 元。(8-391)

8677 施公案(上下)

佚名著,陈秋帆改写,中国古典小说青少版,2011 年 12 月。平装,32 异,ISBN 978-7-02-008909-3,定价 46.00 元。(8-392)

8678 唐人传奇

李云娇改写,中国古典小说青少版,2012 年 1 月。平装,32 异,ISBN 978-7-02-008867-6,定价 20.00 元。(8-393)

8679 大明英烈传

佚名著,苏尚耀改写,中国古典小说青少版,2012 年 1 月。平装,32 异,ISBN 978-7-02-008908-6,定价 23.00 元。(8-394)

8680 三国演义(上下)

罗贯中著,陈秋帆改写,中国古典小说青少版,2012 年 1 月。平装,32 异,ISBN 978-7-02-008753-2,定价 44.00 元。(8-395)

8681 儿女英雄传

文康著,林良改写,中国古典小说青少版,2012 年 1 月。平装,32 异,ISBN 978-7-02-008907-9,定价 21.00 元。(8-396)

8682 前汉演义(上下)

蔡东藩著,朱传誉改写,中国古典小说青少版,2012 年 1 月。平装,32 异,ISBN 978-7-02-008917-8,定价 44.00 元。(8-397)

8683 东周列国演义(上下)

朱传誉改写,中国古典小说青少版,2012 年 1 月。平装,32 异,ISBN 978-7-02-008906-2,定价 48.00 元。(8-398)

8684 镜花缘

李汝珍著,洪小如改写,中国古典小说青少版,2012 年 1 月。平装,32 异,ISBN 978-7-02-008801-0,定价 23.00 元。(8-399)

8685 好想养只小宠物

赵静著,我们班的那点事儿,2012 年 3 月。平装覆膜,国流 32 开,ISBN 978-7-02-008934-5,定价 17.00 元。2015 年 10 月收入我们班的那点事儿彩色插图本,平装覆膜,32 异,ISBN 978-7-02-010905-0,定价 25.00 元。(8-400)

8686 班主任是个大美女

赵静著,我们班的那点事儿,2012 年 3 月。平装覆膜,国流 32 开,ISBN 978-7-02-008928-4,定价 16.00 元。2015 年 10 月收入我们班的

那点事儿彩色插图本,平装覆膜,32异,ISBN 978-7-02-010907-4,定价25.00元。(8-401)

8687　我是一根筋?
赵静著,我们班的那点事儿,2012年3月。平装覆膜,国流32开,ISBN 978-7-02-008929-1,定价17.00元。2015年10月收入我们班的那点事儿彩色插图本,书名《谁说我是一根筋》,平装覆膜,32异,ISBN 978-7-02-010906-7,定价25.00元。(8-402)

8688　"体育王子"与"奥地利公主"
赵静著,我们班的那点事儿,2012年3月。平装覆膜,国流32开,ISBN 978-7-02-008927-7,定价16.00元。2015年10月收入我们班的那点事儿彩色插图本,书名《马飞飞和陆冰雪》,平装覆膜,32异,ISBN 978-7-02-010904-3,定价25.00元。(8-403)

8689　读了又读的童话　中国卷
严文井等著,我们班的那点事儿,2012年6月。平装,16异,ISBN 978-7-02-009049-5,定价32.00元。(8-404)

8690　命运城堡
解嬿嬿著,拉吉尔之书,2012年6月。平装覆膜,32开,ISBN 978-7-02-009187-4,定价22.00元。(8-405)

8691　疯狂的头发
李志伟著,开心学校趣事多,2012年7月。平装覆膜,国流32开,ISBN 978-7-02-009184-3,定价17.00元。(8-406)

8692　老爸的秘密
李志伟著,开心学校趣事多,2012年7月。平装覆膜,国流32开,ISBN 978-7-02-009185-0,定价17.00元。(8-407)

8693　变色人
李志伟著,开心学校趣事多,2012年7月。平装覆膜,国流32开,ISBN 978-7-02-009183-6,定价17.00元。(8-408)

8694　天上馅饼店
李志伟著,开心学校趣事多,2012年7月。平装覆膜,国流32开,ISBN 978-7-02-009186-7,定价17.00元。(8-409)

8695　阳光男生成长站
刷刷著,成长不烦恼:新一代知心姐姐亲密枕边书,2015年6月。平装覆膜,16异,ISBN 978-7-02-010465-9,定价32.00元。(8-410)

8696　男孩阿不
杜梅著,2012年11月。平装覆膜,国流32开,ISBN 978-7-02-009482-0,定价18.00元。(8-411)

8697　女孩范贝西
杜梅著,2012年11月。平装覆膜,国流32开,ISBN 978-7-02-009481-3,定价18.00元。(8-412)

8698　达尔文
萧秦编著,你从小应该知道的世界科学家和发明家,2013年7月。平装覆膜,16异,ISBN 978-7-02-009797-5,定价19.00元。(8-413)

8699　居里夫人
萧秦编著,你从小应该知道的世界科学家和发明家,2013年7月。平装覆膜,16异,ISBN 978-7-02-009798-2,定价19.00元。(8-414)

8700　牛顿
萧秦编著,你从小应该知道的世界科学家和发明家,2013年7月。平装覆膜,16异,ISBN 978-7-02-009792-0,定价19.00元。(8-415)

8701　爱迪生
萧秦编著,你从小应该知道的世界科学家和发明家,2013年7月。平装覆膜,16异,ISBN 978-7-02-009795-1,定价19.00元。(8-416)

8702　哥白尼
萧秦编著,你从小应该知道的世界科学家和发明家,2013年7月。平装覆膜,16异,ISBN 978-7-02-009794-4,定价19.00元。(8-417)

8703　瓦特
萧秦编著,你从小应该知道的世界科学家和发明家,2013年7月。平装覆膜,16异,ISBN 978-7-02-009796-8,定价19.00元。(8-418)

8704　爱因斯坦

萧秦编著,你从小应该知道的世界科学家和发明家,2013年7月。平装覆膜,16异,ISBN 978-7-02-009791-3,定价19.00元。(8-419)

8705　诺贝尔

萧秦编著,你从小应该知道的世界科学家和发明家,2013年7月。平装覆膜,16异,ISBN 978-7-02-009814-9,定价19.00元。(8-420)

8706　伽利略

文景编著,你从小应该知道的世界科学家和发明家,2013年7月。平装覆膜,16异,ISBN 978-7-02-009793-7,定价19.00元。(8-421)

8707　法拉第

萧秦编著,你从小应该知道的世界科学家和发明家,2013年7月。平装覆膜,16异,ISBN 978-7-02-009799-9,定价19.00元。(8-422)

8708　阳光女生成长站

刷刷著,成长不烦恼:新一代知心姐姐亲密枕边书,2015年6月。平装覆膜,16异,ISBN 978-7-02-010466-6,定价32.00元。(8-423)

8709　苦苓与瓦幸的魔法森林

苦苓著,2013年10月。平装,16异,ISBN 978-7-02-010082-8,定价39.80元。(8-424)

8710　苦苓的森林秘语

苦苓著,2013年10月。平装,16异,ISBN 978-7-02-010083-5,定价39.80元。(8-425)

8711　青苔街往事

杜梅著,2015年12月。平装,32异,ISBN 978-7-02-011292-0,定价24.00元。(8-426)

8712　狼獾河

黑鹤著,野草莓丛书,2014年8月。平装,国流32开,ISBN 978-7-02-010317-1,定价33.00元。(8-427)

8713　白狐迪拉与月亮石

陈佳同著,2014年9月。平装覆膜,16异,ISBN 978-7-02-010468-0,定价33.00元。2017年11月,插图版,平装覆膜,16异,ISBN 978-7-02-013320-8,定价36.00元。(8-428)

8714　不准带机器人上学

薛舟著,2015年11月。精装,16异,ISBN 978-7-02-011082-7,定价38.00元。(8-429)

8715　红蚂蚱　绿蚂蚱

李佩甫著,阿星绘,大作家写给小读者,2016年10月。平装覆膜,国流32开,ISBN 978-7-02-011886-1,定价23.00元。(8-430)

8716　拾婴记

苏童著,老墨绘,大作家写给小读者,2016年10月。平装覆膜,国流32开,ISBN 978-7-02-011882-3,定价19.00元。(8-431)

8717　鲁鲁

宗璞著,阿星绘,大作家写给小读者,2016年10月。平装覆膜,国流32开,ISBN 978-7-02-011884-7,定价19.00元。(8-432)

8718　花瓣饭

迟子建著,老墨绘,大作家写给小读者,2016年10月。平装覆膜,国流32开,ISBN 978-7-02-011887-8,定价20.00元。(8-433)

8719　格拉长大

阿来著,老鱼绘,大作家写给小读者,2016年10月。平装覆膜,国流32开,ISBN 978-7-02-011888-5,定价19.00元。(8-434)

8720　哭泣的小猫

叶兆言著,老鱼绘,大作家写给小读者,2016年10月。平装覆膜,国流32开,ISBN 978-7-02-011885-4,定价16.00元。(8-435)

8721　从神话走向文明

薛舟著,不一样的中国历史故事,2017年1月。平装覆膜,16异,ISBN 978-7-02-011621-8,定价39.00元。(8-436)

8722　封建制度的诞生

薛舟著,不一样的中国历史故事,2017年1月。平装覆膜,16异,ISBN 978-7-02-011626-3,定价38.00元。(8-437)

8723　礼崩乐坏的春秋

薛舟著,不一样的中国历史故事,2017年1月。平装覆膜,16异,ISBN 978-7-02-011622-5,定价36.00元。(8-438)

8724　齐桓晋文的霸业

薛舟著,不一样的中国历史故事,2017年1月。平装覆膜,16异,ISBN 978-7-02-011623-2,定价42.00元。(8-439)

8725 变法争鸣的战国
薛舟著,不一样的中国历史故事,2017年1月。平装覆膜,16异,ISBN 978-7-02-011624-9,定价36.00元。(8-440)

8726 历史选择了法家
薛舟著,不一样的中国历史故事,2017年1月。平装覆膜,16异,ISBN 978-7-02-011625-6,定价38.00元。(8-441)

8727 在他乡
杨雪婷著,99图像小说,2017年3月。精装,16异,ISBN 978-7-02-012195-3,定价60.00元。(8-442)

8728 我是谁
格子左左著,2017年5月。精装,16异,ISBN 978-7-02-012154-0,定价35.00元。(8-443)

8729 三只喵厨师
格子左左著,2017年5月。精装,16异,ISBN 978-7-02-012147-2,定价35.00元。(8-444)

8730 猫头鹰画家
格子左左著,2017年5月。精装,16异,ISBN 978-7-02-012129-8,定价35.00元。(8-445)

8731 我想和你在一起
格子左左著,2017年5月。精装,16异,ISBN 978-7-02-012150-2,定价35.00元。(8-446)

8732 树叶
马岱姝著,99图像小说,2017年5月。精装,16异,ISBN 978-7-02-012410-7,定价75.00元。(8-447)

8733 盛夏的翅膀
李维著,2017年11月。平装,32异,ISBN 978-7-02-013310-9,定价28.00元。(8-448)

8734 雪莲花的歌唱
于文胜著,2017年6月。平装,32异,ISBN 978-7-02-012911-9,定价42.00元。(8-449)

8735 汉书故事
郑昶、范作乘编,中华典籍故事,2018年3月。平装,大32开,ISBN 978-7-02-013572-1,定价35.00元。(8-450)

8736 搜神记神话 世说新语故事
吴克勤、郑昶编,中华典籍故事,2018年3月。平装,大32开,ISBN 978-7-02-013581-3,定价25.00元。(8-451)

8737 左传故事
朱文叔编,中华典籍故事,2018年3月。平装,大32开,ISBN 978-7-02-013579-0,定价25.00元。(8-452)

8738 吕氏春秋寓言 晏子春秋寓言
吕伯攸、喻守真编,中华典籍故事,2018年3月。平装,大32开,ISBN 978-7-02-013575-2,定价20.00元。(8-453)

8739 百喻经寓言
朱文叔编,中华典籍故事,2018年3月。平装,大32开,ISBN 978-7-02-013580-6,定价20.00元。(8-454)

8740 孟子寓言 韩非子寓言
喻守真、吕伯攸编,中华典籍故事,2018年3月。平装,大32开,ISBN 978-7-02-013574-5,定价20.00元。(8-455)

8741 史记故事
朱文叔编,中华典籍故事,2018年3月。平装,大32开,ISBN 978-7-02-013573-8,定价25.00元。(8-456)

8742 庄子寓言 列子寓言
吕伯攸、朱文叔编,中华典籍故事,2018年3月。平装,大32开,ISBN 978-7-02-013578-3,定价20.00元。(8-457)

8743 上古神话与史话
吕伯攸编,中华典籍故事,2018年3月。平装,大32开,ISBN 978-7-02-013577-6,定价25.00元。(8-458)

8744 中华成语故事
吕伯攸编,2018年3月。平装,大32开,ISBN 978-7-02-013569-1,定价39.00元。(8-459)

8745 经典咏流传·娃娃读诗
许文广、过彤主编,2018年5月。精装,16异,

ISBN 978-7-02-014135-7,定价58.00元。（8-460）

8746 中国传统家训选
赵伯陶选注,教育部统编《语文》推荐阅读丛书,2018年6月。平装覆膜,16异,ISBN 978-7-02-014255-2,定价24.00元。（8-461）

8747 奴儿
阎连科著,大作家写给小读者,2018年2月。平装覆膜,国流32开,ISBN 978-7-02-012774-0,定价25.00元。（8-462）

8748 黑鲨洋
张炜著,大作家写给小读者,2018年2月。平装覆膜,国流32开,ISBN 978-7-02-012740-5,定价29.00元。（8-463）

8749 我爱诗歌
99小诗人编委会编,2018年6月。精装,国流32开,ISBN 978-7-02-014130-2,定价59.00元。（8-464）

8750 孙膑 坐轮椅的军师
陈景聪著,名人传,2018年8月。平装,国流32开,ISBN 978-7-02-014282-8,定价28.00元。（8-465）

8751 林则徐 禁烟先锋
詹文维著,名人传,2018年8月。平装,国流32开,ISBN 978-7-02-014283-5,定价28.00元。（8-466）

8752 唐太宗 最能接受批评的皇帝
城菁汝著,2018年8月。平装,国流32开,ISBN 978-7-02-014298-9,定价28.00元。（8-467）

8753 秦始皇 一统中国
景崇兰著,名人传,2018年8月。平装,国流32开,ISBN 978-7-02-014293-4,定价28.00元。（8-468）

8754 雍正 评价两极的皇帝
王文华著,名人传,2018年8月。平装,国流32开,ISBN 978-7-02-014281-1,定价28.00元。（8-469）

8755 孔子 至圣先师
苏梅著,名人传,2018年9月。平装,国流32开,ISBN 978-7-02-014513-3,定价28.00元。（8-470）

8756 项羽 悲剧英雄
林佩欣著,名人传,2018年8月。平装,国流32开,ISBN 978-7-02-014296-5,定价28.00元。（8-471）

8757 高斯 观天测地的数学天才
赵继新著,名人传,2019年4月。平装,国流32开,ISBN 978-7-02-014933-9,定价28.00元。（8-472）

8758 康熙 开创康乾盛世
王文华著,名人传,2018年8月。平装,国流32开,ISBN 978-7-02-014295-8,定价28.00元。（8-473）

8759 诸葛亮 草庐中的智谋家
陈景聪著,名人传,2018年8月。平装,国流32开,ISBN 978-7-02-014295-8,定价28.00元。（8-474）

8760 忽必烈 纵马驰中原
李宜庭著,名人传,2018年8月。平装,国流32开,ISBN 978-7-02-014291-0,定价28.00元。（8-475）

8761 岳飞 鹏举的忠魂
廖炳焜著,名人传,2018年8月。平装,国流32开,ISBN 978-7-02-014292-7,定价28.00元。（8-476）

8762 韩信 忍小辱成大英雄
詹文维著,名人传,2018年8月。平装,国流32开,ISBN 978-7-02-014416-7,定价28.00元。（8-477）

8763 伍子胥 弃小义,雪大耻
林佑儒著,名人传,2018年8月。平装,国流32开,ISBN 978-7-02-014290-3,定价28.00元。（8-478）

8764 文天祥 正气永存
文淑菁著,名人传,2018年8月。平装,国流32开,ISBN 978-7-02-014286-6,定价28.00元。（8-479）

8765 张仪 舌灿莲花定天下
胡其瑞著,名人传,2018年8月。平装,国流32开,ISBN 978-7-02-014299-6,定价28.00元。（8-480）

8766 封神之兽
范先慧著,炎黄家族没有名字的人,2018年10

月。平装覆膜,国流 32 开,ISBN 978-7-02-014378-8,定价 38.00 元。(8-481)

8767 精灵之约
范先慧著,炎黄家族没有名字的人,2018 年 10 月。平装覆膜,国流 32 开,ISBN 978-7-02-014379-5,定价 38.00 元。(8-482)

8768 玩偶之家
范先慧著,炎黄家族没有名字的人,2018 年 10 月。平装覆膜,国流 32 开,ISBN 978-7-02-014364-1,定价 38.00 元。(8-483)

8769 汉武帝 开疆辟土
林佩欣著,名人传,2018 年 8 月。平装,国流 32 开,ISBN 978-7-02-014284-2,定价 28.00 元。(8-484)

8770 瓦特 伟大的工程师
潘震泽著,名人传,2019 年 4 月。平装,国流 32 开,ISBN 978-7-02-014917-9,定价 28.00 元。(8-485)

8771 诺贝尔 和平之友
余国英著,名人传,2019 年 4 月。平装,国流 32 开,ISBN 978-7-02-014960-5,定价 28.00 元。(8-486)

8772 爱迪生 发明大王
陈美琪著,名人传,2019 年 4 月。平装,国流 32 开,ISBN 978-7-02-014983-4,定价 28.00 元。(8-487)

8773 贝尔 听见了吗?
张燕风著,名人传,2019 年 4 月。平装,国流 32 开,ISBN 978-7-02-014931-5,定价 28.00 元。(8-488)

8774 法拉第 电学之父
徐孝华、杨慰亲著,名人传,2019 年 4 月。平装,国流 32 开,ISBN 978-7-02-014922-3,定价 28.00 元。(8-489)

8775 达尔文 进化论的奠基人
龚则韫著,名人传,2019 年 4 月。平装,国流 32 开,ISBN 978-7-02-014930-8,定价 28.00 元。(8-490)

8776 詹天佑 铁路巨擘
陈佩萱著,名人传,2019 年 4 月。平装,国流 32 开,ISBN 978-7-02-014982-7,定价 28.00 元。(8-491)

8777 巴斯德 微生物先知
郭永元著,名人传,2019 年 4 月。平装,国流 32 开,ISBN 978-7-02-014959-9,定价 28.00 元。(8-492)

8778 居里夫人 科学界的明珠
石家兴、简宛著,名人传,2019 年 4 月。平装,国流 32 开,ISBN 978-7-02-014984-1,定价 28.00 元。(8-493)

8779 孟德尔 迟来的掌声
陈又治著,名人传,2019 年 4 月。平装,国流 32 开,ISBN 978-7-02-014921-6,定价 28.00 元。(8-494)

8780 宋应星 百工科技的集成者
王宇清著,名人传,2019 年 4 月。平装,国流 32 开,ISBN 978-7-02-014919-3,定价 28.00 元。(8-495)

8781 爱因斯坦:天真可爱的物理天才
唐念祖著,名人传,2019 年 4 月。平装,国流 32 开,ISBN 978-7-02-014918-6,定价 28.00 元。(8-496)

8782 莱特兄弟 让梦想飞上天
齐飞著,名人传,2019 年 4 月。平装,国流 32 开,ISBN 978-7-02-014920-9,定价 28.00 元。(8-497)

8783 富兰克林 美国之父
孟丝著,名人传,2019 年 4 月。平装,国流 32 开,ISBN 978-7-02-014932-2,定价 28.00 元。(8-498)

8784 苏轼 千古风流人物
陈沛慈著,名人传,2019 年 7 月。平装,国流 32 开,ISBN 978-7-02-015144-8,定价 28.00 元。(8-499)

8785 亚历山大大帝 叱咤欧亚非三大陆
成彦邦、陈紫薇著,名人传,2019 年 7 月。平装,国流 32 开,ISBN 978-7-02-015103-5,定价 28.00 元。(8-500)

8786 维多利亚女王 王冠与品德
简学舜著,名人传,2019 年 7 月。平装,国流 32 开,ISBN 978-7-02-015117-2,定价 28.00 元。(8-501)

8787 白居易 乐天诗雄
高莉莉著,名人传,2019 年 7 月。平装,国流 32

开,ISBN 978-7-02-015141-7,定价 28.00 元。(8-502)

8788 丘吉尔 英国传奇首相
张让著,名人传,2019 年 7 月。平装,国流 32 开,ISBN 978-7-02-015106-6,定价 28.00 元。(8-503)

8789 命运之轮
范先慧著,炎黄家族没有名字的人,2018 年 10 月。平装,国流 32 开,ISBN 978-7-02-014363-4,定价 38.00 元。(8-504)

8790 华特·迪士尼 从米老鼠到梦幻王国
张燕风著,名人传,2019 年 7 月。平装,国流 32 开,ISBN 978-7-02-015119-6,定价 28.00 元。(8-505)

8791 海明威 爱冒险的酷文豪
姚嘉为著,名人传,2019 年 7 月。平装,国流 32 开,ISBN 978-7-02-015138-7,定价 28.00 元。(8-506)

8792 莎士比亚 吟诗的剧神
张纯瑛著,名人传,2019 年 7 月。平装,国流 32 开,ISBN 978-7-02-015120-2,定价 28.00 元。(8-507)

8793 安徒生 神秘花园中的精灵
简宛著,名人传,2019 年 7 月。平装,国流 32 开,ISBN 978-7-02-015114-1,定价 28.00 元。(8-508)

8794 南丁格尔 提灯天使
廖秀堇著,名人传,2019 年 7 月。平装,国流 32 开,ISBN 978-7-02-015104-2,定价 28.00 元。(8-509)

8795 列夫·托尔斯泰 暴风中的孤帆
韩秀著,名人传,2019 年 7 月。平装,国流 32 开,ISBN 978-7-02-015116-5,定价 28.00 元。(8-510)

8796 屈原 汨罗江畔的悲吟
郭怡汾著,名人传,2019 年 7 月。平装,国流 32 开,ISBN 978-7-02-015115-8,定价 28.00 元。(8-511)

8797 李白 欲上青天揽明月
杨子仪著,名人传,2019 年 7 月。平装,国流 32 开,ISBN 978-7-02-015125-7,定价 28.00 元。(8-512)

8798 施韦泽 人类爱的典范
赵淑侠著,名人传,2019 年 7 月。平装,国流 32 开,ISBN 978-7-02-015118-9,定价 28.00 元。(8-513)

8799 林肯 解放黑奴的美国总统
邱秀文著,名人传,2019 年 7 月。平装,国流 32 开,ISBN 978-7-02-015137-0,定价 28.00 元。(8-514)

8800 马克·吐温 文坛顽童
林丽雪著,名人传,2019 年 7 月。平装,国流 32 开,ISBN 978-7-02-015121-9,定价 28.00 元。(8-515)

8801 华盛顿 美国第一人
周邦贞著,名人传,2019 年 7 月。平装,国流 32 开,ISBN 978-7-02-015124-0,定价 28.00 元。(8-516)

8802 富兰克林·罗斯福 新政先生
李民安著,名人传,2019 年 7 月。平装,国流 32 开,ISBN 978-7-02-015105-9,定价 28.00 元。(8-517)

8803 拿破仑 科西嘉战神
韩秀著,名人传,2019 年 7 月。平装,国流 32 开,ISBN 978-7-02-015142-4,定价 28.00 元。(8-518)

8804 一棵行走的树
王璐琪著,王璐琪少年小说系列,2020 年 1 月。平装,国流 32 开,ISBN 978-7-02-012567-8,定价 39.00 元。(8-519)

8805 妹妹脸上的巴掌印
王璐琪著,王璐琪少年小说系列,2020 年 1 月。平装,国流 32 开,ISBN 978-7-02-012974-4,定价 39.00 元。(8-520)

8806 雪的国
王璐琪著,王璐琪少年小说系列,2020 年 1 月。平装,国流 32 开,ISBN 978-7-02-015395-4,定价 39.00 元。(8-521)

8807 肌理
王璐琪著,王璐琪少年小说系列,2020 年 1 月。平装,国流 32 开,ISBN 978-7-02-012472-5,定价 39.00 元。(8-522)

8808 奶奶的星星

史铁生著,大作家写给小读者,2020 年 8 月。平装,国流 32 开,ISBN 978-7-02-012762-7,定价 39.00 元。(8-532)

8809 永远的信天翁
刘克襄著,刘克襄动物故事,2020 年 9 月。平装,32 异,ISBN 978-7-02-014365-8,定价 35.00 元。(8-533)

8810 风鸟皮诺查
刘克襄著,刘克襄动物故事,2020 年 9 月。平装,32 异,ISBN 978-7-02-014366-5,定价 35.00 元。(8-534)

8811 座头鲸赫连么么
刘克襄著,刘克襄动物故事,2020 年 10 月。平装,32 异,ISBN 978-7-02-014207-1,定价 39.00 元。(8-535)

8812 野狗之丘
刘克襄著,刘克襄动物故事,2020 年 9 月。平装,32 异,ISBN 978-7-02-014203-3,定价 55.00 元。(8-536)

人民文学出版社
天天出版社 图书

其他

8813 美猴王·小石猴篇 1·石猴出世
天天出版社改编,《美猴王》系列动画图书,2009 年 8 月。平装覆膜,32 异,ISBN 978-7-5016-0211-7,定价 12.00 元。(T71-1)

8814 美猴王·小石猴篇 2·灵芝仙草
天天出版社改编,《美猴王》系列动画图书,2009 年 8 月。平装覆膜,32 异,ISBN 978-7-5016-0209-4,定价 12.00 元。(T71-2)

8815 美猴王·小石猴篇 3·树叶耳朵
天天出版社改编,《美猴王》系列动画图书,2009 年 8 月。平装覆膜,32 异,ISBN 978-7-5016-0210-0,定价 12.00 元。(T71-3)

8816 美猴王·小石猴篇 4·水帘仙洞
天天出版社改编,《美猴王》系列动画图书,2009 年 8 月。平装覆膜,32 异,ISBN 978-7-5016-0208-7,定价 12.00 元。(T71-4)

8817 美猴王·小石猴篇 5·猴王之争
天天出版社改编,《美猴王》系列动画图书,2009 年 8 月。平装覆膜,32 异,ISBN 978-7-5016-0207-0,定价 12.00 元。(T71-5)

8818 美猴王·孙悟空篇 1·出海寻师
天天出版社改编,《美猴王》系列动画图书,2010 年 1 月。平装覆膜,32 异,ISBN 978-7-5016-0249-0,定价 12.00 元。(T71-6)

8819 美猴王·孙悟空篇 2·仙山受阻
天天出版社改编,《美猴王》系列动画图书,2010 年 1 月。平装覆膜,32 异,ISBN 978-7-5016-0249-0,定价 12.00 元。(T71-7)

8820 美猴王·孙悟空篇 3·石猴得名
天天出版社改编,《美猴王》系列动画图书,2010 年 1 月。平装覆膜,32 异,ISBN 978-7-5016-0251-3,定价 12.00 元。(T71-8)

8821 美猴王·孙悟空篇 4·祖师授艺
天天出版社改编,《美猴王》系列动画图书,2010 年 1 月。平装覆膜,32 异,ISBN 978-7-5016-0252-0,定价 12.00 元。(T71-9)

8822 美猴王·孙悟空篇 5·王者归来
天天出版社改编,《美猴王》系列动画图书,2010 年 1 月。平装覆膜,32 异,ISBN 978-7-5016-0248-3,定价 12.00 元。(T71-10)

8823 美猴王·金甲猴王篇 1·初显神威
天天出版社改编,《美猴王》系列动画图书,2010 年 2 月。平装覆膜,32 异,ISBN 978-7-5016-0272-8,定价 12.00 元。(T71-11)

8824 美猴王·金甲猴王篇 2·如意金箍棒
天天出版社改编,《美猴王》系列动画图书,2010 年 2 月。平装覆膜,32 异,ISBN 978-7-5016-0271-1,定价 12.00 元。(T71-12)

8825 美猴王·金甲猴王篇 3·大闹阎罗殿
天天出版社改编,《美猴王》系列动画图书,2010 年 2 月。平装覆膜,32 异,ISBN 978-7-5016-0270-4,定价 12.00 元。(T71-13)

8826 美猴王·金甲猴王篇 4·计退天兵
天天出版社改编,《美猴王》系列动画图书,2010 年 2 月。平装覆膜,32 异,ISBN 978-7-5016-0269-8,定价 12.00 元。(T71-14)

8827 美猴王·金甲猴王篇 5·天庭授命
天天出版社改编,《美猴王》系列动画图书,2010 年 2 月。平装覆膜,32 异,ISBN 978-7-5016-0268-1,定价 12.00 元。(T71-15)

8828 美猴王·齐天大圣篇 1·齐天大圣

天天出版社改编,《美猴王》系列动画图书,2010 年 7 月。平装覆膜,32 异,ISBN 978-7-5016-0267-4,定价 12.00 元。(T71-16)

8829 美猴王·齐天大圣篇 2·大闹天宫
天天出版社改编,《美猴王》系列动画图书,2010 年 7 月。平装覆膜,32 异,ISBN 978-7-5016-0266-7,定价 12.00 元。(T71-17)

8830 美猴王·齐天大圣篇 3·丹炉修炼
天天出版社改编,《美猴王》系列动画图书,2010 年 7 月。平装覆膜,32 异,ISBN 978-7-5016-0265-0,定价 12.00 元。(T71-18)

8831 美猴王·齐天大圣篇 4·真假猴王
天天出版社改编,《美猴王》系列动画图书,2010 年 7 月。平装覆膜,32 异,ISBN 978-7-5016-0264-3,定价 12.00 元。(T71-19)

8832 美猴王·齐天大圣篇 5·火眼金睛
天天出版社改编,《美猴王》系列动画图书,2010 年 7 月。平装覆膜,32 异,ISBN 978-7-5016-0263-6,定价 12.00 元。(T71-20)

8833 外星男孩 小巫婆真美丽
汤素兰著,天天童话城堡·汤素兰童话花园,2009 年 11 月。平装覆膜,16 异,ISBN 978-7-5016-0225-4,定价 23.00 元。(T24-1)

8834 月亮花
汤素兰著,天天童话城堡·汤素兰童话花园,2009 年 11 月。平装覆膜,16 异,ISBN 978-7-5016-0224-7,定价 24.00 元。(T24-2)

8835 蓝狐狸 寻找快乐岛
汤素兰著,天天童话城堡·汤素兰童话花园,2009 年 11 月。平装覆膜,16 异,ISBN 978-7-5016-0226-1,定价 24.00 元。(T24-3)

8836 笨狼的学校生活 笨狼旅行记
汤素兰著,天天童话城堡·汤素兰童话花园,2009 年 11 月。平装覆膜,16 异,ISBN 978-7-5016-0229-2,定价 23.00 元。(T24-4)

8837 笨狼和他的爸爸妈妈 笨狼和他的朋友们
汤素兰著,天天童话城堡·汤素兰童话花园,2009 年 11 月。平装覆膜,16 异,ISBN 978-7-5016-0230-8,定价 24.00 元。(T24-5)

8838 小老虎历险记 恐龙的朋友
汤素兰著,天天童话城堡·汤素兰童话花园,2009 年 11 月。平装覆膜,16 异,ISBN 978-7-5016-0227-8,定价 23.00 元。(T24-6)

8839 阁楼精灵 男孩木里外传
汤素兰著,天天童话城堡·汤素兰童话花园,2009 年 11 月。平装覆膜,16 异,ISBN 978-7-5016-0228-5,定价 24.00 元。(T24-7)

8840 雨人
金波著,中国当代获奖儿童文学作家书系,2010 年 4 月。平装覆膜,国流 32 开,ISBN 978-7-5016-0253-7,定价 19.00 元。(T24-8)

8841 骄傲的风筝
樊发稼著,中国当代获奖儿童文学作家书系,2010 年 4 月。平装覆膜,国流 32 开,ISBN 978-7-5016-0260-5,定价 19.00 元。(T24-9)

8842 飘飘市长
葛冰著,中国当代获奖儿童文学作家书系,2010 年 4 月。平装覆膜,国流 32 开,ISBN 978-7-5016-0257-5,定价 19.00 元。(T24-10)

8843 红鞋子
汤素兰著,中国当代获奖儿童文学作家书系,2010 年 4 月。平装覆膜,国流 32 开,ISBN 978-7-5016-0255-1,定价 18.00 元。(T24-11)

8844 晚安,我的星星
冰波著,中国当代获奖儿童文学作家书系,2010 年 4 月。平装覆膜,国流 32 开,ISBN 978-7-5016-0258-2,定价 18.00 元。(T24-12)

8845 冰小鸭的春天
孙幼军著,中国当代获奖儿童文学作家书系,2010 年 4 月。平装覆膜,国流 32 开,ISBN 978-7-5016-0254-4,定价 18.00 元。(T24-13)

8846 大头鱼在雨天和晴天
王一梅著,中国当代获奖儿童文学作家书系,2010 年 4 月。平装覆膜,国流 32 开,ISBN 978-7-5016-0256-8,定价 18.00 元。(T24-14)

8847 锯成两半儿的月亮

张秋生著,中国当代获奖儿童文学作家书系,2010 年 4 月。平装覆膜,国流 32 开,ISBN 978 - 7 - 5016 - 0262 - 8,定价 19.00 元。(T24-15)

8848　亲爱的笨笨猪
杨红樱著,杨红樱童话手绘完全本,2010 年 4 月。平装覆膜,16 开,ISBN 978 - 7 - 5016 - 0221-6,定价 18.50 元。2013 年 5 月收入杨红樱童话,平装覆膜,16 异,ISBN 978 - 7 - 5016 - 0730-3,定价 19.00 元。(T24-16)

8849　神秘的女老师
杨红樱著,杨红樱童话手绘完全本,2010 年 4 月。平装覆膜,16 开,ISBN 978 - 7 - 5016 - 0222-3,定价 19.50 元。2013 年 5 月收入杨红樱童话,平装覆膜,16 异,ISBN 978 - 7 - 5016 - 0729-7,定价 20.00 元。(T24-17)

8850　鼹鼠妈妈讲故事
杨红樱著,杨红樱童话手绘完全本,2010 年 4 月。平装覆膜,16 开,ISBN 978 - 7 - 5016 - 0215-5,定价 19.50 元。2013 年 5 月收入杨红樱童话,平装覆膜,16 异,ISBN 978 - 7 - 5016 - 0736-5,定价 20.00 元。(T24-18)

8851　骆驼爸爸讲故事
杨红樱著,杨红樱童话手绘完全本,2010 年 4 月。平装覆膜,16 开,ISBN 978 - 7 - 5016 - 0214-8,定价 19.50 元。2013 年 5 月收入杨红樱童话,平装覆膜,16 异,ISBN 978 - 7 - 5016 - 0737-2,定价 20.00 元。(T24-19)

8852　鸡蛋里的悄悄话
杨红樱著,杨红樱童话手绘完全本,2010 年 4 月。平装覆膜,16 开,ISBN 978 - 7 - 5016 - 0213-1,定价 18.50 元。2013 年 5 月收入杨红樱童话,平装覆膜,16 异,ISBN 978 - 7 - 5016 - 0738-9,定价 19.00 元。(T24-20)

8853　那个骑轮箱来的蜜儿
杨红樱著,杨红樱童话手绘完全本,2010 年 4 月。平装覆膜,16 开,ISBN 978 - 7 - 5016 - 0223-0,定价 19.50 元。2013 年 5 月收入杨红樱童话,平装覆膜,16 异,ISBN 978 - 7 - 5016 - 0728-0,定价 20.00 元。(T24-21)

8854　没有尾巴的狼
杨红樱著,杨红樱童话手绘完全本,2010 年 4 月。平装覆膜,16 开,ISBN 978 - 7 - 5016 - 0220-9,定价 19.50 元。2013 年 5 月收入杨红樱童话,平装覆膜,16 异,ISBN 978 - 7 - 5016 - 0731-0,定价 20.00 元。(T24-22)

8855　森林谜案
杨红樱著,杨红樱童话手绘完全本,2010 年 4 月。平装覆膜,16 开,ISBN 978 - 7 - 5016 - 0216-2,定价 19.50 元。2013 年 5 月收入杨红樱童话,平装覆膜,16 异,ISBN 978 - 7 - 5016 - 0735-8,定价 20.00 元。(T24-23)

8856　流浪狗和流浪猫
杨红樱著,杨红樱童话手绘完全本,2010 年 4 月。平装覆膜,16 开,ISBN 978 - 7 - 5016 - 0219-3,定价 18.50 元。2013 年 5 月收入杨红樱童话,平装覆膜,16 异,ISBN 978 - 7 - 5016 - 0732-7,定价 19.00 元。(T24-24)

8857　寻找美人鱼
杨红樱著,杨红樱童话手绘完全本,2010 年 4 月。平装覆膜,16 开,ISBN 978 - 7 - 5016 - 0218-6,定价 19.50 元。2013 年 5 月收入杨红樱童话,平装覆膜,16 异,ISBN 978 - 7 - 5016 - 0733-4,定价 20.00 元。(T24-25)

8858　猫头鹰开宴会
杨红樱著,杨红樱童话手绘完全本,2010 年 4 月。平装覆膜,16 开,ISBN 978 - 7 - 5016 - 0217-9,定价 18.50 元。2013 年 5 月收入杨红樱童话,平装覆膜,16 异,ISBN 978 - 7 - 5016 - 0734-1,定价 19.00 元。(T24-26)

8859　七个小淘气
杨红樱著,杨红樱童话手绘完全本,2010 年 4 月。平装覆膜,16 开,ISBN 978 - 7 - 5016 - 0212-4,定价 18.50 元。2013 年 5 月收入杨红樱童话,平装覆膜,16 异,ISBN 978 - 7 - 5016 - 0739-6,定价 19.00 元。(T24-27)

8860　霍去病的马
张弘著,中国当代获奖儿童文学作家书系,2010 年 6 月。平装覆膜,国流 32 开,ISBN 978 - 7 - 5016 - 0291 - 9,定价 18.00 元。(T24-28)

8861　北极公主
保冬妮著,中国当代获奖儿童文学作家书系,2010 年 6 月。平装覆膜,国流 32 开,ISBN

978-7-5016-0284-1,定价 19.00 元。（T24-29）

8862 傻鸭子欧巴儿
张之路著,天天典藏·张之路,2010 年 8 月。平装覆膜,国流 32 开,ISBN 978-7-5016-0298-8,定价 11.80 元。2012 年 1 月,平装覆膜,32 开,ISBN 978-7-5016-0534-7,定价 15.00 元。（T24-30）

8863 奇怪的纸牌
张之路著,天天典藏·张之路,2010 年 8 月。平装覆膜,国流 32 开,ISBN 978-7-5016-0297-1,定价 12.50 元。2012 年 1 月,平装覆膜,32 开,ISBN 978-7-5016-0535-4,定价 16.00 元。（T24-31）

8864 魏吴游戏机大战
周锐著,周锐绝对幽默系列,2010 年 9 月。平装覆膜,国流 32 开,ISBN 978-7-5016-0306-0,定价 15.00 元。（T24-32）

8865 爸爸变成肉包子
周锐著,周锐绝对幽默系列,2010 年 9 月。平装覆膜,国流 32 开,ISBN 978-7-5016-0304-6,定价 15.00 元。（T24-33）

8866 皇甫宠物馆
周锐著,周锐绝对幽默系列,2010 年 9 月。平装覆膜,国流 32 开,ISBN 978-7-5016-0305-3,定价 15.00 元。（T24-34）

8867 猎人海力布
黄蓓佳著,天天典藏·黄蓓佳,2011 年 1 月。平装覆膜,国流 32 开,ISBN 978-7-5016-0317-6,定价 18.00 元。（T24-35）

8868 含羞草
黄蓓佳著,天天典藏·黄蓓佳,2011 年 1 月。平装覆膜,国流 32 开,ISBN 978-7-5016-0319-0,定价 16.00 元。（T24-36）

8869 住在橘子里的仙女
黄蓓佳著,天天典藏·黄蓓佳,2011 年 1 月。平装覆膜,国流 32 开,ISBN 978-7-5016-0318-3,定价 16.00 元。（T24-37）

8870 北极公主
保冬妮著,保冬妮奇幻书屋,2011 年 1 月。平装覆膜,16 开,ISBN 978-7-5016-0346-6,定价 25.00 元。（T24-38）

8871 丽丽的蛋糕屋
保冬妮著,保冬妮奇幻书屋,2011 年 1 月。平装覆膜,16 开,ISBN 978-7-5016-0340-4,定价 28.00 元。（T24-39）

8872 狐仙妮妮
保冬妮著,保冬妮奇幻书屋,2011 年 1 月。平装覆膜,16 开,ISBN 978-7-5016-0345-9,定价 25.00 元。（T24-40）

8873 屎壳郎先生波比拉
保冬妮著,保冬妮奇幻书屋,2011 年 1 月。平装覆膜,16 开,ISBN 978-7-5016-0347-3,定价 25.00 元。（T24-41）

8874 小狗巴罗和米拉
保冬妮著,保冬妮奇幻书屋,2011 年 1 月。平装覆膜,16 开,ISBN 978-7-5016-0344-2,定价 25.00 元。（T24-42）

8875 米兰小游星
保冬妮著,保冬妮奇幻书屋,2011 年 1 月。平装覆膜,16 开,ISBN 978-7-5016-0342-8,定价 25.00 元。（T24-43）

8876 魔法少女
保冬妮著,保冬妮奇幻书屋,2011 年 1 月。平装覆膜,16 开,ISBN 978-7-5016-0343-5,定价 25.00 元。（T24-44）

8877 月亮船
保冬妮著,保冬妮奇幻书屋,2011 年 1 月。平装覆膜,16 开,ISBN 978-7-5016-0338-1,定价 22.00 元。（T24-45）

8878 小猴哈里流浪记
鲁克著,中国当代获奖儿童文学作家书系,2011 年 6 月。平装覆膜,国流 32 开,ISBN 978-7-5016-0388-6,定价 19.00 元。（T24-46）

8879 枫叶女孩
李东华著,中国当代获奖儿童文学作家书系,2011 年 6 月。平装覆膜,国流 32 开,ISBN 978-7-5016-0393-0,定价 18.00 元。（T24-47）

8880 半夜的星星会说话
王巨成著,中国当代获奖儿童文学作家书系,2011 年 6 月。平装覆膜,国流 32 开,ISBN 978-7-5016-0395-4,定价 19.00 元。

(T24-48)

8881　会飞的小鹿
葛翠琳著,天天典藏·葛翠琳,2011年6月。平装覆膜,16开,ISBN 978-7-5016-0349-7,定价19.00元。(T24-49)

8882　进过天堂的孩子
葛翠琳著,天天典藏·葛翠琳,2011年6月。平装覆膜,16开,ISBN 978-7-5016-0352-7,定价19.00元。(T24-50)

8883　山林童话
葛翠琳著,天天典藏·葛翠琳,2011年6月。平装覆膜,16开,ISBN 978-7-5016-0353-4,定价19.00元。(T24-51)

8884　鸟孩儿
葛翠琳著,天天典藏·葛翠琳,2011年6月。平装覆膜,16开,ISBN 978-7-5016-0354-1,定价18.00元。(T24-52)

8885　野葡萄
葛翠琳著,天天典藏·葛翠琳,2011年6月。平装覆膜,16开,ISBN 978-7-5016-0350-3,定价19.00元。(T24-53)

8886　翻跟头的小木偶
葛翠琳著,天天典藏·葛翠琳,2011年6月。平装覆膜,16开,ISBN 978-7-5016-0351-0,定价19.00元。(T24-54)

8887　幸运明星
葛翠琳著,天天典藏·葛翠琳,2011年6月。平装覆膜,16开,ISBN 978-7-5016-0355-8,定价19.00元。(T24-55)

8888　最丑的美男儿
葛翠琳著,天天典藏·葛翠琳,2011年6月。平装覆膜,16开,ISBN 978-7-5016-0356-5,定价18.00元。(T24-56)

8889　会唱歌的画像
葛翠琳著,天天典藏·葛翠琳,2011年6月。平装覆膜,16开,ISBN 978-7-5016-0357-2,定价18.00元。(T24-57)

8890　雨雨的桃花源
葛冰著,冰之屋的童话汤,2011年9月。软精,32开,ISBN 978-7-5016-0490-6,定价18.00元。(T24-58)

8891　明天树上长橘子
安武林著,安武林作品·"金蜘蛛"诗意童心系列,2011年9月。平装覆膜,32开,ISBN 978-7-5016-0497-5,定价17.00元。(T24-59)

8892　挂在月亮上的秋千
安武林著,安武林作品·"金蜘蛛"诗意童心系列,2011年9月。平装覆膜,32开,ISBN 978-7-5016-0499-9,定价17.00元。(T24-60)

8893　烟斗里的星星
安武林著,安武林作品·"金蜘蛛"诗意童心系列,2011年9月。平装覆膜,32开,ISBN 978-7-5016-0498-2,定价17.00元。(T24-61)

8894　菊花小巫婆
安武林著,安武林作品·"金蜘蛛"诗意童心系列,2011年9月。平装覆膜,32开,ISBN 978-7-5016-0496-8,定价17.00元。(T24-62)

8895　姥姥躲在牙齿里
汤汤著,彩精灵童话,2012年1月。平装覆膜,32异,ISBN 978-7-5016-0527-9,定价16.00元。(T24-63)

8896　暖暖莲
汤汤著,彩精灵童话,2012年1月。平装覆膜,32异,ISBN 978-7-5016-0526-9,定价16.00元。(T24-64)

8897　六十楼的土土土
汤汤著,彩精灵童话,2012年1月。平装覆膜,32异,ISBN 978-7-5016-0525-5,定价16.00元。(T24-65)

8898　老树精婆婆的七彩头发
汤汤著,彩精灵童话,2012年1月。平装覆膜,32异,ISBN 978-7-5016-0524-8,定价16.00元。(T24-66)

8899　小懒猪买鸡蛋
樊发稼著,中国当代获奖儿童文学作家书系拼音版,2012年1月。平装覆膜,32开,ISBN 978-7-5016-0468-5,定价15.80元。(T24-67)

8900　钓太阳
王宜振著,中国当代获奖儿童文学作家书系拼音版,2012年1月。平装覆膜,32开,ISBN 978-7-5016-0467-8,定价15.80元。(T24-68)

8901　栗子狗来了

葛冰著,中国当代获奖儿童文学作家书系拼音版,2012年1月。平装覆膜,32开,ISBN 978-7-5016-0462-3,定价15.80元。(T24-69)

- **8902** 戴领结的鹅

金曾豪著,中国当代获奖儿童文学作家书系拼音版,2012年1月。平装覆膜,32开,ISBN 978-7-5016-0464-7,定价15.80元。(T24-70)

- **8903** 蓝星星的网兜

张秋生著,中国当代获奖儿童文学作家书系拼音版,2012年1月。平装覆膜,32开,ISBN 978-7-5016-0460-9,定价15.80元。(T24-71)

- **8904** 山大王和小小鸟

冰波著,中国当代获奖儿童文学作家书系拼音版,2012年1月。平装覆膜,32开,ISBN 978-7-5016-0463-0,定价15.80元。(T24-72)

- **8905** 贝壳鸟

王一梅著,中国当代获奖儿童文学作家书系拼音版,2012年1月。平装覆膜,32开,ISBN 978-7-5016-0466-1,定价15.80元。(T24-73)

- **8906** 怪雨伞

孙幼军著,中国当代获奖儿童文学作家书系拼音版,2012年1月。平装覆膜,32开,ISBN 978-7-5016-0469-2,定价15.80元。(T24-74)

- **8907** 云朵棉花糖

汤素兰,中国当代获奖儿童文学作家书系拼音版,2012年1月。平装覆膜,32开,ISBN 978-7-5016-0465-4,定价15.80元。(T24-75)

- **8908** 一片树叶变呀变

金波著,中国当代获奖儿童文学作家书系拼音版,2012年1月。平装覆膜,32开,ISBN 978-7-5016-0461-6,定价15.80元。(T24-76)

- **8909** 月亮生病了

鲁冰著,鲁冰花园,2012年4月。平装,32开,ISBN 978-7-5016-0577-4,定价18.00元。(T24-77)

- **8910** 最亮的眼睛

鲁冰著,鲁冰花园,2012年4月。平装,32开,ISBN 978-7-5016-0578-1,定价18.00元。(T24-78)

- **8911** 金色小提琴

鲁冰著,鲁冰花园,2012年4月。平装,32开,ISBN 978-7-5016-0575-0,定价18.00元。(T24-79)

- **8912** 小鸟快飞

鲁冰著,鲁冰花园,2012年4月。平装,32开,ISBN 978-7-5016-0579-8,定价17.00元。(T24-80)

- **8913** 鼠皮皮的小快乐

葛冰著,冰之屋的童话汤,2012年6月。软精,32异,ISBN 978-7-5016-0643-6,定价16.00元。(T24-81)

- **8914** 蒲家花园的狐狸

葛冰著,冰之屋的童话汤,2012年6月。软精,32异,ISBN 978-7-5016-0638-2,定价18.00元。(T24-82)

- **8915** 一群美丽的妖怪

葛冰著,冰之屋的童话汤,2012年6月。软精,32异,ISBN 978-7-5016-0639-9,定价17.00元。(T24-83)

- **8916** 春天在哪里

葛翠琳著,天天典藏·葛翠琳,2012年7月。平装覆膜,16开,ISBN 978-7-5016-0615-3,定价18.00元。(T24-84)

- **8917** 小路字典

葛翠琳著,天天典藏·葛翠琳,2012年7月。平装覆膜,16开,ISBN 978-7-5016-0616-0,定价17.00元。(T24-85)

- **8918** 知知大叫的桃树

毛芦芦著,薛瑾插图,毛芦芦"亲爱的小狼大傻",2012年7月。平装覆膜,32开,ISBN 978-7-5016-0640-5,定价15.00元。(T24-86)

- **8919** 秋千上的怪物

毛芦芦著,薛瑾插图,毛芦芦"亲爱的小狼大傻",2012年7月。平装覆膜,32开,ISBN 978-7-5016-0642-9,定价15.00元。(T24-87)

- **8920** 神奇的大钟

毛芦芦著,薛瑾插图,毛芦芦"亲爱的小狼大傻",2012年7月。平装覆膜,32开,ISBN 978-7-5016-0641-2,定价15.00元。(T24-88)

8921 没有鼻子的小狗
孙幼军著,天天典藏·孙幼军,2012年7月。平装覆膜,国流32开,ISBN 978-7-5016-0641-2,定价15.00元。(T24-89)

8922 亭亭的童话
孙幼军著,天天典藏·孙幼军,2012年7月。平装覆膜,国流32开,ISBN 978-7-5016-0617-7,定价15.00元。(T24-90)

8923 怪老头儿的"豹子"
孙幼军著,天天典藏·孙幼军,2012年7月。平装覆膜,国流32开,ISBN 978-7-5016-0620-7,定价14.00元。(T24-91)

8924 怪老头儿与"怪人国"
孙幼军著,天天典藏·孙幼军,2012年7月。平装覆膜,国流32开,ISBN 978-7-5016-0621-4,定价15.00元。(T24-92)

8925 国王蛇
孙幼军著,天天典藏·孙幼军,2012年7月。平装覆膜,国流32开,ISBN 978-7-5016-0624-5,定价15.00元。(T24-93)

8926 深夜里的玩具店
孙幼军著,天天典藏·孙幼军,2012年7月。平装覆膜,国流32开,ISBN 978-7-5016-0618-4,定价15.00元。(T24-94)

8927 蓝舌头
孙幼军著,天天典藏·孙幼军,2012年7月。平装覆膜,国流32开,ISBN 978-7-5016-0623-8,定价14.00元。(T24-95)

8928 熊猫小弟
孙幼军著,天天典藏·孙幼军,2012年7月。平装覆膜,国流32开,ISBN 978-7-5016-0619-1,定价15.00元。(T24-96)

8929 寻找快乐岛
汤素兰著,红鞋子童话,2013年4月。平装覆膜,32异,ISBN 978-7-5016-0655-9,定价22.00元。(T24-97)

8930 苹果王子
汤素兰著,红鞋子童话,2013年4月。平装覆膜,32异,ISBN 978-7-5016-0654-9,定价19.00元。(T24-98)

8931 笨狼和他的爸爸妈妈
汤素兰著,红鞋子童话,2013年4月。平装覆膜,32异,ISBN 978-7-5016-0662-7,定价17.00元。(T24-99)

8932 笨狼和他的朋友们
汤素兰著,红鞋子童话,2013年4月。平装覆膜,32异,ISBN 978-7-5016-0658-0,定价20.00元。(T24-100)

8933 月亮花
汤素兰著,红鞋子童话,2013年4月。平装覆膜,32异,ISBN 978-7-5016-0653-5,定价19.00元。(T24-101)

8934 蓝狐狸
汤素兰著,红鞋子童话,2013年4月。平装覆膜,32异,ISBN 978-7-5016-0657-3,定价22.00元。(T24-102)

8935 笨狼的学校生活
汤素兰著,红鞋子童话,2013年4月。平装覆膜,32异,ISBN 978-7-5016-0659-7,定价18.00元。(T24-103)

8936 笨狼旅行记
汤素兰著,红鞋子童话,2013年4月。平装覆膜,32异,ISBN 978-7-5016-0660-3,定价17.00元。(T24-104)

8937 外星男孩
汤素兰著,红鞋子童话,2013年4月。平装覆膜,32异,ISBN 978-7-5016-0652-8,定价18.00元。(T24-105)

8938 阁楼精灵
汤素兰著,红鞋子童话,2013年4月。平装覆膜,32异,ISBN 978-7-5016-0651-1,定价17.00元。(T24-106)

8939 小老虎历险记
汤素兰著,红鞋子童话,2013年4月。平装覆膜,32异,ISBN 978-7-5016-0656-6,定价20.00元。(T24-107)

8940 小巫婆真美丽
汤素兰著,红鞋子童话,2013年4月。平装覆膜,32异,ISBN 978-7-5016-0651-0,定价22.00元。(T24-108)

8941 丁丁的一次奇怪旅行

严文井著,中国现当代名家儿童文学典藏书系,2013年6月。平装覆膜,32开,ISBN 978-7-5016-0675-7,定价20.00元。(T24-109)

8942　长脖子熊的故事
张秋生著,天天典藏·张秋生,2013年7月。平装,32开,ISBN 978-7-5016-0755-6,定价20.00元。(T24-110)

8943　狮子饭店的毛驴厨师
张秋生著,天天典藏·张秋生,2013年7月。平装,32开,ISBN 978-7-5016-0758-7,定价20.00元。(T24-111)

8944　骑在拖把上的巫婆
张秋生著,天天典藏·张秋生,2013年7月。平装,32开,ISBN 978-7-5016-0753-2,定价19.00元。(T24-112)

8945　躲在树上的雨
张秋生著,天天典藏·张秋生,2013年7月。平装,32开,ISBN 978-7-5016-0756-3,定价20.00元。(T24-113)

8946　锁在保险箱里的怪物
张秋生著,天天典藏·张秋生,2013年7月。平装,32开,ISBN 978-7-5016-0760-0,定价20.00元。(T24-114)

8947　坐在树杈上的月亮
张秋生著,天天典藏·张秋生,2013年7月。平装,32开,ISBN 978-7-5016-0754-9,定价19.00元。(T24-115)

8948　狮子窗外的白云
张秋生著,天天典藏·张秋生,2013年7月。平装,32开,ISBN 978-7-5016-0757-0,定价20.00元。(T24-116)

8949　散步的母鸡遇见狼
张秋生著,天天典藏·张秋生,2013年7月。平装,32开,ISBN 978-7-5016-0759-4,定价19.00元。(T24-117)

8950　小石头
鲁冰著,鲁冰花园,2013年10月。平装覆膜,32开,ISBN 978-7-5016-0785-3,定价19.00元。(T24-118)

8951　魔鬼天鹅
葛冰著,天天典藏·葛冰,2014年3月。平装覆膜,32开,ISBN 978-7-5016-0808-9,定价19.50元。(T24-119)

8952　妙手空空
葛冰著,天天典藏·葛冰,2014年3月。平装覆膜,32开,ISBN 978-7-5016-0811-9,定价19.50元。(T24-120)

8953　小糊涂神儿
葛冰著,天天典藏·葛冰,2014年4月。平装覆膜,32开,ISBN 978-7-5016-0809-6,定价20.00元。(T24-121)

8954　蓝皮鼠和大脸猫
葛冰著,天天典藏·葛冰,2014年3月。平装覆膜,32开,ISBN 978-7-5016-0813-3,定价20.00元。(T24-122)

8955　蓝盒里的小怪蛇
葛冰著,天天典藏·葛冰,2014年3月。平装覆膜,32开,ISBN 978-7-5016-0810-2,定价19.00元。(T24-123)

8956　狐小小、狐悠悠、狐涂涂
葛冰著,天天典藏·葛冰,2014年3月。平装覆膜,32开,ISBN 978-7-5016-0812-6,定价19.50元。(T24-124)

8957　皮特儿·独眼猫·笨鸭鸭
孙幼军著,马靖图,"爱的礼物"大奖作家新童话,2014年4月。平装,32异,ISBN 978-7-5016-0828-7,定价18.00元。(T24-125)

8958　蓝鸟
汤汤著,沈苑苑图,"爱的礼物"大奖作家新童话,2014年4月。平装,32异,ISBN 978-7-5016-0825-6,定价18.00元。(T24-126)

8959　公猫阿漆的奏鸣曲
张秋生著,钦吟之图,"爱的礼物"大奖作家新童话,2014年4月。平装,32异,ISBN 978-7-5016-0826-3,定价18.00元。(T24-127)

8960　梦想号游船
汤素兰著,陈泽新图,"爱的礼物"大奖作家新童话,2014年4月。平装,32异,ISBN 978-7-5016-0827-0,定价18.00元。(T24-128)

8961　小蝌蚪吞了一块天
鲁冰著,中国当代获奖儿童文学作家书系拼音版,2014年5月。平装覆膜,32开,ISBN 978-7-5016-0844-7,定价19.00元。(T24-129)

8962　五颜六色的一天

汤素兰著,中国当代获奖儿童文学作家书系拼音版,2014年5月。平装覆膜,32开,ISBN 978-7-5016-0842-3,定价19.00元。(T24-130)

8963 熊爸爸的超级电话
安武林著,中国当代获奖儿童文学作家书系拼音版,2014年5月。平装覆膜,32开,ISBN 978-7-5016-0840-9,定价19.00元。(T24-131)

8964 喵喵猫和喳喳鸟
安武林著,中国当代获奖儿童文学作家书系拼音版,2014年5月。平装覆膜,32开,ISBN 978-7-5016-0839-3,定价19.00元。(T24-132)

8965 南南的绿楼房
张之路著,中国当代获奖儿童文学作家书系拼音版,2014年8月。平装覆膜,32开,ISBN 978-7-5016-0838-6,定价19.00元。(T24-133)

8966 玫瑰鹅
常新港著,中国当代获奖儿童文学作家书系拼音版,2014年8月。平装覆膜,32开,ISBN 978-7-5016-0848-5,定价19.00元。(T24-134)

8967 毛毛虫的超级历险
常新港著,中国当代获奖儿童文学作家书系拼音版,2014年8月。平装覆膜,32开,ISBN 978-7-5016-0847-8,定价19.00元。(T24-135)

8968 猎枪感冒了
鲁冰著,中国当代获奖儿童文学作家书系拼音版,2014年8月。平装覆膜,32开,ISBN 978-7-5016-0845-4,定价19.00元。(T24-136)

8969 爱跳舞的小龙
汤素兰著,中国当代获奖儿童文学作家书系拼音版,2014年8月。平装覆膜,32开,ISBN 978-7-5016-0841-6,定价19.00元。(T24-137)

8970 马拉松哭泣
伍美珍著,阳光姐姐注音童书,2014年8月。平装覆膜,32异,ISBN 978-7-5016-0869-0,定价19.00元。(T24-138)

8971 我家来了外星人
伍美珍著,阳光姐姐注音童书,2014年8月。平装覆膜,32异,ISBN 978-7-5016-0872-0,定价20.00元。(T24-139)

8972 二年级日记狂
伍美珍著,阳光姐姐注音童书,2014年8月。平装覆膜,32异,ISBN 978-7-5016-0871-3,定价19.00元。(T24-140)

8973 炸弹蚂蚁和爱晕倒的羊
伍美珍著,阳光姐姐注音童书,2014年8月。平装覆膜,32异,ISBN 978-7-5016-0870-6,定价19.00元。(T24-141)

8974 奇迹花园
汤素兰著,红鞋子童话,2014年8月。平装覆膜,32异,ISBN 978-7-5016-0831-7,定价20.00元。(T24-142)

8975 笨狼和聪明兔
汤素兰著,红鞋子童话,2014年8月。平装覆膜,32异,ISBN 978-7-5016-0830-0,定价19.00元。(T24-143)

8976 星星伞
边存金著,2015年1月。平装,32开,ISBN 978-7-5016-0902-0,定价22.00元。(T24-144)

8977 茧屋
萧袤著,"爱的礼物"大奖作家新童话,2015年6月。平装,32异,ISBN 978-7-5016-0984-0,定价18.00元。(T24-145)

8978 星巴的梦
葛冰著,冰之屋的童话汤,2014年7月。软精,32开,ISBN 978-7-5016-0503-3,定价18.00元。(T24-146)

8979 树屋三邻居
葛翠琳著,天天典藏·葛翠琳,2015年9月。平装,16开,ISBN 978-7-5016-0972-7,定价18.00元。(T24-147)

8980 飞翔的小樱桃
张之路著,"爱的礼物"大奖作家新童话,2015年12月。平装,32异,ISBN 978-7-5016-1040-2,定价18.00元。(T24-148)

8981 鲁冰花开
鲁冰著,中国当代获奖儿童文学作家书系·长篇新作,2015年12月。平装,32开,ISBN 978-7-5016-1054-9,定价20.00元。(T24-149)

8982　红鞋子(精装版)
汤素兰著,2016年5月。精装,32开,ISBN 978-7-5016-1051-8,定价36.00元。(T24-150)

8983　红花草原
王一梅著,"爱的礼物"大奖作家新童话,2016年6月。纸精,32异,ISBN 978-7-5016-1134-8,定价18.00元。(T24-151)

8984　沙漠的眼睛
鲁冰著,鲁冰花园,2016年6月。平装,32开,ISBN 978-7-5016-1110-2,定价19.00元。(T24-152)

8985　戴胜鸟日记
鲁冰著,鲁冰花园,2016年6月。平装,32开,ISBN 978-7-5016-1107-2,定价20.00元。(T24-153)

8986　白鹅的孩子
鲁冰著,鲁冰花园,2016年6月。平装,32开,ISBN 978-7-5016-1109-6,定价19.00元。(T24-154)

8987　切梦刀
鲁冰著,鲁冰花园,2016年6月。平装,32开,ISBN 978-7-5016-1108-9,定价19.00元。(T24-155)

8988　彩霞果酱
鲁冰著,鲁冰花园,2016年6月。平装,32开,ISBN 978-7-5016-1105-8,定价19.00元。(T24-156)

8989　树结钟
鲁冰著,鲁冰花园,2016年6月。平装,32开,ISBN 978-7-5016-1106-5,定价19.00元。(T24-157)

8990　魔法星星海
萧袤著,中国当代获奖儿童文学作家书系·长篇新作,2016年8月。平装,32开,ISBN 978-7-5016-1111-9,定价18.00元。(T24-158)

8991　大头鱼在雨天和晴天
王一梅著,中国当代获奖儿童文学作家书系升级版,2017年1月。平装,32开,ISBN 978-7-5016-1128-7,定价21.00元。(T24-159)

8992　盲孩子和他的影子(升级版)
金波著,中国当代获奖儿童文学作家书系升级版,2017年1月。平装,32开,ISBN 978-7-5016-1126-3,定价21.00元。(T24-160)

8993　幸运的小金鼠
葛翠琳著,中国当代获奖儿童文学作家书系·长篇新作,2017年1月。平装,32开,ISBN 978-7-5016-1191-1,定价20.00元。(T24-161)

8994　快乐星期八
萧袤著,中国当代获奖儿童文学作家书系升级版,2017年1月。平装,32开,ISBN 978-7-5016-1124-9,定价21.00元。(T24-162)

8995　爱写诗的小螃蟹
张秋生著,中国当代获奖儿童文学作家书系升级版,2017年1月。平装,32开,ISBN 978-7-5016-1130-0,定价21.00元。(T24-163)

8996　小朵朵和超级保姆
汤素兰著,汤素兰童话·小朵朵非凡成长系列,2017年1月。平装,32开,ISBN 978-7-5016-1193-5,定价20.00元。(T24-164)

8997　小朵朵和大魔法师
汤素兰著,汤素兰童话·小朵朵非凡成长系列,2017年1月。平装,32开,ISBN 978-7-5016-1196-6,定价20.00元。(T24-165)

8998　小朵朵和半个巫婆
汤素兰著,汤素兰童话·小朵朵非凡成长系列,2017年1月。平装,32开,ISBN 978-7-5016-1195-9,定价20.00元。(T24-166)

8999　耳朵上的绿星
冰波著,中国当代获奖儿童文学作家书系升级版,2017年1月。平装,32开,ISBN 978-7-5016-1121-8,定价21.00元。(T24-167)

9000　电话大串线
周锐著,中国当代获奖儿童文学作家书系升级版,2017年1月。平装,32开,ISBN 978-7-5016-1192-8,定价21.00元。(T24-168)

9001　兔面人传奇
葛冰著,中国当代获奖儿童文学作家书系升级版,2017年1月。平装,32开,ISBN 978-7-5016-1122-5,定价21.00元。(T24-169)

9002　会飞的小溪

李东华著,中国当代获奖儿童文学作家书系升级版,2017年1月。平装,32开,ISBN 978-7-5016-1185-0,定价21.00元。(T24-170)

9003 狮子的梦
汤素兰著,中国当代获奖儿童文学作家书系升级版,2017年1月。平装,32开,ISBN 978-7-5016-1188-1,定价21.00元。(T24-171)

9004 冰小鸭的春天
孙幼军著,中国当代获奖儿童文学作家书系升级版,2017年1月。平装,32开,ISBN 978-7-5016-1131-7,定价21.00元。(T24-172)

9005 小芬的蝈蝈
常新港著,"爱的礼物"大奖作家新童话,2017年1月。平装,32开,ISBN 978-7-5016-1222-2,定价21.00元。(T24-173)

9006 核桃鼠和他的伙伴们
安武林著,安武林名家金品系列,2017年8月。平装,32开,ISBN 978-7-5016-1298-7,定价20.00元。(T24-174)

9007 一只想做强盗的猫
安武林著,安武林名家金品系列,2017年8月。平装,32开,ISBN 978-7-5016-1310-6,定价20.00元。(T24-175)

9008 萝卜先生的信
安武林著,安武林名家金品系列,2017年8月。平装,32开,ISBN 978-7-5016-1302-1,定价20.00元。(T24-176)

9009 时光收藏人
汤素兰著,2018年1月。平装,32开,ISBN 978-7-5016-1345-8,定价26.00元。(T24-177)

9010 校长是文具盒
迟慧著,文具盒学校,2017年11月。平装,32开,ISBN 978-7-5016-1332-8,定价24.00元。(T24-178)

9011 铅笔上学了
迟慧著,文具盒学校,2017年11月。平装,32开,ISBN 978-7-5016-1331-1,定价24.00元。(T24-179)

9012 比萨镇奇遇
迟慧著,文具盒学校,2017年11月。平装,32开,ISBN 978-7-5016-1333-5,定价24.00元。(T24-180)

9013 新来的拖布老师
迟慧著,文具盒学校,2017年11月。平装,32开,ISBN 978-7-5016-1330-4,定价24.00元。(T24-181)

9014 "笨狼的故事"校园活动版
汤素兰著,2018年4月。平装,32开,ISBN 978-7-5016-1397-7,定价150.00元。(T24-182)

9015 乌丢丢的奇遇
金波著,名家童话天天读,2018年6月。平装,32开,ISBN 978-7-5016-1376-2,定价28.00元。(T24-183)

9016 小布头奇遇记
孙幼军著,名家童话天天读,2018年6月。平装,32开,ISBN 978-7-5016-1374-8,定价28.00元。(T24-184)

9017 雨街的猫
王一梅著,名家童话天天读,2018年6月。平装,32开,ISBN 978-7-5016-1389-2,定价28.00元。(T24-185)

9018 装在口袋里的爸爸
杨鹏著,名家童话天天读,2018年6月。平装,32开,ISBN 978-7-5016-1379-3,定价28.00元。(T24-186)

9019 阿笨猫与外星小贩
冰波著,名家童话天天读,2018年6月。平装,32开,ISBN 978-7-5016-1390-8,定价28.00元。(T24-187)

9020 宝葫芦的秘密
张天翼著,名家童话天天读,2018年6月。平装,32开,ISBN 978-7-5016-1388-5,定价28.00元。(T24-188)

9021 稻草人
叶圣陶著,名家童话天天读,2018年6月。平装,32开,ISBN 978-7-5016-1380-9,定价28.00元。(T24-189)

9022 笨狼的故事
汤素兰著,名家童话天天读,2018年6月。平装,32开,ISBN 978-7-5016-1375-5,定价28.00元。(T24-190)

9023 白城堡 蓝雪花

金波著,名家童话天天读,2018年6月。平装,32开,ISBN 978-7-5016-1387-8,定价28.00元。(T24-191)

9024　中国经典童话天天读(套装)

金波著,2018年7月。平装,32开,ISBN 978-7-5016-1410-3,定价238.00元。(T24-192)

9025　蓝狐狸的迷宫

王一梅著,王一梅经典童话拼音版,2018年12月。平装,32开,ISBN 978-7-5016-1451-6,定价20.00元。(T24-193)

9026　慢小孩

迟慧著,中国当代获奖儿童文学作家书系·长篇新作,2019年1月。平装,32开,ISBN 978-7-5016-1402-8,定价30.00元。(T24-194)

9027　天空岛奇遇

诸川汇著,安迪历险记,2019年1月。平装,32开,ISBN 978-7-5016-1436-3,定价22.00元。(T24-195)

9028　探秘熊猫王国

诸川汇著,安迪历险记,2019年1月。平装,32开,ISBN 978-7-5016-1437-0,定价22.00元。(T24-196)

9029　寻找长江女神

诸川汇著,安迪历险记,2019年1月。平装,32开,ISBN 978-7-5016-1442-4,定价22.00元。(T24-197)

9030　孔雀王子的回家路

诸川汇著,安迪历险记,2019年1月。平装,32开,ISBN 978-7-5016-1440-0,定价22.00元。(T24-198)

9031　森林百货店

冰波著,2019年3月。平装,32开,ISBN 978-7-5016-1361-8,定价20.00元。(T24-199)

9032　犇向绿心

汤素兰著,2019年4月。平装,32开,ISBN 978-7-5016-1504-9,定价30.00元。(T24-200)

9033　爱上读书的小树精

吴甘霖、余娟著,少年自我突破书,2019年4月。平装,32开,ISBN 978-7-5016-1499-8,定价26.00元。(T24-201)

9034　奇幻国成长记

吴甘霖、余娟著,少年自我突破书,2019年4月。平装,32开,ISBN 978-7-5016-1493-6,定价26.00元。(T24-202)

9035　骑着鸽子上学去

吴甘霖、余娟著,少年自我突破书,2019年4月。平装,32开,ISBN 978-7-5016-1489-9,定价26.00元。(T24-203)

9036　铁猫咔咔咔

金波著,2019年6月。平装,32开,ISBN 978-7-5016-1492-9,定价28.00元。(T24-204)

9037　红鞋子童话 拼音版

汤素兰著,2019年8月。平装,32开,ISBN 978-7-5016-1506-3,定价60.00元。(T24-205)

9038　代课老师是恐龙

迟慧著,恐龙多多飞系列,2019年12月。平装,24开,ISBN 978-7-5016-1557-5,定价25.00元。(T24-206)

9039　土地婆婆变变变

郭姜燕著,小书虫桥梁书,2020年1月。平装,24开,ISBN 978-7-5016-1558-5,定价25.00元。(T24-207)

9040　中国当代名家大奖书系 拼音版(定制套装全5册)

汤素兰、王一梅、金波、冰波等著,2020年2月。平装,32开,ISBN 978-7-5016-1524-7,定价110.00元。(T24-208)

9041　你的好心看起来像个坏主意

周晓枫著,2020年4月。32开,平装,ISBN 978-7-5016-1315-1,定价32.00元;精装,ISBN 978-7-5016-1328-1,定价49.80元。(T24-209)(T24-212)

9042　长生塔

巴金著,文学大师的语文课堂,2020年2月。平装,16开,ISBN 978-7-5016-1575-9,定价28.00元。(T24-210)

9043　稻草人

叶圣陶著,文学大师的语文课堂,2020年2月。平装,16开,ISBN 978-7-5016-1579-7,定价25.00元。(T24-211)

9044　小红鸟和鹿爷爷

金波著,2020年4月。平装,32开,ISBN 978-

7-5016-1604-6,定价 25.00 元。(T24-213)

9045　小糊涂蛋和小糊涂神
陈梦敏著,小书虫桥梁书,2020 年 7 月。平装,24 开,ISBN 978-7-5016-1573-5,定价 25.00 元。(T24-214)

9046　三角龙是我哥们
张旭燕著,小书虫桥梁书,2020 年 7 月。平装,24 开,ISBN 978-7-5016-1569-8,定价 25.00 元。(T24-215)

9047　我飞了
黄蓓佳著,天天典藏·黄蓓佳,2011 年 1 月。平装覆膜,国流 32 开,ISBN 978-7-5016-0326-8,定价 19.00 元。(T21-1)

9048　疯狂的兔子
张之路著,天天典藏·张之路,2010 年 8 月。平装覆膜,国流 32 开,ISBN 978-7-5016-0299-5,定价 12.50 元。2012 年 1 月,平装覆膜,国流 32 开,ISBN 978-7-5016-0538-5,定价 16.00 元。(T21-2)

9049　魔表
张之路著,天天典藏·张之路,2010 年 8 月。平装覆膜,国流 32 开,ISBN 978-7-5016-0301-5,定价 12.00 元。2012 年 1 月,平装覆膜,国流 32 开,ISBN 978-7-5016-0536-1,定价 16.00 元。(T21-3)

9050　小心,猫房间
张之路著,天天典藏·张之路,2010 年 8 月。平装覆膜,国流 32 开,ISBN 978-7-5016-0300-8,定价 13.80 元。2012 年 1 月,平装覆膜,国流 32 开,ISBN 978-7-5016-0537-8,定价 18.00 元。(T21-4)

9051　青春电影事件
张之路著,天天典藏·张之路,2011 年 4 月。平装覆膜,国流 32 开,ISBN 978-7-5016-0302-2,定价 16.00 元。(T21-5)

9052　第三军团
张之路著,天天典藏·张之路,2011 年 4 月。平装覆膜,国流 32 开,ISBN 978-7-5016-0303-9,定价 16.00 元。(T21-6)

9053　长腿娃娃夏天的奇遇
保冬妮著,保冬妮奇幻书屋,2011 年 1 月。平装覆膜,16 开,ISBN 978-7-5016-0339-8,定价 22.00 元。(T21-7)

9054　饼干武士
保冬妮著,保冬妮奇幻书屋,2011 年 1 月。平装覆膜,16 开,ISBN 978-7-5016-0341-8,定价 25.00 元。(T21-8)

9055　星星索
黄蓓佳著,天天典藏·黄蓓佳,2011 年 1 月。平装覆膜,国流 32 开,ISBN 978-7-5016-0314-5,定价 16.80 元。(T21-9)

9056　今天我是升旗手
黄蓓佳著,天天典藏·黄蓓佳,2011 年 1 月。平装覆膜,国流 32 开,ISBN 978-7-5016-0327-5,定价 19.50 元。(T21-10)

9057　你是我的宝贝
黄蓓佳著,天天典藏·黄蓓佳,2011 年 1 月。平装覆膜,国流 32 开,ISBN 978-7-5016-0323-7,定价 18.80 元。(T21-11)

9058　我飞了
黄蓓佳著,中国当代获奖儿童文学作家书系,2010 年 6 月。平装覆膜,国流 32 开,ISBN 978-7-5016-0289-6,定价 19.80 元。(T21-12)

9059　平安夜
黄蓓佳著,天天典藏·黄蓓佳,2011 年 1 月。平装覆膜,国流 32 开,ISBN 978-7-5016-0312-1,定价 16.80 元。(T21-13)

9060　草镯子
黄蓓佳著,天天典藏·黄蓓佳,2011 年 1 月。平装覆膜,国流 32 开,ISBN 978-7-5016-0316-9,定价 16.80 元。(T21-14)

9061　黑眼睛
黄蓓佳著,天天典藏·黄蓓佳,2011 年 1 月。平装覆膜,国流 32 开,ISBN 978-7-5016-0313-8,定价 16.80 元。(T21-15)

9062　亲亲我的妈妈
黄蓓佳著,天天典藏·黄蓓佳,2011 年 1 月。平装覆膜,国流 32 开,ISBN 978-7-5016-0324-4,定价 18.00 元。(T21-16)

9063　我要做好孩子
黄蓓佳著,天天典藏·黄蓓佳,2011 年 1 月。平装覆膜,国流 32 开,ISBN 978-7-5016-0328-2,定价 19.00 元。2013 年 11 月,平装覆

膜,16异,ISBN 978-7-5016-0801-0,定价25.00元。(T21-17)

9064 白棉花
黄蓓佳著,天天典藏·黄蓓佳,2011年1月。平装覆膜,国流32开,ISBN 978-7-5016-0315-2,定价16.80元。(T21-18)

9065 漂来的狗儿
黄蓓佳著,天天典藏·黄蓓佳,2011年1月。平装覆膜,国流32开,ISBN 978-7-5016-0320-6,定价18.00元。(T21-19)

9066 遥远的风铃
黄蓓佳著,天天典藏·黄蓓佳,2011年1月。平装覆膜,国流32开,ISBN 978-7-5016-0322-0,定价19.50元。(T21-20)

9067 黄月亮
董宏猷著,中国当代获奖儿童文学作家书系,2011年6月。平装覆膜,国流32开,ISBN 978-7-5016-0394-7,定价19.00元。(T21-21)

9068 龙鸟迷踪
李志伟著,开心学校,2011年6月。平装覆膜,32开,ISBN 978-7-5016-0404-3,定价16.00元。(T21-22)

9069 蓝藻惊奇档案
李志伟著,开心学校,2011年6月。平装覆膜,32开,ISBN 978-7-5016-0405-0,定价16.00元。(T21-23)

9070 根鸟
曹文轩著,曹文轩文集,2011年10月。平装覆膜,32开,ISBN 978-7-5016-0510-1,定价20.00元。(T21-24)

9071 青铜葵花
曹文轩著,曹文轩文集,2011年10月。平装覆膜,32开,ISBN 978-7-5016-0507-1,定价19.00元。(T21-25)

9072 草房子
曹文轩著,曹文轩文集,2011年10月。平装覆膜,32开,ISBN 978-7-5016-0509-5,定价22.00元。(T21-26)

9073 山羊不吃天堂草
曹文轩著,曹文轩文集,2012年1月。平装覆膜,32开,ISBN 978-7-5016-0508-8,定价20.00元。(T21-27)

9074 细米
曹文轩著,曹文轩文集,2012年1月。平装覆膜,32开,ISBN 978-7-5016-0506-8,定价19.00元。(T21-28)

9075 泡泡家族
薛涛著,薛涛金牌幻想小说,2011年10月。平装覆膜,32开,ISBN 978-7-5016-0501-9,定价15.00元。(T21-29)

9076 围墙里的小柯
薛涛著,薛涛金牌幻想小说,2011年10月。平装覆膜,32开,ISBN 978-7-5016-0500-2,定价15.00元。(T21-30)

9077 废墟居民
薛涛著,薛涛金牌幻想小说,2011年10月。平装覆膜,32开,ISBN 978-7-5016-0502-6,定价15.00元。(T21-31)

9078 精灵闪现
薛涛著,薛涛金牌幻想小说,2011年10月。平装覆膜,32开,ISBN 978-7-5016-0511-8,定价15.00元。(T21-32)

9079 一个女中学生的日记
肖复兴著,2012年3月。平装,16开,ISBN 978-7-5016-0547-7,定价25.00元。(T21-33)

9080 蓝翅鸟
葛翠琳著,天天典藏·葛翠琳,2012年7月。平装覆膜,16开,ISBN 978-7-5016-0612-2,定价19.00元。(T21-34)

9081 走错教室上错课
傅天琳、罗夏著,斑斑加油,2012年8月。平装覆膜,32异,ISBN 978-7-5016-0665-8,定价15.00元。(T21-35)

9082 书中藏有花生酱
傅天琳、罗夏著,斑斑加油,2012年8月。平装覆膜,32异,ISBN 978-7-5016-0664-1,定价15.00元。(T21-36)

9083 为了告别的聚会
傅天琳、罗夏著,斑斑加油,2012年8月。平装覆膜,32异,ISBN 978-7-5016-0663-4,定价15.00元。(T21-37)

9084 斑斑加油!(合订本)

傅天琳、罗夏著,2013年12月。平装覆膜,国流32开,ISBN 978-7-5016-0663-4,定价15.00元。(T21-38)

9085 千鸟谷追踪(上)大战野人岭
刘先平著,野生动物世界探险系列,2013年1月。平装覆膜,32开,ISBN 978-7-5016-0694-8,定价15.00元。(T21-39)

9086 千鸟谷追踪(中)猎雕
刘先平著,野生动物世界探险系列,2013年1月。平装覆膜,32开,ISBN 978-7-5016-0693-1,定价15.00元。(T21-40)

9087 千鸟谷追踪(下)猴面鹰发起攻击
刘先平著,野生动物世界探险系列,2013年1月。平装覆膜,32开,ISBN 978-7-5016-0692-4,定价15.00元。(T21-41)

9088 大熊猫传奇(上)食铁怪兽
刘先平著,野生动物世界探险系列,2013年1月。平装覆膜,32开,ISBN 978-7-5016-0688-7,定价15.00元。(T21-42)

9089 大熊猫传奇(中)强盗大胡子
刘先平著,野生动物世界探险系列,2013年1月。平装覆膜,32开,ISBN 978-7-5016-0687-0,定价15.00元。(T21-43)

9090 大熊猫传奇(下)恶魔岭
刘先平著,野生动物世界探险系列,2013年1月。平装覆膜,32开,ISBN 978-7-5016-0686-3,定价15.00元。(T21-44)

9091 呦呦鹿鸣(上)花鹿失踪
刘先平著,野生动物世界探险系列,2013年1月。平装覆膜,32开,ISBN 978-7-5016-0685-6,定价15.00元。(T21-45)

9092 呦呦鹿鸣(中)长在树上的鹿角
刘先平著,野生动物世界探险系列,2013年1月。平装覆膜,32开,ISBN 978-7-5016-0684-9,定价15.00元。(T21-46)

9093 呦呦鹿鸣(下)鸟岛水怪
刘先平著,野生动物世界探险系列,2013年1月。平装覆膜,32开,ISBN 978-7-5016-0683-2,定价15.00元。(T21-47)

9094 云海探奇(上)密林角斗
刘先平著,野生动物世界探险系列,2013年1月。平装覆膜,32开,ISBN 978-7-5016-0691-7,定价15.00元。(T21-48)

9095 云海探奇(中)鹰飞猴叫
刘先平著,野生动物世界探险系列,2013年1月。平装覆膜,32开,ISBN 978-7-5016-0690-0,定价15.00元。(T21-49)

9096 云海探奇(下)月下白猸
刘先平著,野生动物世界探险系列,2013年1月。平装覆膜,32开,ISBN 978-7-5016-0689-4,定价15.00元。(T21-50)

9097 可怕的病毒计划
汤萍著,神探四侠,2014年1月。平装覆膜,32开,ISBN 978-7-5016-0550-7,定价16.00元。(T21-51)

9098 毒窟探秘
汤萍著,神探四侠,2014年1月。平装覆膜,32开,ISBN 978-7-5016-0551-4,定价16.00元。(T21-52)

9099 闹鬼的旅馆
汤萍著,神探四侠,2014年1月。平装覆膜,32开,ISBN 978-7-5016-0552-1,定价16.00元。(T21-53)

9100 恐龙山的幽灵
汤萍著,神探四侠,2014年1月。平装覆膜,32开,ISBN 978-7-5016-0549-1,定价16.00元。(T21-54)

9101 会玩,才有翅膀
边存金著,2014年1月。平装,32开,ISBN 978-7-5016-0802-7,定价25.00元。(T21-55)

9102 我最怕做选择题
郁雨君著,辫子姐姐星座物语,2014年6月。平装覆膜,32开,ISBN 978-7-5016-0854-6,定价20.00元。(T21-56)

9103 "灰常棒"的灰姑娘
郁雨君著,辫子姐姐星座物语,2014年6月。平装覆膜,32开,ISBN 978-7-5016-0854-6,定价20.00元。(T21-57)

9104 不回信你会变丑的
郁雨君著,辫子姐姐星座物语,2014年6月。平装覆膜,32开,ISBN 978-7-5016-0858-4,定价20.00元。(T21-58)

9105 秘密会不会爆炸

郁雨君著,辫子姐姐星座物语,2014 年 6 月。平装覆膜,32 开,ISBN 978-7-5016-0856-0,定价 20.00 元。(T21-59)

9106　战无不胜小女神
郁雨君著,辫子姐姐星座物语,2014 年 6 月。平装覆膜,32 开,ISBN 978-7-5016-0857-7,定价 20.00 元。(T21-60)

9107　不是我天生脾气坏
郁雨君著,辫子姐姐星座物语,2014 年 6 月。平装覆膜,32 开,ISBN 978-7-5016-0855-3,定价 20.00 元。(T21-61)

9108　我不是地球女孩
郁雨君著,辫子姐姐星座物语,2014 年 8 月。平装覆膜,32 开,ISBN 978-7-5016-0874-4,定价 20.00 元。(T21-62)

9109　我遇到另一个我
郁雨君著,辫子姐姐星座物语,2014 年 8 月。平装覆膜,32 开,ISBN 978-7-5016-0879-9,定价 20.00 元。(T21-63)

9110　大门牙姑娘有美梦
郁雨君著,辫子姐姐星座物语,2014 年 8 月。平装覆膜,32 开,ISBN 978-7-5016-0875-1,定价 20.00 元。(T21-64)

9111　来自星星的弟弟
郁雨君著,辫子姐姐星座物语,2014 年 8 月。平装覆膜,32 开,ISBN 978-7-5016-0877-5,定价 20.00 元。(T21-65)

9112　我把自己弄丢了
郁雨君著,辫子姐姐星座物语,2014 年 8 月。平装覆膜,32 开,ISBN 978-7-5016-0878-2,定价 20.00 元。(T21-66)

9113　我不是个胆小鬼
郁雨君著,辫子姐姐星座物语,2014 年 8 月。平装覆膜,32 开,ISBN 978-7-5016-0876-8,定价 20.00 元。(T21-67)

9114　铁皮狗
曹文轩著,曹文轩文集,2014 年 8 月。平装覆膜,32 开,ISBN 978-7-5016-0884-3,定价 25.00 元。(T21-68)

9115　烟囱下的孩子
常新港著,常新港经典长篇系列,2014 年 9 月。平装覆膜,国流 32 开,ISBN 978-7-5016-0882-9,定价 18.00 元。(T21-69)

9116　青春的荒草地
常新港著,常新港经典长篇系列,2014 年 9 月。平装覆膜,国流 32 开,ISBN 978-7-5016-0881-2,定价 20.00 元。(T21-70)

9117　亦德的冬天
常新港著,常新港经典长篇系列,2014 年 9 月。平装覆膜,国流 32 开,ISBN 978-7-5016-0883-6,定价 20.00 元。(T21-71)

9118　青草的骨头
常新港著,常新港经典长篇系列,2014 年 9 月。平装覆膜,国流 32 开,ISBN 978-7-5016-0880-5,定价 19.00 元。(T21-72)

9119　红纱灯
曹文轩著,曹文轩文集,2014 年 11 月。平装覆膜,32 开,ISBN 978-7-5016-0889-8,定价 25.00 元。(T21-73)

9120　黄琉璃
曹文轩著,曹文轩文集,2014 年 11 月。平装覆膜,32 开,ISBN 978-7-5016-0888-1,定价 25.00 元。(T21-74)

9121　青铜葵花(当当版)
曹文轩著,2015 年 3 月。平装,32 开,ISBN 978-7-5016-0941-3,定价 25.00 元。(T21-75)

9122　草房子(当当版)
曹文轩著,2015 年 3 月。平装,32 开,ISBN 978-7-5016-0940-6,定价 25.00 元。(T21-76)

9123　月亮茶馆里的童年
殷健灵著,"温暖你"系列,2015 年 4 月。平装,32 开,ISBN 978-7-5016-0927-7,定价 16.00 元。(T21-77)

9124　哭泣精灵
殷健灵著,"温暖你"系列,2015 年 4 月。平装,32 开,ISBN 978-7-5016-0928-4,定价 16.00 元。(T21-78)

9125　安安
殷健灵著,"温暖你"系列,2015 年 4 月。平装,32 开,ISBN 978-7-5016-0929-1,定价 18.00 元。(T21-79)

9126　轮子上的麦小麦

殷健灵著,"温暖你"系列,2015年4月。平装,32开,ISBN 978-7-5016-0930-7,定价16.00元。(T21-80)

9127 像你这样一个女孩儿
殷健灵著,"温暖你"系列,2015年4月。平装,32开,ISBN 978-7-5016-0932-1,定价15.00元。(T21-81)

9128 米兰公寓
殷健灵著,"温暖你"系列,2015年4月。平装,32开,ISBN 978-7-5016-0931-4,定价15.00元。(T21-82)

9129 火印
曹文轩著,2015年5月。平装,32开,ISBN 978-7-5016-0966-6,定价25.00元。(T21-84)

9130 将军胡同
史雷著,青铜葵花获奖作品,2015年7月。平装,32开,ISBN 978-7-5016-1000-6,定价20.00元。(T21-85)

9131 父亲变成星星的日子
赵菱著,青铜葵花获奖作品,2015年8月。平装,32开,ISBN 978-7-5016-1012-9,定价20.00元。(T21-86)

9132 弯弯的辛夷花
张之路著,中国当代获奖儿童文学作家书系·长篇新作,2015年10月。平装,32开,ISBN 978-7-5016-1011-2,定价20.00元。(T21-87)

9133 镜子里的猫
杨翠著,青铜葵花获奖作品,2015年11月。平装,32开,ISBN 978-7-5016-1031-0,定价20.00元。(T21-88)

9134 飞鱼座女孩
湘女著,青铜葵花获奖作品,2015年11月。平装,32开,ISBN 978-7-5016-1030-3,定价20.00元。(T21-89)

9135 梦田
谢倩霓著,中国当代获奖儿童文学作家书系·长篇新作,2016年1月。平装,32开,ISBN 978-7-5016-1039-6,定价20.00元。(T21-90)

9136 玩着,春天来了
边存金著,中国当代获奖儿童文学作家书系·长篇新作,2015年12月。平装,32开,ISBN 978-7-5016-1029-7,定价23.00元。(T21-91)

9137 热鸟
迟子建著,致青春 茅盾文学奖获奖作家金品集,2016年1月。平装,16异,ISBN 978-7-5016-1043-3,定价19.00元。(T21-92)

9138 远河远山
张炜著,致青春 茅盾文学奖获奖作家金品集,2016年1月。平装,16异,ISBN 978-7-5016-1044-0,定价19.00元。(T21-93)

9139 乌托小国
高歌著,园丁和新苗,2016年2月。平装,32开,ISBN 978-7-5016-1050-1,定价36.00元。(T21-94)

9140 野芒坡
殷健灵著,2016年3月。平装,32开,ISBN 978-7-5016-1067-9,定价22.00元。(T21-95)

9141 千河镇
殷建红著,少年寻根小说三部曲,2016年4月。平装,32开,ISBN 978-7-5016-1068-6,定价20.00元。(T21-96)

9142 百步街
殷建红著,少年寻根小说三部曲,2016年4月。平装,32开,ISBN 978-7-5016-1066-2,定价20.00元。(T21-97)

9143 十图桥
殷建红著,少年寻根小说三部曲,2016年4月。平装,32开,ISBN 978-7-5016-1065-5,定价20.00元。(T21-98)

9144 曹文轩文集 天猫网定制版
2016年4月。平装,32开,ISBN 978-7-5016-1100-3,定价168.00元。(T21-99)

9145 黑痴白痴·盲羊·跳蚤剧团
曹文轩著,曹文轩文集·丁丁当当,2016年6月。平装,32开,ISBN 978-7-5016-1114-0,定价25.00元。(T21-101)

9146 黑水手·蚂蚁象
曹文轩著,曹文轩文集·丁丁当当,2016年6月。平装,32开,ISBN 978-7-5016-1116-4,

定价22.00元。（T21-102）

9147 山那边还是山·草根街

曹文轩著，曹文轩文集·丁丁当当，2016年6月。平装，32开，ISBN 978-7-5016-1115-7，定价22.00元。（T21-103）

9148 草房子

曹文轩著，国际安徒生奖精装纪念版，2016年5月。精装，32开，ISBN 978-7-5016-1037-2，定价48.00元。（T21-104）

9149 弯月河

郝周著，中国当代获奖儿童文学作家书系·长篇新作，2016年9月。平装，32开，ISBN 978-7-5016-1143-0，定价20.00元。（T21-105）

9150 勇猛的牧羊犬

（蒙古族）格日勒其木格·黑鹤著，黑鹤亲近大自然动物小说 美绘拼音本，2016年10月。平装，32开，ISBN 978-7-5016-1183-6，定价18.00元。（T21-106）

9151 玩着，等待花开

边存金著，2016年11月。平装，32开，ISBN 978-7-5016-1119-5，定价23.00元。（T21-107）

9152 极限幻觉

张之路著，霹雳贝贝之父金品集，2016年12月。平装，32开，ISBN 978-7-5016-1034-1，定价18.00元。（T21-108）

9153 非法智慧

张之路著，霹雳贝贝之父金品集，2016年12月。平装，32开，ISBN 978-7-5016-1092-1，定价20.00元。（T21-109）

9154 乌龟也上网

张之路著，霹雳贝贝之父金品集，2016年12月。平装，32开，ISBN 978-7-5016-1036-5，定价19.00元。（T21-110）

9155 霹雳贝贝

张之路著，霹雳贝贝之父金品集，2016年12月。平装，32开，ISBN 978-7-5016-1088-4，定价18.00元。（T21-111）

9156 螳螂一号

张之路著，霹雳贝贝之父金品集，2016年12月。平装，32开，ISBN 978-7-5016-1091-4，定价18.00元。（T21-112）

9157 魔表

张之路著，霹雳贝贝之父金品集，2016年12月。平装，32开，ISBN 978-7-5016-1090-7，定价18.00元。（T21-113）

9158 海底隧道

杨志军著，2017年1月。平装，32开，ISBN 978-7-5016-1097-3，定价20.00元。（T21-114）

9159 向日葵的秘密

刷刷著，青春期秘密花园，2017年1月。平装，16异，ISBN 978-7-5016-1140-9，定价28.00元。（T21-115）

9160 蒲公英的舞蹈

刷刷著，青春期秘密花园，2017年1月。平装，16异，ISBN 978-7-5016-1141-6，定价28.00元。（T21-116）

9161 天上的船

殷健灵著，"温暖你"系列，2017年6月。平装，32开，ISBN 978-7-5016-1274-1，定价22.00元。（T21-117）

9162 小鬼鲁智胜

秦文君著，秦文君原创大奖小说，2017年7月。平装，32开，ISBN 978-7-5016-1284-0，定价28.00元。（T21-118）

9163 男生贾里 孤女俱乐部

秦文君著，秦文君原创大奖小说，2017年7月。平装，32开，ISBN 978-7-5016-1285-7，定价35.00元。（T21-119）

9164 小丫林晓梅

秦文君著，秦文君原创大奖小说，2017年7月。平装，32开，ISBN 978-7-5016-1282-6，定价28.00元。（T21-120）

9165 女生贾梅 十六岁的少女

秦文君著，秦文君原创大奖小说，2017年7月。平装，32开，ISBN 978-7-5016-1286-4，定价35.00元。（T21-121）

9166 根鸟（当当版）

曹文轩著，2017年8月。平装，32开，ISBN 978-7-5016-1312-0，定价25.00元。（T21-122）

9167 一个人的绿龟岛

刘先平著，中国当代获奖儿童文学作家书系·

长篇新作,2017 年 10 月。平装,32 开,ISBN 978-7-5016-1317-5,定价 25.00 元。(T21-123)

9168　云雀谣
曹文轩著,曹文轩文集,2017 年 11 月。平装,32 开,ISBN 978-7-5016-1227-7,定价 25.00 元。(T21-124)

9169　噗噜噗噜蜜
安武林著,中国当代获奖儿童文学作家书系·长篇新作,2017 年 11 月。平装,32 开,ISBN 978-7-5016-1322-9,定价 25.00 元。(T21-125)

9170　尼克代表我
常新港著,2018 年 1 月。平装,32 开,ISBN 978-7-5016-1347-2,定价 26.00 元。(T21-126)

9171　曹文轩文集(珍藏版全 7 册)
2018 年 3 月。平装,32 开,ISBN 978-7-5016-1395-3,定价 168.00 元。(T21-127)

9172　萤王
曹文轩著,曹文轩新小说,2018 年 3 月。平装,32 开,ISBN 978-7-5016-1368-7,定价 30.00 元。(T21-128)

9173　黄蓓佳非常成长系列
2018 年 3 月。平装,32 开,ISBN 978-7-5016-1383-0,定价 138.00 元。(T21-129)

9174　黑木头
赵丽宏著,2018 年 6 月。平装,32 开,ISBN 978-7-5016-1401-1,定价 28.00 元。(T21-130)

9175　溪山雪
马三枣著,青铜葵花获奖作品,2018 年 5 月。平装,32 开,ISBN 978-7-5016-1371-7,定价 22.00 元。(T21-131)

9176　苏三不要哭
吴新星著,青铜葵花获奖作品,2018 年 5 月。平装,32 开,ISBN 978-7-5016-1370-0,定价 24.00 元。(T21-132)

9177　摇啊摇,疍家船
洪永争著,青铜葵花获奖作品,2018 年 5 月。平装,32 开,ISBN 978-7-5016-1378-6,定价 28.00 元。(T21-133)

9178　你的脚下,我的脚下
西雨客著,青铜葵花获奖作品,2018 年 5 月。平装,32 开,ISBN 978-7-5016-1381-6,定价 24.00 元。(T21-134)

9179　曹文轩文集　精装典藏版
2018 年 5 月,精装,32 开,ISBN 978-7-5016-1398-4,定价 398.00 元。(T21-135)

9180　正阳门下
史雷著,2018 年 8 月。平装,32 开,ISBN 978-7-5016-1369-4,定价 25.00 元。(T21-136)

9181　草房子
曹文轩著,纪念特装版,2018 年 1 月。精装,32 开,ISBN 978-7-5016-1311-3,定价 198.00 元;纪念特装木盒版,精装,16 开,ISBN 978-7-5016-1335-9,定价 988.00 元。(T21-137)

9182　孤独麋鹿王
刘先平著,刘先平大自然文学精品集,2018 年 9 月。平装,32 开,ISBN 978-7-5016-1404-2,定价 25.00 元。(T21-138)

9183　草原之鹰
鹿鸣著,青铜葵花获奖作品,2018 年 10 月。平装,32 开,ISBN 978-7-5016-1427-1,定价 24.00 元。(T21-139)

9184　刀马人
王璐琪著,青铜葵花获奖作品,2018 年 10 月。平装,32 开,ISBN 978-7-5016-1424-0,定价 23.00 元。(T21-140)

9185　鲸鱼是楼下的海
于潇湉著,青铜葵花获奖作品,2018 年 10 月。平装,32 开,ISBN 978-7-5016-1425-7,定价 25.00 元。(T21-141)

9186　纸人
殷健灵著,"温暖你"系列,2018 年 10 月。平装,32 开,ISBN 978-7-5016-1422-6,定价 26.00 元。(T21-142)

9187　沐恩奇遇记
朱欢著,青铜葵花获奖作品,2018 年 10 月。平装,32 开,ISBN 978-7-5016-1426-4,定价 22.00 元。(T21-143)

9188　黑猫叫醒我(百千定制版)
常笑予著,中国当代获奖儿童文学作家书系·长篇新作,2019 年 1 月。平装,32 开,ISBN

978 - 7 - 5016 - 1452 - 3,定价 30.00 元。(T21-144)

9189　野云船
刘耀辉著,中国当代获奖儿童文学作家书系·长篇新作,2019 年 2 月。平装,32 开,ISBN 978 - 7 - 5016 - 1455 - 4,定价 28.00 元。(T21-146)

9190　船儿归
洪永争著,中国当代获奖儿童文学作家书系·长篇新作,2019 年 1 月。平装,32 开,ISBN 978 - 7 - 5016 - 1448 - 6,定价 25.00 元。(T21-147)

9191　镜子里的房间
殷健灵著,2019 年 1 月。平装,32 开,ISBN 978 - 7 - 5016 - 1407 - 3,定价 25.00 元。(T21-148)

9192　是猪就能飞
殷健灵著,2019 年 1 月。平装,32 开,ISBN 978 - 7 - 5016 - 1408 - 0,定价 20.00 元。(T21-149)

9193　火印
曹文轩著,曹文轩作品精装典藏版,2019 年 3 月。精装,32 开,ISBN 978-7-5016-1458-5,定价 49.00 元。(T21-150)

9194　南极精灵　科学家考察手记
位梦华著,2019 年 4 月。平装,32 开,ISBN 978 - 7 - 5016 - 1470 - 7,定价 30.00 元。(T21-151)

9195　山羊不吃天堂草
曹文轩著,曹文轩作品精装典藏版,2019 年 3 月。精装,32 开,ISBN 978-7-5016-1463-9,定价 49.00 元。(T21-152)

9196　青铜葵花
曹文轩著,曹文轩作品精装典藏版,2019 年 3 月。精装,32 开,ISBN 978-7-5016-1460-8,定价 49.00 元。(T21-153)

9197　草房子
曹文轩著,曹文轩作品精装典藏版,2019 年 3 月。精装,32 开,ISBN 978-7-5016-1459-2,定价 49.00 元。(T21-154)

9198　云三彩
秦文君著,2019 年 3 月。平装,32 开,ISBN 978 - 7 - 5016 - 1456 - 1,定价 28.00 元。(T21-155)

9199　儿子的反差
沈石溪著,2019 年 4 月。平装,32 开,ISBN 978 - 7 - 5016 - 1491 - 2,定价 26.00 元。(T21-156)

9200　伙伴
沈石溪著,2019 年 4 月。平装,32 开,ISBN 978 - 7 - 5016 - 1490 - 5,定价 26.00 元。(T21-157)

9201　彩虹嘴
殷健灵著,2019 年 5 月。平装,32 开,ISBN 978 - 7 - 5016 - 1496 - 7,定价 28.00 元。(T21-158)

9202　童年河
赵丽宏著,2019 年 5 月。平装,32 开,ISBN 978 - 7 - 5016 - 1471 - 4,定价 28.00 元。(T21-160)

9203　渔童
赵丽宏著,2019 年 5 月。平装,32 开,ISBN 978 - 7 - 5016 - 1475 - 2,定价 28.00 元。(T21-161)

9204　草鞋湾
曹文轩著,曹文轩新小说,2019 年 4 月。平装,32 开,ISBN 978-7-5016-1500-1,定价 35.00 元。(T21-162)

9205　我要做好孩子
黄蓓佳著,黄蓓佳非常成长系列,2019 年 5 月。平装,32 开,ISBN 978-7-5016-1511-7,定价 25.00 元。(T21-163)

9206　我飞了
黄蓓佳著,黄蓓佳非常成长系列,2019 年 5 月。平装,32 开,ISBN 978-7-5016-1513-1,定价 25.00 元。(T21-164)

9207　亲亲我的妈妈
黄蓓佳著,黄蓓佳非常成长系列,2019 年 5 月。平装,32 开,ISBN 978-7-5016-1512-4,定价 24.00 元。(T21-165)

9208　你是我的宝贝
黄蓓佳著,黄蓓佳非常成长系列,2019 年 5 月。平装,32 开,ISBN 978-7-5016-1509-4,定价 24.00 元。(T21-166)

9209 今天我是升旗手
黄蓓佳著,黄蓓佳非常成长系列,2019年5月。平装,32开,ISBN 978-7-5016-1510-0,定价26.00元。(T21-167)

9210 寒风暖鸽
常新港著,2019年8月。平装,32开,ISBN 978-7-5016-1516-0,定价28.00元。(T21-168)

9211 中国儿童文学获奖作家书系 典藏版
曹文轩等著,2019年8月。平装,32开,ISBN 978-7-5016-1526-1,定价189.00元。(T21-169)

9212 天空之镜
张牧笛著,张牧笛幻想文学,2019年9月。平装,32开,ISBN 978-7-5016-1522-3,定价30.00元。(T21-170)

9213 山羊不吃天堂草(当当版单本)
曹文轩著,2019年9月。平装,32开,ISBN 978-7-5016-1536-0,定价25.00元。(T21-171)

9214 细米(当当版单本)
曹文轩著,2019年9月。平装,32开,ISBN 978-7-5016-1534-6,定价25.00元。(T21-172)

9215 曹文轩文集(7册函套版)
2019年10月。平装,32开,ISBN 978-7-5016-1559-9,定价137.00元。(T21-173)

9216 将军胡同
史雷著,2019年10月。精装,32开,ISBN 978-7-5016-1523-0,定价45.00元。(T21-174)

9217 宇宙牙齿
常笑予著,2020年2月。平装,32开,ISBN 978-7-5016-1562-9,定价29.00元。(T21-175)

9218 呼兰河传
萧红著,文学大师的语文课堂,2020年2月。平装,32开,ISBN 978-7-5016-1578-0,定价25.00元。(T21-176)

9219 国际安徒生奖·曹文轩文集
2020年2月。平装,32开,ISBN 978-7-5016-1228-4,定价220.00元。(T21-177)

9220 细米
曹文轩著,曹文轩作品精装典藏版,2019年3月。精装,32开,ISBN 978-7-5016-1461-5,定价49.00元。(T21-178)

9221 买星星的人
王林柏著,青铜葵花获奖作品,2020年3月。平装,32开,ISBN 978-7-5016-1581-0,定价25.00元。(T21-179)

9222 糊粮酒·酒葫芦
小河丁丁著,青铜葵花获奖作品,2020年3月。平装,32开,ISBN 978-7-5016-1574-2,定价25.00元。(T21-180)

9223 小塘主
沈习武著,青铜葵花获奖作品,2020年3月。平装,32开,ISBN 978-7-5016-1582-7,定价25.00元。(T21-181)

9224 山芽儿
王新明著,青铜葵花获奖作品,2020年3月。平装,32开,ISBN 978-7-5016-1586-5,定价25.00元。(T21-182)

9225 满川银雪
唐池子著,青铜葵花获奖作品,2020年3月。平装,32开,ISBN 978-7-5016-1580-3,定价25.00元。(T21-183)

9226 终极恐龙
刘虎著,青铜葵花获奖作品,2020年3月。平装,32开,ISBN 978-7-5016-1570-4,定价32.00元。(T21-184)

9227 象脚鼓
殷健灵著,2020年3月。平装,32开,ISBN 978-7-5016-1603-9,定价28.00元。(T21-185)

9228 小城花开
毛芦芦著,不一样的花季,2009年11月。平装覆膜,32开,ISBN 978-7-5016-0231-5,定价12.00元。(T22-1)

9229 绝响
毛芦芦著,不一样的花季,2009年11月。平装覆膜,32开,ISBN 978-7-5016-0233-9,定价12.00元。(T22-2)

9230 柳哑子
毛芦芦著,不一样的花季,2009年11月。平装覆膜,32开,ISBN 978-7-5016-0232-2,定价

12.00元。(T22-3)

9231　渔船上的红狐
金曾豪著,中国当代获奖儿童文学作家书系,2010年4月。平装覆膜,国流32开,ISBN 978-7-5016-0259-9,定价19.00元。(T22-4)

9232　水边的记忆
张洁著,中国当代获奖儿童文学作家书系,2010年6月。平装覆膜,国流32开,ISBN 978-7-5016-0286-5,定价18.00元。(T22-5)

9233　蚂蚁唱歌
老臣著,中国当代获奖儿童文学作家书系,2010年6月。平装覆膜,国流32开,ISBN 978-7-5016-0290-2,定价19.00元。(T22-6)

9234　红奶羊
沈石溪著,中国当代获奖儿童文学作家书系,2010年6月。平装覆膜,国流32开,ISBN 978-7-5016-0287-2,定价19.00元。(T22-7)

9235　灵魂草场
常新港著,中国当代获奖儿童文学作家书系,2010年6月。平装覆膜,国流32开,ISBN 978-7-5016-0283-4,定价19.00元。(T22-8)

9236　红嘴巴小鸟
张之路著,中国当代获奖儿童文学作家书系,2010年6月。平装覆膜,国流32开,ISBN 978-7-5016-0285-8,定价19.00元。(T22-9)

9237　野百合也有春天
谢倩霓著,中国当代获奖儿童文学作家书系,2010年6月。平装覆膜,国流32开,ISBN 978-7-5016-0292-6,定价19.00元。(T22-10)

9238　遇到我的未来
常新港著,天天典藏·常新港,2011年1月。平装覆膜,国流32开,ISBN 978-7-5016-0330-5,定价14.00元。(T22-11)

9239　麦山的黄昏
常新港著,天天典藏·常新港,2011年1月。平装覆膜,国流32开,ISBN 978-7-5016-0335-0,定价14.00元。(T22-12)

9240　青瓜瓶
常新港著,天天典藏·常新港,2011年1月。平装覆膜,国流32开,ISBN 978-7-5016-0332-9,定价14.00元。(T22-13)

9241　温柔天才
常新港著,天天典藏·常新港,2011年1月。平装覆膜,国流32开,ISBN 978-7-5016-0334-3,定价14.00元。(T22-14)

9242　咬人的夏天
常新港著,天天典藏·常新港,2011年1月。平装覆膜,国流32开,ISBN 978-7-5016-0337-4,定价14.00元。(T22-15)

9243　逆行的鱼
常新港著,天天典藏·常新港,2011年1月。平装覆膜,国流32开,ISBN 978-7-5016-0336-7,定价14.00元。(T22-16)

9244　男孩的街
常新港著,天天典藏·常新港,2011年1月。平装覆膜,国流32开,ISBN 978-7-5016-0333-6,定价14.00元。(T22-17)

9245　淑女木乃伊
常新港著,天天典藏·常新港,2011年1月。平装覆膜,国流32开,ISBN 978-7-5016-0331-2,定价14.00元。(T22-18)

9246　小船,小船
黄蓓佳著,天天典藏·黄蓓佳,2011年1月。平装覆膜,国流32开,ISBN 978-7-5016-0325-1,定价16.00元。(T22-19)

9247　骨折学习法
李志伟著,开心学校,2011年6月。平装覆膜,32开,ISBN 978-7-5016-0411-1,定价16.00元。(T22-20)

9248　大鱼之恋
李志伟著,开心学校,2011年6月。平装覆膜,32开,ISBN 978-7-5016-0412-8,定价16.00元。(T22-21)

9249　作业痒痒病
李志伟著,开心学校,2011年6月。平装覆膜,32开,ISBN 978-7-5016-0410-4,定价16.00元。(T22-22)

9250 我只是个传说

李志伟著,开心学校,2011年6月。平装覆膜,32开,ISBN 978-7-5016-0408-1,定价16.00元。(T22-23)

9251 阳台农场

李志伟著,开心学校,2011年6月。平装覆膜,32开,ISBN 978-7-5016-0406-7,定价16.00元。(T22-24)

9252 第六感男生

李志伟著,开心学校,2011年6月。平装覆膜,32开,ISBN 978-7-5016-0413-5,定价16.00元。(T22-25)

9253 校园功夫之王

李志伟著,开心学校,2011年6月。平装覆膜,32开,ISBN 978-7-5016-0407-4,定价16.00元。(T22-26)

9254 你就是影帝

李志伟著,开心学校,2011年6月。平装覆膜,32开,ISBN 978-7-5016-0409-4,定价16.00元。(T22-27)

9255 扣子的颜色是天空的颜色

林彦著,中国当代获奖儿童文学作家书系,2011年6月。平装覆膜,国流32开,ISBN 978-7-5016-0391-6,定价19.00元。(T22-28)

9256 诸葛亮的N种死法

周锐著,中国当代获奖儿童文学作家书系,2011年6月。平装覆膜,国流32开,ISBN 978-7-5016-0392-3,定价19.00元。(T22-29)

9257 友情是一棵月亮树

安武林著,中国当代获奖儿童文学作家书系,2011年6月。平装覆膜,国流32开,ISBN 978-7-5016-0390-9,定价19.00元。(T22-30)

9258 冒烟的书包

萧袤著,中国当代获奖儿童文学作家书系,2011年6月。平装覆膜,国流32开,ISBN 978-7-5016-0397-8,定价19.00元。(T22-31)

9259 歌王

曹文轩著,中国当代获奖儿童文学作家书系,2011年6月。平装覆膜,国流32开,ISBN 978-7-5016-0396-1,定价18.00元。(T22-32)

9260 小马倌阿里

湘女著,湘女自然文学精品,2011年9月。平装,32开,ISBN 978-7-5016-0483-8,定价14.00元。(T22-33)

9261 山狸猫金爪

湘女著,湘女自然文学精品,2011年9月。平装,32开,ISBN 978-7-5016-0482-1,定价14.00元。(T22-34)

9262 泥巴男生

安武林著,安武林作品"金蜘蛛"诗意童心系列,2011年9月。平装覆膜,32开,ISBN 978-7-5016-0494-4,定价17.00元。(T22-35)

9263 夏日的海滩

安武林著,安武林作品"金蜘蛛"诗意童心系列,2011年9月。平装覆膜,32开,ISBN 978-7-5016-0495-1,定价18.00元。(T22-36)

9264 甜橙树

曹文轩著,曹文轩文集,2011年11月。平装覆膜,32开,ISBN 978-7-5016-0505-7,定价19.00元。(T22-37)

9265 三角地

曹文轩著,曹文轩文集,2011年11月。平装覆膜,32开,ISBN 978-7-5016-0504-0,定价18.00元。(T22-38)

9266 名门后代

葛翠琳著,天天典藏·葛翠琳,2012年7月。平装覆膜,16开,ISBN 978-7-5016-0613-9,定价19.00元。(T22-39)

9267 水自无言

韩青辰著,中国当代获奖儿童文学作家书系,2012年7月。平装覆膜,32开,ISBN 978-7-5016-0635-1,定价19.00元。(T22-40)

9268 水波无痕

简平著,中国当代获奖儿童文学作家书系,2012年7月。平装覆膜,32开,ISBN 978-7-5016-0634-4,定价19.00元。(T22-41)

9269 走火事件

张品成著,中国当代获奖儿童文学作家书系,2012年7月。平装覆膜,32开,ISBN 978-7-

5016-0637-5,定价18.00元。(T22-42)

9270 我家的月光电影院
薛涛著,中国当代获奖儿童文学作家书系,2012年7月。平装覆膜,32开,ISBN 978-7-5016-0632-0,定价18.00元。(T22-43)

9271 星球的晨风
班马著,中国当代获奖儿童文学作家书系,2012年7月。平装覆膜,32开,ISBN 978-7-5016-0636-8,定价18.00元。(T22-44)

9272 湖蓝色的水晶杯
刘东著,中国当代获奖儿童文学作家书系,2012年7月。平装覆膜,32开,ISBN 978-7-5016-0631-3,定价18.00元。(T22-45)

9273 木吉有事
谢华著,中国当代获奖儿童文学作家书系,2012年7月。平装覆膜,32开,ISBN 978-7-5016-0633-7,定价19.00元。(T22-46)

9274 糊涂天使
彭学军著,中国当代获奖儿童文学作家书系,2012年7月。平装覆膜,32开,ISBN 978-7-5016-0628-3,定价19.00元。(T22-47)

9275 猫王
赵易平著,中国当代获奖儿童文学作家书系,2012年7月。平装覆膜,32开,ISBN 978-7-5016-0630-6,定价19.00元。(T22-48)

9276 不会变形的金刚
毕淑敏著,2012年8月。平装覆膜,16开,ISBN 978-7-5016-0548-4,定价19.00元。(T22-49)

9277 麦克风女王就是我
伍美珍著,阳光家族小说营,2012年9月。平装覆膜,32异,ISBN 978-7-5016-0606-1,定价15.00元。(T22-50)

9278 六(六)班真给力
伍美珍著,阳光家族小说营,2012年9月。平装覆膜,32异,ISBN 978-7-5016-0607-8,定价15.00元。(T22-51)

9279 糖果学院怪事多
伍美珍著,阳光家族小说营,2012年9月。平装覆膜,32异,ISBN 978-7-5016-0605-4,定价15.00元。(T22-52)

9280 神秘的许愿瓶
伍美珍著,阳光家族小说营,2012年9月。平装覆膜,32异,ISBN 978-7-5016-0608-5,定价15.00元。(T22-53)

9281 我不做痴缠小箭猪
伍美珍著,阳光家族小说营,2013年3月。平装覆膜,32异,ISBN 978-7-5016-0601-6,定价15.00元。(T22-54)

9282 男生严小段的花头经
伍美珍著,阳光家族小说营,2013年3月。平装覆膜,32异,ISBN 978-7-5016-0603-0,定价15.00元。(T22-55)

9283 当烧饼遇上油条
伍美珍著,阳光家族小说营,2013年3月。平装覆膜,32异,ISBN 978-7-5016-0604-7,定价15.00元。(T22-56)

9284 我是一只小小鸟
伍美珍著,阳光家族小说营,2013年3月。平装覆膜,32异,ISBN 978-7-5016-0602-3,定价15.00元。(T22-57)

9285 猎狐
沈石溪著,唐池子爱读,动物小说大王沈石溪·精华爱读本,2013年5月。平装覆膜,32开,ISBN 978-7-5016-0744-0,定价12.00元。(T22-58)

9286 白象家族
沈石溪著,陆梅爱读,动物小说大王沈石溪·精华爱读本,2013年5月。平装覆膜,32开,ISBN 978-7-5016-0740-2,定价14.00元。(T22-59)

9287 藏獒渡魂
沈石溪著,伍美珍等爱读,动物小说大王沈石溪·精华爱读本,2013年5月。平装覆膜,32开,ISBN 978-7-5016-0743-3,定价14.00元。(T22-60)

9288 雄鹰金闪子
沈石溪著,李东华爱读,动物小说大王沈石溪·精华爱读本,2013年5月。平装覆膜,32开,ISBN 978-7-5016-0742-6,定价14.00元。(T22-61)

9289 牧羊豹
沈石溪著,伍美珍爱读,动物小说大王沈石溪·精华爱读本,2013年5月。平装覆膜,32

开,ISBN 978-7-5016-0741-9,定价 14.00 元。(T22-62)

9290 曹文轩文集(当当网定制版)
2013 年 9 月。平装覆膜,32 开,ISBN 978-7-5016-0784-6,定价 168.00 元。(T22-63)

9291 我亲爱的童年
常新港著,天天典藏·常新港,2013 年 10 月。平装覆膜,32 开,ISBN 978-7-5016-0783-9,定价 16.00 元。(T22-64)

9292 你来自蔷薇星辰
伍美珍主编,王文献著,阳光姐姐明星作家,2014 年 3 月。平装覆膜,32 异,ISBN 978-7-5016-0382-4,定价 16.00 元。(T22-65)

9293 友谊是一场信任游戏
伍美珍主编,余雷著,阳光姐姐明星作家,2014 年 3 月。平装覆膜,32 异,ISBN 978-7-5016-0376-3,定价 16.00 元。(T22-66)

9294 寻找丢失的星
伍美珍主编,王文献著,阳光姐姐明星作家,2014 年 3 月。平装覆膜,32 异,ISBN 978-7-5016-0381-7,定价 16.00 元。(T22-67)

9295 网络上的"幸福小猪"
伍美珍著,阳光家族小说营,2014 年 3 月。平装覆膜,32 异,ISBN 978-7-5016-0822-5,定价 16.00 元。(T22-68)

9296 怪怪班级的怪人
伍美珍著,阳光家族小说营,2014 年 3 月。平装覆膜,32 异,ISBN 978-7-5016-0821-8,定价 16.00 元。(T22-69)

9297 "沙皮狗男生"李多多
伍美珍著,阳光家族小说营,2014 年 3 月。平装覆膜,32 异,ISBN 978-7-5016-0820-1,定价 16.00 元。(T22-70)

9298 幸福糖果邮局
伍美珍著,阳光家族小说营,2014 年 3 月。平装覆膜,32 异,ISBN 978-7-5016-0823-2,定价 16.00 元。(T22-71)

9299 三斧头
曹文轩著,曹文轩典藏拼音版,2014 年 5 月。平装覆膜,32 开,ISBN 978-7-5016-0861-4,定价 20.00 元。(T22-72)

9300 小河弯弯
曹文轩著,曹文轩典藏拼音版,2014 年 5 月。平装覆膜,32 开,ISBN 978-7-5016-0866-9,定价 20.00 元。(T22-73)

9301 白胡子
曹文轩著,曹文轩典藏拼音版,2014 年 5 月。平装覆膜,32 开,ISBN 978-7-5016-0868-3,定价 20.00 元。(T22-74)

9302 狂奔的鸭群
曹文轩著,曹文轩典藏拼音版,2014 年 5 月。平装覆膜,32 开,ISBN 978-7-5016-0863-8,定价 20.00 元。(T22-75)

9303 蔷薇女孩
曹文轩著,曹文轩典藏拼音版,2014 年 5 月。平装覆膜,32 开,ISBN 978-7-5016-0867-6,定价 20.00 元。(T22-76)

9304 愤怒的哇哇
曹文轩著,曹文轩典藏拼音版,2014 年 5 月。平装覆膜,32 开,ISBN 978-7-5016-0859-1,定价 20.00 元。(T22-77)

9305 哑牛
曹文轩著,曹文轩典藏拼音版,2014 年 5 月。平装覆膜,32 开,ISBN 978-7-5016-0860-7,定价 20.00 元。(T22-78)

9306 金茅草
曹文轩著,曹文轩典藏拼音版,2014 年 5 月。平装覆膜,32 开,ISBN 978-7-5016-0864-5,定价 20.00 元。(T22-79)

9307 长裙子短袜子
曹文轩著,曹文轩典藏拼音版,2014 年 5 月。平装覆膜,32 开,ISBN 978-7-5016-0862-1,定价 20.00 元。(T22-80)

9308 有个丫头叫草环
曹文轩著,曹文轩典藏拼音版,2014 年 5 月。平装覆膜,32 开,ISBN 978-7-5016-0865-2,定价 20.00 元。(T22-81)

9309 绿青藤神秘"盛开"
伍美珍主编,叶帆航著,阳光姐姐小说之星,2014 年 6 月。平装覆膜,32 异,ISBN 978-7-5016-0833-1,定价 18.00 元。(T22-82)

9310 疯狂奔放的夏天
伍美珍主编,陈嘉瑜著,阳光姐姐小说之星,2014 年 6 月。平装覆膜,32 异,ISBN 978-7-

5016-0837-9,定价18.00元。(T22-83)

9311 忙碌的校园侦探社
伍美珍主编,田晓蕊著,阳光姐姐小说之星,2014年6月。平装覆膜,32异,ISBN 978-7-5016-0834-8,定价18.00元。(T22-84)

9312 转校生的愿望
伍美珍主编,田晓蕊著,阳光姐姐小说之星,2014年6月。平装覆膜,32异,ISBN 978-7-5016-0834-8,定价18.00元。(T22-85)

9313 六年级(甲)班同学录
伍美珍主编,陈鑫著,阳光姐姐小说之星,2014年6月。平装覆膜,32异,ISBN 978-7-5016-0832-4,定价18.00元。(T22-86)

9314 超级八卦劲爆班
伍美珍主编,程琦琦著,阳光姐姐小说之星,2014年6月。平装覆膜,32异,ISBN 978-7-5016-0836-2,定价18.00元。(T22-87)

9315 尖子班奇闻
张之路著,中国当代获奖儿童文学作家书系拼音版,2014年5月。平装覆膜,32异,ISBN 978-7-5016-0846-1,定价19.00元。(T22-88)

9316 鸭宝河
曹文轩著,曹文轩文集,2014年8月。平装,32开,ISBN 978-7-5016-0886-7,定价20.00元。(T22-89)

9317 青瓦大街
曹文轩著,曹文轩文集,2014年8月。平装,32开,ISBN 978-7-5016-0887-4,定价20.00元。(T22-90)

9318 唱歌的山羊
曹文轩著,曹文轩典藏拼音版,2014年12月。平装,32开,ISBN 978-7-5016-0909-3,定价20.00元。(T22-91)

9319 会说话的铃铛
曹文轩著,曹文轩典藏拼音版,2014年12月。平装,32开,ISBN 978-7-5016-0951-2,定价20.00元。(T22-92)

9320 灰灰的瘦马
曹文轩著,曹文轩典藏拼音版,2014年12月。平装,32开,ISBN 978-7-5016-0950-5,定价20.00元。(T22-93)

9321 八哥
曹文轩著,曹文轩典藏拼音版,2015年3月。平装,32开,ISBN 978-7-5016-0945-1,定价20.00元。(T22-94)

9322 红葫芦
曹文轩著,曹文轩典藏拼音版,2015年3月。平装,32开,ISBN 978-7-5016-0946-8,定价20.00元。(T22-95)

9323 山羊坡
曹文轩著,曹文轩典藏拼音版,2015年3月。平装,32开,ISBN 978-7-5016-0947-5,定价20.00元。(T22-96)

9324 月光下的秘密
曹文轩著,曹文轩典藏拼音版,2015年3月。平装,32开,ISBN 978-7-5016-0948-2,定价20.00元。(T22-97)

9325 孩子,该回家了
曹文轩著,曹文轩典藏拼音版,2015年3月。平装,32开,ISBN 978-7-5016-0949-9,定价20.00元。(T22-98)

9326 凤鸽儿
曹文轩著,曹文轩典藏拼音版,2015年3月。平装,32开,ISBN 978-7-5016-0952-9,定价20.00元。(T22-99)

9327 请收藏我的声音
常新港著,天天典藏·常新港,2015年6月。平装覆膜,32开,ISBN 978-7-5016-0965-9,定价16.00元。(T22-100)

9328 呼和诺尔野猫
(蒙古族)格日勒其木格·黑鹤著,黑鹤亲近大自然动物小说,2015年7月。平装,16开,ISBN 978-7-5016-0978-9,定价19.00元。(T22-101)

9329 獾
(蒙古族)格日勒其木格·黑鹤著,黑鹤亲近大自然动物小说,2015年7月。平装,16开,ISBN 978-7-5016-0976-5,定价19.00元。(T22-102)

9330 母兔
(蒙古族)格日勒其木格·黑鹤著,黑鹤亲近大自然动物小说,2015年7月。平装,16开,ISBN 978-7-5016-0977-2,定价19.00元。

（T22-103）

9331　艾烟

星子著,青铜葵花获奖作品,2015 年 8 月。平装,32 开,ISBN 978-7-5016-1013-6,定价 16.00 元。(T22-104)

9332　泥孩子

刘玉栋著,青铜葵花获奖作品,2015 年 8 月。平装,32 开,ISBN 978-7-5016-1014-3,定价 16.00 元。(T22-105)

9333　飞行的瓦片

殷健灵著,殷健灵温暖你:拼音美绘版,2015 年 8 月。平装,32 开,ISBN 978-7-5016-1014-3,定价 16.00 元。(T22-106)

9334　萤火虫灯

殷健灵著,殷健灵温暖你:拼音美绘版,2015 年 8 月。平装,32 开,ISBN 978-7-5016-1025-9,定价 20.00 元。(T22-107)

9335　追踪雪豹

刘先平著,刘先平大自然文学精品集,2016 年 1 月。平装,32 开,ISBN 978-7-5016-1062-4,定价 20.00 元。(T22-108)

9336　爱在山野

刘先平著,刘先平大自然文学精品集,2016 年 1 月。平装,32 开,ISBN 978-7-5016-1061-7,定价 20.00 元。(T22-109)

9337　魔鹿

刘先平著,刘先平大自然文学精品集,2016 年 1 月。平装,32 开,ISBN 978-7-5016-1060-0,定价 20.00 元。(T22-110)

9338　海钓

刘先平著,刘先平大自然文学精品集,2016 年 1 月。平装,32 开,ISBN 978-7-5016-1063-1,定价 20.00 元。(T22-111)

9339　红鞋子（拼音版）

汤素兰著,2015 年 9 月。平装,32 开,ISBN 978-7-5016-0974-1,定价 18.00 元。(T22-112)

9340　老奶奶的狼

（蒙古族）格日勒其木格·黑鹤著,黑鹤亲近大自然动物小说,2016 年 10 月。平装,32 开,ISBN 978-7-5016-1182-9,定价 20.00 元。(T22-113)

9341　喝牛奶的猪

（蒙古族）格日勒其木格·黑鹤著,黑鹤亲近大自然动物小说,2016 年 10 月。平装,32 开,ISBN 978-7-5016-1181-2,定价 20.00 元。(T22-114)

9342　乌尔逊河边的狼

（蒙古族）格日勒其木格·黑鹤著,黑鹤亲近大自然动物小说,2016 年 10 月。平装,32 开,ISBN 978-7-5016-1180-5,定价 20.00 元。(T22-115)

9343　火桂花 The Cassia Tree 汉英对照

曹文轩著,〔英〕汪海岚（Helen Wang）译,曹文轩双语作品集,2016 年 9 月。平装,32 开,ISBN 978-7-5016-1169-0,定价 20.00 元。(T22-116)

9344　白马雪儿 Looking for Snowy 汉英对照

曹文轩著,〔英〕汪海岚（Helen Wang）译,曹文轩双语作品集,2016 年 9 月。平装,32 开,ISBN 978-7-5016-1177-5,定价 20.00 元。(T22-117)

9345　灰娃的高地 Huiwa's Stand 汉英对照

曹文轩著,〔英〕汪海岚（Helen Wang）译,曹文轩双语作品集,2016 年 9 月。平装,32 开,ISBN 978-7-5016-1176-8,定价 20.00 元。(T22-118)

9346　凤鸽儿 A Very Special Pigeon 汉英对照

曹文轩著,〔英〕汪海岚（Helen Wang）译,曹文轩双语作品集,2016 年 9 月。平装,32 开,ISBN 978-7-5016-1170-6,定价 20.00 元。(T22-119)

9347　红奶羊

沈石溪著,中国当代获奖儿童文学作家书系升级版,2017 年 1 月。平装,32 开,ISBN 978-7-5016-1127-0,定价 21.00 元。(T22-120)

9348　歌王

曹文轩著,中国当代获奖儿童文学作家书系升级版,2017 年 1 月。平装,32 开,ISBN 978-7-5016-1127-0,定价 21.00 元。(T22-121)

9349 还有一位老船长
董宏猷著,中国当代获奖儿童文学作家书系升级版,2017年1月。平装,32开,ISBN 978-7-5016-1125-6,定价21.00元。(T22-122)

9350 我亲爱的童年(升级版)
常新港著,常新港经典成长系列,2017年1月。平装,32开,ISBN 978-7-5016-1207-9,定价20.00元。(T22-123)

9351 咬人的夏天(升级版)
常新港著,常新港经典成长系列,2017年1月。平装,32开,ISBN 978-7-5016-1210-9,定价19.00元。(T22-124)

9352 青瓜瓶(升级版)
常新港著,常新港经典成长系列,2017年1月。平装,32开,ISBN 978-7-5016-1213-9,定价20.00元。(T22-125)

9353 麦山的黄昏(升级版)
常新港著,常新港经典成长系列,2017年1月。平装,32开,ISBN 978-7-5016-1214-7,定价20.00元。(T22-126)

9354 男孩的街(升级版)
常新港著,常新港经典成长系列,2017年1月。平装,32开,ISBN 978-7-5016-1211-6,定价20.00元。(T22-127)

9355 淑女木乃伊(升级版)
常新港著,常新港经典成长系列,2017年1月。平装,32开,ISBN 978-7-5016-1212-3,定价20.00元。(T22-128)

9356 逆行的鱼(升级版)
常新港著,常新港经典成长系列,2017年1月。平装,32开,ISBN 978-7-5016-1215-4,定价20.00元。(T22-129)

9357 遇到我的未来(升级版)
常新港著,常新港经典成长系列,2017年1月。平装,32开,ISBN 978-7-5016-1209-3,定价20.00元。(T22-130)

9358 请收藏我的声音(升级版)
常新港著,常新港经典成长系列,2017年1月。平装,32开,ISBN 978-7-5016-1216-1,定价18.00元。(T22-131)

9359 温柔天才(升级版)
常新港著,常新港经典成长系列,2017年1月。平装,32开,ISBN 978-7-5016-1208-6,定价20.00元。(T22-132)

9360 猫王
翌平著,中国当代获奖儿童文学作家书系升级版,2017年1月。平装,32开,ISBN 978-7-5016-1184-3,定价21.00元。(T22-133)

9361 友情是一棵月亮树
安武林著,中国当代获奖儿童文学作家书系升级版,2017年1月。平装,32开,ISBN 978-7-5016-1132-4,定价21.00元。(T22-134)

9362 永远的哨兵
张品成著,中国当代获奖儿童文学作家书系升级版,2017年1月。平装,32开,ISBN 978-7-5016-1190-4,定价21.00元。(T22-135)

9363 鹰泪
金曾豪著,中国当代获奖儿童文学作家书系升级版,2017年1月。平装,32开,ISBN 978-7-5016-1189-8,定价21.00元。(T22-136)

9364 穿堂风
曹文轩著,曹文轩新小说,2017年4月。平装,32开,ISBN 978-7-5016-1217-8,定价25.00元。(T22-137)

9365 父子的远方
老臣、赵小臣著,成长的对话,2017年5月。平装,16开,ISBN 978-7-5016-1247-5,定价25.00元。(T22-138)

9366 我在你身旁
谢倩霓、江亦纯、江亦洁著,成长的对话,2017年5月。平装,16开,ISBN 978-7-5016-1245-1,定价25.00元。(T22-139)

9367 心动周期
李东华、苗依依著,成长的对话,2017年5月。平装,16开,ISBN 978-7-5016-1239-0,定价22.00元。(T22-140)

9368 你好,沉默
汪玥含、汪子淳著,成长的对话,2017年5月。平装,16开,ISBN 978-7-5016-1246-8,定价24.00元。(T22-141)

9369 厄尔尼诺诅咒
周鸣著,原创儿童科幻文学丛书,2017年5月。平装,32开,ISBN 978-7-5016-1241-3,定价23.00元。(T22-142)

9370　食梦少年
陆杨著,原创儿童科幻文学丛书,2017年5月。平装,32开,ISBN 978-7-5016-1248-2,定价18.00元。(T22-143)

9371　奇奇怪太空游侠
超侠著,原创儿童科幻文学丛书,2017年5月。平装,32开,ISBN 978-7-5016-1273-4,定价22.00元。(T22-144)

9372　上古追缉
于向昀著,原创儿童科幻文学丛书,2017年5月。平装,32开,ISBN 978-7-5016-1272-7,定价21.00元。(T22-145)

9373　月球闭合线
李志伟著,原创儿童科幻文学丛书,2017年5月。平装,32开,ISBN 978-7-5016-1244-4,定价21.00元。(T22-146)

9374　彗核
赵华著,原创儿童科幻文学丛书,2017年5月。平装,32开,ISBN 978-7-5016-1242-0,定价20.00元。(T22-147)

9375　天地奇旅
王国刚著,原创儿童科幻文学丛书,2017年5月。平装,32开,ISBN 978-7-5016-1243-7,定价25.00元。(T22-148)

9376　世纪之约
汪玥含著,原创儿童科幻文学丛书,2017年5月。平装,32开,ISBN 978-7-5016-1276-5,定价20.00元。(T22-149)

9377　小人精丁宝
秦文君著,秦文君原创大奖小说美绘拼音版,2017年7月。平装,32开,ISBN 978-7-5016-1283-3,定价28.00元。(T22-150)

9378　大狗喀啦克拉的公寓
秦文君著,秦文君原创大奖小说美绘拼音版,2017年7月。平装,32开,ISBN 978-7-5016-1281-9,定价20.00元。(T22-151)

9379　跛脚小苦鼠·更格卢鼠传奇
沈石溪、〔加〕西顿著,沐雨译,中西动物小说大王金品共读系列拼音版,2017年7月。平装,32开,ISBN 978-7-5016-1278-9,定价22.00元。(T22-152)

9380　撞笼的金雕·信鸽阿诺克斯
沈石溪、〔加〕西顿著,张煜译,中西动物小说大王金品共读系列拼音版,2017年7月。平装,32开,ISBN 978-7-5016-1280-2,定价20.00元。(T22-153)

9381　老马威尼·溜蹄的野马
沈石溪、〔加〕西顿著,张煜译,中西动物小说大王金品共读系列拼音版,2017年7月。平装,32开,ISBN 978-7-5016-1277-2,定价22.00元。(T22-154)

9382　一对白天鹅·温迪古尔灰雁
沈石溪、〔加〕西顿著,沐雨译,中西动物小说大王金品共读系列拼音版,2017年7月。平装,32开,ISBN 978-7-5016-1279-6,定价20.00元。(T22-155)

9383　我是米拉儿(升级版)
安武林著,安武林名家金品系列,2017年8月。平装,32开,ISBN 978-7-5016-1307-6,定价20.00元。(T22-156)

9384　蝙蝠香
曹文轩著,曹文轩新小说,2017年7月。平装,32开,ISBN 978-7-5016-1313-7,定价25.00元。(T22-157)

9385　牧羊豹(升级版)
沈石溪著,动物小说大王沈石溪·精华爱读本,2018年1月。平装,32开,ISBN 978-7-5016-1349-6,定价25.00元。(T22-159)

9386　白象家族(升级版)
沈石溪著,动物小说大王沈石溪·精华爱读本,2018年1月。平装,32开,ISBN 978-7-5016-1351-9,定价24.00元。(T22-160)

9387　藏獒渡魂(升级版)
沈石溪著,动物小说大王沈石溪·精华爱读本,2018年1月。平装,32开,ISBN 978-7-5016-1348-9,定价24.00元。(T22-161)

9388　雄鹰金闪子(升级版)
沈石溪著,动物小说大王沈石溪·精华爱读本,2018年1月。平装,32开,ISBN 978-7-5016-1350-2,定价25.00元。(T22-162)

9389　猎狐(升级版)
沈石溪著,动物小说大王沈石溪·精华爱读本,2018年1月。平装,32开,ISBN 978-7-5016-1344-1,定价22.00元。(T22-163)

9390 《三角地》(当当版单本)

曹文轩著,2018年1月。平装,32开,ISBN 978-7-5016-1385-4,定价25.00元。(T22-164)

9391 废墟上的白鸽

殷健灵著,2018年2月。平装,32开,ISBN 978-7-5016-1354-0,定价25.00元。(T22-165)

9392 金雨滴

张之路著,2018年5月。平装,32开,ISBN 978-7-5016-1359-5,定价25.00元。(T22-166)

9393 莫里

陈帅著,青铜葵花获奖作品,2018年6月。平装,32开,ISBN 978-7-5016-1391-5,定价18.00元。(T22-167)

9394 爱犬的天堂

冯骥才著,我和我的动物朋友,2018年9月。平装,32开,ISBN 978-7-5016-1419-6,定价20.00元。(T22-168)

9395 金丝猴跟踪

刘先平著,刘先平大自然文学精品集,2018年9月。平装,32开,ISBN 978-7-5016-1382-3,定价25.00元。(T22-169)

9396 动物小说大王沈石溪西顿金品共读系列

沈石溪、〔加〕西顿著,2019年2月。平装,32开,ISBN 978-7-5016-1474-5,定价220.00元。(T22-170)

9397 甜橙树

曹文轩著,曹文轩作品精装典藏版,2019年3月。精装,32开,ISBN 978-7-5016-1465-3,定价49.00元。(T22-171)

9398 三角地

曹文轩著,曹文轩作品精装典藏版,2019年3月。精装,32开,ISBN 978-7-5016-1464-6,定价49.00元。(T22-172)

9399 根鸟

曹文轩著,曹文轩作品精装典藏版,2019年3月。精装,32开,ISBN 978-7-5016-1462-2,定价49.00元。(T22-173)

9400 泥孩子

刘玉栋著,2019年5月。平装,32开,ISBN 978-7-5016-1363-2,定价29.00元。(T22-174)

9401 石库门里的新家

赵丽宏著,童年河拼音版,2019年5月。平装,32开,ISBN 978-7-5016-1486-8,定价25.00元。(T22-175)

9402 雾中的大楼

赵丽宏著,童年河拼音版,2019年5月。平装,32开,ISBN 978-7-5016-1487-5,定价25.00元。(T22-176)

9403 喜鹊、苹果和饼干

赵丽宏著,童年河拼音版,2019年5月。平装,32开,ISBN 978-7-5016-1484-4,定价25.00元。(T22-177)

9404 开学第一天

赵丽宏著,童年河拼音版,2019年5月。平装,32开,ISBN 978-7-5016-1485-1,定价25.00元。(T22-178)

9405 甜橙树(当当版单本)

曹文轩著,2019年9月。平装,32开,ISBN 978-7-5016-1535-3,定价25.00元。(T22-179)

9406 城南旧事

林海音著,文学大师的语文课堂,2020年2月。平装,16开,ISBN 978-7-5016-1576-6,定价28.00元。(T22-180)

9407 寻找一只鸟

曹文轩著,曹文轩新小说,2020年4月。平装,32开,ISBN 978-7-5016-1614-5,定价30.00元。(T22-181)

9408 夏天的森林

张牧笛著,张牧笛幻想文学,2020年6月。平装,32开,ISBN 978-7-5016-1615-2,定价30.00元。(T22-182)

9409 夏天里的苹果梦

王宜振著,中国当代获奖儿童文学作家书系,2010年4月。平装覆膜,国流32开,ISBN 978-7-5016-0261-2,定价19.00元。(T23-1)

9410 板凳歪歪

金本编选,海宝唱响中华童谣,2010年4月。

平装覆膜,20开,ISBN 978-7-5016-0273-5,定价10.00元。(T23-2)

9411 牵牛花
金本等著,金本编选,海宝唱响中华童谣,2010年4月。平装覆膜,20开,ISBN 978-7-5016-0279-7,定价10.00元。(T23-3)

9412 小木偶
孙华文等著,金本编选,海宝唱响中华童谣,2010年4月。平装覆膜,20开,ISBN 978-7-5016-0276-6,定价10.00元。(T23-4)

9413 有双小脏手
金波等著,金本编选,海宝唱响中华童谣,2010年4月。平装覆膜,20开,ISBN 978-7-5016-0281-0,定价10.00元。(T23-5)

9414 云妹妹
吕丽娜等著,金本编选,海宝唱响中华童谣,2010年4月。平装覆膜,20开,ISBN 978-7-5016-0277-3,定价10.00元。(T23-6)

9415 两只小羊
高洪波等著,金本编选,海宝唱响中华童谣,2010年4月。平装覆膜,20开,ISBN 978-7-5016-0277-3,定价10.00元。(T23-7)

9416 蝴蝶飞
樊发稼等著,金本编选,海宝唱响中华童谣,2010年4月。平装覆膜,20开,ISBN 978-7-5016-0280-3,定价10.00元。(T23-8)

9417 奶奶过生日
张秋生等著,金本编选,海宝唱响中华童谣,2010年4月。平装覆膜,20开,ISBN 978-7-5016-0278-0,定价10.00元。(T23-9)

9418 它是谁
小河等著,金本编选,海宝唱响中华童谣,2010年4月。平装覆膜,20开,ISBN 978-7-5016-0275-9,定价10.00元。(T23-10)

9419 小蜗牛请客
李众等著,金本编选,海宝唱响中华童谣,2010年4月。平装覆膜,20开,ISBN 978-7-5016-0274-2,定价10.00元。(T23-11)

9420 大象树
吴然著,中国当代获奖儿童文学作家书系,2010年6月。平装覆膜,国流32开,ISBN 978-7-5016-0288-9,定价19.00元。(T23-12)

9421 阿姨你住过的地方
黄蓓佳著,天天典藏·黄蓓佳,2011年1月。平装覆膜,国流32开,ISBN 978-7-5016-0321-3,定价19.50元。(T23-13)

9422 伤心的试验
张之路著,天天典藏·张之路,2011年4月。平装覆膜,国流32开,ISBN 978-7-5016-0296-4,定价16.00元。(T23-14)

9423 给个萝卜吃吃
张之路著,天天典藏·张之路,2011年4月。平装覆膜,国流32开,ISBN 978-7-5016-0295-7,定价13.50元。(T23-15)

9424 月亮花园
韦伶著,最美女儿心,2011年5月。平装覆膜,16开,ISBN 978-7-5016-0310-7,定价15.00元。(T23-16)

9425 天天天蓝
郁雨君著,最美女儿心,2011年5月。平装覆膜,16开,ISBN 978-7-5016-0311-4,定价15.00元。(T23-17)

9426 一条想念春天的鱼
唐池子著,最美女儿心,2011年5月。平装覆膜,16开,ISBN 978-7-5016-0308-4,定价15.00元。(T23-18)

9427 女孩四季
陆梅著,最美女儿心,2011年5月。平装覆膜,16开,ISBN 978-7-5016-0309-1,定价15.00元。(T23-19)

9428 祝福青青的小树林
徐鲁著,中国当代获奖儿童文学作家书系,2011年6月。平装覆膜,国流32开,ISBN 978-7-5016-0389-3,定价19.00元。(T23-20)

9429 猎人的故事
湘女著,湘女自然文学精品,2011年9月。平装,32开,ISBN 978-7-5016-0484-5,定价14.00元。(T23-21)

9430 大树杜鹃
湘女著,湘女自然文学精品,2011年9月。平装,32开,ISBN 978-7-5016-0491-3,定价14.00元。(T23-22)

9431　母亲的故事是一盏灯
安武林著,安武林作品"金蜘蛛"诗意童心系列,2011年9月。平装覆膜,32开,ISBN 978-7-5016-0493-7,定价17.00元。(T23-23)

9432　月光下的蝈蝈
安武林著,安武林作品"金蜘蛛"诗意童心系列,2011年9月。平装覆膜,32开,ISBN 978-7-5016-0492-0,定价16.00元。(T23-24)

9433　想北平
老舍著,天天读经典·大师美文品读书系,2012年1月。平装覆膜,16开,ISBN 978-7-5016-0515-6,定价20.00元。(T23-25)

9434　大海与玫瑰
葛翠琳著,天天典藏·葛翠琳,2012年7月。平装覆膜,16开,ISBN 978-7-5016-0609-2,定价19.00元。(T23-26)

9435　第三只眼睛
葛翠琳著,天天典藏·葛翠琳,2012年7月。平装覆膜,16开,ISBN 978-7-5016-0611-5,定价20.00元。(T23-27)

9436　十四个美梦
葛翠琳著,天天典藏·葛翠琳,2012年7月。平装覆膜,16开,ISBN 978-7-5016-0610-8,定价20.00元。(T23-28)

9437　爷爷电影院
毛芦芦著,毛芦芦儿童美文精选,2012年7月。平装覆膜,16开,ISBN 978-7-5016-0626-9,定价15.00元。(T23-29)

9438　愿望满天飞
毛芦芦著,毛芦芦儿童美文精选,2012年7月。平装覆膜,16开,ISBN 978-7-5016-0627-6,定价15.00元。(T23-30)

9439　飞渡油菜花
毛芦芦著,毛芦芦儿童美文精选,2012年7月。平装覆膜,16开,ISBN 978-7-5016-0625-2,定价15.00元。(T23-31)

9440　绵绵土
牛汉著,天天读经典·大师美文品读书系,2013年4月。平装覆膜,16开,ISBN 978-7-5016-0512-5,定价19.00元。(T23-32)

9441　葡萄月令
汪曾祺著,天天读经典·大师美文品读书系,2013年4月。平装覆膜,16开,ISBN 978-7-5016-0521-7,定价19.00元。(T23-33)

9442　好爸爸童谣
张贤明著,2013年8月。平装覆膜,24开,ISBN 978-7-5016-0725-9,定价30.00元。(T23-34)

9443　旧旧的时光
伍美珍主编,安武林著,2014年3月。平装覆膜,32开,ISBN 978-7-5016-0234-6,定价16.00元。(T23-35)

9444　织席记
孙犁著,天天读经典·大师美文品读书系,2014年4月。平装覆膜,16开,ISBN 978-7-5016-0816-4,定价19.00元。(T23-36)

9445　叶子是小鸟的书
边存金著,姜晓燕绘,2014年5月。平装,16开,ISBN 978-7-5016-0851-5,定价15.00元。(T23-37)

9446　寻找大熊猫
刘先平著,中国当代获奖儿童文学作家书系拼音版,2014年5月。平装,32开,ISBN 978-7-5016-0843-0,定价19.00元。(T23-38)

9447　给猴王照相
刘先平著,中国当代获奖儿童文学作家书系拼音版,2014年8月。平装,32开,ISBN 978-7-5016-0849-2,定价19.00元。(T23-39)

9448　大自然文学研究(第二卷)
安徽大学大自然文学研究所主编,2015年10月。平装,16开,ISBN 978-7-5016-1022-8,定价25.00元。(T23-40)

9449　既没圆缺
王博远著,园丁和新苗,2015年9月。平装,32开,ISBN 978-7-5016-1020-4,定价30.00元。(T23-41)

9450　淡淡的蓝
朱槿著,2016年6月。平装,32开,ISBN 978-7-5016-1073-0,定价28.00元。(T23-42)

9451　萤火虫
朱槿著,2016年6月。平装,32开,ISBN 978-7-5016-1072-3,定价25.00元。(T23-43)

9452　美丽的愿望
徐鲁著,中国当代获奖儿童文学作家书系升级

版,2017年1月。平装,32开,ISBN 978-7-5016-1129-4,定价21.00元。(T23-44)

9453　天使·玫瑰之城
安子瑜著,2016年12月。平装,32开,ISBN 978-7-5016-1098-3,定价30.00元。(T23-45)

9454　真想变成大大的荷叶
王宜振著,中国当代获奖儿童文学作家书系升级版,2016年12月。平装,32开,ISBN 978-7-5016-1098-3,定价30.00元。(T23-46)

9455　给孩子们的诗园 古诗卷
叶嘉莹主编,高昌赏析,2017年12月。精装,32开,ISBN 978-7-5016-1098-3,定价42.80元。(T23-47)

9456　济南的冬天
老舍著,老舍儿童文学纪念本拼音版,2017年7月。平装,32开,ISBN 978-7-5016-1287-1,定价20.00元。(T23-48)

9457　月光下的蝈蝈(升级版)
安武林著,安武林名家金品系列,2017年8月。平装,32开,ISBN 978-7-5016-1299-4,定价20.00元。(T23-49)

9458　黑豆里的母亲
安武林著,安武林名家金品系列,2017年8月。平装,32开,ISBN 978-7-5016-1303-8,定价20.00元。(T23-50)

9459　发现童年 三十年儿童文学评论选
韩进著,2018年1月。平装,16开,ISBN 978-7-5016-1288-8,定价98.00元。(T23-51)

9460　草原 草原
金本著,纯美小诗二重奏,2018年2月。平装,32开,ISBN 978-7-5016-1342-7,定价28.00元。(T23-52)

9461　海风 海风
金本著,纯美小诗二重奏,2018年2月。平装,32开,ISBN 978-7-5016-1340-3,定价28.00元。(T23-53)

9462　窝边草集
贾午光著,2018年2月。平装,32开,ISBN 978-7-5016-1372-3,定价30.00元。(T23-54)

9463　给孩子们的诗园·中国童诗卷
金波主编,高昌赏析,2018年5月。精装,32开,ISBN 978-7-5016-1396-0,定价45.00元。(T23-55)

9464　挪威森林猫
刘心武著,我和我的动物朋友,2018年9月。平装,32开,ISBN 978-7-5016-1415-8,定价24.00元。(T23-56)

9465　黑熊和白熊
高洪波著,我和我的动物朋友,2018年9月。平装,32开,ISBN 978-7-5016-1414-1,定价24.00元。(T23-57)

9466　战马蜂
赵丽宏著,我和我的动物朋友,2018年9月。平装,32开,ISBN 978-7-5016-1417-2,定价25.00元。(T23-58)

9467　遇见闪光的你
赵菱著,勇敢长大系列,2019年1月。平装,32开,ISBN 978-7-5016-1450-9,定价25.00元。(T23-59)

9468　穗子的动物园
严歌苓著,2020年3月。平装,32开,ISBN 978-7-5016-1585-8,定价35.00元。(T23-60)

9469　沙漠生物圈
刘先平著,2020年5月。平装,32开,ISBN 978-7-5016-1598-8,定价30.00元。(T23-61)

9470　遇见
郑园著,园丁和新苗,2014年12月。平装,32开,ISBN 978-7-5016-1092-8,定价25.00元。(T23-62)

9471　墨子的故事
冯坤撰文,顾曾平绘画,中国古代思想家的故事,2014年1月。平装,24开,ISBN 978-7-5016-0795-2,定价12.00元。(T25-1)

9472　管子的故事
冯坤撰文,朱丹绘画,中国古代思想家的故事,2014年1月。平装,24开,ISBN 978-7-5016-0796-9,定价12.00元。(T25-2)

9473　韩非子的故事
刘书刚撰文,王玉群绘画,中国古代思想家的故事,2014年1月。平装,24开,ISBN 978-7-

5016-0797-6,定价12.00元。(T25-3)

9474　孔子的故事
刘书刚撰文,杨永青绘画,中国古代思想家的故事,2014年1月。平装,24开,ISBN 978-7-5016-0794-5,定价12.00元。(T25-4)

9475　老子的故事
冯坤撰文,姜渭渔绘画,中国古代思想家的故事,2014年1月。平装,24开,ISBN 978-7-5016-0793-8,定价12.00元。(T25-5)

9476　庄子的故事
冯坤撰文,侯国良绘画,中国古代思想家的故事,2014年1月。平装,24开,ISBN 978-7-5016-0792-1,定价12.00元。(T25-6)

9477　齐孙子的故事
冯坤撰文,袁辉绘画,中国古代思想家的故事,2014年1月。平装,24开,ISBN 978-7-5016-0800-3,定价12.00元。(T25-7)

9478　荀子的故事
刘书刚撰文,袁辉绘画,中国古代思想家的故事,2014年1月。平装,24开,ISBN 978-7-5016-0798-3,定价12.00元。(T25-8)

9479　孟子的故事
刘书刚撰文,赵文元绘画,中国古代思想家的故事,2014年1月。平装,24开,ISBN 978-7-5016-0791-4,定价12.00元。(T25-9)

9480　吴孙子的故事
刘书刚撰文,袁辉绘画,中国古代思想家的故事,2014年1月。平装,24开,ISBN 978-7-5016-0799-0,定价12.00元。(T25-10)

9481　我不想做一只小老鼠
曹文轩著,〔意〕帕特里齐亚·多纳图,中国种子世界花,2014年11月。精装,16开,ISBN 978-7-5016-0901-7,定价29.80元。(T25-11)

9482　芽芽搬新家
(台)钱茵著绘,幸福种子情商绘本系列,2015年5月。平装覆膜,16开,ISBN 978-7-5016-0957-4,定价19.00元。(T25-12)

9483　帽子王
曹文轩著,〔意〕马瑞吉欧·葛瑞欧图,中国种子世界花,2015年5月。精装,16开,ISBN 978-7-5016-0955-0,定价32.80元。

(T25-15)

9484　远方
曹文轩著,〔丹麦〕波德·宝森图,中国种子世界花,2015年5月。精装,16开,ISBN 978-7-5016-0956-7,定价32.80元。(T25-16)

9485　刺猬灯
徐鲁著,祁人绘,童年中国原创图画书系列,2015年2月。精装,16开,ISBN 978-7-5016-0923-9,定价29.80元。(T25-17)

9486　麻花小熊
安武林著,布克布克绘,童年中国原创图画书系列,2015年2月。精装,16开,ISBN 978-7-5016-0915-4,定价29.80元。(T25-18)

9487　辫子
黑眯著绘,童年中国原创图画书系列,2015年2月。精装,16开,ISBN 978-7-5016-0914-7,定价29.80元。(T25-19)

9488　小野父子去哪儿了?
曹文轩著,〔意〕伊娃·蒙塔纳里图,中国种子世界花,2015年1月。精装,16开,ISBN 978-7-5016-0911-6,定价32.80元。(T25-20)

9489　咪子的家
熊喵著绘,童年中国原创图画书系列,2015年2月。精装,16开,ISBN 978-7-5016-0916-1,定价29.80元。(T25-21)

9490　青蛙梦想家
储丹丹著,王新喜绘,园丁和新苗,2015年7月。精装,12开,ISBN 978-7-5016-0967-3,定价36.00元。(T25-22)

9491　和我玩吧
弯弯著绘,童年中国原创图画书系列,2015年2月。精装,16开,ISBN 978-7-5016-0913-0,定价29.80元。(T25-23)

9492　小雨后
周雅雯著绘,童年中国原创图画书系列,2015年10月。精装,16开,ISBN 978-7-5016-1018-0,定价29.80元;2017年4月,平装,16开,ISBN 978-7-5016-1236-9,定价15.00元。(T25-24)(T25-36)

9493　天衣无缝针
龚燕翎著绘,童年中国原创图画书系列,2015年10月。精装,16开,ISBN 978-7-5016-

1019-8,定价 29.80 元。(T25-25)

9494 梅雨怪

熊亮绘著,2015 年 10 月。精装,12 开,ISBN 978-7-5016-1017-4,定价 35.00 元。(T25-26)

9495 我们都会错过一些事情

常新港著,赵金娇绘,童年中国原创图画书系列,2015 年 11 月。精装,16 开,ISBN 978-7-5016-1015-0,定价 29.80 元。(T25-27)

9496 风吹到乌镇时累了

曹文轩著,〔塞尔维亚〕亚历山大·左洛蒂奇图,中国种子世界花,2015 年 10 月。精装,16 开,ISBN 978-7-5016-1021-1,定价 32.80 元。(T25-28)

9497 瞧瞧我的花指头

曹文轩著,祁人绘,童年中国原创图画书系列,2015 年 12 月。精装,16 开,ISBN 978-7-5016-1045-7,定价 32.80 元。(T25-29)

9498 拐角书店

张之路著,言成绘,童年中国原创图画书系列,2015 年 12 月。精装,16 开,ISBN 978-7-5016-1064-8,定价 32.80 元。(T25-30)

9499 五颜六色的一天

汤素兰著,杨一绘,童年中国原创图画书系列,2015 年 12 月。精装,16 开,ISBN 978-7-5016-1194-2,定价 29.80 元。(T25-31)

9500 尖叫

曹文轩著,小皮卡系列图画书,2017 年 11 月。精装,16 开,ISBN 978-7-5016-1205-5,定价 32.80 元。(T25-32)

9501 这是谁的脚印?

熊亮著,2016 年 10 月。精装,12 开,ISBN 978-7-5016-1163-8,定价 38.00 元。(T25-33)

9502 那只打呼噜的狮子

孙玉虎著,青铜葵花图画书奖获奖作品,2017 年 3 月。精装,16 开,ISBN 978-7-5016-1219-2,定价 32.80 元。(T25-34)

9503 中秋节快乐

孟亚楠著,青铜葵花图画书奖获奖作品,2017 年 3 月。精装,16 开,ISBN 978-7-5016-1218-5,定价 32.80 元。(T25-35)

9504 奇怪的团子

朱琳琳著,青铜葵花图画书奖获奖作品,2017 年 3 月。精装,16 开,ISBN 978-7-5016-1220-8,定价 35.80 元。(T25-37)

9505 牧童

保冬妮著,于洪燕绘,童年中国原创图画书系列,2017 年 7 月。精装,16 开,ISBN 978-7-5016-1249-9,定价 38.00 元。(T25-38)

9506 绣花儿

保冬妮著,陈波绘,童年中国原创图画书系列,2017 年 7 月。精装,16 开,ISBN 978-7-5016-1220-8,定价 39.80 元。(T25-39)

9507 我的家很大很大很大

殷健灵著,魏冬妮绘,童年中国原创图画书系列,2017 年 7 月。精装,16 开,ISBN 978-7-5016-1289-5,定价 38.00 元。(T25-40)

9508 小鸟生物钟

刘先平著,呼啊呦绘,童年中国原创图画书系列,2017 年 8 月。精装,16 开,ISBN 978-7-5016-1304-5,定价 38.00 元。(T25-41)

9509 风哥哥

曹文轩著,杨小婷绘,童年中国原创图画书系列,2017 年 8 月。精装,16 开,ISBN 978-7-5016-1309-0,定价 32.80 元。(T25-42)

9510 一个人的夜晚

曹文轩著,小皮卡系列图画书,2017 年 9 月。精装,16 开,ISBN 978-7-5016-1326-7,定价 32.80 元。(T25-43)

9511 幼儿园,我来了(8 册)

解旭华著,王梓又图,2017 年 11 月。平装,24 开,ISBN 978-7-5016-1059-4,定价 96.00 元。(T25-44)

9512 森林装扮大赛

魏冬妮著,青铜葵花图画书奖获奖作品,2017 年 9 月。精装,12 开,ISBN 978-7-5016-1324-3,定价 38.00 元。(T25-45)

9513 星星去哪儿了?

木可子著,青铜葵花图画书奖获奖作品,2017 年 9 月。精装,12 开,ISBN 978-7-5016-1325-0,定价 38.00 元。(T25-46)

9514 旋转木马

张旭著,青铜葵花图画书奖获奖作品,2017 年 11 月。精装,16 开,ISBN 978-7-5016-1341-

0,定价 38.00 元。（T25-47）

9515　好困好困的新年
孟亚楠著,节日里的故事,2018 年 1 月。精装,12 开,ISBN 978-7-5016-1365-6,定价 38.00 元。（T25-48）

9516　粽子娃娃
曹文轩著,节日里的故事,2018 年 5 月。精装,16 开,ISBN 978-7-5016-1403-5,定价 48.00 元。（T25-49）

9517　带你看故宫
乔鲁京著,中国的世界文化遗产,2018 年 4 月。精装,16 开,ISBN 978-7-5016-1377-9,定价 42.00 元。（T25-50）

9518　四合院里的小时候
谢小振著,走进中国传统建筑,2018 年 7 月。精装,16 开,ISBN 978-7-5016-1089-1,定价 49.00 元。（T25-51）

9519　爱小虫
张炜著,王娜绘,童年中国原创图画书系列,2018 年 8 月。精装,16 开,ISBN 978-7-5016-1033-4,定价 38.00 元。（T25-52）

9520　你好,中秋节（拼音版）
孟亚楠著,节日里的故事,2018 年 6 月。精装,12 开,ISBN 978-7-5016-1411-0,定价 34.80 元。（T25-53）

9521　皮卡的金矿
曹文轩著,小皮卡系列图画书,2018 年 8 月。精装,16 开,ISBN 978-7-5016-1416-5,定价 32.80 元。（T25-54）

9522　幼儿园,我准备好了
解旭华著,2019 年 1 月。平装,24 开,ISBN 978-7-5016-1412-7,定价 112.00 元。（T25-55）

9523　野葡萄
葛翠琳著,赵光宇绘,童年中国原创图画书系列,2018 年 12 月。精装,16 开,ISBN 978-7-5016-1420-2,定价 42.00 元。（T25-56）

9524　米蒸糕和龙风筝
吴斌荣著,王笑笑绘,中国非物质文化遗产,2019 年 1 月。精装,12 开,ISBN 978-7-5016-1444-8,定价 38.00 元。（T25-57）

9525　龙牙齿不见了
乐凌著,洪啸图,中国非物质文化遗产,2019 年 1 月。精装,12 开,ISBN 978-7-5016-1457-8,定价 38.00 元。（T25-58）

9526　小皮卡成长图画书（四册）
曹文轩著,祁人绘,2019 年 3 月。平装,16 开,ISBN 978-7-5016-1477-6,定价 120.00 元。（T25-59）

9527　猴婆婆的大苹果
齐海潮著,耿彦红图,青铜葵花图画书奖获奖作品,2019 年 3 月。精装,12 开,ISBN 978-7-5016-1473-8,定价 38.00 元。（T25-60）

9528　我知道你们都没睡觉
崔超文图,青铜葵花图画书奖获奖作品,2019 年 3 月。精装,12 开,ISBN 978-7-5016-1472-1,定价 38.00 元。（T25-61）

9529　神奇的胡子
刘丙钧著,童年中国原创图画书系列,2019 年 3 月。精装,16 开,ISBN 978-7-5016-1453-0,定价 38.00 元。（T25-62）

9530　皮卡和蜻蜓
曹文轩文,祁人图,小皮卡系列图画书,2019 年 5 月。精装,16 开,ISBN 978-7-5016-1505-6,定价 39.80 元。（T25-63）

9531　狐狸的朋友
杨博文图,青铜葵花图画书奖获奖作品,2019 年 5 月。精装,16 开,ISBN 978-7-5016-1503-2,定价 45.00 元。（T25-64）

9532　三彩马的旅行
魏冬妮文图,中国非物质文化遗产,2019 年 6 月。精装,12 开,ISBN 978-7-5016-1520-9,定价 38.00 元。（T25-65）

9533　汪！汪！汪！
张玥文图,青铜葵花图画书奖获奖作品,2019 年 7 月。精装,12 开,ISBN 978-7-5016-1362-5,定价 46.00 元。（T25-66）

9534　中国原创绘本获奖系列
刘先平、曹文轩、常新港、殷健灵等著,2019 年 8 月。平装,16 开,ISBN 978-7-5016-1527-8,定价 248.00 元。（T25-67）

9535　天上掉下一头鲸
西雨客文图,中国非物质文化遗产,2019 年 8 月。精装,12 开,ISBN 978-7-5016-1525-4,

定价45.00元。(T25-68)

9536 小狐狸的旅行

杨小婷文图,青铜葵花图画书奖获奖作品,2019年8月。精装,8开,ISBN 978-7-5016-1364-9,定价55.00元。(T25-69)

9537 大西瓜

周雅雯文图,童年中国原创图画书系列,2019年10月。精装,16开,ISBN 978-7-5016-1549-0,定价42.00元。(T25-70)

9538 我是一个幸运的小孩儿

金波著,丁妮绘,童年中国原创图画书系列,2019年10月。精装,16开,ISBN 978-7-5016-1518-6,定价42.00元。(T25-71)

9539 法老要回家

魏冬妮文图,博物馆大冒险,2019年9月。精装,12开,ISBN 978-7-5016-1515-5,定价45.00元。(T25-72)

9540 红鞋子(精装图画书)

汤素兰文,苗桑图,2019年10月。精装,16开,ISBN 978-7-5016-1466-0,定价42.00元。(T25-73)

9541 快一点!

崔超文图,小淘气包系列图画书,2020年1月。精装,16开,ISBN 978-7-5016-1567-4,定价42.00元。(T25-74)

9542 雷震子的翅膀

张云开文图,中国传统文化绘本大系 封神故事,2020年4月。精装,20开,ISBN 978-7-5016-1233-9,定价38.00元。(T25-75)

9543 姜子牙钓鱼

张云开文图,中国传统文化绘本大系 封神故事,2020年4月。精装,20开,ISBN 978-7-5016-1314-4,定价38.00元。(T25-76)

9544 捉鱼去

张炜文,张弘蕾图,童年中国原创图画书系列,2020年4月。精装,16开,ISBN 978-7-5016-1593-3,定价42.00元。(T25-77)

9545 "垃圾分类"我最棒

露露公园绘本创作中心文图,2020年5月。平装,12开,ISBN 978-7-5016-1607-7,定价139.00元。(T25-78)

9546 书之船

崔超文图,童年中国原创图画书系列,2020年5月。精装,16开,ISBN 978-7-5016-1590-2,定价38.00元。(T25-79)

9547 是朋友,不是野味

冯俐著,2020年5月。精装,16开,ISBN 978-7-5016-1423-3,定价38.00元。(T25-80)

9548 驴小弟进城

李荣皓文图,青铜葵花图画书奖获奖作品,2020年4月。精装,8开,ISBN 978-7-5016-1572-8,定价58.00元。(T25-81)

9549 目光

张之路著,天天典藏·张之路,2011年4月。平装覆膜,国流32开,ISBN 978-7-5016-0294-0,定价20.00元。(T26-1)

9550 古老的歌

葛翠琳著,天天典藏·葛翠琳,2011年6月。平装覆膜,16开,ISBN 978-7-5016-0348-0,定价19.00元。(T26-2)

9551 编剧猫 Ⅰ

张之路著,2011年7月。平装覆膜,16开,ISBN 978-7-5016-0419-7,定价29.80元。(T26-3)

9552 编剧猫 Ⅱ

张之路著,2011年7月。平装覆膜,16开,ISBN 978-7-5016-0414-2,定价29.80元。(T26-4)

9553 凤凰吟

鲁冰著,2012年4月。平装覆膜,32开,ISBN 978-7-5016-0576-7,定价16.50元。(T26-5)

9554 柳叶船

葛翠琳著,天天典藏·葛翠琳,2012年7月。平装覆膜,16开,ISBN 978-7-5016-0614-6,定价18.50元。(T26-6)

9555 红豆相思鸟

刘先平著,中国当代获奖儿童文学作家书系,2012年7月。平装覆膜,32开,ISBN 978-7-5016-0629-0,定价19.00元。(T26-7)

9556 我的中国梦·小学高年级版

郑艳玲著,我的中国梦,2013年6月。平装,16开,ISBN 978-7-5016-0764-8,定价1.00元。(T26-8)

9557 我的中国梦·初中版
杨新友著,我的中国梦,2013年6月。平装,16开,ISBN 978-7-5016-0765-5,定价1.00元。(T26-9)

9558 我的中国梦·高中版
苗俊玲著,我的中国梦,2013年6月。平装,16开,ISBN 978-7-5016-0766-2,定价1.00元。(T26-10)

9559 我的中国梦·小学低年级版
高迎泽著,我的中国梦,2013年9月。平装,16开,ISBN 978-7-5016-0763-1,定价1.00元。(T26-11)

9560 水边的文字屋
曹文轩著,曹文轩文集,2014年8月。平装,32开,ISBN 978-7-5016-0885-0,定价20.00元。(T26-12)

9561 鸽子号(第二期)
曹文轩编著,2015年4月。平装,16开,ISBN 978-7-5016-0942-0,定价25.00元。(T26-13)

9562 会讲故事的兔子
张之路著,2015年4月。平装,32开,ISBN 978-7-5016-0943-7,定价20.00元。(T26-14)

9563 鸽子号(第一期)
曹文轩编著,2015年4月。平装,16开,ISBN 978-7-5016-0910-9,定价25.00元。(T26-15)

9564 鸽子号(第三期)
曹文轩编著,2015年7月。平装,16开,ISBN 978-7-5016-1009-9,定价25.00元。(T26-16)

9565 鸽子号(第四期)
曹文轩编著,2016年7月。平装,16开,ISBN 978-7-5016-1113-3,定价25.00元。(T26-17)

9566 我和草原动物朋友
(蒙古族)格日勒其木格·黑鹤著,2016年10月。平装,16开,ISBN 978-7-5016-1179-9,定价32.00元。(T26-18)

9567 如何赞美一只乌鸦
张之路著,2016年10月。平装,32开,ISBN 978-7-5016-1175-1,定价20.00元。(T26-19)

9568 问银河(升级版)
樊发稼著,中国当代获奖儿童文学作家书系,2017年1月。平装,32开,ISBN 978-7-5016-1186-7,定价21.00元。(T26-20)

9569 时间之间
汤素兰、汤沐黎著,成长的对话,2017年5月。平装,16开,ISBN 978-7-5016-1240-6,定价25.00元。(T26-21)

9570 二年级日记狂(升级版)
伍美珍著,阳光姐姐童书花园彩绘注音版,2017年7月。平装,32开,ISBN 978-7-5016-1290-6,定价23.00元。(T26-22)

9571 啊呜啊呜好吃的节日多
伍美珍著,阳光姐姐童书花园彩绘注音版,2017年7月。平装,32开,ISBN 978-7-5016-1291-8,定价22.00元。(T26-23)

9572 驯象学校大作战
伍美珍著,阳光姐姐童书花园彩绘注音版,2017年7月。平装,32开,ISBN 978-7-5016-1305-2,定价22.00元。(T26-24)

9573 我家来了外星人(升级版)
伍美珍著,阳光姐姐童书花园彩绘注音版,2017年7月。平装,32开,ISBN 978-7-5016-1306-9,定价24.00元。(T26-25)

9574 致纯真的你:十五个成长故事
殷健灵著,2018年1月。平装,32开,ISBN 978-7-5016-1352-6,定价35.00元。(T26-26)

9575 致我们单纯的小美好
殷健灵著,2018年5月。软精,32开,ISBN 978-7-5016-1400-4,定价48.00元。(T26-27)

9576 我的原始森林笔记
(蒙古族)格日勒其木格·黑鹤著,2018年5月。平装,16开,ISBN 978-7-5016-1413-4,定价39.80元。(T26-28)

9577 北极精灵——科学家考察手记
位梦华著,2020年6月。平装,16开,ISBN 978-7-5016-1599-5,定价25.00元。(T26-29)

9578　在高中与鲁迅相遇
王广杰著,园丁和新苗,2014 年 4 月。平装,32 开,ISBN 978-7-5016-0852-2,定价 68.00 元。(T82-5)

9579　怎样学语文
叶圣陶著,大师教我学知识,2015 年 4 月。平装,16 开,ISBN 978-7-5016-0938-3,定价 25.00 元。(T82-6)

9580　怎样写作文
叶圣陶著,大师教我学知识,2015 年 4 月。平装,16 开,ISBN 978-7-5016-0937-6,定价 25.00 元。(T82-7)

9581　怎样做数学游戏
叶圣陶著,大师教我学知识,2015 年 4 月。平装,16 开,ISBN 978-7-5016-0936-9,定价 25.00 元。(T82-8)

9582　怎样爱科学
叶圣陶著,大师教我学知识,2015 年 4 月。平装,16 开,ISBN 978-7-5016-0939-0,定价 25.00 元。(T82-9)

9583　阅读与写作
叶圣陶、夏丏尊著,大师教我学知识,2016 年 5 月。平装,16 开,ISBN 978-7-5016-1101-0,定价 25.00 元。(T82-14)

9584　文心选编
夏丏尊、叶圣陶著,大师教我学知识,2016 年 5 月。平装,16 开,ISBN 978-7-5016-1102-7,定价 25.00 元。(T82-15)

9585　情趣与哲思
赵丽宏著,赵丽宏给孩子讲古诗词,2020 年 2 月。平装,32 开,ISBN 978-7-5016-1564-3,定价 29.00 元。(T82-16)

9586　风物与意象
赵丽宏著,赵丽宏给孩子讲古诗词,2020 年 2 月。平装,32 开,ISBN 978-7-5016-1565-0,定价 29.00 元。(T82-17)

9587　给青年的十二封信　美绘版
朱光潜著,少年读原典,2020 年 4 月。平装,32 开,ISBN 978-7-5016-1595-7,定价 27.00 元。(T82-18)

9588　谈美　美绘版
朱光潜著,少年读原典,2020 年 4 月。平装,32 开,ISBN 978-7-5016-1596-4,定价 30.00 元。(T82-19)

9589　与大师一起艺术创想·中国传统文化
天天出版社编,2016 年 1 月。平装,8 开,ISBN 978-7-5016-1305-8,定价 120.00 元。(T83-43)

9590　乡土中国
费孝通著,2020 年 5 月。平装,32 开,ISBN 978-7-5016-1611-4,定价 30.00 元。(T19-1)

9591　故宫之美:寻宝·探秘·看展实用手账
祝勇著,2020 年 6 月。精装,32 开,ISBN 978-7-5016-1295-4,定价 38.00 元。(T19-2)

9592　经典名著这样读
王敦著,园丁和新苗,2019 年 11 月。平装,32 开,ISBN 978-7-5016-1554-4,定价 32.00 元。(T19-5)

9593　千字文
周有光主编,方麟注译,天天诵读国学经典大字拼音本,2016 年 10 月。平装,16 开,ISBN 978-7-5016-1159-1,定价 12.00 元。(T84-15)

9594　弟子规
周有光主编,王明辉注译,天天诵读国学经典大字拼音本,2016 年 10 月。平装,16 开,ISBN 978-7-5016-1160-7,定价 12.00 元。(T84-16)

9595　百家姓
周有光主编,马奔腾注译,天天诵读国学经典大字拼音本,2016 年 10 月。平装,16 开,ISBN 978-7-5016-1158-4,定价 18.00 元。(T84-17)

9596　中庸
周有光主编,周奉真注译,天天诵读国学经典大字拼音本,2017 年 1 月。平装,16 开,ISBN 978-7-5016-1162-1,定价 15.00 元。(T84-18)

9597　大学
周有光主编,周奉真注译,天天诵读国学经典大字拼音本,2017 年 1 月。平装,16 开,ISBN

978－7－5016－1144－7,定价 12.00 元。(T84-19)

9598　千家诗
周有光主编,周奉真、牛彦君注,天天诵读国学经典大字拼音本,2017 年 1 月。平装,16 开,ISBN 978－7－5016－1161－4,定价 20.00 元。(T84-20)

9599　笠翁对韵
周有光主编,廉萍注,天天诵读国学经典大字拼音本,2017 年 1 月。平装,16 开,ISBN 978－7－5016－1157－7,定价 18.00 元。(T84-21)

9600　三字经
周有光主编,马奔腾注译,天天诵读国学经典大字拼音本,2016 年 10 月。平装,16 开,ISBN 978－7－5016－1145－4,定价 12.00 元。(T84-22)

9601　小明和小明
殷健灵著,殷健灵温暖你拼音美绘版,2017 年 10 月。平装,32 开,ISBN 978－7－5016－1336－6,定价 15.00 元。(T84-23)

9602　为孩子解读《西游记》
李天飞著,2018 年 5 月。精装,32 开,ISBN 978－7－5016－1393－9,定价 35.00 元。(T84-24)

9603　天空
赵丽宏著,2020 年 2 月。精装,32 开,ISBN 978－7－5016－1566－7,定价 36.00 元。(T84-32)

9604　为孩子解读《红楼梦》
李天飞著,2020 年 5 月。精装,32 开,ISBN 978－7－5016－1594－7,定价 35.00 元。(T84-33)

9605　李卫文选
卢润生编注,"刘邦故里"江苏丰县文化丛书,2013 年 12 月。平装,16 异,ISBN 978－7－5016－0805－8,定价 35.00 元。(T91-1)

9606　诗经选
刘晓光编注,"刘邦故里"江苏丰县文化丛书,2013 年 12 月。平装,16 异,ISBN 978－7－5016－0807－2,定价 35.00 元。(T91-2)

9607　大风起兮——袁瑞良赋体文学论
王志清著,2011 年 2 月。平装覆膜,16 开,ISBN 978－7－5016－0239－1,定价 35.00 元。(T92-1)

9608　1982—2011 中国人物传记电视剧的演进
苟鹏主编,2012 年 1 月。平装覆膜,16 开,ISBN 978－7－5016－0540－8,定价 30.00 元。(T92-2)

9609　一棵开花的树
杨冬凌著,2010 年 11 月。平装覆膜,16 开,ISBN 978－7－5016－0307－7,定价 18.00 元。(T93-1)

9610　命
杜焕常著,2010 年 11 月。平装覆膜,16 开,ISBN 978－7－5016－0329－9,定价 28.00 元。(T93-2)

9611　手机爱情酸曲
王宜振著,2011 年 4 月。平装覆膜,国流 32 开,ISBN 978－7－5016－0238－4,定价 24.00 元。(T93-3)

9612　浪花群英传
施达乐著,2011 年 11 月。平装覆膜,16 开,ISBN 978－7－5016－0539－2,定价 26.00 元。(T93-4)

9613　跐狗
徐行著,2013 年 1 月。平装覆膜,16 开,ISBN 978－7－5016－0719－8,定价 39.00 元。(T93-5)

9614　千秋师表
杨学海著,2014 年 9 月。平装,16 开,ISBN 978－7－5016－0890－4,定价 75.00 元。(T94-6)

9615　故宫三部曲
章剑华著,2016 年 9 月。平装,16 异,ISBN 978－7－5016－1167－6,定价 138.00 元。(T94-12)

9616　宝船
老舍著,老舍儿童文学纪念本拼音版,2017 年 7 月。平装,32 开,ISBN 978－7－5016－1292－5,定价 20.00 元。(T94-15)

9617　宝葫芦的秘密
张天翼著,中国现当代名家儿童文学典藏书系,2013 年 6 月。平装覆膜,大 32 开,ISBN

少儿读物

978-7-5016-0676-4,定价21.00元。(T13-1)

9618 一只想飞的猫
陈伯吹著,中国现当代名家儿童文学典藏书系,2013年6月。平装覆膜,大32开,ISBN 978-7-5016-0674-0,定价20.00元。(T13-2)

9619 长生塔
巴金著,中国现当代名家儿童文学典藏书系,2013年6月。平装覆膜,大32开,ISBN 978-7-5016-0673-3,定价19.00元。(T13-3)

9620 稻草人
叶圣陶著,中国现当代名家儿童文学典藏书系,2013年6月。平装覆膜,大32开,ISBN 978-7-5016-0677-1,定价19.00元。(T13-4)

9621 小坡的生日
老舍著,中国现当代名家儿童文学典藏书系,2013年6月。平装覆膜,大32开,ISBN 978-7-5016-0679-5,定价19.00元。(T13-5)

9622 竹公主
郑振铎著,中国现当代名家儿童文学典藏书系,2013年6月。平装覆膜,大32开,ISBN 978-7-5016-0678-8,定价19.00元。(T15-1)

9623 大鼻子的故事
茅盾著,中国现当代名家儿童文学典藏书系,2013年6月。平装覆膜,大32开,ISBN 978-7-5016-0681-8,定价19.00元。(T15-2)

9624 小桔灯
冰心著,中国现当代名家儿童文学典藏书系,2013年6月。平装覆膜,大32开,ISBN 978-7-5016-0680-1,定价20.00元。(T15-3)

9625 故乡
鲁迅著,中国现当代名家儿童文学典藏书系,2013年6月。平装覆膜,大32开,ISBN 978-7-5016-0682-5,定价20.00元。(T15-4)

9626 落花生
许地山著,中国现当代名家儿童文学典藏书系,2015年1月。平装覆膜,大32开,ISBN 978-7-5016-0908-6,定价20.00元。(T15-5)

9627 给我的孩子们
丰子恺著,中国现当代名家儿童文学典藏书系,2015年1月。平装覆膜,大32开,ISBN 978-7-5016-0904-8,定价20.00元。(T15-6)

9628 呼兰河传
萧红著,中国现当代名家儿童文学典藏书系,2015年1月。平装,32开,ISBN 978-7-5016-0906-2,定价20.00元。(T11-1)

9629 小哥俩
凌叔华著,中国现当代名家儿童文学典藏书系,2015年1月。平装,32开,ISBN 978-7-5016-0905-5,定价20.00元。(T11-2)

9630 百草园·社戏·三味书屋
何启治著,2016年12月。平装,16异,ISBN 978-7-5016-1206-2,定价25.00元。(T11-3)

9631 为孩子解读《三国演义》
李天飞著,2019年5月。平装,32开,ISBN 978-7-5016-1502-5,定价35.00元。(T11-4)

9632 为孩子解读《水浒传》
李天飞著,2019年10月。平装,32开,ISBN 978-7-5016-1539-1,定价35.00元。(T11-5)

9633 水岸之间
洪永争著,游坚摄影,2019年11月。平装,32开,ISBN 978-7-5016-1550-6,定价38.00元。(T11-6)

9634 秋夜
鲁迅著,天天读经典·大师美文品读书系,2012年1月。平装覆膜,16开,ISBN 978-7-5016-0513-2,定价20.00元。(T12-1)

9635 海滩上种花
徐志摩著,天天读经典·大师美文品读书系,2012年1月。平装覆膜,16开,ISBN 978-7-5016-0520-0,定价19.00元。(T12-2)

9636 匆匆
朱自清著,天天读经典·大师美文品读书系,2012年1月。平装覆膜,16开,ISBN 978-7-5016-0518-7,定价19.00元。(T12-3)

9637 放河灯

萧红著,天天读经典·大师美文品读书系,2012年1月。平装覆膜,16开,ISBN 978-7-5016-0517-0,定价20.00元。(T12-4)

9638 我梦中的小翠鸟

冰心著,尹玉珊导读,天天读经典·大师美文品读书系,2013年4月。平装,16开,ISBN 978-7-5016-0516-3,定价19.00元。(T12-5)

9639 梧桐树

丰子恺著,刘子凌导读,天天读经典·大师美文品读书系,2013年4月。平装,16开,ISBN 978-7-5016-0519-4,定价19.00元。(T12-6)

9640 乌篷船

周作人著,丁文导读,天天读经典·大师美文品读书系,2013年4月。平装,16开,ISBN 978-7-5016-0514-9,定价19.00元。(T12-7)

9641 我所生长的地方

沈从文著,丁文导读,天天读经典·大师美文品读书系,2014年4月。平装,16开,ISBN 978-7-5016-0815-7,定价19.00元。(T12-8)

9642 论东西文化的幽默

林语堂著,李斌导读,天天读经典·大师美文品读书系,2014年4月。平装,16开,ISBN 978-7-5016-0817-1,定价19.00元。(T12-9)

9643 雅舍

梁实秋著,李斌导读,天天读经典·大师美文品读书系,2014年4月。平装,16开,ISBN 978-7-5016-0818-8,定价19.00元。(T12-10)

9644 卖白果

叶圣陶著,李斌导读,天天读经典·大师美文品读书系,2014年4月。平装,16开,ISBN 978-7-5016-0819-5,定价19.00元。(T12-11)

9645 春水船

俞平伯著,中国现当代名家儿童文学典藏书系,2015年1月。平装,32开,ISBN 978-7-5016-0907-9,定价20.00元。(T12-12)

9646 再被狐狸骗一次·春田狐

沈石溪、〔加拿大〕西顿著,沐雨译,中西动物小说大王金品共读系列,2015年9月。平装,32开,ISBN 978-7-5016-1004-4,定价19.00元。(T42-19)

9647 和乌鸦做邻居·乌鸦银斑点

沈石溪、〔加拿大〕西顿著,沐雨译,中西动物小说大王金品共读系列,2015年9月。平装,32开,ISBN 978-7-5016-1006-8,定价20.00元。(T42-20)

9648 最后一头战象·温尼伯狼

沈石溪、〔加拿大〕西顿著,张煜译,中西动物小说大王金品共读系列,2015年9月。平装,32开,ISBN 978-7-5016-1005-1,定价18.00元。(T42-21)

9649 狼王梦·狼王洛波

沈石溪、〔加拿大〕西顿著,张煜译,中西动物小说大王金品共读系列,2015年9月。平装,32开,ISBN 978-7-5016-1001-3,定价18.00元。(T42-22)

9650 混血豺王(上)·牛头梗霹雳火

沈石溪、〔加拿大〕西顿著,张煜译,中西动物小说大王金品共读系列,2015年9月。平装,32开,ISBN 978-7-5016-1002-0,定价20.00元。(T42-23)

9651 第七条猎狗·忠犬宾果

沈石溪、〔加拿大〕西顿著,张煜译,中西动物小说大王金品共读系列,2015年9月。平装,32开,ISBN 978-7-5016-1007-5,定价20.00元。(T42-24)

9652 雪豹悲歌·少年和山猫

沈石溪、〔加拿大〕西顿著,沐雨译,中西动物小说大王金品共读系列,2015年9月。平装,32开,ISBN 978-7-5016-1008-2,定价19.00元。(T42-25)

9653 混血豺王(下)·黄狗乌利

沈石溪、〔加拿大〕西顿著,张煜译,中西动物小说大王金品共读系列,2015年9月。平装,32开,ISBN 978-7-5016-1003-7,定价20.00元。(T42-26)

9654 杯子的故事

曹文轩、〔瑞典〕马丁·威德马克著,王凯梅、

〔瑞典〕伊爱娃译,龚燕翎、〔瑞典〕海伦娜·威利斯图,2013 年 8 月。平装,16 异,ISBN 978-7-5016-0781-5,定价 30.00 元。(T52-1)

9655 诗流双汇集
金波著,屠岸评;屠岸著译,金波评;〔西班牙〕克里斯蒂娜·马丁·雷卡森斯绘,2015 年 3 月。精装,16 开,ISBN 978-7-5016-0917-8,定价 78.00 元。(T43-1)

9656 芽芽搬新家
钱茵著,幸福种子情商培育图画书系列,2011 年 6 月。平装覆膜,16 开,ISBN 978-7-5016-0415-9,定价 16.00 元。(T45-9)

9657 我就是我
艺术家联盟,2020 年 6 月。平装覆膜,16 开,ISBN 978-7-5016-1297-0,定价 58.00 元。(T45-78)

9658 做在大胡子里的鸟窝
曹文轩编,大王鸽文库,2016 年 1 月。平装,16 开,ISBN 978-7-5016-1057-0,定价 20.00 元。(T46-1)

9659 草虫的村落
曹文轩编,大王鸽文库,2016 年 1 月。平装,16 开,ISBN 978-7-5016-1056-3,定价 20.00 元。(T46-2)

9660 年糕树
曹文轩编,大王鸽文库,2016 年 1 月。平装,16 开,ISBN 978-7-5016-1055-6,定价 20.00 元。(T46-3)

9661 写在雪地上的书
曹文轩编,大王鸽文库,2016 年 1 月。平装,16 开,ISBN 978-7-5016-1058-7,定价 20.00 元。(T46-4)

9662 月光手帕
曹文轩编,大王鸽文库,2016 年 1 月。平装,16 开,ISBN 978-7-5016-1053-2,定价 20.00 元。(T46-5)

9663 购买上帝的男孩
曹文轩编,大王鸽文库,2016 年 3 月。平装,16 开,ISBN 978-7-5016-1052-5,定价 20.00 元。(T46-6)

9664 品悟人生随笔
吴志翔著,2016 年 10 月。平装,32 开,ISBN 978-7-5016-1118-8,定价 45.00 元。(T46-7)

9665 语文新读本
曹文轩编,2018 年 3 月。平装,32 开,ISBN 978-7-5016-1384-7,定价 168.00 元。(T46-8)

9666 老鼠应该有个好收成
曹文轩编,语文新读本,2018 年 5 月。平装,16 开,ISBN 978-7-5016-1229-1,定价 28.00 元。(T46-9)

9667 神秘的圆周率 祖冲之
拉飞客文,北京 Ate 插画工作室绘,改变世界的科学家绘本传记丛书,2013 年 1 月。精装,16 开,ISBN 978-7-5016-0701-3,定价 18.00 元。(T61-1)

9668 数的世界 毕达哥拉斯
拉飞客文,北京 Ate 插画工作室绘,改变世界的科学家绘本传记丛书,2013 年 1 月。精装,16 开,ISBN 978-7-5016-0703-7,定价 18.00 元。(T61-2)

9669 几何学的奠基人 欧几里德
拉飞客文,北京 Ate 插画工作室绘,改变世界的科学家绘本传记丛书,2013 年 1 月。精装,16 开,ISBN 978-7-5016-0700-6,定价 18.00 元。(T61-3)

9670 天与地的问答 张衡
拉飞客文,北京 Ate 插画工作室绘,改变世界的科学家绘本传记丛书,2013 年 1 月。精装,16 开,ISBN 978-7-5016-0704-4,定价 18.00 元。(T61-4)

9671 古代人的百科全书 亚里士多德
拉飞客文,北京 Ate 插画工作室绘,改变世界的科学家绘本传记丛书,2013 年 1 月。精装,16 开,ISBN 978-7-5016-0702-0,定价 18.00 元。(T61-5)

9672 永远的里程碑 居里夫人
拉飞客文,北京 Ate 插画工作室绘,改变世界的科学家绘本传记丛书,2015 年 11 月。精装,16 开,ISBN 978-7-5016-0988-8,定价 19.80 元。(T61-6)

9673 东方百科全书 宋应星
拉飞客文,北京 Ate 插画工作室绘,改变世界的科学家绘本传记丛书,2015 年 11 月。精装,16 开,ISBN 978-7-5016-0999-4,定价 19.80 元。(T61-7)

● 9674　不掷骰子的上帝　爱因斯坦

拉飞客文,北京 Ate 插画工作室绘,改变世界的科学家绘本传记丛书,2015 年 11 月。精装,16 开,ISBN 978-7-5016-0990-1,定价 19.80 元。(T61-8)

● 9675　杂交水稻之父　袁隆平

拉飞客文,北京 Ate 插画工作室绘,改变世界的科学家绘本传记丛书,2015 年 11 月。精装,16 开,ISBN 978-7-5016-0993-2,定价 19.80 元。(T61-9)

● 9676　世界发明大王　爱迪生

拉飞客文,北京 Ate 插画工作室绘,改变世界的科学家绘本传记丛书,2015 年 11 月。精装,16 开,ISBN 978-7-5016-0987-1,定价 19.80 元。(T61-10)

● 9677　驭风飞翔的旅程　莱特兄弟

拉飞客文,北京 Ate 插画工作室绘,改变世界的科学家绘本传记丛书,2015 年 11 月。精装,16 开,ISBN 978-7-5016-0989-1,定价 19.80 元。(T61-11)

● 9678　人类从何而来　达尔文

拉飞客文,北京 Ate 插画工作室绘,改变世界的科学家绘本传记丛书,2015 年 11 月。精装,16 开,ISBN 978-7-5016-0986-4,定价 19.80 元。(T61-12)

● 9679　站在巨人的肩上　牛顿

拉飞客文,北京 Ate 插画工作室绘,改变世界的科学家绘本传记丛书,2015 年 11 月。精装,16 开,ISBN 978-7-5016-0998-7,定价 19.80 元。(T61-13)

● 9680　放眼观宇宙　伽利略

拉飞客文,北京 Ate 插画工作室绘,改变世界的科学家绘本传记丛书,2015 年 11 月。精装,16 开,ISBN 978-7-5016-0996-3,定价 19.80 元。(T61-14)

● 9681　微分几何大师　陈省身

拉飞客文,北京 Ate 插画工作室绘,改变世界的科学家绘本传记丛书,2015 年 11 月。精装,16 开,ISBN 978-7-5016-0992-5,定价 19.80 元。(T61-15)

● 9682　本草神医　李时珍

拉飞客文,北京 Ate 插画工作室绘,改变世界的科学家绘本传记丛书,2015 年 11 月。精装,16 开,ISBN 978-7-5016-0997-0,定价 19.80 元。(T61-16)

● 9683　跳跃的文字　毕昇

拉飞客文,北京 Ate 插画工作室绘,改变世界的科学家绘本传记丛书,2015 年 11 月。精装,16 开,ISBN 978-7-5016-0995-6,定价 19.80 元。(T61-17)

● 9684　开启神奇的电能宝库　法拉第

拉飞客文,北京 Ate 插画工作室绘,改变世界的科学家绘本传记丛书,2015 年 11 月。精装,16 开,ISBN 978-7-5016-0985-7,定价 19.80 元。(T61-18)

● 9685　中国数学之神　华罗庚

拉飞客文,北京 Ate 插画工作室绘,改变世界的科学家绘本传记丛书,2015 年 11 月。精装,16 开,ISBN 978-7-5016-0991-8,定价 19.80 元。(T61-19)

● 9686　果壳里的宇宙　霍金

拉飞客文,北京 Ate 插画工作室绘,改变世界的科学家绘本传记丛书,2015 年 11 月。精装,16 开,ISBN 978-7-5016-0994-9,定价 19.80 元。(T61-20)

● 9687　发现昆虫

冉浩著,李晓东绘,我与大自然的奇妙相遇,2018 年 12 月。软精,16 开,ISBN 978-7-5016-1356-4,定价 38.00 元。(T61-21)

● 9688　观察植物

年高著绘,我与大自然的奇妙相遇,2018 年 12 月。软精,16 开,ISBN 978-7-5016-1409-7,定价 38.00 元。(T61-22)

● 9689　追踪鸟类

关翔宇著,杨小婷绘,我与大自然的奇妙相遇,2018 年 12 月。软精,16 开,ISBN 978-7-5016-1355-7,定价 38.00 元。(T61-23)

● 9690　寻觅兽类

宋大昭、黄巧雯著,李亚亚绘,我与大自然的奇妙相遇,2018 年 12 月。软精,16 开,ISBN 978-7-5016-1357-1,定价 38.00 元。(T61-24)

9691　寻找宝藏
祝勇著,讲给孩子的故宫,2020年1月。平装,32开,ISBN 978-7-5016-1571-1,定价35.00元。(T61-25)

9692　探秘建筑
祝勇著,讲给孩子的故宫,2020年4月。平装,32开,ISBN 978-7-5016-1327-1,定价38.00元。(T61-26)

9693　纸上看展
祝勇著,讲给孩子的故宫,2020年5月。平装,32开,ISBN 978-7-5016-1616-1,定价38.00元。(T61-27)

9694　数独1
马殿佳等编著,数独系列,2011年6月。平装覆膜,64开,ISBN 978-7-5016-0399-2,定价8.00元。(T85-1)

9695　数独2
马殿佳等编著,数独系列,2011年6月。平装覆膜,64开,ISBN 978-7-5016-0400-5,定价8.00元。(T85-2)

9696　数独3
马殿佳等编著,数独系列,2011年6月。平装覆膜,64开,ISBN 978-7-5016-0401-2,定价8.00元。(T85-3)

9697　数独4
马殿佳等编著,数独系列,2011年6月。平装覆膜,64开,ISBN 978-7-5016-0402-9,定价8.00元。(T85-4)

9698　数独5
马殿佳等编著,数独系列,2011年6月。平装覆膜,64开,ISBN 978-7-5016-0403-6,定价8.00元。(T85-5)

9699　数独6
马殿佳等编著,数独系列,2011年6月。平装覆膜,64开,ISBN 978-7-5016-0398-5,定价8.00元。(T85-6)

9700　数独合集
马殿佳等编著,2015年5月。平装覆膜,64开,ISBN 978-7-5016-0964-2,定价52.80元。(T85-35)

9701　数独1(升级版)
谢道台、林敏舫编著,2017年1月。平装覆膜,64开,ISBN 978-7-5016-1204-8,定价8.00元。(T85-48)

9702　数独2(升级版)
谢道台、林敏舫编著,2017年1月。平装覆膜,64开,ISBN 978-7-5016-1203-1,定价8.00元。(T85-49)

9703　数独3(升级版)
谢道台、林敏舫编著,2017年1月。平装覆膜,64开,ISBN 978-7-5016-1202-4,定价8.00元。(T85-50)

9704　数独4(升级版)
谢道台、林敏舫编著,2017年1月。平装覆膜,64开,ISBN 978-7-5016-1199-7,定价8.00元。(T85-51)

9705　数独5(升级版)
谢道台、林敏舫编著,2017年1月。平装覆膜,64开,ISBN 978-7-5016-1201-7,定价8.00元。(T85-52)

9706　数独6(升级版)
谢道台、林敏舫编著,2017年1月。平装覆膜,64开,ISBN 978-7-5016-1200-0,定价8.00元。(T85-53)

9707　数独合集(升级版)
谢道台、林敏舫编著,2017年1月。平装覆膜,64开,ISBN 978-7-5016-1198-0,定价60.00元。(T85-54)

9708　数独合集(升级版—当当网)
谢道台、林敏舫编著,2018年7月。平装覆膜,64开,ISBN 978-7-5016-0786-0,定价48.00元。(T85-59)

9709　数独3(定制版)
谢道台、林敏舫编著,2018年9月。平装覆膜,64开,ISBN 978-7-5016-1430-1,定价10.00元。(T85-60)

9710　数独6(定制版)
谢道台、林敏舫编著,2018年9月。平装覆膜,64开,ISBN 978-7-5016-1433-2,定价10.00元。(T85-60)

9711　数独2(定制版)
谢道台、林敏舫编著,2018年9月。平装覆膜,64开,ISBN 978-7-5016-1429-5,定价10.00元。(T85-60)

| 9712 | 数独1(定制版) |

谢道台、林敏舫编著,2018年9月。平装覆膜,64开,ISBN 978-7-5016-1428-8,定价10.00元。(T85-60)

| 9713 | 数独4(定制版) |

谢道台、林敏舫编著,2018年9月。平装覆膜,64开,ISBN 978-7-5016-1431-8,定价10.00元。(T85-60)

| 9714 | 数独5(定制版) |

谢道台、林敏舫编著,2018年9月。平装覆膜,64开,ISBN 978-7-5016-1432-5,定价10.00元。(T85-60)

| 9715 | 熊猫宝宝爱整理 |

辜井著,田君文,2020年4月。平装,20开,ISBN 978-7-5016-1323-6,定价120.00元。(T83-53)

| 9716 | AMUER·阿木尔·18 |

阿尔木著,园丁和新苗,2013年12月。平装,16开,ISBN 978-7-5016-0803-4,定价160.00元。(T91-1)

民间文学

| 9717 | 中国出了个毛泽东 |

中国民间文艺研究会编,中国民间文学丛书,1951年10月。书号总31民1,平装,32开,定价4,600元;精装,25开,定价15,000元。(11-1)

| 9718 | 传麦种 |

中国民间文艺研究会主编,黄均伦采录,1952年4月。平装,36开,书号总60单17,定价3,000元。(11-2)

| 9719 | 阿细人的歌 |

光未然整理,中国民间文学丛书,1953年5月。平装,32开,书号187民3,定价2,900元。1958年11月收入文学小丛书,平装,小32开,书号10019·906,定价0.25元。1959年2月,平装,50开,定价0.18元。(11-3)

| 9720 | 爬山歌选(一) |

韩燕如编,中国民间文学丛书,1953年6月。平装,32开,书号10019·139,定价6,800元。(11-4)

| 9721 | 青海民歌选 |

中国民间文艺研究会主编,纪叶编,中国民间文学丛书,1954年9月。平装,32开,书号286,定价6,300元。(11-5)

| 9722 | 阿诗玛 |

云南人民文工团圭山工作组搜集,黄铁、杨知勇、刘绮、公刘整理,中国民间文学丛书,1955年3月。平装,32开,书号354,定价0.45元。1960年7月收入中国民间叙事诗丛书,云南人民文工团圭山工作组搜集整理、中国作家协会昆明分会重新整理,32开,书号10019·1591,平装,定价0.36元;半精,定价0.59元;精装,定价1.70元;特精,定价2.25元。2000年7月收入百年百种优秀中国文学图书,平装覆膜,大32开,ISBN 7-02-003281-8,定价7.50元。(11-6)

| 9723 | 金沙江藏族歌谣选 |

中央民族歌舞团创作研究室编,作家出版社1955年9月。平装,32开,书号作244,定价0.40元。(11-7)

| 9724 | 玉树藏族民歌选 |

王沂暖编译,作家出版社1956年6月。平装,32开,书号10020·441,定价0.36元。(11-8)

| 9725 | 一棵石榴树的国王 |

中国民间文艺研究会编,作家出版社1956年6月。平装,32开,书号10020·455,定价0.17元。(11-9)

| 9726 | 爬山歌选(二) |

韩燕如编,中国民间文学丛书,1956年6月。平装,32开,书号10019·421,定价0.65元。(11-10)

| 9727 | 猴鸟的故事 |

王沂暖译,作家出版社1956年7月。平装,32开,书号10020·480,定价0.19元。(11-11)

| 9728 | 逃婚调 |

中国民间文艺研究会编,徐琳、木玉璋、曾民整

理,作家出版社 1956 年 7 月。平装,32 开,书号 10020·504,定价 0.20 元。1958 年 12 月人民文学出版社,收入新创作选拔本,精装,大 32 开,书号 10019·1128,定价 0.82 元。1959 年 3 月收入文学小丛书,平装,50 开,定价 0.12 元。(11-12)

9729　茅山歌

高泽编,中国民间文学丛书,作家出版社 1957 年 5 月。平装,32 开,书号 10020·667,定价 0.62 元。(11-13)

9730　大别山老根据地歌谣选

中国民间文艺研究会主编,冬池采辑,作家出版社 1957 年 12 月。平装,32 开,书号 10020·776,定价 0.42 元。(11-14)

9731　爬山歌选(三)

韩燕如编,中国民间文学丛书,1958 年 7 月。平装,32 开,书号 10019·793,定价 0.80 元。(11-15)

9732　中国民间故事选(一)

贾芝、孙剑冰编,中国各民族民间文学丛刊,作家出版社 1958 年 7 月。平装,大 32 开,书号 10020·908,定价 1.50 元。1958 年 12 月人民文学出版社出版,新创作选拔本,精装,大 32 开,书号 10019·1061,定价 3.10 元。1980 年 7 月,大 32 开,平装,定价 1.45 元;精装,定价 2.40 元。(11-16)

9733　召树屯　附嘎龙

中国民间文艺研究会主编,岩叠、陈贵培、刘绮、王松翻译整理,中国民间文学丛书,作家出版社 1958 年 8 月。平装,32 开,书号 10020·884,定价 0.55 元。1959 年 9 月人民文学出版社,收入建国十年优秀创作选拔本,书号 10019·1347,大 32 开,精装,定价 1.40 元;平装,定价 0.82 元。(11-17)

9734　玉仙园

中国民间文艺研究会主编,董均伦、江源记录,作家出版社 1958 年 8 月。平装,32 开,书号 10020·850,定价 0.55 元;1959 年 3 月,精装,30 开,定价 1.10 元。(11-18)

9735　窑变观音

江思清编写,作家出版社 1958 年 8 月。平装,32 开,书号 10020·1012,定价 0.13 元。(11-19)

9736　大老爷查荒

陈洁等整理,作家出版社 1958 年 8 月。平装,32 开,书号 10020·1010,定价 0.07 元。(11-20)

9737　天鹅仙女

李乔整理,作家出版社 1958 年 8 月。平装,32 开,书号 10020·1023,定价 0.15 元。(11-21)

9738　插龙牌

王东等整理,作家出版社 1958 年 8 月。平装,32 开,书号 10020·1024,定价 0.10 元。(11-22)

9739　孔雀姑娘

作家出版社 1958 年 9 月。平装,32 开,书号 10020·1080,定价 0.11 元。(11-23)

9740　僮族民间故事

(僮族)侬易天著,作家出版社 1958 年 9 月。平装,32 开,书号 10020·1029,定价 0.12 元。(11-24)

9741　洪古尔

边垣编写,作家出版社 1958 年 9 月。平装,32 开,书号 10020·1066,定价 0.23 元。(11-25)

9742　嫦娥奔月

萧甘牛、肖丁三编写,作家出版社 1958 年 10 月。平装,32 开,书号 10020·1122,定价 0.12 元。(11-26)

9743　哈迈　大苗山苗族民歌集

莫清总等演唱,萧甘牛、覃桂清整理,作家出版社 1958 年 9 月。平装,32 开,书号 10020·1073,定价 0.49 元。(11-27)

9744　大苗山情歌集

萧甘牛编,作家出版社 1958 年 10 月。平装,32 开,书号 10020·1064,定价 0.26 元。(11-28)

9745　三峡民间故事

田海燕整理,作家出版社 1958 年 10 月。平装,32 开,书号 10020·1111,定价 0.20 元。(11-29)

9746　马郎

熊塞声著,作家出版社 1958 年 10 月。平装,32 开,书号 10020·1039,定价 0.10 元。(11-30)

9747　三门峡的传说

巴牧整理,作家出版社 1958 年 11 月。平装,32

其他

530

开，书号 10020·1060，定价 0.20 元。(11-31)

9748　苗山走寨歌
萧甘牛著，作家出版社 1958 年 11 月。平装，32 开，书号 10020·1061，定价 0.11 元。(11-32)

9749　泽玛姬
中国民间文艺研究会、中央民族歌舞团创作研究室编，作家出版社 1958 年 11 月。平装，32 开，书号 10020·1042，定价 0.44 元。1963 年 11 月，大 32 开，平装，定价 0.67 元；精装，定价 1.00 元。(11-33)

9750　雪原红花
单超整理，作家出版社 1958 年 11 月。平装，32 开，书号 10020·1076，定价 0.11 元。(11-34)

9751　哈达献给毛主席
芦笛辑译，作家出版社 1958 年 12 月。平装，32 开，书号 10020·1185，定价 0.23 元。(11-35)

9752　洛桑拣宝
肖丁三著，作家出版社 1958 年 12 月。平装，32 开，书号 10020·1094，定价 0.12 元。(11-36)

9753　勇敢的打拖
吴启彦等整理，作家出版社 1958 年 12 月。平装，32 开，书号 10020·1084，定价 0.10 元。(11-37)

9754　火把节
杨美清整理，作家出版社 1958 年 12 月。平装，32 开，书号 10020·1190，定价 0.25 元。(11-38)

9755　阿秀王
(苗族)唐春芳等整理，《山花》文艺月刊编辑委员会编选，作家出版社 1958 年 12 月。平装，32 开，书号 10020·1173，定价 0.17 元。(11-39)

9756　眼泪河
萧甘牛著，作家出版社 1959 年 1 月。平装，32 开，书号 10020·1040，定价 0.13 元。(11-40)

9757　中国民间故事集
贾芝、孙剑冰编，作家出版社 1959 年 3 月。精装，30 开，书号 10020·908，定价 1.20 元。(11-41)

9758　红旗出山林
帆影编译，作家出版社 1959 年 3 月。平装，32 开，书号 10020·1219，定价 0.34 元。(11-42)

9759　红色歌谣
文学小丛书，1959 年 3 月。平装，50 开，书号 10019·1094，定价 0.23 元。1978 年 8 月，平装，32 开，书号 1009·2596，定价 0.24 元。(11-43)

9760　白族民歌集
杨亮才、陶阳记录整理，1959 年 4 月。大 32 开，书号 10019·1282，平装，定价 1.05 元；精装，定价 1.55 元。(11-44)

9761　纳西族的歌
刘超记录整理，1959 年 5 月。平装，大 32 开，书号 10019·1283，定价 0.75 元。(11-45)

9762　二郎捉太阳
贾芝编，文学小丛书，1959 年 5 月。平装，50 开，书号 10019·1237，定价 0.24 元。(11-46)

9763　康定藏族民间故事集
西南师范学院中文系康定采风队编，1959 年 7 月。平装，大 32 开，书号 10019·1328，定价 0.33 元。(11-47)

9764　毛一罕好来宝选集
安柯钦夫、芒·牧林译，作家出版社 1959 年 7 月。平装，32 开，书号 10020·1339，定价 0.53 元。(11-48)

9765　阿凡提的故事
中国民间文艺研究会编，作家出版社 1959 年 8 月。平装，32 开，书号 10020·1038，定价 0.28 元。(11-49)

9766　密色协惹　拉萨河谷藏族民歌集
李刚夫整理，作家出版社 1959 年 9 月。半精，大 32 开，书号 10020·1374，定价 1.00 元。(11-50)

9767　白族民间故事传说集
李星华记录整理，中国科学院文学研究所民间文学组主编，1959 年 9 月。大 32 开，书号 10019·1502，平装，定价 0.77 元；精装，定价 1.35 元。(11-51)

| 9768 | 福建歌谣 |

中国民间文艺研究会主编,《热风》编辑部编,中国各地歌谣集,1959 年 9 月。书号 10019·1358,平装,32 开,定价 0.77 元;精装,大 32 开,定价 1.40 元。(11-52)

| 9769 | 西藏歌谣 |

中国民间文艺研究会主编,中共西藏工委宣传部编,中国各地歌谣集,1959 年 9 月。书号 10019·1520,平装,32 开,定价 0.80 元;精装,大 32 开,定价 1.45 元。(11-53)

| 9770 | 毛主席颂歌 |

北京师范大学中文系 55 级 4 班学生集体编,文学小丛书,1959 年 10 月。平装,50 开,书号 10019·1236,定价 0.25 元。(11-54)

| 9771 | 安徽歌谣 |

中国民间文艺研究会主编,安徽省文化局编,中国各地歌谣集,1959 年 11 月。书号 10019·1355,平装,32 开,定价 0.83 元;精装,大 32 开,定价 1.50 元。(11-55)

| 9772 | 辽宁歌谣 |

中国民间文艺研究会主编,辽宁民间文艺研究会编,中国各地歌谣集,1959 年 12 月。书号 10019·1394,平装,32 开,定价 0.82 元;精装,大 32 开,定价 1.50 元。(11-56)

| 9773 | 四川歌谣 |

中国民间文艺研究会主编,中共四川省委宣传部编,中国各地歌谣集,1959 年 12 月。书号 10019·1435,平装,32 开,定价 0.65 元;精装,大 32 开,定价 1.30 元。(11-57)

| 9774 | 广东歌谣 |

中国民间文艺研究会主编,广东歌谣编委会编,中国各地歌谣集,1959 年 12 月。书号 10019·1434,平装,32 开,定价 0.79 元;精装,大 32 开,定价 1.45 元。(11-58)

| 9775 | 英雄格斯尔可汗 |

琶杰说唱,其木德道尔吉整理,安柯钦夫译,作家出版社 1959 年 12 月。平装,32 开,书号 10020·1414,定价 0.58 元。1963 年 12 月,平装,大 32 开,书号 10020·1720,定价 1.20 元;精装,定价 1.45 元。1981 年 4 月人民文学出版社,书名《格斯尔可汗(一)蒙古族民间诗史》,平装,大 32 开,书号 10019·3114,定价 1.05 元。(11-59)

| 9776 | 陕西歌谣 |

中国民间文艺研究会主编,中共陕西省委宣传部编,中国各地歌谣集,1960 年 4 月。书号 10019·1587,平装,32 开,定价 0.75 元;精装,大 32 开,定价 1.45 元。(11-60)

| 9777 | 青海歌谣 |

中国民间文艺研究会主编,中共青海省委民族民歌搜集整理办公室编,中国各地歌谣集,1960 年 4 月。书号 10019·1572,平装,32 开,定价 0.73 元;精装,大 32 开,定价 1.45 元。(11-61)

| 9778 | 甘肃歌谣 |

中国民间文艺研究会主编,甘肃省文化局编,中国各地歌谣集,1960 年 4 月。书号 10019·1573,平装,32 开,定价 0.90 元;精装,大 32 开,定价 1.65 元。(11-62)

| 9779 | 河北歌谣 |

中国民间文艺研究会主编,河北省民间文学研究会编,中国各地歌谣集,1960 年 4 月。平装,32 开,书号 10019·1566,定价 0.72 元。(11-63)

| 9780 | 梅葛 |

云南省民族民间文学楚雄调查队搜集翻译整理,中国民间叙事诗丛书,1960 年 4 月。32 开,书号 10019·1588,平装,定价 0.82 元;精装,定价 1.00 元。(11-64)

| 9781 | 吉林民间故事 |

吉林省民间文学工作委员会、吉林大学、中国科学院吉林分院语言文学研究所合编,中国各地民间故事集,1960 年 4 月。32 开,书号 10019·1574,平装,定价 0.45 元;精装,定价 0.66 元。(11-65)

| 9782 | 安徽民间故事 |

安徽省文学艺术工作者联合会编,中国各地民间故事集,1960 年 4 月。32 开,书号 10019·1592,平装,定价 0.66 元;精装,定价 0.86 元。(11-66)

| 9783 | 格斯尔传 |

桑·杰扎布译,1960 年 4 月。平装,大 32 开,书号 10019·1567,定价 0.91 元。(11-67)

| 9784 | 山西歌谣 |

中国民间文艺研究会主编,山西省民间文学研究会筹备委员会编,中国各地歌谣集,1960年5月。平装,32开,书号10019·1559,定价1.00元。(11-68)

9785　上海歌谣
中国民间文艺研究会主编,中共上海市委宣传部编,中国各地歌谣集,1960年5月。精装,大32开,书号10019·1569,定价1.90元。(11-69)

9786　义和团故事
民间文学研究会主编,河北省民间文学研究会编,中国各地民间故事集,1960年5月。32开,书号10019·1595,平装,定价0.81元;精装,定价1.00元。(11-70)

9787　娥并与桑洛
云南省民族民间文学德宏调查队搜集翻译整理,中国民间叙事诗丛书,1960年5月。32开,书号10019·1576,平装,定价0.39元;精装,定价0.61元。(11-71)

9788　红旗歌谣(普及本)
郭沫若、周扬编,中国民间文学丛书,作家出版社1960年6月。平装,32开,书号10020·1487,定价1.04元。1979年7月人民文学出版社,32开,书号10019·2762,平装,定价1.05元;精装,定价1.55元。(11-72)

9789　阿细的先基
云南省民族民间文学红河调查队搜集翻译整理,中国民间叙事诗丛书,1960年6月。32开,书号10019·1584,平装,定价0.76元;精装,定价0.98元。(11-73)

9790　内蒙古歌谣
中国科学院内蒙古分院语言文学研究所、中国作家协会内蒙古分会合编,中国各地歌谣集,1960年7月。32开,书号10019·1605,平装,定价0.94元;精装,大32开,定价1.60元。(11-74)

9791　湖南民间故事
中国作家协会湖南分会编,中国各地民间故事集,1960年7月。32开,书号10019·1593,平装,定价0.70元;精装,定价0.94元。(11-75)

9792　新疆歌谣
中国作家协会新疆维吾尔自治区分会编,中国各地歌谣集,1960年7月。书号10019·1604,平装,32开,定价0.65元;精装,大32开,定价1.25元。(11-76)

9793　葫芦信　傣族民间叙事诗
云南省民族民间文学西双版纳调查队搜集翻译整理,中国民间叙事诗丛书,1960年7月。书号10019·1575,平装,32开,定价0.27元;精装,定价0.48元。(11-77)

9794　浙江歌谣
中国作家协会浙江分会筹备委员会编,中国各地歌谣集,1960年7月。书号10019·1603,平装,32开,定价0.66元;精装,大32开,定价1.25元。(11-78)

9795　云南歌谣
中共云南省委宣传部编,中国各地歌谣集,1960年8月。书号10019·1607,平装,32开,定价0.93元;精装,大32开,定价1.60元。(11-79)

9796　红旗歌谣(工农文艺读物)
郭沫若、周扬编,作家出版社1961年6月。平装,32开,书号10020·1510,定价1.45元。(11-80)

9797　中国民间故事选(二)
贾芝、孙剑冰编,中国科学院文学研究所、中国民间文艺研究会主编,中国各民族民间文学丛刊,作家出版社1961年12月。平装,大32开,书号10020·1543,定价1.80元。1962年7月人民文学出版社,平装,大32开,书号10019·1663,定价1.80元。1980年7月,大32开,平装,定价1.40元;精装,定价2.35元。(11-81)

9798　云南各族民间故事选
中国作家协会昆明分会编,中国民间文学丛书,1962年10月。大32开,书号10019·1679,平装,定价1.45元;精装,定价1.75元。(11-82)

9799　苗族民间故事选
贵州省民间文学工作组编,中国民间文学丛书,1962年10月。大32开,书号10019·1678,平装,定价1.10元;精装,定价1.35元。(11-83)

9800 创世纪（纳西族史诗）
中国民间文艺研究会主编，云南省民族民间文学丽江调查队搜集整理，1962 年 12 月。平装，32 开，书号 10019·1686，定价 0.28 元。(11-84)

9801 找姑鸟
中国民间文艺研究会主编，董均伦、江源记录整理，中国民间文学丛书，1963 年 3 月。大 32 开，书号 10019·1726，平装，定价 0.82 元；精装，定价 1.05 元。(11-85)

9802 重逢调
周忠枢翻译整理，作家出版社 1963 年 8 月。平装，32 开，书号 10020·1683，定价 0.29 元。(11-86)

9803 全国少数民族群众业余艺术观摩演出新民歌选
全国少数民族群众业余艺术观摩演出会、中国民间文艺研究会、作家出版社编辑部合编，作家出版社 1965 年 1 月。平装，大 32 开，书号 10020·1818，定价 0.74 元。(11-87)

9804 第一支军号 现代革命故事选
中国民间文艺研究会编，1965 年 9 月。平装，32 开，书号 10019·1789，定价 0.25 元。(11-88)

9805 女八路夺枪 现代革命故事选
中国民间文艺研究会编，1965 年 9 月。平装，32 开，书号 10019·1790，定价 0.27 元。(11-89)

9806 民间文学增刊 一九六五年第一期
中国民间文艺研究会、民间文学编辑委员会编，1965 年 10 月。平装，32 开，定价 0.14 元。(11-90)

9807 人参的故事
吉林省民间文艺研究会编，1980 年 1 月。平装，32 开，书号 10019·2894，定价 0.46 元。(11-91)

9808 英雄格斯尔可汗（二）蒙古族民间史诗
安柯钦夫译，1984 年 8 月。平装，大 32 开，书号 10019·3669，定价 0.97 元。(11-92)

9809 中国民间故事选（三）
中国社会科学院文学研究所、中国民间文艺研究会主编，贾芝主编，祁连休、黄泊仓、金茂年、王明环编辑，1988 年 4 月。大 32 开，书号 10019·4218，平装，ISBN 7-02-000144-0，定价 4.40 元；精装，ISBN 7-02-000145-9，定价 6.85 元。(11-93)

9810 中国民间故事精选
李智慧选编，语文新课标必读丛书增订版，2008 年 6 月。平装覆膜，大 32 开，ISBN 978-7-02-007044-2，定价 10.00 元。2012 年 6 月收入语文新课标丛书最新版，平装覆膜，大 32 开，ISBN 978-7-02-009075-4，定价 11.00 元。(11-94)

9811 新江南 民歌张浦
吴赵清主编，2013 年 7 月。平装，16 开，ISBN 978-7-02-009245-1，定价 68.00 元。(14-302)

革命回忆录

9812 志愿军英雄传（一集）
志愿军英雄传编辑委员会编，解放军文艺丛书，1956 年 6 月。大 32 开，书号 10019·496，平装，定价 1.20 元；普精，定价 1.80 元；特精，定价 2.20 元。(9-1)

9813 志愿军英雄传（二集）
志愿军英雄传编辑委员会编，解放军文艺丛书，1956 年 8 月。大 32 开，书号 10019·503，平装，定价 1.20 元；普精，定价 1.80 元；特精，定价 2.20 元。(9-2)

9814 志愿军英雄传（三集）
志愿军英雄传编辑委员会编，解放军文艺丛书，1956 年 9 月。大 32 开，书号 10019·513，平装，定价 1.30 元；普精，定价 1.90 元；特精，定价 2.30 元。(9-3)

9815 志愿军一日（第一编）
志愿军一日编辑委员会编，解放军文艺丛书，1956 年 10 月。平装，大 32 开，书号 10019·

519,定价1.30元。同时出版一二编合订版,大32开,书号10019·548,普精,定价2.90元;特精,定价5.90元。1958年12月一二编合订版,精装,大32开,书号10019·980,定价4.45元。(9-4)

9816 志愿军一日(第二编)
志愿军一日编辑委员会编,解放军文艺丛书,1956年10月。平装,大32开,书号10019·545,定价1.20元。(9-5)

9817 志愿军一日(第三编)
志愿军一日编辑委员会编,解放军文艺丛书,1956年10月。平装,大32开,书号10019·546,定价1.10元。同时出版三四编合订版,大32开,书号10019·549,普精,定价2.40元;特精,定价4.80元。1958年12月三四编合订版,精装,大32开,书号10019·981,定价3.55元。(9-6)

9818 志愿军一日(第四编)
志愿军一日编辑委员会编,解放军文艺丛书,1956年10月。平装,大32开,书号10019·547,定价1.00元。(9-7)

9819 围攻老虎庄
艾平著,作家出版社1958年8月。平装,50开,书号10020·1011,定价0.05元。(9-8)

9820 转战南北
李立著,作家出版社1958年10月。平装,32开,书号10020·1083,定价0.40元。(9-9)

9821 星火燎原(一)
"中国人民解放军三十年"征文编辑委员会编,1958年10月。平装,32开,书号10019·837,定价2.25元。(9-10)

9822 跟随毛主席长征
陈昌奉著,作家出版社1958年12月。平装,32开,书号10020·1018,定价0.20元。(9-11)

9823 把一切献给党
吴运铎著,新创作选拔本,1958年12月。精装,大32开,书号10019·972,定价1.25元。1959年4月收入文学小丛书,平装,50开,书号10019·1229,定价0.35元。(9-12)

9824 潘虎
邓洪等著,文学小丛书,1958年12月。平装,50开,书号10019·1087,定价0.25元。(9-13)

9825 井岗山上的故事
朱良才等著,文学小丛书,1958年12月。平装,50开,书号10019·1147,定价0.25元。(9-14)

9826 我的一家
陶承口述,工人出版社整理,文学小丛书,1958年12月。平装,50开,书号10019·1090,定价0.22元。1979年3月,署名增加何家栋、赵洁执笔,32开,平装,定价0.24元;精装,定价0.78元。(9-15)

9827 倔强的红小鬼
黄明等著,文学小丛书,1959年2月。平装,50开,书号10019·1089,定价0.27元。(9-16)

9828 毛委员在连队建党
"中国人民解放军三十年"征文编辑委员会编,作家出版社1959年2月。平装,32开,书号10020·1209,定价0.08元。(9-17)

9829 "八一"的枪声
"中国人民解放军三十年"征文编辑委员会编,作家出版社1959年2月。平装,32开,书号10020·1208,定价0.10元。(9-18)

9830 一支红色游击队的成长
"中国人民解放军三十年"征文编辑委员会编,作家出版社1959年2月。平装,32开,书号10020·1210,定价0.09元。(9-19)

9831 伟大的会师
"中国人民解放军三十年"征文编辑委员会编,作家出版社1959年2月。平装,32开,书号10020·1211,定价0.09元。(9-20)

9832 井岗山上的故事
"中国人民解放军三十年"征文编辑委员会编,作家出版社1959年2月。平装,32开,书号10020·1212,定价0.09元。(9-21)

9833 我跟父亲当红军
"中国人民解放军三十年"征文编辑委员会编,作家出版社1959年2月。平装,32开,书号10020·1213,定价0.09元。(9-22)

9834 秋收起义在醴陵
"中国人民解放军三十年"征文编辑委员会编,作家出版社1959年2月。平装,32开,书号10020·1205,定价0.10元。(9-23)

9835　难忘的行程
"中国人民解放军三十年"征文编辑委员会编，作家出版社1959年2月。平装，32开，书号10020·1206，定价0.11元。(9-24)

9836　珠江风暴
"中国人民解放军三十年"征文编辑委员会编，作家出版社1959年2月。平装，32开，书号10020·1207，定价0.13元。(9-25)

9837　洪家关聚义
"中国人民解放军三十年"征文编辑委员会编，作家出版社1959年2月。平装，32开，书号10020·1214，定价0.10元。(9-26)

9838　从九都山到井岗山
"中国人民解放军三十年"征文编辑委员会编，作家出版社1959年2月。平装，32开，书号10020·1215，定价0.09元。(9-27)

9839　白石溪炮楼的毁灭
"中国人民解放军三十年"征文编辑委员会编，作家出版社1959年2月。平装，32开，书号10020·1216，定价0.08元。(9-28)

9840　难忘的岁月
"中国人民解放军三十年"征文编辑委员会编，作家出版社1959年2月。平装，32开，书号10020·1200，定价0.10元。(9-29)

9841　洞庭湖畔四十天
"中国人民解放军三十年"征文编辑委员会编，作家出版社1959年2月。平装，32开，书号10020·1201，定价0.11元。(9-30)

9842　碧血红花
张羽著，作家出版社1959年3月。平装，32开，书号10020·1303，定价0.54元。(9-31)

9843　方志敏的故事
缪敏、罗宁等著，作家出版社1959年3月。平装，32开，书号10020·1294，定价0.20元。(9-32)

9844　井冈山故事
凌峰著，作家出版社1959年4月。平装，32开，书号10020·1273，定价0.21元。(9-33)

9845　难忘的日子
高朗亭著，作家出版社1959年4月。平装，32开，书号10020·1265，定价0.16元。(9-34)

9846　星星之火
杨尚儒等著，作家出版社1959年5月。平装，32开，书号10020·1279，定价0.15元。(9-35)

9847　红军到了我的家
黄锦思等著，作家出版社1959年5月。平装，32开，书号10020·1274，定价0.10元。(9-36)

9848　跟毛委员上井冈山
黄永胜等著，作家出版社1959年5月。平装，32开，书号10020·1283，定价0.11元。(9-37)

9849　红军巧计灭白匪
黎连平等著，作家出版社1959年5月。平装，32开，书号10020·1281，定价0.13元。(9-38)

9850　金田伏击战
周维生等著，作家出版社1959年5月。平装，32开，书号10020·1282，定价0.13元。(9-39)

9851　参加红军的第一天
方林等著，作家出版社1959年5月。平装，32开，书号10020·1276，定价0.12元。(9-40)

9852　难忘的一九二七年
向河等著，作家出版社1959年5月。平装，32开，书号10020·1278，定价0.13元。(9-41)

9853　平江的火焰
苏金胜等著，作家出版社1959年5月。平装，32开，书号10020·1280，定价0.13元。(9-42)

9854　韦拔群烈士的故事
宗英等著，作家出版社1959年5月。平装，32开，书号10020·1275，定价0.13元。(9-43)

9855　枪的故事
邵式平等著，作家出版社1959年5月。平装，32开，书号10020·1277，定价0.10元。(9-44)

9856　在毛主席教导下
傅连暲著，作家出版社1959年5月。32开，书号10020·1309，平装，定价0.22元；精装，定价0.72元。(9-45)

9857　艰难的岁月
杨尚奎著，作家出版社1959年8月。平装，32

开,书号 10020·1329,定价 0.19 元。(9-46)

9858　红色赣粤边
杨尚奎著,作家出版社 1959 年 9 月。32 开,书号 作 10020·1360,平装,定价 0.34 元;精装,定价 0.78 元。1980 年 3 月人民文学出版社,平装,32 开,书号 10019·2810,定价 0.35 元。(9-47)

9859　从昆仑到喜马拉雅
白辛著,作家出版社 1959 年 10 月。平装,32 开,书号 10020·1379,定价 0.30 元。(9-48)

9860　大青山上
王经雨等著,作家出版社 1959 年 11 月。平装,32 开,书号 10020·1381,定价 0.25 元。(9-49)

9861　党岭山上
吴先恩著,作家出版社 1959 年 12 月。平装,32 开,书号 10020·1413,定价 0.19 元。(9-50)

9862　从闽西到浙西
王直著,作家出版社 1959 年 12 月。平装,32 开,书号 10020·1377,定价 0.25 元。(9-51)

9863　星火燎原（三）
"中国人民解放军三十年"征文编辑委员会编,1959 年 12 月。大 32 开,书号 10019·1523,平装,定价 1.30 元;精装,定价 1.85 元;特精,定价 3.05 元。(9-52)

9864　鄱阳湖的风暴
罗宁著,作家出版社 1960 年 1 月。平装,32 开,书号 10020·1411,定价 0.23 元。(9-53)

9865　从遵义到大渡河
张爱萍著,作家出版社 1960 年 3 月。平装,32 开,书号 10020·1455,定价 0.21 元。(9-54)

9866　海丰农民运动
彭湃著,作家出版社 1960 年 4 月。32 开,书号 10020·1441,平装,定价 0.29 元;半精,定价 0.54 元。(9-55)

9867　星火燎原（四）
"中国人民解放军三十年"征文编辑委员会编,1961 年 6 月。大 32 开,书号 10019·1626,平装,定价 1.60 元;精装,定价 2.10 元;特精,定价 3.45 元。(9-56)

9868　星火燎原（六）
"中国人民解放军三十年"征文编辑委员会编,1961 年 12 月。大 32 开,书号 10019·1647,平装,定价 1.10 元;精装,定价 2.05 元;特精,定价 3.15 元。(9-57)

9869　星火燎原（二）
"中国人民解放军三十年"征文编辑委员会编,1962 年 5 月。大 32 开,书号 10019·1656,平装,定价 1.20 元;精装,定价 2.00 元;特精,定价 3.10 元。(9-58)

9870　斗争在杨赣红区与白区
罗孟文著,作家出版社 1962 年 8 月。32 开,书号 10020·1584,平装,定价 0.50 元;精装,定价 0.86 元。(9-59)

9871　星火燎原（七）
"中国人民解放军三十年"征文编辑委员会编,1962 年 10 月。大 32 开,书号 10019·1676,平装,定价 1.50 元;精装,定价 2.00 元;特精,定价 3.35 元。(9-60)

9872　星火燎原（十）
"中国人民解放军三十年"征文编辑委员会编,1963 年 8 月。大 32 开,书号 10019·1741,平装,定价 1.55 元;精装,定价 2.10 元;特精,定价 3.60 元。(9-61)

9873　星火燎原（九）
"中国人民解放军三十年"征文编辑委员会编,1963 年 11 月。大 32 开,书号 10019·1748,平装,定价 1.60 元;精装,定价 2.15 元;特精,定价 3.60 元。(9-62)

9874　革命生涯
左齐著,解放军文艺丛书编辑部编,作家出版社 1963 年 12 月。大 32 开,书号 10020·1594,平装,定价 0.60 元;精装,定价 0.90 元。(9-63)

9875　忆陈冬尧
潘世征著,作家出版社 1964 年 1 月。36 开,书号 10020·1734,平装,定价 0.20 元;精装,定价 0.45 元。(9-64)

9876　回忆毛主席
1977 年 9 月。书号 10019·2526,平装,小 32 开,定价 1.15 元;平装,大 32 开,定价 1.40 元;精装,大 32 开,定价 1.90 元。(9-65)

9877　松柏长青
吴南生著,1979 年 2 月。平装,32 开,书号

10019·2735,定价 0.49 元。(9-66)

9878 悲怀集——回忆三十位文学家、艺术家

本社编辑部编,1979 年 10 月。32 开,书号 10019·2854,平装,定价 0.95 元;精装,定价 1.75 元。(9-67)

9879 怀念毛泽东同志

1980 年 2 月。平装,32 开,书号 10019·2906,定价 0.50 元。(9-68)

9880 回忆贺龙同志

1979 年 12 月。大 32 开,书号 10019·2884,平装,定价 0.63 元,精装,定价 1.15 元。(9-69)

9881 忆秋白

《忆秋白》编辑小组编,1981 年 8 月。大 32 开,书号 10019·3176,平装,定价 1.05 元,精装,定价 2.40 元。(9-70)

9882 延安轶事

陈俊岐编著,1991 年 2 月。平装覆膜,小 32 开,ISBN 7-02-001112-8,定价 3.50 元。(9-71)

群众创作

9883 农村大跃进歌谣选

中国民间文艺研究会编,作家出版社 1958 年 4 月。平装,小 32 开,书号 10020·840,定价 0.65 元。(13-1)

9884 康藏人民的声音

中国民间文艺研究会主编,李刚夫整理,中国民间文学丛书,作家出版社 1958 年 7 月。平装,32 开,书号 10020·885,定价 0.80 元。(13-2)

9885 工矿大跃进歌谣选

中国民间文艺研究会编,作家出版社 1958 年 7 月。平装,小 32 开,书号 10020·892,定价 0.46 元。(13-3)

9886 破除迷信

作家出版社编辑部编,大跃进杂文选(第一集),作家出版社 1958 年 7 月。平装,32 开,书号 10020·949,定价 0.23 元。(13-4)

9887 人的颂赞

作家出版社编辑部编,大跃进杂文选(第二集),作家出版社 1958 年 7 月。平装,32 开,书号 10020·950,定价 0.24 元。(13-5)

9888 智慧的海洋

作家出版社编辑部编,大跃进杂文选(第三集),作家出版社 1958 年 7 月。平装,32 开,书号 10020·951,定价 0.25 元。(13-6)

9889 一九二五年的风暴

作家出版社编辑部编,跃进小丛刊(一),作家出版社 1958 年 7 月。平装,32 开,书号 10020·919,定价 0.10 元。(13-7)

9890 万能拖拉机诞生

作家出版社编辑部编,跃进小丛刊(二),作家出版社 1958 年 7 月。平装,32 开,书号 10020·920,定价 0.07 元。(13-8)

9891 典型报告

作家出版社编辑部编,跃进小丛刊(三),作家出版社 1958 年 7 月。平装,32 开,书号 10020·921,定价 0.06 元。(13-9)

9892 老孟泰来到了上海

《人民文学》编辑部编,跃进小丛刊(四),作家出版社 1958 年 7 月。平装,32 开,书号 10020·922,定价 0.08 元。(13-10)

9893 为长寿而斗争

《新观察》编辑部编,跃进小丛刊(五),作家出版社 1958 年 7 月。平装,32 开,书号 10020·923,定价 0.11 元。(13-11)

9894 老长工

《人民文学》编辑部编,跃进小丛刊(六),作家出版社 1958 年 7 月。平装,32 开,书号 10020·924,定价 0.10 元。(13-12)

9895 船厂追踪

《人民文学》编辑部编,跃进小丛刊(七),作家出版社 1958 年 7 月。平装,32 开,书号 10020·925,定价 0.10 元。(13-13)

9896 不断革命的人

《新观察》编辑部编,跃进小丛刊(八),作家出版社 1958 年 7 月。平装,32 开,书号 10020·

926,定价 0.14 元。(13-14)

9897 符家源上的新秀才
《新观察》编辑部编,跃进小丛刊(九),作家出版社 1958 年 7 月。平装,32 开,书号 10020·927,定价 0.13 元。(13-15)

9898 毛主席指示我们过草地
《新观察》编辑部编,跃进小丛刊(十),作家出版社 1958 年 7 月。平装,32 开,书号 10020·928,定价 0.16 元。(13-16)

9899 卖酒女
《人民文学》编辑部编,跃进小丛刊(十一),作家出版社 1958 年 7 月。平装,32 开,书号 10020·929,定价 0.09 元。(13-17)

9900 黄金之乡
《新观察》编辑部编,跃进小丛刊(十二),作家出版社 1958 年 7 月。平装,32 开,书号 10020·930,定价 0.14 元。(13-18)

9901 一个温暖的雪夜
《人民文学》编辑部编,跃进小丛刊(十三),作家出版社 1958 年 7 月。平装,32 开,书号 10020·931,定价 0.09 元。(13-19)

9902 学习漫谈
《新观察》编辑部编,跃进小丛刊(十四),作家出版社 1958 年 7 月。平装,32 开,书号 10020·932,定价 0.12 元。(13-20)

9903 洋河大渠
《人民文学》编辑部编,跃进小丛刊(十五),作家出版社 1958 年 7 月。平装,32 开,书号 10020·933,定价 0.10 元。(13-21)

9904 额木尔脱险记
《新观察》编辑部编,跃进小丛刊(十六),作家出版社 1958 年 7 月。平装,32 开,书号 10020·934,定价 0.13 元。(13-22)

9905 毛主席在我们中间
《新观察》编辑部编,跃进小丛刊(十七),作家出版社 1958 年 7 月。平装,32 开,书号 10020·935,定价 0.18 元。(13-23)

9906 生活的火花
《新观察》编辑部编,跃进小丛刊(十八),作家出版社 1958 年 7 月。平装,32 开,书号 10020·936,定价 0.15 元。(13-24)

9907 干劲及其他
《新观察》编辑部编,跃进小丛刊(十九),作家出版社 1958 年 7 月。平装,32 开,书号 10020·937,定价 0.15 元。(13-25)

9908 上海人
《人民文学》编辑部编,跃进小丛刊(二十),作家出版社 1958 年 7 月。平装,32 开,书号 10020·938,定价 0.07 元。(13-26)

9909 共产党光辉万年红
作家出版社编辑部编,跃进新民歌(一),作家出版社 1958 年 7 月。平装,32 开,书号 10020·939,定价 0.09 元。(13-27)

9910 四十条纲要放光芒
作家出版社编辑部编,跃进新民歌(二),作家出版社 1958 年 7 月。平装,32 开,书号 10020·940,定价 0.07 元。(13-28)

9911 大跃进战歌
作家出版社编辑部编,跃进新民歌(三),作家出版社 1958 年 7 月。平装,32 开,书号 10020·941,定价 0.10 元。(13-29)

9912 我们自己当龙王
作家出版社编辑部编,跃进新民歌(四),作家出版社 1958 年 7 月。平装,32 开,书号 10020·942,定价 0.09 元。(13-30)

9913 山区人民唱山歌
作家出版社编辑部编,跃进新民歌(五),作家出版社 1958 年 7 月。平装,32 开,书号 10020·943,定价 0.09 元。(13-31)

9914 整个车间一团红
作家出版社编辑部编,跃进新民歌(六),作家出版社 1958 年 7 月。平装,32 开,书号 10020·944,定价 0.09 元。(13-32)

9915 歌唱技术革命
作家出版社编辑部编,跃进新民歌(七),作家出版社 1958 年 7 月。平装,32 开,书号 10020·945,定价 0.07 元。(13-33)

9916 打开文化百宝箱
作家出版社编辑部编,跃进新民歌(八),作家出版社 1958 年 7 月。平装,32 开,书号 10020·946,定价 0.09 元。(13-34)

9917 千锤百炼红又专
作家出版社编辑部编,跃进新民歌(九),作家出版社 1958 年 7 月。平装,32 开,书号

10020·947,定价0.09元。(13-35)

9918　兄弟团结是一家
作家出版社编辑部编,跃进新民歌(十),作家出版社1958年7月。平装,32开,书号10020·948,定价0.09元。(13-36)

9919　红旗插在人心里
作家出版社编辑部编,跃进新民歌(十一),作家出版社1958年8月。平装,32开,书号10020·973,定价0.07元。(13-37)

9920　三月麦子满坝黄
作家出版社编辑部编,跃进新民歌(十二),作家出版社1958年8月。平装,32开,书号10020·974,定价0.09元。(13-38)

9921　钢水红似火
作家出版社编辑部编,跃进新民歌(十三),作家出版社1958年8月。平装,32开,书号10020·975,定价0.08元。(13-39)

9922　总路线,进兵营
解放军报社编,跃进新民歌(十四),作家出版社1958年8月。平装,32开,书号10020·976,定价0.09元。(13-40)

9923　日夜守在山顶上
解放军报社编,跃进新民歌(十五),作家出版社1958年8月。平装,32开,书号10020·977,定价0.09元。(13-41)

9924　日厂办起满天星
作家出版社编辑部编,跃进新民歌(十六),作家出版社1958年8月。平装,32开,书号10020·978,定价0.08元。(13-42)

9925　山水献宝
作家出版社编辑部编,跃进新民歌(十七),作家出版社1958年8月。平装,32开,书号10020·979,定价0.09元。(13-43)

9926　社会主义快快来
作家出版社编辑部编,跃进新民歌(十八),作家出版社1958年8月。平装,32开,书号10020·980,定价0.09元。(13-44)

9927　跃进歌声送上天
作家出版社编辑部编,跃进新民歌(十九),作家出版社1958年8月。平装,32开,书号10020·981,定价0.07元。(13-45)

9928　要吃鱼虾下海洋
作家出版社编辑部编,跃进新民歌(二十),作家出版社1958年8月。平装,32开,书号10020·982,定价0.08元。(13-46)

9929　雪山五战士
田有等著,解放军战士社编,作家出版社1958年8月。平装,32开,书号10020·989,定价0.11元。(13-47)

9930　光荣的标兵
杨虞义、孙立等著,解放军战士社编,作家出版社1958年8月。平装,32开,书号10020·990,定价0.10元。(13-48)

9931　将军在理发室里
王骏陵等著,解放军战士社编,作家出版社1958年8月。平装,32开,书号10020·993,定价0.08元。(13-49)

9932　海底苦战
叶辉等著,解放军报社、解放军战士社编,作家出版社1958年8月。平装,32开,书号10020·991,定价0.08元。(13-50)

9933　寻家记
王照运等著,解放军战士社编,作家出版社1958年8月。平装,32开,书号10020·994,定价0.11元。(13-51)

9934　扬子江边颂英雄
张苗岭等著,解放军报社、解放军战士社编,作家出版社1958年8月。平装,32开,书号10020·992,定价0.10元。(13-52)

9935　十三陵水库歌谣
中国民间文艺研究会编,作家出版社1958年8月。平装,32异,书号10020·985,定价0.29元。(13-53)

9936　群英大会
作家出版社编,"大跃进的一天"征文丛刊(1),作家出版社1958年8月。平装,32开,书号10020·1021,定价0.20元。(13-54)

9937　小泥炉变成炼铁厂
侯天禄等著,"大跃进的一天"征文丛刊(2),作家出版社1958年9月。平装,32开,书号10020·1074,定价0.20元。(13-55)

9938　老社员的故事
段荃法等著,作家出版社1958年10月。平装,46开,书号10020·1053,定价0.08元。

(13-56)

9939 跃进爬山歌选
北京大学中文系编,作家出版社1958年10月。平装,32异,书号10020·1136,定价0.24元。(13-57)

9940 人民公社好
中国民间文艺研究会编,作家出版社1958年10月。平装,32异,书号10020·1135,定价0.21元。(13-58)

9941 第一次丰收
北京师范大学中文系编,作家出版社1958年10月。平装,32开,书号10020·1138,定价0.19元。(13-59)

9942 人民公社幸福路
作家出版社编,"大跃进的一天"征文丛刊(3),作家出版社1958年11月。平装,32开,书号10020·1128,定价0.20元。(13-60)

9943 红色山歌万万千
星火月刊社编,江西山歌选,作家出版社1958年11月。平装,32开,书号10020·1045,定价0.76元。(13-61)

9944 灯光
玄之等著,工农兵作品,作家出版社1958年11月。平装,46开,书号10020·1055,定价0.07元。(13-62)

9945 风浪
吕中著,工农兵作品,作家出版社1958年11月。平装,46开,书号10020·1054,定价0.15元。(13-63)

9946 白庙村农民诗选
《延河》编辑部编,作家出版社1958年11月。平装,32开,书号10020·1127,定价0.41元。(13-64)

9947 多面手
北京市群众艺术馆编,文艺快书(三十一),作家出版社1958年11月。平装,32开,书号10020·1174,定价0.06元。(13-65)

9948 二闯文化关
北京市群众艺术馆编,文艺快书(三十二),作家出版社1958年11月。平装,32开,书号10020·1175,定价0.06元。(13-66)

9949 先行官
吴源等著,文艺快书(三十三),作家出版社1958年11月。平装,32开,书号10020·1175,定价0.07元。(13-67)

9950 张老汉游公社
金鸣歧等著,文艺快书(三十四),作家出版社1958年11月。平装,32开,书号10020·1176,定价0.09元。(13-68)

9951 铁水钢花冲天翻
王亚平等著,文艺快书(三十五),作家出版社1958年11月。平装,32开,书号10020·1177,定价0.07元。(13-69)

9952 老将出马
左之等著,文艺快书(三十六),作家出版社1958年11月。平装,32开,书号10020·1178,定价0.09元。(13-70)

9953 瘸老何大显神通
北京市文联戏剧组编,文艺快书(三十七),作家出版社1958年11月。平装,32开,书号10020·1179,定价0.08元。(13-71)

9954 向月宫报喜
陈学斌等著,文艺快书(三十八),作家出版社1958年11月。平装,32开,书号10020·1192,定价0.09元。(13-72)

9955 一场火警
黄秉德等著,文艺快书号外(六),作家出版社1958年8月。平装,32开,书号10020·1001,定价0.08元。(13-73)

9956 公开的秘密
袁之等著,文艺快书号外(七),作家出版社1958年8月。平装,32开,书号10020·1002,定价0.08元。(13-74)

9957 艾克发疯
董凤桐等著,文艺快书号外(八),作家出版社1958年8月。平装,32开,书号10020·1003,定价0.07元。(13-75)

9958 侵略者的哲学
席香远等著,文艺快书号外(九),作家出版社1958年8月。平装,32开,书号10020·1005,定价0.07元。(13-76)

9959 自掘坟墓
张艾丁等著,文艺快书号外(十),作家出版社1958年8月。平装,32开,书号10020·1004,

9960 和平公报飞满天
韩起祥等著,文艺快书号外(十一),作家出版社1958年8月。平装,32开,书号10020·1020,定价0.07元。(13-78)

9961 一定要解放台湾
冯不异等著,文艺快书号外(十二),作家出版社1958年9月。平装,32开,书号10020·1115,定价0.05元。(13-79)

9962 文艺作品选 第一辑(八册)
作家出版社编,农村通俗文库,作家出版社1958年11月。平装,32开,书号10020·1078,定价0.82元。(13-80)

9963 文艺作品选 第二辑(八册)
作家出版社编,农村通俗文库,作家出版社1958年11月。平装,32开,书号10020·1097,定价0.78元。(13-81)

9964 文艺作品选 第三辑(八册)
作家出版社编,农村通俗文库,作家出版社1958年11月。平装,32开,书号10020·1230,定价1.00元。(13-82)

9965 文艺作品选 第四辑(八册)
作家出版社编,农村通俗文库,作家出版社1958年11月。平装,32开,书号10020·1231,定价1.10元。(13-83)

9966 步步跟着毛主席
作家出版社编,跃进新民歌(二十一),作家出版社1958年12月。平装,32开,书号10020·1099,定价0.07元。(13-84)

9967 东方巨龙腾空起
作家出版社编,跃进新民歌(二十二),作家出版社1958年12月。平装,32开,书号10020·1100,定价0.07元。(13-85)

9968 人民公社一枝花
作家出版社编,跃进新民歌(二十三),作家出版社1958年12月。平装,32开,书号10020·1101,定价0.07元。(13-86)

9969 滔滔钢水日夜流
作家出版社编,跃进新民歌(二十四),作家出版社1958年12月。平装,32开,书号10020·1102,定价0.07元。(13-87)

9970 解放大军缚苍龙
作家出版社编,跃进新民歌(二十五),作家出版社1958年12月。平装,32开,书号10020·1103,定价0.07元。(13-88)

9971 一人能守半边天
作家出版社编,跃进新民歌(二十六),作家出版社1958年12月。平装,32开,书号10020·1104,定价0.07元。(13-89)

9972 农民个个成专家
作家出版社编,跃进新民歌(二十七),作家出版社1958年12月。平装,32开,书号10020·1105,定价0.07元。(13-90)

9973 金黄稻浪接九霄
作家出版社编,跃进新民歌(二十八),作家出版社1958年12月。平装,32开,书号10020·1106,定价0.07元。(13-91)

9974 打开山区金银窝
作家出版社编,跃进新民歌(二十九),作家出版社1958年12月。平装,32开,书号10020·1107,定价0.08元。(13-92)

9975 如今瑶山大不同
作家出版社编,跃进新民歌(三十),作家出版社1958年12月。平装,32开,书号10020·1108,定价0.10元。(13-93)

9976 幸福花儿遍地开
河南民歌整理编辑组编,作家出版社1958年12月。平装,32开,书号10020·1180,定价0.60元。(13-94)

9977 红光满天
作家出版社编,作家出版社1958年12月。平装,32开,书号10020·1256,定价0.65元。(13-95)

9978 支援"钢帅"一片心
作家出版社编,"大跃进的一天"征文丛刊(4),作家出版社1958年12月。平装,32开,书号10020·1204,定价0.20元。(13-96)

9979 凌红蝶
段荃法、冯金堂著,作家出版社1959年1月。平装,46开,书号10020·1131,定价0.06元。(13-97)

9980 老工人的心
孙桂桥等著,作家出版社1959年1月。平装,46开,书号10020·1134,定价0.08元。

(13-98)

9981　风雪之夜
万国儒等著,作家出版社 1959 年 1 月。平装,46 开,书号 10020·1140,定价 0.08 元。(13-99)

9982　果林公社跃进歌
中共涿鹿县果林公社编,作家出版社 1959 年 1 月。平装,32 异,书号 10020·1148,定价 0.25 元。(13-100)

9983　钢铁开花
霍文廷、管文华整理,作家出版社 1959 年 2 月。平装,32 异,书号 10020·1085,定价 0.21 元。(13-101)

9984　荔枝满山一片红
暨南大学中文系编,作家出版社 1959 年 3 月。平装,32 开,书号 10020·1259,定价 0.47 元。(13-102)

9985　二奶奶成了土专家
"大跃进的一天"征文丛刊(5),作家出版社 1959 年 3 月。平装,32 开,书号 10020·1264,定价 0.20 元。(13-103)

9986　少数民族大跃进歌谣选
中国民间文艺研究会编,作家出版社 1959 年 4 月。平装,32 异,书号 10020·1228,定价 0.46 元。(13-104)

9987　粮棉堆成太行山
山西《火花》文艺月刊社编,作家出版社 1959 年 5 月。平装,32 开,书号 10020·1267,定价 0.46 元。(13-105)

9988　青海湖水闪银光
《青海湖》文艺月刊社编,作家出版社 1959 年 5 月。平装,32 开,书号 10020·1306,定价 0.29 元。(13-106)

9989　跃进山歌满洞庭
《新苗》文学月刊社编,作家出版社 1959 年 5 月。平装,32 开,书号 10020·1305,定价 0.36 元。(13-107)

9990　唱得长江水倒流
中共安徽省委宣传部编,作家出版社 1959 年 6 月。平装,32 开,书号 10020·1238,定价 0.44 元。(13-108)

9991　文艺作品选　第五辑(八册)
作家出版社编,农村通俗文库,作家出版社 1959 年 10 月。平装,32 开,书号 10020·1345-1352,定价 0.86 元。(13-109)

9992　英雄赞
中国曲艺工作者协会编,作家出版社 1959 年 11 月。平装,32 开,书号 10020·1434,定价 0.27 元。(13-110)

9993　文艺作品选　第六辑(八册)
作家出版社编,农村通俗文库,作家出版社 1959 年 12 月。平装,32 开,书号 10020·1264-1270、10020·1331,定价 0.90 元。(13-111)

9994　文艺作品选　第七辑(八册)
作家出版社编,农村通俗文库,作家出版社 1959 年 12 月。平装,32 开,书号 10020·1419-1426,定价 1.00 元。(13-112)

9995　炉火熊熊
作家出版社编,农村通俗文库,作家出版社 1959 年 12 月。平装,32 开,书号 10020·1217,定价 0.48 元。(13-113)

9996　文艺作品选　第八辑(八册)
作家出版社编,农村通俗文库,作家出版社 1960 年 3 月。平装,32 开,书号 10020·1461-1468,定价 0.52 元。(13-114)

工厂公社史

9997　麦田人民公社史
麦田人民公社史编写小组编,作家出版社 1959 年 9 月。平装,大 32 开,书号 10020·1354,定价 0.86 元。(10-1)

9998　万里长江
长江流域规划办公室编,作家出版社 1959 年 9 月。大 32 开,书号 10020·1387,平装,定价 1.09 元;精装,定价 1.94 元。(10-2)

9999　绿树成荫
新民社史编写委员会、四川省文联合编,作家

543

出版社 1959 年 9 月。大 32 开,书号 10020·1395,平装,定价 0.68 元;半精,定价 0.97 元。(10-3)

10000　山上运河　甘肃引洮工程史　第一集
中国作家协会兰州分会编,作家出版社 1960 年 1 月。大 32 开,书号 10020·1428,平装,定价 0.56 元;精装,定价 1.02 元。(10-4)

10001　北方的红星
长辛店机车车辆工厂厂史编委会编,作家出版社 1960 年 2 月。大 32 开,书号 10020·1440,平装,定价 1.64 元;精装,定价 2.07 元。(10-5)

10002　红色的安源
中共萍乡煤矿委员会宣传部编,作家出版社 1960 年 2 月。书号 10020·1436,平装,32 开,定价 1.05 元;平装,大 32 开,定价 1.39 元。(10-6)

10003　挡不住的洪流
贵州省文艺编辑训练班整理,作家出版社 1960 年 8 月。大 32 开,书号 10020·1505,平装,定价 1.98 元;精装,定价 2.95 元。(10-7)

10004　天山战歌
新疆生产建设兵团政治部编,作家出版社 1962 年 1 月。大 32 开,书号 10020·1556,平装,定价 1.20 元;精装,定价 1.45 元。(10-8)

10005　生命线
西北铁路工程局政治部宣传部编,作家出版社 1962 年 6 月。32 开,书号 10020·1568,平装,定价 0.89 元;精装,定价 1.15 元。(10-9)

10006　武钢建设史话
武汉钢铁公司厂史编委会编,作家出版社 1962 年 7 月。平装,32 开,书号 10020·1577,定价 0.92 元。(10-10)

10007　穷棒子社的故事(上下)　河北遵化建明公社纪事
建明公社纪事编写小组编写,1966 年 1 月。平装,32 开,书号 10019·1809,定价 1.00 元。(10-11)

教材·教辅

10008　唐诗选读
卢铁澎主编,对外汉语教学·中国文化系列教材,2002 年 2 月。平装覆膜,16 开,ISBN 7-02-003741-0,定价 24.80 元。(89-38)

10009　中国现代文学选读
金戈、刘蓓蓓主编,对外汉语教学·中国文化系列教材,2002 年 2 月。平装覆膜,16 开,ISBN 7-02-003701-1,定价 22.00 元。(89-39)

10010　中国古代文学选读
刘广和、叶君远主编,对外汉语教学·中国文化系列教材,2002 年 2 月。平装覆膜,16 开,ISBN 7-02-003742-1,定价 22.80 元。(89-40)

10011　教师职业道德
李春玲主编,李春玲、张鸿燕、安铁岭、王维敏、程鸿勋编著,2005 年 11 月。平装覆膜,16 开,ISBN 7-02-004664-9,定价 20.00 元。(89-52)

10012　文物
吕建昌、张玉茹著,柯文礼译,中国传统文化双语读本,2006 年 8 月。平装覆膜,大 32 开,ISBN 7-02-004880-3,定价 9.00 元。(89-53)

10013　文学
魏崇新著,张保红译,中国传统文化双语读本,2006 年 8 月。平装覆膜,大 32 开,ISBN 7-02-004881-1,定价 12.00 元。(89-54)

10014　丝绸之路
林少雄著,王克友译,中国传统文化双语读本,2006 年 8 月。平装覆膜,大 32 开,ISBN 7-02-004882-X,定价 7.00 元。(89-55)

10015　四大发明
王毅著,柯文礼译,中国传统文化双语读本,2006 年 8 月。平装覆膜,大 32 开,ISBN 7-02-004876-5,定价 7.00 元。(89-56)

10016　书画
徐翎著,王宏印、马向晖译,中国传统文化双语

读本,2006年8月。平装覆膜,大32开,ISBN 7-02-004884-5,定价10.00元。(89-57)

10017　京剧
王峰著,赵立柱译,中国传统文化双语读本,2006年8月。平装覆膜,大32开,ISBN 7-02-004877-3,定价12.00元。(89-58)

10018　风景名胜
王昊著,徐齐平译,中国传统文化双语读本,2006年8月。平装覆膜,大32开,ISBN 7-02-004878-1,定价9.00元。(89-59)

10019　节日习俗
李逸安著,高巍、刘士聪译,中国传统文化双语读本,2006年8月。平装覆膜,大32开,ISBN 7-02-004879-X,定价7.00元。(89-60)

10020　湖畔光影——湖北师院人文讲演录
景遐东主编,2007年3月。平装覆膜,16异,ISBN 978-7-02-006098-6,定价30.00元。(89-61)

10021　跨文化交际俄语教程
张冬梅主编,2019年4月。平装覆膜,16开,ISBN 978-7-02-015090-8,定价58.00元。(89-62)

10022　古诗
柳斌主编,教育部基础教育课程教材发展中心编;费振刚主编,小学生课外精读,2001年8月。平装覆膜,大32开,ISBN 7-02-003501-9,定价7.00元。(97-1)

10023　童话
柳斌主编,教育部基础教育课程教材发展中心编;秦文君主编,小学生课外精读,2001年8月。平装覆膜,大32开,ISBN 7-02-003503-5,定价9.60元。(97-2)

10024　寓言
柳斌主编,教育部基础教育课程教材发展中心编;曹文轩主编,小学生课外精读,2001年8月。平装覆膜,大32开,ISBN 7-02-003505-1,定价8.80元。(97-3)

10025　散文
柳斌主编,教育部基础教育课程教材发展中心编;王培元主编,小学生课外精读,2001年8月。平装覆膜,大32开,ISBN 7-02-003506-X,定价9.00元。(97-4)

10026　成语故事
柳斌主编,教育部基础教育课程教材发展中心编;卢永璘主编,小学生课外精读,2001年8月。平装覆膜,大32开,ISBN 7-02-003502-7,定价7.00元。2003年5月收入语文新课标必读丛书,平装覆膜,大32开,ISBN 7-02-004136-1,定价8.00元。2006年6月收入语文新课标必读丛书修订版,平装覆膜,大32开,ISBN 7-02-005709-8,定价8.00元。2008年6月收入语文新课标必读丛书增订版,平装覆膜,大32开,ISBN 978-7-02-007017-6,定价10.00元。2012年6月收入语文新课标丛书最新版,平装覆膜,大32开,ISBN 978-7-02-008992-5,定价11.00元。2018年5月收入教育部统编《语文》推荐阅读丛书,平装覆膜,16异,ISBN 978-7-02-013792-3,定价26.00元。(97-5)

10027　科学小品
柳斌主编,教育部基础教育课程教材发展中心编;黎先耀、梁秀荣主编,小学生课外精读,2001年8月。平装覆膜,大32开,ISBN 7-02-003507-8,定价10.00元。(97-6)

10028　小说
曹文轩主编,小学生课外精读,2001年8月。平装覆膜,大32开,ISBN 7-02-003524-8,定价10.00元。(97-7)

10029　神话传说
吴中杰主编,小学生课外精读,2001年8月。平装覆膜,大32开,ISBN 7-02-003504-3,定价8.60元。2003年5月收入语文新课标必读丛书,书名《中外神话传说》,署田新利编选,平装覆膜,大32开,ISBN 7-02-004137-X,定价9.00元。2006年6月收入语文新课标必读丛书修订版,平装覆膜,大32开,ISBN 7-02-005717-9,定价9.00元。2008年6月收入语文新课标必读丛书增订版,平装覆膜,大32开,ISBN 978-7-02-007019-0,定价10.00元。2012年6月收入语文新课标丛书最新版,署田新利编,平装覆膜,大32开,ISBN 978-7-02-009079-2,定价11.00元。(97-8)

10030　小学生必背古诗70篇
费振刚主编,2002年1月。平装覆膜,大32

开,ISBN 7-02-003659-7,定价 6.00 元。2003年 5 月收入语文新课标必读丛书,平装覆膜,大 32 开,ISBN 7-02-004138-8,定价 8.00 元。2006 年 6 月收入语文新课标必读丛书修订版,署张双平编,平装覆膜,大 32 开,ISBN 7-02-005712-8,定价 8.00 元。2008 年 6 月收入语文新课标必读丛书增订版,署张双平注释,平装覆膜,大 32 开,ISBN 978-7-02-007027-5,定价 10.00 元。(97-9)

10031 初中生必背古诗文 50 篇

费振刚主编,王峰、马奔腾注释,2002 年 1 月。平装覆膜,大 32 开,ISBN 7-02-003658-9,定价 5.80 元。2003 年 5 月收入语文新课标必读丛书,平装覆膜,大 32 开,ISBN 7-02-004139-6,定价 7.00 元。2006 年 6 月收入语文新课标必读丛书修订版,平装覆膜,大 32 开,ISBN 7-02-005714-4,定价 7.00 元。2008 年 6 月收入语文新课标必读丛书增订版,平装覆膜,大 32 开,ISBN 978-7-02-007046-6,定价 10.00 元。(97-10)

10032 高中语文新教材文言文译注·一年级

贾春杨、张小屹编,2002 年 10 月。平装覆膜,16 开,ISBN 7-02-003992-8,定价 12.80 元。(97-11)

10033 高中语文新教材文言文译注·二年级

贾春杨、张小屹编,2002 年 10 月。平装覆膜,16 开,ISBN 7-02-003993-6,定价 13.60 元。(97-12)

10034 高中生必背古诗文 40 篇

吴建民注释,语文新课标必读丛书,2003 年 5 月。平装覆膜,大 32 开,ISBN 7-02-004242-2,定价 10.00 元。2006 年 6 月收入语文新课标必读丛书修订版,平装覆膜,大 32 开,ISBN 7-02-005713-6,定价 9.00 元。2008 年 6 月收入语文新课标必读丛书增订版,平装覆膜,大 32 开,ISBN 978-7-02-007083-1,定价 10.00 元。(97-13)

10035 王大绩精讲满分作文个性样式

王大绩主编,2005 年 1 月。平装覆膜,16 开,ISBN 7-02-004837-4,定价 20.00 元。(97-14)

10036 王大绩精讲作文高分一招鲜

王大绩主编,2005 年 10 月。平装覆膜,16 开,ISBN 7-02-005319-X,定价 20.00 元。(97-15)

10037 2006 高考满分作文秘诀

张坤主编,2006 年 10 月。平装覆膜,国流 32 开,ISBN 7-02-005832-9,定价 23.00 元。(97-16)

10038 初中语文助读课本 7 年级(上)

宋子江编选,2006 年 10 月。平装覆膜,国流 32 开,ISBN 7-02-005513-3,定价 13.00 元。(97-17)

10039 初中语文助读课本 8 年级(上)

宋子江编选,2006 年 10 月。平装覆膜,国流 32 开,ISBN 7-02-005514-1,定价 13.00 元。(97-18)

10040 初中语文助读课本 9 年级(上)

宋子江编选,2006 年 10 月。平装覆膜,国流 32 开,ISBN 7-02-005515-X,定价 13.00 元。(97-19)

10041 文本阅读之旅——从语文课堂开始

林怀宇著,2006 年 10 月。平装覆膜,国流 32 开,ISBN 7-02-005773-X,定价 16.00 元。(2-525)

10042 王大绩讲高考 历年作文同一题

王大绩主编,2007 年 1 月。平装覆膜,16 开,ISBN 7-02-005844-2,定价 20.00 元。(97-20)

10043 少年的人际交往与网络交往

徐金才主编,中学名校校本教材系列,2009 年 9 月。平装覆膜,大 32 开,ISBN 978-7-02-007489-1,定价 11.00 元。(97-21)

10044 讲演与口才

徐金才主编,中学名校校本教材系列,2009 年 9 月。平装覆膜,大 32 开,ISBN 978-7-02-007493-8,定价 15.00 元。(97-22)

10045 毛泽东和他的诗词

徐金才主编,中学名校校本教材系列,2009 年 9 月。平装覆膜,大 32 开,ISBN 978-7-02-007348-1,定价 28.00 元。(97-23)

10046 生活中的数学

徐金才主编,中学名校校本教材系列,2009年9月。平装覆膜,大32开,ISBN 978-7-02-007491-4,定价12.00元。(97-24)

10047 生物史话

徐金才主编,中学名校校本教材系列,2009年9月。平装覆膜,大32开,ISBN 978-7-02-007495-2,定价12.00元。(97-25)

10048 趣味物理 趣味生活

徐金才主编,中学名校校本教材系列,2009年9月。平装覆膜,大32开,ISBN 978-7-02-007492-1,定价13.00元。(97-26)

10049 道德课堂(高中版)

徐金才主编,中学名校校本教材系列,2009年9月。平装覆膜,大32开,ISBN 978-7-02-007497-6,定价21.00元。(97-27)

10050 道德课堂(初中版)

徐金才主编,中学名校校本教材系列,2009年9月。平装覆膜,大32开,ISBN 978-7-02-007494-5,定价18.00元。(97-28)

10051 古诗今读

徐金才主编,中学名校校本教材系列,2009年9月。平装覆膜,大32开,ISBN 978-7-02-007496-9,定价30.00元。(97-29)

10052 品说扬州·人物篇

徐金才主编,中学名校校本教材系列,2009年9月。平装覆膜,大32开,ISBN 978-7-02-007488-4,定价15.00元。(97-30)

10053 高考作文常见主题一点通(高中)

子曰编著,2009年10月。平装覆膜,国流32开,ISBN 978-7-02-007486-0,定价18.00元。(97-31)

10054 中考作文常见主题一点通(初中)

子曰编著,2009年10月。平装覆膜,国流32开,ISBN 978-7-02-007487-7,定价17.00元。(97-32)

10055 英美国家人文风情

徐金才主编,中学名校校本教材系列,2009年9月。平装覆膜,大32开,ISBN 978-7-02-007490-7,定价15.00元。(97-33)

10056 2010年北京高考语文指定背诵默写篇目(45篇)

杨春俏、吴建民、王峰、马奔腾注解,2009年12月。平装覆膜,大32开,ISBN 978-7-02-007760-1,定价12.00元。2011年2月,书名《北京高考语文指定背诵默写篇目(45篇)》。2020年1月,平装覆膜,大32开,ISBN 978-7-02-015771-6,定价20.00元。(97-34)

10057 王大绩讲高考 语文优化备考方案

王大绩、风潇、李贵安编著,2010年1月。平装覆膜,16开,ISBN 978-7-02-007823-3,定价30.00元。(97-35)

10058 定势作文的突破

王晓霞、王显槐主编,写好作文三部曲,2010年4月。平装覆膜,国流32开,ISBN 978-7-02-007799-1,定价25.00元。(97-36)

10059 创新作文的玄机

王晓霞、王显槐主编,写好作文三部曲,2010年4月。平装覆膜,国流32开,ISBN 978-7-02-007797-7,定价24.00元。(97-37)

10060 成功作文的奥秘

王晓霞、王显槐主编,写好作文三部曲,2010年6月。平装覆膜,国流32开,ISBN 978-7-02-007798-4,定价23.00元。(97-38)

10061 开明新编国文读本(上下)

叶圣陶、郭绍虞、周予同、覃必陶合编,2011年10月。平装,32异,ISBN 978-7-02-008738-9,定价49.00元。(97-39)

10062 开明国文讲义(上下)

夏丏尊、叶圣陶、宋云彬、陈望道合编,2011年10月。平装,32异,ISBN 978-7-02-008739-6,定价59.00元。(97-40)

10063 初中优秀古诗文背诵指定篇目(61篇)

杨春俏注释,语文新课标必读丛书最新版,2012年6月。平装覆膜,大32开,ISBN 978-7-02-009011-2,定价14.00元。2018年5月收入教育部统编《语文》推荐阅读丛书,书名《初中生古诗文推荐背诵70篇》,署杨春俏、王璐注释,平装覆膜,16异,ISBN 978-7-02-013977-4,定价24.00元。(97-41)

10064 小学优秀古诗背诵指定篇目(75篇)

杨春俏、徐德琳注释,语文新课标必读丛书最新版,2012年6月。平装覆膜,大32开,ISBN 978-7-02-009013-6,定价14.00元。2018年5月收入教育部统编《语文》推荐阅读丛书,书名《小学生古诗词推荐背诵80篇》,署杨春俏注释,平装覆膜,16异,ISBN 978-7-02-013976-7,定价24.00元。(97-42)

10065 中国童谣精选
叶显林编,语文新课标必读丛书最新版,2012年6月。平装覆膜,大32开,ISBN 978-7-02-009015-0,定价12.00元。(97-43)

10066 儿童诗歌精选
谭旭东编,语文新课标必读丛书最新版,2012年6月。平装覆膜,大32开,ISBN 978-7-02-009012-9,定价12.00元。(97-44)

10067 中国现代寓言故事
安武林编选,语文新课标必读丛书最新版,2012年6月。平装覆膜,大32开,ISBN 978-7-02-009088-4,定价12.00元。(97-45)

10068 小学、初中新课标文学名著助读
李建洛编选,语文新课标必读丛书最新版,2012年6月。平装覆膜,大32开,ISBN 978-7-02-009098-3,定价12.00元。(97-47)

10069 革命烈士诗歌选读
王毅编写,语文新课标必读丛书最新版,2012年6月。平装覆膜,大32开,ISBN 978-7-02-008989-5,定价11.00元。2018年4月收入教育部统编《语文》推荐阅读丛书,署王毅编著,平装覆膜,16异,ISBN 978-7-02-013778-7,定价24.00元。(97-48)

10070 王大绩精讲 高考语文备考教程
王大绩主编,2012年9月。平装覆膜,16开,ISBN 978-7-02-009442-4,定价30.00元。(97-49)

10071 北京中考语文古诗文背诵与阅读
袁慧、李智慧编著,2014年3月。平装覆膜,国流32开,ISBN 978-7-02-010086-6,定价22.00元。(97-50)

10072 小学生作文三级跳(1—3)
李樵、魏曦主编,《帅作文》周报系列丛书,2014年4月。平装覆膜,16异,ISBN 978-7-02-009342-7,定价60.00元。(97-51)

10073 群文阅读新语文读本 1年级(上册)
蒋军晶编,2014年9月。平装覆膜,32异,ISBN 978-7-02-010505-2,定价15.00元。(97-52)

10074 群文阅读新语文读本 2年级(上册)
蒋军晶编,2014年9月。平装覆膜,32异,ISBN 978-7-02-010506-9,定价15.00元。(97-53)

10075 群文阅读新语文读本 3年级(上册)
蒋军晶编,2014年9月。平装覆膜,32异,ISBN 978-7-02-010507-6,定价15.00元。(97-54)

10076 群文阅读新语文读本 4年级(上册)
蒋军晶编,2014年9月。平装覆膜,32异,ISBN 978-7-02-010508-3,定价15.00元。(97-55)

10077 群文阅读新语文读本 5年级(上册)
蒋军晶编,2014年9月。平装覆膜,32异,ISBN 978-7-02-010510-6,定价15.00元。(97-56)

10078 群文阅读新语文读本 6年级(上册)
蒋军晶编,2014年9月。平装覆膜,32异,ISBN 978-7-02-010509-0,定价15.00元。(97-57)

10079 群文阅读新语文读本 1年级(下册)
蒋军晶编,2014年9月。平装覆膜,32异,ISBN 978-7-02-010525-0,定价15.00元。(97-58)

10080 群文阅读新语文读本 2年级(下册)
蒋军晶编,2014年9月。平装覆膜,32异,ISBN 978-7-02-010526-7,定价15.00元。(97-59)

10081 群文阅读新语文读本 3年级(下册)
蒋军晶编,2014年9月。平装覆膜,32异,ISBN 978-7-02-010527-4,定价15.00元。(97-60)

10082 群文阅读新语文读本 4年级(下册)
蒋军晶编,2014年9月。平装覆膜,32异,ISBN 978-7-02-010528-1,定价15.00元。(97-61)

10083 群文阅读新语文读本 5年级(下册)
蒋军晶编,2014年9月。平装覆膜,32异,ISBN 978-7-02-010529-8,定价15.00元。(97-62)

10084 群文阅读新语文读本 6年级(下册)
蒋军晶编,2014年9月。平装覆膜,32异,

ISBN 978-7-02-010530-4，定价 15.00 元。(97-63)

10085 北京市初中开放性科学实践活动项目手册（初中一年级使用）

北京教育科学研究院编著，2015 年 3 月。平装覆膜，16 异，ISBN 978-7-02-010797-1，定价 35.70 元。2016 年 3 月，平装覆膜，16 异，ISBN 978-7-02-011541-9，定价 29.50 元。(97-64)

10086 打开民国老课本

李斌编，2015 年 12 月。平装覆膜，大 32 开，ISBN 978-7-02-010882-4，定价 33.00 元。(97-65)

10087 北京市初中开放性科学实践活动项目手册（初中二年级使用）

北京教育科学研究院编著，2015 年 8 月。平装覆膜，16 异，ISBN 978-7-02-011083-4，定价 37.80 元。2016 年 3 月，平装覆膜，16 异，ISBN 978-7-02-011542-6，定价 26.50 元。(97-66)

10088 大学语文教育学

邵子华主编，2016 年 5 月。平装，国流 32 开，ISBN 978-7-02-011478-8，定价 58.00 元。(2-769)

10089 大学语文

邵子华主编，2016 年 8 月。平装覆膜，16 异，ISBN 978-7-02-011629-4，定价 35.00 元。(97-67)

10090 实践学习 收获成长
——"四个一"实践学习任务单

北京教科院基础教育研究中心编著，2015 年 12 月。平装，32 异，ISBN 978-7-02-011324-8，定价 6.00 元。(97-68)

10091 冯骥才语文课

冯骥才著，2018 年 3 月。平装，32 异，ISBN 978-7-02-013306-2，定价 42.00 元。(97-69)

10092 怎样上好群文阅读课（5—6 年级）

李国惊编写，2017 年 12 月。平装覆膜，16 异，ISBN 978-7-02-013489-2，定价 58.00 元。(97-70)

10093 怎样上好群文阅读课（3—4 年级）

李国惊编写，2017 年 12 月。平装覆膜，16 异，ISBN 978-7-02-013491-5，定价 58.00 元。(97-71)

10094 中国寓言故事精选

本社编辑部编选，教育部统编《语文》推荐阅读丛书，2018 年 4 月。平装覆膜，16 异，ISBN 978-7-02-013772-5，定价 20.00 元。(97-72)

10095 中外神话传说

陈玉芬、张欣悦编译，教育部统编《语文》推荐阅读丛书，2018 年 4 月。平装覆膜，16 异，ISBN 978-7-02-013908-8，定价 20.00 元。2020 年 5 月收入小学语文教材"快乐读书吧"推荐书目，平装覆膜，16 异，ISBN 978-7-02-015899-7，定价 19.00 元。(97-73)

10096 中外民间故事精选

本社编辑部编选，教育部统编《语文》推荐阅读丛书，2018 年 5 月。平装覆膜，16 异，ISBN 978-7-02-013776-3，定价 23.00 元。(97-74)

10097 群文阅读·小学生读本 1 年级（上）

树人教育研究院编著，2018 年 3 月。平装覆膜，16 异，ISBN 978-7-02-013180-8，定价 25.00 元。(97-75)

10098 群文阅读·小学生读本 2 年级（上）

树人教育研究院编著，2018 年 3 月。平装覆膜，16 异，ISBN 978-7-02-013363-5，定价 25.00 元。(97-76)

10099 群文阅读·小学生读本 3 年级（上）

树人教育研究院编著，2018 年 3 月。平装覆膜，16 异，ISBN 978-7-02-013365-9，定价 25.00 元。(97-77)

10100 群文阅读·小学生读本 4 年级（上）

树人教育研究院编著，2018 年 3 月。平装覆膜，16 异，ISBN 978-7-02-013367-3，定价 25.00 元。(97-78)

10101 群文阅读·小学生读本 5 年级（上）

树人教育研究院编著，2018 年 3 月。平装覆膜，16 异，ISBN 978-7-02-013369-7，定价 25.00 元。(97-79)

10102 群文阅读·小学生读本 6 年级（上）

树人教育研究院编著，2018 年 3 月。平装覆

膜,16异,ISBN 978-7-02-013371-0,定价 25.00元。(97-80)

10103 群文阅读·初中生读本 7年级(上)
树人教育研究院编著,2018年3月。平装覆膜,16异,ISBN 978-7-02-013373-4,定价 25.00元。(97-81)

10104 群文阅读·初中生读本 8年级(上)
树人教育研究院编著,2018年3月。平装覆膜,16异,ISBN 978-7-02-013375-8,定价 25.00元。(97-82)

10105 群文阅读·初中生读本 9年级(上)
树人教育研究院编著,2018年3月。平装覆膜,16异,ISBN 978-7-02-013377-2,定价 25.00元。(97-83)

10106 中外历史故事精选
本社编辑部编选,教育部统编《语文》推荐阅读丛书,2018年6月。平装覆膜,16异,ISBN 978-7-02-013789-3,定价 23.00元。(97-84)

10107 高中生古诗文推荐背诵95篇
吴建民、徐梅注释,教育部统编《语文》推荐阅读丛书,2018年6月。平装覆膜,16异,ISBN 978-7-02-013788-6,定价 29.00元。(97-85)

10108 你好,科学!(1) 万万没想到
〔日〕森本信也主编,张东方译,2018年9月。平装覆膜,国流32开,ISBN 978-7-02-013598-1,定价 20.00元。(97-86)

10109 你好,科学!(2) 惊奇大发现
〔日〕森本信也主编,杨荧译,2018年9月。平装覆膜,国流32开,ISBN 978-7-02-013596-7,定价 20.00元。(97-87)

10110 你好,科学!(3) 一看吓一跳
〔日〕森本信也主编,颜欢译,2018年9月。平装覆膜,国流32开,ISBN 978-7-02-013605-6,定价 20.00元。(97-88)

10111 你好,科学!(4) 探秘真好玩
〔日〕森本信也主编,张东方译,2018年9月。平装覆膜,国流32开,ISBN 978-7-02-013603-2,定价 20.00元。(97-89)

10112 晨读10分钟·诵读(一年级)(上)
金波、王林主编,2018年11月。平装覆膜,16异,ISBN 978-7-02-013649-0,定价 30.00元。(97-90)

10113 晨读10分钟·诵读(一年级)(下)
金波、王林主编,2018年11月。平装覆膜,16异,ISBN 978-7-02-008773-0,定价 30.00元。(97-91)

10114 晨读10分钟·诵读(二年级)(上)
金波、王林主编,2018年11月。平装覆膜,16异,ISBN 978-7-02-013666-7,定价 30.00元。(97-92)

10115 晨读10分钟·诵读(二年级)(下)
金波、王林主编,2018年11月。平装覆膜,16异,ISBN 978-7-02-013667-4,定价 30.00元。(97-93)

10116 晨读10分钟·诵读(三年级)(上)
金波、王林主编,2018年11月。平装覆膜,16异,ISBN 978-7-02-013665-0,定价 30.00元。(97-94)

10117 晨读10分钟·诵读(三年级)(下)
金波、王林主编,2018年11月。平装覆膜,16异,ISBN 978-7-02-013664-3,定价 30.00元。(97-95)

10118 晨读10分钟·诵读(四年级)(上)
金波、王林主编,2018年11月。平装覆膜,16异,ISBN 978-7-02-013663-6,定价 30.00元。(97-96)

10119 晨读10分钟·诵读(四年级)(下)
金波、王林主编,2018年11月。平装覆膜,16异,ISBN 978-7-02-013662-9,定价 30.00元。(97-97)

10120 晨读10分钟·诵读(五年级)(上)
金波、王林主编,2018年11月。平装覆膜,16异,ISBN 978-7-02-013661-2,定价 30.00元。(97-98)

10121 晨读10分钟·诵读(五年级)(下)
金波、王林主编,2018年11月。平装覆膜,16异,ISBN 978-7-02-013660-5,定价 30.00元。(97-99)

10122 晨读10分钟·诵读(六年级)(上)
金波、王林主编,2018年11月。平装覆膜,16异,ISBN 978-7-02-013659-9,定价 30.00元。(97-100)

10123 晨读10分钟·诵读(六年级)(下)
金波、王林主编,2018年11月。平装覆膜,16异,ISBN 978-7-02-013658-2,定价30.00元。(97-101)

10124 小学群文阅读古诗词读本(1—2年级)
倪文锦主编,2019年1月。平装覆膜,16异,ISBN 978-7-02-014623-9,定价30.00元。(97-102)

10125 小学群文阅读古诗词读本(3年级)
倪文锦主编,2019年1月。平装覆膜,16异,ISBN 978-7-02-014622-2,定价30.00元。(97-103)

10126 小学群文阅读古诗词读本(4年级)
倪文锦主编,2019年1月。平装覆膜,16异,ISBN 978-7-02-014621-5,定价30.00元。(97-104)

10127 小学群文阅读古诗词读本(5年级)
倪文锦主编,2019年1月。平装覆膜,16异,ISBN 978-7-02-014620-8,定价30.00元。(97-105)

10128 小学群文阅读古诗词读本(6年级)
倪文锦主编,2019年1月。平装覆膜,16异,ISBN 978-7-02-014619-2,定价30.00元。(97-106)

10129 跟着名家读美文 精读写作课古代卷
赵昌平著,2019年5月。平装,国流32开,ISBN 978-7-02-014717-5,定价38.00元。(97-107)

10130 跟着名家读美文 精读写作课现代卷
周佩红著,2019年5月。平装,国流32开,ISBN 978-7-02-014716-8,定价35.00元。(97-108)

10131 孤独的小螃蟹
冰波著,小学语文教材"快乐读书吧"推荐书目,2019年10月。平装覆膜,16异,ISBN 978-7-02-015552-1,定价20.00元。(97-109)

10132 一只想飞的猫
陈伯吹著,小学语文教材"快乐读书吧"推荐书目,2019年10月。平装覆膜,16异,ISBN 978-7-02-015539-2,定价20.00元。(97-110)

10133 小鲤鱼跳龙门
金近著,小学语文教材"快乐读书吧"推荐书目,2019年10月。平装覆膜,16异,ISBN 978-7-02-015540-8,定价20.00元。(97-112)

10134 小狗的小房子
孙幼军著,小学语文教材"快乐读书吧"推荐书目,2019年10月。平装覆膜,16异,ISBN 978-7-02-015556-9,定价20.00元。(97-113)

10135 "歪脑袋"木头桩
严文井著,小学语文教材"快乐读书吧"推荐书目,2019年10月。平装覆膜,16异,ISBN 978-7-02-015542-2,定价20.00元。(97-114)

10136 和大人一起读(1—4)
人民文学出版社编辑部编选,小学语文教材"快乐读书吧"推荐书目,2019年10月。平装覆膜,16异,ISBN 978-7-02-015551-4,定价45.00元。(97-115)

10137 晨诵夜读 古诗濡染稚子心
谢红新编,2019年9月。平装覆膜,国流32开,ISBN 978-7-02-015359-6,定价35.00元。(97-117)

10138 读读童谣和儿歌(1—4)
本社编辑部编选,小学语文教材"快乐读书吧"推荐书目,2020年1月。平装覆膜,16异,ISBN 978-7-02-015549-1,定价45.00元。(97-120)

10139 中国古代寓言故事
本社编辑部编选,小学语文教材"快乐读书吧"推荐书目,2020年1月。平装覆膜,16异,ISBN 978-7-02-015543-9,定价20.00元。(97-122)

10140 金波语文课 一起长大的玩具
小学语文教材"快乐读书吧"推荐书目,2020年1月。平装覆膜,16异,ISBN 978-7-02-015553-8,定价20.00元。(97-123)

10141 神笔马良
洪汛涛著,小学语文教材"快乐读书吧"推荐书目,2020年1月。平装覆膜,16异,ISBN 978-7-02-015789-1,定价26.00元。(97-126)

10142 群文阅读·小学生读本 1年级(下)
树人教育研究院编著,2019年10月。平装,16异,ISBN 978-7-02-013362-8,定价25.00元。(97-128)

10143 群文阅读·小学生读本 2年级(下)
树人教育研究院编著,2019年10月。平装,16异,ISBN 978-7-02-013364-2,定价25.00元。(97-129)

10144 群文阅读·小学生读本 3年级(下)
树人教育研究院编著,2019年10月。平装,16异,ISBN 978-7-02-013366-6,定价25.00元。(97-130)

10145 群文阅读·小学生读本 4年级(下)
树人教育研究院编著,2019年10月。平装,16异,ISBN 978-7-02-013368-0,定价25.00元。(97-131)

10146 群文阅读·小学生读本 5年级(下)
树人教育研究院编著,2019年10月。平装,16异,ISBN 978-7-02-013370-3,定价25.00元。(97-132)

10147 群文阅读·小学生读本 6年级(下)
树人教育研究院编著,2019年10月。平装,16异,ISBN 978-7-02-013372-7,定价25.00元。(97-133)

10148 群文阅读·初中生读本 7年级(下)
树人教育研究院编著,2019年10月。平装,16异,ISBN 978-7-02-013374-1,定价25.00元。(97-134)

10149 群文阅读·初中生读本 8年级(下)
树人教育研究院编著,2019年10月。平装,16异,ISBN 978-7-02-013376-5,定价25.00元。(97-135)

10150 群文阅读·初中生读本 9年级(下)
树人教育研究院编著,2019年10月。平装,16异,ISBN 978-7-02-013378-9,定价25.00元。(97-136)

10151 小英雄雨来
管桦著,小学语文教材"快乐读书吧"推荐书目,2020年5月。平装覆膜,16异,ISBN 978-7-02-013670-4,定价33.00元。(97-137)

10152 整本书阅读"学教评"·《乡土中国》(学生用书)
浙江省教育厅教研室组织编写,2020年7月。平装,国流32开,ISBN 978-7-02-016393-9,定价4.60元。(97-138)

10153 整本书阅读"学教评"·《红楼梦》(学生用书)

浙江省教育厅教研室组织编写,2020年7月。平装,国流32开,ISBN 978-7-02-016391-5,定价5.66元。(97-139)

10154 整本书阅读"学教评"·《乡土中国》《红楼梦》(学生用书)
浙江省教育厅教研室组织编写,2020年8月。平装,国流32开,ISBN 978-7-02-016515-5,定价15.00元。(97-140)

10155 整本书阅读"学教评"·《乡土中国》《红楼梦》(教师用书)
浙江省教育厅教研室组织编写,2020年8月。平装,16异,ISBN 978-7-02-016392-2,定价39.00元。(97-141)

10156 经典咏流传·小学生必背古诗词
许文广、过彤主编,2020年7月。平装,16异,ISBN 978-7-02-016157-7,定价36.00元。(97-142)

10157 经典咏流传·中学生必背古诗词
许文广、过彤主编,2020年7月。平装,16异,ISBN 978-7-02-016165-2,定价36.00元。(97-143)

10158 山海经
周明注解,小学语文教材"快乐读书吧"推荐书目,2020年8月。平装覆膜,16异,ISBN 978-7-02-016080-8,定价26.00元。(97-144)

10159 中外民间故事
本社编辑部编选,小学语文教材"快乐读书吧"推荐书目,2020年12月。平装覆膜,16异,ISBN 978-7-02-016217-8,定价32.00元。(97-146)

10160 中学生课外文学名著导读
中国教育学会、中学语文教学专业委员会编,2000年10月。平装覆膜,大32开,ISBN 7-02-003338-5,定价15.00元。(14-47)

10161 2002年全国出版专业职业资格考试辅导练习和参考答案(初级)
新闻出版总署教育培训中心编,2002年7月。平装覆膜,大32开,ISBN 7-02-003956-1,定价13.80元。(14-61)

10162 2002年全国出版专业职业资格考试辅导练习和参考答案(中级)
新闻出版总署教育培训中心编,2002年7月。

平装覆膜,大32开,ISBN 7-02-003959-6,定价19.80元。(14-65)

10163 2003年全国出版专业职业资格考试辅导练习和参考答案(初级)

新闻出版总署教育培训中心编,2003年8月。平装覆膜,大32开,ISBN 7-02-004318-6,定价22.00元。(14-74)

10164 2003年全国出版专业职业资格考试辅导练习和参考答案(中级)

新闻出版总署教育培训中心编,2003年8月。平装覆膜,大32开,ISBN 7-02-004319-4,定价26.00元。(14-75)

10165 中国古代寓言故事

邳笪钟编写,语文新课标必读丛书,2003年6月。平装覆膜,大32开,ISBN 7-02-004156-6,定价8.00元。2006年6月收入语文新课标必读丛书修订版,平装覆膜,大32开,ISBN 7-02-005715-2,定价8.00元。2008年6月收入语文新课标必读丛书增订版,平装覆膜,大32开,ISBN 978-7-02-007018-3,定价10.00元。2012年6月收入语文新课标必读丛书最新版,平装,大32开,ISBN 978-7-02-008995-6,定价11.00元。(34-44)

10166 课外文学名著导读(高中版)

钱理群等著,2003年8月。平装覆膜,大32开,ISBN 7-02-004284-8,定价15.00元。2006年6月收入语文新课标必读丛书修订版,书名《文学名著导读 高中版》,平装覆膜,大32开,ISBN 7-02-005718-7,定价15.00元。2008年6月收入语文新课标必读丛书增订版,平装覆膜,大32开,ISBN 978-7-02-007084-8,定价17.00元。(14-78)

10167 课外文学名著导读(小学、初中版)

叶君健等著,2003年8月。平装覆膜,大32开,ISBN 7-02-004281-3,定价9.00元。2006年6月收入语文新课标必读丛书修订版,书名《文学名著导读 小学、初中版》,平装覆膜,大32开,ISBN 7-02-005720-9,定价9.00元。2008年6月收入语文新课标必读丛书增订版,平装覆膜,大32开,ISBN 978-7-02-007050-3,定价14.00元。(14-79)

10168 2004年全国出版专业职业资格考试辅导练习和参考答案(中级)

新闻出版总署教育培训中心编,2004年8月。平装覆膜,大32开,ISBN 7-02-004779-3,定价26.00元。(14-100)

10169 2004年全国出版专业职业资格考试辅导练习和参考答案(初级)

新闻出版总署教育培训中心编,2004年8月。平装覆膜,大32开,ISBN 7-02-004774-2,定价24.00元。(14-101)

10170 古今短诗300首·中国

肇星编,少年课外文学读本,2005年1月。平装覆膜,国流32开,ISBN 7-02-004822-6,定价18.00元。(5-496)

10171 古今短诗300首·外国

肇星编,少年课外文学读本,2005年1月。平装覆膜,国流32开,ISBN 7-02-004821-8,定价19.00元。(5-497)

10172 鲁迅杂文选读

钱理群编选,高中语文选修课程资源系列,2005年3月。平装覆膜,大32开,ISBN 7-02-004612-6,定价22.00元。(27-99)

10173 老舍作品选读

吴中杰编选,高中语文选修课程资源系列,2005年3月。平装覆膜,大32开,ISBN 7-02-004771-8,定价22.00元。(24-172)

10174 鲁迅小说选读

王富仁编选,高中语文选修课程资源系列,2005年3月。平装覆膜,大32开,ISBN 7-02-004640-1,定价16.00元。(24-173)

10175 中国二十世纪中短篇小说选读

白烨、秦弓编选,高中语文选修课程资源系列,2005年6月。平装覆膜,大32开,ISBN 7-02-004636-3,定价24.00元。2006年6月收入语文新课标必读丛书修订版,书名《二十世纪中国短篇小说精选》,平装覆膜,大32开,ISBN 7-02-005569-9,定价19.00元。2008年6月收入语文新课标必读丛书增订版,平装覆膜,大32开,ISBN 978-7-02-007068-8,定价19.00元。(24-174)

10176 曹禺戏剧选读

邹红编选,高中语文选修课程资源系列,2005年3月。平装覆膜,大32开,ISBN 7-02-004678-9,定价22.00元。(26-36)

其他

10177 中国二十世纪散文选读
（二十世纪中国散文精选）
周茜选编,高中语文选修课程资源系列,2005年3月。平装覆膜,大32开,ISBN 7-02-004623-1,定价13.00元。2006年6月收入语文新课标必读丛书修订版,书名《二十世纪中国散文精选》,平装覆膜,大32开,ISBN 7-02-005563-X,定价12.00元。2008年6月收入语文新课标必读丛书增订版,平装覆膜,大32开,ISBN 978-7-02-007034-3,定价14.00元。(7-636)

10178 中国新诗选读
（二十世纪中国诗歌精选）
沈庆利编选,高中语文选修课程资源系列,2005年6月。平装覆膜,大32开,ISBN 7-02-004621-5,定价15.00元。2006年6月收入语文新课标必读丛书修订版,书名《二十世纪中国诗歌精选》,平装覆膜,大32开,ISBN 7-02-005568-0,定价14.00元。2008年6月收入语文新课标必读丛书增订版,平装覆膜,大32开,ISBN 978-7-02-007035-0,定价14.00元。(25-51)

10179 中国二十世纪戏剧选读
邹红编选,高中语文选修课程资源系列,2005年6月。平装覆膜,大32开,ISBN 7-02-004977-X,定价19.00元。2006年6月收入语文新课标必读丛书修订版,书名《二十世纪中国戏剧精选》,平装覆膜,大32开,ISBN 7-02-005657-1,定价19.00元。2008年6月收入语文新课标必读丛书增订版,平装覆膜,大32开,ISBN 978-7-02-007069-5,定价19.00元。(26-37)

10180 演讲艺术读本
王位庆编选,高中语文选修课程资源系列,2005年6月。平装覆膜,大32开,ISBN 7-02-004975-3,定价13.00元。(14-108)

10181 辩论艺术读本
王位庆编选,高中语文选修课程资源系列,2005年6月。平装覆膜,大32开,ISBN 7-02-004976-1,定价14.00元。(14-109)

10182 2005年全国出版专业职业资格
考试辅导练习和参考答案（初级）

新闻出版总署教育培训中心编,2005年7月。平装覆膜,大32开,ISBN 7-02-005264-9,定价24.00元。(14-111)

10183 2005年全国出版专业职业资格
考试辅导练习和参考答案（中级）
新闻出版总署教育培训中心编,2005年7月。平装覆膜,大32开,ISBN 7-02-005265-7,定价26.00元。(14-112)

10184 高三啦涨分啦 高考黑马自述
我为什么高三能涨200分
张义著,2005年7月。平装覆膜,国流32开,ISBN 7-02-005253-3,定价14.00元。2012年4月,平装覆膜,国流32开,ISBN 978-7-02-008968-0,定价18.00元。(14-115)

10185 诵读中国（初中卷） 现当代部分
本社编,2006年1月。平装覆膜,16异,ISBN 7-02-005452-8,定价19.00元。(14-128)

10186 诵读中国（高中卷） 现当代部分
本社编,2006年1月。平装覆膜,16异,ISBN 7-02-005451-X,定价20.00元。(14-129)

10187 诵读中国（幼儿卷） 现当代部分
本社编,2006年1月。平装覆膜,16异,ISBN 7-02-005453-6,定价24.00元。(14-130)

10188 诵读中国（小学卷） 现当代部分
本社编,2006年1月。平装覆膜,16异,ISBN 7-02-005450-1,定价29.00元。(14-131)

10189 诵读中国（大学卷） 现当代部分
本社编,2006年1月。平装覆膜,16异,ISBN 7-02-005454-4,定价27.00元。(14-133)

10190 2006年全国出版专业职业资格
考试辅导练习和参考答案（初级）
新闻出版总署教育培训中心编,2006年8月。平装覆膜,大32开,ISBN 7-02-005791-8,定价24.00元。(14-145)

10191 2006年全国出版专业职业资格
考试辅导练习和参考答案（中级）
新闻出版总署教育培训中心编,2006年8月。平装覆膜,大32开,ISBN 7-02-005792-6,定价26.00元。(14-146)

10192 诵读（三年级）
北京教育学会语文教学研究会编著,2007年7月。平装覆膜,16开,ISBN 978-7-02-

006042-9,定价6.49元。2013年8月,彩色版,平装覆膜,16开,ISBN 978-7-02-009733-3,定价9.95元。(14-160)

10193　诵读(四年级)

北京教育学会语文教学研究会编著,2007年7月。平装覆膜,16开,ISBN 978-7-02-006043-6,定价7.29元。2013年8月,彩色版,平装覆膜,16开,ISBN 978-7-02-009734-0,定价11.55元。(14-161)

10194　诵读(五年级)

北京教育学会语文教学研究会编著,2007年7月。平装覆膜,16开,ISBN 978-7-02-006044-3,定价7.51元。2013年8月,彩色版,平装覆膜,16开,ISBN 978-7-02-009735-7,定价12.00元。(14-162)

10195　诵读(六年级)

北京教育学会语文教学研究会编著,2007年7月。平装覆膜,16开,ISBN 978-7-02-006045-0,定价7.85元。2013年8月,彩色版,平装覆膜,16开,ISBN 978-7-02-009736-4,定价12.70元。(14-163)

10196　诵读(七年级)

北京教育学会语文教学研究会编著,2007年7月。平装覆膜,16开,ISBN 978-7-02-006046-7,定价6.66元。2011年12月,平装覆膜,16开,ISBN 978-7-02-008877-5,定价5.35元。2013年7月,彩色版,平装覆膜,16开,ISBN 978-7-02-009737-1,定价10.20元。(14-164)

10197　诵读(八年级)

北京教育学会语文教学研究会编著,2007年7月。平装覆膜,16开,ISBN 978-7-02-006047-4,定价7.48元。2011年12月,平装覆膜,16开,ISBN 978-7-02-008889-8,定价6.40元。2013年8月,彩色版,平装覆膜,16开,ISBN 978-7-02-009736-4,定价12.70元。(14-165)

10198　现代诗名著名篇解读

蓝棣之解读,2007年7月。平装覆膜,国流32开,ISBN 978-7-02-005756-6,定价20.00元。(5-529)

10199　2007年版全国出版专业职业资格考试辅导练习和参考答案(初级)

新闻出版总署教育培训中心编,2007年9月。平装覆膜,大32开,ISBN 978-7-02-006269-0,定价18.00元。(14-170)

10200　2007年版全国出版专业职业资格考试辅导练习和参考答案(中级)

新闻出版总署教育培训中心编,2007年9月。平装覆膜,大32开,ISBN 978-7-02-006268-3,定价22.00元。(14-171)

10201　2002—2006年度全国出版专业职业资格考试试卷及标准答案

新闻出版总署教育培训中心编,2007年9月。平装覆膜,大32开,ISBN 978-7-02-006267-6,定价32.00元。(14-172)

10202　诵读(一年级)

北京教育学会语文教学研究会编著,2008年1月。平装覆膜,16开,ISBN 978-7-02-006040-5,定价6.38元。2013年8月,彩色版,平装覆膜,16开,ISBN 978-7-02-009731-9,定价9.50元。(14-178)

10203　诵读(二年级)

北京教育学会语文教学研究会编著,2008年1月。平装覆膜,16开,ISBN 978-7-02-006041-2,定价6.72元。2013年8月,彩色版,平装覆膜,16开,ISBN 978-7-02-009732-6,定价10.45元。(14-179)

10204　诵读(九年级)

北京教育学会语文教学研究会编著,2008年1月。平装覆膜,16开,ISBN 978-7-02-006048-1,定价7.21元。2011年12月,平装覆膜,16开,ISBN 978-7-02-008888-1,定价6.50元。2013年7月,彩色版,平装覆膜,16开,ISBN 978-7-02-009739-5,定价12.45元。(14-180)

10205　2008年版全国出版专业职业资格考试辅导练习和参考答案(初级)

新闻出版总署教育培训中心编,2008年7月。平装覆膜,大32开,ISBN 978-7-02-006782-4,定价24.00元。(14-194)

10206　2008年版全国出版专业职业资格考试辅导练习和参考答案(中级)

新闻出版总署教育培训中心编,2008年7月。平装覆膜,大32开,ISBN 978-7-02-006783-

1,定价26.00元。(14-195)

10207　芳草园·学语文
《学语文》编写组编著,2009年1月。平装,16开,ISBN 978-7-02-006929-3,定价8.00元。(8-338)

10208　漫游学语文
《学语文》编写组编著,2009年4月。平装,16开,ISBN 978-7-02-007008-4,定价4.00元。(8-339)

10209　学语文主题公园
《学语文》编写组编著,2009年3月。平装,16开,ISBN 978-7-02-006951-4,定价4.00元。(8-340)

10210　奇趣学语文
《学语文》编写组编著,2009年5月。平装,16开,ISBN 978-7-02-007346-7,定价4.00元。(8-341)

10211　学语文·新起点
《学语文》编写组编著,2009年6月。平装,16开,ISBN 978-7-02-007355-9,定价4.00元。(8-342)

10212　诵读(1年级)
树人教育研究院编选,2014年2月。平装覆膜,32异,ISBN 978-7-02-010226-6,定价12.00元。2017年2月,平装,16异,ISBN 978-7-02-012377-3,定价18.00元。(14-313)

10213　诵读(2年级)
树人教育研究院编选,2014年2月。平装覆膜,32异,ISBN 978-7-02-010227-3,定价12.00元。2017年2月,平装,16异,ISBN 978-7-02-012378-0,定价18.00元。(14-314)

10214　诵读(3年级)
树人教育研究院编选,2014年2月。平装覆膜,32异,ISBN 978-7-02-010228-0,定价12.00元。2017年2月,平装,16异,ISBN 978-7-02-012379-7,定价18.00元。(14-315)

10215　诵读(4年级)
树人教育研究院编选,2014年2月。平装覆膜,32异,ISBN 978-7-02-010229-7,定价12.00元。2017年2月,平装,16异,ISBN 978-7-02-012380-3,定价18.00元。(14-316)

10216　诵读(5年级)
树人教育研究院编选,2014年2月。平装覆膜,32异,ISBN 978-7-02-010230-3,定价12.00元。2017年2月,平装,16异,ISBN 978-7-02-012381-0,定价18.00元。(14-317)

10217　诵读(6年级)
树人教育研究院编选,2014年2月。平装覆膜,32异,ISBN 978-7-02-010231-0,定价12.00元。2017年2月,平装,16异,ISBN 978-7-02-012382-7,定价18.00元。(14-318)

10218　诵读(7年级)
树人教育研究院编选,2014年2月。平装覆膜,32异,ISBN 978-7-02-010232-7,定价12.00元。2017年2月,平装,16异,ISBN 978-7-02-012383-4,定价18.00元。(14-319)

10219　诵读(8年级)
树人教育研究院编选,2014年2月。平装覆膜,32异,ISBN 978-7-02-010233-4,定价12.00元。2017年2月,平装,16异,ISBN 978-7-02-012384-1,定价18.00元。(14-320)

10220　诵读(9年级)
树人教育研究院编选,2014年2月。平装覆膜,32异,ISBN 978-7-02-010234-1,定价12.00元。2017年2月,平装,16异,ISBN 978-7-02-012385-8,定价18.00元。(14-321)

10221　中学生文学名著助读
袁世硕、钱理群等著,中学生文学阅读必备书系,2014年9月。平装覆膜,国流32开,ISBN 978-7-02-010353-9,定价17.00元。(14-323)

10222　精品诵读(一年级上)
北京教育学会语文教学研究会编著,2015年8月。平装,16开,ISBN 978-7-02-011100-8,定价10.00元。2017年5月,书名《经典诵读》

（一年级上），平装覆膜，16异，ISBN 978-7-02-012643-9,定价10.00元。(14-344)

10223 精品诵读（二年级上）
北京教育学会语文教学研究会编著，2015年8月。平装，16开，ISBN 978-7-02-011102-2,定价10.00元。2017年5月，书名《经典诵读》（二年级上），平装覆膜，16异，ISBN 978-7-02-012644-6,定价10.00元。(14-345)

10224 精品诵读（三年级上）
北京教育学会语文教学研究会编著，2015年8月。平装，16开，ISBN 978-7-02-011101-5,定价10.00元。2017年5月，书名《经典诵读》（三年级上），平装覆膜，16异，ISBN 978-7-02-012642-2,定价10.00元。(14-346)

10225 精品诵读（四年级上）
北京教育学会语文教学研究会编著，2015年8月。平装，16开，ISBN 978-7-02-011103-9,定价10.00元。2017年5月，书名《经典诵读》（四年级上），平装覆膜，16异，ISBN 978-7-02-012641-5,定价10.00元。(14-347)

10226 精品诵读（五年级上）
北京教育学会语文教学研究会编著，2015年8月。平装，16开，ISBN 978-7-02-011104-6,定价10.00元。2017年5月，书名《经典诵读》（五年级上），平装覆膜，16异，ISBN 978-7-02-012665-1,定价10.00元。(14-348)

10227 精品诵读（六年级上）
北京教育学会语文教学研究会编著，2015年8月。平装，16开，ISBN 978-7-02-011105-3,定价10.00元。2017年5月，书名《经典诵读》（六年级上），平装覆膜，16异，ISBN 978-7-02-012670-5,定价10.00元。(14-349)

10228 精品诵读（七年级上）
北京教育学会语文教学研究会编著，2015年8月。平装，16开，ISBN 978-7-02-011106-0,定价12.00元。2017年5月，书名《经典诵读》（七年级上），平装覆膜，16异，ISBN 978-7-02-012647-7,定价12.00元。(14-350)

10229 精品诵读（八年级上）
北京教育学会语文教学研究会编著，2015年8月。平装，16开，ISBN 978-7-02-011106-0,定价12.00元。2017年5月，书名《经典诵读》（八年级上），平装覆膜，16异，ISBN 978-7-02-012645-3,定价12.00元。(14-351)

10230 精品诵读（九年级上）
北京教育学会语文教学研究会编著，2015年8月。平装，16开，ISBN 978-7-02-011108-4,定价12.00元。2017年12月，书名《经典诵读》（九年级上），平装覆膜，16异，ISBN 978-7-02-012646-0,定价12.00元。(14-352)

10231 精品诵读（一年级下）
北京教育学会语文教学研究会编著，2016年1月。平装，16开，ISBN 978-7-02-011335-4,定价10.00元。2017年5月，书名《经典诵读》（一年级下），平装覆膜，16异，ISBN 978-7-02-012671-2,定价10.00元。(14-356)

10232 精品诵读（二年级下）
北京教育学会语文教学研究会编著，2016年1月。平装，16开，ISBN 978-7-02-011337-8,定价10.00元。2017年5月，书名《经典诵读》（二年级下），平装覆膜，16异，ISBN 978-7-02-012649-1,定价10.00元。(14-357)

10233 精品诵读（三年级下）
北京教育学会语文教学研究会编著，2016年1月。平装，16开，ISBN 978-7-02-011338-5,定价10.00元。2017年5月，书名《经典诵读》（三年级下），平装覆膜，16异，ISBN 978-7-02-012648-4,定价10.00元。(14-358)

10234 精品诵读（四年级下）
北京教育学会语文教学研究会编著，2016年1月。平装，16开，ISBN 978-7-02-011336-1,定价10.00元。2017年5月，书名《经典诵读》（四年级下），平装覆膜，16异，ISBN 978-7-02-012651-4,定价10.00元。(14-359)

10235 精品诵读（五年级下）
北京教育学会语文教学研究会编著，2016年1月。平装，16开，ISBN 978-7-02-011330-9,定价10.00元。2017年5月，书名《经典诵读》（五年级下），平装覆膜，16异，ISBN 978-7-02-012650-7,定价10.00元。(14-360)

10236 精品诵读（六年级下）
北京教育学会语文教学研究会编著，2016年1月。平装，16开，ISBN 978-7-02-011334-7,定价10.00元。2017年5月，书名《经典诵读》

（六年级下），平装覆膜，16异，ISBN 978-7-02-012672-9，定价10.00元。（14-361）

10237 精品诵读（七年级下）
北京教育学会语文教学研究会编著，2016年1月。平装，16开，ISBN 978-7-02-011333-0，定价12.00元。2017年12月，书名《经典诵读》（七年级下），平装覆膜，16异，ISBN 978-7-02-012653-8，定价12.00元。（14-362）

10238 精品诵读（八年级下）
北京教育学会语文教学研究会编著，2016年1月。平装，16开，ISBN 978-7-02-011332-3，定价12.00元。2017年12月，书名《经典诵读》（八年级下），平装覆膜，16异，ISBN 978-7-02-012654-5，定价12.00元。（14-363）

10239 精品诵读（九年级下）
北京教育学会语文教学研究会编著，2016年1月。平装，16开，ISBN 978-7-02-011331-6，定价12.00元。2017年12月，书名《经典诵读》（九年级下），平装覆膜，16异，ISBN 978-7-02-012652-1，定价12.00元。（14-364）

10240 开学第一课（上册）
许文广主编，2018年3月。平装，16异，ISBN 978-7-02-013599-8，定价39.00元。（14-399）

10241 开学第一课（下册）
许文广主编，2018年3月。平装，16异，ISBN 978-7-02-013668-1，定价36.00元。（14-400）

10242 开学第一课（上下）
许文广主编，2018年3月。平装，16异，ISBN 978-7-02-013982-8，定价75.00元。（14-401）

10243 孔子的故事（增订本）
李长之著，教育部统编《语文》推荐阅读丛书，2018年4月。平装覆膜，16异，ISBN 978-7-02-013994-1，定价26.00元。（14-407）

10244 开学第一课·英雄（八年级）
许文广主编，2018年8月。平装覆膜，16开，ISBN 978-7-02-014347-4，定价16.90元。（14-414）

10245 开学第一课·生命（三年级）
许文广主编，2018年8月。平装覆膜，16开，ISBN 978-7-02-014342-9，定价16.90元。（14-415）

10246 开学第一课·爱（四年级）
许文广主编，2018年8月。平装覆膜，16开，ISBN 978-7-02-014343-6，定价16.90元。（14-416）

10247 开学第一课·梦想（五年级）
许文广主编，2018年8月。平装覆膜，16开，ISBN 978-7-02-014344-3，定价16.90元。（14-417）

10248 开学第一课·幸福（六年级）
许文广主编，2018年8月。平装覆膜，16开，ISBN 978-7-02-014345-0，定价16.90元。（14-418）

10249 开学第一课·美（七年级）
许文广主编，2018年8月。平装覆膜，16开，ISBN 978-7-02-014346-7，定价16.90元。（14-419）

10250 开学第一课·中华文化（九年级）
许文广主编，2018年8月。平装覆膜，16开，ISBN 978-7-02-014348-1，定价16.90元。（14-420）

10251 经典咏流传 学生背诵版
许文广、过彤主编，2019年1月。平装，32异，ISBN 978-7-02-014304-7，定价29.00元。（5-799）

10252 诵读（学前卷）
王玉主编，2019年7月。平装覆膜，16开，ISBN 978-7-02-013177-8，定价28.00元。（14-438）

10253 开学第一课·我爱你，中国
许文广主编，2019年10月。平装，16异，ISBN 978-7-02-015797-6，定价35.00元。（14-441）

10254 风月同天 日本人眼中最美中国古诗100首
李均洋、〔日〕佐藤利行、荣喜朝主编，2020年8月。平装，国流32开，ISBN 978-7-02-016358-8，定价39.00元。（31-227）

10255 寻找鱼王
张炜著，语文阅读推荐丛书，2020年9月。平装覆膜，16异，ISBN 978-7-02-016468-4，定

价28.00元。(8-523)

10256　弟子规
王明辉注析,大字拼音国学读本,2020年11月。平装覆膜,16异,ISBN 978-7-02-014927-8,定价15.00元。(8-524)

10257　百家姓
马奔腾注析,大字拼音国学读本,2020年11月。平装覆膜,16异,ISBN 978-7-02-014929-2,定价25.00元。(8-525)

10258　大学
周奉真注析,大字拼音国学读本,2020年11月。平装覆膜,16异,ISBN 978-7-02-014925-4,定价16.00元。(8-526)

10259　三字经
马奔腾注析,大字拼音国学读本,2020年11月。平装覆膜,16异,ISBN 978-7-02-014981-0,定价14.00元。(8-527)

10260　中庸
周奉真注析,大字拼音国学读本,2020年11月。平装覆膜,16异,ISBN 978-7-02-014924-7,定价23.00元。(8-528)

10261　千字文
方麟注析,大字拼音国学读本,2020年11月。平装覆膜,16异,ISBN 978-7-02-014928-5,定价16.00元。(8-529)

10262　千家诗
周奉真注析,大字拼音国学读本,2020年11月。平装覆膜,16异,ISBN 978-7-02-014926-1,定价28.00元。(8-530)

10263　笠翁对韵
廉萍注,大字拼音国学读本,2020年11月。平装覆膜,16异,ISBN 978-7-02-014920-0,定价25.00元。(8-531)

工 具 书

10264　全国报刊文学论文索引1960年
中国科学院文学研究所图书资料室编,1965年6月。平装,16开,书号10019·1785,定价2.50元。(88-3)

10265　全国报刊文学论文索引1961年
中国科学院文学研究所图书资料室编,1965年12月。平装,16开,书号10019·1803,定价2.60元。(88-4)

10266　北美汉学家辞典
安平秋、〔美〕安东哲主编,2001年5月。平装覆膜,大32开,ISBN 7-02-003290-7,定价25.00元。(88-5)

10267　中国品牌·精品荟萃
苏小玲主编,2001年12月。平装覆膜,16开,ISBN 7-02-003703-8,定价50.00元。(88-6)

10268　中国古代戏曲文学辞典
邓绍基主编,2004年6月。精装,大32开,ISBN 7-02-004357-7,定价80.00元。(88-7)

10269　日本古典文学大辞典
北京日本学研究中心文学研究室著,2005年3月。精装,大32开,ISBN 7-02-004954-0,定价98.00元。(88-8)

10270　清代人物生卒年表
江庆柏编著,2005年12月。精装,16开,ISBN 7-02-005307-6,定价150.00元。(88-9)

10271　鲁迅大辞典
《鲁迅大辞典》编委会编著,2009年12月。精装,16开,ISBN 978-7-02-007717-5,定价320.00元。(28-53)

10272　台港澳及海外华文作家词典
王景山主编,1992年5月。平装覆膜,大32开,ISBN 7-02-001348-1,定价8.60元。2003年7月,软精,国流32开,ISBN 7-02-004001-2,定价54.00元。(14-32)

10273　常见错别字手册
成玲编写,2004年7月。平装覆膜,16开,ISBN 7-02-004365-8,定价18.00元。(14-97)

10274　人民文学出版社六十年图书总目1951—2011

559

本社编,王海波辑录,2011 年 3 月,平装覆膜, 16 异,ISBN 978-7-02-008426-5,定价 166.00 元。(88-10)

10275　中国帝王皇后亲王公主世系录（上下）

柏杨著,2011 年 3 月。平装覆膜,16 异,ISBN 978-7-02-008263-6,定价 75.00 元。2013 年 2 月收入柏杨历史系列,平装覆膜,16 开,ISBN 978-7-02-009092-1,定价 95.00 元。2017 年 2 月,柏杨历史系列,平装覆膜,16 异,ISBN 978-7-02-012193-9,定价 95.00 元。(37-33)

10276　中国历史年表（上下）

柏杨著,柏杨历史系列,2012 年 8 月。平装覆膜,16 异,ISBN 978-7-02-008674-0,定价 99.00 元。2017 年 2 月,柏杨历史系列,平装覆膜,16 异,ISBN 978-7-02-012190-8,定价 99.00 元。(14-287)

曲　艺

10277　刘巧团圆（鼓词）

韩起祥演唱,高敏夫、林山等记,中国人民文艺丛书,1953 年 2 月。平装,32 开,书号 总 173 中 17,定价 4,800 元。1960 年 4 月收入建国前优秀作品选拔本,平装,大 32 开,书号 10019·171,定价 0.46 元。(20-2)

10278　相声创作选集

中国曲艺研究会主编,作家出版社 1957 年 6 月。平装,32 开,书号 10020·721,定价 0.65 元。(12-1)

10279　清音曲词选

中国曲艺研究会主编,胡度编,作家出版社 1957 年 7 月。平装,32 开,书号 10020·728,定价 0.36 元。(12-2)

10280　山东快书创作选集

中国曲艺研究会主编,作家出版社 1957 年 7 月。平装,32 开,书号 10020·691,定价 0.55 元。(12-3)

10281　山东快书武松传

中国曲艺研究会主编,高元钧、宋宗科、刘铜武口述,作家出版社 1957 年 8 月。平装,32 开,书号 10020·735,定价 0.90 元。(12-4)

10282　书帽选集

中国曲艺研究会主编,作家出版社 1957 年 8 月。平装,32 开,书号 10020·733,定价 0.38 元。(12-5)

10283　好来宝选集

中国曲艺研究会主编,作家出版社 1957 年 10 月。平装,32 开,书号 10020·757,定价 0.29 元。(12-6)

10284　评书创作选集

中国曲艺研究会主编,作家出版社 1957 年 11 月。平装,32 开,书号 10020·764,定价 0.60 元。(12-7)

10285　相声传统作品选

中国曲艺研究会主编,作家出版社 1957 年 12 月。平装,32 开,书号 10020·770,定价 0.70 元。(12-8)

10286　评书传统作品选

中国曲艺研究会主编,作家出版社 1958 年 1 月。平装,32 开,书号 10020·786,定价 0.60 元。(12-9)

10287　唱词创作选集

中国曲艺研究会主编,作家出版社 1958 年 1 月。平装,32 开,书号 10020·790,定价 0.55 元。(12-10)

10288　快板创作选集

中国曲艺研究会主编,作家出版社 1958 年 8 月。平装,32 开,书号 10020·907,定价 0.55 元。(12-11)

10289　说唱创作选集

中国曲艺研究会主编,作家出版社 1958 年 8 月。平装,32 开,书号 10020·889,定价 0.60 元。(12-12)

10290　曲艺选（1957 年）

作家出版社编,作家出版社 1958 年 8 月。大 32 开,书号 10020·963,平装,定价 0.95 元；精装,定价 1.40 元。(12-13)

10291 单弦牌子曲创作选集

中国曲艺研究会主编,作家出版社 1958 年 8 月。平装,32 开,书号 10020·882,定价 0.29元。(12-14)

10292 大跃进曲艺选

《曲艺》月刊社编,作家出版社 1958 年 8 月。平装,32 开,书号 10020·987,定价 0.37 元。(12-15)

10293 评弹创作选集

中国曲艺研究会主编,作家出版社 1958 年 8 月。平装,32 开,书号 10020·964,定价 0.77元。(12-16)

10294 相声垫话选

中国曲艺研究会主编,作家出版社 1958 年 9 月。平装,32 开,书号 10020·1013,定价 0.22元。(12-17)

10295 穆桂英指路

王尊三整理,作家出版社 1958 年 10 月。平装,32 开,书号 10020·1043,定价 0.63 元。(12-18)

10296 曲艺选(1958 年)

《曲艺》月刊编辑部编,作家出版社 1959 年 7 月。大 32 开,书号 10020·1333,平装,定价 0.98 元;精装,定价 1.50 元。(12-19)

10297 鼓曲研究

中国曲艺工作者协会编,王尊三、王亚平、白凤鸣、王决、沈彭年集体讨论,曲艺研究丛书,作家出版社 1959 年 12 月。平装,32 开,书号 10020·1412,定价 0.29 元。(2-100)

10298 曲艺音乐研究

中国曲艺工作者协会编,白凤岩、王万芳、良小楼、马增芬、章辉集体讨论,章辉执笔,曲艺研究丛书,作家出版社 1960 年 2 月。平装,32 开,书号 10020·1406,定价 0.37 元。(2-104)

10299 快书、快板研究

中国曲艺工作者协会编,高元钧、李润杰、高凤山、刘洪滨、刘学智集体创作,曲艺研究丛书,作家出版社 1960 年 4 月。平装,32 开,书号 10020·1501,定价 0.29 元。(2-105)

10300 曲艺选(1959—1961 年)

陶钝编选,1963 年 10 月。大 32 开,书号 10019·1755,平装,定价 0.68 元;精装,定价 1.15 元。(12-20)

10301 新人新作选(第五集) 曲艺 故事

中国作家协会、中国戏剧家协会、中国曲艺工作者协会编,1965 年 11 月。平装,大 32 开,书号 10019·1797,定价 1.35 元。(12-21)

10302 颂雷锋学雷锋(群众演唱选 4,1973 年,曲艺专辑)

1973 年 6 月。平装,小 32 开,书号 10019·2018,定价 0.24 元。(12-22)

10303 火海擒敌(群众演唱选 6,1973 年,知识青年上山下乡曲艺专辑)

1973 年 12 月。平装,小 32 开,书号 10019·2106,定价 0.22 元。(12-23)

10304 文艺节目(第六辑) 曲艺专辑

国务院文化组文艺创作领导小组编,1974 年 4 月。平装,16 开,书号 10019·2139,定价 0.43元。(12-24)

10305 海燕(相声专辑)

1974 年 5 月。平装,小 32 开,书号 10019·2144,定价 0.14 元。(12-25)

10306 山村战鼓(唱词专辑)

1974 年 6 月。平装,小 32 开,书号 10019·2146,定价 0.09 元。(12-26)

10307 扎根农村(唱词专辑)

1974 年 6 月。平装,小 32 开,书号 10019·2147,定价 0.10 元。(12-27)

10308 山村夜诊(快书、快板专辑)

1974 年 7 月。平装,小 32 开,书号 10019·2149,定价 0.16 元。(12-28)

10309 女队长(演唱专辑)

1974 年 7 月。平装,小 32 开,书号 10019·2148,定价 0.12 元。(12-29)

10310 石头后面(评书、评弹专辑)

1974 年 7 月。平装,小 32 开,书号 10019·2145,定价 0.13 元。(12-30)

10311 冲上批林批孔的战场(批林批孔曲艺专辑)

1974 年 9 月。平装,小 32 开,书号 10019·2199,定价 0.08 元。(12-31)

10312 峻岭青松(曲艺专辑)

1974 年 9 月。平装,小 32 开,书号 10019·

2204,定价 0.13 元。(12-32)

10313 保卫西沙(相声专辑)

1974 年 9 月。平装,小 32 开,书号 10019·2205,定价 0.10 元。(12-33)

10314 海屏(评弹专辑)

春节演唱材料,1974 年 12 月。骑马钉,小 32 开,书号 10019·2228,定价 0.12 元。(12-34)

10315 山鹰(相声专辑)

春节演唱材料,1974 年 12 月。骑马钉,小 32 开,书号 10019·2226,定价 0.10 元。(12-35)

10316 斩栾平(学习革命样板戏曲艺专辑)

春节演唱材料,1974 年 12 月。骑马钉,小 32 开,书号 10019·2229,定价 0.12 元。(12-36)

10317 赵金辉捉"贼"(曲艺专辑)

春节演唱材料,1974 年 12 月。骑马钉,小 32 开,书号 10019·2230,定价 0.09 元。(12-37)

10318 南京部队曲艺作品选

中国人民解放军南京部队政治部宣传部编,1975 年 2 月。平装,32 开,书号 10019·2235,定价 0.29 元。(12-38)

10319 全国人民齐欢庆(庆祝四届人大曲艺专辑)

1975 年 2 月。骑马钉,小 32 开,书号 10019·2244,定价 0.09 元。1975 年 4 月报废,未发行。(12-39)

10320 东北军民敢决战(批林批孔曲艺专辑)

1975 年 6 月。平装,小 32 开,书号 10019·2270,定价 0.10 元。(12-40)

10321 养猪阿奶(曲艺专辑)

1975 年 6 月。平装,小 32 开,书号 10019·2271,定价 0.14 元。(12-41)

10322 大庆红花遍地开("工业学大庆"曲艺专辑)

1975 年 10 月。骑马钉,小 32 开,书号 10019·2295,定价 0.16 元。(12-42)

10323 大寨步步高("农业学大寨"曲艺专辑)

1975 年 10 月。骑马钉,小 32 开,书号 10019·2314,定价 0.16 元。(12-43)

10324 打虎上山(学习改编革命样板戏曲艺专辑)

春节演唱材料,1975 年 11 月。骑马钉,小 32 开,书号 10019·2318,定价 0.10 元。(12-44)

10325 闯滩(曲艺专辑)

春节演唱材料,1975 年 11 月。骑马钉,小 32 开,书号 10019·2321,定价 0.09 元。(12-45)

10326 游击小英雄(儿童曲艺专辑)

春节演唱材料,1975 年 11 月。骑马钉,小 32 开,书号 10019·2323,定价 0.12 元。(12-46)

10327 争夺(曲艺专辑)

春节演唱材料,1975 年 11 月。骑马钉,小 32 开,书号 10019·2319,定价 0.10 元。(12-47)

10328 喜事新办(曲艺专辑)

1975 年 12 月。骑马钉,小 32 开,书号 10019·2320,定价 0.10 元。(12-48)

10329 昔阳新曲艺

昔阳县文化馆编,1976 年 7 月。平装,小 32 开,书号 10019·2403,定价 0.34 元。(12-49)

10330 丁秀芹审椅子(曲艺专辑)

1976 年 9 月。平装,32 开,书号 10019·2396,定价 0.12 元。(12-50)

10331 抗震凯歌(曲艺、戏剧辑)

1976 年 9 月。平装,32 开,书号 10019·2428,定价 0.20 元。(12-51)

10332 绘新图(曲艺辑)

1976 年 12 月。平装,小 32 开,书号 10019·2448,定价 0.12 元。(12-52)

10333 反修哨兵(相声专辑)

1976 年 12 月。平装,小 32 开,书号 10019·2447,定价 0.14 元。(12-53)

10334 红心永向华主席(曲艺、演唱辑)

1977 年 4 月。平装,小 32 开,书号 10019·2477,定价 0.38 元。(12-54)

10335 壮志凌云(曲艺辑)

1977 年 5 月。平装,小 32 开,书号 10019·2479,定价 0.12 元。(12-55)

10336 华主席挥手我前进(曲艺演唱集)

中国人民解放军广州部队政治部歌颂华主席文艺写作组创作,农村文艺演唱丛书,1977 年 6

月。平装,小 32 开,书号 10019·2490,定价 0.20 元。(12-56)

- **10337** 骨肉情深(曲艺辑)

1977 年 7 月。平装,小 32 开,书号 10019·2500,定价 0.33 元。(12-57)

- **10338** 毛主席开掘幸福泉(曲艺、戏剧集)

农村文艺演唱丛书,1977 年 9 月。平装,32 开,书号 10019·2519,定价 0.20 元。(12-58)

- **10339** 世世代代怀念周总理(曲艺集)

1977 年 9 月。平装,小 32 开,书号 10019·2524,定价 0.28 元。(12-59)

- **10340** 除"四害"(相声集)

农村文艺演唱丛书,1977 年 9 月。平装,32 开,书号 10019·2507,定价 0.20 元。(12-60)

- **10341** 三访大寨(曲艺集)

农村文艺演唱丛书,1977 年 9 月。平装,32 开,书号 10019·2494,定价 0.20 元。(12-61)

- **10342** 迎春花开(曲艺集)

农村文艺演唱丛书,1977 年 10 月。平装,32 开,书号 10019·2532,定价 0.20 元。(12-62)

- **10343** 继往开来(曲艺演唱集)

农村文艺演唱丛书,1977 年 11 月。平装,小 32 开,书号 10019·2536,定价 0.17 元。(12-63)

- **10344** 沈阳部队曲艺作品选

中国人民解放军沈阳部队政治部文化部编,1977 年 11 月。平装,小 32 开,书号 10019·2476,定价 1.00 元。(12-64)

- **10345** 硬骨头六连战旗红(曲艺、戏剧辑)

1977 年 12 月。平装,小 32 开,书号 10019·2542,定价 0.25 元。(12-65)

- **10346** 李润杰快板书选集

1978 年 1 月。平装,小 32 开,书号 10019·2565,定价 0.60 元。(12-66)

- **10347** 大寨精神颂

寿阳县《大寨精神颂》创作组创作,农村文艺演唱丛书,1978 年 3 月。平装,小 32 开,书号 10019·2574,定价 0.15 元。(12-67)

- **10348** 工程兵曲艺作品选

中国人民解放军工程兵政治部文化部编,1978 年 3 月。平装,小 32 开,书号 10019·2583,定价 0.44 元。(12-68)

- **10349** 海军曲艺作品选

中国人民解放军海军政治部文化部编,1978 年 4 月。平装,小 32 开,书号 10019·2582,定价 0.71 元。(12-69)

- **10350** 侯宝林相声选

1980 年 1 月。平装,大 32 开,书号 10019·2891,定价 1.30 元。(12-70)

- **10351** 高元钧山东快书选

1980 年 1 月。平装,大 32 开,书号 10019·2892,定价 1.60 元。(12-71)

- **10352** 山东快书艺术浅论

高元钧著,1982 年 5 月。平装,大 32 开,书号 10019·3291,定价 0.57 元。(2-211)

- **10353** 毛主席听我说相声

侯宝林著,1993 年 11 月。平装覆膜,大 32 开,ISBN 7-02-001715-0,定价 13.35 元。(12-72)

- **10354** 中国曲艺概论

姜昆、戴宏森主编,2005 年 11 月。平装覆膜,16 开,ISBN 7-02-005267-3,定价 57.00 元。(14-125)

- **10355** 中国曲艺通史

姜昆、倪锺之主编,2005 年 11 月。平装覆膜,16 开,ISBN 7-02-004696-7,定价 59.00 元。(14-126)

- **10356** 扬州评话探讨

〔丹麦〕易德波著,米锋、易德波译,2006 年 12 月。平装覆膜,国流 32 开,ISBN 7-02-005311-4,定价 50.00 元。(80-34)

声 乐

- **10357** 国际歌

〔法〕欧仁·鲍狄埃著,1971 年 3 月。平装,32 开,书号 10019·1849,定价 0.10 元。(音 2-1)

其他

10358 革命歌曲选(一)
1971年6月。平装,32开,书号10019·1851,定价0.09元。1971年8月,平装,大64开,书号10019·1862,定价0.07元。(音2-2)

10359 革命歌曲选(二)
1971年9月。平装,大64开,书号10019·1863,定价0.08元。(音2-3)

10360 国际歌 三大纪律八项注意
1971年9月。平装,32开,书号10019·1864,定价0.06元。(音2-4)

10361 革命歌曲选(三)
1971年12月。平装,大64开,书号10019·1868,定价0.08元。(音2-5)

10362 革命歌曲选(一)1972年
本社编,1972年2月。平装,大64开,书号10019·1872,定价0.08元。(音2-6)

10363 手风琴伴奏歌曲选(一)
本社编,1972年3月。平装,16开,书号10019·1871,定价0.13元。(音2-7)

10364 手风琴伴奏歌曲选(二)
本社编,1972年5月。平装,16开,书号10019·1889,定价0.16元。(音2-8)

10365 少年儿童歌曲选(第一集)
本社编,1972年5月。平装,32开,书号10019·1892,定价0.19元。(音2-9)

10366 革命歌曲选(二)1972年
本社编,1972年5月。平装,大64开,书号10019·1885,定价0.08元。(音2-10)

10367 战地新歌
国务院文化组革命歌曲征集小组编,1972年5月。大32开,书号10019·1895,平装,定价0.45元;半精,定价0.65元。(音2-11)

10368 革命歌曲选汇编(第一集)
本社编,1972年8月。平装,大64开,书号10019·1893,定价0.24元。(音2-12)

10369 革命歌曲选(三)1972年
本社编,1972年9月。平装,32开,书号10019·1903,定价0.10元。(音2-13)

10370 独唱歌曲选(第一集)
1972年10月。平装,32开,书号10019·1914,定价0.20元。(音2-14)

10371 革命歌曲选(四)1972年
本社编,1972年11月。平装,32开,书号10019·1953,定价0.14元。(音2-15)

10372 少年儿童歌曲选(第二集)
本社编,1972年12月。平装,32开,书号10019·1924,定价0.14元。(音2-16)

10373 手风琴伴奏歌曲选(三)
本社编,1972年12月。平装,16开,书号10019·1904,定价0.18元。(音2-17)

10374 合唱歌曲选(第一集)
1973年2月。平装,16开,书号10019·1956,定价0.47元。(音2-18)

10375 手风琴伴奏歌曲选(四)
1973年4月。平装,16开,书号10019·1983,定价0.18元。(音2-19)

10376 革命歌曲选(一)1973年
1973年5月。平装,小32开,书号10019·1977,定价0.15元。(音2-20)

10377 战地新歌续集
国务院文化组革命歌曲征集小组,1973年5月。平装,小32开,书号10019·2001,定价0.45元。1973年10月,平装覆膜,小32开,定价0.68元。(音2-21)

10378 少年儿童歌曲选(第三集)
1973年5月。平装,小32开,书号10019·2024,定价0.16元。(音2-22)

10379 革命歌曲选(二)1973年
1973年6月。平装,小32开,书号10019·2033,定价0.15元。(音2-23)

10380 革命歌曲选汇编(第二集)1972年
1973年9月。平装,小32开,书号10019·2051,定价0.30元。(音2-24)

10381 革命歌曲选(三)1973年
1973年9月。平装,小32开,书号10019·2046,定价0.15元。(音2-25)

10382 手风琴伴奏歌曲选(五)
1973年9月。平装,16开,书号10019·2059,定价0.17元。(音2-26)

10383 青春战歌(歌曲选集)
1973年10月。平装,小32开,书号10019·2074,定价0.21元。(音2-27)

10384 独唱歌曲选(第二集)
1973年12月。平装,小32开,书号10019·

2097,定价 0.22 元。(音 2-28)

10385 革命歌曲选(四)1973 年
1973 年 12 月。平装,小 32 开,书号 10019·2105,定价 0.12 元。(音 2-29)

10386 革命歌曲选(五)1973 年
1974 年 1 月。平装,小 32 开,书号 10019·2125,定价 0.12 元。(音 2-30)

10387 手风琴伴奏歌曲选(六)
1974 年 1 月。平装,16 开,书号 10019·2113,定价 0.18 元。(音 2-31)

10388 少年儿童歌曲选(第四集)
1974 年 1 月。平装,小 32 开,书号 10019·2116,定价 0.16 元。(音 2-32)

10389 战地新歌(第三集)
国务院文化组文艺创作领导小组编,1974 年 4 月。平装,小 32 开,书号 10019·2136,定价 0.47 元。1974 年 9 月,平装覆膜,小 32 开,定价 0.73 元。(音 2-33)

10390 革命歌曲选(六)1973 年
1974 年 5 月。平装,小 32 开,书号 10019·2129,定价 0.12 元。(音 2-34)

10391 少年儿童歌曲选(第五集)
1974 年 8 月。平装,小 32 开,书号 10019·2161,定价 0.12 元。(音 2-35)

10392 革命歌曲选(一)1974 年
1974 年 9 月。平装,小 32 开,书号 10019·2195,定价 0.12 元。(音 2-36)

10393 连队生活歌曲六首(手风琴伴奏)
人民音乐出版社 1974 年 9 月。平装,16 开,书号 8026·3008,定价 0.13 元。(音 2-37)

10394 革命歌曲选(1974 年第二集)
人民音乐出版社 1974 年 9 月。平装,小 32 开,书号 8026·3012,定价 0.12 元。(音 2-38)

10395 革命歌曲选汇编(第三集)
(1973 年《革命歌曲选》合订本)
人民音乐出版社 1974 年 10 月。平装,小 32 开,书号 8026·3004,定价 0.41 元。(音 2-39)

10396 祖国盛开大寨花(歌曲选集)
祖国盛开大寨花编选小组编,人民音乐出版社 1974 年 11 月。平装,小 32 开,书号 8026·3010,定价 0.22 元。(音 2-40)

前进在社会主义大道上
10397 ——欢庆第四届全国人民代表大会胜利召开(歌曲专辑)
人民音乐出版社 1974 年 12 月。骑马钉,小 32 开,书号 8026·3024,定价 0.06 元。(音 2-41)

10398 大庆红旗飘万代(歌曲选集)
黑龙江省文化局编,人民音乐出版社 1975 年 2 月。平装,小 32 开,书号 8026·3023,定价 0.22 元。(音 2-42)

10399 少年儿童歌曲选
人民音乐出版社 1975 年 3 月。骑马钉,32 开,书号 8026·3029,定价 0.12 元。(音 2-43)

声乐活页

10400 全世界人民团结起来,打败美国侵略者及其一切走狗!
歌曲六首,1971 年 5 月。平装,16 开,书号 10019·1850,定价 0.01 元。(音 3-1)

10401 前进歌——革命历史歌曲
聂耳曲,集体重新填词,1971 年 7 月。平装,16 开,书号 10019·1857,定价 0.08 元。(音 3-2)

10402 工农革命歌——革命历史歌曲
聂耳曲,集体重新填词,1971 年 7 月。平装,16 开,书号 10019·1859,定价 0.08 元。(音 3-3)

10403 新的女性——革命历史歌曲
聂耳曲,集体重新填词,1971 年 7 月。平装,16 开,书号 10019·1860,定价 0.08 元。(音 3-4)

10404 大路歌——革命历史歌曲
聂耳曲,集体重新填词,1971 年 7 月。平装,16 开,书号 10019·1858,定价 0.08 元。(音 3-5)

10405 工农一家人——革命历史歌曲
聂耳曲,集体重新填词,1971 年 7 月。平装,16

开,书号 10019·1852,定价 0.08 元。(音 3-6)

10406　毕业歌——革命历史歌曲
聂耳曲,集体重新填词,1971 年 7 月。平装,16 开,书号 10019·1853,定价 0.08 元。(音 3-7)

10407　抗日战歌——革命历史歌曲
冼星海曲,集体重新填词,1971 年 7 月。平装,16 开,书号 10019·1854,定价 0.08 元。(音 3-8)

10408　到敌人后方去——革命历史歌曲
冼星海曲,集体重新填词,1971 年 7 月。平装,16 开,书号 10019·1861,定价 0.08 元。(音 3-9)

10409　大刀进行曲——革命历史歌曲
麦新词曲,集体改词,1971 年 7 月。平装,16 开,书号 10019·1855,定价 0.08 元。(音 3-10)

10410　战斗进行曲——革命历史歌曲
佩之曲,集体改词,1971 年 7 月。平装,16 开,书号 10019·1856,定价 0.08 元。(音 3-11)

10411　歌唱伟大、光荣、正确的中国共产党
集体词,王莘曲,王进德配伴奏,1972 年 10 月。平装,16 开,书号 10019·1927,定价 0.16 元。(音 3-12)

10412　万岁!毛主席
勤耕词曲,集体改词,朱践耳配伴奏,1972 年 10 月。平装,16 开,书号 10019·1928,定价 0.08 元。(音 3-13)

10413　伟大的社会主义祖国在前进
天津市革命歌曲创作学习班词曲,于苏贤配伴奏,1972 年 10 月。平装,16 开,书号 10019·1925,定价 0.08 元。(音 3-14)

10414　延边人民热爱毛主席
韩允浩原词,集体改词,金凤浩曲,石夫配伴奏,1972 年 10 月。平装,16 开,书号 10019·1943,定价 0.08 元。(音 3-15)

10415　定叫山河换新装
中央新闻纪录电影制片厂词曲,1972 年 10 月。平装,16 开,书号 10019·1926,定价 0.08 元。(音 3-16)

10416　东方红
陕北民歌,李有源词,李焕之配伴奏,1972 年 12 月。平装,16 开,书号 10019·1940,定价 0.08 元。(音 3-17)

10417　祝福毛主席万寿无疆
马骏英词曲,集体改词,吴祖强配伴奏,1972 年 12 月。平装,16 开,书号 10019·1929,定价 0.10 元。(音 3-18)

10418　毛主席走遍祖国大地
辽宁省革命样板戏学习班词曲,1972 年 12 月。平装,16 开,书号 10019·1941,定价 0.08 元。(音 3-19)

10419　草原上的红卫兵见到了毛主席
李德全词,高士衡曲,石夫、廷禹配伴奏,1972 年 12 月。平装,16 开,书号 10019·1942,定价 0.10 元。(音 3-20)

10420　团结起来,争取更大的胜利
南京部队宣传队词,何仿曲,郑瑛伴奏,1972 年 12 月。平装,16 开,书号 10019·1944,定价 0.08 元。(音 3-21)

10421　国际歌
〔法〕欧仁·鲍狄埃词,比尔狄盖特曲,1972 年 12 月。平装,16 开,书号 10019·1939,定价 0.08 元。(音 3-22)

10422　三大纪律八项注意
红军歌曲,吴祖强配伴奏,1972 年 12 月。平装,16 开,书号 10019·1937,定价 0.08 元。(音 3-23)

10423　我爱北京天安门
金果临词,金月苓曲,于苏贤配伴奏,1972 年 12 月。平装,16 开,书号 10019·1946,定价 0.08 元。(音 3-24)

10424　大海航行靠舵手
郁文词,王双印曲,杜鸣心配伴奏,1972 年 12 月。平装,16 开,书号 10019·1938,定价 0.08 元。(音 3-25)

10425　咱们的领袖毛泽东
陕西文艺工作者集体改词,徐源配伴奏,1972 年 12 月。平装,16 开,书号 10019·1950,定价 0.10 元。(音 3-26)

10426　工农齐武装
陕北民歌,陕西文艺工作者集体填词,朱践耳配伴奏,1972 年 12 月。平装,16 开,书号

10019·1949,定价0.08元。(音3-27)

10427　革命青年进行曲

集体词,田歌曲,牟洪配伴奏,1972年12月。平装,16开,书号10019·1947,定价0.08元。(音3-28)

10428　全世界人民一定胜利

中央乐团词曲,1972年12月。平装,16开,书号10019·1930,定价0.08元。(音3-29)

10429　我们的朋友遍天下

辽宁省革命样板戏学习班词曲,1972年12月。平装,16开,书号10019·1941,定价0.08元。(音3-30)

10430　军民大生产

陇东民歌,陕西文艺工作者集体改词,朱践耳配伴奏,1972年12月。平装,16开,书号10019·1952,定价0.08元。(音3-31)

10431　山丹丹开花红艳艳

陕西文艺工作者集体填词编曲,徐源配伴奏,1972年12月。平装,16开,书号10019·1948,定价0.16元。(音3-32)

10432　翻身道情

陕西文艺工作者集体改词,王震亚配伴奏,1972年12月。平装,16开,书号10019·1951,定价0.16元。(音3-33)

10433　三大纪律八项注意

红军歌曲,1974年2月。活页,小32开,书号10019·2130,定价0.02元。(音3-34)

10434　把批林批孔的斗争进行到底

1974年2月。活页,小32开,书号10019·2132,定价0.01元。(音3-35)

10435　批林批孔战旗红

1974年4月。活页,小32开,书号10019·2132,定价0.02元。(音3-36)

10436　大庆道路宽又广

葛工词,王春恒曲,黎英海配伴奏,1974年8月。活页,16开,书号10019·2175,定价0.07元。(音3-37)

10437　踏着"铁人"脚步走

薛柱国词,刘巩祥曲,孙亦林配伴奏,1974年8月。活页,16开,书号10019·2174,定价0.07元。(音3-38)

10438　伐木工人歌

纪闻词,亢杰曲,樊祖荫配伴奏,1974年8月。活页,16开,书号10019·2172,定价0.10元。(音3-39)

10439　大寨人心向红太阳

大寨宣传队词曲,杨儒怀配伴奏,1974年8月。活页,16开,书号10019·2167,定价0.07元。(音3-40)

10440　大寨红花遍地开

天津市革命歌曲创作学习班词曲,茅源配伴奏,1974年8月。活页,16开,书号10019·2173,定价0.07元。(音3-41)

10441　我为伟大祖国站岗

魏宝贵词,钊邦、铁源曲,樊祖荫配伴奏,1974年8月。活页,16开,书号10019·2168,定价0.10元。(音3-42)

10442　我心中的歌献给解放军

常留柱、庄涛词,常留柱曲,徐源配伴奏,1974年8月。活页,16开,书号10019·2171,定价0.07元。(音3-43)

10443　海上女民兵

魏石词,魏群、傅晶曲,杜鸣心配伴奏,1974年8月。活页,16开,书号10019·2169,定价0.10元。(音3-44)

10444　千年的铁树开了花

王倬词,尚德义曲,1974年8月。活页,16开,书号10019·2165,定价0.13元。(音3-45)

10445　我爱这蓝色的海洋

胡宝善、王传流词,胡宝善曲,刘诗召配伴奏,1974年8月。活页,16开,书号10019·2166,定价0.07元。(音3-46)

10446　台湾同胞我的骨肉兄弟

于宗信词,集体改词,钊邦曲,周勤龄配伴奏,1974年8月。活页,16开,书号10019·2170,定价0.07元。(音3-47)

10447　万岁!伟大的中国共产党

北京部队政治部宣传队词曲,吴祖强配伴奏,1974年8月。活页,16开,书号10019·2184,定价0.07元。(音3-48)

10448　敬祝毛主席万寿无疆

选自纪录影片《毛主席是我们心中的红太阳》解说词,阿拉腾奥勒曲,瞿维配伴奏,1974年8月。活页,16开,书号10019·2182,定价0.07

元。（音3-49）

10449 壮族人民歌唱毛主席

广西壮族自治区文化局创作组词曲，黄晓飞配伴奏，1974年8月。活页，16开，书号10019·2190,定价0.10元。（音3-50）

10450 延安儿女心向毛主席

陕西省艺术学校词，孙韶、负恩凤曲，石夫、廷禹配伴奏，1974年8月。活页，16开，书号10019·2181,定价0.10元。（音3-51）

10451 党的阳光照耀着祖国

高枫词，杨志忠曲，赵雪锦配伴奏，1974年8月。活页，16开，书号10019·2186,定价0.07元。（音3-52）

10452 青春献给伟大的党

秦安词，屠冶九曲，1974年8月。活页，16开，书号10019·2177,定价0.07元。（音3-53）

10453 伟大的北京

买买提塔提力克词，奴尔买买提曲，集体译配，牟洪配伴奏，1974年8月。活页，16开，书号10019·2187,定价0.07元。（音3-54）

10454 北京颂歌

洪源词，田光、傅晶曲，赵晓生、娄有辙配伴奏，1974年8月。活页，16开，书号10019·2180,定价0.07元。（音3-55）

10455 雄伟的天安门

乔羽词，梁克祥曲，周勤龄配伴奏，1974年8月。活页，16开，书号10019·2185,定价0.07元。（音3-56）

10456 火车向着韶山跑

张秋生词，薄兰谷、程金元曲，王建中配伴奏，1974年8月。活页，16开，书号10019·2178,定价0.10元。（音3-57）

10457 井冈山上太阳红

井冈山地区革命歌曲创作组词曲，瞿维配伴奏，1974年8月。活页，16开，书号10019·2183,定价0.07元。（音3-58）

10458 阿佤人民唱新歌

杨正仁词曲，集体改词，戴于吾配伴奏，1974年8月。活页，16开，书号10019·2188,定价0.07元。（音3-59）

10459 苍山歌声永不落

集体词，张文曲，王建中配伴奏，1974年8月。活页，16开，书号10019·2189,定价0.07元。（音3-60）

10460 我是公社小社员

江声词，播谷曲，蔡克翔配伴奏，1974年8月。活页，16开，书号10019·2176,定价0.07元。（音3-61）

10461 远航

陈除词，践耳曲，1974年8月。活页，16开，书号10019·2179,定价0.10元。（音3-62）

10462 瑶家歌颂毛主席

湖南江华民族歌舞团词曲，王建中配伴奏，1974年9月。活页，16开，书号10019·2191,定价0.10元。（音3-63）

10463 红小兵越战越坚强（活页歌曲3）

人民音乐出版社1974年9月。活页，小32开，书号8026·3011,定价0.04元。（音3-64）

10464 毛主席的军事路线永放光芒（活页歌曲）

人民音乐出版社1974年12月。活页，小32开，书号8026·3026,定价0.04元。（音3-65）

10465 妇女能顶半边天（活页歌曲）

人民音乐出版社1974年12月。活页，小32开，书号8026·3044,定价0.04元。（音3-66）

器 乐

10466 公社春来早（板胡独奏曲，民族乐队伴奏）

石露、学义曲，1973年7月。平装，16开，书号10019·2023,定价0.15元。（音4-1）

10467 牧民新歌（笛子独奏曲，民族乐队伴奏）

简广易、王志伟曲，1973年7月。平装，16开，书号10019·2022,定价0.15元。（音4-2）

10468 子弟兵和老百姓（民族管弦乐曲，民族器乐合奏曲）

晨耕、唐诃编曲，1973年7月。平装，16开，书号10019·2020，定价0.10元。（音4-3）

10469 人勤春来早（二胡独奏曲，民族乐队伴奏）

张秉寮曲，张镜聪配伴奏，1973年8月。平装，16开，书号10019·2025，定价0.14元。（音4-4）

10470 丰收锣鼓（民族器乐合奏曲）

彭修文、蔡惠泉编曲，1973年8月。平装，16开，书号10019·2021，定价0.25元。（音4-5）

10471 大清河畔话当年（板胡独奏曲，混合管弦乐队伴奏）

张增亮、冯国林、宋国生曲，1973年10月。平装，16开，书号10019·2052，定价0.28元。（音4-6）

10472 大寨红花遍地开（民族管弦乐曲）

许镜清曲，天津歌舞团民乐队改编，1973年10月。平装，16开，书号10019·2053，定价0.27元。（音4-7）

10473 幸福渠（柳琴独奏曲，弦乐伴奏）

王惠然曲，王会义配伴奏，1973年12月。平装，16开，书号10019·2101，定价0.14元。（音4-8）

10474 草原上的红卫兵见到了毛主席（民族管弦乐曲）

彭修文、李德保编曲，1973年12月。平装，16开，书号10019·2100，定价0.23元。（音4-9）

10475 练兵场上（板胡独奏曲，民族乐队伴奏）

阎绍一编曲，1973年12月。平装，16开，书号10019·2104，定价0.15元。（音4-10）

10476 大寨红花遍地开（笙独奏曲，民族乐队伴奏）

胡天泉、王会义曲，1973年12月。平装，16开，书号10019·2099，定价0.14元。（音4-11）

10477 广阔天地炼红心（笛子曲选第一集）

1973年12月。平装，16开，书号10019·2103，定价0.23元。（音4-12）

10478 心向北京唱丰收（二胡曲选第一集）

1973年12月。平装，16开，书号10019·2114，定价0.27元。（音4-13）

10479 文艺节目（第七辑）器乐曲专辑

国务院文化组文艺创作领导小组编，1974年7月。平装，16开，书号10019·2156，定价0.74元。（音4-14）

10480 手风琴曲选（1）

1974年8月。平装，16开，书号10019·2157，定价0.22元。（音4-15）

10481 唱支山歌给党听（琵琶曲三首）

人民音乐出版社1974年9月。平装，16开，书号8026·3009，定价0.14元。（音4-16）

10482 千年的铁树开了花（小提琴独奏曲，钢琴伴奏）

尚德义原曲，阿克俭改编，吴增荣配伴奏，人民音乐出版社1974年9月。平装，16开，书号8026·2198，定价0.30元。（音4-17）

10483 手风琴曲选（2）

人民音乐出版社1974年9月。平装，16开，书号8026·3007，定价0.21元。（音4-18）

10484 浏阳河（筝独奏曲三首）

人民音乐出版社1974年12月。骑马钉，16开，书号8026·3013，定价0.15元。（音4-19）

10485 万岁！毛主席（民族管弦乐曲）

张大森编曲，人民音乐出版社1975年1月。骑马钉，16开，书号8026·3025，定价0.18元。（音4-20）

10486 乱云飞（民族管弦乐曲，根据革命现代京剧《杜鹃山》同名唱段改编）

彭修文编曲，人民音乐出版社1975年1月。骑马钉，16开，书号8026·3030，定价0.27元。（音4-21）

10487 拥军秧歌（民族管弦乐曲）

油达民曲，人民音乐出版社1975年1月。骑马钉，16开，书号8026·3027，定价0.20元。（音4-22）

10488 手风琴曲选（3）

人民音乐出版社1975年4月。平装，16开，书号8026·3046，定价0.18元。（音4-23）

10489 我爱北京天安门

人民音乐出版社 1975 年 5 月。平装,16 开,书号 8026·3037,定价 0.35 元。(音 4-24)

10490 宝塔山下新一代

人民音乐出版社 1975 年 4 月。平装,16 开,书号 8026·3047,定价 0.35 元。(音 4-25)

器乐活页

10491 活页器乐曲[笛子-1]我是一个兵

岳仑曲,胡结续改编,1972 年 12 月。平装,32 开,书号 10019·1907,定价 0.03 元。(音 5-1)

10492 活页器乐曲[笛子-2]公社社员运粮忙

陆金山、冯国林曲,1972 年 12 月。平装,32 开,书号 10019·1920,定价 0.03 元。(音 5-2)

10493 活页器乐曲[唢呐-1]送粮路上唱丰收

惠景林、范国忠编曲,1972 年 12 月。平装,32 开,书号 10019·1909,定价 0.03 元。(音 5-3)

10494 活页器乐曲[笙-1]海南春晓

高金香曲,1972 年 12 月。平装,32 开,书号 10019·1905,定价 0.03 元。(音 5-4)

10495 活页器乐曲[二胡-2]五指山上红旗飘

海南民歌,高金香编曲,1972 年 12 月。平装,32 开,书号 10019·1906,定价 0.03 元。(音 5-5)

10496 活页器乐曲[小提琴-1]唱支山歌给党听

朱践耳曲,司徒华诚订指法,1972 年 12 月。平装,32 开,书号 10019·1910,定价 0.02 元。(音 5-6)

10497 活页器乐曲[二胡-1]北京有个金太阳

藏族民歌,蒋才如编曲,1972 年 12 月。平装,32 开,书号 10019·1908,定价 0.02 元。(音 5-7)

10498 活页器乐曲[二胡-3]山村变了样

曾加庆曲,1972 年 12 月。平装,32 开,书号 10019·1921,定价 0.02 元。(音 5-8)

10499 活页器乐曲[板胡-1]喜送战备粮

阎绍一曲,1973 年 7 月。活页,小 32 开,书号 10019·1994,定价 0.03 元。(音 5-9)

10500 活页器乐曲[小号-1]我为祖国守边疆

李伯乐曲,1973 年 7 月。活页,小 32 开,书号 10019·1996,定价 0.03 元。(音 5-10)

10501 活页器乐曲[单簧管-1]红太阳照亮了草原

马熙福编曲,1973 年 7 月。活页,小 32 开,书号 10019·1989,定价 0.03 元。(音 5-11)

10502 活页器乐曲[笛子-3]油田的早晨

王铁锤曲,1973 年 7 月。活页,小 32 开,书号 10019·1988,定价 0.03 元。(音 5-12)

10503 活页器乐曲[笛子-4]丰收曲

乔志忱、乔宏忱曲,1973 年 7 月。活页,小 32 开,书号 10019·1993,定价 0.02 元。(音 5-13)

10504 活页器乐曲[二胡-4]人勤春来早

张秉寮曲,1973 年 7 月。活页,小 32 开,书号 10019·1991,定价 0.02 元。(音 5-14)

10505 活页器乐曲[二胡-5]金珠玛米赞

王竹林曲,1973 年 7 月。活页,小 32 开,书号 10019·1997,定价 0.02 元。(音 5-15)

10506 活页器乐曲[二胡-6]豫北叙事曲

刘文金曲,1973 年 7 月。活页,小 32 开,书号 10019·1990,定价 0.04 元。(音 5-16)

10507 活页器乐曲[二胡-7]骑马挎枪走天下

刘文金编曲,1973 年 7 月。活页,小 32 开,书号 10019·1992,定价 0.02 元。(音 5-17)

10508 活页器乐曲[小提琴-2]山丹丹开花红艳艳

刘奇编曲,1973 年 10 月。活页,小 32 开,书号 10019·2041,定价 0.02 元。(音 5-18)

10509 活页器乐曲[板胡-2]公社春来早

石露、学义曲,1973年10月。活页,小32开,书号10019·2043,定价0.02元。(音5-19)

10510 活页器乐曲[二胡-8]机轮飞转歌声扬

宋国生曲,1973年10月。活页,小32开,书号10019·1995,定价0.02元。(音5-20)

10511 活页器乐曲[笛子-5]野营路上(笛子二重奏)

梁欣曲,1973年10月。活页,小32开,书号10019·2044,定价0.02元。(音5-21)

10512 活页器乐曲[笛子-6]陕北好

高明曲,1973年10月。活页,小32开,书号10019·2045,定价0.01元。(音5-22)

10513 活页器乐曲[笛子-7]牧民新歌

简广易、王志伟曲,1973年10月。活页,小32开,书号10019·2042,定价0.02元。(音5-23)

10514 活页器乐曲[柳琴-1]幸福渠(柳琴独奏曲)

王惠然曲,1973年11月。平装,小32开,书号10019·2062,定价0.02元。(音5-24)

10515 活页器乐曲[笙-2]大寨红花遍地开(笙独奏曲)

胡天泉、王会义曲,1973年11月。平装,小32开,书号10019·2056,定价0.02元。(音5-25)

10516 活页器乐曲[小提琴-3]延边人民热爱毛主席(小提琴齐奏曲)

梁寿祺编曲,1973年11月。平装,小32开,书号10019·2063,定价0.01元。(音5-26)

10517 活页器乐曲[笛子-8]扬鞭催马运粮忙(笛子独奏曲)

魏显忠曲,1973年11月。平装,小32开,书号10019·2057,定价0.02元。(音5-27)

10518 活页器乐曲[笛子-10]你追我赶争上游

马鞍市文工团集体创作,田宏德执笔,1974年4月。活页,小32开,书号10019·2093,定价0.02元。(音5-28)

10519 活页器乐曲[笛子-9]革命青年运肥忙

曲祥曲,1974年5月。活页,小32开,书号10019·2091,定价0.01元。(音5-29)

10520 活页器乐曲[笛子-11]广阔天地炼红心

骆季超曲,1974年5月。平装,小32开,书号10019·2096,定价0.02元。(音5-30)

10521 活页器乐曲[小提琴-4]千年的铁树开了花

阿克俭编曲,1974年5月。平装,小32开,书号10019·2095,定价0.02元。(音5-31)

10522 活页器乐曲[二胡-9]赞大寨

王国潼、刘昆曲,1974年6月。活页,小32开,书号10019·2094,定价0.02元。(音5-32)

10523 活页器乐曲[二胡-10]快乐的山区邮递员

宫占新曲,1974年6月。活页,小32开,书号10019·2092,定价0.01元。(音5-33)

10524 活页器乐曲 二胡练习曲五首

王国潼、张韶、赵砚臣曲,1974年6月。活页,小32开,书号10019·2127,定价0.02元。(音5-34)

10525 中华人民共和国国歌(管弦乐总谱)

人民音乐出版社1974年10月。平装,10开,书号8026·3005,定价0.20元。(音5-35)

10526 中华人民共和国国歌(管乐总谱)

人民音乐出版社1974年10月。平装,10开,书号8026·3006,定价0.20元。(音5-36)

10527 活页器乐曲[二胡-11]庆丰会上话今昔

张寄平曲,1974年10月。活页,小32开,书号10019·2150,定价0.02元。(音5-37)

10528 活页器乐曲[二胡-13]草原新牧民

赵砚臣曲,李泽昆配伴奏,1974年10月。活页,小32开,书号10019·2152,定价0.03元。(音5-38)

10529 活页器乐曲[唢呐-2]山村来了售货员

张晓峰曲,1974年10月。活页,小32开,书号10019·2153,定价0.02元。(音5-39)

10530 活页器乐曲[二胡-12]支农货担进山来

刘峪升曲,1974年11月。活页,小32开,书号10019·2151,定价0.02元。(音5-40)

10531 活页器乐曲[二胡-14]延边人民热爱毛主席
王君莳、陆浦宁、李振东编曲，1974年11月。活页，小32开，书号10019·2153，定价0.02元。（音5-41）

舞 蹈

10532 喜晒战备粮（舞蹈）
北京大兴县业余文艺宣传队创作，1973年9月。平装，16开，书号10019·2054，定价0.17元。（音6-1）

10533 雪里送炭（舞蹈）
汪兆雄、张文华编舞，史生保、夏康作曲，焦乃积、刘钦明作词，1973年10月。平装，16开，书号10019·2055，定价0.17元。（音6-2）

10534 草原女民兵（舞蹈）
伯寿、文绾、文英等编舞，竹林、韧敏作曲，韧敏作词，1973年11月。平装，16开，书号10019·2081，定价0.25元。（音6-3）

10535 纺织女工（舞蹈）
北京维尼纶厂业余宣传队创作，1973年11月。平装，16开，书号10019·2082，定价0.17元。（音6-4）

10536 鱼水情（小舞剧）
汪兆雄、力凯丰编舞，夏康、袁至刚作曲，焦乃积作词，1973年11月。平装，16开，书号10019·2083，定价0.35元。（音6-5）

10537 迎着太阳做早操（儿童小歌舞）
1973年11月。平装，小32开，书号10019·2049，定价0.10元。（音6-6）

10538 行军路上（舞蹈）
文绾、小舟编舞，王竹林作曲，洪源作词，1974年2月。平装，16开，书号10019·2109，定价0.30元。（音6-7）

10539 送粮路上（舞蹈）
中央民族学院艺术系创作组创作，李克瑜、陈玉先插图，1974年4月。平装，16开，书号10019·2131，定价0.23元。（音6-8）

音乐理论及其他

10540 笛子吹奏法
胡结续编著，工农兵音乐知识小丛书，1972年7月。平装，32开，书号10019·1901，定价0.31元。（音7-1）

10541 怎样识简谱
纪延文编著，工农兵音乐知识小丛书，1972年7月。平装，32开，书号10019·1900，定价0.19元。（音7-2）

10542 手风琴演奏法
张自强编著，1972年9月。平装，16开，书号10019·1918，定价0.44元。（音7-3）

10543 小提琴演奏法
王鹏编著，工农兵音乐知识小丛书，1972年10月。平装，32开，书号10019·1916，定价0.27元。（音7-4）

10544 板胡演奏法
闫绍一编著，工农兵音乐知识小丛书，1973年5月。平装，小32开，书号10019·1986，定价0.34元。（音7-5）

10545 琵琶弹奏法
庄永平编著，工农兵音乐知识小丛书，1973年5月。平装，小32开，书号10019·2003，定价0.26元。（音7-6）

10546 月琴弹奏法
顾永湘编著，工农兵音乐知识小丛书，1973年5月。平装，小32开，书号10019·2004，定价0.25元。（音7-7）

10547 小提琴演奏初步教程
韩里编著，1973年5月。平装，16开，书号10019·2012，定价0.41元。（音7-8）

10548 二胡演奏法
张韶、汤良德编著,工农兵音乐知识小丛书,1973年9月。平装,小32开,书号10019·1978,定价0.36元。(音7-9)

10549 单簧管演奏法
马熙福编著,1973年12月。平装,16开,书号10019·2102,定价0.36元。(音7-10)

10550 京胡演奏法
庄永平、顾永湘编著,人民音乐出版社1974年10月。平装,16开,书号8026·3003,定价0.62元。(音7-11)

10551 怎样练习歌唱
汤雪耕编著,1974年9月。平装,小32开,书号10019·2194,定价0.31元。(音7-12)

10552 批判孔老二的反动音乐思想(论文集)
人民音乐出版社1975年2月。平装,32开,书号8026·3033,定价0.25元。(音7-13)

10553 怎样识五线谱
刘景春编著,人民音乐出版社1975年3月。平装,小32开,书号8026·3031,定价0.30元。(音7-14)

文化综合

10554 中国人民解放军"八一"建军节二十五周年文艺竞赛得奖作品选集
中央人民政府军委会总政治部文化部编,1953年1月。平装,25开,书号131单74,定价6,000元。(14-1)

10555 中国寓言选
本社编辑部编,文学初步读物,1953年3月。平装,46开,书号159初13,定价600元。(14-2)

10556 纪念契诃夫画册
纪念世界文化名人契诃夫逝世五十周年筹备委员会编,1954年7月。平装,16开,书号230,定价30,000元。(88-1)

10557 纪念契诃夫专刊
《剧本》月刊社编,1954年7月。书号298,精装,25开,定价38,000元;平装,大32开,定价10,000元。(88-2)

10558 打断侵略者的脊骨——反对美英侵略阿拉伯的诗文画集(第一集)
作家出版社编辑部编,作家出版社1958年7月。平装,32开,书号10020·967,定价0.10元。(7-80)

10559 美英强盗滚出去——反对美英侵略阿拉伯的诗文画集(第二集)
作家出版社编辑部编,作家出版社1958年7月。平装,32开,书号10020·970,定价0.05元。(7-81)

10560 反侵略的烈火——反对美英侵略阿拉伯的诗文画集(第三集)
作家出版社编辑部编,作家出版社1958年7月。平装,32开,书号10020·972,定价0.10元。(7-82)

10561 怒火万丈(解放台湾诗文画集)
郭沫若等著,作家出版社1958年9月。平装,32开,书号10020·1113,定价0.05元。(5-98)

10562 风暴颂(反对美帝斗争诗歌画集)
《诗刊》社、作家出版社合编,作家出版社1960年6月。平装,大32开,书号10020·1507,定价0.84元。(5-171)

10563 毛主席是我们心中的红太阳
工农兵演唱材料,1969年3月。平装,64开,书号10019·1834,定价0.09元。(14-3)

10564 歌唱"老三篇"
工农兵演唱材料,1969年3月。平装,64开,书号10019·1835,定价0.07元。(14-4)

10565 公报字字放光芒
工农兵演唱材料,1969年3月。平装,64开,书号10019·1836,定价0.07元。(14-5)

10566 军民团结如一人
工农兵演唱材料,1969年3月。平装,64开,书号10019·1837,定价0.07元。(14-6)

10567 毛主席的革命路线胜利万岁
工农兵演唱材料(活页一),1969年3月。平

装,32开,书号10019·1838,定价0.01元。(14-7)

10568 我们的党是一个伟大的党,光荣的党,正确的党

工农兵演唱材料(活页二),1969年3月。平装,32开,书号10019·1839,定价0.01元。(14-8)

10569 毛泽东同志是当代最伟大的马克思列宁主义者

工农兵演唱材料(活页三),1969年3月。平装,32开,书号10019·1840,定价0.01元。(14-9)

10570 要认真总结经验 要了解运动的全过程

工农兵演唱材料(活页四),1969年3月。平装,32开,书号10019·1841,定价0.01元。(14-10)

10571 毛主席语录再版前言

工农兵演唱材料(活页五),1969年4月。平装,32开,书号10019·1842,定价0.01元。(14-11)

10572 毛主席的建党路线放光辉(组歌)

工农兵演唱材料(活页六),1969年4月。平装,32开,书号10019·1843,定价0.01元。(14-12)

10573 万众欢腾庆"九大"

工农兵演唱材料(5),1969年4月。平装,64开,书号10019·1844,定价0.07元。(14-13)

10574 欢庆党的第九次全国代表大会

工农兵演唱材料(活页七),1969年4月。平装,32开,书号10019·1845,定价0.01元。(14-14)

10575 工人阶级必须领导一切

工农兵演唱材料(6),1969年4月。平装,64开,书号10019·1846,定价0.07元。(14-15)

10576 "九大"凯歌震天下

工农兵演唱材料(7),1969年5月。平装,64开,书号10019·1848,定价0.07元。(14-16)

10577 海港(主旋律乐谱)

上海京剧团《海港》剧组集体改编,1972年1月演出本,1972年4月。平装,大32开,书号10019·1875,定价0.30元。(音1-1)

10578 龙江颂(主旋律)

上海市《龙江颂》剧组集体改编,1972年1月演出本,1972年4月。平装,大32开,书号10019·1887,定价0.25元。(音1-2)

10579 沙家浜(总谱)

北京京剧团集体创作,1970年5月演出本,1973年3月。半精,16开,书号10019·1915,定价2.90元。1975年3月,32异,平装,定价1.25元;精装,定价2.00元。(音1-3)

10580 红色娘子军(主旋律)

中国京剧团根据同名舞剧集体移植创作,1972年1月演出本,1972年7月。平装,大32开,书号10019·1894,定价0.30元。(音1-4)

10581 钢琴协奏曲《黄河》(总谱)

中央乐团创作,1972年6月。精装,8开,书号10019·1881,定价7.50元。1973年11月,平装,32异,定价0.50元。(音1-5)

10582 钢琴伴唱《红灯记》

中央乐团、中国京剧团集体创作,1972年11月。8开,书号10019·1917,平装,定价1.40元;精装,定价6.50元。(音1-6)

10583 奇袭白虎团(主旋律乐谱)

山东省京剧团《奇袭白虎团》剧组集体创作,1972年9月演出本,1973年8月。平装,大32开,书号10019·2028,定价0.32元。(音1-7)

10584 革命现代京剧主要唱段选

1973年11月。平装,小32开,书号10019·1899,定价0.59元。(音1-8)

10585 平原作战(主旋律乐谱)

中国京剧团集体创作,张永枚执笔,1973年7月演出本,1974年1月。平装,大32开,书号10019·2118,定价0.30元。(音1-9)

10586 杜鹃山(主旋律乐谱)

王树元等编剧,1973年9月北京京剧团演出本,1974年1月。平装,大32开,书号10019·2111,定价0.41元。(音1-10)

10587 钢琴协奏曲《黄河》(两架钢琴谱)

中央乐团创作,1974年3月。8开,书号

10019·2031,平装,定价1.05元;半精,定价2.05元。(音1-11)

10588 《海港》(总谱)
上海京剧团《海港》剧组集体改编,1972年1月演出本,1974年9月。平装,8开,书号10019·2137,定价6.55元。(音1-12)

10589 革命现代京剧短小唱段选段选集
国务院文化组文艺创作领导小组编,人民音乐出版社1974年9月。平装,小32开,书号8026·3001,定价0.28元。(音1-13)

10590 革命现代京剧主要唱段选段选集
国务院文化组文艺创作领导小组编,人民音乐出版社1975年1月。小32开,书号8026·3002,平装,定价0.86元;半精,定价1.10元。(音1-14)

10591 文艺节目(第一辑)首都游园活动文艺节目选
国务院文化组文艺丛刊小组编,1973年1月。平装,16开,书号10019·1964,定价0.85元。(音8-1)

10592 文艺节目(第二辑)少年儿童文艺专辑(上)
国务院文化组文艺创作领导小组丛刊组编,1973年5月。平装,小32开,书号10019·2027,定价0.23元。(音8-2)

10593 文艺节目(第三辑)庆祝一九七三年"五一"国际劳动节首都游园活动文艺节目选
国务院文化组文艺创作领导小组丛刊组编,1973年12月。平装,16开,书号10019·2073,定价0.52元。(音8-3)

10594 文艺节目(第二辑)少年儿童文艺专辑(下)
国务院文化组文艺创作领导小组丛刊组编,1974年1月。平装,小32开,书号10019·2115,定价0.40元。(音8-4)

10595 文艺节目(第五辑)
国务院文化组文艺创作领导小组丛刊组编,1974年4月。平装,16开,书号10019·2128,定价0.73元。(音8-5)

10596 文艺节目(第八辑)
国务院文化组文艺创作领导小组编,人民音乐出版社1975年2月。平装,16开,书号8026·3032,定价0.47元。(音7-16)

10597 反革命狂想曲的幻灭——"四人帮"利用电影反党的铁证
1977年12月。内部发行。平装,小32开,书号10019·2561,定价1.30元。(6-168)

10598 大寨文艺节目选
昔阳县文化馆编,1978年1月。平装,小32开,书号10019·2569,定价0.60元。(14-17)

10599 人生咨询录
柯云路著,1989年9月。平装覆膜,32异,ISBN 7-02-000545-4,定价2.00元。(14-30)

10600 中外著名文学家木刻肖像选
颜仲木刻,李吉庆编,1991年3月。平装覆膜,24开,ISBN 7-02-001303-1,定价9.00元。(14-31)

10601 英雄莫问出处 香港的移民与出入境
郝在今著,世纪香港丛书,1997年7月。平装覆膜,大32开,ISBN 7-02-002525-0,定价13.80元。(14-33)

10602 神圣的承诺 香港基法的诞生
汤华著,世纪香港丛书,1997年7月。平装覆膜,大32开,ISBN 7-02-002527-7,定价13.80元。(14-34)

10603 自由港之谜 香港经济奇迹探析
舒立、吴鹏著,世纪香港丛书,1997年7月。平装覆膜,大32开,ISBN 7-02-002529-3,定价13.80元。(14-35)

10604 雾里看花 香港世态百相
毛磊著,世纪香港丛书,1997年7月。平装覆膜,大32开,ISBN 7-02-002526-9,定价13.80元。(14-36)

10605 世纪沧桑 香港一百五十六年风雨录
路滔著,世纪香港丛书,1997年7月。平装覆膜,大32开,ISBN 7-02-002524-2,定价13.80元。(14-37)

10606 人、自然与文化——中西环保哲学比较研究
(台湾)冯沪祥著,1996年9月。平装覆膜,大32开,ISBN 7-02-002363-0,定价30.00元。(29-51)

10607 霓虹港湾 香港文化的源与流

李战吉著,世纪香港丛书,1997年7月。平装覆膜,大32开,ISBN 7-02-002528-5,定价13.80元。(14-38)

10608 画外话 吴冠中卷

吴冠中著,画外话丛书,1999年2月。软精,20开,ISBN 7-02-002819-5,定价38.00元。2005年5月,书名《画外文思》,平装,16开,ISBN 7-02-004985-0,定价55.00元。(14-39)

10609 五旗颂

华敏选编,1999年7月。平装覆膜,32开,ISBN 7-02-002999-X,定价9.90元;1999年8月,定价8.00元。1999年8月,平装覆膜,32开,ISBN 7-02-003028-9,定价4.00元。(14-40)

10610 百年百种优秀中国文学图书

1999年10月。平装覆膜,大32开,ISBN 7-02-003054-8,定价12.00元。(14-41)

10611 画外话 冯骥才卷

冯骥才著,画外话丛书,1999年12月。软精,20开,ISBN 7-02-003056-4,定价38.00元。2005年5月,书名《水墨文字》,平装,16开,ISBN 7-02-005172-3,定价45.00元。(14-42)

10612 "无"的意义——朴心玄览中的道体论形而上学

李孺义著,猫头鹰学术文丛,1999年12月。平装覆膜,国流32开,ISBN 7-02-003027-0,定价21.00元。(2-379)

10613 画外话 范曾卷

范曾著,画外话丛书,2000年1月。软精,20开,ISBN 7-02-003079-3,定价38.00元。(14-43)

10614 画外话 张仃卷

张仃著,画外话丛书,2000年1月。软精,20开,ISBN 7-02-003057-2,定价38.00元。2005年5月,书名《它山画语》,平装,16开,ISBN 7-02-004990-7,定价45.00元。2018年1月收入画外话系列,平装,16异,ISBN 978-7-02-012107-6,定价69.00元。(14-44)

10615 漫画情歌

张光宇、邹雅等著,薛汕、刘雅编选,2000年6月。平装,20开,ISBN 7-02-003215-X,定价28.00元。(14-46)

10616 朱子家礼与韩国之礼学

〔韩国〕卢仁淑著,2000年8月。平装覆膜,大32开,ISBN 7-02-003137-4,定价10.80元。(2-391)

10617 李嘉诚如是说

许泽惠辑,2001年5月。平装覆膜,32异,ISBN 7-02-003406-3,定价10.00元。(14-48)

10618 《申报》有关韩国独立运动暨中韩关系史料选编(1910—1949)

大韩民国临时政府旧址管理处编,石源华主编,沈民和、贝民强副主编,陈莉菲、石建国、张明木编写,韩国临时政府史料与研究丛书,2000年4月。平装覆膜,大32开,ISBN 7-02-003159-5,定价35.00元。(14-51)

10619 杨澜访谈录(第一辑)——李敖、龙应台、余光中

阳光文化网络电视控股有限公司编,2002年1月。平装覆膜,小32开,ISBN 7-02-003638-4,定价24.80元。(14-52)

10620 杨澜访谈录(第二辑)——周小燕、谭盾、田浩江

阳光文化网络电视控股有限公司编,2002年1月。平装覆膜,小32开,ISBN 7-02-003639-2,定价24.80元。(14-53)

10621 杨澜访谈录(第三辑)——杰克·韦尔奇、杨雪兰、史蒂夫·福布斯

阳光文化网络电视控股有限公司编,2002年1月。平装覆膜,小32开,ISBN 7-02-003640-6,定价24.80元。(14-54)

10622 杨澜访谈录(第四辑)——王光美、徐匡迪、程安东

阳光文化网络电视控股有限公司编,2002年1月。平装覆膜,小32开,ISBN 7-02-003647-3,定价24.80元。(14-55)

10623 杨澜访谈录(第五辑)——王蒙、胡舒立、唐师曾

阳光文化网络电视控股有限公司编,2002年1

月。平装覆膜,小 32 开,ISBN 7-02-003648-1,定价 24.80 元。(14-56)

10624 大全若缺——全息观纵览与沉思
刘克苏著,2002 年 9 月。平装覆膜,国流 32 开,ISBN 7-02-003844-1,定价 16.80 元。(14-57)

10625 商界"小超人"李泽楷
许泽惠著,2002 年 6 月。平装覆膜,32 异,ISBN 7-02-003792-5,定价 10.00 元。(14-59)

10626 请你这样教育我 清华北大人大十省高考状元向家长老师呼吁
2002 年 2 月。平装覆膜,大 32 开,ISBN 7-02-003721-6,定价 19.80 元。(14-60)

10627 善知识经济——因陀罗网经济学初步
刘克苏著,2002 年 9 月。平装覆膜,国流 32 开,ISBN 7-02-003843-3,定价 30.00 元。(14-62)

10628 李嘉诚父子传奇
(香港)李咏诗著,2002 年 6 月。平装覆膜,大 32 开,ISBN 7-02-003758-5,定价 18.80 元。(14-64)

10629 图书市场营销——出版社市场营销优秀论文集锦
中国书刊发行协会编,2002 年 10 月。平装覆膜,国流 32 开,ISBN 7-02-004036-5,定价 20.00 元。(14-66)

10630 神州问茶
林治著,武夷星茶文化丛书,2002 年 11 月。平装覆膜,国流 32 开,ISBN 7-02-004037-3,定价 25.00 元。(14-67)

10631 漫画的幽默
方成著,2002 年 9 月。平装覆膜,20 开,ISBN 7-02-003841-7,定价 26.00 元。(14-68)

10632 我为你辩护
李京生著,2003 年 1 月。平装覆膜,国流 32 开,ISBN 7-02-004079-9,定价 15.00 元。(14-70)

10633 北京人民艺术剧院 1952—2002
北京人艺编委会编,2002 年 5 月。平装、精装,12 开,ISBN 7-02-003829-8,定价 100.00 元。(14-71)

10634 异国风情
《环球时报》编辑部编,2003 年 1 月。平装覆膜,国流 32 开,ISBN 7-02-004067-5,定价 21.60 元。(14-72)

10635 SARS 警示录
中国演讲文化艺术交流中心编,2003 年 7 月。平装覆膜,国流 32 开,ISBN 7-02-004271-6,定价 19.00 元。(14-73)

10636 新《婚姻法》实用案例精选
《中国妇女》杂志社编,2003 年 8 月。平装覆膜,国流 32 开,ISBN 7-02-004272-4,定价 20.00 元。(14-76)

10637 照片里讲述的西南联大故事
张曼菱编撰,2003 年 4 月。平装覆膜,16 开,ISBN 7-02-004204-X,定价 88.00 元。(14-81)

10638 接入黑客帝国
金二编,2003 年 11 月。平装覆膜,国流 32 开,ISBN 7-02-004344-5,定价 14.00 元。(14-82)

10639 毛泽东的随行摄影记者
李鸣生著,2003 年 12 月。平装覆膜,16 开,ISBN 7-02-004350-X,定价 30.00 元。(14-83)

10640 恋爱中的宝贝
荣信达影视艺术中心制作,2004 年 1 月。平装覆膜,16 异,ISBN 7-02-004460-3,定价 50.00 元。(14-84)

10641 2004 高考志愿填报思路与技巧
李志强、谭亦男、许方舟著,2004 年 2 月。平装覆膜,大 32 开,ISBN 7-02-004474-3,定价 12.00 元。(14-85)

10642 没有孩子是差生
清澈小舟著,2004 年 4 月。平装覆膜,国流 32 开,ISBN 7-02-004462-X,定价 15.80 元。(14-87)

10643 潇洒道绝 东方之子百名书画大家访谈录
梁建增、孙克文主编,2004 年 5 月。平装覆膜,16 开,ISBN 7-02-004595-2,定价 60.00 元。(14-89)

10644 正误交织陈独秀——思想的诠释与文化的评判

胡明著,猫头鹰学术文丛,2004年5月。平装覆膜,国流32开,ISBN 7-02-004404-2,定价25.00元。(2-465)

10645 巅峰——中国奥运冠军录 1996—2000

师旭平、张虹主编,2004年8月。平装覆膜,16开,ISBN 7-02-004797-1,定价28.00元。(14-98)

10646 巅峰——中国奥运冠军录 1984—1992

师旭平、张虹主编,2004年8月。平装覆膜,16开,ISBN 7-02-004781-5,定价28.00元。(14-99)

10647 潘石屹 永远不做大多数

苏文著,2004年9月。平装覆膜,国流32开,ISBN 7-02-004791-2,定价17.00元。(14-102)

10648 爱是赔本的生意

萧陆著,2005年1月。平装,24开,ISBN 7-02-004803-X,定价20.00元。(14-103)

10649 2005高招动态与填报要点

李志强、谭亦男、许方舟著,2005年1月。平装覆膜,大32开,ISBN 7-02-004956-7,定价12.00元。(14-104)

10650 禅外禅

李庆西著,莫小不绘,2005年1月。平装覆膜,16开,ISBN 7-02-004478-6,定价32.00元。(14-105)

10651 赵延年木刻鲁迅作品图鉴

2005年1月。平装覆膜,大32开,ISBN 7-02-004871-4,定价15.00元。(14-106)

10652 俄罗斯美术随笔

高莽著,2005年5月。平装覆膜,16开,ISBN 7-02-005026-3,定价60.00元。(14-107)

10653 我的经营观

〔美〕张济民著,戴光中编译,2005年7月。平装覆膜,国流32开,ISBN 7-02-005138-3,定价17.00元。(14-110)

10654 影海扬帆 电影批评理论与实践

王振民、王绍光著,2005年5月。平装覆膜,国流32开,ISBN 7-02-005197-9,定价19.00元。(14-113)

10655 出版业调查报告 第四届"未来编辑杯"获奖文集

中国编辑学会秘书处编,2005年8月。平装覆膜,国流32开,ISBN 7-02-005017-4,定价25.00元。(14-116)

10656 玩意儿

卞太著,2005年8月。平装覆膜,24开,ISBN 7-02-005268-1,定价32.00元。(14-117)

10657 荻岛静夫日记 一个侵华日军的战地实录

四川建川博物馆收藏,2005年8月。平装覆膜,16开,ISBN 7-02-005287-8,定价27.00元。(14-118)

10658 花香的尘世

卞太著,2005年8月。平装覆膜,24开,ISBN 7-02-005269-X,定价36.00元。(14-119)

10659 新闻背后

中央电视台新闻评论部编,2005年9月。平装覆膜,16开,ISBN 7-02-005198-7,定价33.00元。(14-120)

10660 墨海苇航

李绪萱著,2005年9月。精装,国流32开,ISBN 7-02-005193-6,定价25.00元。(14-121)

10661 做个慧心好妈妈

陈晖著,2005年10月。平装覆膜,24开,ISBN 7-02-005204-5,定价22.00元。(14-122)

10662 汉字艺术

古干著,胡允桓英译,2005年9月。平装覆膜,16异,ISBN 7-02-005291-6,定价120.00元。(14-123)

10663 门外谈禅

葛兆光著,2005年9月。平装覆膜,大32开,ISBN 7-02-005262-2,定价12.00元。(14-127)

10664 走近名家《读书》主持人周晓丽采访手记

2006年1月。平装覆膜,16开,ISBN 7-02-005380-7,定价27.00元。(14-132)

10665 怎样选择第一志愿

李志强、谭方男、许方舟著,2006 年 3 月。平装覆膜,国流 32 开,ISBN 7-02-004713-0,定价 14.00 元。(14-134)

10666　徽商

杨晓民总撰稿,2006 年 4 月。平装覆膜,16 异,ISBN 7-02-005374-2,定价 32.00 元。(14-135)

10667　柳成荫装帧艺术

2006 年 3 月。平装覆膜,24 开,ISBN 7-02-005402-1,定价 32.00 元。(14-136)

10668　鲁迅作品人物图典

郑心伶文,裘沙、王伟君、裘大力图,2006 年 3 月。平装覆膜,大 32 开,ISBN 7-02-005210-X,定价 10.00 元。(14-137)

10669　皇后之死

柏杨著,2006 年 5 月。平装,国流 32 开,ISBN 7-02-005446-3,定价 26.00 元。2007 年 12 月收入典藏柏杨·历史,平装,16 异,ISBN 978-7-02-006510-3,定价 37.00 元。2012 年 8 月收入柏杨历史系列,平装覆膜,16 开,ISBN 978-7-02-008704-4,定价 48.00 元。2017 年 2 月,柏杨历史系列,平装,16 开,ISBN 978-7-02-012187-8,定价 48.00 元。(14-138)

10670　帝王之死

柏杨著,2006 年 5 月。平装,国流 32 开,ISBN 7-02-005447-3,定价 19.00 元。2007 年 12 月收入典藏柏杨·历史,平装,16 异,ISBN 978-7-02-006509-7,定价 27.00 元。2012 年 8 月收入柏杨历史系列,平装覆膜,16 开,ISBN 978-7-02-008703-7,定价 39.00 元。2017 年 2 月,柏杨历史系列,平装,16 开,ISBN 978-7-02-012191-5,定价 39.00 元。(14-139)

10671　近代中国的西式建筑

李学通著,左玉河主编,中国近代城市文化丛书,2006 年 5 月。平装覆膜,24 开,ISBN 7-02-004836-6,定价 16.00 元。(14-140)

10672　近代中国的新式交通

王瑞芳著,左玉河主编,中国近代城市文化丛书,2006 年 5 月。平装覆膜,24 开,ISBN 7-02-005001-8,定价 17.00 元。(14-141)

10673　近代中国的新式婚丧

邵先崇著,左玉河主编,中国近代城市文化丛书,2006 年 5 月。平装覆膜,24 开,ISBN 7-02-005012-3,定价 15.00 元。(14-142)

10674　近代中国的新式码头

刘萍著,左玉河主编,中国近代城市文化丛书,2006 年 5 月。平装覆膜,24 开,ISBN 7-02-005225-8,定价 16.00 元。(14-143)

10675　笨孩子上剑桥 父母教子手记

张鸣山、杜鹃英著,2006 年 8 月。平装覆膜,国流 32 开,ISBN 7-02-005734-9,定价 15.00 元。(14-144)

10676　话说儒家

黄玉石、黄海珊著,2006 年 10 月。平装,国流 32 开,ISBN 7-02-005477-3,定价 22.00 元。(14-152)

10677　说艺扶桑 日本的设计与艺术

李剑华著,2006 年 9 月。平装,16 开,ISBN 7-02-005495-1,定价 58.00 元。(14-153)

10678　我画俄罗斯

高莽著,2006 年 11 月。平装覆膜,24 开,ISBN 7-02-005764-0,定价 40.00 元。(14-154)

10679　在这里 张爱玲城市地图

淳子著,2006 年 11 月。平装覆膜,16 异,ISBN 7-02-005805-1,定价 29.90 元。2010 年 6 月,书名《张爱玲城市地图》,平装覆膜,16 异,ISBN 978-7-02-008089-2,定价 25.00 元。(14-155)

10680　荣誉

苏牧著,2007 年 4 月。平装覆膜,16 开,ISBN 978-7-02-006025-2,定价 145.00 元。2012 年 1 月普及版,平装,16 开,ISBN 978-7-02-008578-1,定价 78.00 元。(14-156)

10681　救世主

本杰明著,2007 年 5 月。平装覆膜,32 异,ISBN 978-7-02-006156-3,定价 21.00 元。(14-158)

10682　清代北京戏曲演出研究

范丽敏著,2007 年 5 月。平装,大 32 开,ISBN 978-7-02-005911-9,定价 23.00 元。(35-200)

10683　鲁迅书衣百影

刘运峰编著,2007 年 7 月。平装覆膜,24 开,ISBN 978-7-02-006034-4,定价 19.00 元。

（14－159）

- **10684**　我心中每天开出一朵花

幾米著,2007年7月。平装覆膜,16异,ISBN 978－7－02－006169－3,定价26.00元。（14－173）

- **10685**　地下铁

幾米著,2007年7月。平装覆膜,16异,ISBN 978－7－02－006172－3,定价32.00元。（14－174）

- **10686**　照相本子

幾米著,2007年7月。平装覆膜,16异,ISBN 978－7－02－006171－6,定价26.00元。（14－175）

- **10687**　向左走·向右走

幾米著,2007年7月。平装覆膜,16异,ISBN 978－7－02－006170－9,定价30.00元。（14－176）

- **10688**　零距离的日本

程麻著,2007年9月。平装覆膜,16异,ISBN 978－7－02－006216－4,定价26.00元。（14－177）

- **10689**　全球化语境中的文化选择

国家社科基金后期资助项目,云德著,2008年1月。平装,16开,ISBN 978－7－02－006187－7,定价26.00元。（14－181）

- **10690**　1.2.3木头人

幾米著,2007年11月。平装覆膜,16异,ISBN 978－7－02－006287－4,定价28.00元。（14－182）

- **10691**　布瓜的世界

幾米著,2007年11月。精装,16异,ISBN 978－7－02－006284－3,定价26.00元。（14－183）

- **10692**　你们我们他们

幾米著,2007年12月。精装,16异,ISBN 978－7－02－006290－4,定价27.00元。（14－184）

- **10693**　我只能为你画一张小卡片

幾米著,2007年11月。平装覆膜,小32开,ISBN 978－7－02－006285－0,定价23.00元。（14－185）

- **10694**　幸运儿

幾米著,2007年11月。平装覆膜,16异,ISBN 978－7－02－006282－9,定价36.00元。

（14－186）

- **10695**　大学之大

沈卫威著,鸡鸣丛书,2007年12月。平装覆膜,国流32开,ISBN 978－7－02－006723－7,定价20.00元。（2－585）

- **10696**　又寂寞又美好

幾米著,2007年12月。平装覆膜,16异,ISBN 978－7－02－006283－6,定价49.00元。（14－188）

- **10697**　开始

幾米著,2007年12月。精装,16异,ISBN 978－7－02－006286－7,定价42.00元。（14－189）

- **10698**　森林里的秘密

幾米著,2007年12月。平装覆膜,16异,ISBN 978－7－02－006288－1,定价20.00元。（14－190）

- **10699**　微笑的鱼

幾米著,2007年12月。精装,16异,ISBN 978－7－02－006289－8,定价22.00元。（14－191）

- **10700**　国宝档案

李海明、惠君主编,2008年3月。平装,国流32开,ISBN 978－7－02－006298－0,定价35.00元。（14－192）

- **10701**　国际传播与国家形象

范冰冰著,2008年3月。平装覆膜,国流32开,ISBN 978－7－02－006558－5,定价60.00元。（2－574）

- **10702**　具象传播论——形名学之形学

杨钢元著,2008年4月。平装覆膜,国流32开,ISBN 978－7－02－006677－3,定价28.00元。（2－576）

- **10703**　演剧职业化运动研究

马俊山著,鸡鸣丛书,2007年12月。平装覆膜,国流32开,ISBN 978－7－02－006725－1,定价23.00元。（2－584）

- **10704**　文化中国·文艺卷

谢祥皓主编,张宗尧、谢祥皓编著,文化中国,2008年11月。平装覆膜,国流32开,ISBN 978－7－02－006738－1,定价24.00元。（14－196）

- **10705**　文化中国·军事卷

谢祥皓主编,谢德编著,文化中国,2008年11

月。平装覆膜,国流32开,ISBN 978-7-02-006736-7,定价21.00元。(14-197)

10706 文化中国·哲学卷

谢祥皓主编,张广雷编著,文化中国,2008年11月。平装覆膜,国流32开,ISBN 978-7-02-006735-0,定价22.00元。(14-198)

10707 文化中国·科技卷

谢祥皓主编,曹文明、吕颖慧编著,文化中国,2008年11月。平装覆膜,国流32开,ISBN 978-7-02-006737-4,定价15.00元。(14-199)

10708 观音(晓来谁染霜林醉)

安意如著,2009年1月。平装覆膜,国流32开,ISBN 978-7-02-006886-9,定价20.00元。2011年8月收入安意如作品系列,平装,国流32开,ISBN 978-7-02-008530-9,定价26.00元。2016年10月,书名《晓来谁染霜林醉》,精装,32异,ISBN 978-7-02-011692-8,定价32.00元。(14-201)

10709 海濡之士 北仑名家1

叶苗主编,2009年2月。平装,16异,ISBN 978-7-02-006955-3,定价27.00元。(14-202)

10710 不想告别的夏天

李冰图文,2009年4月。平装覆膜,国流32开,ISBN 978-7-02-007011-4,定价22.00元。(14-203)

10711 战争史笔记(上古—秦汉)

朱增泉著,2009年4月。平装覆膜,16异,ISBN 978-7-02-006924-8,定价29.00元。(14-205)

10712 赵晓岚说李煜 林花谢了春红

百家讲坛,2009年4月。平装,16异,ISBN 978-7-02-006936-1,定价26.00元。(14-206)

10713 越读者

郝明义著,张妙如图,2009年4月。平装覆膜,16异,ISBN 978-7-02-006981-1,定价32.00元。(14-207)

10714 也该穷人发财了!

钱来了著,2009年6月。精装,32开,ISBN 978-7-02-007339-9,定价18.00元。(14-208)

10715 OZ奥兹·狂欢

艾成歌主编,2009年5月。平装覆膜,16异,ISBN 978-7-02-007351-1,定价26.00元。(14-209)

10716 躲进世界的角落

幾米著,2009年7月。平装覆膜,16开,ISBN 978-7-02-007559-1,定价45.00元。(14-210)

10717 谢谢你毛毛兔,这个下午真好玩

幾米著,2009年7月。平装覆膜,16异,ISBN 978-7-02-007557-7,定价32.00元。(14-211)

10718 OZ奥兹·宝藏

艾成歌主编,2009年8月。平装覆膜,16异,ISBN 978-7-02-007359-7,定价26.00元。(14-213)

10719 语文闲谈(精编本)

周有光著,周有光语文丛谈,2009年10月。平装,32异,ISBN 978-7-02-006993-4,定价16.00元。(14-214)

10720 字母的故事

周有光著,周有光语文丛谈,2009年10月。平装,32异,ISBN 978-7-02-006974-3,定价12.00元。(14-215)

10721 中国语文的时代演进

周有光著,周有光语文丛谈,2009年10月。平装,32异,ISBN 978-7-02-006976-7,定价12.50元。(14-216)

10722 人类文字浅说

周有光著,周有光语文丛谈,2009年10月。平装,32异,ISBN 978-7-02-006975-0,定价10.00元。(14-217)

10723 汉字和文化问题

周有光著,周有光语文丛谈,2009年10月。平装,32异,ISBN 978-7-02-006973-6,定价17.00元。(14-218)

10724 陷落的电影江湖

黄文杰著,2009年8月。平装,32异,ISBN 978-7-02-007507-2,定价25.00元。(14-219)

10725 解码翡翠

熊清华著,2009年10月。平装覆膜,16开,ISBN 978-7-02-007498-3,定价60.00元。(14-220)

10726 幾米袖珍本 2000—2002
幾米绘,2009年10月。平装覆膜,64开,ISBN 978-7-02-007506-5,定价68.00元。(14-221)

10727 幾米袖珍本 2002—2003
幾米绘,2009年10月。平装覆膜,64开,ISBN 978-7-02-007508-8,定价68.00元。(14-222)

10728 易解人生 田园破解伏羲易
田园、齐巨著,2010年1月。平装,16异,ISBN 978-7-02-007599-7,定价29.00元。(14-223)

10729 战争史笔记(三国—隋唐)
朱增泉著,2010年1月。平装覆膜,16异,ISBN 978-7-02-007316-0,定价39.00元。(14-224)

10730 幸福的料理箱
李冰著,2010年1月。平装覆膜,国流32开,ISBN 978-7-02-007807-3,定价25.00元。(14-225)

10731 OZ 奥兹·小王子
艾成歌主编,2010年2月。平装覆膜,16异,ISBN 978-7-02-007874-5,定价26.00元。(14-226)

10732 幾米故事的开始
幾米著,2010年3月。平装,16异,ISBN 978-7-02-007883-7,定价48.00元。(14-227)

10733 想太多
眼球先生著,2010年4月。平装覆膜,32异,ISBN 978-7-02-007948-3,定价28.00元。(14-230)

10734 爱情想太多
眼球先生著,2010年4月。平装覆膜,32异,ISBN 978-7-02-007947-6,定价28.00元。(14-231)

10735 河之南
杨晓民总撰稿,郑泰森摄影,2010年4月。平装,16异,ISBN 978-7-02-007336-8,定价33.00元。(14-232)

10736 梦笔——吕梁赋及其评论
何西来、李旦初主编,2009年3月。平装,16开,ISBN 978-7-02-006979-8,定价23.00元。(14-233)

10737 孩子,你能成功
——15位奥运冠军的成长故事
湖南卫视创新小组编著,2010年4月。平装,16异,ISBN 978-7-02-007502-7,定价28.00元。(14-234)

10738 一期一会好时光
李冰图文,2010年5月。平装覆膜,国流32开,ISBN 978-7-02-008020-5,定价25.00元。(14-235)

10739 金戈铁马辛弃疾
赵晓岚著,百家讲坛,2010年5月。平装,16异,ISBN 7-02-007985-8,定价27.00元。(14-236)

10740 中国老游艺说趣
聂鑫森著,文化寻踪,2010年6月。平装覆膜,24开,ISBN 978-7-02-007789-2,定价21.00元。(14-239)

10741 中国老兵器说谜
聂鑫森著,文化寻踪,2010年6月。平装覆膜,24开,ISBN 978-7-02-007788-5,定价19.00元。(14-240)

10742 溯源俗语老典故
聂鑫森著,文化寻踪,2010年6月。平装覆膜,24开,ISBN 978-7-02-007787-8,定价21.00元。(14-241)

10743 表意主义戏剧——中国戏曲本质论
冉常建著,2010年7月。平装覆膜,国流32开,ISBN 978-7-02-007987-2,定价22.00元。(2-645)

10744 南瓜头与姜糖人
木木荣著,2010年10月。平装,国流32开,ISBN 978-7-02-008256-8,定价22.00元。(14-242)

10745 战争史笔记(五代—宋辽金夏)
朱增泉著,2011年1月。平装覆膜,16异,ISBN 978-7-02-008175-2,定价34.00元。(14-244)

10746 东汉开国

魏新著,百家讲坛,2010 年 11 月。平装,16 异,ISBN 978-7-02-008348-0,定价 39.00 元。(14-245)

10747　关于爱你,这件微不足道的小事（悠嘻恋爱星球第一季）

蒋雅楠著,玖峰数码绘,2010 年 10 月。平装覆膜,32 异,ISBN 978-7-02-008299-5,定价 24.00 元。(14-246)

10748　柏杨曰（上下）

2010 年 11 月。平装,16 异,ISBN 978-7-02-008209-4,定价 88.00 元。2013 年 1 月收入柏杨历史系列,平装覆膜,16 开,ISBN 978-7-02-009133-1,定价 88.00 元。2017 年 2 月,柏杨历史系列,平装,16 开,ISBN 978-7-02-012189-2,定价 88.00 元。(14-247)

10749　孙之俊漫画（1—5）

2010 年 11 月。平装覆膜,12 开,ISBN 978-7-02-006935-4,定价 192.00 元。(14-284)

10750　骆驼祥子画传　老舍名著的形象解读

孙之儁图,孙燕华文,2006 年 12 月。平装覆膜,24 开,ISBN 7-02-005728-4,定价 18.00 元。(28-49)

10751　OZ 奥兹·白雪,公主

艾成歌主编,2010 年 9 月。平装覆膜,16 异,ISBN 978-7-02-008247-6,定价 26.00 元。(14-249)

10752　再见,出租屋

李冰著,2011 年 1 月。平装覆膜,国流 32 开,ISBN 978-7-02-008407-4,定价 28.00 元。(14-250)

10753　弯家有娘初长成

弯弯绘,弯娘著,2011 年 1 月。平装覆膜,32 异,ISBN 978-7-02-007382-5,定价 32.00 元。(14-251)

10754　可不可以不要铁饭碗

弯弯著,2011 年 1 月。平装覆膜,32 异,ISBN 978-7-02-008392-3,定价 28.00 元。(14-253)

10755　OZ 奥兹·爱丽丝

艾成歌主编,2011 年 4 月。平装覆膜,16 异,ISBN 978-7-02-008531-6,定价 26.00 元。(14-254)

10756　我不升职记 1 soho 篇

李冰著,2011 年 5 月。软精,国流 32 开,ISBN 978-7-02-008589-7,定价 25.00 元。(14-255)

10757　可不可以不要 NG

弯弯著,2011 年 6 月。平装,32 异,ISBN 978-7-02-008515-6,定价 28.00 元。(14-257)

10758　星座神话

黄石编著,李元编图,2011 年 8 月。平装覆膜,16 异,ISBN 978-7-02-006756-5,定价 39.00 元。(14-259)

10759　铁血共和　图说辛亥革命

方可编著,2011 年 8 月。平装覆膜,16 异,ISBN 978-7-02-008579-8,定价 33.00 元。(14-260)

10760　鲁迅影像故事

周令飞主编,赵瑜撰文,2011 年 9 月。平装,16 异,ISBN 978-7-02-008641-2,定价 42.00 元。(14-261)

10761　战争史笔记（元一明）

朱增泉著,2011 年 9 月。平装覆膜,16 异,ISBN 978-7-02-008521-7,定价 33.00 元。(14-262)

10762　战争史笔记（清）

朱增泉著,2011 年 9 月。平装覆膜,16 异,ISBN 978-7-02-008639-9,定价 33.00 元。(14-263)

10763　战争史笔记（全五卷）

朱增泉著,2011 年 10 月。精装,16 异,ISBN 978-7-02-008694-8,定价 380.00 元。(14-264)

10764　欧洲 GO 了没

弯弯绘,2011 年 12 月。软精,32 异,ISBN 978-7-02-008828-7,定价 28.00 元。(14-265)

10765　我们都爱桃伯特

墨墨著,狸空绘,2012 年 1 月。平装,16 异,ISBN 978-7-02-008740-2,定价 28.00 元。(14-266)

10766　我不升职记 2 公司篇

李冰编绘,2012 年 1 月。软精,国流 32 开,ISBN 978-7-02-008914-7,定价 28.00 元。(14-267)

10767 曹操是怎样炼成的
余三著,2012年2月。平装覆膜,16异,ISBN 978-7-02-008749-5,定价38.00元。(14-268)

10768 跟自己的名字赛跑 《赛德克·巴莱》导演手记
魏德圣著,2012年3月。平装,16异,ISBN 978-7-02-008976-5,定价49.80元。(14-269)

10769 想太多2 幸福一点点
眼球先生绘,2012年2月。软精,32异,ISBN 978-7-02-008827-0,定价30.00元。(14-270)

10770 想太多3 悄悄话
眼球先生绘,2012年2月。软精,32异,ISBN 978-7-02-008826-3,定价30.00元。(14-271)

10771 云心水心玉簪记 琴曲书画昆曲新美学
白先勇总策划,2011年2月。软精,16异,ISBN 978-7-02-008330-5,定价45.00元。(14-272)

10772 南瓜头与姜糖人2
木木荣绘著,2012年4月。平装,国流32开,ISBN 978-7-02-008949-9,定价28.00元。(14-273)

10773 水浒之旅
赵萍著,2012年4月。平装,16异,ISBN 978-7-02-008832-4,定价39.00元。(14-274)

10774 鸟少年
黑荔枝著,2012年5月。平装覆膜,16异,ISBN 978-7-02-009023-5,定价33.00元。(14-275)

10775 十年——从改变电视的语态开始(修订版)
孙玉胜著,2012年5月。平装,16异,ISBN 978-7-02-008956-7,定价36.00元。(14-276)

10776 群星闪耀延河边 延安文艺座谈会参加者
高慧琳编著,2012年5月。平装,16异,ISBN 978-7-02-009172-0,定价55.00元。(14-277)

10777 我不升职记3 职场篇
李冰著,2012年6月。软精,国流32开,ISBN 978-7-02-009193-5,定价28.00元。(14-279)

10778 我要我们在一起(悠嘻恋爱星球第二季)
蒋雅楠著,玖峰数码绘,2012年5月。平装覆膜,32异,ISBN 978-7-02-009094-5,定价22.00元。(14-280)

10779 否定句
苏梦涵著,2012年5月。软精,32异,ISBN 978-7-02-009190-4,定价29.80元。(14-281)

10780 蒙斋文录
林鹏著,2012年7月。平装,国流32开,ISBN 978-7-02-009054-9,定价25.00元。(14-282)

10781 熊猫都是潘大吼
潘大吼绘,2012年7月。平装覆膜,16异,ISBN 978-7-02-009136-2,定价35.00元。(14-283)

10782 另一半中国史(插图版)
高洪雷著,2012年7月。平装,16异,ISBN 978-7-02-009024-2,定价55.00元。(14-284)

10783 可不可以天天出去玩
弯弯著,2012年9月。精装,32异,ISBN 978-7-02-009412-7,定价30.00元。(14-285)

10784 funfun 马后炮
弯弯著,2012年9月。平装覆膜,24开,ISBN 978-7-02-009413-4,定价38.00元。(14-286)

10785 火凤燎原 1
陈某著,2012年10月。软精,32异,ISBN 978-7-02-009423-3,定价15.00元。(14-288)

10786 火凤燎原 2
陈某著,2012年10月。软精,32异,ISBN 978-7-02-009422-6,定价15.00元。(14-289)

10787 火凤燎原 3
陈某著,2012年10月。软精,32异,ISBN 978-7-02-009421-9,定价15.00元。(14-290)

10788 火凤燎原 4
陈某著,2012年10月。软精,32异,ISBN 978-7-02-009420-2,定价15.00元。(14-291)

10789 火凤燎原 5
陈某著,2012年10月。软精,32异,ISBN 978-7-02-009419-6,定价15.00元。(14-292)

10790 火凤燎原 6
陈某著,2012年10月。软精,32异,ISBN 978-7-02-009418-9,定价15.00元。(14-293)

10791 火凤燎原 7
陈某著,2012年10月。软精,32异,ISBN 978-7-02-009417-2,定价15.00元。(14-294)

10792 火凤燎原 8
陈某著,2012年10月。软精,32异,ISBN 978-7-02-009416-5,定价15.00元。(14-295)

10793 火凤燎原 9
陈某著,2012年10月。软精,32异,ISBN 978-7-02-009415-8,定价15.00元。(14-296)

10794 火凤燎原 10
陈某著,2012年10月。软精,32异,ISBN 978-7-02-009414-1,定价15.00元。(14-297)

10795 转个弯,怎样都幸福
弯弯著,2012年7月。平装,32异,ISBN 978-7-02-009218-5,定价25.00元。(14-298)

10796 我不升职记 4 终极狂想曲
李冰著,2013年4月。平装覆膜,国流32开,ISBN 978-7-02-009727-2,定价30.00元。(14-299)

10797 李吉庆装帧艺术
何婷编,2013年4月。软精,16开,ISBN 978-7-02-009652-7,定价280.00元。(14-300)

10798 媳妇儿,一起去卖煎饼果子吧
魏雪明著,2013年7月。平装覆膜,32异,ISBN 978-7-02-009969-6,定价33.00元。(14-303)

10799 谁杀了岳飞
冯八飞著,2013年9月。平装,16异,ISBN 978-7-02-010067-5,定价36.00元。(14-304)

10800 皇朝落日
林京著,2013年11月。平装,16异,ISBN 978-7-02-010031-6,定价49.00元。2015年8月,精装,16异,ISBN 978-7-02-010842-8,定价86.00元。(14-305)

10801 桂冠 诺贝尔文学奖作家肖像和传略
高莽编绘,2013年10月。软精,16异,ISBN 978-7-02-010081-1,定价39.00元。(14-306)

10802 梁思成西南建筑图说(手稿本)
林洙整理,2014年3月。软精,16异,ISBN 978-7-02-010065-1,定价52.00元。(14-307)

10803 高术莫用
李帼忠、徐骏峰著,2014年4月。平装,小32开,ISBN 978-7-02-009921-4,定价39.00元。(14-308)

10804 武人琴音
韩瑜口述,徐皓峰、徐骏峰著,2014年4月。平装,小32开,ISBN 978-7-02-010237-2,定价29.00元。(14-309)

10805 逝去的武林
李仲轩口述,徐皓峰撰文,2014年4月。平装,小32开,ISBN 978-7-02-009920-7,定价38.00元。(14-310)

10806 藏家有话
郭建中著,2014年7月。平装,国流32开,ISBN 978-7-02-010291-4,定价32.00元。(14-312)

10807 敛与狂
王东著,王轶庶摄影,2014年8月。平装,32异,ISBN 978-7-02-010214-3,定价36.00元。(14-322)

10808 溯影追踪 皇陵旧照里的清史
徐广源著,2014年8月。平装,16异,ISBN 978-7-02-010308-9,定价52.00元。(7-1249)

10809 寻觅旧京
林京著,2014年9月。平装覆膜,16异,ISBN 978-7-02-010410-9,定价49.00元。2016年5月,精装,16异,ISBN 978-7-02-011540-2,定价78.00元。(14-324)

10810 台湾电影与大陆电影关系史
谢建华著,2014年10月。平装,国流32开,ISBN 978-7-02-010534-2,定价36.00元。

(2-729)

10811 女人都不说,男人都不问
詹仁雄著,2014年11月。平装,32异,ISBN 978-7-02-009676-3,定价32.00元。(14-325)

10812 2015年人生若只如初见月历
安意如著,2014年12月。精装,32异,ISBN 978-7-02-010686-8,定价42.00元。(14-326)

10813 坐天下 张宏杰解读中国帝王
2015年5月。平装,16异,ISBN 978-7-02-010814-5,定价39.80元。2018年5月修订版,平装,16异,ISBN 978-7-02-014141-8,定价46.00元。(14-331)

10814 探索 实践 创新——首都高校共青团科学化建设研究
共青团北京市委员会编,2015年5月。平装覆膜,16异,ISBN 978-7-02-010636-3,定价36.00元。(14-332)

10815 琴弦上的家园
李贵春编,美丽新疆丛书,2015年7月。平装,16开,ISBN 978-7-02-011056-8,定价58.00元。(14-333)

10816 把爱刻在心上
史林杰著,美丽新疆丛书,2015年7月。平装,16开,ISBN 978-7-02-011057-5,定价45.00元。(14-334)

10817 两千年前的微笑
王族著,美丽新疆丛书,2015年7月。平装,16开,ISBN 978-7-02-011058-2,定价42.00元。(14-335)

10818 阳光抚摸的高地
梁彤瑾著,美丽新疆丛书,2015年7月。平装,16开,ISBN 978-7-02-011055-1,定价42.00元。(14-336)

10819 另一半中国史
高洪雷著,2015年9月。平装,16异,ISBN 978-7-02-010944-9,定价58.00元。(14-337)

10820 谢谢你用一生陪伴我
李冰著,2015年9月。平装,国流32开,ISBN 978-7-02-011010-0,定价38.00元。
(14-338)

10821 抗战呐喊 民国珍稀史料中的抗日战争
王政编著,2016年1月。平装,16开,ISBN 978-7-02-011008-7,定价48.00元。(14-340)

10822 大写西域(上下)
高洪雷著,2016年1月。平装,16异,ISBN 978-7-02-011147-3,定价86.00元。(14-342)

10823 难忘的书与插图(续编)
汪家明著,2016年1月。平装,国流32开,ISBN 978-7-02-010809-1,定价36.00元。(14-343)

10824 烽火边城 中共抗战与毛泽东崛起
徐肖冰摄,2016年4月。平装,16异,ISBN 978-7-02-010932-6,定价39.00元。(14-355)

10825 红袖添香夜读书 北宋文人往事
李强著,2016年6月。平装,国流32开,ISBN 978-7-02-011460-3,定价28.00元。(14-365)

10826 红尘匹马长安道 中国商人往事
李强著,2016年6月。平装,国流32开,ISBN 978-7-02-011389-7,定价24.00元。(14-366)

10827 中国纪录电影
——览一诗话:审美选择
高峰著,2016年10月。平装,国流32开,ISBN 978-7-02-011267-8,定价56.00元。(14-369)

10828 临朐冯氏年谱
张秉国著,2016年10月。平装,国流32开,ISBN 978-7-02-011151-0,定价32.00元。(14-370)

10829 沧海撷英 丹桂飘香 风情物语 灵秀河山 诗韵有声
中共绥中县委宣传部编著,绥中历史文化丛书,2016年8月。平装,国流32开,ISBN 978-7-02-011430-6,定价276.00元。(14-371)

10830 人生啊,欢迎"迷路"
(台湾)迷路绘,米米著,2016年11月。平装,

其他

586

国流 32 开，ISBN 978-7-02-011768-0，定价 39.00 元。（14-373）

10831 金钱与抗日战争
戴建兵著，2017 年 1 月。平装，16 异，ISBN 978-7-02-011044-5，定价 38.00 元。（14-374）

10832 毛承志书画集
2016 年 11 月。精装，16 异，ISBN 978-7-02-011538-9，定价 298.00 元。（14-377）

10833 新编美的曙光
蒋勋著，2016 年 11 月。平装，16 异，ISBN 978-7-02-011928-8，定价 49.00 元。（14-378）

10834 湮没的时尚·云想衣裳
李汇群著，2017 年 2 月。平装，32 异，ISBN 978-7-02-010776-6，定价 39.00 元。（14-381）

10835 湮没的时尚·花想容
暮烟深处著，2017 年 2 月。平装，32 异，ISBN 978-7-02-011484-9，定价 38.00 元。（14-382）

10836 上海老城厢、龙华与徐家汇寻旧
项慧芳著，上海寻旧指南丛书，2017 年 3 月。平装，32 异，ISBN 978-7-02-012293-6，定价 78.00 元。（14-383）

10837 天有二日？禅让时期的大清朝政
卜键著，2017 年 2 月。平装，16 异，ISBN 978-7-02-012244-8，定价 58.00 元。（14-384）

10838 谈艺录及其他
傅雷著，傅雷作品精选，2017 年 6 月。平装，16 开，ISBN 978-7-02-012332-2，定价 98.00 元。（14-385）

10839 世界美术名作二十讲
傅雷著，傅雷作品精选，2017 年 5 月。平装，16 开，ISBN 978-7-02-012430-5，定价 78.00 元。（14-386）

10840 意大利古建筑散记
陈志华著，2017 年 7 月。精装，16 异，ISBN 978-7-02-011923-3，定价 136.00 元。（14-387）

10841 朗读者 1
董卿主编，2017 年 8 月。平装，32 异，ISBN 978-7-02-013070-2，定价 52.00 元。（14-388）

10842 朗读者 2
董卿主编，2017 年 8 月。平装，32 异，ISBN 978-7-02-013071-9，定价 52.00 元。（14-389）

10843 朗读者 3
董卿主编，2017 年 8 月。平装，32 异，ISBN 978-7-02-013072-6，定价 52.00 元。（14-390）

10844 朗读者（青少版）
董卿主编，2017 年 8 月。平装，16 异，ISBN 978-7-02-013073-3，定价 39.00 元。（14-391）

10845 我们怎么做编辑——中国出版集团优秀编辑经验谈
中国出版传媒股份有限公司出版业务部编，2015 年 7 月。平装，16 异，ISBN 978-7-02-011004-9，定价 38.00 元。（14-392）

10846 朗读者（1—6）
董卿主编，2017 年 9 月。精装，32 异，ISBN 978-7-02-013074-0，定价 218.00 元。（14-393）

10847 中国诗词日历·2018
黄鲁、李媚编著，2017 年 9 月。精装，异型，ISBN 978-7-02-013272-0，定价 88.00 元。（14-394）

10848 爷孙俩
周密著，2017 年 9 月。平装，24 开，ISBN 978-7-02-013115-0，定价 58.00 元。（7-1466）

10849 刘志丹画传
成路著，2017 年 9 月。平装，16 异，ISBN 978-7-02-013112-9，定价 49.00 元。（7-1469）

10850 朗读者 2018 日历
董卿主编，2017 年 11 月。精装，40 开，ISBN 978-7-02-013380-2，定价 86.00 元。（14-396）

10851 朗读者手账
董卿主编，2017 年 11 月。平装，小 32 开，ISBN 978-7-02-013381-9，定价 39.00 元。（14-397）

10852 鲁迅影集
黄乔生编著，2018 年 1 月。精装，12 开，ISBN

978-7-02-012234-9,定价166.00元。(14-402)

10853 跨越
Lydia著,2018年4月。平装,国流32开,ISBN 978-7-02-013319-2,定价39.00元。(14-403)

10854 金石萃珍——平凉历代碑刻金文选
王蒙主编,茹坚编,人文平凉,2018年3月。平装,国流32开,ISBN 978-7-02-012912-6,定价56.00元。(14-404)

10855 春秋逸谭——平凉历史掌故选(上下)
王蒙主编,李世恩编,人文平凉,2018年4月。平装,国流32开,ISBN 978-7-02-011634-8,定价68.00元。(14-405)

10856 上海英租界寻旧
项慧芳著,上海寻旧指南丛书,2018年2月。平装,32异,ISBN 978-7-02-012874-7,定价108.00元。(14-408)

10857 寻觅旧京(续编)
林京著,2018年4月。平装,16开,ISBN 978-7-02-012909-6,定价98.00元。(14-410)

10858 谢谢了,我的家
《谢谢了,我的家》编写组编写,2018年6月。平装,16异,ISBN 978-7-02-014280-4,定价69.00元。(14-411)

10859 极目新教育
傅东缨著,2018年7月。平装,16异,ISBN 978-7-02-014310-8,定价48.00元。(14-412)

10860 条约中的近代中国
宗民著,2018年8月。平装,16异,ISBN 978-7-02-013890-6,定价46.00元。(14-413)

10861 丁聪古趣漫画
2018年8月。平装,16异,ISBN 978-7-02-013413-7,定价48.00元。(14-421)

10862 日"历"万机
白茶绘著,2018年10月。平装,小32开,ISBN 978-7-02-014643-7,定价88.00元。(14-422)

10863 我本傲娇
白茶绘著,2018年11月。平装,32异,ISBN 978-7-02-014647-5,定价58.00元。(14-423)

10864 上海美法租界寻旧
项慧芳著,上海寻旧指南丛书,2018年6月。平装,32异,ISBN 978-7-02-013252-2,定价88.00元。(14-424)

10865 美食中国
〔俄罗斯〕康斯坦丁·谢平著,2018年9月。平装,16异,ISBN 978-7-02-014400-6,定价88.00元。(42-14)

10866 哨位日历2019
一号哨位编,2018年11月。精装,异型,ISBN 978-7-02-014452-5,定价98.00元。(14-426)

10867 时光匣,拾光侠
李冰绘著,2019年1月。平装,32异,ISBN 978-7-02-014644-4,定价46.00元。(14-427)

10868 就喜欢你看不惯我又干不掉我的样子1(增订版)
白茶绘著,2019年1月。平装,12开,ISBN 978-7-02-014769-4,定价59.00元。(14-428)

10869 朗读者Ⅱ(全3册)
董卿主编,2019年1月。平装,32异,ISBN 978-7-02-014767-0,定价168.00元。(14-429)

10870 朗读者Ⅱ·1
董卿主编,2019年1月。平装,32异,ISBN 978-7-02-014764-9,定价56.00元。(14-430)

10871 朗读者Ⅱ·2
董卿主编,2019年1月。平装,32异,ISBN 978-7-02-014760-1,定价56.00元。(14-431)

10872 朗读者Ⅱ·3
董卿主编,2019年1月。平装,32异,ISBN 978-7-02-014763-2,定价56.00元。(14-432)

10873 不做情绪的奴隶
巴赫爱喝胡辣汤著,2019年1月。平装,国流32开,ISBN 978-7-02-013534-9,定价45.00元。(14-433)

10874 经典咏流传

许文广、过彤主编,2019 年 1 月。平装,32 异,ISBN 978-7-02-014578-2,定价 59.00 元。(14-434)

10875 朗读者Ⅱ(学生版)

董卿主编,2019 年 3 月。平装,小 32 开,ISBN 978-7-02-015041-0,定价 38.00 元。(14-435)

10876 就喜欢你看不惯我又干不掉我的样子 4

白茶绘著,2019 年 4 月。平装,16 异,ISBN 978-7-02-015127-1,定价 59.00 元。(14-436)

10877 琅嬛琐屑 中国古代文房趣尚

侯荣荣著,2019 年 4 月。平装,32 异,ISBN 978-7-02-012365-0,定价 48.00 元。(14-437)

10878 朗读者Ⅱ(全 6 册)

董卿主编,2019 年 7 月。精装,32 异,ISBN 978-7-02-015038-0,定价 268.00 元。(14-439)

10879 星星离我们有多远

卞毓麟著,教育部统编《语文》推荐阅读丛书,2019 年 9 月。平装覆膜,16 异,ISBN 978-7-02-015255-1,定价 28.00 元。(14-440)

10880 人文之宝 2020 古物之美 故宫 600 年纪念手账

祝勇编著,2019 年 8 月。平装,小 32 开,ISBN 978-7-02-015623-8,定价 58.00 元。(14-442)

10881 好运和我都"鼠"于你

白茶绘著,2019 年 10 月。精装,32 异,ISBN 978-7-02-015781-5,定价 128.00 元。(14-443)

10882 白云无事常来往 丰子恺画语

2020 年 6 月。平装,国流 32 开,ISBN 978-7-02-015199-8,定价 78.00 元。(14-444)

10883 就喜欢你看不惯我又干不掉我的样子 5

白茶绘著,2020 年 6 月。平装,16 异,ISBN 978-7-02-016279-6,定价 59.00 元。(14-445)

10884 鼠年大吉

祝勇等著,2019 年 11 月。精装,32 异,ISBN 978-7-02-015869-0,定价 368.00 元。(14-446)

10885 文豪日历 2021 外国文学史上的今天

人民文学出版社外国文学编辑室编著,2020 年 8 月。精装,32 异,ISBN 978-7-02-016441-7,定价 128.00 元。(14-447)

10886 蒋勋日历 2021

2020 年 9 月。精装,32 异,ISBN 978-7-02-016512-4,定价 99.00 元。(14-448)

10887 2021 吾皇万睡周历

白茶绘著,2020 年 9 月。精装,48 开,ISBN 978-7-02-016559-9,定价 59.00 元。(14-449)

10888 清史(上下)

李治亭主编,2020 年 9 月。平装,16 异,ISBN 978-7-02-011427-6,定价 198.00 元。(14-450)

10889 古史六案

李洁非著,2020 年 10 月。精装,国流 32 开,ISBN 978-7-02-016603-9,定价 58.00 元。(14-451)

10890 什么事都在发生

朱德庸绘著,朱德庸经典作品系列,2021 年 1 月。平装,20 开,ISBN 978-7-02-016159-1,定价 59.00 元。(14-452)

10891 每日一禅 一禅语录轻手账

一禅小和尚著,2020 年 11 月。精装,32 异,ISBN 978-7-02-016569-8,定价 48.00 元。(14-453)

10892 关于上班这件事

朱德庸著绘,朱德庸经典作品系列,2021 年 1 月。平装,20 开,ISBN 978-7-02-016158-4,定价 59.00 元。(14-454)

10893 吾皇喊你解数独

马殿佳编著,白茶绘著,2020 年 11 月。平装,64 开,ISBN 978-7-02-016185-0,定价 68.00 元。(14-455)

10894 致我们亲爱的故乡

田萘著,2020 年 9 月。精装,16 异,ISBN 978-

589

7-02-016242-0,定价 59.90 元。(14-456)

10895　屈原赋今译
郭沫若译,1953 年 6 月。平装,32 开,书号 201 单 111,定价 6,200 元;精装,25 开,定价 20,000 元。1956 年 11 月,平装,32 开,书号 10019·202,定价 0.62 元。(34-1)

10896　楚辞图
1953 年 6 月。线装,12 开,定价 250,000 元。1998 年 10 月,线装影印,一函两册,ISBN 7-02-002768-7,定价 366.00 元。(34-2)

10897　诗经选译(增补本)
余冠英译,作家出版社 1956 年 9 月。平装,32 开,书号 10020·651,定价 0.56 元。1960 年 2 月人民文学出版社,平装,32 开,书号 10019·1539,定价 0.65 元。(34-3)

10898　欧阳修词选译
黄公渚译注,作家出版社 1958 年 4 月。平装,32 开,书号 10020·815,定价 0.32 元。(34-5)

10899　张羽煮海
黄雨石编写,作家出版社 1958 年 8 月。平装,32 开,书号 10020·1009,定价 0.08 元。(34-6)

10900　猪八戒的故事
黄肃秋著,作家出版社 1958 年 8 月。平装,32 开,书号 10020·517,定价 0.17 元。(34-7)

10901　孙悟空的故事
黄肃秋著,作家出版社 1958 年 8 月。平装,32 开,书号 10020·530,定价 0.18 元。(34-8)

10902　中山狼
方白改写,作家出版社 1958 年 10 月。平装,32 开,书号 10020·1052,定价 0.12 元。(34-10)

10903　离骚今译
郭沫若译,文学小丛书,1958 年 11 月。平装,小 32 开,书号 10019·892,定价 0.20 元。1959 年 5 月,平装,50 开,定价 0.14 元。1978 年 11 月,平装,32 异,定价 0.15 元。(34-11)

10904　诗经选译
余冠英译,文学小丛书,1959 年 1 月。平装,小 32 开,书号 10019·891,定价 0.22 元。1959 年 7 月,平装,50 开,定价 0.16 元。1978 年 11 月,平装,32 异,定价 0.18 元。(34-12)

10905　包公的故事
松明整理,作家出版社 1959 年 2 月。平装,32 开,书号 10020·1081,定价 0.12 元。(34-13)

10906　不怕鬼的故事(译写本)
张友鸾译写,作家出版社 1962 年 12 月。平装,32 开,书号 10020·1615,定价 0.40 元。(34-15)

10907　孔孟在文艺方面的反动言论辑录(试编本)
1974 年 7 月。平装,大 32 开,无书号,定价 0.29 元。(34-16)

10908　《梦溪笔谈》选注
沈括著,北京印刷一厂工人理论组选注,1976 年 1 月。平装,32 开,书号 10019·2340,定价 0.38 元。(34-17)

10909　先秦音乐美学思想论稿
蒋孔阳著,1986 年 8 月。平装,大 32 开,书号 10019·4009,定价 1.60 元。2006 年 12 月,平装覆膜,国流 32 开,ISBN 7-02-005759-4,定价 16.00 元。(35-105)

10910　古神话选释
袁珂著,1979 年 12 月。平装,32 开,书号 10019·2861,定价 1.40 元。1996 年 9 月版,平装覆膜,32 开,ISBN 7-02-002374-6,定价 21.00 元。(34-18)

10911　卷耳集 屈原赋今译
郭沫若译,1981 年 3 月。平装,大 32 开,书号 10019·3032,定价 0.56 元。(34-19)

10912　诗经选译
余冠英译,文学小丛书,1985 年 10 月。平装,32 开,书号 10019·3847,定价 0.84 元。(34-23)

10913　唐诗今译集
本社编辑部编,1987 年 1 月。平装,大 32 开,书号 10019·4066,定价 3.65 元。1988 年 1 月,大 32 开,平装,ISBN 7-02-000058-4,定价 3.95 元;平装覆膜,ISBN 7-02-000059-2,定价 4.40 元。(34-24)

10914　诗经国风今译
吕恢文译注,中国古典文学今译丛书,1987 年 9 月。平装,小 32 开,书号 10019·4187,定价

1.50元。(34-25)

10915　古译佛经寓言选
张友鸾选注,谢悦今译,1988年1月。平装,小32开,书号10019·4248,ISBN 7-02-000203-X,定价1.70元。(34-26)

10916　孟子选译
杨伯峻译注,中国古典文学今译丛书,1988年10月。平装,小32开,ISBN 7-02-000246-3,定价1.30元。(34-27)

10917　袁枚文选译
袁启明译注,中国古典文学今译丛书,1989年1月。平装,小32开,ISBN 7-02-000526-8,定价1.70元。(34-28)

10918　左传选译
沈玉成译注,中国古典文学今译丛书,1989年12月。平装,小32开,ISBN 7-02-000529-2,定价2.65元。(34-29)

10919　阅微草堂笔记选译
纪昀原著,周续赓、张明高译注,中国古典文学今译丛书,1991年12月。平装,小32开,ISBN 7-02-000527-6,定价2.75元。(30-79)

10920　新序　说苑选译
刘向原著,马达、顾复生选译,中国古典文学今译丛书,1991年12月。平装,小32开,ISBN 7-02-000528-4,定价2.65元。(30-80)

10921　战国策选译
赵丕杰译注,中国古典文学今译丛书,1994年7月。平装,小32开,ISBN 7-02-001809-2,定价5.05元。(34-32)

10922　板桥家书译注
郑燮著,华耀祥、顾黄初译注,中国古典文学今译丛书,1994年7月。平装,小32开,ISBN 7-02-001811-4,定价2.55元。(34-33)

10923　论衡选译
王充著,刘钝文译注,中国古典文学今译丛书,1994年10月。平装,小32开,ISBN 7-02-001861-0,定价5.80元。(34-34)

10924　论语通译
徐志刚译注,1997年12月。平装覆膜,32异,ISBN 7-02-002411-4,定价11.70元。2000年5月收入中学生课外文学名著必读丛书,平装覆膜,大32开,ISBN 7-02-003173-0,定价12.00元。2003年5月收入语文新课标必读丛书,平装覆膜,大32开,ISBN 7-02-004124-8,定价12.00元。2006年6月收入语文新课标必读丛书修订版,平装覆膜,大32开,ISBN 7-02-005690-3,定价12.00元。2008年6月收入语文新课标必读丛书增订版,平装覆膜,大32开,ISBN 978-7-02-007051-0,定价14.00元。2018年4月收入教育部统编《语文》推荐阅读丛书,平装覆膜,16异,ISBN 978-7-02-013750-3,定价25.00元。(34-35)

10925　韩非子选译
周晨译注,中国古典文学今译丛书,1998年4月。平装,小32开,ISBN 7-02-002393-2,定价6.40元。(34-36)

10926　王安石文选译
刘学锴、余恕诚译注,中国古典文学今译丛书,1998年4月。平装,小32开,ISBN 7-02-002499-8,定价5.00元。(34-37)

10927　中国神话传说(上下)
袁珂著,1998年10月。平装覆膜,大32开,ISBN 7-02-002451-3,定价35.00元。(34-38)

10928　晏子春秋选译
王世征、谭宝善译注,中国古典文学今译丛书,1994年7月。平装,小32开,ISBN 7-02-001810-6,定价3.80元。(34-39)

10929　不怕鬼的故事
中国社会科学院文学研究所编,1999年8月。大32开,平装覆膜,ISBN 7-02-003033-5,定价9.80元;精装,ISBN 7-02-003035-1,定价15.80元。(34-40)

10930　不信神的故事
中国社会科学院文学研究所编,1999年8月。大32开,平装覆膜,ISBN 7-02-003034-3,定价12.00元;精装,ISBN 7-02-003036-X,定价18.00元。(34-41)

10931　袖珍诗韵
林东海编,2000年7月。平装覆膜,64开,ISBN 7-02-002762-8,定价10.00元。(34-42)

10932　唐诗名译
本社编辑部编著,2000年9月。平装,小32

开,ISBN 7-02-003163-3,定价12.00元。(34-43)

10933 汉画像的象征世界
朱存明著,2005年1月。平装覆膜,国流32开,ISBN 7-02-004860-9,定价20.00元。(35-175)

10934 道德经
李湘雅解读,2006年5月。平装覆膜,国流32开,ISBN 7-02-005343-2,定价20.00元。(34-46)

10935 明清上海稀见文献五种
刘永翔等整理,2006年8月。精装,国流32开,ISBN 7-02-004952-4,定价59.00元。(34-47)

10936 红楼梦古画录
洪振快著,2007年2月。平装,16开,ISBN 978-7-02-005943-0,定价78.00元。(34-48)

10937 中国戏曲艺术思想史
李世英主编,2015年7月。平装,16开,ISBN 978-7-02-010730-8,定价58.00元。(2-754)

10938 周易(汉俄对照)
姬昌著,〔俄罗斯〕尤·休茨基、阿·卢基扬诺夫译,大中华文库,2016年5月。精装,16异,ISBN 978-7-02-007176-0,定价128.00元。(34-61)

10939 诗经名物图解
〔日〕细井徇编绘,恋上古诗词版画插图版,2018年1月。平装,国流32开,ISBN 978-7-02-012825-9,定价50.00元。(34-62)

10940 楼兰啊,楼兰
高洪雷著,2018年1月。平装,16异,ISBN 978-7-02-013533-2,定价45.00元。(34-66)

10941 东西方戏剧流派
冉常建著,2018年4月。平装,国流32开,ISBN 978-7-02-013698-8,定价75.00元。(2-830)

10942 中国戏曲剧种研究
朱恒夫等著,国家哲学社会科学成果文库,2018年3月。精装,16异,ISBN 978-7-02-013877-7,定价180.00元。(2-835)

10943 四大名著插图品鉴
改琦等绘,2018年6月。精装,16异,ISBN 978-7-02-014136-4,定价68.00元。(34-67)

10944 天地正气
查洪德、徐姗编注,中华传统价值观丛书,2018年10月。平装,国流32开,ISBN 978-7-02-013704-6,定价48.00元。(34-68)

10945 修己以敬
赵伯陶编注,中华传统价值观丛书,2018年10月。平装,国流32开,ISBN 978-7-02-013816-6,定价34.00元。(34-69)

10946 天人合一
韩经太、陈亮编注,中华传统价值观丛书,2018年10月。平装,国流32开,ISBN 978-7-02-013707-7,定价35.00元。(34-70)

10947 知书达礼
袁媛、詹福瑞编注,中华传统价值观丛书,2018年10月。平装,国流32开,ISBN 978-7-02-013703-9,定价36.00元。(34-71)

10948 尊师重教
万德敬、高淑君、和谈编注,中华传统价值观丛书,2018年11月。平装,国流32开,ISBN 978-7-02-013706-0,定价42.00元。(34-74)

10949 敬业乐群
张涛编注,中华传统价值观丛书,2018年11月。平装,国流32开,ISBN 978-7-02-013430-4,定价38.00元。(34-75)

10950 奉公守法
方铭、许欣、胡宏哲编注,中华传统价值观丛书,2019年2月。平装,国流32开,ISBN 978-7-02-013702-2,定价40.00元。(34-76)

10951 天下兴亡 匹夫有责
李圣华编注,中华传统价值观丛书,2019年2月。平装,国流32开,ISBN 978-7-02-014751-9,定价38.00元。(34-77)

10952 浙学读本
黄灵庚主编,黄灵庚等选注,2019年4月。平装,国流32开,ISBN 978-7-02-015035-9,定价40.00元。(34-78)

其他

10953 中国通史
吕思勉著,吕思勉中国史丛书,2019年10月。平装,16异,ISBN 978-7-02-015047-2,定价55.00元。(7-1594)

10954 人类学历史本体论(上中下)
李泽厚著,2019年6月。精装,32异,ISBN 978-7-02-012331-5,定价149.00元。(2-844)

10955 中国书画浅说
诸宗元著,中国文化入门读本,2019年8月。平装,32异,ISBN 978-7-02-014245-3,定价25.00元。(33-60)

10956 古代中国文化讲义
葛兆光著,2020年1月。平装,16异,ISBN 978-7-02-015350-3,定价62.00元。(35-316)

10957 中国近代思想史论
李泽厚著,2020年1月。平装,16异,ISBN 978-7-02-015112-7,定价108.00元。(2-848)

10958 受保企业行业评审要点与担保业务操作模式及典型案例
戴君、黄晴主编,天天出版社2014年3月。平装,16开,ISBN 978-7-5016-0824-9,定价78.00元。(T94-3)

10959 中国担保.1
戴君、黄晴主编,天天出版社2014年4月。平装,大16开,ISBN 978-7-5016-0850-8,定价30.00元。(T94-4)

10960 中国担保.2
戴君、黄晴主编,天天出版社2014年7月。平装,大16开,ISBN 978-7-5016-0873-7,定价30.00元。(T94-5)

10961 中国担保.3
戴君、黄晴主编,天天出版社2014年9月。平装,大16开,ISBN 978-7-5016-0900-0,定价30.00元。(T94-7)

10962 中国担保.37
戴君、黄晴主编,天天出版社2015年5月。平装,大16开,ISBN 978-7-5016-0968-0,定价30.00元。(T94-8)

10963 中国担保.38
戴君、黄晴主编,天天出版社2015年5月。平装,大16开,ISBN 978-7-5016-0782-2,定价30.00元。(T94-9)

10964 中国担保.40
戴君、黄晴主编,天天出版社2015年12月。平装,大16开,ISBN 978-7-5016-1032-7,定价30.00元。(T94-10)

10965 中国担保.41
戴君、黄晴主编,天天出版社2016年6月。平装,大16开,ISBN 978-7-5016-1084-6,定价40.00元。(T94-11)

10966 中国担保.43
戴君、黄晴主编,天天出版社2016年12月。平装,大16开,ISBN 978-7-5016-1086-0,定价40.00元。(T94-13)

10967 中国担保.42
戴君、黄晴主编,天天出版社2016年12月。平装,大16开,ISBN 978-7-5016-1085-3,定价40.00元。(T94-14)

10968 中国担保.45
戴君、黄晴主编,天天出版社2017年6月。平装,大16开,ISBN 978-7-5016-1293-2,定价40.00元。(T94-16)

10969 中国担保.44
戴君、黄晴主编,天天出版社2017年3月。平装,大16开,ISBN 978-7-5016-1087-7,定价40.00元。(T94-17)

10970 中国担保.48
戴君、黄晴主编,天天出版社2018年3月。平装,大16开,ISBN 978-7-5016-1399-1,定价40.00元。(T94-18)

10971 中国担保.47
戴君、黄晴主编,天天出版社2017年12月。平装,大16开,ISBN 978-7-5016-1353-3,定价40.00元。(T94-19)

10972 中国担保.39
戴君、黄晴主编,天天出版社2015年7月。平装,大16开,ISBN 978-7-5016-1010-5,定价30.00元。(T94-20)

文化综合

译 作

小　　说

欧洲古典小说

10973　吉诃德先生传

〔西班牙〕塞万提斯著,伍实译,作家出版社1954年9月。精装,大32开,书号 作104,定价22,000元。(75-3)

10974　约瑟·安特路传

〔英〕菲尔丁著,伍光健译,作家出版社1954年10月。大32开,书号 作94,精装,定价11,000元;特精,25开,定价30,000元。(75-4)

10975　欧也妮·葛朗台

〔法〕巴尔扎克著,傅雷译,1954年12月。精装,32开,书号355,定价14,000元。1957年9月,精装,32开,书号10019·353,定价1.20元。1988年12月,平装,32开,ISBN 7-02-000557-8,定价1.95元。2018年5月收入教育部统编《语文》推荐阅读丛书,平装覆膜,16异,ISBN 978-7-02-013723-7,定价22.00元。(75-6)

10976　夏倍上校

〔法〕巴尔扎克著,傅雷译,1954年12月。精装,32开,书号359,定价18,000元。1957年8月,精装,32开,书号10019·357,定价1.50元。1982年1月,附《奥诺丽纳　禁治产》,平装,32开,定价1.10元。(75-7)

10977　高老头

〔法〕巴尔扎克著,傅雷译,1954年12月。精装,32开,书号356,定价18,500元。1957年8月,精装,32开,书号10019·356,定价1.50元。1978年4月,平装,32开,书号10019·354,定价0.73元。1989年9月收入巴尔扎克选集,软精,大32开,ISBN 7-02-000810-0,定价5.60元。1990年8月收入北京市教育局青年文库,平装,小32开,ISBN 7-02-001091-1,非卖品,无定价。(75-8)

10978　邦斯舅舅(上下)

〔法〕巴尔扎克著,傅雷译,1955年1月。精装,32开,书号358,定价25,000元。1957年8月,精装,32开,书号10019·356,定价2.00元。1982年1月,平装,32开,定价1.55元。(75-9)

10979　贝姨

〔法〕巴尔扎克著,傅雷译,1955年2月。精装,32开,书号357,定价30,000元。1957年9月,精装,32开,书号10019·355,定价2.40元。1989年9月收入巴尔扎克选集,软精,大32开,ISBN 7-02-000783-X,定价7.45元。1993年11月收入世界文学名著文库,精装,大32开,ISBN 7-02-001684-7,定价16.65元。(75-10)

10980　老实人　附:天真汉

〔法〕服而德著,傅雷译,1955年2月。平装,32开,书号375,定价7,700元。(75-11)

10981　嘉尔曼　附:高龙巴

〔法〕梅里曼著,傅雷译,1955年3月。平装,32开,书号395,定价1.02元。1958年3月,平装,32开,书号10019·391,定价0.85元。(75-12)

10982　少年维特之烦恼

〔德〕歌德著,郭沫若译,1955年10月。平装,大32开,书号416,定价0.51元。1956年5月,平装,大32开,书号10019·412,定价0.48

元。2007 年 7 月收入天火丛书,平装,国流 32 开,ISBN 978-7-02-006132-7,定价 12.00 元。(75-14)

10983　乡村里的罗密欧与朱丽叶

〔瑞士〕凯勒著,田德望译,作家出版社 1955 年 12 月。平装,50 开,书号 作 307,定价 0.25 元。(75-15)

10984　大伟人江奈生·魏尔德传

〔英〕亨利·菲尔丁著,萧乾译,潘家洵校,作家出版社 1956 年 1 月。平装,大 32 开,书号 作 269,定价 0.79 元。1957 年 12 月人民文学出版社,平装,大 32 开,书号 10019·569,定价 0.75 元。(75-16)

10985　剥削世家

〔英〕埃杰窝斯著,杨必译,作家出版社 1956 年 1 月。平装,32 开,书号 作 381,定价 0.32 元。(75-17)

10986　吉尔·布拉斯

〔法〕勒萨日著,杨绛译,外国文学名著丛书,1956 年 1 月。平装,大 32 开,书号 10019·1031,定价 2.23 元。1979 年 9 月收入外国古典文学名著丛书,平装,大 32 开,定价 2.00 元。1994 年 5 月收入世界文学名著文库,精装,大 32 开,ISBN 7-02-001763-0,定价 22.05 元。2018 年 8 月收入名著名译丛书,精装,32 异,ISBN 978-7-02-012469-5,定价 48.00 元。(75-18)

10987　法朗士短篇小说集

〔法〕法朗士著,赵少侯译,作家出版社 1956 年 7 月。平装,32 开,书号 10020·358,定价 0.59 元。(75-20)

10988　小癞子

〔西班牙〕佚名著,杨绛译,作家出版社 1956 年 8 月。平装,小 32 开,书号 10020·443,定价 0.22 元。1962 年 12 月人民文学出版社,外国文学小丛书,平装,50 开,书号 10019·1703,定价 0.15 元;平装,32 异,定价 0.24 元。2013 年 11 月,精装,小 32 开,ISBN 978-7-02-010035-4,定价 29.00 元。(75-21)

10989　查第格

〔法〕服而德著,傅雷译,1956 年 11 月。平装,32 开,书号 10019·498,定价 0.44 元。(75-22)

10990　于絮尔·弥罗埃

〔法〕巴尔扎克著,傅雷译,1956 年 11 月。平装,大 32 开,书号 10019·480,定价 0.75 元。(75-23)

10991　巨人传

〔法〕拉伯雷著,鲍文蔚译,1956 年 12 月。平装,32 开,书号 10019·582,定价 0.65 元。1998 年 2 月收入世界文学名著文库,精装,大 32 开,ISBN 7-02-002480-7,定价 24.00 元。2004 年 8 月收入名著名译插图本,平装覆膜,国流 32 开,ISBN 7-02-004492-1,定价 17.00 元。2017 年 1 月收入中国翻译家译丛,精装,16 异,ISBN 978-7-02-011243-2,定价 52.00 元。2019 年 7 月收入外国文学名著丛书,精装,大 32 开,ISBN 978-7-02-015086-1,定价 52.00 元。(75-24)

10992　小约翰

〔荷兰〕F. 望蔼覃著,鲁迅译,1957 年 2 月。平装,大 32 开,书号 10019·526,定价 0.55 元。(75-25)

10993　约翰·克利斯朵夫(1—4)

〔法〕罗曼·罗兰著,傅雷译,1957 年 3 月。平装,28 开,书号 10019·501,定价 6.80 元。1980 年 9 月收入外国文学名著丛书,平装,大 32 开,定价 5.15 元;精装,定价 8.80 元。1987 年 10 月,平装,32 开,ISBN 7-02-000050-9,定价 8.75 元。1992 年 7 月,平装,大 32 开,ISBN 7-02-001462-3,定价 24.25 元。1996 年 4 月,上下卷,平装覆膜,大 32 开,ISBN 7-02-002324-X,定价 78.10 元。1997 年 11 月收入世界文学名著文库,精装,大 32 开,ISBN 7-02-002585-4,定价 74.00 元。2018 年 8 月收入名著名译丛书,书名《约翰-克利斯朵夫》,精装,32 异,ISBN 978-7-02-012475-6,定价 88.00 元。2018 年 8 月收入教育部统编《语文》推荐阅读丛书,平装覆膜,16 异,ISBN 978-7-02-014106-7,定价 98.00 元。(75-26)

10994　九三年

〔法〕雨果著,郑永慧译,成钰亭校(1982 年以后取消),1957 年 5 月。平装,大 32 开,书号 10019·606,定价 1.60 元。1990 年 8 月收入北京市教育局青年文库,平装,32 开,ISBN 7-02-001087-3,非卖品,无定价。1992 年 6 月收入外国古典文学名著选粹,大 32 开,平装,ISBN 7-02-001415-1,定价 7.15 元;精装 ISBN 7-02-001416-X,定价 15.00 元。1996 年 8 月收入世界文学名著文库普及本,平装覆膜,国流 32 开,ISBN 7-02-002226-X,定价 16.20 元。1996 年 11 月收入世界文学名著文库,精装,大 32 开,ISBN 7-02-002123-9,定价 36.20 元。2004 年 1 月收入名著名译插图本,平装覆膜,国流 32 开,ISBN 7-02-004420-4,定价 18.00 元。1982 年 4 月收入外国文学名著丛书,平装,大 32 开,定价 1.60 元。2017 年 1 月收入中国翻译家译丛,精装,16 异,ISBN 978-7-02-011235-7,定价 56.00 元。(75-28)

10995 名利场(上下)

〔英〕萨克雷著,杨必译,外国文学名著丛书,1957 年 5 月。平装,大 32 开,书号 10019·565,定价 3.20 元。1959 年 8 月收入外国古典文学名著丛书,大 32 开,平装,定价 3.05 元;精装,定价 4.25 元。1988 年 3 月,平装,大 32 开,ISBN 7-02-000195-5,定价 6.10 元;1990 年 8 月收入北京市教育局青年文库,平装,32 开,非卖品,无定价。1992 年 6 月收入外国古典文学名著选粹,平装,大 32 开,ISBN 7-02-000195-5,定价 14.40 元;精装,ISBN 7-02-001417-8,定价 30.10 元。1992 年 12 月收入国家教委青年文库,平装,小 32 开,ISBN 7-02-001609-X,非卖品,无定价。1995 年 8 月收入世界文学名著文库,精装,大 32 开,ISBN 7-02-001941-2,定价 58.90 元。2000 年 12 月收入名著名译,平装覆膜,大 32 开,ISBN 7-02-003128-5,定价 33.00 元。2006 年 1 月收入名著名译插图本,平装覆膜,国流 32 开,ISBN 7-02-005216-9,定价 37.00 元。2012 年 1 月收入名著名译插图本精华版,平装,国流 32 开,ISBN 978-7-02-008723-5,定价 45.00 元。2015 年 4 月收入中国翻译家译丛,精装,16 异,ISBN 978-7-02-009761-6,定价 69.00 元。2020 年 6 月收入外国文学名著丛书,精装,大 32 开,ISBN 978-7-02-015831-7,定价 128.00 元。(75-29)

10996 瘸腿魔鬼

〔法〕勒萨日著,张道真译,勒萨日选集,1957 年 9 月。平装,大 32 开,书号 10019·645,定价 0.50 元。(75-30)

10997 德伯家的苔丝

〔英〕哈代著,张谷若译,哈代选集,1957 年 10 月。平装,大 32 开,书号 10019·650,定价 1.70 元。1984 年 7 月收入外国文学名著丛书,大 32 开,平装,定价 1.95 元;精装,定价 2.50 元。1989 年 3 月收入外国古典长篇小说选粹,平装,大 32 开,ISBN 7-02-000596-9,定价 5.25 元;1989 年 4 月,精装,ISBN 7-02-000597-7,定价 9.05 元。1993 年 3 月,平装覆膜,大 32 开,ISBN 7-02-001550-6,定价 9.60 元。1993 年 12 月收入外国古典文学名著选粹,平装覆膜,大 32 开,ISBN 7-02-001550-6,定价 10.70 元。1995 年 8 月收入世界文学名著文库,精装,大 32 开,ISBN 7-02-001943-9,定价 33.90 元。2001 年 11 月收入名著名译,平装覆膜,大 32 开,ISBN 7-02-003130-7,定价 20.00 元。2002 年 1 月收入大学生必读,平装,大 32 开,ISBN 7-02-003596-5,定价 22.80 元。2003 年 1 月收入名著名译插图本,平装覆膜,国流 32 开,ISBN 7-02-003951-0,定价 17.00 元。2008 年 6 月收入名著名译插图本精华版,软精,国流 32 开,ISBN 978-7-02-007144-9,定价 23.00 元。2017 年 1 月收入中国翻译家译丛,精装,16 异,ISBN 978-7-02-011238-8,定价 63.00 元。2018 年 6 月收入哈代文集,精装,国流 32 开,ISBN 978-7-02-004177-0,定价 68.00 元。2020 年 6 月收入外国文学名著丛书,精装,大 32 开,ISBN 978-7-02-015835-5,定价 69.00 元。(75-31)

10998 安吉堡的磨工

〔法〕乔治·桑著,罗玉君译,1958 年 2 月。平装,大 32 开,书号 10019·708,定价 1.10 元。(75-32)

10999 波斯人的婚礼

〔法〕孟德斯鸠著,罗大冈译,1958 年 3 月。大 32 开,书号 10019·714,平装,定价 1.10 元;精装,定价 2.10 元。1959 年 9 月收入外国古典

小说

文学名著丛书,大32开,平装,定价1.10元;精装,定价1.75元。2000年12月收入世界文学名著文库,精装,大32开,ISBN 7-02-002780-6,定价24.00元。2012年1月收入企鹅经典丛书,平装,32异,ISBN 978-7-02-008750-1,定价28.00元。2015年4月收入中国翻译家译丛,精装,16异,ISBN 978-7-02-009904-7,定价37.00元。2020年4月收入外国文学名著丛书,精装,大32开,ISBN 978-7-02-015692-4,定价49.00元。(75-33)

11000　哥拉·布勒尼翁

〔法〕罗曼·罗兰著,许渊冲译,鲍文蔚校,1958年3月。平装,大32开,书号10019·719,定价0.90元。2019年6月,书名《哥拉·泼泥翁》,精装,大32开,ISBN 978-7-02-013311-6,定价52.00元。(75-34)

11001　大卫·科波菲尔(上下)

〔英〕狄更斯著,董秋斯译,1958年5月。精装,大32开,书号10019·742,定价4.70元。1980年8月收入狄更斯选集,平装,大32开,定价3.25元。1988年7月收入北京市教育局少年文库,平装,小32开,ISBN 7-02-000403-2,非卖品,无定价。1988年12月,平装,大32开,ISBN 7-02-000396-6,定价9.70元。(75-36)

11002　查理第九时代轶事

〔法〕梅里美著,林託山译,1958年5月。平装,大32开,书号10019·761,定价0.80元。(75-37)

11003　还乡

〔英〕哈代著,张谷若译,哈代选集,1958年5月。平装,大32开,书号10019·760,定价1.60元。1991年11月,平装,大32开,ISBN 7-02-001316-3,定价7.70元。1993年11月收入世界文学名著文库,精装,大32开,ISBN 7-02-001686-3,定价17.90元。2018年6月收入哈代文集,精装,国流32开,ISBN 978-7-02-014178-7,定价68.00元。(75-38)

11004　悲惨世界(1)

〔法〕雨果著,李丹译,雨果选集,1958年6月。大32开,书号10019·755,平装,定价1.30元;精装,定价1.80元。1988年11月,平装覆膜,大32开,ISBN 7-02-000256-0,定价4.35元。1992年6月收入外国古典文学名著选粹,上中下三册合为一种,署李丹、于芳译,大32开,平装,ISBN 7-02-001392-9,定价27.80元;精装,ISBN 7-02-001393-7,定价51.35元。1993年6月,平装覆膜,大32开,ISBN 7-02-001716-9,定价33.00元。1994年11月收入世界文学名著文库,精装,大32开,ISBN 7-02-001953-6,定价62.70元。2000年2月收入名著名译,平装覆膜,大32开,ISBN 7-02-003110-2,定价60.00元。2002年1月收入大学生必读,平装,大32开,ISBN 7-02-003588-4,定价68.00元。2003年1月收入名著名译插图本,平装覆膜,国流32开,ISBN 7-02-003898-0,定价58.00元。2008年6月收入名著名译插图本精华版,软精,国流32开,ISBN 978-7-02-007126-5,定价70.00元。2015年6月收入名著名译丛书,精装,32异,ISBN 978-7-02-010434-5,定价110.00元。2018年7月收入插图本名著名译丛书,五册,平装,国流32开,ISBN 978-7-02-013089-4,定价106.00元。2018年7月收入教育部统编《语文》推荐阅读丛书,平装覆膜,16异,ISBN 978-7-02-014105-0,定价103.00元。(75-40)

11005　变形记

〔罗马〕奥维德著,杨周翰译,作家出版社1958年8月。平装,大32开,书号10020·878,定价0.80元。1984年5月人民文学出版社,收入外国文学名著丛书,大32开,书号10019·3651,平装,定价0.85元;精装,定价1.45元。2000年12月收入世界文学名著文库,精装,大32开,ISBN 7-02-003039-4,定价26.00元。2008年1月收入名著名译插图本,平装覆膜,国流32开,ISBN 978-7-02-006258-4,定价19.00元。(75-41)

11006　古斯泰·贝林的故事

〔瑞典〕塞尔玛·拉格洛孚著,高骏千、王央乐译,1958年9月。精装,大32开,书号10019·823,定价1.55元。1983年3月外国文学出版社收入二十世纪外国文学丛书,平装,大32开,书号10208·126,定价1.25元。(75-43)

11007　金钱

〔法〕左拉著,冬林译,左拉选集,1958年9月。大32开,书号10019·799,平装,定价1.50元;精装,定价1.85元。1980年8月收入外国文学名著丛书,平装,大32开,定价1.45元。1996年12月,平装覆膜,大32开,ISBN 7-02-002329-0,定价19.00元。1998年2月收入世界文学名著文库,精装,大32开,ISBN 7-02-002631-1,定价27.50元。(75-44)

11008　摩尔·弗兰德斯

〔英〕笛福著,梁遇春译,1958年9月。平装,大32开,书号10019·815,定价0.98元。1987年4月,平装,大32开,定价1.95元。(75-45)

11009　羊脂球

〔法〕莫泊桑著,赵少侯译,文学小丛书,1958年9月。平装,小32开,书号10019·924,定价0.32元。1959年9月,平装,50开,定价0.23元。(75-46)

11010　乡村骑士

〔意大利〕维尔加著,王央乐译,文学小丛书,1958年9月。平装,小32开,书号10019·929,定价0.30元。1959年5月,平装,50开,定价0.22元。(75-49)

11011　贡劳格英雄传说

冰岛民间传说,郭恕可译,文学小丛书,1958年9月。平装,小32开,书号10019·930,定价0.20元。1959年7月,平装,50开,定价0.14元。(75-50)

11012　定命论者雅克和他的主人

〔法〕狄德罗著,匡明译,1958年10月。平装,大32开,书号10019·848,定价0.94元。1980年1月,平装,大32开,定价0.91元。(75-52)

11013　威克菲牧师传

〔英〕哥尔斯密著,伍光建译,1958年10月。平装,大32开,书号10019·888,定价0.51元。(75-53)

11014　亨利·艾斯芒德的历史

〔英〕萨克雷著,陈遴、王培德译,萨克雷选集,1958年10月。平装,大32开,书号10019·855,定价1.90元。1997年12月,平装覆膜,大32开,ISBN 7-02-002537-4,定价26.00元。(75-54)

11015　小酒店

〔法〕左拉著,王了一译,左拉选集,1958年10月。大32开,书号10019·949,平装,定价1.40元;精装,定价1.70元。1990年9月,平装,大32开,ISBN 7-02-001012-1,定价4.80元。(75-55)

11016　高利贷者

〔法〕巴尔扎克著,陈占元译,文学小丛书,1958年10月。平装,小32开,书号10019·923,定价0.24元。1959年5月,平装,50开,定价0.17元。1978年12月,平装,32异,定价0.18元。(75-56)

11017　包法利夫人

〔法〕福楼拜著,李健吾译,外国古典文学名著丛书,1958年11月。大32开,书号10019·886,平装,定价1.50元;精装,定价2.55元。1979年12月收入外国文学名著丛书,平装,大32开,定价1.25元。2003年1月收入名著名译插图本,平装覆膜,国流32开,ISBN 7-02-003899-9,定价12.00元。2008年6月收入名著名译插图本精华版,软精,国流32开,ISBN 978-7-02-007123-4,定价16.00元。2012年5月收入企鹅经典丛书,平装,32异,ISBN 978-7-02-009072-3,定价22.00元。2015年6月收入名著名译丛书,精装,32异,ISBN 978-7-02-010449-9,定价28.00元。2017年1月收入中国翻译家译丛,精装,16异,ISBN 978-7-02-011236-4,定价49.00元。2018年6月收入插图本名著名译丛书,平装,国流32开,ISBN 978-7-02-013132-7,定价28.00元。2019年5月收入外国文学名著丛书,精装,大32开,ISBN 978-7-02-015059-5,定价49.00元。(75-57)

11018　无名的裘德

〔英〕哈代著,张谷若译,哈代选集,1959年1月。平装,大32开,书号10019·854,定价1.55元。1989年12月,平装,大32开,ISBN 7-02-000816-X,定价6.55元。1995年10月收入世界文学名著文库,精装,大32开,ISBN 7-02-001990-0,定价33.70元;1996年8月收入世界文学名著文库普及本,平装覆膜,国流32开,ISBN 7-02-002228-6,定价18.30元。2018年6月收入哈代文集,精装,国流32开,ISBN 978-7-02-004176-3,定价68.00元。(75-59)

11019　吉姆爷
〔英〕康拉德著,梁遇春、袁家骅译,1959年1月。平装,大32开,书号10019·1062,定价1.10元。(75-60)

11020　堂吉诃德
〔西班牙〕塞万提斯著,傅东华译,1959年3月。大32开,书号10019·1166,平装,定价4.70元;精装,定价5.30元。(75-61)

11021　崩溃
〔法〕左拉著,华素译,秦水校,左拉选集,1959年4月。平装,大32开,书号10019·1209,定价1.75元。(75-64)

11022　葛洛特·格
〔法〕雨果著,沈宝基译,文学小丛书,1959年5月。平装,50开,书号10019·1253,定价0.10元。(75-65)

11023　三角帽
〔西班牙〕亚拉尔孔著,博园译,文学小丛书,1959年6月。平装,50开,书号10019·1257,定价0.23元。(75-67)

11024　卢贡家族的家运
〔法〕左拉著,林如稷译,左拉选集,1959年6月。大32开,书号10019·820,平装,定价1.75元;精装,定价2.10元。(75-68)

11025　悲惨世界(2)
〔法〕雨果著,李丹译,雨果选集,1959年6月。平装,大32开,书号10019·1216,定价1.15元。1988年11月,平装覆膜,大32开,ISBN 7-02-000257-9,定价3.75元。(75-69)

11026　希腊的神话和传说
〔德〕斯威布著,楚图南译,1959年7月。精装,大32开,书号10019·1044,定价3.10元。1988年7月,平装,小32开,ISBN 7-02-000641-8,定价5.35元;同时收入北京市教育局少年文库,非卖品,无定价;平装覆膜,大32开,ISBN 7-02-000640-X,定价7.70元。2002年1月收入大学生必读,平装,大32开,ISBN 7-02-003585-X,定价38.00元。2003年1月收入名著名译插图本,平装覆膜,国流32开,ISBN 7-02-003994-4,定价26.00元。2008年6月收入名著名译插图本精华版,软精,国流32开,ISBN 978-7-02-007106-7,定价30.00元。2013年11月收入中学生文学阅读必备书系,平装覆膜,国流32开,ISBN 978-7-02-009945-0,定价38.00元。2015年5月收入名著名译丛书,精装,32异,ISBN 978-7-02-010453-6,定价43.00元。2018年6月收入插图本名著名译丛书,平装,国流32开,ISBN 978-7-02-013135-8,定价52.00元。(75-70)

11027　鲁滨孙飘流记
〔英〕笛福著,方原译,外国古典文学名著丛书,1959年9月。大32开,书号10019·1505,平装,定价0.94元;精装,定价1.50元。1982年1月收入外国文学名著丛书,改署徐霞村译,平装,大32开,定价0.92元。1988年6月,平装,小32开,ISBN 7-02-000464-4,定价1.90元;同时收入北京市教育局少年文库,非卖品,无定价。1989年1月,外国文学名著丛书,平装,大32开,ISBN 978-7-02-000507-1,定价2.85元。2000年5月收入中学生课外文学名著必读丛书,平装覆膜,大32开,ISBN 7-02-003212-5,定价12.00元。2003年1月收入名著名译插图本,平装覆膜,国流32开,ISBN 7-02-003988-X,定价11.00元。2003年5月收入语文新课标必读丛书,平装,大32开,ISBN 7-02-004130-2,定价12.00元。2006年6月收入语文新课标必读丛书修订版,平装覆膜,大32开,ISBN 7-02-005706-3,定价13.00元。2008年6月收入语文新课标必读丛书增订版,平装覆膜,大32开,ISBN 978-7-02-007036-7,定价17.00元。2008年6月收入名著名译插图本精华版,软精,国流32开,ISBN 978-7-02-007058-9,定价15.00元。2010年8月影响孩子们一生的经典插图本,平装覆膜,16异,ISBN 978-7-02-008055-7,定价21.00元。2012年6月收入语文新课标必读丛书最新版,平装覆膜,大32开,ISBN 978-7-02-008985-7,定价20.00元。2015年5月收入名著名译丛书,精装,32异,ISBN 978-7-02-

010414-7,定价26.00元。2018年4月收入插图本名著名译丛书,平装,国流32开,ISBN 978-7-02-013099-3,定价25.00元。2020年6月收入外国文学名著丛书,精装,大32开,ISBN 978-7-02-016136-2,定价55.00元。(75-72)

11028　磨坊之围

〔法〕左拉著,江影译,文学小丛书,1960年1月。平装,50开,书号10019·1416,定价0.11元。(75-75)

11029　亚瑟王之死(上下)

〔英〕马罗礼著,黄素封译,1960年4月。大32开,书号10019·1528,平装,定价3.65元;精装,定价4.85元。1983年4月,平装,大32开,定价3.35元。(75-78)

11030　城市姑娘

〔英〕马尔加丽塔·哈克纳斯著,秦水译,1961年11月。平装,32开,书号10019·1586,定价0.39元。1981年8月,平装,32开,定价0.41元。(75-81)

11031　悲翡达夫人

〔西班牙〕培尼托·贝雷斯·迦尔杜斯著,赵清慎译,1961年12月。32开,书号10019·1644,平装,定价0.72元;精装,定价0.96元。(75-83)

11032　格列佛游记

〔英〕斯威夫特著,张健译,外国古典文学名著丛书,1962年3月。大32开,书号10019·1549,平装,定价0.98元;精装,定价1.50元。1979年12月收入外国文学名著丛书,平装,大32开,定价0.94元。2000年5月收入中学生课外文学名著必读丛书,平装覆膜,大32开,ISBN 7-02-003213-3,定价12.00元。2003年1月收入名著名译插图本,平装覆膜,国流32开,ISBN 7-02-003955-3,定价12.00元。2003年5月收入语文新课标必读丛书,平装覆膜,大32开,ISBN 7-02-004129-9,定价12.00元。2006年6月收入语文新课标必读丛书修订版,平装覆膜,大32开,ISBN 7-02-005708-X,定价13.00元。2008年6月收入语文新课标必读丛书增订版,平装覆膜,大32开,ISBN 978-7-02-007089-3,定价18.00元。2008年6月收入名著名译插图本精华版,软精,国流32开,ISBN 978-7-02-007105-6,定价16.00元。2012年6月收入语文新课标必读丛书最新版,平装覆膜,大32开,ISBN 978-7-02-008996-3,定价20.00元。2015年6月收入名著名译丛书,精装,32异,ISBN 978-7-02-010443-7,定价26.00元。2018年4月收入插图本名著名译丛书,平装,国流32开,ISBN 978-7-02-013118-1,定价25.00元。2019年5月收入外国文学名著丛书,精装,大32开,ISBN 978-7-02-015094-6,定价45.00元。(75-84)

11033　茅屋

〔西班牙〕维特生·勃拉斯科·伊巴涅斯著,庄重译,1962年8月。平装,32开,书号10019·1643,定价0.63元。(75-85)

11034　彼得·史勒密奇遇记

〔德〕阿德贝尔特·封·沙米索著,伯永译,文学小丛书,1962年8月。书号10019·1417,平装,50开,定价0.17元;平装,32异,定价0.25元。(75-86)

11035　吉尔约岭上的一家

〔挪威〕约那士·李著,柯青译,1962年9月。平装,大32开,书号10019·1526,定价0.59元。(75-87)

11036　七兄弟

〔芬兰〕阿列克塞斯·基维著,高宗禹译,1962年12月。大32开,书号10019·1699,平装,定价1.20元;精装,定价1.65元。(75-88)

11037　柏林之围

〔法〕都德著,赵少侯译,文学小丛书,1962年12月。书号10019·1711,平装,50开,定价0.24元;平装,32异,定价0.38元。(75-90)

11038　嘉尔曼

〔法〕梅里美著,傅雷译,文学小丛书,1962年12月。平装,50开,书号10019·1712,定价0.17元;平装,32异,定价0.27元。1979年7月,平装,32异,定价0.17元。(75-91)

11039　搅水女人

〔法〕巴尔扎克著,傅雷译,1962年12月。大32开,书号10019·1694,平装,定价1.25元;精装,定价1.50元。1988年4月,平装,大32

开,ISBN 7-02-000202-1,定价 2.15 元。1993 年 12 月,平装覆膜,大 32 开,ISBN 7-02-001721-5,定价 7.65 元。(75-92)

11040　布登勃洛克一家(上下)
〔德〕托马斯·曼著,傅惟慈译,外国古典文学名著丛书,1962 年 12 月。大 32 开,书号 10019·1691,平装,定价 2.45 元;精装,定价 3.40 元。1978 年 9 月,平装,大 32,定价 2.30 元。(75-93)

11041　一生
〔法〕莫泊桑著,盛澄华译,1963 年 1 月。大 32 开,书号 10019·1716,平装,定价 1.00 元;精装,定价 1.25 元。1994 年 2 月收入法国婚恋小说十种,平装覆膜,32 异,ISBN 7-02-001751-7,定价 4.75 元。2003 年 1 月收入名著名译插图本,平装覆膜,国流 32 开,ISBN 7-02-003978-2,定价 9.00 元。2008 年 6 月收入名著名译插图本精华版,软精,国流 32 开,ISBN 978-7-02-007124-1,定价 12.00 元。2018 年 4 月收入插图本名著名译丛书,平装,国流 32 开,ISBN 978-7-02-013090-0,定价 24.00 元。(75-94)

11042　凯勒中篇小说集
〔瑞士〕凯勒著,田德望译,1963 年 2 月。32 开,书号 10019·1714,平装,定价 0.95 元;半精,定价 0.98 元。(75-95)

11043　都尔的本堂神甫　比哀兰德
〔法〕巴尔扎克著,傅雷译,1963 年 3 月。大 32 开,书号 10019·1705,平装,定价 0.93 元;精装,定价 1.20 元。1978 年 8 月,平装,大 32 开,定价 0.76 元。(75-96)

11044　幻灭
〔法〕巴尔扎克著,傅雷译,1978 年 3 月。大 32 开,书号 10019·2551,平装,定价 1.95 元;精装,定价 2.35 元。1980 年 7 月收入外国文学名著丛书,平装,大 32 开,定价 2.00 元。1989 年 9 月收入巴尔扎克选集,软精,大 32 开,ISBN 7-02-000782-1,定价 10.25 元。1993 年 11 月收入世界文学名著文库,精装,大 32 开,ISBN 7-02-001687-1,定价 20.45 元。2015 年 4 月收入中国翻译家译丛,精装,16 异,ISBN 978-7-02-009905-4,定价 49.00 元。2020 年 7 月收入外国文学名著丛书,精装,大 32 开,ISBN 978-7-02-015686-3,定价 69.00 元。(75-97)

11045　堂吉诃德
〔西班牙〕塞万提斯著,杨绛译,1978 年 3 月。平装,大 32 开,书号 10019·2594,定价 2.55 元。1979 年 12 月收入外国文学名著丛书,平装,大 32 开,定价 3.55 元。1988 年 7 月,平装,小 32 开,ISBN 7-02-000445-8,定价 6.10 元;同时收入北京市教育局少年文库,非卖品,无定价。1988 年 12 月收入外国古典长篇小说选粹,平装覆膜,大 32 开,ISBN 7-02-000412-1,定价 13.70 元。1993 年 11 月收入世界文学名著文库,精装,大 32 开,ISBN 7-02-001690-1,定价 34.10 元。1995 年 12 月收入外国古典文学名著选粹,平装覆膜,大 32 开,ISBN 7-02-000412-1,定价 45.70 元。2000 年 2 月收入名著名译,平装覆膜,大 32 开,ISBN 7-02-003111-0,定价 38.00 元。2000 年 5 月收入中学生课外文学名著必读丛书,平装覆膜,大 32 开,ISBN 7-02-003181-1,定价 38.00 元。2003 年 1 月收入名著名译插图本,平装覆膜,国流 32 开,ISBN 7-02-003920-0,定价 34.00 元。2003 年 5 月收入语文新课标必读丛书,平装覆膜,大 32 开,ISBN 7-02-004135-3,定价 38.00 元。2006 年 6 月收入语文新课标必读丛书修订版,平装覆膜,大 32 开,ISBN 7-02-005691-1,定价 38.00 元。2008 年 6 月收入语文新课标必读丛书增订版,平装覆膜,大 32 开,ISBN 978-7-02-007088-6,定价 44.00 元。2008 年 6 月收入名著名译插图本精华版,软精,国流 32 开,ISBN 978-7-02-007122-7,定价 43.00 元。2013 年 3 月收入企鹅经典丛书,平装,32 异,ISBN 978-7-02-009656-5,定价 49.00 元。2015 年 4 月收入中国翻译家译丛,精装,16 异,ISBN 978-7-02-009867-5,定价 93.00 元。2015 年 5 月收入名著名译丛书,精装,32 异,ISBN 978-7-02-010276-1,定价 68.00 元。2018 年 4 月收入插图本名著名译丛书,平装,国流 32 开,ISBN 978-7-02-013093-1,定价 66.00 元。2018 年 6 月收入教育部统编《语文》推荐阅读丛书,平装覆膜,16 异,

ISBN 978-7-02-013752-7,定价 66.00 元。2019 年 5 月收入外国文学名著丛书,精装,大 32 开,ISBN 978-7-02-015058-8,定价 128.00 元。(75-98)

11046　艾凡赫
〔英〕华特·司各特著,刘尊棋、章益译,1978 年 7 月。平装,大 32 开,书号 10019·2619,定价 1.85 元。1982 年 7 月收入司各特选集,平装,大 32 开,定价 1.90 元。1992 年 6 月收入外国古典文学名著选粹,平装,大 32 开,ISBN 7-02-001409-7,定价 9.35 元;精装,ISBN 7-02-001410-0,定价 17.20 元;1997 年 7 月,平装覆膜,大 32 开,ISBN 7-02-002439-4,定价 22.00 元。1995 年 8 月收入世界文学名著文库,精装,大 32 开,ISBN 7-02-001940-4,定价 32.85 元。2004 年 1 月收入名著名译插图本,平装覆膜,国流 32 开,ISBN 7-02-004289-9,定价 22.00 元。(75-100)

11047　赛查·皮罗多盛衰记
〔法〕巴尔扎克著,傅雷译,1978 年 11 月。平装,32 开,书号 10019·2670,定价 0.86 元。1989 年 9 月收入巴尔扎克选集,书名《赛查·皮罗托盛衰记》,软精,大 32 开,ISBN 7-02-000785-6,定价 5.75 元。(75-102)

11048　羊脂球
〔法〕莫泊桑著,赵少侯、郝运译,文学小丛书,1978 年 11 月。平装,32 异,书号 10019·2686,定价 0.24 元。1994 年 7 月收入莫泊桑中短篇小说全集,署名王振孙、郝运、赵少侯译,平装覆膜,32 异,ISBN 7-02-001838-6,定价 5.00 元。(75-103)

11049　基度山伯爵(1—4)
〔法〕大仲马著,蒋学模译,1978 年 12 月。平装,32 开,书号 10019·2710,定价 4.00 元。1989 年 8 月,平装,32 开,ISBN 7-02-000055-X,定价 14.20 元。1993 年 6 月,平装覆膜,32 开,ISBN 7-02-001709-6,定价 23.65 元。2001 年 12 月收入世界文学名著文库,精装,大 32 开,ISBN 7-02-002747-4,定价 58.00 元。2003 年 1 月,合为上下册,收入名著名译插图本,平装覆膜,国流 32 开,ISBN 7-02-003903-0,定价 40.00 元。2008 年 6 月收入名著插图本精华版,软精,国流 32 开,ISBN 978-7-02-007099-2,定价 56.00 元。2015 年 5 月收入名著名译丛书,精装,32 异,ISBN 978-7-02-010435-2,定价 68.00 元。(75-104)

11050　巴尔扎克中短篇小说选
〔法〕巴尔扎克著,郑永慧译,1979 年 9 月。平装,大 32 开,书号 10019·2842,定价 1.05 元。(75-106)

11051　人生的开端　卡迪央王妃的秘密
〔法〕巴尔扎克著,梁均译,1979 年 9 月。平装,大 32 开,书号 10019·2818,定价 0.87 元。1988 年 4 月,平装,大 32 开,ISBN 7-02-000201-3,定价 1.90 元。(75-107)

11052　笑面人(上下)
〔法〕雨果著,郑永慧译,1979 年 9 月。平装,大 32 开,书号 10019·2844,定价 2.20 元。1990 年 9 月,平装,大 32 开,ISBN 7-02-001013-X,定价 7.65 元。1997 年 5 月,平装覆膜,大 32 开,ISBN 7-02-001794-0,定价 29.00 元。2008 年 10 月,上下合为一册,平装覆膜,国流 32 开,ISBN 978-7-02-001794-2,定价 42.00 元。2018 年 8 月收入名著名译丛书,精装,32 异,ISBN 978-7-02-012467-1,定价 54.00 元。(75-108)

11053　伏尔泰小说选
〔法〕伏尔泰著,傅雷译,外国文学名著丛书,1980 年 3 月。平装,大 32 开,书号 10019·2904,定价 0.82 元。2020 年 6 月收入外国文学名著丛书,精装,大 32 开,ISBN 978-7-02-015852-2,定价 43.00 元。(75-110)

11054　欧也妮·葛朗台　高老头
〔法〕巴尔扎克著,傅雷译,外国文学名著丛书,1980 年 3 月。平装,大 32 开,书号 10019·2930,定价 1.55 元。1989 年 6 月收入外国古典长篇小说选粹,大 32 开,平装,ISBN 7-02-000743-0,定价 5.30 元;精装,ISBN 7-02-000744-9,定价 8.90 元。1992 年 12 月收入国家教委少年文库,平装,小 32 开,ISBN 7-02-001611-1,非卖品,无定价。1993 年 3 月收入外国古典文学名著选粹,平装覆膜,大 32 开,ISBN 7-02-001549-2,定价 8.40 元。1994 年 11 月收入世界文学名著文库,精装,大 32 开,

ISBN 7-02-001944-7,定价19.05元。2018年4月收入插图本名著名译丛书,平装,国流32开,ISBN 978-7-02-013069-6,定价29.00元。2019年5月收入外国文学名著丛书,精装,大32开,ISBN 978-7-02-014678-9,定价55.00元。(75-111)

11055　梅里美小说选

〔法〕梅里美著,郑永慧译,1980年6月。平装,小32开,书号10019·2967,定价1.20元。1990年8月,平装,32开,ISBN 7-02-000299-4,定价4.55元。(75-112)

11056　茶花女

〔法〕小仲马著,王振孙译,外国文学出版社1980年6月。平装,32开,书号10208·26,定价0.71元。1988年1月,平装,国流32开,ISBN 7-5016-0006-6,定价1.50元。2003年1月人民文学出版社,收入名著名译插图本,平装覆膜,国流32开,ISBN 7-02-004090-X,定价8.00元。2008年6月收入名著名译插图本精华版,软精,国流32开,ISBN 978-7-02-007092-3,定价12.00元。2011年4月收入企鹅经典丛书,平装,32异,ISBN 978-7-02-007350-4,定价19.00元。2015年6月收入名著名译丛书,精装,32异,ISBN 978-7-02-010446-8,定价24.00元。2017年6月收入企鹅经典丛书,平装,国流32开,ISBN 978-7-02-013005-4,定价45.00元。(75-113)

11057　绿衣亨利(上)

〔瑞士〕凯勒著,田德望译,外国文学名著丛书,1980年6月。平装,大32开,书号10019·2913,定价1.20元。1993年11月收入世界文学名著文库,精装,大32开,ISBN 7-02-001692-8,定价31.55元。2014年12月收入田德望译文集,精装,国流32开,ISBN 978-7-02-010032-3,定价68.00元。2020年6月收入外国文学名著丛书,精装,32异,ISBN 978-7-02-015840-9,定价106.00元。(75-114)

11058　一个世纪儿的忏悔

〔法〕阿·德·缪塞著,梁均译,1980年7月。平装,大32开,书号10019·2974,定价0.89元。1987年12月收入,平装,大32开,ISBN 7-02-000197-1,定价1.90元。1994年2月收入法国婚恋小说十种,平装覆膜,32异,ISBN 7-02-001750-9,定价5.40元。2006年1月收入名著名译插图本,平装覆膜,国流32开,ISBN 7-02-005419-6,定价15.00元。2008年6月收入名著名译插图本精华版,软精,国流32开,ISBN 978-7-02-007161-6,定价15.00元。2020年8月收入插图本名著名译丛书,平装,国流32开,ISBN 978-7-02-015193-6,定价30.00元。(75-115)

11059　悲惨世界(3)

〔法〕雨果著,李丹译,1980年9月。平装,32开,书号10019·3015,定价0.85元。1988年11月,平装覆膜,大32开,ISBN 7-02-000258-7,定价3.73元。(75-116)

11060　改邪归正的梅莫特　不可思议的杰作

〔法〕巴尔扎克著,金志平、张裕禾译,文学小丛书,1980年11月。平装,32异,书号10019·3047,定价0.26元。(75-117)

11061　英国短篇小说选

朱虹编选,1980年11月。平装,32开,书号10019·3058,定价1.35元。(75-118)

11062　忏悔录(第一部)

〔法〕卢梭著,黎星译,1980年12月。平装,大32开,书号10019·3054,定价0.92元。同时收入外国文学名著丛书,平装,大32开,定价1.10元。1989年4月,平装,32开,ISBN 7-02-000666-3,定价2.70元。1992年6月第一部、第二部合为一种,收入外国古典文学名著选粹,平装,大32开,ISBN 7-02-001404-6,定价12.85元;精装,大32开,ISBN 7-02-001405-4,定价20.70元;1993年6月,平装覆膜,大32开,ISBN 7-02-001723-1,定价15.00元。1994年11月收入世界文学名著文库,精装,大32开,ISBN 7-02-001841-6,定价25.65元。1996年8月收入世界文学名著文库普及本,平装覆膜,国流32开,ISBN 7-02-002225-1,定价24.10元。2003年1月收入名著名译插图本,平装覆膜,国流32开,ISBN 7-02-004083-7,定价24.00元。2008年6月收入名著名译插图本精华版,软精,国流32开,ISBN 978-7-02-007119-7,定价30.00元。2012年5月收入企鹅经典丛书,平装,32异,ISBN

978-7-02-008196-7,定价38.00元。2016年10月收入名著名译丛书,精装,32异,ISBN 978-7-02-011581-5,定价46.00元。2018年6月收入插图本名著名译丛书,平装,国流32开,ISBN 978-7-02-013095-5,定价46.00元。2019年5月收入外国文学名著丛书,精装,大32开,ISBN 978-7-02-015109-7,定价99.00元。(75-119)

11063 悲惨世界(4)

〔法〕雨果著,李丹译,1980年12月。平装,32开,书号10019·3071,定价1.15元。1988年11月,平装覆膜,大32开,ISBN 7-02-000259-5,定价4.65元。(75-120)

11064 红房间

〔瑞典〕斯特林堡著,张道文译,斯特林堡选集,1981年3月。32开,书号10019·3096,平装,定价1.10元;平装覆膜,定价1.35元。(75-121)

11065 德语国家短篇小说选

杨武能编选,1981年2月。平装,32开,书号10019·3104,定价1.65元。(75-122)

11066 中洛辛郡的心脏

〔英〕司各特著,章益译,司各特选集,外国文学名著丛书,1981年9月。平装,大32开,书号10019·3181,定价2.10元。(75-123)

11067 修墓的老人

〔英〕司各特著,王培德译,刘尊棋校,司各特选集,1981年8月。平装,大32开,书号10019·3178,定价1.90元。(75-124)

11068 情感教育——一个青年人的故事

〔法〕福楼拜著,冯汉津、陈宗宝译,1981年10月。平装,大32开,书号10019·3199,定价1.70元。1988年3月,平装,大32开,ISBN 7-02-000211-0,定价3.70元。(75-125)

11069 莫泊桑中短篇小说选

〔法〕莫泊桑著,郝运、赵少侯译,1981年12月。书号10019·3219,平装,上下册,小32开,定价1.90元;同时收入外国文学名著丛书,平装,一册,大32开,定价2.20元。1991年12月,平装覆膜,大32开,ISBN 7-02-001346-5,定价11.40元。1996年8月收入世界文学名著文库普及本,平装覆膜,大32开,ISBN 7-02-002227-8,定价21.40元。1996年11月收入世界文学名著文库,精装,大32开,ISBN 7-02-002040-2,定价37.00元。(75-126)

11070 少年维特的烦恼

〔德〕歌德著,杨武能译,1981年11月。平装,小32开,书号10019·3207,定价0.44元。1989年3月,平装,国流32开,ISBN 7-02-000605-1,定价1.20元。2008年6月收入名著名译插图本精华版,软精,国流32开,978-7-02-007115-9,定价10.00元。2011年4月收入企鹅经典丛书,平装,32异,ISBN 978-7-02-008194-3,定价15.00元。2015年1月收入名著名译丛书,精装,32异,ISBN 978-7-02-010413-0,定价20.00元。2017年6月收入企鹅经典丛书,平装,国流32开,ISBN 978-7-02-013003-0,定价29.00元。2018年4月收入插图本名著名译丛书,国流32开,ISBN 978-7-02-013129-7,定价20.00元。2018年4月收入教育部统编《语文》推荐阅读丛书,平装覆膜,16异,ISBN 978-7-02-013815-9,定价20.00元。2019年7月,单行本,平装,国流32开,ISBN 978-7-02-013308-6,定价28.00元。2020年3月收入外国文学名著丛书,精装,大32开,ISBN 978-7-02-015839-3,定价32.00元。(75-127)

11071 道连·葛雷的画像

〔英〕奥斯卡·王尔德著,荣如德译,外国文学出版社1982年1月。平装,小32开,书号10208·80,定价0.70元。(75-129)

11072 白衣女人

〔英〕柯林斯著,叶冬心译,外国文学出版社1982年6月。平装,32开,书号10208·100,定价1.90元。(75-130)

11073 三故事

〔法〕福楼拜著,刘益庚译,文学小丛书,1982年4月。平装,32异,书号10019·3259,定价0.36元。(75-131)

11074 驴皮记

〔法〕巴尔扎克著,梁均译,1982年6月。平装,大32开,书号10019·3321,定价1.15元。1989年9月收入巴尔扎克选集,软精,大32开,ISBN 7-02-000812-7,定价5.90元。

607

小说

(75-132)

11075　忏悔录(第二部)

〔法〕卢梭著,范希衡译,徐继曾校,1982 年 9 月。平装,小 32 开,书号 10019·3344,定价 1.25 元。1983 年 1 月收入外国文学名著丛书,平装,大 32 开,定价 1.45 元。1989 年 4 月,单行本,平装,小 32 开,ISBN 7-02-000667-1,定价 3.40 元。(75-133)

11076　萌芽

〔法〕左拉著,黎柯译,外国文学名著丛书,1982 年 9 月。大 32 开,书号 10019·3340,平装,定价 1.65 元;精装,定价 2.15 元。1989 年 3 月收入外国古典长篇小说选粹,大 32 开,平装,ISBN 7-02-000603-5,定价 5.60 元;精装,ISBN 7-02-000604-3,定价 10.45 元。1994 年 11 月收入世界文学名著文库,精装,大 32 开,ISBN 7-02-001797-5,定价 19.65 元。2001 年 11 月收入名著名译,平装覆膜,大 32 开,ISBN 7-02-003125-0,定价 18.00 元。2020 年 6 月收入外国文学名著丛书,精装,大 32 开,ISBN 978-7-02-015969-7,定价 59.00 元。(75-135)

11077　肯纳尔沃思堡

〔英〕司各特著,王培德译,张友松校,司各特选集,1982 年 11 月。平装,大 32 开,书号 10019·3361,定价 2.05 元。(75-136)

11078　巴黎圣母院

〔法〕雨果著,陈敬容译,外国文学名著丛书,1982 年 6 月。大 32 开,书号 10019·3304,平装,定价 2.55 元;精装,定价 3.05 元。1989 年 4 月收入外国古典长篇小说选粹,大 32 开,平装,ISBN 7-02-000592-6,定价 6.05 元;精装,ISBN 7-02-000593-4,定价 9.85 元。1993 年 6 月收入外国古典文学名著选粹,平装覆膜,大 32 开,ISBN 7-02-001722-3,定价 11.65 元。1994 年 5 月收入世界文学名著文库,精装,大 32 开,ISBN 7-02-001772-X,定价 20.55 元。2000 年 5 月收入中学生课外文学名著必读丛书,平装覆膜,大 32 开,ISBN 7-02-003204-4,定价 22.50 元。2001 年 11 月收入名著名译,平装覆膜,大 32 开,ISBN 7-02-003131-5,定价 20.00 元。2003 年 1 月收入名著名译插图本,平装覆膜,国流 32 开,ISBN 7-02-003897-2,定价 18.00 元。2003 年 5 月收入语文新课标必读丛书,平装覆膜,大 32 开,ISBN 7-02-004140-X,定价 22.50 元。2006 年 6 月收入语文新课标必读丛书修订版,平装覆膜,大 32 开,ISBN 7-02-005694-6,定价 23.00 元。2008 年 6 月收入语文新课标必读丛书增订版,平装覆膜,大 32 开,ISBN 978-7-02-007073-2,定价 26.00 元。2008 年 6 月收入名著名译插图本精华版,软精,国流 32 开,ISBN 978-7-02-007100-5,定价 22.00 元。2012 年 5 月收入企鹅经典丛书,平装,32 异,ISBN 978-7-02-009071-6,定价 32.00 元。2015 年 1 月收入名著名译丛书,精装,32 异,ISBN 978-7-02-010421-5,定价 36.00 元。2018 年 4 月收入插图本名著名译丛书,平装,国流 32 开,ISBN 978-7-02-013208-9,定价 35.00 元。2018 年 4 月收入教育部统编《语文》推荐阅读丛书,平装覆膜,16 异,ISBN 978-7-02-013740-4,定价 45.00 元。2019 年 5 月收入外国文学名著丛书,精装,大 32 开,ISBN 978-7-02-015110-3,定价 69.00 元。(75-138)

11079　温泉

〔法〕莫泊桑著,王振孙、韩沪麟译,1983 年 2 月。平装,小 32 开,书号 10019·3420,定价 0.97 元。1994 年 4 月,平装,32 开,ISBN 7-02-001936-6,定价 5.80 元。(75-139)

11080　女仆的儿子

〔瑞典〕斯特林堡著,高子英译,斯特林堡选集,1982 年 11 月。平装,32 开,书号 10019·3379,定价 1.75 元。(75-140)

11081　一桩神秘案件

〔法〕巴尔扎克著,郑永慧译,1983 年 10 月。平装,大 32 开,书号 10019·3551,定价 0.87 元。1986 年 10 月,定价 1.65 元。(75-141)

11082　阿达拉　勒内

〔法〕夏尔布里益著,时雨译,杨维仪校,外国文学出版社 1983 年 3 月。平装,32 异,书号 10208·124,定价 0.35 元。(75-142)

11083　绿衣亨利(下)

〔瑞士〕凯勒著,田德望译,外国文学名著丛书,1983 年 9 月。大 32 开,书号 10019·3510,平装,定价 1.55 元;精装,定价 2.15 元。1993 年 11 月收入世界文学名著文库,精装,大 32 开, ISBN 7-02-001692-8,定价 31.55 元。 (75-143)

● 11084　公务员　附:浪荡王孙
〔法〕巴尔扎克著,资中筠译,1983 年 8 月。平装,大 32 开,书号 10019·3508,定价 1.15 元。(75-144)

● 11085　巨人传
〔法〕拉伯雷著,鲍文蔚译,1983 年 4 月。平装,大 32 开,书号 10019·3435,定价 1.15 元。(75-145)

● 11086　冰岛渔夫
〔法〕洛蒂著,弋沙译,外国文学出版社 1983 年 12 月。平装,小 32 开,书号 10208·146,定价 0.58 元。(75-146)

● 11087　十三人故事
〔法〕巴尔扎克著,袁树仁译,1983 年 12 月。平装,大 32 开,书号 10019·3574,定价 1.45 元。1989 年 9 月收入巴尔扎克选集,软精,大 32 开,ISBN 7-02-000784-8,定价 7.00 元。(75-147)

● 11088　一生　漂亮朋友
〔法〕莫泊桑著,盛澄华、张冠尧译,外国文学名著丛书,1984 年 1 月。大 32 开,书号 10019·3575,平装,定价 2.40 元;精装,定价 3.00 元。1989 年 3 月收入外国古典长篇小说选粹,大 32 开,平装,ISBN 7-02-000594-2,定价 5.65 元;精装,ISBN 7-02-000595-0,定价 9.45 元。1993 年 4 月收入外国古典文学名著选粹,平装覆膜,大 32 开,ISBN 7-02-001551-4,定价 10.30 元。1993 年 11 月收入世界文学名著文库,精装,大 32 开,ISBN 7-02-001675-8,定价 18.65 元。(75-148)

● 11089　悲惨世界(5)
〔法〕雨果著,李丹、方于译,1984 年 3 月。平装,大 32 开,书号 10019·3625,定价 1.20 元。1984 年 6 月,平装,小 32 开,定价 1.00 元。1988 年 11 月,平装覆膜,大 32 开,ISBN 7-02-000260-9,定价 3.65 元。(75-150)

● 11090　痴儿西木传
〔德〕格里美尔斯豪森著,李淑、潘再平译,1984 年 3 月。平装,小 32 开,书号 10019·3626,定价 1.50 元。2004 年 1 月,平装覆膜,16 异,ISBN 7-02-004285-6,定价 48.00 元。2016 年 8 月,精装,16 异,ISBN 978-7-02-011051-3,定价 68.00 元。(75-151)

● 11091　弃儿汤姆·琼斯的历史(上下)
〔英〕亨利·菲尔丁著,萧乾、李从弼译,1984 年 4 月。小 32 开,书号 10019·3636,平装,定价 3.10 元;精装,定价 4.80 元。1994 年 11 月收入世界文学名著文库,精装,大 32 开,ISBN 7-02-001950-1,定价 44.00 元。(75-152)

● 11092　德语国家中篇小说选(上下)
杨武能编选,1984 年 4 月。平装,小 32 开,书号 10019·3624,定价 3.25 元。(75-153)

● 11093　钮可谟一家(上下)
〔英〕萨克雷著,王培德译,1984 年 12 月。平装,小 32 开,书号 10019·3727,定价 5.65 元。(75-154)

● 11094　娜娜
〔法〕左拉著,郑永慧译,1985 年 5 月。平装,大 32 开,书号 10019·3802,定价 2.65 元。1988 年 3 月,平装,大 32 开,ISBN 7-02-000155-6,定价 3.20 元。2003 年 1 月收入名著名译插图本,平装覆膜,国流 32 开,ISBN 7-02-004086-1,定价 17.00 元。2008 年 6 月收入名著名译插图本精华版,软精,国流 32 开,ISBN 978-7-02-007150-0,定价 21.00 元。2018 年 1 月收入名著名译丛书,精装,32 异,ISBN 978-7-02-012468-8,定价 42.00 元。(75-155)

● 11095　众生之路
〔英〕塞缪尔·巴特勒著,黄雨石译,1985 年 5 月。平装,大 32 开,书号 10019·3803,定价 3.25 元。1997 年 12 月,平装,大 32 开,ISBN 7-02-002540-4,定价 21.50 元。(75-156)

● 11096　高龙巴
〔法〕梅里美著,傅雷译,文学小丛书,1985 年 1 月。平装,32 开,书号 10019·3756,定价 0.71 元。1987 年 6 月,单行本,平装,国流 32 开,定价 1.00 元。(75-157)

● 11097　项链
〔法〕莫泊桑著,郝运、赵少侯译,文学小丛书,1985 年 3 月。平装,小 32 开,书号 10019·

欧洲古典小说

609

3754,定价1.30元。(75-158)

11098 人造人的故事
〔英〕玛丽·雪莱著,罗今、丽抒译,外国文学出版社1986年1月。平装,小32开,书号10208·219,定价1.40元。(75-162)

11099 左拉中短篇小说选
〔法〕左拉著,郝运、王振孙译,1986年6月。平装,大32开,书号10019·3967,定价3.80元。1992年8月,平装覆膜,大32开,ISBN 7-02-001429-1,定价9.85元。(75-163)

11100 达夫尼斯和赫洛亚 真实的故事
〔古希腊〕朗戈斯、〔古希腊〕卢奇安著,水建馥译,1986年5月。平装,小32开,书号10019·3958,定价0.96元。(75-164)

11101 霍普特曼小说选
〔德〕霍普特曼著,蔡佳辰译,外国文学出版社1985年11月。平装,小32开,书号10208·217,定价2.15元。(75-167)

11102 温亭娜
〔德〕富凯著,钱鸿嘉译,外国文学小丛书,1986年8月。平装,32异,书号10019·3980,定价0.60元。(75-168)

11103 卢贡大人
〔法〕左拉著,刘益庾译,1986年11月。平装,大32开,书号10019·4006,定价2.90元。1993年11月收入世界文学名著文库,精装,大32开,ISBN 7-02-001676-6,定价15.85元。(75-169)

11104 庭长夫人（上下）
〔西班牙〕克拉林著,唐民权等译,1986年12月。平装,大32开,书号10019·4033,定价6.80元。1993年11月收入世界文学名著文库,精装,大32开,ISBN 7-02-001682-0,定价33.05元。(75-171)

11105 热曼妮·拉瑟顿
〔法〕埃德蒙·龚古尔、茹尔·龚古尔著,董纯、杨汝生译,1986年12月。平装,小32开,书号10019·4013,定价1.30元。(75-172)

11106 马格斯·哈弗拉尔
〔荷兰〕穆尔塔图里著,施辉业、潘鑫亮译,1987年5月。平装覆膜,小32开,书号10019·4098,定价2.35元。(75-173)

11107 威弗莱或六十年的事
〔英〕司各特著,石永礼译,司各特选集,1987年5月。平装,大32开,书号10019·4119,定价3.60元。(75-174)

11108 南方与北方
〔英〕盖斯凯尔夫人著,主万译,1987年7月。平装,小32开,书号10019·4137,定价3.80元。1994年5月收入世界文学名著文库,精装,大32开,ISBN 7-02-001762-2,定价22.95元。2019年5月收入名著名译丛书,精装,32异,ISBN 978-7-02-012471-8,定价75.00元。(75-175)

11109 圣安东尼的诱惑
〔法〕福楼拜著,刘方译,1987年5月。平装,小32开,书号10019·4122,定价1.20元。(75-176)

11110 米德尔马契（上下）
〔英〕乔治·爱略特著,项星耀译,外国文学名著丛书,1987年7月。大32开,书号10019·4129,平装,定价5.95元；精装,定价7.70元。1993年11月收入世界文学名著文库,精装,大32开,ISBN 7-02-001679-0,定价33.05元。2006年4月收入名著名译插图本,平装覆膜,国流32开,ISBN 7-02-005390-4,定价42.00元。2018年9月收入名著名译丛书,精装,32异,ISBN 978-7-02-012494-7,定价78.00元。(75-177)

11111 昆廷·杜沃德
〔英〕司各特著,许渊冲、严维明译,司各特选集,1987年12月。平装,大32开,书号10019·4175,定价3.85元。(75-178)

11112 法国中篇小说选（上）
1988年1月。平装,小32开,书号10019·4210,ISBN 7-02-000102-5,定价4.25元。(75-180)

11113 法国中篇小说选（下）
1988年1月。平装,小32开,书号10019·4211,ISBN 7-02-000103-3,定价3.80元。(75-181)

11114 任性的卡琴
〔英〕安东尼·特罗洛普著,任吉生等译,1988年2月。平装,大32开,书号10019·4229,

ISBN 7-02-000168-8,定价 3.20 元。2006 年 4 月收入名著名译插图本,书名《特罗洛普中短篇小说精选》,署石永礼等译,平装覆膜,国流 32 开,ISBN 7-02-005047-2,定价 21.00 元。(75-182)

11115 维廉·麦斯特的漫游时代

〔德〕歌德著,关惠文译,外国文学名著丛书,1988 年 4 月。大 32 开,书号 10019·4268,平装,ISBN 7-02-000351-6,定价 3.85 元;精装,ISBN 7-02-000352-4,定价 5.40 元。1993 年 11 月收入世界文学名著文库,精装,大 32 开,ISBN 7-02-001689-8,定价 16.90 元。(75-184)

11116 维廉·麦斯特的学习时代

〔德〕歌德著,冯至、姚可昆译,外国文学名著丛书,1988 年 6 月。大 32 开,书号 10019·4269,平装,ISBN 7-02-000353-2,定价 4.55 元;精装,ISBN 7-02-000354-0,定价 6.10 元。1993 年 11 月收入世界文学名著文库,精装,大 32 开,ISBN 7-02-001688-X,定价 18.40 元。(75-185)

11117 仇与情

〔英〕乔治·艾略特著,王央乐译,1988 年 7 月。平装,大 32 开,ISBN 7-02-000660-4,定价 5.00 元。(75-186)

11118 马亚一家(上下)

〔葡萄牙〕埃萨·德·凯依洛斯著,任吉生、张宝生译,1988 年 7 月。大 32 开,书号 10019·4267,平装,ISBN 7-02-000339-7,定价 6.10 元;平装覆膜,ISBN 7-02-000395-8,定价 7.30 元。1993 年 11 月收入世界文学名著文库,精装,大 32 开,ISBN 7-02-001681-2,定价 21.20 元。(75-187)

11119 红与黑

〔法〕斯丹达尔著,闻家驷译,1988 年 9 月。大 32 开,平装覆膜,ISBN 7-02-000586-1,定价 6.05 元;精装,ISBN 7-02-000437-7,定价 8.75 元。1993 年 6 月收入外国古典文学选粹,平装覆膜,大 32 开,ISBN 7-02-000586-1,定价 12.40 元。(75-188)

11120 法国短篇小说选(上下)

艾珉编选,1989 年 5 月。平装,小 32 开,ISBN 7-02-000693-0,定价 9.55 元。(75-189)

11121 佩斯卡拉的故事

〔意大利〕邓南遮著,万子美译,外国文学出版社 1989 年 7 月。小 32 开,平装,ISBN 7-5016-0053-8,定价 3.9 元;平装覆膜,ISBN 7-5016-0054-6,定价 4.40 元。(75-190)

11122 家常事

〔法〕左拉著,刘益庾译,1989 年 9 月。平装,大 32 开,ISBN 7-02-000781-3,定价 4.75 元。(75-191)

11123 包法利夫人

〔法〕福楼拜著,张道真译,外国文学出版社 1989 年 9 月。平装,小 32 开,ISBN 7-5016-0058-9,定价 3.65 元。1996 年 6 月人民文学出版社,平装,32 开,ISBN 7-02-002330-4,定价 14.75 元。(75-192)

11124 漂亮朋友

〔法〕莫泊桑著,张冠尧译,1989 年 6 月。平装覆膜,大 32 开,ISBN 7-02-000242-0,定价 4.55 元。2005 年 1 月收入名著名译插图本,平装覆膜,国流 32 开,ISBN 7-02-004642-8,定价 16.00 元。2008 年 6 月收入名著名译插图本精华版,软精,国流 32 开,ISBN 978-7-02-007157-9,定价 19.00 元。2012 年 1 月收入企鹅经典丛书,平装,32 异,ISBN 978-7-02-008720-4,定价 20.00 元。2016 年 10 月收入名著名译丛书,精装,32 异,ISBN 978-7-02-011585-3,定价 31.00 元。2017 年 6 月收入企鹅经典丛书,平装,国流 32 开,ISBN 978-7-02-012998-0,定价 55.00 元。(75-193)

11125 公务员

〔法〕巴尔扎克著,资中筠译,巴尔扎克选集,1989 年 9 月。软精,大 32 开,ISBN 7-02-000808-9,定价 5.20 元。(75-194)

11126 欧也妮·葛朗台 古物陈列室

〔法〕巴尔扎克著,傅雷、郑永慧译,巴尔扎克选集,1989 年 9 月。软精,大 32 开,ISBN 7-02-000809-7,定价 7.10 元。(75-195)

11127 农民

〔法〕巴尔扎克著,资中筠译,巴尔扎克选集,1989 年 9 月。软精,大 32 开,ISBN 7-02-000811-9,定价 6.60 元。(75-196)

11128　中短篇小说选
〔法〕巴尔扎克著,郑永慧等译,巴尔扎克选集,1989年9月。软精,大32开,ISBN 7-02-000813-5,定价10.00元。1997年7月收入外国文学名著丛书,平装,大32开,ISBN 7-02-001734-7,定价25.80元。(75-197)

11129　阿尔奈先生的钱
〔瑞典〕拉格洛夫著,杨永范译,外国文学出版社1989年9月。平装覆膜,小32开,ISBN 7-5016-0051-1,定价4.70元。(75-198)

11130　饥饿　维多丽娅
〔挪威〕汉姆生著,裴显亚译,北欧文学丛书,1989年12月。平装覆膜,大32开,ISBN 7-02-000902-6,定价4.25元。(75-199)

11131　多情客游记
〔英〕劳伦斯·斯特恩著,石永礼译,外国文学名著丛书,1990年2月。大32开,平装,ISBN 7-02-000868-2,定价2.35元;精装,ISBN 7-02-000869-0,定价3.90元。2020年4月收入外国文学名著丛书,精装,大32开,ISBN 978-7-02-015559-0,定价33.00元。(75-200)

11132　简·爱
〔英〕夏洛蒂·勃朗特著,吴钧燮译,1990年11月。平装覆膜,大32开,ISBN 7-02-001026-1,定价6.35元。1992年6月收入外国古典文学名著选粹,平装,大32开,ISBN 7-02-001413-5,定价9.55元;精装,ISBN 7-02-001414-3,定价17.40元。1994年5月收入世界文学名著文库,精装,大32开,ISBN 7-02-001779-7,定价21.45元。1999年1月收入名著名译,平装覆膜,大32开,ISBN 7-02-002891-8,定价20.50元。2003年1月收入名著名译插图本,平装覆膜,国流32开,ISBN 7-02-003965-0,定价16.00元。2008年6月收入名著名译插图本精华版,软精,国流32开,ISBN 978-7-02-007039-8,定价25.00元。2012年5月收入企鹅经典丛书,平装,32异,ISBN 978-7-02-009069-3,定价32.00元。2012年6月收入语文新课标必读丛书最新版,平装覆膜,大32开,ISBN 978-7-02-008997-0,定价28.00元。2015年1月收入名著名译丛书,精装,32异,ISBN 978-7-02-010427-7,定价38.00元。2016年1月,单行本,精装,16异,ISBN 978-7-02-011049-0,定价78.00元。2018年4月收入插图本名著名译丛书,平装,国流32开,ISBN 978-7-02-013066-5,定价37.00元。2018年5月收入教育部统编《语文》推荐阅读丛书,平装覆膜,16异,ISBN 978-7-02-013720-6,定价45.00元。2019年9月,单行本,平装,32异,ISBN 978-7-02-014937-7,定价45.00元。2020年3月收入外国文学名著丛书,精装,大32开,ISBN 978-7-02-015841-6,定价69.00元。(75-202)

11133　冰上怪兽
〔法〕儒勒·凡尔纳著,袁树仁、李葆捷译,外国文学出版社1991年1月。平装,小32开,ISBN 7-5016-0018-X,定价4.55元。(75-203)

11134　菲菲小姐
〔法〕莫泊桑著,郝运、王振孙、赵少侯译,莫泊桑中短篇小说全集,1991年2月。平装覆膜,32异,ISBN 7-02-001014-8,定价2.40元。(75-204)

11135　山鹬的故事
〔法〕莫泊桑著,郝运、王振孙、赵少侯译,莫泊桑中短篇小说全集,1991年2月。平装覆膜,32异,ISBN 7-02-001015-6,定价2.35元。(75-205)

11136　密斯哈丽特
〔法〕莫泊桑著,郝运、王振孙、赵少侯译,莫泊桑中短篇小说全集,1991年2月。平装覆膜,32异,ISBN 7-02-001016-4,定价2.90元。(75-206)

11137　月光
〔法〕莫泊桑著,赵少侯、郝运、王振孙译,莫泊桑中短篇小说全集,1991年2月。平装覆膜,32异,ISBN 7-02-001017-2,定价2.35元。(75-207)

11138　泰利埃公馆
〔法〕莫泊桑著,郝运、王振孙译,莫泊桑中短篇小说全集,1991年2月。平装覆膜,32异,ISBN 7-02-001018-0,定价2.60元。(75-208)

11139　特利斯当与伊瑟

〔法〕贝迪耶编,罗新璋译,外国文学名著丛书,1991 年 5 月。平装,大 32 开,ISBN 7-02-001156-X,定价 1.95 元。2003 年 11 月单行本,平装覆膜,大 32 开,ISBN 7-02-004224-4,定价 11.00 元。2019 年 5 月收入外国文学名著丛书,精装,大 32 开,ISBN 978-7-02-015060-1,定价 29.00 元。(75-209)

11140 亲和力
〔德〕歌德著,杨武能、朱雁冰译,1991 年 11 月。平装覆膜,大 32 开,ISBN 7-02-001285-X,定价 4.50 元。(75-211)

11141 巴朗先生
〔法〕莫泊桑著,王振孙、郝运译,莫泊桑中短篇小说全集,1991 年 12 月。平装覆膜,32 异,ISBN 7-02-001284-1,定价 3.45 元。(75-212)

11142 图瓦
〔法〕莫泊桑著,赵少侯、郝运、王振孙译,莫泊桑中短篇小说全集,1991 年 12 月。平装覆膜,32 异,ISBN 7-02-001283-3,定价 3.15 元。(75-213)

11143 白天和黑夜的故事
〔法〕莫泊桑著,郝运、王振孙、赵少侯译,莫泊桑中短篇小说全集,1991 年 12 月。平装覆膜,32 异,ISBN 7-02-001282-5,定价 3.15 元。(75-214)

11144 隆多里姐妹
〔法〕莫泊桑著,郝运、王振孙、赵少侯译,莫泊桑中短篇小说全集,1991 年 12 月。平装覆膜,32 异,ISBN 7-02-001281-7,定价 3.10 元。(75-215)

11145 伊薇特
〔法〕莫泊桑著,王振孙、赵少侯、郝运译,莫泊桑中短篇小说全集,1991 年 12 月。平装覆膜,32 异,ISBN 7-02-001280-9,定价 3.15 元。(75-216)

11146 烟花女荣辱记
〔法〕巴尔扎克著,袁树仁译,1993 年 2 月。平装覆膜,大 32 开,ISBN 7-02-001514-X,定价 11.25 元。(75-217)

11147 小萝克
〔法〕莫泊桑著,王振孙、郝运译,莫泊桑中短篇小说全集,1993 年 1 月。平装覆膜,32 异,ISBN 7-02-001468-2,定价 3.20 元。(75-218)

11148 奥尔拉
〔法〕莫泊桑著,郝运、王振孙、赵少侯译,莫泊桑中短篇小说全集,1993 年 1 月。平装覆膜,32 异,ISBN 7-02-001466-6,定价 3.45 元。(75-219)

11149 于松太太的贞洁少男
〔法〕莫泊桑著,郝运、王振孙译,莫泊桑中短篇小说全集,1993 年 1 月。平装覆膜,32 异,ISBN 7-02-001467-4,定价 2.95 元。(75-220)

11150 空有玉貌
〔法〕莫泊桑著,王振孙、赵少侯、郝运译,莫泊桑中短篇小说全集,1993 年 4 月。平装覆膜,32 异,ISBN 7-02-001541-7,定价 3.15 元。(75-221)

11151 左手
〔法〕莫泊桑著,王振孙、郝运译,莫泊桑中短篇小说全集,1993 年 4 月。平装覆膜,32 异,ISBN 7-02-001558-1,定价 3.00 元。(75-222)

11152 骑士蒂朗(上下)
〔西班牙〕马托雷尔、加尔巴合著,王央乐译,1993 年 8 月。平装覆膜,大 32 开,ISBN 7-02-001643-X,定价 18.85 元。(75-223)

11153 双城记
〔英〕查尔斯·狄更斯著,石永礼、赵文娟译,1993 年 10 月。平装,大 32 开,ISBN 7-02-001671-5,定价 6.80 元。1995 年 5 月收入外国古典文学名著选粹,平装覆膜,大 32 开,ISBN 7-02-002111-5,定价 11.65 元。1995 年 8 月收入世界文学名著文库,精装,大 32 开,ISBN 7-02-001992-7,定价 27.80 元。1996 年 8 月收入世界文学名著文库普及本,平装覆膜,国流 32 开,ISBN 7-02-002229-4,定价 14.10 元。2002 年 1 月收入大学生必读,平装,大 32 开,ISBN 7-02-003597-3,定价 18.00 元。2004 年 1 月收入名著名译插图本,平装覆膜,国流 32 开,ISBN 7-02-004291-0,定价 16.00 元。2015 年 5 月收入名著名译丛书,精装,32异,ISBN 978-7-02-010430-7,定价29.00元。2018年4月收入插图本名著名译丛书,平装,国流32开,ISBN 978-7-02-013094-8,定价28.00元。2018年4月收入教育部统编《语文》推荐阅读丛书,平装覆膜,16异,ISBN 978-7-02-013751-0,定价32.00元。2018年4月收入狄更斯文集,平装,32异,ISBN 978-7-02-011570-9,定价32.00元。(75-224)

11154　苏镇舞会

〔法〕巴尔扎克著,郑永慧译,法国婚恋小说十种,1994年2月。平装覆膜,32异,ISBN 7-02-001748-7,定价3.10元。(75-225)

11155　米隆老爹

〔法〕莫泊桑著,郝运、王振孙、赵少侯译,莫泊桑中短篇小说全集,1994年1月。平装覆膜,32异,ISBN 7-02-001753-3,定价4.25元。(75-226)

11156　米斯蒂

〔法〕莫泊桑著,王振孙、赵少侯译,莫泊桑中短篇小说全集,1994年1月。平装覆膜,32异,ISBN 7-02-001757-6,定价4.50元。(75-227)

11157　保尔与维吉妮

〔法〕贝纳丹·德·圣比埃尔著,李恒基译,法国婚恋小说十种,1994年2月。平装覆膜,32异,ISBN 7-02-001744-4,定价2.65元。(75-228)

11158　玛侬·列斯戈

〔法〕普莱服神甫著,李玉民译,法国婚恋小说十种,1994年2月。平装覆膜,32异,ISBN 7-02-001743-6,定价3.30元。(75-229)

11159　阿道尔夫

〔法〕贡斯当著,王聿蔚译,法国婚恋小说十种,1994年2月。平装覆膜,32异,ISBN 7-02-001745-2,定价3.30元。(75-230)

11160　卡斯特罗修道院女院长

〔法〕斯丹达尔著,袁树仁译,法国婚恋小说十种,1994年2月。平装覆膜,32异,ISBN 7-02-001746-0,定价2.65元。(75-231)

11161　魔沼

〔法〕乔治·桑著,罗旭译,法国婚恋小说十种,1994年2月。平装覆膜,32异,ISBN 7-02-001749-5,定价2.65元。(75-232)

11162　克莱芙王妃

〔法〕拉法耶特夫人著,黄建华、余秀梅译,法国婚恋小说十种,1994年2月。平装覆膜,32异,ISBN 7-02-001742-8,定价3.30元。(75-233)

11163　傲慢与偏见

〔英〕简·奥斯丁著,张玲、张扬译,1993年7月。平装,大32开,ISBN 7-02-001633-2,定价6.50元。1995年8月收入世界文学名著文库,精装,大32开,ISBN 7-02-001991-9,定价26.80元。1997年6月收入外国古典文学名著选粹,平装覆膜,大32开,ISBN 7-02-002438-6,定价16.00元。2003年1月收入名著名译插图本,平装覆膜,国流32开,ISBN 7-02-004017-9,定价13.00元。2008年6月收入名著名译插图本精华版,软精,国流32开,ISBN 978-7-02-007093-0,定价16.00元。2015年1月收入名著名译丛书,精装,32开,ISBN 978-7-02-010415-4,定价28.00元。2018年4月收入教育部统编《语文》推荐阅读丛书,平装覆膜,16异,ISBN 978-7-02-013735-0,定价28.00元。2018年6月收入插图本名著名译丛书,平装,国流32开,ISBN 978-7-02-013067-2,定价28.00元。(75-234)

11164　巴黎一市民的星期日

〔法〕莫泊桑著,郝运、王振孙译,莫泊桑中短篇小说全集,1994年12月。平装覆膜,32异,ISBN 7-02-001968-4,定价5.40元。(75-235)

11165　少年维特的烦恼 亲和力

〔德〕歌德著,杨武能等译,世界文学名著文库,1995年8月。精装,大32开,ISBN 7-02-001980-3,定价27.80元。(75-237)

11166　泣血乡恋

〔法〕左拉著,刘益庚译,1995年8月。平装,大32开,ISBN 7-02-001935-8,定价18.00元。(75-238)

11167　新婚旅行

〔法〕莫泊桑著,郝运、王振孙译,莫泊桑中短篇小说全集,1995年5月。平装覆膜,32异,

ISBN 7-02-001999-4,定价 6.90 元。（75-239）

11168　十日谈

〔意大利〕薄伽丘著,王永年译,1994 年 12 月。平装覆膜,大 32 开,ISBN 7-02-001752-5,定价 15.50 元。1998 年 2 月收入世界文学名著文库,精装,大 32 开,ISBN 7-02-002632-X,定价 36.00 元。1999 年 1 月收入名著名译,平装覆膜,大 32 开,ISBN 7-02-002896-9,定价 24.50 元。2003 年 1 月收入名著名译插图本,平装覆膜,国流 32 开,ISBN 7-02-003886-7,定价 23.00 元。2008 年 6 月收入名著名译插图本精华版,软精,国流 32 开,ISBN 978-7-02-007125-8,定价 27.00 元。2015 年 1 月收入名著名译丛书,精装,32 异,ISBN 978-7-02-010440-6,定价 42.00 元。2018 年 6 月收入插图本名著名译丛书,平装,国流 32 开,ISBN 978-7-02-013065-8,定价 45.00 元。2020 年 4 月收入外国文学名著丛书,精装,大 32 开,ISBN 978-7-02-015830-0,定价 115.00 元。（75-240）

11169　悲翡达夫人

〔西班牙〕加尔多斯著,王永达、杨明江、郭有鸿译,世界文学名著文库,1996 年 11 月。精装,大 32 开,ISBN 7-02-002091-7,定价 43.90 元。（75-241）

11170　约婚夫妇

〔意大利〕曼佐尼著,王永年译,世界文学名著文库,1996 年 11 月。精装,大 32 开,ISBN 7-02-002217-0,定价 41.60 元。2020 年 2 月收入插图本名著名译丛书,平装,国流 32 开,ISBN 978-7-02-011109-1,定价 52.00 元。（75-242）

11171　三剑客

〔法〕大仲马著,周克希译,1995 年 11 月。平装覆膜,大 32 开,ISBN 7-02-002173-5,定价 38.15 元。2003 年 1 月收入名著名译插图本,平装覆膜,国流 32 开,ISBN 7-02-003902-2,定价 30.00 元。2008 年 6 月收入名著名译插图本精华版,软精,国流 32 开,ISBN 978-7-02-007127-2,定价 37.00 元。（75-243）

11172　驴皮记 绝对之探求

〔法〕巴尔扎克著,梁均、王文融译,世界文学名著文库,1996 年 11 月。精装,大 32 开,ISBN 7-02-002122-0,定价 36.80 元。（75-244）

11173　鲁滨孙飘流记 摩尔·弗兰德斯

〔英〕笛福著,徐霞村、梁遇春译,世界文学名著文库,1997 年 5 月。精装,大 32 开,ISBN 7-02-001942-0,定价 35.00 元。（75-245）

11174　德国浪漫主义作品选

霍夫曼等著,孙凤城等译,1997 年 5 月。平装覆膜,大 32 开,ISBN 7-02-001879-3,定价 16.90 元。（75-246）

11175　梅里美中短篇小说全集

〔法〕梅里美著,张冠尧译,1997 年 8 月。平装覆膜,大 32 开,ISBN 7-02-002353-3,定价 25.50 元。1998 年 2 月收入世界文学名著文库,精装,大 32 开,ISBN 7-02-002325-3,定价 34.50 元。2003 年 1 月收入名著名译插图本,平装覆膜,国流 32 开,ISBN 7-02-003895-6,定价 22.00 元。2008 年 6 月收入名著名译插图本精华版,软精,国流 32 开,ISBN 978-7-02-007151-7,定价 29.00 元。（75-247）

11176　西班牙流浪汉小说选

克维多等著,杨绛等译,世界文学名著文库,1997 年 11 月。精装,大 32 开,ISBN 7-02-002383-5,定价 17.50 元。（75-248）

11177　爱丽斯漫游奇境

〔英〕刘易斯·卡罗尔著,张晓路译,世界儿童文学丛书,1998 年 5 月。平装覆膜,32 开,ISBN 7-02-002549-8,定价 10.60 元。2002 年 1 月收入世界儿童文学丛书新世纪精华版,平装覆膜,大 32 开,ISBN 7-02-003684-8,定价 14.80 元。2006 年 6 月收入世界儿童文学名著插图本,平装覆膜,国流 32 开,ISBN 7-02-005617-2,定价 15.00 元。2010 年 8 月收入影响孩子们一生的经典插图本,书名《爱丽丝梦游仙境》,平装覆膜,16 异,ISBN 978-7-02-008059-5,定价 21.00 元。2015 年 1 月收入你长大之前必读的 66 本书,平装覆膜,16 异,ISBN 978-7-02-010713-1,定价 26.00 元。2020 年 4 月收入小学语文教材"快乐读书吧"推荐书目,平装覆膜,16 异,ISBN 978-7-02-015987-1,定价 29.00 元。（75-250）

小说

11178　爱的教育
〔意大利〕埃·德·阿米琪斯著,王干卿译,世界儿童文学丛书,1998年5月。平装覆膜,32开,ISBN 7-02-002572-2,定价12.00元。2002年1月收入世界儿童文学丛书新世纪精华版,平装覆膜,大32开,ISBN 7-02-003685-6,定价16.90元。2003年7月,插图本,平装覆膜,16异,ISBN 7-02-004169-8,定价18.00元。2006年6月收入世界儿童文学名著插图本,平装覆膜,国流32开,ISBN 7-02-005584-2,定价15.00元。2007年9月收入大拇指丛书,平装覆膜,国流32开,ISBN 978-7-02-006165-5,定价17.00元。2010年8月收入影响孩子们一生的经典插图本,平装覆膜,16异,ISBN 978-7-02-008049-6,定价22.00元。2012年12月,彩色插图版,平装,16异,ISBN 978-7-02-009491-2,定价32.00元。2015年1月收入名著名译丛书,精装,32异,ISBN 978-7-02-010456-7,定价26.00元。2018年4月收入教育部统编《语文》推荐阅读丛书,平装覆膜,16异,ISBN 978-7-02-013766-4,定价30.00元。2019年12月收入小学语文教材"快乐读书吧"推荐书目,平装覆膜,16异,ISBN 978-7-02-015766-2,定价33.00元。(75-252)

11179　两个新嫁娘
〔法〕巴尔扎克著,刘益庚译,1998年3月。平装覆膜,大32开,ISBN 7-02-001864-5,定价11.50元。(75-253)

11180　莫黛斯特·米尼翁　婚约
〔法〕巴尔扎克著,袁树仁译,1998年3月。平装覆膜,大32开,ISBN 7-02-001863-7,定价19.90元。(75-254)

11181　夏娃的女儿
〔法〕巴尔扎克著,陆秉慧译,1998年3月。平装覆膜,大32开,ISBN 7-02-001862-9,定价13.80元。(75-255)

11182　吉姆爷　水仙花号上的黑水手　黑暗深处
〔英〕康拉德著,熊蕾译,世界文学名著文库,1998年10月。精装,大32开,ISBN 7-02-002550-1,定价36.00元。(75-257)

11183　包法利夫人　三故事
〔法〕福楼拜著,张道真、张益庚译,世界文学名著文库,1998年10月。精装,大32开,ISBN 7-02-002610-9,定价30.00元。(75-258)

11184　红与黑
〔法〕司汤达著,张冠尧译,名著名译,1999年1月。平装覆膜,大32开,ISBN 7-02-002894-2,定价19.00元。1999年7月收入世界文学名著文库,精装,大32开,ISBN 7-02-002675-3,定价32.50元。2002年1月收入大学生必读,平装,大32开,ISBN 7-02-003587-6,定价20.00元。2003年1月收入名著名译插图本,平装覆膜,国流32开,ISBN 7-02-003896-4,定价18.00元。2008年6月收入名著名译插图本精华版,软精,国流32开,ISBN 978-7-02-007102-9,定价25.00元。2015年6月收入名著名译丛书,精装,32异,ISBN 978-7-02-010445-1,定价36.00元。2018年4月收入插图本名著名译丛书,平装,国流32开,ISBN 978-7-02-013084-9,定价35.00元。2020年4月收入外国文学名著丛书,精装,大32开,ISBN 978-7-02-015829-4,定价69.00元。(75-259)

11185　呼啸山庄
〔英〕爱·勃朗特著,张玲、张扬译,名著名译,1999年1月。平装覆膜,大32开,ISBN 7-02-002890-X,定价14.50元。1999年7月收入世界文学名著文库,精装,大32开,ISBN 7-02-002760-1,定价27.30元。2003年1月收入名著名译插图本,平装覆膜,国流32开,ISBN 7-02-004016-0,定价13.00元。2008年6月收入名著名译插图本精华版,软精,国流32开,ISBN 978-7-02-007096-1,定价18.00元。2012年5月收入企鹅经典丛书,平装,32异,ISBN 978-7-02-009070-9,定价22.00元。2015年6月收入名著名译丛书,精装,32异,ISBN 978-7-02-010438-3,定价29.00元。2018年4月收入插图本名著名译丛书,平装,国流32开,ISBN 978-7-02-013091-7,定价28.00元。2020年4月收入外国文学名著丛书,精装,大32开,ISBN 978-7-02-015826-3,定价49.00元。(75-260)

11186　欧也妮·葛朗台

〔法〕巴尔扎克著,张冠尧译,中学生课外文学名著必读丛书,2000年5月。平装覆膜,大32开,ISBN 7-02-003227-3,定价8.80元。2003年1月收入名著名译插图本,平装覆膜,国流32开,ISBN 7-02-003894-8,定价8.00元。2003年5月收入语文新课标必读丛书,平装覆膜,大32开,ISBN 7-02-004133-7,定价8.80元。2006年6月收入语文新课标必读丛书修订版,平装覆膜,大32开,ISBN 7-02-005703-9,定价9.00元。2008年6月收入语文新课标必读丛书增订版,平装覆膜,大32开,ISBN 978-7-02-007074-9,定价12.00元。2008年6月收入名著名译插图本精华版,软精,国流32开,ISBN 978-7-02-007117-3,定价12.00元。2017年6月收入你长大之前必读的66本书,平装覆膜,16异,ISBN 978-7-02-011991-2,定价24.00元。(75-261)

11187　木桶的故事　格列佛游记

〔英〕斯威夫特著,主万、张健译,世界文学名著文库,2000年12月。精装,大32开,ISBN 7-02-002922-1,定价29.80元。(75-262)

11188　大卫·科波菲尔(上下)

〔英〕狄更斯著,庄绎传译,世界文学名著文库,2000年12月。精装,大32开,ISBN 7-02-002791-1,定价65.00元。2003年1月收入名著名译插图本,平装覆膜,国流32开,ISBN 7-02-003907-3,定价35.00元。2008年6月收入名著名译插图本精华版,软精,国流32开,ISBN 978-7-02-007133-3,定价44.00元。2015年6月收入名著名译丛书,精装,32异,ISBN 978-7-02-010429-1,定价70.00元。2018年7月收入教育部统编《语文》推荐阅读丛书,平装覆膜,16异,ISBN 978-7-02-014264-4,定价69.00元。2020年4月收入狄更斯文集,平装,32异,ISBN 978-7-02-011572-3,定价89.00元。2020年4月收入外国文学名著丛书,精装,大32开,ISBN 978-7-02-015833-1,定价119.00元。(75-268)

11189　田园三部曲

〔法〕乔治·桑著,罗旭等译,世界文学名著文库,2000年12月。精装,大32开,ISBN 7-02-002921-3,定价26.00元。(75-269)

11190　施托姆小说选

〔德〕泰奥道尔·施托姆著,关惠文等译,世界文学名著文库,2000年12月。精装,大32开,ISBN 7-02-002788-1,定价30.00元。(75-270)

11191　奥利弗·退斯特(雾都孤儿)

〔英〕查尔斯·狄更斯著,黄雨石译,世界文学名著文库,2001年1月。精装,大32开,ISBN 7-02-002989-2,定价32.00元。2003年1月收入名著名译插图本,书名《雾都孤儿》,平装覆膜,国流32开,ISBN 7-02-003952-9,定价17.00元。2008年6月收入名著名译插图本精华版,软精,国流32开,ISBN 978-7-02-007118-0,定价23.00元。2015年6月收入名著名译丛书,精装,32异,ISBN 978-7-02-010441-3,定价36.00元。2017年6月收入你长大之前必读的66本书,平装覆膜,16异,ISBN 978-7-02-012004-8,定价38.00元。2018年4月收入插图本名著名译丛书,平装,国流32开,ISBN 978-7-02-013134-1,定价35.00元。2020年3月收入狄更斯文集,平装,32异,ISBN 978-7-02-012018-5,定价46.00元。(75-271)

11192　狄德罗小说选

〔法〕狄德罗著,吴达元等译,世界文学名著文库,2001年12月。精装,大32开,ISBN 7-02-003409-8,定价25.00元。(75-273)

11193　高老头

〔法〕巴尔扎克著,张冠尧译,大学生必读丛书,2002年1月。平装,大32开,ISBN 7-02-003591-4,定价13.80元。2003年1月收入名著名译插图本,平装覆膜,国流32开,ISBN 7-02-003964-2,定价12.00元。2008年6月收入名著名译插图本精华版,软精,国流32开,ISBN 978-7-02-007103-6,定价14.00元。2012年11月收入企鹅经典丛书,平装,32异,ISBN 978-7-02-009275-8,定价20.00元。2017年6月收入企鹅经典丛书,平装,国流32开,ISBN 978-7-02-012961-4,定价42.00元。(75-275)

11194　简·爱

小说

〔英〕夏洛蒂·勃朗特著,吴钧燮译,名著名译英汉对照读本,2002年1月。平装覆膜,国流32开,ISBN 7-02-003561-2,定价10.00元。(75-276)

11195 黑暗的心
〔英〕约瑟夫·康拉德著,黄雨石译,名著名译英汉对照读本,2002年1月。平装覆膜,国流32开,ISBN 7-02-003563-9,定价9.80元。(75-278)

11196 名利场
〔英〕萨克雷著,杨必译,名著名译英汉对照读本,2002年1月。平装覆膜,国流32开,ISBN 7-02-003560-4,定价10.00元。(75-280)

11197 海上劳工
〔法〕雨果著,陈筱卿译,2002年5月。平装覆膜,大32开,ISBN 7-02-003818-2,定价25.00元。(75-281)

11198 莫泊桑短篇小说选
〔法〕莫泊桑著,赵少侯译,世界短篇小说大师丛书,2002年6月。平装,大32开,ISBN 7-02-003573-6,定价13.60元。2003年1月收入名著名译插图本,平装覆膜,国流32开,ISBN 7-02-004091-8,定价14.00元。2003年5月收入语文新课标必读丛书,书名《莫泊桑短篇小说精选》(课标版专用),平装覆膜,大32开,ISBN 7-02-004181-7,定价11.00元。2006年6月收入语文新课标必读丛书修订版,平装覆膜,大32开,ISBN 7-02-005696-2,定价12.00元。2008年6月收入语文新课标必读丛书增订版,平装覆膜,大32开,ISBN 978-7-02-007079-4,定价14.00元。2008年6月收入名著名译插图本精华版,软精,国流32开,ISBN 978-7-02-007097-8,定价14.00元。2018年4月收入教育部统编《语文》推荐阅读丛书,平装覆膜,16异,ISBN 978-7-02-013734-3,定价24.00元。(75-288)

11199 福楼拜小说全集(上中下)
〔法〕福楼拜著,李健吾等译,2002年9月。平装,大32开,ISBN 7-02-003725-9,定价79.90元。2020年6月,精装,国流32开,ISBN 978-7-02-013559-2,定价238.00元。(75-290)

11200 匹克威克外传(上下)
〔英〕狄更斯著,莫雅平译,中学生课外文学名著必读丛书,2002年11月。平装覆膜,大32开,ISBN 7-02-004014-4,定价35.50元。2003年5月收入语文新课标必读丛书,平装覆膜,大32开,ISBN 7-02-004128-0,定价35.50元。2006年6月收入语文新课标必读丛书修订版,平装覆膜,大32开,ISBN 7-02-005707-1,定价36.00元。2008年6月收入语文新课标必读丛书增订版,平装覆膜,大32开,ISBN 978-7-02-007075-6,定价44.00元。2020年3月收入狄更斯文集,平装,32异,ISBN 978-7-02-011574-7,定价238.00元。(75-291)

11201 少年维特的烦恼 赫尔曼和多罗泰
〔德〕歌德著,杨武能、钱春绮译,名著名译插图本,2003年1月。平装覆膜,国流32开,ISBN 7-02-004027-6,定价12.00元。(75-292)

11202 搅水女人
〔法〕巴尔扎克著,刘益庚译,2003年3月。平装覆膜,大32开,ISBN 7-02-003356-3,定价14.00元。(75-293)

11203 巴尔扎克中短篇小说选
〔法〕巴尔扎克著,郑永慧译,2003年3月。平装覆膜,大32开,ISBN 7-02-003556-6,定价26.00元。(75-294)

11204 名人传
〔法〕罗曼·罗兰著,张冠尧、艾珉译,语文新课标必读丛书,2003年10月。平装覆膜,大32开,ISBN 7-02-004331-3,定价16.00元。2005年6月收入高中语文选修课程资源系列,平装覆膜,大32开,ISBN 7-02-004799-8,定价19.00元。2006年1月收入名著名译插图本,平装覆膜,国流32开,ISBN 7-02-005288-6,定价17.00元。2006年6月收入语文新课标必读丛书修订版,平装覆膜,大32开,ISBN 7-02-005697-0,定价16.00元。2008年6月收入语文新课标必读丛书增订版,平装覆膜,大32开,ISBN 978-7-02-007038-1,定价18.00元。2008年6月收入名著名译插图本精华版,软精,国流32开,ISBN 978-7-02-007137-1,定价18.00元。2012年11月收入企鹅经典丛书,平装,32异,ISBN 978-7-02-009434-9,定价24.00元。2015年5月收入名

618

著名译丛书,精装,32异,ISBN 978-7-02-010417-8,定价26.00元。2016年6月,单行本,精装,16异,ISBN 978-7-02-011048-3,定价45.00元。2017年6月收入你长大之前必读的66本书,平装覆膜,16异,ISBN 978-7-02-011989-9,定价32.00元。(75-295)

11205　坎特伯雷故事

〔英〕杰弗雷·乔叟著,方重译,名著名译插图本,2004年1月。平装覆膜,国流32开,ISBN 7-02-004377-1,定价16.00元。2008年6月收入名著名译插图本精华版,软精,国流32开,ISBN 978-7-02-007156-2,定价17.00元。2017年1月收入中国翻译家译丛书,精装,16异,ISBN 978-7-02-011240-1,定价49.00元。2019年5月收入外国文学名著丛书,精装,大32开,ISBN 978-7-02-015061-8,定价49.00元。(75-296)

11206　道连·格雷的画像

〔爱尔兰〕王尔德著,黄源深译,名著名译插图本,2004年1月。平装覆膜,国流32开,ISBN 7-02-004341-0,定价10.00元。(75-297)

11207　情感教育

〔法〕福楼拜著,王文融译,名著名译插图本,2004年3月。平装覆膜,国流32开,ISBN 7-02-004438-7,定价20.00元。(75-298)

11208　卡斯特桥市长

〔英〕哈代著,张玲、张扬译,名著名译插图本,2004年3月。平装覆膜,国流32开,ISBN 7-02-004453-0,定价17.00元。2017年1月收入哈代文集,精装,大32开,ISBN 978-7-02-004175-6,定价56.00元。(75-299)

11209　都兰趣话

〔法〕巴尔扎克著,施康强译,名著名译插图本,2004年1月。平装覆膜,国流32开,ISBN 7-02-004421-2,定价22.00元。2018年1月收入名著名译丛书,精装,32异,ISBN 978-7-02-012544-9,定价45.00元。(75-300)

11210　赛查·皮罗多盛衰记 纽沁根银行

〔法〕巴尔扎克著,刘益庚、罗芃译,2004年6月。平装覆膜,大32开,ISBN 7-02-004472-7,定价20.00元。(75-301)

11211　吉姆爷

〔英〕约瑟夫·康拉德著,熊蕾译,名著名译插图本,2004年6月。平装覆膜,国流32开,ISBN 7-02-004596-0,定价16.00元。(75-302)

11212　福尔摩斯四大奇案

〔英〕阿瑟·柯南道尔著,汪莹、李广成、郑须弥、周永启译,名著名译插图本,2004年6月。平装覆膜,国流32开,ISBN 7-02-004471-9,定价25.00元。2008年6月收入名著名译插图本精华版,软精,国流32开,ISBN 978-7-02-007121-0,定价26.00元。(75-303)

11213　金银岛 化身博士

〔英〕斯蒂文森著,荣如德、杨彩霞译,名著名译插图本,2004年7月。平装覆膜,国流32开,ISBN 7-02-004594-4,定价14.00元。(75-305)

11214　海底两万里

〔法〕儒勒·凡尔纳著,赵克非译,美国学生课外阅读丛书,2004年7月。平装覆膜,大32开,ISBN 7-02-004600-2,定价24.00元。2005年7月收入名著名译插图本,平装覆膜,国流32开,ISBN 7-02-005217-7,定价21.00元。2006年6月收入世界儿童文学名著插图本,平装覆膜,国流32开,ISBN 7-02-005591-5,定价19.00元。2008年6月收入语文新课标必读丛书增订版,平装覆膜,大32开,ISBN 978-7-02-007047-3,定价19.00元。2008年6月收入名著名译插图本精华版,软精,国流32开,ISBN 978-7-02-007132-6,定价21.00元。2010年1月收入儒勒·凡尔纳探险系列,平装覆膜,16异,ISBN 978-7-02-007790-8,定价26.00元。2010年8月收入影响孩子们一生的经典插图本,平装覆膜,16异,ISBN 978-7-02-008058-8,定价26.00元。2012年6月收入语文新课标必读丛书最新版,平装覆膜,大32开,ISBN 978-7-02-008993-2,定价22.00元。2015年6月收入名著名译丛书,精装,32异,ISBN 978-7-02-010377-5,定价33.00元。2018年1月收入插图本名著名译丛书,平装,国流32开,ISBN 978-7-02-013081-8,定价30.00元。2018年4月收入教育部统编《语文》推荐阅读丛书,平装覆膜,16异,

ISBN 978-7-02-013749-7，定价35.00元。2019年6月，单行本，平装，32异，ISBN 978-7-02-014940-7，定价42.00元。(75-306)

11215　弗兰肯斯坦
〔英〕玛丽·雪莱著，胡春兰、侯明古译，美国学生课外阅读丛书，2004年7月。平装覆膜，大32开，ISBN 7-02-004697-5，定价12.00元。(75-308)

11216　圣诞赞歌
〔英〕狄更斯著，刘凯芳译，美国学生课外阅读丛书，2004年7月。平装覆膜，大32开，ISBN 7-02-004766-1，定价8.00元。(75-309)

11217　黑美人
〔英〕安娜·休厄尔著，崔思淦译，美国学生课外阅读丛书，2004年7月。平装覆膜，大32开，ISBN 7-02-004493-X，定价12.00元。(75-311)

11218　金银岛
〔英〕斯蒂文森著，荣如德译，美国学生课外阅读丛书，2004年7月。平装覆膜，大32开，ISBN 7-02-004669-X，定价12.00元。2007年7月收入世界儿童文学名著插图本，平装覆膜，国流32开，ISBN 978-7-02-006188-4，定价15.00元。2010年8月收入影响孩子们一生的经典插图本，平装覆膜，16异，ISBN 978-7-02-008070-0，定价23.00元。(75-312)

11219　远大前程
〔英〕狄更斯著，主万、叶尊译，名著名译插图本，2004年8月。平装覆膜，国流32开，ISBN 7-02-004643-6，定价24.00元。2012年11月收入企鹅经典丛书，平装，32异，ISBN 978-7-02-009252-9，定价32.00元。2020年3月收入狄更斯文集，平装，32异，ISBN 978-7-02-011571-6，定价48.00元。(75-313)

11220　亚瑟王之死　Ⅰ Ⅱ
〔英〕托马斯·马洛礼著，黄素封译，2005年3月。平装覆膜，国流32开，ISBN 7-02-004838-2，定价49.00元。2008年1月收入名著名译插图本，平装覆膜，国流32开，ISBN 978-7-02-006135-8，定价49.00元。(75-314)

11221　爱玛
〔英〕简·奥斯丁著，李文俊、蔡慧译，名著名译插图本，2005年8月。平装覆膜，国流32开，ISBN 7-02-005003-4，定价22.00元。2008年6月收入名著名译插图本精华版，软精，国流32开，ISBN 978-7-02-007154-8，定价22.00元。(75-315)

11222　贝姨
〔法〕巴尔扎克著，王文融译，名著名译插图本，2005年12月。平装覆膜，国流32开，ISBN 7-02-004565-0，定价20.00元。(75-316)

11223　纪德小说选
〔法〕纪德著，李玉民译，名著名译插图本，2006年1月。平装覆膜，国流32开，ISBN 7-02-005284-3，定价14.00元。(75-317)

11224　冰岛渔夫　菊子夫人
〔法〕皮埃尔·洛蒂著，艾珉译，名著名译插图本，2006年1月。平装覆膜，国流32开，ISBN 7-02-005303-3，定价17.00元。(75-318)

11225　八十天环游地球
〔法〕儒勒·凡尔纳著，赵克非译，名著名译插图本，2005年12月。平装覆膜，国流32开，ISBN 7-02-005383-1，定价13.00元。2008年6月收入名著名译插图本精华版，软精，国流32开，ISBN 978-7-02-007147-0，定价13.00元。2010年1月收入儒勒·凡尔纳探险系列，平装覆膜，16异，ISBN 978-7-02-007792-2，定价21.00元。2013年4月收入企鹅经典丛书，平装，32异，ISBN 978-7-02-009664-0，定价20.00元。2015年6月收入名著名译丛书，精装，32异，ISBN 978-7-02-010431-4，定价24.00元。2017年6月收入企鹅经典丛书，平装，国流32开，ISBN 978-7-02-012970-6，定价38.00元。2018年6月收入插图本名著名译丛书，平装，国流32开，ISBN 978-7-02-013096-2，定价22.00元。(75-319)

11226　诱拐
〔英〕罗·路·斯蒂文森著，张建平译，名著名译插图本，2006年8月。平装覆膜，国流32开，ISBN 7-02-005466-8，定价13.00元。(75-321)

11227　爱的教育

〔意大利〕亚米契斯著,夏丏尊译,天火丛书,2007年7月。平装覆膜,国流32开,ISBN 978-7-02-006143-3,定价15.00元。(75-325)

11228 莫班小姐
〔法〕泰奥菲尔·戈蒂耶著,艾珉译,名著名译插图本,2007年11月。平装覆膜,国流32开,ISBN 978-7-02-006128-0,定价17.00元。(75-326)

11229 巴赛特的最后纪事
〔英〕安东尼·特罗洛普著,周治淮、臧树林译,名著名译插图本,2008年1月。平装覆膜,国流32开,ISBN 978-7-02-006243-0,定价46.00元。(75-327)

11230 奥康纳短篇小说选
〔爱尔兰〕弗兰克·奥康纳著,路旦俊译,名著名译插图本,2008年4月。平装覆膜,国流32开,ISBN 978-7-02-006477-9,定价20.00元。2014年9月,书名《我的恋母情结 弗兰克·奥康纳短篇小说选》,平装覆膜,16异,ISBN 978-7-02-009340-3,定价29.00元。(75-330)

11231 玛尔戈王后
〔法〕大仲马著,张英伦、向奎观译,名著名译插图本,2008年4月。平装覆膜,国流32开,ISBN 978-7-02-006242-3,定价35.00元。(75-331)

11232 入土不安 欧美惊悚小说精选集
〔英〕R.L.斯蒂文森、〔法〕埃米尔·左拉等著,刘文荣选编,2008年4月。平装覆膜,32异,ISBN 978-7-02-006690-2,定价18.60元。2016年11月收入域外聊斋,平装,32异,ISBN 978-7-02-011977-6,定价32.00元。(75-332)

11233 古物陈列室 巴尔扎克小说选
〔法〕巴尔扎克著,郑永慧译,2008年8月。平装覆膜,国流32开,ISBN 978-7-02-006547-9,定价24.00元。(75-333)

11234 暖暖的都是爱
〔奥地利〕斯蒂芬·茨威格等著,刘文荣编选,2009年4月。平装覆膜,32异,ISBN 978-7-02-007002-2,定价19.00元。(75-334)

11235 莫泊桑小说精选
〔法〕莫泊桑著,张英伦译,2010年1月。平装覆膜,国流32开,ISBN 978-7-02-007554-6,定价32.00元。2015年1月收入名著名译丛书,书名《莫泊桑短篇小说选》,精装,32异,ISBN 978-7-02-010433-8,定价45.00元。2020年3月收入外国文学名著丛书,《莫泊桑短篇中小说选》,精装,大32开,ISBN 978-7-02-015837-9,定价78.00元。(75-335)

11236 从地球到月球
〔法〕儒勒·凡尔纳著,陈筱卿译,儒勒·凡尔纳探险系列,2010年1月。平装覆膜,16异,ISBN 978-7-02-007795-3,定价15.00元。(75-336)

11237 神秘岛
〔法〕儒勒·凡尔纳著,顾薇薇译,儒勒·凡尔纳探险系列,2010年1月。平装覆膜,16异,ISBN 978-7-02-007794-6,定价30.00元。2010年8月收入影响孩子们一生的经典插图本,平装覆膜,16异,ISBN 978-7-02-008056-4,定价29.00元。2012年10月收入儒勒·凡尔纳海洋三部曲,平装覆膜,16异,ISBN 978-7-02-009299-4,定价39.00元。2014年7月收入儒勒·凡尔纳探险+幻想系列,平装覆膜,16异,ISBN 978-7-02-010340-9,定价33.00元。2017年6月收入你长大之前必读的66本书,平装覆膜,16异,ISBN 978-7-02-011987-5,定价39.00元。2018年5月收入教育部统编《语文》推荐阅读丛书,平装覆膜,16异,ISBN 978-7-02-013722-0,定价45.00元。(75-337)

11238 十五岁的船长
〔法〕儒勒·凡尔纳著,梅思繁译,儒勒·凡尔纳探险系列,2010年1月。平装覆膜,16异,ISBN 978-7-02-007791-5,定价22.00元。(75-338)

11239 格兰特船长的女儿
〔法〕儒勒·凡尔纳著,陈筱卿译,儒勒·凡尔纳探险系列,2010年1月。平装覆膜,16异,ISBN 978-7-02-007793-9,定价30.00元。2010年8月收入影响孩子们一生的经典插图本,平装覆膜,16异,ISBN 978-7-02-008057-1,定价28.00元。2012年10月收入儒勒·凡尔纳海洋三部曲,平装覆膜,16异,ISBN 978-7-02-009301-4,定价39.00元。2014年7月收入儒勒·凡尔纳探险+幻想系列,平装覆膜,16异,ISBN 978-7-02-010339-3,定价32.00元。2017年6月收入你长大之前必读的66本书,平装覆膜,16异,ISBN 978-7-02-011988-2,定价39.00元。(75-339)

11240　都德小说选
〔法〕阿尔封斯·都德著,刘方、陆秉慧译,2010年1月。平装覆膜,国流32开,ISBN 978-7-02-007509-6,定价31.00元。(75-340)

11241　邦斯舅舅
〔法〕巴尔扎克著,何友齐译,2010年4月。平装,国流32开,ISBN 978-7-02-004762-8,定价20.00元。(75-341)

11242　外国中短篇小说藏本　梅里美
〔法〕梅里美著,张冠尧译,2010年4月。平装,国流32开,ISBN 978-7-02-007953-7,定价24.00元。2014年8月收入世界十大中短篇小说家,书名《梅里美》,平装,国流32开,ISBN 978-7-02-010378-2,定价32.00元。(75-346)

11243　外国中短篇小说藏本　莫泊桑
〔法〕莫泊桑著,张英伦译,2010年4月。平装,国流32开,ISBN 978-7-02-007958-2,定价28.00元。2014年8月收入世界十大中短篇小说家,书名《莫泊桑》,平装,国流32开,ISBN 978-7-02-010379-9,定价33.00元。(75-347)

11244　黑暗的心　吉姆爷
〔英〕约瑟夫·康拉德著,黄雨石、熊蕾译,企鹅经典丛书,2011年4月。平装,32异,ISBN 978-7-02-008200-1,定价30.00元。(75-348)

11245　火的女儿
〔法〕奈瓦尔著,余中先译,2011年6月。平装,32异,ISBN 978-7-02-008564-4,定价28.00元。(75-349)

11246　巴斯卡医生
〔法〕左拉著,刘益庾译,2011年7月。平装,国流32开,ISBN 978-7-02-008415-9,定价25.00元。(75-350)

11247　智的教育
〔意大利〕保罗·曼特伽扎著,王干卿译,2011年10月。平装覆膜,16异,ISBN 978-7-02-008677-1,定价25.00元。(75-351)

11248　梅塘夜话
〔法〕左拉、莫泊桑、于斯芒斯、赛阿尔、艾尼克、阿莱克西著,张英伦译,2011年11月。平装,国流32开,ISBN 978-7-02-008571-2,定价21.00元。(75-352)

11249　羊脂球
〔法〕莫泊桑著,张英伦译,朝内166人文文库·外国中短篇小说,2012年6月。精装,32异,ISBN 978-7-02-009112-6,定价22.00元。(75-354)

11250　卡门
〔法〕梅里美著,张冠尧译,朝内166人文文库·外国中短篇小说,2012年6月。精装,32异,ISBN 978-7-02-009113-3,定价20.00元。(75-357)

11251　海底两万里(上下)
〔法〕儒勒·凡尔纳著,陈筱卿译,儒勒·凡尔纳海洋三部曲,2012年10月。平装覆膜,16异,ISBN 978-7-02-009300-7,定价38.00元。2014年7月收入儒勒·凡尔纳探险+幻想系列,平装覆膜,16异,ISBN 978-7-02-010341-6,定价32.00元。2017年6月收入你长大之前必读的66本书,平装覆膜,16异,ISBN 978-7-02-011982-0,定价36.00元。(75-358)

11252　董贝父子(上下)
〔英〕查尔斯·狄更斯著,薛鸿时译,名著名译插图本,2012年11月。平装覆膜,国流32开,ISBN 978-7-02-009002-0,定价58.00元。2020年3月收入狄更斯文集,平装,32异,ISBN 978-7-02-012022-2,定价92.00元。(75-359)

11253　鲁滨孙飘流记
〔英〕丹尼尔·笛福著,张蕾芳译,2013年5月。收入语文新课标必读丛书最新版,平装覆膜,大32开,ISBN 978-7-02-009585-8,定价18.00元。2018年4月收入教育部统编《语文》推荐阅读丛书,平装覆膜,16异,ISBN 978-7-02-013714-5,定价22.00元。(75-360)

11254 外国中短篇小说藏本·都德

〔法〕都德著,刘方、陆秉慧译,2013年8月。平装,国流32开,ISBN 978-7-02-009784-5,定价27.00元。2018年4月收入教育部统编《语文》推荐阅读丛书,平装覆膜,16异,ISBN 978-7-02-013758-9,定价26.00元。2018年4月收入插图本名著名译丛书,书名《最后一课 都德中短篇小说选》,平装,国流32开,ISBN 978-7-02-013085-6,定价28.00元。(75-361)

11255 格列佛游记

〔英〕乔纳森·斯威夫特著,刘春芳译,语文新课标必读丛书最新版,2014年1月。平装覆膜,大32开,ISBN 978-7-02-009974-0,定价20.00元。2018年4月收入教育部统编《语文》推荐阅读丛书,平装覆膜,16异,ISBN 978-7-02-013771-8,定价28.00元。2019年8月,单行本,平装,32异,ISBN 978-7-02-014939-1,定价35.00元。(75-363)

11256 印度贵妇的五亿法郎

〔法〕儒勒·凡尔纳著,陈筱卿译,儒勒·凡尔纳探险+幻想系列,2014年7月。平装覆膜,16异,ISBN 978-7-02-010346-1,定价20.00元。(75-364)

11257 太阳系历险记

〔法〕儒勒·凡尔纳著,陈筱卿译,儒勒·凡尔纳探险+幻想系列,2014年7月。平装覆膜,16异,ISBN 978-7-02-010342-3,定价29.00元。(75-365)

11258 金火山

〔法〕儒勒·凡尔纳著,周国强译,儒勒·凡尔纳探险+幻想系列,2014年7月。平装覆膜,16异,ISBN 978-7-02-010347-8,定价28.00元。(75-366)

11259 气球上的五星期

〔法〕儒勒·凡尔纳著,赵克非译,儒勒·凡尔纳探险+幻想系列,2014年7月。平装覆膜,16异,ISBN 978-7-02-010345-4,定价27.00元。(75-367)

11260 地心游记

〔法〕儒勒·凡尔纳著,陈筱卿译,儒勒·凡尔纳探险+幻想系列,2014年7月。平装覆膜,16异,ISBN 978-7-02-010344-7,定价25.00元。2015年9月收入你长大之前必读的66本书,平装覆膜,16异,ISBN 978-7-02-010918-0,定价23.00元。2016年1月收入核心阅读工程,平装覆膜,16异,ISBN 978-7-02-011304-0,定价23.00元。(75-368)

11261 八十天环游地球

〔法〕儒勒·凡尔纳著,陈筱卿译,儒勒·凡尔纳探险+幻想系列,2014年7月。平装覆膜,16异,ISBN 978-7-02-010348-5,定价25.00元。(75-369)

11262 安徒生童话

〔丹麦〕安徒生,叶君健译,中国翻译家译丛,2015年4月。精装,16异,ISBN 978-7-02-009770-8,定价72.00元。(75-373)

11263 艾凡赫

〔英〕沃尔特·司各特著,项星耀译,外国文学名著丛书,2020年8月。精装,大32开,ISBN 978-7-02-015822-5,定价69.00元。(75-374)

11264 木工小史

〔法〕乔治·桑著,齐香译,外国文学名著丛书,2020年8月。精装,大32开,ISBN 978-7-02-015886-7,定价56.00元。(75-375)

11265 三个火枪手(上、下)

〔法〕大仲马著,李玉民译,名著名译丛书,2015年1月。精装,32异,ISBN 978-7-02-010197-9,定价54.00元。2018年4月收入插图本名著名译丛书,平装,国流32开,ISBN 978-7-02-013128-0,定价52.00元。(75-376)

11266 高老头 欧也妮·葛朗台

〔法〕巴尔扎克著,张冠尧译,名著名译丛书,2015年5月。精装,32异,ISBN 978-7-02-010437-6,定价33.00元。(75-377)

11267 道连·格雷的画像

〔英〕奥斯卡·王尔德著,苏福忠译,王尔德代表作,2015年11月。精装,国流32开,ISBN 978-7-02-010934-0,定价25.00元。(75-378)

11268 狄更斯的圣诞故事(中英双语版1—5)

〔英〕查尔斯·狄更斯著,刘凯芳等译,2015年

欧洲古典小说

623

12月。平装,小32开,ISBN 978-7-02-011115-2,定价198.00元。(75-379)

11269 冰上怪兽
〔法〕儒勒·凡尔纳著,袁树仁、李葆捷译,再读儒勒·凡尔纳,2016年8月。平装覆膜,16异,ISBN 978-7-02-011535-8,定价29.00元。2019年5月,单行本,书名《冰上斯芬克斯》,平装,国流32开,ISBN 978-7-02-014781-6,定价39.00元。(75-380)

11270 喀尔巴阡古堡
〔法〕儒勒·凡尔纳著,周国强译,再读儒勒·凡尔纳,2016年8月。平装覆膜,16异,ISBN 978-7-02-011533-4,定价22.00元。(75-381)

11271 沙皇的信使
〔法〕儒勒·凡尔纳著,周国强译,再读儒勒·凡尔纳,2016年8月。平装覆膜,16异,ISBN 978-7-02-011534-1,定价29.00元。(75-382)

11272 一个天朝人的磨难
〔法〕儒勒·凡尔纳著,周国强译,再读儒勒·凡尔纳,2016年8月。平装覆膜,16异,ISBN 978-7-02-011536-5,定价25.00元。(75-383)

11273 名利场 杨绛点烦本(上下)
〔英〕萨克雷著,杨必译,2016年10月。平装,16异,ISBN 978-7-02-011099-5,定价92.00元。(75-384)

11274 教堂钟声
〔英〕查尔斯·狄更斯著,裘因译,狄更斯的圣诞故事,2016年12月。平装,32异,ISBN 978-7-02-012163-2,定价34.00元。(75-385)

11275 着魔的人
〔英〕查尔斯·狄更斯著,陈漪译,狄更斯的圣诞故事,2016年12月。平装,32异,ISBN 978-7-02-012162-5,定价36.00元。(75-386)

11276 圣诞颂歌
〔英〕查尔斯·狄更斯著,刘凯芳译,狄更斯的圣诞故事,2016年12月。平装,16异,ISBN 978-7-02-012094-9,定价55.00元。(75-387)

11277 炉边蟋蟀
〔英〕查尔斯·狄更斯著,邹绿芷、邹晓建译,狄更斯的圣诞故事,2016年12月。精装,64开,ISBN 978-7-02-012161-8,定价62.00元。(75-388)

11278 人生的战斗
〔英〕查尔斯·狄更斯著,陈漪译,狄更斯的圣诞故事,2016年12月。精装,64开,ISBN 978-7-02-012160-1,定价61.00元。(75-389)

11279 爱玛
〔英〕简·奥斯丁著,孙致礼译,简·奥斯丁文集,2017年4月。精装,国流32开,ISBN 978-7-02-012134-2,定价89.00元。(75-391)

11280 曼斯菲尔德庄园
〔英〕简·奥斯丁著,孙致礼译,简·奥斯丁文集,2017年4月。精装,国流32开,ISBN 978-7-02-012143-4,定价89.00元。(75-392)

11281 理智与情感
〔英〕简·奥斯丁著,孙致礼译,简·奥斯丁文集,2017年4月。精装,国流32开,ISBN 978-7-02-012145-8,定价79.00元。(75-393)

11282 傲慢与偏见
〔英〕简·奥斯丁著,孙致礼译,简·奥斯丁文集,2017年4月。精装,国流32开,ISBN 978-7-02-012144-1,定价79.00元。(75-394)

11283 诺桑觉寺
〔英〕简·奥斯丁著,孙致礼译,简·奥斯丁文集,2017年4月。精装,国流32开,ISBN 978-7-02-012151-9,定价69.00元。(75-395)

11284 劝导
〔英〕简·奥斯丁著,孙致礼译,简·奥斯丁文集,2017年4月。精装,国流32开,ISBN 978-7-02-012142-7,定价69.00元。(75-396)

11285 狄更斯的圣诞故事
〔英〕查尔斯·狄更斯著,刘凯芳等译,你长大之前必读的66本书,2017年6月。平装覆膜,16异,ISBN 978-7-02-012012-3,定价38.00元。(75-397)

11286 名人传
〔法〕罗曼·罗兰,傅雷译,教育部统编《语文》推荐阅读丛书,2018年4月。平装覆膜,16异,ISBN 978-7-02-013800-5,定价32.00元。(75-398)

11287 爱丽丝梦游仙境

〔英〕刘易斯·卡洛尔著,张晓路译,教育部统编《语文》推荐阅读丛书,2018年5月。平装覆膜,16异,ISBN 978-7-02-013744-2,定价26.00元。(75-399)

11288　名人传
〔法〕罗曼·罗兰著,傅雷译,插图本名著名译丛书,2018年6月。精装,国流32开,ISBN 978-7-02-013126-6,定价22.00元。(75-400)

11289　远离尘嚣
〔英〕托马斯·哈代著,傅绚宁译,哈代文集,2018年6月。精装,国流32开,ISBN 978-7-02-011851-9,定价59.00元。(75-401)

11290　哈代中短篇小说选
〔英〕托马斯·哈代著,张玲、张扬译,哈代文集,2018年6月。精装,国流32开,ISBN 978-7-02-004108-4,定价59.00元。(75-402)

11291　枉费心机
〔英〕托马斯·哈代著,刘春芳译,哈代文集,2018年6月。精装,国流32开,ISBN 978-7-02-011469-6,定价58.00元。(75-403)

11292　黑暗的心
〔英〕约瑟夫·康拉德著,黄雨石译,蜂鸟文丛,2018年10月。平装,32异,ISBN 978-7-02-012549-4,定价28.00元。(75-404)

11293　基督山伯爵
〔法〕大仲马著,李玉民译,2018年10月。精装,16异,ISBN 978-7-02-012078-9,定价188.00元。(75-405)

11294　玛侬·列斯戈
〔法〕普莱服神甫著,李玉民译,外国情感小说,2019年2月。精装,小32开,ISBN 978-7-02-013179-2,定价39.00元。(75-406)

11295　阿尔芒丝
〔法〕司汤达著,李玉民译,外国情感小说,2019年2月。精装,小32开,ISBN 978-7-02-013197-6,定价48.00元。(75-407)

11296　阿达拉
〔法〕夏多布里昂著,李玉民译,外国情感小说,2019年2月。精装,小32开,ISBN 978-7-02-013198-3,定价32.00元。(75-408)

11297　保尔与维吉妮
〔法〕贝·德·圣比埃尔著,李恒基译,外国情感小说,2019年2月。精装,小32开,ISBN 978-7-02-013195-2,定价39.00元。(75-409)

11298　克莱芙王妃
〔法〕拉法耶特夫人著,黄建华、余秀梅译,外国情感小说,2019年2月。精装,小32开,ISBN 978-7-02-013187-7,定价42.00元。(75-410)

11299　弃儿汤姆·琼斯史(上下)
〔英〕亨利·菲尔丁著,张谷若译,2019年5月。精装,国流32开,ISBN 978-7-02-011053-7,定价158.00元。(75-411)

11300　一生　伪币制造者
〔法〕莫泊桑、纪德著,盛澄华译,中国翻译家译丛,2019年7月。精装,16异,ISBN 978-7-02-011387-3,定价69.00元。(75-413)

11301　荒凉山庄(上下)
〔英〕狄更斯著,主万、徐自立译,狄更斯文集,2020年3月。平装,32异,ISBN 978-7-02-012207-3,定价92.00元。(75-418)

11302　老古玩店
〔英〕狄更斯著,许君远译,狄更斯文集,2020年3月。平装,32异,ISBN 978-7-02-012206-6,定价58.00元。(75-419)

11303　布兰尼肯夫人
〔法〕儒勒·凡尔纳,许崇山译,钟燕萍译校,2020年5月。平装,国流32开,ISBN 978-7-02-015236-0,定价66.00元。(75-420)

11304　入世之初
〔法〕巴尔扎克著,许渊冲译,2020年6月。精装,大32开,ISBN 978-7-02-014777-9,定价38.00元。(75-421)

11305　傲慢与偏见
〔英〕简·奥斯丁著,王科一译,外国文学名著丛书,2020年3月。精装,大32开,ISBN 978-7-02-015066-3,定价55.00元。(75-422)

11306　死魂灵
〔俄〕果戈理著,鲁迅译,1952年3月。精装,28开,书号 总74鲁25,定价24,500元。1958年5月,大32开,书号10019·72,平装,定价1.50元;精装,定价1.90元。(39-1)

小说

11307 外套
〔俄〕果戈理著,刘辽逸译,1952年4月。平装,32开,书号 总95单29,定价3,900元。(39-2)

11308 鼻子
〔俄〕果戈理著,鲁迅译,1952年4月。平装,32开,书号 总92鲁26,定价3,200元。(39-3)

11309 坏孩子和别的奇闻
〔俄〕契诃夫著,鲁迅译,1953年3月。平装,32开,书号197单33,定价2,400元。(39-4)

11310 怎么办？(上下)
〔俄〕车尔尼雪夫斯基著,蒋路译,1953年9月。平装,25开,书号199,定价35,000元。1955年5月,平装,大32开,书号10019·200,定价3.08元。1959年9月收入外国古典文学名著丛书,大32开,平装,定价1.90元;精装,定价2.45元。1982年9月收入外国文学名著丛书,平装,大32开,定价1.65元。1990年2月,大32开,平装,ISBN 7-02-000903-4,定价6.70元;精装,ISBN 7-02-000904-2,定价10.11元。1994年5月,平装覆膜,大32开,ISBN 7-02-001802-5,定价12.00元。1996年11月收入世界文学名著文库,精装,大32开,ISBN 7-02-002107-7,定价38.60元。2008年1月收入名著名译插图本,平装覆膜,国流32开,ISBN 978-7-02-005517-3,定价24.00元。2019年5月收入外国文学名著丛书,精装,大32开,ISBN 978-7-02-015068-7,定价69.00元。(39-5)

11311 哈泽穆拉特
〔俄〕列夫·托尔斯泰著,刘辽逸译,作家出版社1954年4月。平装,25开,书号10020·31,定价6,800元。1962年12月人民文学出版社,收入文学小丛书,书名《哈吉穆拉特》,平装,50开,书号10019·1704,定价0.33元;平装,32异,定价0.55元。1979年9月,平装,32异,定价0.33元。(39-6)

11312 狄康卡近乡夜话
〔俄〕果戈理著,满涛译,1955年2月。大32开,书号362,平装,定价10,400元;精装,定价1.95元。2006年1月收入名著名译插图本,平装覆膜,国流32开,ISBN 7-02-004972-9,定价15.00元。2017年1月收入中国翻译家译丛,精装,16异,ISBN 978-7-02-011241-8,定价45.00元。(39-7)(75-320)

11313 家庭的戏剧
〔俄〕赫尔岑著,巴金译,1955年3月。平装,32开,书号390,定价0.63元。(39-8)

11314 父与子
〔俄〕屠格涅夫著,巴金译,1955年6月。平装,大32开,书号378,定价1.08元。1957年10月,平装,大32开,书号10019·375,定价1.00元。1991年7月收入屠格涅夫选集,平装覆膜,大32开,ISBN 7-02-001177-2,定价3.95元。(39-9)

11315 前夜
〔俄〕屠格涅夫著,丽尼译,1955年9月。平装,大32开,书号402,定价0.79元。1957年11月,平装,大32开,书号10019·398,定价0.70元。1991年7月收入屠格涅夫选集,平装覆膜,大32开,ISBN 7-02-001185-2,定价3.45元。(39-10)

11316 贵族之家
〔俄〕屠格涅夫著,丽尼译,1955年9月。平装,大32开,书号404,定价0.82元。1957年10月,平装,大32开,书号10019·400,定价0.75元。1988年10月,大32开,ISBN 7-02-000673-6,定价1.80元。(39-11)

11317 木木
〔俄〕屠格涅夫著,巴金译,作家出版社1955年11月。平装,50开,书号作316,定价0.14元。1959年4月人民文学出版社,收入文学小丛书,平装,50开,书号10019·1240,定价0.12元。(39-12)

11318 猎人笔记
〔俄〕屠格涅夫著,丰子恺译,1955年11月。平装,大32开,书号10019·424,定价1.59元。1956年8月,平装,大32开,书号10019·420,定价1.50元。1962年12月收入外国古典文学名著丛书,平装,大32开,定价1.50元;精装,定价2.00元。1979年11月收入外国文学名著丛书,平装,大32开,定价1.30元。1991年2月收入屠格涅夫选集,平装覆膜,大32开,ISBN 7-02-000250-1,定价5.30元。1997年

11月收入世界文学名著文库,精装,大32开,ISBN 7-02-002388-6,定价21.80元。2015年1月收入名著名译丛书,精装,32异,ISBN 978-7-02-010278-5,定价29.00元。2018年4月收入教育部统编《语文》推荐阅读丛书,平装覆膜,16异,ISBN 978-7-02-013738-1,定价29.00元。2018年7月收入插图本名著名译丛书,平装,国流32开,ISBN 978-7-02-013092-4,定价28.00元。2019年5月收入外国文学名著丛书,精装,大32开,ISBN 978-7-02-015095-3,定价49.00元。2019年6月,青少版,收入教育部语文教科书指定书目,平装,32异,ISBN 978-7-02-013930-9,定价42.00元。(39-13)

11319　上尉的女儿

〔俄〕普希金著,孙用译,毕慎夫校,1956年2月。平装,32开,书号447,定价0.66元。1957年2月,平装,32开,书号10019·442,定价0.60元。1963年8月收入文学小丛书,书号10019·1739,平装,50开,定价0.38元;平装,32异,定价0.54元。1981年4月,平装,32开,书号10019·442,定价0.47元。(39-14)

11320　契诃夫小说选(上册)

〔俄〕契诃夫著,汝龙译,1956年4月。大32开,书号446,平装,定价1.20元;精装,定价1.70元。1958年4月,平装,大32开,书号10019·441,定价1.20元。1960年1月上下册合为一种,收入外国古典文学名著丛书,大32开,平装,定价2.80元;特精,定价6.20元。1992年11月收入外国文学名著丛书,平装,大32开,ISBN 7-02-001454-2,定价13.50元。1995年5月,平装覆膜,大32开,ISBN 7-02-002199-9,定价34.40元。1996年2月世界文学名著文库普及本,平装覆膜,大32开,ISBN 7-02-002231-6,定价26.70元。1996年11月收入世界文学名著文库,精装,大32开,ISBN 7-02-002034-8,定价45.00元。1999年1月收入名著名译,平装覆膜,大32开,ISBN 7-02-002899-3,定价31.00元。2015年1月收入名著名译丛书,精装,32异,ISBN 978-7-02-010425-3,定价46.00元。2018年4月收入插图本名著名译丛书,书名《变色龙——契诃夫短篇小说选》,平装,国流32开,ISBN 978-7-02-013101-3,定价32.00元。2020年4月收入外国文学名著丛书,精装,大32开,ISBN 978-7-02-015850-8,定价65.00元。(39-15)

11321　穷人

〔俄〕陀思妥耶夫斯基著,文颖译,作家出版社1956年6月。书号 作434,普精,小32开,定价1.00元;普精,大32开,定价1.20元;特精,大32开,定价1.90元。1957年10月人民文学出版社,普精,小32开,书号10019·469,定价1.00元。(39-16)

11322　当代英雄

〔俄〕莱蒙托夫著,翟松年译,作家出版社1956年9月。平装,大32开,书号10020·495,定价0.68元。1978年8月人民文学出版社,平装,大32开,书号10019·834,定价0.56元。1994年5月,平装覆膜,大32开,ISBN 7-02-001798-3,定价4.60元。(39-17)

11323　安娜·卡列尼娜(上下)

〔俄〕列夫·托尔斯泰著,周扬、谢素台译,1956年12月。大32开,书号10019·395,平装,定价4.20元;精装,定价6.00元。1981年3月收入外国文学名著丛书,平装,大32开3.55元。1987年12月,平装,小32开,ISBN 7-02-000108-4,定价6.10元。1989年8月收入外国古典长篇小说选粹,大32开,平装覆膜,ISBN 7-02-000108-4,定价11.05元;精装,ISBN 7-02-000778-3,定价16.50元。1994年9月收入外国古典文学名著选粹,平装覆膜,大32开,ISBN 7-02-000108-4,定价24.30元。1995年8月收入世界文学名著文库,精装,大32开,ISBN 7-02-001993-5,定价51.15元。2002年1月收入大学生必读,平装,大32开,ISBN 7-02-003582-5,定价39.80元。2003年1月收入名著名译插图本,平装覆膜,国流32开,ISBN 7-02-004002-0,定价30.00元。2008年6月收入名著名译插图本精华版,软精,国流32开,ISBN 978-7-02-007130-2,定价44.00元。2012年11月收入企鹅经典丛书,平装,32异,ISBN 978-7-02-009525-4,定价48.00元。2015年4月收入名

欧洲古典小说

著名译丛书,精装,32异,ISBN 978-7-02-010275-4,定价69.00元。2018年7月收入插图本名著名译丛书,平装,国流32开,ISBN 978-7-02-013207-2,定价62.00元。(39-18)

11324　奥勃洛摩夫

〔俄〕冈察洛夫著,齐蜀夫译,吕和声校,1956年12月。大32开,书号10019·583,平装,定价2.00元;精装,定价2.40元。(39-19)

11325　被侮辱与被损害的

〔俄〕陀思妥耶夫斯基著,荃麟译,1956年12月。平装,大32开,书号10019·488,定价1.50元;精装,定价2.00元。(39-20)

11326　复活

〔俄〕列夫·托尔斯泰著,汝龙译,1957年3月。大32开,书号10019·591,平装,定价2.50元;精装,定价3.50元。1989年6月,平装覆膜,大32开,ISBN 7-02-000775-9,定价6.05元;1990年8月收入北京市教育局青年文库,平装,32开,非卖品,无定价。1992年6月收入外国古典文学名著选粹,大32开,平装,ISBN 7-02-000109-2,定价9.50元;精装,ISBN 7-02-001412-7,定价17.35元。1992年12月,青年文库,平装,小32开,ISBN 7-02-001610-3,非卖品,无定价。1993年11月收入世界文学名著文库,精装,大32开,ISBN 7-02-001674-X,定价18.65元。1996年8月收入世界文学名著文库普及本,平装覆膜,国流32开,ISBN 7-02-002233-2,定价19.90元。2000年5月收入中学生课外文学名著必读丛书,平装覆膜,大32开,ISBN 7-02-003203-6,定价23.50元。2001年11月收入名著名译,平装覆膜,大32开,ISBN 7-02-003127-7,定价20.00元。2003年1月收入名著名译插图本,平装覆膜,国流32开,ISBN 7-02-003970-7,定价19.00元。2003年5月收入语文新课标必读丛书,平装覆膜,大32开,ISBN 7-02-004134-5,定价23.50元。2006年6月收入语文新课标必读丛书修订版,平装覆膜,大32开,ISBN 7-02-005702-0,定价25.00元。2008年6月收入语文新课标必读丛书增订版,平装覆膜,大32开,ISBN 978-7-02-007076-3,定价28.00元。2008年6月收入名著名译插图本精华版,软精,国流32开,ISBN 978-7-02-007110-4,定价26.00元。2012年5月收入企鹅经典丛书,平装,32异,ISBN 978-7-02-009073-0,定价35.00元。2015年4月收入名著名译丛书,精装,32异,ISBN 978-7-02-010270-9,定价38.00元。2018年7月收入插图本名著名译丛书,平装,国流32开,ISBN 978-7-02-013063-4,定价36.00元。2018年4月收入教育部统编《语文》推荐阅读丛书,平装覆膜,16异,ISBN 978-7-02-013759-6,定价36.00元。(39-21)

11327　彼得堡故事

〔俄〕果戈理著,满涛译,1957年4月。平装,大32开,书号10019·570,定价0.90元。2008年1月收入名著名译插图本,平装覆膜,国流32开,ISBN 978-7-02-006137-2,定价14.00元。(39-22)

11328　我的同时代人的故事(第一卷)

〔俄〕柯罗连科著,丰子恺、丰一吟译,1957年6月。平装,大32开,书号10019·568,定价1.50元。(39-23)

11329　杜布罗夫斯基

〔俄〕普希金著,刘辽逸译,1957年11月。平装,32开,书号10019·673,定价0.37元。1958年12月收入文学小丛书,平装,50开,书号10019·1098,定价0.19元。1979年3月,平装,32异,定价0.21元。(39-24)

11330　罗亭

〔俄〕屠格涅夫著,陆蠡译,丽尼校,1957年12月。平装,大32开,书号10019·676,定价0.65元。1983年2月,平装,大32开,定价0.61元。(39-25)

11331　白痴(上下)

〔俄〕陀思妥耶夫斯基著,耿济之译,王琴校,1958年3月。平装,大32开,书号10019·724,定价2.50元。1982年10月,署王珍校,平装,大32开,定价2.40元。(39-26)

11332　契诃夫小说选(下册)

〔俄〕契诃夫著,汝龙译,1958年5月。大32开,书号10019·734,平装,定价1.20元;精装,定价1.60元。(39-27)

11333 五月之夜
〔俄〕果戈理著,满涛译,文学小丛书,1958年9月。书号10019·911,平装,50开,定价0.11元;平装,小32开,定价0.16元。(39-28)

11334 第六病室
〔俄〕契诃夫著,汝龙译,文学小丛书,1958年9月。书号10019·912,平装,50开,定价0.17元;平装,小32开,定价0.24元。(39-29)

11335 盲音乐家
〔俄〕柯罗连科著,臧传真译,肖扬校,1958年11月。平装,32开,书号10019·1001,定价0.61元。1963年8月收入文学小丛书,平装,50开,定价0.38元;平装,32异,定价0.53元。1999年5月收入世界儿童文学丛书,平装覆膜,32开,ISBN 7-02-002918-3,定价7.70元。(39-30)

11336 战争与和平(1—4)
〔俄〕列夫·托尔斯泰著,董秋斯译,1958年12月。大32开,书号10019·810,平装,定价7.75元;精装,定价11.50元。1988年2月,平装,大32开,ISBN 7-02-000146-7,定价11.30元。(39-31)

11337 一个城市的历史
〔俄〕萨尔蒂科夫·谢德林著,张孟恢译,1959年3月。平装,大32开,书号10019·1167,定价0.85元。(39-32)

11338 我的同时代人的故事(第二卷)
〔俄〕柯罗连科著,丰子恺、丰一吟译,1959年5月。平装,大32开,书号10019·1211,定价1.20元。(39-33)

11339 屠格涅夫中短篇小说选
〔俄〕屠格涅夫著,肖珊、巴金译,1959年7月。平装,大32开,书号10019·1313,定价1.60元。1983年9月,平装,大32开,定价1.60元。(39-34)

11340 左撇子
〔俄〕列斯柯夫著,张铁弦、王金陵译,文学小丛书,1959年10月。平装,50开,书号10019·1244,定价0.18元。(39-35)

11341 草原
〔俄〕契诃夫著,汝龙译,文学小丛书,1963年3月。书号10019·1413,平装,50开,定价0.28元;平装,32异,定价0.47元。(39-37)

11342 我的同时代人的故事(第三、四卷)
〔俄〕柯罗连科著,丰子恺、丰一吟译,1964年2月。平装,大32开,书号10019·1768,定价1.55元。(39-38)

11343 处女地
〔俄〕屠格涅夫著,巴金译,1978年2月。大32开,书号10019·2576,平装,定价1.00元;精装,定价1.55元。1990年6月,平装,大32开,ISBN 7-02-000924-0,定价4.20元。1991年7月收入屠格涅夫选集,平装覆膜,大32开,ISBN 7-02-001163-2,定价4.80元。(39-39)

11344 契诃夫小说选
〔俄〕契诃夫著,汝龙译,文学小丛书,1979年1月。平装,32异,书号10019·2680,定价0.32元。(39-40)

11345 果戈理小说选
〔俄〕果戈理著,满涛译,文学小丛书,1979年8月。平装,32异,书号10019·2753,定价0.50元。(39-41)

11346 前夜 父与子
〔俄〕屠格涅夫著,丽尼、巴金译,外国文学名著丛书,1979年10月。平装,大32开,书号10019·2808,定价1.55元。1989年6月收入外国古典长篇小说选粹,大32开,平装,ISBN 7-02-000345-1,定价5.05元;精装,ISBN 7-02-000777-5,定价8.75元。1994年5月收入世界文学名著文库,精装,大32开,ISBN 7-02-001764-9,定价18.45元。1996年6月收入外国古典文学名著选粹,平装覆膜,大32开,ISBN 7-02-002350-9,定价21.90元。2001年12月收入名著名译,平装覆膜,大32开,ISBN 7-02-003126-9,定价16.00元。2003年1月收入名著名译插图本,平装覆膜,国流32开,ISBN 7-02-004025-X,定价15.00元。2008年6月收入名著名译插图本精华版,软精,国流32开,ISBN 978-7-02-007153-1,定价19.00元。2018年1月收入名著名译丛书,精装,32异,ISBN 978-7-02-011589-1,定价39.00元。(39-42)

11347 阿列霞

〔俄〕库普林著，蓝英年译，文学小丛书，1980年4月。平装，32异，书号10019·2957，定价0.31元。(39-43)

11348 被欺凌与被侮辱的

〔俄〕陀思妥耶夫斯基著，南江译，陀思妥耶夫斯基选集，1980年9月。书号10019·3035，平装，小32开，定价1.25元；平装，大32开，定价1.50元。1993年3月，平装覆膜，大32开，ISBN 7-02-001519-0，定价8.20元。2003年1月收入名著名译插图本，平装覆膜，国流32开，ISBN 7-02-004018-7，定价15.00元。2008年6月收入名著名译插图本精华版，软精，国流32开，ISBN 978-7-02-007152-4，定价18.00元。(39-44)

11349 决斗

〔俄〕库普林著，潘安荣译，库普林选集，1981年4月。平装，小32开，书号10019·3115，定价0.72元。(39-45)

11350 中短篇小说选

〔俄〕库普林著，蓝英年译，库普林选集，1981年4月。平装，小32开，书号10019·3120，定价0.97元。(39-46)

11351 俄国短篇小说选

蒋路编选，1981年4月。平装，32开，书号10019·3119，定价1.65元。(39-47)

11352 布宁中短篇小说选

〔俄〕布宁著，陈馥译，外国文学出版社1981年4月。平装，32开，书号10208·45，定价0.86元。(39-48)

11353 马没有罪过

〔俄〕柯丘宾斯基著，王汶译，文学小丛书，1958年12月。平装，50开，书号10019·1099，定价0.23元。(39-49)

11354 从市集上来

〔俄〕肖洛姆·阿莱汉姆著，陈珍广译，1959年9月。大32开，书号10019·1299，平装，定价1.50元；精装，定价2.10元；特精装，定价3.00元。(39-50)

11355 一场欢喜一场空

〔俄〕肖洛姆·阿莱汉姆著，陈珍广译，文学小丛书，1960年1月。平装，50开，书号10019·1414，定价0.29元。(39-51)

11356 卡拉马佐夫兄弟（上下）

〔俄〕陀思妥耶夫斯基著，耿济之译，秦水、吴钧燮校，陀思妥耶夫斯基选集，1981年8月。书号10019·3136，平装，32开，定价2.95元；平装，大32开，定价3.55元。1993年3月，平装覆膜，大32开，ISBN 7-02-001515-8，定价19.25元。1994年5月收入世界文学名著文库，精装，大32开，ISBN 7-02-001761-4，定价41.30元。1999年1月收入名著名译，平装覆膜，大32开，ISBN 7-02-002898-5，定价40.00元。2002年1月收入大学生必读，平装，大32开，ISBN 7-02-003590-6，定价46.00元。2004年3月收入名著名译插图本，平装覆膜，国流32开，ISBN 7-02-004379-8，定价42.00元。2008年6月收入名著名译插图本精华版，软精，国流32开，ISBN 978-7-02-007158-6，定价44.00元。2015年4月收入中国翻译家译丛，精装，16异，ISBN 978-7-02-009865-1，定价74.00元。(39-52)

11357 死屋手记

〔俄〕陀思妥耶夫斯基著，曾宪溥、王健夫译，陀思妥耶夫斯基选集，1981年12月。书号10019·3216，平装，小32开，定价1.00元；平装，大32开，定价1.20元。1993年3月，平装覆膜，大32开，ISBN 7-02-001520-4，定价6.65元。2011年5月，陀思妥耶夫斯基选集，平装，国流32开，ISBN 978-7-02-001520-7，定价20.00元。(39-53)

11358 波缅洛夫斯基小说选

〔俄〕波缅洛夫斯基著，王之、山征译，外国文学出版社1981年5月。平装，32开，书号10208·88，定价1.30元。(39-54)

11359 中短篇小说选（上下）

〔俄〕陀思妥耶夫斯基著，文颖等译，陀思妥耶夫斯基选集，1982年5月。平装，大32开，书号10019·3300，定价2.15元。1993年3月，平装覆膜，大32开，ISBN 7-02-001518-2，定价11.15元。1997年5月上下合为一册，收入世界文学名著文库，精装，大32开，ISBN 7-02-002317-7，定价36.50元。2011年5月，陀思妥耶夫斯基选集，署曹中德等译，平装，国流32开，ISBN 978-7-02-001518-4，定价34.00

元。(39-55)

11360　魏列萨耶夫中短篇小说选
〔俄〕魏列萨耶夫著,张守仁译,外国文学出版社1982年7月。平装,32开,书号10208·103,定价1.05元。(39-56)

11361　罪与罚
〔俄〕陀思妥耶夫斯基著,朱海观、王汶译,陀思妥耶夫斯基选集,1982年10月。平装,32开,书号10019·3363,定价2.20元。1989年3月收入外国古典长篇小说选粹,大32开,平装,ISBN 7-02-000598-5,定价7.50元;精装,ISBN 7-02-000599-3,定价11.30元。1993年3月,陀思妥耶夫斯基选集,平装覆膜,大32开,ISBN 7-02-001523-9,定价11.15元。1994年11月收入世界文学名著文库,精装,大32开,ISBN 7-02-001949-8,定价22.35元。2003年1月收入名著名译插图本,平装覆膜,国流32开,ISBN 7-02-003887-5,定价22.00元。2008年6月收入名著名译插图本精华版,软精,国流32开,ISBN 978-7-02-007138-8,定价26.00元。2011年5月收入陀思妥耶夫斯基选集,平装,国流32开,ISBN 978-7-02-001523-8,定价35.00元。2012年1月收入企鹅经典丛书,平装,32异,ISBN 978-7-02-008671-9,定价35.00元。2016年10月收入名著名译丛书,精装,32异,ISBN 978-7-02-011582-2,定价42.00元。2017年6月收入企鹅经典丛书,平装,国流32开,ISBN 978-7-02-012995-9,定价89.00元。2018年4月收入插图本名著名译丛书,平装,国流32开,ISBN 978-7-02-013056-6,定价40.00元。2018年10月,单行本,平装,32异,ISBN 978-7-02-013927-9,定价76.00元。(39-57)

11362　果戈理选集(第一卷)
〔俄〕果戈理著,满涛译,外国文学出版社1983年1月。平装,大32开,书号10208·3376,定价1.70元。(39-58)

11363　群魔(上下)
〔俄〕陀思妥耶夫斯基著,南江译,陀思妥耶夫斯基选集,1983年3月。平装,32开,书号10208·3422,定价2.55元。1993年3月版,平装覆膜,大32开,ISBN 7-02-001521-2,定价15.20元。2011年5月,陀思妥耶夫斯基选集,平装,国流32开,ISBN 978-7-02-001521-4,定价45.00元。2015年8月收入中俄文学互译出版项目·俄罗斯文库,平装,32异,ISBN 978-7-02-010640-0,定价88.00元。(39-59)

11364　柯丘宾斯基小说选
〔俄〕柯丘宾斯基著,王汶译,外国文学出版社1983年1月。平装,小32开,书号10208·117,定价0.88元。(39-60)

11365　烟
〔俄〕屠格涅夫著,王金陵译,1983年9月。平装,大32开,书号10019·3506,定价0.80元。1988年7月,平装,大32开,ISBN 7-02-000554-3,定价1.90元。1991年7月收入屠格涅夫选集,平装覆膜,大32开,ISBN 7-02-001142-X,定价3.35元。(39-61)

11366　死魂灵
〔俄〕果戈理著,满涛、许庆道译,外国文学名著丛书,1983年9月。大32开,书号10019·3507,平装,定价1.75元;精装,定价2.35元。1995年8月收入世界文学名著文库,精装,大32开,ISBN 7-02-001938-2,定价23.25元。1996年2月收入世界文学名著文库普及本,平装覆膜,国流32开,ISBN 7-02-002230-8,定价16.20元。2003年1月收入名著名译插图本,平装覆膜,国流32开,ISBN 7-02-004021-7,定价16.00元。2008年6月收入名著名译插图本精华版,软精,国流32开,ISBN 978-7-02-007142-5,定价19.00元。2018年1月收入名著名译丛书,精装,32异,ISBN 978-7-02-012470-1,定价39.00元。2018年6月收入插图本名著名译丛书,平装,国流32开,ISBN 978-7-02-013058-0,定价32.00元。2019年5月收入外国文学名著丛书,精装,大32开,ISBN 978-7-02-015101-1,定价59.00元。2020年1月,插图珍藏版,精装,16异,ISBN 978-7-02-012811-2,定价88.00元。(39-62)

11367　迦尔洵小说集
〔俄〕迦尔洵著,冯加译,外国文学出版社1983年9月。平装,小32开,书号10208·149,定

价 1.10 元。(39-63)

11368 序幕

〔俄〕车尔尼雪夫斯基著,刘魁立译,外国文学出版社 1983 年 11 月。平装,小 32 开,书号 10208·159,定价 1.65 元。(39-64)

11369 斯列普佐夫小说选

〔俄〕斯列普佐夫著,王之译,外国文学出版社 1983 年 11 月。平装,小 32 开,书号 10208·156,定价 0.95 元。(39-65)

11370 马尔林斯基小说选

〔俄〕马尔林斯基著,唐其慈译,外国文学出版社 1983 年 12 月。平装,小 32 开,书号 10208·150,定价 1.55 元。(39-67)

11371 大堂神父

〔俄〕列斯科夫著,陈馥译,外国文学出版社 1984 年 3 月。平装,小 32 开,书号 10208·174,定价 1.25 元。(39-68)

11372 童年 少年 青年

〔俄〕列夫·托尔斯泰著,谢素台译,1984 年 6 月。平装,大 32 开,书号 10019·3661,定价 1.25 元。2013 年 11 月收入中学生文学阅读必备书系,平装覆膜,国流 32 开,ISBN 978-7-02-009929-0,定价 27.00 元。(39-69)(45-307)

11373 果戈理选集(第二卷)

〔俄〕果戈理著,满涛译,1984 年 1 月。平装,大 32 开,书号 10019·3509,定价 1.80 元。(39-70)

11374 列斯科夫中短篇小说集

〔俄〕列斯科夫著,刘燕宇、臧仲伦等译,外国文学出版社 1985 年 2 月。平装,小 32 开,书号 10208·200,定价 2.15 元。(39-71)

11375 少年

〔俄〕陀思妥耶夫斯基著,文颖译,陀思妥耶夫斯基选集,1985 年 9 月。平装,大 32 开,书号 10019·3850,定价 4.30 元。1993 年 3 月,平装覆膜,大 32 开,ISBN 7-02-001517-4,定价 11.60 元。(39-72)

11376 戈洛夫廖夫老爷们

〔俄〕谢德林著,杨仲德译,1985 年 4 月。平装,大 32 开,书号 10019·3745,定价 2.15 元。(39-73)

11377 浪荡女人

〔俄〕米尔内著,王之、王家骧、程文译,外国文学出版社 1985 年 9 月。平装,小 32 开,书号 10208·206,定价 3.20 元。(39-74)

11378 白夜 舅舅的梦

〔俄〕陀思妥耶夫斯基著,成时、郭奇格译,文学小丛书,1985 年 2 月。平装,小 32 开,书号 10019·3763,定价 1.10 元。(39-75)

11379 家庭纪事

〔俄〕谢·阿克萨科夫著,王步丞译,外国文学出版社 1986 年 4 月。平装,小 32 开,书号 10208·266,定价 1.55 元。(39-76)

11380 游星(第一、二部)

〔俄〕肖洛姆·阿莱汉姆著,陈珍广译,外国文学出版社 1986 年 8 月。平装,小 32 开,书号 10208·238,定价 3.90 元。(39-77)

11381 温顺的女性

〔俄〕陀思妥耶夫斯基著,成时、潘同珑译,外国文学小丛书,1986 年 10 月。平装,32 异,书号 10019·3997,定价 0.70 元。(39-78)

11382 在漩涡中

〔俄〕皮谢姆斯基著,陈淑贤、张大本译,外国文学出版社 1987 年 5 月。平装,小 32 开,书号 10208·259,定价 3.40 元。(39-79)

11383 波德利普人——纤夫曲

〔俄〕列舍特尼柯夫著,刘伦振译,外国文学出版社 1987 年 4 月。平装,小 32 开,书号 10208·257,定价 1.25 元。(39-80)

11384 初恋

〔俄〕屠格涅夫著,萧珊译,外国文学出版社 1987 年 10 月。平装,国流 32 开,书号 10208·247,定价 1.80 元。(39-82)

11385 萨宁

〔俄〕阿尔志跋绥夫著,王之译,外国文学资料丛书,外国文学出版社 1988 年 11 月。平装,小 32 开,ISBN 7-5016-0012-0,定价 2.75 元。(39-83)

11386 白痴(上下)

〔俄〕陀思妥耶夫斯基著,南江译,陀思妥耶夫斯基选集,1989 年 3 月。平装,大 32 开,ISBN 7-02-000602-7,定价 8.35 元。1992 年 6 月收入外国古典文学名著选粹,大 32 开,平装,

ISBN 7-02-000602-7,定价 12.45 元;精装,ISBN 7-02-001408-9,定价 28.15 元。1993 年 3 月,平装覆膜,大 32 开,ISBN 7-02-001516-6,定价 13.60 元。1994 年 5 月收入世界文学名著文库,精装,大 32 开,ISBN 7-02-001774-6,定价 24.45 元。2011 年 5 月,陀思妥耶夫斯基选集,平装,国流 32 开,ISBN 978-7-02-001516-0,定价 44.00 元。2012 年 1 月收入企鹅经典丛书,平装,32 异,ISBN 978-7-02-008722-8,定价 38.00 元。2019 年 5 月收入外国文学名著丛书,精装,大 32 开,ISBN 978-7-02-015067-0,定价 99.00 元。(39-84)

11387　村姑小姐
〔俄〕普希金著,磊然、水夫译,外国文学小丛书,1988 年 7 月。平装,32 异,书号 10019·4263,ISBN 7-02-000288-9,定价 1.95 元。(39-85)

11388　陪嫁　一千名农奴
〔俄〕皮谢姆斯基著,斯庸译,外国文学出版社 1989 年 7 月。平装,小 32 开,ISBN 7-5016-0057-0,定价 7.10 元。(39-86)

11389　战争与和平(1—4)
〔俄〕列夫·托尔斯泰著,刘辽逸译,1989 年 7 月。平装覆膜,大 32 开,ISBN 7-02-000756-2,定价 21.35 元。1992 年 6 月收入外国古典文学名著选粹,大 32 开,平装,ISBN 7-02-001406-2,定价 26.60 元;精装,ISBN 7-02-001407-0,定价 57.95 元。1994 年 5 月收入世界文学名著文库,精装,大 32 开,ISBN 7-02-001777-0,定价 49.10 元。2003 年 1 月收入名著名译插图本,平装覆膜,国流 32 开,ISBN 7-02-003968-5,定价 48.00 元。2008 年 6 月收入名著名译插图本精华版,软精,国流 32 开,ISBN 978-7-02-007120-3,定价 62.00 元。2015 年 1 月收入名著名译丛书,精装,32 异,ISBN 978-7-02-010274-7,定价 88.00 元。2018 年 7 月收入插图本名著名译丛书,平装,国流 32 开,ISBN 978-7-02-013060-3,定价 88.00 元。2018 年 7 月收入教育部编《语文》推荐阅读丛书,平装覆膜,16 异,ISBN 978-7-02-014301-6,定价 88.00 元。(39-87)

11390　罗亭
〔俄〕屠格涅夫著,磊然译,屠格涅夫选集,1990 年 8 月。平装覆膜,大 32 开,ISBN 7-02-000989-1,定价 3.00 元。(39-88)

11391　贵族之家
〔俄〕屠格涅夫著,磊然译,屠格涅夫选集,1991 年 7 月。平装覆膜,大 32 开,ISBN 7-02-001154-3,定价 3.45 元。(39-89)

11392　中短篇小说集(上)
〔俄〕屠格涅夫著,屠格涅夫选集,1992 年 2 月。平装覆膜,大 32 开,ISBN 7-02-001317-1,定价 5.70 元。(39-90)

11393　中短篇小说集(中)
〔俄〕屠格涅夫著,屠格涅夫选集,1992 年 3 月。平装覆膜,大 32 开,ISBN 7-02-001320-1,定价 6.15 元。(39-91)

11394　中短篇小说集(下)
〔俄〕屠格涅夫著,屠格涅夫选集,1992 年 3 月。平装覆膜,大 32 开,ISBN 7-02-001353-8,定价 6.40 元。(39-92)

11395　冰屋奇婚
〔俄〕拉热奇尼科夫著,斯庸译,外国文学出版社 1993 年 12 月。平装覆膜,32 开,ISBN 7-5016-0135-6,定价 6.30 元。(39-93)

11396　一块烫石头
〔俄〕托尔斯泰、盖达尔等著,任溶溶译,1994 年 4 月。平装覆膜,大 32 开,ISBN 7-02-001824-6,定价 7.05 元。(39-94)

11397　民意党人劫狱记
〔俄〕斯提普尼亚克著,鲁民译,外国文学出版社 1994 年 1 月。平装覆膜,32 开,ISBN 7-5016-0137-2,定价 6.55 元。(39-95)

11398　黑桃皇后
〔俄〕普希金著,磊然、刘辽逸译,俄国女性命运小说十种,1995 年 7 月。平装,32 异,ISBN 7-02-002141-7,定价 7.50 元。(39-96)

11399　克莱采奏鸣曲
〔俄〕列·托尔斯泰著,刘辽逸、臧仲伦译,俄国女性命运小说十种,1995 年 7 月。平装,32 异,ISBN 7-02-002148-4,定价 8.50 元。(39-97)

11400　阿列霞

〔俄〕列斯科夫、柯罗连科、库普林著，俄国女性命运小说十种，1995年7月。平装，32异，ISBN 7-02-002156-5，定价7.20元。(39-98)

11401 她有罪过吗？
〔俄〕皮谢姆斯基著，王之译，俄国女性命运小说十种，1995年7月。平装，32异，ISBN 7-02-002155-7，定价9.15元。(39-99)

11402 初恋
〔俄〕屠格涅夫著，俄国女性命运小说十种，1995年7月。平装，32异，ISBN 7-02-002150-6，定价7.50元。(39-100)

11403 蓝眼睛的女人
〔俄〕高尔基著，俄国女性命运小说十种，1995年7月。平装，32异，ISBN 7-02-002152-2，定价7.50元。(39-101)

11404 爱情
〔俄〕阿·托尔斯泰著，冯南江、郭家申译，俄国女性命运小说十种，1995年7月。平装，32异，ISBN 7-02-002151-4，定价6.20元。(39-102)

11405 白夜
〔俄〕陀思妥耶夫斯基等著，俄国女性命运小说十种，1995年7月。平装，32异，ISBN 7-02-002154-9，定价7.20元。(39-103)

11406 迟开的花朵
〔俄〕契诃夫著，汝龙译，俄国女性命运小说十种，1995年7月。平装，32异，ISBN 7-02-002149-2，定价8.20元。(39-104)

11407 莉卡
〔俄〕布宁、绥拉菲莫维奇著，俄国女性命运小说十种，1995年7月。平装，32异，ISBN 7-02-002153-0，定价6.85元。(39-105)

11408 罗亭 贵族之家
〔俄〕屠格涅夫著，磊然译，世界文学名著文库普及本，1996年2月。平装覆膜，大32开，ISBN 7-02-002232-4，定价13.05元。1996年11月收入世界文学名著文库，精装，大32开，ISBN 7-02-001939-0，定价32.00元。(39-107)

11409 果戈理小说选
〔俄〕果戈理著，满涛译，世界文学名著文库，1996年11月。精装，大32开，ISBN 7-02-002216-2，定价37.50元。(39-108)

11410 奥勃洛莫夫
〔俄〕冈察洛夫著，陈馥、郑揆译，世界文学名著文库，1997年5月。精装，大32开，ISBN 7-02-002340-1，定价36.00元。2006年1月收入名著名译插图本，平装覆膜，国流32开，ISBN 7-02-005241-X，定价27.00元。(39-109)

11411 托尔斯泰中短篇小说选
〔俄〕托尔斯泰著，臧仲伦等译，世界文学名著文库，1997年11月。精装，大32开，ISBN 7-02-002290-1，定价29.40元。(39-110)

11412 谁在俄罗斯能过好日子
〔俄〕涅克拉索夫著，飞白译，世界文学名著文库，1998年2月。精装，大32开，ISBN 7-02-002294-4，定价26.00元。(39-111)

11413 契诃夫短篇小说选
〔俄〕契诃夫著，汝龙译，世界短篇小说大师丛书，2002年6月。平装，大32开，ISBN 7-02-003797-6，定价14.60元。2003年1月收入名著名译插图本，平装覆膜，国流32开，ISBN 7-02-004024-1，定价14.00元。2003年5月收入语文新课标必读丛书，书名《契诃夫短篇小说精选》（学生读物用名），平装覆膜，大32开，ISBN 7-02-004184-1，定价11.00元。2006年6月收入语文新课标必读丛书修订版，平装覆膜，大32开，ISBN 7-02-005698-9，定价11.00元。2008年6月收入语文新课标必读丛书增订版，平装覆膜，大32开，ISBN 978-7-02-007080-0，定价15.00元。2008年6月收入名著名译插图本精华版，软精，国流32开，ISBN 978-7-02-007108-1，定价15.00元。2018年5月收入教育部统编《语文》推荐阅读丛书，平装覆膜，16异，ISBN 978-7-02-013807-4，定价28.00元。2020年9月收入中小学生阅读指导目录，平装，32异，ISBN 978-7-02-016340-3，定价28.00元。(39-116)

11414 布宁短篇小说选
〔俄〕伊·布宁著，陈馥译，世界短篇小说大师丛书，2004年5月。平装，大32开，ISBN 7-02-004207-4，定价14.00元。(45-272)

| 11415 | 十二把椅子

〔俄〕伊·伊里夫、叶·彼得洛夫著,张佩文译,名著名译插图本,2004年6月。平装覆膜,国流32开,ISBN 7-02-004430-1,定价19.00元。(39-117)

| 11416 | 罗亭 贵族之家

〔俄〕屠格涅夫著,陆蠡、丽尼译,名著名译插图本,2006年1月。平装覆膜,国流32开,ISBN 7-02-005226-6,定价17.00元。(39-118)

| 11417 | 肖洛姆-阿莱赫姆幽默小说选

〔俄〕肖洛姆-阿莱赫姆著,汤真、戴骢等译,外国幽默作家丛书,2006年4月。平装覆膜,国流32开,ISBN 7-02-005459-5,定价15.00元。(81-411)

| 11418 | 契诃夫幽默讽刺小说选

〔俄〕契诃夫著,朱逸森、郑文樾译,2007年9月。平装覆膜,国流32开,ISBN 978-7-02-006107-5,定价14.00元。(39-119)

| 11419 | 伊凡·杰尼索维奇的一天

〔俄罗斯〕索尔仁尼琴著,斯人等译,名著名译插图本,2008年1月。平装覆膜,国流32开,ISBN 978-7-02-006081-8,定价17.00元。2008年6月收入名著名译插图本精华版,软精,国流32开,ISBN 978-7-02-007166-1,定价19.00元。2012年6月收入朝内166人文文库·外国中短篇小说,署曹苏玲、陈小曼、程代熙、王家骧译,精装,32异,ISBN 978-7-02-009104-1,定价22.00元。(39-120)

| 11420 | 比安基动物小说

〔俄〕比安基著,沈念驹译,2008年2月。平装覆膜,国流32开,ISBN 978-7-02-006256-0,定价16.00元。(39-121)

| 11421 | 奥勃洛莫夫

〔俄〕伊万·冈察洛夫著,陈馥译,名著名译插图本精华版,2008年6月。平装覆膜,国流32开,ISBN 978-7-02-007163-0,定价26.00元。(39-122)

| 11422 | 外国中短篇小说藏本 契诃夫

〔俄〕契诃夫著,汝龙译,2010年4月。平装,国流32开,ISBN 978-7-02-007952-0,定价19.00元。(39-123)

| 11423 | 外国中短篇小说藏本 普希金

〔俄〕普希金著,磊然等译,2010年6月。平装,国流32开,ISBN 978-7-02-007956-8,定价20.00元。(39-124)

| 11424 | 从集市上来

〔俄〕肖洛姆·阿莱赫姆著,陈珍广译,2011年6月。平装,国流32开,ISBN 978-7-02-008332-9,定价25.00元。(45-298)

| 11425 | 变色龙

〔俄〕契诃夫著,汝龙译,朝内166人文文库·外国中短篇小说,2012年6月。精装,32异,ISBN 978-7-02-009106-5,定价22.00元。(39-125)

| 11426 | 初恋

〔俄〕屠格涅夫著,巴金、萧珊译,朝内166人文文库·外国中短篇小说,2012年6月。精装,32异,ISBN 978-7-02-009175-1,定价20.00元。(81-875)

| 11427 | 白夜

〔俄〕陀思妥耶夫斯基著,成时译,朝内166人文文库·外国中短篇小说,2012年6月。精装,32异,ISBN 978-7-02-009105-8,定价21.00元。(39-126)

| 11428 | 外国中短篇小说藏本·屠格涅夫

〔俄〕屠格涅夫著,巴金等译,2013年8月。平装,国流32开,ISBN 978-7-02-009747-0,定价38.00元。(39-127)

| 11429 | 外国中短篇小说藏本·果戈理

〔俄〕果戈理著,满涛译,2013年11月。平装,国流32开,ISBN 978-7-02-009785-2,定价39.00元。(39-128)

| 11430 | 外国中短篇小说藏本·陀思妥耶夫斯基

〔俄〕陀思妥耶夫斯基著,成时等译,2013年11月。平装,国流32开,ISBN 978-7-02-009750-0,定价39.00元。(39-129)

| 11431 | 契诃夫

〔俄〕契诃夫著,汝龙译,世界十大中短篇小说家,2014年8月。平装,国流32开,ISBN 978-7-02-010381-2,定价29.00元。(39-130)

| 11432 | 契诃夫短篇小说

〔俄〕契诃夫著,汝龙译,中国翻译家译丛,2015年4月。精装,16异,ISBN 978-7-02-

009768-5,定价65.00元。(39-131)

11433 上尉的女儿
〔俄〕普希金著,磊然等译,普希金代表作,2016年6月。平装,32异,ISBN 978-7-02-011097-1,定价25.00元。(40-27)

11434 父与子 处女地
〔俄〕屠格涅夫著,巴金译,中国翻译家译丛,2017年1月。精装,16异,ISBN 978-7-02-011244-9,定价66.00元。(39-132)

11435 米佳的爱情
〔俄〕伊万·布宁著,陈馥译,蜂鸟文丛,2017年1月。平装覆膜,32异,ISBN 978-7-02-011568-6,定价23.00元。(45-312)

11436 初恋
〔俄〕屠格涅夫著,萧珊译,屠格涅夫自传体小说,2019年1月。精装,32异,ISBN 978-7-02-014706-9,定价39.00元。(39-133)

11437 阿霞
〔俄〕屠格涅夫著,萧珊译,屠格涅夫自传体小说,2019年1月。精装,32异,ISBN 978-7-02-014722-9,定价39.00元。(39-134)

11438 春潮
〔俄〕屠格涅夫著,陈殿兴译,屠格涅夫自传体小说,2019年1月。精装,32异,ISBN 978-7-02-014709-0,定价49.00元。(39-135)

11439 春潮
〔俄〕屠格涅夫著,马宗融译,外国情感小说,2019年2月。精装,32异,ISBN 978-7-02-013217-1,定价48.00元。(39-136)

11440 谁之罪?
〔俄〕赫尔岑著,郭家申译,外国情感小说,2019年2月。精装,32异,ISBN 978-7-02-013185-3,定价49.00元。(39-137)

11441 当代英雄
〔俄〕莱蒙托夫著,草婴译,外国文学名著丛书,2019年5月。精装,大32开,ISBN 978-7-02-015084-7,定价33.00元。(39-138)

11442 普希金经典小说选
〔俄〕普希金著,磊然、水夫译,普希金经典文选,2019年5月。精装,32异,ISBN 978-7-02-015187-5,定价38.00元。(39-139)

11443 列夫·托尔斯泰中短篇小说选
〔俄〕列夫·托尔斯泰著,草婴译,外国文学名著丛书,2019年5月。精装,大32开,ISBN 978-7-02-015085-4,定价79.00元。(39-140)

11444 青年
〔俄〕列夫·托尔斯泰著,谢素台译,列夫·托尔斯泰自传体小说,2019年1月。精装,32异,ISBN 978-7-02-014721-2,定价54.00元。(45-315)

11445 少年
〔俄〕列夫·托尔斯泰著,谢素台译,列夫·托尔斯泰自传体小说,2019年1月。精装,32异,ISBN 978-7-02-014720-5,定价48.00元。(45-316)

11446 童年
〔俄〕列夫·托尔斯泰著,谢素台译,列夫·托尔斯泰自传体小说,2019年1月。精装,32异,ISBN 978-7-02-014719-9,定价49.00元。(45-317)

11447 布宁中短篇小说选
〔俄〕布宁著,陈馥译,外国文学名著丛书,2020年4月。精装,大32开,ISBN 978-7-02-015895-9,定价55.00元。(45-320)

11448 布宁短篇小说选
〔俄〕布宁著,陈馥译,布宁美文精选,2020年8月。精装,32异,ISBN 978-7-02-016124-9,定价49.00元。(45-321)

11449 暗径集
〔俄〕布宁著,陈馥译,布宁美文精选,2020年8月。精装,32异,ISBN 978-7-02-016122-5,定价45.00元。(45-322)

11450 小猫尤什卡
〔俄〕库普林,猫之物语,2020年5月。精装,32异,ISBN 978-7-02-011862-5,定价35.00元。(45-323)

11451 战争与和平(上中下)
〔俄〕列夫·托尔斯泰著,草婴译,2020年9月。精装,16异,ISBN 978-7-02-015799-0,定价288.00元。(39-141)

11452 复活
〔俄〕列夫·托尔斯泰著,草婴译,2020年9月。精装,16异,ISBN 978-7-02-015801-0,定价

98.00元。(39-142)

11453 安娜·卡列尼娜(上下)

〔俄〕列夫·托尔斯泰著,草婴译,2020年9月。精装,16异,ISBN 978-7-02-015802-7,定价188.00元。(39-143)

11454 轭下

〔保加利亚〕伊凡·伐佐夫著,施蛰存译,作家出版社1954年6月。平装,大32开,书号 作38,定价16,500元。1982年4月人民文学出版社,署名施蛰存译,石斌、陈珍校订、补译,收入外国文学名著丛书,平装,大32开,书号10019·3292,定价1.80元。1994年5月收入世界文学名著文库,精装,大32开,ISBN 7-02-001766-5,定价20.85元。(51-1)

11455 普鲁斯短篇小说集

〔波兰〕普鲁斯著,海观、庄寿慈译,作家出版社1955年2月。平装,大32开,书号 作118,定价5,400元。(51-2)

11456 莫里兹短篇小说集

〔匈牙利〕莫里兹著,何家槐等译,作家出版社1955年3月。平装,大32开,书号 作150,定价0.75元。(51-3)

11457 显克微支短篇小说集

〔波兰〕显克微支著,施蛰存、周启明译,作家出版社1955年4月。平装,大32开,书号 作123,定价1.20元。(51-4)

11458 塔杜施先生

〔波兰〕密茨凯维支著,孙用译,1955年5月。大32开,书号398,平装,定价1.58元;精装,定价2.81元。(51-5)

11459 米特洛芬和陶尔米道尔斯基

〔保加利亚〕伊凡·伐佐夫著,伊信译,作家出版社1956年2月。平装,50开,书号 作337,定价0.20元。(51-6)

11460 野姑娘芭拉

〔捷克斯洛伐克〕聂姆曹娃著,蕻草译,作家出版社1956年4月。平装,32开,书号 作410,定价0.26元。(51-7)

11461 乡下佬

〔波兰〕奥若什科娃著,张道真译,作家出版社1956年11月。平装,大32开,书号10020·550,定价0.70元。(51-8)

11462 孤儿院的孩子

〔匈牙利〕莫里兹著,王书钟译,作家出版社1956年11月。平装,大32开,书号10020·569,定价0.60元。(51-9)

11463 老管家耶尔奈

〔南斯拉夫〕参卡尔著,黄星圻、郭开兰译,1957年4月。平装,32开,书号10019·598,定价0.34元。1980年3月,平装,32开,定价0.35元。(51-10)

11464 奥若什科娃短篇小说集

〔波兰〕奥若什科娃著,施友松译,1957年9月。平装,大32开,书号10019·644,定价0.60元。(51-11)

11465 前哨

〔波兰〕普鲁斯著,庄寿慈译,1957年9月。平装,大32开,书号10019·648,定价0.95元。(51-12)

11466 外祖母

〔捷克斯洛伐克〕聂姆曹娃著,吴琦译,1957年11月。平装,大32开,书号10019·669,定价1.10元。1998年2月收入世界文学名著文库,精装,大32开,ISBN 7-02-002547-1,定价25.40元。(51-13)

11467 斯拉维支小说集

〔罗马尼亚〕斯拉维支著,高骏千、杨静远、范之龙译,1957年12月。平装,大32开,书号10019·684,定价1.00元。1980年2月,平装,大32开,定价1.00元。(51-14)

11468 弗拉胡查短篇小说集

〔罗马尼亚〕弗拉胡查著,刘连增、曹苏玲、孙建平译,1957年12月。平装,32开,书号10019·687,定价0.33元。(51-15)

11469 克里昂加选集

〔罗马尼亚〕克里昂加著,洪有纾、桂裕芳等译,1958年2月。平装,大32开,书号10019·702,定价1.20元。(51-16)

11470 还我自由

〔捷克斯洛伐克〕伊拉塞克著,张家章译,1958年10月。大32开,书号10019·1004,平装,定价0.81元;精装,定价1.25元。(51-17)

11471 白奴的故事

〔罗马尼亚〕克里昂加著,沈怀洁、洪有纾译,文学小丛书,1958 年 11 月。书号 10019·918,平装,50 开,定价 0.15 元;平装,32 开,定价 0.21 元。(51-18)

11472　柯诺普尼茨卡短篇小说集

〔波兰〕柯诺普尼茨卡著,施友松译,1958 年 12 月。平装,大 32 开,书号 10019·970,定价 0.95 元。(51-19)

11473　七个铜板

〔匈牙利〕莫里兹著,凌山、何家槐译,文学小丛书,1958 年 12 月。平装,50 开,书号 10019·1103,定价 0.18 元。(51-20)

11474　莱蒙特短篇小说集

〔波兰〕莱蒙特著,金锡嘏、施子仁译,1959 年 6 月。大 32 开,书号 10019·1278,平装,定价 0.77 元;精装,定价 1.30 元;特精,定价 1.60 元。(51-21)

11475　马尔达

〔波兰〕奥若什科娃著,金锡嘏译,凌寒校,1959 年 6 月。大 32 开,书号 10019·1218,平装,定价 0.66 元;精装,定价 1.20 元;特精,定价 1.45 元。(51-22)

11476　聂格鲁吉小说选

〔罗马尼亚〕聂格鲁吉著,陈小曼译,1960 年 8 月。半精,小 32 开,书号 10019·1577,定价 0.56 元。(51-23)

11477　东欧短篇小说选

1979 年 5 月。平装,32 开,书号 10019·2723,定价 1.20 元。(51-24)

11478　涅曼河畔

〔波兰〕奥若什科娃著,施友松译,1979 年 7 月。平装,大 32 开,书号 10019·2737,定价 1.85 元。1995 年 8 月收入世界文学名著文库,精装,大 32 开,ISBN 7-02-001697-9,定价 34.40 元。(51-25)

11479　农民起义

〔南斯拉夫〕奥古斯特·谢诺阿著,江诗苑译,1979 年 12 月。大 32 开,书号 10019·2848,平装,定价 1.20 元;精装,定价 1.65 元。(51-26)

11480　埃林·彼林选集

〔保加利亚〕埃林·彼林著,陈文贇、魏振东译,外国文学出版社 1980 年 6 月。平装,32 开,书号 10208·18,定价 1.25 元。(51-27)

11481　黑钻石

〔匈牙利〕约卡伊·莫尔著,汤真译,1980 年 8 月。平装,32 开,书号 10019·2997,定价 1.25 元。(51-28)

11482　金人

〔匈牙利〕约卡伊·莫尔著,柯青译,外国文学名著丛书,1981 年 12 月。平装,大 32 开,书号 10019·3218,定价 1.90 元;同时收入约卡伊·莫尔选集,平装,小 32 开,定价 1.60 元。1994 年 5 月收入世界文学名著文库,精装,大 32 开,ISBN 7-02-001765-7,定价 21.75 元。2020 年 3 月收入外国文学名著丛书,精装,大 32 开,ISBN 978-7-02-015053-3,定价 69.00 元。(51-29)

11483　二神父

〔南斯拉夫〕斯·斯列马茨著,李国海译,外国文学出版社 1982 年 6 月。平装,32 开,书号 10208·99,定价 0.96 元。(51-30)

11484　什罗姆斯基小说选

〔波兰〕什罗姆斯基著,杨骅译,外国文学出版社 1982 年 9 月。平装,小 32 开,书号 10208·109,定价 0.78 元。(51-31)

11485　奥若什科娃小说选

〔波兰〕奥若什科娃著,施友松译,1983 年 6 月。平装,大 32 开,书号 10019·3457,定价 1.75 元。(51-32)

11486　中短篇小说选

〔捷克斯洛伐克〕聂姆佐娃著,吴琦、杨乐云译,聂姆佐娃选集,1983 年 4 月。平装,大 32 开,书号 10019·3443,定价 1.25 元。(51-33)

11487　铁石心肠的儿女

〔匈牙利〕约卡伊·莫尔著,白兵译,约卡伊·莫尔选集,1983 年 9 月。平装,小 32 开,书号 10019·3513,定价 1.95 元。(51-34)

11488　中短篇小说选

〔匈牙利〕约卡伊·莫尔著,龚坤余、汤定九、庄寿慈、汤真、赵蔚青、熊凯译,约卡伊·莫尔选集,1984 年 6 月。平装,小 32 开,书号 10019·3670,定价 1.05 元。(51-35)

11489　围攻别斯捷尔采城(一个古怪人的故事)

〔匈牙利〕米克沙特著,张家章译,杨骅校,外国

文学出版社 1985 年 4 月。平装,小 32 开,书号 10208·211,定价 1.50 元。(51-36)

11490　捷克古老传说

〔捷克斯洛伐克〕伊拉塞克著,万世荣译,伊拉塞克选集,1985 年 12 月。平装,小 32 开,书号 10019·3904,定价 1.80 元。(51-37)

11491　寻求金羊毛的人

〔波兰〕奥若什科娃著,康嗣群译,唐宏锦校,外国文学出版社 1986 年 5 月。平装,大 32 开,书号 10019·3948,定价 1.85 元。(51-38)

11492　苦难国——讽刺小说选

〔南斯拉夫〕拉托叶·多玛诺维奇著,马军、马继英译,外国文学出版社 1987 年 8 月。平装,小 32 开,书号 10208·271,定价 2.00 元。(51-39)

11493　甘纽大叔

〔保加利亚〕阿·康斯坦丁诺夫著,蒋维屏译,叶明珍校,外国文学小丛书,1988 年 8 月。平装,32 异,ISBN 7-02-000467-9,定价 1.45 元。(51-40)

11494　奇婚记

〔匈牙利〕卡尔曼·米克沙特著,冯植生、张春风译,1993 年 4 月。平装,小 32 开,ISBN 7-02-001544-1,定价 5.70 元。(51-41)

11495　你往何处去

〔波兰〕显克维奇著,张振辉译,世界文学名著文库,2000 年 12 月。精装,大 32 开,ISBN 7-02-002746-6,定价 38.00 元。2020 年 3 月,平装,国流 32 开,ISBN 978-7-02-014646-8,定价 56.00 元。(51-42)

欧洲现代小说

11496　山民牧唱

〔西班牙〕巴罗哈著,鲁迅译,1953 年 4 月。平装,32 开,书号 195 鲁 32,定价 3,900 元。(81-1)

11497　前列

〔德〕赫姆林著,朱葆光译,1953 年 9 月。32 开,书号 259,平装,定价 6,600 元;精装,定价 21,000 元。(81-2)

11498　海的沉默

〔法〕维尔高尔著,赵少侯译,作家出版社 1953 年 9 月。32 开,书号 作 1,平装,定价 2,100 元;精装,定价 6,400 元。(81-3)

11499　活着的人们

〔法〕让·拉斐德著,徐继曾译,1953 年 9 月。25 开,书号 219,平装,定价 14,000 元;精装,定价 31,000 元。(81-4)

11500　爱森的袭击

〔德〕马尔赫维察著,瞿秋白译,1954 年 4 月。平装,大 32 开,书号 221,定价 5,100 元。(81-5)

11501　圣拉萨的丁香

〔法〕卡玛拉著,赵少侯译,作家出版社 1954 年 10 月。平装,32 开,书号 作 117,定价 6,900 元。1959 年 12 月人民文学出版社,平装,32 开,书号 10019·1294,定价 0.57 元。(81-6)

11502　萝丝·法朗士

〔法〕让·拉斐德著,齐香译,1955 年 2 月。平装,大 32 开,书号 327,定价 11,100 元。(81-7)

11503　安妮丝之死

〔意大利〕莉娜达·维迦诺著,孙源、孟鞠如等译,作家出版社 1955 年 3 月。平装,32 开,书号 作 135,定价 1.00 元。(81-8)

11504　第一步

〔德〕安娜·西格斯著,陆章译,作家出版社 1955 年 7 月。平装,32 开,书号 作 190,定价 0.33 元。(81-10)

11505　沉默的村庄

〔德〕威利·布莱德尔著,张威廉译,作家出版社 1955 年 7 月。平装,32 开,书号 作 223,定价 0.28 元。1958 年 9 月人民文学出版社,收入文学小丛书,平装,小 32 开,书号 10019·928,定价 0.21 元。1959 年 5 月,平装,50 开,定价 0.15 元。(81-11)

11506　安娜·西格斯短篇小说集

〔德〕安娜·西格斯著,季羡林等译,作家出版

社 1955 年 7 月。平装,32 开,书号 作 164,定价 0.66 元。(81-12)

11507 桥
〔德〕波多·乌塞著,朱葆光译,作家出版社 1955 年 9 月。平装,50 开,书号 作 265,定价 0.19 元。(81-13)

11508 海鹰
〔英〕詹姆斯·阿尔德里奇著,郭开兰译,作家出版社 1955 年 10 月。平装,32 开,书号 作 168,定价 1.13 元。(81-14)

11509 黑水江
〔法〕古尔达德著,颜保译,作家出版社 1955 年 11 月。平装,32 开,书号 作 189,定价 0.65 元。(81-16)

11510 征服者贝莱(第一卷)
〔丹麦〕马丁·安德逊·尼克索著,施蛰存译,作家出版社 1956 年 2 月。平装,大 32 开,书号 作 357,定价 1.05 元。(81-18)

11511 第一次冲突(第一部) 水塔下
〔法〕安德烈·斯梯著,陈琪译,作家出版社 1956 年 6 月。平装,大 32 开,书号 10020·309,定价 0.75 元。1959 年 10 月,大 32 开,平装,定价 0.70 元;精装,定价 1.05 元。(81-22)

11512 第一次冲突(第二部) 炮的事件
〔法〕安德烈·斯梯著,冯俊岳译,作家出版社 1956 年 6 月。平装,大 32 开,书号 10020·352,定价 0.80 元。1959 年 10 月,大 32 开,平装,定价 0.76 元;精装,定价 1.10 元。(81-23)

11513 第一次冲突(第三部) 巴黎和我们在一起
〔法〕安德烈·斯梯著,徐继曾译,作家出版社 1956 年 6 月。平装,大 32 开,书号 10020·367,定价 0.90 元。1959 年 10 月,大 32 开,平装,定价 0.85 元;精装,定价 1.20 元。(81-24)

11514 共产党人(一)
〔法〕阿拉贡著,叶汝琏译,金满城校,作家出版社 1956 年 7 月。平装,大 32 开,书号 10020·311,定价 0.89 元。1959 年 9 月人民文学出版社,书号 10019·1361,与第二部、第三部共同收入外国现代文学名著丛书,第一部署名郑煌、东林、冯俊岳译,第二部署名东林、冯俊岳译,第三部署名冯俊岳译。精装,大 32 开,定价 7.40 元。(81-25)

11515 文明
〔法〕杜哈曼著,傅雷译,作家出版社 1956 年 10 月。平装,32 开,书号 10020·665,定价 0.65 元。(81-26)

11516 第七个十字架
〔德〕安娜·西格斯著,常风、赵全章、赵荣普译,作家出版社 1956 年 12 月。平装,大 32 开,书号 10020·602,定价 1.30 元。1959 年 9 月人民文学出版社,大 32 开,平装,定价 1.15 元;精装,定价 1.65 元;特精,定价 2.60 元。(81-28)

11517 布莱昌短篇小说集
〔德〕布莱昌著,纪琨译,作家出版社 1956 年 12 月。平装,32 开,书号 10020·407,定价 0.65 元。(81-29)

11518 胜利者
〔法〕保尔·蒂雅著,李梅译,作家出版社 1957 年 1 月。平装,32 开,书号 10020·714,定价 0.70 元。(81-31)

11519 征服者贝莱(第二卷)
〔丹麦〕马丁·安德逊·尼克索著,施蛰存译,作家出版社 1957 年 5 月。平装,大 32 开,书号 10020·692,定价 0.90 元。(81-33)

11520 苗儿青青
〔德〕鲁道尔夫·魏斯著,国青译,作家出版社 1957 年 6 月。平装,大 32 开,书号 10020·675,定价 1.20 元。(81-34)

11521 原子站
〔冰岛〕赫尔多尔·奇里扬·拉克司奈斯著,郭恕可译,作家出版社 1957 年 9 月。平装,32 开,书号 10020·753,定价 0.70 元。(81-36)

11522 换来儿——瘸腿威廉
〔芬兰〕爱尔薇·辛奈伏著,何青译,作家出版社 1957 年 10 月。平装,大 32 开,书号 10020·756,定价 1.00 元。(81-37)

11523 共产党人(三)
〔法〕阿拉贡著,金满成译,作家出版社 1957 年 10 月。平装,大 32 开,书号 10020·758,定价

1.30元。(81-38)

11524 共产党人(二)
〔法〕阿拉贡著,金满成、冯俊岳译,作家出版社1957年10月。平装,大32开,书号10020·680,定价1.20元。(81-39)

11525 高原牛的家
〔英〕多丽斯·莱辛著,董秋斯译,作家出版社1958年1月。平装,32开,书号10020·793,定价0.24元。(81-40)

11526 太阳门
〔法〕西蒙妮·戴丽著,周文蒸、李雄飞译,作家出版社1958年3月。平装,大32开,书号10020·812,定价1.50元。(81-42)

11527 你是土地生养和哺育起来的
〔挪威〕苏尔维·郝刚著,何青译,作家出版社1958年3月。平装,大32开,书号10020·809,定价0.80元。(81-43)

11528 童年
〔法〕瓦扬-古久列著,成钰亭译,1958年7月。平装,大32开,书号10019·792,定价0.80元。(81-44)

11529 共产党人(四)
〔法〕阿拉贡著,冯俊岳译,作家出版社1958年7月。平装,大32开,书号10020·870,定价1.00元。(81-45)

11530 征服者贝莱(第三卷)
〔丹麦〕马丁·安德逊·尼克索著,陈蔚(施蛰存)译,作家出版社1958年7月。平装,大32开,书号10020·867,定价1.10元。(81-46)

11531 布莱德尔小说选集
〔德〕布莱德尔著,张威廉译,作家出版社1958年7月。平装,大32开,书号10020·891,定价1.20元。(81-47)

11532 特里尼
〔德〕路德维希·雷恩著,何江译,1958年9月。平装,大32开,书号10019·945,定价1.05元。(81-48)

11533 战争
〔德〕路德维希·雷恩著,马炯南、伊国译,韩世钟校,1958年10月。平装,大32开,书号10019·847,定价0.95元。(81-49)

11534 生死存亡的时代
〔德〕雷马克著,朱雯译,1958年10月。平装,大32开,书号10019·955,定价1.15元。(81-50)

11535 火线
〔法〕巴比塞著,一沙译,1958年12月。平装,大32开,书号10019·1030,定价1.20元。(81-51)

11536 我敲门
〔英〕旭恩·奥凯西著,钟松藩译,1958年12月。平装,32开,书号10019·1027,定价0.80元。(81-53)

11537 钢花
〔法〕安德烈·斯梯著,任起莘等译,文学小丛书,1958年12月。平装,50开,书号10019·1107,定价0.14元。(81-54)

11538 我的苏联兄弟
〔法〕保尔·蒂雅著,李梅译,文学小丛书,1958年12月。平装,50开,书号10019·1108,定价0.21元。(81-55)

11539 共产党人(五)
〔法〕阿拉贡著,冯俊岳译,1959年2月。平装,大32开,书号10019·1118,定价0.82元。(81-57)

11540 共产党人(六)
〔法〕阿拉贡著,冯俊岳译,1959年2月。平装,大32开,书号10019·1176,定价0.92元。(81-58)

11541 水仙花
〔法〕让·拉斐德著,齐香译,1959年2月。平装,大32开,书号10019·1140,定价0.54元。(81-59)

11542 我们的街
〔德〕扬·贝特逊著,谭文瑞、黄炳辉译,1959年2月。平装,大32开,书号10019·1067,定价0.93元。(81-60)

11543 征服者贝莱(第四卷)
〔丹麦〕马丁·安德逊·尼克索著,陈蔚译,1959年3月。平装,大32开,书号10019·1182,定价0.73元。(81-61)

11544 自豪的西班牙
〔西班牙〕孔丝丹西雅·莫拉著,朱昆译,1959年7月。平装,大32开,书号10019·1324,定

价1.25元。(81-65)

11545　高尔兹镇

〔德〕史悌芬·海姆著,高殿森译,1959年9月。大32开,书号10019·1477,平装,定价1.65元;精装,定价2.30元。(81-67)

11546　戈雅

〔德〕里昂·孚希特万格著,红光译,1959年9月。平装,大32开,书号10019·1289,定价2.15元;精装,定价2.70元。1981年9月,平装,大32开,定价2.15元。(81-69)

11547　民主德国作家短篇小说集

安娜·西格斯等著,严宝瑜等译,1959年9月。32开,书号10019·1501,平装,定价0.57元;精装,定价1.00元;特精,定价1.65元。(81-70)

11548　乌云密布

〔希腊〕梅内劳斯·鲁德米斯著,哲渠、草云译,1959年10月。大32开,书号10019·1387,平装,定价0.60元;精装,定价1.30元。(81-72)

11549　斯堪的纳维亚作家短篇小说集

田怡、郭恕可译,1959年12月。平装,大32开,书号10019·1389,定价1.30元。(81-74)

11550　斯贝兰莎

〔意大利〕彭芳琪著,马杏城译,作家出版社1961年7月。平装,32开,书号10020·1519,定价1.00元。(81-77)

11551　苦果

〔英〕艾德蒙·斯蒂尔曼编,内部发行,作家出版社1962年2月。平装,32开,书号10020·1559,定价0.85元。(81-78)

11552　西古德逊短篇小说集

〔冰岛〕西古德逊著,郭恕可、郭开兰译,作家出版社1962年10月。平装,32开,书号10020·1593,定价0.50元。(81-80)

11553　往上爬

〔英〕约翰·勃莱恩著,贝山译,内部发行,作家出版社1962年12月。平装,32开,书号10020·1601,定价0.86元。(81-81)

11554　凡尔登的教训

〔德〕阿诺尔德·茨威格著,柯青译,1962年12月。平装,大32开,书号10019·1671,定价1.55元。(81-84)

11555　丧失了名誉的卡塔琳娜·勃罗姆

〔联邦德国〕海因里希·伯尔著,孙凤城、孙坤荣译,内部发行,1977年7月。平装,小32开,书号10019·2429,定价0.43元。(81-94)

11556　艾莉丝或真正的生活

〔法〕克莱尔·埃切勒利著,沈志明、郭安定、陈树青译,当代外国文学丛书,外国文学出版社1980年3月。平装,32开,书号10208·4,定价0.59元。(81-100)

11557　伯尔中短篇小说选

〔联邦德国〕海因里希·伯尔著,潘子立等译,当代外国文学丛书,外国文学出版社1980年3月。平装,32开,书号10208·6,定价0.93元。(81-101)

11558　问题的核心

〔英〕格雷厄姆·格林著,傅惟慈译,外国文学出版社1980年4月。平装,32开,书号10208·23,定价0.93元。(81-105)

11559　德语课

〔联邦德国〕西格弗里德·伦茨著,许昌菊译,当代外国文学丛书,外国文学出版社1980年9月。平装,32开,书号10208·33,定价1.20元。(81-108)

11560　母与子(上)

〔法〕罗曼·罗兰著,罗大冈译,1980年10月。书号10019·2978,平装,小32开,定价1.45元;平装,大32开,定价1.75元;精装,大32开,定价2.65元。1990年8月外国文学出版社,上中下合为一种,收入二十世纪外国文学丛书,平装,大32开,ISBN 7-5016-0081-3,定价20.10元。1998年5月,二十世纪外国文学丛书,平装覆膜,大32开,ISBN 7-5016-0154-2,定价68.00元。(81-110)

11561　坎坷人生

〔联邦德国〕马克斯·冯·德·格林著,炎健译,叶逢植校,当代外国文学丛书,外国文学出版社1981年3月。平装,32开,书号10208·48,定价0.72元。(81-114)

11562　夜航

〔法〕圣埃克絮佩里著,汪文漪、何友齐、马振骋

译,外国文学出版社 1981·年 4 月。平装,32 开,书号 10208·50,定价 0.62 元。(81-116)

11563　历史(上下)

〔意大利〕艾尔莎·莫兰黛著,万子美、袁华清、徐春青译,当代外国文学丛书,外国文学出版社 1980 年 10 月。平装,32 开,书号 10208·30,定价 2.00 元。(81-120)

11564　法国当代短篇小说选

金志平编选,当代外国文学丛书,外国文学出版社 1981 年 11 月。平装,小 32 开,书号 10208·68,定价 1.35 元。(81-121)

11565　月亮和六便士

〔英〕萨默赛特·毛姆著,傅惟慈译,外国文学出版社 1981 年 11 月。平装,32 开,书号 10208·70,定价 0.80 元。(81-123)

11566　穿破裤子的慈善家(上下)

〔英〕罗·特雷塞尔著,孙铢、龙文佩、张月祥译,薛诗绮校,二十世纪外国文学丛书,外国文学出版社 1982 年 1 月。平装,大 32 开,书号 10208·69,定价 2.35 元。(81-125)

11567　斯·茨威格小说选

〔奥地利〕斯·茨威格著,张玉书等译,二十世纪外国文学丛书,外国文学出版社 1982 年 1 月。平装,大 32 开,书号 10208·83,定价 1.35 元。1993 年 11 月人民文学出版社,收入世界文学名著文库,精装,大 32 开,ISBN 7-02-001691-X,定价 15.85 元。(81-127)

11568　假尼禄

〔德〕孚希特万格著,张荣昌、叶廷芳译,外国文学出版社 1982 年 1 月。平装,32 开,书号 10208·78,定价 1.05 元。(81-128)

11569　普通人狄蒂

〔丹麦〕尼克索著,成时译,二十世纪外国文学丛书,外国文学出版社 1982 年 8 月。平装,大 32 开,书号 10208·90,定价 2.10 元。(81-129)

11570　自由或死亡

〔希腊〕尼·卡赞扎基著,王振基译,二十世纪外国文学丛书,外国文学出版社 1982 年 8 月。平装,大 32 开,书号 10208·105,定价 1.70 元。(81-131)

11571　红线

〔芬兰〕基安多著,沈小娴译,外国文学出版社 1983 年 1 月。平装,32 异,书号 10208·118,定价 0.38 元。(81-134)

11572　西线无战事

〔德〕雷马克著,朱雯译,二十世纪外国文学丛书,外国文学出版社 1983 年 2 月。平装,大 32 开,书号 10208·121,定价 0.78 元。(81-135)

11573　漏洞

〔希腊〕安东尼·萨马拉基斯著,未宁译,当代外国文学丛书,外国文学出版社 1983 年 2 月。平装,小 32 开,书号 10208·125,定价 0.53 元。(81-136)

11574　轮下

〔瑞士〕赫尔曼·黑塞著,潘子立译,1983 年 2 月。平装,小 32 开,书号 10019·3413,定价 0.48 元。(81-137)

11575　毛姆短篇小说集

〔英〕毛姆著,冯亦代等译,外国文学出版社 1983 年 2 月。平装,小 32 开,书号 10208·123,定价 0.80 元。(81-138)

11576　变

〔法〕米歇尔·布托尔著,桂裕芳译,二十世纪外国文学丛书,外国文学出版社 1983 年 4 月。平装,大 32 开,书号 10208·131,定价 0.80 元。(81-139)

11577　莫拉维亚短篇小说选

〔意大利〕莫拉维亚著,吕同六译,二十世纪外国文学丛书,外国文学出版社 1983 年 3 月。平装,大 32 开,书号 10208·119,定价 0.76 元。(81-140)

11578　能干的法贝尔

〔瑞士〕马克斯·弗里施著,江南译,外国文学出版社 1983 年 5 月。平装,32 异,书号 10208·136,定价 0.71 元。(81-141)

11579　一个青年艺术家的画像

〔爱尔兰〕詹姆斯·乔伊斯著,黄雨石译,二十世纪外国文学丛书,外国文学出版社 1983 年 6 月。平装,大 32 开,书号 10208·133,定价 1.05 元。1998 年 8 月,书名《青年艺术家的画像》,平装覆膜,大 32 开,ISBN 7-0516-0151-8,定价 13.50 元。2011 年 4 月收入企鹅经典丛书,平装,32 异,ISBN 978-7-02-008191-2,

定价 26.00 元。(81-143)

11580　尸骨还乡

〔西班牙〕罗德里戈·鲁维奥著,毛金里、顾舜芳译,当代外国文学丛书,外国文学出版社 1984 年 2 月。平装,小 32 开,书号 10208·170,定价 0.75 元。(81-149)

11581　哈拉马河

〔西班牙〕拉斐尔·桑切斯·费洛西奥著,啸声、问陶译,二十世纪外国文学丛书,外国文学出版社 1984 年 8 月。平装,大 32 开,书号 10208·182,定价 1.95 元。(81-154)

11582　人都是要死的

〔法〕西蒙娜·德·波伏瓦著,马振骋译,外国文学出版社 1985 年 2 月。小 32 开,书号 10208·201,平装,定价 2.50 元;平装覆膜,定价 2.90 元。(81-156)

11583　加缪中短篇小说集

〔法〕加缪著,郭宏安译,外国文学出版社 1985 年 2 月。小 32 开,书号 10208·162,平装,定价 1.75 元;平装覆膜,定价 2.15 元。(81-157)

11584　卡夫卡短篇小说选

〔奥地利〕卡夫卡著,孙坤荣选编,外国文学出版社 1985 年 3 月。小 32 开,书号 10208·204,平装,定价 2.05 元;平装覆膜,定价 2.45 元。(81-158)

11585　沙堡

〔英〕艾里斯·默多克著,王家湘译,外国文学出版社 1985 年 3 月。平装,小 32 开,书号 10208·205,定价 1.75 元。(81-161)

11586　井中男孩

〔德〕斯蒂芬·安德雷斯著,赵登荣译,外国文学出版社 1985 年 11 月。平装,32 异,书号 10208·214,定价 1.90 元。(81-162)

11587　母与子(中)

〔法〕罗曼·罗兰著,罗大冈译,1985 年 12 月。书号 10019·3887,平装,小 32 开,定价 3.60 元;平装,大 32 开,定价 4.55 元。(81-163)

11588　母与子(下)

〔法〕罗曼·罗兰著,罗大冈译,1987 年 5 月。书号 10019·4121,平装,小 32 开,定价 2.95 元;平装,大 32 开,定价 3.75 元。(81-164)

11589　诉讼

〔奥地利〕卡夫卡著,孙坤荣译,外国文学出版社 1986 年 2 月。平装,小 32 开,书号 10208·223,定价 1.70 元。(81-165)

11590　迷惘

〔奥地利〕艾利亚斯·卡奈蒂著,章国锋、舒昌善、李士勋译,外国文学出版社 1986 年 3 月。平装,大 32 开,书号 10208·225,定价 3.90 元。(81-167)

11591　豹

〔意大利〕托·迪·兰佩杜萨著,费慧茹、艾敏译,外国文学出版社 1986 年 4 月。平装,小 32 开,书号 10208·227,定价 1.60 元。(81-168)

11592　斯蒂芬·茨威格小说四篇(象棋的故事)

〔奥地利〕斯·茨威格著,张玉书译,文学小丛书,1979 年 10 月。平装,32 异,书号 10019·2826,定价 0.33 元。1985 年 1 月增订版,书名《象棋的故事》,平装,小 32 开,定价 0.92 元。(81-169)

11593　黑狗店

〔英〕科珀德著,文心、王阳、韩石译,外国文学小丛书,1986 年 5 月。平装,32 异,书号 10019·3951,定价 0.99 元。(81-172)

11594　埃梅短篇小说选

〔法〕埃梅著,李玉民、陆秉慧译,外国文学出版社 1986 年 6 月。平装,小 32 开,书号 10208·235,定价 1.65 元。(81-173)

11595　苔蕾丝·德斯盖鲁

〔法〕莫里亚克著,桂裕芳译,外国文学小丛书,1986 年 8 月。平装,32 异,书号 10019·3970,定价 0.77 元。(81-174)

11596　贝法利亚城

〔意大利〕朱塞佩·博纳维利著,吴正仪、李银妹译,外国文学小丛书,1986 年 7 月。平装,32 异,书号 10019·3965,定价 0.70 元。(81-175)

11597　苍海茫茫

〔英〕琼·里斯著,王家湘译,外国文学小丛书,1986 年 7 月。平装,32 异,书号 10019·3973,定价 1.05 元。(81-177)

11598　狂人堡

〔法〕芒舍特著，董纯、沈大力译，外国文学小丛书，1986年8月。平装，32异，书号10019·3975，定价0.91元。(81-178)

11599　爱情的考验
〔德〕亨利希·曼著，关惠文译，外国文学小丛书，1986年8月。平装，32异，书号10019·3969，定价0.86元。(81-179)

11600　童年
〔法〕娜塔莉·萨罗特著，桂裕芳译，外国文学出版社1986年12月。平装，小32开，定价1.00元。(81-180)

11601　苏珊·希尔短篇小说选
〔英〕苏珊·希尔著，外国文学出版社1987年4月。平装，小32开，书号10208·244，定价1.85元。(81-182)

11602　他人的血
〔法〕西蒙娜·德·波伏瓦著，葛雷、齐彦芬译，外国文学出版社1987年4月。平装，小32开，书号10208·245，定价1.80元。(81-183)

11603　儿子与情人
〔英〕劳伦斯著，陈良廷、刘文澜译，二十世纪外国文学丛书，外国文学出版社1987年4月。平装，大32开，书号10208·248，定价3.55元。1993年11月收入世界文学名著文库，精装，大32开，ISBN 7-02-001678-2，定价17.90元。2006年1月收入名著名译插图本，平装覆膜，国流32开，ISBN 7-02-005252-5，定价24.00元。2011年4月收入企鹅经典丛书，平装，32异，ISBN 978-7-02-008195-0，定价35.00元。2017年6月收入企鹅经典丛书，平装，国流32开，ISBN 978-7-02-013057-3，定价69.00元。2020年6月收入外国文学名著丛书，精装，大32开，ISBN 978-7-02-016135-5，定价69.00元。(81-184)

11604　盼到黎明
〔英〕韩素音著，黄爱、胡允桓、朱志焱译，1987年3月。平装覆膜，大32开，书号10019·4092，定价4.95元。(81-185)

11605　保护网下
〔联邦德国〕海因里希·伯尔著，倪诚恩、赵登荣译，外国文学出版社1987年5月。平装，小32开，书号10208·252，定价2.00元。(81-186)

11606　巴塞尔的钟声
〔法〕路易·阿拉贡著，蔡鸿滨译，外国文学出版社1987年3月。平装，小32开，书号10208·255，定价2.15元。(81-187)

11607　蜂巢
〔西班牙〕卡米洛·何塞·塞拉著，黄志良、刘静言译，当代外国文学丛书，外国文学出版社1987年5月。平装，小32开，书号10208·250，定价1.75元。(81-188)

11608　富贵梦
〔奥地利〕斯特凡·茨威格著，赵蓉恒译，1987年11月。平装，小32开，书号10019·4177，定价1.85元。(81-191)

11609　东方故事集
〔法〕玛格丽特·尤瑟纳著，外国文学小丛书，1987年10月。平装，32异，书号10019·4145，定价0.71元。(81-192)

11610　永别了，苏珊
〔法〕亨利·特罗亚著，赵坚译，外国文学小丛书，1987年10月。平装，32异，书号10019·4169，定价1.55元。(81-193)

11611　威尼斯的冬天
〔法〕罗布莱斯著，郭安定译，外国文学出版社1987年12月。平装覆膜，小32开，书号10208·278，ISBN 7-5016-0002-3，定价1.95元。1997年12月人民文学出版社，平装覆膜，小32开，ISBN 7-02-002579-X，定价10.50元。(81-195)

11612　陌生朋友
〔民主德国〕克里斯托夫·海因著，张荣昌译，外国文学出版社1988年2月。平装，32开，书号10208·282，ISBN 7-5016-0005-8，定价1.10元。(81-197)

11613　蜜月
〔英〕凯瑟琳·曼斯菲尔德著，荔子、文洁若译，外国文学出版社1988年10月。平装，小32开，ISBN 7-5016-0025-2，定价1.70元。(81-202)

11614　旧地重游
〔英〕伊夫林·沃著，赵隆勷译，二十世纪外国文学丛书，外国文学出版社1988年10月。平

装,大32开,ISBN 7-5016-0013-9,定价3.60元。(81-203)

11615　变戏法
〔西班牙〕戈伊蒂索洛著,屠孟超、陈凯先译,外国文学出版社1988年5月。平装,小32开,ISBN 7-5016-0014-7,定价2.00元。(81-204)

11616　金发女郎
〔芬兰〕瓦尔塔里著,任元华译,外国文学出版社1989年4月。平装覆膜,32异,ISBN 7-5016-0032-5,定价2.20元。(81-205)

11617　海底隧道
〔德〕贝尔哈德·凯勒曼著,刁承俊译,1989年9月。平装,小32开,ISBN 7-02-000340-0,定价4.15元。(81-206)

11618　紧锁的房子
〔瑞典〕佩尔·瓦勒、玛伊·舍瓦尔著,杨永范译,外国文学出版社1990年1月。平装覆膜,小32开,ISBN 7-5016-0072-4,定价3.40元。(81-207)

11619　鬼眼——作案现场
〔民主德国〕扬·弗利格尔著,孟洪译,当代外国文学丛书,外国文学出版社1990年5月。平装覆膜,小32开,ISBN 7-5016-0080-5,定价2.25元。(81-208)

11620　画家,少妇,少女
〔法〕加博尔·冯·法斯查理著,陶然译,文学故事丛书,1990年8月。平装覆膜,32异,ISBN 7-02-000994-8,定价3.25元。(81-210)

11621　北极星下(第一部)
〔芬兰〕林纳著,任元华译,北欧文学丛书,1990年12月。平装覆膜,大32开,ISBN 7-02-001122-5,定价7.00元。1998年10月,单行本,平装覆膜,大32开,ISBN 7-02-002799-7,定价24.00元。(81-211)

11622　摆脱孤独——黑塞小说两篇
〔瑞士〕赫尔曼·黑塞著,胡其鼎译,1990年7月。平装,小32开,ISBN 7-02-000991-3,定价4.05元。(81-212)

11623　钻石广场
〔西班牙〕梅塞·罗多雷达著,吴守琳译,1991年1月。平装,小32开,ISBN 7-02-001110-1,定价1.95元。(81-214)

11624　比恩庄(又名玩偶厅)
〔西班牙〕洛伦索·维利亚隆加著,江山、锦康译,1991年1月。平装覆膜,小32开,ISBN 7-02-001077-6,定价3.80元。(81-216)

11625　星期六晚上和星期日早晨
〔英〕艾伦·西利托著,张友松译,外国文学出版社1991年1月。平装,小32开,ISBN 7-5016-0071-6,定价2.95元。(81-217)

11626　丽人安魂曲
〔联邦德国〕特奥多尔·莱斯多夫著,俞枫译,外国文学出版社1991年2月。平装覆膜,32异,ISBN 7-5016-0090-2,定价2.25元。(81-218)

11627　奇谭
〔西班牙〕朱尔迪·萨尔萨内达斯著,康阿江译,1991年2月。平装覆膜,32异,ISBN 7-02-001111-X,定价1.75元。(81-219)

11628　莫里亚克小说选
〔法〕弗朗索瓦·莫里亚克著,杨维仪、桂裕芳、金志平、施康强译,二十世纪外国文学丛书,外国文学出版社1991年4月。平装,大32开,ISBN 7-5016-0092-9,定价4.70元。(81-220)

11629　耶稣重上十字架
〔希腊〕尼·卡赞扎基著,王振基译,外国文学出版社1991年6月。平装,小32开,ISBN 7-5016-0096-1,定价5.80元。(81-221)

11630　姑娘·女人·影子
——瑞士短篇小说选
郭宏安编选,赵坚译,外国文学出版社1991年7月。平装,小32开,ISBN 7-5016-0066-X,定价4.00元。(81-222)

11631　空军飞行员
〔法〕圣埃克苏佩里著,马振骋译,二十世纪外国文学丛书,外国文学出版社1991年12月。平装,大32开,ISBN 7-5016-0124-0,定价6.40元。(81-226)

11632　勾栏女艾丽莎
〔法〕埃德蒙·龚古尔著,董纯译,外国文学出版社1991年12月。平装,小32开,ISBN 7-

5016-0117-8,定价1.80元。(81-227)

11633　心灵的焦灼
〔奥地利〕斯·茨威格著,张玉书译,1993年4月。平装覆膜,大32开,ISBN 7-02-001582-4,定价7.30元。(81-228)

11634　渔女情
〔西班牙〕佩雷达著,唐民权译,1994年1月。平装,大32开,ISBN 7-02-001737-1,定价5.50元。(81-229)

11635　尤利西斯(上)
〔爱尔兰〕乔伊斯著,金隄译,1994年9月。平装覆膜,大32开,ISBN 7-02-001840-8,定价12.00元。1997年12月,上下卷合为一种,平装覆膜,大32开,ISBN 7-02-002237-5,定价41.60元。2001年12月收入世界文学名著文库,精装,大32开,ISBN 7-02-003656-2,定价58.00元。2012年1月,精装,国流32开,ISBN 978-7-02-008457-9,定价79.00元。2018年8月收入名著名译丛书,精装,32异,ISBN 978-7-02-011696-6,定价72.00元。2019年6月,三卷本,精装,国流32开,ISBN 978-7-02-013934-7,定价135.00元。(81-230)

11636　友谊与爱情(原名《机组》)
〔法〕约瑟夫·凯赛尔著,赵坚译,外国文学小丛书,1993年4月。平装,32异,ISBN 7-02-001581-6,定价2.55元。(81-231)

11637　海浪
〔英〕弗吉尼亚·吴尔夫著,吴钧燮译,二十世纪外国文学丛书,外国文学出版社1993年4月。平装,大32开,ISBN 7-5016-0130-5,定价4.30元。(81-232)

11638　卡夫卡小说选
〔奥地利〕卡夫卡著,孙坤荣等译,世界文学名著文库,1994年11月。精装,大32开,ISBN 7-02-001786-X,定价20.25元。(81-234)

11639　尤利西斯(下)
〔爱尔兰〕乔伊斯著,金隄译,1996年3月。平装覆膜,大32开,ISBN 7-02-002237-5,定价23.80元。(81-235)

11640　女士及众生相
〔德〕海因里希·伯尔著,高年生译,1996年5月。平装覆膜,大32开,ISBN 7-02-002234-0,定价19.45元。(81-236)

11641　都柏林人 青年艺术家的画像
〔爱尔兰〕詹姆斯·乔伊斯著,黄雨石等译,世界文学名著文库,1996年11月。精装,大32开,ISBN 7-02-002000-3,定价38.50元。(81-237)

11642　达洛维太太 到灯塔去 海浪
〔英〕弗吉尼亚·吴尔夫著,谷启楠等译,世界文学名著文库,1997年5月。精装,大32开,ISBN 7-02-002352-5,定价37.00元。(81-239)

11643　蛇结
〔法〕莫里亚克著,金志平、施康强、桂裕芳译,二十世纪外国文学丛书,外国文学出版社1998年8月。平装覆膜,大32开,ISBN 7-5016-0150-X,定价13.00元。(81-242)

11644　城堡
〔奥地利〕卡夫卡著,高年生译,二十世纪外国文学丛书,外国文学出版社1998年8月。平装覆膜,大32开,ISBN 7-5016-0149-6,定价15.00元。2006年1月人民文学出版社,收入名著名译插图本,平装覆膜,国流32开,ISBN 7-02-005321-1,定价16.00元。2008年6月收入名著名译插图本精华版,软精,国流32开,ISBN 978-7-02-007162-3,定价18.00元。2018年1月收入名著名译丛书,精装,32异,ISBN 978-7-02-012495-4,定价35.00元。2020年4月收入外国文学名著丛书,精装,大32开,ISBN 978-7-02-015843-0,定价49.00元。(81-243)

11645　北极星下(第二部)
〔芬兰〕林纳著,任元华译,1998年10月。平装覆膜,大32开,ISBN 7-02-002781-4,定价25.00元。(81-245)

11646　勇敢的船长
〔英〕吉卜林著,胡春兰、侯明吉译,世界儿童文学丛书,1999年5月。平装覆膜,32开,ISBN 7-02-002943-4,定价8.00元。(81-248)

11647　第七个十字架
〔德〕安娜·西格斯著,李士勋译,二十世纪外国文学丛书,外国文学出版社1999年2月。平装覆膜,大32开,ISBN 7-5016-0158-5,定价

欧洲现代小说

小说

17.00元。（81-250）

11648　海蒂
〔瑞士〕约翰娜·施皮里著，司马仝、王霖译，世界儿童文学丛书，1999年5月。平装覆膜，32开，ISBN 7-02-002942-6，定价10.50元。2006年6月收入世界儿童文学名著插图本，平装覆膜，国流32开，ISBN 978-7-02-005725-X，定价15.00元。2010年8月收入影响孩子们一生的经典插图本，平装覆膜，16异，ISBN 978-7-02-008052-6，定价22.00元。2015年9月收入你长大之前必读的66本书，平装覆膜，16异，ISBN 978-7-02-010916-6，定价24.00元。（81-251）

11649　人的大地
〔法〕圣埃克苏佩里著，马振骋译，二十世纪外国文学丛书，外国文学出版社1999年2月。平装覆膜，大32开，ISBN 7-5016-0161-5，定价16.50元。（81-254）

11650　人的境遇
〔法〕马尔罗著，丁世中译，二十世纪外国文学丛书，外国文学出版社1998年11月。平装覆膜，大32开，ISBN 7-5016-0163-1，定价13.00元。2009年9月人民文学出版社，平装，国流32开，ISBN 978-7-02-006933-0，定价16.00元。2018年10月收入蜂鸟文丛，平装，32异，ISBN 978-7-02-014391-7，定价56.00元。（81-257）

11651　瘾——一个真实的故事
〔英〕斯蒂芬·史密斯著，王家湘译，外国文学出版社1999年8月。平装覆膜，大32开，ISBN 7-5016-0168-2，定价15.60元。（81-258）

11652　木头宝座
〔意大利〕斯戈隆著，肖天佑译，当代外国文学丛书，外国文学出版社2000年8月。平装覆膜，大32开，ISBN 7-5016-0177-1，定价12.60元。（81-259）

11653　战役
〔法〕帕特里克·朗博著，丽泉、侣程译，当代外国文学丛书，外国文学出版社2003年3月。平装覆膜，大32开，ISBN 7-5016-0171-2，定价13.80元。（81-260）

11654　阿纳泰的贝壳
〔意大利〕斯戈隆著，黄文捷译，当代外国文学丛书，外国文学出版社2000年8月。平装覆膜，大32开，ISBN 7-5016-0178-X，定价16.00元。（81-261）

11655　遛马女
〔法〕迪迪埃·德库安著，赵克非译，当代外国文学丛书，外国文学出版社2000年3月。平装覆膜，大32开，ISBN 7-5016-0172-0，定价13.80元。（81-262）

11656　哈利·波特与魔法石
〔英〕J.K.罗琳著，苏农译，2000年9月。平装覆膜，16异，ISBN 7-02-003343-1，定价19.50元。2009年4月收入当代欧美畅销儿童小说·国际获奖系列，平装覆膜，16异，ISBN 978-7-02-007287-3，定价20.00元。2014年9月纪念版，平装覆膜，16异，ISBN 978-7-02-010329-4，定价29.00元。2018年10月，单行本，平装覆膜，16异，ISBN 978-7-02-014453-2，定价42.00元。（81-263）

11657　哈利·波特与阿兹卡班的囚徒
〔英〕J.K.罗琳著，郑须弥译，2000年9月。平装覆膜，16异，ISBN 7-02-003345-8，定价26.50元。（81-264）

11658　哈利·波特与密室
〔英〕J.K.罗琳著，马爱新译，2000年9月。平装覆膜，16异，ISBN 7-02-003344-X，定价22.00元。2009年4月收入当代欧美畅销儿童小说·国际获奖系列，平装覆膜，16异，ISBN 978-7-02-007291-0，定价22.00元。2014年9月纪念版，平装覆膜，16异，ISBN 978-7-02-010330-0，定价32.00元。2018年10月，单行本，平装覆膜，16异，ISBN 978-7-02-014454-9，定价43.00元。（81-265）

11659　黑白天使
〔德〕乌拉·贝尔凯维奇著，马文韬译，当代外国文学丛书，外国文学出版社2000年9月。平装覆膜，大32开，ISBN 7-5016-0179-8，定价15.00元。（81-266）

11660　受难地的女人
〔法〕孔贝斯科著，王晓峰译，当代外国文学丛书，外国文学出版社2000年11月。平装覆膜，大32开，ISBN 7-5016-0174-7，定价20.00

元。(81-267)

11661　大卫的母亲
〔荷兰〕伊福娜·克尔丝著,林丽萍译,王福曾校,2001年7月。平装覆膜,大32开,ISBN 7-02-003469-1,定价12.80元。(81-269)

11662　哈利·波特与火焰杯
〔英〕J.K.罗琳著,马爱新译,2001年5月。平装覆膜,16异,ISBN 7-02-003363-2,定价39.80元。2009年4月收入当代欧美畅销儿童小说·国际获奖系列,平装覆膜,16异,ISBN 978-7-02-007293-4,定价40.00元。2014年9月纪念版,平装覆膜,16异,ISBN 978-7-02-010332-4,定价56.00元。2018年10月,单行本,平装覆膜,16异,ISBN 978-7-02-014444-0,定价68.00元。(81-270)

11663　带条纹的地狱囚服
〔法〕让-皮埃尔·勒努阿尔著,傅勇强译,战争·人纪实丛书,2001年6月。平装覆膜,国流32开,ISBN 7-02-003452-7,定价7.00元。(81-271)

11664　托诺一邦盖
〔英〕威尔斯著,蒲隆译,二十世纪外国文学丛书,外国文学出版社2002年6月。平装覆膜,大32开,ISBN 7-5016-0190-9,定价20.00元。(81-274)

11665　诺尔玛或无尽的流亡
〔法〕罗布莱斯著,郭安定译,二十世纪外国文学丛书,外国文学出版社2002年6月。平装覆膜,大32开,ISBN 7-5016-0176-3,定价20.00元。(81-275)

11666　在少女们身旁
〔法〕普鲁斯特著,桂裕芳、袁树仁译,二十世纪外国文学丛书,外国文学出版社2002年6月。平装覆膜,大32开,ISBN 7-5016-0180-1,定价26.00元。(81-276)

11667　间谍
〔英〕康拉德著,张健译,二十世纪外国文学丛书,外国文学出版社2002年6月。平装覆膜,大32开,ISBN 7-5016-0170-4,定价15.00元。(81-277)

11668　老妇还乡
〔瑞士〕迪伦马特著,叶廷芳、韩瑞祥译,二十世纪外国文学丛书,外国文学出版社2002年6月。平装覆膜,大32开,ISBN 7-5016-0191-7,定价22.00元。2008年1月人民文学出版社,收入名著名译插图本,平装覆膜,国流32开,ISBN 978-7-02-006260-7,定价22.00元。2018年8月收入名著名译丛书,精装,32异,ISBN 978-7-02-012504-3,定价39.00元。(81-279)

11669　二十世纪外国短篇小说编年 英国卷(上下)
邹海仑选编,2002年3月。平装,国流32开,ISBN 7-02-003470-5,定价49.80元。(81-283)

11670　二十世纪外国短篇小说编年 德语卷(上下)
高中甫选编,2002年3月。平装,国流32开,ISBN 7-02-003500-0,定价45.00元。(81-284)

11671　二十世纪外国短篇小说编年 法国卷(上下)
余中先选编,2002年3月。平装,国流32开,ISBN 7-02-003472-1,定价39.80元。(81-285)

11672　哈利·波特(礼品书)
〔英〕J.K.罗琳著,苏农、马爱新、郑须弥译,2002年4月,1—4部。精装,16异,ISBN 7-02-003664-3,定价148.00元。2005年11月,1—6部,精装,16异,ISBN 7-02-005293-2,定价320.00元。(81-287)

11673　鲜花
〔意大利〕马可·罗多利著,张治宇译,鸵鸟文学丛书,2002年4月。平装覆膜,国流32开,ISBN 7-02-003914-6,定价12.00元。(81-309)

11674　铁栅栏上的眼睛
〔意大利〕第奇亚诺·斯卡尔帕著,文净译,鸵鸟文学丛书,2002年4月。平装覆膜,国流32开,ISBN 7-02-003915-4,定价8.00元。(81-310)

11675　身影离开大地
〔意大利〕达尼埃莱·德尔·朱迪切著,夏方林译,鸵鸟文学丛书,2002年4月。平装覆膜,国

欧洲现代小说

649

流32开,ISBN 7-02-003916-2,定价10.00元。(81-311)

11676 小小职员
〔意大利〕温琴佐·切拉米著,吕裕阁译,鸵鸟文学丛书,2002年4月。平装覆膜,国流32开,ISBN 7-02-003917-0,定价9.60元。(81-312)

11677 雷曼先生
〔德〕斯文·雷根纳著,黄燎宇译,21世纪年度最佳外国小说,2002年12月。32异,平装,ISBN 7-02-004040-3,定价14.00元;精装,ISBN 7-02-004095-0,定价23.00元。(81-313)

11678 要短句,亲爱的
〔法〕彼埃蕾特·弗勒蒂奥著,桂裕芳译,21世纪年度最佳外国小说,2002年12月。32异,平装,ISBN 7-02-004042-X,定价10.00元;精装,ISBN 7-02-004097-7,定价19.00元。(81-314)

11679 饭店世界
〔英〕阿莉·史密斯著,刘乔译,21世纪年度最佳外国小说,2002年12月。32异,平装,ISBN 7-02-004038-1,定价10.00元;精装,ISBN 7-02-004093-4,定价19.00元。(81-317)

11680 卡夫卡中短篇小说选
〔奥地利〕卡夫卡著,韩瑞祥、全保民选编,名著名译插图本,2003年1月。平装覆膜,国流32开,ISBN 7-02-004035-7,定价12.00元。2008年6月收入名著名译插图本精华版,软精,国流32开,ISBN 978-7-02-007114-2,定价15.00元。(81-322)

11681 末日军团
〔意大利〕曼弗雷迪著,李靖敬、朱光宇译,外国文学出版社2003年7月。平装覆膜,国流32开,ISBN 7-5016-0193-3,定价24.00元。(81-324)

11682 奥斯威辛的爱情
〔德〕蒂洛·蒂尔克著,高中甫译,外国文学出版社2003年8月。平装覆膜,大32开,ISBN 7-5016-0194-1,定价12.00元。2005年5月人民文学出版社,收入纪念中国人民抗日战争暨世界反法西斯战争胜利60周年丛书,平装覆膜,国流32开,ISBN 7-02-005030-1,定价13.00元。(81-325)

11683 卡夫卡小说全集(1—3)
〔奥地利〕卡夫卡著,韩瑞祥等译,2003年8月。平装覆膜,国流32开,ISBN 7-02-004225-2,定价60.00元。2014年1月,精装,国流32开,ISBN 978-7-02-010014-9,定价88.00元。2018年6月,精装,国流32开,ISBN 978-7-02-014140-1,定价118.00元。(81-326)

11684 哈利·波特与凤凰社
〔英〕J. K. 罗琳著,马爱农、马爱新、蔡文译,2003年9月。16异,平装覆膜,ISBN 7-02-004327-5,定价59.00元;精装,ISBN 978-7-02-004335-6,定价75.00元。(81-327)

11685 野性的规则
〔意大利〕弗朗西斯卡·马西阿诺著,顾韶阳译,廊桥书系,2004年1月。平装覆膜,大32开,ISBN 7-02-004288-0,定价18.00元。(81-331)

11686 幸福得如同上帝在法国
〔法〕马尔克·杜甘著,吴岳添译,21世纪年度最佳外国小说,2003年12月。32异,平装,ISBN 7-02-004386-0,定价13.00元;精装,ISBN 7-02-004387-9,定价18.00元。(81-334)

11687 尘世的爱神
〔德〕汉斯-乌尔里希·特莱希尔著,杜新华译,21世纪年度最佳外国小说,2003年12月。32异,平装覆膜,ISBN 7-02-004384-4,定价12.00元;精装,ISBN 7-02-004385-2,定价17.00元。(81-335)

11688 间谍
〔英〕迈克尔·弗莱恩著,石青译,21世纪年度最佳外国小说,2003年12月。32异,平装覆膜,ISBN 7-02-004394-1,定价16.50元;精装,ISBN 7-02-004395-X,定价21.50元。(81-337)

11689 丛林故事
〔英〕吉卜林著,文美惠、任吉生译,名著名译插图本,2004年3月。平装覆膜,国流32开,ISBN 7-02-004428-X,定价11.00元。2004年7月收入美国学生课外阅读丛书,平装覆

膜,国流 32 开,ISBN 7-02-004671-1,定价 14.00 元。(81-339)

11690　查特莱夫人的情人
〔英〕劳伦斯著,赵苏苏译,廊桥书系,2004 年 1 月。平装覆膜,大 32 开,ISBN 7-02-004431-X,定价 24.00 元。2004 年 2 月版,精装,大 32 开,ISBN 7-02-004477-8,定价 34.00 元。(81-342)

11691　埃梅短篇小说选
〔法〕马·埃梅著,李玉民译,世界短篇小说大师丛书,2004 年 5 月。平装,大 32 开,ISBN 7-02-004568-5,定价 15.00 元。2016 年 11 月,书名《埃梅短篇小说精选》,平装,国流 32 开,ISBN 978-7-02-011870-0,定价 36.00 元。(81-344)

11692　吉卜林短篇小说选
〔英〕鲁·吉卜林著,文美惠译,世界短篇小说大师丛书,2004 年 5 月。平装,大 32 开,ISBN 7-02-004575-8,定价 13.00 元。(81-345)

11693　福尔摩斯历险记
〔英〕柯南·道尔著,冯涛、张坤译,美国学生课外阅读丛书,2004 年 7 月。平装覆膜,大 32 开,ISBN 7-02-004652-5,定价 17.00 元。2006 年 1 月收入 20 世纪外国名家精品插图本,平装覆膜,大 32 开,ISBN 7-02-005435-8,定价 17.00 元。2017 年 6 月收入你长大之前必读的 66 本书,平装覆膜,16 异,ISBN 978-7-02-011985-1,定价 28.00 元。(81-352)

11694　批评家之死
〔德〕马丁·瓦尔泽著,黄燎宇译,2004 年 9 月。平装覆膜,国流 32 开,ISBN 7-02-004676-2,定价 15.00 元。(81-355)

11695　夜半撞车
〔法〕帕特里克·莫迪亚诺著,谭立德译,21 世纪年度最佳外国小说,2005 年 1 月。国流 32 开,平装覆膜,ISBN 7-02-005066-2,定价 13.00 元;精装,ISBN 7-02-005067-0,定价 20.00 元。2016 年 1 月收入蜂鸟文丛,平装,32 异,ISBN 978-7-02-010881-7,定价 20.00 元。(81-360)

11696　夜幕
〔德〕克里斯托夫·彼得斯著,徐畅译,21 世纪年度最佳外国小说,2005 年 1 月。国流 32 开,平装覆膜,ISBN 7-02-005060-3,定价 22.00 元;精装,ISBN 7-02-005061-1,定价 31.00 元。(81-361)

11697　完美罪行之友
〔西班牙〕安德烈斯·特拉别略著,李德明译,21 世纪年度最佳外国小说,2005 年 1 月。国流 32 开,平装覆膜,ISBN 7-02-005062-X,定价 23.00 元;精装,ISBN 7-02-005063-8,定价 32.00 元。(81-362)

11698　砖巷
〔英〕莫妮卡·阿里著,蒲隆译,21 世纪年度最佳外国小说,2005 年 1 月。国流 32 开,平装覆膜,ISBN 7-02-005058-1,定价 34.00 元;精装,ISBN 7-02-005059-X,定价 40.00 元。(81-363)

11699　英伦女谍
〔西班牙〕斯特拉·索尔著,赵鹏飞译,外国文学出版社 2005 年 1 月。平装覆膜,国流 32 开,ISBN 7-5016-0201-8,定价 19.00 元。(81-365)

11700　蜂巢
〔挪威〕福·格吕顿著,石琴娥译,2005 年 4 月。平装覆膜,国流 32 开,ISBN 7-02-004995-8,定价 27.00 元。(81-367)

11701　疯人辩护词
〔瑞典〕斯特林堡著,李之义译,2005 年 5 月。平装覆膜,国流 32 开,ISBN 7-02-005028-X,定价 17.00 元。(81-368)

11702　飞翔的鸟拒绝忧伤
〔英〕克莱尔·伍德尔著,任溶溶译,2005 年 5 月。平装覆膜,32 异,ISBN 7-02-005173-1,定价 16.00 元。(81-369)

11703　情系蒙特卡洛
〔德〕帕尔姆著,高中甫译,2005 年 7 月。平装覆膜,国流 32 开,ISBN 7-02-005176-6,定价 19.00 元。(81-370)

11704　比利时文学选集·法语作家卷
王炳东编译,2005 年 7 月。平装覆膜,国流 32 开,ISBN 7-02-005256-8,定价 30.00 元。(81-371)

11705　军官病房

〔法〕杜甘著,吴岳添译,2005年9月。平装覆膜,国流32开,ISBN 7-02-005276-2,定价10.00元。(81-373)

11706 怀念上帝之家

〔法〕比安西奥蒂著,桂裕芳译,2005年9月。平装覆膜,国流32开,ISBN 7-02-005214-2,定价10.00元。(81-374)

11707 星际战争

〔英〕赫·乔·威尔斯著,李家真译,2005年8月。平装覆膜,国流32开,ISBN 7-02-005018-2,定价15.00元。(81-379)

11708 智者也疯狂

〔法〕罗歇-波尔·德罗瓦、让-索利普·德托纳克著,桂裕芳译,思想家逸闻丛书,2005年8月。平装覆膜,大32开,ISBN 7-02-005178-2,定价13.00元。(81-380)

11709 哈利·波特与"混血王子"

〔英〕J.K.罗琳著,马爱农、马爱新译,2005年10月。平装覆膜,16异,ISBN 7-02-005323-8,定价58.00元。2009年4月收入当代欧美畅销儿童小说·国际获奖系列,平装覆膜,16异,ISBN 978-7-02-007295-8,定价58.00元。2014年9月,纪念版,平装覆膜,16异,ISBN 978-7-02-010333-1,定价58.00元。2018年10月,平装覆膜,16异,ISBN 978-7-02-014445-7,定价72.00元。(81-382)

11710 曼索朋友

〔西班牙〕佩雷斯·加尔多斯著,卞双成译,2005年8月。平装覆膜,国流32开,ISBN 7-02-005280-0,定价17.00元。(81-383)

11711 守望灯塔

〔英〕詹妮特·温特森著,侯毅凌译,21世纪年度最佳外国小说,2005年12月。平装覆膜,国流32开,ISBN 7-02-005425-0,定价17.00元。(81-384)

11712 台伯河边的爱情

〔德〕延·孔涅夫克著,张世胜译,21世纪年度最佳外国小说,2005年12月。平装覆膜,国流32开,ISBN 7-02-005412-9,定价24.00元。(81-392)

11713 美国佬

〔法〕弗朗兹-奥利维埃·吉斯贝尔著,余中先译,21世纪年度最佳外国小说,2005年12月。平装覆膜,国流32开,ISBN 7-02-005409-9,定价15.00元。2010年4月收入新世纪外国畅销小说书架,平装,国流32开,ISBN 978-7-02-007690-1,定价12.00元。(81-393)

11714 格拉齐耶拉

〔法〕德·拉马丁著,郑鹿年译,2005年8月。平装覆膜,32异,ISBN 7-02-005281-9,定价18.00元。(81-394)

11715 笋瓜自传

〔法〕基尔·帕里斯著,邱曙苇译,2005年8月。平装覆膜,大32开,ISBN 7-02-005250-9,定价17.00元。(81-395)

11716 胡萝卜须

〔法〕列纳尔著,王振孙译,2005年10月。平装覆膜,大32开,ISBN 7-02-005324-6,定价12.00元。(81-396)

11717 希特勒时代的孩子们

〔德〕古多·克诺普著,王燕生、周祖生译,2006年1月。平装覆膜,国流32开,ISBN 7-02-005424-2,定价29.00元。(81-397)

11718 威尔斯科幻经典

〔英〕威尔斯著,郑须弥、李家真译,20世纪外国名家精品插图本,2006年1月。平装覆膜,国流32开,ISBN 7-02-005395-5,定价25.00元。(81-399)

11719 苹果树

〔英〕高尔斯华绥著,屠枫、黄梅译,20世纪外国名家精品插图本,2006年1月。平装覆膜,国流32开,ISBN 7-02-005403-X,定价16.00元。(81-403)

11720 白海豹

〔英〕吉卜林著,文美惠、任吉生译,20世纪外国名家精品插图本,2006年1月。平装覆膜,国流32开,ISBN 7-02-005388-2,定价17.00元。(81-404)

11721 马里奥和魔术师

〔德〕托马斯·曼著,刘德中译,20世纪外国名家精品插图本,2006年1月。平装覆膜,国流32开,ISBN 7-02-005416-1,定价15.00元。(81-405)

11722 哈尼娅

〔波兰〕显克维奇著,林洪亮译,20世纪外国名家精品插图本,2006年1月。平装覆膜,国流32开,ISBN 7-02-005387-4,定价18.00元。(81-406)

11723 劳伦斯中短篇小说选

〔英〕D. H. 劳伦斯著,主万、朱炯强译,名著名译插图本,2006年4月。平装覆膜,国流32开,ISBN 7-02-005325-4,定价19.00元。(81-409)

11724 萨基幽默小说选

〔英〕萨基著,冯涛译,外国幽默作家丛书,2006年4月。平装覆膜,国流32开,ISBN 7-02-005468-4,定价14.00元。(81-410)

11725 莫扎特

〔德〕费里克斯·胡赫著,高中甫译,世界音乐大师文学传记丛书,2006年4月。平装覆膜,国流32开,ISBN 7-02-005541-9,定价28.00元。(81-413)

11726 贝多芬

〔德〕费里克斯·胡赫著,高中甫译,世界音乐大师文学传记丛书,2006年4月。平装覆膜,国流32开,ISBN 7-02-005540-0,定价29.00元。(81-414)

11727 侠盗亚森·罗平

〔法〕莫里斯·勒布朗著,周克希译,2006年3月。平装覆膜,32异,ISBN 7-02-005529-X,定价14.00元。(81-416)

11728 法兰西组曲

〔法〕伊莱娜·内米洛夫斯基著,袁筱一译,2006年5月。平装覆膜,32异,ISBN 7-02-005461-7,定价29.00元。2009年11月收入新世纪外国畅销小说书架,平装,32异,ISBN 978-7-02-007705-2,定价30.00元。2018年10月收入内米洛夫斯基作品集,平装,小32开,ISBN 978-7-02-014569-0,定价69.00元。(81-417)

11729 尼罗河上的惨案

〔英〕阿加莎·克里斯蒂著,宫英海译,阿加莎·克里斯蒂侦探推理系列,2006年5月。平装覆膜,32异,ISBN 7-02-005608-3,定价22.00元。(81-418)

11730 罗杰疑案

〔英〕阿加莎·克里斯蒂著,张江云译,阿加莎·克里斯蒂侦探推理系列,2006年5月。平装覆膜,32异,ISBN 7-02-005629-6,定价21.00元。2010年3月,署辛可加译。(81-419)

11731 人性记录

〔英〕阿加莎·克里斯蒂著,王敬慧译,阿加莎·克里斯蒂侦探推理系列,2006年5月。平装覆膜,32异,ISBN 7-02-005726-8,定价20.00元。(81-420)

11732 东方快车谋杀案

〔英〕阿加莎·克里斯蒂著,陈尧光译,阿加莎·克里斯蒂侦探推理系列,2006年5月。平装覆膜,32异,ISBN 7-02-005630-X,定价18.00元。(81-421)

11733 死亡约会

〔英〕阿加莎·克里斯蒂著,郭茜、郭维译,阿加莎·克里斯蒂侦探推理系列,2006年5月。平装覆膜,32异,ISBN 7-02-005658-X,定价17.00元。(81-422)

11734 阳光下的罪恶

〔英〕阿加莎·克里斯蒂著,刘月荣、李玉杰译,阿加莎·克里斯蒂侦探推理系列,2006年5月。平装覆膜,32异,ISBN 7-02-005635-0,定价18.00元。(81-423)

11735 欧洲教育

〔法〕罗曼·加里著,王文融译,2006年6月。平装覆膜,国流32开,ISBN 7-02-005448-X,定价14.00元。2019年3月收入罗曼·加里作品,精装,32异,ISBN 978-7-02-012822-8,定价49.00元。(81-429)

11736 斯·茨威格中短篇小说选

〔奥地利〕斯·茨威格著,张玉书译,名著名译插图本,2006年6月。平装覆膜,国流32开,ISBN 7-02-005430-7,定价24.00元。2008年6月收入名著名译插图本精华版,软精,国流32开,ISBN 978-7-02-007164-7,定价24.00元。2016年10月收入名著名译丛书,精装,32异,ISBN 978-7-02-011584-6,定价36.00元。2018年6月收入插图本名著名译丛书,书名《一个陌生女人的来信 斯·茨威格中短篇小说选》,平装,国流32开,ISBN 978-7-

02-013205-8,定价37.00元。(81-430)

11737　园会

〔英〕凯瑟琳·曼斯菲尔德著,文洁若等译,20世纪外国名家精品插图本,2006年7月。平装覆膜,国流32开,ISBN 7-02-005479-X,定价17.00元。(81-432)

11738　萨基短篇小说选

〔英〕萨基著,冯涛译,名著名译插图本,2006年8月。平装覆膜,国流32开,ISBN 7-02-005465-X,定价17.00元。(81-434)

11739　追寻逝去的时光

〔法〕马塞尔·普鲁斯特原著,斯泰凡·厄埃、斯丹尼斯拉·布雷泽改编,斯泰凡·厄埃、维罗妮可·多雷绘图,周克希译,2006年5月。平装覆膜,16异,ISBN 7-02-005484-6,定价39.90元。(81-437)

11740　你好,忧愁

〔法〕弗朗索瓦丝·萨冈著,余中先译,2006年1月。平装覆膜,32异,ISBN 7-02-005436-6,定价24.00元。(81-438)

11741　你喜欢勃拉姆斯吗……

〔法〕弗朗索瓦丝·萨冈著,李玉民、余中先译,2006年1月。平装覆膜,32异,ISBN 7-02-005437-4,定价21.00元。(81-439)

11742　恍惚

〔荷兰〕J·贝恩勒夫著,潘鑫亮译,2006年8月。平装覆膜,国流32开,ISBN 7-02-005489-7,定价12.00元。(81-441)

11743　ABC谋杀案

〔英〕阿加莎·克里斯蒂著,陈晓东译,阿加莎·克里斯蒂侦探推理系列,2006年8月。平装覆膜,32异,ISBN 7-02-005801-9,定价20.00元。(81-442)

11744　云中命案

〔英〕阿加莎·克里斯蒂著,史晓洁译,阿加莎·克里斯蒂侦探推理系列,2006年10月。平装覆膜,32异,ISBN 7-02-005819-1,定价18.00元。(81-443)

11745　空谷幽魂

〔英〕阿加莎·克里斯蒂著,黄昱宁译,阿加莎·克里斯蒂侦探推理系列,2006年10月。平装覆膜,32异,ISBN 7-02-005827-2,定价23.00元。(81-444)

11746　悬崖山庄奇案

〔英〕阿加莎·克里斯蒂著,简庆闽译,阿加莎·克里斯蒂侦探推理系列,2006年10月。平装覆膜,32异,ISBN 7-02-005800-0,定价18.00元。(81-445)

11747　苏丹港

〔法〕奥利维叶·罗兰著,郭安定译,2006年9月。平装覆膜,国流32开,ISBN 7-02-005811-6,定价10.00元。(81-447)

11748　啤酒谋杀案

〔英〕阿加莎·克里斯蒂著,李平、秦越岭译,阿加莎·克里斯蒂侦探推理系列,2006年11月。平装覆膜,32异,ISBN 7-02-005902-3,定价17.00元。(81-449)

11749　鸽群中的猫

〔英〕阿加莎·克里斯蒂著,史晓洁、陆乃圣译,阿加莎·克里斯蒂侦探推理系列,2006年11月。平装覆膜,32异,ISBN 7-02-005900-7,定价19.00元。(81-450)

11750　斯泰尔斯庄园奇案

〔英〕阿加莎·克里斯蒂著,丁大刚译,阿加莎·克里斯蒂侦探推理系列,2006年11月。平装覆膜,32异,ISBN 7-02-005904-X,定价17.00元。(81-451)

11751　古墓之谜

〔英〕阿加莎·克里斯蒂著,罗丁译,阿加莎·克里斯蒂侦探推理系列,2006年11月。平装覆膜,32异,ISBN 7-02-005903-1,定价19.00元。(81-452)

11752　风之影

〔西班牙〕卡洛斯·鲁依斯·萨丰著,范湲译,2006年10月。平装覆膜,国流32开,ISBN 7-02-005828-0,定价29.90元。2009年11月收入新世纪外国畅销小说书架,平装,32异,ISBN 978-7-02-007707-6,定价32.00元。2010年7月,平装,32异,ISBN 978-7-02-007376-4,定价32.00元。2013年1月,精装,32异,ISBN 978-7-02-009566-7,定价49.90元。(81-453)

11753　妖魔的狂笑

〔法〕皮埃尔·贝茹著,郭安定译,21世纪年度最佳外国小说,2007年1月。平装覆膜,32异,ISBN 978-7-02-005928-7,定价18.00元。(81-456)

● 11754 亚瑟与乔治
〔英〕朱利安·巴恩斯著,蒯乐昊、张蕾芳译,21世纪年度最佳外国小说,2007年1月。平装覆膜,32异,ISBN 978-7-02-005946-1,定价23.00元。2010年4月收入新世纪外国畅销小说书架,平装,32异,ISBN 978-7-02-007692-5,定价27.00元。(81-457)

● 11755 蚕
〔英〕罗伯特·加尔布雷思著,马爱农译,2015年5月。平装,16异,ISBN 978-7-02-010827-5,定价50.00元。(81-458)

● 11756 爱的怯懦
〔德〕威廉·格纳齐诺著,周新建译,21世纪年度最佳外国小说,2007年1月。平装覆膜,32异,ISBN 978-7-02-005929-4,定价11.00元。(81-460)

● 11757 发条钟
〔英〕普尔曼著,里欧尼·戈尔绘,蔡宜容译,2007年3月。平装覆膜,大32开,ISBN 978-7-02-006014-5,定价19.00元。(81-466)

● 11758 救救我!
〔法〕纪尧姆·米索著,郭昌京译,2007年4月。平装覆膜,国流32开,ISBN 978-7-02-006017-7,定价19.00元。2009年11月收入新世纪外国畅销小说书架,平装,32异,ISBN 978-7-02-007696-3,定价23.00元。(81-467)

● 11759 康德的诅咒 纯粹理性杀人事件
〔英〕迈克尔·格利高里奥著,包慧怡译,2007年5月。平装覆膜,32异,ISBN 978-7-02-006038-2,定价29.00元。(81-469)

● 11760 谋杀启事
〔英〕阿加莎·克里斯蒂著,何克勇译,阿加莎·克里斯蒂侦探推理系列,2007年4月。平装覆膜,32异,ISBN 978-7-02-006109-9,定价22.00元。(81-470)

● 11761 藏书室女尸之谜
〔英〕阿加莎·克里斯蒂著,任林静译,阿加莎·克里斯蒂侦探推理系列,2007年4月。平装覆膜,32异,ISBN 978-7-02-006108-2,定价17.00元。(81-471)

● 11762 借镜杀人
〔英〕阿加莎·克里斯蒂著,丁叶然译,阿加莎·克里斯蒂侦探推理系列,2007年5月。平装覆膜,32异,ISBN 978-7-02-006173-0,定价17.00元。(81-473)

● 11763 夏屋,以后
〔德〕尤迪特·海尔曼著,任国强、戴英杰译,2007年5月。平装覆膜,国流32开,ISBN 978-7-02-006083-2,定价12.00元。(81-474)

● 11764 罗马凶杀案
〔英〕大卫·休森著,石青译,2007年7月。平装覆膜,国流32开,ISBN 978-7-02-006176-1,定价24.00元。(81-477)

● 11765 小岛
〔英〕安德烈娅·利维著,林燕译,当代外国获奖小说,2007年6月。平装覆膜,大32开,ISBN 978-7-02-005945-4,定价25.00元。2010年4月收入新世纪外国畅销小说书架,平装,32异,ISBN 978-7-02-007688-8,定价29.00元。(81-480)

● 11766 行同陌路
〔英〕路易斯·迪安著,王改娣译,当代外国获奖小说,2007年6月。平装覆膜,大32开,ISBN 978-7-02-005483-1,定价15.00元。(81-481)

● 11767 院长
〔英〕C.P.斯诺著,张健、戴歇珠、张立民译,2007年7月。平装覆膜,国流32开,ISBN 978-7-02-006077-1,定价20.00元。(81-483)

● 11768 午后四点
〔比利时〕阿梅丽·诺冬著,胡小跃译,2007年7月。平装覆膜,大32开,ISBN 978-7-02-006144-0,定价12.00元。2010年11月收入新世纪外国畅销小说书架,平装覆膜,32异,ISBN 978-7-02-008156-1,定价15.00元。(81-484)

● 11769 底牌
〔英〕阿加莎·克里斯蒂著,史晓洁译,阿加莎·克里斯蒂侦探推理系列,2007年7月。平装覆膜,32异,ISBN 978-7-02-006234-8,定价18.00元。(81-486)

11770 幽魂岛 欧美灵异小说名家名作选

〔英〕阿格农·布莱克伍德、〔美〕艾德加·爱伦·坡等著,刘文荣选编,2007年8月。平装覆膜,32异,ISBN 978-7-02-006232-4,定价20.80元。2016年11月收入域外聊斋,署〔美〕亨利·詹姆斯等著,平装,32异,ISBN 978-7-02-011978-3,定价39.00元。(81-487)

11771 命案目睹记

〔英〕阿加莎·克里斯蒂著,陈巧媚译,阿加莎·克里斯蒂侦探推理系列,2007年8月。平装覆膜,32异,ISBN 978-7-02-006271-3,定价20.00元。(81-489)

11772 沉睡的谋杀案

〔英〕阿加莎·克里斯蒂著,张建平译,阿加莎·克里斯蒂侦探推理系列,2007年8月。平装覆膜,32异,ISBN 978-7-02-006273-7,定价17.00元。(81-490)

11773 破镜谋杀案

〔英〕阿加莎·克里斯蒂著,吴宇宏译,阿加莎·克里斯蒂侦探推理系列,2007年8月。平装覆膜,32异,ISBN 978-7-02-006272-0,定价20.00元。(81-491)

11774 十月的孩子

〔法〕菲利普·贝松著,余中先译,2007年9月。平装覆膜,大32开,ISBN 978-7-02-006245-4,定价12.00元。(81-493)

11775 哈利·波特与死亡圣器

〔英〕J.K.罗琳著,马爱农、马爱新译,2007年10月。平装覆膜,16异,ISBN 978-7-02-006365-9,定价66.00元。2009年4月收入当代欧美畅销儿童小说·国际获奖系列,平装覆膜,16异,ISBN 978-7-02-007296-5,定价66.00元。2014年9月纪念版,平装覆膜,16异,ISBN 978-7-02-010335-5,定价66.00元。2018年10月,平装覆膜,16异,ISBN 978-7-02-014458-7,定价75.00元。2019年1月,平装覆膜,16异,ISBN 978-7-02-014676-5,定价69.00元。(81-495)

11776 密码

〔英〕阿加莎·克里斯蒂著,叶刚译,阿加莎·克里斯蒂侦探推理系列,2007年10月。平装覆膜,32异,ISBN 978-7-02-006451-9,定价19.80元。(81-497)

11777 寓所谜案

〔英〕阿加莎·克里斯蒂著,杨青山译,阿加莎·克里斯蒂侦探推理系列,2007年10月。平装覆膜,32异,ISBN 978-7-02-006450-2,定价21.80元。(81-498)

11778 魔手

〔英〕阿加莎·克里斯蒂著,叶刚译,阿加莎·克里斯蒂侦探推理系列,2007年10月。平装覆膜,32异,ISBN 978-7-02-006391-8,定价19.00元。(81-499)

11779 自杀俱乐部

〔英〕尼克·霍恩比著,张坤译,2007年10月。平装覆膜,32异,ISBN 978-7-02-006449-6,定价21.00元。2010年11月收入新世纪外国畅销小说书架,平装覆膜,32异,ISBN 978-7-02-008170-7,定价25.00元。(81-500)

11780 与特雷莎共度的最后几个下午

〔西班牙〕胡安·马尔塞著,王军宁译,2007年11月。平装覆膜,国流32开,ISBN 978-7-02-006255-3,定价28.00元。(81-501)

11781 年年夏日那片海

〔西班牙〕埃斯特·图斯盖兹著,卜珊译,她世纪丛书,2007年12月。平装,32异,ISBN 978-7-02-006386-4,定价18.00元。(81-502)

11782 沉睡的声音

〔西班牙〕杜尔塞·恰孔著,徐蕾译,她世纪丛书,2007年12月。平装,32异,ISBN 978-7-02-006388-8,定价24.00元。(81-503)

11783 空盼

〔西班牙〕卡门·拉福雷特著,卞双成、郭有鸿译,她世纪丛书,2007年12月。平装,32异,ISBN 978-7-02-006106-8,定价19.00元。(81-504)

11784 融融暖意

〔西班牙〕玛鲁哈·托雷斯著,张广森译,她世纪丛书,2007年12月。平装,32异,ISBN 978-7-02-006387-1,定价15.00元。(81-505)

11785　多罗泰娅之歌
〔西班牙〕罗莎·雷加斯著,赵德明译,她世纪丛书,2007年12月。平装,32异,ISBN 978-7-02-006383-3,定价20.00元。(81-506)

11786　天赐之年
〔西班牙〕克里斯蒂娜·费尔南德斯·库巴斯著,她世纪丛书,2007年12月。平装,32异,ISBN 978-7-02-006384-0,定价13.00元。(81-507)

11787　塞壬的沉默
〔西班牙〕阿德拉伊达·加西亚·莫拉莱斯著,郑书九译,她世纪丛书,2007年12月。平装,32异,ISBN 978-7-02-006385-7,定价14.00元。(81-508)

11788　谋杀
〔法〕托马斯·夏格诺著,吴岳添译,2008年1月。平装,32异,ISBN 978-7-02-006453-3,定价12.00元。(81-511)

11789　乌拉尼亚
〔法〕勒克莱齐奥著,紫嫣译,许钧校,21世纪年度最佳外国小说,2008年1月。平装覆膜,32异,ISBN 978-7-02-006526-4,定价17.00元。2009年10月收入勒克莱齐奥作品系列,平装,32异,ISBN 978-7-02-007360-3,定价21.00元。2010年4月收入新世纪外国畅销小说书架,平装,32异,ISBN 978-7-02-007694-9,定价15.00元。(81-514)

11790　梅尔尼茨(上下)
〔瑞士〕查里斯·莱文斯基著,顾牧、张世胜译,21世纪年度最佳外国小说,2008年1月。平装覆膜,32异,ISBN 978-7-02-006529-5,定价46.00元。(81-516)

11791　谋杀村
〔德〕安德雷娅·玛丽娅·申克尔著,朱刘华译,2008年1月。平装,32异,ISBN 978-7-02-006308-6,定价12.00元。(81-518)

11792　月夜变身
〔英〕基特·威特菲尔德著,任战译,2008年2月。平装覆膜,16异,ISBN 978-7-02-006644-5,定价32.00元。(81-519)

11793　杀人不难
〔英〕阿加莎·克里斯蒂著,叶刚译,阿加莎·克里斯蒂侦探推理系列,2007年11月。平装覆膜,32异,ISBN 978-7-02-006485-4,定价19.00元。(81-520)

11794　复仇女神
〔英〕阿加莎·克里斯蒂著,丁丽梅、丁大刚译,阿加莎·克里斯蒂侦探推理系列,2007年11月。平装覆膜,32异,ISBN 978-7-02-006484-7,定价21.00元。(81-521)

11795　看不见的城市
〔西班牙〕埃米利·罗萨莱斯著,尹承东译,2008年1月。平装覆膜,32异,ISBN 978-7-02-006318-5,定价20.00元。(81-522)

11796　时光之书　石雕
〔法〕纪尧姆·普雷沃著,陈剑译,2008年1月。平装覆膜,32异,ISBN 978-7-02-006500-4,定价16.00元。(81-524)

11797　葬礼之后
〔英〕阿加莎·克里斯蒂著,丁叶然译,阿加莎·克里斯蒂侦探推理系列,2007年11月。平装覆膜,32异,ISBN 978-7-02-006487-8,定价22.00元。(81-525)

11798　沉默的证人
〔英〕阿加莎·克里斯蒂著,韩英鑫、吕方译,阿加莎·克里斯蒂侦探推理系列,2008年3月。平装覆膜,32异,ISBN 978-7-02-006536-3,定价25.00元。(81-526)

11799　无尽长夜
〔英〕阿加莎·克里斯蒂著,陈巧媚译,阿加莎·克里斯蒂侦探推理系列,2008年3月。平装覆膜,32异,ISBN 978-7-02-006533-2,定价19.00元。(81-527)

11800　无人生还
〔英〕阿加莎·克里斯蒂著,祁阿红译,阿加莎·克里斯蒂侦探推理系列,2008年3月。平装覆膜,32异,ISBN 978-7-02-006539-4,定价19.00元。(81-528)

11801　怪屋
〔英〕阿加莎·克里斯蒂著,史晓洁译,阿加莎·克里斯蒂侦探推理系列,2007年11月。平装覆膜,32异,ISBN 978-7-02-006486-1,定价19.00元。(81-529)

11802　洪水之后

小说

〔捷克〕埃娃·康图尔科娃著,徐伟珠译,2008年3月。平装覆膜,国流32开,ISBN 978-7-02-006483-0,定价18.00元。(81-530)

11803 后来……
〔法〕纪尧姆·米索著,陈筱卿译,2008年2月。平装覆膜,国流32开,ISBN 978-7-02-006540-0,定价20.00元。(81-531)

11804 马赛克镶嵌壁画案
〔意大利〕朱利欧·莱奥尼著,罗妙红译,2008年3月。平装覆膜,32异,ISBN 978-7-02-006657-5,定价23.00元。(81-537)

11805 童年的许诺
〔法〕罗曼·加里著,倪维中译,2008年4月。平装覆膜,国流32开,ISBN 978-7-02-006145-7,定价20.00元。2011年5月收入新世纪外国畅销小说书架,平装覆膜,32异,ISBN 978-7-02-008310-7,定价23.00元。2019年3月收入罗曼·加里作品,精装,32异,ISBN 978-7-02-012817-4,定价59.00元。(81-538)

11806 第十三个故事
〔英〕戴安娜·赛特菲尔德著,金逸明译,2008年5月。平装覆膜,32异,ISBN 978-7-02-006660-5,定价28.00元。2009年11月收入新世纪外国畅销小说书架,平装,32异,ISBN 978-7-02-007699-4,定价28.00元。2018年10月收入21世纪新畅销译丛,精装,32异,ISBN 978-7-02-014225-5,定价68.00元。(81-539)

11807 永恒的父亲
〔法〕安娜·科西尼著,杨振译,2008年4月。平装覆膜,32异,ISBN 978-7-02-006664-3,定价13.00元。(81-543)

11808 你会在那儿吗?
〔法〕纪尧姆·米索著,郭昌京译,2008年5月。平装覆膜,国流32开,ISBN 978-7-02-006599-8,定价17.00元。(81-545)

11809 大卫·格德尔 舞会
〔法〕伊莱娜·内米洛夫斯基著,袁筱一译,2008年6月。平装覆膜,32异,ISBN 978-7-02-006651-3,定价20.00元。2018年9月收入内米洛夫斯基作品集,平装,32异,ISBN 978-7-02-014007-7,定价38.00元。(81-546)

11810 牙医谋杀案
〔英〕阿加莎·克里斯蒂著,庆云译,阿加莎·克里斯蒂侦探推理系列,2008年6月。平装覆膜,32异,ISBN 978-7-02-006590-5,定价19.00元。(81-547)

11811 犯罪团伙
〔英〕阿加莎·克里斯蒂著,冒国安译,阿加莎·克里斯蒂侦探推理系列,2008年6月。平装覆膜,32异,ISBN 978-7-02-006607-0,定价25.00元。(81-548)

11812 幕后凶手
〔英〕阿加莎·克里斯蒂著,丁叶然译,阿加莎·克里斯蒂侦探推理系列,2008年6月。平装覆膜,32异,ISBN 978-7-02-006553-0,定价18.00元。(81-549)

11813 时光之书 七枚硬币
〔法〕纪尧姆·普雷沃著,王舒柳译,2008年9月。平装覆膜,32异,ISBN 978-7-02-006621-6,定价19.00元。(81-551)

11814 墓地的沉默
〔冰岛〕阿诺德·英德里达松著,余晨璐、楼晨晔、陈文心译,2008年9月。平装覆膜,32异,ISBN 978-7-02-006767-1,定价20.00元。(81-552)

11815 灯塔
〔英〕P.D.詹姆斯著,沈亦文译,2008年10月。平装覆膜,32异,ISBN 978-7-02-006780-0,定价25.00元。(81-553)

11816 褐衣男子
〔英〕阿加莎·克里斯蒂著,丁大刚、张相芬译,阿加莎·克里斯蒂侦探推理系列,2008年8月。平装覆膜,32异,ISBN 978-7-02-006628-5,定价20.00元。(81-555)

11817 高尔夫球场命案
〔英〕阿加莎·克里斯蒂著,叶刚译,阿加莎·克里斯蒂侦探推理系列,2008年8月。平装覆膜,32异,ISBN 978-7-02-006619-3,定价19.00元。(81-556)

11818 四魔头
〔英〕阿加莎·克里斯蒂著,张建平译,阿加莎·克里斯蒂侦探推理系列，2008年9月。平装覆膜，32异，ISBN 978-7-02-006632-2，定价19.00元。（81-557）

11819　死人的殿堂

〔英〕阿加莎·克里斯蒂著，黄禄善译，阿加莎·克里斯蒂侦探推理系列，2008年8月。平装覆膜，32异，ISBN 978-7-02-006620-9，定价19.00元。（81-558）

11820　地狱之旅

〔英〕阿加莎·克里斯蒂著，韩英鑫译，阿加莎·克里斯蒂侦探推理系列，2008年7月。平装覆膜，32异，ISBN 978-7-02-006611-7，定价20.00元。（81-559）

11821　星尘

〔英〕尼尔·盖曼著，龚容、李琳译，2008年8月。平装覆膜，32异，ISBN 978-7-02-006591-2，定价19.00元。（81-561）

11822　关于美

〔英〕扎迪·史密斯著，杨佩桦、聂清风译，2008年10月。平装覆膜，32异，ISBN 978-7-02-006841-8，定价29.90元。（81-563）

11823　秋之蝇　库里洛夫事件

〔法〕伊莱娜·内米洛夫斯基著，黄荭、张璐译，2008年11月。平装，32异，ISBN 978-7-02-006832-6，定价19.00元。2018年9月收入内米洛夫斯基作品集，平装，32异，ISBN 978-7-02-014205-7，定价35.00元。（81-564）

11824　奉命谋杀

〔英〕阿加莎·克里斯蒂著，祁阿红译，阿加莎·克里斯蒂侦探推理系列，2008年10月。平装覆膜，32异，ISBN 978-7-02-006833-9，定价23.00元。（81-565）

11825　维也纳一家人

〔奥地利〕埃娃·梅纳瑟著，任卫东译，2008年11月。平装覆膜，国流32开，ISBN 978-7-02-006778-7，定价18.00元。（81-566）

11826　暗藏杀机

〔英〕阿加莎·克里斯蒂著，谭惠娟、金兰芬译，阿加莎·克里斯蒂侦探推理系列，2008年10月。平装覆膜，32异，ISBN 978-7-02-006634-6，定价25.00元。（81-567）

11827　蓝色列车之谜

〔英〕阿加莎·克里斯蒂著，丁叶然译，阿加莎·克里斯蒂侦探推理系列，2008年10月。平装覆膜，32异，ISBN 978-7-02-006627-8，定价21.00元。（81-568）

11828　回归

〔德〕本哈德·施林克著，吴筠译，2008年12月。平装，32异，ISBN 978-7-02-006836-4，定价26.00元。2012年2月收入新世纪外国畅销小说书架，软精，32异，ISBN 978-7-02-008893-5，定价27.00元。（81-571）

11829　你好，忧愁

〔法〕弗朗索瓦丝·萨冈著，余中先、谭立德、金龙格、李玉民译，2008年11月。平装，32异，ISBN 978-7-02-006863-0，定价29.90元。2010年10月收入新世纪外国畅销小说书架，平装，32异，ISBN 978-7-02-008160-8，定价29.90元。2016年12月，平装，国流32开，ISBN 978-7-02-011995-0，定价49.00元。（81-572）

11830　南方的海

〔西班牙〕巴斯克斯·蒙塔尔万著，李静译，2008年12月。平装，32异，ISBN 978-7-02-006831-9，定价23.00元。（81-573）

11831　你的一句话

〔西班牙〕埃尔维拉·林多著，李婕译，她世纪丛书，2008年12月。平装，32异，ISBN 978-7-02-006614-8，定价16.00元。（81-574）

11832　隐秘的和谐

〔西班牙〕玛丽娜·马约拉尔著，杨玲译，她世纪丛书，2008年12月。平装，32异，ISBN 978-7-02-006616-2，定价23.00元。（81-575）

11833　你身体的印痕

〔西班牙〕帕乌拉·伊斯凯尔多著，詹玲译，她世纪丛书，2008年12月。平装，32异，ISBN 978-7-02-006617-9，定价19.00元。（81-576）

11834　清冷枕畔

〔西班牙〕贝伦·科佩吉著，崔燕译，她世纪丛书，2008年12月。平装，32异，ISBN 978-7-02-006615-5，定价19.00元。（81-577）

11835　哈利·波特（珍藏版1—7）

〔英〕J. K. 罗琳著，苏农等译，2008年12月。

精装,16异,ISBN 978-7-02-006838-8,定价430.00元。2011年8月,署苏农、马爱农、马爱新译,精装,16异,ISBN 978-7-02-008662-7,定价430.00元。2013年4月,珍藏版,精装,16异,ISBN 978-7-02-009669-5,定价498.00元。2013年4月,典藏版,精装,16异,ISBN 978-7-02-012799-3,定价648.00元。2018年10月,平装覆膜,16异,ISBN 978-7-02-014641-3,定价438.00元。(81-578)

11836 小玻奇
〔法〕索尔·夏朗东著,邱曙苇译,2008年11月。平装覆膜,32异,ISBN 978-7-02-006880-7,定价17.00元。(81-579)

11837 造物主的地图
〔西班牙〕埃米利奥·卡尔德隆著,王岩、唐雯译,2008年12月。平装覆膜,32异,ISBN 978-7-02-006847-0,定价23.00元。(81-580)

11838 大师之死
〔法〕皮埃尔-让·雷米著,刘焰译,21世纪年度最佳外国小说,2009年1月。平装覆膜,32异,ISBN 978-7-02-007267-5,定价25.00元。(81-581)

11839 太阳来的十秒钟
〔英〕拉塞尔·塞林·琼斯著,贺爱军、杨成虎译,21世纪年度最佳外国小说,2009年1月。平装覆膜,32异,ISBN 978-7-02-007266-8,定价21.00元。(81-584)

11840 情系撒哈拉
〔西班牙〕路易斯·莱安特著,丁文林译,21世纪年度最佳外国小说,2009年1月。平装覆膜,32异,ISBN 978-7-02-007248-4,定价19.00元。(81-585)

11841 我脸上的秘密
〔爱尔兰〕凯伦·阿迪夫著,张蕾芳译,21世纪年度最佳外国小说,2009年1月。平装覆膜,32异,ISBN 978-7-02-007247-7,定价15.00元。(81-586)

11842 午间女人
〔德〕尤莉娅·弗兰克著,杜新华译,21世纪年度最佳外国小说,2009年1月。平装覆膜,32异,ISBN 978-7-02-007263-7,定价26.00元。2011年5月收入新世纪外国畅销小说书架,平装覆膜,国流32开,ISBN 978-7-02-008312-1,定价24.00元。(81-587)

11843 污血之玷
〔冰岛〕阿诺德·英德里达松著,宁嘉喆译,2008年6月。平装覆膜,32异,ISBN 978-7-02-006742-8,定价25.00元。(81-590)

11844 大师
〔爱尔兰〕科尔姆·托宾著,柏栎译,2008年7月。平装,32异,ISBN 978-7-02-006711-4,定价26.00元。(81-591)

11845 零时
〔英〕阿加莎·克里斯蒂著,叶刚译,阿加莎·克里斯蒂侦探推理系列,2008年10月。平装覆膜,32异,ISBN 978-7-02-006637-7,定价20.00元。(81-592)

11846 圣诞奇案
〔英〕阿加莎·克里斯蒂著,叶刚译,阿加莎·克里斯蒂侦探推理系列,2009年1月。平装覆膜,32异,ISBN 978-7-02-006919-4,定价21.00元。(81-593)

11847 秘密
〔法〕菲利普·格兰伯尔著,谈珩译,2009年1月。平装,32异,ISBN 978-7-02-006893-7,定价15.00元。(81-594)

11848 幽灵之行
〔英〕丽贝卡·斯托特著,向丁丁译,2008年12月。平装覆膜,32异,ISBN 978-7-02-006882-1,定价25.00元。(81-599)

11849 男人与男孩
〔英〕托尼·帕森斯著,严忠志译,2009年1月。平装覆膜,32异,ISBN 978-7-02-006915-6,定价25.00元。2012年8月收入新世纪外国畅销小说书架,软精,32异,ISBN 978-7-02-008999-4,定价28.00元。(81-600)

11850 男人与妻子
〔英〕托尼·帕森斯著,张静译,2009年1月。平装覆膜,32异,ISBN 978-7-02-006918-7,定价25.00元。(81-601)

11851 柏棺
〔英〕阿加莎·克里斯蒂著,郑须弥译,阿加莎·克里斯蒂侦探推理系列,2009年2月。平装覆膜,32异,ISBN 978-7-02-006966-8,定

价23.00元。(81-603)

11852　失物之书

〔爱尔兰〕约翰·康诺利著,安之译,2009年4月。平装,16异,ISBN 978-7-02-006965-1,定价29.90元。2011年12月收入新世纪外国畅销小说书架,软精,32异,ISBN 978-7-02-008866-9,定价25.00元。2018年10月收入21世纪新畅销译丛,精装,32异,ISBN 978-7-02-014186-9,定价58.00元。(81-604)

11853　此情可待

〔法〕程抱一著,刘自强译,2009年3月。精装,32异,ISBN 978-7-02-006866-1,定价19.00元。2018年10月,平装,国流32开,ISBN 978-7-02-013953-8,定价39.00元。(81-606)

11854　第三个女郎

〔英〕阿加莎·克里斯蒂著,文敏译,阿加莎·克里斯蒂侦探推理系列,2009年3月。平装,32异,ISBN 978-7-02-006994-1,定价22.00元。(81-608)

11855　庞贝

〔英〕罗伯特·哈里斯著,路旦俊译,2009年4月。平装覆膜,32异,ISBN 978-7-02-006972-9,定价25.00元。2012年2月收入新世纪外国畅销小说书架,软精,32异,ISBN 978-7-02-008849-2,定价27.00元。(81-609)

11856　哈利·波特与阿兹卡班囚徒

〔英〕J.K.罗琳著,马爱农、马爱新译,当代欧美畅销儿童小说·国际获奖系列,2009年4月。平装覆膜,16异,ISBN 978-7-02-007292-7,定价27.00元。2009年7月版,平装覆膜,16异,ISBN 978-7-02-007347-4,定价27.00元。2014年9月纪念版,平装覆膜,16异,ISBN 978-7-02-010331-7,定价36.00元。2018年10月,平装覆膜,16异,ISBN 978-7-02-014456-3,定价49.00元。(81-611)

11857　哈利·波特与凤凰社

〔英〕J.K.罗琳著,马爱农、马爱新译,当代欧美畅销儿童小说·国际获奖系列,2009年4月。平装覆膜,16异,ISBN 978-7-02-007294-1,定价59.00元。2011年2月,平装覆膜,16异,ISBN 978-7-02-008359-6,定价59.00元。2014年9月纪念版,平装覆膜,16异,ISBN 978-7-02-010334-8,定价68.00元。2018年10月,平装覆膜,16异,ISBN 978-7-02-014457-0,定价89.00元。(81-612)

11858　完美的已婚女人

〔西班牙〕克拉林著,刘京胜译,2009年5月。平装,32异,ISBN 978-7-02-006995-8,定价19.00元。(81-613)

11859　离家出走

〔西班牙〕卡门·马丁·盖特著,刘京胜译,她世纪丛书,2009年5月。平装,32异,ISBN 978-7-02-006960-6,定价25.00元。(81-614)

11860　象棋魔咒

〔德〕罗伯特·洛珥著,刘兴华译,2009年6月。平装覆膜,国流32开,ISBN 978-7-02-006964-4,定价22.00元。(81-620)

11861　三幕悲剧

〔英〕阿加莎·克里斯蒂著,陈羡译,阿加莎·克里斯蒂侦探推理系列,2009年6月。平装覆膜,32异,ISBN 978-7-02-007551-5,定价20.00元。(81-621)

11862　墨水心

〔德〕柯奈莉亚·芳珂著,刘兴华译,墨水世界三部曲之一,2009年6月。平装覆膜,32异,ISBN 978-7-02-007520-1,定价29.00元。(81-623)

11863　爸爸的秘密生活 2007年度英国短篇小说精选

〔英〕佐薇·斯特罗恩等著,张晓意译,2009年1月。平装覆膜,国流32开,ISBN 978-7-02-006927-9,定价12.00元。(81-624)

11864　一小窝弄学人 2005年度英国短篇小说精选

〔英〕费·威尔顿等著,张磊译,2009年1月。平装覆膜,国流32开,ISBN 978-7-02-006925-5,定价13.00元。(81-625)

11865　彼得·卡恩的第三个妻子 2006年度英国短篇小说精选

〔英〕詹姆斯·莱斯登等著,罗益民译,2009年1月。平装覆膜,国流32开,ISBN 978-7-02-

006928-6,定价 13.00 元。(81-626)

11866 奶 2003 年度英国短篇小说精选

〔英〕杰拉德·伍德沃德等著,吴冬月、梁冠男译,2009 年 1 月。平装覆膜,国流 32 开,ISBN 978-7-02-006926-2,定价 13.00 元。(81-627)

11867 大象的证词

〔英〕阿加莎·克里斯蒂著,辛可加译,阿加莎·克里斯蒂侦探推理系列,2009 年 7 月。平装覆膜,32 异,ISBN 978-7-02-007565-2,定价 18.00 元。(81-628)

11868 怪钟

〔英〕阿加莎·克里斯蒂著,范白泉译,阿加莎·克里斯蒂侦探推理系列,2009 年 7 月。平装覆膜,32 异,ISBN 978-7-02-007566-9,定价 23.00 元。(81-629)

11869 天一言

〔法〕程抱一著,杨年熙译,2009 年 6 月。软精,32 异,ISBN 978-7-02-007001-5,定价 28.00 元。2018 年 10 月,平装,国流 32 开,ISBN 978-7-02-013680-3,定价 49.00 元。(81-630)

11870 夜魂

〔英〕迈克尔·考克斯著,吕珏、赵露青译,2009 年 8 月。平装,16 异,ISBN 978-7-02-007586-7,定价 38.00 元。(81-633)

11871 清洁女工之死

〔英〕阿加莎·克里斯蒂著,陆乃圣、陈春译,阿加莎·克里斯蒂侦探推理系列,2009 年 4 月。平装覆膜,32 异,ISBN 978-7-02-007591-1,定价 22.00 元。(81-635)

11872 饥饿间奏曲

〔法〕勒克莱齐奥著,余中先译,勒克莱齐奥作品系列,2009 年 10 月。平装,32 异,ISBN 978-7-02-007331-3,定价 19.00 元。(81-637)

11873 致命遗产

〔英〕阿加莎·克里斯蒂著,陆乃圣、徐艺文译,阿加莎·克里斯蒂侦探推理系列,2009 年 2 月。平装覆膜,32 异,ISBN 978-7-02-007512-6,定价 22.00 元。(81-638)

11874 飙车

〔法〕勒克莱齐奥著,金龙格译,勒克莱齐奥作品系列,2009 年 10 月。平装,32 异,ISBN 978-7-02-007333-7,定价 20.00 元。2018 年 5 月,精装,32 异,ISBN 978-7-02-013593-6,定价 45.00 元。(81-639)

11875 人们都叫我动物

〔英〕因德拉·辛哈著,路旦俊、辛红娟译,2009 年 10 月。平装覆膜,32 异,ISBN 978-7-02-007511-9,定价 27.00 元。2012 年 2 月收入新世纪外国畅销小说书架,软精,32 异,ISBN 978-7-02-008852-2,定价 30.00 元。(81-640)

11876 阿加莎·克里斯蒂侦探推理"波洛"系列

〔英〕阿加莎·克里斯蒂著,2009 年 10 月。软精,32 异,ISBN 978-7-02-007361-0,定价 680.00 元。(81-641)

11877 万圣节前夜的谋杀案

〔英〕阿加莎·克里斯蒂著,吴冬月、梁冠男译,阿加莎·克里斯蒂侦探推理系列,2009 年 10 月。平装覆膜,32 异,ISBN 978-7-02-007674-1,定价 23.00 元。(81-646)

11878 名厨之死

〔西班牙〕卡门·波萨达斯著,胡真才译,2009 年 11 月。平装,32 异,ISBN 978-7-02-007317-7,定价 20.00 元。(81-648)

11879 钻石广场

〔西班牙〕梅尔赛·罗多雷达著,马琴译,2009 年 11 月。平装,32 异,ISBN 978-7-02-007683-3,定价 15.00 元。(81-649)

11880 秘密手稿

〔爱尔兰〕塞巴斯蒂安·巴里著,张坤译,21 世纪年度最佳外国小说,2010 年 1 月。平装,32 异,ISBN 978-7-02-007775-5,定价 21.00 元。(81-651)

11881 恋爱中的男人

〔德〕马丁·瓦尔泽著,黄燎宇译,21 世纪年度最佳外国小说,2010 年 1 月。平装,32 异,ISBN 978-7-02-007723-6,定价 17.00 元。2011 年 5 月收入新世纪外国畅销小说书架,平装覆膜,国流 32 开,ISBN 978-7-02-008313-8,定价 17.00 元。(81-652)

11882 悠悠岁月

〔法〕安妮·埃尔诺著,吴岳添译,21世纪年度最佳外国小说,2010年1月。平装,32异,ISBN 978-7-02-007716-8,定价17.00元。(81-653)

11883 一先令蜡烛
〔英〕约瑟芬·铁衣著,黄希玲译,铁衣侦探,2010年1月。平装覆膜,32异,ISBN 978-7-02-007596-6,定价18.00元。(81-658)

11884 歌唱的沙
〔英〕约瑟芬·铁衣著,蒯乐昊译,铁衣侦探,2010年1月。平装覆膜,32异,ISBN 978-7-02-007573-7,定价17.00元。(81-659)

11885 时间的女儿
〔英〕约瑟芬·铁衣著,蒯乐昊译,铁衣侦探,2010年1月。平装覆膜,32异,ISBN 978-7-02-007574-4,定价16.00元。(81-660)

11886 排队谋杀案
〔英〕约瑟芬·铁衣著,张蕾芳译,铁衣侦探,2010年1月。平装覆膜,32异,ISBN 978-7-02-007510-2,定价18.00元。(81-661)

11887 闪光的氰化物
〔英〕阿加莎·克里斯蒂著,张建平译,阿加莎·克里斯蒂侦探推理系列,2009年12月。平装覆膜,32异,ISBN 978-7-02-007817-2,定价22.00元。(81-664)

11888 时光之书 金杯
〔法〕纪尧姆·普雷沃著,杨晓霞、王加译,2010年1月。软精,32异,ISBN 978-7-02-007720-5,定价25.00元。(81-666)

11889 海上大教堂
〔西班牙〕伊德方索·法孔内斯著,范湲译,2010年2月。平装覆膜,16异,ISBN 978-7-02-007746-5,定价45.00元。(81-668)

11890 流浪的星星
〔法〕勒克莱齐奥著,袁筱一译,勒克莱齐奥作品系列,2010年2月。平装覆膜,32异,ISBN 978-7-02-007853-0,定价29.00元。2018年5月,勒克莱齐奥作品系列,精装,32异,ISBN 978-7-02-013595-0,定价56.00元。(81-669)

11891 一百万堵墙
〔英〕安德里亚·布斯菲尔德著,陈文娟译,2010年1月。平装覆膜,32异,ISBN 978-7-02-007854-7,定价28.00元。2018年1月,平装,32异,ISBN 978-7-02-013037-5,定价45.00元。(81-670)

11892 上学的烦恼
〔法〕达尼埃尔·佩纳克著,李玉民译,2010年3月。平装,32异,ISBN 978-7-02-007904-9,定价25.00元。(81-673)

11893 罗杰行动
〔英〕吉尔伯特·阿代尔著,黄少婷译,姚人杰校,2010年3月。平装,32异,ISBN 978-7-02-007909-4,定价22.00元。(81-674)

11894 斯塔福特疑案
〔英〕阿加莎·克里斯蒂著,杨民生译,阿加莎·克里斯蒂侦探推理系列,2010年2月。平装覆膜,32异,ISBN 978-7-02-007896-7,定价22.00元。(81-677)

11895 失物
〔英〕凯瑟琳·欧弗林著,路旦俊、马新强译,2010年3月。平装,32异,ISBN 978-7-02-007915-5,定价22.00元。(81-678)

11896 龙纹身的女孩
〔瑞典〕斯蒂格·拉森著,颜湘如译,2010年4月。平装,32异,ISBN 978-7-02-007914-8,定价39.90元。2018年1月收入千禧年四部曲,平装,国流32开,ISBN 978-7-02-012603-3,定价55.00元。(81-680)

11897 沙漠
〔法〕勒克莱齐奥著,许钧、钱林森译,勒克莱齐奥作品系列,2010年4月。平装,32异,ISBN 978-7-02-007740-3,定价29.00元。(81-682)

11898 墨水血
〔德〕柯奈莉亚·芳珂著,刘兴华译,墨水世界三部曲之二,2010年3月。平装,32异,ISBN 978-7-02-007963-6,定价38.00元。(81-683)

11899 天根
〔法〕罗曼·加里著,王文融译,2010年4月。平装覆膜,国流32开,ISBN 978-7-02-007525-6,定价20.00元。2019年3月收入罗曼·加里作品,精装,32异,ISBN 978-7-02-

012821-1,定价69.00元。(81-684)

11900　漫漫长路

〔爱尔兰〕塞巴斯蒂安·巴里著,苏福忠译,当代外国获奖小说,2010年4月。平装覆膜,大32开,ISBN 978-7-02-007595-9,定价21.00元。(81-686)

11901　布鲁克林

〔爱尔兰〕科尔姆·托宾著,柏栎译,2010年5月。平装覆膜,32异,ISBN 978-7-02-007965-0,定价24.00元。(81-688)

11902　青春咖啡馆

〔法〕帕特里克·莫迪亚诺著,金龙格译,2010年5月。平装,大32开,ISBN 978-7-02-007991-9,定价16.00元。2017年1月收入莫迪亚诺作品系列,精装,大32开,ISBN 978-7-02-011899-1,定价29.00元。2018年1月,莫迪亚诺作品系列,平装,大32开,ISBN 978-7-02-013560-8,定价25.00元。(81-689)

11903　外国中短篇小说藏本　卡夫卡

〔奥地利〕卡夫卡著,叶廷芳等译,韩瑞祥、全保民选编,2010年4月。平装,国流32开,ISBN 978-7-02-007950-6,定价19.00元。(81-690)

11904　外国中短篇小说藏本　茨威格

〔奥地利〕斯·茨威格著,张玉书译,2010年4月。平装,国流32开,ISBN 978-7-02-007951-3,定价20.00元。(81-691)

11905　暴风玛丽

〔法〕阿兰·叙尔热著,何立译,2010年6月。平装覆膜,国流32开,ISBN 978-7-02-007826-4,定价18.00元。(81-694)

11906　追寻逝去的时光(第1卷)　去斯万家那边

〔法〕马塞尔·普鲁斯特著,周克希译,〔荷兰〕凡·东恩绘,2010年6月。平装,16异,ISBN 978-7-02-007844-8,定价49.00元。(81-695)

11907　追寻逝去的时光(第2卷)　在少女花影下

〔法〕马塞尔·普鲁斯特著,周克希译,〔荷兰〕凡·东恩绘,2010年6月。平装,16异,ISBN 978-7-02-007843-1,定价55.00元。(81-696)

11908　巨人

〔法〕勒克莱齐奥著,赵英晖译,许钧校,勒克莱齐奥作品系列,2010年7月。平装,32异,ISBN 978-7-02-008136-3,定价29.00元。2018年5月,勒克莱齐奥作品系列,精装,32异,ISBN 978-7-02-013594-3,定价58.00元。(81-700)

11909　来日方长

〔法〕罗曼·加里著,郭安定译,2010年8月。平装覆膜,国流32开,ISBN 978-7-02-007604-8,定价15.00元。2019年3月收入罗曼·加里作品系列,精装,32异,ISBN 978-7-02-012818-1,定价46.00元。(81-708)

11910　芬兰现代小说集

〔芬兰〕康特等著,任元华译,2010年8月。平装,国流32开,ISBN 978-7-02-008092-2,定价28.00元。(81-709)

11911　最后的避难地上海　索卡尔和杨珍珠的爱情故事

〔德〕施台凡·舒曼著,李士勋译,2010年8月。平装,16异,ISBN 978-7-02-008199-8,定价29.00元。(81-710)

11912　玩火的女孩

〔瑞典〕斯蒂格·拉森著,颜湘如译,2010年8月。平装,32异,ISBN 978-7-02-008238-4,定价39.90元。2018年1月收入千禧年四部曲,平装,国流32开,ISBN 978-7-02-012620-0,定价59.00元。(81-711)

11913　悬崖上的谋杀

〔英〕阿加莎·克里斯蒂著,叶刚译,阿加莎·克里斯蒂侦探推理系列,2010年9月。平装覆膜,32异,ISBN 978-7-02-008180-6,定价23.00元。(81-712)

11914　捕鼠器

〔英〕阿加莎·克里斯蒂著,郑涛、石航译,阿加莎·克里斯蒂侦探推理系列,2010年8月。平装覆膜,32异,ISBN 978-7-02-008197-4,定价22.00元。(81-713)

11915　黑麦奇案

〔英〕阿加莎·克里斯蒂著,郑须弥译,阿加莎·克里斯蒂侦探推理系列,2010年9月。平

装覆膜,32异,ISBN 978-7-02-008198-1,定价22.00元。(81-714)

11916 烟囱宅之谜

〔英〕阿加莎·克里斯蒂著,丁叶然译,阿加莎·克里斯蒂侦探推理系列,2010年9月。平装覆膜,32异,ISBN 978-7-02-008207-0,定价24.00元。(81-715)

11917 儒尔和吉姆

〔法〕亨利-皮埃尔·罗什著,王殿忠译,2010年9月。平装,大32开,ISBN 978-7-02-008003-8,定价28.00元。(81-717)

11918 因为我爱你

〔法〕纪尧姆·米索著,陈筱卿译,2010年10月。平装,32异,ISBN 978-7-02-008162-2,定价25.00元。(81-720)

11919 男孩日记

〔法〕菲利普·格兰伯尔著,林盛译,2010年9月。平装,大32开,ISBN 978-7-02-008227-8,定价16.00元。(81-723)

11920 幽港谋杀案

〔英〕阿加莎·克里斯蒂著,叶刚译,阿加莎·克里斯蒂侦探推理系列,2010年10月。平装覆膜,32异,ISBN 978-7-02-008267-4,定价24.00元。(81-724)

11921 奇迹年代

〔法〕安妮-罗尔·邦杜著,马宁译,2010年11月。平装,32异,ISBN 978-7-02-008274-2,定价20.00元。(81-727)

11922 冰公主

〔瑞典〕卡米拉·拉克伯格著,姚望译,2010年11月。平装,32异,ISBN 978-7-02-007938-4,定价25.00元。(81-729)

11923 牧师

〔瑞典〕卡米拉·拉克伯格著,汤家芳译,2010年11月。平装,32异,ISBN 978-7-02-008320-6,定价25.00元。(81-730)

11924 燃烧的心

〔法〕勒克莱齐奥著,许方、陈寒译,许钧校,勒克莱齐奥作品系列,2010年10月。平装,32异,ISBN 978-7-02-008272-8,定价16.00元。2018年5月,勒克莱齐奥作品系列,精装,32异,ISBN 978-7-02-013591-2,定价36.00元。(81-731)

11925 造市者

〔英〕迈克尔·里德帕斯著,袁霞译,黑色金融系列,2010年12月。平装覆膜,国流32开,ISBN 978-7-02-008205-6,定价28.00元。(81-732)

11926 恋人

〔法〕让-马克·帕里西斯著,车槿山译,21世纪年度最佳外国小说,2010年12月。平装覆膜,32异,ISBN 978-7-02-008189-9,定价12.00元。(81-735)

11927 卡尔腾堡

〔德〕马塞尔·巴耶尔著,韩瑞祥译,21世纪年度最佳外国小说,2010年12月。平装覆膜,32异,ISBN 978-7-02-008226-1,定价25.00元。(81-736)

11928 逆风

〔西班牙〕安赫莱斯·卡索著,刘京胜译,21世纪年度最佳外国小说,2010年12月。平装覆膜,32异,ISBN 978-7-02-008215-5,定价19.00元。(81-737)

11929 吉吉

〔法〕科莱特著,王文融、陈伟丰译,2010年11月。平装,32异,ISBN 978-7-02-008282-7,定价20.00元。(81-741)

11930 最高权力

〔英〕罗伯特·哈里斯著,冷杉、冷枞译,2010年11月。平装,32异,ISBN 978-7-02-008321-3,定价28.00元。(81-742)

11931 奥尼恰

〔法〕勒克莱齐奥著,高方译,勒克莱齐奥作品系列,2010年12月。平装,32异,ISBN 978-7-02-008309-1,定价20.00元。(81-748)

11932 地之国

〔爱尔兰〕约瑟夫·奥尼尔著,方柏林译,2011年2月。平装覆膜,32异,ISBN 978-7-02-008390-9,定价26.00元。(81-749)

11933 上帝的左手

〔英〕保罗·霍夫曼著,任战译,2010年12月。平装覆膜,32异,ISBN 978-7-02-008364-0,定价28.00元。(81-750)

11934 加勒比海之谜

〔英〕阿加莎·克里斯蒂著,郑须弥译,阿加莎·克里斯蒂侦探推理系列,2011年1月。平装覆膜,32异,ISBN 978-7-02-008333-6,定价21.00元。(81-752)

11935　旭阳岭疑云
〔英〕阿加莎·克里斯蒂著,晓谢译,阿加莎·克里斯蒂侦探推理系列,2011年1月。平装覆膜,32异,ISBN 978-7-02-008273-5,定价24.00元。(81-753)

11936　石人
〔瑞典〕卡米拉·拉克伯格著,李娟、陶然译,2011年1月。平装,32异,ISBN 978-7-02-008397-8,定价25.00元。(81-755)

11937　白色旅馆
〔英〕D.M.托马斯著,袁洪庚译,2011年1月。平装,32异,ISBN 978-7-02-008340-4,定价22.00元。(81-756)

11938　爸爸,我们去哪儿
〔法〕让-路易·傅尼叶著,李欣译,2010年12月。精装,小32,ISBN 978-7-02-008004-5,定价26.00元。2017年3月,精装,32异,ISBN 978-7-02-012130-4,定价32.00元。(81-759)

11939　浴场谋杀案
〔西班牙〕巴斯克斯·蒙塔尔万著,杨玲译,2011年3月。平装,32异,ISBN 978-7-02-008188-2,定价26.00元。(81-761)

11940　爱,始于冬季
〔英〕西蒙·范·布伊,刘文韵译,短经典,2011年4月。平装,32异,ISBN 978-7-02-008445-6,定价20.00元。2017年11月收入短经典精选,平装覆膜,大32,ISBN 978-7-02-012522-7,定价39.00元。(81-764)

11941　不光彩的小事
〔英〕乔安娜·卡瓦纳著,雨珊译,2011年4月。平装,国流32开,ISBN 978-7-02-007805-9,定价19.00元。(81-766)

11942　一个人
〔奥地利〕诺伯特·格施泰因著,顾牧译,2011年9月。平装,32异,ISBN 978-7-02-008697-9,定价18.00元。(81-767)

11943　对面的撒旦
〔法〕埃马纽艾尔·卡雷尔著,胡小跃译,2011年4月。平装覆膜,32异,ISBN 978-7-02-008460-9,定价20.00元。(81-768)

11944　闻所未闻
〔法〕阿梅丽·诺冬著,胡小跃译,2011年5月。平装,32异,ISBN 978-7-02-008485-2,定价22.00元。(81-769)

11945　直捣蜂窝的女孩
〔瑞典〕斯蒂格·拉森著,颜湘如译,千禧年系列,2011年5月。平装,32异,ISBN 978-7-02008475-3,定价39.90元。2018年1月收入千禧年四部曲,平装,国流32开,ISBN 978-7-02-012830-3,定价59.00元。(81-770)

11946　墨水死
〔德〕柯奈莉亚·芳珂著,刘兴华译,墨水世界三部曲,2011年4月。平装覆膜,32异,ISBN 978-7-02-008526-2,定价38.00元。(81-772)

11947　城堡　变形记
〔奥地利〕弗兰茨·卡夫卡著,高年生、谢莹莹译,企鹅经典丛书,2011年4月。平装,32异,ISBN 978-7-02-008202-5,定价28.00元。(81-776)

11948　一个女人一生中的二十四小时
〔奥地利〕斯台芬·茨威格著,高中甫等译,企鹅经典丛书,2011年4月。平装,32异,ISBN 978-7-02-008192-9,定价29.80元。2017年6月收入企鹅经典丛书,平装,国流32开,ISBN 978-7-02-012991-1,定价65.00元。(81-777)

11949　局外人　鼠疫
〔法〕阿尔贝·加缪著,徐和瑾译,2011年5月。平装,国流32开,ISBN 978-7-02-008374-9,定价25.00元。2020年3月收入外国文学名著丛书,精装,大32,ISBN 978-7-02-015842-3,定价48.00元。(81-778)

11950　伯特伦旅馆
〔英〕阿加莎·克里斯蒂著,晓谢译,阿加莎·克里斯蒂侦探推理系列,2011年6月。平装覆膜,32异,ISBN 978-7-02-008376-3,定价23.00元。(81-782)

11951　走在蓝色的田野上

〔爱尔兰〕克莱尔·吉根著,马爱农译,短经典,2011年5月。平装,32异,ISBN 978-7-02-008465-4,定价18.00元。2017年11月收入短经典精选,平装覆膜,大32,ISBN 978-7-02-012705-4,定价39.00元。(81-785)

11952　滴血城市
〔英〕亚历克斯·普雷思顿著,刘荣跃译,黑色金融系列,2011年6月。平装覆膜,国流32开,ISBN 978-7-02-008383-1,定价24.00元。(81-792)

11953　物理属于相爱的人
〔德〕尤丽·策著,唐薇译,2011年5月。平装覆膜,国流32开,ISBN 978-7-02-008190-5,定价32.00元。(81-793)

11954　我最爱的妻
〔英〕托尼·帕森特著,张静译,2011年7月。平装,32异,ISBN 978-7-02-008606-1,定价29.00元。(81-797)

11955　潜水艇
〔英〕乔·邓索恩著,向丁丁译,2011年6月。平装覆膜,32异,ISBN 978-7-02-008575-0,定价28.00元。(81-800)

11956　冬之旅
〔比利时〕阿梅丽·诺冬著,胡小跃译,2011年7月。软精,32异,ISBN 978-7-02-008656-6,定价18.00元。(81-802)

11957　檀香留痕
〔西班牙〕阿莎·米若、安娜·索雷尔-彭特著,马科星译,2011年7月。平装,32异,ISBN 978-7-02-008643-6,定价26.00元。(81-804)

11958　星期天
〔法〕伊莱娜·内米洛夫斯基著,黄荭译,短经典,2011年8月。平装,32异,ISBN 978-7-02-008594-1,定价29.00元。2017年11月收入短经典精选,平装覆膜,大32,ISBN 978-7-02-012814-3,定价49.00元。(81-805)

11959　死亡草
〔英〕阿加莎·克里斯蒂著,晓谢译,阿加莎·克里斯蒂侦探推理系列,2011年7月。平装覆膜,32异,ISBN 978-7-02-008660-3,定价22.00元。(81-806)

11960　波洛探案集
〔英〕阿加莎·克里斯蒂著,张建平译,阿加莎·克里斯蒂侦探推理系列,2011年8月。平装覆膜,32异,ISBN 978-7-02-008669-6,定价20.00元。(81-807)

11961　黑暗船
〔德〕舍尔克·法塔著,韩瑞祥译,2011年9月。平装,32异,ISBN 978-7-02-008696-2,定价30.00元。(81-808)

11962　母与子
〔爱尔兰〕科尔姆·托宾著,柏栎译,短经典,2011年9月。平装,32异,ISBN 978-7-02-007397-9,定价25.00元。(81-811)

11963　一部法国小说
〔法〕弗雷德里克·贝格伯德著,金龙格译,2011年9月。平装,32异,ISBN 978-7-02-007399-3,定价25.00元。(81-812)

11964　雅古复仇记
〔法〕欧仁·勒儒瓦著,摩甘绘,邱海婴译,2011年10月。平装,32异,ISBN 978-7-02-008604-7,定价25.00元。2018年9月,平装,国流32开,ISBN 978-7-02-014062-6,定价49.80元。(81-813)

11965　玫瑰迷宫
〔英〕泰坦妮亚·哈迪著,张夏译,2011年9月。平装,32异,ISBN 978-7-02-008687-0,定价32.00元。(81-815)

11966　教师办公室
〔德〕马尔库斯·奥茨著,潘璐译,2011年10月。平装,32异,ISBN 978-7-02-008733-4,定价18.00元。(81-816)

11967　地下时光
〔法〕德尔菲娜·德·维冈著,陈筱卿译,2011年10月。平装,32异,ISBN 978-7-02-008741-9,定价25.00元。(81-817)

11968　孤独的池塘
〔法〕弗朗索瓦丝·萨冈著,陈剑译,短经典,2011年11月。平装,32异,ISBN 978-7-02-008756-3,定价20.00元。2019年8月收入萨冈作品系列,平装,32异,ISBN 978-7-02-014496-9,定价42.00元。(81-821)

11969　权谋之业

〔英〕罗伯特·哈里斯著,吕琴、曹伟译,2011年11月。平装,32异,ISBN 978-7-02-008747-1,定价32.00元。(81-823)

11970　卡迪巴
〔法〕让-克里斯托夫·吕芬著,王斯秧译,21世纪年度最佳外国小说,2011年12月。平装,32异,ISBN 978-7-02-008686-3,定价26.00元。(81-825)

11971　天使之城或弗洛伊德博士的外套
〔德〕克里斯塔·沃尔夫著,朱刘华译,21世纪年度最佳外国小说,2011年12月。平装,32异,ISBN 978-7-02-008760-0,定价27.00元。(81-826)

11972　古泉酒馆
〔英〕理查德·弗朗西斯著,陶然译,21世纪年度最佳外国小说,2011年12月。平装,32异,ISBN 978-7-02-008792-1,定价23.00元。(81-827)

11973　动物农庄
〔英〕乔治·奥威尔著,李美华译,企鹅经典丛书,2012年1月。平装,32异,ISBN 978-7-02-008805-8,定价12.00元。2017年6月收入企鹅经典丛书,平装,国流32开,ISBN 978-7-02-013000-9,定价25.00元。(81-834)

11974　西西弗神话
〔法〕加缪著,杜小真译,企鹅经典丛书,2012年1月。平装,32异,ISBN 978-7-02-008693-1,定价16.00元。2017年6月收入企鹅经典丛书,平装,国流32开,ISBN 978-7-02-012997-3,定价29.00元。2020年6月收入加缪代表作,平装,32异,ISBN 978-7-02-014249-1,定价25.00元。(81-836)

11975　一九八四
〔英〕乔治·奥威尔著,唐建清译,企鹅经典丛书,2012年1月。平装,32异,ISBN 978-7-02-008851-5,定价24.00元。2017年6月收入企鹅经典丛书,平装,国流32开,ISBN 978-7-02-012996-6,定价45.00元。(81-837)

11976　可怕的孩子
〔法〕让·科克托著,王恬译,2012年1月。精装,32异,ISBN 978-7-02-008811-9,定价23.00元。(81-840)

11977　房间
〔爱尔兰〕爱玛·多诺霍著,李玉瑶、杨懿晶译,2012年3月。软精,32异,ISBN 978-7-02-008829-4,定价29.80元。2017年8月,平装,32异,ISBN 978-7-02-011521-1,定价45.00元。(81-841)

11978　迭戈和弗里达
〔法〕勒克莱齐奥著,谈佳译,勒克莱齐奥作品系列,2012年3月。平装,国流32开,ISBN 978-7-02-008701-3,定价22.00元。(81-846)

11979　地图与疆域
〔法〕米歇尔·维勒贝克著,余中先译,2012年3月。平装,32异,ISBN 978-7-02-008911-6,定价35.00元。(81-851)

11980　非洲人
〔法〕勒克莱齐奥著,袁筱一译,勒克莱齐奥作品系列,2012年5月。平装,32异,ISBN 978-7-02-009144-7,定价18.00元。(81-859)

11981　爱情半夜餐
〔法〕米歇尔·图尼埃著,姚梦颖译,费滢校,短经典,2012年5月。平装,32异,ISBN 978-7-02-009139-3,定价28.00元。2017年11月收入短经典精选,平装覆膜,大32,ISBN 978-7-02-012815-0,定价45.00元。(81-862)

11982　南京的恶魔
〔英〕莫·海德著,刘春芳译,2012年6月。平装覆膜,16异,ISBN 978-7-02-009036-5,定价32.00元。(81-865)

11983　死于威尼斯
〔德〕托马斯·曼著,黄燎宇、李伯杰译,朝内166人文文库·外国中短篇小说,2012年6月。精装,32异,ISBN 978-7-02-009101-0,定价22.00元。(81-867)

11984　我的朋友X
〔丹麦〕拉斯·胡苏姆著,王首燕译,2012年6月。平装覆膜,32异,ISBN 978-7-02-008925-3,定价25.00元。(81-868)

11985　未知归处
〔英〕凯瑟琳·欧弗林著,何斐译,2012年7月。平装,32异,ISBN 978-7-02-009174-4,定价28.00元。(81-872)

11986　一个陌生女人的来信
〔奥地利〕茨威格著,张玉书译,朝内166人文文库·外国中短篇小说,2012年6月。精装,32异,ISBN 978-7-02-009108-9,定价20.00元。2016年1月收入蜂鸟文丛,平装,32异,ISBN 978-7-02-010879-4,定价20.00元。(81-873)

11987　变形记
〔奥地利〕卡夫卡著,谢莹莹等译,朝内166人文文库·外国中短篇小说,2012年6月。精装,32异,ISBN 978-7-02-009107-2,定价20.00元。(81-876)

11988　捕蜂器
〔英〕伊恩·班克斯著,李莉译,2012年8月。平装,32异,ISBN 978-7-02-009232-1,定价25.00元。(81-878)

11989　等待卡帕
〔西班牙〕苏珊娜·富尔特斯著,詹玲译,2012年9月。平装,32异,ISBN 978-7-02-009130-0,定价26.00元。(81-880)

11990　第二次呼吸
〔法〕菲利普·波佐·迪·博尔戈著,方颂华译,2012年10月。平装,32异,ISBN 978-7-02-009370-0,定价25.00元。(81-883)

11991　学生托乐思的迷惘
〔奥地利〕罗伯特·穆齐尔著,罗炜译,2012年10月。平装,32异,ISBN 978-7-02-009240-6,定价20.00元。(81-884)

11992　维农少年
〔英〕DBC·皮埃尔著,孤篷、陈静译,2012年9月。平装,32异,ISBN 978-7-02-009278-9,定价26.00元。(81-885)

11993　游弋在暴风雨中
〔德〕玛丽昂·波施曼著,张晏译,2012年9月。平装,32异,ISBN 978-7-02-009475-2,定价25.00元。(81-886)

11994　鸽子话
〔英〕斯蒂芬·凯尔曼著,有印良品译,2012年9月。平装,32异,ISBN 978-7-02-009305-2,定价29.00元。(81-887)

11995　祖国
〔英〕罗伯特·哈里斯著,许琼莹译,2012年9月。平装,国流32开,ISBN 978-7-02-009181-2,定价28.00元。2015年11月,精装,32异,ISBN 978-7-02-011039-1,定价45.00元。(81-888)

11996　做姐妹?没门!
〔爱尔兰〕西沃恩·帕金森著,郦青、徐蔚译,2012年8月。软精,32异,ISBN 978-7-02-009302-1,定价25.00元。(81-889)

11997　爱情与夏天
〔爱尔兰〕威廉·特雷弗著,管舒宁译,2012年10月。平装,32异,ISBN 978-7-02-009143-0,定价20.00元。(81-890)

11998　偶发空缺
〔英〕J.K.罗琳著,任战、向丁丁译,2012年10月。平装,16异,ISBN 978-7-02-009492-9,定价57.00元。(81-893)

11999　茨威格在巴西
〔法〕洛朗·塞克西克著,居悦译,2012年10月。平装,32异,ISBN 978-7-02-009210-9,定价20.00元。(81-896)

12000　牛虻
〔爱尔兰〕伏尼契著,祁阿红译,企鹅经典丛书,2012年11月。平装,32异,ISBN 978-7-02-009523-0,定价28.00元。2017年6月收入企鹅经典丛书,平装,国流32开,ISBN 978-7-02-012968-3,定价59.00元。(81-899)

12001　空荡荡的家
〔爱尔兰〕科尔姆·托宾著,柏栎译,短经典,2012年11月。平装,32异,ISBN 978-7-02-009497-4,定价26.00元。(81-900)

12002　露西·高特的故事
〔爱尔兰〕威廉·特雷弗著,于是译,2012年9月。平装,32异,ISBN 978-7-02-007588-1,定价28.00元。(81-904)

12003　雨后
〔爱尔兰〕威廉·特雷弗著,管舒宁译,短经典,2012年11月。平装,32异,ISBN 978-7-02-009524-7,定价25.00元。2017年11月收入短经典精选,平装覆膜,大32开,ISBN 978-7-02-012902-7,定价45.00元。(81-909)

12004　阳光下的日子
〔德〕米夏埃尔·库普夫米勒著,韩瑞祥译,21

世纪年度最佳外国小说,2012年11月。平装,国流32开,ISBN 978-7-02-009546-9,定价21.00元。(81-910)

12005 唯愿你在此
〔英〕格雷厄姆·斯威夫特著,于晓红译,21世纪年度最佳外国小说,2012年12月。平装,国流32开,ISBN 978-7-02-009582-7,定价26.00元。(81-912)

12006 帝国之王
〔西班牙〕哈维尔·莫罗著,安大力、刘京胜译,21世纪年度最佳外国小说,2012年12月。平装,国流32开,ISBN 978-7-02-009581-0,定价39.00元。(81-913)

12007 沙滩上的小脚印
〔法〕安娜-杜芬妮·朱利安著,马宁译,21世纪年度最佳外国小说,2012年12月。平装,国流32开,ISBN 978-7-02-009513-1,定价20.00元。(81-914)

12008 "千禧年"系列 斯蒂格和我
〔瑞典〕爱娃·格布里森、〔法〕玛丽-弗朗索瓦丝·科隆巴尼著,余中先、余宁译,2012年11月。平装,32异,ISBN 978-7-02-009453-0,定价20.00元。(81-916)

12009 骗局的辉煌落幕
〔瑞典〕谢什婷·埃克曼著,赵清译,21世纪年度最佳外国小说,2013年1月。平装,国流32开,ISBN 978-7-02-008900-0,定价33.00元。(81-920)

12010 上面很安静
〔荷兰〕赫布兰德·巴克著,吴晓妹、施丽华、周林译,2013年1月。平装,32异,ISBN 978-7-02-009531-5,定价30.00元。(81-921)

12011 空中城堡
〔英〕戴安娜·韦恩·琼斯著,匪石译,2013年1月。平装,32异,ISBN 978-7-02-009536-0,定价28.00元。(81-923)

12012 哈尔的移动城堡
〔英〕戴安娜·韦恩·琼斯著,何羲和译,2013年1月。平装,32异,ISBN 978-7-02-009537-7,定价28.00元。(81-924)

12013 天空的囚徒
〔西班牙〕卡洛斯·鲁依斯·萨丰著,李静译,2013年1月。平装,32异,ISBN 978-7-02-009569-8,定价29.00元。(81-926)

12014 易碎品
〔英〕尼尔·盖曼著,马骁、张秋早译,2013年1月。平装,32异,ISBN 978-7-02-009539-1,定价30.00元。(81-931)

12015 某种活法
〔比利时〕阿梅丽·诺冬著,胡小跃译,2012年12月。平装,32异,ISBN 978-7-02-009503-2,定价19.00元。(81-933)

12016 黑河钓事
〔爱尔兰〕科伦·麦凯恩著,晏向阳译,短经典,2013年1月。平装,32异,ISBN 978-7-02-009548-3,定价22.00元。(81-934)

12017 寻金者
〔法〕勒克莱齐奥著,王菲菲、许钧译,勒克莱齐奥作品系列,2013年2月。平装,32异,ISBN 978-7-02-008892-8,定价29.00元。2018年5月,精装,32异,ISBN 978-7-02-013590-5,定价58.00元。(81-935)

12018 雪融之后
〔英〕A.D.米勒著,林立仁译,2013年4月。平装,32异,ISBN 978-7-02-009722-7,定价25.00元。(81-941)

12019 工人阶级的最后时光
〔法〕奥雷莉·菲莉佩蒂著,郭雁玲译,2013年3月。精装,32异,ISBN 978-7-02-009741-8,定价39.00元。(81-944)

12020 黑衣女人
〔英〕苏珊·希尔著,吴晓真译,2013年3月。精装,32异,ISBN 978-7-02-009568-1,定价28.00元。(81-945)

12021 抛锚
〔瑞士〕弗里德里希·迪伦马特著,郭金荣译,短经典,2013年3月。平装,32异,ISBN 978-7-02-009666-4,定价23.00元。(81-948)

12022 梦想继承人
〔英〕尼古拉斯·莎士比亚著,陈南译,2013年5月。平装,国流32开,ISBN 978-7-02-009782-1,定价29.00元。(81-951)

12023 脚的故事
〔法〕勒克莱齐奥著,金龙格译,勒克莱齐奥作

品系列,2013年5月。平装,32异,ISBN 978-7-02-009598-8,定价25.00元。(81-952)

12024 乡村的罗密欧与朱丽叶
〔瑞士〕戈特弗里德·凯勒著,企鹅经典丛书,2013年6月。平装,32异,ISBN 978-7-02-009818-7,定价29.00元。2014年12月收入田德望译文集,书名《凯勒中篇小说集》,精装,国流32开,ISBN 978-7-02-010034-7,定价32.00元。2017年6月收入企鹅经典丛书,平装,国流32开,ISBN 978-7-02-013023-8,定价45.00元。(81-954)

12025 桥
〔英〕伊恩·班克斯著,刘冉译,2013年7月。平装,32异,ISBN 978-7-02-009872-9,定价28.00元。(81-956)

12026 荒原狼
〔德〕赫尔曼·黑塞著,李双志译,企鹅经典丛书,2013年7月。平装,32异,ISBN 978-7-02-009872-9,定价28.00元。(81-957)

12027 上海,远在何方?
〔德〕乌尔苏拉·克莱谢尔著,韩瑞祥译,2013年9月。平装,国流32开,ISBN 978-7-02-010047-7,定价35.00元。2015年7月收入二战记忆,平装,国流32开,ISBN 978-7-02-010899-2,定价28.00元。(81-959)

12028 美,始于怀念
〔英〕西蒙·范·布伊著,翁海贞译,2013年8月。平装,32异,ISBN 978-7-02-009724-1,定价35.00元。(81-961)

12029 M代表魔法
〔英〕尼尔·盖曼著,王晔等译,2013年7月。平装,32异,ISBN 978-7-02-009966-5,定价22.00元。(81-962)

12030 长颈鹿的脖子——教育小说
〔德〕尤迪特·夏兰斯基著,叶澜译,2013年10月。平装,国流32开,ISBN 978-7-02-010048-4,定价33.00元。(81-963)

12031 外国中短篇小说藏本·吉卜林
〔英〕吉卜林著,文美惠、任吉生译,2014年1月。平装,国流32开,ISBN 978-7-02-009786-9,定价39.00元。(81-967)

12032 我们是姐妹
〔德〕安妮·格斯特许森著,杜新华译,21世纪年度最佳外国小说,2013年12月。平装,32异,ISBN 978-7-02-010169-6,定价36.00元。(81-968)

12033 形影不离
〔意大利〕亚历山德罗·皮佩尔诺著,雷佳、陈英译,21世纪年度最佳外国小说,2013年12月。平装,32异,ISBN 978-7-02-010172-6,定价36.00元。(81-970)

12034 边缘
〔法〕奥利维埃·亚当著,陆洵译,21世纪年度最佳外国小说,2013年12月。平装,32异,ISBN 978-7-02-010168-9,定价38.00元。(81-972)

12035 乌兰斯匹格传奇
〔比利时〕夏尔·德·高斯特著,杨元良、郎维忠、管筱明译,2014年1月。平装,16异,ISBN 978-7-02-009120-1,定价49.50元。(81-977)

12036 布谷鸟的呼唤
〔英〕罗伯特·加尔布雷思著,梅静、楼武挺译,2014年4月。平装,16异,ISBN 978-7-02-010286-0,定价49.00元。(81-981)

12037 生命
〔德〕大卫·瓦格纳著,叶澜译,21世纪年度最佳外国小说,2014年8月。平装,国流32开,ISBN 978-7-02-010555-7,定价27.00元。2020年5月,精装,32异,ISBN 978-7-02-016033-4,定价68.00元。(81-982)

12038 满大人
〔葡萄牙〕埃萨·德·盖罗斯著,周汉军译,镜海译丛,2014年8月。平装,国流32开,ISBN 978-7-02-010471-0,定价22.00元。(81-983)

12039 内港
〔法〕安托万·沃洛金著,彭雅筠译,镜海译丛,2014年8月。平装,国流32开,ISBN 978-7-02-010563-2,定价30.00元。(81-984)

12040 失约之城
〔英〕奥斯汀·科茨著,赵元译,镜海译丛,2014年8月。平装,国流32开,ISBN 978-7-02-010472-7,定价35.00元。(81-985)

12041　被隐藏的孩子

〔瑞典〕卡米拉·拉克伯格著,辛可加译,2013年7月。平装,32异,ISBN 978-7-02-009826-2,定价28.00元。(81-986)

12042　小美人鱼

〔瑞典〕卡米拉·拉克伯格著,陈媛熙译,2014年1月。平装,32异,ISBN 978-7-02-010216-7,定价28.00元。(81-987)

12043　罪人

〔瑞典〕卡米拉·拉克伯格著,张刘博怡译,2013年3月。平装,32异,ISBN 978-7-02-009571-1,定价28.00元。(81-988)

12044　有嫌疑的女人

〔德〕尤迪特·库卡特著,顾牧译,2014年10月。平装,国流32开,ISBN 978-7-02-010556-4,定价33.00元。(81-990)

12045　烟与镜

〔英〕尼尔·盖曼著,不圆的珍珠等译,2013年7月。平装,32异,ISBN 978-7-02-009965-8,定价35.00元。(81-991)

12046　玩火的女孩(珍藏版)

〔瑞典〕斯蒂格·拉森著,斯文、石琴娥译,2014年12月。平装,32异,ISBN 978-7-02-009675-6,定价49.00元。(81-992)

12047　潜

〔法〕克里斯多夫·奥诺-迪-比奥著,余中先译,21世纪年度最佳外国小说,2014年12月。平装,32异,ISBN 978-7-02-010635-6,定价39.00元。(81-997)

12048　大巴扎

〔荷兰〕卡德尔·阿卜杜拉著,潘源译,2014年9月。平装,16异,ISBN 978-7-02-009477-6,定价30.00元。(81-999)

12049　在岸边

〔西班牙〕拉法埃尔·奇尔贝斯著,徐蕾译,21世纪年度最佳外国小说,2015年3月。平装,32异,ISBN 978-7-02-010689-9,定价38.00元。(81-1000)

12050　一度青春

〔法〕帕特里克·莫迪亚诺著,李玉民译,2015年3月。平装,32异,ISBN 978-7-02-010745-2,定价24.00元。2017年8月收入莫迪亚诺作品系列,精装,大32开,ISBN 978-7-02-012746-7,定价38.00元。(81-1002)

12051　环城大道

〔法〕帕特里克·莫迪亚诺著,李玉民译,2015年3月。平装,32异,ISBN 978-7-02-010744-5,定价20.00元。2017年8月收入莫迪亚诺作品系列,精装,大32开,ISBN 978-7-02-012733-7,定价35.00元。(81-1003)

12052　夜巡

〔法〕帕特里克·莫迪亚诺著,张国庆译,2015年3月。平装,32异,ISBN 978-7-02-010746-9,定价18.00元。2017年8月收入莫迪亚诺作品系列,精装,大32开,ISBN 978-7-02-012745-0,定价35.00元。(81-1004)

12053　星形广场

〔法〕帕特里克·莫迪亚诺著,李玉民译,2015年3月。平装,32异,ISBN 978-7-02-010743-8,定价24.00元。2017年8月收入莫迪亚诺作品系列,精装,大32开,ISBN 978-7-02-01274531-3,定价38.00元。(81-1005)

12054　卡夫卡中短篇小说全集

〔奥地利〕弗兰茨·卡夫卡著,叶廷芳等译,名著名译丛书,2015年5月。精装,32异,ISBN 978-7-02-010448-2,定价36.00元。2018年4月收入插图本名著名译丛书,书名《变形记卡夫卡中短篇小说全集》,平装,国流32开,ISBN 978-7-02-013548-6,定价36.00元。(81-1007)

12055　游魂归来时

〔法〕程抱一著,裴程译,2015年6月。平装,32异,ISBN 978-7-02-010896-1,定价22.00元。(81-1008)

12056　青春期动物——德国老爸笔下的火星女儿

〔德〕杨·维勒著,任卫东译,2015年7月。精装,小32开,ISBN 978-7-02-010901-2,定价29.80元。(81-1010)

12057　分离的幻象

〔英〕西蒙·范·布伊著,刘文韵译,2015年9月。平装,大32开,ISBN 978-7-02-011064-3,定价25.00元。(81-1012)

12058　茫茫黑夜漫游

〔法〕路易·费迪·南塞利纳著,沈志明译,名著名译插图本,2015年9月。平装,国流32开,ISBN 978-7-02-011220-4,定价36.00元。2019年8月,单行本,平装,国流32开,ISBN 978-7-02-014935-3,定价47.00元。(81-1013)

12059　石中剑

〔英〕T. H. 怀特著,谭光磊译,永恒之王四部曲,2016年1月。平装,国流32开,ISBN 978-7-02-011216-6,定价30.00元。(81-1031)

12060　空暗女王

〔英〕T. H. 怀特著,谭光磊译,永恒之王四部曲,2016年1月。平装,国流32开,ISBN 978-7-02-011195-4,定价18.00元。(81-1032)

12061　残缺骑士

〔英〕T. H. 怀特著,简怡君译,永恒之王四部曲,2016年1月。平装,国流32开,ISBN 978-7-02-011194-7,定价30.00元。(81-1033)

12062　风中烛

〔英〕T. H. 怀特著,简怡君译,永恒之王四部曲,2016年1月。平装,国流32开,ISBN 978-7-02-011217-3,定价23.00元。(81-1034)

12063　富人和穷人

〔法〕让-路易·傅尼叶著,陆小帆译,2016年1月。平装,32异,ISBN 978-7-02-011187-9,定价20.00元。(81-1035)

12064　还有,宝莱特……

〔法〕芭芭拉·康斯坦丁著,林苑译,2016年1月。平装,大32开,ISBN 978-7-02-011198-5,定价29.90元。(81-1036)

12065　苹果树

〔英〕约翰·高尔斯华绥著,屠枫、周永启、童心译,蜂鸟文丛,2016年1月。平装,32异,ISBN 978-7-02-011036-0,定价25.00元。(81-1037)

12066　局外人

〔法〕阿尔贝·加缪著,徐和瑾译,蜂鸟文丛,2016年1月。平装,32异,ISBN 978-7-02-010880-0,定价20.00元。2020年6月收入加缪代表作,平装,32异,ISBN 978-7-02-014251-4,定价24.00元。(81-1039)

12067　哈利·波特与魔法石(全彩绘本)

〔英〕J. K. 罗琳著,吉姆·凯彩绘,苏农译,2015年10月。平装,16异,ISBN 978-7-02-011143-5,定价69.00元。2016年1月,精装,16异,ISBN 978-7-02-011246-3,定价89.00元。(81-1042)

12068　永恒的孩子

〔法〕菲利普·福雷斯特著,唐珍译,2016年2月。平装,32异,ISBN 978-7-02-011231-9,定价39.00元。(81-1044)

12069　星座号

〔法〕阿德里安·博斯克著,陆洵译,21世纪年度最佳外国小说,2016年3月。平装,32异,ISBN 978-7-02-011132-9,定价25.00元。(81-1045)

12070　骗子

〔西班牙〕哈维尔·塞尔卡斯著,刘京胜、胡真才译,21世纪年度最佳外国小说,2016年3月。平装,32异,ISBN 978-7-02-011185-5,定价39.00元。(81-1046)

12071　所有爱的开始

〔德〕尤迪特·海尔曼著,顾牧译,21世纪年度最佳外国小说,2016年3月。平装,32异,ISBN 978-7-02-011281-4,定价28.00元。(81-1047)

12072　遗失的行李

〔西班牙〕霍尔迪·庞蒂著,马科星译,2016年4月。平装,国流32开,ISBN 978-7-02-011410-8,定价42.00元。(81-1048)

12073　美丽的年轻女子

〔荷兰〕汤米·维尔林哈著,李梅译,21世纪年度最佳外国小说,2016年3月。平装,32异,ISBN 978-7-02-011192-3,定价22.00元。(81-1049)

12074　三怪客骑行记

〔英〕J. K. 杰罗姆著,常晓梅译,幽默书房,2016年5月。精装,大32开,ISBN 978-7-02-011403-0,定价38.00元。(81-1051)

12075　小人物日记

〔英〕乔治·格罗史密斯、威登·格罗史密斯著,孙仲旭译,幽默书房,2016年5月。精装,大32开,ISBN 978-7-02-011407-8,定价35.00元。(81-1053)

12076 闲人痴想录

〔英〕J.K.杰罗姆著,秦传安译,幽默书房,2016年5月。精装,大32开,ISBN 978-7-02-011406-1,定价35.00元。(81-1054)

12077 三怪客泛舟记

〔英〕J.K.杰罗姆著,劳陇译,幽默书房,2016年5月。精装,大32开,ISBN 978-7-02-011404-7,定价38.00元。(81-1056)

12078 地方法院

〔德〕乌苏拉·克莱谢尔著,韩瑞祥译,2016年5月。平装,国流32开,ISBN 978-7-02-010778-0,定价39.00元。(81-1057)

12079 飞越大西洋

〔爱尔兰〕科伦·麦凯恩著,张芸译,2016年6月。平装,国流32开,ISBN 978-7-02-011525-9,定价39.00元。(81-1058)

12080 绕路而行

〔荷兰〕赫布兰德·巴克著,吴晓妹、管焱然译,钻石译丛,2016年7月。精装,32异,ISBN 978-7-02-011515-0,定价39.00元。(81-1061)

12081 来自遗忘的最深处

〔法〕帕特里克·莫迪亚诺著,冯寿农译,莫迪亚诺作品系列,2016年9月。精装,大32开,ISBN 978-7-02-011528-0,定价29.00元。(81-1064)

12082 这样你就不会迷路

〔法〕帕特里克·莫迪亚诺著,袁筱一译,莫迪亚诺作品系列,2016年9月。精装,大32开,ISBN 978-7-02-011527-3,定价29.00元。(81-1065)

12083 蜜月旅行

〔法〕帕特里克·莫迪亚诺著,唐珍译,2016年9月。精装,大32开,ISBN 978-7-02-011323-1,定价32.00元。(81-1066)

12084 家谱

〔法〕帕特里克·莫迪亚诺著,李玉民译,2016年9月。精装,大32开,ISBN 978-7-02-011462-7,定价28.00元。(81-1067)

12085 玩偶死去的夏天

〔西班牙〕安东尼奥·希尔著,赵小闯译,黑色系列,2016年6月。平装,国流32开,ISBN 978-7-02-011721-5,定价39.00元。(81-1069)

12086 迷情

〔西班牙〕哈维尔·马里亚斯著,蔡学娣译,哈维尔·马里亚斯作品系列,2016年9月。平装,国流32开,ISBN 978-7-02-011530-3,定价36.00元。(81-1071)

12087 泳池夏日屋

〔荷兰〕荷曼·柯赫著,尹岩松译,钻石译丛,2016年8月。精装,32异,ISBN 978-7-02-011516-7,定价45.00元。(81-1078)

12088 老卫队的探戈

〔西班牙〕阿图罗·佩雷斯-雷维特著,叶培蕾译,2016年10月。平装,国流32开,ISBN 978-7-02-011872-4,定价49.00元。(81-1086)

12089 托马斯·伯恩哈德自传小说五部曲

〔奥地利〕托马斯·伯恩哈德著,韩瑞祥等译,2016年9月。精装,32异,ISBN 978-7-02-011845-8,定价56.00元。(81-1096)

12090 鸟小姐在巴黎

〔瑞典〕安德烈·德拉巴·德·南特伊著,徐昕译,幽默书房,2016年10月。精装,16异,ISBN 978-7-02-011770-5,定价58.00元。(81-1098)

12091 上帝微服出巡时

〔法〕洛朗·古奈尔著,聂云梅译,2016年11月。平装,国流32开,ISBN 978-7-02-011994-3,定价39.80元。(81-1100)

12092 重返基利贝格斯

〔法〕索尔·沙朗东著,林苑译,2016年12月。平装,32异,ISBN 978-7-02-012001-7,定价35.00元。(81-1101)

12093 重生

〔英〕约翰·温德姆著,陈元飞、杨丽译,科幻经典,2016年10月。平装,国流32开,ISBN 978-7-02-011728-4,定价38.00元。(81-1104)

12094 三尖树时代

〔英〕约翰·温德姆著,陈元飞、杨荣广译,科幻经典,2016年10月。平装,国流32开,ISBN 978-7-02-011725-3,定价45.00元。

(81-1105)

12095　身体日记
〔法〕达尼埃尔·佩纳克著,曹丹红译,2016年12月。平装,国流32开,ISBN 978-7-02-011905-9,定价48.00元。(81-1107)

12096　夜的草
〔法〕帕特里克·莫迪亚诺著,金龙格译,莫迪亚诺作品系列,2017年1月。精装,大32开,ISBN 978-7-02-011824-3,定价32.00元。(81-1108)

12097　多拉·布吕代
〔法〕帕特里克·莫迪亚诺著,黄荭译,莫迪亚诺作品系列,2017年1月。精装,大32开,ISBN 978-7-02-011820-5,定价29.00元。(81-1109)

12098　凄凉别墅
〔法〕帕特里克·莫迪亚诺著,石小璞、金龙格译,莫迪亚诺作品系列,2017年1月。精装,大32开,ISBN 978-7-02-011821-2,定价35.00元。(81-1110)

12099　八月的星期天
〔法〕帕特里克·莫迪亚诺著,黄晓敏译,莫迪亚诺作品系列,2017年1月。精装,大32开,ISBN 978-7-02-011822-9,定价32.00元。(81-1111)

12100　迫害
〔意大利〕亚历山德罗·皮佩尔诺著,陈英译,2017年1月。平装,32异,ISBN 978-7-02-011981-3,定价36.00元。(81-1112)

12101　边陲鬼屋
〔英〕威廉·霍奇森著,董明志、秦闻佳译,吴建国校,域外聊斋,2016年11月。平装,32异,ISBN 978-7-02-011731-4,定价22.00元。(81-1113)

12102　古文物专家的鬼故事
〔英〕蒙塔古·罗兹·詹姆斯著,徐成译,域外聊斋,2016年11月。平装,32异,ISBN 978-7-02-012045-1,定价52.00元。(81-1114)

12103　惊魂记
〔英〕浮龙·李著,王越西译,域外聊斋,2016年11月。平装,32异,ISBN 978-7-02-011968-4,定价25.00元。(81-1117)

12104　玄幻故事集
〔英〕阿尔杰农·布莱克伍德著,穆从军等译,域外聊斋,2016年11月。平装,32异,ISBN 978-7-02-011757-4,定价39.00元。(81-1118)

12105　塞拉斯叔叔
〔爱尔兰〕谢里丹·勒·法努著,薄振杰译,域外聊斋,2016年11月。平装,32异,ISBN 978-7-02-011730-7,定价49.00元。(81-1119)

12106　罪恶生涯
〔英〕罗伯特·加尔布雷思著,李天奇译,科莫兰·斯特莱克推理系列,2016年11月。平装,16异,ISBN 978-7-02-011943-1,定价50.00元。(81-1120)

12107　海浪　达洛维太太
〔英〕弗吉尼亚·吴尔夫著,吴钧燮、谷启楠译,名著名译丛书,2016年10月。精装,32异,ISBN 978-7-02-011594-5,定价33.00元。2020年4月收入外国文学名著丛书,精装,大32开,ISBN 978-7-02-015832-4,定价55.00元。(81-1121)

12108　未完成的肖像
〔英〕阿加莎·克里斯蒂著,黄芳田译,阿加莎·克里斯蒂"心之罪"系列,2017年1月。平装,32异,ISBN 978-7-02-012117-5,定价39.00元。2018年7月收入阿加莎·克里斯蒂爱情小说系列,精装,32异,ISBN 978-7-02-013679-7,定价59.80元。(81-1122)

12109　幸福假面
〔英〕阿加莎·克里斯蒂著,黄芳田译,阿加莎·克里斯蒂"心之罪"系列,2017年1月。平装,32异,ISBN 978-7-02-012116-8,定价29.00元。2018年7月收入阿加莎·克里斯蒂爱情小说系列,精装,32异,ISBN 978-7-02-013678-0,定价49.80元。(81-1123)

12110　玫瑰与紫杉
〔英〕阿加莎·克里斯蒂著,陈佾均译,阿加莎·克里斯蒂"心之罪"系列,2017年1月。平装,32异,ISBN 978-7-02-012112-0,定价35.00元。2018年7月收入阿加莎·克里斯蒂爱情小说系列,精装,32异,ISBN 978-7-02-013681-0,定价49.80元。(81-1124)

小说

12111 撒旦的情歌
〔英〕阿加莎·克里斯蒂著,吴妍仪译,阿加莎·克里斯蒂"心之罪"系列,2017年1月。平装,32异,ISBN 978-7-02-012111-3,定价42.00元。2018年7月收入阿加莎·克里斯蒂爱情小说系列,精装,32异,ISBN 978-7-02-013682-7,定价59.80元。(81-1125)

12112 酷暑天
〔冰岛〕埃纳尔·茂尔·古德蒙德松著,张欣彧译,21世纪年度最佳外国小说,2017年1月。平装,32异,ISBN 978-7-02-012231-8,定价36.00元。(81-1126)

12113 我的天才女友
〔意大利〕埃莱娜·费兰特著,陈英译,那不勒斯四部曲,2017年1月。平装,32异,ISBN 978-7-02-012013-0,定价42.00元。(81-1127)

12114 猫斗,马德里,1936年
〔西班牙〕爱德华多·门多萨著,赵婷译,2017年1月。平装,国流32开,ISBN 978-7-02-011869-4,定价42.00元。(81-1129)

12115 爱的重量
〔英〕阿加莎·克里斯蒂著,柯清心译,阿加莎·克里斯蒂"心之罪"系列,2017年1月。平装,32异,ISBN 978-7-02-012109-0,定价32.00元。2018年7月收入阿加莎·克里斯蒂爱情小说系列,精装,32异,ISBN 978-7-02-013949-1,定价49.80元。(81-1131)

12116 母亲的女儿
〔英〕阿加莎·克里斯蒂著,柯清心译,阿加莎·克里斯蒂"心之罪"系列,2017年1月。平装,32异,ISBN 978-7-02-012110-6,定价32.00元。2018年7月收入阿加莎·克里斯蒂爱情小说系列,精装,32异,ISBN 978-7-02-013945-3,定价49.80元。(81-1132)

12117 澳门夜曲
〔葡萄牙〕玛丽亚·翁迪娜·布拉嘉著,蔚玲、朱文隽译,镜海译丛,2017年1月。平装,32异,ISBN 978-7-02-011733-8,定价32.00元。(85-121)

12118 龙抬头
〔丹麦〕福劳德·Z.欧尔森著,王宇辰译,甄建国审校,2017年4月。平装,32异,ISBN 978-7-02-012517-3,定价32.00元。(81-1133)

12119 父亲岛
〔西班牙〕费尔南多·马里亚斯著,梅莹译,21世纪年度最佳外国小说,2017年3月。平装,32异,ISBN 978-7-02-012347-6,定价29.00元。(81-1134)

12120 本来我们应该跳舞
〔德〕海因茨·海勒著,顾牧译,21世纪年度最佳外国小说,2017年3月。平装,32异,ISBN 978-7-02-012348-3,定价20.00元。(81-1135)

12121 都柏林人
〔爱尔兰〕詹姆斯·乔伊斯著,苏福忠等译,蜂鸟文丛,2017年2月。平装覆膜,32异,ISBN 978-7-02-011507-5,定价32.00元。(81-1136)

12122 乡村医生
〔奥地利〕弗兰茨·卡夫卡著,叶廷芳等译,蜂鸟文丛,2017年2月。平装覆膜,32异,ISBN 978-7-02-011706-2,定价33.00元。(81-1137)

12123 被束缚的人
〔奥地利〕伊尔泽·艾兴格尔著,胡蔚、章鹏高、齐快鸽译,蜂鸟文丛,2017年2月。平装覆膜,32异,ISBN 978-7-02-011732-1,定价23.00元。(81-1138)

12124 蜜月
〔英〕凯瑟琳·曼斯菲尔德著,萧乾、文洁若、萧荔译,蜂鸟文丛,2017年2月。平装覆膜,32异,ISBN 978-7-02-011661-4,定价32.00元。(81-1139)

12125 野兽的烙印
〔英〕约瑟夫·鲁德亚德·吉卜林著,文美惠、任吉生译,蜂鸟文丛,2017年2月。平装覆膜,32异,ISBN 978-7-02-011597-6,定价33.00元。(81-1140)

12126 元素周期表
〔意大利〕普里莫·莱维著,牟中原译,2017年4月。精装,32异,ISBN 978-7-02-012298-1,定价46.00元。(81-1142)

12127 毕加索的云彩

〔意大利〕阿尔贝塔·巴萨利亚著,陈英译,2017年1月。平装,32异,ISBN 978-7-02-011912-7,定价40.00元。(81-1144)

12128 地狱之门
〔爱尔兰〕约翰·康诺利著,李慧、蒋万青、刘雅彬译,塞缪尔地狱大冒险系列,2017年4月。平装,国流32开,ISBN 978-7-02-012270-7,定价69.00元。(81-1146)

12129 新名字的故事
〔意大利〕埃莱娜·费兰特著,陈英译,那不勒斯四部曲,2017年5月。平装,32异,ISBN 978-7-02-012526-5,定价59.00元。(81-1148)

12130 悉达多
〔德〕赫尔曼·黑塞著,张佩芬译,2016年1月。平装,32异,ISBN 978-7-02-011233-3,定价25.00元。(81-1155)

12131 李子树上的男孩
〔丹麦〕杨内·特勒著,李莎莎译,2016年1月。精装,32异,ISBN 978-7-02-011188-6,定价35.00元。(81-1156)

12132 我亲爱的玛德莲
〔法〕芭芭拉·康斯坦丁著,贾翊君译,2017年6月。平装,大32开,ISBN 978-7-02-012659-0,定价35.00元。(81-1157)

12133 加薪秘诀
〔法〕乔治·佩雷克著,吴晓冬译,2017年5月。平装,32异,ISBN 978-7-02-012317-9,定价29.00元。(81-1158)

12134 红宅谜案
〔英〕A. A. 米尔恩著,曹烨译,世界经典推理文库,2017年5月。平装,32异,ISBN 978-7-02-012312-4,定价48.00元。(81-1163)

12135 房客
〔英〕玛丽·贝洛克·朗兹著,吴奕俊、严旨昱译,世界经典推理文库,2017年5月。平装,32异,ISBN 978-7-02-012314-8,定价35.00元。(81-1164)

12136 红拇指印
〔英〕R.奥斯汀·弗里曼著,张杲译,世界经典推理文库,2017年5月。平装,32异,ISBN 978-7-02-012301-8,定价35.00元。(81-1167)

12137 沉吟
〔西班牙〕梅尔塞·罗多雷达著,元柳译,短经典,2017年7月。平装,32异,ISBN 978-7-02-012306-3,定价36.00元。(81-1172)

12138 漫长的遗忘
〔法〕丹妮尔·蒂埃里著,聂云梅译,2017年7月。平装,国流32开,ISBN 978-7-02-012867-9,定价45.00元。(81-1173)

12139 金色眼睛的映像
〔美〕卡森·麦卡勒斯著,常晓梅译,麦卡勒斯作品系列,2017年8月。平装,国流32开,ISBN 978-7-02-012264-6,定价25.00元。2018年1月收入麦卡勒斯作品系列珍藏版,精装,国流32开,ISBN 978-7-02-01473-1,定价39.00元。(81-1174)

12140 不哭
〔法〕莉迪·萨尔维著,金龙格译,2017年9月。平装,32异,ISBN 978-7-02-013114-3,定价35.00元。(81-1181)

12141 罗盘
〔法〕马蒂亚斯·埃纳尔著,安宁译,2017年9月。平装,32异,ISBN 978-7-02-013102-0,定价59.00元。(81-1182)

12142 暗店街
〔法〕帕特里克·莫迪亚诺著,王文融译,莫迪亚诺作品系列,2017年8月。精装,大32开,ISBN 978-7-02-012851-8,定价45.00元。(81-1185)

12143 贝尔曼与黑衣人
〔英〕戴安娜·赛特菲尔德著,马丹译,2017年9月。平装,32异,ISBN 978-7-02-013104-4,定价38.00元。(81-1186)

12144 永恒之王四部曲(1—4)
〔英〕T. H. 怀特著,谭光磊、简怡君译,2017年8月。平装,国流32开,ISBN 978-7-02-012632-3,定价101.00元。(81-1187)

12145 廷达里郊游
〔意大利〕安德烈亚·卡米莱里著,谷倩兮译,世界经典推理文库,2017年10月。平装,32异,ISBN 978-7-02-011766-6,定价38.00元。(81-1190)

小说

12146　离开的，留下的
〔意大利〕埃莱娜·费兰特著，陈英译，那不勒斯四部曲，2017年10月。平装，32异，ISBN 978-7-02-013200-3，定价62.00元。(81-1191)

12147　法蒂玛之手
〔西班牙〕伊德方索·法孔内斯著，施杰、李雪菲译，2017年11月。平装，16异，ISBN 978-7-02-012832-7，定价98.00元。(81-1194)

12148　重写未来
〔瑞典〕弗雷德列克·T.沃尔森著，李若愚译，2017年11月。平装，国流32开，ISBN 978-7-02-013148-8，定价48.00元。(81-1198)

12149　真有其事
〔法〕德尔菲娜·德·维冈著，林苑译，2017年10月。平装，32异，ISBN 978-7-02-013113-6，定价45.00元。(81-1199)

12150　七个来自远方的故事
〔法〕让-克利斯多夫·吕芬著，胡逸佳译，短经典，2017年8月。平装，32异，ISBN 978-7-02-012860-0，定价25.00元。(81-1203)

12151　爸爸
〔法〕瓦西利斯·亚历克萨基斯著，刘璐译，短经典，2017年8月。平装，32异，ISBN 978-7-02-012831-0，定价25.00元。(81-1205)

12152　蜘蛛网中的女孩
〔瑞典〕大卫·拉格朗兹著，颜湘如译，千禧年四部曲，2018年1月。平装，国流32开，ISBN 978-7-02-012681-1，定价55.00元。(81-1207)

12153　等待舞曲再次响起
〔法〕奥利维耶·布尔多特著，唐蜜译，2018年1月。平装，32异，ISBN 978-7-02-013449-6，定价29.00元。(81-1208)

12154　角落里的老人
〔英〕奥希兹女男爵著，吴奕俊、唐婷译，2018年1月。平装，国流32开，ISBN 978-7-02-012781-8，定价38.00元。(81-1209)

12155　安魂曲
〔意大利〕安东尼奥·塔布齐著，汤荻译，短经典，2017年11月。平装，32异，ISBN 978-7-02-013166-2，定价35.00元。(81-1210)

12156　红项圈
〔法〕让-克利斯托夫·吕芬著，唐蜜译，中经典，2018年1月。平装，32异，ISBN 978-7-02-013164-8，定价25.00元。(81-1212)

12157　加拿大
〔美〕理查德·福特著，程应铸译，2018年1月。平装，32异，ISBN 978-7-02-012842-6，定价49.00元。(81-1213)

12158　俄罗斯之爱
〔英〕伊恩·弗莱明著，蔡欣如、刘媛媛、陆新娟译，007小说系列，2018年1月。平装，32异，ISBN 978-7-02-013173-0，定价45.00元。(81-1214)

12159　诺博士
〔英〕伊恩·弗莱明著，史玉文、吴逸译，007小说系列，2018年1月。平装，32异，ISBN 978-7-02-013127-3，定价39.00元。(81-1215)

12160　爬出窗外并消失的百岁老人
〔瑞典〕约纳斯·约纳松著，徐昕译，2018年1月。平装，国流32开，ISBN 978-7-02-011929-5，定价49.00元。(81-1216)

12161　门诺斯岛奇幻之光
〔芬兰〕玛丽亚·图特查妮诺夫著，王梦达译，"红色修道院编年史"系列，2018年1月。平装，国流32开，ISBN 978-7-02-013169-3，定价29.00元。(81-1217)

12162　门诺斯岛重生之路
〔芬兰〕玛丽亚·图特查妮诺夫著，沈赟璐译，"红色修道院编年史"系列，2018年1月。平装，国流32开，ISBN 978-7-02-013184-6，定价48.00元。(81-1218)

12163　隧道尽头的光明
〔爱尔兰〕科伦·麦凯恩著，虞钧栋译，科伦·麦凯恩作品系列，2018年1月。平装，国流32开，ISBN 978-7-02-013222-5，定价42.00元。(81-1219)

12164　独家新闻
〔英〕伊夫林·沃著，陈笑黎译，伊夫林·沃作品系列，2018年1月。平装，国流32开，ISBN 978-7-02-012773-3，定价39.00元。(81-1220)

12165　故园风雨后

〔英〕伊夫林·沃著,王一凡译,伊夫林·沃作品系列,2018年1月。平装,国流32开,ISBN 978-7-02-012415-2,定价49.00元。(81-1221)

12166　一抔尘土
〔英〕伊夫林·沃著,文泽尔译,伊夫林·沃作品系列,2018年1月。平装,国流32开,ISBN 978-7-02-012782-5,定价45.00元。(81-1222)

12167　弥补
〔法〕科隆布·施内克著,白钰译,中经典,2018年1月。平装,32异,ISBN 978-7-02-013110-5,定价28.00元。(81-1229)

12168　电话安装奇事
〔意〕安德烈亚·卡米莱里著,毕艳红译,世界经典推理文库,2018年1月。平装,32异,ISBN 978-7-02-013233-1,定价45.00元。(81-1230)

12169　皇家赌场
〔英〕伊恩·弗莱明著,秦闻佳译,007小说系列,2018年1月。平装,32异,ISBN 978-7-02-012952-2,定价32.00元。(81-1232)

12170　金手指
〔英〕伊恩·弗莱明著,尹言信、王珊译,007小说系列,2018年1月。平装,32异,ISBN 978-7-02-013125-9,定价39.00元。(81-1233)

12171　小小国
〔法〕加埃尔·法伊著,张怡译,2018年1月。平装,大32开,ISBN 978-7-02-013301-7,定价32.00元。(81-1234)

12172　巴塞罗那1888
〔西班牙〕乔迪·约伯雷加著,陈皓译,2018年1月。国流32开,ISBN 978-7-02-013455-7,定价58.00元。(81-1236)

12173　天堂圣火之城
〔美〕卡桑德拉·克莱尔著,管阳阳、龚萍、茹静译,"圣杯神器"系列,2018年1月。精装,16异,ISBN 978-7-02-013354-3,定价89.00元。(81-1237)

12174　飞灰
〔德〕莫妮卡·马龙著,潘璐译,2016年11月。平装,32异,ISBN 978-7-02-012133-5,定价32.00元。(81-1241)

12175　最后的致意
〔英〕阿瑟·柯南·道尔著,高忠义译,福尔摩斯探案全集,2018年1月。平装,国流32开,ISBN 978-7-02-013519-6,定价35.00元。(81-1244)

12176　归来记
〔英〕阿瑟·柯南·道尔著,林千真译,福尔摩斯探案全集,2018年1月。平装,国流32开,ISBN 978-7-02-013440-3,定价48.00元。(81-1245)

12177　冒险史
〔英〕阿瑟·柯南·道尔著,吕玉婵译,福尔摩斯探案全集,2018年1月。平装,国流32开,ISBN 978-7-02-012870-9,定价48.00元。(81-1246)

12178　恐怖谷
〔英〕阿瑟·柯南·道尔著,李璞良译,福尔摩斯探案全集,2018年1月。平装,国流32开,ISBN 978-7-02-013483-0,定价35.00元。(81-1247)

12179　血字的研究
〔英〕阿瑟·柯南·道尔著,陈晓怡译,福尔摩斯探案全集,2018年1月。平装,国流32开,ISBN 978-7-02-012316-2,定价28.00元。(81-1248)

12180　新探案
〔英〕阿瑟·柯南·道尔著,立村文化编译组译,福尔摩斯探案全集,2018年1月。平装,国流32开,ISBN 978-7-02-013485-4,定价38.00元。(81-1249)

12181　幽灵犬
〔英〕阿瑟·柯南·道尔著,李璞良译,福尔摩斯探案全集,2018年1月。平装,国流32开,ISBN 978-7-02-013484-7,定价35.00元。(81-1250)

12182　回忆录
〔英〕阿瑟·柯南·道尔著,陈佳慧译,福尔摩斯探案全集,2018年1月。平装,国流32开,ISBN 978-7-02-013501-1,定价38.00元。(81-1251)

12183　四签名

欧洲现代小说

小说

〔英〕阿瑟·柯南·道尔著,陈晓怡译,福尔摩斯探案全集,2018年1月。平装,国流32开,ISBN 978-7-02-012321-6,定价28.00元。(81-1255)

12184 蓝色吉他
〔爱尔兰〕约翰·班维尔著,戴从容译,2018年1月。精装,32异,ISBN 978-7-02-013411-3,定价49.00元。(81-1256)

12185 暴雨
〔法〕勒克莱齐奥著,唐蜜译,勒克莱齐奥作品系列,2018年1月。平装,32异,ISBN 978-7-02-012527-2,定价29.00元。(81-1258)

12186 海
〔爱尔兰〕约翰·班维尔著,王睿译,2018年4月。精装,32异,ISBN 978-7-02-013412-0,定价39.00元。(81-1259)

12187 女大厨 一个女厨师的故事
〔法〕玛丽·恩迪亚耶著,余中先译,21世纪年度最佳外国小说,2018年4月。平装,32异,ISBN 978-7-02-013564-6,定价45.00元。(81-1261)

12188 小女孩与幻梦者
〔意〕达契亚·玛拉依妮著,孙双译,21世纪年度最佳外国小说,2018年4月。平装,32异,ISBN 978-7-02-013946-0,定价58.00元。(81-1262)

12189 遇见
〔德〕博多·基尔希霍夫著,王钟欣译,21世纪年度最佳外国小说,2018年4月。平装,32异,ISBN 978-7-02-013850-0,定价38.00元。(81-1263)

12190 恋爱学分
〔英〕大卫·尼克斯著,季凌婕译,电影·书,2018年6月。平装,国流32开,ISBN 978-7-02-013535-6,定价49.00元。(81-1265)

12191 乡下的葬礼
〔爱尔兰〕约翰·麦加恩著,科尔姆·托宾编,张芸译,短经典,2018年3月。平装,32异,ISBN 978-7-02-013604-9,定价39.00元。(81-1267)

12192 荒野里的牧羊人
〔西班牙〕赫苏斯·卡拉斯科著,叶淑吟译,2018年3月。平装,32异,ISBN 978-7-02-013458-8,定价32.00元。(81-1269)

12193 在海的尽头遇见你
〔法〕卡特琳·普兰著,孟婕译,2018年6月。平装,32异,ISBN 978-7-02-014091-6,定价49.00元。(81-1270)

12194 变革
〔法〕勒克莱齐奥著,张璐译,勒克莱齐奥作品系列,2018年1月。平装,32异,ISBN 978-7-02-012843-3,定价58.00元。(81-1271)

12195 不再有爱
〔西班牙〕哈维尔·马里亚斯著,詹玲译,哈维尔·马里亚斯作品系列,2018年5月。平装,32异,ISBN 978-7-02-013522-6,定价38.00元。(81-1272)

12196 他的城
〔西班牙〕丹尼尔·桑切斯·帕尔多斯著,李天莹译,2018年6月。平装,32异,ISBN 978-7-02-013831-9,定价58.00元。(81-1273)

12197 倾诉
〔爱尔兰〕伊芙琳·康伦著,张琼译,短经典,2018年5月。平装,32异,ISBN 978-7-02-013939-2,定价39.00元。(81-1274)

12198 失踪的孩子
〔意大利〕埃莱娜·费兰特著,陈英译,那不勒斯四部曲,2018年7月。平装,32异,ISBN 978-7-02-013992-7,定价39.00元。(81-1275)

12199 时光匆匆老去
〔意大利〕安东尼奥·塔布齐著,沈尊梅译,短经典精选,2018年4月。平装,大32开,ISBN 978-7-02-012616-2,定价35.00元。(81-1277)

12200 二十一个故事
〔英〕格雷厄姆·格林著,李晨、张颖译,短经典精选,2018年4月。平装,大32开,ISBN 978-7-02-013677-3,定价45.00元。(81-1278)

12201 我们飞
〔瑞士〕彼得·施塔姆著,苏晓琴译,短经典精选,2018年4月。平装,大32开,ISBN 978-7-02-013342-0,定价39.00元。(81-1279)

12202 如果是真的,就太奇怪了

〔英〕伊丽莎白·盖斯凯尔著,吴建国译,域外聊斋,2018年4月。平装,国流32开,ISBN 978-7-02-012713-9,定价45.00元。(81-1281)

12203 食戒
〔英〕费伊·韦尔登著,高剑译,2018年4月。平装,国流32开,ISBN 978-7-02-012982-9,定价35.00元。(81-1282)

12204 31号纽因客栈迷案
〔英〕理查德·奥斯汀·弗里曼著,孔文、孙胜男译,世界经典推理文库,2018年6月。平装,32异,ISBN 978-7-02-013467-0,定价35.00元。(81-1288)

12205 另一个爱人
〔法〕卡特琳·屈塞著,赵倩译,2018年8月。平装,32异,ISBN 978-7-02-014194-4,定价39.00元。(81-1289)

12206 南方邮航
〔法〕圣埃克苏佩里著,马振骋译,成为小王子系列,2018年6月。精装,32异,ISBN 978-7-02-014173-9,定价39.00元。(81-1290)

12207 空军飞行员
〔法〕圣埃克苏佩里著,马振骋译,成为小王子系列,2018年6月。精装,32异,ISBN 978-7-02-014052-7,定价45.00元。(81-1291)

12208 人的大地
〔法〕圣埃克苏佩里著,马振骋译,成为小王子系列,2018年6月。精装,32异,ISBN 978-7-02-014090-9,定价45.00元。(81-1292)

12209 夜航
〔法〕圣埃克苏佩里著,马振骋译,成为小王子系列,2018年6月。精装,32异,ISBN 978-7-02-014047-3,定价35.00元。(81-1293)

12210 要塞
〔法〕圣埃克苏佩里著,马振骋译,成为小王子系列,2018年6月。精装,32异,ISBN 978-7-02-014089-3,定价55.00元。(81-1294)

12211 田园交响曲
〔法〕安德烈·纪德著,马振骋译,纪德·道德三部曲,2018年6月。精装,32异,ISBN 978-7-02-014150-0,定价35.00元。(81-1295)

12212 窄门
〔法〕安德烈·纪德著,马振骋译,纪德·道德三部曲,2018年6月。精装,32异,ISBN 978-7-02-014107-4,定价45.00元。(81-1296)

12213 违背道德的人
〔法〕安德烈·纪德著,马振骋译,纪德·道德三部曲,2018年6月。精装,32异,ISBN 978-7-02-014055-8,定价45.00元。(81-1297)

12214 科里尼案件
〔德〕费迪南德·封·席拉赫著,王竞译,2018年10月。平装,32异,ISBN 978-7-02-014418-1,定价39.00元。(81-1298)

12215 迪伦马特侦探小说集
〔瑞士〕弗里德里希·迪伦马特著,韩瑞祥等译,2018年10月。平装,国流32开,ISBN 978-7-02-014408-2,定价58.00元。(81-1299)

12216 动物农场
〔英〕乔治·奥威尔著,辛红娟译,蜂鸟文丛,2018年10月。平装,32异,ISBN 978-7-02-012205-9,定价28.00元。(81-1300)

12217 夜里老鼠们要睡觉
〔德〕沃尔夫冈·博歇尔特著,任卫东、邱袁炜译,蜂鸟文丛,2018年10月。平装,32异,ISBN 978-7-02-012362-9,定价30.00元。(81-1301)

12218 车夫,挥鞭!
〔法〕达尼埃尔·布朗热著,余中先译,蜂鸟文丛,2018年10月。平装,32异,ISBN 978-7-02-013326-0,定价42.00元。(81-1302)

12219 爱岛的男人
〔英〕D.H.劳伦斯著,黑马译,蜂鸟文丛,2018年10月。平装,32异,ISBN 978-7-02-013325-3,定价30.00元。(81-1303)

12220 梦景之眼
〔英〕萨曼莎·香农著,沈丽凝译,黑色系列,2018年9月。平装,国流32开,ISBN 978-7-02-013420-5,定价58.00元。(81-1304)

12221 背向世界
〔德〕托马斯·梅勒著,沈锡良译,2018年10月。平装,国流32开,ISBN 978-7-02-014555-3,定价49.90元。(81-1305)

12222 爱情一叶
〔法〕埃米尔·左拉著,马振骋译,2018年9月。

小说

平装,32异,ISBN 978-7-02-014059-6,定价45.00元。(81-1306)

12223 惊马奔逃
〔德〕马丁·瓦尔泽著,郑华汉、李柳明、朱刘华译,中经典精选,2018年8月。平装覆膜,32异,ISBN 978-7-02-014133-3,定价39.00元。(81-1309)

12224 丧失了名誉的卡塔琳娜·勃罗姆
〔德〕海因里希·伯尔著,孙凤城、孙坤荣译,中经典精选,2018年8月。平装覆膜,32异,ISBN 978-7-02-014196-8,定价35.00元。(81-1310)

12225 空中有苍鹰
〔德〕西格弗里德·伦茨著,朱刘华译,中经典精选,2018年8月。平装覆膜,32异,ISBN 978-7-02-014224-8,定价45.00元。(81-1311)

12226 孤独之酒
〔法〕伊莱娜·内米洛夫斯基著,黄旭颖译,内米洛夫斯基作品集,2018年9月。平装,32异,ISBN 978-7-02-014199-9,定价35.00元。(81-1314)

12227 斯卡海文城堡
〔英〕约瑟夫·史密斯·弗莱彻著,伊咏译,世界经典推理文库,2018年6月。平装,32异,ISBN 978-7-02-013464-9,定价49.00元。(81-1315)

12228 吾栖之肤
〔法〕蒂埃里·荣凯著,方颂华译,世界经典推理文库,2018年7月。平装,32异,ISBN 978-7-02-014050-3,定价32.00元。(81-1316)

12229 从前的女孩
〔英〕JP.德莱尼著,谢一译,2018年11月。平装,国流32开,ISBN 978-7-02-014543-0,定价58.00元。(81-1318)

12230 火与冰的故事集
〔英〕A.S.拜厄特著,王娟娟译,蜂鸟文丛,2018年11月。平装,32异,ISBN 978-7-02-012490-9,定价42.00元。(81-1319)

12231 墙
〔法〕让-保尔·萨特著,桂裕芳等译,萨特代表作,2018年11月。平装,32异,ISBN 978-7-02-013889-0,定价45.00元。(81-1320)

12232 梵高
〔荷兰〕芭芭拉·施托克著,郭腾杰译,99图像小说,2018年10月。精装,16异,ISBN 978-7-02-014385-6,定价68.00元。(81-1321)

12233 消失的艺术
〔西班牙〕恩里克·比拉-马塔斯著,施杰、李雪菲译,2018年10月。精装,32异,ISBN 978-7-02-013520-2,定价48.00元。(81-1324)

12234 沉睡的记忆
〔法〕帕特里克·莫迪亚诺著,吴雅凌译,莫迪亚诺作品系列,2018年10月。精装,大32开,ISBN 978-7-02-014549-2,定价39.00元。(81-1326)

12235 便携式文学简史
〔西班牙〕恩里克·比拉-马塔斯著,施杰、李雪菲译,2018年9月。精装,32异,ISBN 978-7-02-013471-7,定价39.00元。(81-1327)

12236 伊莎贝尔
〔法〕伊莱娜·内米洛夫斯基著,徐晓雁译,内米洛夫斯基作品集,2018年9月。平装,32异,ISBN 978-7-02-014144-9,定价32.00元。(81-1328)

12237 猎物
〔法〕伊莱娜·内米洛夫斯基著,金龙格译,内米洛夫斯基作品集,2018年10月。平装,32异,ISBN 978-7-02-014145-6,定价38.00元。(81-1330)

12238 狗与狼
〔法〕伊莱娜·内米洛夫斯基著,管筱明译,内米洛夫斯基作品集,2018年10月。平装,32异,ISBN 978-7-02-014146-3,定价38.00元。(81-1331)

12239 月亮与六便士
〔英〕萨默塞特·毛姆著,王晋华译,2019年1月。平装,国流32开,ISBN 978-7-02-014679-6,定价39.00元。(81-1332)

12240 沉睡的人
〔法〕乔治·佩雷克著,李玉民译,蜂鸟文丛,2019年1月。平装,32异,ISBN 978-7-02-012511-1,定价25.00元。(81-1333)

12241 大猩猩萨利·琼斯历险记

〔瑞典〕雅各布·维葛柳斯著,王梦达译,2019年1月。平装覆膜,国流32开,ISBN 978-7-02-013456-4,定价59.00元。(81-1334)

12242 辫子

〔法〕莱蒂西娅·科隆巴尼著,张洁译,2019年1月。精装,32异,ISBN 978-7-02-014266-8,定价48.00元。(81-1335)

12243 哈利·波特与魔法石(英汉对照版)

〔英〕J.K.罗琳著,苏农译,2019年1月。平装,16异,ISBN 978-7-02-014352-8,定价55.00元。(81-1336)

12244 爱界

〔英〕费伊·韦尔登著,肖丽媛译,2019年2月。平装,国流32开,ISBN 978-7-02-014421-1,定价45.00元。(81-1340)

12245 偶然天才故事集

〔英〕西蒙·范·布伊著,王雨佳译,短经典,2019年2月。平装,32异,ISBN 978-7-02-014362-7,定价35.00元。(81-1341)

12246 哈利·波特与阿兹卡班囚徒(英汉对照版)

〔英〕J.K.罗琳著,马爱农、马爱新译,2019年4月。平装,16异,ISBN 978-7-02-014183-8,定价78.00元。(81-1343)

12247 牧师的女儿们

〔英〕劳伦斯著,黑马译,外国情感小说,2019年2月。精装,32异,ISBN 978-7-02-013191-4,定价32.00元。(81-1344)

12248 维多利亚

〔挪威〕克努特·汉姆生著,裘显亚译,外国情感小说,2019年2月。精装,32异,ISBN 978-7-02-013330-7,定价38.00元。(81-1345)

12249 南方之星

〔法〕儒勒·凡尔纳著,许崇山译,钟燕萍校,2019年5月。平装,国流32开,ISBN 978-7-02-013891-3,定价39.00元。(81-1346)

12250 斯科塔的太阳

〔法〕洛朗·戈代著,马振骋译,中经典精选,2019年3月。平装,大32开,ISBN 978-7-02-014487-7,定价49.00元。(81-1349)

12251 密室

〔瑞典〕约纳斯·卡尔松著,徐昕译,中经典精选,2019年3月。平装,大32开,ISBN 978-7-02-014482-2,定价39.00元。(81-1351)

12252 黄雨

〔西班牙〕胡里奥·亚马萨雷斯著,童亚星译,中经典精选,2019年3月。平装,大32开,ISBN 978-7-02-014390-0,定价39.00元。(81-1357)

12253 一个陌生女人的来信

〔奥地利〕斯·茨威格著,张玉书等译,2019年5月。平装,32异,ISBN 978-7-02-013313-0,定价42.00元。(81-1358)

12254 山骇谷深

〔意大利〕卢卡·德安多里亚著,徐琼译,2019年6月。平装,国流32开,ISBN 978-7-02-014845-5,定价59.00元。(81-1363)

12255 八山

〔意大利〕保罗·科涅蒂著,沈萼梅译,2019年5月。平装覆膜,32异,ISBN 978-7-02-014011-4,定价49.80元。(81-1365)

12256 再生草

〔法〕让·吉奥诺著,罗国林译,中经典精选,2019年6月。平装覆膜,大32开,ISBN 978-7-02-014491-4,定价39.00元。(81-1366)

12257 山冈

〔法〕让·吉奥诺著,罗国林译,中经典精选,2019年6月。平装覆膜,大32开,ISBN 978-7-02-014505-8,定价39.00元。(81-1367)

12258 一个鲍米涅人

〔法〕让·吉奥诺著,罗国林译,中经典精选,2019年6月。平装覆膜,大32开,ISBN 978-7-02-014497-6,定价39.00元。(81-1368)

12259 哈利·波特与魔法石Ⅱ

〔英〕J.K.罗琳著,苏农译,2019年6月。平装覆膜,国流32开,ISBN 978-7-02-015250-6,定价21.00元。(81-1369)

12260 哈利·波特与魔法石Ⅰ

〔英〕J.K.罗琳著,苏农译,2019年6月。平装覆膜,国流32开,ISBN 978-7-02-015249-0,定价21.00元。(81-1370)

12261 哈利·波特与火焰杯(英汉对照版)(上下)

〔英〕J.K.罗琳著,马爱农、马爱新译,2019年6

月。平装覆膜，16异，ISBN 978-7-02-015070-0，定价128.00元。(81-1371)

12262 哈利·波特与密室Ⅰ
〔英〕J. K. 罗琳著，马爱农、马爱新译，2019年7月。平装覆膜，国流32开，ISBN 978-7-02-015251-3，定价22.00元。(81-1373)

12263 哈利·波特与密室Ⅱ
〔英〕J. K. 罗琳著，马爱农、马爱新译，2019年7月。平装覆膜，国流32开，ISBN 978-7-02-015252-0，定价21.00元。(81-1374)

12264 在大理石悬崖上
〔德〕恩斯特·容格尔著，秦文汶译，2019年6月。精装，大32开，ISBN 978-7-02-014409-9，定价42.00元。(81-1375)

12265 粉笔人
〔英〕C. J. 图德著，吴奕俊、赵玉琪译，2019年8月。平装，国流32开，ISBN 978-7-02-014368-9，定价49.00元。(81-1380)

12266 对杰克·奥克尼的考验
〔英〕多丽丝·莱辛著，裘因译，2019年8月。精装，大32开，ISBN 978-7-02-014420-4，定价59.80元。(81-1381)

12267 没有男人的公寓
〔比利时〕卡琳娜·朗贝尔著，黄可以译，2019年9月。平装，32异，ISBN 978-7-02-014898-1，定价49.00元。(81-1383)

12268 坏事开头
〔西班牙〕哈维尔·马里亚斯著，叶培蕾译，2019年8月。平装覆膜，国流32开，ISBN 978-7-02-014863-9，定价66.00元。(81-1384)

12269 小友记
〔法〕阿纳托尔·法郎士著，陈燕萍译，2019年9月。精装，32异，ISBN 978-7-02-013948-4，定价48.00元。(81-1385)

12270 夫妻的房间
〔法〕埃里克·莱因哈特著，平原译，21世纪年度最佳外国小说，2019年10月。平装，32异，ISBN 978-7-02-014945-2，定价39.00元。(81-1386)

12271 首都
〔奥地利〕罗伯特·梅纳瑟著，付天海译，21世纪年度最佳外国小说，2019年10月。平装，32异，ISBN 978-7-02-015044-1，定价55.00元。(81-1387)

12272 乌鸦女孩
〔瑞典〕埃里克·爱克斯尔·桑恩德著，车家媛、鲁锡华译，2019年9月。平装，16异，ISBN 978-7-02-015245-2，定价88.00元。(81-1390)

12273 修复生者
〔法〕梅丽丝·德·盖兰嘉尔著，安宁译，当代法语获奖小说，2019年9月。平装，32异，ISBN 978-7-02-015307-7，定价39.00元。(81-1392)

12274 你喜欢勃拉姆斯吗……
〔法〕弗朗索瓦丝·萨冈著，李玉民译，萨冈作品系列，2019年8月。平装，32异，ISBN 978-7-02-014600-0，定价38.00元。(81-1396)

12275 一月后，一年后
〔法〕弗朗索瓦丝·萨冈著，金龙格译，萨冈作品系列，2019年8月。平装，32异，ISBN 978-7-02-014598-0，定价35.00元。(81-1397)

12276 狂乱
〔法〕弗朗索瓦丝·萨冈著，余中先译，萨冈作品系列，2019年8月。平装，32异，ISBN 978-7-02-014599-7，定价49.00元。(81-1398)

12277 平静的风暴
〔法〕弗朗索瓦丝·萨冈著，李焰明译，萨冈作品系列，2019年8月。平装，32异，ISBN 978-7-02-014675-8，定价42.00元。(81-1399)

12278 舞台音乐
〔法〕弗朗索瓦丝·萨冈著，孔潜译，萨冈作品系列，2019年8月。平装，32异，ISBN 978-7-02-014793-9，定价45.00元。(81-1400)

12279 冷水中的一点阳光
〔法〕弗朗索瓦丝·萨冈著，黄荭译，萨冈作品系列，2019年8月。平装，32异，ISBN 978-7-02-014686-4，定价49.00元。(81-1401)

12280 灵魂之伤
〔法〕弗朗索瓦丝·萨冈著，朱广赢译，萨冈作品系列，2019年8月。平装，32异，ISBN 978-7-02-014792-2，定价42.00元。(81-1402)

12281 心有戚戚

〔法〕弗朗索瓦丝·萨冈著,林苑译,萨冈作品系列,2019年8月。平装,32异,ISBN 978-7-02-014688-8,定价35.00元。(81-1403)

12282 某种微笑
〔法〕弗朗索瓦丝·萨冈著,陈剑译,萨冈作品系列,2019年8月。平装,32异,ISBN 978-7-02-014651-2,定价38.00元。(81-1404)

12283 你好,忧愁
〔法〕弗朗索瓦丝·萨冈著,林苑译,萨冈作品系列,2019年8月。平装,32异,ISBN 978-7-02-014509-6,定价38.00元。(81-1405)

12284 凌乱的床
〔法〕弗朗索瓦丝·萨冈著,顾微微译,萨冈作品系列,2019年8月。平装,32异,ISBN 978-7-02-014672-7,定价59.00元。(81-1406)

12285 伪币犯
〔法〕安德烈·纪德著,徐和瑾译,纪德作品系列,2020年1月。平装,国流32开,ISBN 978-7-02-014796-0,定价59.00元。(81-1407)

12286 梵蒂冈地窖
〔法〕安德烈·纪德著,徐和瑾译,纪德作品系列,2020年1月。平装,国流32开,ISBN 978-7-02-014648-2,定价45.00元。(81-1408)

12287 哈利·波特与火焰杯Ⅰ
〔英〕J.K.罗琳著,马爱农、马爱新译,2020年3月。平装覆膜,国流32开,ISBN 978-7-02-015305-3,定价22.00元。(81-1410)

12288 哈利·波特与火焰杯Ⅱ
〔英〕J.K.罗琳著,马爱农、马爱新译,2020年3月。平装覆膜,国流32开,ISBN 978-7-02-015303-9,定价22.00元。(81-1411)

12289 哈利·波特与火焰杯Ⅲ
〔英〕J.K.罗琳著,马爱农、马爱新译,2020年3月。平装覆膜,国流32开,ISBN 978-7-02-015304-6,定价22.00元。(81-1412)

12290 哈利·波特与凤凰社（英汉对照版）(上下)
〔英〕J.K.罗琳著,马爱农、马爱新译,2020年4月。平装,16异,ISBN 978-7-02-015071-7,定价168.00元。(81-1413)

12291 灵魂兄弟
〔法〕达维德·迪奥普著,高方译,2020年1月。平装,32异,ISBN 978-7-02-015674-0,定价32.00元。(81-1414)

12292 女教师的故事
〔西班牙〕何塞菲娜·阿尔德科亚著,李静译,2020年5月。平装,32异,ISBN 978-7-02-012960-2,定价39.00元。(81-1415)

12293 四个苹果
〔德〕大卫·瓦格纳著,叶澜译,2020年5月。精装,32异,ISBN 978-7-02-015962-8,定价52.00元。(81-1418)

12294 鼠疫
〔法〕加缪著,徐和瑾译,加缪代表作,2020年6月。平装,32异,ISBN 978-7-02-014250-7,定价39.00元。(81-1421)

12295 老人和猫
〔瑞典〕尼尔斯·乌登贝里著,安妮·古斯塔夫松绘,王梦达译,猫之物语,2020年5月。精装,32异,ISBN 978-7-02-012780-1,定价46.00元。(81-1425)

12296 哈利·波特与密室（全彩绘本）
〔英〕J.K.罗琳著,吉姆·凯绘,马爱农、马爱新译,2016年12月。平装,16异,ISBN 978-7-02-012041-3,定价72.00元。2017年12月,精装,16异,ISBN 978-7-02-013555-4,定价99.00元。(81-1426)

12297 哈利·波特与阿兹卡班囚徒（全彩绘本）
〔英〕J.K.罗琳著,吉姆·凯绘,马爱农、马爱新译,2017年10月。平装,16异,ISBN 978-7-02-013303-1,定价99.00元。2017年12月,精装,16异,ISBN 978-7-02-013557-8,定价129.00元。(81-1427)

12298 哈利·波特与魔法石:斯莱特林
〔英〕J.K.罗琳著,苏农译,2020年6月。平装覆膜,32异,ISBN 978-7-02-016146-1,定价58.00元。2020年7月,精装,32异,ISBN 978-7-02-016263-5,定价79.00元。(81-1428)

12299 哈利·波特与魔法石:格兰芬多
〔英〕J.K.罗琳著,苏农译,2020年6月。平装覆膜,32异,ISBN 978-7-02-016145-4,定价58.00元。2020年7月,精装,32异,ISBN

978-7-02-010091-0,定价79.00元。(81-1429)

12300 哈利·波特与魔法石:赫奇帕奇

〔英〕J.K.罗琳著,苏农译,2020年6月。平装覆膜,32异,ISBN 978-7-02-016147-8,定价58.00元。2020年7月,精装,32异,ISBN 978-7-02-016267-3,定价79.00元。(81-1430)

12301 哈利·波特与魔法石:拉文克劳

〔英〕J.K.罗琳著,苏农译,2020年6月。平装覆膜,32异,ISBN 978-7-02-016148-5,定价58.00元。2020年7月,精装,32异,ISBN 978-7-02-016265-9,定价79.00元。(81-1431)

12302 哈利·波特与密室:斯莱特林

〔英〕J.K.罗琳著,马爱农、马爱新译,2020年6月。平装覆膜,32异,ISBN 978-7-02-016150-8,定价60.00元。2020年7月,精装,32异,ISBN 978-7-02-016266-6,定价82.00元。(81-1432)

12303 哈利·波特与密室:赫奇帕奇

〔英〕J.K.罗琳著,马爱农、马爱新译,2020年6月。平装覆膜,32异,ISBN 978-7-02-016151-5,定价60.00元。2020年7月,精装,32异,ISBN 978-7-02-011276-0,定价82.00元。(81-1433)

12304 哈利·波特与密室:格兰芬多

〔英〕J.K.罗琳著,马爱农、马爱新译,2020年6月。平装覆膜,32异,ISBN 978-7-02-016149-2,定价60.00元。2020年7月,精装,32异,ISBN 978-7-02-012370-4,定价82.00元。(81-1434)

12305 哈利·波特与密室:拉文克劳

〔英〕J.K.罗琳著,马爱农、马爱新译,2020年6月。平装覆膜,32异,ISBN 978-7-02-016152-2,定价60.00元。2020年7月,精装,32异,ISBN 978-7-02-016264-2,定价82.00元。(81-1435)

12306 哈利·波特与阿兹卡班囚徒:赫奇帕奇

〔英〕J.K.罗琳著,马爱农、马爱新译,2020年6月。平装覆膜,32异,ISBN 978-7-02-016155-3,定价68.00元。2020年7月,精装,32异,ISBN 978-7-02-016269-7,定价97.00元。(81-1436)

12307 哈利·波特与阿兹卡班囚徒:斯莱特林

〔英〕J.K.罗琳著,马爱农、马爱新译,2020年6月。平装覆膜,32异,ISBN 978-7-02-016154-6,定价68.00元。2020年7月,精装,32异,ISBN 978-7-02-014658-1,定价97.00元。(81-1437)

12308 哈利·波特与阿兹卡班囚徒:拉文克劳

〔英〕J.K.罗琳著,马爱农、马爱新译,2020年6月。平装覆膜,32异,ISBN 978-7-02-016156-0,定价68.00元。2020年7月,精装,32异,ISBN 978-7-02-016268-0,定价97.00元。(81-1438)

12309 哈利·波特与阿兹卡班囚徒:格兰芬多

〔英〕J.K.罗琳著,马爱农、马爱新译,2020年6月。平装覆膜,32异,ISBN 978-7-02-016153-9,定价68.00元。2020年7月,精装,32异,ISBN 978-7-02-016270-3,定价97.00元。(81-1439)

12310 面纱

〔英〕毛姆著,黄永华译,毛姆长篇作品精选,2020年4月。平装,国流32开,ISBN 978-7-02-015181-3,定价39.00元。(81-1440)

12311 寻欢作乐

〔英〕毛姆著,王晋华译,毛姆长篇作品精选,2020年4月。平装,国流32开,ISBN 978-7-02-015358-9,定价35.00元。(81-1441)

12312 月亮和六便士

〔英〕毛姆著,姚望、姚君伟译,毛姆长篇作品精选,2020年4月。平装,国流32开,ISBN 978-7-02-015296-4,定价39.00元。(81-1442)

12313 刀锋

〔英〕毛姆著,王晋华译,毛姆长篇作品精选,2020年4月。平装,国流32开,ISBN 978-7-02-015180-6,定价49.00元。(81-1443)

12314 人生的枷锁

〔英〕毛姆著,黄水乞译,毛姆长篇作品精选,

2020年4月。平装,国流32开,ISBN 978-7-02-015357-2,定价78.00元。(81-1444)

12315 到十九号房间去

〔英〕多丽丝·莱辛著,杨振同译,2020年9月。精装,32异,ISBN 978-7-02-016196-6,定价65.00元。(81-1445)

12316 哈利·波特与凤凰社Ⅰ

〔英〕J. K. 罗琳著,马爱农、马爱新译,2020年10月。平装覆膜,国流32开,ISBN 978-7-02-015327-5,定价22.00元。(81-1446)

12317 哈利·波特与凤凰社Ⅱ

〔英〕J. K. 罗琳著,马爱农、马爱新译,2020年10月。平装覆膜,国流32开,ISBN 978-7-02-015320-6,定价22.00元。(81-1447)

12318 哈利·波特与凤凰社Ⅲ

〔英〕J. K. 罗琳著,马爱农、马爱新译,2020年10月。平装覆膜,国流32开,ISBN 978-7-02-015330-5,定价22.00元。(81-1448)

12319 哈利·波特与凤凰社Ⅳ

〔英〕J. K. 罗琳著,马爱农、马爱新译,2020年10月。平装覆膜,国流32开,ISBN 978-7-02-015330-5,定价22.00元。(81-1449)

12320 带伤疤的男人

〔英〕毛姆著,赵巍、牛万程译,毛姆短篇小说全集,2020年6月。平装,国流32开,ISBN 978-7-02-015638-2,定价45.00元。(81-1450)

12321 丛林里的脚印

〔英〕毛姆著,李佳韵、董明志译,毛姆短篇小说全集,2020年6月。平装,国流32开,ISBN 978-7-02-015584-2,定价49.00元。(81-1451)

12322 贪食忘忧果的人

〔英〕毛姆著,李和庆等译,毛姆短篇小说全集,2020年6月。平装,国流32开,ISBN 978-7-02-015585-9,定价45.00元。(81-1452)

12323 英国特工

〔英〕毛姆著,王越西译,毛姆短篇小说全集,2020年6月。平装,国流32开,ISBN 978-7-02-013427-4,定价45.00元。(81-1453)

12324 狮子的外衣

〔英〕毛姆著,齐桂芹译,毛姆短篇小说全集,2020年6月。平装,国流32开,ISBN 978-7-02-015637-5,定价45.00元。(81-1454)

12325 一位绅士的画像

〔英〕毛姆著,吴建国等译,毛姆短篇小说全集,2020年6月。平装,国流32开,ISBN 978-7-02-015586-6,定价55.00元。(81-1455)

12326 雨

〔英〕毛姆著,薄振杰等译,毛姆短篇小说全集,2020年6月。平装,国流32开,ISBN 978-7-02-015636-8,定价45.00元。(81-1456)

12327 完美伴侣

〔英〕艾丽丝·默多克著,丁骏、程佳唯译,桂冠译丛,2020年7月。平装,32异,ISBN 978-7-02-013942-2,定价45.00元。(81-1459)

12328 哈利·波特与"混血王子"Ⅰ

〔英〕J. K. 罗琳著,马爱农、马爱新译,2020年10月。平装覆膜,国流32开,ISBN 978-7-02-015322-0,定价22.00元。(81-1460)

12329 哈利·波特与"混血王子"Ⅱ

〔英〕J. K. 罗琳著,马爱农、马爱新译,2020年10月。平装覆膜,国流32开,ISBN 978-7-02-015319-0,定价22.00元。(81-1461)

12330 哈利·波特与"混血王子"Ⅲ

〔英〕J. K. 罗琳著,马爱农、马爱新译,2020年10月。平装覆膜,国流32开,ISBN 978-7-02-015323-7,定价22.00元。(81-1462)

12331 哈利·波特与"混血王子"(英汉对照版 上下)

〔英〕J. K. 罗琳著,马爱农、马爱新译,2020年10月。平装,16异,ISBN 978-7-02-015072-4,定价129.00元。(81-1463)

12332 忠诚

〔法〕德尔菲娜·德·维冈著,林苑译,当代法语获奖小说,2020年8月。平装,32异,ISBN 978-7-02-015690-0,定价39.00元。(81-1467)

12333 A. 托尔斯泰小说选集(第一册)

〔苏〕A. 托尔斯泰著,焦菊隐等译,苏联文艺丛书,1951年4月。平装,32开,书号 总1苏1,定价16,600元。(45-1)

12334 铁流

〔苏〕绥拉菲摩维支著,曹靖华译,苏联文艺丛书,1951年4月。平装,32开,书号 总2苏2,

定价16,400元。1957年10月,大32开,书号10019·2,平装,定价1.20元;精装,定价2.00元。1993年2月版,平装覆膜,大32开,ISBN 7-02-001507-7,定价4.10元。(45-2)

12335　保卫察里津

〔苏〕A.托尔斯泰著,曹靖华译,苏联文艺丛书,1951年5月。平装,32开,书号总11苏4,定价20,000元。1981年5月版,平装,32开,书号10019·11,定价0.77元。(45-3)

12336　A.托尔斯泰小说选集(第二册)

〔苏〕A.托尔斯泰著,焦菊隐译,苏联文艺丛书,1951年8月。平装,32开,书号总12苏5,定价16,000元。(45-4)

12337　虹

〔苏〕瓦希列夫斯卡著,曹靖华译,苏联文艺丛书,1951年8月。平装,32开,书号总14苏6,定价12,600元。(45-5)

12338　表

〔苏〕班台莱耶夫著,鲁迅译,1951年10月。平装,25开,书号总48鲁12,定价4,800元。1959年11月收入文学小丛书,平装,50开,定价0.19元。(45-6)

12339　我是劳动人民的儿子

〔苏〕卡达耶夫著,曹靖华译,1951年12月。平装,32开,书号总32单12,定价11,900元。1959年5月收入文学小丛书,平装,50开,定价0.30元。(45-7)

12340　油船"德宾特"号

〔苏〕克雷莫夫著,曹靖华译,1952年3月。平装,32开,书号总33单13,定价14,200元。(45-8)

12341　在顺川发现的一本日记

〔苏〕金罗曼著,刘华云译,1952年6月。平装,32开,书号总78单22,定价9,800元。(45-9)

12342　十月

〔苏〕A.雅各武莱夫著,鲁迅译,1952年7月。平装,32开,书号总105鲁29,定价9,500元。(45-10)

12343　毁灭

〔苏〕法捷耶夫著,鲁迅译,1952年7月。平装,32开,书号总104鲁28,定价13,300元。

1957年10月,大32开,书号10019·102,平装,定价0.95元;精装,定价1.80元。1973年2月,平装,大32开,定价0.52元。(45-11)

12344　钢铁是怎样炼成的

〔苏〕尼·奥斯特洛夫斯基著,梅益译,苏联文艺丛书,1952年12月。平装,28开,书号总116苏7,定价20,000元。1958年4月,平装,大32开,书号10019·114,定价1.50元。1964年9月收入外国革命文学丛书,平装,大32开,定价1.40元。1982年8月外国文学出版社,收入二十世纪外国文学丛书,平装,大32开,书号10208·92,定价1.65元。1988年7月人民文学出版社,平装,小32开,ISBN 7-02-000100-9,定价3.25元;同时收入北京市教育局少年文库,非卖品,无定价。1995年10月,平装覆膜,大32开,ISBN 7-02-002205-7,定价21.30元。2000年5月收入中学生课外文学名著必读丛书,平装覆膜,大32开,ISBN 7-02-003185-4,定价16.00元。2003年1月收入名著名译插图本,平装覆膜,国流32开,ISBN 7-02-003957-X,定价16.00元。2003年5月收入语文新课标必读丛书,平装覆膜,大32开,ISBN 7-02-004142-6,定价16.00元。2003年9月纪念尼·奥斯特洛夫斯基诞辰一百周年纪念版,精装,国流32开,ISBN 7-02-004226-0,定价45.00元。2004年10月收入未成年人思想道德建设文学读本,平装覆膜,国流32开,ISBN 7-02-004795-5,定价18.00元。2006年6月收入语文新课标必读丛书修订版,平装覆膜,大32开,ISBN 7-02-005701-2,定价18.00元。2008年6月收入语文新课标必读丛书增订版,平装覆膜,大32开,ISBN 978-7-02-007040-4,定价19.00元。2008年6月收入名著名译插图本精华版,软精,国流32开,ISBN 978-7-02-007037-4,定价20.00元。2012年6月收入语文新课标必读丛书最新版,平装覆膜,大32开,ISBN 978-7-02-008991-8,定价21.00元。2015年1月收入名著名译丛书,精装,32异,ISBN 978-7-02-010271-6,定价35.00元。2015年4月收入中国翻译家译丛,精装,16异,ISBN 978-7-02-009769-2,定价39.00元。2018年4月收入插图本名著名译丛书,平装,国流 32 开,ISBN 978-7-02-013097-9,定价 33.00 元。2018 年 5 月收入教育部统编《语文》推荐阅读丛书,平装覆膜,16 异,ISBN 978-7-02-013717-6,定价 36.00 元。2019 年 3 月青少版,收入教育部编语文教科书名著导读指定书目,精装,32 异,ISBN 978-7-02-013929-3,定价 39.00 元。2020 年 9 月收入中小学生阅读指导目录,平装,32 异,ISBN 978-7-02-016330-4,定价 36.00 元。(45-12)

12345　百万富翁
〔苏〕G.穆斯塔芬著,凌山译,1953 年 4 月。平装,32 开,书号 27,定价 9,200 元。(45-13)

12346　为和平而斗争
〔苏〕潘菲洛夫著,齐放译,1953 年 5 月。平装,25 开,书号 144,定价 13,500 元。(45-14)

12347　三个穿灰大衣的人
〔苏〕多勃罗沃尔斯基著,余振译,1953 年 5 月。平装,25 开,书号 总 130 单 73,定价 10,000 元。(45-15)

12348　光明普照大地
〔苏〕巴巴耶夫斯基著,赵隆勷译,1953 年 6 月。平装,25 开,书号 总 139 单 80,定价 10,500 元。(45-16)

12349　远离莫斯科的地方(上中下)
〔苏〕阿扎耶夫著,刘辽逸、谢素台译,1953 年 7 月。25 开,书号 120,平装,定价 34,500 元;精装,定价 48,000 元。1958 年 4 月,平装,大 32 开,书号 10019·118,定价 2.75 元。1984 年 7 月,平装,大 32 开,定价 3.20 元。(45-17)

12350　北斗星村
〔苏〕穆萨托夫著,芳信译,1953 年 7 月。平装,25 开,书号 202,定价 11,500 元。(45-18)

12351　金星英雄(上下)
〔苏〕巴巴耶夫斯基著,姚艮译,1953 年 8 月。平装,25 开,书号 200,定价 27,500 元;1953 年 12 月,精装,定价 41,000 元。(45-19)

12352　竖琴
〔苏〕理定等著,鲁迅译,1953 年 8 月。平装,32 开,书号 245,定价 8,800 元。(45-20)

12353　高尔基创作选集
〔苏〕高尔基著,瞿秋白译,1953 年 9 月。平装,25 开,书号 215,定价 11,500 元。1954 年 6 月,平装,大 32 开,定价 14,000 元。(45-21)

12354　斯大林时代的人
〔苏〕鲍·波列伏依著,金人、林秀、张孟恢、刘辽逸译,作家出版社 1953 年 11 月。平装,25 开,书号 作 12,定价 17,500 元。1955 年 8 月,平装,大 32 开,定价 1.37 元。(45-22)

12355　献身
〔苏〕高尔基著,梁冰译,文学初步读物,1953 年 12 月。平装,46 开,书号 270,定价 900 元。(45-23)

12356　贡献
〔苏〕鲍·波列伏依著,刘辽逸、金人译,文学初步读物,1953 年 12 月。平装,46 开,书号 260,定价 800 元。(45-24)

12357　筑路
〔苏〕尼·奥斯特洛夫斯基著,梅益译,文学初步读物,1953 年 12 月。平装,46 开,书号 251,定价 1,000 元。(45-25)

12358　旅顺口(上下)
〔苏〕斯杰泮诺夫著,陈昌浩译,作家出版社 1954 年 3 月。平装,25 开,书号 作 21,定价 40,000 元。(45-26)

12359　时间呀,前进!
〔苏〕卡达耶夫著,林淡秋译,作家出版社 1954 年 5 月。平装,25 开,书号 作 51,定价 14,500 元。(45-27)

12360　被开垦的处女地
〔苏〕肖洛霍夫著,周立波译,作家出版社 1954 年 8 月。大 32 开,书号 作 75,平装,定价 16,000 元;精装,定价 20,000 元。(45-28)

12361　安东诺夫短篇小说选
〔苏〕安东诺夫著,作家出版社 1954 年 9 月。平装,大 32 开,书号 作 71,定价 7,800 元。(45-29)

12362　青年近卫军
〔苏〕法捷耶夫著,水夫译,1954 年 9 月。大 32 开,书号 290,平装,定价 24,000 元;精装,定价 29,000 元。1956 年 8 月,平装,大 32 开,书号 10019·289,定价 2.40 元。1987 年 11 月,平装,大 32 开,ISBN 7-02-000039-8,定价 5.70 元。1988 年 7 月,平装,小 32 开,ISBN 7-02-

000638-8,定价 4.43 元;1992 年 12 月收入北京市教育局少年文库,非卖品,无定价。1994 年 5 月收入世界文学名著文库,精装,大 32 开,ISBN 7-02-001768-1,定价 23.85 元。2004 年 3 月收入名著名译插图本,平装覆膜,国流 32 开,ISBN 7-02-004432-8,定价 30.00 元。2015 年 6 月收入二战记忆,平装,国流 32 开,ISBN 978-7-02-010855-8,定价 45.00 元。(45-30)

12363 阿里杰的末路(上下)
〔苏〕萧穆什金著,刘湖深译,作家出版社 1954 年 12 月。平装,大 32 开,书号 作 84,定价 24,000 元。(45-31)

12364 顿巴斯
〔苏〕戈尔巴托夫著,草婴译,1955 年 1 月。大 32 开,书号 331,平装,定价 18,500 元;精装,定价 2.30 元。1958 年 3 月,平装,大 32 开,书号 10019·329,定价 1.60 元。(45-32)

12365 丹妮亚的露营地
〔苏〕阿扎耶夫著,谢素台译,文学初步读物,1955 年 3 月。平装,46 开,书号 348,定价 0.10 元。(45-33)

12366 误会
〔苏〕肖洛霍夫著,周立波译,文学初步读物,1955 年 3 月。平装,46 开,书号 347,定价 0.13 元。(45-34)

12367 野小鬼
〔苏〕法捷耶夫著,水夫译,文学初步读物,1955 年 3 月。平装,46 开,书号 346,定价 0.12 元。(45-35)

12368 星
〔苏〕卡扎凯维奇著,蒋路译,1955 年 5 月。平装,32 开,书号 389,定价 0.46 元。1958 年 5 月版,平装,32 开,书号 10019·386,定价 0.42 元。(45-36)

12369 磨刀石农庄(第一、二部)
〔苏〕潘菲洛夫著,金人译,1955 年 5 月。大 32 开,书号 363,平装,定价 2.50 元;精装,定价 2.88 元。(45-37)

12370 纳吉宾短篇小说选
〔苏〕纳吉宾著,作家出版社 1955 年 8 月。大 32 开,书号 作 224,平装,定价 1.25 元;精装,定价 1.71 元。(45-38)

12371 母亲
〔苏〕克诺莱著,金人、荣如德译,作家出版社 1955 年 9 月。平装,50 开,书号 作 288,定价 0.18 元。(45-40)

12372 仲夏
〔苏〕奥辛著,斯庸译,作家出版社 1955 年 9 月。平装,50 开,书号 作 263,定价 0.14 元。(45-41)

12373 只不过是爱情
〔苏〕华西列夫斯卡娅著,金人译,1955 年 10 月。平装,32 开,书号 415,定价 0.59 元。1956 年 7 月,平装,32 开,书号 10019·411,定价 0.55 元。(45-42)

12374 伊凡·楚普罗夫的堕落
〔苏〕田德·里亚柯夫著,水夫译,作家出版社 1955 年 10 月。平装,50 开,书号 作 266,定价 0.22 元。(45-43)

12375 广岛姑娘
〔苏〕金罗曼著,王民泉译,作家出版社 1955 年 10 月。平装,32 开,书号 作 343,定价 0.93 元。(45-44)

12376 一把泥土
〔苏〕波列伏依著,陈敬容译,作家出版社 1955 年 11 月。平装,50 开,书号 作 284,定价 0.28 元。(45-45)

12377 生命
〔苏〕葛罗斯曼著,水夫译,作家出版社 1955 年 11 月。平装,50 开,书号 作 319,定价 0.13 元。(45-46)

12378 珍贵无比
〔苏〕伏罗比约夫著,金人等译,作家出版社 1955 年 11 月。平装,32 开,书号 作 298,定价 0.52 元。(45-47)

12379 黄狼皮大衣
〔苏〕盖尔曼著,王家骧、秦顺新译,作家出版社 1955 年 11 月。平装,32 开,书号 作 379,定价 0.26 元。(45-48)

12380 女婿
〔苏〕田德·里亚柯夫著,郁飞译,作家出版社 1955 年 12 月。平装,32 开,书号 作 350,定价 0.40 元。1958 年 7 月,平装,32 开,书号

10020·346,定价0.36元。(45-49)

12381　司机
〔苏〕雷巴柯夫著,岳麟译,作家出版社1955年12月。平装,32开,书号 作342,定价1.26元。1956年5月,平装,大32开,书号10020·338,定价1.10元。(45-50)

12382　萨根的春天
〔苏〕格·古立亚著,成时译,作家出版社1956年4月。平装,32开,书号 作420,定价0.49元。(45-51)

12383　侦察员
〔苏〕良布齐柯夫著,李佑华等译,作家出版社1956年5月。平装,32开,书号 作469,定价0.29元。(45-52)

12384　年老的一代
〔苏〕鲍·别德内依著,费孟英译,作家出版社1956年5月。平装,50开,书号10020·393,定价0.17元。(45-53)

12385　沙漠
〔苏〕纳吉宾·契索夫著,文洁若译,作家出版社1956年5月。平装,50开,书号 作399,定价0.12元。(45-54)

12386　我们时代的人
〔苏〕塞迪克别科夫著,叶冬心译,作家出版社1956年5月。平装,大32开,书号10020·398,定价1.50元。1959年9月人民文学出版社,收入亚非文学丛书,大32开,书号10019·1478,平装,定价1.40元;精装,定价1.95元。(45-55)

12387　大路
〔苏〕伊里英柯夫著,刘颂燕译,作家出版社1956年5月。平装,大32开,书号10020·378,定价1.10元。(45-56)

12388　难分难舍的会见
〔苏〕阿扎耶夫著,刘辽逸、王澍译,作家出版社1956年6月。平装,50开,书号10020·446,定价0.12元。(45-57)

12389　俄罗斯的童话　意大利童话
〔苏〕高尔基著,鲁迅、楼适夷译,1956年6月。大32开,书号10019·475,平装,定价0.95元;精装,定价1.70元。(45-58)

12390　童年
〔苏〕高尔基著,刘辽逸译,1956年6月。大32开,书号440,平装,定价0.95元;精装,定价1.80元。1957年2月,平装,大32开,书号10019·436,定价0.95元。1988年5月,平装,大32开,ISBN 7-02-000286-2,定价2.15元。1988年5月收入北京市教育局少年文库,平装,小32开,ISBN 7-02-000283-8,非卖品,无定价。1996年2月,平装覆膜,大32开,ISBN 7-02-002313-4,定价12.95元。2000年5月收入中学生课外文学名著必读丛书,平装覆膜,大32开,ISBN 7-02-003192-7,定价10.80元。2003年5月收入语文新课标必读丛书,平装覆膜,大32开,ISBN 7-02-004141-8,定价10.80元。2006年6月收入语文新课标必读丛书修订版,平装覆膜,大32开,ISBN 7-02-005700-4,定价11.00元。2008年6月收入语文新课标必读丛书增订版,平装覆膜,大32开,ISBN 978-7-02-007087-9,定价16.00元。2012年6月收入语文新课标必读丛书最新版,平装覆膜,大32开,ISBN 978-7-02-008994-9,定价19.00元。2017年6月收入你长大之前必读的66本书,平装覆膜,16异,ISBN 978-7-02-012006-2,定价27.00元。2018年4月收入插图本名著名译丛书,平装,国流32开,ISBN 978-7-02-013098-6,定价27.00元。2018年5月收入教育部统编《语文》推荐阅读丛书,平装覆膜,16异,ISBN 978-7-02-013739-8,定价30.00元。2019年1月收入高尔基自传体小说,精装,32异,ISBN 978-7-02-014710-6,定价52.00元。2019年12月收入小学语文教材"快乐读书吧"推荐书目,平装覆膜,16异,ISBN 978-7-02-015809-6,定价29.00元。2020年1月插图珍藏版,精装,16异,ISBN 978-7-02-012826-6,定价78.00元。(45-59)

12391　母亲
〔苏〕高尔基著,夏衍译,刘辽逸、许磊然校,1956年6月。大32开,书号10019·474,平装,定价1.40元;精装,定价2.30元。1959年9月收入外国古典文学名著丛书,大32开,平装,定价1.35元;精装,定价2.10元。1962年12月收入高尔基选集,平装,大32开,定价

欧洲现代小说

小说

1.35元。1964年9月收入外国革命文学丛书,平装,大32开,定价1.25元。1987年9月,平装,大32开,ISBN 7-02-000044-4,定价2.75元;1990年8月收入国家教委青年文库,平装,小32开,非卖品,无定价。1999年3月,平装覆膜,大32开,ISBN 7-02-002931-0,定价18.00元。2002年1月收入大学生必读,平装,大32开,ISBN 7-02-003586-8,定价16.00元。2006年1月收入名著名译插图本,平装覆膜,国流32开,ISBN 7-02-005242-8,定价19.00元。(45-60)

12392　在人间
〔苏〕高尔基著,楼适夷译,李必新校,1956年6月。大32开,书号10019·473,平装,定价1.20元;精装,定价2.10元。1988年5月,平装,大32开,ISBN 7-02-000287-0,定价3.10元。1988年5月收入北京市教育局少年文库,平装,小32开,ISBN 7-02-000284-6,非卖品,无定价。1996年2月,平装覆膜,大32开,ISBN 7-02-002314-2,定价18.35元。2018年4月收入插图本名著名译丛书,平装,国流32开,ISBN 978-7-02-013051-1,定价29.00元。2019年1月收入高尔基自传体小说,精装,32异,ISBN 978-7-02-014713-7,定价68.00元。(45-61)

12393　我的大学
〔苏〕高尔基著,陆风译,1956年6月。大32开,书号10019·472,定价0.68元;精装,定价1.50元。1988年5月,平装,大32开,ISBN 7-02-000285-4,定价1.55元。1988年5月收入北京市教育局少年文库,平装,小32开,ISBN 7-02-000282-X,非卖品,无定价。1996年2月,平装覆膜,大32开,ISBN 7-02-002315-0,定价9.95元。2004年10月收入未成年人思想道德建设文学读本,平装覆膜,国流32开,ISBN 7-02-004794-7,定价9.00元。2018年4月收入插图本名著名译丛书,平装,国流32开,ISBN 978-7-02-013100-6,定价21.00元。2019年1月收入高尔基自传体小说,精装,32异,ISBN 978-7-02-014711-3,定价43.00元。(45-62)

12394　在中等水平上

〔苏〕卡里宁著,刘宾雁译,作家出版社1956年6月。平装,50开,书号10020·370,定价0.15元。(45-63)

12395　全心全意
〔苏〕马尔采夫著,张孟恢译,作家出版社1956年7月。平装,大32开,书号10020·421,定价1.70元。(45-64)

12396　第三代
〔苏〕祖巴文著,万方泰译,作家出版社1956年7月。平装,32开,书号10020·487,定价0.44元。(45-65)

12397　女主人
〔苏〕卢卡谢维奇著,金隄译,作家出版社1956年7月。平装,50开,书号10020·357,定价0.13元。(45-66)

12398　拜达尔大门
〔苏〕盖拉西莫娃著,姚承叶、葛崇岳译,作家出版社1956年7月。平装,32开,书号10020·426,定价0.35元。(45-67)

12399　不需要的荣誉
〔苏〕伏罗宁著,秦顺新、白祖芸译,作家出版社1956年7月。平装,32开,书号10020·543,定价0.26元。(45-68)

12400　邻居
〔苏〕特罗耶波尔斯基著,王澍译,作家出版社1956年7月。平装,50开,书号10020·447,定价0.13元。(45-69)

12401　漫长的道路
〔苏〕叶林娜·卡捷尔里著,黎群译,作家出版社1956年11月。平装,大32开,书号10020·545,定价1.40元。(45-70)

12402　真正的人
〔苏〕波列伏依著,磊然译,1956年11月。平装,大32开,书号10019·495,定价1.50元。1983年3月,平装,大32开,定价1.25元。(45-71)

12403　苏菲娅的春天
〔苏〕肖根楚柯夫著,陈文贇译,作家出版社1956年11月。平装,32开,书号10020·575,定价0.40元。(45-72)

12404　静静的顿河(第一部)
〔苏〕肖洛霍夫著,金人译,1956年11月。大

32开,书号10019·459,平装,定价2.00元;精装,定价2.60元。1959年5月收入外国现代文学名著丛书,平装,大32开,定价1.70元;精装,1—4部,定价9.45元。1988年9月,1—4部,大32开,平装,ISBN 7-02-000643-4,定价17.95元。1988年10月,精装,1—4部,ISBN 978-7-02-000647-7,定价31.50元。1993年11月收入世界文学名著文库,精装,大32开,ISBN 7-02-001677-4,定价67.20元。2003年1月收入名著名译插图本,平装覆膜,国流32开,ISBN 7-02-003963-4,定价66.00元。2008年6月收入名著名译插图本精华版,软精,国流32开,ISBN 978-7-02-007143-2,定价86.00元。2015年6月收入名著名译丛书,精装,32异,ISBN 978-7-02-010450-5,定价158.00元。2017年1月收入中国翻译家译丛,精装,16异,ISBN 978-7-02-011237-1,定价166.00元。2020年7月收入插图本名著名译丛书,平装,国流32开,ISBN 978-7-02-013117-4,定价149.00元。(45-73)

12405　初恋
〔苏〕尼·阿塔洛夫著,荣如德译,作家出版社1956年11月。平装,大32开,书号10020·571,定价1.00元。(45-74)

12406　磨刀石农庄(第三部)
〔苏〕潘菲洛夫著,金人译,1956年11月。大32开,书号10019·509,平装,定价1.20元;精装,定价1.70元。(45-75)

12407　拉齐斯短篇小说选
〔苏〕拉齐斯著,项星耀译,作家出版社1956年12月。平装,32开,书号10020·549,定价0.37元。(45-76)

12408　茹尔宾一家人
〔苏〕柯切托夫著,金人译,作家出版社1956年12月。平装,大32开,书号10020·459,定价1.70元。1959年7月人民文学出版社,平装,大32开,书号10019·1316,定价1.50元。(45-77)

12409　短篇小说集
〔苏〕高尔基著,瞿秋白、巴金译,高尔基选集,1956年12月。大32开,书号10019·512,平装,定价1.40元;精装,定价2.20元。(45-78)

12410　阿尔达莫诺夫家的事业
〔苏〕高尔基著,汝龙译,高尔基选集,1957年2月。大32开,书号10019·552,平装,定价1.30元;精装,定价2.10元。1998年5月,平装覆膜,大32开,ISBN 7-02-002627-3,定价14.00元。(45-79)

12411　布雪和她的妹妹们
〔苏〕西莫娜依契捷著,文洁若译,作家出版社1957年2月。平装,大32开,书号10020·629,定价0.90元。(45-80)

12412　克鲁日里哈
〔苏〕潘诺娃著,徐克刚译,作家出版社1957年5月。平装,大32开,书号10020·526,定价1.00元。(45-81)

12413　猎人的故事
〔苏〕阿拉米列夫著,沈凤威等译,作家出版社1957年6月。平装,大32开,书号10020·689,定价1.10元。(45-82)

12414　荣誉
〔苏〕巴希罗夫著,施蛰存、朱文韬译,1957年6月。大32开,书号10019·550,平装,定价1.40元;精装,定价1.80元。(45-83)

12415　列洛
〔苏〕契什维亚著,叶冬心译,1957年6月。平装,大32开,书号10019·609,定价1.40元。(45-84)

12416　母亲
〔苏〕戈洛夫科著,成时译,1957年6月。平装,大32开,书号10019·588,定价0.95元。(45-85)

12417　静静的顿河(第二部)
〔苏〕肖洛霍夫著,金人译,1957年6月。大32开,书号10019·575,平装,定价1.60元;精装,定价2.40元。1959年5月收入外国现代文学名著丛书,平装,大32开,定价1.60元。1980年4月,平装,大32开,定价1.45元。(45-86)

12418　米基达·布拉图斯
〔苏〕冈察尔著,杨立平译,作家出版社1957年7月。平装,32开,书号10020·731,定价0.29元。1959年1月人民文学出版社,平装,50开,

小说

定价0.19元。(45-87)

12419　考验的道路
〔苏〕亚姆波里斯基著,刘颂燕译,作家出版社1957年7月。平装,大32开,书号10020·730,定价1.00元。(45-88)

12420　特罗耶波尔斯基短篇小说选
〔苏〕特罗耶波尔斯基著,王家骧等译,作家出版社1957年7月。平装,32开,书号10020·708,定价0.60元。(45-89)

12421　维尔霍微纳,我们亲爱的故乡
〔苏〕杰维辽夫著,移模译,作家出版社1957年8月。平装,大32开,书号10020·573,定价1.70元。(45-90)

12422　城郊一少年
〔苏〕柯热夫尼科夫著,汪浦译,作家出版社1957年8月。平装,32开,书号10020·664,定价0.38元。(45-91)

12423　一个不知名的姑娘
〔苏〕阿·罗金著,衷维馨、周天霖译,作家出版社1957年8月。平装,32开,书号10020·574,定价0.32元。(45-92)

12424　迦丽亚
〔苏〕布雷尔著,石永礼译,作家出版社1957年8月。半精,小32开,书号10020·524,定价0.22元。(45-93)

12425　巴乌斯托夫斯基选集(上下)
〔苏〕巴乌斯托夫斯基著,文岚、潘安荣译,1957年8月。平装,大32开,书号10019·479,定价2.50元。(45-94)

12426　不是单靠面包
〔苏〕杜金采夫著,作家出版社1957年9月。平装,大32开,书号10020·741,定价3.00元。(45-95)

12427　没有寄出的信
〔苏〕阿捷里·库图依著,曹苏玲译,作家出版社1957年9月。平装,32开,书号10020·754,定价0.25元。(45-96)

12428　巴甫连科短篇小说集
〔苏〕巴甫连科著,赵映书、林雪松等译,作家出版社1957年10月。平装,大32开,书号10020·600,定价0.55元。(45-97)

12429　静静的顿河(第三部)
〔苏〕肖洛霍夫著,金人译,1957年10月。大32开,书号10019·651,平装,定价1.70元;精装,定价2.60元。1959年5月收入外国现代文学名著丛书,平装,大32开,定价1.70元。1980年4月,平装,大32开,定价1.55元。(45-98)

12430　教育诗(第一部)
〔苏〕马卡连柯著,许磊然译,1957年10月。大32开,书号10019·649,平装,定价0.95元;精装,定价1.60元。1959年9月收入外国现代文学名著丛书,大32开,平装,定价0.91元;精装,全三册,定价4.15元。1988年12月,平装覆膜,32开,ISBN 7-02-000438-5,定价3.20元。(45-99)

12431　来自穷乡僻壤的人们
〔苏〕马雷什金著,钱诚、王雨译,1957年11月。大32开,书号10019·660,平装,定价1.50元;精装,定价2.20元。(45-100)

12432　探索者
〔苏〕格拉宁著,岳麟译,1957年11月。平装,大32开,书号10019·666,定价1.70元。(45-101)

12433　恰巴耶夫
〔苏〕富尔曼诺夫著,葆煦译,1957年11月。大32开,书号10019·661,平装,定价1.20元;精装,定价1.90元。(45-102)

12434　苦难的历程(第一部)
〔苏〕阿·托尔斯泰著,朱雯译,1957年11月。大32开,书号10019·656,平装,定价1.30元;精装,定价2.00元。1959年4月收入外国现代文学名著丛书,大32开,平装,定价1.25元;精装,全三册,定价5.65元。1979年10月,平装,大32开,定价1.00元。2006年4月全三册收入名著名译插图本,平装覆膜,国流32开,ISBN 7-02-005381-5,定价52.00元。(45-103)

12435　苦难的历程(第二部)
〔苏〕阿·托尔斯泰著,朱雯译,1957年11月。大32开,书号10019·659,平装,定价1.30元;精装,定价2.00元。1959年5月收入外国现代文学名著丛书,平装,大32开,定价1.25元。1979年10月,平装,大32开,定价1.00

元。(45-104)

12436 静静的顿河(第四部)

〔苏〕肖洛霍夫著,金人译,1957年11月。大32开,书号10019·658,平装,定价2.10元;精装,定价2.90元。1959年5月收入外国现代文学名著丛书,平装,大32开,定价2.05元。1980年4月,平装,大32开,定价1.70元。(45-105)

12437 教育诗(第二部)

〔苏〕马卡连柯著,许磊然译,1957年12月。大32开,书号10019·664,平装,定价0.80元;精装,定价1.50元。1960年4月收入外国现代文学名著丛书,平装,大32开,定价0.77元。1988年12月,平装覆膜,32开,ISBN 7-02-000439-3,定价2.70元。(45-106)

12438 从小要爱护名誉

〔苏〕毕尔文采夫著,林秀译,作家出版社1958年1月。平装,大32开,书号10020·795,定价1.60元。1983年4月人民文学出版社,平装,大32开,书号10019·1467,定价1.45元。(45-107)

12439 联合收割机手

〔苏〕吉洪·茹拉夫略夫著,包于焕、陈克明译,作家出版社1958年3月。平装,32开,书号10020·805,定价0.60元。(45-108)

12440 法兰克福的来信

〔苏〕波列伏依著,崔松龄译,作家出版社1958年4月。平装,32开,书号10020·822,定价0.44元。(45-109)

12441 黑帮

〔苏〕格·古立亚著,田怡译,作家出版社1958年4月。平装,32开,书号10020·837,定价0.50元。(45-110)

12442 不屈的人们

〔苏〕戈尔巴托夫著,水夫译,1958年4月。平装,大32开,书号10019·427,定价0.60元。(45-111)

12443 第四十一

〔苏〕拉甫列涅夫著,曹靖华译,1958年5月。小32开,书号10019·746,平装,定价0.30元;精装,定价0.95元。1985年3月外国文学出版社,署拉夫列尼约夫著,平装,32开,书号

10208·198,定价0.53元。(45-112)

12444 自由先驱

〔苏〕福尔什著,主万译,1958年5月。平装,大32开,书号10019·749,定价1.40元。(45-113)

12445 马特维·克日米亚金的一生

〔苏〕高尔基著,耿济之译,王珍校,高尔基选集,1958年5月。大32开,书号10019·751,平装,定价2.00元;精装,定价2.80元。(45-114)

12446 水泥

〔苏〕革拉特珂夫著,叶冬心译,1958年7月。大32开,书号10019·791,平装,定价1.30元;精装,定价2.10元。1959年4月收入外国现代文学名著丛书,大32开,平装,定价1.25元;精装,定价1.85元。1979年11月,平装,32开,定价0.86元。(45-115)

12447 一周间

〔苏〕尤·里别进斯基著,戴望舒译,1958年7月。平装,32开,书号10019·567,定价0.40元。1962年8月收入文学小丛书,平装,50开,定价0.27元;平装,32异,定价0.43元。(45-116)

12448 熔铁炉

〔苏〕李亚什柯著,金人译,1958年8月。平装,32开,书号10019·801,定价0.49元。1959年4月收入文学小丛书,平装,50开,定价0.33元;32异,定价0.46元。(45-117)

12449 铁甲车

〔苏〕伏·伊万诺夫著,戴望舒译,1958年8月。平装,32开,书号10019·825,定价0.36元。(45-118)

12450 一个人的名字 苏联作家短篇小说选(1951—1954)

1958年9月。平装,大32开,书号10019·850,定价1.45元。(45-119)

12451 苦难的历程(第三部)

〔苏〕阿·托尔斯泰著,朱雯译,1958年9月。大32开,书号10019·843,平装,定价1.55元;精装,定价2.25元。1959年4月收入外国现代文学名著丛书,大32开,平装,定价1.65元。1979年10月,平装,大32开,定价1.25

小说

元。(45-120)

12452　在丛林中
〔苏〕阿拉米列夫著,邱铁耕译,文学小丛书,1958年9月。书号10019·916,平装,50开,定价0.15元;平装,小32开,定价0.22元。(45-121)

12453　烟斗
〔苏〕纳吉宾著,张铁弦译,文学小丛书,1958年9月。书号10019·915,平装,50开,定价0.13元;平装,32开,定价0.19元。(45-122)

12454　克什米尔之歌
〔苏〕拉希多夫著,王家骧、孙玮译,1958年9月。精装,32开,书号10019·986,定价0.29元。(45-123)

12455　和平的保证
〔苏〕伐·索布柯著,蔡芳信、蔡时济译,1958年9月。平装,大32开,书号10019·881,定价1.10元。(45-124)

12456　一本打开的书(第一部)
〔苏〕温·卡维林著,成时译,1958年9月。平装,大32开,书号10019·966,定价1.20元。1984年5月外国文学出版社出版,平装,大32开,书号10208·172,定价1.30元。(45-125)

12457　波罗地海天空
〔苏〕楚柯夫斯基著,范之超译,1958年9月。平装,大32开,书号10019·878,定价1.70元。(45-126)

12458　希望的旗帜——亚美尼亚作家短篇小说选
〔苏〕阿·伊萨克扬等著,荣如德、竺一鸣译,1958年10月。平装,32开,书号10019·967,定价0.62元。(45-127)

12459　成吉思汗
〔苏〕瓦扬著,邵循岱译,1958年10月。平装,大32开,书号10019·875,定价1.20元。(45-128)

12460　伊则吉尔老婆子
〔苏〕高尔基著,巴金等译,文学小丛书,1958年10月。平装,小32开,书号10019·913,定价0.22元。1959年4月,平装,50开,定价0.16元。(45-129)

12461　我的青年朋友们
〔苏〕斯米尔诺夫·切尔凯佐夫著,李未青译,1958年11月。平装,32开,书号10019·877,定价0.69元。(45-130)

12462　爱情——土库曼作家短篇小说选
〔苏〕萨雷哈诺夫等著,刘连增、王士燮、张家章译,1958年11月。平装,32开,书号10019·1021,定价0.25元。(45-131)

12463　永远不落的太阳
〔苏〕玛美德汉雷等著,谢祖钧、容威译,1958年11月。平装,32开,书号10019·999,定价0.25元。(45-132)

12464　在荒地
〔苏〕穆坎诺夫等著,衷维昭、草云、船甲译,1958年11月。平装,32开,书号10019·1022,定价0.26元。(45-133)

12465　潜水艇员
〔苏〕诺维科夫·普利波依著,包之静译,1958年11月。平装,32开,书号10019·880,定价0.41元。(45-134)

12466　大果园　巴什基里亚作家短篇小说选
〔苏〕阿米里等著,张白等译,1958年11月。平装,32开,书号10019·1023,定价0.28元。(45-135)

12467　一本打开的书(第二部)
〔苏〕温·卡维林著,成时译,1958年12月。平装,大32开,书号10019·1043,定价1.10元。1984年5月外国文学出版社出版,平装,大32开,书号10208·173,定价1.20元。(45-136)

12468　时间呀,前进!
〔苏〕卡达耶夫著,林淡秋译,万方泰校,1958年12月,平装,大32开,书号10019·1039,定价1.15元。1959年11月收入外国现代文学名著丛书,大32开,平装,定价1.15元;精装,定价1.80元。(45-137)

12469　春
〔苏〕安东诺夫著,刘辽逸译,文学初步读物,作家出版社1958年12月。平装,46开,书号10020·1097,定价0.08元。(45-138)

12470　来信
〔苏〕波列伏依著,文学初步读物,作家出版社1958年12月。平装,46开,书号10020·

696

1071,定价 0.08 元。(45-139)

12471 渔民之子

〔苏〕拉齐斯著,岳麟译,1958 年 12 月。平装,大 32 开,书号 10019·1161,定价 1.70 元。(45-140)

12472 老麦梅尔到底胜利了

〔苏〕雷特海乌著,简小玄、定九译,文学小丛书,1958 年 12 月。平装,50 开,书号 10019·1149,定价 0.18 元。(45-141)

12473 两个女伴

〔苏〕波列伏依著,金人、林秀、张孟恢译,文学小丛书,1958 年 12 月。平装,50 开,书号 10019·1100,定价 0.16 元。(45-142)

12474 认识了齐什科夫

〔苏〕尼林著,谭宝慈译,1959 年 1 月。平装,32 开,书号 10019·1060,定价 0.23 元。(45-143)

12475 绿光

〔苏〕列·索波列夫著,金隄译,1959 年 4 月。平装,大 32 开,书号 10019·1202,定价 0.73 元。(45-144)

12476 教育诗(第三部)

〔苏〕马卡连柯著,许磊然译,1959 年 4 月。大 32 开,书号 10019·1201,平装,定价 0.94 元;精装,定价 1.55 元。1960 年 4 月收入外国现代文学名著丛书,平装,大 32 开,定价 1.00 元。1988 年 12 月,平装覆膜,小 32 开,ISBN 7-02-000440-7,定价 3.35 元。(45-145)

12477 福玛·高尔杰耶夫

〔苏〕高尔基著,绮雨译,高尔基选集,1959 年 6 月。大 32 开,书号 10019·1153,平装,定价 1.15 元;精装,定价 2.10 元。(45-146)

12478 在蒲雅诺夫卡

〔苏〕札雷金著,刘季星译,1959 年 7 月。平装,32 开,书号 10019·1325,定价 0.54 元。(45-147)

12479 船长与大尉(上下)

〔苏〕温·卡维林著,于光译,陈文贲校,1959 年 7 月。平装,大 32 开,书号 10019·1323,定价 2.55 元。1982 年 12 月外国文学出版社,平装,大 32 开,书号 10208·704,定价 2.60 元。(45-148)

12480 走向新岸

〔苏〕拉齐斯著,朱葆光等译,外国现代文学名著丛书,1959 年 12 月。平装,大 32 开,书号 10019·1212,定价 2.30 元。(45-149)

12481 奥德河上的春天

〔苏〕卡扎凯维奇著,岳麟译,1959 年 12 月。平装,大 32 开,书号 10019·1445,定价 1.75 元。(45-150)

12482 死结

〔苏〕田德里亚柯夫著,荣如德、竺一鸣译,1959 年 12 月。平装,大 32 开,书号 10019·1024,定价 1.05 元。(45-151)

12483 扎波里叶村的玛莎

〔苏〕革拉特珂夫著,项星耀译,文学初步读物,作家出版社 1960 年 1 月。平装,46 开,书号 10020·1248,定价 0.09 元。(45-152)

12484 在教养院里

〔苏〕马卡连柯著,许磊然译,文学初步读物,作家出版社 1960 年 1 月。平装,46 开,书号 10020·1196,定价 0.11 元。(45-153)

12485 补课

〔苏〕杰维辽夫著,移模译,文学初步读物,作家出版社 1960 年 1 月。平装,46 开,书号 10020·1247,定价 0.13 元。(45-154)

12486 没用人的一生

〔苏〕高尔基著,夏衍译,高尔基选集,1960 年 2 月。大 32 开,书号 10019·1524,平装,定价 0.81 元;精装,定价 1.35 元。(45-155)

12487 三人

〔苏〕高尔基著,伊信译,高尔基选集,1960 年 2 月。大 32 开,书号 10019·1525,平装,定价 1.10 元;精装,定价 1.65 元。(45-156)

12488 继承人

〔苏〕阿列克塞耶夫著,万紫译,1960 年 2 月。大 32 开,书号 10019·1541,平装,定价 0.78 元;精装,定价 1.30 元。(45-157)

12489 童年的故事

〔苏〕菲·革拉特珂夫著,叶冬心译,1960 年 2 月。大 32 开,书号 10019·1540,平装,定价 1.95 元;精装,定价 2.40 元。(45-158)

12490 当河水汇流的时候

〔苏〕勃罗夫卡著,孙广英译,1960 年 2 月。大

32 开，书号 10019·1543，平装，定价 1.25 元；精装，定价 1.75 元。(45-159)

12491　磨刀石农庄(第四部)
〔苏〕潘菲洛夫著，金人译，1960 年 5 月。平装，大 32 开，书号 10019·1558，定价 1.40 元。(45-160)

12492　早年的欢乐
〔苏〕费定著，左海译，作家出版社 1961 年 9 月。大 32 开，书号 10020·1516，平装，定价 1.35 元；精装，定价 1.85 元。1983 年 2 月人民文学出版社，收入费定选集，平装，大 32 开，书号 10019·3410，定价 1.25 元。(45-161)

12493　不平凡的夏天(上下)
〔苏〕费定著，主万译，作家出版社 1961 年 9 月。大 32 开，书号 10020·1517，平装，定价 2.40 元；精装，定价 3.45 元。1983 年 2 月人民文学出版社，加署叶冬心校，收入费定选集，平装，大 32 开，书号 10019·3411，定价 2.30 元。(45-162)

12494　叶尔绍夫兄弟
〔苏〕柯切托夫著，龚桐、荣如德译，作家出版社 1961 年 10 月。大 32 开，书号 10020·1533，平装，定价 1.65 元；精装，定价 2.15 元。1982 年 10 月外国文学出版社，平装，小 32 开，书号 10208·113，定价 1.35 元。(45-163)

12495　感伤的罗曼史
〔苏〕潘诺娃著，苏群译，作家出版社 1961 年 10 月。平装，大 32 开，书号 10020·1532，定价 0.75 元。(45-164)

12496　大后方
〔苏〕波列伏依著，孙广英译，作家出版社 1961 年 10 月。大 32 开，书号 10020·1531，平装，定价 1.85 元；精装，定价 2.35 元。(45-165)

12497　被开垦的处女地(二)
〔苏〕肖洛霍夫著，草婴译，作家出版社 1961 年 10 月。平装，大 32 开，书号 10020·1524，定价 1.25 元。(45-166)

12498　沸腾的车间
〔苏〕波列伏依著，莫野、谢祖钧译，作家出版社 1961 年 11 月。大 32 开，书号 10020·1535，平装，定价 0.95 元；精装，定价 1.45 元。(45-167)

12499　迎风
〔苏〕卡赞切夫著，邱铁耕、葛林译，作家出版社 1961 年 12 月。32 开，书号 10020·1552，平装，定价 0.65 元；精装，定价 1.10 元。(45-168)

12500　人血不是水
〔苏〕斯捷尔玛赫著，文颖译，作家出版社 1961 年 12 月。大 32 开，书号 10020·1537，平装，定价 1.15 元；精装，定价 1.65 元。(45-169)

12501　被开垦的处女地(一)
〔苏〕肖洛霍夫著，草婴译，作家出版社 1962 年 6 月。大 32 开，书号 10020·1576，定价 1.10 元。(45-170)

12502　州委书记(上下)
〔苏〕柯切托夫著，孙广英等译，作家出版社 1962 年 9 月。平装，大 32 开，书号 10020·1592，定价 1.90 元。1982 年 9 月外国文学出版社，平装，大 32 开，书号 10208·108，定价 1.95 元。(45-171)

12503　生者与死者
〔苏〕康·西蒙诺夫著，谢素台等译，作家出版社 1962 年 12 月。平装，大 32 开，书号 10020·1619，定价 1.75 元。1988 年 3 月外国文学出版社，平装覆膜，大 32 开，ISBN 7-5016-0010-4，定价 4.75 元。(45-172)

12504　黑面包干
〔苏〕叶·德拉伯金娜著，王晓灵、叶冬心译，作家出版社 1962 年 12 月。平装，大 32 开，书号 10020·1603，定价 1.20 元。(45-173)

12505　克里姆·萨姆金的一生(第一部)
〔苏〕高尔基著，金人译，高尔基选集，1962 年 12 月。平装，大 32 开，书号 10019·1673，定价 2.15 元。(45-174)

12506　解冻(第一部)
〔苏〕爱伦堡著，沈江、钱诚译，作家出版社 1963 年 1 月。内部发行。平装，32 开，书号 10020·1628，定价 0.55 元。(45-175)

12507　伊凡·杰尼索维奇的一天
〔苏〕索尔仁尼津著，斯人译，作家出版社 1963 年 2 月。内部发行。平装，32 开，书号 10020·1631，定价 0.51 元。(45-176)

12508　克里姆·萨姆金的一生(第二部)

〔苏〕高尔基著,金人译,高尔基选集,1963年5月。平装,大32开,书号10019·1733,定价2.35元。(45-177)

12509 骑士
〔苏〕尤里·雅诺夫斯基著,陈复庵译,作家出版社1963年6月。平装,32开,书号10020·1671,定价0.38元。(45-178)

12510 最后一个乌兑格人
〔苏〕法捷耶夫著,磊然译,1963年10月。大32开,书号10019·1752,平装,定价2.10元;精装,定价2.65元。(45-179)

12511 妇女的道路
〔苏〕别列卓夫斯基著,杨永、许存龙译,作家出版社1963年10月。大32开,书号10020·1687,平装,定价1.20元;精装,定价1.65元。(45-180)

12512 带星星的火车票
〔苏〕瓦·阿克肖诺夫著,王平译,作家出版社1963年10月。平装,32开,书号10020·1703,定价0.68元。2006年7月收入20世纪外国名家精品插图本,平装覆膜,国流32开,ISBN 7-02-005561-3,定价15.00元。(45-181)

12513 解冻(第二部)
〔苏〕爱伦堡著,钱诚译,作家出版社1963年11月。内部发行。平装,32开,书号10020·1711,定价0.97元。(45-182)

12514 克里姆·萨姆金的一生(第三部)
〔苏〕高尔基著,金人译,高尔基选集,1964年2月。平装,大32开,书号10019·1753,定价1.55元。(45-183)

12515 战争的回声
〔苏〕安·卡里宁著,家骧、晓宁译,作家出版社1964年2月。平装,32开,书号10020·1744,定价0.52元。(45-184)

12516 传说的继续
〔苏〕安·库兹涅佐夫著,白祖芸译,作家出版社1964年2月。平装,32开,书号10020·1747,定价1.25元。(45-185)

12517 大量的矿石
〔苏〕符拉基莫夫著,孙广英译,作家出版社1964年2月。平装,32开,书号10020·1739,定价0.80元。(45-186)

12518 这位是巴鲁耶夫
〔苏〕柯热夫尼科夫著,苍松译,作家出版社1964年4月。平装,32开,书号10020·1756,定价1.95元。(45-187)

12519 索尔仁尼津短篇小说集
〔苏〕索尔仁尼津著,孙广英译,作家出版社1964年10月。平装,32开,书号10020·1802,定价1.10元。(45-188)

12520 艾伊特玛托夫小说集
〔苏〕艾伊特玛托夫著,陈韶廉译,作家出版社1965年1月。平装,32开,书号10020·1813,定价2.45元。(45-189)

12521 苏联青年作家小说集(上下)
作家出版社1965年1月。平装,32开,书号10020·1814,定价3.30元。(45-190)

12522 我们生活在这儿
〔苏〕弗·沃依诺维奇著,程代熙译,作家出版社1965年6月。平装,32开,书号10020·1845,定价0.73元。(45-191)

12523 小铃铛
〔苏〕奥·冈察尔著,王平译,作家出版社1965年7月。平装,小32开,书号10020·1853,定价2.10元。1984年12月外国文学出版社,平装,小32开,书号10208·187,定价1.95元。(45-192)

12524 自由人
〔苏〕菲·革拉特珂夫著,叶冬心译,1965年7月。大32开,书号10019·1787,平装,定价2.00元;精装,定价2.50元。(45-193)

12525 亲身经历的故事
〔苏〕鲍·季亚科夫著,南生译,作家出版社1965年11月。平装,32开,书号10020·1874,定价1.30元。(45-194)

12526 蓝笔记本 附:仇敌
〔苏〕卡扎凯维奇著,南生等译,作家出版社1966年3月。平装,32开,书号10020·1880,定价0.72元。(45-195)

12527 母亲
〔苏〕高尔基著,南凯译,1973年6月。平装,大32开,书号10019·474,定价1.03元。(45-196)

12528　人间
〔苏〕高尔基著，汝龙译，1975 年 11 月。平装，大 32 开，书号 10019·2309，定价 1.05 元。(45-197)

12529　阿穆尔河的里程
〔苏〕尼·纳沃洛奇金著，江峨译，1976 年 3 月。平装，32 开，书号 10019·2327，定价 1.40 元。(45-198)

12530　蓝色的闪电
〔苏〕阿·库列绍夫著，伍桐译，1976 年 4 月。内部发行。平装，小 32 开，书号 10019·2300，定价 1.10 元。(45-199)

12531　钢铁是怎样炼成的
〔苏〕奥斯特洛夫斯基著，黑龙江大学俄语系翻译组、俄语系 72 级工农兵学员译，1976 年 12 月。平装，小 32 开，书号 10019·2421，定价 1.20 元。(45-200)

12532　木戈比 附精力旺盛的人们
〔苏〕谢尔盖·沃罗宁、瓦西里·舒克申著，粟周熊、高昶、樊岫岩译，1976 年 12 月。内部发行。平装，小 32 开，书号 10019·2413，定价 0.52 元。(45-201)

12533　滨河街公寓
〔苏〕尤·特里丰诺夫著，联翼、范岩译，1978 年 7 月。平装，小 32 开，书号 10019·2554，定价 0.59 元。1983 年 2 月外国文学出版社，署名王燎、蓝英年译，当代外国文学丛书，平装，小 32 开，书号 10208·120，定价 0.50 元。(45-202)

12534　岸
〔苏〕尤里·邦达列夫著，南京大学外文系欧美文化研究室译，1978 年 8 月。平装，32 开，书号 10019·2624，定价 1.55 元。1986 年 8 月外国文学出版社，署名索熙译，磊然、天士校，当代外国文学丛书，平装，32 开，书号 10208·236，定价 3.10 元。1998 年 10 月收入二十世纪外国文学丛书，平装覆膜，大 32 开，ISBN 7-5016-0146-1，定价 20.50 元。(45-203)

12535　白比姆黑耳朵
〔苏〕特罗耶波尔斯基著，苏玲、粟周熊、李文原译，1978 年 8 月。平装，小 32 开，书号 10019·2660，定价 0.82 元。1979 年 10 月外国文学出版社，收入当代外国文学丛书，平装，小 32 开，书号 10208·13，定价 0.55 元。1993 年 11 月收入狗故事名作集锦，平装覆膜，32 异，ISBN 7-5016-0134-8，定价 4.60 元。1999 年 5 月人民文学出版社，收入世界儿童文学丛书，平装覆膜，小 32 开，ISBN 7-02-002947-7，定价 10.70 元。2006 年 1 月收入人狗情丛书，平装覆膜，国流 32 开，ISBN 7-02-005415-3，定价 17.00 元。(45-204)

12536　毁灭
〔苏〕法捷耶夫著，磊然译，1978 年 9 月。平装，小 32 开，书号 10019·2656，定价 0.47 元。1984 年 9 月收入文学小丛书，平装，小 32 开，定价 0.65 元。1993 年 2 月，平装覆膜，小 32 开，ISBN 7-02-001506-9，定价 3.45 元。2002 年 7 月，平装覆膜，大 32 开，ISBN 7-02-003761-5，定价 9.80 元。(45-205)

12537　高尔基早期作品选
〔苏〕高尔基著，巴金、伊信、戈宝权译，文学小丛书，1978 年 12 月。平装，32 异，书号 10019·2691，定价 0.21 元。(45-206)

12538　绝望
〔苏〕伊·叶先别林著，潘同珑、曹中德译，1978 年 12 月。内部发行。平装，32 开，书号 10019·2622，定价 1.25 元。(45-207)

12539　正午的暮色（一、二）
〔苏〕达·克拉米诺夫著，吴佑、王蕴译，1978 年 12 月。内部发行。平装，32 开，书号 10019·2587，定价 2.65 元。(45-208)

12540　奇特的一生
〔苏〕格拉宁著，侯焕闳、唐其慈译，外国文学出版社 1979 年 9 月。平装，小 32 开，书号 10208·3，定价 0.37 元。1983 年 10 月收入当代外国文学丛书，平装，小 32 开，定价 0.37 元。(45-209)

12541　贝科夫小说选
〔苏〕瓦西里·贝科夫著，吉林大学外文系俄文教研室文学翻译小组、李树森译，当代外国文学丛书，1980 年 2 月。平装，32 开，书号 10208·2，定价 1.05 元。(45-210)

12542　高尔基短篇小说选
〔苏〕高尔基著，瞿秋白、巴金、耿济之、伊信译，外国文学名著丛书,外国文学出版社 1980 年 4 月。平装,大 32 开,书号 10019·2391,定价 1.40 元。(45-211)

12543 艾特玛托夫小说集(上)
〔苏〕艾特玛托夫著,力冈、胡平译,当代外国文学丛书,外国文学出版社 1980 年 7 月。平装,32 开,书号 10208·28,定价 1.15 元。(45-212)

12544 培养部长的学校
〔苏〕柯列斯尼科夫著,周爱琦等译,当代外国文学丛书,1980 年 12 月。平装,32 开,书号 10208·37,定价 1.60 元。(45-213)

12545 暴风雨的儿女
〔苏〕奥斯特洛夫斯基著,纪欣译,1981 年 5 月。平装,大 32 开,书号 10019·3144,定价 0.77 元。(45-214)

12546 艾特玛托夫小说集(下)
〔苏〕艾特玛托夫著,冯加等译,当代外国文学丛书,外国文学出版社 1981 年 9 月。平装,32 开,书号 10208·58,定价 1.25 元。(45-215)

12547 篝火
〔苏〕费定著,叶冬心译,费定选集,1981 年 8 月。平装,大 32 开,书号 10019·3166,定价 1.50 元。(45-216)

12548 大传送带
〔苏〕雅·伊林著,万方泰译,外国文学出版社 1981 年 9 月。平装,32 开,书号 10208·63,定价 1.25 元。(45-217)

12549 苏联当代小说选
北京师范大学苏联文学研究所编选,当代外国文学丛书,外国文学出版社 1980 年 10 月。平装,32 开,书号 10208·67,定价 1.25 元。(45-218)

12550 恰巴耶夫
〔苏〕富尔曼诺夫著,郑泽生等译,二十世纪外国文学丛书,外国文学出版社 1981 年 12 月。平装,大 32 开,书号 10208·73,定价 1.45 元。1998 年 5 月,平装覆膜,大 32 开,ISBN 7-5016-0145-3,定价 15.80 元。(45-219)

12551 青春常在
〔苏〕柯切托夫著,佟轲译,当代外国文学丛书,外国文学出版社 1982 年 1 月。平装,32 开,书号 10208·82,定价 1.45 元。(45-220)

12552 荒乱年代
〔苏〕革拉特珂夫著,叶冬心译,1982 年 4 月。平装,大 32 开,书号 10019·3288,定价 1.35 元。(45-221)

12553 拉斯普京小说选
〔苏〕拉斯普京著,王乃倬等译,当代外国文学丛书,外国文学出版社 1982 年 1 月。平装,32 开,书号 10208·81,定价 1.55 元。(45-222)

12554 永恒的规律 附:白旗
〔苏〕顿巴泽著,程文、梁再宏译,当代外国文学丛书,外国文学出版社 1982 年 5 月。平装,32 开,书号 10208·95,定价 1.20 元。(45-223)

12555 舒克申短篇小说选
〔苏〕舒克申著,刘宗次编选,当代外国文学丛书,外国文学出版社 1983 年 3 月。平装,小 32 开,书号 10208·128,定价 1.15 元。(45-224)

12556 一幅画
〔苏〕格拉宁著,张秉衡译,当代外国文学丛书,外国文学出版社 1983 年 11 月。平装,小 32 开,书号 10208·161,定价 1.30 元。(45-225)

12557 艾特玛托夫小说选
〔苏〕艾特玛托夫著,力冈、冯加译,二十世纪外国文学丛书,外国文学出版社 1984 年 2 月。平装,大 32 开,书号 10208·167,定价 1.25 元。1998 年 10 月,书名《查密莉雅》,平装覆膜,大 32 开,ISBN 7-5016-0147-X,定价 16.50 元。(45-226)

12558 一本打开的书(第三部)
〔苏〕卡维林著,唐其慈译,外国文学出版社 1984 年 2 月。平装,大 32 开,书号 10208·171,定价 0.90 元。(45-227)

12559 七十年代苏联青年作家小说选
邓蜀平编选,当代外国文学丛书,外国文学出版社 1985 年 1 月。平装,小 32 开,书号 10208·196,定价 2.80 元。(45-228)

12560 我的包着红头巾的小白杨
〔苏〕艾特玛托夫著,胡平等译,文学小丛书,1985 年 3 月。平装,小 32 开,书号 10019·3757,定价 1.20 元。(45-229)

12561 你的朝霞
〔苏〕冈察尔著,佟轲、哈吉、范娟译,外国文学

出版社 1985 年 4 月。平装，小 32 开，书号 10208·203，定价 2.60 元。(45-230)

12562 面向未来

〔苏〕格·马尔科夫著，张秉衡译，当代外国文学丛书，外国文学出版社 1986 年 1 月。平装，小 32 开，书号 10208·220，定价 2.40 元。(45-231)

12563 美女

〔苏〕阿·托尔斯泰著，贝珊译，外国文学小丛书，1986 年 9 月。平装，32 异，书号 10019·3987，定价 1.10 元。(45-232)

12564 单恋

〔苏〕高尔基著，巴金、谭得伶译，外国文学小丛书，1986 年 6 月。平装，32 异，书号 10019·3966，定价 0.64 元。(45-233)

12565 湖畔奏鸣曲

〔苏〕埃泽拉著，程文译，当代外国文学丛书，外国文学出版社 1986 年 7 月。平装，小 32 开，书号 10208·234，定价 1.85 元。(45-234)

12566 艾特玛托夫小说集(中)

〔苏〕艾特玛托夫著，王蕴忠等译，当代外国文学丛书，外国文学出版社 1986 年 8 月。平装，小 32 开，书号 10208·239，定价 2.10 元。(45-235)

12567 彼得大帝(上下)

〔苏〕阿·托尔斯泰著，朱雯译，1986 年 10 月。平装，大 32 开，书号 10019·4007，定价 7.20 元。1992 年 5 月收入二十世纪外国文学丛书，平装覆膜，大 32 开，ISBN 7-5016-0123-2，定价 17.70 元。1998 年 3 月，平装覆膜，大 32 开，ISBN 7-02-002628-1，定价 46.00 元。2006 年 4 月收入名著名译插图本，平装覆膜，国流 32 开，ISBN 7-02-005382-3，定价 48.00 元。2019 年 9 月，平装，16 异，ISBN 978-7-02-015029-8，定价 88.00 元。(45-236)

12568 大师和玛格丽特

〔苏〕布尔加科夫著，钱诚译，外国文学出版社 1987 年 5 月。平装，小 32 开，书号 10208·251，定价 2.95 元。1999 年 2 月收入二十世纪外国文学丛书，平装覆膜，大 32 开，ISBN 7-5016-0165-8，定价 20.50 元。2004 年 6 月人民文学出版社，收入名著名译插图本，平装覆膜，国流 32 开，ISBN 7-02-004441-7，定价 21.00 元。2008 年 6 月收入名著名译插图本精华版，软精，国流 32 开，ISBN 978-7-02-007146-3，定价 22.00 元。2013 年 4 月收入企鹅经典丛书，平装，32 异，ISBN 978-7-02-009710-4，定价 29.00 元。2016 年 10 月收入名著名译丛书，精装，32 异，ISBN 978-7-02-011590-7，定价 36.00 元。(45-237)

12569 日瓦戈医生

〔苏〕帕斯捷尔纳克著，蓝英年、张秉衡译，外国文学出版社 1987 年 1 月。平装，小 32 开，书号 10208·246，定价 3.30 元。2006 年 1 月人民文学出版社，收入名著名译插图本，平装覆膜，国流 32 开，ISBN 7-02-005308-4，定价 28.00 元。2008 年 6 月收入名著名译插图本精华版，软精，国流 32 开，ISBN 978-7-02-007155-5，定价 29.00 元。(45-238)

12570 上诉理由

〔苏〕阿·茹科夫等著，王士燮等译，外国文学出版社 1987 年 7 月。平装，小 32 开，书号 10208·260，定价 2.55 元。(45-239)

12571 人生舞台

〔苏〕尤·邦达列夫著，王燎译，当代外国文学丛书，外国文学出版社 1987 年 8 月。平装，小 32 开，书号 10208·267，定价 1.95 元。(45-240)

12572 教研室风波

〔苏〕伊·格列科娃著，王俊义译，当代外国文学丛书，外国文学出版社 1987 年 6 月。平装，小 32 开，书号 10208·269，定价 2.15 元。(45-241)

12573 他们何其相似 附：荡秋千的男孩

〔苏〕奥加涅索夫著，路芃、石敏译，文学故事丛书，1987 年 10 月。平装，小 32 开，书号 10019·4164，定价 2.05 元。(45-242)

12574 断头台

〔苏〕艾特玛托夫著，冯加译，当代外国文学丛书，外国文学出版社 1987 年 12 月。平装，小 32 开，书号 10208·279，定价 2.25 元。(45-243)

12575 爱的故事

〔苏〕高尔基著，巴金译，外国文学小丛书，1988

年7月。平装,32异,书号10019·4261,ISBN 7-02-000238-2,定价1.35元。(45-244)

12576　旋风少校
〔苏〕尤·谢苗诺夫著,王步丞、刘引梅、张福生译,当代外国文学丛书,外国文学出版社1989年1月。平装,小32开,ISBN 7-5016-0034-1,定价3.60元。(45-245)

12577　骨肉情——苏联当代中短篇小说选
1988年12月。平装覆膜,大32开,ISBN 7-02-000341-9,定价5.70元。(45-246)

12578　新的任命
〔苏〕亚·别克著,崔永昌、蒋仲鲸译,当代外国文学丛书,外国文学出版社1989年10月。平装,小32开,ISBN 7-5016-0076-7,定价2.85元。(45-247)

12579　一个外币女郎的自述
〔苏〕库宁著,郑耀华、罗萍译,外国文学出版社1989年12月。平装覆膜,小32开,ISBN 7-5016-0073-2,定价2.00元。(45-248)

12580　强盗
〔苏〕别祖格洛夫著,吴为译,当代外国文学丛书,外国文学出版社1991年1月。平装,小32开,ISBN 7-5016-0067-8,定价5.25元。(45-249)

12581　母亲　短篇作品选
〔苏〕高尔基著,夏衍等译,世界文学名著文库,1994年5月。精装,大32开,ISBN 7-02-001770-3,定价24.45元。(45-250)

12582　童年　在人间　我的大学
〔苏〕高尔基著,刘辽逸、楼适夷、陆风译,世界文学名著文库,1994年11月。精装,大32开,ISBN 7-02-001842-4,定价25.05元。2003年1月收入名著名译插图本,平装覆膜,国流32开,ISBN 7-02-004023-3,定价26.00元。2008年6月收入名著名译插图本精华版,软精,国流32开,ISBN 978-7-02-007091-6,定价33.00元。(45-251)

12583　苦难历程(上下)
〔苏〕阿·托尔斯泰著,王士燮译,世界文学名著文库,1997年11月。精装,大32开,ISBN 7-02-002415-7,定价54.60元。(45-252)

12584　马特洛索夫(普通一兵)
〔苏〕帕·茹尔巴著,程文译,1998年10月。平装覆膜,大32开,ISBN 7-02-002548-X,定价18.00元。2016年3月,书名《普通一兵》,平装覆膜,国流32开,ISBN 978-7-02-011291-3,定价39.00元。(45-253)

12585　告别马焦拉
〔俄罗斯〕瓦·拉斯普京著,董立武等译,二十世纪外国文学丛书,外国文学出版社1999年2月。平装覆膜,大32开,ISBN 7-5016-0162-3,定价19.20元。(45-255)

12586　第四十一个
〔苏〕拉夫列尼约夫著,曹靖华、刘开华译,2000年1月。平装覆膜,大32开,ISBN 7-02-003083-1,定价13.20元。(45-259)

12587　"百事"一代
〔俄罗斯〕维·佩列文著,刘文飞译,2001年1月。平装覆膜,大32开,ISBN 7-02-003362-8,定价15.00元。(45-260)

12588　一个人的遭遇
〔苏〕肖洛霍夫著,草婴译,2001年6月。平装覆膜,大32开,ISBN 7-02-003489-6,定价20.00元。2015年7月收入二战记忆,平装,国流32开,ISBN 978-7-02-010873-2,定价38.00元。2020年4月收入外国文学名著丛书,精装,大32开,ISBN 978-7-02-015847-8,定价59.00元。(45-263)

12589　地下人,或当代英雄
〔俄罗斯〕马卡宁著,田大畏译,当代外国文学丛书,外国文学出版社2002年1月。平装覆膜,大32开,ISBN 7-5016-0187-9,定价29.80元。(45-264)

12590　二十世纪外国短篇小说编年　俄苏卷(上下)
李政文选编,2002年3月。平装,国流32开,ISBN 7-02-003468-3,定价45.00元。(45-265)

12591　船长与大尉(上下)
〔苏〕卡维林著,于光译,二十世纪外国文学丛书,外国文学出版社2002年6月。平装覆膜,大32开,ISBN 7-5016-0175-5,定价38.00元。(45-266)

12592　生——瓦尔拉莫夫小说集

〔俄罗斯〕瓦尔拉莫夫著,余一中译,当代外国文学丛书,外国文学出版社 2002 年 1 月。平装覆膜,大 32 开,ISBN 7-5016-0182-8,定价 19.80 元。(45-267)

12593　百慕大三角
〔俄罗斯〕邦达列夫著,闫洪波译,当代外国文学丛书,外国文学出版社 2002 年 1 月。平装覆膜,大 32 开,ISBN 7-5016-0189-5,定价 16.80 元。(45-268)

12594　幻象——拉斯普京新作选
〔俄罗斯〕拉斯普京著,任光宣、刘文飞译,2004 年 2 月。平装覆膜,大 32 开,ISBN 7-02-004358-5,定价 23.00 元。(45-269)

12595　黑炸药先生
〔俄罗斯〕亚·普罗哈诺夫著,刘文飞译,21 世纪年度最佳外国小说,2003 年 12 月。32 异,平装,ISBN 7-02-004381-X,定价 32.00 元;精装,ISBN 7-02-004382-8,定价 37.00 元。(45-270)

12596　骑兵军 插图本
〔苏〕巴别尔著,戴骢译,2004 年 9 月。平装,16 异,ISBN 7-02-004778-5,定价 25.00 元。2005 年 5 月,全译插图本,信息相同。2012 年 5 月收入企鹅经典丛书,书名《红色骑兵军》,平装,32 异,ISBN 978-7-02-009119-5,定价 20.00 元。(45-273)

12597　伊万的女儿,伊万的母亲
〔俄罗斯〕瓦·拉斯普京著,石南征译,21 世纪年度最佳外国小说,2005 年 1 月。国流 32 开,平装覆膜,ISBN 7-02-005064-6,定价 17.00 元;精装,ISBN 7-02-005065-4,定价 26.00 元。(45-274)

12598　无望的逃离
〔俄罗斯〕尤·波里亚科夫著,张建华译,21 世纪年度最佳外国小说,2002 年 12 月。32 异,平装,ISBN 7-02-004043-8,定价 28.00 元;精装,ISBN 7-02-004098-5,定价 37.00 元。(45-275)

12599　一个人的遭遇
〔苏〕肖洛霍夫等著,草婴等译,纪念中国人民抗日战争暨世界反法西斯战争胜利 60 周年丛书,2005 年 5 月。平装覆膜,国流 32 开,ISBN 7-02-005144-8,定价 15.00 元。(45-276)

12600　萨什卡
〔苏〕康德拉季耶夫著,袁玉德、杨岱勤、宋东方译,纪念中国人民抗日战争暨世界反法西斯战争胜利 60 周年丛书,2005 年 5 月。平装覆膜,国流 32 开,ISBN 7-02-005145-6,定价 13.00 元。(45-277)

12601　一寸土
〔苏〕巴克兰诺夫著,良少年译,纪念中国人民抗日战争暨世界反法西斯战争胜利 60 周年丛书,2005 年 5 月。平装覆膜,国流 32 开,ISBN 7-02-005146-4,定价 15.00 元。(45-278)

12602　日日夜夜
〔苏〕康·西蒙诺夫著,磊然译,2005 年 9 月。平装覆膜,国流 32 开,ISBN 7-02-005137-5,定价 20.00 元。2015 年 7 月收入二战记忆,平装,国流 32 开,ISBN 978-7-02-010840-4,定价 29.00 元。(45-279)

12603　您忠实的舒里克
〔俄罗斯〕柳·乌利茨卡娅著,任河译,21 世纪年度最佳外国小说,2005 年 12 月。平装覆膜,国流 32 开,ISBN 7-02-005408-0,定价 16.00 元。(45-280)

12604　故园
〔苏〕布宁著,赵洵、戴骢译,20 世纪外国名家精品插图本,2006 年 1 月。平装覆膜,国流 32 开,ISBN 7-02-005411-0,定价 18.00 元。(45-281)

12605　俄国当代小说集
〔俄罗斯〕拉斯普京等著,张健华等译,2006 年 5 月。平装覆膜,16 异,ISBN 7-02-005637-7,定价 64.00 元。(45-282)

12606　当代俄国中短篇小说选
〔俄罗斯〕舒宾娜编选,2006 年 8 月。平装覆膜,国流 32 开,ISBN 7-02-005740-3,定价 26.00 元。(45-283)

12607　模仿者
〔俄罗斯〕谢尔盖·叶辛著,刘宪平译,2007 年 1 月。平装覆膜,国流 32 开,ISBN 978-7-02-005873-0,定价 9.00 元。2015 年 8 月收入中俄文学互译出版项目·俄罗斯文库,精装,国流 32 开,ISBN 978-7-02-010647-9,定价

30.00元。(45-284)

12608 敖德萨故事

〔苏〕伊萨克·巴别尔著,戴骢译,王天兵编,2007年1月。平装覆膜,16异,ISBN 978-7-02-005924-9,定价30.00元。(45-285)

12609 爱神草

〔俄罗斯〕米·希什金著,吴嘉佑、吴泽霖译,2007年1月。平装覆膜,32异,ISBN 978-7-02-005927-0,定价27.00元。(45-286)

12610 守夜人

〔俄罗斯〕谢尔盖·卢基扬年科著,于国畔、秦一译,2007年5月。平装,国流32开,ISBN 978-7-02-006052-8,定价28.00元。(45-287)

12611 守日人

〔俄罗斯〕谢尔盖·卢基扬年科、符拉基米尔·瓦西里耶夫著,杨可译,2007年8月。平装覆膜,国流32开,ISBN 978-7-02-006231-7,定价28.00元。(45-288)

12612 城与年

〔苏〕费定著,曹靖华译,名著名译插图本,2007年10月。平装覆膜,国流32开,ISBN 978-7-02-006127-3,定价22.00元。2019年7月收入中国翻译家译丛,精装,16异,ISBN 978-7-02-011385-9,定价63.00元。(45-289)

12613 萨尼卡

〔俄罗斯〕扎·普里列平著,王宗琥、张建华译,21世纪年度最佳外国小说,2008年1月。平装覆膜,32异,ISBN 978-7-02-006498-4,定价23.00元。(45-290)

12614 黄昏使者

〔俄罗斯〕谢尔盖·卢基扬年科著,吴健平译,2008年1月。平装覆膜,国流32开,ISBN 978-7-02-006527-1,定价27.00元。(45-291)

12615 最后的守护人

〔俄罗斯〕谢尔盖·卢基扬年科著,张俊翔、范洁清译,2008年9月。平装覆膜,国流32开,ISBN 978-7-02-006622-3,定价25.00元。(45-292)

12616 图书管理员

〔俄罗斯〕米哈伊尔·叶里扎罗夫著,刘文飞、刘彤、陈建硕译,21世纪年度最佳外国小说,2010年1月。平装,32异,ISBN 978-7-02-007774-8,定价26.00元。(45-293)

12617 解冻

〔苏〕爱伦堡著,钱诚译,2010年4月。平装,国流32开,ISBN 978-7-02-007718-2,定价20.00元。(45-294)

12618 我的姐姐

〔俄罗斯〕米哈伊尔·奥索尔金著,钱诚译,2010年4月。平装覆膜,国流32开,ISBN 978-7-02-007481-5,定价12.00元。(45-295)

12619 化圆为方 俄罗斯处女作奖小说集

〔俄罗斯〕卢基扬诺夫等著,钱诚译,2010年8月。平装,国流32开,ISBN 978-7-02-008229-2,定价30.00元。(45-296)

12620 星球拯救者

〔俄罗斯〕维克多·斯里宾丘克著,何茂正、冯华英、朱少华译,2011年4月。平装,国流32开,ISBN 978-7-02-008552-1,定价26.00元。(45-297)

12621 开罗国际

〔俄罗斯〕安·西蒙诺夫等著,万海松等译,2011年8月。平装,国流32开,ISBN 978-7-02-008658-0,定价28.00元。(45-299)

12622 教育诗(修订版)

〔苏〕马卡连柯著,磊然译,2011年12月。平装,16异,ISBN 978-7-02-008782-2,定价62.00元。(45-300)

12623 脑残

〔俄罗斯〕奥利加·斯拉夫尼科娃著,富澜、张晓东译,21世纪年度最佳外国小说,2011年12月。平装,32异,ISBN 978-7-02-008836-2,定价27.00元。2015年8月收入中俄文学互译出版项目·俄罗斯文库,精装,国流32开,ISBN 978-7-02-010638-7,定价38.00元。(45-301)

12624 苍穹之谜

〔俄罗斯〕卢达诺夫等著,万海松等译,2012年8月。平装,国流32开,ISBN 978-7-02-009221-5,定价33.00元。(81-879)

12625 暴风雪

小说

〔俄罗斯〕弗拉基米尔·索罗金著,任明丽译,21世纪年度最佳外国小说,2012年12月。平装,国流32开,ISBN 978-7-02-009552-0,定价20.00元。(45-302)

12626 日瓦戈医生
〔苏〕鲍·帕斯捷尔纳克著,张秉衡译,名著名译插图本精华版,2013年5月。软精,国流32开,ISBN 978-7-02-009239-0,定价29.00元。2016年10月收入名著名译丛书,精装,32异,ISBN 978-7-02-011587-7,定价45.00元。(45-303)

12627 内奸凤敌
〔俄〕亚·斯涅吉廖夫等著,张建华等译,2013年10月。平装,国流32开,ISBN 978-7-02-010042-2,定价33.00元。(45-304)

12628 任由摆布
〔俄罗斯〕亚·波将金著,刘宪平译,2013年11月。平装,国流32开,ISBN 978-7-02-010074-3,定价37.00元。(45-305)

12629 外国中短篇小说藏本·高尔基
〔苏〕高尔基著,冯南江等译,2013年11月。平装,国流32开,ISBN 978-7-02-009745-6,定价38.00元。(45-306)

12630 我的中尉
〔俄罗斯〕达尼伊尔·格拉宁著,王立业、李春雨译,21世纪年度最佳外国小说,2013年12月。平装,32异,ISBN 978-7-02-010170-2,定价32.00元。(81-969)

12631 沉默的火焰
〔俄罗斯〕维克多·斯里宾丘克著,何茂正、征钧、王冰冰译,2014年1月。平装覆膜,国流32开,ISBN 978-7-02-010008-8,定价39.00元。(45-308)

12632 回到潘日鲁德
〔俄罗斯〕安德烈·沃洛斯,著,张建华、王宗琥译,21世纪年度最佳外国小说,2015年3月。平装,32异,ISBN 978-7-02-010688-2,定价46.00元。2015年8月收入中俄文学互译出版项目·俄罗斯文库,精装,国流32开,ISBN 978-7-02-011012-4,定价66.00元。(45-309)

12633 野兽的标记
〔俄罗斯〕奥列格·叶尔马科夫著,刘宪平、王加兴译,中俄文学互译出版项目·俄罗斯文库,2015年8月。精装,国流32开,ISBN 978-7-02-010627-1,定价38.00元。(45-310)

12634 祖列依哈睁开了眼睛
〔俄罗斯〕古泽尔·雅辛娜著,张杰、谢云才译,21世纪年度最佳外国小说,2017年3月。平装,32异,ISBN 978-7-02-012341-4,定价46.00元。(45-311)

12635 克里姆·萨姆金的一生(1—4)
〔苏〕高尔基著,靖宏、贾刚译,2018年1月。精装,16异,ISBN 978-7-02-012491-6,定价368.00元。(45-313)

12636 雅科夫的梯子
〔俄罗斯〕柳德米拉·乌利茨卡娅著,任光宣译,2018年10月。精装,16异,ISBN 978-7-02-013687-2,定价72.00元。(45-314)

12637 活在你手机里的我
〔俄罗斯〕德米特里·格鲁霍夫斯基著,李新梅译,21世纪年度最佳外国小说,2019年1月。平装,32异,ISBN 978-7-02-015075-5,定价56.00元。(45-318)

12638 考验
〔匈牙利〕费雷斯·彼得著,赵少侯译,1953年7月。平装,32开,书号205,定价5,500元。(57-1)

12639 远方的歌声
〔捷克斯洛伐克〕魏斯柯普夫著,冯至、朱葆光译,1953年8月。平装,32开,书号214,定价3,600元。(57-2)

12640 和解
〔匈牙利〕纳吉·山陀尔著,陈殿兴译,1953年11月。平装,32开,书号266,定价2,600元。(57-3)

12641 新线路
〔波兰〕塔道乌施·康维茨基著,黄贤俊译,作家出版社1954年3月。平装,32开,书号作43,定价3,800元。(57-4)

12642 萨希亚短篇小说集
〔罗马尼亚〕萨希亚著,冯金辛、赵蔚青、赵少侯译,作家出版社1954年4月。平装,32开,书号作28,定价3,700元。(57-5)

12643 雾

〔罗马尼亚〕喀米拉尔著,葆煦译,作家出版社 1954 年 9 月。平装,32 开,书号 作 83,定价 9,700 元。(57-6)

12644 矿工之歌

〔捷克斯洛伐克〕玛丽亚·玛耶洛娃著,鲍文蔚、戴钢译,作家出版社 1954 年 12 月。平装,32 开,书号 作 115,定价 6,400 元。(57-7)

12645 米特里亚·珂珂尔

〔罗马尼亚〕萨多维亚努著,贾芝译,作家出版社 1955 年 6 月。平装,32 开,书号 作 143,定价 0.93 元。(57-8)

12646 泥棚户

〔罗马尼亚〕萨多维亚努著,赵蔚青译,作家出版社 1955 年 9 月。平装,32 开,书号 作 251,定价 0.42 元。1957 年 12 月,平装,32 开,书号 10020·250,定价 0.39 元。(57-9)

12647 "红色托尔季查"

〔捷克斯洛伐克〕德尔达著,林秀译,作家出版社 1955 年 11 月。平装,50 开,书号 作 292,定价 0.17 元。(57-10)

12648 战争故事

〔罗马尼亚〕萨多维亚努著,赵蔚青译,作家出版社 1956 年 3 月。平装,32 开,书号 作 366,定价 0.47 元。1957 年 12 月,平装,32 开,书号 10020·361,定价 0.46 元。(57-11)

12649 好兵帅克

〔捷克斯洛伐克〕雅·哈谢克著,萧乾译,作家出版社 1956 年 4 月。平装,大 32 开,书号 10020·324,定价 0.90 元。1957 年 8 月人民文学出版社,平装,大 32 开,书号 10019·641,定价 0.90 元。1978 年 8 月,平装,大 32 开,定价 0.70 元。(57-12)

12650 为了自由

〔匈牙利〕约卡伊·莫尔著,王仲英等译,作家出版社 1956 年 5 月。平装,50 开,书号 10020·404,定价 0.19 元。(57-13)

12651 猎狗

〔罗马尼亚〕斯坦古著,王建译,作家出版社 1956 年 5 月。平装,大 32 开,书号 10020·351,定价 1.00 元。(57-14)

12652 沉默的防御工事

〔捷克斯洛伐克〕杨·德尔达著,闵凡、劳荣译,作家出版社 1956 年 7 月。平装,32 开,书号 10020·364,定价 0.46 元。(57-15)

12653 农业机器站

〔保加利亚〕吉里雅希基著,马杏城译,作家出版社 1956 年 10 月。平装,大 32 开,书号 10020·519,定价 1.10 元。1959 年 8 月人民文学出版社,大 32 开,书号 10019·1312,平装,定价 1.05 元;精装,定价 2.50 元。(57-16)

12654 第二连

〔保加利亚〕维任诺夫著,北索译,作家出版社 1957 年 2 月。平装,32 开,书号 10020·618,定价 0.44 元。(57-17)

12655 在一个村子里

〔罗马尼亚〕玛林·普列达著,杨友、章甦译,作家出版社 1957 年 5 月。平装,32 开,书号 10020·663,定价 0.70 元。(57-18)

12656 南斯拉夫短篇小说集

作家出版社 1957 年 6 月。平装,大 32 开,书号 10020·725,定价 1.00 元。1978 年 8 月人民文学出版社,平装,大 32 开,书号 10019·2609,定价 0.76 元。(57-19)

12657 煤

〔波兰〕席包尔-里尔斯基著,廖辅叔译,作家出版社 1957 年 8 月。平装,大 32 开,书号 10020·705,定价 1.20 元。(57-20)

12658 云层笼罩着塔拉

〔南斯拉夫〕塞多米尔·敏笛罗维奇著,石建开译,作家出版社 1957 年 10 月。平装,32 开,书号 10020·762,定价 0.47 元。(57-21)

12659 新战士站起来

〔捷克斯洛伐克〕萨波托斯基著,徐小丽、邱林绮译,作家出版社 1957 年 11 月。平装,大 32 开,书号 10020·766,定价 0.70 元。(57-22)

12660 一个人的道路

〔波兰〕聂维尔利著,傅韦译,作家出版社 1958 年 4 月。平装,大 32 开,书号 10020·820,定价 2.10 元。1959 年 7 月人民文学出版社,大 32 开,书号 10019·1322,平装,定价 1.70 元;精装,定价 2.25 元;特精,定价 3.50 元。(57-23)

欧洲现代小说

小说

12661 受战争迫害的人们
〔捷克斯洛伐克〕康尼亚著,郑孝时译,1958年8月。平装,大32开,书号10019·838,定价0.87元。(57-24)

12662 烟
〔波兰〕柯诺普尼茨卡著,施友松译,文学小丛书,1958年9月。书号10019·917,平装,小32开,定价0.27元。1959年5月,平装,50开,定价0.19元。(57-25)

12663 昨天和明天
〔捷克斯洛伐克〕米纳奇著,何青译,1958年10月。平装,32开,书号10019·856,定价0.55元。(57-26)

12664 红光照耀着克拉德诺
〔捷克斯洛伐克〕萨波托斯基著,王仲英、麦芽译,1958年10月。平装,大32开,书号10019·879,定价1.10元。(57-27)

12665 十字路口的人们
〔捷克斯洛伐克〕普伊曼诺娃著,徐声越译,1958年11月。平装,大32开,书号10019·984,定价1.30元。(57-28)

12666 马丁诺夫中篇小说集
〔保加利亚〕马丁诺夫著,苏鹏、孙以弗译,1958年11月。平装,32开,书号10019·887,定价0.36元。(57-29)

12667 丹娜
〔阿尔巴尼亚〕法特米尔·吉亚泰著,林耘译,1958年12月。平装,50开,书号10019·1109,定价0.28元。1959年9月,半精,小32开,定价0.67元。(57-30)

12668 玩火
〔捷克斯洛伐克〕普伊曼诺娃著,杨霞华译,1959年2月。平装,大32开,书号10019·1165,定价1.05元。(57-31)

12669 哈谢克短篇小说集
〔捷克斯洛伐克〕哈谢克著,水宁尼译,1959年2月。平装,32开,书号10019·1120,定价0.38元。(57-32)

12670 动荡的一九〇五年
〔捷克斯洛伐克〕萨波托斯基著,轼光译,1959年3月。平装,大32开,书号10019·1174,定价1.10元。(57-33)

12671 侬卡
〔保加利亚〕彼得罗夫著,袁湘生译,1959年3月。平装,32开,书号10019·1186,定价0.60元。(57-34)

12672 黑夜与白昼
〔波兰〕董博罗芙斯卡著,柯青译,1959年7月。大32开,书号10019·1310,平装,定价1.60元;精装,定价2.05元;特精,定价2.95元。(57-35)

12673 海燕
〔罗马尼亚〕杜米特里乌著,尚青译,1959年8月。大32开,书号10019·1350,平装,定价1.45元;特精,定价2.95元。(57-36)

12674 莫罗米特一家
〔罗马尼亚〕玛林·普利达著,主万译,1959年8月。大32开,书号10019·1454,平装,定价1.75元;特精,定价3.45元。(57-37)

12675 起义
〔罗马尼亚〕列勃里亚努著,黎星译,1959年8月。大32开,书号10019·1353,平装,定价1.70元;特精,定价3.00元。1982年4月外国文学出版社,收入二十世纪外国文学丛书,平装,大32开,书号10208·91,定价1.70元。(57-38)

12676 烟草(一)
〔保加利亚〕狄莫夫著,秦水译,1959年9月。大32开,书号10019·1468,平装,定价1.90元;精装,定价2.40元;特精,定价3.60元。(57-39)

12677 他们不是孤立的
〔阿尔巴尼亚〕斯巴塞著,黎星译,1959年11月。大32开,书号10019·1437,平装,定价1.10元;精装,定价1.70元;特精,定价2.50元。(57-40)

12678 五封信
〔阿尔巴尼亚〕斯皮罗·查依著,施友松译,1959年11月。书号10019·1428,半精,小32开,定价0.30元;半精,小32开,定价0.24元。(57-41)

12679 祖国的光复
〔匈牙利〕伊雷什·贝拉著,秦水译,1960年3月。大32开,书号10019·1563,平装,定价

2.50元;特精,定价4.30元。(57-42)

12680　查尔卡小说选
〔匈牙利〕查尔卡著,秦水译,1960年3月。大32开,书号10019·1564,平装,定价1.45元;特精,定价2.45元。(57-43)

12681　黎明
〔捷克斯洛伐克〕萨波托斯基著,杨乐云、孔柔译,1960年5月。大32开,书号10019·1597,平装,定价1.35元;特精,定价3.00元。(57-44)

12682　烟草(二)
〔保加利亚〕狄莫夫著,秦水译,1960年8月。大32开,书号10019·1534,平装,定价1.50元;精装,定价1.90元;特精,定价3.05元。(57-45)

12683　铁灯
〔保加利亚〕季米特尔·塔列夫著,袁湘生译,作家出版社1961年8月。大32开,书号10020·1526,平装,定价1.35元;精装,定价1.85元。(57-46)

12684　阿尔巴尼亚短篇小说集
作家出版社1961年10月。大32开,书号10020·1536,平装,定价0.85元;精装,定价1.35元。(57-47)

12685　蒂萨河在燃烧(上下)
〔匈牙利〕伊雷什·贝拉著,柯青译,作家出版社1962年4月。大32开,书号10020·1565,平装,定价2.25元;精装,定价2.60元。(57-48)

12686　生与死的搏斗
〔捷克斯洛伐克〕普伊曼诺娃著,功良译,1963年2月。平装,大32开,书号10019·1697,定价1.20元。(57-49)

12687　娜嘉
〔南斯拉夫〕姆拉登·奥利亚查著,杨元恪、巢容芳、金谷译,作家出版社1964年7月。平装,32开,书号10020·1773,定价1.45元。(57-50)

12688　阿尔巴尼亚现代短篇小说集
作家出版社1964年11月。大32开,书号10020·1805,平装,定价0.84元;精装,定价1.40元。(57-51)

12689　巴拉干
〔罗马尼亚〕加兰著,贝凡译,作家出版社1965年2月。大32开,书号10020·1819,平装,定价1.30元;精装,定价1.85元。(57-52)

12690　阿尔巴尼亚短篇小说集
1973年3月。大32开,书号10019·1957,平装,定价0.41元;精装,定价1.00元。(57-53)

12691　火焰
〔阿尔巴尼亚〕斯巴塞著,李化、翟世雄、高晔译,1975年12月。平装,大32开,书号10019·2329,定价0.90元。(57-54)

12692　呓语
〔罗马尼亚〕马林·普列达著,罗友译,1978年4月。平装,小32开,书号10019·2586,定价1.50元。1979年10月外国文学出版社,平装,小32开,书号10208·8,定价1.05元。(57-55)

12693　德里纳河上的桥
〔南斯拉夫〕伊沃·安德里奇著,周文蒸、李雄飞译,王少恩、陈祚敏校,1979年7月。大32开,书号10019·2716,平装,定价0.94元;精装,定价1.40元。(57-56)

12694　什特凡大公
〔罗马尼亚〕米·萨多维亚努著,陆象淦译,1980年1月。大32开,书号10019·2813,平装,定价0.46元;精装,定价1.40元。(57-57)

12695　水
〔罗马尼亚〕阿·伊瓦修克著,黎宇、杨学苷、毛春晋译,外国文学出版社1980年10月。平装,32开,书号10208·35,定价1.25元。(57-58)

12696　鲵鱼之乱
〔捷克斯洛伐克〕卡·恰佩克著,贝京译,外国文学名著丛书,1981年4月。平装,大32开,书号10019·3124,定价0.89元。1981年7月收入恰佩克选集,平装,32开,定价0.75元。1999年2月收入二十世纪外国文学丛书,平装覆膜,大32开,ISBN 7-5016-0159-3,定价13.10元。2020年3月收入外国文学名著丛书,精装,大32开,ISBN 978-7-02-015099-1,

定价 43.00 元。(57-59)

12697 鹰窠峰
〔罗马尼亚〕加拉克逊著，许步曾译，外国文学出版社 1981 年 7 月。平装，32 开，书号 10208·57，定价 0.30 元。(57-60)

12698 尼科列金纳轶事
〔南斯拉夫〕勃·乔皮奇著，曾正平、王绍武译，外国文学出版社 1981 年 12 月。平装，32 开，书号 10208·77，定价 0.37 元。(57-61)

12699 喀尔巴阡山狂想曲
〔匈牙利〕伊雷什·贝拉著，汤真、万紫译，二十世纪外国文学丛书，外国文学出版社 1982 年 11 月。平装，大 32 开，书号 10208·115，定价 2.10 元。(57-62)

12700 好兵帅克历险记(上下)
〔捷克斯洛伐克〕雅·哈谢克著，星灿译，二十世纪外国文学丛书，外国文学出版社 1983 年 4 月。大 32 开，书号 10208·135，平装，定价 3.05 元；精装，定价 5.05 元。1988 年 4 月，大 32 开，平装，ISBN 7-5016-0021-X，定价 6.80 元；平装覆膜，ISBN 7-5016-0022-8，定价 7.90 元。1993 年 11 月人民文学出版社，收入世界文学名著文库，精装，大 32 开，ISBN 7-02-001680-4，定价 23.00 元。2003 年 1 月收入名著名译插图本，平装覆膜，国流 32 开，ISBN 7-02-003969-3，定价 28.00 元。2008 年 6 月收入名著名译插图本精华版，软精，国流 32 开，ISBN 978-7-02-007139-5，定价 33.00 元。2012 年 1 月收入企鹅经典丛书，平装，32 异，ISBN 978-7-02-008721-1，定价 36.00 元。2017 年 6 月收入企鹅经典丛书，平装，国流 32 开，ISBN 978-7-02-012999-7，定价 89.00 元。2018 年 8 月收入名著名译丛书，精装，32 异，ISBN 978-7-02-011583-9，定价 58.00 元。2020 年 8 月收入外国文学名著丛书，精装，大 32 开，ISBN 978-7-02-016210-9，定价 99.00 元。(57-63)

12701 时刻
〔罗马尼亚〕瑟拉鲁著，陈育明、王铁山译，冯志臣校订，当代外国文学丛书，外国文学出版社 1983 年 8 月。平装，小 32 开，书号 10208·142，定价 1.20 元。(57-64)

12702 扬帆(上下)
〔罗马尼亚〕图多兰著，李家渔、杨学苴译，外国文学出版社 1983 年 10 月。平装，小 32 开，书号 10208·152，定价 2.30 元。(57-65)

12703 哈谢克小说小品选
〔捷克斯洛伐克〕哈谢克著，水宁尼译，外国文学出版社 1984 年 6 月。平装，小 32 开，书号 10208·180，定价 1.00 元。(57-67)

12704 海杜克复仇记
〔南斯拉夫〕维塞林诺维奇著，众成译，外国文学出版社 1984 年 6 月。平装，小 32 开，书号 10208·176，定价 1.40 元。(57-68)

12705 匈牙利现代小说选
外国文学出版社 1984 年 6 月。平装，小 32 开，书号 10208·177，定价 1.40 元。(57-69)

12706 傲骨
〔罗马尼亚〕布祖拉著，任远译，外国文学出版社 1983 年 12 月。平装，小 32 开，书号 10208·165，定价 1.50 元。(57-70)

12707 中篇小说选
〔罗马尼亚〕萨多维亚努著，张增信译，萨多维亚努选集，1984 年 12 月。平装，小 32 开，书号 10019·3714，定价 2.40 元。(57-71)

12708 短篇小说选
〔罗马尼亚〕萨多维亚努著，张增信等译，萨多维亚努选集，1984 年 12 月。平装，小 32 开，书号 10019·3715，定价 2.65 元。(57-72)

12709 吉德里兄弟(上下)
〔罗马尼亚〕萨多维亚努著，冯志臣、李家渔译，萨多维亚努选集，1985 年 1 月。平装，小 32 开，书号 10019·3742，定价 4.65 元。(57-73)

12710 名望与光荣(上中下)
〔波兰〕雅·伊瓦什凯维奇著，易丽君、裴远颖译，二十世纪外国文学丛书，外国文学出版社 1986 年 3 月。平装，大 32 开，书号 10208·229，定价 10.40 元。(57-74)

12711 奥蒂莉娅之谜
〔罗马尼亚〕乔治·格林奈斯库著，毛春普译，外国文学出版社 1987 年 3 月。平装，小 32 开，书号 10208·249，定价 3.65 元。(57-75)

12712 我多么爱你
〔罗马尼亚〕扎·斯坦库著，张增信译，外国文学出版社 1988 年 2 月。平装,小 32 开,书号 10208·281,ISBN 7-5016-0004-X,定价 1.50 元。(57-76)

12713　情妇玛拉
〔南斯拉夫〕安德里奇著,王森、李佑华等译,外国文学出版社 1988 年 8 月。平装,小 32 开,ISBN 7-5016-0029-5,定价 2.15 元。(57-77)

12714　一分钟小说
〔匈牙利〕厄尔凯尼·伊斯特万著,柴鹏飞译,外国文学出版社 1989 年 7 月。平装,小 32 开,ISBN 7-5016-0055-4,定价 2.20 元。(57-78)

12715　穿方格大衣的女人
〔波兰〕卡兹梅日·科尔科佐维奇著,粟周熊译,当代外国文学丛书,外国文学出版社 1990 年 6 月。平装覆膜,小 32 开,ISBN 7-5016-0079-1,定价 2.30 元。(57-79)

12716　赤脚汉达里耶
〔罗马尼亚〕扎·斯坦库著,尹宝治、姜晓华译,外国文学出版社 1991 年 1 月。平装,小 32 开,ISBN 7-5016-0091-0,定价 6.45 元。(57-80)

12717　笔迹的秘密
〔捷克斯洛伐克〕卡·恰佩克著,韫宁、学新译,外国文学小丛书,1991 年 1 月。平装,32 异,ISBN 7-02-001143-8,定价 1.50 元。(57-81)

**12718　里普卡的两次恋爱
　　　　——斯洛伐克短篇小说选**
徐哲译,外国文学出版社 1991 年 7 月。平装覆膜,小 32 开,ISBN 7-5016-0103-8,定价 4.35 元。(57-82)

12719　朝东走到西
〔塞尔维亚〕米奥米尔·乌多维契基著,赵芃译,2010 年 2 月。平装覆膜,国流 32 开,ISBN 978-7-02-007329-0,定价 17.00 元。(81-675)

12720　宁静海
〔匈牙利〕巴尔提斯·阿蒂拉著,余泽民译,2011 年 3 月。平装,32 异,ISBN 978-7-02-008172-1,定价 20.00 元。(81-757)

12721　每一天,每一小时
〔克罗地亚〕娜塔莎·德拉克尼奇著,张江玲译,2011 年 10 月。平装,32 异,ISBN 978-7-02-008742-6,定价 25.00 元。(81-822)

12722　色
〔波兰〕维托尔德·贡布罗维奇著,杨德友译,2012 年 12 月。平装,32 异,ISBN 978-7-02-009502-5,定价 27.00 元。(81-928)

12723　麻木
〔罗〕弗洛林·拉扎雷斯库著,林亭、周关超译,21 世纪年度最佳外国小说,2015 年 3 月。平装,32 异,ISBN 978-7-02-010723-0,定价 28.00 元。(81-1001)

12724　大象
〔波兰〕斯沃瓦米尔·姆罗热克著,茅银辉、易丽君译,短经典,2017 年 8 月。平装,32 异,ISBN 978-7-02-012703-0,定价 28.00 元。(81-1202)

12725　费尔迪杜凯
〔波兰〕维托尔德·贡布罗维奇著,易丽君、袁汉镕译,贡布罗维奇小说全集,2018 年 1 月。平装,大 32 开,ISBN 978-7-02-012855-6,定价 59.00 元。(81-1235)

12726　十字军骑士
〔波兰〕亨利克·显克维奇著,林洪亮译,名著名译丛书,2018 年 1 月。精装,32 异,ISBN 978-7-02-012360-5,定价 58.00 元。(81-1243)

12727　保加利亚中短篇小说集(上下)
〔保加利亚〕伊凡·伐佐夫等著,余志和译,2018 年 4 月。平装,国流 32 开,ISBN 978-7-02-012918-8,定价 78.00 元。(81-1266)

12728　黎明前说我爱你
〔匈牙利〕彼得·加尔多什著,李晨译,2019 年 7 月。平装,国流 32 开,ISBN 978-7-02-014856-1,定价 45.00 元。(81-1382)

12729　你往何处去
〔波兰〕显克维奇著,张振辉译,2020 年 3 月。平装,国流 32 开,ISBN 978-7-02-014646-8,定价 56.00 元。(81-1409)

12730　小狗达西卡
〔捷克斯洛伐克〕卡雷尔·恰佩克著,苏迪译,狗之物语,2020 年 5 月。精装,32 异,ISBN 978-7-02-011856-4,定价 42.00 元。(57-84)

美洲小说

12731 荒野的呼唤
〔美〕杰克·伦敦著,蒋天佐译,1953年5月。平装,32开,书号142单82,定价3,300元。1981年5月外国文学出版社,平装,32开,书号10208·49,定价0.31元。(75-1)

12732 雪虎
〔美〕杰克·伦敦著,蒋天佐译,1953年5月。平装,32开,书号198单110,定价7,100元。1982年5月外国文学出版社,平装,32开,书号10208·94,定价0.63元。1988年8月,平装,32开,ISBN 7-5016-0030-9,定价1.70元。1993年11月收入狗故事名作集锦,平装覆膜,32异,ISBN 7-5016-0133-X,定价4.35元。(75-2)

12733 马克·吐温短篇小说集
〔美〕马克·吐温著,张友松译,1954年11月。精装,大32开,书号311,定价12,500元。(75-5)

12734 汤姆·索亚历险记
〔美〕马克·吐温著,张友松译,1955年9月。平装,大32开,书号403,定价1.06元。1957年12月,平装,大32开,书号10019·399,定价1.00元。2015年4月收入名著名译丛书,精装,32异,ISBN 978-7-02-010420-8,定价24.00元。2015年4月收入你长大之前必读的66本书,平装覆膜,16异,ISBN 978-7-02-010927-2,定价24.00元。2018年4月收入教育部统编《语文》推荐阅读丛书,平装覆膜,16异,ISBN 978-7-02-013802-9,定价26.00元。2020年4月收入小学语文教材"快乐读书吧"推荐书目,平装覆膜,16异,ISBN 978-7-02-015901-7,定价29.00元。(75-13)

12735 王子与贫儿
〔美〕马克·吐温著,张友松译,1956年5月。平装,大32开,书号452,定价0.80元。1978年11月,平装,大32开,书号10019·447,定价0.71元。(75-19)

12736 镀金时代
〔美〕马克·吐温著,张友松、张振先译,1957年5月。平装,大32开,书号10019·564,定价1.70元。(75-27)

12737 在亚瑟王朝廷里的康涅狄克州美国人
〔美〕马克·吐温著,叶维之译,1958年3月。平装,大32开,书号10019·725,定价1.50元。(75-35)

12738 欧·亨利小说选(上册)
〔美〕欧·亨利著,王仲年译,1958年8月。平装,大32开,书号10019·788,定价1.40元。(75-42)

12739 密士失必河上
〔美〕马克·吐温著,常健译,1958年9月。平装,大32开,书号10019·818,定价1.35元。1960年4月,大32开,特精,定价2.00元;平装,定价1.40元。(75-47)

12740 麦琪的礼物
〔美〕欧·亨利著,王仲年译,文学小丛书,1958年9月。平装,小32开,书号10019·926,定价0.28元。1959年7月,平装,50开,定价0.20元。(75-48)

12741 败坏了赫德莱堡的人
〔美〕马克·吐温著,常健译,文学小丛书,1958年12月。平装,50开,书号10019·1111,定价0.16元。(75-58)

12742 加兰短篇小说选
〔美〕加兰著,李文俊、常健译,1959年3月。平装,大32开,书号10019·1206,定价0.54元。(75-62)

12743 傻瓜威尔逊
〔美〕马克·吐温著,常健译,1959年4月。平装,大32开,书号10019·1191,定价0.56元。1982年7月,署名张友松译。(75-63)

12744 欧文短篇小说选
〔美〕华盛顿·欧文著,万紫、雨宁译,1959年5月。平装,大32开,书号10019·1214,定价1.05元。2004年1月收入名著名译插图本,平装覆膜,国流32开,ISBN 7-02-004292-9,定价14.00元。(75-66)

12745 哈克贝利·费恩历险记
〔美〕马克·吐温著,常健、张振先译,外国古典文学名著丛书,1959年9月。平装,大32开,书号10019·1168,定价1.15元;精装,定价1.65元。1960年4月,特精,大32开,定价1.70元。(75-73)

12746　腹地
〔巴西〕欧克里德斯·达·库尼亚著,贝金译,拉丁美洲文学丛书,1959年10月。大32开,书号10019·1377,平装,定价1.85元;精装,定价2.20元;特精,定价3.55元。(75-74)

12747　热爱生命
〔美〕杰克·伦敦著,万紫、雨宁译,文学小丛书,1960年4月。平装,50开,书号10019·1419,定价0.30元。1985年1月,平装,小32开,定价1.05元。(75-77)

12748　马克·吐温中短篇小说选
〔美〕马克·吐温著,常健译,1960年4月。大32开,书号10019·1589,平装,定价1.10元;特精,定价1.75元。(75-79)

12749　赤道环游记
〔美〕马克·吐温著,常健译,1960年4月。大32开,书号10019·1585,平装,定价1.85元;特精,定价2.45元。(75-80)

12750　欧·亨利小说选(下)
〔美〕欧·亨利著,王仲年等译,1961年12月。平装,大32开,书号10019·1646,定价1.60元。(75-82)

12751　欧·亨利短篇小说集
〔美〕欧·亨利著,王仲年译,1962年12月。大32开,书号10019·1696,平装,定价1.05元;精装,定价1.50元。(75-89)

12752　美国短篇小说集
董衡巽等译,1978年10月。平装,32开,书号10019·2668,定价1.10元。(75-101)

12753　竞选州长
〔美〕马克·吐温著,张友松译,文学小丛书,1979年9月。平装,32异,书号10019·2804,定价0.33元。(75-105)

12754　杰克·伦敦短篇小说选
〔美〕杰克·伦敦著,万紫、雨宁译,外国文学出版社1981年9月。平装,32开,书号10208·72,定价1.35元。(75-128)

12755　爱伦·坡短篇小说集
〔美〕爱伦·坡著,陈良廷、徐汝椿译,外国文学出版社1982年8月。平装,32开,书号10208·107,定价0.88元。1994年2月版,平装覆膜,32开,ISBN 7-5016-0138-0,定价6.75元。1998年2月人民文学出版社,收入世界文学名著文库,署徐良廷、徐汝椿、马爱农译,精装,大32开,ISBN 7-02-002483-1,定价29.40元。2003年1月收入名著名译插图本,平装覆膜,国流32开,ISBN 7-02-003972-3,定价17.00元。2008年6月收入名著名译插图本精华版,软精,国流32开,ISBN 978-7-02-007140-1,定价21.00元。2015年6月收入名著名译丛书,精装,32异,ISBN 978-7-02-010424-6,定价36.00元。(75-134)

12756　打鹿将
〔美〕詹·库柏著,白滨译,外国文学出版社1982年10月。平装,大32开,书号10208·112,定价1.65元。1996年11月人民文学出版社,收入世界文学名著文库,精装,大32开,ISBN 7-02-002108-5,定价39.10元。(75-137)

12757　一位女士的画像
〔美〕亨利·詹姆斯著,项星耀译,外国文学名著丛书,1984年1月。大32开,书号10019·3585,平装,定价2.25元;精装,定价2.85元。1993年11月收入世界文学名著文库,精装,大32开,ISBN 7-02-001685-5,定价20.70元。2000年12月收入名著名译,平装覆膜,大32开,ISBN 7-02-003129-3,定价26.00元。2013年11月,平装,国流32开,ISBN 978-7-02-008735-8,定价30.00元。2018年9月收入名著名译丛书,精装,32异,ISBN 978-7-02-012493-0,定价45.00元。2020年4月收入外国文学名著丛书,精装,大32开,ISBN 978-7-02-015825-6,定价79.00元。(75-149)

12758　玛丽亚
〔哥伦比亚〕伊萨克斯著,米景冬、沈根发译,外国文学名著丛书,1985年5月。大32开,书号10019·3808,平装,定价1.90元;精装,定价2.75元。(75-159)

12759　傻子出国记

小说

〔美〕马克·吐温著,陈良廷、徐汝椿译,1985年11月。平装,大32开,书号10019·3860,定价3.50元。(75-160)

12760 塞西莉亚姑娘

〔古巴〕比利亚维德著,潘楚基、管彦忠译,1986年1月。小32开,书号10019·3894,平装,定价3.45元;平装覆膜,定价3.80元。(75-161)

12761 欧·亨利短篇小说选

〔美〕欧·亨利著,王仲年译,外国文学名著丛书,1986年4月。平装,大32开,书号10019·3936,定价3.80元。1992年8月,平装,大32开,ISBN 7-02-001431-3,定价9.25元。1994年5月收入世界文学名著文库,精装,大32开,ISBN 7-02-001773-8,定价21.15元。2000年2月收入名著名译,平装覆膜,大32开,ISBN 7-02-003113-7,定价19.80元。2019年5月收入外国文学名著丛书,精装,大32开,ISBN 978-7-02-015063-2,定价75.00元。(75-165)

12762 癞皮鹦鹉

〔墨西哥〕利萨尔迪著,周末、怡友译,外国文学名著丛书,1986年9月。大32开,书号10019·3986,平装,定价4.70元;精装,定价6.40元。1994年5月收入世界文学名著文库,精装,大32开,ISBN 7-02-001755-4,定价23.55元。(75-166)

12763 麦琪的礼物及其它故事

〔美〕欧·亨利著,王仲年译,文学小丛书,1986年8月。平装,32异,书号10019·3995,定价1.15元。(75-170)

12764 加兰短篇小说集

〔美〕加兰著,李文俊、胡允桓译,外国文学出版社1987年8月。平装,小32开,书号10208·264,定价2.15元。(75-179)

12765 民主——一部关于美国的小说

〔美〕亨利·布·亚当斯著,朱炯强、徐人望译,外国文学出版社1988年6月。平装,小32开,书号10208·286,ISBN 7-5016-0011-2,定价1.45元。(75-183)

12766 赫克尔贝利·费恩历险记

〔美〕马克·吐温著,成时译,1989年9月。平装,大32开,ISBN 7-02-000788-0,定价4.35元。1998年3月版,书名《哈克贝利·费恩历险记》,平装覆膜,大32开,ISBN 7-02-002441-6,定价17.20元。2004年1月收入名著名译插图本,平装覆膜,国流32开,ISBN 7-02-004455-7,定价16.00元。2008年6月收入名著名译插图本精华版,软精,国流32开,ISBN 978-7-02-007160-9,定价16.00元。(75-201)

12767 红字

〔美〕霍桑著,胡允桓译,1991年6月。平装覆膜,大32开,ISBN 7-02-001210-8,定价3.30元。2003年1月收入名著名译插图本,平装覆膜,国流32开,ISBN 7-02-003971-5,定价10.00元。2008年6月收入名著名译插图本精华版,软精,国流32开,ISBN 978-7-02-007136-4,定价12.00元。2012年11月收入企鹅经典丛书,平装,32异,ISBN 978-7-02-009251-2,定价22.00元。(75-210)

12768 玛丽亚蓝眼睛

〔哥伦比亚〕伊萨克斯、〔墨西哥〕阿尔塔米拉诺著,宋景冬、沈根发、卞双成译,世界文学名著文库,1994年11月。精装,大32开,ISBN 7-02-001696-0,定价21.15元。(75-236)

12769 汤姆·索亚历险记

〔美〕马克·吐温著,成时译,1998年3月。平装覆膜,大32开,ISBN 7-02-002442-4,定价13.20元。2003年1月收入名著名译插图本,平装覆膜,国流32开,ISBN 7-02-003890-5,定价11.00元。2006年6月收入世界儿童文学名著插图本,平装覆膜,国流32开,ISBN 7-02-005590-7,定价13.00元。2008年6月收入名著名译插图本精华版,软精,国流32开,ISBN 978-7-02-007071-8,定价14.00元。2010年8月收入影响孩子们一生的经典插图本,平装覆膜,16异,ISBN 978-7-02-008054-0,定价19.00元。2018年4月收入插图本名著名译丛书,平装,国流32开,ISBN 978-7-02-013087-0,定价23.00元。(75-249)

12770 汤姆·索亚历险记
       哈克贝利·费恩历险记

〔美〕马克·吐温著,成时译,世界文学名著文库,1998 年 2 月。精装,大 32 开,ISBN 7-02-002583-8,定价 32.00 元。(75-251)

12771 汤姆叔叔的小屋

〔美〕斯陀夫人著,王家湘译,世界文学名著文库,1998 年 10 月。精装,大 32 开,ISBN 7-02-002598-6,定价 33.50 元。2003 年 1 月收入名著名译插图本,平装覆膜,国流 32 开,ISBN 7-02-004020-9,定价 18.00 元。2008 年 6 月收入名著名译插图本精华版,软精,国流 32 开,ISBN 978-7-02-007109-8,定价 22.00 元。2015 年 1 月收入名著名译丛书,精装,32 异,ISBN 978-7-02-010269-3,定价 36.00 元。2018 年 4 月收入插图本名著名译丛书,平装,国流 32 开,ISBN 978-7-02-013082-5,定价 35.00 元。(75-256)

12772 马克·吐温中短篇小说选

〔美〕马克·吐温著,叶冬心译,世界文学名著文库,2001 年 12 月。精装,大 32 开,ISBN 7-02-003116-1,定价 26.80 元。2003 年 1 月收入名著名译插图本,平装覆膜,国流 32 开,ISBN 7-02-003953-7,定价 16.00 元。2008 年 6 月收入名著名译插图本精华版,软精,国流 32 开,ISBN 978-7-02-007107-4,定价 19.00 元。2015 年 6 月收入名著名译丛书,精装,32 异,ISBN 978-7-02-010444-4,定价 33.00 元。2018 年 4 月收入插图本名著名译丛书,书名《百万英镑 马克·吐温中短篇小说选》,平装,国流 32 开,ISBN 978-7-02-013062-7,定价 31.00 元。2018 年 5 月收入教育部统编《语文》推荐阅读丛书,平装覆膜,16 异,ISBN 978-7-02-013721-3,定价 35.00 元。(75-272)

12773 白鲸

〔美〕梅尔维尔著,成时译,世界文学名著文库,2001 年 12 月。精装,大 32 开,ISBN 7-02-003399-7,定价 36.00 元。2003 年 1 月收入名著名译插图本,平装覆膜,国流 32 开,ISBN 7-02-003984-7,定价 23.00 元。2008 年 6 月收入名著名译插图本精华版,软精,国流 32 开,ISBN 978-7-02-007145-6,定价 29.00 元。2011 年 4 月收入企鹅经典丛书,平装,32 异,ISBN 978-7-02-008203-2,定价 36.00 元。

2017 年 6 月收入企鹅经典丛书,平装,国流 32 开,ISBN 978-7-02-013002-3,定价 85.00 元。2018 年 1 月收入名著名译丛书,精装,32 异,ISBN 978-7-02-012492-3,定价 49.00 元。(75-274)

12774 欧·亨利短篇小说选

〔美〕欧·亨利著,王永年译,名著名译英汉对照读本,2002 年 1 月。平装覆膜,国流 32 开,ISBN 7-02-003566-3,定价 10.00 元。(75-277)

12775 马克·吐温短篇小说选

〔美〕马克·吐温著,张友松译,名著名译英汉对照读本,2002 年 1 月。平装覆膜,国流 32 开,ISBN 7-02-003565-5,定价 10.00 元。(75-279)

12776 欧·亨利短篇小说选

〔美〕欧·亨利著,王永年译,世界短篇小说大师丛书,2002 年 6 月。平装,大 32 开,ISBN 7-02-003715-1,定价 14.60 元。2003 年 1 月收入名著名译插图本,平装覆膜,国流 32 开,ISBN 7-02-004089-6,定价 15.00 元。2003 年 5 月收入语文新课标必读丛书,书名《欧·亨利短篇小说精选》(课标版专用),平装覆膜,大 32 开,ISBN 7-02-004170-1,定价 11.00 元。2006 年 6 月收入语文新课标必读丛书修订版,平装覆膜,大 32 开,ISBN 7-02-005723-3,定价 11.00 元。2008 年 6 月收入语文新课标必读丛书增订版,平装覆膜,大 32 开,ISBN 978-7-02-007081-7,定价 13.00 元。2008 年 6 月收入名著名译插图本精华版,软精,国流 32 开,ISBN 978-7-02-007101-2,定价 16.00 元。2018 年 4 月收入教育部统编《语文》推荐阅读丛书,平装覆膜,16 异,ISBN 978-7-02-013715-2,定价 22.00 元。(75-289)

12777 小妇人

〔美〕路易莎·梅·奥尔科特著,张红译,J.K.罗琳读书单,2004 年 7 月。平装,大 32 开,ISBN 7-02-004718-1,定价 26.00 元。2006 年 6 月收入世界儿童文学名著插图本,平装覆膜,国流 32 开,ISBN 7-02-005612-1,定价 16.00 元。2010 年 8 月收入影响孩子们一生的经典插图本,平装覆膜,16 异,ISBN 978-7-

小说

02-008034-2,定价20.00元。(75-304)

12778　睡谷的传说
〔美〕华盛顿·欧文著,万紫、雨宁译,美国学生课外阅读丛书,2004年7月。平装覆膜,大32开,ISBN 7-02-004662-2,定价16.00元。(75-307)

12779　小妇人
〔美〕路易莎·梅·奥尔科特著,贾辉丰译,美国学生课外阅读丛书,2004年7月。平装覆膜,大32开,ISBN 7-02-004765-3,定价15.00元。2005年1月收入名著名译插图本,平装覆膜,国流32开,ISBN 7-02-004835-8,定价13.00元。2018年6月收入插图本名著名译丛书,平装,国流32开,ISBN 978-7-02-013088-7,定价60.00元。2018年8月收入名著名译丛书,精装,32异,ISBN 978-7-02-011617-1,定价28.00元。(75-310)

12780　夜色温柔
〔美〕菲茨杰拉德著,主万、叶尊译,名著名译插图本,2007年2月。平装覆膜,国流32开,ISBN 7-02-005488-6,定价18.00元。2011年4月收入企鹅经典丛书,平装,32异,ISBN 978-7-02-008193-6,定价32.00元。2013年8月收入菲茨杰拉德代表作,平装,国流32开,ISBN 978-7-02-009923-8,定价29.00元。2017年6月收入企鹅经典丛书,平装,国流32开,ISBN 978-7-02-013009-2,定价59.00元。(75-322)

12781　欧·亨利幽默小说选
〔美〕欧·亨利著,王永年译,外国幽默作家丛书,2007年4月。平装覆膜,国流32开,ISBN 978-7-02-006028-3,定价11.00元。(75-323)

12782　爱伦·坡幽默小说选
〔美〕爱伦·坡著,马爱农译,外国幽默作家丛书,2007年4月。平装覆膜,国流32开,ISBN 978-7-02-005980-5,定价11.00元。(75-324)

12783　马克·吐温幽默作品选
〔美〕马克·吐温著,叶冬心译,外国幽默作家丛书,2006年4月。平装覆膜,国流32开,ISBN 978-7-02-005460-9,定价14.00元。

2008年6月收入外国散文插图珍藏版,书名《马克·吐温散文》,平装覆膜,国流32开,ISBN 978-7-02-006555-4,定价17.00元。(75-328)

12784　西顿动物小说
〔加拿大〕欧·汤·西顿著,张煜译,2008年2月。平装覆膜,国流32开,ISBN 978-7-02-006381-9,定价18.00元。2015年1月收入你长大之前必读的66本书,平装覆膜,16异,ISBN 978-7-02-010753-7,定价30.00元。(75-329)

12785　外国中短篇小说藏本　欧·亨利
〔美〕欧·亨利著,王永年译,2010年4月。平装,国流32开,ISBN 978-7-02-007954-4,定价19.00元。2014年8月收入世界十大中短篇小说家,书名《欧·亨利》,平装,国流32开,ISBN 978-7-02-010384-3,定价29.00元。(75-342)

12786　外国中短篇小说藏本　马克·吐温
〔美〕马克·吐温著,叶冬心译,2010年4月。平装,国流32开,ISBN 978-7-02-007949-0,定价18.00元。2014年8月收入世界十大中短篇小说家,书名《马克·吐温》,平装,国流32开,ISBN 978-7-02-010383-6,定价28.00元。(75-343)

12787　外国中短篇小说藏本　杰克·伦敦
〔美〕杰克·伦敦著,万紫等译,2010年4月。平装,国流32开,ISBN 978-7-02-007955-1,定价19.00元。2014年8月收入世界十大中短篇小说家,书名《杰克·伦敦》,平装,国流32开,ISBN 978-7-02-010386-7,定价29.00元。(75-344)

12788　外国中短篇小说藏本　爱伦·坡
〔美〕爱伦·坡著,陈良廷等译,2010年4月。平装,国流32开,ISBN 978-7-02-007957-0,定价19.00元。2014年8月收入世界十大中短篇小说家,书名《爱伦·坡》,平装,国流32开,ISBN 978-7-02-010380-5,定价29.00元。(75-345)

12789　百万英镑
〔美〕马克·吐温著,叶冬心译,朝内166人文文库·外国中短篇小说,2012年6月。精装,

32异,ISBN 978-7-02-009103-4,定价24.00元。(75-353)

12790 麦琪的礼物
〔美〕欧·亨利著,王永年译,朝内166人文文库·外国中短篇小说,2012年6月。精装,32异,ISBN 978-7-02-009110-2,定价22.00元。(75-355)

12791 黑猫
〔美〕爱伦·坡著,陈良廷等译,朝内166人文文库·外国中短篇小说,2012年6月。精装,32异,ISBN 978-7-02-009111-9,定价22.00元。(75-356)

12792 人间天堂
〔美〕弗·司各特·菲茨杰拉德著,姚乃强译,菲茨杰拉德代表作,2013年8月。平装,国流32开,ISBN 978-7-02-009529-2,定价29.00元。(75-362)

12793 欧·亨利短篇小说选
〔美〕欧·亨利著,王永年译,名著名译丛书,2015年1月。精装,32异,ISBN 978-7-02-010268-6,定价36.00元。2018年4月收入插图本名著名译丛书,书名《麦琪的礼物 欧·亨利短篇小说选》,平装,国流32开,ISBN 978-7-02-013080-1,定价36.00元。(75-370)

12794 欧·亨利小说
〔美〕欧·亨利著,王永年译,中国翻译家译丛,2015年4月。精装,16异,ISBN 978-7-02-009766-1,定价48.00元。(75-372)

12795 哈克贝利·费恩历险记
〔美〕马克·吐温著,张友松译,名著名译丛书,2016年10月。精装,32异,ISBN 978-7-02-011586-0,定价31.00元。2020年4月收入外国文学名著丛书,精装,大32开,ISBN 978-7-02-015834-8,定价49.00元。(75-390)

12796 阿瑟·戈登·皮姆历险记
〔美〕爱伦·坡著,曹明伦译,2019年4月。平装,国流32开,ISBN 978-7-02-014182-1,定价29.00元。(75-412)

12797 汤姆·索亚历险记 哈克贝利·费恩历险记
〔美〕马克·吐温著,张友松译,中国翻译家译丛,2015年4月。精装,16异,ISBN 978-7-02-009902-3,定价58.00元。(75-415)

12798 马尔兹短篇小说选
〔美〕马尔兹著,荒芜译,作家出版社1955年3月。平装,32开,书号 作132,定价0.75元。(81-9)

12799 潜流
〔美〕马尔兹著,黄星圻译,作家出版社1955年10月。平装,大32开,书号 作254,定价1.26元。(81-15)

12800 克拉克顿
〔美〕法斯特著,高宗禹译,作家出版社1955年12月。平装,大32开,书号 作253,定价0.85元。(81-17)

12801 明天是我们的
〔加拿大〕戴森·卡特著,李森译,作家出版社1956年4月。平装,大32开,书号 作367,定价1.10元。1958年8月,平装,大32开,书号10020·362,定价1.10元。(81-19)

12802 萨柯和樊塞蒂的受难
〔美〕法斯特著,冯亦代、杜维中译,作家出版社1956年5月。平装,大32开,书号10020·366,定价0.66元。(81-20)

12803 黄金果的土地
〔巴西〕亚马多著,郑永慧、金满城译,作家出版社1956年6月。平装,大32开,书号10020·418,定价1.30元。(81-21)

12804 短促生命中漫长的一天
〔美〕马尔兹著,王知还、黄星圻、黄雨石译,作家出版社1956年12月。平装,大32开,书号10020·580,定价1.50元。(81-27)

12805 大地的女儿
〔美〕史沫特莱著,陶春杰译校,作家出版社1956年12月。平装,大32开,书号10020·506,定价0.70元。(81-30)

12806 赛拉斯·丁伯曼
〔美〕霍华德·法斯特著,竹衍译,作家出版社1957年4月。平装,大32开,书号10020·627,定价1.00元。(81-32)

12807 饥饿的道路
〔巴西〕亚马多著,郑永慧译,作家出版社1957年7月。平装,大32开,书号10020·694,定价1.20元。(81-35)

小说

12808 无边的土地
〔巴西〕亚马多著,吴劳译,作家出版社 1958 年 1 月。平装,大 32 开,书号 10020·800,定价 1.20 元。(81-41)

12809 时候就要到了
〔巴西〕阿琳娜·巴依姆著,秦水译,1958 年 12 月。平装,大 32 开,书号 10019·1035,定价 1.10 元。1959 年 9 月收入拉丁美洲文学丛书,大 32 开,平装,定价 1.10 元;精装,定价 1.55 元。(81-52)

12810 深渊上的黎明
〔墨西哥〕曼西西杜尔著,贝金译,1958 年 12 月。平装,大 32 开,书号 10019·1135,定价 1.60 元。1959 年 9 月收入拉丁美洲文学丛书,大 32 开,平装,定价 0.78 元;精装,定价 1.30 元。(81-56)

12811 从前有个奴隶
〔美〕雪莉·格雷汉姆著,贝金译,1959 年 4 月。大 32 开,书号 10019·1267,平装,定价 1.25 元;精装,定价 2.75 元。(81-62)

12812 危地马拉的周末
〔危地马拉〕阿斯杜里亚斯著,南开大学外文系俄文教研组集体翻译,文学小丛书,1959 年 4 月。平装,50 开,书号 10019·1258,定价 0.21 元。1959 年 9 月单行本,半精,小 32 开,定价 0.37 元。(81-63)

12813 阴暗的河流
〔阿根廷〕伐莱拉著,柯青译,拉丁美洲文学丛书,1959 年 6 月。大 32 开,书号 10019·1303,平装,定价 0.69 元;精装,定价 1.20 元。(81-64)

12814 世道
〔美〕马尔兹著,李水译,文学小丛书,1959 年 9 月。平装,50 开,书号 10019·1265,定价 0.23 元。(81-66)

12815 愤怒的葡萄
〔美〕斯坦培克著,胡仲持译,1959 年 9 月。大 32 开,书号 10019·1188,平装,定价 1.70 元;精装,定价 2.30 元。1982 年 11 月外国文学出版社,收入二十世纪外国文学丛书,署名胡仲持译,张友松校,平装,大 32 开,书号 10208·101,定价 1.85 元。(81-68)

12816 太阳老爷
〔海地〕雅克·斯蒂芬·阿列克西斯著,刘煜、张昭民译,拉丁美洲文学丛书,1959 年 9 月。平装,大 32 开,书号 10019·1493,定价 1.00 元;精装,定价 1.55 元。(81-71)

12817 远征 圣保罗的秘密
〔巴西〕斯密特著,吴玉莲、陈绵译,拉丁美洲文学丛书,1960 年 4 月。平装,大 32 开,书号 10019·1548,定价 1.10 元。(81-75)

12818 利约短篇小说集
〔智利〕利约著,梅仁译,作家出版社 1961 年 3 月。平装,大 32 开,书号 10020·1514,定价 0.53 元。(81-76)

12819 风暴中的庄园
〔乌拉圭〕阿尔弗雷陀·丹特·格拉维那著,河北大学俄语教研室译,拉丁美洲文学丛书,作家出版社 1962 年 8 月。大 32 开,书号 10020·1585,平装,定价 1.05 元;精装,定价 1.40 元。(81-79)

12820 在路上
〔美〕杰克·克茹亚克著,石荣、文慧如译,内部发行,作家出版社 1962 年 12 月。平装,32 开,书号 10020·1624,定价 0.76 元。(81-82)

12821 贝尔蒂雄 166
〔古巴〕何塞·索莱尔·普依格著,于之汾、李珏译,温乃铮校,作家出版社 1962 年 7 月。平装,32 开,书号 10020·1579,定价 0.50 元。(81-83)

12822 麦田里的守望者
〔美〕杰罗姆·大卫·塞林格著,施咸荣译,内部发行,作家出版社 1963 年 9 月。平装,32 开,书号 10020·1699,定价 0.69 元。(81-85)

12823 钨矿
〔秘鲁〕塞萨·瓦叶霍著,梅仁译,作家出版社 1963 年 12 月。32 开,书号 10020·1719,平装,定价 0.38 元;精装,定价 0.92 元。(81-86)

12824 幸运之轮
〔古巴〕奥内略·豪尔赫·卡尔多索著,赵清慎等译,作家出版社 1964 年 7 月。32 开,书号 10020·1776,平装,定价 0.42 元;精装,定价 0.92 元。(81-87)

12825　志愿女教师
〔古巴〕奥莱玛·伽尔西亚著,静言、志良译,作家出版社 1964 年 8 月。32 开,书号 10020·1780,平装,定价 0.51 元;精装,定价 0.94 元。(81-88)

12826　点燃朝霞的人们
〔玻利维亚〕雷纳托·普拉达·奥鲁佩萨著,苏龄译,内部发行,1975 年 3 月。平装,32 开,书号 10019·2213,定价 0.37 元。(81-89)

12827　战争风云(一)
〔美〕赫尔曼·沃克著,石韧译,内部发行,1975 年 12 月。平装,32 开,书号 10019·2301,定价 1.50 元。1979 年 3 月,公开发行,一、二、三卷合为一种,第一卷施咸荣、任吉生、苏玲译,第二卷萧乾、茅于美、赵遭、姚念庚译,第三卷王央乐、颜泽龙、海观译。平装,32 开,定价 2.25 元。1988 年 5 月,平装,小 32 开,ISBN 7-02-000393-1,定价 8.00 元。(81-90)

12828　战争风云(二)
〔美〕赫尔曼·沃克著,石韧译,内部发行,1975 年 12 月。平装,小 32 开,书号 10019·2315,定价 1.05 元。(81-91)

12829　战争风云(三)
〔美〕赫尔曼·沃克著,石韧译,内部发行,1975 年 12 月。平装,小 32 开,书号 10019·2316,定价 1.20 元。(81-92)

12830　青铜的种族
〔玻利维亚〕阿尔西德斯·阿格达斯著,吴健恒译,1976 年 7 月。平装,小 32 开,书号 10019·2352,定价 0.61 元。(81-93)

12831　金鱼
〔秘鲁〕伊萨克·费利佩·蒙托罗著,上海外国语学院西班牙语专业七六届工农兵学员及部分教员集体翻译,内部发行,1977 年 8 月。平装,小 32 开,书号 10019·2418,定价 0.77 元。(81-95)

12832　前车之鉴——爱德华·贾森的总统生涯
〔美〕艾伦·德鲁里著,复旦大学外语系外国文学教研组译,内部发行,1978 年 3 月。平装,小 32 开,书号 10019·2508,定价 1.15 元。(81-96)

12833　羽蛇
〔墨西哥〕何塞·洛佩斯·波蒂略著,宁希译,1978 年 10 月。32 开,书号 10019·2669,平装,定价 0.39 元;特精,定价 1.20 元。(81-97)

12834　堂娜芭芭拉
〔委内瑞拉〕罗慕洛·加列戈斯著,白婴、王相译,1979 年 10 月。平装,32 开,书号 10019·2849,定价 0.83 元。(81-98)

12835　屠场
〔美〕辛克莱著,萧乾、张梦麟、黄雨石、施咸荣译,1979 年 11 月。平装,小 32 开,书号 10019·2864,定价 1.00 元。1984 年 6 月,平装,小 32 开,定价 1.00 元。(81-99)

12836　总统先生
〔危地马拉〕米格尔·安赫尔·阿斯图里亚斯著,黄志良、刘静言译,当代外国文学丛书,外国文学出版社 1980 年 2 月。平装,32 开,书号 10208·10,定价 0.93 元。(81-102)

12837　墨西哥中短篇小说集
桑苑、奚皎译,1980 年 1 月。平装,32 开,书号 10019·2900,定价 0.58 元。(81-103)

12838　杨布拉德一家(上下)
〔美〕约翰·基伦斯著,张友松译,外国文学出版社 1980 年 3 月。平装,32 开,书号 10208·9,定价 1.70 元。(81-104)

12839　富人,穷人(一、二)
〔美〕欧文·肖著,施咸荣、董衡巽、范于中译,当代外国文学丛书,外国文学出版社 1980 年 9 月。平装,32 开,书号 10208·34,定价 2.00 元。1990 年 12 月,平装,32 开,ISBN 7-5016-0087-2,定价 7.30 元。(81-106)

12840　辛格短篇小说集
〔美〕辛格著,万紫等译,当代外国文学丛书,外国文学出版社 1980 年 9 月。平装,32 开,书号 10208·32,定价 0.91 元。(81-107)

12841　魔鬼的金属
〔玻利维亚〕奥古斯托·塞斯佩德斯著,啸声、问陶译,当代外国文学丛书,外国文学出版社 1980 年 10 月。平装,32 开,书号 10208·12,定价 0.88 元。(81-109)

12842　奇境

〔美〕乔伊斯·卡洛尔·欧茨著,宋兆霖、殷惟本、张德中、任绍曾译,当代外国文学丛书,外国文学出版社1980年12月。平装,32开,书号10208·22,定价1.55元。(81-111)

12843 胡安·鲁尔弗中短篇小说集
〔墨西哥〕胡安·鲁尔弗著,倪华迪、徐鹤林、屠孟超、魏民译,当代外国文学丛书,外国文学出版社1980年12月。平装,32开,书号10208·30,定价0.79元;精装,定价1.20元。(81-112)

12844 拉丁美洲短篇小说选
1981年3月。平装,32开,书号10019·3002,定价1.05元。(81-113)

12845 烛光行动
〔美〕布·杰克逊著,紫芹译,闻延校,当代外国文学丛书,外国文学出版社1981年4月。平装,32开,书号10208·54,定价0.62元。(81-115)

12846 简·皮特曼小姐自传
〔美〕欧内斯特·盖恩斯著,紫军译,闻延校,当代外国文学丛书,外国文学出版社1981年4月。平装,32开,书号10208·51,定价0.71元。(81-117)

12847 在底层的人们
〔墨西哥〕马里亚诺·阿苏埃拉著,吴广孝译,外国文学出版社1981年9月。平装,32开,书号10208·60,定价0.38元。(81-118)

12848 战争与回忆(1—4)
〔美〕赫尔曼·沃克著,王圣珊等译,1981年10月。平装,32开,书号10019·3196,定价4.10元。1988年5月,平装,小32开,ISBN 7-02-000394-X,定价11.10元。(81-119)

12849 城市与狗
〔秘鲁〕马里奥·巴尔加斯·略萨著,赵绍天译,当代外国文学丛书,外国文学出版社1981年11月。平装,32开,书号10208·74,定价1.10元。(81-122)

12850 伊坦·弗洛美
〔美〕伊迪丝·华尔顿著,吕叔湘译,外国文学出版社1982年1月。平装,32开,书号10208·85,定价0.35元。(81-126)

12851 烦恼的冬天
〔美〕约翰·斯坦培克著,吴钧燮译,斯坦培克选集,1982年7月。平装,大32开,书号10019·3316,定价1.10元。(81-130)

12852 深沉的河流
〔秘鲁〕何塞·马里亚·阿格达斯著,章仁鉴译,当代外国文学丛书,外国文学出版社1982年12月。平装,小32开,书号10208·114,定价0.81元。(81-132)

12853 饥饿的狗
〔秘鲁〕西罗·阿莱格里亚著,贺晓译,外国文学出版社1982年7月。平装,小32开,书号10208·102,定价0.49元。(81-133)

12854 中短篇小说选(一)
〔美〕斯坦培克著,张健、石枚、虞芝佩、张澍智等译,斯坦培克选集,1983年4月。平装,大32开,书号10019·3444,定价1.20元。(81-142)

12855 阿尔特米奥·克罗斯之死
〔墨西哥〕卡洛斯·富恩特斯著,亦潜译,二十世纪外国文学丛书,外国文学出版社1983年3月。平装,大32开,书号10208·127,定价1.00元。(81-144)

12856 绿房子
〔秘鲁〕马里奥·巴尔加斯·略萨著,孙家孟、马林春译,当代外国文学丛书,外国文学出版社1983年8月。平装,小32开,书号10208·141,定价1.25元。1985年6月,平装,小32开,定价2.45元。(81-145)

12857 啊,拓荒者！我的安东尼亚
〔美〕薇拉·凯瑟著,资中筠、周微林译,二十世纪外国文学丛书,外国文学出版社1983年11月。平装,大32开,书号10208·155,定价1.30元。(81-146)

12858 德莱塞短篇小说选
〔美〕德莱塞著,主万译,1984年1月。平装,小32开,书号10019·3578,定价1.60元。1991年11月,平装,小32开,ISBN 7-02-001315-5,定价7.60元。(81-147)

12859 中短篇小说选(二)
〔美〕斯坦培克著,秦顺新、李玉陈、巫宁坤译,斯坦培克选集,1984年1月。平装,大32开,书号10019·3592,定价1.05元。(81-148)

12860 科尔顿中短篇小说选

〔阿根廷〕科尔顿著,丁于译,当代外国文学丛书,外国文学出版社1984年1月。平装,小32开,书号10208·164,定价0.65元。(81-150)

12861 契佛短篇小说选

〔美〕契佛著,舒逊等译,当代外国文学丛书,外国文学出版社1984年2月。平装,小32开,书号10208·163,定价0.82元。(81-151)

12862 人子

〔巴拉圭〕奥古斯托·罗亚·巴斯托斯著,吕晨译,当代外国文学丛书,外国文学出版社1984年5月。平装,小32开,书号10208·179,定价0.96元。(81-152)

12863 看不见的人

〔美〕拉·艾里森著,任绍曾、张德中、黄云鹤、殷惟本译,二十世纪外国文学丛书,外国文学出版社1984年7月。平装,大32开,书号10208·181,定价2.00元。(81-153)

12864 人杰

〔委内瑞拉〕鲁菲诺·布兰科·丰博纳著,江山译,外国文学出版社1985年1月。平装,小32开,书号10208·192,定价1.35元。(81-155)

12865 广漠的世界

〔秘鲁〕西罗·阿莱格里亚著,吴健恒译,二十世纪外国文学丛书,外国文学出版社1985年5月。平装,大32开,书号10208·210,定价3.45元。(81-159)

12866 加拿大短篇小说选

施咸荣编选,1985年6月。平装,小32开,书号10019·3811,定价2.00元。(81-160)

12867 美国的悲剧(上下)

〔美〕德莱塞著,许汝祉译,外国文学出版社1986年2月。平装,小32开,书号10208·215,定价5.90元。1988年9月,平装,小32开,ISBN 7-5016-0050-3,定价6.90元;1990年8月收入北京市教育局青年文库,非卖品,无定价。1996年11月人民文学出版社,收入世界文学名著文库,精装,大32开,ISBN 7-02-002184-0,定价56.00元。1999年1月收入名著名译,平装覆膜,大32开,ISBN 7-02-002893-4,定价34.50元。(81-166)

12868 雷格泰姆音乐

〔美〕埃·劳·道克托罗著,陶洁译,当代外国文学丛书,外国文学出版社1986年5月。平装,小32开,书号10208·232,定价1.60元。(81-170)

12869 伊甸之东

〔美〕斯坦培克著,王仲年译,斯坦培克选集,1986年4月。平装,大32开,书号10019·3944,定价4.80元。(81-171)

12870 人鬼之间

〔墨西哥〕胡安·鲁尔弗著,屠孟超译,外国文学小丛书,1986年8月。平装,32异,书号10019·3968,定价0.86元。(81-176)

12871 紫颜色

〔美〕艾丽斯·沃克著,陶洁译,当代外国文学丛书,外国文学出版社1986年11月。平装,小32开,书号10208·241,定价1.55元。(81-181)

12872 所罗门之歌

〔美〕托妮·莫瑞森著,胡允桓译,当代外国文学丛书,外国文学出版社1987年3月。平装,小32开,书号10208·256,定价2.40元。(81-189)

12873 阴沉沉的天
——美国黑人短篇小说选

吴持哲译,外国文学出版社1987年4月。平装,小32开,书号10208·258,定价3.15元。(81-190)

12874 珍妮姑娘

〔美〕德莱塞著,潘庆舲译,外国文学出版社1987年10月。平装,小32开,书号10208·276,ISBN 7-5016-0000-7,定价2.75元。1998年2月人民文学出版社,收入世界文学名著文库,精装,大32开,ISBN 7-02-002359-2,定价26.30元。1998年10月外国文学出版社,收入二十世纪外国文学丛书,平装覆膜,大32开,ISBN 7-5016-0152-6,定价17.30元。2017年6月人民文学出版社,收入你长大之前必读的66本书,平装覆膜,16异,ISBN 978-7-02-012025-3,定价36.00元。(81-194)

12875 煤炭王

小说

〔美〕辛克莱著,刘寿康译,1988年4月。平装覆膜,小32开,书号10019·4237,ISBN 7-02-000187-4,定价2.40元。(81-196)

12876 水之北
〔巴西〕若泽·萨尔内著,1988年3月。大32开,书号10019·4253,平装覆膜,ISBN 7-02-000218-8,定价1.95元;精装,ISBN 7-02-000219-6,定价4.30元。(81-198)

12877 思家饭店的晚餐
〔美〕安妮·泰勒著,周小英、叶宇、武茗译,外国文学出版社1988年2月。平装,小32开,书号10208·284,ISBN 7-5016-0008-2,定价2.00元。(81-199)

12878 豪门春秋
〔美〕伊迪丝·华顿著,张树智译,二十世纪外国文学丛书,1988年7月。平装,大32开,ISBN 7-5016-0020-1,定价3.25元。(81-200)

12879 郝莉小姐在旅行中
九十分钟以外的地方
〔美〕杜鲁门·卡波蒂、约翰·奥哈拉著,董乐山译,外国文学小丛书,1988年9月。平装,32异,ISBN 7-02-000591-8,定价1.60元。(81-201)

12880 飓风啊,咆哮吧
〔美〕霍华德·皮斯著,江昭明译,外国文学出版社1990年5月。平装覆膜,小32开,ISBN 7-5016-0078-3,定价2.90元。(81-209)

12881 萨马拉约会
〔美〕约翰·奥哈拉著,陈良廷、刘文澜译,外国文学出版社1991年1月。平装,小32开,ISBN 7-5016-0024-4,定价2.80元。(81-213)

12882 咫尺天涯
〔墨西哥〕路易斯·斯波塔著,刘玉树、江禾、林光译,当代外国文学丛书,外国文学出版社1991年8月。平装,小32开,ISBN 7-5016-0106-2,定价5.05元。(81-223)

12883 飘(上下)
〔美〕米切尔著,戴侃、李理光、庄绎传译,外国文学出版社1990年8月。平装覆膜,大32开,ISBN 7-5016-0083-X,定价12.55元。2003年1月收入名著名译插图本,平装覆膜,国流32开,ISBN 7-02-003954-5,定价38.00元。2008年6月收入名著名译插图本精华版,软精,国流32开,ISBN 978-7-02-007095-4,定价50.00元。(81-224)

12884 马人
〔美〕约翰·厄普代克著,舒逊译,二十世纪外国文学丛书,外国文学出版社1991年12月。平装,大32开,ISBN 7-5016-0116-X,定价4.50元。(81-225)

12885 廊桥遗梦
〔美〕罗伯特·詹姆斯·沃勒著,梅嘉译,外国文学出版社1994年6月。平装覆膜,32异,ISBN 7-5016-0139-9,定价3.80元。2004年1月人民文学出版社,收入廊桥书系,平装覆膜,大32开,ISBN 7-02-004405-0,定价10.00元。(81-233)

12886 马丁·伊登
〔美〕杰克·伦敦著,殷惟本译,世界文学名著文库,1996年11月。精装,大32开,ISBN 7-02-002124-7,定价35.50元。2004年1月收入名著名译插图本,平装覆膜,国流32开,ISBN 7-02-004290-2,定价18.00元。2013年4月收入企鹅经典丛书,平装,32异,ISBN 978-7-02-009667-1,定价25.00元。(81-238)

12887 秘鲁传说
〔秘鲁〕帕尔马著,白凤森译,世界文学名著文库,1997年11月。精装,大32开,ISBN 7-02-002357-6,定价29.00元。(81-240)

12888 啊,拓荒者!
〔美〕薇拉·凯瑟著,资中筠译,1998年5月。平装覆膜,32异,ISBN 7-02-002535-8,定价7.90元。2018年10月收入蜂鸟文丛,平装,32异,ISBN 978-7-02-012543-2,定价32.00元。(81-241)

12889 我的安东妮亚
〔美〕薇拉·凯瑟著,周微林译,二十世纪外国文学丛书,外国文学出版社1998年8月。平装覆膜,大32开,ISBN 7-5016-0148-8,定价20.00元。(81-244)

12890 莫吐儿
〔美〕肖洛姆-阿莱赫姆著,冯加译,世界儿童文学丛书,1999 年 5 月。平装覆膜,32 开,ISBN 7-02-002886-1,定价 11.60 元。(81-246)

12891　绿山墙的安妮

〔加拿大〕露西·蒙哥玛利著,马爱农译,世界儿童文学丛书,1999 年 5 月。平装覆膜,32 开,ISBN 7-02-002885-3,定价 13.00 元。2004 年 7 月收入美国学生课外阅读丛书,平装覆膜,大 32 开,ISBN 7-02-004599-5,定价 18.00 元。2006 年 6 月收入世界儿童文学名著插图本,平装覆膜,国流 32 开,ISBN 7-02-005592-3,定价 16.00 元。2007 年 9 月收入大拇指丛书,平装覆膜,国流 32 开,ISBN 978-7-02-006161-7,定价 17.00 元。2010 年 8 月,平装,国流 32 开,ISBN 978-7-02-007850-9,定价 28.00 元。2010 年 8 月收入影响孩子们一生的经典插图本,平装覆膜,16 异,ISBN 978-7-02-008042-7,定价 20.00 元。2015 年 1 月收入名著名译丛书,精装,32 异,ISBN 978-7-02-010457-4,定价 26.00 元。2015 年 9 月收入你长大之前必读的 66 本书,平装覆膜,16 异,ISBN 978-7-02-010917-3,定价 29.00 元。2016 年 1 月收入核心阅读工程,平装覆膜,16 异,ISBN 978-7-02-011308-8,定价 29.00 元。2018 年 4 月收入插图本名著名译丛书,平装,国流 32 开,ISBN 978-7-02-013064-1,定价 25.00 元。2018 年 4 月收入教育部统编《语文》推荐阅读丛书,平装覆膜,16 异,ISBN 978-7-02-013811-1,定价 28.00 元。(81-247)

12892　秘密花园

〔美〕弗朗西丝·伯内特著,许虹、汪莹译,世界儿童文学丛书,1999 年 5 月。平装覆膜,32 开,ISBN 7-02-002818-7,定价 10.90 元。2004 年 7 月收入 J.K. 罗琳读书单,平装覆膜,国流 32 开,ISBN 7-02-004604-5,定价 18.00 元。2006 年 6 月收入世界儿童文学名著插图本,平装覆膜,国流 32 开,ISBN 7-02-005601-6,定价 15.00 元。2010 年 8 月收入影响孩子们一生的经典插图本,平装覆膜,16 异,ISBN 978-7-02-008039-7,定价 20.00 元。(81-249)

12893　豪门春秋

〔美〕伊迪丝·华顿著,张澍智译,二十世纪外国文学丛书,外国文学出版社 1999 年 2 月。平装覆膜,大 32 开,ISBN 7-5016-0155-0,定价 15.90 元。(81-252)

12894　赛拉斯·拉帕姆的发迹

〔美〕豪威尔斯著,殷惟本、黄云鹤译,二十世纪外国文学丛书,外国文学出版社 1999 年 2 月。平装覆膜,大 32 开,ISBN 7-5016-0164-X,定价 16.10 元。(81-253)

12895　红字　七个尖角顶的宅第

〔美〕霍桑著,胡允桓译,世界文学名著文库,1999 年 7 月。精装,大 32 开,ISBN 7-02-002806-3,定价 31.90 元。2019 年 6 月收入名著名译丛书,精装,32 异,ISBN 978-7-02-012498-5,定价 49.00 元。(81-255)

12896　伊坦·弗洛美

〔美〕伊迪丝·华顿著,吕叔湘译,名著名译英汉对照读本,2002 年 1 月。平装覆膜,国流 32 开,ISBN 7-02-003562-0,定价 10.00 元。(81-272)

12897　啊,拓荒者！

〔美〕薇拉·凯瑟著,资中筠译,名著名译英汉对照读本,2002 年 1 月。平装覆膜,国流 32 开,ISBN 7-02-003564-7,定价 12.00 元。(81-273)

12898　巴比特

〔美〕刘易斯著,潘庆舲、姚祖培译,二十世纪外国文学丛书,外国文学出版社 2002 年 6 月。平装覆膜,大 32 开,ISBN 7-5016-0188-7,定价 22.00 元。(81-278)

12899　圣女桑塔

〔墨西哥〕甘博亚著,孟宪臣、周义琴译,二十世纪外国文学丛书,外国文学出版社 2002 年 6 月。平装覆膜,大 32 开,ISBN 7-5016-0173-9,定价 15.00 元。(81-280)

12900　独粒钻石

〔乌拉圭〕基罗加著,刘玉树译,二十世纪外国文学丛书,外国文学出版社 2002 年 6 月。平装覆膜,大 32 开,ISBN 7-5016-0169-0,定价 13.60 元。(81-281)

12901　二十世纪外国短篇小说编年 美国卷(上下)

高兴选编,2002 年 4 月。平装,国流 32 开,ISBN 7-02-003471-3,定价 46.00 元。

小说

(81-282)

12902 亵渎爱情
〔阿根廷〕阿吉尼斯著,赵德明译,当代外国畅销小说丛书,外国文学出版社2002年6月。平装覆膜,大32开,ISBN 7-5016-0192-5,定价18.00元。(81-286)

12903 记忆之战
〔美〕裘德·沃森著,周莉译,星球大战绝地少年武士,2002年7月。平装覆膜,大32开,ISBN 7-02-003919-7,定价6.00元。(81-288)

12904 真理之战
〔美〕裘德·沃森著,黄宜思译,星球大战绝地少年武士,2002年7月。平装覆膜,大32开,ISBN 7-02-003925-1,定价6.00元。(81-289)

12905 致命追杀
〔美〕裘德·沃森著,冀群姐译,星球大战绝地少年武士,2002年7月。平装覆膜,大32开,ISBN 7-02-003938-3,定价6.00元。(81-290)

12906 邪恶的实验
〔美〕裘德·沃森著,舒伟译,星球大战绝地少年武士,2002年7月。平装覆膜,大32开,ISBN 7-02-003943-X,定价6.00元。(81-291)

12907 危险援救
〔美〕裘德·沃森著,姚翠丽译,星球大战绝地少年武士,2002年7月。平装覆膜,大32开,ISBN 7-02-003932-4,定价6.00元。(81-292)

12908 铁血柔情
〔美〕裘德·沃森著,秦松译,星球大战绝地少年武士,2002年7月。平装覆膜,大32开,ISBN 7-02-003941-3,定价6.00元。(81-293)

12909 魂消玉陨
〔美〕裘德·沃森著,李尧译,星球大战绝地少年武士,2002年7月。平装覆膜,大32开,ISBN 7-02-003926-X,定价6.00元。(81-294)

12910 仇敌
〔美〕裘德·沃森著,李尧译,星球大战绝地少年武士,2002年7月。平装覆膜,大32开,ISBN 7-02-003935-9,定价6.00元。(81-295)

12911 皇冠上的标记
〔美〕裘德·沃森著,宫肖业译,星球大战绝地少年武士,2002年7月。平装覆膜,大32开,ISBN 7-02-003933-2,定价6.00元。(81-296)

12912 决裂
〔美〕裘德·沃森著,李尧译,星球大战绝地少年武士,2002年7月。平装覆膜,大32开,ISBN 7-02-003940-5,定价6.00元。(81-297)

12913 前途未卜
〔美〕裘德·沃森著,一目译,星球大战绝地少年武士,2002年7月。平装覆膜,大32开,ISBN 7-02-003939-1,定价6.00元。(81-298)

12914 报应之日
〔美〕裘德·沃森著,童燕萍译,星球大战绝地少年武士,2002年7月。平装覆膜,大32开,ISBN 7-02-003947-2,定价6.00元。(81-299)

12915 破碎的和平
〔美〕裘德·沃森著,吴霞译,星球大战绝地少年武士,2002年7月。平装覆膜,大32开,ISBN 7-02-003944-8,定价6.00元。(81-300)

12916 报仇雪恨
〔美〕裘德·沃森著,李尧译,星球大战绝地少年武士,2002年7月。平装覆膜,大32开,ISBN 7-02-003934-0,定价6.00元。(81-301)

12917 惟一证人
〔美〕裘德·沃森著,李尧译,星球大战绝地少年武士,2002年7月。平装覆膜,大32开,ISBN 7-02-003946-4,定价6.00元。(81-302)

12918 内部威胁
〔美〕裘德·沃森著,王冬梅、马传兵译,星球大战绝地少年武士,2002年7月。平装覆膜,大

32开,ISBN 7-02-003930-8,定价6.00元。（81-303）

12919 星球大战前传Ⅱ·克隆人的进攻
〔美〕R.A.萨尔瓦托著,仲文达译,星球大战前传,2002年7月。16异,ISBN 7-02-003928-6,平装覆膜,定价28.00元;软精,定价32.00元。（81-304）

12920 星球大战前传Ⅰ·幽灵的威胁
〔美〕特里·布鲁克斯著,南星译,星球大战前传,2002年7月。16异,ISBN 7-02-003927-8,平装覆膜,定价25.00元;软精,定价29.00元。（81-305）

12921 神殿危机
〔美〕裘德·沃森著,周莉译,星球大战绝地少年武士,2002年7月。平装覆膜,大32开,ISBN 7-02-003931-6,定价6.00元。（81-306）

12922 涌动的神力
〔美〕戴夫·沃尔弗顿著,麦秸译,星球大战绝地少年武士,2002年7月。平装覆膜,大32开,ISBN 7-02-003911-1,定价6.00元。（81-307）

12923 伊拉塞玛
〔巴西〕阿伦卡尔著,刘焕卿译,2002年8月。平装覆膜,大32开,ISBN 7-02-003893-X,定价10.00元。（81-308）

12924 天空的皮肤
〔墨西哥〕波尼亚托夫斯卡著,张广森译,21世纪年度最佳外国小说,2002年12月。32异,平装,ISBN 7-02-004041-1,定价16.00元;精装,ISBN 7-02-004096-9,定价25.00元。（81-315）

12925 凯恩河
〔美〕拉丽塔·塔德米著,王家湘译,21世纪年度最佳外国小说,2002年12月。32异,平装,ISBN 7-02-004054-3,定价18.00元;精装,ISBN 7-02-004094-2,定价27.00元。（81-316）

12926 狼毒
〔美〕弗雷德里克-波尔著,陈宁、李玲译,北美雨果奖桂冠作家书系,2001年10月。平装覆膜,大32开,ISBN 7-02-003473-X,定价8.20元。（81-318）

12927 天网的坠落
〔美〕杰克·威廉森著,李小均、唐伟胜译,北美雨果奖桂冠作家书系,2001年10月。平装覆膜,大32开,ISBN 7-02-003474-8,定价15.00元。（81-319）

12928 夜翼
〔美〕罗伯特·西尔弗伯格著,余泽梅、赵奂译,北美雨果奖桂冠作家书系,2001年10月。平装覆膜,大32开,ISBN 7-02-003475-6,定价6.80元。（81-320）

12929 杰克·伦敦小说选
〔美〕杰克·伦敦著,万紫、雨宁、胡春兰译,名著名译插图本,2003年1月。平装覆膜,国流32开,ISBN 7-02-004087-X,定价14.00元。2008年6月收入名著名译插图本精华版,软精,国流32开,ISBN 978-7-02-007112-8,定价18.00元。2015年4月收入名著名译丛书,精装,32异,ISBN 978-7-02-010451-2,定价29.00元。2018年4月收入插图本名著名译丛书,书名《热爱生命 杰克·伦敦小说选》,平装,国流32开,ISBN 978-7-02-013383-3,定价28.00元。2018年4月收入教育部统编《语文》推荐阅读丛书,平装覆膜,16异,ISBN 978-7-02-013761-9,定价29.00元。（81-321）

12930 嘉莉妹妹
〔美〕德莱塞著,潘庆舲译,名著名译插图本,2003年1月。平装覆膜,国流32开,7-02-004015-2,定价20.00元。2012年5月收入企鹅经典丛书,平装,32异,ISBN 978-7-02-009122-5,定价30.00元。2018年8月收入名著名译丛书,精装,32异,ISBN 978-7-02-012545-6,定价45.00元。（81-323）

12931 中年——浪漫之旅
〔美〕乔伊斯·卡罗尔·欧茨著,李尧译,廊桥书系,2004年1月。平装覆膜,大32开,ISBN 7-02-004442-5,定价29.80元。（81-328）

12932 十七岁
〔美〕布思·塔金顿著,马爱新译,廊桥书系,2004年1月。平装覆膜,大32开,ISBN 7-02-004322-4,定价12.00元。2007年8月收入世界儿童文学名著插图本,平装覆膜,国流32

开,ISBN 978-7-02-006164-8,定价 13.00 元。2017 年 6 月收入你长大之前必读的 66 本书,书名《男孩十七》,平装覆膜,16 异,ISBN 978-7-02-011986-8,定价 25.00 元。(81-329)

12933　风雨红颜
〔美〕珍妮弗·伊根著,赵苏苏译,廊桥书系,2004 年 1 月。平装覆膜,大 32 开,ISBN 7-02-004334-8,定价 25.00 元。(81-330)

12934　大力神星球,或曰红色星球
〔哥伦比亚〕V.M.拉博卢著,徐景译,外国文学出版社 2004 年 2 月。平装覆膜,32 开,ISBN 7-5016-0200-X,定价 8.00 元。(81-333)

12935　蜂王飞翔
〔阿根廷〕托马斯·埃洛伊著,赵德明译,21 世纪年度最佳外国小说,2003 年 12 月。32 异,平装覆膜,ISBN 7-02-004364-X,定价 18.00 元;精装,ISBN 7-02-004366-6,定价 23.00 元。(81-336)

12936　老谋深算
〔美〕安妮·普鲁克斯著,方柏林译,21 世纪年度最佳外国小说,2003 年 12 月。32 异,平装覆膜,ISBN 7-02-004388-7,定价 24.00 元;精装,ISBN 7-02-004389-5,定价 29.00 元。2010 年 4 月收入安妮·普鲁作品,平装,大 32 开,ISBN 978-7-02-007782-3,定价 25.00 元。2017 年 8 月收入安妮·普鲁文集,精装,大 32 开,ISBN 978-7-02-012345-2,定价 54.00 元。(81-338)

12937　精神病医生
〔巴西〕马查多·德·阿西斯著,李均报译,2004 年 3 月。平装覆膜,国流 32 开,ISBN 7-02-004473-5,定价 14.00 元。(81-340)

12938　终极实验
〔加拿大〕罗伯特·吉·索耶著,陈志娟译,2004 年 5 月。平装覆膜,大 32 开,ISBN 7-02-004601-0,定价 17.00 元。(81-343)

12939　阿甘正传
〔美〕温斯顿·葛鲁姆著,于而彦译,2002 年 8 月。平装,国流 32 开,ISBN 7-02-003512-4,定价 12.00 元。2010 年 4 月,平装,16 异,ISBN 978-7-02-007901-8,定价 23.00 元。(81-346)

12940　了不起的盖茨比
〔美〕菲茨杰拉德著,姚乃强译,名著名译插图本,2004 年 6 月。平装覆膜,国流 32 开,ISBN 7-02-004608-8,定价 12.00 元。2004 年 7 月收入美国学生课外阅读丛书,平装覆膜,大 32 开,ISBN 7-02-004668-1,定价 14.00 元。2008 年 6 月收入名著名译插图本精华版,软精,国流 32 开,ISBN 978-7-02-007149-4,定价 12.00 元。2016 年 11 月收入菲茨杰拉德代表作,平装,32 异,ISBN 978-7-02-009918-4,定价 22.00 元。2015 年 4 月收入名著名译丛书,精装,32 异,ISBN 978-7-02-010452-9,定价 24.00 元。2018 年 4 月收入插图本名著名译丛书,平装,国流 32 开,ISBN 978-7-02-013068-9,定价 24.00 元。(81-347)

12941　灵犬莱茜
〔美〕埃里克·奈特著,周莉译,美国学生课外阅读丛书,2004 年 7 月。平装覆膜,大 32 开,ISBN 7-02-004651-7,定价 10.00 元。2006 年 1 月收入人狗情丛书,平装覆膜,国流 32 开,ISBN 7-02-005386-6,定价 14.00 元。2007 年 9 月收入大拇指丛书,平装覆膜,国流 32 开,ISBN 978-7-02-006163-1,定价 13.00 元。2015 年 9 月收入你长大之前必读的 66 本书,平装覆膜,16 异,ISBN 978-7-02-011037-7,定价 23.00 元。2016 年 1 月收入核心阅读工程,平装覆膜,16 异,ISBN 978-7-02-011315-6,定价 23.00 元。(81-348)

12942　我的安东妮亚
〔美〕薇拉·凯瑟著,周微林译,美国学生课外阅读丛书,2004 年 7 月。平装覆膜,大 32 开,ISBN 7-02-004660-6,定价 13.00 元。(81-349)

12943　荒野的呼唤
〔美〕杰克·伦敦著,胡春兰、赵苏苏译,美国学生课外阅读丛书,2004 年 7 月。平装覆膜,大 32 开,ISBN 7-02-004519-7,定价 16.00 元。2006 年 1 月收入人狗情丛书,平装覆膜,国流 32 开,ISBN 7-02-005385-8,定价 19.00 元。(81-350)

12944　螺丝在拧紧
〔美〕亨利·詹姆斯著,高兴、邹海仑译,美国学

生课外阅读丛书,2004年7月。平装覆膜,大32开,ISBN 7-02-004518-9,定价13.00元。2017年6月收入你长大之前必读的66本书,平装覆膜,16异,ISBN 978-7-02-012164-9,定价27.00元。(81-351)

12945 红色的英勇标志
〔美〕斯蒂芬·克莱恩著,刘士聪、谷启楠译,美国学生课外阅读丛书,2004年7月。平装覆膜,大32开,ISBN 7-02-004633-9,定价12.00元。2005年1月收入名著名译插图本,平装覆膜,国流32开,ISBN 7-02-004825-0,定价10.00元。(81-353)

12946 数字城堡
〔美〕丹·布朗著,朱振武、赵永健、信艳译,2004年9月。平装覆膜,32异,ISBN 7-02-004814-5,定价25.00元。2009年4月,平装,32异,ISBN 978-7-02-006709-1,定价26.00元。2013年12月,平装,32异,ISBN 978-7-02-010154-2,定价30.00元。2018年1月收入丹·布朗作品纪念珍藏版,平装覆膜,国流32开,ISBN 978-7-02-012687-3,定价49.00元。2018年5月,精装,32异,ISBN 978-7-02-014119-7,定价62.00元。(81-357)

12947 神圣之路
〔美〕迈克尔·布莱克著,孙法理译,2004年12月。平装覆膜,国流32开,ISBN 7-02-004609-6,定价20.00元。(81-359)

12948 灵魂之湾
〔美〕罗伯特·斯通著,姚翠丽译,21世纪年度最佳外国小说,2005年1月。国流32开,平装覆膜,ISBN 7-02-005056-5,定价21.00元;精装,ISBN 7-02-005057-3,定价30.00元。(81-364)

12949 天使与魔鬼
〔美〕丹·布朗著,朱振武、王巧俐、信艳译,2005年2月。平装覆膜,32异,ISBN 7-02-004992-3,定价29.80元。2009年5月,平装,32异,ISBN 978-7-02-006710-7,定价32.00元。2013年12月,平装,32异,ISBN 978-7-02-010155-9,定价38.00元。2017年10月收入丹·布朗作品插图珍藏版,精装,16异,ISBN 978-7-02-013027-6,定价109.00元。2018年1月收入丹·布朗作品纪念珍藏版,平装覆膜,国流32开,ISBN 978-7-02-012689-7,定价59.00元。2018年5月,精装,32异,ISBN 978-7-02-014115-9,定价72.00元。(81-366)

12950 手提箱
〔美〕谢尔盖·多甫拉托夫著,刘宪平译,2005年9月。平装覆膜,国流32开,ISBN 7-02-005149-9,定价11.00元。(81-372)

12951 迷魂谷
〔美〕杰奎琳·苏珊著,马爱农、蒯乐昊译,廊桥书系,2005年8月。平装覆膜,大32开,ISBN 7-02-005174-X,定价27.00元。2011年5月收入新世纪外国畅销小说书架,平装覆膜,国流32开,ISBN 978-7-02-008329-9,定价33.00元。(81-376)

12952 帝国瀑布
〔美〕理查德·拉索著,马爱新译,廊桥书系,2005年8月。平装覆膜,大32开,ISBN 7-02-005207-X,定价27.00元。2007年6月收入当代外国获奖小说,平装,大32开,ISBN 978-7-02-006136-5,定价27.00元。2019年11月,单行本,精装,32异,ISBN 978-7-02-012563-0,定价68.00元。(81-377)

12953 我带你去那儿
〔美〕乔伊斯·卡罗尔·欧茨著,顾韶阳译,廊桥书系,2005年9月。平装覆膜,大32开,ISBN 7-02-005251-7,定价17.00元。(81-381)

12954 复杂的善意
〔加拿大〕米里亚姆·托尤斯著,丁林棚译,21世纪年度最佳外国小说,2005年12月。平装覆膜,国流32开,ISBN 7-02-005406-4,定价20.00元。(81-385)

12955 巴拉圭消息
〔美〕莉莉·塔克著,赵苏苏译,21世纪年度最佳外国小说,2005年12月。平装覆膜,国流32开,ISBN 7-02-005429-3,定价22.00元。2010年4月收入当代外国获奖小说,平装覆膜,大32开,ISBN 978-7-02-007594-2,定价19.00元。(81-386)

12956 迷失男女

小说

〔美〕彼得·斯陶伯著，于是译，2005年10月。平装覆膜，大32开，ISBN 7-02-005326-2，定价27.00元。(81-387)

12957 夜屋
〔美〕彼得·斯陶伯著，路旦俊、胡泽刚译，2005年10月。平装覆膜，大32开，ISBN 7-02-005327-0，定价28.00元。(81-388)

12958 圣诞节红雀
〔美〕范妮·弗拉格著，张建平译，2005年10月。平装覆膜，32异，ISBN 7-02-005292-4，定价15.00元。(81-389)

12959 彼岸的巴士
〔美〕瑞秋·赛蒙著，黄道琳译，2005年10月。平装覆膜，32异，ISBN 7-02-005239-8，定价22.00元。(81-390)

12960 深谷幽城
〔哥伦比亚〕埃克托尔·阿瓦德·法西奥林赛著，张广森译，21世纪年度最佳外国小说，2005年12月。平装覆膜，国流32开，ISBN 7-02-005396-3，定价26.00元。(81-391)

12961 波希米亚女郎
〔美〕薇拉·凯瑟著，资中筠等译，20世纪外国名家精品插图本，2006年1月。平装覆膜，国流32开，ISBN 7-02-005417-X，定价18.00元。(81-398)

12962 伊坦·弗洛美
〔美〕伊迪丝·华顿著，吕叔湘、蒲隆译，20世纪外国名家精品插图本，2006年1月。平装覆膜，国流32开，ISBN 7-02-005433-1，定价16.00元。(81-400)

12963 海狼
〔美〕杰克·伦敦著，臧树林、王阳译，20世纪外国名家精品插图本，2006年1月。平装覆膜，国流32开，ISBN 7-02-005389-0，定价18.00元。(81-401)

12964 傻瓜吉姆佩尔
〔美〕辛格著，施咸荣等译，20世纪外国名家精品插图本，2006年1月。平装覆膜，国流32开，ISBN 7-02-005405-6，定价22.00元。(81-402)

12965 骗局
〔美〕丹·布朗著，朱振武、信艳、王巧俐译，2006年3月。平装覆膜，国流32开，ISBN 7-02-005456-0，定价29.00元。2009年4月，平装，国流32开，ISBN 978-7-02-007342-9，定价29.00元。2013年12月，平装，32异，ISBN 978-7-02-010158-0，定价36.00元。2017年9月收入丹·布朗作品纪念珍藏版，平装覆膜，国流32开，ISBN 978-7-02-012688-0，定价57.00元。2018年5月，精装，32异，ISBN 978-7-02-014114-2，定价69.00元。(81-407)

12966 三张牌
〔美〕斯蒂芬·金著，文敏译，2006年5月。平装覆膜，国流32开，ISBN 7-02-005481-1，定价29.00元。2016年12月收入黑暗塔系列，精装，16异，ISBN 978-7-02-012065-9，定价62.00元；2017年10月，平装，16异，ISBN 978-7-02-013283-6，定价59.00元。(81-408)

12967 奥尔特校园手记
〔美〕科蒂斯·希登费尔德著，何韵琳译，2006年2月。平装覆膜，32异，ISBN 7-02-005449-8，定价29.90元。2010年5月收入新世纪外国畅销小说书架，平装，32异，ISBN 978-7-02-008171-4，定价29.90元。(81-412)

12968 枪侠
〔美〕斯蒂芬·金著，陆晓星译，2006年5月。平装覆膜，国流32开，ISBN 7-02-005478-1，定价18.00元。2016年12月收入黑暗塔系列，精装，16异，ISBN 978-7-02-012064-2，定价42.00元；2017年10月，平装，16异，ISBN 978-7-02-013284-3，定价39.00元。(81-415)

12969 历史学家
〔美〕伊丽莎白·科斯托娃著，凌建娥、刘玉红译，2006年5月。平装覆膜，32异，ISBN 7-02-005480-3，定价32.00元。2009年11月收入新世纪外国畅销小说书架，平装，32异，ISBN 978-7-02-007706-9，定价34.00元。(81-424)

12970 夏夜的秘密
〔美〕丽莎·克莱帕丝著，张一涵译，2006年5月。平装覆膜，32异，ISBN 7-02-005467-6，定价 19.00 元。2012 年 7 月收入壁花系列,平装,32 异,ISBN 978-7-02-008768-6,定价 28.00 元。(81-425)

12971　魔鬼辞典

〔美〕安布罗斯·比尔斯著,莫雅平译,2006 年 5 月。平装覆膜,国流 32 开,ISBN 7-02-005554-0,定价 26.00 元。(81-426)

12972　船讯

〔美〕安妮·普鲁著,马爱农译,2006 年 6 月。平装覆膜,国流 32 开,ISBN 7-02-005650-4,定价 23.00 元。2010 年 4 月收入安妮·普鲁作品,平装,大 32 开,ISBN 978-7-02-007780-9,定价 22.00 元。2016 年 10 月收入安妮·普鲁文集,精装,大 32 开,ISBN 978-7-02-010692-9,定价 36.00 元。(81-431)

12973　我在另一个世界等你

〔美〕加·泽文著,路旦俊、胡泽刚译,2006 年 7 月。平装,国流 32 开,ISBN 7-02-005485-4,定价 18.00 元。(81-433)

12974　肖申克的救赎

〔美〕斯蒂芬·金著,施寄青、赵永芬、齐若兰译,2006 年 7 月。平装覆膜,国流 32 开,ISBN 7-02-005498-6,定价 29.90 元。2009 年 11 月收入新世纪外国畅销小说书架,平装,32 异,ISBN 978-7-02-007704-5,定价 29.90 元。2016 年 1 月修订版,精装,国流 32 开,ISBN 978-7-02-011189-3,定价 38.00 元。2018 年 9 月纪念珍藏版,平装覆膜,国流 32 开,ISBN 978-7-02-014340-5,定价 55.00 元。(81-435)

12975　荒原

〔美〕斯蒂芬·金著,郑咏滟译,2006 年 8 月。平装覆膜,国流 32 开,ISBN 7-02-005496-X,定价 32.00 元。2016 年 12 月收入黑暗塔系列,精装,16 异,ISBN 978-7-02-012069-7,定价 68.00 元;2017 年 10 月,平装,16 异,ISBN 978-7-02-013290-4,定价 65.00 元。(81-436)

12976　爱情与荣誉

〔美〕兰德尔·华莱士著,路旦俊、胡泽刚译,2005 年 7 月。平装覆膜,32 异,ISBN 7-02-005235-5,定价 25.00 元。(81-440)

12977　雪花和秘密的扇子

〔美〕邝丽莎著,忻元洁译,2006 年 7 月。平装覆膜,国流 32 开,ISBN 7-02-005783-1,定价 20.00 元。2010 年 8 月收入新世纪外国畅销小说书架,平装,32 异,ISBN 978-7-02-008159-2,定价 22.00 元。2011 年 6 月,书名《雪花秘扇》,平装,32 异,ISBN 978-7-02-007391-7,定价 28.00 元。(81-448)

12978　近距离　怀俄明故事(断背山)

〔美〕安妮·普鲁著,宋瑛堂译,2006 年 11 月。平装覆膜,国流 32 开,ISBN 7-02-005558-3,定价 16.00 元。2010 年 4 月收入安妮·普鲁作品,平装,大 32 开,ISBN 978-7-02-007781-6,定价 15.00 元。2015 年 6 月收入安妮·普鲁文集,书名《断背山》,精装,大 32 开,ISBN 978-7-02-010703-2,定价 33.00 元。2019 年 9 月,精装,大 32 开,ISBN 978-7-02-014402-0,定价 49.00 元。(81-454)

12979　摊牌

〔美〕詹姆斯·麦克马纳斯著,石青译,2006 年 12 月。平装覆膜,国流 32 开,ISBN 7-02-005829-7,定价 20.00 元。(81-455)

12980　基列家书

〔美〕玛里琳·鲁滨逊著,李尧译,21 世纪年度最佳外国小说,2007 年 1 月。平装覆膜,32 异,ISBN 7-02-005921-8,定价 15.00 元。2010 年 4 月收入当代外国获奖小说,平装覆膜,大 32 开,ISBN 978-7-02-007592-8,定价 19.00 元。2019 年 10 月收入基列三部曲,精装,32 异,ISBN 978-7-02-013500-4,定价 59.90 元。(81-459)

12981　蓝色时刻

〔秘鲁〕阿隆索·奎托著,刘京胜译,21 世纪年度最佳外国小说,2007 年 1 月。平装覆膜,32 异,ISBN 7-02-005922-5,定价 17.00 元。(81-461)

12982　美第奇匕首

〔美〕卡麦隆·韦斯特著,江天帆、马云霏译,2006 年 12 月。平装覆膜,32 异,ISBN 7-02-005898-1,定价 22.00 元。(81-462)

12983　四法则

〔美〕伊恩·考德威尔、达斯汀·托马森著,张

美洲小说

729

颖、徐玲译,2007年1月。平装覆膜,国流32开,ISBN 978-7-02-005918-8,定价27.00元。(81-463)

12984 南方的寡妇
〔美〕罗伯特·希克斯著,张建平译,2007年3月。平装覆膜,32异,ISBN 978-7-02-006016-0,定价26.00元。2009年11月收入新世纪外国畅销小说书架,平装,32异,ISBN 978-7-02-007702-1,定价28.00元。(81-464)

12985 蜘蛛男孩
〔美〕尼尔·盖曼著,马骁译,2007年2月。平装覆膜,32异,ISBN 978-7-02-005989-8,定价25.00元。(81-465)

12986 巫师与玻璃球
〔美〕斯蒂芬·金著,夏威、叶如兰、任战译,2007年4月。平装覆膜,国流32开,ISBN 978-7-02-006049-8,定价39.00元。2016年12月收入黑暗塔系列,精装,16异,ISBN 978-7-02-012066-6,定价68.00元;2017年10月,平装,16异,ISBN 978-7-02-013285-0,定价65.00元。(81-468)

12987 我们一家人
〔美〕谢尔盖·多甫拉托夫著,刘宪平译,2007年3月。平装覆膜,国流32开,ISBN 978-7-02-005979-9,定价8.00元。(81-472)

12988 帕尔马幽默作品选
〔秘鲁〕帕尔马著,白凤森译,外国幽默作家丛书,2007年4月。平装覆膜,国流32开,ISBN 978-7-02-006082-5,定价14.00元。(81-475)

12989 失窃的孩子
〔美〕凯斯·唐纳胡著,柏栎译,2007年5月。平装覆膜,国流32开,ISBN 978-7-02-006053-5,定价19.00元。2009年11月收入新世纪外国畅销小说书架,平装,32异,ISBN 978-7-02-007700-7,定价24.00元。(81-476)

12990 倒数第二梦
〔哥伦比亚〕安赫拉·贝塞拉著,赵德明译,当代外国获奖小说,2007年6月。平装覆膜,大32开,ISBN 978-7-02-006027-6,定价26.00元。(81-478)

12991 马奇
〔美〕杰拉尔丁·布鲁克斯著,张建平译,当代外国获奖小说,2007年6月。平装覆膜,大32开,ISBN 978-7-02-006029-0,定价19.00元。(81-479)

12992 伟大的维多利亚时期收藏品
〔加拿大〕布莱恩·摩尔著,臧树林译,当代外国获奖小说,2007年6月。平装覆膜,大32开,ISBN 978-7-02-006110-5,定价14.00元。(81-482)

12993 九故事
〔美〕J.D.塞林格著,李文俊、何上峰译,2007年8月。平装覆膜,32异,ISBN 978-7-02-006213-3,定价17.00元。(81-485)

12994 卡拉之狼
〔美〕斯蒂芬·金著,张楠、任战译,2007年8月。平装覆膜,国流32开,ISBN 978-7-02-006236-2,定价39.00元。2016年12月收入黑暗塔系列,精装,16异,ISBN 978-7-02-012067-3,定价68.00元;2017年10月,平装,16异,ISBN 978-7-02-013287-4,定价65.00元。(81-488)

12995 弗兰妮与祖伊
〔美〕J.D.塞林格著,丁骏译,2007年9月。平装覆膜,32异,ISBN 978-7-02-006233-1,定价15.00元。(81-492)

12996 致我的青蛙王子
〔美〕科蒂斯·希登费尔德著,沉汐译,2007年9月。平装覆膜,国流32开,ISBN 978-7-02-006270-6,定价18.00元。(81-494)

12997 大进军
〔美〕E.L.多克托罗著,邹海仑译,2007年9月。平装覆膜,16异,ISBN 978-7-02-005981-2,定价32.00元。(81-496)

12998 时间旅行者的妻子
〔美〕奥德丽·尼芬格著,夏金、安璘译,2007年4月。平装覆膜,国流32开,ISBN 978-7-02-006050-4,定价29.90元。2009年11月收入新世纪外国畅销小说书架,平装,32异,ISBN 978-7-02-007697-0,定价29.90元。2016年12月,平装,32异,ISBN 978-7-02-012007-9,

定价42.00元。(81-509)

12999　皇帝的孩子
〔美〕克莱尔·梅苏德著,刘士聪译,21世纪年度最佳外国小说,2008年1月。平装覆膜,32异,ISBN 978-7-02-006534-9,定价30.00元。2010年4月收入新世纪外国畅销小说书架,平装,32异,ISBN 978-7-02-007689-5,定价32.00元。(81-512)

13000　希腊激情
〔智利〕安布埃罗著,赵德明译,21世纪年度最佳外国小说,2008年1月。平装覆膜,32异,ISBN 978-7-02-006538-7,定价16.00元。(81-513)

13001　病魔
〔委内瑞拉〕巴雷拉著,王军宁译,2008年1月。平装覆膜,32异,ISBN 978-7-02-006524-0,定价13.00元。(81-515)

13002　食梦者的玻璃书
〔美〕戈登·达尔奎斯特著,刘玉红、李盈译,2008年3月。平装覆膜,16异,ISBN 978-7-02-006304-8,定价55.00元。(81-517)

13003　牛津迷案
〔阿根廷〕吉列尔莫·马丁内斯著,马科星译,2008年1月。平装覆膜,32异,ISBN 978-7-02-006535-6,定价16.00元。2018年6月收入世界经典推理文库,平装,32异,ISBN 978-7-02-013669-8,定价32.00元。(81-523)

13004　苏珊娜之歌
〔美〕斯蒂芬·金著,郑咏滟译,2008年3月。平装覆膜,国流32开,ISBN 978-7-02-006551-6,定价29.90元。2016年12月收入黑暗塔系列,精装,16异,ISBN 978-7-02-012068-0,定价62.00元;2017年10月,平装,16异,ISBN 978-7-02-013289-8,定价59.00元。(81-532)

13005　死亡之舞
〔美〕道格拉斯·普雷斯顿、林肯·切尔德著,胡则刚、周文译,2008年3月。平装覆膜,32异,ISBN 978-7-02-006659-9,定价32.00元。(81-533)

13006　野火
〔美〕尼尔森·德米勒著,文敏译,2008年1月。平装,国流32开,ISBN 978-7-02-006645-2,定价32.00元。(81-534)

13007　侦探一家
〔美〕丽莎·鲁兹著,沉汐译,2008年4月。平装覆膜,国流32开,ISBN 978-7-02-006513-4,定价22.00元。(81-535)

13008　布鲁克林的荒唐事
〔美〕保罗·奥斯特著,陈安译,2008年4月。平装覆膜,32异,ISBN 978-7-02-006652-0,定价23.00元。2009年11月收入新世纪外国畅销小说书架,平装,32异,ISBN 978-7-02-007698-7,定价23.00元。(81-536)

13009　谋杀,我亲爱的华生
〔美〕马丁·格林博等主编,陈东雷译,2008年5月。平装覆膜,32异,ISBN 978-7-02-006696-4,定价23.00元。(81-540)

13010　杀手短信
〔美〕彼得·罗宾森著,陈丹媞译,班克斯警探系列,2008年4月。平装覆膜,32异,ISBN 978-7-02-006676-6,定价24.00元。(81-541)

13011　直觉
〔美〕阿丽嘉·古德曼著,黎琳译,2008年4月。平装覆膜,32异,ISBN 978-7-02-006663-6,定价26.00元。2010年12月收入新世纪外国畅销小说书架,平装覆膜,32异,ISBN 978-7-02-008158-5,定价26.00元。(81-542)

13012　棋之谜
〔美〕凯瑟琳·内维尔著,路旦俊译,2008年6月。平装覆膜,国流32开,ISBN 978-7-02-006707-7,定价35.00元。(81-544)

13013　杀戮之地
〔美〕李·恰尔德著,文敏译,2008年9月。平装覆膜,国流32开,ISBN 978-7-02-006802-9,定价28.00元。(81-554)

13014　搏命一击
〔美〕李·恰尔德著,郑咏滟译,2008年9月。平装覆膜,国流32开,ISBN 978-7-02-006810-4,定价28.00元。(81-560)

13015　贝克街谋杀案
〔美〕马丁·格林博等主编,王岳杭译,2008年8月。平装覆膜,32异,ISBN 978-7-02-

006803-6,定价24.00元。(81-562)

13016 神秘访客
〔美〕李·恰尔德著,邢楠译,2008年11月。平装覆膜,国流32开,ISBN 978-7-02-006809-8,定价28.00元。(81-569)

13017 一触即发
〔美〕李·恰尔德著,陈宁静译,2008年11月。平装覆膜,国流32开,ISBN 978-7-02-006631-5,定价28.00元。(81-570)

13018 曲终人散
〔美〕约书亚·弗里斯著,李育超译,21世纪年度最佳外国小说,2009年1月。平装覆膜,32异,ISBN 978-7-02-007249-1,定价25.00元。2010年4月收入新世纪外国畅销小说书架,平装,32异,ISBN 978-7-02-007691-8,定价26.00元。(81-582)

13019 约克郡人骨之谜
〔加拿大〕彼得·罗宾森著,陆榕译,班克斯警探系列,2008年12月。平装覆膜,32异,ISBN 978-7-02-006890-6,定价26.00元。(81-588)

13020 无辜的坟墓
〔加拿大〕彼得·罗宾森著,张颖译,班克斯警探系列,2008年6月。平装覆膜,32异,ISBN 978-7-02-006758-9,定价28.00元。(81-589)

13021 抬高房梁,木匠们 西摩:小传
〔美〕J. D. 塞林格著,丁骏译,2009年1月。平装,32异,ISBN 978-7-02-006636-0,定价17.00元。(81-595)

13022 恐怖分子
〔美〕约翰·厄普代克著,刘子彦译,2009年2月。平装覆膜,32异,ISBN 978-7-02-006914-9,定价26.00元。(81-596)

13023 寻宝小子
〔美〕路易斯·撒察尔著,顾庆阳译,2009年2月。平装覆膜,32异,ISBN 978-7-02-006946-0,定价18.00元。(81-597)

13024 我醒来之前
〔美〕罗伯特·J.威尔斯玛著,潘樱译,2009年1月。平装覆膜,32异,ISBN 978-7-02-006916-3,定价25.00元。(81-598)

13025 黑暗之塔
〔美〕斯蒂芬·金著,于是译,2009年2月。平装覆膜,国流32开,ISBN 978-7-02-006922-4,定价50.00元。2016年12月收入黑暗塔系列,书名《黑暗塔》,精装,16异,ISBN 978-7-02-012070-3,定价75.00元;2017年10月,平装,16异,ISBN 978-7-02-013392-5,定价72.00元。(81-602)

13026 达·芬奇密码
〔美〕丹·布朗著,朱振武等译,2009年5月。平装,32异,ISBN 978-7-02-006982-8,定价26.00元。2009年11月收入新世纪外国畅销小说书架,平装,32异,ISBN 978-7-02-007701-4,定价26.00元。2013年12月,平装,32异,ISBN 978-7-02-010156-6,定价35.00元。2017年9月收入丹·布朗作品纪念珍藏版,平装覆膜,国流32开,ISBN 978-7-02-012613-2,定价57.00元。2017年10月收入丹·布朗作品插图珍藏版,精装,16异,ISBN 978-7-02-013209-6,定价109.00元。2018年5月,精装,32异,ISBN 978-7-02-014118-0,定价69.00元。(81-605)

13027 小小步伐
〔美〕路易斯·撒察尔著,顾丹柯、钱晗颖译,2009年3月。平装覆膜,32异,ISBN 978-7-02-007003-9,定价20.00元。(81-607)

13028 灾难物理学奇事
〔美〕玛丽莎·佩索著,包慧怡译,2009年4月。平装覆膜,16异,ISBN 978-7-02-006846-3,定价42.00元。(81-610)

13029 再见,哥伦布
〔美〕菲利普·罗斯著,俞理明、张迪译,2009年6月。平装,32异,ISBN 978-7-02-006842-5,定价25.00元。(81-615)

13030 凡人
〔美〕菲利普·罗斯著,彭伦译,2009年7月。平装,32异,ISBN 978-7-02-007521-8,定价16.00元。(81-616)

13031 万火归一
〔阿根廷〕胡利奥·科塔萨尔著,范晔译,2009年6月。平装,大32开,ISBN 978-7-02-006932-3,定价22.00元。(81-617)

13032　圣骨传奇
〔美〕迈克尔·伯恩斯著,李韵译,2008年7月。平装,32异,ISBN 978-7-02-006712-1,定价28.00元。(81-618)

13033　密室中的旅行
〔美〕保罗·奥斯特著,文敏译,2008年7月。软精,32异,ISBN 978-7-02-006743-5,定价15.00元。(81-619)

13034　乐透彩
〔美〕帕特丽夏·伍德著,于是译,2009年5月。平装,32异,ISBN 978-7-02-007009-1,定价20.00元。(81-622)

13035　唐璜秘志
〔美〕道格拉斯·卡尔顿·艾布拉姆斯著,万晓燕译,2009年8月。平装,32异,ISBN 978-7-02-007589-8,定价25.00元。(81-631)

13036　爱的历史
〔美〕妮可·克劳斯著,杨蔚昀译,2009年6月。平装,32异,ISBN 978-7-02-006992-7,定价23.00元。(81-632)

13037　贝克街的幽灵
〔美〕马丁·格林博等主编,倪诗锋译,姚人杰校,新编福尔摩斯探案集,2009年9月。平装覆膜,32异,ISBN 978-7-02-007602-4,定价19.00元。(81-634)

13038　雷蒙德·卡佛短篇小说自选集
〔美〕雷蒙德·卡佛著,汤伟译,2009年9月。平装覆膜,32异,ISBN 978-7-02-007508-9,定价29.80元。2012年7月收入短经典,书名《我打电话的地方》,平装,32异,ISBN 978-7-02-009152-2,定价35.00元。(81-636)

13039　KKK名片
〔美〕埃德温·亚历山大著,孙法理译,2009年12月。平装覆膜,国流32开,ISBN 978-7-02-007590-4,定价25.00元。(81-642)

13040　胡利娅姨妈与作家
〔秘鲁〕马里奥·巴尔加斯·略萨著,赵德明、李德明、蒋宗曹、尹承东译,2009年11月。平装覆膜,32异,ISBN 978-7-02-007743-4,定价28.00元。2017年9月收入略萨作品系列,平装,国流32开,ISBN 978-7-02-012845-2,定价58.00元。(81-643)

13041　塔楼
〔美〕珍妮弗·伊根著,禹一奇译,2009年12月。平装覆膜,32异,ISBN 978-7-02-007725-0,定价25.00元。(81-644)

13042　最后的夏日
〔美〕安妮·布拉谢尔斯著,刘文韵译,2009年11月。平装覆膜,32异,ISBN 978-7-02-007737-3,定价19.00元。(81-645)

13043　杜马岛
〔美〕斯蒂芬·金著,于是译,2009年11月。平装,国流32开,ISBN 978-7-02-007673-4,定价38.00元。2017年9月收入斯蒂芬·金作品系列,精装,32异,ISBN 978-7-02-012922-5,定价69.00元。2019年6月,斯蒂芬·金作品系列,平装,国流32开,ISBN 978-7-02-014593-5,定价65.00元。(81-647)

13044　卖梦人
〔巴西〕奥古斯托·库里著,蔚玲、施侪译,21世纪年度最佳外国小说,2010年1月。平装,32异,ISBN 978-7-02-007808-0,定价20.00元。(81-650)

13045　天扰
〔加拿大〕丽芙卡·戈臣著,石青译,21世纪年度最佳外国小说,2010年1月。平装,32异,ISBN 978-7-02-007773-1,定价17.00元。(81-654)

13046　失落的秘符
〔美〕丹·布朗著,朱振武、文敏、于是译,2010年1月。平装,32异,ISBN 978-7-02-007812-7,定价38.00元。2011年9月,插图版,精装,16异,ISBN 978-7-02-008416-6,定价88.00元。2013年12月,平装,32异,ISBN 978-7-02-010157-3,定价39.00元。2017年10月收入丹·布朗作品插图珍藏版,精装,16异,ISBN 978-7-02-013033-7,定价109.00元。2018年5月收入丹·布朗作品纪念珍藏版,平装覆膜,国流32开,ISBN 978-7-02-012697-2,定价59.00元。2018年5月,精装,32异,ISBN 978-7-02-014117-3,定价72.00元。(81-655)

13047　绿房子
〔秘鲁〕马里奥·巴尔加斯·略萨著,孙家孟译,2009 年 11 月。平装覆膜,32 异,ISBN 978-7-02-007742-7,定价 29.80 元。2017 年 11 月收入略萨作品系列,平装,国流 32 开,ISBN 978-7-02-012850-1,定价 58.00 元。(81-656)

13048 苏菲的选择
〔美〕威廉·斯泰隆著,谢瑶玲译,2010 年 1 月。平装覆膜,32 异,ISBN 978-7-02-007796-0,定价 28.00 元。(81-657)

13049 第十三个圣徒
〔加拿大〕A.帕夫金柯夫著,于晓红译,2010 年 1 月。平装,国流 32 开,ISBN 978-7-02-007600-0,定价 21.00 元。(81-662)

13050 幽灵女孩
〔美〕唐娅·霍利著,马爱农译,2010 年 1 月。平装覆膜,24 开,ISBN 978-7-02-007732-8,定价 36.00 元。2013 年 1 月收入世界儿童文学新经典,平装覆膜,16 异,ISBN 978-7-02-009629-9,定价 25.00 元。(81-663)

13051 潘达雷昂上尉与劳军女郎
〔秘鲁〕马里奥·巴尔加斯·略萨著,孙家孟译,2009 年 12 月。平装覆膜,32 异,ISBN 978-7-02-007741-0,定价 20.00 元。2017 年 9 月收入略萨作品系列,平装,国流 32 开,ISBN 978-7-02-012846-4,定价 45.00 元。(81-665)

13052 动物之神
〔美〕艾琳·凯尔著,许思悦译,2010 年 1 月。平装,32 异,ISBN 978-7-02-007825-7,定价 29.00 元。(81-667)

13053 爱的背面
〔美〕朱莉·布克斯鲍姆著,严超译,2010 年 1 月。平装,32 异,ISBN 978-7-02-007842-4,定价 25.00 元。(81-671)

13054 水手比利·巴德
〔美〕麦尔维尔著,许志强译,2010 年 3 月。平装覆膜,大 32 开,ISBN 978-7-02-007910-0,定价 20.00 元。(81-672)

13055 大地三部曲
〔美〕赛珍珠著,王逢振等译,2010 年 3 月。平装,16 异,ISBN 978-7-02-007682-6,定价 58.00 元。2010 年 8 月,平装,16 异,ISBN 978-7-02-008166-0,定价 75.00 元。(81-676)

13056 黑暗中的人
〔美〕保罗·奥斯特著,徐振锋译,2010 年 4 月。平装覆膜,32 异,ISBN 978-7-02-007939-1,定价 18.00 元。2018 年 4 月收入保罗·奥斯特作品系列,精装,32 异,ISBN 978-7-02-013481-6,定价 39.00 元。(81-679)

13057 布莱泽
〔美〕理查德·巴克曼著,路旦俊译,2010 年 3 月。平装,32 异,ISBN 978-7-02-007779-3,定价 25.00 元。2017 年 6 月,署名斯蒂芬·金,收入斯蒂芬·金作品系列,精装,国流 32 开,ISBN 978-7-02-012525-8,定价 55.00 元。(81-681)

13058 手风琴罪案
〔美〕安妮·普鲁著,曾真译,安妮·普鲁作品,2010 年 4 月。平装,大 32 开,ISBN 978-7-02-006983-5,定价 32.00 元。2019 年 3 月收入安妮·普鲁文集,精装,大 32 开,ISBN 978-7-02-012344-5,定价 64.00 元。(81-687)

13059 九故事(英汉双语版)
〔美〕J. D. 塞林格著,李文俊、何上峰译,2010 年 5 月。平装,32 异,ISBN 978-7-02-007994-0,定价 29.00 元。(81-692)

13060 野兽国
〔美〕戴夫·艾格斯著,虞钧栋译,2010 年 6 月。平装,32 异,ISBN 978-7-02-007992-6,定价 24.00 元。2018 年 12 月收入戴夫·艾格斯作品,平装,32 异,ISBN 978-7-02-013615-5,定价 39.00 元。(81-693)

13061 如果我留下
〔美〕盖尔·福尔曼著,张静译,2010 年 6 月。平装,32 异,ISBN 978-7-02-008127-1,定价 18.00 元。(81-697)

13062 白城恶魔
〔美〕艾瑞克·拉森著,刘永毅译,2010 年 6 月。平装覆膜,32 异,ISBN 978-7-02-008105-9,定价 28.00 元。(81-698)

13063 美国夫人
〔美〕科蒂斯·希登费尔德著,天蓝译,2010 年 6 月。亚光,32 异,ISBN 978-7-02-008102-8,

定价36.00元。(81-699)

13064 瑞德·巴特勒

〔美〕唐纳德·麦凯格著,张建平译,2010年7月。平装覆膜,16异,ISBN 978-7-02-007900-1,定价42.00元。(81-701)

13065 简·奥斯丁失落的回忆

〔美〕塞尔丽·詹姆斯著,王越译,2010年7月。平装,32异,ISBN 978-7-02-008157-8,定价25.00元。(81-702)

13066 "斑龟肺女人"的孙女

〔美〕红衫德尔菲娜著,杜红译,2010年8月。平装覆膜,32异,ISBN 978-7-02-007377-1,定价24.00元。(81-703)

13067 湖上仙子

〔美〕珍妮弗·阿利森著,黄富慧译,通灵少女吉尔达,2010年8月。平装覆膜,国流32开,ISBN 978-7-02-008100-4,定价26.00元。(81-704)

13068 通灵侦探

〔美〕珍妮弗·阿利森著,马爱新译,通灵少女吉尔达,2010年8月。平装覆膜,国流32开,ISBN 978-7-02-008101-1,定价22.00元。(81-705)

13069 鬼魂奏鸣曲

〔美〕珍妮弗·阿利森著,丁浣译,通灵少女吉尔达,2010年8月。平装覆膜,国流32开,ISBN 978-7-02-008099-1,定价29.00元。(81-706)

13070 秘密情报点

〔美〕珍妮弗·阿利森著,周莉译,通灵少女吉尔达,2010年8月。平装覆膜,国流32开,ISBN 978-7-02-008130-1,定价23.00元。(81-707)

13071 造船厂

〔乌拉圭〕胡安·卡洛斯·奥内蒂著,赵德明、王治权译,2010年10月。平装,大32开,ISBN 978-7-02-008104-2,定价21.00元。(81-716)

13072 家园

〔美〕玛里琳·鲁滨逊著,应雁译,2010年9月。平装,国流32开,ISBN 978-7-02-007911-7,定价24.00元。2019年10月收入基列三部曲,精装,32异,ISBN 978-7-02-013652-0,定价69.00元。(81-718)

13073 遥望

〔加拿大〕迈克尔·翁达杰著,张芸译,2010年9月。平装覆膜,32异,ISBN 978-7-02-008163-9,定价25.00元。2019年7月收入翁达杰作品系列,精装,国流32开,ISBN 978-7-02-014187-6,定价59.00元。(81-719)

13074 决胜21点

〔美〕本·梅兹里克著,刘子彦译,2010年8月。平装,32异,ISBN 978-7-02-008129-5,定价25.00元。(81-721)

13075 象棋少年

〔阿根廷〕吉列尔莫·马丁内斯著,谭薇译,2010年9月。平装,32异,ISBN 978-7-02-008103-5,定价12.00元。(81-722)

13076 通向慕尼黑的六座坟墓

〔美〕马里奥·普佐著,杨振同译,2010年9月。平装,32异,ISBN 978-7-02-008261-2,定价20.00元。(81-725)

13077 贼城

〔美〕大卫·班尼奥夫著,有印良品译,2010年10月。平装,32异,ISBN 978-7-02-008208-7,定价28.00元。2018年11月,作者署名大卫·贝尼奥夫,平装,国流32开,ISBN 978-7-02-014556-0,定价48.00元。(81-726)

13078 坏女孩的恶作剧

〔秘鲁〕马里奥·巴尔加斯·略萨著,尹承东、杜雪峰译,2010年10月。平装覆膜,32异,ISBN 978-7-02-008270-4,定价29.80元。2017年9月收入略萨作品系列,平装,国流32开,ISBN 978-7-02-012844-0,定价49.00元。(81-728)

13079 山雨欲来

〔墨西哥〕阿古斯丁·亚涅斯著,顾文波译,2010年12月。平装,国流32开,ISBN 978-7-02-008013-7,定价28.00元。(81-733)

13080 转吧,这伟大的世界

〔美〕科伦·麦凯恩著,方柏林译,21世纪年度最佳外国小说,2010年12月。平装覆膜,32异,ISBN 978-7-02-008214-8,定价32.00元。2018年10月收入桂冠译丛,著者国籍爱尔兰,

平装,32异,ISBN 978-7-02-014396-2,定价55.00元。(81-734)

13081　夜访良辰镇
〔美〕莎莲·哈里斯著,秦雯译,南方吸血鬼系列1,2010年10月。平装覆膜,32异,ISBN 978-7-02-008269-8,定价24.00元。(81-738)

13082　达拉斯夜未眠
〔美〕莎莲·哈里斯著,姚人杰译,南方吸血鬼系列2,2010年10月。平装覆膜,32异,ISBN 978-7-02-008268-1,定价24.00元。(81-739)

13083　异教王后
〔美〕米歇尔·莫兰著,沈亦文译,2010年11月。平装,32异,ISBN 978-7-02-008269-4,定价28.00元。(81-740)

13084　时间与河流——青年渴望的传奇故事
〔美〕托马斯·沃尔夫著,颜学军译,托马斯·沃尔夫小说全系列,2011年1月。平装覆膜,16异,ISBN 978-7-02-007878-3,定价64.00元。(81-743)

13085　蛛网与磐石
〔美〕托马斯·沃尔夫著,冯冬、张锡麟译,张子清校,托马斯·沃尔夫小说全系列,2011年1月。平装覆膜,16异,ISBN 978-7-02-007877-6,定价43.00元。(81-744)

13086　天使,望故乡——被埋葬的生活的故事
〔美〕托马斯·沃尔夫著,朱小凡译,托马斯·沃尔夫小说全系列,2011年1月。平装覆膜,16异,ISBN 978-7-02-007880-6,定价43.00元。(81-745)

13087　太阳与雨——托马斯·沃尔夫中短篇小说选
〔美〕托马斯·沃尔夫著,吴岩等译,托马斯·沃尔夫小说全系列,2011年1月。平装覆膜,16异,ISBN 978-7-02-007875-2,定价39.00元。(81-746)

13088　你不能再回家
〔美〕托马斯·沃尔夫著,李尧译,托马斯·沃尔夫小说全系列,2011年1月。平装覆膜,16异,ISBN 978-7-02-007876-9,定价45.00元。(81-747)

13089　亡者俱乐部
〔美〕莎莲·哈里斯著,蔡心语译,南方吸血鬼系列3,2010年12月。平装覆膜,32异,ISBN 978-7-02-008350-3,定价22.00元。(81-751)

13090　意外的访客
〔美〕莎莲·哈里斯著,蔡心语译,南方吸血鬼系列4,2011年1月。平装覆膜,32异,ISBN 978-7-02-008401-2,定价24.00元。(81-754)

13091　什么是什么
〔美〕戴夫·艾格斯著,陈伟译,2011年3月。平装,32异,ISBN 978-7-02-008424-1,定价35.00元。2018年12月收入戴夫·艾格斯作品,平装,32异,ISBN 978-7-02-013654-4,定价59.00元。(81-758)

13092　还乡之谜
〔海地〕达尼·拉费里埃著,何家炜译,2011年2月。平装,32异,ISBN 978-7-02-008187-5,定价28.00元。(81-760)

13093　劳拉的原型
〔美〕弗拉基米尔·纳博科夫著,德米特里·纳博科夫编,谭惠娟译,2011年3月。平装,32异,ISBN 978-7-02-008324-4,定价35.00元。(81-762)

13094　露西亚娜·B的缓慢死亡
〔阿根廷〕吉列尔莫·马丁内斯著,李静译,2011年3月。平装,32异,ISBN 978-7-02-008453-1,定价16.00元。(81-763)

13095　与狼人共舞
〔美〕莎莲·哈里斯著,蔡心语译,南方吸血鬼系列5,42011年3月。平装覆膜,32异,ISBN 978-7-02-008400-5,定价24.00元。(81-765)

13096　酒吧长谈
〔秘鲁〕马里奥·巴尔加斯·略萨著,孙家孟译,略萨经典文集,2011年4月。平装覆膜,32异,ISBN 978-7-02-008363-3,定价39.80元。2017年9月收入略萨作品系列,平装,国流32开,ISBN 978-7-02-012834-1,定价79.00元。

(81-771)

13097　恶夜追击令

〔美〕莎莲·哈里斯著,高琼宇译,南方吸血鬼系列6,2011年4月。平装覆膜,32异,ISBN 978-7-02-008440-1,定价24.00元。(81-773)

13098　从内罗毕到深圳　一个美国人的东方罗曼史

〔美〕马克·奥巴马·狄善九著,韩慧强译,2011年5月。平装覆膜,国流32开,ISBN 978-7-02-008483-8,定价33.00元。(81-774)

13099　石像怪兽

〔加〕安德鲁·戴维森著,林静华译,2011年5月。平装,国流32开,ISBN 978-7-02-008173-8,定价28.00元。(81-775)

13100　美国鸟人

〔美〕洛丽·摩尔著,张晓晔译,短经典,2011年5月。平装覆膜,32异,ISBN 978-7-02-008176-9,定价28.00元。2017年5月,精装,32异,ISBN 978-7-02-012254-7,定价45.00元。(81-779)

13101　狂野之夜　关于爱伦·坡、狄金森、马克·吐温、詹姆斯和海明威最后时日的故事

〔美〕乔伊斯·卡罗尔·欧茨著,樊维娜译,短经典,2011年5月。平装,32异,ISBN 978-7-02-008491-3,定价23.00元。(81-780)

13102　动物寓言集

〔阿根廷〕胡里奥·科塔萨尔著,李静译,短经典,2011年5月。平装,32异,ISBN 978-7-02-008492-0,定价16.00元。(81-781)

13103　消失

〔加拿大〕金·爱林著,于是译,2011年5月。平装,小32开,ISBN 978-7-02-008567-5,定价22.00元。(81-783)

13104　找死高峰会

〔美〕莎莲·哈里斯著,高琼宇译,南方吸血鬼系列7,2011年5月。平装覆膜,32异,ISBN 978-7-02-008474-6,定价24.00元。(81-784)

13105　猎人复仇

〔美〕理查德·斯塔克著,姚了了译,2011年4月。平装,32异,ISBN 978-7-02-008391-6,定价27.00元。(81-786)

13106　德国好人

〔美〕约瑟夫·卡农著,潘源译,2011年5月。平装,32异,ISBN 978-7-02-008551-4,定价38.00元。(81-787)

13107　村落

〔美〕约翰·厄普代克著,张拉译,2011年5月。平装覆膜,32异,ISBN 978-7-02-008297-1,定价32.00元。(81-788)

13108　隐者

〔美〕保罗·奥斯特著,包慧怡译,2011年6月。软精,32异,ISBN 978-7-02-008462-3,定价25.00元。2018年4月收入保罗·奥斯特作品系列,精装,32异,ISBN 978-7-02-013674-2,定价46.00元。(81-789)

13109　世界末日之战

〔秘鲁〕马里奥·巴尔加斯·略萨著,赵德明、赵振江、段玉然译,2011年7月,平装覆膜,32异,ISBN 978-7-02-008642-9,定价39.90元。2017年10月收入略萨作品系列,平装,国流32开,ISBN 978-7-02-012848-8,定价72.00元。(81-790)

13110　交易场

〔美〕迈克尔·里德帕斯著,侯萍、闻炜译,黑色金融系列,2011年6月。平装覆膜,国流32开,ISBN 978-7-02-008394-7,定价28.00元。(81-791)

13111　攻其不备

〔美〕莎莲·哈里斯著,高琼宇译,南方吸血鬼系列,2011年6月。平装覆膜,32异,ISBN 978-7-02-008473-9,定价24.00元。(81-794)

13112　德·尼罗的游戏

〔加拿大〕拉维·哈吉著,宋嘉喆译,2010年6月。平装,32异,ISBN 978-7-02-008388-6,定价26.00元。(81-795)

13113　神谕之夜

〔美〕保罗·奥斯特著,潘帕译,2011年6月。软精,32异,ISBN 978-7-02-008548-4,定价20.00元。2018年4月收入保罗·奥斯特作品

系列,精装,32异,ISBN 978-7-02-013294-2,定价45.00元。(81-796)

13114　空影之书
〔美〕迈克尔·格鲁伯著,马兰梅译,2011年6月。平装,32异,ISBN 978-7-02-008550-7,定价36.00元。(81-798)

13115　大都会
〔美〕唐·德里罗著,王大伟、韩忠华译,2011年6月。平装,32异,ISBN 978-7-02-008178-3,定价22.00元。(81-799)

13116　爱的学堂
〔美〕金妮·罗尔比著,叶如兰、王文亚译,2011年7月。平装,32异,ISBN 978-7-02-008593-4,定价24.00元。(81-801)

13117　末世之城
〔美〕保罗·奥斯特著,韩良忆译,2011年8月。软精,32异,ISBN 978-7-02-008611-5,定价19.00元。(81-803)

13118　小城畸人
〔美〕舍伍德·安德森著,刘士聪译,2011年9月。平装,国流32开,ISBN 978-7-02-008514-9,定价20.00元。2020年9月,平装,大32开,ISBN 978-7-02-016199-7,定价45.00元。(81-809)

13119　阿尔特米奥·克罗斯之死
〔墨西哥〕卡洛斯·富恩特斯著,亦潜译,2011年9月。平装,32异,ISBN 978-7-02-008657-3,定价38.00元。2019年8月收入钻石译丛,精装,32异,ISBN 978-7-02-015016-8,定价59.00元。(81-810)

13120　全面启动
〔美〕莎莲·哈里斯著,高琼宇译,南方吸血鬼系列,2011年9月。平装覆膜,32异,ISBN 978-7-02-008710-5,定价24.00元。(81-814)

13121　炽焰燃烧
〔美〕罗恩·拉什著,姚人杰译,短经典,2011年10月。平装,32异,ISBN 978-7-02-008709-9,定价22.00元。(81-818)

13122　纽约兄弟
〔美〕E.L.多克托罗著,徐振锋译,2011年11月。软精,32异,ISBN 978-7-02-008574-3,定价25.00元。(81-819)

13123　魔鬼迪米特尔
〔美〕威廉·P.布拉蒂著,刘小波译,2011年11月。软精,32异,ISBN 978-7-02-008716-7,定价28.00元。(81-820)

13124　复活的艺术
〔智利〕埃尔南·里维拉·莱特列尔著,崔燕译,21世纪年度最佳外国小说,2011年12月。平装,32异,ISBN 978-7-02-008793-8,定价21.00元。(81-824)

13125　时时刻刻
〔美〕迈克尔·坎宁安著,王家湘译,2012年1月。平装,32异,ISBN 978-7-02-008751-8,定价25.00元。(81-828)

13126　一切破碎,一切成灰
〔美〕威尔斯·陶尔著,陶立夏译,短经典,2011年12月。平装,32异,ISBN 978-7-02-007401-3,定价24.00元。(81-829)

13127　试验年代
〔美〕迈克尔·坎宁安著,穆卓芸译,2012年1月。平装,32异,ISBN 978-7-02-008718-1,定价26.00元。(81-830)

13128　而河马被煮死在水槽里
〔美〕杰克·凯鲁亚克、威廉·巴勒斯著,牛皮狼译,2012年1月。平装,32异,ISBN 978-7-02-008108-0,定价20.00元。(81-831)

13129　老人与海
〔美〕欧内斯特·海明威著,李育超译,语文新课标必读丛书增订版,2012年1月。平装覆膜,大32开,ISBN 978-7-02-008783-9,定价10.00元。2018年4月收入教育部统编《语文》推荐阅读丛书,平装覆膜,16异,ISBN 978-7-02-013797-8,定价18.00元。2020年4月收入中小学生阅读指导目录,平装,32异,ISBN 978-7-02-016310-6,定价18.00元。(81-832)

13130　读爱情故事的老人
〔智利〕路易斯·塞普尔维达著,唐郗汝译,2011年12月。平装,32异,ISBN 978-7-02-008663-4,定价16.00元。2017年11月收入塞普尔维达作品系列,平装,大32开,ISBN 978-7-02-013237-9,定价29.00元。

(81-833)

13131　纯真年代
〔美〕伊迪丝·华顿著,赵兴国、赵玲译,企鹅经典丛书,2012年1月。平装,32异,ISBN 978-7-02-008765-5,定价26.00元。2017年6月收入企鹅经典丛书,平装,国流32开,ISBN 978-7-02-013001-6,定价55.00元。(81-835)

13132　我的妹妹,我的爱　史盖乐·蓝派克秘史
〔美〕乔伊斯·卡罗尔·欧茨著,刘玉红、袁斌业译,2012年1月。平装,32异,ISBN 978-7-02-008804-1,定价39.00元。(81-838)

13133　斯蒂芬·金的故事贩卖机(迷雾)
〔美〕斯蒂芬·金著,谢瑶玲、余国芳、赖慈云译,2012年2月。软精,32异,ISBN 978-7-02-008843-0,定价39.00元。2015年8月收入斯蒂芬·金作品系列,书名《迷雾》,精装,32异,ISBN 978-7-02-011168-8,定价55.00元。2018年1月,斯蒂芬·金作品系列,平装,国流32开,ISBN 978-7-02-013025-2,定价52.00元。(81-842)

13134　大河之妻
〔美〕约尼斯·艾吉著,聂清风译,2012年2月。平装,32异,ISBN 978-7-02-008894-2,定价29.00元。(81-843)

13135　石泉城
〔美〕理查德·福特著,汤伟译,短经典,2012年2月。平装,32异,ISBN 978-7-02-008863-8,定价27.00元。(81-844)

13136　莫雷尔的发明
〔阿根廷〕阿道夫·比奥伊·卡萨雷斯著,赵英译,2012年4月。平装,32异,ISBN 978-7-02-007396-2,定价18.00元。(81-845)

13137　父亲的眼泪
〔美〕约翰·厄普代克著,陈新宇译,短经典,2012年4月。平装,32异,ISBN 978-7-02-008898-0,定价27.00元。(81-847)

13138　到莫斯科找答案
〔美〕黑利·特纳著,马韧译,2012年4月。平装,32异,ISBN 978-7-02-008887-4,定价25.00元。(81-848)

13139　夏洛蒂·勃朗特的秘密日记
〔美〕塞尔丽·詹姆斯著,陈俊群译,2012年4月。平装,32异,ISBN 978-7-02-008959-8,定价29.80元。(81-850)

13140　必需品专卖店
〔美〕斯蒂芬·金著,吴茵茵、胡云惠译,2012年3月。软精,32异,ISBN 978-7-02-008899-7,定价45.00元。2015年8月收入斯蒂芬·金作品系列,精装,32异,ISBN 978-7-02-011167-1,定价58.00元。2019年8月,斯蒂芬·金作品系列,平装,国流32开,ISBN 978-7-02-014559-1,定价65.00元。(81-852)

13141　这完美的一天
〔美〕埃拉·莱文著,吴建国译,2012年4月。平装,32异,ISBN 978-7-02-008978-9,定价32.00元。(81-853)

13142　暂居者
〔美〕玛乔丽·金楠·劳林斯著,于晓红译,2012年5月。平装,国流32开,ISBN 978-7-02-008434-0,定价28.00元。(81-854)

13143　告密者
〔哥伦比亚〕胡安·加夫列尔·巴斯克斯著,谷佳维译,2012年4月。平装,32异,ISBN 978-7-02-008868-3,定价32.00元。(81-855)

13144　卡瓦利与克雷的神奇冒险
〔美〕迈克尔·夏邦著,刘泗翰译,2012年5月。平装,16异,ISBN 978-7-02-007400-6,定价48.00元。(81-856)

13145　老人与海
〔美〕海明威著,孙致礼译,企鹅经典丛书,2012年5月。平装,32异,ISBN 978-7-02-009053-2,定价12.00元。2017年6月收入企鹅经典丛书,平装,国流32开,ISBN 978-7-02-012953-9,定价25.00元。(81-857)

13146　太阳照常升起
〔美〕海明威著,吴建国译,企鹅经典丛书,2012年5月。平装,32异,ISBN 978-7-02-009087-7,定价12.00元。2017年6月收入企鹅经典丛书,平装,国流32开,ISBN 978-7-02-012959-1,定价55.00元。(81-858)

13147　特别响,非常近
〔美〕乔纳森·萨福兰·弗尔著,杜先菊译,

小说

2012年6月。平装,32异,ISBN 978-7-02-009009-9,定价29.00元。2018年10月收入21世纪新畅销译丛,精装,32异,ISBN 978-7-02-014151-7,定价59.00元。(81-860)

13148 游戏的终结
〔阿根廷〕胡利奥·科塔萨尔著,莫娅妮译,短经典,2012年5月。平装,32异,ISBN 978-7-02-008982-6,定价20.00元。(81-861)

13149 电影女孩
〔智利〕埃尔南·里维拉·莱特列尔著,叶淑吟译,2012年6月。软精,32异,ISBN 978-7-02-008875-1,定价18.00元。(81-863)

13150 播火者
〔美〕凯瑟琳·内维尔著,辛红娟译,2012年6月。平装,32异,ISBN 978-7-02-009132-4,定价39.00元。(81-864)

13151 夜
〔美〕罗伯特·詹姆斯·沃勒著,廖美琳译,2012年7月。平装,32异,ISBN 978-7-02-009180-5,定价18.00元。(81-866)

13152 春天的丑闻
〔美〕丽莎·克莱帕丝著,叶如兰、王文亚译,壁花系列,2012年7月。平装,32异,ISBN 978-7-02-008746-4,定价26.00元。(81-869)

13153 冬天的恶魔
〔美〕丽莎·克莱帕丝著,顾翰倩译,壁花系列,2012年7月。平装,32异,ISBN 978-7-02-008758-7,定价26.00元。(81-870)

13154 秋天的童话
〔美〕丽莎·克莱帕丝著,张夏译,壁花系列,2012年7月。平装,32异,ISBN 978-7-02-009178-2,定价28.00元。(81-871)

13155 老人与海
〔美〕海明威著,李育超译,朝内166人文文库·外国中短篇小说,2012年6月。精装,32异,ISBN 978-7-02-009100-3,定价22.00元。(81-874)

13156 热爱生命
〔美〕杰克·伦敦著,万紫、雨宁、胡春兰译,朝内166人文文库·外国中短篇小说,2012年6月。精装,32异,ISBN 978-7-02-009102-7,定价24.00元。(81-877)

13157 她去哪儿了
〔美〕盖尔·福尔曼著,张静译,2012年9月。平装,32异,ISBN 978-7-02-009204-8,定价24.00元。(81-881)

13158 知道吗,你应当快乐
〔美〕鲍勃·格林著,裔传萍译,2012年8月。平装,32异,ISBN 978-7-02-009303-8,定价26.00元。(81-882)

13159 英国病人
〔加拿大〕迈克尔·翁达杰著,丁骏译,2012年10月。软精,32异,ISBN 978-7-02-009131-7,定价29.00元。2019年7月收入翁达杰作品系列,精装,国流32开,ISBN 978-7-02-014495-2,定价59.00元。(81-891)

13160 掘墓人的女儿
〔美〕乔伊斯·卡罗尔·欧茨著,汪洪章、付垚、沈菲译,2012年9月。平装,32异,ISBN 978-7-02-009225-3,定价39.00元。(81-892)

13161 克里奥佩特拉的女儿
〔美〕米歇尔·莫兰著,沈亦文译,2012年10月。平装覆膜,32异,ISBN 978-7-02-009375-5,定价32.00元。(81-894)

13162 耶稣之子
〔美〕丹尼斯·约翰逊著,姚向辉译,短经典,2012年11月。平装,32异,ISBN 978-7-02-009335-9,定价18.00元。(81-897)

13163 俄耳甫斯诞生
〔美〕杰克·凯鲁亚克著,陈珊译,2012年11月。平装,32异,ISBN 978-7-02-009500-1,定价18.00元。(81-898)

13164 巨魔海
〔美〕南希·法墨著,周治淮译,2013年1月。平装覆膜,国流32开,ISBN 978-7-02-008422-7,定价24.00元。(81-901)

13165 银苹果之地
〔美〕南希·法墨著,苏福忠、臧树林译,2013年1月。平装覆膜,国流32开,ISBN 978-7-02-008421-0,定价26.00元。(81-902)

13166 往生书
〔美〕萨莉·科斯洛著,龚容译,2012年12月。平装,32异,ISBN 978-7-02-009533-9,定价28.00元。(81-903)

13167 翡翠地图册

〔美〕约翰·斯蒂芬斯著,陆静译,2012年11月。平装覆膜,大32开,ISBN 978-7-02-009336-6,定价29.00元。(81-905)

13168 薄荷心 弗里达·卡罗的秘密笔记

〔墨西哥〕F.G.哈根贝克著,莫娅妮译,2012年11月。平装,32异,ISBN 978-7-02-009527-8,定价29.00元。(81-906)

13169 尸骨袋

〔美〕斯蒂芬·金著,宋伟航译,2012年10月。平装,32异,ISBN 978-7-02-009337-3,定价42.00元。2015年8月收入斯蒂芬·金作品系列,精装,32异,ISBN 978-7-02-011170-1,定价55.00元。(81-907)

13170 避暑

〔智利〕何塞·多诺索著,赵德明译,短经典,2012年11月。平装,32异,ISBN 978-7-02-009227-7,定价23.00元。(81-908)

13171 鬼火

〔美〕莉迪亚·米列特著,张建平译,21世纪年度最佳外国小说,2012年12月。平装,国流32开,ISBN 978-7-02-009542-1,定价22.00元。(81-911)

13172 巴西来的男孩

〔美〕艾拉·莱文著,何斐译,2012年12月。平装,32异,ISBN 978-7-02-009499-8,定价28.00元。(81-915)

13173 爱在长生不老时

〔美〕加里·施特恩加特著,李雪译,2012年12月。软精,32异,ISBN 978-7-02-009486-8,定价35.00元。(81-917)

13174 盲点

〔美〕迈克尔·刘易斯著,崔扬、李阳译,2012年12月。平装,32异,ISBN 978-7-02-009440-0,定价30.00元。(81-918)

13175 12.21

〔美〕达斯汀·托马森著,徐海铭译,2012年12月。平装,32异,ISBN 978-7-02-009501-8,定价35.00元。(81-919)

13176 迷宫之屋

〔美〕戴安娜·韦恩·琼斯著,林盛译,2013年1月。平装,32异,ISBN 978-7-02-009538-4,定价28.00元。(81-922)

13177 玻璃城堡

〔美〕珍妮特·沃尔斯著,许晋福译,2013年1月。平装,32异,ISBN 978-7-02-009238-3,定价35.00元。2017年8月,精装,国流32开,ISBN 978-7-02-012141-0,定价59.00元。(81-925)

13178 日落之后

〔美〕斯蒂芬·金著,任战译,2013年1月。平装,32异,ISBN 978-7-02-009560-5,定价29.00元。2017年7月收入斯蒂芬·金作品系列,精装,国流32开,ISBN 978-7-02-012749-8,定价55.00元。(81-927)

13179 夏日单车之恋

〔美〕莎拉·迪森著,舒灵译,2012年12月。平装,32异,ISBN 978-7-02-009485-1,定价32.00元。(81-929)

13180 摸彩

〔美〕雪莉·杰克逊著,孙仲旭译,短经典,2013年1月。平装,32异,ISBN 978-7-02-009558-2,定价29.00元。(81-930)

13181 光明世纪

〔古巴〕阿莱霍·卡彭铁尔著,刘玉树译,2013年1月。平装,32异,ISBN 978-7-02-009237-6,定价35.00元。(81-932)

13182 魔符

〔美〕斯蒂芬·金、彼得·斯陶伯著,王诗琪译,2013年2月。平装,32异,ISBN 978-7-02-009449-3,定价49.00元。2017年3月,精装,国流32开,ISBN 978-7-02-012267-7,定价89.00元。2019年8月收入斯蒂芬·金作品系列,平装,32异,ISBN 978-7-02-014563-8,定价89.00元。(81-936)

13183 一半的力量

〔美〕凯文·萨尔文、汉娜·萨尔文著,黄宝华译,2013年2月。平装,32异,ISBN 978-7-02-009540-7,定价28.00元。(81-937)

13184 社交礼仪守则

〔美〕埃默·托尔斯著,刘玉红译,2013年3月。平装,32异,ISBN 978-7-02-009658-9,定价32.00元。(81-938)

13185 她的镜像幽灵

美洲小说

741

〔美〕奥德丽·尼芬格著,谢静雯译,2013年1月。平装,32异,ISBN 978-7-02-009236-9,定价38.00元。(81-939)

13186　高原上的探戈
〔美〕罗伯特·詹姆斯·沃勒著,陈羡译,2013年3月。平装,32异,ISBN 978-7-02-009650-3,定价32.00元。(81-940)

13187　死水恶波
〔美〕蒂姆·高特罗著,程应铸译,短经典,2013年3月。平装,32异,ISBN 978-7-02-009655-8,定价28.00元。(81-942)

13188　蜥蜴的眼睛
〔墨西哥〕贝尔纳多·费尔南德斯著,吕文娜译,2013年3月。平装覆膜,32异,ISBN 978-7-02-009472-1,定价29.00元。(81-943)

13189　镇与城
〔美〕杰克·凯鲁亚克著,莫柒译,2013年3月。平装,32异,ISBN 978-7-02-009705-0,定价39.80元。(81-946)

13190　叹息桥
〔美〕理查德·拉索著,林燕译,2013年5月。平装,国流32开,ISBN 978-7-02-009155-3,定价38.00元。2019年11月,精装,32异,ISBN 978-7-02-012806-8,定价78.00元。(81-949)

13191　夜幕降临
〔美〕迈克尔·坎宁安著,王一凡译,2013年5月。平装,32异,ISBN 978-7-02-009660-2,定价26.00元。(81-953)

13192　林中人
〔美〕司各特·斯潘塞著,石青译,2013年6月。平装,国流32开,ISBN 978-7-02-009719-7,定价28.00元。(81-955)

13193　外国中短篇小说藏本·海明威
〔美〕海明威著,李育超等译,2013年8月。平装,国流32开,ISBN 978-7-02-009787-6,定价32.00元。2015年4月收入名著名译丛书,书名《老人与海》,署陈良廷等译,精装,32异,ISBN 978-7-02-010419-2,定价29.00元。2018年6月收入插图本名著名译丛书,平装,国流32开,ISBN 978-7-02-013050-4,定价30.00元。2019年7月海明威诞辰120周年纪念版,平装,32异,ISBN 978-7-02-015380-0,定价45.00元。(81-958)

13194　猫桌
〔加拿大〕迈克尔·翁达杰著,张芸译,2013年8月。平装,32异,ISBN 978-7-02-009775-3,定价32.00元。(81-960)

13195　外国中短篇小说藏本·福克纳
〔美〕威廉·福克纳著,李文俊等译,2013年11月。平装,国流32开,ISBN 978-7-02-009788-3,定价27.00元。(81-964)

13196　地狱
〔美〕丹·布朗著,路旦俊、王晓东译,2013年12月。平装,32异,ISBN 978-7-02-010161-0,定价39.00元。2016年10月,平装,32异,ISBN 978-7-02-011924-0,定价39.00元。2017年9月收入丹·布朗作品纪念珍藏版,平装覆膜,32异,ISBN 978-7-02-012691-0,定价55.00元。2017年10月收入丹·布朗作品插图珍藏版,精装,16异,ISBN 978-7-02-013278-2,定价109.00元。2018年5月,单行本,精装,32异,ISBN 978-7-02-014116-6,定价69.00元。(81-965)

13197　毁灭天使
〔美〕凯斯·唐纳胡著,有印良品译,2014年1月。平装覆膜,32异,ISBN 978-7-02-010100-9,定价35.00元。(81-966)

13198　聋儿
〔危地马拉〕罗德里格·雷耶·罗萨著,徐少军译,21世纪年度最佳外国小说,2013年12月。平装,32异,ISBN 978-7-02-010171-9,定价29.80元。(81-971)

13199　天鹅贼
〔美〕伊丽莎白·科斯托娃著,沈亦文译,2013年12月。平装,32异,ISBN 978-7-02-009776-0,定价45.00元。(81-973)

13200　华生探案记
〔美〕斯蒂芬·金等著,马丁·格林伯格编,张小雪、倪诗峰译,姚仁杰校,2014年1月。平装,32异,ISBN 978-7-02-010162-7,定价29.50元。(81-974)

13201　无暇告别
〔美〕林伍德·巴克雷著,秦玉兰译,2010年3

月。平装,32异,ISBN 978-7-02-007894-3,定价28.00元。(81-975)

13202　永远的菲利普
〔巴西〕克里斯托旺·泰扎著,马琳译,2014年3月。平装,大32开,ISBN 978-7-02-010239-6,定价28.00元。(81-976)

13203　斯家侦探档案
〔美〕丽莎·拉兹著,金溪译,斯家侦探,2014年4月。平装,国流32开,ISBN 978-7-02-009778-4,定价29.00元。(81-979)

13204　魔鬼的颤音
〔美〕杰拉德·伊莱亚斯著,张建平译,2014年4月。平装,国流32开,ISBN 978-7-02-009177-5,定价29.00元。(81-980)

13205　末世之家
〔美〕迈克尔·坎宁安著,韦清琦译,2012年7月。平装,32异,ISBN 978-7-02-009140-9,定价28.00元。(81-989)

13206　钻石
〔美〕琴娜·杜普洛著,张颖译,微光城市系列,2014年12月。平装覆膜,32异,ISBN 978-7-02-010613-4,定价23.00元。(81-993)

13207　先知
〔美〕琴娜·杜普洛著,张颖译,微光城市系列,2014年12月。平装覆膜,32异,ISBN 978-7-02-010612-7,定价24.00元。(81-994)

13208　星火
〔美〕琴娜·杜普洛著,虞怡达译,微光城市系列,2014年12月。平装覆膜,32异,ISBN 978-7-02-010611-0,定价25.00元。(81-995)

13209　微光城市
〔美〕琴娜·杜普洛著,余丽娜译,微光城市系列,2014年12月。平装覆膜,32异,ISBN 978-7-02-010610-3,定价21.00元。(81-996)

13210　回家
〔加拿大〕丹尼斯·博克著,马爱农译,21世纪年度最佳外国小说,2014年12月。平装,32异,ISBN 978-7-02-010646-2,定价29.00元。(81-998)

13211　快乐基因
〔美〕理查德·鲍尔斯著,雨珊译,2015年4月。平装,国流32开,ISBN 978-7-02-009055-6,定价36.00元。(81-1006)

13212　福学家谋杀案
〔美〕格拉汉姆·摩尔著,朱琳、陈雍容译,2015年7月。平装,国流32开,ISBN 978-7-02-010820-6,定价32.00元。(81-1009)

13213　穿越时空的悲恋
〔美〕杰斯·罗森伯格著,朵雨、鲁南译,2015年10月。平装覆膜,32异,ISBN 978-7-02-011061-2,定价29.00元。(81-1014)

13214　天堂与地狱
〔美〕约翰·杰克斯著,曹永毅、徐莉娜译,南北乱世情三部曲,2016年1月。平装,16异,ISBN 978-7-02-010823-7,定价88.00元。(81-1015)

13215　闪灵
〔美〕斯蒂芬·金著,黄意然译,斯蒂芬·金作品系列,2016年1月。精装,32异,ISBN 978-7-02-011166-4,定价55.00元。2017年9月,平装,国流32开,ISBN 978-7-02-012820-4,定价55.00元。(81-1016)

13216　穹顶之下(上下)
〔美〕斯蒂芬·金著,刘韦廷译,斯蒂芬·金作品系列,2015年8月。精装,32异,ISBN 978-7-02-011172-5,定价98.00元。2019年10月,平装,国流32开,ISBN 978-7-02-014558-4,定价99.00元。(81-1017)

13217　手机
〔美〕斯蒂芬·金著,宋瑛堂译,斯蒂芬·金作品系列,2016年1月。精装,32异,ISBN 978-7-02-011173-2,定价48.00元。2017年8月,平装,国流32开,ISBN 978-7-02-012714-6,定价45.00元。(81-1018)

13218　暗夜无星
〔美〕斯蒂芬·金著,徐海铭译,斯蒂芬·金作品系列,2015年8月。精装,32异,ISBN 978-7-02-011171-8,定价46.00元。2019年10月,平装,国流32开,ISBN 978-7-02-014822-6,定价49.00元。(81-1019)

13219　头号书迷
〔美〕斯蒂芬·金著,柯清心译,斯蒂芬·金作品系列,2015年8月。精装,32异,ISBN 978-7-02-011169-5,定价42.00元。2017年4

月,单行本,书名《危情十日》,平装,国流 32 开,ISBN 978-7-02-012374-2,定价 35.00 元。(81-1020)

13220　金翅雀
〔美〕唐娜·塔特著,李天奇、唐江译,唐娜·塔特作品系列,2016 年 1 月。平装覆膜,16 异,ISBN 978-7-02-011176-3,定价 59.00 元。2018 年 10 月收入 21 世纪新畅销译丛,精装,32 异,ISBN 978-7-02-014143-2,定价 89.00 元。(81-1021)

13221　二流小说家
〔美〕大卫·戈登著,姚向辉译,黑色系列,2016 年 1 月。平装,国流 32 开,ISBN 978-7-02-011176-3,定价 59.00 元。2018 年 9 月收入世界经典推理文库,平装,32 异,ISBN 978-7-02-014148-7,定价 49.00 元。(81-1022)

13222　赛姆勒先生的行星
〔美〕索尔·贝娄著,汤永宽、主万译,索尔·贝娄作品集,2016 年 1 月。平装,国流 32 开,ISBN 978-7-02-011071-1,定价 39.00 元。2018 年 9 月收入索尔·贝娄作品系列,精装,国流 32 开,ISBN 978-7-02-013506-6,定价 59.00 元。(81-1023)

13223　洪堡的礼物
〔美〕索尔·贝娄著,蒲隆译,索尔·贝娄作品集,2016 年 1 月。平装,国流 32 开,ISBN 978-7-02-011074-2,定价 45.00 元。2018 年 2 月收入索尔·贝娄作品系列,精装,国流 32 开,ISBN 978-7-02-013502-8,定价 75.00 元。(81-1024)

13224　抓住时机
〔美〕索尔·贝娄著,胡苏晓译,索尔·贝娄作品集,2016 年 1 月。平装,国流 32 开,ISBN 978-7-02-011076-6,定价 19.00 元。2018 年 1 月收入索尔·贝娄作品系列,精装,国流 32 开,ISBN 978-7-02-013505-9,定价 39.00 元。(81-1025)

13225　赫索格
〔美〕索尔·贝娄著,宋兆霖译,索尔·贝娄作品集,2016 年 1 月。平装,国流 32 开,ISBN 978-7-02-011070-4,定价 39.00 元。2018 年 2 月收入索尔·贝娄作品系列,精装,国流 32 开,ISBN 978-7-02-013509-7,定价 65.00 元。(81-1026)

13226　拉维尔斯坦
〔美〕索尔·贝娄著,胡苏晓译,索尔·贝娄作品集,2016 年 1 月。平装,国流 32 开,ISBN 978-7-02-011077-3,定价 29.00 元。2018 年 1 月收入索尔·贝娄作品系列,精装,国流 32 开,ISBN 978-7-02-013512-7,定价 49.00 元。(81-1027)

13227　更多的人死于心碎
〔美〕索尔·贝娄著,林珍珍、姚暨荣译,索尔·贝娄作品集,2016 年 1 月。平装,国流 32 开,ISBN 978-7-02-011075-9,定价 39.00 元。2018 年 1 月收入索尔·贝娄作品系列,精装,国流 32 开,ISBN 978-7-02-013486-1,定价 59.00 元。(81-1028)

13228　雨王亨德森
〔美〕索尔·贝娄著,蓝仁哲译,索尔·贝娄作品集,2016 年 1 月。平装,国流 32 开,ISBN 978-7-02-011072-8,定价 39.00 元。2018 年 2 月收入索尔·贝娄作品系列,精装,国流 32 开,ISBN 978-7-02-013482-3,定价 59.00 元。(81-1029)

13229　奥吉·马奇历险记
〔美〕索尔·贝娄著,宋兆霖译,索尔·贝娄作品集,2016 年 1 月。平装,国流 32 开,ISBN 978-7-02-011073-5,定价 55.00 元。2018 年 2 月收入索尔·贝娄作品系列,精装,国流 32 开,ISBN 978-7-02-013499-1,定价 89.00 元。(81-1030)

13230　熊
〔美〕威廉·福克纳著,李文俊译,蜂鸟文丛,2016 年 1 月。平装,32 异,ISBN 978-7-02-010875-6,定价 25.00 元。(81-1038)

13231　乞力马扎罗山上的雪
〔美〕海明威著,李育超等译,蜂鸟文丛,2016 年 1 月。平装,32 异,ISBN 978-7-02-010876-3,定价 24.00 元。(81-1041)

13232　追时间的女人
〔美〕斯泰西·麦格林著,李玉瑶译,2016 年 1 月。精装,国流 32 开,ISBN 978-7-02-011229-6,定价 39.80 元。(81-1043)

13233　一日一生
〔美〕乔伊斯·梅纳德著,徐海幤译,电影·书,2016年4月。平装,32异,ISBN 978-7-02-010782-7,定价29.00元。(81-1050)

13234　小镇艳阳录
〔加拿大〕斯蒂芬·里柯克著,黄仲文、丁振祺译,幽默书房,2016年5月。精装,大32开,ISBN 978-7-02-011405-4,定价38.00元。(81-1052)

13235　安尼尔的鬼魂
〔加拿大〕迈克尔·翁达杰著,陶立夏译,2016年5月。精装,国流32开,ISBN 978-7-02-011408-5,定价45.00元。(81-1055)

13236　国王的全息图
〔美〕戴夫·艾格斯著,刁俊春译,戴夫·艾格斯作品,2016年6月。平装,国流32开,ISBN 978-7-02-011464-1,定价36.00元。(81-1059)

13237　乐园
〔美〕斯蒂芬·金著,任战译,斯蒂芬·金作品系列,2016年6月。精装,国流32开,ISBN 978-7-02-011510-5,定价45.00元。2017年9月,平装,国流32开,ISBN 978-7-02-012824-2,定价42.00元。(81-1062)

13238　长眠医生
〔美〕斯蒂芬·金著,于是译,斯蒂芬·金作品系列,2016年6月。精装,国流32开,ISBN 978-7-02-011648-5,定价59.90元。2017年9月,平装,国流32开,ISBN 978-7-02-012861-7,定价59.00元。(81-1063)

13239　校园秘史
〔美〕唐娜·塔特著,胡金涛译,唐娜·塔特作品系列,2016年8月。平装,16异,ISBN 978-7-02-011524-2,定价55.00元。(81-1068)

13240　大房子里的小夫人
〔美〕杰克·伦敦著,黄健人译,2016年8月。平装,国流32开,ISBN 978-7-02-011593-8,定价33.00元。(81-1070)

13241　盆栽
〔智利〕亚历杭德罗·桑布拉著,袁仲实译,亚历杭德罗·桑布拉作品集,2016年10月。平装,32异,ISBN 978-7-02-011894-6,定价25.00元。(81-1072)

13242　我的文档
〔智利〕亚历杭德罗·桑布拉著,童亚星译,亚历杭德罗·桑布拉作品集,2016年9月。平装,32异,ISBN 978-7-02-011889-2,定价30.00元。(81-1073)

13243　回家的路
〔智利〕亚历杭德罗·桑布拉著,童亚星译,亚历杭德罗·桑布拉作品集,2016年10月。平装,32异,ISBN 978-7-02-011876-2,定价25.00元。2018年8月收入中经典精选,平装覆膜,32异,ISBN 978-7-02-014016-9,定价36.00元。(81-1074)

13244　天竺葵
〔美〕弗兰纳里·奥康纳著,陈笑黎译,弗兰纳里·奥康纳短篇小说全集,2016年9月。精装,国流32开,ISBN 978-7-02-011480-1,定价28.00元。(81-1075)

13245　上升的一切必将汇合
〔美〕弗兰纳里·奥康纳著,张小意译,弗兰纳里·奥康纳短篇小说全集,2016年9月。精装,国流32开,ISBN 978-7-02-011482-5,定价38.00元。(81-1076)

13246　好人难寻
〔美〕弗兰纳里·奥康纳著,周嘉宁译,弗兰纳里·奥康纳短篇小说全集,2016年9月。精装,国流32开,ISBN 978-7-02-010951-7,定价33.00元。(81-1077)

13247　亚特兰蒂斯之心
〔美〕斯蒂芬·金著,齐若兰译,斯蒂芬·金作品系列,2016年9月。精装,国流32开,ISBN 978-7-02-011727-7,定价52.00元。2018年3月,平装,国流32开,ISBN 978-7-02-013655-1,定价48.00元。(81-1079)

13248　写作这回事 创作生涯回忆录
〔美〕斯蒂芬·金著,张坤译,斯蒂芬·金作品系列,2016年10月。精装,国流32开,ISBN 978-7-02-011835-9,定价42.00元。2019年3月收入经典写作课,平装,32异,ISBN 978-7-02-014650-5,定价39.00元。(81-1080)

13249　黑暗的另一半
〔美〕斯蒂芬·金著,金逸明译,斯蒂芬·金作

美洲小说

745

小说

品系列,2016年9月。精装,国流32开,ISBN 978-7-02-011726-0,定价49.00元。2018年3月,平装,国流32开,ISBN 978-7-02-013614-8,定价45.00元。(81-1081)

13250　宠物公墓
〔美〕斯蒂芬·金著,赵尔心译,斯蒂芬·金作品系列,2016年9月。精装,国流32开,ISBN 978-7-02-011751-2,定价49.00元。2018年11月,平装,国流32开,ISBN 978-7-02-013657-5,定价45.00元。(81-1082)

13251　绿里
〔美〕斯蒂芬·金著,张琼、张冲译,斯蒂芬·金作品系列,2016年10月。精装,国流32开,ISBN 978-7-02-011769-7,定价49.00元。2019年8月,平装,国流32开,ISBN 978-7-02-014991-9,定价46.00元。(81-1083)

13252　祭日之约
〔美〕康奈尔·伍尔里奇著,谢一译,伍尔里奇作品,2016年9月。平装,国流32开,ISBN 978-7-02-011517-4,定价39.00元。(81-1084)

13253　复仇新娘
〔美〕康奈尔·伍尔里奇著,谢一译,伍尔里奇作品,2016年9月。平装,国流32开,ISBN 978-7-02-011576-1,定价35.00元。(81-1085)

13254　喷火器
〔美〕蕾切尔·库什纳著,侍中译,2016年8月。平装,32异,ISBN 978-7-02-011647-8,定价49.00元。(81-1087)

13255　捕梦网
〔美〕斯蒂芬·金著,刘国枝等译,斯蒂芬·金作品系列,2016年10月。精装,国流32开,ISBN 978-7-02-011873-1,定价62.00元。2018年7月,平装,国流32开,ISBN 978-7-02-013683-4,定价60.00元。(81-1088)

13256　丽赛的故事
〔美〕斯蒂芬·金著,陈宗琛、彭临桂译,斯蒂芬·金作品系列,2016年10月。精装,国流32开,ISBN 978-7-02-011875-5,定价56.00元。2018年5月,平装,国流32开,ISBN 978-7-02-013656-8,定价55.00元。(81-1089)

13257　没有男人的夏天
〔美〕希莉·哈斯特维特著,杨眉译,2016年10月。平装,大32开,ISBN 978-7-02-011836-6,定价28.00元。(81-1090)

13258　灰烬之城
〔美〕卡桑德拉·克莱尔著,管阳阳、龚萍、茹静译,"圣杯神器"系列,2016年11月。精装,16异,ISBN 978-7-02-011958-5,定价62.00元。(81-1091)

13259　简单的菜谱
〔加拿大〕邓敏灵著,梅江海译,2016年10月。平装,大32开,ISBN 978-7-02-011771-0,定价29.00元。(81-1092)

13260　玻璃之城
〔美〕卡桑德拉·克莱尔著,茹静、龚萍、管阳阳译,"圣杯神器"系列,2016年11月。精装,16异,ISBN 978-7-02-011957-8,定价68.00元。(81-1093)

13261　骸骨之城
〔美〕卡桑德拉·克莱尔著,茹静、管阳阳、龚萍译,"圣杯神器"系列,2016年11月。精装,16异,ISBN 978-7-02-011907-3,定价68.00元。(81-1094)

13262　杀人回忆
〔美〕康奈尔·伍尔里奇著,沈勤译,伍尔里奇作品,2016年11月。平装,国流32开,ISBN 978-7-02-011518-1,定价30.00元。(81-1095)

13263　打油小说集
〔加拿大〕斯蒂芬·里柯克著,莫雅平译,幽默书房,2016年11月。精装,大32开,ISBN 978-7-02-011974-5,定价28.00元。(81-1097)

13264　给我留下华尔兹
〔美〕泽尔达·菲茨杰拉德著,朱法荣译,2016年10月。平装,国流32开,ISBN 978-7-02-010553-3,定价36.00元。(81-1099)

13265　七号的复仇
〔美〕庇塔库斯·洛尔著,郑扬眉译,洛林传奇,2016年10月。平装覆膜,32异,ISBN 978-7-02-011956-1,定价36.00元。(81-1102)

13266　五号的陨落

〔美〕庇塔库斯·洛尔著,郑扬眉译,洛林传奇,2016年10月。平装覆膜,32异,ISBN 978-7-02-011955-4,定价36.00元。(81-1103)

13267 幸存者游戏
〔美〕埃勒里·奎因著,陈晋译,2016年11月。精装,国流32开,ISBN 978-7-02-012046-8,定价58.00元。2019年4月收入世界经典推理文库,平装,32异,ISBN 978-7-02-014147-0,定价55.00元。(81-1106)

13268 邪屋
〔美〕雪莉·杰克逊著,吴建国译,域外聊斋,2016年11月。平装,32异,ISBN 978-7-02-011729-1,定价29.00元。(81-1115)

13269 克苏鲁的呼唤
〔美〕H.P.洛夫克拉夫特著,李和庆、吴连春译,域外聊斋,2016年11月。平装,32异,ISBN 978-7-02-011969-1,定价39.00元。(81-1116)

13270 天才少年T.S.的漫游历险记
〔美〕雷夫·拉森著,翁海贞译,2017年1月。平装,16异,ISBN 978-7-02-012062-8,定价68.00元。(81-1128)

13271 穿过锁孔的风
〔美〕斯蒂芬·金著,于是译,黑暗塔系列,2016年12月。精装,16异,ISBN 978-7-02-012057-4,定价48.00元。2017年10月收入黑暗塔系列,平装,16异,ISBN 978-7-02-013391-8,定价45.00元。(81-1130)

13272 圆环
〔美〕戴夫·艾格斯著,侯凌玮译,2017年4月。平装,国流32开,ISBN 978-7-02-012325-4,定价52.00元。(81-1141)

13273 这本书能救你的命
〔美〕A.M.赫美斯著,林淑娟译,赫美斯作品,2017年2月。平装,国流32开,ISBN 978-7-02-012169-4,定价49.00元。(81-1143)

13274 斗牛士之名
〔智利〕路易斯·塞普尔维达著,张力译,塞普尔维达作品系列,2017年5月。平装,大32开,ISBN 978-7-02-012443-5,定价35.00元。(81-1145)

13275 魔桶
〔美〕伯纳德·马拉默德著,吕俊译,短经典,2017年5月。平装,32异,ISBN 978-7-02-012289-9,定价35.00元。(81-1147)

13276 达·芬奇密码(精华版)
〔美〕丹·布朗著,郑巨源译,2017年4月。平装,国流32开,ISBN 978-7-02-012200-4,定价38.00元。(81-1149)

13277 边缘故事集
〔智利〕路易斯·塞普尔维达著,施杰、李雪菲译,塞普尔维达作品系列,2017年5月。平装,大32开,ISBN 978-7-02-012442-8,定价29.00元。(81-1150)

13278 重新派遣
〔美〕菲尔·克莱著,亚可译,2017年5月。平装,大32开,ISBN 978-7-02-012236-3,定价42.00元。(81-1151)

13279 吃鲷鱼让我打嗝
〔美〕杰西·艾森伯格著,吴文忠译,2017年4月。精装,32异,ISBN 978-7-02-012096-3,定价49.00元。(81-1152)

13280 曼哈顿的孤独诊所
〔美〕约书亚·弗里斯著,吴文忠译,2017年4月。平装,国流32开,ISBN 978-7-02-012100-7,定价42.00元。(81-1153)

13281 离别时刻
〔美〕朱迪·皮考特著,李丹莉译,2017年5月。平装,国流32开,ISBN 978-7-02-012019-2,定价45.00元。(81-1154)

13282 十号的命运
〔美〕庇塔库斯·洛尔著,郑扬眉译,洛林传奇,2017年5月。平装,国流32开,ISBN 978-7-02-012308-7,定价39.00元。(81-1159)

13283 黑夜天使
〔美〕康奈尔·伍尔里奇著,朱昕辰、郑佳慧、王梦梅译,伍尔里奇作品,2017年5月。平装,国流32开,ISBN 978-7-02-012528-9,定价42.00元。(81-1160)

13284 梅赛德斯先生
〔美〕斯蒂芬·金著,姚向辉译,"梅赛德斯先生"三部曲,2017年5月。平装,国流32开,ISBN 978-7-02-012444-2,定价58.00元。(81-1161)

美洲小说

747

小说

13285　门在楼梯口
〔美〕洛丽·摩尔著,张晓晔译,2017 年 5 月。精装,32 异,ISBN 978-7-02-012305-6,定价 48.00 元。(81-1162)

13286　莱文沃思案
〔美〕安娜·凯瑟琳·格林著,麦晓昕、黄斯敏译,世界经典推理文库,2017 年 5 月。平装,32 异,ISBN 978-7-02-012320-9,定价 49.00 元。(81-1165)

13287　隐藏于内心深处的那些黑暗
〔美〕贾丝明·沃加著,朱禛子译,2017 年 6 月。平装,国流 32 开,ISBN 978-7-02-012682-8,定价 45.00 元。(81-1166)

13288　冰封火焰之谜
〔美〕托马斯·W.汉肖著,鲁锡华、胡素芬译,世界经典推理文库,2017 年 5 月。平装,32 异,ISBN 978-7-02-012310-0,定价 30.00 元。(81-1168)

13289　世界尽头的世界
〔智利〕路易斯·塞普尔维达著,施杰、张力译,塞普尔维达作品系列,2017 年 7 月。平装,32 异,ISBN 978-7-02-012712-2,定价 42.00 元。(81-1169)

13290　机器人启示录
〔美〕丹尼尔·威尔森著,陈通友译,2017 年 8 月。平装,国流 32 开,ISBN 978-7-02-011646-1,定价 49.00 元。(81-1171)

13291　婚礼的成员
〔美〕卡森·麦卡勒斯著,周玉军译,麦卡勒斯作品系列,2017 年 8 月。平装,国流 32 开,ISBN 978-7-02-011749-9,定价 29.00 元。2018 年 1 月收入麦卡勒斯作品系列珍藏版,精装,国流 32 开,ISBN 978-7-02-013474-8,定价 45.00 元。(81-1175)

13292　伤心咖啡馆之歌
〔美〕卡森·麦卡勒斯著,李文俊译,麦卡勒斯作品系列,2017 年 8 月。平装,国流 32 开,ISBN 978-7-02-011736-9,定价 29.00 元。2018 年 1 月收入麦卡勒斯作品系列珍藏版,精装,国流 32 开,ISBN 978-7-02-013475-5,定价 45.00 元。(81-1176)

13293　心是孤独的猎手
〔美〕卡森·麦卡勒斯著,秦传安译,麦卡勒斯作品系列,2017 年 8 月。平装,国流 32 开,ISBN 978-7-02-012262-2,定价 45.00 元。2018 年 1 月收入麦卡勒斯作品系列珍藏版,精装,国流 32 开,ISBN 978-7-02-013428-1,定价 59.00 元。(81-1177)

13294　没有指针的钟
〔美〕卡森·麦卡勒斯著,李翼译,麦卡勒斯作品系列,2017 年 8 月。平装,国流 32 开,ISBN 978-7-02-012256-1,定价 38.00 元。2018 年 1 月收入麦卡勒斯作品系列珍藏版,精装,国流 32 开,ISBN 978-7-02-013472-4,定价 55.00 元。(81-1178)

13295　半驯之马
〔美〕珍妮特·沃尔斯著,何斐译,2017 年 8 月。精装,国流 32 开,ISBN 978-7-02-011743-7,定价 59.00 元。(81-1179)

13296　三个彩色故事
〔巴西〕若热·亚马多著,樊星译,2017 年 9 月。平装覆膜,32 异,ISBN 978-7-02-011717-8,定价 58.00 元。(81-1180)

13297　卑微的英雄
〔秘鲁〕马里奥·巴尔加斯·略萨著,莫娅妮译,略萨作品系列,2017 年 9 月。平装,国流 32 开,ISBN 978-7-02-012873-0,定价 58.00 元。(81-1183)

13298　凯尔特人之梦
〔秘鲁〕马里奥·巴尔加斯·略萨著,孙家孟译,略萨作品系列,2017 年 9 月。平装,国流 32 开,ISBN 978-7-02-012871-6,定价 59.00 元。(81-1184)

13299　愿我们可以被原谅(上下)
〔美〕A.M.赫美斯著,索析译,2017 年 7 月。平装,国流 32 开,ISBN 978-7-02-012521-0,定价 98.00 元。(81-1188)

13300　重拨时光
〔美〕彩虹·洛威尔著,樊维娜译,2018 年 1 月。平装,32 异,ISBN 978-7-02-012791-7,定价 39.00 元。(81-1189)

13301　先到先得
〔美〕斯蒂芬·金著,路旦俊译,"梅赛德斯先生"三部曲,2017 年 10 月。平装,国流 32 开,

ISBN 978-7-02-012760-3,定价55.00元。(81-1192)

13302　怪才的荒诞与忧伤
〔美〕戴夫·艾格斯著,张琇云译,2017年11月。平装,32异,ISBN 978-7-02-012170-0,定价58.00元。(81-1193)

13303　利图马在安第斯山
〔秘鲁〕马里奥·巴尔加斯·略萨著,李德明译,略萨作品系列,2017年11月。平装,国流32开,ISBN 978-7-02-012841-9,定价39.00元。(81-1195)

13304　城市与狗
〔秘鲁〕马里奥·巴尔加斯·略萨著,赵德明译,略萨作品系列,2017年11月。平装,国流32开,ISBN 978-7-02-012717-7,定价45.00元。(81-1196)

13305　公羊的节日
〔秘鲁〕马里奥·巴尔加斯·略萨著,赵德明译,略萨作品系列,2017年11月。平装,国流32开,ISBN 978-7-02-012711-5,定价55.00元。(81-1197)

13306　了不起的盖茨比
〔美〕F.S.菲茨杰拉德著,吴建国译,菲茨杰拉德作品全集,2017年10月。平装,国流32开,ISBN 978-7-02-012718-4,定价39.00元。(81-1200)

13307　夜色温柔
〔美〕F.S.菲茨杰拉德著,陈正发译,菲茨杰拉德作品全集,2017年10月。平装,国流32开,ISBN 978-7-02-012732-0,定价46.00元。(81-1201)

13308　存在
〔美〕阿瑟·米勒著,林斌译,短经典,2017年11月。平装,32异,ISBN 978-7-02-012680-4,定价32.00元。(81-1204)

13309　爵士乐时代的故事
〔美〕F.S.菲茨杰拉德著,吴建国译,菲茨杰拉德作品全集,2017年10月。平装,国流32开,ISBN 978-7-02-012735-1,定价39.00元。(81-1206)

13310　营救距离
〔阿根廷〕萨曼塔·施维伯林著,姚云青译,中经典,2018年1月。平装,32异,ISBN 978-7-02-013466-3,定价25.00元。(81-1211)

13311　漂亮冤家
〔美〕F.S.菲茨杰拉德著,何伟文译,菲茨杰拉德作品全集,2017年10月。平装,国流32开,ISBN 978-7-02-012720-7,定价48.00元。(81-1223)

13312　末代大亨
〔美〕F.S.菲茨杰拉德著,陈庆勋译,菲茨杰拉德作品全集,2017年11月。平装,国流32开,ISBN 978-7-02-012719-1,定价38.00元。(81-1224)

13313　人间天堂
〔美〕F.S.菲茨杰拉德著,吴建国译,菲茨杰拉德作品全集,2017年11月。平装,国流32开,ISBN 978-7-02-013150-1,定价46.00元。(81-1225)

13314　清晨起床号
〔美〕F.S.菲茨杰拉德著,吴建国等译,菲茨杰拉德作品全集,2017年11月。平装,国流32开,ISBN 978-7-02-012722-1,定价48.00元。(81-1226)

13315　所有悲伤的年轻人
〔美〕F.S.菲茨杰拉德著,何绍斌等译,菲茨杰拉德作品全集,2017年11月。平装,国流32开,ISBN 978-7-02-012852-5,定价39.00元。(81-1227)

13316　新潮女郎与哲学家
〔美〕F.S.菲茨杰拉德著,吴建国等译,菲茨杰拉德作品全集,2017年11月。平装,国流32开,ISBN 978-7-02-012693-4,定价39.00元。(81-1228)

13317　人鼠之间
〔美〕约翰·斯坦贝克著,李天奇译,2018年1月。平装,32异,ISBN 978-7-02-013181-5,定价25.00元。2019年3月收入约翰·斯坦贝克作品系列,平装覆膜,国流32开,ISBN 978-7-02-014728-1,定价25.00元。(81-1231)

13318　失落灵魂之城
〔美〕卡桑德拉·克莱尔著,茹静、管阳阳、龚萍译,"圣杯神器"系列,2018年1月。精装,16

749

异,ISBN 978-7-02-013253-9,定价 79.00 元。(81-1238)

13319　堕落天使之城
〔美〕卡桑德拉·克莱尔著,龚萍、茹静、管阳阳译,"圣杯神器"系列,2018 年 1 月。精装,16 异,ISBN 978-7-02-013254-6,定价 69.00 元。(81-1239)

13320　暴力夺取
〔美〕弗兰纳里·奥康纳著,殷杲译,2017 年 8 月。精装,32 异,ISBN 978-7-02-012910-2,定价 35.00 元。(81-1240)

13321　智血
〔美〕弗兰纳里·奥康纳著,殷杲译,2016 年 6 月。精装,32 异,ISBN 978-7-02-011186-2,定价 28.00 元。(81-1242)

13322　奇迹男孩
〔美〕R.J.帕拉西奥著,雷淑容、易承楠译,2017 年 4 月。精装,国流 32 开,ISBN 978-7-02-012676-7,定价 59.00 元。2019 年 7 月,平装,国流 32 开,ISBN 978-7-02-014585-0,定价 48.00 元。(81-1253)

13323　大白鲨
〔美〕彼得·本奇利著,赵学熙、乐眉云、张柏然译,二十世纪流行经典丛书,2018 年 1 月。平装,国流 32 开,ISBN 978-7-02-012263-9,定价 45.00 元。(81-1254)

13324　马科斯与猫科动物
〔巴西〕莫瓦西尔·斯克利亚著,毕梦吟译,中经典,2018 年 2 月。平装,32 异,ISBN 978-7-02-013183-9,定价 32.00 元。(81-1257)

13325　电厂之夜
〔阿根廷〕爱德华多·萨切里著,李静译,21 世纪年度最佳外国小说,2018 年 4 月。平装,32 异,ISBN 978-7-02-013692-6,定价 50.00 元。(81-1260)

13326　本源
〔美〕丹·布朗著,李和庆、李连涛译,2018 年 4 月。平装,国流 32 开,ISBN 978-7-02-013874-6,定价 59.00 元。2018 年 5 月,精装,国流 32 开,ISBN 978-7-02-013987-3,定价 72.00 元。(81-1264)

13327　令人反感的幸福
〔阿根廷〕吉列尔莫·马丁内斯著,施杰译,短经典,2018 年 1 月。平装,32 异,ISBN 978-7-02-013356-7,定价 39.00 元。(81-1268)

13328　隐秘的幸福
〔巴西〕克拉丽丝·李斯佩克朵著,闵雪飞译,短经典精选,2018 年 4 月。平装,大 32 开,ISBN 978-7-02-012896-9,定价 39.00 元。(81-1276)

13329　奥吉和我
〔美〕R.J.帕拉西奥著,陶友兰、温辉译,2018 年 4 月。精装,32 异,ISBN 978-7-02-013612-4,定价 56.00 元。(81-1280)

13330　世界中心的情与怨　厄瓜多尔当代短篇小说选
〔厄瓜多尔〕劳尔·佩雷斯·托雷斯等著,张珂译,2018 年 5 月。平装,国流 32 开,ISBN 978-7-02-012921-8,定价 39.00 元。(81-1283)

13331　坏种子
〔美〕哈里·多兰著,蓝澜译,黑色系列,2018 年 3 月。平装,国流 32 开,ISBN 978-7-02-013232-4,定价 65.00 元。(81-1284)

13332　首领们
〔秘鲁〕巴尔加斯·略萨著,尹承东译,略萨作品系列,2018 年 1 月。平装,国流 32 开,ISBN 978-7-02-013344-4,定价 45.00 元。(81-1285)

13333　不在犯罪现场
〔美〕桑德拉·布朗著,祁阿红、闫卫平、吴晓妹译,庆云译校,二十世纪流行经典丛书,2018 年 3 月。平装,32 异,ISBN 978-7-02-013517-2,定价 65.00 元。(81-1286)

13334　五个街角
〔秘鲁〕巴尔加斯·略萨著,侯健译,略萨作品系列,2018 年 1 月。平装,国流 32 开,ISBN 978-7-02-013341-3,定价 49.00 元。(81-1287)

13335　黄鸟
〔美〕凯文·鲍尔斯著,楼武挺译,21 世纪新畅销译丛,2018 年 10 月。精装,32 异,ISBN 978-7-02-014142-5,定价 48.00 元。(81-1307)

13336　文学上的失误
〔加拿大〕斯蒂芬·里柯克著,莫雅平译,幽默

书房,2018年8月。精装,32异,ISBN 978-7-02-014174-6,定价45.00元。(81-1308)

13337　罐头厂街
〔美〕约翰·斯坦贝克著,李天奇译,2018年8月。平装,32异,ISBN 978-7-02-014168-5,定价35.00元。2019年3月收入约翰·斯坦贝克作品系列,平装覆膜,国流32开,ISBN 978-7-02-014724-3,定价35.00元。(81-1312)

13338　黑水
〔美〕乔伊斯·卡罗尔·欧茨著,刘玉红译,中经典精选,2018年6月。平装覆膜,32异,ISBN 978-7-02-014027-5,定价35.00元。(81-1313)

13339　最后假期
〔智利〕保丽娜·弗洛雷斯著,裴枫、侯健译,短经典,2018年8月。平装,32异,ISBN 978-7-02-014360-3,定价39.00元。(81-1317)

13340　警戒解除
〔美〕斯蒂芬·金著,姚向辉译,"梅赛德斯先生"三部曲,2018年11月。平装,国流32开,ISBN 978-7-02-014475-4,定价59.00元。(81-1322)

13341　回家之路
〔美〕雅阿·吉亚西著,陈磊译,钻石译丛,2018年11月。精装,32异,ISBN 978-7-02-014175-3,定价59.00元。(81-1323)

13342　修配工
〔美〕伯纳德·马拉默德著,杨仁敬译,桂冠译丛,2018年12月。平装,32异,ISBN 978-7-02-014201-9,定价48.00元。(81-1325)

13343　绑架风云
〔美〕大卫·I.科策著,杜先菊译,2018年11月。平装,国流32开,ISBN 978-7-02-013425-0,定价32.00元。(81-1329)

13344　老人与海
〔美〕欧内斯特·海明威著,孙致礼译,2019年1月。平装,32异,ISBN 978-7-02-014438-9,定价39.00元。(81-1337)

13345　哈利·波特与密室(英汉对照版)
〔英〕J.K.罗琳著,马爱农、马爱新译,2019年1月。平装,16异,ISBN 978-7-02-014689-5,定价59.00元。(81-1338)

13346　艺伎回忆录
〔美〕阿瑟·高顿著,金逸明、柏栎译,21世纪新畅销译丛,2019年1月。精装,32异,ISBN 978-7-02-014476-1,定价75.00元。(81-1339)

13347　海风中失落的血色馈赠
〔加拿大〕阿利斯泰尔·麦克劳德著,陈以侃译,阿利斯泰尔·麦克劳德作品集,2019年1月。精装,32异,ISBN 978-7-02-014094-7,定价49.00元。(81-1342)

13348　福尔摩斯先生
〔美〕米奇·库林著,王一凡译,世界经典推理文库,2019年4月。平装,32异,ISBN 978-7-02-014162-3,定价39.00元。(81-1347)

13349　爱的历史
〔美〕妮可·克劳斯著,施清真译,21世纪新畅销译丛,2019年5月。精装,32异,ISBN 978-7-02-014525-6,定价55.00元。(81-1348)

13350　名誉
〔哥伦比亚〕胡安·加夫列尔·巴斯克斯著,欧阳石晓译,中经典精选,2019年3月。平装,大32开,ISBN 978-7-02-014015-2,定价39.00元。(81-1350)

13351　愤怒的葡萄
〔美〕约翰·斯坦贝克著,陈宗琛译,约翰·斯坦贝克作品系列,2019年3月。平装覆膜,国流32开,ISBN 978-7-02-014731-1,定价65.00元。(81-1352)

13352　月亮下去了
〔美〕约翰·斯坦贝克著,董衡巽译,约翰·斯坦贝克作品系列,2019年3月。平装覆膜,国流32开,ISBN 978-7-02-014723-6,定价25.00元。(81-1353)

13353　煎饼坪
〔美〕约翰·斯坦贝克著,万晓艳译,约翰·斯坦贝克作品系列,2019年3月。平装覆膜,国流32开,ISBN 978-7-02-014732-8,定价39.00元。(81-1354)

13354　小红马
〔美〕约翰·斯坦贝克著,董衡巽译,约翰·斯坦贝克作品系列,2019年3月。平装覆膜,国

流 32 开,ISBN 978-7-02-014733-5,定价 25.00 元。(81-1355)

13355　烦恼的冬天
〔美〕约翰·斯坦贝克著,王改娣译,约翰·斯坦贝克作品系列,2019 年 3 月。平装覆膜,国流 32 开,ISBN 978-7-02-014735-9,定价 55.00 元。(81-1356)

13356　辛格自选集
〔美〕艾萨克·巴什维斯·辛格著,韩颖等译,2019 年 5 月。精装,16 异,ISBN 978-7-02-014121-0,定价 89.00 元。(81-1359)

13357　喧哗与骚动
〔美〕威廉·福克纳著,李文俊译,名著名译丛书,2019 年 6 月。精装,32 异,ISBN 978-7-02-012508-1,定价 37.00 元。2020 年 4 月收入外国文学名著丛书,精装,大 32 开,ISBN 978-7-02-015845-4,定价 49.00 元。(81-1360)

13358　血与水
〔美〕伊恩·考德威尔著,陈杰译,黑色系列,2018 年 8 月。平装,国流 32 开,ISBN 978-7-02-013832-6,定价 58.00 元。(81-1361)

13359　巴黎评论·短篇小说课堂
〔美〕洛林·斯坦恩、塞迪·斯坦恩主编,文静等译,2019 年 5 月。平装,国流 32 开,ISBN 978-7-02-013231-7,定价 49.00 元。(81-1362)

13360　多项选择
〔智利〕亚历杭德罗·桑布拉著,童亚星译,亚历杭德罗·桑布拉作品集,2019 年 5 月。平装,32 异,ISBN 978-7-02-014858-5,定价 29.00 元。(81-1364)

13361　自我
〔加拿大〕扬·马特尔著,徐海幭译,2019 年 6 月。平装,国流 32 开,ISBN 978-7-02-014313-9,定价 39.00 元。(81-1372)

13362　星辰时刻
〔巴西〕克拉丽丝·李斯佩克朵著,闵雪飞译,中经典精选,2019 年 7 月。平装覆膜,大 32 开,ISBN 978-7-02-014866-0,定价 35.00 元。(81-1377)

13363　劫后余生
〔加拿大〕迈克尔·翁达杰著,朱桂林译,翁达杰作品系列,2019 年 7 月。精装,国流 32 开,ISBN 978-7-02-014021-3,定价 49.00 元。(81-1378)

13364　寻找帕依提提
〔玻利维亚〕罗德里戈·阿斯布恩著,杨晓畅译,中经典精选,2019 年 7 月。平装覆膜,大 32 开,ISBN 978-7-02-014197-5,定价 39.00 元。(81-1379)

13365　已无人为我哭泣
〔尼加拉瓜〕塞尔希奥·拉米雷斯著,李静译,21 世纪年度最佳外国小说,2019 年 10 月。平装,32 异,ISBN 978-7-02-015045-8,定价 49.00 元。(81-1388)

13366　11/22/63(上下)
〔美〕斯蒂芬·金著,鄢宏福、辛红娟译,斯蒂芬·金作品系列,2016 年 10 月。精装,国流 32 开,ISBN 978-7-02-011874-8,定价 98.00 元。2019 年 8 月,平装,国流 32 开,ISBN 978-7-02-014561-4,定价 89.00 元。(81-1389)

13367　莱拉
〔美〕玛丽莲·罗宾逊著,李尧译,基列三部曲,2019 年 10 月。精装,32 异,ISBN 978-7-02-014500-3,定价 59.90 元。(81-1391)

13368　受害者
〔美〕索尔·贝娄著,蒲隆译,索尔·贝娄作品集,2019 年 9 月。平装,国流 32 开,ISBN 978-7-02-014492-1,定价 49.00 元。(81-1393)

13369　真情
〔美〕索尔·贝娄著,主万译,索尔·贝娄作品集,2019 年 9 月。平装,国流 32 开,ISBN 978-7-02-014859-2,定价 29.00 元。(81-1394)

13370　晃来晃去的人
〔美〕索尔·贝娄著,蒲隆译,索尔·贝娄作品集,2019 年 9 月。平装,国流 32 开,ISBN 978-7-02-014490-7,定价 42.00 元。(81-1395)

13371　入戏
〔美〕罗斯·麦唐诺著,王欣欣译,麦唐诺作品,2020 年 3 月。平装,国流 32 开,ISBN 978-7-02-015356-5,定价 52.00 元。(81-1416)

13372　出逃
〔美〕罗斯·麦唐诺著,曾瑶译,麦唐诺作品,

2020年3月。平装,国流32开,ISBN 978-7-02-015316-9,定价52.00元。(81-1417)

13373　相助
〔美〕凯瑟琳·斯多克特著,季凌婕译,2020年5月。平装,国流32开,ISBN 978-7-02-015776-1,定价62.00元。(81-1420)

13374　树民
〔美〕安妮·普鲁著,陈恒译,安妮·普鲁文集,2020年7月。精装,16异,ISBN 978-7-02-015258-2,定价96.00元。(81-1422)

13375　在路上
〔美〕杰克·凯鲁亚克著,秦传安译,2020年3月。平装,国流32开,ISBN 978-7-02-015792-1,定价46.00元。(81-1423)

13376　奇梦集
〔美〕斯蒂芬·金著,路旦俊、施红梅译,斯蒂芬·金作品系列,2020年7月。平装,国流32开,ISBN 978-7-02-015017-5,定价59.00元。(81-1457)

13377　局外人
〔美〕斯蒂芬·金著,孔文、孙胜男译,斯蒂芬·金作品系列,2020年7月。平装,国流32开,ISBN 978-7-02-015993-2,定价69.00元。(81-1458)

13378　亲爱的迭戈,齐耶拉拥抱你
〔墨西哥〕埃莱娜·波尼亚托夫斯卡著,轩乐译,2020年10月。精装,32异,ISBN 978-7-02-016113-3,定价49.00元。(81-1464)

13379　随遇而安
〔美〕安妮·普鲁著,裘因译,安妮·普鲁文集,2020年11月。精装,32异,ISBN 978-7-02-015973-4,定价49.00元。(81-1465)

13380　恶土
〔美〕安妮·普鲁著,裘因译,安妮·普鲁文集,2020年11月。精装,32异,ISBN 978-7-02-015972-7,定价49.00元。(81-1466)

亚非大洋洲小说

13381　二十夜问
印度古代故事,许地山译,作家出版社1955年1月。平装,32开,书号 作137,定价3,200元。(63-1)

13382　太阳底下降
印度古代故事,许地山译,作家出版社1956年5月。平装,32开,书号10020·411,定价0.25元。1957年8月人民文学出版社,平装,32开,书号10019·620,定价0.25元。(63-2)

13383　春香传
朝鲜古代故事,冰蔚、张友鸾译,作家出版社1956年7月。平装,32开,书号10020·460,定价0.33元;1961年3月,精装,32开,定价0.66元。(63-3)

13384　埃及古代故事
倪罗译,作家出版社1957年1月。平装,50开,书号10020·662,定价0.27元。(63-4)

13385　一千零一夜(二)
阿拉伯民间故事,纳训译,1957年12月。大32开,书号10019·679,平装,定价1.20元;精装,定价1.60元。1988年3月,平装,小32开,ISBN 7-02-000164-5,定价1.80元。(63-5)

13386　一千零一夜(一)
阿拉伯民间故事,纳训译,1957年12月。大32开,书号10019·678,平装,定价1.20元;精装,定价1.60元。1988年3月,平装,小32开,ISBN 7-02-000163-7,定价1.80元。(63-6)

13387　沉船
〔印度〕泰戈尔著,黄雨石译,泰戈尔选集,1957年12月。平装,大32开,书号10019·680,定价1.00元。1981年1月外国文学出版社,平装,大32开,书号10208·25,定价1.05元。1999年2月收入二十世纪外国文学丛书,平装覆膜,大32开,ISBN 7-5016-0156-9,定价13.70元。2004年3月收入名著名译插图本,平装覆膜,国流32开,ISBN 7-02-004378-X,定价14.00元。(63-7)

13388　一个非洲庄园的故事

〔南非〕奥丽芙·旭莱纳著,郭开兰译,张梦麟校,1958年2月。平装,大32开,书号10019·710,定价1.10元。(63-8)

13389 夏目漱石选集(第二卷)
〔日〕夏目漱石著,开西、丰子恺译,1958年8月。平装,大32开,书号10019·765,定价0.80元。1959年9月,精装,定价1.10元。(63-9)

13390 一千零一夜(三)
阿拉伯民间故事,纳训译,1958年10月。大32开,书号10019·811,平装,定价1.40元;精装,定价1.80元。1988年3月,平装,小32开,ISBN 7-02-000165-3,定价2.15元。(63-10)

13391 石川啄木小说集
〔日〕石川啄木著,丰子恺等译,1958年12月。大32开,书号10019·868,平装,定价1.05元;精装,定价1.50元。(63-11)

13392 破戒
〔日〕岛崎藤村著,由其译,1958年12月。平装,大32开,书号10019·1139,定价0.88元。(63-12)

13393 夏目漱石选集(第一卷)
〔日〕夏目漱石著,胡雪、由其译,1959年1月。大32开,书号10019·1033,平装,定价1.35元;精装,定价1.80元。(63-13)

13394 辛伯达航海历险记
阿拉伯民间故事,纳训译,文学小丛书,1959年5月。平装,50开,书号10019·1247,定价0.16元。(63-14)

13395 戈拉
〔印度〕泰戈尔著,黄星圻译,1959年9月。大32开,书号10019·1164,定价1.50元;精装,定价2.05元。(63-15)

13396 浮世澡堂
〔日〕式亭三马著,周启明译,1958年9月。平装,大32开,书号10019·869,定价0.63元。(63-16)

13397 古事记
〔日〕安万侣著,周启明译,1963年3月。大32开,书号10019·1722,定价0.63元;精装,定价0.91元。(63-17)

13398 哥儿
〔日〕夏目漱石著,开西译,文学小丛书,1960年1月。平装,50开,书号10019·1248,定价0.25元。(63-18)

13399 樋口一叶选集
〔日〕樋口一叶著,萧萧译,1962年1月。平装,大32开,书号10019·1650,定价1.05元;精装,定价1.60元。(63-20)

13400 二叶亭四迷小说集
〔日〕二叶亭四迷著,石坚白、秦柯译,1962年1月。大32开,书号10019·1649,平装,定价1.45元;精装,定价1.95元。1985年2月收入外国文学名著丛书,署巩长金、石坚白译,大32开,平装,定价2.55元;精装,定价3.25元。(63-21)

13401 我们的一伙儿和他
〔日〕石川啄木著,叔昌译,文学小丛书,1962年10月。书号10019·1649,平装,50开,定价0.14元;平装,32异,定价0.22元。(63-22)

13402 起义者
〔菲律宾〕何塞·黎萨尔著,柏群译,1977年10月。平装,小32开,书号10019·2520,定价1.25元。(63-23)

13403 不许犯我
〔菲律宾〕何塞·黎萨尔著,陈尧光、柏群译,1977年11月。平装,小32开,书号10019·2483,定价1.75元。(63-24)

13404 国木田独步选集
〔日〕国木田独步著,金福译,1978年10月。32开,书号10019·2627,平装,定价0.55元;精装,定价1.05元。(63-25)

13405 源氏物语(上)
〔日〕紫式部著,丰子恺译,日本文学丛书,1980年12月。平装,大32开,书号10019·3065,定价1.50元。1993年11月收入世界文学名著文库,上下册,精装,大32开,ISBN 7-02-001683-9,定价38.30元。1998年6月,单行本,平装覆膜,大32开,ISBN 7-02-002676-1,定价55.00元。2003年1月收入名著名译插图本,平装覆膜,国流32开,ISBN 7-02-003891-3,定价45.00元。2008年6月收入名著名译插图本精华版,软精,国流32开,ISBN

978-7-02-007111-1,定价50.00元。2015年4月收入中国翻译家译丛,精装,16异,ISBN 978-7-02-009850-7,定价110.00元。2015年7月收入名著名译丛书,精装,32异,ISBN 978-7-02-010740-7,定价75.00元。2019年5月收入外国文学名著丛书,精装,大32开,ISBN 978-7-02-015097-7,定价138.00元。(63-26)

13406　古事记
〔日〕安万侣著,邹有恒、吕元明译,1979年10月。平装,大32开,书号10019·1722,定价0.65元。(63-27)

13407　芥川龙之介小说选
〔日〕芥川龙之介著,文洁若、吕元明、文学朴、吴树文译,日本文学丛书,1981年11月。平装,大32开,书号10019·3203,定价1.65元。(63-28)

13408　破戒
〔日〕岛崎藤村著,柯毅文、陈德文译,外国文学名著丛书,1982年6月。大32开,书号10019·3287,平装,定价0.88元;精装,定价1.40元。2008年4月收入名著名译插图本,署陈德文译,平装覆膜,国流32开,ISBN 978-7-02-006522-6,定价16.00元。(63-29)(63-51)

13409　一千零一夜(1)
阿拉伯民间故事,纳训译,1982年7月。平装,大32开,书号10019·3326,定价1.80元。1989年7月,平装,大32开,ISBN 7-02-000760-0,定价5.80元。1997年5月,平装覆膜,大32开,ISBN 7-02-002427-0,定价21.00元。(63-30)

13410　一千零一夜(2)
阿拉伯民间故事,纳训译,1982年7月。平装,大32开,书号10019·3327,定价1.85元。1989年7月,平装,大32开,ISBN 7-02-000761-9,定价5.90元。1997年5月,平装覆膜,大32开,ISBN 7-02-002428-9,定价21.50元。(63-31)

13411　源氏物语(中)
〔日〕紫式部著,丰子恺译,日本文学丛书,1982年6月。平装,大32开,书号10019·3296,定价1.50元。(63-32)

13412　花园与春天
〔印度〕密尔·阿门著,李宗华、朱国庆、黄万义、刘曙雄译,印度文学丛书,1982年11月。平装,大32开,书号10019·3372,定价0.71元。(63-33)

13413　源氏物语(下)
〔日〕紫式部著,丰子恺译,日本文学丛书,1983年10月。平装,大32开,书号10019·3534,定价1.50元。1986年5月,无图版,平装,大32开,定价2.80元。(63-34)

13414　一千零一夜(3)
阿拉伯民间故事,纳训译,1983年5月。平装,大32开,书号10019·3460,定价1.85元。1989年7月,平装,大32开,ISBN 7-02-000762-7,定价5.90元。1997年5月,平装覆膜,大32开,ISBN 7-02-002429-7,定价21.50元。(63-35)

13415　一千零一夜(4)
阿拉伯民间故事,纳训译,1983年11月。平装,大32开,书号10019·3537,定价1.70元。1989年7月,平装,大32开,ISBN 7-02-000763-5,定价5.50元。1997年5月,平装覆膜,大32开,ISBN 7-02-002430-0,定价19.80元。(63-36)

13416　落洼物语
日本古代故事,丰子恺译,日本文学丛书,1984年2月。平装,大32开,书号10019·3611,定价1.10元。(63-37)

13417　戈拉
〔印度〕泰戈尔著,刘寿康译,外国文学名著丛书,1984年1月。大32开,书号10019·3586,平装,定价1.55元;精装,定价2.10元。1988年7月,平装,大32开,ISBN 7-02-000651-5,定价4.05元。1993年11月收入世界文学名著文库,精装,大32开,ISBN 7-02-001693-6,定价17.15元。(63-38)

13418　平家物语
日本古代故事,周启明、申非译,日本文学丛书,1984年6月。大32开,书号10019·3649,平装,定价1.85元;精装,定价2.35元。(63-39)

小说

13419　一千零一夜(5)
阿拉伯民间故事,纳训译,1984年11月。平装,大32开,书号10019·3713,定价2.20元。1989年7月,平装,大32开,ISBN 7-02-000764-3,定价5.40元。1997年5月,平装覆膜,大32开,ISBN 7-02-002431-9,定价19.50元。(63-40)

13420　一千零一夜(6)
阿拉伯民间故事,纳训译,1984年11月。平装,大32开,书号10019·3731,定价2.35元。1989年7月,平装,大32开,ISBN 7-02-000765-1,定价5.85元。1997年5月,平装覆膜,大32开,ISBN 7-02-002432-7,定价21.20元。(63-41)

13421　家庭与世界
〔印度〕泰戈尔著,邵洵美译,1987年7月。平装,大32开,书号10019·4110,定价1.35元。(63-42)

13422　一个女人的遭遇
〔印度〕米尔扎·鲁斯瓦著,佘菲克译,印度文学丛书,1987年4月。平装,大32开,书号10019·4116,定价1.55元。(63-43)

13423　浮世澡堂 浮世理发馆
〔日〕式亭三马著,周作人译,日本文学丛书,1989年11月。平装覆膜,大32开,ISBN 7-02-000853-4,定价5.20元。(63-44)

13424　雨月物语
〔日〕上田秋成著,阎小妹译,日本文学丛书,1990年7月。平装覆膜,大32开,ISBN 7-02-000976-X,定价3.05元;精装,ISBN 7-02-001092-X,定价5.85元。(63-45)

13425　《一千零一夜》故事选
阿拉伯民间故事,纳训译,世界文学名著文库,1994年5月。精装,大32开,ISBN 7-02-001769-X,定价21.75元。1996年8月收入世界文学名著文库普及本,平装覆膜,大32开,ISBN 7-02-002224-3,定价21.45元。2002年1月收入大学生必读,书名《一千零一夜》,平装,大32开,ISBN 7-02-003589-2,定价26.80元。2003年1月收入名著名译插图本,平装覆膜,国流32开,ISBN 7-02-004034-9,定价22.00元。2008年6月收入名著名译插图本精华版,软精,国流32开,ISBN 978-7-02-007094-7,定价26.00元。2012年11月收入企鹅经典丛书,平装,32异,ISBN 978-7-02-008469-2,定价32.00元。2015年5月收入名著名译丛书,精装,32异,ISBN 978-7-02-010277-8,定价38.00元。2017年6月收入企鹅经典丛书,平装,国流32开,ISBN 978-7-02-012966-9,定价89.00元。2018年4月收入插图本名著名译丛书,平装,国流32开,ISBN 978-7-02-013046-7,定价42.00元。(63-46)

13426　破戒　家
〔日〕岛崎藤村著,柯毅文、陈德文、枕流译,世界文学名著文库,1997年5月。精装,大32开,ISBN 7-02-002321-5,定价38.00元。(63-47)

13427　我是猫
〔日〕夏目漱石著,尤炳圻、胡雪译,世界文学名著文库,1997年5月。精装,大32开,ISBN 7-02-002358-4,定价31.00元。2006年1月收入名著名译插图本,平装覆膜,国流32开,ISBN 7-02-005277-0,定价20.00元。(63-48)

13428　天方夜谭
阿拉伯民间故事,王瑞琴译,世界儿童文学丛书,1998年5月。平装覆膜,32开,ISBN 7-02-002513-7,定价14.50元。2002年1月收入世界儿童文学丛书新世纪精华版,平装覆膜,大32开,ISBN 7-02-003679-1,定价19.80元。2006年6月收入世界儿童文学名著插图本,平装覆膜,国流32开,ISBN 7-02-005607-5,定价18.00元。2010年8月收入影响孩子们一生的经典插图本,书名《阿拉伯民间故事》,平装覆膜,16异,ISBN 978-7-02-008041-0,定价25.00元。2015年1月收入你长大之前必读的66本书,平装覆膜,16异,ISBN 978-7-02-010716-2,定价28.00元。(63-49)

13429　喀布尔人
〔印度〕泰戈尔著,倪培耕译,20世纪外国名家精品插图本,2006年1月。平装覆膜,国流32开,ISBN 7-02-005418-8,定价18.00元。(63-50)

756

13430　春香传
韩国民间文学,薛舟、徐丽红译,2010 年 1 月。平装,32 异,ISBN 978-7-02-006606-3,定价 23.00 元。(63-53)

13431　外国中短篇小说藏本·泰戈尔
〔印〕泰戈尔著,冰心等译,2013 年 8 月。平装,国流 32 开,ISBN 978-7-02-009789-0,定价 29.00 元。(63-54)

13432　一千零一夜
阿拉伯民间故事,王瑞琴译,教育部统编《语文》推荐阅读丛书,2018 年 4 月。平装覆膜,16 异,ISBN 978-7-02-013747-3,定价 26.00 元。2019 年 12 月收入小学语文教材"快乐读书吧"推荐书目,平装覆膜,16 异,ISBN 978-7-02-015765-5,定价 29.00 元。(63-56)

13433　我是猫
〔日〕夏目漱石著,阎小妹译,教育部统编《语文》推荐阅读丛书,2019 年 5 月。平装覆膜,16 异,ISBN 978-7-02-014783-0,定价 35.00 元。2019 年 5 月收入外国文学名著丛书,精装,大 32 开,ISBN 978-7-02-016162-1,定价 60.00 元。(63-57)

13434　一千零一夜
阿拉伯民间故事,纳训译,中国翻译家译丛,2015 年 4 月。精装,16 异,ISBN 978-7-02-009951-1,定价 49.00 元。(63-58)

13435　泛滥
〔朝〕金学铁著,孙振侠译,1952 年 3 月。平装,32 开,书号 总 73 单 20,定价 6,400 元。(69-1)

13436　军功章
〔朝〕金学铁著,孙振侠译,1952 年 6 月。平装,32 开,书号 总 97 单 31,定价 2,900 元。(69-2)

13437　猪的歌
〔日〕高仓辉著,萧萧译,文学初步读物,1955 年 3 月。平装,46 开,书号 349,定价 0.15 元。(69-3)

13438　蟹工船
〔日〕小林多喜二著,适夷译,作家出版社 1955 年 3 月。平装,32 开,书号 作 119,定价 0.66 元。(69-4)

13439　日本劳动者
〔日〕春川铁男著,梅韬、文洁若译,作家出版社 1955 年 4 月。32 开,书号 作 142,平装,定价 0.40 元;精装,定价 0.68 元。(69-5)

13440　党生活者
〔日〕小林多喜二著,李克异译,适夷校,作家出版社 1955 年 4 月。32 开,书号 作 136,平装,定价 0.36 元;精装,定价 0.64 元。(69-6)

13441　新兵
〔印度〕巴伦·巴苏著,施咸荣、王央乐、刘寿康、冯金辛译,亚非文学丛书,作家出版社 1955 年 4 月。大 32 开,书号 作 174,平装,定价 1.17 元;精装,定价 1.62 元。(69-7)

13442　大同江
〔朝〕韩雪野著,李烈译,作家出版社 1955 年 6 月。平装,32 开,书号 作 166,定价 0.42 元。(69-8)

13443　饥饿
〔印度〕巴达查里雅著,冯金辛、郭开兰译,亚非文学丛书,作家出版社 1955 年 7 月。平装,32 开,书号 作 151,定价 1.01 元。1959 年 9 月,精装,定价 1.30 元。(69-9)

13444　我们的学校
〔蒙古〕洛德依当巴著,诺尔博、陈乃雄译,作家出版社 1955 年 7 月。平装,32 开,书号 作 217,定价 0.35 元。(69-10)

13445　钱达尔短篇小说集
〔印度〕钱达尔著,冯金辛等译,作家出版社 1955 年 7 月。平装,32 开,书号 作 149,定价 0.81 元。(69-11)

13446　阿尤喜
〔蒙古〕达·僧格著,色道尔吉译,作家出版社 1955 年 8 月。平装,32 开,书号 作 237,定价 0.35 元。(69-12)

13447　矿区
〔越南〕武辉心著,黄敏中译,作家出版社 1956 年 1 月。平装,32 开,书号 10020·351,定价 0.55 元。(69-13)

13448　达米伦一家
〔蒙古〕达·塔尔瓦著,陈乃雄译,作家出版社 1956 年 3 月。平装,32 开,书号 作 346,定价 0.30 元。(69-14)

小说

13449 活下去
〔日〕山田歌子著，文洁若译，作家出版社 1956 年 4 月。平装，32 开，书号 作 436，定价 0.47 元。(69-15)

13450 帕德玛河上的船夫
〔印度〕马尼克·班纳济著，郭开兰译，王宗炎校，作家出版社 1956 年 5 月。平装，32 开，书号 10020·439，定价 0.55 元。(69-16)

13451 志贺直哉小说集
〔日〕志贺直哉著，适夷等译，作家出版社 1956 年 8 月。平装，大 32 开，书号 10020·553，定价 0.80 元。(69-17)

13452 在阿尔泰山
〔蒙古〕洛德依当巴著，色道尔吉译，作家出版社 1956 年 8 月。平装，32 开，书号 10020·437，定价 0.70 元。(69-18)

13453 不在地主
〔日〕小林多喜二著，震先译，作家出版社 1956 年 8 月。平装，32 开，书号 10020·482，定价 0.42 元。(69-19)

13454 嫁不出去的女儿
〔印度〕萨拉特·钱达·查特吉著，石真译，作家出版社 1956 年 8 月。平装，32 开，书号 10020·525，定价 0.26 元。(69-20)

13455 真空地带
〔日〕野间宏著，萧萧译，作家出版社 1956 年 9 月。平装，大 32 开，书号 10020·464，定价 1.20 元。1959 年 9 月，精装，定价 1.70 元。(69-21)

13456 人民在前进
〔越南〕秀南著，颜保译，作家出版社 1956 年 11 月。平装，32 开，书号 10020·637，定价 0.26 元。(69-22)

13457 静静的群山（第一部）
〔日〕德永直著，萧萧译，作家出版社 1956 年 12 月。平装，大 32 开，书号 10020·520，定价 1.20 元。1959 年 12 月人民文学出版社，收入德永直选集第二卷，大 32 开，书号 10019·1439，平装，定价 1.10 元；精装，定价 1.60 元。(69-23)

13458 水牛
〔越南〕阮文俸著，曾文博译，罗子修校，作家出版社 1957 年 3 月。平装，32 开，书号 10020·640，定价 0.60 元。(69-24)

13459 恶魔的遗产
〔日〕阿川弘之著，颜华译，作家出版社 1957 年 3 月。平装，32 开，书号 10020·645，定价 0.55 元。(69-25)

13460 阿巴斯短篇小说集
〔印度〕阿巴斯著，冯金辛、黄雨石译，作家出版社 1957 年 3 月。平装，32 开，书号 10020·630，定价 0.50 元。(69-26)

13461 清香战役
〔越南〕阮克庶著，朱礼、黄宏才译，作家出版社 1957 年 4 月。平装，32 开，书号 10020·707，定价 0.18 元。(69-27)

13462 普列姆昌德短篇小说集
〔印度〕普列姆昌德著，水建馥等译，1957 年 5 月。平装，大 32 开，书号 10019·574，定价 0.75 元。(69-28)

13463 红旗勋章
〔蒙古〕焦吉等著，陈乃雄译，作家出版社 1957 年 6 月。平装，32 开，书号 10020·706，定价 0.32 元。(69-29)

13464 历史
〔朝〕韩雪野著，李烈译，作家出版社 1957 年 7 月。平装，大 32 开，书号 10020·522，定价 1.00 元。1958 年 10 月人民文学出版社出版，平装，大 32 开，书号 10019·890，定价 0.90 元。(69-30)

13465 埃及短篇小说集
秦水译，作家出版社 1957 年 7 月。平装，32 开，书号 10020·727，定价 0.65 元。(69-31)

13466 静静的群山（第二部）
〔日〕德永直著，萧萧译，作家出版社 1957 年 8 月。平装，大 32 开，书号 10020·679，定价 1.40 元。1960 年 2 月人民文学出版社，收入德永直选集第三卷，大 32 开，书号 10019·1440，平装，定价 1.25 元；精装，定价 1.70 元。(69-32)

13467 土地
〔朝〕李箕永著，冰蔚、赵仁杰、许文湖译，作家出版社 1957 年 8 月。平装，大 32 开，书号 10020·740，定价 1.70 元。1959 年 9 月人民文学出版社,收入亚非文学丛书,大 32 开,书号 10019·1489,平装,定价 1.50 元;精装,定价 2.10 元。(69-33)

13468　西北的故事
〔越南〕苏怀著,张钧、黄永鉴译,作家出版社 1957 年 9 月。平装,32 开,书号 10020·747,定价 0.43 元。(69-34)

13469　教堂的祭司
〔黎巴嫩〕乔治·汉纳著,王仪英、崔喜禄译,作家出版社 1957 年 10 月。平装,32 开,书号 10020·759,定价 0.48 元。1963 年 4 月,32 开,书号 10020·1650,平装,定价 0.60 元;精装,定价 1.25 元。(69-35)

13470　高谅纪事
〔越南〕阮辉想著,黄敏中译,作家出版社 1957 年 12 月。平装,32 开,书号 10020·784,定价 0.45 元。(69-36)

13471　箱根风云录
〔日〕高仓辉著,萧萧译,作家出版社 1958 年 3 月。平装,大 32 开,书号 10020·807,定价 0.95 元。(69-37)

13472　我们心中的魔鬼
〔土耳其〕萨巴哈钦·阿里著,轼光译,作家出版社 1958 年 3 月。平装,大 32 开,书号 10020·818,定价 0.85 元。1959 年 9 月人民文学出版社,收入亚非文学丛书,大 32 开,书号 10019·1352,平装,定价 0.87 元;精装,定价 1.40 元。(69-38)

13473　阿拉伯短篇小说集
马赫穆德·台木尔等著,水景宪、刘文焱译,作家出版社 1958 年 6 月。平装,32 开,书号 10020·858,定价 0.70 元。(69-39)

13474　错误的教育
〔印度尼西亚〕阿布都尔·慕依斯著,陈霞如译,黄祥坤校,作家出版社 1958 年 6 月。平装,32 开,书号 10020·828,定价 0.75 元。(69-40)

13475　戈丹
〔印度〕普列姆昌德著,严绍端译,1958 年 6 月。平装,大 32 开,书号 10019·783,定价 1.60 元。1959 年 5 月收入外国现代文学名著丛书,平装,大 32 开,定价 1.55 元;1959 年 9 月,精装,定价 2.10 元。1978 年 12 月,平装,32 开,定价 1.25 元。(69-41)

13476　小林多喜二选集(第二卷)
〔日〕小林多喜二著,金中、周鸿民、李长信译,1958 年 8 月。大 32 开,书号 10019·756,平装,定价 1.20 元;精装,定价 1.50 元。(69-42)

13477　波斯短篇小说集
潘庆舲等译,1958 年 9 月。平装,32 开,书号 10019·839,定价 0.82 元。(69-43)

13478　曙光(第一部)　在清朝的奴役下
〔蒙古〕仁亲著,达基译,陈乃雄校,1958 年 9 月。平装,32 开,书号 10019·840,定价 0.64 元。(69-44)

13479　曙光(第二部)　水深火热之中
〔蒙古〕仁亲著,文西译,陈乃雄校,1958 年 9 月。平装,32 开,书号 10019·841,定价 0.59 元。(69-45)

13480　没有太阳的街
〔日〕德永直著,李芒译,1958 年 9 月。平装,大 32 开,书号 10019·862,定价 0.66 元。1960 年 4 月,收入德永直选集第一卷,平装,大 32 开,定价 0.69 元。(69-46)

13481　一把小麦
〔印度〕普列姆昌德著,懿敏等译,文学小丛书,1958 年 9 月。平装,小 32 开,书号 10019·920,定价 0.27 元。1959 年 8 月,平装,50 开,定价 0.19 元。(69-47)

13482　一九二八年三月十五日
〔日〕小林多喜二著,适夷译,文学小丛书,1958 年 9 月。平装,小 32 开,书号 10019·921,定价 0.23 元。1959 年 6 月,平装,50 开,定价 0.17 元。(69-48)

13483　黑暗的生活
〔泰〕克开·达云著,魏兵译,1958 年 9 月。平装,32 开,书号 10019·991,定价 0.36 元。(69-49)

13484　为面包而斗争
〔土耳其〕奥尔汉·凯末尔著,郭恕可译,1958 年 10 月。平装,32 开,书号 10019·857,定价 0.24 元。(69-50)

13485　现代阿拉伯小说集

译文社编,作家出版社1958年10月。平装,大32开,书号10020·1139,定价0.55元。(69-51)

13486 金头花
〔巴基斯坦〕艾赫麦德·纳迪姆·卡斯米著,秦水译,1958年11月。平装,32开,书号10019·1000,定价0.60元。(69-52)

13487 泰国现代短篇小说选
〔泰〕西巫拉帕等著,北京大学东方语言系泰语专业师生集体翻译,1958年11月。平装,32开,书号10019·1036,定价0.59元。(69-53)

13488 狼
〔朝〕韩雪野著,文学小丛书,1958年11月。平装,小32开,书号10019·919,定价0.20元。1959年7月,平装,50开,定价0.14元。(69-54)

13489 祖国站起来了
〔越南〕原玉著,黄敏中译,1958年12月。平装,32开,书号10019·859,定价0.55元。1965年12月收入外国革命文学丛书,大32开,平装,定价0.75元;精装,定价1.25元。(69-55)

13490 鄂巴
〔缅甸〕貌廷著,北京大学东方语言系缅甸语专业师生集体翻译,1958年12月。平装,32开,书号10019·1010,定价0.37元。(69-56)

13491 埃及现代短篇小说集
秦水译,1958年12月。平装,32开,书号10019·1003,定价0.53元。(69-57)

13492 游击队之家
〔印度尼西亚〕普·阿·杜尔著,倪志渔、朱秉义译,徐炳立校,1958年12月。平装,32开,书号10019·1065,定价0.92元。(69-58)

13493 虹
〔土耳其〕奥麦尔·赛斐丁著,柳朝坚译,文学小丛书,1958年12月。平装,50开,书号10019·1143,定价0.15元。(69-59)

13494 宫本百合子选集(第一卷)
〔日〕宫本百合子著,萧萧译,1958年12月。平装,大32开,书号10019·1025,定价1.05元。(69-60)

13495 我不能死
〔印度〕克里山·钱达尔著,严绍端等译,文学小丛书,1958年12月。平装,50开,书号10019·1104,定价0.18元。(69-61)

13496 小林多喜二选集(第一卷)
〔日〕小林多喜二著,适夷、王康、震先译,1959年1月。大32开,书号10019·1160,平装,定价1.05元;精装,定价1.40元。(69-62)

13497 辞职
〔印度〕耶凌达罗·库玛尔著,李水译,1959年2月。平装,32开,书号10019·1117,定价0.24元。(69-63)

13498 宫本百合子选集(第四卷)
〔日〕宫本百合子著,储元熹译,1959年4月。平装,大32开,书号10019·1187,定价0.82元。(69-64)

13499 这滩鲜血是不会干的
〔埃及〕哈米西著,水景宪、秦水译,文学小丛书,1959年4月。平装,50开,书号10019·1250,定价0.15元。(69-65)

13500 小林多喜二选集(第三卷)
〔日〕小林多喜二著,舒畅、李克异等译,1959年4月。大32开,书号10019·1213,平装,定价0.89元;精装,定价1.35元。(69-66)

13501 大同江
〔朝〕韩雪野著,李烈、曲本进译,亚非文学丛书,1959年4月。大32开,书号10019·1129,平装,定价1.35元;精装,定价1.90元。(69-67)

13502 丹贝拉
〔印度尼西亚〕宋塔尼著,黄元焕译,亚非文学丛书,1959年4月。大32开,书号10019·1270,平装,定价0.83元;精装,定价1.30元。(69-68)

13503 小麦与玫瑰
〔印度〕克·阿·阿巴斯著,孙敬钊译,文学小丛书,1959年6月。平装,50开,书号10019·1249,定价0.22元。(69-69)

13504 崔曙海小说集
〔朝〕崔曙海著,李圭海译,亚非文学丛书,1959年7月。平装,32开,书号10019·1265,定价0.67元。(69-70)

13505　妮摩拉
〔印度〕普列姆昌德著，索纳译，1959 年 7 月。平装，大 32 开，书号 10019·1290，定价 0.57 元。(69-71)

13506　壶井荣小说集
〔日〕壶井荣著，舒畅、萧萧译，1959 年 9 月。平装，32 开，书号 10019·1462，定价 0.60 元。(69-72)

13507　叙利亚短篇小说集
〔叙利亚〕哈西布·阿里·卡亚里等著，季青译，1959 年 9 月。平装，32 开，书号 10019·1293，定价 0.39 元。(69-73)

13508　宫本百合子选集（第二卷）
〔日〕宫本百合子著，冯淑兰、石坚白译，1959 年 10 月。平装，大 32 开，书号 10019·1378，定价 0.97 元；精装，定价 1.45 元。(69-74)

13509　德永直选集（第四卷）
〔日〕德永直著，刘仲平等译，1959 年 10 月。大 32 开，书号 10019·1374，平装，定价 1.05 元；精装，定价 1.55 元。(69-75)

13510　宫本百合子选集（第三卷）
〔日〕宫本百合子著，叔昌、张梦麟译，1959 年 12 月。大 32 开，书号 10019·1442，平装，定价 0.69 元；精装，定价 1.15 元。(69-76)

13511　赛斐丁短篇小说集
〔土耳其〕赛斐丁著，柳朝坚译，1960 年 5 月。平装，大 32 开，书号 10019·1565，定价 1.20 元。(69-77)

13512　朝鲜现代短篇小说集
1960 年 8 月。大 32 开，书号 10019·1610，平装，定价 1.55 元；精装，定价 2.75 元。(69-78)

13513　越南现代短篇小说集
北京大学东方语言系越南语专业译，1960 年 8 月。大 32 开，书号 10019·1614，平装，定价 0.49 元；精装，定价 1.20 元。(69-79)

13514　盖马高原
〔朝〕黄健著，冰蔚译，1960 年 8 月。大 32 开，书号 10019·1612，平装，定价 1.30 元；精装，定价 2.40 元。(69-80)

13515　黎巴嫩短篇小说集
〔黎巴嫩〕阿敏·雷哈尼等著，水鸥、季青、秦水译，1961 年 1 月。平装，32 开，书号 10019·1538，定价 0.48 元。(69-81)

13516　祖国，我可爱的人民
〔塞内加尔〕桑贝内·乌斯曼著，黎星译，作家出版社 1961 年 3 月。平装，大 32 开，书号 10020·1513，定价 0.60 元。(69-82)

13517　光明之路
〔蒙古〕达西登德布著，陈乃雄译，作家出版社 1961 年 7 月。平装，32 开，书号 10020·1523，定价 0.35 元；精装，定价 0.60 元。(69-83)

13518　板车之歌
〔日〕山代巴著，钱稻孙、叔昌译，作家出版社 1961 年 9 月。平装，32 开，书号 10020·1528，定价 0.58 元。1962 年 4 月，精装，定价 0.81 元。(69-84)

13519　魏克拉马沁格短篇小说集
〔锡兰〕魏克拉马沁格著，何青译，作家出版社 1961 年 12 月。大 32 开，书号 10020·1554，平装，定价 0.44 元；精装，定价 0.68 元。(69-85)

13520　赫达雅特小说集
〔伊朗〕赫达雅特著，潘庆舲译，1962 年 1 月。大 32 开，书号 10019·1601，平装，定价 0.84 元；精装，定价 1.35 元。1981 年 9 月，书名《赫达雅特小说选》，平装，大 32 开，定价 0.85 元。(69-86)

13521　苏拉巴蒂
〔印度尼西亚〕阿布都尔·慕依斯著，倪志渔、朱秉义译，作家出版社 1962 年 4 月。32 开，书号 10020·1558，平装，定价 0.61 元；精装，定价 0.85 元。(69-87)

13522　曙光（第三部）在战斗中成长的祖国
〔蒙古〕仁亲著，陈乃雄译，1962 年 9 月。平装，32 开，书号 10019·1670，定价 0.83 元。(69-88)

13523　阿拉亚
〔埃塞俄比亚〕盖尔马乔乌·杰克列·哈瓦利阿特著，江有樑译，作家出版社 1962 年 11 月。平装，32 开，书号 10020·1602，定价 0.63 元。1964 年 8 月收入亚非文学丛书，32 开，平装，定价 0.65 元；精装，定价 1.80 元。(69-89)

小说

13524　插曲
〔南非〕哈利·勃洛姆著,何青译,作家出版社1963年1月。平装,大32开,书号10020·1596,定价1.05元。(69-90)

13525　鬼无鬼岛
〔日〕堀田善卫著,李芒、文洁若译,作家出版社1963年4月。32开,书号10020·1645,平装,定价0.44元;精装,定价1.55元。(69-91)

13526　天平之甍
〔日〕井上靖著,楼适夷译,作家出版社1963年4月。平装,32开,书号10020·1659,定价0.41元;精装,定价0.72元。1980年3月人民文学出版社,大32开,书号10019·2893,平装,定价0.40元;精装,定价1.30元。(69-92)(69-140)

13527　二路电车
〔阿联酋〕迈哈穆德·台木尔著,水景宪等译,作家出版社1963年4月。平装,32开,书号10020·1654,定价0.27元;精装,定价0.98元。(69-93)

13528　白云缭绕的大地
〔朝〕千世峰著,冰蔚、沈圣英、文公译,作家出版社1963年5月。32开,书号10020·1658,平装,定价0.42元;精装,定价1.20元。(69-94)

13529　蛇岛的秘密
〔锡兰〕马丁·魏克拉马沁格著,冀英译,作家出版社1963年5月。32开,书号10020·1663,平装,定价0.35元;精装,定价1.10元。(69-95)

13530　祖国
〔朝〕朴雄杰著,江森译,作家出版社1963年8月。大32开,书号10020·1694,平装,定价1.10元;精装,定价1.75元。(69-96)

13531　阿陆哥
〔越南〕阮辉想著,颜保译,作家出版社1963年9月。大32开,书号10020·1684,平装,定价1.60元;精装,定价2.25元。(69-97)

13532　安静的森林
〔以色列〕罗丝·吴尔著,求思译,作家出版社1963年11月。32开,书号10020·1704,平装,定价0.48元;精装,定价1.20元。(69-98)

13533　短篇小说集
〔锡兰〕西里·西伐利著,陈静译,作家出版社1964年2月。32开,书号10020·1727,平装,定价0.20元;精装,定价0.88元。(69-99)

13534　新娘子和一匹马
〔日〕江口涣著,张梦麟译,作家出版社1964年7月。32开,书号10020·1765,平装,定价0.54元;精装,定价1.40元。(69-100)

13535　瓦解
〔尼日利亚〕钦努阿·阿契贝著,高宗禹译,作家出版社1964年8月。未发行。平装,32开,书号10020·1775,定价0.53元。(69-101)

13536　1926年的火炬
〔印度尼西亚〕卓别尔·阿·阿等著,黄元焕等译,亚非文学丛书,作家出版社1964年9月。32开,书号10020·1789,平装,定价0.24元;精装,定价1.15元。(69-102)

13537　神的儿女
〔塞内加尔〕桑贝内·乌斯曼著,任起莘、任婉筠译,亚非文学丛书,作家出版社1964年9月。32开,书号10020·1798,平装,定价1.05元;精装,定价1.65元。(69-103)

13538　短篇小说集
〔巴基斯坦〕艾·纳·卡斯米著,秦水、冯金辛译,亚非文学丛书,作家出版社1964年11月。32开,书号10020·1806,平装,定价0.36元;精装,定价0.89元。(69-104)

13539　小林多喜二小说选
〔日〕小林多喜二著,适夷等译,外国革命文学丛书,1965年2月。大32开,书号10019·1783,平装,定价0.78元;精装,定价1.30元。(69-105)

13540　木偶净瑠璃
〔日〕有吉佐和子著,钱稻孙、文洁若译,作家出版社1965年4月。32开,书号10020·1834,平装,定价0.39元;精装,定价0.82元。(69-106)

13541　鄂奥
〔缅甸〕八莫丁昂著,戚继言译,作家出版社1965年8月。32开,书号10020·1859,平装,定价0.52元;精装,定价1.00元。(69-107)

13542　日本的黑雾

〔日〕松本清张著,文洁若译,作家出版社 1965 年 9 月。平装,32 开,书号 10020·1866,定价 0.86 元;精装,定价 1.30 元。1980 年 4 月外国文学出版社,平装,32 开,书号 10208·20,定价 0.95 元。2012 年 11 月,平装,国流 32 开,ISBN 978-7-02-009509-4,定价 26.00 元。(69-108)

13543　辛酸

〔日〕城山三郎著,王敦旭译,亚非文学丛书,作家出版社 1965 年 10 月。32 开,书号 10020·1873,平装,定价 0.49 元;精装,定价 1.00 元。(69-109)

13544　灰烬的沉默

〔阿尔及利亚〕卡杜尔·穆罕撒吉著,梅绍武译,亚非文学丛书,作家出版社 1965 年 12 月。32 开,书号 10020·1875,平装,定价 0.41 元;精装,定价 1.00 元。(69-110)

13545　忧国

〔日〕三岛由纪夫著,1971 年 11 月。内部发行。平装,大 32 开,书号 10019·1867,定价 0.45 元。(69-111)

13546　天人五衰

〔日〕三岛由纪夫著,《丰饶之海》第四部,1971 年 12 月。内部发行。平装,大 32 开,书号 10019·1869,定价 1.35 元。(69-112)

13547　越南南方短篇小说集

本社编,1972 年 9 月。大 32 开,书号 10019·1912,平装,定价 0.60 元;精装,定价 1.20 元。(69-113)

13548　老挝短篇小说集

本社编,1972 年 9 月。大 32 开,书号 10019·1911,平装,定价 0.40 元;精装,定价 0.99 元。(69-114)

13549　晓寺

〔日〕三岛由纪夫著,《丰饶之海》第三部,1972 年 10 月。内部发行。平装,大 32 开,书号 10019·1891,定价 2.10 元。(69-115)

13550　越南短篇小说集

1973 年 4 月。大 32 开,书号 10019·1963,平装,定价 0.65 元;精装,定价 1.10 元。(69-116)

13551　沼尾村

〔日〕小林多喜二著,李德纯译,1973 年 5 月。小 32 开,书号 10019·2026,平装,定价 0.25 元;精装,定价 0.65 元。(69-117)

13552　奔马

〔日〕三岛由纪夫著,《丰饶之海》第二部,1973 年 6 月。内部发行。平装,大 32 开,书号 10019·2007,定价 2.66 元。(69-118)

13553　在外地主

〔日〕小林多喜二著,李芒译,1973 年 12 月。小 32 开,书号 10019·2058,平装,定价 0.35 元;精装,定价 0.75 元。(69-119)

13554　蟹工船

〔日〕小林多喜二著,叶渭渠译,1973 年 12 月。小 32 开,书号 10019·2079,平装,定价 0.28 元;精装,定价 0.68 元。1980 年 3 月收入文学小丛书,平装,32 异,定价 0.23 元。(69-120)

13555　春雪

〔日〕三岛由纪夫著,《丰饶之海》第一部,1974 年 1 月。内部发行。平装,大 32 开,书号 10019·2108,定价 2.20 元。(69-121)

13556　恍惚的人

〔日〕有吉佐和子著,秀丰、渭慧译,1975 年 5 月。平装,小 32 开,书号 10019·2243,定价 0.95 元。1979 年 7 月,小 32 开,平装,定价 0.66 元;精装,定价 1.45 元。(69-122)

13557　生活的道路

〔老挝〕伦沙万著,梁继同、戴德忠译,1975 年 9 月。平装,小 32 开,书号 10019·2274,定价 0.24 元。(69-123)

13558　日本沉没

〔日〕小松左京著,李德纯译,1975 年 9 月。平装,小 32 开,书号 10019·2276,定价 1.05 元。(69-124)

13559　朝鲜短篇小说集

1975 年 10 月。大 32 开,书号 10019·2287,平装,定价 0.67 元;精装,定价 1.20 元。(69-125)

13560　帝国主义必败

〔坦桑尼亚〕基因比拉著,思闻译,1976 年 3 月。内部发行。平装,小 32 开,书号 10019·2338,定价 0.46 元。(69-126)

小说

13561 虚构的大义
——一个关东军士兵的日记

〔日〕五味川纯平著,本社翻译组译,1976年4月。内部发行。平装,小32开,书号10019·2344,定价0.83元。1988年5月外国文学出版社,书名《一个关东军士兵的札记》,署尚永清、陈应年译,公开发行。平装,小32开,ISBN 7-5016-0015-5,定价1.70元。(69-127)

13562 油断

〔日〕堺屋太一著,渭文、慧梅译,1976年12月。内部发行。平装,小32开,书号10019·2411,定价0.91元。(69-128)

13563 从序幕开始 附转椅

〔日〕中田润一郎、山本卓著,解放军某部共工、北京大学东语系日语专业七一级工农兵学员译,1977年2月。内部发行。平装,小32开,书号10019·2408,定价0.52元。(69-129)

13564 官僚们的夏天

〔日〕城山三郎著,解放军某部共工译,1977年7月。内部发行。平装,32开,书号10019·2468,定价0.78元。(69-130)

13565 井上靖小说选

〔日〕井上靖著,唐月梅译,1977年12月。小32开,书号10019·2531,平装,定价0.36元;精装,定价0.86元。(69-131)

13566 有吉佐和子小说选

〔日〕有吉佐和子著,文洁若、叶渭渠译,1977年12月。小32开,书号10019·2528,平装,定价0.45元;精装,定价0.95元。(69-132)

13567 印度现代短篇小说集

黄宝生、倪培耕、周志宽译,1978年4月。平装,小32开,书号10019·2535,定价0.67元。(69-133)

13568 台木尔短篇小说集

〔埃及〕迈哈穆德·台木尔著,秦水等译,1978年8月。平装,32开,书号10019·2649,定价0.49元。(69-134)

13569 新世界的儿女

〔阿尔及利亚〕阿西亚·杰巴尔著,肖曼译,1978年9月。平装,小32开,书号10019·2630,定价0.55元。(69-135)

13570 钟声

〔朝〕金永根著,葛振家、冯剑秋译,外国文学出版社1979年8月。平装,32开,书号10208·11,定价0.50元。(69-136)

13571 为党生活的人

〔日〕小林多喜二著,卞立强译,1979年11月。32开,书号10019·2850,平装,定价0.27元;精装,定价0.78元。(69-137)

13572 魔鬼

〔泰〕社尼·骚哇蓬著,陈健民、郭宣颖译,外国文学出版社1979年11月。平装,32开,书号10208·5,定价0.52元。(69-138)

13573 乡村检察官手记

〔埃及〕陶菲格·哈基姆著,杨孝柏译,1979年9月。平装,32开,书号10019·2772,定价0.29元。(69-139)

13574 洛东江

〔朝〕严端雄著,杨永骝、赵习译,当代外国文学丛书,外国文学出版社1980年3月。32开,书号10208·14,平装,定价0.59元;精装,定价1.00元。(69-141)

13575 土地

〔埃及〕阿卜杜·拉赫曼·谢尔卡维著,刘麟瑞、杨有漪、陆孝修译,外国文学出版社1980年3月。平装,32开,书号10208·15,定价1.05元。(69-142)

13576 想象国

〔坦桑尼亚〕夏邦·罗伯特著,葛公尚译,外国文学出版社1980年8月。平装,32开,书号10208·29,定价0.31元。(69-143)

13577 地下的星星

〔朝〕边熙根著,沈圣英译,当代外国文学丛书,外国文学出版社1980年9月。平装,32开,书号10208·31,定价1.15元。(69-144)

13578 城山三郎小说选

〔日〕城山三郎著,王敦旭、施人举译,当代外国文学丛书,外国文学出版社1980年11月。平装,32开,书号10208·36,定价1.00元。(69-145)

13579 日本短篇小说选

文洁若编选,1981年3月。平装,32开,书号10019·3081,定价1.50元。(69-147)

13580 瘦子麦麦德(第一卷)

〔土耳其〕雅萨尔·凯马尔著,李贤德译,当代外国文学丛书,外国文学出版社 1981 年 4 月。平装,小 32 开,书号 10208·52,定价 1.10 元。(69-148)

13581　缅甸短篇小说选
林煌天译,外国文学出版社 1981 年 6 月。平装,32 开,书号 10208·46,定价 0.67 元。(69-149)

13582　勇士
〔巴基斯坦〕雷伊斯·艾哈迈德·贾弗利著,袁维学译,当代外国文学丛书,外国文学出版社 1981 年 4 月。平装,32 开,书号 10208·53,定价 0.71 元。(69-150)

13583　沙漠骑士昂泰拉
〔黎巴嫩〕欧麦尔·艾布·纳斯尔著,俞山译,外国文学出版社 1981 年 7 月。平装,32 开,书号 10208·55,定价 1.10 元。(69-151)

13584　日本当代小说选(上下)
文洁若编选,当代外国文学丛书,外国文学出版社 1981 年 7 月。平装,32 开,书号 10208·59,定价 2.60 元。(69-152)

13585　斯里甘特(一)
〔印度〕萨拉特·昌德拉·查特吉著,石真译,印度文学丛书,1981 年 7 月。平装,大 32 开,书号 10019·3163,定价 0.52 元。(69-153)

13586　努埃曼短篇小说选
〔黎巴嫩〕努埃曼著,仲跻昆、邳溥浩、朱威烈译,外国文学出版社 1981 年 9 月。平装,32 开,书号 10208·62,定价 0.48 元。(69-154)

13587　井伏鳟二小说选
〔日〕井伏鳟二著,柯毅文译,当代外国文学丛书,外国文学出版社 1982 年 3 月。平装,32 开,书号 10208·89,定价 0.75 元。(69-155)

13588　人间问题
〔朝〕姜敬爱著,江森译,朝鲜文学丛书,1982 年 7 月。平装,32 开,书号 10019·3305,定价 0.69 元。(69-156)

13589　水上勉选集
〔日〕水上勉著,文洁若等译,外国文学出版社 1982 年 8 月。平装,32 开,书号 10208·98,定价 1.40 元。(69-157)

13590　曾野绫子小说选
〔日〕曾野绫子著,文洁若、文学朴译,当代外国文学丛书,外国文学出版社 1982 年 10 月。平装,32 开,书号 10208·111,定价 0.66 元。(69-158)

13591　印度短篇小说选
黄宝生等编选,1983 年 1 月。平装,小 32 开,书号 10019·3386,定价 1.15 元。(69-159)

13592　丰臣家的人们
〔日〕司马辽太郎著,陈生保、张青平译,当代外国文学丛书,外国文学出版社 1983 年 6 月。平装,小 32 开,书号 10208·140,定价 1.15 元。(69-160)

13593　非洲当代中短篇小说选
高长荣编选,非洲文学丛书,外国文学出版社 1983 年 6 月。平装,小 32 开,书号 10208·139,定价 1.25 元。(69-161)

13594　绿色的山脉
〔日〕石坂洋次郎著,于雷译,当代外国文学丛书,外国文学出版社 1983 年 5 月。平装,小 32 开,书号 10208·132,定价 0.66 元。(69-162)

13595　李箕永短篇小说集
〔朝〕李箕永著,宣德五、敏慧译,朝鲜文学丛书,1983 年 7 月。平装,小 32 开,书号 10019·3486,定价 0.84 元。(69-163)

13596　小林多喜二小说选(上下)
〔日〕小林多喜二著,文洁若等译,日本文学丛书,1983 年 7 月。平装,大 32 开,书号 10019·3492,定价 2.35 元。(69-164)

13597　移居北方的时期
〔苏丹〕塔依布·萨利赫著,李占经译,当代外国文学丛书,外国文学出版社 1983 年 9 月。平装,小 32 开,书号 10208·147,定价 0.45 元。(69-165)

13598　一粒麦种
〔肯尼亚〕詹姆士·恩古吉著,杨明秋、泗水、刘波林译,非洲文学丛书,外国文学出版社 1984 年 7 月。平装,小 32 开,书号 10208·184,定价 0.81 元。(69-166)

13599　千世峰小说集
〔朝〕千世峰著,韦旭升、冰蔚、沈圣英、文公、何镇华译,外国文学出版社 1984 年 8 月。平装,小 32 开,书号 10208·178,定价 1.05 元。

(69-167)

13600 普列姆昌德短篇小说选
〔印度〕普列姆昌德著,刘安武编选,印度文学丛书,1984年6月。平装,大32开,书号10019·3667,定价2.20元。(69-168)

13601 舞姬
〔日〕川端康成著,唐月梅译,当代外国文学丛书,外国文学出版社1985年1月。平装,小32开,书号10208·197,定价0.96元。(69-169)

13602 孩子,你别哭
〔肯尼亚〕詹姆士·恩古吉著,蔡临祥译,非洲文学丛书,外国文学出版社1984年10月。平装,小32开,书号10208·189,定价0.67元。2017年2月收入蜂鸟文丛,作者署名恩古吉·瓦·提安哥,平装覆膜,32异,ISBN 978-7-02-011508-2,定价27.00元。(69-170)

13603 僮仆的一生
〔喀麦隆〕费丁南·奥约诺著,李爽秋译,非洲文学丛书,外国文学出版社1985年1月。平装,小32开,书号10208·193,定价0.66元。(69-171)

13604 川端康成小说选
〔日〕川端康成著,叶渭渠译,日本文学丛书,1985年1月。平装,大32开,书号10019·3744,定价3.85元。(69-172)

13605 紧急状态
〔南非〕理查德·里夫著,侯焕良、卢明华、尧雨译,非洲文学丛书,外国文学出版社1985年5月。平装,小32开,书号10208·208,定价1.80元。(69-173)

13606 鸦片与大棒
〔阿尔及利亚〕穆鲁德·玛梅利著,涂丽芳、丁世中译,非洲文学丛书,外国文学出版社1985年10月。平装,小32开,书号10208·216,定价2.10元。(69-174)

13607 没有太阳的街
〔日〕德永直著,李芒、刘仲平、李思敬译,日本文学丛书,1985年10月。平装,大32开,书号10019·3857,定价2.65元。(69-175)

13608 叶山嘉树 黑岛传治小说选
〔日〕叶山嘉树、黑岛传治著,李芒、包容译,日本文学丛书,1986年6月。平装,大32开,书号10019·3961,定价2.50元。(69-176)

13609 大河两岸
〔肯尼亚〕詹姆士·恩古吉著,蔡临祥译,非洲文学丛书,外国文学出版社1986年9月。平装,小32开,书号10208·240,定价1.10元。(69-177)

13610 痴心与浊水
〔尼日利亚〕沃莱·索因卡著,沈静、石羽山译,非洲文学丛书,外国文学出版社1987年9月。平装,小32开,书号10208·274,定价2.20元。(69-178)

13611 泰国当代短篇小说选
栾文华、顾庆斗译,外国文学出版社1987年5月。平装,小32开,书号10208·262,定价1.90元。(69-179)

13612 暗潮 射程
〔日〕井上靖著,唐月梅译,当代外国文学丛书,外国文学出版社1987年11月。平装,小32开,书号10208·277,ISBN 7-5016-0001-5,定价2.70元。(69-180)

13613 绿色棘刺
〔日〕三浦绫子著,文洁若、申非译,外国文学出版社1987年8月。平装,小32开,书号10208·272,定价1.85元。(69-181)

13614 冰点
〔日〕三浦绫子著,李建华、杨晶、陈喜儒译,当代外国文学丛书,外国文学出版社1987年6月。平装,小32开,书号10208·266,定价2.70元。(69-182)

13615 人民公仆
〔尼日利亚〕钦努阿·阿契贝著,尧雨译,非洲文学丛书,外国文学出版社1988年2月。平装,小32开,书号10208·283,ISBN 7-5016-0007-4,定价1.05元。(69-183)

13616 社会毒瘤
〔菲律宾〕黎萨尔著,陈尧光、柏群译,外国文学名著丛书,1988年6月。大32开,平装,ISBN 7-02-000376-1,定价4.05元;精装,ISBN 7-02-000377-X,定价5.65元。(69-184)

13617 不如归 黑潮
〔日〕德富芦花著,丰子恺、巩长金译,日本文学

丛书,1989年8月。平装覆膜,大32开,ISBN 7-02-000766-X,定价6.35元。(69-185)

13618 两宫之间
〔埃及〕纳吉布·迈哈福兹著,黎宗泽译,二十世纪外国文学丛书,外国文学出版社1990年1月。平装,大32开,ISBN 7-5016-0069-4,定价6.90元。(69-186)

13619 高野圣僧——泉镜花小说选
〔日〕泉镜花著,文洁若译,日本文学丛书,1990年9月。平装覆膜,大32开,ISBN 7-02-000505-5,定价3.65元。(69-187)

13620 风流佛
〔日〕幸田露伴著,文洁若译,日本文学丛书,1990年8月。平装覆膜,大32开,ISBN 7-02-000252-8,定价2.90元。(69-188)

13621 巴基斯坦短篇小说选
山蕴等译,山蕴编选,1990年8月。平装,小32开,ISBN 7-02-001032-6,定价5.65元。(69-189)

13622 向往宫
〔埃及〕纳吉布·迈哈福兹著,黎宗泽译,二十世纪外国文学丛书,外国文学出版社1991年4月。平装,大32开,ISBN 7-5016-0094-5,定价6.35元。(69-190)

13623 凄楚的微笑
〔叙利亚〕伊勒法·伊德莉比著,王复译,外国文学出版社1991年9月。平装覆膜,小32开,ISBN 7-5016-0107-0,定价2.90元。(69-191)

13624 甘露街
〔埃及〕纳吉布·迈哈福兹著,黎宗泽译,二十世纪外国文学丛书,外国文学出版社1991年11月。平装,大32开,ISBN 7-5016-0114-3,定价5.55元。(69-192)

13625 圣火
〔韩〕安东民著,张琳译,1995年7月。平装覆膜,32开,ISBN 7-02-002113-1,定价7.95元。(69-193)

13626 少年侦探
〔埃及〕马哈茂德·萨利姆著,解传广译,1994年6月。平装,32开,ISBN 7-02-001672-3,定价3.80元。(69-194)

13627 沉浮
〔日〕清水一行著,李长明译,外国文学出版社1997年6月。平装覆膜,32开,ISBN 7-5016-0144-5,定价11.00元。(69-195)

13628 焦灼的土地——以色列短篇小说选
〔以色列〕塔木兹等著,高山杉译,1998年8月。平装覆膜,大32开,ISBN 7-02-002779-2,定价15.50元。(69-196)

13629 雪国
〔日〕川端康成著,叶渭渠、唐月梅译,二十世纪外国文学丛书,外国文学出版社1998年10月。平装覆膜,大32开,ISBN 7-5016-0153-4,定价18.50元。(69-197)

13630 罗生门
〔日〕芥川龙之介著,文洁若等译,二十世纪外国文学丛书,外国文学出版社1999年2月。平装覆膜,大32开,ISBN 7-5016-0160-7,定价15.50元。(69-198)

13631 川端康成小说经典(一、二、三)
〔日〕川端康成著,叶渭渠、唐月梅译,1999年7月。平装,大32开,ISBN 7-02-002301-0,定价66.60元。(69-199)

13632 雪国
〔日〕川端康成著,叶渭渠译,大学生必读,2002年1月。平装,大32开,ISBN 7-02-003584-1,定价7.90元。(69-200)

13633 早来的鹤(白轮船)
〔吉尔吉斯斯坦〕艾特玛托夫著,力冈、粟周熊、高昶译,世界儿童文学丛书,1999年5月。平装覆膜,32开,ISBN 7-02-002932-9,定价10.00元。2020年7月收入艾特玛托夫代表作,平装,32异,ISBN 978-7-02-014339-9,定价39.00元。(45-254)

13634 永别了,古利萨雷!
〔吉尔吉斯斯坦〕艾特玛托夫著,冯加等译,艾特玛托夫小说集,1999年7月。平装覆膜,大32开,ISBN 7-02-002758-X,定价14.80元。(45-256)

13635 白轮船
〔吉尔吉斯斯坦〕艾特玛托夫著,力冈等译,艾特玛托夫小说集,1999年7月。平装覆膜,大32开,ISBN 7-02-002759-8,定价15.30元。

（45-257）

`13636` 我的包着红头巾的小白杨
〔吉尔吉斯斯坦〕艾特玛托夫著，力冈等译，艾特玛托夫小说集，1999 年 7 月。平装覆膜，大 32 开，ISBN 7-02-002757-1，定价 17.20 元。（45-258）

`13637` 草原和群山的故事
〔吉尔吉斯斯坦〕艾特玛托夫著，力冈等译，名著名译插图本，2004 年 3 月。平装覆膜，国流 32 开，ISBN 7-02-004450-6，定价 11.00 元。（45-271）

`13638` 敦煌
〔日〕井上靖著，董学昌、楼适夷、郭来舜、赖育芳译，井上靖中国古代历史小说选，2002 年 10 月。平装覆膜，大 32 开，ISBN 7-02-003755-0，定价 23.80 元。（69-201）

`13639` 苍狼
〔日〕井上靖著，冯朝阳、赖育芳译，井上靖中国古代历史小说选，2002 年 10 月。平装覆膜，大 32 开，ISBN 7-02-003754-2，定价 19.60 元。（69-202）

`13640` 孔子
〔日〕井上靖著，包容、林怀秋译，井上靖中国古代历史小说选，2002 年 10 月。平装覆膜，大 32 开，ISBN 7-02-003756-9，定价 19.90 元。（69-203）

`13641` 透光的树
〔日〕高树信子著，林青华译，2002 年 10 月。平装覆膜，国流 32 开，ISBN 7-02-003840-9，定价 13.70 元。（69-204）

`13642` 时雨记
〔日〕中里恒子著，夏冰译，2002 年 10 月。平装覆膜，国流 32 开，ISBN 7-02-003839-5，定价 14.90 元。（69-205）

`13643` 铁道员
〔日〕浅田次郎著，郑民钦译，2002 年 10 月。平装覆膜，国流 32 开，ISBN 7-02-003838-7，定价 16.50 元。（69-206）

`13644` 天城恋歌
〔日〕佐藤三武朗著，吴川译，2004 年 1 月。平装覆膜，国流 32 开，ISBN 7-02-004422-0，定价 13.00 元。（69-207）

`13645` 桃幻记 辻井乔小说选
〔日〕辻井乔著，王新新译，2005 年 1 月。平装覆膜，国流 32 开，ISBN 7-02-004840-4，定价 10.00 元。（69-208）

`13646` 盗子
〔日〕海月琉伊著，庄丽译，2005 年 4 月。平装覆膜，大 32 开，ISBN 7-02-004955-9，定价 16.00 元。（69-209）

`13647` 大长今
〔韩〕柳敏珠著，薛舟、徐丽红译，2005 年 5 月。平装覆膜，16 异，ISBN 7-02-004958-3，定价 48.00 元。（69-210）

`13648` 博士的爱情算式
〔日〕小川洋子著，李建云译，2005 年 7 月。平装覆膜，大 32 开，ISBN 7-02-005247-9，定价 17.00 元。2011 年 12 月，平装，32 异，ISBN 978-7-02-008323-7，定价 20.00 元。（69-211）

`13649` 去印度的多多
〔韩〕姜石景著，朴纹嬞绘，苏茉译，2005 年 10 月。平装覆膜，大 32 开，ISBN 7-02-005320-3，定价 17.00 元。（69-212）

`13650` 哥儿
〔日〕夏目漱石著，胡毓文、董学昌译，20 世纪外国名家精品插图本，2006 年 1 月。平装覆膜，国流 32 开，ISBN 7-02-005410-2，定价 17.00 元。（69-213）

`13651` 薯童谣
〔韩〕金荣昡、郑在仁著，薛舟、徐丽红译，2006 年 4 月。平装覆膜，国流 32 开，ISBN 7-02-005570-2，定价 22.00 元。（69-214）

`13652` 微物之神
〔印度〕阿兰达蒂·洛伊著，吴美真译，2006 年 4 月。平装覆膜，32 异，ISBN 7-02-005542-7，定价 22.00 元。2009 年 11 月收入新世纪外国畅销小说书架，平装，32 异，ISBN 978-7-02-007703-8，定价 25.00 元。2020 年 1 月，平装，国流 32 开，ISBN 978-7-02-013479-3，定价 59.00 元。（69-215）

`13653` 爱情生活
〔以色列〕茨鲁娅·沙莱夫著，周晓苹译，外国文学出版社 2006 年 8 月。平装，国流 32 开，

ISBN 7-5016-0203-4,定价18.00元。(69-216)

13654 家庭电影

〔日〕柳美里著,于荣胜译,2006年9月。平装覆膜,32异,ISBN 7-02-005501-X,定价9.00元。(69-217)

13655 水边的摇篮

〔日〕柳美里著,竺家荣译,2006年9月。平装覆膜,32异,ISBN 7-02-005502-8,定价11.00元。(69-218)

13656 淘金热

〔日〕柳美里著,林青华译,2006年10月。平装覆膜,32异,ISBN 7-02-005500-1,定价17.00元。(69-219)

13657 野猪大改造

〔日〕白岩玄著,伏怡琳译,2006年10月。平装覆膜,32异,ISBN 7-02-005874-4,定价16.00元。2011年12月收入日本文库,平装,64开,ISBN 978-7-02-008281-0,定价12.00元。(69-220)

13658 夜晚的远足

〔日〕恩田陆著,王战译,2007年3月。平装覆膜,国流32开,ISBN 978-7-02-006018-4,定价22.00元。2011年12月收入日本文库,平装,64开,ISBN 978-7-02-008280-3,定价14.00元。(69-221)

13659 单人房

〔韩〕申京淑著,薛舟、徐丽红译,2006年12月。平装覆膜,国流32开,ISBN 7-02-005895-7,定价22.00元。(69-222)

13660 爱斯基摩王子

〔韩〕尹大宁著,河正民绘,金花、苏荣译,2007年4月。平装,大32开,ISBN 978-7-02-006019-1,定价13.50元。(69-223)

13661 鸟的礼物

〔韩〕殷熙耕著,朴正元、房晓霞译,韩国文学丛书,2007年8月。平装覆膜,国流32开,ISBN 978-7-02-006247-8,定价18.00元。(69-224)

13662 那个男孩的家

〔韩〕朴婉绪论著,王策宁、金好淑译,韩国文学丛书,2007年8月。平装覆膜,国流32开,ISBN 978-7-02-006246-1,定价13.00元。(69-225)

13663 文学部唯野教授

〔日〕筒井康隆著,何晓毅译,2007年9月。平装,国流32开,ISBN 978-7-02-006214-0,定价15.00元。(69-226)

13664 雪国

〔日〕川端康成著,高慧勤译,名著名译插图本,2008年1月。平装,国流32开,ISBN 978-7-02-005309-4,定价18.00元。2008年6月收入名著名译插图本精华版,软精,国流32开,ISBN 978-7-02-007165-4,定价21.00元。(69-227)

13665 第六个小夜子

〔日〕恩田陆著,王战译,2008年1月。平装覆膜,32异,ISBN 978-7-02-006643-8,定价16.00元。(69-228)

13666 新生

〔南非〕纳丁·戈迪默著,赵苏苏译,2008年6月。平装,国流32开,ISBN 978-7-02-006662-9,定价17.00元。2010年4月收入新世纪外国畅销小说书架,平装,32异,ISBN 978-7-02-007695-6,定价15.00元。(69-229)

13667 扔在八月的路上

〔日〕伊藤高见著,伏怡琳译,2008年10月。平装,大32开,ISBN 978-7-02-006701-5,定价16.00元。2011年5月收入日本文库,平装,64开,ISBN 978-7-02-008276-6,定价10.00元。(69-230)

13668 恋爱时代(上)

〔日〕野泽尚著,李建云、王俊译,2008年10月。平装覆膜,小32异,ISBN 978-7-02-006854-8,定价19.00元。(69-231)

13669 多田便利屋

〔日〕三浦紫苑著,田肖霞译,2008年10月。平装覆膜,32异,ISBN 978-7-02-006761-9,定价20.00元。2011年5月收入日本文库,平装,64开,ISBN 978-7-02-008277-3,定价14.00元。(69-232)

13670 优美的安娜贝尔·李寒彻颤栗早逝去

769

小说

〔日〕大江健三郎著，许金龙译，21世纪年度最佳外国小说，2009年1月。平装覆膜，32异，ISBN 978-7-02-007270-5，定价16.00元。2010年4月收入新世纪外国畅销小说书架，平装，国流32开，ISBN 978-7-02-007693-2，定价14.00元。（69-233）

13671 恋爱时代（下）
〔日〕野泽尚著，王俊译，2008年11月。平装覆膜，32异，ISBN 978-7-02-006855-5，定价19.00元。（69-234）

13672 交响情人梦
〔日〕高里椎奈著，滕忠梁译，二之宫知子漫画，卫藤凛脚本，2008年10月。平装覆膜，32异，ISBN 978-7-02-006856-2，定价20.00元。（69-235）

13673 韩国现代小说选 通过小说阅读韩国
〔韩〕金承钰等著，金冉译，韩国文学丛书，2009年9月。平装，国流32开，ISBN 978-7-02-006642-1，定价20.00元。（69-237）

13674 客地——黄皙暎中短篇小说选
〔韩〕黄皙暎著，苑英奕译，韩国文学丛书，2010年1月。平装覆膜，国流32开，ISBN 978-7-02-007719-9，定价21.00元。（69-238）

13675 爱的左边
〔日〕筒井康隆著，伏怡琳译，2009年11月。平装覆膜，32异，ISBN 978-7-02-007785-4，定价19.80元。（69-239）

13676 风之画员
〔韩〕李正明著，薛舟、徐丽红译，2010年3月。平装覆膜，16异，ISBN 978-7-02-007323-8，定价38.00元。（69-240）

13677 夏目漱石小说选
〔日〕夏目漱石著，陈德文译，日本文学丛书，2010年3月。平装覆膜，国流32开，ISBN 978-7-02-006781-7，定价31.00元。（69-241）

13678 摇滚妈妈
〔日〕角田光代著，伏怡琳译，2010年3月。平装覆膜，32异，ISBN 978-7-02-007824-0，定价19.00元。（69-242）

13679 白老虎
〔印度〕阿拉文德·阿迪加著，路旦俊、仲文明译，2010年4月。平装覆膜，32异，ISBN 978-7-02-007946-9，定价27.00元。2018年10月收入桂冠译丛，书名《白虎》，平装，32异，ISBN 978-7-02-014026-8，定价39.00元。（69-243）

13680 一瞬化作风（1）
〔日〕佐藤多佳子著，姚东敏译，2010年4月。平装，小32开，ISBN 978-7-02-007887-5，定价18.00元。（69-244）

13681 一瞬化作风（2）
〔日〕佐藤多佳子著，姚东敏译，2010年4月。平装，小32开，ISBN 978-7-02-007940-7，定价20.00元。（69-245）

13682 寻找母亲
〔韩〕申京淑著，薛舟、徐丽红译，2010年5月。平装，国流32开，ISBN 978-7-02-007897-4，定价18.00元。2013年1月，书名《妈妈，你在哪里？》，平装，国流32开，ISBN 978-7-02-009829-3，定价27.00元。（69-246）

13683 球形季节
〔日〕恩田陆著，王战、滕忠梁译，2010年6月。平装覆膜，32异，ISBN 978-7-02-008091-5，定价22.00元。（69-247）

13684 一瞬化作风（3）
〔日〕佐藤多佳子著，姚东敏、蔡鸣雁、张俊跃译，2010年6月。平装，小32开，ISBN 978-7-02-008124-0，定价22.00元。（69-248）

13685 怪人们
〔日〕东野圭吾著，尹月译，2010年8月。平装，32异，ISBN 978-7-02-008185-1，定价22.00元。2018年1月收入东野圭吾作品，平装，国流32开，ISBN 978-7-02-013496-0，定价35.00元。（69-249）

13686 没有凶手的杀人夜
〔日〕东野圭吾著，袁斌译，2010年8月。平装，32异，ISBN 978-7-02-008186-8，定价25.00元。2018年1月收入东野圭吾作品，书名《没有凶手的暗夜》，平装，国流32开，ISBN 978-7-02-013490-8，定价39.00元。（69-250）

13687 文学少女（1） 渴望死亡的小丑
〔日〕野村美月著，黄琼仙译，2010年9月。平装覆膜，小32开，ISBN 978-7-02-008240-7，

定价18.00元。(69-251)

13688 火烈鸟的家
〔日〕伊藤高见著,叶蓉译,2010年10月。平装,小32开,ISBN 978-7-02-008275-9,定价19.00元。(69-252)

13689 文学少女(2) 渴求真爱的幽灵
〔日〕野村美月著,哈娜译,2010年10月。平装覆膜,小32开,ISBN 978-7-02-008259-9,定价20.00元。(69-253)

13690 妮娜·西蒙娜停止歌唱的那一天
〔黎巴嫩〕达里娜·阿勒让迪、〔阿尔及利亚〕穆罕默德·卡西米著,赵爽爽译,2010年11月。平装,32异,ISBN 978-7-02-008266-7,定价15.00元。(69-254)

13691 公无渡河
〔韩〕金薰著,薛舟、徐丽红译,21世纪年度最佳外国小说,2010年12月。平装覆膜,32异,ISBN 978-7-02-008213-1,定价19.00元。(69-255)

13692 文学少女(3) 沉陷过往的愚者
〔日〕野村美月著,竹冈美穗图,哈娜译,2010年11月。平装覆膜,小32开,ISBN 978-7-02-007379-5,定价20.00元。(69-256)

13693 文学少女(4) 背负污名的天使
〔日〕野村美月著,竹冈美穗图,哈娜译,2010年12月。平装覆膜,小32开,ISBN 978-7-02-008357-2,定价20.00元。(69-257)

13694 文学少女(5) 绝望恸哭的信徒
〔日〕野村美月著,哈娜译,2011年1月。平装覆膜,小32开,ISBN 978-7-02-008420-3,定价20.00元。(69-258)

13695 文学少女(6) 怀抱花月的水妖
〔日〕野村美月著,哈娜译,竹冈美穗图,2011年2月。平装覆膜,小32开,ISBN 978-7-02-008427-2,定价20.00元。(69-259)

13696 白马山庄杀人事件
〔日〕东野圭吾著,袁斌译,2011年2月。平装,32异,ISBN 978-7-02-008308-4,定价28.00元。2018年1月收入东野圭吾作品,书名《白马山庄谜案》,平装,国流32开,ISBN 978-7-02-013488-5,定价39.00元。(69-260)

13697 树大根深
〔韩〕李正明著,薛舟、徐丽红译,2011年2月。平装,16异,ISBN 978-7-02-008315-2,定价38.00元。(69-261)

13698 怀抱猫咪,与象共泳
〔日〕小川洋子著,陈通友译,2011年6月。平装覆膜,32异,ISBN 978-7-02-008588-0,定价25.00元。(69-262)

13699 裂缝
〔南非〕谢拉·科勒著,申屠云峰、曹艳译,2011年5月。平装,32异,ISBN 978-7-02-008549-1,定价20.00元。2020年1月,精装,32异,ISBN 978-7-02-015676-4,定价49.00元。(69-263)

13700 哀神附身记
〔日〕浅田次郎著,赵秀娟译,2011年7月。平装覆膜,32异,ISBN 978-7-02-008413-5,定价22.00元。(69-264)

13701 为了皇帝
〔韩〕李文烈著,韩梅译,2011年9月。平装,国流32开,ISBN 978-7-02-008523-1,定价29.00元。(69-265)

13702 神童
〔印度〕妮基塔·拉尔万尼著,施薇译,2011年8月。平装,32异,ISBN 978-7-02-008684-9,定价26.00元。(69-266)

13703 黑匣子
〔以色列〕阿摩司·奥兹著,钟志清译,2011年11月。平装,国流32开,ISBN 978-7-02-008661-0,定价20.00元。(69-267)

13704 哀悼人
〔日〕天童荒太著,田肖霞译,2011年11月。软精,32异,ISBN 978-7-02-008541-5,定价38.00元。(69-268)

13705 梦回都灵
〔日〕东野圭吾著,赵秀娟译,2011年10月。软精,32异,ISBN 978-7-02-008708-2,定价25.00元。2018年1月收入东野圭吾作品,平装,国流32开,ISBN 978-7-02-013487-8,定价35.00元。(69-269)

13706 初恋总是诀恋
〔摩洛哥〕塔哈尔·本·杰伦著,马宁译,短经典,2011年11月。平装,32异,ISBN 978-7-

02-008757-0,定价 20.00 元。(69-270)

13707 哪里传来找我的电话铃声

〔韩〕申京淑著,薛舟、徐丽红译,21 世纪年度最佳外国小说,2011 年 12 月。平装,32 异,ISBN 978-7-02-008791-4,定价 23.00 元。(69-271)

13708 回忆,扑克牌

〔日〕向田邦子著,姚东敏译,短经典,2011 年 11 月。平装,32 异,ISBN 978-7-02-008705-1,定价 20.00 元。(69-272)

13709 两次暗杀之间

〔印度〕阿拉文德·阿迪加著,路旦俊、仲文明译,短经典,2011 年 12 月。平装,32 异,ISBN 978-7-02-008820-1,定价 29.00 元。(69-273)

13710 文学少女(8) 迈向神境的作家(下)

野村美月著,哈娜译,2011 年 4 月。平装,小 32 开,ISBN 978-7-02-008547-7,定价 20.00 元。(69-274)

13711 恋爱时代

〔日〕野泽尚著,李建云、王俊译,日本文库,2011 年 11 月。平装,64 开,ISBN 978-7-02-008278-0,定价 18.00 元。(69-275)

13712 沉默博物馆

〔日〕小川洋子著,伏怡琳译,2012 年 2 月。平装,32 异,ISBN 978-7-02-008872-0,定价 22.00 元。(69-276)

13713 荒野

〔日〕樱庭一树著,安伊文译,2012 年 1 月。软精,32 异,ISBN 978-7-02-008871-3,定价 29.00 元。(69-277)

13714 西女巫之死

〔日〕梨木香步著,竺家荣译,2012 年 3 月。平装,32 异,ISBN 978-7-02-008933-8,定价 19.00 元。2017 年 9 月收入梨木香步作品系列,平装,32 异,ISBN 978-7-02-012622-4,定价 29.00 元。(69-278)

13715 鹭与雪

〔日〕北村薰著,吴冬青译,2012 年 4 月。平装,32 异,ISBN 978-7-02-008762-4,定价 23.00 元。(69-279)

13716 替身

〔日〕绫辻行人著,成洁译,2012 年 3 月。软精,32 异,ISBN 978-7-02-008964-2,定价 39.80 元。(69-280)

13717 文学少女(7) 迈向神境的作家(上)

〔日〕野村美月著,哈娜译,2011 年 4 月。平装覆膜,小 32 开,ISBN 978-7-02-008540-8,定价 20.00 元。(69-281)

13718 最后记忆

〔日〕绫辻行人著,詹慕如译,2012 年 6 月。软精,32 异,ISBN 978-7-02-009008-2,定价 38.00 元。(69-282)

13719 如果我忘记你,巴格达

〔伊拉克〕伊娜姆·卡恰齐著,林盛译,2012 年 6 月。平装,32 异,ISBN 978-7-02-009020-4,定价 20.00 元。(69-283)

13720 城市之光

〔日〕北村薰著,吴冬青译,2012 年 7 月。32 异,ISBN 978-7-02-009203-1,定价 23.00 元。(69-284)

13721 一粒麦种

〔肯尼亚〕恩古吉·瓦·提安哥著,朱庆译,2012 年 7 月。平装,32 异,ISBN 978-7-02-009230-7,定价 28.00 元。2018 年 11 月收入钻石译丛,精装,32 异,ISBN 978-7-02-014394-8,定价 49.00 元。(69-285)

13722 李真

〔韩〕申京淑著,薛舟、徐丽红译,申京淑作品系列,2012 年 9 月。平装,国流 32 开,ISBN 978-7-02-008835-5,定价 28.00 元。(69-286)

13723 紫罗兰

〔韩〕申京淑著,许连顺译,薛舟校,申京淑作品系列,2012 年 9 月。平装,国流 32 开,ISBN 978-7-02-008834-8,定价 19.00 元。(69-287)

13724 深深的忧伤

〔韩〕申京淑著,徐丽红译,申京淑作品系列,2012 年 9 月。平装,国流 32 开,ISBN 978-7-02-009217-8,定价 28.00 元。(69-288)

13725 神之病历 1

〔日〕夏川草介著,赵江译,2012 年 8 月。软精,32 异,ISBN 978-7-02-009229-1,定价 25.00 元。(69-289)

13726　玻璃天

〔日〕北村薫著，吴冬青译，2012年9月。平装，32异，ISBN 978-7-02-009430-1，定价23.00元。（69-290）

13727　深层海流

〔日〕松本清张著，文洁若译，2012年11月。平装，国流32开，ISBN 978-7-02-009511-7，定价24.00元。（69-291）

13728　罂粟海

〔印度〕阿米塔夫·高希著，郭国良、李瑶译，2012年10月。平装，32异，ISBN 978-7-02-008926-0，定价38.00元。（69-292）

13729　冠村随笔

〔韩〕李文求著，金冉译，韩国文学丛书，2012年11月。平装，国流32开，ISBN 978-7-02-009488-2，定价25.00元。（69-293）

13730　爱在伊斯坦布尔

〔土耳其〕典南·桑恩著，贾雪译，2012年9月。平装，32异，ISBN 978-7-02-009451-6，定价32.00元。（69-294）

13731　青鸟

〔日〕重松清著，叶蓉译，2012年9月。平装，32异，ISBN 978-7-02-009409-7，定价22.00元。（69-295）

13732　神之病历2

〔日〕夏川草介著，赵江译，2012年9月。软精，32异，ISBN 978-7-02-009408-0，定价28.00元。（69-296）

13733　东区挽歌

〔津巴布韦〕佩蒂纳·加帕著，贺晚青译，短经典，2012年11月。平装，32异，ISBN 978-7-02-009208-6，定价23.00元。（81-895）

13734　光之帝国

〔韩〕金英夏著，薛舟译，2012年12月。平装，国流32开，ISBN 978-7-02-009593-3，定价25.00元。（69-297）

13735　赤朽叶家的传说

〔日〕樱庭一树著，田肖霞译，2013年1月。平装，32异，ISBN 978-7-02-009612-1，定价32.00元。（69-298）

13736　水之嬉戏

〔日〕藤田宜永著，李重民译，2013年3月。平装，32异，ISBN 978-7-02-009604-6，定价26.00元。（69-299）

13737　我想要的只是你

〔日〕小手鞠琉衣著，高培明译，2013年3月。平装，32异，ISBN 978-7-02-009625-1，定价22.00元。（69-300）

13738　风味绝佳

〔日〕山田咏美著，魏岚译，2013年3月。平装，32异，ISBN 978-7-02-009626-8，定价26.00元。（69-301）

13739　潮骚

〔日〕三岛由纪夫著，陈德文译，三岛由纪夫作品系列，2013年5月。平装，国流32开，ISBN 978-7-02-009224-6，定价19.00元。2018年9月收入三岛由纪夫作品系列典藏本，精装，32异，ISBN 978-7-02-012098-7，定价39.00元。（69-302）

13740　爱的饥渴

〔日〕三岛由纪夫著，陈德文译，三岛由纪夫作品系列，2013年5月。平装，国流32开，ISBN 978-7-02-009223-9，定价22.00元。2018年9月收入三岛由纪夫作品系列典藏本，精装，32异，ISBN 978-7-02-012081-9，定价40.00元。（69-303）

13741　金阁寺

〔日〕三岛由纪夫著，陈德文译，三岛由纪夫作品系列，2013年5月。平装，国流32开，ISBN 978-7-02-009234-5，定价27.00元。2018年8月收入名著名译丛书，精装，32异，ISBN 978-7-02-012032-1，定价28.00元。2018年9月收入三岛由纪夫作品系列典藏本，精装，32异，ISBN 978-7-02-012102-1，定价42.00元。（69-304）

13742　艾特玛托夫读本

〔吉尔吉斯斯坦〕钦吉斯·艾特玛托夫著，力冈等译，外国文学大师读本丛书，2013年5月。平装，16异，ISBN 978-7-02-009813-2，定价39.00元。（69-305）

13743　长颈龙的完美一天

〔日〕乾绿郎著，季玄译，2013年5月。平装，32异，ISBN 978-7-02-009709-8，定价25.00元。（69-306）

| 13744 | 使者

〔日〕辻村深月著,颜尚吟译,2013 年 7 月。平装,32 异,ISBN 978-7-02-009781-4,定价 28.00 元。(69-307)

| 13745 | 外国中短篇小说藏本·太宰治

〔日〕太宰治著,魏大海、侯为、邵程亮译,2013 年 8 月。平装,国流 32 开,ISBN 978-7-02-009790-6,定价 33.00 元。(69-308)

| 13746 | 命运之人(上下)

〔日〕山崎丰子著,郑民钦译,2013 年 12 月。平装,32 异,ISBN 978-7-02-010122-1,定价 76.00 元。(69-309)

| 13747 | 贞子的救赎

〔日〕铃木光司著,赵秀娟译,2014 年 9 月。平装,32 异,ISBN 978-7-02-010532-8,定价 29.90 元。2017 年 12 月收入贞子之环,书名《环裂》,平装覆膜,32 异,ISBN 978-7-02-013210-2,定价 45.00 元。(69-310)

| 13748 | 夏日终焉

〔日〕濑户内寂听著,竺家荣译,2015 年 1 月。平装,32 异,ISBN 978-7-02-010645-5,定价 26.80 元。(69-311)

| 13749 | 罗生门

〔日〕芥川龙之介等著,文洁若等译,名著名译丛书,2015 年 6 月。精装,32 异,ISBN 978-7-02-010426-0,定价 29.00 元。(69-312)

| 13750 | 我似猫

〔日〕横山悠太著,宋刚译,2015 年 9 月。精装,32 异,ISBN 978-7-02-010933-3,定价 29.00 元。(69-313)

| 13751 | 海与毒药

〔日〕远藤周作著,黄真译,2015 年 9 月。平装,32 异,ISBN 978-7-02-011080-3,定价 25.00 元。(69-314)

| 13752 | 丰饶之海(第一卷)春雪

〔日〕三岛由纪夫著,陈德文译,三岛由纪夫作品系列,2015 年 10 月。平装,32 异,ISBN 978-7-02-011370-6,定价 33.00 元。2018 年 9 月收入三岛由纪夫作品系列典藏本,精装,32 异,ISBN 978-7-02-012103-8,定价 49.00 元。(69-315)

| 13753 | 丰饶之海(第二卷)奔马

〔日〕三岛由纪夫著,陈德文译,三岛由纪夫作品系列,2015 年 10 月。平装,32 异,ISBN 978-7-02-011371-3,定价 35.00 元。2018 年 9 月收入三岛由纪夫作品系列典藏本,精装,32 异,ISBN 978-7-02-012082-6,定价 49.00 元。(69-316)

| 13754 | 丰饶之海(第三卷)晓寺

〔日〕三岛由纪夫著,陈德文译,三岛由纪夫作品系列,2015 年 10 月。平装,32 异,ISBN 978-7-02-010564-9,定价 32.00 元。2018 年 9 月收入三岛由纪夫作品系列典藏本,精装,32 异,ISBN 978-7-02-012093-2,定价 46.00 元。(69-317)

| 13755 | 丰饶之海(第四卷)天人五衰

〔日〕三岛由纪夫著,陈德文译,三岛由纪夫作品系列,2015 年 10 月。平装,32 异,ISBN 978-7-02-010565-6,定价 30.00 元。2018 年 9 月收入三岛由纪夫作品系列典藏本,精装,32 异,ISBN 978-7-02-012083-3,定价 46.00 元。(69-318)

| 13756 | 替身 S

〔日〕绫辻行人著,王玮译,2015 年 6 月。平装,国流 32 开,ISBN 978-7-02-010868-8,定价 32.00 元。(69-319)

| 13757 | 饲养

〔日〕大江健三郎著,李硕译,蜂鸟文丛,2016 年 1 月。平装,32 异,ISBN 978-7-02-010866-2,定价 18.00 元。(81-1040)

| 13758 | 晓英·赝说·鹿鸣馆

〔日〕北森鸿著,伏怡琳、齐中凌、李茜译,2016 年 2 月。平装,国流 32 开,ISBN 978-7-02-011262-3,定价 48.00 元。(69-320)

| 13759 | 首相 A

〔日〕田中慎弥著,林青华译,21 世纪年度最佳外国小说,2016 年 3 月。平装,32 异,ISBN 978-7-02-011191-6,定价 28.00 元。(69-321)

| 13760 | 神之病历 3

〔日〕夏川草介著,黄滟媱译,2016 年 2 月。平装,32 异,ISBN 978-7-02-011326-2,定价 39.00 元。(69-322)

| 13761 | 纯洁的领域

〔日〕樱木紫乃著,李讴琳译,2016 年 5 月。精装,国流 32 开,ISBN 978-7-02-011355-2,定价 49.00 元。(69-323)

13762　恶潮扩张

〔日〕铃木光司著,吴曦译,午夜凶铃,2016 年 5 月。平装,国流 32 开,ISBN 978-7-02-011450-4,定价 38.00 元。2018 年 1 月收入贞子之环,书名《环溯》,平装覆膜,32 异,ISBN 978-7-02-013103-7,定价 48.00 元。(69-324)

13763　烟河

〔印度〕阿米塔夫·高希著,郭国良、李瑶译,2016 年 8 月。平装,国流 32 开,ISBN 978-7-02-011641-6,定价 49.00 元。(69-325)

13764　胜者即是正义 特别篇

〔日〕古沢良太、百瀬忍著,丁丁虫译,2016 年 7 月。精装,32 异,ISBN 978-7-02-011318-7,定价 32.00 元。(69-326)

13765　胜者即是正义 2

〔日〕古沢良太、百瀬忍著,星野空译,2016 年 7 月。精装,32 异,ISBN 978-7-02-011317-0,定价 49.80 元。(69-327)

13766　动物园

〔日〕乙一著,张筱森译,乙一作品,2016 年 8 月。平装,32 异,ISBN 978-7-02-011411-5,定价 49.80 元。(69-328)

13767　朱鹮

〔日〕阿部和重著,丁丁虫译,2016 年 10 月。精装,32 异,ISBN 978-7-02-011554-9,定价 32.00 元。(69-329)

13768　最后的计谋

〔日〕深水黎一郎著,马梦瑶译,2016 年 11 月。精装,32 异,ISBN 978-7-02-011906-6,定价 46.00 元。(69-330)

13769　紫木槿

〔尼日利亚〕奇玛曼达·恩戈兹·阿迪契著,马梦瑶译,钻石译丛,2017 年 1 月。精装,32 异,ISBN 978-7-02-011529-7,定价 42.00 元。(69-331)

13770　突然,响起一阵敲门声

〔以色列〕埃特加·凯雷特著,楼武挺译,埃特加·凯雷特作品系列,2016 年 11 月。精装,大 32 开,ISBN 978-7-02-011961-5,定价 42.00 元。(69-332)

13771　时雨谷案

〔日〕凑佳苗著,李讴琳译,2016 年 11 月。精装,32 异,ISBN 978-7-02-011976-9,定价 48.00 元。(69-333)

13772　肮脏的书桌

〔韩〕朴范信著,徐丽红译,韩国文学丛书,2017 年 1 月。平装,国流 32 开,ISBN 978-7-02-011550-1,定价 32.00 元。(69-334)

13773　你的夏天还好吗?

〔韩〕金爱烂著,薛舟译,韩国文学丛书,2017 年 1 月。平装,国流 32 开,ISBN 978-7-02-011551-8,定价 32.00 元。(69-335)

13774　面包和汤和猫咪好天气

〔日〕群阳子著,张悦译,2016 年 12 月。精装,32 异,ISBN 978-7-02-011975-2,定价 36.00 元。(69-336)

13775　末日愚者

〔日〕伊坂幸太郎著,黄涓芳译,2017 年 2 月。精装,国流 32 开,ISBN 978-7-02-012171-7,定价 49.00 元。(69-337)

13776　他和他的人

〔南非〕J. M. 库切著,文敏译,蜂鸟文丛,2017 年 2 月。平装覆膜,32 异,ISBN 978-7-02-011375-0,定价 49.00 元。(69-338)

13777　村上海盗的女儿(下)

〔日〕和田龙著,郑民钦译,2017 年 7 月。平装,国流 32 开,ISBN 978-7-02-012296-7,定价 46.00 元。(69-339)

13778　村上海盗的女儿(上)

〔日〕和田龙著,郑民钦译,2017 年 3 月。平装,国流 32 开,ISBN 978-7-02-012295-0,定价 46.00 元。(69-340)

13779　破门

〔日〕黑川博行著,郑民钦译,2017 年 4 月。平装,国流 32 开,ISBN 978-7-02-012090-1,定价 39.00 元。(69-341)

13780　故去者之国

〔日〕伊藤计划、圆城塔著,丁丁虫译,伊藤计划三部曲,2017 年 4 月。平装,国流 32 开,ISBN 978-7-02-012060-4,定价 48.00 元。

(69-342)

13781 最后一个故事,就这样啦
〔以色列〕埃特加·凯雷特著,方铁译,埃特加·凯雷特作品系列,2017年4月。精装,大32开,ISBN 978-7-02-012044-4,定价42.00元。(69-343)

13782 曼波鱼大夫航海记
〔日〕北杜夫著,曹艺译,远行译丛,2017年3月。精装,国流32开,ISBN 978-7-02-012292-9,定价38.00元。(69-344)

13783 西乡钞
〔日〕松本清张著,左汉卿、姜瑛译,松本清张短经典,2017年3月。平装,32异,ISBN 978-7-02-012172-4,定价49.00元。(69-345)

13784 某《小仓日记》传
〔日〕松本清张著,左汉卿等译,松本清张短经典,2017年3月。平装,32异,ISBN 978-7-02-012287-5,定价49.00元。(69-346)

13785 驿路
〔日〕松本清张著,朱田云译,松本清张短经典,2017年3月。平装,32异,ISBN 978-7-02-012240-0,定价49.00元。(69-347)

13786 黑腚
〔尼日利亚〕A.伊各尼·巴雷特著,杨卫东译,21世纪年度最佳外国小说,2017年6月。平装,32异,ISBN 978-7-02-012532-6,定价29.00元。(69-348)

13787 箱庭图书馆
〔日〕乙一著,潘璐译,2016年6月。平装,32异,ISBN 978-7-02-011577-8,定价39.80元。(69-349)

13788 火花
〔日〕又吉直树著,毛丹青译,2017年6月。精装,32异,ISBN 978-7-02-012338-4,定价38.00元。(69-350)

13789 胜者即是正义1
〔日〕古泽良太、百濑忍著,袁斌译,2016年7月。精装,32异,ISBN 978-7-02-011461-0,定价49.80元。(69-351)

13790 恸哭
〔日〕贯井德郎著,李讴琳译,2017年3月。平装,国流32开,ISBN 978-7-02-012297-4,定价48.00元。(69-352)

13791 无形的武器
〔日〕伊藤计划著,邹东来、朱春雨译,伊藤计划三部曲,2017年5月。平装,国流32开,ISBN 978-7-02-012058-1,定价38.00元。(69-353)

13792 理想国
〔日〕伊藤计划著,曲铭译,伊藤计划三部曲,2017年5月。平装,国流32开,ISBN 978-7-02-012061-1,定价36.00元。(69-354)

13793 春琴抄
〔日〕谷崎润一郎著,吴树文译,日本中篇经典,2017年4月。精装,大32开,ISBN 978-7-02-012324-7,定价32.00元。(69-355)

13794 田园的忧郁
〔日〕佐藤春夫著,吴树文译,日本中篇经典,2017年4月。精装,大32开,ISBN 978-7-02-010939-5,定价35.00元。(69-356)

13795 哥儿
〔日〕夏目漱石著,刘振瀛译,日本中篇经典,2017年4月。精装,大32开,ISBN 978-7-02-012323-0,定价39.00元。(69-357)

13796 不如归
〔日〕德富芦花著,于雷译,日本中篇经典,2017年4月。精装,大32开,ISBN 978-7-02-012327-8,定价45.00元。(69-358)

13797 默尔索案调查
〔阿尔及利亚〕卡迈勒·达乌德著,刘天爽译,2017年5月。平装,32异,ISBN 978-7-02-012311-7,定价25.00元。(69-359)

13798 大爱无言
〔日〕樱木紫乃著,谭晶华译,2017年7月。精装,国流32开,ISBN 978-7-02-012524-1,定价49.00元。(69-360)

13799 雾越邸暴雪谜案(上、下)
〔日〕绫辻行人著,潘璐、朱田云译,绫辻行人作品,2017年6月。平装,国流32开,ISBN 978-7-02-012636-1,定价88.00元。(69-361)

13800 老大 第一季
〔日〕林宏司、木俣冬著,丁丁虫译,2017年6月。平装,32异,ISBN 978-7-02-012237-0,定价42.00元。(69-362)

13801 老大 第二季
〔日〕林宏司、木俣冬著,星野空译,2017年6月。平装,32异,ISBN 978-7-02-012656-9,定价42.00元。(69-363)

13802 书店的戴安娜
〔日〕柚木麻子著,白琳译,2017年9月。平装,32异,ISBN 978-7-02-012241-7,定价38.00元。(69-364)

13803 家守绮谭
〔日〕梨木香步著,田肖霞译,梨木香步作品系列,2017年9月。平装,32异,ISBN 978-7-02-012625-5,定价32.00元。(69-365)

13804 半轮黄日
〔尼日利亚〕奇玛曼达·恩戈兹·阿迪契著,石平萍译,阿迪契作品系列,2017年9月。平装,32异,ISBN 978-7-02-012253-0,定价58.00元。(69-366)

13805 到大地尽头
〔以色列〕大卫·格罗斯曼著,唐江译,大卫·格罗斯曼作品系列,2017年8月。平装,32异,ISBN 978-7-02-012678-1,定价88.00元。(69-367)

13806 看那灰色的马
〔日〕五木宽之著,谭晶华译,2017年10月。平装,32异,ISBN 978-7-02-012808-2,定价32.00元。(69-368)

13807 恶意之山
〔以色列〕阿摩司·奥兹著,陈腾华译,2017年11月。精装,大32开,ISBN 978-7-02-012669-9,定价49.00元。(69-369)

13808 莫称之为夜晚
〔以色列〕阿摩司·奥兹著,庄焰译,2017年11月。精装,大32开,ISBN 978-7-02-012683-5,定价49.00元。(69-370)

13809 第十年的情人节
〔日〕东野圭吾著,朱田云译,2017年10月。精装,国流32开,ISBN 978-7-02-013331-4,定价49.90元。2018年1月,平装,国流32开,ISBN 978-7-02-013443-4,定价39.90元。(69-371)

13810 静人日记
〔日〕天童荒太著,匡匡译,天童荒太作品,2017年9月。平装,32异,ISBN 978-7-02-012904-1,定价48.00元。(69-372)

13811 华丽人生
〔日〕伊坂幸太郎著,星野空译,伊坂幸太郎作品,2017年11月。精装,国流32开,ISBN 978-7-02-013143-3,定价49.00元。(69-373)

13812 逃离
〔日〕吉田修一著,王华懋译,2017年11月。平装,国流32开,ISBN 978-7-02-013108-2,定价48.00元。(69-374)

13813 命运零点1
〔日〕虚渊玄著,刘正仑译,2018年1月。平装覆膜,大32开,ISBN 978-7-02-013406-9,定价35.00元。(69-375)

13814 命运零点2
〔日〕虚渊玄著,刘正仑译,2018年1月。平装覆膜,大32开,ISBN 978-7-02-013405-2,定价38.00元。(69-376)

13815 命运零点3
〔日〕虚渊玄著,刘正仑译,2018年1月。平装覆膜,大32开,ISBN 978-7-02-013403-8,定价35.00元。(69-377)

13816 命运零点4
〔日〕虚渊玄著,刘正仑译,2018年1月。平装覆膜,大32开,ISBN 978-7-02-013407-6,定价35.00元。(69-378)

13817 命运零点5
〔日〕虚渊玄著,刘正仑译,2018年1月。平装覆膜,大32开,ISBN 978-7-02-013402-1,定价35.00元。(69-379)

13818 命运零点6
〔日〕虚渊玄著,刘正仑译,2018年1月。平装覆膜,大32开,ISBN 978-7-02-013408-3,定价35.00元。(69-380)

13819 美国佬
〔尼日利亚〕奇玛曼达·恩戈兹·阿迪契著,张芸译,2018年1月。平装,32异,ISBN 978-7-02-012288-2,定价62.00元。(69-381)

13820 十米真相
〔日〕米泽穗信著,林青华译,2018年1月。精装,32异,ISBN 978-7-02-013460-1,定价

小说

58.00元。(69-382)

13821 又怎样
〔日〕桐野夏生著,王皎娇译,2018年4月。平装,国流32开,ISBN 978-7-02-012674-3,定价55.00元。(69-383)

13822 水族馆之谜
〔日〕青崎有吾著,李讴琳译,2018年6月。平装,32异,ISBN 978-7-02-013938-5,定价48.00元。(69-384)

13823 体育馆之谜
〔日〕青崎有吾著,李讴琳译,2017年10月。平装,32异,ISBN 978-7-02-012849-5,定价48.00元。(69-385)

13824 推理要在晚餐后1
〔日〕东川笃哉著,黄健育译,2017年12月。平装,大32开,ISBN 978-7-02-013434-2,定价39.00元。(69-386)

13825 推理要在晚餐后2
〔日〕东川笃哉著,黄健育译,2017年12月。平装,大32开,ISBN 978-7-02-013433-5,定价39.00元。(69-387)

13826 推理要在晚餐后3
〔日〕东川笃哉著,黄健育译,2017年12月。平装,大32开,ISBN 978-7-02-013432-8,定价39.00元。(69-388)

13827 爱的配方
〔南非〕萨莉·安德鲁著,索析译,2018年1月。平装,国流32开,ISBN 978-7-02-013352-9,定价58.00元。(81-1252)

13828 一匹马走进酒吧
〔以色列〕大卫·格罗斯曼著,张琼译,大卫·格罗斯曼作品系列,2018年3月。精装,国流32开,ISBN 978-7-02-013461-8,定价42.00元。(69-389)

13829 编舟记
〔日〕三浦紫苑著,蒋葳译,2018年6月。精装,国流32开,ISBN 978-7-02-013675-9,定价49.00元。(69-390)

13830 穿透烟雾的记忆
〔以色列〕阿哈龙·阿佩尔菲尔德著,刘雅彬、黄清媚译,阿哈龙·阿佩尔菲尔德作品系列,2018年5月。平装,国流32开,ISBN 978-7-02-013916-3,定价36.00元。(69-391)

13831 时间
〔日〕堀田善卫著,秦刚译,2018年7月。平装,32异,ISBN 978-7-02-013602-5,定价35.00元。(69-392)

13832 黑暗之花
〔以色列〕阿哈龙·阿佩尔菲尔德著,潘婷婷、刘堃译,阿哈龙·阿佩尔菲尔德作品系列,2018年2月。平装,国流32开,ISBN 978-7-02-012763-4,定价45.00元。(69-393)

13833 闯入者
〔日〕安部公房著,伏怡琳译,短经典精选,2018年4月。平装,大32开,ISBN 978-7-02-013335-2,定价49.00元。(69-394)

13834 他人的脸
〔日〕安部公房著,杨伟译,安部公房作品系列,2018年8月。平装,国流32开,ISBN 978-7-02-013515-8,定价45.00元。(69-395)

13835 隐居
〔肯尼亚〕恩古吉·瓦·提安哥著,李坤若楠、郦青译,短经典,2018年9月。平装,32异,ISBN 978-7-02-013236-2,定价36.00元。(69-396)

13836 砂女
〔日〕安部公房著,于荣胜译,2018年8月。平装,国流32开,ISBN 978-7-02-013983-5,定价39.00元。(69-397)

13837 耶路撒冷,一个女人
〔以色列〕亚伯拉罕·耶霍舒亚著,金逸明译,2018年7月。平装,32异,ISBN 978-7-02-013504-2,定价32.00元。(69-398)

13838 诗人继续沉默
〔以色列〕亚伯拉罕·耶霍舒亚著,张洪凌、汪晓涛译,2018年7月。平装,32异,ISBN 978-7-02-014206-4,定价49.00元。(69-399)

13839 燃烧的地图
〔日〕安部公房著,郑民钦译,安部公房作品系列,2018年8月。平装,国流32开,ISBN 978-7-02-013510-3,定价45.00元。(69-400)

13840 谜亭论处:匠千晓事件簿
〔日〕西泽保彦著,薛芳译,2018年10月。平装,32异,ISBN 978-7-02-013401-4,定价

778

39.00元。(69-401)

13841　牧神的午后
〔日〕北杜夫著,曹艺译,日本经典文库,2018年7月。平装,大32开,ISBN 978-7-02-013709-1,定价39.00元。(69-402)

13842　梨木香步精选集
〔日〕梨木香步著,竺家荣译,日本经典文库,2018年7月。平装,大32开,ISBN 978-7-02-013708-4,定价36.00元。(69-403)

13843　盲歌女阿凛
〔日〕水上勉著,林青华译,日本经典文库,2018年7月。平装,大32开,ISBN 978-7-02-013918-7,定价39.00元。(69-404)

13844　路旁之石
〔日〕山本有三著,竺家荣译,日本经典文库,2018年7月。平装,大32开,ISBN 978-7-02-013935-4,定价69.00元。(69-405)

13845　潘多拉的盒子
〔日〕太宰治著,郑美满译,日本经典文库,2018年7月。平装,大32开,ISBN 978-7-02-013818-0,定价39.00元。(69-406)

13846　疑惑
〔日〕芥川龙之介著,吴树文译,日本经典文库,2018年7月。平装,大32开,ISBN 978-7-02-013943-9,定价55.00元。(69-407)

13847　玻璃门内
〔日〕夏目漱石著,吴树文译,日本经典文库,2018年7月。平装,大32开,ISBN 978-7-02-013817-3,定价39.00元。(69-408)

13848　虞美人草
〔日〕夏目漱石著,李振声译,日本经典文库,2018年7月。平装,大32开,ISBN 978-7-02-013710-7,定价59.00元。(69-409)

13849　黑地之绘
〔日〕松本清张著,吴曦译,松本清张短经典,2018年8月。平装,32异,ISBN 978-7-02-013492-2,定价49.00元。(69-410)

13850　监视
〔日〕松本清张著,朱田云译,松本清张短经典,2018年8月。平装,32异,ISBN 978-7-02-013513-4,定价49.00元。(69-411)

13851　佐渡流人行
〔日〕松本清张著,朱田云译,松本清张短经典,2018年8月。平装,32异,ISBN 978-7-02-013468-7,定价49.00元。(69-412)

13852　十字架上的魔鬼
〔肯尼亚〕恩古吉·瓦·提安哥著,蔡临祥译,恩古吉·瓦·提安哥文集,2019年1月。平装,国流32开,ISBN 978-7-02-012120-5,定价42.00元。(69-413)

13853　我爱劳劳
〔韩〕具景美著,徐丽红译,韩国文学丛书,2019年1月。平装,国流32开,ISBN 978-7-02-014414-3,定价32.00元。(69-414)

13854　狂想曲
〔日〕赤川次郎著,潘璐译,三色猫探案,2018年6月。平装,32异,ISBN 978-7-02-013826-5,定价39.00元。(69-415)

13855　登山车
〔日〕赤川次郎著,袁斌译,三色猫探案,2018年6月。平装,32异,ISBN 978-7-02-013924-8,定价39.00元。(69-416)

13856　猫公馆
〔日〕赤川次郎著,赵秀娟、卞广为译,三色猫探案,2018年6月。平装,32异,ISBN 978-7-02-013922-4,定价39.00元。(69-417)

13857　推理
〔日〕赤川次郎著,吴曦译,三色猫探案,2018年6月。平装,32异,ISBN 978-7-02-013913-2,定价39.00元。(69-418)

13858　追踪
〔日〕赤川次郎著,赵秀娟译,三色猫探案,2018年6月。平装,32异,ISBN 978-7-02-013912-5,定价39.00元。(69-419)

13859　骑士道
〔日〕赤川次郎著,王玮译,三色猫探案,2018年6月。平装,32异,ISBN 978-7-02-013925-5,定价39.00元。(69-420)

13860　戏剧社
〔日〕赤川次郎著,潘璐译,三色猫探案,2018年6月。平装,32异,ISBN 978-7-02-013919-4,定价39.00元。(69-421)

13861　冒牌屋
〔日〕赤川次郎著,成洁译,三色猫探案,2018年

6月。平装,32异,ISBN 978-7-02-013920-0,定价39.00元。(69-422)

13862　歌剧院
〔日〕赤川次郎著,袁斌译,三色猫探案,2018年6月。平装,32异,ISBN 978-7-02-013825-8,定价39.00元。(69-423)

13863　继承人
〔日〕赤川次郎著,潘璐译,三色猫探案,2018年6月。平装,32异,ISBN 978-7-02-013914-9,定价39.00元。(69-424)

13864　千夜之夜
〔埃及〕纳吉布·马哈福兹著,李唯中译,桂冠译丛,2018年7月。平装,32异,ISBN 978-7-02-014380-1,定价39.00元。(69-425)

13865　神圣的夜晚
〔摩洛哥〕塔哈尔·本·杰伦著,黄蓉美、余方译,桂冠译丛,2018年10月。平装,32异,ISBN 978-7-02-014226-2,定价29.00元。(69-426)

13866　图书馆之谜
〔日〕青崎有吾著,李讴琳译,2019年1月。平装,国流32开,ISBN 978-7-02-013937-8,定价48.00元。(69-427)

13867　心
〔日〕夏目漱石著,于荣胜译,中经典精选,2019年3月。平装,大32开,ISBN 978-7-02-014389-4,定价49.00元。(69-428)

13868　汤岛之恋
〔日〕泉镜花著,文洁若译,外国情感小说,2019年2月。精装,32异,ISBN 978-7-02-013190-7,定价46.00元。(69-429)

13869　天使之耳:交通警察之夜
〔日〕东野圭吾著,朱田云译,东野圭吾作品,2019年5月。平装,国流32开,ISBN 978-7-02-015108-0,定价48.00元。2019年5月,精装,国流32开,ISBN 978-7-02-015107-3,定价59.00元。(69-430)

13870　大河两岸
〔肯尼亚〕恩古吉·瓦·提安哥著,蔡临祥译,中经典精选,2019年3月。平装,大32开,ISBN 978-7-02-014486-0,定价49.00元。(69-431)

13871　风之丘五十元硬币之谜
〔日〕青崎有吾著,沈熹译,2019年4月。平装覆膜,国流32开,ISBN 978-7-02-014823-3,定价39.00元。(69-432)

13872　见习生的毕业
〔日〕野村美月著,竹冈美穗绘,哈娜译,文学少女,2019年1月。平装覆膜,32异,ISBN 978-7-02-014012-1,定价38.00元。(69-433)

13873　见习生的伤心
〔日〕野村美月著,竹冈美穗绘,哈娜译,文学少女,2019年1月。平装覆膜,32异,ISBN 978-7-02-014188-3,定价38.00元。(69-434)

13874　见习生的初恋
〔日〕野村美月著,竹冈美穗绘,哈娜译,文学少女,2019年1月。平装覆膜,32异,ISBN 978-7-02-014017-6,定价38.00元。(69-435)

13875　耶稣的童年
〔南非〕J. M. 库切著,文敏译,库切文集,2019年7月。精装,32异,ISBN 978-7-02-014605-5,定价52.00元。(69-436)

13876　耶稣的学生时代
〔南非〕J. M. 库切著,杨向荣译,库切文集,2019年7月。精装,32异,ISBN 978-7-02-014942-1,定价58.00元。(69-437)

13877　外面是夏天
〔韩〕金爱烂著,徐丽红译,韩国文学丛书,2019年8月。平装,国流32开,ISBN 978-7-02-015388-6,定价35.00元。(69-438)

13878　自指引擎
〔日〕圆城塔著,丁丁虫译,2019年8月。精装,32异,ISBN 978-7-02-015207-0,定价69.00元。(69-439)

13879　黄昏酒店
〔日〕赤川次郎著,朱田云译,三色猫探案,2019年7月。平装,32异,ISBN 978-7-02-014829-5,定价39.00元。(69-440)

13880　心中海岸
〔日〕赤川次郎著,朱田云译,三色猫探案,2019年7月。平装,32异,ISBN 978-7-02-014802-8,定价39.00元。(69-441)

13881　离家出走
〔日〕赤川次郎著,姜瑛、左汉卿译,三色猫探

案,2019年6月。平装,32异,ISBN 978-7-02-014817-8,定价39.00元。(69-442)

13882　战争与和平
〔日〕赤川次郎著,朱田云译,三色猫探案,2019年7月。平装,32异,ISBN 978-7-02-014596-6,定价39.00元。(69-443)

13883　黑将军
〔日〕赤川次郎著,朱田云译,三色猫探案,2019年7月。平装,32异,ISBN 978-7-02-014818-9,定价39.00元。(69-444)

13884　感伤之旅
〔日〕赤川次郎著,朱田云译,三色猫探案,2019年7月。平装,32异,ISBN 978-7-02-014801-1,定价39.00元。(69-445)

13885　游泳俱乐部
〔日〕赤川次郎著,左汉卿、洪娟译,三色猫探案,2019年6月。平装,32异,ISBN 978-7-02-014820-2,定价39.00元。(69-446)

13886　安息日
〔日〕赤川次郎著,左汉卿译,三色猫探案,2019年6月。平装,32异,ISBN 978-7-02-014832-5,定价39.00元。(69-447)

13887　首席女高音
〔日〕赤川次郎著,姜瑛、左汉卿译,三色猫探案,2019年6月。平装,32异,ISBN 978-7-02-014833-2,定价39.00元。(69-448)

13888　四舍五入
〔日〕赤川次郎著,王珂瑶、左汉卿译,三色猫探案,2019年6月。平装,32异,ISBN 978-7-02-014840-0,定价39.00元。(69-449)

13889　双胞胎
〔日〕藤崎彩织著,李讴琳译,2019年10月。精装,32异,ISBN 978-7-02-015347-3,定价69.00元。(69-450)

13890　胡狼嗥叫的地方
〔以色列〕阿摩司·奥兹著,郭国良、宋倩译,2019年9月。平装,32异,ISBN 978-7-02-014844-8,定价45.00元。(69-451)

13891　或许在别处
〔以色列〕阿摩司·奥兹著,姚永彩译,2019年9月。平装,32异,ISBN 978-7-02-014827-1,定价49.00元。(69-452)

13892　轻抚水,轻抚风
〔以色列〕阿摩司·奥兹著,杜先菊译,2019年9月。平装,32异,ISBN 978-7-02-014998-8,定价39.00元。(69-453)

13893　做狮子好难
〔以色列〕尤里·奥莱夫著,尤西·阿布拉菲亚绘,徐如梦译,国际安徒生奖儿童小说,2019年8月。平装,国流32开,ISBN 978-7-02-015215-5,定价35.00元。(69-454)

13894　竹林中
〔日〕芥川龙之介著,秦刚等译,蜂鸟文丛,2019年4月。平装,32异,ISBN 978-7-02-012097-0,定价39.00元。(69-455)

13895　七个会议
〔日〕池井户润著,徐嘉悦、林青华译,2019年11月。平装,国流32开,ISBN 978-7-02-015353-4,定价59.00元。(69-456)

13896　里山简单生活
〔日〕位田惠美著,邹艳苗译,2019年9月。平装,32异,ISBN 978-7-02-015008-3,定价39.80元。(69-457)

13897　11字谜案
〔日〕东野圭吾著,羊恩嫩译,东野圭吾作品,2020年1月。精装,国流32开,ISBN 978-7-02-015604-7,定价59.00元。(69-459)

13898　绑架游戏
〔日〕东野圭吾著,陈岳夫译,东野圭吾作品,2020年1月。精装,国流32开,ISBN 978-7-02-015382-4,定价59.00元。(69-460)

13899　空之境界(上)
〔日〕奈须蘑菇著,郑翠婷译,2019年7月。精装,32异,ISBN 978-7-02-014349-8,定价49.00元。(69-461)

13900　空之境界(中)
〔日〕奈须蘑菇著,郑翠婷译,2019年7月。精装,32异,ISBN 978-7-02-014350-4,定价59.00元。(69-462)

13901　空之境界(下)
〔日〕奈须蘑菇著,郑翠婷译,2019年7月。精装,32异,ISBN 978-7-02-014354-2,定价59.00元。(69-463)

13902　空之境界:未来福音

〔日〕奈须蘑菇著,涂佑庭译,2019 年 7 月。精装,32 异,ISBN 978-7-02-014386-3,定价 39.00 元。(69-464)

13903　福
〔南非〕J. M. 库切著,王敬慧译,库切文集,2019 年 12 月。精装,32 异,ISBN 978-7-02-014603-1,定价 38.00 元。(69-465)

13904　幽暗之地
〔南非〕J. M. 库切著,郑云译,库切文集,2019 年 12 月。精装,32 异,ISBN 978-7-02-014604-8,定价 39.00 元。(69-466)

13905　满愿
〔日〕米泽穗信著,王皎娇译,米泽穗信精选集,2020 年 1 月。平装,32 异,ISBN 978-7-02-015308-4,定价 48.00 元。(69-467)

13906　羔羊的盛宴
〔日〕米泽穗信著,徐奕译,米泽穗信精选集,2020 年 2 月。平装,32 异,ISBN 978-7-02-015345-9,定价 39.00 元。(69-468)

13907　算计
〔日〕米泽穗信著,朱一飞译,米泽穗信精选集,2020 年 2 月。平装,32 异,ISBN 978-7-02-015326-8,定价 68.00 元。(69-469)

13908　濒死之眼
〔日〕东野圭吾著,张凌虚译,东野圭吾作品,2020 年 1 月。精装,32 异,ISBN 978-7-02-015383-1,定价 59.00 元。(69-470)

13909　欢迎来到实力至上主义的教室 1
〔日〕衣笠彰梧著,虎虎译,2020 年 2 月。平装,32 异,ISBN 978-7-02-015399-2,定价 42.00 元。(69-471)

13910　欢迎来到实力至上主义的教室 2
〔日〕衣笠彰梧著,虎虎译,2020 年 2 月。平装,32 异,ISBN 978-7-02-015400-5,定价 42.00 元。(69-472)

13911　欢迎来到实力至上主义的教室 3
〔日〕衣笠彰梧著,虎虎译,2020 年 2 月。平装,32 异,ISBN 978-7-02-015401-5,定价 42.00 元。(69-473)

13912　月圆月缺
〔日〕佐藤正午著,陆晚霞译,2020 年 2 月。精装,32 异,ISBN 978-7-02-014786-1,定价 48.00 元。(69-474)

13913　假面的告白
〔日〕三岛由纪夫著,陈德文译,三岛由纪夫作品系列典藏本,2020 年 4 月。精装,32 异,ISBN 978-7-02-014590-4,定价 43.00 元。(69-475)

13914　昭和六十四年绑架案
〔日〕横山秀夫著,绯华璃译,2020 年 7 月。平装,国流 32 开,ISBN 978-7-02-014579-9,定价 56.00 元。(69-476)

13915　我的包着红头巾的小白杨
〔吉尔吉斯斯坦〕钦吉斯·艾特玛托夫著,胡平、陈韶廉、白祖芸译,蜂鸟文丛,2016 年 1 月。平装,32 异,ISBN 978-7-02-010938-8,定价 25.00 元。2020 年 7 月收入艾特玛托夫代表作,平装,32 异,ISBN 978-7-02-015162-2,定价 32.00 元。(69-477)

13916　永别了,古利萨雷!
〔吉尔吉斯斯坦〕钦吉斯·艾特玛托夫著,冯加、力冈译,艾特玛托夫代表作,2020 年 7 月。平装,32 异,ISBN 978-7-02-015237-7,定价 36.00 元。(69-478)

13917　欢迎来到实力至上主义的教室 5
〔日〕衣笠彰梧著,虎虎译,2020 年 7 月。平装,32 异,ISBN 978-7-02-015403-6,定价 45.00 元。(69-479)

13918　欢迎来到实力至上主义的教室 6
〔日〕衣笠彰梧著,虎虎译,2020 年 7 月。平装,32 异,ISBN 978-7-02-015404-3,定价 45.00 元。(69-480)

13919　眼的气流
〔日〕松本清张著,朱田云译,松本清张短经典,2020 年 5 月。平装,32 异,ISBN 978-7-02-015582-8,定价 49.00 元。(69-481)

13920　憎恶的委托
〔日〕松本清张著,朱田云译,松本清张短经典,2020 年 5 月。平装,32 异,ISBN 978-7-02-015580-4,定价 49.00 元。(69-482)

13921　共犯
〔日〕松本清张著,朱田云译,松本清张短经典,2020 年 5 月。平装,32 异,ISBN 978-7-02-015581-1,定价 49.00 元。(69-483)

| 13922 | 欢迎来到实力至上主义的教室4

〔日〕衣笠彰梧著,虎虎译,2020年7月。平装,32异,ISBN 978-7-02-015402-9,定价45.00元。(69-484)

| 13923 | 第六个小夜子

〔日〕恩田陆著,娄美莲译,日本轻文库,2020年7月。平装,国流32开,ISBN 978-7-02-015015-1,定价45.00元。(69-485)

| 13924 | 夜晚的远足

〔日〕恩田陆著,林平惠译,日本轻文库,2020年7月。平装,国流32开,ISBN 978-7-02-015161-5,定价55.00元。(69-486)

| 13925 | 阪急电车

〔日〕有川浩著,伏怡琳译,日本轻文库,2020年8月。平装,国流32开,ISBN 978-7-02-015024-3,定价39.00元。(69-487)

| 13926 | 打工族买屋记

〔日〕有川浩著,元元译,日本轻文库,2020年8月。平装,国流32开,ISBN 978-7-02-014993-3,定价49.00元。(69-488)

| 13927 | 把帽子传一传

〔澳大利亚〕亨利·劳森著,袁可嘉等译,文学小丛书,1960年2月。平装,50开,书号10019·1418,定价0.21元。(75-76)

| 13928 | 劳森短篇小说集

〔澳大利亚〕亨利·劳森著,施咸荣等译,1978年6月。平装,小32开,书号10019·2628,定价0.80元。(75-99)

| 13929 | 沸腾的九十年代

〔澳大利亚〕卡·苏·普里查德著,贝金译,1959年12月。平装,大32开,书号10019·1422,定价1.65元。(81-73)

| 13930 | 澳大利亚短篇小说选

刘寿康编选,1982年1月。平装,32开,书号10019·3244,定价1.30元。(81-124)

| 13931 | 探险家沃斯

〔澳大利亚〕帕特里克·怀特著,刘寿康、胡文仲译,二十世纪外国文学丛书,外国文学出版社,1991年2月。平装,大32开,ISBN 7-5016-0089-9,定价6.65元。(81-215)

| 13932 | 凯利帮真史

〔澳大利亚〕彼得·凯里著,李尧译,2004年1月。平装覆膜,大32开,ISBN 7-02-004443-3,定价22.00元。(81-332)

| 13933 | 上了炸药的狗

〔澳大利亚〕亨利·劳森著,施咸荣等译,袋鼠丛书,2004年9月。平装覆膜,大32开,ISBN 7-02-004792-0,定价16.00元。(81-354)

| 13934 | 童年的故事

〔澳大利亚〕索尼娅·哈特尼特著,崔思淦译,袋鼠丛书,2004年9月。平装覆膜,大32开,ISBN 7-02-004801-3,定价11.00元。2010年4月收入当代外国获奖小说,书名《鸟儿看到了什么》,平装覆膜,大32开,ISBN 978-7-02-007593-5,定价12.00元。(81-356)

| 13935 | 哲学家的狗

〔澳大利亚〕雷蒙德·盖塔著,江俊亮、沈杭译,袋鼠丛书,2004年12月。平装覆膜,大32开,ISBN 7-02-004865-X,定价14.00元。(81-358)

| 13936 | 摩根的旅程

〔澳大利亚〕考琳·麦卡洛著,李尧、李轶群译,廊桥书系,2005年8月。平装覆膜,大32开,ISBN 7-02-005248-7,定价34.00元。(81-375)

| 13937 | 漫漫回家路

〔澳大利亚〕多丽丝·皮金顿著,石青译,袋鼠丛书,2005年8月。平装覆膜,大32开,ISBN 7-02-004693-2,定价11.00元。(81-378)

| 13938 | 奇迹之年

〔澳大利亚〕杰拉尔丁·布鲁克斯著,赵苏苏译,袋鼠丛书,2006年6月。平装覆膜,国流32开,ISBN 7-02-005493-5,定价22.00元。2011年5月收入新世纪外国畅销小说书架,平装覆膜,国流32开,ISBN 978-7-02-008314-5,定价21.00元。(81-427)

| 13939 | 少女寻父

〔澳大利亚〕梅莉娜·马尔凯塔著,陈余德、张建平译,袋鼠丛书,2006年6月。平装覆膜,国流32开,ISBN 7-02-005497-8,定价19.00元。(81-428)

| 13940 | 红线

〔澳大利亚〕尼古拉斯·周思著,李尧、郁忠译,袋鼠丛书,2007年11月。平装覆膜,国流32

小说

开,ISBN 978-7-02-006296-6,定价 18.00 元。(81-510)

13941 偷窃 一个爱情故事

〔澳大利亚〕彼得·凯里著,张建平译,袋鼠丛书,2008年8月。平装覆膜,32异,ISBN 978-7-02-006605-6,定价 16.00 元。(81-550)

13942 别了,那道风景

〔澳大利亚〕亚历克斯·米勒著,李尧译,21世纪年度最佳外国小说,2009年1月。平装覆膜,32异,ISBN 978-7-02-007246-0,定价 18.00 元。(81-583)

13943 皮普先生

〔新西兰〕劳埃德·琼斯著,石青译,当代外国获奖小说,2010年4月。平装覆膜,大32开,ISBN 978-7-02-6860-9,定价 15.00 元。(81-685)

13944 猎人

〔澳大利亚〕朱莉亚·李著,鲁南译,2012年3月。平装,32异,ISBN 978-7-02-008861-4,定价 20.00 元。(81-839)

13945 卡彭塔利亚湾

〔澳大利亚〕亚历克西斯·赖特著,李尧译,2012年4月。平装,32异,ISBN 978-7-02-008981-9,定价 38.00 元。(81-849)

13946 不安

〔澳大利亚〕朱莉亚·李著,鲁南译,2013年4月。精装,32异,ISBN 978-7-02-009651-0,定价 20.00 元。(81-947)

13947 蝴蝶

〔澳大利亚〕索尼娅·哈特尼特著,石青译,2013年4月。平装覆膜,国流32开,ISBN 978-7-02-009304-5,定价 19.00 元。(81-950)

13948 光明行 家族的历史

〔澳大利亚〕大卫·沃克著,李尧译,2014年3月。平装覆膜,国流32开,ISBN 978-7-02-010280-8,定价 33.00 元;2017年1月,精装,定价 88.00 元。(81-978)

13949 深入北方的小路

〔澳大利亚〕理查德·弗兰纳根著,金莉译,2017年7月。平装,32异,ISBN 978-7-02-008583-5,定价 49.00 元。(81-1170)

诗　　歌

欧美诗歌

13950　德国——一个冬天的童话
〔德〕海涅著,艾思奇译,1951年9月。平装,32开,书号 总18单5,定价7,800元。1954年4月作家出版社,平装,32开,书号 作37,定价5,400元。(76-1)

13951　神曲(上中下)
〔意大利〕但丁著,王维克译,作家出版社1954年3月。平装,小32开,书号 作23,定价21,000元。1957年8月人民文学出版社,平装,小32开,书号10019·639,定价1.90元。1980年1月,上中下合为一册,平装,小32开,定价1.60元。1988年1月,32开,平装,ISBN 7-02-000061-4,定价3.40元;平装覆膜,ISBN 7-02-000062-2,定价3.70元。1997年5月收入世界文学名著文库,精装,大32开,ISBN 7-02-002373-8,定价30.00元。1999年1月收入名著名译,平装覆膜,大32开,ISBN 7-02-002895-0,定价17.50元。2002年1月收入大学生必读丛书,平装,大32开,ISBN 7-02-003592-2,定价22.80元。(76-2)

13952　雨果诗选
〔法〕雨果著,闻家驷译,作家出版社1954年4月。32开,书号 作40,平装,定价4,400元;精装,定价7,600元。(76-3)

13953　草叶集选
〔美〕惠特曼著,楚图南译,1955年10月。大32开,书号10019·431,平装,定价1.10元;精装,定价2.78元。1978年11月,平装,大32开,定价1.00元。(76-4)

13954　赫曼与窦绿苔
〔德〕歌德著,郭沫若译,1956年1月。大32开,书号442,平装,定价0.36元;精装,定价0.89元。1958年7月,平装,大32开,书号10019·438,定价0.80元。(76-5)

13955　海涅诗选
〔德〕海涅著,冯至译,1956年5月。大32开,书号10019·489,平装,定价0.85元;精装,定价1.50元;特精,定价2.10元。(75-6)

13956　沫若译诗集
德国诗歌,1956年8月。精装,大32开,书号10019·467,定价1.00元。(76-7)

13957　巴黎公社诗选
〔法〕瓦尔鲁编,沈宝基译,1957年2月。平装,大32开,书号10019·551,定价0.80元。(76-8)

13958　牧歌
〔古罗马〕维吉尔著,杨宪益译,1957年2月。平装,大32开,书号10019·429,定价0.29元。(76-9)

13959　哈依瓦撒之歌
〔美〕朗弗罗著,赵萝蕤译,1957年4月。大32开,书号10019·593,平装,定价1.00元;精装,定价1.40元。(76-10)

13960　布莱克诗选
〔英〕布莱克著,宋雪亭译,1957年8月。大32开,书号10019·636,平装,定价0.80元;精装,定价1.30元。(76-11)

13961　济慈诗选
〔英〕济慈著,查良铮译,1958年4月。平装,大

32 开,书号 10019·732,定价 0.65 元。(76-12)

13962　伊利亚特
〔古希腊〕荷马著,傅东华译,1958 年 5 月。精装,大 32 开,书号 10019·762,定价 2.00 元。(76-13)

13963　贝朗瑞歌曲选
〔法〕贝朗瑞著,沈宝基译,1958 年 5 月。大 32 开,书号 10019·736,平装,定价 1.20 元;精装,定价 1.60 元。(76-14)

13964　失乐园
〔英〕约翰·弥尔顿著,傅东华译,1958 年 9 月。精装,大 32 开,书号 10019·800,定价 1.40 元。(76-15)

13965　弥尔顿诗选
〔英〕约翰·弥尔顿著,殷宝书译,1958 年 9 月。精装,大 32 开,书号 10019·941,定价 0.94 元。(76-16)

13966　云雀
〔英〕雪莱著,查良铮译,文学小丛书,1958 年 9 月。平装,小 32 开,书号 10019·925,定价 0.21 元。1959 年 2 月,平装,50 开,定价 0.14 元。(76-17)

13967　雪莱抒情诗选
〔英〕雪莱著,查良铮译,1958 年 11 月。平装,大 32 开,书号 10019·1019,定价 1.05 元。1989 年 5 月,平装,大 32 开,ISBN 7-02-000683-3,定价 3.10 元。1991 年 10 月收入外国文学名著丛书,平装,大 32 开,ISBN 7-02-000683-3,定价 4.10 元;平装覆膜,ISBN 7-02-001504-2,定价 5.80 元。1999 年 1 月收入名著名译,平装覆膜,大 32 开,ISBN 7-02-002892-6,定价 12.00 元。2019 年 5 月收入外国文学名著丛书,精装,大 32 开,ISBN 978-7-02-015098-4,定价 45.00 元。(76-18)

13968　西利西亚的纺织工人
〔德〕海涅著,冯至译,文学小丛书,1958 年 11 月。平装,小 32 开,书号 10019·927,定价 0.22 元。1959 年 5 月,平装,50 开,定价 0.15 元。(76-19)

13969　马克思、恩格斯收集的民歌
德国诗歌,1958 年 12 月。平装,50 开,书号 10019·1148,定价 0.15 元。(76-20)

13970　马蒂诗选
〔古巴〕马蒂著,孙玮等译,1958 年 12 月。平装,大 32 开,书号 10019·1154,定价 0.36 元。(76-21)

13971　彭斯诗选
〔英〕彭斯著,王佐良译,1959 年 5 月。大 32 开,书号 10019·1301,平装,定价 0.50 元;精装,定价 0.98 元;特精,定价 1.65 元。(76-22)

13972　巴黎公社诗选
法国诗歌,沈宝基译,文学小丛书,1959 年 6 月。平装,50 开,书号 10019·1254,定价 0.16 元。(76-23)

13973　朗弗罗诗选
〔美〕朗弗罗著,杨德豫译,1959 年 10 月。平装,大 32 开,书号 10019·1286,定价 0.58 元。1985 年 3 月收入外国文学名著丛书,平装,大 32 开,定价 1.20 元;精装,定价 2.05 元。(76-24)

13974　尼伯龙根之歌
德国古典史诗,钱春绮译,1959 年 12 月。平装,大 32 开,书号 10019·1359,定价 1.70 元;精装,定价 2.20 元。1994 年 11 月收入世界文学名著文库,精装,大 32 开,ISBN 7-02-001796-7,定价 18.45 元。(76-25)

13975　我的心呀,在高原
〔英〕彭斯著,袁水拍译,文学小丛书,1959 年 12 月。平装,50 开,书号 10019·1079,定价 0.13 元。(76-26)

13976　缪塞诗选
〔法〕缪塞著,陈澂莱、冯钟璞、沈宝基、闻家驷译,1961 年 2 月。半精,小 32 开,书号 10019·1619,定价 0.57 元。(76-27)

13977　鲍狄埃诗选
〔法〕鲍狄埃著,徐德炎等译,罗大冈校,1973 年 3 月。平装,32 开,书号 10019·1980,定价 0.23 元。(76-28)

13978　维尔特诗选
〔德〕维尔特著,施升译,1977 年 12 月。平装,小 32 开,书号 10019·2499,定价 0.25 元。(76-29)

13979 德国,一个冬天的童话

〔德〕海涅著,冯至译,1978年3月。小32开,书号10019·2558,平装,定价0.45元;精装,定价0.95元。1988年8月,平装,32开,ISBN 7-02-000590-X,定价1.30元;同时收入北京市教育局少年文库,非卖品,无定价。(76-30)

13980 海涅诗选

〔德〕海涅著,冯至译,1978年11月。平装,32异,书号10019·927,定价0.16元。(76-31)

13981 阿塔·特罗尔 一个仲夏夜的梦

〔德〕海涅著,钱春绮译,1979年10月。平装,32开,书号10019·2704,定价0.46元。(76-32)

13982 歌德 席勒叙事谣曲选

〔德〕歌德、席勒著,王以铸译,1980年8月。平装,32开,书号10019·2902,定价0.54元。(76-33)

13983 唐璜(上下)

〔英〕拜伦著,查良铮译,王佐良注,1980年7月。平装,大32开,书号10019·2931,定价3.05元。1985年5月收入外国文学名著丛书,平装,大32开,定价5.85元。1988年8月,平装,大32开,ISBN 7-02-000517-9,定价7.95元。1993年2月,平装覆膜,大32开,ISBN 7-02-001503-4,定价17.15元。1994年5月收入世界文学名著文库,精装,大32开,ISBN 7-02-001760-6,定价26.85元。2008年1月收入名著名译插图本,平装覆膜,国流32开,ISBN 978-7-02-006259-1,定价44.00元。2015年4月收入中国翻译家译丛,精装,16异,ISBN 978-7-02-009864-4,定价89.00元。2020年4月收入外国文学名著丛书,精装,大32开,ISBN 978-7-02-015554-5,定价119.00元。(76-34)

13984 恶之花

〔法〕波德莱尔著,王了一译,外国文学出版社1980年12月。32异,书号10208·41,平装,定价0.89元;平装覆膜,定价1.15元。(76-35)

13985 鲍狄埃诗选

〔法〕鲍狄埃著,张英伦等译,罗大冈校,1981年9月。平装,大32开,书号10019·3192,定价1.20元。(76-36)

13986 歌德抒情诗选

〔德〕歌德著,钱春绮译,1981年11月。平装,小32开,书号10019·3125,定价0.50元。1984年8月收入文学小丛书,平装,小32开,定价0.55元。1991年1月,平装覆膜,小32开,ISBN 7-02-001051-2,定价2.20元。(76-37)

13987 法国近代名家诗选

范希衡译,外国文学出版社1981年12月。32异,书号10208·76,平装,定价0.66元;精装,定价1.10元。(76-38)

13988 卡勒瓦拉(上下)

芬兰古代叙事诗,孙用译,外国文学名著丛书,1981年9月。平装,大32开,书号10019·3180,定价3.05元。1985年1月,精装,大32开,定价9.90元。2019年7月收入中国翻译家译丛,精装,16异,ISBN 978-7-02-011618-8,定价109.00元。(76-39)

13989 巴黎公社诗选

法国诗歌,沈大力、刘凤云译,何如校,1983年3月。平装,32异,书号10019·3430,定价0.58元。1984年9月收入文学小丛书,平装,小32开,定价0.68元。(76-40)

13990 歌德叙事诗集

〔德〕歌德著,钱春绮译,1983年5月。平装,小32开,书号10019·3459,定价0.90元。(76-41)

13991 席勒诗选

〔德〕席勒著,钱春绮译,外国文学名著丛书,1984年1月。大32开,书号10019·3602,平装,定价0.92元;精装,定价1.50元。1990年10月,平装,大32开,ISBN 7-02-001048-2,定价3.45元。(76-42)

13992 何其芳译诗稿

〔德〕海涅等著,卞之琳编选,外国文学出版社1984年12月。平装,小32开,书号10208·194,定价0.91元。(76-43)

13993 拉封丹寓言诗

〔法〕拉封丹著,远方译,1982年7月。平装,大32开,书号10019·3323,定价1.75元。(76-44)

诗歌

13994　彭斯诗选

〔英〕彭斯著,王佐良译,外国文学名著丛书,1985年3月。大32开,书号10019·3779,平装,定价1.55元;精装,定价2.25元。1998年7月,平装覆膜,大32开,ISBN 7-02-002588-9,定价11.60元。2020年6月收入外国文学名著丛书,精装,大32开,ISBN 978-7-02-015851-5,定价49.00元。(76-45)

13995　拉封丹寓言诗选

〔法〕拉封丹著,远方译,外国文学名著丛书,1985年3月。大32开,书号10019·3795,平装,定价1.70元;精装,定价2.40元。1998年7月,平装覆膜,大32开,ISBN 7-02-002538-2,定价13.50元。(76-46)

13996　海涅选集　诗歌卷

〔德〕海涅著,张玉书编选,1985年10月。平装,大32开,书号10019·3858,定价4.45元。1994年5月收入世界文学名著文库,书名《海涅诗选》,精装,大32开,ISBN 7-02-001776-2,定价23.55元。(76-47)

13997　雨果诗选

〔法〕雨果著,程曾厚译,外国文学名著丛书,1986年3月。大32开,书号10019·3933,平装,定价3.15元;精装,定价3.90元。2020年3月收入外国文学名著丛书,精装,大32开,ISBN 978-7-02-015096-0,定价55.00元。(76-48)

13998　恶之花

〔法〕波德莱尔著,钱春绮译,1986年6月。平装,小32开,书号10019·3963,定价2.45元。2011年4月收入企鹅经典丛书,平装,32异,ISBN 978-7-02-008201-8,定价29.80元。2017年6月收入企鹅经典丛书,平装,32异,ISBN 978-7-02-012989-8,定价55.00元。(76-49)

13999　雨果诗抄

〔法〕雨果著,闻家驷译,外国文学出版社1986年12月。平装覆膜,32异,书号10208·242,定价1.95元。(76-50)

14000　草叶集(上下)

〔美〕惠特曼著,楚图南、李野光译,1987年2月。平装,小32开,书号10019·4097,定价7.00元。1988年9月,平装,小32开,ISBN 7-02-000297-8,定价8.20元。1994年5月收入世界文学名著文库,精装,大32开,ISBN 7-02-001767-3,定价41.60元。1997年8月,平装,大32开,ISBN 7-02-002559-5,定价45.00元。2020年6月,单行本,精装,32异,ISBN 978-7-02-010889-3,定价168.00元。(76-51)

14001　夜听海涛

〔法〕雨果著,闻家驷译,外国名诗礼品书,1987年5月。平装覆膜,64开,书号10019·4070,定价0.93元。1988年9月,平装覆膜,64开,ISBN 7-02-000454-7,定价1.35元。(92-1)

14002　恶之花选

〔法〕波德莱尔著,钱春绮译,外国名诗礼品书,1987年5月。平装覆膜,64开,书号10019·4077,定价1.05元。(92-2)

14003　爱的哲学

〔英〕雪莱著,查良铮译,外国名诗礼品书,1987年6月。平装覆膜,64开,书号10019·4069,定价1.00元。1988年9月,平装覆膜,64开,ISBN 7-02-000455-5,定价1.45元。(92-3)

14004　爱情与自由

〔英〕彭斯著,王佐良译,外国名诗礼品书,1987年5月。平装覆膜,64开,书号10019·4071,定价1.00元。1988年9月,平装覆膜,64开,ISBN 7-02-000452-0,定价1.45元。(92-4)

14005　野蔷薇

〔德〕歌德著,钱春绮译,外国名诗礼品书,1987年5月。平装覆膜,64开,书号10019·4068,定价1.05元。1988年9月,平装覆膜,64开,ISBN 7-02-000459-8,定价1.50元。(92-5)

14006　青春的烦恼

〔德〕海涅著,张玉书译,外国名诗礼品书,1987年5月。平装覆膜,64开,书号10019·4073,定价1.15元。1988年9月,平装覆膜,64开,ISBN 7-02-000453-9,定价1.60元。(92-6)

14007　我在梦里梦见

〔美〕惠特曼著,屠岸、楚图南译,外国名诗礼品书,1987年5月。平装覆膜,64开,书号10019·4074,定价1.05元。1988年9月,平装覆膜,64开,ISBN 7-02-000451-2,定价

1.45元。(92-7)

14008 自由颂
〔俄〕普希金著,外国名诗礼品书,1987年5月。平装覆膜,64开,书号10019·4075,定价1.20元。1988年9月,平装覆膜,64开,ISBN 7-02-000456-3,定价1.65元。(92-8)

14009 诗与颂歌
〔智利〕聂鲁达著,袁水柏、王央乐译,外国名诗礼品书,1987年5月。平装覆膜,64开,书号10019·4076,定价1.00元。(92-11)

14010 邻笛集 现代诗选
外国名诗礼品书,1987年5月。平装覆膜,64开,书号10019·4078,定价1.15元。(92-12)

14011 古希腊抒情诗选
水建馥译,外国文学名著丛书,1988年3月。平装,大32开,书号10019·4226,ISBN 7-02-000160-2,定价2.15元。1991年4月,平装覆膜,大32开,ISBN 7-02-001169-1,定价4.20元。(76-52)

14012 弥尔顿十四行诗集
〔英〕弥尔顿著,〔美〕A.W.维里蒂注,金发燊译,1989年5月。平装,32异,ISBN 7-02-000704-X,定价1.60元。(76-53)

14013 我曾经爱过你
〔俄〕普希金等著,戈宝权等译,外国情诗集萃,外国文学出版社1989年9月。平装,国流32开,ISBN 7-5016-0043-0,定价1.70元。(93-1)

14014 你为什么沉默不语
〔英〕莎士比亚等著,屠岸等译,外国情诗集萃,外国文学出版社1989年9月。平装,国流32开,ISBN 7-5016-0042-2,定价1.70元。(93-2)

14015 当我再也感受不到太阳
〔加拿大〕史密斯等著,杨杰等译,外国情诗集萃,外国文学出版社1989年9月。平装,国流32开,ISBN 7-5016-0038-4,定价1.70元。(93-3)

14016 我坐在这里,等待,等待
〔德〕歌德等著,郭沫若等译,外国情诗集萃,外国文学出版社1989年9月。平装,国流32开,ISBN 7-5016-0044-9,定价1.75元。(93-4)

14017 我歌唱带电的肉体
〔美〕朗费罗等著,杨德豫等译,外国情诗集萃,外国文学出版社1989年9月。平装,国流32开,ISBN 7-5016-0041-4,定价1.75元。(93-6)

14018 我们走出浓荫之后
〔法〕龙沙等著,钱春绮等译,外国情诗集萃,外国文学出版社1989年9月。平装,国流32开,ISBN 7-5016-0035-X,定价1.80元。(93-7)

14019 我看到开满了花的小径
〔西班牙〕贝克尔等著,李文俊等译,外国情诗集萃,外国文学出版社1989年9月。平装,国流32开,ISBN 7-5016-0040-6,定价1.80元。(93-8)

14020 我愿意是急流
〔匈牙利〕裴多菲等著,外国情诗集萃,外国文学出版社1989年9月。平装,国流32开,ISBN 7-5016-0039-2,定价1.90元。(93-9)

14021 我爱过而又失去的女人
〔智利〕米斯特拉尔等著,王央乐等译,外国情诗集萃,外国文学出版社1989年9月。平装,国流32开,ISBN 7-5016-0036-2,定价1.80元。(93-10)

14022 湖畔诗魂——华兹华斯诗选
〔英〕华兹华斯著,杨德豫译,1990年1月。平装覆膜,大32开,ISBN 7-02-000772-4,定价4.55元。(76-54)

14023 神曲 地狱篇
〔意大利〕但丁著,田德望译,世界文学名著丛书,1990年1月。大32开,平装,ISBN 7-02-000866-6,定价6.65元;精装,ISBN 7-02-000867-4,定价8.20元。1992年7月,平装覆膜,大32开,ISBN 7-02-001426-7,定价8.85元。(76-55)

14024 白玫瑰——施托姆抒情诗选
〔德〕特奥多尔·施托姆著,魏家国译,1991年3月。平装覆膜,32异,ISBN 7-02-001123-3,定价3.15元。(76-56)

14025 恶之花 巴黎的忧郁
〔法〕波德莱尔著,钱春绮译,世界文学名著丛书,1991年4月。大32开,平装,ISBN 7-02-

001129-2,定价 6.15 元；精装,ISBN 7-02-001130-6,定价 7.75 元。1994 年 5 月版,平装覆膜,大 32 开,ISBN 7-02-001801-7,定价 11.70 元。1998 年 2 月收入世界文学名著文库,精装,大 32 开,ISBN 7-02-002327-4,定价 29.00 元。2020 年 9 月收入外国文学名著丛书,精装,大 32 开,ISBN 978-7-02-015880-5,定价 69.00 元。(76-57)

14026　神秘诗！怪诞诗！
——柯尔律治的三篇代表作
〔英〕柯尔律治著,杨德豫译,1992 年 1 月。平装覆膜,32 异,ISBN 7-02-001331-7,定价 1.85 元。(76-58)

14027　耶路撒冷的解放
〔意大利〕塔索著,外国文学名著丛书,1993 年 6 月。平装,大 32 开,ISBN 7-02-001608-1,定价 12.70 元。(76-59)

14028　伊利亚特
〔古希腊〕荷马著,罗念生、王焕生译,世界文学名著文库,1994 年 11 月。精装,大 32 开,ISBN 7-02-001872-6,定价 25.85 元。1997 年 6 月,平装覆膜,大 32 开,ISBN 7-02-002404-1,定价 26.00 元。2003 年 1 月收入名著名译插图本,书名《荷马史诗·伊利亚特》平装覆膜,国流 32 开,ISBN 7-02-003885-9,定价 22.00 元。2008 年 6 月收入名著名译插图本精华版,软精,国流 32 开,ISBN 978-7-02-007129-6,定价 28.00 元。2015 年 1 月收入名著名译丛书,精装,32 异,ISBN 978-7-02-010442-0,定价 45.00 元。2018 年 7 月收入插图本名著名译丛书,平装,国流 32 开,ISBN 978-7-02-013061-0,定价 43.00 元。2020 年 4 月收入外国文学名著丛书,精装,大 32 开,ISBN 978-7-02-015827-0,定价 74.00 元。(76-60)

14029　雪莱诗选
〔英〕雪莱著,江枫译,世界文学名著文库,1996 年 11 月。精装,大 32 开,ISBN 7-02-002265-0,定价 35.00 元。(76-61)

14030　神曲 炼狱篇
〔意大利〕但丁著,田德望译,1997 年 4 月。平装覆膜,大 32 开,ISBN 7-02-002302-9,定价 33.00 元。(76-62)

14031　奥德赛
〔古希腊〕荷马著,王焕生译,世界文学名著文库,1997 年 5 月。精装,大 32 开,ISBN 7-02-002372-X,定价 34.00 元。1997 年 6 月,平装覆膜,大 32 开,ISBN 7-02-002403-3,定价 22.00 元。2003 年 1 月收入名著名译插图本,书名《荷马史诗·奥德赛》,平装覆膜,国流 32 开,ISBN 7-02-003884-0,定价 18.00 元。2008 年 6 月收入名著名译插图本精华版,软精,国流 32 开,ISBN 978-7-02-007131-9,定价 23.00 元。2015 年 5 月收入名著名译丛书,精装,32 异,ISBN 978-7-02-010279-2,定价 37.00 元。2018 年 6 月收入插图本名著名译丛书,平装,国流 32 开,ISBN 978-7-02-013052-8,定价 38.00 元。2020 年 4 月收入外国文学名著丛书,精装,大 32 开,ISBN 978-7-02-015828-7,定价 59.00 元。(76-63)

14032　济慈诗选
〔英〕济慈著,屠岸译,世界文学名著文库,1997 年 11 月。精装,大 32 开,ISBN 7-02-002368-1,定价 24.50 元。(76-64)

14033　弥尔顿诗选
〔英〕弥尔顿著,朱维之选译,世界文学名著文库,1998 年 2 月。精装,大 32 开,ISBN 7-02-002400-9,定价 31.50 元。(76-65)

14034　雨果诗选
〔法〕雨果著,程曾厚译,世界文学名著文库,2000 年 12 月。精装,大 32 开,ISBN 7-02-002929-9,定价 34.00 元。(76-66)

14035　神曲 天国篇
〔意大利〕但丁著,田德望译,2001 年 5 月。平装覆膜,大 32 开,ISBN 7-02-003417-9,定价 18.00 元。(76-67)

14036　华兹华斯 柯尔律治诗选
〔英〕华兹华斯、柯尔律治著,杨德豫译,世界文学名著文库,2001 年 1 月。精装,大 32 开,ISBN 7-02-002783-0,定价 30.00 元。(76-68)

14037　歌德诗选
〔德〕歌德著,冯至、钱春绮、绿原译,世界文学名著文库,2001 年 12 月。精装,大 32 开,ISBN 7-02-003098-X,定价 28.00 元。(76-69)

14038 神曲

〔意大利〕但丁著,田德望译,2002年12月。特精,16开,ISBN 7-02-003746-1,定价450.00元。2004年1月收入名著名译插图本,平装覆膜,国流32开,ISBN 7-02-004383-6,定价43.00元。2008年6月收入名著名译插图本精华版,软精,国流32开,ISBN 978-7-02-007148-7,定价43.00元。2014年12月收入田德望译文集,精装,国流32开,ISBN 978-7-02-010030-9,定价88.00元。2015年4月收入中国翻译家译丛,精装,16异,ISBN 978-7-02-009901-6,定价79.00元。2018年1月收入名著名译丛书,精装,32异,ISBN 978-7-02-011592-1,定价89.00元。2020年6月收入插图本名著名译丛书,平装,国流32开,ISBN 978-7-02-013059-7,定价99.00元。2020年9月收入外国文学名著丛书,精装,大32开,ISBN 978-7-02-015849-2,定价128.00元。(76-70)

14039 暴风雨夜,暴风雨夜 狄金森诗歌精粹

〔美〕狄金森著,江枫译,名诗名译插图本,2008年3月。平装覆膜,32异,ISBN 978-7-02-006197-6,定价19.00元。(76-71)

14040 我爱人像红红的玫瑰花 彭斯诗歌精粹

〔英〕彭斯著,袁可嘉译,名诗名译插图本,2008年3月。平装覆膜,32异,ISBN 978-7-02-006198-3,定价19.00元。(76-72)

14041 恶之花 波德莱尔诗歌精粹

〔法〕波德莱尔著,钱春绮译,名诗名译插图本,2008年3月。平装覆膜,32异,ISBN 978-7-02-006207-2,定价16.00元。(76-73)

14042 夜莺与古瓮 济慈诗歌精粹

〔英〕济慈著,屠岸译,名诗名译插图本,2008年3月。平装覆膜,32异,ISBN 978-7-02-006200-3,定价18.00元。(76-74)

14043 雅典的少女 拜伦诗歌精粹

〔英〕拜伦著,查良铮译,名诗名译插图本,2008年3月。平装覆膜,32异,ISBN 978-7-02-006131-0,定价20.00元。(76-75)

14044 青春的烦恼 海涅诗歌精粹

〔德〕海涅著,冯至、张玉书译,名诗名译插图本,2008年3月。平装覆膜,32异,ISBN 978-7-02-006201-0,定价16.00元。(76-76)

14045 浪游者夜歌 歌德诗歌精粹

〔德〕歌德著,冯至等译,名诗名译插图本,2008年3月。平装覆膜,32异,ISBN 978-7-02-006199-0,定价17.00元。(76-77)

14046 爱的哲学 雪莱诗歌精粹

〔英〕雪莱著,查良铮译,名诗名译插图本,2008年3月。平装覆膜,32异,ISBN 978-7-02-006196-9,定价18.00元。(76-78)

14047 海涅诗选

〔德〕海涅著,冯至、钱春绮、张玉书译,朝内166人文文库·外国诗歌,2012年6月。精装,32异,ISBN 978-7-02-009126-3,定价21.00元。(76-79)

14048 恶之花

〔法〕波德莱尔著,钱春绮译,朝内166人文文库·外国诗歌,2012年6月。精装,32异,ISBN 978-7-02-009127-0,定价25.00元。(76-80)

14049 雪莱诗选

〔英〕雪莱著,查良铮译,朝内166人文文库·外国诗歌,2012年6月。精装,32异,ISBN 978-7-02-009125-6,定价22.00元。(76-81)

14050 狄金森诗选

〔美〕艾米莉·狄金森著,蒲隆译,中学生文学阅读必备书系,2014年2月。平装覆膜,国流32开,ISBN 978-7-02-009975-7,定价19.00元。(76-82)

14051 德国,一个冬天的童话

〔德〕海涅著,冯至译,中国翻译家译丛,2015年4月。精装,16异,ISBN 978-7-02-009868-2,定价54.00元。2020年3月收入外国文学名著丛书,精装,大32开,ISBN 978-7-02-015838-6,定价32.00元。(76-83)

14052 荷尔德林诗集

〔德〕荷尔德林著,王佐良译,2016年1月。平装,16异,ISBN 978-7-02-011084-1,定价58.00元。(76-84)

14053 幻象集

〔法〕奈瓦尔著,余中先译,巴别塔诗典,2016年9月。平装,32异,ISBN 978-7-02-011828-1,定价22.00元。(76-85)

14054 浪游者
〔德〕荷尔德林著,林克译,巴别塔诗典,2016年9月。平装,32异,ISBN 978-7-02-011828-1,定价22.00元。(76-86)

14055 尼贝龙根之歌
〔奥地利〕无名奥地利骑士著,钱春绮译,中国翻译家译丛,2017年1月。精装,16异,ISBN 978-7-02-011293-7,定价64.00元。(76-87)

14056 这无穷尽的平原的沉寂——魏尔伦诗选
〔法〕魏尔伦著,罗洛译,蓝色花诗丛,2017年4月。精装,32异,ISBN 978-7-02-012173-1,定价30.00元。(76-88)

14057 你是黄昏的牧人——萨福诗选
〔古希腊〕萨福著,罗洛译,蓝色花诗丛,2017年4月。精装,32异,ISBN 978-7-02-012177-9,定价30.00元。(76-89)

14058 天真的预言——布莱克诗选
〔英〕威廉·布莱克著,黄雨石等译,蓝色花诗丛,2017年4月。精装,32异,ISBN 978-7-02-013293-5,定价36.00元。(76-90)

14059 乌塔耶书
〔法〕匹桑著,吴雅凌译,巴别塔诗典,2017年8月。精装,32异,ISBN 978-7-02-012759-7,定价48.00元。(76-91)

14060 坐在你身边看云
〔葡萄牙〕佩索阿著,程一身译,巴别塔诗典,2017年8月。精装,32异,ISBN 978-7-02-012765-8,定价68.00元。(85-140)

14061 致艾尔薇拉——拉马丁诗选
〔法〕拉马丁著,张秋红译,蓝色花诗丛,2017年6月。精装,32异,ISBN 978-7-02-012376-6,定价48.00元。(76-92)

14062 华兹华斯叙事诗选
〔英〕威廉·华兹华斯著,秦立彦译,2018年6月。平装,16异,ISBN 978-7-02-013532-5,定价39.80元。(76-93)

14063 狄奥提玛——荷尔德林诗选
〔德〕荷尔德林著,王佐良译,蓝色花诗丛,2018年2月。精装,32异,ISBN 978-7-02-013588-2,定价49.00元。(76-94)

14064 浪漫主义的夕阳——波德莱尔诗选
〔法〕波德莱尔著,欧凡译,蓝色花诗丛,2018年2月。精装,32异,ISBN 978-7-02-013585-1,定价48.00元。(76-95)

14065 海涅诗选
〔德〕海涅著,冯至译,教育部统编《语文》推荐阅读丛书,2018年7月。平装覆膜,16异,ISBN 978-7-02-014288-0,定价24.00元。(76-96)

14066 惠特曼诗选
〔美〕沃尔特·惠特曼著,楚图南、李野光译,教育部统编《语文》推荐阅读丛书,2018年7月。平装覆膜,16异,ISBN 978-7-02-014289-7,定价24.00元。(76-97)

14067 猎鲨记
〔英〕刘易斯·卡罗尔著,〔芬兰〕托芙·扬松绘,李珊珊译,大师插图经典,2018年10月。精装,32异,ISBN 978-7-02-013450-2,定价42.00元。(76-98)

14068 失乐园
〔英〕约翰·弥尔顿著,朱维之译,外国文学名著丛书,2019年5月。精装,大32开,ISBN 978-7-02-015064-9,定价69.00元。2019年7月收入中国翻译家译丛,精装,16异,ISBN 978-7-02-012361-2,定价68.00元。(76-99)(76-102)

14069 狄金森诗抄(上下)
〔美〕艾米莉·狄金森著,周林东译,2019年7月。精装,大32开,ISBN 978-7-02-013689-6,定价128.00元。(76-100)

14070 爱情与自由
〔英〕彭斯等著,王佐良译,中国翻译家译丛,2019年7月。精装,16异,ISBN 978-7-02-012479-4,定价59.00元。(76-101)

14071 莎士比亚十四行诗
〔英〕莎士比亚著,梁宗岱译,巴别塔诗典,2020年1月。精装,32异,ISBN 978-7-02-015384-8,定价48.00元。(76-103)

14072 德国诗选

［德］歌德等著,钱春绮译,外国文学名著丛书,2020年6月。精装,大32开,ISBN 978-7-02-015679-5,定价59.00元。(76-104)

14073　茨冈
［俄］普希金著,瞿秋白译,1953年2月。平装,小32开,书号170单90,定价3,900元。1957年8月,平装,小32开,书号10019·168,定价0.26元。1959年4月收入文学小丛书,平装,50开,书号10019·1239,定价0.10元。1985年5月,平装,小32开,书号10019·168,定价0.27元。(40-1)

14074　虎皮武士
［俄］卢斯达维里著,李霁野译,作家出版社1954年11月。平装,大32开,书号 作77,定价9,900元。(40-2)

14075　叶甫盖尼·奥涅金
［俄］普希金著,吕荧译,1954年12月。大32开,书号292,平装,定价16,500元;精装,定价26,000元。(40-3)

14076　在俄罗斯谁能快乐而自由
［俄］涅克拉索夫著,楚图南译,1955年6月。平装,大32开,书号321,定价1.77元。(40-4)

14077　严寒,通红的鼻子
［俄］涅克拉索夫著,魏荒弩译,作家出版社1956年4月。平装,32开,书号 作275,定价0.32元。(40-5)

14078　沙逊的大卫
亚美尼亚民间史诗,霍应人译,1957年3月。平装,大32开,书号10019·597,定价2.00元。(40-6)

14079　伊戈尔远征记
俄国古代英雄史诗,魏荒弩译,余振校,1957年8月。半精,大32开,书号10019·640,定价0.75元。1983年3月,修订增补本,附《顿河彼岸之战》,［俄］索封尼著。平装,大32开,定价0.53元。1991年7月,平装,大32开,ISBN 7-02-001250-7,定价2.00元。(40-7)

14080　阿拜故事诗
［俄］阿拜著,哈拜译,1958年8月。半精,小32开,书号10019·798,定价0.23元。(40-8)

14081　货郎
［俄］涅克拉索夫著,飞白译,文学小丛书,1962年11月。书号10019·1683,平装,50开,定价0.10元;平装,32异,定价0.15元。(40-9)

14082　红鼻子雪大王
［俄］涅克拉索夫著,飞白译,1983年1月。平装,32异,书号10019·3382,定价0.36元。(40-10)

14083　虎皮武士
［俄］卢斯达维里著,汤毓强译,外国文学出版社1984年3月。平装,小32开,书号10208·175,定价1.30元。(40-11)

14084　普希金长诗选
［俄］普希金著,余振译,外国文学出版社1984年11月。32异,书号10208·183,平装,定价1.50元;精装,定价2.75元。1988年12月,平装,32异,ISBN 7-5016-0027-9,定价3.10元。(40-12)

14085　叶甫盖尼·奥涅金
［俄］普希金著,智量译,普希金选集,1985年3月。小32开,书号10019·3741,平装,定价2.05元;精装,定价4.00元。(40-13)

14086　丘特切夫诗选
［俄］丘特切夫著,查良铮译,外国文学出版社1985年5月。平装,32异,书号10208·207,定价1.15元。(40-14)

14087　长诗
［俄］普希金著,王士燮、余振、查良铮、郑铮、汤毓强、冯春、卢永译,普希金选集,1987年2月。小32开,书号10019·4083,平装,定价3.30元;精装,定价5.25元。(40-15)

14088　普希金抒情诗选（上下）
［俄］普希金著,1989年1月。平装覆膜,小32开,ISBN 7-02-000308-7,定价9.50元。(40-16)

14089　普希金诗选
［俄］普希金著,卢永等译,世界文学名著文库,1996年11月。精装,大32开,ISBN 7-02-002125-5,定价49.90元。1997年9月,平装覆膜,大32开,ISBN 7-02-002514-5,定价29.00元。2000年5月收入中学生课外文学名著必读丛书,平装覆膜,大32开,ISBN 7-02-

诗歌

003202-8,定价29.00元。(40-17)

14090 伊格尔远征记
俄国古代英雄史诗,魏荒弩译,2000年12月。平装覆膜,大32开,ISBN 7-02-002902-7,定价10.00元。(40-19)

14091 普希金诗选
〔俄〕普希金著,卢永选编,语文新课标必读丛书,2003年5月。平装覆膜,大32开,ISBN 7-02-004154-X,定价15.00元。2006年6月收入语文新课标必读丛书修订版,平装覆膜,大32开,ISBN 7-02-005721-7,定价15.00元。2008年6月收入语文新课标必读丛书增订版,平装覆膜,大32开,ISBN 978-7-02-007077-0,定价16.00元。2018年8月收入教育部统编《语文》推荐阅读丛书,平装覆膜,16异,ISBN 978-7-02-013754-1,定价29.00元。(40-20)

14092 普希金诗选
〔俄〕普希金著,高莽等译,名著名译插图本,2003年1月。平装覆膜,国流32开,ISBN 7-02-003906-5,定价12.00元。2008年6月收入名著名译插图本精华版,软精,国流32开,ISBN 978-7-02-007134-0,定价17.00元。(40-21)

14093 叶甫盖尼·奥涅金
〔俄〕普希金著,智量译,名著名译插图本,2004年1月。平装覆膜,国流32开,ISBN 7-02-004325-9,定价16.00元。2016年6月收入普希金代表作,平装,32异,ISBN 978-7-02-011245-6,定价31.00元。2018年1月收入名著名译丛书,精装,32异,ISBN 978-7-02-012477-0,定价36.00元。2019年5月收入外国文学名著丛书,精装,大32开,ISBN 978-7-02-015065-6,定价45.00元。(40-22)

14094 自由颂 普希金诗歌精粹
〔俄〕普希金著,查良铮译,名诗名译插图本,2008年3月。平装覆膜,32异,ISBN 978-7-02-006130-3,定价18.00元。(40-23)

14095 普希金诗选
〔俄〕普希金著,高莽等译,卢永选编,朝内166人文文库·外国诗歌,2012年6月。精装,32异,ISBN 978-7-02-009123-2,定价22.00元。

(40-24)

14096 普希金诗选
〔俄〕普希金著,高莽等译,名著名译丛书,2015年4月。精装,32异,ISBN 978-7-02-010273-0,定价35.00元。2018年6月收入插图本名著名译丛书,平装,国流32开,ISBN 978-7-02-013077-1,定价36.00元。(40-25)

14097 如果生活欺骗了你
〔俄〕普希金著,高莽等译,普希金代表作,2016年6月。平装,32异,ISBN 978-7-02-011098-8,定价20.00元。(40-26)

14098 伊戈尔远征记 涅克拉索夫诗选
〔俄〕佚名、涅克拉索夫著,魏荒弩译,中国翻译家译丛,2019年7月。精装,16异,ISBN 978-7-02-012356-8,定价78.00元。(40-28)

14099 普希金经典情诗选
〔俄〕普希金著,乌兰汗等译,普希金经典文选,2019年9月。精装,32异,ISBN 978-7-02-015186-8,定价43.00元。(40-29)

14100 北方的白桦树——布宁诗选
〔俄〕布宁著,陈馥译,蓝色花诗丛,2018年9月。精装,32异,ISBN 978-7-02-013836-4,定价39.00元。(46-53)

14101 迟来的旅行者
〔俄〕赫列勃尼科夫著,凌越、梁嘉莹译,巴别塔诗典,2018年9月。精装,32异,ISBN 978-7-02-015340-4,定价68.00元。(46-54)

14102 勇敢的约翰
〔匈牙利〕裴多菲著,孙用译,1953年3月。平装,32开,书号169单89,定价5,500元。(52-1)

14103 密茨凯维支诗选
〔波兰〕密茨凯维支著,孙用译,作家出版社1954年5月。平装,32开,书号 作41,定价4,100元。(52-2)

14104 裴多菲诗选
〔匈牙利〕裴多菲著,孙用译,作家出版社1954年10月。平装,大32开,书号 作85,定价13,000元。1956年4月人民文学出版社,平装,大32开,书号10019·711,定价1.24元。(52-3)

794

14105　波特夫诗集
〔保加利亚〕波特夫著,杨燕杰、叶明珍译,1956年10月。小32开,书号10019·563,半精,定价0.33元;精装,定价0.55元。1959年9月,平装,32开,书号10019·1465,定价0.47元。(52-4)(52-10)

14106　普列舍伦诗选
〔南斯拉夫〕普列舍伦著,张奇、水建馥译,1957年1月。32开,书号10019·577,平装,定价0.26元;精装,定价0.26元。(52-5)

14107　密茨凯维支诗选
〔波兰〕密茨凯维支著,孙用、景行译,1958年8月。平装,大32开,书号10019·408,定价1.00元。1980年1月,平装,大32开,定价0.98元。(52-6)

14108　康拉德·华伦洛德
〔波兰〕密茨凯维支著,景行译,孙用校,1958年11月。平装,小32开,书号10019·876,定价0.36元。(52-7)

14109　歌谣选
〔波兰〕密茨凯维支著,孙用译,文学小丛书,1958年12月。平装,50开,书号10019·1102,定价0.17元。(52-8)

14110　裴多菲诗选
〔匈牙利〕裴多菲著,孙用译,文学小丛书,1959年4月。平装,50开,书号10019·1246,定价0.18元。1979年6月,平装,32异,定价0.29元。2019年7月,书名《裴多菲诗选 我愿意是急流》,精装,32异,ISBN 978-7-02-013321-5,定价35.00元。(52-9)

14111　多尔第
〔匈牙利〕奥洛尼著,孙用译,1960年3月。半精,小32开,书号10019·1551,定价0.45元。(52-11)

14112　黄蔷薇
〔匈牙利〕约卡伊·莫尔著,汤真译,1960年3月。半精,小32开,书号10019·1556,定价0.48元。(52-12)

14113　五月
〔捷克斯洛伐克〕马哈著,杨熙龄译,1960年11月。平装,小32开,书号10019·1598,定价0.33元。(52-13)

14114　弗拉舍里诗选
〔阿尔巴尼亚〕弗拉舍里著,杜承南译,1962年11月。平装,32异,书号10019·1700,定价0.40元。(52-14)

14115　米耶达诗选
〔阿尔巴尼亚〕米耶达著,乌兰汗、船甲译,1962年11月。平装,32异,书号10019·1706,定价0.32元。(52-15)

14116　使徒
〔匈牙利〕裴多菲著,兴万生译,1963年2月。平装,32异,书号10019·1715,定价0.50元。(52-16)

14117　考什布克诗选
〔罗马尼亚〕考什布克著,冯志臣译,1979年5月。32开,书号10019·2724,平装,定价0.31元;精装,定价1.10元。(52-17)

14118　诗选
〔保加利亚〕伐佐夫著,杨燕杰译,伐佐夫选集,1982年4月。平装,小32开,书号10019·3293,定价0.87元。(52-18)

14119　花束集
〔捷克斯洛伐克〕爱尔本著,劳荣等译,外国文学出版社1986年1月。平装,小32开,书号10208·218,定价1.65元。(52-19)

14120　裴多菲诗选
〔匈牙利〕裴多菲著,兴万生译,世界文学名著文库,1996年11月。精装,大32开,ISBN 7-02-002109-3,定价35.00元。(52-20)

14121　塔杜施先生
〔波兰〕密茨凯维奇著,易丽君、林洪亮译,世界文学名著文库,1998年12月。精装,大32开,ISBN 7-02-002749-0,定价29.20元。(58-18)

14122　谢甫琴科诗集
〔乌克兰〕谢甫琴科著,戈宝权译,外国文学名著丛书,2020年6月。精装,大32开,ISBN 978-7-02-015896-6,定价59.00元。(58-19)

14123　聂鲁达诗文集
〔智利〕聂鲁达著,袁水拍译,1951年9月。平装,18开,书号 总46单15,定价22,000元。1951年11月,平装,25开,定价17,000元。

诗歌

1953 年 7 月,平装,32 开,定价 11,000 元。(82-1)

14124　和平纪事
〔委内瑞拉〕卡路斯·奥古斯特·利昂著,李一氓等译,1954 年 9 月。平装,32 开,书号 301,定价 1,900 元。(82-2)

14125　希腊的心
〔希腊〕阿列克西斯·巴尔尼斯著,魏荒弩译,作家出版社 1954 年 11 月。平装,32 开,书号 作 109,定价 5,000 元。(82-3)

14126　艾吕雅诗钞
〔法〕艾吕雅著,罗大冈译,1954 年 12 月。平装,32 开,书号 304,定价 10,000 元。(82-4)

14127　反抗诗集
〔圭亚那〕马丁·卡特著,水建馥译,作家出版社 1956 年 4 月。平装,50 开,书号 作 432,定价 0.14 元。(82-5)

14128　洛尔伽诗钞
〔西班牙〕洛尔伽著,戴望舒译,施蛰存编,作家出版社 1956 年 6 月。平装,32 开,书号 10020·481,定价 0.45 元。(82-6)

14129　阿拉贡诗文钞
〔法〕阿拉贡著,罗大冈译,作家出版社 1956 年 7 月。平装,大 32 开,书号 10020·283,定价 1.10 元。(82-7)

14130　我的兄弟们
〔加拿大〕华莱斯著,张奇等译,作家出版社 1956 年 12 月。平装,32 开,书号 10020·528,定价 0.20 元。(82-8)

14131　黑人诗选
〔美〕朗斯敦·休士等著,张奇等译,作家出版社 1957 年 12 月。半精,小 32 开,书号 10020·769,定价 0.33 元。(82-9)

14132　贝希尔诗选
〔德〕贝希尔著,黄贤俊译,作家出版社 1958 年 6 月。平装,大 32 开,书号 10020·860,定价 0.50 元。(82-10)

14133　歌颂新中国
智利诗歌,作家出版社编辑部编,作家出版社 1958 年 7 月。半精,小 32 开,书号 10020·954,定价 0.27 元。(82-11)

14134　华莱斯诗选
〔加拿大〕华莱斯著,孙用、张奇等译,1958 年 9 月。平装,32 开,书号 10019·832,定价 0.47 元。(82-12)

14135　美国人,滚回去！拉丁美洲诗选
袁水拍等译,1958 年 9 月。半精,小 32 开,书号 10019·973,定价 0.19 元。(82-13)

14136　伐木者,醒来吧！
〔智利〕聂鲁达著,袁水拍译,文学小丛书,1958 年 12 月。平装,50 开,书号 10019·1113,定价 0.14 元。(82-14)

14137　汗和鞭子
〔古巴〕尼古拉斯·纪廉著,亦潜译,文学小丛书,1959 年 3 月。平装,50 开,书号 10019·1106,定价 0.12 元。(82-15)

14138　卡斯特罗·阿尔维斯诗选
〔巴西〕卡斯特罗·阿尔维斯著,亦潜译,拉丁美洲文学丛书,1959 年 4 月。大 32 开,书号 10019·1262,平装,定价 0.50 元;精装,定价 0.96 元。(82-16)

14139　纪廉诗选
〔古巴〕纪廉著,亦潜译,拉丁美洲文学丛书,1959 年 4 月。大 32 开,书号 10019·1203,平装,定价 0.53 元;精装,定价 0.98 元。(82-17)

14140　阿尔贝蒂诗选
〔西班牙〕阿尔贝蒂著,拓生、肖月译,梅林、亦潜校,1959 年 7 月。平装,大 32 开,书号 10019·1319,定价 0.70 元。(82-18)

14141　英雄事业的赞歌
〔智利〕聂鲁达著,王央乐译,作家出版社 1961 年 9 月。平装,32 异,书号 10020·1525,定价 0.40 元。(82-19)

14142　为了这样的自由
〔古巴〕法雅德·哈米斯著,赵金平译,作家出版社 1964 年 7 月。32 开,书号 10020·1777,平装,定价 0.26 元;精装,定价 0.71 元。(82-20)

14143　中国人民的手
〔古巴〕比达·罗德里格斯著,赵金平译,作家出版社 1964 年 7 月。32 开,书号 10020·1774,平装,定价 0.25 元;精装,定价 0.75 元。(82-21)

14144　黎明的战士

〔巴拉圭〕罗梅罗著，赵金平译，作家出版社 1964 年 12 月。32 开，书号 10020·1810，平装，定价 0.34 元；精装，定价 0.85 元。（82-22）

14145　献给北京的颂歌

〔智利〕巴勃罗·德·罗卡著，赵金平译，作家出版社 1965 年 9 月。32 开，书号 10020·1864，平装，定价 0.29 元；精装，定价 0.73 元。（82-23）

14146　燃灯者

〔马耳他〕安东·布蒂吉格著，冰心译，1981 年 8 月。32 开，书号 10019·3038，平装，定价 0.29 元；精装，定价 1.30 元。（82-24）

14147　近代英国诗钞

杨宪益译，1983 年 9 月。32 异，书号 10019·3496，平装，定价 0.22 元；精装，定价 1.10 元。（82-25）

14148　美国歌谣选

袁可嘉译，外国文学出版社 1985 年 2 月。平装，小 32 开，书号 10208·202，定价 1.10 元。（82-27）

14149　美国现代诗选（上下）

赵毅衡编译，外国文学出版社 1985 年 5 月。平装，小 32 开，书号 10208·209，定价 4.45 元。（82-28）

14150　桑德堡诗选

〔美〕桑德堡著，赵毅衡译，外国文学小丛书，1987 年 4 月。平装，32 异，书号 10019·4093，定价 0.84 元。（82-29）

14151　索德格朗诗选

〔芬兰〕索德格朗著，北岛译，外国文学出版社 1987 年 10 月。平装，32 异，书号 10208·273，定价 0.82 元。（82-30）

14152　夸奇莫多　蒙塔莱　翁加雷蒂诗选

〔意大利〕夸奇莫多、蒙塔莱、翁加雷蒂著，钱鸿嘉译，二十世纪外国文学丛书，外国文学出版社 1988 年 8 月。平装，大 32 开，ISBN 7-5016-0045-7，定价 2.45 元。（82-31）

14153　法国当代五人诗选

〔法〕朗贝尔等著，江伙生译，外国文学出版社 1989 年 9 月。平装，32 异，ISBN 7-5016-0063-5，定价 2.60 元。（82-32）

14154　雨——现代法国诗抄

徐知免译，外国文学出版社 1989 年 9 月。平装，小 32 开，ISBN 7-5016-0060-0，定价 2.50 元。（82-33）

14155　爱之树　1970—1985 民主德国抒情诗选

潘子立译，1990 年 7 月。平装覆膜，32 异，ISBN 7-02-000757-0，定价 3.00 元。（82-34）

14156　卡塔兰现代诗选

〔西班牙〕何塞·阿古斯丁·戈伊蒂索洛编选，王央乐译，1991 年 1 月。平装覆膜，32 异，ISBN 7-02-001050-4，定价 3.40 元。（82-35）

14157　血的婚礼

〔西班牙〕加西亚·洛尔卡著，赵振江译，二十世纪外国文学丛书，外国文学出版社 1994 年 1 月。平装，大 32 开，ISBN 7-5016-0136-4，定价 7.15 元。（82-36）

14158　里尔克诗选

〔奥地利〕里尔克著，绿原译，世界文学名著文库，1996 年 11 月。精装，大 32 开，ISBN 7-02-002127-1，定价 43.00 元。1999 年 1 月收入名著名译，平装覆膜，大 32 开，ISBN 7-02-002897-7，定价 21.50 元。2006 年 4 月收入名著名译插图本，平装覆膜，国流 32 开，ISBN 7-02-005435-5，定价 31.00 元。2014 年 2 月收入中学生文学阅读必备书系，平装覆膜，国流 32 开，ISBN 978-7-02-009962-7，定价 30.00 元。（82-37）

14159　来来往往

〔意大利〕蒂齐亚诺·罗西著，朱光宇、李婧敬译，2001 年 8 月。平装，国流 32 开，ISBN 7-02-003529-9，定价 12.00 元。（82-38）

14160　傅立特诗选

〔奥地利〕傅立特著，马文韬译，2004 年 9 月。平装覆膜，32 异，ISBN 7-02-004592-8，定价 22.00 元。（82-39）

14161　众树歌唱——欧美现代诗 100 首

〔美〕庞德等著，叶维廉译，2009 年 12 月。平装覆膜，32 异，ISBN 978-7-02-007819-6，定价

26.00元。(82-40)

14162 当代美国诗选
〔美〕凯·赖安等著,杜红等译,2011年9月。平装,16异,ISBN 978-7-02-008659-7,定价50.00元。(82-41)

14163 人类的曙光 德国表现主义经典诗集
〔德〕库尔特·品图斯编选,姜爱红译,2012年8月。平装,16异,ISBN 978-7-02-009249-9,定价49.00元。(82-42)

14164 墨西哥诗选
〔墨西哥〕索尔·胡安娜·伊内斯·德·拉·克鲁斯等著,赵振江、段继承译,2012年8月。平装,16异,ISBN 978-7-02-009441-7,定价45.00元。(82-43)

14165 未走之路——弗罗斯特诗选
〔美〕弗罗斯特著,曹明伦译,蓝色花诗丛,2016年3月。精装,32异,ISBN 978-7-02-011376-7,定价36.00元。(82-44)

14166 林间空地
〔美〕弗罗斯特著,杨铁军译,巴别塔诗典,2016年9月。平装,32异,ISBN 978-7-02-011829-8,定价56.00元。(82-45)

14167 春花的葬礼
〔法〕耶麦著,刘楠祺译,巴别塔诗典,2016年9月。平装,32异,ISBN 978-7-02-011831-1,定价48.00元。(82-46)

14168 孤独者的秋天
〔奥地利〕特拉克尔著,林克译,巴别塔诗典,2016年9月。平装,32异,ISBN 978-7-02-011830-4,定价26.00元。(82-47)

14169 不要温顺地走进那个良宵——狄兰·托马斯诗选
〔英〕狄兰·托马斯著,海岸译,蓝色花诗丛,2015年12月。精装,32异,ISBN 978-7-02-010841-1,定价32.00元。(82-48)

14170 请你记住——缪塞诗选
〔法〕缪塞著,陈澄莱、宗璞译,蓝色花诗丛,2016年10月。精装,32异,ISBN 978-7-02-012014-7,定价30.00元。(82-49)

14171 小小的死亡之歌
〔西班牙〕洛尔迦著,戴望舒译,蓝色花诗丛,2016年10月。精装,32异,ISBN 978-7-02-011998-1,定价29.00元。(82-50)

14172 城与海——朗费罗诗选
〔美〕朗费罗著,荒芜译,蓝色花诗丛,2016年10月。精装,32异,ISBN 978-7-02-012015-4,定价30.00元。(82-51)

14173 荒原——艾略特诗选
〔英〕T.S.艾略特著,赵萝蕤译,蓝色花诗丛,2016年10月。精装,32异,ISBN 978-7-02-012000-0,定价36.00元。(82-52)

14174 滴漏
〔葡萄牙〕庇山耶著,姚风译,镜海译丛,2017年5月。平装,32异,ISBN 978-7-02-012339-1,定价35.00元。(82-53)

14175 金斯堡诗全集(上中下)
〔美〕艾伦·金斯堡著,惠明译,2017年11月。平装,32异,ISBN 978-7-02-013178-5,定价199.00元。(82-54)

14176 剥肉桂的人
〔加拿大〕迈克尔·翁达杰著,金雯译,翁达杰作品系列,2017年9月。精装,国流32开,ISBN 978-7-02-012898-3,定价48.00元。(82-55)

14177 整数26
〔斯洛文尼亚〕科索维尔著,袁帆译,巴别塔诗典,2017年8月。精装,32异,ISBN 978-7-02-012770-2,定价46.00元。(82-56)

14178 匙河集
〔美〕马斯特斯著,凌越、梁嘉莹译,巴别塔诗典,2017年8月。精装,32异,ISBN 978-7-02-012767-2,定价66.00元。(82-57)

14179 天狼星的阴影
〔美〕W.S.默温著,曾虹译,巴别塔诗典,2017年11月。精装,32异,ISBN 978-7-02-013332-1,定价42.00元。(82-58)

14180 东西谣曲——吉卜林诗选
〔英〕吉卜林著,黎幺译,蓝色花诗丛,2018年6月。精装,32异,ISBN 978-7-02-013587-5,定价39.00元。(82-59)

14181 裂枝的嘎鸣——黑塞诗选
〔德〕赫尔曼·黑塞著,欧凡译,蓝色花诗丛,2018年2月。精装,32异,ISBN 978-7-02-013589-9,定价36.00元。(82-60)

14182 重返伊甸园——劳伦斯诗选
〔英〕劳伦斯著,毕冰宾译,蓝色花诗丛,2018年2月。精装,32异,ISBN 978-7-02-013571-4,定价30.00元。(82-61)

14183 注视一只黑鸟的十三种方式
——史蒂文斯诗选
〔美〕史蒂文斯著,王佐良译,蓝色花诗丛,2018年6月。精装,32异,ISBN 978-7-02-013570-7,定价49.00元。(82-62)

14184 所有我亲爱的人
〔美〕安妮·塞克斯顿著,张逸旻译,巴别塔诗典,2018年6月。精装,32异,ISBN 978-7-02-014200-2,定价72.00元。(82-63)

14185 斧柄集
〔美〕加里·斯奈德著,许淑芳译,巴别塔诗典,2018年8月。精装,32异,ISBN 978-7-02-014073-2,定价40.00元。(82-64)

14186 砌石与寒山诗
〔美〕加里·斯奈德著,柳向阳译,巴别塔诗典,2018年8月。精装,32异,ISBN 978-7-02-014170-8,定价35.00元。(82-65)

14187 诗的位置
〔法〕雅克·达拉斯著,树才译,2018年9月。平装,32异,ISBN 978-7-02-012812-9,定价52.00元。(82-66)

14188 消失的岛屿 希尼自选诗集(1966—1987)
〔爱尔兰〕谢默斯·希尼著,罗池译,2018年11月。精装,32异,ISBN 978-7-02-014550-8,定价58.00元。(82-67)

14189 消失的岛屿 希尼自选诗集(1988—2013)
〔爱尔兰〕谢默斯·希尼著,范静哗、罗池译,2018年11月。精装,32异,ISBN 978-7-02-014551-5,定价58.00元。(82-68)

14190 观察一只黑鹂的十三种方式
〔美〕史蒂文斯著,罗池译,巴别塔诗典,2018年11月。精装,32异,ISBN 978-7-02-012766-5,定价68.00元。(82-69)

14191 对星星的诺言
——米斯特拉尔诗选
〔智利〕加夫列拉·米斯特拉尔著,王央乐译,蓝色花诗丛,2018年9月。精装,32异,ISBN 978-7-02-013671-1,定价38.00元。(82-70)

14192 阿什贝利自选诗集(1—3)汉英对照
〔美〕约翰·阿什贝利著,马永波译,2019年4月。精装,32异,ISBN 978-7-02-014477-8,定价168.00元。(82-71)

14193 当下集
〔美〕加里·斯奈德著,许淑芳译,巴别塔诗典,2019年8月。精装,32异,ISBN 978-7-02-015027-4,定价42.00元。(82-72)

14194 弯曲的船板
〔法〕伊夫·博纳富瓦著,秦三澍译,巴别塔诗典,2019年7月。精装,32异,ISBN 978-7-02-015019-9,定价49.00元。(82-73)

14195 山巅之险
〔美〕加里·斯奈德著,柳向阳译,巴别塔诗典,2019年7月。精装,32异,ISBN 978-7-02-015028-1,定价45.00元。(82-74)

14196 弗罗斯特作品集(1—3)
〔美〕弗罗斯特著,曹明伦译,2019年11月。精装,16异,ISBN 978-7-02-012178-6,定价288.00元。(82-75)

14197 巴黎的忧郁
〔法〕波德莱尔著,刘楠祺译,巴别塔诗典,2019年10月。精装,32异,ISBN 978-7-02-015388-1,定价59.00元。(82-76)

14198 在冬日光线里
〔法〕菲利普·雅各泰著,宇舒译,巴别塔诗典,2019年10月。精装,32异,ISBN 978-7-02-015369-5,定价49.00元。(82-77)

14199 眼睛后面
〔美〕李立扬著,叶春译,巴别塔诗典,2019年10月。精装,32异,ISBN 978-7-02-015367-1,定价59.00元。(82-78)

14200 五大颂歌
〔法〕克洛岱尔著,余中先译,巴别塔诗典,2019年10月。精装,32异,ISBN 978-7-02-015339-8,定价58.00元。(82-79)

14201 迁徙 默温自选诗集(1—2)
〔美〕W.S.默温著,伽禾译,2020年1月。精装,32异,ISBN 978-7-02-015298-8,定价

158.00元。(82-80)

14202　遗失的赤裸
〔法〕勒内·夏尔著,何家炜译,巴别塔诗典,2020年1月。精装,32异,ISBN 978-7-02-015635-1,定价55.00元。(82-81)

14203　长长的锚链
〔法〕伊夫·博纳富瓦著,树才译,巴别塔诗典,2020年1月。精装,32异,ISBN 978-7-02-015025-0,定价45.00元。(82-82)

14204　天堂的影子
〔西班牙〕维森特·阿莱克桑德雷著,范晔译,巴别塔诗典,2020年1月。精装,32异,ISBN 978-7-02-012635-4,定价58.00元。(82-83)

14205　声音集
〔阿根廷〕安东尼奥·波尔基亚著,王可译,巴别塔诗典,2020年1月。精装,32异,ISBN 978-7-02-015341-1,定价45.00元。(82-84)

14206　一个博物学家的死亡 希尼诗100首
〔爱尔兰〕谢默斯·希尼著,罗池译,巴别塔诗典,2020年1月。精装,32异,ISBN 978-7-02-015328-2,定价65.00元。(82-85)

14207　夜晚的消息
〔瑞士〕菲利普·雅各泰著,姜丹丹译,巴别塔诗典,2020年1月。精装,32异,ISBN 978-7-02-015723-5,定价58.00元。(82-86)

14208　的里雅斯特与一位女性
〔意大利〕翁贝托·萨巴著,刘国鹏译,巴别塔诗典,2020年1月。精装,32异,ISBN 978-7-02-015368-8,定价75.00元。(82-87)

14209　老负鼠的猫经(英汉对照插图本)
〔英〕T.S.艾略特著,〔美〕爱德华·戈里绘,叶紫译,2020年6月。精装,32异,ISBN 978-7-02-015770-9,定价49.00元。(82-88)

14210　艾吕雅诗选
〔法〕保尔·艾吕雅著,罗大冈译,2020年7月。精装,32异,ISBN 978-7-02-011722-2,定价45.00元。(82-90)

14211　伊萨柯夫斯基诗选
〔苏〕伊萨柯夫斯基著,黄药眠译,1952年12月。32开,书号 总119 单65,平装,定价5,000元;精装,定价14,000元。(46-1)

14212　吉洪诺夫诗集
〔苏〕吉洪诺夫著,林陵等译,1952年12月。32开,书号 总143 单83,平装,定价5,300元;绢面线装,25开,定价50,000元。(46-2)

14213　列宁
〔苏〕马雅可夫斯基著,余振译,1953年7月。书号235,平装,32开,定价7,100元;精装,25开,定价30,000元。1956年7月,大32开,书号10019·234,平装,定价0.50元;精装,定价1.00元。(46-3)

14214　好!
〔苏〕马雅可夫斯基著,余振译,1955年4月。大32开,书号401,平装,定价0.55元;精装,定价1.02元。1956年8月,平装,大32开,书号10019·397,定价0.55元。(46-4)

14215　苏尔科夫诗选
〔苏〕苏尔科夫著,蓝曼译,作家出版社1955年10月。平装,32开,书号 作257,定价0.42元。1957年12月,平装,小32开,书号10020·256,定价0.42元。(46-5)

14216　友与敌
〔苏〕西蒙诺夫著,林耘译,作家出版社1955年10月。平装,32开,书号 作308,定价0.28元。1956年5月,平装,32开,书号10020·305,定价0.28元。(46-6)

14217　一亿五千万
〔苏〕马雅可夫斯基著,余振译,1957年5月。平装,大32开,书号10019·586,定价0.43元。(46-7)

14218　莫阿比特狱中诗钞
〔苏〕穆萨·嘉里尔著,苏杭译,1957年11月。半精,小32开,书号10019·672,定价0.40元。(46-8)

14219　列宁和阿里
〔苏〕叶吉舍·察连茨著,杜承南译,1958年9月。半精,小32开,书号10019·794,定价0.19元。(46-10)

14220　春草国
〔苏〕特瓦尔朵夫斯基著,飞白译,1958年9月。半精,小32开,书号10019·826,定价0.56元。(46-11)

14221　唐克诗选
〔苏〕马克西姆·唐克著,戈宝权、乌兰汗译,1958年9月。半精,小32开,书号10019·827,定价0.38元。(46-12)

14222　奥列莎河边
〔苏〕杨卡·库巴拉著,杜承南译,1958年9月。半精,小32开,书号10019·853,定价0.25元。(46-13)

14223　亚洲的声音
〔苏〕米·土尔松-查德著,张孟恢译,1958年9月。半精,小32开,书号10019·988,定价0.21元。(46-14)

14224　凯尔巴巴耶夫诗选
〔苏〕凯尔巴巴耶夫著,邹绛译,1958年9月。半精,小32开,书号10019·948,定价0.23元。(46-15)

14225　德·古里亚诗选
〔苏〕德·古里亚著,洪炉译,1958年9月。半精,小32开,书号10019·874,定价0.33元。(46-16)

14226　普尔柯夫子午线
〔苏〕薇拉·英倍尔著,惠炎译,1958年9月。半精,小32开,书号10019·846,定价0.23元。(46-17)

14227　马雅可夫斯基诗选
〔苏〕马雅可夫斯基著,戈宝权等译,文学小丛书,1958年11月。平装,小32开,定价0.54元。1959年6月,平装,50开,定价0.39元。(46-18)

14228　巴甫里克·莫洛卓夫
〔苏〕施巴乔夫著,黎央译,1959年5月。平装,小32开,书号10019·1208,定价0.24元。(46-20)

14229　谢·米哈尔科夫寓言诗
〔苏〕谢·米哈尔科夫著,任溶溶译,1959年6月。平装,小32开,书号10019·1288,定价0.51元。(46-21)

14230　企克瓦尼诗选
〔苏〕企克瓦尼著,林耘译,1959年11月。半精,小32开,书号10019·1368,定价0.36元。(46-22)

14231　马雅可夫斯基论美国
〔苏〕马雅可夫斯基著,1960年6月。30开,书号10019·1602,平装,定价0.51元;精装,定价0.80元。(46-24)

14232　山外青山天外天
〔苏〕特瓦尔朵夫斯基著,飞白、罗昕译,作家出版社1961年10月。内部发行。平装,大32开,书号10020·1530,定价0.63元。(46-25)

14233　阿雷·托康巴耶夫诗集
〔苏〕阿雷·托康巴耶夫著,丘琴、戈宝权译,作家出版社1963年5月。32开,书号10020·1662,平装,定价0.19元;精装,定价0.86元。(46-26)

14234　《娘子谷》及其他
〔苏〕叶夫杜申科等著,苏杭等译,作家出版社1963年9月。内部发行。平装,32异,书号10020·1700,定价0.34元。(46-27)

14235　焦尔金游地府
〔苏〕特瓦尔朵夫斯基著,丘琴、刘辽逸、苏杭、张铁弦译,作家出版社1964年2月。内部发行。平装,32异,书号10020·1743,定价0.58元。(46-28)

14236　人
〔苏〕梅热拉伊梯斯著,孙玮译,作家出版社1964年10月。内部发行。平装,32异,书号10020·1800,定价0.70元。(46-29)

14237　列宁
〔苏〕马雅可夫斯基著,飞白译,1977年8月。平装,小32开,书号10019·2412,定价0.44元。1990年8月收入国家教委青年文库,平装,32开,ISBN 7-02-001080-6,非卖品,无定价;1994年6月,定价3.05元。(46-30)

14238　朱尔菲亚诗选
〔苏〕朱尔菲亚著,卉妍译,作家出版社1962年1月。精装,32异,书号10020·1557,定价0.40元。(46-31)

14239　苏联当代诗选
乌兰汗编选,当代外国文学丛书,外国文学出版社1984年10月。平装,32异,书号10208·188,定价2.25元。(46-34)

14240　瓦西里·焦尔金
〔苏〕阿·特瓦尔多夫斯基著,飞白译,文学小丛书,1985年3月。平装,小32开,书号

诗歌

10019·3767,定价1.60元。(46-35)

14241 婚礼——叶夫图申科诗选

〔苏〕叶夫图申科著,苏杭译,小白桦诗库,外国文学出版社1991年9月。平装覆膜,32异,ISBN 7-5016-0102-X,定价2.65元。(46-36)

14242 致一百年以后的你——茨维塔耶娃诗选

〔苏〕茨维塔耶娃著,苏杭译,小白桦诗库,外国文学出版社1991年9月。平装覆膜,32异,ISBN 7-5016-0104-6,定价3.15元。(46-37)

14243 一切始于爱情——罗日杰斯特文斯基诗选

〔苏〕罗日杰斯特文斯基著,谷羽译,小白桦诗库,外国文学出版社1991年9月。平装覆膜,32异,ISBN 7-5016-0101-1,定价3.35元。(46-38)

14244 人——梅热拉伊蒂斯抒情诗集

〔苏〕梅热拉伊蒂斯著,孙玮译,小白桦诗库,外国文学出版社1991年9月。平装覆膜,32异,ISBN 7-5016-0097-X,定价2.50元。(46-39)

14245 贝壳——曼德尔施塔姆诗选

〔苏〕曼德尔施塔姆著,智量译,小白桦诗库,外国文学出版社1991年9月。平装覆膜,32异,ISBN 7-5016-0098-8,定价2.50元。(46-40)

14246 生活——我的姐妹——帕斯捷尔纳克诗选

〔苏〕帕斯捷尔纳克著,刘伦振、曾正平译,小白桦诗库,外国文学出版社1991年9月。平装覆膜,32异,ISBN 7-5016-0105-4,定价3.20元。(46-41)

14247 二十世纪独白——沃兹涅先斯基诗选

〔苏〕沃兹涅先斯基著,李海译,小白桦诗库,外国文学出版社1991年9月。平装覆膜,32异,ISBN 7-5016-0099-6,定价3.35元。(46-42)

14248 白桦——叶赛宁诗选

〔苏〕叶赛宁著,郑铮译,小白桦诗库,外国文学出版社1991年9月。平装覆膜,32异,ISBN 7-5016-0100-3,定价2.65元。(46-43)

14249 爱——阿赫马托娃诗选

〔苏〕阿赫马托娃著,乌兰汗译,小白桦诗库,外国文学出版社1991年9月。平装覆膜,32异,ISBN 7-5016-0019-8,定价4.15元。(94-1)

14250 当今世界——古米廖夫诗选

〔苏〕古米廖夫著,李海译,小白桦诗库,外国文学出版社1991年9月。平装覆膜,32异,ISBN 7-5016-0059-7,定价3.40元。(94-2)

14251 勃洛克 叶赛宁诗选

〔苏〕勃洛克、叶赛宁著,郑体武、郑铮译,世界文学名著文库,1998年10月。精装,大32开,ISBN 7-02-002612-5,定价32.00元。(46-44)

14252 马雅可夫斯基诗选

〔苏〕马雅可夫斯基著,卢永编选,世界文学名著文库,1998年10月。精装,大32开,ISBN 7-02-002481-5,定价39.00元。(46-45)

14253 当代俄罗斯诗选

阿麦林编选,2006年8月。平装覆膜,国流32开,ISBN 7-02-005803-5,定价20.00元。(46-47)

14254 斯科奇诗集

〔俄罗斯〕斯科奇著,万海松译,2012年8月。平装,16异,ISBN 978-7-02-009222-2,定价35.00元。(46-48)

14255 黄金在天空舞蹈

〔俄罗斯〕曼杰什坦姆著,汪剑钊译,巴别塔诗典,2016年9月。平装,32异,ISBN 978-7-02-011832-8,定价62.00元。(46-49)

14256 阿赫玛托娃诗全集(1904—1920)

〔苏〕阿赫玛托娃著,晴朗李寒译,2017年4月。精装,32异,ISBN 978-7-02-012284-4,定价66.00元。(46-50)

14257 阿赫玛托娃诗全集(1921—1957)

〔苏〕阿赫玛托娃著,晴朗李寒译,2017年4月。精装,32异,ISBN 978-7-02-012283-7,定价66.00元。(46-51)

14258 阿赫玛托娃诗全集(1958—1965)

〔苏〕阿赫玛托娃著,晴朗李寒译,2017年4月。精装,32异,ISBN 978-7-02-012285-1,定价

66.00元。(46-52)

14259　茨维塔耶娃诗选
〔苏〕茨维塔耶娃著,刘文飞译,外国文学名著丛书,2020年6月。精装,大32开,ISBN 978-7-02-015896-6,定价59.00元。(46-55)

14260　记忆的声音 阿赫玛托娃诗选
〔苏〕阿赫玛托娃著,汪剑钊译,2020年8月。平装,32异,ISBN 978-7-02-016505-6,定价39.00元。(46-56)

14261　和平歌
〔捷克斯洛伐克〕涅茨瓦尔著,朱子奇译,作家出版社1953年9月。平装,50开,书号作278,定价0.11元。(58-1)

14262　美国,我对你说
〔罗马尼亚〕玛丽亚·巴努斯著,胡文静译,作家出版社1957年8月。半精,小32开,书号10020·601,定价0.24元。(58-2)

14263　尤若夫诗选
〔匈牙利〕尤若夫著,孙用、高恩德、何韦译,1957年11月。半精,小32开,书号10019·663,定价0.38元。(58-3)

14264　托马诗选
〔罗马尼亚〕托马著,邹荻帆、孙韦、卢永译,1957年12月。半精,小32开,书号10019·685,定价0.46元。(58-4)

14265　巴努斯诗选
〔罗马尼亚〕玛丽亚·巴努斯著,胡文静、吕洁译,1959年8月。半精,小32开,书号10019·1457,定价0.62元。(58-5)

14266　恰奇诗选
〔阿尔巴尼亚〕恰奇著,戈宝权等译,1959年11月。半精,小32开,书号10019·1448,定价0.60元。(58-7)

14267　吉亚泰诗选
〔阿尔巴尼亚〕吉亚泰著,戈宝权译,1959年11月。半精,小32开,书号10019·1432,定价0.33元。(58-9)

14268　拉德夫斯基诗选
〔保加利亚〕拉德夫斯基著,杜承南译,作家出版社1961年12月。半精,32异,书号10020·1540,定价0.54元。(58-10)

14269　德拉戈·西理奇诗集
〔阿尔巴尼亚〕德拉戈·西理奇著,戈宝权等译,作家出版社1964年5月。32异,书号10020·1753,平装,定价0.23元;半精,定价0.28元。(58-11)

14270　恰佑比诗选
〔阿尔巴尼亚〕恰佑比著,戈宝权、孙玮、卢永译,作家出版社1964年11月。32开,书号10020·1782,平装,定价0.27元;精装,定价0.76元。(58-12)

14271　拉扎尔·西理奇诗集
〔阿尔巴尼亚〕拉扎尔·西理奇著,戈宝权译,作家出版社1964年11月。32开,书号10020·1807,平装,定价0.38元;精装,定价0.84元。(58-13)

14272　教师
〔阿尔巴尼亚〕拉扎尔·西理奇著,戈宝权译,作家出版社1966年2月。32开,书号10020·1878,平装,定价0.29元;精装,定价0.80元。(58-14)

14273　阿果里诗选
〔阿尔巴尼亚〕阿果里著,郑恩波译,1974年11月。小32开,书号10019·2225,平装,定价0.20元;精装,定价0.60元。(58-15)

14274　西里西亚之歌
〔捷克斯洛伐克〕彼得·贝兹鲁支著,劳荣译,外国文学出版社1983年3月。平装,32异,书号10208·130,定价0.60元。(58-16)

亚非大洋洲诗歌

14275　新月集
〔印度〕泰戈尔著,郑振铎译,1954年10月。精装,小32开,书号324,定价4,500元。1959年9月,平装,小32开,书号10019·322,定价0.22元。1989年2月,平装,小32开,ISBN 7-02-000385-0,定价0.81元。(64-1)

诗歌

14276　吉檀迦利
〔印度〕泰戈尔著，谢冰心译，1955年4月。小32开，书号396，精装，定价0.51元；特精，定价1.29元。1957年10月，精装，小32开，书号10019·392，定价0.49元。1988年11月，平装，32开，ISBN 7-02-000386-9，定价0.75元。(64-2)

14277　云使
〔印度〕迦梨陀娑著，金克木译，1956年6月。精装，大32开，书号10019·497，定价0.95元。(64-3)

14278　先知
〔叙利亚〕凯罗·纪伯伦著，冰心译，1957年4月。平装，32开，书号10019·601，定价0.40元。2007年7月收入天火丛书，平装，国流32开，ISBN 978-7-02-006125-9，定价8.00元。(64-4)

14279　阿富汗诗歌选
杜苕、宋兆霖译，1957年8月。半精，小32开，书号10019·638，定价0.42元。(64-5)

14280　天方诗经
〔埃及〕补虽里著，马安礼译，1957年12月。线装，大32开，书号10019·653，定价3.00元。(64-6)

14281　诗集
〔印度〕泰戈尔著，石真、谢冰心译，泰戈尔选集，1958年5月。大32开，书号10019·733，平装，定价1.10元；精装，定价2.10元。1980年9月收入外国文学名著丛书，更名《泰戈尔诗选》，平装，大32开，定价1.00元。1989年12月，平装覆膜，大32开，ISBN 7-02-000900-X，定价4.05元。1994年5月收入世界文学名著文库，精装，大32开，ISBN 7-02-001778-9，定价21.15元。2000年5月收入中学生课外文学名著必读丛书，平装覆膜，大32开，ISBN 7-02-003210-X，定价22.00元。2020年4月收入外国文学名著丛书，精装，大32开，ISBN 978-7-02-016167-6，定价55.00元。(64-7)

14282　蔷薇园
〔伊朗〕萨迪著，水建馥译，1958年9月。精装，大32开，书号10019·954，定价1.20元。1980年1月收入外国文学名著丛书，平装，大32开，书号10019·922，定价0.68元。(64-8)

14283　鲁米诗选
〔波斯〕鲁米著，宋兆霖译，1958年12月。半精，小32开，书号10019·1040，定价0.22元。(64-9)

14284　鲁达基诗选
〔波斯〕鲁达基著，潘庆舲译，1958年12月。半精，小32开，书号10019·1046，定价0.34元。(64-10)

14285　鲁拜集
〔波斯〕莪默·伽亚谟著，郭沫若译，1958年12月。半精，小32开，书号10019·1047，定价0.56元。1978年6月，平装，32异，定价0.29元。(64-11)

14286　蔷薇园
〔伊朗〕萨迪著，水建馥译，文学小丛书，1959年1月。书号10019·922，平装，50开，定价0.19元；平装，32开，定价0.27元。(64-12)

14287　两亩地
〔印度〕泰戈尔著，石真等译，文学小丛书，1959年3月。平装，50开，书号10019·1092，定价0.11元。(64-13)

14288　金云翘传
〔越南〕阮攸著，黄铁球译，亚非文学丛书，1959年4月。书号10019·1157，平装，32开，定价0.57元；精装，大32开，定价1.20元。(64-14)

14289　石川啄木诗歌集
〔日〕石川啄木著，周启明、卞立强译，1962年1月。大32开，书号10019·1654，平装，定价0.86元；精装，定价1.40元。(64-15)

14290　腊玛延那·玛哈帕腊达
印度史诗，孙用译，1962年4月。大32开，书号10019·1655，平装，定价1.75元；精装，定价2.40元。1978年6月，平装，大32开，定价1.55元。(64-16)

14291　贾雅·普拉纳之歌
印度尼西亚民歌，刘寿康译，1979年9月。32开，书号10019·2719，平装，定价0.32元；精装，定价0.81元。(64-17)

14292　罗摩衍那(一)　童年篇

804

〔印度〕蚁垤著,季羡林译,印度文学丛书,1980年7月。大32开,书号10019·2980,平装,定价1.60元;精装,定价2.50元。(64-18)

14293 罗摩衍那(二) 阿逾陀篇

〔印度〕蚁垤著,季羡林译,印度文学丛书,1981年5月。大32开,书号10019·3135,平装,定价2.30元;精装,定价3.15元。(64-19)

14294 哈菲兹抒情诗选

〔伊朗〕哈菲兹著,邢秉顺译,外国文学出版社1981年9月。32异,书号10208·65,平装,定价0.60元;精装,定价1.40元。1991年2月,平装,32异,ISBN 7-5016-0052-X,定价2.45元。(64-20)

14295 伐致呵利三百咏

〔印度〕伐致呵利著,金克木译,印度文学丛书,1982年1月。平装,大32开,书号10019·3236,定价0.40元。(64-21)

14296 罗摩衍那(三) 森林篇

〔印度〕蚁垤著,季羡林译,印度文学丛书,1982年7月。大32开,书号10019·3320,平装,定价1.70元;精装,定价2.70元。(64-22)

14297 罗摩衍那(四) 猴国篇

〔印度〕蚁垤著,季羡林译,印度文学丛书,1982年10月。大32开,书号10019·3347,平装,定价1.60元;精装,定价2.45元。(64-23)

14298 罗摩衍那(五) 美妙篇

〔印度〕蚁垤著,季羡林译,印度文学丛书,1983年10月。大32开,书号10019·3519,平装,定价2.05元;精装,定价3.30元。(64-24)

14299 罗摩衍那(七) 后篇

〔印度〕蚁垤著,季羡林译,印度文学丛书,1984年6月。大32开,书号10019·3677,平装,定价2.15元;精装,定价3.15元。(64-25)

14300 罗摩衍那(六) 战斗篇(上下)

〔印度〕蚁垤著,季羡林译,印度文学丛书,1984年4月。大32开,书号10019·3644,平装,定价3.45元;精装,定价5.50元。(64-26)

14301 日本古诗一百首

檀可译,外国文学出版社1985年7月。平装,32异,书号10208·212,定价0.96元。(64-27)

14302 摩诃婆罗多插话选(上下)

印度史诗,金克木编选,金克木、赵国华、席必庄、祁良鋆译,外国文学名著丛书,1987年3月。大32开,书号10019·4117,平装,定价6.40元;精装,定价8.15元。1996年11月收入世界文学名著文库,精装,大32开,ISBN 7-02-002183-2,定价68.00元。(64-28)

14303 榕树

〔印度〕泰戈尔著,冰心、郑振铎、石真译,外国名诗礼品书,1987年5月。平装覆膜,64开,书号10019·4072,定价1.10元。1988年9月,平装覆膜,64开,ISBN 7-02-000450-4,定价1.55元。(92-9)

14304 先知

〔黎巴嫩〕纪伯伦著,冰心译,外国名诗礼品书,1987年5月。平装覆膜,64开,书号10019·4079,定价0.93元。(92-10)

14305 当我们眼光相遇的时候

〔日〕岛崎藤村等著,武继平等译,外国情诗集萃,1989年9月。平装,国流32开,ISBN 7-5016-0037-6,定价1.80元。(93-5)

14306 罗摩功行之湖

〔印度〕杜勒西达斯著,金鼎汉译,印度文学丛书,1988年1月。大32开,书号10019·4225,平装,ISBN 7-02-000158-0,定价4.85元;精装,ISBN 7-02-000159-9,定价7.30元。(64-29)

14307 蕾莉与马杰农

〔波斯〕内扎米著,卢永译,外国文学名著丛书,1988年2月。大32开,书号10019·4230,平装,ISBN 7-02-000169-6,定价2.35元;精装,ISBN 7-02-000170-X,定价3.35元。2020年9月收入外国文学名著丛书,精装,大32开,ISBN 978-7-02-015286-5,定价49.00元。(64-30)

14308 列王纪选

〔波斯〕菲尔多西著,张鸿年译,外国文学名著丛书,1991年6月。大32开,平装,ISBN 7-02-001245-0,定价8.20元;精装,ISBN 7-02-001246-9,定价12.40元。1994年11月收入世界文学名著文库,精装,大32开,ISBN 7-02-001951-X,定价22.35元。(64-31)

14309 波斯古代诗选

诗歌

张鸿年编选,张鸿年、邢秉顺、张辉、元文祺译,外国文学名著丛书,1995年5月。大32开,平装,ISBN 7-02-002032-1,定价13.05元;精装,ISBN 7-02-002223-5,定价27.35元。(64-32)

14310　《罗摩衍那》选
〔印度〕蚁垤著,季羡林译,世界文学名著文库,1994年11月。精装,大32开,ISBN 7-02-001945-5,定价19.05元。(64-33)

14311　鲁达基 海亚姆 萨迪 哈菲兹作品选
〔波斯〕鲁达基、海亚姆、萨迪、哈菲兹著,潘庆舲等译,世界文学名著文库,1998年10月。精装,大32开,ISBN 7-02-002484-X,定价30.50元。(64-34)

14312　万叶集选
日本古代诗歌,李芒译,外国文学名著丛书,1998年10月。平装,大32开,ISBN 7-02-002378-9,定价11.40元。(64-35)

14313　阿拉伯古代诗选
仲跻昆译,外国文学名著丛书,2001年8月。平装,大32开,ISBN 7-02-003305-9,定价19.80元。(64-36)

14314　泰戈尔诗选
〔印度〕泰戈尔著,冰心、石真、郑振铎译,大学生必读丛书,2002年1月。平装,大32开,ISBN 7-02-003598-1,定价14.80元。2003年1月收入名著名译插图本,平装覆膜,国流32开,ISBN 7-02-004085-3,定价10.00元。2003年5月收入语文新课标必读丛书,平装覆膜,大32开,ISBN 7-02-004132-9,定价15.00元。2006年6月收入语文新课标必读丛书修订版,平装覆膜,大32开,ISBN 7-02-005693-8,定价15.00元。2008年6月收入语文新课标必读丛书增订版,平装覆膜,大32开,ISBN 978-7-02-007078-7,定价16.00元。2008年6月收入名著名译插图本精华版,软精,国流32开,ISBN 978-7-02-007113-5,定价15.00元。2012年11月收入企鹅经典丛书,平装,32异,ISBN 978-7-02-009273-4,定价25.00元。(64-37)

14315　日本古典俳句选
〔日〕松尾芭蕉等著,林林译,2005年1月。平装覆膜,大32开,ISBN 7-02-004842-0,定价9.00元。(64-38)

14316　万叶集(上下)
日本古代诗歌集,金伟、吴彦译,日本文学丛书,2008年2月。平装覆膜,国流32开,ISBN 978-7-02-006548-6,定价94.00元。(64-39)

14317　新月集·飞鸟集
〔印度〕泰戈尔著,郑振铎译,朝内166人文文库·外国诗歌,2012年6月。精装,32异,ISBN 978-7-02-009114-0,定价22.00元。2013年11月收入中学生文学阅读必备书系,平装覆膜,国流32开,ISBN 978-7-02-009936-8,定价14.00元。2020年9月收入中小学生阅读指导目录,平装,32异,ISBN 978-7-02-016302-1,定价18.00元。(64-40)

14318　泰戈尔诗选
〔印度〕泰戈尔著,冰心、石真、郑振铎译,名著名译丛书,2015年1月。精装,32异,ISBN 978-7-02-010416-1,定价28.00元。2018年4月收入插图本名著名译丛书,平装,国流32开,ISBN 978-7-02-013131-0,定价27.00元。2018年6月收入教育部统编《语文》推荐阅读丛书,平装覆膜,16异,ISBN 978-7-02-013742-8,定价32.00元。(64-41)

14319　生如夏花 泰戈尔经典诗选(双语有声彩绘版)
〔印度〕泰戈尔著,郑振铎译,2018年1月,平装,32异,ISBN 978-7-02-012837-2,定价39.00元。(64-42)

14320　沙与沫——纪伯伦诗选
〔黎巴嫩〕纪伯伦著,绿原译,蓝色花诗丛,2017年4月。平装,32异,ISBN 978-7-02-012176-2,定价30.00元。(70-84)

14321　新月集·飞鸟集——泰戈尔诗选
〔印度〕泰戈尔著,邹仲之译,蓝色花诗丛,2017年6月。精装,32异,ISBN 978-7-02-012175-5,定价32.00元。(64-43)

14322　飞鸟集·园丁集
〔印度〕泰戈尔著,冰心、郑振铎译,2018年10月。精装,32异,ISBN 978-7-02-013892-0,定价48.00元。(64-44)

14323 天竺诗文
〔印度〕迦梨陀娑等著,金克木译,中国翻译家译丛,2019年7月。精装,16异,ISBN 978-7-02-012509-8,定价49.00元。(64-45)

14324 光荣归于你们
〔朝〕洪淳哲著,冰蔚等译,1952年5月。32开,书号 总102 单34,平装,定价5,600元;精装,定价12,000元。(70-1)

14325 希克梅特诗集
〔土耳其〕希克梅特著,陈微明等译,1952年11月。32开,书号 总133 单76,平装,定价7,600元;精装,定价60,000元。(70-2)

14326 白头山
〔朝〕赵基天著,适夷译,作家出版社1953年10月。32开,书号 作6,平装,定价4,300元;精装,定价8,400元。(70-3)

14327 卓娅
〔土耳其〕希克梅特著,魏荒弩译,文学初步读物,1953年12月。平装,46开,书号236,定价600元。(70-4)

14328 战友之歌
〔朝〕朴世永等著,尹成勇译,作家出版社1954年8月。平装,32开,书号 作78,定价3,400元。(70-5)

14329 生之歌
〔朝〕赵基天著,李列、招司、鲁藜译,作家出版社1954年11月。平装,32开,书号 作106,定价3,800元。(70-6)

14330 我歌唱人类
〔印度〕哈·查托巴迪雅亚著,张奇译,作家出版社1955年3月。平装,32开,书号 作138,定价0.64元。(70-7)

14331 印度尼西亚民歌选
张企程译,作家出版社1955年4月。32开,书号10020·175,精装,定价0.54元;特精,定价1.32元。(70-8)

14332 朝鲜的歌
〔朝〕闵丙均著,冰蔚译,作家出版社1955年5月。平装,32开,书号 作165,定价0.56元。(70-9)

14333 阿妈妮
〔朝〕洪淳哲著,冰蔚译,作家出版社1956年5月。平装,32开,书号10020·395,定价0.80元。(70-10)

14334 愤怒吧,富士 日本斗争诗抄
〔日〕壶井繁治等著,楼适夷译,作家出版社1956年6月。平装,32开,书号10020·449,定价0.38元。(70-11)

14335 越北
〔越南〕素友著,颜保、彭乃樑译,作家出版社1956年8月。平装,32开,书号10020·440,定价0.28元。(70-12)

14336 在墓旁
〔蒙古〕德·策伯格米德著,诺敏译,作家出版社1956年11月。平装,32开,书号10020·568,定价0.17元。(70-13)

14337 新中国礼赞
朝鲜诗歌,作家出版社编辑部编,作家出版社1958年7月。半精,小32开,书号10020·953,定价0.20元。(70-14)

14338 阿拉伯人民的呼声——阿拉伯各国诗人反帝国主义及殖民主义诗集
北京大学东方语言系阿拉伯语专业同学集体翻译,1958年7月。平装,32开,书号10019·812,定价0.20元。(70-15)

14339 明天的世界
伊拉克诗歌,本社编辑部编,1958年7月。平装,32开,书号10019·816,定价0.17元。(70-16)

14340 和平的风 黎巴嫩诗人诗集
本社编辑部编,1958年8月。平装,小32开,书号10019·824,定价0.13元。(70-17)

14341 人民需要明朗的朝霞 缅甸诗人诗集
〔缅甸〕德钦哥都迈等著,谭德俅等译,1958年9月。半精,小32开,书号10019·964,定价0.28元。(70-18)

14342' 现代非洲诗集
译文社编,作家出版社1958年10月。平装,小32开,书号10020·1123,定价0.40元。(70-19)

14343 现代阿拉伯诗集
译文社编,作家出版社1958年10月。平装,小32开,书号10020·1114,定价0.35元。

(70-20)

14344　朴八阳诗选
〔朝〕朴八阳著，张琳译，1958年10月。半精，小32开，书号10019·852，定价0.34元。(70-21)

14345　我们是日本人
〔日〕野间宏等著，北京大学东方语言系日本语专业同学集体翻译，1958年10月。平装，小32开，书号10019·1009，定价0.23元。(70-22)

14346　伊克巴尔诗选
〔印度〕伊克巴尔著，邹荻帆、陈敬容译，1958年10月。平装，小32开，书号10019·990，定价0.22元。(70-23)

14347　赵基天诗集
〔朝〕赵基天著，适夷、白锐等译，1958年11月。平装，大32开，书号10019·858，定价1.05元。(70-24)

14348　牢狱的破灭——印度巴基斯坦现代乌尔都语诗集
北京大学东方语言系乌尔都语专业同学集体翻译，1958年11月。平装，小32开，书号10019·1016，定价0.26元。(70-25)

14349　伊朗人民的呼声
〔伊朗〕拉胡蒂著，北京大学东方语言系波斯语专业同学集体翻译，1958年11月。平装，小32开，书号10019·998，定价0.19元。(70-26)

14350　鸭绿江边
〔朝〕尹东乡等著，北京大学东方语言系朝鲜语专业同学集体翻译，1958年12月。平装，小32开，书号10019·1045，定价0.21元。(70-27)

14351　北间岛
〔朝〕韩明泉著，冰蔚译，1959年4月。平装，大32开，书号10019·1184，定价0.44元。(70-28)

14352　不死鸟
〔朝〕朴世永等著，1959年3月。平装，32开，书号10019·1200，定价0.47元。(70-29)

14353　流亡诗集
〔伊拉克〕白雅帖著，魏和咏译，1959年9月。半精，小32开，书号10019·1498，定价0.40元。(70-30)

14354　向中国致敬
〔越南〕素友等著，安志信等译，1959年9月。半精，小32开，书号10019·1357，定价0.26元。(70-31)

14355　胜利属于阿尔及利亚
〔阿尔及利亚〕艾布·卡西姆·萨阿达拉著，杨有漪、陆孝修译，1959年11月。半精，小32开，书号10019·1423，定价0.22元。1963年4月作家出版社，收入亚非文学丛书，32开，书号10020·1648，平装，定价0.17元；精装，定价0.82元。(70-32)

14356　"狱中日记"诗抄
〔越南〕胡志明著，1960年5月。30开，书号10019·1600，半精，定价0.47元；特精，定价1.55元。1990年3月，平装，国流32开，ISBN 7-02-001024-5，定价2.10元。(70-33)

14357　素友诗集
〔越南〕素友著，1960年8月。半精，小32开，书号10019·1611，定价0.78元。(70-34)

14358　天越来越亮
〔越南〕瞿辉瑾著，北京大学东方语言系越南语专业同学集体翻译，1960年9月。32开，书号10019·1613，半精，定价0.34元；特精，定价0.45元。(70-35)

14359　约旦的风暴
〔约旦〕艾赛德·穆罕默德·卡西姆等著，木萨、陆孝修译，作家出版社1961年4月。平装，小32开，书号10020·1515，定价0.23元。(70-36)

14360　沙比诗集
〔突尼斯〕沙比著，冬林译，作家出版社1961年12月。平装，32异，书号10020·1546，定价0.32元。(70-38)

14361　惊雷集——日本人民反美爱国斗争诗集
日本诗歌，《诗刊》社编，作家出版社1962年3月。大32开，书号10020·1564，平装，定价0.80元；精装，定价1.05元。(70-39)

14362　米凯亚诗选
〔莫桑比克〕米凯亚著，戈宝权译，作家出版社1962年5月。平装，36开，书号10020·1573，定价 0.31 元。1963 年 4 月收入亚非文学丛书,32 开,书号 10020·1653,平装,定价 0.34 元;精装,定价 1.35 元。(70-40)

14363　壶井繁治诗钞

〔日〕壶井繁治著,楼适夷、李芒译,作家出版社 1962 年 5 月。半精,32 异,书号 10020·1561,定价 0.34 元。(70-41)

14364　西托尔·西杜莫朗诗集

〔印度尼西亚〕西托尔·西杜莫朗著,陈霞如等译,亚非文学丛书,作家出版社 1963 年 4 月。32 开,书号 10020·1649,平装,定价 0.19 元;精装,定价 0.86 元。(70-42)

14365　哈拉哈普·班达哈罗诗集

〔印度尼西亚〕哈拉哈普·班达哈罗著,北波等译,亚非文学丛书,作家出版社 1963 年 4 月。平装,32 开,书号 10020·1651,定价 0.15 元;精装,定价 1.10 元。(70-43)

14366　深厚的感情

〔蒙古〕达西策伯格·僧格著,陈乃雄译,亚非文学丛书,作家出版社 1963 年 4 月。32 开,书号 10020·1644,平装,定价 0.28 元;精装,定价 1.00 元。(70-44)

14367　暴风

〔越南〕素友著,罗尔庄等译,亚非文学丛书,作家出版社 1963 年 5 月。32 开,书号 10020·1657,平装,定价 0.23 元;精装,定价 1.20 元。(70-45)

14368　阳光与土壤

〔越南〕制兰园著,黄永鉴等译,亚非文学丛书,作家出版社 1963 年 5 月。32 开,书号 10020·1664,平装,定价 0.23 元;精装,定价 1.20 元。(70-46)

14369　战斗之歌

〔苏丹〕阿赫迈德·穆罕默德·凯尔著,潘定宇等译,亚非文学丛书,作家出版社 1963 年 5 月。32 开,书号 10020·1661,平装,定价 0.22 元;精装,定价 1.10 元。(70-47)

14370　安哥拉诗集

〔安哥拉〕马里奥·德·安德拉戴等著,戈宝权译,亚非文学丛书,作家出版社 1963 年 5 月。32 开,书号 10020·1660,平装,定价 0.22 元;精装,定价 0.90 元。(70-48)

14371　苦难与光明

〔摩洛哥〕穆罕默德·阿齐兹·拉巴比著,金志平译,亚非文学丛书,作家出版社 1964 年 7 月。32 开,书号 10020·1767,平装,定价 0.20 元;精装,定价 1.20 元。(70-49)

14372　战斗的南越

〔越南〕素友、青海等著,黎箭等译,亚非文学丛书,作家出版社 1964 年 7 月。32 开,书号 10020·1779,平装,定价 0.51 元;精装,定价 0.94 元。(70-50)

14373　黑色的鹰觉醒了

〔加纳〕乔治·阿翁纳尔·威廉斯著,陈敬容、张奇译,亚非文学丛书,作家出版社 1964 年 7 月。32 开,书号 10020·1766,平装,定价 0.20 元;精装,定价 1.20 元。(70-51)

14374　北加里曼丹万岁

〔印度尼西亚〕玛尔海恩等著,王家桢译,亚非文学丛书,作家出版社 1964 年 7 月。32 开,书号 10020·1768,平装,定价 0.15 元;精装,定价 1.10 元。(70-52)

14375　锤击集

〔塞内加尔〕大卫·狄奥普著,张铁弦等译,亚非文学丛书,作家出版社 1964 年 7 月。32 开,书号 10020·1770,平装,定价 0.16 元;精装,定价 1.10 元。(70-53)

14376　祖国颂

〔巴勒斯坦〕艾布·赛勒马著,杨孝柏译,亚非文学丛书,作家出版社 1964 年 9 月。32 开,书号 10020·1783,平装,定价 0.30 元;精装,定价 1.00 元。(70-54)

14377　勇敢的年代

〔印度尼西亚〕韦斯比著,黄元焕译,亚非文学丛书,作家出版社 1964 年 11 月。32 开,书号 10020·1803,平装,定价 0.24 元;精装,定价 0.83 元。(70-55)

14378　萨巴尔桑多梭·阿南塔古纳诗集

〔印度尼西亚〕萨巴尔桑多梭·阿南塔古纳著,黄元焕、马川译,亚非文学丛书,作家出版社 1964 年 11 月。32 开,书号 10020·1804,平装,定价 0.30 元;精装,定价 0.89 元。(70-56)

14379　密林的历史

〔朝〕朴世永著,李佩伦、杨永骝译,亚非文学丛书,作家出版社 1965 年 3 月。32 开,书号 10020·1827,平装,定价 0.35 元;精装,定价 0.93 元。(70-57)

14380 马亨德拉诗抄
〔尼泊尔〕马亨德拉著,谢冰心、孙用译,作家出版社 1965 年 6 月。大 32 开,书号 10020·1843,半精,定价 0.70 元;精装,定价 1.55 元;特精,定价 1.80 元。(70-58)

14381 愤怒的火焰
〔柬埔寨〕伊姆·乌莱著,梅工译,亚非文学丛书,作家出版社 1965 年 8 月。32 开,书号 10020·1861,平装,定价 0.21 元;精装,定价 0.79 元。(70-59)

14382 火炬
〔朝〕崔荣化著,张琳译,亚非文学丛书,作家出版社 1965 年 10 月。32 开,书号 10020·1872,平装,定价 0.27 元;精装,定价 0.85 元。(70-60)

14383 巴勒斯坦战斗诗集
1975 年 3 月。32 开,书号 10019·2080,平装,定价 0.19 元;精装,定价 0.60 元。(70-61)

14384 莫桑比克战斗诗集
王连华、许世铨译,1975 年 9 月。小 32 开,书号 10019·2279,平装,定价 0.28 元;精装,定价 0.67 元。(70-62)

14385 朝鲜诗集
〔朝〕崔荣化等著,延边大学朝鲜语系七二届工农兵学员集体翻译,1976 年 5 月。平装,小 32 开,书号 10019·2360,定价 0.45 元。(70-63)

14386 伊克巴尔诗选
〔巴基斯坦〕伊克巴尔著,王家瑛译,1977 年 11 月。小 32 开,书号 10019·2540,平装,定价 0.18 元;精装,定价 0.37 元。(70-64)

14387 白头山
〔朝〕赵基天著,张琳译,1978 年 4 月。小 32 开,书号 10019·2557,平装,定价 0.24 元;精装,定价 0.75 元。(70-65)

14388 伊斯拉姆诗选
〔孟加拉〕伊斯拉姆著,黄宝生、石真译,1979 年 10 月。32 开,书号 10019·2828,平装,定价 0.24 元;半精,定价 0.42 元。(70-66)

14389 黄文欢汉文诗抄
〔越南〕黄文欢著,1980 年 10 月。平装,国流 32 开,书号 10019·3052,定价 0.28 元;精装,定价 1.20 元。1988 年 9 月,平装覆膜,国流 32 开,ISBN 7-02-000657-4,定价 2.15 元。(70-67)

14390 赵明熙诗文集
〔朝〕赵明熙著,周必忠译,1983 年 1 月。平装,小 32 开,书号 10019·3389,定价 0.48 元。(70-68)

14391 桑戈尔诗选
〔塞内加尔〕桑戈尔著,曹松豪、吴奈译,非洲文学丛书,外国文学出版社 1983 年 11 月。平装,小 32 开,书号 10208·160,定价 0.53 元。(70-69)

14392 艾黎诗选
〔新西兰〕路易·艾黎著,王央乐等译,1984 年 12 月。国流 32 开,书号 10019·3765,平装,定价 1.95 元;平装覆膜,定价 2.55 元。(82-26)

14393 巴哈尔诗选
〔伊朗〕巴哈尔著,邢秉顺译,外国文学出版社 1987 年 1 月。平装,32 异,书号 10208·243,定价 0.85 元。(70-70)

14394 生命之歌
〔突尼斯〕艾卜·卡赛姆·沙比著,杨孝柏译,外国文学出版社 1987 年 5 月。平装,小 32 开,书号 10208·261,定价 0.85 元。(70-71)

14395 行吟集
〔南非〕布鲁特斯著,高秋福译,外国文学出版社 1990 年 2 月。平装覆膜,32 异,ISBN 7-5016-0075-9,定价 2.00 元。(70-72)

14396 日本近代五人俳句选
〔日〕正冈子规等著,林林译,外国文学出版社 1990 年 12 月。平装覆膜,32 异,ISBN 7-5016-0088-0,定价 2.30 元。(70-73)

14397 百年心声——现代希伯来诗选
〔以色列〕比亚利克等著,高秋福译,1998 年 8 月。平装覆膜,大 32 开,ISBN 7-02-002754-7,定价 13.50 元。(70-74)

14398 马赫图姆库里诗集
〔土库曼斯坦〕马赫图姆库里著,米娜瓦尔、阿布都若夫译,2000 年 1 月。精装,国流 32 开,

ISBN 7-02-003109-9,定价25.00元。（46-46）

14399 银妆刀啊,银妆刀——一臂葬哀史
〔韩〕初蕙、金惠晶著,金学泉译,2001年1月。精装,国流32开,ISBN 7-02-003379-2,定价20.00元。（70-75）

14400 有希望,没有音乐也能跳舞
〔韩〕金永镇著,金毅泉译,2004年11月。平装覆膜,国流32开,ISBN 7-02-004850-1,定价15.00元。（70-76）

14401 异邦人 辻井乔诗歌选
〔日〕辻井乔著,田原译,2005年1月。平装覆膜,国流32开,ISBN 7-02-004841-2,定价14.00元。（70-77）

14402 心灵的密码 日本现代诗精选集
〔日〕丸地守,张香华主编;〔日〕今辻和典,刘汝真,张香华译;2010年4月。平装,国流32开,ISBN 978-7-02-007889-9,定价19.00元。（70-78）

14403 失落的大陆 拿单·扎赫诗选
〔以色列〕拿单·扎赫著,傅浩译,2010年7月。平装,32异,ISBN 978-7-02-008141-7,定价20.00元。（70-79）

14404 千里同风
〔日〕松本杏花著,叶宗敏译,2010年7月。平装,32异,ISBN 978-7-02-008181-3,定价20.00元。（70-80）

14405 汉译与谢芜村俳句集
〔日〕与谢芜村著,王岩译,日本文学丛书,2015年3月。平装覆膜,国流32开,ISBN 978-7-02-010320-1,定价66.00元。（70-81）

14406 巴中友谊颂
〔巴基斯坦〕哈立德·阿巴斯·阿萨迪著,张世选译,2016年12月。精装,16异,ISBN 978-7-02-012239-4,定价65.00元。（70-82）

14407 二十亿光年的孤独
〔日〕谷川俊太郎著,田原译,2016年8月。平装,32异,ISBN 978-7-02-011847-2,定价39.00元。（70-83）

14408 奥尔皮里的秋天
〔格鲁吉亚〕塔比泽著,骆家译,巴别塔诗典,2017年11月。精装,32异,ISBN 978-7-02-013238-6,定价75.00元。（70-85）

14409 春与阿修罗 宫泽贤治童话诗精选集
〔日〕宫泽贤治著,朱田云译注,大人的童话,2018年2月。精装,国流32开,ISBN 978-7-02-013353-6,定价59.00元。（70-86）

14410 我和小鸟和铃铛 金子美玲诗歌精选集
〔日〕金子美玲著,烨伊译,2018年1月。平装,32异,ISBN 978-7-02-013076-4,定价39.90元。（70-87）

14411 我 谷川俊太郎诗集
〔日〕谷川俊太郎著,田原译,2018年3月。精装,32异,ISBN 978-7-02-013561-5,定价48.00元。（70-88）

散 文

欧美散文

14412　哈尔茨山游记
〔德〕海涅著,冯至译,作家出版社1954年6月。平装,32开,书号 作69,定价4,700元。(78-1)

14413　狱中书简
〔德〕罗沙·卢森堡著,邱崇仁、傅韦译,作家出版社1955年8月。平装,32开,书号 作235,定价0.29元。1959年4月人民文学出版社,收入文学小丛书,平装,32开,定价0.16元。(78-2)

14414　黑人的灵魂
〔美〕威艾伯·杜波伊斯著,维群译,1959年4月。大32开,书号10019·1264,平装,定价0.81元;精装,定价2.10元。(78-3)

14415　秘鲁传说
〔秘鲁〕里卡陀·巴尔玛著,白婴译,拉丁美洲文学丛书,1959年9月。大32开,书号10019·1456,平装,定价0.59元;精装,定价1.10元。(78-4)

14416　里柯克小品选
〔加拿大〕里柯克著,佟荔译,1963年3月。平装,32开,书号10019·1717,定价0.40元。(78-5)

14417　歌德自传——诗与真(上下)
〔德〕歌德著,刘思慕译,1983年7月。平装,大32开,书号10019·3491,定价2.90元。(78-6)

14418　埃涅阿斯纪
〔古罗马〕维吉尔著,杨周翰译,1984年3月。大32开,书号10019·3629,平装,定价1.30元;精装,定价1.90元。2000年12月收入世界文学名著文库,精装,大32开,ISBN 7-02-003040-8,定价27.00元。(78-7)

14419　漫步遐想录
〔法〕卢梭著,徐继曾译,1986年2月。平装,小32开,书号10019·3886,定价0.85元。1990年12月,平装,小32开,ISBN 7-02-001054-7,定价1.50元。1994年5月,平装覆膜,32开,ISBN 7-02-001800-9,定价3.60元。(78-8)

14420　水上
〔法〕莫泊桑著,许渊冲译,外国文学小丛书,1986年6月。平装,32异,书号10019·3960,定价0.78元。2018年5月,精装,32异,ISBN 978-7-02-013410-6,定价38.00元。(78-9)

14421　海涅选集 游记卷
〔德〕海涅著,冯至等译,张玉书编选,1990年12月。平装覆膜,大32开,ISBN 7-02-000930-1,定价6.90元。(78-10)

14422　卢奇安对话集
〔古希腊〕卢奇安著,周作人译,1991年9月。平装覆膜,大32开,ISBN 7-02-001243-4,定价8.70元。(78-11)

14423　古希腊散文选
〔古希腊〕柏拉图等著,水建馥译,世界文学名著文库,2000年12月。精装,大32开,ISBN 7-02-003103-X,定价26.00元。(78-12)

14424　本杰明·富兰克林自传
〔美〕本杰明·富兰克林著,李自修译,美国学生课外阅读丛书,2004年7月。平装覆膜,大

32 开,ISBN 7-02-004619-3,定价 11.00 元。(78-13)

14425　瓦尔登湖
〔美〕亨利·戴维·梭罗著,苏福忠译,美国学生课外阅读丛书,2004 年 8 月。平装覆膜,大 32 开,ISBN 7-02-004770-X,定价 18.00 元。2006 年 11 月收入触摸自然小丛书,平装覆膜,32 异,ISBN 7-02-005892-2,定价 20.00 元。2008 年 1 月收入名著名译插图本,平装覆膜,国流 32 开,ISBN 978-7-02-006134-1,定价 16.00 元。(78-14)

14426　蒙田随笔
〔法〕蒙田著,梁宗岱、黄建华译,名著名译插图本,2005 年 1 月。平装覆膜,国流 32 开,ISBN 7-02-004168-X,定价 15.00 元。2008 年 6 月收入外国散文插图珍藏版,书名《蒙田散文》,平装覆膜,国流 32 开,ISBN 978-7-02-006583-7,定价 23.00 元。2012 年 11 月收入企鹅经典丛书,平装,32 异,ISBN 978-7-02-009272-7,定价 26.00 元。(78-15)

14427　梵高自传
〔荷兰〕梵高著,陶文江、施袁喜译,高中语文选修课程资源系列,2005 年 7 月。平装覆膜,大 32 开,ISBN 7-02-004979-6,定价 19.00 元。(78-16)

14428　培根随笔集
〔英〕弗兰西斯·培根著,曹明伦译,名著名译插图本,2006 年 1 月。平装覆膜,国流 32 开,ISBN 7-02-005230-4,定价 12.00 元。2008 年 5 月收入外国散文插图珍藏版,书名《培根散文》,平装覆膜,国流 32 开,ISBN 978-7-02-006554-7,定价 17.00 元。2008 年 6 月收入名著名译插图本精华版,软精,国流 32 开,ISBN 978-7-02-007135-7,定价 14.00 元。2015 年 1 月收入名著名译丛书,精装,32 异,ISBN 978-7-02-010418-5,定价 22.00 元。2018 年 4 月收入插图本名著名译丛书,平装,国流 32 开,ISBN 978-7-02-013130-3,定价 20.00 元。2018 年 4 月收入教育部统编《语文》推荐阅读丛书,平装覆膜,16 异,ISBN 978-7-02-013760-2,定价 23.00 元。(78-17)

14429　普鲁斯特美文选
〔法〕普鲁斯特著,沈志明译,2006 年 11 月。平装覆膜,国流 32 开,ISBN 7-02-005731-4,定价 21.00 元。(78-18)

14430　古代的人
〔美〕房龙著,林徽音译,天火丛书,2007 年 7 月。平装覆膜,国流 32 开,ISBN 978-7-02-006140-2,定价 11.00 元。(78-19)

14431　追忆似水年华之前 普鲁斯特之夏
〔法〕热内·培德著,郭晓蕾译,2008 年 3 月。平装,国流 32 开,ISBN 978-7-02-006494-6,定价 12.00 元。(78-20)

14432　海涅散文
〔德〕海涅著,张玉书译,外国散文插图珍藏版,2008 年 6 月。平装覆膜,国流 32 开,ISBN 978-7-02-006576-9,定价 22.00 元。(78-21)

14433　叔本华散文
〔德〕叔本华著,绿原译,外国散文插图珍藏版,2008 年 5 月。平装覆膜,国流 32 开,ISBN 978-7-02-006567-7,定价 23.00 元。(78-22)

14434　雨果散文
〔法〕雨果著,程曾厚译,外国散文插图珍藏版,2008 年 5 月。平装覆膜,国流 32 开,ISBN 978-7-02-006566-0,定价 23.00 元。(78-23)

14435　尼采散文
〔德〕尼采著,黄明嘉等译,外国散文插图珍藏版,2008 年 8 月。平装覆膜,国流 32 开,ISBN 978-7-02-006589-9,定价 18.00 元。(78-24)

14436　里尔克散文
〔奥地利〕里尔克著,叶廷芳译,外国散文插图珍藏版,2008 年 8 月。平装覆膜,国流 32 开,ISBN 978-7-02-006580-6,定价 23.00 元。(78-25)

14437　欧文散文
〔美〕华盛顿·欧文著,王义国译,外国散文插图珍藏版,2008 年 8 月。平装覆膜,国流 32 开,ISBN 978-7-02-006561-5,定价 22.00 元。(78-26)

14438　雪莱散文

〔英〕雪莱著,徐文惠、杨熙龄译,外国散文插图珍藏版,2008年12月。平装覆膜,国流32开,ISBN 978-7-02-006584-4,定价18.00元。(78-27)

14439　兰姆散文
〔英〕查尔斯·兰姆著,李育超译,外国散文插图珍藏版,2010年4月。平装覆膜,国流32开,ISBN 978-7-02-007678-9,定价20.00元。(78-28)

14440　布封散文
〔法〕布封著,李玉民、由权、梁音译,外国散文插图珍藏版,2010年4月。平装覆膜,国流32开,ISBN 978-7-02-007318-4,定价15.00元。(78-29)

14441　安徒生自传
〔丹麦〕安徒生著,林桦译,汉译传记丛书,2011年11月。平装覆膜,16异,ISBN 978-7-02-008690-0,定价49.00元。(78-30)

14442　红星照耀中国
〔美〕埃德加·斯诺著,董乐山译,2016年6月。平装,32异,ISBN 978-7-02-011613-3,定价36.00元。2017年1月,平装覆膜,32异,ISBN 978-7-02-012238-7,定价45.00元。2017年6月青少版,平装,32异,ISBN 978-7-02-012907-2,定价33.00元。2019年6月浙江版,平装,32异,ISBN 978-7-02-015283-4,定价46.00元。2020年6月,平装覆膜,16异,ISBN 978-7-02-016370-0,定价43.00元。(81-1060)

14443　瓦尔登湖(全注疏本)
〔美〕亨利·戴维·梭罗著,杰弗里·S.克莱默注,杜先菊译,2017年7月。平装,16异,ISBN 978-7-02-012833-4,定价75.00元。(78-31)

14444　彼得兔的世界　波特小姐书信手稿集
〔英〕毕翠克丝·波特著,王雪纯译,2017年8月。精装,16异,ISBN 978-7-02-012126-7,定价99.00元。(78-32)

14445　蒙田随笔全集(第一卷)
〔法〕米歇尔·德·蒙田著,马振骋译,2018年2月。平装,国流32开,ISBN 978-7-02-013360-4,定价55.00元。(78-33)

14446　蒙田随笔全集(第二卷)
〔法〕米歇尔·德·蒙田著,马振骋译,2018年2月。平装,国流32开,ISBN 978-7-02-013359-8,定价65.00元。(78-34)

14447　蒙田随笔全集(第三卷)
〔法〕米歇尔·德·蒙田著,马振骋译,2018年2月。平装,国流32开,ISBN 978-7-02-013358-1,定价55.00元。(78-35)

14448　蒙田意大利游记
〔法〕米歇尔·德·蒙田著,马振骋译,2018年2月。平装,国流32开,ISBN 978-7-02-013357-4,定价52.00元。(78-36)

14449　瓦尔登湖
〔美〕亨利·戴维·梭罗著,徐迟译,教育部统编《语文》推荐阅读丛书,2018年5月。平装覆膜,16异,ISBN 978-7-02-013795-4,定价29.00元。2019年5月收入外国文学名著丛书,精装,大32开,ISBN 978-7-02-015062-5,定价45.00元。2020年2月,平装,大32开,ISBN 978-7-02-013979-8,定价58.00元。2020年9月收入中小学生阅读指导目录,平装,32异,ISBN 978-7-02-016287-1,定价29.00元。(78-37)

14450　那么现在该干什么了呢
〔美〕威廉·福克纳著,李文俊译,名家散文经典译丛,2019年7月。平装,大32开,ISBN 978-7-02-014051-0,定价39.00元。(81-1376)

14451　蒙田随笔(精华版)
〔法〕蒙田著,黄建华译,2020年7月。精装,32异,ISBN 978-7-02-016072-3,定价65.00元。(78-38)

14452　冬天记的夏天印象
〔俄〕陀思妥耶夫斯基著,满涛译,1962年9月。平装,32开,书号10019·1675,定价0.28元。(42-1)

14453　给契诃夫的信
〔俄〕玛·契诃娃著,王金陵译,1963年3月。平装,大32开,书号10019·1552,定价1.00元。(42-2)

14454　回忆录
〔俄〕屠格涅夫著,蒋路译,1962年7月。平装,

大 32 开，书号 10019·1665，定价 0.49 元。（42-3）

14455 从彼得堡到莫斯科旅行记
〔俄〕拉吉舍夫著，汤毓强、吴育群、张均欧译，外国文学出版社 1982 年 2 月。平装，32 开，书号 10208·86，定价 0.73 元。（42-4）

14456 文学回忆录
〔俄〕柯罗连科著，丰一吟译，1985 年 12 月。平装，大 32 开，书号 10019·3885，定价 2.30 元。（42-5）

14457 书信选
〔俄〕陀思妥耶夫斯基著，冯增义、徐振亚译，陀思妥耶夫斯基选集，1986 年 1 月。平装，大 32 开，书号 10019·3805，定价 3.05 元。1992 年 3 月，平装覆膜，大 32 开，ISBN 7-02-001522-0，定价 7.95 元。（42-6）

14458 回忆陀思妥耶夫斯基
〔俄〕柯罗连科等著，张福生等译，1987 年 2 月。平装，小 32 开，书号 10019·4055，定价 4.05 元。（42-7）

14459 屠格涅夫散文诗
〔俄〕屠格涅夫著，巴金译，外国文学小丛书，1987 年 10 月。平装，32 异，书号 10019·4148，定价 0.73 元。（42-8）

14460 往事与随想（上中下）
〔俄〕赫尔岑著，项星耀译，1993 年 5 月。平装覆膜，大 32 开，ISBN 7-02-001560-3，定价 28.25 元。2006 年 9 月收入名著名译插图本，平装覆膜，国流 32 开，ISBN 7-02-005472-2，定价 77.00 元。（42-10）

14461 书信选
〔俄〕屠格涅夫著，孙静云、周圣译，屠格涅夫选集，1993 年 8 月。平装覆膜，大 32 开，ISBN 7-02-001646-4，定价 7.90 元。（42-11）

14462 我的自传
〔俄〕克鲁泡特金著，巴金译，天火丛书，2007 年 7 月。平装覆膜，国流 32 开，ISBN 978-7-02-006142-6，定价 24.00 元。（42-12）

14463 克雷洛夫寓言全集
〔俄〕克雷洛夫著，谷羽译，2019 年 10 月。平装，32 异，ISBN 978-7-02-014789-2，定价 39.00 元。（45-319）

14464 皮克斯基尔事件
〔美〕法斯特著，黄星圻、郭开兰译，作家出版社 1956 年 1 月。平装，32 开，书号作 329，定价 0.44 元。（84-1）

14465 狱中书简
〔德〕罗莎·卢森堡著，邱崇仁、傅韦译，文学小丛书，1981 年 12 月。平装，32 异，书号 10019·3217，定价 0.21 元。（84-3）

14466 萧伯纳传
〔英〕佛兰克·赫理斯著，黄嘉德译，外国文学出版社 1983 年 5 月。平装，小 32 开，书号 10208·138，定价 1.20 元。（84-4）

14467 斯特林堡传
〔瑞典〕拉格尔克朗斯著，高子英译，外国文学出版社 1983 年 9 月。平装，小 32 开，书号 10208·144，定价 1.35 元。2005 年 6 月人民文学出版社，平装覆膜，国流 32 开，ISBN 7-02-005031-X，定价 24.00 元。（84-5）

14468 小银和我
〔西班牙〕胡安·拉蒙·希梅内斯著，〔西班牙〕达西安娜·菲萨克译，1984 年 8 月。小 32 开，书号 10019·3688，定价 0.87 元；精装，定价 1.30 元。（84-6）

14469 歌德
〔联邦德国〕彼德·伯尔纳著，关惠文、韩耀成、高中甫、杜文棠译，1986 年 2 月。平装，小 32 开，书号 10019·3915，定价 1.10 元。（84-7）

14470 文字生涯
〔法〕萨特著，沈志明译，1988 年 8 月。平装，32 异，ISBN 7-02-000539-X，定价 1.65 元。2006 年 1 月收入名著名译插图本，平装覆膜，国流 32 开，ISBN 7-02-005305-X，定价 13.00 元。2008 年 6 月收入名著名译插图本精华版，软精，国流 32 开，ISBN 978-7-02-007159-3，定价 13.00 元。2016 年 1 月收入蜂鸟文丛，平装，32 异，ISBN 978-7-02-010878-7，定价 27.00 元。2018 年 6 月，精装，32 异，ISBN 978-7-02-013302-4，定价 38.00 元。2020 年 4 月收入外国文学名著丛书，精装，大 32 开，ISBN 978-7-02-016134-8，定价 45.00 元。（84-8）

14471 社会之外

散文

〔联邦德国〕君特·瓦尔拉夫著,李世隆、史德明译,涛声校,当代外国文学丛书,外国文学出版社1988年12月。平装,小32开,ISBN 7-5016-0023-6,定价2.80元。(84-9)

14472 雨果传(下)

〔法〕安德列·莫洛亚著,程曾厚、程干泽译,1989年5月。平装覆膜,大32开,ISBN 7-02-000702-3,定价5.10元。(84-10)

14473 雨果传(上)

〔法〕安德列·莫洛亚著,程曾厚、程干泽译,1989年5月。平装覆膜,大32开,ISBN 7-02-000701-5,定价4.60元。(84-11)

14474 少女日记

〔德〕安娜·弗兰克著,高年生译,外国文学出版社1989年7月。平装覆膜,小32开,ISBN 7-5016-0056-2,定价3.45元。(84-12)

14475 巴尔扎克传——普罗米修斯或巴尔扎克的一生

〔法〕安德列·莫洛亚著,艾珉、俞芷倩译,1993年4月。平装覆膜,大32开,ISBN 7-02-001583-2,定价11.50元。(84-13)

14476 三仲马传

〔法〕安德列·莫洛亚著,郭安定译,1996年12月。平装覆膜,大32开,ISBN 7-02-002396-7,定价27.00元。(84-14)

14477 赫罗尼莫,我的小天使

〔厄瓜多尔〕阿特亚加著,刘玉树译,1998年8月。平装,32异,ISBN 7-02-002817-9,定价4.80元。(84-15)

14478 回归本源——加西亚·马尔克斯传

〔哥伦比亚〕达索·萨尔迪瓦尔著,卞双成、胡真才译,外国文学出版社2001年1月。平装覆膜,国流32开,ISBN 7-5016-0181-X,定价28.00元。(84-16)

14479 我爱你,罗尼——罗纳德·里根致南希·里根的信

〔美〕南希·里根著,李文俊译,2001年8月。平装覆膜,国流32开,ISBN 7-02-003467-5,定价13.80元。(84-17)

14480 三大师

〔奥地利〕斯特凡·茨威格著,申文林译,高中甫校,2001年10月。平装覆膜,大32开,ISBN 7-02-003226-5,定价10.00元。2005年5月收入高中语文选修课程资源系列,平装覆膜,大32开,ISBN 7-02-004709-2,定价13.00元。2017年6月收入你长大之前必读的66本书,平装覆膜,16异,ISBN 978-7-02-011992-9,定价22.00元。(84-18)

14481 弦裂 柏林爱乐乐团首席小提琴家斯特恩回忆录

〔德〕赫尔穆特·斯特恩著,李士勋译,中外名人传记,2003年4月。平装覆膜,国流32开,ISBN 7-02-004110-8,定价16.00元。(84-19)

14482 我和哈利·波特的真实故事

〔英〕J.K.罗琳、林赛·费雷泽著,蔡文译,2003年9月。平装覆膜,大32开,ISBN 7-02-004343-7,定价9.00元。(84-20)

14483 浮生如梦 玛丽莲·梦露文学写真(上下)

〔美〕欧茨著,周小进译,2003年7月。平装覆膜,国流32开,ISBN 7-02-004309-X,定价58.00元。(84-21)

14484 当叔本华滑倒的时候——大思想家的小故事

〔德〕奥托·A.伯梅尔著,韩瑞祥译,思想家逸闻丛书,外国文学出版社2004年1月。平装覆膜,32异,ISBN 7-5016-0199-2,定价13.00元。(84-24)

14485 与苏格拉底散步——大思想家和生活中的小事

〔德〕乌多·马夸特著,任国强译,思想家逸闻丛书,外国文学出版社2004年1月。平装覆膜,32异,ISBN 7-5016-0198-4,定价15.00元。(84-25)

14486 钢琴师——二战期间华沙幸存记

〔波兰〕瓦迪斯瓦夫·什皮尔曼著,刘士聪、谷启楠译,2004年1月。平装覆膜,大32开,ISBN 7-02-004342-9,定价12.00元。2005年5月收入纪念中国人民抗日战争暨世界反法西斯战争胜利60周年丛书,平装覆膜,国流32开,ISBN 7-02-005032-8,定价14.00元。(84-26)

14487 莎士比亚戏剧故事集

816

〔英〕查尔斯·兰姆著,玛丽·兰姆改写,萧乾译,美国学生课外阅读丛书,2004年7月。平装覆膜,大32开,ISBN 7-02-004481-6,定价16.00元。2007年9月收入大拇指丛书,平装覆膜,国流32开,ISBN 978-7-02-006160-0,定价16.00元。2013年11月收入中学生文学阅读必备书系,平装覆膜,国流32开,ISBN 978-7-02-009939-9,定价22.00元。2017年6月收入你长大之前必读的66本书,平装覆膜,16异,ISBN 978-7-02-012030-7,定价28.00元。2018年4月收入教育部统编《语文》推荐阅读丛书,平装覆膜,16异,ISBN 978-7-02-013798-5,定价30.00元。(77-107)

14488　寄语海狸

〔法〕萨特著,沈志明等译,2005年5月。平装覆膜,大32开,ISBN 7-02-005005-0,定价35.00元。2014年3月,精装,国流32开,ISBN 978-7-02-009976-4,定价45.00元。(85-41)

14489　焦点不太准 卡帕二战回忆录

〔匈牙利〕卡帕著,张炽恒译,2005年5月。平装覆膜,国流32开,ISBN 7-02-004990-0,定价29.80元。2017年6月收入二战记忆,平装,国流32开,ISBN 978-7-02-010870-1,定价33.00元。(84-27)

14490　林肯传

〔美〕戴尔·卡耐基著,吴青译,高中语文选修课程资源系列,2005年6月。平装覆膜,大32开,ISBN 7-02-004974-5,定价13.00元。(84-28)

14491　本杰明·富兰克林自传

〔美〕本杰明·富兰克林著,李自修译,高中语文选修课程资源系列,2005年6月。平装覆膜,大32开,ISBN 7-02-004714-9,定价13.00元。(84-29)

14492　天使的掌印

〔美〕乔依·黛维德著,河西译,2005年9月。平装覆膜,32异,ISBN 7-02-005295-9,定价18.00元。(84-30)

14493　喂?我给你接萨特……

〔法〕杰尔曼娜·索贝尔著,马振骋译,2005年8月。平装覆膜,32开,ISBN 7-02-005274-6,定价13.00元。(84-31)

14494　阿兰·德龙的秘密

〔法〕贝尔纳·维奥莱著,赵克非译,外国文学出版社2006年1月。平装覆膜,国流32开,ISBN 7-5016-0202-6,定价29.00元。(84-32)

14495　秘密线人——水门"深喉"的故事

〔美〕鲍勃·伍德沃德著,魏红霞、刘得手译,2006年1月。平装覆膜,国流32开,ISBN 7-02-005366-1,定价14.00元。(84-33)

14496　单行道

〔德〕瓦尔特·本雅明著,李士勋译,2006年9月。平装,国流32开,ISBN 7-02-005580-X,定价15.00元。(84-34)

14497　与狼为伴 不一样的童年

〔比利时〕米莎·德冯塞卡著,胡小跃译,2006年9月。平装覆膜,32异,ISBN 7-02-005812-4,定价19.00元。(84-35)

14498　夏日漫步山间

〔美〕约翰·缪尔著,周莉译,触摸自然小丛书,2006年11月。平装覆膜,32异,ISBN 7-02-005893-0,定价12.00元。(84-36)

14499　鸟与诗人

〔美〕约翰·巴勒斯著,杨向荣译,触摸自然小丛书,2006年11月。平装覆膜,32异,ISBN 7-02-005894-9,定价13.00元。(84-37)

14500　我的歌剧世界

〔德〕伊尔瑟-爱丽莎·采勒迈耶尔著,李士勋译,2007年1月。平装覆膜,国流32开,ISBN 7-02-005977-5,定价16.00元。(84-38)

14501　我与兰登书屋 贝内特·瑟夫回忆录

〔英〕贝内特·瑟夫著,彭伦译,2007年1月。平装,16异,ISBN 978-7-02-005965-2,定价30.00元。2017年11月收入出版人书系,平装,16异,ISBN 978-7-02-012903-4,定价59.00元。(84-39)

14502　埃德加的诅咒

〔法〕马尔克·杜甘著,周莽译,2007年9月。平装覆膜,国流32开,ISBN 978-7-02-006215-7,定价17.00元。2011年5月收入新世纪外国畅销小说书架,平装覆膜,国流32开,ISBN 978-7-02-008311-4,定价22.00元。

散文

(84-40)

14503 波伏瓦姐妹
〔法〕克罗迪娜·蒙泰伊著,王晓峰译,2007年9月。平装,国流32开,ISBN 978-7-02-006244-7,定价18.00元。(84-41)

14504 园圃之乐
〔德〕赫尔曼·黑塞著,米谢尔斯编选,陈明哲译,2008年1月。平装覆膜,32异,ISBN 978-7-02-006380-2,定价21.00元。2013年6月,精装,国流32开,ISBN 978-7-02-009773-9,定价35.00元。(84-42)

14505 家有猫狗
〔捷克斯洛伐克〕卡雷尔·恰佩克著,吴忆帆译,2008年4月。平装覆膜,16开,ISBN 978-7-02-004786-4,定价24.00元。(84-43)

14506 别说再见 波切利自传
〔意大利〕安德列·波切利著,陈晨译,2008年6月。平装覆膜,32异,ISBN 978-7-02-006759-6,定价22.00元。(84-44)

14507 劳伦斯散文
〔英〕D.H.劳伦斯著,黑马译,外国散文插图珍藏版,2008年5月。平装覆膜,国流32开,ISBN 978-7-02-006585-1,定价22.00元。(84-45)

14508 茨威格散文
〔奥地利〕茨威格著,张佳珏等译,张玉书编选,外国散文插图珍藏版,2008年8月。平装覆膜,国流32开,ISBN 978-7-02-006588-2,定价22.00元。(84-46)

14509 猎魂者
〔美〕黛布拉·布鲁姆著,于是译,2008年8月。平装覆膜,国流32开,ISBN 978-7-02-006788-6,定价25.00元。(84-47)

14510 出版人 汤姆·麦奇勒回忆录
〔英〕汤姆·麦奇勒著,章祖德、谢山青、郑秋雁译,2008年9月。平装覆膜,16异,ISBN 978-7-02-006552-3,定价30.00元。(84-48)

14511 穆齐尔散文
〔奥地利〕罗伯特·穆齐尔著,张荣昌编选,徐畅、吴晓樵译,张荣昌编选,外国散文插图珍藏版,2008年12月。平装覆膜,国流32开,ISBN 978-7-02-006609-4,定价25.00元。

(84-49)

14512 小王子写给妈妈的信
〔法〕安东·德·圣埃克苏佩里著,王书芬译,2008年7月。平装,32异,ISBN 978-7-02-006764-0,定价18.00元。(84-50)

14513 安妮日记
〔德〕安妮·弗兰克著,高年生译,2009年2月。平装,16异,ISBN 978-7-02-006859-3,定价36.00元。(84-51)

14514 萨特散文
〔法〕萨特著,沈志明、施康强译,外国散文插图珍藏版,2009年2月。平装覆膜,国流32开,ISBN 978-7-02-006608-7,定价22.00元。(84-52)

14515 契诃夫的一生
〔法〕伊莱娜·内米洛夫斯基著,陈剑译,2009年1月。平装,32异,ISBN 978-7-02-006789-3,定价17.00元。2018年10月收入内米洛夫斯基作品集,平装,32异,ISBN 978-7-02-014108-1,定价32.00元。(84-53)

14516 教皇的孩子们
〔爱尔兰〕戴维·麦克威廉斯著,蔡凌志译,2009年4月。平装覆膜,国流32开,ISBN 978-7-02-006961-3,定价20.00元。(84-54)

14517 与希罗多德一起旅行
〔波兰〕卡普钦斯基著,乌兰译,2009年5月。平装覆膜,国流32开,ISBN 978-7-02-006985-9,定价19.00元。(84-55)

14518 蚁山之珠 美国土著的沉沦与拯救
〔美〕红衫德尔菲娜著,杜红译,2009年6月。平装覆膜,32异,ISBN 978-7-02-007349-8,定价14.00元。(84-56)

14519 舒伯特
〔奥地利〕约·奥·卢克斯著,高中甫译,世界音乐大师文学传记丛书,2009年12月。平装,国流32开,ISBN 978-7-02-007524-9,定价21.00元。(84-57)

14520 父辈的信念
〔美〕约翰·麦凯恩、马克·索尔特著,文敏译,2009年11月。平装覆膜,32异,ISBN 978-7-02-007739-7,定价27.00元。(84-58)

818

14521 白宫岁月 克林顿夫妇传

〔美〕萨莉·比德尔·史密斯著,王波、王一多、谷蕾、李尚杰、王晶译,2009年11月。平装覆膜,32异,ISBN 978-7-02-007335-1,定价35.00元。(84-59)

14522 看不见的大陆

〔法〕勒克莱齐奥著,袁筱一译,勒克莱齐奥作品系列,2009年12月。平装,32异,ISBN 978-7-02-007736-6,定价16.00元。2018年5月收入勒克莱齐奥作品系列,精装,32异,ISBN 978-7-02-013592-9,定价36.00元。(84-60)

14523 柏辽兹

〔法〕弗朗索瓦·布瓦耶、阿兰·布瓦耶著,李恒基译,世界音乐大师文学传记丛书,2010年1月。平装,国流32开,ISBN 978-7-02-007571-3,定价25.00元。(84-61)

14524 和老爸在一起的日子——女心理师手记

〔美〕简妮丝·斯普林、迈克尔·斯普林著,郭辉译,2010年1月。平装覆膜,国流32开,ISBN 978-7-02-007513-3,定价18.00元。(84-62)

14525 席勒传

〔德〕吕迪格尔·萨弗兰斯基著,卫茂平译,2010年2月。平装覆膜,国流32开,ISBN 978-7-02-006907-1,定价30.00元。(84-63)

14526 加斯东·伽利玛 半个世纪的法国出版史

〔法〕皮埃尔·阿苏里著,胡小跃译,2010年1月。平装覆膜,16异,ISBN 978-7-02-007820-2,定价42.00元。(84-64)

14527 哈佛读本

〔美〕威廉·本廷克-史密斯著,张旭霞、徐德金、申迎丽、赵白生译,2010年4月。平装覆膜,国流32开,ISBN 978-7-02-005645-3,定价36.00元。(84-65)

14528 失踪的名画——卡拉瓦乔与《逮捕耶稣》之谜

〔美〕乔纳森·哈尔著,虞翔译,2010年4月。平装,32异,ISBN 978-7-02-007893-6,定价25.00元。(84-66)

14529 有我,你别怕

〔法〕卡特琳娜·谢纳著,马克·吕布摄,谈珩译,2010年4月。平装,大32开,ISBN 978-7-02-007895-0,定价14.00元。2018年8月,平装,32异,ISBN 978-7-02-014024-4,定价26.00元。(84-67)

14530 看着我的眼睛——我和阿斯伯格综合征

〔美〕约翰·艾尔德·罗宾逊著,冀群姐、曹萍译,2010年4月。平装覆膜,国流32开,ISBN 978-7-02-007886-8,定价20.00元。(84-68)

14531 吴尔夫散文

〔英〕吴尔夫著,马爱新译,外国散文插图珍藏版,2010年4月。平装,国流32开,ISBN 978-7-02-007677-2,定价23.00元。(84-69)

14532 阿尔班·米歇尔 一个出版人的传奇

〔法〕埃玛纽艾尔·艾曼著,胡小跃译,2010年5月。平装覆膜,16异,ISBN 978-7-02-007964-3,定价29.00元。(84-70)

14533 蛾摩拉——一位意大利反黑记者的卧底人生

〔意大利〕罗贝拉·萨维亚诺著,赖盈满译,2010年8月。平装覆膜,32异,ISBN 978-7-02-008230-8,定价28.00元。(84-71)

14534 毒

〔法〕弗朗索瓦丝·萨冈著,贝尔纳·布斐绘,2010年10月。平装,32异,ISBN 978-7-02-008265-0,定价24.00元。(84-72)

14535 夜航西飞

〔英〕柏瑞尔·马卡姆著,陶立夏译,2010年12月。精装,32异,ISBN 978-7-02-008334-3,定价29.00元。2016年11月,修订版,平装,32异,ISBN 978-7-02-011891-5,定价45.00元。2017年1月,珍藏版,精装,32异,ISBN 978-7-02-011608-9,定价75.00元。2018年9月收入远行译丛,精装,国流32开,ISBN 978-7-02-014025-1,定价59.00元。(84-73)

14536 雷克斯——我的自闭症盲儿和我们的音乐

〔美〕凯思琳·路易斯著,郭辉译,2011年4月。

819

平装,国流 32 开,ISBN 978-7-02-008093-9,定价 22.00 元。(84-74)

14537　卡夫卡散文
〔奥地利〕弗兰茨·卡夫卡著,叶廷芳等译,叶廷芳选编,外国散文插图珍藏版,2011 年 6 月。平装覆膜,国流 32 开,ISBN 978-7-02-008097-7,定价 27.00 元。(84-75)

14538　梭罗散文
〔美〕梭罗著,苏福忠译,外国散文插图珍藏版,2011 年 6 月。平装覆膜,国流 32 开,ISBN 978-7-02-008122-6,定价 29.00 元。(84-76)

14539　屠格涅夫散文
〔俄〕屠格涅夫著,丰子恺、巴金、卢永译,外国散文插图珍藏版,2011 年 6 月。平装覆膜,国流 32 开,ISBN 978-7-02-007847-9,定价 22.00 元。(84-77)

14540　奥威尔散文
〔英〕乔治·奥威尔著,刘春芳、高新华译,外国散文插图珍藏版,2011 年 6 月。平装覆膜,国流 32 开,ISBN 978-7-02-007959-9,定价 20.00 元。(84-78)

14541　流行天王 迈克尔·杰克逊
〔英〕埃米莉·赫伯特著,黄富慧译,2011 年 7 月。平装覆膜,16 异,ISBN 978-7-02-008408-1,定价 26.00 元。(84-79)

14542　玛利亚·斯图亚特传
〔奥地利〕斯台芬·茨威格著,章鹏高译,汉译传记丛书,2011 年 7 月。平装覆膜,16 异,ISBN 978-7-02-008447-0,定价 29.00 元。2019 年 6 月收入插图本茨威格传记丛书,平装,16 异,ISBN 978-7-02-013275-1,定价 49.00 元。(84-80)

14543　哥伦布传
〔西班牙〕萨尔瓦多·德·马达里亚加著,朱伦译,汉译传记丛书,2011 年 7 月。平装覆膜,16 异,ISBN 978-7-02-008228-5,定价 38.00 元。(84-81)

14544　丘吉尔传
〔英〕诺曼·罗斯著,李家真译,汉译传记丛书,2011 年 7 月。平装覆膜,16 异,ISBN 978-7-02-008325-1,定价 38.00 元。(84-82)

14545　爱因斯坦传
〔德〕阿尔布雷希特·弗尔辛著,薛春志译,汉译传记丛书,2011 年 7 月。平装覆膜,16 异,ISBN 978-7-02-008464-7,定价 45.00 元。(84-83)

14546　汉姆生传
〔挪威〕英·科伦著,王义国译,汉译传记丛书,2011 年 7 月。平装覆膜,16 异,ISBN 978-7-02-008409-8,定价 42.00 元。(84-84)

14547　肖洛霍夫传
〔俄罗斯〕瓦·奥西波夫著,辛守魁译,汉译传记丛书,2011 年 7 月。平装,16 异,ISBN 978-7-02-008322-0,定价 56.00 元。(84-85)

14548　梵高传
〔法〕大卫·阿兹奥著,李玉民译,汉译传记丛书,2011 年 7 月。平装覆膜,16 异,ISBN 978-7-02-008561-3,定价 28.00 元。2020 年 5 月,平装,国流 32 开,ISBN 978-7-02-013841-8,定价 68.00 元。(84-86)

14549　希特勒传
〔德〕拉尔夫·格奥尔格·罗伊特著,周新建、皇甫宜均译,汉译传记丛书,2011 年 11 月。平装覆膜,16 异,ISBN 978-7-02-008608-5,定价 42.00 元。(84-87)

14550　弗洛伊德传
〔奥地利〕格奥尔格·马库斯著,顾牧译,汉译传记丛书,2011 年 11 月。平装覆膜,16 异,ISBN 978-7-02-008609-2,定价 26.00 元。(84-88)

14551†　光·影·移动 我的电影人生
〔德〕福尔克·施隆多夫著,张晏译,2012 年 1 月。平装覆膜,国流 32 开,ISBN 978-7-02-008685-6,定价 38.00 元。(84-89)

14552　六便士之家——迷失在书镇
〔美〕保罗·科林斯著,黄宜思、张立新译,2012 年 1 月。平装,国流 32 开,ISBN 978-7-02-008653-5,定价 25.00 元。(84-90)

14553　易卜生书信演讲集
〔挪威〕易卜生著,汪余礼、戴丹妮译,2012 年 2 月。平装,国流 32 开,ISBN 978-7-02-008335-0,定价 35.00 元。(84-91)

14554　巴黎评论·作家访谈 1

820

〔美〕《巴黎评论》编辑部编,黄昱宁等译,2012年2月。平装,32异,ISBN 978-7-02-007402-0,定价38.00元。2018年1月,平装,国流32开,ISBN 978-7-02-013211-9,定价49.00元。(84-92)

14555　切·格瓦拉传

〔墨西哥〕豪尔赫·G.卡斯塔涅达著,白凤森译,汉译传记丛书,2012年6月。平装覆膜,16异,ISBN 978-7-02-008923-9,定价38.00元。(84-93)

14556　普鲁斯特读本

〔法〕普鲁斯特著,沈志明译,沈志明编选,外国文学大师读本丛书,2012年6月。平装,16异,ISBN 978-7-02-008780-8,定价45.00元。(84-94)

14557　加缪读本

〔法〕加缪著,沈志明等译,沈志明编选,外国文学大师读本丛书,2012年6月。平装,16异,ISBN 978-7-02-008692-4,定价49.00元。(84-95)

14558　约翰·列侬传

〔英〕菲利普·诺曼著,吴冬月、张晓意、梁冠男译,2012年6月。平装覆膜,16异,ISBN 978-7-02-008957-4,定价58.00元。(84-96)

14559　人类星光灿烂时

〔奥地利〕斯台芬·茨威格著,张玉书译,2012年8月。平装,国流32开,ISBN 978-7-02-009034-1,定价22.00元。2016年4月,全译插图本,平装,16异,ISBN 978-7-02-011052-0,定价39.00元。2018年1月收入名著名译丛书,精装,32异,ISBN 978-7-02-011591-4,定价36.00元。2018年5月收入教育部统编《语文》推荐阅读丛书,平装覆膜,16异,ISBN 978-7-02-013757-2,定价29.00元。2019年6月收入插图本茨威格传记丛书,平装,16异,ISBN 978-7-02-013279-9,定价49.00元。(84-97)

14560　一路两个人

〔美〕盖尔·考德威尔著,许思悦译,2012年9月。平装,32异,ISBN 978-7-02-009211-6,定价16.00元。(84-98)

14561　墨西哥之梦

〔法〕勒克莱齐奥著,陈寒译,勒克莱齐奥作品系列,2012年9月。平装,32异,ISBN 978-7-02-009160-7,定价22.00元。(84-99)

14562　探寻孤独斗室的灵魂　深度访谈世界文学大师

〔澳〕拉蒙纳·科瓦尔著,胡坤、王田译,2013年1月。平装,32异,ISBN 978-7-02-009483-7,定价38.00元。(84-100)

14563　萨特传

〔法〕德尼斯·贝尔多勒著,龙云译,汉译传记丛书,2013年4月。平装覆膜,16异,ISBN 978-7-02-009602-2,定价48.00元。(84-101)

14564　安德鲁·卡内基自传

〔美〕安德鲁·卡内基著,田素雷译,汉译传记丛书,2014年1月。平装覆膜,16异,ISBN 978-7-02-009950-4,定价28.00元。2019年7月,单行本,书名《从穷小子到钢铁大王——安德鲁·卡内基自传》,平装,16异,ISBN 978-7-02-014134-0,定价43.00元。(84-102)

14565　托马斯·曼散文

〔德〕托马斯·曼著,黄燎宇等译,外国散文插图珍藏版,2014年1月。平装覆膜,国流32开,ISBN 978-7-02-009216-1,定价29.00元。(84-103)

14566　巴尔扎克传

张慧哲译,汉译传记丛书,2014年1月。平装覆膜,16异,ISBN 978-7-02-010236-5,定价35.00元。2019年6月收入插图本茨威格传记丛书,平装,16异,ISBN 978-7-02-013280-5,定价59.00元。(84-104)

14567　达利自传

〔西班牙〕萨尔瓦多·达利著,刘京胜、胡真才译,汉译传记丛书,2014年8月。平装覆膜,16异,ISBN 978-7-02-010305-8,定价37.00元。(84-105)

14568　两万五千英里的爱情

〔瑞士〕瑟奇·洛特里著,张慧哲译,2014年8月。平装,16异,ISBN 978-7-02-010557-1,定价34.00元。(84-106)

14569　远航

〔法〕安德烈·维尔泰著,季大海译,树才校,

2014年10月。平装,16异,ISBN 978-7-02-010476-3,定价39.00元。(84-108)

14570 奥克诺斯

〔西班牙〕路易斯·塞尔努达著,汪天艾译,2015年1月。精装,小32开,ISBN 978-7-02-010701-8,定价29.00元。(84-109)

14571 罗伯斯庇尔传

〔法〕若埃尔·斯密特著,由权译,汉译传记丛书,2015年4月。平装覆膜,16异,ISBN 978-7-02-010562-5,定价28.00元。(84-110)

14572 倒带人生

〔英〕亚历山大·马斯特斯著,吴文忠译,电影·书,2015年2月。平装,国流32开,ISBN 978-7-02-010622-6,定价34.00元。(84-111)

14573 拿破仑传

〔法〕帕斯卡尔·富迪埃著,钱培鑫译,汉译传记丛书,2015年4月。平装覆膜,16异,ISBN 978-7-02-010561-8,定价27.00元。(84-112)

14574 致亲爱的母亲

〔德〕歌德等著,赵登荣译,2015年4月。精装,小32开,ISBN 978-7-02-010777-3,定价39.00元。(84-113)

14575 昨日世界 一个欧洲人的回忆

〔奥地利〕斯·茨威格著,张玉书译,汉译传记丛书,2015年4月。精装,小32开,ISBN 978-7-02-010796-4,定价39.00元。2019年6月收入插图本茨威格传记丛书,平装,16异,ISBN 978-7-02-013274-4,定价59.00元。(84-114)

14576 海明威读本

〔美〕海明威著,周莉等译,外国文学大师读本丛书,2015年5月。平装,16异,ISBN 978-7-02-009816-3,定价38.00元。(84-115)

14577 安妮日记

〔德〕安妮·弗兰克著,高年生译,二战记忆,2015年7月。平装,国流32开,ISBN 978-7-02-010967-8,定价27.00元。2018年5月收入教育部统编《语文》推荐阅读丛书,平装覆膜,16异,ISBN 978-7-02-013719-0,定价26.00元。(84-116)

14578 安妮日记(精编彩绘本)

〔德〕安妮·弗兰克著,高年生译,钟小爽编绘,2015年9月。精装,12开,ISBN 978-7-02-010972-2,定价168.00元。(84-117)

14579 忙碌的一生——安哥拉国父阿戈斯蒂纽·内图传记

〔安哥拉〕阿戈斯蒂纽·内图基金会编著,尚金格译,2015年11月。平装,国流32开,ISBN 978-7-02-011125-1,定价39.00元。(84-118)

14580 感谢这一刻

〔法〕瓦莱丽·特里耶韦莱著,方颂华译,2015年11月。平装,32异,ISBN 978-7-02-011117-6,定价35.00元。(84-119)

14581 对不起,她不在了

〔法〕让-路易·傅尼叶著,黄琪雯译,2015年9月。平装,32异,ISBN 978-7-02-011081-0,定价25.00元。(84-120)

14582 特立独行的企鹅

〔英〕杰里米·刘易斯著,陈菊、张宏译,2015年12月。平装,国流32开,ISBN 978-7-02-008361-9,定价52.00元。(84-121)

14583 这是不是个人

〔意〕普里莫·莱维著,沈萼梅译,2016年3月。精装,32异,ISBN 978-7-02-011230-2,定价39.00元。(84-122)

14584 走出肯尼亚 一个人和一个家族的奋斗

〔美〕马克·奥巴马·狄善九著,韩慧强译,2016年6月。平装,16异,ISBN 978-7-02-011619-5,定价48.00元。(84-123)

14585 戈培尔传

〔德〕拉尔夫·格奥尔格·罗伊特著,周新建等译,汉译传记丛书,2016年7月。平装覆膜,16异,ISBN 978-7-02-011121-3,定价53.00元。(84-124)

14586 我会被当成老笨蛋

〔法〕菲利普·德莱姆著,郭昌京译,2016年10月。平装,32异,ISBN 978-7-02-011826-7,定价25.00元。(84-125)

14587 冬日笔记

〔美〕保罗·奥斯特著,Btr译,2016年6月。精

装,32异,ISBN 978-7-02-011402-3,定价35.00元。(84-126)

14588　你们无法得到我的恨
〔法〕安东尼·莱里斯著,朱艳亮译,2016年11月。平装,32异,ISBN 978-7-02-011979-0,定价28.00元。(84-127)

14589　闲人再思录
〔英〕J.K.杰罗姆著,秦传安译,幽默书房,2016年11月。精装,大32开,ISBN 978-7-02-011972-1,定价38.00元。(84-128)

14590　山旅书札
〔英〕伊莎贝拉·博德著,王知一译,远行译丛,2016年11月。精装,国流32开,ISBN 978-7-02-011676-8,定价42.00元。(85-110)

14591　阿拉伯南方之门
〔英〕芙瑞雅·斯塔克著,刘建台译,远行译丛,2016年11月。精装,国流32开,ISBN 978-7-02-011952-3,定价52.00元。(85-112)

14592　日升之处
〔英〕A.W.金莱克著,黄芳田译,远行译丛,2016年10月。精装,国流32开,ISBN 978-7-02-011734-5,定价42.00元。(85-113)

14593　珠峰史诗
〔英〕荣赫鹏著,黄梅峰译,远行译丛,2016年11月。精装,国流32开,ISBN 978-7-02-011926-4,定价42.00元。(85-114)

14594　那里的印度河正年轻
〔爱尔兰〕黛芙拉·墨菲著,阎蕙群译,远行译丛,2016年10月。精装,国流32开,ISBN 978-7-02-011602-7,定价49.00元。(85-115)

14595　前往阿姆河之乡
〔英〕罗伯特·拜伦著,顾淑馨译,远行译丛,2016年11月。精装,国流32开,ISBN 978-7-02-011951-6,定价49.00元。(85-116)

14596　墨西哥湾千里徒步行
〔美〕约翰·缪尔著,王知一译,远行译丛,2016年11月。精装,国流32开,ISBN 978-7-02-011954-7,定价29.00元。(85-117)

14597　察沃的食人魔
〔英〕J.H.帕特森著,娄美莲译,远行译丛,2016年12月。精装,国流32开,ISBN 978-7-02-011927-1,定价42.00元。(85-120)

14598　当代寓言集
〔美〕詹姆斯·瑟伯著,杨立新、冷杉译,幽默书房,2017年1月。精装,大32开,ISBN 978-7-02-012084-0,定价35.00元。(85-122)

14599　逐云而居
〔法〕杰米娅·勒克莱奥、J.M.G.勒克莱齐奥著,布鲁诺·巴尔比摄,张璐译,2017年1月。平装,16异,ISBN 978-7-02-011782-6,定价48.00元。(84-129)

14600　横越美国
〔美〕约翰·斯坦贝克著,麦慧芬译,远行译丛,2017年1月。平装,国流32开,ISBN 978-7-02-011878-6,定价45.00元。(84-130)

14601　致薇拉
〔美〕弗拉基米尔·纳博科夫著,唐建清译,2017年2月。平装,16异,ISBN 978-7-02-011942-4,定价88.00元。(84-131)

14602　地粮
〔法〕安德烈·纪德著,盛澄华译,蜂鸟文丛,2017年2月。平装覆膜,32异,ISBN 978-7-02-011127-5,定价28.00元。(84-132)

14603　印象与风景
〔西班牙〕费德里科·加西亚·洛尔迦著,汪天艾译,蜂鸟文丛,2017年2月。平装覆膜,32异,ISBN 978-7-02-011892-2,定价26.00元。(84-133)

14604　断头王后——玛丽·安托瓦内特传
〔奥地利〕斯·茨威格著,张玉书译,汉译传记丛书,2017年4月。平装覆膜,16异,ISBN 978-7-02-012342-1,定价48.00元。2019年6月收入插图本茨威格传记丛书,书名《玛丽·安托瓦内特传》,平装,16异,ISBN 978-7-02-013276-8,定价69.00元。(84-134)

14605　没有地图的旅行
〔英〕格雷厄姆·格林著,邝国强译,远行译丛,2017年6月。平装,国流32开,ISBN 978-7-02-011877-9,定价48.00元。(84-135)

14606　通往威根码头之路
〔英〕乔治·奥威尔著,伽禾译,2017年4月。精装,32异,ISBN 978-7-02-012313-1,定价45.00元。(84-136)

欧美散文

823

散文

14607 安德烈·托尔斯泰
〔瑞典〕卡罗拉·汉松著,李之义译,2017年5月。平装,国流32开,ISBN 978-7-02-011698-0,定价39.00元。(84-137)

14608 从新德里到布罗斯 骑行万里,追寻真爱
〔瑞典〕珀尔·J.安德松著,王梦达译,2017年8月。平装,国流32开,ISBN 978-7-02-012744-3,定价45.00元。(84-138)

14609 卓别林 我的环球之旅
〔英〕查理·卓别林著,丽萨·斯坦·哈文编,姜丽译,2017年10月。平装,大32开,ISBN 978-7-02-012343-8,定价45.00元。(84-139)

14610 穿睡衣的作家
〔加拿大〕达尼·拉费里埃著,要颖娟译,经典写作课,2018年1月。平装,32异,ISBN 978-7-02-013182-2,定价49.00元。(84-140)

14611 没有她,我就无法成为自己 马克龙夫妇的浪漫爱情
〔法〕卡罗琳·德里安、康迪斯·内代莱克著,黄荭译,2017年10月。平装,32异,ISBN 978-7-02-013224-9,定价39.00元。(84-141)

14612 给青年小说家的信
〔秘鲁〕马里奥·巴尔加斯·略萨著,赵德明译,略萨作品系列,2017年11月。平装,国流32开,ISBN 978-7-02-012716-0,定价30.00元。(84-142)

14613 巴黎评论·作家访谈2
〔美〕《巴黎评论》编辑部编著,仲召明等译,2018年1月。平装,国流32开,ISBN 978-7-02-013396-3,定价49.00元。(84-143)

14614 巴黎评论·作家访谈3
〔美〕《巴黎评论》编辑部编著,杨向荣等译,2018年1月。平装,国流32开,ISBN 978-7-02-013235-5,定价49.00元。(84-144)

14615 崩溃
〔美〕F.S.菲茨杰拉德著,李和庆、梁亚平、杨勇译,吴建国主编,菲茨杰拉德作品全集,2017年11月。平装,国流32开,ISBN 978-7-02-012721-4,定价48.00元。(84-145)

14616 失落的南方
〔智利〕路易斯·塞普尔维达著,〔阿根廷〕达尼埃尔·默琴斯基摄影,轩乐译,塞普尔维达作品系列,2018年1月。平装,大32开,ISBN 978-7-02-013454-0,定价35.00元。(84-146)

14617 罗德里格斯岛之旅
〔法〕勒克莱齐奥著,杨晓敏译,勒克莱齐奥作品系列,2018年1月。平装,32异,ISBN 978-7-02-012856-3,定价25.00元。(84-147)

14618 叶芝家书
〔爱尔兰〕约翰·巴特勒·叶芝著,叶安宁译,2018年2月。精装,32异,ISBN 978-7-02-013521-9,定价88.00元。(84-148)

14619 梅西 传奇之路
〔意〕卢卡·卡伊奥里著,汪天艾、刘冰译,2018年2月。平装覆膜,16异,ISBN 978-7-02-013470-0,定价49.00元。(84-149)

14620 居里夫人自传
〔法〕玛丽·居里著,陈筱卿译,教育部统编《语文》推荐阅读丛书,2018年4月,平装覆膜,16异,ISBN 978-7-02-013769-5,定价18.00元。(84-150)

14621 贾曼的花园
〔英〕德里克·贾曼著,霍华德·苏雷摄,陶立夏译,2018年2月。精装,16异,ISBN 978-7-02-013109-9,定价98.00元。(84-151)

14622 内心的报告
〔美〕保罗·奥斯特著,小庄译,保罗·奥斯特作品系列,2018年4月。精装,32异,ISBN 978-7-02-013349-9,定价55.00元。(84-152)

14623 美国深南之旅
〔美〕保罗·索鲁著,郑扬眉译,远行译丛,2018年5月。精装,国流32开,ISBN 978-7-02-013608-7,定价79.00元。(84-153)

14624 中非湖区探险记Ⅰ
〔英〕理查德·F.伯顿著,李宛蓉译,远行译丛,2018年2月。精装,国流32开,ISBN 978-7-02-013503-5,定价59.00元。(84-154)

14625 中非湖区探险记Ⅱ
〔英〕理查德·F.伯顿著,李宛蓉译,远行译丛,2018年2月。精装,国流32开,ISBN 978-7-

02-013507-3,定价59.00元。(84-155)

14626 马来群岛自然考察记Ⅰ
〔英〕阿尔弗雷德·R.华莱士著,金恒镳、王益真译,远行译丛,2018年4月。精装,国流32开,ISBN 978-7-02-013508-0,定价59.00元。(84-156)

14627 马来群岛自然考察记Ⅱ
〔英〕阿尔弗雷德·R.华莱士著,金恒镳、王益真译,远行译丛,2018年4月。精装,国流32开,ISBN 978-7-02-013514-1,定价59.00元。(84-157)

14628 我与戛纳 戛纳电影节掌门人福茂日记
〔法〕蒂耶里·福茂著,肖颖、陈钰清译,2018年5月。精装,32异,ISBN 978-7-02-014129-6,定价118.00元。(84-158)

14629 在南极,独自一人
〔美〕理查德·E.伯德著,杜默译,远行译丛,2018年9月。精装,国流32开,ISBN 978-7-02-014361-0,定价49.00元。(84-159)

14630 别列津纳河
〔法〕西尔万·泰松著,周佩琼译,远行译丛,2018年8月。精装,国流32开,ISBN 978-7-02-014202-6,定价42.00元。(84-160)

14631 自然纪事
〔法〕儒勒·列那尔著,皮埃尔·勃纳尔绘,徐知免译,大师插图经典,2018年10月。精装,国流32开,ISBN 978-7-02-012768-9,定价52.00元。(84-161)

14632 莎士比亚植物志
〔英〕玛格丽特·威尔斯著,王睿译,2019年1月。精装,32异。ISBN 978-7-02-014267-5,定价55.00元。(84-162)

14633 C.S.路易斯写给孩子们的信
〔英〕C.S.路易斯著,安琪译,2018年9月。平装,国流32开,ISBN 978-7-02-013712-1,定价20.00元。(84-163)

14634 作家和出版人
〔德〕西格弗里德·温塞德著,卢盛舟译,出版人书系,2018年10月。精装,32异,ISBN 978-7-02-013260-7,定价62.00元。(84-164)

14635 走到世界尽头
〔爱尔兰〕科尔姆·托宾著,温峰宁译,远行译丛,2018年11月。精装,国流32开,ISBN 978-7-02-014540-9,定价58.00元。(84-165)

14636 在西伯利亚森林中
〔法〕西尔万·泰松著,周佩琼译,远行译丛,2018年12月。精装,国流32开,ISBN 978-7-02-014512-6,定价49.00元。(84-166)

14637 威尼斯是一条鱼
〔意大利〕提齐安诺·斯卡帕著,陈英译,远行译丛,2018年12月。精装,国流32开,ISBN 978-7-02-014535-5,定价39.00元。(84-167)

14638 水中鱼 略萨回忆录
〔秘鲁〕马里奥·巴尔加斯·略萨著,赵德明译,略萨作品系列,2018年6月。平装,国流32开,ISBN 978-7-02-012779-5,定价69.00元。(84-168)

14639 美好的生活 失败与想象力不可或缺
〔英〕J.K.罗琳著,〔美〕乔尔·霍兰绘,任战译,2019年1月。平装,32异,ISBN 978-7-02-013455-3,定价39.90元。(84-169)

14640 启与魅 卡森·麦卡勒斯自传
〔美〕卡森·麦卡勒斯著,杨晓荣译,2019年3月。平装,国流32开,ISBN 978-7-02-014013-8,定价55.00元。(84-170)

14641 关于陀思妥耶夫斯基的六次讲座
〔法〕安德烈·纪德著,余中先译,经典写作课,2019年3月。平装,32异,ISBN 978-7-02-014112-8,定价32.00元。(84-171)

14642 大块
〔美〕加里·斯奈德著,吴越、郦青译,远行译丛,2019年4月。精装,国流32开,ISBN 978-7-02-014493-8,定价39.00元。(84-172)

14643 黑泽明的罗生门
〔美〕保罗·安德利尔著,蔡博译,2019年6月。精装,国流32开,ISBN 978-7-02-014807-3,定价79.00元。(84-173)

14644 约瑟夫·富歇 一个政治性人物的肖像
〔奥地利〕斯·茨威格著,张玉书译,插图本茨威格传记丛书,2019年6月。平装,16异,

ISBN 978-7-02-013286-7,定价45.00元。
(84-174)

14645 良心反抗暴力 卡斯台利奥加尔文
〔奥地利〕斯·茨威格著,张玉书译,插图本茨威格传记丛书,2019年6月。平装,16异,ISBN 978-7-02-013277-5,定价36.00元。(84-175)

14646 巴黎评论·作家访谈4
〔美〕《巴黎评论》编辑部编著,马鸣谦等译,2019年5月。平装,国流32开,ISBN 978-7-02-013234-8,定价49.00元。(84-177)

14647 冲绳岛幸福长寿秘诀
〔西班牙〕埃克托尔·加西亚、弗兰塞斯克·米拉莱斯著,欧阳石晓译,幸福关键词,2019年4月。平装覆膜,大32开,ISBN 978-7-02-013193-7,定价49.80元。(84-178)

14648 与达洛维夫人共舞 文学名著背后的灵感故事
〔美〕赛莉娅·布卢·约翰逊著,李玉兰译,经典写作课,2019年4月。平装,32异,ISBN 978-7-02-014649-9,定价35.00元。(84-179)

14649 世代相传
〔加拿大〕迈克尔·翁达杰著,姚媛译,翁达杰作品系列,2019年7月。精装,国流32开,ISBN 978-7-02-014061-9,定价49.00元。(84-180)

14650 无人爱我
〔英〕D.H.劳伦斯著,黑马译,名家散文经典译丛,2019年7月。平装,大32开,ISBN 978-7-02-014092-3,定价49.00元。(84-181)

14651 太阳和鱼
〔英〕弗吉尼亚·伍尔芙著,孔晓炯、黄梅译,名家散文经典译丛,2019年7月。平装,大32开,ISBN 978-7-02-014054-1,定价39.00元。(84-182)

14652 偏见
〔法〕马塞尔·普鲁斯特著,张小鲁译,名家散文经典译丛,2019年7月。平装,大32开,ISBN 978-7-02-014178-4,定价49.00元。(84-183)

14653 流动的盛宴
〔美〕欧内斯特·海明威著,李文俊译,名家散文经典译丛,2019年7月。平装,大32开,ISBN 978-7-02-014176-0,定价35.00元。(84-184)

14654 置身于苦难与阳光之间
〔法〕阿尔贝·加缪著,杜小真、顾嘉琛译,名家散文经典译丛,2019年7月。平装,大32开,ISBN 978-7-02-014087-9,定价35.00元。(84-185)

14655 开小差的狗
〔奥地利〕弗兰茨·卡夫卡著,叶廷芳等译,叶廷芳编,名家散文经典译丛,2019年7月。平装,大32开,ISBN 978-7-02-014085-5,定价45.00元。(84-186)

14656 在理发师的剃刀下
〔加拿大〕斯蒂芬·里柯克著,萧乾、文洁若译,名家散文经典译丛,2019年7月。平装,大32开,ISBN 978-7-02-014177-7,定价39.00元。(84-187)

14657 下一次将是烈火
〔美〕詹姆斯·鲍德温著,吴琦译,詹姆斯·鲍德温作品系列,2019年7月。平装,32异,ISBN 978-7-02-014374-0,定价58.00元。(84-188)

14658 灰色笔记
〔西班牙〕约瑟·普拉著,元柳译,2019年5月。平装,32异,ISBN 978-7-02-015018-2,定价49.00元。(84-189)

14659 老巴塔哥尼亚快车
〔美〕保罗·索鲁著,陈朵思、胡洲贤译,远行译丛,2019年8月。精装,国流32开,ISBN 978-7-02-014375-7,定价79.00元。(84-190)

14660 占卜师的预言
〔意大利〕蒂齐亚诺·泰尔扎尼著,潜彬思译,远行译丛,2019年8月。精装,国流32开,ISBN 978-7-02-014655-0,定价69.00元。(84-191)

14661 说吧,叙利亚
〔英〕阿加莎·克里斯蒂著,何义和译,远行译丛,2019年8月。精装,国流32开,ISBN 978-7-02-015148-6,定价49.00元。(84-192)

14662 英国环岛之旅
〔美〕保罗·索鲁著,胡洲贤译,远行译丛,2019

年 8 月。精装,国流 32 开,ISBN 978-7-02-014685-7,定价 69.00 元。(84-193)

14663 林中的陌生人 最后一位隐士
〔美〕迈克·芬克尔著,匪石译,2019 年 8 月。平装,大 32 开,ISBN 978-7-02-014223-1,定价 42.00 元。(84-194)

14664 出走的人 作家与家人
〔爱尔兰〕科尔姆·托宾著,张芸译,经典写作课,2019 年 8 月。平装,32 异,ISBN 978-7-02-014855-4,定价 59.00 元。(84-195)

14665 巴黎评论·诗人访谈
〔美〕《巴黎评论》编辑部编著,明迪等译,2019 年 11 月。平装,32 异,ISBN 978-7-02-015733-4,定价 65.00 元。(84-196)

14666 三大师
〔奥地利〕斯·茨威格著,张玉书译,插图本茨威格传记丛书,2020 年 1 月。平装,16 异,ISBN 978-7-02-015221-6,定价 36.00 元。(84-197)

14667 黑暗时代的爱 从王尔德到阿莫多瓦
〔爱尔兰〕科尔姆·托宾著,柏栎译,2020 年 1 月。精装,32 异,ISBN 978-7-02-015673-3,定价 59.00 元。(84-198)

14668 走在幽暗的小径上
〔法〕西尔万·泰松著,周佩琼译,远行译丛,2020 年 1 月。精装,国流 32 开,ISBN 978-7-02-015396-1,定价 48.00 元。(84-199)

14669 云雾森林
〔美〕彼得·马修森著,陈颖子、贾思婷译,远行译丛,2019 年 10 月。精装,国流 32 开,ISBN 978-7-02-014814-1,定价 59.00 元。(84-200)

14670 爱尔兰人
〔美〕查尔斯·勃兰特著,刘建周、王凯译,黑色系列,2020 年 1 月。平装,国流 32 开,ISBN 978-7-02-014806-6,定价 68.00 元。(84-201)

14671 被搞丢的人生 废料箱里的 148 本日记
〔英〕亚历山大·马斯特斯著,吴文忠译,2020 年 1 月。精装,32 异,ISBN 978-7-02-014779-3,定价 55.00 元。(84-202)

14672 火车大巴扎
〔美〕保罗·索鲁著,苏西译,远行译丛,2020 年 2 月。精装,国流 32 开,ISBN 978-7-02-015392-3,定价 75.00 元。(84-203)

14673 名作家和他们的衣橱
〔英〕特莉·纽曼著,林燕译,2020 年 6 月。精装,16 异,ISBN 978-7-02-012857-0,定价 108.00 元。(84-204)

14674 赫拉克勒斯之柱
〔美〕保罗·索鲁著,薛璞译,远行译丛,2020 年 3 月。精装,国流 32 开,ISBN 978-7-02-014511-9,定价 99.00 元。(84-205)

14675 南方快车
〔智利〕路易斯·塞普尔维达著,吴娴敏译,远行译丛,2020 年 3 月。精装,国流 32 开,ISBN 978-7-02-014688-7,定价 48.00 元。(84-206)

14676 爱说教的男人
〔美〕丽贝卡·索尔尼特著,张晨晨译,知更鸟系列,2020 年 4 月。平装,32 异,ISBN 978-7-02-015021-2,定价 42.00 元。(84-207)

14677 奶牛的秘密生活
〔英〕罗莎曼德·扬著,王雪纯译,我的动物朋友,2020 年 8 月。精装,国流 32 开,ISBN 978-7-02-014810-3,定价 45.00 元。(84-208)

14678 巴黎评论·作家访谈 5
〔美〕《巴黎评论》编辑部编著,王宏图等译,2020 年 7 月。平装,国流 32 开,ISBN 978-7-02-015754-9,定价 55.00 元。(84-209)

14679 普林斯顿文学课
〔秘鲁〕马里奥·巴尔加斯·略萨著,侯健译,经典写作课,2020 年 7 月。平装,32 异,ISBN 978-7-02-015956-7,定价 49.00 元。(84-210)

14680 智慧七柱
〔英〕T.E.劳伦斯著,蔡悯生译,2020 年 9 月。精装,16 异,ISBN 978-7-02-016137-9,定价 108.00 元。(84-211)

14681 奥维奇金特写集
〔苏〕奥维奇金著,君强、冰夷译,作家出版社 1955 年 9 月。平装,大 32 开,书号 作 252,定价 0.76 元。1958 年 3 月,平装,大 32 开,书号 10020·251,定价 0.70 元。(45-39)

14682　列宁

〔苏〕高尔基著,曹葆华译,1957 年 11 月。平装,32 开,书号 10019·671,定价 0.20 元。1960 年 4 月,精装,30 开,定价 0.77 元。1977 年 11 月,平装,小 32 开,定价 0.20 元。(48-1)

14683　往事随笔

〔苏〕谢·托尔斯泰著,吴钧燮译,1958 年 8 月。平装,大 32 开,书号 10019·804,定价 1.70 元。(48-2)

14684　回忆高尔基

〔苏〕法捷耶夫等著,1958 年 10 月。平装,大 32 开,书号 10019·934,定价 1.20 元。(48-3)

14685　回忆录选

〔苏〕高尔基著,巴金、曹葆华译,高尔基选集,1959 年 5 月。大 32 开,书号 10019·1269,平装,定价 1.00 元;精装,定价 1.65 元。1978 年 12 月,书名《文学写照》,署巴金译,平装,大 32 开,定价 0.62 元。(48-4)

14686　苏联游记

〔苏〕高尔基著,秦水、林耘译,高尔基选集,1960 年 2 月。大 32 开,书号 10019·1542,平装,定价 0.66 元;精装,定价 1.20 元。(48-5)

14687　回忆契诃夫

〔苏〕高尔基等著,巴金译,1962 年 2 月。大 32 开,书号 10019·1547,平装,定价 2.25 元;精装,定价 2.75 元。(48-7)

14688　人,岁月,生活(第一部)

〔苏〕爱伦堡著,王金陵、冯南江译,作家出版社 1962 年 12 月。平装,32 开,书号 10020·1620,定价 0.79 元。1979 年 9 月人民文学出版社,平装,32 开,书号 10019·2757,定价 0.98 元。(48-8)

14689　人,岁月,生活(第二部)

〔苏〕爱伦堡著,冯南江、秦顺新译,作家出版社 1963 年 3 月。平装,32 开,书号 10020·1630,定价 0.70 元。1979 年 9 月人民文学出版社,平装,32 开,书号 10019·2764,定价 0.82 元。(48-9)

14690　人,岁月,生活(第三部)

〔苏〕爱伦堡著,冯南江、秦顺新译,作家出版社 1963 年 8 月。平装,32 开,书号 10020·1690,定价 0.86 元。1979 年 9 月人民文学出版社,平装,32 开,书号 10019·2766,定价 1.00 元。(48-10)

14691　人,岁月,生活(第四部)

〔苏〕爱伦堡著,冯南江、秦顺新译,作家出版社 1964 年 1 月。平装,32 开,书号 10020·1736,定价 1.90 元。1979 年 10 月人民文学出版社,平装,32 开,书号 10019·2767,定价 1.15 元。(48-11)

14692　是这样开始的(战时札记)

〔苏〕柯切托夫著,斯人译,作家出版社 1964 年 5 月。平装,32 开,书号 10020·1761,定价 0.57 元。(48-12)

14693　人,岁月,生活(第五部)

〔苏〕爱伦堡著,秦顺新、冯南江译,1979 年 12 月。平装,32 开,书号 10019·2863,定价 0.89 元。(48-13)

14694　人,岁月,生活(第六部)

〔苏〕爱伦堡著,冯南江译,1980 年 5 月。平装,32 开,书号 10019·2932,定价 1.40 元。(48-14)

14695　列宁与高尔基通信集

安徽大学苏联文学研究组编译,外国文学出版社 1981 年 9 月。平装,32 开,书号 10208·66,定价 1.15 元。(48-15)

14696　陀思妥耶夫斯基传

〔苏〕格罗斯曼著,王健夫译,外国文学出版社 1987 年 8 月。平装,小 32 开,书号 10208·270,定价 4.15 元。(48-16)

14697　人

〔苏〕高尔基著,水夫等译,外国文学小丛书,1988 年 3 月。平装,32 异,书号 10019·4243,ISBN 7-02-000193-9,定价 1.15 元。(48-17)

14698　肖像集

〔苏〕托洛茨基著,丁祖永等译,外国文学出版社 1989 年 12 月。平装覆膜,小 32 开,ISBN 7-5016-0062-7,定价 2.50 元。(48-18)

14699　文学肖像

〔苏〕帕乌斯托夫斯基著,陈方、陈刚政译,2002

年5月。平装,大32开,ISBN 7-02-003699-6,定价12.80元。(48-19)

14700 烟雨霏霏的黎明
〔苏〕帕乌斯托夫斯基著,曹苏玲、沈念驹译,二十世纪外国文学丛书,外国文学出版社2002年6月。平装覆膜,大32开,ISBN 7-5016-0166-6,定价18.00元。(48-20)

14701 强者
〔俄罗斯〕格拉宁等著,范娟、佟舸译,2003年11月。平装覆膜,大32开,ISBN 7-02-004254-6,定价17.00元。(48-22)

14702 在乌苏里的莽林中
——乌苏里山区历险记
〔苏〕阿尔谢尼耶夫著,王士燮等译,2005年2月。平装覆膜,32异,ISBN 7-02-004994-X,定价20.00元。(48-23)

14703 在乌苏里的莽林中
——德尔苏·乌扎拉
〔苏〕阿尔谢尼耶夫著,王士燮等译,2005年2月。平装覆膜,32异,ISBN 7-02-004959-1,定价19.00元。(48-24)

14704 巴别尔马背日记 1920.7—9(插图本)
〔苏〕伊萨克·巴别尔著,徐振亚译,王天兵编,2005年11月。平装,16开,ISBN 7-02-005301-7,定价22.00元。(48-25)

14705 布宁散文
〔俄〕布宁著,陈馥译,外国散文插图珍藏版,2008年5月。平装覆膜,国流32开,ISBN 978-7-02-006564-6,定价16.00元。(48-26)

14706 帕乌斯托夫斯基散文
〔苏〕帕乌斯托夫斯基著,曹苏玲、沈念驹、陈方译,外国散文插图珍藏版,2008年5月。平装覆膜,国流32开,ISBN 978-7-02-006586-8,定价25.00元。(48-27)

14707 普里什文散文
〔苏〕普里什文著,潘安荣等译,外国散文插图珍藏版,2008年8月。平装覆膜,国流32开,ISBN 978-7-02-006578-3,定价18.00元。(48-28)

14708 陀思妥耶夫斯基传
〔苏〕尤·谢列兹涅夫著,徐昌翰译,汉译传记丛书,2011年7月。平装覆膜,16异,ISBN 978-7-02-008461-6,定价42.00元。(48-29)

14709 托洛茨基自传
〔苏〕托洛茨基著,张俊翔译,汉译传记丛书,2013年8月。平装覆膜,16异,ISBN 978-7-02-008966-6,定价39.00元。(48-30)

14710 索尔仁尼琴传(上下)
〔俄罗斯〕柳·萨拉斯金娜著,任光宣译,汉译传记丛书,2013年12月。平装覆膜,16异,ISBN 978-7-02-009764-7,定价88.00元。(48-31)

14711 帕斯捷尔纳克传(上下)
〔俄罗斯〕德·贝科夫著,王嘎译,汉译传记丛书,2016年8月。平装覆膜,16异,ISBN 978-7-02-011575-4,定价88.00元。(48-32)

14712 人,岁月,生活(上下)
〔苏〕伊利亚·爱伦堡著,王金陵、冯南江、秦顺新译,2016年10月。平装覆膜,16异,ISBN 978-7-02-010215-0,定价138.00元。(48-33)

14713 回忆托尔斯泰
〔苏〕高尔基著,巴金译,2020年5月。精装,32异,ISBN 978-7-02-015777-8,定价39.00元。(48-34)

14714 绞刑架下的报告
〔捷克斯洛伐克〕伏契克著,陈敬容译,1952年10月。平装,32开,书号 总115单63,定价5,000元。1959年6月收入外国现代文学名著丛书,大32开,书号10019·113,平装,定价0.42元;精装,定价1.05元。(60-1)

14715 绞索套着脖子时的报告
〔捷克斯洛伐克〕伏契克著,刘辽逸译,文学小丛书,1959年4月。平装,50开,书号10019·1245,定价0.25元。(60-2)

14716 绞刑架下的报告
〔捷克斯洛伐克〕伏契克著,蒋承俊译,文学小丛书,1979年9月。平装,32异,书号10019·2807,定价0.27元。1988年7月,平装,32开,ISBN 7-02-000457-1,定价1.05元;同时收入北京市教育局少年文库,非卖品,无定价。

829

2004年10月，收入未成年人思想道德建设文学读本丛书，平装覆膜，国流32开，ISBN 7-02-004827-7，定价8.00元。2014年5月，单行本，平装，国流32开，ISBN 978-7-02-010149-8，定价18.00元。(60-3)

14717　基希报告文学选
〔捷克斯洛伐克〕基希著，孙坤荣、赵登荣编选，二十世纪外国文学丛书，外国文学出版社1984年6月。平装，大32开，书号10208·185，定价1.30元。(60-4)

亚非散文

14718　我的童年
〔印度〕泰戈尔著，金克木译，1954年10月。平装，32开，书号328，定价5,100元。(66-1)

14719　卡里来和笛木乃
〔波斯〕伊本·穆加发著，林兴华译，文学小丛书，1958年12月。平装，50开，书号10019·1105，定价0.13元。(67-1)

14720　卡里来和笛木乃
〔波斯〕伊本·穆加发著，林兴华译，1959年3月。平装，32开，书号10019·1183，定价0.58元。1978年4月，平装，小32开，定价0.56元。(67-2)

14721　五卷书
印度古代故事，季羡林译，1959年10月。平装，大32开，书号10019·1364，定价1.25元。1964年4月收入外国古典文学名著丛书，大32开，平装，定价1.25元；精装，定价1.80元。1981年8月收入印度文学丛书，平装，大32开，定价1.30元。2001年8月收入印度故事文学名著集成丛书，平装覆膜，大32开，ISBN 7-02-003392-X，定价20.00元。2019年7月收入中国翻译家译丛，精装，16异，ISBN 978-7-02-011620-1，定价54.00元。(67-3)

14722　回忆录　附我的童年
〔印度〕泰戈尔著，谢冰心、金克木译，1988年4月。平装，大32开，书号10019·4216，ISBN 7-02-000142-4，定价1.50元。(66-2)

14723　日本古代随笔选
〔日〕清少纳言、吉田兼好著，周作人、王以铸译，日本文学丛书，1988年9月。平装覆膜，大32开，ISBN 7-02-000577-2，定价5.15元。1998年6月，平装覆膜，大32开，ISBN 7-02-002578-1，定价23.00元。(66-3)

14724　主之音　附疯人
〔黎巴嫩〕纪伯伦著，绿原译，1989年12月。平装覆膜，32异，ISBN 7-02-000366-4，定价1.80元。(66-4)

14725　飞鸟集　新月集
〔印度〕泰戈尔著，郑振铎译，天火丛书，2007年7月。平装覆膜，国流32开，ISBN 978-7-02-006126-6，定价12.00元。(66-5)

14726　思想·山水·人物
〔日〕鹤见祐辅著，鲁迅译，天火丛书，2007年7月。平装覆膜，国流32开，ISBN 978-7-02-006033-7，定价13.00元。(66-6)

14727　泰戈尔散文
〔印度〕泰戈尔著，谢冰心等译，外国散文插图珍藏版，2008年6月。平装覆膜，国流32开，ISBN 978-7-02-006565-3，定价22.00元。(66-7)

14728　德富芦花散文
〔日〕德富芦花著，陈德文译，外国散文插图珍藏版，2008年12月。平装覆膜，国流32开，ISBN 978-7-02-006600-1，定价21.00元。(66-8)

14729　七个英雄的故事
〔越南〕阮廷诗、阮辉想、春耀、阮春簪等编，阮绍先译，作家出版社1956年8月。平装，32开，书号10020·511，定价0.49元。(72-1)

14730　日子
〔埃及〕塔哈·胡赛因著，秦水译，作家出版社1961年11月。平装，大32开，书号10020·1534，定价0.62元。(72-2)

14731　南方来信（第一集）
越南散文，作家出版社1964年5月。32开，书号10020·1771，平装，定价0.31元；精装，定

价 0.87 元。(72-3)

14732 南方来信(第二集)

越南散文,作家出版社 1964 年 8 月。32 开,书号 10020·1785,平装,定价 0.44 元;精装,定价 0.95 元。(72-4)

14733 北京的星星

〔日〕龟井胜一郎著,李芒、祖秉和译,作家出版社 1964 年 9 月。32 异,书号 10020·1795,平装,定价 0.28 元;精装,定价 0.57 元。(72-5)

14734 战斗的越南南方青年

〔越南〕忠坚等著,林茵译,作家出版社 1965 年 2 月。平装,32 开,书号 10020·1824,定价 0.29 元;精装,定价 0.67 元。(72-6)

14735 奠边府战役回忆录(第一集)
地道战

〔越南〕陈度等著,黄敏中等译,作家出版社 1965 年 4 月。32 开,书号 10020·1835,平装,定价 0.42 元;精装,定价 0.91 元。(72-7)

14736 战斗的越南南方青年(第二集)

〔越南〕光峰等著,叶灵等译,作家出版社 1965 年 5 月。32 开,书号 10020·1842,平装,定价 0.17 元;精装,定价 0.77 元。(72-8)

14737 祖国铜墙

〔越南〕黄良瑜、英诗等著,岳胜等译,作家出版社 1965 年 6 月。32 开,书号 10020·1850,平装,定价 0.40 元;精装,定价 0.90 元。(72-9)

14738 把仇恨集中在枪口上

〔越南〕春武等著,黄永鉴等译,作家出版社 1965 年 7 月。32 开,书号 10020·1854,平装,定价 0.40 元;精装,定价 0.87 元。(72-10)

14739 像他那样生活

〔越南〕潘氏娟口述,陈庭云整理,英之、灵望译,1965 年 7 月。32 开,书号 10019·1791,平装,定价 0.15 元;精装,定价 0.77 元。(72-11)

14740 千里马时代的史诗

〔朝〕杨载春、金昌海等著,沈仪琳等译,作家出版社 1965 年 9 月。32 开,书号 10020·1863,平装,定价 0.60 元;精装,定价 1.10 元。(72-12)

14741 奠边府战役回忆录(第二集)
最后防线

〔越南〕雄光等著,江望等译,作家出版社 1965 年 9 月。32 开,书号 10020·1865,平装,定价 0.40 元;精装,定价 0.89 元。(72-13)

14742 南方来信选(农村版)

越南散文,1965 年 11 月。平装,32 开,书号 10019·1802,定价 0.15 元。(72-14)

14743 巧妙的游击战 越南南方游击战故事集

〔越南〕黎鸿岭编选,松柳译,作家出版社 1965 年 10 月。书号 10020·1871,平装,大 64 开,定价 0.12 元;半精,32 开,定价 0.30 元。(72-15)

14744 槟榔姑娘

〔越南〕潘氏如冰著,作家出版社 1965 年 12 月。32 开,书号 10020·1877,平装,定价 0.20 元;精装,定价 0.70 元。(72-16)

14745 日本人民的英雄气概
——日本报告文学集

〔日〕中本高子等著,李芒等译,作家出版社 1965 年 12 月。32 开,书号 10020·1876,平装,定价 0.30 元;精装,定价 0.82 元。(72-17)

14746 战斗的越南南方青年(第三集)

〔越南〕陈勇等著,叶灵、李翔译,作家出版社 1966 年 2 月。32 开,书号 10020·1879,平装,定价 0.16 元;精装,定价 0.72 元。(72-18)

14747 柬埔寨通讯集

本社编,1972 年 9 月。大 32 开,书号 10019·1931,平装,定价 0.35 元;精装,定价 0.94 元。(72-19)

14748 柬埔寨革命故事

马沅译,1978 年 8 月。平装,32 开,书号 10019·2613,定价 0.23 元。(72-20)

14749 时代 命运 个人

〔哈萨克斯坦〕努·纳扎尔巴耶夫著,陆兵、王沛译,2003 年 3 月。平装,国流 32 开,ISBN 7-02-004171-X,定价 13.00 元。(48-21)

14750 诗人

〔韩〕李文烈著,韩梅译,2005 年 9 月。平装覆膜,国流 32 开,ISBN 7-02-005202-9,定价 13.00 元。(72-22)

14751 囚魂的苏醒——日本战犯在中国收容所的六年轨迹

831

〔日〕北冈信夫著,包容译,2005 年 9 月。平装,大 32 开,ISBN 7-02-005257-6,定价 13.00 元。(72-23)

14752 私语词典

〔日〕柳美里著,于荣胜译,2006 年 9 月。平装覆膜,32 异,ISBN 7-02-005503-6,定价 10.00 元。(72-24)

14753 川端康成 三岛由纪夫往来书简

〔日〕川端康成、三岛由纪夫著,许金龙译,外国文学出版社 2009 年 5 月。平装覆膜,国流 32 开,ISBN 978-7-5016-0206-3,定价 15.00 元。(73-17)

14754 纪伯伦散文

〔黎巴嫩〕纪伯伦著,冰心等译,外国散文插图珍藏版,2010 年 6 月。平装覆膜,国流 32 开,ISBN 978-7-02-007806-6,定价 24.00 元。(72-26)

14755 泰戈尔传

〔印度〕克里希那·克里巴拉尼著,倪培耕译,汉译传记丛书,2011 年 7 月。平装覆膜,16 异,ISBN 978-7-02-008327-5,定价 38.00 元。(72-27)

14756 核电员工最后遗言
福岛事故十五年前的灾难预告

〔日〕平井宪夫著,刘黎儿、菊地洋一、彭保罗合著,陈炯霖、苏威任译,2011 年 11 月。平装,32 异,ISBN 978-7-02-008759-4,定价 25.00 元。(72-28)

14757 和风景的对话

〔日〕东山魁夷著,陈德文译,2013 年 3 月。平装,国流 32 开,ISBN 978-7-02-009233-8,定价 26.00 元。2018 年 2 月,精装,16 异,ISBN 978-7-02-013188-4,定价 139.00 元。(72-29)

14758 相性

〔日〕三浦友和著,毛丹青译,2013 年 7 月。精装,32 异,ISBN 978-7-02-009777-7,定价 28.00 元。(72-30)

14759 文·堺雅人健康的日子

〔日〕堺雅人著,郭晓丽译,2014 年 11 月。平装覆膜,小 32 开,ISBN 978-7-02-010567-0,定价 35.00 元。(72-31)

14760 文·堺雅人憧憬的日子

〔日〕堺雅人著,杨珍珍译,2014 年 11 月。平装覆膜,小 32 开,ISBN 978-7-02-010566-3,定价 30.00 元。(72-32)

14761 小生物语

〔日〕乙一著,陈惠莉译,2014 年 9 月。精装,小 32 开,ISBN 978-7-02-010533-5,定价 32.00 元。2018 年 6 月,精装,32 异,ISBN 978-7-02-012591-3,定价 45.00 元。(72-33)

14762 乔布斯的厨师

日经 BP 社出版局编,董海涛译,2015 年 12 月。精装,32 异,ISBN 978-7-02-011150-3,定价 35.00 元。(72-34)

14763 启程的理由

〔日〕旦敬介著,门内幸惠绘,蒋葳译,2015 年 12 月。精装,32 异,ISBN 978-7-02-011783-3,定价 38.00 元。(72-35)

14764 小北野武

〔日〕北野武著,潘璐译,2016 年 10 月。平装,32 异,ISBN 978-7-02-011815-1,定价 28.00 元。(72-36)

14765 极北直驱

〔日〕植村直己著,陈宝莲译,远行译丛,2016 年 11 月。软精,国流 32 开,ISBN 978-7-02-011825-0,定价 35.00 元。(73-47)

14766 女性的权利

〔尼日利亚〕奇玛曼达·恩戈兹·阿迪契著,张芸、文敏译,2017 年 6 月。精装,32 异,ISBN 978-7-02-012048-2,定价 28.00 元。(72-37)

14767 美好的七年

〔以色列〕埃特加·凯雷特著,方铁译,埃特加·凯雷特作品系列,2017 年 10 月。精装,大 32 开,ISBN 978-7-02-012715-3,定价 42.00 元。(72-38)

14768 在水边

〔日〕梨木香步著,秦刚译,远行译丛,2018 年 4 月。精装,国流 32 开,ISBN 978-7-02-013613-1,定价 42.00 元。(72-39)

14769 不可理喻的亚洲之旅

〔日〕宫田珠己著,秦衍译,2018 年 8 月。平装,32 异,ISBN 978-7-02-013827-2,定价 35.00 元。(72-40)

14770 急欲轻生的鲸群

〔日〕安部公房著,郑民钦译,安部公房作品系列,2018年9月。平装,国流32开,ISBN 978-7-02-013157-0,定价39.00元。(72-41)

14771 有心论
〔日〕野田洋次郎著,蒋青青译,2018年12月。平装,32异,ISBN 978-7-02-014269-9,定价58.00元。(72-42)

14772 下乡吃牛排
〔日〕平松洋子著,谷口治郎绘,徐奕译,2018年10月。平装,国流32开,ISBN 978-7-02-013936-1,定价39.00元。(72-43)

14773 银座三明治
〔日〕平松洋子著,谷口治郎绘,徐奕译,2018年10月。平装,国流32开,ISBN 978-7-02-012243-1,定价39.00元。(72-44)

14774 大象和我
〔肯尼亚〕达芙妮·谢尔德里克著,刘颖译,我的动物朋友,2018年11月。精装,国流32开,ISBN 978-7-02-014069-5,定价58.00元。(72-45)

14775 爸爸有你就够了
〔日〕石川祐树著,邹波译,2019年2月。平装,32异,ISBN 978-7-02-014022-0,定价49.80元。(72-46)

14776 此时此地
〔美〕保罗·奥斯特、〔南非〕J.M.库切著,郭英剑译,库切文集,2019年4月。精装,32异,ISBN 978-7-02-014699-4,定价49.00元。(72-47)

14777 小说教室
〔日〕根本昌夫著,陈佩君译,经典写作课,2019年3月。平装,32异,ISBN 978-7-02-014510-2,定价29.00元。(72-48)

14778 阿波罗之杯
〔日〕三岛由纪夫著,陈德文译,三岛由纪夫作品系列典藏本,2019年6月。精装,32异,ISBN 978-7-02-014591-1,定价40.00元。(72-49)

14779 亲爱的安吉维拉
〔尼日利亚〕奇玛曼达·恩戈兹·阿迪契著,陶立夏译,阿迪契作品系列,2019年6月。精装,32异,ISBN 978-7-02-014680-2,定价42.00元。(72-50)

14780 挑战
〔日〕东野圭吾著,曹艺译,东野圭吾作品,2019年8月。精装,32异,ISBN 978-7-02-015210-0,定价55.00元。(72-51)

14781 森林笔记
〔日〕酒井驹子著,李讴琳译,2019年11月。精装,国流32开,ISBN 978-7-02-015348-0,定价68.00元。(72-52)

14782 遇到熊怎么办?
〔日〕姉崎等、片山龙丰著,卜晓镭译,生活轻哲学书系,2020年5月。平装,32异,ISBN 978-7-02-014894-3,定价49.00元。(72-53)

14783 四季之花
〔日〕长谷川棹著,郑民钦译,生活轻哲学书系,2020年5月。平装,32异,ISBN 978-7-02-014897-4,定价79.00元。(72-54)

14784 战斗的植物
〔日〕稻垣荣洋著,陈林俊译,生活轻哲学书系,2020年5月。平装,32异,ISBN 978-7-02-014995-7,定价39.00元。(72-55)

14785 何以捡君还?
〔日〕盛口满著,陈林俊译,生活轻哲学书系,2020年5月。平装,32异,ISBN 978-7-02-014895-0,定价49.00元。(72-56)

14786 动物的错觉
〔日〕日高敏隆著,殷娟译,生活轻哲学书系,2020年5月。平装,32异,ISBN 978-7-02-014864-6,定价39.00元。(72-57)

14787 日本的树木
〔日〕馆野正树著,孔妮译,生活轻哲学书系,2020年5月。平装,32异,ISBN 978-7-02-014865-3,定价55.00元。(72-58)

14788 一切随缘
〔日〕树木希林著,陈林俊译,2020年7月。平装,32异,ISBN 978-7-02-015992-5,定价49.00元。(72-59)

亚非散文

戏　　剧

欧美戏剧

14789　莎士比亚戏剧集（一）
〔英〕莎士比亚著,朱生豪译,作家出版社1954年3月。32开,书号 作22,平装,定价9,700元;精装,定价13,000元。1958年8月人民文学出版社,平装,32开,书号10019·771,定价0.95元。(77-1)

14790　莎士比亚戏剧集（二）
〔英〕莎士比亚著,朱生豪译,作家出版社1954年4月。32开,书号 作24,平装,定价10,000元;精装,定价13,700元。1958年8月人民文学出版社,平装,32开,书号10019·772,定价1.00元。(77-2)

14791　莎士比亚戏剧集（三）
〔英〕莎士比亚著,朱生豪译,作家出版社1954年4月。32开,书号 作27,平装,定价9,600元;精装,定价13,000元。1958年8月人民文学出版社,平装,32开,书号10019·773,定价0.96元。(77-3)

14792　莎士比亚戏剧集（四）
〔英〕莎士比亚著,朱生豪译,作家出版社1954年5月。32开,书号 作32,平装,定价8,900元;精装,定价12,000元。1958年8月人民文学出版社,平装,32开,书号10019·774,定价0.88元。(77-4)

14793　莎士比亚戏剧集（五）
〔英〕莎士比亚著,朱生豪译,作家出版社1954年5月。32开,书号 作34,平装,定价9,000元;精装,定价12,000元。1958年8月人民文学出版社,平装,32开,书号10019·775,定价0.90元。(77-5)

14794　莎士比亚戏剧集（六）
〔英〕莎士比亚著,朱生豪译,作家出版社1954年5月。32开,书号 作39,平装,定价7,700元;精装,定价10,500元。1959年9月人民文学出版社,平装,32开,书号10019·776,定价0.72元。(77-6)

14795　莎士比亚戏剧集（七）
〔英〕莎士比亚著,朱生豪译,作家出版社1954年5月。32开,书号 作44,平装,定价8,000元;精装,定价11,000元。1959年9月人民文学出版社,平装,32开,书号10019·777,定价0.75元。(77-7)

14796　七月十四日
〔法〕罗曼·罗兰著,齐放译,作家出版社1954年6月。平装,32开,书号 作47,定价5,200元。(77-8)

14797　莎士比亚戏剧集（八）
〔英〕莎士比亚著,朱生豪译,作家出版社1954年6月。32开,书号 作46,平装,定价8,500元;精装,定价11,500元。1960年3月人民文学出版社,平装,32开,书号10019·1547,定价0.80元。(77-9)

14798　莎士比亚戏剧集（九）
〔英〕莎士比亚著,朱生豪译,作家出版社1954年6月。32开,书号 作50,平装,定价6,800元;精装,定价9,900元。1960年3月人民文学出版社,平装,32开,书号10019·1548,定价0.64元。(77-10)

14799　莎士比亚戏剧集（十）
〔英〕莎士比亚著,朱生豪译,作家出版社1954

年7月。32开,书号 作60,平装,定价 10,500元;精装,定价 13,500元。1960年3月人民文学出版社,平装,32开,书号 10019·1549,定价 0.98元。(77-11)

14800　莎士比亚戏剧集(十一)
〔英〕莎士比亚著,朱生豪译,作家出版社1954年8月。32开,书号 作65,平装,定价 8,100元;精装,定价 11,500元。1960年3月人民文学出版社,平装,32开,书号 10019·1550,定价 0.77元。(77-12)

14801　莎士比亚戏剧集(十二)
〔英〕莎士比亚著,朱生豪译,作家出版社1954年8月。32开,书号 作67,平装,定价 15,000元;精装,定价 18,000元。1960年3月人民文学出版社,平装,32开,书号 10019·1551,定价 1.40元。(77-13)

14802　柔密欧与幽丽叶
〔英〕莎士比亚著,曹禺译,作家出版社1954年8月。精装,大32开,书号 10020·68,定价 1.00元。1957年7月人民文学出版社,精装,大32开,书号 10019·478,定价 1.00元。1979年2月收入文学小丛书,平装,32异,书号 10019·2717,定价 0.31元。(77-14)

14803　仲夏夜之梦
〔英〕莎士比亚著,吕熒译,作家出版社1954年10月。平装,大32开,书号 作88,定价 8,100元。(77-15)

14804　阿里斯托芬喜剧集
〔古希腊〕阿里斯托芬著,罗念生等译,1954年11月。大32开,书号 308,精装,定价 23,000元;特精,定价 54,000元。(77-16)

14805　如愿
〔英〕莎士比亚著,张采真译,作家出版社1955年4月。精装,大32开,书号 作157,定价 0.72元。(77-17)

14806　华伦斯坦
〔德〕席勒著,郭沫若译,1955年5月。平装,大32开,书号 387,定价 2.00元;精装,定价 3.61元。(77-18)

14807　伪君子
〔法〕莫里哀著,赵少侯译,作家出版社1955年7月。精装,32开,书号 作198,定价 0.63元。1958年1月人民文学出版社,平装,32开,书号 10019·693,定价 0.60元。1980年3月收入文学小丛书,平装,32异,定价 0.23元。1990年8月收入北京市教育局青年文库,平装,小32开,ISBN 7-02-001075-X,非卖品,无定价。2002年1月收入大学生必读,平装,大32开,ISBN 7-02-003583-3,定价 6.00元。(77-19)

14808　阴谋和爱情
〔德〕席勒著,廖辅叔译,1955年8月。精装,大32开,书号 414,定价 0.98元。1957年10月,精装,大32开,书号 10019·410,定价 0.95元。1978年11月,平装,大32开,定价 0.46元。(77-20)

14809　唐璜
〔法〕莫里哀著,陈佶译,作家出版社1955年8月。精装,32开,书号 作196,定价 0.61元。1958年1月人民文学出版社,精装,32开,书号 10019·691,定价 0.55元。(77-21)

14810　浮士德(一、二)
〔德〕歌德著,郭沫若译,1955年8月。精装,大32开,书号 383,定价 3.20元。1957年10月,精装,大32开,书号 10019·380,定价 3.20元。1989年11月,平装,大32开,ISBN 7-02-000899-2,定价 8.80元。(77-22)

14811　悭吝人
〔法〕莫里哀著,赵少侯译,作家出版社1955年8月。精装,32开,书号 作197,定价 0.67元。1958年1月人民文学出版社,精装,32开,书号 10019·692,定价 0.60元。1960年3月收入文学小丛书,平装,50开,定价 0.23元。(77-23)

14812　恨世者
〔法〕莫里哀著,赵少侯译,作家出版社1955年8月。精装,32开,书号 作195,定价 0.60元。1958年1月人民文学出版社,精装,32开,书号 10019·690,定价 0.55元。(77-24)

14813　茶花女
〔法〕小仲马著,齐放译,作家出版社1955年8月。平装,32开,书号 作234,定价 0.43元。1957年8月人民文学出版社,平装,32开,书号 10019·585,定价 0.42元。(77-25)

戏剧

14814　史嘉本的诡计
〔法〕莫里哀著,万新译,作家出版社1955年10月。半精,32开,书号 作228,定价0.57元。1958年1月人民文学出版社,平装,32开,书号10019·694,定价0.55元。(77-26)

14815　心病者
〔法〕莫里哀著,邓琳译,作家出版社1955年10月。精装,32开,书号 作214,定价0.71元。1958年1月人民文学出版社,精装,32开,书号10019·697,定价0.65元。(77-27)

14816　雅克团
〔法〕梅里美著,郭麟阁、居敬译,作家出版社1956年4月。平装,32开,书号10020·229,定价0.76元。(77-28)

14817　奥里昂的姑娘
〔德〕席勒著,张天麟译,1956年4月。大32开,书号10019·449,平装,定价0.45元;精装,定价0.98元。(77-29)

14818　一仆二主
〔意大利〕哥尔多尼著,孙维世译,作家出版社1956年5月。平装,32开,书号10020·348,定价0.43元。(77-30)

14819　情敌
〔英〕谢立丹著,周翰译,作家出版社1956年6月。平装,32开,书号10020·453,定价0.46元。(77-31)

14820　醉心贵族的小市民
〔法〕莫里哀著,邓琳译,赵少侯校,作家出版社1956年7月。精装,32开,书号10020·266,定价0.60元。1958年2月人民文学出版社,精装,32开,书号10019·695,定价0.60元。(77-32)

14821　强盗
〔德〕席勒著,杨文震、李长之译,1956年7月。精装,大32开,书号10019·437,定价1.10元。1959年9月,平装,大32开,定价1.05元。(77-33)

14822　威廉·退尔
〔德〕席勒著,钱春绮译,1956年7月。精装,大32开,书号10019·449,定价1.20元。1979年2月,平装,大32开,定价0.66元。(77-34)

14823　易卜生戏剧选
〔挪威〕易卜生著,潘家洵译,1956年7月。大32开,书号10019·462,精装,定价1.60元;特精,定价2.40元。(77-35)

14824　易卜生戏剧集(一)
〔挪威〕易卜生著,潘家洵译,1956年7月。精装,大32开,书号10019·517,定价1.70元。(77-36)

14825　玛利亚·玛格达莲
〔德〕弗立德里希·赫贝尔著,廖辅叔译,作家出版社1956年7月。平装,32开,书号10020·458,定价0.27元。(77-37)

14826　浮士德博士的悲剧
〔英〕克利斯朵夫·马洛著,戴镏龄译,作家出版社1956年7月。平装,32开,书号10020·450,定价0.26元。(77-38)

14827　易卜生戏剧集(二)
〔挪威〕易卜生著,潘家洵译,1956年7月。精装,大32开,书号10019·518,定价1.60元。(77-39)

14828　哈姆雷特
〔英〕莎士比亚著,卞之琳译,作家出版社1956年9月。精装,大32开,书号10020·456,定价1.00元。1957年8月人民文学出版社,精装,大32开,书号10019·663,定价1.00元。(77-40)

14829　西哈诺
〔法〕罗斯丹著,方于译,林文铮校,作家出版社1956年11月。平装,32开,书号10020·560,定价0.60元。(77-41)

14830　熙德
〔法〕高乃依著,齐放译,作家出版社1956年11月。平装,32开,书号10020·619,定价0.42元。(77-42)

14831　塞维勒的理发师
〔法〕博马舍著,吴达元译,1956年12月。平装,32开,书号10019·589,定价0.34元。(77-43)

14832　欧里庇得斯悲剧集(一)
〔古希腊〕欧里庇得斯著,周启明等译,1957年3月。精装,大32开,书号10019·482,定价1.90元。(77-44)

14833 费加罗的婚姻
〔法〕博马舍著,吴达元译,1957年3月。平装,32开,书号10019·595,定价0.50元。(77-45)

14834 亨利四世
〔英〕莎士比亚著,吴兴华译,1957年3月。精装,大32开,书号10019·596,定价1.40元。(77-46)

14835 糊涂人
〔法〕莫里哀著,王了一译,作家出版社1957年5月。半精,32开,书号10020·643,定价0.60元。1958年1月人民文学出版社,半精,32开,书号10019·696,定价0.55元。(77-47)

14836 可笑的女才子
〔法〕莫里哀著,赵少侯译,作家出版社1957年5月。半精,32开,书号10020·588,定价0.60元。1958年1月人民文学出版社,半精,32开,书号10019·698,定价0.55元。(77-48)

14837 昂朵马格
〔法〕拉辛著,齐放译,1957年5月。平装,32开,书号10019·573,定价0.35元。(77-49)

14838 哥尔多尼戏剧集
〔意大利〕哥尔多尼著,焦菊隐等译,1957年7月。大32开,书号10019·611,平装,定价1.50元;精装,定价1.90元。(77-50)

14839 咖啡店政客
〔英〕亨利·菲尔丁著,英若诚译,1957年8月。平装,32开,书号10019·635,定价0.42元。(77-51)

14840 解放了的普罗密修斯
〔英〕雪莱著,邵洵美译,1957年8月。平装,大32开,书号10019·642,定价0.55元。(77-52)

14841 杜卡莱先生
〔法〕勒萨日著,赵少侯译,勒萨日选集,1957年12月。平装,大32开,书号10019·677,定价0.34元。(77-53)

14842 欧里庇得斯悲剧集(二)
〔古希腊〕欧里庇得斯著,1957年12月。精装,大32开,书号10019·667,定价2.10元。(77-54)

14843 亨利第五
〔英〕莎士比亚著,方平译,1958年1月。精装,大32开,书号10019·703,定价0.85元。(77-55)

14844 易卜生戏剧集(三)
〔挪威〕易卜生著,潘家洵译,1958年1月。精装,大32开,书号10019·686,定价1.70元。(77-56)

14845 罗曼·罗兰革命剧选
〔法〕罗曼·罗兰著,齐放、老笃译,1958年5月。平装,大32开,书号10019·754,定价1.10元。(77-57)

14846 欧里庇得斯悲剧二种
〔古希腊〕欧里庇得斯著,罗念生译,外国古典文学名著丛书,1958年9月。精装,大32开,书号10019·896,定价1.30元。1959年10月,平装,大32开,定价0.57元。1979年10月,平装,大32开,定价0.46元。(77-58)

14847 丈夫学堂
〔法〕莫里哀著,王了一译,1958年10月。半精,32开,书号10019·849,定价0.52元。(77-59)

14848 妇人学堂
〔法〕莫里哀著,万新译,赵少侯校,1958年10月。半精,32开,书号10019·851,定价0.50元。(77-60)

14849 特洛亚妇女
〔古罗马〕塞内加著,杨周翰译,1958年10月。平装,32开,书号10019·822,定价0.24元。(77-61)

14850 易卜生戏剧四种
〔挪威〕易卜生著,潘家洵译,外国古典文学名著丛书,1958年12月。精装,大32开,书号10019·1015,定价2.35元。1959年9月,平装,大32开,定价1.85元。2019年5月收入外国文学名著丛书,精装,大32开,ISBN 978-7-02-015054-0,定价55.00元。(77-62)

14851 欧里庇得斯悲剧集(三)
〔古希腊〕欧里庇得斯著,周启明、罗念生译,1959年2月。精装,大32开,书号10019·968,定价1.85元。(77-63)

14852 易卜生戏剧集(四)
〔挪威〕易卜生著,潘家洵译,1959年4月。精

装,大32开,书号10019·1195,定价1.65元。(77-64)

14853　奥瑟罗
〔英〕莎士比亚著,朱生豪译,文学小丛书,1959年5月。平装,50开,书号10019·1252,定价0.25元。2012年11月收入莎士比亚剧本插图珍藏本,约翰·吉尔伯特爵士插图,精装,32异,ISBN 978-7-02-009044-0,定价24.00元。(77-65)

14854　理查三世
〔英〕莎士比亚著,方重译,1959年9月。精装,大32开,书号10019·1488,定价1.20元。(77-66)

14855　莫里哀喜剧选(上中下)
〔法〕莫里哀著,赵少侯、王了一等译,1959年9月。大32开,书号10019·1503,平装,定价4.20元;精装,定价5.85元。1981年7月,平装,大32开,定价3.95元。(77-67)

14856　比昂逊戏剧集
〔挪威〕比昂逊著,茅盾等译,1960年4月。大32开,书号10019·1594,平装,定价1.20元;特精,定价1.55元。(77-68)

14857　埃斯库罗斯悲剧二种
〔古希腊〕埃斯库罗斯著,罗念生译,外国古典文学名著丛书,1961年11月。大32开,书号10019·1637,平装,定价0.52元;精装,定价1.05元。1979年10月收入外国文学名著丛书,平装,大32开,定价0.49元。(77-69)

14858　索福克勒斯悲剧二种
〔古希腊〕索福克勒斯著,罗念生译,外国古典文学名著丛书,1961年11月。大32开,书号10019·1562,平装,定价0.52元;精装,定价1.05元。1979年10月收入外国文学名著丛书,平装,大32开,定价0.46元。2002年1月收入大学生必读,书名《奥狄浦斯王》,平装,大32开,ISBN 7-02-003593-0,定价8.00元。(77-70)

14859　博马舍戏剧二种
〔法〕博马舍著,吴达元译,外国古典文学名著丛书,1962年2月。大32开,书号10019·1561,平装,定价0.87元;精装,定价1.40元。1981年6月收入外国文学名著丛书,平装,大

32开,定价0.84元。2001年12月收入世界文学名著文库,精装,大32开,ISBN 7-02-003407-1,定价19.80元。(77-71)

14860　羊泉村
〔西班牙〕洛卜·德·维迦著,朱葆光译,1962年12月。大32开,书号10019·1708,平装,定价0.53元;半精,定价0.58元。(77-72)

14861　玩偶之家
〔挪威〕易卜生著,潘家洵译,文学小丛书,1963年3月。书号10019·1724,平装,50开,定价0.22元;平装,32异,定价0.37元。1990年9月收入北京市教育局青年文库,平装,32开,ISBN 7-02-001083-0,非卖品,无定价。(77-73)

14862　弗兰茨·冯·济金根
〔德〕拉萨尔著,叶逢植译,1976年4月。平装,32开,书号10019·2339,定价0.95元。(77-74)

14863　哈姆莱特
〔英〕莎士比亚著,朱生豪译,吴兴华校,1977年12月。平装,小32开,书号10019·2546,定价0.38元。2000年5月收入中学生课外文学名著必读丛书,平装覆膜,大32开,ISBN 7-02-003193-5,定价6.50元。2002年1月收入大学生必读,大32开,ISBN 7-02-003594-9,定价7.00元。2003年5月收入语文新课标必读丛书,平装覆膜,大32开,ISBN 7-02-004131-0,定价6.50元。2006年6月收入语文新课标必读丛书修订版,平装覆膜,大32开,ISBN 7-02-005722-5,定价7.00元。2008年6月收入语文新课标必读丛书增订版,平装覆膜,大32开,ISBN 978-7-02-007070-1,定价9.00元。2012年11月收入莎士比亚剧本插图珍藏本,约翰·吉尔伯特爵士插图,精装,32异,ISBN 978-7-02-009038-9,定价25.00元。(77-75)

14864　雅典的泰门
〔英〕莎士比亚著,朱生豪译,方重校,1977年12月。平装,小32开,书号10019·2548,定价0.26元。(77-76)

14865　亨利四世
〔英〕莎士比亚著,朱生豪译,吴兴华校,1978年

1月。平装,小32开,书号10019·2533,定价0.57元。(77-77)

14866　威尼斯商人
〔英〕莎士比亚著,朱生豪译,方平校,1978年4月。平装,小32开,书号10019·2547,定价0.28元。2012年11月收入莎士比亚剧本插图珍藏本,约翰·吉尔伯特爵士插图,精装,32异,ISBN 978-7-02-009037-2,定价21.00元。(77-78)

14867　温莎的风流娘儿们
〔英〕莎士比亚著,朱生豪译,方平校,1978年5月。平装,小32开,书号10019·2585,定价0.30元。(77-79)

14868　李尔王
〔英〕莎士比亚著,朱生豪译,方平校,1978年10月。平装,32开,书号10019·2635,定价0.34元。2012年11月收入莎士比亚剧本插图珍藏本,约翰·吉尔伯特爵士插图,精装,32异,ISBN 978-7-02-009042-6,定价41.00元。(77-80)

14869　丹东之死
〔德〕格·毕希纳著,傅惟慈译,文学小丛书,1981年1月。平装,32异,书号10019·3050,定价0.30元。(77-81)

14870　戏剧选
〔瑞典〕斯特林堡著,石琴娥等译,斯特林堡选集,1981年4月。32开,书号10019·3130,平装,定价1.35元;平装覆膜,定价1.60元。(77-82)

14871　缪塞戏剧选
〔法〕缪塞著,李玉民译,1983年8月。平装,大32开,书号10019·3452,定价1.45元。(77-83)

14872　歌德戏剧集
〔德〕歌德著,钱春绮、章鹏高、汪久祥译,1984年4月。平装,大32开,书号10019·3627,定价1.80元。(77-84)

14873　雨果戏剧选
〔法〕雨果著,许渊冲译,1986年3月。平装,小32开,书号10019·3925,定价3.80元。(77-85)

14874　皮蓝德娄戏剧二种
〔意大利〕皮蓝德娄著,吴正仪译,外国文学名著丛书,1984年1月。大32开,书号10019·3583,平装,定价0.59元;精装,定价1.15元。(77-86)

14875　莎士比亚悲剧四种
〔英〕莎士比亚著,卞之琳译,外国文学名著丛书,1988年3月。平装,大32开,书号10019·4254,ISBN 7-02-000222-6,定价4.15元。1989年12月,大32开,平装,ISBN 7-02-000222-6,定价7.35元;精装,ISBN 7-02-000901-8,定价8.90元。(77-87)

14876　赛莱斯蒂娜
〔西班牙〕罗哈斯著,王央乐译,1990年9月。平装覆膜,小32开,ISBN 7-02-000997-2,定价3.75元。(77-88)

14877　人生是梦
〔西班牙〕卡尔德隆·德·拉·巴拉卡著,吕臣重译,1990年9月。平装覆膜,小32开,ISBN 7-02-000993-X,定价2.70元。(77-89)

14878　古罗马戏剧选
杨宪益、杨周翰、王焕生译,外国文学名著丛书,1991年1月。平装,大32开,ISBN 7-02-000383-4,定价6.90元。2000年12月收入世界文学名著文库,精装,大32开,ISBN 7-02-003041-6,定价33.00元。(77-90)

14879　浮士德
〔德〕歌德著,绿原译,世界文学名著文库,1994年11月。精装,大32开,ISBN 7-02-001845-9,定价22.95元。1997年7月,单行本,平装覆膜,大32开,ISBN 7-02-002440-8,定价19.50元。2002年1月收入大学生必读,平装,大32开,ISBN 7-02-003581-7,定价25.00元。2003年1月收入名著名译插图本,平装覆膜,国流32开,ISBN 7-02-003962-6,定价18.00元。2008年6月收入名著名译插图本精华版,软精,国流32开,ISBN 978-7-02-007128-9,定价23.00元。2015年6月收入名著名译丛书,精装,32异,ISBN 978-7-02-010454-3,定价36.00元。2017年1月收入中国翻译家译丛,精装,16异,ISBN 978-7-02-011239-5,定价66.00元。2018年7月收入插图本名著名译丛书,平装,国流32开,ISBN

978-7-02-013550-9,定价35.00元。2019年5月收入外国文学名著丛书,精装,大32开,ISBN 978-7-02-015102-8,定价59.00元。(77-91)

14880　席勒戏剧诗歌选
〔德〕席勒著,钱春绮等译,世界文学名著文库,1996年11月。精装,大32开,ISBN 7-02-001979-X,定价40.50元。(77-92)

14881　易卜生戏剧选
〔挪威〕易卜生著,潘家洵等译,世界文学名著文库,1997年11月。精装,大32开,ISBN 7-02-002289-8,定价29.20元。(77-93)

14882　维加戏剧选
〔西班牙〕维加著,胡真才、吕晨重译,世界文学名著文库,1998年2月。精装,大32开,ISBN 7-02-002401-7,定价33.00元。(77-94)

14883　古希腊戏剧选
本社编选,世界文学名著文库,1998年2月。精装,大32开,ISBN 7-02-002482-3,定价30.00元。(77-95)

14884　哥尔多尼戏剧集
〔意大利〕哥尔多尼著,孙维世、刘辽逸、焦菊隐译,世界文学名著文库,1999年7月。精装,大32开,ISBN 7-02-002748-2,定价27.80元。(77-96)

14885　莫里哀喜剧选
〔法〕莫里哀著,赵少侯等译,世界文学名著文库,2001年12月。精装,大32开,ISBN 7-02-003408-X,定价30.00元。(77-97)

14886　莎士比亚历史剧选
〔英〕莎士比亚著,朱生豪译,世界文学名著文库,2001年12月。精装,大32开,ISBN 7-02-002821-7,定价26.00元。(77-98)

14887　莎士比亚喜剧选
〔英〕莎士比亚著,朱生豪译,世界文学名著文库,2001年12月。精装,大32开,ISBN 7-02-002295-2,定价26.80元。2013年5月收入企鹅经典丛书,平装,32异,ISBN 978-7-02-009668-5,定价30.00元。2017年6月收入企鹅经典丛书,平装,国流32开,ISBN 978-7-02-012967-6,定价69.00元。(77-99)

14888　莎士比亚悲剧选
〔英〕莎士比亚著,朱生豪译,世界文学名著文库,2001年12月。精装,大32开,ISBN 7-02-002820-9,定价32.00元。2003年1月收入名著名译插图本,书名《罗密欧与朱丽叶》,平装覆膜,国流32开,ISBN 7-02-003889-1,定价18.00元。2008年6月收入名著名译插图本精华版,软精,国流32开,ISBN 978-7-02-007116-6,定价23.00元。2015年5月收入名著名译丛书,平装,32异,ISBN 978-7-02-010428-4,定价36.00元。2018年7月收入插图本名著名译丛书,平装,国流32开,ISBN 978-7-02-013053-5,定价35.00元。(77-100)

14889　高乃依　拉辛戏剧选
〔法〕高乃依、拉辛著,张秋红等译,世界文学名著文库,2001年12月。精装,大32开,ISBN 7-02-003404-7,定价30.00元。(77-101)

14890　哈姆莱特
〔英〕莎士比亚著,朱生豪译,名著名译英汉对照读本,2002年1月。平装覆膜,国流32开,ISBN 7-02-003557-4,定价10.00元。(77-102)

14891　爱德华三世　两位贵亲戚　新被裁定的两部莎士比亚疑剧
〔英〕莎士比亚著,绿原译,2002年3月。平装,大32开,ISBN 7-02-003455-1,定价10.00元。(77-103)

14892　凯撒和克莉奥佩特拉
〔英〕萧伯纳著,杨宪益译,名著名译英汉对照读本,2002年1月。平装覆膜,国流32开,ISBN 7-02-003558-2,定价10.00元。(77-104)

14893　莎士比亚戏剧选读
〔英〕莎士比亚著,朱生豪译,高中语文选修课程资源系列,2005年5月。平装覆膜,大32开,ISBN 7-02-004706-8,定价20.00元。(77-108)

14894　易卜生戏剧集(1—3)
〔挪威〕易卜生著,潘家洵、萧乾、成时译,2006年4月。平装覆膜,国流32开,ISBN 7-02-005535-4,定价97.00元。(77-109)

14895　古希腊戏剧选

〔古希腊〕埃斯库罗斯等著,罗念生等译,名著名译插图本,2008年1月。平装覆膜,国流32开,ISBN 978-7-02-006257-7,定价16.00元。2012年11月收入企鹅经典丛书,平装,32异,ISBN 978-7-02-009274-1,定价22.00元。(77-110)

14896 大鼻子情圣

〔法〕埃德蒙·罗斯丹著,王文融译,2009年6月。平装覆膜,国流32开,ISBN 978-7-02-006694-0,定价11.00元。(77-111)

14897 莎士比亚四大悲剧

〔英〕莎士比亚著,朱生豪译,企鹅经典丛书,2012年1月。平装,32异,ISBN 978-7-02-008719-0,定价30.00元。2017年6月收入企鹅经典丛书,平装,国流32开,ISBN 978-7-02-012994-2,定价69.00元。(77-112)

14898 第十二夜

〔英〕莎士比亚著,朱生豪译,约翰·吉尔伯特爵士插图,莎士比亚剧本插图珍藏本,2012年11月。精装,32异,ISBN 978-7-02-009043-3,定价21.00元。(77-113)

14899 罗密欧与朱丽叶

〔英〕莎士比亚著,朱生豪译,约翰·吉尔伯特爵士插图,莎士比亚剧本插图珍藏本,2012年11月。精装,32异,ISBN 978-7-02-009039-6,定价22.00元。(77-114)

14900 仲夏夜之梦

〔英〕莎士比亚著,朱生豪译,约翰·吉尔伯特爵士插图,莎士比亚剧本插图珍藏本,2012年11月。精装,32异,ISBN 978-7-02-009040-2,定价20.00元。(77-115)

14901 麦克白

〔英〕莎士比亚著,朱生豪译,约翰·吉尔伯特爵士插图,莎士比亚剧本插图珍藏本,2012年11月。精装,32异,ISBN 978-7-02-009041-9,定价20.00元。(77-116)

14902 古希腊悲剧经典

〔古希腊〕埃斯库罗斯等著,罗念生译,中学生文学阅读必备书系,2014年2月。平装,国流32开,ISBN 978-7-02-009946-7,定价27.00元。(77-117)

14903 莎乐美

〔英〕奥斯卡·王尔德著,苏福忠译,王尔德代表作,2015年11月。平装,32异,ISBN 978-7-02-010936-4,定价22.00元。(77-118)

14904 莎士比亚悲剧五种

〔英〕莎士比亚著,朱生豪译,2016年1月。精装,16异,ISBN 978-7-02-010589-2,定价77.00元。(77-119)

14905 莎士比亚喜剧五种

〔英〕莎士比亚著,朱生豪译,2016年1月。精装,16异,ISBN 978-7-02-010590-8,定价72.00元。(77-120)

14906 威尼斯商人

〔英〕莎士比亚著,朱生豪译,名著名译丛书,2016年10月。精装,32异,ISBN 978-7-02-011916-5,定价33.00元。2018年4月收入插图本名著名译丛书,书名《威尼斯商人 莎士比亚喜剧选》,平装,国流32开,ISBN 978-7-02-013055-9,定价28.00元。(77-121)

14907 哈姆莱特 莎士比亚戏剧选

〔英〕莎士比亚著,朱生豪译,教育部统编《语文》推荐阅读丛书,2018年5月。平装覆膜,16异,ISBN 978-7-02-013718-3,定价33.00元。2020年9月收入中小学生阅读指导目录,平装,32异,ISBN 978-7-02-016341-0,定价33.00元。(77-123)

14908 莎士比亚戏剧(上下)

〔英〕莎士比亚著,朱生豪译,中国翻译家译丛,2015年4月。精装,16异,ISBN 978-7-02-009765-4,定价78.00元。(77-124)

14909 古希腊戏剧

〔古希腊〕埃斯库罗斯等著,罗念生译,中国翻译家译丛,2015年4月。精装,16异,ISBN 978-7-02-009906-1,定价65.00元。(77-125)

14910 潘家洵译易卜生戏剧

〔挪威〕易卜生著,潘家洵译,中国翻译家译丛,2015年4月。精装,16异,ISBN 978-7-02-009767-8,定价76.00元。(77-126)

14911 莎士比亚喜剧五种

〔英〕威廉·莎士比亚著,方平译,外国文学名著丛书,2020年8月。精装,大32开,ISBN 978-7-02-015823-2,定价78.00元。

(77—127)

14912 大雷雨
〔俄〕亚·奥斯特罗夫斯基著,芳信译,作家出版社 1954 年 7 月。平装,32 开,书号 作 56,定价 3,300 元。1959 年 12 月人民文学出版社,收入文学小丛书,平装,50 开,书号 10019·1411,定价 0.18 元。(41-1)

14913 樱桃园
〔俄〕契诃夫著,满涛译,1954 年 7 月。32 开,书号 293,平装,定价 4,400 元;精装,定价 7,300 元。(41-2)

14914 三姊妹
〔俄〕契诃夫著,曹靖华译,1954 年 7 月。32 开,书号 294,平装,定价 4,200 元;精装,定价 7,100 元。(41-3)

14915 钦差大臣
〔俄〕果戈理著,芳信译,作家出版社 1954 年 7 月。平装,32 开,书号 作 66,定价 4,400 元。(41-4)

14916 万尼亚舅舅
〔俄〕契诃夫著,丽尼译,1954 年 9 月。32 开,书号 297,平装,定价 3,400 元;精装,定价 6,400 元。(41-5)

14917 契诃夫独幕剧集
〔俄〕契诃夫著,曹靖华译,1954 年 11 月。32 开,书号 306,平装,定价 3,000 元;精装,定价 5,900 元。(41-6)

14918 海鸥
〔俄〕契诃夫著,丽尼译,1954 年 11 月。32 开,书号 313,平装,定价 3,600 元;精装,定价 5,400 元。(41-7)

14919 教育的果实
〔俄〕列夫·托尔斯泰著,芳信译,作家出版社 1954 年 12 月。平装,32 开,书号 作 114,定价 5,100 元。(41-8)

14920 黑暗的势力
〔俄〕列夫·托尔斯泰著,芳信译,作家出版社 1955 年 1 月。平装,32 开,书号 作 108,定价 4,400 元。(41-9)

14921 活尸
〔俄〕列夫·托尔斯泰著,芳信译,作家出版社 1955 年 3 月。平装,32 开,书号 作 162,定价 0.38 元。(41-10)

14922 伊凡诺夫
〔俄〕契诃夫著,丽尼译,1955 年 4 月。平装,32 开,书号 385,定价 0.38 元。(41-11)

14923 "第一个造酒者"及其他
〔俄〕列夫·托尔斯泰著,芳信译,作家出版社 1955 年 8 月。平装,32 开,书号 作 199,定价 0.60 元。(41-12)

14924 贫非罪
〔俄〕亚·奥斯特罗夫斯基著,芳信译,作家出版社 1956 年 2 月。平装,32 开,书号 作 332,定价 0.30 元。(41-13)

14925 村居一月
〔俄〕屠格涅夫著,芳信译,1956 年 2 月。平装,32 开,书号 420,定价 0.56 元。(41-14)

14926 谁能无过,谁能免祸
〔俄〕亚·奥斯特罗夫斯基著,芳信译,作家出版社 1956 年 7 月。平装,32 开,书号 10020·457,定价 0.29 元。(41-15)

14927 鲍利斯·戈都诺夫
〔俄〕普希金著,林陵译,作家出版社 1956 年 11 月。平装,32 开,书号 10020·247,定价 0.55 元。1957 年 10 月人民文学出版社,平装,32 开,书号 10019·522,定价 0.50 元。(41-16)

14928 无辜的罪人
〔俄〕亚·奥斯特罗夫斯基著,邱静山译,作家出版社 1957 年 6 月。平装,32 开,书号 10020·557,定价 0.34 元。(41-17)

14929 自己人——好算帐
〔俄〕亚·奥斯特罗夫斯基著,芳信译,作家出版社 1957 年 6 月。平装,32 开,书号 10020·558,定价 0.34 元。(41-18)

14930 纨绔少年
〔俄〕冯维辛著,李时译,1957 年 7 月。平装,大 32 开,书号 10019·632,定价 0.39 元。(41-19)

14931 聪明误
〔俄〕格利鲍耶陀夫著,朱维之译,1959 年 2 月。平装,32 开,书号 10019·1158,定价 0.46 元。(41-20)

14932 养女
〔俄〕亚·奥斯特罗夫斯基著,芳信译,1959 年

2月。平装，32开，书号10019·1058，定价0.20元。(41-21)

14933　旅长
〔俄〕冯维辛著，李时译，1959年4月。平装，大32开，书号10019·1199，定价0.27元。(41-22)

14934　克列钦斯基的婚事
〔俄〕阿·瓦·苏霍伏-柯贝林著，林耘译，1959年5月。平装，大32开，书号10019·1210，定价0.43元。(41-23)

14935　来得容易去得快
〔俄〕亚·奥斯特罗夫斯基著，芳信译，1959年6月。平装，32开，书号10019·1260，定价0.40元。(41-24)

14936　契诃夫戏剧集
〔俄〕契诃夫著，曹靖华、丽尼、满涛、王金陵译，1960年2月。大32开，书号10019·1536，平装，定价2.15元；特精，定价4.30元。(41-25)

14937　戏剧集
〔俄〕屠格涅夫著，田大畏译，屠格涅夫选集，1986年12月。平装覆膜，大32开，书号10019·3979，定价3.40元。(41-26)

14938　亚·奥斯特洛夫斯基戏剧选
〔俄〕亚·奥斯特洛夫斯基著，臧仲伦等译，1987年10月。大32开，书号10019·4167，平装，定价3.70元；精装，定价4.65元。(41-27)

14939　钦差大臣
〔俄〕果戈理著，满涛译，北京市教育局青年文库，1990年8月。平装，小32开，ISBN 7-02-001074-1，非卖品，无定价。(41-28)

14940　冯维辛　格里鲍耶陀夫　果戈理　苏霍沃-柯贝林戏剧选
〔俄〕冯维辛等著，世界文学名著文库，1997年11月。精装，大32开，ISBN 7-02-002326-6，定价22.60元。(41-29)

14941　亚·奥斯特洛夫斯基　契诃夫戏剧选
〔俄〕亚·奥斯特洛夫斯基、契诃夫著，陈冰夷、臧仲伦等译，世界文学名著文库，1998年2月。精装，大32开，ISBN 7-02-002474-2，定价25.60元。(41-30)

14942　樱桃园
〔俄〕契诃夫著，汝龙译，名著名译丛书，2018年8月。精装，32异，ISBN 978-7-02-012478-7，定价29.00元。(41-31)

14943　卡拉迦列戏剧选集
〔罗马尼亚〕卡拉迦列著，齐放译，作家出版社1955年5月。平装，大32开，书号作136，定价0.60元。(53-1)

14944　吹风笛的人
〔捷克斯洛伐克〕狄尔著，姜丽、林敏译，作家出版社1956年7月。平装，32开，书号10020·436，定价0.36元。(53-2)

14945　暴风雨
〔南斯拉夫〕伊沃·沃伊诺维奇著，春秋译，玉清校，1957年8月。平装，32开，书号10019·637，定价0.32元。(53-3)

14946　灯笼
〔捷克斯洛伐克〕伊拉塞克著，杨乐云、孔柔译，1959年3月。平装，32开，书号10019·1177，定价0.39元。(53-4)

14947　钟哥与金黛
〔匈牙利〕弗罗什马蒂·米哈尔著，裴培译，1962年11月。大32开，书号10019·1695，平装，定价0.70元；精装，定价1.20元。(53-5)

14948　狄尔戏剧集
〔捷克斯洛伐克〕狄尔著，杨成夫、姜丽、林敏、王金陵、春秋、谢祖钧、苗林译，1962年12月。大32开，书号10019·1698，平装，定价1.90元；半精，定价2.00元。(53-6)

14949　先人祭
〔波兰〕亚当·密茨凯维支著，韩逸译，1976年12月。平装，小32开，书号10019·2399，定价0.74元。(53-7)

14950　山地花环
〔南斯拉夫〕彼得·涅果什著，白一塎译，外国文学出版社1982年5月。平装，32开，书号10208·93，定价0.63元。(53-8)

14951　弗斯特上校犯罪了
〔法〕罗杰·瓦扬著，齐放译，1953年6月。平装，32开，书号208单118，定价4,000元。(83-1)

14952　博马舍

843

戏剧

〔德〕沃尔夫著,廖辅叔译,作家出版社 1954 年 1 月。平装,32 开,书号 作 29,定价 5,600 元。(83-2)

14953　根深蒂固
〔美〕高伊、杜索著,符家钦译,朱光潜校,作家出版社 1955 年 2 月。平装,32 开,书号 作 129,定价 4,200 元。(83-3)

14954　女村长安娜
〔德〕沃尔夫著,黄贤俊译,作家出版社 1955 年 8 月。平装,32 开,书号 作 205,定价 0.41 元。(83-4)

14955　罗森堡夫妇
〔英〕伊立克·派斯、威廉·白兰德著,丁西林译,作家出版社 1955 年 9 月。平装,32 开,书号 作 247,定价 0.34 元。(83-5)

14956　萧伯纳戏剧选
〔英〕萧伯纳著,潘家洵译,1956 年 7 月。大 32 开,书号 10019·523,精装,定价 1.60 元;特精,定价 2.30 元。(83-6)

14957　马尔兹独幕剧选集
〔美〕马尔兹著,叶芒译,作家出版社 1956 年 8 月。平装,32 开,书号 10020·277,定价 0.40 元。(83-7)

14958　萧伯纳戏剧集(一)
〔英〕萧伯纳著,1956 年 12 月。精装,大 32 开,书号 10019·461,定价 1.90 元。(83-8)

14959　萧伯纳戏剧集(二)
〔英〕萧伯纳著,1956 年 12 月。精装,大 32 开,书号 10019·463,定价 1.80 元。(83-9)

14960　萧伯纳戏剧集(三)
〔英〕萧伯纳著,1956 年 12 月。精装,大 32 开,书号 10019·468,定价 1.80 元。(83-10)

14961　格莱葛瑞夫人独幕剧选
〔英〕格莱葛瑞夫人著,俞大缜译,1958 年 12 月。平装,32 开,书号 10019·1011,定价 0.60 元。(83-11)

14962　被出卖的摇篮曲
〔冰岛〕赫·拉克司奈斯著,郭恕可、李醒译,1959 年 7 月。平装,32 开,书号 10019·1028,定价 0.22 元。(83-12)

14963　冬战
〔德〕贝希尔著,金东译,1959 年 9 月。大 32 开,书号 10019·1475,平装,定价 0.43 元;精装,定价 0.98 元;特精,定价 1.60 元。(83-13)

14964　沃尔夫戏剧集(上下)
〔德〕沃尔夫著,赵润、邹离、萧三、金东译,1959 年 9 月。大 32 开,书号 10019·1362,平装,定价 2.35 元;精装,定价 3.40 元;特精,定价 5.25 元。(83-14)

14965　布莱希特选集
〔德〕布莱希特著,冯至、姚可昆等译,1959 年 9 月。大 32 开,书号 10019·1354,平装,定价 1.00 元;精装,定价 1.55 元;特精,定价 2.45 元。(83-15)

14966　萧伯纳戏剧三种
〔英〕萧伯纳著,潘家洵、朱光潜、林浩庄译,外国古典文学名著丛书,1963 年 10 月。大 32 开,书号 10019·1791,平装,定价 1.30 元;精装,定价 1.85 元。(83-16)

14967　拉丁美洲现代独幕剧选
王央乐译,1978 年 3 月。平装,小 32 开,书号 10019·2556,定价 0.37 元。(83-17)

14968　布莱希特戏剧选(上下)
〔德〕布莱希特著,高士彦等译,1980 年 5 月。平装,大 32 开,书号 10019·2965,定价 2.40 元。(83-18)

14969　迪伦马特喜剧选
〔瑞士〕弗里德里希·迪伦马特著,叶廷芳、黄雨石、张荣昌译,1981 年 3 月。平装,大 32 开,书号 10019·3101,定价 1.50 元。(83-19)

14970　奥凯西戏剧选
〔爱尔兰〕奥凯西著,黄雨石、林疑今译,1982 年 3 月。平装,大 32 开,书号 10019·3276,定价 1.20 元。(83-20)

14971　梅特林克戏剧选
〔比利时〕梅特林克著,张裕禾、李玉民译,二十世纪外国文学丛书,外国文学出版社 1983 年 9 月。平装,大 32 开,书号 10208·143,定价 1.50 元。(83-21)

14972　艾希广播剧选
〔德〕居特·艾希著,张荣昌编选,当代外国文学丛书,外国文学出版社 1984 年 4 月。平装,小 32 开,书号 10208·154,定价 1.15 元。

(83-22)

14973　荒诞派戏剧选
〔法〕萨缪尔·贝克特等著,施咸荣等译,当代外国文学丛书,外国文学出版社1983年8月。平装,小32开,书号10208·137,定价1.25元。(83-23)

14974　萨特戏剧集(上下)
〔法〕萨特著,1985年2月。大32开,书号10019·3764,平装,定价6.35元;平装覆膜,定价7.45元。(83-24)

14975　汉武帝和太史公
〔联邦德国〕埃尔文·魏克德著,张玉书、冯国庆译,外国文学出版社1989年7月。平装,32异,ISBN 7-5016-0070-8,定价1.20元。(83-25)

14976　王尔德作品集
〔爱尔兰〕奥斯卡·王尔德著,黄源深等译,2000年6月。平装,大32开,ISBN 7-02-003117-X,定价32.00元。2001年12月收入世界文学名著文库,精装,大32开,ISBN 7-02-2461-0,定价36.80元。(83-26)

14977　等待戈多
〔爱尔兰〕萨缪尔·贝克特著,施咸荣译,大学生必读,2002年1月。平装,大32开,ISBN 7-02-003696-1,定价6.80元。(83-27)

14978　理想丈夫
〔英〕奥斯卡·王尔德著,文心译,名著名译英汉对照读本,2002年1月。平装覆膜,国流32开,ISBN 7-02-003559-0,定价9.80元。(83-28)

14979　奥尼尔剧作选
〔美〕尤金·奥尼尔著,欧阳基等译,2007年4月。平装覆膜,国流32开,ISBN 978-7-02-006030-6,定价33.00元。(83-29)

14980　达·芬奇密码 插图版电影剧本
〔美〕阿基沃·哥尔斯曼著,任战译,2008年2月。平装覆膜,16异,ISBN 978-7-02-006478-6,定价49.00元。(83-30)

14981　当代希腊戏剧选
〔希腊〕卡贝内利斯等著,徐凯等译,2008年9月。平装覆膜,国流32开,ISBN 978-7-02-006804-3,定价36.00元。(83-31)

14982　易卜生戏剧选
〔挪威〕易卜生著,潘家洵译,企鹅经典丛书,2013年5月。平装,32异,ISBN 978-7-02-009567-4,定价38.00元。(83-32)

14983　巴西当代戏剧选
〔巴西〕保罗·桑托鲁等著,马琳译,2015年11月。精装,32异,ISBN 978-7-02-011158-9,定价38.00元。(83-33)

14984　哈利·波特与被诅咒的孩子
〔英〕J.K.罗琳、约翰·蒂法尼、杰克·索恩著,马爱农译,2016年10月。精装,16异,ISBN 978-7-02-012028-4,定价69.00元。2018年6月,平装,16异,ISBN 978-7-02-013885-2,定价66.00元。(83-34)

14985　神奇动物在哪里(原创电影剧本)
〔英〕J.K.罗琳著,马爱农、马珈译,2017年5月。精装,32异,ISBN 978-7-02-012516-6,定价58.00元。(85-128)

14986　莫恩先生的悲剧
〔美〕弗拉基米尔·纳博科夫著,刘玉红译,2017年11月。精装,32异,ISBN 978-7-02-013223-2,定价45.00元。(83-35)

14987　死无葬身之地
〔法〕让-保尔·萨特著,沈志明、李恒基译,萨特代表作,2018年11月。平装,32异,ISBN 978-7-02-013886-9,定价32.00元。(83-36)

14988　我们人生开始时
〔法〕帕特里克·莫迪亚诺著,吴雅凌译,莫迪亚诺作品系列,2018年10月。精装,大32开,ISBN 978-7-02-014553-9,定价39.00元。(83-37)

14989　神奇动物 格林德沃之罪(原创电影剧本)
〔英〕J.K.罗琳著,马爱农、马珈译,2018年11月。精装,32异,ISBN 978-7-02-014692-5,定价59.00元。(85-147)

14990　迪伦马特戏剧集(上下)
〔瑞士〕弗里德里希·迪伦马特著,叶廷芳等译,2019年1月。平装,国流32开,ISBN 978-7-02-014754-0,定价69.00元。(83-38)

14991　安提戈涅

欧美戏剧

〔法〕让·阿努伊著,郭宏安译,经典剧目,2019年8月。平装,32异,ISBN 978-7-02-014682-6,定价48.00元。(83-39)

14992 阳光下的葡萄干
〔美〕洛琳·汉斯贝瑞著,吴世良译,2020年10月。平装,32异,ISBN 978-7-02-016570-4,定价48.00元。(83-40)

14993 侵略
〔苏〕李昂诺夫著,曹靖华译,1951年6月。平装,32开,书号 总5单2,定价5,900元。(47-1)

14994 难忘的一九一九
〔苏〕维什涅夫斯基著,李霁野译,苏联文艺丛书,1951年6月。平装,32开,书号 总6苏3,定价6,600元。(47-2)

14995 马卡尔·杜勃拉瓦
〔苏〕柯涅楚克著,魏荒弩译,1952年12月。平装,32开,书号 总118单64,定价4,200元。(47-3)

14996 胜利者
〔苏〕波齐尔斯柯夫著,高亚天等译,1953年3月。平装,32开,书号 128单71,定价4,200元。(47-4)

14997 星星之火
〔苏〕达既安尼著,孙维世译,1953年4月。平装,32开,书号 185单101,定价3,800元。(47-5)

14998 解放了的董吉诃德
〔苏〕卢那察尔斯基著,瞿秋白译,1954年2月。平装,25开,书号 10019·220,定价4,700元。1985年6月,平装,大32开,书号 10019·221,定价1.05元。(47-6)

14999 第二次爱情
〔苏〕玛尔采夫·文克斯捷林著,孙维世译,作家出版社1954年7月。平装,32开,书号 作72,定价3,600元。(47-7)

15000 非这样生活不可
〔苏〕安·索弗洛诺夫著,林耘译,作家出版社1954年7月。平装,32开,书号 作73,定价4,900元。(47-8)

15001 前线
〔苏〕柯涅楚克著,萧三译,1954年9月。平装,32开,书号 296,定价4,100元。(47-9)

15002 蝴蝶
〔苏〕马丽·巴拉塔施维利著,郁飞译,作家出版社1954年11月。平装,32开,书号 作102,定价3,700元。(47-10)

15003 剧本 翻译专刊(第一辑)
苏联戏剧,《剧本》月刊社编,1954年11月。平装,25开,书号 316,定价9,800元。(47-11)

15004 在底层
〔苏〕高尔基著,陆风译,1955年1月。平装,32开,书号 314,定价7,500元。(47-12)

15005 普拉东·克列契特
〔苏〕柯涅楚克著,梁秀彦译,1955年4月。平装,32开,书号 388,定价0.35元。(47-13)

15006 剧本 翻译专刊(第二辑)
苏联戏剧,《剧本》月刊社编,1955年5月。平装,25开,书号 373,定价1.07元。(47-14)

15007 黏土与瓷器
〔苏〕阿·葛里古力斯著,乌兰汗译,作家出版社1955年10月。平装,32开,书号 作236,定价0.32元。(47-15)

15008 姑隐其名
〔苏〕明柯著,李名岗、李蓉芹、王祖余译,作家出版社1955年11月。平装,32开,书号 作287,定价0.38元。(47-16)

15009 在一个城市里
〔苏〕索弗洛诺夫著,姜惠译,作家出版社1955年11月。平装,32开,书号 作299,定价0.32元。(47-17)

15010 生活在城堡里
〔苏〕雅柯勃逊著,竺一鸣、荣如德译,作家出版社1955年11月。平装,32开,书号 作280,定价0.52元。(47-18)

15011 危险的旅伴
〔苏〕萨雷斯基著,刘克凡译,作家出版社1955年11月。平装,32开,书号 作317,定价0.32元。(47-19)

15012 春洪
〔苏〕契普林著,林耘译,作家出版社1955年12月。平装,32开,书号 作333,定价0.41元。(47-20)

15013 投机商人

〔苏〕罗马肃夫著,林耘译,作家出版社 1955 年 12 月。平装,32 开,书号 作 286,定价 0.59 元。(47-21)

15014　伟大的统帅
〔苏〕特列尼约夫著,芳信译,作家出版社 1956 年 2 月。平装,32 开,书号 作 306,定价 0.38 元。(47-22)

15015　达尼娅
〔苏〕阿·阿尔布卓夫著,林耘译,作家出版社 1956 年 3 月。平装,32 开,书号 作 243,定价 0.36 元。(47-23)

15016　青年近卫军
〔苏〕法捷耶夫原著,革拉特珂夫改编,林耘译,作家出版社 1956 年 4 月。平装,32 开,书号 作 349,定价 0.40 元。(47-24)

15017　密林
〔苏〕谢格洛夫著,林耘译,作家出版社 1956 年 4 月。平装,32 开,书号 作 368,定价 0.36 元。(47-25)

15018　真正的人
〔苏〕波列伏依原著,龙冬改编,林耘译,作家出版社 1956 年 4 月。平装,32 开,书号 作 186,定价 0.39 元。(47-26)

15019　美丽的姑娘们
〔苏〕西穆科夫著,李名岗、王祖余译,作家出版社 1956 年 5 月。平装,32 开,书号 10020·454,定价 0.42 元。(47-27)

15020　她的朋友们
〔苏〕罗佐夫著,孙维善译,吴钧燮校,作家出版社 1956 年 5 月。平装,32 开,书号 10020·430,定价 0.34 元。(47-28)

15021　祝你成功
〔苏〕罗佐夫著,王金陵译,作家出版社 1956 年 5 月。平装,32 开,书号 作 430,定价 0.46 元。(47-29)

15022　碰巧的事
〔苏〕卢柯夫斯基著,刘季星、见连、林耘、俞殿莱译,作家出版社 1956 年 6 月。平装,32 开,书号 10020·414,定价 0.49 元。(47-30)

15023　柳鲍芙·雅洛娃娅
〔苏〕特列尼约夫著,马华译,作家出版社 1956 年 6 月。平装,32 开,书号 10020·435,定价 0.55 元。(47-31)

15024　暴风雨
〔苏〕比尔-别洛采尔科夫斯基著,郁文哉、马华译,作家出版社 1956 年 6 月。平装,32 开,书号 作 390,定价 0.35 元。(47-32)

15025　边防战士
〔苏〕比尔-别洛采尔科夫斯基著,林耘译,作家出版社 1956 年 8 月。平装,32 开,书号 10020·502,定价 0.26 元。(47-33)

15026　柯涅楚克选集(上)
〔苏〕柯涅楚克著,中国戏剧家协会、人民文学出版社合编,1956 年 12 月。精装,大 32 开,书号 10019·510,定价 1.50 元。(47-34)

15027　戏剧集
〔苏〕高尔基著,林陵、陆风、焦菊隐译,高尔基选集,1956 年 12 月。精装,大 32 开,书号 10019·561,定价 2.60 元。1959 年 7 月,平装,大 32 开,定价 1.55 元。(47-35)

15028　柯涅楚克选集(下)
〔苏〕柯涅楚克著,中国戏剧家协会、人民文学出版社合编,1956 年 12 月。精装,大 32 开,书号 10019·515,定价 1.70 元。(47-36)

15029　良心
〔苏〕契普林著,谢祖钧译,马华、王金陵校,中国戏剧家协会编,作家出版社 1957 年 10 月。平装,32 开,书号 10020·241,定价 0.39 元。(47-37)

15030　反华电影剧本《德尔苏·乌扎拉》
〔日〕黑泽明、〔苏〕尤利·纳吉宾改编,莫斯科电影制片厂摄制,1975 年 3 月。内部发行。平装,小 32 开,书号 10019·2249,定价 0.70 元。(47-39)

15031　明天的天气——以对话、书信、电报与其它文件等形式表达的现场报导剧
〔苏〕米·沙特罗夫著,北京大学俄语系苏修文学批判组译,1975 年 12 月。内部发行。平装,小 32 开,书号 10019·2252,定价 0.33 元。(47-40)

15032　四滴水
〔苏〕维·罗佐夫著,北京师范大学外国问题研究所苏联文学研究室译,1976 年 3 月。内部发

行。平装，小 32 开，书号 10019·2331，定价 0.33 元。(47-41)

15033　警报　附平静的深渊
〔苏〕亚·佩特拉什凯维奇、玛·斯特罗日娃著，北京外国语学院俄语系研究组、北京大学俄语系苏修文学批判组译，1976 年 3 月。内部发行。平装，小 32 开，书号 10019·2345，定价 0.45 元。(47-42)

15034　泡沫
〔苏〕谢尔盖·米哈尔科夫著，粟周熊译，1976 年 10 月。平装，小 32 开，书号 10019·2404，定价 0.28 元。(47-43)

15035　列宁在十月　列宁在一九一八年
〔苏〕卡普列尔著，纪周译，1978 年 7 月。平装，32 开，书号 10019·2620，定价 0.43 元。(47-44)

15036　败类
〔罗马尼亚〕奥莱尔·巴琅格著，劳荣译，1952 年 12 月。平装，32 开，书号 总 21 单 62，定价 4,800 元。(59-1)

15037　父子劳模
〔捷克斯洛伐克〕瓦塞克·康尼亚著，王金陵译，1953 年 2 月。平装，32 开，书号 129 单 72，定价 4,200 元。(59-2)

15038　矿工们
〔罗马尼亚〕米哈尔·达维多格鲁著，叶至美译，1953 年 3 月。平装，32 开，书号 137 单 79，定价 3,900 元。(59-3)

15039　平日的英雄
〔匈牙利〕曼狄·艾瓦著，蔡时济译，作家出版社 1954 年 8 月。平装，32 开，书号 作 74，定价 4,400 元。(59-4)

15040　为了人民的幸福
〔罗马尼亚〕巴琅格、莫拉鲁著，水建馥译，作家出版社 1954 年 11 月。平装，32 开，书号 作 96，定价 5,000 元。(59-5)

15041　罗森堡夫妇
〔波兰〕克鲁奇科夫斯基著，冯俊岳译，作家出版社 1955 年 2 月。平装，32 开，书号 作 124，定价 3,500 元。(59-6)

15042　生活的桥梁
〔匈牙利〕海依·尤利乌斯著，冯亦代译，作家出版社 1955 年 5 月。平装，32 开，书号 作 161，定价 0.37 元。(59-7)

15043　原子能
〔匈牙利〕海依·尤利乌斯著，傅韦、邱崇仁译，作家出版社 1955 年 10 月。平装，32 开，书号 作 242，定价 0.40 元。(59-8)

15044　德国人
〔波兰〕列昂·克鲁奇科夫斯基著，李家善译，作家出版社 1955 年 11 月。平装，32 开，书号 作 309，定价 0.41 元。(59-9)

15045　亲戚
〔匈牙利〕维莱格·莫里兹、嘉保·德索著，茅於美译，作家出版社 1955 年 12 月。平装，32 开，书号 作 240，定价 0.36 元。(59-10)

15046　人间乐园
〔保加利亚〕奥尔林·瓦西列夫著，田大畏译，作家出版社 1955 年 12 月。平装，32 开，书号 作 340，定价 0.26 元。(59-11)

15047　最后消息
〔罗马尼亚〕米哈依尔·塞巴斯蒂安著，石永礼译，作家出版社 1956 年 4 月。平装，32 开，书号 作 358，定价 0.55 元。(59-12)

15048　卡·恰彼克戏剧选集
〔捷克斯洛伐克〕卡·恰彼克著，吴琦译，作家出版社 1957 年 2 月。平装，大 32 开，书号 10020·572，定价 0.65 元。(59-13)

15049　这样的时代
〔波兰〕叶日·尤兰道特著，姜丽、林敏译，作家出版社 1957 年 10 月。平装，32 开，书号 10020·624，定价 0.28 元。(59-14)

15050　幸福不是从天降
〔捷克斯洛伐克〕雅罗斯拉夫·克利玛著，杨乐云、孔柔译，作家出版社 1958 年 6 月。平装，32 开，书号 10020·868，定价 0.35 元。(59-15)

15051　夏日骤雨
〔匈牙利〕萨波·巴尔著，傅佩珩译，1958 年 8 月。平装，32 开，书号 10019·829，定价 0.29 元。(59-16)

15052　幸福
〔保加利亚〕奥尔林·瓦西列夫著，杨秀怡译，作家出版社 1958 年 9 月。平装，32 开，书号 10020·888，定价 0.30 元。(59-17)

15053 战斗的洗礼
〔匈牙利〕乌尔本·艾尔纳著，傅韦译，1958年9月。平装，32开，书号10019·889，定价0.35元。(59-18)

15054 克鲁奇科夫斯基戏剧集
〔波兰〕克鲁奇科夫斯基著，傅佩珩、李家善、冯俊岳译，1959年7月。大32开，书号10019·1327，平装，定价0.82元；精装，定价1.30元；特精，定价1.60元。(59-19)

15055 哈利利和哈依丽亚
〔阿尔巴尼亚〕雅柯伐著，春秋译，1959年11月。平装，32开，书号10019·1433，定价0.32元；精装，定价1.25元。(59-20)

15056 罗马尼亚戏剧选（上下）
外国文学出版社1981年9月。平装，32开，书号10208·56，定价1.85元。(59-21)

15057 戏剧选
〔捷克斯洛伐克〕卡·恰佩克著，杨乐云、蒋承俊、吴琦译，恰佩克选集，1982年4月。平装，32开，书号10019·3279，定价1.30元。(59-22)

亚非戏剧

15058 沙恭达罗
〔印度〕迦梨陀娑著，王维克译，1954年9月。32开，书号310，平装，定价4,000元；精装，定价24,500元。(65-1)

15059 日本狂言选
周启明译，1955年4月。大32开，书号365，平装，定价0.75元；精装，定价1.33元。(65-2)

15060 沙恭达罗
〔印度〕迦梨陀娑著，季羡林译，外国古典文学名著丛书，1956年6月。大32开，书号10019·491，普精，定价1.20元；精装，定价1.50元；特精，定价2.10元。2002年1月收入大学生必读，平装，大32开，ISBN 7-02-003595-7，定价8.60元。(65-3)

15061 龙喜记
〔印度〕戒日王著，吴晓铃译，1956年12月。平装，大32开，书号10019·525，定价0.50元。(65-4)

15062 小泥车
〔印度〕首陀罗迦著，吴晓铃译，1957年9月。平装，大32开，书号10019·643，定价1.10元。(65-5)

15063 优哩婆湿
〔印度〕迦梨陀娑著，季羡林译，1962年12月。32开，书号10019·1701，平装，定价0.41元；精装，定价0.66元。(65-6)

15064 日本狂言选
申非译，1980年2月。大32开，书号10019·2911，平装，定价0.84元；精装，定价1.75元。(65-7)

15065 日本谣曲狂言选
申非译，1985年5月。大32开，书号10019·3810，平装，定价2.90元；平装覆膜，定价3.35元。(65-8)

15066 近松门左卫门
〔日〕井原西鹤著，钱稻孙译，井原西鹤选集，日本文学丛书，1987年11月。平装，大32开，书号10019·4181，定价3.45元。1996年11月收入世界文学名著文库，书名《近松门左卫门 井原西鹤作品选》，精装，大32开，ISBN 7-02-001994-3，定价34.00元。(65-9)

15067 等着我们吧
〔朝〕韩成著，冰蔚译，作家出版社1956年5月。平装，32开，书号 作386，定价0.32元。(71-1)

15068 第一个微波
〔印度〕巴尔文·迦尔琪著，林齐译，作家出版社1956年11月。平装，32开，书号10020·546，定价0.40元。(71-2)

15069 狼
〔朝〕柳基鸿、徐万一著，白锐译，作家出版社1957年12月。平装，32开，书号10020·780，定价0.32元。(71-3)

15070 深夜

〔几内亚〕凯塔·福代巴著,贾芝译,亚非文学丛书,作家出版社 1963 年 4 月。32 开,书号 10020·1647,平装,定价 0.20 元;精装,定价 0.88 元。(71-4)

15071　民间故事剧
〔日〕木下顺二著,钱稻孙、徐念华、陈北鸥、马德莲译,亚非文学丛书,作家出版社 1963 年 4 月。32 开,书号 10020·1652,平装,定价 0.32 元;精装,定价 1.05 元。(71-5)

15072　回声
〔朝〕李东春著,周必忠译,亚非文学丛书,作家出版社 1964 年 7 月。32 开,书号 10020·1763,平装,定价 0.32 元;精装,定价 1.25 元。(71-6)

15073　爱国者
〔几内亚〕班库拉·坎福里著,罗震译,亚非文学丛书,作家出版社 1965 年 8 月。32 开,书号 10020·1862,平装,定价 0.16 元;精装,定价 0.74 元。(71-7)

15074　朝霞
〔朝〕朴灵宝著,鲁定译,作家出版社 1965 年 9 月。32 开,书号 10020·1868,平装,定价 0.32 元;精装,定价 0.81 元。(71-8)

15075　青春的舞台
〔朝〕池在龙著,齐岱译,作家出版社 1965 年 9 月。32 开,书号 10020·1867,平装,定价 0.34 元;精装,定价 0.84 元。(71-9)

15076　日本改造法案
〔日〕松本清张著,吉林师范大学日本研究室文学组译,1975 年 6 月。内部发行。平装,32 开,书号 10019·2248,定价 0.37 元。(71-10)

15077　代表团万岁
〔埃及〕法耶斯·哈拉瓦著,北京外国语学院亚非语系阿拉伯语专业集体翻译,1975 年 11 月。平装,32 开,书号 10019·2325,定价 0.56 元。(71-11)

15078　砂器　望乡
〔日〕桥本忍、山田洋次、广泽荣、熊井启著,叶渭渠、高慧勤译,1976 年 2 月。内部发行。平装,32 开,书号 10019·2336,定价 0.60 元。(71-12)

15079　朝鲜电影剧本集
〔朝〕朴凤学、崔溶洙等著,延边大学朝鲜语系七二届工农兵学员集体翻译,1977 年 9 月。平装,32 开,书号 10019·2463,定价 0.83 元。(71-13)

15080　卖花姑娘
朝鲜剧作,1978 年 12 月。大 32 开,书号 10019·2648,平装,定价 0.26 元;精装,定价 1.15 元。(71-14)

15081　望乡诗——阿倍仲麻吕与唐代诗人
〔日〕依田义贤著,李正伦译,1979 年 8 月。32 开,书号 10019·2745,平装,定价 0.23 元;精装,定价 0.73 元。(71-15)

15082　日本电影剧本选
〔日〕桥本忍等著,叶渭渠等译,外国文学出版社 1979 年 10 月。32 开,书号 10208·7,定价 0.82 元。(71-16)

15083　木下顺二戏剧集
〔日〕木下顺二著,高慧勤、申非、陈北鸥、韩铎译,当代外国文学丛书,外国文学出版社 1980 年 9 月。平装,32 开,书号 10208·17,定价 0.84 元。(71-17)

15084　非洲戏剧选
高长荣编选,非洲文学丛书,外国文学出版社 1983 年 4 月。平装,32 开,书号 10208·129,定价 1.50 元。(71-18)

15085　他的妹妹——日本现代戏剧选
〔日〕武者小路实笃等著,文洁若等译,1987 年 10 月。平装,大 32 开,书号 10019·4182,定价 4.70 元。(71-19)

理论　研究

欧美文艺理论与文学研究

15086　马恩列斯论文艺
曹葆华译,1951年8月。平装,32开,书号17,定价6,500元。1953年9月,书名《马克思恩格斯列宁斯大林论文艺》,25开,平装,定价5,700元;精装,定价18,000元。1958年12月,平装,大32开,书号10019·1066,定价0.46元。1959年1月,精装,定价0.94元。(1-1)

15087　文艺理论译丛(第一期)
文艺理论译丛编辑委员会编,1957年7月。平装,25开,书号10019·634,定价0.90元。(74-1)

15088　文艺理论译丛(第二期)
文艺理论译丛编辑委员会编,1957年12月。平装,25开,书号10019·682,定价0.90元。(74-2)

15089　美学原理
〔意大利〕克罗齐著,朱光潜译,作家出版社1958年2月。平装,大32开,书号10020·808,定价0.60元。(74-3)

15090　十九世纪文学主潮(第一卷)
〔丹麦〕该奥尔格·勃兰戴斯著,侍桁译,1958年3月。平装,大32开,书号10019·716,定价1.00元。(74-4)

15091　安诺德文学评论选集
〔英〕安诺德著,殷葆瑮译,1958年7月。平装,大32开,书号10019·795,定价0.60元。(74-5)

15092　布封文钞
〔法〕布封著,任典译,1958年9月。平装,大32开,书号10019·741,定价0.40元。(74-6)

15093　美学(第一卷)
〔德〕黑格尔著,朱光潜译,1958年12月。大32开,书号10019·1132,平装,定价1.25元;精装,定价1.80元。(74-7)

15094　马克思恩格斯论浪漫主义
1958年12月。平装,大32开,书号10019·1133,定价0.48元。(1-4)

15095　马克思恩格斯论艺术与共产主义
曹葆华译,1959年4月。平装,大32开,书号10019·1207,定价0.20元。(1-5)

15096　诗的艺术
〔法〕波瓦洛著,任典译,1959年10月。平装,大32开,书号10019·1363,定价0.40元。2009年2月收入外国文艺理论丛书,署布瓦洛著,范希衡译,平装覆膜,国流32开,ISBN 978-7-02-006811-1,定价9.00元;2010年8月增补本,定价16.00元。(74-8)

15097　马克思恩格斯论艺术(第一册)
米海伊尔·里夫希茨编,曹葆华译,1959年12月。大32开,书号10019·1397,平装,定价1.60元;精装,定价2.05元。(1-8)

15098　柏拉图文艺对话集
〔古希腊〕柏拉图著,朱光潜译,1959年11月。平装,大32开,书号10019·1398,定价0.97元。1963年9月收入外国古典文艺理论丛书,书名《文艺对话集》,大32开,平装,定价1.20元;精装,定价1.65元。1980年1月收入外国文艺理论丛书,平装,大32开,书号10019·

1690,定价1.10元。1988年7月,平装,大32开,ISBN 7-02-000239-0,定价2.90元。1997年12月,平装,大32开,ISBN 7-02-002505-6,定价14.00元。2008年10月收入外国文艺理论丛书,平装覆膜,国流32开,ISBN 978-7-02-006668-1,定价16.00元。(74-9)

15099　拉法格文学论文选
〔法〕拉法格著,罗大冈译,1962年5月。大32开,书号10019·1653,平装,定价0.85元;精装,定价1.40元。1979年11月,书名《拉法格文论集》,平装,大32开,定价0.96元。(74-10)

15100　诗学　诗艺
〔古希腊〕亚里斯多德、〔古罗马〕贺拉斯著,罗念生、杨周翰译,外国古典文艺理论丛书,1962年12月。大32开,书号10019·1710,平装,定价0.65元;精装,定价1.10元。1982年11月收入外国文艺理论丛书,平装,大32开,定价0.61元。1988年7月,平装,大32开,ISBN 7-02-000240-4,定价1.50元。1997年12月,平装,大32开,ISBN 7-02-002507-2,定价7.00元。2008年12月收入外国文艺理论丛书,平装覆膜,国流32开,ISBN 978-7-02-006671-1,定价9.00元。(74-11)

15101　艺术哲学
〔法〕丹纳著,傅雷译,1963年2月。大32开,书号10019·1707,平装,定价2.25元;精装,定价2.75元。1988年11月,平装,大32开,ISBN 7-02-000309-5,定价5.95元;1991年7月收入外国文艺理论丛书,定价7.40元。1994年5月单行本,平装覆膜,大32开,ISBN 7-02-001799-1,定价14.45元。(74-12)

15102　马克思恩格斯论艺术(第二册)
米海伊尔·里夫希茨编,曹葆华译,1963年2月。大32开,书号10019·1713,平装,定价1.80元;精装,定价2.30元。(1-10)

15103　马克思恩格斯论艺术(第三册)
1963年8月。大32开,书号10019·1742,平装,定价1.35元;精装,定价1.80元。(1-11)

15104　试论独创性作品
〔英〕爱德华·扬格著,袁可嘉译,外国古典文艺理论丛书,1963年12月。大32开,书号10019·1751,平装,定价0.31元;精装,定价0.76元。(74-13)

15105　为诗辩护
〔英〕锡德尼著,钱学熙译,外国古典文艺理论丛书,1964年1月。大32开,书号10019·1761,平装,定价0.37元;精装,定价0.83元。(74-14)

15106　马克思恩格斯论艺术(第四册)
1966年2月。大32开,书号10019·1808,平装,定价1.60元;精装,定价2.05元。(1-13)

15107　古典文艺理论译丛(一)
古典文艺理论译丛编辑委员会编,1961年6月。平装,25开,书号10019·1625,定价0.74元。(86-12)

15108　古典文艺理论译丛(二)
古典文艺理论译丛编辑委员会编,1961年12月。平装,25开,书号10019·1645,定价0.70元。(86-13)

15109　古典文艺理论译丛(三)
古典文艺理论译丛编辑委员会编,1962年7月。平装,25开,书号10019·1664,定价0.72元。(86-14)

15110　古典文艺理论译丛(四)
古典文艺理论译丛编辑委员会编,1962年10月。平装,25开,书号10019·1680,定价0.75元。(86-15)

15111　古典文艺理论译丛(五)
古典文艺理论译丛编辑委员会编,1963年2月。平装,25开,书号10019·1719,定价0.62元。(86-16)

15112　古典文艺理论译丛(六)
古典文艺理论译丛编辑委员会编,1963年11月。平装,25开,书号10019·1760,定价0.66元。(86-17)

15113　古典文艺理论译丛(七)
古典文艺理论译丛编辑委员会编,1964年1月。平装,25开,书号10019·1766,定价0.69元。(86-18)

15114　古典文艺理论译丛(八)
古典文艺理论译丛编辑委员会编,1964年2月。平装,25开,书号10019·1767,定价0.72元。(86-19)

15115　古典文艺理论译丛（九）

古典文艺理论译丛编辑委员会编，1964年10月。平装，25开，书号10019·1780，定价0.71元。（86-20）

15116　古典文艺理论译丛（十）

古典文艺理论译丛编辑委员会编，1965年4月。平装，25开，书号10019·1784，定价0.64元。（86-21）

15117　古典文艺理论译丛（十一）

古典文艺理论译丛编辑委员会编，1966年4月。平装，大32开，书号10019·1814，定价0.92元。（86-22）

15118　歌德谈话录

〔德〕爱克曼辑录，朱光潜译，1979年3月。平装，大32开，书号10019·2623，定价0.91元；1980年2月收入外国文艺理论丛书。1988年7月，平装，大32开，ISBN 7-02-000332-X，定价2.45元。1997年12月，平装，大32开，ISBN 7-02-002509-9，定价12.00元。2000年5月收入中学生课外文学名著必读丛书，平装覆膜，大32开，ISBN 7-02-003214-1，定价12.00元。2003年5月收入语文新课标必读丛书，平装覆膜，大32开，ISBN 7-02-004143-4，定价12.00元。2006年6月收入语文新课标必读丛书修订版，平装覆膜，大32开，ISBN 7-02-005704-7，定价13.00元。2008年6月收入语文新课标必读丛书增订版，平装覆膜，大32开，ISBN 978-7-02-007072-5，定价17.00元。2008年10月收入外国文艺理论丛书，平装覆膜，国流32开，ISBN 978-7-02-006672-8，定价15.00元。2018年5月收入教育部统编《语文》推荐阅读丛书，平装覆膜，16异，ISBN 978-7-02-013779-4，定价30.00元。（74-15）

15119　拉奥孔

〔德〕莱辛著，朱光潜译，外国文艺理论丛书，1979年8月。平装，大32开，书号10019·2823，定价0.80元。1988年8月，平装，大32开，ISBN 7-02-000470-0，定价2.20元。1997年12月，平装，大32开，ISBN 7-02-002508-0，定价9.80元。2009年2月收入外国文艺理论丛书，平装覆膜，国流32开，ISBN 978-7-02-006772-5，定价14.00元。（74-16）

15120　论浪漫派

〔德〕海涅著，张玉书译，1979年7月。平装，大32开，书号10019·2806，定价0.57元。1988年5月，平装，大32开，ISBN 7-02-000295-1，定价1.80元。2016年4月收入外国文艺理论丛书，平装覆膜，国流32开，ISBN 978-7-02-010884-8，定价20.00元。（74-17）

15121　十九世纪波兰浪漫主义文学

〔丹麦〕勃兰兑斯著，成时译，1980年5月。平装，大32开，书号10019·2940，定价0.52元。（74-18）

15122　十九世纪文学主流（第一分册）流亡文学

〔丹麦〕勃兰兑斯著，张道真译，1980年10月。平装，大32开，书号10019·3033，定价0.72元。1988年3月，平装，大32开，ISBN 7-02-000212-9，定价1.85元。1997年12月，一至六卷合为一种，平装覆膜，大32开，ISBN 7-02-002501-3，定价90.00元。2018年1月插图珍藏版，平装，国流32开，ISBN 978-7-02-012790-0，定价198.00元。（74-19）

15123　德国的文学与艺术

〔法〕德·斯太尔夫人著，丁世中译，1981年8月。平装，大32开，书号10019·3169，定价1.10元。2016年4月收入外国文艺理论丛书，平装覆膜，国流32开，ISBN 978-7-02-010883-1，定价29.00元。（74-20）

15124　十九世纪文学主流（第二分册）德国的浪漫派

〔丹麦〕勃兰兑斯著，刘半九译，1981年7月。平装，大32开，书号10019·3156，定价1.10元。1988年3月，平装，大32开，ISBN 7-02-000213-7，定价2.75元。（74-21）

15125　马克思 恩格斯 列宁 斯大林论文艺

北京大学中文系文艺理论教研室编，1980年7月。平装，大32开，书号10019·2412（编号有误），定价0.88元。1983年1月，平装，大32开，书号10019·3057，定价0.88元。1988年5月，平装，大32开，ISBN 7-02-000331-1，定价1.65元。1990年5月，平装，ISBN 7-02-000952-2，定价2.10元。（89-32）

15126　马克思恩格斯论文学与艺术（一）
陆梅林辑注，1982年7月。平装，大32开，书号10019·3322，定价1.65元。1983年1月，精装，定价2.25元。2002年1月与第二册合为一种收入大学生必读，平装，大32开，ISBN 7-02-003599-X，定价40.00元。(1-17)

15127　十九世纪文学主流（第五分册）法国的浪漫派
〔丹麦〕勃兰兑斯著，李宗杰译，1982年11月。平装，大32开，书号10019·3373，定价1.40元。1988年3月，平装，大32开，ISBN 7-02-000215-3，定价3.45元。(74-22)

15128　马克思恩格斯论文学与艺术（二）
陆梅林辑注，1983年1月。大32开，书号10019·3388，平装，定价1.30元；精装，定价2.20元。(1-18)

15129　葛兰西论文学
〔意大利〕葛兰西著，吕同六译，1983年7月。平装，大32开，书号10019·3485，定价0.66元。(74-23)

15130　海涅选集
〔德〕海涅著，张玉书等译，张玉书编选，1983年9月。平装，大32开，书号10019·3514，定价1.80元。1984年9月，平装覆膜，定价2.20元。(74-24)

15131　十九世纪英国诗人论诗
曹葆华、刘若端、缪灵珠、周珏良译，刘若端编，外国文艺理论丛书，1984年7月。平装，大32开，书号10019·3674，定价0.72元。(74-25)

15132　十九世纪文学主流（第四分册）英国的自然主义
〔丹麦〕勃兰兑斯著，徐式谷、江枫、张自谋译，1984年7月。平装，大32开，书号10019·3666，定价1.85元。(74-26)

15133　狄德罗美学论文选
〔法〕狄德罗著，张冠尧等译，外国文艺理论丛书，1984年9月。平装，大32开，书号10019·3703，定价2.50元。2008年10月收入外国文艺理论丛书，张冠尧、桂裕芳等译，平装覆膜，国流32开，ISBN 978-7-02-006673-5，定价32.00元。(74-27)

15134　十九世纪英国文论选
外国文艺理论丛书，1986年1月。平装，大32开，书号10019·3897，定价1.95元。(74-28)

15135　十九世纪文学主流（第三分册）法国的反动
〔丹麦〕勃兰兑斯著，张道真译，1986年4月。平装，大32开，书号10019·3937，定价1.95元。1988年3月，平装，大32开，ISBN 7-02-000214-5，定价2.45元。(74-29)

15136　新科学　附维柯自传
〔意大利〕维柯著，朱光潜译，外国文艺理论丛书，1986年5月。平装，大32开，书号10019·3945，定价4.50元。1997年12月，平装，大32开，ISBN 7-02-002506-4，定价26.00元。2008年12月收入外国文艺理论丛书，平装覆膜，国流32开，ISBN 978-7-02-006669-8，定价39.00元。(74-30)

15137　美学原理　美学纲要
〔意大利〕克罗齐著，朱光潜、韩邦凯、罗芃译，外国文学出版社1983年11月。平装，小32开，书号10208·158，定价0.93元。2008年10月人民文学出版社，收入外国文艺理论丛书，平装覆膜，国流32开，ISBN 978-7-02-006670-4，定价16.00元。(74-31)

15138　十九世纪文学主流（第六分册）青年德意志
〔丹麦〕勃兰兑斯著，高中甫译，1986年11月。平装，大32开，书号10019·4015，定价2.85元。1988年3月，平装，大32开，ISBN 7-02-000216-1，定价3.50元。(74-32)

15139　斯达尔夫人论文学
〔法〕德·斯达尔夫人著，徐继曾译，外国文艺理论丛书，1986年12月。平装，大32开，书号10019·4031，定价2.60元。(74-33)

15140　波德莱尔美学论文选
〔法〕波德莱尔著，郭宏安译，外国文艺理论丛书，1987年9月。平装，大32开，书号10019·4172，定价4.00元。2008年10月收入外国文艺理论丛书，平装覆膜，国流32开，ISBN 978-7-02-006674-2，定价33.00元。(74-34)

15141　伏尔泰论文艺
〔法〕伏尔泰著，丁世中译，外国文艺理论丛书，

1993年11月。平装，大32开，ISBN 7-02-001319-8，定价9.80元。(74-35)

15142　为诗辩护　试论独创性作品
〔英〕锡德尼、杨格著，钱学熙、袁可嘉译，外国文艺理论丛书，1998年10月。平装，大32开，ISBN 7-02-002555-2，定价6.00元。(74-36)

15143　诗学
〔古希腊〕亚理士多德著，罗念生译，大学生必读，2002年1月。平装，大32开，ISBN 7-02-003600-7，定价7.60元。(74-37)

15144　巴尔扎克论文艺
〔法〕巴尔扎克著，袁树仁等译，艾珉、黄晋凯选编，外国文艺理论丛书，2003年3月。平装覆膜，大32开，ISBN 7-02-003225-7，定价26.00元。(74-38)

15145　阿加莎·克里斯蒂 秘密笔记
〔英〕约翰·克伦著，陈羡译，2011年3月。平装，16异，ISBN 978-7-02-008399-2，定价33.00元。(87-48)

15146　柏拉图文艺对话集　歌德谈话录
〔古希腊〕柏拉图著；〔德〕歌德著，爱克曼辑录，朱光潜译，中国翻译家译丛，2015年4月。精装，16异，ISBN 978-7-02-009903-0，定价49.00元。(74-40)

15147　艺术论
〔俄〕蒲力汗诺夫著，鲁迅译，1957年2月。平装，大32开，书号10019·527，定价0.48元。(38-1)

15148　生活与美学
〔俄〕车尔尼雪夫斯基著，周扬译，1957年5月。平装，大32开，书号10019·572，定价0.55元。1979年11月，平装，大32开，书名《艺术与现实的审美关系》，定价0.47元。2009年2月收入外国文艺理论丛书，平装覆膜，国流32开，ISBN 978-7-02-006675-9，定价9.00元。(38-2)

15149　论西欧文学
〔俄〕普列汉诺夫著，吕荧译，1957年5月。平装，大32开，书号10019·576，定价0.55元。(38-3)

15150　美学论文选
〔俄〕车尔尼雪夫斯基著，缪灵珠译，1957年10月。平装，大32开，书号10019·646，定价0.60元。(38-4)

15151　艺术论
〔俄〕列夫·托尔斯泰著，丰陈宝译，1958年5月。平装，大32开，书号10019·739，定价0.70元。(38-5)

15152　契诃夫论文学
〔俄〕契诃夫著，汝龙译，1958年9月。平装，大32开，书号10019·995，定价1.60元。1959年12月，精装，定价2.15元；特精，定价3.45元。(38-6)

15153　别林斯基选集（第一卷）
〔俄〕别林斯基著，满涛译，1958年11月。平装，大32开，书号10019·1012，定价1.60元；精装，定价2.10元。(38-7)

15154　没有地址的信　艺术与社会生活
〔俄〕普列汉诺夫著，曹葆华、丰陈宝译，1962年6月。平装，大32开，书号10019·1642，定价0.93元。(38-8)

15155　历史诗学
〔俄〕维谢洛夫斯基，刘宁译，二十世纪欧美文论丛书，2019年11月。精装，16异，ISBN 978-7-02-014577-5，定价78.00元。(44-126)

15156　论诗歌源流
〔英〕乔治·汤姆逊著，袁水拍译，作家出版社1955年3月。平装，32开，书号 作148，定价0.35元。(80-1)

15157　席勒评传
1953年民主德国出版的《现代席勒读本》序言，作者未署名，傅韦译，作家出版社1955年11月。平装，32开，书号 作246，定价0.29元。(80-2)

15158　走向社会主义现实主义
〔法〕斯梯著，冯俊岳译，作家出版社1957年2月。平装，32开，书号10020·672，定价0.32元。(80-3)

15159　海涅评传
〔德〕齐歇尔脱、杜拿特著，高中甫译，作家出版社1957年8月。平装，32开，书号10020·693，定价0.32元。(80-4)

15160　小说与人民

〔英〕福克斯著,何家槐译,作家出版社 1957 年 12 月。平装,32 开,书号 10020·782,定价 0.55 元。(80-5)

15161 论社会主义现实主义

〔英〕杰克·林赛著,钟日新译,作家出版社 1958 年 7 月。平装,大 32 开,书号 10020·952,定价 0.15 元。(80-6)

15162 加香论巴尔扎克

〔法〕加香著,作家出版社编辑部编,作家出版社 1958 年 7 月。平装,32 开,书号 10020·957,定价 0.13 元。(80-7)

15163 法国进步作家论社会主义现实主义

〔法〕阿拉贡、斯梯著,盛澄华等译,作家出版社编辑部编,作家出版社 1958 年 7 月。平装,大 32 开,书号 10020·955,定价 0.22 元。(80-8)

15164 阿拉贡文艺论文选集

〔法〕阿拉贡著,盛澄华等译,1958 年 11 月。平装,大 32 开,书号 10019·1005,定价 0.97 元。(80-9)

15165 现代美英资产阶级文艺论文选(上编)

中国科学院文学研究所西方文学组编,作家出版社 1962 年 8 月。内部发行。平装,大 32 开,书号 10020·1587,定价 1.20 元。(80-10)

15166 现代美英资产阶级文艺论文选(下编)

中国科学院文学研究所西方文学组编,作家出版社 1962 年 8 月。内部发行。平装,大 32 开,书号 10020·1587,定价 1.40 元。(80-11)

15167 古巴文学简史

〔古巴〕何塞·安东尼奥·波尔图翁多著,王央乐译,作家出版社 1962 年 10 月。平装,32 开,书号 10020·1597,定价 0.52 元。(80-12)

15168 勒菲弗尔文艺论文选

〔法〕勒菲弗尔著,现代文艺理论译丛编辑部编,现代文艺理论译丛增刊,作家出版社 1965 年 8 月。内部发行。平装,大 32 开,书号 10020·1860,定价 1.60 元。(80-13)

15169 拉丁美洲文学简史

〔智利〕阿图罗·托雷斯-里奥塞科著,吴健恒译,1978 年 7 月。平装,大 32 开,书号 10019·2593,定价 0.74 元。(80-14)

15170 蔡特金文学评论集

〔德〕蔡特金著,傅惟慈译,1978 年 9 月。平装,32 开,书号 10019·2647,定价 0.30 元。(80-15)

15171 阿拉伯文学简史

〔英〕汉密尔顿·阿·基布著,陆孝修、姚俊德译,1980 年 1 月。平装,32 开,书号 10019·2888,定价 0.40 元。(80-16)

15172 马克思主义与文学批评

〔英〕特里·伊格尔顿著,文宝译,1980 年 3 月。内部发行。平装,32 开,书号 10019·2916,定价 0.36 元。1986 年 12 月,公开发行,定价 0.66 元。(80-17)

15173 梅林论文学

〔德〕梅林著,张玉书、韩耀成、高中甫译,1982 年 12 月。平装,大 32 开,书号 10019·3357,定价 1.05 元。(80-18)

15174 卢森堡论文学

〔德〕卢森堡著,王以铸译,1983 年 1 月。平装,大 32 开,书号 10019·3390,定价 0.63 元。(80-19)

15175 英国文学简史

〔英〕艾弗·埃文斯著,蔡文显、宗齐译,1984 年 1 月。平装,小 32 开,书号 10019·3580,定价 1.20 元。(80-20)

15176 瑞典文学史

〔瑞典〕雅·阿尔文、古·哈塞尔贝里著,李之义译,外国文学出版社 1985 年 1 月。平装,小 32 开,书号 10208·195,定价 2.15 元。(80-21)

15177 美国文学思想背景

〔美〕罗德·霍顿、赫伯特·爱德华兹著,房炜、孟昭庆译,文学广角丛书,1991 年 1 月。平装,小 32 开,ISBN 7-02-001144-6,定价 7.15 元。(80-22)

15178 萨特文论选

〔法〕萨特著,施康强选译,中国社会科学院外国文学研究所二十世纪欧美文论丛书编辑委员会编,二十世纪欧美文论丛书,1991 年 4 月。平装覆膜,大 32 开,ISBN 7-02-001125-X,定价 6.30 元。(80-23)

15179 欧洲文学背景——西方文明巨著背后的政治、社会、思想潮流

〔美〕罗德·霍顿、文森特·霍珀著,房炜、孟昭

庆译,文学广角丛书,1992年10月。平装,小32开,ISBN 7-02-001444-5,定价6.90元。(80-24)

15180　加拿大文学史
〔加拿大〕威廉·赫伯特·纽著,吴持哲等译,1994年4月。平装,大32开,ISBN 7-02-001817-3,定价15.00元。(80-25)

15181　牛津简明英国文学史(上下)
〔英〕安德鲁·桑德斯著,谷启楠、韩加明、高万隆译,2000年4月。平装覆膜,大32开,ISBN 7-02-002908-6,定价52.00元。2006年12月修订版,上下合为一册,署谷启楠等译,平装覆膜,国流32开,定价72.00元。(87-40)

15182　现代俄国文学史
〔美〕马克·斯洛宁著,汤新楣译,2001年8月。平装覆膜,大32开,ISBN 7-02-003432-2,定价20.00元。(89-36)

15183　疆界2-国际文学与文化 A
王逢振选编,穆凤良译,2003年9月。平装覆膜,大32开,ISBN 7-02-004158-2,定价24.00元。(80-31)

15184　疆界2-国际文学与文化 B
王逢振选编,2005年3月。平装覆膜,大32开,ISBN 7-02-004828-5,定价27.00元。(80-32)

15185　疆界2-国际文学与文化 C
王逢振选编,蔡新乐等译,2008年9月。平装覆膜,大32开,ISBN 978-7-02-006363-5,定价25.00元。(80-35)

15186　人人都能成为简·奥斯丁——女性小说畅销秘笈
〔美〕莎拉·米诺基、法琳·雅各布著,沉沙译,2010年5月。平装,国流32开,ISBN 978-7-02-007684-0,定价19.00元。(85-57)

15187　浪漫主义回忆
〔法〕泰奥菲尔·戈蒂耶著,赵克非译,2011年3月。平装,国流32开,ISBN 978-7-02-008015-1,定价20.00元。(80-36)

15188　哈利·波特的书架
〔美〕约翰·格兰杰著,马爱新译,2012年6月。平装,16异,ISBN 978-7-02-008512-5,定价24.00元。(85-76)

15189　解密丹·布朗《地狱》
〔美〕迈克尔·哈格著,路旦俊译,2014年8月。平装覆膜,32异,ISBN 978-7-02-010484-0,定价29.00元。(85-97)

15190　风格练习
〔法〕雷蒙·格诺著,袁筱一译,2018年1月。平装,32异,ISBN 978-7-02-013106-8,定价29.00元。(85-138)

15191　给青年作家的信
〔爱尔兰〕科伦·麦凯恩著,陶立夏译,科伦·麦凯恩作品系列,2018年8月。精装,32异,ISBN 978-7-02-013221-8,定价48.00元。(85-146)

15192　写作中的大作家
〔美〕萨拉·斯托多拉著,叶安宁译,经典写作课,2020年9月。平装,32异,ISBN 978-7-02-016104-1,定价49.00元。(84-212)

15193　什么是文学?
〔法〕让-保尔·萨特,施康强译,萨特代表作,2018年11月。平装,大32开,ISBN 978-7-02-013887-6,定价32.00元。(80-37)

15194　艾略特文学论文集
〔英〕T.S.艾略特著,李赋宁译,二十世纪欧美文论丛书,2019年11月。精装,16异,ISBN 978-7-02-014581-2,定价48.00元。(80-42)

15195　论无边的现实主义
〔法〕罗杰·加洛蒂著,吴岳添译,二十世纪欧美文论丛书,2019年11月。精装,16异,ISBN 978-7-02-014576-8,定价48.00元。(80-43)

15196　美学或艺术和语言哲学
〔意大利〕克罗齐著,黄文捷译,二十世纪欧美文论丛书,2019年11月。精装,16异,ISBN 978-7-02-014580-5,定价58.00元。(80-45)

15197　列宁斯大林与苏维埃文学
〔苏〕叶高林等著,陈汉章等译,1951年4月。平装,32开,书号 总862分Q454,定价5,000元。(44-1)

15198　列宁与文艺学问题
〔苏〕牟雅斯尼科夫著,曹葆华、张企译,1952年

欧美文艺理论与文学研究

857

11月。平装,32开,书号 总86单26,定价4,700元。(44-2)

15199 苏联文学艺术问题
曹葆华译,1953年3月。平装,大32开,书号总137,单79,定价5,400元。1953年9月,大32开,书号134,平装,定价5,400元;精装,定价16,000元。1956年7月,平装,大32开,书号10019·132,定价0.50元。(44-3)

15200 论艺术在社会生活中的地位和作用
田森、陈国雄译,1953年9月。平装,32开,书号231,定价1,500元。(44-4)

15201 斯大林与苏联文学问题
〔苏〕维里琴斯基著,桑宾译,1953年10月。平装,32开,书号213,定价2,200元。(44-5)

15202 高尔基论文选集
〔苏〕高尔基著,瞿秋白译,1954年1月。平装,25开,书号273,定价9,400元。1958年3月,平装,大32开,书号10019·272,定价0.85元。(44-6)

15203 苏联文学中的典型性问题
〔苏〕奥泽罗夫著,叶湘文译,1954年4月。平装,32开,书号283,定价2,900元。(44-7)

15204 谈作家的工作
〔苏〕爱伦堡著,叶湘文译,1954年6月。平装,32开,书号113,定价2,400元。(44-8)

15205 俄国文学史(上)
〔苏〕布罗茨基主编,波斯彼洛夫、沙布略夫斯基著,蒋路、孙玮译,作家出版社1954年9月。精装,大32开,书号 作55,定价24,000元。(44-9)

15206 论艺术文学的特征
〔苏〕尼古拉耶娃著,高叔眉译,1954年10月。平装,32开,书号307,定价2,000元。(44-10)

15207 苏联戏剧创作发展的几个问题 苏联作家协会理事会第十四届全体会议上的几个报告
1954年10月。平装,32开,书号315,定价3,100元。(44-11)

15208 契诃夫
〔苏〕叶尔米洛夫著,陈冰夷译,1954年12月。平装,32开,书号323,定价2,800元。

(44-12)

15209 涅克拉索夫
〔苏〕叶高林著,余振译,1955年2月。平装,32开,书号366,定价2,400元。(44-13)

15210 法捷耶夫的创作
〔苏〕杰缅季叶夫等著,水夫译,作家出版社1955年3月。平装,32开,书号 作153,定价0.21元。(44-14)

15211 俄国文学史(中)
〔苏〕布罗茨基主编,波斯彼洛夫、沙布略夫斯基、塞昌宁诺夫、赖亨、斯特拉舍夫合著,蒋路、孙玮译,作家出版社1955年4月。精装,大32开,书号 作116,定价1.93元。(44-15)

15212 谈诗的技巧
〔苏〕伊萨柯夫斯基著,孙玮译,作家出版社1955年4月。平装,32开,书号 作130,定价0.56元。(44-16)

15213 论写作
〔苏〕高尔基等著,孟昌等译,1955年5月。平装,大32开,书号377,定价1.02元。1957年11月,平装,大32开,书号10019·374,定价1.00元。(44-17)

15214 苏联人民的文学 第二次全苏作家代表大会报告、发言集(上)
1955年5月。平装,大32开,书号407,定价1.11元。1956年7月,平装,大32开,书号10019·407,定价1.10元。(44-18)

15215 苏联人民的文学 第二次全苏作家代表大会报告、发言集(下)
1955年6月。平装,大32开,书号413,定价2.13元。1956年7月,平装,大32开,书号10019·409,定价2.10元。(44-19)

15216 保卫和平
〔苏〕爱伦堡著,林秀、张孟恢等译,1955年9月。平装,大32开,书号409,定价1.49元。(44-20)

15217 高尔基
〔苏〕伏尔柯夫著,李相崇译,1955年9月。平装,32开,书号422,定价0.33元。(44-21)

15218 莱蒙托夫
苏联大百科全书选译,1955年11月。平装,32开,书号437,定价0.08元。(44-22)

15219　论马雅可夫斯基诗作的思想性与技巧

〔苏〕彼尔卓夫著,刘宾雁译,作家出版社 1955 年 11 月。平装,32 开,书号 作 303,定价 0.27 元。(44-23)

15220　文学与文艺学

苏联大百科全书选译,1955 年 11 月。平装,32 开,书号 436,定价 0.14 元。1956 年 5 月,平装,32 开,书号 432,定价 0.14 元。(44-24)

15221　苏联军事文学会议报告、发言集

〔苏〕夏吉洛夫等著,白祖芸等译,1955 年 12 月。平装,32 开,书号 438,定价 0.26 元。(44-25)

15222　谈文学

〔苏〕法捷耶夫著,冰夷译,作家出版社 1956 年 3 月。平装,32 开,书号 作 415,定价 0.27 元。1957 年 8 月,平装,32 开,书号 10020·410,定价 0.27 元。(44-26)

15223　苏联集体农庄中的新事物和文学的任务

1956 年 5 月。平装,32 开,书号 10019·453,定价 0.50 元。(44-27)

15224　关于社会主义现实主义的几个问题

〔苏〕留里柯夫著,殷涵译,作家出版社 1956 年 5 月。平装,32 开,书号 10020·413,定价 0.37 元。(44-28)

15225　论情节的典型化与提炼

〔苏〕多宾著,黄大峰译,作家出版社 1956 年 6 月。平装,32 开,书号 10020·392,定价 0.32 元。(44-29)

15226　论《猎人笔记》

〔苏〕诺维科夫著,丰一吟译,作家出版社 1956 年 8 月。平装,32 开,书号 10020·490,定价 0.40 元。(44-30)

15227　惠特曼论

〔苏〕孟德森著,王以铸译,作家出版社 1956 年 8 月。平装,32 开,书号 10020·552,定价 0.27 元。(44-31)

15228　易卜生论

〔苏〕杰尔查文著,李相崇、王以铸译,作家出版社 1956 年 9 月。平装,32 开,书号 10020·586,定价 0.16 元。(44-32)

15229　萧伯纳评传

〔苏〕巴拉肖夫著,杨彦劬译,作家出版社 1956 年 10 月。平装,32 开,书号 10020·615,定价 0.17 元。(44-33)

15230　车尔尼雪夫斯基

〔苏〕留里柯夫著,韩凌译,胡平校,作家出版社 1956 年 12 月。平装,32 开,书号 10020·626,定价 0.50 元。(44-34)

15231　陀思妥耶夫斯基

苏联大百科全书选译,1956 年 12 月。平装,32 开,书号 10019·502,定价 0.06 元。(44-35)

15232　苏联文学史(上)

〔苏〕季莫菲耶夫著,水夫译,作家出版社 1956 年 12 月。精装,大 32 开,书号 10020·614,定价 1.70 元。1958 年 5 月上下卷合订本,精装,大 32 开,定价 2.60 元。(44-36)

15233　民间创作

苏联大百科全书选译,1957 年 1 月。平装,32 开,书号 10019·452,定价 0.10 元。(44-37)

15234　巴勃罗·聂鲁达传

〔苏〕库契希奇科娃、施契因著,胡冰、李未青译,作家出版社 1957 年 6 月。平装,32 开,书号 10020·350,定价 0.46 元。(44-38)

15235　果戈理

〔苏〕斯节邦诺夫著,满涛译,作家出版社 1957 年 6 月。平装,32 开,书号 10020·687,定价 0.29 元。(44-39)

15236　拉季谢夫

〔苏〕布拉果依著,殷山译,作家出版社 1957 年 6 月。平装,32 开,书号 10020·720,定价 0.21 元。(44-40)

15237　别林斯基

〔苏〕戈洛文钦柯著,满涛译,作家出版社 1957 年 6 月。平装,32 开,书号 10020·723,定价 0.32 元。(44-41)

15238　谢德林

〔苏〕戈利雅奇金娜著,斯庸译,作家出版社 1957 年 6 月。平装,32 开,书号 10020·722,定价 0.26 元。(44-42)

15239　苏联文学思想斗争史

〔苏〕弗·伊凡诺夫著,曹葆华、徐云生译,作家出版社 1957 年 6 月。平装,32 开,书号

10020·688,定价1.00元。(44-43)

15240　论莫里哀的喜剧
〔苏〕莫库尔斯基著,宋乐岩译,作家出版社1957年7月。平装,32开,书号10020·726,定价0.27元。(44-44)

15241　尼克索评传
〔苏〕克雷莫娃、涅乌斯特罗耶夫著,杨霞华译,作家出版社1957年8月。平装,32开,书号10020·501,定价0.15元。(44-45)

15242　论契诃夫的戏剧创作
〔苏〕叶尔米洛夫著,张守慎译,作家出版社1957年10月。平装,大32开,书号10020·760,定价1.40元。1960年1月人民文学出版社,大32开,书号10019·1529,平装,定价1.20元;精装,定价1.75元;特精,定价2.65元。(44-46)

15243　苏联文学史(下)
〔苏〕季莫菲耶夫著,水夫译,作家出版社1957年11月。精装,大32开,书号10020·763,定价1.40元。(44-47)

15244　法国文学简史
〔苏〕普什科夫编,盛澄华、李宗杰译,作家出版社1958年1月。平装,大32开,书号10020·791,定价0.60元。(44-48)

15245　论苏联文学(上)
〔苏〕季莫菲耶夫主编,作家出版社1958年3月。平装,大32开,书号10020·816,定价1.70元。(44-49)

15246　马克·吐温评传
〔苏〕波布洛娃著,张由今译,作家出版社1958年4月。平装,32开,书号10020·823,定价0.60元。(44-50)

15247　苏联文学中的共产党人形象
〔苏〕奥捷罗夫著,胡平、汲自信、陈韶廉、俞炯康译,作家出版社1958年5月。平装,32开,书号10020·836,定价1.10元。(44-51)

15248　富尔曼诺夫评传
〔苏〕奥捷罗夫著,陈次园译,作家出版社1958年5月。平装,32开,书号10020·839,定价0.36元。(44-52)

15249　阿里斯托芬评传
〔苏〕雅尔荷著,李世茂、臧仲伦译,作家出版社1958年7月。平装,32开,书号10020·869,定价0.50元。(44-53)

15250　伏尔泰评传
〔苏〕阿尔塔蒙诺夫著,马雍译,作家出版社1958年7月。平装,32开,书号10020·864,定价0.65元。(44-54)

15251　民间文学工作者必读
〔苏〕克鲁宾斯卡娅、希捷里尼可夫著,马昌仪译,陈大维校,中国民间文艺研究会主编,作家出版社1958年7月。平装,32开,书号10020·877,定价0.32元。(44-55)

15252　苏联民间文学论文集
中国民间文艺研究会编,作家出版社1958年7月。平装,大32开,书号10020·894,定价1.50元。(44-56)

15253　保卫社会主义现实主义(第一辑)
译文社编,作家出版社1958年7月。平装,大32开,书号10020·915,定价1.60元。(44-57)

15254　文学艺术要同人民生活保持密切的关系
〔苏〕赫鲁晓夫著,辛化文译,曹葆华校,1958年7月。平装,大32开,书号10019·805,定价0.16元。(44-58)

15255　谈维德马尔的《日记片断》
〔苏〕里夫希茨著,丹青译,作家出版社1958年7月。平装,32开,书号10020·919,定价0.24元。(44-59)

15256　蒙古现代文学简史
〔苏〕米哈依洛夫著,张草纫译,孙林托们校,作家出版社1958年8月。平装,32开,书号10020·896,定价0.70元。(44-60)

15257　列宁论文学
1958年9月。大32开,书号10019·940,平装,定价0.49元;1959年1月,精装,定价1.00元。(1-2)

15258　俄罗斯古典作家论(上)
〔苏〕季莫菲耶夫主编,1958年9月。大32开,书号10019·844,平装,定价2.00元;精装,定价2.35元。(44-61)

15259　俄罗斯古典作家论(下)
〔苏〕季莫菲耶夫主编,1958年10月。大32

开,书号 10019·944,平装,定价 2.30 元;精装,定价 2.50 元。(44-62)

15260 保卫社会主义现实主义(第二辑)
译文社编,作家出版社 1958 年 10 月。平装,大 32 开,书号 10020·1091,定价 1.90 元。(44-63)

15261 十九世纪外国文学史(第一卷)
〔苏〕伊瓦肖娃著,杨周翰等译,1958 年 11 月。精装,大 32 开,书号 10019·931,定价 2.55 元。(44-64)

15262 惠特曼评传
〔苏〕孟德森著,黎维译,1958 年 11 月。平装,32 开,书号 10019·1026,定价 0.86 元。(44-65)

15263 高尔基选集 文学论文选
〔苏〕高尔基著,孟昌、曹葆华译,1958 年 11 月。大 32 开,书号 10019·1038,平装,定价 1.35 元;精装,定价 2.20 元。(44-66)

15264 论苏联文学(下)
〔苏〕季莫菲耶夫著,1958 年 12 月。平装,大 32 开,书号 10019·1029,定价 1.40 元。(44-67)

15265 世界文学中的现实主义问题
中国科学院文学研究所苏联文学组编,苏联文艺理论译丛,1958 年 12 月。平装,大 32 开,书号 10019·1076,定价 1.15 元。(44-68)

15266 文艺学概论
〔苏〕谢皮洛娃著,罗叶、光祥、姚学吾、李广成译,1958 年 12 月。平装,大 32 开,书号 10019·1137,定价 0.98 元。(44-69)

15267 高尔基的《母亲》与社会主义现实主义问题
〔苏〕布尔索夫著,周若予译,1959 年 2 月。平装,32 开,书号 10019·1181,定价 0.75 元。(44-70)

15268 什么是口头文学
〔苏〕梭柯洛夫著,连树声、崔立滨译,作家出版社 1959 年 3 月。平装,32 开,书号 10019·1232,定价 0.28 元。(44-71)

15269 苏联文学艺术问题
1959 年 3 月。大 32 开,书号 10019·1171,平装,定价 0.70 元;精装,定价 1.15 元。(44-72)

15270 屠格涅夫评传
〔苏〕普斯托沃依特著,韩凌译,1959 年 4 月。平装,大 32 开,书号 10019·1215,定价 0.64 元。(44-73)

15271 托尔斯泰评传
〔苏〕贝奇科夫著,吴均燮译,1959 年 4 月。平装,大 32 开,书号 10019·1261,定价 1.70 元。(44-74)

15272 日丹诺夫论文学与艺术
〔苏〕日丹诺夫著,戈宝权、曹葆华、陈冰夷、李立三译,1959 年 6 月。大 32 开,书号 10019·1311,平装,定价 0.46 元;精装,定价 1.00 元。(44-75)

15273 关于文学艺术问题的讲话
〔苏〕赫鲁晓夫著,1959 年 9 月。大 32 开,书号 10019·1356,精装,定价 0.77 元;特精,定价 1.35 元。1961 年 1 月,平装,大 32 开,定价 0.28 元。(44-76)

15274 英国文学史纲
〔苏〕阿克尼斯特著,戴镏龄、吴志谦、桂诗春、周其勋、蔡文显、汪梧封译,1959 年 10 月。精装,大 32 开,书号 10019·1172,定价 2.40 元。1980 年 5 月,平装,大 32 开,定价 1.80 元。(44-77)

15275 法捷耶夫评传
〔苏〕节林斯基著,殷钟崃译,1959 年 11 月。平装,32 开,书号 10019·1375,定价 0.60 元。(44-78)

15276 斯大林论文学与艺术
1959 年 11 月。大 32 开,书号 10019·1379,平装,定价 0.43 元;精装,定价 1.00 元。(1-7)

15277 契诃夫传
〔苏〕叶尔米洛夫著,张守慎译,1960 年 1 月。大 32 开,书号 10019·1535,平装,定价 1.55 元;精装,定价 2.20 元;特精,定价 3.20 元。(44-79)

15278 苏联作家论社会主义现实主义(第一次苏联作家代表大会前后的有关言论)
中国科学院文学研究所苏联文学组编,苏联文艺理论译丛,1960 年 2 月。平装,大 32 开,书

号 10019·1451,定价 0.59 元。(44-80)

15279 列宁论文学与艺术(一、二)
1960 年 4 月。大 32 开,书号 10019·1396,平装,定价 3.55 元;精装,定价 4.00 元;特精,定价 5.75 元。(1-9)

15280 现代文艺理论译丛(一)
中国科学院文学研究所现代文艺理论译丛编辑部编,1961 年 4 月。内部发行。平装,大 32 开,书号 10019·1452,定价 1.10 元。(44-81)

15281 现代文艺理论译丛(二)
中国科学院文学研究所现代文艺理论译丛编辑部编,1961 年 8 月。内部发行。平装,大 32 开,书号 10019·1628,定价 1.00 元。(44-82)

15282 关于《被开垦的处女地》(二)
世界文学社编,1961 年 10 月,无出版社名义。内部发行。平装,32 开,无书号,定价 0.11 元。(44-83)

15283 关于《感伤的罗曼史》
世界文学社编,1961 年 11 月,无出版社名义。内部发行。平装,32 开,无书号,定价 0.13 元。(44-84)

15284 关于《山外青山天外天》
世界文学社编,1961 年 12 月,无出版社名义。内部发行。平装,32 开,无书号,定价 0.11 元。(44-85)

15285 关于文学和艺术问题(增订本)
作家出版社 1962 年 2 月。内部发行。平装,大 32 开,书号 10020·1563,定价 0.80 元。(44-86)

15286 现代文艺理论译丛(三)
中国科学院文学研究所现代文艺理论译丛编辑部编,1962 年 7 月。内部发行。平装,大 32 开,书号 10019·1658,定价 0.82 元。(44-87)

15287 文学书简(上)
〔苏〕高尔基著,曹靖华、渠建明译,1962 年 8 月。大 32 开,书号 10019·1660,平装,定价 1.45 元;精装,定价 1.90 元。(44-88)

15288 现代文艺理论译丛(四)
中国科学院文学研究所现代文艺理论译丛编辑部编,1962 年 10 月。内部发行。平装,大 32 开,书号 10019·1674,定价 0.86 元。(44-89)

15289 巴尔扎克年谱
〔苏〕丽列叶娃著,王梁之译,作家出版社 1962 年 12 月。平装,32 开,书号 10020·1606,定价 0.36 元。(44-90)

15290 俄国文学史(下)
〔苏〕布罗茨基主编,塞昌宁诺夫、赖亭、斯特拉舍夫著,蒋路、刘辽逸译,作家出版社 1963 年 1 月。精装,大 32 开,书号 10020·1622,定价 1.90 元。(44-91)

15291 苏联文学与人道主义
现代文艺理论译丛编辑部编,作家出版社 1963 年 8 月。内部发行。平装,大 32 开,书号 10020·1689,定价 1.05 元。(44-92)

15292 苏联青年作家及其创作问题(现代文艺理论译丛增刊)
现代文艺理论译丛编辑部编,作家出版社 1963 年 11 月。内部发行。平装,大 32 开,书号 10020·1712,定价 1.30 元。(44-93)

15293 苏联文学中的正面人物、写战争问题(现代文艺理论译丛增刊)
现代文艺理论译丛编辑部编,作家出版社 1963 年 11 月。内部发行。平装,大 32 开,书号 10020·1729,定价 1.60 元。(44-94)

15294 现代文艺理论译丛(六)
中国科学院文学研究所现代文艺理论译丛编辑部编,作家出版社 1964 年 3 月。内部发行。平装,大 32 开,书号 10020·1770,定价 1.10 元。(44-95)

15295 苏联文学与党性、时代精神及其他问题(现代文艺理论译丛增刊)
现代文艺理论译丛编辑部编,作家出版社 1964 年 3 月。内部发行。平装,大 32 开,书号 10020·1745,定价 1.35 元。(44-96)

15296 苏联一些批评家、作家论艺术革新与"自我表现"问题(现代文艺理论译丛增刊)
现代文艺理论译丛编辑部编,作家出版社 1964 年 4 月。内部发行。平装,大 32 开,书号 10020·1752,定价 2.00 元。(44-97)

15297 现代文艺理论译丛(五)
中国科学院文学研究所现代文艺理论译丛编辑部编,1964 年 9 月。内部发行。平装,大 32 开,

书号 10019·1779,定价 1.10 元。(44-98)

15298　人道主义与现代文学(上下)(现代文艺理论译丛增刊)

现代文艺理论译丛编辑部编,作家出版社 1965 年 3 月。内部发行。平装,大 32 开,书号 10020·1821,定价 3.25 元。(44-99)

15299　文学书简(下)

〔苏〕高尔基著,曹葆华、渠建明译,1965 年 6 月。内部发行。大 32 开,书号 10019·1786,平装,定价 1.25 元;精装,定价 1.70 元。(44-100)

15300　勃列日涅夫集团关于文艺问题的决议和言论选编

北京师范大学外国问题研究所苏联文学研究室编,1978 年 3 月。内部发行。平装,大 32 开,书号 10019·2568,定价 1.85 元。(44-101)

15301　论文学

〔苏〕高尔基著,孟昌、曹葆华、戈宝权译,1978 年 4 月。平装,大 32 开,书号 10019·2566,定价 0.95 元。(44-102)

15302　论文学

〔苏〕卢那察尔斯基著,蒋路译,马克思主义文艺理论丛书,1979 年 1 月。大 32 开,书号 10019·2821,平装,定价 1.60 元;精装,定价 2.15 元。2016 年 4 月收入外国文艺理论丛书,平装覆膜,国流 32 开,ISBN 978-7-02-010885-5,定价 45.00 元。(44-103)

15303　论文学　续集

〔苏〕高尔基著,冰夷、满涛、孟昌、缪灵珠、戈宝权、曹葆华等译,1979 年 10 月。平装,大 32 开,书号 10019·2851,定价 1.35 元。(44-104)

15304　论文学

〔苏〕阿·托尔斯泰著,程代熙译,1980 年 2 月。平装,大 32 开,书号 10019·2868,定价 0.84 元。(44-105)

15305　列宁与无产阶级文化协会

〔苏〕戈尔布诺夫著,申强、王平译,外国文学出版社 1980 年 2 月。平装,32 开,书号 10208·16,定价 0.72 元。(44-106)

15306　加里宁论文学和艺术

〔苏〕加里宁著,草婴译,1962 年 12 月。大 32 开,书号 10019·1709,平装,定价 0.42 元;精装,定价 0.93 元。(44-107)

15307　非洲现代文学(上)　北非和西非

〔苏〕伊·德·尼基福罗娃等著,刘宗次、赵陵生译,外国文学出版社 1980 年 4 月。平装,32 开,书号 10208·19,定价 1.10 元。(49-4)

15308　非洲现代文学(下)　东非和南非

〔苏〕伊·德·尼基福罗娃等著,陈开种等译,黄训经校,外国文学出版社 1981 年 1 月。平装,32 开,书号 10208·38,定价 1.00 元。(49-6)

15309　泰国文学简史

〔苏〕弗·柯尔涅夫著,高长荣译,外国文学出版社 1981 年 9 月。平装,32 开,书号 10208·61,定价 0.44 元。(44-108)

15310　苏联现实主义问题讨论集

外国文学出版社 1981 年 11 月。平装,32 开,书号 10208·71,定价 1.00 元。(44-109)

15311　沃罗夫斯基论文学

〔苏〕沃罗夫斯基著,程代熙等译,马克思主义文艺理论丛书,1981 年 6 月。平装,大 32 开,书号 10019·3147,定价 1.25 元。(44-110)

15312　马克思论艺术和社会理想

〔苏〕里夫希茨著,1983 年 2 月。大 32 开,书号 10019·3406,平装,定价 1.55 元;半精,定价 1.80 元。(44-111)

15313　列宁论文学与艺术

中国社会科学院文学研究所文艺理论研究室编,1983 年 2 月。大 32 开,书号 10019·3412,平装,定价 1.35 元;精装,定价 2.25 元。(1-19)

15314　英国文学史 1870—1955(上下)

苏联科学院高尔基世界文学研究所编,秦水译,蔡文显、梁植、彭守诚校,1983 年 8 月。平装,大 32 开,书号 10019·3505,定价 2.65 元。(44-112)

15315　英国文学史 1789—1832

苏联科学院高尔基世界文学研究所编,缪灵珠、秦水、蔡文显、廖世健、陈珍广译,1984 年 4 月。平装,大 32 开,书号 10019·3638,定价 1.60 元。(44-113)

15316　德国近代文学史(上下)

苏联科学院编,福建师范大学外语系编译室

译,1984 年 3 月。平装,大 32 开,书号 10019·3628,定价 3.95 元。(44-114)

15317　英国文学史 1832—1870
苏联科学院高尔基世界文学研究所编,蔡文显、桂诗春、陈珍广、廖世健译,1986 年 3 月。平装,大 32 开,书号 10019·3923,定价 3.35 元。(44-115)

15318　论俄罗斯古典作家
〔苏〕卢那察尔斯基著,蒋路译,1958 年 7 月。平装,大 32 开,书号 10019·790,定价 1.10 元。(44-116)

15319　现实主义的历史命运
——创作方法探讨
〔苏〕鲍·苏奇科夫著,傅仲选、徐记忠、袁振武译,张秉衡校,外国文学出版社 1988 年 4 月。平装,小 32 开,书号 10208·280,定价 3.10 元。(44-118)

15320　卡夫卡和现代主义
〔苏〕德·弗·扎东斯基著,洪天富译,外国文学出版社 1991 年 1 月。平装,小 32 开,ISBN 7-5016-0031-7,定价 2.30 元。(44-119)

15321　关于二十世纪文学的论争
〔苏〕乌尔诺夫等著,雷光译,外国文学出版社 1991 年 11 月。平装,小 32 开,ISBN 7-5016-0115-1,定价 4.40 元。(44-120)

15322　文学与革命
〔苏〕托洛斯基著,刘文飞、王景生、季耶译,张捷校,外国文学资料丛书,外国文学出版社 1992 年 6 月。平装覆膜,小 32 开,ISBN 7-5016-0120-8,定价 7.70 元。(44-121)

15323　赫拉普钦科文学论文集
〔苏〕赫拉普钦科著,张捷、刘逢祺译,二十世纪欧美文论丛书,1997 年 6 月。平装覆膜,大 32 开,ISBN 7-02-002361-4,定价 19.00 元。(44-122)

15324　俄罗斯侨民文学史
〔俄罗斯〕弗·阿格诺索夫著,刘文飞、陈方译,2004 年 12 月。平装覆膜,国流 32 开,ISBN 7-02-004665-7,定价 37.00 元。(44-123)

15325　惠特曼评传
〔捷克斯洛伐克〕亚伯·恰彼克著,黄雨石译,作家出版社 1955 年 11 月。平装,32 开,书号作 339,定价 0.26 元。(56-1)

15326　论文学、艺术与科学
〔保加利亚〕季米特洛夫著,杨燕杰、叶明珍译,1958 年 7 月。平装,32 开,书号 10019·806,定价 0.33 元。1959 年 9 月,大 32 开,书号 10019·1480,平装,定价 0.38 元;精装,定价 0.88 元;特精,定价 1.20 元。(56-2)

15327　密茨凯维支评传
〔波兰〕雅斯特隆著,张闳凡译,1959 年 2 月。平装,32 开,书号 10019·1155,定价 0.36 元。(56-3)

15328　论文学、艺术和文化
〔保加利亚〕季米特洛夫著,杨燕杰、叶明珍译,1982 年 6 月。平装,大 32 开,书号 10019·3317,定价 0.81 元。(56-4)

15329　卢卡契文学论文选(第一卷)
论德语文学
〔匈牙利〕卢卡契著,范大灿编选,1986 年 3 月。平装,大 32 开,书号 10019·3928,定价 4.30 元。(56-5)

15330　捷克斯洛伐克文学简史
〔捷克斯洛伐克〕巴拉伊卡、吉希、帕莱尼切克著,星灿译,外国文学出版社 1984 年 11 月。平装,32 开,书号 10208·190,定价 1.60 元。(56-6)

亚非文艺理论与文学研究

15331　古代印度文艺理论文选
金克木译,外国文艺理论丛书,1980 年 1 月。平装,大 32 开,书号 10019·2903,定价 0.40 元。(62-1)

15332　出了象牙之塔
〔日〕厨川白村著,鲁迅译,天火丛书,2007 年 7 月。平装覆膜,国流 32 开,ISBN 978-7-02-006031-3,定价 12.00 元。(62-2)

`15333` 苦闷的象征
〔日〕厨川白村著,鲁迅译,天火丛书,2007年7月。平装覆膜,国流32开,ISBN 978-7-02-006032-0,定价10.00元。(62-3)

`15334` 近代美术史潮论
〔日〕坂垣鹰穗著,鲁迅译,1957年10月。平装,大32开,书号10019·507,定价4.10元。(68-1)

`15335` 第二届亚非作家会议文件汇编
亚非作家会议中国联络委员会编,作家出版社1963年2月。大32开,书号10020·1627,平装,定价0.54元;精装,定价1.40元。(68-2)

`15336` 第二届亚非作家会议发言集
亚非作家会议中国联络委员会编,作家出版社1963年3月。内部参考未发行。平装,大32开,书号10020·1636,定价0.97元。(68-3)

`15337` 小林多喜二传
〔日〕平塚英孝著,卞立强译,作家出版社1963年9月。32开,书号10020·1696,平装,定价0.85元;精装,定价1.10元。(68-4)

`15338` 日本文学史
——日本文学的传统和创造
〔日〕西乡信纲等著,佩珊译,1978年3月。内部发行。平装,大32开,书号10019·2555,定价1.50元。(68-5)

`15339` 阿拉伯埃及近代文学史
〔埃及〕邵武基·戴伊夫著,李振中译,1980年12月。平装,大32开,书号10019·3055,定价0.90元。(68-6)

`15340` 印度现代文学
黄宝生、周至宽、倪培根译,外国文学出版社1981年1月。平装,大32开,书号10208·44,定价1.05元。(68-7)

`15341` 苦闷的象征 出了象牙之塔
〔日〕厨川白村著,鲁迅译,1988年7月。平装覆膜,小32开,书号10019·4262,ISBN 7-02-000241-2,定价2.50元。(68-8)

`15342` 阿拉伯文学史
〔黎巴嫩〕汉纳·法胡里著,郅傅浩译,1990年8月。平装,大32开,ISBN 7-02-000917-4,定价8.35元。(68-9)

`15343` 小说神髓
〔日〕坪内逍遥著,刘振瀛译,日本文学丛书,1991年6月。大32开,ISBN 7-02-001236-1,平装,定价2.10元;平装覆膜,ISBN 7-02-001237-X,定价2.60元。(68-10)

`15344` 沉默的另一面
〔印度〕布塔利亚·乌瓦什著,马爱农译,猫头鹰学术译丛,2001年10月。平装覆膜,国流32开,ISBN 7-02-003431-4,定价16.00元。(68-11)

作 品 集

全集·文集

15345 泰戈尔作品集（1—10）
〔印度〕泰戈尔著，石真等译，1961年4月。大32开，书号10019·1621，精装，定价13.00元；特精，定价20.00元。1988年9月，大32开，平装，ISBN 7-02-000711-2，定价18.05元；精装，ISBN 7-02-000712-0，定价34.50元。(63-19)

15346 莎士比亚全集（1）
〔英〕莎士比亚著，朱生豪译，方平、吴兴华校，1978年4月。大32开，书号10019·2598，平装，定价1.20元；精装，定价1.80元；特精，定价1.80元。1988年1月，大32开，平装覆膜，ISBN 7-02-000116-5，定价3.10元；精装，ISBN 7-02-000127-0，定价4.25元。(90-1)

15347 莎士比亚全集（2）
〔英〕莎士比亚著，朱生豪译，吴兴华、方平校，1978年4月。大32开，书号10019·2599，平装，定价1.10元；精装，定价1.65元；特精，定价1.65元。1988年1月，大32开，平装覆膜，ISBN 7-02-000117-3，定价2.85元；精装，ISBN 7-02-000128-9，定价4.05元。(90-2)

15348 莎士比亚全集（3）
〔英〕莎士比亚著，朱生豪译，方平、吴兴华校，1978年4月。大32开，书号10019·2600，平装，定价1.20元；精装，定价1.75元；特精，定价1.75元。1988年1月，大32开，平装覆膜，ISBN 7-02-000118-1，定价3.10元；精装，ISBN 7-02-000129-7，定价4.25元。(90-3)

15349 莎士比亚全集（4）
〔英〕莎士比亚著，朱生豪等译，吴兴华校，1978年4月。大32开，书号10019·2601，平装，定价1.20元；精装，定价1.75元；特精，定价1.75元。1988年1月，大32开，平装覆膜，ISBN 7-02-000119-X，定价3.05元；精装，ISBN 7-02-000130-0，定价4.25元。(90-4)

15350 莎士比亚全集（5）
〔英〕莎士比亚著，朱生豪译，吴兴华、方平校，1978年4月。大32开，书号10019·2602，平装，定价1.10元；精装，定价1.65元；特精，定价1.65元。1988年1月，大32开，平装覆膜，ISBN 7-02-000120-3，定价2.85元；精装，ISBN 7-02-000131-9，定价4.05元。(90-5)

15351 莎士比亚全集（6）
〔英〕莎士比亚著，章益、方重译，1978年4月。大32开，书号10019·2603，平装，定价1.35元；精装，定价1.90元；特精，定价1.90元。1988年1月，大32开，平装覆膜，ISBN 7-02-000121-1，定价3.40元；精装，ISBN 7-02-000132-7，定价4.60元。(90-6)

15352 莎士比亚全集（7）
〔英〕莎士比亚著，朱生豪、杨周翰译，方重校，1978年4月。大32开，书号10019·2604，平装，定价1.40元；精装，定价1.95元；特精，定价1.95元。1988年1月，大32开，平装覆膜，ISBN 7-02-000122-X，定价3.50元；精装，ISBN 7-02-000133-5，定价4.70元。(90-7)

15353 莎士比亚全集（8）
〔英〕莎士比亚著，朱生豪译，方重、方平校，1978年4月。大32开，书号10019·2605，平装，定价1.15元；精装，定价1.75元；特精，定价1.75元。1988年1月,大32开,平装覆膜,ISBN 7-02-000123-8,定价3.00元;精装,ISBN 7-02-000134-3,定价4.20元。(90-8)

15354　莎士比亚全集(9)
〔英〕莎士比亚著,朱生豪译,吴兴华、方平校,1978年4月。大32开,书号10019·2606,平装,定价1.20元;精装,定价1.75元;特精,定价1.75元。1988年1月,大32开,平装覆膜,ISBN 7-02-000124-6,定价3.10元;精装,ISBN 7-02-000135-1,定价4.25元。(90-9)

15355　莎士比亚全集(10)
〔英〕莎士比亚著,朱生豪译,方重、吴兴华校,1978年4月。大32开,书号10019·2607,平装,定价1.10元;精装,定价1.65元;特精,定价1.65元。1988年1月,大32开,平装覆膜,ISBN 7-02-000125-4,定价2.85元;精装,ISBN 7-02-000136-X,定价4.05元。(90-10)

15356　莎士比亚全集(11)
〔英〕莎士比亚著,张谷若、杨德豫、梁宗岱、黄雨石译,1978年4月。大32开,书号10019·2608,平装,定价1.10元;精装,定价1.65元;特精,定价1.65元。1988年1月,大32开,平装覆膜,ISBN 7-02-000126-2,定价2.80元;精装,ISBN 7-02-000137-8,定价4.00元。(90-11)

15357　莎士比亚全集(1)
〔英〕莎士比亚著,朱生豪译,1994年11月。大32开,平装覆膜,ISBN 7-02-002012-7,定价19.60元;精装,ISBN 7-02-001882-3,定价30.10元。(90-1)

15358　莎士比亚全集(2)
〔英〕莎士比亚著,朱生豪等译,1994年11月。大32开,平装覆膜,ISBN 7-02-002013-5,定价17.90元;精装,ISBN 7-02-001883-1,定价28.20元。(90-2)

15359　莎士比亚全集(3)
〔英〕莎士比亚著,朱生豪译,1994年11月。大32开,平装覆膜,ISBN 7-02-002014-3,定价19.70元;精装,ISBN 7-02-001884-X,定价30.40元。(90-3)

15360　莎士比亚全集(4)
〔英〕莎士比亚著,朱生豪等译,1994年11月。大32开,平装覆膜,ISBN 7-02-002015-1,定价17.90元;精装,ISBN 7-02-001885-8,定价28.20元。(90-4)

15361　莎士比亚全集(5)
〔英〕莎士比亚著,朱生豪等译,1994年11月。大32开,平装覆膜,ISBN 7-02-002016-X,定价17.20元;精装,ISBN 7-02-001886-6,定价27.40元。(90-5)

15362　莎士比亚全集(6)
〔英〕莎士比亚著,朱生豪等译,1994年11月。大32开,平装覆膜,ISBN 7-02-002017-8,定价18.30元;精装,ISBN 7-02-001887-4,定价28.70元。(90-6)

15363　高尔基文集(第一卷)
〔苏〕高尔基著,1981年6月。平装,大32开,书号10019·3153,定价1.45元。(90-12)

15364　高尔基文集(第二卷)
〔苏〕高尔基著,1981年8月。平装,大32开,书号10019·3170,定价1.35元。(90-13)

15365　高尔基文集(第三卷)
〔苏〕高尔基著,1982年7月。大32开,书号10019·3308,平装,定价1.50元;精装,定价2.50元。(90-14)

15366　高尔基文集(第四卷)
〔苏〕高尔基著,1982年10月。大32开,书号10019·3339,平装,定价1.35元;精装,定价2.30元。(90-15)

15367　高尔基文集(第五卷)
〔苏〕高尔基著,1983年6月。大32开,书号10019·3470,平装,定价1.55元;精装,定价2.55元。(90-16)

15368　高尔基文集(第六卷)
〔苏〕高尔基著,1983年6月。大32开,书号10019·3471,平装,定价1.65元;精装,定价2.70元。(90-17)

15369　高尔基文集(第七卷)
〔苏〕高尔基著,1983年10月。大32开,书号10019·3538,平装,定价1.65元;精装,定价2.70元。(90-18)

15370　高尔基文集(第八卷)
〔苏〕高尔基著,1984年6月。大32开,书号

10019·3671,平装,定价 1.75 元;精装,定价 2.75 元。(90-19)

15371 高尔基文集(第九卷)
〔苏〕高尔基著,洪济、李兰译,1984 年 2 月。大 32 开,书号 10019·3606,平装,定价 1.60 元;精装,定价 2.65 元。(90-20)

15372 高尔基文集(第十卷)
〔苏〕高尔基著,蒋望明、伊信译,1984 年 3 月。大 32 开,书号 10019·3640,平装,定价 1.65 元;精装,定价 2.65 元。(90-21)

15373 高尔基文集(第十七卷)
〔苏〕高尔基著,靖宏译,1983 年 11 月。大 32 开,书号 10019·3511,平装,定价 2.25 元;精装,定价 3.30 元。(90-22)

15374 高尔基文集(第十九卷)
〔苏〕高尔基著,贾刚译,1984 年 10 月。大 32 开,书号 10019·3717,平装,定价 2.10 元;精装,定价 3.15 元。(90-23)

15375 高尔基文集(第十二卷)
〔苏〕高尔基著,夏衍等译,1984 年 12 月。大 32 开,书号 10019·3720,平装,定价 2.60 元;精装,定价 3.60 元。(90-24)

15376 巴尔扎克全集(第一卷)
〔法〕巴尔扎克著,丁世中、郑永慧、袁树仁译,1984 年 10 月。大 32 开,书号 10019·3723,平装,定价 2.55 元;精装,定价 3.85 元。1999 年 1 月,精装,大 32 开,ISBN 7-02-001912-9,定价 32.70 元。(90-25)

15377 高尔基文集(第十八卷)
〔苏〕高尔基著,靖宏译,1983 年 11 月。大 32 开,书号 10019·3512,平装,定价 2.65 元;精装,定价 3.65 元。(90-26)

15378 高尔基文集(第十四卷)
〔苏〕高尔基著,楼适夷等译,1985 年 3 月。大 32 开,书号 10019·3784,平装,定价 3.40 元;精装,定价 5.00 元。(90-27)

15379 高尔基文集(第十五卷)
〔苏〕高尔基著,刘辽逸、楼适夷译,1985 年 5 月。大 32 开,书号 10019·3814,平装,定价 3.85 元;精装,定价 5.55 元。(90-28)

15380 高尔基文集(第十六卷)
〔苏〕高尔基著,陆风等译,1985 年 6 月。大 32 开,书号 10019·3820,平装,定价 4.25 元;精装,定价 5.95 元。(90-29)

15381 高尔基文集(第十一卷)
〔苏〕高尔基著,夏衍、陆风译,1985 年 7 月。大 32 开,书号 10019·3840,平装,定价 3.70 元;精装,定价 5.40 元。(90-30)

15382 高尔基文集(第二十卷)
〔苏〕高尔基著,贾刚译,1985 年 6 月。大 32 开,书号 10019·3824,平装,定价 4.55 元;精装,定价 6.20 元。(90-31)

15383 高尔基文集(第十三卷)
〔苏〕高尔基著,耿济之、蒋望明译,1985 年 9 月。大 32 开,书号 10019·3854,平装,定价 4.10 元;精装,定价 5.80 元。(90-32)

15384 巴尔扎克全集(第二卷)
〔法〕巴尔扎克著,刘益庾、许渊冲、程曾厚、郑克鲁译,1986 年 2 月。大 32 开,书号 10019·3864,平装,定价 4.40 元;精装,定价 6.55 元。1999 年 1 月,精装,大 32 开,ISBN 7-02-001913-7,定价 36.30 元。(90-33)

15385 巴尔扎克全集(第三卷)
〔法〕巴尔扎克著,丁世中等译,1986 年 2 月。大 32 开,书号 10019·3907,平装,定价 4.20 元;精装,定价 6.40 元。1999 年 1 月,精装,大 32 开,ISBN 7-02-001914-5,定价 35.50 元。(90-34)

15386 毕希纳文集
〔德〕毕希纳著,李士勋、傅惟慈译,1986 年 6 月。平装,小 32 开,书号 10019·3952,定价 1.90 元。(90-35)

15387 列夫·托尔斯泰文集(第二卷)
中短篇小说 1852—1856
〔俄〕列夫·托尔斯泰著,潘安荣、芳信、臧仲伦、陈馥译,1986 年 10 月。大 32 开,书号 10019·3865,平装,定价 3.00 元;精装,定价 4.60 元。(90-36)

15388 列夫·托尔斯泰文集(第三卷)
中短篇小说 1857—1863
〔俄〕列夫·托尔斯泰著,茅信、刘辽逸译,1986 年 10 月。大 32 开,书号 10019·3866,平装,定价 2.95 元;精装,定价 4.60 元。(90-37)

15389 列夫·托尔斯泰文集(第四卷)
中短篇小说 1885—1910

〔俄〕列夫·托尔斯泰著,臧仲伦、陈崇来、陈馥、蒋路、刘辽逸译,1986年5月。大32开,书号10019·3971,平装,定价3.85元;精装,定价5.50元。(90-38)

15390 易卜生全集(第一卷)

〔挪威〕易卜生著,潘家洵、黄雨石、南江译,1986年12月。大32开,书号10019·4039,平装,定价2.50元;精装,定价4.65元。(90-39)

15391 列夫·托尔斯泰文集(第五卷)战争与和平(一)

〔俄〕列夫·托尔斯泰著,刘辽逸译,1986年11月。大32开,书号10019·4036,平装,定价3.00元;精装,定价4.65元。(90-40)

15392 列夫·托尔斯泰文集(第六卷)战争与和平(二)

〔俄〕列夫·托尔斯泰著,刘辽逸译,1986年11月。大32开,书号10019·4038,平装,定价3.05元;精装,定价4.65元。(90-41)

15393 列夫·托尔斯泰文集(第一卷)童年 少年 青年

〔俄〕列夫·托尔斯泰著,谢素台译,1987年2月。大32开,书号10019·4035,平装,定价2.95元;精装,定价4.55元。2004年4月,一至十七卷整套出版,精装,大32开,ISBN 7-02-003094-7,定价480.00元。(90-42)

15394 巴尔扎克全集(第四卷)

〔法〕巴尔扎克著,张裕禾、沈志明译,1986年11月。大32开,书号10019·3991,平装,定价3.80元;精装,定价6.00元。1999年1月,精装,大32开,ISBN 7-02-001915-3,定价32.40元。(90-43)

15395 巴尔扎克全集(第五卷)

〔法〕巴尔扎克著,傅雷等译,1986年12月。大32开,书号10019·3992,平装,定价4.75元;精装,定价6.90元。1999年1月,精装,大32开,ISBN 7-02-001916-1,定价36.80元。(90-44)

15396 巴尔扎克全集(第六卷)

〔法〕巴尔扎克著,傅雷译,1986年11月。大32开,书号10019·4018,平装,定价3.35元;精装,定价5.45元。1999年1月,精装,大32开,ISBN 7-02-001917-X,定价30.10元。(90-45)

15397 巴尔扎克全集(第七卷)

〔法〕巴尔扎克著,傅雷译,1986年12月。大32开,书号10019·4019,平装,定价3.90元;精装,定价6.00元。1999年1月,精装,大32开,ISBN 7-02-001918-8,定价32.40元。(90-46)

15398 易卜生全集(第二卷)

〔挪威〕易卜生著,潘家洵、黄雨石、林骧华译,1987年5月。大32开,书号10019·4127,平装,定价2.50元;精装,定价4.70元。(90-47)

15399 列夫·托尔斯泰文集(第七卷)战争与和平(三)

〔俄〕列夫·托尔斯泰著,刘辽逸译,1987年5月。大32开,书号10019·4111,平装,定价3.20元;精装,定价4.80元。(90-48)

15400 巴尔扎克全集(第九卷)

〔法〕巴尔扎克著,傅雷译,1987年6月。大32开,书号10019·4124,平装,定价4.80元;精装,定价7.00元。1999年1月,精装,大32开,ISBN 7-02-001920-X,定价37.50元。(90-49)

15401 巴尔扎克全集(第八卷)

〔法〕巴尔扎克著,袁树仁等译,1987年6月。大32开,书号10019·4123,平装,定价4.50元;精装,定价6.70元。1999年1月,精装,大32开,ISBN 7-02-001919-6,定价34.70元。(90-50)

15402 巴尔扎克全集(第十卷)

〔法〕巴尔扎克著,袁树仁译,1987年12月。大32开,书号10019·4189,平装,ISBN 7-02-000046-0,定价3.25元;精装,ISBN 7-02-000047-9,定价5.65元。1999年1月,精装,大32开,ISBN 7-02-001921-8,定价27.80元。(90-51)

15403 巴尔扎克全集(第十一卷)

〔法〕巴尔扎克著,傅雷等译,1988年2月。大32开,书号10019·4228,平装,ISBN 7-02-000166-1,定价4.30元;精装,ISBN 7-02-000167-X,定价6.70元。1999年1月,精装,

大 32 开,ISBN 7-02-001922-6,定价 34.30 元。(90-52)

15404　列夫·托尔斯泰文集(第八卷) 战争与和平(四)

〔俄〕列夫·托尔斯泰著,刘辽逸译,1988 年 3 月。大 32 开,书号 10019·4235,平装,ISBN 7-02-000178-5,定价 2.90 元;精装,ISBN 7-02-000179-3,定价 4.70 元。(90-53)

15405　巴尔扎克全集(第十二卷)

〔法〕巴尔扎克著,袁树仁等译,1988 年 7 月。大 32 开,ISBN 7-02-000523-3,平装,定价 5.50 元;精装,ISBN 7-02-000524-1,定价 8.80 元。1999 年 1 月,精装,大 32 开,ISBN 7-02-001923-4,定价 35.00 元。(90-54)

15406　巴尔扎克全集(第十三卷)

〔法〕巴尔扎克著,傅雷译,1988 年 8 月。大 32 开,平装,ISBN 7-02-000468-7,定价 4.35 元;精装,ISBN 7-02-000469-5,定价 7.60 元。1999 年 1 月,精装,大 32 开,ISBN 7-02-001924-2,定价 29.50 元。(90-55)

15407　巴尔扎克全集(第十六卷)

〔法〕巴尔扎克著,陈秉慧等译,1989 年 2 月。大 32 开,平装,ISBN 7-02-000547-0,定价 5.00 元;精装,ISBN 7-02-000548-9,定价 8.30 元。1999 年 1 月,精装,大 32 开,ISBN 7-02-001927-7,定价 26.80 元。(90-56)

15408　巴尔扎克全集(第十七卷)

〔法〕巴尔扎克著,罗芃译,1989 年 5 月。大 32 开,平装,ISBN 7-02-000697-3,定价 4.45 元;精装,ISBN 7-02-000698-1,定价 7.75 元。1999 年 1 月,精装,大 32 开,ISBN 7-02-001928-5,定价 24.50 元。(90-57)

15409　巴尔扎克全集(第二十卷)

〔法〕巴尔扎克著,梁均等译,1989 年 6 月。大 32 开,平装,ISBN 7-02-000709-0,定价 6.25 元;精装,ISBN 7-02-000710-4,定价 9.50 元。1999 年 1 月,精装,大 32 开,ISBN 7-02-001930-7,定价 32.20 元。(90-58)

15410　巴尔扎克全集(第十四卷)

〔法〕巴尔扎克著,傅雷等译,1989 年 6 月。大 32 开,平装,ISBN 7-02-000359-1,定价 8.40 元;精装,ISBN 7-02-000360-5,定价 11.65 元。1999 年 1 月,精装,大 32 开,ISBN 7-02-001925-0,定价 36.50 元。(90-59)

15411　巴尔扎克全集(第十五卷)

〔法〕巴尔扎克著,何友齐译,1989 年 6 月。大 32 开,平装,ISBN 7-02-000421-0,定价 6.45 元;精装,ISBN 7-02-000422-9,定价 9.70 元。1999 年 1 月,精装,大 32 开,ISBN 7-02-001926-9,定价 29.80 元。(90-60)

15412　列夫·托尔斯泰文集(第十一卷) 复活

〔俄〕列夫·托尔斯泰著,汝龙译,1989 年 10 月。大 32 开,平装,ISBN 7-02-000789-9,定价 7.90 元;精装,ISBN 7-02-000790-2,定价 11.15 元。(90-61)

15413　列夫·托尔斯泰文集(第十二卷) 故事

〔俄〕列夫·托尔斯泰著,陈馥译,1989 年 9 月。大 32 开,平装,ISBN 7-02-000773-2,定价 5.80 元;精装,ISBN 7-02-000774-0,定价 9.10 元。(90-62)

15414　列夫·托尔斯泰文集(第十三卷) 戏剧

〔俄〕列夫·托尔斯泰著,芳信、白嗣宏译,1989 年 9 月。大 32 开,平装,ISBN 7-02-000769-4,定价 7.75 元;精装,ISBN 7-02-000770-6,定价 11.05 元。(90-63)

15415　列夫·托尔斯泰文集(第十五卷) 政论

〔俄〕列夫·托尔斯泰著,冯增义等译,1989 年 12 月。大 32 开,平装,ISBN 7-02-000857-7,定价 7.80 元;精装,ISBN 7-02-000858-5,定价 11.05 元。(90-64)

15416　巴尔扎克全集(第十九卷)

〔法〕巴尔扎克著,王文融、李玉民译,1990 年 1 月。大 32 开,平装,ISBN 7-02-000877-1,定价 7.30 元;精装,ISBN 7-02-000878-X,定价 10.60 元。1999 年 1 月,精装,大 32 开,ISBN 7-02-001929-3,定价 31.40 元。(90-65)

15417　巴尔扎克全集(第十八卷)

〔法〕巴尔扎克著,资中筠、张裕禾、刘益庚译,1990 年 4 月。大 32 开,平装,ISBN 7-02-000938-7,定价 8.00 元;精装,ISBN 7-02-

000939-5,定价11.25元。1999年1月,精装,大32开,ISBN 7-02-000939-5,定价35.90元。(90-66)

15418 巴尔扎克全集(第二十一卷)

〔法〕巴尔扎克著,袁树仁等译,1990年10月。大32开,平装,ISBN 7-02-001027-X,定价8.65元;精装,ISBN 7-02-001028-8,定价11.95元。1999年1月,精装,大32开,ISBN 7-02-001028-8,定价37.90元。(90-67)

15419 巴尔扎克全集(第二十二卷)

〔法〕巴尔扎克著,王文融等译,1990年9月。大32开,平装,ISBN 7-02-001035-0,定价8.65元;精装,ISBN 7-02-001036-9,定价11.95元。1999年1月,精装,大32开,ISBN 7-02-001036-9,定价37.90元。(90-68)

15420 巴尔扎克全集(第二十三卷)

〔法〕巴尔扎克著,张冠尧、刘方译,1990年10月。大32开,平装,ISBN 7-02-001052-0,定价7.25元;精装,ISBN 7-02-001053-9,定价10.55元。1999年1月,精装,大32开,ISBN 7-02-001053-9,定价32.70元。(90-69)

15421 列夫·托尔斯泰文集(第十七卷) 日记

〔俄〕列夫·托尔斯泰著,陈馥、郑揆译,1991年9月。大32开,平装,ISBN 7-02-001239-6,定价5.00元;精装,ISBN 7-02-001240-X,定价8.80元。(90-70)

15422 巴尔扎克全集(第二十四卷)

〔法〕巴尔扎克著,1991年10月。大32开,平装,ISBN 7-02-001268-X,定价6.80元;精装,ISBN 7-02-001269-8,定价10.60元。1999年1月,精装,大32开,ISBN 7-02-001269-8,定价28.70元。(90-71)

15423 列夫·托尔斯泰文集(第十四卷) 文论

〔俄〕列夫·托尔斯泰著,陈燊、丰陈宝等译,1992年4月。大32开,平装,ISBN 7-02-001351-1,定价6.90元;精装,ISBN 7-02-001352-X,定价14.20元。(90-72)

15424 列夫·托尔斯泰文集(第九卷) 安娜·卡列宁娜(上)

〔俄〕列夫·托尔斯泰著,周扬译,1992年5月。大32开,平装,ISBN 7-02-001372-4,定价9.45元;精装,ISBN 7-02-001373-2,定价16.70元。(90-73)

15425 列夫·托尔斯泰文集(第十卷) 安娜·卡列宁娜(下)

〔俄〕列夫·托尔斯泰著,周扬、谢素台译,1992年5月。大32开,平装,ISBN 7-02-001374-0,定价8.20元;精装,ISBN 7-02-001375-9,定价15.50元。(90-74)

15426 列夫·托尔斯泰文集(第十六卷) 书信

〔俄〕列夫·托尔斯泰著,周圣、单继达等译,1992年5月。大32开,平装,ISBN 7-02-001367-8,定价6.10元;精装,ISBN 7-02-001371-6,定价13.40元。(90-75)

15427 巴尔扎克全集(第二十五卷)

〔法〕巴尔扎克著,施康强译,1993年4月。大32开,平装,ISBN 7-02-001542-5,定价9.70元;精装,ISBN 7-02-001543-3,定价17.00元。1999年1月,精装,大32开,ISBN 7-02-001543-3,定价31.30元。(90-76)

15428 易卜生文集(第一卷)

〔挪威〕易卜生著,1995年5月。精装,大32开,ISBN 7-02-002084-4,定价22.10元。(90-77)

15429 易卜生文集(第二卷)

〔挪威〕易卜生著,1995年5月。精装,大32开,ISBN 7-02-002085-2,定价22.90元。(90-78)

15430 易卜生文集(第三卷)

〔挪威〕易卜生著,1995年5月。精装,大32开,ISBN 7-02-002086-0,定价24.90元。(90-79)

15431 易卜生文集(第四卷)

〔挪威〕易卜生著,1995年5月。精装,大32开,ISBN 7-02-002128-X,定价24.90元。(90-80)

15432 易卜生文集(第五卷)

〔挪威〕易卜生著,潘家洵译,1995年5月。精装,大32开,ISBN 7-02-002129-8,定价23.70元。(90-81)

15433 易卜生文集(第六卷)

〔挪威〕易卜生著,潘家洵译,1995年5月。精装,大32开,ISBN 7-02-002135-2,定价24.50元。(90-82)

15434 易卜生文集(第七卷)

〔挪威〕易卜生著,潘家洵译,1995年5月。精装,大32开,ISBN 7-02-002136-0,定价21.70元。(90-83)

15435 易卜生文集(第八卷)

〔挪威〕易卜生著,1995年12月。精装,大32开,ISBN 7-02-002157-3,定价37.25元。(90-84)

15436 人间喜剧(19)

〔法〕巴尔扎克著,王文融等译,1994年12月。精装,大32开,ISBN 7-02-001906-4,定价24.65元。(90-85)

15437 人间喜剧(20)

〔法〕巴尔扎克著,1994年12月。精装,大32开,ISBN 7-02-001907-2,定价24.80元。(90-86)

15438 人间喜剧(21)

〔法〕巴尔扎克著,1994年12月。精装,大32开,ISBN 7-02-001908-0,定价28.60元。(90-87)

15439 人间喜剧(22)

〔法〕巴尔扎克著,1994年12月。精装,大32开,ISBN 7-02-001909-9,定价28.60元。(90-88)

15440 人间喜剧(23)

〔法〕巴尔扎克著,张冠尧等译,1994年12月。精装,大32开,ISBN 7-02-001910-2,定价25.35元。(90-89)

15441 人间喜剧(24)

〔法〕巴尔扎克著,1994年12月。精装,大32开,ISBN 7-02-001911-0,定价23.55元。(90-90)

15442 人间喜剧(1)

〔法〕巴尔扎克著,1994年12月。精装,大32开,ISBN 7-02-001888-2,定价25.20元。(90-91)

15443 人间喜剧(2)

〔法〕巴尔扎克著,1994年12月。精装,大32开,ISBN 7-02-001889-0,定价28.05元。(90-92)

15444 人间喜剧(3)

〔法〕巴尔扎克著,1994年12月。精装,大32开,ISBN 7-02-001890-4,定价27.15元。(90-93)

15445 人间喜剧(4)

〔法〕巴尔扎克著,张裕禾、沈志明译,1994年12月。精装,大32开,ISBN 7-02-001891-2,定价25.35元。(90-94)

15446 人间喜剧(5)

〔法〕巴尔扎克著,傅雷、袁树仁等译,1994年12月。精装,大32开,ISBN 7-02-001892-0,定价28.40元。(90-95)

15447 人间喜剧(6)

〔法〕巴尔扎克著,傅雷译,1994年12月。精装,大32开,ISBN 7-02-001893-9,定价23.20元。(90-96)

15448 人间喜剧(7)

〔法〕巴尔扎克著,傅雷译,1994年12月。精装,大32开,ISBN 7-02-001894-7,定价25.00元。(90-97)

15449 人间喜剧(8)

〔法〕巴尔扎克著,1994年12月。精装,大32开,ISBN 7-02-001895-5,定价26.80元。(90-98)

15450 人间喜剧(9)

〔法〕巴尔扎克著,傅雷译,1994年12月。精装,大32开,ISBN 7-02-001896-3,定价28.60元。(90-99)

15451 人间喜剧(10)

〔法〕巴尔扎克著,袁树仁译,1994年12月。精装,大32开,ISBN 7-02-001897-1,定价22.10元。(90-100)

15452 人间喜剧(11)

〔法〕巴尔扎克著,傅雷译,1994年12月。精装,大32开,ISBN 7-02-001898-X,定价26.10元。(90-101)

15453 人间喜剧(12)

〔法〕巴尔扎克著,袁树仁译,1994年12月。精装,大32开,ISBN 7-02-001899-8,定价27.15元。(90-102)

15454 人间喜剧(13)

〔法〕巴尔扎克著,傅雷译,1994年12月。精装,大32开,ISBN 7-02-001900-5,定价23.20元。(90-103)

15455 人间喜剧(14)
〔法〕巴尔扎克著,1994年12月。精装,大32开,ISBN 7-02-001901-3,定价27.90元。(90-104)

15456 人间喜剧(15)
〔法〕巴尔扎克著,何友齐译,1994年12月。精装,大32开,ISBN 7-02-001902-1,定价23.55元。(90-105)

15457 人间喜剧(16)
〔法〕巴尔扎克著,1994年12月。精装,大32开,ISBN 7-02-001903-X,定价21.95元。(90-106)

15458 人间喜剧(17)
〔法〕巴尔扎克著,罗芃译,1994年12月。精装,大32开,ISBN 7-02-001904-8,定价20.30元。(90-107)

15459 人间喜剧(18)
〔法〕巴尔扎克著,资中筠等译,1994年12月。精装,大32开,ISBN 7-02-001905-6,定价27.15元。(90-108)

15460 普希金文集(1) 抒情诗
〔俄〕普希金著,卢永选编,1995年12月。平装覆膜,大32开,ISBN 7-02-002018-6,定价25.55元。(90-109)

15461 普希金文集(2) 抒情诗
〔俄〕普希金著,卢永选编,1995年12月。平装覆膜,大32开,ISBN 7-02-002019-4,定价24.35元。(90-110)

15462 普希金文集(3) 长诗
〔俄〕普希金著,卢永选编,1995年12月。平装覆膜,大32开,ISBN 7-02-002020-8,定价26.15元。(90-111)

15463 普希金文集(4) 童话 戏剧
〔俄〕普希金著,卢永选编,1995年12月。平装覆膜,大32开,ISBN 7-02-002021-6,定价24.95元。(90-112)

15464 普希金文集(5) 叶甫盖尼·奥涅金
〔俄〕普希金著,智量译,卢永选编,1995年12月。平装覆膜,大32开,ISBN 7-02-002022-4,定价22.55元。(90-113)

15465 普希金文集(6) 小说 特写
〔俄〕普希金著,卢永选编,1995年12月。平装覆膜,大32开,ISBN 7-02-002023-2,定价29.15元。(90-114)

15466 普希金文集(7) 文学论文 书信 自传性散文
〔俄〕普希金著,卢永选编,1995年12月。平装覆膜,大32开,ISBN 7-02-002024-0,定价28.55元。(90-115)

15467 塞万提斯全集(1—8卷)
〔西班牙〕塞万提斯著,董燕生、刘玉树等译,1996年12月。精装,大32开,ISBN 7-02-002288-X,定价280.00元。2018年1月,署杨绛等译,精装,国流32开,ISBN 978-7-02-012092-5,定价780.00元。(90-116)

15468 巴尔扎克全集(第二十六卷)
〔法〕巴尔扎克著,张冠尧、李玉民译,1999年1月。精装,大32开,ISBN 7-02-001756-8,定价36.00元。(90-117)

15469 巴尔扎克全集(第二十七卷)
〔法〕巴尔扎克著,袁树仁译,1999年1月。精装,大32开,ISBN 7-02-001970-6,定价35.00元。(90-118)

15470 巴尔扎克全集(第二十八卷)
〔法〕巴尔扎克著,王文融译,1999年1月。精装,大32开,ISBN 7-02-002259-6,定价35.30元。(90-119)

15471 巴尔扎克全集(第二十九卷)
〔法〕巴尔扎克著,陆秉慧、刘方译,1999年1月。精装,大32开,ISBN 7-02-002044-5,定价36.50元。(90-120)

15472 巴尔扎克全集(第三十卷)
〔法〕巴尔扎克著,罗芃等译,1999年1月。精装,大32开,ISBN 7-02-002323-1,定价36.60元。(90-121)

15473 歌德文集(1—10卷)
〔德〕歌德著,绿原等译,1999年7月。精装,大32开,ISBN 7-02-002887-X,定价298.00元。(90-122)

15474 纪伯伦全集(1—5卷)
〔黎巴嫩〕纪伯伦著,冰心等译,2000年1月。

精装,大 32 开,ISBN 7-02-002945-0,定价 98.00 元。(90-123)

15475　肖洛霍夫文集(1—8卷)
〔苏〕肖洛霍夫著,草婴、金人等译,2000 年 8 月。大 32 开,平装覆膜,ISBN 7-02-003288-5,定价 198.00 元;精装,ISBN 7-02-002994-9,定价 260.00 元。(90-124)

15476　萨特文集(1—7卷)
〔法〕萨特著,沈志明、艾珉主编,2000 年 10 月。大 32 开,平装覆膜,ISBN 7-02-003229-X,定价 155.00 元;精装,ISBN 7-02-003287-7,定价 218.00 元。(90-125)

15477　屠格涅夫文集(1—6卷)
〔俄〕屠格涅夫著,丰子恺等译,2001 年 11 月。精装,大 32 开,ISBN 7-02-003285-0,定价 198.00 元。2016 年 8 月,精装,国流 32 开,ISBN 978-7-02-011040-7,定价 580.00 元。(90-126)

15478　雨果文集(1—12卷)
〔法〕雨果著,程曾厚等译,2002 年 1 月。大 32 开,平装覆膜,ISBN 7-02-003695-3,定价 298.00 元;精装,ISBN 7-02-003289-3,定价 460.00 元。2014 年 4 月,精装,国流 32 开,ISBN 978-7-02-010015-6,定价 680.00 元。(90-127)

15479　海涅文集　批评卷
〔德〕海涅著,张玉书选编,2002 年 4 月。精装,大 32 开,ISBN 7-02-003796-8,定价 35.00 元。(90-128)

15480　海涅文集　小说戏剧杂文卷
〔德〕海涅著,张玉书选编,2002 年 4 月。精装,大 32 开,ISBN 7-02-003291-5,定价 38.00 元。(90-129)

15481　海涅文集　诗歌卷
〔德〕海涅著,张玉书选编,2002 年 4 月。精装,大 32 开,ISBN 7-02-003794-1,定价 40.00 元。(90-130)

15482　海涅文集　游记卷
〔德〕海涅著,张玉书选编,2002 年 4 月。精装,大 32 开,ISBN 7-02-003795-X,定价 32.00 元。(90-131)

15483　斯特林堡文集(1)
〔瑞典〕斯特林堡著,李之义译,2002 年 5 月。精装,大 32 开,ISBN 7-02-003665-1,定价 28.00 元。(90-132)

15484　纪德文集(1—3卷)
〔法〕纪德著,桂裕芳等译,2002 年 5 月。平装覆膜,大 32 开,ISBN 7-02-003292-3,定价 68.00 元。(90-133)

15485　吴尔夫文集　雅各的房间　闹鬼的屋子及其他
〔英〕弗吉尼亚·吴尔夫著,蒲隆译,2003 年 4 月。平装,大 32 开,ISBN 7-02-004030-6,定价 16.00 元。(90-134)

15486　吴尔夫文集　达洛维太太
〔英〕弗吉尼亚·吴尔夫著,谷启楠译,2003 年 4 月。平装,大 32 开,ISBN 7-02-003976-6,定价 11.00 元。2013 年 11 月收入新版《吴尔夫文集》,精装,小 32 开,ISBN 978-7-02-009808-8,定价 26.00 元。(90-135)

15487　吴尔夫文集　夜与日
〔英〕弗吉尼亚·吴尔夫著,唐伊译,2003 年 4 月。平装,大 32 开,ISBN 7-02-003973-1,定价 26.00 元。2013 年 11 月,署唐在龙、尹建新译,平装,大 32 开,ISBN 978-7-02-003973-9,定价 26.00 元。(90-136)

15488　吴尔夫文集　奥兰多
〔英〕弗吉尼亚·吴尔夫著,林燕译,2003 年 4 月。平装,大 32 开,ISBN 7-02-003975-8,定价 11.00 元。2016 年 1 月收入蜂鸟文丛,平装,32 异,ISBN 978-7-02-010877-0,定价 29.00 元。(90-137)

15489　吴尔夫文集　远航
〔英〕弗吉尼亚·吴尔夫著,黄宜思译,2003 年 4 月。平装,大 32 开,ISBN 7-02-004028-4,定价 23.00 元。(90-138)

15490　吴尔夫文集　普通读者Ⅰ
〔英〕弗吉尼亚·吴尔夫著,马爱新译,2003 年 4 月。平装,大 32 开,ISBN 7-02-004068-3,定价 12.00 元。(90-139)

15491　吴尔夫文集　普通读者Ⅱ
〔英〕弗吉尼亚·吴尔夫著,石永礼、蓝仁哲译,2003 年 4 月。平装,大 32 开,ISBN 7-02-004075-6,定价 15.00 元。(90-140)

15492 吴尔夫文集 一间自己的房间
〔英〕弗吉尼亚·吴尔夫著,贾辉丰译,2003年4月。平装,大32开,ISBN 7-02-003974-X,定价11.00元。2013年11月收入新版《吴尔夫文集》,精装,小32开,ISBN 978-7-02-009845-3,定价25.00元。(90-141)

15493 吴尔夫文集 岁月
〔英〕弗吉尼亚·吴尔夫著,蒲隆译,2003年4月。平装,大32开,ISBN 7-02-004029-2,定价20.00元。(90-142)

15494 吴尔夫文集 到灯塔去
〔英〕弗吉尼亚·吴尔夫著,马爱农译,2003年4月。平装,大32开,ISBN 7-02-004069-1,定价11.00元。2013年3月收入企鹅经典丛书,平装,32异,ISBN 978-7-02-009665-7,定价22.00元。2013年11月收入新版《吴尔夫文集》,精装,小32开,ISBN 978-7-02-009843-9,定价25.00元。(90-143)

15495 吴尔夫文集 海浪
〔英〕弗吉尼亚·吴尔夫著,吴钧燮译,2003年4月。平装,大32开,ISBN 7-02-004070-5,定价13.00元。2013年11月收入新版《吴尔夫文集》,精装,小32开,ISBN 978-7-02-009842-2,定价29.00元。(90-144)

15496 吴尔夫文集 幕间
〔英〕弗吉尼亚·吴尔夫著,谷启楠译,2003年4月。平装,大32开,ISBN 7-02-004106-X,定价11.00元。2013年11月收入新版《吴尔夫文集》,精装,小32开,ISBN 978-7-02-009846-0,定价24.00元。(90-145)

15497 欧·亨利小说全集(1—4卷)
〔美〕欧·亨利著,王永年译,2003年11月。精装,大32开,ISBN 7-02-004235-X,定价160.00元。2005年1月,平装,大32开,ISBN 978-7-02-004849-8,定价125.00元。(90-146)

15498 哈代文集(1—8卷)
〔英〕哈代著,王振昌、刘春芳译,2004年1月。精装,大32开,ISBN 7-02-003785-2,定价300.00元。(90-147)

15499 安徒生文集(1—4卷)
〔丹麦〕安徒生著,林桦译,2005年3月。精装,大32开,ISBN 7-02-004847-1,定价150.00元。(90-148)

15500 斯特林堡文集(1—5卷)
〔瑞典〕斯特林堡著,李之义译,2005年5月。精装,大32开,ISBN 7-02-004982-6,定价158.00元。2014年3月,精装,大32开,ISBN 978-7-02-010085-9,定价350.00元。(90-149)

15501 萨特文集(1—8卷)
〔法〕萨特著,沈志明、艾珉主编,2005年5月。精装,大32开,ISBN 7-02-005006-9,定价350.00元。(90-150)

15502 席勒文集(1—6卷)
〔德〕席勒著,张玉书选编,2005年9月。精装,国流32开,ISBN 7-02-005249-5,定价280.00元。2016年8月,署张玉书等译,精装,国流32开,ISBN 978-7-02-011161-9,定价680.00元。(90-151)

15503 奥尼尔文集(1—6卷)
〔美〕奥尼尔著,郭继德编,2006年8月。平装,国流32开,ISBN 7-02-005458-7,定价205.00元。(90-152)

15504 毕希纳全集
〔德〕毕希纳著,李士勋、傅惟慈译,2008年5月。精装,国流32开,ISBN 978-7-02-006495-3,定价40.00元。(90-153)

15505 汉姆生文集(1—4卷)
〔挪威〕汉姆生著,裴显亚等译,2009年5月。精装,国流32开,ISBN 978-7-02-006079-5,定价116.00元。(90-154)

15506 E.M.福斯特文集 小说面面观
〔英〕E.M.福斯特著,冯涛译,2009年8月。平装,32异,ISBN 978-7-02-006963-7,定价14.00元。(90-155)

15507 E.M.福斯特文集 最漫长的旅程
〔英〕E.M.福斯特著,苏福忠译,2009年8月。平装,32异,ISBN 978-7-02-006984-2,定价25.00元。(90-156)

15508 E.M.福斯特文集 福斯特短篇小说集
〔英〕E.M.福斯特著,谷启楠译,2009年8月。平装,32异,ISBN 978-7-02-006962-0,定价16.00元。(90-157)

15509 E.M.福斯特文集 天使不敢涉足的地方

〔英〕E.M.福斯特著,马爱农译,2009年8月。平装,32异,ISBN 978-7-02-006870-8,定价13.00元。(90-158)

15510 E.M.福斯特文集 霍华德庄园

〔英〕E.M.福斯特著,苏福忠译,2009年8月。平装,32异,ISBN 978-7-02-006871-5,定价28.00元。(90-159)

15511 莎士比亚全集(1—8卷)

〔英〕莎士比亚著,朱生豪、方重、章益、绿原、梁宗岱等译,2010年9月。精装,国流32开,ISBN 978-7-02-007548-5,定价480.00元。(90-160)

15512 布宁文集(1—4卷)

〔俄〕布宁著,陈馥译,2011年6月。精装,国流32开,ISBN 978-7-02-007514-0,定价180.00元。(90-161)

15513 显克维奇选集(1—8卷)

〔波兰〕亨利克·显克维奇著,易丽君、林洪亮、张振辉译,2011年12月。精装,16异,ISBN 978-7-02-008734-1,定价580.00元。(90-162)

15514 海明威文集 丧钟为谁而鸣

〔美〕海明威著,刘春芳、李岩峰译,2013年4月。平装,国流32开,ISBN 978-7-02-009521-6,定价35.00元。2015年7月收入二战记忆,平装,国流32开,ISBN 978-7-02-010856-5,定价36.00元。(90-163)

15515 海明威文集 永别了武器

〔美〕海明威著,于晓红译,2013年4月。平装,国流32开,ISBN 978-7-02-009456-1,定价28.00元。2020年4月收入外国文学名著丛书,精装,大32开,ISBN 978-7-02-015836-2,定价49.00元。(90-164)

15516 海明威文集 老人与海

〔美〕海明威著,李育超、于晓红译,2013年4月。平装,国流32开,ISBN 978-7-02-009551-3,定价24.00元。2017年6月收入你长大之前必读的66本书,平装覆膜,16异,ISBN 978-7-02-012029-1,定价25.00元。(90-165)

15517 海明威文集 太阳照常升起

〔美〕海明威著,周莉译,2013年4月。平装,国流32开,ISBN 978-7-02-009520-9,定价22.00元。2016年10月收入名著名译丛书,精装,32异,ISBN 978-7-02-011588-4,定价28.00元。2019年4月,单行本,平装,32异,ISBN 978-7-02-013849-4,定价42.00元。(90-166)

15518 海明威文集 非洲的青山

〔美〕欧内斯特·海明威著,马菡译,2013年4月。平装,国流32开,ISBN 978-7-02-009678-7,定价22.00元。(90-167)

15519 列夫·托尔斯泰文集(1—17卷)

〔俄〕列夫·托尔斯泰著,谢素台等译,2013年8月。精装,国流32开,ISBN 978-7-02-008386-2,定价890.00元。(90-168)

15520 吴尔夫文集 普通读者

〔英〕弗吉尼亚·吴尔夫著,马爱新译,2013年11月。精装,小32开,ISBN 978-7-02-009844-6,定价32.00元。(90-169)

15521 巴尔扎克选集(1—12卷)

〔法〕巴尔扎克著,资中筠等译,艾珉主编,2013年12月。精装,16异,ISBN 978-7-02-010043-9,定价680.00元。(90-170)

15522 莫泊桑文集(1—4卷)

〔法〕莫泊桑著,张英伦等译,2014年7月。精装,国流32开,ISBN 978-7-02-010463-5,定价280.00元。2020年6月,精装,国流32开,ISBN 978-7-02-015420-3,定价348.00元。(90-171)

15523 莎士比亚全集 纪念版(1—11卷)

〔英〕威廉·莎士比亚著,朱生豪等译,2014年10月。国流32开,ISBN 978-7-02-010568-7,定价398.00元。(90-172)

15524 福楼拜文集(1—5卷)

〔法〕福楼拜著,李健吾等译,艾珉主编,2014年11月。精装,16异,ISBN 978-7-02-009674-9,定价380.00元。(90-173)

15525 高尔基文集(1—20卷)

〔苏〕高尔基著,巴金等译,2015年10月。精装,16异,ISBN 978-7-02-010824-4,定价1880.00元。(90-174)

15526　契诃夫小说全集(1—10卷)
〔俄〕契诃夫著,汝龙译,2016年4月。精装,国流32开,ISBN 978-7-02-010297-6,定价630.00元。(90-175)

15527　劳伦斯文集(1—10卷)
〔英〕D. H. 劳伦斯著,毕冰宾等译,2014年12月。精装,16异,ISBN 978-7-02-009716-6,定价660.00元。(90-176)

15528　简·奥斯丁文集(1—6卷)
〔英〕简·奥斯丁著,孙致礼译,2017年4月。精装,国流32开,ISBN 978-7-02-012266-0,定价488.00元。(75-371)

15529　果戈理文集(1—7卷)
〔俄〕果戈理著,满涛、彭克巽、白嗣宏译,2018年1月。精装,国流32开,ISBN 978-7-02-010946-3,定价480.00元。(90-177)

15530　罗曼·罗兰文集(1—10卷)
〔法〕罗曼·罗兰著,傅雷等译,2019年2月。精装,16异,ISBN 978-7-02-012489-3,定价990.00元。(90-178)

15531　普希金文集(1—7卷)
〔俄〕普希金著,魏荒弩等译,2018年8月。精装,国流32开,ISBN 978-7-02-011122-0,定价680.00元。(90-179)

15532　陀思妥耶夫斯基文集(1—20卷)
〔俄〕陀思妥耶夫斯基著,耿济之等译,2018年5月。精装,16异,ISBN 978-7-02-013382-6,定价1980.00元。(90-180)

15533　毛姆文集 毛姆短篇小说选(Ⅰ)
〔英〕威廉·萨默赛特·毛姆著,辛红娟、阎勇译,张柏然审校,2016年7月。精装,国流32开,ISBN 978-7-02-010998-2,定价47.00元。(90-181)

15534　毛姆文集 毛姆短篇小说选(Ⅱ)
〔英〕威廉·萨默赛特·毛姆著,辛红娟、鄢宏福译,张柏然审校,2016年7月。精装,国流32开,ISBN 978-7-02-011046-9,定价49.00元。(90-182)

15535　毛姆文集 月亮与六便士
〔英〕威廉·萨默塞特·毛姆著,谷启楠译,2016年7月。精装,国流32开,ISBN 978-7-02-011000-1,定价35.00元。2018年4月收入教育部统编《语文》推荐阅读丛书,平装覆膜,16异,ISBN 978-7-02-013803-6,定价24.00元。2018年8月收入名著名译丛书,精装,32异,ISBN 978-7-02-011470-2,定价28.00元。2019年9月,平装,32异,ISBN 978-7-02-014936-0,定价29.00元。(90-183)

15536　毛姆文集 彩色面纱
〔英〕威廉·萨默赛特·毛姆著,梅海译,2016年7月。精装,国流32开,ISBN 978-7-02-010999-9,定价36.00元。(90-184)

15537　毛姆文集 人性的枷锁(上下)
〔英〕威廉·萨默赛特·毛姆著,叶尊译,2016年7月。精装,国流32开,ISBN 978-7-02-011283-8,定价88.00元。2018年8月收入名著名译丛书,精装,32异,ISBN 978-7-02-012506-7,定价56.00元。(90-185)

15538　毛姆文集 刀锋
〔英〕威廉·萨默赛特·毛姆著,冯涛译,2016年7月。精装,国流32开,ISBN 978-7-02-011001-8,定价46.00元。2019年7月,单行本,平装,大32开,ISBN 978-7-02-013848-7,定价49.00元。(90-186)

15539　马克·吐温文集(1—12卷)
〔美〕马克·吐温著,张友松等译,2016年6月。精装,16异,ISBN 978-7-02-011452-8,定价798.00元。(90-187)

15540　施尼茨勒作品集(1—3卷)
〔奥地利〕阿图尔·施尼茨勒著,韩瑞祥选编,韩瑞祥等译,2017年9月。精装,国流32开,ISBN 978-7-02-012245-5,定价189.00元。(85-130)

15541　茨威格小说全集(1—4卷)
〔奥地利〕斯·茨威格著,张玉书等译,2019年5月。精装,国流32开,ISBN 978-7-02-014744-1,定价198.00元。(90-188)

15542　巴尔扎克全集(1—30)
〔法〕巴尔扎克著,傅雷等译,2019年6月。精装,16异,ISBN 978-7-02-014633-8,定价2980.00元。(99-209)

15543　萨特文集(1—10卷)
〔法〕让-保尔·萨特著,沈志明等译,2019年7

月。精装,国流 32 开,ISBN 978-7-02-013288-1,定价 630.00 元。(90-189)

15544　契诃夫文集(1—16卷)
〔俄〕契诃夫著,汝龙译,2020 年 1 月。精装,32 异,ISBN 978-7-02-012505-0,定价 980.00元。(90-190)

合　集

15545　高尔德诗文选
〔美〕高尔德著,黄雨石译,作家出版社 1956 年 3 月。平装,32 开,书号 作 277,定价 0.81 元。(84-2)

15546　马雅可夫斯基选集(第一卷)
〔苏〕马雅可夫斯基著,1957 年 11 月。大 32 开,书号 10019·668,平装,定价 2.30 元;精装,定价 3.20 元。(46-9)

15547　希腊罗马神话与传说中的恋爱故事
郑振铎编著,作家出版社 1958 年 6 月。平装,32 开,书号 10020·845,定价 0.85 元。1982 年 1 月外国文学出版社,平装,32 开,书号 10208·84,定价 0.62 元。(75-39)

15548　希腊神话与英雄传说
郑振铎编,1958 年 10 月。平装,32 开,书号 10019·833,定价 1.95 元。(75-51)

15549　滚回去,强盗
诗文集,《译文》社编,汤春爵等译,作家出版社 1958 年 9 月。平装,32 开,书号 10020·1037,定价 0.20 元。(86-1)

15550　马雅可夫斯基选集(第四卷)
〔苏〕马雅可夫斯基著,1958 年 12 月。大 32 开,书号 10019·953,平装,定价 1.75 元;精装,定价 2.60 元。(47-38)

15551　鲁迅译文集(一)
1958 年 12 月。精装,大 32 开,书号 10019·1048,定价 2.75 元。1959 年 8 月,精装,25 开,定价 4.75 元。(86-2)

15552　鲁迅译文集(二)
1958 年 12 月。精装,大 32 开,书号 10019·1049,定价 2.70 元。1959 年 8 月,精装,25 开,定价 4.50 元。(86-3)

15553　鲁迅译文集(三)
1958 年 12 月。精装,大 32 开,书号 10019·1050,定价 3.10 元。1959 年 9 月,精装,25 开,定价 4.80 元。(86-4)

15554　鲁迅译文集(四)
1958 年 12 月。精装,大 32 开,书号 10019·1051,定价 2.75 元。1959 年 8 月,精装,25 开,定价 4.35 元。(86-5)

15555　鲁迅译文集(五)
1958 年 12 月。精装,大 32 开,书号 10019·1052,定价 4.10 元。1959 年 9 月,精装,25 开,定价 5.50 元。(86-6)

15556　鲁迅译文集(六)
1958 年 12 月。精装,大 32 开,书号 10019·1053,定价 2.85 元。1959 年 9 月,精装,25 开,定价 4.90 元。(86-7)

15557　鲁迅译文集(七)
1958 年 12 月。精装,大 32 开,书号 10019·1054,定价 2.45 元。1959 年 9 月,精装,25 开,定价 4.00 元。(86-8)

15558　鲁迅译文集(八)
1958 年 12 月。精装,大 32 开,书号 10019·1055,定价 2.25 元。1959 年 9 月,精装,25 开,定价 3.60 元。(86-9)

15559　鲁迅译文集(九)
1958 年 12 月。精装,大 32 开,书号 10019·1056,定价 2.85 元。1959 年 9 月,精装,25 开,定价 4.45 元。(86-10)

15560　鲁迅译文集(十)
1958 年 12 月。精装,大 32 开,书号 10019·1057,定价 3.25 元。1959 年 9 月,精装,25 开,定价 5.90 元。(86-11)

15561　西非神话故事
〔德〕希梅尔·黑贝尔著,谷青译,1959 年 2 月。平装,大 32 开,书号 10019·1169,定价 0.47 元。(85-1)

15562　马雅可夫斯基选集(第三卷)
〔苏〕马雅可夫斯基著,1959 年 5 月。平装,大

32 开,书号 10019·1178,定价 2.00 元。(46-19)

15563 赫克里斯的故事
古希腊神话,郑振铎编著,文学小丛书,1959 年 7 月。平装,50 开,书号 10019·1251,定价 0.17 元。(75-71)

15564 斯米尔宁斯基诗文集
〔保加利亚〕斯米尔宁斯基著,孙用译,1959 年 9 月。半精,小 32 开,书号 10019·1464,定价 0.56 元。(58-6)

15565 米吉安尼诗文集
〔阿尔巴尼亚〕米吉安尼著,裴培译,1959 年 11 月。半精,小 32 开,书号 10019·1438,定价 0.61 元。(58-8)

15566 马雅可夫斯基选集(第二卷)
〔苏〕马雅可夫斯基著,1959 年 12 月。平装,大 32 开,书号 10019·1444,定价 2.15 元。(46-23)

15567 达木丁苏伦诗文集
〔蒙古〕达木丁苏伦著,张玉元译,作家出版社 1961 年 7 月。大 32 开,书号 10020·1522,平装,定价 0.95 元;精装,定价 1.95 元。(70-37)

15568 马雅可夫斯基选集(第五卷)
〔苏〕马雅可夫斯基著,肖三等译,1961 年 12 月。大 32 开,书号 10019·1579,平装,定价 1.50 元;精装,定价 2.00 元。(48-6)

15569 果戈理小说戏剧选
〔俄〕果戈理著,满涛译,外国古典文学名著丛书,1963 年 3 月。大 32 开,书号 10019·1727,平装,定价 1.40 元;精装,定价 1.90 元。1979 年 9 月,平装,大 32 开,定价 1.20 元。(39-36)

15570 伍光健翻译遗稿
1980 年 3 月。平装,32 开,书号 10019·2933,定价 0.72 元。(75-109)

15571 世界神话传说选
丰华瞻编译,外国文学出版社 1982 年 1 月。平装,32 开,书号 10208·79,定价 0.64 元。(86-23)

15572 欺骗
〔苏〕阿·利哈诺夫、〔法〕埃莱娜·戈夫内等著,粟周熊等译,1983 年 8 月。平装,小 32 开,书号 10019·3495,定价 1.25 元。(86-24)

15573 外国文学季刊(1981 年第 1 期)
外国文学出版社编,外国文学出版社 1981 年 7 月。平装,16 开,书号 10208·64,定价 1.25 元。(86-25)

15574 外国文学季刊(1981 年第 2 期)
外国文学出版社编,外国文学出版社 1982 年 2 月。平装,16 开,书号 10208·75,定价 1.35 元。(86-26)

15575 外国文学季刊(1982 年第 1 期)
外国文学出版社编,外国文学出版社 1982 年 4 月。平装,16 开,书号 10208·87,定价 1.25 元。(86-27)

15576 外国文学季刊(1982 年第 2 期)
外国文学出版社编,外国文学出版社 1982 年 5 月。平装,16 开,书号 10208·96,定价 1.20 元。(86-28)

15577 外国文学季刊(1982 年第 3 期)
外国文学出版社编,外国文学出版社 1982 年 10 月。平装,16 开,书号 10208·106,定价 1.20 元。(86-29)

15578 外国文学季刊(1982 年第 4 期)
外国文学出版社编,外国文学出版社 1982 年 11 月。平装,16 开,书号 10208·110,定价 1.20 元。(86-30)

15579 外国文学季刊(1983 年第 1 期)
外国文学出版社编,外国文学出版社 1983 年 3 月。平装,16 开,书号 10208·122,定价 1.20 元。(86-31)

15580 外国文学季刊(1983 年第 2 期)
外国文学出版社编,外国文学出版社 1983 年 6 月。平装,16 开,书号 10208·134,定价 1.20 元。(86-32)

15581 外国文学季刊(1983 年第 3 期)
外国文学出版社编,外国文学出版社 1983 年 9 月。平装,16 开,书号 10208·153,定价 1.20 元。(86-33)

15582 外国诗 1
外国文学出版社编,外国文学出版社 1983 年 9 月。平装,大 32 开,书号 10208·145,定价 1.10 元。(86-34)

15583　外国文学季刊(1983 年第 4 期)
外国文学出版社编,外国文学出版社 1983 年 12 月。平装,16 开,书号 10208·169,定价 1.20 元。(86-35)

15584　外国诗 2
外国文学出版社编,外国文学出版社 1984 年 1 月。平装,大 32 开,书号 10208·166,定价 0.90 元。(86-36)

15585　小说散文选
〔捷克斯洛伐克〕恰佩克著,恰佩克选集,1983 年 9 月。平装,小 32 开,书号 10019·3518,定价 1.15 元。(57-66)

15586　安德列耶夫小说戏剧选
〔俄〕安德列耶夫著,鲁民译,外国文学出版社 1984 年 2 月。平装,小 32 开,书号 10208·168,定价 1.40 元。(39-66)

15587　外国文学季刊(1984 年第 1、2 期)
外国文学出版社编,外国文学出版社 1984 年 6 月。平装,16 开,书号 10208·186,定价 1.20 元。(86-37)

15588　外国文学季刊(1984 年第 3 期)
外国文学出版社编,外国文学出版社 1984 年 9 月。平装,16 开,书号 10208·191,定价 1.20 元。(86-38)

15589　外国文学季刊(1984 年第 4 期)
外国文学出版社编,外国文学出版社 1984 年 12 月。平装,16 开,书号 10208·199,定价 1.20 元。(86-39)

15590　马雅可夫斯基选集(第一卷)
〔苏〕马雅可夫斯基著,余振主编,1984 年 8 月。平装,小 32 开,书号 10019·3691,定价 2.55 元;平装覆膜,定价 2.85 元。(46-32)

15591　马雅可夫斯基选集(第二卷)
〔苏〕马雅可夫斯基著,余振主编,1984 年 9 月。小 32 开,书号 10019·3681,平装,定价 2.40 元;平装覆膜,定价 2.70 元。(46-33)

15592　马雅可夫斯基选集(第三卷)
〔苏〕马雅可夫斯基著,余振主编,1986 年 1 月。平装,小 32 开,书号 10019·3909,定价 3.20 元。(47-45)

15593　洪水过后
本社与德意志联邦共和国北莱茵-威斯特法伦州对外协会共同组成的编辑委员会编,当代德国诗歌、散文、报告文学、短篇小说合集,1986 年 2 月。大 32 开,书号 10019·3906,平装,定价 2.75 元;精装,定价 4.90 元。(85-8)

15594　外国诗 3
外国文学出版社编,外国文学出版社 1986 年 2 月。平装,大 32 开,书号 10208·221,定价 2.10 元。(86-40)

15595　外国诗 4
外国文学出版社编,外国文学出版社 1986 年 2 月。平装,大 32 开,书号 10208·222,定价 1.50 元。(86-41)

15596　胡风译文集
1986 年 3 月。平装,大 32 开,书号 10019·3920,定价 2.20 元。(86-42)

15597　外国诗 5
外国文学出版社编,外国文学出版社 1986 年 3 月。平装,大 32 开,书号 10208·230,定价 1.50 元。(86-43)

15598　鼓手的秘密信号
〔苏〕阿列克辛等著,昌茂等译,1986 年 5 月。平装,32 开,书号 10019·3946,定价 3.40 元。(86-44)

15599　战歌与情歌——朱子奇译诗集
1986 年 5 月。平装覆膜,小 32 开,书号 10019·3956,定价 1.40 元。(86-45)

15600　牧童情话
《文学故事报》编辑部编,文学故事丛书,1987 年 5 月。平装,小 32 开,书号 10019·4059,定价 1.70 元。(86-46)

15601　外国诗 6
外国文学出版社编,外国文学出版社 1987 年 7 月。平装,大 32 开,书号 10208·265,定价 1.80 元。(86-47)

15602　阿尔盖齐诗文选
〔罗马尼亚〕阿尔盖齐著,陆象淦、阮家瑶译,外国文学出版社 1987 年 6 月。平装,小 32 开,书号 10208·268,定价 1.95 元。(58-17)

15603　俄国民粹派小说特写选(上下)
外国文学出版社 1987 年 10 月。平装,小 32 开,书号 10208·275,定价 6.05 元。(39-81)

15604　马雅可夫斯基选集(第四卷)

〔苏〕马雅可夫斯基著,余振主编,1987年12月。平装,小32开,书号10019·4152,定价4.00元。(44-117)

15605 外国文学季刊(1987年第1期)
外国文学出版社编,外国文学出版社1987年3月。平装,16开,书号10208·253,定价2.00元。(86-48)

15606 夜总会——十七个著名的外国惊险故事
〔英〕克·托马斯等原著,杨书等编译,文学故事丛书,1989年2月。平装,小32开,ISBN 7-02-000560-8,定价2.60元。(86-49)

15607 献给女友 献给女性的诗
外国文学出版社1989年3月。平装覆膜,32异,ISBN 7-5016-0049-X,定价2.65元。(86-50)

15608 献给妻子 献给女性的诗
外国文学出版社1989年3月。平装覆膜,32异,ISBN 7-5016-0048-1,定价1.95元。(86-51)

15609 献给妈妈 献给女性的诗
外国文学出版社1989年3月。平装覆膜,32异,ISBN 7-5016-0047-3,定价2.15元。(86-52)

15610 外国哲理诗
苏亚东编,外国文学出版社1989年9月。平装覆膜,32异,ISBN 7-5016-0026-0,定价2.75元。(86-53)

15611 东西南北集 外国诗与诗论
外国文学出版社1991年3月。平装,大32开,ISBN 7-5016-0009-0,定价4.55元。(86-58)

15612 散文诗 文论
〔俄〕屠格涅夫著,巴金、卢永、伊信译,屠格涅夫选集,1993年4月。平装覆膜,大32开,ISBN 7-02-001579-4,定价6.20元。(42-9)

15613 普希金小说戏剧选
〔俄〕普希金著,卢永选编,世界文学名著文库,1994年11月。精装,大32开,ISBN 7-02-001947-1,定价22.65元。(39-106)

15614 莱蒙托夫诗选 当代英雄
〔俄〕莱蒙托夫著,余振、顾蕴璞、翟松年译,世界文学名著文库,1997年5月。精装,大32开,ISBN 7-02-002303-7,定价31.00元。2004年3月收入名著名译插图本,书名《当代英雄莱蒙托夫诗选》,平装覆膜,国流32开,ISBN 7-02-004454-9,定价21.00元。2020年10月收入名著名译丛书,精装,32异,ISBN 978-7-02-012476-3,定价50.00元。(40-18)

15615 巴金译文全集(1)
1997年6月。精装,大32开,ISBN 7-02-002308-8,定价30.80元。(21-197)

15616 巴金译文全集(2)
1997年6月。精装,大32开,ISBN 7-02-002310-X,定价29.50元。(21-198)

15617 巴金译文全集(3)
1997年6月。精装,大32开,ISBN 7-02-002316-9,定价30.60元。(21-199)

15618 巴金译文全集(4)
1997年6月。精装,大32开,ISBN 7-02-002342-8,定价41.50元。(21-200)

15619 巴金译文全集(5)
1997年6月。精装,大32开,ISBN 7-02-002343-6,定价29.00元。(21-201)

15620 巴金译文全集(6)
1997年6月。精装,大32开,ISBN 7-02-002344-4,定价32.40元。(21-202)

15621 巴金译文全集(7)
1997年6月。精装,大32开,ISBN 7-02-002369-X,定价26.90元。(21-203)

15622 巴金译文全集(8)
1997年6月。精装,大32开,ISBN 7-02-002402-5,定价26.90元。(21-204)

15623 巴金译文全集(9)
1997年6月。精装,大32开,ISBN 7-02-002389-4,定价42.20元。(21-205)

15624 巴金译文全集(10)
1997年6月。精装,大32开,ISBN 7-02-002291-X,定价30.20元。(21-206)

15625 戈洛夫廖夫老爷们 童话集
〔俄〕谢德林著,杨仲德、张孟恢译,世界文学名著文库,1998年10月。精装,大32开,ISBN 7-02-002611-7,定价36.50元。(39-112)

15626　纪伯伦诗文选
〔黎巴嫩〕纪伯伦著，冰心等译，世界文学名著文库，1999年7月。精装，大32开，ISBN 7-02-002822-5，定价37.70元。(72-21)

15627　斯特林堡小说戏剧选
〔瑞典〕斯特林堡著，张道义、李之义译，世界文学名著文库，1999年7月。精装，大32开，ISBN 7-02-002789-X，定价31.40元。(81-256)

15628　罗兰之歌　特利斯当与伊瑟　列那狐的故事
杨宪益、罗新璋译，世界文学名著文库，2000年12月。精装，大32开，ISBN 7-02-002920-5，定价28.00元。(79-33)

15629　欧洲寓言选
〔古希腊〕伊索等著，王焕生等译，世界文学名著文库，2001年12月。精装，大32开，ISBN 7-02-002787-3，定价30.00元。(79-34)

15630　现代艺术札记·演艺大师卷
何太宰选编，外国文学出版社2001年5月。平装覆膜，大32开，ISBN 7-5016-0184-4，定价16.00元。(86-66)

15631　现代艺术札记·文学大师卷
何太宰选编，外国文学出版社2001年5月。平装覆膜，大32开，ISBN 7-5016-0185-2，定价15.00元。(86-67)

15632　现代艺术札记·美术大师卷
何太宰选编，外国文学出版社2001年5月。平装覆膜，大32开，ISBN 7-5016-0186-0，定价15.00元。(86-68)

15633　外国散文百年精华
丛培香、刘会军、陶良华选编，2001年11月。平装覆膜，大32开，ISBN 7-02-003206-0，定价31.60元。2004年5月收入百年典藏，平装覆膜，国流32开，ISBN 7-02-004512-X，定价34.00元。(86-69)

15634　外国诗歌百年精华
《世界文学》编辑部选编，2002年1月。平装覆膜，大32开，ISBN 7-02-003577-9，定价28.00元。2004年5月收入百年典藏，平装覆膜，国流32开，ISBN 7-02-004508-1，定价32.00元。(86-70)

15635　小说山庄　外国最新短篇小说选
《环球时报》编辑部编，2002年3月。平装覆膜，国流32开，ISBN 7-02-003740-2，定价16.00元。(86-71)

15636　外国短篇小说经典100篇
〔英〕欧·亨利等著，王永年等译，外国文学经典百篇系列，2003年7月。平装覆膜，32异，ISBN 7-02-004195-7，定价32.00元。(86-72)

15637　外国散文经典100篇
〔英〕兰姆等著，王岷源等译，外国文学经典百篇系列，2003年7月。平装覆膜，32异，ISBN 7-02-004234-1，定价32.00元。(86-73)

15638　外国诗歌经典100篇
〔英〕莎士比亚等著，屠岸等译，外国文学经典百篇系列，2003年7月。平装覆膜，32异，ISBN 7-02-004194-9，定价19.00元。(86-74)

15639　外国童话经典100篇
〔丹麦〕安徒生等著，叶君健等译，外国文学经典百篇系列，2003年7月。平装覆膜，32异，ISBN 7-02-004241-4，定价28.00元。(86-75)

15640　外国中篇小说百年精华（上下）
本社编，2003年8月。平装覆膜，大32开，ISBN 7-02-004251-1，定价68.00元。2004年5月收入百年典藏，平装覆膜，国流32开，ISBN 7-02-004503-0，定价68.00元。(86-76)

15641　外国短篇小说百年精华（上下）
本社编，冯亦代等译，2003年6月。平装覆膜，大32开，ISBN 7-02-004199-X，定价60.00元。2004年5月收入百年典藏，平装覆膜，国流32开，ISBN 7-02-004504-9，定价66.00元。(86-77)

15642　小说山庄　外国最新短篇小说选·2003
周晓苹选编，外国最新短篇小说选，2004年1月。平装覆膜，国流32开，ISBN 7-02-004411-5，定价19.00元。(86-78)

15643　诗篇中的诗人
刘新民选编，2004年5月。平装覆膜，大32

开,ISBN 7-02-004502-2,定价 25.00 元。(86-79)

15644 布拉格一瞥 新世纪《世界文学》散文精华

《世界文学》编辑部编选,2005 年 1 月。平装覆膜,32 异,ISBN 7-02-004806-4,定价 25.00 元。(86-80)

15645 不合常规的飞翔 新世纪《世界文学》短篇小说精华

《世界文学》编辑部编选,2005 年 1 月。平装覆膜,32 异,ISBN 7-02-004058-6,定价 24.00 元。(86-81)

15646 萨特读本

〔法〕萨特著,桂裕芳等译,2005 年 5 月。平装覆膜,国流 32 开,ISBN 7-02-005014-X,定价 35.00 元。(85-39)

15647 外国二十世纪短篇小说选读

王向远编选,高中语文选修课程资源系列,2005 年 6 月。平装覆膜,大 32 开,ISBN 7-02-004978-8,定价 22.00 元。2006 年 6 月收入语文新课标必读丛书修订月,大 32 开,平装覆膜,ISBN 7-02-005651-2,定价 22.00 元。2008 年 6 月收入语文新课标必读丛书增订版,平装覆膜,大 32 开,ISBN 978-7-02-007082-4,定价 22.00 元。(86-82)

15648 外国戏剧百年精华(上下)

本社编辑部选编,百年典藏,2005 年 6 月。平装覆膜,国流 32 开,ISBN 7-02-004816-1,定价 75.00 元。(86-83)

15649 外国寓言经典 100 篇

〔古希腊〕伊索等著,臧树林编选,外国文学经典百篇系列,2005 年 6 月。平装覆膜,国流 32 开,ISBN 7-02-004833-1,定价 18.00 元。(86-84)

15650 外国中篇小说经典 10 篇

〔德〕歌德等著,方慧敏、苏福忠编选,外国文学经典十篇系列,2005 年 6 月。平装覆膜,国流 32 开,ISBN 7-02-004831-5,定价 34.00 元。(86-85)

15651 外国长诗经典 10 篇

〔德〕歌德等著,罗益民选编,外国文学经典十篇系列,2005 年 6 月。平装覆膜,国流 32 开,

ISBN 7-02-004832-3,定价 28.00 元。(86-86)

15652 外国戏剧经典 10 篇

〔古希腊〕索福克勒斯等著,苏福忠选编,外国文学经典十篇系列,2005 年 6 月。平装覆膜,国流 32 开,ISBN 7-02-004830-7,定价 39.00 元。(86-87)

15653 小说山庄 外国最新短篇小说选·2004

全保民选编,2005 年 7 月。平装覆膜,国流 32 开,ISBN 7-02-005211-8,定价 22.00 元。(86-88)

15654 白夜 同一本书·爱情经典

〔俄〕陀思妥耶夫斯基等著,成时等译,爱情经典,2005 年 8 月。平装覆膜,国流 32 开,ISBN 7-02-005188-X,定价 19.00 元。(86-89)

15655 我愿意是急流 同一首诗·爱情经典

〔匈牙利〕裴多菲等著,孙用等译,爱情经典,2005 年 8 月。平装覆膜,国流 32 开,ISBN 7-02-005219-3,定价 15.00 元。(86-90)

15656 李林译文集(1—2)

汪致正主编,2005 年 10 月。平装覆膜,国流 32 开,ISBN 7-02-005231-2,定价 60.00 元。(99-52)

15657 穆旦译文集(1—8)

查良铮译,2005 年 10 月。精装,国流 32 开,ISBN 7-02-004815-3,定价 290.00 元。(99-53)

15658 人狗情

〔英〕吉卜林等著,姬登杰等译,2006 年 1 月。平装覆膜,国流 32 开,ISBN 7-02-005404-8,定价 17.00 元。(86-91)

15659 二十世纪外国散文精选

邹海仑选编,语文新课标必读丛书修订版,2006 年 6 月。平装覆膜,大 32 开,ISBN 7-02-005670-9,定价 15.00 元。2008 年 6 月收入语文新课标必读丛书增订版,平装覆膜,大 32 开,ISBN 978-7-02-007041-1,定价 15.00 元。(86-92)

15660 小说山庄 外国最新短篇小说选·2005

周晓苹选编,2006 年 6 月。平装覆膜,国流 32

开,ISBN 7-02-005652-0,定价 18.00 元。(86-93)

15661　李柯克谐趣作品集
〔加拿大〕斯蒂芬·李柯克著,莫雅平译,2006年 10 月。平装覆膜,国流 32 开,ISBN 7-02-005504-4,定价 28.00 元。(81-446)

15662　巴赫曼作品集
〔奥地利〕英格博格·巴赫曼著,韩瑞祥选编,2006 年 11 月。平装覆膜,国流 32 开,ISBN 7-02-005857-4,定价 26.00 元。(85-48)

15663　再见了,马拉卡纳《世界文学》地理小说集粹
〔巴西〕戈乌迪奥等著,姚京明等译,2007 年 7 月。平装覆膜,32 异,ISBN 7-02-006167-9,定价 19.80 元。(86-94)

15664　大海与撒丁岛《世界文学》地理散文集粹
〔英〕劳伦斯等著,袁洪庚等译,2007 年 7 月。平装覆膜,32 异,ISBN 978-7-02-006174-7,定价 20.00 元。(86-95)

15665　小说山庄　外国最新短篇小说选·2006
周晓苹选编,2008 年 3 月。平装覆膜,国流 32 开,ISBN 978-7-02-006523-3,定价 22.00 元。(86-96)

15666　月色繁星　外国短篇爱情小说选评
柳鸣九选评,2008 年 12 月。平装覆膜,32 异,ISBN 978-7-02-006892-0,定价 29.00 元。(86-97)

15667　小说山庄　外国最新短篇小说选·2007
周晓苹选编,2009 年 3 月。平装覆膜,国流 32 开,ISBN 978-7-02-006641-4,定价 23.00 元。(86-98)

15668　写给所有少男少女的美丽的爱情故事
〔美〕欧·亨利等著,王永年等译,刘开华编选,2010 年 1 月。平装覆膜,16 异,ISBN 978-7-02-007580-5,定价 25.00 元。(86-100)

15669　小说山庄　外国最新短篇小说选·2008—2009
〔法〕勒克莱奇奥等著,陈众议等译,周晓苹选编,2010 年 8 月。平装覆膜,国流 32 开,ISBN 978-7-02-007891-2,定价 23.00 元。(86-101)

15670　外国诗歌百篇必读
屠岸选编,百篇必读书系,2011 年 6 月。平装覆膜,16 异,ISBN 978-7-02-007970-4,定价 28.00 元。(86-102)

15671　外国短篇小说百篇必读
刘开华选编,百篇必读书系,2011 年 6 月。平装覆膜,16 异,ISBN 978-7-02-007971-1,定价 28.00 元。(86-103)

15672　外国散文百篇必读
苏福忠选编,百篇必读书系,2011 年 6 月。平装覆膜,16 异,ISBN 978-7-02-007969-8,定价 38.00 元。(86-104)

15673　欧文读本
〔美〕华盛顿·欧文著,万紫、王义国等译,外国文学大师读本丛书,2011 年 6 月。平装,16 异,ISBN 978-7-02-008148-6,定价 30.00 元。(79-46)

15674　迷失故事的墓穴《世界文学》五年小说精选
仲平选编,2011 年 7 月。平装,32 异,ISBN 978-7-02-008618-4,定价 32.00 元。(86-105)

15675　福斯特读本
〔英〕E.M.福斯特著,冯涛等译,外国文学大师读本丛书,2011 年 6 月。平装,16 异,ISBN 978-7-02-008134-9,定价 38.00 元。(85-60)

15676　吴尔夫读本
〔英〕弗吉尼亚·吴尔夫著,吴钧燮、马爱农等译,外国文学大师读本丛书,2011 年 6 月。平装,16 异,ISBN 978-7-02-008135-6,定价 39.00 元。(85-61)

15677　奥威尔读本
〔英〕乔治·奥威尔著,刘春芳等译,外国文学大师读本丛书,2011 年 6 月。平装,16 异,ISBN 978-7-02-008145-5,定价 35.00 元。(85-62)

15678　施尼茨勒读本
〔奥地利〕阿图尔·施尼茨勒著,蔡鸿君等译,韩瑞祥选编,外国文学大师读本丛书,2011年6月。平装,16异,ISBN 978-7-02-008016-8,定价39.00元。(85-63)

15679　里尔克读本

〔奥地利〕赖纳·马利亚·里尔克著,冯至、绿原等译,外国文学大师读本丛书,2011年6月。平装,16异,ISBN 978-7-02-008144-8,定价35.00元。(85-64)

15680　黑塞之中国

〔德〕赫尔曼·黑塞著,孚克·米谢尔斯编选,谢莹莹译,2011年9月。平装覆膜,32异,ISBN 978-7-02-008446-3,定价19.00元。(85-65)

15681　高尔基读本

〔苏〕马·高尔基著,巴金等译,汪介之选编,外国文学大师读本丛书,2011年6月。平装,16异,ISBN 978-7-02-008017-5,定价38.00元。(42-12)

15682　索尔仁尼琴读本

〔俄罗斯〕索尔仁尼琴著,张建华译,外国文学大师读本丛书,2012年1月。平装,16异,ISBN 978-7-02-008803-4,定价52.00元。(42-13)

15683　芥川龙之介读本

〔日〕芥川龙之介著,高慧勤等译,秦刚选编,外国文学大师读本丛书,2011年6月。平装,16异,ISBN 978-7-02-008177-6,定价38.00元。2014年8月收入世界十大中短篇小说家,书名《芥川龙之介》,平装,国流32开,ISBN 978-7-02-010411-6,定价29.00元。(73-41)

15684　纪伯伦读本

〔黎巴嫩〕纪伯伦著,冰心等译,外国文学大师读本丛书,2012年6月。平装覆膜,国流32开,ISBN 978-7-02-008844-7,定价38.00元。(73-43)

15685　纪德读本

〔法〕安德烈·纪德著,李玉民等译,李玉民选编,外国文学大师读本丛书,2012年6月。平装,16异,ISBN 978-7-02-008607-8,定价38.00元。(85-71)

15686　王尔德读本

〔英〕王尔德著,苏福忠译,外国文学大师读本丛书,2012年6月。平装,16异,ISBN 978-7-02-008764-8,定价45.00元。(85-72)

15687　抵押出去的心

〔美〕卡森·麦卡勒斯著,文泽尔译,2012年8月。平装,32异,ISBN 978-7-02-009226-0,定价25.00元。2017年8月收入麦卡勒斯作品系列,平装,国流32开,ISBN 978-7-02-011735-2,定价38.00元。2018年1月收入麦卡勒斯作品系列珍藏版,精装,国流32开,ISBN 978-7-02-013549-3,定价55.00元。(85-81)

15688　萨特读本

〔法〕让-保尔·萨特著,沈志明等译,艾珉选编,外国文学大师读本丛书,2012年9月。平装,16异,ISBN 978-7-02-008018-2,定价39.00元。(85-82)

15689　茨威格读本

〔奥地利〕斯·茨威格著,张玉书、张意译,外国文学大师读本丛书,2012年11月。平装,16异,ISBN 978-7-02-009544-5,定价43.00元。(85-83)

15690　回首大决战 及关于战争与和平的其他新作

〔美〕库尔特·冯内古特著,虞建华译,2012年11月。平装,32异,ISBN 978-7-02-008848-5,定价33.00元。(85-85)

15691　乔伊斯读本

〔爱尔兰〕乔伊斯著,黄雨石等译,外国文学大师读本丛书,2013年7月。平装,16异,ISBN 978-7-02-009817-0,定价38.00元。(85-87)

15692　福克纳读本

〔美〕福克纳著,李文俊等译,外国文学大师读本丛书,2014年4月。平装,16异,ISBN 978-7-02-009837-8,定价39.00元。(85-94)

15693　约翰尼·派尼克与梦经

〔美〕西尔维娅·普拉斯著,孙仲旭译,2014年5月。精装,国流32开,ISBN 978-7-02-010217-4,定价32.00元。(85-96)

15694　劳伦斯读本

〔英〕D.H.劳伦斯著,毕冰宾译,外国文学大师读本丛书,2015年4月。平装,16异,ISBN

978-7-02-010618-9，定价 45.00 元。（85-98）

15695 小说山庄 外国最新短篇小说选·2010—2011

周晓苹编选，李文俊等译，2012 年 11 月。平装，国流 32 开，ISBN 978-7-02-009443-1，定价 26.00 元。（86-106）

15696 她们笔下的她们

〔英〕弗吉尼亚·吴尔夫等著，张玲等译，周晓苹编选，2015 年 5 月。精装，国流 32 开，ISBN 978-7-02-010657-8，定价 36.00 元。（86-107）

15697 张枣译诗

2015 年 6 月。平装，国流 32 开，ISBN 978-7-02-010940-1，定价 32.00 元。（86-108）

15698 小说山庄 外国最新短篇小说选·2012—2013

周晓苹，2015 年 7 月。平装，国流 32 开，ISBN 978-7-02-010766-7，定价 28.00 元。（86-109）

15699 吉檀迦利 先知

〔印〕泰戈尔、〔黎巴嫩〕纪伯伦著，冰心译，中国翻译家译丛，2015 年 4 月。精装，16 异，ISBN 978-7-02-009949-8，定价 45.00 元。（86-110）

15700 未终结的故事
——福尔克·布劳恩作品集

〔法〕福尔克·布劳恩著，韩瑞祥译，2015 年 8 月。平装，32 异，ISBN 978-7-02-011067-4，定价 38.00 元。（81-1011）

15701 绿原译文集（1—10）

2017 年 3 月。精装，16 异，ISBN 978-7-02-011805-2，定价 780.00 元。（99-195）

15702 傅译精华（1—5 卷）

〔法〕巴尔扎克著，傅雷译，2017 年 12 月。精装，16 异，ISBN 978-7-02-012334-6，定价 480.00 元。（79-50）

15703 莫里哀戏剧 莫泊桑短篇小说

〔法〕莫里哀、莫泊桑著，赵少侯译，中国翻译家译丛，2019 年 7 月。精装，16 异，ISBN 978-7-02-011386-6，定价 65.00 元。（75-414）

15704 晨歌 献给母亲的诗

〔美〕西·普拉斯等著，张芬龄等译，高兴选编，献给女性的诗，2019 年 12 月。精装，32 异，ISBN 978-7-02-014032-9，定价 58.00 元。（86-111）

15705 在风吹到的所有方向里 献给妻子的诗

〔英〕罗伯特·彭斯等著，傅浩等译，高兴选编，献给女性的诗，2019 年 12 月。精装，32 异，ISBN 978-7-02-014030-5，定价 48.00 元。（86-112）

15706 为这场雪我要感谢你 献给女友的诗

〔俄罗斯〕列昂尼德·阿龙宗等著，晴朗李寒等译，高兴选编，献给女性的诗，2019 年 12 月。精装，32 异，ISBN 978-7-02-014031-2，定价 49.00 元。（86-113）

15707 冥想之诗

蔡天新主编，2016 年 6 月。平装，32 异，ISBN 978-7-02-011465-8，定价 38.00 元。（86-114）

15708 漫游之诗

蔡天新主编，2016 年 7 月。平装，32 异，ISBN 978-7-02-011526-6，定价 38.00 元。（86-115）

15709 怪诞故事集

〔意大利〕伊塔洛·卡尔维诺编，唐江、马小漠、仲召明译，2018 年 1 月。平装，32 异，ISBN 978-7-02-013351-2，定价 79.00 元。（86-116）

15710 奇境

杨枫、〔美〕迈克·雷斯尼克编，银河边缘，2018 年 8 月。平装，16 异，ISBN 978-7-02-009298-7，定价 39.00 元。（86-117）

15711 冰冻未来

杨枫、〔美〕迈克·雷斯尼克编，银河边缘，2018 年 11 月。平装，16 异，ISBN 978-7-02-014613-0，定价 43.00 元。（86-118）

15712 夏天最后一朵玫瑰 外国经典诗歌青春版

人民文学出版社编辑部选编，2019 年 1 月。平装，国流 32 开，ISBN 978-7-02-014336-8，定价 38.00 元。（86-119）

| 15713 | 远处的青山 外国经典散文青春版

人民文学出版社编辑部选编,2019年1月。平装,国流32开,ISBN 978-7-02-014335-1,定价42.00元。(86-120)

| 15714 | 法尼娜·法尼尼 外国经典短篇小说青春版

人民文学出版社编辑部选编,2019年1月。平装,国流32开,ISBN 978-7-02-014334-4,定价48.00元。(86-121)

| 15715 | 天象祭司

杨枫、〔美〕迈克·雷斯尼克主编,银河边缘,2019年3月。平装,16异,ISBN 978-7-02-015030-4,定价43.00元。(86-122)

| 15716 | 多面AI

杨枫、〔美〕迈克·雷斯尼克主编,银河边缘,2019年6月。平装,16异,ISBN 978-7-02-015183-7,定价43.00元。(86-123)

| 15717 | 潮166 食色

鲁敏等著,中外作家同题互译作品集,2019年10月。平装,32异,ISBN 978-7-02-015179-0,定价42.00元。(86-124)

| 15718 | 次元壁

杨枫、〔美〕迈克·雷斯尼克主编,银河边缘,2019年10月。平装,16异,ISBN 978-7-02-015469-2,定价43.00元。(86-125)

| 15719 | X生物

杨枫、〔美〕迈克·雷斯尼克主编,银河边缘,2020年6月。平装,16异,ISBN 978-7-02-016182-9,定价46.00元。(86-126)

| 15720 | 斯特林堡小说戏剧选

〔瑞典〕斯特林堡著,李之义译,外国文学名著丛书,2020年4月。精装,大32开,ISBN 978-7-02-015844-7,定价59.00元。(81-1419)

| 15721 | 布宁诗文选

〔俄〕布宁著,陈馥、魏荒弩译,布宁美文精选,2020年8月。精装,32异,ISBN 978-7-02-016123-2,定价46.00元。(82-89)

| 15722 | 羊脂球

〔法〕莫泊桑、都德著,赵少侯等译,佳作丛书,1987年5月。平装,小32开,ISBN 7-02-000004-5,定价0.76元;1988年5月收入少年文库,平装覆膜,32开,非卖品,无定价。(91-1)

| 15723 | 卡门

〔法〕梅里美、斯丹达尔著,郑永慧等译,佳作丛书,1987年5月。平装,小32开,书号10019·4099,ISBN 7-02-000002-2,定价0.78元。1994年2月收入法国婚恋小说十种,平装覆膜,32异,ISBN 7-02-001747-9,定价3.10元。(91-2)

| 15724 | 无神论者望弥撒

〔法〕巴尔扎克、福楼拜等著,何友齐等译,佳作丛书,1987年5月。平装,小32开,书号10019·4105,ISBN 7-02-000006-1,定价0.75元。(91-3)

| 15725 | 出卖影子的人

〔德〕沙米索、哥德等著,白永等译,佳作丛书,1987年5月。平装,小32开,书号10019·4102,ISBN 7-02-000003-7,定价0.73元。(91-4)

| 15726 | 一个中国人在美国

〔美〕马克·吐温著,张友松译,佳作丛书,1987年5月。平装,小32开,书号10019·4100,ISBN 7-02-000001-0,定价0.71元。(91-5)

| 15727 | 舞会以后

〔俄〕列夫·托尔斯泰、莱蒙托夫等著,蒋路等译,佳作丛书,1987年5月。平装,小32开,书号10019·4106,ISBN 7-02-000007-X,定价0.80元。(91-6)

| 15728 | 圣诞树和婚礼

〔俄〕陀思妥耶夫斯基、列斯科夫等著,成时等译,佳作丛书,1987年5月。平装,小32开,书号10019·4108,ISBN 7-02-000009-6,定价0.75元。(91-7)

| 15729 | 三怪客

〔英〕托马斯·哈代、司各特等著,顾仲彝等译,佳作丛书,1987年5月。平装,小32开,书号10019·4101,ISBN 7-02-000002-9,定价0.68元。(91-8)

| 15730 | 黑桃皇后

〔俄〕普希金、果戈理著,磊然等译,佳作丛书,1987年5月。平装,小32开,书号10019·4104,ISBN 7-02-000005-3,定价0.71元。(91-9)

15731　西西里柠檬

〔意大利〕皮蓝德娄、〔西班牙〕阿拉尔贡等著，苏杭等译，佳作丛书，1987年5月。平装，小32开，书号10019·4107，ISBN 7-02-000008-8，定价0.73元。(91-10)

15732　第一位老师

〔苏〕钦·艾特玛托夫、肖洛霍夫等著，白祖芸等译，佳作丛书，1987年7月。小32开，书号10019·4153，平装，ISBN 7-02-000011-8，定价0.80元；平装覆膜，ISBN 7-02-000021-5，定价1.10元。(91-11)

15733　永不掉队

〔苏〕奥·冈察尔、高尔基等著，乌兰汗等译，佳作丛书，1987年7月。小32开，书号10019·4161，平装，ISBN 7-02-000019-3，定价0.88元；平装覆膜，ISBN 7-02-000029-0，定价1.20元。(91-12)

15734　老人与海

〔美〕海明威、理查德·巴赫著，吴钧燮等译，佳作丛书，1987年7月。小32开，书号10019·4162，平装，ISBN 7-02-000020-7，定价0.79元；平装覆膜，ISBN 7-02-000030-4，定价1.10元。(91-13)

15735　世界上最幸福的人

〔美〕艾伯特·马尔兹、斯坦贝克等著，施咸荣等译，佳作丛书，1987年7月。小32开，书号10019·4158，平装，ISBN 7-02-000016-9，定价0.87元；平装覆膜，ISBN 7-02-000026-6，定价1.20元。(91-14)

15736　热爱生命

〔美〕杰克·伦敦、欧·亨利著，万紫、雨宁等译，佳作丛书，1987年7月。小32开，书号10019·4156，平装，ISBN 7-02-000014-2，定价1.05元；平装覆膜，ISBN 7-02-000024-X，定价1.35元。1988年5月收入少年文库，平装，小32开，ISBN 7-02-000014-2，非卖品，无定价。(91-15)

15737　无所不知先生

〔英〕萨默塞特·毛姆、康拉德等著，黄雨石等译，佳作丛书，1987年7月。小32开，书号10019·4159，平装，ISBN 7-02-000017-7，定价0.79元；平装覆膜，ISBN 7-02-000027-4，定价1.10元。(91-16)

15738　孔雀翎毛

〔法〕勃隆丹、巴比塞等著，金德全、施康强等译，佳作丛书，1987年7月。小32开，书号10019·4157，平装，ISBN 7-02-000015-0，定价0.79元；平装覆膜，ISBN 7-02-000025-8，定价1.10元。(91-17)

15739　变形记

〔奥地利〕卡夫卡、〔德〕霍普特曼等著，李文俊等译，佳作丛书，1987年7月。小32开，书号10019·4154，平装，ISBN 7-02-000012-6，定价0.94元；平装覆膜，ISBN 7-02-000022-3，定价1.20元。(91-18)

15740　里昂的婚礼

〔奥地利〕斯特凡·茨威格著，张玉书译，佳作丛书，1987年7月。小32开，书号10019·4160，平装，ISBN 7-02-000018-5，定价0.96元；平装覆膜，ISBN 7-02-000028-2，定价1.25元。(91-19)

15741　友情

〔日〕武者小路实笃、〔印度〕泰戈尔等著，周丰一等译，佳作丛书，1987年7月。小32开，书号10019·4155，平装，ISBN 7-02-000013-4，定价1.05元；平装覆膜，ISBN 7-02-000023-1，定价1.30元。(91-20)

15742　列那狐的故事

法国民间文学，罗新璋译，佳作丛书，1988年8月。小32开，平装，ISBN 7-02-000426-1，定价1.15元；平装覆膜，ISBN 7-02-000427-X，定价1.65元。1989年9月收入北京市教育局儿童文库，平装，小32开，ISBN 7-02-000426-1，非卖品，无定价。(91-21)

15743　法国童话选

〔法〕佩罗等著，倪维中、王晔译，佳作丛书，1988年8月。小32开，平装，ISBN 7-02-000431-8，定价1.10元；平装覆膜，ISBN 7-02-000432-6，定价1.60元。(91-22)

15744　拉封丹寓言诗选

〔法〕拉封丹著，远方译，佳作丛书，1988年8月。小32开，平装，ISBN 7-02-000429-6，定价1.05元；平装覆膜，ISBN 7-02-000430-X，定价1.55元。1989年9月收入北京市教育局

儿童文库,平装,小 32 开,ISBN 7-02-000429-6,非卖品,无定价。(91-23)

15745　卡里来和笛木乃

〔波斯〕伊本·穆加发著,林兴华译,佳作丛书,1988 年 8 月。小 32 开,平装,ISBN 7-02-000461-X,定价 1.50 元;平装覆膜,ISBN 7-02-000462-8,定价 2.00 元。(91-24)

15746　天方夜谭

阿拉伯民间故事,王瑞琴译,佳作丛书,1988 年 8 月。小 32 开,平装,ISBN 7-02-000433-4,定价 1.35 元;平装覆膜,ISBN 7-02-000434-2,定价 1.85 元。1989 年 9 月收入北京市教育局儿童文库,平装,小 32 开,ISBN 7-02-000433-4,非卖品,无定价。(91-25)

15747　格林童话选

〔德〕格林兄弟著,魏以新译,佳作丛书,1988 年 8 月。小 32 开,平装,ISBN 7-02-000435-0,定价 1.15 元;平装覆膜,ISBN 7-02-000436-9,定价 1.65 元。1989 年 9 月收入北京市教育局儿童文库,平装,小 32 开,ISBN 7-02-000435-0,非卖品,无定价。(91-26)

15748　伊索寓言选

〔古希腊〕伊索著,罗念生等译,佳作丛书,1988 年 8 月。小 32 开,平装,ISBN 7-02-000441-5,定价 1.00 元;平装覆膜,ISBN 7-02-000442-3,定价 1.50 元。(91-27)

15749　安徒生童话选

〔丹麦〕安徒生著,叶君健译,佳作丛书,1988 年 8 月。小 32 开,平装,ISBN 7-02-000425-3,定价 1.30 元;平装覆膜,ISBN 7-02-000428-8,定价 1.80 元。1989 年 9 月收入北京市教育局儿童文库,平装,小 32 开,ISBN 7-02-000425-3,非卖品,无定价。(91-28)

15750　克雷洛夫　谢德林寓言选

〔俄〕克雷洛夫、谢德林著,吴岩、张孟恢译,佳作丛书,1988 年 8 月。小 32 开,平装,ISBN 7-02-000443-1,定价 0.95 元;平装覆膜,ISBN 7-02-000444-X,定价 1.45 元。1989 年 9 月收入北京市教育局儿童文库,平装,小 32 开,ISBN 7-02-000443-1,非卖品,无定价。(91-29)

15751　名作家写的童话故事

〔俄〕列夫·托尔斯泰、〔德〕豪夫等著,佳作丛书辑,1988 年 8 月。平装,小 32 开,ISBN 7-02-000447-4,定价 1.50 元;平装覆膜,ISBN 7-02-000448-2,定价 2.00 元。1989 年 9 月收入北京市教育局儿童文库,32 开,ISBN 7-02-000447-4,非卖品,无定价。(91-30)

15752　致大海——俄国五大诗人诗选

〔俄〕普希金等著,乌兰汗等译,佳作丛书,1989 年 1 月。小 32 开,平装,ISBN 7-02-000493-8,定价 1.80 元;平装覆膜,ISBN 7-02-000494-6,定价 2.30 元。(91-31)

15753　欢乐颂——歌德、席勒、海涅抒情诗选

〔德〕歌德等著,佳作丛书,1988 年 12 月。小 32 开,平装,ISBN 7-02-000487-3,定价 1.25 元;平装覆膜,ISBN 7-02-000488-1,定价 1.75 元。(91-32)

15754　莎士比亚抒情诗选

〔英〕莎士比亚著,屠岸等译,佳作丛书,1988 年 12 月。小 32 开,平装,ISBN 7-02-000481-4,定价 1.30 元;平装覆膜,ISBN 7-02-000482-2,定价 1.80 元。(91-33)

15755　迷人的春光——英国抒情诗选

屠岸等译,佳作丛书,1989 年 1 月。小 32 开,平装,ISBN 7-02-000489-X,定价 2.10 元;平装覆膜,ISBN 7-02-000490-3,定价 2.60 元。(91-34)

15756　樱桃时节——巴黎公社诗选

沈大力、刘凤云译,佳作丛书,1989 年 1 月。小 32 开,平装,ISBN 7-02-000491-1,定价 1.60 元;平装覆膜,ISBN 7-02-000492-3,定价 2.10 元。(91-35)

15757　繁花似锦的五月——雨果诗选

〔法〕雨果著,程曾厚译,佳作丛书,1988 年 12 月。小 32 开,平装,ISBN 7-02-000483-0,定价 1.15 元;平装覆膜,ISBN 7-02-000484-1,定价 1.65 元。(91-36)

15758　我听见亚美利加在歌唱——美国诗选

佳作丛书,1988 年 12 月。小 32 开,平装,ISBN 7-02-000485-7,定价 1.75 元;平装覆膜,ISBN 7-02-000486-5,定价 2.25 元。(91-37)

15759　孟加拉母亲——印度诗选
〔印度〕泰戈尔等著,刘安武等译,佳作丛书,1988年12月。小32开,平装,ISBN 7-02-000477-6,定价1.05元;平装覆膜,ISBN 7-02-000478-4,定价1.55元。(91-38)

15760　流浪者之歌——东欧三诗人集
〔波兰〕密茨凯维支、〔匈牙利〕裴多菲、〔保加利亚〕伐佐夫著,孙用等译,佳作丛书,1988年12月。小32开,平装,ISBN 7-02-000495-4,定价0.97元;平装覆膜,ISBN 7-02-000496-2,定价1.45元。(91-39)

15761　疯狂的石榴树——现代外国抒情诗选
佳作丛书,1988年12月。小32开,平装,ISBN 7-02-000479-2,定价1.40元;平装覆膜,ISBN 7-02-000480-6,定价1.90元。(91-40)

15762　塔拉斯·布尔巴
〔俄〕果戈理著,满涛译,佳作丛书,1989年12月。小32开,平装,ISBN 7-02-000561-6,定价1.95元;平装覆膜,ISBN 7-02-000562-4,定价2.40元。(91-41)

15763　上尉的女儿
〔俄〕普希金著,磊然译,佳作丛书,1989年12月。小32开,平装,ISBN 7-02-000571-3,定价1.80元;平装覆膜,ISBN 7-02-000572-1,定价2.20元。(91-42)

15764　这里的黎明静悄悄……
〔苏〕瓦西里耶夫著,王金陵译,佳作丛书,1989年12月。小32开,平装,ISBN 7-02-000575-6,定价2.20元;平装覆膜,ISBN 7-02-000576-4,定价2.60元。2004年6月收入名著名译插图本,平装覆膜,国流32开,ISBN 7-02-004584-7,定价10.00元。2005年5月收入纪念中国人民抗日战争暨世界反法西斯战争胜利60周年丛书,平装覆膜,国流32开,ISBN 7-02-005143-X,定价13.00元。2008年6月收入名著名译插图本精华版,软精,国流32开,ISBN 978-7-02-007141-8,定价12.00元。2012年6月收入朝内166人文库·外国中短篇小说,精装,32异,ISBN 978-7-02-009109-6,定价22.00元。2015年7月收入二战记忆,平装,32异,ISBN 978-7-02-010854-1,定价18.00元。(91-43)

15765　白轮船——故事外的故事
〔苏〕艾特玛托夫著,力冈译,佳作丛书,1989年12月。小32开,平装,ISBN 7-02-000578-0,定价2.00元;平装覆膜,ISBN 7-02-000579-9,定价2.40元。(91-44)

15766　黛茜·密勒　熊
〔美〕亨利·詹姆斯、威廉·福克纳著,赵萝蕤、李文俊译,佳作丛书,1989年12月。小32开,平装,ISBN 7-02-000567-5,定价2.10元;平装覆膜,ISBN 7-02-000568-3,定价2.55元。(91-45)

15767　啊,拓荒者!
〔美〕薇拉·凯瑟著,资中筠译,佳作丛书,1989年12月。小32开,平装,ISBN 7-02-000569-1,定价2.25元;平装覆膜,ISBN 7-02-000570-5,定价2.70元。(91-46)

15768　哥儿
〔日〕夏目漱石著,胡毓文译,佳作丛书,1989年12月。小32开,平装,ISBN 7-02-000580-2,定价1.65元;平装覆膜,ISBN 7-02-000581-0,定价2.10元。(91-47)

15769　少年维特的烦恼
〔德〕歌德著,杨武能译,佳作丛书,1989年12月。小32开,平装,ISBN 7-02-000565-9,定价1.70元;平装覆膜,ISBN 7-02-000566-7,定价2.15元。(91-48)

15770　夜航
〔法〕圣埃克絮佩里著,汪文漪等译,佳作丛书,1989年12月。小32开,平装,ISBN 7-02-000573-X,定价1.90元;平装覆膜,ISBN 7-02-000574-8,定价2.30元。(91-49)

15771　轮下
〔瑞士〕赫尔曼·黑塞著,潘子立译,佳作丛书,1989年12月。小32开,平装,ISBN 7-02-000563-2,定价2.20元;平装覆膜,ISBN 7-02-000564-0,定价2.60元。(91-50)

15772　安多纳德
〔法〕罗曼·罗兰著,傅雷译,佳作丛书,1990年1月。小32开,平装,ISBN 7-02-000263-3,定价1.40元;平装覆膜,ISBN 7-02-000264-

1,定价1.80元。(91-51)

15773　欧也妮·葛朗台
〔法〕巴尔扎克著,傅雷译,佳作丛书,1990年1月。小32开,平装,ISBN 7-02-000267-6,定价2.40元;平装覆膜,ISBN 7-02-000268-4,定价2.85元。(91-52)

15774　伽弗洛什
〔法〕雨果著,李丹译,佳作丛书,1990年1月。小32开,平装,ISBN 7-02-000265-X,定价1.90元;平装覆膜,ISBN 7-02-000266-8,定价2.30元。(91-53)

15775　小人国和大人国
〔英〕江奈生·斯威夫特著,张健译,佳作丛书,1990年1月。小32开,平装,ISBN 7-02-000271-4,定价1.80元;平装覆膜,ISBN 7-02-000272-2,定价2.20元。(91-54)

15776　鲁滨逊飘流记
〔英〕笛福著,徐霞村译,佳作丛书,1990年1月。小32开,平装,ISBN 7-02-000273-0,定价1.95元;平装覆膜,ISBN 7-02-000274-9,定价2.35元。1992年12月收入少年文库,平装,小32开,ISBN 7-02-000273-0,非卖品,无定价。(91-55)

15777　美国的悲剧
〔美〕西奥多·德莱塞著,许汝祉译,佳作丛书,1990年1月。小32开,平装,ISBN 7-02-000269-2,定价1.85元;平装覆膜,ISBN 7-02-000270-6,定价2.25元。(91-56)

15778　罗亭
〔俄〕屠格涅夫著,陆蠡译,丽尼校,佳作丛书,1990年1月。小32开,平装,ISBN 7-02-000261-7,定价2.05元;平装覆膜,ISBN 7-02-000262-5,定价2.50元。(91-57)

15779　斯巴达克思
〔意大利〕拉·乔万尼奥里著,李俍民译,佳作丛书,1990年1月。小32开,平装,ISBN 7-02-000277-3,定价1.90元;平装覆膜,ISBN 7-02-000278-1,定价2.30元。(91-58)

15780　好兵帅克历险记
〔捷克斯洛伐克〕雅·哈谢克著,星灿译,佳作丛书,1990年1月。小32开,平装,ISBN 7-02-000275-7,定价2.80元;平装覆膜,ISBN 7-02-000276-5,定价3.20元。(91-59)

15781　堂吉诃德
〔西班牙〕塞万提斯著,杨绛译,佳作丛书,1990年1月。小32开,平装,ISBN 7-02-000279-X,定价1.60元;平装覆膜,ISBN 7-02-000280-3,定价2.00元。(91-60)

其 他

少儿读物

15782 伊索寓言
〔古希腊〕伊索著,周启明译,1955年2月。大32开,书号361单222,平装,定价7,600元;精装,定价12,100元。1957年10月,平装,大32开,书号10019·360,定价0.70元。1963年1月收入外国古典文学名著丛书,大32开,平装,定价0.77元;精装,定价1.25元。(79-1)

15783 伊索寓言选
〔古希腊〕伊索著,周启明译,文学初步读物,1955年3月。平装,46开,书号350,定价0.10元。(79-2)

15784 安徒生童话选集
〔丹麦〕安徒生著,叶君健译,1955年5月。大32开,书号364,平装,定价1.47元;精装,定价1.92元;特精,定价2.93元。1956年6月,大32开,书号10019·361,平装,定价1.40元;精装,定价1.90元。(79-3)

15785 安徒生童话选
〔丹麦〕安徒生著,叶君健译,外国古典文学名著丛书,1958年12月。精装,大32开,书号10019·361,定价2.20元。1978年5月,书名《安徒生童话和故事选》,平装,小32开,定价1.15元。1979年6月收入外国文学名著丛书,大32开,平装,定价1.40元;精装,定价2.30元。1990年9月,平装,大32开,ISBN 7-02-001034-2,定价4.30元。1992年4月收入北欧文学丛书,书名《安徒生童话故事集》,平装覆膜,大32开,ISBN 7-02-001360-0,定价9.15元。1994年5月收入世界文学名著文库,精装,大32开,ISBN 7-02-001771-1,定价19.95元。2003年1月收入名著名译插图本,平装覆膜,国流32开,ISBN 7-02-004022-5,定价18.00元。2008年6月收入名著名译插图本精华版,软精,国流32开,ISBN 978-7-02-007104-3,定价22.00元。2018年4月收入插图本名著名译丛书,平装,国流32开,ISBN 978-7-02-013206-5,定价45.00元。2018年4月收入外国文学名著丛书,精装,大32开,ISBN 978-7-02-015977-2,定价88.00元。(79-4)

15786 格林童话全集
〔德〕格林兄弟著,魏以新译,1959年9月。大32开,书号10019·1329,平装,定价1.90元;精装,定价2.50元。1988年5月,大32开,平装覆膜,ISBN 7-02-000233-1,定价4.70元。1994年11月收入世界文学名著文库,精装,大32开,ISBN 7-02-001952-8,定价21.45元。2003年1月收入名著名译插图本,平装覆膜,国流32开,ISBN 7-02-003989-8,定价20.00元。2008年6月收入名著名译插图本精华版,软精,国流32开,ISBN 978-7-02-007098-5,定价25.00元。2015年5月收入名著名译丛书,精装,32异,ISBN 978-7-02-010447-5,定价39.00元。(79-5)

15787 豪夫童话集
〔德〕豪夫著,傅趣寰译,1963年3月。大32开,书号10019·1723,平装,定价1.10元;精装,定价1.30元。1998年5月收入世界儿童文学丛书,书名《豪夫童话》,平装覆膜,32开,ISBN 7-02-002512-9,定价13.40元。2006

年6月收入世界儿童文学名著插图本,平装覆膜,国流32开,ISBN 7-02-005626-1,定价17.00元。2015年1月收入你长大之前必读的66本书,平装覆膜,16异,ISBN 978-7-02-010729-2,定价29.00元。(79-6)

15788　格林童话选

〔德〕格林兄弟著,魏以新译,1978年8月。平装,32开,书号10019·2667,定价0.40元。(79-7)

15789　安徒生童话选

〔丹麦〕安徒生著,叶君健译,1978年9月。平装,32开,书号10019·2666,定价0.47元。1979年5月,精装,32开,定价1.30元。(79-8)

15790　珂赛特

〔法〕维克多·雨果著,李丹译,1979年6月。平装,32开,书号10019·2741,定价0.25元。(79-9)

15791　豪夫童话选

〔德〕豪夫著,傅趣寰译,1979年7月。平装,32开,书号10019·2770,定价0.32元。1991年4月收入世界儿童文学丛书,平装覆膜,32开,ISBN 7-02-001222-1,定价2.10元。(79-10)

15792　莱辛寓言

〔德〕莱辛著,高中甫译,文学小丛书,1980年2月。平装,32异,书号10019·2896,定价0.24元。1990年8月,平装,32异,ISBN 7-02-001020-2,定价1.30元。(79-11)

15793　骑鹅旅行记(上集)

〔瑞典〕塞尔玛·拉格洛孚著,高子英、李之义、杨永范译,伯蒂尔·黎伯克插图,1980年4月。平装,32开,书号10019·2862,定价0.68元。1989年9月收入北京市教育局儿童文库,上下合集,平装,小32开,ISBN 7-02-000841-0,非卖品,无定价。1991年4月收入世界儿童文学丛书,平装覆膜,小32开,ISBN 7-02-001219-1,定价8.30元。1998年5月,平装覆膜,32开,ISBN 7-02-002544-7,定价26.00元。2006年6月收入世界儿童文学名著插图本,平装覆膜,国流32开,ISBN 7-02-005618-0,定价27.00元。2010年8月收入影响孩子们一生的经典插图本,平装覆膜,16异,ISBN 978-7-02-008050-2,定价30.00元。2015年9月收入你长大之前必读的66本书,平装覆膜,16异,ISBN 978-7-02-010919-7,定价36.00元。2018年5月收入教育部统编《语文》推荐阅读丛书,平装覆膜,16异,ISBN 978-7-02-013955-2,定价46.00元。2020年4月收入小学语文教材"快乐读书吧"推荐书目,平装覆膜,16异,ISBN 978-7-02-016031-0,定价39.00元。(79-12)

15794　骑鹅旅行记(下集)

〔瑞典〕塞尔玛·拉格洛孚著,高子英、李之义、杨永范译,伯蒂尔·黎伯克插图,1980年4月。平装,32开,书号10019·2956,定价1.05元。(79-13)

15795　木偶奇遇记

〔意〕卡洛·科洛迪著,任溶溶译,外国文学出版社1980年5月。平装,32开,书号10208·21,定价0.48元。1985年3月人民文学出版社,收入文学小丛书,平装,32开,10019·3753,定价0.87元。1989年9月收入北京市教育局儿童文库,平装,小32开,ISBN 7-02-000836-4,非卖品,无定价。1991年4月收入世界儿童文学丛书,平装覆膜,32开,ISBN 7-02-001221-3,定价2.20元。1998年5月,平装覆膜,32开,ISBN 7-02-002543-9,定价7.60元。2002年1月收入世界儿童文学丛书新世纪精华版,大32开,平装覆膜,ISBN 7-02-003682-1,定价9.80元。2006年6月收入世界儿童文学名著插图本,平装覆膜,国流32开,ISBN 7-02-005620-2,定价10.00元。2010年8月收入影响孩子们一生的经典插图本,平装覆膜,16异,ISBN 978-7-02-008036-6,定价18.00元。2015年1月收入你长大之前必读的66本书,平装覆膜,16异,ISBN 978-7-02-010708-7,定价22.00元。2016年4月收入核心阅读工程,平装覆膜,16异,ISBN 978-7-02-011314-9,定价22.00元。2018年5月收入教育部统编《语文》推荐阅读丛书,平装覆膜,16异,ISBN 978-7-02-013809-8,定价28.00元。(79-14)

15796　比克多尔堡

〔法〕乔治·桑著,罗玉君译,1980年5月。平装,32开,书号10019·2966,定价0.31元。(79-15)

15797　法国童话选

〔法〕贝洛著,倪维中、王晔译,外国文学出版社1981年4月。平装,32开,书号10208·47,定价1.70元。1991年4月人民文学出版社,收入世界儿童文学丛书,平装覆膜,32开,ISBN 7-02-001230-2,定价5.75元。(79-16)

15798　伊索寓言

〔古希腊〕伊索著,罗念生、王焕生、陈洪文、冯文华译,1981年9月。平装,大32开,书号10019·3191,定价0.69元。1988年4月收入外国文学名著丛书,平装,大32开,ISBN 7-02-000229-3,定价1.50元。1988年7月收入北京市教育局少年文库,平装,小32开,ISBN 7-02-000588-8,非卖品,无定价。2000年1月,单行本,平装覆膜,大32开,ISBN 7-02-002988-4,定价9.00元。(79-17)

15799　一个孩子的诗园

〔英〕斯蒂文森著,屠岸、方谷绣译,1982年6月。平装,小32开,书号10019·3318,定价0.47元。2006年6月收入世界儿童文学名著插图本,平装覆膜,国流32开,ISBN 7-02-005632-6,定价10.00元。(79-18)

15800　格林童话百篇

〔德〕格林兄弟著,金近编选,魏以新译,世界儿童文学丛书,1987年10月。平装,小32开,书号10019·4147,定价2.35元。(79-19)

15801　苦儿流浪记

〔法〕埃克多·马洛著,陈伯祥、殷立信译,外国文学出版社1986年3月。平装,小32开,书号10208·224,定价3.75元。1991年4月人民文学出版社,收入世界儿童文学丛书,平装覆膜,小32开,ISBN 7-02-001231-0,定价7.40元。1998年5月,平装覆膜,32开,ISBN 7-02-002764-6,定价23.00元。(79-20)

15802　最精彩的外国童话传说

〔英〕布·哈达韦编,侯焕良译,外国文学出版社1989年12月。平装覆膜,大32开,ISBN 7-5016-0068-6,定价4.00元。(86-54)

15803　小仙女

〔丹麦〕安徒生等著,叶君健等译,外国文学出版社1990年3月。平装覆膜,大32开,ISBN 7-5016-0074-0,定价5.20元。(86-55)

15804　100个公主(上下)

外国文学出版社1990年3月。平装覆膜,大32开,ISBN 7-5016-0077-5,定价7.55元。(86-56)

15805　100个勇士(上下)

外国文学出版社1990年9月。平装覆膜,大32开,ISBN 7-5016-0085-6,定价10.45元。(86-57)

15806　智慧童话

童话之林丛书,1991年4月。平装覆膜,小32开,ISBN 7-02-001256-6,定价2.75元。(86-59)

15807　训谕童话

童话之林丛书,1991年4月。平装覆膜,小32开,ISBN 7-02-001259-0,定价2.85元。(86-60)

15808　温馨童话

童话之林丛书,1991年4月。平装覆膜,小32开,ISBN 7-02-001258-2,定价2.95元。(86-61)

15809　幽默童话

童话之林丛书,1991年4月。平装覆膜,小32开,ISBN 7-02-001262-0,定价2.60元。(86-62)

15810　勇敢童话

童话之林丛书,1991年4月。平装覆膜,小32开,ISBN 7-02-001255-8,定价2.95元。(86-63)

15811　正义童话

童话之林丛书,1991年4月。平装覆膜,小32开,ISBN 7-02-001257-4,定价2.90元。(86-64)

15812　外国动物童话世界

粟周熊等译,外国文学出版社1993年4月。平装覆膜,小32开,ISBN 7-5016-0129-1,定价7.25元。(79-21)

15813　海犬的故事——外国短篇小说选

狗故事名作集锦,外国文学出版社1993年11月。平装覆膜,32异,ISBN 7-5016-0131-3,

定价4.80元。(79-22)

15814　想当太阳的小狗

狗故事名作集锦,外国文学出版社1993年11月。平装覆膜,32异,ISBN 7-5016-0132-1,定价4.15元。(79-23)

15815　献给孩子们——外国名作家为孩子们写的作品

1997年8月。平装覆膜,大32开,ISBN 7-02-002046-1,定价23.80元。(86-65)

15816　世界著名寓言

〔古希腊〕伊索、〔法〕拉封丹、〔德〕莱辛、〔俄〕克雷洛夫等著,罗念生等译,世界儿童文学丛书,1998年5月。平装覆膜,32开,ISBN 7-02-002510-2,定价11.50元。2002年1月收入世界儿童文学丛书新世纪精华版,平装覆膜,大32开,ISBN 7-02-003680-5,定价16.00元。2006年6月收入世界儿童文学名著插图本,平装覆膜,国流32开,ISBN 7-02-005627-X,定价15.00元。2010年8月收入影响孩子们一生的经典插图本,平装覆膜,16异,ISBN 978-7-02-008053-3,定价20.00元。(79-26)

15817　希腊神话

〔德〕施瓦布著,司马仝、王霁编译,世界儿童文学丛书,1998年5月。平装覆膜,32开,ISBN 7-02-002511-0,定价12.40元。2002年1月收入世界儿童文学丛书新世纪精华版,平装覆膜,大32开,ISBN 7-02-003683-X,定价17.60元。2005年5月收入高中语文选修课程资源系列,平装覆膜,大32开,ISBN 7-02-004973-7,定价19.00元。2006年6月收入世界儿童文学名著插图本,平装覆膜,国流32开,ISBN 7-02-005621-0,定价16.00元。2010年8月收入影响孩子们一生的经典插图本,署司马仝译,平装覆膜,16异,ISBN 978-7-02-008040-3,定价24.00元。2015年9月收入你长大之前必读的66本书,平装覆膜,16异,ISBN 978-7-02-010925-8,定价26.00元。2018年4月收入教育部统编《语文》推荐阅读丛书,平装覆膜,16异,ISBN 978-7-02-013743-5,定价28.00元。2019年12月收入小学语文教材"快乐读书吧"推荐书目,平装覆膜,16异,ISBN 978-7-02-015764-8,定价29.00元。(79-27)

15818　格林童话

〔德〕格林兄弟著,魏以新译,世界儿童文学丛书,1998年5月。平装覆膜,32开,ISBN 7-02-002553-6,定价13.00元。2002年1月收入世界儿童文学丛书新世纪精华版,平装覆膜,大32开,ISBN 7-02-003681-3,定价15.80元。(97-28)

15819　王子与贫儿

〔美〕马克·吐温著,董衡巽译,世界儿童文学丛书,2000年5月。平装覆膜,32开,ISBN 7-02-003157-9,定价13.00元。(79-29)

15820　水孩子

〔英〕查尔斯·金斯利著,木偶译,世界儿童文学丛书,2000年5月。平装覆膜,32开,ISBN 7-02-003167-6,定价10.00元。2006年6月收入世界儿童文学名著插图本,平装覆膜,国流32开,ISBN 7-02-005631-8,定价11.00元。(79-30)

15821　小人国和大人国

〔英〕江奈生·斯威夫特著,张健译,世界儿童文学丛书,2000年5月。平装覆膜,32开,ISBN 7-02-003162-5,定价7.50元。2006年6月收入世界儿童文学名著插图本,平装覆膜,国流32开,ISBN 7-02-005600-8,定价11.00元。2010年8月收入影响孩子们一生的经典插图本,平装覆膜,16异,ISBN 978-7-02-008029-8,定价18.00元。2015年9月收入你长大之前必读的66本书,平装覆膜,16异,ISBN 978-7-02-010924-1,定价20.00元。2016年1月收入核心阅读工程,平装覆膜,16异,ISBN 978-7-02-011307-1,定价20.00元。(79-31)

15822　吹牛大王历险记

〔德〕拉斯伯著,刘浩、高更夫译,世界儿童文学丛书,2000年5月。平装覆膜,32开,ISBN 7-02-003160-9,定价6.00元。2006年6月收入世界儿童文学名著插图本,平装覆膜,国流32开,ISBN 7-02-005625-5,定价8.00元。(79-32)

15823　安徒生童话

〔丹麦〕安徒生著,司马、文殿译,世界儿童文学丛书新世纪精华版,2002年1月。平装覆膜,大32开,ISBN 7-02-003688-0,定价12.80元。2006年6月收入世界儿童文学名著插图本,平装覆膜,国流32开,ISBN 7-02-005619-9,定价12.00元。2010年8月收入影响孩子们一生的经典插图本,署司马全译,平装覆膜,16异,ISBN 978-7-02-008043-4,定价20.00元。2015年9月收入你长大之前必读的66本书,署全保民译,平装覆膜,16异,ISBN 978-7-02-010704-9,定价26.00元。(79-35)

15824　大卫·科波菲尔
〔英〕狄更斯著,张玲缩写,世界文库·少年版,2001年6月。平装覆膜,大32开,ISBN 7-02-003398-9,定价9.80元。(75-263)

15825　威尼斯商人
〔英〕莎士比亚著,文洁若改写,世界文库·少年版,2001年6月。平装覆膜,大32开,ISBN 7-02-003442-X,定价9.00元。(75-264)

15826　德伯家的苔丝
〔英〕哈代著,张玲缩写,世界文库·少年版,2001年6月。平装覆膜,大32开,ISBN 7-02-003446-2,定价9.80元。(75-265)

15827　伊利亚特
〔古希腊〕荷马著,王焕生改写,世界文库·少年版,2001年6月。平装覆膜,大32开,ISBN 7-02-003441-1,定价9.60元。(75-266)

15828　九三年
〔法〕雨果著,杨杰缩写,世界文库·少年版,2001年6月。平装覆膜,大32开,ISBN 7-02-003414-4,定价9.60元。(75-267)

15829　好兵帅克
〔捷克斯洛伐克〕哈谢克著,文洁若缩写,世界文库·少年版,2001年6月。平装覆膜,大32开,ISBN 7-02-003397-0,定价9.60元。(57-83)

15830　安娜·卡列宁娜
〔俄〕列夫·托尔斯泰著,谢素台缩写,世界文库·少年版,2001年6月。平装覆膜,大32开,ISBN 7-02-003443-8,定价9.80元。(39-113)

15831　飘
〔美〕米切尔著,戴侃缩写,世界文库·少年版,2001年6月。平装覆膜,大32开,ISBN 7-02-003448-9,定价9.60元。(81-268)

15832　静静的顿河
〔苏〕肖洛霍夫著,成心缩写,世界文库·少年版,2001年6月。平装覆膜,大32开,ISBN 7-02-003447-0,定价9.80元。(45-261)

15833　彼得大帝
〔苏〕阿·托尔斯泰著,陈馥缩写,世界文库·少年版,2001年6月。平装覆膜,大32开,ISBN 7-02-003440-3,定价9.60元。(45-262)

15834　战争与和平
〔俄〕列夫·托尔斯泰著,乔振绪缩写,世界文库·少年版,2002年7月。平装覆膜,大32开,ISBN 7-02-003790-9,定价9.80元。(39-114)

15835　罪与罚
〔俄〕陀思妥耶夫斯基著,迟方缩写,世界文库·少年版,2002年7月。平装覆膜,大32开,ISBN 7-02-003782-8,定价9.80元。(39-115)

15836　简·爱
〔英〕夏洛蒂·勃朗特著,季风缩写,世界文库·少年版,2002年7月。平装覆膜,大32开,ISBN 7-02-003847-6,定价9.60元。(75-282)

15837　呼啸山庄
〔英〕爱米丽·勃朗特著,张玲缩写,世界文库·少年版,2002年7月。平装覆膜,大32开,ISBN 7-02-003856-5,定价9.80元。(75-283)

15838　斯巴达克思
〔意〕乔万尼奥里著,肖天佑缩译,世界文库·少年版,2002年7月。平装覆膜,大32开,ISBN 7-02-003857-3,定价9.00元。(75-284)

15839　约翰·克利斯朵夫
〔法〕罗曼·罗兰著,余中先缩写,世界文库·少年版,2002年7月。平装覆膜,大32开,ISBN 7-02-003748-8,定价9.60元。(75-285)

| 15840 | 堂吉诃德

〔西班牙〕塞万提斯著,徐少军缩译,世界文库·少年版,2002 年 7 月。平装覆膜,大 32 开,ISBN 7-02-003831-X,定价 9.90 元。(75-286)

| 15841 | 基度山伯爵

〔法〕大仲马著,蒋学模缩写,世界文库·少年版,2002 年 7 月。平装覆膜,大 32 开,ISBN 7-02-003820-4,定价 9.90 元。(75-287)

| 15842 | 浮士德

〔德〕歌德著,高中甫缩译,世界文库·少年版,2002 年 7 月。平装覆膜,大 32 开,ISBN 7-02-003858-1,定价 9.60 元。(77-105)

| 15843 | 哈姆莱特

〔英〕莎士比亚著,胤佳改写,世界文库·少年版,2002 年 7 月。平装覆膜,大 32 开,ISBN 7-02-003859-X,定价 9.00 元。(77-106)

| 15844 | 安徒生童话精选

〔丹麦〕安徒生著,叶君健译,语文新课标必读丛书,2003 年 5 月。平装,大 32 开,ISBN 7-02-004183-3,定价 8.00 元。2006 年 6 月收入语文新课标必读丛书修订版,平装覆膜,国流 32 开,ISBN 7-02-005699-7,定价 8.00 元。2008 年 6 月收入语文新课标必读丛书增订版,平装覆膜,大 32 开,ISBN 978-7-02-007021-3,定价 10.00 元。2012 年 6 月收入语文新课标必读丛书最新版,平装覆膜,大 32 开,ISBN 978-7-02-008988-8,定价 11.00 元。(79-37)

| 15845 | 格林童话精选

〔德〕格林兄弟著,司马仝译,语文新课标必读丛书,2003 年 5 月。平装覆膜,大 32 开,ISBN 7-02-004188-4,定价 9.00 元。2006 年 6 月收入语文新课标必读丛书修订版,平装覆膜,大 32 开,ISBN 7-02-005719-5,定价 9.00 元。2008 年 6 月收入语文新课标必读丛书增订版,平装覆膜,大 32 开,ISBN 978-7-02-007020-6,定价 12.00 元。2010 年 8 月收入影响孩子们一生的经典插图本,平装覆膜,16 异,ISBN 978-7-02-008030-4,定价 22.00 元。2012 年 6 月收入语文新课标必读丛书最新版,平装覆膜,大 32 开,ISBN 978-7-02-009018-1,定价 12.00 元。(79-38)

| 15846 | 伊索寓言精选

〔古希腊〕伊索著,罗念生等译,语文新课标必读丛书,2003 年 5 月。平装覆膜,大 32 开,ISBN 7-02-004182-5,定价 9.00 元。2006 年 6 月收入语文新课标必读丛书修订版,平装覆膜,大 32 开,ISBN 7-02-005692-X,定价 9.00 元。2008 年 6 月收入语文新课标必读丛书增订版,平装覆膜,大 32 开,ISBN 978-7-02-007022-0,定价 10.00 元。2012 年 6 月收入语文新课标必读丛书最新版,平装覆膜,大 32 开,ISBN 978-7-02-009014-3,定价 11.00 元。2018 年 4 月收入教育部统编《语文》推荐阅读丛书,平装覆膜,16 异,ISBN 978-7-02-013763-3,定价 23.00 元。2020 年 9 月收入中小学生阅读指导目录,平装,32 异,ISBN 978-7-02-016337-3,定价 23.00 元。(79-39)

| 15847 | 木偶奇遇记 快乐的故事

〔意〕卡洛·科洛迪著,王干卿译,2004 年 1 月。平装覆膜,16 异,ISBN 7-02-004429-8,定价 19.00 元。(79-40)

| 15848 | 安徒生童话故事集

〔丹麦〕安徒生著,叶君健译,2005 年 4 月。精装,16 异,ISBN 7-02-004829-3,定价 110.00 元。(79-42)

| 15849 | 格林童话

〔德〕格林兄弟著,司马仝译,世界儿童文学名著插图本,2006 年 6 月。平装覆膜,国流 32 开,ISBN 7-02-005656-3,定价 15.00 元。(79-43)

| 15850 | 伊索寓言

〔古希腊〕伊索著,王焕生译,名著名译插图本,2008 年 1 月。平装覆膜,国流 32 开,ISBN 978-7-02-006129-7,定价 17.00 元。2015 年 6 月收入名著名译丛书,精装,32 异,ISBN 978-7-02-010439-0,定价 28.00 元。(79-44)

| 15851 | 夏洛的网

〔美〕怀特著,康馨译,1979 年 8 月。32 开,书号 10019·2794,平装,定价 0.35 元;精装,定价 0.90 元。(85-2)

| 15852 | 夜莺与玫瑰

〔英〕奥斯卡·王尔德著,苏福忠译,王尔德代表作,2015年11月。平装,32异,ISBN 978-7-02-010935-7,定价25.00元。2018年4月收入教育部统编《语文》推荐阅读丛书,平装覆膜,16异,ISBN 978-7-02-013736-7,定价21.00元。(79-47)

15853 安徒生童话精选

〔丹麦〕安徒生著,叶君健译,教育部统编《语文》推荐阅读丛书,2018年4月。平装覆膜,16异,ISBN 978-7-02-013762-6,定价26.00元。2020年9月收入中小学生阅读指导目录,平装,32异;ISBN 978-7-02-016342-7,定价26.00元。(79-51)

15854 拉封丹寓言

〔法〕拉封丹著,〔英〕比林赫斯特绘,苏迪译,大师插图经典,2018年10月。精装,国流32开,ISBN 978-7-02-011818-2,定价52.00元。(79-52)

15855 小风雨

〔澳大利亚〕柯林·梯勒著,喜雨亭译,1979年6月。平装,32开,书号10019·2795,定价0.14元。(85-3)

15856 一岁的小鹿

〔美〕玛·金·罗琳斯著,李俍民译,外国文学出版社1980年12月。平装,小32开,书号10208·40,定价1.20元。1991年4月人民文学出版社,收入世界文学名著丛书,平装覆膜,小32开,ISBN 7-02-001220-5,定价5.50元。2004年1月收入廊桥书系,书名《鹿苑长春》,平装覆膜,大32开,ISBN 7-02-004392-5,定价23.00元。(85-4)

15857 电话里的故事

〔意〕姜尼·罗大里著,俞克富译,外国文学出版社1982年12月。平装,小32开,书号10208·116,定价0.41元。(85-5)

15858 阿古汉纳

〔加拿大〕克劳德·奥布里著,任溶溶、石永礼译,外国文学出版社1984年1月。大32开,书号10208·157,平装,定价0.69元;精装,定价1.95元。(85-6)

15859 夏洛的网 校舍上的车轮

〔美〕怀特、狄扬著,康馨译,世界儿童文学丛书,1984年1月。平装,小32开,书号10019·3579,定价0.87元。(85-7)

15860 精明人与吝啬鬼

〔美〕艾萨克·巴什维斯·辛格著,晓溪等译,世界儿童文学丛书,1988年8月。平装,小32开,ISBN 7-02-000642-6,定价1.20元。(85-9)

15861 捉猫故事集

〔法〕埃梅著,李玉民译,外国文学出版社1990年8月。平装覆膜,小32开,ISBN 7-5016-0082-1,定价3.10元。1991年4月人民文学出版社,收入世界儿童文学丛书,平装覆膜,小32开,ISBN 7-02-001233-7,定价3.25元。(85-10)

15862 送狗上学堂——欧洲童话故事精选

章晨译,外国文学出版社1992年4月。平装覆膜,小32开,ISBN 7-5016-0119-4,定价3.10元。(85-13)

15863 红房子的秘密

〔希腊〕阿尔盖·乌丽米著,梁新译,外国文学出版社1992年5月。平装覆膜,小32开,ISBN 7-5016-0121-6,定价2.75元。(85-14)

15864 周末童话

本社编,1993年4月。平装覆膜,小32开,ISBN 7-02-001580-8,定价5.45元。(85-19)

15865 美丽的龙

〔奥地利〕福·泰格特霍夫著,高年生译,1996年11月。精装,大32开,ISBN 7-02-002206-5,定价27.55元。(85-20)

15866 快乐王子集

〔爱尔兰〕王尔德著,巴金译,世界儿童文学丛书,1999年5月。平装覆膜,32开,ISBN 7-02-002937-X,定价7.00元。2006年6月收入世界儿童文学名著插图本,平装覆膜,国流32开,ISBN 7-02-005653-9,定价10.00元。2007年7月收入天火丛书,平装覆膜,国流32开,ISBN 978-7-02-006141-9,定价12.00元。(85-21)

15867 男孩彭罗德的烦恼

〔美〕布思·塔金顿著,马爱新译,世界儿童文学丛书,2000年5月。平装覆膜,32开,ISBN

7-02-003191-9,定价11.00元。2006年6月收入世界儿童文学名著插图本,平装覆膜,国流32开,ISBN 7-02-005603-2,定价14.00元。2010年8月收入影响孩子们一生的经典插图本,书名《坏男孩彭罗德》,平装覆膜,16异,ISBN 978-7-02-008068-7,定价19.00元。2015年9月收入你长大之前必读的66本书,平装覆膜,16异,ISBN 978-7-02-010915-9,定价23.00元。2016年1月收入核心阅读工程,平装覆膜,16异,ISBN 978-7-02-011312-5,定价23.00元。(85-22)

15868　雪地三游客

〔德〕埃·凯斯特纳著,韩瑞祥译,世界儿童文学丛书,2000年5月。平装覆膜,32开,ISBN 7-02-003161-7,定价9.80元。(85-23)

15869　小王子

〔法〕圣埃克苏佩里著,马振骋译,世界儿童文学丛书,2000年5月。平装覆膜,32开,ISBN 7-02-003156-0,定价5.00元。2002年1月收入世界儿童文学丛书新世纪精华版,平装覆膜,大32开,ISBN 7-02-003686-4,定价7.80元。2003年8月,彩图绘本,精装,16开,ISBN 7-02-004249-X,定价22.00元。2006年6月收入世界儿童文学名著插图本,平装覆膜,国流32开,ISBN 7-02-005582-6,定价8.00元。2010年8月收入影响孩子们一生的经典插图本,平装覆膜,16异,ISBN 978-7-02-008051-9,定价14.00元。2015年1月收入你长大之前必读的66本书,平装覆膜,16异,ISBN 978-7-02-010717-9,定价18.00元。(85-24)

15870　隐身人 时间机器

〔英〕威尔斯著,郑须弥译,世界儿童文学丛书,2000年5月。平装覆膜,32开,ISBN 7-02-003158-7,定价12.00元。(85-25)

15871　方舟故事(一)

〔英〕阿弗里尔·罗兰兹著,李丽译,方舟故事系列丛书,2001年10月。平装覆膜,大32开,ISBN 7-02-003517-5,定价9.80元。(85-26)

15872　方舟故事(二)

〔英〕阿弗里尔·罗兰兹著,杨彩霞译,方舟故事系列丛书,2001年10月。平装覆膜,大32开,ISBN 7-02-003158-3,定价8.80元。(85-27)

15873　彩虹的尽头

〔英〕阿弗里尔·罗兰兹著,秦松、梅晓译,方舟故事系列丛书,2001年10月。平装覆膜,大32开,ISBN 7-02-003519-1,定价9.50元。(85-28)

15874　动物们的圣诞节

〔英〕阿弗里尔·罗兰兹著,丁浣译,方舟故事系列丛书,2001年10月。平装覆膜,大32开,ISBN 7-02-003520-5,定价8.50元。(85-29)

15875　动物们的复活节

〔英〕阿弗里尔·罗兰兹著,伍飞译,方舟故事系列丛书,2001年10月。平装覆膜,大32开,ISBN 7-02-003521-3,定价7.40元。(85-30)

15876　神奇动物在哪里

〔英〕纽特·斯卡曼(J. K.罗琳)著,一目译,2001年10月。平装,32异,ISBN 7-02-003547-7,定价3.50元。(85-31)

15877　神奇的魁地奇球

〔英〕肯尼沃思·惠斯普(J. K.罗琳)著,一目译,2001年10月。平装,32异,ISBN 7-02-003549-3,定价3.30元。2014年10月,平装,国流32开,ISBN 978-7-02-010460-4,定价16.00元。2018年3月,插图版,收入霍格沃茨图书馆,精装,32异,ISBN 978-7-02-013552-3,定价45.00元。(85-32)

15878　荒诞书

〔英〕爱德华·利尔著,刘新民译,美国学生课外阅读丛书,2004年7月。平装覆膜,大32开,ISBN 7-02-004661-4,定价8.00元。(85-36)

15879　给孩子们的礼物

〔美〕斯宾塞·约翰逊著,王慰慰译,2005年1月。精装,32异,ISBN 7-02-004991-5,定价18.00元。(85-38)

15880　女孩的游戏书

〔美〕安德莉亚·布坎南、米里亚姆·佩斯科维奇著,邢楠译,2009年9月。平装覆膜,16异,ISBN 978-7-02-007334-4,定价28.00元。

少儿读物

899

(85-54)

- **15881** 教海鸥飞翔的猫

〔智利〕路易斯·塞普尔维达著,宋尽冬译,2011年10月。平装,32异,ISBN 978-7-02-008670-2,定价25.00元。2017年4月收入塞普尔维达童话,(立陶宛)丽娜·杜戴特绘,平装,24开,ISBN 978-7-02-012265-3,定价38.00元。(85-66)

- **15882** 小王子归来

〔阿根廷〕A. G. 罗默斯著,徐蔚译,2014年2月。平装,小32开,ISBN 978-7-02-009473-8,定价20.00元。(85-93)

- **15883** 小王子

〔法〕圣埃克絮佩里著,郑克鲁译,2016年3月。精装,32异,ISBN 978-7-02-011175-6,定价49.00元。2018年10月收入成为小王子系列,精装,32异,ISBN 978-7-02-014557-7,定价48.00元。(85-101)

- **15884** 神奇动物在哪里(插图版)

〔英〕纽特·斯卡曼德著,一目、马爱农译,霍格沃茨图书馆,2018年3月。精装,32异,ISBN 978-7-02-013653-7,定价45.00元。(85-141)

- **15885** 小王子

〔法〕圣埃克苏佩里著,李玉民译,教育部统编《语文》推荐阅读丛书,2018年4月。平装覆膜,16异,ISBN 978-7-02-013801-2,定价18.00元。2020年9月收入中小学生阅读指导目录,平装,32异,ISBN 978-7-02-016324-3,定价18.00元。(85-142)

- **15886** 格林童话

〔德〕格林兄弟著,司马仝译,小学语文教材"快乐读书吧"推荐书目,2019年10月。平装覆膜,16异,ISBN 978-7-02-015558-3,定价24.00元。(97-111)

- **15887** 安徒生童话

〔丹麦〕安徒生著,叶君健译,小学语文教材"快乐读书吧"推荐书目,2019年10月。平装覆膜,16异,ISBN 978-7-02-015550-7,定价20.00元。(97-116)

- **15888** 列那狐的故事

〔法〕季罗夫人著,罗新璋译,小学语文教材"快乐读书吧"推荐书目,2019年12月。平装覆膜,16异,ISBN 978-7-02-015767-9,定价19.00元。(97-118)

- **15889** 伊索寓言

〔古希腊〕伊索著,王焕生译,小学语文教材"快乐读书吧"推荐书目,2020年1月。平装覆膜,16异,ISBN 978-7-02-015544-6,定价25.00元。(97-119)

- **15890** 愿望的实现

〔印度〕泰戈尔著,宋诒瑞译,小学语文教材"快乐读书吧"推荐书目,2020年1月。平装覆膜,16异,ISBN 978-7-02-015541-5,定价20.00元。(97-121)

- **15891** 拉封丹寓言

〔法〕拉封丹著,李玉民译,小学语文教材"快乐读书吧"推荐书目,2020年1月。平装覆膜,16异,ISBN 978-7-02-015664-1,定价29.00元。(97-124)

- **15892** 七色花

〔俄〕瓦·彼·卡达耶夫等著,任溶溶等译,小学语文教材"快乐读书吧"推荐书目,2020年1月。平装覆膜,16异,ISBN 978-7-02-015533-0,定价29.00元。(97-125)

- **15893** 森林报

〔苏联〕比安基著,沈念驹译,小学语文教材"快乐读书吧"推荐书目,2020年4月。平装覆膜,16异,ISBN 978-7-02-015971-0,定价33.00元。(97-127)

- **15894** 高加索的俘虏

〔俄〕列·托尔斯泰等著,丰子恺、适夷、磊然译,1979年10月。平装,32开,书号10019·2859,定价0.26元。(43-2)

- **15895** 普希金童话诗 小鸵鸟

〔俄〕普希金、彼·叶尔肖夫著,任溶溶译,世界儿童文学丛书,1984年7月。平装,小32开,书号10019·3678,定价0.87元。1989年9月收入北京市教育局儿童文库,平装,32开,ISBN 7-02-000837-2,非卖品,无定价。(43-3)

- **15896** 俄国作家童话选

王汶译,1985年3月。平装,小32开,书号10019·3770,定价2.25元。(43-4)

- **15897** 托尔斯泰儿童故事选

〔俄〕托尔斯泰著,陈馥译,世界儿童文学丛书,1989年2月。平装,小32开,ISBN 7-02-000546-2,定价1.90元。(43-5)

15898 克雷洛夫寓言一百篇
〔俄〕克雷洛夫著,屈洪译,世界儿童文学丛书,1992年4月。平装覆膜,小32开,ISBN 7-02-001361-9,定价3.65元。(43-6)

15899 克雷洛夫寓言精选
〔俄〕克雷洛夫著,屈洪、岳岩译,语文新课标必读丛书,2003年7月。平装覆膜,大32开,ISBN 7-02-004172-8,定价7.00元。2006年6月收入语文新课标必读丛书修订版,平装覆膜,大32开,ISBN 7-02-005705-5,定价7.00元。2008年6月收入语文新课标必读丛书增订版,平装覆膜,大32开,ISBN 978-7-02-007023-7,定价10.00元。(43-7)

15900 克雷洛夫寓言全集
〔俄〕克雷洛夫著,屈洪、岳岩译,名著名译插图本,2003年1月。平装覆膜,国流32开,ISBN 7-02-003996-0,定价13.00元。(43-8)

15901 普希金经典童话集
〔俄〕普希金著,任溶溶译,普希金经典文选,2019年9月。精装,32异,ISBN 978-7-02-015184-4,定价36.00元。(43-9)

15902 我们的礼物《译文》儿童文学专刊
中国作家协会译文编辑委员会编,1956年5月。书号10019·493,平装,25开,定价0.70元;精装,大32开,定价1.10元。(49-1)

15903 表 附文件
〔苏〕班台莱耶夫著,王汶译,1979年8月。平装,32开,书号10019·2763,定价0.44元。(49-2)

15904 孔雀石箱
〔苏〕巴若夫著,李俍民译,1980年1月。平装,大32开,书号10019·2743,定价1.55元。(49-3)

15905 马雅可夫斯基儿童诗选
〔苏〕马雅可夫斯基著,任溶溶译,1980年9月。平装,32开,书号10019·3034,定价0.32元。(49-5)

15906 辽恩卡流浪记
〔苏〕班台莱耶夫著,家骥译,世界儿童文学丛书,1983年5月。平装,小32开,书号10019·3442,定价1.40元。1991年4月,平装覆膜,小32开,ISBN 7-02-001223-X,定价5.65元。(49-7)

15907 丑八怪
〔苏〕热列兹尼科夫著,粟周熊译,世界儿童文学丛书,1991年4月。平装覆膜,小32开,ISBN 7-02-001232-9,定价3.05元。(49-8)

15908 卡尔卢什卡的戏法
〔苏〕班台莱耶夫著,刘开华译,世界儿童文学丛书,2000年5月。平装覆膜,32开,ISBN 7-02-003198-6,定价10.00元。(49-10)

15909 聂姆佐娃 克里昂格童话选
〔捷克斯洛伐克〕聂姆佐娃、〔罗马尼亚〕克里昂格著,徐哲等译,世界儿童文学丛书,1983年9月。平装,小32开,书号10019·3504,定价1.05元。(55-1)

15910 童话故事选 聂姆佐娃选集
〔捷克斯洛伐克〕聂姆佐娃著,徐哲、周尊南译,1984年9月。平装,大32开,书号10019·3690,定价1.35元。(55-2)

15911 铃兰花
〔南斯拉夫〕普·沃朗茨著,粟周熊译,1980年1月。平装,32开,书号10019·2855,定价0.33元。(61-2)

15912 荒原上的牛蒡
〔罗马尼亚〕伊斯特拉蒂著,张增信译,1980年2月。平装,32开,书号10019·2912,定价0.31元。(61-3)

15913 东欧儿童故事选
世界儿童文学丛书,1989年8月。平装,32开,ISBN 7-02-000582-9,定价5.15元。(61-4)

15914 非洲童话集
尧雨等译,非洲文学丛书,外国文学出版社1988年10月。平装,小32开,ISBN 7-5016-0046-5,定价2.90元。(61-5)

15915 蝴蝶与公鸡
朝鲜故事,金昊哲等译,1979年7月。32开,书号10019·2773,平装,定价0.22元;精装,定价0.72元。(73-5)

15916 一镐渠
〔日〕上野英信著,千田梅二插图,何平译,1979

年9月。平装,32开,书号10019·2785,定价0.18元。(73-6)

15917 白围裙和白山羊
〔日〕加藤多一著,高烈夫译,1979年11月。32开,书号10019·2853,平装,定价0.26元;精装,定价1.10元。(73-7)

15918 一千零一夜(少年版全集 上下)
阿拉伯民间故事,王瑞琴译,2013年11月。平装覆膜,16异,ISBN 978-7-02-010027-9,定价78.00元。(63-55)

15919 OZ国历险记(绿野仙踪)
〔美〕弗兰克·鲍姆著,张晓路译,世界儿童文学丛书新世纪精华版,2002年1月。平装覆膜,大32开,ISBN 7-02-003687-2,定价9.60元。2006年6月收入世界儿童文学名著插图本,平装覆膜,国流32开,ISBN 7-02-005598-2,定价10.00元。2010年8月收入影响孩子们一生的经典插图本,书名《绿野仙踪》,平装覆膜,16异,ISBN 978-7-02-008045-8,定价16.00元。2013年4月收入世界儿童文学经典美绘本,平装,16异,ISBN 978-7-02-009555-1,定价28.00元。2015年1月收入你长大之前必读的66本书,平装覆膜,16异,ISBN 978-7-02-010712-4,定价19.00元。2018年5月收入教育部统编《语文》推荐阅读丛书,平装覆膜,16异,ISBN 978-7-02-013748-0,定价26.00元。(98-1)

15920 哈利·波特的魔法世界
〔美〕戴维·科尔伯特著,麦秸译,2002年1月。平装覆膜,大32开,ISBN 7-02-003692-9,定价13.80元。(98-2)

15921 哈利·波特与魔法石——神奇动物
本社"哈利·波特"工作室编,2002年1月。平装覆膜,16开,ISBN 7-02-003690-2,定价9.80元。(98-3)

15922 哈利·波特与魔法石——神奇历险
本社"哈利·波特"工作室编,2002年1月。平装覆膜,16开,ISBN 7-02-003691-0,定价9.80元。(98-4)

15923 哈利·波特与魔法石——神奇魔法
本社"哈利·波特"工作室编,2002年1月。平装覆膜,16开,ISBN 7-02-003689-9,定价9.80元。(98-5)

15924 小菟丝和颠倒屋
〔英〕卡罗尔·休斯著,一目译,小菟丝系列,2002年2月。平装覆膜,大32开,ISBN 7-02-003734-8,定价6.90元。(98-6)

15925 小菟丝在地下
〔英〕卡罗尔·休斯著,一目译,小菟丝系列,2002年2月。平装覆膜,大32开,ISBN 7-02-003736-4,定价8.80元。(98-7)

15926 小菟丝在水下
〔英〕卡罗尔·休斯著,一目、沈晓莉译,小菟丝系列,2002年2月。平装覆膜,大32开,ISBN 7-02-003735-6,定价8.60元。(98-8)

15927 吸血鬼的助手
〔英〕达伦·山著,马爱新译,达伦·山传奇故事系列,2002年2月。平装覆膜,大32开,ISBN 7-02-003729-1,定价9.60元。(98-9)

15928 血道
〔英〕达伦·山著,周莉译,达伦·山传奇故事系列,2002年2月。平装覆膜,大32开,ISBN 7-02-003728-3,定价9.00元。(98-10)

15929 怪物马戏团
〔英〕达伦·山著,麦秸译,达伦·山传奇故事系列,2002年2月。平装覆膜,大32开,ISBN 7-02-003730-5,定价10.00元。2007年6月收入世界儿童文学名著插图本,书名《疯狂的怪物马戏团》,平装覆膜,国流32开,ISBN 978-7-02-006087-0,定价13.00元。2010年8月收入影响孩子们一生的经典插图本,马爱农、马爱新、周莉译,平装覆膜,16异,ISBN 978-7-02-008062-5,定价36.00元。(98-11)

15930 蓝熊船长的13条半命
〔德〕瓦尔特·莫尔斯著,李士勋译,2002年1月。平装,16开,ISBN 7-02-003705-4,定价39.80元。2006年6月收入世界儿童文学名著插图本,平装覆膜,国流32开,ISBN 7-02-005616-4,定价25.00元。2009年4月收入当代欧美畅销儿童小说·国际获奖系列,平装覆膜,16异,ISBN 978-7-02-007276-7,定价36.00元。2010年8月收入影响孩子们一生的经典插图本,平装覆膜,16异,ISBN 978-7-

02-008076-2,定价38.00元。2013年10月收入世界儿童文学新经典,平装覆膜,16异,ISBN 978-7-02-009638-1,定价38.00元。2015年9月收入你长大之前必读的66本书,平装覆膜,16异,ISBN 978-7-02-010914-2,定价38.00元。2018年2月,全彩绘本,平装覆膜,16异,ISBN 978-7-02-013317-8,定价138.00元。2019年12月,单行本,平装,16异,ISBN 978-7-02-015188-2,定价59.00元。(98-12)

15931 哈利·波特与密室——多比的警告

本社"哈利·波特"工作室编,明信片,2002年4月。平装覆膜,32异,ISBN 7-02-003787-9,定价14.80元。(98-13)

15932 哈利·波特与密室——曼德拉草的哭声

本社"哈利·波特"工作室编,明信片,2002年4月。平装覆膜,32异,ISBN 7-02-003788-7,定价14.80元。(98-14)

15933 厨房里的小猫

〔英〕露西·丹尼尔斯著,曹苏玲译,温馨动物乐园,2002年7月。平装覆膜,国流32开,ISBN 7-02-003876-X,定价10.00元。(98-15)

15934 山里的猴子

〔英〕露西·丹尼尔斯著,曹苏玲译,温馨动物乐园,2002年7月。平装覆膜,国流32开,ISBN 7-02-003873-5,定价9.80元。(98-16)

15935 储藏室里的小狗

〔英〕露西·丹尼尔斯著,曹苏玲译,温馨动物乐园,2002年7月。平装覆膜,国流32开,ISBN 7-02-003871-9,定价9.80元。(98-17)

15936 婴儿围栏里的小猪

〔英〕露西·丹尼尔斯著,蔡文译,温馨动物乐园,2002年7月。平装覆膜,国流32开,ISBN 7-02-003875-1,定价10.00元。(98-18)

15937 门廊里的小马

〔英〕露西·丹尼尔斯著,蔡文译,温馨动物乐园,2002年7月。平装覆膜,国流32开,ISBN 7-02-003872-7,定价10.00元。(98-19)

15938 学校里的松鼠

〔英〕露西·丹尼尔斯著,戴侃译,温馨动物乐园,2002年7月。平装覆膜,国流32开,ISBN 7-02-003874-3,定价9.80元。(98-20)

15939 哈利·波特与魔法石 古灵阁

本社"哈利·波特"工作室编,贴画书,2002年3月。平装覆膜,16开,ISBN 7-02-003775-5,定价8.60元。(98-21)

15940 哈利·波特与魔法石 $9\frac{3}{4}$ 站台

本社"哈利·波特"工作室编,贴画书,2002年3月。平装覆膜,16开,ISBN 7-02-003764-X,定价8.60元。(98-22)

15941 哈利·波特与魔法石 厄里斯魔镜

本社"哈利·波特"工作室编,贴画书,2002年3月。平装覆膜,16开,ISBN 7-02-003763-1,定价9.80元。(98-23)

15942 哈利·波特与魔法石 神秘的对角巷

本社"哈利·波特"工作室编,贴画书,2002年3月。平装覆膜,16开,ISBN 7-02-003765-8,定价9.80元。(98-24)

15943 来自矮人国的小兄妹

〔德〕瓦尔特·莫尔斯著,王泰智、沈惠珠译,2002年6月。平装,16开,ISBN 7-02-003803-4,定价19.80元。2006年6月收入世界儿童文学名著插图本,平装覆膜,国流32开,ISBN 7-02-005606-7,定价15.00元。2009年4月收入当代欧美畅销儿童小说·国际获奖系列,平装覆膜,16异,ISBN 978-7-02-007277-4,定价18.00元。2010年8月收入影响孩子们一生的经典插图本,平装覆膜,16异,ISBN 978-7-02-008075-5,定价22.00元。2013年10月收入世界儿童文学新经典,平装覆膜,16异,ISBN 978-7-02-009634-3,定价24.00元。(98-25)

15944 侦探迷的聪明手册

〔奥地利〕埃里希·巴林格著,王泰智、沈惠珠译,2002年6月。平装覆膜,大32开,ISBN 7-02-003833-6,定价8.80元。2003年2月,书名《大话侦探》,定价10.00元。(98-26)

15945 鬼怪迷的勇敢手册

〔奥地利〕埃里希·巴林格著,王泰智、沈惠珠译,2002 年 6 月。平装覆膜,大 32 开,ISBN 7-02-003832-8,定价 8.80 元。2003 年 2 月,书名《大话鬼怪》,定价 10.00 元。(98-27)

15946 九大行星

〔美〕艾米·玛格丽特、卢克·汤普森著,王元立、秦瑞译,行星图书馆,2002 年 6 月。平装覆膜,12 开,ISBN 7-02-003855-7,定价 66.00 元。(98-28)

15947 火山爆发为什么会掀掉山顶? 关于火山和地震的问与答

〔美〕梅尔文·伯杰、吉尔达·伯杰著,希金斯·邦德图,百合译,美国中小学生课外科普读物,2002 年 6 月。平装覆膜,16 开,ISBN 7-02-003849-2,定价 11.80 元。(98-29)

15948 星星有尖角吗? 关于星星的问与答

〔美〕梅尔文·伯杰、吉尔达·伯杰著,文森特·迪法泰图,百合译,美国中小学生课外科普读物,2002 年 6 月。平装覆膜,16 开,ISBN 7-02-003850-6,定价 11.80 元。(98-30)

15949 鲸有肚脐眼吗? 关于鲸与海豚的问与答

〔美〕梅尔文·伯杰、吉尔达·伯杰著,希金斯·邦德图,百合译,美国中小学生课外科普读物,2002 年 6 月。平装覆膜,16 开,ISBN 7-02-003851-4,定价 11.80 元。(98-31)

15950 蝙蝠怎样在黑夜里看东西? 关于夜行动物的问与答

〔美〕梅尔文·伯杰、吉尔达·伯杰著,吉姆·埃弗勒图,百合译,美国中小学生课外科普读物,2002 年 6 月。平装覆膜,16 开,ISBN 7-02-003852-2,定价 11.80 元。(98-32)

15951 在太空中你能听到喊叫声吗? 关于太空探险的问与答

〔美〕梅尔文·伯杰、吉尔达·伯杰著,文森特·迪法泰图,百合译,美国中小学生课外科普读物,2002 年 6 月。平装覆膜,16 开,ISBN 7-02-003853-0,定价 11.80 元。(98-33)

15952 恐龙在你家的后院生活过吗? 关于恐龙的问与答

〔美〕梅尔文·伯杰、吉尔达·伯杰著,艾伦·马莱图,百合译,美国中小学生课外科普读物,2002 年 6 月。平装覆膜,16 开,ISBN 7-02-

003854-9,定价 11.80 元。(98-34)

15953 莉莉侦破木乃伊之谜 莉莉造访沉没的世界

〔德〕克尼斯特著,梁锡江、韩羲译,魔女莉莉系列丛书,2002 年 7 月。精装,国流 32 开,ISBN 7-02-003864-6,定价 14.80 元。(98-35)

15954 莉莉迷上了足球 莉莉与中世纪魔剑

〔德〕克尼斯特著,韩文殿、康萍萍译,魔女莉莉系列丛书,2002 年 7 月。精装,国流 32 开,ISBN 7-02-003861-1,定价 14.80 元。(98-36)

15955 莉莉大闹校园 莉莉与马戏团

〔德〕克尼斯特著,张文清、韩文殿译,魔女莉莉系列丛书,2002 年 7 月。精装,国流 32 开,ISBN 7-02-003860-3,定价 12.80 元。(98-37)

15956 莉莉在狂野的西部 莉莉去印第安探险

〔德〕克尼斯特著,张世胜、王歌译,魔女莉莉系列丛书,2002 年 7 月。精装,国流 32 开,ISBN 7-02-003862-X,定价 12.80 元。(98-38)

15957 莉莉登上了海盗船 莉莉过了把侦探瘾

〔德〕克尼斯特著,韩文殿译,魔女莉莉系列丛书,2002 年 7 月。精装,国流 32 开,ISBN 7-02-003863-8,定价 12.80 元。(98-39)

15958 密室里的怪蛇

本社"哈利·波特"工作室编,贴画书,2002 年 12 月。平装覆膜,16 开,ISBN 7-02-004073-X,定价 10.00 元。(98-40)

15959 皮皮鬼的恶作剧

本社"哈利·波特"工作室编,贴画书,2002 年 12 月。平装覆膜,16 开,ISBN 7-02-004071-3,定价 10.00 元。(98-41)

15960 里德尔的日记

本社"哈利·波特"工作室编,贴画书,2002 年 12 月。平装覆膜,16 开,ISBN 7-02-004072-1,定价 10.00 元。(98-42)

15961 吸血侠 达伦·山传奇Ⅰ 初变吸血鬼 吸血鬼的助手 吸血魔

〔英〕达伦·山著,麦秸、周莉、马爱新译,2003 年 1 月。平装覆膜,16 开,ISBN 7-02-003880-

8,定价 29.80 元。2006 年 8 月,书名《吸血侠传奇(1)初变吸血鬼 吸血鬼的助手 吸血魔》,马爱农、马爱新、周莉译。2009 年 4 月收入当代欧美畅销儿童小说·国际获奖系列,平装覆膜,16 异,ISBN 978-7-02-007297-2,定价 27.00 元。(98-43)

15962 吸血侠 达伦·山传奇Ⅱ 吸血鬼圣堡 死亡测试 吸血鬼王子

〔英〕达伦·山著,周莉、麦秸、马爱新译,2003 年 1 月。平装覆膜,16 开,ISBN 7-02-004101-9,定价 26.00 元。2006 年 8 月,书名《吸血侠传奇(2)吸血鬼圣堡 死亡测试 吸血鬼王子》,周莉、马爱农、马爱新译。2009 年 4 月收入当代欧美畅销儿童小说·国际获奖系列,平装覆膜,16 异,ISBN 978-7-02-007298-9,定价 24.00 元。(98-44)

15963 古堡里的月亮公主

〔英〕伊丽莎白·古吉著,马爱农译,2003 年 1 月。平装覆膜,16 开,ISBN 7-02-004047-0,定价 19.20 元。2004 年 7 月收入 J. K. 罗琳读书单,平装覆膜,国流 32 开,ISBN 7-02-004663-0,定价 16.00 元。2006 年 6 月收入世界儿童文学名著插图本,平装覆膜,国流 32 开,ISBN 7-02-005615-6,定价 15.00 元。2009 年 4 月收入当代欧美畅销儿童小说·国际获奖系列,平装覆膜,16 异,ISBN 978-7-02-007284-2,定价 19.00 元。2010 年 8 月收入影响孩子们一生的经典插图本,平装覆膜,16 异,ISBN 978-7-02-008065-6,定价 22.00 元。2013 年 5 月收入世界儿童文学新经典,平装覆膜,16 异,ISBN 978-7-02-009637-4,定价 24.00 元。2015 年 9 月收入你长大之前必读的 66 本书,平装覆膜,16 异,ISBN 978-7-02-010911-1,定价 25.00 元。(98-45)

15964 哈利·波特与魔法石
——poster book 1

本社"哈利·波特"工作室编,2002 年 2 月。平装覆膜,8 开,ISBN 7-02-003709-7,定价 18.80 元。(98-46)

15965 哈利·波特与魔法石
——poster book 2

本社"哈利·波特"工作室编,2002 年 2 月。平装覆膜,8 开,ISBN 7-02-003710-0,定价 18.80 元。(98-47)

15966 可爱的魔鬼先生

〔奥地利〕涅斯特林格著,全小虎译,涅斯特林格优秀幻想小说,2003 年 1 月。平装覆膜,32 开,ISBN 7-02-004048-9,定价 7.80 元。(98-48)

15967 脑袋里的小矮人

〔奥地利〕涅斯特林格著,夏阳译,涅斯特林格优秀幻想小说,2003 年 1 月。平装覆膜,32 开,ISBN 7-02-004049-7,定价 10.00 元。(98-49)

15968 巴特先生的返老还童药

〔奥地利〕涅斯特林格著,施岷译,涅斯特林格优秀幻想小说,2003 年 1 月。平装覆膜,32 开,ISBN 7-02-004050-0,定价 8.50 元。(98-50)

15969 幽灵大婶罗莎·里德尔

〔奥地利〕涅斯特林格著,丁娜译,涅斯特林格优秀幻想小说,2003 年 1 月。平装覆膜,32 开,ISBN 7-02-004051-9,定价 11.80 元。2007 年 6 月收入世界儿童文学名著插图本,平装覆膜,国流 32 开,ISBN 7-02-006096-2,定价 12.00 元。(98-51)

15970 新木偶奇遇记

〔奥地利〕涅斯特林格著,蔡鸿君译,涅斯特林格优秀幻想小说,2003 年 1 月。平装覆膜,32 开,ISBN 7-02-004052-7,定价 11.80 元。(98-52)

15971 冻僵的王子

〔奥地利〕涅斯特林格著,任庆莉译,涅斯特林格优秀幻想小说,2003 年 1 月。平装覆膜,32 开,ISBN 7-02-004074-8,定价 7.80 元。(98-53)

15972 吸血侠 达伦·山传奇Ⅲ
吸血鬼杀手 黑色陷阱 吸血魔王

〔英〕达伦·山著,周莉、马凉、刘乔译,2003 年 7 月。平装覆膜,16 开,ISBN 7-02-0044250-3,定价 29.00 元。2006 年 8 月,书名《吸血侠传奇(3)吸血鬼杀手 黑色陷阱 吸血魔王》。2009 年 4 月收入当代欧美畅销儿童小说·国际获奖系列,平装覆膜,16 异,ISBN 978-7-

02-007299-6,定价26.00元。(98-54)

15973　生于1999
〔德〕夏洛特·克纳著,王泰智、沈惠珠译,未来小说,2003年7月。平装覆膜,16异,ISBN 7-02-004278-3,定价16.00元。(98-55)

15974　我是克隆人
〔德〕夏洛特·克纳著,王泰智、沈惠珠译,未来小说,2003年7月。平装覆膜,16异,ISBN 7-02-004277-5,定价16.00元。2006年6月收入世界儿童文学名著插图本,平装覆膜,国流32开,ISBN 7-02-005605-9,定价10.00元。(98-56)

15975　安徒生童话
〔丹麦〕安徒生著,〔法〕福雷斯蒂尔、〔德〕斯基伯、〔意〕巴塔利绘,名家绘本,2003年8月。平装覆膜,16开,ISBN 7-02-004317-8,定价42.00元。2008年3月收入国际获奖插图大师绘本,平装覆膜,20开,ISBN 978-7-02-006410-6,定价35.00元。(98-57)

15976　格林童话
〔德〕格林兄弟著,〔意〕安娜·劳拉·坎托贝等绘,名家绘本,2003年9月。平装覆膜,16开,ISBN 7-02-004337-2,定价38.00元。2008年3月收入国际获奖插图大师绘本,平装覆膜,20开,ISBN 978-7-02-006411-3,定价35.00元。(98-58)

15977　伊索寓言
〔古希腊〕伊索著,〔意〕斯特凡诺·塔尔塔罗蒂、皮娅·瓦伦蒂尼斯、〔法〕克洛迪娜·拉费斯坦绘,名家绘本,2003年9月。平装覆膜,16开,ISBN 7-02-004336-4,定价36.00元。2008年3月收入国际获奖插图大师绘本,平装覆膜,20开,ISBN 978-7-02-006412-6,定价35.00元。(98-59)

15978　海洋为什么是蓝色的？
关于海洋的问与答
〔美〕梅尔文·伯杰、吉尔达·伯杰著,约翰·赖斯图,百合译,美国中小学生课外科普读物,2004年1月。平装覆膜,16开,ISBN 7-02-004370-4,定价11.80元。(98-60)

15979　蝴蝶的名字是怎么来的？
关于蝴蝶和蛾的问与答
〔美〕梅尔文·伯杰、吉尔达·伯杰著,希金斯·邦德图,百合译,美国中小学生课外科普读物,2004年1月。平装覆膜,16开,ISBN 7-02-004367-4,定价11.80元。(98-61)

15980　热带雨林里总是下雨吗？
关于热带雨林的问与答
〔美〕梅尔文·伯杰、吉尔达·伯杰著,迈克尔·罗思曼图,百合译,美国中小学生课外科普读物,2004年1月。平装覆膜,16开,ISBN 7-02-004368-2,定价11.80元。(98-62)

15981　熊整个冬天都在睡觉吗？
关于熊的问与答
〔美〕梅尔文·伯杰、吉尔达·伯杰著,罗伯托·奥斯蒂图,百合译,美国中小学生课外科普读物,2004年1月。平装覆膜,16开,ISBN 7-02-004369-0,定价11.80元。(98-63)

15982　企鹅会被冻伤吗？
关于极地动物的问与答
〔美〕梅尔文·伯杰、吉尔达·伯杰著,希金斯·邦德图,百合译,美国中小学生课外科普读物,2004年1月。平装覆膜,16开,ISBN 7-02-004371-2,定价11.80元。(98-64)

15983　蛙怎样用眼睛吞咽食物？
关于两栖动物的问与答
〔美〕梅尔文·伯杰、吉尔达·伯杰著,卡伦·卡尔图,百合译,美国中小学生课外科普读物,2004年1月。平装覆膜,16开,ISBN 7-02-004372-0,定价11.80元。(98-65)

15984　幽灵船
〔德〕迪特洛弗·莱歇著,康萍萍译,当代欧美畅销儿童小说,2004年1月。平装覆膜,16开,ISBN 7-02-004448-4,定价20.00元。2006年6月收入世界儿童文学名著插图本,平装覆膜,国流32开,ISBN 7-02-005604-0,定价15.00元。2009年4月收入当代欧美畅销儿童小说·国际获奖系列,平装覆膜,16异,ISBN 978-7-02-007281-1,定价20.00元。2010年8月收入影响孩子们一生的经典插图本,平装覆膜,16异,ISBN 978-7-02-008071-7,定价23.00元。2013年1月收入世界儿童文学新经典,平装覆膜,16异,ISBN 978-7-02-009635-0,定价24.00元。(98-66)

15985　精灵国来的陌生人

〔加拿大〕佩里·诺德曼著,姚媛、张红译,当代欧美畅销儿童小说,2004年1月。平装覆膜,16开,ISBN 7-02-004449-2,定价20.00元。(98-67)

15986　法老的诅咒

〔德〕沃尔夫冈·霍尔拜恩、海克·霍尔拜恩著,王泰智、沈惠珠译,当代欧美畅销儿童小说,2004年1月。平装覆膜,16开,ISBN 7-02-004376-3,定价29.00元。2006年6月收入世界儿童文学名著插图本,平装覆膜,国流32开,ISBN 7-02-005583-4,定价21.00元。2009年4月收入当代欧美畅销儿童小说·国际获奖系列,平装覆膜,16异,ISBN 978-7-02-007274-3,定价27.00元。2010年8月收入影响孩子们一生的经典插图本,平装覆膜,16异,ISBN 978-7-02-008073-1,定价31.00元。2013年1月收入世界儿童文学新经典,平装覆膜,16异,ISBN 978-7-02-009628-2,定价29.00元。(98-68)

15987　手提箱孩子

〔英〕杰奎琳·威尔逊著,周莉译,杰奎琳·威尔逊获奖作品系列,2004年1月。平装覆膜,大32开,ISBN 7-02-004416-6,定价8.50元。(98-69)

15988　坏女孩

〔英〕杰奎琳·威尔逊著,蔡文译,杰奎琳·威尔逊获奖作品系列,2004年1月。平装覆膜,大32开,ISBN 7-02-004434-4,定价10.50元。(98-70)

15989　1+1=0

〔英〕杰奎琳·威尔逊著,蔡文译,杰奎琳·威尔逊获奖作品系列,2004年1月。平装覆膜,大32开,ISBN 7-02-004433-6,定价11.00元。2007年7月收入世界儿童文学名著插图本,平装覆膜,国流32开,ISBN 7-02-006039-9,定价13.00元。(98-71)

15990　全世界孩子都喜欢的100个童话·红卷

〔德〕克·施特里希编选,2004年5月。平装覆膜,16异,ISBN 7-02-004602-9,定价29.00元。(98-72)

15991　全世界孩子都喜欢的100个童话·蓝卷

〔德〕克·施特里希编选,2004年5月。平装覆膜,16异,ISBN 7-02-004603-7,定价29.00元。(98-73)

15992　地海传奇Ⅰ

〔美〕厄休拉·勒奎恩著,马爱农、周莉译,2004年1月。平装覆膜,16异,ISBN 7-02-004407-7,定价22.00元。(98-74)

15993　地海传奇Ⅱ

〔美〕厄休拉·勒奎恩著,一目、姚翠丽译,2004年1月。平装覆膜,16异,ISBN 7-02-004408-5,定价29.00元。(98-75)

15994　地海传奇Ⅲ

〔美〕厄休拉·勒奎恩著,石永礼译,2004年1月。平装覆膜,16开,ISBN 7-02-004409-3,定价22.00元。(98-76)

15995　非常妈妈

〔英〕杰奎琳·威尔逊著,周莉译,杰奎琳·威尔逊获奖作品系列,2004年1月。平装覆膜,大32开,ISBN 7-02-004417-4,定价16.00元。(98-77)

15996　杨柳风(柳林风声)

〔英〕肯尼斯·格雷厄姆著,赵武平译,J.K.罗琳读书单,2004年7月。平装覆膜,国流32开,ISBN 7-02-004716-5,定价13.00元。2006年6月收入世界儿童文学名著插图本,书名《柳林风声》,平装覆膜,国流32开,ISBN 7-02-005588-5,定价12.00元。2010年8月收入影响孩子们一生的经典插图本,平装覆膜,16异,ISBN 978-7-02-008037-3,定价18.00元。2015年1月收入你长大之前必读的66本书,平装覆膜,16异,ISBN 978-7-02-010711-7,定价22.00元。(98-78)

15997　彼德·潘

〔英〕詹姆斯·巴里著,杨玲玲译,J.K.罗琳读书单,2004年7月。平装覆膜,国流32开,ISBN 7-02-004715-7,定价13.00元。2006年6月收入世界儿童文学名著插图本,平装覆膜,国流32开,ISBN 7-02-005614-8,定价11.00元。2010年8月收入影响孩子们一生的经典插图本,平装覆膜,国流32开,ISBN 978-

7-02-008038-0,定价17.00元。2015年1月收入你长大之前必读的66本书,平装覆膜,16异,ISBN 978-7-02-010714-8,定价23.00元。2016年1月收入核心阅读工程,平装覆膜,16异,ISBN 978-7-02-011311-8,定价23.00元。(98-79)

15998　我能行

〔苏〕高尔基、〔印度〕泰戈尔等著,冰心、任溶溶等译,我能行丛书,2004年7月。平装覆膜,大32开,ISBN 7-02-004593-6,定价14.00元。(98-80)

15999　一生做个好人

〔匈牙利〕齐格蒙德·莫里兹著,姬登杰、姚翠丽译,我能行丛书,2004年7月。平装覆膜,大32开,ISBN 7-02-004573-1,定价16.00元。(98-81)

16000　我能跳过水洼

〔澳大利亚〕艾伦·马歇尔著,黄源深、陈士龙译,我能行丛书,2004年7月。平装覆膜,大32开,ISBN 7-02-004605-3,定价12.50元。(98-82)

16001　雪孩子

〔挪威〕瓦拉塞著,张丽丽译,2004年7月。平装覆膜,16异,ISBN 7-02-004591-X,定价29.00元。(98-83)

16002　魔船

〔英〕希尔达·刘易斯著,底婕译,2004年7月。平装覆膜,16异,ISBN 7-02-004635-4,定价20.00元。2006年6月收入世界儿童文学名著插图本,平装覆膜,国流32开,ISBN 7-02-005610-5,定价14.00元。(98-84)

16003　魔镜

〔德〕基尔斯腾·博伊厄著,康萍萍译,当代欧美畅销儿童小说,2004年7月。平装覆膜,16开,ISBN 7-02-004775-0,定价18.00元。2007年6月收入世界儿童文学名著插图本,平装覆膜,国流32开,ISBN 978-7-02-006092-4,定价13.00元。(98-85)

16004　黑骏马

〔英〕安娜·西韦尔著,蔡文译,J.K.罗琳读书单,2004年7月。平装覆膜,国流32开,ISBN 7-02-004646-0,定价15.00元。2006年6月收入世界儿童文学名著插图本,平装覆膜,国流32开,ISBN 7-02-005587-7,定价13.00元。2010年8月收入影响孩子们一生的经典插图本,平装覆膜,16异,ISBN 978-7-02-008046-5,定价19.00元。(98-86)

16005　小公主

〔美〕弗朗西丝·伯内特著,张鹏、蔡文译,J.K.罗琳读书单,2004年7月。平装覆膜,国流32开,ISBN 7-02-004710-6,定价15.00元。2006年6月收入世界儿童文学名著插图本,平装覆膜,国流32开,ISBN 7-02-005589-3,定价13.00元。(98-87)

16006　丛林故事

〔英〕拉迪亚德·吉卜林著,蔡文译,J.K.罗琳读书单,2004年7月。平装覆膜,国流32开,ISBN 7-02-004647-9,定价12.00元。2006年6月收入世界儿童文学名著插图本,平装覆膜,国流32开,ISBN 7-02-005613-X,定价10.00元。2010年8月收入影响孩子们一生的经典插图本,平装覆膜,16异,ISBN 978-7-02-008035-9,定价18.00元。2015年9月收入你长大之前必读的66本书,平装覆膜,16异,ISBN 978-7-02-010913-5,定价20.00元。2016年1月收入核心阅读工程,平装覆膜,16异,ISBN 978-7-02-011313-2,定价20.00元。(98-88)

16007　执着的龙

〔英〕格雷厄姆著,方慧敏译,美国学生课外阅读丛书,2004年7月。精装,16异,ISBN 7-02-004772-6,定价11.00元。(98-89)

16008　佩罗童话

〔法〕佩罗著,倪维中译,美国学生课外阅读丛书,2004年7月。精装,16异,ISBN 7-02-004616-9,定价13.00元。(98-90)

16009　三只小猪

〔英〕约瑟夫·雅各布斯著,伊犁译,美国学生课外阅读丛书,2004年7月。精装,16异,ISBN 7-02-004703-3,定价10.00元。(98-91)

16010　石头汤

〔美〕马西娅·布朗著,丁浣译,美国学生课外阅读丛书,2004年7月。精装,16异,ISBN 7-

02-004674-6,定价13.00元。(98-92)

16011　胡萝卜种子

〔美〕路斯·克劳斯著,大志译,美国学生课外阅读丛书,2004年7月。精装,16异,ISBN 7-02-004783-1,定价8.00元。(98-93)

16012　兔子彼得的故事

〔英〕毕翠克丝·波特著,刘乔译,徐中益绘图,美国学生课外阅读丛书,2004年7月。精装,16异,ISBN 7-02-004666-5,定价18.00元。(98-94)

16013　小象巴贝尔的故事

〔法〕让·德·布吕诺夫著,伊犁译,美国学生课外阅读丛书,2004年7月。精装,16异,ISBN 7-02-004639-8,定价12.00元。(98-95)

16014　巴贝尔和他的孩子们

〔法〕让·德·布吕诺夫著,伊犁译,美国学生课外阅读丛书,2004年7月。精装,16异,ISBN 7-02-004690-8,定价11.00元。(98-96)

16015　本和我(大师和老鼠)

〔美〕罗伯特·洛桑著,伊犁译,美国学生课外阅读丛书,2004年7月。平装覆膜,大32开,ISBN 7-02-004675-4,定价8.00元。2006年7月收入外国儿童文学获奖作家作品丛书,平装覆膜,大32开,ISBN 7-02-005663-6,定价8.00元。2015年1月收入你长大之前必读的66本书,书名《大师和老鼠》,平装覆膜,16异,ISBN 978-7-02-010706-3,定价18.00元。(98-97)

16016　半个魔法

〔美〕爱德华·伊格著,丁浣译,美国学生课外阅读丛书,2004年8月。平装覆膜,大32开,ISBN 7-02-004785-8,定价11.00元。2007年9月收入大拇指丛书,平装覆膜,国流32开,ISBN 978-7-02-006162-4,定价10.00元。(98-98)

16017　勇敢的心

〔美〕阿·斯佩里著,李自修译,美国学生课外阅读丛书,2004年7月。平装覆膜,大32开,ISBN 7-02-004704-1,定价8.00元。2006年7月收入外国儿童文学获奖作家作品丛书,平装覆膜,大32开,ISBN 7-02-005668-7,定价8.00元。(98-99)

16018　铁路的孩子

〔英〕伊·内斯比特著,陈小全译,美国学生课外阅读丛书,2004年7月。平装覆膜,大32开,ISBN 7-02-004699-1,定价12.00元。(98-100)

16019　地海巫师

〔美〕厄休拉·勒奎恩著,马爱农译,美国学生课外阅读丛书,2004年7月。平装覆膜,大32开,ISBN 7-02-004702-5,定价12.00元。2006年7月收入外国儿童文学获奖作家作品丛书,平装覆膜,大32开,ISBN 7-02-005665-2,定价12.00元。2007年7月收入世界儿童文学名著插图本,平装覆膜,国流32开,ISBN 7-02-006192-1,定价13.00元。(98-101)

16020　通往特拉比西亚的桥

〔美〕凯瑟琳·佩特森著,庄细荣译,美国学生课外阅读丛书,2004年7月。平装覆膜,大32开,ISBN 7-02-004701-7,定价9.00元。2006年7月收入外国儿童文学获奖作家作品丛书,平装覆膜,大32开,ISBN 7-02-005667-9,定价9.00元。(98-102)

16021　黑鸟水塘的女巫

〔美〕伊丽莎白·乔治·斯皮尔著,舒杭生译,美国学生课外阅读丛书,2004年8月。平装覆膜,大32开,ISBN 7-02-004764-5,定价13.00元。2006年7月收入外国儿童文学获奖作家作品丛书,平装覆膜,大32开,ISBN 7-02-005664-4,定价13.00元。(98-103)

16022　沃特希普荒原

〔英〕理查德·亚当斯著,蔡文译,2005年1月。平装覆膜,大32开,ISBN 7-02-004719-X,定价42.00元。2006年6月收入世界儿童文学名著插图本,平装覆膜,国流32开,ISBN 7-02-005597-4,定价26.00元。(98-104)

16023　我是跑马场老板

〔澳大利亚〕帕特里夏·赖特森著,丁浣译,我能行丛书,2004年10月。平装覆膜,大32开,ISBN 7-02-004809-9,定价9.00元。2006年7月收入外国儿童文学获奖作家作品丛书,平装覆膜,大32开,ISBN 7-02-005666-0,定价

9.00元。(98-105)

16024 玉女神驹

〔英〕伊妮德·拜格诺德著，马爱农译，美国学生课外阅读丛书，2004年11月。平装覆膜，大32开，ISBN 7-02-004810-2，定价16.00元。2015年3月收入你长大之前必读的66本书，平装覆膜，16异，ISBN 978-7-02-010909-8，定价26.00元。(98-106)

16025 永远的公主与王子

〔德〕克·施特里希选编，塔·豪普特曼绘画，杰克等译，2005年1月。平装覆膜，16开，ISBN 7-02-004819-6，定价25.00元。(98-107)

16026 灰姑娘逃婚

〔美〕玛格丽特·海迪克斯著，蔡文译，当代欧美畅销儿童小说，2005年1月。平装覆膜，16开，ISBN 7-02-004846-3，定价18.00元。2006年6月收入世界儿童文学名著插图本，平装覆膜，国流32开，ISBN 7-02-005586-9，定价12.00元。2009年4月收入当代欧美畅销儿童小说·国际获奖系列，平装覆膜，16异，ISBN 978-7-02-007279-8，定价16.00元。(98-108)

16027 穿越夜空的疯狂旅行

〔德〕瓦尔特·莫尔斯著，朱显亮译，当代欧美畅销儿童小说，2005年1月。平装覆膜，16开，ISBN 7-02-004100-0，定价20.00元。2006年6月收入世界儿童文学名著插图本，平装覆膜，国流32开，ISBN 7-02-005585-0，定价12.00元。2009年4月收入当代欧美畅销儿童小说·国际获奖系列，平装覆膜，16异，ISBN 978-7-02-007278-1，定价18.00元。2010年8月收入影响孩子们一生的经典插图本，平装覆膜，16异，ISBN 978-7-02-008074-8，定价22.00元。(98-109)

16028 健介的王国

〔英〕迈克尔·莫尔普戈著，周小进译，2005年1月。平装覆膜，国流32开，ISBN 7-02-004858-7，定价9.00元。2006年6月收入世界儿童文学名著插图本，平装覆膜，国流32开，ISBN 7-02-005602-4，定价9.00元。(98-110)

16029 失踪叔叔的来信

〔英〕默文·皮克著，百合译，2005年1月。平装覆膜，国流32开，ISBN 7-02-004857-9，定价9.00元。(98-111)

16030 海底来客

〔英〕莫莉·亨特著，张煜译，当代欧美畅销儿童小说，2005年1月。平装覆膜，16异，ISBN 7-02-004957-5，定价16.00元。(98-112)

16031 劳拉的秘密

〔德〕彼得·弗洛恩德著，李士勋译，当代欧美畅销儿童小说，2005年1月。平装覆膜，16异，ISBN 7-02-004944-3，定价30.00元。2007年6月收入世界儿童文学名著插图本，平装覆膜，国流32开，ISBN 7-02-006093-1，定价23.00元。(98-113)

16032 汤姆的午夜花园

〔英〕菲莉帕·皮尔斯著，马爱农译，当代欧美畅销儿童小说，2005年1月。平装覆膜，16异，ISBN 7-02-004851-X，定价20.00元。2006年6月收入世界儿童文学名著插图本，平装覆膜，国流32开，ISBN 7-02-005611-3，定价14.00元。2009年4月收入当代欧美畅销儿童小说·国际获奖系列，平装覆膜，16异，ISBN 978-7-02-007286-6，定价18.00元。2010年8月收入影响孩子们一生的经典插图本，平装覆膜，16异，ISBN 978-7-02-008064-9，定价21.00元。2013年5月收入世界儿童文学新经典，平装覆膜，16异，ISBN 978-7-02-009631-2，定价22.00元。2015年9月收入你长大之前必读的66本书，平装覆膜，16异，ISBN 978-7-02-010910-4，定价23.00元。(98-114)

16033 恋爱的女孩

〔英〕杰奎琳·威尔逊著，石青译，青橄榄女孩，2005年1月。平装覆膜，大32开，ISBN 7-02-004854-4，定价11.00元。2006年6月收入世界儿童文学名著插图本，平装覆膜，国流32开，ISBN 7-02-005599-0，定价11.00元。(98-115)

16034 烦恼的女孩

〔英〕杰奎琳·威尔逊著，胡虹译，青橄榄女孩，2005年1月。平装覆膜，大32开，ISBN 7-02-004853-6，定价15.00元。(98-116)

16035 晚归的女孩
〔英〕杰奎琳·威尔逊著,吴慧译,青橄榄女孩,2005年1月。平装覆膜,大32开,ISBN 7-02-004855-2,定价15.00元。(98-117)

16036 流泪的女孩
〔英〕杰奎琳·威尔逊著,姬登杰译,青橄榄女孩,2005年1月。平装覆膜,大32开,ISBN 7-02-004852-8,定价14.00元。(98-118)

16037 星星秘笈Ⅰ 魔法大师歌德哈尔
〔法〕埃里克·洛姆著,任友谅译,2005年1月。平装覆膜,国流32开,ISBN 7-02-004862-5,定价16.00元。(98-119)

16038 星星秘笈Ⅱ 沙长老
〔法〕埃里克·洛姆著,任友谅、何蒨译,2005年1月。平装覆膜,国流32开,ISBN 7-02-004861-7,定价15.00元。(98-120)

16039 星星秘笈Ⅲ 魔影
〔法〕埃里克·洛姆著,李兰婷译,2005年1月。平装覆膜,国流32开,ISBN 7-02-004870-6,定价16.00元。(98-121)

16040 外公的13号古宅
〔德〕沃尔夫冈·霍尔拜恩、海克·霍尔拜恩著,王泰智、沈惠珠译,当代欧美畅销儿童小说,2005年7月。平装覆膜,16异,ISBN 7-02-005243-6,定价30.00元。2006年6月收入世界儿童文学名著插图本,平装覆膜,国流32开,ISBN 7-02-005581-8,定价23.00元。2009年4月收入当代欧美畅销儿童小说·国际获奖系列,平装覆膜,16异,ISBN 978-7-02-007273-6,定价28.00元。2010年8月收入影响孩子们一生的经典插图本,平装覆膜,16异,ISBN 978-7-02-008072-4,定价33.00元。2013年1月收入世界儿童文学新经典,平装覆膜,16异,ISBN 978-7-02-009632-9,定价33.00元。(98-122)

16041 公主魔咒
〔德〕加布里埃莱·拜尔莱因著,顾牧译,当代欧美畅销儿童小说,2005年7月。平装覆膜,16异,ISBN 7-02-005229-0,定价18.00元。(98-123)

16042 猫和少年魔笛手
〔英〕特里·普拉切特著,周莉译,当代欧美畅销儿童小说,2005年8月。平装覆膜,16异,ISBN 7-02-005227-4,定价24.00元。2007年6月收入世界儿童文学名著插图本,书名《少年魔笛手》,平装覆膜,国流32开,ISBN 978-7-02-006089-4,定价15.00元。(98-124)

16043 叛逆的小精灵
〔英〕特里·普拉切特著,杨玲玲译,当代欧美畅销儿童小说,2005年8月。平装覆膜,16异,ISBN 7-02-005258-4,定价25.00元。2007年6月收入世界儿童文学名著插图本,书名《小小自由人》,平装覆膜,国流32开,ISBN 978-7-02-006088-7,定价17.00元。(98-125)

16044 帽子里的天空
〔英〕特里·普拉切特等著,林晶译,当代欧美畅销儿童小说,2005年10月。平装覆膜,16异,ISBN 7-02-005275-4,定价25.00元。2006年6月收入世界儿童文学名著插图本,平装覆膜,国流32开,ISBN 978-7-02-005596-6,定价15.00元。(98-126)

16045 我们的七日战争 我们的天使游戏
〔日〕宗田理著,胡岩译,我们的探侦团,2005年12月。平装覆膜,16开,ISBN 7-02-004971-0,定价30.00元。(98-127)

16046 我们的大冒险 我们的圣战
〔日〕宗田理著,韩永华译,我们的探侦团,2005年12月。平装覆膜,16开,ISBN 7-02-005191-X,定价27.00元。(98-128)

16047 我们的打工作战 我们的C计划
〔日〕宗田理著,杨珍珍译,我们的探侦团,2005年12月。平装覆膜,16开,ISBN 7-02-005190-1,定价27.00元。(98-129)

16048 我们的修学旅行 我们的秘密校园祭
〔日〕宗田理著,代洪光译,我们的探侦团,2005年12月。平装覆膜,16开,ISBN 7-02-005192-8,定价27.00元。(98-130)

16049 我们的秘岛探险队 我们的最终战争
〔日〕宗田理著,萨仁高娃译,我们的探侦团,2005年12月。平装覆膜,16开,ISBN 7-02-005189-8,定价29.00元。(98-131)

16050 千奇屋

〔德〕F.M.雷芬贝格、J.施特拉特曼著,康萍萍译,当代欧美畅销儿童小说,2006年1月。平装覆膜,16异,ISBN 7-02-005441-2,定价25.00元。2007年6月收入世界儿童文学名著插图本,平装覆膜,国流32开,ISBN 978-7-02-006094-8,定价16.00元。(98-132)

16051　公主与船长
〔法〕安娜-洛尔·邦杜著,傅勇强译,当代欧美畅销儿童小说,2006年1月。平装覆膜,16异,ISBN 7-02-005445-5,定价30.00元。2007年6月收入世界儿童文学名著插图本,平装覆膜,国流32开,ISBN 978-7-02-006095-5,定价18.00元。2009年4月收入当代欧美畅销儿童小说·国际获奖系列,平装覆膜,16异,ISBN 978-7-02-007275-0,定价27.00元。(98-133)

16052　写给我天堂里的妹妹
〔美〕珍妮特·李·凯利著,林晶译,2006年1月。平装覆膜,国流32开,ISBN 7-02-005428-5,定价15.00元。2007年6月收入世界儿童文学名著插图本,平装覆膜,国流32开,ISBN 978-7-02-006091-7,定价12.00元。2009年4月收入当代欧美畅销儿童小说·国际获奖系列,平装覆膜,16异,ISBN 978-7-02-007283-5,定价19.00元。2010年9月收入影响孩子们一生的经典插图本,平装覆膜,16异,ISBN 978-7-02-008069-4,定价22.00元。2013年1月收入世界儿童文学新经典,平装覆膜,16异,ISBN 978-7-02-009627-5,定价22.00元。(98-134)

16053　对女巫低语
〔英〕安娜·戴尔著,马爱农译,当代欧美畅销儿童小说,2006年1月。平装覆膜,16异,ISBN 7-02-005443-9,定价20.00元。2007年6月收入世界儿童文学名著插图本,平装覆膜,国流32开,ISBN 978-7-02-006090-0,定价15.00元。(98-135)

16054　伊索寓言精选100篇(彩图注音版)
〔古希腊〕伊索著,2006年1月。平装覆膜,16异,ISBN 7-02-005212-6,定价29.00元。(98-136)

16055　谎言城堡的秘密
〔美〕K.P.巴斯著,马爱新译,当代欧美畅销儿童小说,2006年1月。平装覆膜,16异,ISBN 7-02-005438-2,定价20.00元。2006年6月收入世界儿童文学名著插图本,平装覆膜,国流32开,ISBN 7-02-005669-5,定价15.00元。2009年4月收入当代欧美畅销儿童小说·国际获奖系列,平装覆膜,16异,ISBN 978-7-02-007285-9,定价18.00元。(98-137)

16056　童话是童话是童话
〔德〕玛亚蕾娜·棱贝克著,苏彼勒·海恩绘,李明明译,2006年5月。平装覆膜,国流32开,ISBN 7-02-005378-5,定价16.80元。(98-138)

16057　柴堆旁的男孩
〔英〕鲁德亚德·吉卜林著,〔美〕奥森·洛威尔绘,王雪纯译,诺奖童书,2020年1月。平装,国流32开,ISBN 978-7-02-013333-8,定价29.00元。(98-139)

16058　瘸腿小王子 地精布朗尼
〔英〕马洛克·克雷克著,韩慧强译,世界儿童文学名著插图本,2006年6月。平装覆膜,国流32开,ISBN 7-02-005628-8,定价13.00元。(98-140)

16059　魔堡
〔英〕艾迪丝·内斯比特著,杨玲玲译,世界儿童文学名著插图本,2006年6月。平装覆膜,国流32开,ISBN 7-02-005633-4,定价15.00元。2010年8月收入影响孩子们一生的经典插图本,平装覆膜,16异,ISBN 978-7-02-008067-0,定价19.00元。(98-141)

16060　脑袋里的小矮人 可爱的魔鬼先生
〔奥地利〕涅斯特林格著,夏阳、全小虎译,世界儿童文学名著插图本,2006年6月。平装覆膜,国流32开,ISBN 7-02-005622-9,定价11.00元。(98-142)

16061　法国童话
〔法〕夏尔·佩罗等著,倪维中、王晔译,世界儿童文学名著插图本,2006年6月。平装覆膜,国流32开,ISBN 7-02-005654-7,定价13.00元。(98-143)

16062　写给所有"4岁至75岁孩子"的50篇童话

〔法〕夏尔·佩罗等著,倪维中等译,2006 年 8 月。平装覆膜,16 异,ISBN 7-02-005732-2,定价 29.00 元。(98-144)

16063 魔法书与守护者

〔德〕沃尔夫冈·霍尔拜恩、海克·霍尔拜恩著,江澜、李晓旸、谢秋译,2006 年 8 月。平装覆膜,16 异,ISBN 7-02-005793-4,定价 48.00 元。(98-145)

16064 吸血侠传奇(4) 亡灵之湖 幽灵之王 命运之子

〔英〕达伦·山著,百合译,2006 年 8 月。平装覆膜,国流 32 开,ISBN 7-02-005760-8,定价 29.00 元。2009 年 4 月收入当代欧美畅销儿童小说·国际获奖系列,平装覆膜,16 异,ISBN 978-7-02-007300-9,定价 29.00 元。(98-146)

16065 英国童话

〔英〕约瑟夫·雅各布斯著,周治淮、方慧敏译,2006 年 12 月。平装覆膜,16 异,ISBN 7-02-005820-5,定价 30.00 元。(98-147)

16066 被偷去记忆的博物馆

〔德〕拉尔夫·伊绍著,王泰智、沈惠珠译,当代欧美畅销儿童小说,2007 年 1 月。平装覆膜,16 开,ISBN 978-7-02-005962-1,定价 32.00 元。2009 年 4 月收入当代欧美畅销儿童小说·国际获奖系列,平装覆膜,16 异,ISBN 978-7-02-007280-4,定价 30.00 元。2010 年 8 月收入影响孩子们一生的经典插图本,平装覆膜,16 异,ISBN 978-7-02-008066-3,定价 35.00 元。(98-148)

16067 神秘的 Y 符号

〔德〕迪米特里·克罗著,顾牧译,当代欧美畅销儿童小说,2007 年 1 月。平装覆膜,16 开,ISBN 978-7-02-005968-3,定价 20.00 元。(98-149)

16068 德国童话

〔德〕格林兄弟、蒙夫、贝希施坦因著,司马全译,世界儿童文学名著插图本,2007 年 7 月。平装覆膜,国流 32 开,ISBN 978-7-02-006226-3,定价 19.00 元。(98-150)

16069 阿拉伯童话

王瑞琴译,世界儿童文学名著插图本,2007 年 7 月。平装覆膜,国流 32 开,ISBN 978-7-02-006152-5,定价 19.00 元。(98-151)

16070 飘飘公主 太阳和月亮的孩子

〔英〕乔治·麦克唐纳著,韩慧强、梁惠译,世界儿童文学名著插图本,2007 年 7 月。平装覆膜,国流 32 开,ISBN 978-7-02-006220-1,定价 12.00 元。(98-152)

16071 魔法岛

〔美〕弗兰克·鲍姆著,韩慧强译,世界儿童文学名著插图本,2007 年 7 月。平装覆膜,国流 32 开,ISBN 978-7-02-006151-8,定价 11.00 元。(98-153)

16072 达·芬奇寓言故事

〔意〕达·芬奇著,张复生译,世界儿童文学名著插图本,2007 年 7 月。平装覆膜,国流 32 开,ISBN 978-7-02-006097-9,定价 11.00 元。(98-154)

16073 所罗门王的宝藏

〔英〕赖德·哈格德著,韩慧强译,世界儿童文学名著插图本,2007 年 7 月。平装覆膜,国流 32 开,ISBN 978-7-02-006225-6,定价 16.00 元。2010 年 8 月收入影响孩子们一生的经典插图本,平装覆膜,16 异,ISBN 978-7-02-008044-1,定价 20.00 元。2017 年 6 月收入你长大之前必读的 66 本书,平装覆膜,16 异,ISBN 978-7-02-011984-4,定价 27.00 元。(98-155)

16074 小伯爵

〔美〕弗朗西丝·伯内特著,高红梅译,世界儿童文学名著插图本,2007 年 7 月。平装覆膜,国流 32 开,ISBN 978-7-02-006228-7,定价 13.00 元。(98-156)

16075 英国童话

〔英〕埃德温·哈特兰选编,韩慧强、韩慧敏译,世界儿童文学名著插图本,2007 年 7 月。平装覆膜,国流 32 开,ISBN 978-7-02-006182-2,定价 15.00 元。(98-157)

16076 侠盗罗宾汉

〔英〕亨利·吉尔伯特著,韩慧强、韩慧敏译,世界儿童文学名著插图本,2007 年 7 月。平装覆膜,国流 32 开,ISBN 978-7-02-006204-1,定价 18.00 元。(98-158)

16077　俄罗斯童话

〔俄罗斯〕阿法纳西耶夫选编，沈志宏、方子汉译，世界儿童文学名著插图本，2007 年 7 月。平装覆膜，国流 32 开，ISBN 978-7-02-006227-0，定价 17.00 元。(98-159)

16078　赖医生丛林记　赖医生航海记

〔美〕休·洛夫汀著，高红梅译，世界儿童文学名著插图本，2007 年 8 月。平装覆膜，国流 32 开，ISBN 978-7-02-006229-4，定价 19.00 元。2010 年 8 月收入影响孩子们一生的经典插图本，书名《奇怪的赖医生》，平装覆膜，16 异，ISBN 978-7-02-008028-1，定价 28.00 元。2015 年 9 月收入你长大之前必读的 66 本书，书名《杜丽特医生的故事》，平装覆膜，16 异，ISBN 978-7-02-010931-9，定价 29.00 元。(98-160)

16079　意大利童话

〔意〕卡尔维诺等编，王干卿等译，世界儿童文学名著插图本，2007 年 8 月。平装覆膜，国流 32 开，ISBN 978-7-02-006178-5，定价 17.00 元。(98-161)

16080　凤凰与魔毯

〔英〕艾迪丝·内斯比特著，杨玲玲译，世界儿童文学名著插图本，2007 年 7 月。平装覆膜，国流 32 开，ISBN 978-7-02-006191-4，定价 15.00 元。(98-162)

16081　世界上最迷人的 100 个童话

〔德〕克·施特里希选编，塔·豪普特曼绘画，杰克等译，世界儿童文学名著插图本，2007 年 8 月。平装覆膜，国流 32 开，ISBN 978-7-02-006202-7，定价 25.00 元。(98-163)

16082　美人鱼公主

〔英〕艾迪丝·内斯比特著，赵鹰译，世界儿童文学名著插图本，2007 年 8 月。平装覆膜，国流 32 开，ISBN 978-7-02-006218-8，定价 12.00 元。(98-164)

16083　捣蛋鬼日记

〔意〕万巴著，许高鸿译，世界儿童文学名著插图本，2007 年 8 月。平装覆膜，国流 32 开，ISBN 978-7-02-006203-4，定价 16.00 元。2010 年 8 月收入影响孩子们一生的经典插图本，平装覆膜，16 异，ISBN 978-7-02-008047-2，定价 21.00 元。2012 年 10 月，平装覆膜，16 异，ISBN 978-7-02-009437-0，定价 22.00 元。2014 年 10 月，彩色插图本，平装覆膜，16 异，ISBN 978-7-02-00914-2，定价 36.00 元。2015 年 9 月收入你长大之前必读的 66 本书，平装覆膜，16 异，ISBN 978-7-02-010912-8，定价 24.00 元。2016 年 1 月收入核心阅读工程，平装覆膜，16 异，ISBN 978-7-02-011303-3，定价 24.00 元。(98-165)

16084　森林报

〔俄罗斯〕维·比安基著，王汶译，大拇指丛书，2007 年 9 月。平装覆膜，国流 32 开，ISBN 978-7-02-005917-1，定价 17.00 元。2010 年 9 月，单行本，平装覆膜，国流 32 开，ISBN 978-7-02-006587-5，定价 21.00 元。(98-166)

16085　大森林里的小木屋

〔美〕劳拉·怀尔德著，姚翠丽译，大拇指丛书，2007 年 9 月。平装覆膜，国流 32 开，ISBN 978-7-02-005923-2，定价 10.00 元。(98-167)

16086　数字魔鬼

〔德〕汉斯·恩岑斯伯格著，罗特劳特·贝尔纳图，朱显亮译，2008 年 1 月。平装覆膜，16 异，ISBN 978-7-02-006392-5，定价 23.00 元。2009 年 4 月收入当代欧美畅销儿童小说·国际获奖系列，平装覆膜，16 异，ISBN 978-7-02-007282-8，定价 20.00 元。2010 年 8 月收入影响孩子们一生的经典插图本，平装覆膜，16 异，ISBN 978-7-02-008063-2，定价 22.00 元。2012 年 3 月收入长篇知识童话，书名《罗伯特与数字魔鬼——献给所有害怕数学的学生》，平装，16 异，ISBN 978-7-02-009095-2，定价 25.00 元。(98-168)

16087　露着衬衫角的小蚂蚁

〔意〕万巴著，王干卿译，2008 年 1 月。平装覆膜，16 异，ISBN 978-7-02-006382-6，定价 28.00 元。2010 年 8 月收入影响孩子们一生的经典插图本，平装覆膜，16 异，ISBN 978-7-02-008048-9，定价 23.00 元。2012 年 3 月收入长篇知识童话，书名《吉吉诺在蚂蚁王国》，平装，16 异，ISBN 978-7-02-009051-8，定价 25.00 元。(98-169)

16088 魔鬼的测试

〔德〕迪米特里·克罗著，顾牧译，当代欧美畅销儿童小说，2008年2月。平装覆膜，16异，ISBN 978-7-02-006316-1，定价22.00元。(98-170)

16089 谁没来吃晚餐
爱因斯坦小提琴失窃案

〔德〕A.胡诺尔德、〔奥地利〕贝琳达著，王泰智、沈惠珠译，作案现场·少年猜谜探索系列，2008年4月。平装覆膜，国流32开，ISBN 978-7-02-006686-5，定价16.00元。(98-171)

16090 帝王谷中的背叛
达·芬奇笔记被窃疑案

〔德〕F.伦克、A.诺伊鲍尔著，王泰智、沈惠珠译，作案现场·少年猜谜探索系列，2008年4月。平装覆膜，国流32开，ISBN 978-7-02-006687-2，定价16.00元。(98-172)

16091 热带雨林绑架案
达尔文和恐龙岛的秘密

〔德〕R.霍勒、M.罗特巴勒尔著，王泰智、沈惠珠译，作案现场·少年猜谜探索系列，2008年4月。平装覆膜，国流32开，ISBN 978-7-02-006688-9，定价16.00元。(98-173)

16092 外国历史故事精选

张冬梅选编，语文新课标必读丛书增订版，2008年6月。平装覆膜，大32开，ISBN 978-7-02-007043-5，定价11.00元。2012年6月收入语文新课标必读丛书最新版，平装覆膜，大32开，ISBN 978-7-02-009077-8，定价12.00元。(98-174)

16093 外国民间故事精选

岳凯选编，语文新课标必读丛书增订版，2008年6月。平装覆膜，大32开，ISBN 978-7-02-007045-9，定价14.00元。2012年6月收入语文新课标必读丛书最新版，平装覆膜，大32开，ISBN 978-7-02-009078-5，定价14.00元。(98-175)

16094 外国短篇童话精选

廉芹选编，语文新课标必读丛书增订版，2008年6月。平装覆膜，大32开，ISBN 978-7-02-007026-8，定价14.00元。(98-176)

16095 冰符国的哭泣

〔英〕斯图亚特·希尔著，何韵琳译，2008年7月。平装覆膜，16异，ISBN 978-7-02-006779-4，定价28.00元。(98-177)

16096 诗翁彼豆故事集

〔英〕J. K. 罗琳著，马爱农译，2008年12月。精装，16异，ISBN 978-7-02-006875-3，定价18.00元。2018年3月插图版，收入霍格沃茨图书馆，精装，32异，ISBN 978-7-02-013553-0，定价45.00元。(98-178)

16097 雾村险斗牛头鬼

〔德〕柯内莉娅·冯克著，王泰智、沈惠珠译，打鬼公司在行动，2009年4月。平装覆膜，32异，ISBN 978-7-02-006970-5，定价14.00元。(98-179)

16098 幽灵别墅追冰鬼

〔德〕柯内莉娅·冯克著，王泰智、沈惠珠译，打鬼公司在行动，2009年4月。平装覆膜，32异，ISBN 978-7-02-006967-5，定价13.00元。(98-180)

16099 海滨饭店战火鬼

〔德〕柯内莉娅·冯克著，王泰智、沈惠珠译，打鬼公司在行动，2009年4月。平装覆膜，32异，ISBN 978-7-02-006968-2，定价12.00元。(98-181)

16100 古城堡智胜女幽灵

〔德〕柯内莉娅·冯克著，王泰智、沈惠珠译，打鬼公司在行动，2009年4月。平装覆膜，32异，ISBN 978-7-02-006969-9，定价12.00元。(98-182)

16101 安妮卡的宝石

〔英〕爱娃·伊博森著，章棣译，当代欧美畅销儿童小说·国际获奖系列，2009年4月。平装覆膜，16异，ISBN 978-7-02-006940-8，定价23.00元。2010年8月收入影响孩子们一生的经典插图本，平装覆膜，16异，ISBN 978-7-02-008061-8，定价25.00元。2013年1月收入世界儿童文学新经典，平装覆膜，16异，ISBN 978-7-02-009636-7，定价28.00元。(98-183)

16102 瑞恩和丹尼尔船长

〔澳大利亚〕凯瑟琳·贝特森著，武果译，考拉丛书,2009 年 6 月。平装覆膜,32 异,ISBN 978 - 7 - 02 - 007527 - 0,定价 10.00 元。(98-184)

16103 小蜂的故事

〔澳大利亚〕凯瑟琳·贝特森著,武果,考拉丛书,2009 年 6 月。平装覆膜,32 异,ISBN 978-7-02-007528-7,定价 10.00 元。(98-185)

16104 七个淘气包

〔澳大利亚〕伊则尔·特纳著,李轶群译,考拉丛书,2009 年 6 月。平装覆膜,32 异,ISBN 978 - 7 - 02 - 007530 - 0,定价 14.00 元。(98-186)

16105 眨眼睛比尔

〔澳大利亚〕多萝西·沃尔著,悄然译,考拉丛书,2009 年 6 月。平装覆膜,32 异,ISBN 978-7-02-007529-4,定价 18.00 元。(98-187)

16106 多特和袋鼠

〔澳大利亚〕伊则尔·珀德利著,李尧译,考拉丛书,2009 年 6 月。平装覆膜,32 异,ISBN 978 - 7 - 02 - 007531 - 7,定价 11.00 元。(98-188)

16107 1001 夜

阿拉伯民间故事,〔德〕H. 库勒曼改编,〔意〕M. 格拉索绘画,艾华、梦林译,2009 年 9 月。平装覆膜,16 开,ISBN 978-7-02-007572-0,定价 38.00 元。(63-52)

16108 全世界孩子都喜欢的 100 个童话大师绘本·红卷

〔德〕K. 施特里希选编,T. 豪普特曼绘画,司马仝译,2009 年 12 月。平装覆膜,16 开,ISBN 978 - 7 - 02 - 007722 - 9,定价 25.00 元。(98-189)

16109 全世界孩子都喜欢的 100 个童话大师绘本·蓝卷

〔德〕K. 施特里希选编,T. 豪普特曼绘画,司马仝译,2009 年 12 月。平装覆膜,16 开,ISBN 978 - 7 - 02 - 007721 - 2,定价 25.00 元。(98-190)

16110 影子森林

〔英〕迈特·海格著,商晓芳译,2009 年 12 月。平装覆膜,32 异,ISBN 978-7-02-007753-3,定价 25.00 元。(98-191)

16111 未来的科技 从机器人到机动独轮车

〔美〕查尔斯·皮德科著,詹姆斯·李博士顾问,池明烨译,国家地理探索·校园版,2009 年 12 月。平装覆膜,16 异,ISBN 978 - 7 - 02 - 007371-9,定价 15.00 元。(98-192)

16112 极端天气 全球变暖与气候转变

〔美〕凯瑟琳·辛普森著,乔纳森·卡尔顾问,唐子健译,国家地理探索·校园版,2009 年 12 月。平装覆膜,16 异,ISBN 978 - 7 - 02 - 007370-2,定价 15.00 元。(98-193)

16113 濒危动物 用科学行动拯救濒临灭绝的物种

〔美〕桑德拉·帕斯特著,托德·K. 富勒顾问,唐子健译,国家地理探索·校园版,2009 年 12 月。平装覆膜,16 异,ISBN 978 - 7 - 02 - 007369-6,定价 15.00 元。(98-194)

16114 杀手的眼泪

〔法〕安妮-罗尔·邦杜著,赵英晖译,南方分级阅读·九年级,2009 年 12 月。平装覆膜,国流 32 开,ISBN 978-7-02-007372-6,定价 13.00 元。2011 年 1 月,单行本,平装覆膜,32 异,ISBN 978 - 7 - 02 - 008223 - 0,定价 18.00 元。(98-195)

16115 昆虫记

〔法〕让-亨利·法布尔著,陈筱卿译,影响孩子们一生的经典插图本,2010 年 8 月。平装覆膜,16 异,ISBN 978 - 7 - 02 - 008077 - 9,定价 19.00 元。(98-196)

16116 法国童话

〔法〕夏尔·佩罗等著,艾珉译,影响孩子们一生的经典插图本,2010 年 8 月。平装覆膜,16 异,ISBN 978-7-02-008078-6,定价 20.00 元。(98-197)

16117 儿童圣经故事

泰瑞、泽美编写,影响孩子们一生的经典插图本,2010 年 8 月。平装覆膜,16 异,ISBN 978-7-02-008128-8,定价 28.00 元。(98-198)

16118 失踪的王子

〔美〕弗朗西丝·伯内特著,马爱新译,影响孩子们一生的经典插图本,2010 年 8 月。平装覆膜,16 异,ISBN 978-7-02-008081-6,定价 21.00 元。2015 年 9 月收入你长大之前必读的

66本书,平装覆膜,16异,ISBN 978-7-02-010929-6,定价26.00元。(98-199)

16119　小公主
〔美〕弗朗西丝·伯内特著,陶鹏旭译,影响孩子们一生的经典插图本,2010年8月。平装覆膜,16异,ISBN 978-7-02-008079-3,定价20.00元。2015年1月收入你长大之前必读的66本书,平装覆膜,16异,ISBN 978-7-02-010718-6,定价24.00元。2016年1月收入核心阅读工程,平装覆膜,16异,ISBN 978-7-02-011298-2,定价24.00元。(98-200)

16120　三只小狼和一只大坏猪
〔希腊〕尤金·崔维查著,〔英〕海伦·奥森贝丽绘,刘念译,南方分级阅读·二年级,2010年8月。平装覆膜,16异,ISBN 978-7-02-007374-0,定价13.00元。2010年8月,单行本,精装,16异,ISBN 978-7-02-008246-9,定价18.00元。(98-201)

16121　鱼王与斯芬克斯
〔加拿大〕雷·布里奇曼著,韩涵译,米德尔盖特奇幻系列,2011年8月。平装覆膜,16异,ISBN 978-7-02-008184-4,定价22.00元。(98-202)

16122　琥珀色琼浆
〔加拿大〕雷·布里奇曼著,毛佳玲译,米德尔盖特奇幻系列,2011年8月。平装覆膜,16异,ISBN 978-7-02-008603-0,定价20.00元。(98-203)

16123　灵蛇咒语
〔加拿大〕雷·布里奇曼著,韩涵译,米德尔盖特奇幻系列,2011年8月。平装覆膜,16异,ISBN 978-7-02-008598-9,定价23.00元。(98-204)

16124　王冠宝石案
〔英〕柯南·道尔著,陈秋帆改写,福尔摩斯探案全集少儿版,2012年1月。平装覆膜,32异,ISBN 978-7-02-008884-3,定价18.00元。2018年3月收入福尔摩斯探案全集青少版,署陈秋帆编译,平装覆膜,国流32开,ISBN 978-7-02-013388-8,定价28.00元。(98-205)

16125　黑彼得
〔英〕柯南·道尔著,陈秋帆改写,福尔摩斯探案全集少儿版,2012年1月。平装覆膜,32异,ISBN 978-7-02-008869-0,定价18.00元。2018年3月收入福尔摩斯探案全集青少版,署陈秋帆编译,平装覆膜,国流32开,ISBN 978-7-02-013452-6,定价28.00元。(98-206)

16126　皮肤变白的军人
〔英〕柯南·道尔著,王梦梅改写,福尔摩斯探案全集少儿版,2012年1月。平装覆膜,32异,ISBN 978-7-02-008931-4,定价18.00元。2018年3月收入福尔摩斯探案全集青少版,署王梦梅编译,平装覆膜,国流32开,ISBN 978-7-02-013495-3,定价28.00元。(98-207)

16127　驼背人
〔英〕柯南·道尔著,林钟隆改写,福尔摩斯探案全集少儿版,2012年1月。平装覆膜,32异,ISBN 978-7-02-008880-5,定价18.00元。2018年3月收入福尔摩斯探案全集青少版,署林钟隆编译,平装覆膜,国流32开,ISBN 978-7-02-013622-3,定价28.00元。(98-208)

16128　斑点绳子案
〔英〕柯南·道尔著,陈秋帆改写,福尔摩斯探案全集少儿版,2012年1月。平装覆膜,32异,ISBN 978-7-02-008882-9,定价18.00元。2018年3月收入福尔摩斯探案全集青少版,署陈秋帆编译,平装覆膜,国流32开,ISBN 978-7-02-013617-9,定价28.00元。(98-209)

16129　四签名
〔英〕柯南·道尔著,刘元孝改写,福尔摩斯探案全集少儿版,2012年1月。平装覆膜,32异,ISBN 978-7-02-008881-2,定价18.00元。2018年3月收入福尔摩斯探案全集青少版,署刘元孝编译,平装覆膜,国流32开,ISBN 978-7-02-013493-9,定价28.00元。(98-210)

16130　恐怖谷
〔英〕柯南·道尔著,王梦梅改写,福尔摩斯探案全集少儿版,2012年1月。平装覆膜,32异,ISBN 978-7-02-008865-2,定价18.00元。2018年3月收入福尔摩斯探案全集青少版,署王梦梅编译,平装覆膜,国流32开,ISBN 978-7-02-013623-0,定价28.00元。(98-211)

16131　闪光暗号
〔英〕柯南·道尔著,赵长年改写,福尔摩斯探案全集少儿版,2012年1月。平装覆膜,32异,ISBN 978-7-02-008885-0,定价18.00元。2018年3月收入福尔摩斯探案全集青少版,署赵长年编译,平装覆膜,国流32开,ISBN 978-7-02-013386-4,定价28.00元。(98-212)

16132　血字的研究
〔英〕柯南·道尔著,廖清秀改写,福尔摩斯探案全集少儿版,2012年1月。平装覆膜,32异,ISBN 978-7-02-008886-7,定价18.00元。2018年3月收入福尔摩斯探案全集青少版,署廖清秀编译,平装覆膜,国流32开,ISBN 978-7-02-013390-1,定价28.00元。(98-213)

16133　银色马
〔英〕柯南·道尔著,林钟隆改写,福尔摩斯探案全集少儿版,2012年1月。平装覆膜,32异,ISBN 978-7-02-008864-5,定价18.00元。2018年3月收入福尔摩斯探案全集青少版,书名《白额闪电》,署林钟隆编译,平装覆膜,国流32开,ISBN 978-7-02-013627-8,定价28.00元。(98-214)

16134　窗口的蜡黄脸孔
〔英〕柯南·道尔著,王梦梅改写,福尔摩斯探案全集少儿版,2012年1月。平装覆膜,32异,ISBN 978-7-02-008883-6,定价18.00元。2018年3月收入福尔摩斯探案全集青少版,署王梦梅编译,平装覆膜,国流32开,ISBN 978-7-02-013626-1,定价28.00元。(98-215)

16135　谜屋
〔英〕柯南·道尔著,王梦梅改写,福尔摩斯探案全集少儿版,2012年1月。平装覆膜,32异,ISBN 978-7-02-008878-2,定价18.00元。2018年3月收入福尔摩斯探案全集青少版,署王梦梅编译,平装覆膜,国流32开,ISBN 978-7-02-013385-7,定价28.00元。(98-216)

16136　布鲁斯—帕廷顿计划
〔英〕柯南·道尔著,赵长年改写,福尔摩斯探案全集少儿版,2012年1月。平装覆膜,32异,ISBN 978-7-02-008870-6,定价18.00元。2018年3月收入福尔摩斯探案全集青少版,署赵长年编译,平装覆膜,国流32开,ISBN 978-7-02-013387-1,定价28.00元。(98-217)

16137　住院的病人
〔英〕柯南·道尔著,王梦梅改写,福尔摩斯探案全集少儿版,2012年1月。平装覆膜,32异,ISBN 978-7-02-008873-7,定价18.00元。2018年3月收入福尔摩斯探案全集青少版,署王梦梅编译,平装覆膜,国流32开,ISBN 978-7-02-013347-5,定价28.00元。(98-218)

16138　魔鬼之足
〔英〕柯南·道尔著,赵长年改写,福尔摩斯探案全集少儿版,2012年1月。平装覆膜,32异,ISBN 978-7-02-008874-4,定价18.00元。2018年3月收入福尔摩斯探案全集青少版,署赵长年编译,平装覆膜,国流32开,ISBN 978-7-02-013348-2,定价28.00元。(98-219)

16139　土著的毒箭
〔英〕柯南·道尔著,林钟隆改写,福尔摩斯探案全集少儿版,2012年1月。平装覆膜,32异,ISBN 978-7-02-008935-2,定价18.00元。2018年3月收入福尔摩斯探案全集青少版,署林钟隆编译,平装覆膜,国流32开,ISBN 978-7-02-013442-7,定价28.00元。(98-220)

16140　神秘人像
〔英〕柯南·道尔著,陈秋帆改写,福尔摩斯探案全集少儿版,2012年1月。平装覆膜,32异,ISBN 978-7-02-008936-9,定价18.00元。2018年3月收入福尔摩斯探案全集青少版,署陈秋帆编译,平装覆膜,国流32开,ISBN 978-7-02-013384-0,定价28.00元。(98-221)

16141　戴面纱的房客
〔英〕柯南·道尔著,陈秋帆改写,福尔摩斯探案全集少儿版,2012年1月。平装覆膜,32异,ISBN 978-7-02-008938-3,定价18.00元。2018年3月收入福尔摩斯探案全集青少版,署陈秋帆编译,平装覆膜,国流32开,ISBN 978-7-02-013625-4,定价28.00元。(98-222)

16142　"格洛里亚斯科特"号三桅帆船
〔英〕柯南·道尔著,王恒蕊改写,福尔摩斯探案全集少儿版,2012年1月。平装覆膜,32异,ISBN 978-7-02-008937-6,定价18.00元。2018年3月收入福尔摩斯探案全集青少版,书名《三个同姓人》,署王恒蕊编译,平装覆膜,国流32开,ISBN 978-7-02-013624-7,定价28.00元。(98-223)

16143　巴斯克维尔的猎犬

〔英〕柯南·道尔著,王梦梅改写,福尔摩斯探案全集少儿版,2012年1月。平装覆膜,32异,ISBN 978-7-02-008930-7,定价18.00元。2018年3月收入福尔摩斯探案全集青少版,署王梦梅编译,平装覆膜,国流32开,ISBN 978-7-02-013480-9,定价28.00元。(98-224)

16144　读了又读的童话(外国卷)

〔德〕克·施特里希编选,塔·豪普特曼绘画,司马仝译,2012年6月。平装,16异,ISBN 978-7-02-009026-6,定价32.00元。(98-225)

16145　八大奇案

〔法〕莫里斯·勒布朗著,东方编辑部改写,亚森·罗平探案全集少儿版,2012年8月。平装,32异,ISBN 978-7-02-009258-1,定价19.00元。(98-226)

16146　黄金三角

〔法〕莫里斯·勒布朗著,东方编辑部改写,亚森·罗平探案全集少儿版,2012年8月。平装,32异,ISBN 978-7-02-009260-4,定价19.00元。(98-227)

16147　水晶瓶塞的秘密

〔法〕莫里斯·勒布朗著,东方编辑部改写,亚森·罗平探案全集少儿版,2012年8月。平装,32异,ISBN 978-7-02-009253-6,定价19.00元。(98-228)

16148　813之谜

〔法〕莫里斯·勒布朗著,东方编辑部改写,亚森·罗平探案全集少儿版,2012年8月。平装,32异,ISBN 978-7-02-009264-2,定价19.00元。(98-229)

16149　消失的宝冠

〔法〕莫里斯·勒布朗著,东方编辑部改写,亚森·罗平探案全集少儿版,2012年8月。平装,32异,ISBN 978-7-02-009261-1,定价19.00元。(98-230)

16150　金字塔的秘密

〔法〕莫里斯·勒布朗著,东方编辑部改写,亚森·罗平探案全集少儿版,2012年8月。平装,32异,ISBN 978-7-02-009254-3,定价19.00元。(98-231)

16151　亚森·罗平智斗福尔摩斯

〔法〕莫里斯·勒布朗著,东方编辑部改写,亚森·罗平探案全集少儿版,2012年8月。平装,32异,ISBN 978-7-02-009297-0,定价19.00元。(98-232)

16152　绅士怪盗

〔法〕莫里斯·勒布朗著,东方编辑部改写,亚森·罗平探案全集少儿版,2012年8月。平装,32异,ISBN 978-7-02-009263-5,定价19.00元。(98-233)

16153　虎牙

〔法〕莫里斯·勒布朗著,东方编辑部改写,亚森·罗平探案全集少儿版,2012年8月。平装,32异,ISBN 978-7-02-009262-8,定价19.00元。(98-234)

16154　奇岩城

〔法〕莫里斯·勒布朗著,东方编辑部改写,亚森·罗平探案全集少儿版,2012年8月。平装,32异,ISBN 978-7-02-009296-3,定价19.00元。(98-235)

16155　棺材岛

〔法〕莫里斯·勒布朗著,东方编辑部改写,亚森·罗平探案全集少儿版,2012年8月。平装,32异,ISBN 978-7-02-009308-3,定价19.00元。(98-236)

16156　亚森·罗平的秘密

〔法〕莫里斯·勒布朗著,东方编辑部改写,亚森·罗平探案全集少儿版,2012年8月。平装,32异,ISBN 978-7-02-009255-0,定价19.00元。(98-237)

16157　绿眼睛的少女

〔法〕莫里斯·勒布朗著,东方编辑部改写,亚森·罗平探案全集少儿版,2012年8月。平装,32异,ISBN 978-7-02-009257-4,定价19.00元。(98-238)

16158　怪屋

〔法〕莫里斯·勒布朗著,东方编辑部改写,亚森·罗平探案全集少儿版,2012年8月。平装,32异,ISBN 978-7-02-009259-8,定价19.00元。(98-239)

16159　魔女与罗平

〔法〕莫里斯·勒布朗著,东方编辑部改写,亚森·罗平探案全集少儿版,2012年8月。平装,32异,ISBN 978-7-02-009256-7,定价19.00元。(98-240)

16160 地中海的王子
〔法〕莫里斯·勒布朗著,东方编辑部改写,亚森·罗平探案全集少儿版,2012年8月。平装,32异,ISBN 978-7-02-009266-6,定价19.00元。(98-241)

16161 罗平的大冒险
〔法〕莫里斯·勒布朗著,东方编辑部改写,亚森·罗平探案全集少儿版,2012年8月。平装,32异,ISBN 978-7-02-009307-6,定价19.00元。(98-242)

16162 幻影杀手
〔法〕莫里斯·勒布朗著,东方编辑部改写,亚森·罗平探案全集少儿版,2012年8月。平装,32异,ISBN 978-7-02-009311-3,定价19.00元。(98-243)

16163 罗平的大失败
〔法〕莫里斯·勒布朗著,东方编辑部改写,亚森·罗平探案全集少儿版,2012年8月。平装,32异,ISBN 978-7-02-009306-9,定价19.00元。(98-244)

16164 走钢丝的少女
〔法〕莫里斯·勒布朗著,东方编辑部改写,亚森·罗平探案全集少儿版,2012年8月。平装,32异,ISBN 978-7-02-009293-2,定价19.00元。(98-245)

16165 名侦探罗平
〔法〕莫里斯·勒布朗著,东方编辑部改写,亚森·罗平探案全集少儿版,2012年8月。平装,32异,ISBN 978-7-02-009310-6,定价19.00元。(98-246)

16166 恶魔诅咒的红圈
〔法〕莫里斯·勒布朗著,东方编辑部改写,亚森·罗平探案全集少儿版,2012年8月。平装,32异,ISBN 978-7-02-009294-9,定价19.00元。(98-247)

16167 古堡惊魂
〔法〕莫里斯·勒布朗著,东方编辑部改写,亚森·罗平探案全集少儿版,2012年8月。平装,32异,ISBN 978-7-02-009268-0,定价19.00元。(98-248)

16168 魔女的复仇
〔法〕莫里斯·勒布朗著,东方编辑部改写,亚森·罗平探案全集少儿版,2012年8月。平装,32异,ISBN 978-7-02-009309-0,定价19.00元。(98-249)

16169 黑色的吸血蝙蝠
〔法〕莫里斯·勒布朗著,东方编辑部改写,亚森·罗平探案全集少儿版,2012年8月。平装,32异,ISBN 978-7-02-009269-7,定价19.00元。(98-250)

16170 恶魔钻石
〔法〕莫里斯·勒布朗著,东方编辑部改写,亚森·罗平探案全集少儿版,2012年8月。平装,32异,ISBN 978-7-02-009267-3,定价19.00元。(98-251)

16171 神秘白牡丹
〔法〕莫里斯·勒布朗著,东方编辑部改写,亚森·罗平探案全集少儿版,2012年8月。平装,32异,ISBN 978-7-02-009270-3,定价19.00元。(98-252)

16172 千钧一发
〔法〕莫里斯·勒布朗著,东方编辑部改写,亚森·罗平探案全集少儿版,2012年8月。平装,32异,ISBN 978-7-02-009295-6,定价19.00元。(98-253)

16173 双面人
〔法〕莫里斯·勒布朗著,东方编辑部改写,亚森·罗平探案全集少儿版,2012年8月。平装,32异,ISBN 978-7-02-009265-9,定价19.00元。(98-254)

16174 罗平与杀人魔王
〔法〕莫里斯·勒布朗著,东方编辑部改写,亚森·罗平探案全集少儿版,2012年8月。平装,32异,ISBN 978-7-02-009292-5,定价19.00元。(98-255)

16175 国王米达长着驴耳朵
〔意大利〕比安卡·皮佐尔诺著,李梅译,2012年11月。平装覆膜,国流32开,ISBN 978-7-02-009142-3,定价21.00元。(98-256)

16176 与维奥兰特一起的特殊夏日
〔意大利〕比安卡·皮佐尔诺著,李凯旋译,

2012年11月。平装覆膜,国流32开,ISBN 978-7-02-009138-6,定价19.00元。(98-257)

16177 公主劳伦蒂娜
〔意大利〕比安卡·皮佐尔诺著,孙双译,2012年11月。平装覆膜,国流32开,ISBN 978-7-02-009141-6,定价18.00元。(98-258)

16178 新月农庄的艾米丽
〔加拿大〕露西·蒙哥马利著,马爱农译,艾米丽丛书,2012年11月。平装,国流32开,ISBN 978-7-02-008517-0,定价29.00元。(98-259)

16179 艾米丽的攀登
〔加拿大〕露西·蒙哥马利著,于晓红译,艾米丽丛书,2012年11月。平装,国流32开,ISBN 978-7-02-008546-0,定价28.00元。(98-260)

16180 艾米丽的追求
〔加拿大〕露西·蒙哥马利著,于晓红译,艾米丽丛书,2012年11月。平装,国流32开,ISBN 978-7-02-008525-5,定价27.00元。(98-261)

16181 小鬼头历险记
〔意大利〕阳波著,王干卿译,2012年12月。平装覆膜,16异,ISBN 978-7-02-009616-9,定价22.00元。(98-262)

16182 通灵少女吉尔达
〔美〕珍妮弗·阿利森著,马爱新、黄富慧译,世界儿童文学新经典,2013年1月。平装覆膜,16异,ISBN 978-7-02-009630-5,定价35.00元。(98-263)

16183 小公主萨拉
〔美〕弗朗西丝·博内特著,陶鹏旭译,世界儿童文学经典美绘本,2013年4月。平装覆膜,16异,ISBN 978-7-02-009564-3,定价28.00元。(98-264)

16184 黑骏马
〔英〕安娜·西韦尔著,蔡文译,世界儿童文学经典美绘本,2013年4月。平装覆膜,16异,ISBN 978-7-02-009554-4,定价28.00元。(98-265)

16185 彼得·潘
〔英〕詹姆斯·巴里著,杨玲玲译,世界儿童文学经典美绘本,2013年4月。平装覆膜,16异,ISBN 978-7-02-009562-9,定价28.00元。(98-266)

16186 魔法岛
〔美〕弗兰克·鲍姆著,韩慧强译,世界儿童文学经典美绘本,2013年4月。平装覆膜,16异,ISBN 978-7-02-009565-0,定价28.00元。(98-267)

16187 小人国和大人国
〔英〕江奈生·斯威夫特著,张健译,世界儿童文学经典美绘本,2013年4月。平装覆膜,16异,ISBN 978-7-02-009563-6,定价28.00元。(98-268)

16188 昆虫记
〔法〕法布尔著,陈筱卿译,世界儿童文学经典美绘本,2013年4月。平装覆膜,16异,ISBN 978-7-02-009556-8,定价28.00元。(98-269)

16189 法国童话
〔法〕佩罗等著,艾珉译,世界儿童文学经典美绘本,2013年4月。平装覆膜,16异,ISBN 978-7-02-009553-7,定价28.00元。(98-270)

16190 丛林故事
〔英〕拉迪亚德·吉卜林著,蔡文译,世界儿童文学经典美绘本,2013年4月。平装覆膜,16异,ISBN 978-7-02-009557-5,定价28.00元。(98-271)

16191 木偶奇遇记
〔意大利〕卡洛·科洛迪著,任溶溶译,世界儿童文学经典美绘本,2013年4月。平装覆膜,16异,ISBN 978-7-02-009561-2,定价28.00元。(98-272)

16192 穿越夜空的疯狂旅行(黑夜狂旅)
〔德〕瓦尔特·莫尔斯著,李士勋译,世界儿童文学经典美绘本,2013年4月。平装覆膜,16异,ISBN 978-7-02-009633-6,定价22.00元。2019年12月,单行本,书名《黑夜狂旅》,平装覆膜,16异,ISBN 978-7-02-015205-6,定价32.00元。(98-273)

16193 知更鸟

〔美〕凯瑟琳·厄斯凯恩著,杨立新译,2013年11月。精装,小32开,ISBN 978-7-02-009774-6,定价29.90元。2019年10月收入国际大奖儿童小说,平装,32异,ISBN 978-7-02-015126-4,定价38.00元。(98-274)

16194　不一样的王子(拼音读本)
艾珉等译,2013年12月。平装覆膜,16异,ISBN 978-7-02-009971-9,定价29.00元。(98-275)

16195　不一样的公主(拼音读本)
艾珉等译,2013年12月。平装覆膜,16异,ISBN 978-7-02-009972-6,定价29.00元。(98-276)

16196　彼得·潘
〔英〕詹姆斯·巴里著,杨玲玲译,人文双语童书馆,2册,汉英对照,2014年3月。平装覆膜,国流32开,ISBN 978-7-02-010177-1,定价31.00元。(98-277)

16197　黑骏马
〔英〕安娜·西韦尔著,蔡文译,人文双语童书馆,2册,汉英对照,2014年3月。平装覆膜,国流32开,ISBN 978-7-02-010178-8,定价33.00元。(98-278)

16198　五个孩子和沙地精
〔英〕艾迪丝·内斯比特著,马爱农译,人文双语童书馆,2册,汉英对照,2014年3月。平装覆膜,国流32开,ISBN 978-7-02-010167-2,定价33.00元。2014年10月,彩色插图本,平装覆膜,16异,ISBN 978-7-02-010591-5,定价33.00元。2015年9月收入你长大之前必读的66本书,平装覆膜,16异,ISBN 978-7-02-010926-5,定价22.00元。2016年1月收入核心阅读工程,平装覆膜,16异,ISBN 978-7-02-011302-6,定价22.00元。2019年8月收入伊迪丝·内斯比特作品系列,平装,国流32开,ISBN 978-7-02-014517-1,定价42.00元。(98-279)

16199　纳尼亚传奇　凯斯宾王子
〔英〕C.S.刘易斯著,马爱农译,人文双语童书馆,2册,汉英对照,2014年3月。平装覆膜,国流32开,ISBN 978-7-02-010175-7,定价28.00元。(98-280)

16200　爱丽丝梦游仙境
〔英〕刘易斯·卡罗尔著,张晓路译,人文双语童书馆,2册,汉英对照,2014年3月。平装覆膜,国流32开,ISBN 978-7-02-010180-1,定价25.00元。(98-281)

16201　爱丽丝镜中游
〔英〕刘易斯·卡罗尔著,张晓路译,人文双语童书馆,2册,汉英对照,2014年3月。平装覆膜,国流32开,ISBN 978-7-02-010204-4,定价26.00元。(98-282)

16202　丛林故事
〔英〕拉迪亚德·吉卜林著,蔡文译,人文双语童书馆,2册,汉英对照,2014年3月。平装覆膜,国流32开,ISBN 978-7-02-010179-5,定价29.00元。(98-283)

16203　大森林里的小木屋
〔美〕劳拉·英格尔斯·怀德著,马爱农译,人文双语童书馆,2册,汉英对照,2014年3月。平装覆膜,国流32开,ISBN 978-7-02-010173-3,定价26.00元。(98-284)

16204　绿野仙踪
〔美〕弗兰克·鲍姆著,张晓路译,人文双语童书馆,2册,汉英对照,2014年3月。平装覆膜,国流32开,ISBN 978-7-02-010176-4,定价27.00元。(98-285)

16205　纳尼亚传奇　狮子、女巫和魔衣柜
〔英〕C.S.刘易斯著,马爱农译,人文双语童书馆,2册,汉英对照,2014年3月。平装覆膜,国流32开,ISBN 978-7-02-010174-0,定价25.00元。(98-286)

16206　三只小狼和一头大坏猪
〔希腊〕尤金·崔维查著,王雪纯译,2014年8月。精装,16异,ISBN 978-7-02-010293-8,定价26.00元。2019年4月。精装,16异,ISBN 978-7-02-015033-5,定价35.00元。(98-287)

16207　亚森·罗平探案全集　少儿版(1—30)
〔法〕莫里斯·勒布朗著,东方编辑部改写,2012年8月。平装,32异,ISBN 978-7-02-009532-2,定价570.00元。(98-288)

16208　小尼古拉的礼物
〔法〕勒内·戈西尼著,让-雅克·桑贝图,戴捷译,南方分级阅读·三年级,2010年10月。平装覆膜,国流32开,ISBN 978-7-02-008231-5,定价7.00元。(98-289)

16209　淘气鬼小尼古拉

〔法〕勒内·戈西尼著,让-雅克·桑贝图,戴捷译,南方分级阅读·二年级,2010年8月。平装覆膜,国流32开,ISBN 978-7-02-008233-9,定价7.00元。(98-290)

16210　顽皮的小尼古拉

〔法〕勒内·戈西尼著,让-雅克·桑贝图,戴捷译,南方分级阅读·四年级,2010年10月。平装覆膜,国流32开,ISBN 978-7-02-008232-2,定价7.00元。(98-291)

16211　奇妙动物世界

〔比利时〕菲利普·萨兰别绘,卡特琳·萨兰别著,池明烨译,2010年8月。平装覆膜,16异,ISBN 978-7-02-008245-2,定价13.00元。(98-292)

16212　人类的大脑

〔美〕凯瑟琳·辛普森著,洛丽·乔丹博士顾问,池明烨译,康太一校,院士推荐外国新科普书系·国家地理探索·校园版,2010年10月。平装覆膜,16异,ISBN 978-7-02-008236-0,定价15.00元。(98-293)

16213　遗传的奥秘

〔美〕凯瑟琳·辛普森著,莎拉·特什科夫顾问,唐子健、孙一楠译,院士推荐外国新科普书系·国家地理探索·校园版,2010年10月。平装覆膜,16异,ISBN 978-7-02-008235-3,定价13.00元。(98-294)

16214　最后一滴水

〔美〕迈克尔·伯根著,彼得·H.格莱克顾问,池明烨译,康太一校,院士推荐外国新科普书系·国家地理探索·校园版,2010年10月。平装覆膜,16异,ISBN 978-7-02-008237-7,定价15.00元。(98-295)

16215　极端天气

〔美〕凯瑟琳·辛普森著,王鸣阳译,院士推荐外国新科普书系·国家地理探索·校园版,2010年10月。平装覆膜,16异,ISBN 978-7-02-008244-5,定价15.00元。(98-296)

16216　兔子彼得的故事

〔英〕毕翠克丝·波特著,乔爱译,你长大之前必读的66本书,2015年1月。平装覆膜,16异,ISBN 978-7-02-010707-0,定价22.00元。(98-297)

16217　狮子,女巫和魔衣柜

〔英〕C.S.刘易斯著,马爱农译,你长大之前必读的66本书,2015年1月。平装覆膜,16异,ISBN 978-7-02-010715-5,定价18.00元。2016年1月收入核心阅读工程,平装覆膜,16异,ISBN 978-7-02-011297-5,定价18.00元。(98-298)

16218　王尔德童话

〔爱尔兰〕奥斯卡·王尔德著,苏福忠译,你长大之前必读的66本书,2015年1月。平装覆膜,16异,ISBN 978-7-02-010719-3,定价23.00元。(98-299)

16219　小狐狸买手套

〔日〕新美南吉著,周龙梅、彭懿译,你长大之前必读的66本书,2015年1月。平装覆膜,16异,ISBN 978-7-02-010727-8,定价22.00元。2016年1月收入核心阅读工程,平装覆膜,16异,ISBN 978-7-02-011301-9,定价22.00元。(98-300)

16220　伊索寓言

〔古希腊〕伊索著,王焕生译,你长大之前必读的66本书,2015年1月。平装覆膜,16异,ISBN 978-7-02-010726-1,定价22.00元。(98-301)

16221　爱的教育

〔意大利〕埃·德·阿米琪斯著,曹勇译,你长大之前必读的66本书,2015年1月。平装覆膜,16异,ISBN 978-7-02-010710-0,定价26.00元。(98-302)

16222　露着衬衫角的小蚂蚁

〔意大利〕万巴著,许高鸿译,你长大之前必读的66本书,2015年1月。平装覆膜,16异,ISBN 978-7-02-010709-4,定价23.00元。2016年1月收入核心阅读工程,平装覆膜,16异,ISBN 978-7-02-011300-2,定价23.00元。(98-303)

16223　大草原上的小木屋

〔美〕劳拉·怀尔德著,马爱农译,你长大之前必读的66本书,2015年1月。平装覆膜,16异,ISBN 978-7-02-010724-7,定价26.00元。(98-304)

16224　大森林里的小木屋
〔美〕劳拉·怀尔德著,马爱农译,你长大之前必读的66本书,2015年1月。平装覆膜,16异,ISBN 978-7-02-010705-6,定价18.00元。2016年1月收入核心阅读工程,平装覆膜,16异,ISBN 978-7-02-011299-9,定价18.00元。(98-305)

16225　格林童话
〔德〕格林兄弟著,司马仝译,你长大之前必读的66本书,2015年1月。平装覆膜,16异,ISBN 978-7-02-010728-5,定价28.00元。2018年4月收入教育部统编《语文》推荐阅读丛书,书名《格林童话精选》,平装覆膜,16异,ISBN 978-7-02-013731-2,定价28.00元。(98-306)

16226　我亲爱的甜橙树(漫画版)
〔巴西〕若泽·毛罗·德瓦斯康塞洛斯著,〔韩〕韩孝英编绘,朴鲜ияз译,2012年8月。平装覆膜,16异,ISBN 978-7-02-009209-3,定价39.00元。(98-307)

16227　让我们温暖太阳
〔巴西〕若泽·毛罗·德瓦斯康塞洛斯著,蔚玲译,2013年7月。平装,32异,ISBN 978-7-02-009751-7,定价28.00元。(98-308)

16228　我亲爱的甜橙树(三部曲)
〔巴西〕若泽·毛罗·德瓦斯康塞洛斯著,蔚玲、李金川译,2013年9月。平装,16异,ISBN 978-7-02-010028-6,定价58.00元。(98-309)

16229　我亲爱的甜橙树
〔巴西〕若泽·毛罗·德瓦斯康塞洛斯著,蔚玲译,2015年6月。平装,国流32开,ISBN 978-7-02-010893-0,定价19.90元。2015年12月,5周年版,精装,32异,ISBN 978-7-02-011068-1,定价38.00元。2020年4月,10周年版,精装,32异,ISBN 978-7-02-016112-6,定价50.00元。2020年5月,阅读课版,平装,32异,ISBN 978-7-02-016193-5,定价25.00元。(98-310)

16230　秘密花园
〔美〕弗朗西丝·伯内特著,黄建人译,你长大之前必读的66本书,2015年9月。平装覆膜,16异,ISBN 978-7-02-010930-2,定价22.00元。2016年1月收入核心阅读工程,平装覆膜,16异,ISBN 978-7-02-011310-1,定价22.00元。2018年4月收入教育部统编《语文》推荐阅读丛书,平装覆膜,16异,ISBN 978-7-02-013725-1,定价24.00元。(98-311)

16231　魔法城堡
〔英〕伊迪丝·内斯比特著,杨玲玲、彭懿译,你长大之前必读的66本书,2015年9月。平装覆膜,16异,ISBN 978-7-02-010921-0,定价24.00元。2016年1月收入核心阅读工程,平装覆膜,16异,ISBN 978-7-02-011309-5,定价24.00元。(98-312)

16232　爱尔兰经典童话
〔澳大利亚〕约瑟夫·雅各布斯著,张群等译,2015年9月。平装,16异,ISBN 978-7-02-010648-6,定价24.00元。(98-313)

16233　昆虫记
〔法〕让-亨利·法布尔著,陈筱卿译,你长大之前必读的66本书,2015年9月。平装覆膜,16异,ISBN 978-7-02-010923-4,定价22.00元。2018年4月收入教育部统编《语文》推荐阅读丛书,平装覆膜,16异,ISBN 978-7-02-013790-9,定价26.00元。(98-314)

16234　黑骏马
〔英〕安娜·西韦尔著,马爱农译,你长大之前必读的66本书,2015年9月。平装覆膜,16异,ISBN 978-7-02-010922-7,定价22.00元。2016年1月收入核心阅读工程,平装覆膜,16异,ISBN 978-7-02-011305-7,定价22.00元。(98-315)

16235　金银岛
〔英〕罗伯特·斯蒂文森著,张友松译,你长大之前必读的66本书,2015年9月。平装覆膜,16异,ISBN 978-7-02-010928-9,定价26.00元。2018年5月收入教育部统编《语文》推荐阅读丛书,平装覆膜,16异,ISBN 978-7-02-013806-7,定价29.00元。(98-316)

16236　猫咪躲高高

〔法〕马歇尔·埃梅著,邱瑞銮译,大作家小童书,2020 年 7 月。平装,32 异,ISBN 978-7-02-014499-0,定价 69.00 元。(98-317)

16237 没有火柴的小女孩
〔法〕玛蒂娜·德莱姆著,苏迪译,2015 年 12 月。精装,16 异,ISBN 978-7-02-011181-7,定价 32.00 元。(98-318)

16238 脆弱
〔法〕菲利普·德莱姆著,玛蒂娜·德莱姆绘,苏迪译,2015 年 12 月。精装,16 异,ISBN 978-7-02-011182-4,定价 39.00 元。(98-319)

16239 走钢丝的人
〔法〕玛蒂娜·德莱姆著,苏迪译,2015 年 12 月。精装,16 异,ISBN 978-7-02-011183-1,定价 32.00 元。(98-320)

16240 大雨伞下的克莱芒斯
〔法〕玛蒂娜·德莱姆著,苏迪译,2015 年 12 月。精装,16 异,ISBN 978-7-02-011184-8,定价 32.00 元。(98-321)

16241 画阴影的人
〔法〕玛蒂娜·德莱姆著,吴雅凌译,2015 年 12 月。精装,16 异,ISBN 978-7-02-011180-0,定价 32.00 元。(98-322)

16242 红鼻子国王
〔法〕玛蒂娜·德莱姆著,苏迪译,2015 年 12 月。精装,16 异,ISBN 978-7-02-011179-4,定价 32.00 元。(98-323)

16243 我亲爱的小玫瑰
〔巴西〕若泽·毛罗·德瓦斯康塞洛斯著,蔚玲译,2016 年 1 月。平装,32 异,ISBN 978-7-02-011120-6,定价 25.00 元。(98-324)

16244 云间王子Ⅰ 蓝莓村
〔法〕克里斯多夫·加尔法著,文森·杜特埃绘,戴捷译,2016 年 1 月。平装覆膜,国流 32 开,ISBN 978-7-02-011226-5,定价 38.00 元。2019 年 1 月收入云间王子珍藏版,平装,国流 32 开,ISBN 978-7-02-014552-2,定价 45.00 元。(98-325)

16245 云间王子Ⅱ 三个太阳
〔法〕克里斯多夫·加尔法著,文森·杜特埃绘,郑晓萍译,2016 年 1 月。平装覆膜,国流 32 开,ISBN 978-7-02-011227-2,定价 38.00 元。2019 年 1 月收入云间王子珍藏版,平装,国流 32 开,ISBN 978-7-02-014533-1,定价 52.00 元。(98-326)

16246 云间王子Ⅲ 天风怒
〔法〕克里斯多夫·加尔法著,文森·杜特埃绘,戴捷译,2016 年 1 月。平装覆膜,国流 32 开,ISBN 978-7-02-011228-9,定价 38.00 元。2019 年 1 月收入云间王子珍藏版,平装,国流 32 开,ISBN 978-7-02-014562-1,定价 48.00 元。(98-327)

16247 神秘的星球
〔法〕米夏尔·弗兰科尼著,席琳·马尼利耶绘,苏迪译,万物的秘密·自然,2016 年 3 月。平装覆膜,16 异,ISBN 978-7-02-011251-7,定价 25.00 元。(98-328)

16248 变幻的天气
〔法〕安妮-克莱尔·莱韦克著,杰罗姆·佩拉绘,苏迪译,万物的秘密·自然,2016 年 3 月。平装覆膜,16 异,ISBN 978-7-02-011248-7,定价 25.00 元。(98-329)

16249 逃走的小水滴
〔法〕克里斯泰勒·休特著,伊曼纽·乌赛绘,苏迪译,万物的秘密·自然,2016 年 3 月。平装覆膜,16 异,ISBN 978-7-02-011254-8,定价 25.00 元。(98-330)

16250 发怒的火山
〔法〕弗朗索瓦丝·洛朗著,席琳·马尼利耶绘,苏迪译,万物的秘密·自然,2016 年 3 月。平装覆膜,16 异,ISBN 978-7-02-011249-4,定价 25.00 元。(98-331)

16251 冬眠的动物
〔法〕米夏尔·弗兰科尼著,〔荷兰〕卡普辛·马泽尔绘,苏迪译,万物的秘密·自然,2016 年 3 月。平装覆膜,16 异,ISBN 978-7-02-011252-4,定价 25.00 元。(98-332)

16252 美丽的植物
〔法〕玛格丽特·蒂贝蒂著,〔荷兰〕卡普辛·马泽尔绘,苏迪译,万物的秘密·自然,2016 年 3 月。平装覆膜,16 异,ISBN 978-7-02-011253-1,定价 25.00 元。(98-333)

16253 鸟儿们的旅行
〔法〕米夏尔·弗兰科尼著,〔荷兰〕卡普辛·马泽尔绘,苏迪译,万物的秘密·自然,2016年3月。平装覆膜,16异,ISBN 978-7-02-011247-0,定价25.00元。(98-334)

16254 动物的菜谱

〔法〕弗朗索瓦丝·洛朗著,〔荷兰〕卡普辛·马泽尔绘,苏迪译,万物的秘密·自然,2016年3月。平装覆膜,16异,ISBN 978-7-02-011250-0,定价25.00元。(98-335)

16255 小书房

〔英〕依列娜·法吉恩著,王雪纯译,国际安徒生奖儿童小说,2016年4月。平装,国流32开,ISBN 978-7-02-011222-7,定价38.00元。(98-336)

16256 当天使坠落人间

〔英〕大卫·阿尔蒙德著,蔡宜容译,国际安徒生奖儿童小说,2016年4月。平装,国流32开,ISBN 978-7-02-011225-8,定价32.00元。2017年10月收入大卫·阿尔蒙德作品集,平装,国流32开,ISBN 978-7-02-012895-2,定价32.00元。(98-337)

16257 天眼

〔英〕大卫·阿尔蒙德著,兴民译,国际安徒生奖儿童小说,2016年4月。平装,国流32开,ISBN 978-7-02-011223-4,定价32.00元。2017年10月收入大卫·阿尔蒙德作品集,平装,国流32开,ISBN 978-7-02-013116-7,定价35.00元。(98-338)

16258 旷野迷踪

〔英〕大卫·阿尔蒙德著,林静华译,国际安徒生奖儿童小说,2016年4月。平装,国流32开,ISBN 978-7-02-011224-1,定价32.00元。2017年10月收入大卫·阿尔蒙德作品集,平装,国流32开,ISBN 978-7-02-012899-0,定价35.00元。(98-339)

16259 吹魔笛的雅蒂微嘉

〔法〕埃莱娜·凯里利斯著,瓦内莎·耶绘,戴捷译,大师杰作的秘密,2016年3月。平装覆膜,16异,ISBN 978-7-02-011363-7,定价25.00元。(98-340)

16260 瓦朗坦飞起来啦

〔法〕热拉尔婷·埃尔施纳著,雷米·萨亚尔绘,戴捷译,大师杰作的秘密,2016年3月。平装覆膜,16异,ISBN 978-7-02-011365-1,定价25.00元。(98-341)

16261 猫与鸟

〔法〕热拉尔婷·埃尔施纳著,佩吉·尼尔绘,戴捷译,大师杰作的秘密,2016年3月。平装覆膜,16异,ISBN 978-7-02-011362-0,定价25.00元。(98-342)

16262 美然与四季骑士

〔法〕皮埃尔·科朗著,埃莉斯·芒索绘,戴捷译,大师杰作的秘密,2016年3月。平装覆膜,16异,ISBN 978-7-02-011364-4,定价25.00元。(98-343)

16263 我的专注力训练书1

〔法〕伊丽莎白·朗比里编,苏迪译,名画大发现,2016年4月。平装覆膜,12开,ISBN 978-7-02-011382-8,定价38.00元。(98-344)

16264 我的专注力训练书2

〔法〕伊丽莎白·朗比里编,苏迪译,名画大发现,2016年4月。平装覆膜,12开,ISBN 978-7-02-011374-3,定价38.00元。(98-345)

16265 我的第一本睡前故事书

〔英〕托尼·罗斯编绘,杨芹译,名家经典图画书,2016年4月。平装覆膜,16异,ISBN 978-7-02-011361-3,定价45.00元。(98-346)

16266 我的第一本童话故事书

〔英〕托尼·罗斯编绘,杨芹译,名家经典图画书,2016年4月。平装覆膜,16异,ISBN 978-7-02-011359-0,定价45.00元。(98-347)

16267 画家王福历险记

〔法〕玛格丽特·尤瑟纳尔著,乔治·勒穆瓦曹杨译,大作家小童书,2016年4月。平装覆膜,国流32开,ISBN 978-7-02-011199-2,定价17.00元。(98-348)

16268 种树的人

〔法〕让·吉奥诺著,〔捷克〕维利·格拉索尔绘,曹杨译,大作家小童书,2016年4月。平装覆膜,国流32开,ISBN 978-7-02-011204-3,定价20.00元。(98-349)

16269 小狗栗丹

〔俄〕安东·契诃夫著,〔法〕娜塔莉·帕兰绘,胡逸佳译,大作家小童书,2016年4月。平装覆膜,国流32开,ISBN 978-7-02-011205-0,

其他

定价 20.00 元。2016 年 10 月收入狗之物语，精装,32 异,ISBN 978-7-02-011854-0,定价 25.00 元。(98-350)

16270 奥德赛
〔英〕查尔斯·兰姆著,王淑允译,大作家小童书,2016 年 4 月。平装覆膜,国流 32 开,ISBN 978-7-02-011201-2,定价 25.00 元。(98-351)

16271 夜晚的秘密
〔法〕米歇尔·图尼埃著,达妮尔·布尔绘,曹杨译,大作家小童书,2016 年 4 月。平装覆膜,国流 32 开,ISBN 978-7-02-011209-8,定价 18.00 元。(98-352)

16272 写给女儿的故事
〔法〕欧仁·尤内斯库著,艾丁·德来赛绘,苏迪异,大作家小童书,2016 年 4 月。平装覆膜,国流 32 开,ISBN 978-7-02-011200-5,定价 25.00 元。(98-353)

16273 写给孩子们的故事
〔美〕E. E. 肯明斯著,〔巴西〕古阿泽利绘,王梅译,大作家小童书,2016 年 4 月。平装覆膜,国流 32 开,ISBN 978-7-02-011202-9,定价 20.00 元。(98-354)

16274 难解的算数题
〔法〕马塞尔·埃梅著,罗朗·萨巴蒂埃绘,曹杨译,大作家小童书,2016 年 4 月。平装覆膜,国流 32 开,ISBN 978-7-02-011208-1,定价 20.00 元。(98-355)

16275 好痒啊
〔法〕吕西·阿勒本编绘,司马天怡译,手印画绘本故事,2016 年 4 月。平装覆膜,24 开,ISBN 978-7-02-011381-1,定价 18.00 元。(98-356)

16276 丽丽的菜园
〔法〕吕西·阿勒本编绘,司马天怡译,手印画绘本故事,2016 年 4 月。平装覆膜,24 开,ISBN 978-7-02-011379-8,定价 18.00 元。(98-357)

16277 丽丽的水果
〔法〕吕西·阿勒本编绘,司马天怡译,手印画绘本故事,2016 年 4 月。平装覆膜,24 开,ISBN 978-7-02-011377-4,定价 18.00 元。(98-358)

16278 丽丽的风筝
〔法〕吕西·阿勒本编绘,司马天怡译,手印画绘本故事,2016 年 4 月。平装覆膜,24 开,ISBN 978-7-02-011378-1,定价 18.00 元。(98-359)

16279 小老鼠丽丽
〔法〕吕西·阿勒本编绘,司马天怡译,手印画绘本故事,2016 年 4 月。平装覆膜,24 开,ISBN 978-7-02-011380-4,定价 18.00 元。(98-360)

16280 沉睡森林的丑公主
〔法〕格雷古瓦·索洛雷夫著,娜嘉绘,叶秀萍译,童话反着说,2016 年 5 月。平装覆膜,国流 32 开,ISBN 978-7-02-011467-2,定价 32.00 元。(98-361)

16281 我的小狗
〔英〕约翰·高尔斯华绥著,莫德·厄尔绘,吴晓妹译,诺奖童书,2016 年 4 月。平装覆膜,国流 32 开,ISBN 978-7-02-011220-3,定价 20.00 元。2016 年 10 月收入狗之物语,书名《人狗情未了》,精装,32 异,ISBN 978-7-02-011860-1,定价 25.00 元。(98-362)

16282 许愿树
〔美〕威廉·福克纳著,〔巴西〕阿古泽利绘,王梅译,诺奖童书,2016 年 4 月。平装覆膜,国流 32 开,ISBN 978-7-02-011211-1,定价 20.00 元。(98-363)

16283 彼得兔经典故事全集
〔英〕毕翠克丝·波特著,林海音、林良译,大师手绘经典,2016 年 4 月。精装,16 异,ISBN 978-7-02-011358-3,定价 198.00 元。(98-364)

16284 如梦初醒
〔英〕约翰·高尔斯华绥著,索特尔绘,尚新译,诺奖童书,2016 年 4 月。平装覆膜,国流 32 开,ISBN 978-7-02-011219-7,定价 20.00 元。2018 年 2 月收入诺奖童书珍藏版,平装覆膜,国流 32 开,ISBN 978-7-02-013451-9,定价 23.00 元。(98-365)

16285 树国之旅
〔法〕勒·克莱齐奥著,亨利·加勒隆绘,张璐译,诺奖童书,2016年4月。平装覆膜,国流32开,ISBN 978-7-02-011218-0,定价17.00元。(98-366)

`16286` 原来如此的故事
〔英〕鲁德亚德·吉卜林著,南方译,诺奖童书,2016年4月。平装覆膜,国流32开,ISBN 978-7-02-011214-2,定价25.00元。2018年2月收入诺奖童书珍藏版,平装覆膜,国流32开,ISBN 978-7-02-013477-9,定价27.00元。(98-367)

`16287` 爱尔兰童话故事
〔爱尔兰〕威廉·巴特勒·叶芝编,杰克·叶芝绘,高勤芳译,诺奖童书,2016年4月。平装覆膜,国流32开,ISBN 978-7-02-011196-1,定价23.00元。(98-368)

`16288` 夜莺之歌
〔法〕勒·克莱齐奥著,乔治·勒穆瓦绘,张璐译,诺奖童书,2016年4月。平装覆膜,国流32开,ISBN 978-7-02-011212-8,定价17.00元。(98-369)

`16289` 红襟鸟
〔瑞典〕塞尔玛·拉格洛芙著,薇拉·克莱尔绘,张国辉译,诺奖童书,2016年4月。平装覆膜,国流32开,ISBN 978-7-02-011221-0,定价28.00元。2018年2月收入诺奖童书珍藏版,平装覆膜,国流32开,ISBN 978-7-02-013476-2,定价30.00元。(98-370)

`16290` 错误岛
〔法〕梅里切伊·马尔蒂著,夏维埃·萨勒莫绘,苏迪译,游戏童年,2016年5月。精装,8开,ISBN 978-7-02-011294-4,定价68.00元。(98-371)

`16291` 瓢虫找新家
〔法〕达维·卡利著,马克·布塔旺绘,苏迪译,游戏童年,2016年5月。精装,8开,ISBN 978-7-02-010920-3,定价48.00元。(98-372)

`16292` 小公主的生日
〔英〕王尔德原著,〔希腊〕艾菲·拉达编绘,苏梅译,最美的欧洲童话绘本,2016年6月。精装,16异,ISBN 978-7-02-011353-8,定价38.00元。(98-373)

`16293` 勇敢的泪珠儿
〔希腊〕阿西娜·布尼著,艾菲·拉达绘,苏梅译,最美的欧洲童话绘本,2016年6月。精装,16异,ISBN 978-7-02-011352-1,定价35.00元。(98-374)

`16294` 玛丽和糖果人
〔希腊〕阿西娜·布尼著,艾菲·拉达绘,苏梅译,最美的欧洲童话绘本,2016年6月。精装,16异,ISBN 978-7-02-011354-5,定价35.00元。(98-375)

`16295` 塔楼传说
〔希腊〕阿西娜·布尼著,艾菲·拉达绘,苏梅译,最美的欧洲童话绘本,2016年6月。精装,16异,ISBN 978-7-02-011357-6,定价45.00元。(98-376)

`16296` 大师名画贴纸游戏 亚历山大·考尔德
〔法〕西尔维·德尔佩奇、卡罗琳·勒克莱克编,吴冰译,2016年5月。平装覆膜,16异,ISBN 978-7-02-011368-2,定价38.00元。(98-377)

`16297` 大师名画贴纸游戏 克里姆特
〔法〕西尔维·德尔佩奇、卡罗琳·勒克莱克编,吴冰译,2016年5月。平装覆膜,16异,ISBN 978-7-02-011383-5,定价38.00元。(98-378)

`16298` 大师名画贴纸游戏 米罗
〔法〕西尔维·德尔佩奇、卡罗琳·勒克莱克编,吴冰译,2016年5月。平装覆膜,16异,ISBN 978-7-02-011384-2,定价38.00元。(98-379)

`16299` 大师名画贴纸游戏 阿尔钦博托
〔法〕西尔维·德尔佩奇、卡罗琳·勒克莱克编,吴冰译,2016年5月。平装覆膜,16异,ISBN 978-7-02-011371-2,定价38.00元。(98-380)

`16300` 大师名画贴纸游戏 达利
〔法〕西尔维·德尔佩奇、卡罗琳·勒克莱克编,吴冰译,2016年5月。平装覆膜,16异,ISBN 978-7-02-011373-6,定价38.00元。(98-381)

`16301` 大师名画贴纸游戏 亨利·马蒂斯
〔法〕西尔维·德尔佩奇、卡罗琳·勒克莱克编,吴冰译,2016年5月。平装覆膜,16异,ISBN 978-7-02-011369-9,定价38.00元。(98-382)

16302 大师名画贴纸游戏 毕加索
〔法〕西尔维·德尔佩奇、卡罗琳·勒克莱克编,吴冰译,2016年5月。平装覆膜,16异,ISBN 978-7-02-011366-8,定价38.00元。(98-383)

16303 大师名画贴纸游戏 康定斯基
〔法〕西尔维·德尔佩奇、卡罗琳·勒克莱克编,吴冰译,2016年5月。平装覆膜,16异,ISBN 978-7-02-011370-5,定价38.00元。(98-384)

16304 大师名画贴纸游戏 保罗·克利
〔法〕西尔维·德尔佩奇、卡罗琳·勒克莱克编,吴冰译,2016年5月。平装覆膜,16异,ISBN 978-7-02-011367-5,定价38.00元。(98-385)

16305 大师杰作的秘密·第一辑(1—4)
〔法〕热拉尔婷·埃尔施纳等著,雷米·萨亚尔等绘,戴捷译,2016年3月。平装覆膜,16异,ISBN 978-7-02-011360-6,定价100.00元。(98-386)

16306 最美的欧洲童话绘本(1—4)
〔希腊〕阿西娜·布尼等著,艾菲·拉达绘,苏梅译,2016年6月。精装,16异,ISBN 978-7-02-011520-4,定价153.00元。(98-387)

16307 维瓦尔第的歌手 露克蕾霞日记
〔法〕克里斯蒂娜·费雷-弗勒里著,郝宇译,日记背后的历史,2016年6月。平装覆膜,32异,ISBN 978-7-02-011639-3,定价20.00元。(98-388)

16308 俄国革命前夜 柳芭日记
〔法〕安娜·玛丽-珀尔著,孙敏译,日记背后的历史,2016年6月。平装覆膜,32异,ISBN 978-7-02-011645-4,定价23.00元。(98-389)

16309 在印象派画家身旁 波丽娜日记
〔法〕克拉拉·布洛著,郭斯嘉译,日记背后的历史,2016年6月。平装覆膜,32异,ISBN 978-7-02-011642-3,定价20.00元。(98-390)

16310 路易十四的宫廷 安吉丽科的日记
〔法〕多米尼克·若利著,周春悦译,日记背后的历史,2016年6月。平装覆膜,32异,ISBN 978-7-02-011640-9,定价20.00元。(98-391)

16311 班尼狗的故事
〔荷兰〕西伯·波斯图马著,蒋佳惠译,大师手绘经典,2016年8月。精装,16异,ISBN 978-7-02-011693-5,定价78.00元。(98-392)

16312 古登堡的学徒 小印刷师马丁的日记
〔法〕索菲·于曼著,邹沁译,日记背后的历史,2016年6月。平装覆膜,32异,ISBN 978-7-02-011643-0,定价20.00元。(98-393)

16313 百年战争记事 让娜的日记
〔法〕布里吉特·科朋著,周春悦译,日记背后的历史,2016年6月。平装覆膜,32异,ISBN 978-7-02-011644-7,定价20.00元。(98-394)

16314 奥地利的皇后 茜茜公主的日记
〔法〕卡特琳娜·德·拉萨著,朱媛译,日记背后的历史,2016年6月。平装覆膜,32异,ISBN 978-7-02-011638-6,定价23.00元。(98-395)

16315 被占领的巴黎 伊莲娜·皮图日记
〔法〕保罗·德·布歇著,周春悦、孙敏译,日记背后的历史,2016年6月。平装覆膜,32异,ISBN 978-7-02-011650-8,定价25.00元。(98-396)

16316 小青蛙希罗尼穆斯的故事
〔德〕安·H.施马赫特尔著,童伟芳译,科学虫子,2016年10月。平装覆膜,国流32开,ISBN 978-7-02-011509-9,定价35.00元。(98-397)

16317 潘帕斯的居民们
〔法〕盖内埃尔·大卫著,艾米丽·冯丹绘,陈萌译,科学虫子,2016年10月。平装覆膜,国流32开,ISBN 978-7-02-011767-3,定价38.00元。(98-398)

16318 神奈川海边的大浪
〔法〕韦罗妮克·马斯诺著,布吕诺·皮洛尔热绘,戴捷译,大师杰作的秘密,2016年10月。

平装,16异,ISBN 978-7-02-011772-7,定价25.00元。(98-399)

16319 星空下的凯莉亚

〔法〕迪迪埃·迪弗雷纳著,塞西尔·盖格尔绘,戴捷译,大师杰作的秘密,2016年10月。平装,16异,ISBN 978-7-02-011774-1,定价25.00元。(98-400)

16320 夜之色

〔法〕埃莱娜·凯里利斯著,瓦内莎·耶绘,戴捷译,大师杰作的秘密,2016年10月。平装;16异,ISBN 978-7-02-011745-1,定价25.00元。(98-401)

16321 卡蹦豆超市的小怪人儿

〔法〕斯特凡·塞尔旺著,克里斯蒂娜·德斯图尔绘,戴捷译,大师杰作的秘密,2016年10月。平装,16异,ISBN 978-7-02-011773-4,定价25.00元。(98-402)

16322 四一班的神奇教室1
打喷嚏神秘事件

〔日〕服部千春著,高里六瑠绘,林文茜译,青鸟文库,2016年10月。平装覆膜,国流32开,ISBN 978-7-02-011687-4,定价20.00元。(98-403)

16323 四一班的神奇教室2
重来一次的心愿

〔日〕服部千春著,高里六瑠绘,林文茜译,青鸟文库,2016年10月。平装覆膜,国流32开,ISBN 978-7-02-011688-1,定价20.00元。(98-404)

16324 四一班的神奇教室3
我的名字真讨厌

〔日〕服部千春著,高里六瑠绘,林文茜译,青鸟文库,2016年10月。平装覆膜,国流32开,ISBN 978-7-02-011686-7,定价20.00元。(98-405)

16325 四一班的神奇教室4
都是谎言惹的祸

〔日〕服部千春著,高里六瑠绘,林文茜译,青鸟文库,2016年10月。平装覆膜,国流32开,ISBN 978-7-02-011685-0,定价20.00元。(98-406)

16326 四一班的神奇教室5
长大后想做什么

〔日〕服部千春著,高里六瑠绘,陈潇潇译,青鸟文库,2016年10月。平装覆膜,国流32开,ISBN 978-7-02-011684-3,定价20.00元。(98-407)

16327 四一班的神奇教室6
偶尔也会闹别扭

〔日〕服部千春著,高里六瑠绘,蒋葳译,青鸟文库,2016年10月。平装覆膜,国流32开,ISBN 978-7-02-011681-2,定价20.00元。(98-408)

16328 四一班的神奇教室7
这也许就是恋爱

〔日〕服部千春著,高里六瑠绘,蔡春晓译,青鸟文库,2016年10月。平装覆膜,国流32开,ISBN 978-7-02-011680-5,定价20.00元。(98-409)

16329 四一班的神奇教室8
我们还能再见吧

〔日〕服部千春著,高里六瑠绘,田莎莎译,青鸟文库,2016年10月。平装覆膜,国流32开,ISBN 978-7-02-011679-9,定价20.00元。(98-410)

16330 云上之行

〔法〕韦罗妮克·马斯诺著,埃莉斯·芒索绘,戴捷译,大师杰作的秘密,2016年10月。平装覆膜,16异,ISBN 978-7-02-011778-9,定价25.00元。(98-411)

16331 小雨蛙哪儿去了

〔法〕热拉尔婷·埃尔施纳著,斯特凡·吉雷尔绘,戴捷译,大师杰作的秘密,2016年10月。平装覆膜,16异,ISBN 978-7-02-011777-2,定价25.00元。(98-412)

16332 冬天的小鸟

〔法〕埃莱娜·凯里利斯著,斯特凡·吉雷尔绘,戴捷译,大师杰作的秘密,2016年10月。平装覆膜,16异,ISBN 978-7-02-011779-6,定价25.00元。(98-413)

16333 我,玛格丽特公主

〔法〕克里斯蒂娜·贝热尔著,格扎薇埃·德沃绘,戴捷译,大师杰作的秘密,2016年10月。平装覆膜,16异,ISBN 978-7-02-011776-5,定价25.00元。(98-414)

16334 黑魔女学园1 千代的第一堂魔法课

〔日〕石崎洋司著,藤田香绘,陈柏匀译,青鸟文库,2016年10月。平装覆膜,国流32开,ISBN 978-7-02-011449-8,定价25.00元。(98-415)

16335 黑魔女学园2 千代飞起来了

〔日〕石崎洋司著,藤田香绘,李俊秀译,青鸟文库,2016年10月。平装覆膜,国流32开,ISBN 978-7-02-011448-1,定价25.00元。(98-416)

16336 黑魔女学园3 棋逢对手

〔日〕石崎洋司著,藤田香绘,李俊秀译,青鸟文库,2016年10月。平装覆膜,国流32开,ISBN 978-7-02-011447-4,定价25.00元。(98-417)

16337 黑魔女学园4 黑魔女的仙履奇缘

〔日〕石崎洋司著,藤田香绘,黄颖凡译,青鸟文库,2016年10月。平装覆膜,国流32开,ISBN 978-7-02-011446-7,定价28.00元。(98-418)

16338 黑魔女学园5 五年级一班大骚动

〔日〕石崎洋司著,藤田香绘,黄颖凡译,青鸟文库,2016年10月。平装覆膜,国流32开,ISBN 978-7-02-011445-0,定价28.00元。(98-419)

16339 黑魔女学园6 秋琵特失踪了!

〔日〕石崎洋司著,藤田香绘,黄颖凡译,青鸟文库,2016年10月。平装覆膜,国流32开,ISBN 978-7-02-011444-3,定价29.00元。(98-420)

16340 黑魔女学园7 万圣节前夕

〔日〕石崎洋司著,藤田香绘,黄颖凡译,青鸟文库,2016年10月。平装覆膜,国流32开,ISBN 978-7-02-011443-6,定价29.00元。(98-421)

16341 黑魔女学园8 红线之谜

〔日〕石崎洋司著,藤田香绘,黄颖凡译,青鸟文库,2016年10月。平装覆膜,国流32开,ISBN 978-7-02-011442-9,定价29.00元。(98-422)

16342 一起去森林

〔日〕土井香弥著,柯伟译,叮铃和叮铃铃,2016年9月。精装,16异,ISBN 978-7-02-011609-6,定价35.00元。(98-423)

16343 一起去小镇

〔日〕土井香弥著,柯伟译,叮铃和叮铃铃,2016年9月。精装,16异,ISBN 978-7-02-011605-8,定价35.00元。(98-424)

16344 一起去冰雪森林

〔日〕土井香弥著,柯伟译,叮铃和叮铃铃,2016年9月。精装,16异,ISBN 978-7-02-011603-4,定价35.00元。(98-425)

16345 一起去原野

〔日〕土井香弥著,柯伟译,叮铃和叮铃铃,2016年9月。精装,16异,ISBN 978-7-02-011606-5,定价35.00元。(98-426)

16346 一起去海底

〔日〕土井香弥著,柯伟译,叮铃和叮铃铃,2016年9月。精装,16异,ISBN 978-7-02-011607-2,定价35.00元。(98-427)

16347 一起去地下

〔日〕土井香弥著,柯伟译,叮铃和叮铃铃,2016年9月。精装,16异,ISBN 978-7-02-011604-1,定价35.00元。(98-428)

16348 透明怪人

〔日〕江户川乱步著,曹艺译,江户川乱步少年侦探系列,2016年9月。平装,国流32开,ISBN 978-7-02-011738-3,定价25.00元。(98-429)

16349 少年侦探团

〔日〕江户川乱步著,曹艺译,江户川乱步少年侦探系列,2016年9月。平装,国流32开,ISBN 978-7-02-011737-6,定价25.00元。(98-430)

16350 夏天的早晨

〔比利时〕梅拉尼·吕滕著,苏迪译,博洛尼亚书展最佳童书奖,2016年10月。精装,16异,ISBN 978-7-02-011903-5,定价38.00元。(98-431)

16351 冬日一杯茶

〔比利时〕梅拉尼·吕滕著,苏迪译,博洛尼亚书展最佳童书奖,2016年10月。精装,16异,ISBN 978-7-02-011902-8,定价38.00元。(98-432)

| 16352 | 每一个的影子

〔比利时〕梅拉尼·吕滕著,苏迪译,博洛尼亚书展最佳童书奖,2016年10月。精装,16异,ISBN 978-7-02-011914-1,定价38.00元。(98-433)

| 16353 | 到来的时刻

〔比利时〕梅拉尼·吕滕著,苏迪译,博洛尼亚书展最佳童书奖,2016年10月。精装,16异,ISBN 978-7-02-011925-7,定价38.00元。(98-434)

| 16354 | 完美的一天

〔比利时〕梅拉尼·吕滕著,苏迪译,博洛尼亚书展最佳童书奖,2016年10月。精装,16异,ISBN 978-7-02-011901-1,定价38.00元。(98-435)

| 16355 | 小毛麻的火星历险记

〔日〕毛利卫著,谢迟译,2016年9月。平装覆膜,国流32开,ISBN 978-7-02-011973-8,定价25.00元。(98-436)

| 16356 | 睡美人与魔纺锤

〔英〕尼尔·盖曼著,克里斯·里德尔绘,王雪纯译,2016年10月。精装,16异,ISBN 978-7-02-011207-4,定价48.00元。(98-437)

| 16357 | 小淑女米莉·茉莉·曼迪和她的朋友们

〔英〕乔伊斯·兰克斯特·布斯利著,十画译,银色独角兽,2016年10月。平装覆膜,国流32开,ISBN 978-7-02-011673-7,定价27.00元。(98-438)

| 16358 | 小淑女米莉·茉莉·曼迪和她的白色小茅屋

〔英〕乔伊斯·兰克斯特·布斯利著,十画译,银色独角兽,2016年10月。平装覆膜,国流32开,ISBN 978-7-02-011675-1,定价27.00元。(98-439)

| 16359 | 令人烦恼的茶壶

〔英〕诺曼·亨特著,谭怡译,银色独角兽,2016年10月。平装覆膜,国流32开,ISBN 978-7-02-011784-0,定价27.00元。(98-440)

| 16360 | 躲在树上的孩子们

〔以色列〕阿哈龙·阿佩尔菲尔德著,〔法〕菲利普·迪马绘,唐蜜译,阿哈龙·阿佩尔菲尔德作品系列,2016年10月。平装覆膜,国流32开,ISBN 978-7-02-011879-3,定价32.00元。(98-441)

| 16361 | 幻影

〔英〕A. F. 哈罗德著,埃米莉·格雷维特绘,康华译,银色独角兽,2016年10月。平装覆膜,国流32开,ISBN 978-7-02-011649-2,定价38.00元。(98-442)

| 16362 | 蜜蜂的生活

〔比利时〕莫里斯·梅特林克著,许信译,诺奖童书,2016年10月。平装,国流32开,ISBN 978-7-02-011215-9,定价20.00元。(98-443)

| 16363 | 白海豹

〔英〕鲁德亚德·吉卜林著,莫里斯·代特莫尔德、爱德华·代特莫尔德绘,吴培译,诺奖童书,2016年10月。平装,国流32开,ISBN 978-7-02-011883-0,定价25.00元。(98-444)

| 16364 | 奇幻森林

〔英〕鲁德亚德·吉卜林著,莫里斯·代特莫尔德、爱德华·代特莫尔德绘,吴培译,诺奖童书,2016年10月。平装,国流32开,ISBN 978-7-02-011744-4,定价30.00元。2018年2月收入诺奖童书珍藏版,平装覆膜,国流32开,ISBN 978-7-02-013478-6,定价30.00元。(98-445)

| 16365 | 泰戈尔经典诗集

〔印度〕泰戈尔著,冰心、郑振铎译,诺奖童书,2016年10月。平装,国流32开,ISBN 978-7-02-011930-1,定价20.00元。(98-446)

| 16366 | 西顿动物故事

〔英〕欧内斯特·汤普森·西顿著,蒲隆译,大作家小童书,2016年10月。平装,国流32开,ISBN 978-7-02-011197-8,定价30.00元。(98-447)

| 16367 | 神奇故事集

〔美〕霍桑著,蒲隆译,大作家小童书,2016年10月。平装,国流32开,ISBN 978-7-02-011203-6,定价25.00元。(98-448)

| 16368 | 古怪故事集

〔美〕霍桑著,蒲隆译,大作家小童书,2016年

10月。平装，国流32开，ISBN 978-7-02-011904-2，定价30.00元。(98-449)

16369 木偶奇遇记

〔意〕卡洛·科洛迪著，弗夫尤·泰斯塔绘，王淑允译，大师手绘经典，2016年8月。精装，16异，ISBN 978-7-02-011683-6，定价78.00元。(98-450)

16370 我们的朋友狗狗

〔比利时〕梅特林克著，〔英〕西尔·阿尔丁绘，唐建清译，诺奖童书，2016年10月。平装，国流32开，ISBN 978-7-02-011756-7，定价18.00元。2016年10月收入狗之物语，精装，32异，ISBN 978-7-02-011859-5，定价25.00元。(98-451)

16371 蜜蜂公主

〔法〕阿纳托尔·法郎士著，〔美〕弗洛伦斯·伦德伯格绘，蒋哲杰译，诺奖童书，2016年10月。平装，国流32开，ISBN 978-7-02-011940-0，定价18.00元。(98-452)

16372 恐龙

〔法〕安娜-贝内迪克特·施维贝尔编，苏迪译，小小乔治，2016年11月。平装覆膜，16异，ISBN 978-7-02-011996-7，定价28.00元。(98-453)

16373 苹果

〔法〕安娜-贝内迪克特·施维贝尔编，苏迪译，小小乔治，2016年11月。平装覆膜，16异，ISBN 978-7-02-011601-0，定价28.00元。(98-454)

16374 洛塔的日记1 小兔满屋

〔德〕爱丽丝·庞特穆勒著，丹妮拉·科尔绘，尤岚岚译，2016年11月。平装，32异，ISBN 978-7-02-011753-6，定价28.00元。(98-455)

16375 洛塔的日记2 野兔子帮

〔德〕爱丽丝·庞特穆勒著，丹妮拉·科尔绘，张维一译，2016年11月。平装，32异，ISBN 978-7-02-011754-3，定价28.00元。(98-456)

16376 洛塔的日记3 小虫魔曲

〔德〕爱丽丝·庞特穆勒著，丹妮拉·科尔绘，洪迎迎、杨曦红译，2016年11月。平装，32异，ISBN 978-7-02-011755-0，定价28.00元。(98-457)

16377 洛塔的日记4 野兔行动

〔德〕爱丽丝·庞特穆勒著，丹妮拉·科尔绘，张怿琛译，2016年11月。平装，32异，ISBN 978-7-02-011748-2，定价28.00元。(98-458)

16378 火之编年史

〔美〕约翰·斯蒂芬斯著，胡江宁译，起源之书三部曲，2016年10月。平装覆膜，大32异，ISBN 978-7-02-011780-2，定价35.00元。(98-459)

16379 芒果的滋味

〔塞拉利昂〕玛利亚图·卡马拉、〔加拿大〕苏珊·麦克里兰著，曹伟、吕琴译，银色独角兽，2016年12月。平装覆膜，国流32开，ISBN 978-7-02-011950-9，定价30.00元。2019年10月收入国际大奖儿童小说，平装，32异，ISBN 978-7-02-015230-8，定价38.00元。(98-460)

16380 青铜魔人

〔日〕江户川乱步著，徐奕译，江户川乱步少年侦探系列，2016年11月。平装，国流32开，ISBN 978-7-02-011750-5，定价25.00元。(98-461)

16381 怪盗二十面相

〔日〕江户川乱步著，谭一珂译，江户川乱步少年侦探系列，2016年11月。平装，国流32开，ISBN 978-7-02-012016-1，定价25.00元。(98-462)

16382 伊索寓言

〔英〕菲奥娜·华莱斯编，〔意〕弗夫尤·泰斯塔绘，康华、王淑允译，大师手绘经典，2017年1月。精装，16异，ISBN 978-7-02-011682-9，定价88.00元。(98-463)

16383 火星人百科全书

〔法〕格温德林·雷松著，罗兰·加里格绘，苏迪译，科学虫子，2017年1月。精装，16异，ISBN 978-7-02-011844-1，定价68.00元。(98-464)

16384 妖怪博士

〔日〕江户川乱步著，徐奕译，江户川乱步少年侦探系列,2016 年 12 月。平装,国流 32 开,ISBN 978-7-02-011747-5,定价 25.00 元。(98-465)

16385 大金块
〔日〕江户川乱步著,傅梄译,江户川乱步少年侦探系列,2016 年 12 月。平装,国流 32 开,ISBN 978-7-02-011999-8,定价 25.00 元。(98-466)

16386 小心儿怦怦跳
〔瑞典〕罗莎·拉格克朗兹著,夏娃·埃里克松绘,王梦达译,银色独角兽,2016 年 12 月。平装覆膜,国流 32 开,ISBN 978-7-02-011936-3,定价 20.00 元。(98-467)

16387 每一天都快乐
〔瑞典〕罗莎·拉格克朗兹著,夏娃·埃里克松绘,王梦达译,银色独角兽,2016 年 12 月。平装覆膜,国流 32 开,ISBN 978-7-02-011933-2,定价 20.00 元。(98-468)

16388 不一样的森林小剧场
〔瑞典〕洛塔·奥尔松著,玛丽娅·尼尔松·索尔绘,王梦达译,银色独角兽,2016 年 12 月。平装覆膜,国流 32 开,ISBN 978-7-02-011932-5,定价 25.00 元。(98-469)

16389 世界上最奇怪的动物
〔瑞典〕洛塔·奥尔松著,玛丽娅·尼尔松·索尔绘,王梦达译,银色独角兽,2016 年 12 月。平装覆膜,国流 32 开,ISBN 978-7-02-011931-8,定价 25.00 元。(98-470)

16390 没有我,世界会不会不一样?
〔瑞典〕洛塔·奥尔松著,玛丽娅·尼尔松·索尔绘,王梦达译,银色独角兽,2016 年 12 月。平装覆膜,国流 32 开,ISBN 978-7-02-011937-0,定价 25.00 元。(98-471)

16391 告诉我,什么是天和地?
〔德〕古伦·梅思、哈德·莱士著,卡娜·维尔绘,王鑫琪译,科学虫子,2016 年 12 月。平装,国流 32 开,ISBN 978-7-02-011785-7,定价 38.00 元。(98-472)

16392 哈利·波特 霍格沃茨学年手册
〔美〕学乐出版公司编写,崔蒙译,2020 年 9 月。精装,16 异,ISBN 978-7-02-015157-8,定价 49.00 元。(98-473)

16393 头脑风暴教授
〔英〕诺曼·亨特著,希思·罗宾逊绘,谭怡译,2016 年 12 月。平装覆膜,32 异,ISBN 978-7-02-011786-4,定价 29.00 元。(98-474)

16394 猫的事务所 宫泽贤治童话精选集(精装插图版)
〔日〕宫泽贤治著,成洁、黄叶娟译,大人的童话,2016 年 12 月。精装,国流 32 开,ISBN 978-7-02-012047-5,定价 58.00 元。(98-475)

16395 真正的朋友
〔芬兰〕罗威欧公司著,仲召明译,"愤怒的小鸟"大电影全新动漫故事,2017 年 1 月。精装,16 异,ISBN 978-7-02-011669-0,定价 35.00 元。(98-476)

16396 一群与众不同的鸟
〔芬兰〕罗威欧公司著,仲召明译,"愤怒的小鸟"大电影全新动漫故事,2017 年 1 月。精装,16 异,ISBN 978-7-02-011670-6,定价 35.00 元。(98-477)

16397 爱丽丝镜中奇遇记
〔英〕刘易斯·卡罗尔著,〔美〕彼得·纽维尔绘,冷杉译,2017 年 1 月。精装,16 异,ISBN 978-7-02-011598-3,定价 68.00 元。(98-478)

16398 寒鸦之夏
〔英〕大卫·阿尔蒙德著,李珊珊译,大卫·阿尔蒙德作品集,2017 年 2 月。平装,国流 32 开,ISBN 978-7-02-011997-4,定价 20.00 元。(98-479)

16399 原来如此的故事(全译插图本)
〔英〕约瑟夫·拉迪亚德·吉卜林著,曹明伦译,2017 年 3 月。平装,16 异,ISBN 978-7-02-011834-2,定价 28.00 元。(98-480)

16400 一只狗的典型一天
〔英〕瓦尔特·艾曼纽尔著,西尔·阿尔丁绘,王梅译,狗之物语,2016 年 10 月。精装,32 异,ISBN 978-7-02-011857-1,定价 25.00 元。(98-481)

16401 一只小狗的故事
〔美〕马克·吐温著,蔡耘译,狗之物语,2016 年 10 月。精装,32 异,ISBN 978-7-02-011855-

7,定价20.00元。(98-482)

16402 一只流浪狗的自述
〔美〕理查德·戴维斯著,E. M. 阿什绘,吕琴译,狗之物语,2016年10月。精装,32异,ISBN 978-7-02-011861-8,定价25.00元。(98-483)

16403 一只捣蛋狗的回忆
〔英〕西尔·阿尔丁著,王梅译,狗之物语,2016年10月。精装,32异,ISBN 978-7-02-011858-8,定价25.00元。(98-484)

16404 阿奇与阿七
〔英〕露丝·伦德尔著,玛德琳弗洛伊德·伦德尔绘,王雪纯译,猫之物语,2016年10月。精装,32异,ISBN 978-7-02-011868-7,定价25.00元。(98-485)

16405 想太多的猫
〔美〕奥利弗·赫尔福德著,王梅译,猫之物语,2016年10月。精装,32异,ISBN 978-7-02-011867-0,定价30.00元。(98-486)

16406 阿猫和阿狗
〔捷克〕约瑟夫·恰佩克著,苏迪译,猫之物语,2016年10月。精装,32异,ISBN 978-7-02-011865-6,定价30.00元。2020年5月收入大师手绘经典,书名《阿猫和阿狗的故事》,精装,16异,ISBN 978-7-02-011823-6,定价68.00元。(98-487)

16407 鬼魅的大窗子
〔美〕雷蒙尼·斯尼科特著,周思芸译,波特莱尔大冒险,2017年1月。平装覆膜,国流32开,ISBN 978-7-02-012113-7,定价20.00元。(98-488)

16408 可怕的爬虫屋
〔美〕雷蒙尼·斯尼科特著,江坤山译,波特莱尔大冒险,2017年1月。平装覆膜,国流32开,ISBN 978-7-02-012056-7,定价20.00元。(98-489)

16409 悲惨的开始
〔美〕雷蒙尼·斯尼科特著,周思芸、江坤山译,波特莱尔大冒险,2017年1月。平装覆膜,国流32开,ISBN 978-7-02-012063-5,定价20.00元。(98-490)

16410 死亡是怎么回事
〔瑞典〕佩妮拉·斯达菲尔特著,徐昕译,孩子应该知道的秘密,2017年2月。平装覆膜,16异,ISBN 978-7-02-012128-1,定价20.00元。2017年10月收入小孩子的权利,平装覆膜,16开,ISBN 978-7-02-012389-6,定价20.00元。(98-491)

16411 生命是怎么回事
〔瑞典〕佩妮拉·斯达菲尔特著,徐昕译,孩子应该知道的秘密,2017年2月。平装覆膜,16异,ISBN 978-7-02-012138-0,定价20.00元。2017年10月收入小孩子的权利,平装覆膜,16开,ISBN 978-7-02-012447-3,定价20.00元。(98-492)

16412 我们怎样接受不同
〔瑞典〕佩妮拉·斯达菲尔特著,王梦达译,孩子应该知道的秘密,2017年2月。平装覆膜,16异,ISBN 978-7-02-012155-7,定价20.00元。2017年10月收入小孩子的权利,平装覆膜,16开,ISBN 978-7-02-012391-9,定价20.00元。(98-493)

16413 爱是怎么回事
〔瑞典〕佩妮拉·斯达菲尔特著,徐昕译,孩子应该知道的秘密,2017年2月。平装覆膜,16异,ISBN 978-7-02-012127-7,定价20.00元。2017年10月收入小孩子的权利,平装覆膜,16开,ISBN 978-7-02-012390-2,定价20.00元。(98-494)

16414 我们为啥长毛发
〔瑞典〕佩妮拉·斯达菲尔特著,徐昕译,孩子应该知道的秘密,2017年2月。平装覆膜,16异,ISBN 978-7-02-012153-3,定价20.00元。(98-495)

16415 我们一起聊大便
〔瑞典〕佩妮拉·斯达菲尔特著,徐昕译,孩子应该知道的秘密,2017年2月。平装覆膜,16异,ISBN 978-7-02-012140-3,定价20.00元。(98-496)

16416 我们怎样远离暴力
〔瑞典〕佩妮拉·斯达菲尔特著,徐昕译,孩子应该知道的秘密,2017年2月。平装覆膜,16异,ISBN 978-7-02-012148-9,定价20.00元。2017年10月收入小孩子的权利,平装覆膜,16

开,ISBN 978-7-02-012394-0,定价 20.00 元。(98-497)

16417 小孩子的权利
〔瑞典〕佩妮拉·斯达菲尔特著,徐昕译,孩子应该知道的秘密,2017 年 2 月。平装覆膜,16 异,ISBN 978-7-02-012152-6,定价 20.00 元。2017 年 10 月收入小孩子的权利,平装覆膜,16 开,ISBN 978-7-02-012448-0,定价 20.00 元。(98-498)

16418 被遗忘的公主
〔法〕菲利普·勒榭米耶著,贾翙君译,99 图像小说,2017 年 3 月。精装,12 开,ISBN 978-7-02-012158-8,定价 78.00 元。(98-499)

16419 三个音乐家
〔法〕韦罗妮克·马斯诺著,瓦内莎·耶绘,戴捷译,大师杰作的秘密,2017 年 2 月。平装覆膜,16 异,ISBN 978-7-02-011960-8,定价 25.00 元。(98-500)

16420 表演开始啦
〔法〕热拉尔婷·埃尔施纳著,奥雷莉·布兰斯绘,戴捷译,大师杰作的秘密,2017 年 2 月。平装覆膜,16 异,ISBN 978-7-02-011966-0,定价 25.00 元。(98-501)

16421 幕后故事
〔法〕埃莱娜·凯里利斯著,吕西·阿勒本绘,戴捷译,大师杰作的秘密,2017 年 2 月。平装覆膜,16 异,ISBN 978-7-02-011959-2,定价 25.00 元。(98-502)

16422 远航的白船
〔法〕韦罗妮克·马斯诺著,安雅·克劳斯绘,戴捷译,大师杰作的秘密,2017 年 2 月。平装覆膜,16 异,ISBN 978-7-02-011967-7,定价 25.00 元。(98-503)

16423 蒙娜丽莎
〔法〕热拉尔婷·埃尔施纳著,罗南·巴代尔绘,戴捷译,大师杰作的秘密,2017 年 3 月。平装覆膜,16 异,ISBN 978-7-02-011963-9,定价 25.00 元。(98-504)

16424 圣诞夜
〔法〕热拉尔婷·埃尔施纳著,斯特凡·吉雷尔绘,戴捷译,大师杰作的秘密,2017 年 3 月。平装覆膜,16 异,ISBN 978-7-02-011964-6,定价 25.00 元。(98-505)

16425 加莱义民
〔法〕热拉尔婷·埃尔施纳著,斯特凡·吉雷尔、克里斯托夫·杜鲁阿尔绘,戴捷译,大师杰作的秘密,2017 年 3 月。平装覆膜,16 异,ISBN 978-7-02-011965-3,定价 25.00 元。(98-506)

16426 外星人来啦
〔法〕克里斯蒂娜·贝热尔著,埃莉斯·芒索绘,戴捷译,大师杰作的秘密,2017 年 3 月。平装覆膜,16 异,ISBN 978-7-02-011962-2,定价 25.00 元。(98-507)

16427 愤怒的小鸟(1—2)
大电影全新动漫故事
〔芬兰〕罗威欧公司著,仲召明译,2017 年 3 月。平装覆膜,16 异,ISBN 978-7-02-011671-3,定价 50.00 元。(98-508)

16428 二十世纪女孩
弗洛拉·邦宁顿的日记
〔英〕卡罗尔·德林克沃特著,蔡耘译,日记背后的历史,2017 年 4 月。平装覆膜,32 异,ISBN 978-7-02-012049-9,定价 28.00 元。(98-509)

16429 大饥荒 爱尔兰女孩菲利斯的日记
〔英〕卡罗尔·德林克沃特著,安琪译,日记背后的历史,2017 年 4 月。平装覆膜,32 异,ISBN 978-7-02-012054-3,定价 28.00 元。(98-510)

16430 凡尔赛公主
玛丽·安托瓦内特的日记
〔美〕凯瑟琳·拉斯基著,安琪译,日记背后的历史,2017 年 4 月。平装覆膜,32 异,ISBN 978-7-02-012052-9,定价 30.00 元。(98-511)

16431 新世界之旅
五月花号旅客女孩的日记
〔美〕凯瑟琳·拉斯基著,安琪译,日记背后的历史,2017 年 4 月。平装覆膜,32 异,ISBN 978-7-02-012053-6,定价 28.00 元。(98-512)

16432 大瘟疫 伦敦女孩爱丽丝的日记
〔英〕帕梅拉·奥德菲尔德著,安琪译,日记背后的历史,2017 年 4 月。平装覆膜,32 异,ISBN 978-7-02-012055-0,定价 25.00 元。(98-513)

16433 尼罗河的女儿 克利奥帕特拉七世的日记

〔美〕克里斯蒂安娜·格雷戈里著,周洪译,日记背后的历史,2017 年 4 月。平装覆膜,32 异,ISBN 978-7-02-012059-8,定价 32.00 元。(98-514)

16434 伟大的旅程 叶卡捷琳娜的皇家日记

〔美〕克里斯蒂安娜·格雷戈里著,周洪译,日记背后的历史,2017 年 4 月。平装覆膜,32 异,ISBN 978-7-02-012051-2,定价 28.00 元。(98-515)

16435 自由的画面 黑奴女孩克洛蒂的日记

〔美〕帕特丽夏·C.麦基萨克著,周洪译,日记背后的历史,2017 年 4 月。平装覆膜,32 异,ISBN 978-7-02-012050-5,定价 35.00 元。(98-516)

16436 献给艾拉·格雷的歌

〔英〕大卫·阿尔蒙德著,锦瑟译,大卫·阿尔蒙德作品集,2017 年 4 月。平装,国流 32 开,ISBN 978-7-02-012299-8,定价 28.00 元。(98-517)

16437 走钢丝的人

〔英〕大卫·阿尔蒙德著,徐如梦译,大卫·阿尔蒙德作品集,2017 年 4 月。平装,国流 32 开,ISBN 978-7-02-012300-1,定价 38.00 元。(98-518)

16438 最后关头

〔巴西〕罗杰·米罗著,高静然译,国际安徒生奖儿童小说,2017 年 4 月。平装,32 异,ISBN 978-7-02-012255-4,定价 28.00 元。(98-519)

16439 玛德琳的故事全集

〔美〕路德维格·贝梅尔曼斯著,和铃译,大师手绘经典,2017 年 4 月。精装,16 异,ISBN 978-7-02-011814-4,定价 98.00 元。(98-520)

16440 姆咪谷的彗星

〔芬兰〕托芙·扬松著,十画译,姆咪漫画全集精装珍藏版,2017 年 4 月。精装,16 异,ISBN 978-7-02-012146-5,定价 48.00 元。(98-521)

16441 姆咪谷的俱乐部

〔芬兰〕托芙·扬松著,十画译,姆咪漫画全集精装珍藏版,2017 年 4 月。精装,16 异,ISBN 978-7-02-012149-6,定价 48.00 元。(98-522)

16442 姆咪在冬天做的傻事

〔芬兰〕托芙·扬松著,十画译,姆咪漫画全集精装珍藏版,2017 年 4 月。精装,16 异,ISBN 978-7-02-012157-1,定价 48.00 元。(98-523)

16443 姆咪和盗贼

〔芬兰〕托芙·扬松著,十画译,姆咪漫画全集精装珍藏版,2017 年 4 月。精装,16 异,ISBN 978-7-02-012156-4,定价 48.00 元。(98-524)

16444 姆咪的海上探险

〔芬兰〕托芙·扬松著,十画译,姆咪漫画全集精装珍藏版,2017 年 4 月。精装,16 异,ISBN 978-7-02-012137-3,定价 48.00 元。(98-525)

16445 群鸟的集会

〔美〕彼得·西斯著,杜可名译,99 图像小说,2017 年 3 月。精装,16 异,ISBN 978-7-02-012197-7,定价 78.00 元。(98-526)

16446 农庄男孩

〔美〕劳拉·英格斯·怀德著,高笑译,小木屋系列经典插图版,2017 年 3 月。平装,国流 32 开,ISBN 978-7-02-011949-3,定价 25.00 元。(98-527)

16447 快乐的金色年华

〔美〕劳拉·英格斯·怀德著,吴培译,小木屋系列经典插图版,2017 年 3 月。平装,国流 32 开,ISBN 978-7-02-011938-7,定价 25.00 元。(98-528)

16448 大森林的小木屋

〔美〕劳拉·英格斯·怀德著,张法云译,小木屋系列经典插图版,2017 年 3 月。平装,国流 32 开,ISBN 978-7-02-011947-9,定价 25.00 元。(98-529)

16449 草原上的小木屋

〔美〕劳拉·英格斯·怀德著,张法云译,小木屋系列经典插图版,2017年3月。平装,国流32开,ISBN 978-7-02-011948-6,定价25.00元。(98-530)

16450 阿曼佐的约定
〔美〕劳拉·英格斯·怀德著,张法云译,小木屋系列经典插图版,2017年3月。平装,国流32开,ISBN 978-7-02-011934-9,定价25.00元。(98-531)

16451 漫长的冬天
〔美〕劳拉·英格斯·怀德著,王雪纯译,小木屋系列经典插图版,2017年3月。平装,国流32开,ISBN 978-7-02-011946-2,定价28.00元。(98-532)

16452 草原上的小镇
〔美〕劳拉·英格斯·怀德著,王雪纯译,小木屋系列经典插图版,2017年3月。平装,国流32开,ISBN 978-7-02-011939-4,定价25.00元。(98-533)

16453 银湖岸边
〔美〕劳拉·英格斯·怀德著,高勤芳译,小木屋系列经典插图版,2017年3月。平装,国流32开,ISBN 978-7-02-011945-5,定价25.00元。(98-534)

16454 梅溪岸边
〔美〕劳拉·英格斯·怀德著,高勤芳译,小木屋系列经典插图版,2017年3月。平装,国流32开,ISBN 978-7-02-011944-8,定价25.00元。(98-535)

16455 小小烧炭工
〔巴西〕罗杰·米罗著,高静然译,国际安徒生奖儿童小说,2017年5月。精装,16异,ISBN 978-7-02-012252-3,定价68.00元。(98-536)

16456 四一班的神奇教室(1—8)
〔日〕服部千春著,高里六瑠绘,林文茜等译,青鸟文库,2016年10月。平装覆膜,国流32开,ISBN 978-7-02-011678-2,定价160.00元。(98-537)

16457 莎士比亚戏剧故事集
〔英〕查尔斯·兰姆、玛丽·兰姆著,漪然译,大作家小童书,2017年4月。平装,国流32开,ISBN 978-7-02-012319-3,定价40.00元。(77-122)

16458 雪虎
〔美〕杰克·伦敦著,蒋天佐译,你长大之前必读的66本书,2017年6月。平装覆膜,16异,ISBN 978-7-02-012139-7,定价27.00元。(98-538)

16459 小妇人
〔美〕路易莎·梅·奥尔科特著,蔡文译,你长大之前必读的66本书,2017年6月。平装覆膜,16异,ISBN 978-7-02-011983-7,定价28.00元。(98-539)

16460 小木屋系列(经典插图版1—9)
〔美〕劳拉·英格斯·怀德著,张法云等译,2017年3月。平装,国流32开,ISBN 978-7-02-011935-6,定价228.00元。(98-540)

16461 追寻联盟
〔瑞典〕巴布鲁·林格伦著,爱娃·埃里克松绘,王梦达译,银色独角兽,2017年5月。平装,国流32开,ISBN 978-7-02-012318-6,定价28.00元。(98-541)

16462 会飞的软木塞
〔瑞典〕巴布鲁·林格伦著,爱娃·埃里克松绘,王梦达译,银色独角兽,2017年5月。平装,国流32开,ISBN 978-7-02-010813-8,定价30.00元。(98-542)

16463 漂流的贝雷帽
〔瑞典〕巴布鲁·林格伦著,爱娃·埃里克松绘,王梦达译,银色独角兽,2017年5月。平装,国流32开,ISBN 978-7-02-012326-1,定价35.00元。(98-543)

16464 鲁滨孙漂流记
〔英〕丹尼尔·笛福著,孙法理译,你长大之前必读的66本书,2017年6月。平装覆膜,16异,ISBN 978-7-02-011990-5,定价28.00元。(98-544)

16465 安妮日记
〔德〕安妮·弗兰克著,高年生译,你长大之前必读的66本书,2017年6月。平装覆膜,16异,ISBN 978-7-02-012076-5,定价28.00元。2019年7月,单行本,精装,16异,ISBN 978-7-02-013845-6,定价48.00元。(98-545)

| 16466 | 圣经中的故事

陶鹏旭编写,你长大之前必读的 66 本书,2017 年 6 月。平装覆膜,16 异,ISBN 978-7-02-012026-0,定价 32.00 元。(98-546)

| 16467 | 破烂的电梯

〔美〕雷蒙尼·斯尼科特著,周思芸译,波特莱尔大冒险,2017 年 6 月。平装,国流 32 开,ISBN 978-7-02-012322-3,定价 25.00 元。(98-547)

| 16468 | 严酷的学校

〔美〕雷蒙尼·斯尼科特著,李可琪译,波特莱尔大冒险,2017 年 6 月。平装,国流 32 开,ISBN 978-7-02-012328-5,定价 25.00 元。(98-548)

| 16469 | 糟糕的工厂

〔美〕雷蒙尼·斯尼科特著,李可琪译,波特莱尔大冒险,2017 年 6 月。平装,国流 32 开,ISBN 978-7-02-012307-0,定价 25.00 元。(98-549)

| 16470 | 玛法达的世界(1—5)

〔阿根廷〕季诺著,三毛译,2017 年 6 月。精装,16 开,ISBN 978-7-02-012282-0,定价 290.00 元。(98-550)

| 16471 | 玛法达的世界 1

〔阿根廷〕季诺著,三毛译,2017 年 6 月。精装,16 开,ISBN 978-7-02-012277-6,定价 58.00 元。(98-551)

| 16472 | 玛法达的世界 2

〔阿根廷〕季诺著,三毛译,2017 年 6 月。精装,16 开,ISBN 978-7-02-012278-3,定价 58.00 元。(98-552)

| 16473 | 玛法达的世界 3

〔阿根廷〕季诺著,三毛译,2017 年 6 月。精装,16 开,ISBN 978-7-02-012279-0,定价 58.00 元。(98-553)

| 16474 | 玛法达的世界 4

〔阿根廷〕季诺著,三毛译,2017 年 6 月。精装,16 开,ISBN 978-7-02-012280-6,定价 58.00 元。(98-554)

| 16475 | 玛法达的世界 5

〔阿根廷〕季诺著,三毛译,2017 年 6 月。精装,16 开,ISBN 978-7-02-012281-3,定价 58.00

元。(98-555)

| 16476 | 爱丽丝梦游奇境(150 周年纪念版)

〔英〕刘易斯·卡罗尔著,〔法〕海贝卡·朵特梅绘,冷杉译,99 图像小说,2017 年 4 月。精装,12 开,ISBN 978-7-02-012531-9,定价 99.00 元。(98-556)

| 16477 | 草间弥生:爱丽丝奇境历险记

〔英〕刘易斯·卡罗尔著,〔日〕草间弥生绘,冷杉译,2017 年 4 月。精装,12 开,ISBN 978-7-02-010539-7,定价 98.00 元。(98-557)

| 16478 | A 到 Z 路长长

〔意〕弗夫尤·泰斯塔著,康华译,插画大师弗夫尤·泰斯塔经典绘本,2017 年 6 月。平装覆膜,16 异,ISBN 978-7-02-012251-6,定价 20.00 元。(98-558)

| 16479 | 追蝴蝶的人

〔英〕纳奥米·李维斯著,〔意大利〕弗夫尤·泰斯塔绘,康华译,插画大师弗夫尤·泰斯塔经典绘本,2017 年 6 月。平装覆膜,16 异,ISBN 978-7-02-012260-8,定价 20.00 元。(98-559)

| 16480 | 小尼克的大探险

〔意〕弗夫尤·泰斯塔著,康华译,插画大师弗夫尤·泰斯塔经典绘本,2017 年 6 月。平装覆膜,16 异,ISBN 978-7-02-012258-5,定价 20.00 元。(98-560)

| 16481 | 小丫头奥尔加 去度假

〔法〕热纳维夫·布里扎克著,米歇尔·吉绘,戴捷译,银色独角兽,2017 年 6 月。平装覆膜,国流 32 开,ISBN 978-7-02-012259-0,定价 26.00 元。(98-561)

| 16482 | 小丫头奥尔加 过生日

〔法〕热纳维夫·布里扎克著,米歇尔·吉绘,戴捷译,银色独角兽,2017 年 6 月。平装覆膜,国流 32 开,ISBN 978-7-02-012655-2,定价 26.00 元。(98-562)

| 16483 | 小丫头奥尔加 做怪事

〔法〕热纳维夫·布里扎克著,米歇尔·吉绘,戴捷译,银色独角兽,2017 年 6 月。平装覆膜,国流 32 开,ISBN 978-7-02-012628-6,定价 26.00 元。(98-563)

| 16484 | 小丫头奥尔加 变魔法

〔法〕热纳维夫·布里扎克著,米歇尔·吉绘,戴捷译,银色独角兽,2017年6月。平装覆膜,国流32开,ISBN 978-7-02-012580-7,定价26.00元。(98-564)

16485 小拇指的树叶标本集
〔法〕夏尔·佩罗著,洛朗·奥都因绘,雅尼克·弗里耶摄,苏迪译,孩子应该知道的植物标本,2017年5月。平装覆膜,16异,ISBN 978-7-02-012119-9,定价32.00元。(98-565)

16486 魔豆杰克的魔力植物标本集
〔法〕洛朗·奥都因编绘,雅尼克·弗里耶摄,苏迪译,孩子应该知道的植物标本,2017年5月。平装覆膜,16异,ISBN 978-7-02-012115-1,定价32.00元。(98-566)

16487 灰姑娘的花草标本集
〔法〕里昂奈尔·伊纳尔、夏尔·佩罗著,洛朗·奥都因绘,雅尼克·弗里耶摄,苏迪译,孩子应该知道的植物标本,2017年5月。平装覆膜,16异,ISBN 978-7-02-012118-2,定价32.00元。(98-567)

16488 小红帽的野花标本集
〔法〕里昂奈尔·伊纳尔、克莱尔·克瓦尔斯基著,洛朗·奥都因绘,雅尼克·弗里耶摄,苏迪译,孩子应该知道的植物标本,2017年5月。平装覆膜,16异,ISBN 978-7-02-012114-4,定价32.00元。(98-568)

16489 拇指男孩的秘密日记
〔法〕菲利普·勒榭米耶著,海贝卡·朵特梅绘,陈太乙译,99图像小说,2017年7月。精装,16异,ISBN 978-7-02-012132-8,定价78.00元。(98-569)

16490 普拉斯童话童谣集(汉英对照)
〔美〕西尔维娅·普拉斯著,黄昱宁、胡悦然译,大作家小童书,2017年5月。平装,国流32开,ISBN 978-7-02-012675-0,定价25.00元。(98-570)

16491 怪物比利·迪恩的真实故事
〔英〕大卫·阿尔蒙德著,周颖琪译,大卫·阿尔蒙德作品集,2017年5月。平装,国流32开,ISBN 978-7-02-012294-3,定价38.00元。(98-571)

16492 我的叔叔
〔日〕北杜夫著,曹艺译,2017年7月。平装,国流32开,ISBN 978-7-02-012631-6,定价32.00元。(98-572)

16493 一只打开坚果的狼
〔意大利〕弗夫尤·泰斯塔著,康华译,插画大师弗夫尤·泰斯塔经典绘本,2017年6月。平装覆膜,16异,ISBN 978-7-02-012259-2,定价20.00元。(98-573)

16494 带上你的画笔
〔意大利〕弗夫尤·泰斯塔著,康华译,插画大师弗夫尤·泰斯塔经典绘本,2017年6月。平装覆膜,16异,ISBN 978-7-02-012257-8,定价20.00元。(98-574)

16495 如果要去探险
〔意大利〕弗夫尤·泰斯塔著,康华译,插画大师弗夫尤·泰斯塔经典绘本,2017年6月。平装覆膜,16异,ISBN 978-7-02-012269-1,定价20.00元。(98-575)

16496 树叶
〔英〕纳奥米·李维斯著,〔意大利〕弗夫尤·泰斯塔绘,康华译,插画大师弗夫尤·泰斯塔经典绘本,2017年6月。平装覆膜,16异,ISBN 978-7-02-012271-4,定价20.00元。(98-576)

16497 猫和老鼠一起玩
〔意大利〕弗夫尤·泰斯塔著,康华译,插画大师弗夫尤·泰斯塔经典绘本,2017年6月。平装覆膜,16异,ISBN 978-7-02-012261-5,定价20.00元。(98-577)

16498 带上铅笔去旅行
〔意大利〕弗夫尤·泰斯塔著,康华译,插画大师弗夫尤·泰斯塔经典绘本,2017年6月。平装覆膜,16异,ISBN 978-7-02-012268-4,定价20.00元。(98-578)

16499 看看你身边
〔意大利〕弗夫尤·泰斯塔著,康华译,插画大师弗夫尤·泰斯塔经典绘本,2017年6月。平装覆膜,16异,ISBN 978-7-02-012272-1,定价20.00元。(98-579)

16500 大红狗去上学
〔美〕诺尔曼·伯德韦尔著,杜可名译,大红狗克里弗,2017年6月。平装覆膜,24开,ISBN 978-7-02-012424-4,定价16.00元。(98-580)

16501 大红狗懂礼貌

〔美〕诺尔曼·伯德韦尔著,杜可名译,大红狗克里弗,2017年6月。平装覆膜,24开,ISBN 978-7-02-012455-8,定价16.00元。(98-581)

16502 大红狗还小的时候

〔美〕诺尔曼·伯德韦尔著,杜可名译,大红狗克里弗,2017年6月。平装覆膜,24开,ISBN 978-7-02-012414-5,定价16.00元。(98-582)

16503 大红狗的夏天

〔美〕诺尔曼·伯德韦尔著,杜可名译,大红狗克里弗,2017年6月。平装覆膜,24开,ISBN 978-7-02-012399-5,定价16.00元。(98-583)

16504 大红狗在马戏团

〔美〕诺尔曼·伯德韦尔著,杜可名译,大红狗克里弗,2017年6月。平装覆膜,24开,ISBN 978-7-02-012423-7,定价16.00元。(98-584)

16505 大红狗的第一个秋天

〔美〕诺尔曼·伯德韦尔著,杜可名译,大红狗克里弗,2017年6月。平装覆膜,24开,ISBN 978-7-02-012395-7,定价16.00元。(98-585)

16506 大红狗去医院

〔美〕诺尔曼·伯德韦尔著,杜可名译,大红狗克里弗,2017年6月。平装覆膜,24开,ISBN 978-7-02-012425-1,定价16.00元。(98-586)

16507 大红狗去旅行

〔美〕诺尔曼·伯德韦尔著,杜可名译,大红狗克里弗,2017年6月。平装覆膜,24开,ISBN 978-7-02-012392-6,定价16.00元。(98-587)

16508 大红狗是冠军

〔美〕诺尔曼·伯德韦尔著,杜可名译,大红狗克里弗,2017年6月。平装覆膜,24开,ISBN 978-7-02-012431-2,定价16.00元。(98-588)

16509 大红狗克里弗

〔美〕诺尔曼·伯德韦尔著,杜可名译,大红狗克里弗,2017年6月。平装覆膜,24开,ISBN 978-7-02-012440-4,定价16.00元。(98-589)

16510 大红狗爱助人

〔美〕诺尔曼·伯德韦尔著,杜可名译,大红狗克里弗,2017年6月。平装覆膜,24开,ISBN 978-7-02-012404-6,定价16.00元。(98-590)

16511 大红狗当消防员

〔美〕诺尔曼·伯德韦尔著,杜可名译,大红狗克里弗,2017年6月。平装覆膜,24开,ISBN 978-7-02-012438-1,定价16.00元。(98-591)

16512 大红狗找工作

〔美〕诺尔曼·伯德韦尔著,杜可名译,大红狗克里弗,2017年6月。平装覆膜,24开,ISBN 978-7-02-012387-2,定价16.00元。(98-592)

16513 大红狗大救星

〔美〕诺尔曼·伯德韦尔著,杜可名译,大红狗克里弗,2017年6月。平装覆膜,24开,ISBN 978-7-02-012386-5,定价16.00元。(98-593)

16514 大红狗的生日会

〔美〕诺尔曼·伯德韦尔著,杜可名译,大红狗克里弗,2017年6月。平装覆膜,24开,ISBN 978-7-02-012449-7,定价16.00元。(98-594)

16515 大红狗在成长

〔美〕诺尔曼·伯德韦尔著,杜可名译,大红狗克里弗,2017年6月。平装覆膜,24开,ISBN 978-7-02-012393-3,定价16.00元。(98-595)

16516 大红狗的快乐冒险

〔美〕诺尔曼·伯德韦尔著,杜可名译,大红狗克里弗,2017年6月。平装覆膜,24开,ISBN 978-7-02-012437-4,定价16.00元。(98-596)

16517 大红狗最好的朋友

〔美〕诺尔曼·伯德韦尔著,杜可名译,大红狗克里弗,2017年6月。平装覆膜,24开,ISBN 978-7-02-012439-8,定价16.00元。(98-597)

16518 大红狗和爸爸
〔美〕诺尔曼·伯德韦尔著,杜可名译,大红狗克里弗,2017年6月。平装覆膜,24开,ISBN 978-7-02-012398-8,定价16.00元。(98-598)

16519 大红狗第一次去学校
〔美〕诺尔曼·伯德韦尔著,杜可名译,大红狗克里弗,2017年6月。平装覆膜,24开,ISBN 978-7-02-012401-5,定价16.00元。(98-599)

16520 大红狗和爱抱怨的邻居
〔美〕诺尔曼·伯德韦尔著,杜可名译,大红狗克里弗,2017年6月。平装覆膜,24开,ISBN 978-7-02-012434-3,定价16.00元。(98-600)

16521 大红狗的伙伴们
〔美〕诺尔曼·伯德韦尔著,杜可名译,大红狗克里弗,2017年6月。平装覆膜,24开,ISBN 978-7-02-012409-1,定价16.00元。(98-601)

16522 大红狗的春季大扫除
〔美〕诺尔曼·伯德韦尔著,杜可名译,大红狗克里弗,2017年6月。平装覆膜,24开,ISBN 978-7-02-012435-0,定价16.00元。(98-602)

16523 大红狗和暴风雨
〔美〕诺尔曼·伯德韦尔著,杜可名译,大红狗克里弗,2017年6月。平装覆膜,24开,ISBN 978-7-02-012422-0,定价16.00元。(98-603)

16524 大红狗和小猫咪
〔美〕诺尔曼·伯德韦尔著,杜可名译,大红狗克里弗,2017年6月。平装覆膜,24开,ISBN 978-7-02-012396-4,定价16.00元。(98-604)

16525 大红狗去远足
〔美〕诺尔曼·伯德韦尔著,杜可名译,大红狗克里弗,2017年6月。平装覆膜,24开,ISBN 978-7-02-012433-6,定价16.00元。(98-605)

16526 大红狗的第一个雪天
〔美〕诺尔曼·伯德韦尔著,杜可名译,大红狗克里弗,2017年6月。平装覆膜,24开,ISBN 978-7-02-012420-6,定价16.00元。(98-606)

16527 大红狗,我们爱你
〔美〕诺尔曼·伯德韦尔著,杜可名译,大红狗克里弗,2017年6月。平装覆膜,24开,ISBN 978-7-02-012416-9,定价16.00元。(98-607)

16528 大红狗的万圣节
〔美〕诺尔曼·伯德韦尔著,杜可名译,大红狗克里弗,2017年6月。平装覆膜,24开,ISBN 978-7-02-012388-9,定价16.00元。(98-608)

16529 大红狗的圣诞节
〔美〕诺尔曼·伯德韦尔著,杜可名译,大红狗克里弗,2017年6月。平装覆膜,24开,ISBN 978-7-02-012432-9,定价16.00元。(98-609)

16530 大红狗是明星
〔美〕诺尔曼·伯德韦尔著,杜可名译,大红狗克里弗,2017年6月。平装覆膜,16异,ISBN 978-7-02-012397-1,定价16.00元。(98-610)

16531 大红狗忙碌的一周
〔美〕诺尔曼·伯德韦尔著,杜可名译,大红狗克里弗,2017年6月。平装覆膜,16异,ISBN 978-7-02-012402-2,定价16.00元。(98-611)

16532 大红狗第一次在外面过夜
〔美〕诺尔曼·伯德韦尔著,杜可名译,大红狗克里弗,2017年6月。平装覆膜,16异,ISBN 978-7-02-012407-7,定价16.00元。(98-612)

16533 大红狗参加运动会
〔美〕诺尔曼·伯德韦尔著,杜可名译,大红狗克里弗,2017年6月。平装覆膜,16异,ISBN 978-7-02-012451-0,定价16.00元。(98-613)

| 16534 | 大红狗参加大巡游

〔美〕诺尔曼·伯德韦尔著,杜可名译,大红狗克里弗,2017年6月。平装覆膜,16异,ISBN 978-7-02-012405-3,定价16.00元。(98-614)

| 16535 | 大红狗的美国游

〔美〕诺尔曼·伯德韦尔著,杜可名译,大红狗克里弗,2017年6月。平装覆膜,16异,ISBN 978-7-02-012406-0,定价16.00元。(98-615)

| 16536 | 大红狗的复活节

〔美〕诺尔曼·伯德韦尔著,杜可名译,大红狗克里弗,2017年6月。平装覆膜,16异,ISBN 978-7-02-012403-9,定价16.00元。(98-616)

| 16537 | 大红狗克里弗(第1辑 1—10)

〔美〕诺尔曼·伯德韦尔著,杜可名译,2017年6月。平装覆膜,24开,ISBN 978-7-02-012421-3,定价160.00元。(98-617)

| 16538 | 大红狗克里弗(第2辑 1—10)

〔美〕诺尔曼·伯德韦尔著,杜可名译,2017年6月。平装覆膜,24开,ISBN 978-7-02-012412-1,定价160.00元。(98-618)

| 16539 | 大红狗克里弗(第3辑 1—10)

〔美〕诺尔曼·伯德韦尔著,杜可名译,2017年6月。平装覆膜,24开,ISBN 978-7-02-012450-3,定价160.00元。(98-619)

| 16540 | 大红狗克里弗(第4辑 1—10)

〔美〕诺尔曼·伯德韦尔著,杜可名译,2017年6月。平装覆膜,24开,ISBN 978-7-02-012411-4,定价160.00元。(98-620)

| 16541 | 大红狗和恐龙

〔美〕诺尔曼·伯德韦尔著,杜可名译,大红狗克里弗,2017年6月。平装覆膜,16异,ISBN 978-7-02-012452-7,定价16.00元。(98-621)

| 16542 | 大红狗加入棒球队

〔美〕诺尔曼·伯德韦尔著,杜可名译,大红狗克里弗,2017年6月。平装覆膜,16异,ISBN 978-7-02-012454-1,定价16.00元。(98-622)

| 16543 | 大红狗去体检

〔美〕诺尔曼·伯德韦尔著,杜可名译,大红狗克里弗,2017年6月。平装覆膜,16异,ISBN 978-7-02-012453-4,定价16.00元。(98-623)

| 16544 | 小蜗牛慢慢来

〔智利〕路易斯·塞普尔维达著,〔意大利〕西莫娜·穆拉赞妮绘,姚云青译,塞普尔维达童话,2017年7月。平装,24开,ISBN 978-7-02-012657-6,定价28.00元。(98-624)

| 16545 | 小米、小马和小墨

〔智利〕路易斯·塞普尔维达著,许玉安绘,张礼骏译,塞普尔维达童话,2017年7月。平装,24开,ISBN 978-7-02-012861-4,定价32.00元。(98-625)

| 16546 | 班尼和奶嘴

〔瑞典〕巴布鲁·林格伦著,〔芬兰〕乌洛夫·朗德斯特罗姆绘,王梦达译,名家经典绘本,2017年7月。精装,16异,ISBN 978-7-02-012701-6,定价35.00元。(98-626)

| 16547 | 班尼受够了!

〔瑞典〕巴布鲁·林格伦著,〔芬兰〕乌洛夫·朗德斯特罗姆绘,王梦达译,名家经典绘本,2017年7月。精装,16异,ISBN 978-7-02-012702-3,定价35.00元。(98-627)

| 16548 | 嗷嗷!班尼

〔瑞典〕巴布鲁·林格伦著,〔芬兰〕乌洛夫·朗德斯特罗姆绘,王梦达译,名家经典绘本,2017年7月。精装,16异,ISBN 978-7-02-012704-7,定价35.00元。(98-628)

| 16549 | 大红狗克里弗礼盒套装(1—40)

〔美〕诺尔曼·伯德韦尔著,杜可名译,2017年6月。平装覆膜,24开,ISBN 978-7-02-012436-7,定价640.00元。(98-629)

| 16550 | 海底魔术师

〔日〕江户川乱步著,徐奕译,江户川乱步少年侦探系列,2017年7月。平装覆膜,国流32开,ISBN 978-7-02-012761-0,定价28.00元。(98-630)

| 16551 | 电气人

〔日〕江户川乱步著,曹艺译,江户川乱步少年侦探系列,2017年7月。平装覆膜,国流32开,ISBN 978-7-02-012769-6,定价28.00元。

(98-631)

16552 黄金豹

〔日〕江户川乱步著,曹艺译,江户川乱步少年侦探系列,2017年7月。平装覆膜,国流32开,ISBN 978-7-02-012764-1,定价28.00元。(98-632)

16553 青鸟

〔比利时〕莫里斯·梅特林克著,〔法〕乔治特·莱勃伦克改编,〔英〕弗雷德里克·凯莱·罗宾逊绘,嵇凤娇译,诺奖童书,2017年6月。平装,国流32开,ISBN 978-7-02-012309-4,定价28.00元。(98-633)

16554 青鸟(续篇)

〔比利时〕莫里斯·梅特林克著,〔英〕亚历山大·特谢拉·德马托斯改编,〔美〕赫伯特·鲍尔斯绘,李天骄译,诺奖童书,2017年6月。平装,国流32开,ISBN 978-7-02-012315-5,定价25.00元。(98-634)

16555 尼尔斯骑鹅历险记

〔瑞典〕塞尔玛·拉格洛芙著,〔美〕玛丽·汉密尔顿·弗莱绘,石琴娥译,诺奖童书,2017年6月。平装,国流32开,ISBN 978-7-02-012286-8,定价39.00元。(98-635)

16556 大地的孩子

〔丹麦〕亨利克·彭托皮丹著,〔英〕内丽·埃里克森绘,李芳译,诺奖童书,2017年6月。平装,国流32开,ISBN 978-7-02-011941-7,定价35.00元。(98-636)

16557 怪盗四十面相

〔日〕江户川乱步著,徐奕译,江户川乱步少年侦探系列,2017年9月。平装,国流32开,ISBN 978-7-02-012771-9,定价32.00元。(98-637)

16558 这个夏天

〔加拿大〕玉城真理子著,玉城吉莉安绘,安琪译,99图像小说,2017年8月。精装,国流32开,ISBN 978-7-02-012135-9,定价68.00元。(98-638)

16559 我的名字叫米娜

〔英〕大卫·阿尔蒙德著,王雪纯译,国际安徒生奖儿童小说,2017年8月。平装,国流32开,ISBN 978-7-02-011971-4,定价38.00元。

(98-639)

16560 秘密的心

〔英〕大卫·阿尔蒙德著,和铃译,国际安徒生奖儿童小说,2017年8月。平装,国流32开,ISBN 978-7-02-011970-7,定价35.00元。(98-640)

16561 远古的人类

〔美〕亨德里克·威廉·房龙著,黄健译,经典典藏房龙手绘插图版,2017年10月。平装,国流32开,ISBN 978-7-02-012699-6,定价32.00元。(98-641)

16562 航海的历史

〔美〕亨德里克·威廉·房龙著,黄健译,经典典藏房龙手绘插图版,2017年10月。平装,国流32开,ISBN 978-7-02-012698-9,定价32.00元。(98-642)

16563 家长和孩子一起玩的小实验1

〔德〕吉塞拉·吕克著,海克·弗里德尔绘,李嘉译,科学虫子,2017年5月。平装,国流32开,ISBN 978-7-02-012606-4,定价29.00元。(98-643)

16564 家长和孩子一起玩的小实验2

〔德〕吉塞拉·吕克著,海克·弗里德尔绘,李嘉译,科学虫子,2017年5月。平装,国流32开,ISBN 978-7-02-012609-5,定价29.00元。(98-644)

16565 公主和船长

〔法〕安娜-洛尔·邦杜著,周国强译,2020年9月。平装覆膜,国流32开,ISBN 978-7-02-016191-1,定价39.00元。(98-645)

16566 追寻达·芬奇的足迹

〔法〕帕特里克·朱索著,詹姆斯·普吕尼耶绘,石伟强译,历史的足迹,2017年10月。平装覆膜,32异,ISBN 978-7-02-012615-6,定价32.00元。(98-646)

16567 追寻马可·波罗的足迹

〔法〕桑德琳·米尔扎著,〔美〕张力绘,苏迪译,历史的足迹,2017年10月。平装覆膜,32异,ISBN 978-7-02-012605-7,定价32.00元。(98-647)

16568 追寻希腊众神的足迹

〔法〕玛丽-特雷斯·戴维森著,丹尼尔·马佳

其他

944

绘,孙敏译,历史的足迹,2017年10月。平装覆膜,32异,ISBN 978-7-02-012608-8,定价32.00元。(98-648)

- 16569 追寻罗马缔造者的足迹

〔法〕菲利普·卡斯德勇著,樊尚·德斯普兰什绘,杨晓燕译,历史的足迹,2017年10月。平装覆膜,32异,ISBN 978-7-02-012638-5,定价32.00元。(98-649)

- 16570 追寻儒略·恺撒的足迹

〔法〕史蒂芬尼·摩西隆著,让-菲利普·夏波绘,周春悦译,历史的足迹,2017年10月。平装覆膜,32异,ISBN 978-7-02-012614-9,定价32.00元。(98-650)

- 16571 追寻海盗的足迹

〔法〕蒂埃里·阿普里勒著,弗朗索瓦·普拉斯绘,张茜茹译,历史的足迹,2017年10月。平装覆膜,32异,ISBN 978-7-02-012617-0,定价32.00元。(98-651)

- 16572 森林报·春

〔苏〕维·比安基著,苏玲译,2017年10月。平装,国流32开,ISBN 978-7-02-012637-8,定价25.00元。(98-652)

- 16573 森林报·夏

〔苏〕维·比安基著,苏玲译,2017年10月。平装,国流32开,ISBN 978-7-02-012621-7,定价25.00元。(98-653)

- 16574 森林报·秋

〔苏〕维·比安基著,苏玲译,2017年10月。平装,国流32开,ISBN 978-7-02-012529-6,定价25.00元。(98-654)

- 16575 森林报·冬

〔苏〕维·比安基著,苏玲译,2017年10月。平装,国流32开,ISBN 978-7-02-012616-3,定价25.00元。(98-655)

- 16576 嗅嗅的精言妙语

〔芬兰〕托芙·扬松著,萨米·马里拉编,杨新异译,姆咪一族的智慧,2017年10月。精装,24开,ISBN 978-7-02-012886-0,定价32.00元。(98-656)

- 16577 吸吸的精言妙语

〔芬兰〕托芙·扬松著,萨米·马里拉编,杨新异译,姆咪一族的智慧,2017年10月。精装,24开,ISBN 978-7-02-012884-6,定价32.00元。(98-657)

- 16578 姆咪妈妈的精言妙语

〔芬兰〕托芙·扬松著,萨米·马里拉编,杨新异译,姆咪一族的智慧,2017年10月。精装,24开,ISBN 978-7-02-012893-8,定价32.00元。(98-658)

- 16579 姆咪爸爸的精言妙语

〔芬兰〕托芙·扬松著,萨米·马里拉编,杨新异译,姆咪一族的智慧,2017年10月。精装,24开,ISBN 978-7-02-012878-5,定价32.00元。(98-659)

- 16580 姆咪的精言妙语

〔芬兰〕托芙·扬松著,萨米·马里拉编,杨新异译,姆咪一族的智慧,2017年10月。精装,24开,ISBN 978-7-02-012890-7,定价32.00元。(98-660)

- 16581 小美的精言妙语

〔芬兰〕托芙·扬松著,萨米·马里拉编,杨新异译,姆咪一族的智慧,2017年10月。精装,24开,ISBN 978-7-02-012885-3,定价32.00元。(98-661)

- 16582 斯诺克小妞的精言妙语

〔芬兰〕托芙·扬松著,萨米·马里拉编,杨新异译,姆咪一族的智慧,2017年10月。精装,24开,ISBN 978-7-02-012879-2,定价32.00元。(98-662)

- 16583 海底历险记

〔芬兰〕托芙·扬松著,杨新异译,2017年10月。精装,16异,ISBN 978-7-02-012892-1,定价30.00元。(98-663)

- 16584 失踪的小羊羔

〔英〕吉米·哈利著,露丝·布朗绘,廖美琳译,2018年1月。平装覆膜,16异,ISBN 978-7-02-013346-8,定价20.00元。(98-664)

- 16585 集市上的流浪狗

〔英〕吉米·哈利著,露丝·布朗绘,廖美琳译,2018年1月。平装覆膜,16异,ISBN 978-7-02-013343-7,定价20.00元。(98-665)

- 16586 爱热闹的小猫奥斯卡

〔英〕吉米·哈利著,露丝·布朗绘,廖美琳译,2018年1月。平装覆膜,16异,ISBN 978-7-

02-013270-6,定价 20.00 元。(98-666)

16587　老牛布罗瑟姆回家了
〔英〕吉米·哈利著,露丝·布朗绘,廖美琳译,2018 年 1 月。平装覆膜,16 异,ISBN 978-7-02-013268-3,定价 20.00 元。(98-667)

16588　波尼的大日子
〔英〕吉米·哈利著,露丝·布朗绘,廖美琳译,2018 年 1 月。平装覆膜,16 异,ISBN 978-7-02-013265-2,定价 20.00 元。(98-668)

16589　小猫摩西
〔英〕吉米·哈利著,彼得·巴瑞特绘,廖美琳译,2018 年 1 月。平装覆膜,16 异,ISBN 978-7-02-013267-6,定价 20.00 元。(98-669)

16590　小猫的圣诞日
〔英〕吉米·哈利著,露丝·布朗绘,廖美琳译,2018 年 1 月。平装覆膜,16 异,ISBN 978-7-02-013271-3,定价 20.00 元。(98-670)

16591　一声犬吠
〔英〕吉米·哈利著,彼得·巴瑞特绘,廖美琳译,2018 年 1 月。平装覆膜,16 异,ISBN 978-7-02-013269-0,定价 20.00 元。(98-671)

16592　黄色魔术师
〔意大利〕布鲁诺·穆纳里著,彭懿、杨玲玲译,设计大师穆纳里 1945 系列,2017 年 8 月。平装覆膜,12 开,ISBN 978-7-02-011758-1,定价 50.00 元。(98-672)

16593　动物商店
〔意大利〕布鲁诺·穆纳里著,彭懿、杨玲玲译,设计大师穆纳里 1945 系列,2017 年 8 月。平装覆膜,12 开,ISBN 978-7-02-011775-8,定价 50.00 元。(98-673)

16594　咚咚,谁在敲门
〔意大利〕布鲁诺·穆纳里著,彭懿、杨玲玲译,设计大师穆纳里 1945 系列,2017 年 8 月。平装覆膜,12 开,ISBN 978-7-02-011764-2,定价 50.00 元。(98-674)

16595　永不满足
〔意大利〕布鲁诺·穆纳里著,彭懿、杨玲玲译,设计大师穆纳里 1945 系列,2017 年 8 月。平装覆膜,12 开,ISBN 978-7-02-011761-1,定价 50.00 元。(98-675)

16596　三只鸟的故事
〔意大利〕布鲁诺·穆纳里著,彭懿、杨玲玲译,设计大师穆纳里 1945 系列,2017 年 8 月。平装覆膜,12 开,ISBN 978-7-02-011762-8,定价 50.00 元。(98-676)

16597　吉吉的帽子丢了
〔意大利〕布鲁诺·穆纳里著,彭懿、杨玲玲译,设计大师穆纳里 1945 系列,2017 年 8 月。平装覆膜,12 开,ISBN 978-7-02-011765-9,定价 50.00 元。(98-677)

16598　绿色魔术师
〔意大利〕布鲁诺·穆纳里著,彭懿、杨玲玲译,设计大师穆纳里 1945 系列,2017 年 8 月。平装覆膜,12 开,ISBN 978-7-02-011759-8,定价 50.00 元。(98-678)

16599　晚安
〔意大利〕布鲁诺·穆纳里著,彭懿、杨玲玲译,设计大师穆纳里 1945 系列,2017 年 8 月。平装覆膜,12 开,ISBN 978-7-02-011760-4,定价 50.00 元。(98-679)

16600　生日礼物
〔意大利〕布鲁诺·穆纳里著,彭懿、杨玲玲译,设计大师穆纳里 1945 系列,2017 年 8 月。平装覆膜,12 开,ISBN 978-7-02-011763-5,定价 50.00 元。(98-680)

16601　大红狗手绘原稿故事集(50 周年纪念精装版)
〔美〕诺尔曼·伯德韦尔著,杜可名译,大红狗克里弗,2018 年 2 月。精装,16 异,ISBN 978-7-02-013242-4,定价 99.00 元。(98-681)

16602　远古的恐龙
〔法〕埃里克·马蒂韦著,〔荷兰〕卡普辛·马泽尔绘,苏迪译,万物的秘密·生命,2018 年 1 月。平装覆膜,16 异,ISBN 978-7-02-012868-6,定价 25.00 元。(98-682)

16603　有趣的海洋学
〔法〕玛格丽特·蒂贝蒂著,〔荷兰〕卡普辛·马泽尔绘,苏迪译,万物的秘密·生命,2018 年 1 月。平装覆膜,16 异,ISBN 978-7-02-012864-8,定价 25.00 元。(98-683)

16604　动物的智慧
〔法〕弗勒尔·道格著,埃米莉·梵沃森绘,苏迪译,万物的秘密·生命,2018 年 1 月。平装

覆膜,16异,ISBN 978-7-02-012858-7,定价25.00元。(98-684)

16605 千奇百怪的菌
〔法〕弗勒尔·道格著,埃米莉·梵沃森绘,苏迪译,万物的秘密·生命,2018年1月。平装覆膜,16异,ISBN 978-7-02-012866-2,定价25.00元。(98-685)

16606 追寻达尔文的足迹
〔法〕巴蒂斯特·帕拉菲著,文森特·德普兰切绘,朱媛译,历史的足迹,2018年1月。平装覆膜,32异,ISBN 978-7-02-012604-0,定价32.00元。(98-686)

16607 追寻拿破仑的足迹
〔法〕米歇尔·费尔冈著,詹姆斯·普吕尼绘,黄采译,历史的足迹,2018年1月。平装覆膜,32异,ISBN 978-7-02-012623-1,定价32.00元。(98-687)

16608 追寻文艺复兴大师的足迹
〔法〕帕里克·朱索著,詹姆斯·普吕尼绘,黄采译,历史的足迹,2018年1月。平装覆膜,32异,ISBN 978-7-02-012618-7,定价32.00元。(98-688)

16609 追寻哥伦布的足迹
〔法〕保罗·杜维欧著,莫里斯·波迷埃绘,孙敏译,历史的足迹,2018年1月。平装覆膜,32异,ISBN 978-7-02-012619-4,定价32.00元。(98-689)

16610 追寻埃及众神的足迹
〔法〕奥利维尔·蒂亚诺著,克利斯提昂·艾利施绘,黄夕帆译,历史的足迹,2018年1月。平装覆膜,32异,ISBN 978-7-02-012611-8,定价32.00元。(98-690)

16611 追寻黑人奴隶的足迹
〔法〕戴海丝·达维森口述,提叶西·阿波西撰写,克利斯提昂·艾利施绘,李园园译,历史的足迹,2018年1月。平装覆膜,32异,ISBN 978-7-02-012640-8,定价32.00元。(98-691)

16612 世上也有小巨人
〔德〕伊丽娜·科申娜著,莱因哈德·米希尔绘,刘晓译,德国情感教育经典童话,2017年11月。平装,国流32开,ISBN 978-7-02-

013249-2,定价21.00元。(98-692)

16613 小毛毛想飞起来
〔德〕伊丽娜·科申娜著,莱因哈德·米希尔绘,刘晓译,德国情感教育经典童话,2017年11月。平装,国流32开,ISBN 978-7-02-013248-5,定价28.00元。(98-693)

16614 小毛毛不想长大
〔德〕伊丽娜·科申娜著,莱因哈德·米希尔绘,刘晓译,德国情感教育经典童话,2017年11月。平装,国流32开,ISBN 978-7-02-013247-8,定价28.00元。(98-694)

16615 被遗弃的小狐狸
〔德〕伊丽娜·科申娜著,莱因哈德·米希尔绘,刘晓译,德国情感教育经典童话,2017年11月。平装,国流32开,ISBN 978-7-02-013244-7,定价21.00元。(98-695)

16616 蓬蓬熊捡了一个熊弟弟
〔德〕伊丽娜·科申娜著,莱因哈德·米希尔绘,刘晓译,德国情感教育经典童话,2017年11月。平装,国流32开,ISBN 978-7-02-013243-0,定价21.00元。(98-696)

16617 汉诺有一只小龙宝宝
〔德〕伊丽娜·科申娜著,玛丽·拉恩绘,刘晓译,德国情感教育经典童话,2017年11月。平装,国流32开,ISBN 978-7-02-013259-1,定价26.00元。(98-697)

16618 数星星
〔英〕大卫·阿尔蒙德著,冷杉译,大卫·阿尔蒙德作品集,2018年1月。平装,国流32开,ISBN 978-7-02-012753-5,定价35.00元。(98-698)

16619 严格的寒假补习
〔日〕石崎洋司著,藤田香绘,黄颖凡译,青鸟文库,2017年2月。平装覆膜,国流32开,ISBN 978-7-02-012196-0,定价35.00元。(98-699)

16620 恋爱与打扮大作战
〔日〕石崎洋司著,藤田香绘,黄颖凡译,青鸟文库,2017年2月。平装覆膜,国流32开,ISBN 978-7-02-012198-4,定价32.00元。(98-700)

16621 千代的即刻救援

〔日〕石崎洋司著,藤田香绘,黄颖凡译,青鸟文库,2017年2月。平装覆膜,国流32开,ISBN 978-7-02-012201-1,定价32.00元。(98-701)

16622 绝无仅有的小学
〔日〕石崎洋司著,藤田香绘,黄颖凡译,青鸟文库,2017年2月。平装覆膜,国流32开,ISBN 978-7-02-012199-1,定价32.00元。(98-702)

16623 月亮上的一头长颈鹿
〔英〕桑迪·南丁格尔著,杨玲玲、彭懿译,名家经典图画书·南丁格尔绘本,2018年1月。平装覆膜,16异,ISBN 978-7-02-013241-6,定价20.00元。(98-703)

16624 月亮上的绿奶酪
〔英〕桑迪·南丁格尔著,杨玲玲、彭懿译,名家经典图画书·南丁格尔绘本,2018年1月。平装覆膜,16异,ISBN 978-7-02-013240-9,定价20.00元。(98-704)

16625 苹果酒
〔英〕桑迪·南丁格尔著,杨玲玲、彭懿译,名家经典图画书·南丁格尔绘本,2018年1月。平装覆膜,16异,ISBN 978-7-02-013255-3,定价20.00元。(98-705)

16626 没人要的小熊
〔英〕桑迪·南丁格尔著,杨玲玲、彭懿译,名家经典图画书·南丁格尔绘本,2018年1月。平装覆膜,16异,ISBN 978-7-02-013239-3,定价20.00元。(98-706)

16627 粉红小猪数数书
〔英〕桑迪·南丁格尔著,杨玲玲、彭懿译,名家经典图画书·南丁格尔绘本,2018年1月。平装覆膜,16异,ISBN 978-7-02-013245-4,定价20.00元。(98-707)

16628 女巫的魔法
〔英〕桑迪·南丁格尔著,杨玲玲、彭懿译,名家经典图画书·南丁格尔绘本,2018年1月。平装覆膜,16异,ISBN 978-7-02-013256-0,定价20.00元。(98-708)

16629 奇面城的秘密
〔日〕江户川乱步著,傅栩译,江户川乱步少年侦探系列,2017年10月。平装,国流32开,ISBN 978-7-02-013193-8,定价32.00元。(98-709)

16630 吃火的人
〔英〕大卫·阿尔蒙德著,谢丽莎译,大卫·阿尔蒙德作品集,2018年1月。平装,国流32开,ISBN 978-7-02-012634-7,定价35.00元。(98-710)

16631 彼得·潘
〔英〕詹姆斯·巴里著,马爱农译,教育部统编《语文》推荐阅读丛书,2018年4月。平装覆膜,16异,ISBN 978-7-02-013765-7,定价20.00元。(98-711)

16632 爱丽丝梦游奇境
〔英〕刘易斯·卡罗尔著,〔芬兰〕托芙·扬松绘,冷杉译,大师手绘经典,2018年4月。精装,16异,ISBN 978-7-02-012530-2,定价58.00元。(98-712)

16633 柳林风声
〔英〕肯尼思·格雷厄姆著,文敏译,教育部统编《语文》推荐阅读丛书,2018年4月。平装覆膜,16异,ISBN 978-7-02-013783-1,定价22.00元。(98-713)

16634 牛仔比利
〔法〕卡特琳娜·沃尔克斯著,吴冰译,沃尔克斯作品集,2018年1月。精装,16异,ISBN 978-7-02-012877-8,定价38.00元。(98-714)

16635 举起你的爪子!
〔法〕卡特琳娜·沃尔克斯著,吴冰译,沃尔克斯作品集,2018年1月。精装,16异,ISBN 978-7-02-012883-9,定价38.00元。(98-715)

16636 比利的生日晚会
〔法〕卡特琳娜·沃尔克斯著,陈萌译,沃尔克斯作品集,2018年1月。精装,16异,ISBN 978-7-02-012887-7,定价38.00元。(98-716)

16637 比利不怕强盗
〔法〕卡特琳娜·沃尔克斯著,陈萌译,沃尔克斯作品集,2018年1月。精装,16异,ISBN 978-7-02-012888-4,定价38.00元。(98-717)

`16638` 疯马吉恩
〔法〕卡特琳娜·沃尔克斯著,陈萌译,沃尔克斯作品集,2018年1月。精装,16异,ISBN 978-7-02-012889-1,定价38.00元。(98-718)

`16639` 大鸟科科骑士
〔法〕卡特琳娜·沃尔克斯著,依岚译,沃尔克斯作品集,2018年1月。精装,16异,ISBN 978-7-02-012880-8,定价38.00元。(98-719)

`16640` 我的收藏
〔法〕卡特琳娜·沃尔克斯著,吴冰译,沃尔克斯作品集,2018年1月。精装,16异,ISBN 978-7-02-012875-4,定价38.00元。(98-720)

`16641` 多多和美美的小房子
〔法〕卡特琳娜·沃尔克斯著,吴冰译,沃尔克斯作品集,2018年1月。精装,16异,ISBN 978-7-02-012882-2,定价38.00元。(98-721)

`16642` 多多和倒霉的小金鱼
〔法〕卡特琳娜·沃尔克斯著,依岚译,沃尔克斯作品集,2018年1月。精装,16异,ISBN 978-7-02-012876-1,定价38.00元。(98-722)

`16643` 多多
〔法〕卡特琳娜·沃尔克斯著,吴冰译,沃尔克斯作品集,2018年1月。精装,16异,ISBN 978-7-02-012881-5,定价38.00元。(98-723)

`16644` 森林报
〔苏〕比安基著,沈念驹译,教育部统编《语文》推荐阅读丛书,2018年5月。平装覆膜,16异,ISBN 978-7-02-013753-4,定价43.00元。(98-724)

`16645` 真假医生
〔美〕雷蒙尼·斯尼科特著,李可琪译,波特莱尔大冒险,2018年2月。平装,国流32开,ISBN 978-7-02-013142-6,定价28.00元。(98-725)

`16646` 狮口脱险
〔美〕雷蒙尼·斯尼科特著,谢其濬译,波特莱尔大冒险,2018年2月。平装,国流32开,ISBN 978-7-02-013523-3,定价28.00元。(98-726)

`16647` VFD村的秘密
〔美〕雷蒙尼·斯尼科特著,周思芸译,波特莱尔大冒险,2018年2月。平装,国流32开,ISBN 978-7-02-013144-0,定价28.00元。(98-727)

`16648` 小船长全集
〔荷兰〕保罗·比格尔著,卡尔·霍伦德绘,蒋佳惠译,银色独角兽,2018年3月。平装,32异,ISBN 978-7-02-012859-4,定价69.00元。(98-728)

`16649` 一粒种子的旅行
〔瑞士〕安娜·克罗萨著,吴颖译,自然科学童话绘本,2018年3月。精装,16异,ISBN 978-7-02-013168-6,定价40.00元。(98-729)

`16650` 春去春又来
〔瑞士〕安娜·克罗萨著,吴颖译,自然科学童话绘本,2018年3月。精装,16异,ISBN 978-7-02-013146-4,定价40.00元。(98-730)

`16651` 毒蘑菇的秘密
〔瑞士〕安娜·克罗萨著,吴颖译,自然科学童话绘本,2018年3月。精装,16异,ISBN 978-7-02-013163-1,定价40.00元。(98-731)

`16652` 爱做梦的雷梦
〔瑞士〕安娜·克罗萨著,吴颖译,自然科学童话绘本,2018年3月。精装,16异,ISBN 978-7-02-013145-7,定价40.00元。(98-732)

`16653` 小水滴的快乐旅行
〔瑞士〕安娜·克罗萨著,吴颖译,自然科学童话绘本,2018年3月。精装,16异,ISBN 978-7-02-013155-6,定价40.00元。(98-733)

`16654` 星际信使 伽利略·伽利雷
〔美〕彼得·西斯著,舒杭丽译,世界插画大师彼得·西斯经典绘本,2018年4月。精装,16异,ISBN 978-7-02-013167-9,定价49.00元。(98-734)

`16655` 飞行员与小王子
〔美〕彼得·西斯著,柳漾译,世界插画大师彼得·西斯经典绘本,2018年4月。精装,16异,ISBN 978-7-02-013175-4,定价49.00元。

少儿读物

(98-735)

16656　玛德琳卡的狗
〔美〕彼得·西斯著,赵静译,世界插画大师彼得·西斯经典绘本,2018年4月。精装,12开,ISBN 978-7-02-013170-9,定价49.00元。(98-736)

16657　足球明星玛德琳卡
〔美〕彼得·西斯著,柳漾译,世界插画大师彼得·西斯经典绘本,2018年4月。精装,12开,ISBN 978-7-02-013160-0,定价49.00元。(98-737)

16658　玛德琳卡
〔美〕彼得·西斯著,赵静译,世界插画大师彼得·西斯经典绘本,2018年4月。精装,12开,ISBN 978-7-02-013165-5,定价49.00元。(98-738)

16659　弹吧,莫扎特,弹吧！
〔美〕彼得·西斯著,柳漾译,世界插画大师彼得·西斯经典绘本,2018年4月。精装,12开,ISBN 978-7-02-013161-7,定价49.00元。(98-739)

16660　大象
〔法〕安娜-贝内迪克特·施维贝尔编,苏迪译,小小乔治,2018年3月。平装覆膜,16异,ISBN 978-7-02-013821-0,定价28.00元。(98-740)

16661　旅行箱
〔法〕安娜-贝内迪克特·施维贝尔编,苏迪译,小小乔治,2018年3月。平装覆膜,16异,ISBN 978-7-02-013821-0,定价28.00元。(98-741)

16662　自行车
〔法〕安娜-贝内迪克特·施维贝尔编,苏迪译,小小乔治,2018年3月。平装覆膜,16异,ISBN 978-7-02-013911-8,定价28.00元。(98-742)

16663　小号
〔法〕安娜-贝内迪克特·施维贝尔编,苏迪译,小小乔治,2018年3月。平装覆膜,16异,ISBN 978-7-02-013944-6,定价28.00元。(98-743)

16664　列那狐的故事
〔法〕吉罗夫人著,罗新璋译,大作家小童书,2016年10月。平装覆膜,16异,ISBN 978-7-02-011206-7,定价25.00元。(98-744)

16665　我想变得与众不同
〔荷兰〕保罗·比格尔著,桑德拉·克拉森绘,蒋佳惠译,银色独角兽,2018年3月。平装,32异,ISBN 978-7-02-013250-8,定价35.00元。(98-745)

16666　凋零城的花园
〔荷兰〕保罗·比格尔著,夏洛特·德马东绘,蒋佳惠译,银色独角兽,2018年3月。平装,32异,ISBN 978-7-02-013228-7,定价45.00元。(98-746)

16667　怪物克雷
〔英〕大卫·阿尔蒙德著,和铃译,大卫·阿尔蒙德作品集,2018年3月。平装,国流32开,ISBN 978-7-02-013597-4,定价35.00元。(98-747)

16668　西方战线上的五个孩子
〔英〕凯特·桑德斯著,沈亦文译,银色独角兽,2018年6月。平装,国流32开,ISBN 978-7-02-013424-3,定价36.00元。(98-748)

16669　夜光人
〔日〕江户川乱步著,曹艺译,江户川乱步少年侦探系列,2018年6月。平装,国流32开,ISBN 978-7-02-013830-2,定价32.00元。(98-749)

16670　黄金怪兽
〔日〕江户川乱步著,沈熹译,江户川乱步少年侦探系列,2018年6月。平装,国流32开,ISBN 978-7-02-013933-0,定价32.00元。(98-750)

16671　塔上魔术师
〔日〕江户川乱步著,沈熹译,江户川乱步少年侦探系列,2018年6月。平装,国流32开,ISBN 978-7-02-012212-7,定价32.00元。(98-751)

16672　匆匆忙忙小故事
〔法〕贝尔纳·弗里奥著,戴捷译,银色独角兽,2018年3月。平装覆膜,国流32开,ISBN 978-7-02-013251-5,定价49.00元。(98-752)

16673 爱捣蛋的小邋遢
〔荷兰〕安妮·M.G.施密特著,菲珀·维斯顿多普绘,沈佳惠译,国际安徒生奖儿童小说,2018年7月。精装,16异,ISBN 978-7-02-014153-1,定价58.00元。(98-753)

16674 帽子公寓里的吊车男孩
〔荷兰〕安妮·M.G.施密特著,菲珀·维斯顿多普绘,沈佳惠译,国际安徒生奖儿童小说,2018年7月。平装,国流32开,ISBN 978-7-02-014152-4,定价68.00元。(98-754)

16675 小零蛋流浪记
〔荷兰〕安妮·M.G.施密特著,菲珀·维斯顿多普绘,沈佳惠译,国际安徒生奖儿童小说,2018年7月。平装,国流32开,ISBN 978-7-02-014060-2,定价58.00元。(98-755)

16676 风一样的萝拉
〔荷兰〕安妮·M.G.施密特著,郑宗琼绘,沈佳惠译,国际安徒生奖儿童小说,2018年7月。平装,国流32开,ISBN 978-7-02-014063-3,定价35.00元。(98-756)

16677 艾贝尔的飞行电梯
〔荷兰〕安妮·M.G.施密特著,郑宗琼绘,沈佳惠译,国际安徒生奖儿童小说,2018年7月。平装,国流32开,ISBN 978-7-02-014169-2,定价35.00元。(98-757)

16678 小不点魔法师
〔荷兰〕安妮·M.G.施密特著,菲利普·霍普曼绘,沈佳惠译,国际安徒生奖儿童小说,2018年7月。平装,国流32开,ISBN 978-7-02-014172-2,定价42.00元。(98-758)

16679 又见小不点魔法师
〔荷兰〕安妮·M.G.施密特著,菲利普·霍普曼绘,沈佳惠译,国际安徒生奖儿童小说,2018年7月。平装,国流32开,ISBN 978-7-02-014064-0,定价45.00元。(98-759)

16680 圣诞节的袋鼠
〔美〕詹姆斯·弗洛拉著,陈醒译,詹姆斯·弗洛拉经典绘本系列,2018年7月。精装,16异,ISBN 978-7-02-014005-3,定价45.00元。(98-760)

16681 透明的捡屑人
〔美〕詹姆斯·弗洛拉著,陈涛译,詹姆斯·弗洛拉经典绘本系列,2018年7月。精装,16异,ISBN 978-7-02-014195-1,定价45.00元。(98-761)

16682 奶牛打喷嚏
〔美〕詹姆斯·弗洛拉著,陈洁译,詹姆斯·弗洛拉经典绘本系列,2018年7月。精装,16异,ISBN 978-7-02-014044-2,定价45.00元。(98-762)

16683 下雨天的大气球
〔阿根廷〕里卡多·利涅尔斯·希瑞著,许旸译,名家经典绘本·汉英对照版,2018年6月。精装,16异,ISBN 978-7-02-012838-9,定价39.00元。(98-763)

16684 本尼和佩妮 绝对不行的事
〔美〕杰弗里·海耶斯著,许旸译,名家经典绘本·汉英对照版,2018年6月。精装,16异,ISBN 978-7-02-012660-6,定价39.00元。(98-764)

16685 本尼和佩妮 玩具破坏者
〔美〕杰弗里·海耶斯著,许旸译,名家经典绘本·汉英对照版,2018年6月。精装,16异,ISBN 978-7-02-012664-4,定价39.00元。(98-765)

16686 本尼和佩妮 灯关了
〔美〕杰弗里·海耶斯著,许旸译,名家经典绘本·汉英对照版,2018年6月。精装,16异,ISBN 978-7-02-012666-8,定价39.00元。(98-766)

16687 本尼和佩妮 只是假装的
〔美〕杰弗里·海耶斯著,许旸译,名家经典绘本·汉英对照版,2018年6月。精装,16异,ISBN 978-7-02-012663-7,定价39.00元。(98-767)

16688 本尼和佩妮 帽子不见了
〔美〕杰弗里·海耶斯著,许旸译,名家经典绘本·汉英对照版,2018年6月。精装,16异,ISBN 978-7-02-012816-7,定价39.00元。(98-768)

16689 杰克与盒子
〔美〕阿特·斯皮格曼著,许旸译,名家经典绘本·汉英对照版,2018年6月。精装,16异,ISBN 978-7-02-012865-5,定价39.00元。

(98-769)

16690 小老鼠准备好了

〔美〕杰夫·史密斯著,许旸译,名家经典绘本·汉英对照版,2018年6月。精装,16异,ISBN 978-7-02-012667-5,定价39.00元。(98-770)

16691 和老鼠一起去世界底部旅行

〔加拿大〕弗兰克·维瓦著,许旸译,名家经典绘本·汉英对照版,2018年6月。精装,16异,ISBN 978-7-02-012662-0,定价39.00元。(98-771)

16692 傻乎乎的莉莉 春夏秋冬

〔法〕阿涅丝·罗先斯戴著,许旸译,名家经典绘本·汉英对照版,2018年6月。精装,16异,ISBN 978-7-02-012661-3,定价39.00元。(98-772)

16693 傻乎乎的莉莉 今天我要做什么

〔法〕阿涅丝·罗先斯戴著,许旸译,名家经典绘本·汉英对照版,2018年6月。精装,16异,ISBN 978-7-02-012679-8,定价39.00元。(98-773)

16694 姆咪谷的伙伴们

〔芬兰〕托芙·扬松著,任溶溶译,托芙·扬松姆咪故事全集,2018年3月。平装覆膜,国流32开,ISBN 978-7-02-012417-6,定价29.00元。(98-774)

16695 姆咪和大洪水

〔芬兰〕托芙·扬松著,紫岫译,托芙·扬松姆咪故事全集,2018年3月。平装覆膜,国流32开,ISBN 978-7-02-012413-8,定价20.00元。(98-775)

16696 姆咪爸爸海上探险记

〔芬兰〕托芙·扬松著,任溶溶译,托芙·扬松姆咪故事全集,2018年3月。平装覆膜,国流32开,ISBN 978-7-02-012446-6,定价32.00元。(98-776)

16697 姆咪爸爸回忆录

〔芬兰〕托芙·扬松著,徐朴译,托芙·扬松姆咪故事全集,2018年3月。平装覆膜,国流32开,ISBN 978-7-02-012445-9,定价29.00元。(98-777)

16698 魔法师的帽子

〔芬兰〕托芙·扬松著,任溶溶译,托芙·扬松姆咪故事全集,2018年3月。平装覆膜,国流32开,ISBN 978-7-02-012441-1,定价29.00元。(98-778)

16699 姆咪谷的彗星

〔芬兰〕托芙·扬松著,徐朴译,托芙·扬松姆咪故事全集,2018年3月。平装覆膜,国流32开,ISBN 978-7-02-012418-3,定价29.00元。(98-779)

16700 十一月的姆咪谷

〔芬兰〕托芙·扬松著,徐朴译,托芙·扬松姆咪故事全集,2018年3月。平装覆膜,国流32开,ISBN 978-7-02-012426-8,定价29.00元。(98-780)

16701 姆咪谷的夏天

〔芬兰〕托芙·扬松著,任溶溶译,托芙·扬松姆咪故事全集,2018年3月。平装覆膜,国流32开,ISBN 978-7-02-012427-5,定价29.00元。(98-781)

16702 姆咪谷的冬天

〔芬兰〕托芙·扬松著,任溶溶译,托芙·扬松姆咪故事全集,2018年3月。平装覆膜,国流32开,ISBN 978-7-02-012419-0,定价29.00元。(98-782)

16703 球和守门员

〔巴西〕若热·亚马多著,济科·法尔卡斯绘,樊星译,若热·亚马多童话,2018年6月。平装覆膜,16异,ISBN 978-7-02-013524-0,定价19.00元。(98-783)

16704 花斑猫与燕子西尼娅

〔巴西〕若热·亚马多著,卡里贝绘,樊星译,若热·亚马多童话,2018年6月。平装覆膜,16异,ISBN 978-7-02-013511-0,定价39.00元。(98-784)

16705 梦幻岛之旅

〔以色列〕米里亚姆·雅兰-施泰克丽丝著,巴蒂雅·克尔顿绘,夏青译,银色独角兽,2018年6月。平装覆膜,16异,ISBN 978-7-02-013447-2,定价35.00元。(98-785)

16706 跳跳兔的怪物迷宫 1 河童村的迷宫

〔日〕木乃美光著,安伊文译,跳跳兔脑力体操,2018年9月。平装覆膜,国流32开,ISBN

978 - 7 - 02 - 014167 - 8, 定价 29.90 元。(98-786)

16707 跳跳兔的怪物迷宫 2 怪物大王的迷宫
〔日〕木乃美光著,安伊文译,跳跳兔脑力体操,2018 年 9 月。平装覆膜,国流 32 开, ISBN 978 - 7 - 02 - 014071 - 8, 定价 29.90 元。(98-787)

16708 跳跳兔的怪物迷宫 3 妖精们的迷宫
〔日〕木乃美光著,安伊文译,跳跳兔脑力体操,2018 年 9 月。平装覆膜,国流 32 开, ISBN 978 - 7 - 02 - 014053 - 4, 定价 29.90 元。(98-788)

16709 跳跳兔找茬我最棒 1 精灵岛的聚会
〔日〕木乃美光著,安伊文译,跳跳兔脑力体操,2018 年 9 月。平装覆膜,国流 32 开, ISBN 978 - 7 - 02 - 014166 - 1, 定价 29.90 元。(98-789)

16710 跳跳兔找茬我最棒 2 马戏团大冒险
〔日〕木乃美光著,安伊文译,跳跳兔脑力体操,2018 年 9 月。平装覆膜,国流 32 开, ISBN 978 - 7 - 02 - 014084 - 8, 定价 29.90 元。(98-790)

16711 跳跳兔找茬我最棒 3 魔法师与假兔子
〔日〕木乃美光著,安伊文译,跳跳兔脑力体操,2018 年 9 月。平装覆膜,国流 32 开, ISBN 978 - 7 - 02 - 014077 - 0, 定价 29.90 元。(98-791)

16712 跳跳兔迷宫大冒险 1 迷宫达人的挑战
〔日〕木乃美光著,安伊文译,跳跳兔脑力体操,2018 年 9 月。平装覆膜,国流 32 开, ISBN 978 - 7 - 02 - 014165 - 4, 定价 29.90 元。(98-792)

16713 跳跳兔迷宫大冒险 2 捣蛋鬼误闯迷宫村
〔日〕木乃美光著,安伊文译,跳跳兔脑力体操,2018 年 9 月。平装覆膜,国流 32 开, ISBN 978 - 7 - 02 - 014098 - 5, 定价 29.90 元。(98-793)

16714 跳跳兔迷宫大冒险 3 强盗们的星星迷宫
〔日〕木乃美光著,安伊文译,跳跳兔脑力体操,2018 年 9 月。平装覆膜,国流 32 开, ISBN 978 - 7 - 02 - 014057 - 2, 定价 29.90 元。(98-794)

16715 跳跳兔迷宫大冒险 4 淘气鬼的森林迷宫
〔日〕木乃美光著,安伊文译,跳跳兔脑力体操,2018 年 9 月。平装覆膜,国流 32 开, ISBN 978 - 7 - 02 - 014164 - 7, 定价 29.90 元。(98-795)

16716 跳跳兔迷宫大冒险 5 玩具王国与美食王国的迷宫
〔日〕木乃美光著,安伊文译,跳跳兔脑力体操,2018 年 9 月。平装覆膜,国流 32 开, ISBN 978 - 7 - 02 - 014099 - 2, 定价 29.90 元。(98-796)

16717 爬上月亮的兔子
〔日〕安房直子著,奈良坂智子绘,叶蓉译,2018 年 9 月。精装, 16 异, ISBN 978 - 7 - 02 - 014181-4, 定价 45.00 元。(98-797)

16718 生命之树:达尔文的一生
〔美〕彼得·西斯著,刘春梅译,世界插画大师彼得·西斯经典绘本,2018 年 7 月。精装,16 异, ISBN 978-7-02-013172-3,定价 49.00 元。(98-798)

16719 偷星星的贼
〔德〕雅诺什著,詹湛译,雅诺什经典童话集,2018 年 7 月。平装覆膜,16 异, ISBN 978-7-02-013917-0,定价 40.00 元。(98-799)

16720 雪茄盒里的小人
〔德〕雅诺什著,詹湛译,雅诺什经典童话集,2018 年 7 月。平装覆膜,16 异, ISBN 978-7-02-013246-1,定价 40.00 元。(98-800)

16721 最有趣的圣诞故事
〔德〕雅诺什著,詹湛、李莎莎译,雅诺什经典童话集,2018 年 7 月。平装覆膜,16 异, ISBN 978 - 7 - 02 - 013266 - 9, 定价 40.00 元。(98-801)

16722 科妮走丢了
〔德〕莉安娜·施奈德著,阿内特·施坦豪尔绘,詹湛译,德国幼儿生活教育绘本·好朋友科妮,2018 年 6 月。平装覆膜,24 开, ISBN 978 - 7 - 02 - 014088 - 6, 定价 15.00 元。(98-802)

`16723` 科妮住院了

〔德〕莉安纳·施奈德著,艾娃·文泽尔-比尔格绘,詹湛译,德国幼儿生活教育绘本·好朋友科妮,2018年6月。平装覆膜,24开,ISBN 978-7-02-014159-3,定价15.00元。(98-803)

`16724` 科妮在农场

〔德〕莉安纳·施奈德著,艾娃·文泽尔-比尔格绘,詹湛译,德国幼儿生活教育绘本·好朋友科妮,2018年6月。平装覆膜,24开,ISBN 978-7-02-014074-9,定价15.00元。(98-804)

`16725` 科妮学做比萨饼

〔德〕莉安纳·施奈德著,艾娃·文泽尔-比尔格绘,詹湛译,德国幼儿生活教育绘本·好朋友科妮,2018年6月。平装覆膜,24开,ISBN 978-7-02-014081-7,定价15.00元。(98-805)

`16726` 科妮学游泳

〔德〕莉安纳·施奈德著,艾娃·文泽尔-比尔格绘,詹湛译,德国幼儿生活教育绘本·好朋友科妮,2018年6月。平装覆膜,24开,ISBN 978-7-02-014163-0,定价15.00元。(98-806)

`16727` 科妮学音乐

〔德〕莉安纳·施奈德著,艾娃·文泽尔-比尔格绘,詹湛译,德国幼儿生活教育绘本·好朋友科妮,2018年6月。平装覆膜,24开,ISBN 978-7-02-014068-8,定价15.00元。(98-807)

`16728` 科妮学骑车

〔德〕莉安纳·施奈德著,艾娃·文泽尔-比尔格绘,詹湛译,德国幼儿生活教育绘本·好朋友科妮,2018年6月。平装覆膜,24开,ISBN 978-7-02-014158-6,定价15.00元。(98-808)

`16729` 科妮学骑马

〔德〕莉安纳·施奈德著,艾娃·文泽尔-比尔格绘,詹湛译,德国幼儿生活教育绘本·好朋友科妮,2018年6月。平装覆膜,24开,ISBN 978-7-02-014161-6,定价15.00元。(98-809)

`16730` 科妮学滑雪

〔德〕莉安纳·施奈德著,艾娃·文泽尔-比尔格绘,詹湛译,德国幼儿生活教育绘本·好朋友科妮,2018年6月。平装覆膜,24开,ISBN 978-7-02-014078-7,定价15.00元。(98-810)

`16731` 科妮学芭蕾

〔德〕莉安纳·施奈德著,艾娃·文泽尔-比尔格绘,詹湛译,德国幼儿生活教育绘本·好朋友科妮,2018年6月。平装覆膜,24开,ISBN 978-7-02-014070-1,定价15.00元。(98-811)

`16732` 科妮踢足球

〔德〕莉安纳·施奈德著,艾娃·文泽尔-比尔格绘,詹湛译,德国幼儿生活教育绘本·好朋友科妮,2018年6月。平装覆膜,24开,ISBN 978-7-02-014065-7,定价15.00元。(98-812)

`16733` 科妮上幼儿园

〔德〕莉安纳·施奈德著,艾娃·文泽尔-比尔格绘,詹湛译,德国幼儿生活教育绘本·好朋友科妮,2018年6月。平装覆膜,24开,ISBN 978-7-02-014095-4,定价15.00元。(98-813)

`16734` 科妮上小学了

〔德〕莉安纳·施奈德著,艾娃·文泽尔-比尔格绘,詹湛译,德国幼儿生活教育绘本·好朋友科妮,2018年6月。平装覆膜,24开,ISBN 978-7-02-014076-3,定价15.00元。(98-814)

`16735` 科妮去野营

〔德〕莉安纳·施奈德著,艾娃·文泽尔-比尔格绘,詹湛译,德国幼儿生活教育绘本·好朋友科妮,2018年6月。平装覆膜,24开,ISBN 978-7-02-014157-9,定价15.00元。(98-815)

`16736` 科妮去体检

〔德〕莉安纳·施奈德著,艾娃·文泽尔-比尔格绘,詹湛译,德国幼儿生活教育绘本·好朋友科妮,2018年6月。平装覆膜,24开,ISBN 978-7-02-014083-1,定价15.00元。(98-816)

16737 科妮去理发
〔德〕莉安纳·施奈德著,阿内特·施坦豪尔绘,詹湛译,德国幼儿生活教育绘本·好朋友科妮,2018年6月。平装覆膜,24开,ISBN 978-7-02-014102-9,定价15.00元。(98-817)

16738 科妮看牙医
〔德〕莉安纳·施奈德著,艾娃·文泽尔-比尔格绘,詹湛译,德国幼儿生活教育绘本·好朋友科妮,2018年6月。平装覆膜,24开,ISBN 978-7-02-014086-2,定价15.00元。(98-818)

16739 科妮捡了一只小猫
〔德〕莉安纳·施奈德著,艾娃·文泽尔-比尔格绘,詹湛译,德国幼儿生活教育绘本·好朋友科妮,2018年6月。平装覆膜,24开,ISBN 978-7-02-014093-0,定价15.00元。(98-819)

16740 科妮和小宝宝
〔德〕莉安纳·施奈德著,艾娃·文泽尔-比尔格绘,詹湛译,德国幼儿生活教育绘本·好朋友科妮,2018年6月。平装覆膜,24开,ISBN 978-7-02-014160-9,定价15.00元。(98-820)

16741 科妮和复活节兔子
〔德〕莉安纳·施奈德著,艾娃·文泽尔-比尔格绘,詹湛译,德国幼儿生活教育绘本·好朋友科妮,2018年6月。平装覆膜,24开,ISBN 978-7-02-014096-1,定价15.00元。(98-821)

16742 科妮过圣诞节
〔德〕莉安纳·施奈德著,艾娃·文泽尔-比尔格绘,詹湛译,德国幼儿生活教育绘本·好朋友科妮,2018年6月。平装覆膜,24开,ISBN 978-7-02-014079-4,定价15.00元。(98-822)

16743 科妮第一次乘飞机
〔德〕莉安纳·施奈德著,艾娃·文泽尔-比尔格绘,詹湛译,德国幼儿生活教育绘本·好朋友科妮,2018年6月。平装覆膜,24开,ISBN 978-7-02-014075-6,定价15.00元。(98-823)

16744 科妮的生日会
〔德〕莉安纳·施奈德著,艾娃·文泽尔-比尔格绘,詹湛译,德国幼儿生活教育绘本·好朋友科妮,2018年6月。平装覆膜,24开,ISBN 978-7-02-014080-0,定价15.00元。(98-824)

16745 科妮的山区徒步
〔德〕莉安纳·施奈德著,阿内特·施坦豪尔绘,詹湛译,德国幼儿生活教育绘本·好朋友科妮,2018年6月。平装覆膜,24开,ISBN 978-7-02-014154-8,定价15.00元。(98-825)

16746 科妮的"睡觉节"
〔德〕莉安纳·施奈德著,艾娃·文泽尔-比尔格绘,詹湛译,德国幼儿生活教育绘本·好朋友科妮,2018年6月。平装覆膜,24开,ISBN 978-7-02-014155-5,定价15.00元。(98-826)

16747 科妮的鳄鱼
〔德〕莉安纳·施奈德著,艾娃·文泽尔-比尔格绘,詹湛译,德国幼儿生活教育绘本·好朋友科妮,2018年6月。平装覆膜,24开,ISBN 978-7-02-014156-2,定价15.00元。(98-827)

16748 黄金假面
〔日〕江户川乱步著,曹艺译,江户川乱步少年侦探系列,2018年10月。平装,国流32开,ISBN 978-7-02-013829-6,定价36.00元。(98-828)

16749 狮子,女巫和魔衣橱
〔英〕C.S.路易斯著,吴培译,纳尼亚传奇,2018年9月。平装,国流32开,ISBN 978-7-02-011431-3,定价26.00元。(98-829)

16750 黎明踏浪号
〔英〕C.S.路易斯著,吴培译,纳尼亚传奇,2018年9月。平装,国流32开,ISBN 978-7-02-011436-8,定价30.00元。(98-830)

16751 银椅
〔英〕C.S.路易斯著,吴培译,纳尼亚传奇,2018年9月。平装,国流32开,ISBN 978-7-02-011435-1,定价30.00元。(98-831)

16752 凯斯宾王子

少儿读物

〔英〕C.S.路易斯著,吴培译,纳尼亚传奇,2018年9月。平装,国流32开,ISBN 978-7-02-011437-5,定价28.00元。(98-832)

16753 会说话的马与男孩
〔英〕C.S.路易斯著,吴培译,纳尼亚传奇,2018年9月。平装,国流32开,ISBN 978-7-02-011434-4,定价28.00元。(98-833)

16754 最后一战
〔英〕C.S.路易斯著,吴培译,纳尼亚传奇,2018年9月。平装,国流32开,ISBN 978-7-02-011432-0,定价28.00元。(98-834)

16755 魔法师的外甥
〔英〕C.S.路易斯著,吴培译,纳尼亚传奇,2018年9月。平装,国流32开,ISBN 978-7-02-011433-7,定价28.00元。(98-835)

16756 地底魔术王
〔日〕江户川乱步著,徐奕译,江户川乱步少年侦探系列,2018年10月。平装,国流32开,ISBN 978-7-02-013910-1,定价36.00元。(98-836)

16757 二十面相的谜题
〔日〕江户川乱步著,傅栩译,江户川乱步少年侦探系列,2018年10月。平装,国流32开,ISBN 978-7-02-013909-5,定价28.00元。(98-837)

16758 苏武 十九年的孤独背影
〔马来西亚〕符爱萍著,王平绘,名人传,2018年8月。平装,国流32开,ISBN 978-7-02-014294-1,定价28.00元。(98-838)

16759 无人能解之谜
〔挪威〕博比·皮尔斯著,李菁菁译,威廉·温顿科幻系列,2019年3月。平装,国流32开,ISBN 978-7-02-012775-7,定价39.00元。(98-839)

16760 波莉和大饿狼的故事
〔英〕凯瑟琳·斯托尔著,施红梅译,波莉和狼,2019年1月。平装覆膜,16异,ISBN 978-7-02-014246-0,定价33.00元。(98-840)

16761 波莉和大笨狼最后的故事
〔英〕凯瑟琳·斯托尔著,施红梅译,波莉和狼,2019年1月。平装覆膜,16异,ISBN 978-7-02-014230-9,定价29.00元。(98-841)

16762 世界的尽头
〔西班牙〕西尔维娅·南克拉雷斯著,米格尔·布瑞瓦绘,杨晓明译,大师手绘经典,2019年4月。平装覆膜,16异,ISBN 978-7-02-014595-9,定价68.00元。(98-842)

16763 第欧根尼的另类生活
〔法〕严·马尔尚著,文森特·索莱尔绘,戴敏译,小柏拉图,2019年3月。平装覆膜,16异,ISBN 978-7-02-014020-6,定价32.00元。(98-843)

16764 爱因斯坦的灵感
〔法〕弗雷德里克·莫罗著,安妮-玛戈特·拉姆斯泰因绘,戴敏译,小柏拉图,2019年3月。平装覆膜,16异,ISBN 978-7-02-014056-5,定价32.00元。(98-844)

16765 卢梭的歌剧
〔法〕埃德维尔·诗卢特著,马蒂亚斯·阿黑奇绘,胡庆余译,小柏拉图,2019年3月。平装覆膜,16异,ISBN 978-7-02-014058-9,定价32.00元。(98-845)

16766 莱布尼茨的美好世界
〔法〕让-保罗·蒙欣著,朱莉娅·沃泰尔绘,戴敏译,小柏拉图,2019年3月。平装覆膜,16异,ISBN 978-7-02-014019-0,定价32.00元。(98-846)

16767 康德教授的梦幻一日
〔法〕让-保罗·蒙欣著,洛朗·莫罗绘,戴敏译,小柏拉图,2019年3月。平装覆膜,16异,ISBN 978-7-02-014190-6,定价32.00元。(98-847)

16768 神圣的苏格拉底之死
〔法〕让-保罗·蒙欣著,燕妮·勒布哈丝绘,戴敏译,小柏拉图,2019年3月。平装覆膜,16异,ISBN 978-7-02-014010-7,定价32.00元。(98-848)

16769 笛卡儿先生的小精灵
〔法〕让-保罗·蒙欣著,弗朗索瓦·施韦贝尔绘,戴敏译,小柏拉图,2019年3月。平装覆膜,16异,ISBN 978-7-02-014018-3,定价32.00元。(98-849)

16770 马克思的誓言
〔法〕罗南·奥贾兰著,多纳斯严·玛丽绘,胡庆余译,小柏拉图,2019年3月。平装覆膜,16异,ISBN 978-7-02-014567-6,定价32.00元。(98-850)

16771 伊壁鸠鲁的笑

〔法〕严·马尔尚著,马蒂亚斯·阿黑奇绘,胡庆余译,小柏拉图,2019年3月。平装覆膜,16异,ISBN 978-7-02-014189-0,定价32.00元。(98-851)

16772 海德格尔的墓地之旅

〔法〕严·马尔尚著,马蒂亚斯·阿黑奇绘,胡庆余译,小柏拉图,2019年3月。平装覆膜,16异,ISBN 978-7-02-014191-3,定价32.00元。(98-852)

16773 森林里的游戏

〔瑞典〕萨拉·谢帕德著,王梦达译,森林里的秘密,2018年12月。精装,16异,ISBN 978-7-02-014725-0,定价40.00元。(98-853)

16774 森林里的动物

〔瑞典〕萨拉·谢帕德著,王梦达译,森林里的秘密,2018年12月。精装,16异,ISBN 978-7-02-014734-2,定价45.00元。(98-854)

16775 松鼠艾尔顿和艾吉斯

〔瑞典〕萨拉·谢帕德著,王梦达译,森林里的秘密,2018年12月。精装,16异,ISBN 978-7-02-014729-8,定价35.00元。(98-855)

16776 狐狸拉克尔和雷莎

〔瑞典〕萨拉·谢帕德著,王梦达译,森林里的秘密,2018年12月。精装,16异,ISBN 978-7-02-014726-7,定价35.00元。(98-856)

16777 狍子鲁特和洛基

〔瑞典〕萨拉·谢帕德著,王梦达译,森林里的秘密,2018年12月。精装,16异,ISBN 978-7-02-014730-4,定价35.00元。(98-857)

16778 野兔哈里和海达

〔瑞典〕萨拉·谢帕德著,王梦达译,森林里的秘密,2018年12月。精装,16异,ISBN 978-7-02-014727-4,定价35.00元。(98-858)

16779 波莉再斗大笨狼

〔英〕凯瑟琳·斯托尔著,施红梅译,波莉和狼,2019年1月。平装覆膜,16异,ISBN 978-7-02-014213-2,定价38.00元。(98-859)

16780 时间是怎么回事

〔瑞典〕佩妮拉·斯达菲尔特著,王梦达译,孩子应该知道的秘密,2019年5月。平装覆膜,16开,ISBN 978-7-02-014547-8,定价20.00元。(98-860)

16781 我们怎样讲故事

〔瑞典〕佩妮拉·斯达菲尔特著,王梦达译,孩子应该知道的秘密,2019年5月。平装覆膜,16开,ISBN 978-7-02-014545-4,定价20.00元。(98-861)

16782 生命的秘密 从草履虫到达尔文

〔荷兰〕扬·保罗·舒腾著,弗洛尔·李德绘,王奕瑶译,2019年6月。精装,16开,ISBN 978-7-02-014531-7,定价168.00元。(98-862)

16783 奇迹男孩(绘本版)

〔美〕R.J.帕拉西奥著,雷淑容译,2018年11月。精装,16异,ISBN 978-7-02-014519-5,定价45.00元。(98-863)

16784 小羊碧翠斯和温妮莎

〔英〕约翰·优曼著,昆廷·布莱克绘,漪然译,安徒生奖获得者昆廷·布莱克经典绘本,2019年6月。平装覆膜,16异,ISBN 978-7-02-014665-9,定价25.00元。(98-864)

16785 六个和七个

〔英〕约翰·优曼著,昆廷·布莱克绘,漪然译,安徒生奖获得者昆廷·布莱克经典绘本,2019年6月。平装覆膜,16异,ISBN 978-7-02-014913-1,定价25.00元。(98-865)

16786 跟着鸟儿一起飞

〔英〕约翰·优曼著,昆廷·布莱克绘,十画译,安徒生奖获得者昆廷·布莱克经典绘本,2019年6月。平装覆膜,16异,ISBN 978-7-02-014914-8,定价25.00元。(98-866)

16787 罗比洛的舞蹈

〔英〕约翰·优曼著,昆廷·布莱克绘,十画译,安徒生奖获得者昆廷·布莱克经典绘本,2019年6月。平装覆膜,16异,ISBN 978-7-02-014666-6,定价25.00元。(98-867)

16788 疯狂的洗衣女工

〔英〕约翰·优曼著,昆廷·布莱克绘,十画译,安徒生奖获得者昆廷·布莱克经典绘本,2019年6月。平装覆膜,16异,ISBN 978-7-02-

014670-3,定价 25.00 元。(98-868)

16789　你只能年轻两回
〔英〕约翰·优曼著,昆廷·布莱克绘,十画译,安徒生奖获得者昆廷·布莱克经典绘本,2019年6月。平装覆膜,16异,ISBN 978-7-02-014667-3,定价 30.00 元。(98-869)

16790　我们五个
〔英〕昆廷·布莱克著,十画译,安徒生奖获得者昆廷·布莱克经典绘本,2019年6月。平装覆膜,16异,ISBN 978-7-02-014671-0,定价 25.00 元。(98-870)

16791　世界上最懒的鸭子
〔英〕约翰·优曼著,昆廷·布莱克绘,十画译,安徒生奖获得者昆廷·布莱克经典绘本,2019年6月。平装覆膜,16异,ISBN 978-7-02-014795-3,定价 25.00 元。(98-871)

16792　一年四季
〔英〕约翰·优曼著,昆廷·布莱克绘,十画译,安徒生奖获得者昆廷·布莱克经典绘本,2019年6月。平装覆膜,16异,ISBN 978-7-02-014681-9,定价 25.00 元。(98-872)

16793　诺得先生的方舟
〔英〕约翰·优曼著,昆廷·布莱克绘,十画译,安徒生奖获得者昆廷·布莱克经典绘本,2019年6月。平装覆膜,16异,ISBN 978-7-02-014663-5,定价 25.00 元。(98-873)

16794　一匹会表演的小马
〔英〕约翰·优曼著,昆廷·布莱克绘,十画译,安徒生奖获得者昆廷·布莱克经典绘本,2019年6月。平装覆膜,16异,ISBN 978-7-02-014662-8,定价 25.00 元。(98-874)

16795　捕鼠记
〔英〕约翰·优曼著,昆廷·布莱克绘,漪然译,安徒生奖获得者昆廷·布莱克经典绘本,2019年6月。平装覆膜,16异,ISBN 978-7-02-014668-0,定价 25.00 元。(98-875)

16796　苍鹭小姐与灰鹤先生
〔英〕约翰·优曼著,昆廷·布莱克绘,漪然译,安徒生奖获得者昆廷·布莱克经典绘本,2019年6月。平装覆膜,16异,ISBN 978-7-02-014669-7,定价 25.00 元。(98-876)

16797　大熊的水上野餐
〔英〕约翰·优曼著,昆廷·布莱克绘,漪然译,安徒生奖获得者昆廷·布莱克经典绘本,2019年6月。平装覆膜,16异,ISBN 978-7-02-014910-0,定价 25.00 元。(98-877)

16798　大熊的冬天小屋
〔英〕约翰·优曼著,昆廷·布莱克绘,漪然译,安徒生奖获得者昆廷·布莱克经典绘本,2019年6月。平装覆膜,16异,ISBN 978-7-02-014664-2,定价 25.00 元。(98-878)

16799　初探总部
〔美〕雷蒙尼·斯尼科特著,谢其濬、周思芸译,波特莱尔大冒险,2019年4月。平装,国流32开,ISBN 978-7-02-013941-5,定价 28.00 元。(98-879)

16800　深海奇遇
〔美〕雷蒙尼·斯尼科特著,陈雅茜译,波特莱尔大冒险,2019年4月。平装,国流32开,ISBN 978-7-02-014001-5,定价 28.00 元。(98-880)

16801　倒数第二次危机
〔美〕雷蒙尼·斯尼科特著,江坤山译,波特莱尔大冒险,2019年4月。平装,国流32开,ISBN 978-7-02-014171-5,定价 28.00 元。(98-881)

16802　大结局
〔美〕雷蒙尼·斯尼科特著,陈雅茜译,波特莱尔大冒险,2019年4月。平装,国流32开,ISBN 978-7-02-013997-2,定价 28.00 元。(98-882)

16803　吊车
〔法〕安娜-贝内迪克特·施维贝尔编,苏迪译,小小乔治,2019年5月。平装覆膜,16异,ISBN 978-7-02-014819-6,定价 28.00 元。(98-883)

16804　灯泡
〔法〕安娜-贝内迪克特·施维贝尔编,苏迪译,小小乔治,2019年5月。平装覆膜,16异,ISBN 978-7-02-014800-4,定价 28.00 元。(98-884)

16805　鞋子
〔法〕安娜-贝内迪克特·施维贝尔编,苏迪译,小小乔治,2019年5月。平装覆膜,16异,

ISBN 978-7-02-014909-4,定价28.00元。(98-885)

16806 眼镜

〔法〕安娜-贝内迪克特·施维贝尔编,苏迪译,小小乔治,2019年5月。平装覆膜,16异,ISBN 978-7-02-014799-1,定价28.00元。(98-886)

16807 万花筒

〔英〕依列娜·法吉恩著,徐朴译,国际安徒生奖儿童小说,2019年5月。平装,国流32开,ISBN 978-7-02-013423-6,定价28.00元。(98-887)

16808 卡米朗,大胃王

〔巴西〕安娜·玛丽亚·马查多著,桑大鹏译,国际安徒生奖儿童小说,2019年5月。平装,国流32开,ISBN 978-7-02-012752-8,定价35.00元。(98-888)

16809 咿咿和呀呀的故事 小精灵派对

〔荷〕安妮·M.G.施密特著,菲珀·维斯顿多普绘,蒋佳惠译,国际安徒生奖儿童小说,2019年5月。平装,国流32开,ISBN 978-7-02-014357-3,定价28.00元。(98-889)

16810 咿咿和呀呀的故事 淘气的风

〔荷〕安妮·M.G.施密特著,菲珀·维斯顿多普绘,蒋佳惠译,国际安徒生奖儿童小说,2019年5月。平装,国流32开,ISBN 978-7-02-014208-8,定价28.00元。(98-890)

16811 咿咿和呀呀的故事 肚子里的小眼睛

〔荷〕安妮·M.G.施密特著,菲珀·维斯顿多普绘,蒋佳惠译,国际安徒生奖儿童小说,2019年5月。平装,国流32开,ISBN 978-7-02-014209-5,定价28.00元。(98-891)

16812 咿咿和呀呀的故事 一只笑不停的狼

〔荷〕安妮·M.G.施密特著,菲珀·维斯顿多普绘,蒋佳惠译,国际安徒生奖儿童小说,2019年5月。平装,国流32开,ISBN 978-7-02-014480-8,定价28.00元。(98-892)

16813 咿咿和呀呀的故事 阁楼上的音乐

〔荷〕安妮·M.G.施密特著,菲珀·维斯顿多普绘,蒋佳惠译,国际安徒生奖儿童小说,2019年5月。平装,国流32开,ISBN 978-7-02-014358-0,定价28.00元。(98-893)

16814 艾玛在爸爸的办公室

〔法〕素茜·摩尔根斯坦著,苏迪译,像艾玛一样快乐成长,2018年8月。平装覆膜,24开,ISBN 978-7-02-014000-8,定价18.00元。(98-894)

16815 艾玛的圣诞节

〔法〕素茜·摩尔根斯坦著,苏迪译,像艾玛一样快乐成长,2018年8月。平装覆膜,24开,ISBN 978-7-02-013999-6,定价18.00元。(98-895)

16816 艾玛的新发型

〔法〕素茜·摩尔根斯坦著,苏迪译,像艾玛一样快乐成长,2018年8月。平装覆膜,24开,ISBN 978-7-02-014009-1,定价18.00元。(98-896)

16817 艾玛不想睡觉

〔法〕素茜·摩尔根斯坦著,苏迪译,像艾玛一样快乐成长,2018年8月。平装覆膜,24开,ISBN 978-7-02-013995-8,定价18.00元。(98-897)

16818 艾玛的另一种爱

〔法〕素茜·摩尔根斯坦著,苏迪译,像艾玛一样快乐成长,2018年8月。平装覆膜,24开,ISBN 978-7-02-014002-2,定价18.00元。(98-898)

16819 艾玛上学记

〔法〕素茜·摩尔根斯坦著,苏迪译,像艾玛一样快乐成长,2018年8月。平装覆膜,24开,ISBN 978-7-02-013996-5,定价18.00元。(98-899)

16820 艾玛和她的小伙伴

〔法〕素茜·摩尔根斯坦著,苏迪译,像艾玛一样快乐成长,2018年8月。平装覆膜,24开,ISBN 978-7-02-013984-2,定价18.00元。(98-900)

16821 艾玛学跳舞

〔法〕素茜·摩尔根斯坦著,苏迪译,像艾玛一样快乐成长,2018年8月。平装覆膜,24开,ISBN 978-7-02-013154-9,定价18.00元。(98-901)

16822 艾玛和老师的小宝宝

〔法〕素茜·摩尔根斯坦著,苏迪译,像艾玛一样快乐成长,2018年8月。平装覆膜,24开,ISBN 978-7-02-014006-0,定价18.00元。(98-902)

16823 艾玛的秘密小本子

〔法〕素茜·摩尔根斯坦著,苏迪译,像艾玛一样快乐成长,2018年8月。平装覆膜,24开,ISBN 978-7-02-014003-9,定价18.00元。(98-903)

16824 艾玛的香蕉浴

〔法〕素茜·摩尔根斯坦著,苏迪译,像艾玛一样快乐成长,2018年8月。平装覆膜,24开,ISBN 978-7-02-013261-4,定价18.00元。(98-904)

16825 艾玛爱打扮

〔法〕素茜·摩尔根斯坦著,苏迪译,像艾玛一样快乐成长,2018年8月。平装覆膜,24开,ISBN 978-7-02-013998-9,定价18.00元。(98-905)

16826 海伦·凯勒 我要光明

〔日〕野崎郁乃著,游弋绘,名人传,2019年7月。平装,国流32开,ISBN 978-7-02-015140-0,定价28.00元。(98-906)

16827 法布尔 寻找昆虫学家之旅

〔英〕爱莉诺·多丽著,罗伯特·吉宾斯绘,名人传,2019年7月。平装,国流32开,ISBN 978-7-02-015139-4,定价28.00元。(98-907)

16828 蓬蓬熊没兴趣

〔德〕伊丽娜·科申娜著,莱因哈德·米希尔绘,刘晓译,德国情感教育经典童话,2017年11月。平装,32异,ISBN 978-7-02-013258-4,定价21.00元。(98-908)

16829 胡萝卜须

〔法〕儒勒·列那尔著,菲利克斯·瓦洛东绘,徐知免译,大师插图经典,2018年10月。平装,32异,ISBN 978-7-02-012736-8,定价58.00元。(98-909)

16830 狼的眼睛

〔法〕达尼埃尔·佩纳克著,马岱妹绘,秦思远译,国际大奖儿童小说,2020年1月。平装,32异,ISBN 978-7-02-015571-2,定价29.00元。(98-910)

16831 女孩与弃狗

〔法〕达尼埃尔·佩纳克著,高婧绘,王大智译,国际大奖儿童小说,2020年1月。平装,32异,ISBN 978-7-02-015587-3,定价36.00元。(98-911)

16832 说不出口怎么办?

〔法〕克里斯汀·诺曼·维拉蒙著,玛丽安娜·巴尔西隆绘,李珂译,不一样的小公主,2020年1月。精装,16异,ISBN 978-7-02-015726-6,定价39.80元。(98-912)

16833 公主小姐不想吃饭

〔法〕克里斯汀·诺曼·维拉蒙著,玛丽安娜·巴尔西隆绘,李珂译,不一样的小公主,2020年1月。精装,16异,ISBN 978-7-02-015725-9,定价39.80元。(98-913)

16834 我不要一个人上学

〔法〕克里斯汀·诺曼·维拉蒙著,玛丽安娜·巴尔西隆绘,李珂译,不一样的小公主,2020年1月。精装,16异,ISBN 978-7-02-015727-3,定价39.80元。(98-914)

16835 我才是真的公主!

〔法〕克里斯汀·诺曼·维拉蒙著,玛丽安娜·巴尔西隆绘,苏迪译,不一样的小公主,2020年1月。精装,16异,ISBN 978-7-02-015729-7,定价39.80元。(98-915)

16836 不能都由你说了算!

〔法〕克里斯汀·诺曼·维拉蒙著,玛丽安娜·巴尔西隆绘,李珂译,不一样的小公主,2020年1月。精装,16异,ISBN 978-7-02-015621-4,定价39.80元。(98-916)

16837 什么都要可以吗?

〔法〕克里斯汀·诺曼·维拉蒙著,玛丽安娜·巴尔西隆绘,李珂译,不一样的小公主,2020年1月。精装,16异,ISBN 978-7-02-015724-2,定价39.80元。(98-917)

16838 魔镜魔镜告诉我

〔法〕克里斯汀·诺曼·维拉蒙著,玛丽安娜·巴尔西隆绘,李珂译,不一样的小公主,2020年1月。精装,16异,ISBN 978-7-02-015728-0,定价39.80元。(98-918)

16839 世界上最美丽的妈妈

〔法〕克里斯汀·诺曼·维拉蒙著,玛丽安娜·

巴尔西隆绘,李珂译,不一样的小公主,2020年1月。精装,16异,ISBN 978-7-02-015730-3,定价39.80元。(98-919)

16840　银色的独角兽
〔德〕马克斯·克鲁塞著,芋祎绘,周毓英译,国际大奖儿童小说,2020年1月。平装,32异,ISBN 978-7-02-014836-3,定价29.00元。(98-920)

16841　西尔克王国传奇
〔澳〕格伦达·米勒德著,卡洛琳·马吉尔、斯蒂芬·迈克尔·金绘,安琪译,国际大奖儿童小说,2020年1月。平装,32异,ISBN 978-7-02-013350-5,定价39.00元。(98-921)

16842　小冒险家的旅行日志
〔法〕玛丽-伊莲·普拉斯著,卡罗琳·封丹-里奇耶绘,苏迪译,蒙台梭利自己做做中学,2020年1月。平装覆膜,16异,ISBN 978-7-02-014695-6,定价68.00元。(98-922)

16843　铁路边的孩子们
〔英〕伊迪丝·内斯比特著,沈亦文译,伊迪丝·内斯比特作品系列,2019年8月。平装,国流32开,ISBN 978-7-02-014502-7,定价45.00元。(98-923)

16844　凤凰与魔毯
〔英〕伊迪丝·内斯比特著,刁玉译,伊迪丝·内斯比特作品系列,2019年8月。平装,国流32开,ISBN 978-7-02-014536-2,定价45.00元。(98-924)

16845　魔法城堡
〔英〕伊迪丝·内斯比特著,蔡耘译,伊迪丝·内斯比特作品系列,2019年8月。平装,国流32开,ISBN 978-7-02-014683-3,定价45.00元。(98-925)

16846　寻宝少年历险记
〔英〕伊迪丝·内斯比特著,吕琴译,伊迪丝·内斯比特作品系列,2019年8月。平装,国流32开,ISBN 978-7-02-014690-1,定价42.00元。(98-926)

16847　护身符的故事
〔英〕伊迪丝·内斯比特著,沈亦文译,伊迪丝·内斯比特作品系列,2019年8月。平装,国流32开,ISBN 978-7-02-014515-7,定价45.00元。(98-927)

16848　闯祸的快乐少年
〔英〕伊迪丝·内斯比特著,李珊珊译,伊迪丝·内斯比特作品系列,2019年8月。平装,国流32开,ISBN 978-7-02-014846-2,定价45.00元。(98-928)

16849　想做好孩子
〔英〕伊迪丝·内斯比特著,杨立新、冷杉译,伊迪丝·内斯比特作品系列,2019年8月。平装,国流32开,ISBN 978-7-02-015023-6,定价45.00元。(98-929)

16850　我们都是好朋友
〔法〕斯蒂芬·胡萨尔、洛伊克·梅编绘,大脸猫和卷尾鼠,2019年8月。平装覆膜,12开,ISBN 978-7-02-014813-4,定价26.00元。(98-930)

16851　分享美食
〔法〕斯蒂芬·胡萨尔、洛伊克·梅编绘,大脸猫和卷尾鼠,2019年8月。平装覆膜,12开,ISBN 978-7-02-014816-5,定价26.00元。(98-931)

16852　精彩伦敦游
〔法〕斯蒂芬·胡萨尔、洛伊克·梅编绘,大脸猫和卷尾鼠,2019年8月。平装覆膜,12开,ISBN 978-7-02-014794-6,定价26.00元。(98-932)

16853　宠物鹦鹉在哪里
〔法〕斯蒂芬·胡萨尔、洛伊克·梅编绘,大脸猫和卷尾鼠,2019年8月。平装覆膜,12开,ISBN 978-7-02-014702-1,定价26.00元。(98-933)

16854　有趣的购物
〔法〕斯蒂芬·胡萨尔、洛伊克·梅编绘,大脸猫和卷尾鼠,2019年8月。平装覆膜,12开,ISBN 978-7-02-014694-9,定价26.00元。(98-934)

16855　气球的颜色
〔法〕斯蒂芬·胡萨尔、洛伊克·梅编绘,大脸猫和卷尾鼠,2019年8月。平装覆膜,12开,ISBN 978-7-02-014705-2,定价26.00元。(98-935)

16856　收获好情绪

〔法〕斯蒂芬·胡萨尔、洛伊克·梅编绘,大脸猫和卷尾鼠,2019 年 8 月。平装覆膜,12 开,ISBN 978-7-02-014697-0,定价 26.00 元。(98-936)

16857 太空遇险记

〔法〕斯蒂芬·胡萨尔、洛伊克·梅编绘,大脸猫和卷尾鼠,2019 年 8 月。平装覆膜,12 开,ISBN 978-7-02-014698-7,定价 26.00 元。(98-937)

16858 哈利·波特 魔法史之旅

〔英〕大英图书馆编,北窗、冬翌译,2019 年 9 月。平装覆膜,12 开,ISBN 978-7-02-015159-2,定价 88.00 元。(98-938)

16859 失眠公主与梦魇色的夜魔(全彩绘本)

〔德〕瓦尔特·莫尔斯著,李士勋译,2019 年 9 月。平装,16 异,ISBN 978-7-02-015387-9,定价 88.00 元。(98-939)

16860 魔法博士

〔日〕江户川乱步著,徐奕译,江户川乱步少年侦探系列,2019 年 9 月。平装,国流 32 开,ISBN 978-7-02-015318-3,定价 36.00 元。(98-940)

16861 魔法玩偶

〔日〕江户川乱步著,翁莹莹译,江户川乱步少年侦探系列,2019 年 9 月。平装,国流 32 开,ISBN 978-7-02-015324-4,定价 36.00 元。(98-941)

16862 魔人响锣

〔日〕江户川乱步著,徐奕译,江户川乱步少年侦探系列,2019 年 9 月。平装,国流 32 开,ISBN 978-7-02-015317-6,定价 36.00 元。(98-942)

16863 恩泽尔与克蕾特 一个查莫宁的童话

〔德〕瓦尔特·莫尔斯著,李士勋译,2019 年 9 月。平装,16 异,ISBN 978-7-02-015195-0,定价 36.00 元。(98-943)

16864 蒂让的地下探险

〔法〕米歇尔·欧斯洛著,苏迪译,夜幕下的故事,2019 年 9 月。平装覆膜,16 异,ISBN 978-7-02-014217-0,定价 25.00 元。(98-944)

16865 少年水手和他的母猫

〔法〕米歇尔·欧斯洛著,苏迪译,夜幕下的故事,2019 年 9 月。平装覆膜,16 异,ISBN 978-7-02-014109-8,定价 25.00 元。(98-945)

16866 神奇的敲鼓男孩

〔法〕米歇尔·欧斯洛著,苏迪译,夜幕下的故事,2019 年 9 月。平装覆膜,16 异,ISBN 978-7-02-014231-6,定价 25.00 元。(98-946)

16867 月圆之夜的秘密

〔法〕米歇尔·欧斯洛著,苏迪译,夜幕下的故事,2019 年 9 月。平装覆膜,16 异,ISBN 978-7-02-014232-3,定价 25.00 元。(98-947)

16868 勇战大怪兽的小姑娘

〔法〕米歇尔·欧斯洛著,苏迪译,夜幕下的故事,2019 年 9 月。平装覆膜,16 异,ISBN 978-7-02-014216-3,定价 25.00 元。(98-948)

16869 蟾

〔法〕雨果著,奥尼威尔·玛佐伊绘,李珂译,文学经典启蒙绘本,2019 年 10 月。精装,16 异,ISBN 978-7-02-014985-8,定价 38.00 元。(98-949)

16870 普鲁斯特的小蛋糕

〔法〕普鲁斯特著,贝蒂·伯恩绘,周克希译,文学经典启蒙绘本,2019 年 10 月。精装,16 异,ISBN 978-7-02-014989-6,定价 48.00 元。(98-950)

16871 患瘟疫的动物们

〔法〕拉·封丹著,奥利维耶·莫雷尔绘,郁梦非译,文学经典启蒙绘本,2019 年 10 月。精装,16 异,ISBN 978-7-02-015012-0,定价 48.00 元。(98-951)

16872 醉舟

〔法〕兰波著,达米安·屈佩斯绘,飞白译,文学经典启蒙绘本,2019 年 10 月。精装,16 异,ISBN 978-7-02-014997-1,定价 38.00 元。(98-952)

16873 信天翁

〔法〕波德莱尔著,玛蒂尔德·马尼昂绘,何辞楚译,文学经典启蒙绘本,2019 年 10 月。精装,16 异,ISBN 978-7-02-014992-6,定价 48.00 元。(98-953)

16874 伪装者之谜

〔英〕亚当·弗罗斯特著,艾米莉·福克斯绘,高屹璇译,狐狸大侦探系列,2019年10月。平装覆膜,32异,ISBN 978-7-02-015314-5,定价29.00元。(98-954)

16875 美术馆盗窃案
〔英〕亚当·弗罗斯特著,艾米莉·福克斯绘,高屹璇译,狐狸大侦探系列,2019年10月。平装覆膜,32异,ISBN 978-7-02-015313-8,定价29.00元。(98-955)

16876 甜点大赛离奇事件
〔英〕亚当·弗罗斯特著,艾米莉·福克斯绘,盛瑞璇译,狐狸大侦探系列,2019年10月。平装覆膜,32异,ISBN 978-7-02-015312-1,定价29.00元。(98-956)

16877 神秘香水配方
〔英〕亚当·弗罗斯特著,艾米莉·福克斯绘,盛瑞璇译,狐狸大侦探系列,2019年10月。平装覆膜,32异,ISBN 978-7-02-015315-2,定价29.00元。(98-957)

16878 冰瀑
〔美〕马修·J.科尔比著,周莉译,2019年11月。平装,32异,ISBN 978-7-02-015373-2,定价38.00元。(98-958)

16879 哈利·波特与火焰杯(全彩绘本)
〔英〕J. K. 罗琳著,马爱农、马爱新译,2019年11月。平装,16异,ISBN 978-7-02-015769-3,定价129.00元。2020年3月,精装,16异,ISBN 978-7-02-016075-4,定价168.00元。(98-959)

16880 孩子们的那些事儿
〔法〕阿纳托尔·法郎士著,刘易斯-莫里斯·布特·德·蒙维绘,朱祺子译,诺奖童书,2020年1月。平装,国流32开,ISBN 978-7-02-013418-2,定价29.00元。(98-962)

16881 他们的乐园
〔英〕鲁德亚德·吉卜林著,F. H. 汤森德绘,张艳译,诺奖童书,2020年1月。平装,国流32开,ISBN 978-7-02-015147-9,定价29.00元。(98-963)

16882 乒乓猫过生日
〔荷兰〕米斯·博豪宇斯著,菲珀·维斯顿多普绘,蒋佳惠译,淘气的乒乓猫,2019年9月。精装,16异,ISBN 978-7-02-014506-5,定价42.00元。(98-964)

16883 乒乓猫玩音乐
〔荷兰〕米斯·博豪宇斯著,菲珀·维斯顿多普绘,蒋佳惠译,淘气的乒乓猫,2019年9月。精装,16异,ISBN 978-7-02-014537-9,定价42.00元。(98-965)

16884 乒乓猫飞起来
〔荷兰〕米斯·博豪宇斯著,菲珀·维斯顿多普绘,蒋佳惠译,淘气的乒乓猫,2019年9月。精装,16异,ISBN 978-7-02-014532-4,定价42.00元。(98-966)

16885 乒乓猫上报纸
〔荷兰〕米斯·博豪宇斯著,菲珀·维斯顿多普绘,蒋佳惠译,淘气的乒乓猫,2019年9月。精装,16异,ISBN 978-7-02-014520-1,定价42.00元。(98-967)

16886 家里来客人啦
〔荷兰〕米斯·博豪宇斯著,菲珀·维斯顿多普绘,蒋佳惠译,淘气的乒乓猫,2019年9月。精装,16异,ISBN 978-7-02-014530-0,定价42.00元。(98-968)

16887 乒乓猫大冒险
〔荷兰〕米斯·博豪宇斯著,菲珀·维斯顿多普绘,蒋佳惠译,淘气的乒乓猫,2019年9月。精装,16异,ISBN 978-7-02-014523-2,定价42.00元。(98-969)

16888 姆咪家来了个小坏蛋
〔芬兰〕托芙·扬松著,珀尔·奥洛夫·扬松摄影,王梦达译,托芙·扬松姆咪故事原作绘本,2019年8月。精装,16异,ISBN 978-7-02-013431-1,定价49.00元。(98-970)

16889 姆咪、美宝和小美的故事
〔芬兰〕托芙·扬松著,十画译,托芙·扬松姆咪故事原作绘本,2019年8月。精装,16异,ISBN 978-7-02-013436-6,定价58.00元。(98-971)

16890 谁来安慰托夫勒
又一个姆咪谷的故事
〔芬兰〕托芙·扬松著,十画译,托芙·扬松姆咪故事原作绘本,2019年8月。精装,16异,ISBN 978-7-02-013437-3,定价58.00元。(98-972)

16891 危险的旅程 姆咪谷的故事
〔芬兰〕托芙·扬松著,十画译,托芙·扬松姆咪故事原作绘本,2019年8月。精装,16异,ISBN 978-7-02-013429-8,定价49.00元。(98-973)

16892 我不只是小狗
〔德〕尤塔·里希特著,希尔德加德·穆勒绘,刘海宁译,别说你懂我,2020年2月。平装,国流32开,ISBN 978-7-02-014828-8,定价32.00元。(98-974)

16893 我不只是小仓鼠
〔德〕弗里德贝特·斯托内著,希尔德加德·穆勒绘,涂媛媛译,别说你懂我,2020年2月。平装,国流32开,ISBN 978-7-02-014830-1,定价32.00元。(98-975)

16894 我不只是小猫
〔瑞士〕汉娜·约翰森著,〔德〕希尔德加德·穆勒绘,钱玲燕译,别说你懂我,2020年2月。平装,国流32开,ISBN 978-7-02-014831-8,定价32.00元。(98-976)

16895 我不只是小马
〔德〕弗里德贝特·斯托内著,希尔德加德·穆勒绘,朱雁飞译,别说你懂我,2020年2月。平装,国流32开,ISBN 978-7-02-014826-4,定价32.00元。(98-977)

16896 大自然观察笔记
〔法〕玛丽-伊莲·普拉斯著,卡罗琳·封丹-里奇耶绘,苏迪译,蒙台梭利自己做做中学,2020年1月。精装,16异,ISBN 978-7-02-014700-7,定价68.00元。(98-978)

16897 100只兔子闯进了花园
〔法〕玛丽-伊莲·普拉斯著,卡罗琳·封丹-里奇耶绘,苏迪译,蒙台梭利自己做做中学,2020年1月。精装,16异,ISBN 978-7-02-014638-3,定价48.00元。(98-979)

16898 想和我一起过生日吗?
〔法〕玛丽-伊莲·普拉斯、艾玛·凯利著,卡罗琳·封丹-里奇耶绘,苏迪译,蒙台梭利自己做做中学,2020年1月。精装,16异,ISBN 978-7-02-014639-0,定价48.00元。(98-980)

16899 爷爷回来了吗?
〔法〕玛丽-伊莲·普拉斯、费奥朵拉·斯坦乔夫著,卡罗琳·封丹-里奇耶绘,苏迪译,蒙台梭利自己做做中学,2020年1月。精装,16异,ISBN 978-7-02-014701-4,定价79.00元。(98-981)

16900 摸得着的数字
〔法〕玛丽-伊莲·普拉斯著,卡罗琳·封丹-里奇耶绘,苏迪译,蒙台梭利自己做做中学,2020年1月。精装,16异,ISBN 978-7-02-014632-1,定价79.00元。(98-982)

16901 被颜色闯入的梦境
〔法〕玛丽-伊莲·普拉斯著,卡罗琳·封丹-里奇耶绘,苏迪译,蒙台梭利自己做做中学,2020年1月。精装,16异,ISBN 978-7-02-014696-3,定价99.00元。(98-983)

16902 看看世界有多大
〔法〕玛丽-伊莲·普拉斯、费奥朵拉·斯坦乔夫著,卡罗琳·封丹-里奇耶绘,苏迪译,蒙台梭利自己做做中学,2020年1月。精装,16异,ISBN 978-7-02-014693-2,定价79.00元。(98-984)

16903 小宝宝的伟大诞生
〔法〕玛丽-伊莲·普拉斯著,卡罗琳·封丹-里奇耶绘,苏迪译,蒙台梭利自己做做中学,2020年1月。精装,16异,ISBN 978-7-02-014634-5,定价79.00元。(98-985)

16904 小巫女去旅行
〔德〕丽芙·蓓特著,李颖妮译,魔法小巫女,2020年3月。平装覆膜,16异,ISBN 978-7-02-015662-7,定价28.00元。(98-986)

16905 机灵的小巫女
〔德〕丽芙·蓓特著,李颖妮译,魔法小巫女,2020年3月。平装覆膜,16异,ISBN 978-7-02-015683-2,定价28.00元。(98-987)

16906 好奇的小巫女
〔德〕丽芙·蓓特著,李颖妮译,魔法小巫女,2020年3月。平装覆膜,16异,ISBN 978-7-02-015663-4,定价28.00元。(98-988)

16907 小巫女过圣诞
〔德〕丽芙·蓓特著,李颖妮译,魔法小巫女,2020年3月。平装覆膜,16异,ISBN 978-7-02-015685-6,定价28.00元。(98-989)

16908 小巫女过生日

〔德〕丽芙·蓓特著,李颖妮译,魔法小巫女,2020年3月。平装覆膜,16异,ISBN 978-7-02-015684-9,定价28.00元。(98-990)

16909 克雷洛夫寓言

〔俄〕克雷洛夫著,谷羽译,小学语文教材"快乐读书吧"推荐书目,2020年3月。平装覆膜,16异,ISBN 978-7-02-015902-4,定价29.00元。(97-147)

16910 偷玩具的鳄鱼大盗

〔法〕奥德·皮考特著,苏迪译,名家经典绘本,2020年7月。精装,16异,ISBN 978-7-02-014798-4,定价45.00元。(98-991)

16911 如果我的胆子没那么小

〔法〕奥德·皮考特著,苏迪译,名家经典绘本,2020年7月。精装,16异,ISBN 978-7-02-014803-5,定价45.00元。(98-992)

16912 老熊和老鼠

〔法〕奥德·皮考特著,苏迪译,名家经典绘本,2020年7月。精装,16异,ISBN 978-7-02-014906-3,定价45.00元。(98-993)

16913 相识

〔法〕布里吉特·卢西亚尼著,艾娃·塔尔莱绘,苏迪译,狐狸夫人和狗獾先生,2020年7月。精装,16异,ISBN 978-7-02-015736-5,定价55.00元。(98-994)

16914 野猫

〔法〕布里吉特·卢西亚尼著,艾娃·塔尔莱绘,苏迪译,狐狸夫人和狗獾先生,2020年7月。精装,16异,ISBN 978-7-02-015752-5,定价55.00元。(98-995)

16915 踌躇

〔法〕布里吉特·卢西亚尼著,艾娃·塔尔莱绘,苏迪译,狐狸夫人和狗獾先生,2020年7月。精装,16异,ISBN 978-7-02-015735-8,定价55.00元。(98-996)

16916 狂欢

〔法〕布里吉特·卢西亚尼著,艾娃·塔尔莱绘,苏迪译,狐狸夫人和狗獾先生,2020年7月。精装,16异,ISBN 978-7-02-015742-6,定价55.00元。(98-997)

16917 喧嚣

〔法〕布里吉特·卢西亚尼著,艾娃·塔尔莱绘,苏迪译,狐狸夫人和狗獾先生,2020年7月。精装,16异,ISBN 978-7-02-015753-2,定价55.00元。(98-998)

16918 情绪

〔法〕布里吉特·卢西亚尼著,艾娃·塔尔莱绘,苏迪译,狐狸夫人和狗獾先生,2020年7月。精装,16异,ISBN 978-7-02-015741-9,定价55.00元。(98-999)

16919 九月公主与夜莺

〔英〕威廉·萨默塞特·毛姆著,阿星绘,王梅译,大作家小童书,2020年8月。平装,国流32开,ISBN 978-7-02-013422-9,定价29.00元。(98-1044)

16920 团队

〔法〕布里吉特·卢西亚尼著,艾娃·塔尔莱绘,苏迪译,狐狸夫人和狗獾先生,2020年10月。精装,16异,ISBN 978-7-02-015716-7,定价55.00元。(98-1000)

16921 伊卡狛格

〔英〕J. K. 罗琳著,马爱农译,2020年11月。平装,32异,ISBN 978-7-02-016691-6,定价59.00元。(98-1001)

16922 月亮

〔日〕藤田樱著,张泽译,布艺艺术童话,2020年5月。平装,16异,ISBN 978-7-02-015667-1,定价38.00元。(98-1003)

16923 月光下的音乐会

〔日〕藤田樱著,张泽译,布艺艺术童话,2020年5月。平装,16异,ISBN 978-7-02-015657-3,定价38.00元。(98-1004)

16924 匹诺曹

〔意大利〕卡洛·科洛迪著,张泽译,布艺艺术童话,2020年5月。平装,16异,ISBN 978-7-02-015583-5,定价38.00元。(98-1005)

16925 喜欢穿破衣服的公主

〔日〕藤田樱著,张泽译,布艺艺术童话,2020年5月。平装,16异,ISBN 978-7-02-015656-6,定价38.00元。(98-1006)

16926 小鸟的朋友

〔日〕藤田樱著,张泽译,布艺艺术童话,2020年5月。平装,16异,ISBN 978-7-02-015665-8,定价38.00元。(98-1007)

16927　好吃的香肠
〔日〕藤田樱著,张泽译,布艺艺术童话,2020年5月。平装,16异,ISBN 978-7-02-015652-8,定价38.00元。(98-1008)

16928　阿鲁巴农家的怪事
〔日〕藤田樱著,张泽译,布艺艺术童话,2020年5月。平装,16异,ISBN 978-7-02-015675-7,定价38.00元。(98-1009)

16929　爱吃意大利面的新娘
〔日〕藤田樱著,张泽译,布艺艺术童话,2020年5月。平装,16异,ISBN 978-7-02-015655-9,定价38.00元。(98-1010)

16930　金鹅
〔德〕格林兄弟著,〔日〕藤田樱绘,张泽译,布艺艺术童话,2020年5月。平装,16异,ISBN 978-7-02-015658-0,定价38.00元。(98-1011)

16931　鹦鹉复活的故事
〔乌拉圭〕爱德华多·加莱亚诺著,〔西班牙〕安东尼奥·桑托斯绘,范晔译,文学经典启蒙绘本,2020年4月。精装,16异,ISBN 978-7-02-015740-2,定价38.00元。(98-1012)

16932　熊的话
〔阿根廷〕胡里奥·科塔萨尔著,〔西班牙〕埃米利奥·乌韦鲁阿加绘,范晔译,文学经典启蒙绘本,2020年4月。精装,16异,ISBN 978-7-02-015738-9,定价38.00元。(98-1013)

16933　给一颗星的颂歌
〔智利〕巴勃罗·聂鲁达著,〔西班牙〕埃琳娜·奥德里奥索拉绘,范晔译,文学经典启蒙绘本,2020年4月。精装,16异,ISBN 978-7-02-015739-6,定价38.00元。(98-1014)

16934　大摇小晃的地震
〔法〕米夏尔·弗兰科尼著,席琳·马尼利耶绘,苏迪译,万物的秘密·自然,2020年5月。平装覆膜,16异,ISBN 978-7-02-015588-0,定价25.00元。(98-1015)

16935　昨日毛虫今日蝶
〔法〕埃里克·马蒂韦著,埃米莉·梵沃森绘,苏迪译,万物的秘密·生命,2020年5月。平装覆膜,16异,ISBN 978-7-02-015641-2,定价25.00元。(98-1016)

16936　不可思议的鲸豚
〔法〕玛格丽特·蒂贝蒂著,〔荷兰〕卡普辛·马泽尔绘,苏迪译,万物的秘密·生命,2020年5月。平装覆膜,16异,ISBN 978-7-02-015591-0,定价25.00元。(98-1017)

16937　电的环形跑道
〔法〕米夏尔·弗兰科尼著,杰罗姆·佩拉绘,苏迪译,万物的秘密·自然,2020年5月。平装覆膜,16异,ISBN 978-7-02-015589-7,定价25.00元。(98-1018)

16938　马的家族
〔法〕弗朗索瓦丝·洛朗著,〔荷兰〕卡普辛·马泽尔绘,苏迪译,万物的秘密·生命,2020年5月。平装覆膜,16异,ISBN 978-7-02-015640-5,定价25.00元。(98-1019)

16939　安乐的巢穴
〔法〕弗朗索瓦丝·洛朗著,〔荷兰〕卡普辛·马泽尔绘,苏迪译,万物的秘密·生命,2020年5月。平装覆膜,16异,ISBN 978-7-02-015624-5,定价25.00元。(98-1020)

16940　动物的大便
〔法〕伊丽莎白·迪蒙著,埃米莉·梵沃森绘,苏迪译,万物的秘密·生命,2020年5月。平装覆膜,16异,ISBN 978-7-02-015639-9,定价25.00元。(98-1021)

16941　极地的动物
〔法〕玛莉·莱斯克亚尔著,〔荷兰〕卡普辛·马泽尔绘,苏迪译,万物的秘密·生命,2020年5月。平装覆膜,16异,ISBN 978-7-02-011210-4,定价25.00元。(98-1022)

16942　成千上万的新生儿
〔法〕弗朗索瓦丝·洛朗著,〔荷兰〕卡普辛·马泽尔绘,苏迪译,万物的秘密·生命,2020年5月。平装覆膜,16异,ISBN 978-7-02-015590-3,定价25.00元。(98-1023)

16943　独来独往的猫
〔英〕吉卜林著,五月译,猫之物语,2020年5月。精装,32异,ISBN 978-7-02-011866-3,定价35.00元。(98-1024)

16944　擅长装扮的老猫经
〔英〕托马斯·艾略特著,王梅译,猫之物语,2020年5月。精装,32异,ISBN 978-7-02-

011864-9,定价42.00元。(98-1025)

16945 哈利·波特电影角色书
赫敏·格兰杰(英汉对照版)
〔美〕学乐图书公司编写,贾虹源译,2020年8月。精装,16异,ISBN 978-7-02-015155-4,定价48.00元。(98-1026)

16946 哈利·波特电影角色书
罗恩·韦斯莱(英汉对照版)
〔美〕学乐图书公司编写,清念译,2020年8月。精装,16异,ISBN 978-7-02-015156-1,定价48.00元。(98-1027)

16947 哈利·波特电影角色书
哈利·波特(英汉对照版)
〔美〕学乐图书公司编写,李逸林译,2020年8月。精装,16异,ISBN 978-7-02-015152-3,定价48.00元。(98-1028)

16948 哈利·波特电影角色书
阿不思·邓布利多(英汉对照版)
〔美〕学乐图书公司编写,谢冰冰译,2020年8月。精装,16异,ISBN 978-7-02-015154-7,定价48.00元。(98-1029)

16949 奥兹王国的葛琳达
〔美〕弗兰克·鲍姆著,卢军坪译,"绿野仙踪"系列,2020年4月。平装,国流32开,ISBN 978-7-02-014484-6,定价46.00元。(98-1030)

16950 奥兹玛公主
〔美〕弗兰克·鲍姆著,韩笑译,"绿野仙踪"系列,2020年4月。平装,国流32开,ISBN 978-7-02-014359-7,定价46.00元。(98-1031)

16951 奥兹国的碎布姑娘
〔美〕弗兰克·鲍姆著,林文华译,"绿野仙踪"系列,2020年4月。平装,国流32开,ISBN 978-7-02-014373-3,定价55.00元。(98-1032)

16952 奥兹国之失踪的公主
〔美〕弗兰克·鲍姆著,张军译,"绿野仙踪"系列,2020年4月。平装,国流32开,ISBN 978-7-02-014485-3,定价46.00元。(98-1033)

16953 奥兹国的滴答人
〔美〕弗兰克·鲍姆著,林文华译,"绿野仙踪"系列,2020年4月。平装,国流32开,ISBN 978-7-02-014478-5,定价46.00元。(98-1034)

16954 奥兹国之英加王子
〔美〕弗兰克·鲍姆著,张军译,"绿野仙踪"系列,2020年4月。平装,国流32开,ISBN 978-7-02-014478-5,定价46.00元。(98-1035)

16955 奥兹王国的魔力
〔美〕弗兰克·鲍姆著,卢军坪译,"绿野仙踪"系列,2020年4月。平装,国流32开,ISBN 978-7-02-014481-5,定价35.00元。(98-1036)

16956 奥兹国之铁皮人
〔美〕弗兰克·鲍姆著,张军译,"绿野仙踪"系列,2020年4月。平装,国流32开,ISBN 978-7-02-014372-6,定价46.00元。(98-1037)

16957 多萝西与大法师
〔美〕弗兰克·鲍姆著,刘畅译,"绿野仙踪"系列,2020年4月。平装,国流32开,ISBN 978-7-02-014479-2,定价46.00元。(98-1038)

16958 奥兹仙境
〔美〕弗兰克·鲍姆著,韩笑译,"绿野仙踪"系列,2020年4月。平装,国流32开,ISBN 978-7-02-014369-6,定价46.00元。(98-1039)

16959 奥兹国的稻草人
〔美〕弗兰克·鲍姆著,林文华译,"绿野仙踪"系列,2020年4月。平装,国流32开,ISBN 978-7-02-014371-9,定价46.00元。(98-1040)

16960 绿野仙踪
〔美〕弗兰克·鲍姆著,韩笑译,"绿野仙踪"系列,2020年4月。平装,国流32开,ISBN 978-7-02-014483-9,定价46.00元。(98-1041)

16961 奥兹国的翡翠城
〔美〕弗兰克·鲍姆著,刘畅译,"绿野仙踪"系列,2020年4月。平装,国流32开,ISBN 978-7-02-014472-3,定价55.00元。(98-1042)

16962 通往奥兹国的路
〔美〕弗兰克·鲍姆著,刘畅译,"绿野仙踪"系列,2020年4月。平装,国流32开,ISBN 978-7-02-014370-2,定价39.00元。(98-1043)

16963 十万个为什么
〔苏〕米·伊林著,王汶译,小学语文教材"快乐读书吧"推荐书目,2020年9月。平装覆膜,16异,ISBN 978-7-02-016202-4,定价 16.00 元。(97-145)

16964 马克西姆爱上交响乐团
〔冰岛〕哈尔弗里多尔·奥拉夫斯多提尔著,索拉林·马尔·巴尔德森绘,秦展闻译,马克西姆音乐奇遇记,2020年9月。平装覆膜,16异,ISBN 978-7-02-012564-7,定价 38.00 元。(98-1045)

16965 马克西姆拯救芭蕾舞团
〔冰岛〕哈尔弗里多尔·奥拉夫斯多提尔著,索拉林·马尔·巴尔德森绘,谭怡译,马克西姆音乐奇遇记,2020年9月。平装覆膜,16异,ISBN 978-7-02-015459-3,定价 38.00 元。(98-1046)

16966 马克西姆误闯音乐学校
〔冰岛〕哈尔弗里多尔·奥拉夫斯多提尔著,索拉林·马尔·巴尔德森绘,秦展闻译,马克西姆音乐奇遇记,2020年9月。平装覆膜,16异,ISBN 978-7-02-012474-9,定价 38.00 元。(98-1047)

16967 马克西姆欢闹合唱团
〔冰岛〕哈尔弗里多尔·奥拉夫斯多提尔著,索拉林·马尔·巴尔德森绘,谭怡译,马克西姆音乐奇遇记,2020年9月。平装覆膜,16异,ISBN 978-7-02-012565-4,定价 38.00 元。(98-1048)

16968 显生宙·古生代1
〔日〕朝日新闻出版编,张玉、北异、傅梄译,46亿年的奇迹:地球简史,2020年9月。平装覆膜,16异,ISBN 978-7-02-016085-3,定价 98.00 元。(98-1049)

16969 显生宙·古生代2
〔日〕朝日新闻出版编,傅梄、贺璐婷、苏萍、李波译,46亿年的奇迹:地球简史,2020年9月。平装覆膜,16异,ISBN 978-7-02-016086-0,定价 98.00 元。(98-1050)

16970 显生宙·古生代3
〔日〕朝日新闻出版编,丁丁虫、张玉、北异译,46亿年的奇迹:地球简史,2020年9月。平装覆膜,16异,ISBN 978-7-02-016087-7,定价 98.00 元。(98-1051)

16971 元古宙
〔日〕朝日新闻出版编,李波、丁丁虫译,46亿年的奇迹:地球简史,2020年9月。平装覆膜,16异,ISBN 978-7-02-016108-9,定价 88.00 元。(98-1052)

16972 冥古宙·太古宙
〔日〕朝日新闻出版编,曹艺、牛莹莹、苏萍译,46亿年的奇迹:地球简史,2020年9月。平装覆膜,16异,ISBN 978-7-02-016098-3,定价 118.00 元。(98-1053)

人民文学出版社 天天出版社 图书

16973 呼啸山庄
〔英〕艾米莉·勃朗特原著,张玲缩写,天天读经典·名著名译名家导读本,2011年9月。平装覆膜,32开,ISBN 978-7-5016-0426-5,定价 15.00 元。(T31-1)

16974 基度山伯爵
〔法〕大仲马原著,蒋学模缩译,天天读经典·名著名译名家导读本,2011年9月。平装覆膜,32开,ISBN 978-7-5016-0435-7,定价 16.00 元。(T31-2)

16975 大卫·科波菲尔
〔英〕狄更斯原著,张玲缩写,天天读经典·名著名译名家导读本,2011年9月。平装覆膜,32开,ISBN 978-7-5016-0438-8,定价 16.00 元。(T31-3)

16976 飘
〔美〕玛格丽特·米切尔原著,戴侃缩写,天天读经典·名著名译名家导读本,2011年9月。平装覆膜,32开,ISBN 978-7-5016-0437-1,定价 15.00 元。(T31-4)

16977 堂吉诃德
〔西班牙〕塞万提斯原著,徐少军缩写,天天读经典·名著名译名家导读本,2011年9月。平装覆膜,32开,ISBN 978-7-5016-0432-6,定价 16.00 元。(T31-5)

16978 简·爱
〔英〕夏洛蒂·勃朗特原著,季风缩写,天天读经典·名著名译名家导读本,2011年9月。平

装覆膜,32开,ISBN 978-7-5016-0433-3,定价16.00元。(T31-6)

16979 罪与罚
〔俄〕陀思妥耶夫斯基原著,迟方缩写,天天读经典·名著名译名家导读本,2011年9月。平装覆膜,32开,ISBN 978-7-5016-0429-6,定价16.00元。(T31-7)

16980 好兵帅克
〔捷克斯洛伐克〕哈谢克原著,文洁若缩写,天天读经典·名著名译名家导读本,2011年9月。平装覆膜,32开,ISBN 978-7-5016-0440-1,定价15.00元。(T31-8)

16981 安娜·卡列宁娜
〔俄〕列夫·托尔斯泰原著,谢素台缩写,天天读经典·名著名译名家导读本,2011年9月。平装覆膜,32开,ISBN 978-7-5016-0439-5,定价16.00元。(T31-9)

16982 约翰·克里斯朵夫
〔法〕罗曼·罗兰原著,余中先缩写,天天读经典·名著名译名家导读本,2011年9月。平装覆膜,32开,ISBN 978-7-5016-0436-4,定价16.00元。(T31-10)

16983 斯巴达克思
〔意大利〕乔万尼奥里原著,肖天佑缩译,天天读经典·名著名译名家导读本,2011年9月。平装覆膜,32开,ISBN 978-7-5016-0427-2,定价15.00元。(T31-11)

16984 德伯家的苔丝
〔英〕哈代原著,张玲缩写,天天读经典·名著名译名家导读本,2011年9月。平装覆膜,32开,ISBN 978-7-5016-0430-2,定价16.00元。(T12-31)

16985 战争与和平
〔俄〕列夫·托尔斯泰原著,乔振绪缩写,天天读经典·名著名译名家导读本,2011年9月。平装覆膜,32开,ISBN 978-7-5016-0434-0,定价16.00元。(T31-13)

16986 坏男孩彭罗德
〔美〕布思·塔金顿著,马爱新译,天天读经典·世界儿童文学名著精读本,2012年6月。软精,32开,ISBN 978-7-5016-0568-2,定价22.00元。(T31-14)

16987 秘密花园
〔美〕弗朗西丝·伯内特著,许虹、汪莹译,天天读经典·世界儿童文学名著精读本,2012年6月。软精,32开,ISBN 978-7-5016-0574-3,定价22.00元。(T31-15)

16988 奇怪的赖医生
〔美〕休·洛夫汀著,高红梅译,天天读经典·世界儿童文学名著精读本,2012年6月。软精,32开,ISBN 978-7-5016-0559-0,定价18.00元。(T31-16)

16989 绿山墙的安妮
〔加拿大〕露西·蒙哥马利著,马爱农译,天天读经典·世界儿童文学名著精读本,2012年6月。软精,32开,ISBN 978-7-5016-0562-0,定价24.00元。(T31-17)

16990 海底两万里(上)
〔法〕儒勒·凡尔纳著,赵克非译,天天读经典·世界儿童文学名著精读本,2012年6月。软精,32开,ISBN 978-7-5016-0556-9,定价20.00元。(T31-18)

16991 海底两万里(下)
〔法〕儒勒·凡尔纳著,赵克非译,天天读经典·世界儿童文学名著精读本,2012年6月。软精,32开,ISBN 978-7-5016-0553-8,定价22.00元。(T31-19)

16992 小妇人
〔美〕路易莎·奥尔科特著,张红译,天天读经典·世界儿童文学名著精读本,2012年6月。软精,32开,ISBN 978-7-5016-0555-2,定价23.00元。(T31-20)

16993 黑骏马
〔英〕安娜·西韦尔著,蔡文译,天天读经典·世界儿童文学名著精读本,2012年6月。软精,32开,ISBN 978-7-5016-0567-5,定价20.00元。(T31-21)

16994 小公主
〔美〕弗朗西丝·伯内特著,张鹏、蔡文译,天天读经典·世界儿童文学名著精读本,2012年6月。软精,32开,ISBN 978-7-5016-0573-6,定价22.00元。(T31-22)

16995 丛林故事
〔英〕拉迪亚德·吉卜林著,蔡文译,天天读经典·世界儿童文学名著精读本,2012年6月。软精,32开,ISBN 978-7-5016-0572-9,定价22.00元。(T31-23)

16996 爱的教育
〔意大利〕埃·德·阿米琪斯著,王干卿译,天天读经典·世界儿童文学名著精读本,2012年6月。软精,32开,ISBN 978-7-5016-0569-9,定价24.00元。(T31-24)

16997 波莉安娜
〔美〕埃莉诺·霍奇曼·波特著,张树娟译,天天最励志小说馆,2013年11月。平装覆膜,32开,ISBN 978-7-5016-0789-1,定价19.00元。(T31-25)

16998 小绿人罗博
〔英〕琳达·纽伯瑞著,孟科瑜译,国际获奖大作家系列,2015年7月。平装,16异,ISBN 978-7-5016-0973-4,定价20.00元。(T31-26)

16999 神奇的一年
〔美〕凯文·汉克斯著,张树娟译,国际获奖大作家系列,2015年6月。平装,16异,ISBN 978-7-5016-0971-0,定价16.00元。(T31-28)

17000 野猫终结者
〔英〕布赖恩·雅克著,马爱农译,红城王国,2015年9月。平装,16开,ISBN 978-7-5016-0980-2,定价35.00元。(T31-29)

17001 勇士马丁
〔英〕布赖恩·雅克著,周莉译,红城王国,2015年9月。平装,16开,ISBN 978-7-5016-0969-7,定价30.00元。(T31-30)

17002 獾主的城堡
〔英〕布赖恩·雅克著,杨晓霞译,红城王国,2015年9月。平装,16开,ISBN 978-7-5016-0983-3,定价35.00元。(T31-32)

17003 风暴勇士
〔英〕布赖恩·雅克著,周莉译,红城王国,2015年9月。平装,16开,ISBN 978-7-5016-0982-6,定价30.00元。(T31-33)

17004 红城勇士
〔英〕布赖恩·雅克著,周莉译,红城王国,2015年9月。平装,16开,ISBN 978-7-5016-0979-6,定价30.00元。(T31-34)

17005 神象奇缘
〔英〕蕾切尔·坎贝尔-约翰斯顿著,杨晓霞译,国际获奖大作家系列,2015年10月。平装,16异,ISBN 978-7-5016-0970-3,定价25.00元。(T31-35)

17006 寻找小狗贝斯
〔英〕菲莉帕·皮尔斯著,马爱农译,国际获奖大作家系列,2015年8月。平装,16异,ISBN 978-7-5016-0954-3,定价24.00元。(T31-36)

17007 作业大冒险
〔美〕厄苏拉·弗农著,姜霞译,喷火龙丹尼,2016年1月。平装,32开,ISBN 978-7-5016-1038-9,定价20.00元。(T31-37)

17008 勇斗忍者蛙
〔美〕厄苏拉·弗农著,施慧译,喷火龙丹尼,2016年1月。平装,32开,ISBN 978-7-5016-1048-8,定价20.00元。(T31-38)

17009 会咬人的香肠
〔美〕厄苏拉·弗农著,姜霞译,喷火龙丹尼,2016年1月。平装,32开,ISBN 978-7-5016-1049-5,定价20.00元。(T31-39)

17010 大彩图本世界经典童话 蓝宝石卷
〔法〕玛丽·杜瓦尔、阿兰·洛斯编著,李海若、史远译,2011年3月。精装,8开,ISBN 978-7-5016-0240-7,定价42.00元。(T33-1)

17011 大彩图本世界经典童话 红玫瑰卷
〔法〕玛丽·杜瓦尔、阿兰·洛斯编著,李海若、史远译,2011年3月。精装,8开,ISBN 978-7-5016-0247-6,定价42.00元。(T33-2)

17012 爱丽丝漫游奇境 爱丽丝镜中游
〔英〕刘易斯·卡罗尔著,张晓路译,天天读经典·世界儿童文学名著精读本,2012年6月。软精,32开,ISBN 978-7-5016-0570-5,定价22.00元。(T33-3)

17013 彼得·潘
〔英〕詹姆斯·里著,杨玲玲译,天天读经典·世界儿童文学名著精读本,2012年6月。软精,32开,ISBN 978-7-5016-0571-2,定价20.00元。(T33-4)

17014 柳林风声

〔英〕肯尼思·格雷厄姆著,赵武平译,天天读经典·世界儿童文学名著精读本,2012年6月。软精,32开,ISBN 978-7-5016-0563-7,定价22.00元。(T33-5)

17015 木偶奇遇记
〔意大利〕卡洛·科洛迪著,任溶溶译,天天读经典·世界儿童文学名著精读本,2012年6月。软精,32开,ISBN 978-7-5016-0564-4,定价22.00元。(T33-6)

17016 小王子
〔法〕圣埃克苏佩里著,马振骋译,天天读经典·世界儿童文学名著精读本,2012年6月。软精,32开,ISBN 978-7-5016-0565-1,定价17.00元。(T33-7)

17017 绿野仙踪
〔美〕弗兰克·鲍姆著,张晓路译,天天读经典·世界儿童文学名著精读本,2012年6月。软精,32开,ISBN 978-7-5016-0566-8,定价20.00元。(T33-8)

17018 天方夜谭
阿拉伯民间故事,王瑞琴译,天天读经典·世界儿童文学名著精读本,2012年6月。软精,32开,ISBN 978-7-5016-0558-3,定价27.00元。(T33-9)

17019 骑鹅旅行记(上)
〔瑞典〕塞尔玛·拉格洛芙著,高子英、李之义、杨永范译,天天读经典·世界儿童文学名著精读本,2012年6月。软精,32开,ISBN 978-7-5016-0560-6,定价20.00元。(T33-10)

17020 骑鹅旅行记(下)
〔瑞典〕塞尔玛·拉格洛芙著,高子英、李之义、杨永范译,天天读经典·世界儿童文学名著精读本,2012年6月。软精,32开,ISBN 978-7-5016-0554-5,定价27.00元。(T33-11)

17021 小人国和大人国
〔英〕江奈生·斯威夫特著,张健译,天天读经典·世界儿童文学名著精读本,2012年6月。软精,32开,ISBN 978-7-5016-0561-3,定价22.00元。(T33-12)

17022 希腊神话
〔德〕古斯塔夫·施瓦布著,司马仝译,天天读经典·世界儿童文学名著精读本,2012年6月。软精,32开,ISBN 978-7-5016-0557-6,定价24.00元。(T33-13)

17023 彼得兔奇遇记
〔美〕T.伯吉斯著,张树娟译,影响名人一生的成长故事 伯吉斯动物童话,2013年7月。平装覆膜,32开,ISBN 978-7-5016-0747-1,定价16.00元。(T33-14)

17024 狐狸雷迪奇遇记
〔美〕T.伯吉斯著,钱晓红译,影响名人一生的成长故事 伯吉斯动物童话,2013年7月。平装覆膜,32开,ISBN 978-7-5016-0745-7,定价16.00元。(T33-15)

17025 麝鼠杰里奇遇记
〔美〕T.伯吉斯著,张树娟译,影响名人一生的成长故事 伯吉斯动物童话,2013年7月。平装覆膜,32开,ISBN 978-7-5016-0750-1,定价16.00元。(T33-16)

17026 土拨鼠约翰尼奇遇记
〔美〕T.伯吉斯著,史倩倩译,影响名人一生的成长故事 伯吉斯动物童话,2013年7月。平装覆膜,32开,ISBN 978-7-5016-0746-4,定价16.00元。(T33-17)

17027 小嘲鸫莫克尔奇遇记
〔美〕T.伯吉斯著,张树娟译,影响名人一生的成长故事 伯吉斯动物童话,2013年7月。平装覆膜,32开,ISBN 978-7-5016-0749-4,定价16.00元。(T33-18)

17028 青蛙爷爷弗洛格奇遇记
〔美〕T.伯吉斯著,张树娟译,影响名人一生的成长故事 伯吉斯动物童话,2013年7月。平装覆膜,32开,ISBN 978-7-5016-0752-5,定价16.00元。(T33-19)

17029 田鼠丹尼奇遇记
〔美〕T.伯吉斯著,杨晓霞译,影响名人一生的成长故事 伯吉斯动物童话,2013年7月。平装覆膜,32开,ISBN 978-7-5016-0751-8,定价16.00元。(T33-20)

17030 负鼠比利大叔奇遇记
〔美〕T.伯吉斯著,张树娟译,影响名人一生的成长故事 伯吉斯动物童话,2013年7月。平装覆膜,32开,ISBN 978-7-5016-0748-8,定价16.00元。(T33-21)

17031　安徒生童话
〔丹麦〕安徒生著,〔法〕福雷斯蒂尔、〔德〕斯基伯、〔意大利〕巴塔利亚绘,王苗改编,国际获奖插画家经典绘本馆,2014年1月。精装,16异,ISBN 978-7-5016-0588-0,定价98.00元。(T33-22)

17032　格林童话
〔德〕格林兄弟著,〔意大利〕坎托内、曼纳、瓦伦蒂尼斯等绘,王苗改编,国际获奖插画家经典绘本馆,2014年1月。精装,16异,ISBN 978-7-5016-0585-9,定价98.00元。(T33-23)

17033　伊索寓言
〔古希腊〕伊索著,〔意大利〕塔尔塔罗蒂、瓦伦蒂尼斯、〔法〕拉弗斯坦绘,林海音改编,国际获奖插画家经典绘本馆,2014年1月。精装,16异,ISBN 978-7-5016-0582-8,定价98.00元。(T33-24)

17034　国际获奖画家插画本
〔丹麦〕安徒生、〔德〕格林兄弟、〔古希腊〕伊索著,2014年5月。平装,32异,ISBN 978-7-5016-0587-3,定价122.00元。(T33-25)

17035　天天读经典·世界儿童文学名著精读本(当当版)
〔意大利〕阿米琪斯、〔法〕圣埃克苏佩里、〔加拿大〕蒙哥马利等著,王干卿、马振骋、马爱农、李之义、赵武平译,2014年8月。平装,32开,ISBN 978-7-5016-0891-1,定价482.00元。(T33-26)

17036　迪克西智擒珠宝大盗
〔英〕雪莉·休斯著,克拉拉·武利亚米绘,国际获奖大作家系列,张树娟译,2015年6月。平装,16开,ISBN 978-7-5016-0975-8,定价21.00元。(T33-27)

17037　彼得兔奇遇记
〔美〕桑顿·W.伯吉斯著,国际获奖大作家系列,张树娟译,2019年6月。平装,32开,ISBN 978-7-5016-1517-9,定价21.00元。(T33-28)

17038　小兔彼得
〔英〕比阿特丽克斯·波特著,彼得兔经典故事集,吴青、陈恕译,2011年5月。平装覆膜,24开,ISBN 978-7-5016-0380-0,定价20.00元。(T34-1)

17039　小猫汤姆
〔英〕比阿特丽克斯·波特著,彼得兔经典故事集,吴青、陈恕译,2011年5月。平装覆膜,24开,ISBN 978-7-5016-0379-4,定价20.00元。(T34-2)

17040　小猪鲁滨孙
〔英〕比阿特丽克斯·波特著,彼得兔经典故事集,吴青、陈恕译,2011年5月。平装覆膜,24开,ISBN 978-7-5016-0377-0,定价20.00元。(T34-3)

17041　田园鼠蒂米
〔英〕比阿特丽克斯·波特著,彼得兔经典故事集,吴青、陈恕译,2011年5月。平装覆膜,24开,ISBN 978-7-5016-0378-7,定价20.00元。(T34-4)

17042　浮士德
〔德〕歌德原著,高中甫缩译,天天读经典·名著名译名家导读本,2011年9月。平装覆膜,32开,ISBN 978-7-5016-0428-9,定价15.00元。(T35-1)

17043　哈姆莱特
〔英〕莎士比亚原著,胤佳改写,天天读经典·名著名译名家导读本,2011年9月。平装覆膜,32开,ISBN 978-7-5016-0431-9,定价15.00元。(T35-2)

17044　致命诱惑
〔英〕达朗·肖恩著,马爱农译,暗夜之光,2011年7月。平装覆膜,32开,ISBN 978-7-5016-0481-4,定价15.00元。(T41-1)

17045　不归之旅
〔英〕达朗·肖恩著,马爱新译,暗夜之光,2011年7月。平装覆膜,32开,ISBN 978-7-5016-0480-7,定价15.00元。(T41-2)

17046　神秘追踪
〔英〕达朗·肖恩著,周莉译,暗夜之光,2011年7月。平装覆膜,32开,ISBN 978-7-5016-0479-1,定价15.00元。(T41-3)

17047　朝圣之路
〔英〕达朗·肖恩著,周莉译,暗夜之光,2011年7月。平装覆膜,32开,ISBN 978-7-5016-0478-4,定价15.00元。(T41-4)

17048 死亡测试
〔英〕达朗·肖恩著,马爱农译,暗夜之光,2011年7月。平装覆膜,32开,ISBN 978-7-5016-0477-7,定价15.00元。(T41-5)

17049 喋血之战
〔英〕达朗·肖恩著,马爱新译,暗夜之光,2011年7月。平装覆膜,32开,ISBN 978-7-5016-0476-0,定价15.00元。(T41-6)

17050 薄暮猎人
〔英〕达朗·肖恩著,周莉译,暗夜之光,2012年1月。平装覆膜,32开,ISBN 978-7-5016-0475-3,定价15.00元。(T41-7)

17051 黑色陷阱
〔英〕达朗·肖恩著,马凉译,暗夜之光,2012年1月。平装覆膜,32开,ISBN 978-7-5016-0474-6,定价15.00元。(T41-8)

17052 黎明杀手
〔英〕达朗·肖恩著,刘乔译,暗夜之光,2012年1月。平装覆膜,32开,ISBN 978-7-5016-0473-9,定价15.00元。(T41-9)

17053 灵魂之湖
〔英〕达朗·肖恩著,百合译,暗夜之光,2012年1月。平装覆膜,32开,ISBN 978-7-5016-0472-2,定价15.00元。(T41-10)

17054 幽灵之王
〔英〕达朗·肖恩著,百合译,暗夜之光,2012年1月。平装覆膜,32开,ISBN 978-7-5016-0471-5,定价15.00元。(T41-11)

17055 命运之子
〔英〕达朗·肖恩著,百合译,暗夜之光,2012年1月。平装覆膜,32开,ISBN 978-7-5016-0470-8,定价15.00元。(T41-12)

17056 野猫终结者1 野猫女王
〔英〕布赖恩·雅克著,马爱农译,红城王国,2012年4月。平装覆膜,32开,ISBN 978-7-5016-0591-0,定价16.00元。(T41-13)

17057 野猫终结者2 火蜥蜴高岭
〔英〕布赖恩·雅克著,马爱农译,红城王国,2012年4月。平装覆膜,32开,ISBN 978-7-5016-0590-3,定价18.00元。(T41-14)

17058 野猫终结者3 洪水与勇士
〔英〕布赖恩·雅克著,马爱农译,红城王国,2012年4月。平装覆膜,32开,ISBN 978-7-5016-0589-7,定价14.00元。(T41-15)

17059 红城勇士1 恶魔来袭
〔英〕布赖恩·雅克著,周莉译,红城王国,2012年4月。平装覆膜,32开,ISBN 978-7-5016-0592-7,定价15.00元。(T41-16)

17060 红城勇士2 夺剑之路
〔英〕布赖恩·雅克著,周莉译,红城王国,2012年4月。平装覆膜,32开,ISBN 978-7-5016-0593-7,定价16.00元。(T41-17)

17061 红城勇士3 勇士归来
〔英〕布赖恩·雅克著,周莉译,红城王国,2012年4月。平装覆膜,32开,ISBN 978-7-5016-0596-5,定价14.00元。(T41-18)

17062 大战蒙面狐1 凶神蒙面狐
〔英〕布赖恩·雅克著,孙宝成译,红城王国,2012年6月。平装覆膜,32开,ISBN 978-7-5016-0600-9,定价16.50元。(T41-19)

17063 大战蒙面狐2 铁喙将军
〔英〕布赖恩·雅克著,孙宝成译,红城王国,2012年6月。平装覆膜,32开,ISBN 978-7-5016-0599-6,定价15.00元。(T41-20)

17064 大战蒙面狐3 毁灭地下王国
〔英〕布赖恩·雅克著,孙宝成译,红城王国,2012年6月。平装覆膜,32开,ISBN 978-7-5016-0598-9,定价16.50元。(T41-21)

17065 记忆银行
〔美〕卡罗琳·科曼著,罗布·谢泼森绘,张树娟译,国际获奖大作家系列,2013年1月。平装覆膜,16开,ISBN 978-7-5016-0597-2,定价25.00元。(T41-22)

17066 等待魔法
〔美〕帕特里夏·麦克拉克伦著,艾米·琼·贝特绘,张树娟译,国际获奖大作家系列,2013年1月。平装覆膜,16开,ISBN 978-7-5016-0699-3,定价15.00元。(T41-23)

17067 风暴勇士1 海上来的姑娘
〔英〕布赖恩·雅克著,周莉译,红城王国,2013年3月。平装,32开,ISBN 978-7-5016-0696-2,定价16.50元。(T41-24)

17068 风暴勇士2 冒险小分队
〔英〕布赖恩·雅克著,周莉译,红城王国,2013

年 3 月。平装,32 开,ISBN 978-7-5016-0697-9,定价 15.00 元。(T41-25)

17069　风暴勇士 3 决战伽波尔
〔英〕布赖恩·雅克著,周莉译,红城王国,2013 年 3 月。平装,32 开,ISBN 978-7-5016-0698-6,定价 16.50 元。(T41-26)

17070　獾主的城堡 1 獾城的玛拉
〔英〕布赖恩·雅克著,杨晓霞译,红城王国,2012 年 12 月。平装,32 开,ISBN 978-7-5016-0720-4,定价 16.00 元。(T41-27)

17071　獾主的城堡 2 红城的小勇士
〔英〕布赖恩·雅克著,杨晓霞译,红城王国,2012 年 12 月。平装,32 开,ISBN 978-7-5016-0721-1,定价 16.00 元。(T41-28)

17072　獾主的城堡 3 归家者之秋
〔英〕布赖恩·雅克著,杨晓霞译,红城王国,2012 年 12 月。平装,32 开,ISBN 978-7-5016-0722-8,定价 16.00 元。(T41-29)

17073　缤纷羽毛
〔新西兰〕乔伊·考利著,大卫·埃利奥特绘,杨晓霞译,国际获奖大作家系列,2013 年 5 月。平装覆膜,16 开,ISBN 978-7-5016-0723-5,定价 18.00 元。(T41-30)

17074　赶象人
〔英〕吉莲·克罗斯著,杨晓霞译,国际获奖大作家系列,2013 年 5 月。平装覆膜,16 开,ISBN 978-7-5016-0727-3,定价 26.00 元。(T41-31)

17075　银色的小驴
〔澳大利亚〕桑娅·哈特尼特著,安妮·斯普迪拉斯绘,周莉译,国际获奖大作家系列,2013 年 5 月。平装覆膜,16 开,ISBN 978-7-5016-0726-6,定价 18.00 元。(T41-32)

17076　火箭小子
〔美〕小霍默·希卡姆著,张树娟译,2013 年 6 月。平装覆膜,32 开,ISBN 978-7-5016-0724-2,定价 25.00 元。(T41-33)

17077　草原上的小木屋
〔美〕劳拉·英格尔斯·怀尔德著,张树娟译,天天最励志小说馆,2013 年 11 月。平装覆膜,32 开,ISBN 978-7-5016-0788-4,定价 18.00 元。(T41-34)

17078　太阳溪农场的丽贝卡
〔美〕凯特·道格拉斯·威金著,陈洪霞译,天天最励志小说馆,2013 年 11 月。平装覆膜,32 开,ISBN 978-7-5016-0790-7,定价 19.00 元。(T41-35)

17079　贝茜成长的奥秘
〔美〕多萝茜·坎菲尔德·费希尔著,张树娟译,天天最励志小说馆,2013 年 11 月。平装覆膜,32 开,ISBN 978-7-5016-0787-7,定价 17.00 元。(T41-36)

17080　天天最励志小说馆
〔美〕劳拉·英格尔斯·怀尔德、多萝茜·坎菲尔德·费希尔、埃莉诺·霍奇曼·波特、凯特·道格拉斯·威金著,张树娟、陈洪霞译,2015 年 5 月。平装,32 开,ISBN 978-7-5016-0963-5,定价 88.00 元。(T41-37)

17081　魔鬼的算术
〔美〕简·约伦著,周莉译,国际获奖大作家系列,2016 年 6 月。平装,16 开,ISBN 978-7-5016-1112-6,定价 20.00 元。(T41-38)

17082　再见,不勇敢的我
〔美〕简·约伦著,孟科瑜译,国际获奖大作家系列,2017 年 1 月。平装,16 开,ISBN 978-7-5016-1174-4,定价 18.00 元。(T41-39)

17083　远程巡逻队
〔英〕布赖恩·雅克著,孙志农译,红城王国,2016 年 1 月。平装,16 开,ISBN 978-7-5016-1027-3,定价 40.00 元。(T41-40)

17084　钟匠约瑟
〔英〕布赖恩·雅克著,朱晔、姜睿译,红城王国,2018 年 3 月。平装,16 开,ISBN 978-7-5016-1346-5,定价 58.00 元。(T41-41)

17085　草原上的小木屋(新版)
〔美〕劳拉·英格尔斯·怀尔德著,朱晔、姜睿译,天天最励志小说馆,2018 年 9 月。平装,32 开,ISBN 978-7-5016-1421-9,定价 22.00 元。(T41-42)

17086　小手指奇境历险记
〔俄罗斯〕阿尔伯特·伊万诺夫著,郭栋译,国际获奖大作家系列,2018 年 10 月。平装,32 开,ISBN 978-7-5016-1358-8,定价 25.00 元。(T41-43)

17087 稀奇古怪虫家族
〔意大利〕奎多·斯卡多利著,章尹代子译,国际获奖大作家系列,2018 年 11 月。平装,32 开,ISBN 978-7-5016-1435-6,定价 22.00 元。(T41-44)

17088 草原上的小木屋(云南新华版)
〔美〕劳拉·英格尔斯·怀尔德著,朱晔、姜睿译,名家童话天天读,2019 年 7 月。平装,32 开,ISBN 978-7-5016-1521-6,定价 28.00 元。(T41-45)

17089 疯狂爱书人
〔墨西哥〕胡安·维拉罗著,肖涵予译,国际获奖大作家系列,2019 年 10 月。平装,32 开,ISBN 978-7-5016-1556-8,定价 29.80 元。(T41-46)

17090 卢獭拉的珍珠
〔英〕布赖恩·雅克著,徐少芳、仇晓译,红城王国,2015 年 12 月。平装,16 开,ISBN 978-7-5016-1028-0,定价 35.00 元。(T41-47)

17091 大战蒙面狐
〔英〕布赖恩·雅克著,红城王国,孙宝成译,2015 年 9 月。平装,16 开,ISBN 978-7-5016-0981-9,定价 35.00 元。(T41-48)

17092 我亲爱的甜橙树
〔巴西〕若泽·毛罗·德瓦斯康塞洛斯著,蔚玲译,2010 年 6 月。平装覆膜,32 异,ISBN 978-7-5016-0293-3,定价 19.90 元。(T42-1)

17093 小尼古拉的圣诞节
〔法〕让-雅克·桑贝图,勒内·戈西尼文,戴捷译,小淘气尼古拉最新版,2011 年 5 月。软精,32 开,ISBN 978-7-5016-0246-9,定价 14.00 元。(T42-2)

17094 淘气鬼小尼古拉
〔法〕让-雅克·桑贝图,勒内·戈西尼文,戴捷译,小淘气尼古拉最新版,2011 年 5 月。软精,32 开,ISBN 978-7-5016-0370-1,定价 14.00 元。(T42-3)

17095 小尼古拉和红胡子
〔法〕让-雅克·桑贝图,勒内·戈西尼文,戴捷译,小淘气尼古拉最新版,2011 年 5 月。软精,32 开,ISBN 978-7-5016-0371-8,定价 14.00 元。(T42-4)

17096 曾祖母的来信
〔澳大利亚〕莫代斯蒂·T.斯特里特利特尔著,〔法〕丹尼尔·约里斯改写,〔澳大利亚〕莎拉·凯绘,戴捷译,莎拉公主·小说系列,2011 年 6 月。软精,32 开,ISBN 978-7-5016-0387-9,定价 15.00 元。(T42-5)

17097 温暖的龙卷风
〔澳大利亚〕莫代斯蒂·T.斯特里特利特尔著,〔法〕丹尼尔·约里斯改写,〔澳大利亚〕莎拉·凯绘,戴捷译,莎拉公主·小说系列,2011 年 6 月。软精,32 开,ISBN 978-7-5016-0386-2,定价 15.00 元。(T42-6)

17098 谁是小偷
〔澳大利亚〕莫代斯蒂·T.斯特里特利特尔著,〔法〕丹尼尔·约里斯改写,〔澳大利亚〕莎拉·凯绘,戴捷译,莎拉公主·小说系列,2011 年 6 月。软精,32 开,ISBN 978-7-5016-0385-5,定价 15.00 元。(T42-7)

17099 老师的秘密
〔澳大利亚〕莫代斯蒂·T.斯特里特利特尔著,〔法〕丹尼尔·约里斯改写,〔澳大利亚〕莎拉·凯绘,戴捷译,莎拉公主·小说系列,2011 年 6 月。软精,32 开,ISBN 978-7-5016-0384-8,定价 15.00 元。(T42-8)

17100 爸爸失踪了
〔澳大利亚〕莫代斯蒂·T.斯特里特利特尔著,〔法〕丹尼尔·约里斯改写,〔澳大利亚〕莎拉·凯绘,戴捷译,莎拉公主·小说系列,2011 年 6 月。软精,32 开,ISBN 978-7-5016-0425-8,定价 15.00 元。(T42-9)

17101 意外的奖章
〔澳大利亚〕莫代斯蒂·T.斯特里特利特尔著,〔法〕丹尼尔·约里斯改写,〔澳大利亚〕莎拉·凯绘,戴捷译,莎拉公主·小说系列,2011 年 6 月。软精,32 开,ISBN 978-7-5016-0424-1,定价 15.00 元。(T42-10)

17102 我要做小伴娘
〔澳大利亚〕莫代斯蒂·T.斯特里特利特尔著,〔法〕丹尼尔·约里斯改写,〔澳大利亚〕莎拉·凯绘,戴捷译,莎拉公主·小说系列,2012 年 4 月。软精,32 开,ISBN 978-7-5016-0424-1,定价 15.00 元。(T42-11)

17103 妈妈肚子里的宝

〔澳大利亚〕莫代斯蒂·T.斯特里特利特尔著，〔法〕丹尼尔·约里斯改写，〔澳大利亚〕莎拉·凯绘，戴捷译，莎拉公主·小说系列，2012年4月。软精，32开，ISBN 978-7-5016-0594-1，定价15.00元。（T42-12）

17104 夜仙子

〔美〕劳拉·埃米·施利茨著，〔英〕安吉拉·巴雷特绘，杨晓霞译，国际获奖大作家系列，2013年9月。平装，16开，ISBN 978-7-5016-0762-4，定价18.00元。（T42-13）

17105 奥德智斗霜巨人

〔英〕尼尔·盖曼著，〔美〕布雷特·赫尔奎斯特绘，张树娟译，国际获奖大作家系列，2014年7月。平装，16开，ISBN 978-7-5016-0361-9，定价18.00元。（T42-14）

17106 爸爸去哪儿了？

〔英〕尼尔·盖曼著，〔美〕斯考奇·杨绘，张树娟译，国际获奖大作家系列，2014年7月。平装，16开，ISBN 978-7-5016-0362-6，定价18.00元。（T42-15）

17107 蒂拉的天空

〔挪威〕黑格·托尔文著，李菁菁译，国际获奖大作家系列，2015年2月。平装，16开，ISBN 978-7-5016-0912-3，定价18.00元。（T42-16）

17108 唐的赎金

〔英〕西沃恩·多德著，帕姆·斯米绘，马玉梅译，国际获奖大作家系列，2015年2月。平装，16开，ISBN 978-7-5016-0924-6，定价18.00元。（T42-17）

17109 外公突然变成猫

〔挪威〕黑格·托尔文著，李菁菁译，国际获奖大作家系列，2015年3月。平装，16开，ISBN 978-7-5016-0925-3，定价15.00元。（T42-18）

17110 蝙蝠怪"妈妈"

〔美〕厄苏拉·弗农著绘，姜霞译，喷火龙丹尼，2016年4月。平装，32开，ISBN 978-7-5016-1075-4，定价20.00元。（T42-27）

17111 让我陪在你身边

〔美〕帕特丽夏·麦克拉克伦著，肖古夜译，国际获奖大作家系列，2016年3月。平装，32开，ISBN 978-7-5016-1046-4，定价13.00元。（T42-28）

17112 我家来了个怪外婆

〔美〕吉吉·亚马特著，田野译，国际获奖大作家系列，2016年3月。平装，32开，ISBN 978-7-5016-1047-1，定价11.00元。（T42-29）

17113 万圣节奇遇

〔美〕厄苏拉·弗农著绘，姜霞译，喷火龙丹尼，2016年4月。平装，32开，ISBN 978-7-5016-1070-9，定价20.00元。（T42-30）

17114 随海鸟远航

〔美〕霍林·克兰西·霍林著，周莉译，大自然旅行家，2016年6月。平装，16开，ISBN 978-7-5016-1099-0，定价25.00元。（T42-31）

17115 冰鲸

〔美〕珍·克雷赫德·乔治著，关晴译，国际获奖大作家系列，2016年6月。平装，16开，ISBN 978-7-5016-1133-1，定价18.00元。（T42-32）

17116 变色猫与月亮冰激凌

〔澳大利亚〕吉莉安·米尔斯著，高尔雅译，国际获奖大作家低年级版，2016年6月。平装，32开，ISBN 978-7-5016-1103-4，定价16.00元。（T42-33）

17117 有20头大象的餐厅

〔美〕拉塞尔·霍本著，妞妞妈译，国际获奖大作家低年级版，2016年9月。平装，16开，ISBN 978-7-5016-1155-3，定价15.00元。（T42-34）

17118 勇闯精灵国

〔美〕厄苏拉·弗农著绘，姜霞译，喷火龙丹尼，2016年9月。平装，32开，ISBN 978-7-5016-1142-3，定价20.00元。（T42-35）

17119 营救鹿角兔

〔美〕厄苏拉·弗农著绘，施慧译，喷火龙丹尼，2016年7月。平装，32开，ISBN 978-7-5016-1146-1，定价20.00元。（T42-36）

17120 怪梦探秘

〔美〕厄苏拉·弗农著绘，姜霞译，喷火龙丹尼，2016年7月。平装，32开，ISBN 978-7-5016-1071-6，定价20.00元。（T42-37）

17121 划桨入海
〔美〕霍林·克兰西·霍林著,周莉译,大自然旅行家,2016年10月。平装,16开,ISBN 978-7-5016-1164-5,定价25.00元。(T42-38)

17122 百分之百独立完成
〔美〕米可·奥斯托著,高尔雅译,露易丝想长大,2016年10月。平装,32开,ISBN 978-7-5016-1149-2,定价20.00元。(T42-39)

17123 百分之百无所畏惧
〔美〕米可·奥斯托著,高尔雅译,露易丝想长大,2016年10月。平装,32开,ISBN 978-7-5016-1148-5,定价20.00元。(T42-40)

17124 谁偷了假牙?
〔美〕厄苏拉·弗农著绘,施慧译,喷火龙丹尼,2017年1月。平装,32开,ISBN 978-7-5016-1120-1,定价20.00元。(T42-41)

17125 城堡里的骑士
〔美〕厄苏拉·弗农著绘,姜霞译,喷火龙丹尼,2017年1月。平装,32开,ISBN 978-7-5016-1147-8,定价20.00元。(T42-42)

17126 寄居蟹成长的奥秘
〔美〕霍林·克兰西·霍林著,周莉译,大自然旅行家,2018年1月。平装,16开,ISBN 978-7-5016-1338-0,定价35.00元。(T42-43)

17127 不寻常的河流旅行家
〔美〕霍林·克兰西·霍林著,周莉译,大自然旅行家,2018年1月。平装,16开,ISBN 978-7-5016-1339-7,定价35.00元。(T42-44)

17128 极地探险
〔比利时〕蕾娜·欧利维亚等著,郭典典译,2018年7月。平装,32开,ISBN 978-7-5016-1373-7,定价68.00元。(T42-45)

17129 哞哞
〔美〕莎朗·克里奇著,关晴译,国际获奖大作家系列,2019年4月。平装,16开,ISBN 978-7-5016-1235-2,定价28.00元。(T42-46)

17130 幸运的露西
〔英〕琳达·纽伯瑞著,孟科瑜译,国际获奖大作家系列,2019年6月。平装,32开,ISBN 978-7-5016-1507-0,定价28.00元。(T42-47)

17131 会说话的自行车
〔俄罗斯〕尼娜·达舍夫斯卡娅著,杨正译,国际获奖大作家系列,2020年6月。平装,32开,ISBN 978-7-5016-1296-3,定价28.00元。(T42-49)

17132 吉姆的狮子
〔美〕拉塞尔·霍本著,章鱼译,国际获奖大作家系列,2015年4月。平装,16开,ISBN 978-7-5016-0953-6,定价16.00元。(T21-83)

17133 六指雪貂
〔英〕布赖恩·雅克著,周莉译,红城王国,2016年1月。平装,16开,ISBN 978-7-5016-1093-8,定价35.00元。(T21-100)

17134 贝茜成长的奥秘(新版)
〔美〕多萝茜·坎菲尔德·费希尔著,马爱农译,天天最励志小说馆,2019年1月。平装,32开,ISBN 978-7-5016-1447-9,定价22.00元。(T21-101)

17135 波莉安娜(新版)
〔美〕埃莉诺·霍奇曼·波特著,周莉译,天天最励志小说馆,2019年4月。平装,32开,ISBN 978-7-5016-1495-0,定价25.00元。(T21-159)

17136 玩具国奇妙夜
〔美〕威廉·乔伊斯著,马爱农译,2017年10月。平装,32开,ISBN 978-7-5016-1233-8,定价35.00元。(T22-158)

17137 今天我想慢吞吞
〔澳大利亚〕汉斯·雅尼什著,姚月译,2017年1月。精装,32开,ISBN 978-7-5016-1296-3,定价28.00元。(T43-2)

17138 给孩子们的诗园·外国童诗卷
屠岸主编,2017年11月。精装,32开,ISBN 978-7-5016-1337-3,定价42.00元。(T43-3)

17139 飞越风暴
〔意大利〕圭多·巴达萨利著,乔侨译,2017年11月。精装,24开,ISBN 978-7-5016-1555-1,定价28.00元。(T43-4)

17140 魔枕(市场版)
〔希腊〕尤金·崔维查著,万杰里斯·帕夫利迪斯绘,刘瑞洪译,2013年1月。平装覆膜,32开,ISBN 978-7-5016-0523-1,定价10.00元。

(T44-1)

17141 最后一只黑猫(市场版)
〔希腊〕尤金·崔维查著,斯蒂芬·韦斯特绘,胡晶晶译,2013年1月。平装覆膜,32开,ISBN 978-7-5016-0522-4,定价15.00元。(T44-2)

17142 魔石心
〔美〕凯瑟琳·帕特森、约翰·帕特森著,约翰·罗利绘,马爱农译,2013年9月。平装覆膜,16异,ISBN 978-7-5016-0761-7,定价28.00元。(T44-3)

17143 与沙漠巨猫相遇
〔瑞典〕伊爱娃著,熊亮绘,王梦达译,2014年9月。平装,18开,ISBN 978-7-5016-0893-5,定价30.00元。(T44-4)

17144 迪克西的爱心赛车
〔英〕雪莉·休斯著,张树娟译,国际获奖大作家系列,2015年1月。平装,16开,ISBN 978-7-5016-0903-1,定价20.00元。(T44-5)

17145 成为小镇神探
〔英〕亚历克斯·麦乐威著,田野译,小猪呼噜噜的冒险,2016年10月。平装,16开,ISBN 978-7-5016-1172-0,定价19.00元。(T44-6)

17146 走到世界尽头
〔英〕亚历克斯·麦乐威著,田野译,小猪呼噜噜的冒险,2016年10月。平装,16开,ISBN 978-7-5016-1173-0,定价20.00元。(T44-7)

17147 寻找海盗宝藏
〔英〕亚历克斯·麦乐威著,萱紫译,小猪呼噜噜的冒险,2016年10月。平装,16开,ISBN 978-7-5016-1171-3,定价18.00元。(T44-8)

17148 迪克西的热气球之旅
〔英〕雪莉·休斯著,周莉译,国际获奖大作家低年级版,2017年7月。平装,16开,ISBN 978-7-5016-1308-3,定价23.00元。(T44-9)

17149 小狐狸买手套——日本经典童话集
〔日〕新美南吉等著,周龙梅、彭懿译,2018年9月。平装,32开,ISBN 978-7-5016-1418-9,定价18.00元。(T44-10)

17150 遇见汤姆猫
〔澳大利亚〕利·霍布斯著,章鱼译,滑稽猫汤姆系列,2011年6月。平装覆膜,32开,ISBN 978-7-5016-0445-6,定价8.00元。(T45-1)

17151 汤姆猫
〔澳大利亚〕利·霍布斯著,百合译,滑稽猫汤姆系列,2011年6月。平装覆膜,32开,ISBN 978-7-5016-0444-9,定价8.00元。(T45-2)

17152 汤姆猫在海边
〔澳大利亚〕利·霍布斯著,百合译,滑稽猫汤姆系列,2011年6月。平装覆膜,32开,ISBN 978-7-5016-0443-2,定价8.00元。(T45-3)

17153 汤姆猫游火星
〔澳大利亚〕利·霍布斯著,章鱼译,滑稽猫汤姆系列,2011年6月。平装覆膜,32开,ISBN 978-7-5016-0442-5,定价8.00元。(T45-4)

17154 汤姆猫的派对
〔澳大利亚〕利·霍布斯著,一目译,滑稽猫汤姆系列,2011年6月。平装覆膜,32开,ISBN 978-7-5016-0441-8,定价8.00元。(T45-5)

17155 当安娜准备去睡觉
〔奥地利〕海因茨·雅尼什著,芭芭拉·荣格绘,王泰智、沈惠珠译,幸福种子情商培育图画书系列,2011年6月。平装覆膜,16开,ISBN 978-7-5016-0416-6,定价12.80元。(T45-6)

17156 奶奶现在不一样了
〔德〕茜碧勒·里克霍夫著,尤尔根·里克霍夫绘,王泰智、沈惠珠译,幸福种子情商培育图画书系列,2011年6月。平装覆膜,16开,ISBN 978-7-5016-0417-8,定价12.80元。(T45-7)

17157 妖怪们的比赛
〔德〕埃迪特·施赖伯-威克著,卡萝拉·霍兰德绘,王泰智、沈惠珠译,幸福种子情商培育图画书系列,2011年6月。平装覆膜,16开,ISBN 978-7-5016-0418-0,定价12.80元。(T45-8)

17158 亲亲我的小花
〔澳大利亚〕莎拉·凯绘,忆蔷文,金波审读,莎拉公主·感恩绘本系列,2012年6月。精装,

24开,ISBN 978-7-5016-0543-9,定价15.00元。(T45-10)

17159　收获的季节
〔澳大利亚〕莎拉·凯绘,忆蔷文,金波审读,莎拉公主·感恩绘本系列,2012年6月。精装,24开,ISBN 978-7-5016-0546-0,定价15.00元。(T45-11)

17160　陪伴
〔澳大利亚〕莎拉·凯绘,忆蔷文,金波审读,莎拉公主·感恩绘本系列,2012年6月。精装,24开,ISBN 978-7-5016-0545-3,定价15.00元。(T45-12)

17161　愿望
〔澳大利亚〕莎拉·凯绘,忆蔷文,金波审读,莎拉公主·感恩绘本系列,2012年6月。精装,24开,ISBN 978-7-5016-0544-6,定价15.00元。(T45-13)

17162　温柔的小医生
〔澳大利亚〕莎拉·凯绘,忆蔷文,金波审读,莎拉公主·感恩绘本系列,2012年6月。精装,24开,ISBN 978-7-5016-0542-2,定价15.00元。(T45-14)

17163　爱心晚餐
〔澳大利亚〕莎拉·凯绘,忆蔷文,金波审读,莎拉公主·感恩绘本系列,2012年6月。精装,24开,ISBN 978-7-5016-0541-5,定价15.00元。(T45-15)

17164　上学去,阿尔菲
〔瑞典〕古妮拉·贝里斯特罗姆著,徐昕译,阿尔菲心里成长故事,2013年8月。16异,平装,ISBN 978-7-5016-0768-6,定价13.50元;精装,ISBN 978-7-5016-0777-8,定价20.00元。(T45-16)

17165　更多的怪兽,阿尔菲
〔瑞典〕古妮拉·贝里斯特罗姆著,徐昕译,阿尔菲心里成长故事,2013年8月。16异,平装,ISBN 978-7-5016-0770-9,定价13.50元;精装,ISBN 978-7-5016-0778-5,定价20.00元。(T45-17)

17166　晚安,阿尔菲
〔瑞典〕古妮拉·贝里斯特罗姆著,徐昕译,阿尔菲心里成长故事,2013年8月。16异,平装,ISBN 978-7-5016-0767-9,定价13.50元;精装,ISBN 978-7-5016-0780-8,定价20.00元。(T45-18)

17167　隐身的王国,阿尔菲
〔瑞典〕古妮拉·贝里斯特罗姆著,徐昕译,阿尔菲心里成长故事,2013年8月。16异,平装,ISBN 978-7-5016-0771-6,定价13.50元;精装,ISBN 978-7-5016-0776-1,定价20.00元。(T45-19)

17168　真狡猾,阿尔菲
〔瑞典〕古妮拉·贝里斯特罗姆著,徐昕译,阿尔菲心里成长故事,2013年8月。16异,平装,ISBN 978-7-5016-0769-3,定价13.50元;精装,ISBN 978-7-5016-0779-2,定价20.00元。(T45-20)

17169　妖怪们的比赛
〔德〕埃迪特·施赖伯-威克著,卡萝拉·霍兰德绘,王泰智、沈惠珠译,幸福种子情商绘本系列,2015年5月。平装覆膜,16开,ISBN 978-7-5016-0959-8,定价16.60元。(T45-21)

17170　关于人生的哲学课
〔法〕苏菲·弗洛、卡特琳娜·普罗多-祖贝尔著,黄凌霞译,加斯东,问个不停的小孩,2016年9月。精装,24开,ISBN 978-7-5016-1165-2,定价46.50元。(T45-22)

17171　关于世界的哲学课
〔法〕马修·德·罗比耶等著,肖婷婷译,加斯东,问个不停的小孩,2016年9月。精装,24开,ISBN 978-7-5016-1166-2,定价49.50元。(T45-23)

17172　老师是位船长
〔意大利〕安东尼奥·费拉拉著,章尹代子译,小豆包,上学啦! 2017年6月。平装,16开,ISBN 978-7-5016-1275-8,定价25.00元。(T45-24)

17173　与众不同的男老师
〔荷兰〕达维德·威利斯特著,蒋佳惠译,国际获奖大作家低年级版,2017年9月。平装,16开,ISBN 978-7-5016-1238-3,定价20.00元。(T45-25)

17174　郊游去!
〔意大利〕卡罗莉娜·丹泽罗著,宁淑玉译,小豆包,上学啦! 2017 年 10 月。平装,16 开,ISBN 978-7-5016-1320-5,定价 20.00 元。(T45-26)

17175 我们班的淘气包
〔意大利〕卢多维卡·奇马著,宁淑玉译,小豆包,上学啦! 2017 年 10 月。平装,16 开,ISBN 978-7-5016-1318-2,定价 20.00 元。(T45-27)

17176 大家都是好朋友
〔意大利〕圭多·瓜左著,宁淑玉译,小豆包,上学啦! 2017 年 10 月。平装,16 开,ISBN 978-7-5016-1321-2,定价 20.00 元。(T45-28)

17177 小朋友和大朋友
〔意大利〕桑德罗·纳塔利尼著,章尹代子译,小豆包,上学啦! 2017 年 10 月。平装,16 开,ISBN 978-7-5016-1319-9,定价 20.00 元。(T45-29)

17178 分类放,阿尔菲
〔瑞典〕古妮拉·贝里斯特罗姆文图,徐昕译,阿尔菲和最好的爸爸,2017 年 9 月。平装,16 开,ISBN 978-7-5016-1256-7,定价 20.00 元。(T45-30)

17179 快一点,阿尔菲
〔瑞典〕古妮拉·贝里斯特罗姆文图,徐昕译,阿尔菲和最好的爸爸,2017 年 9 月。平装,16 开,ISBN 978-7-5016-1254-3,定价 20.00 元。(T45-31)

17180 阿尔菲的秘密朋友
〔瑞典〕古妮拉·贝里斯特罗姆文图,徐昕译,阿尔菲和最好的爸爸,2017 年 9 月。平装,16 开,ISBN 978-7-5016-1257-4,定价 20.00 元。(T45-32)

17181 不争吵,阿尔菲
〔瑞典〕古妮拉·贝里斯特罗姆文图,徐昕译,阿尔菲和最好的爸爸,2017 年 9 月。平装,16 开,ISBN 978-7-5016-1253-6,定价 20.00 元。(T45-33)

17182 别乱动,阿尔菲
〔瑞典〕古妮拉·贝里斯特罗姆文图,徐昕译,阿尔菲和最好的爸爸,2017 年 9 月。平装,16 开,ISBN 978-7-5016-1267-3,定价 20.00 元。(T45-34)

17183 是误会吗,阿尔菲?
〔瑞典〕古妮拉·贝里斯特罗姆文图,徐昕译,阿尔菲和最好的爸爸,2017 年 9 月。平装,16 开,ISBN 978-7-5016-1268-0,定价 20.00 元。(T45-35)

17184 系绳结,阿尔菲
〔瑞典〕古妮拉·贝里斯特罗姆文图,徐昕译,阿尔菲和最好的爸爸,2017 年 9 月。平装,16 开,ISBN 978-7-5016-1255-0,定价 20.00 元。(T45-36)

17185 欢乐的聚会,阿尔菲
〔瑞典〕古妮拉·贝里斯特罗姆文图,徐昕译,阿尔菲和最好的爸爸,2017 年 9 月。平装,16 开,ISBN 978-7-5016-1266-6,定价 20.00 元。(T45-37)

17186 阿尔菲在思考
〔瑞典〕古妮拉·贝里斯特罗姆文图,徐昕译,阿尔菲和最好的爸爸,2017 年 9 月。平装,16 开,ISBN 978-7-5016-1270-3,定价 20.00 元。(T45-38)

17187 阿尔菲与战士"爸爸"
〔瑞典〕古妮拉·贝里斯特罗姆文图,徐昕译,阿尔菲和最好的爸爸,2017 年 9 月。平装,16 开,ISBN 978-7-5016-1261-1,定价 20.00 元。(T45-39)

17188 生日快乐,爸爸
〔瑞典〕古妮拉·贝里斯特罗姆文图,徐昕译,阿尔菲和最好的爸爸,2017 年 9 月。平装,16 开,ISBN 978-7-5016-1265-9,定价 20.00 元。(T45-40)

17189 不想吃饭,阿尔菲
〔瑞典〕古妮拉·贝里斯特罗姆文图,徐昕译,阿尔菲和最好的爸爸,2017 年 9 月。平装,16 开,ISBN 978-7-5016-1262-8,定价 20.00 元。(T45-41)

17190 谁来救阿尔菲?
〔瑞典〕古妮拉·贝里斯特罗姆文图,徐昕译,阿尔菲和最好的爸爸,2017 年 9 月。平装,16 开,ISBN 978-7-5016-1262-8,定价 20.00 元。(T45-42)

17191 阿尔菲,别笑得太早
〔瑞典〕古妮拉·贝里斯特罗姆文图,徐昕译,阿尔菲和最好的爸爸,2017年9月。平装,16开,ISBN 978-7-5016-1264-2,定价20.00元。(T45-43)

17192　开心点,阿尔菲
〔瑞典〕古妮拉·贝里斯特罗姆文图,徐昕译,阿尔菲和最好的爸爸,2017年9月。平装,16开,ISBN 978-7-5016-1271-0,定价20.00元。(T45-44)

17193　放松点,爸爸
〔瑞典〕古妮拉·贝里斯特罗姆文图,徐昕译,阿尔菲和最好的爸爸,2017年9月。平装,16开,ISBN 978-7-5016-1258-1,定价23.00元。(T45-45)

17194　勇敢点,阿尔菲
〔瑞典〕古妮拉·贝里斯特罗姆文图,徐昕译,阿尔菲和最好的爸爸,2017年9月。平装,16开,ISBN 978-7-5016-1251-2,定价23.00元。(T45-46)

17195　阿尔菲有力量袋?
〔瑞典〕古妮拉·贝里斯特罗姆文图,徐昕译,阿尔菲和最好的爸爸,2017年9月。平装,16开,ISBN 978-7-5016-1260-4,定价20.00元。(T45-47)

17196　米拉与阿尔菲
〔瑞典〕古妮拉·贝里斯特罗姆文图,徐昕译,阿尔菲和最好的爸爸,2017年9月。平装,16开,ISBN 978-7-5016-1269-7,定价20.00元。(T45-48)

17197　有怪兽吗,阿尔菲?
〔瑞典〕古妮拉·贝里斯特罗姆文图,徐昕译,阿尔菲和最好的爸爸,2017年9月。平装,16开,ISBN 978-7-5016-1263-5,定价20.00元。(T45-49)

17198　飞鼠萨米历险记
〔美〕亨利·柯尔著绘,徐黎译,国际获奖大作家系列,2017年10月。平装,16开,ISBN 978-7-5016-1230-7,定价27.00元。(T45-50)

17199　骗人的把戏,阿尔菲
〔瑞典〕古妮拉·贝里斯特罗姆文图,徐昕译,阿尔菲和最好的爸爸,2018年1月。平装,16开,ISBN 978-7-5016-1259-5,定价15.00元。(T45-51)

17200　精灵与圣诞的秘密
〔芬兰〕诺拉·苏诺杰金著,周莉译,国际获奖大作家系列,2018年1月。平装,16开,ISBN 978-7-5016-1231-4,定价25.00元。(T45-52)

17201　大猫费迪南的旅行
〔立陶宛〕丽娜·祖塔特著,丁纯译,国际获奖大作家系列,2018年3月。平装,16开,ISBN 978-7-5016-1234-4,定价28.00元。(T45-53)

17202　茉莉亚的海边白日梦
〔意大利〕圭多·瓜左著,吴雨欣译,国际获奖大作家系列,2018年3月。平装,16开,ISBN 978-7-5016-1367-0,定价28.00元。(T45-54)

17203　不听话的小男孩
〔意大利〕布鲁诺·托格诺里尼著,吴雨欣译,国际获奖大作家系列,2018年3月。平装,16开,ISBN 978-7-5016-1366-3,定价23.00元。(T45-55)

17204　兔子的林间奇遇
〔德〕克里斯蒂娜·安德烈斯著,姚月译,国际获奖大作家系列,2018年6月。平装,16开,ISBN 978-7-5016-1392-3,定价27.00元。(T45-56)

17205　小老鼠麦斯的成长故事
〔丹麦〕莉娜·达勒露普文图,王宇辰译,小老鼠麦斯的成长故事,2018年12月。平装,24开,ISBN 978-7-5016-1406-6,定价96.00元。(T45-57)

17206　寻梦环游大自然
〔荷兰〕里·莱弗比尔著,蒋佳惠译,2019年3月。平装,16开,ISBN 978-7-5016-1237-6,定价32.00元。(T45-58)

17207　加斯东,孩子也能懂的哲学课(1—4)
〔法〕马修·德·罗比耶等著,黄凌霞、肖婷婷译,2019年4月。平装,24开,ISBN 978-7-5016-1488-2,定价150.00元。(T45-59)

17208　爆笑探险队
〔立陶宛〕丽娜·祖塔特著,丁纯译,国际获奖大作家系列,2019年5月。平装,32开,ISBN 978-7-5016-1494-3,定价28.00元。

(T45-60)

17209　宝宝好习惯·睡前故事
〔美〕苏珊娜·兰纳德·希尔著,萱紫译,2019年5月。平装,24开,ISBN 978-7-5016-1497-4,定价120.00元。(T45-61)

17210　左拉的大象
〔德〕兰德尔·蒂·塞弗著,张牧笛译,2019年7月。精装,16开,ISBN 978-7-5016-1514-8,定价48.00元。(T45-62)

17211　变色猫与月亮冰激凌
〔澳大利亚〕吉莉安·米尔斯著,高尔雅译,拼音小博士·国际获奖大作家系列,2019年9月。平装,24开,ISBN 978-7-5016-1530-8,定价26.00元。(T45-63)

17212　吉姆的狮子
〔美〕拉塞尔·霍本著,章鱼译,拼音小博士·国际获奖大作家系列,2019年9月。平装,24开,ISBN 978-7-5016-1529-2,定价26.00元。(T45-64)

17213　嘿,小黑狗
〔瑞典〕罗斯·拉格克朗茨著,徐昕译,拼音小博士·国际获奖大作家系列,2019年9月。平装,24开,ISBN 978-7-5016-1501-8,定价25.00元。(T45-65)

17214　与众不同的男老师
〔荷兰〕达维德·威利斯特拉著,蒋佳惠译,拼音小博士·国际获奖大作家系列,2019年9月。平装,24开,ISBN 978-7-5016-1533-9,定价27.00元。(T45-66)

17215　彼得兔的故事
〔英〕比阿特丽克斯·波特著,吴青、陈恕译,拼音小博士·国际获奖大作家系列,2019年9月。平装,24开,ISBN 978-7-5016-1538-4,定价26.00元。(T45-67)

17216　茱莉亚的海边白日梦
〔意大利〕奎多·瓜左著,吴雨欣译,拼音小博士·国际获奖大作家系列,2019年9月。平装,24开,ISBN 978-7-5016-1528-5,定价22.00元。(T45-68)

17217　不听话的小男孩儿
〔意大利〕布鲁诺·托格诺里尼著,吴雨欣译,拼音小博士·国际获奖大作家系列,2019年9月。平装,24开,ISBN 978-7-5016-1531-5,定价20.00元。(T45-70)

17218　横向看的动物世界
〔法〕贾斯廷·德·拉过斯著,黄凌霞译,横向看世界拉页书,2019年10月。精装,16开,ISBN 978-7-5016-1545-2,定价50.00元。(T45-71)

17219　横向看的人体秘密
〔法〕贾斯廷·德·拉过斯著,黄凌霞译,横向看世界拉页书,2019年10月。精装,16开,ISBN 978-7-5016-1544-5,定价50.00元。(T45-72)

17220　横向看的希腊神话
〔法〕贾斯廷·德·拉过斯著,黄凌霞译,横向看世界拉页书,2019年10月。精装,16开,ISBN 978-7-5016-1546-9,定价50.00元。(T45-73)

17221　狐狸的森林魔法
〔德〕克里斯蒂娜·安德烈斯著,姚月译,国际获奖大作家系列,2019年10月。精装,16开,ISBN 978-7-5016-1560-5,定价29.00元。(T45-74)

17222　这是谁的书?
〔英〕玛格丽特·苏奈特著,王志庚译,2018年12月。精装,12开,ISBN 978-7-5016-1548-3,定价48.00元。(T45-75)

17223　神奇的嗅觉
〔法〕埃玛纽埃尔·菲格拉斯著,黄凌霞译,2020年5月。精装,8开,ISBN 978-7-5016-1597-1,定价78.00元。(T45-76)

17224　发现身边的科学(1—4)
〔英〕埃米莉·杜弗雷斯著,李双燕、杨宜乐瑛译,2020年7月。精装,12开,ISBN 978-7-5016-1601-5,定价138.00元。(T45-77)

17225　北京是个好地方
〔英〕拉娜·苏丹著,徐文迪绘,伏晓译,2016年4月。平装,12开,ISBN 978-7-5016-1104-1,定价30.00元。(T13-6)

17226　孩子都是哲学家
〔德〕依娜·施密特著,蕾娜·埃勒曼绘,南曦译,2019年9月。平装,32开,ISBN 978-7-5016-1454-7,定价24.00元。(T12-13)

17227　安娜害怕去睡觉

〔奥地利〕海因茨·雅尼什著,芭芭拉·荣格绘,王泰智、沈惠珠译,幸福种子情商绘本系列,2015年5月。平装,16开,ISBN 978-7-5016-0958-1,定价16.60元。(T25-13)

17228　奶奶现在不一样了

〔德〕茜碧勒·里克霍夫著,尤尔根·里克霍夫绘,王泰智、沈惠珠译,幸福种子情商绘本系列,2015年5月。平装,16开,ISBN 978-7-5016-0960-4,定价16.60元。(T25-14)

17229　星空探索家

〔英〕本·摩根著,林晓燕、薛松岩译,自然小实验,2011年1月。平装覆膜,32开,ISBN 978-7-5016-0236-0,定价13.00元。(T62-1)

17230　自然放大镜

〔英〕理查德·沃克著,张鹿、薛松岩译,自然小实验,2011年1月。平装覆膜,32开,ISBN 978-7-5016-0237-7,定价13.00元。(T62-2)

17231　探秘天气

〔英〕约翰·伍德华德著,张鹿、薛松岩译,自然小实验,2011年1月。平装覆膜,32开,ISBN 978-7-5016-0235-3,定价13.00元。(T62-3)

17232　最后一滴水

〔美〕迈克尔·伯根著,池明烨译,院士推荐外国新科普书系·国家地理探索,2011年6月。精装,16异,ISBN 978-7-5016-0369-5,定价21.00元。(T62-4)

17233　濒危动物

〔美〕桑德拉·帕斯特著,唐子健译,院士推荐外国新科普书系·国家地理探索,2011年6月。精装,16异,ISBN 978-7-5016-0366-4,定价21.00元。(T62-5)

17234　遗传的奥秘

〔美〕凯瑟琳·辛普森著,唐子健译,院士推荐外国新科普书系·国家地理探索,2011年6月。精装,16异,ISBN 978-7-5016-0367-1,定价21.00元。(T62-6)

17235　未来科技

〔美〕查尔斯·皮德克著,池明烨译,院士推荐外国新科普书系·国家地理探索,2011年6月。精装,16异,ISBN 978-7-5016-0365-7,定价21.00元。(T62-7)

17236　极端天气

〔美〕凯瑟琳·辛普森著,王鸣阳译,院士推荐外国新科普书系·国家地理探索,2011年10月。精装,16异,ISBN 978-7-5016-0364-0,定价21.00元。(T62-8)

17237　人类的大脑

〔美〕凯瑟琳·辛普森著,池明烨译,院士推荐外国新科普书系·国家地理探索,2011年10月。精装,16异,ISBN 978-7-5016-0368-8,定价21.00元。(T62-9)

17238　人脑是如何工作的

〔英〕约翰·麦克克罗恩著,展颖转译,院士推荐外国新科普书系·DK科学探索,2014年3月。平装覆膜,16异,ISBN 978-7-5016-0583-5,定价16.00元。(T62-10)

17239　人工智能

〔英〕杰克·查罗纳著,邓云庆译,院士推荐外国新科普书系·DK科学探索,2014年3月。平装覆膜,16异,ISBN 978-7-5016-0581-5,定价16.00元。(T62-11)

17240　人类的基因

〔英〕杰洛米·切尔法斯著,张彦民译,院士推荐外国新科普书系·DK科学探索,2014年3月。平装覆膜,16异,ISBN 978-7-5016-0586-6,定价16.00元。(T62-12)

17241　安全的食物

〔英〕科林·图哲著,尹涛译,院士推荐外国新科普书系·DK科学探索,2014年3月。平装覆膜,16异,ISBN 978-7-5016-0584-2,定价16.00元。(T62-13)

17242　膨胀的宇宙

〔英〕马克·加利克著,张宏宝译,院士推荐外国新科普书系·DK科学探索,2014年3月。平装覆膜,16异,ISBN 978-7-5016-0814-0,定价16.00元。(T62-14)

17243　正在变暖的地球

〔英〕弗雷德·皮尔斯著,何亿强译,院士推荐外国新科普书系·DK科学探索,2014年3月。平装覆膜,16异,ISBN 978-7-5016-0580-4,定价16.00元。(T62-15)

17244 青春期女孩完美攻略
〔塞尔维亚〕维奥莱塔·巴比奇著,安娜·格里格杰夫绘,高倩译,2015年7月。平装,16开,ISBN 978-7-5016-0962-8,定价39.80元。(T62-16)

17245 青春期男孩完美攻略
〔塞尔维亚〕维奥莱塔·巴比奇著,安娜·格里格杰夫绘,高倩译,2015年7月。平装,16开,ISBN 978-7-5016-0961-1,定价39.80元。(T62-17)

17246 科学实验玩起来
〔法〕埃马纽埃尔·夏努著,雷米·萨伊那尔绘,黄凌霞译,2016年6月。平装,16开,ISBN 978-7-5016-1069-3,定价32.00元。(T62-18)

17247 给孩子一个好身体
〔法〕娜塔莉·赞彼诺-马努齐安著,奥利维亚·苏德依绘,黄凌霞译,2016年6月。平装,16开,ISBN 978-7-5016-1074-7,定价28.00元。(T62-19)

17248 海滩
〔加拿大〕佩吉·科查诺夫著,李双燕译,做个自然小侦探,2017年5月。平装,20开,ISBN 978-7-5016-1225-3,定价22.00元。(T62-20)

17249 荒野
〔加拿大〕佩吉·科查诺夫著,李双燕译,做个自然小侦探,2017年5月。平装,20开,ISBN 978-7-5016-1224-6,定价26.00元。(T62-21)

17250 池塘
〔加拿大〕佩吉·科查诺夫著,李双燕译,做个自然小侦探,2017年5月。平装,20开,ISBN 978-7-5016-1226-0,定价20.00元。(T62-22)

17251 Youpi妙趣小百科
〔法〕西尔维娅·吉勒玛等著,黄凌霞译,2015年4月。平装,32开,ISBN 978-7-5016-0944-4,定价100.00元。(T63-1)

17252 神秘大森林
〔法〕碧里姬特·弗勒堤埃著,〔意〕奇亚拉·达托拉绘,傅楚楚译,我爱大自然,2016年10月。平装,24开,ISBN 978-7-5016-1154-6,定价12.00元。(T63-2)

17253 它被谁吃了?
〔法〕弗朗索瓦·洛朗著,法比耶娜·桑坎绘,傅楚楚译,我爱大自然,2016年10月。平装,24开,ISBN 978-7-5016-1153-9,定价12.00元。(T63-3)

17254 你冬眠吗?
〔法〕弗朗索瓦·洛朗著,克洛伊·杜·科隆比耶绘,傅楚楚译,我爱大自然,2016年10月。平装,24开,ISBN 978-7-5016-1150-8,定价12.00元。(T63-4)

17255 海洋真奇妙
〔法〕奥利弗·巴杜著,艾曼纽·胡塞斯绘,傅楚楚译,我爱大自然,2016年10月。平装,24开,ISBN 978-7-5016-1151-5,定价12.00元。(T63-5)

17256 多彩果蔬园
〔法〕碧里姬特·弗勒堤埃著,〔意〕奇亚拉·达托拉绘,傅楚楚译,我爱大自然,2016年10月。平装,24开,ISBN 978-7-5016-1156-5,定价12.00元。(T63-6)

17257 雨从哪里来?
〔法〕弗朗索瓦·洛朗著,〔意〕奇亚拉·达托拉绘,傅楚楚译,我爱大自然,2016年9月。平装,24开,ISBN 978-7-5016-1152-2,定价12.00元。(T63-7)

17258 鸟儿如何建造家?
〔法〕葛诺勒·安德烈著,嘉艾尔·拉斯尼绘,黄凌霞译,2019年4月。精装,12开,ISBN 978-7-5016-1449-3,定价78.00元。(T15-7)

17259 探索月球立体书
〔法〕安妮·詹克利奥维奇文,奥利维耶·夏尔伯奈尔设计,安娜贝尔·伯克斯通图,傅楚楚译,2019年9月。精装,8开,ISBN 978-7-5016-1498-1,定价148.00元。(T15-8)

17260 车轮转动的奥秘
〔英〕柯斯蒂·福尔摩斯著,李双燕、蒋碧晗译,2020年6月。平装,12开,ISBN 978-7-5016-1589-6,定价120.00元。(T15-9)

17261 有趣的数字

〔澳大利亚〕莎拉·凯绘,殷素华编文,莎拉公主·描红本系列,2013年1月。平装覆膜,16开,ISBN 978-7-5016-0650-4,定价10.00元。(T82-1)

17262 美丽的汉字
〔澳大利亚〕莎拉·凯绘,殷素华编文,莎拉公主·描红本系列,2013年1月。平装覆膜,16开,ISBN 978-7-5016-0649-8,定价10.00元。(T82-2)

17263 可爱的拼音
〔澳大利亚〕莎拉·凯绘,殷素华编文,莎拉公主·描红本系列,2013年1月。平装覆膜,16开,ISBN 978-7-5016-0648-1,定价10.00元。(T82-3)

17264 优雅的字母
〔澳大利亚〕莎拉·凯绘,殷素华编文,莎拉公主·描红本系列,2013年1月。平装覆膜,16开,ISBN 978-7-5016-0647-4,定价10.00元。(T82-4)

17265 我是写作高手
〔英〕梅根·库里斯著,曾少美译,2015年11月。软精,18开,ISBN 978-7-5016-1023-5,定价46.80元。(T82-10)

17266 我是漫画大师
〔英〕杰丝·布莱德著,曾少美译,2015年11月。软精,18开,ISBN 978-7-5016-1024-2,定价46.80元。(T82-11)

17267 创意作文进阶训练
〔英〕保罗·道斯维尔等著,曾少美译,2016年5月。精装,16开,ISBN 978-7-5016-1041-9,定价46.80元。(T82-12)

17268 轻松玩写作
〔英〕凯蒂·戴恩斯著,曾少美译,2016年5月。精装,16开,ISBN 978-7-5016-1042-6,定价42.80元。(T82-13)

17269 眼·色彩
〔英〕菲奥娜·沃特著,忆非译,与大师一起艺术创想,2011年6月。平装覆膜,8开,ISBN 978-7-5016-0375-6,定价15.00元。(T83-1)

17270 手·造型
〔英〕菲奥娜·沃特著,忆非译,与大师一起艺术创想,2011年6月。平装覆膜,8开,ISBN 978-7-5016-0374-9,定价15.00元。(T83-2)

17271 脑·想象力
〔英〕菲奥娜·沃特著,忆非译,与大师一起艺术创想,2011年6月。平装覆膜,8开,ISBN 978-7-5016-0373-9,定价15.00元。(T83-3)

17272 综合·自由创想
〔英〕菲奥娜·沃特著,忆非译,与大师一起艺术创想,2011年6月。平装覆膜,8开,ISBN 978-7-5016-0372-5,定价15.00元。(T83-4)

17273 我爱动物1
〔英〕菲奥娜·沃特著,忆非译,天天便携涂画大卡,2011年6月。平装覆膜,50开,ISBN 978-7-5016-0455-5,定价15.00元。(T83-5)

17274 我爱动物2
〔英〕菲奥娜·沃特著,忆非译,天天便携涂画大卡,2011年6月。平装覆膜,50开,ISBN 978-7-5016-0454-8,定价15.00元。(T83-6)

17275 我爱假日1
〔英〕菲奥娜·沃特编,忆非译,天天便携涂画大卡,2011年6月。平装覆膜,50开,ISBN 978-7-5016-0453-1,定价15.00元。(T83-7)

17276 我爱假日2
〔英〕菲奥娜·沃特编,忆非译,天天便携涂画大卡,2011年6月。平装覆膜,50开,ISBN 978-7-5016-0452-4,定价15.00元。(T83-8)

17277 我爱旅行1
〔英〕菲奥娜·沃特著,忆非译,天天便携涂画大卡,2011年6月。平装覆膜,50开,ISBN 978-7-5016-0451-7,定价15.00元。(T83-9)

17278 我爱旅行2
〔英〕菲奥娜·沃特著,忆非译,天天便携涂画大卡,2011年6月。平装覆膜,50开,ISBN 978-7-5016-0450-0,定价15.00元。

(T83-10)

17279 涂色书1 小猫格朗将军
〔澳大利亚〕莎拉·凯绘,李海若文,莎拉公主,2011年7月。平装,12开,ISBN 978-7-5016-0421-0,定价10.00元。(T83-11)

17280 涂色书2 小绅士科吉
〔澳大利亚〕莎拉·凯绘,李海若文,莎拉公主,2011年7月。平装,12开,ISBN 978-7-5016-0420-3,定价10.00元。(T83-12)

17281 涂色书3 双胞胎姐妹
〔澳大利亚〕莎拉·凯绘,李海若文,莎拉公主,2011年7月。平装,12开,ISBN 978-7-5016-0423-4,定价10.00元。(T83-13)

17282 涂色书4 小厨师莎拉
〔澳大利亚〕莎拉·凯绘,李海若文,莎拉公主,2011年7月。平装,12开,ISBN 978-7-5016-0422-7,定价10.00元。(T83-14)

17283 发现与涂色1
〔英〕菲奥娜·沃特著,斯特拉·巴戈特绘,忆非译,艺术创想启蒙篇,2012年6月。平装,8开,ISBN 978-7-5016-0532-3,定价15.00元。(T83-15)

17284 发现与涂色2
〔英〕菲奥娜·沃特著,斯特拉·巴戈特绘,忆非译,艺术创想启蒙篇,2012年6月。平装,8开,ISBN 978-7-5016-0533-0,定价15.00元。(T83-16)

17285 发现与涂色3
〔英〕菲奥娜·沃特著,斯特拉·巴戈特绘,忆非译,艺术创想启蒙篇,2012年6月。平装,8开,ISBN 978-7-5016-0531-6,定价15.00元。(T83-17)

17286 发现与涂色4
〔英〕菲奥娜·沃特著,斯特拉·巴戈特绘,忆非译,艺术创想启蒙篇,2012年6月。平装,8开,ISBN 978-7-5016-0530-9,定价15.00元。(T83-18)

17287 发现与涂色5
〔英〕菲奥娜·沃特著,斯特拉·巴戈特绘,忆非译,艺术创想启蒙篇,2012年6月。平装,8开,ISBN 978-7-5016-0529-3,定价15.00元。(T83-19)

17288 发现与涂色6
〔英〕菲奥娜·沃特著,斯特拉·巴戈特绘,忆非译,艺术创想启蒙篇,2012年6月。平装,8开,ISBN 978-7-5016-0528-6,定价15.00元。(T83-20)

17289 假期涂色书
〔英〕柯尔斯坦·罗杰斯著,康迪斯·沃特莫尔绘,小水滴译,主题涂色系列,2012年7月。平装覆膜,16开,ISBN 978-7-5016-0644-3,定价12.00元。(T83-21)

17290 恐龙涂色书
〔英〕西蒙·图德普、柯尔斯坦·罗杰斯著,康迪斯·沃特莫尔绘,小水滴译,主题涂色系列,2012年7月。平装覆膜,16开,ISBN 978-7-5016-0645-0,定价12.00元。(T83-22)

17291 圣诞涂色书
〔英〕柯尔斯坦·罗杰斯著,康迪斯·沃特莫尔绘,小水滴译,主题涂色系列,2012年7月。平装覆膜,16开,ISBN 978-7-5016-0646-7,定价12.00元。(T83-23)

17292 寒冬
〔英〕菲奥娜·沃特编,埃米莉·比弗、卡罗琳·戴、安东尼亚·米勒、劳伦·埃里斯绘,忆非译,与大师一起艺术创想,2013年1月。平装,24开,ISBN 978-7-5016-0718-1,定价15.00元。(T83-24)

17293 金秋
〔英〕菲奥娜·沃特著,诺恩·菲格绘,忆非译,与大师一起艺术创想,2013年1月。平装,24开,ISBN 978-7-5016-0717-4,定价15.00元。(T83-25)

17294 酷夏
〔英〕菲奥娜·沃特编,埃丽卡·哈里森、安东尼亚·米勒、埃米莉·比弗、诺恩·菲格绘,忆非译,与大师一起艺术创想,2013年1月。平装,24开,ISBN 978-7-5016-0716-7,定价15.00元。(T83-26)

17295 暖春
〔英〕菲奥娜·沃特著,诺恩·菲格绘,忆非译,与大师一起艺术创想,2013年1月。平装,24开,ISBN 978-7-5016-0715-0,定价15.00元。(T83-27)

17296 外星巡游
〔比利时〕气球出版社著,徐艺境编译,欧洲经典儿童创意涂鸦,2013年1月。平装,16开,ISBN 978-7-5016-0671-9,定价12.00元。(T83-28)

17297 奇妙梳妆
〔比利时〕气球出版社著,徐艺境编译,欧洲经典儿童创意涂鸦,2013年1月。平装,16开,ISBN 978-7-5016-0669-9,定价12.00元。(T83-29)

17298 旅行盒子
〔比利时〕气球出版社著,徐艺境编译,欧洲经典儿童创意涂鸦,2013年1月。平装,16开,ISBN 978-7-5016-0670-2,定价12.00元。(T83-30)

17299 海盗宝藏
〔比利时〕气球出版社著,徐艺境编译,欧洲经典儿童创意涂鸦,2013年1月。平装,16开,ISBN 978-7-5016-0672-6,定价12.00元。(T83-31)

17300 自然侦探
〔英〕露西·鲍曼著,埃丽卡·哈里森、埃米莉·比弗、诺恩·菲格绘,忆非译,与大师一起艺术创想,2014年1月。平装,小8开,ISBN 978-7-5016-0773-0,定价24.00元。(T83-32)

17301 动物王国
〔英〕露西·鲍曼著,埃丽卡·哈里森、埃米莉·比弗、诺恩·菲格绘,忆非译,与大师一起艺术创想,2014年1月。平装,小8开,ISBN 978-7-5016-0772-3,定价24.00元。(T83-33)

17302 旅行奇遇
〔英〕詹姆斯·米卡林著,埃丽卡·哈里森、诺恩·菲格绘,与大师一起艺术创想,忆非译,2014年1月。平装,小8开,ISBN 978-7-5016-0774-7,定价24.00元。(T83-34)

17303 创意世界
〔英〕詹姆斯·米卡林著,埃丽卡·哈里森、诺恩·菲格绘,与大师一起艺术创想,忆非译,2014年1月。平装,小8开,ISBN 978-7-5016-0775-4,定价24.00元。(T83-35)

17304 与大师一起艺术创想·线条创意篇
〔英〕黛博拉·泽姆克著绘,孙天译,2014年5月。平装,8开,ISBN 978-7-5016-0829-4,定价126.00元。(T83-36)

17305 中世纪
〔英〕斯特鲁恩·里德著,大卫·塞尔维尔绘,蒲丽娟译,穿越时空的艺术旅行,2014年10月。平装覆膜,16开,ISBN 978-7-5016-0896-6,定价15.00元。(T83-37)

17306 装饰艺术
〔英〕埃米莉·伯恩著,玛丽·基尔弗特绘,蒲丽娟译,穿越时空的艺术旅行,2014年10月。平装覆膜,16开,ISBN 978-7-5016-0899-7,定价15.00元。(T83-38)

17307 新艺术
〔英〕埃米莉·伯恩著,玛丽·基尔弗特、埃米莉·比弗绘,蒲丽娟译,穿越时空的艺术旅行,2014年10月。平装覆膜,16开,ISBN 978-7-5016-0898-0,定价15.00元。(T83-39)

17308 墨西哥
〔英〕斯特鲁恩·里德著,劳里·泰勒绘,高倩译,穿越时空的艺术旅行,2014年10月。平装覆膜,16开,ISBN 978-7-5016-0898-0,定价15.00元。(T83-40)

17309 古代中国
〔英〕斯特鲁恩·里德著,大卫·塞尔维尔绘,蒲丽娟译,穿越时空的艺术旅行,2014年10月。平装覆膜,16开,ISBN 978-7-5016-0898-0,定价15.00元。(T83-41)

17310 古埃及
〔英〕斯特鲁恩·里德著,埃米莉·比弗绘,蒲丽娟译,穿越时空的艺术旅行,2014年10月。平装覆膜,16开,ISBN 978-7-5016-0898-0,定价15.00元。(T83-42)

17311 食物从哪儿来?
〔英〕费利西蒂·布鲁克斯、汉纳·伍德著,罗莎琳达·邦尼特绘,李双燕译,幼儿认知互动百科,2016年5月。平装,16开,ISBN 978-7-5016-1094-5,定价15.00元。(T83-44)

17312 土里长了什么?
〔英〕费利西蒂·布鲁克斯、汉纳·伍德著,罗莎琳达·邦尼特绘,李双燕译,幼儿认知互动

百科,2016年5月。平装,16开,ISBN 978-7-5016-1095-2,定价15.00元。(T83-45)

17313 大自然是什么?
〔英〕费利西蒂·布鲁克斯、卡罗琳·扬著,马尔·费列罗绘,李双燕译,幼儿认知互动百科,2016年5月。平装,16开,ISBN 978-7-5016-1096-9,定价15.00元。(T83-46)

17314 世界是什么?
〔英〕费利西蒂·布鲁克斯、卡罗琳·扬著,马尔·费列罗绘,李双燕译,幼儿认知互动百科,2016年5月。平装,16开,ISBN 978-7-5016-1097-6,定价15.00元。(T83-47)

17315 非洲
〔英〕斯特鲁恩·里德著,劳里·泰勒绘,高倩译,穿越时空的艺术旅行,2016年8月。平装,16开,ISBN 978-7-5016-1136-2,定价15.00元。(T83-48)

17316 古罗马
〔英〕山姆·贝尔著,大卫·塞尔维尔绘,高倩译,穿越时空的艺术旅行,2016年8月。平装,16开,ISBN 978-7-5016-1135-5,定价15.00元。(T83-49)

17317 工艺美术
〔英〕海索·玛斯凯尔著,利兹·赫尔佐格绘,高倩译,穿越时空的艺术旅行,2016年8月。平装,16开,ISBN 978-7-5016-1139-3,定价15.00元。(T83-50)

17318 印度
〔英〕斯特鲁恩·里德著,尼娜·亨特、沙芬娜·默特利波娃绘,高倩译,穿越时空的艺术旅行,2016年8月。平装,16开,ISBN 978-7-5016-1138-6,定价15.00元。(T83-51)

17319 凯尔特
〔英〕斯特鲁恩·里德著,大卫·塞尔维尔绘,高倩译,穿越时空的艺术旅行,2016年8月。平装,16开,ISBN 978-7-5016-1137-9,定价15.00元。(T83-52)

17320 加法是什么
〔英〕菲奥娜·沃特编,雷切尔·威尔斯绘,孙天译,发现数学天才,2011年4月。平装覆膜,16开,ISBN 978-7-5016-0360-2,定价12.00元。(T84-1)

17321 加法怎么用
〔英〕菲奥娜·沃特编,雷切尔·威尔斯绘,孙天译,发现数学天才,2011年4月。平装覆膜,16开,ISBN 978-7-5016-0243-8,定价12.00元。(T84-2)

17322 减法是什么
〔英〕菲奥娜·沃特编,雷切尔·威尔斯绘,孙天译,发现数学天才,2011年4月。平装覆膜,16开,ISBN 978-7-5016-0242-1,定价12.00元。(T84-3)

17323 减法怎么用
〔英〕菲奥娜·沃特编,雷切尔·威尔斯绘,孙天译,发现数学天才,2011年4月。平装覆膜,16开,ISBN 978-7-5016-0244-5,定价12.00元。(T84-4)

17324 乘法是什么
〔英〕菲奥娜·沃特编,雷切尔·威尔斯绘,孙天译,发现数学天才,2011年4月。平装覆膜,16开,ISBN 978-7-5016-0245-2,定价12.00元。(T84-5)

17325 乘法怎么用
〔英〕菲奥娜·沃特编,雷切尔·威尔斯绘,孙天译,发现数学天才,2011年4月。平装覆膜,16开,ISBN 978-7-5016-0359-6,定价12.00元。(T84-6)

17326 一半儿的奥秘
〔英〕菲奥娜·沃特编,雷切尔·威尔斯绘,孙天译,发现数学天才,2011年4月。平装覆膜,16开,ISBN 978-7-5016-0241-4,定价12.00元。(T84-7)

17327 有趣的数与量
〔英〕菲奥娜·沃特编,雷切尔·威尔斯绘,孙天译,发现数学天才,2011年4月。平装覆膜,16开,ISBN 978-7-5016-0358-9,定价12.00元。(T84-8)

17328 数理思维培养书系
〔英〕菲奥娜·沃特编,雷切尔·威尔斯绘,孙天译,2011年4月。平装覆膜,16开,ISBN 978-7-5016-0383-1,定价89.00元。(T84-9)

17329 认知书1 快乐的一天
〔澳大利亚〕莎拉·凯绘,海妈妈文,莎拉公主·认知书系列,2012年1月。精装,30开,ISBN 978-7-5016-0489-0,定价12.00元。(T84-10)

17330 认知书2 美丽的颜色
〔澳大利亚〕莎拉·凯绘,海妈妈文,莎拉公主·认知书系列,2012年1月。精装,30开,ISBN 978-7-5016-0488-3,定价12.00元。(T84-11)

17331 认知书3 可爱的朋友们
〔澳大利亚〕莎拉·凯绘,海妈妈文,莎拉公主·认知书系列,2012年1月。精装,30开,ISBN 978-7-5016-0487-6,定价12.00元。(T84-12)

17332 认知书4 漂亮的衣服
〔澳大利亚〕莎拉·凯绘,海妈妈文,莎拉公主·认知书系列,2012年1月。精装,30开,ISBN 978-7-5016-0486-9,定价12.00元。(T84-13)

17333 认知书5 勤劳的小女孩
〔澳大利亚〕莎拉·凯绘,海妈妈文,莎拉公主·认知书系列,2012年1月。精装,30开,ISBN 978-7-5016-0485-2,定价12.00元。(T84-22)

17334 运动身体棒
〔俄〕柳德米拉·多曼斯卡娅文,塔季扬娜·伯德育吉娜图,成文艳译,小小研究员科普翻翻书,2019年4月。精装,20开,ISBN 978-7-5016-1441-7,定价58.00元。(T84-25)

17335 交通工具
〔俄〕埃琳娜·达维多娃文,瓦莱里亚·丹尼洛娃图,成文艳译,小小研究员科普翻翻书,2019年4月。精装,20开,ISBN 978-7-5016-1445-5,定价58.00元。(T84-26)

17336 科学真好玩
〔俄〕阿纳斯塔西娅·卡罗夫季娜文,塔季扬娜·奥布霍维奇图,成文艳译,小小研究员科普翻翻书,2019年4月。精装,20开,ISBN 978-7-5016-1439-4,定价58.00元。(T84-27)

17337 亲亲大自然
〔俄〕阿纳斯塔西娅·卡罗夫季娜文,丽达·拉莉娜图,成文艳译,小小研究员科普翻翻书,2019年4月。精装,20开,ISBN 978-7-5016-1443-1,定价58.00元。(T84-28)

17338 不同的职业
〔俄〕柳德米拉·多曼斯卡娅文,达莉亚·丹尼洛娃图,成文艳译,小小研究员科普翻翻书,2019年4月。精装,20开,ISBN 978-7-5016-1438-7,定价58.00元。(T84-29)

17339 世界真奇妙
〔俄〕阿纳斯塔西娅·卡罗夫季娜文,迪娜拉·加利耶娃图,成文艳译,小小研究员科普翻翻书,2019年4月。精装,20开,ISBN 978-7-5016-1446-2,定价58.00元。(T84-30)

17340 聪明狗的启蒙世界
〔法〕让-卢克·莫罗著,黄凌霞译,2020年1月。平装,16开,ISBN 978-7-5016-1563-6,定价160.00元。(T84-31)

17341 大自然里的STEAM
〔英〕戈尔达·霍克、雷恰尔·森德斯著,曾少美译,2020年6月。精装,32开,ISBN 978-7-5016-1609-1,定价120.00元。(T84-34)

17342 脑力游戏1
〔英〕露西·鲍曼著,天天思维训练大卡,忆非译,2011年6月。平装覆膜,50开,ISBN 978-7-5016-0449-4,定价15.00元。(T85-7)

17343 脑力游戏2
〔英〕露西·鲍曼著,天天思维训练大卡,忆非译,2011年6月。平装覆膜,50开,ISBN 978-7-5016-0448-7,定价15.00元。(T85-8)

17344 视觉幻象1
〔英〕萨姆·塔普林著,天天思维训练大卡,忆非译,2011年6月。平装覆膜,50开,ISBN 978-7-5016-0447-0,定价15.00元。(T85-9)

17345 视觉幻象2
〔英〕萨姆·塔普林著,天天思维训练大卡,忆非译,2011年6月。平装覆膜,50开,ISBN 978-7-5016-0446-3,定价15.00元。(T85-10)

17346 莎拉公主多功能相框拼图1
〔澳大利亚〕莎拉·凯绘,莎拉公主,2011年6月。平装覆膜,国流32开,ISBN 978-7-5016-0458-6,定价10.00元。(T85-11)

17347 莎拉公主多功能相框拼图2
〔澳大利亚〕莎拉·凯绘,莎拉公主,2011年7月。平装覆膜,国流32开,ISBN 978-7-5016-0459-3,定价10.00元。(T85-12)

17348 莎拉公主多功能相框拼图3
〔澳大利亚〕莎拉·凯绘,莎拉公主,2011年6月。平装覆膜,国流32开,ISBN 978-7-5016-0457-9,定价10.00元。(T85-13)

17349 莎拉公主多功能相框拼图4
〔澳大利亚〕莎拉·凯绘,莎拉公主,2011年6月。平装覆膜,国流32开,ISBN 978-7-5016-0456-2,定价10.00元。(T85-14)

17350 国际经典游戏大全集
〔比利时〕海马出版社著,天天出版社编译,2013年1月。平装,8开,ISBN 978-7-5016-0695-5,定价72.00元。(T85-15)

17351 职业做做看
〔比利时〕海马出版社著,天天出版社编译,欧洲经典儿童益智游戏,2013年1月。平装覆膜,16开,ISBN 978-7-5016-0666-5,定价16.00元。(T85-16)

17352 运动超级棒
〔比利时〕海马出版社著,天天出版社编译,欧洲经典儿童益智游戏,2013年1月。平装覆膜,16开,ISBN 978-7-5016-0668-9,定价16.00元。(T85-17)

17353 奇妙水世界
〔比利时〕海马出版社著,天天出版社编译,欧洲经典儿童益智游戏,2013年1月。平装覆膜,16开,ISBN 978-7-5016-0667-2,定价16.00元。(T85-18)

17354 开心度假
〔英〕丽贝卡·吉尔平著,安东尼娅·米勒绘,忆非译,天天益智游戏大卡,2013年3月。平装,50开,ISBN 978-7-5016-0710-5,定价15.00元。(T85-19)

17355 梦想乐园
〔英〕菲奥娜·沃特著,诺恩·菲格绘,忆非译,天天益智游戏大卡,2013年3月。平装,50开,ISBN 978-7-5016-0705-1,定价15.00元。(T85-20)

17356 奇妙世界
〔英〕卡特里奥娜·克拉克编,诺恩·菲格绘,忆非译,天天益智游戏大卡,2013年3月。平装,50开,ISBN 978-7-5016-0707-1,定价15.00元。(T85-21)

17357 亲近自然
〔英〕菲奥娜·沃特著,诺恩·菲格绘,忆非译,天天益智游戏大卡,2013年3月。平装,50开,ISBN 978-7-5016-0706-8,定价15.00元。(T85-22)

17358 活力运动
〔英〕丽贝卡·吉尔平著,安东尼娅·米勒绘,忆非译,天天益智游戏大卡,2013年3月。平装,50开,ISBN 978-7-5016-0709-9,定价15.00元。(T85-23)

17359 快乐动手
〔英〕卡特里奥娜·克拉克编,诺恩·菲格绘,忆非译,天天益智游戏大卡,2013年3月。平装,50开,ISBN 978-7-5016-0708-2,定价15.00元。(T85-24)

17360 沿途探秘
〔英〕菲奥娜·沃特著,诺恩·菲格绘,忆非译,天天益智游戏大卡,2013年3月。平装,50开,ISBN 978-7-5016-0712-9,定价15.00元。(T85-25)

17361 时空旅行
〔英〕菲奥娜·沃特著,诺恩·菲格绘,忆非译,天天益智游戏大卡,2013年3月。平装,50开,ISBN 978-7-5016-0711-2,定价15.00元。(T85-26)

17362 超级比拼
〔英〕菲奥娜·沃特著,诺恩·菲格绘,忆非译,天天益智游戏大卡,2013年3月。平装,50开,ISBN 978-7-5016-0714-3,定价15.00元。(T85-27)

17363 美丽风景
〔英〕菲奥娜·沃特著,诺恩·菲格绘,忆非译,天天益智游戏大卡,2013年3月。平装,50开,ISBN 978-7-5016-0713-6,定价15.00元。(T85-28)

17364 超凡想象益智大书(1—3)
〔英〕尼克·沙拉特图,皮帕·古德哈特文,章鱼译,2014年1月。平装,12开,ISBN 978-7-

5016-0806-5,定价70.00元。(T85-29)

17365　英国脑力阶梯训练

〔英〕亚历克斯·弗里思等编,曾少美译,2015年1月。平装,24开,ISBN 978-7-5016-0922-5,定价54.00元。(T85-30)

17366　玩出专注力

〔英〕汉纳·伍德著,露丝·拉塞尔、劳拉·哈蒙兹、凯特·里默、乔安尼·柯比绘,李双燕译,全脑益智总动员,2015年4月。平装,16开,ISBN 978-7-5016-0919-2,定价24.00元。(T85-31)

17367　玩出创造力

〔英〕菲尔·克拉克、西蒙·都德霍普著,蒂姆·基基德、奈拉·艾娃拉尔、乔安尼·柯比、露丝·拉塞尔绘,李双燕译,全脑益智总动员,2015年4月。平装,16开,ISBN 978-7-5016-0918-5,定价24.00元。(T85-32)

17368　玩出记忆力

〔英〕菲尔·克拉克著,马克·梅纳德绘,李双燕译,全脑益智总动员,2015年4月。平装,16开,ISBN 978-7-5016-0921-5,定价24.00元。(T85-33)

17369　玩出思维力

〔英〕菲尔·克拉克、西蒙·都德霍普著,迈克·希尔、马克·梅纳德绘,李双燕译,全脑益智总动员,2015年4月。平装,16开,ISBN 978-7-5016-0920-8,定价24.00元。(T85-34)

17370　涂·智

〔英〕菲尔·克拉克著,迈克·希尔、劳拉·哈蒙兹绘,曾庆辉译,快乐启智365,2015年4月。软精,16开,ISBN 978-7-5016-0933-8,定价56.00元。(T85-36)

17371　题·智

〔英〕菲尔·克拉克著,迈克·希尔绘,赵娜译,快乐启智365,2015年4月。软精,16开,ISBN 978-7-5016-0934-5,定价24.00元。(T85-37)

17372　绘·智

〔英〕山姆·史密斯著,迈克·希尔、莎伦·库珀绘,赵娜译,快乐启智365,2015年4月。软精,16开,ISBN 978-7-5016-0935-2,定价24.00元。(T85-38)

17373　英国脑力阶梯训练:故事版·第1辑

〔英〕苏珊娜·利编,布伦达·霍绘,曾少美译,2015年10月。平装,16开,ISBN 978-7-5016-1016-7,定价120.00元。(T85-39)

17374　圣诞夜奇遇记

〔英〕苏珊娜·利著,布伦达·霍绘,曾少美译,英国经典思维冒险游戏书,2016年4月。平装,8开,ISBN 978-7-5016-1081-5,定价15.00元。(T85-40)

17375　登山挑战者联盟

〔英〕苏珊娜·利著,布伦达·霍绘,吴爽译,英国经典思维冒险游戏书,2016年4月。平装,8开,ISBN 978-7-5016-1076-1,定价15.00元。(T85-41)

17376　来自海洋的邀请

〔英〕苏珊娜·利著,布伦达·霍绘,吴爽译,英国经典思维冒险游戏书,2016年4月。平装,8开,ISBN 978-7-5016-1079-2,定价15.00元。(T85-42)

17377　火车出发了

〔英〕苏珊娜·利著,布伦达·霍绘,吴爽译,英国经典思维冒险游戏书,2016年4月。平装,8开,ISBN 978-7-5016-1083-9,定价15.00元。(T85-43)

17378　踏上丛林征途

〔英〕苏珊娜·利著,布伦达·霍绘,吴爽译,英国经典思维冒险游戏书,2016年4月。平装,8开,ISBN 978-7-5016-1078-5,定价15.00元。(T85-44)

17379　欢乐农场派对日

〔英〕苏珊娜·利著,布伦达·霍绘,曾少美译,英国经典思维冒险游戏书,2016年4月。平装,8开,ISBN 978-7-5016-1082-2,定价15.00元。(T85-45)

17380　探索金字塔之谜

〔英〕苏珊娜·利著,布伦达·霍绘,曾少美译,英国经典思维冒险游戏书,2016年4月。平装,8开,ISBN 978-7-5016-1077-8,定价15.00元。(T85-46)

17381　古怪城镇的一天

〔英〕苏珊娜·利著,布伦达·霍绘,曾少美译,英国经典思维冒险游戏书,2016 年 4 月。平装,8 开,ISBN 978-7-5016-1080-8,定价 15.00 元。(T85-47)

17382 英国经典思维冒险游戏书

〔英〕苏珊娜·利著,布伦达·霍绘,曾少美、吴爽译,2017 年 10 月。平装,16 开,ISBN 978-7-5016-1334-2,定价 120.00 元。(T85-55)

17383 英国脑力思维训练书

〔英〕菲尔·克拉克、汉纳·伍德、西蒙·都德霍普著,露丝·拉塞尔、迈克·希尔、马克·梅纳德、拉·哈蒙兹、凯特·里默、乔安尼·柯比绘,李双燕译,2017 年 11 月。平装,32 开,ISBN 978-7-5016-1343-4,定价 96.00 元。(T85-56)

17384 英国幼儿多元智能开发游戏书

〔英〕菲尔·克拉克著,迈克·希尔绘,赵娜译,2018 年 4 月。平装,16 开,ISBN 978-7-5016-1394-6,定价 90.00 元。(T85-57)

17385 英国超凡想象力激发大书

〔英〕尼克·沙拉特图,皮帕·古德哈特文,章鱼译,2018 年 3 月。平装,12 开,ISBN 978-7-5016-1386-1,定价 88.00 元。(T85-58)

17386 爱上动手的科学书

〔法〕西尔维娅·吉勒玛著,黄凌霞译,2019 年 7 月。平装,16 开,ISBN 978-7-5016-1519-3,定价 200.00 元。(T85-61)

17387 权力 48 法则

〔美〕罗伯特·格林、朱斯特·艾尔弗斯著,金马、卢安安、张小玲译,2013 年 1 月。平装覆膜,16 开,ISBN 978-7-5016-0363-3,定价 49.00 元。(T94-2)

文化综合

17388 圣诞节故事集锦

〔英〕狄更斯等著,1993 年 10 月。平装覆膜,小 32 开,ISBN 7-02-001699-5,定价 4.45 元。(79-24)

17389 圣经故事

刘小江编译,宗教故事丛书,外国文学出版社 1997 年 4 月。平装覆膜,大 32 开,ISBN 7-5016-0141-0,定价 17.00 元。2003 年 7 月人民文学出版社插图本,〔德〕卡罗尔斯菲尔德木刻,平装覆膜,国流 32 开,ISBN 7-02-004221-X,定价 19.00 元。(79-25)

17390 雨果绘画

〔法〕雨果著,程曾厚选编,2002 年 3 月。精装,国流 32 开,ISBN 7-02-003757-7,定价 49.80 元。(79-36)

17391 歌德绘画

〔德〕歌德著,高中甫选编,2004 年 10 月。精装,国流 32 开,ISBN 7-02-004763-7,定价 49.80 元。(79-41)

17392 图画圣经

俞萍编写,〔法〕古斯塔夫·多雷图,跃格文化彩绘,2008 年 4 月。平装覆膜,16 开,ISBN 978-7-02-006313-0,定价 58.00 元。(79-45)

17393 道德情操论

〔英〕亚当·斯密著,陈出新、陈艳飞译,陆钰明校译,2011 年 7 月。平装,32 异,ISBN 978-7-02-008672-6,定价 29.00 元。(74-39)

17394 《瓦尔登湖》艺术笔记

〔美〕亨利·戴维·梭罗著,杜先菊译,2017 年 8 月,平装,32 异,ISBN 978-7-02-012862-4,定价 68.00 元。(79-48)

17395 《傲慢与偏见》艺术笔记

〔英〕简·奥斯丁著,休·汤姆森绘,孙致礼译,2017 年 8 月,平装,32 异,ISBN 978-7-02-012853-2,定价 68.00 元。(79-49)

17396 美国幽默笑话

〔美〕波罗日尼亚科夫编,郭其名、武宏光译,笑话世界,外国文学出版社 1991 年 12 月。平装覆膜,32 异,ISBN 7-5016-0108-9,定价 5.15 元。(85-11)

17397 瑞典幽默笑话

杨永范编译,笑话世界,外国文学出版社 1991 年 12 月。平装覆膜,32 异,ISBN 7-5016-

0109-7,定价 2.50 元。(85-12)

17398 意大利幽默笑话

王干卿译,笑话世界,外国文学出版社 1992 年 11 月。平装覆膜,32 异,ISBN 7-5016-0125-9,定价 4.20 元。(85-15)

17399 德国幽默笑话

郭正田、冯兴元、张北征译,笑话世界,外国文学出版社 1992 年 11 月。平装覆膜,32 异,ISBN 7-5016-0127-5,定价 4.80 元。(85-16)

17400 英国幽默笑话

王志松、陈晓冬编译,笑话世界,外国文学出版社 1992 年 11 月。平装覆膜,32 异,ISBN 7-5016-0126-7,定价 3.40 元。(85-17)

17401 犹太幽默笑话

〔瑞士〕萨·兰德曼选编,冬云、石龙、启智译,笑话世界,外国文学出版社 1992 年 11 月。平装覆膜,32 异,ISBN 7-5016-0128-3,定价 4.10 元。(85-18)

17402 人类的音乐

〔美〕耶迪胡·梅纽因、柯蒂斯·W. 戴维斯著,冷杉译,2003 年 1 月。平装覆膜,16 开,ISBN 7-02-004056-X,定价 29.00 元。2005 年 1 月,插图本,平装覆膜,16 开,ISBN 7-02-004782-3,定价 96.00 元。(85-33)

17403 新阶级与知识分子的未来

〔美〕阿尔文·古尔德纳著,杜维真、罗永生、黄蕙瑜译,李阳校,猫头鹰学术译丛,2001 年 11 月。平装覆膜,国流 32 开,ISBN 7-02-003480-2,定价 9.80 元。(85-26)

17404 后汽车时代的城市

〔美〕莫什·萨夫迪著,吴越译,猫头鹰学术译丛,2001 年 10 月。平装覆膜,国流 32 开,ISBN 7-02-003424-1,定价 11.00 元。(85-27)

17405 全球资本主义的终结 新的历史蓝图

〔德〕海因兹·迪德里齐等多国作者著,徐文渊译,猫头鹰学术译丛,2001 年 10 月。平装覆膜,国流 32 开,ISBN 7-02-003435-7,定价 10.00 元。(85-28)

17406 拉丁美洲被切开的血管

〔乌拉圭〕爱德华多·加莱亚诺著,王玫、张小强、韩晓雁、张仓吉、吴国平译,邓兰珍校,猫头鹰学术译丛,2001 年 11 月。平装覆膜,国流 32 开,ISBN 7-02-003497-7,定价 18.00 元。(85-29)

17407 与地球重新签约 哥本哈根社会发展论坛文选之一

〔丹麦〕雅克·鲍多特等多国作者著,吴小英等译,黄平编选,猫头鹰学术译丛,2003 年 7 月。平装覆膜,国流 32 开,ISBN 7-02-004174-4,定价 18.00 元。(85-30)

17408 感动哈佛
——成功进入哈佛经典陈述 50 篇

哈佛大学《克里姆森》报选编,陈冰等译,2003 年 1 月。平装覆膜,国流 32 开,ISBN 7-02-004055-1,定价 20.00 元。(85-34)

17409 法斯宾德论电影 幻想的无政府主义 电影解放心智

〔德〕莱纳·维尔纳·法斯宾德著,米夏尔·忒特贝尔格编,林芳如译,电影眼丛书,2004 年 1 月。平装覆膜,国流 32 开,ISBN 7-02-004351-8,定价 35.00 元。(85-35)

17410 牛顿的苹果——物理学的灿烂星座

〔德〕托马斯·毕尔科著,张世胜、顾牧译,科学星座丛书,外国文学出版社 2004 年 1 月。平装覆膜,32 异,ISBN 7-5016-0197-6,定价 14.00 元。(84-22)

17411 达尔文的猴子
——生物学的灿烂星座

〔德〕彼得·迪维克著,任卫东译,科学星座丛书,外国文学出版社 2004 年 1 月。平装覆膜,32 异,ISBN 7-5016-0196-8,定价 11.00 元。(84-23)

17412 忠诚的代价 美国前财长保罗·奥尼尔眼中的布什和白宫

〔美〕罗恩·萨斯坎德著,李星健译,2004 年 8 月。平装覆膜,国流 32 开,ISBN 7-02-004773-4,定价 21.00 元。(85-37)

17413 文德斯论电影
情感电影 影像的逻辑

〔德〕文德斯著,孙秀蕙译,电影眼丛书,2005 年 5 月。平装覆膜,国流 32 开,ISBN 7-02-004834-X,定价 28.00 元。(85-40)

17414 圣经的故事

〔美〕房龙著,张蕾芳、王立新译,20世纪外国名家精品插图本,2006年1月。平装覆膜,国流32开,ISBN 7-02-005440-4,定价17.00元。(85-42)

17415 解放孩子的潜能 华德福父母指南
〔英〕马丁·洛森著,吴蓓译,华德福教育丛书,2006年6月。平装覆膜,国流32开,ISBN 7-02-005422-6,定价19.00元。(85-43)

17416 自由地学习 华德福早期教育
〔英〕琳·欧德菲尔德著,李泽武译,华德福教育丛书,2006年6月。平装覆膜,国流32开,ISBN 7-02-005421-8,定价13.00元。(85-44)

17417 学校是一段旅程 华德福教师手记
〔美〕特琳·芬瑟著,吴蓓译,华德福教育丛书,2006年6月。平装覆膜,国流32开,ISBN 7-02-005420-X,定价15.00元。(85-45)

17418 读书疗法 女性生活各阶段的读书指南
〔美〕南希·派斯克、贝弗利·韦斯特著,王义国译,2006年7月。平装覆膜,16异,ISBN 7-02-005282-7,定价32.00元。(85-46)

17419 跟着丹·布朗去旅行
〔德〕奥利弗·米特尔巴赫著,陈莹译,2006年9月。平装覆膜,32开,ISBN 7-02-005816-7,定价17.00元。(85-47)

17420 欲望电影 阿尔莫多瓦谈电影
〔法〕弗雷德里克·斯特劳斯著,傅郁辰、谢强译,电影眼丛书,2007年3月。平装覆膜,国流32开,ISBN 978-7-02-005970-6,定价21.00元。(85-49)

17421 父与子
〔德〕埃·奥·卜劳恩著,漫画,大拇指丛书,2007年9月。平装覆膜,国流32开,ISBN 978-7-02-006175-4,定价12.00元。(85-50)

17422 丁丁与我 埃尔热访谈录
〔法〕努马·萨杜尔著,龙云译,2009年1月。平装覆膜,国流32开,ISBN 978-7-02-006883-8,定价19.00元。(85-51)

17423 睡商 清醒的头脑来自健康的睡眠
〔德〕蒂阿·赫罗尔德、英戈·费策著,强朝晖译,2009年5月。平装覆膜,16异,ISBN 978-7-02-006989-7,定价25.00元。(85-52)

17424 抵抗的全球化(上下)
(香港)刘健芝、〔法〕萨米尔·阿明、〔比利时〕弗朗索瓦·浩达主编,猫头鹰学术译丛,2009年5月。平装覆膜,国流32开,ISBN 978-7-02-006938-5,定价60.00元。(86-99)

17425 香水之旅 畅游聚斯金德的气味世界
〔德〕奥利弗·米特尔巴赫著,李怡志译,2009年4月。平装覆膜,32异,ISBN 978-7-02-006997-2,定价25.00元。(85-53)

17426 市民与妓女 近代初期阿姆斯特丹的不道德职业
〔荷兰〕洛蒂·范·德·珀尔著,李士勋译,2009年10月。平装,国流32开,ISBN 978-7-02-007581-2,定价20.00元。(85-55)

17427 苦涩的结合 17世纪荷兰东印度公司的一出离婚戏剧
〔荷兰〕里奥纳德·包乐史著,杨立新、冷杉译,2009年10月。平装,国流32开,ISBN 978-7-02-007582-9,定价18.00元。(85-56)

17428 是你,制造了天气 气候变化的历史与未来
〔澳大利亚〕蒂姆·富兰纳瑞著,越家康译,2010年7月。平装覆膜,32异,ISBN 978-7-02-008090-8,定价28.00元。(85-58)

17429 缝不起来的伤痕童年
〔美〕戴维·斯摩尔著,廖美琳译,2010年8月。平装,16异,ISBN 978-7-02-008253-7,定价32.00元。2017年9月收入99图像小说,精装,16异,ISBN 978-7-02-012523-4,定价88.00元。(85-59)

17430 共济会的秘密
〔英〕彼得·布莱克斯托克编著,王宇皎译,2011年11月。软精,32异,ISBN 978-7-02-008737-2,定价22.00元。(85-67)

17431 维基解密内幕 我在世界上最危险的网站度过的日子
〔德〕丹尼尔·多姆沙伊特-伯格著,蒂娜·克洛普记录,李双志、张灯译,2012年1月。平装,16异,ISBN 978-7-02-008794-5,定价35.00元。(85-68)

| 17432 | 谁动了我的老鼠

〔美〕蒂娜·哈瑞斯著,安·柏雅强图,贾雪译,2012年1月。软精,32异,ISBN 978-7-02-008853-9,定价20.00元。(85-69)

| 17433 | 我的大英百科狂想曲

〔美〕A.J.贾各布斯著,黄芳田译,2012年1月。平装覆膜,32异,ISBN 978-7-02-008858-4,定价35.00元。(85-70)

| 17434 | 1434 一支庞大的中国舰队抵达意大利并点燃文艺复兴之火

〔英〕加文·孟席斯著,宋丽萍、杨立新译,2012年6月。平装,32异,ISBN 978-7-02-009134-8,定价38.00元。(85-75)

| 17435 | 爱米莉·古怪小姐1 迷失,黑暗与无聊

〔美〕罗伯·瑞金著,刘雯雯译,王亚男注,2012年7月。平装覆膜,16开,ISBN 978-7-02-009028-0,定价38.00元。(85-77)

| 17436 | 爱米莉·古怪小姐2 摇滚,死亡,虚假,复仇和孤独

〔美〕罗伯·瑞金著,刘雯雯译,王亚男注,2012年7月。平装覆膜,16开,ISBN 978-7-02-009074-7,定价38.00元。(85-78)

| 17437 | 爱米莉·古怪小姐3 逢魔时刻

〔美〕罗伯·瑞金著,刘雯雯译,王亚男注,2012年7月。平装覆膜,16开,ISBN 978-7-02-009045-7,定价32.00元。(85-79)

| 17438 | 爱米莉·古怪小姐(全三册)

〔美〕罗伯·瑞金著,刘雯雯译,王亚男注,2012年7月。平装覆膜,16开,ISBN 978-7-02-007406-8,定价188.00元。(85-80)

| 17439 | 大西洋帝国:一座城池的兴与衰

〔美〕尼尔森·约翰逊著,宋沈黎、刘露译,2012年12月。平装,32异,ISBN 978-7-02-009498-1,定价35.00元。(85-84)

| 17440 | 推手 改变世界的经济学天才

〔美〕西尔维亚·娜萨著,马韧译,2013年4月。平装覆膜,16异,ISBN 978-7-02-009712-8,定价58.00元。(85-86)

| 17441 | 唐顿庄园

〔英〕杰西卡·费罗斯著,鲁南译,2013年10月。精装,16异,ISBN 978-7-02-010009-5,定价98.00元。(85-88)

| 17442 | 恐怖谷

〔英〕阿瑟·柯南·道尔原著,伊安·艾丁顿改写,I.N.J.卡尔巴德绘,苏福忠译,福尔摩斯经典探案绘本系列,2013年11月。平装覆膜,16异,ISBN 978-7-02-009985-6,定价29.00元。(85-89)

| 17443 | 四签名

〔英〕阿瑟·柯南·道尔原著,伊安·艾丁顿改写,I.N.J.卡尔巴德绘,苏福忠译,福尔摩斯经典探案绘本系列,2013年11月。平装覆膜,16异,ISBN 978-7-02-009987-0,定价29.00元。(85-90)

| 17444 | 血字的研究

〔英〕阿瑟·柯南·道尔原著,伊安·艾丁顿改写,I.N.J.卡尔巴德绘,苏福忠译,福尔摩斯经典探案绘本系列,2013年11月。平装覆膜,16异,ISBN 978-7-02-009984-9,定价29.00元。(85-91)

| 17445 | 巴斯克维尔的猎犬

〔英〕阿瑟·柯南·道尔原著,伊安·艾丁顿改写,I.N.J.卡尔巴德绘,苏福忠译,福尔摩斯经典探案绘本系列,2013年11月。平装覆膜,16异,ISBN 978-7-02-009986-3,定价29.00元。(85-92)

| 17446 | 大学之道

〔美〕乔纳森·R.科尔著,冯国平、郝文磊译,2014年5月。平装,16开,ISBN 978-7-02-009900-9,定价66.00元。(85-95)

| 17447 | 我的世纪(彩图版)

〔德〕君特·格拉斯著,蔡鸿君译,2015年6月。精装,16异,ISBN 978-7-02-010968-5,定价78.00元。(85-99)

| 17448 | 回忆 第三帝国废墟上我的青春

〔荷兰〕鲁道尔弗·卡尔著,蒋佳慧译,2015年8月。精装,16异,ISBN 978-7-02-010597-7,定价58.00元。(85-100)

| 17449 | 我们一起坐看云端

〔英〕汤姆·查特菲尔德著,石世豪译,生活轻哲学书系,2016年8月。平装,32异,ISBN 978-7-02-011741-3,定价29.00元。(85-102)

文化综合

17450 因为有你,世界在变
〔英〕约翰-保罗·弗林托夫著,段媛媛译,生活轻哲学书系,2016年8月。平装,32异,ISBN 978-7-02-011752-9,定价28.00元。(85-103)

17451 在爱情与欲望之间
〔英〕阿兰·德波顿著,李海霞译,生活轻哲学书系,2016年8月。平装,32异,ISBN 978-7-02-011742-0,定价26.00元。(85-104)

17452 我想跟自己谈谈金钱哲学
〔英〕约翰·阿姆斯特朗著,曾桂娥译,生活轻哲学书系,2016年8月。平装,32异,ISBN 978-7-02-011740-6,定价28.00元。(85-105)

17453 选择有灵魂的工作
〔英〕罗曼·克兹纳里奇著,索菲娅译,生活轻哲学书系,2016年8月。平装,32异,ISBN 978-7-02-011739-0,定价30.00元。(85-106)

17454 巴萨关键词
〔西班牙〕哈维·托雷斯、桑蒂·帕德洛著,杜立言译,2016年8月。平装覆膜,32异,ISBN 978-7-02-011674-4,定价29.00元。(85-107)

17455 我的探险生涯Ⅰ
〔瑞典〕斯文·赫定著,李宛蓉译,远行译丛,2016年11月。精装,国流32开,ISBN 978-7-02-011677-5,定价42.00元。(85-108)

17456 我的探险生涯Ⅱ
〔瑞典〕斯文·赫定著,李宛蓉译,远行译丛,2016年11月。精装,国流32开,ISBN 978-7-02-011676-8,定价42.00元。(85-109)

17457 学会观察和倾听自己的情绪
〔英〕菲莉帕·佩里著,郭永红译,生活轻哲学书系,2016年12月。平装,32异,ISBN 978-7-02-012043-7,定价28.00元。(85-111)

17458 寂静的春天
〔美〕蕾切尔·卡森著,张雪华、黎颖译,教育部统编《语文》推荐阅读丛书,2020年7月。平装覆膜,16异,ISBN 978-7-02-016380-9,定价32.00元。(85-118)

17459 慢速生活
〔新西兰〕温蒂·帕金斯、杰弗瑞·克莱格著,闵冬潮等译,2016年12月。平装,32异,ISBN 978-7-02-011628-7,定价45.00元。(85-119)

17460 布封 鸟的世界(第一册)
〔法〕布封著,弗郎索瓦-尼古拉·马蒂内等绘,孙银英、李方芳译,99博物艺术志,2017年1月。精装,16异,ISBN 978-7-02-011853-3,定价138.00元。(85-123)

17461 布封 鸟的世界(第二册)
〔法〕布封著,弗郎索瓦-尼古拉·马蒂内等绘,郑炜翔、赵彤译,99博物艺术志,2017年1月。精装,16异,ISBN 978-7-02-011852-6,定价138.00元。(85-124)

17462 布封 鸟的世界(第三册)
〔法〕布封著,弗郎索瓦-尼古拉·马蒂内等绘,罗俐、尚俊峰译,99博物艺术志,2017年1月。精装,16异,ISBN 978-7-02-011850-2,定价138.00元。(85-125)

17463 布封 鸟的世界(第四册)
〔法〕布封著,弗郎索瓦-尼古拉·马蒂内等绘,吴雪菲、吴佳敏译,99博物艺术志,2017年1月。精装,16异,ISBN 978-7-02-011848-9,定价138.00元。(85-126)

17464 布封鸟的世界(第五册)
〔法〕布封著,弗郎索瓦-尼古拉·马蒂内等绘,刘晓钰、马艳君译,99博物艺术志,2017年1月。精装,16异,ISBN 978-7-02-011849-6,定价138.00元。(85-127)

17465 人性的弱点 80周年纪念版
〔美〕戴尔·卡内基著,陈杰译,2017年4月。平装,国流32开,ISBN 978-7-02-012340-7,定价36.00元。(85-129)

17466 单身社会
〔美〕艾里克·克里南伯格著,沈开喜译,2017年8月。精装,国流32开,ISBN 978-7-02-012869-3,定价48.00元。(85-131)

17467 饥饿
〔西班牙〕马丁·卡帕罗斯著,侯健、夏婷婷译,2017年6月。平装,16异,ISBN 978-7-02-012668-2,定价58.00元。(85-132)

17468 我们就这样走向迷途 卡夫卡文学箴言与绘画

〔奥地利〕弗兰茨·卡夫卡著,姜丽译,2017年8月。平装,32异,ISBN 978-7-02-012756-6,定价68.00元。(85-133)

17469　像天空一样美丽　鸟的艺术笔记
〔法〕布封著,弗郎索瓦-尼古拉·马蒂内绘,陈晔编,2017年8月。平装,32异,ISBN 978-7-02-012750-4,定价68.00元。(85-134)

17470　欧洲新艺术植物纹样
〔法〕欧仁·萨米埃尔·格拉塞编著,李琦译,99博物艺术志,2017年8月。精装,16异,ISBN 978-7-02-012290-5,定价99.00元。(85-135)

17471　欧洲针织印花和壁纸纹样
〔法〕莱昂·穆西纳克编著,李琦译,99博物艺术志,2017年8月。精装,16异,ISBN 978-7-02-012291-2,定价128.00元。(85-136)

17472　做优雅的巴黎女人　时尚,智慧,自信,独立
〔法〕安妮·别列斯特等著,童文煦、赵明译,2017年11月。平装,大32开,ISBN 978-7-02-013220-1,定价49.00元。(85-137)

17473　西班牙战场　内战见闻实录
〔奥地利〕弗兰茨·柏克瑙著,伽禾译,2018年1月。平装,32异,ISBN 978-7-02-013230-0,定价39.00元。(85-139)

17474　我们能谈点开心的事吗
〔美〕罗兹·查斯特著,康华译,99图像小说,2018年2月。精装,16异,ISBN 978-7-02-012159-5,定价99.00元。(85-143)

17475　恢复力
〔德〕克里斯蒂娜·贝尔特著,徐筱春、刘宇辰译,2018年3月。平装,国流32开,ISBN 978-7-02-013435-9,定价42.00元。(85-144)

17476　记忆的艺术
〔英〕弗朗西丝·叶芝著,钱彦、姚了了译,2018年7月。精装,国流32开,ISBN 978-7-02-013618-6,定价88.00元。(85-145)

17477　优雅的人生整理　让你和家人告别混乱的生活
〔瑞典〕玛加丽塔·芒努松著,潘婷婷译,幸福关键词,2018年10月。平装,大32开,ISBN 978-7-02-014004-6,定价38.00元。(85-148)

17478　健全的社会
〔美〕艾里希·弗洛姆著,孙恺祥译,弗洛姆作品系列,2018年11月。精装,32异,ISBN 978-7-02-014518-8,定价59.00元。(80-38)

17479　逃避自由
〔美〕艾里希·弗洛姆著,刘林海译,弗洛姆作品系列,2018年11月。精装,32异,ISBN 978-7-02-014507-2,定价49.00元。(80-39)

17480　爱的艺术
〔美〕艾里希·弗洛姆著,刘福堂译,弗洛姆作品系列,2018年11月。精装,32异,ISBN 978-7-02-014534-8,定价39.00元。(80-40)

17481　存在的艺术
〔美〕艾里希·弗洛姆著,汪雁译,弗洛姆作品系列,2018年11月。精装,32异,ISBN 978-7-02-013711-4,定价39.00元。(80-41)

17482　舞动的自然　威廉·莫里斯的经典纹样
〔英〕威廉·莫里斯著,陈晔编,99博物艺术志,2018年12月。精装,16异,ISBN 978-7-02-014376-4,定价138.00元。(85-149)

17483　灵动的设计　威廉·莫里斯的经典设计纹样
〔英〕威廉·莫里斯著,陈晔编,99博物艺术志,2018年12月。精装,16异,ISBN 978-7-02-014466-2,定价138.00元。(85-150)

17484　365天涂鸦日志
〔英〕洛娜·斯科比著,涂谷子译,2019年1月。精装,16异,ISBN 978-7-02-014691-8,定价168.00元。(85-151)

17485　莱茵河传奇
曹乃云编译,2020年1月。平装,16异,ISBN 978-7-02-014736-6,定价69.00元。(98-960)

17486　多瑙河传奇
曹乃云编译,2020年1月。平装,16异,ISBN 978-7-02-014899-8,定价69.00元。(98-961)

17487　骑自行车的狐狸
〔法〕费伯蒂格著,苏迪译,2020年5月。精装,16异,ISBN 978-7-02-014244-6,定价98.00

元。(85-152)

17488 哈利·波特 霍格沃茨圣诞立体书
〔美〕乔迪·利文森著,马爱农译,2020 年 11 月。精装,64 开,ISBN 978-7-02-016560-5,定价148.00 元。(85-153)

17489 哈利·波特 斯莱特林学院笔记
〔美〕华纳兄弟公司编写,人民文学出版社编辑部译,2019 年 9 月。软精,32 异,ISBN 978-7-02-014861-5,定价88.00 元。(85-154)

17490 哈利·波特 格兰芬多学院笔记
〔美〕华纳兄弟公司编写,人民文学出版社编辑部译,2019 年 9 月。软精,32 异,ISBN 978-7-02-014860-8,定价88.00 元。(85-155)

17491 乌克兰民间故事
王金陵译,1959 年 12 月。平装,大 32 开,书号 10019·1371,定价 2.00 元。(43-1)

17492 苏联流行笑话与幽默
程文编译,笑话世界,外国文学出版社 1991 年 12 月。平装覆膜,32 异,ISBN 7-5016-0112-7,定价3.60 元。(49-9)

17493 雕刻时光
〔俄罗斯〕安德列·塔可夫斯基著,陈丽贵、李泳泉译,电影眼丛书,2003 年 8 月。平装覆膜,国流 32 开,ISBN 7-02-003985-5,定价 25.00 元。(49-11)

17494 唱歌的树
〔波兰〕亚尼娜·鲍兰任尼斯卡著,刘华兰译,作家出版社 1958 年 10 月。平装,32 开,书号 10020·986,定价 0.51 元。(60-1)

17495 加布罗沃笑话与传闻
〔保加利亚〕斯·费尔通洛夫、彼德·普罗达洛夫编选,黄雨石译,笑话世界,外国文学出版社 1991 年 12 月。平装覆膜,32 异,ISBN 7-5016-0110-0,定价3.55 元。(60-5)

17496 捷克幽默笑话
海华译,笑话世界,外国文学出版社 1991 年 12 月。平装覆膜,32 异,ISBN 7-5016-0111-9,定价3.25 元。(61-6)

17497 佛本生故事
印度佛教故事,郭良鋆、黄宝生译,印度文学丛书,1985 年 2 月。平装,大 32 开,书号 10019·3760,定价 2.50 元。2001 年 8 月收入印度故

事文学名著集成丛书,平装覆膜,大 32 开,ISBN 7-02-003412-8,定价 20.00 元。(67-4)

17498 佛经故事
周济编译,宗教故事丛书,外国文学出版社 1997 年 4 月。平装覆膜,大 32 开,ISBN 7-5016-0142-9,定价 17.00 元。(67-6)

17499 古兰经故事
杨连恺、林松、李佩伦、白崇人编写,宗教故事丛书,外国文学出版社 1997 年 4 月。平装覆膜,大 32 开,ISBN 7-5016-0143-7,定价 16.00 元。(67-7)

17500 故事海选
〔印度〕月天著,黄宝生、郭良鋆、蒋忠新译,印度故事文学名著集成丛书,2001 年 8 月。平装覆膜,大 32 开,ISBN 7-02-003340-7,定价 23.80 元。(67-8)

17501 今昔物语集(上下)
日本佛教故事,北京编译社译,张龙妹校注,日本文学丛书,外国文学出版社 2008 年 4 月。平装覆膜,国流 32 开,ISBN 978-7-02-006521-9,定价 96.00 元。(67-9)

17502 悉昙私记
〔日〕释宗叡著,陈开勇点校,2019 年 4 月,平装,国流 32 开,ISBN 978-7-02-014762-5,定价 60.00 元。(68-13)

17503 今昔物语集 天竺震旦部
日本佛教故事,张龙妹、赵季玉译,日本文学丛书,2019 年 8 月。平装覆膜,32 异,ISBN 978-7-02-012496-1,定价 58.00 元。(67-10)

17504 缅甸民间故事
〔缅甸〕貌阵昂编,施咸荣译,作家出版社 1957 年 4 月。平装,32 开,书号 10020·678,定价 0.68 元。(73-1)

17505 越南民间故事
春苔译,作家出版社 1958 年 8 月。平装,32 开,书号 10020·886,定价 0.24 元。(73-2)

17506 亚非民间故事集
译文社编,作家出版社 1958 年 10 月。平装,大 32 开,书号 10020·1094,定价 0.34 元。(73-3)

17507 安达瑞的故事

998

〔锡兰〕T.B.帕拉穆涅提拉克著,刘寿康、石永礼译,作家出版社 1963 年 12 月。32 异,书号 10020·1718,平装,定价 0.26 元;精装,定价 0.57 元。(73-4)

17508 日本民间故事
〔日〕坪田让治著,陈志泉译,1979 年 11 月。32 开,书号 10019·2812,平装,定价 0.33 元;半精,定价 0.53 元。(73-8)

17509 亚洲民间故事
1980 年 2 月。平装,32 开,书号 10019·2915,定价 0.73 元。(73-9)

17510 非洲民间故事
郭悦群等译,1981 年 12 月。平装,32 开,书号 10019·3228,定价 0.50 元。(73-10)

17511 黎明前的祈祷
〔韩〕李姬镐著,杨坤译,2000 年 6 月。精装,大 32 开,ISBN 7-02-003296-6,定价 26.00 元。(73-11)

17512 永远的祈祷——两个从死亡边缘上生还的日军老兵的真诚告白
〔日〕北冈信夫著,包容译,2001 年 10 月。平装覆膜,大 32 开,ISBN 7-02-003546-9,定价 13.80 元。(73-12)

17513 杂拌通
〔韩〕洪承佑绘著,金椿姬译,2004 年 5 月。平装覆膜,16 异,ISBN 7-02-004287-2,定价 40.00 元。(73-13)

17514 让我们富起来
〔韩〕宋丙洛著,李元馥图,〔韩〕赵璟姬译,2004 年 5 月。平装覆膜,国流 32 开,ISBN 7-02-004265-1,定价 30.00 元。(73-14)

17515 东亚女性的起源 从女性主义角度解析《列女传》
〔韩〕郑在书主编,〔韩〕崔丽红译,2005 年 8 月。平装覆膜,国流 32 开,ISBN 7-02-005271-1,定价 19.00 元。(73-15)

17516 韩国道教思想
〔韩〕车柱环著,〔韩〕赵殷尚译,2005 年 8 月。平装覆膜,国流 32 开,ISBN 7-02-005263-0,定价 17.00 元。(73-16)

17517 蟹工船 漫画版
〔日〕小林多喜二著,藤生刚绘,秦刚、应杰译,2009 年 7 月。平装覆膜,国流 32 开,ISBN 978-7-02-007597-3,定价 22.00 元。(69-236)

17518 交响情人梦 1
〔日〕二之宫知子著,蔡梦芳译,2010 年 2 月。平装覆膜,32 异,ISBN 978-7-02-007868-4,定价 16.00 元。(73-18)

17519 交响情人梦 2
〔日〕二之宫知子著,蔡梦芳译,2010 年 2 月。平装覆膜,32 异,ISBN 978-7-02-007867-7,定价 16.00 元。(73-19)

17520 交响情人梦 3
〔日〕二之宫知子著,蔡梦芳译,2010 年 2 月。平装覆膜,32 异,ISBN 978-7-02-007866-0,定价 16.00 元。(73-20)

17521 交响情人梦 4
〔日〕二之宫知子著,蔡梦芳译,2010 年 2 月。平装覆膜,32 异,ISBN 978-7-02-007865-3,定价 16.00 元。(73-21)

17522 交响情人梦 5
〔日〕二之宫知子著,蔡梦芳译,2010 年 2 月。平装覆膜,32 异,ISBN 978-7-02-007864-6,定价 16.00 元。(73-22)

17523 交响情人梦 6
〔日〕二之宫知子著,蔡梦芳译,2010 年 2 月。平装覆膜,32 异,ISBN 978-7-02-007869-1,定价 16.00 元。(73-23)

17524 交响情人梦 7
〔日〕二之宫知子著,蔡梦芳译,2010 年 2 月。平装覆膜,32 异,ISBN 978-7-02-007863-9,定价 16.00 元。(73-24)

17525 交响情人梦 8
〔日〕二之宫知子著,蔡梦芳译,2010 年 2 月。平装覆膜,32 异,ISBN 978-7-02-007862-2,定价 16.00 元。(73-25)

17526′ 交响情人梦 9
〔日〕二之宫知子著,蔡梦芳译,2010 年 2 月。平装覆膜,32 异,ISBN 978-7-02-007861-5,定价 16.00 元。(73-26)

17527 交响情人梦 10
〔日〕二之宫知子著,蔡梦芳译,2010 年 2 月。平装覆膜,32 异,ISBN 978-7-02-007860-8,

定价16.00元。(73-27)

17528 交响情人梦 11
〔日〕二之宫知子著,蔡梦芳译,2010年3月。平装覆膜,32异,ISBN 978-7-02-007930-8,定价16.00元。(73-28)

17529 交响情人梦 12
〔日〕二之宫知子著,蔡梦芳译,2010年3月。平装覆膜,32异,ISBN 978-7-02-007929-2,定价16.00元。(73-29)

17530 交响情人梦 13
〔日〕二之宫知子著,蔡梦芳译,2010年3月。平装覆膜,32异,ISBN 978-7-02-007928-5,定价16.00元。(73-30)

17531 交响情人梦 14
〔日〕二之宫知子著,蔡梦芳译,2010年3月。平装覆膜,32异,ISBN 978-7-02-007927-8,定价16.00元。(73-31)

17532 交响情人梦 15
〔日〕二之宫知子著,蔡梦芳译,2010年3月。平装覆膜,32异,ISBN 978-7-02-007926-1,定价16.00元。(73-32)

17533 交响情人梦 16
〔日〕二之宫知子著,蔡梦芳译,2010年3月。平装覆膜,32异,ISBN 978-7-02-007925-4,定价16.00元。(73-33)

17534 交响情人梦 17
〔日〕二之宫知子著,蔡梦芳译,2010年3月。平装覆膜,32异,ISBN 978-7-02-007924-7,定价16.00元。(73-34)

17535 交响情人梦 18
〔日〕二之宫知子著,蔡梦芳译,2010年3月。平装覆膜,32异,ISBN 978-7-02-007923-0,定价16.00元。(73-35)

17536 交响情人梦 19
〔日〕二之宫知子著,蔡梦芳译,2010年3月。平装覆膜,32异,ISBN 978-7-02-007922-3,定价16.00元。(73-36)

17537 交响情人梦 20
〔日〕二之宫知子著,张芳馨译,2010年3月。平装覆膜,32异,ISBN 978-7-02-007921-6,定价16.00元。(73-37)

17538 交响情人梦 21
〔日〕二之宫知子著,蔡梦芳译,2011年8月。平装覆膜,32异,ISBN 978-7-02-008419-7,定价16.00元。(73-38)

17539 交响情人梦 22
〔日〕二之宫知子著,蔡梦芳译,2011年2月。平装覆膜,32异,ISBN 978-7-02-008418-0,定价16.00元。(73-39)

17540 交响情人梦 23
〔日〕二之宫知子著,蔡梦芳译,2011年2月。平装覆膜,32异,ISBN 978-7-02-008417-3,定价16.00元。(73-40)

17541 黑泽明VS好莱坞
〔日〕田草川弘著,余石杨译,2012年1月。平装覆膜,国流32开,ISBN 978-7-02-008414-2,定价29.00元。(73-42)

17542 交响情人梦 24
〔日〕二之宫知子著,蔡梦芳译,2013年1月。平装覆膜,32异,ISBN 978-7-02-009606-0,定价16.00元。(73-44)

17543 交响情人梦 25
〔日〕二之宫知子著,蔡梦芳译,2013年1月。平装覆膜,32异,ISBN 978-7-02-009607-7,定价16.00元。(73-45)

17544 画画旅行
〔韩〕金韩民著,深予译,2016年12月。平装,国流32开,ISBN 978-7-02-011993-6,定价52.00元。(73-46)

17545 情感管理的艺术
〔韩〕姜信珠著,李尚静译,2017年1月。平装,国流32开,ISBN 978-7-02-012003-1,定价52.00元。(73-48)

17546 日本江户时代织物纹样
〔日〕高岛千春著,99博物艺术志,2018年4月。精装,16异,ISBN 978-7-02-012658-3,定价108.00元。(73-49)

17547 日本浮世绘纹样
〔日〕楠濑日年著,99博物艺术志,2018年4月。精装,16异,ISBN 978-7-02-012428-2,定价198.00元。(73-50)

17548 日本明治时代设计图谱(上下)
〔日〕古谷红麟著,99博物艺术志,2018年4月。精装,16异,ISBN 978-7-02-012677-4,

定价 268.00 元。(73-51)

17549 把东京厨房搬回家 日本女人吃不胖

〔日〕森山奈保美、〔美〕威廉·道尔著,有印良品译,幸福关键词,2018 年 8 月。平装,国流 32 开,ISBN 978-7-02-014008-4,定价 35.00 元。(73-52)

17550 把东京厨房搬回家 日本孩子真健康

〔日〕森山奈保美、〔美〕威廉·道尔著,有印良品译,幸福关键词,2018 年 8 月。平装,国流 32 开,ISBN 978-7-02-013147-1,定价 35.00 元。(73-53)

17551 思考的技术

〔日〕大前研一著,刘锦秀、谢育容译,2019 年 3 月。平装,国流 32 开,ISBN 978-7-02-014503-4,定价 39.00 元。(73-54)

17552 极简:丢掉不必要的物品,开始极简主义生活

〔日〕沼畑直树著,邹艳苗译,2019 年 9 月。平装,32 异,ISBN 978-7-02-014988-9,定价 49.80 元。(69-458)

17553 百花三国志

〔日〕正子公也绘,陈旻译,2020 年 9 月。精装,16 异,ISBN 978-7-02-016485-1,定价 158.00 元。(73-55)

17554 水浒一百零八将

〔日〕正子公也绘,陈旻译,2020 年 9 月。精装,16 异,ISBN 978-7-02-016400-4,定价 168.00 元。(73-56)

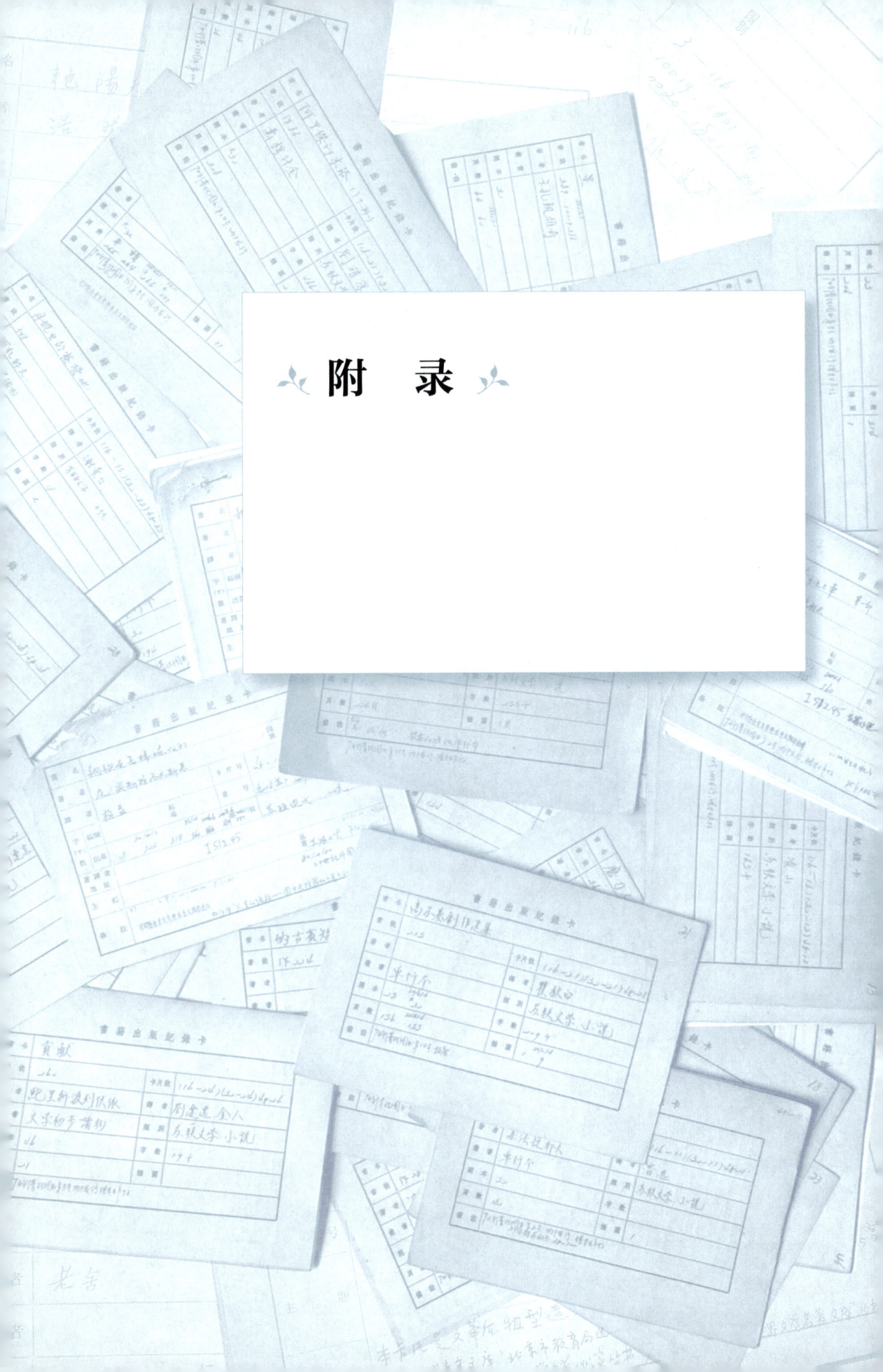

附 录

艺术出版社图书

17555　安德列也夫
〔苏〕柯洛嘉日纳雅著,萧中译,演员小丛书,1953年12月。平装,32开,书号 艺2,定价3,100元。(Y-1)

17556　西蒙诺夫
〔苏〕A.克雷莫夫著,郑雪来译,演员小丛书,1953年12月。平装,32开,书号 艺4,定价2,700元。(Y-2)

17557　卡道奇尼科夫
〔苏〕B.罗济娜著,萧章译,演员小丛书,1953年12月。平装,32开,书号 艺4,定价3,000元。(Y-3)

17558　马卡洛娃
〔苏〕格林别尔格著,陈坚一、雷楠译,演员小丛书,1954年1月。平装,32开,书号 艺1,定价3,000元。(Y-4)

17559　玛列茨卡娅
〔苏〕杜尼娜著,杨秀实译,演员小丛书,1954年1月。平装,32开,书号 艺8,定价2,900元。(Y-5)

17560　演员的道德
〔苏〕史坦尼斯拉夫斯基著,许珂、郑雪来译,电影艺术丛书,1954年2月。平装,25开,书号 艺7,定价2,900元。(Y-6)

17561　论新闻纪录电影
〔苏〕科巴林等著,志刚等译,电影艺术丛书,1954年2月。平装,25开,书号 艺9,定价7,600元。(Y-7)

17562　论电影与戏剧中的冲突
〔苏〕包哥廷等著,李纬武等译,电影艺术丛书,1954年2月。平装,25开,书号 艺5,定价4,300元。(Y-8)

17563　卓别林传
〔法〕乔治·萨杜尔著,徐继曾、邵牧君译,电影艺术丛书,1954年3月。平装,25开,书号 艺6,定价13,500元。(Y-9)

17564　苏联电影的道路与莫斯科艺术剧院
〔苏〕阿列依尼柯夫著,立凡、保尔、慧生译,电影艺术丛书,1954年4月。平装,大32开,书号 艺10,定价5,700元。(Y-10)

17565　音乐美学问题
〔苏〕克林列夫著,吴钧燮译,1954年6月。平装,32开,书号 艺12,定价2,900元。(Y-11)

17566　得奖歌曲集
中央文化部艺术事业管理局、中国音乐家协会合编,1954年6月。大32开,书号 艺11,平装,定价7,500元;精装,定价13,000元。(Y-12)

17567　宋景诗
陈白尘、贾霁著,电影剧本丛书,1954年7月。平装,32开,书号 艺13,定价5,300元。(Y-11)

17568　新儿女英雄传
孔厥、袁静原著,史东山编剧,电影剧本丛书,1954年7月。平装,32开,书号 艺24,定价6,900元。(Y-14)

17569　伟大的起点
艾明之著,电影剧本丛书,1954年8月。平装,32开,书号 艺14,定价4,500元。(Y-15)

17570　丹娘

〔苏〕阿伦什坦、奇尔斯科夫著,徐文译,电影剧本丛书,1954年8月。平装,32开,书号 艺23,定价6,300元。(Y-16)

17571 三年

葛琴著,电影剧本丛书,1954年8月。平装,32开,书号 艺17,定价4,200元。(Y-17)

17572 英雄司机

岳野著,电影剧本丛书,1954年8月。平装,32开,书号 艺15,定价4,600元。(Y-18)

17573 哈森与加米拉

王玉胡、布哈拉著,电影剧本丛书,1954年8月。平装,32开,书号 艺16,定价3,300元。(Y-19)

17574 鲍果留波夫

〔苏〕伊林娜、雅阔夫列娃著,俞灏东、杨秀琴译,演员小丛书,1954年9月。平装,32开,书号 艺20,定价3,800元。(Y-20)

17575 塔拉索娃

〔苏〕卡里金著,允南译,演员小丛书,1954年9月。平装,32开,书号 艺19,定价4,100元。(Y-21)

17576 契尔诃夫

〔苏〕奥利多尔著,俞虹、慧生译,演员小丛书,1954年9月。平装,32开,书号 艺21,定价4,800元。(Y-22)

17577 顿巴斯矿工

〔苏〕郭尔巴托夫、阿列克谢耶夫著,孟广钧译,电影剧本丛书,1954年9月。平装,32开,书号 艺22,定价5,700元。(Y-23)

17578 电影艺术在表现形式上的几个特点

史东山著,1954年10月。平装,大32开,书号 艺28,定价2,500元。(Y-24)

17579 草原上的人们

海默、玛拉沁夫、达木林著,电影剧本丛书,1954年10月。平装,32开,书号 艺27,定价4,300元。(Y-25)

17580 幸福的生活

〔苏〕包哥廷著,田大畏译,1954年10月。平装,32开,书号 艺26,定价5,000元。(Y-26)

17581 中国民间舞蹈选集

中国舞蹈艺术研究会筹委会编,1954年10月。25开,书号 艺32,平装,定价4,500元;精装,定价22,300元。(Y-27)

17582 文学与电影

〔苏〕罗姆等著,富澜等译,电影艺术丛书,1954年12月。平装,大32开,书号 艺33,定价4,800元。(Y-28)

17583 梅兰芳演出剧本选集

中国戏剧家协会编,1954年12月。大32开,书号 艺34,平装,定价15,000元;精装,定价19,500元;特精,定价33,200元。(Y-29)

17584 怒海轻骑

艾扬、辛可久等著,电影剧本丛书,1955年2月。平装,32开,书号 艺39,定价3,500元。(Y-30)

17585 乡村女教师

〔苏〕斯米尔诺娃著,郑雪来译,电影剧本丛书,1955年2月。平装,32开,书号 艺35,定价5,900元。(Y-31)

17586 周信芳演出剧本选集(上下)

中国戏剧家协会编,1955年2月。大32开,书号 艺38,平装,定价27,400元;1955年3月,精装,定价5.85元。(Y-32)

17587 橄榄树下无和平

〔意大利〕利贝洛、桑蒂斯等著,李正伦译,电影剧本丛书,1955年2月。平装,32开,书号 艺36,定价4,200元。(Y-33)

17588 怎样开展职工业余艺术活动

陈嘉平著,通俗艺术小丛书,1955年3月。平装,32开,书号 艺42,定价0.18元。(Y-34)

17589 歌曲合订本(1—9期 附增刊)

文化部艺术事业管理局、中国音乐家协会合编,1954年6月。32开,平装,定价4,500元;精装,定价9,300元。(Y-35)

17590 怎样编写鼓词

李啸仓著,通俗艺术小丛书,1955年4月。平装,32开,书号 艺41,定价0.26元。(Y-36)

17591 捷克斯洛伐克的木偶戏

〔捷克斯洛伐克〕杨·马列克著,杜友良、刘幼兰译,1955年4月。平装,32开,书号 艺48,定价0.35元。(Y-37)

17592 论电影剧作的几个问题

〔苏〕亚力山大洛夫等著,富澜等译,电影艺术丛书,1955年5月。平装,大32开,书号 艺

44,定价 0.52 元。（Y-38）

17593　论斯坦尼斯拉夫斯基的创作方法

〔苏〕阿巴耳金等著，罗慧生等译，电影艺术丛书，1955 年 5 月。平装，大 32 开，书号 艺 43，定价 0.55 元。（Y-39）

17594　歌曲 一九五四年合订本（10—15 期）

文化部艺术事业管理局、中国音乐家协会合编，1955 年 5 月。平装，32 开，书号 艺 50，定价 0.42 元。（Y-40）

17595　教唱、指挥和歌詠团的组织训练

叶林著，通俗艺术小丛书，1955 年 6 月。平装，32 开，书号 艺 46，定价 0.30 元。（Y-41）

17596　苏联电影艺术的技巧问题

〔苏〕格拉西莫夫等著，史敏徒译，1955 年 6 月。平装，大 32 开，书号 艺 45，定价 1.17 元。（Y-42）

17597　天罗地网

石方禹著，电影剧本丛书，1955 年 7 月。平装，32 开，书号 艺 51，定价 0.37 元。（Y-43）

17598　简谱识谱法

张毅著，通俗艺术小丛书，1955 年 7 月。平装，32 开，书号 艺 47，定价 0.26 元。（Y-44）

17599　热洛夫

〔苏〕克拉斯诺夫著，于振中译，演员小丛书，1955 年 7 月。平装，32 开，书号 艺 52，定价 0.31 元。（Y-45）

17600　社会中坚

〔美〕迈克尔·威尔逊著，王慧敏、凌畹君译，电影剧本丛书，1955 年 7 月。平装，32 开，书号 艺 37，定价 0.76 元。（Y-46）

17601　阿 Q 正传

鲁迅原著，田汉编剧，1955 年 7 月。平装，32 开，书号 艺 60，定价 0.35 元。（Y-47）

17602　斯坦尼斯拉夫斯基体系讲话

〔德〕盖耶尔著，邵牧君译，电影艺术丛书，1955 年 8 月。平装，大 32 开，书号 艺 40，定价 0.64 元。（Y-48）

17603　格里包夫

〔苏〕库里格涅克著，沙汀译，演员小丛书，1955 年 8 月。平装，32 开，书号 艺 53，定价 0.30 元。（Y-49）

17604　平原游击队

邢野、羽山著，电影剧本丛书，1955 年 8 月。平装，32 开，书号 56，定价 0.33 元。（Y-50）

17605　论电影艺术中的家庭道德

〔苏〕葛拉切夫等著，志刚译，电影艺术丛书，1955 年 10 月。平装，大 32 开，书号 艺 59，定价 0.28 元。（Y-51）

17606　我们的人

杨村彬、王元美著，电影剧本丛书，1955 年 10 月。平装，32 开，书号 艺 63，定价 0.36 元。（Y-52）

17607　卡门

〔法〕梅里美原著，田汉改编，1955 年 10 月。平装，32 开，书号 艺 61，定价 0.27 元。（Y-53）

17608　米丘林

〔苏〕杜甫仁科著，朱育义译，电影剧本丛书，1955 年 11 月。平装，32 开，书号 艺 62，定价 0.49 元。（Y-54）

17609　最初的抵抗

〔日〕山形雄策著，陈笃忱译，电影剧本丛书，1955 年 11 月。平装，32 开，书号 艺 55，定价 0.49 元。（Y-55）

17610　区委书记

〔苏〕普鲁特著，朱育义译，电影剧本丛书，1955 年 12 月。平装，32 开，书号 艺 70，定价 0.37 元。（Y-56）

17611　同业余演员谈演技

李醒著，通俗艺术小丛书，1955 年 12 月。平装，32 开，书号 艺 66，定价 0.27 元。1956 年 3 月，书号 8022·38。（Y-57）

17612　伟大的公民

〔苏〕布列曼等著，吴心田译，电影剧本丛书，1955 年 12 月。平装，32 开，书号 艺 30，定价 0.81 元。（Y-58）

17613　戏曲改革散论

马少波著，1956 年 1 月。平装，大 32 开，艺 68，定价 0.68 元。（Y-59）

17614　演员自我修养（第一部）

〔苏〕斯坦尼斯拉夫斯基著，林陵、史敏徒译，电影艺术丛书，1956 年 1 月。平装，大 32 开，书号 艺 64，定价 1.80 元。1956 年 8 月，书号 8022·37。（Y-60）

17615 演员自我修养(第二部)
〔苏〕斯坦尼斯拉夫斯基著,郑雪来译,电影艺术丛书,1956年1月。平装,大32开,书号 艺54,定价1.33元。1956年8月,书号 8022·32,定价1.30元。(Y-61)

17616 夏伯阳
〔苏〕瓦西里耶夫兄弟著,傅佩珩译,电影剧本丛书,1955年12月。平装,32开,书号 艺67,定价0.52元。1956年5月,书号 10022·29,定价0.50元。(Y-62)

17617 银幕上的人
〔苏〕尤特凯维奇著,史敏徒译,电影艺术丛书,1956年2月。平装,大32开,书号 艺58,定价0.61元。(Y-63)

17618 水乡的春天
鲍雨、汪普庆著,电影剧本丛书,1956年2月。平装,32开,书号 艺80,定价0.32元。(Y-64)

17619 玛申卡
〔苏〕格布里罗维奇著,田大畏译,电影剧本丛书,1956年2月。平装,32开,书号 艺74,定价0.36元。(Y-65)

17620 巴甫洛夫
〔苏〕巴巴瓦著,于敏译,电影剧本丛书,1956年2月。平装,32开,书号 艺65,定价0.56元。(Y-66)

17621 留别兹诺夫
〔苏〕乌里诺夫著,于振中译,演员小丛书,1956年3月。平装,32开,书号 艺75,定价0.26元。(Y-67)

17622 政府委员
〔苏〕维诺格拉特斯卡雅著,刘迟译,电影剧本丛书,1956年3月。平装,32开,书号 艺76,定价0.47元。1956年5月,书号 10022·34。(Y-68)

17623 杀人的喜剧
〔英〕卓别林著,金人译,电影剧本丛书,1956年4月。平装,32开,书号 艺72,定价0.65元。(Y-69)

17624 江布尔
〔苏〕包哥廷、塔日巴耶夫著,梅文译,电影剧本丛书,1956年4月。平装,32开,书号 艺79,定价0.56元。(Y-70)

17625 演员创造角色
〔苏〕斯坦尼斯拉夫斯基著,邓永明、郑雪来译,电影艺术丛书,1956年4月。平装,大32开,书号 艺71,定价0.86元。(Y-71)

17626 波罗的海代表
〔苏〕德艾里、拉赫曼诺夫、扎尔赫依、赫依费茨著,傅佩珩译,1956年4月。平装,32开,书号 艺84,定价0.32元。(Y-72)

17627 乌兰诺娃
〔苏〕鲍·里沃夫-阿诺兴著,吴启元译,1956年4月。平装,大32开,书号 艺57,定价0.69元。(Y-73)

17628 中国戏曲研究资料初辑
欧阳予倩编,1956年4月。平装,大32开,书号 艺77,定价0.80元。(Y-74)

17629 库兹明娜
〔苏〕科列斯尼科娃、普列因等著,杨秀琴译,演员小丛书,1956年4月。平装,32开,书号 艺82,定价0.22元。(Y-75)

17630 没有太阳的街
〔日〕德永直原著,立野三郎改编,李正伦译,电影剧本丛书,1956年4月。平装,32开,书号 艺83,定价0.39元。(Y-76)

17631 日阿阔夫
〔苏〕扎克、索斯诺夫斯基著,陈寿朋译,演员小丛书,1956年4月。平装,32开,书号 艺181,定价0.27元。(Y-77)

17632 马兰开花
林艺著,电影剧本丛书,1956年4月。平装,32开,书号 10022·45,定价0.28元。(Y-78)

17633 尼门河上的黎明
〔苏〕巴尔图希斯、格布里罗维奇著,曹仲文等译,电影剧本丛书,1956年4月。平装,32开,书号 艺88,定价0.42元。(Y-79)

17634 伟大的心
〔苏〕爱伦堡、柯静采夫著,尤敬译,电影剧本丛书,1956年5月。平装,32开,书号 10022·53,定价0.30元。(Y-80)

17635 沙漠里的战斗
王玉胡著,电影剧本丛书,1956年5月。平装,32开,书号 10022·51,定价0.27元。(Y-81)

17636　论电影剧本中的人物
〔苏〕克拉夫琴科等著,贾珍等译,电影艺术丛书,1956年6月。平装,大32开,书号8022·46,定价0.50元。(Y-82)

17637　扬子江的暴风雨
田汉编剧,1956年6月。平装,32开,书号 艺86,定价0.27元。(Y-83)

17638　一个普通的战士
〔苏〕姆基瓦尼著,胡伯胤译,电影剧本丛书,1956年6月。平装,32开,书号10022·42,定价0.43元。(Y-84)

17639　春到淮北
鲁彦周著,电影剧本丛书,1956年6月。平装,32开,书号10022·52,定价0.32元。(Y-85)

17640　上甘岭
林杉、曹欣、沙蒙、肖茅著,电影剧本丛书,1956年6月。平装,32开,书号10022·54,定价0.32元。(Y-86)

17641　暴风里的雄鹰
石鲁著,电影剧本丛书,1956年6月。平装,32开,书号10022·36,定价0.38元。(Y-87)

17642　钟义和小白龙
梁彦、熊塞声著,电影剧本丛书,1956年6月。平装,32开,书号10022·47,定价0.20元。(Y-88)

17643　在祖国需要的岗位上
黄宗英著,电影剧本丛书,1956年6月。平装,32开,书号10022·48,定价0.23元。(Y-89)

17644　舍甫琴柯
〔苏〕萨夫钦科著,郑雪来译,电影剧本丛书,1956年6月。平装,32开,书号10022·50,定价0.44元。(Y-90)

17645　科学普及电影的技巧问题
〔苏〕日丹著,李纬武译,电影艺术丛书,1956年6月。平装,大32开,书号8022·45,定价0.76元。(Y-91)

17646　苏联电影中的摄影艺术
〔苏〕格洛夫尼亚等著,凌集译,电影艺术丛书,1956年6月。平装,大32开,书号8022·47,定价0.49元。(Y-92)

17647　苏联戏剧大师论演员艺术
〔苏〕斯坦尼斯拉夫斯基等著,江韵辉等译,电影艺术丛书,1956年7月。平装,大32开,书号8022·48,定价0.85元。(Y-93)

17648　思想战线上的电影
〔美〕劳逊著,魏文珠译,电影艺术丛书,1956年7月。平装,大32开,书号8022·49,定价0.57元。(Y-94)

17649　苏妮和麻希瓦里
〔印度〕巴里万特·卡吉尔著,姚艮译,电影剧本丛书,1956年8月。平装,32开,书号10022·60,定价0.22元。(Y-95)

17650　我们来自喀琅施塔得
〔苏〕维什涅夫斯基著,李邦媛译,电影剧本丛书,1956年8月。平装,32开,书号10022·56,定价0.27元。(Y-96)

17651　动画电影
〔苏〕瓦诺著,杨秀实译,电影艺术丛书,1956年8月。平装,大32开,书号 艺73,定价0.78元。(Y-97)

17652　海鸥导演计划
〔苏〕斯坦尼斯拉夫斯基著,黄鸣野、李庄藩译,电影艺术丛书,1956年9月。平装,大32开,书号8022·56,定价1.20元。(Y-98)

17653　舞台生涯
〔英〕卓别林著,田大畏译,电影剧本丛书,1956年10月。平装,32开,书号10022·61,定价0.50元。(Y-99)

17654　俄罗斯民间舞蹈
〔苏〕特卡勤科编,鲜继平等译,1956年10月。平装,大32开,书号8022·56,定价0.44元。(Y-100)

17655　戏曲人物散论
张真著,1956年11月。平装,大32开,书号10022·59,定价0.39元。(Y-101)

17656　地方戏曲集(第二辑)
庄志、王易风、严朴编剧,1956年11月。平装,32开,书号10022·55,定价0.70元。(Y-102)

17657　地方戏曲集(第一辑)
安娥、王昌言、张彭、李庆番、杨露编剧,1956年11月。平装,32开,书号10022·57,定价0.65

元。（Y-103）

17658 肖长华先生谈表演艺术

祁兆良、刘木铎、黄克保、唐湜著，1956年11月。平装，32开，书号10022·69，定价0.22元。（Y-104）

17659 文学遗产与电影

〔苏〕马涅维奇等著，伍蕴卿等译，1956年12月。平装，大32开，书号10022·63，定价0.30元。（Y-105）

17660 高尔基和电影

〔苏〕瓦依斯菲尔德等著，胡英远等译，1956年12月。平装，大32开，书号10022·71，定价0.38元。（Y-106）

17661 论民间舞蹈

〔苏〕莫伊塞耶夫等著，陈大维等译，1956年12月。平装，大32开，书号8022·36，定价0.65元。（Y-107）

17662 论艺术的技巧

王朝闻著，1956年12月。平装，大32开，书号8022·51，定价0.65元。（Y-108）

17663 台尔曼传

〔德〕勃赖台尔等著，管蠡译，电影剧本丛书，1956年12月。平装，32开，书号8022·59，定价0.95元。（Y-109）

17664 苏联舞蹈家瓦冈诺娃

〔苏〕波格丹诺夫-别里卓夫斯基著，高士彦、吴启元译，1957年7月。平装，大32开，书号8022·57，定价0.55元。（Y-110）

17665 苏联民间舞蹈基本训练

〔苏〕特卡勤科编，鲜继平、魏绍淦、杨修兰译，1957年7月。平装，大32开，书号8022·55，定价0.45元。（Y-111）

17666 乌克兰、白俄罗斯民间舞蹈

〔苏〕特卡勤科编，鲜继平、魏绍淦、杨修兰译，1957年7月。平装，大32开，书号8022·56，定价0.50元。（Y-112）

文学古籍刊行社图书

17667 琵琶记

高则诚著，1954年9月。平装，大32开，书号 古2，定价10,500元。（G-1）

17668 孟浩然集

1954年10月。平装，大32开，书号 古4，定价2,100元。（G-2）

17669 诗品

钟嵘著，1954年10月。平装，大32开，书号 古6，定价1,300元。（G-3）

17670 桃花扇（上下）

孔尚任著，梁启超注，1954年10月。平装，大32开，书号 古3，定价18,500元。（G-4）

17671 纳兰词

纳兰性德著，1954年11月。平装，大32开，书号 古12，定价5,300元。（G-5）

17672 牡丹亭

汤显祖著，1954年12月。平装，大32开，书号 古8，定价9,500元。（G-6）

17673 白香山集（一——三）

白居易著，1954年12月。平装，大32开，书号 古7，定价33,500元。（G-7）

17674 虞初新志

张潮辑，1954年12月。平装，大32开，书号 古13，定价12,500元。（G-8）

17675 朝野新声太平乐府（上下）

杨朝英辑，1955年2月。平装，大32开，书号 古9，定价25,500元。（G-9）

17676 杜少陵集详注（一——四）

杜甫著，仇兆鳌注，1955年3月。平装，大32开，书号 古10，定价5.90元。（G-10）

17677 西厢记诸宫调

董解元著，1955年5月。平装，大32开，书号 古30，定价1.26元。（G-11）

17678 一笑散

李开先著，1955年5月。平装，大32开，书号 古25，定价0.62元。（G-12）

17679 大唐三藏取经诗话

1955年5月。线装，大32开，书号 古26，定价0.81元。（G-13）

17680 水经注

郦道元著,1955年6月。精装,大32开,书号古21,定价3.65元。(G-14)

17681 元曲选(一——四)

臧晋叔编,1955年6月。平装,大32开,书号古11,定价6.35元。(G-15)

17682 吕氏春秋集释(一、二)

许维遹集释,1955年6月。精装,大32开,书号古23,定价6.38元。(G-16)

17683 春秋经传集解(一——三)

左丘明传,1955年6月。精装,大32开,书号古24,定价10.88元。(G-17)

17684 长生殿

洪昇著,1955年7月。平装,大32开,书号古31,定价1.78元。(G-18)

17685 白氏长庆集

白居易著,1955年8月。大32开,书号古62,精装,定价9.23元;线装,定价14.68元。(G-19)

17686 西游补

董说著,1955年8月。大32开,书号古19,平装,定价1.64元;线装,定价2.85元。(G-20)

17687 诗集传

朱熹集传,1955年8月。大32开,书号古43,精装,定价5.37元;线装,定价8.88元。(G-21)

17688 六十种曲(一)

毛晋编,1955年8月。精装,32开,书号古35,定价2.63元。(G-22)

17689 六十种曲(二)

毛晋编,1955年8月。精装,32开,书号古35,定价2.28元。(G-23)

17690 六十种曲(三)

毛晋编,1955年8月。精装,32开,书号古35,定价2.08元。(G-24)

17691 六十种曲(四)

毛晋编,1955年8月。精装,32开,书号古35,定价2.59元。(G-25)

17692 六十种曲(五)

毛晋编,1955年8月。精装,32开,书号古35,定价2.21元。(G-26)

17693 六十种曲(六)

毛晋编,1955年8月。精装,32开,书号古35,定价2.13元。(G-27)

17694 六十种曲(七)

毛晋编,1955年8月。精装,32开,书号古35,定价1.90元。(G-28)

17695 六十种曲(八)

毛晋编,1955年8月。精装,32开,书号古35,定价2.15元。(G-29)

17696 六十种曲(九)

毛晋编,1955年8月。精装,32开,书号古35,定价2.25元。(G-30)

17697 六十种曲(十)

毛晋编,1955年8月。精装,32开,书号古35,定价1.83元。(G-31)

17698 六十种曲(十一)

毛晋编,1955年8月。精装,32开,书号古35,定价2.26元。(G-32)

17699 六十种曲(十二)

毛晋编,1955年8月。精装,32开,书号古35,定价2.19元。(G-33)

17700 六朝文絜

许梿评选,1955年9月。平装,大32开,书号古46,定价0.68元。(G-34)

17701 玉台新詠

徐陵辑,1955年9月。平装,大32开,书号古1,定价0.74元。(G-35)

17702 乐府诗集

郭茂倩编,1955年9月。大32开,书号古39,精装,定价11.68元;线装,定价18.05元。(G-36)

17703 四松堂集 附鹪鹩庵笔麈

郭诚著,1955年9月。线装,大32开,书号古40,定价2.37元。(G-37)

17704 古今谭概

冯梦龙纂,1955年9月。精装,大32开,书号古20,定价7.85元。(G-38)

17705 绿烟琐窗

富察明义著,1955年9月。线装,大32开,书号古72,定价1.20元。(G-39)

17706 懋斋诗钞

敦敏著,1955年9月。线装,大32开,书号古74,定价1.00元。(G-40)

17707 百喻经

〔印度〕伽斯那著,求那毗地译,1955年9月。

平装,大 32 开,书号 古 15,定价 0.49 元。(G-41)

17708 清平山堂话本
洪楩编,1955 年 9 月。大 32 开,书号 古 44,精装,定价 2.85 元;影印线装,定价 4.11 元。1987 年 7 月,平装覆膜,小 32 开,书号 10021·44,ISBN 7-80055-000-1,定价 6.00 元。(G-42)

17709 史记
司马迁著,裴骃集解,1955 年 9 月。大 32 开,书号 古 51,精装,定价 10.26 元;线装,定价 16.76 元。(G-43)

17710 史记会注考证
司马迁著,〔日〕泷川资言考证,1955 年 9 月。精装,大 32 开,书号 古 15,定价 0.49 元。(G-44)

17711 洛阳名园记 桂海虞衡志
李格非、范成大著,1955 年 9 月。平装,大 32 开,书号 古 14,定价 0.43 元。(G-45)

17712 大唐西域记
玄奘、辩机著,1955 年 9 月。大 32 开,书号 古 48,精装,定价 3.04 元;线装,定价 4.47 元。(G-46)

17713 人物志
刘邵著,1955 年 9 月。平装,大 32 开,书号 古 17,定价 0.44 元。(G-47)

17714 聊斋志异
蒲松龄著,1955 年 10 月。线装,8 开,书号 古 27,定价 10.75 元。(G-48)

17715 元白诗笺证稿
陈寅恪著,1955 年 10 月。平装,大 32 开,书号 古 37,定价 1.10 元。(G-49)

17716 古今小说
冯梦龙著,1955 年 10 月。线装,大 32 开,书号 古 36,定价 7.72 元。(G-50)

17717 花间集
赵崇祚编,1955 年 10 月。线装,大 32 开,书号 古 70,定价 1.15 元。(G-51)

17718 金陵琐事
周晖著,1955 年 10 月。精装,大 32 开,书号 古 50,定价 6.12 元。(G-52)

17719 脂砚斋重评石头记
曹雪芹著,1955 年 9 月。大 32 开,书号 古 47,精装,两册,定价 9.40 元;线装,八册,定价 15.64 元。(G-53)

17720 法显传
法显著,1955 年 11 月。平装,大 32 开,书号 古 45,定价 0.56 元。(G-54)

17721 春柳堂诗稿
张宜泉著,1955 年 11 月。线装,大 32 开,书号 古 76,定价 1.00 元。(G-55)

17722 盛世新声
无名氏著,1955 年 11 月。大 32 开,书号 古 75,精装,定价 3.34 元。1956 年 9 月,大 32 开,线装,书号 古 74,定价 6.06 元。(G-56)

17723 类说
曾慥辑,1955 年 11 月。大 32 开,书号 古 42,精装,定价 19.74 元。1956 年 11 月,大 32 开,线装,定价 32.51 元。(G-57)

17724 六一词
欧阳修著,1955 年 12 月。平装,大 32 开,书号 古 18,定价 0.59 元。(G-58)

17725 词林摘艳
张禄辑,1955 年 12 月。大 32 开,书号 古 73,精装,定价 6.74 元。1956 年 10 月,大 32 开,线装,定价 10.91 元。(G-59)

17726 万首唐人绝句
洪迈辑,1955 年 12 月。精装,大 32 开,书号 古 71,定价 13.89 元。(G-60)

17727 高兰墅集
高鹗著,1956 年 4 月。线装,大 32 开,书号 古 86,定价 0.65 元。(G-61)

17728 全相平话五种
无名氏著,1956 年 6 月。线装,大 32 开,书号 古 29,定价 5.7 元。(G-62)

17729 唐宋传奇集
鲁迅校录,1956 年 7 月。平装,大 32 开,书号 10021·34,定价 1.80 元。(G-63)

17730 唐五代词
林大椿辑,1956 年 7 月。平装,大 32 开,书号 10021·16,定价 2.00 元。(G-64)

17731 唐诗三百首
蘅塘退士编,陈婉俊补注,1956 年 7 月。平装,大 32 开,书号 10021·58,定价 1.10 元。(G-65)

`17732` 元氏长庆集
元稹著,1956年9月。精装,大32开,书号 古33,定价0.69元。(G-66)

`17733` 列子
1956年9月。平装,大32开,书号 古45,定价0.56元。(G-67)

`17734` 世说新语
刘义庆著,1956年9月。精装,大32开,书号 古49,定价5.45元。(G-68)

`17735` 古文观止
吴楚材、吴调侯选,1956年10月。平装,大32开,书号10021·32,定价1.90元。(G-69)

`17736` 嵇康集
鲁迅辑校,1956年11月。线装,8开,书号 古100,定价4.77元。(G-70)

`17737` 靖节先生集
陶潜著、陶澍注,戚焕埙校,1956年12月。线装,大32开,书号 古56,定价2.60元。(G-71)

`17738` 绝妙好词笺
周密辑,查为仁、厉鹗笺,黄叔明校,1956年12月。线装,大32开,书号 古59,定价2.00元。(G-72)

`17739` 白香词谱笺
舒梦兰辑,谢朝徵笺,1957年2月。平装,大32开,书号10021·63,定价0.65元。(G-73)

`17740` 大唐秦王词话
诸圣邻著,1957年3月。精装,大32开,书号 古52,定价6.46元。(G-74)

`17741` 水浒志传评林
余象斗评,1957年3月。线装,8开,书号 古28,定价15.78元。(G-75)

`17742` 曹集铨评
曹植著,丁晏纂,叶菊生校订,1957年6月。平装,大32开,书号10021·67,定价0.95元。(G-76)

`17743` 录鬼簿新校注
钟嗣成、贾仲明著,马廉校注,1957年6月。平装,大32开,书号10021·117,定价0.85元。(G-77)

`17744` 古诗源
沈德潜选,1957年6月。平装,大32开,书号10021·80,定价1.40元。(G-78)

`17745` 经进东坡文集事略
苏轼著,郎晔选注,庞石帚校订,1957年7月。平装,大32开,书号10021·106,定价3.30元。(G-79)

`17746` 枣窗闲笔
爱新觉罗·裕瑞著,1957年11月。线装,大32开,书号10021·116,定价1.14元。(G-80)

`17747` 金瓶梅词话(1—21)
兰陵笑笑生著,1957年11月。线装两函,12开,书号 古114,定价40.00元。(G-81)

`17748` 樵歌
朱敦儒著,龙元亮校,1958年1月。平装,大32开,书号10021·99,定价0.43元。(G-82)

`17749` 戚蓼生序本石头记
曹雪芹著,1988年8月。平装覆膜,大32开,ISBN 7-80055-005-2,定价40.00元。

`17750` 京本通俗小说(一函二册)
影印本,1987年8月。平装覆膜,小32开,书号10021·83,ISBN 7-80055-001-X,定价6.00元。(G-84)

`17751` 品花宝鉴
陈森著,1987年12月。线装,两函二十册,书号10021·84,ISBN 7-80055-002-8,定价180.00元。(G-85)

`17752` 醒世姻缘传
西周生著,1988年6月。线装,两函二十册,书号10021·88,ISBN 7-80055-003-6,定价180.00元。(G-86)

通俗文艺出版社、作家出版社图书

`17753` 三座楼
何冠英等著,文艺快书(一),1958年7月。平装,32开,书号10023·310、10020·1143,定价0.08元。(TZ-1)

`17754` 总路线红旗遮满天
王景山等著,文艺快书(二),1958年7月。平

装,32开,书号10023·311、10020·1144,定价0.09元。(TZ-2)

17755　女送货员

魏云等著,文艺快书(三),1958年7月。平装,32开,书号10023·312、10020·1145,定价0.08元。(TZ-3)

17756　大破保守迷魂阵

庄瑞祥等著,文艺快书(四),1958年7月。平装,32开,书号10023·313、10020·1146,定价0.08元。(TZ-4)

17757　灯塔颂

青年曲艺队等著,文艺快书(五),1958年7月。平装,32开,书号10023·314、10020·1147,定价0.08元。(TZ-5)

17758　力争上游

刘沧浪等著,文艺快书(六),1958年7月。平装,32开,书号10023·315、10020·1148,定价0.09元。(TZ-6)

17759　空中飞船

周守瑾等著,文艺快书(七),1958年7月。平装,32开,书号10023·316、10020·1149,定价0.07元。(TZ-7)

17760　扫荡五气

老舍等著,文艺快书(八),1958年7月。平装,32开,书号10023·317、10020·1150,定价0.08元。(TZ-8)

17761　扫文盲

张金珠等著,文艺快书(九),1958年7月。平装,32开,书号10023·318、10020·1151,定价0.09元。(TZ-9)

17762　革新台上看高低

金宗操等著,文艺快书(十),1958年7月。平装,32开,书号10023·311、10020·1152,定价0.09元。(TZ-10)

17763　总路线是指路灯

张世怀等著,文艺快书(十一),1958年7月。平装,32开,书号10023·321、10020·1153,定价0.08元。(TZ-11)

17764　秦岭低头

崔巍等著,文艺快书(十二),1958年7月。平装,32开,书号10023·322、10020·1154,定价0.08元。(TZ-12)

17765　两朵跃进花

满善捷等著,文艺快书(十三),1958年7月。平装,32开,书号10023·323、10020·1155,定价0.10元。(TZ-13)

17766　拔掉白旗插红旗

国甫等著,文艺快书(十四),1958年7月。平装,32开,书号10023·324、10020·1156,定价0.08元。(TZ-14)

17767　烧五气

赵德良等著,文艺快书(十五),1958年7月。平装,32开,书号10023·325、10020·1157,定价0.08元。(TZ-15)

17768　人民的江山万万年

王中一等著,文艺快书(十六),1958年7月。平装,32开,书号10023·326、10020·1158,定价0.08元。(TZ-16)

17769　往前看

范立法等著,文艺快书(十七),1958年7月。平装,32开,书号10023·327、10020·1159,定价0.08元。(TZ-17)

17770　人间天堂

武汉市越剧团等著,文艺快书(十八),1958年7月。平装,32开,书号10023·328、10020·1160,定价0.08元。(TZ-18)

17771　下驴上马

李丙森、白鹤龄等著,文艺快书(十九),1958年7月。平装,32开,书号10023·329、10020·1161,定价0.09元。(TZ-19)

17772　打破陈规

刘启林等著,文艺快书(二十),1958年7月。平装,32开,书号10023·330、10020·1162,定价0.08元。(TZ-20)

17773　难兄难弟

老舍等著,文艺快书(二十一),1958年8月。平装,32开,书号10023·343、10020·1163,定价0.07元。(TZ-21)

17774　上车如到家

耿瑛、宫钦科等著,文艺快书(二十二),1958年8月。平装,32开,书号10023·344、10020·1164,定价0.07元。(TZ-22)

17775　参观展览会

东声等著,文艺快书(二十三),1958年8月。

平装,32 开,书号 10023·345、10020·1165,定价 0.08 元。(TZ-23)

17776 会亲家
梁树名等著,文艺快书(二十四),1958 年 8 月。平装,32 开,书号 10023·346、10020·1166,定价 0.09 元。(TZ-24)

17777 我们是神仙
杨伟等著,文艺快书(二十五),1958 年 8 月。平装,32 开,书号 10023·347、10020·1167,定价 0.08 元。(TZ-25)

17778 夜赶模型
毛金等著,文艺快书(二十六),1958 年 8 月。平装,32 开,书号 10023·348、10020·1168,定价 0.07 元。(TZ-26)

17779 三千翻
周守瑾等著,文艺快书(二十七),1958 年 8 月。平装,32 开,书号 10023·349、10020·1169,定价 0.07 元。(TZ-27)

17780 新媳妇下地
星火等著,文艺快书(二十八),1958 年 8 月。平装,32 开,书号 10023·350、10020·1170,定价 0.08 元。(TZ-28)

17781 大胆革新
宋文贵等著,文艺快书(二十九),1958 年 8 月。平装,32 开,书号 10023·351、10020·1171,定价 0.08 元。(TZ-29)

17782 跃进之夜
高桂清、胡沁等著,文艺快书(三十),1958 年 8 月。平装,32 开,书号 10023·352、10020·1172,定价 0.07 元。(TZ-30)

17783 打跑美国狼
俞乙等著,文艺快书号外(一),1958 年 7 月。平装,32 开,书号 10023·335,定价 0.06 元。(TZ-31)

17784 警告艾森豪威尔
宁凌等著,文艺快书号外(二),1958 年 7 月。平装,32 开,书号 10023·336,定价 0.06 元。(TZ-32)

17785 卖国贼的下场
中央人民广播电台广播剧团等著,文艺快书号外(三),1958 年 7 月。平装,32 开,书号 10023·337,定价 0.06 元。(TZ-33)

17786 亚非人民要独立
沈彭年等著,文艺快书号外(四),1958 年 7 月。平装,32 开,书号 10023·338,定价 0.07 元。(TZ-34)

17787 皮包政府
侯宝林等著,文艺快书号外(五),1958 年 7 月。平装,32 开,书号 10023·339,定价 0.06 元。(TZ-35)

17788 三跃进
张仿佗著,农村大跃进说唱集,1958 年 7 月。平装,32 开,书号 10023·320,定价 0.29 元。(TZ-36)

中国戏剧出版社图书

作品集

17789 洪深文集(一)
1957 年 11 月。

17790 洪深文集(二)
1957 年 11 月。

17791 程砚秋文集
中国戏曲研究院编,1959 年 1 月。

17792 洪深文集(三)
1959 年 6 月。

17793 洪深文集(四)
1959 年 6 月。

17794 梅兰芳文集
中国戏剧家协会编,1962 年 8 月。

17795 地方戏曲集(第三辑)
黄俊耀、苏雪安、王景中编剧,1957 年 1 月。

17796 地方戏曲集(第四辑)
赵循伯、苏宁、严朴编剧,1957 年 1 月。

17797 中国传统戏曲剧本选集(一)
1957 年 12 月。

17798 中国传统戏曲剧本选集(二)

1957年12月。

17799 中国传统戏曲剧本选集(三)
1958年4月。

17800 中国传统戏曲剧本选集(四)
1958年4月。

17801 中国地方戏曲集成(湖北省卷)
湖北省文化局编,1958年10月。

17802 戏曲剧本丛刊(第一辑)
中国戏曲研究院编,1958年10月。

17803 戏曲选(一)
中国戏曲研究院编,1958年10月。

17804 中国地方戏曲集成(河北省卷)
河北省文化局编,1959年2月。

17805 戏曲剧本丛刊(第二辑)
中国戏曲研究院编,1959年5月。

17806 中国地方戏曲集成(浙江省卷)
浙江省文化局编,1959年6月。

17807 戏曲选(二)
中国戏曲研究院编,1959年6月。

17808 戏曲选(三)
中国戏曲研究院编,1959年6月。

17809 戏曲选(四)
中国戏曲研究院编,1959年8月。

17810 中国地方戏曲集成(安徽省卷)
安徽省文化局编,1959年8月。

17811 中国地方戏曲集成(内蒙古自治区卷)
内蒙古自治区文化局编,1959年8月。

17812 中国地方戏曲集成(山西省卷)
山西省文化局编,1959年8月。

17813 中国地方戏曲集成(上海市卷)
上海市文化局编,1959年9月。

17814 中国地方戏曲集成(北京市卷)
北京市文化局编,1959年9月。

17815 戏曲选(五)
中国戏曲研究院编,1959年9月。

17816 中国地方戏曲集成(江苏省卷)
江苏省文化局编,1959年12月。

17817 中国地方戏曲集成(山东省卷)
山东省文化局编,1960年6月。

17818 中国地方戏曲集成(广东省卷)
广东省文化局编,1962年3月。

17819 中国地方戏曲集成(江西省卷)
江西省文化局编,1962年9月。

17820 中国地方戏曲集成(辽宁省吉林省黑龙江省卷)
辽宁省文化厅、吉林省文化局、黑龙江省文化局编,1963年3月。

17821 戏曲选(六)
中国戏曲研究院编,1963年6月。

17822 剧本 现代戏曲专刊
《剧本》月刊社编,1964年6月。

话　剧

17823 不平坦的道路
蓝澄著,1957年1月。

17824 同样是敌人
山西人民话剧团集体创作,1957年1月。

17825 复活
〔俄〕列夫·托尔斯泰原著,田汉编,1957年2月。

17826 把眼光放远一点
胡丹沸著,1957年2月。

17827 地下的春天
颂扬著,1957年3月。

17828 风雪夜归人
吴祖光著,1957年5月。

17829 双婚记
柯夫著,1957年5月。

17830 雾重庆
宋之的著,1957年5月。

17831 上海屋檐下
夏衍著,1957年5月。

17832 雷雨
曹禺著,1957年6月。

17833 夜上海
于伶著,1957年6月。

17834 洞箫横吹
海默著,1957年7月。

17835 明朗的天
曹禺著,1957年7月。

17836 巴音敖拉之歌
(蒙古族)超克图纳仁著,1957年7月。

| 17837 | 同甘共苦
岳野著,1957年8月。
| 17838 | 升官图
陈白尘著,1957年8月。
| 17839 | 屈原
郭沫若著,1957年8月。
| 17840 | 无名英雄
杜宣著,1957年8月。
| 17841 | 万水千山
陈其通著,1957年8月。
| 17842 | 日出
曹禺著,1957年9月。
| 17843 | 虎符
郭沫若著,1957年9月。
| 17844 | 桃花扇
欧阳予倩著,1957年10月。
| 17845 | 碧血花
阿英著,1957年10月。
| 17846 | 布谷鸟又叫了
杨履方著,1957年11月。
| 17847 | 同志间
陈其通著,1957年12月。
| 17848 | 阿Q正传
田汉编剧,1958年1月。
| 17849 | 塔里木风暴
(维吾尔族)吐尔贡·阿力玛次著,亚丽·莫合买提译,1958年5月。
| 17850 | 战斗里成长
胡可改编,1958年5月。
| 17851 | 蕴婧姆
(维吾尔族)祖农·哈迪尔著,尤素夫·赫捷耶夫、海平译,1958年5月。
| 17852 | 关汉卿
田汉著,1958年5月。
| 17853 | 炮弹是怎样造成的
陈其通著,1958年6月。
| 17854 | 骆驼祥子
老舍原著,梅阡改编,1958年6月。
| 17855 | 茶馆
老舍著,1958年6月。
| 17856 | 青春之歌
刘川著,1958年8月。
| 17857 | 智取威虎山
赵起扬、夏淳等改编,1958年8月。
| 17858 | 红色风暴
金山编,1958年10月。
| 17859 | 水往低处流
王云、所云平著,1958年11月。
| 17860 | 把一切献给党
中国青年艺术剧院改编,1958年12月。
| 17861 | 烈火红心
刘川著,1958年12月。
| 17862 | 土专家
李准、王燕飞著,1959年2月。
| 17863 | 罗昌秀
栗粟、李佩、向林著,1959年2月。
| 17864 | 红旗处处飘
张圣道等著,1959年3月。
| 17865 | 五奎桥
洪深著,1959年4月。
| 17866 | 李秀成之死
阳翰笙著,1959年4月。
| 17867 | 丽人行
田汉著,1959年7月。
| 17868 | 降龙伏虎
段承滨、杜士俊著,1959年9月。
| 17869 | 蔡文姬
郭沫若著,1959年11月。
| 17870 | 结婚进行曲
陈白尘著,1960年1月。
| 17871 | 三千里江山
杨朔原著,濮思温改编,1960年2月。
| 17872 | 八一风暴
江西话剧团集体创作,1960年3月。
| 17873 | 比翼齐飞
工人话剧团集体创作,1960年3月。
| 17874 | 为了六十一个阶级弟兄
中央戏剧学院实验话剧院创作,1960年3月。
| 17875 | 英雄人物数今朝
中央戏剧学院师生创作,1960年4月。
| 17876 | 无名岛
赵忠、杜炳如、关世楠、王恺著,金振家、于村、李章改编,1960年5月。
| 17877 | 在和平的日子里

杜鹏程原著,章烙改编,1960年6月。

17878 同志,你走错了路
姚仲明、陈波儿等著,1960年6月。

17879 英雄万岁
杜烽著,1960年8月。

17880 幸福桥
总政文工团创作,1960年9月。

17881 怒涛
北京人民艺术剧院创作,1960年10月。

17882 花开遍地万户香
北京人民艺术剧院创作,1960年10月。

17883 反翻把斗争
李之华著,1960年12月。

17884 文成公主
田汉著,1961年9月。

17885 甲午海战
海政文工团创作,朱祖贻、李恍执笔,1961年12月。

17886 赤胆红心
湖南话剧团集体创作,1962年3月。

17887 钢铁运输兵
黄悌著,1962年4月。

17888 荷珠配
老舍改编,1962年5月。

17889 三人行
阳翰笙著,1962年6月。

17890 记忆犹新
姚仲明原著,姚仲明、金山改编,1962年8月。

17891 西域行
《西域行》创作组编剧,凌鹤执笔,1962年8月。

17892 武则天
郭沫若著,1962年9月。

17893 星火燎原
赵起扬等著,1962年10月。

17894 胆剑篇
曹禺、梅阡等著,1962年10月。

17895 今朝儿女
刘莲池著,1962年12月。

17896 抓壮丁
吴雪等著,1962年12月。

17897 黑奴恨
欧阳予倩著,1962年12月。

17898 卧虎镇
杨克忍、黄悌、韩又新著,1963年2月。

17899 七月流火
于伶著,1963年3月。

17900 赫哲人的婚礼
乌·白辛著,1963年3月。

17901 神拳
老舍著,1963年5月。

17902 决胜千里外
杜烽著,1963年7月。

17903 杜鹃山
王树元著,1963年8月。

17904 儿童团
邢野、孙福田、和谷岩著,1963年9月。

17905 红缨歌
广州军区战士话剧团编导组集体创作,赵寰执笔,1963年9月。

17906 兵临城下
白刃等著,1963年11月。

17907 年青的鹰
谢力鸣等著,1963年12月。

17908 小铁脑壳遇险记
程云著,1963年12月。

17909 远方青年
武玉笑著,1963年12月。

17910 北大荒人
牡丹江农垦局话剧团集体创作,小范执笔,1964年1月。

17911 槐树庄
胡可著,1964年2月。

17912 话剧剧本专刊
《剧本》月刊社编,1964年3月。

17913 千万不要忘记
丛深著,1964年3月。

17914 最后一幕
兰光著,1964年3月。

17915 李双双
根据李准同名电影改编,邵力编剧,1964年3月。

17916 霓虹灯下的哨兵
沈西蒙等著,1964年4月。

17917 红岩

根据罗广斌、杨益言同名小说改编,李岩、仲继奎、张炬编剧,1964 年 6 月。

17918　岳云
马少波著,1964 年 6 月。

17919　迎春花
翟剑萍著,1964 年 7 月。

17920　东进序曲
顾宝璋、所云平著,1964 年 7 月。

17921　南海长城
赵寰著,1964 年 9 月。

17922　豹子湾战斗
马吉星著,1964 年 10 月。

17923　雷锋
贾六等著,1964 年 10 月。

17924　小足球队
任德耀著,1964 年 12 月。

17925　龙马精神
马开方改编,刘沙执笔,1964 年 12 月。

17926　年青的一代
陈耘、章力挥、徐景贤著,1964 年 11 月。

17927　丰收之后
蓝澄著,1965 年 1 月。

17928　箭杆河边
刘厚明著,1965 年 3 月。

17929　剧本增刊 第一号
1965 年 5 月。

17930　剧本增刊 第二号
1965 年 5 月。

17931　南方来信
莎色、傅铎、马融、李其煌著,解放军文艺丛书,1965 年 5 月。

17932　赤道战鼓
海政文工团话剧团集体创作,李恍等执笔,解放军文艺丛书,1965 年 6 月。

17933　女飞行员
冯德英等著,1965 年 7 月。

17934　青松岭
承德专区话剧团集体创作,张仲朋执笔,1965 年 9 月。

17935　战洪图
河北省话剧院集体讨论,鲁速执笔,1965 年 10 月。

17936　山村花正红
刘佳编剧,解放军文艺丛书,1965 年 10 月。

17937　南方汽笛
濮思温、刘振丞、罗国良编剧,1965 年 10 月。

17938　刚果风雷
英若诚、禾土、苏民编剧,1965 年 11 月。

17939　代代红
魏敏、杨有声、林朗编剧,解放军文艺丛书,1965 年 11 月。

17940　电闪雷鸣
胡书锷、向彬人、唐健平、郑世俊编剧,1965 年 11 月。

17941　刘胡兰
杨威、郭健、孙伟、方彦编剧,杨威、郭健执笔,1965 年 12 月。

17942　一千○一天
上海人民艺术剧院话剧一团改编,1966 年 4 月。

17943　教育新篇
甘肃省话剧团集体创作,1966 年 5 月。

17944　朝阳
谢民编剧,1966 年 5 月。

17945　英雄工兵
董晓华编剧,万川执笔,1966 年 5 月。

独 幕 剧

17946　在竞赛中
陈仁友著,1957 年 1 月。平装,32 开,书号 10069·2,定价 0.16 元。(X5-1)

17947　马
王地、崔宝库等著,1957 年 2 月。平装,32 开,书号 10069·1,定价 0.10 元。(X5-2)

17948　名优之死
田汉著,1957 年 10 月。平装,32 开,书号 10069·69,定价 0.15 元。(X5-3)

17949　列车在前进
石家骥、温士奇著,1957 年 11 月。平装,32 开,书号 10069·94,定价 0.13 元。(X5-4)

17950　喂,你是哪里
木生著,1957 年 12 月。平装,32 开,书号 10069·89,定价 0.14 元。(X5-5)

17951 海上花园
董晓华、赵寰著,1957年12月。平装,32开,书号10069·93,定价0.15元。(X5-6)

17952 哎呀呀,美国小月亮
陈白尘等著,1958年1月。平装,32开,书号10069·105,定价0.16元。(X5-7)

17953 高等垃圾
刘沧浪著,1958年3月。平装,32开,书号10069·107,定价0.12元。(X5-8)

17954 相亲记
柯岩著,1958年6月。平装,32开,书号10070·105,定价0.17元。(X5-9)

17955 美国奇谭
陈白尘等著,1958年9月。平装,32开,书号10069·107,定价0.15元。(X5-10)

17956 把心交给党
刘沧浪著,1958年10月。平装,32开,书号10069·142,定价0.13元。(X5-18)

17957 穿白衣服的人
方昌期著,1958年11月。平装,32开,书号10069·149,定价0.10元。(X5-23)

17958 跃进独幕剧选(二)
《剧本》月刊社编,1958年11月。平装,32开,书号10069·168,定价0.65元。(X5-26)

17959 跃进独幕剧选(一)
《剧本》月刊社编,1958年12月。平装,32开,书号10069·167,定价0.59元。(X5-27)

17960 凤凰飞上摩天岭
河南省剧目工作委员会创作,1958年12月。平装,32开,书号10069·186,定价0.41元。(X5-30)

17961 金龙河水浪滔天
郑州市文化局剧目组创作,1958年12月。平装,32开,书号10069·181,定价0.44元。(X5-31)

17962 在钢铁战线上
郑州市文化局剧目组创作,1958年12月。平装,32开,书号10069·159,定价0.37元。(X5-33)

17963 生活的赞歌
崔德志著,1959年12月。平装,32开,书号10069·409,定价0.15元。(X5-43)

17964 一只马蜂及其他
丁西林著,1960年3月。平装,32开,书号10069·399,定价0.20元。(X5-44)

17965 妇女服务站
中国青年艺术剧院创作,1960年4月。平装,32开,书号10069·499,定价0.10元。(X5-47)

17966 万炮齐发轰瘟神
北京人民艺术剧院创作,1960年6月。平装,32开,书号10069·537,定价0.07元。(X5-51)

17967 万家春
北京电影演员剧团创作,1960年6月。平装,32开,书号10069·535,定价0.16元。(X5-52)

17968 艾森豪威尔独白
郭沫若等著,汉语拼音本,1960年10月。平装,32开,书号10069·562,定价0.15元。(X5-53)

17969 红光满天
田军著,汉语拼音本,1960年10月。平装,32开,书号10069·563,定价0.13元。(X5-54)

17970 葵花向阳
段承滨著,1963年5月。平装,50开,书号10069·660,定价0.07元。(X5-55)

17971 戈尔丹大叔
(蒙古族)超克图纳仁著,1963年11月。平装,32异,书号10069·728,定价0.15元。(X5-56)

17972 山野新歌
黄悌著,1963年11月。平装,32异,书号10069·738,定价0.15元。(X5-57)

17973 伏虎
上海金星钢笔厂文艺组集体创作,1963年11月。平装,32异,书号10069·735,定价0.15元。(X5-58)

17974 青梅
陈其通著,1964年4月。平装,32异,书号10069·796,定价0.15元。(X5-59)

17975 黄花岭
舒慧编剧,1964年4月。平装,32异,书号10069·789,定价0.20元。(X5-60)

`17976` 岗旗
李宏林编剧,1964 年 9 月。平装,32 异,书号 10069·810,定价 0.20 元。(X5-61)

`17977` 好榜样
栾云桂著,1964 年 9 月。平装,32 异,书号 10069·813,定价 0.17 元。(X5-62)

`17978` 杨柳春风
木生、齐特著,1964 年 9 月。平装,32 异,书号 10069·811,定价 0.18 元。(X5-63)

`17979` 柜台
高思国编剧,1964 年 10 月。平装,32 异,书号 10069·826,定价 0.18 元。(X5-64)

`17980` 母子会
中国人民解放军前锋文工团话剧队集体创作,赵家骥执笔,1964 年 10 月。平装,32 异,书号 10069·832,定价 0.15 元。(X5-65)

`17981` 第一与第二
周一鸣、吴彬著,1964 年 10 月。平装,32 异,书号 10069·829,定价 0.21 元。(X5-66)

`17982` 海鸥
中国青年艺术剧院创作,1965 年 4 月。平装,32 开,书号 10069·856,定价 0.12 元。(X5-67)

`17983` 关不住的小老虎
赵全旺、吕翔著,1965 年 4 月。平装,32 开,书号 10069·852,定价 0.06 元。(X5-68)

`17984` 一对红的故事 战士业余演出独幕剧集
解放军文艺丛书,1965 年 6 月。平装,32 开,书号 10069·849,定价 0.36 元。(X5-69)

`17985` 胜利在望
解放军文艺丛书编辑部编,1965 年 6 月。平装,32 开,书号 10069·860,定价 0.19 元。(X5-70)

`17986` 消息树
中国儿童艺术剧院小型演出队集体编剧,1965 年 6 月。平装,32 开,书号 10069·862,定价 0.10 元。(X5-71)

`17987` 选队长
河北省承德地区文化工作队集体创作,刘泽明执笔,1966 年 1 月。平装,大 64 开,书号 10069·982,定价 0.09 元。(X5-72)

`17988` 刺刀见红
纪小城等著,1966 年 3 月。平装,32 开,书号 10069·904,定价 0.13 元。(X5-73)

`17989` 两个理发员
四川省荣昌县城关业余创作组编剧,1966 年 5 月。平装,大 64 开,书号 10069·1007,定价 0.07 元。(X5-74)

`17990` 好帮手
四川省达县专区农村文工团集体创作,1966 年 5 月。平装,大 64 开,书号 10069·1006,定价 0.08 元。(X5-75)

歌 舞 剧

`17991` 小二黑结婚
中央戏剧学院歌舞系根据赵树理同名小说集体改编,田川、杨兰春执笔,马可等作曲,1957 年 1 月。平装,32 开,书号 10069·7,定价 0.70 元。(X6-1)

`17992` 嘎达梅林
李悦之著,1957 年 1 月。平装,32 开,书号 10069·8,定价 0.27 元。(X6-2)

`17993` 兄妹开荒
王大化、李波、路由著,1957 年 12 月。平装,32 开,书号 10069·91,定价 0.10 元。(X6-3)

`17994` 抽梁换柱
李悦之著,1957 年 12 月。平装,32 开,书号 10069·90,定价 0.13 元。(X6-4)

`17995` 夫妻识字
马可著,1957 年 12 月。平装,32 开,书号 10069·97,定价 0.10 元。(X6-5)

`17996` 三大王和老北风
陈正著,1957 年 12 月。平装,32 开,书号 10069·96,定价 0.13 元。(X6-6)

`17997` 王秀鸾
傅锋著,1958 年 5 月。平装,32 开,书号 10069·207,定价 0.32 元。(X6-10)

`17998` 红霞
石汉著,1958 年 8 月。平装,32 开,书号 10069·215,定价 0.48 元。(X6-21)

`17999` 两个女红军
陈其通著,时乐濛作曲,1959 年 10 月。平装,

32 开,书号 10069·397,定价 0.71 元。(X6-47)

18000 木匠迎亲
王树元著,农村通俗文库(三),1959 年 12 月。平装,32 开,书号 10069·411,定价 0.16 元。(X6-57)

18001 松竹长青
方昌期著,木宇作曲,1959 年 12 月。平装,32 开,书号 10069·413,定价 0.21 元。(X6-58)

18002 鲤鱼妈妈
乔羽著,1960 年 5 月。平装,32 开,书号 10069·522,定价 0.32 元。(X6-62)

18003 刘三姐
柳州市"刘三姐"剧本创作组创作,1961 年 4 月。平装,32 开,书号 10069·572,定价 0.50 元。(X6-63)

18004 洪湖赤卫队
湖北实验歌剧团创作,梅少山等执笔,张敬安、欧阳谦叔作曲,1961 年 6 月。平装,32 开,书号 10069·573,定价 0.50 元。(X6-64)

18005 两代人
铁道部乌鲁木齐铁路局文工团集体创作,刘镇、任莫执笔,邵光琛、李中汉作曲,1961 年 12 月。平装,32 开,书号 10069·571,定价 0.73 元。(X6-65)

18006 秧歌剧选
张庚编,1962 年 10 月。平装,大 32 开,书号 10069·600,定价 2.05 元。(X6-66)

18007 望夫云
徐嘉瑞著,郑律成作曲,1963 年 3 月。平装,32 开,书号 10069·640,定价 0.82 元。(X6-67)

18008 铜锣记
李骐骥著,1963 年 5 月。平装,50 开,书号 10069·662,定价 0.06 元。(X6-68)

18009 杏花二月
高鹏、歌行、本源著,1963 年 5 月。平装,50 开,书号 10069·661,定价 0.06 元。(X6-69)

18010 王二小接闺女
周永熙著,1963 年 11 月。平装,50 开,书号 10069·729,定价 0.08 元。(X6-70)

18011 两块六
东娃著,1963 年 11 月。平装,50 开,书号 10069·727,定价 0.09 元。(X6-71)

18012 友谊船
张良苏著,1963 年 11 月。平装,50 开,书号 10069·740,定价 0.06 元。(X6-72)

18013 开渠
赵树理著,1963 年 12 月。平装,32 异,书号 10069·750,定价 0.21 元。(X6-73)

18014 审椅子
李骐骥著,1964 年 2 月。平装,50 开,书号 10069·760,定价 0.08 元。(X6-74)

18015 犟媳妇
东娃编剧,赵舜才作曲,1964 年 9 月。平装,32 异,书号 10069·816,定价 0.19 元。(X6-75)

18016 换房
任红举编剧,龙飞作曲,1964 年 12 月。平装,32 异,书号 10069·835,定价 0.14 元。(X6-76)

18017 江姐
阎肃编剧,羊鸣、姜春阳作曲,1965 年 2 月。平装,32 开,书号 10069·814,定价 0.66 元。(X6-77)

18018 王杰之歌
焦乃积编剧,胡俊成、程化栋、陶嘉舟、张石露作曲,1965 年 11 月。平装,32 异,书号 10069·899,定价 0.17 元。(X6-78)

18019 红松店
张永枚编剧,李文学作曲,1966 年 2 月。平装,32 开,书号 10069·901,定价 0.20 元。(X6-79)

京　　剧

18020 三打祝家庄
李沦、魏晨旭、任桂林著,1957 年 1 月。

18021 三座山
范钧宏著,1957 年 5 月。

18022 荒山泪
程砚秋著,1957 年 7 月。

18023 汪笑侬戏曲集
1957 年 10 月。

18024 肖长华演出剧本选
中国戏曲学校编,1958 年 7 月。

18025 京剧丛刊(第1—32合订本)
中国戏曲研究院编,1958年8月。

18026 京剧丛刊(33)
中国戏曲研究院编,1958年9月。

18027 京剧丛刊(34)
中国戏曲研究院编,1958年9月。

18028 京剧丛刊(35)
中国戏曲研究院编,1958年9月。

18029 京剧丛刊(36)
中国戏曲研究院编,1958年9月。

18030 白毛女
马少波等改编,1958年9月。

18031 程砚秋演出剧本选集
中国戏曲研究院编,1958年11月。

18032 桃花扇
欧阳予倩著,1959年3月。

18033 京剧丛刊(37)
中国戏曲研究院编,1959年4月。

18034 京剧丛刊(38)
中国戏曲研究院编,1959年4月。

18035 京剧丛刊(39)
中国戏曲研究院编,1959年4月。

18036 京剧丛刊(40)
中国戏曲研究院编,1959年4月。

18037 京剧丛刊(41)
中国戏曲研究院编,1959年4月。

18038 京剧丛刊(42)
中国戏曲研究院编,1959年4月。

18039 京剧丛刊(43)
中国戏曲研究院编,1959年4月。

18040 京剧丛刊(44)
中国戏曲研究院编,1959年4月。

18041 京剧丛刊(45)
中国戏曲研究院编,1959年4月。

18042 京剧丛刊(46)
中国戏曲研究院编,1959年4月。

18043 京剧丛刊(47)
中国戏曲研究院编,1959年4月。

18044 京剧丛刊(48)
中国戏曲研究院编,1959年4月。

18045 西厢记
田汉改编,1959年5月。

18046 京剧丛刊(49)
中国戏曲研究院编,1959年6月。

18047 京剧丛刊(50)
中国戏曲研究院编,1959年6月。

18048 野猪林
李少春编剧,1959年8月。

18049 响马传
翁偶虹编剧,1959年8月。

18050 赤壁之战
任桂林、李纶等编,1959年8月。

18051 三打祝家庄
李纶、魏晨旭等编剧,1959年8月。

18052 赵氏孤儿
王雁改编,1959年9月。

18053 中国京剧院演出剧本选(第一集)
中国京剧编,1959年9月。

18054 摘星楼
马少波、翁偶虹编,1959年9月。

18055 倩女离魂
冯玉铮改编,1959年9月。

18056 九江口
范钧宏改编,1959年11月。

18057 黑旋风李逵
上海文化局编,1959年12月。

18058 生死牌
翁偶虹改编,1959年12月。

18059 双阳公主
尚小云演出本,1959年12月。

18060 猎虎记
范钧宏编,1960年1月。

18061 周信芳演出剧本选
中国戏剧家协会编,1960年1月。

18062 梅兰芳演出剧本选
中国戏剧家协会编,1960年3月。

18063 技术革新双跃进
祁野耘编剧,1960年5月。

18064 白蛇传
田汉编剧,1960年6月。

18065 周信芳演出剧本新编
中国戏剧家协会编,1960年6月。

18066 乌龙院
中国戏曲研究院编,1960年10月。

18067　马连良演出剧本选集(第一集)
中国戏剧家协会编,1963年2月。
18068　龙女牧羊
范钧宏、吕瑞明等编剧,1963年2月。
18069　强项令
范钧宏、吴少岳改编,1963年8月。
18070　芦荡火种
汪曾祺等改编,1964年6月。
18071　洪湖赤卫队
范钧宏、袁韵宜改编,1964年6月。
18072　黛诺
金素秋等编剧,1964年7月。
18073　节振国
唐山市京剧团编,1964年8月。
18074　雪岭苍松
佳木斯京剧团编,1964年10月。
18075　巧媳妇
蒋振亚编剧,1964年10月。
18076　革命自有后来人
王洪熙、于绍田、史玉良改编,1964年11月。
18077　红管家
林曾信编剧,1964年11月。
18078　草原小姐妹
赵纪鑫编剧,1964年12月。
18079　奇袭白虎团
李师斌、李贵华、方荣翔、孙秋潮编剧,1964年12月。
18080　苗岭风雷
贵阳市京剧团创作组创作,1965年1月。
18081　箭杆河边
李岳南、张觉非改编,1965年4月。
18082　红嫂
山东省淄博市京剧团改编,1965年5月。
18083　红灯记
翁偶虹、阿甲改编,中国京剧院演出本,1965年5月。
18084　六号门
陈嘉璋、张文轩、李向军改编,1965年9月。
18085　沙家浜
北京京剧团集体改编,汪曾祺、杨毓珉执笔,1965年10月。
18086　三少年
杜萍编剧,黑龙江省戏曲学校实验京剧团演出本,1965年12月。
18087　让马
陈昊、马太中编剧,1966年1月。
18088　上任
王毅编剧,1966年3月。
18089　一路平安
长春市京剧团改编,1966年8月。

评　　剧

18090　三里湾
江风、高琛等改编,1957年8月。
18091　成兆才评剧剧本选集
成兆才纪念委员会编,1957年11月。
18092　金沙江畔
薛恩厚、安西编剧,1959年9月。
18093　野火春风斗古城
安西改编,1959年10月。
18094　小女婿
东北戏曲研究院集体创作,1959年12月。
18095　公社花开幸福来
中国评剧院集体创作,1960年5月。
18096　艾森豪威尔的烦恼
中国评剧院集体创作,1960年6月。
18097　张士珍
天津市评剧院集体创作,1960年8月。
18098　钟离剑
安西、高琛改编,1962年4月。
18099　夺印
胡沙改编,1963年11月。
18100　刘巧儿
王雁改编,1963年12月。
18101　李双双
高琛等改编,1963年12月。
18102　向阳商店
胡沙、安西等编剧,1964年4月。
18103　会计姑娘
胡沙、何孝充等编剧,1964年4月。
18104　槟榔树下的战斗
何孝充、吕子英编剧,1965年6月。

1024

其他戏剧

18105　牛皋扯旨
滇剧,杨明等整理,1957年1月。

18106　搜书院
粤剧,广东粤剧团编,1957年1月。

18107　战士在故乡
沪剧,上海人民沪剧团编,1958年10月。

18108　演员日记
沪剧,上海人民沪剧团编,1958年10月。

18109　三换肩
小戏曲,通俗文库(一),1958年11月。

18110　为了钢
小戏曲,通俗文库(一),1958年11月。

18111　牧鸭会
小戏曲,通俗文库(一),1958年11月。

18112　刘介梅
小戏曲,通俗文库(一),1958年11月。

18113　朝阳沟
小戏曲,通俗文库(二),1958年11月。

18114　三摆渡
小戏曲,通俗文库(二),1958年11月。

18115　比比看
小戏曲,通俗文库(二),1958年11月。

18116　小两口逛庙会
二人转,通俗文库(二),1958年11月。

18117　刘介梅
楚剧,丁邑、崔鸾编剧,1958年12月。

18118　朝阳沟
豫剧,杨兰春编剧,1958年12月。

18119　安源大罢工
萍乡采茶戏,萍乡地方剧团创作,1959年1月。

18120　五姑娘
越剧,顾锡东编剧,1959年3月。

18121　汪顺仙
滑稽戏,王毅君等编剧,1959年4月。

18122　红色的种子
锡剧,夏阳等编剧,1959年4月。

18123　金鹰
越剧,浙江越剧二团创作,1959年4月。

18124　党重给了我光明
潮剧,马飞等编剧,1959年4月。

18125　红松林
采茶剧,抚州市采茶剧团创作,1959年4月。

18126　栗志恒
皮影戏,刘犁影编剧,1959年6月。

18127　梁山伯与祝英台
越剧,袁雪芬、范瑞娟口述,1959年8月。

18128　生死牌
湖南花鼓戏,湖南省湘剧团整理,1959年8月。

18129　天仙配
黄梅戏,胡玉庭口述,1959年8月。

18130　乔老爷奇遇
川剧,四川川剧剧目委员会等创作,1959年8月。

18131　十五贯
昆曲,浙江省《十五贯》整理小组整理,1959年8月。

18132　穆桂英挂帅
豫剧,马金凤等整理,1959年9月。

18133　花木兰
豫剧,常香玉演出本,1959年9月。

18134　陈三两爬堂
豫剧,安阳市豫剧院整理,1959年9月。

18135　谭记儿
川剧,李明璋改编,1959年9月。

18136　芙奴传
川剧,李明璋等整理,1959年9月。

18137　打金枝
晋剧,山西省文化局整理,1959年11月。

18138　月照东墙
小戏曲,关山改编,通俗文库(三),1959年12月。

18139　喜相逢
小演唱,河南豫剧院等创作,通俗文库(三),1959年12月。

18140　玉簪记
川剧,周企何等整理,1959年12月。

18141　罗汉钱
沪剧,上海市文化局整理,1959年12月。

18142　昭君出塞
祁剧,邵阳祁剧团整理,1959年12月。

18143　拾玉镯

桂剧,广西壮族自治区桂剧团整理,1959年12月。

18144 李二嫂改嫁
吕剧,刘梅村等编剧,1959年12月。

18145 宇宙锋
汉剧,中南区戏曲代表团整理,1959年12月。

18146 刘海砍樵
湖南花鼓戏,北方整理,1959年12月。

18147 葛麻
楚剧,武汉市楚剧团创作,1959年12月。

18148 秋江
川剧,周企何等整理,1959年12月。

18149 借髢髢
武安落子,孙富琴口述,1960年1月。

18150 柳荫记
川剧,四川省川剧院创作,1960年1月。

18151 评雪辨踪
川剧,刘成基等整理,1960年2月。

18152 庵堂认母
越剧,浙江省越剧团创作,1960年2月。

18153 双推磨
常锡剧,俞介君等整理,1960年2月。

18154 算粮
山西梆子,贾桂林演出本,1960年2月。

18155 为了六十一个阶级弟兄
小戏曲,陈北鸥等编剧,1960年5月。

18156 白手起家搞工厂
小戏曲,芜湖市文化局编,1960年5月。

18157 街道服务站
小戏曲,李横编剧,1960年5月。

18158 借罗衣
庐剧,安徽庐剧团整理,1960年5月。

18159 中山狼
昆曲,孟庆林等改编,1960年7月。

18160 孙安动本
山东柳子戏,赵剑秋等编剧,1961年12月。

18161 川剧喜剧集(上下)
中国戏剧出版社编,1962年1月。

18162 闹房
吕剧,于廷臣等执笔,1963年5月。

18163 秀才外传
徐棻、羽军改编,1963年7月。

18164 春草闯堂
莆仙戏,江幼宋等改编,1963年8月。

18165 两亲家
川剧,黄宗池编剧,1963年8月。

18166 两兄弟
甬剧,胡小孩编剧,1963年11月。

18167 夫妻桥
川剧,李明璋编剧,1963年11月。

18168 金山寺
扬剧,吴白匋改编,1963年12月。

18169 牧羊歌
闽剧,舒谦编剧,1964年1月。

18170 社长的女儿
豫剧,张宇瑞编剧,1964年2月。

18171 梅林山下
河北梆子,鲁就执笔,1964年4月。

18172 赶花轿
小戏曲,赵西文执笔,1964年5月。

18173 一颗红心
眉户剧,山西临猗眉户剧团创作组编剧,1965年4月。

18174 《剧本》增刊(第三号)
《剧本》编辑部编,1965年9月。

18175 打铜锣
湖南花鼓戏,李果仁编剧,1965年10月。

18176 游乡
曲剧,河南省周口专区项城县剧目组编剧,赵淑忍执笔,张路加工整理,1965年10月。

18177 借牛
汉剧,刘高编剧,武汉市汉剧院整理,1965年10月。

18178 补锅
湖南花鼓戏,唐周、徐叔华编剧,1965年10月。

18179 一袋麦种
广东汉剧,陈衍、徐清改编,1965年10月。

18180 扒瓜园
河南越调,河南省安阳专区范县创作组编剧,陈洁执笔,张路加工整理,1965年10月。

18181 烘房飘香
湖南花鼓戏,湖南省戏曲工作室《烘房飘香》改编小组改编,1965年10月。

18182 三朵小红花

广西彩调,周民霍编剧,1965年10月。

18183 送粮

祁剧,湖南省戏曲工作室《送粮》改编小组改编,1965年10月。

18184 双教子

楚剧,湖北省孝感县创作组编剧,湖北省戏曲学校专业教研组整理,1965年11月。

18185 斗书场

越调,河南省周口专区商水县剧目组编剧,许洪执笔,1965年11月。

18186 彩虹

山歌剧,夏浓编剧,1965年11月。

18187 山花烂漫

越剧,颜锡东编剧,1965年11月。

18188 琼花

昆剧,周兼白编剧,1965年11月。

18189 阿霞

粤剧,侯甸等编剧,1966年3月。

18190 杜朝选

白族吹吹腔,1960年6月。

18191 宝葫芦

壮剧,1960年6月。

18192 夫妻竞赛

白族大本曲剧,杨玉春、罗怀李编,1960年6月。

18193 对菱花 慰问袋

满族戏、蒙族戏,关润霞改编,1960年6月。

18194 千瓣莲花

傣戏,刁保巨、刁保文等编,1960年6月。

18195 珠郎娘美

侗戏,1960年6月。

18196 红铜鼓

壮剧,黄登伟编,1960年6月。

18197 郎莎

藏戏,蔡冬华改编,1960年6月。

18198 哈迈

苗剧,覃桂清编,1960年6月。

18199 半夜羊叫

彝戏,1960年6月。

18200 少数民族戏剧选(一)

中国戏剧出版社编,1962年10月。

18201 少数民族戏剧选(二)

中国戏剧出版社编,1963年2月。

18202 藏剧故事集

王尧译述,1963年5月。

18203 全国少数民族群众业余艺术观摩演出曲艺戏剧选

观摩演出大会、中国民间文艺研究会等编,1965年1月。

18204 刘文学

电视广播剧,张庆仁编剧,1960年5月。

18205 东京风暴

活报剧,秦犁编剧,1960年6月。

18206 撕下强盗的画皮

活报剧,北京人民艺术剧院创作,1960年6月。

18207 美帝的穷途末路

活报剧,中国青年艺术剧院、中国杂技团创作,1960年6月。

18208 支援越南,打倒美帝

活报剧,李岩等编剧,1965年4月。

曲　艺

18209 社会主义好

通俗文库(二),1958年11月。

18210 迷路记

通俗文库(二),1958年11月。

18211 龙王辞职

通俗文库(一),1958年11月。

18212 五千一

通俗文库(一),1958年11月。

18213 翻身记

通俗文库(一),1958年11月。

18214 兄弟擂台

未艾著,通俗文库(三),1959年12月。

18215 昨天

相声,赵世忠、常宝华等著,通俗文库(三),1959年12月。

18216 理发的故事

道情,卢俊迈著,通俗文库(三),1959年12月。

18217 强盗出巡记

《曲艺》月刊编辑部编,1960年6月。

18218 怒火腾空

《曲艺》月刊编辑部编,1960年6月。

18219 艾森豪威尔的独白
《曲艺》月刊编辑部编,1960年6月。

18220 民兵英雄谱
《曲艺》月刊编辑部编,1960年10月。

18221 杨桂香
陶钝著,1963年9月。

18222 痛打美国强盗
《曲艺》杂志社编,1965年4月。

18223 越南军民打得好
《曲艺》杂志社编,1965年6月。

18224 说唱王杰(一)
《曲艺》杂志社编,1965年11月。

18225 时刻准备着
中国曲艺工作者协会编,1965年12月。

18226 大寨英雄贾进才
中国曲艺工作者协会编,1965年12月。

18227 说唱王杰(二)
《曲艺》杂志社编,1966年1月。

18228 说唱焦裕禄(第一集)
《曲艺》杂志社编,1966年2月。

18229 说唱麦贤得
中国曲艺工作者协会编,1966年2月。

18230 仇恨的火焰
中国曲艺工作者协会编,1966年3月。

18231 女队长
中国曲艺工作者协会编,1966年4月。

18232 说唱焦裕禄(第二集)
中国曲艺工作者协会编,1966年5月。

18233 学大寨
快板集,中国曲艺工作者协会编,1966年5月。

18234 赎马记
故事集,中国曲艺工作者协会编,1966年5月。

戏剧理论研究及其他

18235 舞台美术研究
刘露等著,1957年3月。

18236 中国戏曲研究资料初辑
欧阳予倩编,1957年7月。

18237 话剧创始期回忆录
徐半梅著,1957年7月。

18238 一个角色的创造
金山著,1957年11月。

18239 斯坦尼斯拉夫斯基体系问题
舒强著,1957年12月。

18240 东游记
梅兰芳著,1957年12月。

18241 戏剧的现实主义问题
张光年著,1957年12月。

18242 中国话剧运动五十年史料集(第一集)
中国戏剧家协会编,1958年2月。

18243 新歌剧问题讨论集
中国戏剧家协会编,1958年3月。

18244 中国戏剧史讲座
周贻白著,1958年5月。

18245 论新歌剧
张庚著,1958年7月。

18246 徐兰沅操琴生活(第一集)
徐兰沅口述,唐吉记录整理,1958年7月。

18247 关汉卿研究(第一辑)
《戏剧论丛》编辑部编,1958年9月。

18248 粉墨春秋(一)
盖叫天口述,1958年9月。

18249 论戏曲反映伟大群众时代问题(一)
《戏剧报》《戏曲研究》编辑部编,1958年9月。

18250 论戏曲表现现代生活
张庚著,1958年9月。

18251 话剧创作散论
赵寻著,1958年12月。

18252 怎样做好巡回演出工作
农村通俗文库,1958年12月。

18253 农村业余剧团怎样搭台和建筑剧场
农村通俗文库,1958年12月。

18254 农村业余剧团怎样化妆和制作服装道具
农村通俗文库,1958年12月。

18255 农村业余剧团怎样组织演出
农村通俗文库,1958年12月。

18256 农村业余剧团怎样排戏
农村通俗文库,1958年12月。

18257 怎样培养农村业余戏剧骨干
农村通俗文库,1958年12月。

18258 新型农村业余剧团组织经验

农村通俗文库,1958 年 12 月。

18259　怎样辅导农村戏剧活动
农村通俗文库,1958 年 12 月。

18260　关汉卿研究(第二辑)
中国戏剧出版社编,1959 年 3 月。

18261　京剧常识讲话
孙荣柏著,1959 年 3 月。

18262　生旦净末丑表演艺术
白云生著,1959 年 3 月。

18263　中国话剧运动五十年史料集(第二辑)
中国戏剧家协会编,1959 年 4 月。

18264　自我演戏以来
欧阳予倩著,1959 年 5 月。

18265　梅兰芳戏剧散论
1959 年 5 月。

18266　论戏曲反映伟大群众时代问题(二)
《戏剧报》《戏曲研究》编辑部编,1959 年 6 月。

18267　川剧旦角表演艺术
中国戏曲研究院编,1959 年 8 月。

18268　捉放曹的人物创造——郝寿臣表演艺术之一
郝寿臣述,吴晓铃记,1959 年 11 月。

18269　言菊朋的舞台艺术
1959 年 11 月。

18270　程砚秋的舞台艺术
1959 年 12 月。

18271　荀慧生的舞台艺术
1960 年 1 月。

18272　京剧曲牌简编
张宇慈、吴春礼编著,戏曲基本知识小丛书,1960 年 2 月。

18273　京剧锣鼓
吴春礼、何为、张宇慈编著,戏曲基本知识小丛书,1960 年 2 月。

18274　京剧的角色分行及其艺术特点
陶君起著,戏曲基本知识小丛书,1960 年 2 月。

18275　京剧化妆常识
黎新、朋弟著,戏曲基本知识小丛书,1960 年 2 月。

18276　戏曲切末与舞台装置
王遐举等著,戏曲基本知识小丛书,1960 年 2 月。

18277　戏曲唱工讲话
肖晴著,戏曲基本知识小丛书,1960 年 2 月。

18278　周信芳戏剧散论
1960 年 3 月。

18279　谈麒派艺术
1960 年 4 月。

18280　花雨集
马少波著,1960 年 5 月。

18281　舞台布景绘制方法
王世伟著,1960 年 5 月。

18282　写戏常识
李宜山著,1960 年 5 月。

18283　徐兰沅操琴生活(第二集)
徐兰沅口述,唐吉记录整理,1960 年 5 月。

18284　化妆常识
常大年著,1960 年 6 月。

18285　梅兰芳的舞台艺术
许姬传、朱家溍著,1960 年 7 月。

18286　表演经验(第一辑)
中国戏曲研究院编,1960 年 8 月。

18287　表演经验(第二辑)
中国戏曲研究院编,1960 年 8 月。

18288　理想与现实
伊兵著,1960 年 8 月。

18289　中国戏曲论集
周贻白著,1960 年 9 月。

18290　戏曲表演的十要技巧
董维贤、曲六乙著,1960 年 9 月。

18291　周信芳舞台艺术
周信芳口述,卫明、吕仲记录,1961 年 12 月。

18292　论汤显祖剧作四种
侯外庐著,1962 年 7 月。

18293　戏的念词与诗的朗诵
洪深著,1962 年 11 月。

18294　古为今用及其他
张真著,1963 年 1 月。

18295　徐兰沅操琴生活(第三集)
徐兰沅口述,唐吉记录整理,1963 年 3 月。

18296　京剧剧目初探(增订本)
陶君起著,1963 年 3 月。

18297　中国话剧运动五十年史料集(第三辑)

本书编委会编,1963 年 4 月。

18298 少数民族戏剧研究
戏剧出版社编,1963 年 6 月。

18299 乌兰牧骑——红色文化工作队
中国戏剧出版社编辑部编,1965 年 6 月。

18300 京剧《红灯记》评论集
中国戏剧家协会编,1965 年 6 月。

18301 京剧《沙家浜》评论集
中国戏剧家协会编,1965 年 10 月。

18302 在革命化道路上前进的好剧团（第一集）
中国戏剧家协会编,1966 年 4 月。

18303 王国维戏曲论文集
1957 年 11 月。

18304 中国古典戏曲论著集成（一）
中国戏曲研究院编,1959 年 7 月。

18305 中国古典戏曲论著集成（二）
中国戏曲研究院编,1959 年 7 月。

18306 中国古典戏曲论著集成（三）
中国戏曲研究院编,1959 年 7 月。

18307 中国古典戏曲论著集成（四）
中国戏曲研究院编,1959 年 8 月

18308 李笠翁曲话
李渔著,1959 年 10 月。

18309 中国古典戏曲论著集成（五）
中国戏曲研究院编,1959 年 10 月。

18310 中国古典戏曲论著集成（六）
中国戏曲研究院编,1959 年 12 月。

18311 中国古典戏曲论著集成（七）
中国戏曲研究院编,1959 年 12 月。

18312 中国古典戏曲论著集成（八）
中国戏曲研究院编,1960 年 2 月。

18313 中国古典戏曲论著集成（九）
中国戏曲研究院编,1960 年 2 月。

18314 中国古典戏曲论著集成（十）
中国戏曲研究院编,1960 年 2 月。

18315 戏曲演唱论著辑释
周贻白辑释,1962 年 12 月。

18316 孤本元明杂剧（1—4 集）
1958 年 1 月。

18317 关汉卿戏曲集
吴晓铃等编,1958 年 4 月。

18318 大戏剧家关汉卿杰作集
吴晓铃等注,1958 年 6 月。

18319 元明杂剧
1958 年 7 月。

18320 盛明杂剧（一、二集）
1958 年 7 月。

18321 杂剧三集
1958 年 8 月。

18322 墨憨斋定本传奇
冯梦龙著,1960 年 7 月。

18323 关汉卿戏剧图片
1958 年 5 月。

18324 关汉卿画像
李斛作,1958 年 5 月。

外国戏剧及理论研究

18325 在动作中分析剧本和角色
〔苏〕玛克尼别尔等著,马华等译,1957 年 5 月。

18326 元人杂剧概况
〔日〕青木正儿著,隋树森译校,1957 年 7 月。

18327 论导演构思
〔苏〕阿·吉基等著,李孟岩、王爱民译,1957 年 7 月。

18328 论匠艺
〔苏〕斯坦尼斯拉夫斯基著,张守慎等译,1957 年 9 月。

18329 剧本·导演·演员
〔苏〕戈尔恰科夫著,何若非译,1957 年 10 月。

18330 斯坦尼斯拉夫斯基体系讲座
〔苏〕格·尼·古里叶夫著,张守慎等译,1957 年 10 月。

18331 舞台调度
〔苏〕尼·彼得罗夫等著,周来等译,1957 年 11 月。

18332 演员的技术
〔苏〕华·托波尔科夫著,张守慎译,1957 年 12 月。

18333 角色的创造
〔苏〕伊里茵斯基等著,沈笠等译,1958 年 5 月。

18334 论演员的自我感觉
〔苏〕格·尼·古里叶夫等著,王文等译,1958

年 8 月。

18335 论剧作家劳动
〔苏〕高尔基等著,孟昌等译,1959 年 6 月。

18336 论聂米罗维奇-丹钦柯导演方法
〔苏〕玛·奥·克涅别尔著,周来译,1959 年 9 月。

18337 契诃夫与艺术剧院
〔苏〕玛·斯特罗耶娃著,吴启元、田大畏等译,1960 年 1 月。

18338 戏剧理论译文集(八)
中国戏剧家协会编,1960 年 3 月。

18339 导演学基础
〔苏〕格·尼·古里叶夫著,张守慎译,1960 年 3 月。

18340 《瓦萨·日列兹诺娃》的剧本分析和角色创造
〔苏〕波·比亚里克等著,夏立民等译,1960 年 5 月。

18341 中国人民的戏剧
〔苏〕谢·奥布拉兹卓夫著,林耘译,1961 年 7 月。

18342 木偶戏技术
〔苏〕阿·费道托夫著,金乃学译,1961 年 8 月。

18343 戏剧理论译文集(九)
中国戏剧家协会编,1963 年 4 月。

18344 剧作法
〔英〕威廉·阿契尔著,吴钧燮、聂文杞译,1964 年 6 月。

18345 新生活—新戏剧
苏联现代戏剧理论专辑,中国戏剧家协会研究室编,1964 年 11 月。

18346 戏剧冲突与英雄人物
苏联现代戏剧理论专辑,中国戏剧家协会研究室编,1965 年 1 月。

18347 家事
〔波兰〕柳托甫斯基著,隋怀译,1957 年 1 月。

18348 青年女教师
〔苏〕捷尔尼基阿尼著,高文风译,1957 年 2 月。

18349 和平战士约翰
〔苏〕克洛特科夫著,冯由礼译,1957 年 2 月。

18350 个人事件
〔苏〕斯泰因著,林耘译,1957 年 2 月。

18351 永远不死的人
〔美〕倍利·斯戴维恩著,陈麟瑞译,1957 年 4 月。

18352 欧洲纪事
〔苏〕阿尔布卓夫著,马华译,1957 年 4 月。

18353 伟大的一天
〔罗马尼亚〕玛丽亚·巴努斯著,奚建瀛译,1957 年 4 月。

18354 一仆二主
〔意大利〕哥尔多尼著,孙维世译,1957 年 7 月。

18355 女店主
〔意大利〕哥尔多尼著,孙维世译,1957 年 7 月。

18356 扇子
〔意大利〕哥尔多尼著,叶君健译,1957 年 7 月。

18357 涅瓦河畔
〔苏〕特列尼约夫著,马华译,1957 年 7 月。

18358 老橡树
〔苏〕雅科布逊著,魏时译,1957 年 8 月。

18359 宁可拴着磨石
〔澳大利亚〕摩纳·布兰德著,冯金辛译,1957 年 8 月。

18360 第一骑兵队
〔苏〕维什涅夫斯基著,海啸、苗林译,1957 年 8 月。

18361 小花牛
〔匈牙利〕马·西兹马瑞克等著,傅惟慈译,1957 年 9 月。

18362 善心的急性人
〔意大利〕哥尔多尼著,聂文杞译,1957 年 9 月。

18363 渔人之家
〔阿根廷〕苏里曼·皮塔尔卡著,杨敏译,1957 年 9 月。

18364 索弗洛诺夫剧作集
〔苏〕索弗洛诺夫著,姜惠等译,1957 年 10 月。

18365 包戈廷戏剧集
〔苏〕包戈廷著,杨敏等译,1957 年 10 月。

18366 太平洋上的乐园
〔澳大利亚〕迪·古沙克著,新松译,1957 年 11 月。

18367 克里姆林宫的钟声
〔苏〕包戈廷著,春秋译,1957 年 11 月。

18368 带枪的人

〔苏〕包戈廷著,葛一虹译,1957 年 11 月。

18369 别人的孩子
〔苏〕什克瓦尔金著,汤弗之译,1957 年 11 月。

18370 黎明的爱
〔苏〕雅洛斯拉夫·迦兰著,波涛译,1957 年 11 月。

18371 大臣夫人
〔南斯拉夫〕勃·努希奇著,屠岸译,1958 年 2 月。

18372 蔷薇何处开
〔日〕真山美保著,陈北鸥译,1958 年 5 月。

18373 邮局,红夹竹桃
〔印度〕泰戈尔著,冯金辛译,1958 年 8 月。

18374 春之循环
〔印度〕泰戈尔著,瞿菊农译,1958 年 8 月。

18375 玛申卡
〔苏〕阿菲诺盖诺夫著,姜丽、林敏译,1958 年 8 月。

18376 亲骨肉
〔苏〕阿菲诺盖诺夫著,乌兰汗、高一杰译,1958 年 8 月。

18377 堡垒在崩溃
〔罗马尼亚〕罗维奈斯古著,闻时清、裘果芬译,1958 年 8 月。

18378 燃烧的桥
〔苏〕罗马肃夫著,林耘译,1958 年 9 月。

18379 天上有星星
〔印度尼西亚〕乌·达·孙达尼著,张演译,1958 年 9 月。

18380 饭店之花
〔印度尼西亚〕乌·达·孙达尼著,张演译,1958 年 9 月。

18381 泰戈尔剧作集(三)
〔印度〕泰戈尔著,林天斗译,1958 年 10 月。

18382 大祸临头
〔苏〕巴巴扬著,林耘译,1958 年 11 月。

18383 女婿
〔苏〕亚洛茨基著,张济民译,1958 年 11 月。

18384 永恒的源泉
〔苏〕德·佐林著,林耘译,1959 年 2 月。

18385 杜尔太太的道德
〔波兰〕查波尔斯卡娅著,陈锌、姜历群译,1959 年 6 月。

18386 高尔基剧作集(一)
〔苏〕高尔基著,林陵等译,1959 年 6 月。

18387 高尔基剧作集(二)
〔苏〕高尔基著,芳信等译,1959 年 6 月。

18388 第一次打击
〔保加利亚〕丘里亚夫科夫著,叶明珍、张庆才译,1959 年 7 月。

18389 异母兄弟
〔伊朗〕哈·姆比札利等著,沈立中译,1959 年 7 月。

18390 朝霞中的城市
〔苏〕阿·阿布尔卓夫著,林耘译,1959 年 7 月。

18391 岛
〔日〕堀田清美著,梦回、陈北鸥译,1959 年 7 月。

18392 乐观的悲剧
〔苏〕维希涅夫斯基著,孙维善译,1959 年 7 月。

18393 星星为什么微笑
〔苏〕亚·柯涅楚克著,汤弗之译,1959 年 7 月。

18394 金马车
〔苏〕列昂诺夫著,丁宁、杨敏译,1959 年 8 月。

18395 泰戈尔剧作集(四)
〔印度〕泰戈尔著,谢冰心译,1959 年 8 月。

18396 伊索
〔巴西〕吉·菲格莱德著,陈颛译,1959 年 8 月。

18397 三座山
〔蒙古〕纳楚克道尔基著,安柯钦夫译,1959 年 9 月。

18398 沈清传
〔朝〕金亚夫改编,梅峰译,1959 年 9 月。

18399 悲壮的颂歌
〔苏〕包戈廷著,林耘译,1959 年 9 月。

18400 高尔基剧作集(三)
〔苏〕高尔基著,芳信等译,1959 年 9 月。

18401 血的审判
〔捷克斯洛伐克〕约·狄尔著,王金陵译,1959 年 9 月。

18402 阿哇尔和美拉
〔印度尼西亚〕乌·达·孙达尼著,张演等译,1959 年 9 月。

18403 大胆的妈妈和她的孩子们

〔德〕贝·布莱希特著,孙凤城译,1959年9月。

18404 蚌、蛎、螺、蚬
〔越南〕黄州骥整理,林荫译,1959年9月。

18405 决裂
〔苏〕拉甫列尼约夫著,崔松龄译,1959年11月。

18406 万尼亚舅舅
〔俄罗斯〕契诃夫著,丽尼译,1960年1月。

18407 海军军官
〔苏〕阿·克隆著,孙维善等译,1960年1月。

18408 三姐妹
〔苏〕契诃夫著,曹靖华译,1960年1月。

18409 一件妙事
〔意大利〕哥尔多尼著,聂文杞译,1960年3月。

18410 小市民
〔苏〕高尔基著,林陵译,1960年3月。

18411 野蛮人
〔苏〕高尔基著,芳信译,1960年3月。

18412 歌颂列宁的戏剧三部曲
〔苏〕包戈廷著,葛一虹、春秋、林耘译,1960年3月。

18413 敌人
〔苏〕高尔基著,林陵译,1960年3月。

18414 陀斯契加耶夫和别的人
〔苏〕高尔基著,芳信译,1960年3月。

18415 最后一代
〔苏〕高尔基著,陈冰夷译,1960年3月。

18416 和大姐
〔越南〕学菲著,王勇译,1960年3月。

18417 挑战的手套
〔挪威〕比昂逊著,吴世良译,1960年4月。

18418 宽边帽子
〔苏〕米哈尔科夫著,杨秀怡译,1960年5月。

18419 杨·胡斯
〔捷克斯洛伐克〕伊拉塞克著,苏杰译,1960年5月。

18420 底层
〔苏〕高尔基著,芳信译,1960年5月。

18421 瓦萨·日列兹诺娃
〔苏〕高尔基著,汤苿之译,1960年5月。

18422 耶戈尔布雷乔夫和别的人
〔苏〕高尔基著,焦菊隐译,1960年5月。

18423 路
〔蒙古〕乔·敖伊道布著,鲁清译,1960年7月。

18424 不死鸟
〔朝〕宋影著,金圣哲译,1960年7月。

18425 瑞卿与周俊
〔越南〕阮祥忍著,林荫、兰江译,1960年8月。

18426 中锋在黎明前死去
〔阿根廷〕奥古斯丁·库塞尼著,陈军译,1961年7月。

18427 夕鹤
〔日〕木下顺二著,陈北鸥译,1961年12月。

18428 愤怒的回顾
〔英〕奥斯本著,黄雨石译,1962年1月。

18429 甘蔗田
〔古巴〕巴格·阿尔丰索著,英若诚译,1962年3月。

18430 美洲的圣胡安娜
〔阿根廷〕利萨拉伽著,章仁鑑译,1962年6月。

18431 我们的土地
〔阿根廷〕雅柯伐著,乌兰汗译,1962年8月。

18432 第四名
〔苏〕西蒙诺夫著,张原译,1962年9月。

18433 德聂伯河上
〔苏〕柯涅楚克著,苏虹译,1962年11月。

18434 按头人
〔美〕杰克·格尔柏著,石馥译,1962年12月。

18435 椅子
〔法〕约纳斯戈著,黄雨石译,1962年12月。

18436 红色宣传员
〔朝〕赵白岭著,张琳译,1962年12月。

18437 伊尔库茨克故事
〔苏〕阿尔布卓夫著,裴未如译,1963年8月。

18438 暴风雪
〔苏〕列昂诺夫著,吴钧燮译,1963年9月。

18439 爱与美之岛
〔希腊〕阿·巴尔尼斯著,蔡时济译,1963年9月。

18440 厨娘
〔苏〕索弗罗诺夫著,孙维善译,1963年9月。

18441 保护活着的儿子
〔苏〕索弗罗诺夫著,徐文译,1963年11月。

18442 白旗

〔苏〕伊克拉莫夫等著,沈立中译,1963年11月。

18443　海洋
〔苏〕阿·史泰因著,孙维善译,1963年11月。

18444　费鲁米娜·马尔土拉诺
〔意大利〕爱·德·菲力普著,木禾译,1964年5月。

18445　晚餐之前
〔苏〕维·罗佐夫著,王金陵译,1964年5月。

18446　病房
〔苏〕谢·阿辽申著,蔡时济译,1964年6月。

18447　两个打秋千的人
〔美〕威廉·基勃森著,馥芝译,1964年6月。

18448　美洛斯来的瘟疫
〔阿根廷〕德腊贡著,林原等译,1964年7月。

18449　约斯蒂娜
〔芬兰〕赫拉·乌奥丽约基著,苏杭译,1964年10月。

18450　忠诚
〔苏〕包戈廷著,群力译,1965年5月。

18451　等待戈多
〔英〕萨缪尔·贝克特著,旋咸荣译,1965年7月。

18452　暴风雨过后的痕迹
〔保加利亚〕季米特尔·戈诺夫著,叶明珍译,1965年7月。

18453　老妇还乡
〔瑞士〕弗里德里希·杜伦马特著,黄雨石译,1965年12月。

戏剧教材

18454　戏曲演员语文课本（初中第一册）
天津市文化局编,1960年6月。

18455　戏曲演员语文课本（初中第二册）
天津市文化局编,1960年7月。

18456　戏曲演员语文课本（初中第四册）
天津市文化局编,1960年9月。

18457　戏曲演员语文课本（初中第三册）
天津市文化局编,1960年10月。

18458　戏曲演员语文课本（高中一册）
天津市文化局编,1960年10月。

18459　戏曲演员语文课本（高中三册）
天津市文化局编,1960年10月。

18460　郝寿臣脸谱集
北京戏曲学校编,1962年12月。

18461　搜府盘关
京剧剧目教材,中国戏曲学校编,1962年9月。

18462　石秀探庄
京剧剧目教材,中国戏曲学校编,1962年9月。

18463　苏三起解
京剧剧目教材,中国戏曲学校编,1962年9月。

18464　钓龟
京剧剧目教材,中国戏曲学校编,1962年9月。

18465　铡美案
京剧剧目教材,中国戏曲学校编,1962年9月。

18466　文昭关
京剧剧目教材,中国戏曲学校编,1962年9月。

18467　金沙滩
京剧剧目教材,北京市戏曲学校编,1962年9月。

18468　神亭岭
京剧剧目教材,北京市戏曲学校编,1962年9月。

18469　五人义
京剧剧目教材,北京市戏曲学校编,1962年9月。

18470　艳阳楼
京剧剧目教材,北京市戏曲学校编,1962年9月。

18471　绑子上殿
京剧剧目教材,中国戏曲学校编,1963年4月。

18472　贺后骂殿
京剧剧目教材,中国戏曲学校编,1963年4月。

18473　斩雄信
京剧剧目教材,中国戏曲学校编,1963年4月。

18474　二进宫
京剧剧目教材,中国戏曲学校编,1963年4月。

18475　击鼓骂曹
京剧剧目教材,中国戏曲学校编,1963年4月。

18476　捉放曹
京剧剧目教材,北京市戏曲学校编,1963年4月。

18477　问樵闹府　打棍出箱

京剧剧目教材,北京市戏曲学校编,1963 年 4 月。

18478 辕门斩子

京剧剧目教材,北京市戏曲学校编,1963 年 4 月。

18479 林冲夜奔

京剧剧目教材,中国戏曲学校编,1963 年 5 月。

18480 挑滑车

京剧剧目教材,中国戏曲学校编,1963 年 5 月。

18481 打孟良 打焦赞

京剧剧目教材,北京市戏曲学校编,1963 年 5 月。

18482 白水滩 通天犀

京剧剧目教材,北京市戏曲学校编,1963 年 5 月。

18483 赚书 训子 望儿楼 三进士

京剧剧目教材,北京市戏曲学校编,1963 年 5 月。

18484 武松打店

京剧剧目教材,中国戏曲学校编,1963 年 6 月。

18485 扈家庄

京剧剧目教材,中国戏曲学校编,1963 年 6 月。

18486 罗成叫关

京剧剧目教材,中国戏曲学校编,1963 年 6 月。

18487 思凡 双下山

京剧剧目教材,中国戏曲学校编,1963 年 6 月。

18488 连升店

京剧剧目教材,中国戏曲学校编,1963 年 7 月。

18489 董家山

京剧剧目教材,北京市戏曲学校编,1963 年 7 月。

18490 樊江关

京剧剧目教材,北京市戏曲学校编,1963 年 7 月。

18491 斩黄袍

京剧剧目教材,北京市戏曲学校编,1963 年 7 月。

18492 三不愿意

京剧剧目教材,北京市戏曲学校编,1963 年 8 月。

18493 御果园 白良关 牧虎关 黄一刀 双李逵

京剧剧目教材,北京市戏曲学校编,1963 年 8 月。

18494 岳家庄

京剧剧目教材,中国戏曲学校编,1963 年 8 月。

18495 十三妹

京剧剧目教材,中国戏曲学校编,1963 年 9 月。

18496 穆柯寨 穆天王

京剧剧目教材,中国戏曲学校编,1963 年 12 月。

18497 借赵云

京剧剧目教材,中国戏曲学校编,1963 年 12 月。

18498 徐母骂曹

京剧剧目教材,中国戏曲学校编,1963 年 12 月。

18499 岳母刺字

京剧剧目教材,中国戏曲学校编,1963 年 12 月。

18500 姚期

京剧剧目教材,中国戏曲学校编,1963 年 12 月。

18501 选元戎

京剧剧目教材,中国戏曲学校编,1963 年 12 月。

18502 战濮阳

京剧剧目教材,中国戏曲学校编,1963 年 12 月。

18503 白门楼

京剧剧目教材,中国戏曲学校编,1963 年 12 月。

18504 蔡家庄

京剧剧目教材,中国戏曲学校编,1963 年 12 月。

18505 战马超

京剧剧目教材,中国戏曲学校编,1963 年 12 月。

18506 长坂坡

京剧剧目教材,北京市戏曲学校编,1963 年 12 月。

18507 三击掌

京剧剧目教材,中国戏曲学校编,1963 年 12 月。

18508 硃痕记

京剧剧目教材,中国戏曲学校编,1964 年 5 月。

18509 审潘洪

京剧剧目教材,中国戏曲学校编,1964 年 5 月。

18510 金锁阵

京剧剧目教材,中国戏曲学校编,1964 年 5 月。

18511 芦花荡

京剧剧目教材,中国戏曲学校编,1964 年 5 月。

18512 请医

京剧剧目教材,中国戏曲学校编,1964 年 6 月。

18513 杨二舍化缘

评剧剧目教材,辽宁戏曲学校编,殷野校注,

1963 年 9 月。

`18514` 王二姐思夫
评剧剧目教材,辽宁戏曲学校编,殷野、杨国生校注,1963 年 9 月。

`18515` 张彦赶船
评剧剧目教材,辽宁戏曲学校编,刘毅整理,1963 年 9 月。

`18516` 断桥
评剧剧目教材,辽宁戏曲学校编,刘毅校注,1963 年 9 月。

`18517` 小姑贤
评剧剧目教材,辽宁戏曲学校编,刘毅校注,1963 年 9 月。

`18518` 描容上路
评剧剧目教材,辽宁戏曲学校编,王昕校注,1963 年 9 月。

`18519` 穆桂英挂帅
评剧剧目教材,辽宁戏曲学校编,刘毅校注,1963 年 9 月。

`18520` 打狗劝夫
评剧剧目教材,辽宁戏曲学校编,王昕校注,1963 年 9 月。

`18521` 王少安赶船
评剧剧目教材,辽宁戏曲学校编,曹克英、杨国生校注,1963 年 9 月。

`18522` 秦香莲
评剧剧目教材,辽宁戏曲学校编,王春霖校注,1963 年 9 月。

`18523` 花园会
评剧剧目教材,辽宁戏曲学校编,王春霖整理,杨国生校注,1963 年 9 月。

`18524` 夜宿花亭
评剧剧目教材,辽宁戏曲学校编,1964 年 5 月。

`18525` 井台会
评剧剧目教材,辽宁戏曲学校编,1964 年 5 月。

`18526` 挖蔓菁
河北梆子剧目教材,北京市戏曲学校编,傅玉贤校注,1963 年 4 月。

`18527` 火焰驹
河北梆子剧目教材,北京市戏曲学校编,吴增彦校注,1963 年 4 月。

`18528` 杀寺
河北梆子剧目教材,北京市戏曲学校编,吴增彦校注,1963 年 4 月。

`18529` 樊江关
河北梆子剧目教材,北京市戏曲学校编,吴增彦校注,1963 年 4 月。

`18530` 罗成叫关
河北梆子剧目教材,北京市戏曲学校编,刘剑华校注,1963 年 4 月。

`18531` 断后
河北梆子剧目教材,北京市戏曲学校编,傅玉贤校注,1963 年 7 月。

`18532` 牧羊山
河北梆子剧目教材,北京市戏曲学校编,傅玉贤校注,1963 年 7 月。

`18533` 凤鸣关
河北梆子剧目教材,北京市戏曲学校编,吴增彦校注,1963 年 7 月。

`18534` 红逼宫
河北梆子剧目教材,北京市戏曲学校编,傅玉贤校注,1963 年 8 月。

`18535` 李陵碑
河北梆子剧目教材,北京市戏曲学校编,傅玉贤校注,1963 年 8 月。

`18536` 三击掌
河北梆子剧目教材,北京市戏曲学校编,傅玉贤校注,1963 年 8 月。

`18537` 汲水
河北梆子剧目教材,北京市戏曲学校编,傅玉贤、吴增彦校注,1963 年 8 月。

`18538` 上天台 封官
河北梆子剧目教材,北京市戏曲学校编,傅玉贤、吴增彦校注,1963 年 8 月。

`18539` 斩单通 牧虎关
河北梆子剧目教材,北京市戏曲学校编,吴增彦校注,1963 年 8 月。

`18540` 杜十娘 三上轿
河北梆子剧目教材,河北省戏曲学校编,1963 年 8 月。

`18541` 作文 教学
河北梆子剧目教材,河北省戏曲学校编,1963 年 8 月。

`18542` 草船借箭

河北梆子剧目教材,河北省戏曲学校编,高烨整理,马龙文记谱,曹鸿昌校谱,1963年8月。

18543 捡柴
河北梆子剧目教材,河北省戏曲学校编,毛达志修订,张明超记谱,马龙文校谱,1963年8月。

18544 拾玉镯
河北梆子剧目教材,河北省戏曲学校编,毛达志、叶庆璋修订,侯伶记谱,曹鸿昌校谱,1963年8月。

18545 二堂舍子
河北梆子剧目教材,河北省戏曲学校编,高烨整理,曹鸿昌记谱,马龙文校谱,1963年8月。

18546 捉放曹
河北梆子剧目教材,河北省戏曲学校编,高烨整理,曹鸿昌记谱,侯伶校谱,1963年8月。

18547 杀庙
河北梆子剧目教材,河北省戏曲学校编,刘烈邦整理,马龙文记谱,侯伶校谱,1963年8月。

18548 取洛阳 通天犀
河北梆子剧目教材,北京市戏曲学校编,吴增彦校注,1963年9月。

18549 黄鹤楼
河北梆子剧目教材,河北省戏曲学校编,刘烈邦整理,侯伶记谱,高旭校谱,1963年9月。

18550 打金枝
河北梆子剧目教材,河北省戏曲学校编,高烨整理,曹鸿昌记谱,侯伶校谱,1963年11月。

18551 辕门斩子 调寇
河北梆子剧目教材,河北省戏曲学校编,刘烈邦整理,1963年11月。

18552 金雁桥 收关胜
河北梆子剧目教材,北京市戏曲学校编,吴增彦校注,1963年12月。

18553 借衣 哭窑 打柴 训弟 打周仁 激友回店
河北梆子剧目教材,北京市戏曲学校编,吴增彦、傅玉贤、白晓晞校注,1963年12月。

18554 柜中缘 铁弓缘
河北梆子剧目教材,北京市戏曲学校编,刘剑华、白晓晞校注,1963年12月。

18555 写状
昆曲剧目教材,上海戏曲学校编,1964年5月。

18556 山门
昆曲剧目教材,上海戏曲学校编,1964年5月。

18557 狗洞
昆曲剧目教材,上海戏曲学校编,1964年5月。

18558 花荡
昆曲剧目教材,上海戏曲学校编,1964年5月。

18559 形体训练"基本功"教材
中国戏曲学校编,1963年3月。

18560 唱腔选辑(第一辑)
中国戏曲学校编,1963年3月。

18561 唱腔选辑(第二辑)
中国戏曲学校编,1963年3月。

北京宝文堂书店图书

独 幕 剧

18562 不是梦
魏连珍著,1958年7月。平装,32开,书号10070·204,定价0.12元。(X5-10)

18563 满堂红
辛弘著,戏剧小丛书(二),1958年8月。平装,大64开,书号10070·120,定价0.06元。(X5-11)

18564 没有演完的戏
杨润身编剧,戏剧小丛书(二),1958年7月。平装,大64开,书号10070·119,定价0.06元。(X5-12)

18565 货郎哥
灌玉著,戏剧小丛书(一),1958年9月。平装,大64开,定价0.08元。(X5-13)

18566 人民公社是乐园
张傅吉著,1958年9月。平装,定价0.04元。(X5-15)

18567 田大妈也要学文化
李大千著,1958年9月。平装,大64开,书号10070·201,定价0.04元。(X5-16)

1037

| 18568 | 穿红背心的小伙子

熊伟、陈永倞、陈刚著,1958年10月。平装,32开,书号10070·172,定价0.08元。(X5-17)

| 18569 | 时间就是钢

吕君樵著,1958年10月。平装,32开,书号10070·233,定价0.09元。(X5-19)

| 18570 | 街道食堂

中国青年艺术剧院创作,1958年10月。平装,大64开,书号10070·196,定价0.04元。(X5-20)

| 18571 | 蚂蚁搬泰山

高方正著,1958年10月。平装,32开,书号10070·234,定价0.06元。(X5-21)

| 18572 | 万年长青

颜一烟著,1958年11月。平装,32开,书号10070·167,定价0.11元。(X5-22)

| 18573 | 人心向高炉

陈洪忠著,1958年11月。平装,32开,书号10070·232,定价0.11元。(X5-24)

| 18574 | 东风食堂

颜一烟著,戏剧小丛书(三),1958年11月。平装,大64开,书号10070·129,定价0.08元。(X5-25)

| 18575 | 一天等于二十年

丁兆范著,1958年12月。平装,32开,书号10070·225,定价0.06元。(X5-28)

| 18576 | 钢花怒放

刘沧浪、吕长永著,1958年12月。平装,32开,书号10070·282,定价0.12元。(X5-29)

| 18577 | 遍地红花

冯传家著,1958年12月。平装,32开,书号10070·265,定价0.08元。(X5-32)

| 18578 | 两亩试验田

中央广播电视实验剧团创作,1959年3月。平装,大64开,书号10070·229,定价0.06元。1959年4月收入 戏剧小丛书(四),平装,大64开,书号10070·269,定价0.06元。(X5-34)

| 18579 | 青龙涧

缪文渭著,1959年5月。平装,大64开,书号10070·343,定价0.07元。1959年6月收入戏剧小丛书(六),平装,大64开,书号10070·348,定价0.07元。(X5-35)

| 18580 | 毛主席万岁

幸之、丹单著,1959年9月。平装,32开,书号10070·379,定价0.10元。(X5-36)

| 18581 | 遍地开花

韩统良著,1959年9月。平装,32开,书号10070·378,定价0.10元。(X5-37)

| 18582 | 年青人

马千里著,群众演唱材料,1959年11月。平装,32开,书号10070·475,定价0.12元。(X5-38)

| 18583 | 铁连环

舒慧著,群众演唱材料,1959年11月。平装,32开,书号10070·490,定价0.12元。(X5-39)

| 18584 | 老当益壮

吴大扬等著,1959年11月。平装,32开,书号10070·434,定价0.11元。(X5-40)

| 18585 | 旅客之家

赵羽翔著,1959年11月。平装,32开,书号10070·495,定价0.16元。(X5-41)

| 18586 | 青春的伙伴

孙芋著,1959年12月。平装,32开,书号10070·514,定价0.15元。(X5-42)

| 18587 | 恭喜恭喜

庚申著,1960年3月。平装,32开,书号10070·546,定价0.07元。(X5-45)

| 18588 | 天亮报捷

梁爽、马俊太著,1960年3月。平装,32开,书号10070·548,定价0.08元。(X5-46)

| 18589 | 开门红

何求著,1960年6月。平装,32开,书号10070·565,定价0.10元。(X5-48)

| 18590 | 春天的歌声

刘二克著,1960年6月。平装,32开,书号10070·567,定价0.06元。(X5-49)

| 18591 | 养猪场的喜事

孙庆荣著,1960年6月。平装,32开,书号10070·563,定价0.09元。(X5-50)

歌 舞 剧

| 18592 | 等他

李光复著,1957年12月。平装,32开,书号

10070·72,定价 0.10 元。(X6-7)

18593　红布条

苏一萍著,彦军、姜丽山作曲,1958 年 4 月。平装,32 开,书号 10070·78,定价 0.11 元。(X6-8)

18594　宝山参军

王血波著,王辛作曲,1958 年 4 月。平装,32 开,书号 10070·90,定价 0.12 元。1960 年 7 月,中国戏剧出版社,平装,32 开,书号 10079·530,定价 0.12 元。(X6-9)

18595　学天桥

刘光江等著,1958 年 6 月。平装,大 64 开,书号 10070·130,定价 0.06 元。(X6-11)

18596　大家欢唱总路线

刘东升著,1958 年 6 月。平装,大 64 开,定价 0.04 元。(X6-12)

18597　刘老汉卖报

白晓晞著,1958 年 6 月。平装,大 64 开,书号 10070·124,定价 0.04 元。(X6-13)

18598　赶上英国

张善曾等著,1958 年 6 月。平装,大 64 开,定价 0.04 元。(X6-14)

18599　兄妹问答

隆荫培著,1958 年 7 月。平装,大 64 开,书号 10070·149,定价 0.03 元。(X6-15)

18600　婆媳修水库

黄秉德、江元铸著,1958 年 7 月。平装,大 64 开,书号 10070·145,定价 0.03 元。(X6-16)

18601　风雨共伞

张永枚著,张定和作曲,戏剧小丛书(二),1958 年 7 月。平装,大 64 开,书号 10070·151,定价 0.10 元。(X6-17)

18602　献砖

张恕著,杜宇作曲,戏剧小丛书(二),1958 年 7 月。平装,大 64 开,书号 10070·152,定价 0.10 元。(X6-18)

18603　婆媳俩

肖杰、崇德著,戏剧小丛书(一),1958 年 7 月。平装,大 64 开,书号 10070·132,定价 0.07 元。(X6-19)

18604　营房相会

文林著,健农作曲,戏剧小丛书(一),1958 年 7 月。平装,大 64 开,书号 10070·135,定价 0.06 元。(X6-20)

18605　侵略者的下场

中央实验歌剧院创作,1958 年 9 月。平装,大 64 开,书号 10070·210,定价 0.03 元。(X6-22)

18606　决心

黄秉德著,1958 年 9 月。平装,大 64 开,书号 10070·209,定价 0.02 元。(X6-23)

18607　夫妻参观展览会

东声著,1958 年 9 月。平装,大 64 开,书号 10070·179,定价 0.03 元。(X6-24)

18608　探亲家

清江著,戏剧小丛书(三),1958 年 11 月。平装,大 64 开,书号 10070·138,定价 0.04 元。(X6-25)

18609　四姊妹夸夫

李耕森等著,农村通俗文库(二),1958 年 11 月。平装,大 64 开,书号 10070·146,定价 0.04 元。(X6-26)

18610　柳叶儿青青

谭权著,1958 年 12 月。平装,32 开,书号 10070·244,定价 0.11 元。(X6-27)

18611　不做文盲

丁毅著,陆明作曲,1958 年 12 月。平装,32 开,书号 10070·267,定价 0.12 元。(X6-28)

18612　办喜事

李炬、陈巩鄂著,1958 年 12 月。平装,32 开,书号 10070·284,定价 0.11 元。(X6-29)

18613　铁水钢花

王亚平著,1958 年 12 月。平装,32 开,书号 10070·242,定价 0.08 元。(X6-30)

18614　做沙箱

包立春著,1958 年 12 月。平装,32 开,书号 10070·257,定价 0.08 元。(X6-31)

18615　打擂台

李冰著,马可作曲,1958 年 12 月。平装,32 开,书号 10070·254,定价 0.11 元。(X6-32)

18616　办年货

沈祖安著,1958 年 12 月。平装,32 开,书号 10070·241,定价 0.08 元。(X6-33)

18617　四季花

徐立中著,戏剧小丛书(五),1958年12月。平装,大64开,书号10070·300,定价0.04元。1959年6月收入戏剧小丛书(五),平装,大64开,书号10070·347,定价0.04元。(X6-34)

18618 三个瓜

王浩著,郭玉楼作曲,1958年12月。平装,32开,书号10070·262,定价0.09元。(X6-35)

18619 赛宝

章明著,1958年12月。平装,32开,书号10070·259,定价0.08元。(X6-36)

18620 一对喜猪

田川、任萍著,1959年3月。平装,大64开,书号10070·220,定价0.04元。1959年4月收入戏剧小丛书(四),平装,大64开,书号10070·269,定价0.04元。(X6-37)

18621 过社日

张福林著,1959年5月。平装,大64开,书号10070·329,定价0.05元。1959年6月收入戏剧小丛书(六),平装,大64开,书号10070·348,定价0.05元。(X6-38)

18622 姑嫂上县城

邱泽三著,1959年5月。平装,大32开,书号10070·347,定价0.05元。(X6-39)

18623 马大友过关

万一、世荣著,1959年5月。平装,大64开,书号10070·312,定价0.06元。1959年6月收入戏剧小丛书(五),平装,大32开,书号10070·347,定价0.05元。(X6-40)

18624 夫妻互助学文化

陈洪忠著,1959年5月。平装,大64开,书号10070·268,定价0.04元。1959年6月收入戏剧小丛书(五),平装,大32开,书号10070·347,定价0.05元。(X6-41)

18625 庆丰收

念嘉等著,戏剧小丛书(六),1959年6月。平装,大64开,书号10070·348,定价0.06元。(X6-42)

18626 三个饲养员

张永枚著,1959年9月。平装,32开,书号10070·381,定价0.11元。(X6-43)

18627 鲤鱼上山

乔羽著,梁克祥作曲,1959年9月。平装,32开,书号10070·391,定价0.15元。1959年12月,中国戏剧出版社,平装,32开,书号10069·448,定价0.13元。(X6-44)

18628 湖上歌声

任梅著,郑律成作曲,1959年9月。平装,32开,书号10070·390,定价0.12元。(X6-45)

18629 高原怒吼

任萍、田川著,1959年9月。平装,32开,书号10070·393,定价0.15元。(X6-46)

18630 八十大寿

乔羽著,梁克祥作曲,1959年11月。平装,32开,书号10070·485,定价0.21元。(X6-48)

18631 杨梅酒

任德耀著,1959年11月。平装,32开,书号10070·487,定价0.09元。(X6-49)

18632 莲花湾探亲

侯铮著,1959年11月。平装,32开,书号10070·486,定价0.11元。(X6-50)

18633 争宝

陈开明等著,1959年11月。平装,32开,书号10070·489,定价0.12元。(X6-51)

18634 写春联

张晶著,1959年11月。平装,32开,书号10070·474,定价0.12元。(X6-52)

18635 小翻车

白永林口述,康子亮改编,1959年11月。平装,32开,书号10070·488,定价0.09元。(X6-53)

18636 还乡路上

徐立忠著,1959年11月。平装,32开,书号10070·476,定价0.10元。(X6-54)

18637 钢铁之花

李衍湘著,1959年12月。平装,32开,书号10070·517,定价0.11元。(X6-55)

18638 养猪能手魏振强

晋西机器厂业余剧团、山西话剧团辅导创作组创作,1959年12月。平装,32开,书号10070·531,定价0.10元。(X6-56)

18639 两个支书

贾克著,1960年3月。平装,32开,书号10070·545,定价0.07元。(X6-59)

18640 移风易俗讲卫生

田澄等著,1960 年 5 月。平装,32 开,书号 10070·571,定价 0.09 元。(X6-60)

18641　民兵英雄会北京

曲六乙、赵光远著,1960 年 5 月。平装,32 开,书号 10070·568,定价 0.08 元。(X6-61)

京　　剧

18642　打督邮
祁野耘、吴少岳著,1957 年 6 月。

18643　鱼藻宫
荀慧生著,1957 年 7 月。

18644　李逵探母
袁世海、翁偶虹著,1957 年 8 月。

18645　三娘教子
1957 年 8 月。

18646　捉放曹
1957 年 8 月。

18647　法门寺
1957 年 8 月。

18648　文昭关
中国京剧团等整理,1957 年 8 月。

18649　金玉奴
董维贤整理,1957 年 8 月。

18650　木兰从军
梅兰芳改编,1957 年 9 月。

18651　审头刺汤
中国戏曲研究院等整理,1957 年 9 月。

18652　击鼓骂曹　当锏卖马
1957 年 9 月。

18653　扫松下书
周信芳演出本,1957 年 9 月。

18654　红楼二尤
荀慧生演出本,1957 年 9 月。

18655　临江驿
中国戏曲研究院等整理,1957 年 9 月。

18656　武松
中国戏曲研究院等整理,1957 年 9 月。

18657　定军山
中国戏曲研究院等整理,1957 年 9 月。

18658　审潘洪
中国戏曲研究院等整理,1957 年 9 月。

18659　鸿门宴
周信芳编,1957 年 9 月。

18660　清风亭
周信芳演出本,1957 年 9 月。

18661　三击掌
中国戏曲研究院编,1957 年 9 月。

18662　王宝钏
1957 年 9 月。

18663　三关排宴　四郎探母
长治专区人民剧团整理,1957 年 9 月。

18664　母女会
中国戏曲研究院整理,1957 年 9 月。

18665　凤还巢
梅兰芳演出本,1957 年 9 月。

18666　生死恨
梅兰芳演出本,1957 年 9 月。

18667　鱼肠剑
中国戏曲研究院整理,1957 年 9 月。

18668　乌龙院
1957 年 9 月。

18669　岳家庄
中国戏曲研究院整理,1957 年 9 月。

18670　玉堂春
中国戏曲研究院整理,1957 年 9 月。

18671　珠帘寨
1957 年 9 月。

18672　灞桥挑袍
中国戏曲研究院整理,1957 年 10 月。

18673　三不愿意
赵慧琛改编,1957 年 10 月。

18674　辕门射戟
叶盛兰整理,1957 年 10 月。

18675　罢宴
吴少岳改编,1957 年 10 月。

18676　戚继光斩子
田友文著,1957 年 11 月。

18677　一箭和
潘侠风编,1957 年 11 月。

18678　白蛇传
田汉编剧,1957 年 11 月。

18679　定计化缘
中国京剧院演出本,1957 年 12 月。

| 18680 | 云罗山
翁偶虹、李少春编剧,1957年12月。
| 18681 | 打灶王
中国京剧院文学组创作,1957年12月。
| 18682 | 打砂锅
中国京剧院文学组创作,1957年12月。
| 18683 | 一匹布
中国京剧院文学组创作,1957年12月。
| 18684 | 荷珠配
中国京剧院文学组创作,1957年12月。
| 18685 | 长乐老
汪笑侬编剧,1957年12月。
| 18686 | 锯大缸
景孤血整理,1957年12月。
| 18687 | 红娘
荀慧生编剧,1958年3月。
| 18688 | 孔雀东南飞
欧阳予倩编剧,1958年4月。
| 18689 | 马前泼水
1958年4月。
| 18690 | 打渔杀家
中国戏曲研究院等整理,1958年4月。
| 18691 | 铡美案
中国戏曲研究院等整理,1958年4月。
| 18692 | 八大锤
中国戏曲研究院等整理,1958年4月。
| 18693 | 四进士
周信芳整理,1958年4月。
| 18694 | 二进宫
1958年4月。
| 18695 | 打面缸
肖长华等整理,1958年4月。
| 18696 | 打花鼓
中国京剧院文学组创作,1958年4月。
| 18697 | 群英会
肖长华等整理,1958年4月。
| 18698 | 岳母刺字
1958年4月。
| 18699 | 盗御马
郝寿臣等整理,1958年4月。
| 18700 | 无底洞
景孤血整理,1958年4月。

| 18701 | 武家坡
1958年4月。
| 18702 | 打龙袍
1958年4月。
| 18703 | 京剧大观(一)
1958年4月。
| 18704 | 京剧大观(二)
1958年4月。
| 18705 | 京剧大观(三)
1958年4月。
| 18706 | 京剧大观(四)
1958年4月。
| 18707 | 刀劈三关
汪笑侬编剧,1958年4月。
| 18708 | 甘露寺
中国京剧院等整理,1958年4月。
| 18709 | 窦娥冤
程砚秋演出本,1958年5月。
| 18710 | 红色卫星闹天宫
马少波等编剧,1958年5月。
| 18711 | 单刀会
白家麟等编剧,1958年5月。
| 18712 | 望江亭
范钧宏等改编,1958年6月。
| 18713 | 智斩鲁斋郎
马少波等改编,1958年6月。
| 18714 | 五侯宴
马少波等编剧,1958年6月。
| 18715 | 李始美灭白蚁
黄秉德等编剧,1958年6月。
| 18716 | 龙王爷低头
郭玉景编剧,1958年6月。
| 18717 | 霍小玉
荀慧生编剧,1958年7月。
| 18718 | 取南郡
马连良藏本,1958年7月。
| 18719 | 串龙珠
马连良藏本,1958年7月。
| 18720 | 渡阴平
李洪春藏本,1958年7月。
| 18721 | 绣襦记
荀慧生演出本,1958年7月。

`18722` 元宵谜
荀慧生演出本,1958年7月。

`18723` 明白了
光华木材厂创作,1958年8月。

`18724` 桑园寄子
周信芳等整理,1958年8月。

`18725` 京剧大观(五)
1958年8月。

`18726` 京剧大观(六)
1958年8月。

`18727` 拾玉镯
中国戏曲研究院整理,1958年9月。

`18728` 连环计
中国戏曲研究院等整理,1958年9月。

`18729` 连升店
中国戏曲研究院整理,1958年9月。

`18730` 空城计
谭富英、裘盛戎整理,1958年9月。

`18731` 搜孤救孤
中国戏曲研究院整理,1958年10月。

`18732` 宇宙锋
中国戏曲研究院整理,1958年10月。

`18733` 真假李逵
中国戏曲研究院整理,1958年10月。

`18734` 除三害
中国戏曲研究院改编,1958年10月。

`18735` 徐策跑城
周信芳整理,1958年10月。

`18736` 林海雪原
范钧宏改编,1958年11月。

`18737` 秦香莲
中国京剧院演出本,1958年11月。

`18738` 黄金台
1958年11月。

`18739` 捉水鬼
范钧宏著,1958年12月。

`18740` 娃娃店
中国戏曲学校演出本,1958年12月。

`18741` 英雄炮兵
范钧宏、张春华编剧,1958年12月。

`18742` 杨排风
李金鸿、何异旭整理,1958年12月。

`18743` 木兰从军
马少波改编,1959年1月。

`18744` 贺后骂殿
程砚秋演出本,1959年1月。

`18745` 牛皋招亲
袁世海整理,1959年1月。

`18746` 双合印
中国京剧院整理,1959年1月。

`18747` 取洛阳
侯喜瑞等整理,1959年1月。

`18748` 黄鹤楼
中国戏曲研究院校订,1959年1月。

`18749` 智激美猴王
李少春等改编,1959年1月。

`18750` 遇皇后 打龙袍
李金泉等整理,1959年1月。

`18751` 青霜剑
程砚秋演出本,1959年1月。

`18752` 逍遥津
李和曾整理,1959年2月。

`18753` 铡包勉
何异旭整理,1959年2月。

`18754` 赤桑镇
何异旭改编,1959年2月。

`18755` 打侄上坟
中国京剧院演出本,1959年3月。

`18756` 梅妃
程砚秋演出本,1959年3月。

`18757` 汾河湾
中国京剧院整理,1959年3月。

`18758` 春闺梦
程砚秋演出本,1959年3月。

`18759` 碧玉簪
程砚秋演出本,1959年3月。

`18760` 亡蜀鉴
程砚秋演出本,1959年3月。

`18761` 红拂传
程砚秋演出本,1959年3月。

`18762` 白良关
中国京剧院修订,1959年3月。

`18763` 斩颜良
中国京剧院修订,1959年3月。

| 18764 | 扈家庄
李金鸿等整理,1959年3月。
| 18765 | 玉簪记
范钧宏改编,1959年3月。
| 18766 | 青梅煮酒论英雄
李盛藻等整理,1959年3月。
| 18767 | 打金枝
樊放整理,1959年3月。
| 18768 | 伐齐东
袁世海等整理,1959年3月。
| 18769 | 朱痕记
程砚秋演出本,1959年4月。
| 18770 | 十八勇士大渡河
王振元编剧,1959年6月。
| 18771 | 英雄杨春增
英年编剧,1959年6月。
| 18772 | 高亮赶水
翁偶虹编剧,1959年6月。
| 18773 | 法场换子
中国京剧院文学组整理,1959年7月。
| 18774 | 汤怀自刎
中国京剧院文学组整理,1959年7月。
| 18775 | 举鼎观鱼
中国京剧院文学组整理,1959年7月。
| 18776 | 水淹下邳 白门楼
陈延龄整理,1959年7月。
| 18777 | 陵母伏剑
吴少岳改编,1959年7月。
| 18778 | 御果园
赵炳啸整理,1959年7月。
| 18779 | 桃花村
翁偶虹改编,1959年7月。
| 18780 | 柳荫记
马彦祥整理,1959年7月。
| 18781 | 南阳关
中国京剧院文学组校订,1959年7月。
| 18782 | 春秋配
中国京剧院文学组整理,1959年7月。
| 18783 | 界牌关
贺玉钦整理,1959年7月。
| 18784 | 哭秦庭
李和曾等整理,1959年7月。

| 18785 | 锁五龙
中国京剧院文学组整理,1959年7月。
| 18786 | 桑园会
中国京剧院文学组整理,1959年7月。
| 18787 | 大红袍
马连良、王雁改编,1959年8月。
| 18788 | 将相和
王颉竹、翁偶虹编,1959年8月。
| 18789 | 赵云截江
李洪春整理,1959年10月。
| 18790 | 青春之歌
袁韵宜、黄秉德改编,1959年10月。
| 18791 | 卖艺访友
樊放编剧,1959年10月。
| 18792 | 敬德装疯
祁野耘改编,1959年10月。
| 18793 | 霸王别姬
梅兰芳演出本,1959年10月。
| 18794 | 周仁献嫂
中国京剧院整理,1959年10月。
| 18795 | 贵妃醉酒
梅兰芳演出本,1959年10月。
| 18796 | 罗成叫关
中国京剧院文学组编,1959年10月。
| 18797 | 大保国
中国京剧院文学组编,1959年10月。
| 18798 | 铁弓缘
中国京剧院文学组编,1959年10月。
| 18799 | 华容道
中国京剧院文学组校订,1959年10月。
| 18800 | 伐东吴
中国戏曲研究院整理,1959年10月。
| 18801 | 樊江关
中国戏曲研究院整理,1959年10月。
| 18802 | 抗金兵
中国戏曲研究院整理,1959年10月。
| 18803 | 棋盘山
中国戏曲研究院整理,1959年10月。
| 18804 | 十三妹
中国戏曲研究院整理,1959年10月。
| 18805 | 滚鼓山
祁野耘、吴少岳改编,1959年10月。

`18806` 萧何月下追韩信
周信芳演出本,1959年10月。
`18807` 绿原红旗
青海省京剧团集体创作,1959年10月。
`18808` 脱靴辨奸
徐慕云编,1959年11月。
`18809` 林则徐
张艾丁编,1959年11月。
`18810` 上天台
中国京剧院文学组编,1959年11月。
`18811` 梁红玉
尚小云演出本,1959年11月。
`18812` 淮河营
马连良整理,1959年11月。
`18813` 牛皋砸御酒
徐慕云编,1959年11月。
`18814` 岳飞出世
徐慕云编,1959年11月。
`18815` 钓金龟
中国京剧院文学组编,1959年12月。
`18816` 临江会
中国京剧院文学组编,1959年12月。
`18817` 巴骆和
中国京剧院文学组编,1959年12月。
`18818` 吵家招亲
中国京剧院文学组编,1959年12月。
`18819` 杨娥传
吴素秋改编,1960年2月。
`18820` 借靴
中国京剧院文学组编,1960年2月。
`18821` 郭子仪单骑见回纥
郭玉景、李红编剧,1960年2月。
`18822` 荀灌娘
荀慧生演出本,1960年2月。
`18823` 红娘(附曲谱和表演说明)
荀慧生演出本,1960年3月。
`18824` 回春记
陆静岩编剧,1960年3月。
`18825` 别皇后 祭江
中国京剧院文学组编,1960年3月。
`18826` 失子惊疯
尚小云演出本,1960年3月。

`18827` 穆桂英挂帅
陆静岩、袁韵宜改编,1960年4月。
`18828` 金玉奴
荀慧生改编,1960年5月。
`18829` 吟香钗会
吴少岳、何异旭编剧,1960年6月。
`18830` 卓文君
荀慧生演出本,1960年6月。
`18831` 十一郎
中国京剧院演出本,1960年6月。
`18832` 打严嵩
周信芳演出本,1960年6月。
`18833` 斩黄袍
中国京剧院演出本,1960年6月。
`18834` 蝴蝶杯
范钧宏、吕瑞明改编,1960年6月。
`18835` 战太平
中国京剧院演出本,1960年6月。
`18836` 牧虎关
中国京剧院演出本,1960年6月。
`18837` 井台会
中国京剧院演出本,1960年6月。
`18838` 奇双会
梅兰芳演出本,1960年6月。
`18839` 蔡文姬
杨雨明、张胤德改编,1960年7月。
`18840` 三盗令
吕瑞明、陈延龄编剧,1960年9月。
`18841` 杨门女将
范钧宏、吕瑞明编剧,1960年10月。
`18842` 赠书记
中国京剧院编,1960年10月。
`18843` 二进宫
京剧剧目教材,中国戏曲学校编,1959年4月。
`18844` 挑滑车
京剧剧目教材,中国戏曲学校编,1959年4月。
`18845` 李陵碑
京剧剧目教材,中国戏曲学校编,1959年4月。
`18846` 汾河湾
京剧剧目教材,中国戏曲学校编,1959年4月。
`18847` 徐母骂曹
京剧剧目教材,中国戏曲学校编,1959年4月。

18848　孔雀东南飞
京剧剧目教材，中国戏曲学校编，1959年4月。
18849　姚期
京剧剧目教材，中国戏曲学校编，1959年5月。

评　剧

18850　刘云打母
小金凤等口述，1957年7月。
18851　御河桥
高琛整理，1957年8月。
18852　绣鞋记
中国评剧院等整理，1957年11月。
18853　风筝误
李笠翁原著，安西改编，1957年12月。
18854　货郎担
任桂林改编，1958年4月。
18855　五侯宴
任桂林改编，1958年5月。
18856　相思树
纪华编剧，1958年5月。
18857　袁天成革命
江风、高琛改编，通俗文库，1958年5月。
18858　夫妻双戴花
刘佩亚等编剧，1958年6月。
18859　赵盼儿
刘乃崇改编，1958年6月。
18860　绯衣梦
高琛改编，1958年6月。
18861　铡阁老
赵连喜等整理，1958年7月。
18862　秦香莲
中国评剧院演出本，1958年7月。
18863　贺兰香
安西、何孝充等编剧，1958年8月。
18864　评剧大观（一）
1958年8月。
18865　评剧大观（二）
1958年8月。
18866　评剧大观（三）
1958年8月。
18867　评剧大观（四）
1958年8月。
18868　接老师
刘佩亚编剧，1958年8月。
18869　刘巧儿
袁静、韩起祥编剧，1958年8月。
18870　不能容忍
辛原编，1958年9月。
18871　井台会
鲜灵霞演出本，1958年9月。
18872　小过年
成骏整理，1958年9月。
18873　茶瓶计
东北评剧剧目整理委员会整理，1958年9月。
18874　花园会
李忠等整理，1958年9月。
18875　小姑贤
李忠、夏青整理，1958年9月。
18876　杨二舍化缘
晏甬整理，1958年10月。
18877　四姊妹夸夫
李梓森、刘佩亚编剧，1958年11月。
18878　苦菜花
薛恩厚、高琛改编，1958年12月。
18879　坚决支前
梅阡编剧，1958年12月。
18880　王婆骂鸡
江风整理，1959年1月。
18881　刘介梅
高琛整理，1959年2月。
18882　桃花庵
月明珠编剧，1959年2月。
18883　杨三姐告状
江风、高琛整理，1959年2月。
18884　评剧大观（五）
中国评剧院编，1959年3月。
18885　评剧大观（六）
中国评剧院编，1959年3月。
18886　灰姑娘
胡沙改编，1959年3月。
18887　罗汉钱
席宝昆等改编，1959年3月。
18888　想见毛主席

江风编剧,1959年3月。

`18889` 包公三勘蝴蝶梦
宁凌改编,1959年3月。

`18890` 王少安赶船
何孝充整理,1959年4月。

`18891` 评剧大观(七)
中国评剧院编,1959年5月。

`18892` 评剧大观(八)
中国评剧院编,1959年5月。

`18893` 评剧大观(九)
中国评剧院编,1959年6月。

`18894` 春花曲
高琛改编,1959年10月。

`18895` 闹严府
舒予颂、席宝昆整理,1959年10月。

`18896` 春香传
庄志改编,1959年10月。

`18897` 恩与仇
高琛整理,1959年10月。

`18898` 翡翠园
高琛改编,1959年10月。

`18899` 燕赵儿女
胡沙改编,1959年10月。

`18900` 战士还乡
安西、时叟编,1959年10月。

`18901` 骆驼祥子
肖甲、曾伯融等改编,1959年10月。

`18902` 山村女儿
王昌言编剧,1959年10月。

`18903` 六十年的变迁
薛恩厚改编,1959年10月。

`18904` 爱甩辫子的姑娘
薛恩厚改编,1959年10月。

`18905` 杨乃武与小白菜
中国评剧院整理,1959年10月。

`18906` 评剧大观(十)
中国评剧院编,1960年1月。

`18907` 家
安西、高琛改编,1960年3月。

`18908` 无双传
安西、高琛改编,1960年3月。

`18909` 三看御妹
安西、高琛整理,1960年3月。

`18910` 新对象
安西编剧,1960年6月。

`18911` 夜宿花亭
刘艳霞、苏宁整理,1960年6月。

`18912` 张羽煮海
王亚平编剧,1960年6月。

`18913` 壮志难移
华犁改编,1960年7月。

`18914` 降龙伏虎
胡沙改编,1960年8月。

`18915` 英雄列车
何孝充、庞贵生编剧,1960年10月。

其他戏剧

`18916` 芦花计
河北梆子,北京市文化局编,1957年5月。

`18917` 司马茅告状
豫剧,河南宁陵人民剧团编,1957年6月。

`18918` 耐冬花
川剧,成都川剧院编,1957年6月。

`18919` 拉郎配
川剧,吴伯棋等编剧,1957年7月。

`18920` 休丁香
庐剧,伊长仙等编剧,1957年8月。

`18921` 打金姑
小戏曲,舒继麟整理,1957年9月。

`18922` 唐知县审诰命
豫剧,刘正平改编,1957年9月。

`18923` 林冲夜奔
昆曲,白云生编剧,1957年9月。

`18924` 赵云拒婚
河北梆子,齐东编剧,1957年11月。

`18925` 张文秀
琼剧,谭歧采等整理,1957年11月。

`18926` 张二嫂看戏
小戏曲,写工改编,1957年12月。

`18927` 田裁缝相亲
小戏曲,曹藻改写,1957年12月。

`18928` 狗油锥子
小戏曲,张叔仪等整理,1957年12月。

18929　小二姐做梦
小戏曲,河北省文化局编,1957年12月。

18930　拴娃娃
山东梆子,济宁市山东梆子剧团编,1957年12月。

18931　闹瓜园
楚剧,大悟楚剧团整理,1957年12月。

18932　小放牛
曲子戏,中国戏剧家协会等编,1957年12月。

18933　对花枪
豫剧,王镇南等整理,1957年12月。

18934　打金枝
山西梆子,李北辰整理,1957年12月。

18935　百里奚认妻
汉剧,杨放祥整理,1957年12月。

18936　别母归宋
山西梆子,李北辰改编,1957年12月。

18937　焚香记
川剧,周慕莲整理,1958年4月。

18938　智宠谢天香
越剧,苏雪安改编,1958年5月。

18939　新小放牛
小戏曲,刘东升编剧,1958年6月。

18940　毛主席来了
小戏曲,钟灵编剧,1958年6月。

18941　关不住的姑娘
小戏曲,胡小孩、沈祖安编剧,戏剧小丛书(一),1958年7月。

18942　一日千里
小戏曲,顾锡东编剧,戏剧小丛书(二),1958年7月。

18943　父女一心
小戏曲,黄秉德、江元铸编剧,1958年7月。

18944　佘塘关
河北梆子,苏彩凤口述,1958年7月。

18945　假金牌
秦腔,王一平等整理,1958年7月。

18946　卷席筒
豫剧,周海水、蒋金杯口述,1958年7月。

18947　喜荣归
河北梆子,苏彩凤口述,1958年7月。

18948　显应桥
锡剧,俞介君改编,1958年8月。

18949　夫妻逛街
小戏曲,望霓编剧,1958年8月。

18950　打狼狈
小戏曲,江元铸、王沛编剧,1958年9月。

18951　嫦娥下凡
小戏曲,王文英编剧,1958年9月。

18952　韩信拜师
豫剧,蒋金杯口述,1958年9月。

18953　未婚夫妻修水库
二人台,黄秉德等编剧,1958年9月。

18954　龙虎斗
绍剧,顾锡东整理,1958年9月。

18955　姑嫂比赛
小戏曲,张政达编剧,1958年10月。

18956　十二寡妇征西
豫剧,艾菁整理,1958年11月。

18957　破洪州
河北梆子,刘玉勤、宁凌整理,1958年11月。

18958　三里湾
湖南花鼓戏,许在民编剧,1958年11月。

18959　劝导员
闽剧,林飞编剧,戏剧小丛书(三),1958年11月。

18960　丰收图
小戏曲,王媛编剧,戏剧小丛书(三),1958年11月。

18961　夫妻红
小戏曲,林金标编剧,1958年12月。

18962　父女争先
小戏曲,蒙秋编剧,1958年12月。

18963　挂红灯
小戏曲,江风编剧,1958年12月。

18964　幸福花儿遍地开
小戏曲,王钦之编剧,1958年12月。

18965　双喜
小戏曲,沙发来编剧,1958年12月。

18966　岁朝渡口
小戏曲,钱元亮编剧,1958年12月。

18967　打雪
小戏曲,沈祖安编剧,1958年12月。

18968　一只金镯

小戏曲,郑州市文化局剧目组编剧,1958 年 12月。

18969　粮草先行
小戏曲,郑州市文化局剧目组编剧,1958 年 12月。

18970　姑娘们
戏曲,筱小民编剧,戏剧小丛书(四),1959 年 4月。

18971　会亲家
戏曲,高琛编剧,戏剧小丛书(四),1959 年 4月。

18972　归国
戏曲,广东汉剧团编剧组编,戏剧小丛书(四),1959 年 4 月。

18973　大家跟着唱
小戏曲,中央人民广播电台创作,1959 年 4 月。

18974　新来的炊事员
小戏曲,端木梧潭编剧,戏剧小丛书(六),1959年 4 月。

18975　搬家
小戏曲,浙江昆苏剧团创作,戏剧小丛书(五),1959 年 6 月。

18976　反五关
青阳腔,江西都昌县高腔剧团创作,1959 年 6月。

18977　三清贤
青阳腔,江西都昌县高腔剧团创作,1959 年 6月。

18978　李毓昌放粮
淮剧,骆宏彦、赵宏改编,1959 年 8 月。

18979　广播戏曲唱词
小戏曲,中央广播电台戏曲组编,1959 年 8 月。

18980　丰收的季节
小戏曲,刘浩编剧,1959 年 9 月。

18981　走娘家
小戏曲,陈宝林口述,1959 年 9 月。

18982　考新郎
小戏曲,陕西兴平县文化馆创作,1959 年 9 月。

18983　姑嫂看鱼
小戏曲,吴蓟编剧,1959 年 9 月。

18984　王汉喜借年
小戏曲,张继德、阳毓庚口述,1959 年 9 月。

18985　拾棉花
小戏曲,完艺丹、李如道改编,1959 年 9 月。

18986　打樱桃
二人台,内蒙古自治区文化局整理,1959 年 9月。

18987　闹齐庭
川剧高腔,赵循伯整理,1959 年 10 月。

18988　人间好
川剧,席明真、李明璋整理,1959 年 10 月。

18989　打豆腐
楚剧,武汉市楚剧团创作,1959 年 11 月。

18990　柳树井
曲剧,老舍编剧,1959 年 11 月。

18991　吃汤团
小戏曲,胡泽先编剧,1959 年 11 月。

18992　城乡路上
小戏曲,吴林宝编剧,1959 年 11 月。

18993　婆媳修书
小戏曲,丹军等编剧,1959 年 11 月。

18994　送套鞋
小戏曲,晓舫、陈佩卿编剧,1959 年 11 月。

18995　审土地
小戏曲,扬州市扬剧一团整理,1959 年 11 月。

18996　张三赶脚
小戏曲,秋潮编剧,1959 年 11 月。

18997　抢伞
小戏曲,胡小孩编剧,1959 年 11 月。

18998　急子回国
汉剧,黄振、王俊等改编,1959 年 12 月。

18999　包公铡赵王
山西梆子,蒋伯骥等整理,1960 年 1 月。

19000　方四姐
二人台,内蒙古自治区文化局剧目工作室整理,1960 年 2 月。

19001　杨宗保问路
二人转,通辽市二人转剧团整理,1960 年 2 月。

19002　杨金花夺帅印
上党梆子,晋东南专区人民二团演出本,1960年 2 月。

19003　访白袍
山西梆子,晋北专区北路梆子剧团整理,1960年 2 月。

19004　大报仇
山西梆子，晋北专区北路梆子剧团整理，1960年2月。

19005　张翠莲
二人转，丛培德、丛培明编剧，1960年2月。

19006　鸳鸯被
晋剧，黎亚改编，1960年2月。

19007　双狮洞
小戏曲，山西大仁县工农剧团创作，1960年2月。

19008　灯
小戏曲，张庆和编剧，1960年3月。

19009　石佛口
山西梆子，山西人民蒲剧团整理，1960年3月。

19010　包公铡国舅
淮海剧，单维礼口述，1960年3月。

19011　张飞闯辕门
柳子戏，王福润、张春雷口述，1960年4月。

19012　玩会跳船
柳子戏，郑兰亭口述，1960年4月。

19013　赵美蓉观灯
柳腔，山东柳腔剧团演出本，1960年6月。

19014　三拉房
两夹弦，黄云芝、武斌编剧，1960年9月。

19015　一盏红灯
小演剧，盛锡珊等编剧，1958年6月。

19016　力争上游
广场剧，刘沧浪编剧，1958年6月。

19017　破除迷信
快板剧，江元铸等编剧，1958年6月。

19018　公审苍蝇
街头剧，陈中宣编剧，1958年7月。

19019　美国自套绞索
活报剧，文新编剧，1958年9月。

19020　美国狼，滚出台湾去！
活报剧，任宝贤编剧，1958年9月。

19021　粉碎美蒋战争挑衅
活报剧，浙江越剧二团创作，1958年9月。

19022　戳穿纸老虎
活报剧，中国戏剧家协会宣传队创作，1958年9月。

19023　邮递员
广播剧，曹惠编剧，1958年9月。

19024　双生子
活报剧，刘德铨编剧，1958年9月。

19025　美帝现形记
活报剧，中国戏剧家协会宣传队创作，1958年9月。

19026　刘巧儿参加人民公社
广播剧，中央人民广播电台戏剧组编，1958年10月。

19027　钢铁元帅传将令
广播剧，中央人民广播电台戏剧组编，1958年10月。

19028　十三陵水库的黎明
广播剧，中央人民广播电台戏剧组编，1958年11月。

19029　落后的报喜队
活报剧，上海中冠纺织厂创作，1958年12月。

19030　人民公社好
广播剧，高方正编剧，1958年12月。

19031　东风怒吼
广播剧，中央人民广播电台戏剧组编，1959年1月。

19032　姑娘的秘密
小喜剧，筱小民编剧，1959年5月。

曲　艺

19033　文化关
相声剧，邹济朝编剧，戏剧小丛书（一），1958年7月。

19034　全家动员除四害
快板剧，张逸生、白锋溪编剧，1958年7月。

19035　我们一定要解放台湾
快板剧，张傅吉编剧，1958年9月。

19036　全民俱兵，保卫祖国
快板剧，中央戏剧学院编，1958年9月。

19037　生产学习两积极
快板剧，庞秋浦等编剧，1958年9月。

19038　孙悟空夜游十三陵
快板剧，何振国编剧，1958年9月。

19039　伙食房大跃进
相声剧，1958年12月。

1050

19040　姑娘闹海
李伟青等著,曲艺小丛书,1958年12月。

19041　十大吉祥
席香远等著,曲艺小丛书,1958年12月。

19042　满堂红
张智等著,曲艺小丛书,1958年12月。

19043　让化肥
钟成修等著,曲艺小丛书,1958年12月。

19044　风雨夜路
万金等著,曲艺小丛书,1958年12月。

19045　杂谈《空城计》
侯宝林等著,曲艺小丛书,1958年12月。

19046　今昔天桥
高德明等著,曲艺小丛书,1958年12月。

19047　党的好女儿
杨遐龄等著,曲艺小丛书,1958年12月。

19048　老将军让车
焦乃积等著,曲艺小丛书,1958年12月。

19049　好阿姨
刘炳、蒋敬生著,曲艺小丛书,1959年12月。

19050　为了六十一个阶级弟兄
曲艺联唱,中央广播说唱团创作,曲艺小丛书,1960年3月。

19051　一定办好民校
唐耿良等著,曲艺小丛书,1960年5月。

19052　城市公社红旗飘
许群等著,曲艺小丛书,1960年5月。

戏剧理论研究及其他

19053　京剧锣鼓谱简编
中国戏曲研究院编,1958年8月。

19054　京剧艺术讲座(一)
北京市戏曲编导委员会编,1958年9月。

19055　京剧艺术讲座(二)
北京市戏曲编导委员会编,1958年9月。

19056　京剧艺术讲座(三)
北京市戏曲编导委员会编,1959年3月。

19057　戏曲表演的四功五法
程砚秋著,1959年3月。

19058　我怎样学会了演京戏
欧阳予倩著,1959年4月。

19059　谈戏曲的舞蹈艺术
白云生著,1959年7月。

19060　谈如何学艺
程砚秋著,1959年7月。

19061　谈神鬼戏
李刚著,1959年11月。

19062　谈《蝴蝶杯》里的精华与糟粕
张庚著,戏曲演员学习小丛书,1959年11月。

19063　生活的真实和戏曲表演艺术的真实
阿甲著,戏曲演员学习小丛书,1959年11月。

19064　试论《陈三五娘》的两种形象处理
郭亮著,戏曲演员学习小丛书,1959年11月。

19065　《秦香莲》的人民性
张庚著,戏曲演员学习小丛书,1959年11月。

19066　戏曲艺术讲座(第四集)
北京市戏曲编导委员会编,1960年2月。

19067　戏曲艺术讲座(第五集)
北京市戏曲编导委员会编,1960年2月。

19068　京剧杂谈
徐慕云著,1960年3月。

19069　京剧的行当
景孤血著,1960年3月。

19070　看戏散笔
马少波著,1960年4月。

19071　戏曲艺术讲座(第六集)
北京市戏曲编导委员会编,1960年8月。

19072　戏曲艺术讲座(第七集)
北京市戏曲编导委员会编,1960年10月。

PEOPLE'S
LITERATURE
PUBLISHING
HOUSE